KB090106

개정증보판

계정과목별
일반회계와 세무해설

삼일인포마인 저

SAMIL | 삼일인포마인

머리말

회계는 기업의 언어입니다. 모든 기업활동이 회계처리를 통하여 장부에 계상되고 이에 기초하여 작성된 재무제표는 주주와 채권자를 포함한 기업의 여러 이해관계자들에게 의사결정에 필요한 정보를 제공합니다. 또한, 기업회계기준에 따라 작성된 재무제표는 세무회계상 과세소득을 산정하는 기본자료로 사용됩니다.

이와 같이 기업회계와 세무회계는 고도의 전문성이 요구되는 기업경영관리의 핵심분야라고 할 수 있으나, 현실적으로 일선에서 회계업무를 담당하는 실무자들은 이에 대한 체계적인 지식이 부족하여 실무수행과정에서 상당한 부담을 느끼고 있는 것이 사실입니다. 특히, 회계처리방법이나 세법은 사회 · 경제적 환경의 변화에 따라 수시로 변화하므로 어느 한 개인이나 기업 차원에서 이들 업무와 관련한 방대한 자료들을 직접 주제별로 정리해서 유지하는 일은 쉽지 않을 것입니다.

본서는 이와 같은 실무자들의 고충을 덜어드리기 위해 기업회계와 세무회계의 내용을 각 계정과목별로 분류하고, 실무중심의 다양한 사례를 곁들여 알기 쉽게 설명하였기 때문에 해당 주제에 대한 깊은 지식이 없는 실무자들도 업무지침서로 활용할 수 있습니다.

이번에 발간하게 된 2024년 개정판의 주요 내용은 다음과 같습니다.

첫째, 2024년 2월말까지 공표된 일반기업회계기준의 개정내용을 다양한 사례와 함께 체계적으로 반영하였습니다.

둘째, 2024년 2월말까지 발표된 금융감독원 및 한국회계기준원의 질의회신 중 주요 질의회신을 선정하고 회계전문가의 분석을 통해 알기 쉽게 설명하였습니다.

셋째, 상법, 자본시장과 금융투자업에 관한 법률 및 주식회사 등의 외부감사에 관한 법률 등 회계관련 법령을 일반기업회계기준과 연결하여 유기적으로 설명하였습니다.

넷째, 일반기업회계기준과 세법의 내용을 계정과목별로 비교하여 해설함으로써 기업회계와 세무회계의 차이를 체계적으로 설명하였습니다.

다섯째, 2024년 2월말까지 공표된 법인세법·시행령, 조세특례제한법·시행령 등의 개정내용 및 최신 유권해석을 완벽 반영하여 2023년 회계 및 세무처리에 불편함이 없도록 하였습니다.

여섯째, 일반기업회계기준의 개정으로 인하여 발생이 예상되는 주요 세무조정 내용에 대하여 사례를 곁들여 알기 쉽게 설명하였습니다.

일곱째, 기업인수·합병 및 분할, 파생상품, 리스, 온실가스 배출권과 배출부채 등 특수회계 내용을 사례와 함께 체계적으로 설명하여 독자 여러분의 업무에 도움을 드리고자 하였습니다.

본서는 그 동안 저희 삼일회계법인이 쌓아온 지식과 경험을 바탕으로 정성을 다해 만든 것이지만 미흡한 점이 있을 것으로 생각되는 바, 이에 대해서는 독자 여러분의 기탄 없는 질책과 조언을 부탁드립니다.

끝으로 이 책이 나오기까지 수고해 주신 집필진 여러분과 편집부 직원들의 노력에 심심한 사의를 표하며, 본 책자가 기업회계와 세무회계를 담당하는 실무자 여러분에게 소중한 반려가 되기를 희망합니다.

2024년 4월

삼일인포마인
대표이사 이 희 태

차례

제1편 총 론 편

I 기업회계의 의의 · 49

차례

차 례

II 세무회계의 의의 · 105

제2편 재무상태표편

I 재무상태표의 기초이론 • 121

차 례

차 례

차 례

부 채

차례

차 례

차 례

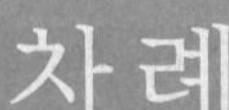

차 례

제3편 손익계산서편

CONTENTS

차 례

차 례

차 례

차 례

제 4 편 현금흐름표/자본변동표/이익잉여금처분계산서편

I 현금흐름표 • 1263

차 례

차 례

차 례

II 리스회계 • 1449

차례

차 례

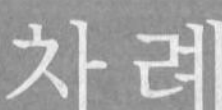

차 례

V 기업인수 · 합병 및 분할회계 · 1523

VI 중간재무보고회계 • 1603

Part 01

계정과목별 일반회계와 세무 해설

총 론 편

I 기업회계의 의의

01 기업회계의 개념

기업회계의 의의

회계는 기본적으로 재무정보를 측정하는 측정기능과 측정된 재무정보를 이해관계자에게 전달하는 전달기능을 가지고 있다.

그런데 과거에는 회계를 상당히 제한된 범위로 이해하여 회계를 어떠한 거래사실을 단순히 기록 · 분류 · 요약하고 해석하는 기술로 보는 경향이 있었다. 그러나 오늘날에는 회계를 보다 적극적으로 해석하여 "회계란 재무정보의 이용자가 합리적인 판단과 경제적인 의사결정을 할 수 있도록 경제실체에 관한 계량적 정보를 측정하여 전달하는 과정"으로 이해하고 있다.

이와 같이 회계를 경제활동의 내용을 계량적으로 측정하여 전달하는 것으로 이해할 때, 다음과 같이 그 측정대상에 따라 거시회계와 미시회계로 분류할 수 있다.

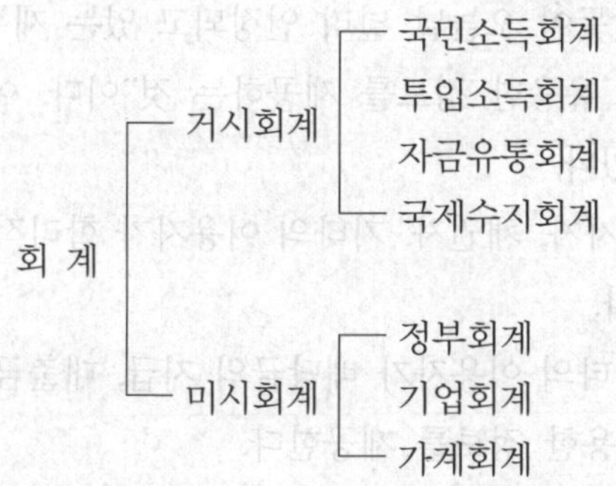

따라서 기업회계는 기업의 내 · 외부에 있는 각종의 재무정보의 이용자가 합리적인 판단과 경제적인 의사결정을 할 수 있도록 기업실체에 관한 계량적 정보를 측정하여 전달하는 과정으로 정의할 수 있다.

제2절 기업회계의 목적

기업회계는 크게 구분하여 재무회계와 관리회계로 나누어진다.

재무회계는 외부보고 목적의 회계로서, 현재 및 잠재적 투자자와 채권자 등 광범위한 정보이용자의 경제적 의사결정에 유용한 정보를 제공하는 것을 목적으로 한다. 여기에서 정보이용자의 경제적 의사결정에 유용한 정보란 기업의 유동성, 재무적 탄력성, 수익성, 위험, 경영성과, 미래현금흐름 및 수익창출능력 등을 평가 · 예측하는 데 도움을 주는 정보를 말하며, 이는 일정 시점의 기업이 보유하고 있는 자산, 부채, 자본에 대한 정보, 일정 기간 동안 기업의 경영성과에 대한 정보, 현금흐름 및 자본의 크기와 그 변동 등에 관한 정보를 나타내는 재무제표를 통해 파악할 수 있다(일반기준 2장 문단 2.17, 2.44).

반면에 관리회계는 내부보고 목적의 회계로서, 기업 내부의 경영자가 보고대상이다. 즉, 관리회계는 경영자가 관리적 의사결정을 하는 데 유용한 정보를 제공하는 것으로, 특히 경영의 계획과 통제를 위한 정보제공이 중요시된다.

이렇게 기업회계를 재무회계와 관리회계로 구분하는 것이 일반적이지만, 좁은 의미로는 재무회계가 기업회계를 지칭하기도 한다(본서에서도 특별한 언급이 없는 한 기업회계는 재무회계를 의미하는 것으로 함).

한편, 앞에서도 살펴보았듯이 오늘날 널리 인정되고 있는 재무회계의 목적은 "정보이용자의 합리적인 의사결정에 유용한 정보를 제공하는 것"이다. 이러한 목적은 다음과 같이 세 가지로 구분해 볼 수 있다.

첫째, 현재 및 잠재적 투자자, 채권자, 기타의 이용자가 합리적인 투자 · 신용결정을 하는 데 유용한 정보를 제공한다.

둘째, 투자자, 채권자, 기타의 이용자가 배당금의 지급, 대출금의 상환 등 미래의 현금수입 전망을 평가하는 데 유용한 정보를 제공한다.

셋째, 다음과 같이 기업자원, 기업자원에 대한 청구권 및 변동에 관한 정보를 제공하는 것을 목적으로 한다.

- 경제적 자원, 채무 및 소유주지분에 관한 정보의 제공
- 기업성과와 이익에 관한 정보의 제공
- 유동성, 지급능력, 자금흐름에 관한 정보의 제공
- 경영수탁 및 성과에 관한 정보의 제공
- 경영설명과 해석에 관한 정보의 제공

Chapter

02

기업회계기준의 의의 및 구성

제1절 회계기준의 본질 및 필요성

회계기준(accounting standards)은 특정한 거래나 사건을 측정하고 이를 재무제표에 보고하는 방법을 기술한 것을 말한다. 이러한 회계기준은 자연과학이나 사회과학에 존재하고 있는 '원칙'과는 다른 개념을 가지고 있다. 즉 회계기준은 재무제표를 작성하거나 이용하는 사람들에게 일반적으로 수용되느냐의 여부에 따라 평가되며, 이러한 기준의 제정과정에는 많은 이해관계자들이 영향력을 행사하게 된다. 따라서 회계기준은 정치적 과정, 즉 이해관계자들의 합의나 타협의 산물이라고도 할 수 있다. 그러므로 회계기준은 다음과 같은 특징을 갖게 된다.

- 회계기준 제정 당시의 이용가능한 회계실무를 나타낸다.
- 회계관계자들간의 합의에 의해 형성되며 실무적이고 이론적인 개념들로 구성되어 있다.
- 기업외부에 공표하기 위하여 재무제표를 작성할 때 반드시 준수하여야 한다.
- 시간의 경과나 경제적 환경의 변화에 따라 진보하고 변화한다.

회계기준은 위와 같은 특성을 갖고 있으므로 기업으로 하여금 다양한 회계기준 중에 임의로 회계기준을 선택하여 재무정보의 조작을 가능하게 할 위험성을 기본적으로 내포하고 있다.

또한 재무제표를 용도별 또는 이용자별로 각각 작성한다면 재무정보를 처리하고 전달하는 데 소요되는 비용은 엄청나게 커지게 된다.

그리고 각 회계담당자들이 각자 나름대로의 회계처리방법을 사용한다면 이용자들은 재무정보를 이해하거나 비교하는 데 어려움을 겪게 되므로 회계담당자들 입장에서는 회계실무를 처리할 수 있는 통일적이고 객관적인 기준이 필요하다. 또한 정보이용자들은 신뢰성이 있고 의사결정에 유용한 재무제표를 요구하게 된다.

그러므로 재무제표에 기재된 정보의 신뢰성과 유용성을 제고시키고 재무제표의 이해가능성과 비교가능성을 높이기 위하여 회계원칙 제정기관은 재무제표 작성자와 이용자 모두가 만족할 만한 통일적인 회계기준을 제정하여야 하는 것이다.

제2절 기업회계기준의 의의

앞서 살펴본 바와 같이 재무회계에서는 복잡다양한 외부 이해관계자들에게 어떻게 유용한 재무정보를 제공하느냐가 중요한 문제로 제기되어 왔다.

재무회계의 이러한 본질적인 문제를 해결하기 위하여 전통적으로 적용되어온 기준이 바로 '일반적으로 인정되는 회계원칙'(generally accepted accounting principles, GAAP)이라는 것이다. 즉 재무정보는 '일반적으로 인정되는 회계원칙'에 따라서 작성됨으로써, 광범위한 기업외부의 이해관계자들에게 가장 보편적인 재무정보를 제공할 수 있다는 것이다.

그러나 '일반적으로 인정되는'이라는 말은 그 자체가 항상 변동될 수 있는 가능성을 내포하고 있고 기업의 이해관계자들의 구성내용이 달라지거나, 그들이 속한 사회에 어떠한 환경적 변화 또는 경제적인 변화가 있을 때에는 자연히 '일반적으로 인정되는 회계원칙'도 그 내용이 달라지게 된다.

우리나라나 일본 또는 유럽의 성문법권에 속하는 나라에 있어서는 그들 문화의 역사적 배경의 영향으로 인하여 회계원칙이 법률적인 형태로 제정되어 있는 것이 사실이다. 특히 우리나라의 기업회계기준은 회계실무의 이론적 기반이 약하기 때문에 과거로부터 일반적으로 인정되어 오던 자생적인 회계원칙이라기보다는 사회 · 경제적인 목적에 부합되는 재무보고의 필요성에 맞도록 제정된 행위규범적인 성격을 지니고 있다.

이와 같은 우리나라 기업회계기준의 성격은 일반기업회계기준 제1장 문단 1.1에 잘 나타나 있다. 또한, 2011년 1월 1일 이후 최초로 개시하는 회계연도부터 주권상장법인 등에 대해 의무적으로 적용되는 한국채택국제회계기준은 국제회계기준에서 한국의 법률체계와 일관성을 유지하기 위하여 형식적인 부분이 제한적으로 수정된 회계기준으로서 이와 유사한 성격을 지닌다 할 수 있을 것이다.

일반기업회계기준 제1장【목적, 구성 및 적용】

1.1. 일반기업회계기준은 '주식회사 등의 외부감사에 관한 법률'의 적용대상기업 중 한국채택국제회계기준에 따라 회계처리하지 아니하는 기업의 회계와 감사인의 감사에 통일성과 객관성을 부여하기 위하여 동 기업의 회계처리 및 보고에 관한 기준을 정함을 목적으로 한다.

주식회사 등의 외부감사에 관한 법률(이하 "외감법"이라 함) 제5조 제1항에서는 다음과 같이 회계처리기준을 금융위원회가 증권선물위원회의 심의를 거쳐 정하도록 하고 있으나,

동조 제4항 및 동법 시행령 제7조에서는 회계처리기준에 관한 업무(회계처리기준에 관한 해석 · 질의회신 등 관련업무 포함)를 민법에 의하여 금융위원회의 허가를 받아 설립된 사단법인 한국회계기준원에 위탁하도록 하고 있다. 이와 관련하여 기업회계기준에서는 기업회계기준의 제정, 개정, 해석과 질의회신 등 관련 업무는 금융위원회의 위탁을 받은 한국회계기준원이 회계처리기준위원회의 심의 · 의결을 거쳐 수행하는 것으로 하고 있다(기업회계기준 전문 문단 3, 4).

외감법 제5조【회계처리 기준】

① 금융위원회는 「금융위원회의 설치 등에 관한 법률」에 따른 증권선물위원회(이하 "증권선물위원회"라 한다)의 심의를 거쳐 회사의 회계처리기준을 다음 각 호와 같이 구분하여 정한다. (2017. 10. 31. 개정)

1. 국제회계기준위원회의 국제회계기준을 채택하여 정한 회계처리기준 (2017. 10. 31. 개정)
2. 그 밖에 이 법에 따라 정한 회계처리기준 (2017. 10. 31. 개정)

② 제1항에 따른 회계처리기준은 회사의 회계처리와 감사인의 회계감사에 통일성과 객관성이 확보될 수 있도록 하여야 한다. (2017. 10. 31. 개정)

③ 회사는 제1항 각 호의 어느 하나에 해당하는 회계처리기준에 따라 재무제표를 작성하여야 한다. 이 경우 제1항 제1호의 회계처리기준을 적용하여야 하는 회사의 범위와 회계처리기준의 적용 방법은 대통령령으로 정한다. (2017. 10. 31. 개정)

④ 금융위원회는 제1항에 따른 업무를 대통령령으로 정하는 바에 따라 전문성을 갖춘 민간 법인 또는 단체에 위탁할 수 있다. (2017. 10. 31. 개정)

⑤ 금융위원회는 이해관계인의 보호, 국제적 회계처리기준과의 합치 등을 위하여 필요하다고 인정되면 증권선물위원회의 심의를 거쳐 제4항에 따라 업무를 위탁받은 민간 법인 또는 단체(이하 "회계기준제정기관"이라 한다)에 회계처리기준의 내용을 수정할 것을 요구할 수 있다. 이 경우 회계기준제정기관은 정당한 사유가 없으면 이에 따라야 한다. (2017. 10. 31. 개정)

외감법 시행령 제7조【회계처리기준 관련 업무 위탁 등】

① 금융위원회는 법 제5조 제4항에 따라 다음 각 호의 업무를 「민법」 제32조에 따라 금융위원회의 허가를 받아 설립된 사단법인 한국회계기준원(이하 "한국회계기준원"이라 한다)에 위탁한다. (2018. 10. 30. 개정)

1. 회계처리기준의 제정 또는 개정 (2018. 10. 30. 개정)
2. 회계처리기준의 해석 (2023. 5. 2. 개정)
3. 회계처리기준 관련 질의에 대한 회신 (2023. 5. 2. 신설)
4. 그 밖에 회계처리기준과 관련하여 금융위원회가 정하는 업무 (2023. 5. 2. 호번개정)

② 한국회계기준원은 다음 각 호에 관한 사항을 심의 · 의결하기 위하여 총리령으로 정하는 바에 따라 위원장 1명을 포함하여 9명 이내의 위원으로 구성되는 회계처리기준위원회를 두어야 한다. (2023. 5. 2. 개정)

1. 제1항 제1호 및 제2호에 관한 사항 (2023. 5. 2. 개정)
2. 제1항 제3호에 관한 사항 중 위원장이 회의에 부치는 사항 (2023. 5. 2. 개정)

외감법 제4조에 따르면 다음 중 어느 하나에 해당하는 회사는 재무제표를 작성하여 회사로부터 독립된 외부의 감사인(재무제표 및 연결재무제표의 감사인은 동일하여야 함)에 의한 회계감사를 받아야 한다(외감법 시행령 5조 1항). 다만, 공공기관의 운영에 관한 법률에 따라 공기업 또는 준정부기관으로 지정받은 회사 중 주권상장법인이 아닌 회사와 외감법 시행령 제5조 제3항에서 정하고 있는 회사는 외부감사대상에서 제외된다.

① 주권상장법인
② 해당 사업연도 또는 다음 사업연도 중에 주권상장법인이 되려는 회사
③ 그 밖에 직전 사업연도 말의 자산, 부채, 종업원수 또는 매출액 등 일정한 기준에 해당하는 다음의 어느 하나에 해당하는 회사. 다만, 해당 회사가 유한회사인 경우에는 본문의 요건 외에 사원 수, 유한회사로 조직변경 후 기간 등을 고려하여 일정한 기준(외감법 시행령 5조 2항)에 해당하는 유한회사에 한정함.
㉠ 직전 사업연도 말의 자산총액이 500억원 이상인 회사
㉡ 직전 사업연도의 매출액(직전 사업연도가 12개월 미만인 경우에는 12개월로 환산하며, 1개월 미만은 1개월로 봄)이 500억원 이상인 회사
㉢ 다음의 사항 중 2개 이상에 해당하는 회사
ⓐ 직전 사업연도 말의 자산총액이 120억원 이상
ⓑ 직전 사업연도 말의 부채총액이 70억원 이상
ⓒ 직전 사업연도의 매출액이 100억원 이상
ⓓ 직전 사업연도 말의 종업원(근로기준법 제2조 제1항 제1호에 따른 근로자를 말하며, 다음의 어느 하나에 해당하는 사람은 제외함)이 100명 이상
- 소득세법 시행령 제20조 제1항 각 호의 어느 하나에 해당하는 사람
- 파견근로자보호 등에 관한 법률 제2조 제5호에 따른 파견근로자

상기 외부감사대상 회사 중에서 다음의 어느 하나에 해당하는 회사는 한국채택국제회계기준을 적용하여 재무제표 및 연결재무제표를 작성하여야 한다(외감법 시행령 6조). 또한, 아래에 해당하는 회사 외의 외부감사대상 회사의 경우에는 원칙적으로 일반기업회계기준을 적용하되 회사의 선택이나 다른 법령 등에서 요구하는 경우에는 한국채택국제회계기준을 적용할 수 있다(K-IFRS 1001호 한2.1).

① 주권상장법인. 다만, 코넥스시장상장법인은 제외함.
② 해당 사업연도 또는 다음 사업연도 중에 주권상장법인이 되려는 회사. 다만, 코넥스시장

에 주권을 상장하려는 법인은 제외함.

③ 금융지주회사법에 따른 금융지주회사. 다만, 같은 법 제22조에 따른 전환대상자는 제외함.

④ 은행법에 따른 은행

⑤ 자본시장과 금융투자업에 관한 법률에 따른 투자매매업자, 투자중개업자, 집합투자업자, 신탁업자 및 종합금융회사

⑥ 보험업법에 따른 보험회사

⑦ 여신전문금융업법에 따른 신용카드업자

한편 기업회계기준이 외감법 제5조의 규정에 입각하여 동법의 적용을 받는 법인의 회계와 감사인의 감사에 통일성과 객관성을 부여하기 위하여 제정된 회계처리기준이기는 하지만 적용범위가 외부감사대상법인에 국한되어 있는 것은 아니다.

일반기업회계기준 제1장【목적, 구성 및 적용】

1.3. 일반기업회계기준은 '주식회사 등의 외부감사에 관한 법률'의 적용대상기업 중 한국채택국제회계기준에 따라 회계처리하지 아니하는 기업의 회계처리에 적용한다. 다만, 중요하지 않은 항목에 대해서는 이 기준을 적용하지 아니할 수 있다. 이 기준은 '주식회사 등의 외부감사에 관한 법률'의 적용대상이 아닌 기업의 회계처리에 준용할 수 있다.

한국채택국제회계기준서 제1001호【재무제표 표시】

한2.1. 이 기준서는 '주식회사 등의 외부감사에 관한 법률'에서 정하는 한국채택국제회계기준 의무적용대상 주식회사의 회계처리에 적용한다. 또한 이 기준서는 재무제표의 작성과 표시를 위해 한국채택국제회계기준의 적용을 선택하거나 다른 법령 등에서 적용을 요구하는 기업의 회계처리에도 적용한다.

기업회계기준의 체계 및 구성

1. 기업회계기준의 체계

기업회계기준은 '한국채택국제회계기준'을 도입하기 전에는 '기업회계기준서', '기업회계기준', '업종별 회계처리 준칙 등' 및 '기업회계기준 등에 관한 해석' 등으로 구성되며, '한국채택국제회계기준'을 도입한 후부터는 '한국채택국제회계기준', '일반기업회계기준', '특수분야회계기준' 등으로 구성된다. 한국채택국제회계기준은 기준서와 해석서로 구성되며, 기준의 본문은 아니지만 실무적용의 편의를 위하여 관련 실무지침 등을 제공한다. 일반

기업회계기준, 특수분야회계기준 등도 기준서와 해석서로 구성되며, 관련 실무지침 등을 제공한다(기업회계기준 전문 문단 16).

한국채택국제회계기준이 도입된 현행의 기업회계기준의 체계를 그림으로 표현하면 다음과 같다.

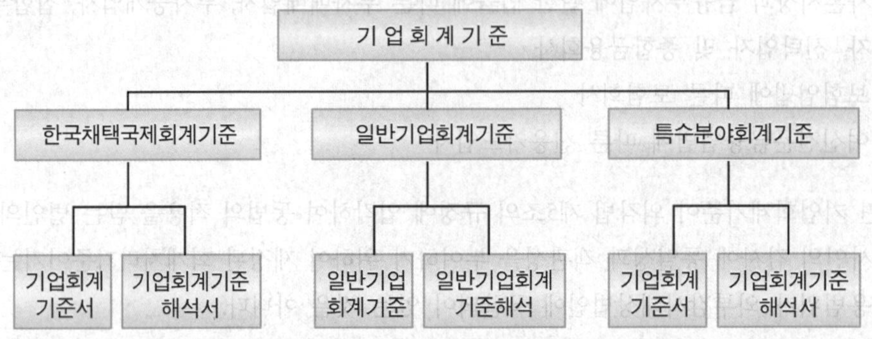

'한국채택국제회계기준'은 회계기준위원회가 국제회계기준을 근거로 제정한 회계기준이다. 한국채택국제회계기준을 구성하는 '기업회계기준서'는 원칙적으로 목적, 적용범위, 회계처리방법, 공시, 부록 등으로 구성된다. 부록은 용어의 정의, 적용보충기준 등으로 구성된다. 그리고 그 밖의 서문, 결론도출근거, 적용사례, 실무적용지침이 제공되는데 이는 기준서의 일부를 구성하지 않으며 기준서를 적용함에 있어서 편의를 제공하기 위해 실무지침으로 제시된다. 기준서의 각 문단은 해당 기준서의 목적과 결론도출근거, 기업회계기준 전문과 '재무보고를 위한 개념체계' 등을 바탕으로 이해하여야 한다(기업회계기준 전문 문단 22).

한국채택국제회계기준을 구성하는 '기업회계기준해석서'는 기업회계기준서에서 명시적으로 언급되지 않은, 새롭게 인식된 재무보고문제에 대하여 지침을 제공한다. 또한 구체적인 지침이 없다면 잘못 적용될 수 있는 내용에 대한 권위 있는 지침을 제공한다. 기업회계기준해석서는 참조, 배경, 적용범위, 회계논제, 결론, 시행일, 경과규정 등으로 구성되며 그 밖에 서문, 결론도출근거, 적용사례, 실무적용지침이 제공되는데 이는 해석서의 일부를 구성하지 않으며 해석서를 적용하는 데 편의를 제공하기 위해 실무지침으로 제시된다. 각 기업회계기준해석서는 해당 해석서의 적용범위에 대한 제한규정을 둔다(기업회계기준 전문 문단 24, 25).

'일반기업회계기준'은 외감법의 적용대상기업 중 '한국채택국제회계기준'에 따라 회계처리하지 아니하는 기업이 적용해야 하는 회계처리기준으로서 일반기업회계기준과 일반기업회계기준해석으로 구성된다(기업회계기준 전문 문단 30).

'특수분야회계기준'은 관계 법령 등의 요구사항이나 한국에 고유한 거래나 기업환경 등의 차이를 반영하기 위하여 회계기준위원회가 제정하는 회계기준으로서 기업회계기준서와 기업회계기준해석서로 구성된다(기업회계기준 전문 문단 32).

이하 본서에서는 한국채택국제회계기준이 도입된 현행의 기업회계기준의 체계하에서 일반기업회계기준을 중심으로 설명하고자 한다.

2. 일반기업회계기준의 구성

일반기업회계기준은 각 주제별로 별도의 장으로 구분되고, 각 장은 본문과 부록으로 구성되며, 문단식 구조를 채택하고 있다. 각 문단은 각 장의 목적과 결론도출근거, 기업회계기준 전문과 재무회계개념체계 등을 배경으로 이해하여야 한다. 일반기업회계기준의 본문은 목적, 적용범위, 회계처리방법, 공시, 용어의 정의와 적용보충기준으로 구성되어 있다. 부록은 실무지침, 적용사례, 결론도출근거와 소수의견 등 기준의 일부를 구성하지 않으나 기준을 적용하는 데 편의를 제공하기 위하여 제시되고 있으며, 부록의 소수의견에는 의결 결과에 반대한 위원의 논거를 약술하고 있다(기업회계기준 전문 문단 31, 31A).

한편, 2014년 12월 31일 현재까지 제 · 개정된 일반기업회계기준은 다음과 같으며, '종전 기업회계기준' 중 '기업회계기준서 제1호~제25호', '기업회계기준(1998년 4월 제정)', '업종별 회계처리 준칙' 및 '기업회계기준 등에 관한 해석'은 일반기업회계기준에 의하여 대체된다. 다만, 기업회계기준서 제5001호, 제5002호, 제5003호, 제5004호, 산업별회계처리기준 중 보험업회계처리준칙, 기업회계기준 등에 관한 해석 [56-90], [57-6]은 대체되지 아니한다(일반기준 시행일 및 경과규정 문단 3 및 기업회계기준 전문 문단 33A).

제1장 '목적, 구성 및 적용'
제2장 '재무제표의 작성과 표시Ⅰ'
제3장 '재무제표의 작성과 표시Ⅱ(금융업)'
제4장 '연결재무제표'
제5장 '회계정책, 회계추정의 변경 및 오류'
제6장 '금융자산 · 금융부채'
제7장 '재고자산'
제8장 '지분법'
제9장 '조인트벤처 투자'
제10장 '유형자산'
제11장 '무형자산'
제12장 '사업결합'
제13장 '리스'

제14장 '충당부채, 우발부채 및 우발자산'
제15장 '자본'
제16장 '수익'
제17장 '정부보조금의 회계처리'
제18장 '차입원가자본화'
제19장 '주식기준보상'
제20장 '자산손상'
제21장 '종업원급여'
제22장 '법인세회계'
제23장 '환율변동효과'
제24장 '보고기간후사건'
제25장 '특수관계자 공시'
제26장 '기본주당이익'
제27장 '특수활동'
제28장 '중단사업'
제29장 '중간재무제표'
제30장 '일반기업회계기준의 최초채택'
제31장 '중소기업 회계처리 특례'
제32장 '동일지배거래'
제33장 '온실가스 배출권과 배출부채'
시행일 및 경과규정

●●● Chapter

03

일반기업회계기준과 다른 법률과의 관계

앞서 살펴본 기업회계기준은 회계행위를 지도하는 일반원리나 기준으로서의 성격을 갖고 있으나 법적인 강제력을 가지는 것은 아니다. 물론 외감법에 의한 외부감사대상법인의 경우 회사의 회계처리가 기업회계기준에 위배되는 정도에 따라 공인회계사의 감사 의견에 영향을 줄 수 있으며(한정의견, 부정적의견, 의견거절), 기업회계기준을 위반하여 재무제표를 작성 · 공시한 경우 유가증권의 발행제한, 임원의 해임권고, 감사인 지정 또는 변경요구, 경고 또는 주의, 시정요구, 각서제출요구 등의 조치를 받을 수 있고, 사업보고서를 부실기재하는 등 자본시장과 금융투자업에 관한 법률을 위반한 회사에 대하여는 과징금이 부과될 수 있다. 그러나 일반 회사의 경우에는 기업회계기준에 따라 회계처리를 하지 않은 사실만으로 어떠한 법적인 제재 조치가 따르게 되는 것은 아니다.

그러나 상법상 회사의 계산규정이나 세법의 규정들은 관련분야의 회계처리에 있어서 법적인 강제력을 갖고 있으므로, 회계담당자들에게는 기업회계기준뿐만이 아니라 상법이나 각종 세법 등에 대한 이해가 필수적으로 요구되고 있다.

제1절 상법과의 관계

상법은 총칙편에서 상업장부의 장을 두고 상인과 회사가 매년 작성해야 할 상업장부(회계장부와 대차대조표)의 종류 · 작성원칙(제29조)을 규정하고, 또 상업장부의 작성방법(제30조), 상업장부의 제출(제32조), 상업장부 등의 보존(제33조) 등에 관하여 규정하고 있다.

이밖에도 회사편의 주식회사(제3편 제4장)에 관한 규정 중에 「회사의 회계」란 절을 두어 재무제표의 작성 · 제출 · 비치 · 공시 · 승인 · 공고(제447조~제449조의 2), 자본금(제451조), 준비금(제458조~제461조의 2), 배당(제462조~제464조의 2), 주주의 회계장부열람권(제466조), 이익공여의 금지(제467조의 2), 사용인의 우선변제권(제468조) 등에 관하여 규정하고 있다.

이러한 상법의 여러 규정들은 기본적으로 채권자를 보호하는 입장에서 마련된 것이므로 이해관계자들에게 회사에 대한 재무정보를 적정하게 제공하려는 취지에서 만들어진 기업회계기준의 규정과는 차이가 발생할 수 있다.

상법에서는 회계에 관련된 규정으로 재무제표의 종류, 자본금 · 자본준비금 · 이익준비금 등을 규정하고 있다. 재무제표의 종류로는 대차대조표, 손익계산서, 그 밖에 회사의 재무상태와 경영성과를 표시하는 것으로서 상법 시행령에서 정하는 서류로 규정하고 있다(제287조의 33).

구 상법에서는 자산 평가방법, 이연자산, 신주발행비용, 액면미달금액의 회계처리 등에 대하여 규정하고 있었으나, 기업 실무상으로는 기업회계기준을 따르도록 되어 있어 이에 관한 상법규정이 실질적으로 적용되지 않고 있었다. 이에 따라 2011년 4월 14일 상법 개정 시 기업회계기준과의 불일치를 해소하기 위하여 회사의 회계는 일반적으로 공정 · 타당한 회계관행에 따르도록 원칙 규정(제446조의 2)을 신설하는 한편, 구체적인 회계처리에 관한 규정들은 삭제하였다.

제2절 세법과의 관계

기업회계는 경제적 의사결정을 함에 있어서 경제 실체에 관한 유용한 재무적 정보를 이해관계자들에게 제공하는 기능을 수행하며, 그 근거기준은 기업회계기준에 의한다. 반면에 세법은 공평한 조세부담과 납세자간의 소득계산의 통일성을 위하여 마련된 것으로 과세소득과 세액에 관한 정보를 전달하는 기능을 수행한다. 즉 세법은 과세소득과 세액의 산정을 목적으로 하는 것이므로 기업회계기준과는 다른 부분이 존재한다. 기업회계와 세법과의 구체적인 차이와 그 조정방법에 대하여는 별도의 장에서 설명하기로 하고 여기에서는 기업회계에 영향을 미치는 주요한 세법에 대하여 살펴본다.

1. 법인세법

세법 중에서 기업회계와 가장 관계가 깊은 것이 법인세법이다. 법인세법은 재정수입을 확보하고 과세의 공평을 기하기 위하여 소득의 계산방법에 관해서 규정한 것으로 법인세법상의 소득과 기업회계상의 순이익이 반드시 일치하지는 않는다.

세법상의 소득과 기업회계상의 순이익에 차이가 나타나는 것은 기업회계상의 비용 또는 수익이 세법에서는 손금 또는 익금이 되지 않는 경우가 있고, 이와는 반대로 기업회계에서는 비용 또는 수익으로 되지 않는 것이 세법에서는 손금 또는 익금으로 되는 경우가 있기 때문이다.

이와 같이 세법상의 소득과 기업회계상의 순이익과는 차이가 있기 때문에 일반기업회계기준에 따라 작성된 재무제표를 조세 목적에 활용하기 위해서는 이를 세법의 규정에 의거하여 수정하는 이른바 세무조정을 하게 된다.

2. 조세특례제한법

조세특례제한법은 조세의 감면 또는 중과 등 조세특례와 이의 제한에 관한 사항을 규정하여 과세의 공평을 기하고 조세정책을 효율적으로 수행하여 국민경제의 건전한 발전에 기여함을 목적으로 제정된 법으로서, 동법에는 각종의 조세에 대한 여러 가지의 조세정책적 지원이 규정되어 있다. 따라서 법인세법뿐만이 아니라 기타 세법을 정확히 적용하기 위해서는 조세특례제한법에 대한 이해가 필수적이다.

3. 부가가치세법

부가가치세법에서 규정하고 있는 부가가치세는 재화 또는 용역의 공급, 재화의 수입에 대해 부과되는 조세로서 간접세이므로 법인세법이나 조세특례제한법과 같이 기업회계에 직접적인 영향을 미치지는 아니한다.

특히 부가가치세법상의 재화 또는 용역의 공급시기가 일반기업회계기준상의 수익의 실현시기와 다른 부분이 있지만 그러한 차이로 인하여 기업회계상의 회계처리가 달라지지는 않는다.

다만, 부가가치세는 재화 또는 용역의 생산 · 유통단계에서 창출된 부가가치를 과세대상으로 하고 있으므로 회계담당자는 부가가치세법을 정확히 이해할 필요가 있다.

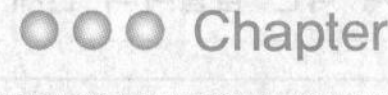

04 재무보고와 재무제표

재무보고의 목적과 재무제표

재무보고는 현재 및 잠재 투자자와 채권자가 합리적인 의사결정을 하는 데 유용한 정보를 제공하는 것을 목적으로 하며, 재무제표는 재무보고의 핵심적인 수단이다. 재무제표는 일정 시점의 기업이 보유하고 있는 자산, 부채, 자본에 대한 정보, 일정 기간 동안 기업의 경영성과에 대한 정보, 현금흐름 및 자본의 크기와 그 변동 등에 관한 정보를 제공하며, 이는 정보이용자들이 기업의 유동성, 재무적 탄력성, 수익성, 위험, 경영성과, 미래현금흐름 및 수익창출능력 등을 평가 · 예측하는 데 유용한 정보를 제공한다(일반기준 2장 문단 2.17, 2.44, 2.58, 2.74).

재무제표는 재무상태표, 손익계산서, 현금흐름표, 자본변동표로 구성되며, 주석을 포함한다. 전달하고자 하는 정보의 성격을 충실히 나타내는 범위 내에서 일반기업회계기준 제2장에서 사용하는 재무제표의 명칭이 아닌 다른 명칭을 보충적으로 병기할 수 있다(일반기준 2장 문단 2.4).

재무제표에는 재무제표이용자의 의사결정에 유용할 것으로 판단되는 여러 가지 명세서와 경영진의 분석보고서나 검토보고서 등과 같은 설명자료를 첨부할 수 있으며, 명세서 등을 재무제표에 첨부하는 경우에는 재무제표와 명확히 구별되도록 하여야 한다. 다만, 이러한 첨부자료는 재무제표의 범위에 포함되지 아니한다(일반기준 2장 부록 실2.1, 실2.2).

재무제표 작성과 표시의 일반원칙

1. 계속기업

경영진은 재무제표를 작성할 때 계속기업으로서의 존속가능성을 평가해야 한다. 경영진이 기업을 청산하거나 경영활동을 중단할 의도를 가지고 있지 않거나, 청산 또는 경영활동의 중단 외에 다른 현실적 대안이 없는 경우가 아니면 계속기업을 전제로 재무제표를 작성한다(일반기준 2장 문단 2.5).

경영진은 계속기업의 전제가 타당한지 판단하기 위하여 수익성, 부채상환계획, 대체적 재무자원의 조달계획 등 보고기간종료일로부터 최소한 1년간의 예상 가능한 모든 정보를 고려하여야 한다. 다만, 기업이 상당기간동안 계속사업이익을 보고하였고, 보고기간종료일 현재 경영에 필요한 재무자원을 확보하고 있는 경우에는 경영활동이 청산되거나 중단되지 않을 것으로 보아 계속기업의 전제를 적용할 수 있다(일반기준 2장 부록 실2.3).

계속기업으로서의 존속능력에 유의적인 의문이 제기될 수 있는 사건이나 상황과 관련된 중요한 불확실성을 알게 된 경우, 경영진은 그러한 불확실성을 공시하여야 한다. 재무제표가 계속기업의 기준하에 작성되지 않는 경우에는 그 사실과 함께 재무제표가 작성된 기준 및 그 기업을 계속기업으로 보지 않는 이유를 공시하여야 한다(일반기준 2장 문단 2.5).

2. 재무제표의 작성 책임과 공정한 표시

재무제표의 작성과 표시에 대한 책임은 경영진에게 있다(일반기준 2장 문단 2.6).

재무제표는 경제적 사실과 거래의 실질을 반영하여 기업의 재무상태, 경영성과, 현금흐름 및 자본변동을 공정하게 표시하여야 하며, 일반기업회계기준에 따라 적정하게 작성된 재무제표는 공정하게 표시된 재무제표로 본다(일반기준 2장 문단 2.7).

한편, 재무제표가 일반기업회계기준에 따라 작성된 경우에는 그러한 사실을 주석으로 기재하여야 한다. 그러나, 재무제표가 일반기업회계기준에서 요구하는 사항을 모두 충족하지 않은 경우에는 일반기업회계기준에 따라 작성되었다고 기재하여서는 아니 된다(일반기준 2장 문단 2.8).

3. 회계정책의 결정

회계정책이란 기업이 재무보고의 목적으로 선택한 기업회계기준과 그 적용방법을 말하며, 거래, 기타 사건 또는 상황에 적용되는 회계정책은 일반기업회계기준을 적용하여 결정한다(일반기준 5장 문단 5.3).

거래, 기타 사건 또는 상황에 대하여 구체적으로 적용할 수 있는 일반기업회계기준이 없는 경우, 경영진은 판단에 따라 회계정책을 개발 및 적용하여 회계정보를 작성할 수 있으며, 이 때 회계정보는 다음과 같은 특성을 모두 보유하여야 한다(일반기준 5장 문단 5.4).

① 이용자의 경제적 의사결정 요구에 목적적합하다.

② 신뢰할 수 있다. 신뢰할 수 있는 재무제표는 다음의 속성을 포함한다.

㉠ 기업의 재무상태, 재무성과 및 현금흐름을 충실하게 표현한다.

㉡ 거래, 기타 사건 및 상황의 단순한 법적 형태가 아닌 경제적 실질을 반영한다.
㉢ 중립적이다. 즉, 편의가 없다.
㉣ 신중하게 고려한다.
㉤ 중요한 사항을 빠짐없이 고려한다.

상기와 같이 거래, 기타 사건 또는 상황에 대하여 구체적으로 적용할 수 있는 일반기업회계기준이 없어 회계정책을 개발 · 적용하여야 하는 경우, 경영진은 다음 사항을 순차적으로 참조하여 그 적용가능성을 고려한다. 다만, 이에도 불구하고 적절한 회계정책을 정하지 못하는 경우, 경영진은 유사한 개념체계를 사용하여 회계기준을 개발하는 회계기준제정기구가 가장 최근에 발표한 회계기준, 기타의 회계문헌과 인정된 산업관행을 고려할 수 있으나, 이러한 고려사항은 다음에 기술한 고려사항의 내용과 상충되지 않아야 한다(일반기준 5장 문단 5.5, 5.6).

① 내용상 유사하고 관련되는 회계논제를 다루는 일반기업회계기준의 규정
② 자산, 부채, 수익, 비용에 대한 '재무회계개념체계'의 정의, 인식기준 및 측정개념
③ 한국채택국제회계기준

4. 재무제표 항목의 구분과 통합표시

중요한 항목은 재무제표의 본문이나 주석에 그 내용을 가장 잘 나타낼 수 있도록 구분하여 표시하며, 중요하지 않은 항목은 성격이나 기능이 유사한 항목과 통합하여 표시할 수 있다(일반기준 2장 문단 2.9).

재무제표의 표시와 관련하여 재무제표 본문과 주석에 적용하는 중요성에 대한 판단기준은 서로 다를 수 있다. 예를 들어, 재무제표 본문에는 통합하여 표시한 항목이라 할지라도 주석에는 이를 구분하여 표시할 만큼 중요한 항목이 될 수 있다. 이러한 경우에는 재무제표 본문에 통합하여 표시한 항목의 세부 내용을 주석으로 기재한다(일반기준 2장 문단 2.10).

한편, 일반기업회계기준에서 재무제표의 본문이나 주석에 구분표시하도록 정한 항목이라 할지라도 그 성격이나 금액이 중요하지 아니한 것은 유사한 항목으로 통합하여 표시할 수 있다(일반기준 2장 문단 2.11).

5. 비교재무제표의 작성

재무제표의 기간별 비교가능성을 제고하기 위하여 전기 재무제표의 모든 계량정보를 당기와 비교하는 형식으로 표시한다. 또한, 전기 재무제표의 비계량정보가 당기 재무제표를 이해하는 데 필요한 경우에는 이를 당기의 정보와 비교하여 주석에 기재한다. 예를 들

어, 전기 보고기간종료일 현재 미해결 상태인 소송사건이 당기 재무제표가 사실상 확정된 날까지 해결되지 않은 경우에는 전기 보고기간종료일에 불확실성이 존재하였다는 사실과 내용, 당기에 취해진 조치 및 결과 등에 대한 정보를 주석으로 기재한다(일반기준 2장 문단 2.12).

6. 재무제표 항목의 표시와 분류의 계속성

재무제표의 기간별 비교가능성을 제고하기 위하여 재무제표 항목의 표시와 분류는 다음의 경우를 제외하고는 매기 동일하여야 한다(일반기준 2장 문단 2.13).

① 일반기업회계기준에 의하여 재무제표 항목의 표시와 분류의 변경이 요구되는 경우

② 사업결합 또는 사업중단 등에 의해 영업의 내용이 유의적으로 변경된 경우

③ 재무제표 항목의 표시와 분류를 변경함으로써 기업의 재무정보를 더욱 적절하게 전달할 수 있는 경우

재무제표 항목의 표시나 분류방법이 변경되는 경우에는 당기와 비교하기 위하여 전기의 항목을 재분류하고, 재분류 항목의 내용, 금액 및 재분류가 필요한 이유를 주석으로 기재한다. 다만, 재분류가 실무적으로 불가능한 경우에는 그 이유와 재분류되어야 할 항목의 내용을 주석으로 기재한다(일반기준 2장 문단 2.14).

7. 재무제표의 보고양식

재무제표는 이해하기 쉽도록 간단하고 명료하게 표시하여야 하며, 일반기업회계기준 제2장 부록 적용사례에 예시된 재무제표의 양식을 참조하여 작성한다. 이 경우 예시된 명칭보다 내용을 잘 나타내는 계정과목명이 있을 경우에는 그 계정과목명을 사용할 수 있다(일반기준 2장 문단 2.15).

재무제표는 재무상태표, 손익계산서, 현금흐름표, 자본변동표 및 주석으로 구분하여 작성하며, 다음의 사항을 각 재무제표의 명칭과 함께 기재한다(일반기준 2장 문단 2.16).

① 기업명

② 보고기간종료일 또는 회계기간

③ 보고통화 및 금액단위

이 경우 재무제표이용자에게 오해를 줄 염려가 없는 경우에는 금액을 천원이나 백만원 단위 등으로 표시할 수 있다. 또한, 재무제표에는 재무제표이용자의 의사결정에 유용할 것으로 판단되는 여러 가지 명세서와 경영진의 분석보고서나 검토보고서 등과 같은 설명자료를 첨부할 수 있으며, 명세서 등을 재무제표에 첨부하는 경우에는 재무제표와 명확히 구

별되도록 하여야 한다. 다만, 이러한 첨부자료는 재무제표의 범위에 포함되지 아니한다(일반기준 2장 부록 실2.1, 실2.2, 실2.4).

한편, 일반기업회계기준 제2장에서 '공시'는 주석으로 기재하는 것뿐만 아니라 재무제표 본문에 표시하는 것을 포함한다. 일반기업회계기준 제2장 이외의 다른 장에서 '공시'의 의미를 달리 정하고 있지 않는 한 다른 장에서의 '공시'도 주석으로 기재하는 것뿐만 아니라 재무제표 본문에 표시하는 것을 포함한다(일반기준 2장 부록 실2.5).

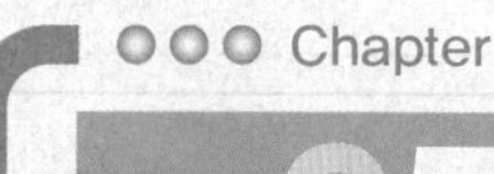

재무회계개념체계

1999년 12월 금융감독원의 심의기구인 회계기준심의위원회(현 회계제도심의위원회)는 회계기준제정기구가 회계기준을 제·개정함에 있어서 기본적인 방향과 일관성 있는 지침을 제공하고 재무제표의 작성자·감사인·이용자들에게 일관된 지침을 제공하며 재무제표에 대한 이해를 높일 목적으로 '재무회계개념체계'를 발표하였다. 그러나 이 재무회계개념체계는 논리성, 내용의 정교성, 문맥이나 용어선택의 문제점뿐만 아니라 대부분 국제회계기준위원회의 개념체계를 직접 인용한 데서 오는 문제점 등으로 다소 수정이나 보완해야 할 필요성이 있음이 지적되어 왔다.

이에 따라 2000년 7월부터 독립적인 민간기구로서 회계기준의 제정업무를 수행하고 있는 한국회계기준원의 회계기준위원회에서는 현존하는 회계이론에 대한 연구를 바탕으로 회계기준심의위원회에서 제정한 '재무회계개념체계'를 검토·분석하고 이를 보완하여 재무제표에 한정하지 않고 더 포괄적인 재무보고를 대상으로 하여 우리나라의 회계기준과 회계실무가 논리적 일관성을 가질 수 있도록 보다 발전된 재무회계개념체계를 제시하였다.

이러한 재무회계개념체계는 회계정책과 절차를 직접 결정하는 회계기준은 아니지만 보다 근본적인 재무회계와 보고의 기초개념을 제시하는 것이다. 따라서 재무회계개념체계에서 재무보고의 기초개념을 정립함으로써, 재무회계개념체계는 논리적이고 투명하며 국제적 정합성이 높은 기업회계기준의 제정과 재무회계정보의 유용성 및 신뢰성 제고를 가능하게 할 것이며 궁극적으로 재무보고의 질적 향상에 기여하게 될 것이다.

참고로 기업회계기준 전문에서는 필요한 경우 일반기업회계기준에 대한 별도의 개념체계를 제정할 것이라고 언급하였으나, 현재는 제정된 별도의 개념체계가 없으므로 종전 기업회계기준의 재무회계개념체계를 적용하는 것이 타당할 것으로 판단된다.

서 론

1. 개념체계의 목적

재무회계개념체계는 기업실체의 재무보고 목적을 명확히 하고, 이를 달성하는 데 유용한 재무회계의 기초개념을 제공하는 것을 목적으로 한다. 재무회계는 내 · 외부정보이용자를 위하여 기업실체의 거래를 인식, 측정, 기록하고 재무제표를 작성하는 것을 목적으로 하는 재무정보의 산출 및 보고절차이다.

여기서 재무보고라 함은 다양한 외부정보이용자의 공통된 정보요구를 충족시키기 위한 일반목적으로서의 재무보고를 의미한다. 특히 재무보고의 핵심적 수단인 재무제표에 관한 기초개념에 중점을 두고 있으며, 그 기대되는 역할은 다음과 같다.

㉠ 회계기준제정기구가 회계기준을 제정 또는 개정함에 있어 준거하는 재무회계의 개념과 개념의 적용에 관한 일관성 있는 지침을 제공한다.

㉡ 재무제표의 이용자가 회계기준에 의해 작성된 재무제표를 해석하는 데 도움이 되도록 재무제표작성에 기초가 되는 기본가정과 제 개념을 제시한다.

㉢ 재무제표의 작성자가 회계기준을 해석 · 적용하여 재무제표를 작성 · 공시하거나, 특정한 거래나 사건에 대한 회계기준이 미비된 경우에 적용할 수 있는 일관된 지침을 제공한다.

㉣ 외부감사인이 감사의견을 표명하기 위하여 회계기준 적용의 적정성을 판단하거나, 특정한 거래나 사건에 대한 회계기준이 미비된 경우 회계처리의 적정성을 판단함에 있어서 의견형성의 기초가 되는 일관된 지침을 제공한다.

재무회계개념체계는 회계기준이 아니므로 구체적 회계처리방법이나 공시에 관한 기준을 정하는 것을 목적으로 하지 않는다. 따라서 재무회계개념체계의 내용이 특정 회계기준과 상충되는 경우에는 그 회계기준이 재무회계개념체계에 우선한다. 그러나 회계기준제정기구가 회계기준을 제정 또는 개정함에 있어 지침을 제공하므로 양자간에 상충되는 사항들은 점차 감소할 것이다. 또한 회계기준제정기구가 새로운 회계이론을 수용하거나 국제적인 회계 추세 등을 반영하기 위해, 또는 기업실무의 변화를 고려하여 필요하다고 판단하는 경우에는 개정될 수 있다.

2. 내용 및 적용범위

재무회계개념체계의 주요 내용은 다음과 같다.

㉠ 재무보고의 목적

㉡ 재무정보의 질적특성

㉢ 재무제표

㉣ 재무제표의 기본요소

㉤ 재무제표 기본요소의 인식

ⓑ 재무제표 기본요소의 측정

이러한 재무회계개념체계는 일반목적 재무보고에 포괄적으로 적용되며 영리기업의 재무제표 작성과 공시에 한정되지 않는다. 다만 재무회계개념체계의 제정에 있어서 비영리조직의 특수성은 고려되지 않았다. 사업설명서나 경영자가 내부관리 목적으로 작성하는 보고서 또는 세무보고 목적을 위해 작성하는 보고서 등과 같은 특수목적의 보고서는 재무회계개념체계의 적용대상은 아니지만, 관련 규정이 허용하는 범위 내에서 특수목적 보고서의 작성에도 적용될 수 있다.

참고로 일반기업회계기준 재무회계개념체계는 위와 같이 개념체계의 범위를 재무회계 전반으로 하고 재무보고에 초점을 맞추었으나 한국채택국제회계기준 개념체계는 국제회계기준의 개념체계에 따라 재무제표의 작성과 표시를 위한 개념체계를 제시하고 있다. 즉, 일반기업회계기준 재무회계개념체계는 재무제표 외의 재무보고 수단을 통한 재무보고를 강조하는 반면, 한국채택국제회계기준 개념체계의 경우에는 재무제표에 더 초점을 맞추어 기술하는 점에서 차이가 있다.

3. 재무보고

재무보고는 기업실체 외부의 다양한 이해관계자의 경제적 의사결정을 위해 경영자가 기업실체의 경제적 자원과 의무, 경영성과, 현금흐름, 자본변동 등에 관한 재무정보를 제공하는 것을 말한다. 이러한 재무보고는 기업실체의 회계시스템에 근거한 재무제표에 의해 주로 이루어지나, 그 외의 수단에 의해서도 재무정보가 제공될 수 있다. 여기서 정보 제공은 감독규정의 요구, 관습 또는 경영자의 자발적 판단 및 기타 이해관계자의 요구에 의해 이루어진다. 한편 재무보고는 다음과 같은 방법을 통하여 기업실체 외부의 이해관계자에게 정보를 제공한다.

㉠ 재무제표 : 가장 핵심적인 재무보고 수단으로서 기업실체의 경제적 자원과 의무, 그리고 자본과 이들의 변동에 관한 정보를 제공하며 주석을 포함한다. 중요한 회계방침이나 자원(자산) 및 의무(부채)에 대한 대체적 측정치에 대한 설명 등과 같은 주석은 재무제표가 제공하는 정보를 이해하는 데 필수적인 요소로서 회계기준에 따라 작성된 재무제표의 중요한 부분으로 인정된다.

㉡ 재무보고의 기타 수단 : 경영자 분석 및 전망, 그리고 경영자의 주주에 대한 서한과 같이 위에 제시된 방법을 제외한 수단에 의해서도 재무정보가 제공될 수 있다.

재무제표는 기업실체가 외부의 정보이용자에게 재무정보를 전달하는 핵심적 수단으로 일반적으로 재무상태표, 손익계산서, 자본변동표, 현금흐름표로 구성되며 주석을 포함한다.

주석에는 법률적 요구에 의해 작성하는 이익잉여금처분계산서 등이 포함될 수 있다. 재무제표의 명칭은 전달하고자 하는 정보의 성격을 충실히 나타내야 하며 관련 법규와의 상충이 없는 경우에는 재무상태보고서, 경영성과보고서, 자본변동보고서(또는 소유주지분변동보고서), 현금흐름보고서 등 대체적인 명칭을 사용할 수 있다.

재무보고의 기타 수단으로 제공되는 재무정보에는 재무제표에 보고되기에 적절하지는 않지만 재무정보이용자의 의사결정에 적합한 정보가 모두 포함된다. 사업보고서는 재무제표와 더불어 기업실체의 재무정보를 제공하는 재무보고 수단의 예이며 일반적으로 비재무정보를 포함한다. 또한 주석 외의 공시사항, 경영자 예측, 기업실체의 사회 · 환경적 영향에 대한 설명 등은 재무제표에서 제공되지 않는 재무정보 또는 비재무정보의 예이다.

4. 재무제표의 작성 책임

기업실체 외부의 이해관계자에게 재무제표를 작성하고 보고할 일차적인 책임은 기업실체의 경영자가 진다. 즉 경영자는 회계기준에 근거하여 진실되고 적정한 재무제표를 작성하여야 하며 회계기준의 허용 범위 내에서 적정한 회계처리방법을 선택하여 이를 일관성 있게 적용하고, 합리적인 판단과 추정을 하여야 한다.

5. 재무정보의 이용자

기업실체가 제공하는 재무정보의 이용자는 크게 나누어 투자자, 채권자, 그리고 기타 정보이용자로 구분할 수 있다.

㉠ 투자자는 기업실체가 발행한 지분증권(주식) 또는 채무증권(회사채)에 투자한 자 등을 말한다.

㉡ 채권자는 기업실체에 대해 법적 채권을 가지고 있는 자금대여자 등을 말하며, 경우에 따라 공급자, 고객, 종업원을 포함한다. 재무회계개념체계에서는 문단 내용에 따라 채권투자자를 투자자 또는 채권자에 속하는 것으로 본다.

㉢ 기타 정보이용자는 경영자, 재무분석가와 신용평가기관 같은 정보중개인, 과세당국, 감독 · 규제기관 및 일반대중 등을 말한다.

위 ㉢에서 경영자는 재무제표의 작성자인 동시에 이용자로 볼 수 있지만, 경영자를 제외한 기타 정보이용자는 투자자 및 채권자와 달리 기업실체에 대해 직접적인 이해관계가 없다.

한편 투자자와 채권자는 기업실체에 대해 직접적인 이해관계가 있으며, 현재 및 잠재의 투자자와 채권자는 기업실체의 미래 현금창출능력 평가를 위한 공통적인 정보를 필요로 한다. 주식투자자(주주)와 채권투자자의 경우 투자수익과 투자액의 회수는 기업실체의 현금창출능력에 직접 영향을 받는다. 기업실체 소유주(주주)의 경우 또한 투자한 자원이 경영자에 의해 잘 보전되고 효율적으로 운용되고 있는가를 평가하여 그 경영자를 계속 고용하거나 또는 교체할 것인지의 의사결정을 하기 위한 정보수요를 가지고 있다. 이러한 정보수요는 전술한 현금창출능력 평가를 위한 정보수요와도 깊은 관련이 있다.

또한 자금대여자와 원재료 등 재화공급자의 경우도 원금과 이자 또는 재화공급대가의 회수가 기업실체의 현금창출능력에 의해 직접 영향을 받을 수 있다. 또한 고객은 제품의 품질보증능력 등을 판단하기 위해, 그리고 종업원은 제공한 노동력에 대한 급여의 수취가능성 등을 판단하기 위해 기업실체의 현금흐름에 대한 관심을 갖는다.

기타 정보이용자도 기업실체의 미래 현금창출능력에 관심을 갖는다. 투자자와 채권자에게 투자 · 신용정보를 제공하는 재무분석가나 신용평가기관은 투자자 및 채권자와 동일한 정보수요를 가지고 있다. 그리고 과세당국, 감독 · 규제기관과 일반대중도 기업실체의 재무적 측면에 대해 투자자 및 채권자의 경우와 유사한 관심을 가지고 있다.

6. 환경적 고려

재무보고의 목적과 재무제표의 작성방법은 경제, 사회, 제도적 환경에 의해 영향을 받으며, 또한 중대한 환경의 변화가 있을 경우 이를 적절히 반영하여야 한다. 따라서 현재 작성 · 공시되고 있는 재무제표라 하더라도 추후 환경적 요인의 변화에 따라 작성이 필요하지 않게 되거나 다른 종류의 재무제표로 대체될 수 있다.

제2절 재무보고의 목적

1. 재무보고 목적의 구체화

재무보고의 목적은 재무회계개념체계의 최상위 개념으로서 제1절 '5. 재무정보의 이용자'에서 기술된 재무정보이용자의 정보수요로부터 도출된다. 또한 이와 같이 도출된 재무보고의 목적은 제3절 이하에서 기술되는 재무회계개념체계의 내용을 구체화하는 토대가 된다.

투자자와 채권자는 기업실체의 재무정보를 가장 많이 사용하는 대표적인 외부이용자로서 이들의 의사결정은 경제적 자원의 배분에 중대한 영향을 미친다. 그러므로 본 재무회계개념체계는 재무보고의 궁극적인 목적을 투자자와 채권자의 의사결정에 유용한 정보를 제공하는 것으로 제시하고 이를 구체적으로 기술하였다. 투자자와 채권자를 위한 정보중개인도 이들과 동일한 정보수요를 가지고 있다. 그리고 투자자와 채권자에게 유용한 재무정보는 정보중개인을 제외한 기타 정보이용자에게도 유용할 수 있다.

이러한 재무보고의 주된 목적은 투자 및 신용의사결정에 유용한 정보를 제공하는 것이다. 투자 및 신용의사결정에 유용한 정보란 투자로부터의 미래 현금흐름을 예측하기 위해 기업실체의 미래 현금흐름을 예측하는 데 유용한 정보라고 할 수 있다. 기업실체의 미래 현금흐름을 예측하기 위해서는 기업실체의 경제적 자원과 그에 대한 청구권, 그리고 경영성과 측정치를 포함한 청구권의 변동에 관한 정보가 제공되어야 한다. 또한 이러한 재무정보는 경영자의 수탁책임을 평가하는 측면에서 활용될 수 있으므로 '5. 경영자의 수탁책임 평가에 유용한 정보의 제공'에서 그러한 목적을 구체적으로 기술한다.

2. 투자 및 신용의사결정에 유용한 정보의 제공

재무보고는 기업실체에 대한 현재 및 잠재의 투자자와 채권자가 합리적인 투자의사결정과 신용의사결정을 하는 데 유용한 정보를 제공하여야 한다. 투자자와 채권자에게 유용한 정보는 사회 전체적인 자원배분의 효율성을 높이는 데 기여한다.

이러한 재무보고에 의해 제공되는 정보는 기업실체의 경제적 활동에 대해 어느 정도의 지식을 갖고 있는 투자자와 채권자라면 이해할 수 있는 정보여야 한다. 그러나 일부 투자자 및 채권자가 이해하기 어렵다거나 이용하지 않는다는 이유로 의사결정에 적합한 정보가 누락되어서는 아니된다.

위에서 언급된 정보이용자에는 여러 유형의 투자자와 채권자가 포함된다. 장기투자 또는 단기투자, 기업실체에 직접투자 또는 중개인을 통한 투자, 저위험투자 또는 고위험투자 등 형태에 관계 없이 기업실체에 투자를 하는 개인투자자, 기관투자자 및 채권자가 모두 포함된다.

3. 미래 현금흐름 예측에 유용한 정보의 제공

현재 및 잠재의 투자자와 채권자가 합리적 의사결정을 하기 위해서는 투자 또는 자금대여 등에서 기대되는 미래 현금유입을 예측하여야 한다. 이러한 미래 현금유입은 미래의 배당 또는 이자와 미래의 주식매각가액 또는 채권의 만기가액 등이다. 그러므로 재무보고는 투자 또는 자금대여 등으로부터 받게 될 미래 현금의 크기, 시기 및 불확실성을 평가하는 데 유용한 정보를 제공하여야 한다. 또한 그러한 미래 현금유입은 기업실체의 미래 현금창출능력에 의존하게 되므로 재무보고는 당해 기업실체에 유입될 미래 순현금흐름의 크기,

시기 및 불확실성을 평가하는 데 유용한 정보를 제공하여야 한다.

현재 및 잠재의 주식투자자는 기업가치를 평가하고 이 기업가치 중 주주가치에 해당하는 부분과 현재의 주식가격을 비교하여 주식의 매각 또는 매입 여부의 의사결정을 한다. 기업가치의 평가는 미래의 기대배당과 투자위험 등에 근거하며, 재무보고는 이러한 평가에 유용한 정보를 제공하여야 한다.

현재 및 잠재의 채권투자자는 회사채의 가치를 평가하고 이를 현재의 회사채가격과 비교하여 회사채의 매각 또는 매입 여부를 결정한다. 회사채의 가치는 발행기업의 채무이행능력(이자지급 및 원금상환능력)에 의해 결정된다. 또한 자금대여자 및 공급자 등과 같은 채권자도 당해 기업실체의 채무이행능력 또는 신용위험을 평가하여 의사결정을 한다. 따라서 재무보고는 기업실체의 채무이행능력 또는 신용위험 평가에 유용한 정보를 제공하여야 한다.

기업실체는 영업활동에서 창출되는 순현금흐름을 이용하여 기업실체 유지에 필요한 투자에 충당하고, 배당 및 이자를 지급하며 채무를 상환한다. 그러므로 기업실체의 미래 현금창출능력은 배당 및 이자 지급과 채무이행능력에 영향을 미치고, 주식 및 회사채의 가치도 이에 따라 영향을 받는다. 이와 같이 투자자와 채권자에 대한 미래 현금유입액과 주식 및 회사채의 가치는 당해 기업실체의 미래 순현금흐름에 직결되어 있으므로 재무보고는 기업실체에 유입될 미래 순현금흐름의 크기, 시기 및 불확실성을 평가하는 데 유용한 정보를 제공하여야 한다.

4. 재무상태, 경영성과, 현금흐름 및 자본변동에 관한 정보의 제공

투자자와 채권자는 투자 또는 자금대여 등으로부터의 미래 현금유입이나 기업실체의 미래 순현금흐름을 예측하기 위해서 다양한 재무정보를 필요로 한다. 그러므로 재무보고는 기업실체가 보유하고 있는 경제적 자원과 그 자원에 대한 청구권, 그리고 경영성과 측정치를 포함하여 그러한 청구권의 변동에 관한 정보와 현금흐름 정보를 제공하여야 한다. 즉 재무보고는 기업실체의 재무상태, 경영성과, 현금흐름 및 자본변동에 관한 정보를 제공하여야 한다.

기업실체의 경제적 자원, 의무 및 자본에 관한 재무상태 정보는 투자자와 채권자가 당해 기업실체의 재무건전성과 유동성을 평가하는 데 유용하다. 재무건전성은 기업실체의 장기적인 채무이행능력을 평가하는 요소이며, 유동성은 단기적인 채무이행능력을 평가하는 요소이다. 자산 항목의 일부와 대부분의 부채 항목은 기업실체에 대한 미래 현금유출 · 입의 직접적 원천이다. 또한 자산, 부채 및 자본에 대한 정보는 자본이익률을 측정하여 기업실체의 경영성과를 적절히 평가하는 데 필요한 근거를 제공한다.

일정 기간에 대한 기업실체의 경영성과, 즉 회계이익과 그 구성요소에 대한 정보는 기업실체의 미래 순현금흐름을 예측하는 데 유용하다. 발생기준에 따라 측정된 이익정보는 현금주의에 의한 성과측정치보다 기업실체의 경영성과를 더 잘 나타내며, 현재의 회계이익은 현재의 순현금흐름보다 기업실체의 미래 순현금흐름의 예측에 더 유용한 것으로 인식되고 있다.

일정 기간에 대한 현금흐름 정보는 기업실체가 영업활동에서 창출한 순현금흐름, 투자활동, 자금의 차입과 상환, 현금배당을 포함한 자본거래 및 기업실체의 유동성에 관한 정보를 제공한다.

한편 기업실체의 자본변동에 관한 정보는 일정 기간 동안에 발생한 기업실체와 소유주(주주) 간의 거래 내용을 이해하고 소유주에게 귀속될 이익 및 배당가능이익을 파악하는 데 유용하다.

5. 경영자의 수탁책임 평가에 유용한 정보의 제공

재무제표는 경영자의 수탁책임의 이행 등을 평가할 수 있는 정보를 제공한다. 경영자는 소유주로부터 위탁받은 기업실체의 자원을 적절히 유지하고 효율적으로 운용하여 수익을 창출하여야 하며, 물가변동이나 기술진보 및 사회적 변화에 따라 발생할 수 있는 불리한 경제상황으로부터 최대한 이 자원을 보전할 책임이 있다. 이러한 책임의 이행 여부에 대해 경영자는 주기적으로 평가받게 된다.

기업실체의 경영성과에 대한 정보는 회계이익을 중심으로 측정되며, 경영자의 수탁책임 이행을 평가하는 주된 정보로 사용된다. 그러나 기업실체의 경영성과는 경영자의 능력뿐 아니라 거시경제 상황이나 원자재의 가격상승 등 경영자가 통제할 수 없는 요인에 의해서도 영향을 받으므로 재무제표에 근거하여 경영자의 수탁책임 이행을 평가하는 경우 이러한 환경적 요인을 고려하여야 한다. 또한 경영자의 장기적 의사결정의 결과는 상당한 기간이 경과한 후에 그 효과가 나타날 수 있으므로 과거의 경영자의 성과와 현재의 경영자의 성과를 명확히 구분하기 어렵다. 따라서 특정 기간을 대상으로 하는 재무제표는 경영자 수탁책임 이행의 평가를 위한 정보를 충분히 제공하지 못할 수 있다. 회계이익 외의 다른 재무정보, 예를 들어 현금흐름표에 나타난 정보도 경우에 따라 경영자의 수탁책임 이행의 평가를 위한 정보로 사용될 수 있다.

기업실체가 상장된 경우라면 경영자의 수탁책임은 현재의 주주뿐만 아니라 미래의 주주와 일반대중에 대한 책임으로까지 확대될 수 있다. 또한 기업실체와 경영자에게 사회적 문제에 대한 광범위한 또는 특정한 책임이 요구되기도 한다. 예를 들어 심각한 환경문제에 따른 환경개선에 대한 사회적 요구는 기업실체와 경영자에게 자연환경의 보전에 대한 새로운 책임을 부가할 수 있다. 이 경우 경영자는 기업실체의 활동이 환경에 미치는 영향을 측정하고 이와 관련된 문제가 있다면 환경개선을 위한 기업실체의 활동과 성과를 평가·보고하여야 할 것이다.

제3절 재무정보의 질적특성

1. 질적특성의 의의

재무보고의 목적이 달성되기 위해서는 재무제표에 의해 제공되는 정보(이하 "재무정보"라 함)가 정보이용자들의 의사결정에 유용하여야 한다. 재무정보의 질적특성이란 재무정보가 유용하기 위해 갖추어야 할 주요 속성을 말하며, 재무정보의 유용성의 판단기준이 된다.

재무정보의 질적특성은 회계기준제정기구가 회계기준을 제정 또는 개정할 때 대체적 회계처리방법들을 비교 평가할 수 있는 판단기준이 된다. 또한 재무정보의 질적특성은 경영자와 감사인이 회계정책을 선택 또는 평가하거나, 재무정보이용자가 기업실체가 사용한 회계처리방법의 적절성 여부를 평가할 때 판단기준을 제공한다.

재무정보가 갖추어야 할 가장 중요한 질적특성은 목적적합성(또는 관련성, 이하 목적적합성은 관련성과 동일한 의미로 사용함)과 신뢰성이다. 특정 거래를 회계처리할 때 대체적인 회계처리방법이 허용되는 경우, 목적적합성과 신뢰성이 더 높은 회계처리방법을 선택할 때에 재무정보의 유용성이 증대된다. 목적적합성의 정도가 유사하다면 신뢰성이 더 높은 회계처리방법이 선택되어야 하며, 신뢰성의 정도가 유사하다면 목적적합성이 더 높은 회계처리방법이 선택되어야 한다. 목적적합성과 신뢰성 중 어느 하나가 완전히 상실된 경우 그 정보는 유용한 정보가 될 수 없다. 재무정보의 비교가능성은 목적적합성과 신뢰성만큼 중요한 질적특성은 아니나, 목적적합성과 신뢰성을 갖춘 정보가 기업실체간에 비교가능하거나 또는 기간별 비교가 가능할 경우 재무정보의 유용성이 제고될 수 있다.

재무정보의 질적특성은 비용과 효익, 그리고 중요성의 제약요인 하에서 고려되어야 한다. 회계기준제정기구가 회계기준을 제정 또는 개정할 때에는 재무정보의 제공 및 이용에 소요될 비용이 그 효익보다 작아야 한다. 회계항목의 성격과 크기의 중요성을 고려할 때 정보이용자의 의사결정에 차이를 초래하지 않을 것으로 판단되는 정보는 질적특성의 평가가 불필요할 것이다.

재무정보의 유용성은 궁극적으로 정보이용자에 의해서 판단되며, 이러한 판단은 당면한 의사결정의 성격, 의사결정의 방법, 제공되는 재무정보가 새로운 정보인지의 여부, 의사결정자의 정보처리능력 등 여러 요인에 의해 영향을 받는다. 따라서 모든 정보이용자에게 최대의 유용성을 갖는 재무정보는 존재할 수 없으며, 회계기준제정기구는 정보이용자의 정보이해능력과 재무제표 작성자의 부담을 동시에 고려하여 다양한 정보이용자에게 유용한 정보가 제공될 수 있도록 회계기준을 제정하여야 한다. 이 때 정보이용자는 기업실체의 경제활동 및 회계에 대한 지식을 가지고 있고 재무정보를 이해하기 위한 노력을 할 것이라는 가정이 전제된다.

2. 목적적합성

재무정보가 정보이용자의 의사결정에 유용하기 위해서는 그 정보가 의사결정 목적과 관련되어야 한다. 즉 목적적합성 있는 정보는 정보이용자가 기업실체의 과거, 현재 또는 미래 사건의 결과에 대한 예측을 하는 데 도움이 되거나 또는 그 사건의 결과에 대한 정보이용자의 당초 기대치(예측치)를 확인, 또는 수정할 수 있게 함으로써 의사결정에 차이를 가져올 수 있는 정보를 말한다. 여기서 사건이란 기업실체의 재무상태와 경영성과 등에 영향을 미치는 거래와 외부적 요인을 의미한다. 이러한 목적적합성은 재무정보가 의사결정시점에 이용가능하도록 적시에 제공될 때 유효하게 확보될 수 있다.

위에서 기술된 바와 같이, 목적적합성 있는 재무정보는 예측가치 또는 피드백가치를 가져야 한다. 예측가치란 정보이용자가 기업실체의 미래 재무상태, 경영성과, 순현금흐름 등을 예측하는 데에 그 정보가 활용될 수 있는 능력을 의미한다. 예를 들어 반기재무제표에 의해 발표되는 반기 이익은 올해의 연간 이익을 예측하는 데 활용될 수 있다.

피드백가치는 제공되는 재무정보가 기업실체의 재무상태, 경영성과, 순현금흐름, 자본변동 등에 대한 정보이용자의 당초 기대치(예측치)를 확인 또는 수정되게 함으로써 의사결정에 영향을 미칠 수 있는 능력을 말한다. 예를 들어 어떤 기업실체의 투자자가 특정 회계연도의 재무제표가 발표되기 전에 그 해와 그 다음해의 이익을 예측하였으나 재무제표가 발표된 결과 당해 연도의 이익이 자신의 이익 예측치에 미달하는 경우, 투자자는 그 다음해의 이익 예측치를 하향 수정하게 된다. 이 예에서 당해 연도의 보고이익은 피드백가치를 갖고 있는 정보이다.

재무정보가 예측가치 또는 피드백가치를 가져야 하는 것은 정보이용자의 투자 및 신용 의사결정이 미래에 대한 예측에 근거하여 이루어지기 때문이다. 재무제표에 의해 제공되는 재무정보는 과거에 대한 것임에도 불구하고 정보이용자에게 유용할 수 있는 근본적 이유는 이 정보가 미래에 대한 예측의 근거로 활용될 수 있기 때문이다.

재무정보가 정보이용자에게 유용하기 위해서는 그 정보가 의사결정에 반영될 수 있도록 적시에 제공되어야 한다. 적시성 있는 정보라 하여 반드시 목적적합성을 갖는 것은 아니나 적시에 제공되지 않은 정보는 주어진 의사결정에 이용할 수 없으므로 목적적합성을 상실하게 된다. 그러나 적시성 있는 정보를 제공하기 위해 신뢰성을 희생해야 하는 경우가 있으므로 경영자는 정보의 적시성과 신뢰성 간의 균형을 고려해야 한다.

3. 신뢰성

재무정보가 정보이용자의 의사결정에 유용하기 위해서는 신뢰할 수 있는 정보이어야 한다. 재무정보의 신뢰성은 다음의 요소로 구성된다.

첫째, 재무정보가 나타내고자 하는 대상, 즉 기업실체의 경제적 자원과 의무, 그리고 이들의 변동을 초래하는 거래나 사건을 충실하게 표현하여야 한다.

표현의 충실성은 재무제표상의 회계수치가 회계기간 말 현재 기업실체가 보유하는 자산과 부채의 크기를 충실히 나타내야 하고 또한 자본의 변동을 충실히 나타내고 있어야 함을 의미한다. 만일 회계수치가 그 측정대상의 크기를 잘못 나타내고 있으면 그러한 측정치는 신뢰할 수 없는 정보가 된다. 예를 들어 사실상 회수불가능한 매출채권이 회수가능한 것처럼 재무상태표에 표시('표시'란 재무제표의 본문에 해당 항목에 대한 계정과목과 금액이 기재되는 것을 의미, 이하 같음)된다면 이 매출채권 측정치는 표현의 충실성을 상실한 정보가 된다.

표현의 충실성을 확보하기 위해서는 회계처리대상이 되는 거래나 사건의 형식보다는 그 경제적 실질에 따라 회계처리하고 보고하여야 한다. 거래나 사건의 경제적 실질은 법적 형식 또는 외관상의 형식과 항상 일치하지는 않는다. 예를 들어 리스의 법적 형식은 임차계약이지만 리스이용자가 리스자산에서 창출되는 경제적 효익의 대부분을 향유하고 당해 리스자산과 관련된 위험을 부담하는 경우가 있다. 이 경우 리스이용자는 리스자산의 경제적 효익을 향유하는 대가로 당해 자산의 공정가치 상당액 및 관련 금융비용을 지급하는 의무를 부담한다. 이와 같은 리스는 경제적 실질의 관점에서 자산과 부채의 정의를 충족하므로 리스이용자는 리스거래 관련 자산과 부채를 인식하여야 한다.

특정 거래나 사건을 충실히 표현하기 위해 필요한 중요한 정보는 누락되어서는 안 된다. 수집가능한 중요한 정보가 누락될 경우 표현의 충실성을 저해할 수 있다. 예를 들어 어떤 기업실체가 지배·종속관계에 있는 다른 기업실체에 거액의 매출을 한 경우 이와 같은 거래내용이 충실히 공시되지 않는다면 개별재무제표에 나타난 정보는 표현의 충실성이 상실된 정보일 수 있다. 당해 재고가 외부에 매출되지 않은 경우 매출이나 손익이 과대계상될 수 있으며, 특히 두 기업실체 간에 책정된 가격이 공정하지 않은 경우에는 가공의 손익이 기록되기 때문이다.

둘째, 객관적으로 검증가능하여야 한다.

검증가능성이란 동일한 경제적 사건이나 거래에 대하여 동일한 측정방법을 적용할 경우 다수의 독립적인 측정자가 유사한 결론에 도달할 수 있어야 함을 의미한다. 예를 들어 독립된 당사자간의 시장거래에서 현금으로 구입한 자산의 취득원가는 검증가능성이 높은 측정치이다. 그러나 검증가능성이 높다는 것이 표현의 충실성을 보장하는 것은 아니며 또한 반드시 목적적합성이 높다는 것을 의미하지도 않는다.

셋째, 편의 없이 중립적이어야 한다.

의도된 결과를 유도할 목적으로 회계기준을 제정하거나 재무제표에 특정 정보를 표시함으로써 정보이용자의 의사결정이나 판단에 영향을 미친다면 그러한 재무정보는 중립적이라 할 수 없다. 회계기준을 제정하거나 회계처리방법을 적용함에 있어 정보의 목적적합성과 신뢰성을 우선적으로 고려하여야 하며 특정 이용자, 또는 이용자 집단의 영향을 받아서는 안 된다.

참고로 일반기업회계기준 재무회계개념체계의 질적특성은 상기 '2. 목적적합성'과 '3. 신뢰성'에서와 같이 목적적합성과 신뢰성을 정점으로 하여 예측가치와 피드백가치, 적시성, 표현의 충실성, 중립성, 검증가능성과 같은 2차적 질적특성으로 구성된 계층구조로 표현될 수 있는 반면, 한국채택국제회계기준 개념체계는 질적특성을 계층구조로 표현하지 않는다.

4. 질적특성 간의 절충의 필요

재무정보의 질적특성은 서로 절충이 필요할 수 있다. 예를 들어 유형자산을 역사적 원가로 평가하면 일반적으로 검증가능성이 높으므로 측정의 신뢰성은 제고되나 목적적합성은 저하될 수 있으며, 시장성 없는 유가증권에 대해 역사적 원가를 적용하면 자산가액 측정치의 검증가능성은 높으나 유가증권의 실제 가치를 나타내지 못하여 표현의 충실성과 목적적합성이 저하될 수 있다. 또한 정보를 적시에 제공하기 위해 거래나 사건의 모든 내용이 확정되기 전에 보고하는 경우, 목적적합성은 향상되나 신뢰성은 저하될 수 있다. 이와 같이 질적특성 간의 절충의 필요는 목적적합성과 신뢰성 간에 발생할 수 있으며 주요 질적특성의 구성요소 간에도 발생할 수 있다.

절충이 필요한 질적특성 간의 선택은 재무보고의 목적을 최대한 달성할 수 있는 방향으로 이루어져야 하며, 질적특성 간의 상대적 중요성은 상황에 따라 판단되어야 한다. 예를 들어 기업실체의 재무상태에 중요한 영향을 미칠 것으로 예상되는 진행 중인 손해배상소송에 대한 정보는 목적적합성 있는 정보일 수 있다. 그러나 소송결과를 확실히 예측할 수 없는 상황에서 손해배상청구액을 재무제표에 인식하는 것은 신뢰성을 저해할 수 있다.

5. 비교가능성

기업실체의 재무상태, 경영성과, 현금흐름 및 자본변동의 추세분석과 기업실체 간의 상대적 평가를 위하여 재무정보는 기간별 비교가 가능해야 하고 기업실체 간의 비교가능성도 있어야 한다. 즉 유사한 거래나 사건의 재무적 영향을 측정 · 보고함에 있어서 영업 및 재무활동의 특성이 훼손되지 않는 범위 내에서 기간별로 일관된 회계처리방법을 사용하여야 하며 기업실체 간에도 동일한 회계처리방법을 사용하는 것이 바람직하다.

일반적으로 인정되는 회계원칙에 따라 재무제표를 작성하면 회계정보의 기업실체 간 비교가능성이 높아진다. 또한 당해 연도와 과거 연도를 비교하는 방식으로 재무제표를 작성하면 해당 기간의 재무정보에 대한 비교가 가능해진다. 그리고 재무제표의 작성에 적용된 회계기준 또는 회계처리방법이 변경된 경우에는, 정보이용자가 유사한 거래나 사건에 대해 기간별 또는 기업실체 간 회계처리방법의 차이를 파악할 수 있도록 그 변경의 영향 등을 충분히 공시하여야 한다.

비교가능성은 단순한 통일성을 의미하는 것은 아니며, 발전된 회계기준의 도입에 장애가 되지 않아야 한다. 또한 목적적합성과 신뢰성을 제고할 수 있는 회계정책의 선택에 장애가 되어서도 안 된다. 예를 들어 재무정보의 목적적합성과 신뢰성을 높일 수 있는 대체적 방법이 있음에도 불구하고 비교가능성의 저하를 이유로 회계기준의 개정이나 회계정책의 변경이 이루어지지 않는 것은 적절하지 않다.

6. 재무정보의 제약요인

재무정보가 정보이용자에게 유용하기 위해서는 목적적합성과 신뢰성을 가져야 한다. 그러나 질적특성을 갖춘 정보라 하더라도 정보 제공 및 이용에 소요될 사회적 비용이 정보 제공 및 이용에 따른 사회적 효익을 초과한다면 그러한 정보 제공은 정당화될 수 없다. 따라서 회계기준제정기구는 회계기준의 제 · 개정에 대한 포괄적인 제약으로서 비용 대 효익의 문제를 고려하여야 한다. 그러나 비용 대 효익의 객관적 비교는 용이하지 않은 문제이다. 또한 재무정보 제공에 대한 추가적 제약요인으로서 회계항목의 성격 및 크기의 중요성이 고려되어야 한다.

재무정보가 제공되고 이용되는 과정에는 여러 유형의 비용과 효익이 발생한다. 이러한 비용에는 재무제표 작성자의 정보 제공에 소요되는 비용뿐 아니라, 정보이용자의 정보처리 비용도 포함된다. 재무제표 작성자는 정보의 수집, 처리, 감사 및 공시와 관련된 비용을 부담하며, 소송위험 또는 경쟁기업으로의 정보유출 등과 관련된 비용을 부담하게 된다. 반면 정보이용자는 주로 재무제표의 이해 및 분석과 관련된 비용을 부담하게 된다. 재무정보 제공의 효익에는 투자자 및 채권자를 포함한 정보이용자의 합리적 의사결정을 가능하게 하

고 경제 내에서의 효율적 자원배분에 기여하는 효과가 포함된다. 개별 기업실체의 입장에서는 자본시장에서 자본조달이 용이해지는 효익이 있고 기업이미지의 개선도 잠재적 효익에 포함될 수 있다. 이와 같이 재무정보의 제공 및 이용에는 여러 경제주체들에게 비용과 효익이 수반되는 양 측면이 있다.

목적적합성과 신뢰성이 있는 정보는 재무제표를 통해 정보이용자에게 제공되어야 한다. 그러나 재무제표에 표시되는 항목에는 또한 중요성이 고려되어야 하므로 목적적합성과 신뢰성을 갖춘 모든 항목이 반드시 재무제표에 표시되는 것은 아니다. 즉 중요성은 회계항목이 정보로 제공되기 위한 최소한의 요건이다. 특정 정보가 생략되거나 잘못 표시된 재무제표가 정보이용자의 판단이나 의사결정에 영향을 미칠 수 있다면 개념적으로 볼 때 그러한 정보는 중요한 정보이다. 중요성은 일반적으로 해당 항목의 성격과 금액의 크기에 의해 결정된다. 그러나 어떤 경우에는 금액의 크기와는 관계 없이 정보의 성격 자체만으로도 중요한 정보가 될 수 있다. 예를 들어 신규 사업부문의 이익수치가 영(0)에 가까울 정도로 극히 작은 경우에도 그러한 이익수치는 정보이용자가 당해 기업실체가 직면하고 있는 위험과 기회를 평가하는 데 중요한 정보가 될 수 있다.

제4절 재무제표

1. 재무제표

재무제표는 기업실체의 외부 정보이용자에게 기업실체에 관한 재무정보를 전달하는 핵심적 재무보고 수단이다. 재무회계개념체계는 일반목적 재무보고에 적용하기 위한 것이므로 본절에서 규정하는 재무제표는 투자자와 채권자를 포함한 다양한 정보이용자의 공통적 정보 요구를 위해 작성되는 일반목적 재무제표를 의미한다. 따라서 재무제표는 특수한 목적의 정보를 필요로 하는 일부 정보이용자의 요구까지 모두 충족시키는 것은 아니다.

2. 재무제표의 기본가정

일반기업회계기준 재무회계개념체계는 아래와 같이 기업실체, 계속기업, 기간별보고를 기본가정으로 하고 있다. 반면, 한국채택국제회계기준 개념체계는 발생기준과 계속기업을 기본가정으로 하고 있어 발생기준을 재무제표의 기본가정에 포함하지 않고 발생주의 회계를 재무제표 작성에 적용되는 별도의 원칙으로 제시, 발생과 이연의 개념을 정의하는 일반기업회계기준 재무회계개념체계와는 차이를 보인다.

(1) 기업실체

기업실체의 가정이란 기업을 소유주와는 독립적으로 존재하는 회계단위로 간주하고 이 회계단위의 관점에서 그 경제활동에 대한 재무정보를 측정 · 보고하는 것을 말한다. 일반적으로 개별 기업은 하나의 독립된 회계단위로서 재무제표를 작성하는 기업실체에 해당한다. 그러나 기업실체개념은 법적 실체와는 구별되는 개념이다. 예를 들어 지배 · 종속관계에 있는 기업들의 경우 지배기업과 종속기업은 단일의 법적 실체가 아니지만 단일의 경제적 실체를 형성하여 하나의 회계단위로서 연결재무제표의 작성대상이 된다. 이 때 지배기업과 모든 종속기업은 연결재무보고의 기업실체가 된다.

기업실체의 가정이 도입되는 근본적 이유는 소유주가 투자의 결과로서 당해 기업실체에 대해 갖고 있는 청구권의 크기와 그 변동을 적절히 측정하기 위함이며 소유주와 별도의 회계단위로서 기업실체를 인정하는 것이다. 즉 재무상태표에 표시된 자본은 소유주와는 분리되어 있으나 소유주가 회계기간 말 현재 당해 기업실체의 자원에 대해 갖고 있는 청구권의 크기를 회계상으로 측정한 것이다. 이 금액은 자본의 경제적 가치를 평가하는 데 유용한 정보가 되며, 동시에 시장의 잠재 투자자에게도 유용한 정보가 된다.

(2) 계속기업

계속기업의 가정이란 기업실체는 그 목적과 의무를 이행하기에 충분할 정도로 장기간 존속한다고 가정하는 것을 말한다. 즉 기업실체는 그 경영활동을 청산하거나 중대하게 축소시킬 의도가 없을 뿐 아니라 청산이 요구되는 상황도 없다고 가정된다. 그러나 기업실체의 중요한 경영활동이 축소되거나 기업실체를 청산시킬 의도나 상황이 존재하여 계속기업을 가정하기 어려운 경우에는 계속기업을 가정한 회계처리방법과는 다른 방법이 적용되어야 하며, 이 때 적용된 회계처리방법은 적절히 공시되어야 한다.

(3) 기간별 보고

기간별 보고의 가정이란 기업실체의 존속기간을 일정한 기간 단위로 분할하여 각 기간별로 재무제표를 작성하는 것을 말한다. 기업실체의 이해관계자는 지속적으로 의사결정을 해야 하므로 적시성이 있는 정보가 필요하게 된다. 이러한 정보수요를 충족시키기 위하여 기간별 보고가 도입될 필요가 있다. 따라서 기업실체의 존속기간을 일정한 회계기간 단위로 구분하고 각 회계기간에 대한 재무제표를 작성하여 기간별로 재무상태, 경영성과, 현금흐름, 자본변동 등에 대한 정보를 제공하게 된다. 다만 기업실체의 회계기간을 정함에 있어 회계기간의 장 · 단기에 따라 발생할 수 있는 정보의 목적적합성과 신뢰성 간의 절충이 필요한지를 고려하여야 한다.

3. 발생주의 회계

재무제표는 발생기준에 따라 작성된다. 발생주의 회계는 재무회계의 기본적 특징으로서 재무제표 기본요소의 정의, 인식 및 측정과 관련이 있다. 다만 현금흐름표는 발생기준에 따라 작성되지 않는다.

발생주의 회계의 기본적인 논리는 발생기준에 따라 수익과 비용을 인식하는 것이다. 발생기준은 기업실체의 경제적 거래나 사건에 대해 관련된 수익과 비용을 그 현금유출·입이 있는 기간이 아니라 당해 거래나 사건이 발생한 기간에 인식하는 것을 말한다. 발생주의 회계는 현금거래뿐 아니라, 신용거래, 재화 및 용역의 교환 또는 무상이전, 자산 및 부채의 가격변동 등과 같이 현금유출·입을 동시에 수반하지 않는 거래나 사건을 인식함으로써 기업실체의 자산과 부채, 그리고 이들의 변동에 관한 정보를 제공하게 된다.

발생주의 회계는 발생과 이연의 개념을 포함한다. 발생이란 미수수익과 같이 미래에 수취할 금액에 대한 자산을 관련된 부채나 수익과 함께 인식하거나, 또는 미지급비용과 같이 미래에 지급할 금액에 대한 부채를 관련된 자산이나 비용과 함께 인식하는 회계과정을 의미한다. 발생주의 회계에 의하면 재화 및 용역을 신용으로 판매하거나 구매할 때 자산과 부채를 인식하게 되고, 현금이 지급되지 않은 이자, 또는 급여 등에 대해 부채와 비용을 인식하게 된다.

이연이란 선수수익과 같이 미래에 수익을 인식하기 위해 현재의 현금유입액을 부채로 인식하거나, 선급비용과 같이 미래에 비용을 인식하기 위해 현재의 현금유출액을 자산으로 인식하는 회계과정을 의미한다. 전자의 경우 수익의 인식은 관련 부채에 내재된 의무의 일부 또는 전부가 이행될 때까지 연기된다. 또한 후자의 경우 비용의 인식은 관련 자산에 내재된 미래 경제적 효익의 일부 또는 전부가 사용될 때까지 연기된다.

또한 이연에는 수익과 비용의 기간별 배분이 수반된다. 기간별 배분은 상각이라고도 하며, 이는 매 기간에 일정한 방식에 따라 금액을 감소시켜 가는 회계과정을 말한다. 상각의 전형적인 예로는 감가상각 또는 감모상각에 의한 비용을 인식하는 것과 선수수익을 수익으로 인식하는 것을 들 수 있다.

발생주의 회계에서는 현금유출·입이 수반되지 않는 자산과 부채 항목이 인식될 수 있다. 그러므로 발생주의 회계와 현금주의 회계의 주된 차이는 수익과 비용을 인식하는 시점이 다르다는 데 있다. 기업실체가 재화 및 용역을 생산하기 위해 설비 등에 투자하는 기간과 생산된 재화 및 용역을 판매하여 수익으로 회수하는 기간은 일반적으로 일치하지 않는 경우가 많다. 설비투자에 현금이 지출되는 시점에서부터 판매된 제품의 대가가 현금으로 회수될 때까지는 상당한 기간이 소요될 수 있다. 그러므로 1년 정도의 짧은 기간에 대해 현금유입과 현금유출만을 단순 대비하는 것은 기업실체의 재무적 성과를 적절히 나타내지 못할 수 있다. 그러나 발생주의 회계에서는 회계기간별로 기업실체의 경영성과를 적절히 측정하기 위하여 발생과 이연의 절차를 통해 수익과 비용을 기간별로 관련시키고 동시에 자산과 부채의 증감도 함께 인식하게 된다.

4. 재무제표의 체계

재무보고의 목적을 달성하기 위해서는 제2절 '4. 재무상태, 경영성과, 현금흐름 및 자본변동에 관한 정보의 제공'에 기술된 재무상태, 경영성과, 현금흐름 및 자본변동에 관한 다양한 재무정보가 제공되어야 한다. 이러한 정보의 다양성으로 인해 여러 종류의 재무보고서 또는 재무제표가 필요하다. 예를 들면 각 회계기간별로 회계기간 말 현재의 재무상태에 관한 정보를 나타내는 재무상태표와 회계기간 동안의 경영성과에 관한 정보를 나타내는 손익계산서가 필요하다. 또한 회계기간 동안의 현금흐름에 관한 정보를 나타내는 현금흐름표와 자본의 변동에 관한 자본변동표가 필요하다. 이러한 재무제표들은 서로 연관되어 있으며 전체적으로 하나의 체계를 이루고 있다.

지배·종속관계에 있는 회사들의 경우 그 전체를 하나의 기업실체로 보아 작성하는 연결재무제표가 정보이용자들에게 유용할 수 있다. 또한 우리나라 기업실체의 특이한 지배구조를 고려할 때 기업집단에 대한 결합재무제표도 정보이용자들에게 유용할 수 있다. 기업집단결합재무제표는 대상 기업집단을 구성하는 성격상 기업실체의 가정에 정확히 부합한다고 볼 수는 없으나 동일인이 사실상 사업내용을 지배하고 있는 기업의 집단에 대한 유용한 정보를 제공하기 위해서 작성된다.

재무제표는 주석 및 부속명세서 등의 기타 설명자료를 통하여 재무제표 본문에 표시된 정보를 이해하는 데 도움이 되는 추가적 정보 또는 재무제표 본문에 표시되지 않은 자원, 의무 등에 대한 정보를 함께 제공해야 한다. 예를 들어 재무제표 작성에 적용된 중요한 회계방침과 회계변경의 효과에 대한 정보, 사업부문별 정보, 기업실체에 영향을 미치는 불확실성이나 위험에 대한 정보 등이 제공되어야 한다.

5. 재무상태표

재무상태표는 일정 시점 현재 기업실체가 보유하고 있는 경제적 자원인 자산과 경제적 의무인 부채, 그리고 자본에 대한 정보를 제공하는 재무보고서이다.

재무상태표에 나타난 자산과 부채의 가액만으로 기업실체의 가치를 직접 평가할 수 있는 것은 아니지만, 재무상태표는 다른 재무제표와 함께 기업가치의 평가에 유용한 정보를 제공하여야 한다.

불확실성이나 비용 대 효익의 고려 등으로 인해 재무상태표는 모든 자산과 부채를 나타내지 않을 수 있다. 예를 들면 무형자산의 성격과 유사한 인적자원이나 지식자산 등은 측정의 불확실성으로 인해 재무상태표에 자산으로 보고되지 않는 것이 일반적이다. 또한 재무상태표에 포함된 일부 자산과 부채에는 가치변동과 같은 사건의 영향이 반영되어 있지 않다.

재무상태표는 정보이용자들이 기업실체의 유동성, 재무적 탄력성, 수익성과 위험 등을 평가하는 데 유용한 정보를 제공하여야 한다. 예를 들어 자산과 부채의 항목이 재무상태표에 그 유동성 정도에 따라 적절히 구분 · 표시되거나 영업활동과 재무활동의 구분을 고려하여 보고된다면 정보이용자의 의사결정에 보다 유용할 수 있다.

6. 손익계산서

손익계산서는 일정 기간 동안 기업실체의 경영성과에 대한 정보를 제공하는 재무보고서이다. 포괄주의 관점에서 작성한 손익계산서는 일정 기간 동안 소유주와의 자본거래를 제외한 모든 원천에서 순자산이 증가하거나 감소한 정도와 그 내역에 대한 정보를 제공한다. 즉 일정 기간의 포괄이익과 그 구성요소인 수익과 비용 등에 대한 정보를 제공하여야 하며, 이러한 정보를 통해 투자자 및 채권자 등의 정보이용자는 일정 기간 동안의 기업실체의 경영성과를 파악할 수 있다. 그러나 손익계산서에 표시되는 경영성과의 측정치는 측정방법을 달리 정함에 따라 포괄이익과 달라질 수 있다. 실무적으로 널리 사용되어 온 당기순이익이 그러한 예이다.

제공되는 정보의 유용성을 높이기 위해 포괄주의 손익계산서(이하 "손익계산서"라 함)에 제시되는 포괄이익의 구성요소는 그 성격에 따라 적절히 구분 · 표시되어야 한다. 즉 수익성의 정도 및 그 변동요인이 적절히 파악될 수 있도록 영업활동 대 재무활동의 항목이 구분 · 표시되어야 한다. 또한 항목간의 미래 지속성을 상대적으로 고려하여, 지속성 정도에 큰 차이가 있는 항목은 구분 · 표시되어야 한다. 여기서 지속성이란 특정 항목의 금액이 미래에 유사한 크기로 다시 발생하는 정도를 의미한다. 항목들의 지속성 차이에 따른 구분 · 표시는 정보이용자가 기업실체의 미래 이익을 예측하는 데 매우 유용하다.

7. 현금흐름표

현금흐름표는 일정 기간 동안 기업실체에 대한 현금유입과 현금유출에 대한 정보를 제공하는 재무보고서이다. 현금흐름표는 영업활동을 통한 현금창출에 관한 정보, 투자활동에 관한 정보 및 자본조달을 위한 재무활동에 대한 정보를 제공한다. 이러한 현금흐름 정보는 기업실체의 현금지급능력, 재무적 탄력성, 수익성 및 위험 등을 평가하는 데 유용하며, 여러 기업실체의 미래 현금흐름의 현재가치를 비교하고 기업가치를 평가하는 데 필요한 기초자료를 제공한다.

발생기준에 따라 산출된 회계이익은 영업활동 순현금흐름과 일치하지 않으므로 현금흐름표는 회계이익과 현금흐름간의 차이 및 그 원인에 대한 정보를 제공한다.

8. 자본변동표

자본변동표는 기업실체에 대한 자본의 크기와 그 변동에 관한 정보를 제공하는 재무보고서이다. 자본변동표에는 소유주의 투자와 소유주에 대한 분배, 그리고 포괄이익(소유주와의 자본거래를 제외한 모든 원천에서 인식된 자본의 변동)에 대한 정보가 포함된다.

소유주의 투자는 현금, 재화 및 용역의 유입, 또는 부채의 전환에 의해 이루어지며, 그에 따라 기업실체의 자본이 증가하게 된다. 소유주에 대한 분배는 현금배당 또는 자기주식 취득의 방법으로 이루어질 수 있으며, 그에 따라 기업실체의 자본이 감소하게 된다. 이러한 거래들에 대한 정보는 다른 재무제표 정보와 더불어 당해 기업실체의 재무적 탄력성, 수익성 및 위험 등을 평가하는 데 유용하다.

9. 재무제표의 상호관련성

각 재무제표는 동일한 거래나 사건의 다른 측면을 반영하고 있으므로 서로 연관되어 있다. 각각의 재무제표가 서로 다른 정보를 제공한다 할지라도, 어느 한 재무제표가 특정 의사결정에 충분한 정보를 제공하지 않을 수 있으며 또한, 모든 재무제표 정보를 대신할 수 있는 것도 아니다. 재무제표들은 상호 보완적 관계에 있으며, 이러한 관계의 예는 다음과 같다.

㉠ 재무상태표는 기업실체의 유동성과 재무건전성을 평가하는 데 유용한 정보를 제공한다. 재무상태표 정보가 현금흐름표 정보와 함께 이용된다면 유동성 또는 재무적 탄력성을 평가하는 데 더 유용할 수 있다.

㉡ 손익계산서는 기업실체의 수익성을 평가하는 데 유용한 정보를 제공한다. 그러나 손익계산서 정보는 재무상태표 정보와 함께 사용될 때 더욱 의미 있는 해석이 가능하게 된다. 예를 들어 자기자본이익률은 수익성의 기간별 비교 또는 기업실체간 비교의 목적으로 유용한 정보를 제공할 수 있다.

㉢ 현금흐름표는 일정 기간 동안의 현금유입과 현금유출에 대해 많은 정보를 제공한다.

그러나 동일한 회계기간 내에서 수익과 비용이 대응되는 것과 달리 현금유입과 현금유출은 서로 대응되어 표시되지 않으므로 현금흐름표는 기업실체의 미래 현금흐름을 전망하는 데 충분한 정보를 제공하지 못한다. 예를 들어 영업활동에서의 현금유입은 많은 부분이 과거의 영업활동에 의해 나타나게 되고 또한, 현재의 현금지출은 미래의 현금유입을 위해 이루어진다. 그러므로 미래의 현금흐름을 예측하기 위하여 현금흐름표 정보는 손익계산서와 재무상태표의 정보가 함께 사용될 필요가 있다.

㉣ 자본변동표는 자산, 부채, 자본 변동의 주요 원천에 대한 정보를 제공한다. 그러나 이러한 정보는 다른 재무제표 정보와 함께 사용되어야 그 유용성이 증대된다. 예를 들어 주주에 대한 배당은 손익계산서상의 이익과 비교될 필요가 있으며, 유상증자 및 자기주식 취득과 배당은 신규 차입 및 기존 채무의 상환 등과 비교될 때 그 정보유용성이 증대될 수 있다.

소유주의 투자와 소유주에 대한 분배를 제외한다면, 회계기간 말 현재의 자본은 회계기간 초와 비교할 때 회계기간 중 인식된 포괄이익만큼 증가하게 되며, 자본변동의 모든 원천은 포괄이익에 의해 최종적으로 측정된다. 이러한 관점에서 재무상태표와 손익계산서는 상호 연계되는 관계에 있다. 또한 손익계산서는 재무상태표를 통해 현금흐름표와도 연계되는 관계에 있다. 예를 들면 손익계산서의 세후 순영업이익은 영업에 필요한 투하자본의 증가액을 보충하는 원천이 되며, 나머지는 잉여현금흐름을 구성하게 된다.

10. 재무제표 정보의 특성과 한계

재무제표를 통해 제공되는 정보는 다음의 예와 같은 특성과 한계를 갖고 있다.

㉠ 재무제표는 화폐단위로 측정된 정보를 주로 제공한다.

㉡ 재무제표는 대부분 과거에 발생한 거래나 사건에 대한 정보를 나타낸다.

㉢ 재무제표는 추정에 의한 측정치를 포함하고 있다.

㉣ 재무제표는 특정 기업실체에 관한 정보를 제공하며, 산업 또는 경제 전반에 관한 정보를 제공하지는 않는다.

재무제표의 기본요소

1. 기본요소의 의의

재무제표를 구성하는 기본요소는 자산, 부채, 자본, 소유주의 투자, 소유주에 대한 분배, 포괄이익, 수익, 비용, 영업활동 현금흐름, 투자활동 현금흐름, 재무활동 현금흐름이다. 재무제표를 구성하는 기본요소를 구분하여 표시하는 것은 정보이용자의 경제적 의사결정에 더욱 유용한 정보를 제공하기 위한 것이다.

2. 재무상태표의 기본요소

일정 시점 현재 기업실체의 재무상태에 대한 정보를 제공하는 재무상태표의 기본요소는 자산, 부채 및 자본이다.

(1) 자 산

자산은 과거의 거래나 사건의 결과로서 현재 기업실체에 의해 지배되고 있고 미래에 경제적 효익을 창출할 것으로 기대되는 자원이다. 여기서 자산에 내재된 미래의 경제적 효익이란 직접 또는 간접적으로 기업실체의 미래 현금흐름 창출에 기여하는 잠재력을 말한다.

일반적으로 자산은 고객의 요구를 충족시킬 수 있는 재화 및 용역의 생산에 이용된다. 생산된 재화 및 용역에 대하여 고객은 그 대가를 지급할 것이며 이로부터 기업실체의 현금흐름이 창출된다. 또한 자산은 다른 자산과의 교환 또는 부채의 상환에 사용되거나 소유주에 대한 분배에 사용될 수 있다. 현금은 그 자체로서 다른 자산에 대한 구매력을 통하여 기업실체에 경제적 효익을 제공한다.

유형자산을 포함한 많은 자산이 물리적 형태를 가지고 있지만 물리적 형태가 자산의 본질적인 특성은 아니다. 예를 들어 물리적 형태가 없는 자원이라도 특정 실체에 의하여 지배되고 그 실체에게 미래의 경제적 효익을 창출할 것으로 기대되는 경우 당해 항목은 자산의 정의를 충족할 수 있다.

채권과 부동산을 포함한 많은 자산이 소유권과 같은 법적 권리와 결부되어 있다. 그러나 소유권 등의 법적 권리가 자산성 유무를 결정함에 있어 최종적 기준은 아니다. 경제적 효익에 대한 지배력은 법적 권리에 따라 발생하나, 경우에 따라서는 법적 권리가 없어도 자산의 정의를 충족시킬 수 있다. 예를 들어 기업실체가 개발활동으로 획득한 신기술을 보유하면서 그 신기술로부터 예상되는 경제적 효익을 지배할 때에는 이러한 신기술사업권은 자산의 정의에 부합할 수 있다.

기업실체의 자산은 과거의 거래나 사건으로부터 발생한다. 기업실체는 구매 또는 생산에 의하여 자산을 취득하는 것이 일반적이지만 주주나 정부의 증여 등 다른 방법에 의해서도 자산을 취득할 수 있다. 자산이 과거의 거래나 사건의 결과라 함은 구매나 생산활동 등 자산을 취득하는 거래나 사건이 이미 발생하였음을 의미하는 것이므로 미래에 발생할 것으로 예상되는 거래나 사건만으로는 자산이 취득되지 않는다.

일반적으로 현금유출과 자산의 취득은 밀접하게 관련되어 있으나 양자가 반드시 일치하는 것은 아니다. 예를 들어 기업실체의 연구비 지출은 미래 경제적 효익을 추구했다는 증거는 될 수 있지만 자산의 정의를 충족시키는 자원을 취득했다는 확정적 증거는 될 수 없다. 반면에 증여받은 재화는 이에 관해 지출이 발생하지 않았지만 자산의 정의를 충족시킬 수 있다.

(2) 부 채

부채는 과거의 거래나 사건의 결과로서 현재 기업실체가 부담하고 있고 미래에 자원의 유출 또는 사용이 예상되는 의무이다.

부채는 기업실체가 현재 시점에서 부담하는 경제적 의무이다. 의무란 일정한 방법으로 실행하거나 수행할 책무 또는 책임을 말하는 것으로서 이에는 계약이나 법령에 의해 법적 강제력이 있는 의무와 상관습이나 관행, 또는 거래상대방과의 원활한 관계를 유지하기 위한 정책 등으로 인해 발생하는 의무가 있다. 전자의 예로는, 이미 제공받은 재화 및 용역에 대한 대가의 지급의무를 들 수 있다. 후자의 예로는, 제품보증기간 후에 발생하는 하자에 대해서도 보수해 주기로 방침을 정한 경우 품질보증기간이 경과한 후에 지출될 것으로 예상되는 금액을 들 수 있다.

일반적으로 기업실체가 자산을 이미 인수하였거나 자산을 취득하겠다는 취소불능계약을 체결한 경우 현재의 의무가 발생한다. 그러나 미래의 일정 시점에서 자산을 취득한다는 결정이나 단순한 약정은 현재의 의무가 아니다. 취소불능계약이라 함은 의무불이행의 경우 상당한 위약금을 지급해야 하는 등 자원의 유출을 피할 수 없는 계약을 말한다.

기업실체가 현재의 의무를 이행하기 위해서는 일반적으로 미래에 경제적 효익의 희생이 수반된다. 현재의 의무는 주로 현금 또는 기타 자산의 이전, 용역의 제공, 다른 의무로의 대체 또는 자본으로의 전환 등의 방법으로 이행된다. 또한 기업실체의 의무는 채권자의 권리의 포기 또는 상실 등에 의해 소멸되기도 한다.

부채는 과거의 거래나 사건으로부터 발생한다. 신용으로 재화를 구입하였거나 용역을 제공받은 경우 매입채무가 발생하며 은행대출을 받은 경우에는 상환의무가 발생한다. 그러나 미래에 발생이 예상되는 대규모 수선비의 경우와 같이 장래에 자원의 유출 또는 사용이 기대된다 하더라도 과거의 거래나 사건으로부터 기인하지 않은 의무는 부채의 정의를 충족하지 못한다.

일반적으로 부채의 액면금액은 확정되어 있지만 제품보증을 위한 충당부채와 같이 그 측정에 추정을 요하는 경우도 있다. 따라서 부채의 정의를 만족하기 위해서는 금액이 반드시 확정되어야 함을 의미하는 것은 아니다.

위에서 규정된 자산과 부채의 정의는 자산과 부채의 본질적 특성을 나타내는 것으로서, 이러한 정의가 특정 항목이 재무제표에 자산 · 부채로 인식되기 위한 충분조건은 아니다. 자산과 부채의 정의를 만족하지만 제6절에 규정된 인식기준을 충족하지 못하는 경우에는 재무제표에 표시되지 않는다.

(3) 자 본

자본은 기업실체의 자산 총액에서 부채 총액을 차감한 잔여액 또는 순자산으로서 기업실체의 자산에 대한 소유주의 잔여청구권이다. 주식회사의 경우 소유주는 주주이므로 재무회계개념체계에서 주주지분은 자본과 동의어로 사용된다. 또한 자본이라는 용어는 타인자본, 즉 부채를 포함하는 개념으로 쓰이기도 하나 재무회계개념체계에서는 소유주지분인 자기자본을 의미한다.

자본을 분배 또는 사용에 대한 법적 제한이나 기타 사용목적에 따라 구분 · 표시함으로써 재무제표이용자에게 유용한 정보가 제공될 수 있다. 또한 배당금 수령이나 청산시에 주주간의 권리가 상이한 경우 그에 관한 정보를 제공하기 위해 주주지분을 구분 · 표시할 수 있다.

재무상태표에 표시되는 자본의 총액은 회계기준에 의해 자산 및 부채를 인식 · 측정함에 따라 결정된다. 따라서 재무상태표상의 자본의 총액은 주식의 시가총액과는 일치하지 않는 것이 일반적이다.

3. 자본변동표의 기본요소

자본변동표는 일정 기간 동안 발생한 자본의 변동에 대한 정보를 제공하며, 그러한 변동의 원천에는 소유주의 투자와 소유주에 대한 분배, 그리고 포괄이익이 포함된다. 포괄이익은 손익계산서의 기본요소이기도 하므로 이하에서는 소유주의 투자와 소유주에 대한 분배에 대해서만 기술한다.

(1) 소유주의 투자

소유주의 투자는 기업실체에 대한 소유주로서의 권리를 취득 또는 증가시키기 위해 기업실체에 경제적 가치가 있는 유 · 무형의 자원을 이전하는 것을 의미하며, 이에 따라 자본이 증가하게 된다.

소유주의 투자는 일반적으로 기업실체에 자산을 납입함으로써 이행되나 용역의 제공 또는 부채의 전환과 같은 형태로도 이루어질 수 있다. 기업실체는 소유주의 투자를 통해 영업활동에 필요한 자원을 제공받고, 동시에 소유주는 기업실체의 자산에 대한 청구권을 취득하게 된다. 따라서 기업실체의 순자산 증가를 가져오지 않는 소유주 상호간의 지분거래는 소유주의 투자에 포함되지 않는다.

(2) 소유주에 대한 분배

소유주에 대한 분배는 기업실체가 소유주에게 자산을 이전하거나 용역을 제공하거나 또는 부채를 부담하는 형태로 이루어지며, 현금배당, 자기주식의 취득, 감자 등이 이에 속한다. 소유주에 대한 분배가 있게 되면 기업실체의 순자산은 감소한다.

4. 손익계산서 기본요소

기업실체의 경영성과에 대한 재무정보를 제공하는 손익계산서의 기본요소는 포괄이익, 수익 및 비용이다.

(1) 포괄이익

포괄이익은 기업실체가 일정 기간 동안 소유주와의 자본거래를 제외한 모든 거래나 사건에서 인식한 자본의 변동을 말한다. 즉 포괄이익에는 소유주의 투자 및 소유주에 대한 분배 등 자본거래를 제외한 모든 원천에서 인식된 자본의 변동이 포함된다.

포괄이익은 '(2) 수익'에서 정의되는 수익의 합계에서 비용의 합계를 차감하여 측정한다. 포괄이익을 이와 같이 측정하는 것은 거래접근법에 의한 것이다. 그러나 적용되는 회계기준에 따라 포괄이익의 정의를 만족하는 특정 항목이 손익계산서상 당기순이익의 계산에 반영되지 않을 경우 회계기준에 의한 당기순이익과 포괄이익은 동일하지 않을 수 있다. 예를 들어 매도가능증권평가손익, 해외사업환산손익 등이 당기순이익에 반영되지 않고 기타포괄이익(손실)의 항목으로 자본에 표시되는 경우 포괄이익과 당기순이익은 일치하지 않는다.

위에서 정의된 포괄이익은 화폐자본유지에 근거한 투자이익의 개념이다. 기업실체가 일정 기간 동안 자원을 투자해서 획득하게 되는 투자이익은 유지해야 할 자본을 화폐자본으로 측정하는지 또는 실물자본을 측정하는지에 따라 달라진다. 화폐자본유지개념 하에서는 소유주와의 자본거래를 제외하고 회계기간 말의 순자산화폐액이 회계기간 초의 순자산화폐액을 초과할 때 그 초과액을 투자이익으로 측정한다. 이에 비해 실물자본유지개념 하에서는 소유주와의 거래를 제외하고 회계기간 말의 실물생산능력이 회계기간 초의 실물생산능력을 초과할 때 그 초과액을 투자이익으로 측정한다. 화폐자본과 실물자본은 측정단위의 관점에서 명목화폐단위 또는 불변화폐단위로 측정될 수 있다.

화폐자본 대 실물자본의 개념은 보유하고 있는 자산 및 부채에 대한 가격변동의 효과를 처리하는 데 있어 차이가 있다. 화폐자본개념 하에서는 자산 및 부채에 대해 인식한 가격변동 효과를 보유손익으로 보아 투자이익에 포함시키게 된다. 반면 실물자본개념 하에서는 이러한 가격변동효과를 유지해야 할 자본의 일부로 간주하여 자본의 조정항목으로 처리한다.

명목화폐자본유지개념은 회계실무에서 오랫 동안 사용되고 있는 자본유지개념으로 현행의 회계기준도 이에 근거하고 있으며, 제4절에서 기술된 재무제표와 포괄이익에 관련된 측정은 모두 명목화폐자본유지개념에 근거한 것이다. 이러한 명목화폐자본유지개념은 자본시장에서 투자자와 채권자가 투자이익률을 산출하는 방식과도 관련이 있다. 따라서 재무회계개념체계에서 포괄이익은 소유주와의 자본거래를 제외하고 회계기간 말의 명목화폐자본이 회계기간 초의 명목화폐자본을 초과하는 금액으로 측정된다. 다만 향후에 물가상승의 정도가 매우 커지는 경우 불변화폐단위를 사용한 측정이 고려될 수도 있다.

(2) 수 익

수익이란 기업실체의 경영활동과 관련된 재화의 판매 또는 용역의 제공 등에 대한 대가로 발생하는 자산의 유입 또는 부채의 감소이다. 예를 들면 재화 및 용역을 공급한 대가로서 현금이나 매출채권이 증가하게 된다. 또한 기업실체는 차입금을 상환하기 위하여 재화 및 용역을 채권자에게 공급할 수 있으며 그 결과로 부채가 감소된다.

수익은 기업실체의 경영활동의 결과로서 발생하였거나 발생할 현금유입액을 나타내며, 경영활동의 종류와 당해 수익이 인식되는 방법에 따라 매출액, 이자수익, 배당금수익 및 임대수익 등과 같이 다양하게 구분될 수 있다.

손익계산서의 정보유용성을 높이기 위해 포괄이익을 증가시키는 요소인 수익 중에서 차익을 분리하여 표시할 수도 있다. 여기서 차익('이익' 또는 '이득'이라는 용어가 동일한 의미로 사용되어 왔음)이란 기업실체의 주요 경영활동을 제외한 부수적인 거래나 사건으로서 소유주의 투자가 아닌 거래나 사건의 결과로 발생하는 순자산의 증가로 정의된다.

(3) 비 용

비용이란 기업실체의 경영활동과 관련된 재화의 판매 또는 용역의 제공 등에 따라 발생하는 자산의 유출이나 사용 또는 부채의 증가이다. 예를 들면 재화의 생산 및 판매 과정에서의 비용 발생은 재고자산의 유출, 유형자산의 사용 또는 미지급비용과 같은 부채의 증가로 나타난다.

비용은 기업실체의 주요 경영활동의 결과로서 발생하였거나 발생할 현금유출액을 나타내며, 경영활동의 종류와 당해 비용이 인식되는 방법에 따라 매출원가, 급여, 감가상각비, 이자비용, 임차비용 등과 같이 다양하게 구분될 수 있다.

손익계산서의 정보유용성을 높이기 위해 포괄이익을 감소시키는 요소인 비용 중에서 차손을 분리하여 표시할 수도 있다. 여기서 차손('손실'이라는 용어가 동일한 의미로 사용되어 왔음)이란 기업실체의 주요 경영활동을 제외한 부수적인 거래나 사건으로서 소유주에 대한 분배가 아닌 거래나 사건의 결과로 발생하는 순자산의 감소로 정의된다.

(4) 차익과 차손의 구분 · 표시

차익과 차손을 수익과 비용으로부터 분리하는가의 여부는 기업실체의 순자산에 아무런 영향을 주지 않지만, 차익과 차손을 구분하여 표시하게 되면 이익의 발생원천에 대해 보다 유용한 정보를 제공할 수 있다는 판단에 따라 현재까지 회계실무에서는 차익과 차손을 손익계산서에서 구분하여 표시하고 있다. 일반적으로 차익과 차손은 그 발생한 금액이 미래에 유사한 크기로 다시 발생할 가능성, 즉 손익효과의 미래 지속성이 낮다. 따라서 차익과 차손을 수익과 비용으로부터 구분 · 표시하면 손익계산서는 정보이용자들이 당해 기업실체의 미래 이익 또는 미래 현금흐름을 예측하는 데 보다 더 유용한 정보를 제공할 수 있다고 간주되어 왔다.

차익과 차손은 일반적으로 그 발생원천에 따라 몇 가지 유형으로 구분된다. 차익과 차손의 일부 항목들은 그 거래에서의 유입액과 희생액을 비교한 순액으로 측정된다. 예를 들어 유가증권처분차손익, 유형자산처분차손익 등이 그러한 유형에 속한다. 사채상환차손익과 같이 부채의 상환에서도 차익 또는 차손이 발생할 수 있다. 다른 유형의 차익과 차손으로는 보유 자산 및 부채에 대한 가격변동으로 발생하는 재고자산평가차손, 유가증권평가차손익, 외환차손익, 외화환산차손익 등이 있다. 또한 일부 차익과 차손 항목들은 당해 기업실체와 다른 실체간의 일방적 거래에서 발생하기도 하며, 예를 들어 자산수증이익, 채무면제이익, 기부금 등이 그러한 항목에 속한다. 또한 재해손실과 같이 환경적 요인에 의해 차손이 발생할 수도 있다. 이와 같이 일방적 거래 또는 환경적 요인에 의해 발생하는 항목들은 그 명칭에 차익 또는 차손이 포함되어 있지 않으나, 기업실체의 순자산에 영향을 미친다는 점에서 여타 항목들과 비교하여 본질적으로 차이가 없다.

차익과 차손을 수익과 비용으로부터 구분하는 경우 그 구분은 기업실체의 성격에 따라 달라질 수 있다. 즉 어떤 기업실체에서는 차익 또는 차손으로 분류되지 않는 항목이 다른 기업실체에서는 차익이나 차손으로 분류될 수 있다. 예를 들면 자동차 제조기업의 경우 차량판매는 주요 경영활동으로 매출과 매출원가로 기록되지만, 여타 제조기업의 경우에는 보유차량의 매각은 부수적인 활동에 속하므로 차익 또는 차손을 발생시키는 거래이다.

개념적으로나 실무적으로 차익과 차손을 수익과 비용으로부터 구분하는 것은 명확하지 않은 문제이다. 이러한 이유 때문에 차익과 차손을 반드시 수익과 비용으로부터 구분하여야 하는가에 대한 논란이 있으며 국제적으로 이러한 구분을 폐지하려는 움직임이 있다.

따라서 한국채택국제회계기준 개념체계에서는 광의의 수익에 차익을 포함하고 비용에 차손을 포함하여 개념을 정의함으로써, 차익과 차손을 포괄손익계산서에 구분하여 표시하더라도 별개의 재무제표 요소로 보지 않고 있다.

5. 현금흐름표의 기본요소

기업실체의 현금흐름에 대한 정보를 제공하는 현금흐름표의 기본요소는 영업활동 현금흐름, 투자활동 현금흐름 및 재무활동 현금흐름이다.

(1) 영업활동 현금흐름

영업활동 현금흐름은 사업활동의 지속, 차입금 상환, 배당금 지급 및 신규 투자 등에 필요한 현금을 외부로부터 조달하지 않고 제품의 생산과 판매활동, 상품과 용역의 구매와 판매활동 및 관리활동 등 자체적인 영업활동으로부터 얼마나 창출하였는지에 대한 정보를 제공한다.

(2) 투자활동 현금흐름

투자활동 현금흐름은 미래 영업현금흐름을 창출할 자원의 확보 및 처분과 관련된 현금흐름에 대한 정보를 제공한다. 투자활동은 투자부동산, 비유동자산에 속하는 지분증권, 유형자산 및 무형자산의 취득과 처분활동 등을 포함한다.

(3) 재무활동 현금흐름

재무활동 현금흐름은 주주, 채권자 등이 미래 현금흐름에 대한 청구권을 예측하는 데 유용한 정보를 제공하며, 영업활동 및 투자활동의 결과 창출된 잉여현금흐름이 어떻게 배분되었는지를 보여준다. 재무활동은 현금의 차입과 상환 및 금융비용 지급, 신주발행과 배당금의 지급, 재무자산의 취득과 처분, 재무자산의 보유수익에 따른 현금유입 등을 포함한다. 금융비용 지급은 일상적인 영업활동에 수반되어 빈번히 발생하는 경우도 있으므로 영업활동으로 분류하기도 하나 자금의 차입 등 기업의 재무활동과 더 직접적인 관련이 있다고 볼 수 있다.

제6절 재무제표 기본요소의 인식

1. 인식의 기준

인식이란 거래나 사건의 경제적 효과를 자산, 부채, 수익, 비용 등으로 재무제표에 표시하는 것을 말한다. 특정 항목은 인식기준이 충족되면 화폐단위 측정치가 적절한 계정과목으로 재무제표를 통해 보고된다. 인식은 거래와 사건의 경제적 효과를 최초로 기록하는 것뿐만 아니라 동일한 항목에 대한 후속적인 변화와 기록되었던 항목의 제거를 모두 포함한다.

어떠한 항목을 인식하기 위해서는 아래의 기준들이 모두 충족되어야 한다.

㉠ 당해 항목이 재무제표 기본요소의 정의를 충족시켜야 하며,

㉡ 당해 항목과 관련된 미래 경제적 효익이 기업실체에 유입되거나 또는 유출될 가능성이 매우 높고,

㉢ 당해 항목에 대한 측정속성이 있으며, 이 측정속성이 신뢰성 있게 측정될 수 있어야 한다.

위에 기술된 인식기준은 제3절 '6. 재무정보의 제약요인'에 규정된 비용 대 효익의 고려와 중요성의 두 제약조건 하에서 적용된다. 즉 어떤 항목이 인식될 때 기대되는 효익이 그 정보를 제공하고 이용하는 데 소요될 비용보다 클 경우에만 당해 항목에 대한 인식이 정당화될 수 있다. 또한 특정 항목의 성격 및 크기가 정보이용자의 의사결정에 영향을 미칠 정도로 중요한 것이 아니라면 당해 항목이 재무제표에 별도로 인식될 필요는 없다.

어떠한 항목이 재무제표 기본요소의 정의를 충족하더라도 위에 규정된 ㉡과 ㉢의 인식기준이 충족되지 않으면 당해 항목은 재무제표에 표시하지 않는다. 다만 정보이용자들이 기업실체의 미래 수익성 또는 미래 현금흐름을 전망하는 데 그러한 항목이 목적적합성을 갖고 있는 경우에는 당해 항목에 대한 정보를 주석 또는 기타 설명자료를 통하여 공시할 수 있을 것이다. 또한 특정 시점에서 인식기준을 충족하지 못하는 항목이 그 이후에 인식기준을 충족하게 되는 경우에는 그 충족하는 시점에서 재무제표에 인식하여야 한다.

재무제표의 기본요소들은 경제적 사건이나 거래의 재무적 효과를 표현함에 있어 서로 연관되어 있다. 어떤 항목이 한 기본요소의 인식기준을 충족하여 인식될 때에는 자동적으로 다른 기본요소의 인식이 수반된다. 예를 들면 자산의 인식기준을 충족하는 어떤 항목이 자산으로 인식될 때 수익 또는 부채의 인식이 동시에 이루어지며 비용의 인식기준을 충족하는 어떤 항목이 비용으로 인식될 때 자산의 감소 또는 부채의 증가가 동시에 인식된다.

(1) 미래 경제적 효익의 발생가능성

앞의 ㉡에 규정된 인식기준은 당해 항목과 관련된 미래 경제적 효익이 기업실체에 유입되거나 유출될 가능성의 정도를 고려하는 인식기준이다. 이는 불확실성 하에서 경영활동을 수행하는 기업환경을 반영하는 것으로써, 재무제표 작성시점에서 이용가능한 증거를 토대로 하여 미래 경제적 효익의 발생가능성이 매우 높은가의 여부를 평가하여야 한다. 예를 들어 재무제표 작성시점에서 판단할 때 특정 매출채권의 회수가 확실시되면 이 매출채권은 자산으로 인식되어야 한다. 그러나 매출채권의 일부가 대손될 가능성이 매우 높은 경우에는 그 부분은 미래 경제적 효익의 감소를 나타내는 비용으로 인식되어야 한다.

(2) 측정의 신뢰성

앞의 ㉢에 규정된 인식기준은 당해 항목이 화폐단위로 계량화될 수 있는 측정속성을 갖고 있고, 또한 그 측정속성이 신뢰성 있게 측정될 수 있어야 함을 나타내는 인식기준이다. 여기서 측정속성이란 취득원가(역사적 원가), 공정가치, 기업특유가치 등을 의미한다. 이 측정속성에 대해서는 제7절에서 상세히 기술한다.

어떤 항목이 신뢰성 있게 측정되기 위해서 그 측정속성의 금액이 반드시 확정되어 있다는 것을 의미하지는 않으며, 추정에 의한 측정치도 합리적인 근거가 있을 경우 당해 항목의 인식에 이용될 수 있다. 예를 들어 제품의 보증수리에 소요될 비용을 과거의 보증수리 실적을 토대로 추정하는 것은 합리적 추정치가 될 수 있다.

추정의 근거가 불충분하여 추정치의 신뢰성이 의문시 되는 경우에는 당해 항목은 인식기준을 충족하지 못한 것이다. 예를 들어 소송으로부터 예상되는 자원의 유출이 부채와 비용의 정의에 부합하고 경제적 효익의 유출가능성 기준을 충족시킨다 하더라도 그 금액을 합리적으로 추정할 수 없는 경우에는 이를 재무제표에 부채와 비용으로 인식하지 않는다. 다만, 이 경우 그 내용이 중요하다면 주석 등으로 공시하여야 한다.

2. 자산의 인식

자산은 당해 항목에 내재된 미래의 경제적 효익이 기업실체에 유입될 가능성이 매우 높고, 또한 그 측정속성에 대한 가액이 신뢰성 있게 측정될 수 있다면 재무상태표에 인식한다.

어떤 거래로 인한 지출이 발생하였을 때 그에 관련된 미래 경제적 효익의 유입가능성이 낮은 경우에는 당해 지출은 자산으로 인식하지 않고 비용으로 인식하여야 한다. 이러한 회계처리는 경영자가 그 지출거래로부터 미래 경제적 효익을 창출하려는 의도가 없었음을 의미하는 것은 아니며, 단지 미래 경제적 효익의 유입가능성이 당해 지출을 자산으로 인식하기에는 충분치 않음을 반영하는 것이다. 예를 들면 지출된 개발비가 자산의 인식기준을 충족하지 못한다면 경영자의 의도와 상관 없이 비용처리되어야 한다.

3. 부채의 인식

기업실체가 현재의 의무를 미래에 이행할 때 경제적 효익이 유출될 가능성이 매우 높고 그 금액을 신뢰성 있게 측정할 수 있다면 이러한 의무는 재무상태표에 부채로 인식한다. 그러나 일반적으로 미이행계약에 따른 의무는 부채로 인식하지 않는다. 다만, 계약이행이 법적으로 강제되어 있고 위약금과 같은 불이익의 조건이 있을 때에는 그러한 의무가 부채의 인식기준을 충족하면 부채로 인식되어야 한다.

4. 수익의 인식

수익은 경제적 효익이 유입됨으로써 자산이 증가하거나 부채가 감소하고 그 금액을 신뢰성 있게 측정할 수 있을 때 인식한다. 이는 수익의 인식이 자산의 증가나 부채의 감소와 동시에 이루어짐을 의미한다.

수익의 발생과정을 고려하여 위의 인식기준을 구체화하면, 수익은 다음의 요건을 모두 충족하는 시점에서 인식된다.

㉠ 수익은 실현되었거나 또는 실현가능한 시점에서 인식한다. 수익은 제품, 상품 또는 기타 자산이 현금 또는 현금청구권과 교환되는 시점에서 실현된다. 수익이 실현가능하다는 것은 수익의 발생과정에서 수취 또는 보유한 자산이 일정액의 현금 또는 현금청구권으로 즉시 전환될 수 있음을 의미한다. 현금 또는 현금청구권으로 즉시 전환될 수 있는 자산은 교환 단위와 시장가격이 존재하여 시장에서 중요한 가격변동 없이 기업실체가 보유한 수량을 즉시 현금화할 수 있는 자산을 말한다.

㉡ 수익은 그 가득과정이 완료되어야 인식한다. 기업실체의 수익창출활동은 재화의 생산 또는 인도, 용역의 제공 등으로 나타나며, 수익창출에 따른 경제적 효익을 이용할 수

있다고 주장하기에 충분한 정도의 활동을 수행하였을 때 가득과정이 완료되었다고 본다.

5. 비용의 인식

비용은 경제적 효익이 사용 또는 유출됨으로써 자산이 감소하거나 부채가 증가하고 그 금액을 신뢰성 있게 측정할 수 있을 때 인식한다. 이는 비용의 인식이 자산의 감소나 부채의 증가와 동시에 이루어짐을 의미한다.

경제적 효익의 사용은 다음과 같이 비용으로 인식된다.

㉠ 수익과 직접 관련하여 발생한 비용은 동일한 거래나 사건에서 발생하는 수익을 인식할 때 대응하여 인식한다. 이와 같은 예로는 매출수익에 대응하여 인식하는 매출원가를 들 수 있다.

㉡ 수익과 직접 대응할 수 없는 비용은 재화 및 용역의 사용으로 현금이 지출되거나 부채가 발생하는 회계기간에 인식한다. 이와 같은 예로는 판매비와관리비를 들 수 있다.

㉢ 자산으로부터의 효익이 여러 회계기간에 걸쳐 기대되는 경우, 이와 관련하여 발생한 특정 성격의 비용은 체계적이고 합리적인 배분절차에 따라 각 회계기간에 배분하는 과정을 거쳐 인식한다. 이와 같은 예로는 유형자산의 감가상각비와 무형자산의 상각비를 들 수 있다.

과거에 인식한 자산의 미래 경제적 효익이 감소 또는 소멸되거나 경제적 효익의 수반 없이 부채가 발생 또는 증가한 것이 명백한 경우에는 비용을 인식한다.

재무제표 기본요소의 측정

1. 측 정

측정이란 재무제표의 기본요소에 대해 그 화폐금액을 결정하는 것을 말한다. 이러한 측정을 위해서는 그 측정대상이 되는 일정한 속성을 선택하여야 한다.

2. 측정속성의 종류

자산과 부채의 측정에 사용될 수 있는 측정속성에는 다음과 같은 종류가 있다.

㉠ 취득원가(또는 역사적 원가)와 역사적 현금수취액 : 자산의 취득원가는 자산을 취득

하였을 때 그 대가로 지급한 현금, 현금등가액 또는 기타 지급수단의 공정가치를 말하며 역사적 원가와 동일한 의미이다. 부채의 역사적 현금수취액은 그 부채를 부담하는 대가로 수취한 현금 또는 현금등가액이다.

㉡ 공정가치 : 공정가치(또는 공정가액)는 독립된 당사자간의 현행 거래에서 자산이 매각 또는 구입되거나 부채가 결제 또는 이전될 수 있는 교환가치이다. 기업실체가 보유하고 있는 자산에 대해 시장가격이 존재하면 이 시장가격은 당해 자산에 대한 공정가치의 측정치가 된다. 이 시장가격에는 당해 자산으로부터 기대되는 미래 현금흐름의 크기와 그 불확실성에 대한 시장참여자들의 평가가 반영되어 있다. 당해 자산의 시장가격이 관측되지 않는 경우에도 유사한 자산의 시장가격이 있으면 이 가격을 당해 자산의 공정가치 추정치로 사용할 수 있다. 이러한 공정가치 측정방법은 부채에 대해서도 적용될 수 있다. 그러나 시장가격이 존재하지 않는 경우에는 시장참여자의 관점에서 당해 자산 또는 부채로부터의 미래 현금흐름을 추정하고 그 현재가치를 측정함으로써 공정가치를 추정할 수 있다. 이와 같이 재무회계개념체계에서 공정가치는 시장가격과 그 추정치로 특정한 가치에 한정하여 정의한다. 자산의 매각과 부채의 결제 또는 이전에 관한 공정가치는 현행유출가치라고도 하며, 자산의 경우 수취될 수 있는 현금 또는 현금등가액, 그리고 부채의 경우는 결제 또는 이전에 소요될 현금 또는 현금등가액으로 측정된다. 자산의 구입에 관한 공정가치는 현행원가라고도 하며, 이는 당해 자산을 지금 취득한다고 할 때 지급해야 할 현금 또는 현금등가액으로 측정된다.

㉢ 기업특유가치 : 자산의 기업특유가치는 기업실체가 자산을 사용함에 따라 당해 기업실체의 입장에서 인식되는 현재의 가치를 말하며, 사용가치라고도 한다. 부채의 기업특유가치는 기업실체가 그 의무를 이행하는 데 예상되는 자원유출의 현재가치를 의미한다. 계약상 현금으로 지급해야 하는 부채의 경우 기업특유가치는 위에서 기술된 현행 유출가치와 동일하다. 자산과 부채에 대한 기업특유가치는 당해 기업실체가 그 자산 또는 부채를 계속 사용 또는 보유할 경우 이로부터 기대되는 미래 현금유입 또는 현금유출의 현재가치로 측정된다. 이러한 기업특유가치는 현재 시점의 가치라는 점에서 공정가치와 공통점이 있다. 그러나 공정가치가 시장거래에서의 교환가치인 데 비해, 기업특유가치는 당해 기업실체의 입장에서 인식되는 가치이다.

㉣ 상각후가액 : 금융자산 취득 또는 금융부채 발생 시점의 그 유입가격과 당해 자산 또는 부채로부터 발생하는 미래 명목현금흐름의 현재가치가 일치되게 하는 할인율인 유효이자율을 측정하고, 이 유효이자율을 이용하여 당해 자산 또는 부채에 대한 현재의 가액으로 측정한 것을 상각후가액이라 한다. 상각후가액의 측정에 사용되는 이자율은 현재의 시장이자율이 아닌 역사적 이자율이다.

㉤ 순실현가능가치와 이행가액 : 자산의 순실현가능가치는 정상적 기업활동과정에서 미래에 당해 자산이 현금 또는 현금등가액으로 전환될 때 수취할 것으로 예상되는 금액에서 그러한 전환에 직접 소요될 비용을 차감한 가액으로 정의되며 유출가치의 개념이다. 부채의 이행가액은 미래에 그 의무의 이행으로 지급될 현금 또는 현금등가액에서 그러한 지급에 직접 소요될 비용을 가산한 가액을 말한다. 순실현가능가치와 이행가액은 현재 시점의 가치로 환산되지 않은 금액이다.

3. 측정속성의 선택

일반적으로 취득 시점에서는 자산의 취득원가와 공정가치가 동일하다. 그러나 취득 시점 후에는 양자가 달라질 수 있으며, 또한 취득원가는 사용가치와도 동일하지 않다. 부채의 경우에도 유사한 문제가 있게 된다. 자산과 부채를 측정함에 있어 어떠한 측정속성을 선택하는가는 재무보고의 목적 달성을 위한 재무정보의 유용성, 즉 목적적합성과 신뢰성의 관점에서 판단되어야 한다. 만일 측정오차의 문제가 없다면, 공정가치 또는 기업특유가치에 의한 측정이 여타의 측정속성보다 더 유용한 정보를 제공할 수 있다.

기업실체의 활동은 재화 및 용역을 생산하고 판매하는 영업활동과 자본조달에 관한 재무활동으로 구분될 수 있으며, 자산과 부채도 그러한 활동별로 구분될 수 있다. 재무활동에 의해 보유하게 되는 금융자산과 금융부채의 일부 항목들은 시장에서 활발히 거래되고 있으므로 이들 항목에 대해서는 시장가격에 의한 공정가치 측정이 가능하다. 예를 들어 시장성 있는 유가증권이나 금융상품과 같은 자산의 경우 공정가치는 시장가격에 의해 측정될 수 있다. 사채와 같은 장기채무의 경우도 시장가격에 의한 측정이 가능하다. 다만 시장이자율의 변동이 크지 않다면 장기채권 및 장기채무에 대한 상각후가액은 공정가치와 큰 차이가 없을 것이므로 전자에 의한 측정도 가능할 것이다. 또한 시장가격이 관측되지 않는 경우 상각후가액은 공정가치에 대한 대용치가 될 수 있다. 한편 단기채권과 단기채무의 경우 순실현가능가치나 이행가액에 의해 측정하여도 공정가치에 의한 측정과 비교하여 그 차이가 크지 않을 수 있다.

영업활동에서 발생하는 유동자산과 유동부채의 경우는 그 성격에 따라 취득원가, 순실현가능가치, 역사적 현금수취액 또는 이행가액이 회계실무에서 사용되고 있다. 예를 들어 선급비용은 취득원가에 의해 측정되고, 매출채권은 순실현가능가치에 의해 측정되며, 선수수익은 역사적 현금수취액에 의해, 그리고 매입채무와 미지급비용은 이행가액에 의해 측정된다. 이러한 측정은 공정가치 또는 기업특유가치에 의한 측정과 비교하여 그 차이가 중요하지 않을 것으로 가정될 수 있다. 재고자산은 저가법이 적용되는 경우를 제외하고는 전통적으로 취득원가로 측정된다. 재고자산을 공정가치로 평가할 경우 판매되지 않은 재고자산에 대해 이익을 인식하게 되는 문제가 있으며, 취득원가로 평가할 경우 검증가능성이 높기 때문이기도 하다.

영업활동에 사용되는 유형자산 등 비유동자산의 경우는 취득원가에 기초하여 측정된다. 취득원가에 의한 측정은 검증가능성이 높다는 이점이 있으나, 공정가치 또는 사용가치로 측정하는 경우와 비교하여 상당한 차이가 있을 수 있으며 이로 인해 목적적합성과 표현의 충실성이 낮아질 가능성이 있다. 따라서 검증가능성을 크게 훼손하지 않는 범위 내에서 공정가치 또는 사용가치를 추정하는 방법을 고려할 수 있다. 특히 사용가치는 당해 기업실체의 내부 정보가 반영되는 측정치이므로 그 추정 오차가 심각하지 않다면 공정가치보다 더 유용한 정보가 될 수 있다. 공정가치 또는 사용가치는 당해 자산에서 기대되는 미래 현금흐름의 현재가치로 추정될 수 있다. 영업활동에서 발생하는 판매보증충당부채와 같은 장기부채의 경우도 추정오차의 문제가 심각하지 않다면 공정가치 또는 기업특유가치에 의한 측정이 바람직하다.

4. 현재가치의 측정

공정가치나 기업특유가치와 같은 측정속성들은 미래 현금흐름의 현재가치에 기초하고 있다. 미래 현금흐름의 현재가치를 측정하기 위해서는 미래의 기간별 현금흐름 예상액, 화폐의 시간가치, 그리고 미래 현금흐름에 관한 불확실성(위험)의 세 요소가 고려되어야 한다. 미래 현금흐름예상액은 발생가능한 현금흐름의 크기와 그 발생 확률을 반영하는 현금흐름의 기대치이다. 화폐의 시간가치는 미래 현금흐름의 할인 과정에서 항상 할인율의 일부로 반영된다. 위험은 발생가능한 각 미래 현금흐름의 크기와 그 현금흐름의 기대치 차이 등에 관한 것이며, 그러한 차이의 분포가 넓을수록 위험이 큰 것이다.

기대되는 미래 현금흐름과 위험의 크기를 고려하여 현재가치를 측정하는 데에는 다음과 같은 방법을 사용할 수 있다.

㉠ 명목현금흐름을 할인하는 방법 : 계약 등에 의해 미래의 명목현금흐름의 크기가 정해져 있는 경우 그러한 명목현금흐름을 위험조정할인율로 할인하여 현재가치를 측정할 수 있다. 이 때 적용되는 위험조정할인율은 무위험이자율(화폐의 시간가치만을 반영), 현금흐름 기대치가 명목현금흐름과 다를 가능성, 그리고 위험의 크기를 모두 반영하는 할인율이다.

㉡ 현금흐름 기대치를 할인하는 방법 : 이 방법에서는 명목현금흐름이 아닌 현금흐름 기대치를 현재가치 산식의 분자로 사용하고 분모에 사용할 할인율은 무위험이자율과 위험에 대한 보상요소만을 포함하게 된다.

㉢ 확실성등가액으로 측정된 현금흐름을 할인하는 방법 : 이 방법에서는 현금흐름 기대

치에서 위험조정액을 차감하여 측정되는 확실성등가액을 현재가치 산식의 분자로 사용하고 분모에서는 무위험이자율을 할인율로 사용한다.

위의 세 가지 방법은 개념적으로 서로 동일한 현재가치를 측정하려는 것이다. 그러나 자산 · 부채의 성격에 따라서 어느 한 방법이 다른 방법들보다 신뢰성이 높은 측정결과를 제공할 수 있다. 예를 들면 금융자산과 금융부채의 경우 대부분 계약에 의해 명목현금흐름이 주어져 있을 뿐 아니라 유사한 자산 또는 부채의 시장이자율이 관측될 수 있다. 따라서 그러한 자산과 부채에 대해서는 명목현금흐름을 유사한 자산 또는 부채의 현행 시장이자율로 할인하는 방법이 현금흐름 기대치를 추정하고 이를 할인하는 방법에 비해 사용하기 쉽고 공정가치 추정의 신뢰성도 더 높을 수 있다.

장기간에 걸쳐 영업활동에 사용되는 장기자산 · 부채의 경우에는 대부분 명목현금흐름이 주어져 있지 않으므로 현금흐름 기대치 또는 확실성등가액을 할인하는 방법이 사용되어야 할 것이다. 전자의 방법에서는 위험요소가 포함된 위험조정할인율을 사용하는 반면, 후자의 방법에서는 무위험이자율만을 사용하므로 할인율 측정의 어려움이 감소된다. 이 때 무위험이자율은 일반적으로 신용위험이 거의 존재하지 않는 국채수익률로 측정될 수 있다. 그러나 후자의 방법에서는 현금흐름 기대치를 확실성등가액으로 조정해야 하는 어려움이 있다. 따라서 어느 방법을 사용하는가는 측정 상황에 따라 판단되어야 하며, 위험조정할인율 대 확실성등가액 추정오차의 상대적 크기를 고려하여 현재가치 측정치의 신뢰성이 더 높은 방법을 적용하여야 한다.

Ⅱ 세무회계의 의의

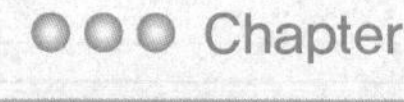

01 세무회계의 의의

제1절 기업회계와 세무회계의 의의

앞서 살펴본 바와 같이 기업회계는 경제적 의사결정을 함에 있어서 경제실체에 관한 유용한 재무적 정보를 주주 · 채권자 · 투자자 등의 이해관계자에게 제공하는 기능을 수행하며 그 준거기준은 소위 "일반적으로 공정 · 타당하다고 인정하는 회계원칙", 즉 "기업회계기준"이다. 반면 세무회계는 공평한 조세부담과 납세자간의 소득계산의 통일성을 위하여 마련된 조세법의 규정에 따라 과세소득과 세액에 관한 재무적 정보를 이해관계자에게 전달하는 기능을 수행한다. 즉, 세무회계는 과세소득을 적정히 계산하고 납세자의 소득계산의 통일성과 조세부담의 공평성을 유지하는 기능을 가진 회계이기 때문에 권리의무확정주의, 실질과세원칙, 조세회피부인, 손금규제원칙, 기업의 자주적 판단억제 및 확정결산기준을 바탕으로 하고 있다.

또한 세무회계는 과세소득과 세액의 산정에 관한 재무정보의 전달기능을 가지고 있기 때문에 "과세표준과 세액이 얼마나 되고, 재무제표에 세금을 어떻게 표시하여야 하며, 또 가장 유리한 조세부담을 위한 조세계획은 무엇인가"에 경영자의 관심이 있다. 이러한 관점에서 세무회계의 영역은 다음의 세 가지로 분류할 수 있다.

① 과세소득론

과세소득론은 세법의 규정에 따라 과세소득과 세액을 산정하고 이를 보고하는 분야로서 통상적으로 세무회계라 함은 이 분야를 말한다.

② 세금에 관한 재무보고론

세금에 관한 재무보고론은 법인세회계를 의미한다.

법인세회계는 일정기간에 대한 법인세부담액과 기말재무상태표에 나타날 법인세 관련 자산과 부채를 결정하여 손익계산서에 나타날 법인세비용을 확정하는 과정을 말한다. 즉, 발생주의 및 공정가치평가 등을 기초로 하는 기업회계기준과 권리의무확정주의 및 역사적 원가 등을 기초로 하는 세법과의 차이로 인하여 수익 · 비용과 익금 · 손금의 인식방법과 인식시기 등의 차이가 발생하는 바, 세법에 따라 보고한 법인세부담액을 기업회계에 따른 인식기간에 배분하는 것이 법인세회계이다. 이는 수익 · 비용의 대응을 정확히 하고 재무제표의 자산과 부채의 정의에 부합하게 이연법인세를 재무제표에 반영하는 것이다. 이에 대한 자세한 설명은 별도의 장에서 서술하겠다.

③ 세무계획론

세무계획론은 일종의 세무관리회계라 말할 수 있다.

세법은 그 선택에 따라 합법적으로 조세부담을 경감할 수 있는 규정이 있을 뿐 아니라 조세특례제한법의 규정을 적절히 활용하면 조세부담을 상당히 경감시킬 수 있는 요소가 있다. 따라서 경영자는 경영계획을 수립할 때 조세부담을 최소한으로 할 수 있도록 세무계획을 세워야 한다.

제2절 기업회계와 세무회계의 관련성

기업회계상의 기간손익과 세무회계상의 과세소득의 측정은 회계주체인 법인이 기록하는 회계구조를 토대로 하며, 기업회계와 세무회계의 개념파악에 대해서는 몇 가지의 공통적인 전제가 존재한다. 즉 기업회계에 있어서 공준이라고 불리우는 다음 사항들은 과세소득의 파악에 있어서도 동일한 의의를 가진다.

- 기업실체(business entity)의 공준
- 계속기업(going concern)의 공준
- 기간별보고(periodicity)의 공준

이는 과세소득의 계산이 본래 기업이익계산의 메커니즘으로서의 회계구조에 의존하기 때문에 과세소득의 계산원리에 기업회계의 계산원리를 도입하지 않으면 안되는 속성에서 비롯된다.

현재 우리나라의 법인세법도 기업회계상의 이익개념을 전제로 조세법적인 수정을 가하여 소득을 계산하는 방법을 규정하고 있다.

또한 국세기본법 제20조에서 "세무공무원이 국세의 과세표준을 조사 · 결정할 때에는 해당 납세의무자가 계속하여 적용하고 있는 기업회계의 기준 또는 관행으로서 일반적으로 공정 · 타당하다고 인정되는 것은 존중하여야 한다. 다만, 세법에 특별한 규정이 있는 것은 그러하지 아니하다"라고 규정하고, 법인세법 제60조에서도 법인세의 과세표준과 세액을 신고할 때에는 기업회계기준을 준용하여 작성한 개별 내국법인의 재무상태표, 포괄손익계산서 및 이익잉여금처분계산서(또는 결손금처리계산서)를 첨부하도록 명시하고 있어 기업회계와 세무회계는 상호의존관계에 놓여 있다.

제3절 기업회계와 세무회계의 차이

기업회계와 세무회계는 위에서 본 바와 같이 상호의존관계에 있지만, 기능상의 차이로 인하여 기업회계상 당기순이익과 세무회계상 각 사업연도의 소득은 일치하지 않는 것이 일반적이다.

기업회계기준과 세법을 중심으로 양자의 차이에 대하여 살펴보면 다음과 같다.

(1) 소득개념의 차이

오늘날에 있어서 과세소득의 개념은 기존의 순자산을 잠식하지 않고 자유로이 처분할 수 있는 순자산의 증가분을 소득으로 규정하는 순자산증가설에 의하고 있다. 한편 우리나라 실정법상 소득의 개념에 대한 구체적인 규정은 없지만, 법인세법 제14조에서 규정하는 각 사업연도의 소득과 같은 법 제15조 및 제19조에서 규정하는 익금과 손금의 개념을 살펴보면 순자산증가설에 의하여 소득금액을 계산하도록 하고 있음을 알 수 있다.

반면에 일반기업회계기준에서는 손익거래와 자본거래를 엄격히 구분하여 손익거래에서 발생한 수익과 비용만을 인식하여 이익을 계산한다. 즉 자기주식처분이익 등은 자본거래로 보아 기업의 수익으로 계상하지 아니하고 자본잉여금으로 처리하도록 되어 있다.

이와 같이 기업회계와 세무회계의 상이한 소득개념으로 인해 기업회계상의 당기순이익과 세법상의 소득의 차이가 생긴다.

(2) 손익의 인식기준에 의한 차이

일반기업회계기준에서는 발생주의를 전제로 하여 수익과 비용을 인식하되, 수익과 비용을 구체적으로 인식하고 측정하는 데에 있어서는 수익은 실현주의에 따라 인식하고 비용은 수익·비용대응의 원칙에 따라 인식하도록 하고 있다.

반면, 법인세법 제40조 제1항에서는 손익인식의 기본원칙으로 "내국법인의 각 사업연도의 익금과 손금의 귀속사업연도는 그 익금과 손금이 확정된 날이 속하는 사업연도로 한다"라고 규정하여 권리의무확정주의에 따라 손익을 인식하도록 하고 있다.

한편 세법에서도 손익의 귀속시기의 차이는 일시적인 차이에 불과하므로 세법이 기업회계기준을 적극적으로 수용하면 그 차이가 해소되어 기업의 납세비용과 과세당국의 행정비용이 대폭 절감될 수 있으므로, 계속성의 원칙이 지켜지는 범위 내에서 법인세법 및 조세특례제한법에서 달리 규정하고 있는 경우를 제외하고는 그 기업회계기준 또는 관행에 따른 회계처리를 인정하고 있다(법법 43조).

(3) 조세정책적 입법에 의한 차이

일반기업회계기준은 다양한 재무정보이용자들에게 객관적이고도 유용한 정보제공을 위하여 회계처리에 관한 기준을 정하는 것이 그 목적이므로 정책적 목적의 달성을 위한 규정은 별도로 존재하지 않는다. 반면에 세법은 조세정책적인 목적으로 입법과정에서 세제상 특전을 부여하거나 불이익을 가하기도 한다. 세법상 특전 및 불이익을 살펴보면 다음과 같다.

① 세법상 특전

㉠ 국세 또는 지방세의 과오납금의 환급금에 대한 이자의 익금불산입

㉡ 내국법인이 다른 내국법인으로부터 받은 수입배당금 중 일정액의 익금불산입

② 세법상 불이익

㉠ 벌금 등 특정 비용의 손금불산입

㉡ 기부금 및 기업업무추진비 등의 손금산입 제한 등

(4) 기업투자의 건전화 유도

세법에서는 불건전한 투자를 억제하고 재무구조의 악화를 방지하기 위한 장치로서 법인의 각 사업연도의 소득금액계산에 있어서 담세능력이 없는 것을 간주익금으로 취급하여 익금에 산입하거나 기업회계상 비용을 손금으로 인정하지 않는 경우가 있다. 그 예를 들어 보면 다음과 같다.

① 부동산임대보증금 등의 간주익금산입과 업무무관 자산을 취득 · 관리함으로써 생기는 비용 등의 손금불산입

② 특수관계인에게 업무와 직접 관계 없이 가지급금을 지급하는 경우 인정이자 익금산입 및 지급이자 손금불산입 등

(5) 배당금 또는 분배금의 의제규정에 의한 차이

의제규정이란 본래의 성질은 다르지만 법률관계에는 동일한 것으로 취급하는 것을 말한다. 세법상으로는 공평과세를 위해 실질을 고려하여 과세하고자 할 때 소득계산에 관한 의제규정을 두고 있다.

즉 법인세법에서는 특정한 잉여금의 전부 또는 일부를 자본 또는 출자의 금액에 전입함으로써 취득하는 주식 또는 출자의 가액을 배당금 또는 분배금의 의제로 규정하고 이를 세법상 익금에 산입하도록 하고 있다.

Chapter 02

세무조정

제1절 세무조정의 의의

기업회계는 일반적으로 공정 · 타당하다고 인정되는 기업회계기준에 의하여 기업의 경영성과를 정확히 계산하는 것을 주안으로 하는데, 세무회계는 세법의 규정에 의하여 정확한 과세소득을 계산하는 데 그 목적이 있다. 따라서 세법에 의한 정확한 과세소득의 계산을 위하여는 기업이 작성한 재무제표상의 당기순손익을 기초로 하여 세법의 규정에 따라 손금과 익금을 조정하여야 한다.

이렇게 기업 스스로 신고할 과세표준을 산출하기 위하여 기업회계상의 당기순이익으로부터 출발하여 기업회계와 세무회계의 차이를 조정하는 과정을 일반적으로 세무조정이라 한다.

그러나 각종 세법의 규정도 원칙적으로 기업회계기준을 존중하면서 조세정책 또는 사회정책적 견지에서 예외적으로 기업회계와 다소 상충되는 규정을 두고 있을 뿐이므로, 정확한 과세소득의 계산을 위해서는 세무조정 이전에 기업이 제반 거래를 성실하게 기장하여야 함은 물론 건전하고 공정 · 타당한 기업회계기준을 바탕으로 한 결산서류의 작성이 선행되어야 하는 것이며, 또한 정확한 세무조정을 위해서는 무엇보다도 세법의 규정을 올바르게 이해해야 한다.

제2절 결산조정과 신고조정

세무조정은 그 절차상의 특색을 기준으로 크게 두 가지로 분류할 수 있다. 즉 세무조정에는 기업이 스스로 기말의 결산정리를 통하여 장부에 반영하여야 하는 것(이하 "결산조정"이라 함)과 장부에 계상함이 없이 결산서상의 당기순이익을 기초로 과세표준신고서에만 계상해도 되는 사항(이하 "신고조정"이라 함)이 있다.

세무조정을 결산조정과 신고조정으로 구분하는 이유는 이들 양자간에 조정절차상의 차이가 있을 뿐만 아니라 조정형태에 따라 각 사업연도의 소득금액이 달라지게 되기 때문이다.

1. 결산조정

결산조정이란 반드시 장부에 기장처리해야만 세무회계상 손금으로 인정받을 수 있는, 즉 결산과정에서 세무조정하는 절차를 말한다. 이 결산조정대상은 세법에 "계상한 때에는 손금으로 산입한다"라고 규정하고 있는 항목들인데 확정결산주의를 채택하고 있는 법인세법에서는 조정이라는 의미보다는 결산상 비용으로 처리하는 절차로서 사실상 기업회계를 간섭하고 있는 부분이다. 이에 해당하는 것은 다음과 같다.

▶ 결산조정항목

① 감가상각비(즉시상각액 포함)(법법 23조)

※ 한국채택국제회계기준을 적용하는 내국법인이 보유한 유형자산과 내용연수가 비한정인 일정 무형자산 중 2013. 12. 31. 이전 취득분은 한국채택국제회계기준 도입 이전 방식을 준용하여 계산한 감가상각비를 한도로, 2014. 1. 1. 이후 취득분은 세법상 기준내용연수를 적용하여 계산한 기준감가상각비를 한도로 신고조정에 의한 감가상각비 손금산입을 허용함(법법 23조 2항).

② 퇴직급여충당금(법법 33조)

③ 구상채권상각충당금(법법 35조)

※ 한국채택국제회계기준을 적용하는 법인 중 주택도시보증공사는 잉여금처분에 의한 신고조정으로 구상채권상각충당금을 손금산입할 수 있음(법법 35조 2항).

④ 대손충당금(법법 34조)

⑤ 책임준비금(법법 30조)

⑥ 비상위험준비금(법법 31조)

※ 한국채택국제회계기준을 적용하는 보험사업을 하는 내국법인은 잉여금처분에 의한 신고조정으로 비상위험준비금을 손금산입할 수 있음(법법 31조 2항).

⑦ 고유목적사업준비금(법법 29조)

※ 외감법에 의한 외부감사를 받는 비영리내국법인은 잉여금처분에 의한 신고조정으로 고유목적사업준비금을 손금산입할 수 있음(법법 29조 2항).

⑧ 파손, 부패 등의 사유로 정상가격으로 판매할 수 없는 재고자산의 평가손(법법 42조 3항 1호)

⑨ 세법상 손금으로 확정되는 회수불능 매출채권에 대한 대손금(법령 19조의 2)

※ 소멸시효 완성 등에 의해 채권(법령 19조의 2 1항 1호 내지 6호)이 법적으로 소멸한 경우 소멸시효 완성일 등이 속하는 사업연도에 대한 과세표준신고시 신고조정으로 손금산입 가능함(다만, 임의포기로 인정되는 것은 접대비 또는 기부금으로 보아 시부인계산하여야 함).

⑩ 천재지변 · 화재 등에 의한 유형자산평가손(법법 42조 3항 2호)

⑪ 다음에 해당하는 주식 등으로서 그 발행법인이 부도가 발생한 경우 또는 채무자 회생 및 파산에 관한 법률에 따른 회생계획인가의 결정을 받았거나 기업구조조정 촉진법에 따른 부실징후기업이 된 경우의 해당 주식 등의 평가손(법법 42조 3항 3호 가목 내지 다목)

• 자본시장과 금융투자업에 관한 법률에 따른 주권상장법인이 발행한 주식 등

• 벤처투자 촉진에 관한 법률에 따른 벤처투자회사 또는 여신전문금융업법에 따른 신기술사업금융업자가 보유하는 주식 등 중 각각 창업자 또는 신기술사업자가 발행한 것

• 비상장법인의 주식 중 특수관계가 없는 법인이 발행한 주식 등

※ 법인과 특수관계의 유무를 판단할 때 주식 등의 발행법인의 발행주식총수 또는 출자총액의 5% 이하를 소유하고 그 취득가액이 10억원 이하인 주주 등에 해당하는 법인은 소액주주 등으로 보아 특수관계인에 해당하는지를 판단함(법령 78조 4항).

⑫ 주식 등 발행법인이 파산한 경우의 해당 주식 등의 평가손(법법 42조 3항 3호 라목)

⑬ 다음의 어느 하나에 해당하는 즉시상각 의제금액(법령 31조 7항)

• 시설의 개체 또는 기술의 낙후로 인한 생산설비의 일부를 폐기한 경우

• 사업의 폐지 또는 사업장의 이전으로 임대차계약에 따라 임차한 사업장의 원상회복을 위하여 시설물을 철거하는 경우

⑭ 진부화, 물리적 손상 등에 따라 시장가치가 급격히 하락한 감가상각자산의 손상차손(법령 31조 8항)

2. 신고조정

신고조정은 기업회계 결산시 기장처리하지 않고 결산을 그대로 마친 다음 법인세 과세표준신고의 과정에서 세무조정계산서에만 계상함으로써 세무회계상 인정받을 수 있는 세무조정이다. 즉 확정결산에 의하지 아니하고 공표한 기업이익에 세무조정사항을 가감하여 세무회계상의 과세표준을 계산하는 세무조정절차를 말한다. 이러한 신고조정사항으로서는 다음과 같은 것들이 있다.

▶ 신고조정항목

① 법인세 또는 법인지방소득세 환급금의 익금불산입(법법 18조)

② 이월익금의 익금불산입(법법 18조)

③ 국세 또는 지방세 과오납금의 환급금에 대한 이자 익금불산입(법법 18조)

④ 무상으로 받은 자산의 가액(법인세법 제36조에 따른 국고보조금등은 제외함)과 채무의 면제 또는 소멸로 인한 부채의 감소액 중 이월결손금의 보전에 충당한 금액(법법 18조)

⑤ 대표자 등의 가지급금 인정이자(법령 88조)

⑥ 부동산임대보증금 등에 대한 간주익금의 익금산입(조특법 138조)

⑦ 퇴직보험료 등(법령 44조의 2)

⑧ 법인세법 및 조세특례제한법에 의한 일시상각충당금(또는 압축기장충당금)을 세무조정계산서에 계상한 경우(법령 98조 2항)

- 국고보조금 등으로 취득한 사업용자산가액의 손금산입(법법 36조)
- 공사부담금으로 취득한 사업용자산가액의 손금산입(법법 37조)
- 보험차익으로 취득한 자산가액의 손금산입(법법 38조)
- 물적분할로 인한 자산양도차익 상당액의 손금산입(법법 47조 1항)
- 현물출자로 인한 자산양도차익 상당액의 손금산입(법법 47조의 2 1항)
- 교환으로 인한 자산양도차익 상당액의 손금산입(법법 50조 1항)

⑨ 적격합병 또는 적격분할시 자산조정계정의 손금 · 익금산입(법법 44조의 3 1항 및 법법 46조의 3 1항)
⑩ 법인세, 법인지방소득세 및 부가가치세 매입세액 등의 손금불산입(법법 21조)
⑪ 자산평가손실의 손금불산입(법법 22조)
⑫ 임원상여금 한도 초과액의 손금불산입(법령 43조)
⑬ 손금산입 제외대상 기부금의 손금불산입(법법 24조 4항)
⑭ 기부금 한도 초과액과 미지급기부금의 손금불산입 및 자산계상기부금의 손금산입(법법 24조)
⑮ 기업업무추진비 한도 초과액의 손금불산입(법법 25조)
⑯ 제 충당금 및 제 준비금 등 한도 초과액의 손금불산입
⑰ 감가상각비 부인액의 손금불산입(법법 23조)
⑱ 업무에 직접 관련 없는 경비의 손금불산입(법법 27조)
⑲ 부당행위계산 부인에 관계되는 익금산입 또는 손금불산입(법법 52조)
⑳ 건설자금이자의 손금불산입(과다하게 장부계상한 경우의 손금산입)(법법 28조)
㉑ 임원퇴직금 한도 초과액의 손금불산입(법령 44조)
㉒ 채권자가 불분명한 사채이자의 손금불산입(법법 28조)
㉓ 손익귀속사업연도의 차이로 인한 익금산입 · 손금불산입과 손금산입 · 익금불산입(법법 40조)
㉔ 가지급금, 비업무용 자산 등의 보유에 따른 지급이자의 손금불산입(법법 28조)
㉕ 조세특례제한법에 의한 준비금 및 외감법에 의한 감사인의 회계감사를 받는 비영리 내국법인에 대한 고유목적사업준비금(해당 사업연도의 이익처분시 해당 준비금을 적립한 경우에 한함)(법법 29조 2항 및 법법 61조)
㉖ 징벌적 목적의 손해배상금 등에 대한 손금불산입(법법 21조의 2)
㉗ 해약환급준비금(해당 사업연도의 이익처분시 해당 준비금을 적립한 경우에 한함)(법법 32조)

상기에서 조세특례제한법상 준비금과 고유목적사업준비금, 비상위험준비금, 해약환급금

준비금을 신고조정방법으로 세무상 손금인정받으려면 세무조정계산서에 이를 손금산입하는 한편, 주주총회에서 해당 사업연도의 이익을 처분할 때 동 금액만큼을 반드시 적립금으로 적립하여야 한다.

3. 세무조정계산서의 작성절차 및 흐름도

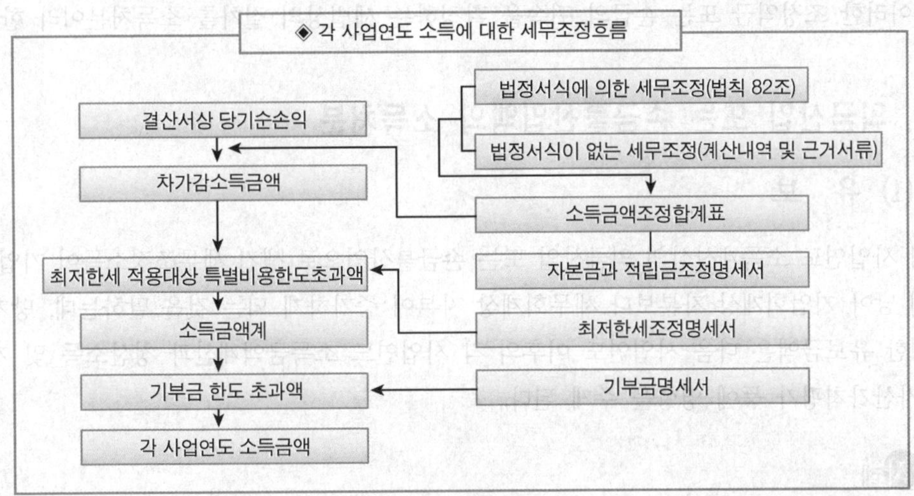

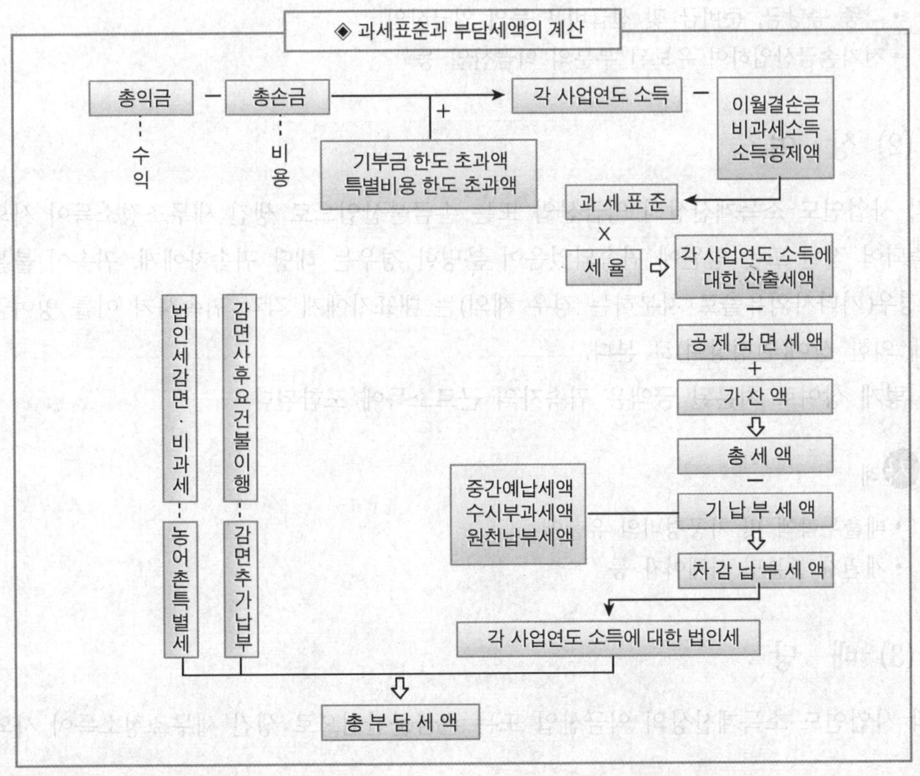

제3절 소득의 처분

법인세법상의 각 사업연도 소득금액은 기업회계상의 당기순손익에서 익금산입 사항과 손금불산입 사항을 가산하고 익금불산입 사항과 손금산입 사항을 차감하여 계산하는 것이며, 이러한 조정익금 또는 손금의 귀속을 확정하는 세법상의 절차를 소득처분이라 한다.

1. 익금산입 또는 손금불산입액의 소득처분

(1) 유 보

각 사업연도 소득계산상의 익금산입 또는 손금불산입으로 생긴 세무조정소득이 기업 내부에 남아 기업회계상 자본보다 세무회계상 자본이 증가하게 되는 것을 말하는데, 당기에 발생한 유보금액은 다음 사업연도 이후의 각 사업연도 소득금액계산과 청산소득 및 기업의 자산가치평가 등에 영향을 주게 된다.

사례

- 각종 충당금, 준비금 및 선급비용 등의 익금산입
- 전기손금산입하여 유보된 부분의 익금산입 등

(2) 상 여

각 사업연도 소득계산상의 익금산입 또는 손금불산입으로 생긴 세무조정소득이 사외에 유출되어 직원 또는 임원에 귀속되었음이 분명한 경우는 해당 귀속자에게, 귀속이 불분명한 경우(기타사외유출로 처분하는 경우 제외)는 대표자에게 각각 귀속시켜 이를 잉여금처분에 의한 상여(인정상여)로 본다.

이렇게 상여로 처분된 금액은 귀속자의 근로소득에 포함된다.

사례

- 매출누락액 및 가공경비의 유출액
- 채권자 불분명 사채이자 등

(3) 배 당

각 사업연도 소득계산상의 익금산입 또는 손금불산입으로 생긴 세무조정소득이 사외에 유출되어 출자자(직원과 임원 제외)에 귀속되었음이 분명한 경우(기타사외유출로 처분하는 경우 제외)는 당해 출자자에 귀속시켜 이를 잉여금처분에 의한 배당으로 본다.

- 출자자로부터 자산고가매입 등 부당행위계산 부인 금액
- 출자자 비용의 부담액 등

(4) 기타소득

각 사업연도 소득계산상의 익금산입 또는 손금불산입으로 생긴 세무조정소득이 사외에 유출되어 출자자 · 직원 · 임원 이외의 자에게 귀속되었음이 분명한 경우(기타사외유출로 처분하는 경우 제외)는 그 귀속자에 대한 기타소득으로 처분한다.

- 출자자 · 직원 · 임원 이외의 특수관계인에 대한 부당행위계산 부인 금액 등

(5) 기타사외유출

각 사업연도 소득계산상의 익금산입 또는 손금불산입으로 생긴 세무조정소득이 사외에 유출되어 법인이나 사업을 영위하는 개인에게 귀속된 것이 분명한 경우로서 그 소득이 법인의 각 사업연도 소득이나 개인의 사업소득을 구성하는 경우에는 기타사외유출로 처분한다.

또한, 기부금 한도 초과액 또는 기업업무추진비 한도 초과액 등과 같이 조세정책적 목적으로 손금불산입하는 항목에 대해서도 기타사외유출로 처분한다.

- 법인세, 벌금, 과료 등의 익금산입액
- 기부금, 기업업무추진비 등의 한도 초과액
- 업무무관자산 등에 대한 지급이자 손금불산입액 등

(6) 기타(잉여금)

각 사업연도 소득계산상 익금산입 또는 손금불산입으로 생긴 세무조정소득이 기업 내부에 남아 있으나 기업회계상 자본과 세무회계상 자본에 차이가 발생하지 아니함에 따라 유보에 해당하지 않는 경우에는 기타(잉여금)로 처분한다.

- 국세 또는 지방세의 과오납금의 환급금에 대한 이자
- 기업회계상 자본잉여금에 계상한 자기주식처분이익 등

2. 손금산입 또는 익금불산입액의 소득처분

법인의 장부상에 자산으로 계상되어 있는 금액을 손금산입하거나 전기에 익금산입하거나 손금불산입하여 유보처분한 금액을 당기에 손금가산하는 경우는 유보로 처분하며, 유보 이외의 손금산입하거나 익금불산입하는 세무조정사항에 대한 소득처분은 기타(잉여금)로 기재한다.

Part 02

계정과목별 일반회계와 세무 해설

재무상태표편

I. 재무상태표의 기초이론
II. 재무상태표의 계정과목

I 재무상태표의 기초이론

Chapter

01

재무상태표의 의의

재무상태표(statement of financial position)는 기업의 재무상태를 명확히 보고하기 위하여 보고기간말 현재의 모든 자산 · 부채 및 자본을 나타내는 정태적 보고서로서 기본재무제표의 하나이다.

즉, 재무상태표는 일정 시점 현재 기업이 보유하고 있는 경제적 자원인 자산과 경제적 의무인 부채, 그리고 자본에 대한 정보를 제공하는 재무보고서로서, 정보이용자들이 기업의 유동성, 재무적 탄력성, 수익성과 위험 등을 평가하는 데 유용한 정보를 제공한다(일반기준 2장 문단 2.17).

재무상태(financial position)란 기업경영활동에 필요한 자산과 이러한 자산을 취득하기 위한 재원 즉, 부채와 자본과의 관계를 말한다. 이는 현대 기업에 있어 그 용역잠재력(service potential)과 지급능력을 투자가 및 채권자들에게 올바르게 보고함으로써 추가자금조달의 양과 시기 등을 결정하는 척도로 활용되는 주요 자료로서 재무제표이용자에게 매우 중요한 정보이다.

재무상태표가 재무상태를 명확히 보고하기 위해서는 '보고기간말 현재'의 모든 '자산 · 부채 및 자본'을 적정하게 표시하여야 한다. 즉 재무상태표는 기업의 모든 자산의 현황과 그 귀속처를 조달원천별로 부채 또는 자본으로 구분하여 기준일(회계연도 말일) 현재로 측정하여 보고함으로써 재무상태표의 이용자가 그 기업의 재무상태를 올바르게 파악할 수 있도록 해 준다.

또한 재무상태표는 기업자본의 축적도 즉, 과거 영업성과의 누적적 결과를 판단하는 목적으로도 활용된다. 기초투자자본은 영업활동 또는 사회 · 경제적 여건변화에 따라 끊임없이 그 가치가 변동한다. 따라서 일정 기간 동안 기업의 영업성과로서 배당되지 않고 기업 내에 누적되어 있는 이익잉여금이 얼마나 증가되었는가를 나타내는 것은 결산 기말에 주주에게 배당가능한 재원이 얼마나 되는지를 나타내주는 중요한 정보이다.

이밖에도 재무상태표는 기업의 모든 이해관계자들 간의 이해조정의 척도 구실을 하기도 하는데, 이러한 모든 기능을 효과적으로 발휘할 수 있게 하기 위해서 즉, 기업의 재무상태를 명확히 보고하기 위하여 재무상태표가 작성되는 것이다.

Chapter

02

재무상태표의 구성요소

재무상태표는 일정 시점에서 기업의 재무상태를 보여주는 보고서로서 크게 자산 · 부채 및 자본(소유주지분)으로 구성된다. 재무상태표의 차변인 자산은 기업이 조달한 자본을 어떻게 활용하고 있는가를 보여주며, 대변인 부채 및 자본은 기업이 어떻게 자본을 조달하였는가 즉, 자본구조를 보여준다.

1. 자 산

(1) 자산의 개념

자산이란 과거의 거래나 사건의 결과로서 현재 기업실체에 의해 지배되고 미래의 경제적 효익(economic benefits)을 창출할 것으로 기대되는 자원을 의미한다. 즉 자산은 미래의 경제적 효익을 제공할 수 있는 용역잠재력(service potential)을 가진 자원으로 그 특성을 구체적으로 살펴보면 다음과 같다.

첫째, 순현금의 유입을 증가시키거나 순현금의 유출을 방지함으로써 미래의 순현금흐름을 창출하는 데 공헌할 수 있는 용역잠재력을 갖고 있어야 한다. 예를 들어 재고자산은 판매를 통해 순현금유입을 증가시키고, 기계장치는 이를 사용하여 생산된 제품의 판매를 통해 순현금유입을 증가시킨다.

둘째, 특정 자원을 사용함으로써 효익을 얻을 수 있어야 할 뿐만 아니라 다른 기업이 이러한 효익에 접근하는 것을 통제할 수 있는 배타적 권리를 가져야 한다. 예를 들어 어떤 기업이 공기를 이용해 특정 가스를 생산하여 판매한다고 하면 이 공기는 기업에게 매우 큰 효익을 주는 것이 사실이다. 그러나 공기는 누구나 사용할 수 있는 것으로 기업은 전혀 배타적 권리를 갖지 못하므로 회사의 자산이라 할 수 없다.

셋째, 재무제표에 보고하기 위해서는 계량화가 가능하여야 하므로 미래의 경제적 효익을 화폐단위로 측정할 수 있어야 한다.

넷째, 기업이 향유할 경제적 효익을 야기시키는 거래나 사건이 과거에 발생했어야 한다.

자산을 위와 같이 정의한다 해도 미이행계약(unexecuted contracts) 또는 부분이행계약(partially executed contracts)의 경우에는 자산성을 명확하게 규정짓기 어렵다. 따라서 자산으로 얼마의 금액을 인식해야 할 것인지를 명확하게 결정하기 어려운 미이행계약은 일반적으로 자산으로 인식하지 않는다. 예를 들어 (주)삼일이 상품을 수입하기 위하여 외국기업과 구매계약을 체결하고 수입을 추진하기 위한 L/C 개설비용만이 발생하였다면 구매계약을 체결한 금액 전체를 자산으로 계상하지 아니하고 실제로 지출된 금액만을 구매를 위한 부대비용으로 보아 미착상품 계정 등으로 처리한다. 또한 기계장치를 구입하기로 하고 계약만 체결한 상태에 있다면 그 기계장치는 재무상태표에 공시조차하지 않는다. 왜냐하면 기계장치를 구입하기로 한 기업이 재무상태표에 자산으로 보고할 정도로 충분히 기계장치에 대한 권리를 획득하였다고 볼 수 없기 때문이다.

(2) 자산의 분류

자산은 각각의 성격과 기능에 따라 기업의 안정성, 활동성, 미래수익창출잠재력 등에 미치는 영향이 다르기 때문에, 재무상태표에는 기업의 자산을 성격과 기능 및 유동성에 따라 구분(classification)하여야 한다.

먼저, 자산은 1년을 기준으로 유동성에 따라 유동자산과 비유동자산으로 구분한다. 이와 같이 유동성에 따라 구분하는 것은 운전자본으로 사용되는 자산 및 장기적인 경영활동에 사용되는 자산을 구분하여 표시할 수 있고, 기업의 유동성과 지급능력을 평가하는 데에 유용한 정보를 제공하기 때문이다(일반기준 2장 문단 2.18, 2.21).

그 다음으로, 자산의 성격과 기능에 따라, 유동자산은 당좌자산과 재고자산으로 구분하고, 비유동자산은 다음과 같이 투자자산, 유형자산, 무형자산 및 기타비유동자산으로 구분한다(일반기준 2장 문단 2.18).

① 투자자산 : 기업이 장기적인 투자수익이나 타기업 지배목적 등의 부수적인 기업활동의 결과로 보유하는 자산이다. 기업이 장기여유자금운용이나 다른 기업 지배목적 등의 부수적인 활동의 결과로 보유하는 자산은 기업 본연의 영업활동을 위해 장기간 사용하는 유형자산이나 무형자산과 성격이 다르기 때문에 구분하여 표시한다(일반기준 2장 부록 결2.3).

② 유형자산 또는 무형자산 : 기업 본연의 영업활동을 수행하기 위해 장기간 활용하는 영업자산은 물리적 형태의 유무에 따라 유형자산 또는 무형자산으로 구분할 수 있다. 기업이 제품생산활동을 수행하기 위하여 투자한 설비의 규모와 무형의 지적자산에 대한 투자규모는 기업의 성장잠재력을 판단하는 중요한 정보이다. 따라서 기업이 영업활동을 위해 보유한 장기성 자산을 유형자산과 무형자산으로 구분하여 보고하도록 하였다(일반기준 2장 부록 결2.4).

③ 기타비유동자산 : 비유동자산 중 투자자산, 유형자산, 무형자산에 속하지 않는 비유동자산을 말하며, 임차보증금, 이연법인세자산(유동자산으로 분류되는 부분 제외), 장기

매출채권 및 장기미수금 등을 포함한다(일반기준 2장 부록 실2.38).

(3) 자산의 평가

자산의 평가란 재무상태표에 공시되는 자산에 대하여 경제적 가치를 부여하는 과정 즉, 자산에 화폐적 가액을 부여하는 과정을 말한다.

자산은 해당 자산의 취득원가를 기초로 하여 계상함을 원칙으로 한다. 그러나 자산에 따라서는 현행원가, 순실현가능가치, 공정가치 또는 회수가능액 등으로 평가되기도 한다.

자산평가방법을 약술하면 다음과 같다.

1) 역사적 원가

역사적 원가는 전통회계의 중심적인 평가개념이었다. 이는 자산이 취득될 당시의 재화와 용역의 교환가격을 표시하는 것으로, 전통회계에서의 자산은 보통 역사적 원가로 표시되었다. 자산은 취득 당시에 일단 원가로 표시되고 그 가치가 변동되더라도 원가 자체는 변동되지 않고 그대로 유지되며, 감가상각과 같은 비용배분 과정에 의해 그 금액이 감소되어 표시된다. 역사적 원가는 독립적인 거래당사자 간에 결정된 교환가격으로서 가장 객관적이며 검증가능한 원가이다. 그러나 화폐가치의 변동 등으로 자산의 가치가 변동된 경우에는 보고시점에서의 자산의 가치를 적절하게 나타내 주지 못하는 단점이 있다.

2) 현행원가 또는 현행 대체원가

현행원가(current costs)란 현재시점의 시장에서 평가대상인 자산과 동일한 자산 또는 그 등가액(equivalent)을 얻기 위하여 지불하여야 하는 교환가격이다. 즉 현행원가는 원초에 구입할 당시의 자산의 형태대로 현재의 시점에서 구입할 수 있는 자산의 가격이다. 현행원가의 대표적인 것으로 현행 대체원가가 있다.

현행 대체원가(replacement costs)란 현재시점의 시장에서 동일한 자산을 구입하거나 재생산하는 데 필요한 화폐액이다. 즉 현재의 시장에서 기업이 소유한 자산과 동일한 자산을 구입하거나 재생산하는 데 소요되는 금액으로 기업이 소유한 자산을 대체한다는 관점에서 현행 대체원가라고 한다(일반기준 7장 용어의 정의).

3) 순실현가능가치

순실현가능가치란 자산을 현재 정상적으로 판매한다고 할 때 받을 수 있는 현행시장가치에서 그 자산의 완성 · 판매 · 처분에 필요한 추가적인 제 비용을 차감한 가치를 말한다. 추가적 제 비용으로는 자산의 완성비용(costs of completion), 판매비용, 대금회수비용 등이 있다(일반기준 7장 용어의 정의).

따라서 순실현가능가치는 현재의 시점에서 자산의 판매로 실현될 수 있는 금액으로부터 적절한 추가적 처분비용을 차감한 것이다.

4) 공정가치

공정가치란 합리적인 판단력과 거래의사가 있는 독립된 당사자 사이의 거래에서 자산이 교환되거나 부채가 결제될 수 있는 금액을 말한다(일반기준 10장 용어의 정의).

일반기업회계기준에서는 금융자산이나 금융부채의 경우 최초인식시 또는 유형자산의 경우 현물출자, 증여, 기타 무상으로 취득시 공정가치로 측정하도록 하는 등 공정가치의 개념을 광범위하게 사용하고 있다(일반기준 6장 문단 6.12, 10장 문단 10.8).

5) 회수가능액

회수가능액이란 자산의 순공정가치와 사용가치 중 더 많은 금액을 말한다. 순공정가치란 합리적인 판단력과 거래의사가 있는 독립된 당사자 사이의 거래에서 자산의 매각으로부터 수취할 수 있는 금액에서 처분부대원가를 차감한 금액을 말하며, 사용가치란 자산에서 창출될 것으로 기대되는 미래현금흐름의 현재가치를 말하는 것으로서 이는 곧 자산의 본질인 용역잠재력을 강조한 개념이다(일반기준 20장 용어의 정의).

한편 재무제표이용자에게는 이와 같은 재무제표 작성의 기초가 된 측정속성(역사적 원가, 현행원가, 순실현가능가치, 공정가치 또는 회수가능액)에 관한 정보를 제공할 필요가 있다. 따라서 재무제표 작성에 여러 가지의 측정속성을 사용한 경우, 예를 들어 동일한 재무제표에 역사적 원가로 측정한 항목들과 공정가치로 측정한 항목들이 있는 경우에는 각 측정속성이 적용된 자산 및 부채의 유형에 관한 정보를 주석에 포함한다(일반기준 2장 부록 실2.21).

2. 부 채

(1) 부채의 개념

부채란 과거의 거래나 사건의 결과로 특정 실체가 미래에 다른 실체에게 자산을 이전하거나 용역을 제공해야 하는 현재의 의무로부터 발생하는 미래의 경제적 효익의 희생을 의미한다. 이와 같은 정의에 따르면 부채는 다음과 같은 특성을 갖고 있다고 볼 수 있으며, 이러한 특성은 부채를 인식하기 위한 기준(조건)이 되기도 한다.

• 미래에 다른 실체에게 자산을 이전하거나 용역을 제공함으로써 의무가 소멸될 것으로

기대되어야 하며 이러한 의무가 현재 존재하여야 한다.

• 의무가 특정 기업에 속하는 것이어야 한다.
• 기업의 의무를 발생시킨 거래나 사건이 과거에 발생했어야 한다.
• 부채의 상환금액과 상환시기를 어느 정도 정확하게 측정할 수 있어야 한다.

일반적으로 부채는 장래에 자산이나 용역을 제공하여야 하는 법률적인 의무를 의미하는 경우가 많지만, 기업회계상의 부채는 좀 더 넓은 의미로 해석하여야 한다. 왜냐하면 기업회계에서는 부채의 범위에 기업실체의 법적 채무의 발생과 소멸뿐만 아니라, 기간손익의 계산을 위하여 법적 채무가 아닌 것도 부채의 개념에 포함시키고 있기 때문이다. 예를 들면 정확한 기간손익의 계산을 위하여 어떤 비용을 발생시키고 그 상대과목을 부채로 표시하거나(예 : 충당부채) 또는 일부 발생한 수익을 차기로 이연하면서(예 : 선수수익) 이를 부채로 표시하는 경우도 있기 때문이다.

(2) 부채의 분류

부채는 1년을 기준으로 유동부채와 비유동부채로 분류한다. 다만, 정상적인 영업주기 내에 소멸할 것으로 예상되는 매입채무와 미지급비용 등은 보고기간종료일로부터 1년 이내에 결제되지 않더라도 유동부채로 분류하고, 해당금액을 주석으로 기재한다(일반기준 2장 문단 2.23). 한편, 여기서 1년 기준은 부채의 발생시점이 아니라 보고기간종료일을 기준으로 한다. 즉 보고기간종료일로부터 만기가 1년 이내에 도래하는 부채는 유동부채, 보고기간종료일로부터 만기가 1년 이후에 도래하는 부채는 비유동부채로 구분된다.

(3) 부채의 평가

부채의 평가란 재무상태표에 계상될 부채의 금액을 결정하는 과정 즉, 부채에 대하여 화폐가치를 부여하는 과정을 말하며, 대부분의 부채는 발생한 시점부터 계약이나 협정에 의하여 지급금액이 정해진다. 그런데 부채는 미래의 시점에서 지급되므로 원칙적으로 모든 부채는 공정가치에 의해서 평가되어야 한다. 그러나 유동부채에 대하여는 일반적으로 공정가치로 표시하지 않고 만기에 지불할 금액으로 평가하고 있다. 이는 지급기간이 짧고 공정가치와 만기금액의 차이가 중요하지 않기 때문에 실무상 인정되고 있는 방법이다.

그러나 명목금액과 공정가치의 차이가 중요한 비유동부채, 장기연불조건의 매매거래, 장기금전대차거래 또는 이와 유사한 거래에서 발생하는 부채의 경우에는 이를 공정가치로 평가하여야 한다.

이와 같이 공정가치로 평가하는 경우에 사용하는 할인율은 일반적으로 해당 거래에 내재된 이자율인 유효이자율을 사용하도록 하고 있다. 그러나 이러한 유효이자율을 구할 수 없거나 해당 거래의 유효이자율과 동종시장이자율(관련 시장에서 해당 거래의 종류 · 성격과 동일하거나 유사한 거래가 발생할 경우 합리적인 판단력과 거래의사가 있는 독립된 당사자간에 적용될 수 있는 이자율)의 차이가 유의적인 경우에는 동종시장이자율을 적용하며, 동종시장이자율을 실무적으로 산정할 수 없는 경우에는 객관적이고 합리적인 기준에 의하여 산출한 가중평균차입이자율을 적용할 수 있다. 가중평균차입이자율을 산출하기 위한 객관적이고 합리적인 기준이 없는 경우에는 회사채 유통수익률을 기초로 기업의 신용도 등을 반영하여 해당 기업에 적용될 자금조달비용을 합리적으로 추정하여 적용한다(일반기준 6장 부록 실6.20의 4). 한편 공정가치와 부채의 명목금액과의 차액은 현재가치할인차금의 과목으로 해당 부채의 명목상의 가액에서 차감하는 형식으로 기재하여 재무상태표에는 공정가치의 가액으로 표시하며, 유효이자율법을 적용하여 동 현재가치할인차금을 상각하고 이를 이자비용의 과목으로 계상한다.

참고로 충당부채의 명목금액과 현재가치의 차이가 유의적인 경우에는 의무를 이행하기 위하여 예상되는 지출액의 현재가치로 평가하여야 하는데, 이때 현재가치 평가에 사용하는 할인율은 그 부채의 고유한 위험과 화폐의 시간가치에 대한 현행 시장의 평가를 반영한 세전 이율을 사용한다. 이 경우, 만기까지의 기간이 유사한 국공채이자율에 기업의 신용위험을 반영한 조정 금리를 가산하여 산출한 이자율을 할인율로 사용할 수 있다. 이 할인율에 반영되는 위험에는 미래 현금흐름을 추정할 때 고려된 현금흐름 자체의 변동위험은 포함되지 아니한다(일반기준 14장 문단 14.10).

3. 자 본

(1) 자본의 개념

전통적으로 소유주지분이라고 표현되어 온 주주지분은, 오늘날 기업의 대표적인 형태가 주식회사이므로 소유주지분이란 용어 대신 주주지분이라는 말로 널리 통용되고 있다.

주주지분(stockholder's equity)은 기업이 소유하고 있는 자산의 총액에서 부채의 총액을 차감한 잔액으로 측정된다. 즉 주주지분은 자산과 부채의 평가결과에 따라 종속적으로 산출되는 잔존지분(residual interests)의 성격을 갖는다. 이러한 주주지분은 특정 자산에 대한 청구권이 아니라 총자산 중 일부분에 대한 청구권을 나타내는 것이며, 그 금액도 일정액으로 고정되어 있는 것이 아니라 기업의 수익성에 따라 변한다.

자본은 다음과 같은 특성을 지니고 있다.

① 기업의 소유주지분은 소유권(ownership rights)으로부터 나타난다. 소유권은 기업과 소

유주간의 관계로서, 기업과 종업원, 채권자, 공급업자 등과의 관계로 생기는 것은 아니다.

② 소유주지분은 기업의 소유주에 대한 분배의 원천(source of distributions)이 되는 것으로, 분배는 현금배당 등 자산의 분배를 뜻한다.

③ 소유주지분은 부채인 채권자지분과 함께 기업의 자산에 대한 청구권을 나타낸다.

한편 자본의 의미는 지분이론에 따라서 여러 가지로 달리 표현된다. 즉 기업실체이론에서는 주주의 잔여지분에 대한 청구권으로, 자본주이론에서는 자본주에게 귀속할 순재산으로, 자금이론에서는 자산의 내용에 대한 구속으로 정의하고 있다.

(2) 자본의 분류

주주지분은 법률적 관점과 경제적 관점에서 분류할 수 있다.

법률적 관점에서 보면 주주지분은 법정자본과 잉여금으로 분류된다. 법정자본(legal capital)은 자본금(capital stock)이라고도 불리는 것으로, 채권자를 보호하기 위해서 기업이 보유하여야 할 재산의 최소한의 기준액 또는 채권자를 위한 최소한의 담보액을 의미하며, 잉여금(surplus)은 전체 주주지분 중 법정자본인 자본금을 초과하는 부분을 의미한다. 이러한 법률적 관점에 따른 분류기준은 주식회사가 유한책임제도를 채택하고 있다는 점과 밀접한 관련이 있다. 즉 주식회사의 주주는 기업에 대해 주식의 인수가액을 한도로 하여 출자의무를 부담할 뿐이며 기업의 채권자에 대해서는 아무런 책임을 지지 않으므로 기업의 재산이 주주에게 과대하게 배분될 경우에는 채권자의 권익이 침해된다. 그러므로 채권자보호의 관점에서 법정자본을 기타의 자본항목이나 잉여금과 구분하는 것이다.

경제적 관점에서 보면 주주지분은 조달원천에 따라 불입자본과 유보이익(이익잉여금)으로 분류된다. 불입자본(contributed capital 또는 paid－in capital)은 주주가 기업에 불입한 금액으로 자본금(1주당 액면가액×발행주식수)에 주식발행초과금을 가산하거나 주식할인발행차금을 차감한 금액을 말한다. 이에 반하여 유보이익 또는 이익잉여금(retained earnings)은 기업활동에 의해 창출된 이익 중에서 사외로 유출되지 않고 사내에 유보된 부분을 의미한다. 즉 주주지분을 경제적 관점에서 분류하는 것은 주주지분을 발생시킨 거래의 성격을 기준으로 분류하는 것으로써, 불입자본은 자본거래에서 비롯된 것이고 유보이익은 손익거래에서 비롯된 것이다.

한편 일반기업회계기준에서는 자본을 자본금, 자본잉여금, 자본조정, 기타포괄손익누계액 및 이익잉여금(또는 결손금)으로 분류하고 있다(일반기준 2장 문단 2.74).

(3) 자본의 평가

기업의 자산과 부채는 독립적으로 측정가능하나 자본은 독립적으로 측정되지 않고 자산과 부채의 측정을 통하여 측정된다.

즉 자본은 자산 측정가액에서 부채의 측정가액을 공제한 잔여분이다. 자본은 소유주의 소유권을 근거로 나타난 것이지만 재무상태표에 표시된 자본은 소유주에 귀속된 기업의 공정한 시장가치를 표시한 것은 아니다. 왜냐하면 기업실체의 가치는 회계상 자산과 부채를 평가하여 측정한 가액과 다르기 때문이다. 따라서 기업실체의 자산에서 부채를 공제한 잔액인 자본은 소유주에게 귀속되는 공정한 시장가치로 볼 수 없으며, 단지 기업자산의 원천 중에서 소유주의 지분을 표시하는 것이다.

Chapter 03

재무상태표의 작성기준

1. 재무상태표의 기본구조

(1) 자산 · 부채 · 자본의 구분

재무상태표는 기업의 자산을 성격과 기능 및 유동성에 따라 구분하고, 부채를 성격 및 유동성에 따라 구분하며, 자본을 그 원천별로 구분하는 것이 매우 중요하다. 왜냐하면, 각각의 성격과 기능에 따라 기업의 안전성, 활동성, 미래수익창출잠재력, 채무변제능력, 배당지급능력 등에 미치는 영향이 다르기 때문이다. 이에 따라 일반기업회계기준에서는 재무상태표의 구성요소인 자산, 부채, 자본을 각각 다음과 같이 구분하도록 하고 있다(일반기준 2장 문단 2.18).

① 자산은 유동자산과 비유동자산으로 구분한다. 유동자산은 당좌자산과 재고자산으로 구분하고, 비유동자산은 투자자산, 유형자산, 무형자산, 기타비유동자산으로 구분한다.

② 부채는 유동부채와 비유동부채로 구분한다.

③ 자본은 자본금, 자본잉여금, 자본조정, 기타포괄손익누계액 및 이익잉여금(또는 결손금)으로 구분한다.

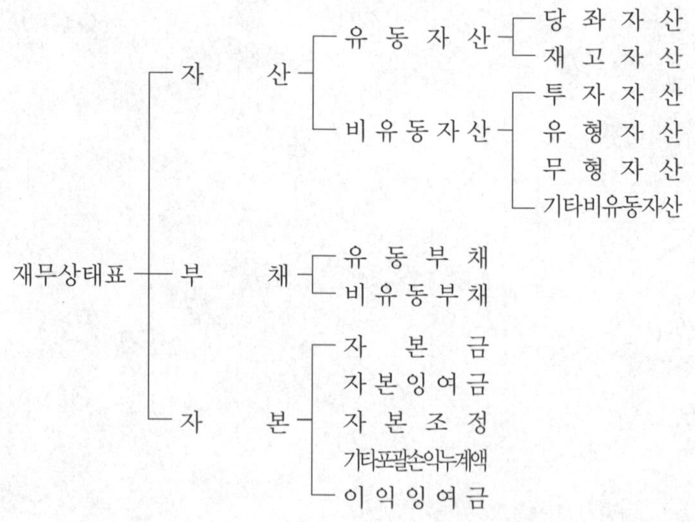

(2) 자산과 부채의 유동성배열

자산과 부채는 유동성이 큰 항목부터 배열하는 것을 원칙으로 한다(일반기준 2장 문단 2.19). 이를 유동성배열법이라 하는데, 이 방법은 기업의 지급능력을 보고하는 데 주안점을 둔 방법이다.

(3) 업종의 특수성 반영

재무상태표의 표시와 분류방법은 기업의 재무상태를 쉽게 이해할 수 있도록 결정되어야 한다. 따라서, 위 (1)과 (2)의 규정에 불구하고 업종의 특수성 때문에 필요하거나 일반기업회계기준 제2장 외의 다른 장에서 달리 정하고 있는 경우에는 표시항목의 명칭과 배열순서를 다르게 정할 수 있다(일반기준 2장 부록 실2.6).

2. 자산과 부채의 유동성 · 비유동성 구분

자산과 부채를 유동 · 비유동으로 구분하는 것은 운전자본으로 사용되는 자산 및 부채와 장기적인 경영활동에 사용되는 자산 및 부채를 구분하여 표시할 수 있고, 기업의 유동성과 지급능력을 평가하는 데에 유용한 정보를 제공해 주기 때문이다.

유동자산 · 유동부채로 분류하는 기준은 다음과 같다.

(1) 자 산

다음과 같은 자산은 유동자산으로 분류하며, 그 밖의 모든 자산은 비유동자산으로 분류한다(일반기준 2장 문단 2.20).

① 사용의 제한이 없는 현금 및 현금성자산

② 기업의 정상적인 영업주기 내에 실현될 것으로 예상되거나 판매목적 또는 소비목적으로 보유하고 있는 자산

③ 단기매매 목적으로 보유하는 자산

④ ① 내지 ③ 외에 보고기간종료일로부터 1년 이내에 현금화 또는 실현될 것으로 예상되는 자산

이 때 영업주기란 제조업의 경우에 제조과정에 투입될 재화와 용역을 취득한 시점부터 제품의 판매로 인한 현금의 회수완료시점까지 소요되는 기간을 나타낸다. 숙성과정이 필요한 업종이나 자본집약적인 업종의 경우에는 영업주기가 1년을 초과할 수도 있다. 반면에 대부분의 업종의 경우에는 영업주기가 1년 이내인 경우가 보통이므로 정상적인 영업주기가 명확하게 확인되지 않는 경우에는 1년으로 추정한다(일반기준 2장 부록 실2.7).

따라서 일반적으로 자산은 1년을 기준으로 유동자산과 비유동자산으로 분류한다. 다만, 정상적인 영업주기 내에 판매되거나 사용되는 재고자산과 회수되는 매출채권 등은 보고기간종료일로부터 1년 이내에 실현되지 않더라도 유동자산으로 분류한다. 이는 기업의 정상적인 영업주기가 1년을 초과할 경우에 영업주기내에 사용되거나 현금으로 전환되는 자산이 비유동자산으로 분류되면 유동자산금액이 기업의 정상적인 영업과정에서의 운영자금을 표시하지 못하는 문제점이 있으므로 유동자산을 구분하는 데 1년 기준에 영업주기 기준을 추가하여 유동자산의 분류요건을 구체적으로 명시한 것이다. 다만, 유동자산으로 분류한 금액 중 1년 이내에 실현되지 않을 금액은 주석으로 기재하며 유동자산으로 분류한 금액 중 1년 이내에 실현되지 않을 금액이 명확하게 산출되지 않는 경우에는 합리적으로 추정하여 결정한다(일반기준 2장 문단 2.21, 부록 결2.5).

한편, 장기미수금이나 투자자산에 속하는 매도가능증권 또는 만기보유증권 등의 비유동자산 중 1년 이내에 실현되는 부분은 유동자산으로 분류한다(일반기준 2장 문단 2.21).

(2) 부 채

1) 일반적인 경우

다음과 같은 부채는 유동부채로 분류하며 그 밖의 모든 부채는 비유동부채로 분류한다(일반기준 2장 문단 2.22).

① 기업의 정상적인 영업주기 내에 상환 등을 통하여 소멸할 것이 예상되는 매입채무와 미지급비용 등의 부채

② 보고기간종료일로부터 1년 이내에 상환되어야 하는 단기차입금 등의 부채

③ 보고기간종료일로부터 1년을 초과하여 부채의 결제를 연기할 수 있는 권리를 가지고 있지 않은 부채. 이 경우 부채의 결제란 부채를 소멸시키기 위해 계약 상대방에게 다음 ㉠ 또는 ㉡을 이전하는 것을 말한다(일반기준 2장 문단 2.28의 3).

㉠ 현금이나 그 밖의 경제적 자원(예 : 재화나 용역)

㉡ 기업 자신의 지분상품(일반기준 2장 문단 2.28의 4가 적용되지 않는 경우)

한편, 상기 ③에서 보고기간종료일로부터 1년을 초과하여 부채의 결제를 연기할 수 있는 기업의 권리는 실질적이어야 하고, 보고기간종료일 현재 존재해야 하는데, 이 경우 보고기간종료일로부터 1년을 초과하여 부채의 결제를 연기할 수 있는 기업의 권리는 기업이 차입약정 상의 특정 조건(이하 '약정사항')을 준수하는지 여부에 좌우될 수 있다(일반기준 2장 문단 2.22의 2, 문단 2.22의 3).

① 만약 기업이 보고기간종료일 이전에 약정사항을 준수하도록 요구받는다면, 이러한 약

정사항은 상기 ③ (일반기준 2장 문단 2.22의 3)를 적용할 때 보고기간종료일 현재 그러한 권리가 존재하는지 여부에 영향을 미친다. 비록 약정사항의 준수 여부가 보고기간 후에만 평가되더라도(예: 약정사항은 보고기간종료일 현재 기업의 재무상태를 기초로 하지만, 약정사항의 준수 여부는 보고기간 후에만 평가되는 경우), 이러한 약정사항은 보고기간종료일 현재 그러한 권리가 존재하는지 여부에 영향을 미친다.

② 만약 기업이 보고기간 후에만 약정사항을 준수하도록 요구받는다면(예 : 기업의 보고기간종료일로부터 6개월 후 재무상태에 기초한 약정사항), 이러한 약정사항은 상기 ③ (일반기준 2장 문단 2.22의 3)를 적용할 때 보고기간종료일 현재 그러한 권리가 존재하는지 여부에 영향을 미치지 않는다.

부채는 1년을 기준으로 유동부채와 비유동부채로 분류한다. 다만, 정상적인 영업주기 내에 소멸할 것으로 예상되는 매입채무와 미지급비용 등은 보고기간종료일로부터 1년 이내에 결제되지 않더라도 유동부채로 분류한다. 이 경우 유동부채로 분류한 금액 중 1년 이내에 결제되지 않을 금액을 주석으로 기재한다. 다만, 당좌차월, 단기차입금 및 유동성장기차입금 등은 보고기간종료일로부터 1년 이내에 결제되어야 하므로 영업주기와 관계없이 유동부채로 분류한다. 또한 비유동부채 중 보고기간종료일로부터 1년 이내에 자원의 유출이 예상되는 부분은 유동부채로 분류한다(일반기준 2장 문단 2.23).

2) 특수한 경우

보고기간종료일로부터 1년 이내에 상환되어야 하는 채무는, 보고기간종료일과 재무제표가 사실상 확정된 날 사이에 보고기간종료일로부터 1년을 초과하여 상환하기로 합의하더라도 유동부채로 분류한다. 그러나, 보고기간종료일로부터 1년 이내에 상환기일이 도래하더라도, 보고기간종료일 현재 기존의 차입약정에 따라 보고기간종료일로부터 1년을 초과하여 부채를 연장할 권리가 있는 경우에는 비유동부채로 분류한다. 만약 기업에 그러한 권리가 없다면, 차환 가능성을 고려하지 않고 유동부채로 분류한다. 이는, 보고기간종료일로부터 1년 이내에 상환기일이 도래하는 채무는 원칙적으로 유동부채로 분류하여야 하나, 보고기간종료일 현재 기존의 차입약정에 따라 보고기간종료일로부터 1년을 초과하여 부채를 연장할 권리가 있는 경우에는 경제적 실질을 반영하여 비유동부채로 분류하는 것이 타당하기 때문이다(일반기준 2장 문단 2.24, 2.25).

장기차입금이라 할지라도 채무자가 차입약정의 약정사항을 위배하여 채권자가 언제든지 상환을 요구할 수 있다면 장기차입금이라 할 수 없다. 따라서, 장기차입약정의 약정사항을 위반하여 채권자가 즉시 상환을 요구할 수 있는 채무는, 보고기간종료일과 재무제표가 사실상 확정된 날 사이에 채권자가 상환을 요구하지 않기로 합의하더라도 유동부채로 분류한다. 그 이유는 보고기간종료일 현재 기업이 보고기간종료일로부터 1년을 초과하여 결제를 연기할 수 있는 권리를 가지고 있지 않기 때문이다. 다만, 다음의 조건을 모두 충족하는 경우에는 경제적 실질을 반영하여 비유동부채로 분류한다(일반기준 2장 문단 2.26, 2.27).

① 보고기간종료일 이전에 차입약정의 위반을 해소할 수 있도록 보고기간종료일로부터 1년을 초과하는 유예기간을 제공하기로 합의하였다.
② ①에서의 유예기간 내에 기업이 차입약정의 위반을 해소할 수 있다.
③ ①에서의 유예기간 동안 채권자가 즉시 상환을 요구할 수 없다.

부채의 분류는 기업이 보고기간종료일로부터 1년을 초과하여 부채의 결제를 연기할 권리의 행사 가능성에 영향을 받지 않는다. 즉, 부채가 비유동부채로 분류되는 기준을 충족한다면, 비록 경영진이 보고기간종료일로부터 1년 이내에 부채의 결제를 의도하거나 예상하더라도, 또는 보고기간종료일과 재무제표가 사실상 확정된 날 사이에 부채를 결제하더라도 비유동부채로 분류한다. 다만, 그러한 상황 중 하나에 해당하는 경우, 부채가 기업의 재무상태에 미치는 영향을 재무제표이용자가 이해할 수 있도록 결제 시기에 대한 정보를 공시할 필요가 있을 수 있다(일반기준 2장 문단 2.27의 2).

한편, 보고기간종료일과 재무제표가 사실상 확정된 날 사이에 발생한 다음과 같은 사건은 주석으로 기재한다(일반기준 2장 문단 2.28).

① 유동으로 분류된 부채를 장기채무로 차환한 경우(또는 만기연장)
② 장기차입약정 위반으로 유동으로 분류된 부채에서 해당 위반사항이 해소된 경우
③ 장기차입약정 위반으로 유동으로 분류된 부채에서 해당 위반을 해소할 수 있도록 보고기간종료일로부터 1년을 초과하는 유예기간을 채권자로부터 획득한 경우
④ 비유동으로 분류된 부채를 결제한 경우

3. 자본의 분류

자본은 변동원천과 법률적 요구를 기준으로 분류하는데, 이러한 기준에 의해 자본은 자본금, 자본잉여금, 자본조정, 기타포괄손익누계액 및 이익잉여금으로 분류한다(일반기준 2장 부록 결2.6).

① 자본금은 법정자본금으로 하며, 조달된 자본금은 액면총액인 액면자본금과 액면을 초과(액면에 미달)하여 납입한 금액인 액면초과(또는 미달)자본금으로 구분한다(일반기준 2장 문단 2.29, 부록 결2.6).
② 자본잉여금은 증자나 감자 등 주주와의 거래에서 발생하여 자본을 증가시키는 잉여금이다. 예를 들면, 주식발행초과금, 자기주식처분이익, 감자차익 등이 포함된다(일반

기준 2장 문단 2.30).

③ 자본조정은 당해 항목의 성격으로 보아 자본거래에 해당하나 최종 납입된 자본으로 볼 수 없거나 자본의 가감 성격으로 자본금이나 자본잉여금으로 분류할 수 없는 항목이다. 예를 들면, 자기주식, 주식할인발행차금, 주식선택권, 출자전환채무, 감자차손 및 자기주식처분손실 등이 포함된다(일반기준 2장 문단 2.31).

④ 기타포괄손익누계액은 보고기간종료일 현재의 매도가능증권평가손익, 해외사업환산손익, 현금흐름위험회피 파생상품평가손익 등의 잔액이다(일반기준 2장 문단 2.32).

⑤ 이익잉여금(또는 결손금)은 손익계산서에 보고된 손익과 다른 자본항목에서 이입된 금액의 합계액에서 주주에 대한 배당, 자본금으로의 전입 및 자본조정 항목의 상각 등으로 처분된 금액을 차감한 잔액이다(일반기준 2장 문단 2.33).

4. 재무상태표 항목의 구분 · 통합표시

자산, 부채, 자본 중 중요한 항목은 재무상태표 본문에 별도 항목으로 구분하여 표시한다. 그러나, 중요하지 않은 항목은 성격 또는 기능이 유사한 항목에 통합하여 표시할 수 있으며, 통합할 적절한 항목이 없는 경우에는 기타항목으로 통합할 수 있다. 이 경우 세부 내용은 주석으로 기재한다(일반기준 2장 문단 2.34).

각 기업의 자산, 부채, 자본의 개별 표시분류 항목은 금액과 성격의 중요성 판단기준을 적용하여 결정하여야 한다. 일반기업회계기준 제2장 부록 실2.25에서 실2.52까지에서는 대부분의 기업이 금액이나 성격이 중요하다고 판단하여 재무상태표 본문에 개별 표시할 것으로 예상되는 자산 · 부채 항목을 예시하고 있다. 그러나, 예시된 항목의 금액이나 성격으로 보아 해당기업에 중요하지 않은 경우에는 이들 항목의 별도 표시를 생략할 수 있다.

다만, 다음의 항목은 기업의 특성에 상관 없이 재무상태표 본문에 별도 항목으로 구분하여 표시하여야 한다.

① 현금 및 현금성자산

현금 및 현금성자산은 기업의 유동성 판단에 중요한 정보이므로 별도 항목으로 구분하여 표시한다. 현금 및 현금성자산은 통화 및 타인발행수표 등 통화대용증권과 당좌예금, 보통예금 및 큰 거래비용 없이 현금으로 전환이 용이하고 이자율 변동에 따른 가치변동의 위험이 경미한 금융상품으로서 취득 당시 만기일(또는 상환일)이 3개월 이내인 것을 말한다(일반기준 2장 문단 2.35).

② 자본금

자본금은 보통주자본금과 우선주자본금으로 구분하여 표시한다. 보통주와 우선주는 배당금 지급 및 청산시의 권리가 상이하기 때문에 구분하여 표시한다(일반기준 2장 문단 2.36).

③ 자본잉여금

자본잉여금은 주식발행초과금과 기타자본잉여금으로 구분하여 표시한다(일반기준 2장 문단 2.37).

④ 자본조정

자본조정 중 자기주식은 별도 항목으로 구분하여 표시한다. 그리고 주식할인발행차금, 주식선택권, 출자전환채무, 감자차손 및 자기주식처분손실 등은 기타자본조정으로 통합하여 표시할 수 있다(일반기준 2장 문단 2.38).

⑤ 기타포괄손익누계액

기타포괄손익누계액은 매도가능증권평가손익, 해외사업환산손익 및 현금흐름위험회피 파생상품평가손익 등으로 구분하여 표시한다(일반기준 2장 문단 2.39).

⑥ 이익잉여금

이익잉여금은 법정적립금, 임의적립금 및 미처분이익잉여금(또는 미처리결손금)으로 구분하여 표시한다. 이익잉여금 중 법정적립금과 임의적립금의 세부 내용 및 법령 등에 따라 이익배당이 제한되어 있는 이익잉여금의 내용을 주석으로 기재한다(일반기준 2장 문단 2.40).

5. 자산과 부채의 총액표시

자산과 부채는 원칙적으로 상계하여 표시하지 않는다. 다만, 기업이 채권과 채무를 상계할 수 있는 법적 구속력 있는 권리를 가지고 있고, 채권과 채무를 순액기준으로 결제하거나 채권과 채무를 동시에 결제할 의도가 있다면 상계하여 표시하며, 일반기업회계기준 제2장 외의 다른 장에서 요구하거나 허용하는 경우에도 상계하여 표시한다(일반기준 2장 문단 2.41, 2.42).

한편, 매출채권에 대한 대손충당금 등은 해당 자산이나 부채에서 직접 가감하여 표시할 수 있으며, 이는 상계에 해당하지 아니한다. 일반기업회계기준 제2장 외의 다른 장에서 달리 정하는 경우를 제외하고는 자산이나 부채의 가감항목을 해당 자산이나 부채에서 직접 가감하여 표시할 수 있으며, 이 경우 가감한 금액을 주석으로 기재한다(일반기준 2장 문단 2.43).

04 재무상태표의 구조와 양식

제1절 재무상태표의 구조

재무상태표는 기본적으로 자산 · 부채 · 자본의 세 기본요소로 구성되며, 자산은 유동자산과 비유동자산으로, 부채는 유동부채와 비유동부채로, 자본은 자본금, 자본잉여금, 자본조정, 기타포괄손익누계액 및 이익잉여금(또는 결손금)으로 다시 구분된다. 아래의 그림은 재무상태표의 구조를 나타낸 것이다.

재무상태표의 구조

자 산	부 채 와 자 본
자 산	부 채
유 동 자 산	유 동 부 채
당 좌 자 산	비 유 동 부 채
재 고 자 산	부 채 총 계
비 유 동 자 산	자 본
투 자 자 산	자 본 금
유 형 자 산	자 본 잉 여 금
무 형 자 산	자 본 조 정
기타비유동자산	기타포괄손익누계액
	이익잉여금(또는 결손금)
	자 본 총 계
자 산 총 계	부채 및 자본총계

제2절 재무상태표의 양식

재무상태표는 이해하기 쉽도록 간단하고 명료하게 표시하여야 하며, 다음에 예시하고 있는 재무상태표의 양식을 참조하여 작성한다. 다만, 예시된 명칭보다 내용을 더 잘 나타내는 계정과목명이 있는 경우에는 그 계정과목명을 사용할 수 있다. 한편, 재무제표는 재무상태표, 손익계산서, 현금흐름표, 자본변동표 및 주석으로 구분하여 작성하며, ① 기업명, ② 보고기간종료일 또는 회계기간, ③ 보고통화 및 금액단위를 각 재무제표의 명칭과 함께 기재한다. 이 경우 재무제표이용자에게 오해를 줄 염려가 없는 경우에는 금액을 천원이나 백만원 단위 등으로 표시할 수 있다(일반기준 2장 문단 2.15, 2.16, 부록 실2.4).

재 무 상 태 표

제×기 20××년 ×월 ×일 현재
제×기 20××년 ×월 ×일 현재

기업명 (단위 : 원)

과 목	당 기		전 기	
자산				
유동자산		×××		×××
당좌자산		×××		×××
현금 및 현금성자산	×××		×××	
단기투자자산	×××		×××	
매출채권	×××		×××	
선급비용	×××		×××	
이연법인세자산	×××		×××	
……	×××		×××	
재고자산		×××		×××
제품	×××		×××	
재공품	×××		×××	
원재료	×××		×××	
……	×××		×××	
비유동자산		×××		×××
투자자산		×××		×××
투자부동산	×××		×××	
장기투자증권	×××		×××	
지분법적용투자주식	×××		×××	
……	×××		×××	
유형자산		×××		×××
토지	×××		×××	
설비자산	×××		×××	
(-)감가상각누계액	(×××)		(×××)	
건설중인자산	×××		×××	
……	×××		×××	

과 목	당 기		전 기	
무형자산		×××		×××
영업권	×××		×××	
산업재산권	×××		×××	
개발비	×××		×××	
……	×××		×××	
기타비유동자산		×××		×××
이연법인세자산	×××		×××	
……	×××		×××	
자산총계		×××		×××
부채				
유동부채		×××		×××
단기차입금	×××		×××	
매입채무	×××		×××	
당기법인세부채	×××		×××	
미지급비용	×××		×××	
이연법인세부채	×××		×××	
……	×××		×××	
비유동부채		×××		×××
사채	×××		×××	
신주인수권부사채	×××		×××	
전환사채	×××		×××	
장기차입금	×××		×××	
퇴직급여충당부채	×××		×××	
장기제품보증충당부채	×××		×××	
이연법인세부채	×××		×××	
……	×××		×××	
부채총계		×××		×××
자본				
자본금		×××		×××
보통주자본금	×××		×××	
우선주자본금	×××		×××	
자본금잉여금		×××		×××
주식발행초과금	×××		×××	
……	×××		×××	
자본조정		×××		×××
자기주식	×××		×××	
……	×××		×××	
기타포괄손익누계액		×××		×××
매도가능증권평가손익	×××		×××	
해외사업환산손익	×××		×××	
현금흐름위험회피 파생상품평가손익	×××		×××	
……	×××		×××	
이익잉여금(또는 결손금)		×××		×××
법정적립금	×××		×××	
임의적립금	×××		×××	
미처분이익잉여금(또는 미처리결손금)	×××		×××	
자본총계		×××		×××
부채 및 자본총계		×××		×××

Chapter

05 주석 및 부속명세서

제1절 주 석

1. 주석의 의의

주석(footnotes)은 재무제표의 하나로서, 재무제표 본문의 정보에 추가하여 재무제표의 전반적인 이해를 위하여 필요한 양적 정보뿐만 아니라 질적 정보를 제공한다. 이와 같은 주석정보는 재무제표의 전반적인 이해를 증진시키며 기업의 재무상태, 경영성과, 현금흐름 및 자본변동에 관한 필수적인 정보를 전달하므로, 주석이 제외된 재무제표는 완전한 재무제표라고 할 수 없다(일반기준 2장 문단 2.4).

이러한 주석은 재무상태표, 손익계산서, 현금흐름표 및 자본변동표에 인식되어 본문에 표시되는 항목에 관한 설명이나 금액의 세부내역뿐만 아니라 우발상황 또는 약정사항과 같이 재무제표에 인식되지 않는 항목에 대한 추가 정보를 포함하여야 한다(일반기준 2장 문단 2.83).

따라서, 주석을 별지로 첨부한 경우에는 해당 재무제표 밑에 '별첨 재무제표에 대한 주석 참조' 또는 '별첨 재무제표에 대한 주석은 본 재무제표의 일부임'이라는 문구를 기재함으로써 재무제표의 이용자들로 하여금 주석이 별도로 작성되어 첨부되어 있다는 점을 주지시키는 것이 합리적이다.

2. 주석의 구조

주석은 일반적으로 재무제표 이용자가 재무제표를 이해하고 다른 기업의 재무제표와 비교하는 데 도움이 될 수 있도록 다음의 순서로 작성한다(일반기준 2장 문단 2.85).

① 일반기업회계기준에 준거하여 재무제표를 작성하였다는 사실의 명기

② 재무제표 작성에 적용된 유의적인 회계정책의 요약

③ 재무제표 본문에 표시된 항목에 대한 보충정보(재무제표의 배열 및 각 재무제표 본문에 표시된 순서에 따라 공시)

④ 기타 우발상황, 약정사항 등의 계량정보와 비계량정보

위의 ③에 해당하는 보충정보의 예는 다음과 같다(일반기준 2장 부록 실2.20).

① 기업의 개황, 주요 영업내용 및 최근의 경영환경변화
② 사용이 제한된 예금
③ 자기 또는 타인을 위하여 제공하고 있거나 타인으로부터 제공받고 있는 담보 및 보증의 내용
④ 차입약정의 유의적인 위반사항
⑤ 천재지변, 파업, 화재, 유의적인 사고 등에 관하여는 그 내용과 결과
⑥ 기업이 가입하고 있는 보험의 종류, 보험금액 및 보험에 가입된 자산의 내용
⑦ 물가 및 환율변동과 같이 기업에 유의적인 영향을 미치는 불확실성 및 위험요소
⑧ 당해 회계연도 개시일전 2년 내에 결손보전을 한 경우에는 결손보전에 충당된 자본잉여금이나 이익잉여금의 명칭과 금액 및 결손보전을 승인한 주주총회일
⑨ 제조원가 또는 판매비와관리비에 포함된 급여, 퇴직급여, 복리후생비, 임차료, 감가상각비, 세금과공과 등 부가가치계산에 필요한 계정과목과 그 금액

한편, 주석은 재무제표 이용자의 이해와 편의를 도모하기 위하여 체계적인 방법으로 표시한다. 따라서 재무상태표, 손익계산서, 이익잉여금처분계산서(또는 결손금처리계산서), 현금흐름표 및 자본변동표의 본문에 표시된 개별항목에는 관련된 주석내용과 상호 연결하는 기호 등을 표시한다(일반기준 2장 부록 실2.19).

3. 주석사항

(1) 일반사항

주석에서 포함되어야 할 사항은 다음과 같다(일반기준 2장 문단 2.82).

① 재무제표 작성기준 및 유의적인 거래와 회계사건의 회계처리에 적용한 회계정책
② 일반기업회계기준에서 주석공시를 요구하는 사항
③ 재무상태표, 손익계산서, 현금흐름표 및 자본변동표의 본문에 표시되지 않는 사항으로서 재무제표를 이해하는 데 필요한 추가 정보

(2) 회계정책의 공시

주석으로 기재하는 유의적인 회계정책의 요약은 다음 사항을 포함하여야 하며, 재무제표에 영향을 미치는 회계정책을 적용할 때 경영진이 내린 판단의 근거를 주석으로 기재한다(일반기준 2장 문단 2.86, 2.87).

① **재무제표를 작성하는 데 사용한 측정속성**

재무제표 이용자에게 재무제표 작성의 기초가 된 측정속성(역사적 원가, 현행원가, 순실현가능가치, 공정가치 또는 회수가능액)에 관한 정보를 제공할 필요가 있다. 따라서, 재무제표 작성에 여러 가지의 측정속성을 사용한 경우, 예를 들어 동일한 재무제표에 역사적 원가로 측정한 항목들과 공정가치로 측정한 항목들이 있는 경우에는 각 측정속성이 적용된 자산 및 부채의 유형에 관한 정보를 주석에 포함한다(일반기준 2장 부록 실2.21).

② **재무제표를 이해하는 데 필요한 기타의 회계정책**

경영진은 회계정책에 대한 주석공시 여부를 결정할 때 주석공시를 함으로써 재무제표 이용자가 거래나 회계사건이 경영성과와 재무상태에 반영되는 과정을 이해하는 데 도움이 되는지 고려하여야 하며, 재무제표 이용자의 입장에서 주석으로 기재할 것으로 기대하는 사업내용과 회계정책이 있다면 그러한 정보에 대한 주석공시를 고려해야 한다.

한편, 경영진은 회계정책을 적용할 때 다양한 판단을 하며 그러한 판단은 재무제표에 유의적인 영향을 줄 수 있다. 예를 들어, 경영진은 금융자산을 만기보유증권으로 분류할지 여부를 판단해야 한다. 이 경우 재무제표 항목의 금액에 영향을 미치는 회계정책을 적용할 때 경영진이 내린 판단의 근거를 주석으로 기재한다. 이러한 주석공시는 아래 '(3) 측정상 중요한 가정 등의 공시'에 따라 주석으로 기재하는 것과는 관련이 없다(일반기준 2장 부록 실2.22).

(3) 측정상 중요한 가정 등의 공시

미래에 관한 유의적인 가정과 측정상의 불확실성에 대한 기타 정보를 주석으로 기재하여야 한다. 이러한 사항은 차기에 자산과 부채의 장부금액에 대한 유의적인 조정을 유발할 수 있는 위험과 관련이 있다. 따라서 이에 영향을 받을 자산과 부채에 대하여 다음 사항 등을 주석으로 기재한다(일반기준 2장 문단 2.88).

① 자산과 부채의 성격
② 보고기간종료일 현재의 자산과 부채의 장부금액
③ 위 ②의 장부금액이 차기에 유의적으로 조정될 가능성이 있다는 사실

(4) 특수관계자 공시

1) 의 의

일반적으로 정보이용자들은 재무제표에 반영된 거래는 공정한 거래로 간주한다. 그러나 특수관계자의 존재는 거래조건 등에 영향을 주어 기업의 재무상태와 경영성과가 특수관계

가 없었던 경우와 다르게 나타날 수 있다. 예를 들어 특수관계자간에는 경쟁적이고 자유로운 시장거래가 이루어지지 않을 가능성이 존재한다.

특수관계자가 있는 경우에 특수관계의 성격, 거래유형, 거래규모, 거래조건 등의 정보제공은 재무제표의 표현의 충실성을 유지하게 한다. 그리하여 정보이용자들이 특수관계자간의 거래가 재무제표에 미치는 영향을 예측하고 분석하는 데 도움을 주는 목적적합한 정보를 제공한다. 또한 특수관계자간 거래에 대한 정보는 기업의 경영성과 및 재무상태를 다른 회계기간 또는 다른 기업과 비교하는 데 유용한 정보를 제공한다. 그러므로 의사결정에 영향을 줄 수 있는 특수관계자간의 거래에 관한 정보를 공시하여 정보이용자들이 특수관계자 간 거래의 영향을 적절히 평가할 수 있도록 해야 한다.

2) 특수관계자 공시의 목적

특수관계는 상거래에서 흔히 나타날 수 있다. 예를 들면, 기업은 흔히 영업활동의 일부분을 종속기업이나 조인트벤처, 관계기업을 통하여 수행한다. 이러한 경우 기업은 지배력, 공동지배 또는 유의적인 영향력을 통하여 피투자기업의 재무정책과 영업정책에 영향을 미칠 수 있다(일반기준 25장 부록 실25.1).

특수관계자는 특수관계가 없다면 이루어지지 않을 거래를 성사시킬 수 있다. 예를 들어, 기업이 지배기업에 원가로 판매하는 재화를 다른 거래처에는 이와 동일한 조건으로 판매하지 않을 수 있다. 또한 특수관계자거래는 특수관계자가 아닌 자와의 거래와는 동일한 규모로 이루어지지 않을 수 있다. 따라서 특수관계는 기업의 재무상태와 경영성과에 영향을 미칠 수 있다(일반기준 25장 부록 실25.2).

비록 특수관계자거래가 발생하지 않았다 하더라도 특수관계가 있다는 것 자체가 기업의 재무상태와 경영성과에 영향을 줄 수 있다. 예를 들어, 지배기업이 종속기업의 거래처와 동종 영업을 하는 기업을 인수하여 해당 기업을 지배하게 되는 경우 종속기업은 이전 거래처와의 거래를 중단할 수 있다. 또한 기업은 특수관계자의 유의적인 영향력으로 인하여 활동에 제약을 받을 수 있다. 예를 들면, 종속기업은 지배기업으로부터 연구개발 활동을 하지 않도록 지시 받을 수 있다(일반기준 25장 부록 실25.3).

이러한 이유로 특수관계자거래, 특수관계자와의 채권 · 채무 잔액 및 특수관계에 대한 이해는 재무제표이용자가 기업이 직면하고 있는 위험과 기회에 대한 평가를 포함하여 기업의 영업을 평가하는데 영향을 줄 수 있다(일반기준 25장 부록 실25.4).

3) 특수관계자의 범위

특수관계자의 정의는 다음과 같다(일반기준 25장 문단 25.2).

① 개인이 다음 중 어느 하나에 해당하는 경우, 그 개인이나 그 개인의 가까운 가족은

당해 기업과 특수관계에 있다.

㉠ 당해 기업을 지배하거나 공동지배하는 경우

㉡ 당해 기업에 유의적인 영향력을 행사할 수 있는 경우

㉢ 당해 기업이나 당해 기업의 지배기업의 주요 경영진의 일원인 경우

▶ "개인의 가까운 가족"이란 당해 기업과의 거래 관계에서 당해 개인의 영향을 받거나 당해 개인에게 영향력을 행사할 것으로 예상되는 가족을 말하며, 다음의 경우를 포함한다(일반기준 25장 용어의 정의).

· 배우자(사실상 배우자 포함. 이하 같음)와 자녀

· 배우자의 자녀

· 개인이나 배우자의 피부양자

한편, 관련법규 등에서 제시하는 "개인의 가까운 가족" 범위는 일반기업회계기준 제25장의 "개인의 가까운 가족" 범위를 판단하는 데 참고할 수 있을 것이다(일반기준 25장 부록 결25.2).

▶ "지배력"이란 경제적 효익을 얻기 위하여 기업의 재무정책과 영업정책을 결정할 수 있는 능력을 말한다(일반기준 25장 용어의 정의).

▶ "공동지배"란 계약상 합의에 의하여 활동에 대한 지배력을 공유하는 것을 말한다(일반기준 25장 용어의 정의).

▶ "주요 경영진"이란 직·간접적으로 당해 기업 활동의 계획·지휘·통제에 대한 권한과 책임을 가진 자로서 모든 이사(업무집행이사 여부를 불문함)를 포함한다(일반기준 25장 용어의 정의).

▶ "유의적인 영향력"이란 기업의 재무정책과 영업정책에 관한 의사결정에 참여할 수 있는 능력을 말한다. 그러나 이러한 정책에 대한 지배력을 의미하는 것은 아니다. 유의적인 영향력은 지분소유, 법규 또는 계약에 따라 획득할 수 있다(일반기준 25장 용어의 정의).

▶ 특수관계자 정의를 적용함에 있어서, 지배력 여부, 공동지배 여부, 유의적인 영향력의 유무는 각각 일반기업회계기준 제4장 '연결재무제표', 제8장 '지분법', 제9장 '조인트벤처 투자'에 따라 판단한다. 이때 일반기업회계기준 제4장 '연결재무제표'에 따라 지배·종속관계에 있지만 연결재무제표 작성대상의 범위에서 제외되는 종속기업도 특수관계자로 본다(일반기준 25장 부록 실25.5)

▶ 상기 ①의 ㉠과 ㉡을 적용하기 위해 개인의 지배력 여부, 공동지배 여부, 유의적인 영향력의 유무를 판단하는 경우에는 각각 일반기업회계기준 제4장 '연결재무제표', 제8장 '지분법', 제9장 '조인트벤처 투자'에 따라 판단한다(일반기준 25장 부록 실25.6)

② 기업이 다음 중 어느 하나에 해당하는 경우, 그 기업은 당해 기업과 특수관계에 있다.

㉠ 기업과 당해 기업이 동일지배 하에 있는 경우(지배기업, 종속기업 및 동일지배 하에 있는 다른 종속기업은 서로 특수관계에 있음을 의미)

㉡ 한 기업이 다른 기업의 관계기업이거나 조인트벤처인 경우(또는 그 다른 기업이 속한 연결실체 내의 일원의 관계기업이거나 조인트벤처인 경우)

㉢ 당해 기업이나 당해 기업의 특수관계자에 해당하는 기업의 종업원급여를 위한 퇴직급여제도

㉣ 기업이 ①에서 식별된 개인에 의하여 지배 또는 공동지배되는 경우

㉤ ①의 ㉠에서 식별된 개인이 기업에 유의적인 영향력을 행사할 수 있는 경우

> ▶ 퇴직후급여제도의 한 형태인 퇴직연금 등이 도입되면, 퇴직연금제도를 위한 기금의 적립과 기금에서의 급여지급이 독립적 법적실체에 의하여 이루어진다고 할지라도, 이러한 제도의 운영에서 발생하는 위험과 효익이 기업에 귀속될 수 있음에 따라 기업의 경영성과 및 재무상태에 영향을 미칠 수 있으므로 종업원급여를 위한 퇴직급여제도를 일반기업회계기준에서는 특수관계자의 정의에 포함시켰다(일반기준 25장 부록 결25.1).

특수관계 유무를 고려할 때에는 단지 법적 형식뿐만 아니라 실질 관계에도 주의를 기울여야 한다. 따라서 다음의 경우가 반드시 특수관계자를 의미하는 것은 아니다(일반기준 25장 문단 25.3, 25.4).

① 상기 ①의 ㉢과 ②의 ㉣, ㉤에도 불구하고 단순히 이사나 그 밖의 주요 경영진의 일원이 동일한 두 기업
② 하나의 조인트벤처를 단지 공동지배하는 두 참여자
③ 당해 기업과 단지 통상적인 업무 관계를 맺고 있는 자금제공자, 노동조합, 공익기업 및 정부부처와 정부기관(기업 활동의 자율성에 영향을 미치거나 기업의 의사결정과정에 참여할 수 있다 하더라도 상관없음)
④ 유의적인 규모의 거래를 통해 단지 경제적 의존 관계만 있는 고객, 공급자, 프랜차이저, 유통업자 또는 총대리인

4) 주석공시

① 일반적인 경우의 주석공시

특수관계자거래가 있는 경우, 재무제표에 미치는 특수관계의 잠재적 영향을 파악하는 데 필요한 거래, 채권 · 채무 잔액에 대한 정보뿐만 아니라 특수관계의 성격도 공시한다. 이러한 주석공시에는 최소한 다음 내용을 포함한다(일반기준 25장 문단 25.6).

㉠ 거래 금액
㉡ 채권 · 채무 잔액과 다음 사항
 - 그 채권 · 채무의 조건(담보 제공 여부 포함)과 결제할 때 제공될 대가의 성격
 - 그 채권 · 채무에 대하여 제공하거나 제공받은 보증의 상세 내역
㉢ 채권 잔액에 대하여 설정된 대손충당금
㉣ 특수관계자 채권에 대하여 당해 기간 중 인식된 대손상각비

위의 주석공시 사항은 다음과 같은 범주로 분류하여 공시한다(일반기준 25장 문단 25.8).

㉠ 지배기업

ⓛ 당해 기업을 공동지배하거나 당해 기업에 유의적인 영향력을 행사하는 기업
ⓒ 종속기업
ⓔ 관계기업
ⓜ 당해 기업이 참여자인 조인트벤처
ⓑ 당해 기업이나 당해 기업의 지배기업의 주요 경영진
ⓢ 그 밖의 특수관계자

특수관계자와의 거래가 있는 경우 주석으로 공시하는 거래의 예는 다음과 같다(일반기준 25장 문단 25.9).

㉠ 재화(완성품이나 재공품)의 매입이나 매출
㉡ 부동산과 그 밖의 자산의 구입이나 매각
㉢ 용역의 제공이나 수령
㉣ 리스
㉤ 연구개발의 이전
㉥ 라이선스계약에 따른 이전
㉦ 금융약정에 따른 이전(대여와 현금출자나 현물출자 포함)
㉧ 보증이나 담보의 제공
㉨ 당해 기업이 특수관계자를 대신하거나 특수관계자가 당해 기업을 대신한 부채의 결제

이외에도 연결실체에 속하는 기업 사이에 위험을 공유하는 확정급여제도에 지배기업이나 종속기업이 참여하는 것은 특수관계자거래에 해당한다.

특수관계자거래를 주석공시함에 있어, 독립된 당사자 사이의 거래 조건에 따라 거래가 이루어졌음을 입증할 수 있는 경우에 한하여 특수관계자거래가 그러한 조건으로 이루어졌다는 사실을 공시하며, 기업의 재무제표에 미치는 특수관계자거래의 영향을 파악하기 위하여 분리하여 공시할 필요가 있는 경우를 제외하고는 성격이 유사한 항목은 통합하여 공시할 수 있다(일반기준 25장 문단 25.10, 25.11).

② 주요경영진에 대한 보상정보의 주석공시

기업은 상기 주석공시 사항에 추가하여 주요 경영진에 대한 보상 총액과 함께 다음의 각 분류별 금액을 공시한다. 다만, 이를 생략할 수 있다(일반기준 25장 문단 25.7).

㉠ 단기종업원급여
㉡ 퇴직급여
㉢ 기타장기급여
㉣ 해고급여

㉤ 주식기준보상

이 때 주요 경영진이란 반드시 법적인 등기이사만을 의미하는 것은 아니나 적어도 법적인 등기이사(상임 또는 비상임을 불문함)는 주요 경영진에 포함한다(일반기준 25장 부록 실25.10).

③ 지배 · 종속관계가 있는 경우의 주석공시

지배 · 종속적 특수관계가 있는 경우, 재무제표이용자가 특수관계의 영향을 이해하도록 하기 위하여 지배 · 종속기업간 거래의 유무에 상관없이 그러한 지배 · 종속관계를 주석으로 기재한다. 이 때 기업은 지배기업의 명칭을 공시한다. 다만, 최상위 지배자와 지배기업이 다른 경우에는 최상위 지배자의 명칭도 공시한다. 지배기업과 최상위 지배자가 일반이용자가 이용할 수 있는 연결재무제표를 작성하지 않는 경우에는 일반이용자가 이용할 수 있는 연결재무제표를 작성하는 가장 가까운 상위의 지배기업의 명칭도 공시한다(일반기준 25장 문단 25.5, 부록 실25.7).

따라서 일반기업회계기준 제4장 '연결재무제표', 제8장 '지분법', 제9장 '조인트벤처 투자'에서 종속기업, 관계기업, 조인트벤처에 대한 유의적인 투자 내역 등을 적절하게 주석기재하도록 하는 요구사항에 추가하여 지배 · 종속기업간의 특수관계 사실을 주석으로 기재한다(일반기준 25장 부록 실25.8).

사례 지배 · 종속 관계의 공시 사례

[사례 1]

X, Y, Z 기업의 지배 · 종속관계는 다음과 같다. 한편, 지배 · 종속관계는 성립하지만 각 기업간에 거래는 없다고 가정한다.

㉠ X 기업의 개별재무제표 : Y, Z 기업의 명칭을 주석으로 기재
㉡ Y 기업의 개별재무제표 : X, Z 기업의 명칭을 주석으로 기재
㉢ Z 기업의 개별재무제표 : X, Y 기업의 명칭을 주석으로 기재
(가장 가까운 상위의 지배기업 Y, 최상위 지배자 X의 명칭을 주석으로 기재)

[사례 2]

A(개인)와 B, C, D, E, F 기업의 지배 · 종속관계는 다음과 같다. 아래와 같은 지배 · 종속관계에서 C 기업은 D, E, F 기업을 연결실체에 포함하는 외부공표용 연결재무제표를 작성하며, D 기업은 E, F 기업을 연결실체에 포함하는 외부공표용 연결재무제표를 작성한다고 가정한다. 한편, 지배종속 관계는 성립하지만 각 기업 간에 거래는 없다고 가정한다.

A (개인) —지배→ B 기업 —지배→ C 기업 —지배→ D 기업 —지배→ E 기업 —지배→ F 기업

㉠ D 기업의 개별재무제표 : A, C, E, F의 명칭을 주석으로 기재
(가장 가까운 상위의 지배기업 C, 최상위 지배자 A, 종속기업 E, F의 명칭을 주석으로 기재)

㉡ E 기업의 개별재무제표 : A, D, F의 명칭을 주석으로 기재

㉢ F 기업의 개별재무제표 : A, D, E의 명칭을 주석으로 기재
(가장 가까운 상위의 지배기업 E, 최상위 지배자 A, 가장 가까운 상위의 지배기업과 최상위 지배자가 외부공표용 연결재무제표를 작성하지 않으므로 외부공표용 연결재무제표를 작성하는 가장 가까운 상위의 지배기업 D의 명칭을 주석으로 기재)

㉣ D 기업의 외부공표용 연결재무제표 : A, C의 명칭을 주석으로 기재

연속적인 지배 · 종속관계의 경우 기업뿐만 아니라 개인 주주도 최상위에서 지배력을 행사할 수 있다. 개인 주주가 최상위 지배자가 되는 경우에는 당해 개인 주주의 명칭을 주석으로 기재한다.

한편, 거래가 있는 경우에는 해당 거래를 하는 지배 · 종속기업의 명칭 및 상기 "① 일반적인 경우의 주석공시" 및 "② 주요경영진에 대한 보상정보의 주석공시"에서 규정하는 요구사항을 주석으로 기재한다.

④ 회계기간 중 특수관계가 성립 · 소멸하는 경우의 주석공시

회계기간 중에 특수관계가 성립하게 되는 경우에는 그 관계 및 특수관계가 성립된 날 이후 발생된 거래에 대하여 상기 ①에서 ③까지의 내용을 적용한다. 또 회계기간 중에 특수관계가 소멸된 경우에는 특수관계가 유지된 기간동안 발생한 거래에 대하여 상기 ① 및 ②의 내용을 적용한다. 다만, 특수관계자와의 채권 · 채무 잔액은 회계기간 중에 특수관계가 성립된 경우에는 채권 · 채무의 발생시점과 관계없이 회계기간 말 현재 잔액을 주석으로 기재하며, 회계기간 중에 특수관계가 소멸된 경우에는 주석으로 기재하지 아니한다(일반기준 25장 부록 실25.9).

(5) 한국채택국제회계기준(K-IFRS) 도입에 따른 영향 사전공시

일반기업회계기준에서는 한국채택국제회계기준 등의 최초적용으로 인한 회계기준의 중요한 변동이 예상되는 경우 기업의 준비상황 및 재무제표에 미칠 수 있는 영향 등을 추가

정보로 공시할 것을 권장한다. 따라서 일반기업회계기준을 적용하는 기업이 한국채택국제회계기준을 적용하고자 하는 경우에는 한국채택국제회계기준 도입과 관련하여 공시시기별로 다음과 같은 정보를 재무제표 주석에 기재하는 것이 바람직하다(일반기준 2장 문단 2.84, 부록 실2.23).

① 도입 2년 전 재무제표

㉠ 한국채택국제회계기준 도입 준비계획 및 추진상황

㉡ 한국채택국제회계기준과 현행 회계기준과의 회계처리방법 차이 중 해당기업에 유의적인 영향을 줄 것으로 예상되는 사항

② 도입 1년 전 재무제표

㉠ 한국채택국제회계기준 도입 준비계획 및 추진상황

㉡ 한국채택국제회계기준하에서 기업이 선택한 회계정책과 기존 회계정책과의 주요 차이점

㉢ 연결대상기업의 변화

㉣ 한국채택국제회계기준 도입이 기업 재무상태 및 경영성과에 미치는 영향에 대한 계량정보

(6) 일반기업회계기준으로의 전환에 대한 설명

과거회계기준에서 일반기업회계기준으로의 전환이 보고되는 재무상태, 재무성과와 현금흐름에 어떻게 영향을 미치는지 설명하여야 하며, 이를 따르기 위하여 최초 일반기업회계기준 재무제표는 다음을 포함하여야 한다(일반기준 30장 문단 30.11, 30.12).

① 각 회계정책의 변경 내용의 기술

② 다음의 각 기준일에 과거회계기준에 따라 보고된 자본에서 일반기업회계기준에 따른 자본으로의 조정

㉠ 일반기업회계기준 전환일

㉡ 과거회계기준에 따른 최근 연차재무제표에 표시된 최종 기간의 종료일

③ 과거회계기준에 따른 최근 연차재무제표의 최종기간의 손익을 같은 기간의 일반기업회계기준에 따른 손익으로의 조정

과거회계기준에 따라 발생한 오류를 발견하는 경우, 문단 상기 ②와 ③의 조정내용은 이러한 오류의 수정과 회계정책의 변경을 구분하여야 하며, 과거기간에 대하여 재무제표를 제공하지 않았던 경우에는 최초 일반기업회계기준 재무제표에 그 사실을 공시한다(일반기준 30장 문단 30.13, 30.14).

제2절 부속명세서

재무제표에는 재무제표 이용자의 의사결정에 유용할 것으로 판단되는 여러 가지 명세서와 경영자의 분석보고서나 검토보고서 등과 같은 설명자료를 첨부할 수 있다. 다만, 이러한 첨부자료는 재무제표의 범위에는 포함되지 아니한다(일반기준 2장 부록 실2.1).

II 재무상태표의 계정과목

○○○ Chapter

01 [자산]

유동자산

일반기업회계기준상 자산과 부채에 대한 유동과 비유동의 분류기준은 1년 기준과 영업주기 기준이 있다. 즉, 유동자산(current assets)이란 원칙적으로 보고기간종료일로부터 1년 이내에 현금으로 전환되거나 소비될 것으로 예상되는 자산을 말하지만, 영업주기가 1년을 초과하는 경우에는 정상적인 영업주기 내에 판매되거나 사용되는 재고자산과 회수되는 매출채권 등은 보고기간종료일로부터 1년 이내에 실현되지 아니하는 경우에도 유동자산으로 분류한다.

이러한 유동자산은 성질 내지 기능에 따라 다시 당좌자산과 재고자산으로 분류된다.

제1절 당좌자산(quick assets)

당좌자산은 1년 내 또는 영업주기 내에 판매과정을 거치지 않고 직접 또는 간접으로 현금화해서 사용할 수 있어 유동성이 매우 큰 자산이다. 이와 같은 당좌자산의 구분은 기업의 단기지급능력을 측정하기 위하여 요청되는 구분기준으로 기업이 유동부채 상환에 충당할 화폐성 자산이 얼마나 되는가를 검토하는 데 적합한 구분기준이다.

당좌자산 내에 별도 표시하는 항목의 예는 다음과 같다(일반기준 2장 부록 실2.25).

① 현금 및 현금성자산
② 단기투자자산
③ 매출채권
④ 선급비용
⑤ 이연법인세자산
⑥ 기타

단기투자자산은 기업이 여유자금의 활용 목적으로 보유하는 단기예금, 단기매매증권, 단기대여금 및 유동자산으로 분류되는 매도가능증권과 만기보유증권 등의 자산을 포함하며, 이들 자산은 현금 및 현금성자산과 함께 기업의 단기 유동성을 파악하는 데 중요한 정보이기 때문에 개별 표시한다. 기타에는 미수수익, 미수금, 선급금 등을 포함하며, 이들 항목이 중요한 경우에는 개별 표시하도록 한다(일반기준 2장 부록 실2.26, 실2.27).

1. 현금 및 현금성자산

(1) 현 금

1) 개념 및 범위

현금 및 현금성자산이란 '통화 및 타인발행수표 등 통화대용증권과 당좌예금, 보통예금 및 큰 거래비용 없이 현금으로 전환이 용이하고 이자율 변동에 따른 가치변동의 위험이 경미한 금융상품으로서 취득 당시 만기일(또는 상환일)이 3개월 이내인 것'을 말하며, 이와 같은 현금 및 현금성자산은 기업의 유동성 판단에 중요한 정보이므로 별도 항목으로 구분하여 표시한다(일반기준 2장 문단 2.35).

일반기업회계기준에서는 현금과 요구불예금 및 현금성자산을 현금 및 현금성자산이라는 계정으로 통합하여 표시하도록 되어 있으나, 여기서는 설명의 편의상 구분하여 설명하기로 한다.

위의 정의에서 현금의 설명에 해당되는 부분은 "통화 및 타인발행수표 등 통화대용증권"이다. 따라서 현금계정에는 현금뿐만 아니라 통화대용으로 이용될 수 있는 것도 포함되므로, 지폐나 주화만을 의미하는 것이 아니라 보다 포괄적인 의미를 지니고 있다. 통화와 통화대용증권의 예를 들면 다음과 같다.

- 현금통화(currencies) : 지폐, 주화, 외화
- 통화대용증권(currency equivalents) : 타인발행의 당좌수표, 자기앞수표, 송금환, 우편환, 만기도래한 사채이자표, 만기도래한 어음, 일람출급어음, 기타 통화와 즉시 교환이 가능한 증서

그러나 차용증서, 선일자수표, 수입인지, 엽서, 우표, 자기발행당좌수표, 부도수표, 부도어음 등은 현금으로 인정하기 어렵다. 선일자수표는 당사자간에 발행일까지는 은행에 제시하지 않기로 하는 도의적 약속을 전제로 하는 한, 그 경제적 실질은 만기도래 전의 약속어음과 같다고 볼 수 있으므로 매출채권(받을어음)으로 처리했다가 기일에 현금계정으로 대체한다.

수입인지, 엽서, 우표 등은 소모품의 성격으로 회계처리방법은 구입시 비용처리하였다가 기말에 남은 수량을 조사하여 소모품계정으로 대체하거나 구입시 소모품계정으로 처리하고 사용량을 비용처리하는 것이 타당하다. 매출채권대금으로 일단 수취하였으나 부도가 된 부도수표나 부도어음은 회수가 불확실하다고 판단되는 경우 매출채권계정에 포함시킨 후 회수불능채권금액을 합리적으로 추정하여 대손충당금을 설정하는 방법으로 회계처리하여야 한다. 그러나 회수가 불가능하다고 판단되는 경우에는 부도수표나 부도어음 상당액을 대손상각하는 방법으로 회계처리하여야 한다.

2) 기업회계상의 회계처리

① 현금 수지의 처리

현금에 관한 수지사항은 현금계정에서 처리한다. 즉 현금의 수입액은 현금계정의 차변에, 현금의 지급액은 현금계정의 대변에 기재하며, 잔액은 항상 차변에 기재한다. 이 때 차변잔액은 현금의 시재액을 나타낸다. 이러한 현금의 수지에 관한 내용은 총계정원장의 현금계정 외에 보조부인 현금출납장에 상세히 기록하게 된다.

② 현금과부족

현금출납장의 장부잔액과 현금 시재액이 일치하지 않을 경우 불일치의 원인이 판명될 때까지 잠정적으로 처리하여 두는 계정과목이다. 결산기까지도 그 내역이 밝혀지지 않으면 부족액은 잡손실계정에, 초과액은 잡이익계정에 대체한다. 즉 현금과부족계정은 가지급금과 같이 재무상태표 계상능력이 없으므로 결산기에는 적절한 과목으로 대체하여야 한다.

③ 소액현금(petty cash)제도

기업에서 다액의 현금을 보유하고 있으면 도난, 분실 등의 위험이 발생하기 쉽다. 따라서 기업은 이러한 위험을 미연에 방지하기 위하여 입금된 현금은 은행에 당좌예입하고 거의 모든 지급은 수표로써 행하게 된다. 이로써 기업은 현금의 수불에 따르는 위험을 피하고 출납사무의 시간과 수고를 덜게 된다. 그러나 소액의 현금을 지급하는 데 있어서 수표의 발행은 도리어 불편하므로 소액의 경비지급을 위하여 소액현금지불계에 소액경비에 필요한 예상금액을 전도하여 통신비, 교통비 및 소모품비 등의 소액현금의 지급에 충당토록 한다. 이 때 소액현금지불계에 전도한 현금은 소액현금이라는 소액현금계정에서 처리된다.

소액현금을 소액현금지불계에 전도하였을 경우는 동 계정의 차변에 기입하고 추후에 지출내역을 보고받은 경우 동 계정의 대변과 각 비용항목의 차변에 기입한다. 그리고 자금을 다시 보충받으면 소액현금계정 차변에 기입한다.

소액현금의 보충방법은 부정액자금전도제와 정액자금전도제가 있는데 부정액자금전도제는 임의로 금액을 전도하여 주는 것이고 정액자금전도제는 현금지불계의 지급액(사용액)과 동일한 금액을 보충하여 준다. 위의 두 가지 방법을 예시하면 다음과 같다.

(가) 부정액자금전도제(수시보충제도)의 경우

가) 수표 ₩500,000을 발행하여 전도금 지급하였다.

(차) 소 액 현 금	500,000	(대) 당 좌 예 금	500,000

나) 전도금 중 사용내역(교통비 ₩50,000, 통신비 ₩100,000)을 통보받았다.

(차) 교 통 비	50,000	(대) 소 액 현 금	150,000
통 신 비	100,000		

다) 수표 ₩100,000을 발행하여 보충하여 주었다.

(차) 소 액 현 금	100,000	(대) 당 좌 예 금	100,000

(나) 정액자금전도제의 경우

가) 수표 ₩500,000을 발행하여 전도금 지급하였다.

(차) 소 액 현 금	500,000	(대) 당 좌 예 금	500,000

나) 전도금 중 사용내역(교통비 ₩50,000, 통신비 ₩100,000)을 통보받고 동액의 수표를 발행하여 보충하여 주었다.

(차) 교 통 비	50,000	(대) 당 좌 예 금	150,000
통 신 비	100,000		

④ 미결산계정의 처리

기중에 임시로 사용하는 계정에는 현금과부족, 가지급금, 전도금 등의 미결산계정이 있는데 기중에 임시로 사용하던 계정은 본계정으로 대체하도록 한다. 예를 들어 영업사원들에게 일정금액을 전도금의 형태로 지급하였을 경우 기말결산시점에서는 실제 사용내역에 따라 분개하여야 한다.

(가) 기중에 영업사원에게 전도금 ₩100,000을 현금으로 지급하였다.

(차) 전 도 금	100,000	(대) 현금및현금성자산	100,000

(나) 기말결산시 사용내역(교통비 ₩30,000, 잡비 ₩20,000)과 현금 ₩50,000을 보유하고 있음을 증빙과 함께 통보받았다.

(차) 여 비 교 통 비	30,000	(대) 전 도 금	100,000
잡 비	20,000		
현금 및 현금성자산	50,000		

일반적으로 실무에서는 업무용으로 지급한 전도금을 기말결산시 사용내역을 파악하지 않고 종업원대여금 등으로 대체하기도 하는데 이는 올바른 회계처리가 아니므로 그 사용

내역을 밝혀 적절한 계정과목으로 대체하도록 하여야 한다.

3) 세무회계상 유의사항

세무회계상 도난 또는 분실된 현금은 증빙(관할경찰서의 증명 등)을 갖추어야 손비로 인정받을 수 있으므로 이를 갖추어야 한다.

(2) 요구불예금

1) 개념 및 범위

현행 일반기업회계기준에서는 요구불예금 성격의 당좌예금과 보통예금만을 현금 및 현금성자산으로 분류하고 그 외의 예금 등은 보고기간종료일 현재 만기가 1년 이내에 도래하는지의 여부에 따라 단기금융상품과 장기금융상품으로 분류하고 사용이 제한된 예금은 주석으로 공시하도록 하고 있다(일반기준 2장 부록 실2.20).

따라서, 당좌예금과 보통예금은 언제든지 입출금이 가능하기 때문에 현금 및 현금성자산으로 분류하여야 하나, 이러한 요구불예금이 차입금 담보 등의 이유로 사용이 제한되어 있을 경우에는 사용제한기간에 따라 단기금융상품이나 장기금융상품으로 계정분류하고 사용이 제한된 예금은 주석으로 공시하여야 할 것이다(일반기준 2장 부록 실2.20).

2) 기업회계상의 처리

① 당좌예금

따라서, 당좌예금은 은행과 당좌거래계약을 체결한 기업이 일상의 상거래 등에서 취득한 현금, 수표 등을 은행에 예입하고 그 예금액 범위 내에서 거래은행을 지급인으로 하는 당좌수표 또는 어음의 발행에 의해서 수표 또는 어음대금을 지급하는 사무를 은행에 위임하고자 개설한 예금이다.

또한 사전 약정에 의하여 일정 금액까지는 잔액이 없이도 수표를 발행하여 차입할 수 있는데 이것이 당좌차월(유동부채로 분류)이다. 당좌예금 및 당좌차월과 관련된 회계처리를 살펴보면 다음과 같다.

가. 회계처리방법

(가) 일반적인 회계처리방법

㉠ 삼일은행과 당좌거래를 개설하고 현금 ₩200,000을 예입하였다.

(차) 당 좌 예 금 200,000 (대) 현 금 200,000

㉡ 삼일은행에 토지 ₩30,000,000을 근저당 설정하고 당좌차월계약을 설정하였다.
분개 없음.

㉢ 갑회사로부터 상품 ₩1,000,000을 구입하고 수표를 발행하여 지급하였다.

(차) 상 품	1,000,000	(대) 당 좌 예 금	200,000
		당 좌 차 월	800,000

㉣ 을회사에 상품 ₩2,000,000을 판매하고 현금으로 받아 예입하였다.

(차) 당 좌 차 월	800,000	(대) 매 출	2,000,000
당 좌 예 금	1,200,000		

(나) 미인도수표의 회계처리

기업이 이미 발행한 수표라도 결산일 현재 인도되지 아니한 미인도수표는 당좌예금계정에서 감액하여서는 아니된다. 즉 미인도수표는 현금예금계정에 환입시키는 회계처리를 하여야 한다.

(다) 선일자수표의 회계처리

선일자수표는 발행일자를 실제의 발행일보다 장래의 후일로 기재한 수표를 말하는 것으로 이러한 수표는 실제의 발행일에는 지급인의 은행에 자금이 없고 수표에 기재한 후일의 발행일에 가서 비로소 지급인의 은행에 자금이 생길 것이 예상되는 경우에 발행된다. 즉 이러한 선일자수표를 발행함으로써 제시기간을 연장할 수 있게 된다. 그러나 이러한 연장은 당사자 간에서만 유효한 것으로 기재된 발행일자가 도래하기 전에 지급을 위하여 제시한 때는 이를 지급하여야 한다.

선일자수표 발행시 회계처리방법은 첫째, 회계처리를 하지 않고 있다가 선일자에 회계처리하는 방법, 둘째, 수표를 실제로 발행한 일자에 회계처리하는 방법이 있으나 수표의 발행사실을 회계처리한다는 점, 자금을 보충할 필요성이 표시된다는 점, 법적인 측면을 고려할 때, 둘째 방법이 더 타당하다고 생각된다.

나. 은행계정조정

(가) 은행계정조정표(bank reconciliation statement)

일정 시점에서 기업의 당좌예금계정 잔액과 은행의 예금잔액은 기록시점의 차이로 인하여 불일치하는 것이 일반적이다. 따라서 불일치하는 원인을 조사하여 이를 조정하여야 하는데 이 때 작성되는 조정명세표를 은행계정조정표라 한다.

(나) 잔액이 불일치하는 원인

잔액이 불일치하는 원인에는 다음과 같은 것이 있다.

유 형	은행측 미기입	기업측 미기입
기발행 미지급수표	○	
추심완료어음 및 결제된 지급어음		○
부도어음 및 부도수표		○
당좌차월이자 및 은행추심수수료 등		○
은행 또는 기업의 기장상의 오류	○	○
은행이 직접 수금한 매출채권		○

기발행 미지급수표란 기업은 수표를 발행하여 장부에 반영하였으나 수취인은 아직 은행에 추심의뢰를 하지 않은 것으로 은행측 잔액에서 차감되지 아니하였기 때문에 은행잔액과 기업잔액이 차이가 나게 된다. 이는 은행잔액에서 차감해야 할 금액이다. 당좌차월이자 및 은행추심수수료는 은행은 이를 계산하여 기업측 잔액에서 차감하였으나, 기업은 아직 그 사실을 통보받지 못하여 장부상에 반영하지 않은 것으로 기업측 잔액을 수정해야 한다.

대부분의 차이는 일시적인 현상으로 시간이 경과함에 따라 자동으로 조정되나 기업이나 은행의 오류로 인하여 발생하는 차이는 그 원인을 규명하여 적절한 수정을 해야 한다.

(다) 작성방법

위와 같은 불일치로 인하여 기업은 정기적으로 은행으로부터 은행계산서(bank statement)를 송부받아 기업의 예금잔액과 일치하는지 확인하기 위하여 은행계정조정표를 만든다. 은행계정조정표는 당좌예금출납장 잔액과 은행계산서 잔액을 조정 후 잔액으로 일치시키는 방법으로 작성한다.

그리고 은행계정조정표를 작성한 후에는 기업장부의 예금잔액을 조정하기 위하여 수정분개를 해야 한다. 수정분개는 기업장부의 잔액을 수정하는 항목들에 한하여 이루어진다.

사례 은행계정조정표의 작성

(주)삼일은 20×7 회계연도의 결산을 앞두고 당좌예금계정의 조정을 위해 20×8. 1. 5.에 은행측에 조회한 바 20×7. 12. 31. 잔액은 ₩100,000이었다. 기업의 장부상 잔액은 ₩60,000이었으며 양자간의 차이 원인은 다음과 같다.

㉠ 회사가 20×7. 12. 30.에 발행했던 수표 중 20×7. 12. 31.까지 인출되지 않은 금액이 ₩50,000이다.

㉡ 회사가 20×7. 12. 31.에 예금한 ₩5,000이 은행에서는 20×8. 1. 5.에 입금된 것으로 처리되었다.

㉢ 은행의 예금잔액증명서에 포함된 내용 중 기업의 장부에는 반영되지 못한 것은 12월분 은행수수료 ₩5,000이다.

이 때 은행계정조정표를 작성하고 수정분개를 하여라.

은행계정조정표

(주)삼일	20×7. 12. 31.
• 예금잔액증명서상 잔액	₩100,000
가산 ;	
은행측 미기입예금	5,000
차감 ;	
기발행미인출수표	50,000
수정 후 은행 잔액	₩55,000
• 기업장부상 잔액	₩60,000
차감 ;	
은행수수료	5,000
수정 후 기업장부상 잔액	₩55,000

수정분개 ;

(차) 지 급 수 수 료 5,000 (대) 당 좌 예 금 5,000

주) 은행계정조정표에는 위에서 예시한 방식 외에, 단순히 은행 잔액을 기업장부 잔액에 일치시키는 조정만 행하는 방식도 있으나, 이러한 방법은 예금의 기말잔액을 정확히 나타내 주지 못한다는 단점을 갖고 있다.

다. 결산시 유의할 사항

첫째, 당좌예금과 당좌차월을 상계하지 않도록 한다. 예를 들어 (주)삼일이 A, B, C은행과 당좌거래를 하고 있는 경우 A은행에는 당좌예금이 있고 B, C은행에는 당좌차월이 있는 경우 재무상태표상에 이를 상계하여 표시할 수 없다는 것이다. 그 이유는 일반기업회계기준에서 자산과 부채를 원칙적으로 상계하여 표시하지 않도록 하고 있기 때문이다(일반기준 2장 문단 2.41).

둘째, 은행계정조정을 하여 기업의 당좌예금 잔액과 은행측 잔액이 일치하였다 하여 은행계정조정이 끝난 것은 아니라는 것이다. 즉 은행계정조정을 하였을 경우 차이내역을 조정한 것 중 기업측 잔액을 수정하여야 할 금액은 수정분개를 하여야 한다.

예를 들어 차이 내역을 조정한 것 중 은행수수료 ₩5,000을 기업측이 기장하지 아니하였으나 은행은 이를 반영하였다면 기업측 잔액을 수정하여야 한다.

이 때, 기업이 하여야 할 분개는 다음과 같다.

(차) 지 급 수 수 료 5,000 (대) 당 좌 예 금 5,000
(또는 당좌차월)

② 보통예금

당좌예금과 더불어 전형적인 요구불예금의 일종으로 당좌예금과 달리 예금거래의 대상금액, 기간 등에 제한이 없는 것이 특징이다. 따라서 보통예금은 자유롭게 입출금이 가능하여 영업상의 입금이나 소액자금의 거래계좌로서 이용되며 이자율은 낮은 편이다.

보통예금은 거래가 빈번하므로 기말 현재 시점의 잔액의 적정성을 통장과 예금잔액증명서를 대조 · 확인하여야 한다.

기업의 각 지점이 외상매출금을 수금하여 보통예금구좌를 통해 본사로 송금하는 경우 외상매출금계정의 잔액이 거래처와 불일치하는 경우가 있다. 즉 지점에서 사업연도 종료일에 거래처에 대한 외상매출금을 현금으로 회수하여 보통예금으로 입금시켰으나, 본점이 이를 알지 못했을 경우 거래처에 대한 외상매출금 조회시 지점이 수금하여 입금한 금액만큼 차이가 나게 된다.

따라서 결산시 지점으로부터 사업연도 종료일까지의 수금내역을 통보받아 보통예금(또는 현금 및 현금성자산)과 외상매출금간의 정확한 잔액이 표시되도록 하여야 한다.

(3) 현금성자산

일반기업회계기준에 의한 현금성자산이란 큰 거래비용 없이 현금으로 전환이 용이하고 이자율 변동에 따른 가치변동의 위험이 경미한 금융상품으로서 취득 당시 만기일(또는 상환일)이 3개월 이내인 것을 말한다. 이와 같이 현금의 범주에 현금성자산을 포함시킨 이유는 위와 같은 단기금융자산은 유동성이 매우 높아 언제든지 현금으로 전환할 수 있고, 만기일 또는 상환일까지의 기간이 짧아 이자율변동에 의한 가치변동의 위험이 경미하며 기업이 이들 자산을 구입하고 처분하는 것은 투자활동이라기보다는 잉여현금관리활동으로 볼 수 있기 때문이다.

현금성자산의 예를 들면 다음과 같다.

- 취득 당시의 만기가 3개월 이내에 도래하는 채권
- 취득 당시 상환일까지의 기간이 3개월 이내인 상환우선주
- 환매채(3개월 이내의 환매조건)

여기서 한 가지 주의할 점은 현금성자산에 속하는 금융상품의 3개월 이내 만기 또는 상환일이라는 것은 일반적인 보고기간종료일 현재 기준이 아니라 취득 당시의 기준으로 판단한다는 것이다. 예를 들어 20×8년 1월 15일이 만기인 채권을 20×7년 11월 30일에 취득하였다면 취득일로부터 만기까지가 3개월 이내이기 때문에 현금성자산에 해당하지만, 이 채권을 20×7년 9월 1일에 취득하였다면 비록 결산일로부터 만기가 3개월 이내이지만 현금성자산으로 보지 않는다는 것이다.

2. 단기금융상품

단기금융상품의 금액이나 성격이 중요한 경우에는 재무상태표에 별도 항목으로 구분하여 표시하지만, 중요하지 아니한 경우에는 단기금융상품, 단기매매증권, 단기대여금, 유동자산으로 분류되는 매도가능증권과 만기보유증권 등을 '단기투자자산'으로 통합하여 표시하고 그 세부내역을 주석으로 기재할 수 있다.

(1) 개념 및 범위

단기금융상품이라 함은 기업이 여유자금의 활용 목적으로 보유하는 정기예금 · 정기적금 등의 단기예금과 기타 정형화된 상품 등으로서 단기적 자금운용 목적으로 소유하거나 기한이 1년 내에 도래하는 것으로 한다. 한편, 담보로 제공된 예금 또는 법적으로 사용이 제한된 예금 등 사용이 제한되어 있는 예금으로서 1년 이내에 해당 제한 사유를 해제하여 예금을 현금화할 수 있다면 단기금융상품으로 분류하고 그 제한사유를 주석으로 기재하여야 한다.

예금과 금융상품의 계정분류를 요약하면 다음과 같다.

종 류	만기(처분일)	사용제한여부	계 정 과 목
당좌예금, 보통예금	없음.	×	현금 및 현금성자산
		○	사용제한기간 1년 이내 - 단기금융상품(주석공시) 사용제한기간 1년 이후 - 장기금융상품(주석공시)
정기예금, 정기적금 기타 정형화된 금융상품	1년 이내	×	단기금융상품
		○	단기금융상품(주석공시)
	1년 이후	×	장기금융상품
		○	장기금융상품(주석공시)

그러나 모든 정형화된 금융상품을 금융상품이라는 계정으로 분류하는 것은 아니며, 일반기업회계기준 제6장에서는 수익증권, MMF, 투자일임자산, 뮤추얼펀드 등은 수익자의 보유목적에 따라 단기매매증권, 매도가능증권 또는 만기보유증권으로 분류하도록 하고 있다. 한편 투자신탁의 계약기간이 3개월 이하인 초단기수익증권(MMF를 포함함) 중 큰 거래비용이 없고 가치변동위험이 중요하지 않은 수익증권은 현금 및 현금성자산으로 처리한다(일반기준 6장 부록 실6.63).

(2) 금융상품의 종류

일부 금융상품이 금융상품계정인지 또는 유가증권계정에 속하는지에 대하여 논란이 있는데 대표적인 몇 가지 상품에 대해 살펴보면 다음과 같다.

가. 양도성예금증서(Negotiable Certificates of Deposit)

양도성예금증서(CD)는 일정한 기간 동안 자금을 예치하기로 약정한 정기예금증서에 대하여 양도를 가능케 함으로써 유동성을 부여한 것이다. 이는 소지인에게 원금 및 약정이자를 지급하는 확정이자증권이며 무기명 할인식으로 발행되기 때문에 만기일 이전에 유통시장에서 거래될 수 있는 단기금융상품이다. 이러한 양도성예금증서는 주로 30일에서 270일 정도의 단기간에 운용되므로 단기금융상품으로 계정분류하여야 한다.

나. 신종기업어음(Commercial Paper)

이것은 한 회사가 다른 회사의 발행어음을 매입하고 자금을 대여해 주는 형태에서 발생하는 것으로 통상의 어음대여금과의 차이는 거래의 중간에 금융기관이 개입된다는 것이다. 본질적으로는 통상의 어음대여금이 발생하는 거래와 다른 것이 없으며 일반기업회계기준상 금융상품으로 계정분류하여야 한다.

다만, 주관회사를 통한 CP매입이 발행단계부터 사전적으로 결정되어 있는 등 거래의 경제적 실질이 당사자 간의 금전대차와 유사할 경우에는 대출채권으로 분류하여야 한다(금감원 2007-043).

다. 표지어음

표지어음은 은행이나 상호저축은행에서 판매하는 대표적인 단기금융상품으로서 기업체가 상거래를 통해 받은 어음이나 외상매출채권을 금융기관이 매입하여 이를 근거로 발행하는 어음이다. 금융기관이 이렇게 매입한 여러 가지 어음 위에 표지를 붙여 새 어음을 만들었다는 의미로 표지어음이라고 부르는 것이다. 이러한 표지어음의 지급인은 최초 어음을 발행한 기업이 아니라 표지어음을 판매한 금융기관이다. 표지어음 역시 일반기업회계기준상 금융상품으로 계정분류하여야 한다.

라. 중개어음(Broker's Bill)

중개어음은 신용평가회사가 평가한 우량적격업체가 발행한 무보증기업어음을 금융기관의 중개를 통해 투자자(개인 및 법인)가 매입하는 것이다. 중개어음은 본질상 어음대여금의 성격으로 금융기관은 중개인의 역할을 한 것 뿐이며 일반기업회계기준상 금융상품으로 분류하여야 한다.

마. 어음관리구좌(Cash Management Account)

CMA는 투자금액의 영세성, 투자정보의 부족 등으로 단기금융시장에서 직접 자산을 운용하기가 어려운 소액투자가인 일반고객으로부터 자금을 수탁받아 수익성이 높은 금융자산에 투자하고 그 운용수익을 지급하는 제도이다. 즉 일반고객이 금융기관에 자금을 예탁하면, 금융기관은 그 자금을 할인어음, 무역어음, 팩토링 금융어음 또는 국·공채 등에 투자하고 그 수익을 이자의 형태로 고객에게 지급하게 된다. 따라서 CMA는 그 본질적인 성격으로 볼 때 금융상품으로 분류하여야 한다.

바. 환매조건부채권(Repurchase Agreements)

환매조건부채권은 금융기관이 보유하고 있는 채권을 담보로 제공하고 투자자들의 돈을 받아 다시 채권에 투자하는 형식의 금융상품을 말한다. 이 때, 금융기관은 투자자에게 일정기간이 경과한 뒤에 일정한 이자율을 지급한다는 약정을 하게 된다. 따라서 투자자로서는 실제로 채권에 투자하는 것이 아니라 저축기간과 이자율이 미리 정해진 예금에 가입하는 것과 마찬가지다. 수익증권과 다른 점은 공사채형 수익증권의 경우에는 투자수익률이 변동하게 되면 투자자에게 지급되는 수익률도 달라지지만, 환매조건부채권은 미리 정해진 네고금리를 적용하므로 확정금리형 상품이라는 점이다. 일반기업회계기준상 계정분류는 금융상품으로 하여야 한다.

사. 실적배당부 단기자유금리상품(Money Market Fund)

MMF는 소액투자자의 자금을 수탁받아 주로 콜론이나 CD, CP 등 수익률이 높은 단기금융상품에 투자하여 그 수익을 지급하는 상품으로 CMA와 유사하다. 그러나 금리변동에 따라 그 운용대상에는 제한이 없다. MMF는 기준가격이 공시되는 수익증권에 해당되므로 단기매매증권, 매도가능증권 또는 만기보유증권으로 분류하여야 한다. 다만 투자신탁의 계약기간이 3개월 이내이며, 큰 거래비용 없이 현금전환이 용이하며 가치변동위험이 중요하지 않은 경우에는 현금 및 현금성자산으로 분류한다(일반기준 6장 부록 실6.63).

아. 수익증권

수익증권은 신탁재산에 대한 수익권을 균등하게 분할하여 표창하고 있는 증권을 말한다. 수익자가 단기적인 가격변동으로부터의 수익 획득을 목적으로 보유한 수익증권은 단기매매증권으로 분류하고, 그 이외의 경우에는 매도가능증권 또는 만기보유증권으로 분류한다. 다만, 투자신탁의 계약기간이 3개월 이하인 초단기수익증권 중 큰 거래비용이 없고 가치변동위험이 중요하지 않은 수익증권은 현금 및 현금성자산으로 처리한다. 초단기수익증권 중 환매수수료가 이익분배금의 상당부분을 차지하거나 투자신탁재산에 주식이 포함되어 있어 가치변동위험을 부담하고 있는 경우에는, 수익자가 단기적인 가격변동으로부터의 수익 획득을 목적으로 보유한 초단기수익증권은 단기매매증권으로 분류하고, 그 이외의 초단기수익증권은 매도가능증권으로 분류한다(일반기준 6장 부록 실6.63).

자. 통화채권펀드(Bond Management Fund)

BMF는 증권회사가 한국은행으로부터 인수한 통화조절용 채권(통화안정증권, 재정증권, 외국환평형기금채권)을 투자신탁회사에 설정된 BMF수익증권 펀드에 현물을 납입하고 투자신탁회사로부터 수익증권을 인수하여 증권회사 영업점을 통하여 일반에게 통장형식으로 판매하는 상품으로서 본질적인 성격이 수익증권과 비슷하므로 일반기업회계기준상 단기매매증권, 매도가능증권 또는 만기보유증권으로 분류하여야 할 것이다.

차. 뮤추얼펀드(Mutual Fund)

뮤추얼펀드는 투자자로부터 돈을 모아 펀드를 만들어 운용한 뒤 투자수익을 실적대로 돌려준다는 점에서 수익증권과 비슷하다. 그러나 뮤추얼펀드는 주식회사 형태를 취하고 있기 때문에 투자자들이 주주가 된다는 점이 투신사 주식형 펀드와 다른 특징이다. 투자자는 뮤추얼펀드 자산운용회사와 판매대행계약을 맺은 증권사에서 펀드주식을 매입하는 형태로 투자에 참가한다. 뮤추얼펀드는 스팟펀드에 비해 1년간 중도환매를 막고 있기 때문에 펀드운용을 당초 계획대로 끝까지 운용할 수 있다는 장점이 있다. 이러한 뮤추얼펀드는 본질적인 성격이 유가증권에 대한 투자를 위탁한 것이기 때문에 일반기업회계기준상 단기매매증권 또는 매도가능증권으로 분류하여야 한다.

카. 자사주펀드

자사주펀드는 자기주식의 매입을 희망하는 유가증권시장 · 코스닥시장상장기업이 신탁업자에 자금을 맡기면 신탁업자는 이 자금으로 해당기업의 주식을 매입하여 운용하는 신탁펀드이다. 자기주식 취득과는 달리 주식매매에 대한 엄격한 제약이 없어 효과적인 주가관리가 가능하며 적대적 M&A에 대한 방어전략으로 활용될 수도 있다.

일반기업회계기준 제6장에서는 자사주펀드에 가입한 기업(수익자)이 발행한 주식이 그 자사주펀드에 포함되어 있는 경우, 그 주식의 공정가치와 수익자가 취득한 수익증권의 공정가치 중 작은 금액을 자기주식으로 처리한다. 자사주펀드수익증권의 공정가치와 장부금액의 차이는 평가시점에 자기주식의 금액과 매도가능증권으로 분류된 금액의 비율로 안분하여 자기주식에 해당되는 금액은 자기주식처분손익으로, 매도가능증권에 해당되는 금액은 미실현보유손익으로 처리한다(일반기준 6장 부록 실6.66, 실6.67).

(3) 기업회계상 회계처리

1) 정기예금

정기예금이란 예금주가 일정한 기간을 정하여 일정 금액을 예치하고 만기가 도래하기 전에는 원칙적으로 현금의 환급을 요구할 수 없는 기한부 예금이다.

정기예금은 은행측에서 볼 때 약정된 예치기간 동안 지급청구에 응해야 할 부담 없이 자금을 자유로이 운용할 수 있다는 점에서 다른 예금보다 안전성이 보장되는 한편, 예금주측에서는 약정기간이 길수록 높은 이율이 보장되므로 비교적 유리한 재산증식 수단이 되는 예금이다. 보고기간말 현재 만기가 1년 이상이면 장기금융상품으로 대체하여야 하며, 차입금에 대한 담보로 제공되어 있는 등의 사용이 제한되어 있는 경우에는 주석으로 공시하여야 한다. 한편 처음 계약시는 만기가 3년이고 사용제한이 없어서 장기금융상품으로 분류되었더라도 기간이 경과하여 당기말 현재 시점에서 보았을 때 만기가 1년 이내라면 단기금융상품으로 재분류하여야 한다.

국 · 공채 및 은행예금에 대한 이자는 만기일(또는 지급기일) 이전이라도 경과된 기간에 해당되는 미수이자를 자산계정에 미수수익으로 계상하고 이를 당기수익으로 반영해야 한다.

미수이자를 계상할 때의 분개는 다음과 같다.

(차) 미 수 수 익 ××× (대) 이 자 수 익 ×××
(미 수 이 자)

그러나 일반기업회계기준 제16장(수익) 문단 16.15와 16.16에서 이자수익은 수익금액을 신뢰성 있게 측정할 수 있으며, 경제적 효익의 유입가능성이 매우 높은 경우에 유효이자율을 적용하여 발생기준에 따라 인식하도록 하고 있다. 따라서 금융기관의 파산 등으로 회수가 불확실한 예금의 미수이자는 현금을 수취하는 시점에 이자수익을 인식하는 것이 타당할 것이다.

2) 정기적금

정기적금은 일정 기간을 정하여 일정 금액을 납부할 것을 약정하고 매월 일정 일에 일정 금액을 예입하는 예금이다.

동 정기적금의 계약기간은 1년 이상 3년 이내에서 월단위로 자유로이 정할 수 있는 것이 일반적이다.

① 이자계산방법

정기적금은 적금의 불입시기가 다양하므로 미수이자를 계산하기가 복잡한데 다음의 양식을 이용하면 계산이 편리하다.

회계단위	은행명	구좌번호	계약금액	월불입액	계약기간및 총불입횟수	기불입 횟수	불입금액	1년 이내 만기도래분		1년 이후 만기도래분		총인식할 이자수익	계산적수	미수이자
								사용제한무	담보제공등	사용제한무	담보제공등			
	(1)	(2)	A	B	C	D	E=B×D =F+G+H+I	F	G	H	I	J=A−(B×C)	K	L=J×K

작성요령 : (1) − 은행점포별 회계단위별 소계를 각각 기재함.
(2) − 계약조건(C)이 동일할 경우 통합가능함.
K = 당해 불입적수 / 총불입적수 = { D(D + 1) ÷ 2 } / { C(C + 1) ÷ 2 }

② 이자수익의 회계처리방법

• 정기적금의 미수이자가 일정 기간별로 원금에 가산되는 경우에는 원금에 가산하는 회계처리를 하면 될 것이다.

사례 정기적금에 대한 미수이자가 ₩100,000이 발생하여 원본에 가산되었음을 통보받았다.

(차) 단 기 금 융 상 품 100,000 (대) 이 자 수 익 100,000
(장 기 금 융 상 품)

• 기업회계상 발생주의에 따라 기발생액을 예상하여 이자수익을 인식할 뿐이고 이자를 만기에 원금과 함께 또는 기간별로 지급받는 경우에는 이를 미수이자로 계상하였다가 나중에 상계처리한다.

사례 1. 당기에 정기적금에 대하여 당기분 미수이자 ₩50,000을 인식하였다.

(차) 미 수 이 자 50,000 (대) 이 자 수 익 50,000

2. 다음연도에 전기에 계상하였던 미수이자를 포함하여 ₩100,000의 이자를 현금으로 지급받았다.

(차) 현금 및 현금성자산 100,000 (대) 미 수 이 자 50,000
이 자 수 익 50,000

3) 기타의 금융상품

기타의 정형화된 금융상품은 대부분 취득시 계약에 따른 확정금리를 보장받으므로 결산시 예금과 동일하게 발생주의에 따른 이자수익의 인식에 대한 회계처리를 해야 한다. 다만 확정금리계약이 아닌 실적배당 금융상품은 신탁상품과 동일하게 배당을 통하여 수익을 인식하면 될 것이다.

사례 (주)삼일은 20×7. 12. 16.에 액면금액이 ₩1,000,000이고, 만기일이 20×8. 1. 15.인 표지어음을 은행으로부터 ₩960,000에 매입하였다. 은행은 할인매출된 표지어음에 대하여 20×7. 12. 16.자로 원천징수영수증을 교부하였다. 취득시점, 결산기말 그리고 만기시점의 분개를 하시오(원천징수세율은 15%로 가정).

① 20×7. 12. 16.

(차) 단 기 금 융 상 품 960,000 (대) 현금및현금성자산 966,000
선 급 법 인 세 6,000*

* (1,000,000 − 960,000) × 0.15 = 6,000

② 20×7. 12. 31.

(차) 단 기 금 융 상 품	20,000	(대) 이 자 수 익	20,000*

* (1,000,000－960,000)×15/30＝20,000

③ 20×8. 1. 15.

(차) 현금 및 현금성자산	1,000,000	(대) 단 기 금 융 상 품	980,000
		이 자 수 익	20,000

(4) 세무회계상 유의할 사항

단기금융상품과 관련하여 세무상 유의할 사항은 단기금융상품에서 발생하는 이자수익의 일반기업회계기준상 손익귀속시기와 법인세법상 손익귀속시기의 차이로 인한 세무조정사항이다. 이에 대한 구체적인 내용은 미수수익편을 참고하도록 하고 여기서는 몇 가지 금융상품에 대한 법인세법 예규의 손익귀속시기를 살펴보도록 한다.

• 양도성예금증서의 할인액

시중은행이 할인발행하는 양도성예금증서(CD)의 할인액에 대한 수익귀속시기는 동 양도성예금증서의 만기일이 속하는 사업연도로 한다. 그러나 만기 전에 양도함에 따라 발생하는 처분손익은 양도일이 속하는 사업연도의 손익에 산입한다(법인 22601－1985, 1985. 7. 2.).

• 신종기업어음(C.P)의 할인액

신종기업어음(C.P) 할인액에 대한 수익의 귀속시기는 약정에 의한 상환일이 속하는 사업연도로 하는 것이며 상환일 전에 동 어음을 타인에게 양도함에 따라 발생하는 처분손익은 양도일이 속하는 사업연도의 익금에 산입한다(법인 22601－183, 1987. 1. 23.).

• 어음관리구좌의 이자

어음관리구좌(C.M.A)에서 발생하는 수입이자의 익금귀속시기는 예금인출일이 속하는 사업연도로 하는 것이나 그 수입이자가 원본에 전입하는 특약에 의하여 원본에 전입되는 경우에는 그 특약에 의하여 원본에 전입되는 날이 속하는 사업연도로 한다(법인 22601－1699, 1990. 8. 28.).

3. 단기매매증권

단기매매증권의 금액이나 성격이 중요한 경우에는 재무상태표에 별도 항목으로 구분하여 표시하지만, 중요하지 아니한 경우에는 단기금융상품, 단기매매증권, 단기대여금, 유동자산으로 분류되는 매도가능증권과 만기보유증권 등을 '단기투자자산'으로 통합하여 표시하고 그 세부내역을 주석으로 기재한다(일반기준 2장 부록 실2.26).

(1) 개념 및 범위

단기매매증권이란 주로 단기간 내의 매매차익을 목적으로 취득한 유가증권으로서 매수와 매도가 적극적이고 빈번하게 이루어지는 것을 말한다(일반기준 6장 문단 6.27).

1) 유가증권의 개요

① 유가증권의 의의

유가증권이라는 용어는 회계학뿐만이 아니라 상법, 민사소송법, 형법 등 여러 법률에서 법률상의 용어로도 사용되고 있다. 법률상 유가증권의 개념은 어떤 통일적인 규정은 없으나 일반적으로 '사권(재산권)을 표창하는 증권으로서, 권리의 발생 · 이전 · 행사에 증권의 소지를 요하는 것'으로 이해되고 있다.

그러나 기업회계에서 사용하는 유가증권이라는 용어는 법률상의 개념과는 일부 차이가 있으며, 일반기업회계기준 제6장 문단 6.20에서는 유가증권을 다음과 같이 정의하고 있다.

일반기업회계기준 제6장【금융자산 · 금융부채】

6.20. '유가증권'은 재산권을 나타내는 증권을 말하며, 실물이 발행된 경우도 있고, 명부에 등록만 되어 있을 수도 있다. 유가증권은 적절한 액면금액단위로 분할되고 시장에서 거래되거나 투자의 대상이 된다. 유가증권에는 지분증권과 채무증권이 포함된다.

유가증권은 크게 지분증권과 채무증권으로 구분할 수 있다. 여기서 지분증권이란 기업, 조합 또는 기금 등의 순자산에 대한 소유지분을 나타내는 유가증권(예 : 보통주, 우선주, 수익증권 또는 자산유동화출자증권)과 일정 금액으로 소유지분을 취득할 수 있는 권리(예 : 신주인수권 또는 콜옵션) 또는 소유지분을 처분할 수 있는 권리(예 : 풋옵션)를 나타내는 유가증권 및 이와 유사한 유가증권을 말하며, 채무증권이란 발행자에게 금전을 청구할 수 있는 권리를 표시하는 유가증권(예 : 국채, 공채, 사채(전환사채 포함), 자산유동화채권 등) 및 이와 유사한 유가증권을 말한다.

일반기업회계기준 제6장 문단 6.20에서 정의한 유가증권에는 자본시장과 금융투자업에 관한 법률 제4조의 규정에 의한 증권(다만, 파생결합증권은 일반기업회계기준 제6장 제3절 '파생상품'을 적용함)이 포함된다. 그러나 상품에 대한 권리를 나타내는 창고증권, 화물상환증 및 선하증권 등은 포함되지 않는다(일반기준 6장 부록 실6.50).

② 유가증권의 계정과목 분류

일반기업회계기준 제6장에서는 취득한 유가증권(지분법적용투자주식, 주식선택권과 파생상품 제외)을 취득목적과 보유의도 및 능력에 따라 만기보유증권, 단기매매증권, 그리고 매도가능증권 중의 하나로 분류하도록 하고 있다. 즉 단기간 내의 매매차익을 목적으로 취득한 유가증권으로서 매수와 매도가 적극적이고 빈번하게 이루어지는 것은 단기매매증권으로, 만기가 확정된 채무증권으로서 상환금액이 확정되었거나 확정이 가능한 채무증권을 만기까지 보유할 적극적인 의도와 능력이 있는 경우에는 만기보유증권으로, 그리고 단기매매증권이나 만기보유증권으로 분류되지 아니하는 유가증권은 매도가능증권으로 분류한다(일반기준 6장 문단 6.23, 6.27).

구 분	취득목적에 따른 구분
지분증권	단기매매증권, 매도가능증권, 지분법적용투자주식
채무증권	단기매매증권, 매도가능증권, 만기보유증권

일반기업회계기준 제6장에서는 취득목적과 보유의도 및 능력에 따라 유가증권을 단기매매증권, 매도가능증권 및 만기보유증권으로 분류하고, 이를 보유기간에 따라 유동자산 또는 투자자산으로 재무상태표에 표시하도록 함으로써 계정과목분류와 유동성분류를 이원화하고 있다.

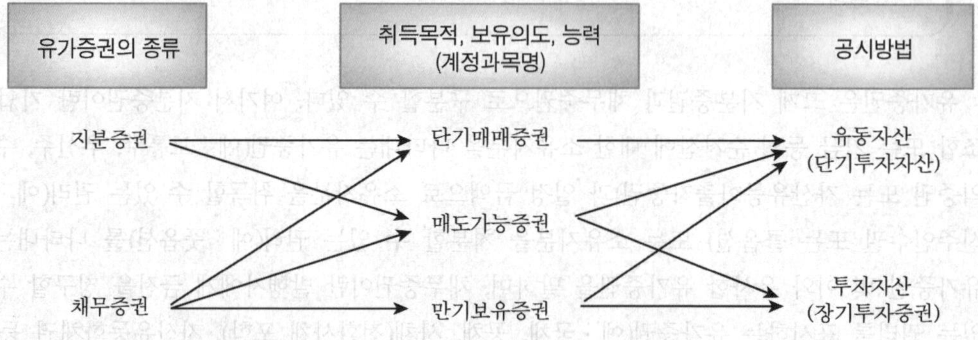

위의 도표에 있는 유가증권 중 유동자산으로 분류하는 항목은 다음과 같으며, 이를 단기투자자산의 계정과목으로 통합하여 재무상태표에 표시할 수도 있다. 그리고 유동자산으로 분류되지 않는 매도가능증권과 만기보유증권은 투자자산의 개별항목으로 분류하거나 또는 이를 장기투자증권의 계정과목으로 통합하여 재무상태표에 표시할 수도 있다(일반기준 2장 부록 실2.26, 실2.31).

- 단기매매증권
- 보고기간종료일로부터 1년 이내에 실현되는 매도가능증권이나 만기보유증권

이 경우 유동자산으로의 분류는 엄격하게 적용하여야 한다. 이에 따라 만기보유증권이나 매도가능증권 중 채무증권은 보고기간종료일로부터 1년 이내에 만기가 도래하는 경우 유동자산으로 분류하면 될 것이므로 그 분류에 있어서 큰 어려움이 없을 것으로 판단되나, 매도가능증권 중 지분증권의 경우에는 보고기간종료일 이후 재무제표가 사실상 확정된 날(재무제표가 이사회에서 최종 승인된 날) 사이에 실제로 처분된 경우나 또는 기업의 처분의도 및 유동비율 등을 고려할 때 1년 이내에 처분될 것이 거의 확실한 경우에만 유동자산으로 재분류할 수 있을 것으로 판단된다.

2) 단기매매증권의 범위

① 단기매매증권 중 지분증권

단기매매증권에 해당하는 지분증권은 시장성지분증권(marketable equity securities)이라고도 하며, 다른 기업에 대한 소유권 · 지분을 나타내는 소유권주식(ownership shares)인 보통주식 · 우선주식 등을 말한다. 시장성지분증권에는 소유권주식 이외에도 소유권주식을 취득할 권리(신주인수권, 콜옵션)와 소유권주식을 처분할 권리(풋옵션)도 포함된다. 그러나 자기주식 · 상환주식 등은 시장성지분증권에서 제외되어야 하며, 비록 시장성이 있더라도 담보제공 등으로 사용이 제한된 주식도 제외되어야 할 것이다. 지분증권이 단기매매증권으로 분류되기 위한 조건은 다음과 같다.

가. 시장성이 있어야 한다.

일반적으로 시장성이란 다수의 공급자와 수요자에 의하여 항상 매매가 가능하여 쉽게 거래될 수 있는 정도를 의미하는 것인데, 일반기업회계기준 제6장 부록 실6.26에서는 시장성 있는 유가증권이란 한국거래소가 개설한 유가증권시장, 코스닥시장 또는 공신력 있는 외국의 증권거래시장(뉴욕증권거래소, 런던증권거래소 등)에서 거래되는 유가증권을 말한다고 정의하고 있다. 또한 동 기준 제6장 문단 6.34에서는 단기매매증권이 시장성을 상실한 경우에는 매도가능증권으로 분류하도록 하고 있는 바, 단기매매증권으로 분류되기 위해서는 시장성이 전제되어야 한다.

나. 단기간 내 매매차익 목적이며 거래가 적극적이고 빈번하게 이루어져야 한다.

시장성 있는 유가증권이라도 단기간 내의 매매차익을 목적으로 하여야 하며, 당해 유가증권의 매수와 매도가 적극적이고 빈번하게 이루어져야 한다. 즉 일시적 자금의 운용을 목적으로 취득하여 필요하면 언제라도 처분할 의사로 보유하는 것이어야 하며, 또한 당해 유가증권의 매매가 빈번하게 이루어져야 한다. 따라서 기업의 주요한 영업활동의 하나로서 유가증권의 매매를 통하여 이익을 추구하는 기업(대부분 금융기업임) 이외의 일반기업의 경우에는 보유하는 유가증권을 단기매매증권으로 분류하는 경우가 매우 드물 것이다.

한편, 일반기업회계기준 제6장 문단 6.34에서는 (일반적이지 않고 단기간 내에 재발할 가능성이 매우 낮은 단일한 사건에서 발생하는) 드문 상황에서 더 이상 단기간 내의 매매차익을 목적으로 보유하지 않는다면 단기매매증권을 매도가능증권이나 만기보유증권으로 분류할 수 있도록 하고 있다.

다. 특수관계자가 발행한 지분증권이 아니어야 한다.

지분증권이 단기매매증권으로 계상되기 위해서는 특수관계자가 발행한 지분증권이 아니어야 한다. 왜냐하면 이러한 특수관계자가 발행한 지분증권은 처분을 통한 처분이익의 실현이 목적이 아니라 관계기업을 지배하기 위한 목적 등으로 소유하는 것이기 때문에 매도가능증권이나 지분법적용투자주식으로 분류하여야 한다.

일반기업회계기준 제25장에서 규정하고 있는 특수관계자의 정의는 다음과 같다.

일반기업회계기준 제25장 【특수관계자 공시】

25.2. 이 장에서 특수관계자의 정의는 다음과 같다.

(1) 개인이 다음 중 어느 하나에 해당하는 경우, 그 개인이나 그 개인의 가까운 가족은 당해 기업과 특수관계에 있다.

㈎ 당해 기업을 지배하거나 공동지배하는 경우

㈏ 당해 기업에 유의적인 영향력을 행사할 수 있는 경우

㈐ 당해 기업이나 당해 기업의 지배기업의 주요 경영진의 일원인 경우

(2) 기업이 다음 중 어느 하나에 해당하는 경우, 그 기업은 당해 기업과 특수관계에 있다.

㈎ 기업과 당해 기업이 동일지배 하에 있는 경우(지배기업, 종속기업 및 동일지배 하에 있는 다른 종속기업은 서로 특수관계에 있음을 의미)

㈏ 한 기업이 다른 기업의 관계기업이거나 조인트벤처인 경우(또는 그 다른 기업이 속한 연결실체 내의 일원의 관계기업이거나 조인트벤처인 경우)

㈐ 당해 기업이나 당해 기업의 특수관계자에 해당하는 기업의 종업원급여를 위한 퇴직급여제도

㈑ 기업이 (1)에서 식별된 개인에 의하여 지배 또는 공동지배되는 경우

㈒ (1)의 ㈎에서 식별된 개인이 기업에 유의적인 영향력을 행사할 수 있는 경우

일반기업회계기준 제25장에서 규정하고 있는 특수관계자의 범위는 지분법 평가대상이 되는 유의적인 영향력을 행사할 수 있는 기업을 포함하는 광범위한 범위이다. 일반기업회계기준 제8장에 의하면 피투자기업에 대하여 유의적인 영향력이 있는 지분증권(지분법적용투자주식)은 지분법을 사용하도록 하고 투자기업이 직접 또는 종속기업을 통하여 간접적으로 의결권 있는 주식의 20% 이상을 보유하고 있다면 명백한 반증이 있는 경우를 제외하고는 유의적인 영향력이 있는 것으로 보고 있다(일반기준 8장 문단 8.4).

위와 같이 특수관계자의 범위와 지분법 평가대상 판단기준인 유의적인 영향력이 있는 투자주식의 범위가 상이함에 따라 특수관계자가 발행한 지분증권은 세 가지로 평가될 수 있다.

- 유의적인 영향력이 있는 지분증권 : 지분법 (지분법적용투자주식)
- 지분법 평가대상이 아닌 특수관계자가 발행한 지분증권으로서 공정가치를 신뢰성 있게 측정할 수 있는 것 : 공정가치법 (매도가능증권)
- 지분법 평가대상이 아닌 특수관계자가 발행한 시장성 없는 지분증권으로서 공정가치를 신뢰성 있게 측정할 수 없는 것 : 원가법 (매도가능증권)

이와 관련한 구체적인 평가방법은 '매도가능증권편'과 '지분법적용투자주식편'에서 살펴보기로 한다.

라. 1년 내에 처분할 매도가능증권이나 만기보유증권은 포함하지 아니한다.

당초 취득시 단기매매증권으로 분류하지 아니한 유가증권(매도가능증권이나 만기보유증권)의 경우에는 보고기간종료일로부터 1년 내에 처분할 예정이더라도 단기매매증권으로 재분류할 수 없다. 이 경우는 당해 유가증권을 당초에 분류한 계정과목(매도가능증권이나 만기보유증권)으로 하여 투자자산에서 유동자산으로 재분류하여야 한다(일반기준 2장 문단 2.21).

단기매매증권은 다른 유가증권으로 분류변경할 수 없는 것이 원칙이며, 다만, (일반적이지 않고 단기간 내에 재발할 가능성이 매우 낮은 단일한 사건에서 발생하는) 드문 상황에서 더 이상 단기간 내의 매매차익을 목적으로 보유하지 않는다면 매도가능증권이나 만기보유증권으로 분류할 수 있으며, 단기매매증권이 시장성을 상실한 경우에는 매도가능증권으로 분류하여야 한다(일반기준 6장 문단 6.34). 이와 같이 재분류를 엄격하게 제한하고 있는 이유는 단기매매증권의 평가손익은 당기순이익에 포함되는 반면, 매도가능증권의 경우에는 평가손익을 기타포괄손익누계액으로 계상하여야 하며, 또한 만기보유증권의 경우에는 공정가치로 평가하지 아니하고 상각후취득원가로 계상하기 때문에 단기매매증권으로의 재분류를 자유로이 허용하게 된다면 기업의 손익조작 목적으로 사용될 수도 있기 때문이다.

구 분	취득목적에 따른 구분
유동자산	단기매매증권, 매도가능증권, 만기보유증권
투자자산	매도가능증권, 만기보유증권, 지분법적용투자주식

② 단기매매증권 중 채무증권

단기매매증권에 해당하는 채무증권이란 시장성채무증권이라고도 하며, 사채, 국·공채 등이 이에 해당한다. 시장성지분증권의 특색이 지분개념이라고 한다면, 시장성채무증권의 특색은 만기개념이라고 할 수 있다. 이러한 채무증권이 단기매매증권으로 분류되기 위한 조건으로는 지분증권과 달리 단기간 내의 매매차익을 목적으로 하고 매수와 매도가 적극적이며 빈번하게 이루어져야 한다는 조건뿐이다. 즉 채무증권의 경우에는 시장성 여부를 불문하고 단기매매증권 해당 여부를 판단하도록 하고 있다.

이는 현실적으로 공모를 통해 발행되는 모든 회사채 · 금융채 등은 유가증권시장에 상장되어 있기 때문에 시장성의 유무가 유가증권의 분류에 영향을 주지 못하며 증권업협회에서 채권시장의 활성화를 위하여 1998. 9. 1.부터 채권등급별 유통수익률을 공표하고 있기 때문에 우리나라에서 발행되는 채권의 경우 모두 시장성이 있다고 간주하는 것이다. 또한 특수관계자가 발행한 채권인지의 여부도 분류기준에 영향을 미치지 않는다.

한편 투자기업의 보유의도가 달라졌다고 하여 만기보유증권이나 매도가능증권으로 계상하고 있던 채무증권을 단기매매증권으로 재분류할 수는 없으며, 이와 반대로 단기매매증권에서 만기보유증권이나 매도가능증권으로도 변경할 수 없다. 다만, (일반적이지 않고 단기간 내에 재발할 가능성이 매우 낮은 단일한 사건에서 발생하는) 드문 상황에서 더 이상 단기간 내의 매매차익을 목적으로 보유하지 않는 단기매매증권은 매도가능증권이나 만기보유증권으로 분류할 수 있다(일반기준 6장 문단 6.34).

(2) 기업회계상 회계처리

1) 취득원가의 결정

① 취득시기

단기매매증권은 그 단기매매증권의 계약당사자가 되는 때에만 재무상태표에 인식하는 것으로 관련 시장의 규정이나 관행에 의하여 일반적으로 설정된 기간 내에 당해 단기매매증권을 인도하는 계약조건에 따라 단기매매증권을 매입하거나 매도하는 정형화된 거래의 경우에는 매매일에 해당 거래를 인식한다(일반기준 6장 문단 6.4, 6.4의 2).

예를 들면 유가증권시장 또는 코스닥시장에서는 매매계약 체결 후 일정일 이후(예 : 현재 3일째)에 결제가 이루어지는데, 이 경우 주식매매거래의 인식시점은 매매일로 본다. 이는 매매계약 체결 후 일정일 이후에 투자매매업자, 투자중개업자의 고객계좌부에 명의개서가 이루어지고 이 시점부터 의결권 등 법적인 권리를 행사할 수 있지만, 주식의 가격변동에 대한 위험과 효익은 실질적으로 매매계약체결시점에 이전되기 때문이다(일반기준 6장 부록 실6.51).

② 일반적인 취득

단기매매증권은 최초인식시 공정가치로 측정하며, 공정가치는 일반적으로 거래가격(자산의 경우에는 제공한 대가의 공정가치, 부채의 경우에는 수취한 대가의 공정가치)을 의미한다. 이 때 당해 단기매매증권의 취득과 직접 관련되는 거래원가는 공정가치에 가산하지 아니하고 취득시에 비용처리한다(일반기준 6장 문단 6.12, 6.13).

사례 1 (주)삼일(금융기업임)은 을회사의 주식 1,000주를 ₩1,200,000에 구입하였다. 이때에 매입수수료 ₩15,000이 발생하여 현금으로 지급하였다. 을회사의 주식은 상장주식이며 (주)삼일은 단기매매 목적으로 을회사주식을 취득한 것이다.

(차)	단 기 매 매 증 권	1,200,000	(대) 현금및현금성자산	1,215,000
	지 급 수 수 료	15,000		

③ 이자지급일 사이의 채권 취득

채권을 발행일이나 이자지급일에 취득했다면 현금지급액 전액이 단기매매증권의 취득원가로 계상되지만, 이자지급일 사이에 취득했다면 현금지급액에는 직전 이자지급일부터 취득일까지의 발생이자가 포함되어 있다. 그러므로 이러한 채권의 취득원가를 결정하기 위해서는 순수한 채권의 가액과 발생이자에 대한 가액(미수이자)으로 구분하여야 한다.

사례 2 (주)삼일은 을회사가 20×7. 1. 1. 발행한 액면 ₩1,000,000, 이자율 10%의 사채를 단기매매 목적으로 20×7. 7. 1. 발생이자를 포함하여 ₩1,050,000에 취득하였다. 이자지급일은 매년 12월 31일이다. 취득시점과 결산시점의 분개를 하시오.

• 20×7. 7. 1.

(차)	단 기 매 매 증 권	1,000,000	(대) 현금및현금성자산	1,050,000
	미 수 이 자	50,000*		

* 1,000,000 × 10% × 6 / 12=50,000

• 20×7. 12. 31.

(차)	현금 및 현금성자산	100,000	(대) 미 수 이 자	50,000
			이 자 수 익	50,000

④ 유 · 무상 증자에 의한 신주 취득

주식을 발행한 기업이 자본금을 증가시키는 경우 기존의 주식을 보유하고 있는 자는 신주를 인수할 수 있는 권리가 있으며(상법 418조), 증자대금을 납입하고 신주를 취득하는 경우의 회계처리는 일반적인 주식취득과 동일하게 이루어진다.

그러나, 보유하고 있는 지분증권의 발행기업에서 회계연도 중에 무상증자를 실시함으로 인하여 지분증권을 추가로 취득하게 되는 경우, 해당 지분증권의 취득은 자산의 증가로 보지 아니한다(일반기준 6장 부록 실6.75).

이는 무상증자는 주식을 발행한 기업이 법정준비금(자본준비금, 이익준비금)을 자본전입하는 경우 증가된 자본금에 대하여 무상으로 주식을 발행하는 것이므로 무상증자에 의해 주식을 취득하는 경우에는 주식수가 증가할 뿐이며 주식소유자의 지분율과 지분금액에는 변동이 없으므로 추가적으로 분개할 필요가 없다고 보는 것이다. 다만, 지분금액의 변동이 없는 대신 주식수가 증가하기 때문에 주식단가는 줄어들게 된다.

사례 3 (주)삼일은 을회사의 유상증자에 대하여 신주인수권을 행사하여 ₩1,000,000의 주금을 현금으로 납입하였다. 또한 병회사의 무상증자로 인하여 주식 10주(액면 ₩5,000)를 받았다. (단기매매증권으로 가정)

• 을회사에 대한 분개

(차) 단 기 매 매 증 권	1,000,000	(대) 현금및현금성자산	1,000,000

• 병회사에 대한 분개

분개 없음. 다만 주식수를 증가시킨다.

⑤ 주식배당에 의한 주식 취득

주식배당은 형식적으로는 주주에게 주식을 분배함으로써 배당욕구를 충족시키는 것이지만 실질적인 의미로는 기업이 보유하고 있는 이익잉여금을 영구적으로 자본화시키는 것이다.

주식배당이 결의되면 주주들은 자신의 보유지분율에 비례해서 새로운 주식을 배당받지만 주주들이 기업에 대하여 갖고 있는 지분율이나 기업의 자본총액은 변함이 없으며 단지 기업의 자본계정 중 이익잉여금이 자본금으로 재분류될 뿐이다. 그러므로 주식배당은 무상증자와 실질적인 내용은 동일하며 단지 재원이 상이할 뿐이다.

⑥ 증여에 의한 취득

제3자로부터 증여에 의하여 단기매매증권을 취득한 때에는 공정가치를 취득가액으로 한다.

사례 4 (주)삼일은 을회사로부터 액면 ₩100,000(시가 ₩150,000)의 주식을 증여받았다. (단기매매증권으로 가정)

(차) 단 기 매 매 증 권	150,000	(대) 자 산 수 증 이 익	150,000

⑦ 첨가취득한 국 · 공채의 회계처리

기업이 보유하고 있는 국 · 공채는 유형자산의 구입이나 각종 인 · 허가 취득과 관련하여 법령 등에 의하여 불가피하게 매입한 경우가 대부분이다. 이 경우 보통 해당 채권의 액면가액대로 매입하는 것이 일반적이지만 대부분의 경우 국 · 공채의 액면이자율이 시장이자율보다 낮기 때문에 그 시가는 취득원가인 액면가액보다 낮게 된다. 이렇게 국 · 공채를 유형자산 등의 취득과 관련하여 불가피하게 매입하는 경우 해당 채권의 매입금액과 일반기업회계기준에 따라 평가한 현재가치와의 차액을 해당 유형자산 등의 취득원가에 포함한다(일반기준 10장 문단 10.8). 이는 불가피하게 매입한 채권의 취득가액과 현재가치와의 차액은 특정 자산의 구입을 위한 부대비용으로 볼 수 있기 때문에 유형자산의 취득원가에 산입하도록 한 것이다.

사례 5 (주)삼일은 업무용 차량을 ₩30,000,000에 구입하면서 액면가액 ₩1,000,000, 무이자 5년만기상환조건의 공채를 매입하였다. 시장이자율은 12%이고 5년의 현가요소가 0.57일 경우 분개를 하시오. (단기매매증권으로 가정)

(차) 차 량 운 반 구	30,430,000	(대) 현금및현금성자산	31,000,000
단 기 매 매 증 권	570,000*		

* 1,000,000 × 0.57=570,000

⑧ 제공대가에 단기매매증권이 아닌 다른 것에 대한 대가가 포함된 경우

단기매매증권 취득시 제공한 대가에 단기매매증권이 아닌 다른 것에 대한 대가가 포함되었다면 그 단기매매증권의 공정가치는 시장가격으로 평가하되 시장가격이 없는 경우에는 평가기법(현재가치평가기법 포함)을 사용하여 공정가치를 추정한다. 이때 추가로 지급한 금액이 어떤 형태로든 자산의 인식기준을 충족하지 못하면, 해당 금액은 비용으로 인식하거나 수익에서 차감한다(일반기준 6장 문단 6.13, 부록 실6.20의 3). 즉 단기매매증권의 취득대가(명목가액) 중 단기매매증권의 공정가치를 초과하는 금액이 유형자산의 구입과 관련되었다면 유형자산의 취득원가에 산입하여야 하고, 제공받았거나 제공받을 다른 효익의 대가와 관련되었다면 관련 수익 등에 대응하는 비용으로 처리하는 등 그 성격에 따라 처리하여야 하며 단기매매증권의 취득원가에는 포함할 수 없다는 것이다.

예를 들면 앞서 설명한 바와 같이 차량을 구입하면서 시장이자율보다 낮은 표시이자율을 지닌 채무증권을 불가피하게 액면가액만큼 지불하고 취득하는 경우 액면가액과 공정가치의 차액은 차량의 취득원가에 가산하여야 하고, 공정가치보다 높은 가격으로 단기매매증권을 매입해 주는 조건으로 수주계약을 체결하는 경우에는 그 매입대가와 공정가치의 차액은 수주비용 등으로 인식해야 한다. 또한 기업가치가 당해 기업의 자본금에 훨씬 미달함에도 불구하고 그 기업의 유상증자시 주식액면가액으로 신주를 인수하는 경우에는 해당 단기매매증권의 취득 즉시 지급한 대가와 공정가치의 차액을 손상차손으로 인식해야 한다.

⑨ 둘 이상의 단기매매증권 등을 일괄하여 취득

둘 이상의 단기매매증권 등을 일괄하여 취득한 경우에는 공정가치를 보다 신뢰성 있게 측정할 수 있는 단기매매증권 등의 공정가치를 우선 인식한 후 매입가액의 잔여액으로 나머지 단기매매증권 등을 인식한다. 한편, 공정가치를 보다 신뢰성 있게 측정할 수 있는 단기매매증권 등을 식별할 수 없는 경우에는 각각의 공정가치를 기준으로 거래가격을 안분하여 인식한다(일반기준 6장 문단 6.13의 3).

2) 단기매매증권의 평가와 처분

① 단가의 산정

유가증권의 양도에 따른 실현손익을 인식하기 위해 양도한 유가증권의 원가를 결정할 때에는 개별법, 총평균법, 이동평균법 또는 다른 합리적인 방법을 사용하되, 동일한 방법을 매기 계속 적용한다(일반기준 6장 부록 6.A7의 5).

가. 지분증권

유가증권 중 지분증권을 여러 번에 걸쳐 각기 다른 가액으로 구입하는 경우, 처분시점의 원가 및 기말보유 유가증권의 원가배분방법은 위에서 언급한 바와 같이 개별법, 총평균법, 이동평균법 또는 다른 합리적인 방법을 사용한다. 다만, 지분증권에 대하여 개별법을 적용하기 위하여는 주권발행번호 등으로 지분증권의 물량흐름을 개별적으로 관리하여야 하는 현실적인 어려움과 이익조작의 우려 등의 문제가 있기 때문에 개별법은 실무적으로 사용하기에 어려움이 있을 것으로 판단된다.

사례 6 (주)삼일은 아래와 같이 A사의 유가증권을 취득 및 처분하였다. 총평균법 및 이동평균법에 의한 기말원가를 계산하시오.

취 득	수 량	단 가	취득가액
20×7. 1. 1.	10	₩5,000	₩50,000
6. 1.	20	4,000	80,000
8. 1.	10	4,500	45,000

(단, 20×7. 7. 1.에 15주를 처분하였다)

i) 총평균법
- 단　　가 : ₩175,000/40＝₩4,375
- 처분원가 : ₩4,375 × 15＝₩65,625
- 기말원가 : ₩4,375 × 25＝₩109,375

ii) 이동평균법

- 20×7. 7. 1.의 단가 : (₩50,000 + ₩80,000) / 30 = ₩4,333
- 처분원가 : ₩4,333 × 15 = ₩65,000
- 기말단가 : (₩65,000 + ₩45,000) / 25 = ₩4,400
- 기말원가 : ₩4,400 × 25 = ₩110,000

주식을 종목별로 평가함에 있어서는 발행기업별로 구분하는 것이 원칙이며, 동일기업이 발행한 주식에 대하여는 보통주와 우선주를 별개의 종목으로 보고 회계처리하여야 한다(일반기준 6장 부록 실6.75). 한편 종전의 기업회계기준 등에 관한 해석 30-56(1999. 6. 29.)에서는 동일기업이 발행한 주식의 평가방법에 대하여 다음과 같이 상세히 규정하고 있었는 바, 다음을 참고한다.

첫째, 보통주와 우선주는 별개의 종목으로 회계처리해야 한다.

둘째, 소유하고 있는 상장주식의 발행기업에서 회계연도 중에 유상증자를 실시함으로 인하여 신주를 취득하게 되는 경우 해당 신주는 증권시장에서 신 · 구주가 구분되어 거래되는 기간 동안은 별개의 종목으로 분류하고, 그 납입금액을 취득원가로 하며 주식발행기업의 회계연도 종료로 신 · 구주의 구분이 없어지면 동일 종목이 되므로 동 시점에서 취득원가를 합산하여 주식수 비례에 따라 1주당 장부가액을 산정한다. 다만 배당기산일을 사업연도 초일로 한 경우에는 동일 종목으로 회계처리하여야 한다.

상법에서는 정관에서 정해 놓은 경우 신주에 대한 이익배당을 해당 영업연도의 직전 영업연도 말로 소급할 수 있도록 규정하여 신주도 구주와 똑같이 배당을 받을 수 있도록 하였다. 따라서 신주와 구주의 배당기산일이 같도록 정관에서 정해 놓으면 주식시장에서 신주와 구주의 가격차이는 없어질 것이므로, 이 경우에는 유상증자 시점에서 취득원가를 합산하여 주식수 비례에 따라 1주당 장부가액을 산정한다.

셋째, 무상증자를 통해 신주를 취득하게 되는 경우에는 자산의 증가로 보지 아니하며, 당해 신주의 장부가액은 증권시장에서 해당 무상증자의 권리락이 실시되는 시점에 신 · 구주의 종류에 불구하고 주식수 비례에 따라 구주의 장부가액을 안분하여 산정한다.

한편 증권회사와 같이 기업 내부적으로 트레이더별, 상품매매 목적별로 여러 개의 펀드를 운용하고 있는 경우로서 유가증권의 취득과 양도에 대한 의사결정이 각 펀드별로 이루어지고 펀드간 내부 대체거래가 없다면, 펀드별 · 종목별로 취득원가를 결정하여도 일반기업회계기준상 타당한 회계처리방법으로 인정된다(GKQA 03-086, 2003. 9. 16.).

나. 채무증권

유가증권 중 채권의 원가 결정 방법은 개별법, 총평균법, 이동평균법 또는 다른 합리적인 방법을 사용하되, 동일한 방법을 매기 계속 적용한다(일반기준 6장 부록 6.A7의 5).

② 단기매매증권의 평가

유가증권의 평가방법으로는 원가법 및 공정가치법 등이 있다. 원가법은 일정한 시점에서 실현가능한 자산의 가치를 적절히 반영하지 못한다는 점과 결산기에 경영자가 동일한 주식을 매각하고 다시 사들임으로써, 기업의 경제적 실질을 변화시키지 않고 손익을 실현할 수 있다는 단점이 있다. 따라서 특별한 경우를 제외하고는 유가증권의 공정가치는 합리적으로 추정할 수 있기 때문에 공정가치로 평가하는 것이 유가증권의 실질을 올바르게 나타낼 수 있다.

가. 공정가치의 범위

공정가치는 거래의사가 있는 독립된 당사자 사이의 거래에서 합의된 가격을 말하는 것으로 유가증권을 공정가치로 측정하는 경우의 일반적인 적용사례는 다음과 같다(일반기준 6장 부록 실6.23).

(가) 시장성있는 유가증권

시장성있는 유가증권은 시장가격을 공정가치로 보며 시장가격은 보고기간말 현재의 종가로 한다. 다만, 보고기간말 현재의 종가가 없으며 보고기간말과 해당 유가증권의 직전 거래일 사이에 중요한 경제적 상황의 변화가 없는 경우에는 직전 거래일의 종가로 할 수 있다. 중요한 경제적 상황의 변화가 있는 경우에는 그 변화의 영향을 직전 거래일의 종가에 적절히 반영하여 공정가치를 추정한다. 일시적으로 거래가 정지된 유가증권의 경우에도 위의 단서 이하 규정을 적용할 수 있다(일반기준 6장 부록 실6.26).

위에서 시장성있는 유가증권이란 한국거래소가 개설한 유가증권시장, 코스닥시장 또는 공신력 있는 외국의 증권거래시장(뉴욕증권거래소, 런던증권거래소 등)에서 거래되는 유가증권을 말한다. 국내 유가증권시장 또는 코스닥시장과 외국의 증권거래시장에서 동시에 거래되는 유가증권은 원칙적으로 국내 시장에서 형성된 시장가격을 공정가치로 본다. 또한, 국내에서 발행된 유가증권의 시장가격이 외국의 증권거래시장에서만 형성되는 경우에는 그 시장가격을 합리적으로 조정한 금액을 공정가치로 본다(일반기준 6장 부록 실6.26).

(나) 시장성없는 지분증권

자본시장과 금융투자업에 관한 법률 등 관련 법규에 따라 자산을 공정가치로 평가하여 공시하는 금액과, 합리적인 평가모형과 적절한 추정치를 사용하여 신뢰성 있게 평가한 금액은 시장성이 없는 지분증권의 공정가치로 볼 수 있다. 이 경우 공신력 있는 독립된 유가증권 평가 전문기관이 평가한 금액은 신뢰성 있게 평가한 금액으로 본다(일반기준 6장 부록 실6.26).

시장성없는 지분증권의 공정가치의 구체적 측정방법에 대하여는 아래 "나. 공정가치의 측정" 중 "(다) 시장성없는 지분증권의 공정가치 측정"을 참조하기로 한다.

(다) 시장성없는 채무증권

채무증권의 시장가격은 없으나 미래현금흐름을 합리적으로 추정할 수 있고, 공신력 있는 독립된 신용평가기관이 평가한 신용등급이 있는 경우에는 신용평가등급을 적절히 감안한 할인율을 사용하여 평가한 금액을 공정가치로 본다. 유가증권의 현금흐름을 할인하여 공정가치를 추정하는 경우에는 해당 유가증권과 채무자의 신용상태, 고정이자율 조건, 원금상환 조건, 통화종류 등의 특성이 유사한 유가증권에 적용되는 시장수익률을 할인율로 사용한다(일반기준 6장 부록 실6.26).

시장가격이 없는 채무증권의 공정가치를 위에서 설명하는 방법으로 측정할 수 없는 경우에는 일반적으로 합리적이라고 인정되는 평가모형을 이용하여 공정가치를 결정할 수 있다. 합리적인 평가모형에 의한 공정가치의 결정에는 투자자들이 사용할 것으로 예상되는 이자율 또는 할인율 등에 관한 제반 가정을 반영하여야 한다. 채무증권의 발행기업과 유사한 특성(예 : 신용위험)을 가진 기업의 시장성있는 채무증권의 시장가격이 있는 경우에는 이를 근거로 하여 공정가치를 추정할 수 있다(일반기준 6장 부록 실6.26).

(라) 시장성없는 수익증권

시장성이 없는 수익증권의 경우에는 펀드운용회사가 제시하는 수익증권의 매매기준가격을 공정가치로 할 수 있다(일반기준 6장 부록 실6.26).

(마) 복합적인 성격을 가지는 유가증권

신주인수권부사채와 같이 복합적인 성격을 가지는 유가증권의 경우에는 유가증권 전체에 대한 시장가격이 없더라도 일반사채부분과 같은 유가증권의 일부분에 대한 시장가격이 존재한다면 그 가격에 근거하여 유가증권 전체의 공정가치를 추정할 수 있다(일반기준 6장 부록 실6.26).

나. 공정가치의 측정

공정가치의 최선의 추정치는 활성시장에서 공시되는 가격이다. 금융상품에 대한 활성시장이 없다면 공정가치는 평가기법을 사용하여 결정하며, 일반기업회계기준 제6장 문단 6.15에서 제시하는 평가기법은 다음과 같다. 이와 같이 평가기법을 사용하는 목적은 측정일 현재 독립된 당사자 사이의 정상적인 거래에서 발생할 수 있는 거래가격을 결정하는 데 있다.

㉠ 합리적인 판단력과 거래의사가 있는 독립된 당사자 사이의 최근 거래를 사용하는 방법

㉡ 실질적으로 동일한 다른 유가증권의 현행 공정가치를 이용할 수 있다면 이를 참조하는 방법

㉢ 현금흐름할인방법과 옵션가격결정모형

㉣ 유가증권 가격을 결정하는 데 시장참여자가 일반적으로 사용하는 평가기법이 있으며, 그 평가기법이 실제 시장거래가격에 대해 신뢰할 만한 추정치를 제공한다는 사실을 제시할 수 있다면, 그 평가기법

선택한 평가기법은 시장정보를 최대한 사용하고, 기업특유정보를 최소한으로 사용하여야 한다. 이러한 평가기법은 시장참여자가 가격을 결정하는 데 고려하는 모든 요소를 포함하며, 유가증권의 가격을 결정하기 위하여 일반적으로 적용되는 경제학적 방법론에 부합한다. 평가기법은 주기적으로 조정하며 동일한 유가증권(즉, 수정하거나 재구성하지 아니함)의 관측가능한 현행 시장거래가격을 사용하거나 관측가능한 시장자료에 기초하여 그 타당성을 검토한다(일반기준 6장 문단 6.15).

한편, 공정가치는 유가증권을 보유하는 기업이 계속 존속한다는 가정 하에 성립하는 가격으로서 청산이나 주요 사업의 중단에 따라 강요되거나 불리한 조건의 매각거래에서 형성되는 가격은 공정가치로 볼 수 없다. 따라서 공정가치는 강제된 거래, 비자발적인 청산 또는 재무적 어려움으로 인한 매도에서 수취하거나 지급하는 금액이 아니나 유가증권의 신용수준을 반영하여야 한다. 예로서 현금을 확보하기 위하여 유가증권을 시급히 처분하여야 하는 상황과 같이 유가증권 보유기업의 재무적 상황이 공정가치의 결정에 영향을 미치는 경우도 있으며, 이러한 경우 처분금액은 공정가치로 볼 수 있다(일반기준 6장 문단 6.16, 부록 실6.26).

(가) 활성시장에서 공시되는 가격

거래소, 판매자, 중개인, 산업집단, 평가기관 또는 감독기구를 통해 공시가격이 용이하게 그리고 정기적으로 이용가능하고, 그러한 가격이 독립된 당사자 사이에서 정기적으로 발생한 실제 시장거래를 나타낸다면, 그 유가증권은 활성시장에서 가격이 공시되고 있는 것으로 본다(일반기준 6장 부록 실6.23).

활성시장에서 거래되는 유가증권의 공정가치를 결정하는 목적은 즉시 접근가능하고 가장 유리한 활성시장에서 발생할 수 있는 보고기간말의 (수정하거나 재구성하지 아니한) 그 유가증권의 거래가격을 파악하는 데 있다. 그러나 시장에서 거래되는 유가증권과 평가대상 유가증권의 거래상대방에 대한 신용위험에 차이가 있다면, 이를 반영하기 위하여 더 유리한 시장에서의 가격을 조정한다. 따라서 활성시장에서 공표되는 가격은 공정가치의 최선의 추정치이며, 이러한 가격이 있으면 유가증권을 측정하는 데 그 가격을 사용한다(일반기준 6장 부록 실6.23).

위와 같이 공정가치 측정을 위해 시장에서 공시되는 가격을 참조할 경우에는 다음과 같은 사항을 고려하여야 한다(일반기준 6장 부록 실6.24).

㉠ 공신력 있는 시장의 가격을 공정가치로 보는 것은 정상적인 상황의 경우 해당 시장의 거래가 활발히 이루어지며 기업이 보유하고 있는 유가증권의 크기에 따라 시장가격이 크게 영향을 받지 않기 때문이다. 또한 독립된 당사자간의 거래가 정기적으로 발생하여 공시가격을 용이하게 정기적으로 이용할 수 있기 때문이다. 따라서 일반적으로 해당 시장의 가격은 공정가치에 대한 최상의 추정치를 제공한다.

㉡ 그러나 시장의 거래규모가 급격히 감소하고 거래활동이 정기적으로 발생하지 않는다면 공신력 있는 시장의 가격도 공정가치로 보기 어려울 수 있다. 특히 강제된 거래나 비자발적인 청산 또는 재무적 어려움으로 인한 매도거래에서 기업이 수취하거나 지급하는 금액은 공정가치를 반영한다고 판단하기 어려울 수 있다.

㉢ 다만, 수급이 불균형하다는 상황이 반드시 강요에 의한 거래를 나타내는 것은 아니며 매도자가 매도해야 할 재무적 어려움에 처해있다 하더라도 시장에 복수의 잠재적 매수자가 있고 거래를 성사시키기 위한 합리적인 시간이 있어 시장가격이 공정가치를 반영할 수 있다면 그러한 시장가격은 공정가치가 될 수 있다.

㉣ 공신력 있는 시장의 가격이 공정가치를 반영하느냐 하는 것은 사실과 정황에 근거한 합리적인 판단에 의해 이루어져야 하며 중요한 것은 시장의 거래 활동 그 자체가 아니라 관찰되는 거래가격이 공정가치를 나타내느냐 하는 것이다.

㉤ 또한, 정상적인 금융시장의 상황에서는 공신력 있는 시장의 가격을 기초로 공정가치를 평가하는 가치평가기관의 가격을 이용하는 것은 문제가 없을 수 있으나, 비정상적인 금융시장 상황에서 가치평가기관의 가격을 이용하는 경우에는 주의를 기울여야 한다. 제공 받은 가격이 공정가치 측정의 목적과 일관되는지를 평가해야 하며 측정일의 시장상황을 잘 반영하고 있는지에 대한 확신을 얻기 위하여 제공 받는 가격이 얼마나 자주 평가되고 있는지 등을 고려하여야 한다.

(나) 가치평가기법

공신력 있는 시장의 가격이 공정가치를 반영하지 않는 경우, 가치평가기법을 사용하여 공정가치를 추정한다. 이 경우 기업은 가치평가기법을 사용하여 측정일에 시장참여자들간의 정상적인 거래에서 형성될 수 있는 가격을 결정하며, 이때 기업은 관측가능한 변수의 이용을 최대화하고 관측가능하지 않은 변수의 이용을 최소화한다. 또한, 기업은 가치평가기법을 이용함에 있어 현재의 시장 상황을 고려하며 시장참여자들이 고려하는 신용위험과 유동성위험을 반영한다. 기업은 가치평가기법을 이용하는 경우 정기적으로 평가모형이 시장상황을 반영하는지를 확인하고 평가모형의 잠재적 결함을 식별하기 위해 관측가능한 시장정보를 이용해 이를 조정한다(일반기준 6장 부록 실6.25).

(다) 시장성없는 지분증권의 공정가치 측정

시장성이 없는 지분증권의 공정가치를 합리적인 평가모형과 적절한 추정치를 사용하여 신뢰성 있게 평가한다는 것은 가) 비재무적 정보의 분석 나) 재무정보의 분석 다) 평가접근법 및 평가방법의 선정 및 적용 라) 최종가치 산출의 일반적인 가치평가절차에 따라 객관적으로 평가하는 것을 말한다(일반기준 6장 부록 실6.27).

가) 비재무적 정보의 분석

'비재무적 정보의 분석'은 평가대상기업에 대한 이해를 높이고 이후의 평가절차를 수행하기 위한 기본적 평가근거자료를 마련하기 위하여 평가대상기업을 둘러싼 경제여건, 해당 산업 동향 등에 관한 정보를 수집·분석하는 것을 말한다. 이 경우 가치평가자가 수집, 분석해야 할 비재무적 정보의 유형, 이용가능성, 상대적 중요도는 평가대상에 따라 결정된다. 일반적으로 고려되는 비재무적 정보는 아래와 같다(일반기준 6장 부록 실6.28).

㉠ 조직 형태(주식회사, 조합기업 등), 기업 연혁 및 사업배경
㉡ 주요 제품과 서비스
㉢ 경쟁사 현황, 시장 및 고객현황
㉣ 경영진의 자질
㉤ 경제, 산업 및 기업에 대한 전망
㉥ 비상장주식의 과거 거래 내역
㉦ 계절적 요인이나 경제 순환적 요인에 대한 민감도 등의 위험요인
㉧ 이용정보의 출처
㉨ 기타 평가대상 기업을 이해하기 위해 필요한 정보

나) 재무정보의 분석

'재무정보의 분석'은 평가모형의 투입변수로서 활용되는 회계 및 재무자료의 신빙성을 확보하기 위해 재무제표를 분석하는 것을 말한다. 이 경우 다음과 같은 재무적 정보를 수집, 분석하여야 한다(일반기준 6장 부록 실6.29).

㉠ 가치평가에 필요하다고 판단되는 충분한 과거기간의 재무정보
㉡ 추정재무제표를 비롯한 예측정보
㉢ 소속 산업에 대한 재무정보
㉣ 과거 일정기간에 대한 세무조정계산서

위와 같이 재무제표를 분석하는 과정에서 가치평가를 위하여 필요하다고 판단되면 재무제표 수치에 대한 조정을 하여야 한다. 재무제표의 조정이 필요한 상황을 예시하면 다음과 같다(일반기준 6장 부록 실6.30).

㉠ 평가대상기업의 재무제표와 비교대상 재무제표 사이에 회계처리방법의 차이가 존재하는 경우

㉡ 재무제표상 수치를 공정가치로 조정해야 할 필요가 있는 경우

㉢ 수익과 비용항목 중 계속사업과 관련되는 항목만을 반영할 필요성이 있는 경우

또한, 일부 가치평가모형 적용시 요구되는 투입변수의 추정을 위해 추정재무제표를 작성하여 이를 사용할 수있다(일반기준 6장 부록 실6.31).

다) 평가접근법 및 평가방법의 선정 및 적용

'평가접근법 및 평가방법의 선정 및 적용'은 평가대상의 특성을 고려하여 가치평가에 사용되는 평가접근법 및 평가방법을 정하고 이를 수행하는 것을 말한다. 평가접근법은 크게 시장접근법, 이익접근법, 자산접근법으로 구분할 수 있다. 가치평가자는 특별한 이유가 없는 한 이 세 가지 접근법을 모두 고려하여야 한다. 그 결과 가치평가자는 전문가적인 판단을 사용하여 평가대상 기업의 특성 등을 고려하여 가장 적합하다고 판단되는 하나 또는 둘 이상의 평가방법을 사용하여 적정가치를 계산한다(일반기준 6장 부록 실6.32).

㉠ 시장접근법

시장접근법은 유사한 유가증권과의 비교를 통하여 평가대상의 가치를 결정하는 가치평가접근법으로서 시장접근법에서 가장 보편적으로 사용되는 평가방법은 유사기업이용법, 유사거래이용법, 과거거래이용법이다(일반기준 6장 부록 실6.34, 실6.35).

• 유사기업이용법

유사기업이용법은 평가대상기업과 유사한 상장회사들의 주가를 기초로 산정된 시장배수를 이용하여 평가대상의 가치를 평가하는 방법이다. 이때 2개 이상의 시장배수를 사용하여 산출한 결과치를 평균하는 것이 바람직하다(일반기준 6장 부록 실6.35).

가치평가에서 보편적으로 사용되는 시장배수는 주가이익비율(PER), 주가장부가치비율(PBR), 주가매출액비율(PSR), 주가현금흐름비율(PCR) 등이다. 시장배수의 선택과 계산은 다음과 같은 사항들을 고려하여 신중하게 이루어져야 한다(일반기준 6장 부록 실6.38).

- 시장배수는 기업 가치에 대하여 의미 있는 정보를 제공하여야 한다.
- 시장배수의 계산에 사용되는 유사기업의 자료는 정확해야 한다.
- 시장배수의 계산은 정확해야 한다.
- 자료에 대한 평균값이 이용되는 경우에는 평균을 산정하는 기간과 평균산정방법이 적절해야 한다.
- 시장배수의 계산방식은 유사기업들과 평가대상기업에 대하여 일관성 있게 적용되어야 한다.
- 시장배수산정에 사용된 가격자료는 가치평가일 현재 유효해야 한다.

– 필요하다면 유사기업들과 평가대상기업간의 비교가능성을 제고하기 위해 비경상적 항목, 비반복적 항목 및 영업과 관련이 없는 항목 등에 대한 조정을 고려해야 한다.

한편, 시장접근법을 적용함에 있어 가치평가과정에서 비교기준의 역할을 충실히 할 수 있는 비교대상의 선정이 가장 핵심이다. 시장접근법을 적용함에 있어 사용되는 유사기업은 평가대상기업과 동일한 산업에 속하거나, 동일한 경제 요인에 의해 영향을 받는 산업에 속해야 한다. 유사기업의 선정을 위해서는 합리적인 기준이 설정되어야 하며 선정과정에서 고려해야 할 요소들은 다음과 같다. 또한, 유사기업이 상장회사인 경우에는 시장배수 적용 시 적절한 유동성 할인을 고려하고, 유사기업이 국내에 없을 경우에는 해외사례를 조정하여 사용하는 것을 고려하여야 한다(일반기준 6장 부록 실6.36, 실6.37).

– 사업 특성상의 정성적 · 정량적 유사성

– 유사기업에 대하여 입수 가능한 자료의 양과 검증가능성

– 유사기업의 가격이 독립적인 거래를 반영하는지 여부

• 유사거래이용법

유사거래이용법은 평가대상기업과 유사한 회사들의 지분이 기업인수 및 합병거래시장에서 거래된 가격을 기초로 산정된 시장배수를 이용하여 평가대상의 가치를 평가하는 방법이다(일반기준 6장 부록 실6.35).

• 과거거래이용법

과거거래이용법은 평가대상기업 지분의 과거 거래가격을 기초로 시장배수를 산정하여 평가대상의 가치를 평가하는 방법으로서 해당 과거거래가 이루어진 이후 기간에 발생한 중요한 상황 변화에 대한 조정을 고려해야 한다(일반기준 6장 부록 실6.35, 실6.39).

㉡ 이익접근법

이익접근법은 평가대상으로부터 기대되는 미래 효익을 평가하여 평가대상의 가치를 결정하는 가치평가접근법이다. 미래 기대효익은 화폐액으로 표현되어야 하며 이익 또는 현금흐름으로 표현될 수 있으며 미래 기대효익을 추정함에 있어 평가대상기업의 특성, 비경상적 수익 · 비용항목에 대한 조정, 자본구조, 과거 성과, 해당 기업과 소속 산업의 전망, 기타 경제적 요인을 종합적으로 고려하여야 한다. 따라서 일반적으로 이익접근법을 신생 벤처기업이나 적자기업 등의 가치평가에 적용하는 것은 적절하지 못할 수 있다. 또한, 이익접근법 적용시에는 비업무용 자산가치를 고려하여야 하며 전환가능증권(CB, BW 등)이 있는 경우, 해당 증권의 전환여부를 고려하여 주식수를 산출하고 최종 주당가치를 산출해야 한다(일반기준 6장 부록 실6.40, 실6.44).

이익접근법에는 이익(현금흐름)자본화법, 현금흐름할인법(또는 배당할인법), 경제적부가가치법, 초과이익할인법, 옵션평가모형 등이 있다(일반기준 6장 부록 실6.41).

• 이익자본화법

이익자본화법은 평가대상으로부터 기대되는 미래 효익을 예측하여 자본환원율로 나누거나 자본환원계수를 곱함으로써 평가대상의 가치를 산정하는 방법이다. 이론적으로 자본화대상이 되는 미래 효익은 이익이나 현금흐름을 이용하여 다양하게 정의될 수 있으나 실무상으로는 일반적으로 이익을 사용한다(일반기준 6장 부록 실6.41).

미래 효익 추정시 예측기간은 5년 이상 충분히 길게 하고 과거 장기간의 추세분석을 바탕으로 기업이 속한 산업의 경기순환주기를 결정하는 경우 경기순환주기상 중간점에서의 이익수준에 근거하여 영구가치를 산출하여야 한다. 또한 영구가치 산출시 적용하는 영구성장률은 과거 5년치 평균성장률을 넘지 않도록 추정한다(일반기준 6장 부록 실6.42).

자본환원율이나 할인율은 평가대상으로부터 기대되는 미래 효익이나 현금흐름이 발생되는 시점, 위험요소, 성장성 및 화폐의 시간가치 등을 종합적으로 고려하여 결정하여야 한다. 자본환원율이나 할인율은 가치평가에 사용되는 이익 또는 현금흐름의 정의와 일관성이 있어야 한다. 예를 들어, 세전이익에는 세전 자본환원율을 적용하여야 하며 세후이익에는 세후 자본환원율을 적용하여야 한다. 또한 주주에 귀속되는 잉여현금흐름이나 배당금에는 자기자본비용을, 기업전체에 귀속되는 잉여현금흐름은 가중평균자본비용을 사용하여 할인하여야 한다(일반기준 6장 부록 실6.43).

• 현금흐름할인법(또는 배당할인법)

현금흐름할인법(또는 배당할인법)은 평가대상으로부터 기대되는 미래 현금유입액(배당액)을 측정한 후 할인율을 적용하여 현재가치를 산정하는 방법이다. 현금흐름은 다양하게 정의될 수 있으나 실무상으로는 주주에게 귀속되는 잉여현금흐름, 기업전체에 귀속되는 잉여현금흐름 또는 미래 기대배당액이 사용된다(일반기준 6장 부록 실6.41).

• 경제적부가가치법

경제적부가가치법은 영업투하자본에 미래 경제적 부가가치의 현재가치를 합하여 기업의 가치를 계산하고 순재무부채의 시장가치를 차감하여 평가대상의 가치를 산출하는 방법이다. 여기서 미래 경제적 부가가치는 미래 t기간의 세후순영업이익에서 자본비용을 차감한 금액의 현재가치이다. 경제적 부가가치법은 다각화기업의 가치평가에 유용할 수 있다(일반기준 6장 부록 실6.41).

• 초과이익할인법

초과이익할인법은 현재의 자기자본 장부가치에 미래초과이익의 현재가치를 더하여 평가대상의 가치를 산출하는 방법이다. 미래초과이익은 자본비용을 초과하는 회계이익이므로 미래에 기대되는 자기자본이익률이 자본비용보다 높을 것으로 기대되어 양의 초과이익이 예상되면 가치가 창출되어 주주지분가치는 자기자본 장부가치보다 크게 된다(일반기준 6장 부록 실6.41).

• 옵션평가모형

옵션평가모형은 이항옵션모형, 블랙-숄즈모형 등을 활용하여 평가대상의 가치를 측정하는 방법이다. 특히, 벤처기업의 경우 시장환경이 불확실하고 환경변화에 따라 후속투자의 확대, 연기, 포기 등 다양한 선택권을 보유하므로 경영자의 의사결정 여하에 따라 미래현금흐름과 투자비용이 크게 변할 수 있으며 이러한 의사결정상의 유연성의 가치를 옵션평가모형으로 평가할 수 있다(일반기준 6장 부록 실6.41).

㉢ 자산접근법

자산접근법은 자산에서 부채를 차감한 순자산의 가치를 이용하여 평가대상의 가치를 결정하는 가치평가접근법이다. 자산접근법을 적용함에 있어서 재무상태표상 모든 자산·부채는 가치평가기준일의 공정가치로 측정되어야 한다. 만약 매각을 전제로 한 가치평가인 경우에는 매각과 관련된 비용이 고려되어야 한다(일반기준 6장 부록 실6.45).

자산접근법을 적용하는 일반적인 절차는 다음과 같다(일반기준 6장 부록 실6.46).

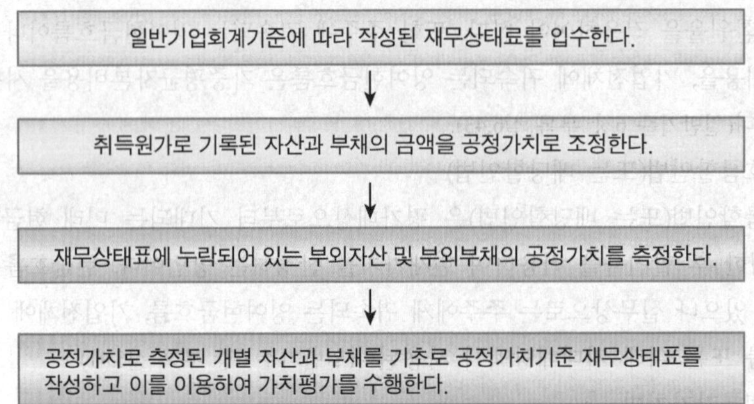

자산접근법은 평가대상기업이 영업활동을 수행하지 않고 부동산이나 타 기업의 지분을 보유함으로써 이익을 얻는 지주회사이거나 청산을 전제로 한 기업인 경우에 적절한 방법이다. 계속기업을 전제로 한 가치평가에서 자산접근법만을 유일한 방법으로 선택해서는 안되며 만일 자산접근법만을 사용하는 경우에는 그에 대한 정당한 근거를 제시하여야 한다(일반기준 6장 부록 실6.47).

라) 최종가치 산출

각 가치평가접근법 및 평가방법을 사용하여 가치추정치를 결정한 후 이들 가치추정치를 기초로 최종가치를 산출하여야 한다. 각 가치추정치의 타당성 및 신뢰성을 평가하여 하나의 가치평가접근법과 방법의 결과만을 활용할 것인지 또는 여러 가치평가접근법이나 방법의 결과를 종합하여 활용할 것인지를 결정해야 한다. 최종가치를 산출함에 있어서 적절한 방법의 선택 및 각 방법에 대한 의존정도는 평가자의 전문가적 판단에 기초하여야 하며 정해진 공식 등에 의하여 기계적으로 결정하여서는 아니된다. 또한 한번 적용한 평가방법은 특별한 사유(보다 적합한 평가방법의 개발, 객관적인 평가 기초자료의 입수불능 등)가 없는 한 일관되게 적용하여야 하며, 상속 · 증여세법 등 타 법률에 의한 가치평가의 경우에는 평가목적이 상이하고 회사의 특성을 고려하지 않고 일률적인 할인율 또는 가중치를 적용하는 단점이 있어 이를 일반기업회계기준에 부합하는 목적적합하고 신뢰성 있는 공정가치 평가방법으로 인정하지 않는다(일반기준 6장 부록 실6.33, 실6.48).

한편, 각 가치평가접근법 및 평가방법을 사용하여 산정된 가치추정치를 근거로 가치의 결론을 도출함에 있어서 가치의 조정이 필요한지 여부를 신중히 고려하여야 한다. 예를 들면, 평가대상 유가증권의 유동성이 결여된 경우 이에 대한 할인의 필요성을 고려해야 한다. 또한 평가대상지분이 관련사업의 영업, 매각이나 청산을 결정할 수 있는 지배력을 갖는 경우에는 이에 대한 할증을 고려할 수 있다(일반기준 6장 부록 실6.49).

한편, 한국채택국제회계기준에서는 명백히 부적절한 경우가 아닌 한, 시장성없는 지분증권도 공정가치로 평가할 것을 요구하고 있다. 유형자산은 일반적으로 취득원가에 기초하여 평가하지만, 유가증권에 대하여는 한국채택국제회계기준과 같이 일반기업회계기준에서도 공정가치로 평가하도록 하고 있다. 유형자산은 영업활동에 장기간 사용할 목적으로 보유하는 자산이므로 자산의 사용가치가 중요하지만, 사용가치의 추정은 경영자의 사적정보를 고려해야 하므로 측정상 신뢰성 문제가 따른다. 반면에, 유가증권과 같은 투자목적의 금융자산은 공정가치 정보가 투자와 보유목적에 대한 경영자의 의사결정에 대한 성과를 더 잘 나타내어 준다고 할 수 있다. 또한 유가증권과 같은 금융자산은 다른 자산에 비해 비교적 공정가치의 측정이 용이하거나 신뢰성 있는 측정모델을 구하기 쉬운 편이다. 그러나, 시장성없는 지분증권은 일반적으로 미래현금흐름을 추정하기가 어렵거나, 기업마다 성장성 등에 있어서 고유한 특성이 있기 때문에 유사한 기업이 발행한 지분증권의 시장가격과 직접 비교하여 공정가치를 결정하기는 어렵다. 또한, 공정가치를 측정하는 것이 다음과 같은 사유로 인하여 가능하지 아니할 수 있다(일반기준 6장 부록 결6.1).

① 공정가치를 측정하는 데 과다한 비용이 소요된다.

② 기업이 설립된 지 얼마 되지 않아 미래현금흐름을 예측할 수 있는 기초자료가 되는 과거 정보와 경험이 매우 부족하다.

③ 투자자가 공정가치의 추정에 필요한 유가증권 발행기업의 내부 정보를 입수할 수 없다.

이러한 현실적인 문제와 실무계의 어려움 때문에, 합리적인 평가모형과 적절한 추정치를 사용하여 시장성 없는 지분증권의 공정가치를 추정하는 경우에는 공신력 있는 독립된 유가증권 평가 전문기관에 의뢰하여 산출된 금액을 적용하는 것이 회계정보의 신뢰성을 위

해 바람직하다. 적어도 최초로 추정하여 공정가치로 평가하는 경우에는 평가전문기관이 평가한 금액을 사용하고 차후에 재무제표 작성회사가 직접 평가할 때에는 평가전문기관이 적용했던 해당 평가모형과 변수를 검토하여 그에 준하는 방법을 계속 적용하는 것이 회계정보의 신뢰성 제고를 위해 바람직할 것이다. 공신력 있는 독립된 유가증권 평가 전문기관이 자기의 책임으로 평가한 금액은 신뢰성 있게 평가한 금액으로 본다. 해당 지분증권 평가를 의뢰하는 기업과 특수관계나 다른 이해관계가 있는 평가기관은 공신력 있는 독립된 유가증권 평가 전문기관으로 볼 수 없다. 또한 합리적인 평가모형이란 합리적인 가정으로 신뢰성 있는 추정을 할 수 있는 일반적으로 인정되는 평가방법을 말한다. 시장성 없는 지분증권에 대해 합리적인 평가모형과 적절한 추정치를 사용하여 추정한 공정가치로 평가한 경우에는 매기 계속하여 공정가치로 평가하는 것이 원칙이므로 시장성 없는 지분증권을 공정가치의 추정에 의해 평가함에 있어 신중한 접근이 필요하다. 따라서 시장성 없는 지분증권을 신뢰성 있게 측정할 수 없는 경우에는 공정가치 평가를 요구하지 아니하고 취득원가로 평가한다(일반기준 6장 부록 결6.1).

다. 공정가치법에 의한 평가

(가) 개 요

공정가치법은 유가증권의 공정가치가 취득원가보다 높거나 낮거나 관계 없이 재무상태표에 이를 항상 공정가치로 표시하는 방법으로써, 유가증권 가격의 변동액이 모두 투자회사의 재무제표에 반영된다.

일반기업회계기준 제6장에 따르면, 유가증권 중에서 만기보유증권은 상각후원가로 평가하여 재무상태표에 표시하여야 하는데 상각후원가란 장부금액과 만기액면금액의 차이를 상환기간에 걸쳐 유효이자율법에 의하여 상각하여 취득원가와 이자수익에 가감하는 것을 말한다(일반기준 6장 문단 6.29). 그리고 단기매매증권과 매도가능증권은 공정가치로 평가하여 재무상태표에 표시하여야 하며, 단기매매증권에 대한 미실현보유손익은 당기손익항목(단기매매증권평가손익)으로 처리하여야 하고, 매도가능증권에 대한 미실현보유손익은 기타포괄손익누계액(매도가능증권평가손익)으로 처리하여야 한다. 이 때 해당 유가증권에 대한 기타포괄손익누계액은 그 유가증권을 처분하거나 손상차손을 인식하는 시점에 일괄하여 당기손익에 반영한다. 다만, 매도가능증권 중 시장성이 없는 지분증권의 공정가치를 신뢰성 있게 측정할 수 없는 경우에는 취득원가로 평가한다(일반기준 6장 문단 6.30, 6.31).

구 분		평가방법	비 고
단기매매증권		공정가치법	
만기보유증권		원 가 법 (상각후원가)	장부금액과 만기액면금액의 차이를 유효이자율법에 의해 상각하여 취득원가와 이자수익에 가감
매도가능증권	채무증권	공정가치법	장부금액과 만기액면금액의 차이를 유효이자율법에 의해 상각하여 취득원가와 이자수익에 가감한 후 공정가치로 평가
	지분증권	공정가치법	다만, 시장성이 없는 지분증권의 공정가치를 신뢰성 있게 측정할 수 없는 경우 원가법으로 평가

일반기업회계기준 제6장에서 단기매매증권과 매도가능증권으로 분류되는 경우 지분증권과 채무증권 모두에 대해서 공정가치법에 의하여 평가하도록 강제한 이유는 다음과 같은 공정가치법의 장점 때문이다.

가) 유가증권을 공정가치로 평가할 경우 모든 유가증권은 동일한 화폐적 척도에 따라 평가된다. 그러나 원가로 계상할 경우에는 구입시점에 따라 다른 가격이 적용되어 동일한 유가증권이라고 할지라도 다른 가격으로 평가된다. 공정가치 평가로 동질적이고 호환성 있는 유가증권이 각기 상이한 금액으로 표시되는 비정상성을 회피할 수 있다.

나) 공정가치는 원가보다 투자자에게 더 유용한 정보가 된다. 즉 유가증권을 공정가치로 평가하면 유가증권에 대한 경제적 해석력이 높아지고 정보이용자의 현금흐름 예측에 유용한 자료가 될 수 있다.

다) 유가증권의 공정가치는 일반적으로 검증가능성이 높다. 예를 들어 현행 시가는 유가증권이 현금화될 경우의 평가액과 같으므로 객관적인 평가액이라고 할 수 있다.

(나) 단기매매증권의 평가

공정가치법에 의한 평가는 단기매매증권의 가격변동이 극심할 경우에는 시가 평가로 인해 기간손익의 급격한 변동을 초래할 수 있다는 단점도 가지고 있다. 이러한 이유에도 불구하고 보유하고 있는 단기매매증권의 공정가치 변동액을 당기손익에 포함하는 이유는 그 경제적 효과를 당기순이익에 반영함으로써 보다 유용한 재무정보를 제공할 수 있기 때문이다. 즉 공정가치의 변동이 미실현손익임에도 불구하고 이를 당기손익에 포함시키는 것은 공정가치의 변동이 발생한 회계기간에 그 효과를 보고함으로써 현재의 주주들에게 주주지분의 변동과 그 성과에 대하여 적절한 보고를 할 수 있기 때문이다.

단기매매증권의 경우 공정가치법에 의한 회계처리방법을 설명하면 다음과 같다.

가) 단기매매증권은 취득시점의 공정가치로 측정하며, 공정가치는 일반적으로 거래가격(자산의 경우에는 제공한 대가의 공정가치, 부채의 경우에는 수취한 대가의 공정가

치)을 의미한다.

나) 회계연도 말에는 보고기간종료일 현재의 공정가치로 평가한다. 이와 같이 조정된 금액이 새로운 장부가액이 된다.

다) 당기의 공정가치 변동에 따른 공정가치와 장부금액의 차액은 단기매매증권평가이익(또는 손실)으로 인식하여 당기손익(영업외손익)에 반영한다.

라) 단기매매증권으로부터 발생하는 배당금수익과 이자수익은 당기손익에 포함한다(일반기준 6장 부록 6.A7).

마) 단기매매증권 처분시점에서는 다음과 같은 두 가지 방법이 있다.

첫째, 단기매매증권 처분시점에 단기매매증권평가이익(손실)을 계상한 후 평가손익이 반영된 가액으로 단기매매증권처분가액을 산정하여 처분시점에는 단기매매증권처분손익을 인식하지 않는 방법이다.

둘째, 단기매매증권 처분시점에는 단기매매증권평가손익을 계상하지 않고 처분 전 장부금액과 단기매매증권처분금액의 차액을 단기매매증권처분이익(손실)으로 계상하는 방법이다.

위의 두 가지 방법 중, 첫째 방법은 공정가치법에 의한 회계처리방법 중 당기처리법(current approach)이라고도 불리우는데, 이는 공정가치법으로 단기매매증권을 회계처리할 경우에는 취득일과 처분일 사이의 모든 보유손익(또는 평가손익)을 인식하기 때문에 처분시점에는 단기매매증권처분손익이 발생하지 않아야 한다는 이론적 주장을 그 근거로 삼고 있다. 둘째 방법은 공정가치법을 적용하면서도 단기매매증권평가손익은 결산기말에만 인식하고 처분시점에는 장부금액과 처분금액과의 차액만큼 단기매매증권처분손익을 인식하는 방법으로, 이는 회계처리의 간편성과 단기매매증권의 처분시점에 처분손익을 인식한다는 실무상 관행을 고려한 것이다. 일반기업회계기준에서는 영업외손익 항목 중 단기투자자산처분이익(손실) 계정이 포함되어 있으므로 이 방법을 채택한 것으로 보아야 할 것이다.

아래에서는 단기매매증권을 공정가치법으로 회계처리하는 방법을 사례를 들어 설명하겠다.

사례 7 (주)삼일(금융기관으로 가정)은 공정가치법으로 단기매매증권의 회계처리를 하고 있다.

20×7. 1. 1. : (주)삼일은 주당 액면금액이 ₩5,000인 A사의 주식 100주를 ₩800,000에 구입했다.
20×7. 12. 31. : A사 주식의 시가는 주당 ₩8,500이었다.
20×8. 2. 28. : (주)삼일은 A사로부터 현금배당금 ₩80,000을 수취하였다.
20×8. 12. 31. : A사의 주식시가는 주당 ₩7,500이었다.
20×9. 7. 1. : (주)삼일은 A사주식 50주를 주당 ₩9,000에 처분하였다.

1. 거래일자별 분개는?

• 20×7. 1. 1.

(차) 단 기 매 매 증 권	800,000	(대) 현금 및 현금성자산	800,000

• 20×7. 12. 31.

(차) 단 기 매 매 증 권	50,000	(대) 단기매매증권평가이익	50,000

• 20×8. 2. 28.

(차) 현금 및 현금성자산	80,000	(대) 배 당 금 수 익	80,000

• 20×8. 12. 31.

(차) 단기매매증권평가손실	100,000	(대) 단 기 매 매 증 권	100,000

• 20×9. 7. 1.

〈1안－당기처리법〉

(차) 단 기 매 매 증 권	75,000*	(대) 단기매매증권평가이익	75,000
현금 및 현금성자산	450,000**	단 기 매 매 증 권	450,000

* (9,000－7,500) × 50주＝75,000
** 9,000 × 50주＝450,000

〈2안－일반기업회계기준〉

(차) 현금 및 현금성자산	450,000	(대) 단 기 매 매 증 권	375,000*
		단기매매증권처분이익	75,000**

* 7,500 × 50주＝375,000
** (9,000－7,500) × 50주＝75,000

2. A주식 50주 처분에 따른 연도별 손익을 계산하라.

20×7년	₩50,000 × 50주 / 100주	₩25,000
20×8년	(100,000) × 50주 / 100주	(50,000)
20×9년		75,000
		₩50,000

최초 주당취득원가(₩8,000)와 주당처분가격(₩9,000)의 차이인 ₩1,000의 이익은 위와 같이 취득시점에서 처분시점까지 배분되고 있다.

라. 현금흐름 변경시 평가

단기매매증권의 현금흐름에 대한 추정 변경 또는 재협상 등으로 현금흐름이 변경되는 경우에는 실제 현금흐름과 변경된 계약상 현금흐름을 반영하여 해당 단기매매증권의 순장부금액을 조정한다. 이 경우 최초 유효이자율이나 수정 유효이자율로 변경된 계약상 미래현금흐름의 현재가치를 계산하는 방식으로 단기매매증권의 순장부금액을 재계산한다. 한편, 이러한 조정금액은 수익이나 비용으로서 당기손익으로 인식한다(일반기준 6장 문단 6.14의 2, 부록 실6.22의 2).

③ 단기매매증권의 처분

가. 양도의 범위

단기매매증권의 양도로 단기매매증권 보유자가 유가증권의 통제를 상실한 때에는 그 단기매매증권을 재무상태표에서 제거한다. 여기서 유가증권의 통제를 상실한 경우란 유가증권의 경제적 효익을 획득할 수 있는 권리를 전부 실현한 때, 그 권리가 만료된 때, 또는 그 권리를 처분한 때를 말한다. 반대로 단기매매증권의 양도시 유가증권에 대한 통제를 상실하지 않았다면 당해 거래는 담보차입거래로 본다(일반기준 6장 문단 6.34의 2, 6.34의 3).

양도자의 유가증권에 대한 통제는 양수자가 매수한 유가증권의 효익을 획득할 수 있을 때 상실된다. 예를 들면 양수자가 매수한 유가증권을 아무런 제한 없이 매도할 수 있거나 공정가치에 상당하는 금액에 대하여 담보로 제공할 수 있다면, 양도자는 그 유가증권에 대한 통제를 상실한 것으로 본다(일반기준 6장 부록 6.A7의 4).

반대로, 다음과 같은 경우에는 유가증권에 대한 통제를 아직 상실한 것이 아니므로 유가증권이 양도되었더라도 재무상태표에서 제거하지 아니한다(일반기준 6장 부록 6.A7의 2).

- 양도자가 양수자로부터 유가증권을 재매수할 수 있는 권리를 가지고 있는 경우. 다만 양도자가 동일한 유가증권을 시장에서 용이하게 매수할 수 있는 경우나 재매수가격을 재매수시점의 공정가치로 정한 경우는 제외
- 유가증권을 담보로 하여 양도자에게 금전을 대여하였더라면 그 대가로 받았을 이자금액과 중요한 차이가 없는 이자상당액을 유가증권의 양수자가 받기로 약정하고, 양도자는 그 유가증권을 미리 정한 가격으로 재매수할 수 있는 권리와 의무를 모두 가지고 있는 경우
- 시장에서 용이하게 매수하기 어려운 유가증권을 양도하면서, 양수자에게 총수익률스왑(특정 기간 동안에 발생하는 일정한 총수익을 다른 총수익과 교환하는 연속된 선도거래)을 부여함으로써 유가증권 보유에 따르는 위험과 효익의 대부분이 양도자에게 귀속되는 경우
- 시장에서 용이하게 매수하기 어려운 유가증권을 양도하면서, 양수자가 미리 정한 가격으로 유가증권을 되팔 수 있는 권리(풋옵션)를 가짐으로써 유가증권 보유에 따르는 위험의 대부분이 양도자에게 귀속되는 경우

양도자가 양도한 유가증권을 미리 정한 가격으로 재매수할 수 있는 권리를 가지고 있고, 그 유가증권을 시장에서는 용이하게 매수할 수 없는 경우에는 재매수가격이 재매수 시점의 공정가치가 아닐 수 있기 때문에 그 유가증권을 재무제표에서 제거하지 아니한다. 그러

나 양도한 유가증권을 재매수할 수 있는 권리와 의무를 동시에 가지고 있더라도 재매수 가격을 재매수 시점의 공정가치로 정한 경우에는 양도시점에 유가증권에 대한 통제를 상실한 것으로 보아 재무상태표에서 제거한다(일반기준 6장 부록 6.A7의 3).

나. 처분손익의 인식

단기매매증권에 대한 통제를 상실한 때에는 단기매매증권을 양도한 대가로 받았거나 받을 금액과 장부금액의 차이금액을 당기손익으로 처리한다(일반기준 6장 문단 6.34의 4).

한편 단기매매증권처분손익 금액을 계산할 때 단기매매증권의 매각대금에서 단기매매증권의 처분과 관련하여 발생한 수수료 및 증권거래세 등의 부대비용을 차감하느냐의 문제가 있으나 실무상으로는 이들 부대비용만큼을 매각대금에서 차감한 후 단기매매증권처분손익을 계산하는 것이 일반적이다.

사례 8 (주)삼일은 보유하고 있던 단기매매증권 중 을주식회사의 주식 5주(액면 ₩5,000)를 주당 ₩20,000에 처분하였다. 이 때 발생한 수수료, 증권거래세는 ₩600이며 을주식회사의 장부금액은 ₩90,000이었다. 처분시의 분개는?

(차) 현금 및 현금성자산	99,400	(대) 단 기 매 매 증 권	90,000
		단기매매증권처분이익	9,400

다. 권리의 일부만을 양도시 회계처리

사채의 원금과 이자의 현금흐름 중 일부를 분할하여 매도하는 경우와 같이 보유 중인 단기매매증권과 관련된 권리의 일부만을 타인에게 양도하고 잔여부분을 계속 보유하는 경우에는 그 단기매매증권의 장부금액은 양도부분과 계속보유부분에 대한 분할 양도일 현재의 상대적인 공정가치에 비례하여 나눈다. 그리고 이렇게 양도한 부분의 장부금액과 매도대가의 차이는 처분손익으로 인식한다. 그러나 계속보유부분에 대한 공정가치의 측정이 극히 불확실하게 되는 드문 경우에는 그 공정가치를 0(영)으로 보고 양도부분의 매도대가에서 장부금액 전부를 차감한 금액을 당기손익으로 인식하여야 한다(일반기준 6장 부록 6.A7의 6).

라. 다른 자산과의 교환 또는 채무의 승계시 회계처리

단기매매증권을 양도하여 새로운 자산을 취득하거나 자산 취득과 동시에 채무를 인수하는 경우에는 ㉠와 ㉡의 차이 금액을 단기매매증권처분손익으로 당기손익에 반영한다(일반기준 6장 부록 6.A20의 2).

㉠ 단기매매증권의 양도대가로 받은 자산의 공정가치

㉡ 양도한 단기매매증권의 장부금액과 새로 인수한 채무의 공정가치의 합계 금액

> 단기매매증권처분손익 = 단기매매증권의 양도대가로 받은 자산의 공정가치
> －양도한 단기매매증권의 장부금액
> －새로 인수한 채무의 공정가치

사례 9 (주)삼일은 보유하고 있던 단기매매증권을 토지와 교환하였는데, 토지에 담보된 장기차입금을 승계하는 조건이다. 단기매매증권의 장부금액은 ₩90,000이며, 토지 및 장기차입금의 공정가치는 각각 ₩150,000과 ₩50,000이다. 처분시의 분개는?

(차) 토 지	150,000	(대)	단 기 매 매 증 권	90,000
			장 기 차 입 금	50,000
			단기매매증권처분이익	10,000

3) 단기매매증권의 계정재분류

유가증권의 보유의도와 보유능력에 변화가 있어 재분류가 필요한 경우에는 다음과 같이 처리한다(일반기준 6장 문단 6.34).

㉠ 단기매매증권은 다른 범주로 재분류할 수 없으며, 다른 범주의 유가증권의 경우에도 단기매매증권으로 재분류할 수 없다. 다만, (일반적이지 않고 단기간 내에 재발할 가능성이 매우 낮은 단일한 사건에서 발생하는) 드문 상황에서 더 이상 단기간 내의 매매차익을 목적으로 보유하지 않는 단기매매증권은 매도가능증권이나 만기보유증권으로 분류할 수 있으며, 단기매매증권이 시장성을 상실한 경우에는 매도가능증권으로 분류하여야 한다.

㉡ 매도가능증권은 만기보유증권으로 재분류할 수 있으며 만기보유증권은 매도가능증권으로 재분류할 수 있다.

위와 같이 유가증권과목의 분류를 변경할 때에는 재분류일 현재의 공정가치로 평가한 후 변경한다. 따라서 단기매매증권을 매도가능증권이나 만기보유증권으로 재분류하는 경우에는 재분류일 현재의 공정가치를 새로운 취득원가로 보며 재분류일까지의 미실현보유손익은 당기손익으로 인식한다(일반기준 6장 문단 6.34, 부록 6.A20).

매도가능증권과 만기보유증권 사이의 계정재분류에 대한 자세한 내용은 '투자자산 중 매도가능증권 및 만기보유증권'편을 각각 참조하기로 한다.

4) 단기매매증권 이자 등의 회계처리

단기매매증권으로부터 발생하는 배당금수익과 이자수익은 당기손익에 포함한다. 모든 채무증권의 이자수익은 할인 또는 할증차금의 상각액을 가감하여 인식한다. 예를 들면, 단

기매매증권으로 분류된 채무증권의 경우에는 할인 또는 할증차금을 상각하여 이자수익을 먼저 인식한 후에, 상각후원가와 공정가치의 차이금액인 미실현보유손익을 단기매매증권 평가손익으로 처리한다. 배당금수익과 이자수익의 측정과 인식에 대해서는 관련된 일반기업회계기준 제16장의 규정에 따른다(일반기준 6장 부록 6.A7).

① 공 · 사채 등에 대한 현금이자 수령시

(차) 현금 및 현금성자산	×××	(대) 이 자 수 익	×××

② 공 · 사채 등에 대한 할인(할증)차금 상각시

(차) 단 기 매 매 증 권	×××	(대) 이 자 수 익	×××

③ 소유주식에 대한 현금배당금 수령시

(차) 현금 및 현금성자산	×××	(대) 배 당 금 수 익	×××

④ 소유주식에 대한 주식배당금 수령시

분개 없음.

5) 중도매매채권의 회계처리

법인이 채권을 매입할 때 전소지인이 법인인 경우에는 해당 법인 스스로 보유기간이자 상당액에 대하여 원천징수를 하므로 매수법인이 매도법인의 원천징수세액에 대한 회계처리를 할 필요가 없으며, 전소지인이 개인인 경우에는 매수법인이 원천징수를 하여 원천징수세액을 부채(미지급원천세 등)로 계상한 후 해당 유가증권의 취득가액을 결정해야 한다. 다음으로 법인이 채권을 중도매각하거나 상환받을 경우에는 해당 법인의 보유기간에 상당하는 이자소득에 대한 원천징수세액만을 선급법인세와 미지급원천세로 계상하여야 한다.

사례 10 다음과 같은 채권거래에 대해서 각 보유법인의 회계처리를 하시오(가정 : 단기매매증권으로 분류, 평가관련 회계처리 생략, 총원천징수세율은 14%).

가. 채권의 발행조건

액면가액 : 10,000원

발행가액 : 10,000원

표면이자율 : 연 12%

이자지급방법 : 상환일 후급

* B회사와 갑회사(금융기관)의 매매거래시 갑회사가 원천징수하기로 약정함.

나. 매매상황

	발행일 (20×7. 4. 1.)	A회사매입 (20×7. 8. 1.)	A회사매각 B회사매입 (20×8. 2. 1.)	B회사매각 갑회사매입 (20×8. 3. 1.)	원리금상환 (20×8. 3. 31.)
경과이자		400	1,000	1,100	1,200
원천세액		56	140	154	168
매매가액 (상환가액)		10,300	11,000	11,100	(11,180)

해답

1. A회사의 회계처리

• 매입시(20×7. 8. 1.)

(차)	단기매매증권	9,900	(대) 현금 및 현금성자산	10,300
	미수이자	400		

• 결산시(20×7. 12. 31.)

(차)	미수이자	500	(대) 이자수익	500*1

*1 : 보유기간 경과이자 : 10,000 × 12% × 5/12 = 500

• 매각시(20×8. 2. 1.)

(차)	현금 및 현금성자산	11,000	(대) 단기매매증권	9,900
	선급법인세	84	미수이자	900
			이자수익	100
			미지급원천세	84*2
			단기매매증권처분이익	100*3

*2 : 채권보유기간 경과분에 대한 이자상당액×원천징수세율 : (1,000 − 400) × 14% = 84
*3 : 현금수령액 − (단기매매증권가액 + 미수이자 + 보유기간 경과이자) :
11,000 − (9,900 + 400 + 600) = 100

2. B회사의 회계처리

• 매입시(20×8. 2. 1.)

(차)	단기매매증권	10,000	(대) 현금 및 현금성자산	11,000
	미수이자	1,000*4		

*4 : B회사 보유 이전 분에 대한 경과이자상당액 : 10,000 × 12% × 10/12 = 1,000

• 매도시(20×8. 3 .1.)

(차)	현금 및 현금성자산	11,100	(대) 단기매매증권	10,000
	선급법인세	14*5	미수이자	1,000

		이 자 수 익	100
		단기매매증권처분이익	14*6

*5 : 채권보유기간 경과분에 대한 이자상당액×원천징수세율 : (1,100−1,000)×14% = 14

*6 : 현금수령액−(단기매매증권가액+미수이자+보유기간 경과이자−B회사보유 경과이자분에 대한 갑회사의 원천징수상당액) : 11,100−(10,000+1,000+100−14) = 14

3. 갑회사의 회계처리

• 매입시(20×8. 3. 1.)

(차) 단 기 매 매 증 권	10,014	(대) 현금 및 현금성자산	11,100
미 수 이 자	1,100	미 지 급 원 천 세	14*7

*7 : 갑회사 채권 매입시 원천징수 약정에 따른 B회사의 보유분 경과이자에 대한 원천징수 상당액 : (1,100−1,000) × 14% = 14

• 상환시(20×8. 3. 31.)

(차) 현금 및 현금성자산	11,180	(대) 단 기 매 매 증 권	10,014
선 급 법 인 세	14*8	미 수 이 자	1,100
단기매매증권처분손실	20*9	이 자 수 익	100

*8 : 채권보유기간 경과분에 대한 이자상당액×원천징수세율 : (1,200−1,100) × 14% = 14

*9 : 현금수령액−(단기매매증권가액+미수이자+보유기간 경과이자−갑회사보유 경과이자분에 대한 채권발행회사의 원천징수상당액) : 11,180−(10,014+1,100+100−14) = −20

사례 11 다음과 같은 채권거래에 대해서 각 보유법인의 회계처리를 하시오(가정 : 단기매매증권으로 분류, 평가관련 회계처리 생략, 총원천징수세율은 14%).

가. 채권의 조건

액면가액 : 10,000원

이 자 율 : 연 12%

지급조건 : 6개월 선급

나. 매매상황

	발행일 갑회사매입 (20×7. 4. 1.)	A회사매입 (20×7. 7. 1.)	이자수령 (20×7. 10. 1.)	A회사매각 B회사매입 (20×7. 12. 1.)	원리금상환 (20×8. 3. 31.)
	이자수령				
경과이자		300		200	600
원천세액		42		28	84
매매가액 (상환가액)	9,484	9,742		9,656	(10,000)

해답

1. 갑회사의 회계처리

• 매입시(20×7. 4. 1.)

(차)	단 기 매 매 증 권	10,000	(대) 현금 및 현금성자산	9,484*1
	선 급 법 인 세	84*3	선 수 이 자	600*2

*1 : 유가증권가액－이자선취분＋이자선취분에 대한 원천징수상당액 : 10,000－600＋84＝9,484

*2 : 이자선취분 : 10,000 × 12% × 6/12＝600

*3 : 이자선취분에 대한 원천징수상당액 : 10,000 × 12% × 6/12 × 14%＝84

• 매각시(20×7. 7. 1.)

(차)	현금 및 현금성자산	9,742	(대) 단 기 매 매 증 권	10,000
	선 수 이 자	600	이 자 수 익	300
			선 급 법 인 세	42*4

*4 : 이자선취분 중 기간미경과분에 대한 원천징수상당액 : 84 × 3/6＝42

2. A회사의 회계처리

• 매입시(20×7. 7. 1.)

(차)	단 기 매 매 증 권	10,000	(대) 현금 및 현금성자산	9,742
	선 급 법 인 세	42	선 수 이 자	300

• 이자수령시(20×7. 10. 1.)

(차)	현금 및 현금성자산	516	(대) 선 수 이 자	600
	선 급 법 인 세	84		

• 매각시(20×7. 12. 1.)

(차)	현금 및 현금성자산	9,656	(대) 단 기 매 매 증 권	10,000
	선 수 이 자	900	이 자 수 익	500
			선 급 법 인 세	56

3. B회사의 회계처리

• 매입시(20×7. 12. 1.)

(차)	단 기 매 매 증 권	10,000	(대) 현금 및 현금성자산	9,656
	선 급 법 인 세	56	선 수 이 자	400

• 결산시(20×7. 12. 31.)

(차)	선 수 이 자	100	(대) 이 자 수 익	100

• 상환시(20×8. 3. 31.)

(차) 현금 및 현금성자산	10,000	(대) 단 기 매 매 증 권	10,000
선 수 이 자	300	이 자 수 익	300

6) 투자일임계약자산의 회계처리

투자일임계약자산은 경제적 실질에 따라 비특정투자일임계약자산과 특정투자일임계약자산으로 나눌 수 있으며, 이에 따른 회계처리는 다음과 같다(일반기준 6장 부록 실6.61).

① 비특정투자일임계약자산

비특정투자일임계약자산이란 투자자가 투자일임계약자산에 대한 투자판단을 모두 운영사에 위탁하여 운영사가 운용하는 투자일임계약자산을 말한다. 비특정투자일임계약자산의 경우 투자일임계약의 목적이 단기적인 가격변동으로부터의 수익 획득인 경우에는 그 투자일임계약자산을 단기매매증권으로 분류한다. 그러나 투자일임계약자산을 투자일임계약에 의해 시장이자율의 변화와 채권의 조기상환위험의 변화에 대한 위험회피 목적으로 보유하거나, 다른 대체투자를 위하여 기간을 정하지 않고 보유하거나, 외화위험의 변동에 대한 위험회피 목적 등으로 보유하는 경우에는 그 투자일임계약자산을 매도가능증권으로 분류한다. 투자일임계약자산에 포함된 지분증권 또는 채무증권의 거래에서 발생하는 손익에 대하여는 별도의 회계처리를 하지 않고 보고기간말에 투자일임계약자산의 평가손익에 반영한다. 보유하고 있던 유가증권을 투자일임계약자산으로 제공하는 경우 또는 계약 해지로 현물을 반환 받는 경우에는 상기 '3) 단기매매증권의 계정재분류'의 유가증권범주 간의 재분류의 규정을 준용하여 처리한다(일반기준 6장 부록 실6.61).

이 때 유의적인 영향력을 행사할 수 있는 주식(지분법적용투자주식)이 투자일임계약자산에 포함된 경우에는 해당 주식은 지분법을 적용하여 평가한다. 다만, 그러한 경우라도 투자일임계약을 체결한 것이 해당 주식에 대한 지분법 적용을 회피할 목적이 아니었음이 명백한 경우에는 공정가치로 평가하고 그 평가손익은 일반기업회계기준 제6장에 따라 처리할 수 있다(일반기준 6장 부록 실6.61).

한편, 투자일임수수료 중 계약기간의 용역에 대한 대가는 기간의 경과에 따라 비용으로 인식하며 투자일임계약자산을 구성하고 있는 주요 유가증권의 내역과 공정가치는 주석으로 공시한다(일반기준 6장 부록 실6.61).

② 특정투자일임계약자산

특정투자일임계약자산이란 투자자가 투자일임계약자산의 투자목적, 위험선호정도, 투자예정기간, 투자대상별 투자한도 등의 위탁투자지침을 운영사에 제공하여 투자자의 운용지시에 따르게 되어 있는 투자일임계약자산을 말한다(일반기준 6장 부록 실6.61).

따라서 특정투자일임계약의 경우, 특정투자일임계약을 구성하고 있는 자산에 대하여는 투자자가 특정투자일임계약의 구성자산을 직접 보유하고 있는 것으로 보아 회계처리한다(일반기준 6장 부록 실6.62).

7) 수익증권 등의 회계처리

① 수익증권

가. 계정과목의 표시

수익증권은 신탁재산에 대한 수익권을 균등하게 분할하여 표창하고 있는 증권을 말한다. 수익자가 단기적인 가격변동으로부터의 수익획득을 목적으로 보유한 수익증권은 단기매매증권으로 분류하고, 그 이외의 경우에는 매도가능증권 또는 만기보유증권으로 분류한다. 한편 투자신탁의 계약기간이 3개월 이하인 초단기수익증권(MMF를 포함함) 중 큰 거래비용이 없고 가치변동위험이 중요하지 않은 수익증권은 현금및현금성자산으로 처리한다. 그러나 초단기수익증권 중 환매수수료가 이익분배금의 상당부분을 차지하거나 투자신탁재산에 주식이 포함되어 있어 가치변동위험을 부담하고 있는 경우에는, 수익자가 단기적인 가격변동으로부터의 수익획득을 목적으로 보유한 초단기수익증권은 단기매매증권으로 분류하고 그 이외의 초단기수익증권은 매도가능증권으로 분류한다(일반기준 6장 부록 실6.63).

나. 수익증권의 평가

수익증권은 보고기간말 현재의 공정가치로 평가하여야 하며, 보고기간말 현재 거래되는 기준가격으로 평가할 수 있다. 한편 투자신탁 계약기간 내에 분배금이 지급되는 경우에 그 분배금의 재원은 전기 이전에 이미 인식한 미실현보유이익 또는 당기성과일 것이나 그것을 구분하는 효익이 비용에 비하여 크지 않다면 구분하지 아니한다. 다만 명확히 구분할 수 있는 경우에는 분배금을 구분하여 당기손익에 포함하거나 장부금액에서 차감하는 회계처리를 할 수 있다(일반기준 6장 부록 실6.64).

보고기간말 현재 분배가 결정되어 그 기준가격에서 분배할 금액이 이미 차감되어 있으나 아직 분배금이 지급되지 아니한 경우에는 다음과 같이 처리한다(일반기준 6장 부록 실6.64).

가) 단기매매증권

수익증권에 대하여 보고기간말 현재의 기준가격으로 평가하기에 앞서 분배할 금액을 미수수익으로 계상하고 수익증권의 장부금액에서 직접 차감한다(일반기준 6장 부록 실6.64).

나) 매도가능증권

수익증권에 대하여 보고기간말 현재의 기준가격으로 평가하기에 앞서 분배할 금액을 수익증권의 장부금액에서 직접 차감하여 미수수익으로 계상하며, 그 수익증권의 미실현보유이익(기타포괄손익누계액) 잔액은 그 미수수익 금액을 한도로 하여 당기손익으로 대체한다(일반기준 6장 부록 실6.64).

예를 들어 매도가능증권을 보유하고 있는데 분배될 금액이 ₩100이라 가정하자. 이 경우에는 전기이월 미실현보유손익의 크기에 따라 다음과 같이 상이한 회계처리를 하게 된다.

㉠ 전기이월 미실현보유이익(₩120)이 미수수익(₩100)보다 큰 경우

(차)	미 수 수 익	100	(대)	매 도 가 능 증 권	100
(차)	매도가능증권평가이익 (기타포괄손익누계액)	100	(대)	매도가능증권평가이익 (영 업 외 수 익)	100

㉡ 전기이월 미실현보유이익(₩80)이 미수수익(₩100)보다 작은 경우

(차)	미 수 수 익	100	(대)	매 도 가 능 증 권	80
			(대)	매도가능증권평가이익 (영 업 외 수 익)	20*
(차)	매도가능증권평가이익 (기타포괄손익누계액)	80	(대)	매도가능증권평가이익 (영 업 외 수 익)	80

* 드문 경우이지만 원본 반환임이 확인되는 경우에는 장부금액에서 차감함.

㉢ 전기이월 미실현보유손실(₩20)이 있는 경우

(차)	미 수 수 익	100	(대)	매도가능증권평가이익 (영 업 외 수 익)	80*
				매도가능증권평가손실 (기타포괄손익누계액)	20

* 드문 경우이지만 원본 반환임이 확인되는 경우에는 장부금액에서 차감함.

다. 사모단독펀드

투자자 1인으로 구성되는 사모단독펀드의 경우 형식은 수익증권에 투자한 것이지만, 그 실질은 일반적으로 투자자의 운용지시에 의해 운용되는 특정금전신탁이나 특정투자일임계약자산의 운용형태와 유사하다. 따라서 사모단독펀드를 구성하고 있는 자산에 대하여는 투자자가 사모단독펀드의 구성자산을 직접 보유하고 있는 것으로 보아 회계처리하여야 한다. 다만, 투자자가 사모단독펀드의 운용에 대하여 운용자에게 권한을 위임하고 운용지시를 하지 않는다는 내용이 약정에 포함되어 있는 등 경제적 실질이 투자자가 사모단독펀드의 구성자산을 직접 보유하고 있는 것과 명백하게 다른 경우에는 앞서 설명한 투자일임계약자산의 회계처리 중 비특정투자일임계약자산과 동일하게 회계처리한다(일반기준 6장 부록 실6.65, 2020-G-KQA 004, 2020. 6. 15.).

② 투자회사가 발행한 주식의 처리

가. 계정과목의 표시

유가증권시장 또는 코스닥시장에서 거래되는 투자회사의 주식을 단기적인 가격변동으로부터의 수익획득을 목적으로 취득한 경우에는 단기매매증권으로 그 이외의 경우에는 매도가능증권으로 처리한다(일반기준 6장 부록 실6.68).

나. 투자회사주식의 평가

투자회사의 주식은 공정가치로 평가하며, 시장가격이 없는 주식(기업구조조정 투자회사가 발행한 주식을 포함함)은 자본시장과 금융투자업에 관한 법률에 따라 자산을 공정가치로 평가하여 공시하는 기준가격을 기준으로 평가한다(일반기준 6장 부록 실6.69).

③ 자본시장과 금융투자업에 관한 법률에 의한 신탁상품

가. 수익증권을 발행하는 신탁상품

자본시장과 금융투자업에 관한 법률에 의한 신탁업자가 발행하는 수익증권 중 단기적 가격변동으로부터의 수익 획득을 목적으로 보유한 수익증권은 단기매매증권으로, 그 이외의 경우에는 매도가능증권으로 처리한다(일반기준 6장 부록 실6.70).

나. 특정금전신탁에 관한 회계처리

신탁자산인 금전의 운용대상 및 방법이 위탁자의 운용지시에 따르게 되어 있는 금전신탁이 있는데 이를 특정금전신탁이라 하며, 이 경우에는 기업이 신탁의 구성자산(예 : 주식, 국 · 공채, 회사채 등)을 직접 보유하고 있는 것으로 보아 회계처리한다. 이 경우 위탁자의 운용지시에 따르게 되어 있다는 것은 운용대상을 특정 기업의 사채, 주식 등으로 지시하는 경우뿐만 아니라 포괄적으로 대출금, 콜론, 국채, 회사채, 주식, 표지어음, 공사채형수익증권, 주식형수익증권 등으로 운용지시하는 경우도 포함한다(일반기준 6장 부록 실6.71).

8) 전환권 또는 신주인수권 행사시 교부받은 지분증권의 회계처리

전환권 행사시 교부받은 지분증권의 취득원가는 전환사채의 장부금액(전환권을 분리하여 인식한 경우에는 전환권가치 포함)으로 한다. 다만, 교부받은 지분증권이 시장성이 있는 경우에는 지분증권의 취득원가는 당해 지분증권의 공정가치로 하고 장부금액과의 차이는 전환손익으로 인식한다. 전환사채와 관련하여 기타포괄손익누계액에 포함된 미실현보유손익이 있는 경우에는 이를 실현된 것으로 보아 전환손익에 포함한다(일반기준 6장 부록 실6.52).

신주인수권 행사시 교부받은 지분증권의 취득원가는 신주인수권 행사로 납입하는 금액(분리형신주인수권부사채의 경우 신주인수권을 행사한 부분에 해당하는 신주인수권의 장부금액을 가산한 합계금액)으로 한다. 다만, 교부받은 지분증권이 시장성이 있는 경우에는 지분증권의 취득원가는 당해 지분증권의 공정가치로 하고 장부금액과의 차이는 전환손익으로 인식한다. 신주인수권과 관련하여 기타포괄손익누계액에 포함된 미실현보유손익이 있는 경우에는 이를 실현된 것으로 보아 전환손익에 포함한다(일반기준 6장 부록 실6.53).

한편, 전환권을 회계기간 중에 행사한 경우에는 실제 권리를 행사한 날을 기준으로 사채의 장부금액을 계산한다(일반기준 6장 부록 실6.54).

9) 공시사항

유가증권(단기매매증권, 매도가능증권 및 만기보유증권 모두 해당)과 관련하여는 다음의 사항을 주석으로 공시한다(일반기준 6장 문단 6.18, 6.35, 부록 6.A21, 6.A24).

① 공정가치로 평가하는 금융상품의 주요 종류별로 공정가치 측정방법과 공정가치를 결정할 때 사용한 주요 가정(예 : 할인율, 중도상환율) 등 재무제표이용자가 공정가치로 측정된 회계정보를 이해하는 데 유용한 정보

② 매도가능증권과 단기매매증권의 공정가치를 측정할 수 없는 경우에는 그 이유와 관련 유가증권의 내용 및 장부금액

③ 담보로 제공한 유가증권의 중요한 담보약정 내용

④ 지분증권과 국채 및 공채 등으로 세분한 종류별 금액

유가증권은 다음과 같이 분류하여 재무제표의 주석에 공시하며, 더 자세하게 분류할 수 있다(일반기준 6장 부록 6.A22).

㉠ 지분증권

㉡ 국채 및 공채

㉢ 외국정부가 발행한 채무증권

㉣ 기업이 발행한 채무증권

㉤ 자산담보부 채무증권

㉥ 기타 채무증권

⑤ 보고기간말 현재 계약상의 만기일에 관한 정보

만기가 있는 매도가능증권과 만기보유증권에 대하여는 보고기간말 현재 계약상의 만기일에 대한 정보를 각각 재무제표의 주석으로 공시하여야 한다. 만기일에 대한 정보는 적절한 방법에 의하여 구분할 수 있으나 최소한 다음의 네 가지로 분류하여 공정가치와 장부금액을 재무제표의 주석으로 공시한다(일반기준 6장 부록 6.A23).

㉠ 1년 내

㉡ 1년 초과 5년 내

㉢ 5년 초과 10년 내

㉣ 10년 초과

⑥ 유가증권의 원가결정방법(예 : 개별법, 총평균법, 이동평균법 또는 다른 합리적인 방법)

⑦ 미실현보유손익의 변동내용과 처분에 따른 실현손익의 내용

㉠ 매도가능증권의 미실현보유손익 변동내용과 처분에 따른 실현손익의 내용

㉡ 만기보유증권을 만기일 전에 매도 또는 재분류한 경우에는 매도하거나 재분류한 유가증권의 장부금액, 관련된 실현손익 또는 미실현보유손익, 그리고 매도 또는 재분류의 결정을 내리게 된 이유 등(일반기준 6장 부록 6.A25).

⑧ 유가증권과 관련한 총 이자수익 금액

⑨ 주요 유가증권의 분류별로 손상차손과 회복의 내용 및 손상차손을 인식한 채무증권에 대한 미수이자금액

⑩ 유가증권 양도와 관련한 재매수계약의 내용(그 중 재무상태표에서 제거한 유가증권은 구분 표시)

⑪ 유가증권을 재분류한 경우에는 그 내용. 그리고, 이러한 유가증권을 처분한 경우에는 장부금액과 처분손익

유가증권을 재분류함에 따라 공정가치가 아닌 상각후원가로 보고하게 되는 경우에는 그 재분류의 이유를 재무제표의 주석으로 공시하여야 한다. 일반기업회계기준 제6장 문단 6.34에 따라 단기매매증권에서 매도가능증권이나 만기보유증권으로 재분류한 경우에는 다음 사항을 주석으로 공시한다(일반기준 6장 부록 6.A26).

㉠ 재분류된 금액

㉡ 당해 회계연도와 과거 회계연도에 재분류된 모든 유가증권의 장부금액과 공정가치(해당 유가증권이 제거되기 전까지 매 회계연도마다 공시)

㉢ 드문 상황과 그러한 상황이 드물다는 것을 나타내는 사실과 정황

㉣ 재분류된 회계연도의 경우, 그 회계연도와 과거 회계연도에 당해 유가증권에 대한 당기손익에 인식된 공정가치 변동금액

㉤ 당해 유가증권이 재분류되지 않았더라면 당기손익에 인식되었을 공정가치 변동금액 그리고 당기손익에 인식된 이익, 손실, 수익 및 비용(해당 유가증권이 제거되기 전까지 매 회계연도마다 공시)

㉥ 유가증권의 재분류일 현재 유효이자율과 회수할 것으로 예상하는 추정현금흐름 금액

⑫ 단기매매증권을 단기투자자산 등의 과목으로 통합하여 표시하거나 매도가능증권과 만기보유증권을 투자자산으로 분류하여 장기투자증권 등의 과목으로 통합하여 표시하는 경우에는, 통합하여 표시한 금액을 단기매매증권, 매도가능증권 및 만기보유증권으로 구분한 내용

(3) 세무회계상 유의할 사항

1) 유가증권의 취득가액

법인세법상 유가증권의 취득가액은 다음의 금액으로 한다(법령 72조 1항, 2항).

① 타인으로부터 매입한 유가증권 : 매입가액에 취득세(농어촌특별세와 지방교육세를 포함), 등록면허세, 그 밖의 부대비용을 가산한 금액. 다만, 기업회계기준에 따라 단기매매항목으로 분류된 금융자산 및 파생상품은 매입가액으로 함.

② 내국법인이 외국자회사를 인수하여 취득한 주식 등으로서 그 주식 등의 취득에 따라 내국법인이 외국자회사로부터 받은 법인세법 제18조의 4 제1항에 따른 수입배당금액(이하 "수입배당금액")이 다음의 요건을 모두 갖춘 경우에 해당하는 주식 등 : 해당 주식 등의 매입가액에서 다음의 요건을 모두 갖춘 수입배당금액을 뺀 금액

㉠ 내국법인이 외국자회사의 의결권 있는 발행주식총수 또는 출자총액의 10%(조세특례제한법 제22조에 따른 해외자원개발사업을 하는 외국법인의 경우에는 5%) 이상을 최초로 보유하게 된 날의 직전일 기준 이익잉여금을 재원으로 한 수입배당금액일 것

㉡ 법인세법 제18조의 4 제1항에 따라 익금에 산입되지 않았을 것

③ 합병 · 분할 또는 현물출자에 따라 합병법인 등이 취득한 유가증권의 경우 다음의 구분에 따른 금액

㉠ 적격합병 또는 적격분할의 경우 : 피합병법인 등의 장부가액

㉡ 그 밖의 경우 : 해당 자산의 시가

④ 물적분할에 따라 분할법인이 취득하는 주식 등의 경우 : 물적분할한 순자산의 시가

⑤ 현물출자에 따라 출자법인이 취득한 주식 등의 경우 다음의 구분에 따른 금액

㉠ 출자법인(법인세법 제47조의 2 제1항 제3호에 따라 출자법인과 공동으로 출자한 자를 포함)이 현물출자로 인하여 피출자법인을 새로 설립하면서 그 대가로 주식 등만 취득하는 현물출자의 경우 : 현물출자한 순자산의 시가

㉡ 상기 ㉠ 외의 현물출자의 경우 : 해당 주식 등의 시가

⑥ 채무의 출자전환에 따라 취득한 주식 등 : 취득 당시의 시가. 다만, 법인세법 시행령 제15조 제1항 각 호의 요건을 갖춘 채무의 출자전환으로 취득한 주식 등은 출자전환된 채권(법인세법 제19조의 2 제2항 각 호의 어느 하나에 해당하는 채권은 제외)의 장부가액으로 함.

⑦ 합병 또는 분할(물적분할은 제외)에 따라 피합병법인의 주주 등이 취득한 주식 등 : 종전의 장부가액에 법인세법 제16조 제1항 제5호 또는 제6호의 금액 및 법인세법 시행령 제11조 제8호의 금액을 더한 금액에서 법인세법 제16조 제2항 제1호에 따른 합

병대가 또는 같은 항 제2호에 따른 분할대가 중 금전이나 그 밖의 재산가액의 합계액을 뺀 금액

⑧ 그 밖의 방법으로 취득한 유가증권 : 취득 당시의 시가

한편, 법인이 보유 중인 유가증권에 대하여 다음의 어느 하나에 해당하는 사유가 발생한 경우의 취득가액은 다음과 같다(법령 72조 5항).

① 자본준비금 감액배당

법인세법 제18조 제8호에 따른 자본준비금 감액배당을 받은 경우에는 그 금액을 차감(보유한 주식의 장부가액을 한도로 함)한 금액

② 동일법인의 완전자법인 간 무증자합병

법인세법 제44조 제3항 제2호에 따른 동일한 법인의 완전자법인 간 무증자합병으로서 합병법인으로부터 합병대가로 취득하는 주식 등이 없는 경우에는 해당 피합병법인 주식 등의 취득가액(주식 등이 아닌 합병대가가 있는 경우에는 그 합병대가의 금액을 차감한 금액으로 함)을 가산한 금액

③ 부당한 자본거래로 인하여 분여받은 이익

불공정 합병 또는 분할합병으로 인하여 특수관계인으로부터 분여받은 이익을 가산하는 금액. 다만, 시행령 제72조 제2항 제5호에 해당하여 이미 취득가액에 산입한 금액은 제외

2) 유가증권의 저가매입에 따른 차액

법인세법의 규정에 의한 특수관계인인 개인으로부터 유가증권을 시가보다 낮은 가액으로 매입하는 경우 당해 매입가액과 시가와의 차액을 익금에 산입한다(법법 15조 2항 1호).

3) 첨가취득한 국 · 공채

일반기업회계기준 제10장 문단 10.8에서는 유형자산의 취득과 관련하여 국 · 공채 등을 불가피하게 매입하는 경우 당해 채권의 매입금액과 일반기업회계기준에 따라 평가한 현재가치와의 차액은 당해 유형자산의 취득원가로 계상하도록 하고 있다.

마찬가지로 법인세법에서도 유형고정자산의 취득과 함께 국 · 공채를 매입하는 경우 일반기업회계기준에 따라 그 국 · 공채의 매입가액과 현재가치의 차액을 당해 유형자산의 취득가액으로 하도록 하고 있다(법령 72조 3항 3호). 따라서, 일반기업회계기준에 따라 적정하게 회계처리한 경우에는 유가증권의 취득원가와 관련하여 추가적인 세무조정사항이 발생하지 아니한다.

4) 의제배당

일반적으로 법인이 다른 법인에 투자하여 배당을 받는 경우에는 그 피투자법인의 잉여금처분결의일이 속하는 사업연도의 익금으로 과세된다. 그러나 이러한 이익배당절차나 잉여금의 분배절차에 의한 것은 아니지만 법인의 잉여금이 특정한 유형으로 주주에게 귀속됨으로써 이익배당과 동일한 경제적 효과를 가질 때에는 법인세법상 이를 사실상 이익을 배당받았거나 잉여금을 분배받은 금액으로 의제하여 각 사업연도의 소득금액에 산입하여 과세하는 것이 의제배당이다(법법 16조 1항).

① 의제배당의 종류

가. 주식의 소각, 자본의 감소, 사원의 퇴사 · 탈퇴, 해산 또는 출자의 감소의 경우

취득하는 금전과 그 밖의 재산가액의 합계액이 주주 등이 해당 주식 또는 출자지분을 취득하기 위하여 사용한 금액을 초과하는 금액

나. 합병의 경우

피합병법인의 주주등인 내국법인이 합병법인으로부터 그 합병으로 인하여 취득하는 합병대가*가 그 피합병법인의 주식 등을 취득하기 위하여 사용한 금액을 초과하는 금액

* 합병대가란 합병법인으로부터 합병으로 인하여 취득하는 합병법인(합병등기일 현재 합병법인의 발행주식총수 또는 출자총액을 소유하고 있는 내국법인을 포함함)의 주식 등의 가액과 금전 또는 그 밖의 재산가액의 합계액을 말함(법법 16조 2항 1호).

다. 분할의 경우

분할법인 또는 소멸한 분할합병의 상대방 법인의 주주인 내국법인이 분할신설법인 또는 분할합병의 상대방 법인으로부터 분할로 인하여 취득하는 분할대가*가 그 분할법인 또는 소멸한 분할합병의 상대방 법인의 주식(분할법인이 존속하는 경우에는 소각 등에 의하여 감소된 주식만 해당함)을 취득하기 위하여 사용한 금액을 초과하는 금액

* 분할대가란 분할신설법인 또는 분할합병의 상대방 법인으로부터 분할로 인하여 취득하는 분할신설법인 또는 분할합병의 상대방 법인(분할등기일 현재 분할합병의 상대방 법인의 발행주식총수 또는 출자총액을 소유하고 있는 내국법인을 포함함)의 주식의 가액과 금전 또는 그 밖의 재산가액의 합계액을 말함(법법 16조 2항 2호).

라. 잉여금의 자본전입

법인의 잉여금의 전부 또는 일부를 자본이나 출자의 금액에 전입함으로써 취득하는 주식 또는 출자의 가액을 말하며, 이를 무상주 수령에 의한 의제배당이라고 한다.

잉여금 자본전입에 의한 의제배당과세 여부를 요약하면 다음과 같다.

구분			법인세법
자 본 잉여금	주식발행액면초과액*1)		익금불산입
	주식의 포괄적 교환차익		익금불산입
	주식의 포괄적 이전차익		익금불산입
	합병차익*2)		익금불산입
	분할차익*2)		익금불산입
	감자차익	소각 당시 시가가 취득가액을 초과하거나 소각일로부터 2년 이내에 자본전입하는 자기주식소각익	익금산입
		기타 감자차익	익금불산입
	재평가적립금	재평가세율 1% 적용 토지	익금산입
		기타 재평가적립금	익금불산입
	기타의 자본잉여금		익금산입
이 익 잉여금	이익준비금 등 법정적립금		익금산입
	임의적립금 및 미처분이익잉여금		익금산입

*1) 채무의 출자전환으로 주식 등을 발행하는 경우에는 그 주식 등의 시가를 초과하여 발행된 금액 및 상법 제345조 제1항에 따른 주식의 상환에 관한 종류주식의 주식발행액면초과액 중 이익잉여금으로 상환된 금액을 제외한다.

*2) ㉠ 적격합병 · 적격분할에 따라 승계한 잉여금 중 2012. 2. 2. 이후 최초로 자본에 전입하는 경우로서 '2019. 2. 11. 이전에 자본에 전입한 경우' 및 '2019. 2. 12. 이전에 자본에 전입하고 2019. 2. 12. 당시 남은 잉여금을 자본에 전입하는 경우', 합병 · 분할차익 중 자산조정계정 상당액, 의제배당 과세대상 자본잉여금 승계분, 이익잉여금 승계분의 자본전입시에는 의제배당으로 본다.

㉡ 적격합병 · 적격분할에 따라 승계한 잉여금 중 2019. 2. 12. 이후 최초로 자본에 전입하는 경우, 합병차익 중 '승계가액 - 장부가액', 의제배당 자본잉여금 승계분, 이익잉여금 승계분을 자본전입시에는 의제배당으로 보고, 분할차익 중 '승계가액 - 장부가액', 감자차손의 자본전입시에는 의제배당으로 본다.

일반기업회계기준에서는 무상증자나 주식배당과 같은 잉여금의 자본전입에 대해서 수익으로 인식하지 않기 때문에 법인세법상 의제배당에 해당하는 경우에는 익금산입하는 세무조정을 하여야 한다.

마. 자기주식 불균등증자에 의한 의제배당

법인이 자기주식 또는 자기출자지분을 보유한 상태에서 의제배당에 해당하지 않는 자본잉여금을 자본전입함에 따라 그 법인 외의 주주 등의 지분비율이 증가한 경우 증가한 지분비율에 상당하는 주식 등의 가액

② 의제배당에 따른 재산가액의 평가

의제배당에 의한 익금산입액을 계산함에 있어서 수취한 재산은 다음과 같이 평가한다(법령 14조).

구 분		재 산 의 평 가
주 식	무상주의 경우	액면가액. 단, 투자회사 등이 취득하는 경우에는 영으로 함. ※ 무액면주식 : 자본금전입액 ÷ 자본금전입시 신규 발행한 주식수
	주식배당의 경우	발행금액. 단, 투자회사 등이 취득하는 경우에는 영으로 함.
	합병 · 분할시 받은 주식으로서 일정한 요건[법법 44조 2항 1호 · 2호(주식 등의 보유와 관련된 부분은 제외) 또는 법법 46조 2항 1호 · 2호(주식 등의 보유와 관련된 부분은 제외)]을 갖추거나 완전모자법인간 합병(법법 44조 3항)에 해당하는 경우	종전의 장부가액(합병 · 분할대가 중 일부를 금전이나 그 밖의 재산으로 받은 경우로서 합병 · 분할로 취득한 주식 등을 시가로 평가한 가액이 종전의 장부가액보다 작은 경우에는 시가). 단, 투자회사 등이 취득하는 주식 등의 경우에는 영으로 함.
	위 이외의 경우	시가. 단, 법인세법 시행령 제88조 제1항 제8호에 따른 특수관계인으로부터 분여받은 이익이 있는 경우에는 그 금액을 차감한 금액으로 함.
	일정한 요건(법령 14조 1항 1호의 2 각목)을 갖춘 완전 모자 관계인 외국법인간 역합병시 받은 주식의 경우	종전의 장부가액(합병대가 중 일부를 금전이나 그 밖의 재산으로 받는 경우로서 합병으로 취득한 주식 등을 시가로 평가한 가액이 종전의 장부가액보다 작은 경우에는 시가)
주식 이외의 자산		시 가

③ 의제배당의 귀속시기(법령 13조)

가. 주식의 소각, 자본의 감소, 사원의 퇴사 · 탈퇴 또는 출자의 감소의 경우

주주총회 · 사원총회에서 주식의 소각, 자본 또는 출자의 감소를 결정한 날 또는 사원이 퇴사 · 탈퇴한 날

나. 법인해산으로 인한 의제배당

해당 법인의 잔여재산가액이 확정된 날

다. 법인합병으로 인한 의제배당

해당 법인의 합병등기일

라. 법인분할로 인한 의제배당

해당 법인의 분할등기일

마. 잉여금의 자본전입으로 인한 의제배당

해당 주주총회 · 사원총회 또는 이사회에서 잉여금의 자본 또는 출자에의 전입을 결의한 날(이사회의 결의에 의한 경우에는 상법 제461조 제3항의 규정에 의하여 정한 날. 단, 주식의 소각, 자본 또는 출자의 감소를 결의한 날의 주주와 상법 제354조에 따른 기준일의 주주가 다른 경우에는 상법 제354조에 따른 기준일)

5) 유가증권의 평가

① 유가증권의 평가방법

일반기업회계기준에서는 유가증권의 평가에 대해서 원가법, 공정가치법 등을 채택하고 있다. 그러나 법인세법에서는 원가법[투자회사 등이 보유한 집합투자재산은 시가법(다만, 환매금지형집합투자기구가 보유한 시장성 없는 자산은 원가법 또는 시가법 중 해당 환매금지형집합투자기구가 신고한 방법), 보험회사가 보유한 특별계정에 속하는 자산은 원가법 또는 시가법 중 해당 보험회사가 신고한 방법]만을 인정하고 있기 때문에 일반기업회계기준상 계상한 유가증권관련 평가손익은 법인세법상 손금불산입 또는 익금불산입하는 세무조정을 하여야 한다(법령 75조). 또한 일반기업회계기준 제6장 부록 6.A7의 5에서는 유가증권의 원가산정시 개별법, 총평균법, 이동평균법 또는 다른 합리적인 방법을 사용할 수 있도록 하고 있으나, 법인세법에서는 개별법, 총평균법 및 이동평균법만을 인정하고 있으며 개별법은 채권에 한해서 적용을 허용하고 있다(법령 75조 1항). 유가증권의 평가와 관련된 자세한 세무조정 내용은 후술하는 '⑤ 유가증권의 평가와 관련된 세무조정'을 참조하기로 한다.

② 유가증권감액손실이 인정되는 경우

법인세법상으로는 주식등을 발행한 법인이 파산하였거나, 다음의 어느 하나에 해당하는 주식등으로서 해당 주식등의 발행법인이 부도가 발생한 경우 또는 채무자 회생 및 파산에 관한 법률에 따른 회생계획인가의 결정을 받았거나 기업구조조정 촉진법에 따른 부실징후기업이 된 경우에는 해당 주식등은 감액사유가 발생한 사업연도에 해당 사업연도 종료일 현재의 시가로 평가하여 장부가액을 감액할 수 있다(법법 42조 3항 3호 및 법령 78조 2항).

㉠ 주권상장법인이 발행한 주식등

㉡ 벤처투자회사 또는 신기술사업금융업자가 보유하는 창업자 또는 신기술사업자가 발행한 주식등

㉢ 비상장법인의 주식 중 특수관계가 없는 법인이 발행한 주식등. 이 경우 법인과 특수관계의 유무를 판단할 때 주식등의 발행법인의 발행주식총수 또는 출자총액의 5% 이하를 소유하고 그 취득가액이 10억원 이하인 주주등에 해당하는 법인은 소액주주등

으로 보아 특수관계인에 해당하는지를 판단한다(법령 78조 4항).

한편, 위와 같이 주식 등의 장부가액을 감액하는 사유에 해당한다 하더라도 주식 등의 발행법인별로 보유주식총액의 시가가 1천원 이하인 경우에는 1천원을 시가로 한다. 이 때 장부상 1천원을 남겨놓은 것은 비망계정으로 사후에 관리하기 위한 것이다(법령 78조 3항 3호).

③ 유가증권평가방법의 신고

법인은 각 사업연도의 소득금액계산에 있어서 적용할 유가증권의 평가방법을 다음의 기한 내에 납세지 관할 세무서장에게 신고하여야 한다(법령 75조 2항).

가. 신설법인과 새로 수익사업을 개시한 비영리내국법인

당해 법인의 설립일 또는 수익사업 개시일이 속하는 사업연도의 법인세 과세표준의 신고기한

나. 평가방법을 변경하고자 하는 경우

변경할 평가방법을 적용하고자 하는 사업연도의 종료일 이전 3월이 되는 날

한편, 법인이 유가증권의 평가방법을 상기의 기한이 경과된 후에 신고한 경우에는 그 신고일이 속하는 사업연도까지는 아래 ④의 내용을 준용하고, 그 후의 사업연도에 있어서는 법인이 신고한 평가방법에 의한다(법령 74조 5항).

④ 무신고, 평가방법외의 방법적용 또는 평가방법 임의변경에 해당하는 경우

가. 무신고의 경우

유가증권평가방법을 신고하지 않은 경우에는 총평균법에 의하여 평가한다.

나. 신고한 평가방법외의 방법으로 평가한 경우와 변경신고를 하지 않고 임의변경한 경우

당초 신고한 평가방법과 총평균법 중 큰 금액으로 평가한다.

⑤ 유가증권의 평가와 관련된 세무조정

가. 단기매매증권평가손익

일반기업회계기준 제6장 문단 6.31에 따르면 단기매매증권에 대하여 발생한 공정가치의 순변동분, 즉 미실현보유손익은 당기손익(단기매매증권평가손익)으로 처리하도록 하고 있다. 그러나 법인세법에서는 유가증권의 평가에 대하여 원가법만을 인정하고 있기 때문에 이에 대하여 다음과 같은 세무조정이 필요하다.

㉮ 단기매매증권평가이익

단기매매증권의 시가가 취득원가보다 상승할 경우 평가이익이 발생하게 되며, 따라서 회계상 (차) 단기매매증권 ××× (대) 단기매매증권평가이익 ×××으로 회계처리한 경우 세무상

이를 익금불산입(△유보)한 후 동 단기매매증권의 처분시 익금산입(유보)하여야 한다.

㈏ 단기매매증권평가손실

단기매매증권의 시가가 취득가액보다 하락한 경우 평가손실이 발생하게 되며, 따라서 기업회계상 평가손실이 발생하여 (차) 단기매매증권평가손실 ××× (대) 단기매매증권 ×××으로 회계처리한 경우 이를 손금불산입(유보)한 후 동 단기매매증권의 처분시 이를 손금산입(△유보)하여야 한다.

나. 매도가능증권평가손익

일반기업회계기준 제6장 문단 6.31에 따르면 매도가능증권에 대한 미실현보유손익은 기타포괄손익누계액(매도가능증권평가손익)으로 처리하고, 해당 유가증권에 대한 기타포괄손익누계액은 그 유가증권을 처분하거나 손상차손을 인식하는 시점에 일괄하여 당기손익에 반영하도록 하고 있다.

㈎ 매도가능증권평가이익

매도가능증권에 있어 평가이익이 발생한 경우에는 (차) 매도가능증권 ××× (대) 매도가능증권평가이익(기타포괄손익누계액) ×××으로 회계처리하기 때문에 해당 연도의 손익에는 영향이 없다. 따라서 이 경우에는 세무상 유가증권의 장부가액과 자본항목의 장부가액을 조정하기 위한 세무조정이 필요하다. 즉 유가증권의 과대계상분을 익금불산입(△유보)하고 자본항목의 과대계상분을 익금산입(기타)한 후, 이후 사업연도에 동 매도가능증권의 평가손실이 발생하여 이를 상계시 또는 매도가능증권 처분시 각각 동 금액을 반대로 손금불산입(유보), 손금산입(기타)하여야 한다.

㈏ 매도가능증권평가손실

매도가능증권의 평가손실이 발생하여 (차) 매도가능증권평가손실(기타포괄손익누계액) ××× (대) 매도가능증권 ×××으로 회계처리한 경우 이는 해당 연도의 손익에는 영향이 없으나 세무상 유가증권의 장부가액과 자본항목의 장부가액을 조정하기 위한 세무조정이 필요하다. 즉 유가증권의 과소계상분과 자본항목의 과소계상분을 동시에 손금불산입(유보), 손금산입(기타)한 후 해당 유가증권 처분시 각각의 금액을 반대로 익금불산입(△유보), 익금산입(기타)하여야 한다.

다. 지분법손익 등

일반기업회계기준 제8장에서는 피투자기업에 대하여 유의적인 영향력이 있는 지분상품은 지분법을 적용하여 평가한 가액을 재무상태표가액으로 하고, 이 때 발생하는 평가손익은 그 원천별로 구분하여 달리 회계처리하도록 하고 있으므로, 각각의 경우 다음과 같은 세무조정이 필요하다.

㉮ 지분법피투자기업의 당기순손익에 기인하여 발생한 경우

지분법적용투자주식의 증가액이 지분법피투자기업의 당기순이익에 기인하여 발생함에 따라 (차) 지분법적용투자주식 ××× (대) 지분법이익 ×××으로 회계처리한 경우에는 세무상 이를 익금불산입(△유보)한 후, 그 이후 사업연도에 동 지분법적용투자주식에 대하여 지분법손실이 발생함에 따라 지분법적용투자주식의 가액이 감소될 때 또는 동 지분법적용투자주식의 처분시에 익금산입(유보)한다.

지분법피투자기업의 당기순손실에 기인하여 지분법적용투자주식의 가액이 감소되는 경우에는 위와 반대의 세무조정이 필요하다.

㉯ 지분법피투자기업의 전기이월이익잉여금의 증가에 기인하여 발생한 경우

지분법적용투자주식의 증가액이 지분법피투자기업의 전기이월이익잉여금의 증가에 기인하여 발생한 경우로서 (차) 지분법적용투자주식 ××× (대) 지분법이익잉여금변동 ×××으로 회계처리하는 경우에는 해당 연도의 손익에 미치는 영향은 없다. 따라서 이 경우에는 세무상 지분법적용투자주식의 장부가액과 이익잉여금의 장부가액을 조정하기 위한 세무조정이 필요하다. 즉 지분법적용투자주식 과대계상분을 익금불산입(△유보)하고 이익잉여금 과대계상분을 익금산입(기타) 후, 그 이후 사업연도에 지분법손실(지분법피투자기업의 당기순손실에 기인)이 발생하여 상계시 또는 지분법적용투자주식 처분시 익금산입(유보) 처분한다.

지분법피투자기업의 전기이월이익잉여금의 감소에 기인하여 지분법적용투자주식의 가액이 감소되는 경우에는 위와 반대의 세무조정이 이루어져야 한다.

㉰ 지분법피투자기업의 자본잉여금, 자본조정 및 기타포괄손익누계액의 증가에 기인하여 발생한 경우

지분법적용투자주식의 증가액이 지분법피투자기업의 자본잉여금, 자본조정 및 기타포괄손익누계액의 증가에 기인하여 발생한 경우에는 (차) 지분법적용투자주식 ××× (대) 지분법자본변동(기타포괄손익누계액) ×××으로 회계처리하기 때문에 해당 연도의 손익에 미치는 영향은 없다. 따라서 이 경우에는 세무상 지분법적용투자주식의 장부가액과 기타포괄손익누계액의 장부가액을 조정하기 위한 세무조정이 필요하다. 즉 지분법적용투자주식 과대계상분을 익금불산입(△유보)하고 기타포괄손익누계액 과대계상분을 익금산입(기타) 후, 이후 사업연도에 부의지분법자본변동(지분법피투자회사의 자본잉여금, 자본조정 및 기타포괄손익누계액의 감소에 기인)이 발생하여 지분법자본변동과 상계시 또는 지분법적용투자주식의 처분시 반대로 손금불산입(유보), 손금산입(기타) 처분한다.

지분법피투자기업의 자본잉여금, 자본조정 및 기타포괄손익누계액의 감소에 기인하여 지분법적용투자주식의 가액이 감소되는 경우에는 위와 반대로 세무조정하면 된다.

라. 유가증권손상차손

일반기업회계기준 제6장 문단 6.32에서는 유가증권으로부터 회수할 수 있을 것으로 추정되는 금액(회수가능액)이 채무증권의 상각후원가 또는 지분증권의 취득원가보다 작은 경우에는 손상차손을 인식할 것을 고려하여야 하고, 손상차손의 발생에 대한 객관적인 증거가 있는 경우에는 손상차손이 불필요하다는 명백한 반증이 없는 한 회수가능액을 추정하여 손상차손을 인식하여야 하며, 해당 손상차손금액은 당기손익에 반영하도록 하고 있다. 그러나 법인세법에서는 유가증권의 평가에 있어서 시장위험에 따른 평가손실과 신용악화에 따른 손상차손을 구분하지 않고 원가법만을 인정하고 있으며, 다음과 같은 사유가 발생한 주식 등의 경우에 한하여 해당 투자주식의 가액을 손금에 산입할 수 있도록 하고 있다 (법법 42조 3항 3호).

i. 다음에 해당하는 주식등으로서 그 발행법인이 부도가 발생한 경우 또는 채무자 회생 및 파산에 관한 법률에 따른 회생계획인가의 결정을 받았거나 기업구조조정 촉진법에 따른 부실징후기업이 된 경우
   - 주권상장법인이 발행한 주식등
   - 벤처투자회사 또는 신기술사업금융업자가 보유하는 창업자 또는 신기술사업자가 발행한 주식등
   - 특수관계가 없는 비상장법인이 발행한 주식등

ii. 주식등을 발행한 법인이 파산한 경우

따라서 법인세법상 유가증권손상차손이 인정되지 않는 경우로서 회계상 (차) 매도가능증권(또는 만기보유증권)손상차손 ××× (대) 매도가능증권(또는 만기보유증권) ×××으로 회계처리한 경우에는 세무상 이를 손금불산입(유보)하여야 하며, 해당 사업연도 이후 동 유가증권의 공정가치가 회복된 경우 또는 동 유가증권의 처분시에 손금산입(△유보)하여야 한다.

6) 채권 등 중도매매시 보유기간이자에 대한 원천징수제도

내국법인이 소득세법 제46조 제1항에 따른 채권 등 또는 투자신탁의 수익증권(이하 "원천징수대상채권 등"이라 함)을 타인에게 매도(중개·알선을 포함하되, 환매조건부 채권매매 등 법인세법 시행령 제114조의 2 제1항에서 정하는 경우는 제외함)하는 경우 그 내국법인은 해당 원천징수대상채권 등의 보유기간에 따른 이자, 할인액 및 투자신탁이익(이하 "이자 등"이라 함)의 금액에 14% 세율을 적용하여 법인세(1천원 이상인 경우만 해당함)를 원천징수하여 그 징수일이 속하는 달의 다음 달 10일까지 납세지 관할 세무서 등에 납부하여야 한다. 다만, 금융회사 등(법인세법 시행령 제61조 제2항 각 호의 법인)에 원천징수대상채권 등을 매도하는 경우로서 당사자간의 약정이 있는 경우에는 그 약정에 따라 원천징

수한다(법법 73조의 2 1항, 3항 및 법령 113조 12항).

① 채권 등의 범위

소득세법 제46조 제1항에 따른 '채권 등'이란 국가 · 지방자치단체, 내국법인, 외국법인 및 외국법인의 국내지점 또는 국내영업소에서 발행한 채권 · 증권 및 국내 또는 국외에서 받는 일정한(소령 23조) 파생결합사채와 타인에게 양도가 가능한 증권으로서 소득세법 시행령 제102조 제1항에서 정하는 것을 말한다. 다만, 다음의 것은 제외한다(법법 73조의 2 2항, 법령 113조 4항, 9항 및 소법 46조 1항, 소령 102조 1항).

㉠ 법인세가 부과되지 아니하거나 면제되는 소득 등으로서 법인세법 시행령 제113조 제4항에서 정하는 소득

㉡ 법인세법 시행령 제113조 제9항 본문에서 정하는 이자 등

② 보유기간 이자상당액의 계산

가. 이자상당액의 계산

채권 등의 보유기간 이자상당액은 해당 채권 등의 매수일부터 매도일까지의 보유기간에 대하여 이자계산기간에 약정된 이자계산방식에 따른 이자율에 발행시의 할인율을 가산하고 할증률을 차감한 이자율을 적용하여 계산한다.

보유기간 이자상당액 = 액면가액 × 적용이자율(약정금리 ± 할인율 또는 할증률) × 보유기간 ÷ 이자계산기간

나. 보유기간의 계산

채권 등의 보유기간이라 함은 채권 등의 매수일부터 매도일까지의 기간을 일수로 계산한 기간을 말하며, 보유기간은 다음과 같이 계산한다(법령 113조 2항 1호).

㉠ 채권 등의 이자소득금액을 지급받기 전에 매도하는 경우

해당 채권 등을 취득한 날 또는 직전 이자소득금액의 계산기간종료일의 다음날부터 매도하는 날(매도하기 위하여 알선 · 중개 또는 위탁하는 경우에는 실제로 매도하는 날)까지의 기간. 다만, 취득한 날 또는 직전 이자소득금액의 계산기간종료일부터 매도하는 날 전일까지로 기간을 계산하는 약정이 있는 경우에는 그 기간으로 한다.

㉡ 채권 등의 이자소득금액을 지급받는 경우

해당 채권 등을 취득한 날 또는 직전 이자소득금액의 계산기간종료일의 다음날부터 이자소득금액의 계산기간종료일까지의 기간. 다만, 취득한 날 또는 직전 이자소득금액의 계산기간종료일부터 매도하는 날 전일까지로 기간을 계산하는 약정이 있는 경

우에는 그 기간으로 한다.

다. 동일종목 매도시 기간계산

동일종목채권(발행사, 발행일, 발행이율, 만기일이 같은 채권)이라도 많은 사람들이 거래하기에 편리하도록 권종별로 소액으로 분할되어 발행되는 것이 보통이다.

채권이 시장에 유통되면 동일종목의 채권을 서로 다른 날짜에 취득하여 매도하는 경우가 발생하는데, 이 때 언제 취득한 채권을 이번에 매도하였는지를 알아야 할 필요가 있다. 그래야만 채권의 보유기간 이자계산이 가능하기 때문이다. 이 같은 점을 감안하여 세법에서는 다음의 방법 중 한 가지를 택하여 계속 적용하도록 하고 있다. 다만 평균법의 경우 보유기간의 계산은 소수점 이하 두 자리까지만 할 수 있다(법령 113조 7항 및 법칙 59조 3항).

(가) 개 별 법 : 각 채권별로 취득한 것과 매도한 것을 직접 대응시켜 기간계산

(나) 선입선출법 : 먼저 취득한 채권을 먼저 매도한 것으로 보아 기간계산

(다) 후입선출법 : 가장 최근에 취득한 채권을 먼저 매도한 것으로 보아 기간계산

(라) 평 균 법 : 법인세법 시행규칙 제59조 제3항에 따른 방법으로 기간계산

각 방법에 따라 보유기간 이자상당액이 달라져 원천징수세액도 차이가 있으나 만기상환시점에 원천징수세액의 합계는 같아지게 된다.

사례 다음과 같이 채권이 여러 단계를 거쳐 만기상환(이자지급)되었다고 가정할 때, 각 단계별 원천징수 여부 및 원천징수의무자는 다음과 같다.

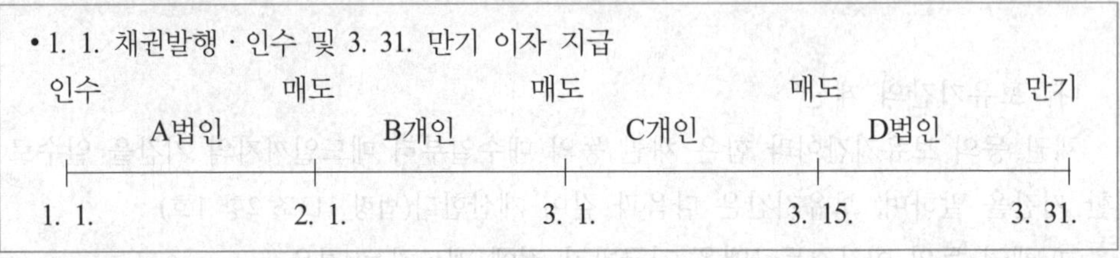

- 2. 1. A법인이 자기보유기간(1. 1.~1. 31.) 이자에 대해 원천징수
- 3. 1. 개인 B · C간의 거래로서 원천징수의무 없음.
- 3. 15. D법인이 개인 B · C의 보유기간 이자에 대해 원천징수
- 3. 31. 이자지급자(채권발행자)가 D법인의 보유기간(3. 15.~3. 31.) 이자에 대해 원천징수

4. 단기대여금

단기대여금의 금액이나 성격이 중요한 경우에는 재무상태표에 별도 항목으로 구분하여 표시하지만, 중요하지 아니한 경우에는 단기금융상품, 단기매매증권, 단기대여금, 유동자산

으로 분류되는 매도가능증권과 만기보유증권 등을 '단기투자자산'으로 통합하여 표시하고 그 세부 내용을 주석으로 기재한다(일반기준 2장 문단 2.9, 부록 실2.26).

(1) 개념 및 범위

1) 개 념

대여금이란 금전소비대차계약에 의하여 상대방에게 대여한 금전에 대한 채권을 표시하는 계정과목이다.

대여금은 회수기한에 따라 단기대여금과 장기대여금으로 구분하고 있는데, 회수기한이 1년 이내에 도래하는 경우에는 단기대여금(당좌자산)으로 하며 그 외의 대여금은 장기대여금(투자자산)으로 한다. 여기에서 주의할 사항은 '회수기간이 1년 이내'라고 할 때의 기준일이 계약일(자금대여가 일어난 시점)이 아니라 결산일(보고기간종료일)이라는 것이다. 따라서 실무상으로 다음과 같은 점에 유의하여 단기 · 장기대여금을 구분하여야 한다(일반기준 2장 문단 2.20).

- 계약기간이 1년을 초과하더라도 보고기간종료일 기준으로 만기가 1년 이내에 도래하는 것은 단기대여금으로 계정재분류하여야 한다.
- 분할상환의 약정이 있는 장기대여금의 경우, 보고기간종료일 기준으로 회수기간이 1년 내에 도래하는 부분은 단기대여금으로 분류한다.
- 당초에 장기대여금으로 분류된 대여금이라도 기간이 경과하여 해당 연도 보고기간종료일 기준으로 만기가 1년 이내에 도래하게 된 것은 단기대여금으로 계정대체한다.

2) 거래의 유형

금융업 이외의 기업이 자금의 대여를 하게 되는 것은 기업이 풍부한 여유자금을 보유하고 있지 못하다 할지라도 거래처, 하청업자, 주주, 임원, 종업원 및 관계기업에 단기로 자금을 융통해 줌으로써 그들과의 관계를 유지시켜 나가기 위해서이다. 하지만 횡령 등 불법행위를 한 임직원에 대한 채권은 대여금과 구분하여 임직원불법행위미수금 등의 계정과목을 이용하여 구분 표시하고 회수가능성 등을 주석으로 공시하는 것이 타당하다(실무의견서 2004-8, 2004. 11. 30.).

한편 회계상으로는 이와 같은 대여행위에 대해 계정처리를 올바르게 하고 적절한 주석공시만 하면 크게 문제될 것이 없으나, 세무상으로는 가지급금으로 간주되어 부당행위계산의 부인에 따른 인정이자계산의 문제가 발생할 수 있으므로 적절한 이자를 수취하는 것이 매우 중요하다.

어음을 수취하고 자금을 대여하는 경우 그 거래가 중요하다면 그 어음상의 채권은 주석으로 표시하는 것을 고려하여야 한다.

(2) 기업회계상 회계처리

1) 단기대여금의 발생

단기대여금의 발생액은 단기대여금계정의 차변에 기록한다.

① 일반적인 경우

단기대여금이 발생하는 가장 일반적인 경우는 현금을 대여하는 경우이다.

사례 (주)삼일은 을회사에 일시적 자금운용을 위해 현금 ₩10,000,000을 대여하였다.

(차) 단 기 대 여 금 10,000,000 (대) 현금 및 현금성자산 10,000,000

기업의 입장에서 자금을 대여할 경우 금전소비대차계약서를 교환하거나 어음을 받아두고 만일의 경우에 대비하게 된다. 한편 기중에 어음을 수취하고 대여해 준 금액에 대해 단기대여금 대신 다음과 같이 어음대여금계정을 사용할 수 있다.

(차) 어 음 대 여 금 ××× (대) 현금 및 현금성자산 ×××

이 경우 결산시점에서는 어음대여금의 잔액을 단기대여금 잔액에 합산하여 재무상태표에 표시하여야 한다.

또한 기업이 대여금액의 채권을 확보하기 위하여 부동산, 유가증권 등을 담보로 수취하는 경우가 있는데 이 경우에는 회계처리는 필요 없고 담보로 보관하고 있는 물건의 내용을 비망기록으로 유지하고 결산시점에서 그 내용을 주석으로 공시하면 된다.

② 장기대여금의 계정대체

사례 당초 장기대여금으로 분류된 을회사에 대한 대여금 ₩20,000,000의 상환일이 20×8. 5. 1.이므로 20×7. 12. 31. 시점에서 계정대체하였다.

(차) 단 기 대 여 금 20,000,000 (대) 장 기 대 여 금 20,000,000

③ 매출채권의 금전소비대차로의 전환

사례 (주)삼일은 을회사에 대한 매출채권 ₩15,000,000을 20×7. 10. 1.자로 금전소비대차로 전환하기로 약정하였다.

(차) 단 기 대 여 금 15,000,000 (대) 매 출 채 권 15,000,000

2) 단기대여금의 소멸

단기대여금의 회수는 금전으로 이루어지는 경우가 대부분이다. 그러나 금전 이외에 다른 재화에 의해서 회수가 이루어지는 대물변제가 발생하는 경우도 있다. 이 경우에는 재화에 대한 대물변제 시점에서의 재화의 가치를 평가하여 표시한다. 또한 동 대여금을 매각하는 경우도 있다.

단기대여금의 소멸액은 단기대여금계정의 대변에 기록한다.

① 일반적인 경우

사례 (주)삼일은 (주)총서에게 대여해 준 ₩10,000,000을 만기가 도래하여 회수하고 대여에 따른 기간이자 ₩100,000을 수취하였다.

(차) 현금 및 현금성자산	10,100,000	(대) 단 기 대 여 금	10,000,000
		이 자 수 익	100,000

② 채무와의 상호계산에 의한 상계

사례 (주)삼일은 (주)총서에 대한 단기대여금 ₩10,000,000을 매입채무와 상호계산에 의해 상계하기로 약정하였다.

(차) 매 입 채 무	10,000,000	(대) 단 기 대 여 금	10,000,000

③ 대물변제

사례 (주)삼일은 (주)총서로부터 단기대여금 ₩100,000,000에 대해 동 금액 상당액의 토지를 받았다.

(차) 토 지	100,000,000	(대) 단 기 대 여 금	100,000,000

④ 매각하는 경우

대출채권이 매각되는 경우에는 장부에서 제거되어야 하며 재무제표에서 구분하여 공시할 필요가 없다.

사례 (주)삼일은 (주)총서에게 을회사에 대한 단기대여금 ₩100,000,000을 현금 ₩90,000,000에 매각하였다.

(차) 현금 및 현금성자산	90,000,000	(대) 단 기 대 여 금	100,000,000
단기대여금처분손실 (영업외비용)	10,000,000		

다만, 금융감독원의 '대출채권 매각 가이드라인'에 따라 대출채권 양수인의 재매각을 일정기간동안 제한한 경우에는 양도된 대출채권의 실질적인 통제권이 양수인에게 이전되었는지를 판단하여 대출채권 제거 여부를 결정하여야 하며, 이 경우 금융자산의 처분 제한으로 인해 양도자가 경미한 효익도 얻을 수 없거나, 양도된 자산에 대해 지속적으로 관여하

지 않는 등 통제권이 이전되었다면 양도로 볼 수 있다(금감원 2018-001, 2018. 8. 3.).

한편, 회사가 전기에 매각했던 대출채권이 매각계약이 취소되어 당기 중 대금반환요청이 있는 경우 대출채권의 반환과 관련하여 지불하는 금액(당초 매각대금으로 수령한 금액과 이에 대한 이자 포함)은 반환받는 대출채권의 취득원가로 회계처리하여야 한다(GKQA 03-054, 2003. 3. 17.).

3) 기타의 단기대여금

보고기간종료일 기준으로 회수기한이 1년 내에 도래하는 대여금을 단기대여금이라 하였는데 관리회계 목적으로 단기대여금을 대여상대방에 따라 별도의 계정으로 처리할 수가 있다. 이 중 대표적인 것이 주주 · 임원 · 종업원 단기대여금과 관계기업 단기대여금이다.

(3) 세무상 유의할 사항

1) 부당행위계산 부인규정에 의한 인정이자계산

출자자 등 특수관계인에게 무상 또는 낮은 이율로 금전을 대여한 경우로서, 적정한 이자율로 계산한 금액과 실제 수입이자와의 차액이 3억원 이상이거나 동 차액이 적정한 이자율로 계산한 금액의 5% 이상인 경우에는 적정한 이자율로 계산한 금액과 실제 수입이자의 차액을 익금으로 보아 과세한다(법령 88조 3항).

① 부당행위계산 대상의 판정기준

부당한 행위 즉, 조세의 부담을 부당히 감소시킨 것으로 인정되는 행위에 대하여는 법인세법 시행령에서 발생가능한 거래양태에 대하여 추상적인 표현으로 예시하고 있는데, 이러한 예시에 비추어 부당하다고 인정되면 적용대상이다. 그러나 부당행위계산 대상은 거래의 불가피성 · 무차별성 · 입증가능성을 고려하여 판정해야 한다.

(가) 거래의 불가피성

거래가 이루어진 상황이 거래당사자의 순수 자유의사가 보장되는 능동적이고 임의적인 경우라기보다는 수동적이고 강제적인 경우가 있다. 예를 들어 정부의 산업합리화 조치에 따라 산업합리화 지정법인간의 거래에 있어서 합리화기준에 명시된 가액대로의 거래, 정부의 물가안정을 위한 지시에 따른 저가판매가격 및 부채정리를 위해 정부방침에 따라 관계회사간에 무상담보제공행위 등과 같이 법에 의거하여 혹은 정부지시대로 거래를 수행하였을 경우, 거래가액이 통상의 거래와 견주어 부당한 가액으로 인정되는 부당행위라 할지라도 이를 부인할 수는 없다.

(나) 거래의 무차별성

법인의 업무형편상 특수관계 있는 자뿐 아니라 거래관계에 있는 모든 자에게 동일한 조건으로 거래하였다면, 이의 거래가액이 시가와 비교하여 낮거나 이로 인해 조세가 경감되었다 하더라도 부당행위가격이라 할 수 없다.

즉 특수관계인 등에 일반 시가와 비교하여 낮은 가격으로 거래를 수행하였다 하더라도, 공개경쟁입찰방법에 의해 결정되었거나 거래관계에 있는 모든 자에게 동일하게 제시된 거래조건을 충족시킨 자에게 특별가격을 적용하거나, 특별할인을 하여 주는 요건충족거래 등과 같이 특수관계 없는 자에게도 동등한 기회가 부여된 경우 등은 부당행위라 볼 수 없을 것이고, 동등 기회 하에서도 결국 특수관계인만 요건충족하여 혜택을 보았어도 정상적인 상거래 결과이면 부당하지 않다.

(다) 객관적 입증가능성

국세기본법에서 국세부과의 원칙의 하나로 규정하는 근거과세의 원칙은 과세권자의 조사·결정에 있어 근거에 입각하여야 한다는 의미로, 근거란 명백하고 합리적이면서 객관적으로 수긍이 가는 증거를 말하는데, 부당행위계산 부인에 있어서도 과세권자는 시가 등을 적용함에 있어 객관적인 증거를 기반으로 판단하여야 하며 이를 입증하지 못하면 관련 거래를 부인할 수 없다.

즉 거래당사자의 실제 거래를 부인하려면 추정이나 예상 혹은 개연적인 가능성 등 막연한 자료가 아니라, 거래당사자 및 제3자가 납득할 수 있는 근거자료를 제시하여야 하는데, 가격설정시 논리적으로 맞는 계산과정 등에 따랐다 하더라도 실제 증거 등으로 보강되지 않으면 적용하기 어렵다.

② 특수관계인의 범위

법인세법상 특수관계인의 범위는 다음과 같다.

법인세법 제2조【정의】(2018. 12. 24. 조번개정)

이 법에서 사용하는 용어의 뜻은 다음과 같다. (2010. 12. 30. 개정)

12. "특수관계인"이란 법인과 경제적 연관관계 또는 경영지배관계 등 대통령령으로 정하는 관계에 있는 자를 말한다. 이 경우 본인도 그 특수관계인의 특수관계인으로 본다. (2018. 12. 24. 신설)

법인세법 시행령 제2조【정의】(2019. 2. 12. 조번개정)

⑧ 법 제2조 제12호에서 "경제적 연관관계 또는 경영지배관계 등 대통령령으로 정하는 관계에 있는 자"란 다음 각 호의 어느 하나에 해당하는 관계에 있는 자를 말한다. (2023. 2. 28. 항번개정)

1. 임원(제40조 제1항에 따른 임원을 말한다. 이하 이 항, 제10조, 제19조, 제38조 및

제39조에서 같다)의 임면권의 행사, 사업방침의 결정 등 해당 법인의 경영에 대해 사실상 영향력을 행사하고 있다고 인정되는 자(「상법」 제401조의 2 제1항에 따라 이사로 보는 자를 포함한다)와 그 친족(「국세기본법 시행령」 제1조의 2 제1항에 따른 자를 말한다. 이하 같다) (2019. 2. 12. 신설)

2. 제50조 제2항에 따른 소액주주등이 아닌 주주 또는 출자자(이하 "비소액주주등"이라 한다)와 그 친족 (2019. 2. 12. 신설)
3. 다음 각 목의 어느 하나에 해당하는 자 및 이들과 생계를 함께하는 친족 (2019. 2. 12. 신설)
   가. 법인의 임원 · 직원 또는 비소액주주등의 직원(비소액주주등이 영리법인인 경우에는 그 임원을, 비영리법인인 경우에는 그 이사 및 설립자를 말한다) (2019. 2. 12. 신설)
   나. 법인 또는 비소액주주등의 금전이나 그 밖의 자산에 의해 생계를 유지하는 자 (2019. 2. 12. 신설)
4. 해당 법인이 직접 또는 그와 제1호부터 제3호까지의 관계에 있는 자를 통해 어느 법인의 경영에 대해 「국세기본법 시행령」 제1조의 2 제4항에 따른 지배적인 영향력을 행사하고 있는 경우 그 법인 (2019. 2. 12. 신설)
5. 해당 법인이 직접 또는 그와 제1호부터 제4호까지의 관계에 있는 자를 통해 어느 법인의 경영에 대해 「국세기본법 시행령」 제1조의 2 제4항에 따른 지배적인 영향력을 행사하고 있는 경우 그 법인 (2019. 2. 12. 신설)
6. 해당 법인에 100분의 30 이상을 출자하고 있는 법인에 100분의 30 이상을 출자하고 있는 법인이나 개인 (2019. 2. 12. 신설)
7. 해당 법인이 「독점규제 및 공정거래에 관한 법률」에 따른 기업집단에 속하는 법인인 경우에는 그 기업집단에 소속된 다른 계열회사 및 그 계열회사의 임원 (2019. 2. 12. 신설)

법인세법 시행령 제50조【업무와 관련이 없는 지출】 ② 제1항 제1호 및 제2호에서 "소액주주등"이란 발행주식총수 또는 출자총액의 100분의 1에 미달하는 주식등을 소유한 주주등(해당 법인의 국가, 지방자치단체가 아닌 지배주주등의 특수관계인인 자는 제외하며, 이하 "소액주주등"이라 한다)을 말한다. (2019. 2. 12. 개정)

국세기본법 시행령 제1조의 2【특수관계인의 범위】 ① 법 제2조 제20호 가목에서 "혈족 · 인척 등 대통령령으로 정하는 친족관계"란 다음 각 호의 어느 하나에 해당하는 관계(이하 "친족관계"라 한다)를 말한다. (2012. 2. 2. 신설)

1. 4촌 이내의 혈족 (2023. 2. 28. 개정)
2. 3촌 이내의 인척 (2023. 2. 28. 개정)
3. 배우자(사실상의 혼인관계에 있는 자를 포함한다) (2012. 2. 2. 신설)
4. 친생자로서 다른 사람에게 친양자 입양된 자 및 그 배우자 · 직계비속 (2012. 2. 2. 신설)
5. 본인이 「민법」에 따라 인지한 혼인 외 출생자의 생부나 생모(본인의 금전이나 그 밖의 재산으로 생계를 유지하는 사람 또는 생계를 함께하는 사람으로 한정한다)

(2023. 2. 28. 신설)

④ 제3항 제1호 각 목, 같은 항 제2호 가목부터 다목까지의 규정을 적용할 때 다음 각 호의 구분에 따른 요건에 해당하는 경우 해당 법인의 경영에 대하여 지배적인 영향력을 행사하고 있는 것으로 본다. (2012. 2. 2. 신설)

1. 영리법인인 경우 (2012. 2. 2. 신설)
   가. 법인의 발행주식총수 또는 출자총액의 100분의 30 이상을 출자한 경우 (2012. 2. 2. 신설)
   나. 임원의 임면권의 행사, 사업방침의 결정 등 법인의 경영에 대하여 사실상 영향력을 행사하고 있다고 인정되는 경우 (2012. 2. 2. 신설)
2. 비영리법인인 경우 (2012. 2. 2. 신설)
   가. 법인의 이사의 과반수를 차지하는 경우 (2012. 2. 2. 신설)
   나. 법인의 출연재산(설립을 위한 출연재산만 해당한다)의 100분의 30 이상을 출연하고 그 중 1인이 설립자인 경우 (2012. 2. 2. 신설)

③ 대상이 되는 대여금

인정이자계산대상이 되는 가지급금은 첫째, 대여상대방이 특수관계인이어야 하며, 둘째, 이자율이 가중평균차입이자율*보다 저율 또는 무상이어야 하며, 다음으로, 대여목적물이 금전일 것의 요건을 모두 충족하여야 한다.

* 다만, 가중평균차입이자율의 적용이 불가능한 경우에는 해당 대여금에 한정하여 당좌대출이자율을 시가로 하며, 법인세 신고와 함께 당좌대출이자율을 시가로 선택한 경우에는 선택한 사업연도와 이후 2개 사업연도는 당좌대출이자율을 시가로 함. 또한, 대여기간이 5년을 초과하는 대여금이 있는 경우 등 법인세법 시행규칙이 정하는 경우에는 해당 대여금에 한정하여 당좌대출이자율을 시가로 함(법령 89조 3항 및 법칙 43조 4항).

④ 대상에서 제외되는 대여금

다음과 같은 대여금은 인정이자 계산대상에서 제외된다(법칙 44조).

㉠ 미지급소득(배당소득, 상여금)에 대한 소득세 대납액

㉡ 내국법인이 국외 투자법인에 종사하거나 종사할 자에게 여비·급료 기타 비용을 가지급한 금액

㉢ 우리사주조합 또는 그 조합원에게 해당 우리사주조합이 설립된 회사의 주식취득에 소요되는 자금을 가지급한 금액

㉣ 국민연금법에 의해 근로자가 지급받은 것으로 보는 퇴직금전환금

㉤ 사외로 유출된 금액의 귀속이 불분명하여 대표자에게 상여처분한 금액에 대한 소득세를 법인이 납부하고 이를 가지급금으로 계상한 금액

㉥ 직원에 대한 월정급여액의 범위에서의 일시적인 급료의 가불금

㉦ 직원에 대한 경조사비의 대여액

㉧ 직원(직원의 자녀 포함)에 대한 학자금의 대여액

㉧ 한국자산관리공사가 출자총액의 전액을 출자하여 설립한 법인에게 대여한 금액

㉨ 중소기업 근무 직원에 대한 주택구입 또는 전세자금의 대여액

⑤ 동일인에 대한 가지급금 적수와 가수금 적수의 상계

동일인에 대하여 가지급금과 가수금이 함께 있는 경우에는 이를 상계한다. 그러나 다음에 해당하는 경우에는 이를 서로 상계하지 아니한다(법령 53조 3항 및 법칙 28조 2항).

㉠ 가지급금 등 및 가수금의 발생시에 상환기간, 이자율 등에 대한 약정이 있어 이를 서로 상계할 수 없는 경우

㉡ 가지급금 등과 가수금이 사실상 동일인의 것이라고 볼 수 없는 경우

2) 지급이자손금불산입

법인이 취득 또는 보유하고 있는 자산 중에서 법인의 업무와 관련이 없다고 인정되는 비업무용자산이나 업무무관가지급금에 대하여는 이에 상당하는 차입금의 지급이자를 법인의 손금으로 인정하지 아니한다. 이렇게 비업무용자산의 취득 및 보유를 규제하는 것은 부동산투기 및 비생산적 활동을 규제하자는 데 목적이 있는 것이다. 여기에서는 업무무관가지급금에 대해서 살펴보고 다른 비업무용자산에 대한 지급이자 손금불산입규정에 대해서는 '단기차입금편'에서 살펴보기로 한다.

① 업무무관가지급금의 범위

지급이자 부인대상이 되는 업무무관가지급금은 특수관계인에게 업무와 관련 없이 지급한 가지급금으로서 그 명칭여하에 불구하고 당해 법인의 업무와 직접적인 관련이 없는 자금의 대여액(금융회사 등의 경우에는 주된 수익사업으로 볼 수 없는 자금의 대여액을 포함함)을 말한다(법령 53조 1항). 한편 앞에서 살펴본 것처럼 인정이자계산의 대상이 되는 가지급금은 특수관계인에게 무상 또는 저율로 대여한 금액을 말한다.

양자는 그 지출상대방에 있어서는 동일하며 실제 그 범위에 있어서도 상당히 중복될 수 있으나 구체적으로 다음과 같은 차이가 있다.

첫째, 업무무관가지급금은 그 판정기준으로 업무와의 관련성이 제시되며 인정이자대상가지급금은 부당성 여부가 판정기준이다. 따라서 업무와 관련이 있는 가지급금이라 하더라도 무상 또는 저율대부에 따라 부당성이 인정되면 인정이자를 계상하여야 하며 반대로 업무무관가지급금이라 하더라도 부당성이 인정되지 않으면 인정이자를 계상할 수 없다.

둘째, 인정이자대상가지급금은 적정한 이자를 수수한 경우에는 그 대상에서 제외되나 업무무관가지급금은 적정한 이자수수 여부에 불구한다. 이에 따라 업무무관가지급금이라 하더라도 가중평균차입이자율* 이상의 적정한 이자를 수수하는 경우에는 인정이자를 계상할

수 없으나 지급이자 부인규정은 계속 적용된다.

* 다만, 가중평균차입이자율의 적용이 불가능한 경우에는 해당 대여금에 한정하여 당좌대출이자율을 시가로 하며, 법인세 신고와 함께 당좌대출이자율을 시가로 선택한 경우에는 선택한 사업연도와 이후 2개 사업연도는 당좌대출이자율을 시가로 함. 또한, 대여기간이 5년을 초과하는 대여금이 있는 경우 등 법인세법 시행규칙이 정하는 경우에는 해당 대여금에 한정하여 당좌대출이자율을 시가로 함(법령 89조 3항 및 법칙 43조 4항).

② 업무무관가지급금에서 제외되는 금액

앞에서 살펴본 인정이자계산대상에서 제외되는 대여금의 범위와 동일하다.

③ 지급이자 손금불산입액의 계산

업무무관가지급금과 관련한 지급이자 손금불산입액은 다음과 같은 산식에 의해 계산한다(법령 53조 2항).

$$\text{지급이자 손금불산입액} = \text{지급이자} \times \frac{\text{업무무관가지급금의 적수}}{\text{총차입금 적수}}$$

이 때, 대상이 되는 지급이자와 총차입금은 채권자불분명 사채이자, 지급받은 자가 불분명한 채권 · 증권이자 및 건설자금이자에서 이미 부인된 지급이자와 그에 상당하는 차입금을 제외한 금액으로 계산한다(법령 55조). 이에 대한 자세한 내용은 '단기차입금편'을 참고하도록 한다.

④ 동일인에 대한 가지급금 적수와 가수금 적수의 상계

동일인에 대하여 가지급금과 가수금이 함께 있는 경우에는 이를 상계한다. 그러나 다음에 해당하는 경우에는 이를 서로 상계하지 아니한다(법령 53조 3항 및 법칙 28조 2항).

㉠ 가지급금 등 및 가수금의 발생시에 상환기간, 이자율 등에 대한 약정이 있어 이를 서로 상계할 수 없는 경우

㉡ 가지급금 등과 가수금이 사실상 동일인의 것이라고 볼 수 없는 경우

3) 기타의 손금불산입

특수관계인에게 지급한 업무무관가지급금은 대손충당금 설정대상채권에서 제외되고, 대손금으로 손금산입이 인정되지 아니하며, 해당 채권의 처분손실 또한 손금으로 인정되지 아니한다. 여기서의 특수관계인에게 지급한 업무무관가지급금이란 전술한 지급이자 손금불산입의 대상이 되는 업무무관가지급금의 범위와 동일하다.

5. 매출채권

매출채권이라 함은 일반적 상거래에서 발생한 외상매출금과 받을어음을 말하는 것으로서, 보고기간종료일로부터 1년(영업주기가 1년을 초과하는 경우에는 영업주기) 이내에 회수되는 것으로 한다. 따라서, 보고기간종료일로부터 1년(또는 영업주기)을 초과하여 회수되는 것은 장기매출채권(기타비유동자산)으로 분류하여야 한다.

이하에서는 매출채권을 외상매출금과 받을어음으로 구분하여 설명하기로 한다.

(1) 외상매출금

1) 개념 및 범위

외상매출금은 일반적 상거래에서 발생한 것이라는 점에서 다른 수취채권과 구별된다고 할 수 있는데, 이를 구체적으로 살펴보면 다음과 같다.

① 외상매출금은 일반적 상거래에서 발생한 채권이다.

기업이 재화나 용역을 외상으로 판매·제공하고 그 대가로 미래에 현금을 수취할 권리를 획득하는 경우 또는 자금을 대여하고 장래에 일정한 현금을 수취할 권리를 갖게 되는 경우 등에 발생하는 채권을 수취채권이라 통칭한다.

이러한 수취채권은 미래에 일정한 금액을 받을 수 있는 청구권을 나타낸다고 할 수 있는데, 크게 일반적인 상거래를 통하여 발생한 채권(매출채권)과 일반적인 상거래 이외의 거래에서 발생한 채권으로 구분된다.

여기서 일반적인 상거래라 함은 모든 기업에 획일적으로 적용되는 것이 아니라 해당 기업 본래의 사업목적을 위한 영업활동, 즉 기업의 주된 영업활동에서 발생하는 거래라는 것을 의미한다.

예를 들어 가구를 제조하여 판매하는 것을 사업목적으로 하는 갑이라는 회사가 어떤 대리점에 자기가 제조한 가구를 판매하였다면, 이 거래는 갑회사의 일반적인 상거래라고 할 수 있다. 그러나 갑회사가 가구제조에 쓰이던 기계가 노후되어 이를 어떤 기계상에게 팔았다면 이는 갑회사의 일반적인 상거래 이외의 거래라 할 수 있다.

반면에 기계의 제조·판매를 사업목적으로 하는 을이라는 회사가 기계를 판매하는 것은 을회사의 일반적인 상거래라고 할 수 있다.

따라서 외상매출금을 여타 다른 채권과목과 구별하기 위해서는 그 채권이 과연 그 기업의 본래의 사업목적인 영업활동에서 발생한 것인가를 판단하는 것이 중요하다.

② 외상매출금은 어음상의 채권이 아닌 매출채권이다.

위에서 살펴본 바와 같이 수취채권은 일반적 상거래에서 발생하는 매출채권과 기타의 수취채권으로 구분된다. 매출채권에는 외상매출금과 받을어음이 있으며, 기타의 수취채권에는 미수금, 대여금, 선급금 등이 포함된다.

받을어음의 경우는 상법상의 어음에 채권액이 구체적으로 기재되는 점에서 외상매출금과 구분된다. 외상매출금은 당해 채권을 입증하는 구체적인 증서가 존재하거나 담보가 제공되지 않는다. 다만, 규모가 상대적으로 영세한 매출처(예를 들면 제조기업과 대리점과의 관계)에 대해서는 거래개시 시점에서 향후 평균적으로 존재하게 될 매출채권의 범위액 정도의 보증금을 받거나 저당권을 설정하기도 한다. 구체적인 채권의 존재는 일반적으로 거래과정에서 발생하는 내부 · 외부증빙(출고전표, 세금계산서, 인수증 등)으로 입증이 가능하다.

이상에서 살펴본 바와 같이 외상매출금은 일반적 상거래에서 발생한 매출채권 중에서 어음상의 채권이 아닌 것이라고 구체적으로 정의할 수 있겠다.

2) 기업회계상 회계처리

외상매출금에 대한 계정처리는 외상매출금이 발생되는 시점(매출시점)과 그것이 소멸되는 시점(대금의 회수, 대손상각, 기타 채권과의 상계 등)의 회계처리로 크게 구분될 수 있다.

① 외상매출금의 발생

외상매출금의 발생액은 외상매출금계정의 차변에 기입한다.

부가가치세법상 면세인 재화나 용역을 공급하는 경우에는 판매대금 전액을 외상매출금과 매출로 회계처리하면 된다.

사례 1 (주)삼일은 ₩10,000,000 상당의 아동용 도서를 을회사에 공급하였다.

(차) 외 상 매 출 금	10,000,000	(대) 매 출	10,000,000

사례 2 (주)삼일은 사무용가구 ₩6,600,000(부가가치세 ₩600,000 포함)을 공급하였다.

(차) 외 상 매 출 금	6,600,000	(대) 매 출	6,000,000
		부가가치세예수금	600,000

일반적으로 외상매출금과 관련해서는 보조부인 매출처원장을 사용하게 된다. 이것은 거래처가 많을 경우 총계정원장만으로는 거래처별 외상매출금의 관리가 곤란하거나 불가능해지기 때문이다. 보조부인 매출처원장을 사용하는 경우 총계정원장은 거래처별 외상매출금에 대한 통제계정의 역할을 수행하게 된다.

따라서 매출처원장을 사용하는 경우 거래건별로 매출처원장에 거래처별로 발생·상환 등을 차·대변에 기입하고 총계정원장의 외상매출금계정에는 일별 합계금액을 기입하는 것이 보통이다.

② 외상매출금의 상환과 소멸

외상매출금이 상환·소멸되는 경우 그 금액은 외상매출금계정의 대변에 기입한다.

이하에서는 외상매출금이 상환·소멸되는 여러 가지 형태에 따른 회계처리를 설명한다.

가. 현금에 의한 대금회수

사례 (주)삼일은 을회사에 대한 외상매출금 ₩10,000,000을 현금으로 회수하였다.

(차) 현금및현금성자산	10,000,000	(대) 외 상 매 출 금	10,000,000

나. 약속어음에 의한 대금회수

사례 (주)삼일은 을회사에 대한 외상매출금 ₩10,000,000을 을회사 발행 약속어음으로 회수하였다.

(차) 받 을 어 음	10,000,000	(대) 외 상 매 출 금	10,000,000

다. 신용카드매출 대금의 회수

신용카드를 통한 매출이 증가하고 있는데, 신용카드를 통해 매출이 발생한 경우 동 금액은 외상매출금계정에 기입한다. 그 후 정해진 기일에 따라 카드회사에 청구하여 회수하는 금액은 외상매출금의 회수로 계정처리한다. 다만, 카드회사로부터 대금이 입금될 때 사전에 약정된 수수료가 차감되므로 동 수수료 금액 부분은 지급수수료계정으로 처리하여야 한다.

사례 (주)삼일은 신용카드매출대금 중 A신용카드회사분 ₩10,000,000을 회수하였다. 회수금액 중 A신용카드회사에 대한 수수료 ₩400,000을 차감한 ₩9,600,000이 (주)삼일의 대금회수용 보통예금 통장에 입금되었다.

(차) 현금및현금성자산	9,600,000	(대) 외 상 매 출 금	10,000,000
지 급 수 수 료	400,000		

라. 선수금에 의한 대금회수

판매기업의 자금조달 목적 혹은 계약의 이행을 보증하는 목적 등으로 판매기업이 구입처로부터 선수금을 수취하는 경우가 있는데, 계약이 이행되면 잔금을 수령하게 된다.

사례 (주)삼일은 을회사로부터 수취한 선수금 ₩4,000,000이 있다. (주)삼일은 당초 계약의 목적물인 ₩10,000,000의 상품을 인도하였다.

(차) 선 수 금	4,000,000	(대) 매 출	10,000,000
외 상 매 출 금	6,000,000		

일부기업들의 계정처리를 보면 간혹 선수금계정을 사용하지 않고 거래처로부터 현금·예금이 입금되면 무조건 외상매출금 대변에 기표처리하는 경우가 있다. 이러한 회계처리는 연중에는 큰 문제가 없을 수 있으나 결산시점에서 만일 특정 거래처에 대한 외상매출금의 잔액이 대변에 나타나고 있다면, 이는 선수금을 의미하는 것이므로 동 금액을 외상매출금 대변에서 선수금으로 대체하는 회계처리가 필요하다.

〈선수시점〉	(차) 현금및현금성자산	×××	(대) 외 상 매 출 금	×××
〈결산시점〉	(차) 외 상 매 출 금	×××	(대) 선 수 금	×××

또한 월차결산이나 분기·반기별 결산시에도 위와 같은 조정이 필요하다.

마. 상호계산에 의한 대금회수

상법 제72조에 의하면 상인간 또는 비상인간에 있어서 상시 거래관계가 있는 경우에 일정기간의 거래로 인한 채권·채무의 총액에 대하여 상계하고 그 잔액을 지급할 것을 약정하는 계약을 체결할 수 있는데 이를 상호계산이라고 한다.

따라서 외상매출금을 포함한 채권·채무는 상호계산에 의하여 상환·변제될 수 있다.

사례 (주)삼일은 20×7. 12. 31. 현재 을회사에 대하여 외상매출금 ₩10,000,000과 미지급금 ₩7,000,000이 각각 존재하고 있는데 양회사는 상호계산에 의하여 ₩7,000,000은 상계처리하고 잔액을 을회사가 현금으로 지급하기로 하였다. 동 일자로 잔액이 현금으로 입금되었다.

(차) 미 지 급 금	7,000,000	(대) 외 상 매 출 금	10,000,000
현금 및 현금성자산	3,000,000		

③ 외상매출금의 담보제공과 양도

기업이 보유하고 있는 외상매출금·받을어음 등의 매출채권은 미래 기업에 유입될 현금흐름의 예상액을 나타낸다.

그러나 기업이 현금을 즉시 필요로 하는 경우에는 매출채권을 이용하여 제3자로부터 현금을 취득함으로써 현금유입을 촉진하게 된다. 이와 같이 자금조달활동의 일환으로 매출채권을 사용하는 방법에는 여러 가지가 있는데, 어떤 방법이 사용되든지 이러한 방법들을 사용하는 기업은 고객으로부터 받게 될 현금흐름예상액의 가치를 담보로 하거나 포기함으로써 제3자로부터 즉각적인 현금흐름을 창출하고자 하는 것이다.

자금조달 목적으로 매출채권을 이용하는 방법은 다음과 같다.

- 외상매출금의 담보제공(pledging, general assignment)

• 외상매출금의 양도(factoring)
• 받을어음의 할인(discounting)

상기의 세 가지 방법 중 받을어음의 할인은 받을어음계정에서 설명하기로 하고 여기서는 나머지 두 가지에 대하여 살펴보기로 한다.

가. 외상매출금의 담보제공(pledging, general assignment)

기업은 자금수요를 충족하기 위해서 자사가 보유하고 있는 매출채권을 담보로 금융기관으로부터 대출을 받을 수 있다. 이 때 기업은 추후에 조달된 현금으로 부채를 상환하게 되며, 거래처, 즉 외상매입처는 이러한 담보제공의 사실을 모르는 것이 일반적이다.

따라서 거래처는 통상적인 방법대로 기업에 대금을 지불하게 된다. 이와 같이 담보로 제공된 매출채권에 대해서는 별도의 분개를 할 필요가 없으나, 담보를 제공하고 얻은 차입금에 대하여는 새로운 부채인 차입금을 계상하여야 한다. 그러나 기업이 기일 내에 차입금을 금융기관에 상환하지 않으면, 금융기관은 담보로 제공된 외상매출금을 처분할 수 있는 법적 권리를 갖게 되므로 차입금을 상환하기 전에 기업이 재무제표를 공시하는 경우에는 담보로 제공한 외상매출금이 차입금에 대하여 담보로 제공되었음을 주석으로 공시하여야 한다.

사례 (주) 삼일은 을회사에 대한 외상매출금 ₩10,000,000을 담보로 하여 병은행으로부터 동 금액을 차입하였다.

(차) 현금및현금성자산	10,000,000	(대) 단 기 차 입 금	10,000,000

결산시점에 상기와 같은 거래로 발생한 차입금이 아직 상환되지 아니한 경우 외상매출금 ₩10,000,000이 상기 단기차입금과 관련하여 담보로 제공되어 있음을 주석공시한다.

나. 외상매출금의 양도(factoring)

외상매출금의 양도(factoring)는 기업이 즉각적인 현금수요를 충족시키거나 또는 회수에 따르는 위험을 타인에게 전가시키기 위하여 자신이 보유하는 외상매출금을 타인(금융기관)에게 양도하는 방법이다.

외상매출금을 양도하는 경우에는 이전된 외상매출금은 장부에서 제거되어야 하며 재무제표에서 구분하여 공시할 필요가 없다. 실질적 채무자인 외상매입자는 이러한 이전계약의 내용을 통고받게 되며, 금융기관에게 직접 대금을 지불해야 한다.

(가) 외상매출금의 양도시점

(차) 현금및현금성자산	×××	(대) 외 상 매 출 금	×××
채권매수인미수금	×××		
매출채권처분손실	×××		

위의 회계처리에서 채권매수인미수금(due from factor)은 외상매출금을 양도할 때 동 채권에 대해 미래에 발생가능한 조정사항(매출할인, 매출환입 또는 매출에누리 등)을 처리하는 데 사용될 수 있도록 실수령액 중의 일부를 채권매수인에게 남겨두는 계정이다. 외상매출금을 양도한 후에는 매출할인이나 매출에누리 · 매출환입 등이 고객과 채권매수인(금융기관) 사이에서 이루어지게 되는데, 실제로 매출할인이나 매출에누리 등이 이루어지면 양도기업의 채권매수인미수금계정은 동액만큼 감소되어야 한다.

(나) 매출할인 · 매출환입 · 매출에누리 등의 조정사항이 발생한 시점

(차) 매 출 할 인	×××	(대) 채권매수인미수금	×××
매 출 에 누 리	×××		
매 출 환 입	×××		

(다) 조정사항이 발생하지 않는 경우

(차) 현금및현금성자산	×××	(대) 채권매수인미수금	×××

다. 일반기업회계기준상의 규정

(가) 양도에 대한 판단기준

매출채권, 대여금 등 금융자산(일반기업회계기준 제6장 제2절 '유가증권'의 적용대상 금융자산은 제외)의 양도(자산 일부의 양도를 포함함)의 경우에, 다음 요건을 모두 충족하는 경우에는 양도자가 금융자산에 대한 통제권을 이전한 것으로 보아 매각거래로, 이외의 경우에는 금융자산을 담보로 한 차입거래로 본다(일반기준 6장 문단 6.5).

㉠ 양도인은 금융자산 양도후 해당 양도자산에 대한 권리를 행사할 수 없어야 한다. 즉, 양도인이 파산 또는 법정관리 등에 들어갈 지라도 양도인 및 양도인의 채권자는 양도한 금융자산에 대한 권리를 행사할 수 없어야 한다.

㉡ 양수인은 양수한 금융자산을 처분(양도 및 담보제공 등)할 자유로운 권리를 갖고 있어야 한다.

㉢ 양도인은 금융자산 양도후에 효율적인 통제권을 행사할 수 없어야 한다.

이 때 주의할 점은 금융상품에 내재된 위험(예 : 신용위험 등)에 따라 양도인이 부담할 수 있는 위험(예 : 환매위험)은 양도거래에 수반된 것이고 일종의 '하자담보책임'으로 채무의 변제에 관하여 보증을 한 것과 다르지 않다는 것이다. 따라서 이와 같은 담보책임은 매각거래 여부에 영향을 미치지 아니하며, 이를 공정가치로 평가할 수 있는 경우에는 부채로 계상해야 한다(일반기준 6장 부록 6.A1의 2).

한편 금융자산에 대한 통제권을 양도인과 양수인 중 누가 보유하는지 여부는 양도인 및 양수인의 권리 및 의무를 모두 포괄하여 판단하여야 한다. 만약 금융자산 이전거래가 상기

㉠~㉢의 요건을 충족하여 매각거래에 해당한다면 양도인은 더 이상 금융자산에서 발생하는 미래 경제적 효익을 보유한 것으로 볼 수 없으므로 이를 재무제표에 계상해서는 아니된다(일반기준 6장 부록 6.A1의 3).

상기 ㉢에서 '효율적인 통제권을 행사한다'라 함은 다음과 같이 자산양도 후 양도인이 계속하여 자산에서 발생하는 경제적 효익을 보유하는 경우를 말한다(일반기준 6장 부록 6.A1의 4).

㉠ 확정가격으로 양도한 금융자산을 만기전에 재매입하는 약정을 체결한 경우

㉡ 유통시장이 없어 동일한 금융자산을 시장에서 매입하기 어려운 경우에 양도한 금융자산에 대해 재매입하는 약정을 체결한 경우

㉢ 양도한 금융자산에 대한 유통시장이 있음에도 불구하고 공정가치가 아닌 확정가격으로 재매입하는 약정을 체결한 경우

(나) 회계처리

금융자산의 이전거래가 매각거래에 해당하면 처분손익을 인식하여야 하며, 매각거래와 관련하여 신규로 취득(부담)하는 자산(부채)가 있는 경우에는 공정가치로 평가하여 장부에 계상하고 처분손익계산에 반영하여야 한다. 만약 신규로 취득(부담)하는 자산(부채)의 공정가치를 알 수 없는 경우에는 다음과 같이 평가한다(일반기준 6장 문단 6.6).

㉠ 자산을 취득하는 경우에는 '0'으로 보아 처분손익을 계상한다.

㉡ 부채를 부담하는 경우에는 처분에 따른 이익을 인식하지 않는 범위내에서 평가하여 계상한다.

매각거래와 관련하여 취득하거나 부담하는 자산 및 부채의 예로는 금융자산 양도후 사후관리 업무를 양도인이 계속하여 보유하면서 이에 따른 위탁수수료를 받는 경우, 자산양도후 양도자산에 대해 부실이 발생하면 이를 환매하기로 약정한 경우의 환매채무 등을 들 수 있다(일반기준 6장 문단 6.7).

차입거래의 경우 금융자산의 이전이 담보거래에 해당하는 경우에는 해당 금융자산을 담보제공자산으로 별도 표시하여야 한다(일반기준 6장 문단 6.8).

(다) 주석공시

금융자산을 양도하거나 금융자산을 담보로 차입한 경우에는 양도(또는 담보제공)내역, 양도(또는 담보제공)조건 등 그 내역을 주석으로 기재하여야 한다(일반기준 6장 문단 6.18의 2).

④ 외상매출금의 수정항목

외상매출거래에서 발생하는 매출채권의 금액은 개념상으로 해당 거래 발생시에 양자간에 합의된 교환가격과 같다. 그러나 실제로 회수가능한 금액은 향후 발생할 수 있는 매출할인 · 매출환입 · 에누리 등을 차감한 금액이 된다. 따라서 매출채권을 현금회수예상액으

로 기록하기 위해서는 매출채권금액을 수정하여야 한다.

이하에서는 일반기업회계기준에 입각한 회계처리를 검토해 보기로 한다.

가. 매매할인(trade discount)과 수량할인(quantity discount)

매매할인은 특정부류의 고객에 대하여 상품의 표시가격에서 일정률을 할인하여 주는 것을 말한다. 또 수량할인은 구매물품의 수량이 일정 수준을 초과하는 경우에 구매자에게 가격을 할인하여 주는 것을 말한다. 매매할인과 같이 수량할인도 상품의 표시가격을 합의된 교환가격으로 적절히 수정함으로써 가격차별의 수단으로 사용된다. 이 경우 매출액은 매매할인과 수량할인이 이미 반영된 가격으로 기록되므로 이러한 할인에 대한 별도의 회계처리는 필요없다.

나. 매출환입(sales returns)

외상매출한 재고자산에 대하여 반품이 발생한 경우 다음과 같이 회계처리하면 된다.

(차) 매 출 환 입	×××	(대) 외 상 매 출 금	×××
(차) 재 고 자 산	×××	(대) 매 출 원 가	×××

위에서 매출환입은 매출액에서 차감하여 순액으로 손익계산서에 표시하여야 하나, 그 금액이 중요한 경우에는 총매출액에서 차감하는 형식으로 표시하거나 주석으로 기재한다(일반기준 2장 문단 2.46).

다. 매출에누리(sales allowances)

매출에누리(sales allowances)란 고객이 제품을 구입한 이후에 파손이나 결함이 발견될 경우, 고객에게 가격을 할인하여 주는 것을 말한다.

매출에누리에 대한 회계처리는 다음과 같다.

(차) 매 출 에 누 리	×××	(대) 외 상 매 출 금	×××

일반적으로 매출에누리는 매출액에서 차감하여 순액으로 손익계산서에 표시하여야 하나, 그 금액이 중요한 경우에는 총매출액에서 차감하는 형식으로 표시하거나 주석으로 기재한다(일반기준 2장 문단 2.46).

라. 매출할인(현금할인, sales discounts, cash discounts)

매출할인은 외상매출금을 신속하게 회수하기 위하여 고객에게 일정 기간 내에 대금을 지불하면 일정 금액을 외상매출대금에서 할인해 주는 것을 말한다.

예를 들어 어느 기업이 "2/10, n/30"이란 조건으로 외상판매를 하고 있는 경우 이러한 조건 하에서는, 외상으로 구매한 고객이 구입일로부터 10일 이내에 대금을 지불하는 경우에는 총판매가격의 2%를 할인받게 되지만 10일 이후에 지불하는 경우에는 총판매가격 전액을 지불하여야 하며, 아무리 늦어도 구입일로부터 30일까지는 전액을 지불하여야 한다.

이러한 매출할인에 대한 회계처리방법은 총액법과 순액법이 있다.

(가) 총액법

총액법은 매출시점에서 매출채권과 매출액을 총판매가격으로 계상하고 매출할인은 실제 발생했을 때 기록하는 방법으로서 판매가격에 포함되어 있는 이자수익을 판매시점에 매출액에 포함하여 인식하였으므로 고객이 할인기간 내에 대금을 지불함으로써 이자수익을 획득하지 못하였을 경우에는 매출할인으로 하여 매출수익에서 차감하는 방법이다.

(나) 순액법

순액법은 매출할인을 본질적인 할인이 아니고 대금의 신속한 지불을 유도하기 위하여 제품가격에 가산된 일종의 벌과금과 같은 성격으로 보아 매출시점에서 총판매가격에서 현금할인을 차감한 순액으로 매출채권과 매출액을 계상하고 할인기간이 경과된 현금할인은 매출채권과 이자수익으로 인식하는 방법이다.

(다) 일반기업회계기준상의 규정

일반기업회계기준에서는 매출할인을 매출액에서 차감하도록 하여 총액법을 채택하고 있다.

사례 (주)삼일은 을회사에게 "2/10, n/30"의 조건으로 ₩10,000,000을 20×7. 5. 1.에 외상매출하였다. 을회사는 20×7. 5. 8.에 대금을 지불하였다.

(차) 현금및현금성자산	9,800,000	(대) 외 상 매 출 금	10,000,000
매 출 할 인	200,000		

이 경우 매출할인은 매출액에서 차감하여 순액으로 손익계산서에 표시하여야 하나, 그 금액이 중요한 경우에는 총매출액에서 차감하는 형식으로 표시하거나 주석으로 기재한다 (일반기준 2장 문단 2.46).

(2) 받을어음

1) 개념 및 범위

일반적인 상거래에서 매매 즉시 대금을 결제하지 않고 일정 시점까지 그 결제를 연기하는 경우가 있다. 실무적으로는 증권을 통해서 대금의 결제는 일단 끝내고, 증권대금의 결제를 장래로 미루는 방법을 취하는 것이 일반적인데 이 경우에 사용되는 것이 어음이다.

① 받을어음은 일반적 상거래에서 발생한 채권이다.

받을어음은 일반적 상거래에서 발생한 채권(매출채권)이라는 점에서는 외상매출금과 성격이 같다.

어음상의 채권에는 받을어음 이외에도 어음미수금 및 어음대여금이 있는데 어음미수금은 투자자산 또는 유형자산의 처분 등 일반적 상거래 이외에서 발생한 미수채권 중 어음상의 채권을 말하며, 어음대여금은 현금을 대여하고 획득한 어음상의 채권을 말한다. 다만, 일반기업회계기준상으로는 어음미수금이나 어음대여금이라는 별도의 계정과목을 사용하지 않고 각각 미수금과 단기(혹은 장기)대여금이라는 계정을 쓰고 있다.

어음미수금 및 어음대여금은 상법상의 어음이라는 측면에서 볼 때에는 회계처리상으로 협의의 받을어음과 본질적인 차이는 없다.

② 받을어음은 어음상의 채권이다.

받을어음은 같은 매출채권이지만 어음상의 채권이라는 점에서 외상매출금과 구분된다. 상법상으로 어음은 일정한 금액의 금전지급청구권을 표창하는 금전채권적 유가증권으로서 단순히 지급의 수단으로 사용되는 수표에 비하여 주로 신용의 수단으로 사용되는 특징이 있다.

따라서 구매자와 판매자 사이의 묵계에 의하여 발생하는 외상매출금과는 달리, 받을어음은 발행인이 계약조건에 따라 수취인에게 일정 금액을 지급하기로 약속한 문서화된 계약이라고 할 수 있다.

또한 상법상으로 어음은 약속어음과 환어음으로 구분되지만 회계처리상으로 양자를 구분하는 실익은 없다.

그리고 간혹 은행에서 교부한 용지를 사용하는 어음(은행도어음)과 문구점에서 구입하여 사용하는 어음(자가어음)과의 차이에 대해 의문을 갖는 경우가 있으나 상법(어음법)상의 필요적 기재사항이 기재되어 있는 한 어음의 효력에는 차이가 없고 회계상으로도 양자를 구분할 필요는 없다.

2) 기업회계상 회계처리

여기서는 기업회계상 나타날 수 있는 받을어음에 대한 회계처리문제를 받을어음의 발생, 상환 및 소멸, 할인, 부도, 기타의 받을어음 등으로 나누어 살펴보기로 한다.

① 받을어음의 발생

받을어음의 발생액은 받을어음계정의 차변에 기입한다. 이하에서는 구체적인 사례별로 회계처리를 설명한다.

가. 통상적인 매출의 발생

사례 (주)삼일은 ₩10,000,000 상당의 아동용 도서를 을회사에 공급하고 어음을 수취하였다.

(차) 받 을 어 음 10,000,000 (대) 매 출 10,000,000

나. 외상매출금의 어음회수

사례 (주)삼일은 을회사에 대한 외상매출금 ₩15,000,000을 어음으로 회수하였다.

(차) 받 을 어 음 15,000,000 (대) 외 상 매 출 금 15,000,000

다. 선일자수표의 취득

사례 (주)삼일은 을회사에 ₩20,000,000의 물품을 공급하고 을회사로부터 동 금액의 선일자수표를 받았다.

(차) 받 을 어 음 20,000,000 (대) 매 출 20,000,000

통상적인 상거래에 있어서 재화나 용역을 공급하는 기업이 거래처에 물품대금으로 어음 대신에 선일자수표(발행일자를 실제의 발행일보다 장래의 후일로 기재한 수표)를 요구하는 경우가 있다.

이러한 선일자수표는 당사자간에는 수표상에 기재된 발행일자 전에는 지급을 청구하지 않기로 합의하고 발행되는 것이므로, 경제적 실질의 측면에서는 받을어음과 동일한 효과를 기대할 수 있다. 따라서 선일자수표를 받는 경우에는 회계처리상으로는 받을어음으로 계정처리하는 것이 일반적이다.

여기서 공급자 입장에서 구태여 어음 대신 선일자수표를 요구하는 것은 만일 부도가 발생되는 경우 어음의 경우에는 어음발행자에게 민사소송에 의한 대금청구를 할 수 있을 뿐이지만 수표의 경우에는 민사소송뿐만이 아니라 부정수표단속법에 의한 형사소송도 가능하므로 수표가 어음의 경우보다 발행자에 대한 구속력이 강하기 때문이다.

또 선일자수표의 경우에도 기재된 발행일이 도래하기 전에 지급을 받기 위하여 제시한 경우에는 그 제시된 날에 이를 지급하여야 하므로(수표법 28조 2항) 발행자 입장에서는 주의를 요한다.

라. 어음의 개서

어음의 개서라는 것은 기존 어음의 지급을 연기할 목적으로 만기일 등을 변경하여 기록한 새로운 어음을 발행하는 것을 말한다. 이 때에 기존 어음은 회수되고 새로운 어음이 발행되지만 지급금액은 변경되지 않는다. 따라서 받을어음계정의 금액변동은 발생하지 않으므로 상기의 분개를 생략할 수도 있겠으나 지급기일이 연장된 것을 나타내기 위해서는 회계처리를 하는 것이 좋다.

사례 (주)삼일은 을회사에 대한 받을어음 ₩10,000,000(20×7. 9. 1. 만기)이 있다. 을회사는 지급일을 20×7. 12. 1.로 연기하기 위해 기존 어음을 회수하고 새로운 어음을 발행할 것을 요청하였는 바, (주)삼일은 이를 수락하여 기존 어음을 반환하고 새로운 어음을 수취하였다.

(차) 받 을 어 음	10,000,000	(대) 받 을 어 음	10,000,000

마. 받을어음 관련장부의 비치

받을어음의 경우도 외상매출금과 마찬가지로 거래처와 거래빈도가 많을 경우에는 거래처별 받을어음을 기록하는 보조부가 필요하다.

또한 받을어음의 경우에는 지급일이 구체적으로 기재되어 있으므로 지급일자별 보조부를 유지하는 것이 필요하다.

받을어음에 대한 지급일자별 보조부를 유지하게 되면 회사의 자금관리에 필요한 자료를 쉽게 얻을 수 있으므로 관리 목적상 매우 중요하다.

② 받을어음의 상환, 소멸

받을어음이 상환, 소멸되는 경우 그 금액은 받을어음계정의 대변에 기입한다. 이하에서는 구체적인 사례별로 회계처리를 알아본다.

가. 어음대금의 만기입금

사례 을회사에 대한 받을어음 ₩10,000,000이 은행구좌로 만기입금되었다.

(차) 현금및현금성자산	10,000,000	(대) 받 을 어 음	10,000,000

나. 추심료를 지급한 경우

사례 (주)삼일은 지방거래처에 대한 받을어음 ₩5,000,000을 은행에 추심의뢰하였는 바, 만기일에 추심료 ₩10,000을 차감한 잔액이 입금되었음을 통보받았다.

(차) 현금및현금성자산	4,990,000	(대) 받 을 어 음	5,000,000
지 급 수 수 료	10,000		

받을어음을 만기일까지 기업의 금고에 보관하고 만기일에 직접 추심하는 경우도 있으나 받을어음 실물관리에 위험이 따르고 개별적으로 추심하는 것이 불편하므로 수취한 받을어음을 모두 은행에 보관하고 은행이 만기일에 추심을 통해 기업의 통장으로 입금시켜주는 경우가 많다. 이 때에 받을어음을 추심의뢰하는 시점에서 받을어음계정을 '추심받을어음'

계정으로 대체하는 경우도 있으나 실무상으로는 거의 사용되지 않는다. 다만, 기업의 입장에서는 추심의뢰한 받을어음을 관리하는 보조부와 은행에서 기록해주는 받을어음 기입장 등을 통해 관리하면 된다.

③ 받을어음의 할인

받을어음의 소지자는 즉각적인 자금조달을 위하여 어음의 만기일까지 대금이 회수될 것을 기다리는 대신에 은행 또는 제3자에게 받을어음을 할인(discounting)하기도 한다. 이 때에 기존의 받을어음의 소지자는 어음할인의 대가로 할인료를 지급하게 되며 구체적인 회계처리는 당해 채권에 대한 권리와 의무가 양도인과 분리되어 실질적으로 이전되는지의 여부에 따라 매각거래와 차입거래로 나누어진다.

권리와 의무가 실질적으로 이전되는지 여부에 관한 설명은 외상매출금 계정을 참고하기로 한다.

가. 매각거래에 해당하는 경우

매각거래에 해당하는 경우에 받을어음을 할인한 기업은 받을어음의 할인으로 인해 해당 채권에 대한 통제권을 양수인에게 이전하였으므로 매출채권에서 직접 차감하고 주석으로 공시해야 한다.

구체적인 회계처리는 다음과 같다.

사례 (주)삼일은 만기 3개월의 액면 ₩10,000,000 어음을 어음수취 시점에서 은행에 할인하였다. 할인에 적용된 이자율은 12%이며 채권에 대한 권리와 의무가 양도인과 분리되어 실질적으로 이전되었다.

(차) 현금및현금성자산	9,700,000	(대) 받 을 어 음	10,000,000
매출채권처분손실	300,000*		

* 할인액은 다음과 같이 계산됨.
만기금액 × 이자율 × (이월수/12) = ₩10,000,000 × 0.12 × 3/12 = ₩300,000

한편, 양수인에게 상환청구권을 부여하는 조건의 매출채권 배서양도 · 할인거래에 대한 회계처리에 있어, 배서양도(할인)한 어음의 경우 어음양수인은 상환청구권을 지니고 있으므로 어음양수인의 지급청구가 있을 때 어음양도인은 지급을 담보하여야 하며, 이러한 상환청구권에 따른 위험은 '금융상품에 내재된 위험(예 : 신용위험 등)에 따라 양도인이 부담할 수 있는 위험(예 : 환매위험), 즉 담보책임'에 해당된다. 이 때 양도인이 부담하는 위험(환매위험)은 양도여부의 판단에 영향을 미치지 아니하므로, 상환청구권 유무로 양도에 대한 판단을 하는 것은 아니며, 따라서 일반적으로 매출채권(받을어음)을 금융기관 등에서 배서양도(할인)하는 거래에 대하여는 해당 금융자산의 미래 경제적 효익에 대한 양수인의 통제권에 특정한 제약이 없는 한 매각거래로 회계처리한다(일반기준 6장 부록 실6.9).

나. 차입거래에 해당하는 경우

차입거래에 해당하는 경우에는 어음발행인이 만기일에 대금을 지급하지 않는 경우에는 받을어음을 할인한 기업이 대신 어음의 만기금액을 지급하여야 하므로 받을어음을 할인한 기업 입장에서는 받을어음을 담보로 제공하고 차입을 하는 것이 된다.

위의 사례를 차입거래로 볼 경우 회계처리는 다음과 같다.

(차) 현금및현금성자산	9,700,000	(대) 단 기 차 입 금	10,000,000
이 자 비 용	300,000		

④ 받을어음의 배서

받을어음을 할인하는 방법 이외에 받을어음을 양도하는 방법으로 가장 흔한 것은 배서이다. 배서는 당사자의 의사에 의하여 특정한 어음채권을 이전하는 것인데 어음의 이면에 배서인이 어음금액을 피배서인에 대하여 지급할 것을 의뢰하는 뜻의 기재를 하여 어음을 피배서인에게 교부하는 방법에 의한다. 배서의 결과 어음에 표창된 모든 권리는 피배서인에게 이전한다.

받을어음을 배서하는 경우에도 받을어음을 할인하는 경우와 마찬가지로 해당 채권에 대한 권리와 의무가 양도인과 분리되어 실질적으로 이전되는지의 여부에 따라 매각거래와 차입거래로 나누어진다. 받을어음의 배서양도에 대한 회계처리는 기본적으로 받을어음의 할인의 경우와 동일하므로 상기 '③ 받을어음의 할인'을 참조하기로 한다.

⑤ 받을어음의 부도

받을어음은 만기일이 도래하면 지급은행에 제시하여 대금을 수취하는 절차를 취하는데 어음발행인이 만기일에 어음금액의 지급을 이행하지 못하면 부도가 발생하게 된다.

이와 같이 어음발행인이 만기일에 어음금액의 지급을 이행하지 못하여 지급기일이 경과한 받을어음을 부도어음이라 한다.

부도가 발생한 어음에 대하여 대금회수가 완전히 불가능한 것으로 판정되기 전까지는 부도어음으로 계정대체하거나 부도발생 사실의 비망기록 후 회수가능성을 검토하여 대손충당금을 설정하여야 한다.

어음의 부도가 발생한 때에는 어음금액뿐만 아니라 지급거절증서의 작성비용 등 소구권행사를 위한 비용발생이 불가피하게 된다. 이 경우 부도어음과 관련한 소구권행사비용은 매출채권과 관련된 직접적 비용이므로, 회계실무자의 이해가능성 제고와 회계처리의 간결성을 도모하기 위해서 외상매출금계정에 소구권행사비용을 합산하여 회계처리하는 것이 타당하다고 판단된다.

부도어음에 대한 회계처리를 요약하면 다음과 같고 대손상각과 관련한 구체적인 내용은 '대손충당금편'에서 설명하기로 한다.

i) 부도의 발생시

(차) 부도어음	×××	(대) 받을어음		×××
		현금(제비용지출액)		×××

ii) 회수 여부 불투명(대손충당금 설정)

(차) 대손상각비	×××	(대) 대손충당금	×××

iii) 회수불가능(대손처리)

(차) 대손충당금	×××	(대) 부도어음	×××
대손상각비	×××*		

* 대손충당금 잔액이 부족한 경우

(3) 세무회계상 유의할 사항

1) 손익귀속의 시기

매출채권계정의 발생은 반드시 매출과 연관되어 있으므로 매출채권 계상시기의 문제는 매출의 인식시점의 문제와 관련이 된다. 기본적으로 일반기업회계기준에서는 발생주의를 전제로 하여 실현주의에 의하여 수익을 인식하고 세무상으로는 권리의무확정주의를 채택하고 있다.

한편 법인세법에서는 1999년 1월 1일 이후 최초로 개시하는 사업연도에 거래를 개시하는 분부터 세법의 손익귀속시기 규정을 우선적으로 적용하도록 하였다. 따라서 세법에 규정이 없는 경우에 한하여 기업회계기준 또는 관행을 보충적으로 적용하여야 한다(법법 43조). 일반기업회계기준과 법인세법의 손익귀속시기에 대해서는 '손익계산서 매출액편'에서 살펴보기로 한다.

2) 대손처리

대손충당금과 대손상각비에 관한 세무상 유의할 사항은 '대손충당금편'을 참고하도록 한다.

3) 매출채권 · 받을어음의 배서양도

법인이 매출채권 또는 받을어음을 배서양도하는 경우에는 기업회계기준에 의한 손익인식방법에 따라 관련 손익의 귀속사업연도를 정한다(법령 71조 4항). 이는 법인이 매출채권 또는 받을어음을 배서양도하고 일반기업회계기준에 따라 회계처리한 경우에는 법인세법에서도 이를 인정하겠다는 취지이다.

6. 대손충당금

(1) 의 의

기업들의 일반적인 매출형태를 보면 현금판매보다는 고객의 신용을 바탕으로 한 외상거래가 훨씬 많다. 이러한 신용판매방식으로 발생하는 매출채권에 대하여는 회수불능위험이 항상 존재하게 된다.

물론 외상거래로 인해 발생하는 매출채권뿐만이 아니라 그밖의 채권에 대하여도 회수불능위험은 존재하고 있다.

이렇게 기업의 정상적인 영업활동에서 통상적으로 발생하게 되는 회수불가능한 채권은 이미 그 자산가치를 상실하여 회사의 재무상태 및 경영성과를 왜곡하여 표시할 우려가 있다.

따라서 일반기업회계기준에서는 장래의 대손가능한 금액을 추산하여 당기비용으로 인식함과 아울러 당해 채권의 평가계정으로 대손충당금을 설정하도록 하고 있다.

(2) 대손처리방법

1) 직접차감법

직접차감법은 특정 채권이 대손되기 전까지는 회계처리를 하지 않고, 특정 채권의 회수가 실제로 불가능하다고 판명되었을 때 그 금액만큼을 당기의 비용으로 인식하고 동시에 채권에서 직접 차감하는 방법이다. 이 방법은 추정치가 아니라 실제로 발생한 금액을 기록함으로써 객관성이 높고 실무상 적용하기가 쉽고 편리하다는 장점이 있으나, 재무상태표에 계상된 채권 중에는 실제로 회수될 수 없는 부분이 있을 수 있으므로 자산이 과대계상될 소지가 있다.

또한 수익 · 비용대응의 원칙에 위배된다. 즉 어느 특정 회계기간에 매출이 이루어지고, 이에 대한 대손상각이 그 이후의 회계기간에 비용으로 계상되는 경우에는 회수불능채권의 발생에 따른 손실이 매출이 이루어진 기간에 인식되지 않게 됨으로써 수익 · 비용대응의 원칙에 어긋나게 된다. 그리고 특정 채권이 어느 시점에서 회수가 불가능하게 될 것인지를 판단하기가 어렵고 지불능력에 대한 주관적인 판단이 개입되기 때문에 특정 회계기간에 대한 손익이 왜곡표시될 가능성이 있다.

2) 충당금설정법

충당금설정법은 일부 채권이 회수되지 않을 가능성이 높고, 회수불능채권의 금액을 합리적으로 추정할 수 있는 경우에 회수불능추정액과 대손충당금계정 잔액을 비교하여 양자의 차액만큼을 대손충당금계정에 추가로 설정하거나 환입하는 방법이다. 이 방법은 정보이용자들이 미래 현금흐름을 예측하는 데 유용한 정보를 제공할 수 있을 뿐만 아니라, 매출이 보고되는 회계기간에 그와 관련된 회수불능채권금액(대손상각)을 계상하므로 수익 · 비용 대응의 원칙에도 부합되는 회계처리방법이라 할 수 있다. 충당금설정법은 대손예상액을 추정하는 방법에 따라 다시 매출채권잔액기준법과 매출액기준법으로 구분할 수 있다.

① 매출채권잔액기준법

매출채권잔액기준법은 재무상태표상의 기말매출채권잔액을 기초로 하여 회수가 불확실한 것으로 추정되는 금액을 대손충당금으로 결정하여 이미 설정되어 있는 대손충당금잔액과 비교하여 추가로 설정하거나 환입하는 방법으로서 재무상태표 접근방법이라고도 한다. 이 방법은 재무상태표상의 기말매출채권잔액이 순실현가능가치로 표시되는 장점이 있으나 대손상각비라는 비용은 당기의 매출수익과 무관하게 결정되므로 수익 · 비용대응의 원칙에는 부합되지 않는 방법이다. 매출채권잔액기준법에 의한 대손추산액을 산출하는 방법은 다음과 같다.

가. 외상매출금 연령분석법

외상매출금 연령분석법이란 각각의 매출채권을 경과일수에 따라 몇 개의 집단으로 분류하여 연령분석표(aging schedule)를 작성하고, 각각의 집단에 대하여 별도의 대손추정률을 적용하여 대손충당금목표액을 추정하는 방법이다. 이 방법은 경과일수에 따라 수취채권의 회수불능위험성이 커진다는 가정 하에 만기일 이후 상당한 기간이 경과한 채권에 대해서는 거의 대부분의 금액을, 비교적 최근에 발생한 채권에 대해서는 낮은 비율의 금액을 대손충당금으로 설정하는 것이다.

따라서 이렇게 계산된 기말목표 대손충당금 잔액에서 기설정된 대손충당금 잔액을 차감하여 추가로 대손충당금으로 전입할 금액을 구한다.

나. 외상매출금 기말잔액비율법

외상매출금 기말잔액비율법은 각 기말의 외상매출금 잔액 중 일정 비율에 해당하는 금액이 회수가 불가능하게 되리라는 가정 하에 외상매출금 기말잔액에 대손추정률을 곱하여 대손충당금계정의 기말목표 잔액을 구하고, 이 목표잔액에서 기말 현재의 대손충당금 잔액을 차감한 금액만큼 대손충당금을 추가로 계상하는 방법이다.

② 매출액기준법

매출액기준법은 당기 손익계산서상의 매출액의 일정 비율만큼을 대손상각비로 계상하는 방법으로서 손익계산서 접근방법이라고도 한다. 이 때 현금매출액에 대해서는 대손이 발생할 여지가 없기 때문에 외상매출액에 대해서만 대손상각비를 추정하여야 한다. 이 방법은 매출수익이 계상되는 연도에 그에 해당하는 대손상각비를 인식함으로써 수익·비용대응의 원칙에는 부합되지만 기말매출채권잔액은 순실현가능가액으로 표시되지 못한다는 단점이 있다.

(3) 기업회계상 회계처리

일반기업회계기준상의 대손충당금과 관련한 구체적인 규정은 다음과 같다.

일반기업회계기준 제6장【금융자산·금융부채】

6.17의 2. 회수가 불확실한 금융자산(제2절 '유가증권' 적용대상 금융자산은 제외)은 합리적이고 객관적인 기준에 따라 산출한 대손추산액을 대손충당금으로 설정한다.

(1) 대손추산액에서 대손충당금잔액을 차감한 금액을 대손상각비로 계상한다. 이 경우 상거래에서 발생한 매출채권에 대한 대손상각비는 판매비와 관리비로 처리하고, 기타 채권에 대한 대손상각비는 영업외비용으로 처리한다.

(2) 회수가 불가능한 채권은 대손충당금과 상계하고 대손충당금이 부족한 경우에는 그 부족액을 대손상각비로 처리한다.

일반기업회계기준에서는 회수가 불확실한 금융자산(유가증권은 제외)에 대해서 산출한 대손추산액을 대손충당금으로 설정하도록 하고 있기 때문에 충당금설정법을 따르고 있다.

1) 대손충당금 설정대상

일반기업회계기준에서는 대손충당금 설정대상을 회수가 불확실한 금융자산(유가증권은 제외)이라고 포괄적으로 규정하고 있다. 대손충당금의 성격으로 볼 때 상기 규정에서 금융자산이란 현금(또는 다른 금융자산)을 수취하거나 유리한 조건으로 금융자산을 교환할 수 있는 계약상의 권리를 말하는 것으로 실무상으로 대표적인 대손충당금 설정대상채권으로 논의되는 것은 매출채권, 단기대여금, 미수금, 미수수익, 장기대여금 등이다. 만약 예금에 대해서도 대손경험이 있는 경우나 금융기관의 파산 등으로 회수가 불확실할 때에는 대손충당금 설정대상이 될 수 있다고 판단된다. 그러나 선급금은 재고자산 등을 청구할 권리가 부여되어 있는 것으로서 성격상 금전채권이라고 볼 수 없으므로 일반기업회계기준상 대손충당금을 설정할 수 없다고 판단된다. 만일 상품 등의 구입을 위해 선급한 거래처가 계약을 위반하거나 부도의 발생 등으로 인하여 재고자산을 납품할 가능성도 희박하고 선급금의 현금회수도 어려울 경우에는 선급금을 먼저 미수금으로 계정대체하고 동 미수금에 대해서 대손충당금을 설정하는 것은 가능할 것이다.

2) 대손예상액의 추산방법

일반기업회계기준에서는 회수가 불확실한 금융자산(유가증권은 제외)에 대하여 합리적이고 객관적인 기준에 따라 산출한 대손추산액을 대손충당금으로 설정하도록 하고 있다(일반기준 6장 문단 6.17의 2).

이 경우 '합리적이고 객관적'이라 함은 회계원칙 및 이론에 부합하며 주관적 판단을 최대한 배제할 수 있는 것을 의미하며, 보다 구체적으로는 매출채권에 대한 대손충당금 설정에 사용된 기초자료, 추정방법 및 추정결과 등이 감사인 등 제3자에 의해 검증가능하고 회계원칙 및 이론에 비추어 볼 때 논리적으로 타당하여야 한다는 것을 의미한다(실무의견서 2004-6, 2004. 11. 26.).

대손추산액을 산정할 때 한 가지 유의하여야 할 사항은 실무적으로 상당히 많은 기업들이 매출채권에 대한 대손충당금을 기말 잔액의 1%로 고정하여 설정하는 것을 볼 수 있는데 이것은 일반기업회계기준상으로 전혀 근거가 없는 비율이다.

즉, 대손충당금이란 기본적으로 회수불능으로 예상되는 채권액만큼을 설정하는 것이므로 대손예상비율이 항상 1%로 고정된다는 것은 있을 수 없는 일이다. 극단적으로 기업의 매출채권의 상당부분이 회수가 불가능할 것으로 판단되는 경우에는 100%의 대손충당금을 설정해야 할 경우도 있는 것이다.

3) 대손충당금의 회계처리와 재무제표 표시방법

① 기말 대손충당금 설정시

결산시점에서 합리적이고 객관적인 기준에 따라 산출한 대손추산액에서 기말현재 장부상 대손충당금 잔액을 차감한 금액을 다음과 같이 대손충당금으로 설정한다.

(차) 대 손 상 각 비　　××× 　(대) 대 손 충 당 금　　×××

그러나 만일 기말에 설정할 대손추산액이 기말현재 장부상 대손충당금 잔액보다 적은 경우에는 다음과 같이 환입처리한다.

(차) 대 손 충 당 금　　××× 　(대) 대손충당금환입　　×××

② 기중 대손발생시

결산기 이외에서 실제로 대손이 발생한 경우에는 다음과 같이 기설정된 대손충당금과 매출채권과 상계한다.

(차) 대 손 충 당 금　　××× 　(대) 매 출 채 권　　×××

만일 회수불능으로 판명된 매출채권이 이미 설정되어 있는 대손충당금을 초과하게 되면 그 초과액은 다음과 같이 대손상각비로 처리한다.

(차) 대 손 충 당 금 ××× (대) 매 출 채 권 ×××
대 손 상 각 비 ×××

그러나 전기 말 이전에 이미 확정된 대손에 대하여 당기에 대손처리할 경우에는 일반기업회계기준 제5장 문단 5.19에서 정하는 바에 따라 당기 손익계산서의 영업외손실 중 전기오류수정손실로 보고하거나, 중대한 오류의 수정일 경우에는 자산, 부채 및 자본항목의 기초금액에 반영하여야 하며 비교재무제표를 작성하는 때에는 중대한 오류의 영향을 받는 회계기간의 재무제표항목을 재작성하여야 한다.

③ 대손처리한 매출채권의 회수

전기 이전에 대손처리한 채권이 회수될 때에는 대손처리한 시점을 구분하지 않고 다음과 같이 회계처리해야 한다.

(차) 현금및현금성자산 ××× (대) 대 손 충 당 금 ×××

위의 분개는 대손처리를 역분개하고, 채권이 회수된 것으로 하는 다음의 두 가지 회계처리를 한 것과 동일하다.

(차) 매 출 채 권 ××× (대) 대 손 충 당 금 ×××
(차) 현금및현금성자산 ××× (대) 매 출 채 권 ×××

한편, 전기에 회수가 불가능하다고 판단하여 대손처리한 채권이 당기말 현재 실사보고서 등을 근거로 할 때 회수가능액이 있다고 판단되는 경우에는 회수가능액을 채권 및 대손충당금환입으로 계상하여야 한다(금감원 2005-017).

④ 대손예상액의 현재가치평가

채권의 예상현금흐름액이 장기간에 걸쳐 발생하는 경우에는 일반기업회계기준 제6장 제4절 채권 · 채무조정의 규정을 준용하여 대손추산액을 산정하는 것이 합리적일 것으로 판단된다. 이는 대손추산시 현가평가방법을 도입하여 채권의 실질가치와 대손상각비를 적정히 재무제표에 반영하는 것으로서 다음 사례를 통해 살펴보기로 한다.

사례 (주)삼일의 20×7. 12. 31. 매출채권 잔액은 을회사에 대한 외상매출금 ₩1,000,000인데 을회사의 부도로 20×9년 말에 회수될 것으로 예상된다. 대손충당금 잔액이 없고 적절한 할인율이 12%일 경우 (주)삼일의 20×7. 12. 31.의 분개를 하시오.

(차) 대 손 상 각 비 202,806 (대) 대 손 충 당 금 202,806*
* $1,000,000-\{1,000,000/(1+0.12)^2\}$

위의 사례를 현재가치할인차금에서 설명할 채권 · 채무조정과 관련하여 생각하면 일단 회수가 지연될 것으로 판단되는 시점에 위와 같이 장부가액과 현재가치와의 차이를 대손충당금으로 설정한 다음 최종적으로 법정관리나 당사자의 합의 등에 의하여 채권의 조건이 변경·확정된 경우에는 기존의 대손충당금을 확정조건에 따라 조정하는 것이 합리적이다. 이와 관련된 자세한 내용은 '현재가치할인차금편'에서 설명하기로 한다.

사례 (주)삼일은 20×7. 1. 1. 을회사에 재고자산을 ₩4,000,000에 할부판매(20×8. 12. 31.부터 매년도 말에 ₩1,000,000씩 4회 분할지급)하였는데, 20×7. 12. 31. 결산시점에 추정을 한 결과 3회차 회수액과 4회차 회수액 중 각각 ₩500,000이 대손될 것으로 판단되었다. 대손충당금 잔액이 없고 적절한 할인율이 12%일 경우 (주)삼일의 20×7. 12. 31.의 분개를 하시오.

(차) 대 손 상 각 비	673,649	(대) 대 손 충 당 금	673,649*

* $500,000 / (1+0.12)^3 + 500,000/(1+0.12)^4$

⑤ 회계처리 사례

실제 사례를 통해 이상에서 설명한 회계처리를 살펴보기로 한다.

사례 (주)삼일에 대한 다음의 자료를 통해 각 시점별로 회계처리를 하여라.

- 20×7. 12. 31.의 대손충당금 대변 잔액은 ₩3,000,000이다.
- 20×8. 4. 5.에 ₩500,000의 매출채권이 회수불가능하다고 판명되었다.
- 20×8. 8. 30.에 전기에 대손처리한 채권 ₩200,000이 회수되었다.
- 20×8. 12. 31. 현재 대손충당금 설정가능한 매출채권은 ₩75,000,000이다.
- 대손추산방법으로는 매출채권기말잔액비율법을 사용하며 설정률은 4%로 추정하였다.

i) 20×8. 4. 5.

(차) 대 손 충 당 금	500,000	(대) 매 출 채 권	500,000

ii) 20×8. 8. 30.

(차) 현금및현금성자산	200,000	(대) 대 손 충 당 금	200,000

iii) 20×8. 12. 31.

(차) 대 손 상 각 비	300,000*	(대) 대 손 충 당 금	300,000

* (75,000,000 × 0.04)−(3,000,000−500,000+200,000)

⑥ 재무제표 표시방법

매출채권 등에 대한 대손충당금은 당해 매출채권 등의 채권과목에서 차감하는 형식으로 기재하거나 당해 매출채권 등의 채권과목에서 직접 차감하여 표시할 수 있다. 다만, 대손충당금을 매출채권 등의 채권과목에서 직접 차감한 경우에는 차감한 금액을 주석으로 기재하여야 한다(일반기준 2장 문단 2.43).

(4) 세무회계상 유의할 사항

1) 대손충당금 설정대상채권

① 일반적인 범위

대손충당금을 설정할 수 있는 채권의 범위에 대하여 법인세법 시행령에서는 다음과 같이 규정하고 있다.

> **법인세법 시행령 제61조【대손충당금의 손금산입】** ① 법 제34조 제1항에 따른 외상매출금·대여금 및 그 밖에 이에 준하는 채권은 다음 각 호의 구분에 따른 것으로 한다. (2019. 2. 12. 개정)
> 1. 외상매출금 : 상품·제품의 판매가액의 미수액과 가공료·용역 등의 제공에 의한 사업수입금액의 미수액 (1998. 12. 31. 개정)
> 2. 대여금 : 금전소비대차계약 등에 의하여 타인에게 대여한 금액 (1998. 12. 31. 개정)
> 3. 그 밖에 이에 준하는 채권 : 어음상의 채권·미수금, 그 밖에 기업회계기준에 따라 대손충당금 설정대상이 되는 채권(제88조 제1항 제1호에 따른 시가초과액에 상당하는 채권은 제외한다) (2019. 2. 12. 개정)

위의 규정을 보면 특수관계인 등에게 시가보다 높은 가액으로 자산을 매입한 경우에 부당행위계산 부인된 금액에 대한 채권상당액을 제외한다는 것 이외에는 일반기업회계기준상의 설정범위와 동일하다. 따라서 할부판매미수금, 공사미수금 및 고정자산의 처분에 따른 미수금도 대손충당금 설정대상채권에 포함된다.

② 대손충당금 설정이 배제되는 채권

가. 다음의 어느 하나에 해당하는 것을 제외한 채무보증으로 인하여 발생한 구상채권 (법법 19조의 2 2항 1호 및 법령 19조의 2 6항)

(가) 독점규제 및 공정거래에 관한 법률 제24조 각 호의 어느 하나에 해당하는 채무보증

(나) 법인세법 시행령 제61조 제2항 각 호의 어느 하나에 해당하는 금융회사 등이 행한 채무보증

(다) 법률에 따라 신용보증사업을 영위하는 법인이 행한 채무보증

(라) 대·중소기업 상생협력 촉진에 관한 법률에 따른 위탁기업이 수탁기업협의회의 구성원인 수탁기업에 대하여 행한 채무보증

(마) 건설업 및 전기통신업을 영위하는 내국법인이 건설사업(미분양주택을 기초로

하는 법인세법 시행령 제10조 제1항 제4호 각 목 외의 부분에 따른 유동화거래를 포함함)과 직접 관련하여 특수관계인에 해당하지 않는 자에 대한 채무보증(다만, 사회기반시설에 대한 민간투자법 제2조 제7호의 사업시행자 등 기획재정부령으로 정하는 자에 대한 채무보증은 특수관계인에 대한 채무보증을 포함함)

(바) 해외자원개발 사업법에 따른 해외자원개발사업자가 해외자원개발사업과 직접 관련하여 해외에서 설립된 법인에 대하여 행한 채무보증

(사) 해외건설 촉진법에 따른 해외건설사업자가 해외자원개발을 위한 해외건설업과 직접 관련하여 해외에서 설립된 법인에 대해 행한 채무보증

나. 지급이자 손금불산입 대상이 되는 특수관계인에게 해당 법인의 업무와 관련 없이 지급한 가지급금. 이 경우 특수관계인에 대한 판단은 대여시점을 기준으로 함(법법 19조의 2 2항 2호).

③ 설정대상채권의 장부가액

법인세법상 대손충당금의 손금산입 한도액은 대손충당금 설정대상채권의 장부가액에 대손충당금 설정률을 곱하여 계산한다. 여기서 설정대상채권의 장부가액은 회계상 장부가액이 아니라 세무상 장부가액을 의미하며, 세무조정으로 익금에 가산하거나 손금에 가산된 매출채권 등은 회계상의 대손충당금 설정대상채권에서 가감하여야 한다. 이를 주요 사례별로 살펴보면 다음과 같다.

- 신고조정시 손금산입한 소멸시효완성채권 : 법적으로 존재하지 아니하는 채권에 해당될 뿐만 아니라 세법상으로도 자산으로 볼 수 없으므로 대손충당금 한도액 계산시 채권 잔액에서 제외된다.
- 신고조정시 익금산입한 기장누락 외상매출금 : 기장누락한 외상매출금이라 하더라도 법적으로는 해당 법인에 귀속되는 채권에 해당되므로 대손충당금 한도액 계산시 채권에 포함된다.
- 대손 부인된 매출채권 : 세법상의 대손사유를 충족하지 아니하여 대손처리를 부인하고 채권을 다시 부활시킨 것이므로 세무상으로는 채권으로 존재하기 때문에 대손충당금 한도액 계산시 채권에 포함된다.

2) 대손충당금 설정률

일반기업회계기준과 세무회계상의 가장 큰 차이점은 일반기업회계상으로는 회수가 불가능한 채권에 대해 합리적이고 객관적인 기준에 따라 대손충당금을 산정하지만 세무회계상으로는 조세수입확보를 위하여 아래와 같이 설정률을 일률적으로 정하고 있다는 것이다.

즉, 대손충당금 설정대상채권의 장부가액 합계액의 1%에 상당하는 금액과 채권잔액에

대손실적률을 곱하여 계산한 금액 중 큰 금액을 한도로 하여 대손충당금을 손금에 산입할 수 있다(법령 61조 2항).

다만, 법인세법 시행령 제61조 제2항 제1호부터 제17호의 2까지, 제24호의 금융회사 등의 경우에는 금융위원회(제24호의 경우에는 행정안전부를 말함)가 기획재정부장관과 협의하여 정하는 대손충당금적립기준(자산건전성 분류기준 : Forword Looking Creferia)에 따라 적립하여야 하는 금액, 채권잔액의 1%에 상당하는 금액 또는 채권잔액에 대손실적률을 곱하여 계산한 금액 중 큰 금액을 대손충당금으로 손금에 산입할 수 있다.

한편, 해외건설 촉진법 제2조 제5호에 따른 해외건설사업자인 내국법인이 해외건설자회사(조특령 104조의 30 ①)에 대한 채권으로서 다음의 요건을 모두 갖춘 대여금, 그 이자 및 해외건설사업자가 해외건설자회사에 파견한 임직원에게 해외건설자회사를 대신하여 지급한 인건비로 인하여 발생한 채권의 대손에 충당하기 위하여 대손충당금을 손비로 계상한 경우에는 해당 사업연도 종료일 현재 대여금 등의 채권잔액에서 해외건설자회사의 순자산 장부가액(차입금 등을 제외한 순자산 장부가액을 말하며, 0보다 작은 경우에는 0으로 함)을 뺀 금액에 일정한 손금산입률(2024년 1월 1일이 속하는 사업연도의 손금산입률은 10%으로 하고, 이후 사업연도의 손금산입률은 100%를 한도로 매년 직전 사업연도의 손금산입률에서 10%만큼 가산한 율)을 곱한 금액을 한도로 손금에 산입할 수 있다(조특법 104조의 33 1항, 2항, 3항 및 조특령 104조의 30 1항, 2항, 3항).

① 해외건설자회사의 공사 또는 운영자금으로 사용되었을 것
② 법인세법 제28조 제1항 제4호 나목에 해당하는 금액이 아닐 것
③ 2022년 12월 31일 이전에 지급한 대여금으로서 최초 회수기일부터 5년이 경과한 후에도 회수하지 못하였을 것
④ 해외건설사업자인 내국법인이 대손충당금을 손금에 산입한 사업연도 종료일 직전 10년 동안에 회수가 현저히 곤란하다고 인정되는 경우로서 다음의 어느 하나에 해당하는 경우
  ㉠ 대손충당금을 손금에 산입한 사업연도 종료일 직전 10년 동안 해외건설자회사가 계속하여 자본잠식인 경우
  ㉡ ㉠과 유사한 경우로서 기획재정부령으로 정하는 해외채권추심기관으로부터 해외건설자회사의 법 제104조의 33 제1항 각 호 외의 부분에 따른 대여금 등의 회수가 불가능하다는 확인을 받은 경우

3) 대손금의 범위

세법상 손금으로 인정되는 대손금은 법인세법 시행령 제19조의 2에 상당히 엄격하게 열거되어 있으며, 이 요건에 해당하지 않으면 세법상 대손금으로 인정되지 않는다. 즉 세법상

대손으로 인정되지 않는 경우 회사가 대손처리한 금액은 세무상 손금불산입 · 유보처분한다.

법인세법 시행령 제19조의 2【대손금의 손금불산입】 ① 법 제19조의 2 제1항에서 "채무자의 파산 등 대통령령으로 정하는 사유로 회수할 수 없는 채권"이란 다음 각 호의 어느 하나에 해당하는 것을 말한다. (2020. 2. 11. 개정)

1. 「상법」에 따른 소멸시효가 완성된 외상매출금 및 미수금 (2009. 2. 4. 신설)
2. 「어음법」에 따른 소멸시효가 완성된 어음 (2009. 2. 4. 신설)
3. 「수표법」에 따른 소멸시효가 완성된 수표 (2009. 2. 4. 신설)
4. 「민법」에 따른 소멸시효가 완성된 대여금 및 선급금 (2009. 2. 4. 신설)
5. 「채무자 회생 및 파산에 관한 법률」에 따른 회생계획인가의 결정 또는 법원의 면책결정에 따라 회수불능으로 확정된 채권 (2009. 2. 4. 신설)

5의 2. 「서민의 금융생활 지원에 관한 법률」에 따른 채무조정을 받아 같은 법 제75조의 신용회복지원협약에 따라 면책으로 확정된 채권 (2019. 7. 1. 신설)

6. 「민사집행법」 제102조에 따라 채무자의 재산에 대한 경매가 취소된 압류채권 (2009. 2. 4. 신설)
7. 물품의 수출 또는 외국에서의 용역제공으로 발생한 채권으로서 기획재정부령으로 정하는 사유에 해당하여 무역에 관한 법령에 따라 「무역보험법」 제37조에 따른 한국무역보험공사로부터 회수불능으로 확인된 채권 (2021. 2. 17. 신설)
8. 채무자의 파산, 강제집행, 형의 집행, 사업의 폐지, 사망, 실종 또는 행방불명으로 회수할 수 없는 채권 (2009. 2. 4. 신설)
9. 부도발생일부터 6개월 이상 지난 수표 또는 어음상의 채권 및 외상매출금[중소기업의 외상매출금으로서 부도발생일 이전의 것에 한정한다]. 다만, 해당 법인이 채무자의 재산에 대하여 저당권을 설정하고 있는 경우는 제외한다. (2020. 2. 11. 개정)

9의 2. 중소기업의 외상매출금 및 미수금(이하 이 호에서 "외상매출금등"이라 한다)으로서 회수기일이 2년 이상 지난 외상매출금등. 다만, 특수관계인과의 거래로 인하여 발생한 외상매출금등은 제외한다. (2020. 2. 11. 신설)

10. 재판상 화해 등 확정판결과 같은 효력을 가지는 것으로서 기획재정부령으로 정하는 것에 따라 회수불능으로 확정된 채권 (2019. 2. 12. 신설)
11. 회수기일이 6개월 이상 지난 채권 중 채권가액이 30만원 이하(채무자별 채권가액의 합계액을 기준으로 한다)인 채권 (2020. 2. 11. 개정)
12. 제61조 제2항 각 호 외의 부분 단서에 따른 금융회사 등의 채권(같은 항 제13호에 따른 여신전문금융회사인 신기술사업금융업자의 경우에는 신기술사업자에 대한 것에 한정한다) 중 다음 각 목의 채권 (2010. 2. 18. 개정)
    가. 금융감독원장이 기획재정부장관과 협의하여 정한 대손처리기준에 따라 금융회사 등이 금융감독원장으로부터 대손금으로 승인받은 것 (2010. 2. 18. 개정)
    나. 금융감독원장이 가목의 기준에 해당한다고 인정하여 대손처리를 요구한 채권으로 금융회사 등이 대손금으로 계상한 것 (2010. 2. 18. 개정)

13. 「벤처투자 촉진에 관한 법률」 제2조 제10호에 따른 벤처투자회사의 창업자에 대한 채권으로서 중소벤처기업부장관이 기획재정부장관과 협의하여 정한 기준에 해당한다고 인정한 것 (2023. 12. 19. 개정 ; 벤처투자 촉진에 관한 법률 시행령 부칙)

법인세법 시행규칙 제10조의 4【회수불능 사유 및 회수불능 확정채권의 범위】 (2021. 3. 16. 제목개정)

① 영 제19조의 2 제1항 제7호에서 "기획재정부령으로 정하는 사유"란 다음 각 호의 어느 하나에 해당하는 경우를 말한다. (2021. 3. 16. 신설)

1. 채무자의 파산 · 행방불명 또는 이에 준하는 불가항력으로 채권회수가 불가능함을 현지의 거래은행 · 상공회의소 · 공공기관 또는 해외채권추심기관(「무역보험법」 제37조에 따른 한국무역보험공사와 같은 법 제53조 제3항에 따른 대외 채권추심 업무수행에 관한 협약을 체결한 외국의 기관을 말한다. 이하 이 항에서 같다)이 확인하는 경우 (2023. 3. 20. 개정)
2. 거래당사자 간에 분쟁이 발생하여 중재기관 · 법원 또는 보험기관 등이 채권금액을 감면하기로 결정하거나 채권금액을 그 소요경비로 하기로 확정한 경우(채권금액의 일부를 감액하거나 일부를 소요경비로 하는 경우에는 그 감액되거나 소요경비로 하는 부분으로 한정한다) (2021. 3. 16. 신설)
3. 채무자의 인수거절 · 지급거절에 따라 채권금액의 회수가 불가능하거나 불가피하게 거래당사자 간의 합의에 따라 채권금액을 감면하기로 한 경우로서 이를 현지의 거래은행 · 검사기관 · 공증기관 · 공공기관 또는 해외채권추심기관이 확인하는 경우(채권금액의 일부를 감액한 경우에는 그 감액된 부분으로 한정한다) (2023. 3. 20. 개정)

② 영 제19조의 2 제1항 제10호에서 "기획재정부령으로 정하는 것에 따라 회수불능으로 확정된 채권"이란 다음 각 호의 어느 하나에 해당하는 것에 따라 회수불능으로 확정된 채권을 말한다. (2021. 3. 16. 조번개정)

1. 「민사소송법」에 따른 화해 (2019. 3. 20. 신설)
2. 「민사소송법」에 따른 화해권고결정 (2019. 3. 20. 신설)
3. 「민사조정법」 제30조에 따른 결정 (2019. 3. 20. 신설)
4. 「민사조정법」 에 따른 조정 (2020. 3. 13. 신설)

또한 대손충당금 설정에서 제외되는 채권인 채무보증으로 인한 구상채권과 업무무관가지급금에 대해서는 대손금으로도 처리할 수 없다(법법 19조의 2 2항).

4) 대손금의 손금귀속시기

대손금의 손금귀속시기는 다음에 해당하는 경우에는 해당 사유가 발생한 날이고 다음에 해당하지 아니하는 기타의 대손금의 경우에는 해당 사유가 발생하여 손금으로 계상한 날이 된다. 다만, 법인이 다른 법인과 합병하거나 분할하는 경우로서 기타의 대손금을 합병등기일 또는 분할등기일이 속하는 사업연도까지 손비로 계상하지 아니한 경우 그 대손금은 해당 법인의 합병등기일 또는 분할등기일이 속하는 사업연도의 손비로 한다. 한편, 다음에 해당하는 경우에는 해당 사유가 발생한 날을 손금귀속시기로 하고 있기 때문에 결산상 대손처리하지 않은 때에는 신고조정에 의하여 손금산입하여야 한다(법령 19조의 2 3항, 4항).

- 상법에 따른 소멸시효가 완성된 외상매출금 및 미수금
- 어음법에 따른 소멸시효가 완성된 어음
- 수표법에 따른 소멸시효가 완성된 수표
- 민법에 따른 소멸시효가 완성된 대여금 및 선급금
- 채무자 회생 및 파산에 관한 법률에 따른 회생계획인가의 결정 또는 법원의 면책결정에 따라 회수불능으로 확정된 채권
- 서민의 금융생활 지원에 관한 법률에 따른 채무조정을 받아 같은 법 제75조의 신용회복지원협약에 따라 면책으로 확정된 채권
- 민사집행법 제102조에 따라 채무자의 재산에 대한 경매가 취소된 압류채권

한편 부도발생일부터 6개월 이상 지난 수표 또는 어음상의 채권 및 외상매출금(중소기업의 외상매출금으로서 부도발생일 이전의 것에 한정함)은 부도발생일로부터 6개월 이상 지난 날부터 소멸시효가 완성되는 날까지 손금산입이 가능하다. 여기에서 부도어음은 은행에서 예금의 부족과 위조 또는 변조 등의 사유에 의하여 지급을 거절당한 어음을 말하므로 문방구에서 판매하는 어음용지를 이용하여 발행한 어음을 받아 만기일에 발행자에게 제시하였으나 대금회수를 하지 못한 어음은 본 규정에 의하여 대손처리되는 어음상의 채권으로 볼 수 없다(법인 46012-2887, 1996. 10. 18.).

5) 대손금액

대손요건을 충족한 경우 대손처리할 수 있는 금액은 다음과 같다.

① 부도발생일로부터 6개월 이상 지난 수표 또는 어음상의 채권 및 외상매출금(중소기업의 외상매출금으로서 부도발생일 이전의 것에 한정함)

1,000원을 차감한 금액을 대손금으로 한다. 1,000원은 차후 대손요건을 충족하는 사업연도에 손금에 산입한다(법령 19조의 2 2항).

② 기타 대손채권

대손요건을 충족한 대상채권 전액을 대손금으로 한다.

③ 대손세액공제받은 금액

부가가치세법에 의하여 대손세액공제를 받은 부가가치세 매출세액미수금은 부가가치세 예수금과 상계하여야 하므로 동 금액은 대손요건을 충족하더라도 대손금으로 손금산입할 수 없다.

7. 선급비용

(1) 개념 및 범위

선급비용은 선급한 비용 중 1년 내에 비용으로 인식되는 지출금이다. 예를 들면 선급된 보험료, 임차료, 지급이자, 수선비 등이 있다.

이와 같은 선급비용은 일정한 계약에 따라 계속적으로 용역의 제공을 받는 경우, 아직 제공되지 않은 용역에 대하여 지급된 대가를 말하며, 이러한 용역에 대한 대가는 시간의 경과와 더불어 차기 이후의 비용이 되므로 손익계산서상 비용을 재무상태표상 자산으로 대체해 준 것이다.

선급비용은 결산시점으로부터 1년 내에 비용화되는 것이 일반적이지만 선급된 비용 중 1년 이후에 비용화될 부분은 기타비유동자산에 속하는 장기선급비용으로 분류해야 한다.

또한 선급비용은 각종 선급된 비용을 총괄하는 계정이지만 각 개별 비용의 금액이나 성격으로 보아 중요성이 있는 경우에는 이를 선급비용계정과 구분하여 별도의 항목으로 표시할 수도 있다.

선급비용은 차기의 비용을 선지급한 것으로 지출에 대한 반대급부로서의 용역이 결산일 현재 제공되지 않았기 때문에 당기에 비용으로 인식하지 않고 자산으로 이연된 것이다. 반면에 선급금은 상품 등의 매입을 위하여 선지급한 것으로 후에 재고자산으로 대체되어 그 상품이 판매되지 않고 기말 현재 존재한다면 재고자산을 증가시키게 되므로 선급비용과는 그 성격을 달리한다.

(2) 기업회계상 회계처리

1) 회계처리방법

- 지출시에 선급비용을 계상하고 매월 해당 비용계정으로 대체하는 방법
- 지출시에는 비용으로 계상하고 결산시에 미경과분을 선급비용으로 계상하는 방법
- 일반적으로 실무에서는 후자의 방법을 선호하고 있는데, 후자의 방법을 사용할 경우 차기에 기초 재수정분개를 하는 방법과 용역제공기간 만료시에 비용으로 대체하는 방법이 있다.

2) 사 례

(주)삼일은 을사와 20×7. 11. 1. 본사사옥 임대차계약을 맺고 3개월분의 임차료 ₩120,000,000을 선지급하였다. (주)삼일의 회계연도는 매년 1. 1.부터 12. 31.까지이다.

① 지출시 선급비용으로 계상하는 방법

• 20×7. 11. 1. 분개

(차) 선 급 비 용 120,000,000 (대) 현금 및 현금성자산 120,000,000

• 20×7. 11. 31., 20×7. 12. 31., 20×8. 1. 31. 분개

(차) 지 급 임 차 료 40,000,000 (대) 선 급 비 용 40,000,000

② 지출시 비용으로 계상하는 방법

• 20×7. 11. 1. 분개

(차) 지 급 임 차 료 120,000,000 (대) 현금 및 현금성자산 120,000,000

• 20×7. 12. 31.

(차) 선 급 비 용 40,000,000 (대) 지 급 임 차 료 40,000,000

• 20×8. 1. 1. 기초 재수정분개

(차) 지 급 임 차 료 40,000,000 (대) 선 급 비 용 40,000,000

• 기초 재수정분개를 하지 않고 선급기간 만료시(20×8. 1. 31.) 비용인식

(차) 지 급 임 차 료 40,000,000 (대) 선 급 비 용 40,000,000

8. 이연법인세자산

(1) 개 념

이연법인세자산이란 자산 · 부채가 회수 · 상환되는 미래기간의 과세소득을 감소시키는 효과를 가지는 일시적 차이(차감할 일시적 차이), 이월공제가 가능한 세무상 결손금 및 이월공제가 가능한 세액공제 · 소득공제 등으로 인하여 미래에 경감될 법인세부담액을 말한다 (일반기준 22장 용어의 정의).

(2) 이연법인세자산의 실현가능성 검토

자산이란 과거의 거래나 사건의 결과로서 현재 기업실체에 의해 지배되고 미래에 경제적 효익을 창출할 것으로 기대되는 자원을 말하므로 이연법인세자산의 자산성을 인정하는 것에 대해서는 논란이 있을 수 있다. 왜냐하면 이연법인세자산의 법인세혜택은 특정 미래기간에 충분한 과세소득이 있을 경우에만 실현될 수 있기 때문이다. 따라서 차감할 일시적 차이와 세무상 결손금 등의 법인세효과는 미래의 법인세절감의 실현가능성을 평가하여 그 가능성이 매우 높은 경우에만 자산으로 인식하여야 한다(일반기준 22장 부록 결22.6).

다음 중 하나 이상에 해당하는 경우에는 차감할 일시적 차이 및 세무상 결손금 등에서 발

생하는 법인세효과의 실현가능성이 매우 높은 것으로 볼 수 있다(일반기준 22장 부록 실22.8).

㉠ 차기 이후 각 회계연도에 소멸되는 가산할 일시적 차이를 한도로 하여 계산된 차감할 일시적 차이

㉡ 보고기간말 현재 존재하는 미이행계약에서 기대되는 미래의 과세소득이 차감할 일시적 차이 및 세무상 결손금을 초과하는 경우. 이 경우 미이행계약이 매출과 관련된 경우에는 미래의 과세소득은 당기의 매출이익률을 적용하여 계산한다.

㉢ 당기를 포함한 최근 3년간 계속하여 계속사업이익이 발생한 기업으로서 차기 이후 예상연평균계속사업이익이 각 회계연도에 소멸되는 차감할 일시적 차이 및 세무상 결손금을 초과하는 경우. 이 경우 예상연평균계속사업이익은 최근 3년간의 연평균계속사업이익을 말한다.

(3) 이연법인세자산의 실현가능성 재검토

이연법인세자산의 실현가능성은 보고기간말마다 재검토되어야 한다. 재검토 결과 이연법인세자산의 법인세절감효과가 실현되기에 충분한 과세소득이 예상되지 않는 경우, 일반기업회계기준 제20장 '자산손상'에서 규정한 일반원칙에 따라 처리한다(일반기준 22장 문단 22.44).

또한 매 보고기간말마다 과거에 실현가능성이 낮아서 인식하지 아니한 이연법인세자산의 인식가능성에 대하여 재검토하여야 한다. 과거에는 인식하지 않았지만 재검토 시점에 활용 가능한 미래과세소득이 발생할 가능성이 매우 높은 경우 그 범위 내에서 이연법인세자산을 인식하여야 한다. 예를 들어 사업 환경이 개선되어 이연법인세자산의 인식기준을 충족하는 과세소득이 기대될 수도 있다. 또 다른 예로는 사업결합일 또는 그 이후에 이연법인세자산에 대한 재검토를 하는 경우이다(일반기준 22장 문단 22.29).

(4) 이연법인세자산의 유동성·비유동성 분류

이연법인세자산은 관련된 자산항목 또는 부채항목의 재무상태표상 분류에 따라 재무상태표에 유동자산 중 당좌자산 또는 비유동자산 중 기타비유동자산으로 분류한다. 다만, 세무상 결손금에 따라 인식하게 되는 이연법인세자산의 경우처럼 재무상태표상 자산항목 또는 부채항목과 관련되지 않은 이연법인세자산은 세무상 결손금 등의 예상소멸시기에 따라서 유동자산과 기타비유동자산으로 분류한다(일반기준 22장 문단 22.54).

이연법인세자산에 대한 자세한 내용은 '손익계산서편'의 '제6장 법인세비용(법인세회계)'을 참조하기 바란다.

9. 미수금

(1) 개념 및 범위

1) 개 념

미수금이란 일반적 상거래 이외의 거래에서 발생한 미수채권을 말한다. 따라서, 미수금은 일반적 상거래 이외에서 발생된 것이라는 점에서 외상매출금 · 받을어음과 같은 매출채권과 구분된다.

여기에서 일반적 상거래란 해당 기업의 사업목적을 위한 주된 영업활동에서 발생하는 거래를 말한다. 그러므로 모든 기업에 대하여 특정한 영업행위가 일반적 상거래로 정해지는 것이 아니며 기업이 어떤 형태의 영업행위를 하는가에 따라서 일반적 상거래의 내용이 정해진다고 할 수 있다.

예를 들어 동일한 자동차를 외상으로 판매하는 행위라 할지라도 자동차기업에서 판매하는 경우와 식품업체에서 판매하는 경우는 그 성질이 다르다. 자동차기업은 자동차의 판매 및 수리를 주된 영업활동으로 영위하지만 식품기업은 식품의 제조 및 판매에서 나타나는 부수적인 활동의 결과로 자동차의 판매거래가 발생한 것으로 볼 수 있다. 이처럼 동일한 물건(자동차)을 외상으로 판매했지만 판매기업의 영업성격이 어떠한가에 따라서 자동차기업에서는 매출채권이라는 수취채권계정의 차변에, 식품기업에서는 미수금이라는 수취채권계정의 차변에 미래에 받게 될 현금액을 기록하게 된다.

2) 미수수익과의 차이점

미수금은 이미 재화나 용역을 상대방에게 공급하고, 또한 그 금액도 합리적인 추정이 가능하거나 확정된 상태에서 계상하는 것이므로 확정적인 채권이라고 할 수 있다.

이에 반해 미수수익은 상대방에게 이행해야 할 의무(용역의 공급)가 완료되지는 않았으나 기간이 경과함에 따라 이미 제공된 용역의 대가를 계상한 것으로 확정적인 채권이라고 보기 어렵다.

그러나 지급기간이 경과한 미수수익은 이미 의무의 이행이 완료되어 그 금액의 추정이 가능하므로 확정채권인 미수금으로 계정대체를 해야 한다.

또한 미수수익은 주로 용역의 제공에 의해 발생한 반면 미수금은 자산의 처분 또는 양도에 의해 발생하며, 미수수익은 상대계정 모두가 이익으로 계상되는 반면 미수금은 상대계정의 전부 또는 일부가 이익에 계상되지 않는다는 점에서 차이가 있다.

(2) 기업회계상 회계처리

미수금계정은 그 성격과 범위에서 설명하였듯이 주된 영업활동을 위한 재고자산 이외의 자산을 매각한 경우에 이에 대한 미수액을 처리하는 계정이며 발생시점에서 수익인식의 조건이 충족되므로 상대계정과목의 거래에 따르는 손익이 인식된다.

재무상태표상 표시에 있어 미수금이 보고기간종료일로부터 1년 이내에 실현되는 경우에는 유동자산 중 당좌자산으로, 1년 후에 실현되는 경우에는 장기미수금으로서 비유동자산 중 기타비유동자산으로 분류한다. 이 때 장기미수금 중 1년 이내에 실현되는 부분은 유동자산으로 분류한다(일반기준 2장 문단 2.21).

한편, 미수금과 관련된 거래유형을 살펴보면 다음과 같다.

1) 미수금의 발생

사례 1 (주)삼일은 보유하고 있던 매도가능증권(취득가액 ₩150,000)을 ₩160,000에 매각하고 대금을 받지 못하였다.

(차) 미 수 금	160,000	(대) 매도가능증권	150,000
		매도가능증권처분이익	10,000

사례 2 (주)삼일은 보유하고 있던 차량을 ₩5,000,000에 외상으로 처분하였다. 처분차량의 취득가액은 ₩9,500,000, 처분일 현재의 감가상각누계액은 ₩6,000,000이었다.

(차) 미 수 금	5,000,000	(대) 차량운반구	9,500,000
감가상각누계액	6,000,000	유형자산처분이익	1,500,000

2) 미수금의 소멸

사례 1 (주)삼일은 을회사에 대한 미수금 ₩500,000을 현금으로 회수하였다.

(차) 현금 및 현금성자산	500,000	(대) 미 수 금	500,000

사례 2 (주)삼일은 을회사에 대한 미수금 ₩1,000,000에 대해서 을회사에 대한 매입채무와 상계처리하기로 하였다.

(차) 매 입 채 무	1,000,000	(대) 미 수 금	1,000,000

사례 3 (주)삼일은 을회사로부터 미수금 ₩3,000,000에 대한 대금조로 약속어음을 수령하였다.

(차) 미 수 금 3,000,000* (대) 미 수 금 3,000,000
(어음상의 채권)

* 일반적 상거래에서 발생한 것이 아니므로 받을어음계정을 사용해서는 아니되며 미수금계정을 그대로 사용한다. 다만, 동 금액이 결산시점까지 회수되지 않을 경우 어음상의 채권금액으로 그 내용의 중요성에 따라 주석 기재 여부를 판단하여야 한다.

10. 미수수익

(1) 개념 및 범위

1) 개 념

미수수익은 당기에 속하는 수익 중 미수액을 말한다.

미수수익이라는 계정은 기본적으로 일반기업회계기준상 모든 수익과 비용을 그것이 발생한 기간에 정당하게 배분되도록 처리하는 입장을 취하기 때문에 사용되는 계정이다. 일반적으로 수익은 그것이 실현된 시기를 기준으로 계상하고 미실현수익은 당기의 손익계산에 산입하지 않는 것을 원칙으로 하고 있다.

그런데 특정한 용역에 있어서는 수익의 창출이 정확히 기간의 경과에 비례하여 발생하는 것들이 있다. 예를 들면 이자수익, 임대료 등이 그러한 것이다. 이러한 수익들은 통상적으로 일정 기간이 완료된 시점에서 현금으로 회수되므로 그 일정 기간이 회계연도 중에 있다면 회계처리상 별 문제는 없다.

그러나 그러한 용역의 제공기간이 결산시점에 걸쳐 있다면 기경과된 부분에 대한 용역은 이미 제공되었고 그 대가도 계산할 수 있으므로(전기간에 대한 용역대가×경과기간/전체기간) 회계상으로는 수익을 계상하는 동시에 이에 대한 자산계정을 설정해야 한다. 이 때에 쓰이는 자산계정이 미수수익이다.

2) 미수금과의 차이점

미수수익과 미수금과의 차이점은 미수금계정에서 검토하였다.

3) 매출채권과의 차이점

기본적으로 매출채권은 일반적 상거래에서 발생한 채권이다. 따라서 기간의 경과에 따라 수익으로 계상한 것이라 할지라도 그 수익이 본래의 사업목적인 영업에서 발생한 것이라면 미수수익이 아니라 매출채권으로 계상해야 한다.

예를 들어 금융기관의 미수이자나 부동산임대업을 영위하는 법인의 미수임대료는 개념상으로 미수수익이 아닌 매출채권계정에 계상되어야 한다.

(2) 기업회계상 회계처리

1) 회계처리방법

미수수익이란 앞에서도 설명하였듯이 계속적인 용역제공의 사실이 존재하고, 보고기간 종료일 현재 그 용역의 제공이 계속 중인 것을 말하는 바, 이에 대하여 기간손익을 계산해 주기 위한 적절한 회계처리를 필요로 하게 된다. 따라서 미수수익에 대한 회계처리는 기말 결산에 관련하여 발생하는 내용이 대부분을 차지한다.

미수수익에 대한 결산 회계처리는 차년도 초에 재수정분개를 통하여 상쇄하게 되는데 이는 결산시 발생주의에 의해서 계산되는 계정금액을 연초에 다시 현금주의로 전환하는 회계처리라고 생각하면 된다.

이를 거래 유형별로 살펴보면 다음과 같다.

- 결산시에 이자수익의 미수액 계상(기말 수정분개)

(차) 미 수 수 익 ××× (대) 이 자 수 익 ×××

- 차년도 초에 반대분개를 실시(기초 재수정분개)

(차) 이 자 수 익 ××× (대) 미 수 수 익 ×××

- 기간 경과분에 대한 이자를 수령한 때

(차) 현금 및 현금성자산 ××× (대) 이 자 수 익 ×××

기초시점에 재수정분개를 하지 않는 경우에는 차년도에 용역제공에 대한 현금액이 들어올 때 미수수익을 현금으로 대체하면서 기초시점부터 현금수수 시점까지의 기간에 대한 금액은 당기수익으로 계상한다.

(차) 현금 및 현금성자산 ××× (대) 미 수 수 익 ×××
이 자 수 익 ×××

2) 사 례

(주)삼일의 다음 거래에 대한 필요한 분개를 하라.

① 20×7년 12월 31일의 결산에 임차료 2개월분에 대한 미수분을 계상하였다. 임차료는 매월 ₩300,000이다.

② 20×8년 1월 1일에 기초 재수정분개를 하였다.

③ 20×8년 1월 31일에 3개월치 임차료를 수령하였다.

- 20×7. 12. 31. 분개

(차) 미 수 수 익 600,000 (대) 임 대 료 600,000

• 20×8. 1. 1. 분개

(차) 임 대 료	600,000	(대) 미 수 수 익	600,000

• 20×8. 1. 31. 분개

(차) 현금 및 현금성자산	900,000	(대) 임 대 료	900,000

위에서 20×8. 1. 1.의 기초 재수정분개를 하지 않는 경우 20×8. 1. 31.의 분개는 다음과 같은데 결과는 동일하다.

(차) 현금 및 현금성자산	900,000	(대) 미 수 수 익	600,000
		임 대 료	300,000

3) 부실채권에 대한 기간경과이자

현행 일반기업회계기준에 따르면 대손이 발생한 채권으로부터 발생하는 이자수익은 회수가 불확실한 경우에는 인식하지 아니한다(일반기준 6장 부록 실6.152). 이는 회수가 불투명한 미수이자를 자산으로 계상하는 것은 자산의 인식기준에 부합하지 않기 때문이다.

(3) 세무회계상 유의할 사항

1) 미수이자

① 금융업의 경우

세법에서는 권리의무확정주의에 의하여 손익을 계산하지만, 금융업 등의 손익에 대하여는 예외로 하고 있다.

즉, 한국표준산업분류상 금융 및 보험업을 영위하는 법인의 경우 수입하는 이자 및 할인액, 보험료 · 부금 · 보증료 또는 수수료(이하 "보험료 등"이라 함)의 귀속사업연도는 그 이자 및 할인액 · 보험료 · 부금 · 보증료 또는 수수료가 실제로 수입된 사업연도로 하되, 선수입이자 및 할인액, 선수입보험료 등을 제외한다. 다만, 결산을 확정할 때 이미 경과한 기간에 대응하는 이자 및 할인액(법인세법 제73조 및 제73조의 2에 따라 원천징수되는 이자 및 할인액은 제외), 보험료상당액 등을 해당 사업연도의 수익으로 계상한 경우에는 그 계상한 사업연도의 익금으로 한다(법령 70조 1항 1호, 3항).

그러므로 현행 세법상 금융 및 보험업자의 수입금액 중 이자 및 할인액, 보험료 등에 대하여는 현금회수기준에 의하여 손익을 확정하는 것이 원칙이나, 비록 현금으로 회수가 되지 않았다 할지라도 권리의무확정주의에 의하여 수입할 권리가 확정된 이자 등에 대해서는 미수이자 상태에서 익금계상을 허용하고 있다. 다만, 원천징수대상이 되는 채권 · 증권의 이자, 할인액 및 투자신탁이익에 대한 기간경과분 미수수익은 일반기업회계기준 적용을 배제하여 익금불산입 처리하여야 한다.

한편, 보험회사가 보험계약과 관련하여 수입하는 이자 · 할인액 및 보험료 등으로서 보험업법 제120조에 따른 책임준비금 산출에 반영되는 항목 및 주택도시기금법에 따른 주택도시보증공사가 신용보증계약과 관련하여 수입하는 이자 · 할인액 및 보험료 등으로서 주택도시기금법 시행령 제24조에 따른 책임준비금의 산출에 반영되는 항목은 보험감독회계기준에 따라 수익으로 계상한 사업연도의 익금으로 한다(법령 70조 6항).

② 금융업 이외의 경우

일반기업회계기준상 이자에 대한 수익계상시기는 발생주의에 의하여 계상하게 된다. 그러나 세법에서는 금융업 이외의 법인일 경우 법인이 수입하는 이자 및 할인액은 소득세법 시행령 제45조에 따른 수입시기에 해당하는 날을 손익의 귀속시기로 하되, 결산을 확정함에 있어서 이미 경과한 기간에 대응하는 이자 및 할인액(법인세법 제73조 및 제73조의 2에 따라 원천징수되는 이자 및 할인액은 제외)을 해당 사업연도의 수익으로 계상한 경우에는 그 계상한 사업연도의 익금으로 하도록 규정하고 있다(법령 70조 1항 1호).

소득세법 시행령 제45조에서 규정하고 있는 이자소득의 수입시기는 다음과 같다.

가. 소득세법 제16조 제1항 제12호 및 제13호에 따른 이자와 할인액
약정에 따른 상환일. 다만 기일 전에 상환하는 때에는 그 상환일

나. 무기명채권 등의 이자와 할인액
그 지급을 받은 날

다. 기명채권 등의 이자와 할인액
약정에 의한 지급일

라. 파생결합사채로부터의 이익
그 이익을 지급받은 날. 다만, 원본에 전입하는 뜻의 특약이 있는 분배금은 그 특약에 따라 원본에 전입되는 날로 한다.

마. 보통예금 · 정기예금 · 적금 또는 부금의 이자
(가) 실제로 이자를 지급받는 날
(나) 원본에 전입하는 뜻의 특약이 있는 이자는 그 특약에 의하여 원본에 전입된 날
(다) 해약으로 인하여 지급되는 이자는 그 해약일
(라) 계약기간을 연장하는 경우에는 그 연장하는 날
(마) 정기예금연결정기적금의 경우 정기예금의 이자는 정기예금 또는 정기적금이 해약되거나 정기적금의 저축기간이 만료되는 날

바. 통지예금의 이자

인출일

사. 채권 또는 증권의 환매조건부 매매차익

약정에 의한 당해 채권 또는 증권의 환매수일 또는 환매도일. 다만, 기일 전에 환매수 또는 환매도하는 경우에는 그 환매수일 또는 환매도일로 한다.

아. 저축성보험의 보험차익

보험금 또는 환급금의 지급일. 다만, 기일 전에 해지하는 경우에는 그 해지일로 한다.

자. 직장공제회 초과반환금

약정에 따른 납입금 초과이익 및 반환금 추가이익의 지급일. 다만, 반환금을 분할하여 지급하는 경우 원본에 전입하는 뜻의 특약이 있는 납입금 초과이익은 특약에 따라 원본에 전입된 날로 한다.

차. 비영업대금의 이익

약정에 의한 이자지급일. 다만, 이자지급일의 약정이 없거나 약정에 의한 이자지급일 전에 이자를 지급받는 경우 또는 채무자의 파산 등으로 총수입금액에서 제외하였던 이자를 지급받는 경우에는 그 이자지급일로 한다.

카. 채권 등의 보유기간이자상당액

해당 채권 등의 매도일 또는 이자 등의 지급일

타. 상기의 이자소득이 발생하는 재산이 상속되거나 증여되는 경우

상속개시일 또는 증여일

즉, 세법에서는 이자수익의 손익귀속시기에 대해서 일반기업회계기준의 적용을 배제하고 있기 때문에 금융업 이외의 법인인 경우에도 원천징수대상인 이자소득에 대해서는 위에서 언급한 세법상 귀속사업연도 규정을 적용하여야 하므로 수익인식 시점의 차이로 인한 세무조정은 불가피하다 하겠다.

이와 같이 세법에서 원천징수대상이 되는 이자와 할인액에 대한 기간경과분의 이자를 각 사업연도의 익금으로 인정하지 않는 기본취지는 이자와 할인액을 지급할 때 원천징수를 함에 있어 혼란을 방지하고 원천징수업무를 원활히 운영하기 위한 것이다.

법인이 원천징수대상이 되는 이자와 할인액의 기간경과분을 수익으로 계상하는 경우 이를 세법상 익금으로 인정하게 되면 그 후 동 채권 또는 증권의 이자를 지급받을 때에는 동 익금(이미 산입된 기간경과분의 이자와 할인액 상당액)은 법인세법 시행령 제111조 제2항 제3호에서 규정한 「신고한 과세표준금액에 이미 산입된 미지급소득」에 해당되기 때문에 원

천징수대상소득에서 제외되며, 이에 따라 채권 또는 증권 등을 발행한 법인이 이에 상당하는 금액을 지급할 때에는 동 금액에 대하여 원천징수를 할 수 없게 되기 때문에 원천징수업무상 혼란을 가져오게 된다. 따라서 세법상으로는 이자와 할인액을 지급할 때 지급하는 이자와 할인액 전액에 대하여 원천징수를 할 수 있도록 하기 위하여 원천징수대상이 되는 이자와 할인액의 기간경과분을 수익으로 계상한 경우에도 이를 세법상 인정하지 않고 있다.

2) 미수임대료

법인세법상 자산의 임대소득에 대한 손익귀속시기는 다음에서 규정하는 바와 같다.

> 법인세법 시행령 제71조【임대료 등 기타 손익의 귀속사업연도】 ① 법 제40조 제1항 및 제2항의 규정을 적용함에 있어서 자산의 임대로 인한 익금과 손금의 귀속사업연도는 다음 각호의 날이 속하는 사업연도로 한다. 다만 결산을 확정함에 있어서 이미 경과한 기간에 대응하는 임대료 상당액과 이에 대응하는 비용을 당해 사업연도의 수익과 손비로 계상한 경우 및 임대료 지급기간이 1년을 초과하는 경우 이미 경과한 기간에 대응하는 임대료 상당액과 비용은 이를 각각 당해 사업연도의 익금과 손금으로 한다. (2001. 12. 31. 단서개정)
>
> 1. 계약 등에 의하여 임대료의 지급일이 정하여진 경우에는 그 지급일 (1998. 12. 31. 개정)
> 2. 계약 등에 의하여 임대료의 지급일이 정하여지지 아니한 경우에는 그 지급을 받은 날 (1998. 12. 31. 개정)

상기 규정의 의미는 계약상의 지급조건에 따라 임대료를 받기로 한 날 또는 계약상 지급일이 정해지지 않은 경우에는 실제 지급을 받은 날이 속하는 사업연도의 손익으로 인식하되, 기간경과분을 결산에 반영한 경우 및 임대기간이 1년 이상인 경우에는 계약기간 동안 안분하여 손익을 인식하여야 한다는 것이다. 결국 이와 같은 처리는 일반기업회계기준상의 발생주의를 인정하는 것이므로 일반기업회계기준에 의한 회계처리를 했다면 세무조정사항은 없다.

3) 부실채권에 대한 이자

부실채권에 대한 이자를 익금으로 산입하여야 하는지에 대하여 국세청의 유권해석을 통해 살펴보면, 거래처의 부도 등으로 인하여 발생한 부실채권으로서 채무자의 재산이 없거나 당해 채권을 변제받을 수 없음이 객관적으로 인정되는 경우에는 당해 채권에 대한 미수이자를 수입이자로 계상할 수 없다고 해석하고 있다(법인 46012-118, 1996. 1. 15.).

본 유권해석의 내용은 일반기업회계기준과 그 뜻을 같이 하는 것으로 보여질 수도 있으나, 차이점은 '채무자의 재산이 없거나 해당 채권을 변제받을 수 없음이 객관적으로 인정되는 경우'에만 수입이자로 계상할 수 없다고 해석함으로써 법인세법상 대손요건에 준하는 사유가 발생한 경우로만 한정적으로 해석하고 있는 것으로 판단된다. 따라서 이에 해당되지 않는 경우에는 세무조정시 익금산입(유보)한 후 법인세법상 대손사유가 발생하는 시점에 추인(△유보)하여야 할 것이다.

한편 법인세법상 이자소득은 소득세법상 이자소득의 수입시기가 도래하는 시점에 익금에 산입하는 것을 원칙으로 하되, 기간경과분을 미수이자로 하여 결산반영한 경우 익금으로 인정(원천징수되는 이자 등은 제외)하고 있다. 따라서 부실채권에 대한 이자소득 중 수입시기가 미도래한 분에 대하여는 결산상 미수이자로 계상하지 않는 경우에도 법인세법상 별도의 세무조정이 필요가 없을 것이며, 상기의 내용은 소득세법상 수입시기가 도래한 이자에 대하여만 적용되는 것이다.

11. 선급금

(1) 개념 및 범위

선급금이란 상품 · 원재료 등의 매입을 위하여 선급한 금액을 말한다. 선급금은 기업의 주된 영업활동과 관련되어 선급한 금액을 처리하는 것으로서, 주된 영업활동이 아닌 유형자산의 취득 등과 관련하여 선급한 금액은 선급금이 아니고 건설중인자산으로 처리하여야 한다.

예를 들어, 건설기업이 건축자재 매입을 위해 선급한 금액은 건축물의 원재료를 매입하기 위하여 선급한 금액이므로 선급금으로 처리하여야 하나, 일반제조기업이 공장건설을 위하여 선급한 자재대금은 유형자산 중 건설중인자산으로 처리하여야 한다.

실무상 선급금과 혼동되어 사용되는 계정이 몇 가지 있는데 다음과 같이 올바른 계정분류가 필요하다(일반제조업을 기준으로 한 것임).

- 건물, 기계의 건설시 자재대금을 선급한 금액은 건설중인자산으로 처리한다.
- 임차목적으로 선급한 금액은 보증금으로서 기타비유동자산으로 처리한다.
- 자금대여 목적으로 지출된 금액은 대여금으로 처리한다.

(2) 기업회계상 회계처리

1) 선급금의 발생

선급금의 발생액은 선급금계정의 차변에 기입하는데 예를 들면 다음과 같다.

사례 (주)삼일은 을회사로부터 상품 ₩1,000,000을 매입하기로 하고 상품대금 중 ₩1,000,000을 현금 지급하였다.

(차) 선 급 금 1,000,000 (대) 현금 및 현금성자산 1,000,000

실무적으로 선급하는 거래처가 많고 발생빈도가 많은 경우에는 간편법으로서 선급금 발생시 매입채무계정 차변에 기입하는 방법도 있으나, 이 경우 기말 결산시에 매입채무계정의 차변에 기입되어 있는 선급금 상당액을 선급금계정으로 대체하여야 한다.

2) 선급금의 소멸

선급금이 소멸하는 경우는 크게 2가지로 나누어 볼 수 있다.

① 선급한 재화의 구입

사례 1 (주)삼일은 을사로부터 상품 ₩1,000,000 매입조로 ₩100,000을 선급했고 동 상품을 약정일에 외상매입하였다.

(차) 상 품	1,000,000	(대) 선 급 금	100,000
		매 입 채 무	900,000

사례 2 (주)삼일은 을사와 부분품 ₩5,000,000 상당액의 외주가공계약을 체결하고 선지급조로 ₩500,000을 지급했으며 약정인도일에 동 부분품을 납입받고 잔금 ₩4,500,000을 당좌수표로 지급하였다.

(차) 외 주 가 공 비	5,000,000	(대) 선 급 금	500,000
		현금 및 현금성자산	4,500,000

② 계약위반으로 인한 소멸

사례 (주)삼일은 을사와 상품 ₩1,000,000의 매입계약을 체결하고 ₩100,000을 현금으로 선지급하였다.

- 거래처(을)의 계약 위반과 동시에 선급금을 반환받는 경우

(차) 현금 및 현금성자산	100,000	(대) 선 급 금	100,000

- 거래처 을이 계약 위반했으나 아직 선급금을 반환받지 못한 경우

(차) 미 수 금	100,000*	(대) 선 급 금	100,000

* 이 경우에 상품청구권이 소멸하고 금전채권이 새로 발생하는 것으로 보아 선급금계정을 미수금계정으로 대체하고 회수가능성 정도를 고려하여 대손충당금을 설정한다.

- 당사 (주)삼일이 매입계약을 파기한 경우

이 경우는 대부분 선급금을 반환받지 못할 것이므로 잡손실로 처리하여야 할 것이다.

(차) 잡 손 실	100,000	(대) 선 급 금	100,000

3) 대손충당금의 설정

선급금은 재고자산 등을 청구할 권리가 부여되어 있는 것으로서 성격상 금전채권이라 볼 수 없으므로 일반기업회계기준상 대손충당금을 설정할 수 없으며, 명시적으로도 대손충당금 설정대상 채권으로 규정하고 있지는 않다. 만일 상품 등의 구입을 위해 선급한 거래처가 계약을 위반하거나 부도의 발생 등으로 인하여 재고자산을 구입할 가능성도 희박하고 선급금의 현금회수도 어려울 경우에는 선급금을 먼저 미수금으로 계정 대체하고 동 미수금에 대해 대손충당금을 설정하는 방법은 가능하다.

제2절 재고자산

1. 재고자산의 일반사항

(1) 재고자산의 의의 및 범위

재고자산(inventory)은 정상적인 영업과정에서 판매를 위하여 보유하거나 생산과정에 있는 자산 및 생산 또는 서비스 제공과정에 투입될 원재료나 소모품의 형태로 존재하는 자산을 말한다(일반기준 7장 문단 7.3).

즉, 재고자산에는 외부로부터 매입하여 재판매를 위해 보유하는 상품, 미착상품, 적송품 및 토지와 기타 자산, 판매 목적으로 제조한 제품과 반제품, 판매 목적으로 생산중에 있는 재공품 및 생산과정이나 서비스를 제공하는 데 투입될 원재료와 부분품, 소모품, 소모공구기구, 비품 및 수선용 부분품 등의 저장품을 포함한다(일반기준 7장 부록 실7.1).

다만, 재고자산에 포함되는 공구 및 비품은 당기 생산과정에 소비 또는 투입될 품목에 한하며, 한 회계기간 이상 사용할 것으로 예상되는 품목이면 고정자산으로 분류한다(일반기준 7장 부록 실7.2). 이와 관련하여 일반기업회계기준 제10장 유형자산 문단 10.6에서도 중요한 예비부품이나 대기성 장비로서 기업이 1년 이상 사용할 것으로 예상하는 경우에는 이를 유형자산으로 분류하지만, 대부분의 경우 예비부품과 수선용구는 재고자산으로 계상하고 사용되는 시점에서 당기손익으로 처리하도록 하고 있다.

한편, 재고자산은 주된 영업활동이 무엇이냐에 따라 달라질 수 있다. 예를 들어 일반제조기업이 보유하고 있는 토지, 건물 등은 유형자산으로 분류되나, 부동산매매 및 알선을 주업으로 하는 부동산매매업자가 보유하는 판매 목적의 부동산은 재고자산으로 분류된다.

재고자산의 회계처리가 중요한 이유는 재고자산원가를 합리적으로 각 회계기간에 배분해야만 기간이익을 적정하게 측정할 수 있기 때문이다. 매출원가는 (기초재고액+당기매입액-기말재고액)으로 산출되는 바, 재고자산의 가액은 매출원가에 영향을 주어 결과적으로 당기순이익의 크기에 영향을 미친다.

이와 같이 재고자산 회계에 있어서 가장 중요한 과제는 보고기간말 현재 재고자산의 장부금액을 적절하게 결정하는 것이라 할 것인 바, 일반기업회계기준 제7장(재고자산)에서는 재고자산의 회계처리와 공시에 필요한 사항을 정하고 있고, 일반기업회계기준 제27장(특수활동) 제1절(농림어업)에서는 농림어업활동과 관련된 회계처리와 공시에 대한 사항을 정하고 있다(일반기준 7장 문단 7.1, 27장 문단 27.1).

다만, 건설형 공사계약에서 발생하는 진행중인 건설공사는 일반기업회계기준 제16장(수익) 제2절(건설형 공사계약)에 따라 회계처리하여야 할 것인 바 '손익계산서 중 매출액편'을 참조하기로 하며, 금융상품은 일반기업회계기준 제6장(금융자산 · 금융부채)에 따라 회계처리하여야 할 것인 바 '재무상태표 중 당좌자산 및 투자자산편'을, 온실가스 배출권은 일반기업회계기준 제33장(온실가스 배출권과 배출부채)에 따라 회계처리하여야 할 것인 바 '특수회계 중 온실가스 배출권과 배출부채편'을 참조하기로 한다.

(2) 재고자산의 취득원가결정

일반적으로 재고자산은 역사적 원가주의에 의하여 취득원가로 평가된다. 여기서 취득원가(acquisition cost)란 재고자산을 판매가능한 상태로 판매가능한 장소에 옮기는 데까지 소요된 모든 지출액을 의미한다. 따라서 취득원가에는 매입가격뿐만 아니라 매입과 관련된 운반 · 취급을 위한 지출비용, 운반보험료, 수입관세 및 세금(향후 환급받을 수 있는 세금 및 구매자로부터 회수할 수 있는 소비세는 제외) 등의 매입부대비용도 포함하여야 한다.

이하에서는 각각의 구입형태 등에 따른 재고자산의 취득원가결정에 대하여 살펴본다.

1) 외부로부터 매입한 경우

외부로부터 매입한 재고자산의 취득원가는 매입원가를 말하며, 매입원가는 매입금액에 매입운임, 하역료 및 보험료 등 취득과정에서 정상적으로 발생한 부대원가를 가산한 금액을 말한다. 하지만 매입과 관련된 할인, 에누리 및 기타 유사한 항목은 매입원가에서 차감한다. 또한 성격이 상이한 재고자산을 일괄하여 구입한 경우에는 총매입원가를 각 재고자산의 공정가치비율에 따라 배분하여 개별 재고자산의 매입원가를 결정한다(일반기준 7장 문단 7.6).

일반적으로 재고자산의 매입가액은 대부분 외부에서 작성한 송장가액 등으로 그 취득가액을 결정하는 데 어려움이 없으나, 재고자산을 취득하는 과정에서 소요된 매입부대원가와 거래처로부터 매입과 관련된 할인, 에누리 등에 대하여는 다소의 문제점이 발생할 수가 있다.

① 매입부대원가

매입부대원가란 재고자산의 취득에 직접적으로 관련되어 있으며 정상적으로 발생되는 부대원가를 말하는 것으로(일반기준 7장 문단 7.6), 일반적으로 매입운임, 하역료 및 보험료뿐만 아니라 수입과 관련된 수입관세 및 세금(기업이 과세 당국으로부터 나중에 환급받을 수 있는 것은 제외) 등이 포함된다.

매입과 관련된 비용은 크게 그 발생내용에 따라 외부부대비용과 내부부대비용으로 구분될 수 있다. 즉 외부부대비용은 재고자산이 입고될 때까지 외부에 지급되는 비용으로 운임, 매입수수료, 관세, 통관비 등이 해당되며, 내부부대비용은 구입품에 관련해서 발생하는 내부용역비용으로서 구매사무비용과 물품이 도착한 때부터 소비 또는 판매 직전까지 발생한 검수, 정리, 선별 등을 하기 위한 비용이 이에 해당한다.

취득과정에서 정상적으로 발생한 외부부대비용은 매입자산의 경제적 가치를 증가시키는 지출이므로 당연히 매입원가에 산입하여야 한다. 하지만 내부부대비용에 대하여는 그 원가성에 대하여 논란의 여지가 있다. 현재 일반기업회계기준 제7장 문단 7.10 (2)에서는 내부부대비용의 일종인 재고자산의 보관비용(추가 생산단계에 투입하기 전에 보관이 필요한 경우 발생하는 보관비용은 제외)은 기간비용으로 처리하도록 하고 있으며, 회계실무면에서도 내부부대비용의 성격에 따라 제조경비나 판매비와관리비로 처리하는 것이 일반적이다. 이렇게 내부부대비용을 매입원가에 산입하지 아니하는 것은 그 원가성의 시비에 대한 논란에 비하여 그 금액이 법인의 기말재고자산 및 과세소득에 미치는 영향이 크게 중요하지 않기 때문이다.

② 매입에누리와 환출

재고자산의 구입 이후 물품의 파손이나 결함 등에 기인하여 거래처로부터 매입대금의 일정액을 할인하여 받는 매입에누리는 매출에누리의 상대적 거래로서 이는 당연히 재고자산의 취득가액에서 차감되어야 하고, 구입한 재고자산의 반품에 따른 매입환출도 역시 매입원가에서 차감되어야 한다. 일반기업회계기준 제7장 문단 7.6에서도 매입에누리 및 기타 유사한 항목은 매입원가에서 차감하도록 규정하고 있다.

이와 관련하여 한국회계기준원의 질의회신(2011-G-KQA 001, 2011. 6. 23.)에서는 상품수입시 상품매입가격 인하를 목적으로 지급된 광고지원비, 매장공사지원비(외화매입채무의 환율변동에 대한 손실분 등의 일부를 매장공사비 명목으로 지원) 등은 매입에누리의 성격으로 보아 매입원가에서 차감하도록 하고 있다.

③ 매입장려금

일반기업회계기준 제7장 문단 7.6에서 매입에누리 및 기타 유사한 항목은 매입원가에서 차감하도록 하고 있으므로, 이와 유사하게 매입회사에서는 매입장려금을 매입원가에서 차감하여야 할 것이다.

하지만 특정 재고의 구입과 직접 관련하여 현금의 형태로 지급받는 장려금은 특정 재고의 매입가액과 그 대응이 비교적 용이하다고 할 수 있으나, 현금 이외의 형태로 지급받아 특정 재고의 매입가액과 직접적인 대응이 곤란한 경우에는 수입장려금을 직접 취득가액에서 차감하여 수정하는 방법보다는 별도로 영업외수익 등으로 처리함이 보다 합리적일 것이다.

④ 매입할인

매입채무를 그 약정기일 전에 지급함으로써 지급일부터 약정기일까지의 일수에 비례하여 일정액의 할인을 받는 매입할인의 회계처리방법은 총액법과 순액법으로 분류할 수 있다.

총액법이란 구매자가 할인기간 내에 대금을 지급하여 할인받는 경우에는 총매입액에서 동 할인액을 차감하고 그렇지 않은 경우에는 추가적인 회계처리를 하지 않는 방법을 말한다. 반면 순액법이란 송장가액에서 할인기간 내에 대금을 지급하여 할인받을 금액을 차감한 후의 금액을 매입가액으로 계상하며, 만약 할인기간을 경과하여 대금을 지급할 경우 최초 계상한 매입가액과 실지 지급액과의 차액(할인액)을 이자비용으로 처리하는 방법을 말한다.

이와 관련하여 일반기업회계기준 제7장 문단 7.6에서는 매입과 관련된 할인은 매입원가에서 차감하도록 규정하고 있으므로 일반기업회계기준에서는 총액법만을 인정하고 있다.

⑤ 공통부대원가

여러 종류의 재고자산을 일괄하여 매입하는 경우에 공통으로 발생하는 비용으로서 재고자산의 종류별로 직접 구분되지 않는 때에는 매입재고자산의 공정가치, 중량, 용적 등 합리적인 배분기준에 의하여 안분계상함이 타당하나 그 안분이 극히 곤란하며 금액적으로 중요하지 않는 경우에는 매입액에 부가하여 기재하되 전액을 당기의 매출원가에 가산할 수도 있을 것이다.

⑥ 비정상적인 지출

경우에 따라서는 재고자산의 매입시 자원의 낭비나 비효율적인 사용 등 비정상적인 사건에 따른 지출도 발생할 수 있는데 이 경우 발생한 매입부대원가는 매입원가에 가산하지 않고 당기비용으로 처리하여야 한다. 즉 매입원가에 가산하는 매입부대비용에는 재고자산의 취득과정에서 정상적으로 발생한 지출만을 의미하는 것이다(일반기준 7장 문단 7.10).

2) 자기가 제조 또는 생산한 제품 등의 경우

자기의 생산수단으로 제조, 채굴, 채취, 재배, 양식 그밖의 이에 준하는 행위에 의하여 취득한 재고자산의 취득원가는 제조 또는 생산하기 위하여 지출된 재료비, 노무비 및 경비 등의 합계액인 제조원가 또는 생산원가를 말한다.

즉, 자기가 제조 또는 생산하는 재고자산의 취득원가는 원가계산이라는 일련의 회계절차에 의하여 확정되며 따라서 제조 및 생산활동과 직접 관련이 없는 판매비와관리비, 영업외비용 등은 취득원가에 산입하지 않는다.

직접 제조 또는 생산한 제품 등의 원가계산방법은 여러 가지가 있지만 각 기업의 생산형태, 원가계산의 범위 및 원가측정방법에 따라 다음과 같이 분류할 수 있을 것이다.

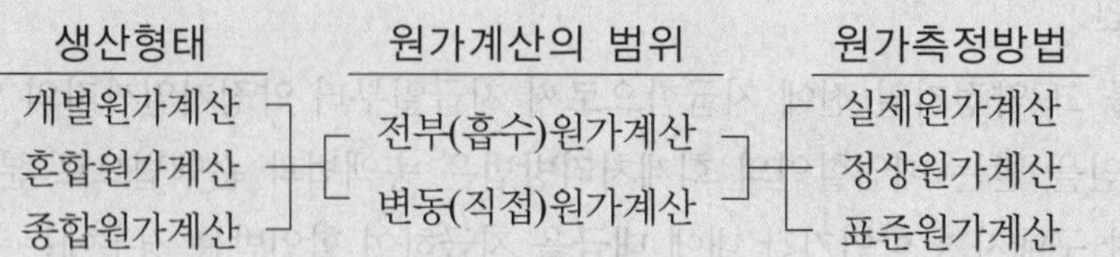

① 원가계산범위에 따른 원가계산방법

일반기업회계기준 제7장 문단 7.7에서는 제품, 반제품 및 재공품 등 재고자산의 제조원가는 보고기간말까지 제조과정에서 발생한 직접재료원가, 직접노무원가, 제조와 관련된 변동 및 고정 제조간접원가의 체계적인 배부액을 포함하도록 하고 있다. 여기서 변동제조간접원가(variable manufacturing overhead cost)란 간접재료비 또는 간접노무비와 같이 생산량에 비례하여 발생하는 제조간접원가를 말하며, 고정제조간접원가(fixed manufacturing overhead cost)란 공장건물 또는 공장설비의 감가상각비나 공장관리비와 같이 생산량에 관계 없이 거의 일정하게 발생하는 제조간접원가를 말한다(일반기준 7장 용어의 정의).

즉, 일반기업회계기준 제7장에서는 직접재료원가와 직접노무원가뿐만 아니라 제조간접원가도 제품원가에 포함시켜 계산하는 전부원가계산(full costing) 또는 흡수원가계산(absorption costing)방법에 의하여 재고자산의 제조원가를 계산하도록 규정한 것이다.

이러한 전부(흡수)원가계산을 이용하여 작성하는 손익계산서를 전통적인 손익계산서 또는 기능적 손익계산서(functional income statement)라고 하며 기업외부의 재무정보이용자를 위하여 공시하는 목적으로 사용된다.

참고적으로 전부(흡수)원가계산과 대비되는 원가계산방법으로 모든 원가를 변동원가와 고정원가로 구분하여 직접재료원가, 직접노무원가 및 변동제조간접원가만을 제조원가에 포함시키고 고정제조간접원가는 기간비용처리하는 변동원가계산(variable costing) 또는 직접원가계산(direct costing)방법이 있다. 변동(직접)원가계산방법에 의하여 작성되는 손익계산서를 공헌이익 손익계산서(contribution income statement)라고 하며 매출액에서 변동원가를 차감하여 공헌이익을 계산하고, 그 공헌이익으로부터 고정원가를 차감하여 영업이익을 계산한다. 이러한 변동(직접)원가계산방법은 CVP분석이나 가격결정 등 경영자의 관리적 의사결정 목적으로는 유용하지만 변동원가와 고정원가의 임의적인 구분에 따라 제조원가가 달라지며 고정원가의 중요성을 간과하여 장기적인 가격결정에 왜곡이 생길 수 있는 등의 단점이 있어 재무보고 목적이나 세무보고 목적으로는 인정되지 않는다.

② 제조간접원가의 배부

일반적으로 각 공정별 · 제품별로 제조간접원가를 추적하는 것이 불가능한 경우가 대부분일 것이다. 따라서 전부원가계산방법에 의하여 제조원가를 계산하는 경우 제조간접원가는 일정한 배부기준을 사용하여 원가대상에 배부하게 된다.

일반기업회계기준 제7장 문단 7.8에서는 고정제조간접원가는 원칙적으로 생산설비의 정상조업도에 기초하여 제품에 배부하며, 변동제조간접원가는 생산설비의 실제 사용에 기초하여 각 생산단위에 배부하도록 규정하고 있다. 여기서 정상조업도(normal rate of operation)란 정상적인 유지 및 보수 활동에 따른 조업중단을 감안한 상황 하에서 평균적으로 달성할 수 있을 것으로 기대하는 생산수준을 말한다(일반기준 7장 용어의 정의).

고정제조간접원가를 정상조업도에 기초하여 배부하도록 규정한 이유는 단위당 고정제조간접원가 배부액이 비정상적으로 낮은 조업도나 유휴설비로 인하여 증가하여서는 안되기 때문이다. 하지만 예외적으로 실제 생산수준이 정상조업도와 유사한 경우에는 실제조업도를 사용할 수 있도록 하고 있으며, 실제조업도가 정상조업도보다 높은 경우에는 실제조업도에 기초하여 고정제조간접원가를 배부함으로써 재고자산이 실제 원가를 반영하도록 하였다(일반기준 7장 문단 7.8).

상기의 사항을 요약하면 다음과 같다.

구 분		배부기준
고정제조간접원가	실제조업도 ≥ 정상조업도	실제조업도
	실제조업도 ≒ 정상조업도	정상조업도 또는 실제조업도
	실제조업도 < 정상조업도	정상조업도
변동제조간접원가		생산설비의 실제 사용에 기초하여 배부

③ 공통원가의 배부

제품을 제조하는 기업들은 동일(유사)한 원재료를 투입하여 단일생산공정을 통하여 여러 가지 제품을 생산하거나 주산물과 부산물을 동시에 생산하는 경우가 있다. 이 경우 분리점(split-off point)에 도달하기 전까지 제품제조과정에서 발생한 공통원가를 개별제품별로 정확히 원가배분하기는 현실적으로 불가능하지만 생산과정에서 필수적으로 발생한 비용이므로 합리적인 배부기준에 따라 배분하여야 한다.

일반적으로 공통원가의 배부기준은 크게 두 가지로 나눌 수 있는데, 첫째는 결합제품의 상대적 가치를 기준으로 하는 방법으로 상대적 판매가치법, 순실현가치법 등이 있고, 둘째는 결합제품의 물리적 특징을 기준으로 하는 물량기준법이 있다.

상대적 판매가치법(relative sales value method)은 분리점에서 개별제품의 상대적인 판매가치를 기준으로 공통원가를 배분하는 방법을 말하며, 순실현가치법(net realizable value method)은 개별제품의 최종 판매가격에서 분리점 이후 발생한 개별원가(이하 "분리원가"라 함)와 추정판매부대비용을 차감한 순실현가치를 기준으로 공통원가를 배분하는 방법이다. 또한 물량기준법(physical quantities method)이란 각 제품의 생산수량이나 무게, 부피, 면적 등을 기준으로 공통원가를 배분하는 방법을 말한다.

사례 1~3 공통자료 (주)삼일은 갑, 을, 병의 세 가지 제품을 생산하고 있다. 이들 제품은 제조 초기에는 단일 생산공정을 거치며 분리점 이후에 각각의 생산공정을 추가로 거쳐 최종 판매가능제품이 된다. 당기에 단일생산공정에서 발생한 공통원가는 ₩1,800,000이였다.

제품	생산량	중량	분리점에서의 판매가능가액	분리원가	최종판매가액	추정판매부대비용
갑	1,000개	300Kg	₩720,000	₩67,000	₩850,000	₩29,000
을	2,000개	200Kg	₩1,200,000	₩176,000	₩1,540,000	₩90,000
병	3,000개	100Kg	₩480,000	₩23,000	₩610,000	₩15,000
합계	6,000개	600Kg	₩2,400,000	₩266,000	₩3,000,000	₩134,000

사례 1 공통원가를 분리점에서의 상대적 판매가치법에 의해 배부할 경우 각 제품별 공통원가 배부액은 얼마인가?

제품	분리점에서의 판매가능가액	배부비율	공통원가배부액
갑	₩720,000	30%	₩540,000
을	₩1,200,000	50%	₩900,000
병	₩480,000	20%	₩360,000
합계	₩2,400,000	100%	₩1,800,000

사례 2 공통원가를 순실현가치법에 의해 배부할 경우 각 제품별 공통원가 배부액은 얼마인가?

제품	최종판매가액 ⓐ	분리원가 ⓑ	추정판매비용 ⓒ	순실현가치 (ⓐ－ⓑ－ⓒ)	배부비율	공통원가배부액
갑	₩850,000	₩67,000	₩29,000	₩754,000	29%	₩522,000
을	₩1,540,000	₩176,000	₩90,000	₩1,274,000	49%	₩882,000
병	₩610,000	₩23,000	₩15,000	₩572,000	22%	₩396,000
합계	₩3,000,000	₩266,000	₩134,000	₩2,600,000	100%	₩1,800,000

사례 3 공통원가를 물량기준법에 의해 배부할 경우 각 제품별 공통원가 배부액은 얼마인가?

제품	중 량	배부비율	공통원가배부액
갑	300Kg	50%	₩900,000
을	200Kg	33.33%	₩600,000
병	100Kg	16.67%	₩300,000
합계	600Kg	100%	₩1,800,000

위와 관련하여 일반기업회계기준 제7장 문단 7.9에서는 단일 생산공정을 통하여 여러 가지 제품을 생산하거나 주산물과 부산물을 동시에 생산하는 경우에 발생한 공통원가는 각 제품을 분리하여 식별할 수 있는 시점이나 완성한 시점에서 개별 제품의 상대적 판매가치를 기준으로 하여 배부하도록 하고 있다. 다만 경우에 따라 생산량기준 등을 적용하는 것이 더 합리적이라고 판단될 때에는 그 방법을 적용할 수 있으며, 중요하지 않은 부산물은 순실현가능가치를 측정하여 동 금액을 주요 제품의 제조원가에서 차감하여 처리할 수 있도록 하였다.

④ 기간비용으로 인식할 원가

일반기업회계기준 제7장 문단 7.10에서는 재고자산 원가에 포함할 수 없으며 발생기간의 비용으로 인식하여야 하는 원가를 다음과 같이 예시하고 있다.

> **일반기업회계기준 제7장【재고자산】**
>
> 7.10. 재고자산 원가에 포함할 수 없으며 발생기간의 비용으로 인식하여야 하는 원가의 예는 다음과 같다.
>
> (1) 재료원가, 노무원가 및 기타의 제조원가 중 비정상적으로 낭비된 부분
> (2) 추가 생산단계에 투입하기 전에 보관이 필요한 경우 외의 보관비용
> (3) 재고자산을 현재의 장소에 현재의 상태로 이르게 하는 데 기여하지 않은 관리간접원가
> (4) 판매원가

즉, 일반기업회계기준 제7장에서는 위와 같이 재고자산 원가로부터 제외하여 기간비용으로 인식하여야 할 항목을 나열하여 정상적으로 발생한 제조간접비만 제조원가에 포함될 수 있도록 하였다.

3) 서비스기업의 재고자산 원가

서비스기업의 재고자산 원가는 서비스의 제공에 직접 종사하는 인력의 노무원가와 기타

직접 관련된 재료원가와 기타원가로 구성된다. 서비스 제공과 직접 관련이 없는 판매 및 일반관리 업무에 종사하는 인력의 노무원가와 기타원가는 재고자산 원가에 포함되지 않으며 발생한 기간의 비용으로 인식한다(일반기준 7장 문단 7.11).

4) 생물자산과 수확물의 원가

생물자산(살아있는 동물이나 식물)은 최초 인식시점에 원가로 측정한다. 이 경우 생물자산의 원가는 구입금액과 구입에 직접 관련이 있는 지출로 구성된다(일반기준 27장 문단 27.5).

생물자산에서 수확된 수확물은 수확시점에 공정가치에서 추정 매각부대원가를 차감한 금액(이하 '순공정가치'라 함)으로 측정하되, 수확물의 공정가치를 신뢰성 있게 측정할 수 없는 경우에는 원가로 측정한다. 이때, 수확물을 최초 인식시점에 순공정가치로 인식하여 발생하는 평가손익은 발생한 기간의 당기손익에 반영한다(일반기준 27장 문단 27.6).

5) 재고자산 취득과 관련된 차입원가

① 차입원가의 자본화

재고자산의 취득원가는 구입가액뿐만 아니라 판매가능한 상태에 이르기까지 소요된 매입(제조)원가 및 정상적으로 발생한 부대비용을 포함한다. 하지만 매입 또는 제조를 위한 자금에 차입금이 포함된다면 이러한 차입금에 대한 차입원가를 취득원가에 포함시킬 것인지 논란이 될 수 있을 것이다. 이와 관련하여 일반기업회계기준 제18장에서는 표준적 회계처리로 차입원가를 기간비용으로 처리하도록 규정하고 있으며 대체적인 회계처리방안으로 차입원가를 자본화할 수 있도록 규정하고 있다(일반기준 18장 문단 18.4).

또한, 차입원가를 자본화하기로 결정하였다 하더라도 일상적 · 반복적으로 대량판매 목적으로 구입 또는 생산한 상품 · 제품 등의 재고자산과 관련하여 발생한 차입원가는 이를 개별적인 재고자산에 배분하는 것이 정보의 효익과 비용 측면에서 실무상 실익이 없으므로 기간비용으로 처리하는 것이 바람직할 것이다. 그러나 제작에 많은 자금과 긴 기간이 소요되는 자산, 예를 들면 기계설비, 선박, 선건설 후분양아파트, 임대 후 분양아파트, 부동산 개발 등의 경우에는 제작 또는 건설 중에는 차입원가가 기간비용화되어 손실이 발생하고 판매시에는 차입원가부담분에 대한 수익이 계상되어 기간손익의 왜곡이 초래된다. 따라서 제조 또는 건설에 장기간이 소요되는 재고자산의 제작 등과 관련된 차입원가는 재고자산의 취득원가에 산입하는 것이 기간손익의 적정성을 위하여 보다 합리적일 것이다. 일반기업회계기준 제18장(차입원가자본화) 문단 18.4에서도 유형자산, 무형자산 및 투자부동산과 제조, 매입, 건설, 또는 개발(이하 '취득'이라 함)이 개시된 날로부터 의도된 용도로 사용하거나 판매할 수 있는 상태가 될 때까지 1년 이상의 기간이 소요되는 재고자산(이하 '적격자산'이라 함)의 취득을 위한 자금에 차입금이 포함된다면 이러한 차입금에 대한 차입원가는 적격자산의 취득에 소요되는 원가로 회계처리 할 수 있다고 규정하고 있다. 자본화대상자산과 자본화대상금액 등에 대한 자세한 내용은 '유형자산 중 차입원가자본화편'을 참조하기로 한다.

② 연불조건 수입시의 발생이자

일반기업회계기준 제7장에서는 Usance Bill 또는 D/A Bill과 같이 연불조건으로 원자재를 수입하는 경우에 발생하는 이자는 차입원가로 처리하도록 하고 있다(일반기준 7장 부록 실7.3). 즉, 연불조건으로 원재료를 수입하는 경우 취득시점의 현금구입 가격보다 실제 총지급액이 더 많게 되며, 이러한 차액은 결국 대가지급을 이연시킨 결과이므로 차입원가의 자본화대상이 아닌 한 실제 지급시까지의 기간에 걸쳐 이자비용으로 인식하도록 한 것이다.

6) 수출용 원재료의 관세환급금

수출용 원재료를 수입하는 경우 수출용 원재료에 대한 관세 등 환급에 관한 특례법의 규정에 의하면 수입시에 관세 등을 먼저 부담하고 그 원재료를 사용하여 제품을 생산 · 수출하게 될 경우에는 수입시 부담한 관세를 다시 환급받게 된다. 이렇게 수출용 원재료에 대한 관세 등을 환급받음에 따라 문제가 되는 것은 최초에 납부한 관세 등을 매입부대비용으로 보아 수출용 원재료의 취득가액에 산입할 것인가 하는 점이다. 물론 환급받지 못할 관세 등의 납부액은 당연히 취득가액에 산입하여야 하나, 관세환급금의 회계처리상 문제점은 일반적으로 관세환급금이 취득시점보다 훨씬 나중에 환급된다는 사실과 또한 취득시점에서는 그 환급예상액을 정확히 알 수 없다는 사실에서 비롯된다.

관세환급금을 회계처리하는 방법으로는 다음과 같은 것이 있다.

첫째, 사후에 환급받을 것을 예상하여 미정산계정(가지급금 또는 선지급계정 등)으로 처리하였다가 수출이 이행되어 관세환급을 받을 때 정산하는 방법

둘째, 관세 등 납부액을 당해 원재료가액에 산입하고 사후 환급금은 영업외수익이나 매출 등에 계상하는 방법

셋째, 관세 등 납부액을 원재료가액에 산입하고 사후 환급금을 매출원가에서 차감하는 방법

첫째 방법은 관세 등 환급금이 매출이나 매출원가에는 전혀 영향을 미치지 않으나 수출이 이행되지 못한 경우에는 당초 원재료의 취득가액을 수정하고 수출이 이행될 때마다 정산하여야 하는 번잡성이 있으며, 둘째 방법은 취득된 시점에서 발생된 원가를 모두 원가에 산입한다는 점에서 편리하기는 하나 당해 제품의 대금으로서의 대가가 아닌 금액을 매출

에 계상하는 모순 또는 영업외수익으로 계상할 경우 매출액과 매출원가의 대응이 불합리한 문제점이 있다. 결국 셋째 방법이 일반적으로 기업에 의하여 채택되고 있는 방법으로 대부분 당해 원재료가액을 직접 개별적으로 수정하거나 제품제조원가에서 직접 수정하는 방법보다는 손익계산서상 매출원가에서 차감하는 방법으로 처리하고 있다.

7) 의제매입세액

사업자가 부가가치세의 면제를 받아 공급받은 농산물 · 축산물 · 수산물 또는 임산물을 원재료로 하여 제조 · 가공한 재화 또는 창출한 용역의 공급이 부가가치세가 과세되는 경우에는 공급받은 재화의 가격에 부가가치세가 포함되어 있는 것으로 보아 매입가액의 일정 비율에 상당하는 금액을 의제매입세액으로 공제받을 수 있다. 따라서 여타의 일반적인 재고자산 구입에 따른 부가가치세 매입세액의 경우와 동일하게 이러한 의제매입세액에 상당하는 금액은 매입가액에서 차감하여야 한다. 즉 의제매입세액과 관련한 회계처리는 다음과 같다.

① 의제매입세액 공제대상이 되는 원재료의 취득시

(차) 원 재 료	20,000	(대) 현 금	20,000

② 의제매입세액 공제시

(차) 부가세매입세액	392*	(대) 원 재 료	392*

$* 20,000 \times \frac{2}{102} \fallingdotseq 392$

따라서 의제매입세액은 원재료의 마이너스 부대비용이라 할 수 있다. 그러므로 의제매입세액이 공제되는 원재료의 기말재고에 대한 평가는 공급받은 가액에서 의제매입세액 상당액을 차감하여 평가하여야 한다. 그러나 만약 의제매입세액 공제신고를 하지 않았을 경우나 신고했더라도 공제받지 못한 경우에는 매입원가에 산입한다.

8) 화물선취보증서(L/G)에 의하여 취득하는 경우

원재료 등을 외국으로부터 수입하는 경우 실물인 원재료는 우리나라 항구에 도착되었지만 이에 관한 선하증권(B/L)은 수출업자의 Nego은행을 통하여 수입업자의 수입신용장 개설은행 앞으로 도착되는 국제통신일수가 수입화물의 운항일수보다 많이 소요되기 때문에 선하증권이 늦게 도착하여 원재료를 수입하는 기업에서는 이를 통관할 수 없게 되는 경우가 있다.

이 때 원재료를 수입하는 기업에서는 선박기업으로부터 화물도착통지서(Arrival Notice : A/N)를 입수하여 선적서류와 함께 외국환은행에 제출하여 화물선취보증서(Letter of Guarantee : L/G)를 발급받아 원재료를 인도(통관)받는 경우가 있는데, 이 경우 수입원재료의 취득가액을 결정함에 있어서 어느 시점의 환율을 적용할지에 대해서 논란이 있을 수 있다.

이와 관련하여 한국회계기준원의 질의회신(GKQA 02-142, 2001. 8. 23.)에 따르면, 재고자산의 수입시 거래상대방으로부터 선하증권(B/L)을 수취하기 이전에 수입화물선취보증서(Letter of Guarantee)를 통하여 먼저 통관을 진행하고 L/G를 발급하기 위해 은행에 적립한 보증금으로 향후 수입대금을 결제하는 경우, 운송 중인 재고자산은 매매계약상 조건에 따라 소유권이 이전된 시점에 기업의 재고자산 및 매입채무로 인식하고, 수입화물선취보증서를 발급받기 위하여 은행에 적립한 금액은 보증금으로 회계처리하며, 재고자산 관련 매입채무 및 보증금의 환율변동에 해당하는 금액은 영업외손익으로 회계처리하도록 하고 있다.

9) Local L/C에 의해 취득하는 경우

Local L/C를 개설한 이후 매입가격과 조건 등이 확정된 원재료가 입고되는 경우에는 실질적인 인수일을 취득일로 보며, 다만 분할입고되는 경우에는 인수증 교부일을 취득일로 보아 인수증 교부일 현재의 매입가격을 취득원가로 처리하고, 인수일 또는 인수증 교부일 이후의 환율변동으로 인한 취득원가와 Nego금액과의 차액은 기간손익으로서 영업외손익으로 처리한다. 그러나 매입가격과 조건이 원재료 입고시에 확정되지 아니하고 차후 Local L/C 개설시에 확정되는 경우에는 Local L/C상의 금액을 취득원가로 하고, Local L/C 개설 이후의 환율변동으로 인한 취득원가와 Nego금액과의 차액은 영업외비용으로 처리한다.

실무적으로는 수입된 재고자산에 대한 Invoice 발행시점과 실제 대금지급일이 다른 경우가 많이 발생하며 이 경우 어느 시점의 환율을 적용할지에 대해서 논란이 있을 수 있다. 한국회계기준원의 질의회신(GKQA 01-071, 2001. 5. 15.)에 따르면, 재고자산의 구매조건에 따라 권리가 구매자에게 이전된 시점에서 재고자산과 매입채무를 인식해야 하며, 재고자산 인식시점 후의 환율변동으로 인한 외화매입채무의 장부가액과 실제 지급액과의 차이는 재고자산의 취득원가에 포함하지 않고 영업외비용으로 회계처리하도록 하고 있다.

(3) 재고자산의 수량결정방법

재고자산의 가액은 재고자산의 (수량 × 단가)에 의하여 산출된다. 재고자산의 수량은 계속기록법, 실지재고조사법에 의하여 계산되고, 재고자산의 단가는 원가법, 시가법, 저가법에 의하여 계산된다.

1) 계속기록법

계속기록법은 재고자산을 종류 · 규격별로 나누어 입고 · 출고시마다 계속적으로 기록함으로써 항시 잔액이 산출되도록 하는 방법이다.

이 방법에 의하면 항시 재고자산 및 매출원가계정의 잔액을 알 수 있기 때문에 재고자산의 계속적인 통제 · 관리가 가능한 장점이 있으나, 도난 · 분실 · 증발 · 감손 등에 의한 감소량이 기말의 재고량에 포함되어 이익이 과대계상되는 단점이 있기 때문에 이를 보완하기 위해서는 실지재고조사법을 병용해야 할 것이다.

2) 실지재고조사법

실지재고조사법은 정기적으로 재고조사를 실시하여 실제 재고수량을 파악하는 방법이다.

따라서 (기초재고량+당기매입량−기말재고량)에 의하여 당기의 출고량을 산출하는 방법이다. 이 방법은 재고자산의 종류 · 규격 · 수량이 많을 경우에는 입고 · 출고시마다 이를 기록하는 번잡함을 피할 수 있는 장점은 있으나, 도난 · 분실 · 증발 · 감손 등에 의한 감소량이 당기의 출고량에 포함되어 재고부족의 원인을 판명할 수 없으므로 관리 · 통제를 할 수 없는 단점이 있다. 또한 기말에 정기적으로 재고실사를 하려면 많은 비용과 시간이 소비될 뿐만 아니라 재고실사기간 중 기업의 정상적인 영업활동에 지장을 초래할 수도 있다. 이와 같이 기말재고액을 실사에만 의존하여 평가하는 경우에는 보관 중의 감모손실을 파악할 수 없는 등 여러 가지 단점이 있으므로 계속기록법과 병행하여 사용하거나 이와 같은 단점을 보완할 수 있는 방법을 강구하여야 한다.

(4) 재고자산의 원가흐름에 관한 가정

일반적으로 재고자산의 구입가격은 계속 변화하고 상이한 시점에서 구입한 재고자산들이 혼합되어 있어 각 재고자산의 취득원가를 낱낱이 확인한다는 것은 거의 불가능하다.

이러한 상황에서 기말재고자산의 평가시 가장 최근에 구입한 재고자산의 원가, 가장 오래 전에 구입한 재고자산의 원가, 평균원가 또는 다른 대체적인 원가 중에서 어느 것을 기준으로 재고자산을 평가할 것인가 하는 문제가 발생한다. 이러한 문제를 해결하기 위해서는 인위적으로 원가흐름에 대한 가정을 하여야 한다.

일반기업회계기준 제7장에서는 개별법, 선입선출법, 가중평균법 및 후입선출법을 이용하여 재고자산의 원가를 결정하도록 하고 있으며, 예외적으로 표준원가법이나 소매재고법 등의 원가측정방법은 그러한 방법으로 평가한 결과가 실제 원가와 유사한 경우에 편의상 사용할 수 있도록 하고 있다(일반기준 7장 문단 7.14). 하지만 기준재고법이나 화폐가치후입선출법을 이용하여 재고자산을 평가하는 것은 인정되지 않고 있다.

1) 개별법

개별법은 개별 재고자산이 판매되었을 때 개별적으로 취득한 원가를 파악하여 이를 매출원가로 하여 재고자산에서 차감하는 방법으로 이론상으로는 가장 이상적인 방법이라고 할 수 있다. 따라서 일반기업회계기준 제7장에서는 통상적으로 상호 교환될 수 없는 재고항목이나 특정 프로젝트별로 생산되는 제품 또는 서비스 원가의 경우에는 개별법을 사용하여 원가를 결정하도록 규정하고 있으며(일반기준 7장 문단 7.12), 금융감독원 질의회신(금감원 2004-035)에 의하면 미착재고 역시 기업 내의 판매가능재고와 구분하여 기업의 기말재고를 구성할 수 있도록 개별법으로 회계처리하도록 규정하고 있다. 한편 일반기업회계기준 제7장(재고자산)에서는 개별법에 의하여 원가를 결정할 수 없는 재고자산의 원가는 선입선출법, 가중평균법 또는 후입선출법을 사용하여 결정하도록 하고 있다(일반기준 7장 문단 7.13).

일반기업회계기준 제7장【재고자산】

7.12. 통상적으로 상호 교환될 수 없는 재고항목이나 특정 프로젝트별로 생산되는 제품 또는 서비스의 원가는 개별법을 사용하여 결정한다. 개별법은 각 재고자산별로 매입원가 또는 제조원가를 결정하는 방법이다. 예를 들면 특수기계를 주문생산하는 경우와 같이 제품별로 원가를 식별할 수 있는 때에는 개별법을 사용하여 원가를 결정한다. 그러나 이 방법을 상호 교환가능한 대량의 동질적인 제품에 대해서 적용하는 것은 적절하지 아니하다.

7.13. 문단 7.12가 적용되지 않는 재고자산의 단위원가는 선입선출법이나 가중평균법 또는 후입선출법을 사용하여 결정한다. 성격과 용도 면에서 유사한 재고자산에는 동일한 단위원가 결정방법을 적용하여야 하며, 성격이나 용도 면에서 차이가 있는 재고자산에는 서로 다른 단위원가 결정방법을 적용할 수 있다.

개별법에서의 기말재고액은 재고로 남은 항목의 실제 원가를 모두 합계한 금액이 되며, 매출원가는 판매된 제품의 실제 원가를 합계한 금액이 된다.

2) 선입선출법

선입선출법은 먼저 매입 또는 생산한 재고항목이 먼저 판매 또는 사용된다고 원가흐름을 가정하는 방법이다. 따라서 기말에 재고로 남아 있는 항목은 가장 최근에 매입 또는 생산한 항목이라고 본다. 이와 같은 가정은 장기간 보관할 때 품질이 저하되거나 진부화되는 재고자산의 경우에 물량의 흐름과 원가의 흐름을 일치시키기 위한 의도로 많이 사용되고 있다. 실지재고조사법에서는 기말에 가서야 단위원가가 계산되고, 계속기록법에서는 매입 또는 출고 때마다 단위원가가 계산되지만 선입선출법을 적용하면 위의 두 방법 중 어느 것으로 기말재고자산을 파악하더라도 한 회계기간에 계상되는 기말재고자산 및 매출원가의 금액은 동일하다. 왜냐하면 계속기록법 하에서는 먼저 구입된 상품이 먼저 출고되며 기말

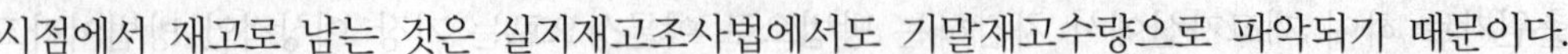

시점에서 재고로 남는 것은 실지재고조사법에서도 기말재고수량으로 파악되기 때문이다.

사례 4~6 공통자료 갑회사의 20×7년 중 재고자산 거래내역은 다음과 같다.

	단 위	단위원가	총원가
기초재고(1. 1.)	1,000개	₩10	₩10,000
매 입(3. 7.)	2,000	11	22,000
매 입(6. 20.)	3,000	12	36,000
매 입(12. 30.)	2,000	13	26,000
판매가능량	8,000		₩94,000
매 출(2. 3.)	500		
매 출(4. 12.)	1,500		
매 출(8. 25.)	2,000		
매 출(11. 27.)	500		
판매수량	4,500		
기말재고(12. 31.)	3,500		

사례 4 공통자료를 이용하여 선입선출법에 의한 기말재고액을 구하라.

㉠ 재고자산수불부

일 자	수 입			불 출			잔 액		
	수량	단가	금액	수량	단가	금액	수량	단가	금액
전기이월	1,000	10	10,000	–	–	–	1,000	10	10,000
2. 3.	–	–	–	500	10	5,000	500	10	5,000
3. 7.	2,000	11	22,000	–	–	–	500	10	5,000
							2,000	11	22,000
4. 12.	–	–	–	500	10	5,000			
				1,000	11	11,000	1,000	11	11,000
6. 20.	3,000	12	36,000	–	–	–	1,000	11	11,000
							3,000	12	36,000
8. 25.	–	–	–	1,000	11	11,000			
				1,000	12	12,000	2,000	12	24,000
11. 27.	–	–	–	500	12	6,000	1,500	12	18,000
12. 30.	2,000	13	26,000	–	–	–	1,500	12	18,000
							2,000	13	26,000
계	8,000	–	94,000	4,500	–	50,000	3,500	–	44,000

㉡ 기말재고자산가액은 다음으로 구성된다.

기말재고수량 3,500개	6. 20. 매입분	1,500개(@12)	₩18,000
	12. 30. 매입분	2,000개(@13)	26,000
		3,500개	₩44,000

3) 가중평균법

가중평균법은 기초에 보유하고 있는 재고항목과 회계기간 중에 매입하거나 생산한 재고항목이 구별없이 판매 또는 사용된다고 원가흐름을 가정하여 평균원가를 사용하는 방법이다. 평균원가는 기초 재고자산의 원가와 회계기간 중에 매입 또는 생산한 재고자산의 원가를 가중평균하여 산정한다. 가중평균법은 기업의 상황에 따라서 주기적으로 적용(총평균법)하거나 매입 또는 생산할 때마다 적용(이동평균법)할 수 있으나 적용방법의 일관성을 유지하여야 한다(일반기준 7장 부록 실7.10).

사례 5 공통자료를 이용하여 총평균법과 이동평균법에 의한 기말재고액을 구하라.

㉠ 총평균법

단위원가 : ₩94,000 ÷ 8,000개 = ₩11.75

기말재고액 : 3,500개 × ₩11.75 = ₩41,125

㉡ 이동평균법

일 자	수 입			불 출			잔 액		
	수량	단가	금액	수량	단가	금액	수량	단가	금액
전기이월	1,000	10	10,000	–	–	–	1,000	10	10,000
2. 3.	–	–	–	500	10	5,000	500	10	5,000
3. 7.	2,000	11	22,000	–	–	–	2,500	10.8	27,000
4. 12.	–	–	–	1,500	10.8	16,200	1,000	10.8	10,800
6. 20.	3,000	12	36,000	–	–	–	4,000	11.7	46,800
8. 25.	–	–	–	2,000	11.7	23,400	2,000	11.7	23,400
11. 27.	–	–	–	500	11.7	5,850	1,500	11.7	17,550
12. 30.	2,000	13	26,000	–	–	–	3,500	12.44	43,550
합계	8,000		94,000	4,500		50,450	3,500		43,550

기말재고액 : ₩43,550

4) 후입선출법

후입선출법은 가장 최근에 매입 또는 생산한 재고항목이 가장 먼저 판매된다고 원가흐름을 가정하는 방법이다. 따라서 기말에 재고로 남아 있는 항목은 가장 먼저 매입 또는 생산한 항목이라고 본다. 이 방법은 선입선출법과는 달리 재고자산 기록방법 중 어느 것을 사용하느냐에 따라 기말재고자산 및 매출원가가 각각 다르게 계산된다는 점에 유의해야 한다.

즉, 실지재고조사법에서는 기말재고자산이 최초에 매입된 재고자산으로 구성되어 있다고 가정하고 매출원가는 판매가능액으로부터 기말재고자산원가를 차감함으로써 일시에 계산한다. 따라서 회계기간 중의 매입분과 당해 기간 중의 매출이 대응된다. 반면에 계속기록법에서는 매출 직전의 매입원가에 의거하여 각 매출거래의 매출원가를 구하고 이 매출원가를 합계하여 기중의 총매출원가를 계산한다. 이와 같이 계산된 총매출원가를 판매가능액에서 차감한 것이 계속기록법에서의 기말재고액이다. 그러므로 당해 기간 중의 총매출이 각 매출 직전의 매입원가와 대응된다. 따라서 실지재고조사법을 적용하는 경우와 계속기록법을 적용하는 경우의 결과는 차이가 있을 수 있다.

후입선출법은 손익계산서의 매출원가가 비교적 현행가격을 반영하여 수익과 적절하게 대응된다는 장점이 있는 반면, 재무상태표에 표시되는 재고자산이 오래 전에 취득한 단가를 반영함으로써 불건전한 구매관습이나 후입선출청산(물가상승시 회계기간 중 판매한 재고자산이 구입한 재고자산보다 더 많은 경우 기초재고자산의 일부가 매출원가에 포함되어 매출원가가 더 낮아지는 현상)을 유발시킬 수 있는 단점을 가지고 있다.

따라서 일반기업회계기준 제7장에서는 후입선출법의 적용시 발생할 수 있는 이익조작의 문제점 등을 완화하기 위해 후입선출법을 사용하여 재고자산의 원가를 결정한 경우에는 장부금액과 선입선출법 또는 평균법에 저가법을 적용하여 계산한 재고자산평가액과의 차이를 주석으로 기재하도록 규정하고 있다(일반기준 7장 문단 7.23). 또한 후입선출법을 사용하여 재고자산의 원가를 결정할 때 기초재고의 전부 또는 일부가 판매된 경우(기초재고청산)에는 판매된 기초재고자산의 수량에 당 회계기간 중 평균취득단가를 곱한 금액과 판매된 기초재고자산의 장부상 원가와의 차액을 주석으로 기재하여야 한다(일반기준 7장 문단 7.24).

사례 6 공통자료를 이용하여 계속기록법 하에서의 후입선출법과 실지재고조사법 하에서의 후입선출법에 의한 기말재고액을 구하라.

㉠ 재고자산수불부

일 자	수 입			불 출			잔 액		
	수량	단가	금액	수량	단가	금액	수량	단가	금액
전기이월	1,000	10	10,000	–	–	–	1,000	10	10,000
2. 3.	–	–	–	500	10	5,000	500	10	5,000
3. 7.	2,000	11	22,000	–	–	–	2,000	11	22,000
							500	10	5,000
4. 12.	–	–	–	1,500	11	16,500	500	11	5,500
							500	10	5,000

일 자	수 입			불 출			잔 액		
	수량	단가	금액	수량	단가	금액	수량	단가	금액
6. 20.	3,000	12	36,000	–	–	–	3,000	12	36,000
							500	11	5,500
							500	10	5,000
8. 25.	–	–	–	2,000	12	24,000	1,000	12	12,000
							500	11	5,500
							500	10	5,000
11. 27.	–	–	–	500	12	6,000	500	12	6,000
							500	11	5,500
							500	10	5,000
12. 30.	2,000	13	26,000	–	–	–	2,000	13	26,000
							500	12	6,000
							500	11	5,500
							500	10	5,000
계	8,000	–	94,000	4,500	–	51,500	3,500		42,500

ⓛ 계속기록법 하에서의 후입선출법에 의한 기말재고자산가액은 다음으로 구성된다.

기말재고수량 3,500개	전 기 이월분	500개(@10)	₩5,000
	3. 7. 매입분	500개(@11)	5,500
	6. 20. 매입분	500개(@12)	6,000
	12. 30. 매입분	2,000개(@13)	26,000
		3,500개	₩42,500

ⓒ 실지재고조사법 하에서의 후입선출법에 의한 기말재고자산평가액은 다음과 같다.

기말재고수량 3,500개	전 기 이월분	1,000개(@10)	₩10,000
	3. 7. 매입분	2,000개(@11)	22,000
	6. 20. 매입분	500개(@12)	6,000
		3,500개	₩38,000

5) 표준원가법

표준원가는 정상적인 재료원가, 소모품원가, 노무원가 및 효율성과 생산능력 활용도를 반영한 원가를 말한다. 표준원가법에 의한 원가측정방법은 그러한 방법으로 평가한 결과가 실제 원가와 유사한 경우에 편의상 사용할 수 있다. 또한, 표준원가는 정기적으로 검토하여야 하며 필요한 경우 현재 상황에 맞게 조정하여야 한다(일반기준 7장 문단 7.14).

6) 소매재고법

소매재고법은 판매가격기준으로 평가한 기말재고금액에 구입원가, 판매가격 및 판매가격변동액에 근거하여 산정한 원가율을 적용하여 기말재고자산의 원가를 결정하는 방법이다. 소매재고법에 의한 원가측정방법은 그러한 방법으로 평가한 결과가 실제 원가와 유사한 경우에 편의상 사용할 수 있다. 또한, 이 방법은 실제원가가 아닌 추정에 의한 원가결정방법이므로 원칙적으로 많은 종류의 상품을 취급하여 실제원가에 기초한 원가결정방법의 사용이 곤란한 유통업종에서만 사용할 수 있다. 다만, 유통업 이외의 업종에 속한 기업이 소매재고법을 사용하는 예외적인 경우에는 소매재고법의 사용이 실제원가에 기초한 다른 원가결정방법을 적용하는 것보다 합리적이라는 정당한 이유와 소매재고법의 원가율 추정이 합리적이라는 근거를 주석으로 기재하여야 한다. 한편, 소매재고법은 이익률이 유사한 동질적인 상품군별로 적용한다. 따라서, 이익률이 서로 다른 상품군을 통합하여 평균원가율을 계산해서는 아니된다(일반기준 7장 문단 7.14, 7.15).

소매재고법에 의해서 기말재고자산을 추정하는 절차는 다음과 같다.

첫째, 다음과 같은 방법으로 원가율을 계산한다.

$$\text{원가율(\%)} = \frac{\text{원가로 표시된 판매가능한 총재고자산}}{\text{소매가로 표시된 판매가능한 총재고자산}}$$

다만, 저가기준을 적용하여 소매재고법을 사용하는 경우에는 원가율을 계산할 때 가격인하를 매출가격에 의한 판매가능액(분모)에서 차감하지 않아야 한다(일반기준 7장 문단 7.18).

둘째, 소매가로 표시된 기말재고자산을 구한다.

셋째, 다음과 같이 기말재고의 원가를 추정한다.

$$\text{기말재고자산의 추정원가} = \text{원가율} \times \text{소매가로 표시된 기말재고자산}$$

소매재고법은 원가율을 이용하여 기말재고자산의 원가를 추정하는 방법이므로 이 방법을 사용하기 위해서는 우선 소매가와 원가와의 비율이 안정적이어야 하며 이익률이 유사한 동질적인 상품군별로 적용하여야 한다. 따라서 소매가와 원가와의 비율이 불안정적이거나 이익률이 서로 다른 상품군을 통합하여 평균원가율을 계산하여서는 안된다(일반기준 7장 문단 7.15).

사례 7 유통업을 영위하는 (주)갑의 회계자료가 다음과 같은 경우 매출가격환원법에 의한 기말재고액을 구하라.

	원 가	매 가
기초재고	₩400,000	₩500,000
당기매입	2,000,000	2,300,000
계	₩2,400,000	₩2,800,000
당기매출 및 정상감손		2,200,000
기말재고		₩600,000

• 원가율 : ₩2,400,000 ÷ ₩2,800,000 = 85.7%

• 기말재고자산의 추정원가 : ₩600,000 × 85.7% = ₩514,200

7) 물가변동과 원가흐름의 가정

물가변동시 기업은 선입선출법, 평균법 또는 후입선출법 중 어떠한 원가흐름의 가정을 선택하여 사용하였느냐에 따라 재고자산평가액이 달라지게 된다. 즉, 가장 최근에 매입 또는 생산한 항목이 재고자산에 많은 영향을 미칠수록 매출원가에는 상대적으로 작게 영향을 미칠 것이다.

예를 들어 물가상승시에는 평균법이나 후입선출법을 적용한 기업보다 선입선출법을 적용한 기업의 기말재고항목이 상대적으로 가장 최근에 매입 또는 생산한 항목으로 구성되므로 기말재고평가액이 더 클 것이며, 과거 낮은 단가의 항목이 매출원가를 구성할 것이다. 또한, 앞의 사례에서 보듯이 이동평균법을 적용하는 기업이 총평균법을 적용하는 기업보다 최근 매입한 항목이 재고자산에 상대적으로 더 많은 영향을 미쳐 기말재고평가액이 더 클 것이며, 계속기록법 하에서의 후입선출법을 적용하는 기업이 실지재고조사법 하에서의 후입선출법을 적용하는 기업보다 상대적으로 기말재고평가액이 더 클 것이다. 물론 물가가 하락하는 상황에서는 이와 반대되는 현상이 나타난다.

앞의 각 사례의 결과를 적용하여 물가가 변동할 때 각각의 원가흐름의 가정에 따라 재고자산평가액과 매출원가와의 관계를 정리하면 다음과 같다. 다만, 후입선출법의 주된 적용목적이 물가상승시 가공의 이익을 배제하여 절세효과를 얻어 자본을 견실히 유지하는 데 있으므로 실무상 거의 사용하지 않는 계속기록법 하에서의 후입선출법은 회계상 큰 의미가 없어 아래의 요약에서 제외한다.

요약 (①을 가장 크게, ④를 가장 적게 계상되는 금액이라고 표시함)

원가흐름의 가 정	사 례		물가상승시		물가하락시	
	재고자산 평가액	매출원가	재고자산 평가액	매출원가	재고자산 평가액	매출원가
선입선출법	₩44,000	₩50,000	①	④	④	①
이동평균법	₩43,550	₩50,450	②	③	③	②
총 평 균 법	₩41,125	₩52,875	③	②	②	③
후입선출법	₩38,000	₩56,000	④	①	①	④

(5) 재고자산의 평가방법

재고자산의 평가와 관련하여 일반기업회계기준 제7장에서는 다음과 같이 규정하고 있다.

일반기업회계기준 제7장【재고자산】

7.4. 재고자산은 취득원가를 장부금액으로 한다. 다만, 시가가 취득원가보다 낮은 경우에는 시가를 장부금액으로 한다(이하 "저가법"이라 한다).

7.16. 재고자산의 시가가 취득원가보다 하락한 경우에는 저가법을 사용하여 재고자산의 장부금액을 결정한다. 다음과 같은 사유가 발생하면 재고자산 시가가 원가 이하로 하락할 수 있다.

(1) 손상을 입은 경우

(2) 보고기간말로부터 1년 또는 정상영업주기 내에 판매되지 않았거나 생산에 투입할 수 없어 장기체화된 경우

(3) 진부화하여 정상적인 판매시장이 사라지거나 기술 및 시장 여건 등의 변화에 의해서 판매가치가 하락한 경우

(4) 완성하거나 판매하는 데 필요한 원가가 상승하는 경우

즉, 재고자산의 평가는 원칙적으로 취득원가주의를 적용하지만, 재고자산의 시가가 취득원가보다 하락한 경우에는 시가를 장부금액으로 하는 저가법을 적용하도록 하고 있다. 이러한 저가법은 보수주의의 입장에 근거하고 있다. 보수주의란 하나의 회계사건에 대해 두 가지 이상의 회계처리방법이 있는 경우에는 재무적 기초를 견고히 할 수 있는 회계처리방법을 선택하여야 한다는 입장이다.

1) 시가의 의미

저가법에 의한 재고자산평가시 시가와 취득원가를 비교하도록 규정하고 있다. 취득원가의 구성에 관해서는 앞서 살펴보았으므로 이하는 시가의 의미를 살펴보겠다.

일반기업회계기준 제7장에서는 재고자산을 저가법으로 평가하는 경우 재고자산의 종류별로 적용할 시가를 다음과 같이 규정하고 있다.

일반기업회계기준 제7장 【재고자산】

7.17. 재고자산을 저가법으로 평가하는 경우 재고자산의 시가는 순실현가능가치를 말한다. 생산에 투입하기 위해 보유하는 원재료의 현행대체원가는 순실현가능가치에 대한 최선의이용가능한 측정치가 될 수 있다. 다만, 원재료를 투입하여 완성할 제품의 시가가 원가보다 높을 때는 원재료에 대하여 저가법을 적용하지 아니한다.

용어의 정의

순실현가능가치 : 제품이나 상품의 정상적인 영업과정에서의 추정 판매가격에서 제품을 완성하는 데 소요되는 추가적인 원가와 판매비용의 추정액을 차감한 금액

현행대체원가 : 재고자산을 현재 시점에서 매입하거나 재생산하는 데 소요되는 금액

판매 목적으로 보유하고 있는 상품에 대한 저가법의 적용취지와 제조에 사용(투입)될 목적으로 보유하고 있는 원재료에 대한 저가법의 적용취지는 구분되어야 할 것이다. 즉, 원재료가 투입되어 사용되는 완제품의 시가가 변동이 없다면 원재료의 시가가 원가 이하로 하락하더라도 평가손실을 인식할 필요가 없다는 관점도 있을 수 있으며, 또한 판매가능한 재고자산의 경우 순실현가능가치의 추정이 어느 정도 용이할 수 있으나 원재료와 같이 판매단계에 도달하지 않은 재고자산의 경우 완제품의 순실현가능가치를 통해 다시 추정되어야 하므로 측정오차의 폭이 커질 수 있다. 따라서 판매가능한 재고자산과 판매단계에 도달하지 않은 재고자산 두 집단에 대해 별도의 시가결정방법을 적용하는 것이 바람직할 것이다.

이에 따라 일반기업회계기준 제7장에서는 판매가능한 재고자산의 경우 추정판매가격에 근거한 순실현가능가치를 기준으로 하고, 판매 목적이 아닌 원재료에 대해서는 현행대체원가에 의한 시가결정을 하도록 하였다. 또한, 원재료에 대한 저가법의 적용 여부도 단순히 현행대체원가가 원가를 하회하는 경우가 아니라 해당 재고자산이 투입되어 생산될 완제품의 시가가 원가를 하회하는 경우로 한정하였다(일반기준 7장 문단 7.17).

저가법에 사용될 순실현가능가치의 경우 판매가격과 판매비용을 추정하여야 하므로 주관성이 개입될 여지가 많으며, 특히 판매 목적으로 보유하고 있지 않은 원재료의 경우 판매가격의 추정에 대한 객관성이 의문시된다. 물론 현행대체원가의 경우에도 추정과정에서 주관성이 개입될 가능성이 순실현가능가치에 비해 낮다고 할 수는 없다. 하지만 재고자산의 보유 목적은 판매를 통해서 이익을 실현하려는 것이므로 재무상태표가액이 순실현가능가치를 초과해서 표시될 수 없을 것이다. 따라서 현행대체원가보다는 순실현가능가치가 상품이나 완제품 등 단기간 내에 판매 목적으로 보유하고 있는 재고자산의 재무상태표에 표시될 상한

액으로 사용되는 것이 논리적으로 타당하다. 이 경우 순실현가능가치의 추정은 재고자산의 판매로 실현될 것으로 예상되는 금액에 관하여 추정하는 시점에 이용가능하고 가장 신뢰할 수 있는 증거에 기초하여야 한다. 또한, 시가를 추정하는 경우에는 재고자산의 보유 목적을 고려하여야 한다. 예를 들면 수량과 가격이 확정되어 있는 판매계약을 이행하기 위하여 보유하는 재고자산의 순실현가능가치는 계약가격에 기초하여야 할 것이다. 물론 보유하고 있는 재고자산의 수량이 확정판매계약의 이행에 필요한 수량을 초과하는 경우에는 그 초과 수량의 순실현가능가치는 일반 판매가격을 기초로 하여야 한다(일반기준 7장 부록 실7.7).

2) 저가기준의 적용방법

재고자산의 저가평가시 항목별기준(individual item basis), 조별기준(major category basis), 그리고 총액기준(total inventory basis) 중 어떤 방법을 적용하느냐에 따라 재고자산평가손실 계상액은 차이가 발생한다.

사례 8 (주)삼일의 재고자산에 관한 자료는 다음과 같다. ① 항목별기준, ② 조별기준 및 ③ 총액기준을 각각 적용하여 기말 재고자산평가액과 재고자산평가손실액을 각각 구하라.

재고자산		취득원가	시 가
A조	a상품	₩25,000	₩27,500
	aa상품	40,000	37,800
B조	b상품	37,500	38,900
	bb상품	21,300	15,700

① 항목별기준

재고자산		취득원가	시 가	재고자산평가액	재고자산평가손실
A조	a상품	₩25,000	₩27,500	₩25,000	–
	aa상품	40,000	37,800	37,800	2,200
B조	b상품	37,500	38,900	37,500	–
	bb상품	21,300	15,700	15,700	5,600
합 계				₩116,000	₩7,800

• 재고자산평가액 : ₩116,000
• 재고자산평가손실 : ₩7,800

② 조별기준

재고자산		취득원가	시 가	재고자산평가액	재고자산평가손실
A조	a상품	₩25,000	₩27,500		
	aa상품	40,000	37,800		

		₩65,000	₩65,300	₩65,000	–
B조 b상품	₩37,500	₩38,900		
bb상품	21,300	15,700		
	₩58,800	₩54,600	₩54,600	₩4,200
합 계			₩119,600	₩4,200

• 재고자산평가액 : ₩119,600
• 재고자산평가손실 : ₩4,200

③ 총액기준

재고자산	취득원가	시 가	재고자산평가액	재고자산평가손실
A조 a상품	₩25,000	₩27,500		
aa상품	40,000	37,800		
B조 b상품	37,500	38,900		
bb상품	21,300	15,700		
합 계	₩123,800	₩119,900	₩119,900	₩3,900

• 재고자산평가액 : ₩119,900
• 재고자산평가손실 : ₩3,900

위의 사례에서 보듯이 항목별기준에 의한 저가법 평가시에 재고자산평가손실이 가장 크게 계산되므로 기말재고자산은 가장 적게 평가되며, 총액기준에 의한 저가법 평가시 재고자산평가손실이 가장 적게 계상된다.

일반기업회계기준 제7장에서는 저가기준의 적용방법에 관하여 다음과 같이 규정하고 있다.

일반기업회계기준 제7장【재고자산】

7.18. 재고자산 평가를 위한 저가법은 항목별로 적용한다. 그러나 경우에 따라서는 서로 유사하거나 관련있는 항목들을 통합하여 적용하는 것이 적절할 수 있다. 이러한 경우는 재고항목이 유사한 목적 또는 용도를 갖는 동일한 제품군으로 분류되고, 동일한 지역에서 생산되어 판매되며, 그리고 그 제품군에 속하는 다른 항목과 구분하여 평가하는 것이 사실상 불가능한 경우를 말한다. 재고자산의 평가에 있어서 저가법을 서로 유사하거나 관련있는 항목들을 통합하여 적용하는 경우에는 계속성을 유지하여야 한다. 저가법은 총액기준으로 적용할 수 없다. 저가법을 적용하여 소매재고법을 사용하는 경우에는 원가율을 계산할 때 가격인하를 매출가격에 의한 판매가능액에서 차감하지 아니한다.

즉, 항목별기준에 의한 저가법 적용을 원칙으로 하지만 조별기준도 적용가능하도록 하였다. 왜냐하면 저가법의 적용방법은 항목기준이 이론적으로나 저가법 적용의 취지로 보나 가장 타당한 방법이지만, 재고자산의 동질성 여부와 성격 및 기록비용을 고려하여 각 기업이 합리적인 판단에 의해 조별기준을 사용할 수 있도록 허용하는 것도 실무적인 편의상 타당할 것이기 때문이다. 하지만 동질성이 낮은 재고자산의 여러 집단이 존재하는 경우 이를 총액기준으로 평가하는 것은 저가기준의 근본 취지와 배치되므로 적용을 배제하였다. 아울러 일단 특정한 적용방법을 선택하면 계속적으로 적용하고 정당한 사유 없이 그 적용방법을 변경하는 것을 금지하도록 하여 정보의 비교가능성을 제고하도록 하고 있다.

경우에 따라서는 재고자산평가에 저가법을 적용할 때 개별적으로 구분하여 평가손익을 인식하고 환입을 고려하여야 하는 경우가 있다. 예를 들면 어떤 개별 제품이 손상을 입은 경우에는 다른 정상제품과 구별하여 저가법을 적용하여야 한다(일반기준 7장 부록 실7.8). 하지만 개별적으로 구분할 필요가 없는 경우에는 항목별 또는 서로 유사하거나 관련있는 항목들을 통합하여 평가한다. 예를 들면 정유회사의 경우 제품의 동질성에 따라 무연휘발유, 등유, 경유 등으로 구분하여 평가할 수 있다(일반기준 7장 부록 실7.9).

3) 재고자산평가손실과 재고자산감모손실

재고자산의 가액은 수량과 단가를 통해 산출되는데, 단가로 인한 재고자산가액의 감소를 재고자산평가손실이라고 하며, 수량으로 인한 재고자산가액의 감소를 재고자산감모손실이라고 한다. 즉 재고자산의 시가가 취득원가보다 하락하는 경우 그 차액이 재고자산평가손실이고 실재고수량이 장부상의 재고수량보다 적은 경우 그 차액이 재고자산감모손실이 된다.

> 재고자산평가손실 = 실제 수량 × [취득원가 − 시가(순실현가능가액 또는 현행대체원가)]
> 재고자산감모손실 = (장부상 수량 − 실제 수량) × 취득원가

① 재고자산평가손실

저가주의에 의하여 재고자산을 평가할 경우 재고자산의 시가와 개별법 등을 적용하여 산정한 가액과의 차액이 재고자산평가손실이다.

이 경우 시가는 매 회계기간 말에 추정하여야 한다(일반기준 7장 문단 7.19). 따라서 기중에 분기 또는 반기 단위로 재고자산을 평가하여 평가손실이 발생한 경우 누적중간기간 대상 재무제표 또는 연차재무제표를 작성하기 위해서는 평가일의 익일에 환원하는 회계처리를 하여야 한다.

재고자산평가손실은 재고자산의 차감계정으로 표시하고 매출원가에 가산한다. 만약 저가법의 적용에 따른 평가손실을 초래했던 상황이 해소되어 새로운 시가가 장부금액보다

상승한 경우에는 최초의 장부금액을 초과하지 않는 범위 내에서 평가손실을 환입한다. 재고자산평가손실의 환입은 매출원가에서 차감한다(일반기준 7장 문단 7.19).

사례 9 (주)삼일의 재고자산인 제품 A의 회계연도 말 평가자료는 다음과 같다. 재고자산평가와 관련하여 각 회계연도 말의 회계처리는?

일 자	취득원가	순실현가능가액
2007. 12. 31.	₩30,000	₩20,000
2008. 12. 31.	42,000	40,000

• 2007. 12. 31.

(차) 재고자산평가손실 (매 출 원 가)	10,000	(대) 재고자산평가충당금 (재고자산의 차감계정)	10,000

• 2008. 12. 31.

(차) 재고자산평가충당금 (재고자산의 차감계정)	8,000	(대) 재고자산평가충당금환입 (매 출 원 가)	8,000

② 재고자산감모손실

재고자산이 도난·분실·증발 등의 사유로 실지재고수량이 계속기록법 하에서 기록된 장부상 기말재고수량보다 작은 경우 재고자산감모손실이 발생한다. 이 경우 정상적으로 발생한 감모손실은 매출원가에 가산하고 비정상적으로 발생한 감모손실은 영업외비용으로 분류하여야 한다(일반기준 7장 문단 7.20). 앞서 설명하였듯이 실지재고조사에 의해 기말재고자산수량을 파악하는 경우에는 도난 등에 의한 감소량의 파악이 안되므로 재고자산감모손실액도 파악할 수 없다.

한편, 정상적으로 발생한 재고자산감모손실을 매출원가에 가산하는 경우에는 재무상태표상의 재고금액과 손익계산서상의 기말재고액 또는 제조원가명세서상의 원재료 기말재고액은 항상 일치한다. 이는 재고자산감모손실이 매출 또는 제조원가에 자동적으로 가산되도록 기말재고액계산시 재고자산감모손실을 차감하였기 때문이다.

그러나 재고자산감모손실이 비정상적인 원인에 의해 발생하는 경우에는 매출원가 또는 제조원가에 반영되지 아니하므로 재무상태표상의 재고금액(감모손실이 차감된 금액)과 손익계산서상의 상품·제품 기말재고액(감모손실차감 전 금액) 또는 제조원가명세서상의 원재료 기말재고액(감모손실차감 전 금액)은 영업외비용에 계상된 재고자산감모손실만큼 차이가 발생하게 된다. 따라서 감모손실금액을 손익계산서 또는 제조원가명세서상의 기말재고액에서 차감하여 '매출 이외의 상품(또는 제품) 감소액' 계정 또는 '타계정대체액' 계정으로 처리(일반적으로는 '타계정대체액' 계정을 모두 사용)함으로써 재무상태표상 기말재고액과 손익계산서 또는 제조원가명세서상 기말재고액을 일치시킬 수 있다.

(6) 생물자산의 인식시점 이후의 측정

생물자산은 최초 인식 후 순공정가치법과 원가법 중 하나를 선택하여 생물자산 분류별로 동일하게 적용한다(일반기준 27장 문단 27.7).

1) 순공정가치법

생물자산에 대하여 순공정가치법을 선택한 경우에는 최초인식 후 매 보고기간말에 순공정가치를 생물자산의 장부금액으로 하며, 생물자산의 순공정가치 변동으로 발생하는 평가손익은 발생한 기간의 당기손익에 반영한다(일반기준 27장 문단 27.8, 27.12).

만약 현재의 위치와 상태에서 생물자산의 활성시장이 존재하는 경우에는 그 시장에서 공시되는 가격이 그 자산의 공정가치를 산정하는 적절한 기준이 된다. 그러나, 다른 활성시장에도 접근할 수 있는 경우에는 가장 관련 있는 공시가격을 사용한다. 예를 들어, 두 곳의 활성시장에 접근할 수 있는 경우에는 이용할 것으로 예상되는 시장의 가격을 자산의 공정가치로 사용한다(일반기준 27장 부록 실27.4).

활성시장이 존재하지 아니하는 경우에는 가능할 경우 다음 중 하나 이상을 사용하여 공정가치를 산정한다(일반기준 27장 문단 27.9).

㉠ 가장 최근의 시장 거래일과 보고기간말 사이에 경제적 환경의 유의적인 변화가 없는 경우에는 가장 최근의 시장 거래가격

㉡ 차이를 반영하여 조정된 유사한 자산의 시장가격

㉢ 수출용 상자, 부셸이나 헥타르 단위로 표시되는 과수의 가치, 그리고 정육의 킬로그램 단위로 표시되는 소의 가치와 같이 부문별로 기준이 되는 가격

한편, 상황에 따라서는 현재 상태에 있는 생물자산에 대해 시장에서 결정된 가격이나 가치가 이용가능하지 않을 수 있다. 이러한 상황에서는 해당 자산에 대한 기대순현금흐름을 현행시장결정이자율로 할인한 현재가치를 사용하여 공정가치를 구한다(일반기준 27장 문단 27.10).

반면, 다음과 같은 경우에는 원가가 공정가치의 근사치가 될 수 있다(일반기준 27장 문단 27.11).

㉠ 최초의 원가 발생 이후에 생물적 변환이 거의 일어나지 않는 경우(예 : 보고기간말 직전에 심은 과수 묘목)

㉡ 생물적 변환이 가격에 미치는 영향이 유의적일 것이라고 예상되지 않는 경우(예 : 소나무조림지의 생산주기인 30년 중 처음 단계의 성장에 해당하는 경우)

2) 원가법

최초인식 이후 생물자산의 평가방법을 원가법으로 선택한 경우에는 생물자산에 대하여 일반기업회계기준 제10장 '유형자산'에 따라 원가모형으로 측정한다(일반기준 27장 문단 27.13). 원가모형에 대한 자세한 설명은 비유동자산 중 유형자산편을 참조하기로 한다.

(7) 공시사항 등

1) 분 류

재고자산은 총액으로 보고하거나 상품, 제품, 재공품(반제품 포함), 원재료 및 소모품 등으로 분류하여 재무상태표에 표시한다. 다만, 서비스업의 재고는 재공품으로 분류할 수 있다(일반기준 7장 문단 7.21).

2) 주석사항

① 재고자산과 관련된 다음의 사항은 재무제표의 주석으로 기재한다(일반기준 7장 문단 7.22).
  ㉠ 재고자산의 원가결정방법
  ㉡ 재고자산을 총액으로 보고한 경우 그 내용
  ㉢ 재고자산의 저가법 적용기준 및 평가 내용
  ㉣ 담보로 제공한 재고자산의 종류와 금액

② 후입선출법을 사용하여 재고자산의 원가를 결정한 경우에는 장부금액과 선입선출법 또는 평균법에 저가법을 적용하여 계산한 재고자산평가액과의 차이를 주석으로 기재한다(일반기준 7장 문단 7.23).

③ 후입선출법을 사용하여 재고자산의 원가를 결정할 때 기초재고의 전부 또는 일부가 판매된 경우(기초재고청산)에는 판매된 기초재고자산의 수량에 당 회계기간 중 평균취득단가를 곱한 금액과 판매된 기초재고자산의 장부상 원가와의 차액을 주석으로 기재한다(일반기준 7장 문단 7.24).

(8) 세무회계상 유의사항

1) 외화매입대금과 환율차손익

법인세법 기본통칙 42-76…2에 의하면, 사업연도 중에 발생된 외화자산 · 부채는 발생일 현재 매매기준율 또는 재정된 매매기준율에 따라 환산하고, 외화자산 · 부채의 발생일이 공휴일인 때에는 그 직전일의 환율에 의한다고 규정하고 있다. 이에 따라 수입하는 재고자산의 취득원가도 매입채무 발생시점의 매매기준율 또는 재정된 매매기준율로 평가해야 할 것이다.

이 경우 적용되는 매매기준율 또는 재정된 매매기준율이란 각 외국환은행이 자체적으로 고시하는 매매기준율이 아닌 외국환거래 규정에 따른 매매기준율 또는 재정된 매매기준율을 의미한다(법칙 39조의 2).

한편, 수출품납품대금을 내국신용장에 의해 결제하는 법인이 모든 거래처와 사전약정을 체결하여 신용장 개설 당시의 환율로 거래대금을 정산 · 수수하기로 함에 따라 발생하는 환차손익은 재고자산의 취득원가가 아니라 그 수수금액을 지급하거나 지급받기로 확정된 날이 속하는 사업연도의 소득금액계산시 법인의 익금 또는 손금으로 계상해야 한다(법인 46012-3472, 1997. 12. 30.).

2) 재고자산의 평가방법

① 재고자산평가방법의 종류

현행 세법상 재고자산의 평가방법에는 원가법 · 저가법이 있으며 매매를 목적으로 매입한 유가증권은 별도로 정하고 있다.

원가법에는 ㉮ 개별법, ㉯ 선입선출법, ㉰ 후입선출법, ㉱ 총평균법, ㉲ 이동평균법, ㉳ 매출가격환원법이 있으며, 이를 적용할 경우 입출고시마다 적용하는 것이 원칙이나 해당 법인이 계속하여 후입선출법, 총평균법 또는 이동평균법 등을 월별 · 분기별 또는 반기별로 적용하여 재고자산을 평가하는 경우에는 이를 법의 규정에 의한 후입선출법, 총평균법 또는 이동평균법에 의하여 평가한 것으로 본다(법기통 42-74…1).

② 평가방법의 신고

재고자산을 평가하는 경우에는 해당 자산을 제품 및 상품(부동산매매업자가 매매를 목적으로 소유하는 부동산은 포함하나 유가증권은 제외함), 반제품 및 재공품, 원재료, 저장품 등으로 구분하여 종류별 · 영업장별로 각각 다른 방법에 의하여 평가할 수 있다(법령 73조 1호).

종류별 · 영업장별로 재고자산을 평가하고자 하는 법인은 수익과 비용을 영업의 종목별(한국표준산업분류에 의한 중분류 또는 소분류에 의함) 또는 영업장별로 각각 구분하여 기장하고, 종목별 · 영업장별로 제조원가보고서와 포괄손익계산서(포괄손익계산서가 없는 경우에는 손익계산서를 말함)를 작성하여야 한다(법령 74조 2항).

내국법인은 각 사업연도의 소득금액계산에 있어서 적용할 재고자산의 평가방법을 해당 법인의 설립일 또는 수익사업 개시일이 속하는 사업연도의 과세표준 신고기한 내에, 신고한 평가방법을 변경하고자 할 때에는 변경할 평가방법을 적용하고자 하는 사업연도의 종료일 이전 3월이 되는 날까지 관할 세무서장에게 신고하여야 한다(법령 74조 3항). 이 경우 과세관청의 유권해석에 의하면 연단위 총평균법을 적용하던 기업이 월단위 총평균법으로 평가방법을 변경하고자 하는 경우에도 재고자산평가방법변경신고서를 제출하도록 하고 있다(서이 46012-10937, 2003. 5. 12.).

또한, 법인이 재고자산의 평가방법을 신고하지 아니하여 선입선출법을 적용받는 경우에 그 평가방법을 변경하려면 변경할 평가방법을 적용하려는 사업연도의 종료일 전 3개월이 되는 날까지 변경신고를 하여야 한다(법령 74조 6항).

③ 선입선출법의 강제 적용

법인세법상 다음과 같은 경우에는 법인이 결산시 실제 적용한 평가방법에 관계 없이 세무상 기말재고자산가액을 강제로 따로 계산하도록 규정하고 있으며, 동 규정상 법정 평가방법에 의하여 계산된 재고자산가액과 법인의 장부상 계상된 재고자산가액과의 차액을 "재고자산평가감"이라 한다(법령 74조 4항).

구 분	법정 평가방법
• 재고자산평가방법을 신고기한 내에 신고하지 아니한 경우	선입선출법(매매를 목적으로 소유하는 부동산의 경우에는 개별법)에 의하여 평가한 평가액
• 신고한 평가방법 외의 방법으로 재고자산을 평가한 경우 • 평가방법 변경신고 기한 내에 변경신고를 하지 아니하고 그 방법을 변경한 경우	선입선출법(매매를 목적으로 소유하는 부동산의 경우에는 개별법)에 의한 평가액과 당초 신고한 평가방법에 의한 평가액 중 큰 금액

사례 10

재고자산평가방법	평 가 액
총평균법(당초 법인이 신고한 방법)	₩10,000
후입선출법(법인결산시 실제 적용한 방법)	8,000
선입선출법	9,000

법인이 임의로 평가방법을 변경한 경우에는 세무상 선입선출법에 의하여 각 사업연도의 소득금액을 계산하여야 하나, 해당 법인이 당초 신고한 평가방법에 의한 평가액이 선입선출법보다 큰 때에는 신고한 방법에 의한 평가액을 기말재고자산가액으로 보도록 하고 있으므로 기말재고자산가액은 총평균법에 의한 평가액인 ₩10,000이 된다. 따라서 장부상 재고가액인 ₩8,000과의 차액인 ₩2,000을 익금산입하고 유보처분하여야 한다.

3) 재고자산평가손익

① 재고자산의 평가이익

일반기업회계기준은 물론 법인세법에서도 재고자산의 평가이익은 인정하지 않고 있으므로, 법인이 재고자산의 시가가 장부가액보다 상승하였다 하여 그 차액을 평가이익으로 계상한 경우에는 익금불산입하고 유보처분하여야 한다.

또한, 일반기업회계기준 제7장 문단 7.19에 의하여 저가법의 적용에 따른 평가손실을 초래했던 상황이 해소되어 새로운 시가가 장부가액보다 상승함에 따라 최초의 장부가액을 초과하지 않는 범위 내에서 평가손실을 환입하는 경우도 법인세법상 인정되지 않기 때문에 동 환입액을 전액 익금불산입 유보처분하여야 한다.

② 재고자산의 평가손실

법인세법상 재고자산의 평가손실을 손금에 산입할 수 있는 경우는 다음의 두 가지에 한정하고 있다.

첫째, 저가법에 의하여 재고자산을 평가하고 원가가 시가보다 높아 평가손실이 발생하는 경우

둘째, 재고자산 중에서 파손, 부패 기타 사유로 인하여 정상가격으로 판매할 수 없는 자산이 있을 때 기타 재고자산과 구분하여 처분가능한 시가로 이를 평가하는 경우

여기서 저가법이라 함은 원가법 또는 일반기업회계기준이 정하는 바에 의하여 시가로 평가한 가액 중 낮은 편의 가액을 평가액으로 하는 방법을 말하는 것으로서, 법인세법상 재고자산의 평가방법을 저가법으로 신고하거나 기한 내에 변경신고한 경우에만 인정된다(법령 74조 1항 2호). 한편, 국세청의 유권해석(법인 46012-3670, 1998. 11. 28.)에 의하면 해당 재고자산의 순실현가능가치 등을 감안하지 아니하고 일정 기간이 경과한 재고자산의 가액을 일률적으로 그 취득원가의 10%로 평가하는 경우는 이에 해당하지 않는 것으로 해석하고 있다.

한편, 재고자산 중 파손, 부패 기타 사유로 인하여 정상가액으로 판매할 수 없는 재고자산에 대하여는 법인이 신고한 평가방법 여하에 불구하고 그 평가손실을 계상할 수 있다(법법 42조 3항 1호).

이 때 평가손실의 회계처리상 유의할 점은 파손, 부패된 불량재고자산을 처분가능한 시가로 평가하여 손금경리에 의하여 장부가액을 감액하지 않으면 세무상 인정되지 않는다는 점이다. 또한, 실지재고조사를 실사하여 이와 같은 결함이 있는 재고품을 정확히 파악하고 이를 정상적인 재고품과 구별하여 회계처리하고 관리하는 것은 세무대책인 동시에 회사자체의 재고자산 관리면에서도 매우 중요하다고 하겠다.

구체적으로 불량재고품을 정상적인 재고자산과 구분경리하기 위해서는 불량재고품만을 재고조사표에 별도로 구분하거나, 혹은 별도계정을 설정하고 정상적인 재고자산과 구분하여 계상하는 동시에 수불부에서도 분리하여 다른 계정에 대체 경리하는 것이 바람직하다. 그리고 이 불량자산에 대하여 처분가능액을 평가하여 장부가액과의 차이에 대하여 재고자

산평가손실로 회계처리하며 그 산정의 기초가 되는 근거나 계산과정 등에 대한 자료를 구체적으로 갖춰 두는 것이 매우 중요하다. 이는 재고자산평가손실의 발생원인 및 시가의 결정에 상당히 사실판단의 문제가 내재되기 때문이다.

만약 재고자산을 폐기처분하였으나 객관적으로 입증가능한 증거를 갖추지 못하여 손실을 인정받지 못하는 경우에는 이를 재고누락 또는 매출누락으로 간주하여 시가에 의한 매출액 상당액을 익금산입하고 대표자에 대한 상여로 처분하게 된다.

4) 재고자산과부족의 세무처리

① 재고자산누락

재고조사 결과 재고자산의 실지재고량이 장부상 재고량보다 많은 경우, 그 수량 초과분을 익금에 산입하고 유보처분하여야 하며, 동 누락자산을 장부상 수정하여 수익으로 계상한 경우 동 금액을 익금불산입하고 △유보처분하여 당초 유보액을 상계시킨다. 그러나 만약 법인이 누락자산을 장부상 수정하지 아니한 경우에는 계속적으로 그 재고자산을 보유하고 있음을 입증하여야 하며 실물을 확인할 수 없는 경우에는 해당 재고자산을 처분하고 매출누락한 것으로 간주하여 시가를 익금산입하고 대표자에 대한 상여로 처분하게 된다.

② 재고자산부족

가. 재고자산감모손실

매입한 재고자산이 파손, 부패, 증발, 도난 등의 사유로 실제 재고액이 장부상 재고액보다 적을 경우에는 재고자산감모손실이 발생하는 바, 사회통념상 타당하다고 인정되는 경우에는 각 사업연도의 손금으로 계상할 수 있다.

나. 재고자산의 가공계상

재고자산의 누락과는 반대로 재고자산이 장부상에만 계상되어 있고 사실상 사외유출된 가공자산은 시가에 의한 매출액 상당액(원재료인 경우 그 원재료 상태로는 유통이 불가능하거나 조업도 또는 생산수율 등으로 미루어 보아 제품화되어 유출된 것으로 판단되는 경우에는 제품으로 환산하여 시가를 계산)을 익금에 산입하여 대표자에 대한 상여로 처분하고 동 가공자산은 손금에 산입하여 △유보로 처분하며, 이를 손비로 계상하는 때에는 익금에 산입하여 유보로 처분한다(법기통 67－106…12).

이 때 익금에 가산한 가공자산가액 또는 매출액 상당액을 그 후 사업연도에 법인이 수익으로 계상한 경우에는 기 익금에 산입한 금액의 범위 내에서 이를 이월익금으로 보아 익금에 산입하지 아니한다.

그러나 재고자산의 부족분이 매출되고 그 귀속자가 분명한 경우에는 가공자산으로 처분하는 것이 아니라 매출누락으로서 그 귀속자에 대한 배당, 상여 등으로 처분하여야 한다.

5) 재고자산취득과 관련한 지급이자

일반기업회계기준상 재고자산의 취득과 관련된 차입원가는 재고자산의 특성이 판매를 목적으로 보유하는 단기자산이라는 점을 감안하여 기간비용으로 처리하도록 하고 있으나, 재고자산의 제조 또는 건설에 1년 이상의 기간이 소요되는 경우에는 그 자산의 제작 등에 사용된 차입금의 이자비용 등에 대하여 일반기업회계기준 제18장(차입원가자본화)의 규정에 따라 계산한 금액을 자산의 취득원가에 산입할 수 있도록 하고 있다. 즉, 일반기업회계기준 제18장에서는 차입원가자본화를 강제하지 않고 차입원가를 기간비용으로 처리하는 것을 원칙으로 하되 선택적으로 자본화할 수 있도록 하고 있다. 다만, 이 경우 차입원가의 회계처리방법은 모든 적격자산에 대하여 매기 계속하여 적용하여야 하고 정당한 사유 없이 변경하지 않도록 하고 있다. 즉, 일부 자산에 대해서만 자본화하거나 비용화하는 회계처리는 할 수 없으며, 자본화에서 기간비용으로 기간비용에서 자본화로의 회계변경은 비교가능성을 위하여 정당한 사유가 없는 경우에는 허용되지 않는다.

그러나 법인세법에서는 건설자금 이자계상대상 자산을 사업용 유형자산 및 무형자산으로 한정하여 재고자산에 대한 차입원가의 자본화는 인정하지 아니하므로 만약 회계상 차입원가를 재고자산의 취득원가로 계상한 경우에는 동 금액을 손금산입(△유보)하고 이후 동 자산이 판매되는 시점에 익금산입(유보)하여야 한다(법법 28조 1항 3호 및 법령 52조 1항).

또한, 일반기업회계기준에서는 Usance Bill 또는 D/A Bill과 같이 연불조건으로 원자재를 수입하는 경우에 발생하는 이자는 차입원가로 처리하도록 하고 있다(일반기준 7장 부록 실7.3). 즉, 연불조건으로 원재료를 수입하는 경우에는 취득시점의 현금구입가격보다 실제 총지급액이 더 많게 되며, 이러한 차액은 결국 대가의 지급을 이연시킨 결과이므로 차입원가의 자본화대상이 아닌 한 실제 지급시까지의 기간에 걸쳐 이자비용으로 인식하도록 한 것이다.

이와 관련하여 법인세법에서는 다음에 해당하는 연지급수입에 있어서 취득가액과 구분하여 지급이자로 계상한 금액은 취득가액에서 제외하도록 하고 있다(법령 72조 4항 2호 및 법칙 37조 3항).

① 은행이 신용을 공여하는 기한부 신용장방식 또는 공급자가 신용을 공여하는 수출자 신용방식에 의한 수입방법에 의하여 그 선적서류나 물품의 영수일부터 일정기간이 경과한 후에 당해 물품의 수입대금 전액을 지급하는 방법에 의한 수입

② 수출자가 발행한 기한부 환어음을 수입자가 인수하면 선적서류나 물품이 수입자에게 인도되도록 하고 그 선적서류나 물품의 인도일부터 일정기간이 지난 후에 수입자가

해당 물품의 수입대금 전액을 지급하는 방법에 의한 수입

③ 정유회사, 원유 · 액화천연가스 또는 액화석유가스 수입업자가 원유 · 액화천연가스 또는 액화석유가스의 일람불방식 · 수출자신용방식 또는 사후송금방식에 의한 수입대금결제를 위하여 외국환거래법에 의한 연지급수입기간 이내에 단기외화자금을 차입하는 방법에 의한 수입

④ 기타 ① 내지 ③과 유사한 연지급수입

한편, 2007년 3월 30일 법인세법 시행규칙 개정 전에는 연지급수입의 범위에 D/A이자와 Shipper's Usance이자가 포함되지 않았다. 이에 따라, 2007년 3월 29일 이전에 수입하는 분에 대한 D/A이자와 Shipper's Usance이자를 기업회계기준에 따라 금융비용으로 회계처리한 경우에는 기말재고로 남아있는 부분에 대하여 재고자산평가감 손금불산입(유보)의 세무조정이 필요하였다(서면2팀-2525, 2004. 12. 3.).

6) 제품원가계산방법

법인세법에서는 자기가 제조한 제품에 대한 취득원가는 그 제조 또는 생산원가로 한다고만 규정하고 있을 뿐이며 원가계산방법에 관한 명문화된 규정은 없다. 따라서 원가계산방법은 해당 법인이 일반적으로 공정 · 타당하다고 인정되는 방법을 채택하여 계속적으로 적용하면 세무회계에서도 이를 인정한다.

원가계산은 계산과정이 복잡하고 원가계산의 기초가 되는 제조수율, 제조간접비의 배부, 임률, 각 공정간의 연속작업으로 인한 공정별 원가측정의 난이성, 제조방법 등의 차이로 동일한 제품을 생산하는 기업이라도 동일한 기준을 정할 수는 없다. 따라서, 기업에 따라 그 기업의 생산형태 및 특성에 맞는 합리적인 원가계산방법을 채택하여 계속적으로 적용하고, 그 방법이 일반기업회계기준에 부합되면 타당한 것으로 받아들여진다.

7) 제품원가계산의 세무상 조정

법인세법상 원가계산절차에 대하여 명문의 규정은 없으나, 그 제조원가에 속하는 개별적인 비용이 세법상 부인되는 경우에는 문제점이 발생하게 된다.

예를 들어 당기 중 공장직원들에 대한 퇴직급여충당금을 법인이 세무상 한도액보다 과다하게 설정함으로써 그 한도 초과액을 부인한 경우 이는 세무상 법인의 당기비용으로 보지 않아 손금불산입하게 된다. 이 경우 제조원가로서 배분된 퇴직급여충당금은 기말시점에서 볼 때 당기에 제품이 완성되어 판매된 부분은 매출원가로, 판매되지 아니한 부분과 미완성된 부분은 기말재고자산으로 남아 있다.

따라서 퇴직급여충당금 한도 초과액 전액을 손금불산입할 경우에는 당기에 손금으로 계

상되지 아니한 기말재고자산에 포함된 금액까지 손금불산입하는 결과가 된다.

이에 대한 국세청 유권해석은 해당 사업연도 세무계산상 익금가산 또는 손금가산으로 제조원가가 조정된 경우 기말재공품 및 제품 등 재고자산의 평가는 익금가산 또는 손금가산 금액을 가감한 후의 제조원가를 기준으로 평가하도록 요구하고 있다(법인 1246.21-2356, 1984. 7. 14.).

이와 유사한 경우로 전기이월이익잉여금을 감소시키는 전기오류수정손실로 계상한 감가상각비를 각 사업연도 소득금액계산상 손금에 산입한 금액은 세무계산상 당기의 일반관리비 및 제조원가에 적정히 배부하여 기말재고자산에 배부되는 금액을 조정하도록 하고 있다(법기통 23-0…4).

그러나 실무상 손금산입 또는 손금불산입으로 조정되는 제조원가 중 재고자산에 배부되는 금액이 중요하지 아니한 경우에는 기말재고자산에 미치는 영향을 고려하지 않는 경우도 있다.

8) 부동산매매업자의 상가분양원가

법인이 동일필지 내 상가 및 사무실용 건물을 신축하고 층별 · 용도별로 분양가액을 달리하여 분양하는 경우 분양원가는 원칙적으로 개별원가계산방법 또는 분양면적비율에 의한 안분계산방법('단순종합원가계산방법')에 의하는 것이나, 각 층별 · 위치별 분양가액이 다르고 전체 분양가액이 구체적으로 산정되었음이 사전공시방법 등에 의하여 명백히 확인되는 경우 분양원가는 해당 사업연도에 분양된 건물의 분양가액이 총분양예정가액에서 차지하는 비율에 의하여 안분계산할 수 있으며, 동 원가계산방법은 해당 건물의 분양이 완료될 때까지 계속 적용하여야 한다(법인 46012-2010, 2000. 9. 29.).

실제 대단위 상가에 있어서는 그 층수에 따라 이용가치 및 분양가액에 큰 차이가 발생하는 것이 보통이므로 법인이 개별이나 단순종합원가계산방법에 따라 그 재고자산의 취득가액을 산정하면 각 층별의 이용가치에 불구하고 그 취득가액이 대부분 비슷하게 산정되는 결과를 가져오므로 상가가 각 사업연도에 걸쳐 분양된 경우에는 각 사업연도 말에 어느 층이 재고로 남느냐에 따라 각 사업연도 과세소득에 큰 차이가 발생하며 따라서 적정한 기간손익계산이 이루어지지 않는다.

그러므로 이러한 상가의 각 층별 취득원가는 각 층별 순실현가치나 상대적 판매가격 등에 비례하여 각 층이 분리되기 이전까지 공동으로 발생한 총결합원가를 적절하게 배부하는 연산품원가계산에 의하여 결정하는 것이 합리적일 것이며, 과세관청의 유권해석도 이를 수용하는 입장을 취하고 있다.

2. 상 품

(1) 의 의

상품이란 상품, 미착상품, 시송품 등 판매 목적으로 구입한 일체의 매입물품을 의미하며, 부동산매매업의 경우에는 판매를 목적으로 소유하고 있는 토지, 건물 기타 이와 유사한 부동산을 포함한다. 따라서 기업이 정상적인 영업활동을 위하여 판매 목적이 아닌 사용할 목적으로 구입한 것은 상품이 아니다.

(2) 회계처리방법

1) 상품취득원가의 결정

일반적으로 재고자산은 역사적 원가주의에 의하여 취득원가로 평가된다. 이 경우에 취득원가(acquisition cost)는 재고자산을 판매가능한 상태로 판매가능한 장소에 옮기는 데까지 소요된 모든 지출액을 의미한다. 따라서 취득원가에는 매입가격뿐만 아니라 매입상품과 관련된 운반 · 취급을 위한 지출비용 및 보험료, 세금 등 매입부대비용도 포함하여야 한다.

매입부대비용 중 상품이 입고될 때까지 외부에 지급되는 운임, 매입수수료, 하역비, 보험료 등은 당연히 상품의 취득원가에 포함되나, 앞서 설명한 바와 같이 취득 후 보관 중에 있는 재고자산에 대한 보험료 등(보관비용)과 상품이 입고된 후 판매 또는 소비 직전까지 내부에서 발생하는 검수비, 내부운반비 등은 기간비용(판매비와관리비)으로 처리되는 것이 일반적이다. 또한 비정상적인 사건에 따른 지출도 기간비용으로 처리되어야 할 것이다.

2) 상품계정의 기장방법

상품의 매매거래가 발생할 때 장부에 기록하는 방법에는 ⅰ) 상품의 매입액과 매출액을 상품계정이라는 하나의 계정과목에서 처리하는 방법(분기법과 총기법이 있음)과 ⅱ) 상품계정을 자산(이월상품계정), 비용(매입계정) 및 수익(매출계정) 등으로 구분하여 기록하는 분할법이 있다. 일반적으로 위의 방법들 중 분할법에 의하여 상품거래를 기록하는 것이 대부분이므로 이하에서는 분할법에 대하여만 설명하기로 한다.

전술한 바와 같이 분할법이란 상품계정을 자산, 비용, 수익을 표시하는 계정으로 분할하여 처리하는 방법으로서, 분할방법에 따라 2분법, 3분법, 4분법, 5분법, 7분법, 8분법, 9분법 등이 있으며, 오늘날 실무상 3분법이 널리 사용되고 있다.

상품계정을 분할하는 경우에 사용되는 계정과목은 다음과 같다.

2분법	매입계정, 매출계정
3분법	이월상품계정, 매입계정, 매출계정
4분법	이월상품계정, 매입계정, 매출계정, 매출원가계정
5분법	이월상품계정, 매입계정, 매출계정, 환입품계정, 환출품계정
7분법	5분법 + 매입에누리계정 + 매출에누리계정
8분법	7분법 + 매입운임계정
9분법	8분법 + 매매계정

상품의 매매거래를 3분법에 의하여 기록하는 경우 각각의 거래별 회계처리방법은 다음과 같다.

거 래	분		개	
매 입 시	매 입	×××	매 입 채 무	×××
환출품·매입에누리시	매 입 채 무	×××	매 입	×××
판 매 시	매 출 채 권	×××	매 출	×××
환입품·매출에누리시	매 출	×××	매 출 채 권	×××
결 산 시	매 입 이월상품(기말)	××× ×××	이월상품(기초) 매 입	××× ×××

3) 미착상품의 회계처리

미착상품은 현재 운송 중에 있는 매입상품을 말한다. 운송 중에 있어 아직 도착하지 않은 미착상품은 법률적인 소유권의 유무에 따라서 재고자산 포함 여부를 결정하며, 일반적으로 법률적인 소유권 유무는 매매계약상의 거래조건에 따른다. 예를 들어 선적지인도조건(F.O.B. shipping point)인 경우에는 상품이 선적된 시점에 소유권이 매입자에게 이전되기 때문에 미착상품은 매입자의 재고자산에 포함되지만, 목적지인도조건(F.O.B. destination)인 경우에는 상품이 목적지에 도착하여 매입자가 인수한 시점에 소유권이 매입자에게 이전되기 때문에 매입자의 재고자산에 포함되지 않는다(일반기준 7장 부록 실7.5 (1)). 따라서 상품이 선적된 후에 발생하는 일체의 운반비용 및 보험료 등은 선적지인도조건인 경우 구매자가 부담하게 되며 동 비용을 매입부대비용으로 보아 취득원가에 가산하게 되며, 목적지인도조건의 경우에는 판매자가 동 비용을 부담하게 되므로 판매자의 판매비와관리비로 당기비용처리하여야 한다. 이와 같이 운송기간이 긴 매입계약일 경우에는 원칙적으로 상품의 법적 소유권과 소유에 따른 위험이 구매자에게로 전가되는 시점에 미착상품을 구매자의 재고자산에 포함하여야 한다.

4) 시송품의 회계처리

시용판매란 거래처에 상품을 발송한 뒤에 일정 기간의 사용기간을 주거나, 실제 제품을 본 뒤 구입할 수 있게 하는 판매형태이다. 그리고 이러한 시용판매를 위하여 매입자로 하여금 일정 기간 사용한 후에 매입 여부를 결정하라는 조건으로 발송한 상품을 시송품이라 한다.

시송품은 비록 상품에 대한 점유는 이전되었으나 매입자가 사용해 보고 마음에 들지 않으면 반환할 수 있기 때문에 매입의사표시를 하기 전까지는 판매되지 않은 것으로 보아야 할 것이므로 판매자의 재고자산에 포함한다(일반기준 7장 부록 실7.5 (2)). 하지만 일정 기간 내에 반송하거나 거절의 의사를 표시하지 아니하면 특약 등에 의하여 그 판매가 확정되는 경우에는 그 기간의 만료일에 수익이 실현된 것이므로 이 때 판매자의 재고자산에서 제외하여야 한다.

5) 적송품의 회계처리

위탁판매는 자기의 상품을 타인에게 위탁하여 위탁을 받은 사람(수탁자)으로 하여금 상품을 판매하게 하고 그 대신 판매활동에 대한 대가로 일정액의 수수료를 지급하는 판매형태이다. 그리고 이러한 위탁판매를 위하여 위탁자가 수탁자에게 판매를 위탁하기 위하여 보낸 상품을 적송품이라 한다.

위탁자는 자신이 보유하고 있던 상품을 수탁자에게 발송하고 발송된 상품, 즉 적송품의 원가 및 적송과 관련해서 발생하는 수송비 등을 적송품계정에 차기한다. 적송품은 수탁자가 제3자에게 판매를 할 때까지 비록 수탁자가 점유하고 있으나 단순히 보관하고 있는 것에 불과하므로 소유권이 이전된 것이 아니다. 따라서 적송품은 수탁자가 제3자에게 판매하기 전까지는 위탁자의 재고자산에 포함한다(일반기준 7장 부록 실7.5 (3)).

한편, 수탁자는 적송품을 인수하는 시점에서는 회계처리를 전혀 하지 않고, 위탁상품을 판매하는 시점에서 수입수수료를 인식하고 판매대금에서 판매수수료를 차감한 금액만큼을 위탁자에 대한 부채로 계상한다. 그리고 위탁자에게 상품의 판매사실을 즉시 통고하고 수탁판매액에서 판매수수료를 차감한 잔액을 송금한다.

일반기업회계기준 제16장 제1절(수익인식) 적용사례(사례 4)에서는 위탁매출액을 수탁자가 해당 재화를 제3자에게 판매한 시점에 수익을 인식하도록 규정하고 있다. 그러나 상거래 관습상 수탁자는 대금의 송금시에 판매에 대한 통지를 함께 하게 되며 송금일자가 판매일자보다 일반적으로 늦다. 따라서 위탁자는 실무상 수탁자로부터 현금을 수취하면서 판매일자를 통지받는 때에 매출 및 지급수수료(계속기록법 하에서는 매출원가도 기록)를 기록하게 된다. 이 경우 유의할 점은 만약 수탁자가 결산일 이전에 판매한 건에 대하여 위탁자가 결산일 후에 통지를 받은 경우라도 결산시점에는 이를 반영하여 매출과 지급수수료로 회계처리하여야 한다는 점이다.

이러한 회계처리방법을 사례에 의하여 표시하면 다음과 같다.

사례 11 (주)삼일은 A상품을 위탁판매하고 있다.

- 7. 10. : (주)삼일은 A상품 1,000개를 개당 ₩500에 판매하도록 을회사에 적송하고, 이와 관련하여 수송비용 ₩3,000을 현금으로 지급하였다. 적송한 상품의 원가는 개당 ₩320이며 수탁자는 판매한 상품에 대한 개당 ₩80의 판매수수료를 지급받는다.
- 10. 1. : 을회사는 600개의 상품을 판매하였다.
- 10. 30. : 을회사는 10. 1.의 판매와 관련하여 수수료를 공제한 실수금을 갑회사에게 판매사실통지와 함께 송금하였다.

〈분 개〉

일 자	위탁자(갑회사)	수탁자(을회사)
7. 10.	(차) 적 송 품 323,000 (대) 상 품 320,000 현금 및 현금성자산 3,000	분개 없음
10. 1.	분개 없음	(차) 현금 및 현금성자산 300,000 (대) 수 탁 매 출 252,000 수입수수료 48,000
10. 30.	㉠ (차) 현금 및 현금성자산 252,000 지급수수료 48,000 (대) 적송품매출 300,000 ㉡ (차) 적송품매출원가 193,800* (대) 적 송 품 193,800	(차) 수 탁 매 출 252,000 (대) 현금 및 현금성자산 252,000

* (₩320+₩3) × 600개 = ₩193,800

6) 저당상품의 회계처리

금융기관 등으로부터 자금을 차입하고 그 담보로 제공된 저당상품은 저당권이 실행되기 전까지는 담보제공자가 소유권을 가지고 있다. 따라서 저당권이 실행되어 소유권이 이전되기 전에는 단순히 저당만 잡힌 상태이므로 담보제공자의 재고자산에 속한다(일반기준 7장 부록 실7.5 (4)).

7) 반품률이 높은 재고자산의 회계처리

반품률이 높은 상품의 판매에 있어서는 반품률의 합리적 추정가능성 여부에 의하여 재고자산 포함 여부를 결정한다. 반품률을 과거의 경험 등에 의하여 합리적으로 추정가능한 경우에는 상품 인도시에 반품률을 적절히 반영하여 판매된 것으로 보아 판매자의 재고자산에서 제외한다. 그러나 반품률을 합리적으로 추정할 수 없을 경우에는 구매자가 상품의 인수를 수락하거나 반품기간이 종료된 시점까지는 판매자의 재고자산에 포함한다(일반기준 7장 부록 실7.5 (5)). 반품가능판매의 회계처리에 대하여는 종전 회계기준적용의견서 03-01(2003. 3. 31., 한국회계기준원)에서 규정하고 있으며, 이와 관련하여 보다 자세한 설명은 '손익계산서 중 매출액편'을 참조하기로 한다.

8) 할부판매상품의 회계처리

할부판매란 상품 등을 판매함에 있어서 판매대금을 분할하여 회수하는 조건으로 이루어지는 판매형태를 말하며, 재화가 인도되는 시점에 이자수익에 해당하는 부분을 제외한 판매가액을 매출로 인식한다(일반기준 16장 부록 사례8).

따라서 재고자산을 고객에게 인도하고 대금의 회수는 미래에 분할하여 회수하기로 한 경우 대금이 모두 회수되지 않았다고 하더라도 상품의 판매시점에서 판매자의 재고자산에서 제외한다(일반기준 7장 부록 실7.5 (6)).

3. 제 품

(1) 의 의

제품이란 기업이 정상적인 영업순환과정에서 판매를 목적으로 제조·생산하여 보유 중인 완성품으로 주된 영업 목적에 관련하는 것이다. 제품계정에는 제조원가로부터 대체되는 주요 제품의 제조원가 이외에도 해당 제품과 관련하여 생산된 부산물 등도 포함된다.

부산물(by-products)은 제품의 생산과정에서 필연적으로 발생하는 제2차 생산물을 말한다. 주산물과 부산물을 동시에 생산하는 경우 발생한 공통원가는 앞서 설명하였듯이 각 제품을 분리하여 식별할 수 있는 시점이나 완성한 시점에서 개별 제품의 상대적 판매가치를 기준으로 하여 배부하여야 하지만, 경우에 따라 생산량기준 등을 적용하는 것이 더 합리적이라고 판단될 때에는 그 방법을 적용할 수 있다. 다만, 중요하지 않은 부산물은 순실현가능가치를 측정하여 동 금액을 주요 제품의 원가에서 차감하여 처리할 수 있다(일반기준 7장 문단 7.9).

(2) 회계처리

1) 제품의 완성, 입고, 판매에 따른 회계처리

제품의 완성에 의한 입고 및 판매에 따른 회계처리는 다음과 같은 절차로 이루어진다.

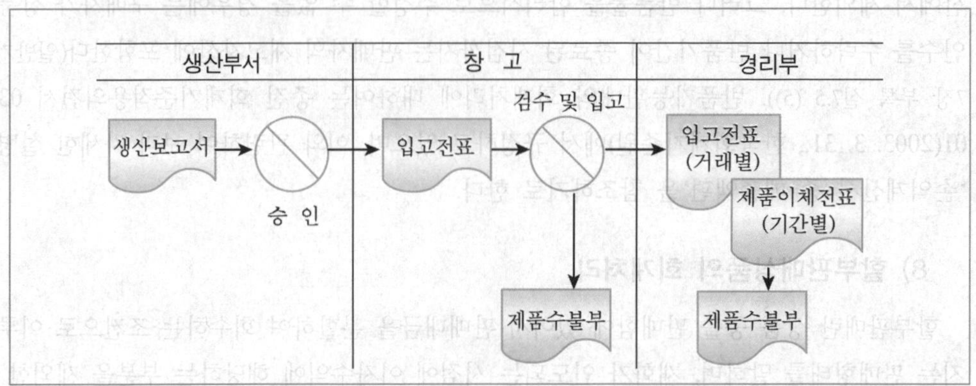

개별원가계산의 경우에는 제조지령서의 번호별로 원가계산표에 집계된 제조원가, 종합원가계산의 경우에는 종합원가계산표에서 계산된 완성제품제조원가를 다음과 같이 회계처리한다.

(차) 제　　품	×××	(대) 제　　조	×××

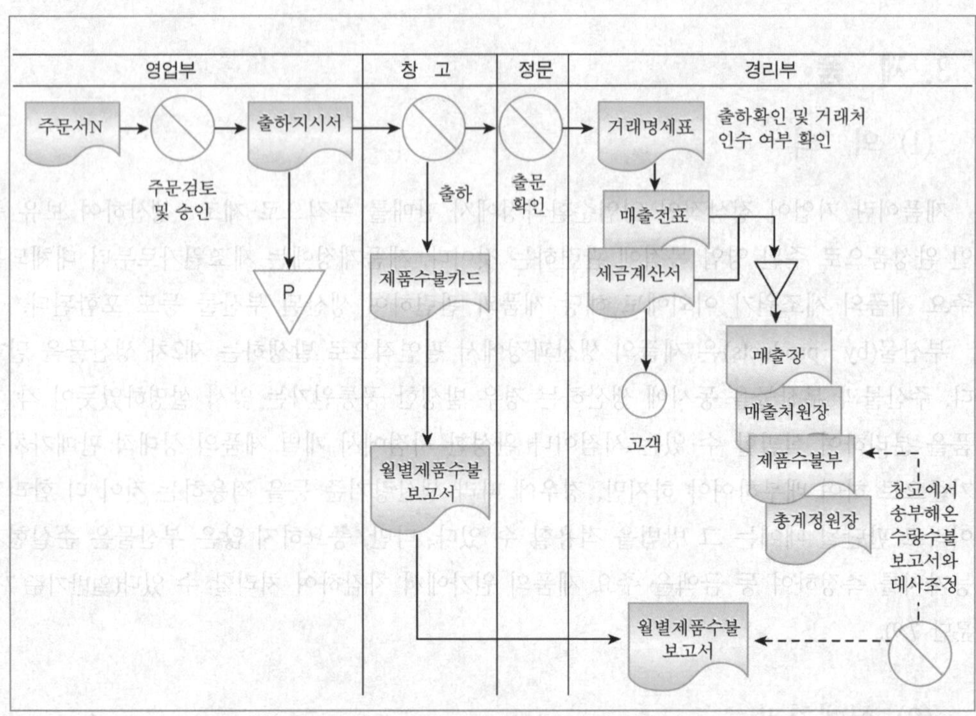

매출원가계산 시에는 매출원가월보에 의거하여 다음과 같이 매출제품에 대한 회계처리를 실시하여야 한다.

(차) 매 출 원 가	×××	(대) 제　　품	×××

2) 제품의 취득원가

제품의 취득원가는 원칙적으로 그 제조원가로 계상되며, 제품제조원가는 원재료비, 노무비, 경비로 구성되어 있다.

판매기업의 당기상품매입액은 대개 매입시점에 그 매입가액이 외부적으로 확인가능한 자료 등에 의하여 쉽게 결정될 수 있는 것이 보통이다. 그러나 제조기업에 있어서의 당기제품제조원가는 기업내부의 별도의 회계절차를 거쳐 결정되며 이러한 회계절차가 바로 '원가계산'이다. 즉, 제품원가계산은 특정 제품을 생산하기 위해 재료비, 노무비, 경비 등을 제품에 투입한 때부터 제품이 완성되기까지 소비된 경제가치를 집계하여 제품별로 취득가액을 계산하는 절차로서 이는 제품의 취득가액을 결정하는 절차에 해당한다.

기타의 회계처리, 즉 원가배분의 과정, 원가배분방법, 수량결정방법은 전술한 상품계정에 준하여 실시한다. 제조의 경우 취득원가결정에 있어 고려할 요소들은 다음과 같다.

① 외주가공비

자기의 생산수단이 아닌 타인의 생산수단에 의해 가공하고 지불하는 수수료, 즉 외주가공비는 제조원가를 구성하여 재고자산의 취득가액에 산입된다.

② 기술사용료(royalty)

기술도입계약은 재산적 가치가 있는 경제적 또는 공업적 기술, 즉 특허권, 실용신안권, 의장권 및 상표권 등의 공업소유권이나 Know-how, 기술정보, 기술지도 등 기술의 양수 및 그 사용에 관한 권리를 외국인으로부터 도입하는 내용의 국제계약을 의미하며, 기술사용료는 상기 기술도입계약에 따라 기술도입자가 기술제공자에게 지급하는 일체의 경제적 대가를 말한다.

기술사용료는 지급형태에 따라 다음과 같이 구분할 수 있다.

가. 고정기술사용료(fixed royalty)

계약시 기술제공에 대한 대가를 고정금액으로 확정하는 것으로서, 고정기술사용료의 총액을 미리 일정 금액으로 정하고 그것을 1회에 한하여 일괄지급하는 일시불 기술사용료(lump-sum payment)와 일정액을 매년 분할지급하는 분할불 기술사용료(down payment)가 이에 해당되며 기술료 총액을 기술도입 후 사용기간에 안분하여 제조원가에 산입한다.

나. 경상기술사용료(running royalty)

기술사용의 대가를 기술사용자(Licensee)의 사업성과에 따라서 비례적으로 일정률의 대가를 지급하는 형태로 이러한 대가산정의 기준으로 일반적으로 사용되는 것은 기술도입계약 제품의 총매출액, 순매출액 또는 판매수량 등이 이용되고 있다. 경상기술사용료는 기술료 지급대상이 되는 제품이 판매된 날이 속하는 회계연도의 제조원가로 계상하여야 한다.

다. 기술사용료 선급금(initial payment royalty)

경상기술료 이외의 별도의 일정액을 일시 또는 분할지급하는 경우로 경상기술료에 부수하여 지급되는 것이 보통이며 이것이 앞서의 고정기술사용료와 구분되는 점이기도 하다. 이러한 선급금은 일반기업회계기준상 선급비용으로 계상하여 계약내용에 따라 안분계산한다.

상기 기술료 이외에도 외국인기술자에게 지급한 여행경비 · 체재비 등도 경상기술료에 해당하므로 지급한 날이 속하는 사업연도의 제조원가로 처리하여야 하고, 또한 기술도입계약과 관련하여 필연적으로 부수되는 기술도면료, 기술지원비, 교육훈련비 등도 기술사용료의 범주에 포함되므로 제조원가에 산입해야 한다. 한편, 상표사용권, 경영관리기술 등 제품의 판매 또는 기업의 관리부문에 대한 기술공여를 받고 그 대가로 지불하는 기술료는 판매비와관리비로 처리한다.

③ 작업설물 등

제조과정 중 발생한 작업설물 등은 일반기업회계기준의 중요성 원칙에 따라 평가한다.

작업설물가액이 중요한 경우에는 상대적 판매가치법(경우에 따라서는 물량기준법)에 의하여 공통원가를 작업설물에 배부하거나 중요하지 않는 작업설물은 순실현가능가치를 측정하여 발생원가에서 차감하여 처리할 수 있을 것이다.

다만, 실무적으로 작업설물의 평가액 또는 이용가치는 매우 낮은 경우가 대부분일 것이며 그 가치의 중요성도 매우 낮을 것이다. 따라서 이 경우에는 평가를 생략할 수 있을 것이다.

④ 원재료로 재투입되는 불량품 등

생산과정에서 발생한 불량품 등을 원재료로 재투입하는 경우에는 재투입하는 때의 원재료 매입가액에 의하여 평가한다.

3) 부산물의 회계처리

전술한 바와 같이 부산물이란 주산물의 제조과정에서 필연적으로 파생하는 물품으로서, 주산물에 비하여 경제가치가 떨어지는 것을 말하며, 주산물 · 부산물의 구분은 기업에 있어서의 회계처리 관습에 의한다.

주산물과 부산물을 동시에 생산하는 경우 발생한 공통원가는 각 제품을 분리하여 식별할 수 있는 시점이나 완성한 시점에서 개별 제품의 상대적 판매가치를 기준으로 하여 배부하여야 한다. 다만, 경우에 따라 생산량기준 등을 적용하는 것이 더 합리적이라고 판단될 때에는 그 방법을 적용할 수 있다. 또한 중요하지 않은 부산물은 순실현가능가치를 측정하여 동 금액을 주요 제품의 원가에서 차감하여 처리할 수도 있다는 것은 전술한 바 있다.

부산물의 회계처리는 다음과 같다.

① 주산물과 부산물이 완성된 경우

(차) 주 산 물	×××	(대) 제 조	×××
부 산 물	×××		

② 부산물을 매각한 경우

(차) 현금 및 현금성자산	×××	(대) 부 산 물 매 출	×××
(차) 부 산 물 매 출 원 가	×××	(대) 부 산 물	×××

③ 부산물로서 자가소비한 경우

(차) 제 조	×××	(대) 부 산 물	×××

4. 반제품

(1) 의의 및 범위

반제품(semi－finished goods)이란 제품이 둘 이상의 공정을 거쳐서 완성될 때 전체 공정 중 한 공정의 작업을 마치고 다음 공정으로의 이행단계에 있는 미완성품을 말하며, 전체 공정의 제조작업을 끝마친 최종 생산품인 제품과 구별되고 그대로 판매 또는 저장가능한 점이 재공품과 다르다.

이러한 이유로 일반기업회계기준 제7장에서는 현재 상태로 판매가능한 재공품을 반제품으로 정의하였다(일반기준 7장 부록 실7.6).

(2) 기업회계상 회계처리

1) 반제품의 취득원가

반제품의 취득원가는 공정별 총원가를 해당 공정의 완성품 원가와 기말재공품 원가로 배분하고, 해당 공정의 완성품 원가 중 다음 공정으로 대체되는 대체품 원가를 공제함으로써 결정된다.

2) 반제품의 회계처리

① 제1공정에서 반제품 완성시

(차) 반 제 품	×××	(대) 제 1 공 정 비	×××

② 반제품을 매각하였을 때

(차) 매 출 채 권	×××	(대) 반 제 품 매 출	×××
(차) 반 제 품 매 출 원 가	×××	(대) 반 제 품	×××

③ 반제품을 제2공정으로 대체하였을 때

(차) 제 2 공 정 비	×××	(대) 반 제 품	×××

5. 재공품

(1) 의의 및 범위

재공품(work in process)이란 제품 또는 반제품의 제조를 위하여 재공과정에 있는 것을 말하며, 아직 판매 또는 저장가능한 상태에 이르지 아니한 것이다. 따라서 판매 목적이 아니고 해당 기업 내에서 직접 사용할 목적으로 재공 중에 있는 물품은 유형자산에 속하는 건설중인자산으로 처리하여야 한다.

(2) 회계처리

1) 재공품의 계정처리방법

재공품계정은 재공품을 처리하는 계정이지만, 이것을 순수한 자산계정으로서 사용하는 계정조직과 제조계정을 겸한 혼합계정으로서 사용하는 계정조직이 있다.

① 순수한 자산계정으로 사용하는 경우

재공품계정을 순수한 자산계정으로 하는 계정조직에 있어서는 기중의 발생원가를 제조계정의 차변에 기입하고, 기말에 재공품의 원가를 제조계정에서 재공품계정의 차변으로 대체하여 차기로 이월하고, 차기 초에 다시 제조계정의 차변으로 대체기입한다.

• 기초의 회계처리

(차) 제 조	×××	(대) 재 공 품 (전 기 이 월 액)	×××

• 기중에 원가발생시

(차) 제 조	×××	(대) 원 재 료 등 (원재료비·노무비·경비 등)	×××

• 기말의 회계처리

(차) 재 공 품	×××	(대) 제 조 (차 기 이 월 액)	×××

② 혼합계정으로 사용하는 경우

재공품계정을 혼합계정으로 사용하는 계정조직에 있어서는 따로 제조계정을 설정하지 않고 재공품계정이 제조계정을 겸하기 때문에 기중 발생원가를 재공품계정의 차변에 기입하고, 제품의 원가를 재공품계정의 대변에서 제품계정의 차변으로 대체함으로써 재공품계정의 잔액이 재공품의 재고액을 표시하게 된다. 그리고 총계정원장에 설정되는 재공품계정의 내역을 표시하는 장부가 재공품원장이지만, 개별원가계산에 있어서는 제조지령서별 원가계산표가 이에 해당된다.

• 기중에 원재료비 등 원가발생시

(차) 재 공 품	×××	(대) 원 재 료 등 (원재료비, 가공비 등)	×××

• 제품이 완성된 경우

(차) 제 품	×××	(대) 재 공 품	×××

2) 재공품의 취득원가

원가계산이란 특정의 수익 또는 자산을 획득하기 위하여 투입한 금액을 계산하는 과정으로서, 발생된 원가를 집계하는 단계와 집계된 원가를 매출원가, 제품, 재공품 등에 배부하여 자산과 비용으로 구분하는 단계를 거치는 것이 일반적이다.

재공품의 취득원가는 이러한 원가계산을 통하여 산정되는 바, 개별원가계산에 있어서는 제조지령서별로 제조원가가 구분집계되므로 비교적 용이하게 파악할 수 있지만, 종합원가계산에서는 1기간의 종합원가를 완성제품과 재공품으로 배분하여야 하므로 재공품의 평가 문제가 발생한다.

① 개별원가계산의 경우

제조지령서별로 제조원가를 구분하여 집계하므로 기말에 미완성 제조지령서에 집계된 제조원가로 재공품을 평가한다.

② 종합원가계산의 경우

가. 재공품 평가의 중요성

종합원가계산을 적용하는 데는 다음과 같은 가정이 필요하다.

첫째로, 물량흐름에 대한 가정으로서, 제조에 투입되는 단위당 원가가 일정치 않기 때문에 선입선출법이나 평균법 등과 같은 인위적인 물량흐름에 대한 가정이 필요하다.

둘째로, 재공품의 진행률을 합리적으로 파악할 수 있어야 한다. 일반적으로 원재료는 공정의 시점에 전부 투입되는 경우가 대부분이나, 가공비는 전체 공정을 통하여 평균적으로 발생하기 때문에 제품 1단위를 완성하는 데 필요한 전체 노력 중의 얼마만큼이 공정 중에 있는 기말재공품에 충당되었는가를 평가하기 위해서는 재공품의 진행률을 가정해야 한다.

이러한 가정들로 인하여 기말재공품의 가액이 영향을 받으며, 결과적으로 순이익에 영향을 미치게 된다.

나. 재공품 평가방법

(가) 평균법

평균법은 기초재공품원가와 당기총제조비용의 합계액을 완성품환산수량(완성품수량에 기말재공품환산량을 가산한 수량)으로 나누어 산출한 완성품환산량 단위당원가를 기말재공품환산량에 곱하여 기말재공품원가를 계산하는 방법이다.

이를 산식으로 표시하면 다음과 같다.

$$\text{기말재공품평가액} = (\text{기초재공품원가} + \text{당기총제조비용}) \times \frac{\text{기말재공품환산량}}{\text{기말재공품환산량} + \text{당기완성품수량}}$$

(나) 선입선출법

선입선출법은 원가의 이전을 물량의 흐름에 따라 완성되는 것으로 가정하여 기말재공품원가를 평가하므로, 기초재공품원가는 완성품원가를 형성한다고 보고 기말재공품평가액은 당기발생원가(당기총제조비용)에서 형성된다고 보는 평가방법이다. 다시 말하면 재공품계정의 차변잔액은 기초재공품원가와 당기발생원가로 크게 이원화시킬 수 있는 바, 기말재공품 또는 완성품원가에 적용시키는 원가를 평균법과 같이 일원화시키지 않고 이원화시켜 원가계산을 하는 방법이다. 즉, 기초재공품원가를 기초재공품환산량으로 나누어 계산한 기초재공품환산량 단위당원가와 당기발생원가를 당기완성품환산량(완성품수량+기말재공품환산량-기초재공품환산량)으로 나누어 계산한 완성품환산량 단위당원가를 계산하여 완성품원가와 기말재공품원가를 계산하는 방법을 말한다.

이상의 내용을 수식으로 표시하면 다음과 같다.

- 기초재공품원가÷기초재공품환산량=기초재공품환산량 단위당원가
- 당기제조비용÷(완성품수량+기말재공품환산량-기초재공품환산량)

  =완성품환산량 단위당원가
- 기말재공품평가액=기말재공품환산량×완성품환산량 단위당원가

$$= \text{당기제조비용} \times \frac{\text{기말재공품환산량}}{\text{완성품수량} + \text{기말재공품환산량} - \text{기초재공품환산량}}$$

(다) 후입선출법

신규로 착수한 것부터 먼저 완성된 것으로 간주하고 원가를 계산하는 방법으로 기초재공품이 그대로 기말재공품으로 남았다고 가정하여 기말재공품을 평가하는 방법이다. 따라서 기말재공품평가액은 기초재공품원가대로 계산하는 것이 원칙이나, 기말재공품환산량이 기초재공품환산량보다 큰 경우에는 기말재공품환산량 중 기초재공품환산량 부분은 기초재공품원가로 평가하고 기초재공품환산량을 초과하는 초과분은 당기발생원가로 평가하여야 한다.

후입선출법의 산식은 다음과 같다.

- 기초재공품원가 ÷ 기초재공품환산량 = 기초재공품환산량 단위당원가
- 당기제조비용 ÷ (완성품수량 + 기말재공품환산량 − 기초재공품환산량)
  = 완성품환산량 단위당원가
- 기말재공품 평가
  ㄱ. 기초재공품환산량 〉 기말재공품환산량의 경우
  기말재공품평가액 = 기말재공품환산량 × 기초재공품환산량 단위당원가

$$= 기초재공품원가 \times \frac{기말재공품환산량}{기초재공품환산량}$$

  ㄴ. 기초재공품환산량 = 기말재공품환산량의 경우
  기말재공품평가액 = 기초재공품원가
  ㄷ. 기초재공품환산량 〈 기말재공품환산량의 경우
  기말재공품평가액 = 기초재공품원가 + (기말재공품환산량 − 기초재공품환산량)
  × 당기완성품환산량 단위당원가
  = 기초재공품원가 + 당기제조비용

$$\times \frac{기말재공품환산량 - 기초재공품환산량}{완성품수량 + 기말재공품환산량 - 기초재공품환산량}$$

사례 12 다음 자료에 의하여 기말재공품원가를 평균법, 선입선출법, 후입선출법의 각 방법으로 계산하여라. (원 미만 절사)

기초재공품		당기제조비용		완성품 및 기말재공품	
수 량	240개	직접재료비	₩570,000	완성품수량	3,000개
평 가 액		직접노무비	300,000	재공품수량	270개
직접재료비	₩45,000	제조간접비	75,000	완 성 도	
가 공 비	30,000			가 공 비	50%
완 성 도				직접재료비 전부 작업의	
직접재료비	100%			최초에 투입됨.	
가 공 비	40%				

㉠ 평균법

기말재공품평가액 : ₩50,779 + ₩17,440 = ₩68,219

- 직접재료비 : $(₩45,000 + ₩570,000) \times \frac{270 \times 100\%}{3,000 + 270 \times 100\%} = ₩50,779$
- 가공비 : $(₩30,000 + ₩300,000 + ₩75,000) \times \frac{270 \times 50\%}{3,000 + 270 \times 50\%} = ₩17,440$

㉡ 선입선출법

완성품환산량 단위당원가

- 직접재료비 : ₩570,000 ÷ (3,000 + 270 − 240) = @₩188.12
- 가공비 : (₩300,000 + ₩75,000) ÷ (3,000 + 270 × 50% − 240 × 40%) = @₩123.40

기말재공품평가액 = ₩50,792 + ₩16,659 = ₩67,451

- 직접재료비 : 270 × @₩188.12 = ₩50,792
- 가공비 : 270 × 50% × @₩123.40 = ₩16,659

㉢ 후입선출법

기초재공품환산량 < 기말재공품환산량이므로

기말재공품평가액 = ₩50,643 + ₩34,812 = ₩85,455

- 직접재료비 : ₩45,000 + (270 − 240) × @₩188.12 = ₩50,643
- 가공비 : ₩30,000 + (270 × 50% − 240 × 40%) × @₩123.40 = ₩34,812

6. 원재료

(1) 의의 및 범위

원재료(raw materials)는 제품생산에 소비할 목적으로 구입한 모든 재화를 가리키며, 원료, 재료, 매입부분품 및 미착원재료 등을 포함한다.

원료는 주로 화학적 변화를 거쳐 제품이 되는 경우의 소재를 말하고, 재료는 주로 물리적인 변화를 거쳐 제품이 되는 경우의 소재를 말한다. 매입부분품이란 제품 또는 반제품의 구성부분으로서 타인으로부터 매입한 것을 말하며, 자가제조한 부분품은 반제품계정으로 처리하여야 한다.

미착원재료란 운송 중에 있는 원재료로서, 그 금액이 자산총액 등에 비추어 상대적으로 중요한 경우에는 그를 표시하는 과목으로 구분 · 기재하여야 한다.

(2) 회계처리

1) 원재료구입에 관한 회계처리

제조활동을 위하여 원재료를 구입하면 그 취득에 소요된 비용을 원재료계정에 차기한다.

이 때 적용되는 원재료의 취득가액은 매입가액에 매입부대비용을 가산한 금액으로서 상품계정에서 이미 상술한 바와 같이 매입부대비용 중 운임, 하역료 및 운송보험료 등 원재료구입과 관련하여 외부에 직접 지출한 직접부대비용만을 취득가액에 포함시키고 검수비 · 매입사무비 등 회사내부에서 발생한 간접부대비용은 판매비와관리비로 처리하는 것이 일반적이다.

원재료 매입자금에 대한 지급이자의 회계처리와 수출용 원재료의 관세환급금에 대한 회계처리는 재고자산의 일반 부분에서 설명한 사항을 참조하기 바란다.

2) 원재료사용에 관한 회계처리

① 원재료계정과 원재료비계정의 구분

원재료가 제조과정에 투입되지 아니하고 재고자산 형태로 남아 있는 경우 원재료계정에 포함되나, 제조공정에 투입되면 제조원가의 구성요소로 원재료비계정에 대체된다. 그러나 원재료비계정은 단순히 창고로부터 출고한 원재료만을 의미하는 것은 아니다. 즉,

가. 출고된 원재료가 공장신축을 위해 사용되는 경우에는 원재료비계정 대신 건설중인 자산에 대체되어야 하며,

나. 공정별 원가계산을 하는 경우 전단계공정에서 완성된 반제품의 원가가 포함되는 경우도 있다.

② 원재료소비액의 측정방법

가. 원재료의 소비량계산방법

(가) 계속기록법

이것은 원재료 구입과 불출을 기록하고 그 잔액을 장부상에서 계속적으로 기록 · 계산함으로써 당월의 원재료소비액을 계산하는 방법이다.

(나) 재고실사법

이것은 원가계산기간 말에 재고조사를 실시하고 다음과 같은 산식에 의하여 간접적으로 소비액을 계산하는 방법이다.

기초이월량 + 당기실제수입량 − 기말실제재고량 = 당기소비량

(다) 역계산법

이것은 제품의 생산량을 기준으로 하여 소비량을 추정하는 방법이다.

제품 1단위에 포함된 원재료의 소비량 × 제품 총생산량 = 표준소비량

나. 원재료의 소비가격계산방법

원재료의 소비가격계산방법에는 원가법 중 선입선출법, 이동평균법, 총평균법, 후입선출법, 개별법 등이 있으며, 예정가액이나 표준가격을 당월의 원재료소비가격으로 할 수 있다.

7. 저장품

(1) 의의 및 범위

저장품이란 공장용 · 영업용 · 사무용으로 쓰이는 소모성 유동자산으로서 결산기말 현재 미사용액을 말한다. 저장품에는 소모품, 소모공구기구, 비품 및 수선용 부분품 등이 있다(일반기준 7장 부록 실7.1). 여기에서 소모품 등이라 함은 포장재료, 유류, 연료, 기타의 사무용품, 소액의 공구, 기구, 비품 중 취득하였을 때 비용처리하지 아니한 것으로서 결산기말 현재 저장 중에 있는 것을 말한다.

재고자산에 포함되는 공구 및 비품은 당기 생산과정에 소비 또는 투입될 품목에 한하며, 한 회계기간 이상 사용할 것으로 예상되는 품목이면 유형자산으로 분류한다(일반기준 7장 부록 실7.2). 또한, 대부분의 예비부품과 수선용구는 재고자산으로 계상하고 사용되는 시점에서 비용이나 제조원가로 처리할 수 있을 것이나, 중요한 예비부품이나 대기성 장비로서 기업이 1년 이상 사용할 것으로 예상하는 경우에는 이를 유형자산으로 분류하여야 한다(일반기준 10장 문단 10.6).

(2) 회계처리

1) 저장품의 취득가액

저장품의 취득원가는 상품과 마찬가지로 매입대가와 인수운임 · 하역비, 운송보험료 등 구입과 관련하여 외부에 직접 지출한 매입부대비용을 합한 금액으로 계상된다.

2) 소비량 및 소비가격계산방법

저장품의 소비량계산방법에는 재료의 수급을 기록함으로써 계속적으로 그 잔액을 기록 · 계산하는 계속기록법과 실지로 재고조사를 통하여 간접적으로 소비량을 계산하는 실지재고조사법이 있다.

저장품에 대한 소비가격계산방법에는 원가법, 예정가격법 등이 있다. 원가법에는 개별법, 총평균법, 이동평균법, 선입선출법, 후입선출법이 있다.

3) 저장품의 회계처리

① 자산처리법

저장품을 취득한 때에 먼저 자산계정인 저장품계정에 계상하고 기말에 그 소비액을 조사하여 소비액 상당부분을 비용계정으로 대체시키는 방법으로서, 이에 대한 구체적인 회계처리방법은 다음과 같다.

• 저장품의 구입시

(차) 저 장 품 ××× (대) 매 입 채 무 ×××

• 제품생산을 위해 출고한 때

(차) 재 공 품 (간 접 재 료 비) ××× (대) 저 장 품 ×××

• 고정자산의 보수를 위해 출고한 때

(차) 수 선 비 ××× (대) 저 장 품 ×××

• 저장품을 매각처분한 때

(차) 현금및현금성자산 ××× (대) 저 장 품 ×××
저 장 품 매 각 손 실 ×××

② 비용처리법

저장품을 취득한 때에 먼저 비용계정으로 계상하고, 기말에 그 미사용액을 조사하여 저장품계정에 계상함과 동시에 차기로 이월시키는 방법이다.

• 저장품의 구입시

(차) 간 접 재 료 비 ××× (대) 매 입 채 무 ×××

• 연말결산시

(차) 저 장 품 ××× (대) 간 접 재 료 비 ×××

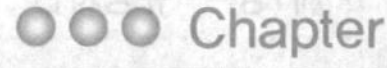

Chapter

02

비유동자산

비유동자산(non-current assets)이란 유동자산 외의 모든 자산을 말하며 일반적으로 보고기간종료일로부터 1년 이내에 현금화 또는 실현될 것으로 예상되지 아니하는 자산을 말하는 것으로서, 그 목적이나 기능에 따라 투자자산, 유형자산, 무형자산 및 기타비유동자산으로 분류한다. 다만, 정상적인 영업주기 내에 판매되거나 사용되는 재고자산과 회수되는 매출채권 등은 보고기간종료일로부터 1년 이내에 실현되지 않더라도 유동자산으로 분류한다(일반기준 2장 문단 2.20, 2.21).

이와 같이 자산을 유동자산과 비유동자산으로 구분하는 것은 운전자본으로 사용되는 자산과 장기적인 경영활동에 사용되는 자산을 구분하여 표시함으로써 기업의 유동성과 지급능력을 평가하는 데 유용한 정보를 제공하기 위함이다.

제1절 투자자산

투자자산은 기업이 장기적인 투자수익이나 타기업 지배목적 등의 부수적인 기업활동의 결과로 보유하는 자산이다. 이와 같은 장기여유자금운용이나 다른 기업 지배목적 등의 부수적인 활동의 결과로 보유하게 되는 투자자산은 기업 본연의 영업활동을 위해 장기간 사용되는 자산인 유형자산, 무형자산과는 그 성격상 다르기 때문에 별도로 구분하여 표시하여야 한다(일반기준 2장 부록 결2.3).

투자자산에는 장기적인 투자수익을 얻기 위해 가지고 있는 채무증권과 지분증권, 지분법적용투자주식, 영업활동에 사용되지 않는 토지와 설비자산, 설비확장 및 채무상환 등에 사용할 특정목적의 예금을 포함한다. 따라서 임차보증금, 이연법인세자산(유동자산으로 분류되는 부분 제외), 장기매출채권 및 장기미수금 등 투자수익을 목적으로 보유하는 것으로 볼 수 없는 자산은 투자자산으로 분류하지 아니하고 기타비유동자산으로 분류하여야 한다(일반기준 2장 부록 실2.29, 실2.38).

참고로, 일반기업회계기준 제2장에서 대부분의 기업이 금액이나 성격이 중요하다고 판단하여 재무상태표 본문에 별도 표시할 것으로 예시한 투자자산의 항목은 다음과 같다(일반기준 2장 부록 실2.30).

① 투자부동산
② 장기투자증권
③ 지분법적용투자주식
④ 장기대여금
⑤ 기타

1. 투자부동산

(1) 의의 및 범위

1) 의 의

투자부동산이란 시세차익을 얻기 위하여 보유하고 있는 부동산으로서 재화의 생산, 용역의 제공, 타인에 대한 임대 또는 자체적으로 사용, 정상적인 영업과정에서의 판매를 목적으로 보유하는 부동산은 제외한다(일반기준 10장 용어의 정의).

즉, 투자부동산은 투자목적으로 소유하는 토지 · 건물 등을 말하며 본래의 영업목적으로 소유하는 업무용 부동산 및 매매용 부동산과 구별되는 일종의 비업무용 부동산과 유사한 성질의 부동산을 지칭한다.

2) 범위 및 타 과목과의 구분

투자부동산에는 적극적인 투자목적에 따라 보유하고 있는 부동산은 물론이고, 영업활동에 사용할 목적으로 취득하였으나 제도적 요인이나 기타 기업 내부적 요인에 의하여 아직 사업목적에 제공되지 못하고 있는 부동산 또는 본래 사업목적에 사용하다가 처분을 목적으로 하여 사업에 제공되지 않고 있으나 아직 처분되지 않고 있는 부동산 등도 모두 포함된다.

투자부동산은 영업활동과 직접적인 관련이 없어야 하므로 부동산매매업을 영업목적으로 하는 법인에 있어 매매용 부동산은 재고자산으로, 부동산임대업을 목적사업으로 하는 법인의 경우 임대용 부동산은 유형자산으로 분류되어야 한다.

결국 투자부동산의 전형으로는 현재 영업목적에 공하지 않고 있는 비업무용 부동산이 그 대표적인 예가 된다.

(2) 기업회계상 회계처리

1) 투자부동산의 회계처리

투자부동산은 최초에 취득원가로 측정하며, 현물출자, 증여, 기타 무상으로 취득한 경우에는 공정가치를 취득원가로 한다. 취득원가는 구입원가 또는 제작원가 및 경영진이 의도하는 방식으로 자산을 가동하는 데 필요한 장소와 상태에 이르게 하는 데 직접 관련되는 지출 등으로 구성되며 매입할인 등이 있는 경우에는 이를 차감하여 취득원가를 산출한다 (일반기준 10장 문단 10.8).

한편, 투자부동산 중 상각자산이 있는 경우 감가상각액을 계상해야 하는지에 대해서는 논란이 있을 수 있다. 즉 투자부동산이라고 하더라도 일시적인 임대수익 등이 발생할 수가 있으며, 이 경우 수익·비용대응의 원칙에 의하여 감가상각액을 계상하여야 하는지 여부가 쟁점이 될 수 있을 것이다.

현재 투자부동산의 회계처리에 대하여는 일반기업회계기준 제10장 '유형자산'에 따르도록 하고 있으나, 이와 관련하여 일반기업회계기준에서는 명확한 규정이 없다. 다만, 일반기업회계기준 제10장 문단 10.35에서는 내용연수 도중 사용을 중단하고 처분예정인 유형자산은 사용을 중단한 시점의 장부금액으로 표시하고 이러한 자산에 대해서는 투자자산으로 재분류하도록 하고 있으며, 이와 같은 투자자산에 대하여는 감가상각을 하지 않는 대신 손상차손 발생여부를 매 보고기간말에 검토하도록 규정하고 있다.

따라서 회사가 투자부동산을 보유하는 근본 목적이 가격상승이나 개발 등으로 인한 처분이익을 얻기 위한 것이므로 투자부동산으로 분류된 상각자산에서 일시적으로 임대수익 등이 발생한다고 하여도 감가상각액을 계상하지 않는 것이 타당할 것이다.

기타 투자부동산의 회계처리에 대한 자세한 내용은 '유형자산편'의 관련 내용을 참고하도록 한다.

2) 투자용 및 영업용에 공통된 부동산

동일한 자산을 일부는 영업용에 제공하고 다른 일부는 투자 목적으로 제공하고 있는 경우 해당 자산 부분의 용도에 따라 투자자산 및 유형자산으로 구분하는 것이 필요하며, 통상적으로는 사용면적 비례로 구분하면 무난할 것으로 판단된다.

(3) 세무회계상 유의할 사항

투자부동산에 대해서 세무상 유의할 사항은 기업이 보유하고 있는 투자부동산이 법인세법상의 업무무관자산에 해당되면 지급이자를 손금불산입하거나 업무무관자산에 대한 경비를 손금불산입하여야 한다.

1) 업무와 관련 없는 자산의 취득 · 관리비용

해당 법인의 업무와 직접 관련이 없다고 인정되는 자산을 취득 · 관리함으로써 생기는 비용은 손금에 산입하지 아니한다. 다만, 법령에 의하여 사용이 금지되거나 제한된 부동산, 자산유동화에 관한 법률에 의한 유동화전문회사가 동법 제3조의 규정에 의하여 등록한 자산유동화계획에 따라 양도하는 부동산 등 법인세법 시행규칙 제26조 제5항에 따른 부동산은 제외한다(법령 49조 1항 1호).

① 업무와 관련 없는 부동산의 범위

가. 법인의 업무에 직접 사용하지 아니하는 부동산. 다만, 유예기간이 경과하기 전까지의 기간 중에 있는 부동산을 제외한다.

나. 유예기간 중에 당해 법인의 업무에 직접 사용하지 아니하고 양도하는 부동산. 다만 부동산매매업을 주업으로 영위하는 법인의 경우를 제외한다.

② 업무와 관련 없는 동산의 범위

가. 서화 및 골동품. 다만, 장식 · 환경미화 등의 목적으로 사무실 · 복도 등 여러 사람이 볼 수 있는 공간에 상시 비치하는 것은 제외한다.

나. 업무에 직접 사용하지 아니하는 자동차 · 선박 및 항공기. 다만, 저당권의 실행 기타 채권을 변제받기 위하여 취득한 자동차 · 선박 및 항공기로서 취득일로부터 3년이 경과되지 아니한 것을 제외한다(법칙 26조 11항).

다. 기타 위의 자산과 유사한 자산으로서 당해 법인의 업무에 직접 사용하지 아니하는 자산

③ 취득 · 관리함으로써 생기는 비용의 범위

업무와 관련 없는 자산을 취득 · 관리함으로써 생기는 비용이란 수선비, 유지비 및 관리비는 물론 보유기간 중에 납부하는 재산세 등의 세금과공과, 감가상각비 등을 포함한다. 그러나 취득세 등의 취득부대비용은 업무무관경비가 아니므로 자산의 취득원가에 산입하여야 한다. 또한, 업무무관자산의 처분시에 발생하는 처분손실은 손금에 산입된다.

2) 업무와 관련 없는 지출

기타 그 법인의 업무와 직접 관련이 없다고 인정되는 지출로서 다음에 해당하는 금액은 손금불산입한다(법령 50조 1항).

① 해당 법인이 직접 사용하지 아니하고 다른 사람(주주 등이 아닌 임원과 소액주주인

임원 및 직원은 제외)이 주로 사용하고 있는 장소 · 건축물 · 물건 등의 유지비 · 관리비 · 사용료와 이와 관련되는 지출금. 다만, 법인이 대 · 중소기업 상생협력 촉진에 관한 법률 제35조에 따른 사업을 중소기업(제조업을 영위하는 자에 한함)에 이양하기 위하여 무상으로 해당 중소기업에 대여하는 생산설비와 관련된 지출금 등을 제외한다.

② 해당 법인의 주주 등(소액주주 등은 제외) 또는 출연자인 임원 또는 그 친족이 사용하고 있는 사택의 유지비 · 관리비 · 사용료와 이와 관련되는 지출금

③ 위에서 설명한 업무와 관련 없는 동산과 부동산을 취득하기 위하여 지출한 자금의 차입과 관련되는 비용

④ 해당 법인이 공여한 형법 또는 국제상거래에 있어서 외국공무원에 대한 뇌물방지법상 뇌물에 해당하는 금전 및 금전 외의 자산과 경제적 이익의 합계액

⑤ 노동조합 및 노동관계조정법 제24조 제2항 및 제4항을 위반하여 지급하는 급여

3) 업무무관자산에 대한 지급이자손금불산입

법인의 부동산 투기를 억제하고 자금이 비생산적인 용도로 사용되는 것을 규제하기 위해 업무와 관련이 없는 자산에 대하여 그에 상당하는 지급이자를 부채비율에 관계 없이 손금불산입한다.

① 업무무관자산의 범위

앞에서 살펴본 업무와 관련 없는 자산의 취득 · 관리비용의 손금불산입 대상이 되는 동산 및 부동산의 범위와 동일하다.

② 업무무관자산의 가액결정

업무무관자산의 가액은 취득가액으로 한다. 여기서 취득가액이란 취득부대비용을 포함하며 연불취득 등으로 미지급상태에 있는 경우에도 전체 가액을 취득가액으로 한다.

그리고 법인이 특수관계인으로부터 자산을 시가보다 높은 가액으로 매입 또는 현물출자받았거나 출자법인의 증자에 있어서 신주를 시가보다 높은 가액으로 인수하여 특수관계인인 다른 주주에게 이익을 분여함에 따라 부당행위계산 부인의 규정이 적용되는 경우에 있어 해당 시가초과액 또한 취득가액에 포함된다(법령 53조 3항).

③ 지급이자손금불산입액의 계산

업무무관자산과 관련한 지급이자손금불산입액은 다음과 같은 산식에 의해 계산한다.

$$\text{지급이자손금불산입액} = \text{지급이자} \times \frac{\text{업무무관자산 적수}}{\text{총차입금 적수}}$$

그리고 대상이 되는 지급이자와 총차입금은 채권자불분명 사채이자, 지급받은 자가 불분명한 채권·증권이자 및 건설자금이자에서 이미 부인된 지급이자와 그에 상당하는 차입금을 제외한 금액으로 계산한다. 이에 대한 자세한 내용은 '단기차입금편'을 참고하도록 한다.

2. 매도가능증권

매도가능증권의 금액이나 성격이 중요한 경우에는 재무상태표에 별도 항목으로 구분하여 표시하지만, 중요하지 아니한 경우에는 비유동자산으로 분류되는 매도가능증권과 만기보유증권을 '장기투자증권'으로 통합하여 표시하고 매도가능증권 및 만기보유증권으로 구분한 내용을 주석으로 공시한다(일반기준 6장 부록 6.A21).

(1) 개념 및 범위

1) 개 요

일반기업회계기준 제6장에서는 취득한 유가증권(지분법적용투자주식, 주식선택권과 파생상품 제외)을 취득목적과 보유의도 및 능력에 따라 단기매매증권, 매도가능증권 및 만기보유증권으로 분류하고, 그렇게 세 가지로 분류된 유가증권은 보유기간에 따라 다시 유동자산 또는 투자자산으로 재무상태표에 표시하도록 하고 있다. 즉, 유동자산으로 분류하는 유가증권 과목은 다음과 같으며, 이를 단기투자자산의 과목으로 통합하여 재무상태표에 표시할 수도 있다. 그리고 투자자산으로 분류하는 유가증권 과목은 유동자산으로 분류되지 않는 매도가능증권과 만기보유증권이며, 이를 장기투자증권의 과목으로 통합하여 재무상태표에 표시할 수도 있다(일반기준 2장 부록 실2.26, 실2.31).

- 단기매매증권
- 보고기간종료일로부터 1년 이내에 실현되는 매도가능증권이나 만기보유증권

본편에서는 투자자산으로 분류되는 매도가능증권을 중심으로 설명하기로 하고, 단기매매증권은 '당좌자산 중 단기매매증권편'을, 만기보유증권에 대하여는 '3. 만기보유증권편'을 참조하기로 한다.

일반기업회계기준 제6장에서 규정하고 있는 매도가능증권에 대한 주요 내용을 요약하면 다음과 같다.

구 분		매도가능증권	
		지분증권	채무증권
평가손익	평가방법	공정가치법 또는 원가법[1]	공정가치법
	계산	취득원가 - 공정가치	상각후원가 - 공정가치
	처리	기타포괄손익누계액 처리	
이자수익의 인식		N/A	유효이자율법 적용
손상차손	계산	취득원가 - 회수가능액	상각후원가 - 회수가능액
	회수가능액	공정가치 또는 회수가능액[2]	미래 기대현금흐름의 현재가치 (유사한 유가증권의 현행시장이자율로 할인)
	처리	회수가능액으로 평가하고 손상차손은 당기손실 처리	
손상차손 환입	계산	회수가능액 - 직전연도 손상차손 인식 후 금액	회수가능액 - 직전연도 손상차손 인식 후 상각후가액
	처리	회수가능액 회복시 손상차손환입액으로 당기이익 처리[3]	
처분손익	계산	취득원가 - 처분금액	상각후원가 - 처분금액

주1) 원가법은 시장성이 없는 지분증권의 공정가치를 신뢰성있게 측정할 수 없는 경우에 적용함(일반기준 6장 문단 6.30).

주2) 취득원가로 평가하는 지분증권의 회수가능액은 유가증권발행기업의 순자산을 자산별로 시장가격, 공시지가 또는 감정금액 등을 적용하여 평가한 공정가치를 말함(일반기준 6장 부록 6.A13).

주3) 손상차손 금액을 한도로 하되, 공정가치 상승금액이 손상차손을 인식한 기간 후에 발생한 사건과 객관적으로 관련되지 아니하는 경우에는 기타포괄손익누계액으로 처리함(일반기준 6장 부록 6.A18).

2) 매도가능증권의 범위

매도가능증권이란 단기매매증권이나 만기보유증권으로 분류되지 아니하는 유가증권(지분법적용투자주식, 주식선택권과 파생상품 제외)을 말한다(일반기준 6장 문단 6.27). 즉, 매도가능증권의 범위는 단기간 내의 매매차익을 목적으로 취득한 유가증권으로서 매수와 매도가 적극적이고 빈번하게 이루어지는 유가증권(단기매매증권)과 만기가 확정된 채무증권으로서 상환금액이 확정되었거나 확정이 가능한 채무증권을 만기까지 보유할 적극적인 의도와 능력이 있는 경우 해당 채무증권(만기보유증권) 이외의 유가증권을 말한다. 단기매매증권의 범위에 대하여는 '당좌자산 중 단기매매증권편'을 참조하기로 하며, 만기보유증권의 범위에 대하여는 '3. 만기보유증권편'을 참조하기로 한다.

(2) 기업회계상 회계처리

1) 취득원가의 결정

① 취득시기

매도가능증권은 그 매도가능증권의 계약당사자가 되는 때에만 재무상태표에 인식하는 것으로 관련 시장의 규정이나 관행에 의하여 일반적으로 설정된 기간 내에 해당 매도가능증권을 인도하는 계약조건에 따라 매도가능증권을 매입하거나 매도하는 정형화된 거래의 경우에는 매매일에 해당 거래를 인식한다(일반기준 6장 문단 6.4, 6.4의 2).

예로서 유가증권시장 또는 코스닥시장에서는 매매계약 체결 후 일정일 이후(예 : 현재 3일째)에 결제가 이루어지는데, 이 경우 주식매매거래의 인식시점은 매매일로 본다. 이는 매매계약 체결 후 일정일 이후에 투자매매업자, 투자중개업자의 고객계좌부에 명의개서가 이루어지고 이 시점부터 의결권 등 법적인 권리를 행사할 수 있지만, 주식의 가격변동에 대한 위험과 효익은 실질적으로 매매계약체결시점에 이전되기 때문이다(일반기준 6장 부록 실6.51).

② 취득원가

매도가능증권은 최초인식시 공정가치로 측정하며, 공정가치는 일반적으로 거래가격(자산의 경우에는 제공한 대가의 공정가치, 부채의 경우에는 수취한 대가의 공정가치)을 의미한다. 이 때 해당 매도가능증권의 취득과 직접 관련되는 거래원가는 최초인식하는 공정가치에 가산한다(일반기준 6장 문단 6.12, 6.13).

취득과 직접 관련되는 거래원가란 매도가능증권의 대가 이외에 취득과 직접적으로 관련하여 추가적으로 발생하는 비용을 말하는 것으로서 대리인 또는 중개인에게 지급하는 수수료와 증권거래소의 거래수수료 및 세금을 포함하지만 차입원가와 보유에 따른 비용은 제외된다. 한편 법인이 타법인의 주식을 취득하여 지방세법상 과점주주가 되면 취득세를 납부하게 되는 바, 이러한 취득세는 법령상 불가피하게 지출되는 비용이기 때문에 매입부대비용으로 처리하여야 한다(금감원 2008-015). 이와 관련하여 법인세법에서도 이러한 과점주주의 취득세를 동 주식의 취득원가에 산입하도록 하고 있다(법기통 21-0…4 2항).

사례 (주)삼일은 을회사의 주식 1,000주를 ₩1,200,000에 구입하였다. 이 때에 매입수수료 ₩15,000이 발생하여 현금으로 지급하였다.

(차) 매 도 가 능 증 권	1,215,000	(대) 현금 및 현금성자산	1,215,000

기타 유 · 무상 증자, 주식배당, 증여에 의한 주식취득 등 특수한 경우의 취득원가 산정방법에 대하여는 '당좌자산 중 단기매매증권편'의 설명을 참조하기로 한다.

2) 매도가능증권의 평가

① 공정가치법에 의한 평가

가. 개 요

매도가능증권은 공정가치로 평가하여야 한다. 다만, 매도가능증권 중 시장성이 없는 지분증권의 공정가치를 신뢰성 있게 측정할 수 없는 경우에는 취득원가로 평가한다(일반기준 6장 문단 6.30).

- **신용협동조합중앙회의 실적배당상품 투자자 회계처리(금감원 2015-002)**

  신용협동조합중앙회가 운용에 따른 이익은 조합에 귀속시키고, 원금이 보장되는 금전신탁 성격의 실적배당상품을 판매하는 경우 해당 실적배당상품이 신탁재산의 구분관리, 운용실적에 의한 배당, 운용수수료 수취 등 운영방식이나 경제적 실질이 신탁계약과 동일하다고 판단되면 유가증권으로 분류하여 공정가액으로 평가하는 것이 타당함.

매도가능증권의 취득단가 산정방법(종목별로 개별법, 총평균법, 이동평균법 또는 다른 합리적인 방법을 사용)과 공정가치의 범위에 대하여는 '당좌자산 중 단기매매증권편'의 설명을 참조하기로 한다.

(가) 공정가치를 신뢰성 있게 측정할 수 있는 지분증권

매도가능증권 중 공정가치를 신뢰성 있게 측정할 수 있는 지분증권(유동자산으로 분류된 매도가능증권도 포함되며, 지분법적용투자주식은 제외)은 공정가치로 평가하여야 하며, 이에 따라 계산된 미실현보유손익은 기타포괄손익누계액(매도가능증권평가손익)으로 처리하여야 한다(일반기준 6장 문단 6.31).

(나) 공정가치를 신뢰성 있게 측정할 수 없는 지분증권

매도가능증권 중 시장성이 없는 지분증권의 공정가치를 신뢰성 있게 측정할 수 없는 경우에는 취득원가로 평가하며, 이때 '매도가능증권 중 시장성이 없는 지분증권의 공정가치를 신뢰성 있게 측정할 수 없는 경우'란 가치평가의 기초자료가 부족하거나 자료의 객관성이 부족한 경우로서 다음과 같은 경우를 그 예로 들 수 있다(일반기준 6장 문단 6.30, 부록 실6.58).

① 설립 후 7년이 경과하지 않은 기업

② 최초 투자 후 5년이 경과하지 않았고 기업가치가 크게 변할 만한 특별한 사건(영업환경 또는 영업실적의 중요한 변화, 중요한 기술개발 등)이 발생하지 않은 기업

③ 자산규모 100억원 미만 등으로 외감대상이 아닌 기업

④ 현금흐름 추정이 어렵고 업종, 규모 등이 유사한 비교대상회사가 존재하지 않는 기업

⑤ 채권금융기관에 의한 구조조정기업

⑥ 평가자가 정당한 의무를 다했음에도 피평가기업의 내부정보 등 평가기초자료를 입수하지 못한 기업 등 미래가치 추정에 불확실성이 매우 높다고 판단되는 기업

위와 같이 취득원가로 평가된 시장성 없는 지분증권의 공정가치가 측정 가능하게 된 경우에는 공정가치로 평가하고 장부금액과 공정가치의 차이는 기타포괄손익누계액으로 처리한다(일반기준 6장 부록 6.A6).

(다) 단기매매증권이나 만기보유증권으로 분류되지 않는 채무증권

만기까지 보유할 목적은 아니지만 장기적인 투자의 목적으로 채무증권을 취득하는 경우에는 궁극적으로 처분이익을 목적으로 한다고 볼 수 있으며 이러한 처분이익은 처분시점의 공정가치와 장부금액의 차이로 산출되기 때문에 매도가능증권으로 분류되는 채무증권(유동자산으로 분류된 매도가능증권도 포함)의 경우에는 공정가치법으로 평가한다. 즉, 매도가능증권으로 분류되는 채무증권은 만기보유증권과 동일하게 유효이자율로 기간경과분에 대한 이자수익을 인식한다는 점에서는 동일하나, 동 채권의 공정가치와 장부금액 간에 차이가 발생할 경우에는 이를 공정가치로 평가한다는 점에서 차이가 있다. 이 경우 발생하는 매도가능증권평가손익은 아직 실현되지 않은 미실현손익에 해당하기 때문에 당기순손익에 반영하지 않고 기타포괄손익누계액으로 처리한다.

한편, 채무증권을 매도가능증권으로 분류하고 공정가치로 평가하여 인식되는 미실현보유손익을 기타포괄손익누계액으로 표시하는 경우 그 채무증권 취득시의 할인 또는 할증차금에 대하여 유효이자율법에 의하여 상각하는 금액은 미실현보유손익이 아니라 이자수익이므로 기타포괄손익누계액으로 표시하지 아니하고 당기손익에 포함하여 보고하여야 한다. 이 때는 할인 또는 할증차금을 상각하여 이자수익을 먼저 인식한 후에 상각후원가와 공정가치의 차이금액인 미실현보유손익을 기타포괄손익누계액으로 처리해야 한다(일반기준 6장 부록 6.A7).

나. 종목기준에 의한 평가

일반기업회계기준 제6장에서는 공정가치법으로 평가할 경우 종목기준과 총계기준 중에서 어떠한 방법을 적용해야 하는지에 대하여 명확히 규정한 바는 없으나, 동 일반기업회계기준 제6장 부록 실6.75에서 보통주와 우선주는 별개의 종목으로 보아 회계처리하도록 한 취지를 고려할 때 종목기준을 적용하여 공정가치법으로 평가해야 할 것으로 판단된다. 또한 매도가능증권을 처분하는 경우 기타포괄손익누계액에 계상되어 있는 매도가능증권평가손익을 매도가능증권처분손익에서 가감해야 하기 때문에 이를 위해서도 종목별 평가자료를 별도로 관리해야 할 것이다.

다. 평가손익의 회계처리와 표시

(가) 평가손익의 자본항목처리

일반기업회계기준 제6장에서는 단기매매증권은 주로 단기간 내의 매매차익을 목적으로 운용되는 것으로 그에 따른 평가손익은 곧 실현될 것이기 때문에 평가손익을 당기손익항목(단기매매증권평가손익)에 포함시켜 기업의 미래 현금흐름의 추정에 목적적합한 정보를 제공하도록 하고 있으며, 공정가치로 평가하는 매도가능증권(유동자산으로 분류된 매도가

능증권도 포함)에서 발생하는 평가손익은 기타포괄손익누계액(매도가능증권평가손익)으로 처리하도록 하고 있다. 이는 매도가능증권의 보유목적이 단기간 내의 매매차익을 목적으로 하는 것이 아니고 장기적인 투자목적이기 때문에 미실현보유손익을 자본항목으로 처리하도록 한 것이다. 또한 매도가능증권평가손익을 당기순이익에 포함시키게 되면 배당을 통해 사외유출될 가능성이 있으므로 이를 방지하기 위한 목적도 있다.

(나) 평가손익의 총액표시

공정가치로 평가하는 매도가능증권의 종목별로 발생하는 평가손익은 서로 상계하지 아니하고 총액을 매도가능증권평가손익으로 각각 표시해야 할 것이다. 일반기업회계기준 제6장에서는 총액표시 여부에 대하여 별도의 명문 규정을 두고 있지 않지만, 일반기업회계기준 제8장에서 지분법손익, 기타포괄손익누계액(예 : 지분법자본변동) 또는 지분법이익잉여금변동은 서로 상계하지 아니하고 각각 총액으로 표시하도록 하고 있는 점과 일반기업회계기준 제2장에서 자산과 부채, 수익과 비용은 서로 상계하지 아니하고 총액으로 표시함을 원칙으로 하고 있는 점 등을 고려할 때, 매도가능증권평가손익의 경우에도 각각 총액으로 표시하여야 할 것으로 판단된다.

라. 중소기업 회계처리 특례

시장성이 있는 지분증권은 자본시장과 금융투자업에 관한 법률 등 관련 법규에 따라 평가하여 공시한 금액 및 합리적인 평가모형과 적절한 추정치를 사용하여 신뢰성 있게 평가한 금액을 공정가치로 하여 평가하는 것이 원칙이다(일반기준 6장 부록 실6.26). 하지만 시장성 없는 지분증권은 일반적으로 미래현금흐름을 추정하기가 어렵거나, 기업마다 성장성 등에 있어서 고유한 특성이 있기 때문에 유사한 기업이 발행한 지분증권의 시장가격과 직접 비교하여 공정가치를 결정하는 것이 어렵다. 또한 이해관계자가 적은 중소기업의 경우 시장성 없는 지분증권의 공정가치를 산정하기 위해 공신력 있는 독립된 유가증권 평가전문기관에 의뢰하여 공정가치를 결정하는 방법 역시 다소 부담스러울 수 있을 것이다.

이러한 이유에서 중소기업기본법에 의한 중소기업(자본시장과 금융투자업에 관한 법률에 따른 상장법인 · 증권신고서 제출법인 · 사업보고서 제출대상법인, 금융회사, 연결실체에 중소기업이 아닌 기업이 포함된 경우의 지배기업을 제외함)의 경우 시장성 없는 지분증권은 취득원가를 장부금액으로 할 수 있으며, 동 특례규정을 선택한 경우에는 그 내용을 주석으로 기재하고 유의적인 회계정책의 요약에 일반기업회계기준 제31장 '중소기업 회계처리 특례'의 적용범위에 해당되어 특례를 적용하였다는 사실을 주석으로 기재한다. 다만, 동 특례규정을 적용한다고 하더라고 보고기간말 마다 회수가능액을 분석하여 손상여부를 판단하여야 하고, 손상차손누계액이 있는 경우에는 취득원가에서 이를 차감한다(일반기준 31장 문단 31.5, 31.14).

상기의 중소기업 회계처리 특례는 2011년 1월 1일 이후 최초로 개시하는 회계연도 전에 종전의 기업회계기준서 제14호 '중소기업 회계처리 특례'에 따라 적용한 특례사항은 계속 적용하고, 적용하지 아니한 특례사항은 새로이 적용할 수 없다. 다만, 과거에 발생한 경우가 없는 새로운 사건이나 거래가 발생한 경우에는 상기 특례를 적용할 수 있다(일반기준 경과규정 문단 10).

한편, 중소기업 회계처리 특례를 적용하던 중소기업이 이를 적용하지 아니하고자 하거나, 중소기업에 해당하지 않게 되는 이유 등으로 이를 적용할 수 없게 되는 경우에는 일반기업회계기준 제5장 '회계정책, 회계추정의 변경 및 오류'에 따라 회계처리한다(일반기준 31장 문단 31.17). 이에 대해 보다 자세한 회계처리방법은 '자본편 제5장(이익잉여금) 제4절(회계변경과 오류수정)'을 참조하기로 한다.

② 손상차손의 인식

가. 개 요

매도가능증권으로부터 회수할 수 있을 것으로 추정되는 금액(이하 "회수가능액"이라 한다)이 채무증권의 상각후원가 또는 지분증권의 취득원가보다 작은 경우에는 손상차손을 인식할 것을 고려해야 한다. 또한, 손상차손의 발생에 대한 객관적인 증거가 있는지는 보고기간종료일마다 평가하고 그러한 증거가 있는 경우에는 손상차손이 불필요하다는 명백한 반증이 없는 한 회수가능액을 추정하여 손상차손을 당기손익에 반영해야 한다(일반기준 6장 문단 6.32).

(가) 손상차손과 평가손실

매도가능증권을 공정가치로 평가함에 있어 관련 평가손익을 기타포괄손익누계액으로 처리하는 평가손익회계와 당기손실로 처리하는 손상차손회계로 구분하는 기준은 공정가치의 하락이 시장위험과 신용위험 중 어느 위험에 따라 발생했는지에 좌우된다. 즉, 시장위험에 따른 공정가치의 하락은 경제구조가 근본적으로 변화하는 경우가 아니라면 일상적인 변동으로 볼 수 있으므로 매도가능증권의 공정가치가 하락했더라도 곧 회복될 것이라고 예상하는 것이 합리적이기 때문에 평가손익회계에서 처리하고, 매도가능증권 발행인의 신용악화에 따른 공정가치의 하락은 손상차손회계를 적용하는 것을 원칙으로 한다.

매도가능증권의 회복가능성에 대한 판단은 매도가능증권 발행인의 신용위험 악화에 따른 당해 매도가능증권의 공정가치 또는 순자산가액의 하락에 대한 회복가능성 여부를 종합적으로 고려 · 추정하여 판단해야 하며, 보고기간종료일 후에 발생한 사건 등이 보고기간종료일 현재 이미 존재하였던 사실에 대하여 추가적인 증거를 제공함으로써 재무제표의 작성에 사용된 추정치, 즉 매도가능증권의 회복가능성 판단에 영향을 주는 경우에는 당해 사건의 영향을 적절히 반영하여 매도가능증권의 회복가능성 여부를 판단해야 한다.

(나) 손상차손이 발생한 경우

다음 사례들의 경우는 손상차손이 발생하였다는 객관적인 증거가 될 수 있다(일반기준 6장 부록 6.A8).

- 은행법에 의해 설립된 금융기관으로부터 당좌거래 정지처분을 받은 경우, 청산 중에 있거나 1년 이상 휴업 중인 경우, 또는 완전자본잠식 상태에 있는 경우와 같이 유가증권발행자의 재무상태가 심각하게 악화된 경우
- 이자 지급과 원금 상환의 지연과 같은 계약의 실질적인 위반이나 채무불이행이 있는 경우
- 채무자 회생 및 파산에 관한 법률에 의한 회생절차개시의 신청이 있거나 회생절차가 진행 중인 경우와 같이, 유가증권발행자의 재무적 곤경과 관련한 경제적 또는 법률적인 이유 때문에 당초의 차입조건의 완화가 불가피한 경우
- 유가증권발행자의 파산가능성이 높은 경우
- 과거에 그 유가증권에 대하여 손상차손을 인식하였으며 그 때의 손상사유가 계속 존재하는 경우
- 유가증권발행자의 재무상태가 악화되어 그 유가증권이 시장성을 잃게 된 경우
- 표시이자율 또는 유효이자율이 일반적인 시장이자율보다 비정상적으로 높거나 낮은 채무증권(예 : 후순위채권, 정크본드)을 법규나 채무조정협약 등에 의해 취득한 경우
- 기업구조조정 촉진법에 의한 관리절차를 신청하였거나 진행 중인 경우
- 위의 사항들에 준하는 사유

유가증권이 상장 폐지되어 시장성을 잃더라도 그것이 반드시 손상차손의 증거가 되지는 않는다. 또한 발행자의 신용등급이 하락한 사실 자체가 손상차손의 증거가 되지는 않지만 다른 정보를 함께 고려하는 경우에는 손상차손의 증거가 될 수 있다(일반기준 6장 부록 6.A9).

- **사모 ABCP 매입시 계정과목 분류 및 손상차손 인식 가능 여부(금감원 2015-001)**

  회사가 SPC가 사모로 발행한 ABCP를 증권사로부터 매입한 경우 해당 ABCP가 유통성이 존재하고, 회사가 ABCP 발행에 관여하거나 발행단계에서 매입의사를 표시한 적이 없다면 대출금이 아닌 유가증권으로의 분류함이 타당하며, 발행사 부도 등 손상사건이 발생한 경우 회수가능액과 장부금액의 차이는 유가증권손상차손으로 인식하는 것임.

나. 공정가치로 평가하는 매도가능증권의 손상차손

(가) 지분증권의 손상차손

매도가능증권 중 공정가치로 평가하는 지분증권에 대하여 손상차손이 발생한 객관적인 증거가 있는 경우 당기에 손상차손으로 인식하여야 할 금액은 다음의 ㉠에서 ㉡을 차감한

금액이다(일반기준 6장 부록 6.A16).

㉠ 공정가치가 취득원가에 미달하는 금액

㉡ 이전 기간에 이미 인식하였던 당해 지분증권의 손상차손

(나) 채무증권의 손상차손

매도가능증권 중 공정가치로 평가하는 채무증권에 대하여 손상차손이 발생한 객관적인 증거가 있는 경우 당기에 손상차손으로 인식하여야 할 금액은 다음의 ㉠에서 ㉡을 차감한 금액이다. 여기서 채무증권의 회수가능액은 미래의 기대현금흐름을 유사한 유가증권의 현행시장이자율로 할인한 현재가치이다. 즉, 손상차손을 측정하는 시점의 현행시장이자율을 사용함으로써 그 매도가능증권을 손상차손 측정시점의 공정가치로 평가하게 된다(일반기준 6장 부록 6.A15).

㉠ 회수가능액이 상각후원가에 미달하는 금액

㉡ 이전 기간에 이미 인식하였던 해당 채무증권의 손상차손

한편 손상차손을 인식한 이후의 이자수익은 회수가능액을 측정할 때 미래현금흐름의 할인율로 사용한 이자율을 적용하여 산출해야 한다(일반기준 6장 부록 6.A14).

(다) 손상차손의 회계처리

손상차손을 계상할 경우 당해 유가증권의 공정가치 평가에 따른 미실현보유손실이 기타포괄손익누계액에 남아 있는 경우에는, 당기에 손상차손으로 인식하여야 할 금액만큼 미실현보유손실을 기타포괄손익누계액에서 제거하여 먼저 손상차손에 반영한다(일반기준 6장 부록 6.A17).

(차) 매도가능증권손상차손 (영 업 외 비 용)	×××	(대) 매도가능증권평가손실 (기타포괄손익누계액)	×××

당해 미실현보유손실 금액이 당기에 손상차손으로 인식하여야 할 금액에 미달하는 경우에는, 미실현보유손실을 기타포괄손익누계액에서 제거하여 손상차손으로 반영한 후, 그 미달하는 금액을 유가증권의 장부금액에서 직접 차감한다(일반기준 6장 부록 6.A17).

(차) 매도가능증권손상차손	×××	(대) 매 도 가 능 증 권	×××
		매도가능증권평가손실 (기타포괄손익누계액)	×××

또한, 당해 유가증권과 관련한 미실현보유이익이 기타포괄손익누계액에 남아 있는 경우에는 그 미실현보유이익 전액을 기타포괄손익누계액에서 제거하여 유가증권의 장부금액에서 직접 차감한다(일반기준 6장 부록 6.A17).

(차) 매도가능증권평가이익 (기타포괄손익누계액)	×××	(대) 매 도 가 능 증 권	×××

(라) 손상차손인식 이후의 회계처리

손상차손의 회복이 손상차손을 인식한 기간 후에 발생한 사건과 객관적으로 관련된 경우(예 : 채무자의 신용등급의 향상)에는 이전에 인식하였던 손상차손 금액을 한도로 하여 회복된 금액을 당기이익으로 인식한다. 손상차손을 인식한 기간 후에 공정가치가 상승하더라도 위와 같은 손상차손의 회복에 해당되지 아니하는 경우에는 해당 공정가치 상승금액을 기타포괄손익누계액으로 처리한다(일반기준 6장 부록 6.A18).

사례 (주)삼일이 취득한 을회사주식(중대한 영향력을 행사할 수 없고 시장성 있음)과 관련된 내용은 다음과 같다.

- 2×08. 3. 30. 을회사주식 10,000(@5,000)주를 ₩50,000,000에 취득
- 2×08. 12. 31. 을회사주식의 시가는 @5,100
- 2×09. 12. 31. 을회사주식의 시가는 @4,900
- 2×10. 12. 31. 을회사주식의 공정가치가 @2,500으로 하락(회복할 가능성이 없을 것으로 판단)
- 2×11. 12. 31. 을회사주식의 공정가치가 @3,000으로 회복(손상차손의 회복으로 볼 수 없음)
- 2×12. 3. 31. 을회사주식을 @3,200으로 처분

각 연도의 분개를 하시오.

① 2×08. 3. 30.

(차) 매도가능증권	50,000,000	(대) 현금 및 현금성자산	50,000,000

② 2×08. 12. 31.

(차) 매도가능증권	1,000,000	(대) 매도가능증권평가이익	1,000,000*

* (5,100－5,000) × 10,000 = 1,000,000

③ 2×09. 12. 31.

(차) 매도가능증권평가이익	1,000,000	(대) 매도가능증권	2,000,000
매도가능증권평가손실	1,000,000*		

* 당기의 평가손실 2,000,000에서 전기에 계상되어 있던 평가이익 1,000,000을 상계한 잔액

④ 2×10. 12. 31.

(차) 매도가능증권손상차손	25,000,000	(대) 매도가능증권	24,000,000
		매도가능증권평가손실	1,000,000

⑤ 2×11. 12. 31.

(차) 매도가능증권	5,000,000	(대) 매도가능증권평가이익	5,000,000

⑥ 2×12. 3. 31.

(차) 현금 및 현금성자산	32,000,000	(대) 매 도 가 능 증 권	30,000,000
매도가능증권평가이익	5,000,000	매도가능증권처분이익	7,000,000

사례 (주)삼일은 2×08. 1. 1.에 을회사가 발행한 사채를 장기투자보유목적으로 ₩939,255(시장이자율은 12%)에 취득하였다. 동 사채의 액면금액은 ₩1,000,000이고 표시이자율은 10%, 4년만기이고 이자지급일은 매년 12월 31일이다. 각 연도별 사채의 공정가치는 다음과 같다.

2×08. 12. 31	2×09. 12. 31.	2×10. 12. 31.
₩910,000	₩367,486	₩500,000

단, 2×09. 12. 31.에 동 사채의 기대현금흐름과 회수가능액은 다음과 같다.
(2×09년 말 시장이자율 : 15%)

구 분	2×10년	2×11년
이 자	₩40,000	₩40,000
원 금		₩400,000

회수가능액 = ₩40,000/1.15 + ₩440,000/1.15^2 = ₩367,486

2×09. 12. 31.의 공정가치 하락은 회복할 가능성이 희박한 것으로 판단되었으며, 2×10. 12. 31.의 공정가치 상승은 손상차손을 인식한 기간 후에 발생한 사건과 객관적으로 관련된 것이다.

① 2×08. 1. 1.

(차) 매 도 가 능 증 권	939,255	(대) 현금 및 현금성자산	939,255

② 2×08. 12. 31.

(차) 현금 및 현금성자산	100,000	(대) 이 자 수 익	112,711*
매 도 가 능 증 권	12,711		

* 939,255(장부금액) × 12%(유효이자율) = 112,711

(차) 매도가능증권평가손실	41,966*	(대) 매 도 가 능 증 권	41,966

* (939,255 + 12,711) − 910,000 = 41,966

③ 2×09. 12. 31.

(차) 현금 및 현금성자산	100,000	(대) 이 자 수 익	114,236*
매 도 가 능 증 권	14,236		

* (939,255 + 12,711) × 12% = 114,236

(차) 매도가능증권손상차손	598,716	(대) 매도가능증권평가손실	41,966
		매 도 가 능 증 권	556,750*

* (910,000 + 14,236) − 367,486 = 556,750

④ 2×10. 12. 31.

(차) 현금 및 현금성자산	40,000	(대) 이 자 수 익		55,123*
매 도 가 능 증 권	15,123			

* 367,486 × 15% = 55,123

(차) 매 도 가 능 증 권	177,391	(대) 매도가능증권손상차손환입	177,391*

* 500,000 − (367,486 + 15,123) = 177,391

다. 취득원가로 평가하는 매도가능증권의 손상차손

(가) 손상차손의 인식

매도가능증권 중 시장성 없는 지분증권의 공정가치를 신뢰성 있게 측정할 수 없어 취득원가로 평가하는 경우에는 보고기간말마다 회수가능액을 분석하여 손상 여부를 판단해야 하며, 손상차손이 발생한 객관적인 증거가 있는 경우에는 회수가능액과 장부금액의 차이금액을 손상차손으로 인식해야 한다. 여기서 회수가능액이란 유가증권 발행자의 순자산을 자산별로 시장가격, 공시지가 또는 감정가액 등을 적용하여 평가한 공정가치를 말한다(일반기준 6장 부록 6.A13).

취득원가로 평가하는 지분증권에 대하여 손상차손을 인식할 경우에는 미래의 기대현금흐름에 의한 평가가 사실상 어렵기 때문에 회수가능액은 다른 사용가능한 정보를 이용하여 합리적으로 추정해야 한다. 즉, 유가증권 발행기업의 자산에 대한 시장가격, 토지의 공시지가, 감정가액, 기타 추정회수가액 등 사용가능한 정보를 이용하여 평가한 공정가치로 회수가능액을 추정해야 한다(일반기준 6장 부록 실6.60).

(나) 손상차손의 회복

손상차손을 인식한 이후 손상차손이 회복된 경우로서 당해 손상차손의 회복이 손상차손을 인식한 기간 후에 발생한 사건과 객관적으로 관련된 경우(예 : 채무자의 신용등급의 향상)에는 회복된 금액을 당기이익으로 인식하되, 회복 후 장부금액이 당초에 손상차손을 인식하지 않았다면 회복일 현재의 취득원가를 초과하지 않도록 한다(일반기준 6장 부록 6.A12).

사례 (주)삼일이 취득한 을회사주식(중대한 영향력을 행사할 수 없고 시장성 없으며 공정가치를 신뢰성 있게 측정할 수 없음)과 관련된 내용은 다음과 같다.

- 2×08. 3. 30. 을회사주식 1,000(@5,000)주를 ₩5,000,000에 취득(을회사 총발행주식의 10%에 해당함)
- 2×08. 12. 31. 을회사의 회수가능액은 ₩51,000,000
- 2×09. 12. 31. 을회사의 회수가능액은 ₩49,000,000
- 2×10. 12. 31. 을회사의 회수가능액이 ₩25,000,000으로 하락(회복할 가능성이 없을 것으로 판단)

• 2×11. 12. 31. 을회사의 회수가능액이 ₩30,000,000으로 회복(손상차손을 인식한 기간 후에 발생한 사건과 객관적으로 관련됨)

• 2×12. 3. 31. 을회사주식을 ₩3,200,000(@3,200)으로 처분

각 연도의 분개를 하시오.

① 2×08. 3. 30.

(차) 매 도 가 능 증 권	5,000,000	(대) 현금 및 현금성자산	5,000,000

② 2×08. 12. 31.

－분개 없음.

③ 2×09. 12. 31.

－분개 없음.

④ 2×10. 12. 31.

(차) 매도가능증권손상차손	2,500,000*	(대) 매 도 가 능 증 권	2,500,000

* 5,000,000－(25,000,000 × 10%)

⑤ 2×11. 12. 31.

(차) 매 도 가 능 증 권	500,000	(대) 매도가능증권 손상차손환입	500,000*

* (30,000,000 × 10%－25,000,000 × 10%)

⑥ 2×12. 3. 31.

(차) 현금 및 현금성자산	3,200,000	(대) 매 도 가 능 증 권	3,000,000
		매도가능증권처분이익	200,000

라. 포트폴리오로 관리되는 유가증권

손상차손은 원칙적으로 개별 유가증권별로 측정하고 인식하여야 하지만, 다수의 유가증권을 포트폴리오로 관리함에 따라 개별 유가증권별로 측정하기 어려운 경우에는 유사한 유가증권의 포트폴리오를 기준으로 손상차손을 측정하여 인식할 수 있다. 예를 들면, 개별 유가증권에 손상차손이 발생하였는지에 대하여는 확인하기 어려우나 유사한 유가증권의 포트폴리오에 대한 손상차손은 확인되는 경우가 있다(일반기준 6장 부록 실6.59).

③ 현금흐름 변경시 평가

매도가능증권의 현금흐름에 대한 추정 변경 또는 재협상 등으로 현금흐름이 변경되는 경우에는 실제 현금흐름과 변경된 계약상 현금흐름을 반영하여 해당 매도가능증권의 순장부금액을 조정한다. 이 경우 최초 유효이자율이나 수정 유효이자율로 변경된 계약상 미래현금흐름의 현재가치를 계산하는 방식으로 매도가능증권의 순장부금액을 재계산한다. 한편, 이러한 조정금액은 수익이나 비용으로서 당기손익으로 인식한다(일반기준 6장 문단 6.14

의 2, 부록 실6.22의 2).

3) 매도가능증권의 처분

① 양도의 범위

매도가능증권의 양도로 매도가능증권 보유자가 유가증권의 통제를 상실한 때에는 그 매도가능증권을 재무상태표에서 제거한다. 여기서 유가증권의 통제를 상실한 경우란 유가증권의 경제적 효익을 획득할 수 있는 권리를 전부 실현한 때, 그 권리가 만료된 때 또는 그 권리를 처분한 때를 말한다. 반대로 매도가능증권의 양도시 유가증권에 대한 통제를 상실하지 않았다면 당해 거래는 담보차입거래로 본다(일반기준 6장 문단 6.34의 2, 6.34의 3).

양도자의 유가증권에 대한 통제는 양수자가 매수한 유가증권의 효익을 획득할 수 있는 때 상실된다. 예를 들면 양수자가 매수한 유가증권을 아무런 제한 없이 매도할 수 있거나 공정가치에 상당하는 금액에 대하여 담보로 제공할 수 있다면, 양도자는 그 유가증권에 대한 통제를 상실한 것으로 본다(일반기준 6장 부록 6.A7의 4).

기타 유가증권의 양도범위에 대한 자세한 내용은 '당좌자산 중 단기매매증권편'의 설명을 참조하기로 한다.

② 처분손익의 인식

공정가치로 평가하는 매도가능증권과 관련하여 기타포괄손익누계액에 계상된 매도가능증권평가이익 또는 매도가능증권평가손실은 당해 매도가능증권의 처분시에 매도가능증권처분이익 또는 매도가능증권처분손실에 가감하여 처리하여야 한다. 이로 인하여 보유 중에 계상하였던 미실현손익, 즉 매도가능증권평가손익은 처분시에 매도가능증권처분손익을 통해 실현되는 것이다.

매도가능증권의 처분시에 이익이 발생하였다고 가정하면 회계처리는 다음과 같다.

㉠ 매도가능증권평가이익이 계상되어 있는 경우

(차)			(대)	
현금 및 현금성자산	×××		매 도 가 능 증 권	×××
매도가능증권평가이익 (기타포괄손익누계액)	×××		매도가능증권처분이익 (영 업 외 수 익)	×××

㉡ 매도가능증권평가손실이 계상되어 있는 경우

(차)			(대)	
현금 및 현금성자산	×××		매 도 가 능 증 권	×××
			매도가능증권평가손실 (기타포괄손익누계액)	×××
			매도가능증권처분이익 (영 업 외 수 익)	×××

한편, 매도가능증권의 처분과 관련하여 발생한 증권거래세, 수수료 등은 판매비와관리비에 포함하지 않고 처분대가에서 직접 차감하여 매도가능증권처분손익에 반영하는 것이 타당하다.

기타 매도가능증권과 관련된 권리의 일부만을 타인에게 양도하고 잔여 부분을 계속 보유하는 경우 또는 매도가능증권을 양도하여 새로운 자산을 취득하거나 자산 취득과 동시에 채무를 인수하는 경우의 회계처리에 대하여는 '당좌자산 중 단기매매증권편'의 설명을 참조하기로 한다.

4) 매도가능증권의 계정재분류

단기매매증권으로부터 매도가능증권으로의 계정재분류나 매도가능증권으로부터 단기매매증권으로의 계정재분류는 원칙적으로 허용되지 않는다. 다만, (일반적이지 않고 단기간 내에 재발할 가능성이 매우 낮은 단일한 사건에서 발생하는) 드문 상황에서 더 이상 단기간 내의 매매차익을 목적으로 보유하지 않는 단기매매증권은 매도가능증권이나 만기보유증권으로 분류할 수 있으며, 단기매매증권이 시장성을 상실한 경우에는 매도가능증권으로 분류하여야 하는 바 이에 대해서는 '당좌자산 중 단기매매증권편'을 참조하기로 한다.

반면, 매도가능증권은 만기보유증권으로 재분류할 수 있으며 만기보유증권은 매도가능증권으로 재분류할 수 있는데, 만기보유증권으로부터 매도가능증권으로의 계정재분류에 대해서는 '3. 만기보유증권편'을 참조하기로 하며, 여기서는 매도가능증권으로부터 만기보유증권으로의 계정재분류에 대해서만 살펴보기로 한다.

① 매도가능증권에서 만기보유증권으로의 계정재분류

유가증권과목의 재분류를 할 때에는 재분류일 현재의 공정가치로 평가한 후 변경하여야 한다. 따라서 매도가능증권을 만기보유증권으로 재분류할 경우에는 다음과 같이 처리한다.

㉠ 매도가능증권의 미실현보유손익 잔액

재분류를 위한 평가시점까지 발생한 매도가능증권의 미실현보유손익 잔액은 계속 기타포괄손익누계액으로 처리하고 그 금액은 만기까지의 잔여기간에 걸쳐 유효이자율법을 적용하여 상각하고 각 기간의 이자수익에 가감한다(일반기준 6장 부록 6.A19).

㉡ 만기액면금액과 재분류일 현재의 공정가치와의 차이

만기보유증권으로 재분류된 매도가능증권의 만기액면금액과 재분류일 현재의 공정가치와의 차이는 유효이자율법에 의하여 그 채무증권의 만기일까지의 잔여기간에 걸쳐서 상각하고 각 기간의 이자수익에 가감한다(일반기준 6장 부록 6.A19).

② 사례를 통한 계정재분류시의 회계처리

사례 (주)삼일은 2×08. 1. 1.에 을회사가 발행한 사채(액면 ₩10,000, 이자율 10%, 만기 3년, 이자지급일이 매년 말)를 ₩9,520(당시의 시장이자율은 12%)에 취득하였다. 취득 이후 시장이자율이 11%로 상승하여 2×08기말과 2×09기말 시가는 각각 ₩9,829과 ₩9,910이 되었다.

1. 취득시점의 상각표

연 도	유효이자(12%)	액면이자(10%)	상각액	장부금액
2×08기초				9,520
2×08기말	1,142	1,000	142	9,662
2×09기말	1,159	1,000	159	9,821
2×10기말	1,179	1,000	179	10,000

2. 재분류시점의 상각표

연 도	유효이자(11%)	액면이자(10%)	상각액	장부금액
2×08기말				9,829
2×09기말	1,081	1,000	81	9,910
2×10기말	1,090	1,000	90	10,000

3. 취득시점에 매도가능증권으로 분류하였으나 2×09기초에 만기보유증권으로 분류변경한 경우의 회계처리

① 2×08. 1. 1.

(차) 매 도 가 능 증 권	9,520	(대) 현금 및 현금성자산	9,520

② 2×08. 12. 31.

(차) 현금 및 현금성자산	1,000	(대) 이 자 수 익	1,142*
매 도 가 능 증 권	142		

* 9,520 × 12% = 1,142

(차) 매 도 가 능 증 권	167	(대) 매도가능증권평가이익	167*

* 9,829 − (9,520 + 142) = 167

③ 2×09. 1. 1.

(차) 만 기 보 유 증 권	9,829	(대) 매 도 가 능 증 권	9,829*
매도가능증권평가이익	167	만기보유증권평가이익	167**

* 9,520 + 142 + 167 = 9,829

** 기타포괄손익누계액임.

④ 2×09. 12. 31.

(차) 현금 및 현금성자산	1,000	(대) 이 자 수 익	1,081*
만 기 보 유 증 권	81		

* 9,829 × 11% = 1,081

(차) 만기보유증권평가이익 83* (대) 이 자 수 익 83

$* 9,662 \times 0.86\% = 83,\ (9,829/9,662)^{(1/2)} - 1 = 0.86\%$

5) 매도가능증권의 자전거래에 관한 회계처리

보유 중인 매도가능증권을 매도하고 동시에 또는 단기간 내에 재취득하는 자전거래 방식에 의하여 매도가능증권의 처분손익을 발생시키는 경우로서 경쟁제한적 자전거래로 볼 수 있는 때에는 처분손익을 인식하지 아니한다. 여기서 매도가능증권을 매도하고 동시에 또는 단기간 내에 재취득하는 경우란 보통 매도 당일 또는 익일 중에 매도와 취득거래가 이루어지는 것을 말하며, 경쟁제한적 자전거래는 거래시스템 또는 경쟁제한적 시장 상황에 의하여 제3자가 개입할 여지가 없거나 제3자가 개입하였더라도 공정가치로 거래되는 것을 기대하기 어려운 상황 때문에 매매가격이 일치하는 등 거래 당사자간에 실질적인 경제적 효익의 이전이 없는 매도가능증권의 매매를 말한다(일반기준 6장 부록 실6.54의 2, 실6.54의 3).

① 경쟁제한적 자전거래의 예시

다음과 같은 거래는 경쟁제한적 자전거래에 해당된다(일반기준 6장 부록 실6.54의 2).

㉠ 유가증권시장 내에서 한국거래소의 업무규정에 의한 신고대량매매 또는 시간외 대량매매방식을 통하여 이루어진 자전거래(제3자가 개입된 경우 포함)

㉡ 코스닥시장 내에서 이루어진 자전거래 중 결과적으로 제3자의 개입 없이 이루어진 자전거래

유가증권시장 내에서 제3자를 거치면서 시간간격을 두고 시간외 대량매매(또는 신고대량매매) 방식으로 자전거래를 한 경우 및 유가증권시장 밖에서 제3자를 거치면서 시간간격을 두고 자전거래를 한 경우 등은 이러한 거래를 한 본래의 목적 또는 의도에 따라 회계처리 하여야 한다. 즉, 매도가능증권을 실질적으로 처분할 의도가 없으면서 당기손익을 조정할 목적으로 거래한 경우에는 경쟁제한적 자전거래로 본다. 또한, 제3자와의 사이에 중요한 경제적 효익의 이전이 없는 경우에는 다른 반증이 없는 한 경쟁제한적 자전거래로 본다. 이 경우 중요한 경제적 효익의 이전 여부는 제3자를 거치면서 소요된 기간의 이자비용, 거래비용, 매도가격 및 매수가격 등을 감안하여 합리적으로 판단하여야 한다(일반기준 6장 부록 실6.54의 3).

② 경쟁제한적 자전거래의 회계처리

경쟁제한적 자전거래로 매도가능증권을 매도한 후 재매수하는 경우에는 이를 매매거래로 보지 아니하고 해당 매도가능증권을 계속 보유하고 있는 것으로 보며, 관련 거래내역은 주석으로 기재하여야 한다. 매도가능증권의 자전거래로부터 발생되는 손익을 인식하지 아

니하는 이유는 경쟁제한적 자전거래는 처음부터 의도적으로 제3자의 참여를 배제하고 있거나 명목상으로만 제3자를 개입시키고 있어서 매매당사자, 매매수량, 매매시간 및 매매가격 등의 대부분이 일치하는 경우가 많기 때문이다. 또한, 그 증권을 실질적으로 처분할 의도가 없으면서도 매도가능증권의 미실현보유손익을 자본항목으로 계상하도록 한 규정을 회피하여 당기손익을 조정할 수 있으며, 거래가격 자체를 일정 범위 내에서 기업이 사실상 선택할 수 있으므로 시장기능에 의한 공정가치의 결정과정을 거친 것으로 보기 어렵기 때문이다. 따라서 위와 같은 자전거래는 임의 평가라고 볼 수 있으므로 처분손익을 인정할 수 없는 것이다(일반기준 6장 부록 실6.54의 3).

경쟁제한적 자전거래에서 당사자간에 현금 등 경제적 효익의 이전이 있으나 그것이 중요하지 아니한 금액인 경우에는 실제로 이전된 현금 등은 다음과 같이 처리한다(일반기준 6장 부록 사례1).

㉠ 자전거래에 의하여 현금 등의 유입이 있는 경우

취득원가가 800원이고 미실현보유이익이 200원인 매도가능증권(장부금액 1,000원)을 자전거래를 통하여 1,050원에 매도하고 다시 1,030원에 매수하였으며 10원의 거래비용이 발생하였다. 이러한 거래가 경쟁제한적 자전거래의 요건을 충족한다면, 결과적으로 유입된 현금 10원(=1,050원−1,030원−10원)은 당기에 실현되었으므로 당기손익에 포함하고, 새로운 매수가격인 1,030원은 정상적인 매매거래에 의한 공정가치로 볼 수 없으므로 매도가능증권의 장부금액은 수정하지 아니한다.

(차) 현금 및 현금성자산	10	(대) 자 전 거 래 이 익	10

㉡ 자전거래에 의하여 현금 등의 유출이 있는 경우

취득원가가 800원이고 미실현보유이익이 200원인 매도가능증권(장부금액 1,000원)을 자전거래를 통하여 1,010원에 매도하고 다시 1,020원에 매수하였으며 10원의 거래비용이 발생하였다. 이러한 거래가 경쟁제한적 자전거래의 요건을 충족한다면, 결과적으로 유출된 현금 20원(=1,020원−1,010원+10원)은 당기에 실현되었으므로 당기손익에 포함하고, 새로운 매수가격인 1,020원은 정상적인 매매거래에 의한 공정가치로 볼 수 없으므로 매도가능증권의 장부금액은 수정하지 아니한다.

(차) 자 전 거 래 손 실	20	(대) 현금 및 현금성자산	20

6) 자사주펀드의 회계처리

① 자사주펀드

자기주식을 취득하기 위하여 신탁업자 등과 체결한 신탁계약에 따라 설정된 펀드(자사주펀드)에 가입한 기업(수익자)이 발행한 주식이 그 자사주펀드에 포함되어 있는 경우에는 그 주식의 공정가치와 수익자가 취득한 수익증권의 공정가치 중 작은 금액을 자기주식으로 처리한다. 그리고 자사주펀드수익증권의 공정가치와 장부금액의 차이는 평가시점에 자기주식의 금액과 매도가능증권으로 분류된 금액의 비율로 안분하여 자기주식에 해당되는 금액은 자기주식처분손익으로, 매도가능증권에 해당되는 금액은 매도가능증권평가손익(미실현보유손익)으로 처리한다(일반기준 6장 부록 실6.66, 실6.67).

사례 갑회사는 20×1년 초 10억원을 자사주펀드에 가입하였으며, 기준가격, 좌수 및 펀드 내 갑회사의 주식관련 자료는 다음과 같다(기준가격은 1,000원당 1,000좌인 경우임).

연 도	자사주펀드 내 갑회사주식		
	20×1년 초	20×1년 말	20×2년 말
가입좌수	1,000,000,000좌	1,000,000,000좌	1,200,000,000좌
기준가격	1,000원	1,200원	1,100원
주식가격	10,000원	12,000원	11,500원
주 식 수	80,000주	75,000주	72,000주
금 액	8억	9억	8.28억

〈회계처리〉

• 20×1년 초

(차) 매 도 가 능 증 권	2억	(대) 현금 및 현금성자산	10억
자 기 주 식	8억*		

* 10억과 8억 중 작은 금액인 8억

• 20×1년 말

(차) 매 도 가 능 증 권	1억	(대) 자기주식처분이익	1.5억*
자 기 주 식	1억***	매도가능증권평가이익	0.5억**

* 2억(12억－10억) × 75%(9억/12억) = 1.5억

** 2억 × 25%(3억/12억) = 0.5억

*** 9억－8억 = 1억

(자기주식가액 9억 : 회계연도 말에 자기주식을 매수한 것으로 보아 자기주식의 금액을 결정함)

• 20×2년 말

(차) 매 도 가 능 증 권	1.92억	(대) 자기주식처분이익	0.52억*
		매도가능증권평가이익	0.68억**
		자 기 주 식	0.72억***

* 3.2억(13.2억－10억) × 63%(8.28억/13.2억)－1.5억 = 0.52억

** 3.2억 × 37%－0.5억 = 0.68억

*** 9억－8.28억 = 0.72억

② 특정금전신탁 자사주펀드

회사가 주가안정을 목적으로 금융기관과 특정금전신탁 자사주펀드계약을 체결한 경우로서 회사가 단독으로 가입하여 회사의 자사주만을 거래하는 경우에는 그 실질이 회사 스스로 자기주식을 취득·처분하는 거래와 다를 것이 없으므로 회사는 자기주식의 보유기간 중에 자기주식에 대한 별도의 평가 없이 취득가액으로 계상하여야 한다(GKQA 02-014, 2002. 1. 9.).

또한, 회사가 유한책임사원(LP)으로 단독 투자한 사모단독펀드가 회사의 주식을 취득한 경우로서 해당 펀드의 구성자산인 회사(유한책임사원)의 자기주식을 직접 보유한 것과 경제적 실질이 명백하게 다르지 않다면, 회사는 펀드의 구성자산을 직접 보유하는 것으로 회계처리하여야 한다(2020-G-KQA 004, 2020. 6. 15.).

(3) 세무상 유의할 사항

일반기업회계기준에서는 유가증권을 취득목적, 보유의도 및 능력, 보유목적 등에 따라 단기매매증권, 매도가능증권, 만기보유증권과 지분법적용투자주식으로 분류하여 각각의 평가방법을 달리 정하고 있지만 법인세법에서는 유가증권을 단순히 채권과 기타의 유가증권으로만 구분하여 그 평가방법을 규정하고 있다. 예를 들어 법인세법에서는 모든 유가증권에 대하여 원가법만을 인정[투자회사 등이 보유한 집합투자재산은 시가법(다만, 환매금지형집합투자기구가 보유한 시장성 없는 자산은 원가법 또는 시가법 중 해당 환매금지형집합투자기구가 신고한 방법), 보험회사가 보유한 특별계정에 속하는 자산은 원가법 또는 시가법 중 해당 보험회사가 신고한 방법(법령 75조 3항, 4항)]하고 있기 때문에 일반기업회계기준의 규정에 의한 평가손익은 세무상 손금불산입 또는 익금불산입의 세무조정을 하여야 한다(법령 75조 1항, 2항).

매도가능증권과 관련하여 세무상 유의할 제반 사항은 '당좌자산 중 단기매매증권편'의 설명을 참조하기로 한다.

3. 만기보유증권

만기보유증권의 금액이나 성격이 중요한 경우에는 재무상태표에 별도 항목으로 구분하여 표시하지만, 중요하지 아니한 경우에는 비유동자산으로 분류되는 매도가능증권과 만기보유증권을 '장기투자증권'의 과목으로 통합하여 표시하고 그 세부내역을 주석으로 공시한다(일반기준 2장 부록 실2.31, 6장 부록 6.A21).

(1) 개념 및 범위

1) 개 요

일반기업회계기준 제6장에서는 취득한 유가증권(지분법적용투자주식, 주식선택권과 파생상품 제외)을 취득목적과 보유의도 및 능력에 따라 단기매매증권, 매도가능증권 및 만기보유증권으로 분류하고, 그렇게 세 가지로 분류된 유가증권은 보유기간에 따라 다시 유동자산 또는 투자자산으로 재무상태표에 표시하도록 하고 있다. 즉, 유동자산으로 분류하는 유가증권 과목은 다음과 같으며, 이를 단기투자자산의 과목으로 통합하여 재무상태표에 표시할 수도 있다. 그리고 투자자산으로 분류하는 유가증권 과목은 유동자산으로 분류되지 않는 매도가능증권과 만기보유증권이며, 이를 장기투자증권의 과목으로 통합하여 재무상태표에 표시할 수도 있다(일반기준 2장 부록 실2.26, 실2.31).

• 단기매매증권

• 보고기간종료일로부터 1년 이내에 실현되는 매도가능증권이나 만기보유증권

본편에서는 투자자산으로 분류되는 만기보유증권을 중심으로 설명하기로 하고, 단기매매증권은 '당좌자산 중 단기매매증권편'을, 매도가능증권에 대하여는 '2. 매도가능증권편'을 참조하기로 한다.

일반기업회계기준 제6장에서 규정하고 있는 만기보유증권에 대한 주요 내용을 요약하면 다음과 같다.

구 분		만기보유증권
평가방법		원가법
이자수익의 인식		유효이자율법 적용
평가손익의 처리		N/A
손상차손	계 산	상각후원가 - 회수가능액
	회수가능액	미래기대현금흐름의 현재가치 (만기보유증권 취득시의 유효이자율로 할인)
	처 리	회수가능액으로 평가하고 손상차손은 당기손실처리
손상차손환입	계 산	회수가능액 - 직전연도 손상차손 인식 후 상각후가액
	처 리	회수가능액 회복시 손상차손환입액으로 당기이익처리주1)
처분손익		상각후원가 - 처분금액

주1) 회복 후 장부금액이 당초에 손상차손을 인식하지 않았다면 회복일 현재의 상각후원가가 되었을 금액을 초과하지 않도록 함.

2) 만기보유증권의 범위

만기보유증권이란 만기가 확정된 채무증권으로서 상환금액이 확정되었거나 확정이 가능

한 채무증권을 만기까지 보유할 적극적인 의도와 능력이 있는 경우 해당 채무증권을 의미한다(일반기준 6장 문단 6.23). 즉, 시장이자율의 변동에 따른 채무증권의 가격변동을 만기 이전에 실현하려고 하거나, 회사의 재무유동성 변화에 따라 채무증권을 현금화하려는 의도가 있는 경우에는 만기보유증권으로 분류할 수 없으며, 또한 회사가 특정 채무증권을 만기까지 보유하려는 의도가 있다고 하여도 회사의 재무구조상 재무유동성 변화에 대응할 수 있는 대체적인 금융자산이 충분히 없는 경우에는 이를 만기보유증권으로 분류할 수 없다. 여기서 만기가 확정되었고 상환금액이 확정되었거나 확정이 가능하다는 것은 원금 및 이자의 상환금액과 상환시기가 약정에 의하여 정해져 있음을 말하는 것으로서, 변동이자율 조건부로 발행된 채무증권의 경우도 만기보유증권으로 분류할 수 있다.

전환사채는 전환가능성이 있으므로 일반적으로는 만기보유증권으로 분류할 수 없을 것이다. 그러나 법적인 제한 등으로 인하여 전환권을 행사할 수 없는 전환사채를 취득하는 경우에는 일반사채의 경우처럼 보유의도와 보유능력에 따라서 만기보유증권으로 분류할 것인지를 판단해야 한다. 만약 전환사채를 만기보유증권으로 분류하는 경우에는 취득원가에 포함된 전환권대가는 회수불가능한 금액이므로 취득원가에서 직접 차감하여야 한다.

① 만기까지 보유할 적극적인 의도가 없는 경우

다음의 경우에는 만기까지 채무증권을 보유할 적극적인 의도가 없는 것으로 본다(일반기준 6장 문단 6.24).

- 만기까지의 보유 여부를 분명히 정하고 있지 아니한 경우
- 시장이자율 또는 위험의 변동, 필요한 유동성 수준의 변화(예 : 은행의 경우 예금인출 또는 대출수요의 증가에 따른 유동성 확보가 필요할 때), 다른 대체적인 자산의 투자가능성이나 수익률의 변동, 자금조달원천과 조건의 변화 또는 외화위험의 변화 등의 상황이 발생할 경우에는 매도할 의도가 있는 채무증권. 다만, 위와 같은 요인이 급격하게 변동하는 등 합리적으로 예상할 수 없는 비반복적인 상황 변동에 대응하여 매도하는 경우는 제외
- 채무증권의 발행자가 채무증권의 상각후취득원가보다 현저하게 낮은 금액으로 중도상환권을 행사할 수 있는 경우

채무증권의 발행자가 중도상환권을 가지고 있는 경우에도 채무증권의 보유자가 만기 또는 중도상환 때까지 이를 보유할 의도와 능력을 가지고 있고 장부금액의 대부분을 회수할 수 있다면 그 채무증권은 만기보유증권으로 분류한다. 그 이유는 이러한 경우의 중도상환권 행사는 채무증권의 만기를 단순히 단축하는 것에 불과하기 때문이다. 이 경우 장부금액의 대부분을 회수할 수 있는지의 여부를 판단할 때에는 지급한 할증금과 취득부대원가 등

채무증권 취득시 발생한 모든 원가를 고려해야 한다(일반기준 6장 부록 6.A3).

채무증권 보유자가 중도상환권을 갖는 경우에는 해당 중도상환권을 행사하지 아니하고 만기까지 보유할 적극적인 의도와 능력이 있는 경우에 한하여 그 채무증권을 만기보유증권으로 분류한다(일반기준 6장 부록 6.A4).

② 만기까지 보유할 능력이 없는 경우

채무증권의 취득시점에 다음 중 하나에 해당하는 경우에는 그 채무증권을 만기까지 보유할 능력이 없는 것으로 본다(일반기준 6장 부록 6.A5).

- 재무자원이 부족하여 그 채무증권을 만기까지 계속 보유하기 어려운 경우
- 법적인 제약 등으로 인하여 만기보유에 제한을 받는 경우. 다만, 채무증권의 발행자가 중도상환권을 가지고 있는 경우는 제외

③ 만기보유증권으로의 분류제한

당 회계연도와 직전 2개 회계연도 중에 만기보유증권을 만기일 전에 매도하였거나 발행자에게 중도상환권을 행사한 사실이 있는 경우 또는 만기보유증권을 매도가능증권으로 분류변경한 사실이 있다면(다만, 이러한 사실들에 해당하는 금액이 만기보유증권 총액과 비교하여 경미한 금액인 경우는 제외), 보유 중이거나 신규로 취득하는 모든 채무증권은 만기보유증권으로 분류할 수 없다(일반기준 6장 문단 6.25). 예를 들어 20×7년도에 만기보유증권으로 분류하고 있던 유가증권을 매도한 경우에는 당해 사업연도와 20×8년과 20×9년도까지 유가증권을 만기보유증권으로 분류할 수 없게 된다.

그러나 다음 중 하나에 해당하는 경우에는 만기보유증권으로 분류한 채무증권을 만기일 전에 매도한 적이 있거나 발행자에게 중도상환권을 행사했더라도 위의 분류제한 규정을 적용하지 아니한다(일반기준 6장 문단 6.26).

- 만기까지 잔여기간이 얼마 남지 않아서 시장이자율의 변동이 공정가치에 중요한 영향을 미치지 않을 시점(예 : 3개월 이내)에 매도하거나, 또는 중도상환권 행사일까지의 잔여기간이 얼마 남지 않은 시점(예 : 3개월 이내)에 매도하는 경우
- 채무증권의 액면금액 거의 대부분(예 : 85% 이상)을 회수한 후에 그 채무증권을 매도하는 경우
- 채무증권 발행자의 신용상태가 크게 하락하였다는 증거가 발견되는 경우
- 법규 등의 변경에 의하여 불가피하게 매도하는 경우
- 중요한 기업결합 또는 주요 사업부문의 매각이 있을 때 기존의 이자율 위험관리 또는 신용위험정책을 유지하기 위하여 채무증권을 매도하는 경우
- 합리적으로 예상할 수 없는 비반복적인 상황 변동에 대응하여 그 채무증권을 매도하

는 경우

법규 등의 변경에 의하여 불가피하게 매도하는 경우에 해당하는 사례로는 세법의 개정을 들 수 있다. 즉, 현행 세법의 규정에 따라 세금 감면 혜택을 받고 있는 유가증권이 그 세법 규정의 변경으로 인하여 더 이상 세제상의 혜택을 받지 못하게 되는 경우로서 만기일 전에 그 만기보유증권을 매도하였다면 법규 등의 변경에 의하여 불가피하게 매도하는 경우에 해당한다(일반기준 6장 부록 실6.56).

반면, 자기자본 관련 규제 요건을 충족시키기 위하여 만기보유증권을 만기일 이전에 매도하여 차익을 발생시키는 경우는 법규 등의 변경에 의하여 불가피하게 매도하는 경우에 해당하지 않지만, 규제 요건이 변경되어 그 요건을 충족하기 위하여 만기보유증권을 만기일 전에 매도하는 경우는 법규 등의 변경에 의하여 불가피하게 매도하는 경우에 해당된다(일반기준 6장 부록 실6.57).

• 물적분할에 따라 중도상환시 만기보유증권으로의 분류제한 대상 해당 여부 (금감원 2008-028)

만기보유증권으로 보유하고 있는 회사채에 대하여 회사채 발행회사가 물적분할(분할시 신설회사는 동 회사채에 대한 연대보증책임 배제)을 하면서 조기상환요청을 하고 이에 응하는 경우에는 이를 합리적으로 예상할 수 없는 비반복적인 상황 변동에 대응하여 그 채무증권을 매도하는 경우로 보아 일반기업회계기준 제6장 문단 6.25를 적용하지 아니할 수 있음.

(2) 기업회계상 회계처리

1) 취득원가의 결정

① 취득시기

만기보유증권은 그 만기보유증권의 계약당사자가 되는 때에만 재무상태표에 인식하는 것으로 관련 시장의 규정이나 관행에 의하여 일반적으로 설정된 기간 내에 해당 만기보유증권을 인도하는 계약조건에 따라 만기보유증권을 매입하거나 매도하는 정형화된 거래의 경우에는 매매일에 해당 거래를 인식한다(일반기준 6장 문단 6.4, 6.4의 2).

② 취득원가

만기보유증권은 최초인식시 공정가치로 측정하며, 공정가치는 일반적으로 거래가격(자산의 경우에는 제공한 대가의 공정가치, 부채의 경우에는 수취한 대가의 공정가치)을 의미한다. 이 때 당해 만기보유증권의 취득과 직접 관련되는 거래원가는 최초인식하는 공정가치에 가산한다(일반기준 6장 문단 6.12, 6.13).

이 때 취득과 직접 관련되는 거래원가란 만기보유증권의 대가 이외에 취득과 직접적으로 관련하여 추가적으로 발생하는 비용을 말하는 것으로서 대리인 또는 중개인에게 지급하는 수수료와 증권거래소의 거래수수료 및 세금을 포함하지만 금융비용과 보유에 따른 비용은 제외된다.

기타 이자지급일 사이의 채권 취득, 증여에 의한 취득 등 특수한 경우의 취득원가 산정방법에 대하여는 '당좌자산 중 단기매매증권편'의 설명을 참조하기로 한다.

2) 만기보유증권의 평가

① 상각후원가에 의한 평가

가. 개 요

기업이 만기보유목적으로 취득하고 적극적으로 만기까지 보유할 의도와 능력이 있는 채무증권은 중도에 처분하지 않고 장기적인 이자수익을 얻는 것이 목적이므로 만기 이전의 공정가치변동은 투자자 입장에서 중요한 정보가 아니다. 즉, 만기보유증권은 취득과 관련된 의사결정과 시간의 경과에 따라서 실현가능한 이익, 그리고 만기에 회수가능한 금액에 관한 정보가 더 중요하고, 그러한 측면에서 상각후원가 정보가 공정가치 정보보다 더 목적적합하다. 반면에 만기보유증권을 실제로 만기까지 보유한 경우에 공정가치는 회수가능하지 않을 뿐만 아니라 만기에 실제로 회수하는 금액과는 전혀 관련성도 없는 기회이익과 기회손실을 반영하는 것에 불과하다. 예를 들면 채무증권을 만기까지 보유하게 되면 발행자가 부도가 나지 않는 한 원가가 실현될 것이므로 만기 이전의 중도에 공정가치로 평가하였더라면 계상되었을 미실현보유이익 또는 미실현보유손실은 만기에는 손실 또는 이익으로 반전되는 결과가 된다. 따라서 만기보유증권의 경우에는 공정가치평가의 예외로서 상각후원가로 평가한다.

만기보유증권을 상각후원가로 측정할 때에는 장부금액과 만기액면금액의 차이를 상환기간에 걸쳐 유효이자율법에 의하여 상각하여 취득원가와 이자수익에 가감하여야 한다(일반기준 6장 문단 6.29).

이하에서는 만기보유증권의 할인취득과 할증취득, 할인액 및 할증액의 환입 또는 상각에 대해서 살펴보기로 한다.

나. 만기보유증권의 할인취득

만기보유증권을 액면금액보다 적은 금액을 지불하고 구입하는 것을 할인취득이라고 하며, 이 때 만기보유증권의 취득금액과 액면금액과의 차이를 할인액이라고 한다.

할인취득과 관련된 일반기업회계기준에 의한 회계처리를 요약하면 다음과 같다.

첫째, 할인취득한 만기보유증권의 취득원가는 할인된 취득금액으로 재무상태표에 원시기록한다. 둘째, 장부금액과 액면금액과의 차이는 상환기간에 걸쳐 유효이자법을 적용하여 환입한다. 셋째, 만기보유증권을 만기일까지 계속 보유하지 않고 만기일 이전에 처분하는 경우에는 만기보유증권의 처분가격을 매각시점에서의 장부금액과 비교하여 그 차액을 만기보유증권처분손익으로 인식한다.

이 경우 장부금액을 결정하기 위해서는 할인액을 처분시점까지 추가로 환입하고 이자수익도 처분시점까지 추가로 계상한다.

사례 (주)삼일은 20×7. 12. 31. 액면가 ₩1,000,000인 사채(만기 2년, 표시이자율 2%)를 만기보유목적으로 ₩861,157(시장이자율 10%)에 현금으로 취득하였다. 이자지급일은 연 1회 12. 31.로서 결산일과 일치한다. 유효이자율법으로 할인액을 상각할 때 취득 및 결산기말의 회계처리는?

① 20×7. 12. 31.

(차)	만 기 보 유 증 권	861,157	(대) 현 금 및 현금성자산	861,157

② 20×8. 12. 31.

(차)	현금 및 현금성자산	20,000	(대) 이 자 수 익	86,116*
	만 기 보 유 증 권	66,116		

* 861,157 × 10% = 86,116

③ 20×9. 12. 31. 상환시의 회계처리

(차)	현금 및 현금성자산	20,000	(대) 이 자 수 익	92,727*
	만 기 보 유 증 권	72,727		

* (861,157 + 66,116) × 10% = 92,727

(차)	현금 및 현금성자산	1,000,000	(대) 만 기 보 유 증 권	1,000,000

다. 만기보유증권의 할증취득

만기보유증권을 액면금액을 초과하는 금액으로 구입하는 것을 할증취득이라고 하며, 이때 만기보유증권의 취득금액과 액면금액의 차이를 할증액이라고 한다.

할증취득과 관련된 회계처리를 요약하면 다음과 같다.

취득원가와 액면금액과의 차이인 할증액은 만기일까지의 각 기간에 배분되어야 하므로 만기보유증권의 할증액상각분은 유효이자율법을 적용하여 만기보유증권의 발행자로부터 받는 수입이자에서 차감하여 만기보유증권의 감소로 처리한다.

만기보유증권을 만기시까지 계속 보유하지 않고 만기일 이전에 처분하는 경우 만기보유증권의 처분금액을 매각시점에서의 장부금액과 비교하여 그 차액을 만기보유증권처분손익으로 처리한다. 이 경우 장부금액 결정을 위해서는 할증액을 처분시점까지 추가로 상각하고 이자수익도 처분시점까지 추가로 계상한다.

사례 (주)삼일은 20×7. 12. 31. 액면가 ₩1,000,000인 채무증권(만기 2년, 표시이자율 17%)을 만기보유목적으로 ₩1,121,488(시장이자율 10%)에 현금으로 취득하였다. 이자지급일은 연 1회 12월 31일이며, 이 때가 결산일이다. 유효이자율법으로 할증액을 상각할 때 취득 및 결산 기말의 회계처리는?

① 20×7. 12. 31.

(차) 만 기 보 유 증 권	1,121,488	(대) 현금 및 현금성자산	1,121,488

② 20×8. 12. 31.

(차) 현금 및 현금성자산	170,000	(대) 만 기 보 유 증 권	57,852
		이 자 수 익	112,148*

* 1,121,488 × 10% = 112,148

③ 20×9. 12. 31.(상환됨)

(차) 현금 및 현금성자산	170,000	(대) 만 기 보 유 증 권	63,636
		이 자 수 익	106,364*

* (1,121,488 − 57,852) × 10% = 106,364

(차) 현금 및 현금성자산	1,000,000	(대) 만 기 보 유 증 권	1,000,000

라. 할인액 및 할증액의 환입 또는 상각

할인액이나 할증액을 환입 또는 상각하여 기간별 이자수익을 조정하는 방법에는 정액법과 유효이자율법이 있다.

일반기업회계기준 제6장에서는 할인액 및 할증액을 상환기간에 걸쳐 유효이자율법에 의하여 환입 또는 상각하여 이자수익에 가감하도록 하고 있는 바, 원칙적으로 유효이자율법을 강제하고 있다. 그러나 금액적 중요성이 미미하거나 유효이자율법의 결과와 큰 차이가 없는 경우에는 정액법을 사용하여도 무방할 것으로 판단된다.

(가) 정액법

정액법은 할인액 또는 할증액을 만기보유증권의 보유기간에 걸쳐 매년 균등액씩 환입 또는 상각하는 방법이다.

> 상각액 = 총할인(할증)액/만기보유증권의 상환기간

할인액 또는 할증액은 시장이자율(실질이자율)과 액면이자율(표시이자율)의 차이에 따라 발생하는 것으로 기업회계상 수입이자로 계상될 금액은 시장이자율에 의한 이자수입이라 할 수 있는데, 정액법에 의해 수입이자를 인식하는 경우에는 투자원본에 대한 수입이자의 크기가 매년 일정하여 결과적으로 이자율을 매해 변동시키는 결과를 가져오게 되므로 이론적으로 좋은 방법은 아니다.

그러나 정액법은 적용하기가 쉽고 유효이자율계산의 번거로움이 없기 때문에 유효이자율법에 의하여 계산된 이자수익과 금액상으로 큰 차이가 없는 경우 실무적으로 많이 이용되고 있다.

(나) 유효이자율법(effective interest method)

유효이자율법은 정액법과는 달리, 만기보유증권의 장부금액에 매년 일정한 이자율을 곱한 만큼 이자수익을 인식하고 이러한 유효이자수익과 실제로 수취한 이자와의 차액만큼 할인액 · 할증액을 환입 또는 상각하는 방법이다.

유효이자율이란 만기보유증권으로부터 만기일까지 기대되는 현금유입액의 현재가치를 최초 장부금액과 일치시키는 이자율을 말하는데 통상적으로 만기보유증권의 취득시점에서 계산된다. 만기보유증권의 취득금액이 시장에서 합리적으로 결정된 것이라면 유효이자율은 시장이자율과 일치할 것이나 대부분의 경우 유효이자율을 계산하는 것이 쉽지 않고 다음의 산식에 의거 시행착오법(trial－and－error method)을 사용하여 계산해야 한다.

취득금액 = 만기금액의 현가 + 이자지급액의 현가

$$= \sum_{t=1}^{n} \frac{It}{(1+r)^t} + \frac{P}{(1+r)^n}$$

P = 사채의 액면금액
r = 유효이자율
n = 사채상환시까지의 기간
It = t시점에서의 표시이자액(액면이자액)

유효이자율법은 계산이 복잡한 번거로움은 있으나 자산의 장부금액에 대한 매 기간별 이자율이 일정하게 되어 이론적으로 볼 때 정액법보다 더 타당한 방법이라 할 수 있다.

사례 (주)삼일은 20×7. 12. 31. 액면가 ₩1,000,000인 사채(만기 : 2년, 표시이자율 : 2%)를 만기보유목적으로 ₩861,160에 현금으로 취득하였다. 이자지급일은 연 1회 12. 31.이고 회사의 결산일과 일치한다.

시행착오법에 의해 계산한 유효이자율이 10%라 할 때 정액법 및 유효이자율법에 따라 기업회계기준에 의한 회계처리를 하시오.

1. 정액법에 의한 상각표

연 도	기초장부금액	현금이자수취	할인상각액	총이자수익	자산의 증가	기말장부금액
20×8	₩861,160	₩20,000	₩69,420	₩89,420	₩69,420	₩930,580
20×9	930,580	20,000	69,420	89,420	69,420	1,000,000
		40,000	138,840	178,840	138,840	

2. 유효이자율법에 의한 상각표

연도	기 초 장부금액	유 효 이자율	총이자 수 익	현 금 수취이자	할 인 상각액	자산의 증 가	기 말 장부금액
20×8	₩861,160	10%	₩86,120	₩20,000	₩66,120	₩66,120	₩927,280
20×9	927,280	10%	92,720	20,000	72,720	72,720	1,000,000
			178,840	40,000	138,840	138,840	

3. 정액법에 의한 회계처리

① 20×7. 12. 31.

(차) 만 기 보 유 증 권 861,160 (대) 현금 및 현금성자산 861,160

② 20×8. 12. 31.

(차) 현금 및 현금성자산 20,000 (대) 이 자 수 익 89,420
만 기 보 유 증 권 69,420

③ 20×9. 12. 31.(상환)

(차) 현금 및 현금성자산 20,000 (대) 이 자 수 익 89,420
만 기 보 유 증 권 69,420
(차) 현금 및 현금성자산 1,000,000 (대) 만 기 보 유 증 권 1,000,000

4. 유효이자율법에 의한 회계처리

① 20×7. 12. 31.

(차) 만 기 보 유 증 권 861,160 (대) 현금 및 현금성자산 861,160

② 20×8. 12. 31.

(차) 현금 및 현금성자산 20,000 (대) 이 자 수 익 86,120
만 기 보 유 증 권 66,120

③ 20×9. 12. 31.(상환)

(차) 현금 및 현금성자산 20,000 (대) 이 자 수 익 92,720
만 기 보 유 증 권 72,720
(차) 현금 및 현금성자산 1,000,000 (대) 만 기 보 유 증 권 1,000,000

② 손상차손의 인식

가. 개 요

만기보유증권으로부터 회수할 수 있을 것으로 추정되는 금액, 즉 회수가능액이 만기보유증권의 상각후원가보다 작은 경우에는 손상차손을 인식할 것을 고려해야 한다. 그리고 손상차손의 발생에 대한 객관적인 증거가 있는지는 보고기간종료일마다 평가하고 그러한 증거가 있는 경우에는 손상차손이 불필요하다는 명백한 반증이 없는 한 회수가능액을 추정하여 손상차손을 인식하여야 한다(일반기준 6장 문단 6.32).

다음 사례들의 경우는 손상차손이 발생하였다는 객관적인 증거가 될 수 있다(일반기준 6장 부록 6.A8).

- 은행법에 의해 설립된 금융기관으로부터 당좌거래 정지처분을 받은 경우, 청산 중에 있거나 1년 이상 휴업 중인 경우, 또는 완전자본잠식 상태에 있는 경우와 같이 유가증권발행자의 재무상태가 심각하게 악화된 경우
- 이자 지급과 원금 상환의 지연과 같은 계약의 실질적인 위반이나 채무불이행이 있는 경우
- 채무자 회생 및 파산에 관한 법률에 의한 회생절차개시의 신청이 있거나 회생절차가 진행 중인 경우와 같이, 유가증권발행자의 재무적 곤경과 관련한 경제적 또는 법률적인 이유 때문에 당초의 차입조건의 완화가 불가피한 경우
- 유가증권발행자의 파산가능성이 높은 경우
- 과거에 그 유가증권에 대하여 손상차손을 인식하였으며 그 때의 손상사유가 계속 존재하는 경우
- 유가증권발행자의 재무상태가 악화되어 그 유가증권이 시장성을 잃게 된 경우
- 표시이자율 또는 유효이자율이 일반적인 시장이자율보다 비정상적으로 높거나 낮은 채무증권(예 : 후순위채권, 정크본드)을 법규나 채무조정협약 등에 의해 취득한 경우
- 기업구조조정촉진법에 의한 관리절차를 신청하였거나 진행 중인 경우
- 위의 경우에 준하는 사유

나. 만기보유증권의 손상차손

손상차손으로 인식하는 금액은 만기보유증권 취득 당시의 유효이자율로 할인한 기대현금흐름의 현재가치(회수가능액)와 장부금액의 차이금액이며, 손상차손 금액은 당기손익에 반영한다. 따라서 재무상태표에 보고하는 만기보유증권의 금액은 손상차손 금액을 차감한 후의 회수가능액으로 표시한다(일반기준 6장 부록 6.A10).

상각후원가로 보고되는 만기보유증권의 손상차손은 만기보유증권 취득 당시의 유효이자율을 사용하여 측정해야 하는데, 그 이유는 만일 손상차손을 측정하는 시점의 시장이자율

을 사용한다면 그 만기보유증권을 손상차손 측정시점의 공정가치로 평가하는 결과가 되어 만기보유증권을 상각후원가로 측정하는 원칙에 맞지 않기 때문이다. 다만, 계약상 변동금리 조건으로 발행된 만기보유증권의 손상차손은 손상차손을 측정하는 시점의 시장이자율을 사용하여 할인한 회수가능액에 의하여 측정한다. 이 경우에는 손상차손을 측정하기 위하여 확인가능한 시장가격을 대신 사용할 수도 있으며, 그 만기보유증권의 상환과 관련한 담보물이 채권자에게 제공되어 있는 경우에는 그 담보물의 공정가치를 손상차손의 측정에 대신 사용할 수도 있다(일반기준 6장 부록 6.A11).

일부 후순위채무증권이나 정크본드는 해당 채무증권 자체의 높은 위험 때문에 평균적인 시장이자율보다 훨씬 높은 표시이자율의 조건으로 액면 발행하는 경우가 있다. 이러한 채무증권은 만기까지 매기 높은 이자수익을 인식하기 이전에 채무증권 자체의 높은 위험을 감안하여 회수가능액을 평가하고 취득 즉시 손상차손을 인식해야 한다. 특히 표시이자율 또는 유효이자율이 일반적인 시장이자율보다 비정상적으로 높거나 낮은 채무증권을 법규나 채무조정협약 등에 의해 취득한 경우, 취득원가가 채무증권발행자의 신용위험 등을 감안한 공정가치를 초과하는 금액은 취득 즉시 취득원가에서 직접 차감해야 한다. 이 경우 표시이자율 또는 유효이자율이 일반적인 시장이자율보다 비정상적으로 높다는 것은 일반적으로 해당 채무증권 자체의 위험이 매우 높다는 것을 의미하기 때문에 손상차손 발생의 단서가 될 수 있다. 또한 표시이자율 또는 유효이자율이 일반적인 시장이자율보다 낮은 채무증권을 법규나 채무조정협약 등에 의해 취득하는 때에는 일반적으로 해당 채무증권의 공정가치에 비해 높은 취득대가를 지불하였을 가능성이 있기 때문에 손상차손을 인식할 것인지를 판단하여야 한다. 이와 같은 경우에 유효이자율을 고려하여야 하는 이유는 해당 채무증권의 표시이자율은 시장이자율을 반영하고 있는 경우에도 취득대가는 비정상적으로 할증 또는 할인발행된 가격일 수 있기 때문이다.

다. 손상차손인식 이후의 회계처리

손상차손을 인식한 기간 후에 손상차손이 회복된 경우로서 손상차손의 회복이 손상차손을 인식한 기간 후에 발생한 사건과 객관적으로 관련된 경우(예 : 채무자의 신용등급의 향상)에는 회복된 금액을 당기이익으로 인식하되, 회복 후 장부금액이 당초에 손상차손을 인식하지 않았다면 회복일 현재의 상각후원가가 되었을 금액을 초과하지 않도록 한다(일반기준 6장 부록 6.A12).

그리고 채무증권에 대한 손상차손을 계상한 회계연도 이후의 이자수익은 회수가능액을 측정할 때 미래현금흐름의 할인율로 사용한 이자율을 적용하여 산출하여야 한다(일반기준 6장 부록 6.A14).

③ 현금흐름 변경시 평가

만기보유증권의 현금흐름에 대한 추정 변경 또는 재협상 등으로 현금흐름이 변경되는 경우에는 실제 현금흐름과 변경된 계약상 현금흐름을 반영하여 해당 만기보유증권의 순장부금액을 조정한다. 이 경우 최초 유효이자율이나 수정 유효이자율로 변경된 계약상 미래 현금흐름의 현재가치를 계산하는 방식으로 만기보유증권의 순장부금액을 재계산한다. 한편, 이러한 조정금액은 수익이나 비용으로서 당기손익으로 인식한다(일반기준 6장 문단 6.14의 2, 부록 실6.22의 2).

④ 사례를 통한 만기보유채권의 회계처리

사례 (주)삼일은 20×7. 1. 1. 을회사가 발행한 사채를 만기보유목적으로 ₩951,963(시장이자율은 12%)에 취득하였다. 동 사채의 액면금액은 ₩1,000,000이고 표시이자율은 10%, 3년 만기이고 이자지급일은 매년 12. 31.이다. 그런데 20×7년 말 을회사의 재무상태가 악화되어 부도발생가능성이 있어 동 사채의 기대현금흐름과 회수가능액은 다음과 같다.

구 분	20×7년	20×8년
이 자	₩40,000	₩40,000
원 금		₩400,000

회수가능액 = ₩40,000/1.12 + ₩440,000/1.12^2 = ₩386,480

그러나 20×8년 말 을회사의 구조조정 노력으로 동 사채의 공정가치가 ₩500,000으로 회복되었다. 각 연도별 회계처리를 하시오.

① 20×7. 1. 1.

(차) 만 기 보 유 증 권	951,963	(대) 현금 및 현금성자산	951,963

② 20×7. 12. 31.

(차) 현금 및 현금성자산	100,000	(대) 이 자 수 익	114,236*
만 기 보 유 증 권	14,236		

* 951,963(장부금액) × 12%(유효이자율) = 114,236

(차) 만기보유증권손상차손	579,719*	(대) 만 기 보 유 증 권	579,719

* (951,963 + 14,236) − 386,480 = 579,719

③ 20×8. 12. 31.

(차) 현금 및 현금성자산	40,000	(대) 이 자 수 익	46,378*
만 기 보 유 증 권	6,378		

* 386,480 × 12% = 46,378

(차) 만 기 보 유 증 권	107,142	(대) 만기보유증권손상차손환입	107,142*

* 500,000−(386,480 + 6,378) = 107,142

위의 사례를 그래프로 나타내면 다음과 같다.

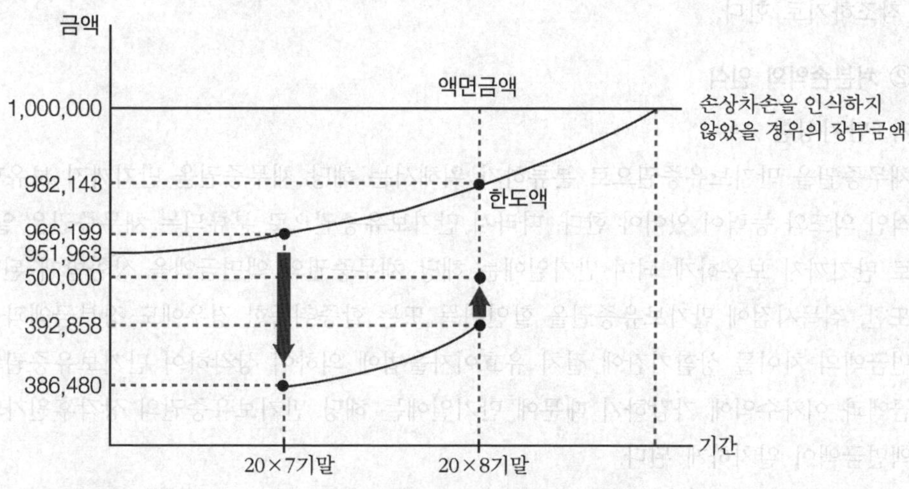

이 그래프에서 보는 바와 같이 20×7기말에 손상차손을 인식한 후 20×8기말에 공정가치가 회복된 경우에는 손상차손 인식 후 장부금액(₩386,480)에 이자수익을 인식한 후의 장부금액인 ₩392,858과 회복된 공정가치인 ₩500,000(한도액 : 손상차손을 인식하지 않았을 경우의 장부금액인 ₩982,143)의 차액인 ₩107,142을 만기보유증권손상차손환입액의 과목으로 하여 당기순이익으로 처리한다.

만약 회복된 공정가치가 ₩990,000이라면 한도액인 ₩982,143과 손상차손을 인식한 후 장부금액(₩386,480)에 이자수익을 인식한 후의 장부금액인 ₩392,858의 차액인 ₩589,285을 만기보유증권손상차손환입액으로 계상하여야 한다.

3) 만기보유증권의 처분

① 양도의 범위

만기보유증권의 양도로 만기보유증권 보유자가 유가증권의 통제를 상실한 때에는 그 만기보유증권을 재무상태표에서 제거한다. 여기서 유가증권의 통제를 상실한 경우란 유가증권의 경제적 효익을 획득할 수 있는 권리를 전부 실현한 때, 그 권리가 만료된 때 또는 그 권리를 처분한 때를 말한다. 반대로 만기보유증권의 양도시 유가증권에 대한 통제를 상실하지 않았다면 당해 거래는 담보차입거래로 본다(일반기준 6장 문단 6.34의 2, 6.34의 3).

양도자의 유가증권에 대한 통제는 양수자가 매수한 유가증권의 효익을 획득할 수 있을 때 상실된다. 예를 들면 양수자가 매수한 유가증권을 아무런 제한 없이 매도할 수 있거나 공정가치에 상당하는 금액에 대하여 담보로 제공할 수 있다면, 양도자는 그 유가증권에 대한 통제를 상실한 것으로 본다(일반기준 6장 부록 6.A7의 4).

기타 유가증권의 양도범위에 대한 자세한 내용은 '당좌자산 중 단기매매증권편'의 설명을 참조하기로 한다.

② 처분손익의 인식

가. 만기상환

채무증권을 만기보유증권으로 분류하기 위해서는 해당 채무증권을 만기까지 보유할 적극적인 의도와 능력이 있어야 한다. 따라서 만기보유증권으로 분류되는 채무증권은 일반적으로 만기까지 보유하게 되며 만기일에는 해당 채무증권의 액면금액을 상환받게 된다.

또한, 취득시점에 만기보유증권을 할인취득 또는 할증취득한 경우에도 장부금액과 만기액면금액의 차이를 상환기간에 걸쳐 유효이자율법에 의하여 상각하여 만기보유증권의 장부금액과 이자수익에 가감하기 때문에 만기일에는 해당 만기보유증권의 상각후원가와 만기액면금액이 일치하게 된다.

결국 만기보유증권을 만기까지 보유한 경우에는 만기일의 장부금액(상각후원가)과 만기상환금액이 일치함으로 인하여 해당 만기보유증권의 취득시점에 할인취득 또는 할증취득한 것에 관계 없이 처분손익이 발생하지 않게 된다.

나. 중도처분

만기보유증권으로 분류된 채무증권의 경우는 원칙적으로 만기까지 보유할 적극적인 의도와 능력이 있어야 하기 때문에 일반적으로 중도처분은 발생하지 않게 된다. 그러나 만기까지 보유할 목적으로 취득한 채무증권의 경우에도 투자자의 자금사정이나 채무증권 발행자의 신용상태 악화 등의 사유로 인하여 중도에 처분할 경우도 있을 수 있다.

만약 만기보유증권을 만기일 전에 매각한 경우에는 만기보유증권의 처분금액과 장부금액을 비교하여 처분손익을 인식하게 되는데, 해당 만기보유증권의 취득시점 시장이자율과 처분시점 시장이자율이 일치하지 않는 경우에는 만기보유증권의 가격이 변동하게 되므로 처분손익이 발생하게 된다. 또한 재무이론상으로는 취득시점의 시장이자율과 처분시점의 시장이자율이 동일한 경우에는 만기보유증권을 중도에 처분하더라도 처분금액과 장부금액이 일치하기 때문에 처분손익이 발생하지 않아야 하지만, 현실적으로는 만기보유증권 발행자의 신용상태 변화 등 기타의 사유로 인하여 처분손익이 발생하는 경우가 더 일반적이다.

만기보유증권의 처분손익을 인식함에 있어 유의할 점은 해당 채무증권의 처분일과 최종 이자수령일이 일치하지 않는 경우에는 최종 이자수령일부터 상환일까지 발생한 이자와 할인취득액 또는 할증취득액의 상각 등에 대한 회계처리를 하여야 한다는 것이다.

사례 (주)삼일은 20×7. 1. 1. 액면가 ₩1,000,000인 사채(만기 2년, 표시이자율 2%)를 만기보유목적으로 ₩861,157(시장이자율 10%)에 현금으로 취득하였다. 이자지급일은 연 1회 12. 31.로서 결산일과 일치한다. (주)용산이 20×8. 7. 1. ₩980,000에 처분한 경우 각 시점별 회계처리는?

① 20×7. 1. 1.

(차)	만 기 보 유 증 권	861,157	(대) 현금 및 현금성자산	861,157

② 20×7. 12. 31.

(차)	현금 및 현금성자산	20,000	(대) 이 자 수 익	86,116*
	만 기 보 유 증 권	66,116		

* 861,157 × 10% = 86,116

③ 20×8. 7. 1.

(차)	미 수 이 자	10,000	(대) 이 자 수 익	46,364*
	만 기 보 유 증 권	36,364		

* (861,157 + 66,116) × 10% × (6/12) = 46,364

(차)	현금 및 현금성자산	980,000	(대) 만 기 보 유 증 권	963,637*
			미 수 이 자	10,000
			만기보유증권처분이익	6,363

* 861,157 + 66,116 + 36,364 = 963,637

한편 당 회계연도와 직전 2개 회계연도 중에 만기보유증권을 만기일 전에 매각한 사실이 있는 경우에는 법규 등의 변경에 의하여 불가피하게 매도하는 경우 등 일반기업회계기준 제6장 문단 6.26에서 규정하는 경우를 제외하고는 보유 중이거나 신규로 취득하는 모든 채무증권은 만기보유증권으로 분류할 수 없다(일반기준 6장 문단 6.25).

기타 만기보유증권과 관련된 권리의 일부만을 타인에게 양도하고 잔여 부분을 계속 보유하는 경우 또는 만기보유증권을 양도하여 새로운 자산을 취득하거나 자산 취득과 동시에 채무를 인수하는 경우의 회계처리에 대하여는 '당좌자산 중 단기매매증권편'의 설명을 참조하기로 한다.

4) 만기보유증권의 계정재분류

단기매매증권으로부터 만기보유증권으로의 계정재분류나 만기보유증권으로부터 단기매매증권으로의 계정재분류는 원칙적으로 허용되지 아니하나, (일반적이지 않고 단기간 내에 재발할 가능성이 매우 낮은 단일한 사건에서 발생하는) 드문 상황에서 더 이상 단기간 내의 매매차익을 목적으로 보유하지 않는 단기매매증권은 매도가능증권 또는 만기보유증권으로 분류할 수 있는 바 이에 대해서는 '당좌자산 중 단기매매증권편'을 참조하기로 한다.

반면, 매도가능증권은 만기보유증권으로 재분류할 수 있으며 만기보유증권은 매도가능증권으로 재분류할 수 있는데, 매도가능증권으로부터 만기보유증권으로의 계정재분류에 대해서는 '2. 매도가능증권편'을 참조하기로 하며, 여기서는 만기보유증권으로부터 매도가능증권으로의 계정재분류에 대해서만 살펴보기로 한다.

① 만기보유증권에서 매도가능증권으로의 계정재분류

기업의 보유목적 변경이나 감독기관의 규정변경 등으로 인하여 만기보유증권을 매도가능증권으로 재분류할 경우에는 당해 채무증권을 재분류일 현재의 공정가치로 평가한 후 변경한다. 이 경우 유가증권 재분류에 따른 평가에서 발생하는 공정가치와 장부금액의 차이금액은 기타포괄손익누계액으로 처리한다(일반기준 6장 부록 6.A19).

위와 같이 만기보유증권을 매도가능증권으로 재분류 시점에 공정가치와 장부금액의 차이금액을 기타포괄손익누계액으로 처리하도록 규정한 이유는 재분류 시점의 미실현보유손익을 당기손익에 포함시킨다면 재분류를 이용한 자의적인 이익조정이 가능할 수 있기 때문에 이를 방지하기 위함이다. 즉, 경영자의 의도에 따라 가격이 상승한 유가증권을 매도하지 않고 단지 과목을 재분류함으로써 당기에 이익을 즉시 실현시킬 수가 있기 때문이다.

한편, 당 회계연도와 직전 2개 회계연도 중에 만기보유증권을 매도가능증권으로 재분류한 사실이 있는 경우(단, 해당하는 금액이 만기보유증권 총액과 비교하여 경미한 금액인 경우는 제외)에는 보유 중이거나 신규로 취득하는 모든 채무증권은 만기보유증권으로 분류할 수 없다. 즉, 만기보유증권으로부터 매도가능증권으로의 계정재분류는 가능하나 계정재분류 후 일정 기간 동안 유가증권을 만기보유증권으로 계상할 수 없게 된다(일반기준 6장 문단 6.25).

② 사례를 통한 계정재분류시의 회계처리

사례 (주)삼일은 20×7. 1. 1. 을회사가 발행한 사채(액면 ₩10,000, 이자율 10%, 만기 3년, 이자지급일이 매년 말)를 ₩9,520(당시의 시장이자율은 12%)에 취득하였다. 취득 이후 시장이자율이 11%로 상승하여 20×7기말과 20×8기말 시가는 각각 ₩9,829과 ₩9,910이 되었다.

1. 취득시점의 상각표

연 도	유효이자(12%)	액면이자(10%)	상각액	장부금액
20×7기초				9,520
20×7기말	1,142	1,000	142	9,662
20×8기말	1,159	1,000	159	9,821
20×9기말	1,179	1,000	179	10,000

2. 재분류시점의 상각표

연 도	유효이자(11%)	액면이자(10%)	상각액	장부금액
20×7기말				9,829
20×8기말	1,081	1,000	81	9,910
20×9기말	1,090	1,000	90	10,000

3. 취득시점에 만기보유증권으로 분류하였으나 20×7기말에 매도가능증권으로 분류변경한 경우의 회계처리

① 20×7. 1. 1.

(차) 만 기 보 유 증 권	9,520	(대) 현금 및 현금성자산	9,520

② 20×7. 12. 31.

(차) 현금 및 현금성자산	1,000	(대) 이 자 수 익	1,142*
만 기 보 유 증 권	142		

* 9,520 × 12% = 1,142

(차) 매 도 가 능 증 권	9,829	(대) 만 기 보 유 증 권	9,662*
		매도가능증권평가이익	167

* 9,520 + 142 = 9,662

③ 20×8. 12. 31.

(차) 현금 및 현금성자산	1,000	(대) 이 자 수 익	1,081*
매 도 가 능 증 권	81		

* 9,829 × 11% = 1,081

(3) 세무상 유의할 사항

일반기업회계기준에서는 유가증권을 취득목적, 보유의도 및 능력, 보유목적 등에 따라 단기매매증권, 매도가능증권, 만기보유증권과 지분법적용투자주식으로 분류하여 각각의 평가방법을 달리 정하고 있지만 법인세법에서는 유가증권을 단순히 채권과 기타의 유가증권으로만 구분하여 그 평가방법을 규정하고 있다. 예를 들어 법인세법에서는 모든 유가증권에 대해서 원가법만을 인정[예외 : 투자회사 등이 보유한 집합투자재산은 시가법(다만, 환매금지형집합투자기구가 보유한 시장성 없는 자산은 원가법 또는 시가법 중 해당 환매금지형집합투자기구가 신고한 방법), 보험회사가 보유한 특별계정에 속하는 자산은 원가법 또는 시가법 중 해당 보험회사가 신고한 방법(법령 75조 3항, 4항)]하고 있기 때문에 일반기업회계기준의 규정에 의한 평가손익은 세무상 손금불산입 또는 익금불산입의 세무조정을 하여야 한다(법령 75조 1항, 2항). 만기보유증권과 관련한 제반 세무상 유의사항은 '당좌자산 중 단기

매매증권편'을 참고하도록 하고 여기서는 채무증권의 할인 또는 할증차금 상각분에 대한 세무조정사항에 대해서만 살펴보기로 한다.

법인이 만기보유목적으로 채무증권을 할인 또는 할증된 가격으로 취득하는 경우에 액면금액과 취득금액의 차이금액은 시장이자율보다 낮거나 높은 액면이자율을 보상해주는 일종의 이자수익이다. 법인은 이러한 차액을 유효이자율법을 사용해서 채무증권의 보유기간 동안 이자수익에 가산하거나 차감하면서 채무증권의 장부금액을 액면금액으로 점차 조정해나가는 회계처리를 하게 된다. 그러나 법인세법에서는 이러한 할인액 · 할증액에 대한 손익귀속시기를 해당 채무증권의 매각 또는 만기시점으로 규정하고 있다. 따라서 보유기간 동안 법인이 계상한 할인액 · 할증액에 대한 이자수익 가산액 · 차감액은 익금불산입 또는 익금산입하고 해당 채권을 매각할 때 또는 만기에 원금을 상환받을 때 추인하는 세무조정을 해야 한다.

한편, 할인 취득한 채권의 할인액에 대한 상각액의 법인세법상 익금의 귀속시기에 대해 국세청 유권해석과 조세심판원의 심판례는 다음과 같이 다른 입장을 취하고 있다.

국세청 유권해석	채권을 취득하면서 발생한 할인액 또는 할증액을 기업회계기준서의 규정에 의한 유효이자율법에 의하여 상각함에 따라 결산시 발생하는 할인 · 할증상각액에 대한 이자수익 가산액 또는 차감액은 각 사업연도 소득금액 계산상 채권의 매각 또는 만기시점이 속하는 사업연도의 익금 또는 손금으로 하는 것임(서면2팀 - 1423, 2005. 9. 6.).
조세심판원 결정례	법인이 채권을 취득하는 시점에 채권이 액면가액 보다 낮은 가액으로 취득하는 경우 그 차액인 할인액은 시간의 경과에 따라 변동하지 않는 것으로서 이는 이자소득에 해당한다 할 것이고 해당 채권의 만기 또는 매각시점이 속하는 사업연도까지 할인액을 안분하여 수익으로 인식할 수 있다 할 것임(조심 2014서85, 2015. 4. 1.).

따라서 조세심판원의 입장에 따르면, 할인 취득한 채권의 상각액을 유효이자율법에 따라 상각한 경우 별도의 세무조정이 없을 것이나, 국세청 유권해석에 따르면 보유기간 동안 법인이 계상한 할인액에 대한 이자수익 가산액은 익금불산입하고 해당 채권을 매각할 때 또는 만기에 원금을 상환할 때 추인하는 세무조정을 해야 한다. 이하에서는 국세청의 유권해석에 따를 경우 세무조정 사례를 살펴보기로 한다.

사례 20×7. 12. 31. 액면가 ₩1,000,000인 사채(만기 2년, 표시이자율 2%)를 만기보유목적으로 ₩861,157(시장이자율 10%)에 현금으로 취득하였다. 이자지급일은 12. 31.로서 결산일과 동일하다. 유효이자율법으로 할인액을 상각할 때 취득 및 결산기말의 회계처리와 세무조정을 하시오.

① 20×7. 12. 31.

(차) 만 기 보 유 증 권 861,157 (대) 현금 및 현금성자산 861,157

② 20×8. 12. 31.

(차) 현금 및 현금성자산	20,000	(대) 이 자 수 익	86,116*
만 기 보 유 증 권	66,116		

* 861,157 × 10% = 86,116

- 세무조정 : 사채할인발행차금 이자인식액 ₩66,116 익금불산입(△유보)

③ 20×9. 12. 31. 상환시의 회계처리

(차) 현금 및 현금성자산	20,000	(대) 이 자 수 익	92,727
만 기 보 유 증 권	72,727		
(차) 현금 및 현금성자산	1,000,000	(대) 만 기 보 유 증 권	1,000,000

- 세무조정 : 사채할인발행차금 이자인식액 전기 유보액 ₩66,116 익금산입(유보)

4. 지분법적용투자주식

(1) 개념 및 범위

1) 의 의

지분법은 투자기업이 피투자기업에 대해 유의적인 영향력이 있을 때 적용하는 것으로, 투자기업의 피투자기업에 대한 지분율이 20% 이상이라면 명백한 반증이 있는 경우를 제외하고는 투자기업은 피투자기업에 대해 유의적인 영향력이 있다고 본다. 따라서 이와 같이 유의적인 영향력이 있는 투자주식의 경우에는 주식의 시장성 유무에 불구하고 지분법을 적용하여야 한다.

투자기업이 피투자기업에 대해 유의적인 영향력이 있다면, 투자기업은 피투자기업의 영업 및 재무의사결정 등에 유의적인 영향력을 이용하여 투자기업의 순이익을 조절할 수 있다. 따라서 투자기업이 피투자기업에 유의적인 영향력을 이용하여 순이익을 조절하는 것을 방지하는 장치가 필요한 바, 지분법은 투자기업과 피투자기업을 실질적으로 동일한 경제적 실체로 보아 내부거래로 인한 이익을 제거함으로써 투자기업이 순이익을 조절하는 것을 방지하고 있다.

2) 지분법의 정의

지분법(equity method)은 지분법적용투자주식을 취득할 때는 원가로 인식하고, 취득시점 이후 발생한 지분법피투자기업의 순자산변동액 중 투자기업의 지분율에 해당하는 금액을 해당 지분법적용투자주식에 가감하여 보고하는 회계처리방법이다. 여기서 지분법피투자기업이란 투자기업이 유의적인 영향력을 갖는 지분법적용대상 피투자기업을 말하며, 지분법피투자기업에는 주식회사, 합명회사, 합자회사, 유한회사, 조합 등의 모든 법적 실체를 포함한다(일반기준 8장 문단 8.3).

연결회계에서는 연결실체의 경영상태와 재무상태를 지배·종속기업의 개별재무제표를 합산하여 나타낸다. 반면 개별회계에서는 지분법을 통하여 피투자기업의 영업활동 등의 결과로 인한 순자산 증감의 결과만을 투자기업의 투자계정에 반영한다. 따라서 개별회계에서 정확하게 지분법을 적용하는 경우에는 연결회계와 동일한 효과를 지니게 된다. 이러한 점에서 지분법을 단일계정연결(one-line consolidation)이라고도 한다.

3) 지분법적용대상 기업

주식회사의 외부감사에 관한 법률의 적용대상 기업 중 한국채택국제회계기준에 따라 회계처리하지 아니하는 기업, 즉 일반기업회계기준에 따라 회계처리하는 기업은 유의적인 영향력이 있는 지분증권에 대하여는 지분법을 적용하여 회계처리하여야 한다. 다만, 주식회사의 외부감사에 관한 법률 적용대상이 아닌 피투자기업에 대한 투자기업의 지분변동액이 유의적이지 않을 경우에는 지분법을 적용하지 않을 수 있다(일반기준 8장 부록 실8.1).

또한, 벤처캐피탈, 뮤추얼펀드 기타 이와 유사한 기업이 소유하는 유가증권 중, 공정가치로 평가하여 공정가치 변동을 당기손익으로 회계처리하기로 최초 인식시 지정하거나 단기매매증권으로 분류하여 일반기업회계기준 제6장(금융자산·금융부채)에 의하여 회계처리하는 투자주식에 대해서는 지분법을 적용하지 아니하고, 일반기업회계기준 제6장을 적용하여 공정가치로 평가하고 공정가치 변동을 당기손익으로 처리한다(일반기준 8장 문단 8.2).

4) 지분법적용대상 투자주식

일반기업회계기준 제8장에서는 유의적인 영향력이 있는 투자주식에 대하여는 지분법을 적용하여 평가하도록 하고 있다. 유의적인 영향력이란 투자기업이 피투자기업의 재무정책과 영업정책에 관한 의사결정에 참여할 수 있는 능력을 말한다.

유의적인 영향력이 있는지 여부는 지분율 기준에 의한 방법과 실질적 영향력 기준에 의한 방법에 의해 판단할 수 있다.

① 지분율 기준

투자기업이 직접 또는 종속기업을 통하여 간접으로 피투자기업의 의결권 있는 주식의 20% 이상을 보유하고 있다면 명백한 반증이 있는 경우를 제외하고는 유의적인 영향력이 있는 것으로 본다. 따라서 투자기업이 직·간접적으로 보유하고 있는 피투자기업에 대한 의결권 있는 주식이 20%에 미달하는 경우에는 일반적으로 피투자기업에 대하여 유의적인 영향력이 없는 것으로 본다(일반기준 8장 문단 8.4).

유의적인 영향력 판단을 위한 지분율 계산시에는 다음의 사항을 고려하여야 한다(일반기준 8장 부록 실8.2).

- 유의적인 영향력을 판단함에 있어 피투자기업에 대한 지분율은 투자기업의 지분율과 종속기업이 보유하고 있는 지분율의 단순합계로 계산한다. 예를 들면 지배기업과 종속기업이 피투자기업의 주식을 각각 19%, 11%를 보유하고 있는 경우, 지배기업은 종속기업을 통해 종속기업이 보유하고 있는 피투자기업의 지분율 전체에 대해 영향력을 행사할 수 있기 때문에 지분율의 단순합계인 30%를 기준으로 유의적인 영향력을 판단하여야 한다. 그러나 지분법적용투자주식에 대해 지분법을 적용하여 평가하는 경우에는 지분율의 단순합계에 해당하는 지분변동액을 직접 반영하지 않는다. 즉, 투자기업은 피투자기업에 대한 직접 소유 지분율에 해당하는 지분변동액을 지분법적용투자주식에 반영하고, 투자기업이 종속기업을 통하여 소유하는 간접 지분율에 해당하는 지분변동액은 투자기업이 종속기업에 대하여 지분법 적용시 반영하여 회계처리한다(일반기준 8장 부록 실8.6).
- 피투자기업의 의사결정에 영향력을 행사할 수 없는 의결권 없는 주식(예 : 우선주) 및 전환증권(예 : 전환사채, 신주인수권부사채)은 피투자기업에 대한 투자기업의 지분율 계산에 포함하지 않는 것을 원칙으로 한다. 다만, 투자기업이 주식전환권 또는 신주인수권 등을 행사할 수 있고, 동 주식전환권 또는 신주인수권 등의 행사시에 기대되는 효익이 비용을 초과하는 등 주식전환권 또는 신주인수권의 행사를 합리적으로 기대할 수 있는 경우에는 당해 전환증권은 유의적인 영향력을 판단하기 위한 지분율 계산에 포함한다.
- 주주총회에서 우선적 배당을 받지 아니한다는 결의가 있어 의결권이 부활한 우선주는 유의적인 영향력을 판단하기 위한 지분율 계산에 포함한다. 다만, 우선주에 대한 의결권의 부활이 일시적인 경우 당해 우선주는 유의적인 영향력을 판단하기 위한 지분율 계산에 포함하지 아니한다.
- 상법 또는 독점규제 및 공정거래에 관한 법률 등에 따라 보통주의 의결권 행사가 제한되는 경우에는 유의적인 영향력을 판단하기 위한 지분율에 당해 보통주를 포함하지 아니한다. 다만, 법에 의한 보통주 의결권 제한이 일시적이거나 의결권 제한이 단기간 이내에 해소될 것이 명백한 경우에는 지분율 계산에 포함한다(일반기준 8장 부록 실8.4).
- 관계기업이 소각 이외의 목적으로 자기주식을 취득한 경우 관계기업에 대한 투자기업의 지분율은 투자기업이 보유하고 있는 관계기업의 주식수를 관계기업의 발행주식수로 나누어 계산한 후 유의적인 영향력의 유무를 판단한다. 그러나 관계기업이 소각 목

적으로 자기주식을 취득한 경우 관계기업에 대한 투자기업의 지분율은 투자기업이 보유하고 있는 관계기업의 주식수를 관계기업의 발행주식수에서 자기주식수를 차감한 유통주식수로 나누어 계산한 후 유의적인 영향력의 유무를 판단한다. 다만, 투자기업이 지분변동액을 반영하기 위한 지분율을 계산함에 있어서는 피투자기업의 자기주식 보유 목적과는 상관없이 관계기업의 발행주식수에서 자기주식수를 차감한 유통주식수로 나누어 계산한다(일반기준 8장 부록 실8.5).

기업은 주식매입권, 주식콜옵션, 보통주식으로 전환할 수 있는 채무상품이나 지분상품, 또는 그 밖의 유사한 금융상품을 소유할 수도 있는데, 이러한 금융상품은 행사되거나 전환될 경우 해당 피투자자의 재무정책과 영업정책에 대한 기업의 의결권을 증가시키거나 다른 상대방의 의결권을 줄일 수 있는 잠재력(즉, 잠재적 의결권)을 가지고 있다. 기업이 유의적인 영향력을 보유하는지를 평가할 때에는, 다른 기업이 보유한 잠재적 의결권을 포함하여 현재 행사할 수 있거나 전환할 수 있는 잠재적 의결권의 존재와 영향을 고려한다. 예를 들어, 잠재적 의결권을 미래의 특정일이 되기 전까지 또는 미래의 특정사건이 일어나기 전까지는 행사할 수 없거나 전환할 수 없는 경우라면, 그 잠재적 의결권은 현재 행사할 수 있거나 전환할 수 있는 것이 아니다(일반기준 8장 문단 8.5의2).

한편, 투자기업의 피투자기업에 대한 의결권 있는 주식이 20% 이상이더라도 다음 중 하나 이상에 해당하는 경우 일반적으로 투자기업은 피투자기업에 대하여 유의적인 영향력이 없다고 본다(일반기준 8장 문단 8.6).

- 법적 소송이나 청구의 제기에 의하여 투자기업이 피투자기업의 재무정책과 영업정책에 관한 의사결정에 참여할 수 없는 경우
- 계약이나 법규 등에 의하여 투자기업이 의결권을 행사할 수 없는 경우
- 피투자기업에 대한 의결권 있는 주식의 대부분을 특정 지배기업이 보유함으로써 투자기업이 보유한 의결권으로는 사실상 영향력을 행사할 수 없는 경우. 예를 들면 특정기업이 소유하고 있는 의결권 있는 주식이 상법상 특별결의 요건을 갖추고 있기 때문에 투자기업이 유의적인 영향력을 행사할 수 없는 경우가 이에 해당된다. 그러나, 투자기업 외의 다른 투자기업이 피투자기업을 지배하고 있는 경우에도 투자기업이 피투자기업에 대하여 반드시 유의적인 영향력을 행사할 수 없는 것은 아니다. 따라서 지분율 등을 종합적으로 고려하여 유의적인 영향력 유무를 판단하여야 한다(일반기준 8장 부록 실8.8, 실8.9)
- 피투자기업이 은행법에 의하여 설립된 금융기관으로부터 당좌거래 정지처분 중에 있거나, 채무자 회생 및 파산에 관한 법률 또는 기업구조조정촉진법 등에 의해 법적 구조조정절차 중에 있어서 투자기업이 사실상 영향력을 행사할 수 없는 경우

• 위에 열거된 경우에 준하는 사유

② 실질적 영향력 기준

투자기업의 피투자기업에 대한 의결권 있는 주식이 20%에 미달하더라도, 투자기업이 다음 중 하나 이상에 해당하는 경우 일반적으로 피투자기업에 대하여 유의적인 영향력이 있다고 본다(일반기준 8장 문단 8.5).

• 투자기업이 피투자기업의 이사회 또는 이에 준하는 의사결정기구에서 의결권을 행사할 수 있는 경우
• 투자기업이 피투자기업의 재무정책과 영업정책에 관한 의사결정과정에 참여할 수 있는 경우
• 투자기업이 피투자기업의 재무정책과 영업정책에 관한 의사결정과정에 참여할 수 있는 임원선임에 상당한 영향력을 행사할 수 있는 경우
• 여기에서 임원(비상임임원 포함)이란 이사, 감사, 업무집행지시자(명예회장 · 회장 · 사장 · 부사장 · 전무 · 상무 · 이사 기타 업무를 집행할 권한이 있는 것으로 인정될 만한 명칭을 사용하여 기업의 업무를 집행한 자)를 의미하며, 투자기업이 피투자기업의 인사정책에 관여하여 유의적인 영향력을 행사할 수 있는 경우라 함은 계약 등을 통해 임원선임권한 및 이사회 등의 의결권을 획득하는 경우, 투자기업 임직원이 피투자기업 임원으로 겸직하는 경우, 투자기업에 소속된 상태에서 피투자기업 임원으로 파견되는 경우 또는 그 외 유의적인 영향력을 행사할 수 있는 명백한 사유가 있는 경우를 말한다(실무의견서 2007-4, 2007 3. 6., 금감원 2007-068, 2007. 12. 31.).
• 피투자기업이기업의 유의적인 거래가 주로 투자기업과 이루어지는 경우
  이때 유의적인 거래 여부의 판단은 해당 거래의 금액과 성격을 고려하여야 한다. 예를 들어, 투자기업의 매출 대부분이 피투자기업에 대해 이루어지더라도 매출액이 피투자기업의 매입총액 중에서 미미한 부분을 차지한다면 투자기업이 피투자기업에 유의적인 영향력을 행사할 수 있다고 판단할 수 없으나, 피투자기업이 투자기업으로부터 매입한 부품이 피투자기업 제품의 핵심부품이며 피투자기업의 매입처가 다변화되어 있지 못하고 투자기업에 크게 의존하고 있다면 투자기업은 피투자기업에 유의적인 영향력을 행사할 수 있다고 판단할 수 있는 것이다(일반기준 8장 부록 실8.7).
• 피투자기업에게 필수적인 기술정보를 투자기업이 해당 피투자기업에게 제공하는 경우

③ 지분법 적용배제 투자주식

12개월 이내에 매각할 목적으로 투자주식을 취득하여 적극적으로 매수자를 찾고 있는 경우 해당 투자주식은 단기매매증권으로 분류하고(단기매매증권의 정의를 충족하지 못하

는 경우를 포함) 일반기업회계기준 제6장(금융자산 · 금융부채)을 적용하여 회계처리한다. 이 경우 해당 주식을 12개월 이내에 적극적으로 매각한다는 계획이 취득시점에 명백히 문서화(이사회 결의 등)되어 있는 등 적극적으로 매수자를 찾고 있다는 증거가 있어야 한다(일반기준 8장 부록 실8.10).

그러나, 해당 투자주식을 매수 이후 12개월 이내에 매각하지 못한 경우에는 매수시점에 소급하여 지분법을 적용하고 재무제표를 재작성한다. 다만, 매수자가 있으나 법규 등에 의해 불가피하게 매수 이후 12개월 이내에 매각을 완료하지 못한 경우로서 보고기간종료일로부터 가까운 시일 내에 매각이 완료될 가능성이 매우 높다면 해당 투자주식에 대하여 지분법을 적용하지 아니한다(일반기준 8장 문단 8.9).

한편, 12개월 이내에 매각할 목적으로 투자주식을 취득한 경우, 유의적인 영향력의 유무를 판단하기 위하여 투자기업의 지분율을 결정할 경우에는 보유한 주식의 전체를 고려하여야 한다. 예를 들면 투자기업이 피투자기업의 지분을 26% 취득하고 그 중 지분율 5%에 해당하는 주식은 취득 후 1년 내에 매각할 목적인 경우, 투자기업의 유의적인 영향력의 결과는 보유지분 전체에 대해 미치기 때문에 보유주식 전체인 26% 지분에 대해 지분법을 적용한다. 반면, 투자기업이 피투자기업의 지분을 23% 취득하고 그 중 5%에 해당하는 주식은 취득 후 1년 내에 매각할 목적인 경우, 투자기업이 피투자기업의 일부 지분을 매각하면 나머지 모든 지분도 유의적인 영향력을 상실하게 되기 때문에 보유주식 전체인 23% 지분에 대해 지분법을 적용하지 않는다(일반기준 8장 부록 실8.10).

• 12개월 이내 매각할 목적으로 자회사 인수를 통해 취득한 손자회사에 대한 지분법 적용 여부 (금감원 2008-036)

A사가 D사의 주식을 100% 소유하고 있는 B사의 주식을 100% 취득한 경우로서 취득 당시 D사의 주식을 12개월 이내에 매각할 목적이었던 경우에는 A사가 D사를 직접 취득하지 않고 B사를 통하여 취득하였더라도 일반기업회계기준 제8장(지분법) 문단 8.9을 준용하여 A사는 D사에 대하여 지분법을 적용하지 않음.

5) 지분법적용 재무제표

① 이용가능한 재무제표의 범위

가. 개 요

지분법은 투자기업의 보고기간종료일을 기준으로 작성된 관계기업의 신뢰성 있는 재무제표를 사용하여 적용한다. 다만, 투자기업과 관계기업의 보고기간종료일이 다르고 그 차이가 3개월 이내인 경우에는 지분법 적용시 관계기업의 보고기간종료일 기준으로 작성한 신뢰성 있는 재무제표를 사용할 수 있다. 이 경우 관계기업의 보고기간종료일과 투자기업의 보고기간종료일 사이에 발생한 유의적인 거래나 사건은 적절히 반영하여 회계처리한다(일반기준 8장 문단 8.21, 8.22).

한편, 관계기업이 다른 기업의 지배기업인 경우에는 그 관계기업의 연결재무제표를 사용하여 지분법적용투자주식에 대하여 지분법을 적용한다. 만약, 관계기업의 연결재무제표를 구하기 어려운 경우에는 관계기업의 개별재무제표를 이용하되 당해 기업의 종속기업에 대한 투자계정의 잔액이 영(0)이 되어 지분법 적용을 중지한 경우에는 미반영 금액을 조정하여 지분법을 적용한다(일반기준 8장 부록 실8.29).

이하에서 '관계기업'은 투자기업이 피투자기업에 대하여 유의적인 영향력이 있으나 일반기업회계기준 제4장(연결재무제표)에서 정의하는 종속기업이 아니고 일반기업회계기준 제9장(조인트벤처 투자)에서 정의하는 조인트벤처가 아닌 경우의 지분법피투자기업을 말한다(일반기준 8장 문단 8.7).

나. 신뢰성 있는 재무제표

관계기업의 신뢰성 있는 재무제표는 기업회계기준에 따라 적정하게 작성된 재무제표이어야 하므로 원칙적으로 외부감사인의 감사 · 검토절차를 거쳐 신뢰성이 검증된 것이어야 한다. 하지만 투자기업이 관계기업의 감사 · 검토를 받은 재무제표를 결산확정일까지 입수하기 어려운 경우 투자기업은 관계기업의 가결산재무제표를 이용하여 지분법을 적용할 수 있다.

관계기업의 가결산재무제표를 이용하는 경우, 투자기업은 관계기업의 가결산재무제표가 기업회계기준에 따라 적정하게 작성되었는지에 대한 신뢰성검증을 통해 가결산재무제표가 외부감사인의 감사 · 검토를 받은 재무제표와 유의적인 차이가 발생하지 않을 것이라고 확신할 수 있어야 한다. 이 경우 관계기업의 가결산재무제표에 대한 신뢰성검증은 투자기업의 주관적 판단이 아닌 객관적 증거에 근거하여 이루어져야 하며, 이를 위해 투자기업은 다음과 같은 사항을 포함한 필요한 절차를 취하여야 한다(일반기준 8장 부록 실8.25).

• 가결산재무제표 대한 관계기업의 감사와 대표이사의 서명날인 확보
• 관계기업이 시장에 공시한 유의적인 거래나 회계적 사건을 포함하여 투자기업이 인지하고 있는 유의적인 거래나 회계적 사건이 가결산재무제표에 적절히 반영되었는지를 확인
• 관계기업과 동 기업의 감사인 사이에 제기되고 있는 결산관련 주요 쟁점사항 및 향후 처리방향의 파악

• 기타 가결산재무제표와 감사받은 재무제표간에 발생할 수 있는 차이분석 등

만일 관계기업의 가결산재무제표에 대한 신뢰성검증을 통해 유의적인 차이가 발견되는 경우 투자기업은 반드시 그 차이를 가결산재무제표에 반영한 후 이를 기준으로 지분법을 적용하여야 한다.

다. 유의적인 거래나 사건

투자기업과 관계기업의 보고기간종료일이 다르고 그 차이가 3개월 이내인 경우로서 지분법 적용시 관계기업의 보고기간종료일 기준으로 작성한 신뢰성 있는 재무제표를 사용한 경우 관계기업의 보고기간종료일과 투자기업의 보고기간종료일 사이에 발생한 유의적인 거래나 사건은 이를 적절히 반영하여 지분법을 적용하여야 하는데, 여기서 유의적인 거래나 사건이란 개별적으로 특히 유의적인 변동이 발생하여 재무제표에 유의적인 영향을 준 거래나 사건으로, 주로 비경상적이거나 비반복적인 성격을 가지고 있는 거래나 사건이다.

예를 들면 보고기간종료일이 12월말인 투자기업이 9월말인 관계기업의 재무제표를 이용할 경우 투자기업은 관계기업의 9월말 재무제표와 10월부터 12월 사이에 개별적으로 발생한 특히 유의적인 변동사항(화재손실, 토지처분손익 등)을 반영하여 지분법을 적용한다. 이 경우 투자기업이 개별적으로 미리 반영한 관계기업의 해당 회계기간의 10월부터 12월 사이의 유의적인 변동사항은 다음 회계기간의 지분법적용시 지분변동액으로 중복 반영하지 않도록 주의하여야 한다.

한편, 보고기간종료일이 12월말인 투자기업이 다음해 2월말인 2개월 후의 관계기업의 재무제표를 사용할 경우 1월부터 2월 사이에 발생한 유의적인 변동사항은 지분법적용시 별도로 고려할 필요는 없으나, 12월말 현재의 재무상태에 대한 이해를 돕기 위해 주석으로 기재할 필요가 있다(일반기준 8장 부록 실8.26).

라. 보고기간종료일의 변경과 계속성

투자기업의 보고기간종료일과 다른 보고기간종료일을 기준으로 작성된 피투자기업의 재무제표를 사용한 경우에는 그 후의 회계기간에도 계속성을 유지하여야 한다. 그러나 보고기간종료일 사이의 기간 차이를 줄이기 위하여 관계기업의 보고기간종료일을 변경할 수도 있을 것이다. 이러한 경우에는 회계추정의 변경으로 보아 일반기업회계기준 제5장(회계정책 · 회계추정의 변경 및 오류)에 따라 전진적으로 회계처리하고 그 내용을 주석으로 기재하여야 한다(일반기준 8장 부록 실8.27, 실8.28).

마. 요 약

투자기업(A사)이 지분법적용시 이용하는 관계기업(B사)의 재무제표 사례는 다음과 같다(일반기준 8장 부록 사례4).

	A사 회계기간 1/1~12/31	
	원칙	예외
B사 회계기간 1/1~12/31	B사의 12/31 기준으로 작성된 감사받은 재무제표	B사의 결산을 투자기업의 결산 이전에 완료하기가 불가능한 경우에는 12/31 기준으로 작성된 신뢰성 있는 가결산재무제표
B사 회계기간 10/1~9/30	상동	B사의 9/30 기준으로 작성된 감사받은 재무제표를 기준으로 하여 10/1~12/31 사이에 발생한 유의적인 거래나 사건을 적절히 반영
B사 회계기간 7/1~6/30	상동	B사의 12/31 기준으로 작성된 신뢰성 있는 가결산재무제표

② 회계정책의 수정

유사한 상황에서 발생한 동일한 거래나 사건에 대하여는 관계기업의 회계정책을 투자기업의 회계정책과 일치하도록 적절히 수정하여 지분법을 적용한다. 이 경우 투자기업과 관계기업의 업종이 동일한 경우에는 원칙적으로 유사한 상황에서 발생한 동일한 거래나 사건으로 보아 투자기업의 재고자산 평가방법 등 회계정책이 일치되도록 관계기업의 회계처리를 수정하나, 업종이 다를 경우에는 유사한 상황에서 발생한 동일한 거래나 사건으로 보지 아니하므로 관계기업의 회계처리를 수정할 필요가 없다(일반기준 8장 문단 8.23, 부록 실8.22).

투자기업 또는 관계기업이 일반기업회계기준 제31장(중소기업 회계처리 특례)을 적용하거나 관계기업이 한국채택국제회계기준(또는 국제회계기준)을 적용하여 재무제표를 작성함에 따라 회계정책이 일치하지 않는 경우에는 관계기업의 회계처리를 수정하지 아니할 수 있으며, 이 경우 그 내용을 주석으로 기재하여야 한다. 다만, 지배기업이 비중소기업에 해당하는 경우, 종속기업이 일반기업회계기준 제31장(중소기업 회계처리 특례)을 적용한 경우에는 종속기업의 회계처리를 수정하여 지분법을 적용한다(일반기준 8장 문단 8.23, 8.37 (10), 부록 결8.1, 실8.23).

투자기업 (일반기업회계기준 적용대상)	피투자기업	투자기업이 지분법평가시 회계정책일치 여부	
		피투자기업이 종속기업인 경우	피투자기업이 관계기업인 경우
비중소기업 (중소기업 특례 적용 불가)	중소기업 특례 적용하지 않음	일치	일치
	중소기업 특례 적용함	일치	면제
중소기업인데, 중소기업 특례 적용하지 않음	중소기업 특례 적용하지 않음	일치	일치
	중소기업 특례 적용함	면제	면제

투자기업 (일반기업회계기준 적용대상)	피투자기업	투자기업이 지분법평가시 회계정책일치 여부	
		피투자기업이 종속기업인 경우	피투자기업이 관계기업인 경우
중소기업인데, 중소기업 특례 적용함	중소기업 특례 적용하지 않음	면제(*)	면제
	중소기업 특례 적용함	면제	면제
일반기업회계기준 적용함	한국채택국제회계기준(또는 국제회계기준) 적용함	면제	면제

(*) 종속기업이 비중소기업인 경우 당해 기업의 지배기업은 일반기업회계기준 제31장 문단 31.2 (3)에 따라 어떠한 경우에도 중소기업 회계처리 특례를 적용할 수 없으므로 이 경우는 해당사항이 없다.

- **사모투자전문회사(피투자기업)가 100% 보유한 주식에 대한 회계정책의 수정**(2012-G-KQA 001, 2012. 1. 4.)

  투자기업이 사모투자전문회사의 지분을 20% 이상 보유하고 있다면 일반기업회계기준 제8장 문단 8.4 (1)에 따라 명백한 반증이 있는 경우를 제외하고는 피투자기업에 대해 유의적인 영향력이 있는 것으로 보아 지분법을 적용하며, 사모투자전문회사가 100% 보유하고 있는 다른 회사 지분에 대해 기업회계기준서 제5003호 '집합투자기구'에 따라 원가법으로 회계처리하고 있다면 일반기업회계기준 제8장 문단 8.23에 따라 지분법을 적용하여 수정한 재무제표를 사용함.

③ 회계기간 중에 지분법적용투자주식을 취득 · 처분한 경우

회계기간 중에 지분법적용투자주식을 취득 · 처분한 경우에는 해당 투자주식의 취득 · 처분일 현재의 재무제표를 사용하여 지분법을 적용한다. 다만, 취득 · 처분일에 관계기업의 재무제표를 확정시킬 수 없는 경우에는 취득 · 처분일과 가장 가까운 날에 작성된 관계기업의 재무제표(중간재무제표 포함)를 사용하여 지분법을 적용한다(일반기준 8장 부록 실8.24).

(2) 기업회계상 회계처리

개별재무제표에서 지분법을 적용하여 유가증권을 평가하는 경우의 구체적인 회계처리에 대하여 일반기업회계기준 제8장을 중심으로 살펴보기로 한다.

1) 지분법적용투자주식의 취득과 투자차액 등

① 취득원가

투자기업은 지분법적용투자주식을 원가로 인식한다(일반기준 8장 문단 8.8). 이 때 관계기업의 주식을 단계적으로 취득하여 유의적인 영향력을 획득하게 된 경우의 지분법적용투자주식의 취득대가는 유의적인 영향력을 획득하게 된 날의 직전일까지 취득한 주식의 공정가치와 추가 취득한 주식의 취득원가의 합계액이다. 따라서 유의적인 영향력을 획득하게 된 날까지 보유하고 있던 피투자기업의 주식을 공정가치로 평가함에 따라 발생한 손익은 지분법 적용일이 속하는 회계기간에 당기손익으로 인식한다(일반기준 8장 문단 8.13).

유의적인 영향력을 획득하기 위해 추가 취득한 주식의 취득대가에는 주식의 공정가치 이상으로 지급한 가산금(premium)이 포함되는 경우가 있다. 이 경우 가산금을 별도로 구분할 수 있다면, 추가로 취득한 주식의 취득대가에서 가산금을 차감한 금액을 주식의 공정가치로 보고 기 취득한 주식에 대하여도 이 공정가치를 적용하여 산정한다. 만약 가산금을 별도로 구분할 수 없다면, 일반기업회계기준 제6장(금융자산 · 금융부채)에 따라 공정가치를 측정하여야 한다. 왜냐하면 가산금이 포함된 추가 취득대가를 기초로 기존주식의 공정가치를 추정할 경우 가산금이 기존주식에 포함되어 과대평가될 수 있기 때문이다(일반기준 8장 부록 실8.13).

② 투자차액 등

가. 의 의

투자차액 등은 지분법적용투자주식의 취득시점에 발생하는 것으로 지분법적용투자주식의 취득원가가 관계기업의 식별가능한 자산 · 부채의 장부금액 중 투자기업 지분율에 해당하는 금액과 일치하지 않는 경우에 발생한다.

투자차액 등이 발생하는 지분법적용투자주식의 취득시점이라 함은 투자기업이 피투자기업에 유의적인 영향력을 획득한 시점과 유의적인 영향력을 획득한 후에 다른 주주로부터 당해 피투자기업(관계기업)의 주식을 추가로 취득하는 시점을 말한다(일반기준 8장 부록 실8.11).

회계기간 중에 지분법적용투자주식을 취득한 경우에는 해당 투자주식의 취득일 현재의 재무제표를 사용하나, 취득일에 관계기업의 재무제표를 확정할 수 없는 경우에는 취득일과 가장 가까운 날에 작성된 관계기업의 재무제표(중간재무제표 포함)를 사용하여 투자차액 등을 산정한다. 또한 지분법을 적용하고 있는 투자기업이 지분법적용투자주식을 추가로 취득하는 경우 최근의 지분법적용투자주식 취득 이후에 발생한 관계기업의 자산과 부채의 공정가치 변동이 유의적이지 아니한 경우에는 지분법적용투자주식의 추가취득 직전분에 대해 지분법적용시 반영한 공정가치를 기준으로 투자차액을 산정할 수 있다(일반기준 8장 부록 실8.14, 실8.24).

투자차액 등은 투자주식의 취득시점에 관계기업의 식별가능한 자산 · 부채를 공정가치로 평가한 금액과 장부금액의 차이금액 중 투자기업의 지분율에 해당하는 금액 부분과 미래의 초과수익력 등으로 인한 부분(투자차액)으로 구별할 수 있다.

• 투자차액 등
  = 취득원가 − 관계기업의 순자산장부금액 중 투자기업의 지분
  = (관계기업의 순자산공정가치 − 순자산장부금액)×투자기업의 지분율+
  (취득원가 − 관계기업의 순자산공정가치×투자기업의 지분율)
  = 순자산 공정가치와 장부금액의 차액×투자기업의 지분율+투자차액

나. 순자산 공정가치와 장부금액의 차액에 대한 처리

투자차액 등이 관계기업의 식별가능한 자산 · 부채를 장부금액과 다른 가액으로 평가함으로써 발생되었음이 객관적으로 입증되는 경우에는 그 차액을 우선 식별가능한 자산 · 부채에 배분한다. 그리고 해당 배분된 금액은 식별가능한 자산 · 부채에 대한 관계기업의 처리방법에 따라 상각 또는 환입한다(일반기준 8장 문단 8.14).

다. 투자차액

투자차액 등 중 식별가능한 자산 · 부채에 배분하고 남는 잔액은 미래의 초과수익력 등으로 인하여 발생한 부분으로 투자차액에 해당한다. 이 투자차액은 영업권 등으로 보아 일반기업회계기준 제12장(사업결합)에서 정하는 바에 따라 회계처리한다(일반기준 8장 문단 8.11).

영업권은 지분법적용투자주식의 취득원가가 관계기업의 식별가능한 자산 · 부채의 공정가치 중 투자기업의 지분율에 해당하는 금액을 초과하는 경우 동 초과액을 말하며, 20년 이내의 기간 중 미래 경제적 효익이 유입될 것으로 기대되는 기간동안 정액법으로 상각한다(일반기준 12장 문단 12.32).

염가매수차익은 관계기업의 식별가능한 자산 · 부채의 공정가치 중 투자기업의 지분율에 해당하는 금액이 지분법적용투자주식의 취득원가를 초과하는 경우에 동 초과액을 말하는 것으로, 투자기업이 관계기업의 주식을 염가로 취득한 경우에 발생하며 취득일에 당기손익으로 인식한다(일반기준 12장 문단 12.33).

지분법적용투자주식의 취득시 피투자기업이 완전자본잠식상태인 경우에도 투자차액은 취득금액에서 관계기업의 순자산가액을 차감한 금액으로 계산하여야 한다. 예를 들면 식별가능한 순자산의 공정가치가 −200원인 완전자본잠식상태에 있는 피투자기업의 주식 25%를 100원에 취득한 경우 투자차액은 취득대가와 취득당시 부의 순자산가액(−200원) 중 투자기업이 취득한 지분율에 해당하는 금액(−50원)을 합한 금액(150원)이 되는 것이다(일반기준 8장 부록 사례1).

사례 1 20×2. 1. 3.에 갑기업은 을기업의 주식 30%를 400,000에 취득하였고, 취득일 현재 을기업의 재무상태는 다음과 같다.

을기업의 요약 재무상태표

	장부금액	공정가치		장부금액
현금	100,000	100,000	부 채	50,000
재고자산	100,000	200,000	자 본	800,000
기계장치	250,000	250,000		
건물	100,000	200,000		
토지	300,000	500,000		
	850,000	1,250,000		850,000

위 재고자산은 20×2년 중 전액 외부에 매출되었으며, 기계장치의 잔존내용연수는 5년, 건물의 잔존내용연수는 10년이며, 잔존가액 없이 정액법으로 상각한다.

1. 투자차액 등을 계산하고 각 원인별로 안분하시오.
2. 을기업의 20×2년과 20×3년의 순이익이 각각 1,000,000인 경우 각 연도의 지분법이익을 계산하시오(영업권은 20년 동안 상각함).

해답

1. 투자차액 등의 계산 및 안분
   ① 투자차액 등 = 400,000 − 800,000 × 30% = 160,000
   ② 투자차액 등의 안분
   ㉠ 순자산 장부금액과 공정가치의 차이

재고자산	(100,000 × 30%) =	30,000
건 물	(100,000 × 30%) =	30,000
토 지	(200,000 × 30%) =	60,000
계		120,000

   ㉡ 투자차액(영업권) : 400,000 − 1,200,000 × 30% = 40,000

2. 각 회계연도별 지분법이익의 계산

	20×2	20×3
당기순이익 중 투자기업 지분액	300,000	300,000
재고자산과 과소계상분	(30,000)	
건물감가상각액(30,000×1/10)	(3,000)	(3,000)
영업권상각(40,000×1/20)	(2,000)	(2,000)
지분법이익	265,000	295,000

사례 2 20×2. 1. 3.에 갑기업은 을기업의 주식 30%를 200,000에 취득하였고, 취득일 현재 을기업의 재무상태는 다음과 같다.

을기업의 요약 재무상태표

	장부금액	공정가치		장부금액
현금	100,000	100,000	부 채	50,000
재고자산	100,000	200,000	자 본	800,000
기계장치	250,000	250,000		
건물	100,000	200,000		
토지	300,000	350,000		
	850,000	1,100,000		850,000

위 재고자산은 20×2년 중 전액 외부에 매출되었으며, 기계장치의 잔존내용연수는 5년, 건물의 잔존내용연수는 10년이며, 잔존가액 없이 정액법으로 상각한다.

1. 투자차액 등을 계산하고 각 원인별로 안분하시오.
2. 을기업의 20×2년과 20×3년의 순이익이 각각 1,000,000인 경우 각 연도의 지분법이익을 계산하시오(토지는 계속 보유 중이며 각 연도의 매출원가는 1억원임).

해답

1. 투자차액 등의 계산 및 안분

① 투자차액 등 = 200,000 − 800,000 × 30% = (−)40,000

② 투자차액 등의 안분

㉠ 순자산 장부금액과 공정가치의 차이

재고자산(100,000 × 30%) =	30,000
건 물(100,000 × 30%) =	30,000
토 지(50,000 × 30%) =	15,000
계	75,000

㉡ 투자차액(염가매수차익) : 200,000 − 1,050,000 × 30% = (−)115,000

2. 각 회계연도별 지분법이익의 계산

	20×2	20×3
당기순이익 중 투자기업 지분액	300,000	300,000
재고자산 과소계상분	(30,000)	
건물감가상각액(30,000×1/10)	(3,000)	(3,000)
염가매수차익	115,000	
지분법이익	382,000	297,000

2) 지분변동액의 회계처리

투자기업은 지분법적용투자주식의 취득시점 이후 발생한 지분변동액을 당해 지분법적용투자주식에 가감하여 보고한다.

이때, 잠재적 의결권이나 잠재적 의결권이 포함된 파생상품이 있는 경우, 관계기업에 대한 기업의 지분은 현재 소유하고 있는 소유지분에만 기초하여 산정하며, 잠재적 의결권과 그 밖의 파생상품의 행사가능성이나 전환가능성은 반영하지 않는다. 다만, 어떤 경우에 기업은 소유지분과 연계된 이익에 대해 현재 접근할 수 있게 하는 거래의 결과로 실질적으로 현재의 소유권을 보유하는 경우가 있다. 그러한 경우 기업에 배분될 비례적 부분은 기업이 이익에 접근할 수 있게 하는 잠재적 의결권과 그 밖의 파생상품의 궁극적인 행사를 고려하여 결정되며, 그 금융상품은 일반기업회계기준 제6장(금융자산 · 금융부채)를 적용하지 않는다(일반기준 8장 문단 8.8, 부록 실8.3의 1).

① 보통주만을 발행한 경우의 회계처리

지분변동액은 관계기업의 순자산변동액 중 투자기업의 지분율에 해당하는 금액을 말하는 것으로, 순자산가액의 변동의 원천에 따라 다음과 같이 처리한다(일반기준 8장 문단 8.15~8.18).

㉠ 관계기업의 순자산가액 변동이 당기순이익 또는 당기순손실로 인하여 발생한 경우의 지분변동액은 당기손익항목(예 : 지분법손익)으로 처리한다.

㉡ 관계기업의 순자산가액 변동이 전기이월이익잉여금의 변동으로 인한 경우에는 전기이월이익잉여금(예 : 지분법이익잉여금변동)에 반영한다. 다만, 관계기업의 전기이월이익잉여금이 중대한 오류수정에 의하여 변동하였으나 투자기업의 재무제표에 미치는 영향이 중대하지 아니하면 당해 지분변동액을 일반기업회계기준 제5장(회계정책, 회계추정의 변경 및 오류)에 따라 당기손익으로 처리한다.

㉢ 관계기업의 순자산가액 변동이 당기순손익과 전기이월이익잉여금을 제외한 자본의 증가 또는 감소로 인하여 발생한 경우의 지분변동액은 기타포괄손익누계액(예 : 지분법자본변동)으로 처리한다.

관계기업이 배당을 결의한 경우에는 배당금지급을 결의한 시점에 투자기업이 수취하게 될 배당금 금액을 지분법적용투자주식에서 직접 차감한다. 다만, 관계기업이 주식을 배당하거나 자본잉여금을 결손보전에 사용한 경우에는 관계기업의 순자산가액에 변동이 없으므로 투자기업은 별도의 회계처리를 하지 아니한다(일반기준 8장 문단 8.19). 한편, 지분법적용투자주식의 장부금액이 투자기업이 수취하게 될 배당금액에 미달하는 경우에는 동 미달액은 당기이익으로 인식한다(일반기준 8장 부록 실8.31).

투자기업이 유의적인 영향력을 갖고 있다면 보유 투자주식은 지분법적용투자주식에 해당하지만 이 경우에도 지분변동액이 유의적이지 않으면 지분법을 적용하지 않을 수 있다. 이와 같이, 지분변동액이 유의적이지 않아 지분법을 적용하지 않았던 해당 지분법적용투자주식에 대해 유의성의 판단에 의하여 지분법을 적용하게 되는 때에는, 유의적인 영향력을 행사할 수 있게 된 취득시점 이후의 피투자기업의 순자산변동액은 지분법을 적용하게 되는 시점에 일괄하여 투자주식에 반영한다. 이 경우 지분변동액은 그 원천에 따라 이익잉여금에 해당하는 것은 당기손익으로 처리하고 그 외에는 기타포괄손익누계액(예 : 지분법자본변동)으로 회계처리한다. 즉, 유의적이지 않은 금액이어서 과거에 반영하지 않은 것은 일반기업회계기준 제5장(회계정책, 회계추정의 변경 및 오류)에 의해 회계변경에 해당하지 않고 오류도 아니므로 지분법을 적용하는 시점에 과거 유의적이지 않았던 누적 금액을 일괄처리하도록 한 것이다(일반기준 8장 부록 실8.15).

• 피투자기업이 투자기업 주식에 대해 계상한 매도가능증권평가손익의 지분법 회계처리 (금감원 2008-037)

A사는 B사의 지분을 22%, B사는 C사의 지분을 100%, C사는 A사의 지분을 9% 보유하고 있는 경우, B사는 C사가 A사 주식을 공정가치로 평가하여 인식한 매도가능증권평가손익을 지분변동액으로 보아 지분법적용투자주식에 가감하고, A사는 B사가 인식한 동 지분법자본변동을 지분변동액으로 보아 B사 지분법적용투자주식에 가감하여 회계처리함.

② 우선주를 발행한 경우의 회계처리

관계기업이 우선주를 발행한 경우 투자기업이 소유하고 있는 지분법적용투자주식(보통주)에 대해 지분법을 적용하기 위해서는 관계기업의 순자산가액을 보통주주지분과 우선주주지분으로 구분하여야 한다.

또한, 투자기업이 보통주(지분법적용투자주식)뿐만 아니라 우선주(지분법적용투자주식)를 소유하고 있는 경우에는 해당 우선주에 대해서도 지분법을 적용하기 위해 관계기업의 순자산가액 중 우선주주지분을 구분하여야 한다.

이 경우 우선주의 발행조건에 따라 잔여재산분배기준이나 완전참가 또는 부분참가 여부 및 분배비율 등에 관해 다양한 방식이 가능하므로 투자기업이 지분법을 적용할 때는 그러한 발행조건 등 실제 계약내용을 반영하여 회계처리하여야 한다(일반기준 8장 부록 실8.16, 실8.17).

(가) 관계기업의 자본(우선주 발행 이후에 발생한 이익잉여금을 제외한다. 이하 같다) 중 보통주주지분과 우선주주지분은 우선주의 잔여재산분배청구권의 성격에 따라 계산한다. 예를 들면 우선주주가 보통주주와 같이 잔여재산(순자산가액에서 우선주 발

행 이후에 발생한 이익잉여금을 제외한다)분배에 참가할 수 있는 경우에는 관계기업자본에, 보통주자본금이 보통주자본금과 우선주자본금 합계액에서 차지하는 비율(이하 보통주자본금비율이라 한다. 다만, 계약상 분배비율을 정한 경우에는 그 비율)을 곱한 금액이 보통주주지분이 되고, 우선주주지분은 관계기업자본에, 우선주자본금이 보통주자본금과 우선주자본금 합계액에서 차지하는 비율(이하 우선주자본금비율이라 한다. 다만, 계약상 분배비율을 정한 경우에는 그 비율)을 곱한 금액이 된다.

(나) 관계기업의 우선주 발행 이후에 발생한 이익잉여금은 우선주의 이익배당 성격에 따라 다음과 같이 보통주주지분과 우선주주지분으로 구분한다.

가) 관계기업이 누적적 · 참가적(참가비율 예 : 우선주자본금비율) 우선주를 발행한 경우

관계기업의 당기순이익 중 보통주주의 지분은 우선주에 대한 배당결의 여부에 관계 없이 관계기업의 당기순이익에서 보통주배당금과 우선주배당금(과거에 우선주배당률에 미달하는 우선주배당액이 있는 경우에는 그 금액 포함)을 차감한 후의 금액에 보통주자본금비율을 곱한 값과 보통주배당금을 합하여 계산한다.

나) 관계기업이 누적적 · 비참가적 우선주를 발행한 경우

관계기업의 당기순이익 중 보통주주의 지분은 우선주에 대한 배당결의 여부에 관계 없이 관계기업의 당기순이익에서 우선주배당금(과거에 우선주배당률에 미달하는 우선주배당액이 있는 경우에는 그 금액 포함)을 차감한 금액으로 계산한다.

다) 관계기업이 비누적적 · 참가적(참가비율 예 : 우선주자본금비율) 우선주를 발행한 경우

관계기업의 당기순이익 중 보통주주의 지분은 우선주에 대한 배당결의를 하지 않은 경우에는 관계기업의 당기순이익에 보통주자본금비율을 곱하여 계산하고, 우선주에 대한 배당결의를 한 경우에는 관계기업의 당기순이익에서 보통주배당금과 우선주배당금을 차감한 후의 금액에 보통주자본금비율을 곱한 값과 보통주배당금을 합하여 계산한다.

라) 관계기업이 비누적적 · 비참가적 우선주를 발행한 경우

관계기업의 당기순이익 중 보통주주의 지분은 우선주에 대한 배당결의를 하지 않은 경우에는 관계기업 당기순이익 전체 금액으로 하고, 우선주에 대한 배당결의를 한 경우에는 관계기업 당기순이익에서 우선주배당금을 차감한 금액으로 한다.

(다) 우선주배당금이 보통주배당률과 연계되어 확정됨에 따라 보고기간종료일 현재 누적적 우선주의 배당률을 알 수 없는 경우에는 직전 회계연도의 우선주배당률에 상당하는 배당액(또는 합리적인 추정액)을 관계기업의 당기순이익에서 차감하여 보통주주지분을 계산한다.

사례 • 투자기업은 관계기업의 보통주 200주(20%), 우선주 300주(30%)를 20×2년 초부터 보유

• 관계기업의 보통주 : 액면가 @1,000, 발행주식수 1,000주
• 관계기업의 우선주 : 액면가 @1,000, 발행주식수 1,000주, 배당률 10%
• 관계기업의 이익잉여금(당기순이익)
 20×1년 : 600,000
 20×2년 : 500,000(△100,000)
 20×3년 : 800,000(300,000)
• 관계기업은 20×2년에 배당금을 지급하지 못함.

1. 비누적적 · 비참가적 우선주를 보유하는 경우
 20×3년 투자기업의 지분법적용투자주식 중 보통주에 대한 지분변동액과 우선주에 대한 지분변동액은?

해답

• 우선주 지분변동액 : 100,000[1)] × 30% = 30,000
 1) @1,000 × 1,000주 × 10% = 100,000
• 보통주 지분변동액 : 200,000[2)] × 20% = 40,000
 2) 300,000 − 100,000 = 200,000

2. 누적적 · 참가적(참가비율 예 : 우선주자본금비율) 우선주를 보유하는 경우
 20×3년 투자기업의 지분법적용투자주식 중 보통주(20×3년 배당률 9% 결의)에 대한 지분변동액과 우선주에 대한 지분변동액은?

해답

• 우선주 지분변동액 : (200,000[1)] + 5,000[3)]) × 30% = 61,500
• 보통주 지분변동액 : (90,000[2)] + 5,000[4)]) × 20% = 19,000
 1) 우선주 배당액 @1,000 × 1,000주 × 10% × 2년 = 200,000
 2) 보통주 배당액 @1,000 × 1,000주 × 9% = 90,000
 3) 배당액을 차감한 우선주 이익잉여금 증분
 (300,000 − 200,000 − 90,000) × 1,000,000/2,000,000 = 5,000
 4) 배당액을 차감한 보통주 이익잉여금 증분
 (300,000 − 200,000 − 90,000) × 1,000,000/2,000,000 = 5,000

3) 내부거래미실현손익의 제거

투자기업 및 관계기업간의 거래에서 발생한 손익에 투자기업의 지분율을 곱한 금액 중 보고기간종료일 현재 보유자산의 장부금액에 반영되어 있는 부분은 투자기업의 미실현손익으로 보아, 지분법적용시 이를 제거하여야 한다. 이 경우 미실현이익은 지분법적용투자주식에

서 차감하고 미실현손실은 지분법적용투자주식에 가산한다(일반기준 8장 문단 8.20).

즉 재고자산 등에 포함된 내부거래 손익이 투자기업이 해당 재고자산을 관계기업에 매각함에 따라 발생한 경우("하향판매")와 관계기업이 해당 재고자산을 투자기업에 매각함에 따라 발생한 경우("상향판매")에 대해 차별을 두지 않고 내부거래 손익 중 투자기업 지분율에 상당하는 금액만 제거한다. 다만, 지배기업이 종속기업에 대하여 자산을 하향판매하는 경우는 지배기업이 해당 자산을 계속해서 지배하고 있으므로 연결재무제표와의 조화를 고려하여 내부거래로 인한 손익 전액(보유자산의 장부금액에 반영되어 있는 부분)을 제거한다(일반기준 8장 문단 8.35 (1)).

투자기업이 관계기업의 설립시 또는 유상증자시 현물출자에 의해 관계기업의 지분을 취득한 경우 지분법적용투자주식의 취득원가는 현물출자한 자산의 공정가치로 측정하고, 이에 따라 발생한 처분손익 중 보고기간종료일 현재 관계기업이 보유하고 있는 해당 현물출자자산에 반영되어 있는 부분은 내부거래에 의한 미실현손익으로 보아 이를 제거한다(일반기준 8장 부록 실8.19). 다만, 제거대상 처분이익(미실현이익)이 지분법적용투자주식의 가액을 초과하는 경우로서 우선주, 장기성채권 등과 같은 투자성격의 자산을 보유하고 있지 않다면 지분법적용투자주식의 가액까지만 제거하여야 한다(금감원 2005-093).

한편, 지분법 적용시 지분법적용투자주식에 반영할 지분법손익과 내부거래미실현손익이 있는 경우 지분법손익을 먼저 반영한 후 내부거래미실현손익을 반영한다(일반기준 8장 부록 실8.20). 또한 투자기업과 관계기업간의 자산양도 거래의 경우 해당 자산에 대하여 손상사유가 있는 경우에는 일반기업회계기준 제20장(자산손상)에 따라 손상차손을 인식한 후 양도거래에 대한 회계처리를 한다(일반기준 8장 부록 실8.21).

투자기업 및 관계기업간의 거래는 투자기업과 관계기업간 거래, 간접적인 투자관계에 있는 피투자기업간의 거래, 상호간에 투자관계가 없는 피투자기업간의 거래 등 다양하게 발생한다. 이 경우 투자기업이 제거해야 할 내부거래미실현손익은 다음과 같이 산정한다(일반기준 8장 부록 사례3).

사례 1 A사는 B사의 주식 30%를 보유하고 있으며, A사가 B사에게 토지(장부금액 100억원)를 150억원에 매각하고 계속 B사가 보유하고 있는 경우

① 내부거래에 의한 A사의 토지처분이익 50억

② A사가 B사 주식에 대한 지분법 적용시 제거하여야 할 내부미실현이익
토지처분이익(50억) × A사의 B사에 대한 지분율(30%) = 15억

사례 2 A사, B사, C사의 지분관계는 다음과 같다. C사가 A사에게 토지(장부금액 100억원)를 150억원에 매각하고, 계속 A사가 보유하고 있는 경우

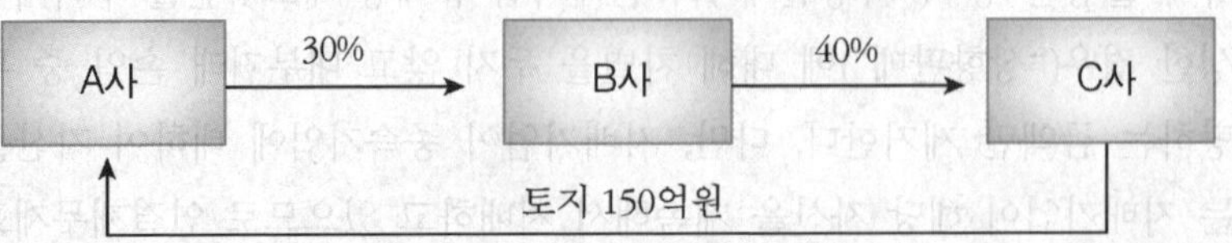

① 내부거래에 의한 C사의 토지처분이익 50억

② A사의 B사 주식에 대한 지분법이익

C사 토지처분이익 50억 × B사의 C사에 대한 지분율 40% × A사의 B사에 대한 지분율(30%) = 6억

③ A사가 B사 주식에 대한 지분법적용시 제거하여야 할 내부미실현이익

C사 토지처분이익 50억 × (B사의 C사에 대한 지분율 40% × A사의 B사에 대한 지분율 30%) = 6억

사례 3 A사, B사, C사의 지분관계는 [사례 2]와 동일하며, B사가 C사에게 토지(장부금액 100억원)를 150억원에 매각하고, 계속 C사가 보유하고 있는 경우

① 내부거래에 의한 B사의 토지처분이익 50억

② B사가 C사 주식에 대한 지분법적용시 제거하여야 할 내부미실현이익

B사 토지처분이익 50억 × B사의 C사에 대한 지분율 40% = 20억

③ A사의 B사 주식에 대한 지분법이익

B사 이익 30억[1] × A사의 B사에 대한 지분율 30% = 9억

1) 토지처분이익 50억－내부미실현이익 20억＝30억

④ A사가 B사 주식에 대한 지분법적용시 제거하여야 할 내부미실현이익＝0

사례 4 A사, B사, C사의 지분관계는 다음과 같고, C사가 B사에게 토지(장부금액 100억원)를 150억원에 매각하고, 계속 B사가 보유하고 있는 경우

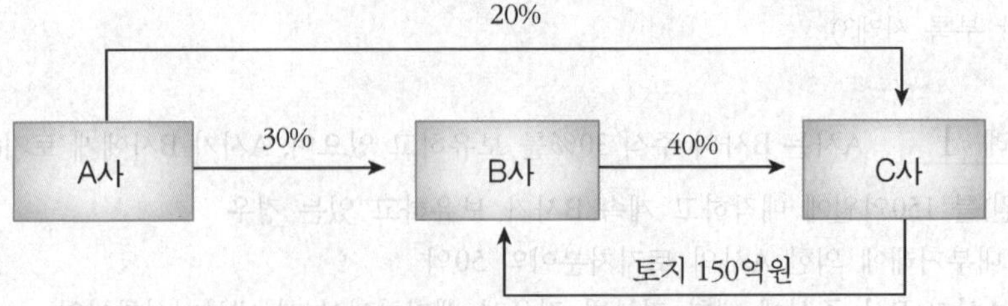

① 내부거래에 의한 C사의 토지처분이익 50억

② B사의 C사 주식에 대한 지분법이익

C사 토지처분이익 50억 × B사의 C사에 대한 지분율 40% = 20억

③ B사가 C사 주식에 대한 지분법적용시 제거하여야 할 내부미실현이익 = 20억(상향판매)

④ A사의 B사 주식에 대한 지분법이익
B사 손익(0)[1)] × A사의 B사에 대한 지분율(30%) = 0

1) ①+②=20억−20억=0

⑤ A사의 C사 주식에 대한 지분법이익
C사 토지처분이익 50억 × A사의 C사에 대한 지분율 20%=10억

⑥ A사가 C사 주식에 대한 지분법적용시 제거하여야 할 내부미실현이익
= 지분법이익 10억 × A사의 B사에 대한 지분율 30% = 3억

사례 5 A사, B사, C사의 지분관계는 다음과 같고, B사가 C사에게 토지(장부금액 100억원)를 150억원에 매각하고, 계속 C사가 보유하고 있는 경우

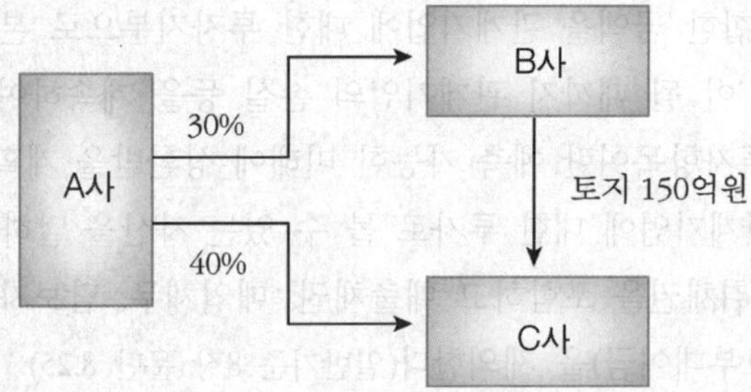

① 내부거래에 의한 B사의 토지처분이익 50억

② A사의 B사 주식에 대한 지분법이익
B사 토지처분이익 50억 × A사의 B사에 대한 지분율 30% = 15억

③ A사가 B사 주식에 대한 지분법적용시 제거하여야 할 내부미실현이익
A사의 지분법이익 15억 × A사의 C사에 대한 지분율 40% = 6억

4) 지분법적용투자주식의 금액이 "0" 이하가 될 경우

① 지분법적용의 중지

투자기업이 지분법을 적용할 때 관계기업의 손실 등을 반영함으로 인하여 지분법적용투자주식의 장부금액이 "0" 이하가 될 경우에는 더 이상의 지분변동액에 대한 인식을 중지하고 지분법적용투자주식을 "0"으로 처리한다(일반기준 8장 문단 8.24).

위와 같은 지분법적용의 중지로 인하여 인식하지 못한 지분변동액에는 투자기업의 지분율에 상당하는 관계기업의 손실금액, 지분취득시 발생한 식별가능한 관계기업 순자산의 공정가치와 장부금액의 차액에 대한 해당연도 상각액, 투자차액 상각액, 내부거래미실현이익 등이 있다(일반기준 8장 부록 실8.30).

만약 지분법적용을 중지한 후 관계기업이 배당을 결의한 경우에는 투자기업이 받을 금

액을 지분법적용투자주식에서 직접 차감하여야 하나, 지분법적용투자주식의 장부금액이 0이므로, 동 배당액은 당기이익으로 인식한다(일반기준 8장 부록 실8.31).

한편, 기타포괄손익누계액에 계상되어 있는 지분법자본변동은 투자기업이 관련 지분법적용투자주식을 처분하거나, 지분법적용투자주식에 대해 손상차손을 인식하는 경우에만 당기손익으로 처리할 수 있다. 따라서 지분법적용에 의해 지분법적용투자주식의 장부금액이 "0"으로 되는 경우에는 기타포괄손익누계액에 계상되어 있는 지분법자본변동은 계속하여 기타포괄손익누계액으로 표시된다(일반기준 8장 부록 실8.32).

② 우선주 등 투자성격의 자산을 보유하고 있는 경우

투자기업이 투자주식과는 별도로 관계기업에 대한 장기투자항목을 보유하고 있다면, 해당 장기투자항목을 합한 금액을 관계기업에 대한 투자지분으로 본다. 따라서, 장기투자항목의 장부금액이 "0"이 될 때까지 관계기업의 손실 등을 계속하여 반영하여야 한다.

여기에서의 장기투자항목이란 예측 가능한 미래에 상환받을 계획이 없고 상환 가능성도 거의 없어 사실상 관계기업에 대한 투자로 볼 수 있는 자산을 말하는 것으로, 우선주와 장기대여금 및 장기수취채권을 포함하고 매출채권, 매입채무, 담보자산으로 회수 가능한 장기수취채권(예 : 담보부대여금)을 제외한다(일반기준 8장 문단 8.25).

이와 같이 사실상 투자성격이 있는 우선주, 채권 등이 있음에도 불구하고 투자주식에 대해서만 지분법손실 등을 반영한다면, 투자기업은 지분법손실의 인식을 회피하기 위해 유상증자 방식이 아닌 다른 방식(예 : 자금대여)을 선택할 수 있을 것이다. 따라서, 그러한 투자성격의 채권에 대하여는 장부금액이 "0"이 될 때까지 대손충당금을 설정하는 방법으로 관계기업의 손실 등을 반영하며, 지분법적용 후 해당 채권의 장부금액이 회수가능가액보다 높은 경우에는 일반기업회계기준에 따라 추가적으로 대손충당금의 설정을 고려하여야 한다(일반기준 부록 결8.2, 사례5).

사례 1 투자기업이 보유하고 있는 관계기업에 대한 보통주식과 장기성채권의 당기초 장부금액은 각각 1,000원, 2,000원이다. 당기말 관계기업에 대한 장기성채권의 회수가능액은 1,500원으로 추정되며, 당해연도 지분법피투자기업의 손실로 투자기업이 반영할 지분법손실 1,400원이 있는 경우의 회계처리

해답

• 손상차손 인식

(차) 대 손 상 각 비 500 (대) 장기성채권(대손충당금) 500

• 지분법 적용

(차) 지 분 법 손 실	1,400	(대) 지분법적용투자주식	1,000
		장기성채권(대손충당금)	400

한편, 우선주 등 투자성격의 자산에 대해 추가적인 손실 등을 인식하는 경우에는 보통주의 성격에 가까운 자산부터 감소시킨다. 즉, 관계기업이 청산된다면 상환받는 우선순위를 고려한다. 예를 들면 투자기업이 관계기업의 우선주와 채무증권을 보유하고 있는 경우 관계기업의 손실에 의한 지분변동액을 우선주에서 먼저 차감한 후 잔액은 채무증권에서 차감하고, 이후에 관계기업이 이익을 보고하기 시작하면 그 역순으로 해당 자산을 회복시킨다(일반기준 8장 부록 실8.18).

③ 지분법적용의 재개

지분법적용투자주식에 대하여 지분법적용을 중지한 후, 관계기업의 당기이익으로 인하여 지분변동액이 발생하는 경우 지분법적용 중지기간 동안 인식하지 아니한 관계기업의 손실누적분 등을 상계한 후 지분법을 적용한다. 관계기업이 유상증자(자본잉여금 및 자본조정의 증가를 포함한다)를 한 경우에는 유상증자금액 중 당기 이전에 미반영한 손실에 해당하는 금액은 전기이월이익잉여금(예 : 지분법이익잉여금변동)의 감소로 하여 투자주식을 차감처리한다(일반기준 8장 문단 8.26, 부록 사례6).

사례 2

• 투자기업의 관계기업에 대한 지분율 : 20%

• 과거 지분법적용 중지기간 동안 투자기업이 인식하지 않은 관계기업의 손실누적분 : 100
관계기업의 당기이익이 600인 경우의 회계처리는?

〈투자기업의 회계처리〉

• 관계기업의 당기이익에 대한 투자기업의 지분변동액

(차) 지분법적용투자주식	120[1]	(대) 지 분 법 이 익	120

1) 600 × 20% = 120

• 손실누적분 반영

(차) 지 분 법 이 익	100	(대) 지분법적용투자주식	100

사례 3

• 투자기업의 관계기업에 대한 지분율 : 20%

• 지분법적용 중지기간 동안 투자기업이 인식하지 않은 관계기업의 손실누적분
: 100

피투자기업의 유상증자로 인한 자본증가액이 400인 경우의 회계처리는?

〈투자기업의 회계처리〉

• 유상증자 참여

(차) 지분법적용투자주식	80[1]	(대) 현 금	80

1) 400 × 20% = 80

• 손실누적분 반영

(차) 부의지분법이익잉여금변동	80	(대) 지분법적용투자주식	80

5) 손상차손

지분법적용투자주식으로부터 회수할 수 있을 것으로 추정되는 금액(이하 "회수가능가액"이라 한다)이 장부금액보다 작은 경우에는 손상차손을 인식할 것을 고려하여야 한다. 일반기업회계기준 제6장(금융자산 · 금융부채)를 적용하여 손상차손의 발생에 대한 객관적인 증거가 있는지를 평가하고 그러한 증거가 있는 경우에는 일반기업회계기준 제20장(자산손상)에 따라 손상차손을 인식한다. 회수가능가액은 지분법적용투자주식을 매각한다면 예상되는 순현금유입액과 사용가치 중 큰 금액으로 하며, 손상차손금액은 당기손익(예 : 지분법적용투자주식손상차손)에 반영한다. 이 경우 사용가치는 다음의 (가) 또는 (나)의 금액으로 측정한다(일반기준 8장 문단 8.27, 8.28).

(가) 관계기업이 사업 등을 통하여 창출할 것으로 기대되는 미래순현금흐름과 청산가치의 현재가치 중 투자기업의 지분액

(나) 지분법적용투자주식의 보유기간 동안 기대되는 미래배당현금흐름과 보유기간 종료 시 해당 지분법적용투자주식 처분가치의 현재가치

지분법적용투자주식에 대하여 손상차손을 인식할 때 미상각된 투자차액이 있는 경우에는 투자차액을 우선 감액한다. 투자차액(영업권)은 식별이 불가능한 자산이므로 가장 먼저 감액 대상 자산이 되지만 손상차손의 회복은 인정되지 않는다. 한편 손상차손을 인식할 때 당해 지분법적용투자주식과 관련한 기타포괄손익누계액(지분법자본변동)이 있는 경우에는 동 기타포괄손익누계액이 실현된 것으로 보아 손상차손금액을 조정한다(일반기준 8장 문단 8.29, 부록 사례7).

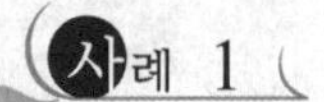

• 장부금액 : 지분법적용투자주식 120 (투자차액 40)
지분법자본변동 20

회수가능액이 90인 경우의 회계처리는?

〈회계처리〉

(차) 지분법적용투자주식손상차손	10[2]	(대)	지분법적용투자주식	30[1]
지 분 법 자 본 변 동	20			

1) 지분법적용투자주식의 구성항목 중 투자차액에서 30을 우선 손상처리한다.

2) 장부금액 기준으로 손상차손은 30(=120−90)이 발생하였으나, 지분법자본변동 20은 실현된 것으로 보므로 차액인 10을 손상차손으로 인식한다.

사례 2

• 장부금액 : 지분법적용투자주식 100 (투자차액 40)
지분법자본변동 20

회수가능액이 90인 경우의 회계처리는?

〈회계처리〉

(차) 지 분 법 자 본 변 동	10	(대)	지분법적용투자주식	10[1]

1) 지분법적용투자주식의 구성항목 중 투자차액에서 10을 우선 손상처리한다. 장부금액 기준으로 손상차손은 10(=100−90)이 발생하였으나, 지분법자본변동 중 10은 실현된 것으로 보므로 상계되어 손상차손으로 인식할 금액은 "0"이 된다.

사례 3

• 장부금액 : 지분법적용투자주식 100 (투자차액 40)
부의지분법자본변동 20

회수가능액이 70인 경우의 회계처리는?

〈회계처리〉

(차) 지분법적용투자주식손상차손	50[2]	(대)	지분법적용투자주식	30[1]
			부의지분법자본변동	20

1) 지분법적용투자주식의 구성항목 중 투자차액에서 30을 우선 손상처리한다.

2) 장부금액 기준으로 손상차손은 30(=100−70)이 발생하였으나, 부의 지분법자본변동 20은 실현된 것으로 보므로 손상차손으로 인식할 금액은 50(=30+20)이 된다.

손상차손을 인식한 후에 지분법적용투자주식의 회수가능가액이 회복된 경우에는 이전에 인식하였던 손상차손금액을 한도로 하여 회복된 금액을 당기이익으로 인식한다. 이 경우 회복 후 지분법적용투자주식 장부금액이 당초에 손상차손을 인식하지 않았다면 회복일 현재의 지분법적용투자주식 장부금액이 되었을 금액을 초과하지 않도록 한다. 다만, 투자차액에 해당하는 손상차손의 회복을 인정하지 아니하므로 이에 대한 회계처리는 하지 아니한다. 일반기업회계기준 제12장(사업결합)에서도 이와 동일하게 영업권에 대한 손상차손 인식 후 손상차손환입을 인정하지 아니한다(일반기준 8장 문단 8.30, 부록 결8.3).

6) 지분법투자주식의 처분

지분법적용투자주식의 일부 또는 전부를 처분하는 경우 처분된 해당 지분법적용투자주식과 관련한 기타포괄손익누계액(예 : 지분법자본변동)은 해당 투자주식의 처분손익으로 처리한다(일반기준 8장 문단 8.31).

지분법적용투자주식의 처분에 의한 투자기업의 지분율 하락 등으로 인하여 피투자기업에 대한 유의적인 영향력을 상실하는 경우 해당 투자주식에 대하여는 지분법적용을 중단하고 일반기업회계기준 제6장(금융자산 · 금융부채)에 따라 회계처리한다. 이 경우 유의적인 영향력을 상실하게 된 시점의 장부금액을 해당 투자주식의 취득원가로 본다(일반기준 8장 문단 8.33, 부록 사례9). 여기서 유의적인 영향력을 상실하게 된 시점의 장부금액이란 회계연도 중에 유의적인 영향력을 상실한 경우 중대한 영향력을 상실하게 된 시점까지 지분법을 적용하여 평가한 금액을 가감한 금액을 말한다(금감원 2005-011).

사례

- A사는 1월 1일 현재 B사의 지분 30% 보유
- 지분법적용투자주식 장부금액 600(지분법자본변동 60)

  A사는 6월 30일에 B사의 지분 20%를 450에 매각하고 10%를 보유하여 유의적인 영향력 상실
- B사의 1월 1일~6월 30일 순자산 증가액 150(순이익으로 인한 순자산 증가 100, 자본잉여금 증가로 인한 순자산 증가 50)

A사가 6월 30일에 하여야 할 회계처리는?

해답

6월 30일 A사의 회계처리

- 1.1. ~ 6.30.의 지분변동액에 대한 회계처리

(차) 지분법적용투자주식	45	(대) 지 분 법 이 익	30[1]
		지 분 법 자 본 변 동	15[2]

1) 100 × 30% = 30
2) 50 × 30% = 15

- 매각에 관한 회계처리

(차) 현금및현금성자산	450	(대) 지분법적용투자주식	430[1]
지 분 법 자 본 변 동	50[2]	지분법적용투자주식처분이익	70

1) (600+45) × 20%/30% = 430
2) (60+15) × 20%/30% = 50

- 일반기업회계기준 제6장(금융자산 · 금융부채)에 따라 매도가능증권으로 분류할 경우 계정재분류

(차) 매 도 가 능 증 권 215[1)] (대) 지분법적용투자주식 215
지 분 법 자 본 변 동 25 매도가능증권평가이익 25

1) 6월 30일 유의적인 영향력을 상실하게 된 시점의 B주식의 장부금액
(600+45) × 10%/30% = 215

7) 유상증(감)자 및 무상증(감)자시의 처리

① 지분율이 증가하는 경우

관계회사가 유상증자(유상감자, 무상증자, 무상감자 포함)를 실시한 결과 투자기업의 지분율이 증가하는 경우 투자차액을 산정하고 이 투자차액을 영업권 등으로 보아 일반기업회계기준 제12장(사업결합)에서 정하는 바에 따라 회계처리한다(일반기준 8장 문단 8.12, 부록 사례2). 투자차액에 관한 자세한 내용은 앞의 내용을 참고하기 바란다.

• 투자기업 : A사, 피투자기업 : B사, 지분율 40%
• 유상증자 전 투자차액은 없다고 가정함.

B사가 500주를 1,200원에 유상증자할 때, A사가 275주를 인수한 경우의 회계처리는(유상증자 시 B사 순자산의 공정가치와 장부금액의 차이는 없다고 가정함)?

해답

	유상증자 전	B사의 유상증자	유상증자 후
B사의 순자산액	1,000,000원		1,600,000원
B사의 발행주식수	1,000주		1,500주
A사의 보유 지분율/주식수	40%/400주	50% 증자	45%/675주
A사의 B주식 장부금액	400,000원	@1,200원×500주 = 600,000	400,000+330,000* = 730,000원
A사의 B주식 지분금액	1,000,000×40% = 400,000원		1,600,000×45% = 720,000원

* A사는 B사의 유상증자분 중 275주를 주당 1,200원(현금납입액 330,000)에 취득

〈회계처리〉

(차) 지분법적용투자주식 330,000 (대) 현금및현금성자산 330,000

A사는 B사에 유상증자분에 대한 330,000원을 납입하였지만, A사의 B사에 대한 지분변동액은 320,000원(720,000−400,000)이므로 납입금액과 지분변동액의 차액 10,000원을 투자차액으로 회계처리한다.

* 이 사례에서 제시된 거래는 다음과 같이 두 개의 거래가 통합된 것으로 분석할 수 있다.

㉠ B사의 유상증자에 A사는 균등(40%)참여 : 500주×40%×@1,200=240,000

〈회계처리〉

(차) 지분법적용투자주식 240,000 (대) 현금및현금성자산 240,000

(균등유상증자이므로 투자차액이 발생하지 않음)

㉡ 불균등유상증자분(5%)을 다른 주주로부터 취득 : 75주×1,200 = 90,000

〈회계처리〉

(차) 지분법적용투자주식 90,000 (대) 현금및현금성자산 90,000

(지분 추가취득으로 90,000 − 1,600,000×5% = 10,000의 투자차액이 발생함)

② 지분율이 감소하는 경우

관계회사가 유상감자(유상증자, 무상증자, 무상감자 포함)를 실시한 결과 투자기업의 지분율이 감소하는 경우 지분감소 대가로 수령하는 금액과 유상감자 후의 투자기업의 지분액에서 유상감자 전의 투자기업의 지분액을 차감한 지분변동액의 차액은 처분손익으로 회계처리한다(일반기준 8장 문단 8.32, 부록 사례8).

사례

- 투자기업 : A사, 피투자기업 : B사, 지분율 : 40%
- 투자차액은 없다고 가정함.

B사가 500주를 800원에 유상감자할 때, A사가 감자에 참여하여 300주를 처분한 경우의 회계처리는?

해답

	유상감자 전	B사의 유상증자	유상감자 후
B사의 순자산액	1,000,000원	50% 감자 @800원×500주 = 400,000	600,000원
B사의 발행주식수	1,000주		500주
A사의 보유 지분율/주식수	40%/400주		20%/100주
A사의 B주식 장부금액	400,000원		400,000 − 240,000* = 160,000원
A사의 B주식 지분금액	1,000,000×40% = 400,000원		600,000×20% = 120,000원

* A사는 B사 주식 중 300주를 주당 800원(현금수령액 240,000)에 감자받음.

〈회계처리〉

(차) 현금및현금성자산 240,000[1)] (대) 지분법적용투자주식 280,000[2)]
지분법적용투자주식처분손실 40,000

1) @800×300주 = 240,000

2) 1,000,000×40%－600,000×20%＝280,000

A사는 B사로부터 유상감자 분에 대하여 240,000원을 수령하였지만, A사의 B사에 대한 지분변동액은 280,000원(400,000－120,000)이므로 수령금액과 지분변동액의 차액 40,000원을 처분손실로 회계처리한다.

* 이 사례에서 제시된 거래는 다음과 같이 두 개의 거래가 통합된 것으로 분석할 수 있다.

㉠ B사의 유상감자에 A사는 균등(40%) 참여 : 500주×40%×@800＝160,000

〈회계처리〉

(차) 현금및현금성자산	160,000	(대) 지분법적용투자주식	160,000

(유상감자에 균등참여시 수령금액(160,000원)과 지분변동액(400,000－600,000 × 40% ＝ 160,000)은 동일하므로 처분손익이 발생하지 않음)

㉡ 불균등유상감자분(20%)을 다른 주주에게 처분 : 100주×800＝80,000

〈회계처리〉

(차) 현금및현금성자산	80,000	(대) 지분법적용투자주식	120,000
지분법적용투자주식처분손실	40,000[1]		

1) (400,000－160,000)×(20%/40%)－80,000＝40,000

③ 요 약

유(무)상증자시와 유(무)상감자시 발생하는 투자차액 또는 지분변동액 차액의 회계처리를 요약하면 다음과 같다(일반기준 8장 부록 실8.12).

구 분		투자차액 또는 지분변동액 차액	구 분		투자차액 또는 지분변동액 차액
유상증자	지분율 증가	영업권 등	무상증자	지분율 증가	영업권 등
	지분율 불변[1]	영업권 등		지분율 불변	n/a
	지분율 감소	처분손익		지분율 감소	처분손익
유상감자	지분율 증가	영업권 등	무상감자	지분율 증가	영업권 등
	지분율 불변[1]	처분손익		지분율 불변	n/a
	지분율 감소	처분손익		지분율 감소	처분손익

1) 유상 증 · 감자시 지분율이 불변하다면 투자차액 또는 지분변동액 차액이 발생하지 않는 것이 일반적이나, 예외적으로 주당 유상 증 · 감자액이 주주간에 서로 다르다면 투자차액 등이 발생할 수 있다.

8) 주식의 상호보유

투자기업 및 관계기업 상호간에 유의적인 영향력을 행사하고 있는 경우에는 상호간의 주식소유비율에 따라 당기순손익 등을 조정한 후 지분변동액을 산정한다(일반기준 8장 부록 실8.33).

투자기업 A, B 상호간에 유의적인 영향력(지배나 공동지배가 아님)이 있으며, 주식을 각각 20%씩 소유하고 있는 경우 각 투자기업의 당기순이익은 다음의 산식을 이용하여 구한다. 다음의 산식에서 지분법적용 전 당기순이익은 내부거래미실현손익을 제거한 후의 당기순이익을 말한다(일반기준 8장 부록 사례11).

A′ = A + 0.2B

B′ = B + 0.2A

A′ = 지분법적용 후 A사 당기순이익

B′ = 지분법적용 후 B사 당기순이익

A = 지분법적용 전 A사 당기순이익

B = 지분법적용 전 B사 당기순이익

투자기업 A, B, C사가 순환적으로 유의적인 영향력(지배나 공동지배가 아님)이 있으며, 각각 20%씩 소유하고 있는 경우 투자기업 A의 당기순이익은 다음의 산식을 이용하여 구한다. 다음의 산식에서 지분법적용전 당기순이익은 내부거래미실현손익을 제거한 후의 당기순이익을 말한다(일반기준 8장 부록 사례12).

A′ = A + 0.2B′

B′ = B + 0.2C

A′ = 지분법적용 후 A사 당기순이익

B′ = 지분법적용 후 B사 당기순이익

A = 지분법적용 전 A사 당기순이익

B = 지분법적용 전 B사 당기순이익

C = 지분법적용 전 C사 당기순이익

9) 종속기업에 대한 지분법적용

지분법피투자기업이 일반기업회계기준 제4장(연결재무제표)의 종속기업의 정의를 충족하는 경우에는 해당 지분법적용투자주식에 대하여 지배기업 개별재무제표의 당기순이익 및 순자산이 연결재무제표의 당기순손익 및 순자산에 대한 지배기업의 지분과 일치되도록 회계처리하여야 한다. 다만, 지분법적용투자주식의 장부금액이 영(0) 이하가 되는 경우에는 지분법 적용을 중지하여야 하므로, 이 경우에 한하여 연결재무제표의 결과와 다르게 회계처리 될 수 있다(일반기준 8장 문단 8.34, 8.35, 부록 결8.4).

종속기업에 대한 지분법 적용시 고려할 사항을 예시하면 다음과 같다(일반기준 8장 문단 8.35).

(가) 투자기업이 종속기업에 대하여 자산을 매각한 거래(“하향판매거래”)로 인하여 발생

한 손익에 대하여, 종속기업이 아닌 관계기업인 경우에는 지분율에 상당하는 금액을 제거하나, 종속기업인 경우에는 보고기간종료일 현재 보유자산의 장부금액에 반영되어 있는 부분을 전액 제거한다.

(나) 종속기업주식의 추가취득시 취득대가와 연결재무상태표상 종속기업의 순자산 중 추가지분 취득분과의 차액은 자본잉여금(또는 자본조정)으로 처리한다.

(다) 투자기업이 종속기업 주식의 일부를 처분한 후에도 해당 종속기업이 계속하여 연결대상에 속하는 경우에는 그 처분가액과 장부금액의 차액은 당기손익으로 인식하지 아니하고 자본잉여금(또는 자본조정)에 포함한다.

(라) 종속기업이 유상증자 등을 실시함에 따라 투자기업의 지분율이 변동된 경우에는 유상증자 등을 실시한 후 지배기업의 지분가액에서 유상증자 등을 하기 전 지배기업의 지분가액을 차감한 잔액과 유상증자 등으로 인하여 취득한 주식의 취득원가와의 차액을 자본잉여금(또는 자본조정)에 포함한다.

(마) 투자기업이 종속기업에 대하여 채권을 소유하고 있으며 이에 대하여 대손충당금을 설정한 경우 해당 회계기간에 인식한 대손상각비는 지분법적용투자주식에 가산하고 당기이익(예 : 지분법이익)에 반영한다(일반기준 8장 문단 8.35, 부록 사례10).

(바) 종속기업이 일반기업회계기준 제31장(중소기업 회계처리 특례)을 적용하여 재무제표를 작성한 경우에는 투자기업의 회계정책과 일치하도록 적절히 수정하여 지분법을 적용하여야 한다.

(사) 종속기업에 속하지 아니하던 피투자기업(관계기업 포함)이 투자기업의 지분 추가취득 등으로 인해 종속기업으로 되는 경우 제12장 '사업결합'에 따라 투자차액을 산정하여 지분법을 적용한다.

참고로 일반기업회계기준 제12장(사업결합)에서는 피취득자 지분을 단계적으로 취득하는 경우 취득원가는 취득일 직전에 보유하고 있던 피취득자 지분의 공정가치와 취득일에 지급된 대가의 공정가치의 합계액으로 하도록 하고 있다.

• 양도자의 관여가 있는 부동산 등 양도에 대한 회계처리(실무의견서 2007-6, 2007. 11. 16.)

1. 양도자(지배회사)의 종속회사가 양도자산에 관여하고 있다면, 양도자(지배회사)는 종속회사를 통하여 양도자산에 관여하여 양도자산의 위험과 효익을 갖고 있으므로 개별재무제표 및 연결재무제표 작성시에 담보차입거래로 회계처리함.
2. 양도자(종속회사)의 지배회사가 양도자산에 관여하고 있다면, 양도자(종속회사)는 양도자산의 위험과 효익을 갖고 있지 아니하므로 매각거래로 회계처리하되, 양도자의 지배회사는 직접 관여하여 양도자산과 관련된 위험과 효익을 갖고 있으므로 양도자(종속회사)에 대한 지분법 적용 및 연결재무제표 작성시 양도자(종속회사)가 담

보차입한 것처럼 보고 회계처리함.

• 종속회사 보유 지배회사 주식에 대한 지배회사의 지분법 회계처리(실무의견서 2007-8, 2007. 12. 28.)

1. 종속회사가 지배회사 주식을 취득한 경우 지배회사는 지분법 적용시 종속회사가 취득한 지배회사 주식의 취득금액 중 지배회사 지분 해당액을 지분법적용투자주식에서 차감하고 기타포괄손익누계액(지분법자본변동)으로 회계처리함.
2. 종속회사가 보유하고 있는 지배회사 주식을 공정가치로 평가하는 경우 지배회사는 지분법 적용시 동 주식의 공정가치 변동을 인식하지 않음.
3. 종속회사가 보유하던 지배회사 주식을 처분한 경우 지배회사는 지분법 적용시 종속회사의 지배회사 주식 처분금액 중 지배회사 지분에 해당하는 부분을 지분법적용투자주식에 가산하고 기타포괄손익누계액(지분법자본변동)으로 회계처리함.

사례 투자기업은 해당 회계연도말에 종속기업에 대하여 장부금액 1,000원의 지분법적용투자주식과 2,000원의 장기성채권을 보유하고 있으며 장기성채권에 대해 대손충당금을 50원 설정하였다.

종속기업의 당기순손실에 대해 투자기업이 반영할 지분법손실이 1,400원인 경우의 회계처리는?

- 기초 지분법적용투자주식 장부금액 1,000
- 기중 종속기업에 대한 장기성채권 발생

해답

(차) 장기성채권	2,000	(대) 현금	2,000

• 기말 대손충당금 설정

(차) 대손상각비	50	(대) 장기성채권(대손충당금)	50

• 기말 지분법 적용

(차) 지분법적용투자주식	50	(대) 지분법이익	50[1)]
(차) 지분법손실	1,400	(대) 지분법적용투자주식	1,050
		장기성채권(대손충당금)	350

1) 당기 대손상각비 제거

10) 재무제표 표시

지분법적용투자주식은 투자자산 중 별도의 과목으로 재무상태표에 표시한다. 투자기업이 소유하고 있는 지분법적용투자주식이 2종목 이상인 경우 지분법적용에 의한 지분법손익, 기타포괄손익누계액(예 : 지분법자본변동) 또는 지분법이익잉여금변동은 각각 총액으로 표시한다. 예를 들면 지분법이익과 지분법손실, 지분법자본변동과 부의지분법자본변동 또는 지분법이익잉여금변동과 부의지분법이익잉여금변동은 서로 상계하지 아니하고 각각 표시한다(일반기준 8장 문단 8.36).

11) 주석공시

투자기업은 다음의 사항을 주석으로 기재하여야 한다(일반기준 8장 문단 8.37).

① 지분법피투자기업에 대한 소유 지분율 현황

② 지분율이 20% 이상이지만 지분법을 적용하지 않는 경우 그 이유와 관련 지분법피투자기업명

③ 지분율이 20% 미만이지만 지분법을 적용하는 경우 그 이유와 관련 지분법피투자기업명

④ 지분법을 적용할 때 사용한 지분법피투자기업 재무제표의 보고기간종료일이 투자기업의 보고기간종료일과 다른 경우 그 이유와 내용

⑤ 지분법피투자기업의 자산총액, 부채총액, 매출액 및 당기손익을 포함한 요약 재무정보

⑥ 지분법피투자기업이 충당부채로 인식하지 아니한 우발부채에 대한 투자기업의 지분상당액

⑦ 시장성 있는 지분법적용투자주식의 경우 보고기간종료일 현재의 시장가격

⑧ 지분법피투자기업이 중단사업손익 및 전기오류수정손익을 구분하여 손익계산서에 표시한 경우 각각에 대한 투자기업의 지분상당액

⑨ 종속기업에 대한 투자계정의 잔액이 "영(0)"이 되어 지분법적용을 중지한 경우, 지배기업의 개별재무제표상 당기순손익 또는 순자산과 연결재무제표상 당기순손익 또는 순자산에 대한 지배기업의 지분이 일치하지 않는 그 이유와 내용

⑩ 투자기업이나 관계기업이 일반기업회계기준 제31장(중소기업 회계처리 특례)를 적용하거나, 관계기업이 한국채택국제회계기준(또는 국제회계기준)을 적용하여 재무제표를 작성함에 따라 회계정책이 일치하지 아니하는 경우 그 내용

⑪ 투자계정의 잔액이 "0"이 되어 지분법적용의 중지로 인하여 인식하지 못한 당기의 지분변동액과 전기 이전의 지분변동액 누적액

⑫ 약정 또는 규제 등에 의하여 지분법피투자기업이 투자기업에 자금을 이전하는 데 중요한 제약이 있는 경우 그 내용

12) 중소기업 회계처리 특례

중소기업기본법에 의한 중소기업(자본시장과 금융투자업에 관한 법률에 따른 상장법인 · 증권신고서 제출법인 · 사업보고서 제출대상법인, 일반기업회계기준 제3장(재무제표의 작성과 표시Ⅱ(금융업))에서 정의하는 금융회사 및 일반기업회계기준 제4장(연결재무제표)에

서 정의하는 연결실체에 중소기업이 아닌 기업이 포함된 경우의 지배기업을 제외함)은 관계기업이나 공동지배기업에 대하여 지분법을 적용하지 아니할 수 있다. 지분법을 적용하지 아니하는 경우에는 해당 투자자산을 다음 중 어느 하나를 장부금액으로 한다(일반기준 31장 문단 31.6, 31.14).

(1) 취득원가에서 손상차손누계액을 차감한 금액. 손상차손에 대하여는 보고기간말마다 회수가능액을 분석하여 손상 여부를 판단하여야 한다.

(2) 제6장 '금융자산 · 금융부채'를 준용하여 측정한 금액

일반기준 제31장(중소기업 회계처리 특례) 문단 31.6에 따라 중대한 영향력을 행사할 수 있는 지분증권에 대하여 지분법을 적용하지 않는 경우에는 일반기업회계기준 제6장(금융자산 · 금융부채)에 따른 계정과목명(단기매매증권, 매도가능증권 및 만기보유증권)을 사용하여야 한다(GKQA 04-063, 2004. 11. 23.).

상기의 중소기업 회계처리 특례는 2011년 1월 1일 이후 최초로 개시하는 회계연도 전에 종전의 기업회계기준서 제14호(중소기업 회계처리 특례)에 따라 적용한 특례사항은 계속 적용하고, 적용하지 아니한 특례사항은 새로이 적용할 수 없다. 또한, 최초 일반기업회계기준 재무제표에서 일반기업회계기준 제31장(중소기업 회계처리 특례) 중 적용하지 아니한 특례사항은 그 후의 회계연도에 적용할 수 없다. 다만, 과거에 발생한 경우가 없는 새로운 사건이나 거래가 발생한 경우에는 일반기업회계기준 제31장(중소기업 회계처리 특례)를 적용할 수 있다(일반기준 30장 문단 30.10, 시행일 및 경과규정 문단 10).

한편, 중소기업 회계처리 특례를 적용하던 중소기업이 이를 적용하지 아니하고자 하거나, 중소기업에 해당하지 않게 되는 이유 등으로 인하여 이를 적용할 수 없게 되는 경우에는 일반기업회계기준 제5장(회계정책, 회계추정의 변경 및 오류)에 따라 회계처리하여야 한다(일반기준 31장 문단 31.17). 이에 대해 보다 자세한 회계처리방법은 '자본편 제5장(이익잉여금) 제4절(회계변경과 오류수정)'을 참조하기로 한다.

중소기업 회계처리 특례 중단에 따른 회계변경(2018-G-KQA 015, 2018. 10. 10.)

일반기업회계기준 제31장 중소기업 회계처리 특례를 적용하던 기업이 해당 특례 적용대상 중소기업의 범위에서 제외되어 관계기업투자주식에 대해 더는 특례 규정(원가법)을 적용할 수 없는 경우는 제5장 문단 5.9(1)에서 규정하는 '회계정책의 변경' 사유에 해당하므로 제5장에 따라 새로운 회계정책(지분법)을 소급하여 적용함. 다만, 문단 5.12에 따라 회계정책의 변경에 따른 누적효과를 합리적으로 결정하기 어려운 경우에는 회계정책의 변경을 전진적으로 처리하여 그 효과가 당기와 당기이후의 기간에 반영되도록 함.

(3) 세무상 유의할 사항

지분법적용투자주식과 관련하여 세무상 유의할 사항은 '당좌자산 중 단기매매증권편'에서 설명한 바 있으므로 이를 참조하기로 한다.

5. 장기대여금

(1) 개념 및 범위

대여금이란 금전소비대차계약에 의하여 상대방에게 대여한 금전에 대한 채권을 표시하는 계정과목을 말한다. 따라서, 장기대여금은 일반적 영업활동과는 관련 없는 대여금으로서 그 회수기한이 보고기간종료일로부터 1년을 초과하여 도래하는 장기의 대여금을 말한다. 이러한 장기대여금에는 주주, 임원, 종업원에 대한 장기대여금과 관계회사대여금 등이 포함된다.

한편, 현금을 대여하고 어음상의 채권을 획득하는 경우에 일반기업회계기준상으로는 어음대여금이라는 별도의 계정을 사용하지 않으므로 결산일로부터 1년 이후에 회수가 되는 경우에는 이를 장기대여금으로 계상하여야 한다.

(2) 기업회계상 회계처리

장기대여금에 대한 계정처리는 장기대여금이 발생되는 시점과 그것이 소멸되는 시점(대여금의 회수, 대손상각, 기타 채권과의 상계 등)의 회계처리로 구분할 수 있다.

1) 장기대여금의 발생

장기대여금의 발생액은 장기대여금 계정의 차변에 기입한다.

사례 (주)삼일은 ₩100,000,000을 20×1. 3. 5.에 5년 분할상환 조건으로 현금을 대여하였다.

(차) 단 기 대 여 금	20,000,000*	(대) 현금 및 현금성자산	100,000,000
장 기 대 여 금	80,000,000		

* 1년 이내에 회수기일이 도래하므로 단기대여금으로 분류함.

2) 장기대여금의 상환 · 소멸

장기대여금이 상환 · 소멸되는 경우 그 금액을 장기대여금 계정의 대변에 기입한다.

상황별 구체적 회계처리방법은 '단기대여금편'을 참조하기 바란다.

3) 장기대여금의 공정가치 평가

장기대여금의 공정가치 평가에 대한 자세한 내용은 '6. 현재가치할인차금'에서 살펴보기로 한다.

(3) 세무회계상 유의사항

장기대여금과 관련한 세무상 유의사항은 '단기대여금편'을 참고하도록 한다.

6. 현재가치할인차금

(1) 현재가치평가의 의의

1) 자산의 평가기준

① 역사적 원가

역사적 원가란 자산의 취득시점에서 지불한 현금액 또는 현금등가액을 말하며 취득원가라고도 한다. 이러한 역사적 원가로 자산을 평가할 경우에는 취득시점 이후 자산의 가치가 변동하더라도 취득시점의 역사적 원가를 그대로 유지하게 된다. 역사적 원가는 측정이 용이하고 객관적이며 검증가능성이 높다는 장점이 있으나 다음과 같은 단점을 가지고 있다.

- 시간의 경과에 따른 자산가치의 변동을 인식하지 않기 때문에 일정 시점에 기업이 소유하고 있는 자산의 공정가치를 나타내지 못한다.
- 현행가치로 표시되는 수익에 과거의 원가가 대응되므로 수익 · 비용대응의 원칙에 어긋나고 당기순이익은 현재의 경영성과를 반영하지 못한다.
- 물가변동으로 발생하는 이익 또는 손실에 관한 정보를 제공하지 못한다.

② 현행투입가격

현행투입가격이란 현재 시점에서 동일한 자산을 구입한다고 했을 때 지불해야 할 현금액 또는 현금등가액을 말하는 것으로서 동종시장이 존재할 경우에는 현재 시점의 교환가격을 의미하며 동종시장이 없을 경우에는 역사적 원가를 개별 물가지수로 수정하거나 추산에 의한 재생산원가를 의미한다.

③ 현행산출가격

현행산출가격이란 기업이 소유하고 있는 자산을 현재 시점에서 판매한다고 가정할 때 수취할 수 있는 현금 또는 현금등가액을 말한다. 현행산출가격에 따라 자산을 평가하는 경우에는 자산의 가치가 변동함에 따라 재평가하여 역사적 원가와의 차액을 보유손익으로 인식해야 한다. 만약 취득시점의 취득금액과 판매금액이 다를 경우에는 자산취득시점에서도 손익을 인식하게 된다.

④ 미래현금흐름의 현재가치

미래현금흐름의 현재가치란 자산으로부터 기대되는 미래현금흐름을 추정하고, 그 추정금액에 화폐의 시간가치를 반영하는 할인율을 적용하여 현재가치로 환산한 금액을 의미한다. 이와 같이 미래현금흐름의 현재가치로 자산을 평가하는 방법은 자산의 용역잠재력 개념에 부합되므로 다른 방법에 비해 논리적이지만, 미래현금흐름의 금액과 시기, 할인율을 추정하기가 용이하지 않다.

⑤ 일반기업회계기준상의 평가방법

일반기업회계기준에서는 재무상태표에 기재하는 자산의 금액은 당해 자산의 취득원가를 기초로 계상함을 원칙으로 하고 있다. 물론 유가증권의 평가 등 예외적으로 역사적 원가기준 이외의 기준을 적용하여 자산을 평가하는 것을 인정하기도 한다. 또한, 일반기업회계기준에서는 장기연불조건의 매매거래, 장기금전대차거래 또는 이와 유사한 거래에서 발생하는 채권 · 채무에 대해서 명목금액과 공정가치의 차이가 유의적인 경우에는 공정가치로 평가하도록 하고 있다.

2) 부채의 평가기준

① 최종 상환금액에 의한 평가

최종 상환금액에 의한 평가란 부채의 상환일에 지급해야 할 상환금액으로 부채를 평가한다는 것이다. 그러나 이 방법은 부채의 상환이 즉시 이루어지지 않는다는 사실, 즉 화폐의 시간가치를 무시하고 있다. 즉시 지급되지 않는 현금은 부채를 최종 상환할 때까지 다른 목적에 이용함으로써 이자수익을 얻을 수 있으므로 최종 상환될 금액과 그 금액의 현재가치는 이자수익만큼 차이가 있다.

② 역사적 시장이자율에 의한 현재가치평가

이 방법은 부채가 처음 발생한 시점에서 존재하던 해당 부채의 적정할인율을 사용하여 미래현금유출액을 할인한 현재가치로 평가하는 것이다. 이 방법에 의하면 최종 상환금액에 포함되어 있는 이자비용과 순수한 부채금액을 구분하여 인식할 수 있게 된다. 역사적 시장이자율은 비교적 결정이 용이하고 객관적이기 때문에 이용하기가 쉽다는 장점이 있으나 이후 시점에서 시장이자율이 변동할 경우 부채의 적정금액을 나타내지 못한다는 단점이 있다.

③ 현행시장이자율에 의한 현재가치평가

일반적으로 시장이자율은 경제환경과 해당 채무의 위험에 따라 변동하게 된다. 그러므로 특정 시점에서의 부채의 현재가치를 평가하기 위해서는 평가시점의 현행시장이자율로 할인하는 것이 논리적이다. 이 방법은 부채를 어느 시점에서든지 공정가치로 평가할 수 있다는 장점이 있으나 현행시장이자율의 측정이 어렵고 계산이 복잡하다는 단점이 있다.

④ 일반기업회계기준상의 평가방법

일반기업회계기준에서는 재무상태표에 기재하는 부채의 금액은 기업이 부담하는 채무액으로 함을 원칙으로 한다고 규정하여 최종 상환금액으로 평가하는 것을 원칙으로 규정하고 있다. 그러나 장기연불조건의 매매거래, 장기금전대차거래 또는 이와 유사한 거래에서 발생하는 채권 · 채무에 대해서 명목금액과 공정가치의 차이가 유의적인 경우에는 공정가치로 평가하도록 하고 있다.

(2) 채권 · 채무의 공정가치평가

1) 적용대상

일반기업회계기준에 따르면 장기연불조건의 매매거래, 장기금전대차거래 또는 이와 유사한 거래에서 발생하는 채권 · 채무로서 명목금액과 공정가치의 차이가 유의적인 경우에는 이를 공정가치로 평가하고 여기서 발생하는 채권 · 채무의 명목상의 금액과 공정가치의 차액은 현재가치할인차금의 과목으로 하여 해당 채권 · 채무의 명목상의 금액에서 차감하는 형식으로 기재하고 적용한 이자율, 이자율의 산정방법, 기간 및 회계처리방법 등을 주석으로 기재하도록 규정하고 있다(일반기준 6장 문단 6.18, 부록 실6.20의 2).

여기서 명목금액과 공정가치의 차이가 유의적인지 여부를 판단함에 있어서는 금액의 크기뿐 아니라 향후 각 회계기간의 손익에 미치는 영향, 거래의 질적인 특성(거래의 상대방, 거래의 목적 등)을 종합적으로 고려해야 할 것이다(일반기준 6장 부록 실6.20의 2).

① 장기연불조건의 매매거래

일반적으로 장기연불조건이라 하면 매매대금의 최종 지급일이 1년 이후에 도래하고 대금지불이 일시불이 아니고 분할지급되는 조건을 의미하는데 장기연불조건과 유사한 거래도 공정가치평가의 대상이므로 장기연불조건에의 해당 여부를 엄밀하게 따질 필요는 없다. 즉, 여기서 개념적으로 중요한 것은 거래의 유형이 일반적 상거래에서 발생하는 재고자산이나 유형자산의 매매거래, 용역의 수수거래 등으로서 대금지급조건이 장기(1년 이상)로 이루어지는 거래인 경우 공정가치평가의 대상이 된다는 것이다(일반기준 6장 부록 실6.20의 2).

그러나 일반기업회계기준 제22장(법인세회계)에서는 이연법인세자산과 부채를 현재가치로 평가하지 않도록 규정하고 있으며, 일반적으로 전세권, 전신전화가입권, 회원권, 임차보증금, 기타보증금, 장기의 선급금 · 선수금 등을 공정가치평가대상에서 제외하고 있다.

즉, 정상적인 영업활동과정에서 계속적으로 실질적인 효익을 얻고 있거나 실질적인 비효익을 부담하고 있는 채권 · 채무인 전세권, 전신전화가입권, 임차보증금, 영업보증금이나 미래에 상환을 요하지 아니하고 재화 또는 용역의 매매가격에 충당될 금액인 선급금, 선수금 등은 현재가치평가대상이 아니다. 또한, 발생주의원칙에 따라 계상한 선급비용, 미수수익이나 정상적인 영업활동과정에서 발행한 채권 · 채무로서 통상 1년 이내에 회수될 것으로 기대되는 것도 현재가치평가대상이 아니다.

② 장기금전대차

금전대차거래라 함은 채권 · 채무가 현금의 수수에 의해서만 발생하고 다른 자산이나 권리가 개입하지 아니하는 거래를 말하는 것으로서, 은행으로부터 자금을 차입하는 거래, 특수관계자와의 금전소비대차거래를 예로 들 수 있다. 따라서, 장기금전대차거래는 대금지급조건이 장기(1년 이상)로 이루어지는 금전대차거래를 말한다. 이러한 장기금전대차거래에 대해 명목상 가액을 재무제표에 반영하게 되면 관련 채권 · 채무의 실질가치를 반영하지 못하게 되어 재무제표가 왜곡 표시된다. 따라서, 일반기업회계기준에서는 장기금전대차거래에 대하여도 공정가치평가를 하도록 하고 있다.

위와 같이 장기금전대차거래의 공정가치평가로 인한 명목금액과 공정가치의 차액은 기부금 등의 적절한 과목으로 하여 당기손익 등으로 처리한다. 다만, 제공하거나 수취한 대가에 금융상품이 아닌 다른 것에 대한 대가가 포함되었더라도, 다음과 같이 자금의 사용에 따른 반대 급부(예를 들어 생산물 공급가액의 제약 등)를 부과하거나 제공하는 자금의 조달과 사용의 연계성이 확실한 경우 및 임대차보증금은 공정가치평가에서 제외할 수 있다 (일반기준 6장 문단 6.13의 2).

첫째, 자금의 사용에 따른 반대급부가 부과되는 경우이다. 예를 들면 기업이 종업원에게 주택자금을 저리 또는 무상으로 장기간 대여해주면서 대여금의 사용에 따른 반대급부(근로제공의무 등)를 부과하는 경우가 여기에 해당한다고 할 수 있다(일반기준 6장 부록 실6.20의 3).

둘째, 제공하는 자금의 조달과 사용의 연계성이 확실한 경우이다. 자금의 조달과 사용의 연계가 확실한 경우라 함은 협력회사에 대여금을 제공하면서 사용의 목적을 제한하는 경우 등과 같이 조달과 사용이 연계되어 있을 뿐 아니라 그 사용조건에 의하여 제3자에게 경제적 부의 직접적인 이전이 발생하여 조달과 사용시의 부의 이전이 상계될 수 있는 경우를 의미한다(일반기준 6장 부록 실6.20의 3).

2) 적절한 이자율의 산정

채권 · 채무의 공정가치평가에서 공정가치는 해당 채권 · 채무로 인하여 미래에 수취하거나 지급할 총금액을 적정한 이자율로 할인한 가액이다. 여기서 적정한 이자율이란 해당 거래에 내재된 이자율인 유효이자율을 적용한다. 다만, 이러한 유효이자율을 구할 수 없거나 해당 거래의 유효이자율과 동종시장이자율(관련 시장에서 당해 거래의 종류 · 성격과 동일하거나 유사한 거래가 발생할 경우 합리적인 판단력과 거래의사가 있는 독립된 당사자간에 적용될 수 있는 이자율)의 차이가 유의적인 경우에는 동종시장이자율을 적용하며, 동종시장이자율을 실무적으로 산정할 수 없는 경우에는 객관적이고 합리적인 기준에 의하여 산출한 가중평균이자율을 적용할 수 있다. 가중평균이자율을 산출하기 위한 객관적이고 합리적인 기준이 없는 경우에는 회사채 유통수익률을 기초로 기업의 신용도 등을 반영하여 해당 기업에 적용될 자금조달비용을 합리적으로 추정하여 적용한다(일반기준 6장 부록 실6.20의 4).

3) 현재가치할인차금의 상각 또는 환입

현재가치할인차금을 계상하는 것은 장기연불조건의 매매거래, 장기금전대차거래 또는 이와 유사한 거래에 있어서 명목금액 속에는 이자상당액이 포함되어 있으므로 이를 차감한 공정가치로 자산 및 부채를 평가하기 위해서이다. 따라서 시간의 경과에 따라 명목금액과 공정가치의 차이를 이자비용(채무에 대한 현재가치할인차금) 또는 이자수익(채권에 대한 현재가치할인차금)으로 인식하는 것이 필요하게 되며, 이를 위해서 현재가치할인차금의 상각 또는 환입이라는 과정을 거치게 된다.

현재가치할인차금의 상각 또는 환입은 일반기업회계기준상 유효이자율법을 적용해야 하나 금액적 중요성이 미미하고 유효이자율법과 차이가 별로 없다면 정액법의 적용도 인정된다고 생각된다.

유효이자율법과 정액법의 구체적인 상각방법은 '만기보유증권편'을 참고하기 바란다.

4) 사례를 통한 공정가치평가의 회계처리

① 장기연불거래에서 발생하는 공정가치평가

사례 (주)삼일은 당사에서 제조한 기계장치를 2×07. 1. 1.에 5년 연불조건으로 판매하였다. 판매와 동시에 ₩800,000을 받았으며 2×07년부터 2×11년까지 매년 12. 31.에 ₩500,000씩 5회에 걸쳐 나누어 받기로 하였다. 연불금을 결정함에 있어서 적용된 계약서상의 이자율은 5%이고, 관련시장에서 형성되는 동종 또는 유사한 채권 · 채무의 이자율은 15%, 정기예금이자율은 12%이다. 본 기계의 판매에서 최종 연불금의 회수에 이르기까지의 회계처리를 하여보자.

1. 공정가치의 계산

① 현가표에 따른 계산

	회수금액(1)	현가계수(2)	공정가치{(1)×(2)}
2×07. 1. 1.	₩800,000	1	₩800,000
2×07. 12. 31.	500,000	0.86957	434,785
2×08. 12. 31.	500,000	0.75614	378,070
2×09. 12. 31.	500,000	0.65752	328,760
2×10. 12. 31.	500,000	0.57175	285,875
2×11. 12. 31.	500,000	0.49718	248,590
	₩3,300,000		₩2,476,080

• 유사 채권 · 채무이자율(15%) 적용

② 연금현가표에 따른 계산

공정가치 = ₩800,000 + ₩500,000 × 3.35216 = ₩2,476,080

2. 현재가치할인차금 계산

현재가치할인차금 = ₩3,300,000 − ₩2,476,080 = ₩823,920

	기초잔액 1	회수금액 2	이자율 3	이자수익 4=1×3	원금해당액 5=2−4	기말잔액 6=1−5
2×07. 1. 1.	₩2,476,080	₩800,000			₩800,000	₩1,670,080
2×07. 12. 31.	1,676,080	500,000	15%	251,412	248,588	1,427,492
2×08. 12. 31.	1,427,492	500,000	15%	214,123	285,877	1,141,615
2×09. 12. 31.	1,141,615	500,000	15%	171,242	328,758	812,857
2×10. 12. 31.	812,857	500,000	15%	121,928	378,072	434,785
2×11. 12. 31.	434,785	500,000	15%	65,215	434,785	−
		₩3,300,000		₩823,920	₩2,476,080	

〈회계처리〉

• 2×07. 1. 1.

(차)	현금 및 현금성자산	800,000	(대)	매 출	2,476,080
	매 출 채 권	500,000		현재가치할인차금	823,920
	장기성매출채권	2,000,000			

• 2×07. 12. 31.

(차)	현금 및 현금성자산	500,000	(대)	매 출 채 권	500,000
	현재가치할인차금	251,412		이 자 수 익	251,412
	매 출 채 권	500,000		장기성매출채권	500,000

• 2×08. 12. 31.

(차) 현금 및 현금성자산	500,000	(대) 매 출 채 권	500,000
현재가치할인차금	214,123	이 자 수 익	214,123
매 출 채 권	500,000	장기성매출채권	500,000

• 2×11. 12. 31.

(차) 현금 및 현금성자산	500,000	(대) 매 출 채 권	500,000
현재가치할인차금	65,215	이 자 수 익	65,215

② 장기금전대차거래에서 발생하는 공정가치평가

가. 대가관계가 있는 경우

금전소비대차의 경우 차입이자율이 동종시장이자율과 동일하다면 현금수수액과 공정가치와의 차이는 발생하지 않는다. 그러나 해당 거래의 유효이자율과 동종시장이자율의 차이가 중요한 경우에는 현금수수액과 공정가치평가액간의 차이가 발생하게 된다. 이러한 공정가치차액이 대가관계가 있는 경우 예를 들면 재고자산의 염가구입권이 부여된 경우에는 선급금 등 관련 자산으로 처리해야 한다.

사례 (주)삼일은 20×7. 1. 1.에 주요 거래처인 갑회사에 3년 후 상환받을 조건으로 ₩10,000,000을 무이자로 대부하였다. 그 대신 갑회사의 상품 1,000개를 5% 할인하여 취득할 수 있는 권리를 부여받았다. 20×8. 3. 30.에 (주)삼일은 상품 500개를 할인된 가격으로 취득하였다. (주)삼일의 20×7년과 20×8년의 분개를 하시오. 단, 동종시장이자율은 10%이다.

• 20×7. 1. 1.

(차) 장 기 대 여 금	10,000,000	(대) 현금 및 현금성자산	10,000,000
선급금(할인매입권)	2,486,852	현재가치할인차금	2,486,852*

* $10,000,000-\{10,000,000/(1+0.1)^3\}=2,486,852$

• 20×7. 12. 31.

(차) 현재가치할인차금	751,315	(대) 이 자 수 익	751,315*

* (10,000,000−2,486,852) × 10% = 751,315

• 20×8. 3. 30.

(차) 매 입	1,243,426	(대) 선급금(할인매입권)	1,243,426*

* 2,486,852/2 = 1,243,426

• 20×8. 12. 31.

(차) 현재가치할인차금	826,446	(대) 이 자 수 익	826,446*

* (10,000,000−2,486,852+751,315) × 10% = 826,446

나. 대가관계가 없는 경우

특수관계자간의 저율대부 등과 같이 금전대차거래에 대가관계가 없을 경우에는 이를 기부금 등 적절한 계정과목으로 처리해야 한다.

사례 (주)삼일은 20×7. 1. 1.에 을회사에게 ₩1,000,000을 3년 후 일시상환 조건으로 대여하고 이자는 매년 말 5%의 이자율로 받기로 하였다. 대여시점 당시 동종시장이자율은 12%이고 이 차이는 중요하다.

• 20×7. 1. 1.

(차) 장 기 대 여 금	1,000,000	(대) 현금 및 현금성자산	1,000,000
기 부 금	168,128	현재가치할인차금	168,128*

* 현재가치할인차금 계산

원금 : 1,000,000 × 0.71178 = 711,780

액면이자 : 50,000 × 2.40183 = 120,092

831,872

현재가치할인차금 : 1,000,000 − 831,872 = 168,128

• 20×7. 12. 31.

(차) 현금 및 현금성자산	50,000	(대) 이 자 수 익	99,825
현재가치할인차금	49,825		

• 20×8. 12. 31.

(차) 현금 및 현금성자산	50,000	(대) 이 자 수 익	105,804
현재가치할인차금	55,804		
(차) 단 기 대 여 금	1,000,000	(대) 장 기 대 여 금	1,000,000

• 20×9. 12. 31.

(차) 현금 및 현금성자산	50,000	(대) 이 자 수 익	112,499
현재가치할인차금	62,499		
(차) 현금 및 현금성자산	1,000,000	(대) 단 기 대 여 금	1,000,000

5) 공시사항

채권 · 채무를 공정가치로 평가한 경우 발생 내역별로 공정가치평가에 적용한 이자율 및 이자율의 산정방법, 기간, 회계처리방법 등을 주석으로 기재한다.

6) 중소기업 회계처리 특례

중소기업기본법에 의한 중소기업(자본시장과 금융투자업에 관한 법률에 따른 상장법인 · 증권신고서 제출법인 · 사업보고서 제출대상법인, 금융회사, 연결실체에 중소기업이 아닌 회사가 포함된 경우의 지배회사를 제외함)의 경우 장기연불조건의 매매거래 및 장기금전대차거래 등에서 발생하는 채권 · 채무는 현재가치평가를 하지 않을 수 있으며, 동 특례규정을 선택한 경우에는 그 내용을 주석으로 기재하여야 하고, 유의적인 회계정책요약에 일반기업회계기준 제31장에 해당되어 특례를 적용하였다는 사실을 주석기재하여야 한다(일반기준 31장 문단 31.7, 31.14).

한편, 상기 특례규정을 적용하여 장기연불조건의 매매거래 및 장기금전대차거래 등에서 발생하는 채권 · 채무의 명목가액을 재무상태표가액으로 회계처리한 중소기업이 이를 적용하지 아니하고자 하거나, 중소기업에 해당하지 않는 이유 등으로 이를 적용할 수 없게 되는 경우에는 일반기업회계기준 제5장(회계정책 · 회계추정의 변경 및 오류)에 따라 회계처리하여야 한다(일반기준 31장 문단 31.17). 이에 대해 보다 자세한 회계처리방법은 '자본편 제5장(이익잉여금) 제4절(회계변경과 오류수정)'을 참조하기로 한다.

(3) 채권 · 채무조정

일반기업회계기준 제6장 제4절에서 말하는 채권 · 채무조정이란 채무자의 현재 또는 장래의 채무변제능력이 크게 저하된 경우에 채권자와 채무자간의 합의 또는 법원의 결정 등의 방법으로 채무자의 부담완화를 공식화하는 것을 말한다. 즉, 채권자는 채무를 부담하고 있는 기업이 당장 청산되기보다는 회생하는 것이 자기의 손실을 최소화하는 것이라고 판단하는 경우 원리금 감면, 이자율 인하, 만기연장 등의 방법으로 채무자의 부담의 전부 또는 일부를 완화해 주는 것에 합의하게 된다. 따라서 채권 · 채무조정은 채무자의 재무적 어려움으로 인하여 채권자가 다른 상황에서는 고려하지 않았을 혜택을 채무자에게 부여하는 것이며, 그 혜택의 조건과 내용은 채권자와 채무자간의 합의 또는 법원에 의해서 결정된다(일반기준 6장 문단 6.84).

1) 적용범위

일반기업회계기준 제6장 제4절은 채무자의 현재 또는 장래의 채무변제능력이 크게 저하된 경우에 회사회생절차의 개시 또는 거래당사자간의 합의 등으로 인하여 채권 · 채무의 원리금, 이자율 또는 만기 등 계약조건이 채무자의 부담이 경감되도록 변경된 경우의 회계처리에 적용한다. 따라서 채권 · 채무조정에는 채권자와 채무자간에 합의 없이 채무자가 채무를 원래 조건에 따라서 지급할 수 없게 된 경우나 연체된 원리금을 회수하기 위한 채권자의 법적인 조치가 지연되는 경우를 포함하지 않는다(일반기준 6장 문단 6.82).

또한, 채무자가 재무적 어려움을 겪고 있는 상황에서 채무의 변제나 조건변경이 발생하더라도 다음의 경우에는 채권 · 채무조정에 해당하지 않는다(일반기준 6장 부록 실6.139).

㉠ 채무자가 채무의 변제로 채권자에게 이전한 현금, 기타의 자산 또는 지분증권 등의 공정가치가 채무의 장부금액 이상인 경우

㉡ 현행 시장이자율로 다른 자금원으로부터의 자금조달이 가능한 채무자와의 관계를 유지할 목적으로 채권자가 전반적인 시장이자율의 하락 또는 위험의 감소를 반영하여 채권에 대한 유효이자율을 인하하는 경우

다시 말해 위 ㉠의 예는 채무의 변제나 조건변경이 채무자의 부담을 경감시키지 못하기 때문에 채권 · 채무조정에 해당하지 않는 것이며, ㉡의 예는 채무자가 정상적인 채무의 시장이자율과 같은 시장이자율로 기존의 채권자가 아닌 다른 자금원으로부터 자금을 차입할 수 있는 상황에서 이루어진 채무의 변제나 조건변경은 현재 상태에서 채무변제능력이 있는 채무자이기 때문에 채권 · 채무조정에 해당하지 않는 것이다. 하지만 채무자가 다른 자금원으로부터 차입을 할 수 있다 하더라도 현재 상태에서는 부담할 능력이 없는 높은 이자율로만 자금을 차입할 수 있는 경우에 이루어진 채무의 변제나 조건변경은 채권 · 채무조정에 해당한다(일반기준 6장 부록 실6.140).

일반적으로 채무는 개별적으로 채권 · 채무조정의 대상이 되지만 여러 건의 채무가 동시에 조정되는 경우가 있다. 예를 들어 채무자가 다수의 채권자와 동시에 협상하는 경우에도 각 채권자와 개별적으로 별도의 채권 · 채무조정약정을 한다면 각 채무는 별도로 회계처리한다. 다만, 사채와 같은 채무의 경우에는 다수의 채권자가 있지만 모든 채권자에 대해서 동일한 조건으로 채권 · 채무조정이 이루어지는 경우에는 사실상 하나의 채무이므로 각 채권자별로 회계처리하지 않는다(일반기준 6장 부록 실6.141).

한편, 유가증권으로 보유하고 있는 채권에 대한 투자자의 채권 · 채무조정회계는 일반기업회계기준 제6장 제4절의 적용대상이 아니며, 일반기업회계기준 제6장 제2절(유가증권)에 따라 회계처리하여야 한다(일반기준 6장 문단 6.83).

2) 채권 · 채무조정의 시점

채권 · 채무조정의 시점이란 채권 · 채무조정이 실질적으로 완성되는 시점을 말한다. 또한, 채권 · 채무조정이 실질적으로 완성되는 시점은 자산 또는 지분증권을 이전하거나 새로운 계약조건이 실질적으로 확정되는 시점을 말하는 것으로 이 때 자산 · 부채의 평가 및 손익의 인식을 위한 회계처리를 하게 된다. 한편, 채권자는 공식적인 채권 · 채무조정시점 이전이라도 채권에 대한 대손상각비를 인식해야 하므로 채권 · 채무조정의 시점은 채무자의 회계처리 시점을 결정한다는 점에서 의미가 있다.

채권 · 채무조정은 채무의 만기일 이전 또는 이후에 이루어질 수 있으며, 일반적으로 합의에 의한 채권 · 채무조정의 경우에는 합의일, 법원의 인가에 의한 채권 · 채무조정의 경우에는 법원의 인가일이 채권 · 채무조정시점이 된다. 예를 들어 합의일 또는 법원의 인가일에 자산의 이전에 관한 모든 행정적인 절차가 완료되지 않더라도 합의일 또는 법원의 인가일에 채권 · 채무조정에 대한 회계처리를 하는 것이 타당할 것이다.

그러나 채권자와 채무자 간에 약정한 조건이 충족되지 않아서 합의일 또는 법원의 인가일에 자산 또는 지분증권의 이전, 새로운 계약조건의 시행 등의 사건이 이루어지지 않는 경우에는 그 조건이 충족되어 실질적으로 채권 · 채무조정이 완성되는 시점이 채권 · 채무조정시점이다. 예를 들어 일부 채무에 대해서는 이자율을 완화하고 일부 채무에 대해서는 채무자의 어떤 행위를 전제로 하는 조건부 채권 · 채무조정이 법원에서 인가된 경우에는 모든 채무에 대해서 법원의 인가일에 채권 · 채무조정이 확정되었다고 할 수는 없을 것이므로 그 조건이 충족되는 시점 전까지는 채권 · 채무조정이 완성된 것으로 보지 아니한다. 또한, 출자전환을 합의하였으나 출자전환으로 인하여 발행될 주식수가 결정되지 않은 경우에는 채권 · 채무조정이 완성되지 않은 것으로 보아 전환으로 인하여 발행될 주식수가 결정되는 시점에 자산 · 부채의 평가 및 손익의 인식을 한다(일반기준 6장 문단 6.85, 부록 실6.143).

3) 채권 · 채무조정의 방법

채권자는 채무를 부담하고 있는 기업이 당장 청산되기보다는 회생하는 것이 자기의 손실을 최소화하는 것이라고 판단하는 경우 여러 가지 방법을 통해 채무자의 부담의 전부 또는 일부를 완화해 주게 된다. 이와 같이 채권 · 채무조정의 방법은 크게 자산의 이전 또는 지분증권의 발행을 통한 채무의 변제와 이자율이나 만기 등 채무의 조건변경을 통한 채무의 존속으로 나눠지며, 각각의 방법은 다음과 같이 구분될 수 있으나 각 방법이 결합되어 사용될 수도 있다(일반기준 6장 부록 실6.142).

㉠ 채무의 변제

- 채무를 일부 또는 전부 변제하기 위하여 채무자가 제3자에 대한 채권, 부동산 또는 기타의 자산을 채권자에게 이전
- 채무를 일부 또는 전부 변제하기 위하여 채무자가 채권자에게 지분증권을 발행. 다만, 원래 조건에 따라 채무를 지분증권으로 전환하기로 한 경우는 제외되며, 채무증권이나 일반적인 전환사채를 발행한 경우에는 채무의 변제로 보지 않고 채무의 조건변경으로 본다.

㉡ 채무의 조건변경

- 이자율의 인하
- 유사한 위험을 가진 새로운 부채보다 낮은 이자율로 만기일을 연장
- 원금의 감면
- 발생이자의 감면

4) 할인율의 산정

① 채권 · 채무 발생시점의 유효이자율

채권 · 채무조정의 방법 중 조건변경의 경우에는 채권 · 채무조정에 따른 약정상 정해진 미래 현금흐름을 채권 · 채무 발생시점의 유효이자율로 할인하여 현재가치를 계산한다. 채권 · 채무조정시점의 현행이자율을 사용하지 않고 채권 · 채무 발생시점의 유효이자율을 사용하는 이유는 조건변경으로 인한 채권 · 채무조정은 기존 채무의 연속(continuation)이지 새로운 채무가 발생하는 것은 아니기 때문이다. 만약 채권 · 채무조정시점의 현행이자율로 현재가치를 계산하면 이는 공정가치로 평가하는 것인데, 이렇게 하는 것은 조정되지 않는 다른 채무, 또는 채권 · 채무조정 전의 채무의 측정기준(measurement basis)과 일관성을 유지할 수 없게 되고 시장이자율의 변동으로 인한 공정가치의 변동분이 손익에 반영되는 문제점도 발생된다.

여기서 유효이자율이란 금융상품으로부터 만기일까지 기대되는 현금유입액과 현금유출액의 현재가치를 순장부금액과 일치시키는 이자율을 말하며, 채권 · 채무 발생시점의 유효이자율은 채무 발생시점의 계약상 이자율에 대출수수료, 할증액 또는 할인액 등의 발행비용 등을 감안한 조정된 이자율을 말한다(일반기준 6장 용어의 정의, 부록 실6.148).

채권 · 채무조정으로 만기가 연장된 경우에는 당초의 만기까지 적용할 이자율과 만기 후에 적용할 이자율을 달리 적용하지 않고 당초의 최초 거래발생시점의 이자율로 현재가치를 측정한다. 이는 채권 · 채무를 거래발생시점의 이자율로 할인하여 현재가치를 측정하는 것은 거래발생 후에 이자율이 변동하더라도 이에 따른 수정을 반영하지 않으므로 역사적 원가주의에 충실한 방법이기 때문이다.

한편, 채권 · 채무조정시점 전에 전반적인 시장이자율 또는 위험의 변동 등을 반영하기 위하여 채권 · 채무조정에 해당되지 않는 이자율의 변동이 있는 경우에는 이자율이 변동된 시점을 채권 · 채무의 발생시점으로 본다. 예를 들어 20×7. 1. 1. 20%의 고정이자율을 가진 채무에 대하여 20×8. 1. 1. 전반적인 시장이자율의 감소를 반영하기 위하여 이자율을 15%로 인하한 후에 20×9. 7. 1. 채권 · 채무조정이 이루어진 경우에는, 20×8. 1. 1.에 결정된 15%의 이자율을 적용하여 계산한 현재가치가 역사적 원가를 나타내는 것이므로 채권 · 채무조정에 해당되지 않는 이자율의 변동이 있는 시점을 채무의 발생시점으로 보는 것이다(일반기준 6장 부록 결6.5).

② 채권 · 채무조정시점의 기초이자율에 신용가산이자율을 합산한 이자율

가. 채무 발생시점의 시장이자율과 채권 · 채무조정시점의 시장이자율에 현저한 차이가 있는 경우

동종 또는 유사한 채권 · 채무에 대하여 적용할 이자율보다 더 낮은 이자율로 만기를 연

장하는 경우에 해당하며, 경제환경의 변동으로 동일한 신용도에 대한 채무 발생시점의 시장이자율과 채권 · 채무조정시점의 시장이자율에 현저한 차이가 있는 경우에는 채권 · 채무 발생시점의 유효이자율을 적용하지 않고 채권 · 채무조정시점의 적절한 이자율로 할인하여 현재가치를 계산한다.

채권 · 채무조정시점의 적절한 이자율이란 채권 · 채무조정시점의 기초이자율에 해당 채무 발생시점과 동일한 신용상태에 대한 채권 · 채무조정시점의 신용가산이자율을 합산하여 산정한 것을 말한다. 여기서 신용가산이자율은 채무 발생시점의 채무자 신용상태가 채권 · 채무조정시점까지 유효하다고 가정할 경우 채권 · 채무조정시점에서 산정된 이자율을 말한다(일반기준 6장 문단 6.91).

예를 들어 20×7. 1. 1. 22%(우대금리 20% + 신용가산이자율 2%)의 고정이자율을 가진 채무에 대하여 전반적인 시장이자율의 변동을 반영하는 과정이 없는 상태에서 20×9. 7. 1. 채권 · 채무조정이 이루어지고, 20×9. 7. 1. 현재의 시장이자율 10%(우대금리)와 채무 발생시점의 시장이자율 20%(우대금리)와의 사이에 현저한 차이가 있으며 동종 또는 유사한 채무에 적용할 이자율보다 낮은 이자율로 원래의 만기를 연장하는 경우를 가정할 수 있다. 이러한 경우에는 실제 채무 발생시점의 이자율을 적용하여 계산한 현재가치와 채무의 장부금액과의 차이가 크게 발생하여 채무조정이익을 과다하게 인식하게 되므로 예외적으로 채권 · 채무조정시점의 기초이자율(예 : 10%)에 해당 채무 발생시점과 동일한 신용상태에 대한 채권 · 채무조정시점의 신용가산이자율(예 : 1%)을 합산하여 산정된 이자율(예 : 11%)로 현재가치를 계산하도록 한 것이다(일반기준 6장 부록 결6.6).

나. 조정대상 채무의 이자율이 변동이자율인 경우

조정대상 채무의 기간별 이자율이 표준금리, 우대금리 또는 국제적 기준금리(LIBOR 등) 등과 같은 기초이자율에 따라 변동되는 경우에는 채권 · 채무조정시점의 기초이자율에 채무 발생시점의 채무자 신용상태가 채권 · 채무조정시점까지 유효하다고 가정할 경우 채권 · 채무조정시점에서의 신용가산이자율을 가산하여 산정한 이자율을 적용하여 현재가치를 계산한다(일반기준 6장 부록 실6.149).

이것은 조정대상 채무의 이자율이 고정이자율인 경우와 마찬가지로 채무 발생시점의 신용상태를 기준으로 한 신용가산이자율을 할인율에 반영함으로써 현재가치계산에 있어서 채무자의 신용상태 악화로 인한 이자율 차이효과를 배제하기 위함이다. 채권 · 채무조정시점의 유효이자율은 채무자의 신용상태가 극히 악화된 시점의 이자율이기 때문에 이에 기초하여 계산된 현재가치는 적절하다고 보기 어렵기 때문에 원래의 신용상태의 지속을 전제로 한 이자율을 적용하는 것이다. 이러한 맥락에서 지급보증대지급금에 대한 채권 · 채무조정의 경우에도 당초에 지급보증이 이루어진 시점에서의 채무자의 신용상태를 감안한 이자율을 적용한다(일반기준 6장 부록 결6.7).

5) 자산의 이전에 의한 채권 · 채무조정

① 채무자의 회계처리

채무자가 채무를 변제하기 위하여 제3자에 대한 채권, 부동산 또는 기타의 자산을 채권자에게 이전하는 경우에는 변제되는 채무의 장부금액과 이전되는 자산의 공정가치와의 차이를 채무조정이익으로 인식하며, 이전되는 자산의 공정가치와 장부금액과의 차이는 자산처분손익으로 인식한다(일반기준 6장 문단 6.86).

(차) 차 입 금	×××	(대) 제 자 산	×××
		자산처분손익	×××
		채무조정이익	×××

② 채권자의 회계처리

채권자가 채권 · 채무조정시점에 채무자에 대한 채권의 전부 또는 일부에 대하여 제3자에 대한 채권, 부동산 또는 기타의 자산을 받은 경우에는 동 자산을 공정가치로 회계처리한다. 받은 자산의 공정가치가 채권의 대손충당금 차감 전 장부금액보다 작은 경우에는 채권의 대손충당금 차감 전 장부금액을 대손충당금과 우선 상계하고 부족한 경우에는 대손상각비로 인식한다(일반기준 6장 문단 6.95).

(차) 제 자 산	×××	(대) 대 출 채 권	×××
대 손 충 당 금	×××		
대 손 상 각 비	×××		

6) 지분증권의 발행 등에 의한 채권 · 채무조정

① 출자전환시 회계처리

가. 채무자의 회계처리

채무자가 채무를 변제하기 위하여 채권자에게 지분증권을 발행하는 경우(이하 '출자전환'이라 함)에는 지분증권의 공정가치와 채무의 장부금액과의 차이를 채무조정이익으로 인식한다. 다만, 시장성이 없는 지분증권의 공정가치를 신뢰성 있게 측정할 수 없는 경우에는 발행되는 지분증권을 조정대상 채무의 장부금액으로 회계처리하고 채무조정이익을 인식하지 않는다(일반기준 6장 문단 6.87).

출자전환을 합의하였으나 출자전환이 즉시 이행되지 않는 경우에는 일단 조정대상 채무를 출자전환채무의 과목으로 하여 자본조정으로 대체하는데, 출자전환채무는 전환으로 발행될 주식의 공정가치로 하고 조정대상 채무의 장부금액과의 차액은 채무조정이익으로 인식한다. 다만, 시장성이 없는 지분증권의 공정가치를 신뢰성 있게 측정할 수 없는 경우에는 조정대상 채무의 장부금액을 출자전환채무로 회계처리하고 채무조정이익은 인식하지 않는다(일반기준 6장 문단 6.88).

출자전환을 합의하였으나 출자전환으로 인하여 발행될 주식수가 결정되지 않은 경우에는 채권 · 채무조정이 완성되지 않은 것이므로 출자전환 합의시점에서는 아무런 회계처리를 하지 않고 전환으로 인하여 발행될 주식수가 결정되는 시점에서 전환으로 인하여 발행될 주식의 공정가치를 출자전환채무의 과목으로 하여 자본조정으로 대체하고, 조정대상 채무의 장부금액과의 차이는 채무조정이익으로 인식한다. 다만, 시장성이 없는 지분증권의 공정가치를 신뢰성 있게 측정할 수 없는 경우에는 조정대상 채무의 장부금액을 출자전환채무로 회계처리하고 채무조정이익은 인식하지 않는다(일반기준 6장 부록 실6.143).

위와 같이 출자전환을 합의하고 출자전환을 이행하는 사이에 자본조정으로 분류된 출자전환채무에 대하여 지급이자가 발생할 수 있는데, 이 경우 발생하는 이자비용은 자본조정의 별도 계정과목으로 회계처리한다. 이처럼 회계처리하는 이유는 자본조정으로 분류된 출자전환채무는 부채로 회계처리되지 않기 때문에 동 출자전환채무에 대해 지급되는 이자금액도 손익계산서상 이자비용이 아닌 자본으로 대체된 금액에 대한 자본비용으로 볼 수 있기 때문이다(일반기준 6장 부록 실6.144).

나. 채권자의 회계처리

채권자의 경우 출자전환을 합의하여 출자전환으로 인하여 발행될 주식수가 결정된 경우에는 채권의 대손충당금 차감 전 장부금액을 출자전환채권으로 대체하고 출자전환이 이루어질 때까지 출자전환채권의 대손충당금 차감 전 장부금액과 전환으로 발행될 주식의 공정가치 중 낮은 금액으로 평가하며 이로 인한 평가손익은 출자전환채권에 대한 대손충당금과 대손상각비에 반영한다. 그리고 실제 출자전환이 이루어지는 시점에는 받은 지분증권의 공정가치와 출자전환채권의 대손충당금 차감 전 장부금액과의 차이를 대손충당금과 우선 상계하고 부족한 경우에는 대손상각비로 인식한다(일반기준 6장 문단 6.95, 6.96).

② 특정 조건이 전제된 전환사채의 발행

일반적으로 조정대상 채무에 대하여 전환사채를 발행하는 형식으로 채권 · 채무조정이 이루어지는 경우에는 이를 채무의 변제로 보지 않고 채무의 조건변경으로 회계처리한다.

따라서, 채권 · 채무조정으로 인하여 발행되는 전환사채에 대해 일반기업회계기준 제15장(자본)의 규정에 불구하고 전환권을 인식하지 않고 전환사채의 만기까지 발생할 미래 현금흐름을 채무 발생시점의 유효이자율로 할인하여 계산된 현재가치와 조정대상채무의 장부금액과의 차이를 채무조정이익으로 인식한다.

하지만 채권 · 채무조정으로 발행되는 전환사채가 만기일 이전에 반드시 지분증권으로 전환하여야 하고 만약 지분증권으로 전환하지 않는다면 원금상환을 면하는 조건을 가지고 있는 경우에는 일반기업회계기준 제15장(자본)의 규정에 불구하고 전환으로 인하여 발행될 주식의 공정가치를 출자전환채무의 과목으로 하여 자본조정으로 대체하고, 조정대상 채무의 장부금액과의 차이는 채무조정이익으로 인식한다. 위와 같은 전제조건이 붙은 전환사채는 형식은 부채이지만 실질은 자본항목으로 보아야 할 것이므로 그러한 전환사채를 발행하는 것을 채무의 변제로 회계처리하도록 한 것이다(일반기준 6장 문단 6.90, 부록 결6.4).

다만, 전환사채의 조건 중 전환으로 인하여 발행될 주식수가 결정되지 않은 경우에는 채권 · 채무조정이 완성된 것으로 볼 수 없으므로 전환사채의 발행시점에서는 채무조정이익을 인식할 수 없으며, 전환으로 인하여 발행될 주식수가 결정되는 시점에서 전환으로 인하여 발행될 주식의 공정가치를 출자전환채무의 과목으로 하여 자본조정으로 대체하고, 조정대상 채무의 장부금액과의 차이는 채무조정이익으로 인식한다.

기본사례

1. 채무자인 을회사는 채권자인 갑은행에 대해 차입채무를 지고 있다.
   - 차입(대출)일자 : 2×07. 1. 1.
   - 차입(대출)금액 : ₩10,000,000
   - 만기 : 3년
   - 이자율 : 연 10%(연도 말 후급)
2. 채무자인 을회사는 재정난으로 인하여 2×07. 7. 1.에 부도처리
3. 갑은행은 부도회사에 대한 대출채권에 대하여 대손충당금 차감 전 장부금액의 20%에 해당되는 금액에 대해서 대손충당금을 설정
4. 을회사와 갑은행의 회계기간 : 1. 1.~12. 31.

사례 1 차입채무(대출채권)의 현황은 [기본사례]와 같다. 다음과 같은 조건으로 법원이 인가한 경우 채무자 및 채권자의 회계처리는?

1. 차입채무(대출채권) ₩10,000,000을 2×09. 1. 1.에 출자전환하고 1,000주(액면가액 ₩5,000)의 신주를 교부
2. 주식의 시가
   - 법원인가일(2×08. 12. 31.) : 감자 전 주당 1,000원(단, 채권자가 출자하기 전에 7 : 1로 감자함)
   - 출자전환일(2×09. 1. 1.) : 주당 ₩8,500(감자 후의 가격임)
   - 출자전환일의 익일 : 주당 ₩8,000

풀이

◎ 채무자의 회계처리

• 2×08. 12. 31.

(차) 차 입 금	10,000,000	(대) 출 자 전 환 채 무	7,000,000
		채 무 조 정 이 익	3,000,000*

* 출자전환될 주식의 공정가치를 기준으로 차입금을 출자전환채무(자본조정)로 대체함.
10,000,000 − 7,000 × 1,000 = 3,000,000

• 2×09. 1. 1.

(차) 출 자 전 환 채 무	7,000,000	(대) 자 본 금	5,000,000
		주식발행초과금	2,000,000

◎ 채권자의 회계처리

• 2×07. 12. 31.

(차) 대 손 상 각 비	2,000,000	(대) 대 손 충 당 금	2,000,000*

* 채권의 명목금액 10,000,000×20% = 2,000,000(채권자가 추정하고 있는 대손충당금)

• 2×08. 12. 31.

− 발행할 주식수가 결정된 출자전환의 경우 출자전환의 합의나 법원의 인가가 이루어진 날에 출자전환채권으로 대체하고 출자전환으로 인하여 전환될 주식의 공정가치와 채권의 장부금액 중 낮은 가액으로 평가함.

(차) 출 자 전 환 채 권	10,000,000*	(대) 대 출 채 권	10,000,000
대 손 상 각 비	1,000,000**	대 손 충 당 금	1,000,000

* 출자전환될 채권을 출자전환채권으로 대체함.
** 주식의 공정가치 7,000,000[주당 1,000 × 7(감자비율) × 1,000주]을 감안하여 산정된 대손충당금 중 부족액을 추가적으로 설정함.

• 2×09. 1. 1.

(차) 장 기 투 자 증 권	8,500,000	(대) 출 자 전 환 채 권	10,000,000
대 손 충 당 금	3,000,000	대손충당금환입	1,500,000

사례 2 대출채권의 현황은 [기본사례]와 같다. 채권 · 채무조정 전에 미회수된 경과이자 ₩1,000,000이 있으며, 이에 대하여도 100주의 신주를 교부하게 되는 경우 채권자의 회계처리는? 단, 출자전환에 대한 제반조건은 위의 [기본사례 1]과 같으며, 회수기일이 도래한 경과이자 중 미회수된 이자는 미수수익으로 계상하지 않고 있다.

풀이

발행할 주식수가 결정된 경우에는 출자전환의 합의나 법원의 인가가 이루어진 날의 공정가치를 기준으로 회계처리함.

◎ 채권자의 회계처리

• 2×08. 12. 31.

(차) 출 자 전 환 채 권	700,000	(대) 이 자 수 익	700,000*

* 출자전환에 관한 의사결정이 이루어진 날에 공정가치를 기준으로 이자수익을 인식함.
이자수익 = ₩7,000 × 100주 = ₩700,000

7) 조건의 변경에 의한 채권 · 채무조정

① 일반적인 조건변경의 회계처리

가. 채무자의 회계처리

채무자는 조건변경으로 채무가 조정되는 경우에 채권 · 채무조정에 따른 약정상 정해진 미래 현금흐름을 채무 발생시점의 유효이자율로 할인하여 계산된 현재가치와 채무의 장부금액과의 차이를 채무에 대한 현재가치할인차금과 채무조정이익으로 인식한다(일반기준 6장 문단 6.90).

나. 채권자의 회계처리

채권 · 채무조정을 통하여 조건이 변경된 채권에 대한 대손상각비는 채권 · 채무조정에 따른 약정상 정해진 미래 현금흐름을 채권 발생시점의 유효이자율로 할인하여 계산된 현재가치와 채권의 대손충당금 차감전 장부금액과의 차이로 계산하며 채권에 대한 대손충당금과 대손상각비로 조정한다. 즉, 이미 설정된 대손충당금이 채권 · 채무조정에 따라 결정된 대손상각비 금액보다 작은 경우에는 부족분에 대해서 대손충당금을 추가로 설정하며, 이미 설정된 대손충당금이 채권 · 채무조정에 따라 결정된 대손상각비 금액보다 큰 경우에는 초과분에 대하여 대손충당금을 환입한다. 다만, 관측가능한 활성시장에서 거래되는 채권의 시장가격이 있는 경우에는 그 채권의 시장가격, 담보로 제공된 자산이 있고 그 자산의 처분을 통하여 채권을 회수할 가능성이 매우 높은 경우에는 그 자산의 공정가치에 근거하여 대손상각비를 측정할 수 있다. 대손상각비의 측정방법은 각 채권별로 일관성 있게 적용하여야 하며 측정방법의 변경은 상황이 변하는 경우에만 정당화될 수 있다(일반기준 6장 문단 6.98).

한편, 채권자는 채권 · 채무조정을 통하여 조건이 변경된 채권에 대하여 공식적인 채권 · 채무조정 이전이라도 인식조건이 충족되면 대손상각비를 인식해야 하며 공식적인 채권 · 채무조정시점까지 대손상각비의 인식을 지연할 수 없다(일반기준 6장 문단 6.97).

② 원금과 발생이자의 감면

가. 채무자의 회계처리

원금과 발생이자의 감면을 통한 조건변경으로 인하여 약정상 정해진 미래 현금흐름의 합계금액이 채무의 장부금액에 미달할 경우에는 채무의 장부금액을 미래 현금흐름의 단순 합계금액으로 일단 감액하고 동 미달액을 채무조정이익으로 인식한다. 또한, 감액한 장부금액에 대해서는 채무 발생시점의 유효이자율로 할인하여 계산된 현재가치와 채무의 장부금액과의 차이를 채무에 대한 현재가치할인차금과 채무조정이익으로 인식한다(일반기준 6장 부록 실6.146).

만약 채무자의 재무상황이 정해진 기간 내에 향상되는 것을 전제로 원금이나 이자로 정해진 금액이 추가되는 약정이 있는 경우에는 동 추가되는 금액은 조정된 만기까지 발생할 미래 현금흐름에 포함되어야 한다(일반기준 6장 부록 실6.147).

나. 채권자의 회계처리

채권자의 경우 원금과 발생이자의 감면을 통한 조건변경으로 인하여 채권 · 채무조정에 따른 약정상 정해진 미래 현금흐름의 합계금액이 채권의 대손충당금 차감 전 장부금액에 미달하는 경우에는 채권의 대손충당금 차감 전 장부금액을 약정상 정해진 미래 현금흐름의 합계금액으로 차감한다. 이 경우 차감할 채권의 대손충당금 차감 전 장부금액은 먼저 대손충당금과 상계하고 부족한 금액은 대손상각비로 인식한다. 또한, 미래 현금흐름의 단순합계액으로 손상된 채권의 대손충당금 차감 전 장부금액에 대해서는 채권 · 채무 발생시점의 유효이자율로 할인하여 계산된 현재가치와의 차이를 대손충당금으로 추가로 설정하거나 환입한다(일반기준 6장 부록 실6.150).

③ 채무 발생시점의 시장이자율과 채권 · 채무조정시점의 시장이자율에 현저한 차이가 있는 경우

동종 또는 유사한 채권 · 채무에 대하여 적용할 이자율보다 더 낮은 이자율로 만기를 연장하는 경우에 해당하며, 경제환경의 변동으로 동일한 신용도에 대한 채무 발생시점의 시장이자율과 채권 · 채무조정시점의 시장이자율에 현저한 차이가 있는 경우에는 채무 발생시점의 유효이자율로 할인하는 것이 아니라 채권 · 채무조정시점의 적절한 이자율로 할인하여 채무조정이익을 인식한다(일반기준 6장 문단 6.91).

채권 · 채무조정시점의 적절한 이자율에 대해서는 '4) 할인율의 산정'에 언급한 바와 같다. 참고로 채무 발생시점의 시장이자율과 채권 · 채무조정시점의 시장이자율에 현저한 차이가 있는 경우를 실무상 적용함에 있어서는 명확한 규정이나 해석이 없어 논란이 될 수도 있을 것이나, IMF사태와 같은 극단적인 상황을 의미하는 것으로서 일상적인 상황에서는

적용될 여지가 상당히 희박할 것으로 판단된다.

④ 전환사채나 채무증권의 발행

조정대상 채무에 대하여 전환사채나 채무증권을 발행하는 형식으로 채권 · 채무조정이 이루어지는 경우에는 이를 채무의 변제로 보지 않고 채무의 조건변경으로 회계처리한다. 따라서 채권 · 채무조정으로 인하여 발행되는 전환사채에 대해서는 일반기업회계기준 제15장 '자본'의 규정에 불구하고 전환권을 인식하지 않고 전환사채의 만기까지 발생할 미래현금흐름을 채무 발생시점의 유효이자율로 할인하여 계산된 현재가치와 조정대상 채무의 장부금액과의 차이를 채무조정이익으로 인식한다(일반기준 6장 문단 6.90).

이는 채무증권을 발행하는 채권 · 채무조정과 채무증권을 발행하지 않는 채권 · 채무조정의 경제적 실질이 달라지는 것은 없기 때문에 채무증권을 발행하지 않는 다른 채권 · 채무조정과 동일하게 채무의 조건변경으로 회계처리하도록 한 것이다. 또한, 채권 · 채무조정의 일환으로 발행되는 전환증권의 경우에는 채권 · 채무조정을 필요로 하는 상황을 고려할 때 전환권의 가치가 아주 미미할 것이므로 채무증권을 발행하는 경우와 마찬가지로 채무의 조건변경으로 회계처리하는 것이다(일반기준 6장 부록 결6.3).

하지만 전환사채의 경우 발행되는 조건에 따라 채무의 변제로 보아 회계처리하기도 하는데, 이에 대해서는 '6) 지분증권의 발행 등에 의한 채권 · 채무조정'을 참조하기로 한다.

사례 3 차입채무(대출채권)의 현황은 [기본사례]와 같다. 2×08. 7. 1.에 을회사는 법정관리를 신청하였고, 2×08. 12. 31.에 법원은 다음과 같이 채권 · 채무조정을 결정하였다. 이 경우 채무자 및 채권자 각각의 회계처리는? (다만, 채권 · 채무조정일 전에 발생한 이자비용 및 이자수익의 회계처리는 무시한다)

1. 채권 · 채무조정일 : 2×08. 12. 31.
2. 차입채무(대출채권)의 명목금액 : ₩10,000,000
3. 채권 · 채무조정내용
   - 만기 : 10년
   - 이자율 : 연 5%(연도 말 후급)

◎ 채무자의 회계처리

• 2×08. 12. 31.

채권 · 채무조정 후 채무의 현재가치(①+②)=6,927,716

① 원금의 현재가치 : $10,000,000 \times \frac{1}{(1+0.1)^{10}} ≒ 3,855,433$

② 이자의 현재가치 : 500,000 × 6.144567* ≒ 3,072,283

＊연금의 현가계수(10년, 10%)

(차) 현재가치할인차금 3,072,284* (대) 채무조정이익 3,072,284

＊채무의 명목가액 10,000,000－채무의 현재가치 6,927,716

• 2×09. 12. 31.

(차) 이자비용 692,772* (대) 현금 및 현금성자산 500,000
현재가치할인차금 192,772

＊6,927,716 × 10% ≒ 692,772

◎ 채권자의 회계처리

• 2×07. 12. 31.

(차) 대손상각비 2,000,000 (대) 대손충당금 2,000,000*

＊채권의 명목가액 10,000,000 × 20%＝2,000,000(채권자가 추정하고 있는 대손충당금)

• 2×08. 12. 31.

가. 채권 · 채무조정 후 채권의 현재가치
: 채권 · 채무조정 후 채무의 현재가치와 동일함(채권자의 경우에도 동일한 할인율을 적용한다고 가정함).

나. 대손충당금 추가설정액 : (10,000,000－2,000,000)－6,927,716＝1,072,284

다. 채권 · 채무조정의 회계처리

(차) 대손상각비 1,072,284 (대) 대손충당금 1,072,284

• 2×09. 12. 31.

(차) 현금 및 현금성자산 500,000 (대) 이자수익 692,772*
대손충당금 192,772

＊6,927,716 × 10% ≒ 692,772

사례 4 이자율을 제외한 차입채무(대출채권)의 현황은 [기본사례]와 같다. 차입채무(대출채권) 발생시점의 이자율은 프라임레이트+3%로 결정되었다. 2×08. 7. 1.에 을회사는 법정관리를 신청하였고, 2×08. 12. 31.에 법원은 다음과 같이 채권 · 채무조정을 결정하였다. 이 경우 채무자 및 채권자 각각의 회계처리는? (다만, 채권 · 채무조정일 전에 발생한 이자비용 및 이자수익의 회계처리는 무시하고, 채무 발생시점의 신용가산이자율과 채무 발생시점의 채무자 신용상태가 채권 · 채무조정시점까지 유효하다고 가정할 경우 채권 · 채무조정시점의 신용가산이자율은 같다고 가정함)

1. 채권 · 채무조정일 : 2×08. 12. 31.
2. 차입채무(대출채권)의 명목금액 : ₩10,000,000
3. 채권 · 채무조정내용
   －만기 : 10년

- 이자율 : 프라임레이트(이자계산기간 개시일을 기준으로 하며, 연도 말 후급임)
- 프라임레이트(매년 1. 1.의 프라임레이트는 전년도 말과 동일함)
  2×08. 12. 31. : 5%
  2×09. 12. 31. : 6%
  2×10. 12. 31. : 4%

◎ 채무자의 회계처리

• 2×08. 12. 31.
채무의 현재가치(①+②)=7,986,975

① 원금의 현재가치 : $10,000,000 \times \dfrac{1}{(1+0.08)^{10*}} \fallingdotseq 4,631,935$

② 이자의 현재가치 : 500,000** × 6.710081 ≒ 3,355,040

* 채권 · 채무조정시점의 기초이자율(5%)에 당해 채무 발생시점과 동일한 신용상태에 대한 채권 · 채무조정시점의 신용가산이자율(3%)을 가산하여 산정한 이자율임.
** 채권 · 채무조정시점의 프라임레이트를 기준으로 현금흐름을 계산함. 연금의 현가계수는 (10년, 8%)기준임.

(차) 현재가치할인차금	2,013,025*	(대) 채 무 조 정 이 익	2,013,025

* 채무의 명목금액 10,000,000−채무의 현재가치 7,986,975

• 2×09. 12. 31.

(차) 이 자 비 용	638,958**	(대) 현금 및 현금성자산	500,000*
		현재가치할인차금	138,958***

* 2×08년 말의 프라임레이트가 5%임.
** 7,986,975 × 8% = 638,958
*** 7,986,975 × 8% − 500,000 = 138,958

• 2×10. 12. 31.

(차) 이 자 비 용	750,075**	(대) 현금 및 현금성자산	600,000*
		현재가치할인차금	150,075***

* 2×09년 말의 프라임레이트가 6%임.
** (7,986,975 + 138,958) × 8% + 100,000 ≒ 750,075
*** (7,986,975 + 138,958) × 8% − 500,000 ≒ 150,075

• 2×11. 12. 31.

(차) 이 자 비 용	562,081**	(대) 현금 및 현금성자산	400,000*
		현재가치할인차금	162,081***

* 2×10년 말의 프라임레이트가 4%임.
** (7,986,975 + 138,958 + 150,075) × 8% − 100,000 ≒ 562,081
*** (7,986,975 + 138,958 + 150,075) × 8% − 500,000 ≒ 162,081

◎ 채권자의 회계처리

• 2×07. 12. 31.

(차) 대 손 상 각 비	2,000,000	(대) 대 손 충 당 금	2,000,000*

* 채권의 명목금액 10,000,000 × 20% = 2,000,000(채권자가 추정하고 있는 대손충당금)

• 2×08. 12. 31.

가. 채권의 현재가치

: 채무의 현재가치와 동일함(채권자의 경우에도 동일한 할인율을 적용한다고 가정함).

나. 대손충당금 추가설정액 : (10,000,000 − 2,000,000) − 7,986,975 = 13,025

다. 채권 · 채무조정의 회계처리

(차) 대 손 상 각 비	13,025	(대) 대 손 충 당 금	13,025

• 2×09. 12. 31.

(차) 현금 및 현금성자산	500,000*	(대) 이 자 수 익	638,958**
대 손 충 당 금	138,958***		

* 2×08년 말의 프라임레이트가 5%임.

** 7,986,975 × 8% = 638,958

*** 7,986,975 × 8% − 500,000 = 138,958

• 2×10. 12. 31.

(차) 현금 및 현금성자산	600,000*	(대) 이 자 수 익	750,075**
대 손 충 당 금	150,075***		

* 2×09년 말의 프라임레이트가 6%임.

** (7,986,975 + 138,958) × 8% + 100,000 ≒ 750,075

*** (7,986,975 + 138,958) × 8% − 500,000 ≒ 150,075

• 2×11. 12. 31.

(차) 현금 및 현금성자산	400,000*	(대) 이 자 수 익	562,081**
대 손 충 당 금	162,081***		

*2×10년 말의 프라임레이트가 4%임.

** (7,986,975 + 138,958 + 150,075) × 8% − 100,000 ≒ 562,081

*** (7,986,975 + 138,958 + 150,075) × 8% − 500,000 ≒ 162,081

8) 여러 가지 방법의 결합에 의한 채권 · 채무조정

① 채무자의 회계처리

채무의 일부에 대해서는 채무자가 채권자에게 자산을 이전하거나 지분증권을 발행하여 변제하고 나머지 채무에 대해서는 조건변경을 통하여 채무를 경감시키는 채권 · 채무조정의 경우에는 다음과 같이 회계처리한다(일반기준 6장 문단 6.92).

㉠ 이전되는 자산과 발행되는 지분증권의 공정가치를 측정하여 자산과 지분증권의 공정가치만큼 채무의 장부금액을 감소시킨다.

㉡ 나머지 채무에 대해서는 채권 · 채무조정에 따른 약정상 정해진 미래 현금흐름을 채무 발생시점의 유효이자율 또는 채권 · 채무조정시점의 기초이자율에 신용가산이자율을 가산하여 산정한 이자율 등으로 할인하여 계산된 현재가치와의 차이를 채무에 대한 현재가치할인차금과 채무조정이익으로 인식한다.

② 채권자의 회계처리

채권의 일부에 대해서는 채무자가 채권자에게 자산을 이전하거나 지분증권을 발행하여 변제하고 나머지 채권에 대해서는 조건변경을 하는 채권 · 채무조정인 경우 채권자는 다음과 같이 회계처리한다(일반기준 6장 문단 6.99).

㉠ 이전되는 자산과 발행되는 지분증권의 공정가치를 측정하여 자산과 지분증권의 공정가치만큼 채권의 대손충당금 차감 전 장부금액을 감소시킨다.

㉡ 감소된 채권의 대손충당금 차감 전 장부금액에 대해서는 약정상 정해진 미래 현금흐름을 채무 발생시점의 유효이자율 또는 채권 · 채무조정시점의 기초이자율에 신용가산이자율을 가산하여 산정한 이자율 등으로 할인하여 계산된 현재가치와의 차이를 추가적으로 대손충당금과 대손상각비로 조정한다.

사례 5

1. 을회사는 2×07. 12. 31. 현재 갑회사에 대해 ₩100,000,000의 차입채무를 지고 있다. 동 채무(채권)의 잔존만기는 5년이고, 이자율은 10%(연도 말 후급)이다. 채권자인 갑회사는 2×08. 1. 1.에 채무자인 을회사의 재무상태 등을 감안하여 채무이행능력을 평가할 때 현재 상태로서는 도저히 전액 회수가 어려울 것으로 판단되어 다음과 같은 채권 · 채무조정에 합의하였다. 동 채권에 대하여 ₩10,000,000의 대손충당금이 설정되어 있다.
2. 채권 · 채무조정내용
   - 10년 동안 매년 말에 ₩500,000과 10년 말에 ₩40,000,000을 수수함.
   - 채권 · 채무조정시점의 공정가치가 ₩10,000,000(장부금액 ₩5,000,000)인 토지의 이전
   - 채무원금 ₩20,000,000의 감면
   - 신주교부 : 3,000주, 액면 ₩5,000, 합의시점의 주당 공정가치 ₩10,000(합의시점의 시가 ₩2,000에 감자비율을 적용하여 산정함)

풀이

◎ 채무자의 회계처리

1. 채권 · 채무조정이 복합적으로 이루어진 경우에는 다음의 순서로 회계처리함.

   ① 자산의 이전 또는 지분증권의 발행을 통한 채무의 변제

② 이자율이나 만기 등의 조건변경을 통한 채무의 존속

2. 회계처리(2×08. 1. 1.)

① 자산의 이전

(차) 차 입 금	10,000,000	(대) 토 지	5,000,000
		유형자산처분이익	5,000,000

② 출자전환

(차) 차 입 금	30,000,000*	(대) 자 본 금	15,000,000
		주식발행초과금	15,000,000

* 3,000 × 10,000 = 30,000,000

③ 원금감면 : 채권 · 채무조정 약정상 원금이 감면되는 조건은 조건변경에 해당되기 때문에 미래 현금흐름의 현재가치에서 고려

④ 계약조건의 변경

\- 수정된 채무의 명목금액

채권 · 채무조정 전 채무의 명목금액	100,000,000
토지의 이전	(10,000,000)
출자전환	(30,000,000)
차감잔액	60,000,000

\- 미래 현금흐름 합계액이 명목금액에 미달하는 금액

원리금의 감면을 통한 조건변경으로 인하여 채권 · 채무조정에 따른 약정상 정해진 미래 현금흐름의 합계금액이 채무의 명목금액에 미달할 경우에는 채무의 명목금액을 미래 현금흐름의 합계금액으로 감액하고 동액을 채무조정이익으로 인식

수정된 채무의 명목금액		60,000,000
미래 현금흐름의 합계액		
원금(원금감면 20,000,000)	40,000,000	
이자(500,000 × 10)	5,000,000	45,000,000
채무조정이익		15,000,000

(차) 차 입 금	15,000,000	(대) 채 무 조 정 이 익	15,000,000

\- 현재가치 계산

미래 현금흐름의 합계액		45,000,000
계약조건의 변경에 따른 현재가치		
(40,000,000 × 0.38554*)	15,421,600	
(500,000 × 6.14457**)	3,072,285	18,493,885
채무조정이익		26,506,115

* 현가계수(10년, 10%)

** 연금의 현가계수(10년, 10%)

-회계처리

(차) 현재가치할인차금	26,506,115	(대) 채무조정이익	26,506,115

◎ 채권자의 회계처리

1. 채권 · 채무조정이 복합적으로 이루어진 경우의 회계처리의 순서는 채무자의 경우와 동일함.
2. 회계처리(2×08. 1. 1.)

① 자산의 이전

(차) 토지	10,000,000	(대) 대출채권	10,000,000

② 출자전환

(차) 장기투자증권	30,000,000*	(대) 대출채권	30,000,000

* 3,000×10,000 = 30,000,000

③ 원금감면 : 채권 · 채무조정 약정상 원금이 감면되는 조건은 조건변경에 해당되기 때문에 미래 현금흐름의 현재가치에서 고려

④ 계약조건의 변경

-수정된 채권의 명목금액

채권 · 채무조정 전 채무의 명목금액	100,000,000
토지의 이전	(10,000,000)
출자전환	(30,000,000)
차감잔액	60,000,000

-미래 현금흐름 합계액이 명목금액에 미달하는 금액

원리금의 감면을 통한 조건변경으로 인하여 채권 · 채무조정에 따른 약정상 정해진 미래 현금흐름의 합계금액이 채권의 명목금액에 미달할 경우에는 채권의 명목금액을 미래 현금흐름의 합계금액으로 감액하고 동액을 먼저 대손충당금과 상계하고 부족한 금액은 대손상각비로 인식

수정된 채무의 명목금액		60,000,000
미래 현금흐름의 합계액		
원금(원금감면 20,000,000)	40,000,000	
이자(500,000 × 10)	5,000,000	45,000,000
채무조정이익		15,000,000

(차) 대손충당금	10,000,000	(대) 대출채권	15,000,000
대손상각비	5,000,000		

－현재가치 계산

미래 현금흐름의 합계액		45,000,000
계약조건의 변경에 따른 현재가치		
(40,000,000 × 0.38554*)	15,421,600	
(500,000 × 6.14457**)	3,072,285	18,493,885
채무조정이익		26,506,115

* 현가계수(10년, 10%)

** 연금의 현가계수(10년, 10%)

－회계처리

(차) 대 손 상 각 비	26,506,115	(대) 대 손 충 당 금	26,506,115

9) 채권 · 채무조정 이후의 손익인식

① 채무자의 회계처리

채무자의 경우 채권 · 채무조정에 따른 약정상 정해진 미래 현금흐름을 채무 발생시점의 유효이자율 또는 채권 · 채무조정시점의 기초이자율에 신용가산이자율을 가산하여 산정한 이자율 등으로 할인하여 계산된 현재가치와 채무의 장부금액과의 차이를 채무에 대한 현재가치할인차금과 채무조정이익으로 인식하며, 이와 같이 인식된 현재가치할인차금은 유효이자율 등을 적용하여 상각하고 이자비용으로 인식한다(일반기준 6장 문단 6.90).

이 때 채권 · 채무조정에 따른 지분증권의 발행과 관련하여 직접적으로 발생한 비용은 지분증권의 발행금액에서 차감하며, 채권 · 채무조정을 실시하기 위하여 채무자에게 발생된 기타의 모든 비용은 채무조정이익에서 차감한다(일반기준 6장 문단 6.93).

② 채권자의 회계처리

채권의 미래 예상 현금흐름의 현재가치는 시간의 경과와 미래 예상 현금흐름의 금액 또는 시점의 변동에 따라 달라진다. 시간의 경과에 따라 증가되는 현재가치의 변동분은 채권 · 채무 발생시점의 유효이자율 또는 채권 · 채무조정시점의 기초이자율에 신용가산이자율을 가산하여 산정한 이자율을 채권의 장부금액에 적용하여 산정하고 이자수익으로 인식한다. 다만 미래 예상 현금흐름의 금액 또는 시점이 손상차손을 인식할 때의 추정과 달라짐으로써 발생된 현재가치의 변동분은 대손충당금에 반영한다. 즉, 원금 또는 이자의 회수가 최초의 추정과 달라지는 경우에는 채권의 현재가치를 재계산하고 최초의 추정에 따른 채권의 장부금액과의 차이에 대해서는 대손충당금에 반영한다(일반기준 6장 부록 실6.151).

대손이 발생한 채권으로부터 발생하는 이자수익은 회수가 불확실한 경우에는 인식하지 아니한다. 다만, 시간의 경과에 따른 현재가치의 증가분은 회수 불확실 여부에 관계 없이 시간의 경과에 따라 이자수익으로 인식한다(일반기준 6장 부록 실6.152).

채권 · 채무조정 후에 채무자로부터 현금이 회수되는 경우 약정의 내용에 상관 없이 기간이 경과한 명목이자가 우선적으로 회수된 것으로 한다. 이와 같이 채권 · 채무조정 약정에 의하여 명목이자를 이연하기로 한 경우로서 약정의 내용에 관계 없이 현금흐름이 있는 경우 기간이 경과한 명목이자가 우선 회수되는 것으로 간주하여 회계처리하도록 한 이유는 원금과 이자의 회수가 정상적으로 회수되는 경우에는 불필요한 가정이나 조정된 채권의 원금 및 이자의 회수가 불확실한 경우에는 현금이 유입된 시점에서 명목이자에 대한 이자수익을 인식하여야 하므로 이와 같은 규정을 두지 않는다면 재무상태와 기간손익이 왜곡표시될 수 있기 때문이다(일반기준 6장 부록 실6.153).

채권매입 후 채무조정 약정 체결에 따른 장부금액 변동 회계처리(2023-G-KQA003, 2023. 11. 7.)

채무조정 약정 후 장부금액 이상으로 회수할 경우 미래 예상 현금흐름의 금액 또는 시점이 손상차손을 인식할 때의 추정과 달라짐으로써 발생된 현재가치의 변동분은 일반기업회계기준 제6장 '금융자산 · 금융부채' 문단 실6.151에 따라 당기손익(대손상각비 등)으로 인식하며, 채권을 취득 후, 추후 채무조정 약정이 체결되어 채권에 대한 계약상 현금흐름이 변동될 경우 채권의 매입금액이 공정가치라면 해당 채권을 매입금액으로 최초 인식하고, 매입금액이 공정가치가 아니라면 일반기업회계기준 제6장 문단 6.13에 따라 해당 채권을 공정가치로 최초로 인식하되 그 차이를 당기손익으로 인식함.

- 후속적으로 채무조정 약정에 따라 약정 현금흐름이 변동되는 경우, 해당 조건변경에 따른 효과를 해당 기준서 제6장 문단 6.98과 실6.150에 따라 당기손익(대손상각비 등)으로 인식
- 추가로 채무조정 후 미래 예상 현금흐름을 고려하여 동 기준서 제6장 문단 6.17의 2에 따라 대손충당금을 추가로 설정할 것을 고려 필요

사례 6 차입채무(대출채권)의 현황은 [기본사례] 및 아래와 같다. 2×09년에 이자의 지급(회수)이 연체되었으나, 갑은행은 을회사의 재무상태 등을 감안할때 2×10년 말에 2×09년분의 명목이자 ₩500,000이 회수되고, 2×10년분의 명목이자 ₩500,000은 2×11년 말에 회수되며 2×11년과 그 후의 명목이자와 원금은 원래의 회수계획에 따라 회수될 것이라고 예상하였다. 2×10년 말과 2×11년 말의 실제 이자회수는 갑은행의 예상대로 이루어졌다. 이 경우 채무자 및 채권자의 회계처리는? (이 경우 연체된 금액에 대한 연체이자는 고려하지 않기로 함)

1. 채권 · 채무조정일 : 2×08. 12. 31.
2. 차입채무(대출채권)의 명목금액 : ₩10,000,000
3. 채권 · 채무조정내용
   - 만기 : 10년
   - 이자율 : 연 5%(연도 말 후급)

풀이

◎ 채무자의 회계처리

- 채무자는 공식적인 채권 · 채무조정이 있는 경우에만 채무조정이익을 인식할 수 있음. 따라서 현금지급 여부에 관계 없이 계속하여 이자비용으로 회계처리하고, 현재가치할인차금도 계속하여 상각함.

• 2×09. 12. 31.

(차) 이 자 비 용	692,772	(대) 미 지 급 비 용	500,000
		현재가치할인차금	192,772*

* 6,927,716 × 10% − 500,000 ≒ 192,772

• 2×10. 12. 31.

(차) 이 자 비 용	712,049	(대) 현금 및 현금성자산	500,000*
		현재가치할인차금	212,049**

* 2×09년분의 명목이자비용
** (6,927,716 + 192,772) × 10% − 500,000 ≒ 212,049

• 2×11. 12. 31.

(차) 이 자 비 용	733,254	(대) 현금 및 현금성자산	1,000,000*
미 지 급 비 용	500,000	현재가치할인차금	233,254**

* 2×10년분 명목이자비용 지급 500,000 + 2×11년분 명목이자비용 지급 500,000
** (6,927,716 + 192,772 + 212,049) × 10% − 500,000 ≒ 233,254

◎ 채권자의 회계처리

- 미래 예상 현금흐름의 금액 또는 시점이 최초의 추정과 달라짐으로써 발생된 현재가치의 변동분은 대손충당금에 반영함.

• 2×09. 12. 31.

(차) 미 수 수 익	500,000	(대) 이 자 수 익	692,772
대 손 충 당 금	192,772*		

* 6,927,716 × 10% − 500,000 ≒ 192,772

• 2×09. 12. 31.

가. 미래 현금흐름 변동 후 채권의 현재가치(①+②) = 7,533,710

① 원금의 현재가치 : $10{,}000{,}000 \times \dfrac{1}{(1+0.1)^{9}} \fallingdotseq 4{,}240{,}976$

② 이자의 현재가치 : 454,545 + 826,446 + 2,011,743 = 3,292,734

• 2×10. 12. 31. 회수예정분 : $500{,}000 \times \dfrac{1}{(1+0.1)^{1}} \fallingdotseq 454{,}545$

• 2×11. 12. 31. 회수예정분 : $1,000,000^{*} \times \frac{1}{(1+0.1)^2} \fallingdotseq 826,446$

＊2×10년분 명목이자 500,000 + 2×11년분 명목이자 500,000

• 그 후의 회수예정분 : $500,000 \times 4.868419^{**} \times \frac{1}{(1+0.1)^2} \fallingdotseq 2,011,743$

＊＊연금의 현가계수(7년, 10%)

나. 대손충당금 추가설정액 :

(10,000,000 − 2,000,000 − 1,072,284 + 500,000 + 192,772) − 7,533,710 = 86,778

다. 미래 현금흐름 변동의 회계처리

(차) 대 손 상 각 비	86,778	(대) 대 손 충 당 금	86,778

• 2×10. 12. 31.

(차) 현금 및 현금성자산	500,000*	(대) 이 자 수 익	753,371
대 손 충 당 금	253,371**		

＊2×09년분의 명목이자수익 회수분

＊＊(6,927,716 + 692,772 − 86,778) × 10% − 500,000 = 253,371

• 2×11. 12. 31.

(차) 현금 및 현금성자산	1,000,000*	(대) 이 자 수 익	778,708
대 손 충 당 금	278,708**	미 수 수 익	500,000

＊2×10년분 명목이자수익 회수 500,000 + 2×11년분 명목이자수익 회수 500,000

＊＊(6,927,716 + 692,772 − 86,778 + 253,371) × 10% − 500,000 ≒ 278,708

사례 7 병은행은 2×07. 12. 31. 현재 정기업에 대해 보유하고 있는 대출채권 ₩10,000,000 (이자율 15%)에 대하여 원래의 계약조건에 따른 일정대로 회수가 되지 않을 것으로 판단하여 2×08. 1. 1.을 기준으로 다음과 같이 조정하기로 합의하였다(다만, 조정된 채무(채권)의 표면이자 중 2×08년분과 2×09년분은 2×10년에 회수되며, 현금은 연말에 유입된다고 가정함).

구 분	2×08년 말	2×09년 말	2×10년 말	2×11년 말	계
원 금	–	2,000,000	3,000,000	5,000,000	10,000,000
이 자 (액면 10%)	–	–	2,800,000	500,000	3,300,000
현금흐름 계	–	2,000,000	5,800,000	5,500,000	13,300,000
현가계수 (15%)	0.8696	0.7561	0.6575	0.5718	–
현재가치	–	1,512,200	3,813,500	3,144,900	8,470,600

이 경우 각 연도별 채권자의 회계처리는?

1. 대손충당금 : 10,000,000 − 8,470,600 = 1,529,400
2. 연도별 회계처리

• 2×08. 1. 1.

(차) 대 손 상 각 비	1,529,400	(대) 대 손 충 당 금	1,529,400

• 2×08. 12. 31.

(차) 미 수 수 익	1,000,000	(대) 이 자 수 익	1,270,590*
대 손 충 당 금	270,590**		

* 8,470,600 × 15% = 1,270,590
** 1,270,590 − 1,000,000 = 270,590

• 2×09. 12. 31.

(차) 현금 및 현금성자산	2,000,000	(대) 이 자 수 익	1,461,178*
대 손 충 당 금	461,178**	미 수 수 익	1,000,000***

* {(10,000,000 + 1,000,000) − (1,529,400 − 270,590)} × 15% ≒ 1,461,178
** 1,461,178 − 1,000,000 = 461,178
*** 2×08년분의 명목이자 미회수분. 채권 · 채무조정 후 현금흐름이 발생하는 경우 기간이 경과한 명목이자가 우선적으로 회수된 것으로 본다.

• 2×09. 12. 31.

(차) 현금 및 현금성자산	5,800,000	(대) 이 자 수 익	1,380,355*
대 손 충 당 금	580,355**	대 출 채 권	5,000,000

* {10,000,000 − (1,529,400 − 270,590 − 461,178)} × 15% ≒ 1,380,355
** 1,380,355 − 800,000 = 580,355

• 2×10. 12. 31.

(차) 현금 및 현금성자산	5,500,000	(대) 이 자 수 익	717,408*
대 손 충 당 금	217,408**	대 출 채 권	5,000,000

* {5,000,000 − (1,529,400 − 270,590 − 461,178 − 580,355)} × 15% ≒ 717,408
** 717,408 − 500,000 = 217,408

10) 공 시

① 채무자의 공시사항

채무자는 채권 · 채무조정시점이 속하는 회계연도에 다음의 사항을 주석으로 기재한다 (일반기준 6장 문단 6.94).

㉠ 채권 · 채무조정으로 인한 조건변경 및 변제액

㉡ 채권 · 채무조정과 관련하여 발생한 자산처분손익

㉢ 채무자의 재무상황이 정해진 기간 내에 향상되는 것을 전제로 원금이나 이자로 정해진 금액이 추가되는 약정이 있는 경우 조정된 만기까지 발생할 미래 현금흐름에 추가되는 금액

㉣ 채권 · 채무조정 후에 부수적으로 발생할 가능성이 있는 채무금액과 그러한 채무가 부가되거나 면제될 수 있는 조건

㉤ 일반기업회계기준 제6장 문단 6.87에서 6.89까지의 규정에 따른 출자전환채무

② 채권자의 공시사항

채권 · 채무조정이 발생한 채권의 대손충당금에 대해서 다음과 같은 변동내용을 주석으로 공시한다(일반기준 6장 문단 6.100).

㉠ 당기 발생한 대손상각비

㉡ 채권과 직접 상계한 금액

㉢ 시간의 경과에 따라 이자수익으로 인식한 금액

㉣ 환입을 비롯한 기타 변동액

또한, 일반기업회계기준 제6장 문단 6.96의 규정에 따른 출자전환채권의 내용 및 채권 · 채무조정이 발생한 채권의 채무자에게 추가적으로 자금을 대여하기로 한 약정이 있는 경우 동 약정의 내용을 주석으로 기재한다(일반기준 6장 문단 6.101, 6.102).

11) 중소기업의 회계처리

장기연불조건의 매매거래 및 장기금전대차거래 등에서 발생하는 채권 · 채무에 대해서는 일반기업회계기준 제31장(중소기업 회계처리 특례)의 규정이 적용되어 현재가치평가를 하지 않을 수도 있지만 일반기업회계기준 제6장 제4절(채권 · 채무조정)의 규정은 중소기업 회계처리 특례가 적용되지 않는다. 따라서 일반기업회계기준 제6장 제4절에 해당하는 채권 · 채무의 조정이 이루어질 경우 중소기업이라도 일반기업회계기준 제6장 제4절에 따라 회계처리하여야 하는 것이다.

(4) 세무상 유의할 사항

현재가치할인차금과 관련된 세무상 유의사항은 장기연불조건의 매매거래 등에서 발생하는 공정가치평가의 문제와 채권 · 채무조정시 발생하는 현재가치평가의 문제로 나누어 살펴볼 수 있다.

1) 장기연불거래 등에서 발생하는 채권 · 채무의 공정가치평가

일반기업회계기준에서는 채권 · 채무의 공정가치에 의한 평가에 대한 규정을 두어 장기연불조건의 매매거래, 장기금전대차거래 또는 이와 유사한 거래에서 발생하는 채권 · 채무로서 명목금액과 공정가치의 차이가 유의적인 경우에는 이를 공정가치로 평가하도록 하고 있다.

법인세법에서도 자산을 장기할부조건 등으로 취득하는 경우 발생하는 채무를 일반기업회계기준이 정하는 바에 따라 공정가치로 평가하여 현재가치할인차금으로 계상한 경우에는 해당 현재가치할인차금은 자산의 취득금액에 포함하지 아니하는 것으로 규정하고 있다(법령 72조 4항 1호).

여기서 '장기할부조건'이라 함은 당해 자산의 양수대금 등을 월부 · 연부 기타의 지불방법에 따라 2회 이상으로 분할하여 수입하는 것으로서 당해 목적물의 인도일의 다음날부터 최종의 할부금의 지급기일까지의 기간이 1년 이상인 것을 말한다.

따라서 세법상 자산의 취득금액은 법인이 현재가치할인차금을 계상하였는지 여부와 해당 현재가치할인차금이 기업회계기준에서 정하는 바에 따라 계상되었는지 여부에 따라 달라지며, 취득금액의 현재가치평가와 관련하여 특별히 세무조정할 사항은 없다.

즉, 세법에서는 법인이 취득금액과 구분하여 현재가치할인차금을 계상한 경우에는 이를 취득금액에서 차감하고 동 현재가치할인차금상각액은 이자비용으로 보아 할부기간 동안에 영업외비용으로 상각하는 방법도 허용하고 있으며, 반대로 법인이 현재가치할인차금을 구분하여 계상하지 아니하거나 현재가치할인차금을 기업회계기준을 위배하여 계상한 경우에는 현재가치할인차금을 차감하지 아니한 금액을 취득가액으로 보도록 하고 있다.

그러나 장기금전대차거래에서 발생하는 채권 · 채무를 현재가치로 평가하여 명목금액과 현재가치의 차액을 현재가치할인차금으로 계상하여 당기손익으로 처리한 경우에는 이를 각 사업연도 소득금액 계산상 익금 또는 손금에 산입하지 아니하며, 추후 현재가치할인차금을 상각 또는 환입하면서 이를 이자비용 또는 이자수익으로 계상한 경우에도 각 사업연도 소득금액 계산상 익금 또는 손금에 산입하지 아니한다(법기통 42-0…1).

2) 채권 · 채무조정에 따른 현재가치평가

일반기업회계기준 제6장 제4절에 따르면, 이자율 인하 또는 만기연장의 방법에 의한 채권 · 채무 조건변경의 경우, 채권자는 조정대상 채권의 장부금액과 현재가치의 차이를 '대손상각비'와 '대손충당금'으로 계상한 후 유효이자율법에 의하여 해당 대손충당금을 환입(상대계정은 이자수익)하여야 하고, 채무자는 조정대상 채무의 장부금액과 현재가치의 차이를 '현재가치할인차금'과 '채무조정이익'으로 계상한 후 유효이자율법에 의하여 해당 현재가치할인차금을 상각(상대계정은 이자비용)하여야 한다.

구 분	채권자의 회계처리	채무자의 회계처리
채권·채무 조정시점	(차) 대 손 상 각 비 ××× (대) 대 손 충 당 금 ×××	(차) 현재가치할인차금 ××× (대) 채무조정이익 ×××
환입·상각 시점	(차) 대 손 충 당 금 ××× (대) 이 자 수 익 ×××	(차) 이 자 비 용 ××× (대) 현재가치할인차금 ×××

법인세법에서는 이자율 인하 또는 만기연장의 방법에 의한 채권·채무 조건변경의 경우 채권자의 세무처리와 채무자의 세무처리가 서로 상이한데, 각각의 측면에서 이를 살펴보면 다음과 같다.

① 채권자

법인세법 시행령 제19조의 2 제5항에서는 내국법인이 일반기업회계기준에 의한 채권재조정에 따라 채권의 장부금액과 현재가치의 차액을 대손금으로 계상한 경우에는 이를 손금에 산입하며, 손금에 산입한 금액은 일반기업회계기준의 환입방법에 따라 이를 익금에 산입하도록 하고 있다.

또한, 같은 법 시행령 제61조 제4항에서는 법인세법에 따른 대손충당금의 손금산입 범위액을 계산할 때에는 상기의 규정에 따른 대손금과 관련하여 계상된 대손충당금은 제외하도록 하고 있다.

결국, 상기 규정들을 종합적으로 고려할 때, 채권자가 일반기업회계기준에 따라 이자율 인하 또는 만기연장의 방법에 의한 채권의 조건변경에 대한 회계처리를 한 경우에는 별도의 세무조정이 불필요할 것으로 판단된다.

② 채무자

채권·채무조정에 따른 약정상 정해진 미래 현금흐름을 채무 발생시점의 유효이자율 등으로 할인하여 계산된 현재가치와 채무의 장부금액과의 차이를 채무에 대한 현재가치할인차금과 채무조정이익으로 인식한 경우 해당 채무조정이익은 이를 익금에 산입하지 아니하며(법기통 19의 2-19의 2…9), 추후 해당 현재가치할인차금을 상각하면서 이자비용으로 계상한 경우에도 이를 손금에 산입하지 아니한다.

3) 채권·채무조정에 의한 출자전환

일반기업회계기준 제6장 제4절에서는 출자전환을 합의하여 출자전환으로 인하여 발행될 주식수가 결정된 경우에는 조정대상 채권의 대손충당금 차감 전 장부금액을 '출자전환채권'의 과목으로, 조정대상 채무는 '출자전환채무'로 하여 각각 자산과 자본조정으로 계상하고 그 내역을 주석으로 기재하도록 하고 있다. 그리고 출자전환이 이루어질 때까지 출자전환채권의 장부금액과 전환으로 발행될 주식의 공정가치 중 낮은 가액으로 평가하며 이로 인한 평가손익은 출자전환채권에 대한 대손충당금과 대손상각비에 반영한다.

이에 대한 법인세법상 세무처리에 대하여는 '6) 지분증권의 발행 등에 의한 채권·채무조정'의 설명 중 [사례 1]의 예를 통하여 채권자 측면과 채무자 측면에서 각각 살펴보기로 한다.

① 채무자

	기업회계	세무회계	세무조정
2×08. 12. 31.	차 입 금 10,000,000 / 출자전환채무 7,000,000 / 채무조정이익 3,000,000	–	(익산) 7,000,000 (기타) (익불) 10,000,000 (△유보)
2×09. 1. 1.	출자전환채무 7,000,000 / 자 본 금 5,000,000 / 주식발행초과금 2,000,000	차 입 금 10,000,000 / 자 본 금 5,000,000 / 주식발행초과금 3,500,000 / 채무면제이익 1,500,000	(익산) 10,000,000 (유보) (익불) 8,500,000 (기타)

② 채권자

	기업회계	세무회계	세무조정
2×07. 12. 31.	대손상각비 2,000,000 / 대손충당금 2,000,000	–	(손불) 1,900,000 (유보)*
2×08. 12. 31.	출자전환채권 10,000,000 / 대 출 채 권 10,000,000 대손상각비 1,000,000 / 대손충당금 1,000,000	–	(손산) 1,900,000 (△유보)** (손불) 2,900,000 (유보)*
2×09. 1. 1.	장기투자증권 8,500,000 / 출자전환채권 8,500,000 대손충당금 3,000,000 / 출자전환채권 1,500,000 / 대손충당금환입 1,500,000	장기투자증권 8,500,000 / 대 출 채 권 8,500,000 대손충당금 3,000,000 / 대출채권*** 1,500,000 / 대손충당금환입 1,500,000	(손산) 2,900,000 (△유보)**

* 대손충당금 한도초과액 손금불산입(대손충당금 설정비율 = 1% 가정)

** 전기 대손충당금 한도초과액 손금불산입액을 당기에 손금추인함.

*** 특수관계자 외의 자와의 거래에서 발생한 채권을 불가피하게 포기한 경우로서 채권을 면제한 행위에 객관적으로 정당한 사유가 있는 때에는 손금에 산입되나, 그렇지 아니한 경우에는 이를 접대비 또는 기부금으로 봄(서이 46012-10844, 2003. 4. 22.).

한편, 위의 사례에서 보는 바와 같이 채권을 출자전환함으로써 취득한 주식 등은 취득 당시의 시가에 의하여 평가한다. 다만, 다음의 요건을 충족하는 경우로서 주식 등의 발행가액이 주식 등의 시가를 초과하는 경우에는 출자전환된 채권(채무보증으로 인한 구상채권과 업무무관가지급금 제외)의 장부금액을 출자전환으로 취득한 주식 등의 가액으로 한다(법령 72

조 2항 4호의 2).

- 채무자 회생 및 파산에 관한 법률에 따라 채무를 출자로 전환하는 내용이 포함된 회생계획인가의 결정을 받은 법인이 채무를 출자전환하는 경우
- 기업구조조정 촉진법에 따라 채무를 출자로 전환하는 내용이 포함된 경영정상화계획의 이행을 위한 약정을 체결한 부실징후기업이 채무를 출자전환하는 경우
- 해당 법인에 대하여 채권을 보유하고 있는 금융기관과 채무를 출자로 전환하는 내용이 포함된 경영정상화계획의 이행을 위한 협약을 체결한 법인이 채무를 출자로 전환하는 경우
- 기업 활력 제고를 위한 특별법 제10조에 따른 사업재편계획승인을 받은 법인이 채무를 출자전환하는 경우

상기의 요건을 충족하였을 경우의 [사례 1] 중 2×09. 1. 1.의 세무처리를 살펴보면 다음과 같다.

	기업회계	세무회계	세무조정
2×09. 1. 1.	매도가능증권 8,500,000 / 출자전환채권 8,500,000	매도가능증권 10,000,000 / 대출채권 10,000,000	(익산) 1,500,000 (유보)
	대손충당금 3,000,000 / 출자전환채권 1,500,000 / 대손충당금환입 1,500,000	대손충당금 3,000,000 / 대손충당금환입 3,000,000	(손산) 2,900,000 (△유보)

4) 채권 · 채무조정에 따른 원리금 감면

일반기업회계기준에서는 원금과 발생이자의 감면을 통한 조건변경으로 인하여 채권 · 채무조정에 따른 약정상 정해진 미래 현금흐름의 합계금액이 채권의 대손충당금 차감 전 장부금액에 미달하는 경우, 채권자는 채권의 대손충당금 차감 전 장부금액을 미래 현금흐름의 합계금액으로 감액하여야 한다. 이 경우 감액할 채권의 대손충당금 차감 전 장부금액은 먼저 대손충당금과 상계하고 부족한 금액은 대손상각비로 인식한다. 또한, 미래 현금흐름의 합계액으로 감액된 채권의 대손충당금 차감 전 장부금액에 대해서는 채권 발생시점의 유효이자율로 할인하여 계산된 현재가치와의 차이를 대손충당금으로 추가 설정하거나 환입한다.

법인세법에서는, 채권자인 법인이 채권 · 채무조정과 관련하여 원리금의 일부를 감면하고 대손금으로 계상한 경우에는 법인세법 시행령 제19조의 2 제5항(대손금 계상액의 손금산입)을 적용하지 아니한다(법기통 19의 2-19의 2…8).

따라서, 이 경우는 일반적인 대손금의 손금산입방법에 따라, 채권 · 채무조정과 관련하여 원리금의 일부를 감면한 채권이 채무자의 부도발생 등으로 장래에 회수가 불확실한 채권 등을 조기에 회수하기 위하여 당해 채권의 일부를 불가피하게 포기한 경우이며, 동 채권의 일부를 포

기하거나 면제한 행위에 객관적으로 정당한 사유가 있다고 인정되는 경우에 한하여 동 채권포기액을 대손금으로 손금에 산입할 수 있을 것이다. 만약, 이러한 요건을 충족시키지 못한다면 접대비 또는 기부금으로 처리하거나, 채권의 포기가 법인세법 제52조에 따른 부당행위에 해당하는 경우에는 부당행위계산의 부인규정을 적용하여야 할 것이다(법기통 19의 2-19의 2…5).

사례 채권·채무조정 내역이 다음과 같은 경우, 채권·채무조정 시점과 1차 이자수령 시점의 채권자의 회계처리와 세무조정을 하시오.

- 감면 전 채권 원금 = 1,000,000 (연이율 10%, 잔존만기 10년)
- 감면 전 대손충당금 = 200,000
- 감면 후 채권 원금 = 500,000 (연이율 6%, 잔존만기 10년)
- 감면 후 원리금 현재가치 = 377,109

구 분	회계처리	세무조정
채권·채무 조정시점	대손충당금 200,000 / 채 권 200,000*1) 대손상각비 422,891 / 대손충당금 422,891*2)	(손산) 채 권 300,000*4) (△유보) (손불) 대손충당금 300,000*5) (유보)
1년 후 이자수령	현 금 30,000 / 채 권 30,000 대손충당금 37,711 / 이 자 수 익 37,711*3)	(익산) 채 권 30,000*6) (유보) (손산) 대손충당금 30,000*7) (△유보)

*1) 대손충당금 차감 전 장부금액 1,000,000
미래 현금흐름의 합계금액 = 500,000 + (30,000×10년) = 800,000
대손상각액 200,000

*2) 미래 현금흐름의 합계금액 = 500,000 + (30,000×10년) = 800,000
미래 현금흐름의 현재가치 377,109
대손충당금 추가 설정액 422,891

*3) 377,109 × 10% = 37,711

*4) 원금감면액이 500,000원이나 기업회계상 200,000원만 대손처리하였으므로 세무회계상 추가로 300,000원을 대손처리함. 이 경우 세무회계상 대손인정 여부는 법인세법 기본통칙 19의 2-19의 2…5(약정에 의한 채권포기액의 대손금 처리)를 준용하여 추가적으로 판단하여야 함.

*5) 법인세법 시행령 제19조의 2 제5항에서는 내국법인이 기업회계기준에 따른 채권의 재조정에 따라 채권의 장부금액과 현재가치의 차액을 대손금으로 계상한 경우에는 이를 손금에 산입하며, 손금에 산입한 금액은 기업회계기준의 환입방법에 따라 익금에 산입하는 것으로 규정하고 있음. 다만, 본 사례의 경우 기업회계상 채권의 장부금액은 800,000원이나 세무회계상 채권의 장부금액은 500,000원인바, 기업회계상 설정한 대손충당금 계상액을 모두 인정하여야 하는지, 아니면 세무회계상 채권의 장부금액(500,000)과 현재가치(377,109)와의 차액(122,891)만을 인정하여야 하는지에 대하여는 논란이 있을 수 있는 바, 관련 규정의 개정이나 유권해석을 통하여 이를 명확히 하여야 할 것으로 판단됨. 본 사례에서는 세무회계상 채권의 장부금액과 현재가치와의 차액만을 대손금(대손충당금)으로 인정하는 것으로 가정하여 세무조정을 예시하기로 함.

*6) 기업회계상 채권의 회수로 계상하였으나 세무회계상은 이자수익이므로 익금에 산입함.

*7) 익금산입과 관련하여도 상기 *5)에서 설명한 바와 같이 그 해석상 논란이 있을 수 있는 바, 관련 규정의 개정이나 유권해석을 통하여 이를 명확히 하여야 할 것으로 판단됨. 본 사례에서는 세무회계상 채권의 장부금액과 현재가치와의 차액만을 대손금(대손충당금)으로 인정하고, 익금산입시 대손충당금 초과환입액은 전기 대손충당금 부인액을 추인하는 것으로 가정하여 세무조정을 예시하기로 함.

한편, 채권 · 채무조정에 따른 원리금감면과 관련하여, 채무자는 약정상 정해진 미래 현금흐름의 합계금액이 채무의 장부금액에 미달할 경우 채무의 장부금액을 미래 현금흐름의 합계금액으로 감액하고 동 미달액을 채무조정이익으로 회계처리하며, 새로운 장부금액에 대해서는 약정상 정해진 미래 현금흐름을 채무 발생시점의 유효이자율로 할인하여 계산된 현재가치와의 차이를 채무에 대한 현재가치할인차금과 채무조정이익으로 회계처리한다. 따라서 채무자의 경우에도 채무조정이익과 이자비용의 회계처리에 대하여 앞서 살펴본 채권자의 경우와 유사한 세무처리가 발생하게 된다.

5) 채권 · 채무조정에 따른 자산의 이전

일반기업회계기준 제6장 제4절에 따르면, 채권자가 채권 · 채무조정시점에 채무자에 대한 채권의 전부 또는 일부에 대하여 제3자에 대한 채권, 부동산 또는 기타의 자산을 받은 경우에는 동 자산을 공정가치로 회계처리하여야 한다. 이때 받은 자산의 공정가치가 채권의 대손충당금 차감 전 장부금액보다 작은 경우에는 채권의 대손충당금 차감 전 장부금액을 대손충당금과 우선 상계하고 부족한 경우에는 대손상각비로 인식한다.

(차)	제 자 산	×××	(대) 대 출 채 권	×××
	대 손 충 당 금	×××		
	대 손 상 각 비	×××		

법인세법상으로는 법인이 채권의 회수목적으로 채무자가 보유 중인 자산을 대물변제받고 채권 · 채무를 종결하기로 합의하는 경우 해당 대물변제로 취득하는 자산의 취득가액은 그 취득당시의 시가(시가가 채권액을 초과하는 경우에는 채권액)에 의하는 것이며, 해당 채권액(이자 포함) 중 대물변제받은 자산의 시가를 초과하는 금액은 법인세법 기본통칙 19의2-19의 2…5(약정에 의한 채권포기액의 대손금 처리)에 따라 처리하여야 한다(서면2팀-2173, 2004. 10. 27.). 즉, 자산의 이전에 의한 채권의 회수는 채권의 원본이 소멸되는 것이므로, 해당 자산의 시가가 채권의 원본에 미달하는 경우 동 금액을 약정에 의한 채권포기액의 대손처리에 준하여 세무처리하도록 하고 있는 것이다.

한편, 채권 · 채무조정에 따른 자산의 이전시 채무자는 채무의 장부금액과 이전되는 자산의 공정가치와의 차이를 채무조정이익으로 회계처리하여야 하며, 법인세법상으로는 채무의 대물변제시 시가에 의하여 처리하면 특별한 세무조정은 발생하지 아니한다(서면2팀-2248, 2004. 11. 4.).

6) 채무면제이익에 대한 과세특례

조세특례제한법 제44조 제1항에서는 2026년 12월 31일까지 내국법인이 기업구조조정 촉진법 제2조 제2호에 따른 금융채권자(이하 "금융채권자"라 함)으로부터 채무의 일부를 면제받은 경우로서 다음의 어느 하나에 해당하는 경우 소득금액을 계산할 때 그 면제받은 채무에 상당하는 금액(조세특례제한법 시행령 제41조 제1항의 결손금을 초과하는 금액에 한정함)은 해당 사업연도와 해당 사업연도의 종료일 이후 3개 사업연도의 기간 중 익금에 산입하지 아니하고 그 다음 3개 사업연도의 기간 동안 균분한 금액 이상을 익금에 산입하도록 규정하고 있다(조특법 44조 1항).

㉠ 채무자 회생 및 파산에 관한 법률에 따른 회생계획인가의 결정을 받은 법인이 금융채권자로부터 채무의 일부를 면제받은 경우로서 그 결정에 채무의 면제액이 포함된 경우

㉡ 기업구조조정 촉진법 제14조 제1항에 따른 기업개선계획의 이행을 위한 약정을 체결한 부실징후기업이 금융채권자로부터 채무의 일부를 면제받은 경우로서 그 약정에 채무의 면제액이 포함된 경우 및 같은 법 제27조에 따른 반대채권자의 채권매수청구권의 행사와 관련하여 채무의 일부를 면제받은 경우

㉢ 내국법인이 기업개선계획 이행을 위한 특별약정에 따라 채무를 면제받은 경우

㉣ 그 밖에 내국법인이 관계 법률에 따라 채무를 면제받은 경우로서 적기시정조치에 따라 채무를 면제받은 경우

또한, 조세특례제한법 제44조 제2항에서는 기업구조조정 투자회사법에 의한 약정체결기업이 기업구조조정투자회사로부터 채무를 출자전환받는 과정에서 채무의 일부를 면제받는 경우에는 그 채무면제익을 동조 제1항의 규정을 준용하여 익금에 산입하도록 하고 있다.

7. 장기금융상품

(1) 개념 및 범위

투자자산에 속하는 장기금융상품이라 함은 기업이 여유자금의 활용목적으로 보유하는 금융상품으로서, 당좌자산인 단기금융상품에 속하지 아니하는 금융상품을 말한다. 즉, 중·장기적 자금운용목적으로 소유하는 것으로 만기가 1년을 초과하는 것으로 한다. 한편, 장기성부채의 담보로 제공되어 부채상환시까지 인출이 제한된 차입조건부 예금 또는 법적으로 사용이 제한된 예금, 경영자가 경영상의 특정목적을 위하여 예치한 예금 등 사용이 제한된 예금으로서 당해 제한사유가 1년 이내에 해제되지 아니하는 경우에는 장기금융상품으로 분류하고 그 제한사유를 주석으로 기재하여야 한다.

(2) 기업회계상 회계처리

1) 기중의 회계처리

만기가 1년 이상인 금융상품, 즉 장기금융상품(투자자산)에 대하여 일반기업회계기준에서는 회계처리에 관하여 별도의 규정을 두고 있지 않다. 그러나 실무적으로 다음과 같은 두 가지 방법으로 회계처리하는 것이 일반적이다.

첫째, 계정면에서는 단기금융상품계정에서 일괄처리한 후 결산시점에서 만기가 1년 이상인 금융상품만을 분리하여 투자자산으로 대체하는 방법이다. 이 방법은 총계정원장이 간편해진다는 장점이 있으나, 결산시에 만기일을 확인하여 구분해야 하므로 결산업무가 복잡하게 된다.

둘째, 계정면에서 유동자산인 단기금융상품계정과 투자자산인 장기금융상품계정을 별도로 처리하는 방법이다. 즉 예입시점에서 같은 정기예금이라도 만기가 1년 이내이면 단기금융상품(유동자산)으로, 1년 이상이면 장기금융상품(투자자산)으로 구분하여 처리한다. 그리고 장기금융상품은 기간이 경과함에 따라 만기가 보고기간종료일로부터 1년 이내인 때 비로소 단기금융상품(유동자산)으로 대체하는 방법이다.

사례 사업연도가 1. 1.~12. 31.인 (주)삼일은 20×7. 7. 1.에 여유자금의 투자목적으로 2년만기 ₩10,000,000의 정기예금을 가입하였다.

(차) 장 기 금 융 상 품	10,000,000	(대) 현 금	10,000,000

위와 같이 회계처리를 하였을 때 20×7년 결산시에는 만기가 1년 이상으로 단기금융상품으로 대체하지 않으나, 20×8년 결산시에는 만기가 1년 이내이므로 단기금융상품계정으로 대체하여야 한다.

2) 결산시의 회계처리

① 계정재분류와 주석공시

장기금융상품에 대하여는 사용이 제한되어 있을 경우 주석으로 공시해야 하고 매결산기마다 보고기간종료일을 기준으로 만기가 1년 이상인지 여부를 확인하여 만기가 1년 이내에 도래한다면 단기금융상품으로 대체해야 한다. 여기서 한 가지 유의할 점은 기존에 장기금융상품으로 분류되었고 사용이 제한되어 있는 금융상품이더라도 보고기간종료일 현재 만기가 1년 이내에 도래한다면 단기금융상품으로 계정분류한 후 사용제한사항을 주석으로 공시해야 한다는 것이다.

② 이자수익의 인식

일반기업회계기준은 수익을 발생주의에 의하여 인식하므로 이자지급시점에 관계 없이 기간경과분 이자는 수입이자로 인식해야 한다.

가. 이자를 일정기간별로 원금에 가산하는 경우에는 원본에 가산하여 장기금융상품을 증가시키는 회계처리를 하면 되고,

나. 기업회계상 발생주의에 따라 기발생액을 예상하여 이자수익을 인식할 뿐이고 이자를 만기에 원금과 함께 또는 기간별로 지급받는 경우에는 이를 미수이자로 계상하였다가 나중에 상계처리한다.

위 사례에서 이자는 1년마다 지급되고 이자율은 10%라고 한다면 20×7년 12월 말의 시점에서 보면 미수이자가 발생하게 되는데 이를 계산하여 분개하면 다음과 같다.

(이자수익 계상액)

₩10,000,000 × 0.1 × 6/12 = ₩500,000

(분 개)

(차) 미 수 이 자	500,000	(대) 이 자 수 익	500,000

(3) 세무상 유의할 사항

장기금융상품과 관련하여 세무상 유의할 사항은 이자수익에 대한 손익귀속시기로서 자세한 내용은 '단기금융상품편과 미수수익편'을 참고하도록 한다.

제2절 유형자산

1. 유형자산의 정의

일반기업회계기준 제10장 문단 10.4에서는 유형자산을 다음과 같이 정의하고 있다.

> **일반기업회계기준 제10장【유형자산】**
>
> 10.4. '유형자산'은 재화의 생산, 용역의 제공, 타인에 대한 임대 또는 자체적으로 사용할 목적으로 보유하는 물리적 형체가 있는 자산으로서, 1년을 초과하여 사용할 것이 예상되는 자산을 말한다.

이러한 유형자산의 정의를 구체적으로 설명하면 다음과 같다.

(1) 유형자산은 구체적인 형태를 가지고 있다.

자산은 물리적 실체의 유무에 따라 크게 유형자산과 무형자산으로 구분되는데, 유형자산은 물리적인 실체나 형태가 존재하는 자산을 의미하며, 무형자산은 영업권 · 산업재산권 등과 같이 물리적 실체나 형태가 존재하지 않는 자산을 의미한다.

(2) 유형자산은 기업의 영업활동에 사용할 목적으로 취득한 자산이다.

여유자금을 증식시킬 목적으로 토지를 구입하였거나 재판매 목적으로 취득한 자산은 유형자산으로 분류할 수 없고 투자자산이나 재고자산으로 분류하여야 한다.

또한 영업활동에 사용할 목적으로 취득한 유형자산이라 하더라도 이미 영업활동에 자산의 용역잠재력이 모두 사용됨으로 인하여 더 이상 용역을 제공할 수 없고 앞으로도 사용계획이 없는 경우에는 투자자산 중 적절한 과목으로 대체하고 손상차손 인식 여부를 검토하여야 한다.

(3) 유형자산은 1년을 초과하여 사용할 것이 예상되는 자산이다.

유형자산은 장기간에 걸쳐 기업에 서비스를 제공하는 미래의 용역잠재력(service potential)을 지닌 자산이다. 따라서 유형자산은 영업활동에 사용되거나 임대 등으로 장기간에 걸쳐 기업에 경제적 효익을 제공하므로 이와 관련하여 당기에 감소한 용역잠재력을 비용인 감가상각액으로 인식하게 된다. 일반적으로 취득 후 1년 이내에 그 사용이 완료되는 것은 유형자산으로 처리하지 않고 당기비용(소모품비 등)으로 처리한다.

2. 유형자산의 과목 분류

일반기업회계기준 제10장 문단 10.46에서는 유형자산의 과목분류를 다음과 같이 예시하고 있으나, 일반기업회계기준 제2장 문단 2.11 및 부록 실2.33에서는 그 성격이나 금액이 중요하지 아니한 경우에는 건물, 구축물, 기계장치 등을 설비자산으로 통합하여 토지, 설비자산, 건설중인자산 및 기타로 구분하여 재무제표에 표시할 수 있도록 하고 있다.

일반기업회계기준 제10장【유형자산】

10.46. 유형자산은 영업상 유사한 성격과 용도로 분류한다. 유형자산의 과목 분류의 예는 다음과 같다.

(1) 토지

(2) 건물 : 건물, 냉난방, 전기, 통신 및 기타의 건물부속설비 등

(3) 구축물 : 교량, 궤도, 갱도, 정원설비 및 기타의 토목설비 또는 공작물 등

(4) 기계장치 : 기계장치 · 운송설비(콘베어, 호이스트, 기중기 등)와 기타의 부속설비 등

(5) 건설중인자산 : 다음을 포함한다.

(가) 유형자산의 건설을 위한 재료비, 노무비 및 경비(건설을 위하여 지출한 도급금액 등 포함)

(나) 유형자산을 취득하기 위하여 지출한 계약금 및 중도금

(6) 기타자산 : (1) 내지 (5) 이외에 차량운반구, 선박, 비품, 공기구 등 기타자산

다만, 문단 10.3에 따라 이 장을 적용하는 투자부동산은 투자자산으로 분류한다.

유형자산의 과목은 업종의 특성 등을 반영하여 신설하거나 통합할 수 있다. 따라서 위의 규정에 별도로 열거되어 있지 않더라도 당해 기업이 속한 업종의 특성상 특정 유형자산의 비중이 중요한 경우에는 별도의 과목을 신설하거나, 중요하지 않다면 통합하여 적절한 과목으로 표시할 수 있다. 예를 들면 항공회사의 경우에는 항공기를, 해운회사의 경우는 선박을 별도의 과목으로 표시할 수 있다. 반면에 기계장치의 비중이 크지 않은 서비스 업종 등의 경우에는 기계장치를 기타의 유형자산으로 분류할 수 있다(일반기준 10장 부록 실10.12).

(1) 토 지

일반적으로 토지란 지적공부에 등록된 28지목의 토지를 말하는데, 이 때의 토지는 국토 전체를 가리킨다. 그러나 자연상태의 토지는 개별성이 없으므로 인위적으로 구획된 토지인 필지를 등록단위로 하여 등록하도록 하고 있다. 하지만 일반기업회계기준상 토지계정에는 지목 또는 등기 여부에 관계 없이 사용한다.

공간정보의 구축 및 관리 등에 관한 법률 제67조【지목의 종류】

① 지목은 전 · 답 · 과수원 · 목장용지 · 임야 · 광천지 · 염전 · 대(垈) · 공장용지 · 학교용지 · 주차장 · 주유소용지 · 창고용지 · 도로 · 철도용지 · 제방(堤防) · 하천 · 구거(溝渠) · 유지(溜池) · 양어장 · 수도용지 · 공원 · 체육용지 · 유원지 · 종교용지 · 사적지 · 묘지 · 잡종지로 구분하여 정한다.

② 제1항에 따른 지목의 구분 및 설정방법 등에 필요한 사항은 대통령령으로 정한다.

일반기업회계기준 제10장에서는 토지의 정의를 따로 규정하지 않고 있으나 공간정보의 구축 및 관리 등에 관한 법률에 의한 토지의 정의에 입각하여 해석하면 될 것이다. 그러나 공간정보의 구축 및 관리 등에 관한 법률상 토지라 해서 모두 일반기업회계기준상 유형자산의 토지로 계상되는 것은 아니다. 즉 유형자산으로서 토지계정에 계상되기 위하여는 영업활동목적으로 취득된 자산이어야 한다.

따라서 투기(speculation) 또는 투자를 목적으로 취득한 토지는 유형자산이 아닌 투자자산(investment)으로 분류하여야 하며 재판매 목적으로 취득한 토지는 재고자산으로 분류하여야 한다. 영업활동에 사용할 목적으로 취득된 토지라 하더라도 이미 영업활동에 자산의 용역잠재력이 모두 사용됨으로 인하여 더 이상 용역을 제공할 수 없는 상태이거나, 영업활동에 사용되지 않고 처분 또는 폐기할 예정으로 유휴상태에 있는 자산은 재무상태표상에 투자자산으로 분류하여야 한다.

토지는 다른 유형자산과 마찬가지로 자기의 경영활동에 사용되는 자산으로서 사용기간이 적어도 1년 이상 또는 정상적인 영업주기 이상 사용되는 내구자산이나, 사용 또는 시간이 경과함에 따라 가치가 점차로 감소하는 자산이 아니므로 상각대상자산은 아니다.

(2) 건 물

건물이란 통상적으로 토지에 정착하는 공작물 중 사실상 준공된 것으로서 지붕 및 기둥 또는 벽이 있는 것과 이에 딸린 시설물과 건축물을 말한다.

그러나 일반기업회계기준 제10장에서는 건물을 건물, 냉난방, 전기, 통신 및 기타의 건물부속설비 등으로 한다고 열거하고는 있으나 이에 대한 정의는 구체적으로 규정한 바는 없으며 다만 건축법 제2조에서 다음과 같이 규정하고 있다.

> **건축법 제2조【정 의】** ① 이 법에서 사용하는 용어의 뜻은 다음과 같다.
> 2. "건축물"이란 토지에 정착(定着)하는 공작물 중 지붕과 기둥 또는 벽이 있는 것과 이에 딸린 시설물, 지하나 고가(高架)의 공작물에 설치하는 사무소 · 공연장 · 점포 · 차고 · 창고, 그 밖에 대통령령으로 정하는 것을 말한다.

이 규정을 보면 건물이란 「지붕과 기둥 또는 벽이 있는 것」으로 보아야 할 것이다. 또한 그 건물의 일부를 이루는 전기설비, 배 · 급수, 위생 또는 가스설비, 냉 · 온방설비 또는 보일러설비, 승강기 등은 건물의 부대설비로서 건물계정에 포함한다. 법인세법에서는 건물과 관련된 전기설비, 급배수 · 위생설비, 가스설비, 냉방 · 난방 · 통풍 및 보일러설비, 승강기설비 등 모든 부속설비를 포함하여 건축물로 보고 있다.

그러나 건물이라 해서 모두 유형자산의 건물로 계상되는 것이 아니다. 즉 영업용이 아니고 투자목적으로 소유하고 있는 건물은 건물계정에 포함시키지 않고 투자부동산 계정으로 기재해야 하며 분양목적 신축상가와 아파트는 재고자산으로 분류해야 한다. 또한 우발적 사고나 기타 여건의 변화로 본래의 용도로 사용할 수 없고 앞으로도 사용계획이 없는 건물의 경우에는 투자자산 중 적절한 과목으로 대체한다.

건물은 다른 유형자산과 마찬가지로 자기의 경영활동에 사용되는 자산으로서 사용기간이 적어도 1년 이상 또는 정상적인 영업주기 이상 사용되는 내구자산이며, 사용 또는 시간이 경과함에 따라 가치가 점차로 감소하는 자산이므로 수익과 비용의 적절한 대응을 위하여 감가상각을 하여야 한다.

(3) 구축물

구축물이란 기업이 자기의 경영목적을 위하여 소유사용하고 토지 위에 정착 · 건설한 건물 이외의 토목설비, 공작물 및 이들의 부속설비를 처리하는 계정이다.

통상 교량, 궤도, 갱도, 정원설비 및 기타의 토목설비 또는 공작물 등 외에 선거, 안벽, 저수지, 연통, 침전지, 샘, 상하수도, 용수설비, 도로, 저탄장, 제방, 터널, 전주, 지하도관, 신호장치 등을 포함하며 대체로 직접적인 자체의 작업은 하지 않고 주로 보조적 작용을 하는 것을 말한다. 하지만 구축물이라 해서 모두 다 유형자산의 구축물로 계상되는 것은 아니다.

즉 사용이 종료된 구축물은 폐기자산 또는 저장품으로 구별되며 자기 기업의 경영활동과 관련 없이 타인에게 대여 중인 구축물은 투자부동산으로 분류되어야 하며 유형자산의 구축물계정에 포함하여서는 안된다.

구축물은 다른 유형자산과 마찬가지로 자기의 경영활동에 사용되는 자산으로서 사용기간이 적어도 1년 이상 또는 정상적인 영업주기 이상 사용되는 내구자산이며, 사용 또는 시간이 경과함에 따라 가치가 점차로 감소하는 자산이므로 수익과 비용의 적절한 대응을 위하여 감가상각을 하여야 한다.

예로서 임차한 토지에 구축물(골프장 및 부대시설)을 건설하여 임차기간 동안 운영하고 임차기간 만료후 임대인에게 무상양도하는 경우, 구축물은 유형자산으로 인식하고 자가토지와 구축물이 사용가능한 시점부터 그 자산의 예상사용기간 동안 체계적으로 상각하여 비용으로 인식하도록 한다(2011-G-KQA 007, 2011. 11. 16.).

(4) 기계장치

기계장치계정은 영업용으로 사용하는 기계, 부속설비를 처리하는 계정이다. 기계장치는 제조업에 있어서 가장 기본적인 설비로서 직접 또는 간접으로 제조목적에 사용하는 기계장치 및 이에 부속하는 제 생산설비를 말한다.

기계와 장치의 구별은 매우 애매하기는 하지만, 일반적으로 기계는 주로 동력으로 외부의 대상물에 작업을 가하는 공작 내지 조립사업에 이용되는 기구의 단위로서 발전기, 전동기, 공작기기, 작업기계 등을 말한다. 장치는 대상물을 내부에 수용하여 이것을 변질 · 변형 · 분해 · 운동시키기 위한 설비로서 공장 등의 용역설비 전체를 말하며 연소장치, 화학장치, 수동장치 등이 이에 해당한다. 따라서 장치는 기계와 함께 또는 기계의 보조용구로서 공장설비를 형성하게 된다.

그러나 오늘날 기계와 장치의 구별은 아직도 명확하지 않으며 주로 전문기술자의 판단에 따를 수밖에 없는 것이 많다. 기계와 장치는 대부분의 경우 일체가 되어 활동하는 것이므로 일반기업회계기준 제10장에서는 양자를 하나로 묶어서 기계장치란 과목으로 기재하도록 하였다.

기계장치 이외에 콘베어, 호이스트, 기중기 등과 같은 운송설비도 동 기계장치의 일부로 보고 후술하는 차량운반구에 계상하지 않는다. 이들은 공장 내에 고정되어 있는 설비이기 때문이다.

기계장치는 다른 유형자산과 마찬가지로 자기의 경영활동에 사용되는 자산으로서 사용기간이 적어도 1년 이상 또는 정상적인 영업주기 이상 사용되는 내구자산이며, 사용 또는 시간이 경과함에 따라 가치가 점차로 감소하는 자산이므로 수익과 비용의 적절한 대응을 위하여 감가상각을 하여야 한다.

(5) 건설중인자산

일반기업회계기준 제10장에서 건설중인자산은 일종의 가계정으로 미완성 유형자산을 말하는데 사업용 유형자산의 건설을 위하여 지급한 재료비, 노무비, 경비뿐만 아니라 건설을 위하여 지출한 도급금액 등 및 유형자산을 취득하기 위하여 지출한 계약금 및 중도금도 포함하여 처리하도록 하였다.

기업은 영업활동에 사용할 기계장치나 건물 등을 외부로부터 구입하지 않고 스스로 건설하는 경우가 있을 수 있다. 이러한 자가건설자산(self-constructed assets)의 경우도 외부에서 구입한 자산과 마찬가지로 건설에 따르는 제 비용과 건설 후 실제 사용가능한 상태로 준비하는 데 발생한 모든 관련 비용을 건설자산의 취득원가에 포함시켜야 한다. 그러나 외부로부터 자산을 취득하는 경우와는 달리, 자산을 자가건설할 경우에는 교환거래가 발생하지 않았기 때문에 자산의 취득원가를 객관적으로 측정하기 어렵다. 일반적으로 자가건설과정에서 발생하는 직접재료비, 직접노무비 등의 직접원가는 자가건설자산과 직접 관련을 맺고 있어 추적이 가능하므로 당연히 취득원가에 포함된다. 하지만 간접원가(제조간접비)는 자가건설자산과의 관련성을 추적하는 것이 거의 불가능하므로 이를 취득원가에 포함시켜야 할 것인가에 대해서는 많은 논란이 제기되고 있다.

이에 대하여 일반기업회계기준 제10장에서는 유형자산의 건설을 위한 재료비, 노무비 및 경비로 하되, 건설을 위하여 지출한 도급금액 등 및 유형자산을 취득하기 위하여 지출한 계약금 및 중도금을 포함하도록 하고 있으므로 변동제조간접비뿐만 아니라 기업이 여러 종류의 제품을 생산할 때 각 제품에 고정제조간접비를 배분하는 것과 같이 자가건설자산에도 고정제조간접비를 배분하도록 규정하고 있다. 이렇게 되면 역사적 원가주의를 재고자산에 대해 적용하는 방식과 일관성이 있는 동시에 다른 회계처리방법에 비하여 수익·비용대응의 원칙에도 보다 잘 부합되는 방법이라 할 수 있다. 이와 같이 자가건설과 관련하여 지출한 재료비, 노무비, 경비 등의 비용을 완성하여 본계정에 대체시까지 처리하는 계정이 건설중인자산이다.

위에서 보듯, 건설중인자산이란 영업용으로 사용할 건물이나 구축물 또는 기계장치 등을 건설 또는 제작할 경우 완성될 때까지의 지급액 또는 충당한 재료비, 노무비, 경비 등 원가를 집계하는 미완성의 유형자산계정이라 할 수 있다. 건설중인자산에는 자체건설 또는 제작하는 경우는 물론 타인에게 일부 또는 전부를 도급으로 의뢰하는 경우 또는 공장설비건설을 위하여 취득한 기계장치 등도 완성시까지 본계정에서 원가를 집계하였다가 완성되어 영업에 사용될 때 당해 유형자산계정으로 대체하게 된다. 이런 이유로 건설중인자산에 대하여는 유형자산의 과목별 또는 공사별로 세분된 보조장부를 작성할 필요가 생긴다. 또한 건설중인자산은 자금은 투하하였으나 아직 구체적인 자산의 형태로서 존재하지 않고 건설중에 있는 미완성자산이므로 본계정에 대체하여 영업목적에 사용될 때까지는 비용으로 배분할 수 없으므로 감가상각을 할 수 없다. 다만 건설중인자산으로 설정된 자산 중 전부 완성되지 않았지만 일부 완성되어 사용시에는 동 금액만이라도 본계정에 대체한 후 감가상각해야 한다.

(6) 기타자산

일반기업회계기준 제10장 문단 10.46에서는 차량운반구, 선박, 비품, 공기구 등의 기타자산을 유형자산으로 처리하도록 하고 있으나 앞서 설명하였듯이 유형자산의 과목은 업종의 특성 등을 반영하여 신설하거나 통합할 수 있다.

참고로 업종에 따라 별도의 과목을 사용할 수 있는 예를 들면 다음과 같다.

① 건설업의 경우 : 건설용 장비 과목

② 관광업의 경우 : 동물 과목(관상용 동물), 식물 과목(관상용 식물)

③ 철도업 등의 경우 : 발전설비, 배전설비, 변전설비 과목

④ 맥주 · 음료 등의 운반 · 보관 용기인 회수조건부 공병 : 공병 과목

⑤ 임차건물의 내부시설(개보수비용, 칸막이공사, 실내장치 등)을 위하여 지출한 비용은 임차시설물 등의 유형자산으로 계상하고, 임차기간 동안에 걸쳐 감가상각한다.

3. 유형자산의 인식

(1) 인식조건

유형자산은 기업이 소유하는 자산의 중요한 부분을 차지하는 경우가 많기 때문에 재무상태표 표시가 매우 중요하다. 또한 유형자산 관련 지출의 자산인식 또는 비용처리 여부는 당기 손익에 큰 영향을 미친다.

따라서 재무제표에 유형자산으로 인식되기 위해서는 앞서 언급한 유형자산의 정의와 다음의 인식조건을 모두 충족하여야 한다(일반기준 10장 문단 10.5).

1) 자산으로부터 발생하는 미래 경제적 효익이 기업에 유입될 가능성이 매우 높아야 한다.

일반적으로 자산과 관련된 권리와 의무를 대부분 이전받은 경우 미래 경제적 효익의 유입가능성이 매우 높다고 할 수 있다. 그러나 자산과 관련된 권리와 의무가 이전되기 전까지는 상당한 불이익 없이도 거래가 취소될 수 있기 때문에 자산으로 인식하지 않는다. 이 경우 인식조건의 충족 여부를 판단하기 위해서는 유형자산을 최초로 인식하는 시점에서 입수가능한 증거에 근거하여 미래 경제적 효익의 유입가능성을 평가하여야 한다(일반기준 10장 부록 실10.1).

2) 자산의 원가를 신뢰성 있게 측정할 수 있어야 한다.

특정 항목을 재무제표에 자산으로 계상하기 위해서는 당해 항목에 대한 측정기준이 있고 그에 따른 측정치가 회계정보로서의 신뢰성을 가질 수 있어야 한다. 특정 항목에 대한 미래 경제적 효익의 유입가능성이 높다고 하더라도 그 금액을 신뢰성 있게 측정할 수 없는 경우에는 이를 자산으로 인식하여서는 안되며 주석이나 기타 설명자료로 공시하여야 한다(일반기준 10장 부록 실10.1).

(2) 부품이나 구성요소의 결합체로 이루어진 유형자산의 인식

특정 유형자산을 구성하고 있는 항목들을 분리하여 개별 유형자산으로 식별해야 할지 아니면 구성항목 전체를 단일의 유형자산으로 인식해야 할지는 기업의 상황과 업종의 특

성을 고려하여 판단하여야 한다.

1) 예비부품과 수선용구

예비부품과 수선용구의 경우 다음과 같은 점을 고려하여 개별 유형자산으로 식별해야 할지 구성항목전체를 단일의 유형자산으로 인식해야 할지를 판단한다(일반기준 10장 문단 10.6).

① 대부분의 경우 예비부품과 수선용구는 재고자산으로 계상하고 사용되는 시점에서 당기손익으로 처리한다.

② 중요한 예비부품이나 대기성 장비로서 기업이 1년 이상 사용할 것으로 예상하는 경우에는 이를 유형자산으로 분류한다.

③ 예비부품과 수선용구라도 내용연수가 1년 이상이고, 특정유형자산에 부속되어 사용되며, 사용빈도가 불규칙적인 것이라면 유형자산으로 분류하고 관련 자산의 내용연수를 초과하지 않는 범위 내에서 감가상각한다.

2) 내용연수나 경제적 효익의 제공형태가 다른 경우

내용연수가 서로 다른 항공기 동체와 항공기 엔진과 같이, 특정 유형자산을 구성하는 개별 자산의 내용연수나 경제적효익의 제공형태가 다른 경우에는 상각률과 상각방법을 달리 적용할 필요가 있을 수 있다. 이 경우에는 유형자산의 구입과 관련된 총지출을 그 유형자산을 구성하고 있는 항목별로 배분하여 개별 유형자산으로 회계처리한다(일반기준 10장 문단 10.7).

(3) 안전 또는 환경상의 규제 때문에 취득한 유형자산의 인식

안전 또는 환경상의 규제 때문에 취득하여야 하는 유형자산은 그 자체로는 직접적인 미래 경제적 효익을 얻을 수 없으나, 다른 자산으로부터 경제적 효익을 얻기 위하여 필요하다. 이러한 자산은 전체 자산의 미래 경제적 효익을 증가시키기 때문에 유형자산으로 인식할 수 있다. 다만 이러한 자산을 포함한 관련 자산의 장부금액은 회수가능가액을 초과할 수 없다. 예를 들면 화공약품 제조업체가 환경규제요건을 충족하기 위하여 새로 설치한 화공약품 취급공정설비는 이 설비를 포함한 관련 자산의 회수가능가액 범위 내에서 자산으로 인식할 수 있다(일반기준 10장 부록 실10.2).

4. 유형자산의 취득원가 결정

"취득원가"는 자산을 취득하기 위하여 자산의 취득시점이나 건설시점에서 지급한 현금 및 현금성자산 또는 제공하거나 부담할 기타 대가의 공정가치를 말한다(일반기준 10장 용어의 정의). 즉 원칙적으로 모든 자산은 그 자산에 대한 교환거래(exchange transaction)가 발생할 때 인식되어야 한다. 여기서 교환거래가 발생할 때란 자산의 매입, 교환 및 처분과 같이 명백한 거래사실이 발생한 때를 말한다.

하지만 경우에 따라서는 교환거래가 발생하지 않더라도 용역잠재력을 수취한 사실이 명확한 시점에서 당해 자산을 인식하는 경우도 있다. 예를 들면 유형자산을 무상으로 증여받는 경우에는 비록 자산의 교환거래가 발생하지 않았다 하더라도 기업의 입장에서 볼 때는 용역잠재력을 수취한 것이 명백하므로 유형자산계정에 계상한다. 또한 연불매입계약에 의한 유형자산의 인수일은 매수인이 사실상 그 유형자산을 사용할 수 있는 날에 유형자산계정에 기재하여야 한다.

일반기업회계기준 제10장 문단 10.8에서는 자산의 취득가액 결정과 관련하여 다음과 같이 규정하고 있다.

일반기업회계기준 제10장【유형자산】

10.8. 유형자산은 최초에는 취득원가로 측정하며, 현물출자, 증여, 기타 무상으로 취득한 자산은 공정가치를 취득원가로 한다. 취득원가는 구입원가 또는 제작원가 및 경영진이 의도하는 방식으로 자산을 가동하는 데 필요한 장소와 상태에 이르게 하는 데 직접 관련되는 원가인 (1) 내지 (9)와 관련된 지출 등으로 구성된다. 매입할인 등이 있는 경우에는 이를 차감하여 취득원가를 산출한다.

(1) 설치장소 준비를 위한 지출
(2) 외부 운송 및 취급비
(3) 설치비
(4) 설계와 관련하여 전문가에게 지급하는 수수료
(5) 유형자산의 취득과 관련하여 국·공채 등을 불가피하게 매입하는 경우 당해 채권의 매입금액과 일반기업회계기준에 따라 평가한 현재가치와의 차액
(6) 자본화대상인 차입원가
(7) 취득세, 등록세 등 유형자산의 취득과 직접 관련된 제세공과금
(8) 해당 유형자산의 경제적 사용이 종료된 후에 원상회복을 위하여 그 자산을 제거, 해체하거나 또는 부지를 복원하는 데 소요될 것으로 추정되는 원가가 충당부채의 인식요건을 충족하는 경우 그 지출의 현재가치(이하 '복구원가'라 한다)
(9) 유형자산이 정상적으로 작동되는지 여부를 시험하는 과정에서 발생하는 원가. 단, 시험과정에서 생산된 재화(예 : 장비의 시험과정에서 생산된 시제품)의 순매각금액(매각금액에서 매각부대원가를 뺀 금액)은 당해 원가에서 차감한다.

유형자산의 취득은 유가증권이나 재고자산의 취득에 비해 취득기간이 상대적으로 길고

부대비용이 많이 소요될 뿐만 아니라 정부보조금이 지급되는 경우도 있어 취득원가의 결정이 쉽지 않다. 유형자산의 취득원가를 결정하는 데 있어서는 해당 자산의 취득과 직접 관련되는 부대비용만을 포함하여야 할 것으로, 새로운 시설을 개설하는 데 소요되는 원가, 새로운 상품과 서비스를 소개하는 데 소요되는 원가(예 : 광고 및 판촉활동과 관련된 원가), 새로운 지역에서 또는 새로운 고객층을 대상으로 영업을 하는 데 소요되는 원가(예 : 직원 교육훈련비), 관리 및 기타 일반간접원가 등은 취득원가로 볼 수 없다(일반기준 10장 문단 10.10, 부록 결10.2).

한편, 유형자산이 경영진이 의도하는 방식으로 가동될 수 있는 장소와 상태에 이른 후에는 원가를 더 이상 인식하지 않는다. 따라서 유형자산을 사용하거나 이전하는 과정에서 발생하는 원가는 당해 유형자산의 장부금액에 포함하여 인식하지 아니하는데, 예를 들어 다음과 같은 원가는 유형자산의 장부금액에 포함하지 아니한다(일반기준 10장 문단 10.11).

① 유형자산이 경영진이 의도하는 방식으로 가동될 수 있으나 아직 실제로 사용되지는 않고 있는 경우 또는 가동수준이 완전조업도 수준에 미치지 못하는 경우에 발생하는 원가

② 유형자산과 관련된 산출물에 대한 수요가 형성되는 과정에서 발생하는 가동손실과 같은 초기 가동손실

③ 기업의 영업 전부 또는 일부를 재배치하거나 재편성하는 과정에서 발생하는 원가

이하에서는 유형자산의 취득원가 결정과 관련하여 보다 구체적으로 살펴보도록 하겠다.

(1) 토지와 구축물의 취득원가 결정

토지조경 및 배수로설치 등과 같이 거의 영구적으로 용역잠재력을 제공받을 수 있는 시설에 투입된 원가나, 정부관리 하의 도로포장 및 가로등설치 등에 투입된 원가는 모두 토지계정에 산입한다. 이와 같은 토지시설물은 거의 항구적으로 용역잠재력을 제공하기 때문에 감가상각을 할 필요가 없다. 즉 조경시설이나 배수로 등은 한번 완성되면 그 토지를 처분할 때까지 가치가 소멸되지 않으며, 정부관리 하에 설치된 가로등시설이나 포장도로 등은 계속적으로 정부기관에 의해 대체·보수되기 때문에, 토지소유자의 관점에서 볼 때 더 이상의 유지관리비를 투입하지 않고도 계속 용역을 제공받을 수 있다. 그러므로 토지구매자가 조경시설이나 배수로설치 등에 직접 투입한 원가전액과 정부관리 하의 도로포장이나 가로등설치 등에 투입된 총원가 중에서 토지구매자가 직접 부담한 부분은 모두 토지계정에 산입하여야 하며 감가상각을 해서는 안된다.

그러나 토지개량을 위해 투입된 원가 중에서 용역잠재력을 항구적으로 제공하지 못하는 부분에 해당하는 원가라든가, 정부와 기업이 공동부담으로 가로등설치 및 도로포장 등을

하였으나 정부기관 등에 의하여 계속적으로 보수·대체되지 않을 경우에는 투입된 비용 등을 토지계정과는 별도로 토지부대시설계정이나 구축물계정에 계상하여 감가상각을 하여야 한다. 예를 들면 담장시설이나 주차시설 또는 정부와 같은 외부기관에 의해 계속적으로 보수·대체되지 않는 시설물은 단지 제한된 기간 동안만 용역을 제공하므로, 이 부분에 투입한 원가는 토지계정 이외의 별도계정에 기입하여 내용연수 동안에 상각하여야 한다.

또한 토지공사비나 개량비 중 돌담, 호안, 상하수도, 가스 등과 같이 영구적인 설비가 되지 못하고 감가되는 성질의 공사비는 이것을 토지의 취득원가에 산입하지 않고, 구축물계정 또는 그밖의 적당한 자산계정으로 처리하였다가 적당한 내용연수를 견적하여 매기의 비용으로 감가상각해가는 것이 바람직하다. 즉 토지는 다른 유형고정자산과는 달리 영구적 자산이므로 개량비 중에서 비감가성인 것은 토지의 취득원가에 가산하고 감가성인 것은 토지계정과 구분하여 구축물계정과 같은 감가상각자산으로 취급하여야 한다.

국가가 "개발이익 환수에 관한 법률"의 규정에 의하여 개발사업의 최종 단계에서 토지의 지가상승분에 대하여 개발부담금을 부과하는 경우 개발사업시행자는 이 개발부담금을 당해 토지의 원가에 산입하여야 한다.

금융감독원 질의회신[건설기간 중의 재산세 회계처리(금감원 2001-001)]에서는 토지를 매입하여 주택(아파트 등) 및 상업용 건물을 신축·판매할 경우 토지에 대하여 부과되는 재산세 중 건설기간 중에 발생한 재산세는 건설원가로, 준공 후에 발생한 재산세는 판매비와관리비로 처리되도록 하였으며 이는 수익·비용대응의 원칙에 따른 결과이다.

또한 토지의 취득에 있어서 타인 소유의 지상건물에 대한 이전비, 제작비 또는 지상권자·임차권자 등에 대한 보상금은 토지를 취득하기 위한 비용이므로 토지의 원가에 산입시켜야 한다.

- **토지의 용도변경 인·허가 획득에 따른 추가 지급대가의 회계처리(GKQA 08-027, 2008. 7. 17.)**
  토지의 용도변경 인·허가를 획득하는 경우에 추가대가를 지급하기로 하고 토지를 취득한 자가 용도변경 인·허가를 획득하고 지급하는 추가대가는 토지의 장부금액에 포함되는 것임.

(2) 복구원가

유형자산의 경우 내용연수가 종료된 후 추가적인 비용 없이 처분되는 경우도 있겠지만, 토양, 수질, 대기, 방사능 오염 등을 유발할 가능성이 있는 시설물, 예를 들면 원자력발전소, 해상구조물, 쓰레기매립장, 저유설비 등의 유형자산에 대해서는 경제적 사용이 종료된 후에 환경보전을 위하여 반드시 원상을 회복시켜야 한다.

자산을 사용하기 위해 부담해야 할 취득원가에는 최초 취득시점에서 부담해야 할 지출뿐만 아니라 경제적 사용이 종료된 후의 복구원가도 해당 자산을 사용하기 위한 회피 불가능한 비용이라는 관점에서 동질적이기 때문에 취득원가에 포함하는 것이 타당하다. 그러나 복구원가를 취득원가에 반영하기에 앞서, 중요성 판단과 해당 자산의 잔존가액과의 비교, 충당부채의 인식요건 충족 여부 등을 검토해야 한다(일반기준 10장 부록 실10.3).

자산의 취득, 건설, 개발에 따른 복구원가에 대한 충당부채는 유형자산을 취득하는 시점에서 해당 유형자산의 취득원가에 반영한다. 그러나 법규의 신설, 계약조항의 변경 등으로 인하여 자산을 사용하는 도중에 책임을 부담하게 되는 경우에는 당해 복구원가에 대한 충당부채를 인식하는 시점에서 해당 유형자산의 장부금액에 반영한다. 다만 복구원가가 자산의 내용연수에 걸쳐 발생하는 경우에는 해당기간의 비용 또는 제조원가로 처리한다(일반기준 10장 문단 10.9). 여기서 유형자산의 취득원가에 포함시켜야 할 복구원가라 함은 해당 유형자산의 경제적 사용이 종료된 후에 원상회복을 위하여 그 자산을 제거 · 해체하거나 또는 부지를 복원하는 데 소요될 것으로 추정되는 원가(이하 '원상회복원가'라 한다)의 현재가치를 말하는 것으로서 일반기업회계기준 제14장(충당부채, 우발부채 및 우발자산)에서 규정하는 충당부채의 인식요건을 충족하여야 한다(일반기준 10장 문단 10.8).

1) 복구원가의 자본화 여부

유형자산의 경제적 사용이 종료된 후에 원상회복을 위하여 자산을 제거 · 해체하거나, 부지를 복원하는 데 소요될 것으로 추정되는(현재가치로 할인되지 아니한) 원상회복원가는 다음에 따라 처리한다.

① 발생시점의 비용처리

원상회복원가가 해당 자산의 잔존가액보다 작거나 복구원가가 중요하지 않는 경우 또는 일반기업회계기준 제14장(충당부채, 우발부채 및 우발자산)에서 정한 충당부채의 인식요건을 충족하지 못하는 경우에는 복구원가를 자산의 취득원가로 인식하지 않는다(일반기준 10장 부록 실10.3). 따라서 당해 원상회복원가는 발생한 시점에 비용으로 처리하여야 할 것이다.

② 자산의 취득원가에 가산

원상회복원가가 해당자산의 잔존가액보다 크고 복구원가가 중요하며 또한 충당부채의 인식요건을 충족하는 경우에는 원상회복원가의 현재가치를 자산의 취득원가에 가산한다(일반기준 10장 부록 실10.3). 다만 유형자산의 취득원가에 반영된 복구충당부채 가액은 필요한 경우 관련자산과는 구분하여 복구원가추정자산 등의 과목으로 계상할 수 있다(일반기준 10장 부록 실10.6).

2) 회계처리

복구원가와 관련된 회계처리는 취득원가에 가산할 복구원가를 추정하고 이를 현재가치로 할인하여 복구충당부채로 계상하는 회계처리와 취득원가에 포함된 복구원가의 감가상각과 복구충당부채에 대해 유효이자율법을 적용하여 복구충당부채 전입액을 산출하는 회계처리 및 복구시점의 회계처리로 구분할 수 있다(일반기준 10장 부록 실10.4).

① 복구원가추정 및 복구충당부채계상

취득원가에 가산할 복구원가는 다음과 같이 단계적으로 추정할 수 있다(일반기준 10장 부록 실10.5).

(가) 현재 복구공사를 진행하는 것을 가정했을 경우 복구공사에 투입될 인력 소요를 해당 자산을 건설할 당시의 토목공사 등의 관련 자료를 분석하는 방법 등에 의해 산출하고, 그 결과를 토대로 노무비를 추정한다.

(나) 복구공사에 투입될 장비사용 계획과 이와 유사한 공사에 현재 적용하고 있는 공사간접비 배부율 등을 참고하여 공사간접비를 산출한다.

(다) 복구공사를 자체적으로 시행하지 않고 외부에 도급공사를 줄 경우 공사원가에 통상적으로 적용할 수 있는 정상이윤을 가산한다.

(라) 해당 자산의 취득완료시점부터 복구공사를 실시하게 될 시점까지의 물가상승률을 과거 경험과 자료를 토대로 추정하여 미래가치를 산출하기 위한 승수를 산정한다.

(마) 위 (가)~(라)까지의 단계를 거쳐 인플레이션을 감안한 예상현금흐름을 산출한다.

(바) 복구공사원가에 직접적인 영향을 미치는 원재료, 인건비 등의 수급상황과 가격의 예기치 못한 변동을 예상현금흐름에 고려하기 위하여 과거의 경험과 자료를 토대로 시장위험프리미엄을 산정하고, 위 (마)의 현금흐름을 조정한다.

(사) 위 (바)의 시장위험프리미엄으로 조정된 현금흐름을 현재가치로 할인한다. 현재가치로 할인하기 위해서는 무위험이자율에 개별 기업에 적용되는 신용위험을 고려하여 산출된 할인율을 적용한다.

사례 1 (주)삼일은 2×07. 1. 1.에 해양구조물을 취득하였다. 이 해양구조물의 추정내용연수 종료시점(2×16. 12. 31.)에는 복구공사를 수행하여야 하며 복구공사관련 노무비는 131,250백만원, 공사간접비는 노무비의 80%, 복구공사관련 도급공사시 도급계약자의 정상이윤은 20%, 10년간의 매년 물가상승률은 4%, 시장위험프리미엄은 5%, 무위험이자율에 근거한 할인율은 8.5%로 가정할 경우 복구원가를 추정하라.

	예상현금흐름(백만원)
(1) 노무비	131,250
(2) 장비사용 및 간접비 배분[=131,250 × 80%]	105,000

(3) 계약자에 대한 정상이윤[(131,250 + 105,000) × 20%]	47,250
인플레이션을 고려하기 전의 예상현금흐름	283,500
(4) 취득완료시점부터 복구공사가 진행될 시점까지 인플레이션을 고려한 승수[=(1 + 0.04)^{10}]	(1.4802)
인플레이션을 고려한 예상현금흐름[=283,500 × 1.4802]	419,637
(5) 시장위험프리미엄[=419,637 × 5%]	20,982
시장위험프리미엄 조정 후의 예상현금흐름	440,619
(6) 무위험이자율에 해당기업의 신용위험을 고려하여 산출된 할인율을 기초로 취득완료시점부터 복구공사가 진행될 시점까지의 현재가치할인율 [=1/(1 + 0.085)^{10}]	(0.442285)
현재가치할인율을 적용하여 산출한 복구충당부채	194,879

② 복구원가의 감가상각과 복구충당부채전입액 산출

유형자산의 취득원가에 반영된 복구충당부채 가액 또는 복구원가추정자산 가액은 내용연수에 걸쳐 합리적이고 체계적인 방법으로 배분하여 감가상각액으로 인식한다. 또한 현재가치로 표시된 복구충당부채에 대해서는 유효이자율법에 의해 복구충당부채전입액을 계상하고 복구충당부채에 가산한다. 여기에 적용될 유효이자율은 복구충당부채를 현재가치로 할인하기 위해 사용된 할인율을 이용한다(일반기준 10장 부록 실10.6).

사례 2 (주)삼일이 2×07. 1. 1.에 취득한 해양구조물과 관련된 다음 자료를 토대로 취득시점의 회계처리와 회계연도말 감가상각액의 계상과 복구충당부채전입액의 인식에 관한 회계처리를 하라.

> 해양구조물의 취득원가 : 400,000 　 잔존가액 : 10,000
> 내용연수 : 10년 　 감가상각방법 : 정액법
> 단, 복구충당부채는 [사례 1]의 자료를 이용한다. (단위 : 백만원)

• 2×07. 1. 1.(취득시점)

(차) 구 축 물*	594,879	(대) 미지급금(또는 현금)	400,000
		복 구 충 당 부 채	194,879

* 구축물과는 구분하여 구축물복구원가추정자산의 과목으로 표시할 수 있다.

• 2×07. 12. 31.(결산시점)

(차) 감 가 상 각 액*	58,488	(대) 감 가 상 각 누 계 액	58,488
복구충당부채전입액**	16,565	복 구 충 당 부 채	16,565

* 감가상각액의 산출 : (594,879−10,000) / 10년 = 58,488 또는 (400,000−10,000) / 10년 +194,879 / 10년 = 58,488

** 복구충당부채전입액의 산출 : 194,879×8.5% = 16,564

[계산자료 1] 유효이자율법을 적용하여 산출된 복구충당부채전입액

연 도	기초복구충당부채(a)	복구충당부채전입액(b)	기말복구충당부채(a+b)
2×07	194,879	× 8.5%=16,565	211,444
2×08	211,444	× 8.5%=17,973	229,417
…	…	…	…
…	…	…	…
2×16	406,100	× 8.5%=34,519	440,619

[계산자료 2] 회계연도별 복구충당부채전입액과 감가상각액

연 도	복구충당부채전입액	감가상각액 (취득원가에 가산된 복구원가분)	감가상각액(최초취득분)
2×07	16,565	19,488	39,000
2×08	17,973	19,488	39,000
…	…	…	…
…	…	…	…
2×16	34,519	19,488	39,000

③ 복구시점의 회계처리

실제 복구원가가 지출되는 시점에서 이미 계상되어 있던 복구충당부채 금액과 실제 발생된 복구공사비와의 차액은 실제 복구가 진행되는 회계기간의 손익으로 계상한다(일반기준 10장 부록 실10.7).

사례 3 상기의 [사례 2]에서 해양구조물의 경제적 내용연수가 종료된 후 복구공사에 실제 소요된 원가가 500,000으로 복구충당부채잔액보다 큰 경우에 복구시점의 회계처리를 하라.

• 2×17. 1. 1.(복구공사시점)

(차) 복 구 충 당 부 채	440,619	(대) 미지급금(또는 현금)	500,000
복 구 공 사 손 실	59,381		

사례 4 상기의 [사례 2]에서 해양구조물의 경제적 내용연수가 종료된 후 복구공사에 실제 소요된 원가가 400,000으로 복구충당부채잔액보다 작은 경우에 복구시점의 회계처리를 하라.

• 2×17. 1. 1.(복구공사시점)

(차) 복 구 충 당 부 채	440,619	(대) 미지급금(또는 현금)	400,000
		복 구 공 사 이 익	40,619

(3) 철거건물의 장부금액 등에 관한 회계처리

기존에 있던 건물을 철거하고 새로운 건물을 신축할 경우 철거건물의 장부금액과 철거비용에 대한 회계처리는 다음과 같은 경우로 나누어 회계처리하여야 한다.

1) 건물신축목적으로 사용 중인 기존 건물을 철거하는 경우

건물을 신축하기 위하여 사용 중인 기존 건물을 철거하는 경우 그 건물의 장부금액은 제거하여 처분손실로 반영하고, 철거된 건물의 부산물을 판매한 금액을 차감한 후의 철거비용은 전액 당기비용으로 처리한다(일반기준 10장 문단 10.13). 왜냐하면 새 건물을 신축하기 위하여 철거되는 구 건물은 더 이상 자체적으로 미래의 경제적 효익을 제공하지 못하므로 자산성이 없고, 회사가 사용 중인 기존 건물을 철거한다는 의사결정은 당해 구 건물의 내용연수에 대한 추정의 변경에 해당하고, 이 경우 당해 자산의 내용연수는 더 이상 존재하지 않기 때문이다.

한편 동 규정은 건물신축목적으로 사용 중인 기존 건물을 철거하는 경우에 한정적으로 적용하는 것은 아니다. 이와 관련해서 금융감독원 질의회신(금감원 2004-058)에서는 전력사업을 영위하는 법인이 배전설비(구축물 및 기계장치)의 증설공사를 위해 기존설비를 철거하고 새로운 설비를 설치하는 경우 철거되는 배전설비의 장부금액은 처분손실로 반영하고 철거비용은 전액 당기비용으로 회계처리하도록 하고 있다.

2) 건물신축목적으로 기존 건물이 있는 토지를 취득한 경우

새 건물을 신축하기 위하여 기존 건물이 있는 토지를 취득하고 그 건물을 철거하는 경우 기존 건물의 철거관련 비용에서 철거된 건물의 부산물을 판매하여 수취한 금액을 차감한 가액은 토지의 취득원가에 산입한다(일반기준 10장 문단 10.13). 왜냐하면 기존 건물의 철거비용은 토지를 의도했던 대로 사용할 수 있는 상태에 이르기까지 부수적으로 발생한 취득부대비용이기 때문이다.

(4) 장기연불거래에 의한 유형자산의 취득

기업이 유형자산을 구입하고 그 대금을 구입시점에서 현금으로 구입하는 것이 아니라 장기성 지급어음이나 사채 등을 발행하여 실질적으로 자산에 대한 대금지급을 이연시키는 경우 일반기업회계기준 제10장과 제6장에 의하면 다음과 같이 회계처리하도록 하고 있다.

일반기업회계기준 제10장 【유형자산】

10.17. 유형자산을 장기후불조건으로 구입하거나, 대금지급기간이 일반적인 신용기간보다 긴 경우 원가는 취득시점의 현금가격상당액으로 한다. 현금가격상당액과 실제 총지급액과의 차액은 제18장 '차입원가자본화'에 따라 자본화하지 않는 한 신용기간에 걸쳐 이자로 인식한다.

일반기업회계기준 제6장 【금융자산 · 금융부채】

실6.20의 2. 장기연불조건의 매매거래에는 일반적인 상거래에서 발생하는 재고자산이나 유형자산의 매매거래, 용역의 수수거래 등이 포함되며, 장기금전대차거래에는 특수관계자와의 금전소비대차거래 등이 포함된다. 또한 이러한 장기연불조건의 매매거래, 장기금전대차거래 또는 이와 유사한 거래에서 발생하는 채권 · 채무로서 명목금액과 공정가치의 차이가 유의적인 경우에는 이를 공정가치로 평가한다. 이때, 유의적 차이를 판단함에 있어서는 금액의 크기뿐만 아니라 향후 각 회계기간의 손익에 미치는 영향, 거래의 질적특성(거래의 상대방, 거래의 목적 등)을 종합적으로 고려하여야 한다.

실6.20의 3. 제공하거나 수취한 대가 중 일부가 금융상품이 아닌 다른 것에 대한 대가이며 금융상품의 시장가격이 없는 경우에는 평가기법을 사용하여 금융상품의 공정가치를 추정하여 인식한다. 추가로 지급한 금액이 어떤 형태로든 자산의 인식기준을 충족하지 못하면, 당해 금액은 비용으로 인식하거나 수익에서 차감한다. 그러나, 기업이 종업원에게 주택자금을 저리 또는 무상으로 장기간 대여해주면서 대여금의 사용에 따른 반대급부(근로제공의무 등)를 부과하는 경우나 협력회사에 대여금을 제공하면서 사용의 목적을 제한하는 경우와 같이 사용의 연계성이 확실한 경우에는 현재가치평가 대상에서 제외할 수 있다.

실6.20의 4. 현재가치평가에 적용하는 이자율은 일반적으로 당해 거래에 내재된 이자율인 유효이자율이다. 그러나 이러한 이자율을 구할 수 없거나 동종시장이자율(관련 시장에서 당해 거래의 종류 · 성격과 동일하거나 유사한 거래가 발생할 경우 합리적인 판단력과 거래의사가 있는 독립된 당사자간에 적용될 수 있는 이자율)과의 차이가 유의적인 경우에는 동종시장이자율을 적용하며, 동종시장이자율을 실무적으로 산정할 수 없는 경우에는 객관적이고 합리적인 기준에 의하여 산출한 채무자의 가중평균차입이자율을 적용할 수 있다. 객관적이고 합리적인 기준에 의하여 채무자의 가중평균차입이자율을 산출할 수 없는 경우에는 회사채 유통수익률을 기초로 채무자의 신용도 등을 반영하여 채무자에게 적용될 자금조달비용을 합리적으로 추정하여 적용한다.

유형자산을 장기성지급어음이나 사채 등을 발행하여 취득하는 경우 다음과 같이 두 가지 경우로 나눌 수 있다.

1) 장기성지급어음이나 사채의 표시이자율이 시장이자율과 같은 경우

자산구입시 현금 대신에 발행된 사채나 장기성지급어음의 표시이자율이 시장이자율과 일치할 경우에는 사채나 어음의 액면가액이 자산의 현행가격과 같다고 할 수 있다. 이와 같은 경우에는 사채나 어음의 액면가액을 새로 취득한 자산의 취득원가로 하고 이후 지급되는 이자는 당기비용으로 처리한다.

사례 1 20×7. 1. 1.에 (주)삼일은 토지를 취득하고 그 대가로 액면가 ₩250,000,000인 장기성지급어음(만기 : 5년, 표시이자율 : 14%)을 발행하였다. 이자는 매년 말에 지급하며 (주)삼일의 정상적인 차입이자율은 14%라고 가정하고 20×7. 1. 1.에 이루어질 (주)삼일의 분개를 하라.

(차) 토 지	250,000,000	(대) 장기성지급어음	250,000,000

사례 2 상기의 사례에서 20×7. 12. 31.에 이루어질 (주)삼일의 분개를 하라.

(차) 이 자 비 용	35,000,000*	(대) 현금 및 현금성자산	35,000,000

* ₩250,000,000 × 14% = ₩35,000,000

2) 장기성지급어음이나 사채의 표시이자율이 시장이자율과 현저히 다르거나 또는 무이자부조건으로 발행된 경우

이 경우에는 어음이나 사채의 액면가액이 유형자산의 현금구입가격을 정확히 반영하지 못하므로 액면가액을 유형자산의 취득원가로 사용해서는 안된다. 대신 유형자산의 현금구입가격을 그 유형자산의 취득원가로 기록하고, 현금구입가격과 사채 또는 어음의 액면가액과의 차액인 할인(증)액은 현재가치할인차금(현재가치할증차금)의 평가계정(contra account 또는 adjunct account)을 설정하여 계상하여야 한다. 이 할인(증)액은 어음이나 사채의 상환기간에 걸쳐 유효이자율법을 적용하여 상각이나 환입하고 이를 이자비용 또는 이자수익 과목에 계상한다. 여기서 유의해야 할 것은 새로 취득한 유형자산의 현금구입가격으로부터 계산된 유효이자율을 기준으로 기간별 이자비용을 계상하고 이자비용과 현금지출 이자액의 차이만큼 할인(증)액을 상각한다는 점이다. 만약 유형자산의 현금구입가격을 알 수 없는 경우에는 사채 또는 어음과 관련하여 지급해야 할 총금액(액면가와 표시이자율에 의한 이자지급액의 합계)을 동종시장이자율 또는 가중평균차입이자율로 할인한 현재가치를 토지의 취득원가로 기록한다.

사례 1 20×7. 1. 1.에 (주)삼일은 토지를 취득한 대가로 액면가 ₩250,000,000인 무이자부 지급어음(만기 : 3년)을 발행하였다. (주)삼일이 구입한 토지의 시가는 ₩187,828,700으로 이미 형성되어 있었다. 20×7. 1. 1.에 이루어질 (주)삼일의 분개를 하라.

(차) 토 지	187,828,700	(대) 장기성지급어음	250,000,000
현재가치할인차금	62,171,300		

사례 2 상기 사례에서 (주)삼일의 20×7. 12. 31.의 분개를 하여라.

(차) 이 자 비 용	18,782,870*	(대) 현재가치할인차금	18,782,870

* (₩250,000,000－₩62,171,300) × 10% = ₩18,782,870

해답

이 경우에는 (주)삼일이 취득한 토지의 현행 현금등가액이 ₩187,828,700인 것을 명확히 알 수 있다. 또한 (주)삼일이 발행한 장기성지급어음이 무이자부 어음이기 때문에 액면가액 속에 이자비용이 포함되어 있다고 볼 수 있다. 이와 같은 사실은 (주)삼일의 토지의 취득원가가 ₩187,828,700, 동시에 장기성지급어음의 현재가치도 ₩187,828,700임을 의미한다. 따라서 장기성지급어음의 액면가액은 취득한 자산의 공정시장가치를 나타내지 못한다. 어음의 액면가액과 현재가치와의 차액인 ₩62,171,300(₩250,000,000－₩187,828,700)은 (주)삼일이 3년간 인식해야 할 총이자비용액이다. 이 이자비용은 매년 발생하는 것이므로 매 결산기마다 인식하여야 하며, 이 때 적용되는 이자율은 유효이자율법(effective interest method)에 의해 역산되어야 한다. 유효이자율법을 적용하여 이자율(할인율)을 역산할 때는 다음과 같은 현가방정식을 사용한다.

$$\text{자산의 공정가치 (어음의 현가)} = \sum_{t=1}^{n} \frac{Ct}{(1+r)^t}$$

n＝만기기간
Ct＝t연도의 현금지출액
r＝할인율(유효이자율)

위의 공식을 적용하면,

₩187,828,700＝₩250,000,000/$(1+r)^3$

r＝0.1

즉, 유효이자율은 10%이다.

사례 3 20×7. 1. 1.에 (주)삼일은 토지를 취득한 대가로 액면가액 ₩250,000,000인 무이자부 어음(만기 : 3년)을 발행하였다. (주)삼일이 구입한 토지는 공유수면매립법에 의한 매입토지로 정확한 시장가격이 형성되어 있지 않다. (주)삼일은 차입금에 대해 연 15%의 이자율을 적용하여 이자를 지급하고 있는데, 이 15%의 이자율은 시장이자율과 거의 일치한다. 20×7. 1. 1. (주)삼일의 분개를 하라.

(차) 토 지	164,379,058	(대) 장기성지급어음	250,000,000
현재가치할인차금	85,620,942		

해답

자산을 구입한 대가로 무이자부 장기성지급어음을 발행하였기 때문에 장기성지급어음의 액면가액 ₩250,000,000은 구입자산의 공정시장가치를 반영하고 있지 못하다. 따라서 (주)삼일은 장기성지급어음의 현재가치를 계산하여 이를 자산의 취득원가로 기록해야 한다. 어음의 현재가치는 다음과 같이 계산된다.

$$어음의\ 현재가치 = \frac{₩250,000,000}{(1+0.15)^3}$$

$$= ₩250,000,000 \times 0.657516$$

$$= ₩164,379,058$$

이 때 액면가액과 현가의 차액 ₩85,620,942(₩250,000,000 − ₩164,379,058)은 장기성지급어음할인액으로서 어음이 존속하는 기간(3년간)에 걸쳐 상각하여 이자비용으로 인식하여야 한다. 이자비용은 지급어음의 현재가치와 시장이자율을 이용하는 유효이자율법에 의하여 계산한다.

사례 4 상기 사례에서 (주)삼일의 20×7. 12. 31. 분개를 하라.

(차) 이 자 비 용	24,656,858*	(대) 현재가치할인차금	24,656,858

* (₩250,000,000 − ₩85,620,942) × 15% = ₩24,656,858

(5) 다종자산의 일괄구입

일괄구입(lump-sum purchase)이란, 두 종류 이상의 자산을 일괄가격(single price)으로 동시에 구입하는 것을 말한다. 즉 토지, 건물, 기계장치 등을 각각의 개별가액의 구분 없이 일률적으로 전체 금액을 지불함으로써 생기는 거래를 말한다. 이 경우 어떻게 각 자산별로 취득원가를 결정할 것인가가 주요한 문제가 된다. 여러 종류의 자산을 일괄구입할 경우에 구입가격은 구입된 각 자산의 결합시가(combined fair market value)를 객관적으로 반영하는데, 이 경우 각 자산의 개별적인 원가는 일괄구입가격을 배분함으로써 산출된다.

일반적으로 일괄구입가격은 각 자산의 상대적 공정가치를 기준으로 개별자산에 배분하는데, 이러한 방법은 자산의 취득원가와 자산의 공정가치가 비례하여 변화한다는 점에 이론적 근거를 두고 있다. 이 때 각 자산의 공정가치의 합계와 일괄구입가격이 일치하지 않는 경우가 발생하더라도 문제가 되지 않는다. 왜냐하면 취득원가총액(일괄구입가격)을 각 자산에 배분할 때 중요한 것은 배분기준이 각 공정가치의 절대액이 아니라 개별자산의 공정가치가 공정가치총액에서 차지하는 비율, 즉 공정가치의 상대적 비율이기 때문이다.

공정가치란 합리적인 판단력과 거래의사가 있는 독립된 당사자간에 거래될 수 있는 교환가격을 말하는데, 공신력 있는 감정기관의 감정가격, 공공기관이 공시한 시가표준액 또는 기준시가, 권위 있는 물가조사기관의 물가조사표에 의한 시가 및 증권시장 등에서와 같이 다수의 판매자와 구매자가 참여함으로써 객관적으로 형성되는 시장가격 등을 공정가치로 볼 수 있다.

사례 (주)삼일은 ₩360,000,000의 일괄구입가격으로 토지, 건물, 기계장치를 취득하였다. 여러 가지 자료를 통하여 감정한 결과 각 자산의 공정가치는 다음과 같다.

토 지	₩200,000,000
건 물	₩120,000,000
기 계 장 치	₩100,000,000
계	₩420,000,000

각 자산의 취득원가를 계산하고 매입거래를 분개하라.

해답

• 각 자산의 취득원가

토 지 : ₩360,000,000 × ₩200,000,000 / ₩420,000,000 = ₩171,428,571

건 물 : ₩360,000,000 × ₩120,000,000 / ₩420,000,000 = ₩102,857,143

기계장치 : ₩360,000,000 × ₩100,000,000 / ₩420,000,000 = ₩85,714,286

• 분 개

(차) 토 지	171,428,571	(대) 현금 및 현금성자산	360,000,000
건 물	102,857,143		
기 계 장 치	85,714,286		

(6) 주식발행에 의해 취득한 자산(현물출자)

기업이 자산을 취득하고 그 대가로 신주를 발행하는 경우, 즉 현물출자에 의하여 자산을 취득하는 때에는 취득한 자산의 공정가치를 취득원가로 한다(일반기준 10장 문단 10.8). 따라서, 현물출자를 받은 기업은 취득한 자산의 공정가치를 결정한 후 주식발행시에 다음과 같이 회계처리하여야 한다.

(차) 현물출자자산(토지 등)	×××	(대) 자 본 금	×××
		주식발행초과금	×××

상법에서는 자본충실의 원칙에 입각하여 현물출자에 엄격한 제한을 가하고 있다. 현물출자에 관한 사항은 이사회에서 신주발행에 관한 결의로써 정하는 것이지만, 출자자산의 적정성 여부를 조사하기 위하여 검사인의 선임을 법원에 청구하거나 공인된 감정인의 감정으로 검사인의 조사에 갈음할 수 있으며, 상법 제422조 제2항 각 호의 어느 하나에 해당하는 경우에는 검사인 등에 의한 가액평가를 생략할 수 있다. 법원은 검사인의 조사보고서 또는 공인된 감정인의 감정결과를 심사하여 현물출자에 관한 사항이 부당하다고 인정되는

경우에는 이를 변경하여 이사와 현물출자자에게 통고할 수 있고, 그 변경에 불복하는 현물출자자는 그 주식의 인수를 취소할 수 있다. 따라서, 이와 같이 상법상 적법한 절차에 따라 결정된 현물출자자산의 가액은 특별히 악의가 있는 경우를 제외하고 현물출자자산의 공정가치로 볼 수 있을 것이다.

(7) 교환에 의하여 취득한 자산

기업은 유형자산을 구입거래를 통해서 취득하거나 또는 기업이 소유하고 있던 다른 유형자산과 교환으로 취득하기도 한다. 후자의 방법과 같이 기업이 필요로 하는 비화폐성 자산을 다른 비화폐성 자산과의 교환으로 취득하는 거래를 비화폐성 거래(nonmonetary transaction)라고 한다.

다른 비화폐성 자산과의 교환을 통해 유형자산을 취득하는 거래는 동종자산과의 교환인가 또는 이종자산과의 교환인가에 따라 회계처리가 달라진다.

1) 이종자산의 교환시 회계처리

대부분의 자산 취득거래는 현금 등의 화폐성자산을 매개로 하여 거래가 이루어지기 때문에 화폐성자산의 공정가치를 자산의 원가로 간주하는 데 문제가 없다. 그러나 비화폐성 자산 간의 교환에는 객관적인 공정가치 산정에 어려움이 있다. 다른 비화폐성 자산과의 교환을 통해 취득한 유형자산의 취득원가는 일반자산의 원가 결정과 동일한 기준을 적용하여 공정가치로 평가하는 것이 타당하다. 즉 비화폐성 자산과의 교환을 통해 취득한 유형자산의 원가는 화폐성자산과의 교환을 통해 취득한 경우와 마찬가지로 제공한 비화폐성 자산의 공정가치를 기초로 하여 측정한다. 다만, 제공한 자산의 공정가치보다 취득한 자산의 공정가치가 보다 객관적이고 신뢰성이 있다고 판단될 경우에는 취득한 자산의 공정가치를 원가로 계상할 수 있다(일반기준 10장 부록 결10.3).

이와 관련하여 일반기업회계기준 제10장 문단 10.18과 10.19에서는 다음과 같이 규정하고 있다.

일반기업회계기준 제10장【유형자산】

10.18. 다른 종류의 자산과의 교환으로 취득한 유형자산의 취득원가는 교환을 위하여 제공한 자산의 공정가치로 측정한다. 다만, 교환을 위하여 제공한 자산의 공정가치가 불확실한 경우에는 교환으로 취득한 자산의 공정가치를 취득원가로 할 수 있다. 자산의 교환에 현금수수액이 있는 경우에는 현금수수액을 반영하여 취득원가를 결정한다.

10.19. 유형자산의 공정가치는 시장가격으로 한다. 다만, 시장가격이 없는 경우에는 동일 또는 유사 자산의 현금거래로부터 추정할 수 있는 실현가능액이나 전문적 자격이 있는 평가인의 감정가액을 사용할 수 있다.

사례 1 (주)삼일은 사용 중이던 기계장치와 교환하여 토지를 취득하고 추가로 현금 ₩30,000,000을 지급하였다. 기계장치 및 토지에 관한 자료는 다음과 같다.

	기 계 장 치	토 지
공 정 가 치	₩60,000,000	₩150,000,000
취 득 원 가	₩300,000,000	
감가상각누계액	₩200,000,000	
장 부 가 액	₩100,000,000	

• 분 개

(차)	토 지	90,000,000*	(대) 기 계 장 치	300,000,000
	감가상각누계액	200,000,000	현금 및 현금성자산	30,000,000
	유형자산처분손실	40,000,000		

* 제공한 자산의 공정가치=기계장치의 공정가치 + 지급한 현금 및 현금성자산
= 60,000,000 + 30,000,000 = 90,000,000

사례 2 상기의 [사례 1] 중 기계장치의 공정가치가 불확실하나 토지는 공정가치로 측정 가능하였다. (주)삼일은 토지의 공정가치를 취득원가로 보고 회계처리하였다. 동 거래를 분개하라.

(차)	토 지	150,000,000	(대) 기 계 장 치	300,000,000
	감가상각누계액	200,000,000	현금 및 현금성자산	30,000,000
			유형자산처분이익	20,000,000

• 도시환경정비사업에 따른 부동산 교환 회계처리(2012-G-KQA 012, 2012. 12. 14.)
도시환경정비사업에 따라 취득하게 되는 새로운 건물과 토지는 제공한 자산의 공정가치로 측정하며, 기존 토지와 건물의 장부금액과의 차액을 처분손익으로 인식하는 것임.

2) 동종자산의 교환시 회계처리

동일한 업종 내에서 유사한 용도로 사용되고 공정가치가 비슷한 동종자산의 교환에서는 제공한 자산의 이익획득과정이 완료되지 않은 것으로 보아 교환으로 취득한 유형자산의 원가를 교환을 위하여 제공된 비화폐성자산의 장부금액을 기초로 계상함으로써 처분손익

을 인식하지 않는다(일반기준 10장 부록 결10.4).

이와 관련하여 일반기업회계기준 제10장 문단 10.20에서는 다음과 같이 규정하고 있다.

> **일반기업회계기준 제10장【유형자산】**
>
> 10.20. 동일한 업종 내에서 유사한 용도로 사용되고 공정가치가 비슷한 동종자산과의 교환으로 유형자산을 취득하거나, 동종자산에 대한 지분과의 교환으로 유형자산을 매각하는 경우에는 제공된 유형자산으로부터의 수익창출과정이 아직 완료되지 않았기 때문에 교환에 따른 거래손익을 인식하지 않아야 하며, 교환으로 받은 자산의 원가는 교환으로 제공한 자산의 장부금액으로 한다. 그러나 취득한 자산의 공정가치에 비추어 볼 때 제공한 자산에 손상차손이 발생하였음을 알 수 있는 경우에는 손상차손을 먼저 인식하고 손상차손 차감 후의 장부금액을 수취한 자산의 원가로 한다. 교환되는 동종자산의 공정가치가 유사하지 않은 경우에는 거래조건의 일부로 현금과 같이 다른 종류의 자산이 포함될 수 있다. 이 경우 교환에 포함된 현금 등의 금액이 유의적이라면 동종자산의 교환으로 보지 않는다.

동종자산의 교환에서 현금수수(boot)가 수반되었을 경우 현금수수된 부분은 화폐성자산과의 교환이기 때문에 이를 비화폐성 자산과의 교환과 상이하게 회계처리하는 것이 타당한지가 논란이 될 수 있다. 이에 일반기업회계기준 제10장에서는 교환에 포함된 현금 등의 금액이 유의적인 경우에는(예를 들면 교환되는 자산의 공정가치의 25%를 초과) 이종자산의 교환으로 간주하여 회계처리하도록 규정하고, 현금수수된 금액이 유의적이지 않다면 동종자산간의 교환으로 간주하여 처분손익을 인식하지 않도록 하였다(일반기준 10장 부록 결10.5).

사례 1 (주)삼일은 A토지와 을사의 B토지를 교환하고 추가로 현금 ₩30,000,000을 수령하였다.

A토지와 B토지에 관한 자료는 다음과 같다.

	A 토 지	B 토 지
공 정 가 치	₩100,000,000	₩70,000,000
장 부 금 액	₩60,000,000	

상기 거래를 분개하라.

(차)	B 토 지	70,000,000	(대) A 토 지	60,000,000
	현금 및 현금성자산	30,000,000	유형자산처분이익	40,000,000*

* 30,000,000 / (70,000,000+30,000,000) = 30%(현금수수된 부분이 유의적인 경우)

사례 2 상기의 사례에서 현금수령이 이루어지지 않았을 경우에, 이에 대한 분개를 하라.

(차) B 토 지 60,000,000 (대) A 토 지 60,000,000

(8) 증여 또는 무상취득

기업의 경우 여러 가지 이유로 인하여 개인 또는 법인으로부터 무상으로 자산을 취득할 수 있다. 이와 같이 제3자로부터 무상으로 자산을 취득시 자산의 취득원가를 어떻게 결정할 것인가가 문제가 된다.

무상으로 수증받은 유형자산의 경우 발생원가가 없다는 이유로 취득시점에서 아무런 회계처리도 하지 않는다면 기업의 장부에 존재하지 않는 부외자산이 발생하며 동 자산을 이용함으로써 경제적 효익이 발생하나 원가의 투입이 없으므로 동 금액만큼 매년 이익이 과대하게 되어 수익 · 비용대응의 원칙에 어긋난다.

위의 방법과는 달리 수증자산을 기부받는 시점에서 장부에 계상하는 방법의 경우에는 다음과 같은 두 가지의 기본적인 문제점이 제기된다.

① 수증자산을 얼마로 평가할 것인가?

② 수증자산의 분개처리시 대변계정과목의 성격은 어떠한 것인가?

이에 대하여 일반기업회계기준 제10장 문단 10.8에서는 증여 또는 무상으로 취득한 자산은 공정가치로 하여 수증자산의 취득 당시 자산가치를 인식하도록 하였으며, 수증자산의 대변계정과목으로는 기증목적에 관계 없이 영업외수익으로 계상하면 된다.

사례 (주)삼일은 을사로부터 취득원가 ₩50,000,000인 토지를 기증받았다. 기증시점에서 동 토지의 공정가치는 ₩150,000,000이었다.

(차) 토 지 150,000,000 (대) 자 산 수 증 이 익 150,000,000
(영 업 외 수 익)

(9) 유형자산취득에 수반되는 국 · 공채 매입

기업이 보유하고 있는 국 · 공채는 유형자산의 구입이나 각종 인 · 허가 취득과 관련하여 법령 등에 의하여 불가피하게 매입한 경우가 대부분이다. 이 경우 보통 당해 채권의 액면가액대로 매입하는 것이 일반적이지만 대부분의 경우 국 · 공채의 액면이자율이 시장이자율보다 낮기 때문에 그 시가는 취득원가인 액면가액보다 낮게 된다. 이렇게 유형자산의 취득과 관련하여 국 · 공채 등을 불가피하게 매입하는 경우 취득원가는 일반기업회계기준 제6장(금융자산 · 금융부채)의 규정을 적용하여 평가한 가액으로 하고 취득가액과 평가액과의 차액은 당해 유형자산 등의 취득원가로 계상하도록 하였다(일반기준 10장 문단 10.8 (5)). 이는 불가피하게 매입한 채권의 현재가치와의 차액은 특정자산의 구입을 위한 부대비용으로 볼 수 있기 때문에 유형자산의 취득원가에 산입하는 것이 합리적이기 때문이다.

사례 (주)삼일은 업무용 차량을 ₩30,000,000에 구입하면서 액면가액 ₩1,000,000, 무이자 5년 만기 상환조건의 공채를 만기보유목적으로 매입하였다. 시장이자율은 12%이고, 5년의 현가요소가 0.57일 경우 분개를 하시오.

(차)	차 량 운 반 구	30,430,000	(대) 현금 및 현금성자산	31,000,000
	만 기 보 유 증 권	570,000*		

* 1,000,000 × 0.57 = 570,000

(10) 시가보다 현저하게 고가 또는 저가로 매입한 경우의 취득원가

1) 고가매입의 경우

기업이 현금 및 현금성자산을 제공하고 취득한 유형자산이 취득 당시의 공정가치보다 고가로 매입한 경우 자산의 취득가액은 취득 당시에 제공한 현금 및 현금성자산의 공정가치이다. 즉 현물출자, 증여 기타 무상으로 취득한 경우가 아니면 역사적 원가주의에 입각하여 취득 당시에 제공한 현금 등의 공정가치를 취득원가로 계상하여야 한다는 것이다. 다만 일반기업회계기준 제10장 문단 10.42 및 제20장(자산손상)에 의하여 결산시점에서 유형자산의 손상차손 인식 여부를 고려하여야 한다.

2) 저가매입의 경우

위와 반대로 자산구입시 공정가치보다 낮은 가액으로 토지를 구입시 공정가치로 취득원가를 처리하면 공정가치가 취득원가를 초과하는 금액만큼 취득시점에서 이익이 발생하므로 역사적 원가주의에서 이탈하게 된다. 따라서 자산의 저가매입의 경우에도 취득 당시 지급한 현금 등의 공정가치를 취득원가로 보는 것이 타당하다.

(11) 자가건설한 유형자산의 취득원가

자가건설한 유형자산의 취득원가는 구입한 유형자산에 적용하는 것과 같은 기준을 적용하여 결정한다. 회사가 유사한 자산을 정상적인 영업활동과정에서 판매할 목적으로 제조한다면 자가건설 유형자산의 취득원가는 원칙적으로 판매를 목적으로 제작한 자산의 제조원가와 동일해야 한다. 따라서 자가건설에 따른 내부이익과 자가건설 과정에서 원재료, 인력 및 기타 자원의 낭비로 인한 비정상적인 원가는 취득원가에 포함하지 않는다(일반기준 10장 문단 10.12).

5. 정부보조금 · 공사부담금

(1) 개념 및 범위

일반적으로 정부보조금이란 국가 또는 지방자치단체가 산업정책적 견지에서 기업설비의 근대화, 시험연구의 촉진, 기술개발 및 향상, 재해복구 등의 목적을 위하여 보조금관리에 관한 법률의 규정에 의하여 시설자금이나 운영자금으로서 국고금에서 교부하는 금액을 말한다.

그러나, 일반기업회계기준상 정부보조금이란 보조금관리에 관한 법률에 의한 보조금으로 한정하는 것이 아니라 기업의 영업활동과 관련하여 과거나 미래에 일정한 조건을 충족하였거나 충족할 경우 기업에게 자원을 이전하는 형식의 정부지원을 말하는 것으로, 합리적으로 가치를 산정할 수 없는 정부지원과 기업의 정상적인 거래와 구분할 수 없는 정부와의 거래는 제외한다.

정부보조금은 정부에서 특정기업에 대하여 산업진흥이나 육성 등의 목적으로 보조금을 교부하는 것으로서 기업에게 무상으로 지급되는 경우에는 증여의 일종이며 증여자가 국가 또는 지방자치단체라는 것이 일반증여와 다르다. 또 증여의 목적이 기업의 설비 · 건설 등 자본보조이며 수증자는 설비 · 건설 등 자본보조 목적에 따라 수증재산을 사용해야 할 의무가 부담되어 있다는 점에서 부담부증여라고 할 수 있다. 정부보조금은 건설 등 자본적 지출에 충당될 수도 있고 그 외의 수익적 지출에 충당될 수도 있다.

공사부담금이란 전기 · 가스 · 수도 · 전화 등의 공익사업에 대한 신규설비를 건설할 때, 당해 사업시설의 수요자 또는 편익을 받는 자가 당해 설비비의 전부 또는 일부를 사업시행자에게 제공하는 자금 또는 자재의 화폐환산액을 말한다.

원래 공익사업에 대하여 공사부담금을 징수할 수 있도록 허용한 것은 용역사업의 일반적인 공급의무와 요금규제제도에 기인한 것이다. 즉 공익사업은 동일한 용역의 소비자에 대하여 차별대우를 하지 않고 요금을 부과하여야 하며, 한편으로는 각 소비자가 부담하는 용역비용을 각각 공평하게 부담시키는 것을 원칙으로 한다. 따라서 실제로 공급조건이 다르고 설비비에 차이가 있는 소비자에 대하여는 부담의 형평을 기하기 위하여 기존의 일반 소비자보다 과중한 설비비를 부담시킬 필요가 있는 것이다. 그렇게 함으로써 그 설비를 상대적으로 과소하게 이용하는 신규소비자에 대하여 요금에 차등을 두지 않을 수 있을 뿐만 아니라, 평균적 설비비를 초과하는 비용을 당해 설비이용자로부터 특별히 징수함으로써 일반소비자에게 불리한 결과를 주지 않으려고 하는 데에 이 공사부담금 제도의 존재이유가 있는 것이다.

정부보조금 등의 회계처리에 관하여는 이를 이익잉여금으로 보는 견해와 자본잉여금으로 보는 견해로 나누어진다.

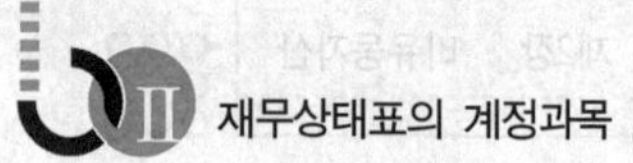

1) 자본잉여금과 이익으로 구별하는 견해

① 자본적 지출설

이 설은 정부보조금이 자본적 지출에 해당되는지 수익적 지출에 해당되는지에 따라 구별하는 사고방식으로, 전자의 경우에는 자본잉여금으로, 후자의 경우에는 이익으로 본다.

예를 들면 특정비용의 보전을 위한 보조금은 수익적 지출에 해당하므로 당기의 수익으로 계상되며, 결손보전을 위한 보조금은 그 용도를 분석하여 통상의 수익적 지출에 해당하는 부분은 이익으로, 감가상각액에 상당하는 보조금이 있으면 그 부분이 장래에 동종의 유형자산의 대체를 전제로 한 경우에는 자본잉여금이 될 것이다. 그리고 특정의 유형자산을 취득하기 위한 보조금은 자본적 지출에 해당하므로 당연히 자본잉여금이 된다.

② 증여의도설

이 설은 증여자의 증여의도에 의해 구별하는 사고방식으로서, 말 그대로 해석한다면 증여자가 자본증여하는 것을 의도하면 자본잉여금이 되고 이익으로서 증여하는 것을 의도하면 이익이 된다.

이 증여의도설은 보조금의 용도에 관하여는 문제삼지 않기 때문에, 증여자가 자본증여를 의도하였으나 그 자금이 수익적 지출에 사용되더라도 그 증여액은 자본잉여금이 되고 그 금액에 상당하는 불특정의 자산을 보유하면 되는 것이다.

2) 보조금의 전부를 이익으로 보는 견해

이 견해는 일반적으로 수수의 불입액만을 자본으로 보며, 그 이외의 원인에 의한 순자산의 증가는 이익으로 보는 사고방식이다. 이익설의 기본적인 입장은 자본주 이론에서 구할 수 있을 것이다. 즉 보조금은 기업에 증여된 것이고, 반환의무가 없는 한 종국적으로는 기업의 청산시에 주주에게 귀속될 잔여재산을 구성하기 때문에 주주에게는 이익으로 생각될 수 있다.

이익설의 논거로서 주장되는 점은 이 설이 개념적인 명확성을 얻을 수 있다고 하는 것이다. 또한 이 견해는 일반적으로 자본잉여금과 수익으로 구별하는 견해에 있어서의 구분기준의 불명료함에 대한 비판으로 주장되기도 한다.

한편 이익설을 채택할 경우에도 보조금을 일시에 이익으로 계상한 경우 과세대상이 되고 이익처분의 재원이 되는 점은 문제가 있다고 하여, 자본적 지출에 해당되는 보조금의 경우에는 수령시에 그 보조금을 이연이익으로 계상하여 보조금에 의해 취득된 시설물의 감가상각을 통해서 내용연수에 걸쳐 실현이익으로 처리해야 한다는 주장도 있다.

3) 일반기업회계기준

일반기업회계기준 제10장 문단 10.21에서는 정부보조 등에 의해 유형자산을 무상 또는 공정가치보다 낮은 대가로 취득한 경우의 회계처리 및 재무제표 공시사항을 다음과 같이 규정하고 있다.

일반기업회계기준 제10장 【유형자산】

10.21. 정부보조 등에 의해 유형자산을 무상 또는 공정가치보다 낮은 대가로 취득한 경우 그 유형자산의 취득원가는 취득일의 공정가치로 한다. 정부보조금 등은 유형자산의 취득원가에서 차감하는 형식으로 표시하고 그 자산의 내용연수에 걸쳐 감가상각액과 상계하며, 해당 유형자산을 처분하는 경우에는 그 잔액을 처분손익에 반영한다.

하지만 일반기업회계기준 제10장 문단 10.21의 규정은 유형자산의 취득에 사용될 정부보조금 등으로 상환의무가 없는 경우에 한정된 규정이다. 따라서, 그 외의 정부보조금 등의 회계처리는 일반기업회계기준 제17장(정부보조금의 회계처리)에 따라 회계처리하면 된다.

(2) 기업회계상 회계처리

일반기업회계기준 제17장에서는 정부보조금에 관한 구체적인 회계처리 사항을 다음과 같이 규정하고 있다.

1) 정부보조금의 인식

정부보조금은 다음 모두에 대한 합리적인 확신이 있을 때 인식하되, 정부보조금으로 보전하려 하는 관련원가를 비용으로 인식하는 기간에 걸쳐 체계적인 기준에 따라 정부보조금을 당기손익으로 인식한다(일반기준 17장 문단 17.2, 17.3).

① 정부보조금에 부수되는 조건을 준수할 것이다.

② 보조금을 수취할 것이다

이상에서 보는 바와 같이 정부보조금에 부수되는 조건의 준수와 보조금 수취에 대한 합리적인 확신이 있을 경우에만 정부보조금을 인식하는데, 보조금의 수취 자체가 보조금에 부수되는 조건이 이행되었거나 이행될 것이라는 결정적인 증거를 제공하지는 않는다(일반기준 17장 부록 실17.1). 또한, 보조금을 수취하는 방법은 보조금에 적용되는 회계처리방법에 영향을 미치지 않는다. 따라서 보조금을 현금으로 수취하는지 또는 정부에 대한 부채를 감소시키는지에 관계없이 동일한 방법으로 회계처리한다(일반기준 17장 부록 실17.2).

한편, 정부의 상환면제가능대출(대여자가 규정된 일정한 조건에 따라 상환 받는 것을 포기하는 경우의 대출)은 당해 기업이 대출의 상환면제조건을 충족할 것이라는 합리적인 확신이 있을 때 정부보조금으로 처리한다(일반기준 17장 부록 실17.3).

또한, 시장이자율보다 낮은 이자율의 정부대여금의 효익은 정부보조금으로 처리한다. 이 경우 시장이율보다 낮은 이자율의 효익은 일반기업회계기준 제6장 '금융자산 · 금융부채'에 따라 결정되는 정부대여금의 최초 장부금액과 수취한 대가의 차이로 측정한다(일반기준 17장 부록 실17.4).

정부보조금에 대한 수익인식방법 및 수익인식시기(2018-G-KQA 018, 2018. 12. 27.)

협약 효력발생일에 정부로부터 수취할 대출 원리금 정부보장분 중 미래 이익으로 상환의무가 없는 부분은 정부보조금에 해당하며, 예상되는 현금흐름을 추정하여 공정가치로 평가하여 금융자산을 인식함. 정부보조금(영업수익)의 인식시점은 정부보조금에 부수되는 조건이 충족되는 시점이며 이는 정부보조금의 성격, 변경실시협약이 체결된 배경 등 모든 사실과 상황을 고려하여 판단하여야 함.

2) 정부보조금의 회계처리

① 용어의 정의

가. 자산관련보조금

자산관련보조금이란 정부지원의 요건을 충족하는 기업이 장기성 자산을 매입, 건설하거나 다른 방법으로 취득하여야 하는 일차적 조건이 있는 정부보조금을 말하는 것으로 부수조건으로 해당 자산의 유형이나 위치 또는 자산의 취득기간이나 보유기간을 제한할 수 있다.

나. 수익관련보조금

수익관련보조금이란 자산관련보조금 이외의 정부보조금을 말한다.

② 정부보조금을 받는 시점

가. 자산관련보조금

자산관련보조금(공정가치로 측정되는 비화폐성 보조금 포함)을 받는 경우에는 관련 자산을 취득하기 전까지 받은 자산 또는 받은 자산을 일시적으로 운용하기 위하여 취득하는 다른 자산의 차감계정으로 회계처리한다(일반기준 17장 문단 17.5). 이는 자산취득에 사용될 정부보조금에 대한 상환의무가 없다고 하여 정부보조금을 받는 시점에서 자본조정의 증가항목으로 회계처리하게 되면 정부보조금을 받은 시점에서는 일시적으로 순자산이 증가하였다가 관련 자산을 취득하는 시점에서 자본조정항목으로부터 자산차감계정으로 대체되면서 순자산이 감소하게 되어 정부보조금의 유입과 사용에 따라 순자산이 변동하게 되는 문제가 있기 때문이다(일반기준 17장 부록 실17.5).

그러므로 자산관련보조금을 받은 시점에의 회계처리는 다음과 같다.

(차) 현금 및 현금성자산 ××× (대) 정 부 보 조 금 ×××
(현금및현금성자산의 차감계정)

나. 수익관련보조금

수익관련보조금을 받는 경우에는 당기의 손익에 반영한다. 다만, 수익관련보조금을 사용하기 위하여 특정의 조건을 충족해야 하는 경우에는 그 조건을 충족하기 전에 받은 수익관련보조금은 선수수익으로 회계처리한다(일반기준 17장 문단 17.6).

수익관련보조금은 수익으로 표시하거나 관련비용에서 보조금을 상계하여 표시하며 해당 보조금을 수익으로 표시하는 경우, 회사의 주된 영업활동과 직접적인 관련성이 있다면 영업수익으로, 그렇지 않다면 영업외수익으로 회계처리한다(일반기준 17장 문단 17.7). 예를 들면, 공공성이 많은 재화나 용역을 제공하는 회사로 하여금 매출가격이 매출원가에 미달하는 재화나 용역을 계속 제공하게 할 목적으로 지급되는 보조금은 매출액(영업수익)으로 회계처리하거나 매출원가에서 보조금을 상계하여 표시한다. 그리고 저가로 수입할 수 있는 원재료를 국내에서 구입하도록 강제하는 경우에 지급되는 수익관련보조금도 매출액(영업수익)으로 회계처리하거나 제조원가에서 차감한다(일반기준 17장 부록 실17.6).

다. 비화폐성 보조금

정부보조금은 토지나 그 밖의 자원과 같은 비화폐성자산을 기업이 사용하도록 이전하는 형식을 취할 수 있다. 이러한 상황에서는 일반적으로 비화폐성자산의 공정가치를 평가하여 보조금과 자산 모두를 그 공정가치로 회계처리한다(일반기준 17장 문단 17.4).

③ 자산취득 및 관련비용지출시

정부보조금으로 자산을 취득하거나 관련비용을 지출하는 시점에서는 정부보조금을 교부받은 시점에서 받은 자산의 차감계정으로 계상한 정부보조금계정을 취득자산에 대한 차감계정인 정부보조금계정으로 대체하거나 관련비용과 상계하여야 한다(일반기준 17장 문단 17.5, 17.7).

－유 · 무형자산 취득 · 지출시

(차) 유 · 무 형 자 산 ××× (대) 현금 및 현금성자산 ×××
정 부 보 조 금 ××× 정 부 보 조 금 ×××
(현금및현금성자산의 차감계정) (유 · 무형자산의 차감계정)

－관련비용에 지출시

(차)	○ ○ 비 용	×××	(대)	현금 및 현금성자산	×××
	정 부 보 조 금 (현금및현금성자산의 차감계정)	×××		○ ○ 비 용	×××

④ 결산시

회사가 결산시점에서 자산관련 정부보조금(공정가치로 측정되는 비화폐성 보조금 포함)으로 취득한 자산에 대한 감가상각액을 계상할 때는 취득자산의 내용연수에 걸쳐 정부보조금과 감가상각액을 상계하여야 한다(일반기준 17장 문단 17.5).

이 때의 회계처리는 다음과 같다.

(차)	감 가 상 각 액	×××	(대)	감 가 상 각 누 계 액	×××
	정 부 보 조 금	×××		감 가 상 각 액	×××

이와 같이 취득자산의 내용연수에 걸쳐 정부보조금과 감가상각액을 상계처리하는 것은 법인세법상 일시상각충당금과 동일한 효과를 가져온다.

한편, 자산의 취득 이후 정부와의 소송과정을 거쳐 자산관련 정부보조금을 수령한 경우에는 자산 취득시 정부보조금이 인식되었더라면 현재까지 당해 자산의 상각금액과 상계되었을 금액을 일시에 당기손익으로 반영하고 잔여액은 향후 자산의 상각금액과 상계한다(2012－G－KQA 005, 2012. 3. 2.).

⑤ 자산처분시

자산관련 정부보조금(공정가치로 측정되는 비화폐성 보조금 포함)으로 취득한 자산을 처분할 경우에는 감가상각액과 상계하고 남은 정부보조금 잔액을 당해 자산의 처분손익에 차감 또는 부가하는 방식으로 회계처리하여야 한다(일반기준 17장 문단 17.5).

이 때의 회계처리는 다음과 같다.

(차)	현금 및 현금성자산	×××	(대)	유 · 무 형 자 산	×××
	감 가 상 각 누 계 액	×××		유 · 무형자산처분이익(손실)	×××
	정 부 보 조 금	×××			

⑥ 정부보조금의 상환시

상환의무가 발생하게 된 정부보조금은 회계추정의 변경(일반기업회계기준 제5장 '회계정책, 회계추정의 변경 및 오류' 참조)으로 회계처리하되, 수익관련보조금과 자산관련보조금으로 구분하여 다음과 같이 처리한다(일반기준 17장 문단 17.8, 17.9).

가. 수익관련보조금

상환금액을 즉시 당기손익으로 인식한다. 다만, 수익관련보조금 사용에 대한 특정 조건을 미충족하여 선수수익으로 계상한 금액이 있는 경우에는 선수수익계정에 먼저 적용한다.

나. 자산관련보조금

상환금액만큼 자산의 장부금액을 증가시킨다. 보조금이 없었더라면 현재까지 당기손익으로 인식했어야 하는 추가 감가상각누계액은 즉시 당기손익으로 인식하되, 자산의 새로운 장부금액에 손상 가능성이 있는지를 고려할 필요가 있다.

3) 주석공시

정부보조금을 받은 회사는 다음과 같은 사항을 주석으로 기재한다(일반기준 17장 문단 17.10).

가. 정부보조금에 대해 채택한 회계정책(재무제표에 표시하는 방법 포함)

나. 재무제표에 인식된 정부보조금의 내용

다. 정부보조금에 대하여 미이행된 조건 및 우발상황

사례 (주)삼일은 정부로부터 전년도에 ₩240,000,000의 보조금을 교부받아 그것을 포함하여 20×7. 2. 1.에 기계장치를 ₩960,000,000에 취득하였다. 감가상각은 정액법(내용연수 4년, 잔존가액 없음)으로 한다. 그리고 20×8. 1. 1.에 동 기계를 ₩650,000,000에 매각하였다. 단, 상기의 보조금으로 자산 취득시에는 상환의무가 없음.

① 정부보조금 수령시

(차) 현금 및 현금성자산	240,000,000	(대) 정부보조금 (현금및현금성자산의 차감계정)	240,000,000

② 20×7. 2. 1.(매입시)

(차) 기계장치	960,000,000	(대) 현금 및 현금성자산	960,000,000
정부보조금 (현금및현금성자산의 차감계정)	240,000,000	정부보조금 (기계장치의 차감계정)	240,000,000

③ 20×7. 12. 31.(결산시)

(차) 감가상각비	220,000,000	(대) 감가상각누계액	220,000,000
정부보조금	55,000,000*	감가상각비	55,000,000

$* \ ₩220,000,000 \times \frac{240,000,000}{960,000,000} = 55,000,000$

④ 20×8. 1. 1.(매각시)

(차) 현금 및 현금성자산	650,000,000	(대)	기 계 장 치	960,000,000
감 가 상 각 누 계 액	220,000,000		유형자산처분이익	95,000,000
정 부 보 조 금	185,000,000			

6. 취득 또는 완성 후의 지출

(1) 자본적 지출과 수익적 지출

유형자산을 취득하여 사용하는 중에도 그 자산과 관련된 여러 가지 지출이 발생한다. 이러한 지출 중에는 당기 영업활동에 관련된 정상적인 수선비 또는 유지비의 성질이 있는 것도 있고 자산의 근본적인 기능 또는 성질에 중대한 변화를 초래하는 것도 있다. 따라서 자산의 취득 후에 발생한 지출을 당기의 비용으로 인식할 것인가, 아니면 이를 자본화하여 미래의 회계기간에 배분할 것인가 하는 문제가 발생한다.

실무적으로는 자본적 지출과 수익적 지출을 엄격히 구분한다는 것이 매우 어려운 일이지만, 일정한 구분기준에 의거하여 자본적 지출과 수익적 지출을 구분하여 계상하여야 한다. 왜냐하면 특정한 지출을 자본적 지출로 처리하느냐, 아니면 수익적 지출로 처리하느냐에 따라 기업의 재무상태와 경영성과가 크게 달라지는 경우가 많기 때문이다. 즉 수익적 지출로 처리하여야 할 것을 자본적 지출로 처리하게 되면 그 사업연도의 이익이 과대 계상될 뿐만 아니라 유형자산이 과대계상된 부분이 발생하게 되며, 이와 반대로 자본적 지출로 처리하여야 할 것을 수익적 지출로 처리하게 되면 비용의 과대계상과 유형자산이 과소평가되는 결과를 초래한다.

이에 대하여 일반기업회계기준 제10장 문단 10.14에서는 유형자산의 취득 또는 완성 후의 지출이 유형자산의 인식기준을 충족하는 경우, 예를 들어 생산능력 증대, 내용연수 연장, 상당한 원가절감 또는 품질향상을 가져오는 경우에는 자본적 지출로 처리하고, 그렇지 않은 경우, 예를들어 수선유지를 위한 지출에 해당하는 경우에는 발생한 기간의 비용으로 인식하도록 규정하고 있다.

일반기업회계기준 제10장【유형자산】

10.14. 유형자산의 취득 또는 완성 후의 지출이 문단 10.5의 인식기준을 충족하는 경우(예 : 생산능력 증대, 내용연수 연장, 상당한 원가절감 또는 품질향상을 가져오는 경우)에는 자본적 지출로 처리하고, 그렇지 않은 경우(예 : 수선유지를 위한 지출)에는 발생한 기간의 비용으로 인식한다.

일부 유형자산은 주요 부품이나 구성요소를 정기적으로 교체해야 한다. 예를 들면, 용광로는 일정시간 사용 후에 내화벽돌을 교체해야 하며 항공기의 경우에도 좌석 등의 내부설비를 항공기 동체의 내용연수 동안 여러 번 교체한다. 이와 같이 유형자산을 구성하는 주요 부품이나 구성요소의 내용연수가 관련 유형자산의 내용연수와 상이한 경우에는 별도의 자산으로 처리한다. 또한, 부품이나 구성요소의 교체를 위한 지출이 유형자산 인식기준을 충족하는 경우에는 별도 자산의 취득으로 처리하며, 교체된 자산은 재무상태표에서 제거한다(일반기준 10장 문단 10.15).

한편, 유형자산의 사용가능기간 중 정기적으로 이루어지는 종합검사, 분해수리와 관련된 지출로서 다음의 요건을 모두 충족하는 경우에는 자본적 지출로 처리한다(일반기준 10장 문단 10.16).

① 종합검사나 분해수리와 관련된 지출을 별개의 감가상각 대상자산으로 인식할 수 있다.

② 유형자산 인식조건을 충족한다.

(2) 증설, 개량 및 대체

1) 증 설

증설(additions)이란 기존의 유형자산에 새롭고 독립적인 자산을 부가하거나, 혹은 기존의 유형자산을 확장 내지 증축하는 것을 말한다. 건물의 경우에 있어서 증설이란 기존 건물에 추가적으로 건물을 증축하는 것을 말한다. 건물의 증설을 할 경우에는 이 증설에 따른 경제적 효익이 미래기간에 발생하므로, 증설에 소요된 지출을 자본화하고 미래기간에 실현될 수익과 대응시키기 위해 내용연수 동안에 감가상각하여야 한다. 이 때 증설건물의 감가상각은 다음과 같이 이루어진다. 증설된 건물이 기존자산을 구성하는 일부로서만 존재할 때에는 증설건물의 내용연수와 기존건물의 내용연수 중 보다 짧은 기간에 걸쳐 증설건물의 원가를 상각한다. 그러나 증설된 건물이 기존 건물과 독립적으로 존재하여 그 자체만으로도 용역잠재력을 제공하는 경우에는 증설건물의 원가를 증설건물의 내용연수에 걸쳐 상각한다.

2) 대체 및 개량

기업은 종종 기존 자산의 일부분 내지 주요 부품을 처분하고 새로운 것으로 교체한다. 이 때 교체된 새로운 부분 또는 부품이 기능상으로는 실질적으로 전과 동일한 경우에 대체(replacement)라 하며, 이러한 대체는 수익적 지출로 처리한다.

한편, 교체된 부분 또는 부품이 기존 자산의 기능을 현저히 개선하면 이는 개선(betterment)

이나 개량(improvement)이라 한다. 이와 같이 기존 자산의 일부분 내지 주요 부품을 새로운 것으로 교체함으로써 기존 자산의 용역 잠재력이 증가하고 동 지출이 비경상적인 경우는 자본적 지출로 처리하여야 한다.

7. 인식시점 이후의 측정

(1) 개 요

유형자산을 인식한 이후에는 원가모형이나 재평가모형 중 하나를 회계정책으로 선택하여 유형자산 분류별로 동일하게 적용한다(일반기준 10장 문단 10.22). 즉, 취득시점에는 취득원가에 의해 유형자산을 측정하고, 취득 이후에는 기업의 선택에 따라 유형자산 분류별(예: 토지, 건물, 기계장치 등)로 원가모형 또는 재평가모형을 선택할 수 있다.

여기에서 원가모형이라 함은 최초로 인식한 유형자산의 취득원가에서 감가상각누계액과 손상차손누계액을 차감한 금액을 장부금액으로 계상하는 것을 말하며, 재평가모형이라 함은 원가모형에서의 장부금액을 재평가일의 공정가치로 수정한 후 그 이후의 감가상각누계액과 손상차손누계액을 차감한 금액을 장부금액으로 계상하는 것을 말한다(일반기준 10장 문단 10.23, 10.24)

> **일반기업회계기준 제10장 【유형자산】**
>
> 원가모형
>
> 10.23. 최초 인식 후에 유형자산은 원가에서 감가상각누계액과 손상차손누계액을 차감한 금액을 장부금액으로 한다.
>
> 재평가모형
>
> 10.24. 최초 인식 후에 공정가치를 신뢰성 있게 측정할 수 있는 유형자산은 재평가일의 공정가치에서 이후의 감가상각누계액과 손상차손누계액을 차감한 재평가금액을 장부금액으로 한다. 재평가는 보고기간말에 자산의 장부금액이 공정가치와 중요하게 차이가 나지 않도록 주기적으로 수행한다.

(2) 원가모형과 재평가모형의 선택적용

기업은 각자의 선택에 따라 원가모형으로 회계처리를 할 수도 있고, 재평가모형을 적용하여 회계처리할 수도 있다. 또한, 모든 유형자산에 대해 재평가모형을 적용할 수도 있고, 기업의 상황에 따라 토지 · 건물 · 기계장치 등 몇 가지 분류로 나누어 그 중 특정 분류에 대해서만 재평가모형을 적용할 수도 있다. 예를 들어, 토지와 건물에 대해서는 재평가모형을 적용하고 기계장치나 비품에 대해서는 원가모형을 적용할 수 있다. 다만, 기업이 특정 분류의 유형자산에 대해 재평가모형을 적용한 경우 그 분류 내에 있는 모든 유형자산을 재평가하여야 한다. 예를 들어, 성격과 용도가 유사한 토지 10필지를 보유한 기업이 공정가치가 증가한 1필지만을 재평가하고, 공정가치가 감소한 나머지 9필지는 재평가하지 않는 방법은 인정되지 않는다(일반기준 10장 부록 결10.6).

이와 같이 특정 유형자산을 재평가할 때, 해당 자산이 포함되는 유형자산 과목분류 전체를 동시에 재평가하도록 한 이유는 유형자산별로 선택적 재평가를 하거나 서로 다른 기준일의 평가금액이 혼재된 재무보고를 하는 것을 방지하기 위함이다. 그러나, 재평가가 단기간에 수행되며 계속적으로 갱신된다면, 동일한 분류에 속하는 자산을 (동일한 회계기간 내에) 순차적으로 재평가할 수 있다(일반기준 10장 문단 10.28, 10.29).

한편, 원가모형을 적용하던 기업이 재평가모형을 선택한 이후에 다시 원가모형을 적용하고자 한다면, 이는 회계정책의 변경에 해당한다. 현행 일반기업회계기준 제5장(회계정책, 회계추정의 변경 및 오류)에 따르면 회계정책 변경이 인정되려면 회계정보의 신뢰성 및 목적적합성이 증대되는 등 그 정당성이 입증되어야 하는바, 재평가모형을 선택했던 기업이 다시 원가모형을 적용하는 것은 그 정당성을 입증하기 어려울 것으로 보인다. 따라서 재평가모형을 선택한 이후에 다시 원가모형을 적용하는 것은 현실적으로 곤란할 것으로 판단된다. 다만, 유형자산에 대하여 과거 기업회계기준에 따라 재평가모형을 적용했던 기업은 일반기업회계기준 시행일(2011. 1. 1.) 이후 최초로 개시하는 회계연도에 원가모형을 선택할 수 있다. 이 경우, 일반기업회계기준 시행일 이후 최초로 개시하는 회계연도의 직전 회계연도말 현재 해당 유형자산의 종전의 기업회계기준에 따른 장부금액을 당해연도 기초시점의 간주원가로 사용한다. 또한, 당해 유형자산의 재평가와 관련하여 인식한 기타포괄손익의 잔액이 있다면, 그 유형자산을 폐기하거나 처분할 때 당기손익으로 인식한다(일반기준 경과규정 문단 8).

(3) 재평가모형의 적용

1) 장부금액의 수정

재평가모형을 선택한 경우, 유형자산을 최초로 인식한 이후에 공정가치를 신뢰성 있게 측정할 수 있는 자산은 재평가일의 공정가치로 장부금액을 수정한다. 이 때, 유형자산의 공정가치가 증가한 경우는 물론 공정가치가 하락한 경우에도 재평가액으로 장부금액을 수정하여야 한다(일반기준 10장 문단 10.24, 부록 결10.9).

2) 공정가치의 측정

일반적으로 토지와 건물의 공정가치는 시장에 근거한 증거를 기초로 수행된 평가에 의해 결정되며, 설비장치와 기계장치의 공정가치는 감정에 의한 시장가치이다. 이 경우, 평가는 보통 전문적 자격이 있는 평가인에 의해 이루어진다(일반기준 10장 문단 10.25).

여기에서의 공정가치는 합리적인 판단력과 거래의사가 있는 독립된 당사자 간에 거래될 수 있는 교환가격을 말하므로, 기업은 재평가시 전문적 자격이 있는 평가인의 감정뿐만 아니라 토지에 대한 개별공시지가 또는 건물이나 차량 등에 대한 지방세 시가표준액 등 정부의 각종 고시가액이나 시장의 객관적인 시세표 등이 공정가치와 대체로 유사하다고 판단되는 경우 이를 재평가액으로 사용할 수 있다. 다만, 어느 정도의 금액이 공정가치와 대체로 유사한지에 대하여는 재평가대상 자산의 금액적 중요성 등 종합적인 상황을 고려하여 기업이 판단하여야 한다(일반기준 10장 부록 결10.7). 정부 고시가액이 공정가치와 대체로 유사하다고 판단할 수 있는 사례를 예시하면 다음과 같다(실무의견서 2009-1, 2009. 1. 30.).

- 정부 고시가액 기준일 전후 1년 이내 인근 유사지역의 유사한 용도를 가진 부동산에 대한 거래실적이 있어 이를 기초로 회사가 보유한 부동산에 대해 조정한 가액이 정부 고시가액과 대체로 유사한 경우
- 정부 고시가액 기준일 전후 1년 이내 전문적 자격이 있는 평가인에 의한 감정가액이 정부 고시가액과 대체로 유사한 경우
- 결산일 이전 3년 이내 전문적 자격이 있는 평가인에 의한 감정가액이 있거나 또는 결산일 이전 3년 이내 인근 유사지역의 유사한 용도를 가진 부동산에 대한 거래실적이 있는 경우에는 국토의 계획 및 이용에 관한 법률에 따라 정부가 발표한 지가변동률 등 해당자산의 가격변동률 등을 반영한 가액이 정부 고시가액과 대체로 유사한 경우
- 정부 고시가액이 공정가치와 대체로 유사하다는 것을 기타 합리적인 방법으로 검토하여 입증한 경우

한편, 재평가모형을 선택한 기업이 자산의 공정가치와 장부금액 사이에 중요한 차이가 발생하여 재평가를 수행하여야 하는 경우, 반드시 결산일 현재에 재평가를 수행하여야 하는 것은 아니며, 결산일 전후 일정 시점에 수행된 감정평가결과 또는 각종 고시금액 등을 활용할 수 있다. 그러나 그러한 재평가 결과가 결산일 현재의 공정가치와 중요하게 다르다면, 재평가일과 결산일 사이에 발생한 시장상황의 변화 등을 고려하여 재평가 결과에 공정가치가 반영되도록 조정하여야 한다(일반기준 10장 부록 결10.8). 예를 들어, 결산일 전 공시된 정부 고시금액(기준일 1월 1일)을 활용하는 경우 동 정부 고시가액이 결산일 현재의 공정가치와 유의적인 차이가 있다면 정부 고시금액의 기준일과 결산일 사이에 발생한 시장상황의 변화 등을 고려하여 재평가결과에 공정가치가 반영되도록 조정하여야 한다(실무의

견서 2009－1, 2009. 1. 30.).

3) 재평가의 빈도

재평가제도를 선택하면 보고기간말에 자산의 장부금액이 공정가치와 중요하게 차이가 나지 않도록 주기적으로 수행하여야 한다(일반기준 10장 문단 10.24). 이 때, 재평가의 빈도는 재평가되는 유형자산의 공정가치 변동에 따라 달라진다. 즉, 중요하고 급격한 공정가치의 변동 때문에 매년 재평가가 필요한 유형자산이 있는 반면에 공정가치의 변동이 경미하여 빈번한 재평가가 필요하지 않은 유형자산도 있다. 따라서, 1년마다 재평가해야 하는 유형자산도 있고 매 3년이나 5년마다 재평가하는 것으로 충분한 유형자산도 있다(일반기준 10장 문단 10.26).

4) 재평가시의 회계처리

유형자산을 재평가할 때, 재평가 시점의 총장부금액에서 기존의 감가상각누계액을 제거하여 자산의 순장부금액이 재평가금액이 되도록 수정한다. 이때 감가상각누계액을 제거함에 따라 조정되는 금액은 다음과 같이 회계처리되는 장부금액의 증감에 포함된다(일반기준 10장 문단 10.27).

① 유형자산의 장부금액이 재평가로 인하여 증가된 경우에 그 증가액은 기타포괄손익으로 인식한다. 그러나 동일한 유형자산에 대하여 이전에 당기손익으로 인식한 재평가감소액이 있다면 그 금액을 한도로 재평가증가액만큼 당기손익으로 인식한다(일반기준 10장 문단 10.30).

(차) 감가상각누계액	×××	(대) 유 형 자 산	×××
		유형자산재평가이익 (기타포괄손익누계액)	×××

② 유형자산의 장부금액이 재평가로 인하여 감소된 경우에 그 감소액은 당기손익으로 인식한다. 그러나 그 유형자산의 재평가로 인해 인식한 기타포괄손익의 잔액이 있다면 그 금액을 한도로 재평가감소액을 기타포괄손익에서 차감한다(일반기준 10장 문단 10.31).

(차) 감가상각누계액	×××	(대) 유 형 자 산	×××
유형자산재평가손실 (영 업 외 비 용)	×××		

한편, 특정 분류에 속한 자산들에 대해 재평가모형을 선택하는 경우 개별 자산별로 재평가증가액은 기타포괄손익으로, 재평가감소액은 당기비용으로 회계처리하고 동일한 분류에 속한 자산들의 재평가증감액을 서로 상계하지 아니하는 것이 타당할 것으로 보인다. 마찬가지로 향후 재평가증감액을 기타포괄손익 또는 당기손익으로 반영하는 경우에도 각 자산

별로 회계처리하여야 할 것이다.

5) 양도 · 폐기시의 회계처리

유형자산의 재평가와 관련하여 인식한 기타포괄손익의 잔액이 있는 유형자산이 처분되거나 사용이나 처분으로 미래 경제적 효익이 예상되지 않을 때에는 해당 기타포괄손익을 당기손익으로 인식한다(일반기준 10장 문단 10.44, 10.45).

한편, 한국회계기준원의 질의회신에서는 재평가된 토지를 유형자산에서 재고자산으로 계정 대체하는 경우에도 기타포괄손익누계액으로 인식해온 토지의 재평가잉여금은 토지를 매출원가로 인식하는 시점에 토지가 매출원가로 인식되는 비율만큼 기타포괄손익누계액에서 별도의 손익 항목으로 재분류하도록 하고 있으며, 이 경우 '별도의 손익 항목'은 영업외손익 항목을 의미한다(2011－G－KQA 004, 2011. 10. 18., 2013－G－KQA 011, 2013. 9. 16.).

8. 유형자산손상차손

유형자산을 취득하며 현금 등을 지출한 것과 관련하여 지출한 시점에 즉시 비용처리하지 않고 유형자산으로 재무제표에 계상하는 이유는 그 지출로 인한 효익이 향후 일정기간 발생하므로 효익이 발생하는 기간 동안 합리적이고 체계적인 방법에 의하여 취득원가를 배분함으로써 수익 · 비용 대응의 원칙에 충실하기 위함이다. 하지만 취득연도 후에 그 유형자산의 경제적 효익이 급격히 하락하였음에도 불구하고 미래의 비용을 조정하지 않는다면, 유형자산의 취득시 수익 · 비용을 대응시키기 위하여 자산으로 계상하였다는 취지에 어긋난다. 따라서 자산의 효익이 감소되면 이와 관련하여 자산의 장부금액도 감소시켜야 한다는 것이고 이를 인식하는 것이 유형자산손상차손이다.

(1) 용어의 정의

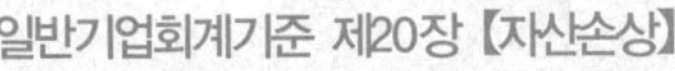
일반기업회계기준 제20장【자산손상】

- 공동자산 : 검토 대상 현금창출단위와 그 밖의 현금창출단위의 미래현금흐름에 모두 이바지하는 자산. 다만, 영업권은 제외한다.
- 사용가치 : 자산이나 현금창출단위에서 얻을 것으로 예상되는 미래현금흐름의 현재가치
- 손상차손 : 자산 또는 현금창출단위의 장부금액이 회수가능액을 초과하는 금액
- 순공정가치 : 합리적인 판단력과 거래의사가 있는 독립된 당사자 사이의 거래에서 자산 또는 현금창출단위의 매각으로부터 수취할 수 있는 금액에서 처분부대원가를 차감한 금액

- 처분부대원가 : 자산 또는 현금창출단위의 처분에 직접 귀속되는 증분원가. 단, 금융원가 및 법인세비용은 제외한다.
- 현금창출단위 : 다른 자산이나 자산집단에서의 현금유입과는 거의 독립적인 현금유입을 창출하는 식별할 수 있는 최소 자산집단
- 회수가능액 : 순공정가치와 사용가치 중 큰 금액

(2) 손상가능성 있는 자산의 식별

매 보고기간말마다 자산손상을 시사하는 징후가 있는지를 검토해야 하며, 만약 그러한 징후가 있다면 당해 자산의 회수가능액을 추정한다. 이 경우 자산손상을 시사하는 징후가 있는지를 검토할 때 최소한 다음을 고려한다(일반기준 20장 문단 20.4, 20.7).

구 분	내 용
외부정보	• 회계기간 중에 자산의 시장가치가 시간의 경과나 정상적인 사용에 따라 하락할 것으로 기대되는 수준보다 유의적으로 더 하락하였음. • 기업 경영상의 기술 · 시장 · 경제 · 법률 환경이나 해당 자산을 사용하여 재화나 용역을 공급하는 시장에서 기업에 불리한 영향을 미치는 유의적 변화가 회계기간 중에 발생하였거나 가까운 미래에 발생할 것으로 예상됨. • 시장이자율(시장에서 형성되는 그 밖의 투자수익률을 포함하며, 이하 같음)이 회계기간 중에 상승하여 자산의 사용가치를 계산하는 데 사용되는 할인율에 영향을 미쳐 자산의 회수가능액을 중요하게 감소시킬 가능성이 있음.
내부정보	• 자산이 진부화 되거나 물리적으로 손상된 증거가 있음. • 회계기간 중에 기업에 불리한 영향을 미치는 유의적 변화가 자산의 사용범위 및 사용방법에서 발생하였거나 가까운 미래에 발생할 것으로 예상됨. 이러한 변화에는 자산의 유휴화, 당해 자산을 사용하는 영업부문을 중단하거나 구조조정하는 계획, 예상 시점보다 앞서 자산을 처분하는 계획 등을 포함함. • 자산의 경제적 성과가 기대수준에 미치지 못하거나 못할 것으로 예상되는 증거를 내부보고를 통해 얻을 수 있음. • 해당 자산으로부터 영업손실이나 순현금의 유출이 발생하고, 미래에도 지속될 것이라고 판단됨.

한편, 사용을 중지하고 처분을 위해 보유하는 자산은 사용을 중지한 시점부터 상각을 중지하고 장부금액으로 유지한다. 이러한 자산에 대해서는 매 보고기간말에 회수가능액을 평가하고 손상차손을 인식한다(일반기준 20장 문단 20.6).

(3) 손상차손의 인식 및 환입

1) 개별 자산별 인식 및 환입

유형자산의 손상징후가 있다고 판단되고, 당해 유형자산의 사용 및 처분으로부터 기대되는 미래의 현금흐름총액의 추정액이 장부금액에 미달하는 경우에는 장부금액을 회수가능액으로 조정하고 그 차액을 손상차손으로 처리한다(일반기준 10장 문단 10.42, 20장 문단 20.9).

손상차손은 즉시 당기손익으로 인식한다. 다만, 재평가모형을 선택함에 따라 재평가금액을 장부금액으로 하는 경우에는 재평가되는 자산의 손상차손은 재평가감소로 처리한다. 즉, 재평가되지 않는 자산의 손상차손은 당기손익으로 인식하되, 재평가되는 자산의 손상차손은 당해 자산에서 발생한 재평가잉여금(기타포괄손익누계액)에 해당하는 금액까지는 기타포괄손익으로 인식한다. 재평가되는 자산의 손상차손을 기타포괄손익으로 인식하는 경우 그 자산의 재평가잉여금(기타포괄손익누계액)을 감소시킨다(일반기준 20장 문단 20.10, 20.11).

한편, 매 보고일에 유형자산에 대해 과거기간에 인식한 손상차손이 더 이상 존재하지 않거나 감소된 것을 시사하는 다음의 징후가 있는지를 검토하고 징후가 있는 경우 당해 유형자산의 회수가능액을 추정한다(일반기준 20장 문단 20.19, 20.20).

구 분	내 용
외부정보	• 자산의 시장가치가 회계기간 중에 유의적으로 증가하였음. • 기업 경영상의 기술 · 시장 · 경제 · 법률 환경이나 해당 자산을 사용하여 재화나 용역을 공급하는 시장에서 당해 기업에 유리한 영향을 미치는 유의적 변화가 회계기간 중에 발생하였거나 가까운 미래에 발생할 것으로 예상됨. • 시장이자율이 회계기간 중에 하락하여 자산의 사용가치를 계산하는 데 사용되는 할인율에 영향을 미쳐 자산의 회수가능액을 중요하게 증가시킬 가능성이 있음.
내부정보	• 기업에 유리한 영향을 미치는 유의적 변화가 자산의 사용범위 및 사용방법에서 회계기간 중에 발생하였거나 가까운 미래에 발생할 것으로 예상됨. 이러한 변화에는 자산의 성능을 향상시키거나 자산이 속하는 영업을 구조조정하는 경우가 포함됨. • 자산의 경제적 성과가 기대수준을 초과하거나 초과할 것으로 예상되는 증거를 내부보고를 통해 얻을 수 있음.

이 경우 과거기간에 인식한 손상차손은 직전 손상차손의 인식시점 이후 회수가능액을 결정하는 데 사용된 추정치에 변화가 있는 경우에만 환입하되, 손상차손환입으로 증가된 장부금액은 과거에 손상차손을 인식하기 전 장부금액의 감가상각 또는 상각 후 잔액을 한

도로 자산의 장부금액을 회수가능액으로 증가시키며 손상차손환입은 즉시 당기손익으로 인식한다. 다만, 유형자산에 대해 재평가모형을 선택함에 따라 재평가금액을 장부금액으로 하는 경우에는 재평가되는 자산의 손상차손환입은 당해 재평가증가로 처리한다. 즉, 재평가되는 자산의 손상차손환입은 기타포괄손익으로 인식하고 그만큼 해당자산의 재평가잉여금(기타포괄손익누계액)을 증가시킨다. 그러나 당해 재평가자산의 손상차손을 과거에 당기손익으로 인식한 부분까지는 그 손상차손환입도 당기손익으로 인식한다. 한편, 수정된 장부금액에서 잔존가치를 차감한 금액을 자산의 잔여내용연수에 걸쳐 체계적인 방법으로 배분하기 위해서, 손상차손환입을 인식한 후에는 감가상각액 또는 상각액을 조정한다(일반기준 20장 문단 20.21~20.25).

사례 (주)삼일은 2×11. 1. 1.에 취득원가 ₩10,000의 유형자산을 취득하였다. (주)삼일의 회계기간은 1년이며 동 유형자산은 잔존가액 없이 10년간 정액법으로 감가상각할 계획이다. 또한 (주)삼일은 유형자산 취득 후 매 회계연도 말 자산의 회수가능액을 평가하여 유형자산손상차손 여부를 검토할 예정이다. 다음은 2×14년 말까지의 회수가능액이다.

일 자	회수가능액
2×11. 1. 1.	₩10,000
2×11. 12. 31.	9,500
2×12. 12. 31.	6,400
2×13. 12. 31.	5,600
2×14. 12. 31.	7,000

2×14. 12. 31.까지의 매 사업연도 말 회계처리를 하라.

• 2×11. 12. 31.

(차) 감가상각액	1,000*	(대) 감가상각누계액	1,000

* 2×11년 감가상각액 : (10,000－0) / 10년＝1,000
1차연도 말(2×11. 12. 31.)의 장부금액 : 9,000(＝10,000－1,000)

• 2×12. 12. 31.

① 감가상각액의 계상

(차) 감가상각액	1,000	(대) 감가상각누계액	1,000

② 유형자산손상차손의 인식

(차) 유형자산손상차손	1,600*	(대) 손상차손누계액	1,600

* a. 장부금액 : (10,000－1,000 × 2) = 8,000
b. 회수가능가액 : 6,400
c. 유형자산손상차손액 : a－b = 1,600

• 2×13. 12. 31.

(차) 감 가 상 각 액	800*	(대) 감 가 상 각 누 계 액	800

* 연간 감가상각액 : (6,400−0) / 8년=800

손상차손 인식 후의 새로운 장부금액 6,400을 기준으로 잔존내용연수 8년에 걸쳐 매기 800씩 감가상각액을 계상한다.

• 2×14. 12. 31.

① 감가상각액의 계상

(차) 감 가 상 각 액	800	(대) 감 가 상 각 누 계 액	800

② 유형자산손상차손환입의 인식

(차) 손 상 차 손 누 계 액	1,200	(대) 손 상 차 손 환 입	1,200*

* a. 회수가능액 : 7,000

b. 손상차손을 인식하지 않았을 경우의 장부금액(한도액) : 10,000−(1,000 × 4)=6,000

c. 손상차손 환입 전 장부금액 : 10,000−(1,000 × 2+1,600+800 × 2)=4,800

d. 유형자산손상차손환입액 : Min(a, b)−c=1,200

회수가능액이 7,000이지만 정상적으로 감가상각하여 왔더라면 산출될 장부금액(6,000)을 한도로, 2×14년도의 감가상각액(800)을 계상한 후의 장부금액(4,800)과의 차액 1,200을 손상차손환입으로 처리한다.

2) 현금창출단위별 인식 및 환입

유형자산의 손상차손은 개별 자산별로 인식하는 것이 타당하다. 그러나, 개별 자산의 회수가능액을 추정할 수 없다면 그 자산이 속하는 현금창출단위의 회수가능액을 결정한다. 이 경우 현금창출단위의 손상검사를 할 때에는 검토대상 현금창출단위와 관련된 모든 공동자산을 식별한다(일반기준 20장 문단 20.13, 20.14).

① 공동자산의 장부금액을 합리적이고 일관된 기준에 따라 현금창출단위에 배분할 수 있는 경우에는, 배분된 공동자산의 장부금액이 포함된 당해 현금창출단위의 장부금액을 그 회수가능액과 비교한다. 그 결과 손상차손이 발생한 경우에는 후술하는 바에 따라 손상차손을 인식한다.

② 공동자산의 장부금액을 합리적이고 일관된 기준에 따라 현금창출단위에 배분할 수 없는 경우에는 다음과 같이 회계처리한다.

가. 공동자산을 제외한 현금창출단위의 장부금액을 회수가능액과 비교하고 손상차손이 발생한 경우에는 후술하는 바에 따라 손상차손을 인식한다.

나. 검토대상 현금창출단위를 포함하면서 공동자산의 장부금액이 합리적이고 일관된 기준에 따라 배분될 수 있는 최소현금창출단위집단을 식별한다.

다. 위 '나'에서 식별된 현금창출단위집단의 장부금액을 그 회수가능액과 비교하여 손상차손이 발생한 경우에는 후술하는 바에 따라 손상차손을 인식한다. 이때 비교대상 장부금액에는 당해 현금창출단위집단에 배분된 공동자산의 장부금액을 포함한다.

현금창출단위의 회수가능액이 장부금액에 미달하는 경우에는 손상차손을 인식하되, 우선, 현금창출단위(또는 현금창출단위집단)에 배분된 영업권의 장부금액을 감소시키고, 그 다음 현금창출단위(또는 현금창출단위집단)에 속하는 다른 자산에 각각 장부금액에 비례하여 배분한다. 그리고 장부금액의 감소는 개별 자산의 손상차손으로 회계처리한다. 다만, 현금창출단위의 손상차손을 배분할 때 개별 자산의 장부금액은 순공정가치(결정가능한 경우), 사용가치(결정가능한 경우), 영(0) 중 가장 큰 금액 이하로 감소시킬 수 없으며, 이러한 제약으로 인해 특정 자산에 배분되지 않은 손상차손은 현금창출단위 내의 다른 자산에 각각 장부금액에 비례하여 배분한다(일반기준 20장 문단 20.15, 20.16).

한편, 현금금창출단위의 손상차손환입은 현금창출단위를 구성하는 자산들(영업권 제외)의 장부금액에 비례하여 배분하며, 영업권에 대한 손상차손은 후속기간에 환입할 수 없다. 이러한 장부금액의 증가는 개별 자산의 손상차손환입으로 회계처리하고, 즉시 당기손익으로 인식한다. 다만, 유형자산에 대해 재평가 모형을 선택함에 따라 재평가금액을 장부금액으로 하는 경우에는 재평가되는 자산의 손상차손환입은 재평가증가로 처리한다(일반기준 20장 문단 20.26).

현금창출단위의 손상차손환입을 배분할 때 개별 자산의 장부금액은 다음 중 작은 금액을 초과하여 증가시킬 수 없으며, 이러한 제약으로 인해 특정 자산에 배분되지 않은 손상차손환입액은 현금창출단위 내의 영업권을 제외한 다른 자산에 각각 장부금액에 비례하여 배분한다(일반기준 20장 문단 20.27).

① 회수가능액(결정가능한 경우)

② 과거기간에 손상차손을 인식하지 않았다면 현재 기록되어 있을 장부금액(감가상각 또는 상각 후)

9. 차입원가의 자본화

(1) 이론적 견해

유형자산, 무형자산, 투자부동산 및 취득이 개시된 날로부터 의도된 용도로 사용하거나 판매할 수 있는 상태가 될 때까지 1년 이상이 소요되는 재고자산을 법인이 제조, 매입, 건설 또는 개발할 경우 동 자산이 실제로 업무에 사용되기까지는 일반적으로 상당한 자금과 기간이 소요된다. 유형자산 등의 건설에 필요한 자금의 원천은 법인내부의 유보이익이나 새로운 주식발행에 의한 자금 또는 법인 외부로부터의 차입금일 수도 있다. 법인의 유보이익이나 주식발행자금의 경우에는 법인의 내재이자율에 의한 내재이자가 존재하며, 외부로부터의 차입금에 대하여는 이자가 발생하게 된다. 이러한 이자를 자본화, 즉 자산의 취득가액에 포함할 것인가 하는 것과 자본화할 이자의 범위를 어떻게 할 것인가 하는 것이 회계학에 있어서 쟁점 중의 하나이다.

첫째로, 법인 내부의 자금뿐만 아니라 외부에서 조달한 자금의 차입원가를 자본화할 수 없다는 견해이다. 이는 이자를 건설원가가 아니라 재무비용으로 간주하는 데 근거가 있다. 이와 같은 입장에서는 내재이자는 실제로 지출된 비용이 아니므로 자본화의 대상에서 제외됨은 물론이고 차입금에 대한 실제 지급이자도 자금조달방법을 변경함으로써 얼마든지 회피가능한 것이므로 자본화해서는 안된다는 것이다. 또한 이자를 자본화하게 될 경우에는 건설기간 동안 당기순이익이 과대계상되거나 이 기간 동안 이익이 없을 때에는 자본화로 인하여 실제 발생된 손실이 표시되지 않는 결과가 발생하기 때문에 자본화를 반대하고 있다.

둘째로, 건설에 필요한 재무원가는 실제로 발생한 이자이든, 내재이자이든 간에 모두 자본화해야 한다는 견해이다. 차입원가는 재료비, 노무비, 기타 자원들의 원가와 마찬가지로 자산을 취득과 관련하여 직접 발생한 원가이므로 당연히 자본화해야 한다는 것이다. 하지만 내재이자의 계산이 임의적 · 주관적이 될 가능성이 크고 역사적 원가체계를 벗어난다는 점에서 비판받고 있다.

셋째로, 차입원가는 자산의 취득과 관련하여 직접 발생한 원가이지만, 내재이자의 계산이 임의적 · 주관적이 될 수 있으므로 외부 자금에 대한 차입원가만을 자본화하여야 한다는 견해이다. 하지만 동일한 자산의 취득에 있어서 자금의 원천에 따라 취득원가가 서로 다르게 측정된다는 문제가 있다.

상기와 같이 차입원가의 자본화 여부와 관련하여 다양한 이론적인 견해가 있다. 이와 관련하여 일반기업회계기준 제18장에서는 차입원가의 자본화와 관련하여 어떻게 규정하고 있는지를 살펴보겠다.

(2) 용어의 정의

1) 차입원가

차입원가는 자금의 차입과 관련하여 발생하는 이자와 기타 이와 유사한 원가를 말하며, 다음과 같은 항목을 포함한다(일반기준 18장 문단 18.2 및 용어의 정의).

(가) 장 · 단기차입금과 사채에 대한 이자

(나) 사채발행차금상각(환입)액

(다) 채권 · 채무의 현재가치평가 및 채권 · 채무조정에 따른 현재가치할인차금상각액

(라) 외화차입금과 관련된 외환차이 중 차입원가의 조정으로 볼 수 있는 부분

(마) 리스이용자의 금융리스관련원가

(바) 차입금 등에 이자율변동 현금흐름위험회피회계가 적용되는 경우 위험회피수단의 평가손익과 거래손익

(사) 차입과 직접 관련하여 발생한 수수료

(아) 기타 이와 유사한 금융원가

매출채권 등의 매각에 따른 처분손실은 자본화대상차입원가에서 제외한다. 또한 차입금에 대한 연체이자는 차입원가로 분류되나, 자산취득을 위하여 직접 관련된 원가라고 볼 수 없기 때문에 자본화대상 차입원가에서 제외한다(일반기준 18장 부록 결18.1). 다만, 일반기업회계기준 제6장에서 규정한 바와 같이 매출채권의 제거조건을 충족하지 못하여 양도한 매출채권을 계속하여 인식하고 수취한 대가를 차입금으로 처리한 경우에 해당된다면 자본화대상에 포함되어야 할 것이다.

한편, 일반차입금에 포함된 외화차입금에 대한 차입원가는 이자지급시점의 환율로 계산한 금액과 회계연도 말의 환율로 계산하여 미지급이자로 계상한 금액을 말한다. 특정외화차입금에 대한 차입원가는 이자지급시점의 환율로 계산한 금액과 회계연도 말의 환율로 계산하여 미지급이자로 계상한 금액의 합계금액에서 해당 외화차입금의 일시적 운용에서 발생한 이자수익 등을 차감한 금액을 말한다. 다만, 외화차입금에 대해 이자율변동현금흐름위험회피회계가 적용되는 경우에는 위험회피수단에서 발생한 평가손익 또는 거래손익도 가감하여야 한다(일반기준 18장 부록 실18.4).

2) 적격자산

적격자산은 유형자산, 무형자산 및 투자부동산과 제조 · 매입 · 건설 또는 개발(이하 '취득'이라 함)이 개시된 날로부터 의도된 용도로 사용하거나 판매할 수 있는 상태가 될 때까지 1년 이상의 기간이 소요되는 재고자산(이하 '적격자산'이라 함)을 말한다. 유형자산, 무형자산 및 투자부동산에 대한 자본적 지출이 있는 경우에는 이를 포함한다(일반기준 18장 문단 18.4 및 용어의 정의).

여기서 단기간에 반복적으로 대량 생산되거나 경상적으로 제조되는 재고자산은 자본화대상자산에서 제외하고, 취득에 1년 이상 소요되는 자산으로 자본화대상 재고자산의 범위를 한정한다(일반기준 18장 부록 결18.6). 즉, 재고자산의 경우에는 취득부터 완료까지의 기간이 1년 미만인 경우에는 차입원가를 자본화하지 않는다는 것이다. 그 이유는 재고자산은 취득 후 판매되면 매출원가로 대체되는 것이 일반적인데 관련 차입원가를 자본화한 후 다시 매출원가로 대체하는 것은 재무정보의 제공에 있어 효익보다는 비용이 더 클 수 있기 때문이다. 또한 취득부터 완료까지의 기간을 판단함에 있어 분양공사의 건설활동에는 분양용지를 의도된 용도로 사용하거나 판매하기 위한 활동도 포함되기 때문에 분양공사용지의

취득과 관련된 차입원가도 관련 분양공사의 자본화 종료시점까지 자본화한다. 따라서 재고자산의 차입원가자본화 요건인 공사에 1년 이상이 소요되는지의 여부는 용지매입기간과 공사기간을 합하여 판단하여야 한다(일반기준 18장 부록 결18.5).

다만, 판매가능한 상태에 있는 자산 및 임대 등을 위해 이미 사용 중이거나 사용가능한 상태에 있는 자산 또한 이에 해당되지 않으면서 이를 위한 활동도 이루어지지 않고 있는 자산은 자본화대상자산에서 제외한다. 즉, 이미 수익창출에 공헌하고 있는 사용 중인 자산은 적격자산이 아니며, 또한 사용가능한 상태에 있는 자산에 대한 이자에 대해서는 의도적인 지연을 통한 이익조정을 막기 위하여 이를 보유비용으로 보아 기간비용으로 처리하도록 한다(일반기준 18장 부록 결18.7, 실18.1).

3) 외환차이

일반차입금에 포함된 외화차입금에 대한 외환차이는 외환차손(익)과 외화환산손실(이익)을 모두 합계하여 상계한 후의 금액을 말한다. 그리고 특정외화차입금이 일시에 지출되지 않아 외화예금이 발생한 경우 특정외화차입금에 대한 외환차이는 특정외화차입금에 대한 외환차손(익)과 외화환산손실(이익)을 합계한 금액에서 개별적으로 대응되는 관련 외화예금에 대한 외환차익(손)과 외화환산이익(손실)을 모두 합계하여 상계한 후의 금액을 말한다. 다만, 외화차입금에 대해 환율변동 현금흐름위험회피회계가 적용되는 경우에는 위험회피수단에서 발생한 평가손익 또는 거래손익도 가감하여야 한다(일반기준 18장 부록 실18.3).

한편, 특정외화차입금의 차입기간과 자본화기간이 다른 경우 외환차이와 위험회피수단의 평가손익 · 거래손익 등은 차입기간 중 자본화기간에 해당하는 금액만 안분하여 산정하여야 한다(일반기준 18장 부록 실18.6). 또한 일반기업회계기준 제18장 문단 18.2 (4)에서는 외화차입금에 대한 외환차이 전부를 자본화하는 것이 아니라 이 중 차입원가의 조정으로 볼 수 있는 부분만 자본화할 수 있도록 규정하고 있다. 여기서 외환차이 중 차입원가의 조정으로 볼 수 있는 부분이라 함은 해당 외화차입금에 대한 차입원가에 외화차입금과 관련된 외환차이를 가감한 금액이 유사한 조건의 원화차입금에 대한 이자율 또는 원화차입금의 가중평균이자율을 적용하여 계산한 차입원가를 초과하지 않는 범위까지의 금액을 말한다(일반기준 18장 문단 18.3). 그리고 유사한 조건의 원화차입금은 차입기간, 원금, 지급보증, 이자지급방식 등의 차입조건에서 유사한 경우를 말하며, 이와 같은 차입조건을 충족시켜줄 수 있는 원화차입금이 존재하지 않는 경우에는 원화차입금의 가중평균이자율을 적용하여야 한다. 외화차입금에 대하여 유사한 조건의 원화차입금에 대한 이자율 또는 원화차입금의 가중평균이자율을 적용하여 차입원가를 계산할 경우 기초부터 존재하는 외화차입금은 기초의 환율을 적용하고, 회계기간 중 조달된 외화차입금에 대해서는 차입 당시의 환율을 적용하여 환산하여야 한다(일반기준 18장 부록 실18.5).

또한 특정외화차입금에서 외환차이(손실)가 발생하는 경우에는 외환차손, 외화환산손실, 위험회피수단의 거래손실 · 평가손실(현금흐름위험회피회계가 적용되는 경우)의 순서로 차입원가의 조정으로 볼 수 있는 차입원가로 대체하며, 특정외화차입금의 외환차이(이익)가 발생하는 경우에는 특정외화차입금에 대한 차입원가의 범위 내에서 차감하되, 그 순서는 외환차익, 외화환산이익, 위험회피수단의 거래이익 · 평가이익(현금흐름위험회피회계가 적용되는 경우)으로 한다(일반기준 18장 부록 실18.7, 실18.10).

사례 (주)삼일에는 다음과 같은 조건으로 차입한 외화차입금이 있는 경우 20×7년 말에 자본화할 수 있는 차입원가의 한도 및 이자비용의 조정으로 볼 수 있는 환율변동손실을 계산하라.

외화차입금 $1,000 차입 : 이자율 5%, 매기말 지급 유사한 조건의 원화차입금 : 이자율 10%, 매기말 지급 차입일(20×7. 1. 1.)의 환율 : 1,000원 / $1 결산일(20×7. 12. 31.)의 환율 : 1,200원 / $1

〈계산자료〉

1) 외화환산손실 : $1,000 × (1,200원 − 1,000원) = 200,000원
2) 외화차입금의 차입원가 :
   $1,000 × 1,200원(이자지급시점 또는 발생시점의 환율) × 5% = 60,000원(a)

〈외환차이(손실) 중 차입원가의 조정으로 볼 수 있는 부분〉

1) 자본화할 수 있는 차입원가의 한도 :
   $1,000 × 1,000원(기초부터 존재하는 외화차입금은 기초의 환율, 회계기간 중 조달된 외화차입금에 대해서는 차입 당시의 환율) × 10%(원화이자율) = 100,000원(b)
2) 차입원가의 조정으로 볼 수 있는 외환차이(손실) :
   100,000(b) − 60,000(a) = 40,000원의 외화환산손실을 차입원가의 조정으로 볼 수 있다.

(3) 인 식

차입원가는 기간비용으로 처리함을 원칙으로 하고 있다. 다만, 적격자산의 취득을 위한 자금에 차입금이 포함된다면 이러한 차입금에 대한 차입원가는 적격자산의 취득에 소요되는 원가로 볼 수 있다. 즉, 적격자산의 취득과 관련된 차입원가는 그 자산을 취득하지 아니하였다면 부담하지 않을 수 있었던 원가이기 때문에 적격자산의 취득원가를 구성하며, 그 금액을 객관적으로 측정할 수 있는 경우에는 해당 자산의 취득원가에 산입할 수 있다(일반기준 18장 문단 18.4).

한편, 차입원가의 회계처리방법은 모든 적격자산에 대하여 매기 계속하여 적용하고, 정당한 사유 없이 변경하지 못한다(일반기준 18장 문단 18.5). 즉, 일부 자산에 대해서만 자본화

하거나 비용화하는 회계처리는 할 수 없으며, 자본화에서 기간비용으로 기간비용에서 자본화로의 회계변경은 비교가능성을 위하여 정당한 사유 없이는 허용되지 않는다(일반기준 18장 부록 결18.3). 또한 일반기업회계기준 제18장 문단 18.2에 제시된 차입원가 중의 일부에 대해서만 자본화하거나, 특정차입금 관련 차입원가에 대해서만 자본화할 수 없다(일반기준 18장 부록 실18.12).

(4) 자본화할 수 있는 차입원가의 산정

자본화할 수 있는 차입원가는 적격자산을 취득할 목적으로 직접 차입한 자금으로서 적격자산을 의도된 용도로 사용하거나 판매가능한 상태에 이르게 하는 데 필요한 대부분의 활동이 완료되기 전까지 자금(이하 '특정차입금'이라 한다)에 대한 차입원가와 일반적인 목적으로 차입한 자금 중 적격자산의 취득에 소요되었다고 볼 수 있는 자금(이하 "일반차입금"이라 한다)에 대한 차입원가로 나누어 산정한다(일반기준 18장 문단 18.6).

이 경우 특정차입금이 있는 경우에는 특정차입금에 대한 차입원가를 먼저 자본화한 후에 일반차입금에 대한 차입원가를 산정하여 자본화한다. 또한 일반차입금에 포함시켜야 할 차입금은 대상자산에 대한 지출이 없었다고 가정하는 경우 차입원가의 회피가능성, 당해 차입금의 용도와 사용제한, 자금의 조달 및 사용계획 그리고 현재의 자금상태 등을 종합적으로 판단하여 결정하여야 한다. 이러한 판단 결과에 따라, 적격자산을 취득할 목적으로 직접 차입한 자금이 그 적격자산을 의도된 용도로 사용하거나 판매가능하게 하는 데 필요한 대부분의 활동이 완료된 경우에는 특정차입금의 정의를 충족하지 않으므로 일반차입금에 포함될 수 있다(일반기준 18장 부록 실18.13, 실18.14).

한편, 회사가 차입약정서상 기타 운영자금 목적으로 차입하였으나 그 중 일부를 적격자산의 취득에 사용한 경우 실질적으로 특정한 자산의 취득을 위하여 사용되었다고 하더라도 차입약정서상 기타 운영자금 목적으로 차입한 것이므로 일반차입금으로 보아야 한다(금감원 2005-012).

(5) 특정차입금 관련 차입원가

특정차입금에 대한 차입원가 중 자본화할 수 있는 금액은 자본화기간 동안 특정차입금으로부터 발생한 차입원가에서 동 기간 동안 자금의 일시적 운용에서 생긴 수익을 차감한 금액으로 한다. 다만, 특정외화차입금에 대한 차입원가 중 자본화할 수 있는 차입원가는 해당 외화차입금에 대한 차입원가에 외화차입금과 관련된 외환차이를 가감한 금액이 유사한 조건의 원화차입금에 대한 이자율 또는 원화차입금의 가중평균이자율을 적용하여 계산한 차입원가를 한도로 한다(일반기준 18장 문단 18.7, 18.8).

한편, 회계연도말 현재 특정차입금의 일부만 적격자산의 취득에 사용한 상태에서 특정차입금에 대한 차입원가를 자본화할 경우 실제 적격자산에 대해 지출한 금액을 한도로 자본화하지 않고 자본화 기간 동안 특정차입금으로부터 발생한 차입원가 전액에서 동 기간 동안 자금의 일시적 운용에서 생긴 수익을 차감하여 자본화하여야 한다(금감원 2005-012).

사례 1 다음과 같은 경우 외화차입금의 차입원가와 외환차이를 계산하시오(단위 : 백만원).

외화차입금의 원화환산액 : 1,000
(가) 외화차입금의 차입원가 : 100
(나) 외화차입금의 일시 운용에서 발생한 이자수익 : 10
(다) 이자율변동 현금흐름위험회피거래에서 발생한 평가이익 · 거래이익 : 5
(라) 외화차입금의 외화환산손실 : 10, 외환차손 : 15
(마) 외화차입금의 일시 운용에서 발생한 외화환산이익 · 외환차익 : 3
(바) 환율변동 현금흐름위험회피거래에서 발생한 평가이익 · 거래이익 : 12

외화차입금의 차입원가[(가)+(나)+(다)] : 100-10-5=85
외화차입금의 외환차이[(라)+(마)+(바)] : 25-3-12=10(손실)

사례 2 [사례 1]의 자료를 기초로 유사한 조건의 원화차입금의 이자율이 9%인 경우 외화차입금과 관련된 외환차이 중 차입원가의 조정으로 볼 수 있는 금액은 얼마인가?

원금(=1,000) × 9%=90 〉85(외화차입금의 차입원가)이므로 외화차입금의 외환차이(손실)(10) 중 5는 차입원가의 조정으로 보아 자본화하고, 잔액 5는 기간비용으로 즉시 인식한다. 이 경우에도 외환차손, 외화환산손실, 위험회피수단의 거래손실 · 평가손실(현금흐름위험회피회계가 적용되는 경우)의 순서로 5만큼을 자본화할 차입원가로 대체한다.

사례 3 [사례 1]의 자료에서 외화차입금의 외환차이(이익)가 10만큼 발생하고, 유사한 조건의 원화차입금의 이자율이 10%인 경우 외화차입금과 관련된 외환차이 중 차입원가의 조정으로 볼 수 있는 금액은 얼마인가?

원금(=1,000) × 10% =100 〉85(외화차입금의 차입원가)이나, 외화차입금에서 외환차이(이익)가 발생했으므로 이자에 가산시켜줄 수 있는 부분은 없다. 그 대신 외환차이(이익) 10을 차감하여 75만큼을 자본화한다. 이 경우 외화차입금의 이자 범위 내에서 외환차익, 외화환산이익, 위험회피수단의 거래이익 · 평가이익(현금흐름위험회피회계가 적용되는 경우)의 순서로 10만큼을 차감한다.

(6) 일반차입금 관련 차입원가

일반차입금에 대한 차입원가 중 자본화할 수 있는 차입원가는 회계기간 동안의 적격자산에 대한 평균지출액 중 특정차입금을 사용한 평균지출액을 초과하는 부분에 대해 적절한 이자율(이하 "자본화이자율"이라 한다)을 적용하는 방식으로 산정한다(일반기준 18장 문단 18.9).

1) 차입원가자본화 대상자산에 대한 평균지출액

차입원가자본화 대상자산에 대한 지출액은 차입원가를 부담하는 부채를 발생시키거나, 현금지급, 다른 자산을 제공하는 등에 따른 지출액을 의미한다. 정부보조금, 공사부담금 등의 보조금과 건설 등의 진행에 따라 회수되는 금액은 자본화대상자산에 대한 지출액에서 차감한다(일반기준 18장 문단 18.10).

또한 당기에 유상증자로 조달된 자금 또는 기타 내부적으로 조달된 자금 등이 별도의 계좌로 관리되고, 해당 적격자산의 취득으로 그 사용이 제한된다면 해당 내부유보자금을 사용한 지출액에 대해서는 적격자산의 평균지출액에서 차감한다(일반기준 18장 부록 실18.15).

적격자산에 대한 평균지출액은 회계기간 동안의 누적지출액에 대한 평균으로서 기본적으로 이자비용을 수반해야 하므로 지급어음이나 미지급비용 등에 의한 원가부분은 제외되어야 한다. 그러나 이러한 원가도 단기적으로는 현금지출을 수반하게 되므로 그 금액의 유의성 측면에서 제외 여부를 판단해야 한다. 그 금액이 유의적이지 않다면 평균지출액은 장부금액을 그 대용치로 사용할 수 있다(일반기준 18장 부록 실18.17).

또한 건설기업 분양공사의 경우 수익인식기준에 따라 공사원가가 달라져서는 안되므로 공사진행기준 적용시 적격자산에 대한 평균지출액은 이미 공사원가로 대체된 후의 장부금액이 아니라 비망기록으로 매기 유지되는 평균지출액으로 한다(일반기준 18장 부록 실18.18).

또한 전기 이전에 자본화한 차입원가는 당기 적격자산의 평균지출액에 포함시키지 않아야 하며 미지급차입원가의 자본화 여부는 일반적으로 미지급공사원가도 취득원가를 구성하고 미지급차입원가의 발생도 대상자산의 취득이 없었더라면 회피가능한 범위에 속하므로 자본화대상 차입원가에 포함시켜야 한다(일반기준 18장 부록 실18.19).

2) 자본화이자율

자본화이자율은 회계기간 동안 상환되었거나 미상환된 일반차입금에 대하여 발생된 차입원가를 가중평균하여 산정한다. 다만, 회계기간 동안 일반차입금 구성종목 및 차입금액의 변동이 유의적이지 않은 경우에 한하여 자본화이자율은 결산일 현재 미상환된 일반차입금에 대한 차입원가를 가중평균하여 산정할 수 있다(일반기준 18장 문단 18.11).

다만, 자본화이자율 산정에 외화차입금이 포함되어 있는 경우 외화차입금과 원화차입금을 구분하여 이자에 해당하는 부분만으로 각각 가중평균이자율을 산정한다. 이 때 자본화이자율 산정에 포함된 외화차입금에서 발생한 외환차이를 자본화할 차입원가에 포함하여야 할지에 대해서는 다음과 같이 처리한다(일반기준 18장 부록 실18.20).

(CASE 1) 외화차입금의 가중평균이자율이 원화차입금의 가중평균이자율보다 높고, 외환차이(이익)가 발생한 경우 외화차입금의 이자에서 외환차이(이익)를 차감한 후의 금액과 원화차입금의 이자를 가중평균하여 자본화이자율을 산정한다(일반기준 18장 부록 실18.21).

(CASE 2) 외화차입금의 가중평균이자율이 원화차입금의 가중평균이자율보다 높고, 외환차이(손실)가 발생되면 외환차이(손실)를 자본화이자율 계산에 반영하지 않고, 외화차입금의 이자와 원화차입금의 이자를 가중평균하여 자본화이자율을 산정한다(일반기준 18장 부록 실18.21).

(CASE 3) 외화차입금의 가중평균이자율이 원화차입금의 가중평균이자율보다 낮고, 외환차이(손실)가 발생한 경우 외화차입금의 이자에서 외환차이(손실)를 가산하여 계산한 이자율이 원화차입금의 가중평균이자율보다 높은 경우에는 원화차입금의 가중평균이자율을 자본화이자율로 하여 일반차입금과 관련하여 자본화할 차입원가를 산출한다(일반기준 18장 부록 실18.22).

사례 공동자료 (주)삼일의 20×1. 12. 31.의 감사보고서 중 일반차입금과 관련한 재무상태표, 손익계산서 및 주석자료의 일부를 발췌하였다.

〈일반차입금에 포함된 외화차입금 내역〉

(단위 : 천원)

	연평균차입금*	이자**	외환차이
A :	750,000	55,000	200,000(외환차손)
B :	2,375,000	125,000	150,000(외화환산이익)
C :	3,600,000	240,000	400,000(외화환산손실)
	6,725,000	420,000	450,000(외환차이(손실))

* 회계연도 초부터 존재하는 차입금인 경우에는 회계연도 초의 환율로 환산하며, 회계기간 중 조달된 차입금에 대해서는 차입 당시의 환율을 적용

** 이자지급시점 또는 이자 발생시점의 환율을 적용

〈일반차입금에 포함된 원화차입금 내역〉

(단위 : 천원)

	연평균차입금	이자
갑 :	1,000,000	100,000
을 :	2,000,000	180,000
병 :	3,000,000	240,000
	6,000,000	520,000

사례 1 (주)삼일은 자산취득과 관련하여 차입원가를 자본화할 계획이다. 이 때 적용하여야 할 자본화이자율을 계산하라.

1. 외화차입금의 가중평균이자율 : 6.25%(420,000/6,725,000)
2. 원화차입금의 가중평균이자율 : 8.6%(520,000/6,000,000)
3. 외환차이(손실)를 가산한 후의 외화차입금 가중평균이자율 : 12.9%
   =(420,000+450,000)/6,725,000
4. 자본화이자율 : 8.6%(외환차이(손실)를 가산한 후의 외화차입금의 가중평균이자율이 원화차입금의 가중평균이자율보다 높기 때문에 원화차입금의 가중평균이자율을 자본화이자율로 한다)

사례 2 적격자산에 대한 평균지출액이 ₩3,000,000인 경우 자본화할 차입원가 및 외환차이(손실) 중 자본화할 차입원가로 대체될 금액은 얼마인가?

- 자본화할 차입원가 : 3,000,000 × 8.6%(자본화이자율)=258,000
- 외환차이(손실) 중 자본화할 차입원가로 대체될 금액 : 자본화할 차입원가는 258,000으로 원화차입금의 이자(520,000)와 외화차입금의 이자(420,000)의 합계금액(940,000) 이하이므로, 외환차이(손실) 중 자본화할 차입원가로 대체될 부분은 발생하지 않는다.

사례 3 적격자산에 대한 평균지출액이 ₩11,500,000인 경우 자본화할 차입원가 및 외환차이(손실) 중 자본화할 차입원가로 대체될 금액은 얼마인가?

- 자본화할 차입원가 : 11,500,000 × 8.6%(자본화이자율)=989,000
- 외환차이(손실) 중 자본화할 차입원가로 대체될 금액 : 자본화할 차입원가는 989,000으로 원화차입금의 이자(520,000)와 외화차입금의 이자(420,000)의 합계금액(940,000)을 초과하므로 외환차이(손실) 중 49,000(=989,000−940,000)에 해당하는 금액을 외환차손, 외화환산손실, 위험회피수단의 거래손실 · 평가손실(현금흐름위험회피회계가 적용되는 경우)의 순서로 자본화할 차입원가로 대체한다.

(CASE 4) 외화차입금의 가중평균이자율이 원화차입금의 가중평균이자율보다 낮고, 외환차이(손실)가 발생한 경우 외화차입금의 이자에 외환차이(손실)를 가산하여 계산한 이자율이 원화차입금의 가중평균이자율보다 낮은 경우 외화차입금의 이자에 외환차이(손실)를 가산한 후의 금액과 원화차입금의 이자를 가중평균하여 자본화이자율을 산정한다(일반기준 18장 부록 실18.26).

사례 4 사례공통자료에서 외환차이(손실)가 ₩450,000이 아니라 ₩45,000이라고 할 때 자본화 이자율을 계산하라.

1. 외화차입금의 가중평균이자율 : 6.25%(420,000/6,725,000)
2. 원화차입금의 가중평균이자율 : 8.6%(520,000/6,000,000)
3. 외환차이(손실)를 가산한 후의 외화차입금 가중평균이자율 : 6.9%
   =(420,000+45,000)/6,725,000

4. 자본화이자율 : 7.7%
   =(420,000+45,000+520,000)/(6,725,000+6,000,000) : 외환차이(손실)를 가산한 후의 외화차입금의 이자율이 원화차입금의 가중평균이자율보다 낮기 때문에 외화차입금의 이자에 외환차이(손실)를 가산한 후의 금액과 원화차입금의 이자를 가중평균하여 자본화이자율을 산정한다.

(CASE 5) 외화차입금의 가중평균이자율이 원화차입금의 가중평균이자율보다 낮고, 외환차이(이익)가 발생한 경우 외화차입금의 이자에 외환차이(이익)를 차감한 후의 금액과 원화차입금의 이자를 가중평균하여 자본화이자율을 산정한다(일반기준 18장 부록 실18.28).

사례 5 사례공통자료에서 외환차이(손실)가 ₩450,000이 아니라 외환차이(이익)가 ₩35,000이라고 할 때 자본화이자율을 계산하라.

1. 외화차입금의 가중평균이자율 : 6.25%(420,000/6,725,000)
2. 원화차입금의 가중평균이자율 : 8.6%(520,000/6,000,000)
3. 자본화이자율 : 7.1%
   =(420,000−35,000+520,000)/(6,725,000+6,000,000) : 외환차이(이익)를 차감한 후의 외화차입금의 이자와 원화차입금의 이자를 가중평균하여 자본화이자율을 산정한다.

3) 한 도

일반차입금에서 발생한 이자는 직접 자본화하는 것이 아니라 간접적으로 적격자산에 대한 평균지출액에서 특정차입금을 초과하는 부분에 대해 자본화이자율을 적용하여 계산하므로 적절한 한도가 필요하다. 일반차입금에 대하여 자본화할 차입원가는 자본화이자율 산정에 포함된 차입금으로부터 회계기간 동안 발생한 차입원가를 한도로 하여 자본화한다. 이 경우 자본화이자율 산정에 포함되지 않은 차입금 및 특정차입금에 대한 차입원가는 제외되어야 하며, 자금의 일시적 운용에서 생긴 수익은 차감하지 아니한다(일반기준 18장 문단 18.12, 부록 실18.16).

(7) 자본화기간

1) 자본화 개시시점

차입원가의 자본화 개시시점은 다음의 조건이 모두 충족되어야 한다(일반기준 18장 문단 18.13).

① 적격자산에 대한 지출이 있어야 한다.
② 차입원가가 발생하여야 한다.
③ 적격자산을 의도된 용도로 사용하거나 판매하기 위한 취득활동이 진행 중이어야 한다.

위의 취득활동에는 물리적인 제작뿐만 아니라 그 이전단계에서 이루어진 행정 · 기술상의 활동도 포함된다. 예를 들면 설계활동, 각종 인·허가를 얻기 위한 활동 등을 들 수 있다.

2) 자본화 종료시점

차입원가자본화의 종료시점은 적격자산을 의도된 용도로 사용하거나 판매가능한 상태에 이르게 하는 데 필요한 대부분의 활동이 완료된 시점이다(일반기준 18장 문단 18.14).

한편, 적격자산이 물리적으로 완성된 경우라면 일상적인 건설관련 후속 관리업무 등이 진행되고 있더라도 당해 자산을 의도된 용도로 사용할 수 있거나 판매할 수 있기 때문에 자본화를 종료한다. 또한 구입자 또는 사용자의 요청에 따른 내장공사 등의 추가작업만이 진행되는 경우라면 실질적으로 모든 건설활동이 종료된 것으로 본다(일반기준 18장 부록 실18.31).

그리고 적격자산이 여러 부분으로 구성되어 건설활동 등이 진행되는 경우 일부가 완성되어 해당 부분의 사용이 가능하다면 그 부분에 대해서는 자본화를 종료한다. 그러나 자산 전체가 완성되어야만 사용이 가능한 경우에는 자산 전체가 사용가능한 상태에 이를 때까지 자본화한다. 예를 들면, 집단업무시설을 건설하는 경우 여러 동의 건물에 대한 공사가 진행 중이라도 각각의 건물별로 완공시점에 자본화를 종료한다. 그러나 제철소와 같이 일관생산체제를 갖추어야 하는 경우에는 개별 공정이 완료되었더라도 자본화를 종료하지 않고 전체 공정이 완료되는 시점까지 자본화한다(일반기준 18장 문단 18.15).

• 분양공사 용지의 특정차입금 차입원가 자본화기간(금감원 2021-001, 2022. 5. 11.)
분양공사업을 영위하는 회사가 자금차입(특정차입금)을 통해 분양공사용 용지를 매입하여 분양건축물을 의도된 용도로 사용할 수 있는 시점인 분양공사 완료일까지 관련 사업을 중단없이 정상적으로 진행한 경우, 회사가 자본화대상자산과 관련된 금융비용에 대해 자본화하는 정책을 채택하였다면 자본화기간 동안 특정차입금으로부터 발생한 금융비용을 자본화대상자산의 취득원가에 산입할 수 있음.

3) 자본화 중단기간

적격자산을 의도된 용도로 사용하거나 판매하기 위한 취득활동이 중단된 경우 그 기간 동안에는 차입원가의 자본화를 중단하며 해당 차입원가는 기간비용으로 인식한다. 그러나 제조 등에 필요한 일시적 중단이나 자산취득 과정상 본질적으로 불가피하게 일어난 중단의 경우에는 차입원가의 자본화를 중단하지 않는다(일반기준 18장 문단 18.16). 반면 기업이 의도적으로 취득활동을 지연하거나 중단한 경우에 발생한 차입원가는 자산취득 과정에서 발생된 것으로 볼 수 없으므로 기간비용으로 인식한다. 여기서 취득활동이 장기간에 걸쳐 중단되는지 여부는 의도적인 중단인지 아닌지를 판단하는 유의적인 기준이 될 수 있다. 예를 들면, 건설에 사용할 목적으로 토지(용지)를 취득하였으나 관련 개발활동이 중단된 상태에 있다면 이 기간 동안 자본화를 중단한다(일반기준 18장 문단 18.17, 부록 실18.32).

또한 경영환경변화나 새로운 정책결정으로 인하여 취득활동을 중단한다면 이는 기업이 의도적으로 취득활동을 지연하거나 중단하는 경우에 해당한다. 그러나 기업이 취득활동을 추진하려는 분명한 의도가 있거나, 취득활동이 진행 중인 상태에서 법규정 등의 개폐에 의해 취득활동이 지연되거나 일시적으로 중단된 경우라면 자본화를 중단하지 않는다. 이 경우 취득활동이 1년 이내에 재개될 가능성이 확실하지 않다면 자본화를 중단하고, 해당 차입원가는 기간비용으로 인식한다. 숙성이 요구되는 생산공정의 숙성기간이나 하천의 수위가 높아져 교량의 건설활동이 일시적으로 중단되는 경우라면 자본화를 중단하지 않는다(일반기준 18장 부록 결18.8).

(8) 차입원가자본화 관련 공시사항

1) 적격자산과 관련된 차입원가에 대해 다음 사항을 재무제표의 주석으로 기재한다(일반기준 18장 문단 18.18).
   ① 회계기간 중 자본화된 차입원가의 금액과 내용
   ② 외화차입금에 대해 차입원가의 조정으로 간주한 외환차이의 금액과 내용
2) 차입원가를 자본화한 경우에는 이를 기간비용으로 회계처리했을 때와 비교하여 손익계산서와 재무상태표의 주요 항목에 미치게 될 영향을 주석으로 기재한다(일반기준 18장 문단 18.19).

사례 1 일반차입금과 특정차입금의 자본화이자율과 차입원가

12월 결산법인인 A회사는 수년 전부터 보유하고 있던 토지에 사옥을 건설하기 위하여 20×1. 1. 1. H건설회사와 도급계약을 체결하였다. 사옥은 20×2회계연도 6. 30. 준공예정이고 A회사는 사옥건설을 위해 다음과 같이 지출하였다.

(단위 : 천원)

일자	금액
20×1. 1. 1.	40,000
20×1. 7. 1.	80,000
20×1. 10. 1.	60,000
20×2. 1. 1.	70,000
합 계	250,000

A회사의 20×1년도의 차입금은 다음과 같으며, 20×2년도에 신규로 조달한 차입금은 없다.

(단위 : 천원)

차입금	차 입 일	차입금액	상 환 일	이자율	이자지급조건
a	20×1. 1. 1.	50,000	20×2. 6. 30.	12%	분기별복리/매년말지급
b	20×0. 1. 1.	60,000	20×2. 12. 31.	10%	단리/매년말 지급
c	20×0. 1. 1.	70,000	20×3. 12. 31.	12%	단리/매년말 지급

이들 차입금 중 차입금 a는 사옥건설 목적을 위하여 개별적으로 차입(특정차입금)되었으며 이 중 10,000은 20×1. 1. 1.~6. 30. 동안 연 9%(단리) 이자지급조건의 정기예금에 예치하였다. 차입금 b, c는 일반 목적으로 차입(일반차입금)되었다.

이 사례에 대하여 20×1회계연도에 자본화한 차입원가는 11,365이며, 20×2회계연도에 발생된 차입원가를 기간비용으로 회계처리하는 경우와 자본화하는 경우로 나누어 회계처리를 예시하라.

◆ 20×2회계연도에 발생된 차입원가를 기간비용으로 인식하는 경우

1. 건물의 취득원가

① 도급공사비 지출액 :	250,000
② 20×1회계연도에 자본화한 차입원가 :	11,365
합계	261,365

2. 공 시

차입원가를 기간비용으로 처리한다는 기업의 회계정책을 기재한다.

◆ 20×2회계연도에 발생된 차입원가를 자본화하는 경우

1. 적격자산에 대한 평균지출액

지 출 일	지출액	자본화대상기간	평균지출액
20×1. 1. 1.	40,000	6/12	20,000
20×1. 7. 1.	80,000	6/12	40,000
20×1. 10. 1.	60,000	6/12	30,000
20×2. 1. 1.	70,000	6/12	35,000
합 계	250,000		125,000

2. 자본화이자율의 계산

특정차입금을 제외하고 일반적으로 차입되어 사용된 사옥건설 관련 차입금에 대하여 적용할 자본화이자율은 다음과 같이 산정한다.

차 입 금	연평균차입금액	차입원가
b	60,000	6,000
c	70,000	8,400
합 계	130,000	14,400

$$\text{자본화이자율} = \frac{\text{총차입원가}}{\text{연평균차입금총액}} = \frac{14,400}{130,000} = 11.08\%$$

3. 특정차입금 관련 차입원가

당기 중 발생한 차입원가	$50,000 \times (1 + 0.12/4)^2 - 50,000 =$	3,045
자본화할 차입원가		3,045

4. 일반차입금 관련 차입원가

① 자본화할 수 있는 차입원가

〔125,000 − (50,000 × 6/12)〕 ×11.08% = 11,080

② 자본화이자율 산정에 포함된 차입금에서 회계기간 동안 발생한 차입원가

차입금 b	60,000 × 10% =	6,000
차입금 c	70,000 × 12% =	8,400
합 계		14,400

③ 한도비교

일반차입금과 관련된 차입원가(11,080)는 당기 한도(14,400) 이내이므로 전액 자본화가 가능하다.

5. 20×2회계연도에 자본화할 수 있는 차입원가

3,045(특정차입금) + 11,080(일반차입금) = 14,125

6. 건물의 취득원가

① 도급공사비 지출액 :	250,000
② 자본화된 차입원가(20×1년)	11,365
(20×2년)	14,125
합 계	275,490

7. 공 시

① 차입원가를 자본화한다는 기업의 회계정책을 기재한다.

② 자본화된 차입원가의 금액과 내용을 기재한다.

③ 차입원가를 기간비용으로 처리했을 때와 비교하여 손익계산서와 재무상태표의 주요항목에 미치게 될 영향을 주석으로 기재한다.

(주석공시사항) 손익계산서와 재무상태표의 주요항목에 미치게 될 영향에 대한 공시

[사례 1]에 예시한 12월 결산법인 A회사는 20×2. 6. 30.에 완공된 사옥에 대해 잔존가치 5,490, 내용연수 20년으로 정액법에 의해 감가상각하고, 20×2회계연도 결산시 6개월분의 감가상각액 6,750을 계상하였다(단위 : 천원).

1. 20×2회계연도 재무상태표의 주요항목에 미치는 영향

구 분[1]	차입원가를 자본화한 경우	20×2년 이후 발생된 차입원가를 기간비용으로 회계처리할 경우 계상될 금액	차 액
취득원가[2]	275,490[3]	261,365[4]	− 14,125
감가상각누계액	6,750	6,397[5]	353
유형자산 장부금액	268,740	254,968	13,772

구 분[1]	차입원가를 자본화한 경우	20×2년 이후 발생된 차입원가를 기간비용으로 회계처리할 경우 계상될 금액	차 액
자본	×××	×××	×××

주1) 자본을 포함하여 차입원가자본화 대상이 된 자산과목별로 작성한다.

주2) 자본화된 차입원가가 포함된 가액이며, 재무상태표상에 계상된 금액을 기준으로 작성한다.

주3) 적격자산은 당기 중 완공된 사옥뿐이라고 가정한다.

주4) 20×2년 이후에 자본화된 차입원가만을 고려한다. 따라서 20×1년도에 자본화한 11,365은 취득원가에 가산되어 있다고 간주하고, 20×2년도에 발생한 차입원가 14,125에 대해서만 기간비용으로 처리한 결과와 비교한다.

주5) [도급공사비 지출액(=250,000)+20×1년도에 자본화된 차입원가(=11,365)−잔존가치(=5,490)] ÷ 20년 × (6개월 / 12개월) = 6,397

2. 20×2회계연도 손익계산서의 주요 항목에 미치는 영향

구 분	차입원가를 자본화한 경우	20×2년 이후 발생된 차입원가를 기간비용으로 회계처리할 경우 계상될 금액	차 액
감가상각비[1]	6,750	6,397	−353
차입원가	3,320[2]	17,445[2]	+14,125
외화환산손실 및 외환차손	−	−	−
당기순이익[3]	27,951	18,311[3]	−9,640

주1) 제조원가, 판매비와 일반관리비에 포함된 감가상각비와 무형자산상각비를 합계하여 산출한다.

주2) 당기에 발생된 차입원가 :

차입금	차 입 일	차입금액	상 환 일	이자율	이자비용
a	20×1. 1. 1.	50,000	20×2. 6. 30.	12%	3,045
b	20×0. 1. 1.	60,000	20×2. 12. 31.	10%	6,000
c	20×0. 1. 1.	70,000	20×3. 12. 31.	12%	8,400
				합 계	17,445

차입원가를 자본화하는 경우에는 당기 발생된 차입원가(=17,445)에서 차입원가로 대체된 14,125(=일반차입금 관련 11,080+특정차입금 관련 3,045)을 차감한 3,320이 차입원가로 계상될 것이다.

주3) 차입원가를 자본화하지 않고 기간비용으로 회계처리할 경우 계상될 당기순이익의 추정은 차입원가를 자본화한 경우 손익계산서에 계상된 법인세비용차감전순이익에 대한 법인세비용의 비율을 적용하는 등의 간편하고 합리적인 방법을 사용할 수 있다. 여기에서는 매출총이익이 50,000이고, 이 비율을 30%라고 가정하여 당기순이익을 추정하였다.

사례 2 분양공사와 관련된 차입원가 (단위 : 천원)

12월 결산법인인 B건설회사는 아파트 신축분양을 위하여 20×1. 1. 1.에 한국토지주택공사와 김포택지지구매입계약을 체결하였으며 그 대금지급조건은 다음과 같다.

계 약 금 (20×1. 1. 1.)	1,000,000
1차중도금 (20×1. 6. 30.)	3,000,000
2차중도금 (20×2. 6. 30.)	3,000,000
잔 금 (20×3. 6. 30.)	3,000,000
합 계	10,000,000

상기 용지의 사용허가일은 20×1. 7. 1.이며 공정가치를 산정하기 위한 적정 이자율은 12%라고 가정하여 동일자로 장기성매입채무의 명목가액 6,000,000의 현재가치와 현재가치할인차금을 구하면 각각 5,070,153과 929,847이 된다. 이에 따라 20×1. 7. 1.의 용지 취득원가(차입원가 자본화 전)는 다음과 같이 산정된다.

계 약 금 (20×1. 1. 1.)	1,000,000
1차중도금 (20×1. 6. 30.)	3,000,000
장기성매입채무	6,000,000
현재가치할인차금	(929,847)
용지취득원가	9,070,153

계약서상 용지의 사용허가일은 20×1. 7. 1.이나 실제 분양공사착공은 20×1. 10. 1.에 이루어졌으며 분양은 20×1. 10. 1.에 50%가 이루어졌고 나머지는 20×2년 중 모두 완료되었다.

한편, 입주가능일은 20×3. 11. 30.이며, 총공사예정원가, 연도별 실제 발생원가 및 총분양금액 등은 다음과 같다.

	20×1	20×2	20×3
총분양대금	50,000,000	50,000,000	50,000,000
총공사예정원가	20,000,000	24,000,000	25,000,000
누적실제발생공사원가	4,000,000	14,400,000	25,000,000
당기실제발생공사원가	4,000,000	10,400,000	10,600,000
공사진행률	20%	60%	100%
분양률	50%	100%	100%
누적분양수익	5,000,000*	30,000,000	50,000,000
당기분양수익	5,000,000	25,000,000	20,000,000

* 50,000,000 × 20% × 50%

분양공사를 위한 각 시점별 지출액과 분양공사에 따른 계약금 및 중도금, 잔금의 수입내역은 다음과 같다.

일 시	분양공사지출액	계약금/중도금/잔금수입액
20×1. 10. 1.	2,000,000	2,000,000
20×1. 12. 1.	2,000,000	–
20×2. 7. 1.	10,000,000	8,000,000
20×2. 9. 1.	400,000	1,000,000
20×3. 7. 1.	10,000,000	19,000,000
20×3. 11. 30.	600,000	20,000,000
합 계	25,000,000	50,000,000

B건설회사의 차입금 현황은 다음과 같으며 분양공사목적으로 개별적으로 차입된 차입금은 없으나 모두 해당 분양공사와 관련이 있다고 판단된다.

차입금	차 입 일	차입금액	상 환 일	이자율	이자지급조건
a	20×1. 1. 1.	5,000,000	20×3. 12. 31.	12%	매년말 지급
b	20×1. 1. 1.	10,000,000	20×3. 12. 31.	10%	매년말 지급
c	20×1. 1. 1.	10,000,000	20×3. 12. 31.	15%	매년말 지급

이 사례에 대하여 20×1회계연도에는 차입원가를 자본화한 결과 재무상태표상의 미완성주택 금액은 2,148,386이고 용지잔액은 8,218,938[=9,070,153(용지의 취득원가)+62,000(20×1년도에 자본화된 차입원가)−913,215(20×1년도에 용지원가로 대체된 금액)]이라고 한다. 이상의 자료를 토대로 20×2회계연도에 발생된 차입원가를 기간비용으로 인식하는 경우와 자본화하는 경우로 나누어 회계처리를 예시하라.

◆20×2회계연도에 발생된 차입원가를 기간비용으로 인식하는 경우

1. 이자의 계산

차 입 금	연평균차입금액	차 입 원 가
a	5,000,000	600,000
b	10,000,000	1,000,000
c	10,000,000	1,500,000
합 계	25,000,000	3,100,000

2. 용지취득을 위한 장기성매입채무에서 발생한 이자

① 당기(20×2. 1. 1.~12. 31.) 동안 인식할 이자

대상기간	기초부채	이자율	할인차금상각	부채감소액	기말부채
20×1. 7. 1. ~20×2. 6. 30.	5,070,153	12%	608,418	3,000,000	2,678,571
20×2. 7. 1. ~20×3. 6. 30.	2,678,571	12%	321,429	3,000,000	–

608,418 × 6/12 + 321,429 × 6/12 = 464,924

3. 20×2회계연도 회계처리

• 20×2. 6. 30.(용지 2차중도금 지급 및 현재가치할인차금상각)

(차) 장기성매입채무	3,000,000	(대) 현금	3,000,000
(차) 이자	304,209	(대) 현재가치할인차금	304,209

• 20×2. 7. 1.(분양공사지출 및 분양대금수입에 대한 회계처리)

(차) 미완성주택	10,000,000	(대) 현금	10,000,000
(차) 현금	8,000,000	(대) 분양미수금	3,000,000
		분양선수금	5,000,000

• 20×2. 9. 1.(분양공사지출 및 분양대금수입에 대한 회계처리)

(차) 미완성주택	400,000	(대) 현금	400,000
(차) 현금	1,000,000	(대) 분양선수금	1,000,000

• 20×2. 12. 31.

－용지취득 관련 장기성매입채무의 현재가치할인차금상각

(차) 이자	160,715	(대) 현재가치할인차금	160,715

－당기 차입원가발생

(차) 이자	3,100,000	(대) 현금	3,100,000

－당기 분양수익인식

(차) 분양선수금	6,000,000	(대) 분양수익	25,000,000
분양미수금	19,000,000		

－당기 분양원가인식

(차) 분양원가	12,548,386	(대) 미완성주택	12,548,386*

* 2,148,386(전기 말 미완성주택)＋10,400,000＝12,548,386

－당기 용지원가인식

(차) 용지원가	4,566,077	(대) 용지	4,566,077*

* [9,070,153(용지의 취득원가)＋62,000(전기에 자본화된 차입원가)]×60%－913,215(전기용지원가대체분)＝4,566,077

◆ 20×2회계연도에 발생된 차입원가를 자본화하는 경우

1. 용지취득관련 계약금 및 1차중도금에 대한 차입원가자본화액

① 적격자산에 대한 평균지출액 4,000,000

② 자본화이자율의 계산

차입금	연평균차입금액	차입원가
a	5,000,000	600,000
b	10,000,000	1,000,000
c	10,000,000	1,500,000
합 계	25,000,000	3,100,000

• 자본화이자율 $= \dfrac{\text{차입원가}}{\text{연평균차입금총액}} = \dfrac{3,100,000}{25,000,000} = 12.40\%$

③ 자본화할 수 있는 차입원가의 계산
4,000,000 × 12.40% = 496,000

④ 상기 자본화할 수 있는 차입원가 496,000은 용지취득 이후에 해당하는 차입원가이므로 전액 미완성주택의 취득원가를 구성함.

2. 용지취득을 위한 장기성매입채무에서 발생한 차입원가자본화액

① 당기 자본화기간(20×2. 1. 1.~12. 31.) 동안 인식할 이자

대상기간	기초부채	이자율	할인차금상각	부채감소액	기말부채
20×1. 7. 1. ~20×2. 6. 30.	5,070,153	12%	608,418	3,000,000	2,678,571
20×2. 7. 1. ~20×3. 6. 30.	2,678,571	12%	321,429	3,000,000	–

608,418 × 6/12 + 321,429 × 6/12 = 464,924

② 용지관련 장기미지급금의 현재가치할인차금상각액 중 당기분 464,924도 차입원가에 포함하여 자본화할 수 있으며, 관련 적격자산인 미완성주택의 취득원가로 처리함.

3. 미완성주택에 대한 차입원가자본화액

① 적격자산에 대한 평균지출액

• 미완성주택에 대한 당기 평균지출액(A)

일 시	지 출 액	자본화대상기간	평균지출액
20×2. 7. 1	10,000,000	6/12	5,000,000
20×2. 9. 1.	400,000	4/12	133,333
합 계	10,400,000		5,133,333

• 분양공사관련 중도금 등의 당기 평균수입액(B)

일 시	지 출 액	자본화대상기간	평균지출액
20×2. 7. 1	8,000,000	6/12	4,000,000
20×2. 9. 1.	1,000,000	4/12	333,333
합 계	9,000,000		4,333,333

• 당기 평균순지출액(A − B) 800,000
• 전기 총지출액(C) 4,000,000
• 전기 총수입액(D) 2,000,000
• 당기 자본화이자율 적용대상 평균지출액(A − B + C − D) 2,800,000

② 자본화할 수 있는 차입원가의 계산
2,800,000 × 12.40% = 347,200
자본화이자율은 용지에 대해서 적용한 가중평균이자율과 동일하게 적용함.

4. 한도비교

① 자본화할 수 있는 차입원가 합계

계약금 및 1차중도금에 대한 차입원가자본화액	496,000
미완성주택에 대한 차입원가자본화액	347,200
합 계	843,200

② 자본화할 수 있는 차입원가 합계 843,200은 당기 이자총액 3,100,000 이내이므로 전액 자본화할 수 있으며, 이 경우 동 금액은 모두 미완성주택의 취득원가를 구성함.

5. 20×2회계연도 회계처리

• 20×2. 6. 30.(용지 2차중도금 지급 및 현재가치할인차금상각)

(차) 장기성매입채무	3,000,000	(대) 현 금	3,000,000
(차) 이 자	304,209	(대) 현재가치할인차금	304,209

• 20×2. 7. 1.(분양공사지출 및 분양대금수입에 대한 회계처리)

(차) 미 완 성 주 택	10,000,000	(대) 현 금	10,000,000
(차) 현 금	8,000,000	(대) 분 양 미 수 금	3,000,000
		분 양 선 수 금	5,000,000

• 20×2. 9. 1.(분양공사지출 및 분양대금수입에 대한 회계처리)

(차) 미 완 성 주 택	400,000	(대) 현 금	400,000
(차) 현 금	1,000,000	(대) 분 양 선 수 금	1,000,000

• 20×2. 12. 31.

－용지취득 관련 장기성매입채무의 현재가치할인차금상각 및 이자자본화

(차) 이 자	160,715	(대) 현재가치할인차금	160,715
(차) 미 완 성 주 택	464,924	(대) 이 자	464,924*

* 304,209(전반기 인식분)+160,715(후반기 인식분)

－당기 이자발생 및 미완성주택에 대한 이자자본화

(차) 이 자	3,100,000	(대) 현 금	3,100,000
(차) 미 완 성 주 택	347,200	(대) 이 자	347,200

－당기 용지계약금 및 1차중도금에서 발생한 이자자본화

(차) 미 완 성 주 택	496,000	(대) 이 자	496,000

－당기 분양수익인식

(차) 분 양 선 수 금	6,000,000	(대) 분 양 수 익	25,000,000
분 양 미 수 금	19,000,000		

－당기 분양원가인식

(차) 분 양 원 가	13,856,510	(대) 미 완 성 주 택	13,856,510*

* 2,148,386(전기 말 미완성주택)+10,400,000+464,924+347,200+496,000=13,856,510

-당기 용지원가인식

(차) 용 지 원 가 4,566,077 (대) 용 지 4,566,077*

* [9,070,153(용지의 취득원가)+62,000(전기에 자본화된 차입원가)] × 60% − 913,215(전기용지원가대체분) = 4,566,077

6. 20×2회계연도 요약손익계산서

	금 액
분양수익	25,000,000
용지원가	4,566,077
분양원가	13,856,510
현재가치할인차금상각*	−
이자	2,256,800
당기순이익**	3,024,429

* 용지취득을 위한 장기성매입채무에서 발생한 현재가치할인차금상각액은 미완성주택에 포함되어 분양원가로 대체됨.

** 법인세비용차감전순이익에 대한 법인세비용의 비율을 30%라고 가정하여 계산

(주석공시사항) 차입원가를 자본화한 경우 이를 기간비용으로 처리했을 때와 비교하여 손익계산서와 재무상태표의 주요 항목에 미치게 될 영향에 대한 공시사례

20×2회계연도 손익계산서의 주요 항목에 미치는 영향[주1)]

(단위 : 천원)

구 분	차입원가를 자본화한 경우	20×2년 이후 발생된 차입원가를 기간비용으로 회계처리할 경우 계상될 금액	차 액
분양수익	25,000,000	25,000,000	−
용지원가	4,566,077	4,566,077[주2)]	−
분양원가	13,856,510	12,548,386[주2)]	−1,308,124
매출총이익	6,577,413	7,885,537	−
차입원가(현재가치할인차금 상각 포함)	2,256,800	3,564,924	1,308,124
당기순이익	3,024,429[주3)]	3,024,429[주3)]	−

주1) 분양공사의 경우 미분양에 따른 재고자산에도 차입원가가 자본화될 수 있으나, 도급공사의 경우에는 미분양에 따른 재고자산이 없으므로 차입원가의 자본화가 당기순이익에 미치는 영향은 없으며 자본화된 차입원가가 영업외비용에서 공사원가로 대체되어 구성금액만 달라질 뿐이다.

주2) 20×1회계연도에 자본화한 차입원가는 그대로 용지원가와 분양원가에 반영하고, 20×2회계연도에 발생한 차입원가에 대해서만 비용화할 경우 계상될 금액

주3) 당기순이익의 추정은 차입원가를 자본화한 경우 손익계산서에 계상된 법인세비용차감전순이익에 대한 법인세비용의 비율을 적용하는 등의 간편하고 합리적인 방법을 사용하여 추정할 수 있으며, 이 비율을 30%라고 가정하여 계산하였다.

사례 3 외화차입금과 관련된 차입원가자본화

12월 결산법인인 C회사는 20×1. 5. 1. 공장건설을 시작하였으며 공장건설과 관련하여 다음과 같은 지출이 이루어졌다.

(단위 : 백만원)

20×1. 5. 1.	3,000
20×1. 7. 1.	6,000
합 계	9,000

C회사의 20×1회계연도 중 공장건설과 관련된 차입금의 내역은 다음과 같다.

	장기외화 차입금a	단기외화 차입금b	단기원화 차입금c	장기원화 차입금d
차입일	20×1. 3. 1.	20×1. 1. 1.	20×1. 3. 1.	20×1. 1. 1.
차입금액	2,000,000$	1,000,000$	3,000백만원	4,000백만원
차입당시환율	950원/$	900원/$	–	–
차입금액(백만원)	1,900	900	–	–
상환일	20×3. 2. 28.	20×1. 10. 31.	20×2. 1. 31.	20×3. 12. 31.
상환당시환율	–	1,100원/$	–	–
외환차손(백만원)	–	200	–	–
결산당시환율	1,000원/$	–	–	–
외화환산손실(백만원)	100	–	–	–
이자율	5%	6%	10%	8%
이자지급조건	매기말지급	만기일시지급	매기말지급	매기말지급
이자비용(백만원)	83	55	250	320

한편, 이들 차입금 중 장기외화차입금a는 특정차입금이고 일시 투자수익은 없으며, b, c, d차입금은 공장건설과 관련된 일반차입금이다. C회사는 공장건설과 관련된 차입금의 차입원가를 자본화하고자 한다. 일반기업회계기준 제18장에 의해 자본화하는 경우에 회계처리를 예시하라.

1. 적격자산에 대한 평균지출액

(단위 : 백만원)

지 출 일	지 출 액	자본화대상기간	평균지출액
20×1. 5. 1.	3,000	8/12	2,000
20×1. 7. 1.	6,000	6/12	3,000
합 계	9,000		5,000

2. 일반차입금 관련 자본화이자율의 계산

특정차입금을 제외하고 일반적으로 차입되어 사용된 차입금에 대하여 적용할 자본화이자율은 원화차입금과 외화차입금으로 구분하여 산정한다. 먼저 외화차입금과 조건이 유사한 원화차입금의 이자율 또는 원화차입금의 가중평균이자율은 다음과 같이 계산할 수 있다.

(단위 : 백만원)

차 입 금	연평균차입금액	이 자
c	2,500(=3,000×10/12)	250
d	4,000(=4,000×12/12)	320
합 계	6,500	570

(1) 원화차입금의 가중평균이자율 $= \dfrac{\text{이자}(250+320)}{\text{연평균차입금총액}(6,500)} = 8.77\%$

(2) 외환차이를 차입원가로 고려하지 않았을 경우 외화차입금의 이자율

외화차입금	연평균차입금액	이자	환율차이(외환차손)
b	750(900×10/12)	55	200
합 계	750	55	200

$= \dfrac{\text{이자}}{\text{연평균차입금총액}} = \dfrac{55}{750} = 7.33\%$

(3) 외환차이를 전액 차입원가로 고려하였을 경우 외화차입금의 이자율

$= \dfrac{\text{총차입원가}}{\text{연평균차입금총액}} = \dfrac{55+200}{750} = 34\% \rangle 8.77\%(\text{상한})$

(4) 외환차이(손실)를 가산한 후의 외화차입금의 이자율이 원화차입금의 가중평균이자율보다 높기 때문에 원화차입금의 가중평균이자율 8.77%를 자본화이자율로 한다.

(5) 8.77%의 자본화이자율을 적격자산의 평균지출액에 적용하여 계산한 차입원가가 자본화이자율 산정에 포함된 일반차입금(외화차입금 b, 원화차입금 c, d)에서 발생한 이자의 합계금액보다 크다면 그 차액만큼 자본화이자율 산정에 포함된 외화차입금 b에서 발생한 외환차손 200백만원 중 자본화할 차입원가로 대체한다.

3. 자본화할 차입원가의 계산

① 특정차입금 관련 차입원가

건설기간 중 이자(A)	$2,000,000 × 5% × 8/12 × 1,000원/$ = 67백만원	
일시투자수익(B)		–
외환차이(손실)(C)*	100백만원 × 8/10 = 80	
자본화가능외환차이(손실)(D)**		44백만원
자본화할 차입원가(A – B + D)		111백만원

* 특정차입금의 차입기간(10개월)보다 자본화대상기간(건설기간인 8개월)이 짧은 경우에는 외환차이(손실)를 자본화대상기간에 해당하는 분만 안분해서 자본화할 차입원가에 가감해야 하므로 외화환산손실 100백만원 중 80백만원만이 한도계산대상이 된다.

** 자본화가능외환차이(손실)는 다음과 같은 단계를 거쳐 계산된 한도 내의 금액만을 자본화대상 차입원가에 포함한다.

i) 특정차입금의 연평균차입액 : $2,000,000 × 10/12 × 950원 / $ = 1,583백만원

ⅱ) 특정차입금의 이자 : $2,000,000 × 5% × 10/12 × 1,000원/$ = 83백만원

ⅲ) 특정차입금의 이자율 : 83백만원/1,583백만원 = 5.24%

ⅳ) 유사한 조건의 원화차입금의 이자율 또는 원화차입금의 가중평균이자율 8.77%를 상한으로 이자의 조정으로 볼 수 있는 외환차이(손실) : 1,266백만원(= 1,900백만원 8/12) × (8.77% − 5.24%) = 44백만원

ⅴ) 한도비교

(단위 : 백만원)

	당기발생금액	자본화가능금액	기간비용계상금액
• 이자	83	67	16
• 외화환산손실	100	44	56
합 계	183	111	72

② 일반차입금 관련 차입원가 : 특정차입금을 사용한 평균지출액을 초과하는 적격자산의 평균지출액에 대하여 일반차입금의 자본화이자율 8.77%를 적용하여 산출
(5,000백만원 − 1,900백만원 × 8/12) × 8.77% = 327백만원*

* 적격자산의 평균지출액에 대하여 계산한 차입원가(= 327백만원)가 당기 발생이자(= 625)를 초과하는 경우에 한하여 외환차이(손실)를 자본화대상 차입원가로 대체할 수 있으므로 단기외화차입금 b에서 발생한 외환차손은 전액 기간비용으로 계상된다.

ⅰ) 한도비교

	당기발생금액	자본화가능금액	기간비용계상금액
• 이자	625	327	298
• 외환차손	200*	−	200
합 계	825	327	498

③ 20×1회계연도에 건설중인자산으로 계상될 금액 (단위 : 백만원)

공장건설 관련 지출	9,000
특정차입금 관련 차입원가	111
일반차입금 관련 차입원가	327
합 계	9,438

(주석공시사항) 20×1회계연도의 재무상태표와 손익계산서의 주요 항목에 미치게 될 영향

(단위 : 백만원)

구 분	차입원가를 자본화한 경우	20×2년 이후 발생된 차입원가를 기간비용으로 회계처리할 경우 계상될 금액	차 액
건설중인자산	9,438	9,000	−438
자 본	×××	×××	×××
차입원가	314	708	394
외화환산손실	56	100	44
외환차손	200	200	−
당기순이익	1,001*	694*	−307

* 차입원가를 자본화하지 않고 기간비용으로 회계처리할 경우 계상될 당기순이익의 추정은 차입원가를 자본화한 경우 손익계산서에 계상된 법인세비용차감전순이익에 대한 법인세비용의 비율을 적용하는 등의 간편하고 합리적인 방법을 사용할 수 있다. 여기에서는 영업이익이 2,000이고, 이 비율을 30%라고 가정하여 당기순이익을 추정하였다.

10. 유형자산의 제거

유형자산의 장부금액은 다음과 같은 때에 제거하여야 하며, 유형자산의 제거 손익은 순매각금액과 장부금액의 차액으로 산정하여 손익계산서에서 당기손익으로 인식한다. 이 때, 유형자산의 재평가와 관련하여 인식한 기타포괄손익누계액의 잔액이 있다면, 그 유형자산을 제거할 때 당기손익으로 인식한다(일반기준 10장 문단 10.44, 10.45).

① 처분하는 때

② 사용이나 처분으로 미래 경제적 효익이 예상되지 않을 때

사례 (주)삼일은 내용연수가 완전히 경과한 기계장치(취득가액 ₩18,000,000, 감가상각누계액 ₩17,300,000)를 철거 처분하고, 동 철거비용 ₩700,000은 현금으로 지급하였다.

(차) 감가상각누계액	17,300,000	(대) 기계장치	18,000,000
유형자산폐기손실	1,400,000	현금및현금성자산	700,000

• **부동산투자신탁에 부동산을 매각 후 해당 부동산투자신탁에 대한 수익증권을 인수한 경우 매각거래로 처리할 수 있는지 여부(금감원 2015-004, 2016. 1. 5.)**

부동산투자신탁에 부동산을 매각한 후 매매대금을 전액 수령한 후 해당 부동산투자신탁의 수익증권을 전액인수하여 96% 투자(나머지 4%는 양도자의 계열회사 참여)한 경우라면, 양도자가 특수목적기구에 대한 위험과 효익의 50% 이상을 갖고 있어 양도자가 특수목적기구를 통제하고 있으므로 담보차입거래와 같이 회계처리하는 것이 타당함.

11. 감가상각

(1) 개 념

감가상각이란 유형자산의 감가상각대상금액을 그 자산의 내용연수에 걸쳐 체계적으로 각 회계기간에 배분하는 것을 말한다(일반기준 10장 문단 10.32 및 용어의 정의).

유형자산은 사용에 의한 소모, 시간의 경과와 기술의 변화에 따른 진부화 등에 의해 경제적효익이 감소한다. 유형자산의 장부금액은 일반적으로 이러한 경제적효익의 소멸을 반영할 수 있는 감가상각액의 인식을 통하여 감소한다(일반기준 10장 부록 실10.9).

즉 감가상각의 목적은 유형자산의 감가상각대상금액(원가 또는 원가를 대체하는 다른 금액-잔존가치)을 자산의 이용에 따라 효익이 발생하는 기간에 체계적이고 합리적인 방법으로 배분하는 것이다. 감가상각할 수 있는 자산이 되기 위한 기본적인 요건은 다음과 같다.

① 감가상각이란 자산 효용의 감소분을 합리적으로 사용기간에 걸쳐서 배분하는 절차라고 한 정의에서 파악할 수 있듯이 시간의 경과나 사용 등으로 인하여 가치가 감소하는 자산이어야 한다. 따라서 토지 및 건설중인자산은 감가상각대상자산이 아니다. 또한 토지와 건물을 동시에 취득하는 경우에도 이들은 분리된 자산이므로 별개의 자산으로 취급한다. 건물은 내용연수가 유한하므로 감가상각대상자산이지만, 토지는 일반적으로 내용연수가 무한하므로 감가상각대상이 아니다. 따라서 건물이 위치한 토지의 가치가 증가하더라도 건물의 내용연수에는 영향을 미치지 않는다(일반기준 10장 문단 10.37).

② 감가상각이 용인받기 위하여는 자기소유의 자산이어야 한다. 자기소유의 자산인지의 여부는 실질에 의하여 판단해야 하며, 명의상 자기자산이 아니라 하더라도 실질적으로 법인의 취득 · 사용이 증명되는 경우에는 법인의 자산으로 본다. 그러나 할부 또는 연불조건에 의하여 유형자산을 구입한 경우에는 소유권이 없다 하더라도 연불가액(현재가치할인차금을 제외한다) 전액을 자산으로 계상하고 실제로 사업에 공할 경우에는 감가상각대상자산에 포함한다. 금융리스의 경우에도 당해 리스물건의 리스실행일 현재의 취득가액 상당액을 임대인으로부터 차입하여 동 리스물건을 구입한 것으로 보아 소유자산과 동일한 방법으로 감가상각한다.

③ 감가상각대상자산은 사업에 실질적으로 공하여야 하므로 미래에 업무에 공할 자산이라고 하더라도 실제로 사업용으로 사용하기 이전에는 감가상각을 할 수 없다. 따라서 기업이 유형자산을 외부로부터 매입하거나 또는 자기가 직접 제조하였으나 아직 사업에 공하지 않고 창고 등에 저장 중에 있는 자산은 동 자산을 실제로 사용하기까지는 감가상각액을 계상해서는 안된다. 또한, 법인세법에서는 법인 소유의 자산이라 하더라도 업무와 직접 관련이 없거나 타인이 주로 사용하는 경우에는 감가상각비를 손금으로 인정하지 않고 있다.

④ 내용연수 도중 사용을 중단하고, 처분 예정인 유형자산은 사용을 중단한 시점의 장부금액으로 표시한다. 이러한 자산에 대해서는 감가상각을 하지 않는 대신 투자자산으로 재분류하고, 손상차손 발생 여부를 매 보고기간 말에 검토한다. 내용연수 도중 사용을 중단하였으나, 장래 사용을 재개할 예정인 유형자산에 대해서는 감가상각을 하되, 그 감가상각액은 영업외비용으로 한다(일반기준 10장 문단 10.35).

(2) 기업회계상 회계처리

유형자산의 원가를 여러 기간에 배분하는 감가상각회계와 관련된 주요 회계문제는 다음과 같다.

• 감가상각대상금액을 결정하는 문제

• 내용연수를 추정하는 문제
• 감가상각방법을 결정하는 문제
• 감가상각액의 회계처리
• 회계기간 중에 유형자산을 구입 또는 처분할 때의 감가상각

1) 감가상각대상금액

감가상각대상금액(depreciation base)이란 유형자산의 원가에서 잔존가치를 뺀 금액이나 원가를 대체한 다른 금액에서 잔존가치를 뺀 금액을 말하는 것으로, 이때 잔존가치(residual value)는 자산의 내용연수가 종료되는 시점에서 그 자산의 예상처분대가에서 예상처분비용을 차감한 금액을 말한다(일반기준 10장 용어의 정의).

한편, 감가상각대상금액은 원가 또는 원가를 대체하는 다른 금액에서 잔존가치를 차감하여 결정하지만 실무상 잔존가치가 경미한 경우가 많다. 그러나 유형자산의 잔존가치가 유의적인 경우 매 보고기간말에 재검토하여, 재검토 결과 새로운 추정치가 종전의 추정치와 다르다면 그 차이는 회계추정의 변경으로 회계처리한다(일반기준 10장 문단 10.33).

잔존가치는 자산을 제거하기 전의 특정 시점에서 추정한 값으로 회사는 당해 자산의 성격과 업종 등을 고려하여 객관적이고 합리적으로 잔존가치를 추정해야 하며, 법인세법상의 잔존가액을 따랐다는 것만으로는 객관적이고 합리적인 잔존가치라고 하기는 어렵다.

한편, 법인세법에 의하면 잔존가액은 유형 · 무형자산을 불문하고 없는 것으로 본다. 다만, 정률법에 의한 상각률 계산시에는 잔존가액을 취득원가의 5%로 하고, 동 잔존가액은 감가상각이 종료되는 회계연도(미상각잔액이 최초로 취득가액의 5% 이하가 되는 회계연도)에 전액 상각할 수 있도록 하고 있다.

2) 내용연수의 추정

내용연수(useful life)란 기업이 자산을 사용할 것으로 예상하는 기간이나 자산에서 얻을 것으로 예상하는 생산량 또는 이와 비슷한 단위를 말한다(일반기준 10장 용어의 정의). 즉, 유형자산의 경제적 효익은 유형자산을 사용함으로써 감소하는 것이 일반적이다. 그러나 자산을 사용하지 않더라도 기술적 진부화 및 마모 등의 요인으로 인하여 자산으로부터 기대하였던 경제적 효익이 감소될 수 있다. 따라서 자산의 내용연수를 결정할 때에는 다음의 요소를 고려할 필요가 있다(일반기준 10장 부록 실10.11).

(가) 자산의 예상생산능력이나 물리적 생산량을 토대로 한 자산의 예상사용수준
(나) 생산라인의 교체빈도, 수선 또는 보수계획과 운휴 중 유지 · 보수 등 관리수준을 고려한 자산의 물리적 마모나 손상
(다) 생산방법의 변화, 개선 또는 해당 자산으로부터 생산되는 제품 및 용역에 대한 시장

수요의 변화로 인한 기술적 진부화

(라) 리스계약의 만료일 등 자산의 사용에 대한 법적 또는 계약상의 제한

즉, 유형자산의 내용연수는 자산으로부터 기대되는 효용에 따라 결정된다. 유형자산은 기업의 자산관리정책에 따라 일정기간이 경과되거나 경제적 효익의 일정 부분이 소멸되면 처분될 수 있다. 이 경우 내용연수는 일반적 상황에서의 경제적 내용연수보다 짧을 수 있으므로 유사한 자산에 대한 기업의 경험에 비추어 해당 유형자산의 내용연수를 추정하여야 한다. 그리고 자산에 내재된 미래경제적효익의 예상되는 소비형태에 유의적인 변동 등으로 인하여 내용연수에 대한 추정이 변경되는 경우 회계추정의 변경으로 보아 회계처리한다(일반기준 10장 문단 10.36).

한편, 법인세법에서 정하고 있는 자산종류별 내용연수를 따랐다는 것만으로는 객관적이고 합리적인 근거가 될 수 없다. 왜냐하면 법인세법상의 내용연수는 세무정책 측면을 고려하여 결정되므로 재무회계의 목적과는 상충될 수 있기 때문이다. 따라서 내용연수 등을 추정함에 있어서는 객관적이고 합리적인 근거에 따라야 하며 법인세법에 따른 내용연수 등은 객관적이고 합리적인 추정방법 및 근거자료가 제시될 수 없는 경우에는 이를 사용할 수 없다.

3) 감가상각방법의 결정

특정의 유형자산의 원가가 결정되고 잔존가치 및 내용연수가 추정되면 내용연수 동안에 상각될 총감가상각액이 결정된다. 그러나 총감가상각액을 각 연도에 어떻게 배분할 것인가 하는 원가배분유형의 선택문제가 아직 남아 있다. 유형자산의 원가는 자산의 이용에 따라 경제적 효익이 발생하는 여러 기간에 배분될 결합원가(joint cost)이다. 그러나 이러한 결합원가를 논리적으로 정확하게 배분하는 방법은 존재하지 않는다. 따라서 감가상각과정은 수익을 창출하기 위해 소멸된 비용의 정확한 금액을 찾는 것이 아니라, 신중하고 체계적인 방법에 따라 감가상각대상금액을 내용연수 동안에 합리적으로 배분하는 것이라 보아야 한다. 즉, 감가상각방법(depreciation method)이란 유형자산의 감가상각대상금액(즉, 유형자산의 원가와 잔존가치의 차액)을 내용연수에 걸쳐 자산의 경제적 효익의 소멸되는 형태를 반영한 합리적이고 체계적으로 배분하는 방법을 말한다.

새로 취득한 유형자산에 대한 감가상각방법도 동종의 기존 유형자산에 대한 감가상각방법과 일치시켜야 한다. 다만, 자산에 내재된 미래경제적효익의 예상되는 소비형태에 유의적인 변동이 있는 경우, 변동된 소비형태를 반영하기 위하여 감가상각방법을 변경하여야 하며 회계추정의 변경으로 회계처리한다. 한편, 신규사업의 착수나 다른 사업부문의 인수 등의 결과로 독립된 새로운 사업부문이 창설되어 기존의 감가상각방법으로는 그 자산에 내재된 미래경제적효익의 예상되는 소비형태를 반영할 수 없기 때문에 다른 방법을 사용하는 경우에는 회계변경으로 보지 아니한다(일반기준 10장 문단 10.39).

유형자산의 감가상각방법에는 정액법, 체감잔액법(예를 들면, 정률법 등), 연수합계법, 생산량비례법 등이 있다. 정액법은 자산의 내용연수 동안 일정액의 감가상각액을 계상하는 방법이며 체감잔액법과 연수합계법은 자산의 내용연수 동안 감가상각액이 매 기간 감소하는 방법이다. 생산량비례법은 자산의 예상조업도 혹은 예상생산량에 근거하여 감가상각액을 계상하는 방법이다. 감가상각방법은 해당 자산으로부터 예상되는 미래경제적효익의 소멸행태에 따라 선택하고, 소멸행태가 변하지 않는 한 매기 계속 적용한다(일반기준 10장 문단 10.40).

세법상으로는 인정되지 않는 연수합계법, 폐기법, 갱신법, 이중체감법, 조별 및 종합상각법은 실무상으로는 거의 적용하지 않으므로 본서에서는 정액법, 정률법, 생산량비례법에 대해서만 간단히 설명하겠다.

① 정액법

정액법이란 자산의 내용연수에 걸쳐 균등하게 감가상각액을 인식함으로써 매 회계연도의 상각액을 균등하게 하는 상각방법이다. 이는 시간의 경과에 따라서 자산의 가치가 일정하게 감소될 때 적합한 방법이다.

정액법에 의한 감가상각액의 계산식은 다음과 같다.

$$감가상각액 = (원가 - 잔존가치) \div 내용연수$$

정액법은 계산하기가 간단하고 편리한 반면, 특정 회계기간 동안의 조업도가 그 기간의 감가상각액에 전혀 영향을 미치지 않는다고 가정하므로 논리상 문제점이 있다.

② 정률법

정률법은 가속상각의 한 방법으로서 상각초기연도에 많은 금액을 상각하게 하는 방법이다. 즉, 감가상각 기초가액에 일정률을 곱함으로써 시간이 경과할수록 장부금액은 적어지게 되므로 이에 또다시 일정률을 곱하게 되면 감가상각액은 매년 줄어들게 된다.

정률법에 의한 감가상각액의 계산식은 다음과 같다.

$$감가상각액 = (원가 - 감가상각누계액) \times 감가상각률^*$$

$$* 감가상각률 = 1 - \sqrt[n]{\frac{잔존가치}{원가}}$$

(n : 회계기간)

이와 같은 정률법은 취득초기에 많은 감가상각액을 계상하고 시간이 경과함에 따라 그 금액이 체감하게 된다. 따라서 정률법은 정액법에 비하여 초기에 많은 비용을 계상할 수 있으므로 조속히 원가화시킬 수 있다는 장점이 있으나, 상각률을 계산하는 것이 실무상 번거로우므로 법인세법상 감가상각률표를 이용하는 것이 편리하다.

③ 생산량비례법

생산량비례법은 유형자산의 감가가 단순히 시간의 경과에 따라 발생하기보다는 생산량에 비례하여 나타난다고 하는 것을 전제로 감가상각액을 계산하는 상각방법이다. 즉, 생산량비례법은 자산의 예상조업도 혹은 예상생산량에 근거하여 감가상각액을 인식하는 방법으로서 생산량비례법에 의한 감가상각액의 계산식은 다음과 같다(일반기준 10장 문단 10.40).

감가상각액＝(원가－잔존가치)×(당기 실제 생산량/총 예상 생산량)

이와 같은 생산량비례법은 다음 조건이 모두 성립하는 경우에 적용해야 한다.

㉮ 자산의 총조업도를 합리적으로 추정할 수 있다.

㉯ 조업도, 즉 자산의 이용률이 각 기간마다 현저하게 차이가 난다.

㉰ 자산의 용역잠재력의 감소가 그 자산의 이용률과 밀접하게 관련되어 있다.

이와 같은 상황에서는 생산량비례법에 의해 감가상각액을 계산하는 것이 가장 합리적으로 수익과 비용을 대응시킬 수 있다.

그러나 생산량비례법은 정액법에 비하여 적용하기 어렵다는 단점이 있다. 왜냐하면 내용연수 동안의 총 예상 생산량을 추정하는 것이 자산의 내용연수를 추정하는 것보다 더 어렵기 때문이다.

4) 감가상각비의 회계처리

유형자산에 내재된 경제적 효익이 비용화되지 않고 다른 자산을 생산하는 데 사용될 수 있다. 이 경우 유형자산의 감가상각액은 해당 자산의 원가의 일부가 된다. 예를 들면, 제조설비의 감가상각액은 재고자산의 가공비로서 제조원가를 구성하고, 연구개발 활동에 사용되는 유형자산의 감가상각액은 무형자산의 인식조건을 충족하는 자산이 창출되는 경우 해당 무형자산의 원가에 포함된다(일반기준 10장 부록 실10.10).

즉, 각 기간의 감가상각액은 다른 자산의 제조와 관련된 경우에는 관련 자산의 장부금액에 포함하며, 그 밖의 경우에는 판매비와관리비로 계상한다(일반기준 2장 부록 실2.47 및 10장 문단 10.32).

5) 회계기간 중에 유형자산을 구입 또는 처분할 때의 감가상각

일반적으로 유형자산의 구입과 처분은 회계기간의 기초나 기말에 발생하기보다는 기중에 발생한다.

따라서 취득연도나 처분연도의 감가상각액을 정확히 인식하기 위해서는 1년분 감가상각액 중에서 자산이 사용된 기간에 해당하는 부분만 감가상각액으로 인식해야 하는 것으로 취득자산은 취득월부터 감가상각을 해야 하며 처분자산은 처분시까지 감가상각을 해야 정확한 감가상각액을 계산할 수 있다. 재무보고에 관한 실무의견서 1999-6에 의하면 감가상각은 수익과 비용의 적절한 대응을 위해 자산의 내용연수 동안 취득원가를 체계적이고 합리적인 방법으로 배분하여 당기 비용으로 인식하는 것이므로 유형자산을 최초로 취득한 경우 취득시점부터 회계연도 종료일까지의 상각대상기간은 일 단위, 주 단위, 월 단위 및 6월 단위 등 회사가 합리적인 기간단위를 선택하여 상각하여야 하는 것이며, 동종의 신규자산을 취득하는 경우 이를 계속 적용하여야 한다고 규정하고 있다. 즉, 일할상각, 월할상각 및 반년상각을 모두 인정하고 있는 것이다.

6) 중소기업 회계처리 특례

유형자산의 감가상각과 관련한 법인세법상의 내용연수 및 잔존가액은 세무정책 측면을 고려하여 결정되어 재무회계의 목적과는 상충될 수 있으므로, 감가상각을 위한 내용연수 등을 추정함에 있어서는 객관적이고 합리적인 근거에 따라야 하는 것이 원칙이다.

하지만, 이해관계자가 많지 않은 중소기업의 경우에는 재무제표 작성부담을 완화한다는 취지에서 몇 가지 특례를 인정하고 있는 바, 일반기업회계기준 제31장 문단 31.10에서는 유형자산의 내용연수 및 잔존가치의 결정은 법인세법의 규정에 따를 수 있도록 특례를 두고 있다.

일반기업회계기준 제31장 【중소기업 회계처리 특례】

31.2. 이 장은 주식회사 등의 외부감사에 관한 법률의 적용대상 기업 중 중소기업기본법에 의한 중소기업의 회계처리에 적용할 수 있다. 다만, 다음의 기업은 이 장을 적용할 수 없다.

(1) 자본시장과 금융투자업에 관한 법률에 따른 다음의 기업
  (가) 상장법인
  (나) 증권신고서 제출법인
  (다) 사업보고서 제출대상법인
(2) 제3장 '재무제표의 작성과 표시Ⅱ(금융업)'에서 정의하는 금융회사
(3) 제4장 '연결재무제표'에서 정의하는 연결실체에 중소기업이 아닌 기업이 포함된 경우의 지배기업

31.3. 이 장은 주식회사 등의 외부감사에 관한 법률의 적용대상이 아닌 중소기업의 회계처리에 준용할 수 있다.

31.10. 유형자산과 무형자산의 내용연수 및 잔존가치의 결정은 법인세법 등의 법령에 따를 수 있다.

31.14. 문단 31.4 내지 31.13의 회계처리, 재무제표 표시 및 주석공시 내용 중 선택한 사항을 주석으로 기재하며, 유의적인 회계정책의 요약에 이 장의 적용범위에 해당되어 특례를 적용하였다는 사실을 주석으로 기재한다.

유형자산의 내용연수 및 잔존가치의 결정에 대한 특례규정은 중소기업이 2011년 1월 1일 이후 최초로 개시하는 회계연도 전에 종전의 기업회계기준서 제14호 '중소기업 회계처리 특례'에 따라 적용한 경우에는 2011년 1월 1일 이후 최초로 개시하는 회계연도에도 이를 계속 적용하고, 적용하지 아니한 경우에는 새로이 적용할 수 없다. 다만, 과거에 발생한 경우가 없는 새로운 사건이나 거래가 발생한 경우에는 동 특례규정을 적용할 수 있다(일반기준 경과규정 문단 10).

한편, 유형자산의 내용연수 및 잔존가치의 결정에 대한 특례규정을 적용하던 중소기업이 이를 적용하지 아니하고자 하거나, 중소기업에 해당하지 않게 되는 이유 등으로 이를 적용할 수 없게 되는 경우에는 일반기업회계기준 제5장 '회계정책, 회계추정의 변경 및 오류'에 따라 회계처리하여야 한다(일반기준 31장 문단 31.17).

12. 공 시

(1) 감가상각누계액 등의 공시

유형자산은 원가에서 감가상각누계액과 손상차손누계액을 차감하는 형식으로 재무상태표에 표시한다. 정부보조금 등을 받아 취득한 유형자산에 대해서는 정부보조금 등을 유형자산의 원가에서 차감하는 형식으로 표시한다(일반기준 10장 문단 10.21, 10.23).

따라서 유형자산(예 : 건물)은 다음과 같이 공시된다.

건물	××××	
감가상각누계액	(×××)	
손상차손누계액	(×××)	
정부보조금 등	(×××)	××××

(2) 주석사항

유형자산 과목별로 다음의 사항과 토지(유형자산의 토지, 투자자산의 투자부동산)에 대해서는 공시지가를 추가하여 재무제표에 주석으로 기재하여야 한다(일반기준 10장 문단 10.48).

① 감가상각방법, 내용연수 또는 상각률

② 다음에 열거하는 장부금액의 당기 변동내용
가. 취득(자본적 지출 포함)
나. 처분
다. 기업결합을 통한 취득
라. 재평가에 의한 증가 또는 감소
마. 손상차손과 손상차손환입
바. 감가상각액
사. 기타 장부금액의 증감
③ 소유권이 제한되거나 담보로 제공된 유형자산의 내용과 금액
④ 유형자산과 관련된 추정 복구원가의 내용, 추정방법, 금액 및 회계처리방법
⑤ 건설중인자산에 대한 당기 지출액
⑥ 유형자산을 취득하기 위한 약정액
⑦ 차입원가자본화에 의해 자본화된 금액

또한 다음의 내용은 재무제표이용자에게 추가로 주석으로 공시할 수 있다(일반기준 10장 문단 10.49).

① 일시 운휴 중인 유형자산의 장부금액
② 감가상각이 완료되었으나 아직 사용 중인 유형자산의 잔존가치 또는 비망금액의 총액
③ 사용이 중지되어 처분예정인 유형자산의 장부금액

한편, 유형자산의 항목이 재평가된 금액으로 기재된 경우에는 다음 사항을 공시하여야 한다(일반기준 10장 문단 10.50).

① 재평가기준일
② 독립적인 평가인이 평가에 참여했는지 여부
③ 해당 자산의 공정가치 추정에 사용한 방법과 유의적인 가정
④ 해당 유형자산의 공정가치가 시장에서 관측가능하거나 독립적인 제3자와의 최근 시장거래가격에 직접 기초하여 결정된 정도 또는 다른 가치평가기법을 사용하여 추정된 정도
⑤ 재평가된 유형자산의 분류별로 원가모형으로 평가되었을 경우 장부금액
⑥ 재평가관련 기타포괄손익의 변동

13. 세무회계상 유의할 사항

(1) 세법상 감가상각의 특징

세법상 감가상각제도는 조세부담의 공평, 계산의 편의성 및 국가정책목적 등을 고려하여 규정된 것으로 일반기업회계기준과 달리 다음과 같은 특징이 있다.

첫째, 법인이 각 사업연도에 유형자산 및 무형자산에 대한 감가상각을 할 것인가의 여부는 법인의 내부의사결정에 의한다.

둘째, 법인이 감가상각액을 손비로 계상하더라도 동 금액이 모두 용인되는 것은 아니다. 즉, 법인세법에서는 각 사업연도에 손비로 계상할 수 있는 감가상각액의 최고한도액을 정함으로써 이를 초과하여 계상한 금액은 손금불산입한다. 즉, 자산별로 상각방법, 내용연수, 잔존가액 등에 대한 구체적인 규정을 하고 있다. 따라서 내용연수가 10년으로 규정된 자산의 경우 10년 이내에는 전액 손금용인하지 않는다는 의미일 뿐, 이를 20년 또는 30년에 걸쳐 상각하더라도 세법상으로는 감가상각의제가 적용되는 경우 및 업무용승용차 과세가 적용되는 예외적인 경우를 제외하고는 아무런 문제가 되지 아니한다. 감가상각의 의제에 대하여는 '(8) 의제상각'에서 설명하고, 업무용승용차 과세에 대하여는 '(11) 업무용 승용차 관련비용의 손금불산입'에서 설명하기로 한다.

셋째, 유형자산 및 무형자산의 감가상각에 필요한 내용연수 등을 세법에서 특별히 정하고 있다.

세법상 감가상각의 계산요소는 일반기업회계기준과 마찬가지로 ㉮ 취득가액, ㉯ 잔존가액, ㉰ 내용연수, ㉱ 상각방법이다. 세법에서는 일반기업회계기준과 달리 각각의 요소들에 대하여 구체적으로 규정을 함으로써 법인이 각 사업연도에 손비로 계상할 수 있는 감가상각액한도액 계산을 정형화하고 있다.

(2) 감가상각액의 손금경리

세법에서는 감가상각비를 손비의 하나로서 규정하고 있으며, 감가상각비는 법인이 손비로 계상한 경우에 한하여 손금으로 인정받을 수 있는 결산조정을 원칙으로 하고 있다. 즉, 법인이 장부상 유형자산 및 무형자산의 장부가액에서 감가상각액을 실질적으로 감액하는 결산조정을 하는 경우 세법에서 정한 한도액 내에서 손금으로 인정되는 것이다. 그러므로 감가상각액을 결산에 반영하여 손비로 계상하지 아니한 경우에는 수정신고 또는 경정청구를 통하여 손금에 산입할 수 없다.

다만, 한국채택국제회계기준을 적용하는 내국법인이 보유한 유형자산과 법인세법 시행령 제24조 제2항에서 정하는 일정한 요건(법칙 12조 2항)을 갖춘 내용연수가 비한정인 무형자산 및 국제회계기준을 최초로 적용하는 사업연도 전에 취득한 영업권의 경우에는 법인세법 제23조 제2항에 따라 일정한도의 범위 내에서 신고조정에 의하여 손금에 산입할 수 있다.

한편, 감가상각액의 계상은 법인의 임의에 맡기고 있는 것이 세법의 입장이므로 전기에 과소계상한 감가상각액을 일반기업회계기준에 따라서 전기오류수정손실로 기장한 경우에도 이를 손비로 계상한 것으로 보아 당해 사업연도에 손비로 계상한 감가상각액의 범위에는 전기오류수정손실금액을 포함한다. 또한, 감가상각자산이 진부화, 물리적 손상 등에 따라 시장가치가 급격히 하락하여 법인이 일반기업회계기준에 따라 손상차손을 계상한 경우(유형자산으로서 천재 · 지변 · 화재, 법령에 의한 수용, 채굴예정량의 채진으로 인한 폐광 등의 사유로 인하여 파손 또는 멸실됨에 따라 그 장부가액을 감액한 경우는 제외함)에는 해당 금액을 법인세법상 감가상각비로서 손비로 계상한 것으로 본다(법령 31조 8항).

일반적으로 감가상각액을 손비로 계상하는 방법에는 직접법과 간접법이 있는 바, 그 내용은 다음과 같다.

1) 직접법

유형자산의 장부금액에서 감가상각액을 직접 차감하는 방법이다. 이의 분개는 다음과 같다.

(차) 감 가 상 각 액 ××× (대) 유 형 자 산 ×××

2) 간접법

감가상각액을 유형자산에서 직접 차감하지 않고 상대계정으로 감가상각누계액이라는 유형자산에 대한 평가성충당금을 설정하여 감가상각액을 손비로 계상하는 방법이며, 이의 분개는 다음과 같다.

(차) 감 가 상 각 액 ××× (대) 감가상각누계액 ×××

간접법으로 회계처리하는 경우 법인의 재무제표는 유형자산의 장부금액과 감가상각누계액을 동시에 보여줌으로써 회계수치로서의 유용성을 제고할 수 있는 것이다.

한편, 일반기업회계기준에서는 유형자산에 대하여는 간접법, 무형자산에 대하여는 직접법과 간접법 중 선택하여 적용하도록 규정하고 있으나, 세법에서는 법인이 각 사업연도에 감가상각자산의 감가상각액을 손비로 계상하는 경우에는 직접법 또는 간접법의 방법 중 선택하여 적용할 수 있도록 하고 있다.

(3) 감가상각의 기초가액

감가상각범위액 계산요소의 하나인 감가상각의 기초가액은 취득가액, 취득시점 이후의 자본적 지출액으로 이루어진다. 이하에서는 이를 순서대로 설명한다.

유형자산의 취득가액은 취득 당시의 유형자산가액과 법인이 유형자산을 취득하여 법인 고유의 목적사업에 직접 사용할 때까지의 제반비용을 포함한다. 즉, 유형자산이 고유기능을 발휘할 수 있는 시점까지 투입된 비용은 자본화하는 것이며, 이에는 건설자금이자도 포함한다.

법인이 유형자산을 취득하는 유형에는 외부로부터의 매입, 자가건설 또는 제작, 합병 · 분할 또는 현물출자에 의한 취득, 기타의 방법이 있다.

1) 외부로부터의 매입

세법은 일반기업회계기준과 마찬가지로 유형자산의 취득원가를 결정하는 경우 역사적 원가주의를 채택하고 있으므로 취득하는 당시에 지급된 현금 또는 현금성자산으로 자산의 가액을 확정한다. 이 때 대가에는 자산의 구입가격과, 구입과 관련하여 발생한 취득세(농어촌특별세와 지방교육세를 포함함), 운임, 보험료, 관세, 하역비, 구입수수료, 공과금, 공정배치를 위한 외부용역비, 설치비, 자산 실사관련 법률자문료 등 기타 각종 부대비용을 포함한다(법령 72조 2항 1호).

이러한 부대비용의 구성을 보면 자산의 구입과 관련된 제비용과 구입 후에 자산의 사용을 위하여 지출하는 제비용으로 구분할 수 있으며, 결국 자산을 실제 목적에 사용가능하게 할 때까지의 제비용은 모두 취득원가에 포함된다. 또한 건설기간이 있는 경우에는 건설자금에 충당한 금액의 이자도 자본적 지출로서 취득원가에 포함된다.

특수한 경우로서 소송비용도 소송의 내용에 따라 자산의 취득이나 상표권, 영업권, 광업권 등 자산가액을 형성하는 성질의 것인 경우에는 취득원가에 포함되는데, 이 때의 소송비용은 민사소송법 제98조 및 민사소송비용법으로 규정된 것에 한정된다(법기통 40-71…17).

민사소송법 제98조에 규정한 소송비용은 인지대, 서기료, 증인, 감정인 등에 대한 일당 · 여비 등, 법관 등의 일당 · 여비 등, 감정 등에 대한 특별요금, 통신비, 기타 비용을 포함한다.

매입의 경우에 있어서 취득원가를 결정하는 경우에는 상기의 내용 이외에도 대금지급조건, 결제통화, 자산의 포괄취득의 경우 원가안분계산, 합병 또는 포괄양수시의 가액결정 등의 여러 가지 변수가 작용하는 바, 이에 대하여 각각 검토해 보면 다음과 같다.

① 대금지급조건에 의한 취득가액

가. 할부 또는 연불구입의 경우

법인이 자산을 구입하는 유형은 계약상 대금지급조건에 따라서 일시불구입, 할부에 의한 구입, 할인에 의한 구입으로 나눌 수 있다. 일시불로 자산을 구입하는 경우에는 앞에서 설명한 바와 같이 지급된 대가로 자산의 취득원가를 결정하면 된다.

그러나 자산을 장기할부에 의하여 구입하는 경우 할부금에는 대금지급완불일까지의 이자가 포함되는 것이 일반적이므로, 이러한 이자상당액을 차입원가로 보아서 발생한 사업연도의 손금으로 할 것인지 아니면 자산취득의 부대비용으로 보아서 동 자산의 취득원가로 할 것인지의 문제가 발생하게 된다. 이에 대해 법인세법에서는 할부금액 전체를 자산의 취득원가로 하되, 회사가 일반기업회계기준에 따라 현재가치할인차금을 계상한 경우에는 당해 현재가치할인차금을 취득원가에 포함하지 않도록 하고 있다. 즉, 회사의 회계처리에 따라 자산취득의 부대비용으로 볼 수도 있고 이자비용으로 볼 수도 있는 것이다. 한편, 현재가치할인차금 상각액은 법인세법상 차입원가로 보아 손금처리되나, 수입배당금 익금불산입(법법 18조의 2 1항 2호), 지주회사의 수입배당금 익금불산입(구 법법 18조의 3 1항 2호), 지급이자 손금불산입(법법 28조), 원천징수(법법 73조, 73조의 2, 98조) 및 지급명세서제출 규정(법법 120조, 120조의 2)은 적용되지 않도록 하고 있다(법령 72조 4항, 6항).

나. 할인의 경우

원칙적으로 계약에 의해서 유형자산의 취득가액을 확정한 후에 계약변경에 의해서 그 가액이 감소되는 경우에는 감소된 금액을 취득가액으로 하게 된다. 그러나 선택가능한 지급조건을 계약서에 명시하고 있을 때, 그 지급조건의 선택 여부에 따라서 취득가액이 달라질 수 있다. 즉, 대금의 지급조건으로는 할부지급을 원칙으로 하고, 특약에 의해서 유형자산가액을 일시에 전액 납입하는 경우 일정률 또는 일정금액의 할인을 받기로 한 경우 유형자산의 대금을 후자의 방법으로 지급하는 때의 취득가액은 감액받은 금액으로 한다.

다. 약정에 의한 이자의 지급이 수반되는 경우

자산의 매입 또는 건설에 있어서 계약상 명시되어 있는 이자는 자본적 지출로서 원가에 가산한다. 할부조건에 의한 구입의 경우와 같이 약정상의 이자는 자금의 대여나 차입에 대한 이자로 볼 것이 아니라 자산에 대한 대가로 보아야 하기 때문이다. 이자지급 등을 일시불에 의하거나 할부에 의하거나 마찬가지로 적용되며, 잔금에 대해서만 이자의 지급이 약정된 경우에도 자산의 취득원가에 산입되어야 한다. 다만, 장기할부자산의 취득에 있어 기업회계상 현재가치할인차금으로 계상된 부분은 자산의 대가가 아니라 차입원가로 처리되어야 한다.

② 외화로 대금을 지급하는 경우의 취득가액

외화로 유형자산을 구입하는 경우에는 취득 당시의 매매기준율이나 재정된 매매기준율에 의하여 평가한 금액을 취득원가로 계산한다. 또한 외국인투자기업이 외국인이 출자한 외화자산 또는 외화차입금 등을 외화거주자계정에 단순히 예치한 후에 동 예치외화로 유형자산을 취득하는 경우 취득원가는 당해 자산의 외화표시가액을 외화로 지급한 날 현재의 매매기준율이나 재정된 매매기준율에 의하여 계산한다. 그리고 외국인투자기업이 외국인투자촉진법에 의하여 자본재를 도입함에 있어서 자본재의 가격 및 계약조건이 확정된 상태에서 외국인투자가가 출자한 외화로 자본재를 도입하는 경우의 취득가액은 출자등기를 하는 날의 매매기준율이나 재정된 매매기준율에 의하여 계산한다(법기통 23-26…1).

③ 자산의 포괄 취득시 취득원가

법인이 자산을 포괄적으로 취득하는 경우에는 각 자산별로 취득가액을 구분계산하여야 한다. 그러나 법인이 자산을 취득할 때, 건물 · 토지 · 기계장치 등을 포괄적으로 취득함으로써 각 자산의 취득가액을 개별적으로 파악할 수 없는 경우에는 총취득가액을 합리적인 기준으로 배분하여야 하는데, 기획재정부 유권해석에서는 토지 및 건물과 기계장치 등을 일괄하여 취득하여 각 자산별 취득가액이 구분되지 않는 경우, 법인세법 시행령 제89조 제1항에 규정한 시가를 기준으로 안분계산하는 것이나, 그 시가가 불분명한 경우에는 시행령 제89조 제2항 각호의 규정을 순차적으로 적용하여 계산한 금액을 기준으로 안분계산하도록 하고 있다(재법인-116, 2010. 3. 2.). 즉, 감정평가 및 감정평가사에 관한 법률에 따른 감정평가업자가 감정한 가액이 있는 경우에는 우선적으로 그 가액(감정한 가액이 2 이상인 경우에는 그 감정한 가액의 평균액)을 기준으로 안분계산해야 하는 것이며(주식 등 및 가상자산은 제외함), 동 가액이 없는 경우에는 상속세 및 증여세법의 규정을 준용하여 평가한 가액을 기준으로 안분계산해야 한다.

④ 일괄구입토지의 분할시 원가배부

법인이 토지를 구입한 후에 동 토지를 분할하는 경우 각 분할토지의 취득원가는 총취득가액에 각 분할토지의 면적의 총취득면적에 대한 비율을 곱하여 계산한다(서이 46012-10886, 2003. 4. 30.). 이를 산식으로 표시하면 다음과 같다.

$$\text{총취득가액} \times \frac{\text{양도면적}}{\text{총취득면적}} = \text{양도토지의 취득가액}$$

2) 자기가 건설 · 제작 등에 의하여 취득한 유형자산의 취득가액

자기가 건설 또는 제작 등에 의하여 취득한 유형자산의 취득가액은 건설 · 제작에 직접 소요된 재료비 · 노무비 · 경비 등의 제조원가와 당해 자산의 사업용에 공하기 전까지 발생한 모든 부대비용의 합계액으로 이루어진다.

제조원가는 유형자산을 건설 · 제작하는 데 소요된 재료비 · 노무비 · 경비의 합계액을 말하며, 법인의 원가계산방식에 의하여 집계된 금액을 말한다. 그러므로 동 제조원가에는 직접재료비 · 직접노무비 · 직접경비 등은 물론 제조간접비도 이에 포함한다. 이 때 제조 · 건설에 직접 관련한 유형자산의 취득원가에 산입될 부대비용은 당해 자산의 완성 후 취득에 직접 소요된 취득세 등의 공과금과 당해 자산을 사업에 직접 사용하게 될 때까지의 비용을 포함한다. 예로써 건설 · 제작 후 이동설치가 필요한 경우의 설치비, 준공시 성능을 시험하기 위한 시운전비(시제품판매가격을 공제한 순액) 또는 유형자산의 제작 · 건설에 소요되는 차입금에 대한 이자인 건설자금이자 등은 건설원가에 산입되어야 한다.

3) 합병 · 분할 또는 현물출자에 따라 취득한 자산의 취득가액

합병 · 분할 또는 현물출자에 따라 취득한 자산은 적격합병 또는 적격분할의 경우에는 법인세법 시행령 제80조의 4 제1항 또는 제82조의 4 제1항에 따른 장부가액을 취득가액으로 하고 그 밖의 경우에는 해당 자산의 시가를 취득가액으로 한다(법령 72조 2항 3호).

4) 기타의 방법에 의하여 취득한 자산의 취득가액

위에서 언급한 형태 이외의 방법인 교환, 대물변제 등에 의해서 취득한 유형자산의 취득가액은 취득 당시의 시가에 의한다.

① 교환에 의한 취득

교환의 방법으로 취득한 유형자산의 취득가액은 법인이 취득하는 자산의 취득 당시의 시가로 한다. 그러나 자산교환이란 통상 동질 또는 유사한 자산을 뜻하는 것으로서 교환으로 취득하는 자산의 시가를 무엇으로 측정하는 것이 타당한가 하는 문제가 있다. 왜냐하면 유형자산을 외부로부터 매입하거나 법인이 직접 건설 또는 제조하는 경우의 취득가액은 법인에서 유출되는 현금 또는 현금성자산으로써 측정을 하는데, 교환의 경우에는 보유했던 자산의 장부금액, 즉 법인에서 유출되는 가치가 분명히 있음에도 불구하고 이와는 반대로 유입되는 자산의 가치로 측정하도록 하고 있기 때문이다.

② 대물변제에 의한 취득

대물변제라 함은 민법 제466조에 의하면 채무자가 부담하고 있는 본래의 채무이행에 갈음하여 다른 급여를 함으로써 채권을 소멸시키는 채권자와 변제자간의 계약을 말한다. 즉, 대물변제에 의한 자산의 취득이라 함은 외상매출금 · 받을어음 등의 매출채권을 현금으로 회수할 수 없는 경우에 동 채권액에 갈음하여 토지 · 건물 등으로서 대물변제가 성립하는 경우가 있는 바, 이 때의 유입자산의 취득가액은 취득 당시의 시가가 된다.

그러나 여기에서 유의해야 할 점은 다음과 같다.

첫째, 대물변제받은 자산의 시가가 채권액을 초과하는 경우에 동 자산의 취득가액을 자산의 시가로 할 것인가 아니면 채권액으로 할 것인가가 쟁점이 될 수 있는데, 국세청의 유권해석에 의하면 채권가액을 자산의 취득가액으로 하도록 하고 있다(서면2팀-2173, 2004. 10. 27.).

둘째, 대물변제받은 자산의 시가가 채권액에 미달하는 경우에는 동 자산의 취득가액은 자산의 시가이므로 양자간의 차액은 대손의 요건이 충족될 때까지 채권액으로 계상되어 있어야 한다. 그러나 당사자간의 합의에 의하여 채권액에 미달하는 자산으로 채권액이 청산된 경우에는 채무자의 부도발생 등으로 장래에 회수가 불확실한 채권 등을 조기에 회수하기 위하여 당해 채권의 일부를 불가피하게 포기한 경우로써 동 채권의 일부를 포기하거나 면제한 행위에 객관적으로 정당한 사유가 있다고 인정되는 경우에 한하여 동 채권포기액을 대손금으로 손금에 산입할 수 있다. 만약, 이러한 요건을 충족시키지 못한다면 접대비 또는 기부금으로 처리하거나, 채권의 포기가 법인세법 제52조에 따른 부당행위에 해당하는 경우에는 부당행위계산의 부인규정을 적용하여야 한다(법기통 19의 2-19의 2…5).

③ 무상으로 취득한 경우

무상으로 취득한 자산의 취득가액은 시가에 의한다(법령 72조 2항 8호). 여기에서 '시가'란 자산이 매매시장에서 거래되는 경우 당해 자산의 수요와 공급에 의하여 일반적으로 형성되는 시세 또는 통상의 거래에 의하여 정상적으로 형성되는 자산의 가액 등으로 해석하고 있다. 그러나 시가가 불분명한 경우에는 법인세법 시행령 제89조 제2항의 규정에 의하여 감정평가 및 감정평가사에 관한 법률에 따른 감정평가법인 등이 감정한 가액(감정한 가액이 2 이상인 경우에는 그 감정한 가액의 평균액)에 의하고(주식 등 및 가상자산은 제외), 감정한 가액이 없는 경우에는 상속세 및 증여세법의 규정에 따라 평가한 가액으로 한다(법인 46012-575, 1999. 2. 11.).

④ 부담금 등의 지출이 있는 경우의 취득

법인이 토지 기타 유형자산을 취득함에 있어 취득과 관련하여 국가 또는 지방자치단체 등에 기부금 또는 부담금을 지출하는 경우 그 지출금액이 취득하는 자산의 대가를 구성하는 것으로 인정되는 때에는 그 자산의 취득가액에 포함된다. 이와 유사한 것으로 재개발사업 시행인가를 조건으로 지방자치단체에 무상으로 기부한 토지 등의 가액도 잔여토지의 취득가액에 합산한다(소득 22601-266, 1988. 3. 25.).

⑤ 담보물건취득시 지급한 임차보증금

법인이 대출금 등의 회수방법으로 담보물건을 취득하는 경우 만일 주택 등에 임차보증금이 있어 이를 상환하고 인도받은 경우에는 동 임차보증금을 당해 자산의 취득원가에 포함한다.

⑥ 공유수면매립에 의한 토지취득

공유수면 매립을 완료하고 매립지의 소유권을 취득하는 경우 당해 매립토지의 취득가액은 공유수면 매립과 관련하여 실제로 투입된 원가에 부대비용을 가산한 금액으로 한다(서면2팀-490, 2005. 4. 4.). 그리고 사업시행자인 지방자치단체와 협약을 체결하여 공유수면을 매립하고 매립준공 후 매립토지 중 공공용지를 제외한 토지를 취득하는 경우에 동 매립에 소요된 매립사업비 일체는 매립으로 인하여 취득하는 토지의 취득원가로 계상하여야 한다(법인 22601-950, 1985. 3. 29.). 또한 공유수면매립을 위한 토사석채취용 임야 등의 취득원가는 고정자산으로 처리하고 채취비용, 운반비 등은 당해 사업의 원가로 처리한다(법인 22601-2939, 1986. 9. 30.).

⑦ 동물 · 식물

우마 · 과수 등 생물은 일정기간의 성장기를 가지게 되며 완전히 성숙하여 실제 용도로 사용될 때까지의 모든 비용은 동 자산의 취득원가에 산입하여야 한다.

⑧ 공유의 경우

유형자산을 타인과 공동으로 취득하는 경우 각 법인이 당해 자산을 취득하는 데 소요된 금액을 취득원가로 계상해야 한다.

⑨ 수입영화필름

수입영화필름의 경우 그 사업에 사용한 날이 속하는 사업연도에 손금으로 경리한 경우 이를 손금으로 산입할 수 있다. 그러나 법인이 수입영화필름에 대하여 자산으로 계상하고 감가상각하는 경우 감가상각대상금액은 프린트대금과 상영권대금의 합계액으로 한다(법기통 23-24…8).

5) 자본적 지출과 수익적 지출

법인이 특정 지출을 함에 있어서는 동 지출의 효익기간을 고려하여야 하는 바, 기간적으로 지출한 사업연도에 즉시 수익에 대응한 비용으로 계상할 것인가, 아니면 미래의 효익기간에 걸쳐서 점차적으로 비용으로 계상할 것인가 하는 판단은 법인의 기간손익계산을 하는 데 매우 중요한 요소이다.

유형자산취득 또는 유지와 관련하여 지출된 비용을 자본화하여 감가상각액으로서 미래 효익기간에 배분할 것인가 아니면 동 지출을 발생한 당해 사업연도에 즉시 비용화할 것인가에 대한 구분기준은 법인이 소유하는 유형자산의 원상을 회복하거나 능률유지를 위하여 지출한 수선비는 수익적 지출로 하고 당해 유형자산의 내용연수를 연장시키거나 당해 유형자산의 가치를 현실적으로 증가시키는 수선비는 이를 자본적 지출로 본다.

이 때 개별자산별로 자본적 지출액이 600만원 미만이거나 직전연도 재무상태표상 자산가액(취득가액에서 감가상각누계액 상당액을 차감한 금액)의 5%에 미달하는 경우 및 3년 미만의 기간마다 주기적인 수선을 위하여 지출하는 비용은 수익적 지출로 할 수 있다(법령 31조 3항).

① 자본적 지출의 예시

자본적 지출의 예를 들면 다음과 같다(법령 31조 2항 및 법기통 23-31…1).

- 본래의 용도를 변경하기 위한 개조
- 엘리베이터 또는 냉·온방 장치의 설치
- 빌딩 등에 있어서 피난시설 등의 설치
- 재해 등으로 인하여 건물·기계·설비 등이 멸실 또는 훼손되어 당해 자산의 본래의 용도에 이용가치가 없는 것의 복구
- 기타 개량, 확장, 증설 등 위와 유사한 성질의 것
- 건축물이 있는 토지를 취득하여 토지만을 사용할 목적으로 그 건축물을 철거하거나, 자기소유의 토지상에 있는 임차인의 건축물을 취득하여 철거한 경우 건축물의 취득가액과 철거비용
- 토지구획정리사업의 결과 무상 분할양도하게 된 체비지를 대신하여 지급하는 금액
- 도시계획에 의한 도로공사로 인하여 공사비로 지출된 수익자부담금
- 공장 등의 시설을 신축 또는 증축함에 있어서 배수시설을 하게 됨으로써 공공하수도의 개축이 불가피하게 되어 그 공사비를 부담한 경우 그 공사비
- 설치 중인 기계장치의 시운전을 위하여 지출된 비용에서 시운전기간 중 생산된 시제품을 처분하여 회수된 금액을 공제한 잔액
- 수입기계장치를 설치하기 위하여 지출한 외국인기술자에 대한 식비 등 체재비
- 장기할부조건으로 자산을 취득함에 있어서 이자상당액을 가산하여 매입가액을 확정하고 그 지불을 연불방법으로 한 경우의 이자상당액. 이 경우 당초 계약시 이자상당액을 당해 자산의 가액과 구분하여 지급하기로 한 때에도 또한 같음. 다만, 장기할부조건 등으로 취득하는 경우 발생한 채무를 기업회계기준이 정하는 바에 따라 현재가치로 평가하여 현재가치할인차금으로 계상한 경우의 당해 현재가치할인차금과 매입가액 확정 후 연불대금 지급시에 이자상당액을 변동이자율로 재계산함에 따라 증가된 이자상당액은 그러하지 아니함.
- 부가가치세 면세사업자의 유형자산 취득에 따른 매입세액
- 사역용, 종축용, 착유용, 농업용 등에 사용하기 위하여 소, 말, 돼지, 면양 등을 사육하는 경우 그 목적에 사용될 때까지 사육을 위하여 지출한 사료비, 인건비, 경비 등

- 목장용 토지(초지)의 조성비 중 최초의 조성비
- 토지 · 건물만을 사용할 목적으로 첨가취득한 기계장치 등을 처분함에 따라 발생한 손실은 토지 · 건물의 취득가액에 의하여 안분계산한 금액을 각각 당해 자산에 대한 자본적 지출로 함.
- 부동산매매업자(주택신축판매업자 포함)가 토지개발 또는 주택신축 등 당해 사업의 수행과 관련하여 그 토지의 일부를 도로용 등으로 국가 등에 무상으로 기증한 경우 그 토지가액
- 기계장치를 설치함에 있어서 동 기계장치의 무게에 의한 지반침하와 진동을 방지하기 위하여 당해 기계장치 설치장소에만 특별히 실시한 기초공사로서 동 기계장치에 직접적으로 연결된 기초공사에 소요된 금액

한편, 세법상 자본적 지출에 해당하는 증설의 범위에서는 건축법에서 규정하고 있는 신축, 개축, 재축의 경우는 제외되고 있는 바, 이 경우에는 기존 자산의 자본적 지출로 볼 것이 아니라 신규취득자산으로 보아 새로운 내용연수를 적용하여 감가상각을 하여야 한다(법기통 23－26…7).

② 수익적 지출의 예시

수익적 지출의 예를 들면 다음과 같다(법칙 17조 및 법기통 23－31…2).

- 건물 또는 벽의 도장
- 파손된 유리나 기와의 대체
- 기계의 소모된 부속품의 대체와 벨트의 대체
- 자동차의 타이어 대체
- 재해를 입은 자산에 대한 외장의 복구, 도장, 유리의 삽입
- 기타 조업가능한 상태의 유지 등 위와 유사한 성질의 것
- 제조업을 영위하던 자가 새로운 공장을 취득하여 전에 사용하던 기계시설 · 집기비품 · 재고자산 등을 이전하기 위하여 지출한 운반비와 기계의 해체 · 조립 및 상하차에 소요되는 인건비
- 임대차계약을 해지한 경우 임대자산에 대하여 지출한 자본적 지출 해당액의 미상각잔액
- 분쇄기에 투입되는 쇠구슬(steel ball)비
- 유리제조업체의 병형(틀)비
- 토지만을 사용할 목적으로 건축물이 있는 토지를 취득하여 그 건축물을 철거하거나 자기소유의 토지상에 있는 임차인의 건축물을 취득하여 철거한 경우 이외의 사유로서 기존 건축물을 철거하는 경우 기존 건축물의 장부금액과 철거비용

(4) 내용연수와 상각률

세법에서는 법인이 감가상각시 적용하여야 할 내용연수를 구조 또는 자산별 · 업종별로 법인세법 시행규칙에서 정하고 있다. 이는 법인의 자의적인 내용연수 적용에 의한 감가상각범위액 계산의 왜곡여지를 제거함으로써 과세의 편리성과 통일성을 기하기 위한 것이다.

또한 세법에서는 내용연수뿐만 아니라 상각률까지도 법인세법 시행규칙에서 정하도록 하고 있는데, 이는 내용연수가 가지는 의미를 해석함에 있어 매우 중요하다. 기업회계에서 내용연수라고 하면 유형자산 및 무형자산의 사용기간을 말하는 것으로 그 사용기간에 걸쳐서 감가상각을 해야 하는 것을 의미하나, 세법에서의 내용연수는 유형자산 및 무형자산을 사업에 공한 후 내용연수 내에 반드시 감가상각을 해야 한다는 것은 아니며 유형자산 및 무형자산의 상각범위액을 계산하는 데 필요한 상각률을 산정하는 데, 그 실제적인 의미가 있다. 즉, 세법상 법인의 각 사업연도 소득금액 계산에 있어서 손비로 계상할 수 있는 감가상각액은 유형자산 및 무형자산의 취득가액 또는 장부금액에 동 자산의 내용연수에 의하여 계산된 상각률을 곱하여 계산한다는 것이다.

1) 내용연수의 적용

① 일반유형자산(시험연구용자산 및 무형자산 제외)

시험연구용자산 및 무형자산이 아닌 일반 사업용 유형자산에 적용할 내용연수 및 상각률은 구조 또는 자산별 · 업종별로 법인세법 시행규칙 제15조 제3항에서 정하는 기준내용연수에 그 기준내용연수의 25%를 가감한 내용연수범위 안에서 각 법인이 선택하여 신고한 내용연수와 그에 따른 상각률을 적용한다. 이 때 법인이 내용연수를 신고하는 경우는 반드시 연단위로 하여야 한다. 만약 법인이 일정한 신고기한 내에 신고하지 아니한 경우에는 기준내용연수와 그에 따른 상각률을 적용한다(법령 28조 1항 2호).

한편, 내용연수 및 상각률의 적용에 있어 한번 적용한 내용연수는 내용연수의 변경사유에 해당되어 적법하게 내용연수를 변경하지 않는 한, 그 후의 사업연도에 있어서 계속 적용하여야 한다(법령 28조 4항).

② 설비투자자산의 특례*)

위의 '① 일반유형자산(시험연구용자산 및 무형자산 제외)'에도 불구하고 내국인이 다음의 구분에 따른 설비투자자산을 2021년 12월 31일까지 취득한 경우에는 자산별 · 업종별 기준내용연수에 그 기준내용연수의 50%(중소 · 중견기업이 취득하는 아래 '가'에서 열거하는 '사업용 고정자산'의 경우에는 75%)를 더하거나 뺀 범위(1년 미만은 없는 것으로 함)에서 선택하여 납세지 관할 세무서장에게 신고할 수 있으며, 해당 설비투자자산에 대한 감가상각비는 각 과세연도의 결산을 확정할 때 손비로 계상하였는지와 관계없이 해당 신고내용연수를 적용하여 계산한 금액의 범위에서 해당 과세연도의 소득금액을 계산할 때 손금에 산입할 수 있다. 동 규정의 적용을 받는 설비투자자산에 대해서는 한국채택국제회계기준(K-IFRS) 적용법인의 감가상각비 신고조정 특례(법법 23조 2항)를 적용하지 않으며, 해당 설비투자자산을 적격합병 또는 적격분할로 취득한 경우에는 상각범위액을 정할 때 양도법인의 상각범위액을 승계하는 방법(법령 29조의 2 2항 1호)을 적용한다. 그리고 내국인이 상각방법을 변경한 경우에는 그 변경된 상각방법을 적용하여 설비투자자산의 상각범위액을 계산한다(조특법 28조의 3 1항 및 조특령 25조의 3 2항 내지 8항).

가. 중소기업(조특법 6조 1항 및 조특령 2조 1항) 및 중견기업(조특법 7조의 4 1항 및 조특령 6조의 4 1항)이 취득한 다음의 어느 하나에 해당하는 사업용 고정자산

㉮ 차량 및 운반구(다만, 운수업에 사용되거나 임대목적으로 임대업에 사용되는 경우로 한정함)

㉯ 선박 및 항공기(다만, 어업 및 운수업에 사용되거나 임대목적으로 임대업에 사용되는 경우로 한정함)

㉰ 공구, 기구 및 비품

㉱ 기계 및 장치

나. 가. 외의 기업이 취득한 다음의 어느 하나에 해당하는 혁신성장투자자산

㉮ 신성장사업화시설(조특령 21조 4항 1호 가목)

㉯ 연구개발을 위한 연구 · 시험용 시설로서 전담부서등, 국가과학기술 경쟁력강화를 위한 이공계지원특별법 제18조 및 같은 법 시행령 제17조에 따라 과학기술정보통신부장관에게 신고한 연구개발서비스업자 및 산업기술연구조합 육성법에 따른 산업기술연구조합에서 직접 사용하기 위한 다음의 어느 하나에 해당하는 시설(운휴 중인 것은 제외함)

- 공구 또는 사무기기 및 통신기기, 시계 · 시험기기 및 계측기기, 광학기기 및 사진제작기기
- 법인세법 시행규칙 별표 6의 업종별 자산의 기준내용연수 및 내용연수범위표의 적용을 받는 자산

㉰ 인력개발을 위한 직업훈련용 시설로서 근로자직업능력 개발법 제2조 제3호에 따른 직업능력개발훈련시설(내국인이 중소기업을 위하여 설치하는 직업훈련용 시설을 포함함)로서 다음의 어느 하나에 해당하는 시설(운휴 중인 것은 제외함)

- 공구 또는 사무기기 및 통신기기, 시계 · 시험기기 및 계측기기, 광학기기 및 사진제작기기

- 법인세법 시행규칙 별표 6의 업종별 자산의 기준내용연수 및 내용연수범위표의 적용을 받는 자산

㉣ 다음의 어느 하나에 해당하는 에너지절약시설

- 에너지이용 합리화법에 따른 에너지절약형 시설(대가를 분할상환한 후 소유권을 취득하는 조건으로 같은 법에 따른 에너지절약전문기업이 설치한 경우를 포함함) 등으로서 조세특례제한법 시행규칙 별표 7의 에너지절약시설
- 물의 재이용 촉진 및 지원에 관한 법률 제2조 제4호에 따른 중수도와 수도법 제3조 제30호에 따른 절수설비 및 같은 조 제31호에 따른 절수기기
- 신에너지 및 재생에너지 개발 · 이용 · 보급 촉진법 제2조 제1호에 따른 신에너지 및 같은 조 제2호에 따른 재생에너지를 생산하는 설비의 부품 · 중간재 또는 완제품을 제조하기 위한 시설로서 조세특례제한법 시행규칙 별표 7의 2의 신에너지 및 재생에너지를 생산하기 위한 시설을 제조하는 시설

㉤ 다음의 어느 하나에 해당하는 생산성향상시설

- 공정을 개선하거나 시설의 자동화 및 정보화를 위해 투자하는 시설(데이터에 기반하여 제품의 생산 및 제조과정을 관리하거나 개선하는 지능형 공장시설을 포함한다)로서 조세특례제한법 시행규칙 별표 7의 3의 공정개선 · 자동화 및 정보화시설로서 해당 사업에 직접 사용되는 것
- 첨단기술을 이용하거나 응용하여 제작된 시설로서 조세특례제한법 시행규칙 별표 7의 3의 첨단기술설비로서 해당 사업에 직접 사용되는 것
- 자재조달 · 생산계획 · 재고관리 등 공급망을 전자적 형태로 관리하기 위하여 사용되는 컴퓨터와 그 주변기기, 소프트웨어, 통신시설, 그 밖의 유형 · 무형의 시설로서 감가상각기간이 2년 이상인 시설

*) 동 규정은 2021년 1월 1일 이후 취득한 설비투자자산부터 적용함.

한편, 동 규정에 따라 감가상각비를 손금에 산입하려는 자는 설비투자자산을 그 밖의 자산과 구분하여 감가상각비조정명세서를 작성 · 보관하고, 과세표준 신고와 함께 감가상각비조정명세서합계표 및 감가상각비조정명세서를 납세지 관할 세무서장에게 제출(국세정보통신망을 통한 제출을 포함함)해야 하며, 내용연수 특례적용 신청서를 해당 설비투자자산을 취득한 날이 속하는 과세연도의 과세표준 신고기한까지 납세지 관할 세무서장에게 제출하여야 한다(조특법 28조의 3 2항 및 조특령 25조의 3 10항).

③ 시험연구용자산 및 무형자산

가. 시험연구용자산

법인세법 시행규칙 제15조 제1항에서 정하는 시험연구용자산의 경우 기술개발 및 직업

훈련에 대한 세제지원을 강화하기 위하여 일반 사업용 자산과 달리 단축된 상각내용연수를 적용한다. 이 때 적용할 내용연수 및 상각률은 일반 사업용 자산과는 달리 기준내용연수의 25%를 가감하여 내용연수를 신고할 수 없으며, 기준내용연수와 그에 따른 상각률을 적용하여야 한다. 그러나 법인은 시험연구용자산에 대해 시험연구용자산의 내용연수를 적용하지 아니하고 일반 사업용 자산과 같이 건축물 등의 기준내용연수 및 업종별 자산의 기준내용연수를 적용할 수 있다. 즉, 법인은 시험연구용자산을 별도로 구분하여 상각하든지 아니면 일반 사업용 자산으로 보아 상각하든지 선택 적용할 수 있는 것이다(법령 28조 1항 1호 및 법칙 별표 2).

다만, 조세특례제한법 제24조에 따라 연구시험용시설 및 직업훈련용시설 투자에 대한 세액공제를 이미 받은 자산에 대하여는 시험연구용자산으로 하여 감가상각할 수 없다.

나. 무형자산

법인세법 시행령 제24조 제1항 제2호 가목 내지 라목의 규정에 의한 무형자산의 경우 유형자산과는 달리 별도로 규정된 기준내용연수를 적용하여 상각하여야 한다. 이 때 적용할 내용연수 및 상각률은 반드시 정한 기준내용연수에 따라야 하며, 법인의 선택에 따라 기준내용연수에 25%를 가감하여 신고한 내용연수 및 상각률을 적용할 수는 없다(법령 28조 1항 1호 및 법칙 별표 3).

또한 법인세법 시행령 제24조 제1항 제2호 바목 내지 자목의 규정에 의한 무형자산 중 개발비는 관련제품의 판매 또는 사용이 가능한 시점부터 20년의 범위에서 연단위로 신고한 내용연수에 따라 매 사업연도 경과월수에 비례하여 상각하여야 하며, 사용수익기부자산가액은 해당 자산의 사용수익기간(그 기간에 관한 특약이 없는 경우 신고내용연수)을 내용연수로 하고, 주파수이용권, 공항시설관리권 및 항만시설관리권은 주무관청에서 고시하거나 주무관청에 등록한 기간 내에서 사용기간을 내용연수로 하여야 한다(법령 26조 1항 6~8호).

2) 사업연도가 1년 미만인 경우의 내용연수 적용

사업연도가 1년 미만인 경우는 다음의 산식에 따라 계산된 내용연수 및 상각률을 적용하는데 이 때 사업연도라 함은 정관에 규정된 사업연도를 말하므로 의제사업연도가 1년 미만인 경우는 적용되지 않는다. 따라서 의제사업연도에 해당되어 실제 사업월수가 1년 미만인 경우는 정상 사업연도 상각액을 월할 계산하여야 할 것이다(법령 28조 2항).

$$(\text{내용연수 · 신고내용연수 또는 기준내용연수}) \times \frac{12}{\text{사업연도의 월수}}$$

3) 내용연수의 특례 및 변경

법인은 다음의 어느 하나에 해당하는 경우에는 기준내용연수에 기준내용연수의 50%(아래 '⑤' 및 '⑥' 해당하는 경우에는 25%)을 가감하는 범위에서 사업장별로 납세지 관할지방국세청장의 승인을 받아 내용연수범위와 달리 내용연수를 적용하거나 적용하던 내용연수를 변경할 수 있다(법령 29조 1항).

다만, 내용연수의 변경사유에 해당하여 내용연수를 변경한 법인은 변경 내용연수를 최초로 적용한 사업연도의 종료일부터 3년 이내에는 내용연수를 다시 변경할 수 없다(법령 29조 5항).

① 사업장의 특성으로 자산의 부식 · 마모 및 훼손의 정도가 현저한 경우
② 영업개시 후 3년이 경과한 법인으로서 당해 사업연도의 생산설비(건축물을 제외하며, 이하 "생산설비"라 함)의 일정한 가동률이 직전 3개 사업연도의 평균가동률보다 현저히 증가한 경우
③ 새로운 생산기술 및 신제품의 개발 · 보급 등으로 기존 생산설비의 가속상각이 필요한 경우
④ 경제적 여건의 변동으로 조업을 중단하거나 생산설비의 가동률이 감소한 경우
⑤ 일반유형자산(시험연구용자산 및 무형자산 제외)에 대하여 한국채택국제회계기준을 최초로 적용하는 사업연도에 결산내용연수를 변경한 경우(결산내용연수가 연장된 경우 내용연수를 연장하고 결산내용연수가 단축된 경우 내용연수를 단축하는 경우만 해당하되 내용연수를 단축하는 경우에는 결산내용연수보다 짧은 내용연수로 변경할 수 없음)
⑥ 일반유형자산(시험연구용자산 및 무형자산 제외)에 대한 기준내용연수가 변경된 경우. 다만, 내용연수를 단축하는 경우로서 결산내용연수가 변경된 기준내용연수의 25%를 가감한 범위 내에 포함되는 경우에는 결산내용연수보다 짧은 내용연수로 변경할 수 없음.

한편, 내국법인이 사업장별로 감가상각 내용연수의 특례를 적용하던 중 사업장을 신축하여 기존 사업장에서 사용하던 자산의 일부와, 추가로 구입한 자산을 신사업장에서 사용하는 경우, 해당 신사업장에서 사용하는 자산에 대해서는 별도의 신청과 승인절차를 거쳐야만 내용연수의 특례를 적용할 수 있다(서면법규-1464, 2012. 12. 11.).

4) 중고자산의 내용연수 수정

다른 법인 또는 사업자로부터 취득(합병 · 분할에 의하여 자산을 승계하는 경우를 포함함)한 기준내용연수의 50%를 경과한 중고자산은 법인이 신고한 내용연수 또는 기준내용연수 및 그에 따른 상각률을 적용하는 경우에는 경제적 실질에 맞지 않고 자산의 원가배분이 적절히 이루어지지 못하게 된다. 따라서, 이러한 중고자산에 대해서는 감가상각시 적용할

내용연수를 기준내용연수의 50%에 상당하는 연수와 기준내용연수 범위 내에서 선택할 수 있도록 하고 있다(법령 29조의 2 1항).

5) 내용연수별 상각률

법인세법 시행규칙 [별표 4]에서 규정하고 있는 자산의 상각률표는 정액법 및 정률법으로 구분하여 내용연수별로 계산한 상각률로서 법인이 감가상각자산에 대한 내용연수만 확정하면 동 상각률표에 의하여 상각률을 찾아 적용할 수 있도록 하고 있다. 동 상각률표상의 상각률은 사업연도가 1년일 경우에 적용하는 바, 사업연도가 해당 법인의 정관상 6개월의 경우 "당해 자산의 내용연수×12/6"를 한 연수의 상각률을 적용하고 신설이나 해산으로 사업연도가 1년 미만이거나, 또는 법인이 사업연도를 변경함으로써 변경연도에 속하는 사업연도가 1년 미만이 되는 경우에는 "해당 자산의 법정내용연수에 의한 상각률×해당 사업연도 월수/12"를 적용한다. 중간예납세액을 계산할 때에도 "내용연수에 해당하는 상각률×사업연도의 월수/12"를 적용하고 있다(법령 26조 8항).

(5) 잔존가액

잔존가액이란 자산이 폐기처분될 때 합리적으로 판단하여 수취할 수 있을 것이라고 기대되는 금액을 말한다. 세법에서는 감가상각계산의 자의성을 방지하고 한편으로는 투자자본을 조기회수할 수 있도록 하여 기업의 경쟁력을 높여주고자 감가상각자산의 잔존가액을 "영"으로 하였다.

다만, 정률법의 경우에는 잔존가액이 "영"이면 상각률을 구할 수 없게 되므로 잔존가액을 취득가액의 5%로 하여 상각률을 계산하고, 그 금액은 미상각잔액이 최초로 취득가액의 5% 이하가 되는 사업연도의 상각범위액에 가산하도록 하고 있다(법령 26조 6항).

또한 매각처분시까지 동 자산을 관리할 목적으로 감가상각이 종료되는 감가상각자산에 대하여는 취득가액의 5%와 1,000원 중 적은 금액을 장부금액으로 남겨두었다가 매각처분하는 사업연도에 손금산입하도록 하고 있다(법령 26조 7항).

(6) 감가상각방법과 상각범위액의 계산

감가상각자산에 대한 감가상각 대상가액과 내용연수가 확정되고 나면 각 사업연도에 동 자산이 얼마나 소모되었는가를 측정해야 한다. 물론 감가상각자산의 성격상 물리적인 원인에 의해서 사용함으로써 그 가치가 감소하는 것은 사업연도 초의 가액과 사업연도 말의 측정가액과의 차이를 감가상각하면 될 것이나, 감가의 원인이 이러한 물리적 원인 이외에 경제적 진부화 등에도 기인할 수 있으므로 실질적인 감가를 측정하는 것은 매우 어려우며 또한, 각 기업마다 자의성의 개입여지가 있기 때문에 법에서는 일정한 상각방법을 각 자산별로 적용하여 감가상각범위액을 계산하도록 규정하고 있다.

이 때 법인의 감가상각자산에 대한 상각액은 다음 구분에 의한 상각방법 중 법인이 관할세무서장에게 신고한 상각방법에 의하여 계산한다(법령 26조 1항).

㉠ 건축물과 무형자산(광업권, 개발비, 사용수익기부자산가액, 주파수이용권, 공항시설관리권, 항만시설관리권 제외) : 정액법

㉡ 건축물 외의 유형자산(광업용 유형자산 제외) : 정률법 또는 정액법

㉢ 광업권(해저광물자원개발법에 의한 채취권 포함) 또는 폐기물매립시설(폐기물관리법 시행령 별표 3 제2호 가목의 매립시설을 말함) : 생산량비례법 또는 정액법

㉣ 광업용 유형자산 : 생산량비례법 · 정률법 또는 정액법

㉤ 개발비 : 관련제품의 판매 또는 사용이 가능한 시점부터 20년의 범위에서 연단위로 신고한 내용연수에 따라 매 사업연도별 경과월수에 비례하여 상각하는 방법

㉥ 사용수익기부자산가액 : 해당 자산의 사용수익기간(그 기간에 관한 특약이 없는 경우 신고내용연수)에 따라 균등하게 안분한 금액(그 기간 중에 해당 기부자산이 멸실되거나 계약이 해지된 경우 그 잔액)을 상각하는 방법

㉦ 전파법 제14조에 따른 주파수이용권, 공항시설법 제26조에 따른 공항시설관리권 및 항만법 제24조에 따른 항만시설관리권 : 주무관청에서 고시하거나 주무관청에 등록한 기간 내에서 사용기간에 따라 균등액을 상각하는 방법

법인이 감가상각자산의 상각액을 계산함에 있어서는 위에서 규정된 상각방법 중 감가상각방법신고서에 따른 하나의 상각방법만을 적용하여야 하며, 그 후의 사업연도에도 계속하여 그 상각방법을 적용하여야 한다(법령 26조 5항).

1) 상각방법의 신고

법인이 상각방법을 신고하고자 하는 때에는 상기 구분에 따른 하나의 방법을 선택하여 감가상각방법신고서를 다음에 정하는 날이 속하는 사업연도의 법인세 과세표준 신고기한까지 납세지 관할세무서장에게 제출(국세정보통신망에 의한 제출을 포함)해야 한다(법령 26조 3항).

① 신설법인과 새로 수익사업을 개시한 비영리법인 : 영업을 개시한 날

② 상기 ① 외의 법인이 상기 구분에 따른 감가상각자산을 새로 취득하는 경우 : 취득하는 날

법인이 신고기한 내에 상각방법을 신고하지 아니한 경우에는 건축물 및 무형자산에 대하여는 정액법, 건축물을 제외한 유형자산에 대하여는 정률법, 광업권 · 폐기물매립시설 및 광업용 유형자산에 대하여는 생산량비례법, 개발비 · 사용수익기부자산가액 · 주파수이용권 ·

공항시설관리권, 항만시설관리권에 대하여는 다음의 상각방법에 의하여 계산한다(법령 26조 4항).

- 개발비 : 관련제품의 판매 또는 사용이 가능한 시점부터 5년 동안 매년 균등액을 상각하는 방법
- 사용수익기부자산가액 : 해당 자산의 사용수익기간(그 기간에 관한 특약이 없는 경우 신고내용연수)에 따라 균등하게 안분한 금액(그 기간 중에 해당 기부자산이 멸실되거나 계약이 해지된 경우 그 잔액)을 상각하는 방법
- 주파수이용권, 공항시설관리권 및 항만시설관리권 : 주무관청에서 고시하거나 주무관청에 등록한 기간내에서 사용기간에 따라 균등액을 상각하는 방법

따라서 법인이 영업개시일이 속하는 사업연도의 법인세 과세표준 신고기한 내에 적용할 감가상각방법을 신고하지 않으면 추후 사업연도에는 당초부터 신고대상법인에서 제외되므로 신고의 효력이 발생하지 않음은 물론이고, 상기에서 설명한 상각방법에 의해서 감가상각을 해야 한다. 추후 다른 상각방법을 적용하려면 감가상각 변경요건의 충족과 더불어 관할 세무서장의 변경승인을 득해야 한다.

2) 감가상각방법의 변경

① 감가상각방법의 변경요건

세법에서는 다음에서 규정한 요건에 한정하여 납세지 관할 세무서장의 승인을 얻어 감가상각방법을 변경할 수 있다(법령 27조 1항 및 법칙 14조).

- 상각방법이 서로 다른 법인이 합병(분할합병 포함)한 경우
- 상각방법이 서로 다른 사업자의 사업을 인수 또는 승계한 경우
- 외국인투자촉진법에 의하여 외국투자자가 내국법인의 주식 등을 20% 이상 인수 또는 보유하는 경우
- 해외시장의 경기변동 또는 경제적 여건의 변동으로 인하여 종전의 상각방법을 변경할 필요가 있는 경우
- 한국채택국제회계기준을 최초로 적용한 사업연도에 결산상각방법을 변경하는 경우
- 한국채택국제회계기준을 최초로 적용한 사업연도에 지배기업의 연결재무제표 작성 대상에 포함되는 종속기업이 지배기업과 회계정책을 일치시키기 위하여 결산상각방법을 지배기업과 동일하게 변경하는 경우

만약 상각방법이 서로 다른 법인이 합병을 하거나 법인이 감가상각 계산방법이 다른 개인기업을 포괄적으로 승계받고 상각방법의 변경승인을 받지 않은 경우에는 승계받은 감가상각자산에 대하여는 합병법인이나 포괄승계받은 법인의 감가상각방법을 그대로 적용한다(법기통

23-26…3).

② 상각방법의 변경신청

법인이 감가상각방법을 변경하고자 할 때에는 변경하고자 하는 최초 사업연도의 종료일까지 관할 세무서장에게 감가상각방법변경신청서를 제출(국세정보통신망에 의한 제출 포함)해야 한다(법령 27조 2항).

3) 신규취득자산의 상각범위액의 계산

① 사업연도가 1년인 법인의 상각액

사업연도 중에 새로이 취득한 자산의 상각범위액은 사업에 사용한 날부터 당해 사업연도 종료일까지의 월수에 따라 계산한다. 이 경우 월수는 역에 따라 계산하되 1월 미만의 일수는 1월로 한다. 이를 산식으로 표시하면 다음과 같다(법령 26조 9항).

$$\text{상각범위액} = \text{취득사업연도 전체의 상각범위액} \times \frac{\text{당해 사업연도 사용월수}}{12}$$

② 의제사업연도가 1년 미만인 법인의 상각액

사업연도의 변경으로 사업연도가 1년 미만인 경우와 해산, 합병 또는 분할, 청산, 외국법인이 사업연도 기간 중 사업장을 국내에 가지지 아니한 경우 등으로 인하여 사업연도가 1년 미만인 법인의 감가상각범위액은 아래의 산식에 의하여 계산된 금액으로 한다(법령 26조 8항).

$$\text{의제사업연도가 1년 미만인 법인의 상각액} = \text{1년의 상각범위액} \times \frac{\text{당해 사업연도 월수}}{12}$$

이 경우 월수는 역에 따라 계산하되 1월 미만인 월은 1월로 한다.

4) 리스회사의 운용리스자산에 대한 상각범위액의 계산

리스회사가 대여하는 리스자산 중 운용리스자산의 상각범위액은 리스회사의 자체 내용연수(법칙 별표 5의 자산별 및 별표 6의 업종별 기준내용연수 및 내용연수범위)를 적용하여 계산한다. 참고로, 금융리스자산인 경우에는 리스이용자의 감각상각자산으로 본다(법령 24조 5항).

5) 직전 사업연도의 법인세가 추계결정 · 경정된 경우의 상각범위액의 계산

직전 사업연도의 법인세가 추계결정 또는 추계경정된 경우에도 그 법인의 감가상각자산에 대한 감가상각액의 계산은 신규취득자산을 제외하고는 직전 사업연도 종료일 현재의 고정자산의 장부금액을 기초로 한다(법기통 23-26…2).

6) 적격합병 등에 따라 취득한 자산의 상각범위액의 계산

적격합병 등(적격합병, 적격분할, 적격물적분할 또는 적격현물출자*1))에 의하여 취득한 자산의 상각범위액을 정할 때 취득가액은 적격합병 등에 의하여 자산을 양도한 법인(이하 "양도법인"이라 함)의 취득가액으로 하고, 미상각잔액은 양도법인의 양도 당시의 장부가액에서 적격합병 등에 의하여 자산을 양수한 법인(이하 "양수법인"이라 함)이 이미 감가상각비로 손금에 산입한 금액을 공제한 잔액으로 하며, 해당 자산의 상각범위액은 다음의 어느 하나에 해당하는 방법으로 정할 수 있다. 이 경우 선택한 방법은 그 후 사업연도에도 계속 적용한다(법령 29조의 2 2항).

① 양도법인의 상각범위액을 승계하는 방법 : 상각범위액은 양도법인이 적용하던 상각방법 및 내용연수에 의하여 계산한 금액으로 함.

② 양수법인의 상각범위액을 적용하는 방법 : 상각범위액은 양수법인이 적용하던 상각방법 및 내용연수에 의하여 계산한 금액으로 함.

*1) 2019년 2월 11일 이전에 물적분할 또는 현물출자하여 감가상각하는 분에 대해서는 동 규정을 적용하지 아니함.

한편, 적격물적분할 또는 적격현물출자를 하여 상기에 따른 상각범위액을 계산하는 경우로서 상각범위액이 해당 자산의 장부가액을 초과하는 경우에는 그 초과하는 금액을 손금에 산입할 수 있다. 이 경우 그 자산을 처분하면 앞서 손금에 산입한 금액의 합계액을 그 자산을 처분한 날이 속하는 사업연도에 익금산입한다(법령 29조의 2 3항).

7) 2017. 6. 30. 이전 취득한 중소 · 중견기업의 설비투자자산

중소기업(조특법 6조 1항 및 조특령 2조 1항) 및 중견기업(조특법 7조의 4 1항 및 조특령 6조의 4 1항)이 다음의 설비투자자산*1)을 2017년 6월 30일까지 취득한 경우*2)에는 자산별 · 업종별 기준내용연수에 그 기준내용연수의 50%를 더하거나 뺀 범위(1년 미만은 없는 것으로 함)에서 중소 · 중견기업이 선택하여 납세지 관할 세무서장에게 신고할 수 있으며, 해당 설비투자자산에 대한 감가상각비는 각 과세연도의 결산을 확정할 때 손금으로 계상하였는지와 관계없이 해당 신고내용연수를 적용하여 계산한 금액의 범위에서 해당 과세연도의 소득금액을 계산할 때 손금에 산입할 수 있다. 다만, 중소 · 중견기업이 해당 사업연도에 취득한 설비투자자산에 대한 취득가액의 합계액이 직전 사업연도에 취득한 설비투자자산에 대한 취득가액의 합계액보다 적은 경우에는 이를 적용하지 않으며, 자산별 · 업종별로 적용한 신고내용연수는 이후의 과세연도에 계속하여 적용하여야 한다. 동 규정의 적용을 받는 설비투자자산에 대해서는 한국채택국제회계기준(K-IFRS) 적용법인의 감가상각비 신고조정 특례(법법 23조 2항)를 적용하지 않으며, 해당 설비투자자산을 적격합병 또는 적격분할로 취득한 경우에는 상각범위액을 정할 때 양도법인의 상각범위액을 승계하는 방법(법령 29조의 2 2항 1호)을 적용한다. 그리고 중소 · 중견기업이 상각방법을 변경한 경우에는 그 변경된 상각방법을 적용하여 설비투자자산의 상각범위액을 계산한다(조특법 28조의 2 1항, 2항 및 조특령 25조의 2 2항 내지 7항).

㉮ 차량 및 운반구(다만, 운수업에 사용되거나 임대목적으로 임대업에 사용되는 경우로 한정함)

㉯ 선박 및 항공기(다만, 어업 및 운수업에 사용되거나 임대목적으로 임대업에 사용되는 경우로 한정함)

㉰ 공구, 기구 및 비품

㉱ 기계 및 장치

*1) 동 규정은 2016년 7월 1일 이후 중소기업이 취득한 설비투자자산 및 2016년 1월 1일 이후 중견기업이 취득한 설비투자자산부터 적용함.

*2) 중소기업이 2013년 9월 1일부터 2014년 3월 31일까지 취득한 설비투자자산에 대해서는 구 법인세법 시행령 제28조 제6항에 따르고, 2014년 10월 1일부터 2016년 6월 30일까지 취득한 설비투자자산에 대해서는 법인세법 시행령 제28조 제6항에 따름.

한편, 동 규정에 따라 감가상각비를 손금에 산입하려는 중소 · 중견기업은 설비투자자산을 그 밖의 자산과 구분하여 감가상각비조정명세서를 작성 · 보관하고, 과세표준 신고와 함께 감가상각비조정명세서합계표 및 감가상각비조정명세서를 납세지 관할 세무서장에게 제출(국세정보통신망을 통한 제출을 포함)하여야 하며, 내용연수 특례적용 신청서를 해당 설비투자자산을 취득한 날이 속하는 과세연도의 과세표준 신고기한까지 납세지 관할 세무서장에게 제출하여야 한다(조특법 28조의 2 3항 및 조특령 25조의 2 9항).

8) 감가상각액 손금산입 특례

법인이 2003. 7. 1.~2004. 6. 30. 기간 중에 투자를 개시하거나 취득한 유형자산에 대해서는 기준내용연수의 50%를 가감한 범위 내에서 신고한 내용연수에 의한 상각률을 적용하여 상각범위액을 계산할 수 있다. 또한 일반적인 감가상각자산에 대한 감가상각액은 각 사업연도에 손금으로 계상한 경우에만 손금으로 인정되나, 본 특례규정을 적용받는 경우에는 신고조정으로도 손금산입이 가능하다(구 조특법 30조).

한편, 감가상각액 손금산입 특례신청을 하지 않은 법인이 특례요건에 해당하는 경우에는 국세기본법 제45조의 2 규정에 의한 경정청구에 의해 동 감가상각액 손금산입 특례를 적용받을 수 있다(재법인-228, 2007. 3. 30.).

(7) 의제상각

감가상각의 의제란 내국법인이 법인세를 면제 · 감면받은 경우 해당 사업연도의 소득금액을 계산할 때 개별자산에 대한 감가상각비가 법인세법 제23조 제1항에 따른 상각범위액이 되도록 감가상각비를 손금에 산입하는 제도를 말한다(법법 23조 3항 및 법령 30조).

세법상 감가상각의 기본원칙은 법에서는 다만 한도액에 대한 규정을 하고 실제로 손금에 계상하는 법인의 감가상각액은 법인의 임의대로 계상하여 세법상 한도액과 대비하여 계상된 차액만을 시부인한다는 것이다. 그러나 법인세를 면제 또는 감면받는 법인의 경우에도 이러한 일반원칙을 그대로 적용하게 되면 법인의 세무정책에 따라서 법인소득의 임의적인 조정과 이에 따른 법인세 부담의 경감을 유발하게 된다. 즉, 법인세를 면제 또는 감면기간 중에 감가상각액을 계상하지 않더라도 법인세는 면제 또는 감면비율에 의해서 감소될 수 있으며, 면제 또는 감면기간 경과 후부터 감가상각액을 계상하게 되면 계상금액에 대한 법인세 부담분만큼 또다시 법인세는 감소될 수 있다. 그러므로 법에서는 의제상각규정을 둠으로써 법인의 임의에 의한 법인세 조작의 위험을 방지하고 있는 것이다.

이 때 법인세가 면제되거나 감면되는 사업을 경영하는 법인이라고 해서 무조건 의제상각규정이 적용되는 것은 아니며, 실제로 법인세를 면제받거나 감면받은 경우에 한하여 감가상각의 의제를 적용한다(법기통 23-30…1 ③).

또한 감면사업을 경영하는 법인이 기타사업을 경영하는 경우 의제상각의 적용범위는 과세사업에 대한 자산과 감면사업에 공하는 자산의 구분이 분명한 경우에는 감면사업에 공하는 자산에 대한 감가상각 부족액만이 의제상각의 적용을 받는다.

요컨대, 법인세를 면제 · 감면받는 내국법인이 2011년 1월 1일 이후 개시하는 사업연도분부터 각 사업연도의 소득금액을 계산할 때에는 법인세법 제23조 제3항 및 같은 법 시행령 제30조에 따라 개별자산에 대한 감가상각비를 상각범위액만큼 손금에 산입하여야 하며, 감가상각비를 상각범위액에 미달하게 손금에 산입함에 따라 그 이후 사업연도에 발생하는 상각부인액은 해당 자산의 양도일이 속하는 사업연도에 손금으로 추인할 수 없다(법인-569, 2011. 8. 9., 서면법규-778, 2013. 7. 5., 재법인-84, 2014. 2. 18.).

(8) 즉시상각의 의제

유형자산의 비용화 과정은 유형자산의 취득가액과 자본적 지출의 금액이 일단 유형자산계정으로 처리되었다가 동 유형자산의 내용연수에 걸쳐서 감가상각액으로서 비용화되는 것이다.

그러나 기업회계와 세무회계의 차이나 회계처리실무상 자산의 취득가액이나 자본적 지출액을 취득연도 또는 발생연도에 직접 손비로서 계상하는 경우가 있는 바, 이를 유형자산을 즉시상각한 것으로 간주한다는 것이 즉시상각의 의제인 것이다.

세법상으로는 이러한 즉시상각에 대하여 두 가지 입장을 취하고 있는데, 첫째는 즉시상각의제액을 감가상각액으로서 손금산입한 것으로 보아 상각시부인을 하는 것이고, 둘째는 적극적으로 손금경리한 것을 인정하여 주는 것이다. 전자의 경우는 유형자산에 대한 자본적 지출 등을 직접 손비로 계상한 경우에 대한 것이며, 후자의 경우는 소액자산의 구입·자산의 폐기 등의 상황에서 자산으로 처리하지 않고 직접 비용화할 수 있는 한계를 설정함으로써 취득한 사업연도에 잔존가액 없이 전액 비용화할 수 있도록 계산상의 편의를 도모하는 것이다(법령 31조).

1) 자본적 지출

법인이 유형자산을 취득하기 위하여 지출한 금액과 유형자산에 대한 자본적 지출에 해당하는 금액을 손비로 계상한 경우에는 이를 감가상각한 것으로 보아 시부인계산한다. 따라서 손비로 계상한 자본적 지출금액은 감가상각액조정명세서에 이기하여 동 금액을 포함한 유형자산에 대하여 감가상각범위액을 구한다. 이 때 감가상각으로 보는 자본적 지출액과 회사가 계상한 감가상각액을 합한 금액이 감가상각범위액을 초과하는 경우에는 상각부인액으로서 추후에 시인부족액 내에서 손금으로 추인받게 된다(법령 31조 2항).

2) 소액자산

그 고유업무의 성질상 대량으로 보유하는 자산 및 그 사업의 개시 또는 확장을 위하여 취득한 자산을 제외한 사업용 감가상각자산으로서 그 취득가액이 거래단위별로 100만원 이하인 것에 대하여는 이를 그 사업에 사용한 날이 속하는 사업연도의 손비로 계상한 것에 한하여 이를 손금에 산입한다. 여기서 "거래단위"라 함은, 취득한 자산을 그 취득자가 독립적으로 그 사업에 직접 사용할 수 있는 것을 말한다(법령 31조 4항, 5항).

소액자산에 대한 즉시상각요건을 요약하면 다음과 같다.

① 거래단위별로 100만원 이하

수개의 자산을 동시에 구입함으로써 총거래가액이 100만원을 초과하는 경우라도 각 자산이 독립적으로 사업에 직접 사용할 수 있고 개별가액이 100만원 이하 단위인 경우에는 즉시상각할 수 있다고 보아야 할 것이며, 부분품과 같이 개별로는 거래단위의 요건을 충족할 수 없는 경우에는 즉시상각을 할 수 없다.

② 사업용에 공하는 사업연도에 손금계상

실제로 자산이 사용되는 사업연도에 손비로 계상해야 하는 바, 그 이외의 사업연도에 즉시 상각하는 것은 인정되지 않는다.

3) 폐기자산

시설의 개체 또는 기술의 낙후로 인하여 사업별 유형자산의 일부를 폐기한 경우 및 사업의 폐지 또는 사업장의 이전으로 임대차계약에 따라 임차한 사업장의 원상회복을 위하여 시설물을 철거하는 경우에는 해당 자산의 장부금액에서 1,000원을 공제한 금액을 폐기일이 속하는 사업연도의 손금에 산입할 수 있다(법령 31조 7항). 여기서 자산의 폐기라 함은, 일단 폐기 후에는 다시 사용가능한 자산으로 환원될 수 없는 것을 말하며, 1,000원을 비망가액으로 남겨 놓은 이유는 당해 자산의 매각시점까지 자산을 관리하도록 하기 위한 것이다. 따라서 법인이 폐기한 자산을 매각할 때에는 매각가액과 1,000원의 차액을 익금산입 또는 손금산입하게 된다.

4) 수산업에 사용되는 어구 및 소모성 자산 등

전술한 '2) 소액자산'에 해당하지 않더라도 다음과 같은 소모성 자산은 사업에 사용한 날이 속하는 사업연도의 손비로 계상한 경우 이를 손금에 산입한다(법령 31조 6항). 그러나 만약 법인이 이를 손비로 계상하지 아니한 경우에는 정상적인 감가상각절차를 통하여 당해 자산의 내용연수 동안 비용화하면 된다.

① 어업에 사용되는 어구(어선용구 포함)
② 영화필름, 공구, 가구, 전기기구, 가스기기, 가정용 기구 · 비품, 시계, 시험기기, 측정기기 및 간판
③ 대여사업용 비디오테이프 및 음악용 콤팩트디스크로서 개별자산의 취득가액이 30만원 미만인 것
④ 전화기(휴대용 전화기 포함) 및 개인용 컴퓨터(그 주변기기 포함)

(9) 감가상각액의 시부인계산

법인이 감가상각액을 손비로 계상한 경우에 한하여 법인세법상의 상각범위액을 한도로 하여 각 사업연도 소득금액계산상 손금으로 용인된다. 그러나 법인의 감가상각액 계상액은 상각범위액과 반드시 일치하는 것은 아니며, 이 때는 양자간의 차이금액이 발생하게 된다. 각 사업연도에 법인의 손비계상액이 상각범위액에 미달하는 경우의 차액은 시인부족액이 되어 소멸하며, 손비계상액이 상각범위액을 초과하는 경우의 차액은 상각부인액으로 되어

손금불산입됨으로써 각 사업연도 소득이 증가하게 된다.

1) 시부인액의 계산단위

법인의 각 사업연도 감가상각액의 시부인은 개별 감가상각자산별로 계산한 금액에 의한다.

2) 시부인액의 처분

① 상각부인액

각 개별 감가상각자산별로 계산된 상각부인액은 손금불산입되어 일단 당해 사업연도소득에 포함되어 과세된다. 그러나 동 상각부인액은 그 후 사업연도에 시인부족액이 발생한 경우 그 시인부족액 한도 내에서 손금으로 인정(추인)받을 수 있다.

여기에서 주의할 사항은 감가상각부인누계액이 있는 법인은 그 후 사업연도에 발생한 시인부족액을 한도로 손금에 추인하여야 하는 것으로 이를 시인부족액이 발생한 각 사업연도에 손금추인하지 아니하고 이월하여 손금추인할 수는 없다는 것이다(법인 46012-924, 2000. 4. 10.).

또한 건설자금이자로서 손금불산입된 금액의 경우 당해 감가상각자산의 건설이 완료되어 사용하는 때에는 이를 상각부인액으로 보기 때문에 당해 사업연도 시인부족액의 범위 내에서 추인한다.

② 시인부족액

개별 감가상각자산별로 계산된 시인부족액은 소멸하므로 회사계상 감가상각액을 전액 손금에 산입하게 된다. 만약 시인부족액이 발생한 사업연도 이전에 발생한 상각부인액이 있는 경우 당기의 시인부족액 한도 내에서 그 상각부인액은 손금추인할 수는 있으나, 시인부족액을 그 후 사업연도의 상각부인액에 충당할 수는 없다.

③ 평가증한 경우의 시부인액의 처리

보험업법 기타 법률의 규정에 의하여 자산을 평가함으로써 평가차익이 발생한 경우에 동 자산에 대해서 시인부족액이나 상각부인액이 있는 경우 평가차익에 대한 조정이 필요하다. 왜냐하면 평가차익은 평가액에서 장부금액을 차감하여 계산하는 바, 상각부인액이 있다면 자산의 장부금액은 동 금액만큼 감소되어 있을 것이므로 결국 평가차익에 동 상각부인액이 포함되어 과세되게 된다. 그러나 동 상각부인액은 이미 손금불산입되어 과세되었으므로 위의 평가차익금액을 익금산입하면 상각부인액에 해당하는 금액에 대해서는 이중과세가 되는 것이다.

따라서 이러한 이중과세를 방지하기 위해서는 평가증된 자산의 상각부인액 중 평가증의

한도까지는 손금에 산입하고, 평가증의 한도초과액은 이월하여 그 후의 사업연도에 시인부족액 발생시 그 부족액 한도 내에서 손금에 산입하여야 한다. 이 때 감가상각과 평가증을 병행한 경우 선 상각 후 평가증한 것으로 보아 상각범위액을 계산한다. 한편, 평가증된 자산의 시인부족액은 소멸하는 것으로 한다(법령 32조 3항, 4항).

3) 시부인의 효과

① 시인부족액의 경우

시인부족액이 발생하게 되면 이 부족액은 소멸한다 하였으므로 그 후 사업연도의 감가상각의 기초가액이 커지게 되고 법에서 정한 상각률을 계속 적용하게 되므로 결국 내용연수 연장의 효과가 있게 된다. 즉, 정상적으로 세법에서 정한 방법에 의해서 상각범위액까지 매 사업연도에 감가상각을 하였다면, 각 사업연도의 과세표준을 감소시키고 이에 대한 법인세를 적절히 계산할 수 있는 것이나, 감가상각액을 적게 계상하게 되면 동 감가상각자산의 비용화와 관련하여 볼 때 법인세를 조기에 납부하는 결과가 된다.

② 상각부인액의 경우

상각부인액이 발생하게 되면 발생연도에 손금불산입되어서 각 사업연도소득의 결정에 영향을 미친다. 그러나 상각부인액의 경우에는 시인부족액의 효과와는 달리 내용연수에는 영향이 없다. 왜냐하면 상각부인액은 추후 사업연도의 감가상각의 기초가액에 포함되도록 되어 있고 자산의 내용연수 말기에 도달하게 되면 법인이 계상할 상각비는 감소되어 상각부족액이 발생하게 되므로 이 범위 내에서 추인을 받을 수 있기 때문이다.

4) 양도자산의 상각시부인

양도자산에 대한 시인부족액 또는 상각부인액이 있는 경우 이로 인하여 세무상 자산가액과 장부상 자산가액간에 차이가 발생하므로 동 자산을 양도하는 경우 기업회계상 자산처분손익과 세무상의 처분손익도 차이가 발생하게 된다. 따라서 이러한 차이를 조정하는 세무조정이 필요하다.

① 상각부인액이 있는 경우

상각부인액이 있는 자산을 양도하는 경우 그 상각부인액은 양도일이 속하는 사업연도의 손금에 산입한다.

이를 사례를 들어 설명하기로 한다.

	회계상	세무상
취득가액	1,000,000	1,000,000
감가상각누계액(세무상 한도액 400,000)	500,000	400,000
장부금액(미상각잔액)	500,000	600,000
처분가액	300,000	300,000
처분손실	200,000	300,000

상기 사례의 처분손익을 비교하여 보면 100,000원의 차이가 발생함을 알 수가 있는데, 그 차이는 상각부인액 100,000원과 동일함을 알 수 있다. 즉, 감가상각자산을 300,000원에 처분한 경우 회계상 장부금액은 500,000원이므로 회계상으로는 200,000원의 처분손실이 발생하나, 세무상 장부금액은 600,000원{취득가액 1,000,000－(감가상각누계액 500,000－상각부인액 100,000)}이므로 300,000원의 처분손실이 발생하여 그 차이가 100,000원임을 알 수 있다. 따라서 각 사업연도의 소득을 계산하기 위해서는 회계상 처분손실과 세무상 처분손실의 차이를 조정하여야 하는데, 조정방법은 상각부인액 100,000원을 손금에 산입하면 된다.

② 시인부족액이 있는 경우

시인부족액이 있는 자산을 양도하는 경우 아무런 세무조정이 발생하지 않는다. 왜냐하면 세무상 시인부족액이 발생하면 그 부족액은 소멸하므로 결국 세법에서 회계상 감가상각액을 그대로 인정하게 되어 회계상 감가상각액과 세무상 감가상각액이 차이가 없기 때문이다.

③ 감가상각자산의 일부를 양도한 경우

상각부인액 또는 시인부족액이 있는 자산의 일부를 양도한 경우 일부 양도자산의 감가상각누계액 및 상각부인액 또는 시인부족액은 당해 감가상각자산 전체의 감가상각누계액 및 상각부인액 또는 시인부족액에 감가상각자산의 전체 취득 당시의 장부금액에서 양도부분의 취득 당시의 장부금액이 차지하는 비율을 곱하여 계산한 금액으로 한다.

(10) 업무용승용차 관련비용의 손금불산입

1) 개요

2015년 12월 15일 법인세법 개정시 업무용승용차의 사적 사용분이 손금으로 인정되는 것을 제한하기 위해 업무용승용차 관련비용의 손금인정 요건, 연간 감가상각비(상당액) 및 처분손실의 손금인정 한도를 설정하는 등의 과세합리화 규정을 마련하였다(법법 27조의 2).

① 대상차량

개별소비세법 제1조 제2항 제3호에 해당하는 승용자동차를 말하되, 운수업 등에서 사업에 직접 사용하는 승용자동차와 연구개발을 목적으로 사용하는 승용자동차로서 다음의 승용자동차는 제외한다(법법 27조의 2 1항 및 법령 50조의 2 1항 및 법칙 27조의 2 1항).

㉮ 운수업, 자동차판매업, 자동차 임대업, 운전학원업, 기계경비업무를 하는 경비업 또는 시설대여업에서 사업상 수익을 얻기 위하여 직접 사용하는 승용자동차

㉯ 상기 ㉮와 유사한 승용자동차로서 한국표준산업분류표 중 장례식장 및 장의관련 서비스업을 영위하는 법인이 소유하거나 임차한 운구용 승용차

㉰ 시험 · 연구 목적으로 국토교통부장관의 임시운행허가를 받은 자율주행자동차

② 업무용승용차 관련 비용

내국법인이 업무용승용차를 취득하거나 임차하여 해당 사업연도에 손금에 산입하거나 지출한 감가상각비, 임차료, 유류비, 보험료, 수선비, 자동차세, 통행료, 금융리스부채에 대한 이자비용 등 업무용승용차의 취득 · 유지 관련 비용을 말한다(법령 50조의 2 2항).

2) 손금불산입 특례

① 감가상각방법 및 내용연수의 의제

2016년 1월 1일 이후 개시하는 사업연도에 취득하는 업무용승용차에 대한 감가상각비의 경우 해당 사업연도의 소득금액을 계산할 유형고정자산의 감가상각방법 규정(법령 26조 1항 2호) 및 감가상각자산의 내용연수 규정(법령 28조 1항 2호)에도 불구하고 정액법을 상각방법으로 하고 내용연수를 5년으로 하여 계산한 금액을 감가상각비로 하여 손금에 산입한다(법법 27조의 2 1항 및 법령 50조의 2 3항).

② 업무미사용금액의 손금불산입

업무용승용차 관련비용 중 다음의 업무용 사용금액(업무용승용차에 법소정의 자동차등록판을 부착하지 않은 경우 업무사용금액은 0원으로 하며, 이하 "업무사용금액"이라 함)에 해당하지 아니하는 금액은 해당 사업연도의 소득금액을 계산할 때 손금에 산입하지 아니한다(법법 27조의 2 2항 및 법령 50조의 2 4항, 8항, 9항 및 법칙 27조의 2 2항, 3항, 4항). 이 경우 손금에 산입하지 아니한 금액은 그 귀속자에 따라 상여 등으로 소득처분한다(법령 106조 1항 1호).

㉮ 해당 사업연도 전체 기간(임차한 승용차의 경우 해당 사업연도 중에 임차한 기간을 말함) 동안 다음의 어느 하나에 해당하는 사람이 운전하는 경우만 보상을 하는 자동차보험에 가입*1)한 경우 : 업무용승용차 관련비용에 업무사용비율*2)을 곱한 금액

- 해당 법인의 임원 또는 직원
- 계약에 따라 해당 법인의 업무를 위하여 운전하는 사람

• 해당 법인의 업무를 위하여 필요하다고 인정되는 경우로서 해당 법인의 운전자 채용을 위한 면접에 응시한 지원자

한편, 시설대여업자 외의 자동차대여사업자로부터 임차하여 임차계약기간이 30일 이내인 승용차(해당 사업연도에 임차계약기간의 합계일이 30일을 초과하는 승용차는 제외함)로서 다음의 어느 하나에 해당하는 사람을 운전자로 한정하는 임대차 특약을 체결한 경우에는 업무전용자동차보험에 가입한 것으로 봄.

• 해당 법인의 임원 또는 직원

• 계약에 따라 해당 법인의 업무를 위하여 운전하는 사람

㉯ 업무전용자동차보험에 가입하지 아니한 경우 : 전액 손금불인정. 다만, 해당 사업연도 전체기간(임차한 승용차의 경우 해당 사업연도 중에 임차한 기간을 말함) 중 일부기간만 업무전용자동차보험에 가입한 경우의 업무사용금액은 다음의 계산식에 따라 산정한 금액으로 한다.

업무용승용차 관련비용 × 업무사용비율 × (해당 사업연도에 실제로 업무전용자동차보험에 가입한 일수 ÷ 해당 사업연도에 업무전용자동차보험에 의무적으로 가입하여야 할 일수)

*1) 2016년 4월 1일 이후 기존에 가입했던 자동차 보험의 만기가 도래하여 제50조의 2 제4항 제1호에 따른 업무전용자동차보험에 가입한 경우 또는 2016년 4월 1일 이전에 가입했던 자동차 보험의 만기가 도래하기 전에 업무용승용차를 처분하거나 임차계약이 종료된 경우에는 2016년 1월 1일부터 가입한 것으로 봄.

*2) 제50조의 2 제4항 제1호의 업무사용비율을 계산할 때 2016년 1월 1일부터 2016년 3월 31일까지에 해당하는 업무사용비율은 2016년 4월 1일부터 해당 사업연도 종료일까지 계산되는 업무사용비율과 동일한 것으로 봄(예외 : 법인이 별도의 기록을 통하여 업무용 사용을 입증하는 경우 이를 합산하여 업무사용비율을 계산할 수 있음). 다만, 2016년 3월 31일 이전에 업무용승용차를 처분하거나 임차계약이 종료된 경우 해당 업무용승용차에 대한 2016년 1월 1일부터의 업무사용비율은 100분의 100으로 봄.

한편, 상기 ㉮에서 업무사용비율은 운행기록 등에 따라 확인되는 총 주행거리 중 업무용 사용거리가 차지하는 비율로 하되, 운행기록 등을 작성 · 비치하지 않은 경우에는 다음에 해당하는 비율로 한다(법령 50조의 2 5항, 7항).

㉠ 해당 사업연도의 업무용승용차 관련비용이 1천5백만원(해당 사업연도가 1년 미만인 경우에는 1천5백만원에 해당 사업연도의 월수를 곱하고 이를 12로 나누어 산출한 금액을 말하고, 사업연도 중 일부 기간 동안 보유하거나 임차한 경우에는 1천5백만원에 해당 보유기간 또는 임차기간 월수를 곱하고 이를 사업연도 월수로 나누어 산출한 금액을 말함) 이하인 경우 : 100%

㉡ 해당 사업연도의 업무용승용차 관련비용이 1천5백만원을 초과하는 경우 : 1천5백만원을 업무용승용차 관련비용으로 나눈 비율

상기에서 운행기록 등이란 국세청장이 기획재정부장관과 협의하여 고시하는 운행기록 방법을 의미하고, 업무용 사용거리란 제조 · 판매시설 등 해당 법인의 사업장 방문, 거래처 · 대리점 방문, 회의 참석, 판촉 활동, 출 · 퇴근 등 직무와 관련된 업무수행을 위하여 주행한 거리를 의미한다(법칙 27조의 2 4항, 7항).

③ 업무용승용차의 감가상각비 관련 손금산입 제한

㉮ 감가상각비 한도초과액의 손금불산입 및 이월

다음의 구분에 해당하는 비용에 업무사용비율을 곱하여 산출한 금액이 800만원(사업연도가 1년 미만인 경우 800만원에 해당 사업의 월수를 곱하고 이를 12로 나누어 산출한 금액을 말하고, 사업연도 중 일부 기간 동안 보유하거나 임차한 경우에는 800만원에 해당 보유기간 또는 임차기간 월수를 곱하고 이를 사업연도 월수로 나누어 산출한 금액을 말함)을 초과하는 경우 그 초과하는 금액은 해당 사업연도에 손금에 산입하지 아니하고 이월하여 손금에 산입한다(법법 27조의 2 3항 및 법령 50조의 2 10항, 12항 및 법칙 27조의 2 6항).

㉠ 업무용승용차별 감가상각비

㉡ 여신전문금융업법 제3조 제2항에 따라 등록한 시설대여업자로부터 임차한 승용차의 경우 임차료에서 해당 임차료에 포함되어 있는 보험료, 자동차세 및 수선유지비를 차감한 금액. 수선유지비를 별도로 구분하기 어려운 경우에는 임차료(보험료와 자동차세를 차감한 금액을 말함)의 7%를 수선유지비로 할 수 있음.

㉢ 시설대여업자 외의 자동차대여사업자로부터 임차한 승용차의 경우 임차료의 70%에 해당하는 금액

㉯ 감가상각비 한도초과액의 이월손금산입 방법

상기 ㉮에 따라 손금에 산입되지 않고 이월된 감가상각비 한도초과액은 다음의 구분에 따라 손금으로 추인하거나 손금에 산입한다(법법 27조의 2 3항 및 법령 50조의 2 11항 및 법칙 27조의 2 8항).

㉠ 업무용승용차별 감가상각비 이월액 : 해당 사업연도의 다음 사업연도부터 해당 업무용승용차의 업무사용금액 중 감가상각비가 800만원에 미달하는 경우 그 미달하는 금액을 한도로 하여 손금으로 추인

㉡ 업무용승용차별 임차료 중 감가상각비 상당액 이월액 : 해당 사업연도의 다음 사업연도부터 해당 업무용승용차의 업무사용금액 중 감가상각비 상당액이 800만원에 미달하는 경우 그 미달하는 금액을 한도로 손금에 산입. 한편, 내국법인이 해산(합병 · 분할 또는 분할합병에 따른 해산을 포함)한 경우에는 상기에 따라 이월된 금액 중 남은 금액을 해산등기일(합병 · 분할 또는 분할합병에 따라 해산한 경우에는 합병등기일 또는 분할등기일)이 속하는 사업연도에 모두 손금에 산입

④ 업무용승용차의 처분손실 관련 손금산입 제한

업무용승용차를 처분하여 발생하는 손실로서 업무용승용차별로 800만원(사업연도가 1년 미만인 경우 800만원에 해당 사업연도의 월수를 곱하고 이를 12로 나누어 산출한 금액)을 초과하는 금액은 해당 사업연도의 다음 사업연도부터 800만원을 균등하게 손금에 산입하되, 남은 금액이 800만원 미만인 사업연도에는 남은 금액을 모두 손금에 산입한다. 한편, 내국법인이 해산(합병 · 분할 또는 분할합병에 따른 해산을 포함)한 경우에는 상기에 따라 이월된 금액 중 남은 금액을 해산등기일(합병 · 분할 또는 분할합병에 따라 해산한 경우에는 합병등기일 또는 분할등기일)이 속하는 사업연도에 모두 손금에 산입한다(법법 27조의 2 4항 및 법령 50조의 2 13항 및 법칙 27조의 2 8항).

한편, 상기 ②, ③, ④를 적용할 때 부동산임대업을 주된 사업으로 하는 등 법인세법 시행령 제42조 제2항 각 호의 요건을 모두 갖춘 내국법인의 경우에는 "1천5백만원"은 각각 "500만원"으로, "800만원"은 각각 "400만원"으로 한다(법법 27조의 2 5항 및 법령 50조의 2 15항).

(11) 장기후불취득자산의 현재가치평가에 의한 감가상각액의 세무조정

일반기업회계기준 제10장 문단 10.17에 따르면 유형자산을 장기후불조건으로 구입하거나, 대금지급기간이 일반적인 신용기간보다 긴 경우 원가는 취득시점의 현금가격상당액으로 하며, 현금가격상당액과 실제 총지급액과의 차액은 일반기업회계기준 제18장(차입원가자본화)에 따라 자본화하지 않는 한 신용기간에 걸쳐 이자로 인식하도록 규정하고 있다.

법인세법에서도 현재가치회계를 수용한 바, 시행령 제72조 제4항에서 장기할부조건 등에 의한 자산매입의 경우 일반기업회계기준이 정하는 바에 따라 현재가치로 평가하여 회계처리한 경우 현재가치할인차금으로 계상한 금액은 자산의 취득가액에 포함하지 않고 있다. 그리고 자산의 취득자가 계상하는 현재가치할인차금상각액에 대하여는 지급이자 부인규정 등을 적용하지 아니하도록 규정하고 있다.

(12) 건설자금이자

일반기업회계기준에서는 유형자산, 무형자산, 투자부동산과 제조 · 매입 · 건설 · 개발이 개시된 날로부터 의도된 용도로 사용하거나 판매할 수 있는 상태가 될 때까지 1년 이상의 기간이 소요되는 재고자산(이하 "적격자산"이라 함)의 취득에 소요되었다고 볼 수 있는 차입금에 대한 차입원가는 기간비용으로 처리함을 원칙으로 하되, 기업의 선택에 따라 적격자산의 취득원가에 가산할 수 있도록 하고 있다(일반기준 18장 문단 18.4).

법인세법에서는 그 명목 여하에 불구하고 사업용 유형 · 무형자산의 매입 · 제작 · 건설에 소요되는 차입금(유형 · 무형자산의 건설 등에 소요된지의 여부가 분명하지 아니한 차입금은 제외하며, 이하 "특정차입금"이라 함)에 대한 지급이자 등은 자본적지출로 보아 손금불산입 하도록 하고 있으며, 일반차입금(해당 사업연도에 상환하거나 상환하지 아니한 차입금 중 특정차입금을 제외한 금액을 말하며, 이하 같음)에 대한 지급이자 등 중 일정한 산식에 따라 계산한 금액은 손금불산입(자본화) 여부를 법인이 선택할 수 있도록 하고 있다.

즉, 법인세법에서는 자본화대상자산을 사업용 유형 · 무형자산으로 한정하고 있으며, 특정차입금에 대한 지급이자 등은 자본화를 강제하고 있지만 일반차입금에 대한 지급이자 등은 자본화 여부를 선택할 수 있도록 규정하고 있어 일반기업회계기준과는 다소 차이를 보이고 있다(법법 28조 2항).

한편, 법인이 특정차입금에 대한 건설자금이자를 유형자산의 취득가액에 계상하지 아니하고 동 사업연도 소득금액 계산상 손금에 산입한 경우 세무조정은 다음과 같이 한다. 사업연도 종료일 현재 준공되어 감가상각액을 계상할 수 있는 유형자산에 해당하는 특정차입금에 대한 건설자금이자인 경우에는 즉시상각의 의제로 보아 동 건설자금이자를 감가상각시부인 계산하여야 하지만, 만일 당해 사업연도 종료일 현재 건설 중에 있는 자산인 경우 당해 자산이 감가상각대상자산에 해당하지 아니하므로 동 건설자금이자는 즉시상각의 의제로 해석할 수 없다. 따라서 특정차입금에 대한 건설자금이자에 해당하는 금액을 손금불산입하여야 한다.

건설 중인 유형자산에 해당하는 특정차입금에 대한 건설자금이자를 손금불산입한 후 당해 유형자산의 건설이 완료되어 사용하는 때에는 이를 상각부인액으로 보아 준공된 이후의 사업연도의 감가상각시인부족액의 범위 안에서 손금추인한다.

특정차입금에 대한 건설자금이자의 세무조정을 요약하면 다음과 같다.

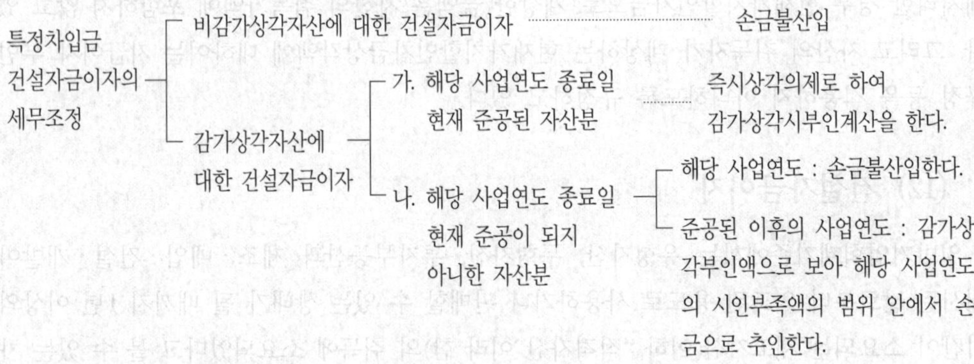

이하에서는 세법상 건설자금이자의 계산방법에 대하여 구체적으로 살펴보기로 하겠다.

1) 특정차입금에 대한 건설자금이자

특정차입금에 대한 건설자금이자란 그 명목 여하에 불구하고 해당 사업용 유형자산 및 무형자산의 매입 · 제작 · 건설에 소요되는 차입금에 대한 지급이자 또는 이와 유사한 성질의 지출금을 말한다(법령 52조 1항).

위에서 설명한 특정차입금에 대한 건설자금이자가 되기 위해서는 다음의 세 가지 요소를 만족시켜야 한다.

첫째, 지급이자의 발생원천인 차입금이 사용된 대상자산이 사업용 유형자산 및 무형자산이어야 한다.

둘째, 사업용 유형자산 및 무형자산에 대한 법인의 지출행위의 범위가 매입 · 제작 또는 건설로서 기존 자산의 증설이나 개량도 포함된다.

셋째, 차입금에 대한 지급이자의 범위는 명목이 어떻게 되든 지급이자 또는 이와 유사한 성질의 지출금을 모두 포함한다.

이러한 세 가지 요소가 동시에 충족되어야 특정차입금에 대한 건설자금이자로서 손금불산입되는 것이므로 이하에서는 각 요소별로 설명하기로 한다.

① 사업용 유형자산 및 무형자산의 범위

법인세법에서는 유형자산 및 무형자산의 범위에 대하여 명확하게 정의한 바가 없다. 다만, 법인세법 제23조 제1항에서 감가상각자산은 토지를 제외한 건물, 기계 및 장치, 특허권 등 대통령령이 정하는 자산으로 한다고 규정하고, 동법 시행령 제24조 제1항에서 이를 유형자산과 무형자산으로 세분하여 규정하고 있다. 따라서 건설자금이자 계산대상 유형자산 및 무형자산도 이를 준용해서 그 범위를 판단해야 할 것이며, 토지를 포함한 유형자산과 무형자산을 의미하는 것으로 보아야 할 것이다. 국세청의 유권해석에서도 무형자산을 건설자금이자 계산대상 사업용 자산에 포함하고 있다(서이 46012-10553, 2002. 3. 20.).

건설자금이자는 동 유형자산 및 무형자산 중 법인의 사업목적에 사용하기 위하여 취득하는 사업용 유형자산 및 무형자산에 대하여 적용한다. 따라서 법인의 업무에 사용하지 않는 토지 등과 전매 또는 재판매를 위하여 취득한 자산은 유형자산에 해당하지 않으므로 당연히 건설자금이자의 계산대상에서 제외된다.

그러나 일정 자산이 사업용인가의 여부는 각 법인의 사업목적에 비추어 판단해야 할 것이나 다음의 자산은 업무와 관련없는 자산으로 규정되고 있으므로 건설자금이자의 계산대상에서 제외된다(법령 49조).

- 골동품 · 서화. 다만, 장식 · 환경미화 등의 목적으로 사무실 · 복도 등 여러 사람이 볼 수 있는 공간에 상시 비치하는 것은 제외한다.
- 비업무용 자동차 · 선박 · 항공기. 다만, 저당권의 실행 기타 채권을 변제받기 위하여 취

득한 자동차 · 선박 및 항공기로서 취득일로부터 3년이 경과되지 아니한 것은 제외한다.

- 비업무용 부동산

한편, 법인이 판매하기 위하여 취득하는 자산은 물리적 형태를 불문하고 재고자산으로 분류되어야 하며, 건설자금이자의 계산대상에서 제외된다. 예를 들어, 토지개발회사가 판매를 위하여 보유하고 있는 토지나 주택건설업자가 신축한 판매용 주택은 유형자산으로 분류될 것이 아니라, 판매용 재고자산으로 분류되어야 할 것이므로 건설자금이자 계산대상에서 제외된다(법기통 28-52…1).

또한 일반기업회계기준에서 차입원가 적격자산으로 보는 제조 또는 건설 등에 1년 이상의 기간이 소요되는 재고자산과 투자부동산의 경우에는 법인세법상 건설자금이자 계산대상 사업용 유형자산 및 무형자산의 범위에 포함되지 않기 때문에 당해 자산의 취득에 사용된 차입금의 지급이자 등을 일반기업회계기준에 따라 자본화한 차입원가는 세무조정으로 손금에 산입하여야 한다(재법인 46012-9, 1998. 3. 31.).

② 매입 · 제작 · 건설의 범위

법인세법에서는 건설자금이자 계산대상을 사업용 유형 · 무형자산의 매입 · 제작 · 건설로 하고 있으며, 기존 건물의 증축 또는 기존 자산의 증설 · 개량에 소요된 것이 분명한 차입금의 이자도 당해 자산이 목적에 실제로 사용되는 날까지 자본적 지출로 하여 원본에 산입할 수 있다.

여기에서 증설이란 기존 설비에 새롭고 독립적인 자산을 부가하거나 기존의 설비를 확장하는 것을 말한다. 기존 건물을 증축한다거나 보유하고 있는 차량 등에 새로운 장치를 부착하는 것 등이 이의 대표적인 예라 할 수 있다. 개량이란 기존 자산을 대치하는 등의 비경상적인 지출을 함으로써 더 나은 자산으로 바꾸어 놓는 것을 말한다. 따라서 증설과 개량의 공통점은 이에 대한 지출이 기존 자산과 반드시 연관이 있다는 점이다.

한편, 사실상 건물을 준공하고 가사용승인을 얻어 업무에 사용하던 건물을 다른 용도로 전환사용하기 위하여 증설 또는 개량하는 경우에는 해당 건축물을 장부상 건설가계정으로 계상하고 있는 경우에도 건설자금이자는 당해 증설 또는 개량부분에 한하여 적용한다(법인 46012-328, 1997. 2. 1.).

매입 · 제작 · 건설의 사례를 예시하면 다음과 같다.

㉠ 기존 공장과는 별도의 지역에 새로운 공장을 건설하는 경우

㉡ 기존 공장을 이전하기 위하여 신공장을 건설하여 새로운 기계장치를 설치하는 경우

㉢ 동일제품의 생산량을 늘리기 위하여 기존 공장의 여유부지에 새로운 공장건물과 기계장치를 설치하는 경우

㉣ 기존 공장의 여유부지에 사무실 또는 기숙사를 신축하는 경우

㉤ 기존 공장 건물을 증축하여

- 기존 제품과 같은 제품을 생산하기 위한 기계장치를 설치하는 경우
- 기존 제품과는 다른 새로운 제품을 생산하기 위한 별도의 생산설비를 설치하는 경우
- 기존 제품의 생산라인을 연장하거나 확장하는 경우
- 기존 생산라인에 새로운 생산라인을 연장·설치하는 경우

㉥ 기존 공장 내에 기존 제품과는 별도의 새로운 제품을 생산하기 위한 기계장치를 설치하는 경우

㉦ 기존 기계장치를 개체하거나 기존 기계장치에 일부 설비를 새로이 설치하는 경우

③ 지급이자의 범위

건설자금이자로서 손금불산입되는 지급이자의 범위는 다음과 같다.

첫째, 특정차입금에 대한 지급이자 등의 경우 차입금이 사업용 유형자산 및 무형자산의 건설에 사용된 것이 명백함으로써 동 차입금에 대한 지급이자가 사업용 유형자산 및 무형자산의 건설에 직접적인 관련이 있어야 한다. 그러므로 명목상으로 특정 자산건설을 위한 차입금에 대한 지급이자라고 하더라도 실제로 특정 자산의 건설에 사용되지 않은 것이 명백한 경우에는 특정차입금에 대한 건설자금이자로 보지 않는다.

그러나 법인이 건설 등에 필요한 자금을 법인의 운영자금에서 우선 지급하고 그 후에 건설 등 명목으로 자금을 차입하여 이를 운영자금에 충당한 경우 당해 차입금은 특정차입금에 대한 건설자금이자 계산대상에 포함된다(재법인 46012-180, 1999. 11. 11.).

이 경우 법인의 차입금이 사업용 유형자산 및 무형자산의 건설 등에 사용되었는지의 여부는 실질적인 자금의 운용내용에 따라 판단하는 것이며, 법인이 유형자산 및 무형자산의 건설에 소요된지의 여부가 불분명한 차입금은 특정차입금으로 볼 수 없다.

둘째, 지급이자와 이에 유사한 성질을 가진 지출금은 모두 포함한다. 즉, 차입금에 대한 할인료, 지급보증료, 신용보증료, 사채할인발행차금상각액 등은 회계처리에 있어서 계정과목의 명칭 여하에 불구하고 건설자금이자계산대상에 포함된다.

셋째, 사업용 유형자산 및 무형자산의 건설 등에 소요된 외화차입금에 대한 평가차손익(법인세법 시행령 제61조 제2항 제1호부터 제7호까지의 금융회사 등이 보유하는 화폐성 외화자산·부채와 통화선도 등과 금융회사 외의 일반법인이 보유하는 화폐성 외화자산·부채 및 환위험회피용통화선도 등으로서 사업연도종료일 현재의 매매기준율로 평가한 분에 한함)·상환차손익은 법인세법 시행령 제76조의 규정에 의하여 해당 사업연도의 익금 또는 손금에 산입하여야 하므로 건설자금이자계산대상에 포함되지 아니한다(재법인 46012-180, 1999. 11. 11.).

넷째, 다음에 예시하는 현재가치할인차금의 상각액에 대하여는 건설자금이자의 손금불

산입 규정을 적용하지 아니한다(법령 72조 6항).

- 자산을 장기할부조건 등으로 취득함으로써 발생한 채무를 일반기업회계기준이 정하는 바에 따라 현재가치로 평가하여 현재가치할인차금으로 계상한 경우 동 현재가치할인차금의 상각액(법령 72조 4항 1호)
- 장기금전대차계약에 의한 차입금을 현재가치로 평가하여 동 평가액과 장부금액과의 차액을 채무면제익으로 계상한 경우 이자비용으로 계상하는 현재가치할인차금상각액
- 회생계획인가의 결정 등으로 채권 · 채무에 관한 계약조건이 채권자에게 불리하게 변경되어 조정된 채무를 현재가치로 평가하여 장부금액과 현재가치와의 차액을 채무조정이익으로 계상하고 이로 인해 발생한 현재가치할인차금의 상각액을 이자비용으로 계상한 경우

다섯째, 자산을 매입함에 있어서 매입가격을 결정한 후 그 대금 중 일부 잔금의 지급지연으로 그 금액이 실질적으로 소비대차로 전환된 경우에 지급하는 이자는 "건설 등이 준공된 날"까지의 기간 중에는 특정차입금에 대한 건설자금이자로 보고, 건설 등이 준공된 날 이후의 이자는 이를 각 사업연도의 소득금액 계산상 손금에 산입한다(법기통 28－52…2).

여섯째, 법인이 건설중인자산에 대하여 건설가계정에 포함된 특정차입금에 대한 지급이자 중 일부를 면제받은 경우에는 당해 건설가계정에서 이를 직접 차감하여 처리한다(법인 46012－387, 2001. 2. 19.).

일곱째, 건설자금이자는 사업용 유형자산 및 무형자산의 매입 · 제작 또는 건설 등을 개시한 날부터 건설 등의 목적물이 전부 준공된 날까지 계산하며, 건설자금의 명목으로 차입한 것으로서 그 건설 등이 준공된 후에 남은 차입금에 대한 이자는 각 사업연도의 손금으로 한다. 준공된 날은 다음에 해당하는 날로 한다(법령 52조 6항).

- 토지를 매입하는 경우에는 그 대금을 청산한 날. 다만, 그 대금을 청산하기 전에 당해 토지를 사업에 사용하는 경우에는 그 사업에 사용되기 시작한 날
- 건축물의 경우에는 소득세법 시행령 제162조의 규정에 의한 취득일 또는 당해 건설의 목적물이 그 목적에 실제로 사용되기 시작한 날("사용개시일") 중 빠른 날
- 그 밖의 사업용 유형자산 및 무형자산의 경우에는 사용개시일

여기에서 토지가 "사업에 사용되기 시작한 날"이라 함은 공장 등의 건설에 착공한 날 또는 해당 사업용 토지로 업무에 직접 사용한 날을 말하며, "사용개시일"이라 함은 정상제품을 생산하기 위하여 실제로 가동되는 날(선박의 경우에는 최초의 출항일, 전기사업법의 규정에 의한 전기사업자가 발전소를 건설하는 경우에는 사용전검사의 합격통지를 받은 날)을 말한다(법기통 28－52…1).

여덟째, 지급이자의 확정은 발생주의를 기준으로 한다. 건설기간 중의 지급이자로서 미지급된 지급이자는 가산하며, 건설기간 이전 해당 분의 지급이자는 차감한다.

아홉째, 사업용 유형자산 및 무형자산의 건설을 목적으로 차입한 특정차입금의 일시예금에서 생기는 수입이자는 원본에 가산하는 자본적지출금액에서 차감한다(법령 52조 2항). 한편, 특정차입금의 연체로 인하여 생긴 이자를 원본에 가산하는 경우 그 가산한 금액은 이를 해당 사업연도의 자본적 지출로 하고, 그 원본에 가산한 금액에 대한 지급이자는 이를 손금에 산입한다(법령 52조 4항).

2) 일반차입금에 대한 건설자금이자

법인이 손금불산입(자본화) 여부를 선택할 수 있는 일반차입금(해당 사업연도에 상환하거나 상환하지 아니한 차입금 중 특정차입금을 제외한 금액을 말하며, 이하 같음)에 대한 건설자금이자란 다음 ㉠과 ㉡의 금액 중 적은 금액을 말한다(법법 28조 2항 및 법령 52조 7항).

㉠ 해당 사업연도 중 개별 사업용 유형자산 및 무형자산의 건설 등에 소요된 기간에 실제로 발생한 일반차입금의 지급이자 등의 합계

㉡ 다음 산식에 따라 계산한 금액

$$\left(\frac{\text{해당 건설 등에 대하여 해당 사업연도에 지출한 금액의 적수}}{\text{해당 사업연도 일수}} - \frac{\text{해당 사업연도의 특정차입금의 적수}}{\text{해당 사업연도 일수}} \right) \times \text{자본화이자율}^{*)}$$

$$^{*)}\ \text{자본화이자율} = \frac{\text{일반차입금에서 발생한}}{\text{지급이자 등의 합계액}} \div \frac{\text{해당 사업연도의 일반차입금의 적수}}{\text{해당 사업연도 일수}}$$

상기에서 사업용 유형자산 및 무형자산의 범위, 건설 등의 범위, 지급이자의 범위에 대한 자세한 내용은 전술한 "1) 특정차입금에 대한 건설자금이자"의 관련 부분을 참조하기 바란다.

3) 건설자금이자의 손금추인

건설자금이자금액과 법인이 장부상 계산한 건설자금이자액은 서로 일치하지 않을 경우 각각 다음과 같이 조정하게 된다.

① 법인이 법인세법상의 건설자금이자보다 과다하게 계상한 금액은 손금에 산입한다.

② 법인이 각 사업연도에 건설자금이자를 과소하게 계상한 경우(미계상 포함)에는 법에 의하여 계산한 금액에 미달하는 금액은 손금불산입한다. 이렇게 손금불산입한 금액은 추후 당해 유형자산 및 무형자산을 매각하거나 감가상각을 함으로써 손금으로 추인된다.

가. 비상각자산의 경우

일단 손금불산입된 건설자금이자는 동 자산의 자본적 지출로써 취득원가에 가산되어 추후 자산을 매각하는 사업연도에 유형자산 및 무형자산처분이익을 감소 또는 유형자산 및 무형자산처분손실을 증가시킴으로써 손금추인을 하게 된다.

나. 상각자산의 경우

해당연도에 건설 등이 완료된 경우 법인이 손금으로 계상한 건설자금이자는 손금불산입으로 하는 것이 아니라 동액만큼 감가상각한 것으로 의제한다. 따라서 동 이자는 감가상각액의 시부인액에 포함시켜 감가상각액의 한도초과액이 나온 경우 이에 포함된 금액만을 손금불산입한다.

그러나 각 사업연도 말에 건설이 진행 중인 유형자산 및 무형자산에 대해 과소계상된 건설자금이자는 일단 손금불산입된다. 이후 당해 유형자산 및 무형자산의 건설이 완료되어 사용하는 날이 속하는 사업연도부터 동 손금불산입된 건설자금이자를 상각부인액으로 보아서 당해 사업연도의 시인부족액의 범위 내에서 손금추인한다.

손금불산입된 건설자금이자의 손금추인 과정을 보면 다음과 같다.

① 사업연도 : 20×1. 1. 1.~20×1. 12. 31.
② 자산취득가액 : ₩1,000,000
③ 자본적 지출액 : ₩200,000(전기 이전의 건설자금이자로서 손금불산입된 것으로 가정함)
④ 내용연수 : 5년
⑤ 건설완료일 : 20×1. 6. 30.
⑥ 회사의 감가상각방법 : 정액법
⑦ 20×1년도 회사계상 감가상각액 : ₩100,000
⑧ 20×1년도 감가상각 한도액의 계산
(₩1,000,000 + ₩200,000) ÷ 5 × 6/12 = ₩120,000
⑨ 상각부족액 : ₩120,000 − ₩100,000 = ₩20,000

사례에서 손금불산입으로 누적된 건설자금이자는 건설완료일이 속하는 사업연도의 상각부인액으로 의제되었으므로 상각부족액의 범위 내에서 손금으로 인정하게 되므로 자본적 지출액 ₩200,000 중 ₩20,000은 건설완료일이 속하는 사업연도에 손금으로 인정받게 되는 것이다.

본 예에서는 누적된 건설자금이자 손금불산입액만이 자본적 지출이 되었다고 단순화하였으므로 미래에 추인되는 과정을 검토할 수 있다. 즉, 회사가 자산을 취득한 사업연도 이후 매 연도 감가상각액을 ₩200,000씩만 계산한다면 결국에는 당해 유형자산 및 무형자산의 내용연수에 걸쳐서 총 자본적 지출액이 모두 손금으로 인정받게 되는 것이다.

(13) 유형자산 재평가

일반기업회계기준에서는 유형자산을 원가모형 또는 재평가모형을 적용하여 평가할 수 있도록 규정하고 있지만, 법인세법에서는 다음의 경우를 제외하고는 원가법만을 인정하고 있다(법법 42조 1항, 3항).

- 보험업법 기타 법률에 따라 자산을 평가(증액에 한함)하는 경우
- 천재 · 지변 · 화재 등의 사유로 인하여 유형자산이 파손 또는 멸실되는 경우

따라서, 법인이 원가모형을 적용한 경우에는 별도의 세무조정이 필요하지 않지만, 재평가모형을 적용하여 유형자산을 평가한 경우에는 일반기업회계기준의 규정에 의한 평가손익을 손금불산입 또는 익금불산입하는 세무조정을 하여야 한다. 다만, 법인이 감가상각대상 유형자산을 재평가하여 재평가손실이 발생한 경우에 이를 세법상 감가상각한 것으로 보아 시부인조정을 해야 하는지, 아니면 세법상 임의평가로 보아 평가손실을 전액 부인해야 하는지에 대하여는 논란이 예상되는 바, 과세관청의 명확한 유권해석이 필요할 것으로 판단된다.

토지를 재평가하는 경우의 세무조정을 예시하면 다음과 같다.

1) 재평가이익을 인식하는 경우

유형자산인 토지의 장부금액이 재평가로 증가한 경우에는 (차) 토지 ××× (대) 유형자산재평가이익(기타포괄손익누계액) ×××으로 회계처리하기 때문에 당해 연도의 손익에는 영향이 없다. 따라서, 이 경우에는 세무상 유형자산의 장부금액과 자본항목의 장부금액을 조정하기 위한 세무조정이 필요하다. 즉, 유형자산 과대계상분을 익금불산입(Δ유보)하고 자본항목의 과대계상분을 익금산입(기타)한 후, 이후 사업연도에 재평가손실이 발생하여 재평가이익을 상계하는 경우 또는 토지를 처분하는 경우에 동 금액을 반대로 손금불산입(유보) 및 손금산입(기타)하여야 한다.

2) 재평가손실을 인식하는 경우

토지의 장부금액이 재평가로 감소하여 (차) 유형자산재평가손실(영업외비용) ××× (대) 토지 ×××로 회계처리한 경우에는 이를 손금불산입(유보)한 후, 이후 사업연도에 재평가이익이 발생하여 당기손익으로 계상하는 경우 또는 토지를 처분하는 경우에 손금산입(Δ유보)하여야 한다.

(14) 국고보조금 등으로 취득한 사업용자산가액의 손금산입

내국법인이 보조금 관리에 관한 법률 · 지방재정법 · 농어촌전기공급사업촉진법 · 전기사업법 · 사회기반시설에 대한 민간투자법 · 한국철도공사법 · 농어촌정비법 · 도시 및 주거환경정비법 · 산업재해보상보험법 · 환경정책기본법에 의한 보조금 등(이하 "국고보조금 등"이라 함)을 지급받아 그 지급받은 날이 속하는 사업연도의 종료일까지 사업용자산과 석유류(이하 "사업용자산"이라 함)를 취득하거나 개량하는 데에 사용한 경우 또는 사업용자산을 취득하거나 개량하고 이에 대한 국고보조금 등을 사후에 지급받은 경우, 해당 사업용자산의 가액 중 그 사업용자산의 취득 또는 개량에 사용된 국고보조금 등 상당액을 법인세법이 정하는 바에 따라 해당 사업연도의 소득금액계산에 있어서 이를 손금에 산입할 수 있다(법법 36조).

이 경우 사업용자산을 취득하거나 개량한 후 국고보조금 등을 지급받았을 때에는 지급일이 속한 사업연도 이전 사업연도에 이미 손금에 산입한 감가상각비에 상당하는 금액은 손금에 산입하는 금액에서 제외한다(법령 64조 2항).

다만, 국고보조금 등을 지급받은 날이 속하는 사업연도의 종료일까지 사업용자산을 취득 또는 개량하지 아니한 내국법인이 그 사업연도의 다음 사업연도의 개시일부터 1년 이내에 이를 취득 또는 개량하고자 하는 경우에는 취득 또는 개량에 사용하려는 국고보조금 등의 금액을 손금에 산입할 수 있다. 이 경우 다음의 부득이한 사유로 국고보조금 등을 기한 내에 사용하지 못한 경우에는 해당 사유가 종료된 날이 속하는 사업연도의 종료일을 그 기한으로 본다(법령 64조 7항).

① 공사의 허가 또는 인가 등이 지연되는 경우
② 공사를 시행할 장소의 미확정 등으로 공사기간이 연장되는 경우
③ 용지의 보상 등에 관한 소송이 진행되는 경우
④ 그 밖에 ① 내지 ③에 준하는 사유가 발생한 경우

한편, 법인세법 제36조 제1항의 규정에 의한 국고보조금 등으로 사업용자산을 취득한 법인이 재무상태표를 작성함에 있어서 일반기업회계기준에 따라 정부보조금 등을 취득한 사업용자산에서 차감하는 형식으로 표시한 경우 이에 대한 세무조정방법은 다음과 같다(법기통 36-64…1).

구 분	회계처리	세무조정
① 수령시 (수령 2,000)	현　　금　2,000 / 정부보조금　2,000 (현금차감계정)	(익산) 정부보조금(현금차감계정) 2,000 (유보)

구 분	회계처리	세무조정
② 자산취득시 (취득 2,000)	차량운반구 2,000 / 현 금 2,000 정부보조금 2,000 / 정부보조금 2,000 (현금차감계정) (자산차감계정)	(손산) 정부보조금(현금차감계정) 2,000 (△유보) (익산) 정부보조금(자산차감계정) 2,000 (유보) (손산) 일시상각충당금 2,000 (△유보)
③ 결산시 (상각 400)	감가상각비 400 / 감가상각누계액 400 정부보조금 400 / 감가상각비 400 (자산차감계정)	(익산) 일시상각충당금 400 (유보) (손산) 정부보조금(자산차감계정) 400 (△유보)
④ 매각시 (매각 2,000)	현 금 2,000 / 사업용자산 2,000 감가상각누계액 400 / 처분이익 2,000 정부보조금 1,600 / (자산차감계정)	(익산) 일시상각충당금 1,600 (유보) (손산) 정부보조금(자산차감계정) 1,600 (△유보)

(15) 공사부담금으로 취득한 사업용자산가액의 손금산입

다음의 어느 하나에 해당하는 사업을 하는 내국법인이 그 사업에 필요한 시설을 하기 위하여 해당 시설의 수요자 또는 편익을 받는 자로부터 그 시설을 구성하는 토지 등 유형자산 및 무형자산을 제공받은 경우 또는 금전 등(이하 "공사부담금"이라 함)을 제공받아 그 제공받은 날이 속하는 사업연도의 종료일까지 사업용자산의 취득에 사용하거나 사업용자산을 취득하고 이에 대한 공사부담금을 사후에 제공받는 경우, 해당 사업용자산의 가액(공사부담금을 제공받은 경우에는 그 사업용자산의 취득에 사용된 공사부담금 상당액)은 법인세법이 정하는 바에 따라 해당 사업연도의 소득금액계산에 있어서 이를 손금에 산입할 수 있다(법법 37조).

① 전기사업법에 따른 전기사업

② 도시가스사업법에 따른 도시가스사업

③ 액화석유가스의 안전관리 및 사업법에 따른 액화석유가스충전사업, 액화석유가스집단공급사업 및 액화석유가스판매사업

④ 집단에너지사업법 제2조 제2호에 따른 집단에너지공급사업

⑤ 지능정보화 기본법에 따른 초연결지능정보통신기반구축사업

⑥ 수도법에 의한 수도사업

사업용자산의 취득은 공사부담금을 제공받은 날이 속하는 사업연도의 종료일까지 또는 그 제공받은 날이 속하는 사업연도의 다음 사업연도의 개시일부터 1년 이내에 사업용자산의 취득

에 사용하여야 한다. 다만, 다음의 부득이한 사유로 인하여 공사부담금을 기한 내에 사용하지 못한 경우에는 해당 사유가 종료된 날이 속하는 사업연도의 종료일까지 사용기한을 연장한다.

① 공사의 허가 또는 인가 등이 지연되는 경우

② 공사를 시행할 장소의 미확정 등으로 공사기간이 연장되는 경우

③ 용지의 보상 등에 관한 소송이 진행되는 경우

④ 그 밖에 ① 내지 ③에 준하는 사유가 발생한 경우

(16) 보험차익으로 취득한 자산가액의 손금산입

내국법인이 유형자산(이하 "보험대상자산"이라 함)의 멸실 또는 손괴로 인하여 보험금을 지급받아 그 지급받은 날이 속하는 사업연도의 종료일까지 그 멸실한 보험대상자산과 같은 종류의 자산을 대체 취득하거나 손괴된 보험대상자산을 개량(그 취득한 자산의 개량을 포함)하는 경우, 해당 자산의 가액 중 그 자산의 취득 또는 개량에 사용된 보험차익 상당액을 법인세법이 정하는 바에 따라 해당 사업연도의 소득금액계산에 있어서 이를 손금에 산입할 수 있다(법법 38조).

다만, 보험금을 지급받은 날이 속하는 사업연도의 종료일까지 자산을 취득 또는 개량하지 아니한 내국법인이 그 사업연도의 다음 사업연도의 개시일부터 2년 이내에 이를 취득 또는 개량하고자 하는 경우에는 취득 또는 개량에 사용하려는 보험차익에 상당하는 금액을 손금에 산입할 수 있다. 이 경우 다음의 부득이한 사유로 보험금을 기한 내에 사용하지 못한 경우에는 해당 사유가 종료된 날이 속하는 사업연도의 종료일을 그 기한으로 본다.

① 공사의 허가 또는 인가 등이 지연되는 경우

② 공사를 시행할 장소의 미확정 등으로 공사기간이 연장되는 경우

③ 용지의 보상 등에 관한 소송이 진행되는 경우

④ 그 밖에 ① 내지 ③에 준하는 사유가 발생한 경우

(17) 교환으로 인한 자산양도차익의 과세이연

부동산임대업 · 부동산중개업 · 부동산매매업 · 소비성서비스업(조특령 29조 3항 및 60조 1항 1호~3호)을 제외한 사업을 영위하는 내국법인이 2년 이상 해당 사업에 직접 사용하던 토지 · 건축물 등의 사업용자산을 특수관계인 외의 다른 내국법인이 2년 이상 해당 사업에 직접 사용하던 동일한 종류의 사업용자산과 교환하는 경우 해당 교환취득자산의 가액 중 교환으로 발생하는 사업용자산의 양도차익 상당액은 해당 사업연도의 소득금액계산에 있어서 이를 일시상각(압축기장)충당금 등의 설정을 통해 손금에 산입할 수 있다(법법 50조).

손금에 산입하는 양도차익에 상당하는 금액은 교환취득자산의 가액에서 현금으로 대가

의 일부를 지급한 경우 그 금액 및 사업용자산의 장부금액을 차감한 금액(그 금액이 해당 사업용자산의 시가에서 장부금액을 차감한 금액을 초과하는 경우 그 초과금액을 제외함)을 의미한다.

한편, 손금에 산입한 일시상각충당금(건축물 등)과 압축기장충당금(토지)의 익금산입시기를 살펴보면 일시상각충당금의 경우는 해당 사업용자산의 감가상각액과 상계하여 처리하고 해당 자산을 처분할 때는 상계하고 남은 일시상각충당금 잔액을 그 처분한 날이 속하는 사업연도에 전액 익금에 산입하여야 하며 압축기장충당금의 경우는 해당 토지를 처분하는 사업연도에 전액 익금에 산입하여야 한다.

(18) 현물출자시 과세특례

1) 과세이연

내국법인(출자법인)이 다음의 요건을 갖춘 현물출자를 하는 경우 그 현물출자로 취득한 현물출자를 받은 내국법인(피출자법인)의 주식가액 중 현물출자로 발생한 자산의 양도차익에 상당하는 금액에 대하여는 피출자법인주식등 압축기장충당금으로 계상하여 손금에 산입함으로써 과세를 이연받을 수 있다. 다만, 법인세법 시행령 제84조의 2 제12항에 따른 부득이한 사유가 있는 경우에는 아래 ② 또는 ④의 요건을 갖추지 못한 경우에도 과세이연을 적용받을 수 있다(법법 47조의 2 1항).

① 출자법인이 현물출자일 현재 5년 이상 사업을 계속한 법인일 것

② 피출자법인이 그 현물출자일이 속하는 사업연도의 종료일까지 출자법인이 현물출자한 자산으로 영위하던 사업을 계속할 것

③ 다른 내국인 또는 외국인과 공동으로 출자하는 경우 공동으로 출자한 자가 출자법인의 특수관계인이 아닐 것

④ 출자법인 및 상기 ③에 따라 출자법인과 공동으로 출자한 자(이하 "출자법인등"이라 함)가 현물출자일 다음 날 현재 피출자법인의 발행주식총수 또는 출자총액의 80% 이상의 주식등을 보유하고, 현물출자일이 속하는 사업연도의 종료일까지 그 주식등을 보유할 것

2) 사후관리

출자법인이 손금에 산입한 양도차익에 상당하는 금액은 출자법인이 피출자법인으로부터 받은 주식등을 처분하거나 또는 피출자법인이 출자법인등으로부터 승계받은 감가상각자산(법인세법 시행령 제24조 제3항 제1호의 자산 포함), 토지 및 주식등을 처분하는 경우(이 경우 피출자법인은 그 자산의 처분 사실을 처분일부터 1개월 이내에 출자법인에 알려야

함) 해당 사유가 발생하는 사업연도에 다음에서 정하는 금액만큼 익금에 산입하여야 한다(법법 47조의 2 2항 및 법령 84조의 2 3항, 4항).

> 익금산입액 = 직전 사업연도 종료일*1) 현재 피출자법인주식등의 압축기장충당금 잔액 × [(당기주식처분비율*2) + 당기자산처분비율*3)) − (당기주식처분비율*2) × 당기자산처분비율*3))]

*1) 현물출자일이 속하는 사업연도의 경우에는 현물출자일을 말함. 이하 같음.

*2) 당기주식처분비율 : 출자법인이 직전 사업연도 종료일 현재 보유하고 있는 법인세법 제47조의 2 제1항에 따라 취득한 피출자법인의 주식등의 장부가액에서 해당 사업연도에 같은 조 제2항 제1호에 따라 처분한 피출자법인의 주식등의 장부가액이 차지하는 비율

*3) 당기자산처분비율 : 피출자법인이 직전 사업연도 종료일 현재 보유하고 있는 법인세법 제47조의 2 제1항에 따라 출자법인등으로부터 승계받은 감가상각자산(법령 24조 3항 1호의 자산 포함), 토지 및 주식등(이하 "승계자산"이라 함)의 양도차익(현물출자일 현재 승계자산의 시가에서 현물출자일 전날 출자법인등이 보유한 승계자산의 장부가액을 차감한 금액을 말함)에서 해당 사업연도에 처분한 승계자산의 양도차익이 차지하는 비율

다만, 다음의 어느 하나에 해당하는 경우에는 위 규정을 적용하지 아니하며, 이에 대한 사후관리는 법인세법 시행령 제84조의 2 제6항부터 제11항까지의 규정에 따른다(법법 47조의 2 2항 단서 및 법령 84조의 2 5항).

① 출자법인 또는 피출자법인이 최초로 적격구조조정에 따라 주식등 및 자산을 처분하는 경우

② 피출자법인의 발행주식 또는 출자액 전부를 출자법인이 소유하고 있는 경우로서 다음의 어느 하나에 해당하는 경우

㉮ 출자법인이 피출자법인을 적격합병(법인세법 제46조의 4 제3항에 따른 적격분할합병을 포함함)하거나 피출자법인에 적격합병되어 출자법인 또는 피출자법인이 주식등 및 자산을 처분하는 경우

㉯ 출자법인 또는 피출자법인이 적격합병, 적격분할, 적격물적분할 또는 적격현물출자로 주식등 및 자산을 처분하는 경우. 다만, 해당 적격합병, 적격분할, 적격물적분할 또는 적격현물출자에 따른 합병법인, 분할신설법인등 또는 피출자법인의 발행주식 또는 출자액 전부를 당초의 출자법인이 직접 또는 법인세법 시행규칙 제42조 제2항에 따라 간접으로 소유하고 있는 경우로 한정한다.

③ 출자법인 또는 피출자법인이 법인세법 시행령 제82조의 2 제3항 각 호의 어느 하나에 해당하는 사업부문의 적격분할 또는 적격물적분할로 주식등 및 자산을 처분하는 경우

또한, 양도차익 상당액을 손금에 산입한 출자법인은 현물출자일이 속하는 사업연도의 다

음 사업연도 개시일부터 2년 이내에 다음의 어느 하나에 해당하는 사유가 발생하는 경우에는 손금에 산입한 금액 중 상기에 따라 익금에 산입하고 남은 금액을 그 사유가 발생한 날이 속하는 사업연도의 소득금액을 계산할 때 익금에 산입한다. 다만, 법인세법 시행령 제84조의 2 제12항에 따른 부득이한 사유가 있는 경우에는 그러하지 아니한다(법법 47조의 2 3항 및 법령 84조의 2 13항).

① 피출자법인이 출자법인이 현물출자한 자산으로 영위하던 사업을 폐지하는 경우
② 출자법인등이 피출자법인의 발행주식총수 또는 출자총액의 50% 미만으로 주식등을 보유하게 되는 경우

(19) 유형자산 취득시 첨가취득한 국 · 공채

일반기업회계기준 제10장 '유형자산' 문단 10.8에 따르면 유형자산의 취득과 관련하여 국 · 공채 등을 불가피하게 매입하는 경우 당해 채권의 매입금액과 일반기업회계기준에 따라 평가한 현재가치와의 차액은 해당 유형자산의 취득원가로 계상하도록 하고 있다.

마찬가지로 법인세법에서도 유형자산의 취득과 함께 국 · 공채를 매입하는 경우 일반기업회계기준에 따라 그 국 · 공채의 매입가액과 현재가치의 차액을 해당 유형자산의 취득가액으로 하도록 하고 있다(법령 72조 3항 3호). 따라서 일반기업회계기준에 따라 적정하게 회계처리한 경우에는 유형자산의 취득원가와 관련하여 추가적인 세무조정사항이 발생하지 아니한다.

(20) 동종 자산의 교환

일반기업회계기준 제10장 '유형자산' 문단 10.20에서는 동일한 업종 내에서 유사한 용도로 사용되고 공정가치가 비슷한 동종 자산과의 교환으로 유형자산을 취득하거나, 동종 자산에 대한 지분과의 교환으로 유형자산을 매각하는 경우에는 제공된 유형자산으로부터의 수익창출과정이 아직 완료되지 않았기 때문에 교환에 따른 거래손익을 인식하지 않아야 하며, 교환으로 받은 자산의 취득원가는 교환으로 제공한 자산의 장부금액으로 하도록 규정하고 있다.

세법상 교환의 방법으로 취득한 유형자산의 취득가액에 대한 명확한 규정은 없으나, 법인세법 시행령 제72조 제2항 제8호의 규정에 따라 취득 당시의 시가를 취득가액으로 계상해야 할 것으로 판단된다. 따라서 일반기업회계기준에 따라 교환으로 받은 유형자산의 취득원가를 교환으로 제공한 유형자산의 장부금액으로 회계처리한 경우에는 취득한 유형자산의 시가와 제공한 유형자산의 장부금액과의 차액에 대하여 세무조정이 필요할 것이며, 동 금액은 당해 유형자산의 처분시점이나 감가상각시점에 추인하여야 할 것이다.

다만, 앞서 '(17) 교환으로 인한 자산양도차익의 과세이연'에서 설명한 바와 같이 법인세

법 제50조에서 규정하고 있는 교환으로 인한 자산양도차익 상당액의 손금산입 요건에 부합하는 경우에는 양도차익 상당액을 익금산입(유보)함과 동시에 손금산입(△유보)의 세무조정을 할 수 있을 것이다.

(21) 복구충당부채

일반기업회계기준 제10장 '유형자산' 문단 10.8 (8)에서는 유형자산의 경제적 사용이 종료된 후에 원상회복을 위하여 그 자산을 제거 · 해체하거나 또는 부지를 복원하는 데 소요될 것으로 추정되는 원가가 충당부채의 인식요건을 충족하는 경우 그 지출의 현재가치(이하 "복구원가"라 함)를 취득원가에 포함하도록 규정하고 있다. 하지만 법인세법에서는 미확정된 미래의 추정 복구원가를 취득원가로 인정하지 않고 있으며, 그 감가상각액 또한 손금으로 인정하지 않는다(서이 46012-11425, 2003. 7. 29.). 이에 대한 세무처리는 사례를 통하여 살펴보기로 한다.

사례

- 해양구조물의 취득원가 : 400,000
- 감가상각방법 : 정액법
- 내용연수 : 10년
- 복구충당부채 : 194,879(유효이자율=8.5%)

구 분	회계처리	세무조정
취득시점	구 축 물 594,879 / 미 지 급 금 400,000 / 복구충당부채 194,879	(익산) 복구충당부채 194,879(유보) (손산) 구축물 194,879(△유보)[3]
결산시점	감 가 상 각 비 59,488[1] 복구충당부채전입액 16,565[2] / 감가상각누계액 59,488 / 복구충당부채 16,565	(손불) 감가상각누계액 19,488(유보)[3] (손불) 복구충당부채 16,565(유보)
	중 략	
복구공사시점 (손실발생시)	복 구 충 당 부 채 440,619 복 구 공 사 손 실 59,381 / 미 지 급 금 500,000	(손산) 복구충당부채 440,619(△유보)
복구공사시점 (이익발생시)	복 구 충 당 부 채 440,619 / 미 지 급 금 400,000 / 복구공사이익 40,619	(손산) 복구충당부채 440,619(△유보)

주1) 감가상각액의 산출 : 594,879 / 10년 = 59,488
주2) 복구충당부채 전입액의 산출 : 194,879 × 8.5% = 16,565
주3) 손금산입(△유보)한 구축물과 손금불산입(유보)한 감가상각누계액은 구축물의 처분시점에 추인함.

(22) 토지 등 양도소득에 대한 법인세

1) 과세대상

토지 등 양도소득에 대한 법인세의 과세대상이 되는 자산은 지정지역(소법 104조의 2 2항) 소재 부동산, 주택(부수토지 포함), 비사업용 토지 및 주택을 취득하기 위한 권리로서 조합원입주권(소법 88조 9호) · 분양권(소법 88조 10호)의 4가지 유형으로 구분할 수 있으며, 양도시기별로 과세대상을 살펴보면 다음과 같다(법법 55조의 2 1항, 8항). 한편, 2009년 3월 16일부터 2012년 12월 31일까지의 기간 중에 취득한 주택(부수토지 포함) 또는 비사업용 토지를 양도하는 경우(법법 부칙(2009. 5. 21.) 4조) 및 중소기업이 주택(부수토지 포함) 또는 비사업용 토지(미등기 토지 등은 제외함)를 2014년 1월 1일부터 2015년 12월 31일까지 양도하는 경우(법법 부칙(2014. 1. 1.) 8조)에는 토지 등 양도소득에 대한 법인세의 과세대상에서 제외한다.

구 분	과세대상
2021. 1. 1. 이후	① 일정 주택 및 그 부수토지 ② 일정 비사업용 토지 ③ 주택을 취득하기 위한 권리로서 조합원입주권(소법 88조 9호) · 분양권(소법 88조 10호)
2013. 1. 1. ~ 2020. 12. 31.	① 일정 주택 및 그 부수토지 ② 일정 비사업용 토지
2009. 3. 16. ~ 2012. 12. 31.	① 지정지역(소법 104조의 2 2항)에 있는 부동산으로서 일정 주택 및 부수토지 ② 지정지역(소법 104조의 2 2항)에 있는 부동산으로서 일정 비사업용 토지 ③ 특정지역 내에 소재한 부동산

2) 과세 제외

① 다음에 해당하는 토지 등 양도소득은 과세하지 아니한다. 다만, 미등기토지 등의 양도소득은 제외한다(법법 55조의 2 4항).

㉮ 파산선고에 의한 토지 등의 처분으로 인하여 발생하는 소득

㉯ 법인이 직접 경작하던 농지로서 법인세법 시행령 제92조의 2 제3항에 따른 경우에 해당하는 토지의 교환 또는 분할 · 통합으로 인하여 발생하는 소득

㉰ 도시 및 주거환경정비법 그 밖의 법률의 규정에 의한 환지처분 등 법인세법 시행령 제92조의 2 제4항에 따른 소득

② 다음의 주택에 대한 양도소득은 과세하지 아니한다. 다만, 다음의 ㉮, ㉯, ㉱ 및 ㉸에 해당하는 임대주택(법률 제17482호 민간임대주택에 관한 특별법 일부개정법률 부칙 제5조 제1항이 적용되는 주택으로 한정함)으로서 민간임대주택에 관한 특별법 제6조 제5항에 따라 임대의무기간이 종료한 날에 등록이 말소되는 경우에는 임대의무기간이 종료한 날에 ㉮, ㉯, ㉱ 및 ㉸에서 정한 임대기간요건을 갖춘 것으로 본다(법령 92조의 2 2항).

㉮ 민간임대주택에 관한 특별법 제2조 제3호에 따른 민간매입임대주택 또는 공공주택 특별법 제2조 제1호의 3에 따른 공공매입임대주택으로서 다음의 요건을 모두 갖춘 주택. 다만, 민간임대주택에 관한 특별법 제2조 제7호에 따른 임대사업자의 경우에는 2018년 3월 31일 이전에 같은 법 제5조에 따른 임대사업자 등록과 법 제111조에 따른 사업자등록(이하 "사업자등록등"이라 함)을 한 주택으로 한정한다.

- 5년 이상 임대한 주택일 것
- 민간임대주택에 관한 특별법 제5조에 따라 민간임대주택으로 등록하거나 공공주택 특별법 제2조 제1호 가목에 따른 공공임대주택으로 건설 또는 매입되어 임대를 개시한 날의 해당 주택 및 이에 딸린 토지의 기준시가(소득세법 제99조에 따른 기준시가를 말함. 이하 같음)의 합계액이 6억원(수도권 밖의 지역인 경우에는 3억원) 이하일 것

㉯ 민간임대주택에 관한 특별법 제2조 제2호에 따른 민간건설임대주택 또는 공공주택 특별법 제2조 제1호의 2에 따른 공공건설임대주택으로서 다음의 요건을 모두 갖춘 주택이 2호 이상인 경우 그 주택. 다만, 민간임대주택에 관한 특별법 제2조 제7호에 따른 임대사업자의 경우에는 2018년 3월 31일 이전에 사업자등록등을 한 주택으로 한정한다.

- 대지면적이 298m^2 이하이고 주택의 연면적(소득세법 시행령 제154조 제3항 본문에 따라 주택으로 보는 부분과 주거전용으로 사용되는 지하실부분의 면적을 포함하고, 공동주택의 경우에는 전용면적을 말함)이 149m^2 이하일 것
- 5년 이상 임대하는 것일 것
- 민간임대주택에 관한 특별법 제5조에 따라 민간임대주택으로 등록하거나 공공주택 특별법 제2조 제1호 가목에 따른 공공임대주택으로 건설 또는 매입되어 임대를 개시한 날의 해당 주택 및 이에 딸린 토지의 기준시가의 합계액이 6억원 이하일 것

㉰ 부동산투자회사법 제2조 제1호에 따른 부동산투자회사 또는 간접투자자산 운용업

법 제27조 제3호에 따른 부동산간접투자기구가 2008년 1월 1일부터 2008년 12월 31일까지 취득 및 임대하는 민간임대주택에 관한 특별법 제2조 제3호에 따른 민간매입임대주택 또는 공공주택 특별법 제2조 제1호의 3에 따른 공공매입임대주택으로서 다음의 요건을 모두 갖춘 주택이 5호 이상인 경우 그 주택

- 대지면적이 298m^2 이하이고 주택의 연면적(소득세법 시행령 제154조 제3항 본문에 따라 주택으로 보는 부분과 주거전용으로 사용되는 지하실부분의 면적을 포함하고, 공동주택의 경우에는 전용면적을 말함)이 149m^2 이하일 것
- 10년 이상 임대하는 것일 것
- 수도권 밖의 지역에 소재할 것

㉣ 민간임대주택에 관한 특별법 제2조 제3호에 따른 민간매입임대주택 또는 공공주택 특별법 제2조 제1호의 3에 따른 공공매입임대주택(미분양주택으로서 2008년 6월 11일부터 2009년 6월 30일까지 최초로 분양계약을 체결하고 계약금을 납부한 주택에 한정)으로서 다음의 요건을 모두 갖춘 주택

- 대지면적이 298m^2 이하이고 주택의 연면적이 149m^2 이하일 것
- 5년 이상 임대하는 것일 것
- 수도권 밖의 지역에 소재할 것
- 상기의 요건을 모두 갖춘 미분양매입임대주택이 같은 시(특별시 및 광역시 포함) · 군에서 5호 이상일 것(㉮에 따른 매입임대주택이 5호 이상이거나 ㉰에 따른 매입임대주택이 5호 이상인 경우에는 ㉮ 또는 ㉰에 따른 매입임대주택과 미분양매입임대주택을 합산하여 5호 이상일 것)
- 2020년 7월 11일 이후 종전의 민간임대주택에 관한 특별법(법률 제17482호 민간임대주택에 관한 특별법 일부개정법률에 따라 개정되기 전의 것을 말함) 제5조에 따른 임대사업자등록 신청(임대할 주택을 추가하기 위해 등록사항의 변경 신고를 한 경우를 포함함)을 한 같은 법 제2조 제5호에 따른 장기일반민간임대주택 중 아파트를 임대하는 민간매입임대주택 또는 같은 조 제6호에 따른 단기민간임대주택이 아닐 것
- 종전의 민간임대주택에 관한 특별법 제5조에 따라 등록을 한 같은 법 제2조 제6호에 따른 단기민간임대주택을 같은 법 제5조 제3항에 따라 2020년 7월 11일 이후 장기일반민간임대주택등으로 변경 신고한 주택이 아닐 것

㉤ 다음 요건을 모두 갖춘 부동산투자회사법에 따른 기업구조조정부동산투자회사 또는 자본시장과 금융투자업에 관한 법률에 따른 부동산집합투자기구(이하 "기업구조조정부동산투자회사 등"이라 함)가 2010년 2월 11일까지 직접 취득(2010년 2월 11일까지 매매계약을 체결하고 계약금을 납부한 경우 포함)을 하는 미분

양주택(주택법 제54조에 따른 사업주체가 같은 조에 따라 공급하는 주택으로서 입주자모집공고에 따른 입주자의 계약일이 지나 선착순의 방법으로 공급하는 주택을 말함)

- 취득하는 부동산이 모두 서울특별시 밖의 지역(소득세법 제104조의 2에 따른 지정지역은 제외함)에 있는 미분양주택으로서 그 중 수도권 밖의 지역에 있는 주택수의 비율이 60% 이상일 것
- 존립기간이 5년 이내일 것

㉯ 상기 ㉮, 아래 ㉰ 또는 ㉱에 따라 기업구조조정부동산투자회사 등이 미분양주택을 취득할 당시 매입약정을 체결한 자가 그 매입약정에 따라 미분양주택(아래 ㉰의 경우에는 수도권 밖의 지역에 있는 미분양주택만 해당함)을 취득한 경우로서 그 취득일부터 3년 이내인 주택

㉴ 다음 요건을 모두 갖춘 신탁계약에 따른 신탁재산으로 자본시장과 금융투자업에 관한 법률에 따른 신탁업자가 2010년 2월 11일까지 직접 취득(2010년 2월 11일까지 매매계약을 체결하고 계약금을 납부한 경우 포함)을 하는 미분양주택

- 주택의 시공자가 채권을 발행하여 조달한 금전을 신탁업자에게 신탁하고, 해당 시공자가 발행하는 채권을 한국주택금융공사법에 따른 한국주택금융공사의 신용보증을 받아 자산유동화에 관한 법률에 따라 유동화 할 것
- 신탁업자가 신탁재산으로 취득하는 부동산은 모두 서울특별시 밖의 지역에 있는 미분양주택(주택도시기금법에 따른 주택도시보증공사가 분양보증을 하여 준공하는 주택만 해당함)으로서 그 중 수도권 밖의 지역에 있는 주택수의 비율(신탁업자가 다수의 시공자로부터 금전을 신탁받은 경우에는 해당 신탁업자가 신탁재산으로 취득한 전체 미분양주택을 기준으로 함)이 60% 이상일 것
- 신탁재산의 운용기간(신탁계약이 연장되는 경우 그 연장되는 기간 포함)이 5년 이내일 것

㉰ 다음의 요건을 모두 갖춘 기업구조조정부동산투자회사 등이 2011년 4월 30일까지 직접 취득(2011년 4월 30일까지 매매계약을 체결하고 계약금을 납부한 경우를 포함함)하는 수도권 밖의 지역에 있는 미분양주택

- 취득하는 부동산이 모두 서울특별시 밖의 지역에 있는 2010년 2월 11일 현재 미분양주택으로서 그 중 수도권 밖의 지역에 있는 주택수의 비율이 50% 이상일 것
- 존립기간이 5년 이내일 것

㉱ 다음의 요건을 모두 갖춘 신탁계약에 따른 신탁재산으로 자본시장과 금융투자업에 관한 법률에 따른 신탁업자(이하 "신탁업자"라 함)가 2011년 4월 30일까지 직접 취득(2011년 4월 30일까지 매매계약을 체결하고 계약금을 납부한 경우를 포함

한다)하는 수도권 밖의 지역에 있는 미분양주택

- 시공자가 채권을 발행하여 조달한 금전을 신탁업자에게 신탁하고, 해당 시공자가 발행하는 채권을 한국주택금융공사법에 따른 한국주택금융공사의 신용보증을 받아 자산유동화에 관한 법률에 따라 유동화할 것
- 신탁업자가 신탁재산으로 취득하는 부동산은 모두 서울특별시 밖의 지역에 있는 2010년 2월 11일 현재 미분양주택(주택도시기금법에 따른 주택도시보증공사가 분양보증을 하여 준공하는 주택만 해당함)으로서 그 중 수도권 밖의 지역에 있는 주택수의 비율(신탁업자가 다수의 시공자로부터 금전을 신탁받은 경우에는 해당 신탁업자가 신탁재산으로 취득한 전체 미분양주택을 기준으로 함)이 50% 이상일 것
- 신탁재산의 운용기간(신탁계약이 연장되는 경우 그 연장되는 기간을 포함함)은 5년 이내일 것

㉶ 다음의 요건을 모두 갖춘 기업구조조정부동산투자회사등이 2014년 12월 31일까지 직접 취득(2014년 12월 31일까지 매매계약을 체결하고 계약금을 납부한 경우를 포함함)하는 미분양주택

- 취득하는 부동산이 모두 미분양주택일 것
- 존립기간이 5년 이내일 것

㉷ 다음의 요건을 모두 갖춘 신탁계약에 따른 신탁재산으로 자본시장과 금융투자업에 관한 법률에 따른 신탁업자가 2012년 12월 31일까지 직접 취득(2012년 12월 31일까지 매매계약을 체결하고 계약금을 납부한 경우를 포함함)하는 미분양주택(주택도시기금법에 따른 주택도시보증공사가 분양보증을 하여 준공하는 주택만 해당함)

- 시공자가 채권을 발행하여 조달한 금전을 신탁업자에게 신탁하고, 해당 시공자가 발행하는 채권을 한국주택금융공사법에 따른 한국주택금융공사의 신용보증을 받아 자산유동화에 관한 법률에 따라 유동화할 것
- 신탁재산의 운용기간(신탁계약이 연장되는 경우 그 연장되는 기간을 포함함)이 5년 이내일 것

㉸ 민간임대주택에 관한 특별법 제2조 제3호에 따른 민간매입임대주택 중 제4호에 따른 공공지원민간임대주택 또는 제5호에 따른 장기일반민간임대주택(이하 "장기일반민간임대주택 등"이라 함)으로서 다음의 요건을 모두 갖춘 주택[민간임대주택에 관한 특별법 제2조 제5호에 따른 장기일반민간임대주택의 경우에는 2020년 6월 17일 이전에 사업자등록등을 신청(임대할 주택을 추가하기 위해 등록사항의 변경 신고를 한 경우를 포함함)한 주택으로 한정함]. 다만, 종전의 민간임대주택에 관한 특별법 제5조에 따라 등록을 한 같은 법 제2조 제6호에 따른 단기민간임

대주택을 같은 법 제5조 제3항에 따라 2020년 7월 11일 이후 장기일반민간임대주택등으로 변경 신고한 주택은 제외한다.

- 10년 이상 임대한 주택일 것
- 민간임대주택에 관한 특별법 제5조에 따라 민간임대주택으로 등록하여 해당 주택의 임대를 개시한 날의 해당 주택 및 이에 딸린 토지의 기준시가의 합계액이 6억원(수도권 밖의 지역인 경우에는 3억원) 이하일 것

㉲ 민간임대주택에 관한 특별법 제2조 제2호에 따른 민간건설임대주택 중 장기일반민간임대주택 등으로서 다음의 요건을 모두 갖춘 주택이 2호 이상인 경우 그 주택. 다만, 종전의 민간임대주택에 관한 특별법 제5조에 따라 등록을 한 같은 법 제2조 제6호에 따른 단기민간임대주택을 같은 법 제5조 제3항에 따라 2020년 7월 11일 이후 장기일반민간임대주택등으로 변경 신고한 주택은 제외한다.

- 대지면적이 298제곱미터 이하이고 주택의 연면적(소득세법 시행령 제154조 제3항 본문에 따라 주택으로 보는 부분과 주거전용으로 사용되는 지하실부분의 면적을 포함하고, 공동주택의 경우에는 전용면적을 말함)이 149제곱미터 이하일 것
- 10년 이상 임대하는 것일 것
- 민간임대주택에 관한 특별법 제5조에 따라 민간임대주택으로 등록하여 해당 주택의 임대를 개시한 날의 해당 주택 및 이에 딸린 토지의 기준시가의 합계액이 9억원 이하일 것
- 직전 임대차계약 대비 임대보증금 또는 임대료(이하 "임대료등"이라 함)의 증가율이 5%를 초과하는 임대차계약을 체결하지 않았을 것(이 경우 임대료등을 증액하는 임대차계약을 체결하면서 임대보증금과 월임대료를 서로 전환하는 경우에는 민간임대주택에 관한 특별법 제44조 제4항에서 정하는 기준에 따라 임대료등의 증가율을 계산함)
- 임대차계약을 체결한 후 또는 약정에 따라 임대료등의 증액이 있은 후 1년 이내에 임대료등을 증액하는 임대차계약을 체결하지 않았을 것

㉻ 상기 ㉮, ㉯, ㉱ 및 ㉹에 해당하는 임대주택(법률 제17482호 민간임대주택에 관한 특별법 일부개정법률 부칙 제5조 제1항이 적용되는 주택으로 한정함)으로서 민간임대주택에 관한 특별법 제6조 제1항 제11호에 따라 임대사업자의 임대의무기간 내 등록 말소 신청으로 등록이 말소된 경우(같은 법 제43조에 따른 임대의무기간의 2분의 1 이상을 임대한 경우에 한정함)에는 해당 등록 말소 이후 1년 이내 양도하는 주택

㉼ 주주 등이나 출연자가 아닌 임원 및 직원에게 제공하는 사택 및 그 밖에 무상으로 제공하는 법인 소유의 주택으로서 사택제공기간 또는 무상제공기간이 10년 이상

인 주택

㈏ 저당권의 실행으로 인하여 취득하거나 채권변제를 대신하여 취득한 주택으로서 취득일부터 3년이 경과하지 아니한 주택

㈐ 주택도시기금법에 따른 주택도시보증공사가 같은 법 시행령 제22조 제1항 제1호에 따라 매입한 주택

3) 양도소득의 계산

토지 등 양도소득은 토지 등의 양도금액에서 양도 당시의 장부가액을 뺀 금액으로 한다. 다만, 비영리 내국법인이 1990년 12월 31일 이전에 취득한 토지 등 양도소득은 양도금액에서 장부가액과 1991년 1월 1일 현재 상속세 및 증여세법 제60조와 같은 법 제61조 제1항에 따라 평가한 가액 중 큰 가액을 뺀 금액으로 할 수 있다(법법 55조의 2 6항).

4) 세 율

① 2021년 1월 1일 이후 양도분

토지 등 양도소득에 대한 법인세율은 다음과 같다.

구분	2021년 이후
㉮ 주택(부수토지 포함)	20%(미등기분 40%)
㉯ 비사업용 토지	10%(미등기분 40%)
㉰ 주택 취득을 위한 권리로서 조합원입주권 · 분양권	20%

② 2013년 1월 1일 이후 양도분

토지 등 양도소득에 대한 법인세율은 다음과 같다. 다만, 2009년 3월 16일부터 2012년 12월 31일까지 취득한 자산을 양도함으로써 발생하는 소득에 대하여는 아래 ㉮ 및 ㉯를 적용하지 아니한다.

구 분	2013년	2014년 ~ 2015년		2016년 이후
		중소기업	중소기업 외	
㉮ 주택*) (부수토지 포함)	30% (미등기분 40%)	과세제외 (미등기분 40%)	10% (미등기분 40%)	10% (미등기분 40%)
㉯ 비사업용 토지	30% (미등기분 40%)			10% (미등기분 40%)

*) 2015년 1월 1일 이후부터는 별장을 포함

③ 2012년 12월 31일 이전 양도분

토지 등 양도소득에 대한 법인세율은 다음과 같다.

양도시기	2009. 3. 15. 이전	2009. 3. 16. ~ 2012. 12. 31.	
특정지역 소재 부동산	10%(미등기 20%)	10%	
주택 (부수토지 포함)	30%(미등기 40%)	지정지역	10%
		비지정지역	과세 제외
비사업용 토지	30%(미등기 40%)	지정지역	10%
		비지정지역	과세 제외

제3절 무형자산

1. 무형자산의 일반사항

(1) 개념 및 범위

1) 무형자산의 정의

무형자산이란 일반적으로 물리적 실체가 없는 자산이라고 정의하고 있으나, 물리적 실체가 없다는 사실만으로는 무형자산이 될 수 없다. 왜냐하면 매출채권이나 선급금항목 등과 같이 물리적 실체가 없는 자산이지만 무형자산에는 속하지 않는 항목들이 있기 때문이다.

한편, 무형자산을 당해 자산으로부터 기대되는 미래경제적효익의 가치 및 시기를 입증하기 어려운 자산이라고 정의하기도 하나, 이러한 정의는 저작권 및 상표권 등의 무형자산에는 적용되지만 모든 무형자산을 설명하지는 못한다.

일반기업회계기준 제11장 '용어의 정의'에서는 무형자산을 재화의 생산이나 용역의 제공, 타인에 대한 임대, 관리에 사용할 목적으로 기업이 보유하고 있으며, 물리적 실체는 없지만 식별할 수 있고, 기업이 통제하고 있으며, 미래경제적효익이 있는 비화폐성자산으로 규정하고 있다.

2) 무형자산으로 정의되기 위한 요건

일반기업회계기준 제11장에서는 무형자산으로 정의되기 위해서는 재화의 생산이나 용역의 제공, 타인에 대한 임대, 관리에 사용할 목적으로 기업이 보유하고 있으며, 물리적 실체가 없다는 것 이외에 식별가능성, 자원에 대한 통제 및 미래경제적효익의 존재를 그 요건으로 규정하고 있다. 그리고 이러한 요건을 모두 충족하는 경우에는 무형자산으로 인식하지만, 충족하지 못할 경우에는 그것을 취득 또는 창출하는 데 소요되는 지출을 발생했을 때 비용으로 인식하도록 하고 있다(일반기준 11장 부록 실11.6).

① 식별가능성

식별가능성은 자산이 다음 중 하나에 해당하는 경우를 말한다(일반기준 11장 문단 11.3).

㉮ 자산이 분리가능하다. 즉, 기업의 의도와는 무관하게 기업에서 분리하거나 분할할 수 있고, 개별적으로 또는 관련된 계약, 식별가능한 자산이나 부채와 함께 매각, 이전, 라이선스, 임대, 교환할 수 있다.

㉯ 자산이 계약상 권리 또는 기타 법적 권리로부터 발생한다. 이 경우 그러한 권리가 이

전가능한지 여부 또는 기업이나 기타 권리와 의무에서 분리가능한지 여부는 고려하지 아니한다.

무형자산이 분리가능하지 않더라도 다른 방법으로 무형자산을 식별할 수 있는 경우가 있다. 예를 들면, 제조설비를 제조공정에 대한 특허권과 함께 일괄취득한 경우에는 그 특허권은 분리가능하지는 않지만 식별가능하다. 또한 어떤 자산이 다른 자산과 결합해야만 미래경제적효익을 창출하는 경우에도 그 자산으로부터 유입되는 미래경제적효익을 확인할 수 있다면 그 자산은 식별가능한 것이다(일반기준 11장 문단 11.4).

한편, 무형자산의 정의에서는 사업결합에서 인식한 영업권과 구별하기 위하여 무형자산이 식별가능할 것을 요구한다. 즉, 사업결합으로 인식하는 영업권은 사업결합에서 획득하였지만 개별적으로 식별하여 별도로 인식하는 것이 불가능한 그 밖의 자산에서 발생하는 미래경제적효익을 나타내는 자산으로, 그 미래경제적효익은 취득한 식별가능한 자산 사이의 시너지효과나 개별적으로 인식기준을 충족하지 않는 자산으로부터 발생할 수 있다(일반기준 11장 문단 11.2).

② 통제가능성

무형자산의 미래경제적효익을 확보할 수 있고 제3자의 접근을 제한할 수 있다면 자산을 통제하고 있는 것이다. 무형자산의 미래경제적효익에 대한 통제는 일반적으로 법적 권리로부터 나오며, 법적 권리가 없는 경우에는 통제를 입증하기 어렵다. 그러나 권리의 법적 집행가능성이 통제의 필요조건은 아니다(일반기준 11장 문단 11.5).

시장에 대한 지식 및 기술적 지식으로부터도 미래경제적효익이 발생할 수 있다. 이러한 지식이 저작권, 계약상의 제약 또는 기밀유지에 대한 종업원의 법적 의무 등과 같은 법적 권리에 의해 보호된다면, 기업은 그러한 지식으로부터 얻을 수 있는 미래경제적효익을 통제하고 있는 것이다(일반기준 11장 부록 실11.7).

숙련된 종업원이나 훈련을 통해 습득된 종업원의 기술도 미래경제적효익을 가져다 줄 수 있으며, 기업은 이와 같은 효익이 미래에도 계속될 것으로 기대할 수 있다. 그러나 숙련된 종업원이나 그들의 기술로부터 창출될 미래경제적효익은 기업이 충분히 통제하기가 어렵기 때문에 무형자산의 정의를 충족하지 못한다. 또한 특정인의 경영능력이나 기술적 재능도 기업이 그것을 사용하여 미래경제적효익을 확보하는 것이 법에 의해 보호되지 않는 한 무형자산의 정의를 충족시킬 수 없다(일반기준 11장 부록 실11.8).

또한, 기업은 고객과의 관계를 잘 유지함으로써 고정고객과 시장점유율을 확보할 수 있다. 그러나 그러한 고객과의 관계나 고객의 충성도를 지속시킬 수 있는 법적 권리나 그것을 통제할 기타의 방법이 존재하지 않는다면 기업이 고객과의 관계로부터 창출될 미래경제적효익을 충분히 통제하고 있다고 보기 어렵다. 따라서 고정고객, 시장점유율, 고객과의 관계, 고객의 충성도 등은 일반적으로 무형자산의 정의를 충족하지 못한다(일반기준 11장 부록 실11.9).

③ 미래경제적효익

무형자산의 미래경제적효익은 재화의 매출이나 용역수익, 원가절감 또는 자산의 사용에 따른 기타 효익의 형태로 발생한다(일반기준 11장 문단 11.6).

3) 무형자산의 인식과 최초측정

재무제표에 무형자산으로 인식하기 위해서는 앞서 설명한 무형자산으로 정의되기 위한 요건과 함께 다음의 인식조건을 모두 충족하여야 한다(일반기준 11장 문단 11.7).

첫째, 자산으로부터 발생하는 미래경제적효익이 기업에 유입될 가능성이 매우 높다. 미래경제적효익이 기업에 유입될 가능성은 무형자산의 내용연수 동안의 경제적 상황에 대한 경영자의 최선의 추정치를 반영하는 합리적이고 객관적인 가정에 근거하여 평가하여야 하며, 자산의 사용에서 발생하는 미래경제적효익의 유입에 대한 확실성 정도에 대한 평가는 무형자산을 최초로 인식하는 시점에서 이용 가능한 증거(특히, 외부증거)에 근거하여야 한다(일반기준 11장 문단 11.8, 11.9).

둘째, 자산의 원가를 신뢰성 있게 측정할 수 있다. 일반적으로 최초로 무형자산을 인식할 경우에는 구입원가와 자산을 사용할 수 있도록 준비하는데 직접 관련된 지출로 구성된 원가로 측정한다(일반기준 11장 문단 11.10).

4) 유 · 무형자산의 구분

일부 무형자산은 컴팩트디스크, 법적 서류 또는 필름과 같은 물리적 형체에 담겨 있을 수 있다. 무형자산이 담겨 있는 물리적 형체에 관계없이 유형자산과 무형자산의 요소를 동시에 갖춘 자산의 경우에는 어떤 요소가 더 중요한가를 판단하여 더 중요한 요소에 따라 자산을 분류한다. 예를 들면, 고가의 수치제어 공작기계가 그 기계를 제어하는 소프트웨어가 없으면 가동이 불가능한 경우에는 그 소프트웨어를 공작기계의 일부로 보아 기계와 소프트웨어 모두를 유형자산으로 분류한다. 그러나 관련 유형자산의 일부로 볼 수 없는 소프트웨어는 무형자산으로 분류한다(일반기준 11장 부록 실11.3).

(2) 기업회계상 회계처리

1) 무형자산의 취득가액 결정

미래경제적효익을 얻기 위한 지출이 무형자산의 정의와 인식조건을 충족하였을 경우 재무제표에 일정한 가액으로 기록하여야 한다. 일반기업회계기준 제11장에서는 취득가액 결정과 관련하여 다음과 같이 규정하고 있다.

① 외부에서 개별취득하는 경우

일반적으로 외부에서 개별적으로 취득하는 경우 무형자산의 원가는 다음의 합계액으로 한다(일반기준 11장 문단 11.11).

첫째, 구입가격(매입할인과 리베이트를 차감하고 수입관세와 환급받을 수 없는 제세금을 포함함)

둘째, 자산을 의도한 목적에 사용할 수 있도록 준비하는 데 직접 관련되는 원가

한편, 무형자산에 대한 대금지급기간이 일반적인 신용기간보다 긴 경우 무형자산의 원가는 현금가격상당액이 되는데, 현금가격상당액과 실제 총지급액과의 차액은 일반기업회계기준 제18장 '차입원가자본화'에 따라 자본화하지 않는 한 신용기간에 걸쳐 이자비용으로 인식한다(일반기준 11장 부록 실11.11).

② 사업결합으로 인한 취득의 경우

사업결합으로 취득한 무형자산의 원가는 일반기업회계기준 제12장 '사업결합'에 따라 취득일의 공정가치로 한다(일반기준 11장 문단 11.12). 특정 무형자산의 매매거래에 관여하는 기업이 현행 거래내용과 관행을 반영하여 공정가치를 추정하는 기법을 개발하는 경우에는, 그 기법을 사업결합에서 취득한 무형자산의 최초 측정에 사용할 수 있다. 이러한 기법의 예로는 자산의 수익성 지표(예 : 매출, 시장점유율, 경상이익 등)에 현행 시장상황을 반영하는 배수를 적용한다든가 또는 그 자산으로부터의 미래 순현금흐름을 추정하여 할인하는 방법 등이 있다(일반기준 11장 부록 실11.10).

한편, 사업결합에 따라 취득자는 피취득자의 재무제표에는 인식되지 않았던 무형자산이라 하더라도 무형자산의 인식기준을 충족하는 경우에는 이를 무형자산으로 인식하고, 사업결합으로 취득한 무형자산의 공정가치를 신뢰성 있게 측정할 수 없는 경우에는 그 자산을 개별 무형자산으로 인식하지 않고 영업권에 포함시킨다(일반기준 11장 부록 실11.16).

③ 정부보조 등에 의한 취득의 경우

정부보조 등에 의해 무형자산을 무상 또는 공정가치보다 낮은 대가로 취득한 경우에는 일반기업회계기준 제17장 '정부보조금의 회계처리'에 따라 무형자산의 원가를 결정한다(일반기준 11장 문단 11.13). 즉, 자산관련보조금(공정가치로 측정되는 비화폐성 보조금 포함)을 받는 경우에는 관련 자산을 취득하기 전까지 받은 자산 또는 받은 자산을 일시적으로 운용하기 위하여 취득하는 다른 자산의 차감계정으로 회계처리하고, 관련 자산을 취득하는 시점에서 관련 자산의 차감계정으로 회계처리한다(일반기준 17장 문단 17.5).

④ 자산교환에 의해 취득한 경우

다른 종류의 무형자산이나 다른 자산과의 교환으로 무형자산을 취득하는 경우에는 무형자산의 원가는 교환으로 제공한 자산의 공정가치로 측정한다. 다만, 교환으로 제공한 자산의 공정가치가 불확실한 경우에는 교환으로 취득한 자산의 공정가치를 원가로 할 수 있다. 자산의 교환에 현금수수액이 있는 경우에는 현금수수액을 반영하여 원가를 결정한다(일반기준 11장 문단 11.14).

한편, 동일한 업종 내에서 유사한 용도로 사용되고 공정가치가 비슷한 동종 자산과의 교환으로 무형자산을 취득하거나, 동종 자산에 대한 지분과의 교환으로 무형자산을 매각할 수 있다. 이러한 경우에는 수익창출과정이 완료되지 않았기 때문에 교환에 따른 거래손익을 인식하지 않아야 하며, 교환으로 취득한 자산의 원가는 교환으로 제공한 자산의 장부금액으로 한다. 그러나 취득한 자산의 공정가치에 비추어 볼 때 제공한 자산에 손상차손이 발생하였음을 알 수 있는 경우에는 손상차손을 먼저 인식하고 손상차손 차감 후의 장부금액을 취득한 자산의 원가로 한다(일반기준 11장 문단 11.15).

2) 발생한 기간의 비용으로 인식

일반기업회계기준 제11장 문단 11.23에서는 무형자산의 인식기준을 충족하여 원가의 일부가 되거나 사업결합에서 영업권으로 인식하는 경우가 아니라면 무형자산 관련 지출은 발생한 기간의 비용으로 인식하도록 규정하고 있다.

즉, 미래경제적효익을 가져오는 지출이 발생하였더라도 인식기준을 충족하는 무형자산이나 다른 자산이 획득 또는 창출되지 않는다면, 그 지출은 발생한 기간의 비용으로 인식하여야 하는데, 발생기간의 비용으로 인식하는 지출의 예는 다음과 같다(일반기준 11장 부록 실11.17).

㉠ 연구활동을 위한 지출
㉡ 법적 실체를 설립하는 데 발생하는 법적 비용과 같은 창업비
㉢ 새로운 시설이나 사업을 개시할 때 발생하는 개업비
㉣ 새로운 영업을 시작하거나 새로운 제품 또는 공정을 시작하기 위하여 발생하는 지출 등과 같은 사업개시비용
㉤ 교육 훈련을 위한 지출
㉥ 광고 또는 판매촉진 활동을 위한 지출
㉦ 기업의 전부 또는 일부의 이전 또는 조직 개편에 관련된 지출

한편, 무형자산에 대한 지출로서 과거 회계연도의 재무제표나 중간재무제표에서 비용으로 인식한 지출은 그 후의 기간에 무형자산의 원가로 인식할 수 없다(일반기준 11장 문단 11.24).

3) 자본적 지출과 수익적 지출

무형자산을 취득 또는 완성한 후에 당 자산과 관련하여 추가적인 지출이 발생할 수 있다. 일반기업회계기준 제11장 문단 11.25에서는 관련 지출이 다음의 모든 요건을 충족하는 경우에는 자본적 지출로 처리하고 그렇지 않은 경우에는 수익적 지출, 즉 비용처리하도록 규정하고 있다.

㉠ 무형자산과 직접 관련된다.
㉡ 무형자산의 미래경제적효익을 실질적으로 증가시킬 가능성이 매우 높다.
㉢ 그 지출이 신뢰성 있게 측정될 수 있다.

즉, 취득 또는 완성 후의 지출이 최초에 평가된 무형자산의 성능수준을 유지하기 위한 것이라면 비용으로 인식한다. 일반적으로 취득 또는 완성 후의 지출로 인하여 무형자산으로부터의 경제적 효익이 증가될지의 여부를 판단하는 것은 매우 어렵다. 또한 그러한 지출을 사업 전체가 아닌 특정 무형자산에 직접 귀속시키기도 어렵다. 따라서 취득 또는 완성 후의 지출을 무형자산의 자본적 지출로 처리하는 것은 매우 제한적인 경우에 한한다(일반기준 11장 부록 실11.18).

4) 차입원가의 자본화

일반기업회계기준 제18장 '차입원가자본화' 문단 18.4에서는 차입원가를 기간비용으로 처리함을 원칙으로 하고 있다. 다만, 적격자산의 취득을 위한 자금에 차입금이 포함된다면 이러한 차입금에 대한 차입원가는 그 자산을 취득하지 아니하였다면 부담하지 않을 수 있었던 원가이기 때문에 적격자산의 취득원가를 구성하며, 그 금액을 객관적으로 측정할 수 있는 경우에는 해당 자산의 취득원가에 산입할 수 있다고 규정하고 있다. 그리고 동 기준 제18장 문단 18.4에서는 적격자산에 무형자산을 포함하고 있다.

한편, 차입원가의 회계처리방법은 모든 적격자산에 대하여 매기 계속하여 적용하고, 정당한 사유없이 변경하지 않도록 규정하고 있다. 이에 대한 자세한 내용은 '유형자산편'을 참조하기로 한다.

5) 무형자산의 상각

무형자산의 상각(amortization)이란 유형자산의 감가상각과 마찬가지로 무형자산의 원가와 효익을 체계적으로 대응(matching)시키는 과정이다. 따라서 회사는 무형자산을 상각하기 위해서 상각방법, 내용연수, 잔존가치에 대해 회계처리방침을 수립해야 하며, 일단 결정된 회계처리방침은 매기 계속하여 적용하고 정당한 사유없이 이를 변경할 수 없다.

무형자산의 미래경제적효익은 시간의 경과에 따라 소비되기 때문에 상각을 통하여 장부금액을 감소시켜야 한다. 그리고 무형자산의 공정가치 또는 회수가능가액이 증가하더라도 상각은 원가에 기초해야 한다(일반기준 11장 문단 11.27). 즉, 무형자산을 일단 원가로 기록한 후에는 공정가치의 변화에 따른 평가증이 허용되지 않는다.

무형자산의 상각비는 동 무형자산의 상각이 다른 자산의 제조와 관련된 경우에는 관련 자산의 제조원가로, 그 밖의 경우에는 판매비와관리비로 계상한다. 예를 들면, 제조공정에서 사용된 무형자산의 상각비는 재고자산의 원가를 구성한다.

① 상각방법

무형자산을 상각할 때는 자산의 경제적 효익이 소비되는 행태를 반영한 합리적인 방법을 사용해야 한다. 따라서 무형자산의 상각대상금액을 내용연수 동안 합리적으로 배분하기 위해 다양한 방법을 사용할 수 있다. 이러한 상각방법에는 정액법, 체감잔액법(정률법 등), 연수합계법, 생산량비례법 등이 있다. 다만, 합리적인 상각방법을 정할 수 없는 경우에는 정액법을 사용하여야 한다(일반기준 11장 문단 11.32).

② 상각기간

무형자산의 상각대상금액은 그 자산의 추정내용연수 동안 체계적인 방법에 의하여 비용으로 배분한다. 무형자산의 상각기간은 독점적 · 배타적인 권리를 부여하고 있는 관계법령이나 계약에 정해진 경우를 제외하고는 20년을 초과할 수 없으며, 상각은 자산이 사용가능한 때부터 시작한다(일반기준 11장 문단 11.26).

일반기업회계기준 제11장 문단 11.27에서는 다음과 같은 요인을 종합적으로 고려하여 추정내용연수를 결정하도록 규정하고 있다.

㉠ 예상되는 자산의 사용방식과 자산의 효율적 관리 여부
㉡ 해당 자산의 제품수명주기 및 유사한 자산의 추정내용연수에 관한 정보
㉢ 기술적 · 공학적 또는 기타 유형의 진부화
㉣ 자산으로부터 산출되는 제품이나 용역의 시장수요 변화
㉤ 기존 또는 잠재적인 경쟁자의 예상 전략
㉥ 예상되는 미래경제적효익의 획득에 필요한 자산 유지비용의 수준과 그 수준의 비용을 부담할 수 있는 능력과 의도
㉦ 자산의 통제가능 기간 및 자산사용에 대한 법적 또는 유사한 제한
㉧ 해당 자산의 내용연수가 다른 자산의 내용연수에 의해 결정되는지 여부

위와 같이 무형자산의 내용연수는 경제적 요인과 법적 요인의 영향을 받는다. 경제적 요인은 자산의 미래경제적효익이 획득되는 기간을 결정하고, 법적 요인은 기업이 그 효익에 대한 제3자의 접근을 통제할 수 있는 기간을 제한한다. 내용연수는 이러한 요인에 의해 결

정된 기간 중 짧은 기간으로 한다(일반기준 11장 문단 11.30).

일정기간 동안 보장된 법적 권리를 통해 무형자산의 미래경제적효익에 대한 통제가 획득된 경우에는 법적 권리가 갱신될 수 있고 갱신이 실질적으로 거의 확실한 경우를 제외하고는 내용연수가 그 법적 권리의 기간을 초과할 수 없다. 다만, 다음의 조건을 모두 만족하는 경우에는 법적 권리의 갱신이 실질적으로 확실한 것을 본다(일반기준 11장 문단 11.29, 11.31).

㉠ 무형자산의 공정가치가 최초로 설정된 만기일이 되어도 감소하지 않거나, 감소한 금액이 갱신에 필요한 비용을 초과하지 않는다.

㉡ 갱신원가가 갱신으로 인하여 유입될 것으로 기대되는 미래경제적효익과 비교하여 유의적이지 않다.

㉢ 과거 경험 등에 비추어 법적 권리가 갱신될 것이라는 객관적인 증거가 있다.

㉣ 법적 권리의 갱신을 위해 필요한 조건들이 충족될 것이라는 증거가 있다.

한편, 예외적으로 무형자산의 내용연수가 법적 또는 계약상 20년을 초과한다는 명백한 증거가 있는 경우에는 다음과 같이 처리한다(일반기준 11장 문단 11.28).

㉠ 자산은 최적 추정내용연수 동안 상각한다.

㉡ 자산의 내용연수가 법적 또는 계약상 20년을 초과한다는 명백한 증거와 내용연수를 결정하는 데 중요한 역할을 한 요인들을 공시한다.

③ 잔존가치

무형자산을 계상하는 시점에서 향후 내용연수가 종료되는 시점의 자산가치를 합리적으로 추정한다는 것은 쉬운 일이 아닐 것이다. 따라서 일반기업회계기준 제11장 문단 11.33에서는 원칙적으로 무형자산의 잔존가치는 없는 것을 원칙으로 하였다. 하지만 경제적 내용연수보다 짧은 상각기간을 정한 경우에 상각기간이 종료될 때 제3자가 그 자산을 구입하는 약정이 있거나, 상각기간이 종료되는 시점에 자산의 잔존가치가 활성시장에서 결정될 가능성이 매우 높은 경우에 한정하여 잔존가치를 인식하여 상각할 수 있도록 하였다.

무형자산의 잔존가치는 유사한 환경에서 사용하다가 매각된 동종 무형자산의 매각가격을 이용하여 추정할 수 있다(일반기준 11장 문단 11.34).

④ 상각기간과 상각방법의 변경

무형자산을 사용하는 동안 내용연수에 대한 추정이 적절하지 않다는 것이 명백해지는 경우(취득 또는 완성 후의 지출로 인하여 자산의 성능이 향상되거나 손상차손을 인식하는 경우 등)에는 상각기간의 변경이 필요할 수 있다. 또한, 최근 보고기간 이후, 자산의 사용방법, 기술적 진보 그리고 시장가격의 변동과 같은 요소는 무형자산의 잔존가치 또는 내용연수가 달라졌다는 지표가 될 수 있다. 이러한 지표가 존재한다면 기업은 종전의 추정치를 재검토해야 하며 최근의 기대와 달라진 경우 잔존가치, 상각방법 또는 상각기간을 변경한다. 잔존가치, 상각방법 또는 상각기간의 변경은 일반기업회계기준 제5장 '회계정책, 회계추정의 변경 및 오류'에 따라 회계추정의 변경으로 회계처리한다(일반기준 11장 문단 11.35, 11.36). 회계정책, 회계추정의 변경 및 오류에 대한 자세한 내용은 '자본편 제5장(이익잉여금) 제4절(회계정책, 회계추정의 변경 및 오류편)'을 참조하기로 한다.

⑤ 중소기업 회계처리 특례

중소기업기본법에 의한 중소기업(자본시장과 금융투자업에 관한 법률에 따른 상장법인 · 증권신고서 제출법인 · 사업보고서 제출대상법인, 금융회사, 연결실체에 중소기업이 아닌 기업이 포함된 경우의 지배기업을 제외함)은 무형자산의 내용연수 및 잔존가치의 결정을 법인세법 등의 법령에 따를 수 있다(일반기준 31장 문단 31.10). 동 규정은 유형자산에 대한 중소기업 회계처리 특례와 동일하므로 보다 자세한 사항은 '유형자산편'을 참조하기로 한다.

6) 무형자산손상차손

일반기업회계기준 제20장 문단 20.4, 20.8 및 20.10에 따르면, 매 보고기간말마다 자산손상을 시사하는 징후가 있는지를 검토하여야 하며, 만약 그러한 징후가 있다면 당해 자산의 회수가능가액을 추정하여야 하고, 자산의 진부화 및 시장가치의 급격한 하락 등으로 인하여 자산의 회수가능액이 장부금액에 중요하게 미달하게 되는 경우에는 장부금액을 회수가능액으로 조정하고 그 차액을 손상차손으로 하여 즉시 당기손익으로 인식하도록 규정하고 있다. 특히, 아직 사용가능하지 않은 무형자산은 최소한 매 보고기간말에 회수가능액을 반드시 추정하여야 한다(일반기준 20장 문단 20.5).

한편, 매 보고일에 무형자산(영업권 제외)에 대해 과거기간에 인식한 손상차손이 더 이상 존재하지 않거나 감소된 것을 시사하는 징후가 있는지를 검토하여야 하며, 만약 그러한 징후가 있는 경우에는 당해 자산의 회수가능액을 추정하여 직전 손상차손 인식시점 이후 회수가능가액을 결정하는데 사용된 추정치에 변화가 있는 경우에만 자산의 장부금액을 회수가능액으로 증가시킨다. 이 때 증가된 장부금액은 과거에 손상차손을 인식하기 전 장부금액의 감가상각 또는 상각 후 잔액을 한도로 하여 손상차손환입(당기손익)으로 처리한다(일반기준 20장 문단 20.19, 20.21~20.23).

또한, 사용을 중지하고 처분을 위해 보유하는 무형자산은 사용을 중지한 시점의 장부금액으로 표시한다. 이러한 자산에 대해서는 투자자산으로 재분류하고 상각하지 않으며 매 회계연도말에 회수가능액을 평가하여 손상차손을 인식한다(일반기준 11장 문단 11.31의 2).

무형자산에 대한 손상차손의 인식 및 환입에 대한 보다 자세한 설명은 '자산편 제2장(비유동자산) 제2절(유형자산편)'을 참조하기로 한다.

사례 다음 거래를 분개하라.

(가) (주)삼일은 20×6. 1. 1.에 무형자산을 현금 ₩1,000,000에 취득하였다.

(나) 20×7. 12. 31.에 회수가능액이 ₩300,000으로 하락하였으며, 장부금액과 회수가능액의 차이는 중요하다.

(다) 20×8. 12. 31.에는 회수가능액이 ₩800,000으로 회복되었다.

(라) 20×9. 6. 30.에는 처분을 위해 사용을 중지하였다.

(마) 20×9. 12. 31.에는 ₩350,000에 처분하였다.

(바) (주)삼일의 당 무형자산에 대한 회계정책은 다음과 같다.

상각방법 : 정액법, 내용연수 : 5년, 잔존가치 : ₩0

(사) 무형자산의 재무상태표 표시방법은 직접법을 적용한다.

〈분 개〉

−20×6. 1. 1.

(차)	무형자산	1,000,000	(대) 현금및현금성자산	1,000,000

−20×6. 12. 31.

(차)	무형자산상각액	200,000*	(대) 무형자산	200,000

* ₩1,000,000 ÷ 5년 = ₩200,000

−20×7. 12. 31.

(차)	무형자산상각액	200,000	(대) 무형자산	500,000
	무형자산손상차손	300,000*		

* 무형자산장부금액 − 회수가능액 = (1,000,000 − 200,000 × 2) − 300,000 = ₩300,000

−20×8. 12. 31.

(차)	무형자산상각액	100,000*	(대) 무형자산	100,000
	무형자산	200,000	무형자산손상차손환입	200,000**

* ₩300,000 ÷ 3년 = ₩100,000

** 환입한도액 = 1,000,000 − (1,000,000 ÷ 5년 × 3년) = ₩400,000
환입액 = 400,000 − 200,000 = ₩200,000

−20×9. 12. 31.

(차)	무형자산상각액	100,000*	(대) 무형자산	100,000
	현금및현금성자산	350,000	무형자산	300,000
			무형자산처분이익	50,000

* ₩400,000 ÷ 2년 × (6개월 ÷ 12개월) = ₩100,000

7) 무형자산의 종류

무형자산은 사업상 비슷한 성격과 효용을 가진 종류로 분류하여 표시한다. 다만, 재무제표 이용자에게 보다 유용한 정보를 제공할 수 있다면 무형자산의 종류는 더 큰 단위로 통합하거나 더 작은 단위로 구분할 수 있다. 무형자산의 종류의 예는 다음과 같다(일반기준 11장 문단 11.40).

㉠ 산업재산권(특허권, 실용신안권, 의장권, 상표권, 상호권 및 상품명 포함)
㉡ 라이선스와 프랜차이즈
㉢ 저작권
㉣ 컴퓨터 소프트웨어
㉤ 개발비(제조비법, 공식, 모델, 디자인 및 시작품 등의 개발)
㉥ 임차권리금
㉦ 광업권, 어업권 등

한편, 상기의 계정분류에 불구하고 일반기업회계기준 제2장에서는 재무제표를 작성함에 있어 다음과 같이 표시할 수 있다고 예시하고 있다(일반기준 2장 부록 실2.36).

㉠ 영업권
㉡ 산업재산권
㉢ 개발비
㉣ 기타

위의 기타에는 라이선스와 프랜차이즈, 저작권, 컴퓨터소프트웨어, 임차권리금, 광업권, 어업권 등을 포함한다. 다만, 이들 항목이 중요한 경우에는 개별 표시한다(일반기준 2장 부록 실2.37).

8) 재무상태표상의 표시방법

무형자산의 재무상태표상 표시방법은 두 가지로 구분할 수 있다. 첫째는 무형자산의 취득원가에서 상각누계액을 직접 차감하는 직접법이고, 둘째는 취득원가에서 상각누계액 및 손상차손누계액을 차감하는 형식으로 표시하는 간접법이다.

사례 기본자료는 앞의 사례와 동일하나 (주)삼일의 무형자산에 대한 재무상태표 표시방법을 간접법을 선택한 경우 관련 회계처리를 하라.

〈분 개〉

−20×6. 1. 1.

(차) 무 형 자 산 1,000,000 (대) 현금및현금성자산 1,000,000

－20×6. 12. 31.

(차)	무형자산상각액	200,000*	(대) 감가상각누계액	200,000

＊ ₩1,000,000 ÷ 5년 = ₩200,000

－20×7. 12. 31.

(차)	무형자산상각액	200,000	(대) 감가상각누계액	200,000
	무형자산손상차손	300,000*	손상차손누계액	300,000

＊ 무형자산장부금액－회수가능액 ＝ (1,000,000－200,000 × 2)－300,000 = 300,000

－20×8. 12. 31.

(차)	무형자산상각액	100,000*	(대) 감가상각누계액	100,000
	손상차손누계액	200,000	손상차손누계액환입	200,000**

＊ ₩300,000 ÷ 3년 = ₩100,000

＊＊ 환입한도액 = 1,000,000－(1,000,000 ÷ 5년 × 3년) = ₩400,000
환입액 = 400,000－200,000 = ₩200,000

－20×9. 12. 31.

(차)	무형자산상각액	100,000*	(대) 감가상각누계액	100,000
	현금및현금성자산	350,000	무형자산	1,000,000
	감가상각누계액	600,000	무형자산처분이익	50,000
	손상차손누계액	100,000		

＊₩400,000 ÷ 2년 × (6개월 ÷ 12개월) = ₩100,000

9) 무형자산관련 주석사항

무형자산은 각 종류별로 다음 사항을 재무제표의 주석으로 기재한다(일반기준 11장 문단 11.39, 11.41).

(가) 상각방법, 내용연수 또는 상각률 및 잔존가치

(나) 기초와 기말의 총장부금액, 상각누계액 및 손상차손누계액

(다) 무형자산의 상각액이 포함되어 있는 손익계산서의 계정과목과 상각금액

(라) 다음과 같은 무형자산 장부금액의 변동내용

㉠ 당기 중 증가금액 : 사업결합으로 인한 증가액과 그 외의 증가액으로 구분

㉡ 폐기와 처분

㉢ 상각액

㉣ 손익계산서에 당기손익으로 인식하거나 환입한 손상차손

㉤ 기타 장부금액의 증감

(마) 중요한 개별 무형자산의 내용, 장부금액 및 잔존상각기간

(바) 내용연수가 20년을 초과하는 경우 그 근거 및 내용연수 결정에 고려한 중요 요소

(사) 권리가 제한되어 있는 무형자산과 담보제공 무형자산의 장부금액

(아) 무형자산의 취득에 대한 약정사항 및 금액

(자) 재무제표를 표시통화로 환산할 때 발생하는 순외환차이와 해외사업장을 기업의 표시통화로 환산할 때 발생하는 순외환차이

(차) 당기에 비용으로 인식한 연구와 개발 지출의 총액

2. 영업권

(1) 의 의

영업권(goodwill)은 대표적인 무형자산으로서, 기업 전체와 분리되어 독립적으로 거래될 수 없는 자산이다. 영업권의 본질에 대해서는 일반적으로 다음과 같이 두 가지 견해로 요약할 수 있다.

첫째 견해는 기업 전체와 분리하여 개별적으로 식별되거나 평가될 수 없는 분야, 즉 기술 · 지식 · 경영기법 · 시장조사 및 판매촉진 등에서 평균 이상의 능력(above-average strength)에 의해 발생하는 무형의 자원과 상태를 영업권으로 보는 입장이다. 다시 말하면, 사업결합에 따라 취득자가 상대방에게 이전한 대가에서 취득한 순자산의 공정시장가치를 차감한 부분을 영업권으로 보는 견해다.

둘째 견해는 특정 기업이 동종의 다른 기업보다 많은 이익을 창출할 수 있는 초과수익력(excess-earning power)을 영업권으로 보는 입장이다. 즉, 특정 기업이 식별가능한 자산으로부터 정상적으로 기대할 수 있는 수익을 초과하여 수익을 취득할 때 그러한 초과수익력을 영업권으로 보는 견해다. 이 경우에 영업권의 평가액은 미래에 기대되는 총초과수익액을 할인한 현재가치(present value)가 된다.

영업권은 성질상 기업과 분리되어 존재할 수 없기 때문에 일반적으로 사업결합의 경우에만 재무상태표에 기록될 뿐 독립적으로 거래될 수 없다. 한편, 특정회사가 정상적인 영업활동과정에서 영업권을 창출할 수도 있으나 외부인과의 교환거래 없이 기업내적으로 개발된 영업권은 인식시기 및 금액의 결정이 매우 어렵기 때문에 일반적으로 자산으로 인식하지 않는다. 따라서 기업내적으로 영업권을 개발하고 유지하는 데 발생한 모든 원가는 발생한 기간의 비용으로 처리하여야 한다. 이와 관련하여 일반기업회계기준 제11장 문단 11.16에서도 미래경제적효익을 창출하기 위하여 발생한 지출은 대부분 내부적으로 영업권을 창출하지만, 내부적으로 창출된 영업권은 원가를 신뢰성 있게 측정할 수 없을 뿐만 아니라 기업이 통제하고 있는 식별가능한 자원도 아니기 때문에 자산으로 인식하지 못하도록 하였다.

(2) 기업회계상 회계처리

1) 영업권의 회계처리대상

일반기업회계기준 제11장에서는 동 기준 제12장에서 규정하는 사업결합에서 발생한 영업권을 제외한 무형자산에 대해 규정하고 있으므로 영업권과 관련하여서는 동기준 제12장에 따라 회계처리하면 될 것이다.

2) 영업권의 평가

일반기업회계기준 제12장에 따르면 영업권은 개별적으로 식별하여 별도로 인식할 수 없으나 사업결합에 따라 취득자가 제공한 이전대가가 취득일의 식별가능한 취득자산과 인수부채의 순액을 초과하는 금액을 말하는 것으로 사업결합에 따라 취득한 경우에 한하여 자산으로 인정된다(일반기준 12장 용어의 정의, 문단 12.32).

여기서 사업결합이란 취득자가 하나 이상의 사업에 대한 지배력을 획득하는 거래나 그 밖의 사건을 말하는 것으로 이러한 사업결합은 법률상, 세무상 또는 그 밖의 이유로 지분의 인수로 종속기업이 되거나 순자산을 취득하여 합병하는 등의 다양한 형태로 이루어지므로 그 형태에 상관없이 거래의 본질이 사업결합에 부합하는 경우 일반기업회계기준 제12장을 적용할 수 있다(일반기준 12장 문단 12.2, 12.3).

한편, 취득자와 피취득자가 지분만을 교환하여 사업결합을 하는 경우에는 취득일에 피취득자 지분의 공정가치가 취득자 지분의 공정가치보다 더 신뢰성 있게 측정된다면 일반기업회계기준 제12장 문단 12.32에 따라 취득자는 이전한 지분의 취득일의 공정가치 대신에 피취득자 지분의 취득일의 공정가치로 이전대가를 측정하여 영업권 금액을 결정한다(2014-G-KQA 001, 2014. 1. 13.).

3) 영업권의 상각

일반기업회계기준 제12장 문단 12.32에 따르면 영업권은 그 내용연수에 걸쳐 정액법으로 상각하고, 내용연수는 20년을 초과하지 않는 범위 내에서 미래에 경제적 효익이 유입될 것으로 기대되는 기간으로 하도록 규정하고 있다.

4) 손상차손

일반적으로 손상차손은 개별 자산별로 회수가능액을 추정하여 인식하도록 하고 있으나, 영업권은 개별적으로 처분될 수 없으며 다른 자산과 독립적인 현금흐름을 창출하지 못하므로 영업권의 공정가치는 직접적으로 측정될 수 없다. 따라서 영업권의 공정가치는 영업권이 포함된 현금창출단위의 공정가치에서 도출되어야 한다. 이때 현금창출단위란 다른 자산이나 자산집단에서의 현금유입과는 거의 독립적인 현금유입을 창출하는 식별가능한 최소자산집단을 말한다(일반기준 20장 문단 20.13, 20.17, 용어의 정의).

손상검사 목적상 사업결합으로 취득한 영업권은 사업결합으로 인한 시너지효과의 혜택을 받게 될 것으로 기대되는 각 현금창출단위에 취득일로부터 배분된다. 이는 배분대상 현금창출단위에 피취득자의 다른 자산이나 부채가 할당되어 있는지와 관계없이 이루어진다(일반기준 20장 문단 20.18).

앞서 언급하였듯이 영업권은 다른 자산이나 자산집단과는 독립적으로 현금흐름을 창출하지 못하며, 종종 여러 개 현금창출단위의 현금흐름에 기여하기도 한다. 경우에 따라서는 영업권이 자의적이지 않은 기준에 따라 개별 현금창출단위에 배분될 수는 없고 현금창출단위집단에만 배분될 수 있다. 다만, 영업권을 개별 현금창출단위(혹은 현금창출단위집단)에 자의적이지 않은 기준에 따라 배분할 수 없다면 ① 혹은 ②의 회수가능액을 결정하여 영업권에 대한 손상검사를 수행한다(일반기준 20장 부록 실20.2, 실20.4).

① 영업권이 통합되지 아니한 취득사업부문과 관련되어 있는 경우 : 취득한 사업부문 전체. '통합'은 취득한 사업부문이 구조조정되거나 보고실체에 흡수되는 것을 의미한다.

② 영업권이 통합된 취득사업부문에 관련되어 있는 경우 : 통합되지 아니한 사업부문을 제외한 기업 전체

상기 내용을 적용함에 있어서는 영업권을 통합된 사업부문과 관련된 영업권과 통합되지 아니한 사업부문과 관련된 영업권으로 구분하여야 한다. 또한 사업결합으로 취득한 사업부문 또는 사업부문 전체에 속하는 자산의 손상차손 및 손상차손환입을 측정할 때, 일반기업회계기준 제20장의 현금창출단위의 손상차손 규정에 따라야 하며, 이에 대한 자세한 내용은 '유형자산 중 8. 유형자산손상차손편'을 참고하도록 한다.

한편, 일반적으로 현금창출단위의 손상차손환입은 가능하나, 영업권에 대해 인식한 손상차손은 후속기간에 환입할 수 없다(일반기준 20장 문단 20.26, 20.28).

(3) 세무회계상 유의할 사항

1) 영업권의 범위

법인세법에는 영업권에 대한 일반적인 개념규정은 없다. 그러나 법인세법 시행규칙 제12조 제1항에서 영업권에는 다음의 금액이 포함된다고 규정하고 있다.

㉠ 사업의 양도 · 양수과정에서 양도 · 양수자산과는 별도로 양도사업에 관한 허가 · 인가 등 법률상의 지위, 사업상 편리한 지리적 여건, 영업상의 비법, 신용 · 명성 · 거래처 등 영업상의 이점 등을 고려하여 적절한 평가방법에 따라 유상으로 취득한 금액

㉡ 설립인가, 특정 사업의 면허, 사업의 개시 등과 관련하여 부담한 기금 · 입회금 등으

로서 반환청구를 할 수 없는 금액과 기부금 등

또한, 법인세법에서는 2010년 7월 1일 이후 최초로 합병 · 분할하는 분부터는 합병 또는 분할로 인하여 합병법인 등이 계상한 영업권은 감가상각자산으로 인정하지 아니하며, 다만, 비적격합병 · 분할시 또는 적격합병 · 분할후 사후관리 위반시에만 합병 · 분할매수차손(양도가액이 순자산시가를 초과하는 경우 그 차액)을 계상하되 합병법인 등이 피합병법인 등의 상호 · 거래관계, 그 밖의 영업상의 비밀 등에 대하여 사업상 가치가 있다고 보아 대가를 지급한 경우에 한하여 합병 · 분할등기일부터 5년간 균등분할하여 손금에 산입하도록 하고 있다(법법 44조의 2 3항, 44조의 3 4항, 46조의 2 3항, 46조의 3 4항).

따라서 법인세법상으로는 유상취득이라 하여 무조건 영업권을 인정하는 것은 아니며, 반드시 초과수익력인 무형의 가치를 인정하여 그에 대한 대가를 지급하는 경우에 한하여 영업권 계상이 가능한 것이다.

법인세법상으로는 어떠한 방법으로 초과수익력을 평가해야 하는가에 대한 규정은 없으며, 단지 상속세 및 증여세법 시행령 제59조 제2항에 그 계산방법이 있다. 그러나 법인세법에서는 초과수익력의 평가를 상속세 및 증여세법에 위임한 바 없으며 상속세 및 증여세법상의 영업권평가는 한 기업이 계속 존속한다는 가정 하에 미래의 초과수익력을 평가하여 상속재산가액을 확정하기 위한 것이므로, 법인세법상 이를 굳이 준용할 이유는 없을 것이다. 따라서 단지 영업권취득이 초과수익력에 대한 대가이고 동 대가가 적정한 것이 입증가능하다면 영업권을 계상할 수 있다고 할 것이다.

한편, 합병 · 분할관련 합병 · 분할매수차손에 대한 자세한 내용은 '특수회계 중 기업인수 · 합병 및 분할회계편'을 참고하도록 한다.

2) 영업권과 기타의 영업용 고정자산 포괄인수시 감가상각방법

타인으로부터 영업권 및 기타의 영업용 고정자산을 포괄적으로 양수한 경우에도 영업권 및 기타 각 자산의 취득가액은 각 자산별로 구분하여 계산하여야 한다(법기통 23－24…2).

3) 영업권의 상각

① 세법상 영업권의 법정내용연수는 5년이며 잔존가액은 0이다(법칙 별표3).

② 영업권의 상각방법은 정액법이다(법령 26조 1항 1호).

③ 계상주의

세법은 계상주의에 따르므로 그 상각액을 반드시 손금경리에 의하여 손익계산서에 반영하여야 하며 세법의 특례규정에 해당하는 경우를 제외하고는 영업권상각액을 신고조정에 의해 손금에 산입할 수 없다(법기통 23－0…1).

④ 상각부인액과 시인부족액의 처리

가. 상각부인액이 계상된 경우

특정 사업연도에 상각부인액이 계상된 경우 그 상각부인액은 그 후의 사업연도에 해당 법인이 손비로 계상한 감가상각비가 상각범위액에 미달하여 시인부족액이 생긴 경우에는 그 시인부족액을 한도로 손금에 산입하며, 이 때 법인이 감가상각비를 손비로 계상하지 않은 경우에도 상각범위액을 한도로 이를 손금에 산입한다(법령 32조 1항).

나. 시인부족액이 계상된 경우

법인의 상각비계상액이 상각범위액에 미달할 때 그 미달액을 시인부족액이라 하며, 이러한 시인부족액은 그 후 사업연도에 상각부인액에 충당하지 못한다(법령 32조 2항).

따라서 특정 사업연도에 상각비를 전혀 계상하지 않거나 또는 적게 계상한 경우 그 다음 사업연도에 전년도에 적게 계상한 만큼을 추가로 더 계상할 수는 없는 것이다.

3. 산업재산권

(1) 의 의

산업재산권이란 일정기간 독점적 · 배타적으로 이용할 수 있는 권리로서 특허권 · 실용신안권 · 디자인권 · 상표권 · 상호권 및 상품명 등을 말한다(일반기준 11장 문단 11.40 (1)).

① 특허권

특허권은 정부가 특수한 기술적인 발명이나 사실에 대하여 그 발명인 및 소유자를 보호하려는 취지에서 일정한 기간 동안 그 발명품의 제조 및 판매에 관하여 부여하는 특권이며 특허법에 의하여 등록을 함으로써 취득된다.

특허권의 법적 성질은 산업재산권의 일종으로서 사권, 절대권, 지배권, 재산권, 무체재산권이다. 그러므로 타인에게 상속 · 양도할 수 있으며 근저당권의 설정대상도 될 수 있다.

② 실용신안권

실용신안권이란 특정 고안이 실용신안법에 의하여 등록되어 이를 일정기간 독점적 · 배타적으로 이용할 수 있는 권리를 말한다. 실용신안권의 대상이 되는 고안이란 자연법칙을 이용한 기술적 사상의 창작을 의미하는 것으로서 특허권의 대상인 발명은 그 창작의 고도성을 가져야 한다는 점에서 명백한 차이가 있다.

③ 디자인권

디자인권이란 특정 디자인이 디자인보호법에 의하여 등록되어 이를 일정기간 독점적 ·

배타적으로 이용할 수 있는 권리를 말한다. 실용신안권은 미감을 무시하고 물품의 형상, 구조 등의 고안적 가치에 중점을 두고 있는 데 비하여 디자인권은 전적으로 미감에 중점을 두고 있다.

④ 상표권

상표권이란 특정 상표가 상표법에 의하여 등록되어 이를 일정기간 독점적 · 배타적으로 이용할 수 있는 권리를 말한다.

기업이 상표법에 의하여 등록된 서비스표의 제작 · 등록에 지출한 비용이 아닌 이미지 부각전략과 관련하여 지출한 비용은 발생연도의 비용으로 회계처리하여야 한다. 따라서 K · S획득비용, Q마크획득비용 등은 상표법에 의한 등록자산에 해당하지 아니하며, 연구개발비에도 해당하지 아니하는 바, 동 비용은 발생연도에 비용으로 계상한다.

상표법상 상표권의 존속기간은 10년으로 되어 있으며, 존속기간 갱신등록 신청에 의하여 다시 10년씩 갱신할 수 있다(상표법 83조 1항, 2항). 이와 같이 상표권은 갱신등록이 가능하기 때문에 새로 상표를 만들어 냈는가의 여부를 묻지 않는다는 점에서 다른 산업재산권과는 다르다.

(2) 기업회계상 회계처리

1) 산업재산권의 취득가액

산업재산권의 취득원가는 그 취득방법에 따라 각각 다음과 같이 결정된다.

① 타인으로부터 산업재산권을 매수한 경우

타인으로부터 산업재산권을 매수한 경우에는 매수를 위하여 소요된 일체의 비용을 취득원가로 한다.

② 타인으로부터 출원권을 취득하여 출원등록을 한 경우

타인으로부터 출원권을 취득하여 출원등록을 한 경우에는 당해 출원권의 미상각잔액에 산업재산권 취득비용을 가산한 금액을 취득원가로 한다.

2) 산업재산권의 상각

산업재산권의 상각은 통상 세법상 법정내용연수에 따라 정액법으로 상각한다.

산업재산권의 법정내용연수를 살펴보면 다음과 같다(법칙 별표3).

- 특 허 권 : 7년
- 실용신안권 : 5년

• 디 자 인 권 : 5년
• 상 표 권 : 5년

산업재산권의 감가상각 회계처리는 간접법 또는 직접법을 적용가능하므로 다음과 같이 회계처리하면 된다.

〈간접법〉

(차) 산업재산권상각비	×××	(대) 산업재산권상각누계액	×××

〈직접법〉

(차) 산업재산권상각비	×××	(대) 산 업 재 산 권	×××

4. 개발비

(1) 의 의

일반기업회계기준에 따르면 개발비에 한정된 회계처리 규정은 없으며, 동 기준 제11장에서는 개발비의 회계처리에 국한하지 않고 좀더 포괄적인 내부적으로 창출된 무형자산에 대해 규정하고 있다.

이하에서는 내부적으로 창출된 무형자산이 재무제표에 계상될 수 있는 요건이 어떠한지를 살펴보겠다.

(2) 기업회계상 회계처리

1) 내부적으로 창출된 무형자산

기본적으로 무형자산으로 계상되기 위해서는 무형자산의 정의 및 인식요건을 충족하여야 한다. 하지만 내부적으로 창출된 무형자산이 자산의 인식조건에 부합하는지를 평가하기는 쉽지 않다. 이는 미래경제적효익을 창출할 무형자산의 존재 여부와 인식시점을 식별하기 어렵고, 그러한 자산의 원가를 신뢰성 있게 측정하기 어렵기 때문이다. 어떤 경우에는 내부적으로 창출된 무형자산의 원가를 내부적으로 창출된 영업권을 유지 또는 향상시키는 비용이나 일상적인 경영관리활동에서 발생하는 비용과 구별할 수 없다.

따라서 일반기업회계기준 제11장 문단 11.17에서는 내부적으로 창출된 무형자산이 인식조건에 부합하는지를 평가하기 위하여 무형자산의 창출과정을 연구단계와 개발단계로 구분하였다. 그러나 무형자산을 창출하기 위한 내부 프로젝트를 연구단계와 개발단계로 구분할 수 없는 경우에는 그 프로젝트에서 발생한 지출은 모두 연구단계에서 발생한 것으로 본다(일반기준 11장 문단 11.18).

2) 연구단계

일반기업회계기준 제11장에서는 연구의 정의를 새로운 과학적 또는 기술적 지식을 얻기 위해 수행하는 독창적이고 계획적인 탐구활동을 말한다고 규정하고 있다.

그리고 동 기준 제11장 부록 실11.13에서는 연구단계에서 속하는 활동의 일반적인 예로서 다음과 같이 예시하였다.

- 새로운 지식을 얻고자 하는 활동
- 연구결과 또는 기타 지식을 탐색, 평가, 최종 선택 및 응용하는 활동
- 재료, 장치, 제품, 공정, 시스템, 용역 등에 대한 여러 가지 대체안을 탐색하는 활동
- 새롭거나 개선된 재료, 장치, 제품, 공정, 시스템, 용역 등에 대한 여러 가지 대체안을 제안, 설계, 평가 및 최종 선택하는 활동

즉, 연구단계는 특정의 목적을 갖고 활동하는 단계라기보다는 일종의 실험적인 활동에 해당될 것이다. 이러한 경우에는 무형자산의 정의에 부합되지 않으므로 자산으로 인식할 수 없다. 일반기업회계기준 제11장 문단 11.19에서도 프로젝트의 연구단계에서는 미래경제적효익을 창출할 무형자산이 존재한다는 것을 입증할 수 없기 때문에 연구단계에서 발생한 지출은 무형자산으로 인식할 수 없고 발생한 기간의 비용으로 인식하도록 규정하고 있다.

3) 개발단계

일반기업회계기준 제11장에서는 개발의 정의를 상업적인 생산 또는 사용 전에 연구결과나 관련 지식을 새롭거나 현저히 개량된 재료, 장치, 공정, 시스템 및 용역의 생산을 위한 계획이나 설계에 적용하는 활동을 말한다고 규정하고 있다.

그리고 동 기준 제11장 부록 실11.14에서는 개발단계에서 속하는 활동의 일반적인 예로서 다음과 같이 예시하였다.

- 생산 전 또는 사용 전의 시작품과 모형을 설계, 제작 및 시험하는 활동
- 새로운 기술과 관련된 공구, 금형, 주형 등을 설계하는 활동
- 상업적 생산목적이 아닌 소규모의 시험공장을 설계, 건설 및 가동하는 활동
- 새롭거나 개선된 재료, 장치, 제품, 공정, 시스템 및 용역 등에 대하여 최종적으로 선정된 안을 설계, 제작 및 시험하는 활동

개발단계는 연구단계보다 훨씬 더 진전되어 있는 상태이고 활동의 대상이 구체화되어 있으므로 프로젝트의 개발단계에서는 무형자산을 식별할 수 있으며, 또한 그 무형자산이 미래경제적효익을 창출할 것임을 입증할 수 있다. 따라서 개발단계에서 발생한 지출은 다음의 조건을 모두 충족하는 경우에 한하여 무형자산으로 인식한다(일반기준 11장 문단 11.20).

- 무형자산을 사용 또는 판매하기 위해 그 자산을 완성시킬 수 있는 기술적 실현가능성을 제시할 수 있는 경우

- 무형자산을 완성해 그것을 사용하거나 판매하려는 기업의 의도가 있는 경우
- 완성된 무형자산을 사용하거나 판매할 수 있는 기업의 능력을 제시할 수 있는 경우
- 무형자산이 어떻게 미래경제적효익을 창출할 것인가를 보여줄 수 있는 경우. 예를 들면, 무형자산의 산출물, 그 무형자산에 대한 시장의 존재 또는 무형자산이 내부적으로 사용될 것이라면 그 유용성을 제시하여야 한다.
- 무형자산의 개발을 완료하고 그것을 판매 또는 사용하는 데 필요한 기술적 · 금전적 자원을 충분히 확보하고 있다는 사실을 제시할 수 있는 경우
- 개발단계에서 발생한 무형자산과 관련 지출을 신뢰성 있게 구분하여 측정할 수 있는 경우

만약 위의 요건을 한 가지라도 충족하지 못하는 경우에는 경상개발비의 과목으로 발생한 기간의 비용으로 인식한다. 또한 내부적으로 창출된 브랜드, 고객 목록 및 이와 유사한 항목에 대한 지출은 무형자산으로 인식하지 않는다(일반기준 11장 부록 실11.12).

위의 조건 중 무형자산을 완성하고 그로부터 효익을 획득하는 데 필요한 자원의 확보가능성은 필요한 기술적 · 재무적 자원 등을 동원할 수 있는 기업의 능력이 설명된 사업계획이나 그 사업계획에 대한 자금제공자의 참여의사표시로 제시할 수 있을 것이다(일반기준 11장 부록 실11.15).

4) 내부적으로 창출된 무형자산의 취득원가와 비용처리

내부적으로 창출된 무형자산의 원가는 무형자산의 인식조건을 최초로 충족시킨 이후에 발생한 지출금액으로 하는데, 여기에는 그 자산의 창출, 제조, 사용준비에 직접 관련된 지출과 합리적이고 일관성있게 배분된 간접 지출을 모두 포함된다(일반기준 11장 문단 11.21, 11.22). 한편, 무형자산에 대한 지출로서 과거 회계연도의 재무제표나 중간재무제표에서 비용으로 인식한 지출은 그 후의 기간에 무형자산의 원가로 인식할 수 없다(일반기준 11장 문단 11.24).

(3) 세무상 유의할 사항

법인세법상 무형자산인 개발비라 함은 상업적인 생산 또는 사용 전에 재료 · 장치 · 제품 · 공정 · 시스템 또는 용역을 창출하거나 현저히 개선하기 위한 계획 또는 설계를 위하여 연구결과 또는 관련 지식을 적용하는 데 발생하는 비용으로서 기업회계기준에 따른 개발비 요건을 갖춘 것(산업기술연구조합육성법에 따른 산업기술연구조합의 조합원이 해당 조합에 연구개발 및 연구시설 취득 등을 위하여 지출하는 금액을 포함함)을 말한다(법령 24조 1항 2호 바목).

개발비는 관련 제품의 판매 또는 사용이 가능한 시점부터 20년의 범위에서 연단위로 신고한 내용연수에 따라 매 사업연도별 경과월수에 비례하여 상각하는 방법을 통하여 손금에 산입한다. 다만, 법인이 개발비의 내용연수를 기한 내에 신고하지 아니한 경우에는 관련 제품의 판매 또는 사용이 가능한 시점부터 5년 동안 매년 균등액을 상각하는 방법을 통하여 손금에 산입하여야 하며, 이 경우 사업연도 중에 판매 또는 사용이 가능한 시점이 도래한 경우의 상각범위액은 월수에 따라 계산한다(법령 26조 1항 6호, 4항 4호).

한편, 법인이 기초연구진흥 및 기술개발지원에 관한 법률에 따라 정부로부터 기술개발에 소요되는 경비를 출연금 명목으로 지원받은 경우 동 출연금은 추후 기술개발의 성공 여부에 따른 출연금 일부의 반환의무 여부에 불구하고 출연금 교부통지를 받은 날이 속하는 사업연도에 익금에 산입하며, 익금에 산입한 출연금 중 기술개발의 성공으로 출연금 일부의 반환통지 또는 기술료의 납부통지를 받은 경우 당해 통지를 받은 날이 속하는 사업연도에 반환할 금액을 손금에 산입한다(서면2팀-1497, 2005. 9. 20.).

이와 관련하여 내국법인이 2026년 12월 31일까지 연구개발 등을 목적으로 기초연구진흥 및 기술개발지원에 관한 법률이나 그 밖에 조세특례제한법 시행령 제9조의 2 제1항에서 정하는 법률에 따라 연구개발출연금 등을 지급받은 경우로서 해당 연구개발출연금 등을 구분경리하는 경우에는 연구개발출연금 등에 상당하는 금액을 그 지급받은 사업연도의 익금에 산입하지 아니하고 다음의 방법에 따라 익금에 산입할 수 있다(조특법 10조의 2 1항, 2항).

① 연구개발출연금 등을 해당 연구개발비로 지출하는 경우 : 해당 지출액에 상당하는 금액을 해당 지출일이 속하는 사업연도에 익금에 산입하는 방법

② 연구개발출연금 등으로 해당 연구개발에 사용되는 자산을 취득하는 경우 : 감가상각자산의 경우에는 손금에 산입하는 감가상각액에 상당하는 금액을 익금에 산입하며(처분시에는 잔액을 일시에 익금산입), 그외의 자산은 처분시 익금에 산입하는 방법

한편, 위와 같이 연구개발출연금 등 상당액을 익금에 산입하지 아니한 내국법인이 해당 연구개발출연금 등을 해당 연구개발 목적 외의 용도로 사용하거나 해당 연구개발에 사용하기 전에 폐업 또는 해산하는 경우 그 사용하지 아니한 금액은 해당 사유가 발생한 날이 속하는 과세연도에 익금에 산입하며, 이자상당가산액을 납부하여야 한다. 다만, 합병 또는 분할하는 경우로서 합병법인 등이 그 금액을 승계한 경우를 제외하며, 그 금액은 합병법인 등이 익금불산입한 것으로 본다(조특법 10조의 2 3항, 4항).

사례 (주)삼일은 기초연구진흥 및 기술개발 지원에 관한 법률에 따라 정부로부터 출연금 1,000만원을 수령하였으며, 기술개발의 성공시에는 500만원을 반환하여야 하고, 기술개발의 실패시에는 반환의무가 전액 면제되며, 기술개발의 성공이 거의 확실할 것으로 예상하고 있는 경우 회계처리와 세무조정은?

(단위 : 백만원)

구 분	회계처리	세무조정
정부출연금의 수령(1,000)	현 금 1,000 / 정 부 출 연 금 500*1) / 정 부 보 조 금 500 (현금차감계정)	(익산) 정부보조금 500(유보) (익산) 정부출연금 500(유보) (익불) 연구개발출연금 1,000(△유보)
개발비의 지출(300)	개 발 비 300 / 현 금 300 정 부 보 조 금 150 / 정 부 보 조 금 150 (현금차감계정) (개발비차감계정)	
개발비의 상각(30)	개 발 비 상 각 60 / 개 발 비 60 정 부 보 조 금 30 / 개 발 비 상 각 30*2) (개발비차감계정)	(익산) 연구개발출연금 60(유보) (손산) 정부보조금 30(△유보)
경상개발비의 지출(300)	경 상 개 발 비 300 / 현 금 300 정 부 보 조 금 150 / 자 산 수 증 이 익 150*3) (현금차감계정)	(익산) 연구개발출연금 300(유보) (손산) 정부보조금 150(△유보)
개발장비의 취득(400)	유 형 자 산 400 / 현 금 400 정 부 보 조 금 200 / 정 부 보 조 금 200 (현금차감계정) (유형자산차감계정)	
개발장비의 상각(100)	감 가 상 각 비 100 / 감가상각누계액 100*4) 경 상 개 발 비*5) 50 / 감 가 상 각 비 100 정 부 보 조 금 50 / (유형자산차감계정)	(익산) 연구개발출연금 100(유보) (손산) 정부보조금 50(△유보)
기술개발의 성공	정 부 출 연 금 500 / 현 금 500*6)	(손산) 정부출연금 500(△유보)

*1) 정부출연금 : 기술개발의 성공시 반환해야 할 총금액이며, 기술개발의 성공이 거의 확실할 것으로 예상되므로 동 금액을 부채로 계상함.

*2) 개발비 상각 : 내용연수 5년, 1년분 상각 가정

*3) 한국회계기준원의 질의회신(GKQA 02-015, 2002. 1. 11.)에서는 경상개발비의 발생시점에 자산수증이익의 과목으로 하여 영업외수익으로 처리하도록 하고 있음.

*4) 유형자산 감가상각 : 내용연수 4년, 정액법, 1년분 상각 가정

*5) 개발장비의 감가상각액은 그 관련성에 따라 경상개발비 또는 개발비로 대체하여야 할 것이나, 본 사례에서는 설명편의상 경상개발비에 대체하는 것으로 가정함.

*6) 기술개발의 성공시에는 별도의 회계처리가 필요 없을 것이나, 그 이후 정부출연금의 상환시 상기와 같은 회계처리가 필요함.

5. 라이선스와 프랜차이즈

(1) 의 의

라이선스(licence)란 다른 기업이나 개인이 개발하였거나 소유하는 제품제조에 대한 신기술 · 신제조법 · 노하우(know-how : 기술정보) 또는 상표 · 마크 등을 사용할 수 있는 권리 등을 말하며, 프랜차이즈(franchise)란 독점규제 및 공정거래에 관한 법률에서는 가맹사업이라 하며 가맹사업자(가맹사업관련 권리를 부여하는 자)가 다수의 가맹계약자(가맹사업관련 권리를 부여받은 자)에게 자기의 상표, 상호, 서비스표, 휘장 등을 사용하여 자기와 동일한 이미지로 상품판매, 용역제공 등 일정한 영업활동을 하도록 하고 그에 따른 각종 영업의 지원 및 통제를 하며, 가맹계약자는 가맹사업자로부터 부여받은 권리 및 영업상 지원의 대가로 일정한 경제적 이익을 지급하는 계속적인 거래관계를 말한다.

(2) 기업회계상 회계처리

1) 라이선스 및 프랜차이즈의 취득가액

라이선스 및 프랜차이즈의 취득가액은 권리의 획득의 대가로 지급한 구입가격(매입할인과 리베이트를 차감하고 수입관세와 환급 받을 수 있는 제세금을 포함함)과 그 자산을 의도한 목적에 사용할 수 있도록 준비하는 데 직접 관련되는 원가로 구성된다.

한편, 한국회계기준원의 회계질의회신에 따르면(GKQA 02-063, 2002. 3. 27.), 일정기간 동안 특정 시스템을 독점적으로 운영할 수 있는 프랜차이즈 및 라이선스의 획득 대가로 계약에 따라 지급한 1차 프랜차이즈료(initial franchise fee)는 무형자산으로 회계처리하도록 하였다. 다만, 프랜차이즈료와 함께 지불하였으나 프랜차이즈료와 명백히 구분가능하고 자산성이 없다면 그 부분은 당기비용으로 처리하여야 한다.

2) 라이선스 및 프랜차이즈의 상각

일반기업회계기준 제11장 문단 11.26에서 무형자산의 상각대상금액은 그 자산의 추정내용연수 동안 체계적인 방법에 의하여 비용으로 배분하여야 하지만, 무형자산의 상각기간은 독점적 · 배타적인 권리를 부여하고 있는 관계법령이나 계약에 정해진 경우를 제외하고는 20년을 초과할 수 없으며, 상각은 자산이 사용가능한 때부터 시작한다고 규정하고 있다.

따라서 라이선스 및 프랜차이즈의 계약내용을 고려하여 정액법, 정률법, 연수합계법 및 생산량비례법 등 합리적인 상각방법을 선택하고 상각기간은 효익을 제공하는 경제적 내용연수 동안 상각을 하면 될 것이다. 또한 상각의 개시시점은 라이선스 및 프랜차이즈 권리를 사용가능한 시점부터 시작해야 한다.

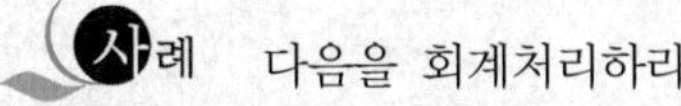 다음을 회계처리하라.

(1) (주)삼일은 20×1. 1. 1. 외식사업을 시작하기 위하여 1차 프랜차이즈 가입비(initial franchise fee)로 ₩50,000,000을 지급하였으며, 매출총이익의 5%를 프랜차이즈료(running franchise fee)로 매년 말 지급하기로 계약하였다.

(2) 위의 프랜차이즈 계약의 유효기간은 5년이며 무형자산의 상각방법은 정액법으로 무형자산의 잔존가치는 없는 것으로 본다. 또한 재무제표상 표시방법은 직접법이다.

(3) 20×1년도 매출총이익은 ₩10,000,000이다.

〈회계처리〉

-20×1. 1. 1.

(차)	프 랜 차 이 즈	50,000,000	(대) 현금 및 현금성자산	50,000,000

-20×1. 12. 31.

(차)	무형자산상각액	10,000,000*	(대) 프 랜 차 이 즈	10,000,000
	지 급 수 수 료	500,000**	현금 및 현금성자산	500,000

* 상각액 = ₩50,000,000 ÷ 5년 = ₩10,000,000

** 프랜차이즈료 = ₩10,000,000 × 5% = ₩500,000

3) 세무상 유의할 사항

국세청의 유권해석(제도 46012-11316, 2001. 6. 2.)에서는 내국법인이 외국법인에게 지급하는 라이선스대가의 성격에 따라 각각의 손금산입방법이 다르다고 해석하고 있다. 즉, 내국법인이 외국법인에게 상표 및 시스템사용대가(Initial Consulting Fee) 명목으로 국내매장 개설시 일시에 지급하는 금액이 매월 매출액의 일정률에 상당하는 금액을 지급하는 대가(로열티)와는 별도로 지급하는 사용대가로서 그 사용기간이 구체적으로 명시된 경우에는 사용수익기간 동안 균등하게 안분하여 계산한 금액을 각 사업연도의 손금에 산입하는 것이며, 상표 및 시스템 사용에 대한 배타적 권리의 취득대가로서 동 권리를 타인에게 양도 또는 승계할 수 있는 경우에는 법인세법 제23조의 규정에 의한 무형고정자산의 감가상각액의 손금계상방법에 의하여 손금에 산입하는 것이고, 당해 법인의 업무와 관련하여 지급된 경우로서 지급명목에 불구하고 사용수익기간에 대응되는 비용으로 인정되지 않는 경우에는 당해 지급액의 지급의무가 확정된 날이 속하는 사업연도의 손금으로 산입하도록 하고 있다.

6. 저작권

(1) 의 의

지적소유권을 구성하는 2대 부문의 하나인 저작권은 문학 · 연극 · 음악 · 예술 및 기타 지적 · 정신적인 작품을 포함하는 저작물의 저작자에게 자신의 저작물을 사용 또는 수익처분하거나 타인에게 그러한 행위를 허락할 수 있는 독점적 · 배타적인 권리이다. 저작권은 복제에 의한 저작권자의 저작물 판매 · 배포, 즉, 출판 또는 발행을 못하도록 보호하는 권리이다.

1차적 저작물의 경우는 당연히 원저작자가 저작권자가 되지만 번역 · 편곡 · 변형 · 각색 · 영상제작 등에 의한 2차적 저작물에는 2차적 저작물을 작성한 자가 저작권자가 된다.

저작권은 이전성이 있으므로 제3자에게 양도할 수 있을 뿐만 아니라 사망시 상속할 수도 있다. 따라서 저작자가 아닌 저작권자가 있을 수 있다.

(2) 기업회계상 회계처리

1) 저작권의 취득가액

저작권은 저작권법에 의거하여 등록신청을 하고 문화체육관광부장관에 의해 저작권등록부에 등재됨으로써 그 효력이 발생하며 당해 권리의 설정에 소요된 일체의 지출액을 그 취득원가로 계상한다.

2) 저작권의 상각

저작권은 추정내용연수 즉, 권리의 존속기간 또는 경제적 효익의 기대기간 등 합리적인 내용연수를 추정하여 그 내용연수 동안 정액법 등의 합리적인 방법을 통하여 상각하여야 한다.

7. 컴퓨터소프트웨어

(1) 개념 및 의의

일반기업회계기준 제11장 문단 11.40 (4)에서는 컴퓨터소프트웨어를 별도의 계정과목으로 분류할 수 있도록 하고 있다. 이는 최근 그 중요성이 증가되고 있는 소프트웨어 구입관련 취득원가를 별도의 계정과목으로 공시함으로써 재무제표 이용자의 의사결정에 도움을 주기 위한 것으로 해석된다.

한편, 내부에서 개발된 소프트웨어에 소요된 원가가 자산인식조건을 충족하는 경우 개발비의 과목으로 하여 무형자산으로 처리해야 하며, 자산인식조건을 충족하는 소프트웨어를 구입하여 사용하는 경우에는 동 구입비용을 컴퓨터소프트웨어의 과목으로 하여 무형자산으로 인식해야 한다.

구	분	계 정 분 류
외부 구입		컴퓨터소프트웨어(무형자산)
자체 개발	자산인식조건 충족	개발비(무형자산)
	자산인식조건 미충족	경상개발비(당기비용)

(2) 기업회계상 회계처리

1) 컴퓨터소프트웨어의 취득가액

컴퓨터소프트웨어는 외부로부터 구입되므로 취득가액은 구입가격(매입할인과 리베이트를 차감하고 수입관세와 환급 받을 수 없는 제세금을 포함함)과 자산을 의도한 목적에 사용할 수 있도록 준비하는 데 직접 관련되는 원가로 구성된다.

2) 컴퓨터소프트웨어의 상각

컴퓨터소프트웨어는 경제적 효익의 기대기간 등 합리적인 내용연수를 추정하여 그 내용연수 동안 정액법 등의 합리적인 방법을 통하여 상각하여야 한다.

(3) 세무상 유의할 사항

과거 국세청의 유권해석(서면2팀-705, 2004. 4. 6.)에 따르면 게임소프트웨어를 이동통신사업자에게 제공하고 동 통신사업자로부터 일정률의 수수료를 지급받는 사업을 영위하는 법인이 동 통신사업자에게 제공한 게임프로그램의 감가상각액을 손금산입 함에 있어서 게임프로그램을 타인으로부터 매입한 경우에는 법인세법 시행규칙 별표 6의 업종별자산의 내용연수를 적용하는 것이며, 당해 법인이 자체 개발한 것으로서 무형자산 인식조건을 충족한 경우에는 법인세법 시행령 제26조 제1항 제6호의 규정에 따라 감가상각하여야 한다고 해석하였다.

구	분	계 정 분 류
외부 구입	직접 수익창출에 사용	업종별자산(유형자산)
	그 이외의 경우	기구 및 비품(유형자산)
자체 개발	개발비 요건 충족	개발비(무형자산)
	직접 수익창출에 사용	업종별자산(유형자산)
	그 이외의 경우	기구 및 비품(유형자산)[주)]

주) 법인세법상 개발비에 해당하지 않는 자체 개발하여 사용하는 소프트웨어로서 법인세법 시행규칙 별표 6의 업종별자산에 해당하지 않는 경우에는 법인세법 시행규칙 별표 5 구분 1의 기구 및 비품으로 보아 내용연수를 적용함(서면2팀-2068, 2005. 12. 14.).

8. 임차권리금

(1) 의 의

임차권리금이란 일반적으로 용익권 · 임차권 등의 권리를 양수하는 대가로 지급한 금액을 말한다. 예를 들면, 택지나 건물의 임대차에서 임대료나 보증금 외에 별도로 주고 받는 금전을 말한다. 갑으로부터 점포를 임차하고 있는 을이, 그 임차권을 병에게 양도함에 있어서 그 양도의 대가로서 병이 을에게 지급하는 금전을 가리킬 때 쓰인다.

(2) 기업회계상 회계처리

1) 임차권리금의 취득가액

임차권리금은 외부로부터 구입되는 것이므로 취득가액은 구입원가와 자산을 의도한 목적에 사용할 수 있도록 준비하는 데 직접 관련되는 원가로 구성된다.

2) 임차권리금의 상각

임차권리금은 경제적 효익의 기대기간 등 합리적인 내용연수를 추정하여 그 내용연수 동안 정액법 등의 합리적인 방법을 통하여 상각하여야 한다.

(3) 세무상 유의사항

국세청의 유권해석(서이 46012-10970, 2002. 5. 7.)에서는 법인이 사업장용 건물의 임차를 위하여 전 임차인에게 지급하는 비반환성 권리금으로서 임차보증금과 구분이 객관적인 서류에 의해 입증이 가능하고, 사업상 편리한 지리적 여건 · 위치 등 영업상의 이점 등을 감안하여 상관행상 적절하다고 인정되는 평가방법에 따라 유상으로 지급한 금액(법인세법 제52조의 규정에 의한 부당행위계산 부인대상 제외)은 법인세법 시행령 제24조 제1항 제2호 가목의 영업권으로 보아 감가상각하도록 하고 있다.

9. 광업권

(1) 의 의

광업권이란 광업법에 따른 탐사권과 채굴권을 말하는 것으로 탐사권은 등록을 한 일정한 광구에서 등록을 한 광물과 이와 같은 광상(鑛床)에 묻혀 있는 다른 광물을 탐사하는 권리를 말하고, 채굴권은 광구에서 등록을 한 광물과 이와 같은 광상에 묻혀 있는 다른 광물을 채굴하고 취득하는 권리를 말한다(광업법 3조). 이러한 탐사권의 존속기간은 7년을 넘을 수 없으며, 채굴권의 존속기간은 20년을 넘을 수 없다. 다만, 채굴권자는 채굴권의 존속기간이 끝나기 전에 산업통상자원부장관의 허가를 받아 채굴권의 존속기간을 연장할 수 있으나, 이 경우 연장할 때마다 그 연장기간은 20년을 넘을 수 없다(광업법 12조). 한편, 법인세법은 광업권의 내용연수를 20년으로 규정하고 있다(법칙 별표3).

(2) 기업회계상 회계처리

1) 광업권의 취득가액

광업권은 광업법에 의거하여 출원신청을 하고 산업통상자원부장관으로부터 허가를 받음으로써 설정되므로 당해 권리의 설정에 소요된 일체의 지출액을 그 취득원가로 계상한다.

2) 광업권의 상각

광업권의 상각은 정액법 및 생산량비례법 등 합리적인 방법을 선택적용할 수 있다.

생산량(사용량)비례법(unit－of－production method)이란 특정 기간 내에 사용된 자산의 조업도를 기준으로 그 기간의 상각비용을 계산하는 방법을 말한다. 이 때 조업도의 측정치는 자산의 용역잠재력의 감소분과 일정한 관계를 갖고 있어야 한다. 생산량비례법에 따른 매년의 상각비는 다음과 같이 계산한다.

조업도단위당 상각액＝상각기준액 / 내용연수 동안의 총추정조업도
당해연도 상각비＝조업도단위당 상각액×당해연도의 조업도

사례 다음 거래를 분개하라.

㉠ 20×1. 1. 1. 광업권을 출원하여 허가를 받고 등록을 마쳤다. 이에 소요된 부대비용은 ₩54,975,000이다.

㉡ 20×1. 12. 31. 결산시에 광업권에 대하여 상각을 하였다. 단, 상각의 방법은 생산량비례법에 의하기로 결정하였으며, 당해 광물의 채굴수량은 1,500,000톤이고, 당기의 채굴수량은 150,000톤이다.

〈분 개〉

㉠	(차) 광 업 권	54,975,000	(대) 현금및현금성자산	54,975,000
㉡	(차) 광 업 권 상 각	5,497,500*	(대) 광 업 권	5,497,500

* ₩54,975,000×150,000/1,500,000＝₩5,497,500

10. 어업권

(1) 의 의

어업권이란 수산업법에 의하여 등록된 일정한 수면에서 어획을 할 수 있는 권리를 말하며 그 면허어업의 종류에 따라 법률상의 유효기간이 다르지만, 법인세법에서는 일괄해서 10년으로 규정하고 있다(법칙 별표 3).

(2) 기업회계상 회계처리

1) 어업권의 취득가액

어업권은 어업법에 따라 등록함으로써 설정되는 것이므로 당해 권리의 설정 등에 소요된 일체의 지출액을 그 취득원가로 계상하게 된다.

2) 어업권의 상각

어업권의 법정유효기간은 그 면허어업의 종류에 따라 다르지만, 법인세법이 내용연수를 10년으로 규정하고 있으므로 회계실무상으로는 이 내용연수를 적용하여 정액법에 의하여 상각하며, 당해 상각액은 다음과 같이 어업권계정에서 직접 차감하는 방법 또는 간접법을 적용하여 회계처리한다.

〈직접법〉

(차) 어 업 권 상 각	×××	(대) 어 업 권	×××

〈간접법〉

(차) 어 업 권 상 각	×××	(대) 어업권상각누계액	×××

사례 다음을 분개하라.

가. 갑회사는 20×1. 10. 1. 어업권의 출원 · 신청에 필요한 비용 ₩1,400,000 현금지급하고 그 권리를 취득하였다.

나. 상기의 어업권에 대하여 정액법에 의하여 상각하라(갑회사의 사업연도는 1. 1.~12. 31.임).

〈분 개〉

가.	(차) 어 업 권	1,400,000	(대) 현금및현금성자산	1,400,000
나.	(차) 어 업 권 상 각	35,000*	(대) 어 업 권	35,000

* ₩1,400,000 × 1/10 × 3/12 = ₩35,000

11. 기타의 무형자산

(1) 의의와 범위

일반기업회계기준 제11장 문단 11.40에서는 무형자산의 종류를 예시하고 있다. 다만, 동 규정은 예시규정으로서 동 규정에 열거되지 아니한 것도 동 기준상의 무형자산의 정의 및 인식조건을 충족한 경우에는 무형자산으로 인식해야 할 것이다. 기타의 무형자산으로는 전용측선이용권, 공업용수도이용권, 전기 · 가스공급시설이용권 등을 들 수 있다.

(2) 기업회계상 회계처리

1) 기타의 무형자산의 취득가액

다른 무형자산과 마찬가지로 각 무형자산을 취득하기 위하여 소요된 일체의 비용을 취득원가로 한다.

2) 기타의 무형자산의 상각

세법상의 내용연수는 다음과 같으며 정액법에 의하여 상각한다(법령 26조 1항 및 법칙 별표 3).

종 류	내 용 연 수
전용측선이용권	20
전기·가스공급시설이용권	10
전신·전화전용시설이용권	20
공업용수도시설이용권	10
수도시설이용권	10
열공급시설이용권	10
댐사용권	50
수도시설관리권	20
하수종말처리장시설관리권	20
유료도로관리권	10

(3) 세무회계상 유의할 사항

1) 사용수익기부자산

기업회계기준에는 사용수익기부자산에 대한 별도의 명문규정이 없으나, 법인세법에서는 사용수익기부자산가액을 무형자산의 하나로 규정하고 있다. 여기서 사용수익기부자산가액이란 금전 외의 자산을 국가 또는 지방자치단체, 법인세법 제24조 제2항 제1호 라목부터 바목까지의 규정에 따른 법인 또는 동법 시행령 제39조 제1항 제1호의 규정에 의한 법인에게 기부한 후 그 자산을 사용하거나 그 자산으로부터 수익을 얻는 경우 해당 자산의 장부금액을 말한다(법령 24조 1항 2호 사목).

사용수익기부자산가액에 대한 감가상각은 해당 자산의 사용수익기간(그 기간에 관한 특약이 없는 경우 신고내용연수)에 따라 균등하게 안분한 금액(그 기간 중에 해당 기부자산이 멸실되거나 계약이 해지된 경우 그 잔액)을 상각하는 방법으로 손금에 산입한다(법령 26조 1항 7호).

한편, 사용수익기부자산의 사용수익권을 다른 법인으로부터 취득하면서 그 대가로 지급한 금액에 대하여는 그 자산의 잔여사용수익기간 동안에 균등하게 안분하여 각 사업연도의 소득금액 계산시 손금에 산입해야 한다(법인 46012-874, 2001. 8. 10.).

2) 주파수이용권 · 공항시설관리권 · 항만시설관리권

일반기업회계기준에는 주파수이용권 및 공항시설관리권에 대한 별도의 명문규정이 없다. 그러나 법인세법에서는 전파법 제14조에 따른 주파수이용권 및 공항시설법 제26조에 따른 공항시설관리권, 항만법 제24조에 따른 항만시설관리권을 무형자산의 하나로 규정하고 있으며, 주파수이용권, 공항시설관리권 및 항만시설관리권에 대한 감가상각은 주무관청에서 고시하거나 주무관청에 등록한 기간 내에서 사용기간에 따라 균등액을 상각하는 방법을 통하여 손금에 산입하도록 하고 있다(법령 24조 1항 2호 아목, 자목 및 법령 26조 1항 8호).

3) 창업비 · 개업비

일반기업회계기준 제11장 부록 실11.17 (1)에 따르면, 법적 실체를 설립하는 데 발생하는 법적 비용과 같은 창업비, 새로운 시설이나 사업을 개시할 때 발생하는 개업비, 그리고 새로운 영업을 시작하거나 새로운 제품 또는 공정을 시작하기 위하여 발생하는 지출 등과 같은 사업개시비용은 발생한 기간의 비용으로 인식하도록 하고 있다.

세법에서도 2002. 12. 30. 법인세법 시행령 개정시 기업회계와 세무회계를 일치시키기 위하여 창업비를 무형자산에서 삭제함에 따라 2003. 1. 1. 이후 최초로 개시하는 사업연도 이후에 발생하는 창업비부터는 당기비용으로 처리하여야 한다. 다만, 개정령 부칙(2002. 12. 30. 대통령령 제17826호) 제16조에서 2003. 1. 1. 이후 최초로 개시하는 사업연도의 개시일 전에 발생한 창업비의 손금산입에 관하여는 종전의 규정에 의하여 감가상각하도록 하고 있다.

한편, 개업비의 경우에는 2001. 12. 31. 법인세법 시행령 개정시에 이연자산에서 삭제되어 2002. 1. 1. 이후 최초로 개시하는 사업연도 이후에 발생하는 개업비부터는 당기비용으로 처리하여야 한다. 다만, 개정령 부칙(2001. 12. 31. 대통령령 제17457호) 제28조에서 개정령의 시행 전에 발생한 개업비의 손금산입에 관하여는 종전의 규정에 따라 상각하도록 하고 있는 바 법인세 신고시 이 점을 유의하여야 할 것이다.

4) 기 타

기타의 무형자산의 세무처리에 관한 사항은 내용연수가 5년 내지 50년이라는 점 외에는 영업권 등의 경우와 다를 바 없으므로 자세한 내용은 이들 계정의 설명을 참조하기 바란다.

제4절 기타비유동자산

재무상태표는 기업의 자산을 성격과 기능 및 유동성에 따라 구분한다. 즉, 비유동자산 중 기업이 장기적인 투자수익이나 타기업 지배목적 등의 부수적인 기업활동을 위하여 보유하는 자산은 투자자산으로, 기업 본연의 영업활동을 위해 장기간 사용하는 자산은 유형자산과 무형자산으로 구분한다. 그런데, 기업의 자산 중에는 이연법인세자산, 임차보증금 등과 같이 위의 구분에 따라 분류할 수 없는 자산이 존재하는데, 일반기업회계기준 제2장 문단 2.18에서는 비유동자산으로서 투자자산, 유형자산 또는 무형자산에 해당하지 아니하는 자산은 기타비유동자산으로 분류하도록 하고 있다.

기타비유동자산에는 임차보증금, 이연법인세자산(유동자산으로 분류되는 부분 제외), 장기매출채권, 장기선급비용, 장기선급금 및 장기미수금 등의 비유동자산이 포함된다. 한편, 일반기업회계기준 제2장에서는 재무제표를 작성함에 있어 대부분의 기업이 금액이나 성격이 중요하다고 판단하여 기타비유동자산 내에 별도 표시할 항목을 다음과 같이 예시하고 있다(일반기준 2장 부록 실2.39).

① 이연법인세자산

② 기타

위의 기타에는 임차보증금, 장기선급비용, 장기선급금, 장기미수금 등이 포함되는데, 이들 자산은 투자수익이 없고 다른 자산으로 분류하기 어려워 기타로 통합하여 표시하는 것이다. 그러나, 이들 개별 항목이 중요한 경우에는 기타비유동자산 내에 별도로 표시하여야 한다. 한편, 이연법인세자산은 차감할 일시적차이 등으로 인하여 미래에 경감될 법인세부담액으로서 미래의 현금흐름을 예측하는 데 유용한 정보를 제공하므로 구분 표시하여야 한다(일반기준 2장 부록 실2.40).

1. 이연법인세자산

이연법인세자산이란 자산·부채가 회수·상환되는 미래 기간의 과세소득을 감소시키는 효과를 가지는 일시적 차이(차감할 일시적 차이), 이월공제가 가능한 세무상 결손금 및 이월공제가 가능한 세액공제·소득공제 등으로 인하여 미래에 경감될 법인세부담액을 말한다(일반기준 22장 용어의 정의).

이연법인세자산은 관련된 자산항목 또는 부채항목의 재무상태표상 분류에 따라 재무상태표에 유동자산 중 당좌자산 또는 비유동자산 중 기타비유동자산으로 분류한다. 세무상 결손금에 따라 인식하게 되는 이연법인세자산의 경우처럼 재무상태표상 자산항목 또는 부채항목과 관련되지 않은 이연법인세자산은 세무상결손금 등의 예상소멸시기에 따라서 유동자산 중 당좌자산 또는 비유동자산 중 기타비유동자산으로 분류한다(일반기준 22장 문단 22.54).

이연법인세자산에 대한 자세한 내용은 '제1장 유동자산 중 제1절의 8. 이연법인세자산편' 및 '손익계산서 중 제6장 법인세비용(법인세회계)편'을 참조하기 바란다.

2. 장기매출채권

(1) 개념 및 범위

장기매출채권(또는 장기성매출채권)은 주된 영업활동에서 발생한 장기의 외상매출금 및 받을어음으로 한다. 즉, 주된 영업활동에서 발생한 채권으로서 그 채권의 회수기한이 장기인 채권을 말한다. 여기서 장기라 함은 매출채권의 회수기한이 보고기간종료일로부터 1년을 초과하는 경우를 의미하나, 기업의 정상적인 영업주기가 1년을 초과하는 경우에는 당해 영업주기를 초과하는 경우를 의미한다.

(2) 기업회계상 회계처리

장기매출채권에 대한 회계처리는 매출채권과 차이가 없으므로, 이에 대한 자세한 설명은 '제1장 유동자산 중 제1절의 5. 매출채권편'을 참조하기 바란다. 다만, 장기매출채권의 경우 다음을 추가적으로 고려하여야 한다.

첫째, 장기매출채권의 회수기한이 보고기간종료일로부터 1년(또는 영업주기가 1년을 초과하는 경우 당해 영업주기) 내에 도래하는 경우에는 매출채권으로 계정대체하여야 한다.

둘째, 장기매출채권의 명목금액과 공정가치의 차이가 유의적인 경우에는 이를 공정가치로 평가하여야 한다(일반기준 6장 문단 6.13). 이에 대한 자세한 내용은 '제1절 투자자산 중 6. 현재가치할인차금편'을 참고하도록 한다.

(3) 세무회계상 유의사항

장기매출채권의 계정처리에 있어 세무회계상 유의할 사항은 대손충당금의 설정과 부도 발생시의 처리에 관련된 것으로, 이에 대한 자세한 내용은 '제1장 유동자산 중 제1절의 5. 매출채권과 6. 대손충당금편'을 참고하도록 한다. 또한, 장기성매출채권을 현재가치로 평가하는 경우에는 현재가치할인차금이 계상되는 바, 이 경우의 세무조정문제는 '제1절 투자자산 중 6. 현재가치할인차금편'을 참고하도록 한다.

3. 보증금

(1) 개념 및 범위

보증금이란 장래 발생할지도 모르는 채무를 담보하기 위하여 특정한 관계에 있는 사람 사이에 교부되는 금전을 통칭하는 말로서, 전세권, 전신전화가입권, 임차보증금, 영업보증금 등이 있다. 이하에서는 전세권, 전신전화가입권, 임차보증금, 영업보증금으로 나누어 설명하겠다.

1) 전세권

전세권이란, 민법에서 인정하는 권리로서 전세금을 지급하고 타인의 부동산을 그 용도에 따라 사용 · 수익하는 "용익물권"이다. 전세권이 소멸하면 전세권자는 그 전세금을 반환받을 수 있으며, 이 민법상의 전세권은 외국의 입법례에서 찾아볼 수 없는 우리나라의 특유한 제도이다.

일반적으로 전세권은 채권적 성격을 띠고 있으므로 상각대상이 되지 않으나, 전세권을 설정할 때 그 채권이 소멸해 나가게 계약한 때에는 선급비용으로 보아 소멸한 부분만큼 상각을 해야 한다.

한편, 전세권과 비슷한 성격의 자산으로 임차보증금이 있는데, 전세권과 임차보증금은 분명히 구분하여야 한다. 전세권은 전세금을 지급하고 타인의 부동산을 그 용도에 따라 사용 · 수익하는 권리인 데 대하여, 임차보증금은 부동산 또는 동산을 "월세 등의 조건"으로 사용하기 위하여 지급하는 보증금이라는 점이 다르다.

2) 전신전화가입권

전신전화가입권이란, 자기의 경영목적을 위하여 전화설비를 소유하고 사용하는 것을 목적으로 하는 전화이용권을 말한다. 따라서 전세권, 상표권, 실용신안권, 디자인권, 특허권, 지상권과 같이 법률에 의하여 그 권리가 부여되는 것이 아니라 약속에 의하여 그 권리가 부여된다는 점이 그 특색이다.

이와 같이 전신전화가입권은 기업이 자기의 경영목적을 위하여 가입전화의 시설을 이용할 수 있는 권리인데, 가입전화란 전화국의 교환설비를 통하여 통화하는 단위전화, 공동전화 및 구내교환전화 그리고 전신을 말한다.

이러한 전신전화가입권은 계약상 사용기간이 고정되어 있지 않고, 계약해지시 가입보증금을 반환받게 되므로 사용기간 중 가치의 감소가 발생하지 아니하여 상각계산이 인정되지 않는다.

3) 임차보증금

임차보증금계정이란, 타인의 부동산이나 동산을 사용하기 위하여 임대차계약을 체결하는 경우에 월세(지급임차료) 등을 지급할 조건으로 차주가 임대주에게 미리 지급하는 보증금을 처리하는 계정이다. 예를 들면, 빌딩사무실이나 기계장치 같은 동산을 사용하기 위하여 사용료를 지급하거나 차주가 동 재산에 대하여 손해를 입힐 경우에 대비하여 또는 차주가 부담할 채무의 보증으로서 차주가 임대주에게 교부하는 금전을 임차보증금이라 한다.

여기서 임대차의 목적이 되는 것은 동산뿐만 아니라 부동산도 포함된다. 그리하여 실제생활에 있어서 작은 것은 책 · 장신구 · 의상 · 일상 가정용품으로부터 큰 것은 기계나 자동차 · 토지 · 건물 등에 이르기까지 거의 모든 종류의 물건이 임대차에 의하여 임차되고 있다.

임차보증금과 혼동하기 쉬운 것으로 전세금이 있는데, 위에서 설명한 임차보증금은 “월세 등의 조건”으로 사용하기 위하여 지급하는 보증금이나, 전세권은 전세금을 지급하고 타인의 부동산을 그 용도에 따라 사용 · 수익하는 권리라는 점이 다르다.

임차보증금의 법적 성질은 정지조건부 반환채무를 수반하는 금전소유권의 이전으로 보고 있다. 즉, 그것은 임대차가 종료하는 때에 임차인의 채무불이행이 없으면 전액을, 만일에 채무불이행이 있으면 그 금액 중에서 당연히 변제에 충당되는 것으로 하고 잔액을 반환한다는 조건으로 금전소유권을 임차인(또는 제3자)이 임대인에게 양도하는 것이다. 이와 같이 볼 때 지급한 임차보증금은 일정한 사유가 발생할 때에 지급임차료나 손해배상에 충당할 수 있고, 계약의 만료 또는 해제에 의하여 반환받을 권리가 있는 것이다.

4) 영업보증금

영업보증금은 채무자가 채권자에 대하여 계약의 이행을 담보하기 위하여 또는 일반경쟁계약에 참가하려고 하는 경우에 당해 입찰에 대한 보증금으로서 제공한 현금 · 예금 또는 유가증권 등을 처리하는 계정으로 보증기간이 경과하면 다시 반환받을 권리가 있는 것이다. 이와 같이 영업보증금은 일정 기간이 경과하면 반환받을 수 있는 금액이므로 이를 상대편의 입장에서 보면 예수금이 된다.

이러한 보증금에는 거래보증금 · 입찰보증금 및 하자보증금 등이 있다. 거래보증금은 외상 등 신용거래를 위하여 공급자에게 예치하는 보증금이고, 입찰보증금은 납품업자가 관청 등에 입찰할 때 예치하는 보증금이며, 하자보증금은 건설업자가 건설공사 등을 완료하고 동 공사를 보증하기 위하여 1년 후에 지급하기로 약정하고 예치한 보증금을 말한다.

이와 같은 영업보증금을 제공하는 직접적인 목적은 각종의 계약을 체결함으로써 재화, 역무의 급부를 받는 데 있다. 따라서, 계약기간 중 또는 입찰 중에는 회계상의 화폐청구권이 아니라, 추상적인 재화, 역무에 대한 급부청구권이라는 성질을 가지고 있다. 그러나, 계약기간이 만료하면 이것이 금전청구권으로 바뀌게 된다. 그러므로, 계약기간이 만료한 영업보증금은 미수금계정 등 당좌자산계정으로 대체하여야 한다. 또한, 영업보증금 중 1년 이내에 반환받을 수 있는 것은 단기간 내에 현금화 또는 지급수단으로 충당할 수 있으므로 기타의 당좌자산으로 분류해야 한다.

(2) 기업회계상 회계처리

보증금에 대한 회계처리는 보증금을 지출하였을 때에는 보증금계정의 차변에 기입하고, 그것을 반환받았을 때에는 대변에 기입한다. 보증금과 관련한 회계처리 중 유의할 사항은 다음과 같다.

첫째, 전세권이 채권적인 성격을 가진 때에는 상각계산을 할 수 없으나, 그것이 선급비용적인 성질을 가지고 있을 때에는 그 유효기간 내에 상각계산을 하여야 한다.

사례 (주)삼일은 전세권 ₩50,000,000에 대한 전세금에서 매월 ₩1,000,000에 대한 임차료에 해당하는 금액을 차감하기로 계약한 결과 당해 연말에 이미 경과한 6개월분에 대한 금액을 회계처리하였다.

(차) 임 차 료	6,000,000	(대) 전 세 권	6,000,000

둘째, 전신전화가입권은 전화국에 가입신청을 함으로써 지출되는 일체의 비용을 그 취득원가로 계상하며, 여기에는 통상가설료(전화설비와 장치료로 한다) 외에 전화공채를 포함하여 계상한다. 또한, 명의이전을 할 수 있는 전화(예 : '700'국번전화)를 전 소유자로부터 양수받은 때에는 그 대가에 상응하는 금액의 지급액과 기타의 부대비용을 포함하여 전신전화가입권의 취득가액으로 계상한다.

사례 1 (주)삼일은 회사에 사용할 전화를 취득하기 위하여 전화국에 가설료 ₩500,000 외에 기타 관련 부대비용 ₩40,000을 현금으로 지급하여 전신전화가입권을 얻었다.

(차) 전신전화가입권	540,000	(대) 현금 및 현금성자산	540,000

사례 2 (주)삼일은 소유권의 이전이 가능한 전화를 병으로부터 ₩350,000에 수표를 주고 취득하였다.

(차) 전신전화가입권	350,000	(대) 현금 및 현금성자산	350,000

셋째, 임차보증금계정에 대해서는 임차보증금계정의 기말잔액을 검토하여 이미 임대차계약이 만료된 금액 중 아직 반환을 받지 못한 금액은 이를 미수금계정으로 대체해야 한다. 또한, 당기 중에 지급임차료 등에 충당한 경우에는 그에 상당하는 금액을 감액처리하여야 하는데, 기중에 그와 같은 회계처리를 하지 아니한 경우에는 결산시 임차료계정의 차변과 임차보증금계정의 대변에 기입하는 회계처리를 하여야 한다.

사례 (주)삼일은 영업부진으로 인하여 사무실을 폐쇄하기로 하고, 건물주로부터 임차보증금 ₩250,000,000 중 그 동안 체납된 월세금 ₩15,000,000을 공제한 잔액을 수표로 받았다.

(차) 현금및현금성자산	235,000,000	(대) 임 차 보 증 금	250,000,000
임 차 료	15,000,000		

넷째, 영업보증금은 보고기간종료일로부터 1년 내에 돌려받을 것이라면 기타의 당좌자산, 그렇지 않으면 기타비유동자산 중 영업보증금으로 계정처리해야 한다. 그러나, 계약의 위반으로 이미 제공한 보증금을 반환받지 못하고 몰수당하는 경우에는 영업보증금계정의 대변에 기입하는 동시에 잡손실계정의 차변에 기입한다. 또한, 상품대금 등을 지급하지 못함으로 인하여 그 영업보증금으로 충당하는 경우에는 영업보증금과 매입채무를 서로 상계시킨다.

사례 (주)삼일은 계약의 위반으로 인하여 영업보증금으로 병에게 지불한 ₩500,000을 반환받지 못하고 몰수당하였다.

(차) 잡 손 실	500,000	(대) 임 차 보 증 금	500,000

다섯째, 보증금은 대손충당금의 설정대상에서 제외하도록 하고 있으므로 보증금에 대한 대손충당금을 설정해서는 안된다.

4. 기 타

장기선급비용, 장기선급금, 장기미수금 등은 보고기간종료일로부터 1년을 초과한 시점에 현금화할 수 있는 자산을 처리하는 계정과목으로서 구체적인 내용은 '제1장 유동자산 중 제1절 당좌자산편'을 참고하기로 한다.

Chapter

01 [부채]

유동부채

1. 유동부채의 일반사항

(1) 개 념

자산과 부채에 대한 유동과 비유동의 분류기준은 1년기준(one year rule)과 정상영업순환기준(normal operating cycle)이 있다. 따라서, 유동부채(current liabilities)란 원칙적으로 보고기간종료일로부터 1년 이내에 상환되어야 하는 부채를 말하나, 기업의 정상적인 영업주기가 1년을 초과하는 경우에는 정상적인 영업주기 내에 상환 등을 통하여 소멸할 것이 예상되는 매입채무와 미지급비용 등은 보고기간종료일로부터 1년 이내에 결제되지 않더라도 유동부채로 분류한다. 이 경우 유동부채로 분류한 금액 중 1년 이내에 결제되지 않을 금액을 주석으로 기재한다. 그러나, 당좌차월, 단기차입금, 유동성장기차입금 등은 보고기간종료일로부터 1년 이내에 결제되어야 하므로 영업주기와 관계없이 유동부채로 분류한다(일반기준 2장 문단 2.22, 2.23).

유동부채로 분류되는 기준에 관한 보다 자세한 내용은 'Ⅰ. 재무상태표의 기초이론 중 제3장 재무상태표 작성기준의 2. 자산과 부채의 유동성 · 비유동성 구분편'을 참조하기로 한다.

(2) 유동부채의 구성

유동부채는 단기차입금, 매입채무, 당기법인세부채, 미지급비용, 이연법인세부채, 미지급금, 선수금, 예수금, 유동성장기부채, 선수수익 등으로 구성되어 있다. 한편, 일반기업회계기준 제2장에서는 외부공표용 재무제표를 작성함에 있어서 대부분의 기업이 금액이나 성격이 중요하다고 판단하여 유동부채 내에 별도 표시할 항목을 다음과 같이 예시하고 있다. 이때 예시된 항목의 금액이나 성격으로 보아 해당 기업에 중요하지 않은 경우에는 이들 항목의 별도 표시를 생략할 수 있다(일반기준 2장 부록 실2.24, 실2.42).

① 단기차입금
② 매입채무
③ 당기법인세부채
④ 미지급비용
⑤ 이연법인세부채
⑥ 기타

(3) 유동부채의 평가

이론적으로 볼 때, 유동부채는 부채를 상환하기 위해 미래에 제공하여야 할 재화나 용역의 현재가치(present value)로 평가하여야 한다. 그러나 대부분의 유동부채는 단기간 내에 만기가 도래하여 미래에 지불할 만기금액과 만기금액의 현재가치와의 차이가 중요하지 않기 때문에 실무에서는 미래에 지불할 만기금액으로 유동부채를 평가하는 것이 보통이다. 이와 같이 만기금액으로 유동부채를 평가하는 방법은 중요성(materiality)과 실무상의 편의라는 관점에서 인정되는 방법이나, 이러한 방법을 따르는 경우에는 만기일 이전의 시점에서는 유동부채가 과대계상되는 단점이 있다.

2. 단기차입금

단기차입금이라 함은 보고기간종료일로부터 1년 이내에 상환되어야 하는 부채를 말하는 것으로서, 금융기관으로부터의 당좌차월액을 포함한다. 이하에서는 당좌차월액과 단기차입금으로 나누어 설명하기로 한다.

(1) 당좌차월

1) 개념 및 범위

예금의 인출은 예금 잔액의 범위 내에 한정되어 있다. 그러나 사전에 금융기관과 당좌차월 계약을 체결해 두면 일정기간, 일정 금액까지는 예금의 잔액이 부족하거나 전혀 없는 경우에도 수표를 발행하여 지급할 수 있게 되는데, 이 때 예금잔액을 초과하는 금액은 차입금의 성격을 갖게 되며 이를 당좌차월이라 한다.

당좌차월 계약을 체결하기 위해서는 근저당에 의한 담보를 제공하여야 한다. 근저당이라 함은 계속적인 거래관계로부터 발생하는 다수의 채권에 대하여 사전에 일정 한도액을 정해 놓고 그 범위 내에서 장래의 결산기에 확정되는 채권을 담보하려고 하는 저당권을 말한다.

2) 기업회계상 회계처리

금융기관과 당좌거래를 개설하여 현금 등을 예입하였을 때에는 현금 및 현금성자산계정의 차변에 기재하고 수표를 발행하여 현금과 예금을 인출한 때에는 대변에 기재한다.

그런데 당좌예금의 잔액보다 많은 금액의 수표를 발행하여 당좌차월이 발생하게 된 경우 원칙적으로 당좌차월계정을 따로 설정하여야 하지만, 실무적으로는 예입과 인출이 매우 빈번하게 발생하므로 불편한 점이 있다. 따라서 당좌계정 또는 은행예금 계정에서 총괄하여 회계처리하고 있기 때문에 차변 잔액일 때에는 당좌예금이 되며 대변 잔액이 발생할 때에는 당좌차월이 된다. 이러한 회계처리도 당좌예금과 당좌차월이 당좌거래 약정이라는 단일계약에 의해 발생하는 것이고, 당좌차월이 있을 때 예금을 하면 당좌차월과 우선 상계하고 있는 것으로 보아 타당한 것으로 보인다.

① 당좌차월에 대한 회계처리 사례

가. 상품 ₩10,000을 매입하고 수표를 발행하여 대금을 지급하였다. 현재 당좌예금 잔액은 ₩3,000이고 당좌거래약정에 의한 당좌차월 한도액은 ₩20,000이다.

(가) 당좌예금계정과 당좌차월계정으로 분리하는 경우

(차) 매 입	10,000	(대) 당 좌 예 금	3,000
		당 좌 차 월	7,000

(나) 당좌계정에서 처리하는 경우

(차) 매 입	10,000	(대) 당 좌 계 정	10,000

나. 상품 ₩30,000을 매출하고 그 대금을 수표로 받아 즉시 은행에 예입하였다.

(가) 당좌예금계정과 당좌차월계정으로 분리하는 경우

(차) 당 좌 차 월	7,000	(대) 매 출	30,000
당 좌 예 금	23,000		

(나) 당좌계정에서 처리하는 경우

(차) 당 좌 계 정	30,000	(대) 매 출	30,000

이 밖에 당좌차월과 관련된 회계처리는 당좌예금을 참조하기 바란다.

② 결산시 유의할 사항

결산시 당좌차월계정에 유의할 사항도 당좌예금과 유사한 바, 다시 한 번 정리하면 다음과 같다.

첫째, 당좌예금과 당좌차월을 상계하지 않도록 한다.

예를 들어, (주)삼일이 A, B, C은행과 당좌거래를 하고 있는 경우 A은행에는 당좌예금이, B · C은행에는 당좌차월이 있는 경우 이를 상계하여 재무상태표상에 표시할 수 없다는 것이다.

그 이유는 일반기업회계기준 제2장에서 자산과 부채의 "총액주의"를 표방하고 있기 때문이다(일반기준 2장 문단 2.41).

둘째, 은행계정조정을 하여 회사의 당좌예금 잔액과 은행측 잔액이 일치하였다 하더라도 은행계정조정이 끝난 것은 아니며, 차이 내역을 조정한 것 중 회사측 잔액을 수정하여야 할 금액은 수정분개를 하여야 한다.

예를 들어, 차이 내역을 조정한 것 중 은행수수료 ₩100,000을 회사측이 기장하지 아니하였으나 은행이 이를 반영하였다면 회사측 잔액을 수정하며, 이 때 회사가 하여야 할 분개는 다음과 같다.

(차) 지 급 수 수 료	100,000	(대) (당좌) 예 금 또는 당 좌 차 월	100,000

(2) 단기차입금

1) 개념 및 범위

① 개 념

기업이 필요한 운용자금 조달을 위하여 민법상의 금전소비대차계약 또는 준소비대차계약에 의하여 금전이나 어음 등을 차입하는 경우 그 상환기한이 보고기간종료일(사업연도종료일)로부터 1년 이내에 도래하는 것은 단기차입금계정으로 계상한다.

민법에서의 소비대차계약은 당사자의 일방이 금전, 기타의 대체물의 소유권을 상대방에게 이전할 것을 약정하고, 상대방은 그것과 동종 · 동질 · 동량의 물건을 반환할 것을 약정함으로써 성립하는 계약이다.

그리고 준소비대차계약은 당사자의 일방이 소비대차에 의하지 아니하고 금전 기타의 대체물을 급부할 의무가 있는 경우에 당사자가 그 물건으로써 소비대차의 목적으로 할 것을 약정하는 계약으로 매매대금을 차입금으로 전환시키는 경우와 같이 기존의 채무를 소멸시키고, 기존 채무에 관하여 소비대차와 동일한 효력을 생기게 하는 것을 목적으로 하는 계약이다.

위의 두 가지에 비추어 보면 기업에서 차입하는 차입금은 대부분이 소비대차계약에 의한 것으로 판단된다.

② 범 위

가. 차입금의 만기를 기준으로 한 범위

단기차입금은 당기에 조달한 차입금으로서 보고기간종료일(사업연도 말일) 현재 상환기한이 1년 이내에 도래하는 차입금을 말한다. 즉, 장 · 단기차입금의 구분은 차입 당시의 약정기간과 관계없이 회계연도 말을 기준으로 상환기한이 1년 이내에 도래하는지 여부에 따라 판단하는 것이며, 다만 전기 이전에 조달한 차입금의 상환기한이 당기 말을 기준으로 1년 이내에 도래하는 경우에는 이를 단기차입금이 아니라 유동성장기부채로 계정분류하여야 한다.

한편, 장 · 단기차입금 여부를 판단함에 있어서는 다음과 같은 상황을 고려하여야 한다 (일반기준 2장 문단 2.24~2.27).

① 보고기간종료일로부터 1년 이내에 상환되어야 하는 채무는, 보고기간종료일과 재무제표가 사실상 확정된 날 사이에 보고기간종료일로부터 1년을 초과하여 상환하기로 합의하더라도 유동부채(단기차입금 또는 유동성장기부채)로 분류한다.

② 보고기간종료일로부터 1년 이내에 상환기일이 도래하더라도, 보고기간종료일 현재 기존의 차입약정에 따라 보고기간종료일로부터 1년을 초과하여 부채를 연장할 권리가 있는 경우에는 비유동부채로 분류한다. 만약 기업에 그러한 권리가 없다면, 차환가능성을 고려하지 않고 유동부채로 분류한다.

③ 장기차입약정의 약정사항을 위반하여 채권자가 즉시 상환을 요구할 수 있는 채무는, 보고기간종료일과 재무제표가 사실상 확정된 날 사이에 채권자가 상환을 요구하지 않기로 합의하더라도 유동부채(단기차입금 또는 유동성장기부채)로 분류한다. 그 이유는 보고기간종료일 현재 기업이 보고기간종료일로부터 1년을 초과하여 결제를 연기할 수 있는 권리를 가지고 있지 않기 때문이다. 다만, 장기차입약정을 위반하여 채권자가 즉시 상환을 요구할 수 있는 채무라도, 다음의 조건을 모두 충족하는 경우에는 비유동부채로 분류한다.

㉠ 보고기간종료일 이전에 차입약정의 위반을 해소할 수 있도록 보고기간종료일로부터 1년을 초과하는 유예기간을 제공하기로 합의하였다.

㉡ ㉠에서의 유예기간 내에 기업이 차입약정의 위반을 해소할 수 있다.

㉢ ㉠에서의 유예기간동안 채권자가 즉시 상환을 요구할 수 없다.

이에 대한 보다 자세한 내용은 'Ⅰ. 재무상태표의 기초이론 중 제3장 재무상태표 작성기준의 2. 자산과 부채의 유동성 · 비유동성 구분편'을 참조하기로 한다.

나. 차입금의 성격을 기준으로 한 범위

단기차입금 계정에 속하는 차입금에는 금전소비대차 계약에 의한 기업자금의 단기차입금과 어음차입금, 관계회사에 대한 차입금과 주주 · 임원 · 종업원에 대한 차입금은 포함되지만, 계약시에는 장기차입금이었으나 기간이 경과함에 따라 상환기한이 1년 이내에 도래하는 차입금(유동성장기차입금)은 원칙적으로 단기차입금과 구분하여 표시하여야 한다.

한편, 일반기업회계기준의 지급어음(trade notes payable)은 "일반적 상거래에서 발생한 어음상의 채무"이므로 단기차입금 중 어음상의 채무와는 성격이 명확히 다른 것이므로 구분하여 표시하여야 한다.

2) 기업회계상 처리

① 금융기관으로부터 단기차입하는 경우

기업이 금융기관으로부터 단기로 차입하는 거래의 유형은 일반적으로 어음차입(약속어음 또는 자기앞환어음의 발행에 의함)과 증서차입(차용증서에 의함)으로 나눌 수 있다.

어음차입의 형식은 금융기관을 수취인으로 하고 차용인을 지급인으로 하는 약속어음을 발행하거나, 자기앞환어음을 발행하는 것이 일반적이다.

또, 증서차입시 증서에는 공증증서와 사서증서가 있다.

가. 어음차입을 하는 경우

어음차입은 무담보 또는 담보부로 이루어지는데 무담보로 어음차입을 하는 경우 자기앞환어음보다는 약속어음을 발행하는 경우가 많다. 보증부 어음차입에 있어서는 어음표면에 정식으로 보증문구를 써넣고 기명날인하는 방법이 주로 쓰인다.

또 보증인을 수취인이 되도록 하고 차입인을 지급인으로 하는 약속어음을 발행하여 이것을 보증인이 대출금융기관에 배서양도함으로써 보증과 같은 효과가 생기도록 하는 방법도 있다.

단기차입어음(short－term loan notes payable)은 현금을 차입하는 경우나 단기간 내에 대금을 지불할 조건으로 설비를 구입하는 경우와 같이 일상적인 상거래가 아닌 다른 특정의 목적을 위해 발행하는 어음으로서, 일반적으로 상거래상 지급어음을 제외한 모든 단기어음을 포함한다.

어음을 발행해 주고 차입하는 경우의 회계처리를 예를 들면 다음과 같다.

사례 ① 용산은행으로부터 단기운영자금 ₩110,000을 차입하고 6개월 만기 약속어음을 발행하다. 이자는 따로 지급하지 않기로 하고, 용산은행은 이자 해당분 ₩10,000을 제외한 ₩100,000을 지급하고 회사는 이를 받아 당좌예입하였다.

(차) 현금 및 현금성자산	100,000	(대) 단 기 차 입 금	110,000
이 자 비 용	10,000		

② 회사는 사업연도가 1. 1.~12. 31.까지이며, 상기 차입을 10. 1.에 하여 결산시 선급이자가 ₩5,000(10,000 × 3 / 6 = 5,000) 발생하였다.

(차) 선 급 비 용	5,000	(대) 이 자 비 용	5,000

③ 익년 3. 31.에 만기가 되어 수표를 발행하여 ₩110,000을 상환하였다.

(차) 단 기 차 입 금	110,000	(대) 현금 및 현금성자산	110,000
이 자 비 용	5,000	선 급 비 용	5,000

위의 회계처리 '②'는 차입기간이 두 사업연도에 걸쳐 있어 기간손익을 구분하기 위해

결산시 기간 미경과분에 대한 이자비용을 선급비용으로 대체한 것이다. 이 때 이자율 적용시 유효이자율법을 적용하는 것이 원칙이나 [사례]의 경우는 기간이 짧아 중요성이 없다고 보아 기간에 비례하여 인식하였다.

나. 증서차입을 하는 경우

증서차입은 차용증서에 의해 차입하는 것을 말한다.

증서차입의 경우도 어음차입의 경우와 다를 바 없는데, 회계처리의 예를 들면 다음과 같다.

사례 용산은행으로부터 금전소비대차 계약에 의해 ₩100,000을 6개월간 차입하였고 이자는 후급이다(이자율은 연 15%이다). 회사의 사업연도는 1. 1.~12. 31.이며 차입일은 10. 1.이다.

① 차입시 회계처리

(차) 현금 및 현금성자산	100,000	(대) 단 기 차 입 금	100,000

② 결산시 회계처리

(차) 이 자 비 용	3,750*	(대) 미 지 급 비 용	3,750**

* ₩100,000 × 0.15 × 3 / 12 = ₩3,750

** 이자지급 조건이 후급이므로 결산시 미지급비용(이자)이 발생하였다.

③ 상환기일이 도래하여 이자 ₩7,500과 함께 차입금을 상환한 경우의 회계처리

(차) 단 기 차 입 금	100,000	(대) 현금 및 현금성자산	107,500
미 지 급 비 용	3,750		
이 자 비 용	3,750		

② 금융어음(융통어음)의 경우

일반기업회계기준의 지급어음은 상거래를 원인으로 하여 발행되는 어음으로 진성어음이라고도 한다. 이와 대응되는 개념으로서의 금융어음(융통어음)은 그 배후에 아무런 현실적 거래가 없이 단순히 타인에게 신용을 이용하게 할 목적으로 발행(또는 배서)되는 어음을 말한다.

금융기관에서 이를 할인한 경우에는 단기차입금으로 계상하여야 한다.

③ 은행신용(Banker's usance)과 공급자신용(Shipper's usance)

연불조건수입으로서 공급자 또는 은행에서 금융지원을 받는 경우 Shipper's usance이자는 금융비용 및 매입채무로 계상하고 Banker's usance이자는 금융비용 및 단기차입금으로 계상하여야 한다(GKQA 03-114, 2003. 11. 16.).

④ **어음용지를 타인에게 제공하고 타인이 동 어음을 할인받은 경우**

한 회사(갑)가 다른 회사(을)에게 어음을 제공(교환)하고 을회사는 교부받은 갑회사발행 어음을 금융기관(병)으로부터 할인하여 자금을 차입하는 경우의 회계처리에 관해서 재무보고에 관한 실무의견서 1999-5에서는 다음과 같이 규정하고 있다.

회계처리는 자금의 흐름 및 자금사용의 경제적 실질에 따라야 하기 때문에 거래의 법적 형식에 불구하고 자금의 실질적인 사용 및 이자부담을 하지 않는다면 갑회사는 차입금으로 회계처리하지 않고 타인에 대한 지급보증으로 주석기재하는 것이 타당한 회계처리이다. 또한 을회사와 병회사는 이러한 경제 실질에 따라 각각 상대방에 대한 차입금과 대출금으로 회계처리하여야 하며, 필요한 사항은 주석으로 기재하여야 한다. 다만, 자금이 갑회사의 은행구좌를 거쳐 수수되는 경우로서 자금의 입출이 동시에 발생하지 않고 상당한 시차가 있는 경우 이 자금은 갑회사의 자금관리상의 목적에 기여한 것으로 볼 수 있으므로 갑회사는 어음이 할인되어 자금이 입금되는 시점에 병회사로부터의 차입금으로 계상하고 출금시점에 을회사에 대한 대여금으로 회계처리하여야 하며 이를 상계처리할 수 없다.

⑤ **유가증권 양도시 양수자에게 해당 유가증권에 대한 풋옵션을 부여하는 경우**

양수자가 미리 정한 가격으로 유가증권을 되팔 수 있는 권리(풋옵션)를 가짐으로써 유가증권 보유에 따르는 위험의 대부분이 양도자에게 귀속되거나, 매수한 유가증권의 제3자에 대한 매각이 제한된다면, 유가증권을 담보로 한 담보차입거래로 회계처리한다(GKQA 13-004, 2013. 3. 7.).

(3) 결산시 유의할 사항

① 단기차입금계정 중 차입약정의 변경으로 보고기간종료일로부터 상환기일이 1년 이후에 도래하는 금액이 있는지, 장기차입금 계정 중 상환기일이 1년 이내에 도래하는 금액은 없는지를 검토하여 계정재분류한다.

사례 장기차입금 중 상환기일이 보고기간종료일로부터 1년 이내에 도래분 ₩1,000,000,000이 있다.

(차) 장 기 차 입 금 1,000,000,000 (대) 유 동 성 장 기 부 채 1,000,000,000

② 외화 단기차입금에 대하여 외화환산손익을 계상한다.

외화환산손익에 대한 자세한 내용은 '손익계산서편'을 참고하기 바란다.

③ 차입금과 관련된 양건예금은 상계하지 않고 이를 예금과 단기차입금계정에 각각 계상한다.

사례 회사는 외화채무 $200,000이 있으며 장부상 부채액은 ₩230,000,000이고 보고기간종료일 현재의 환율은 $1당 ₩1,200이며, 회사의 기능통화는 원화이다.

(차) 외 화 환 산 손 실 10,000,000 (대) 단 기 차 입 금 10,000,000

* ₩230,000,000 – ($200,000 × 1,200) = (₩10,000,000)

(4) 세무회계상 유의할 사항

1) 지급이자 손금불산입

법인세법상 지급이자는 원칙적으로 순자산을 감소시키는 손비에 해당하지만 기업의 재무구조개선 등의 목적으로 다음의 지급이자에 대해서는 예외적으로 손금불산입된다(법법 28조 1항).

- 채권자가 불분명한 사채의 이자
- 지급받은 자가 불분명한 채권 · 증권의 이자 · 할인액
- 건설자금에 충당한 차입금의 이자
- 업무무관자산과 업무무관가지급금에 대한 지급이자

건설자금이자는 '유형자산편', 업무무관자산 등에 대한 지급이자는 '투자부동산편과 단기대여금편'을 참고하도록 하고 여기서는 나머지 지급이자 손금불산입규정에 대해서 살펴보도록 한다.

① 채권자가 불분명한 사채의 이자

채권자가 불분명한 사채의 이자란 다음에 해당하는 차입금의 이자(알선수수료 · 사례금 등 명목 여하에 불구하고 사채를 차입하고 지급하는 금품을 포함함)를 말한다. 다만, 거래일 현재 주민등록표에 의하여 그 거주사실 등이 확인된 채권자가 차입금을 변제받은 후 소재불명이 된 경우의 차입금에 대한 이자를 제외한다(법령 51조 1항).

㉠ 채권자의 주소 및 성명을 확인할 수 없는 차입금

㉡ 채권자의 능력 및 자산상태로 보아 금전을 대여한 것으로 인정할 수 없는 차입금

㉢ 채권자와의 금전거래사실 및 거래내용이 불분명한 차입금

이와 같은 채권자불분명사채이자에 대하여는 그 지급거래를 부인하여 손금불산입하고 그 소득귀속이 불분명하므로 대표자상여로 소득처분하도록 규정하고 있다. 다만, 이자에 대한 원천징수세액 상당액은 기타사외유출로 처분한다(법기통 67–106…3).

② 지급받은 자가 불분명한 채권 · 증권의 이자 · 할인액

다음의 채권 · 증권의 이자 · 할인액 또는 차익을 발행법인이 직접 지급하는 경우에 그 지

급사실이 객관적으로 인정되지 아니하는 것은 손금불산입한다(법법 28조 1항 2호). 소득처분은 대표자상여로 하고 다만, 이자에 대한 원천징수세액 상당액은 기타사외유출로 처분한다.

㉠ 국가 또는 지방자치단체가 발행한 채권 또는 증권의 이자와 할인액

㉡ 내국법인이 발행한 채권 또는 증권의 이자와 할인액

㉢ 외국법인의 국내지점 또는 국내영업소에서 발행한 채권이나 증권의 이자와 할인액

㉣ 채권 또는 증권의 환매조건부 매매차익

2) 부외(簿外)부채 및 관련 지급이자의 세무조정

① 부외부채액(부채누락액)

차입금은 당연히 장부에 계상하여야 하는 것이나 법인이 장부에 계상하지 아니한 부채가 있는 경우 그에 대응하는 자산의 귀속에 따라 처리하여야 한다. 대응자산이 불분명한 경우에는 대차평균의 원리에 따라 대응하는 자산의 누락 및 임의포기로 보아 동액을 익금에 산입하고 대표자상여로 처분함과 동시에 동액을 손금에 산입하고 △유보로 처분한다.

그러나 대응자산의 귀속자가 따로 있는 경우에는 익금산입액을 그 귀속자에 따라 배당 등으로 처분함과 동시에 동액을 손금에 산입하고 △유보로 처분한다. 다만, 대응자산을 특정인이 유용하고 있고 회수할 것임이 객관적으로 입증되는 경우에는 이를 동인에 대한 가지급금 등으로 보아 부외부채액을 익금과 손금에 각각 산입하여 유보와 △유보로 처분함과 동시에 가지급금 인정이자 상당액은 익금에 산입하고 동인에 대한 배당 등으로 처분하여야 할 것이다. 한편, 부외부채와 관련된 유보액 및 △유보액은 법인이 장부에 계상하는 바에 따라 처리한다.

② 부외부채 관련 이자비용

법인이 부채는 장부에 계상하지 아니하였으나 이자비용은 장부상에 비용으로 계상하는 경우가 있다. 이 때에도 관련 증빙에 의하여 당해 차입금이 실제로 회사의 업무에 사용되었음이 입증되는 경우에는 손금으로 계상할 수 있다.

따라서 금융자료 등의 증빙을 갖추어 두어야 한다.

3) 타인명의의 차입금

차입금의 명의가 타인으로 되어 있는 경우에도 그 차입금이 법인의 장부에 계상되어 있고 실질적으로 당해 법인의 사업에 사용되었음이 확인되는 경우에는 법인의 차입금으로 간주하도록 하고 있으므로 이자비용 역시 손금산입이 가능하다.

그러나 법인은 실질적으로 법인의 사업에 사용되었는지 확인할 수 있는 증빙을 갖추어야 할 것이다.

3. 매입채무

매입채무라 함은 일반적인 상거래에서 발생한 외상매입금과 지급어음을 말하는 것으로서, 보고기간종료일로부터 1년(정상적인 영업주기가 1년을 초과하는 경우 정상적인 영업주기) 이내에 상환 등을 통하여 소멸되는 것으로 한다. 따라서, 보고기간종료일로부터 1년(또는 정상적인 영업주기)을 초과하여 소멸되는 것은 장기매입채무(비유동부채)로 분류하여야 한다.

이하에서는 매입채무를 외상매입금과 지급어음으로 구분하여 설명하기로 한다.

(1) 외상매입금

1) 개념 및 범위

외상매입금(accounts payable)이란 일반적 상거래에서 재화와 용역을 구입하고 그 대금을 구입시점 이후에 지불하기로 약정함으로써 발생하는 유동부채이다.

일반적인 상거래라 함은 당해 회사의 사업목적을 위한 주된 영업활동에서 발생하는 거래를 말한다. 따라서 설비구입대금 등 일반적 상거래 이외의 거래에서 발생하는 매입채무는 외상매입금계정에 계상하는 것이 아니고 미지급금계정으로 계상하여야 한다.

2) 기업회계상 회계처리

① 외상매입금에 관한 계정과목의 설정

외상매입금에 관한 회계처리에 있어서 매입처의 수가 극히 적을 때에는 '외상매입금'이라는 이름의 통제계정 대신으로 총계정원장에 매입처의 인명을 붙인 이른 바 인명계정을 사용하여 처리하는 방법을 택할 수도 있다. 그러나 매입처의 수가 많을 때에는 외상매입금계정을 통제계정으로 하고 별도로 보조장부로서 매입처원장을 사용하는 것이 바람직하다.

② 외상매입금의 증가에 관한 회계처리

가. 외상매입금의 계상시기

상품 등을 외상매입하는 경우 외상매입금 계정의 대변에 처리한다.

사례 갑회사는 을회사로부터 상품 ₩2,000,000을 외상매입하였다.

(차) 매 입	2,000,000	(대) 외 상 매 입 금	2,000,000

이 경우 외상매입금의 계상시점을 언제로 할 것인가가 문제이다.

아래와 같이 판매자가 상품을 출고하는 때로부터 매입자의 검수가 완료되어 입고될 때까지는 여러 단계를 거치게 되는데, 매입자의 입장에서는 어느 시점에 외상매입금으로 인식할 것인가 하는 인식기준에 관한 문제가 대두된다.

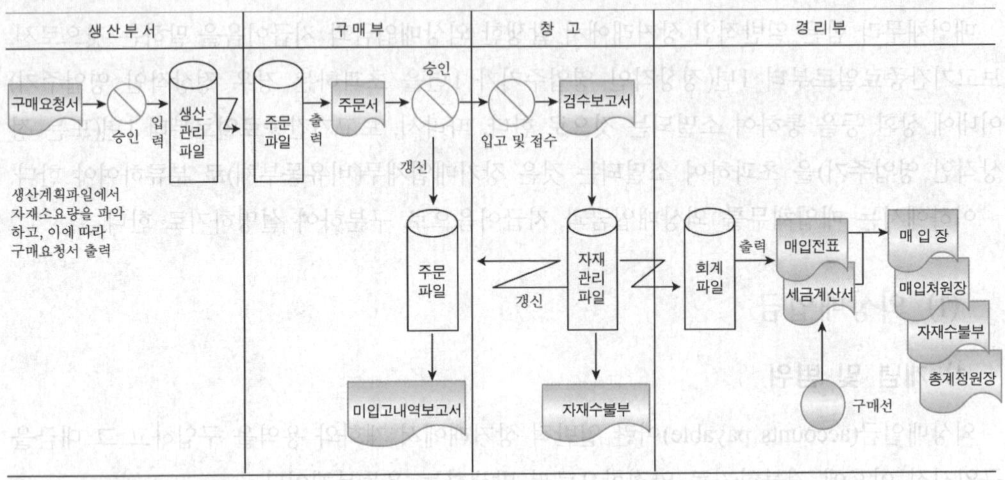

이와 같은 외상매입금의 인식은 일반적으로 검수완료시점(검수서에 압인 즉, 도장이 찍힌 검수일자)에서 매입채무를 인식하는 이른 바 검수기준에 의하는 것이 원칙이다.

상품이나 원재료가 도착하면 그 실물을 송장 등과 대조 · 확인하는 것이 일반적이나 경우에 따라서는 주문한 원재료 등이 도착하였지만 상대방 판매처로부터 납품서 또는 송장이 오지 않아서 검수를 하지 못하여 제조와 그에 따른 원가계산이 늦어지는 일이 있을 수 있다.

회사가 채택한 검수기준은 계속 적용하여야 하나 전술한 바와 같이 납품서 미도착이나 긴급 원재료 등의 경우에는 검수조건에 연연하기보다는 자재관리책임자의 책임 하에 미리 검수를 실시할 수 있는 융통성이 요구된다.

나. 검수기준의 예외

거리가 먼 지방으로부터 상품을 매입하거나 외국으로부터 상품을 수입하는 경우에는 상품이 발송된 후 도착하는 시점까지 상당한 시일이 필요하기 때문에, 그것이 입고되는 시점까지 무작정으로 매입계상을 연기하게 되면 회계상 불편이 따르게 된다.

그러므로 이와 같은 미착상품에 관하여는 보통 그 검수 이전에 운송화물을 대표하는 대표증권(화물상환증 또는 선화증권 등)의 수수나 화환어음의 인수 등에 의하여 소유권이 이전되고 지급채무가 확정되므로, 상품 자체는 아직 운송 중에 있다 하더라도 그에 관한 외상매입금을 계상하는 것이 타당하다.

여기에서 화환어음이라 함은 외국과의 무역에서 주로 쓰이는 것으로서 환어음에 선적서류(예컨대, 선화증권, 송장, 보험증권 등)가 첨부되어 있는 상태의 어음을 말한다.

③ 외상매입금의 감소에 관한 회계처리

가. 외상매입금 지급시 회계처리

외상매입금은 보통 매월 일정한 날짜에 매입처로 하여금 청구서를 제출하게 하고 청구서의 금액을 외상매입금의 계상액과 대조 · 검증한 다음 일정한 지급일에 당좌수표나 약속어음의 발행, 받을어음의 배서양도, 당좌이체, 외상매출금과의 상계 등의 방법으로 결제하게 된다.

이와 같이 외상매입금을 결제하는 경우에는 외상매입금계정의 차변에 그 지급액을 기입한다.

사례 갑회사에 대한 외상매입금 ₩1,500,000 중 ₩500,000은 현금으로, ₩1,000,000은 약속어음을 발행하여 지급하였다.

(차) 매입채무(외상매입금)	1,500,000	(대) 매입채무(지급어음)	1,000,000
		현금및현금성자산	500,000

나. 외상매입금의 결제절차

일반적으로 외상매입대금의 결제시기나 방법 등은 거래처와의 합의에 의하는 경우가 대부분이며, 이러한 대금지급절차는 다음과 같다.

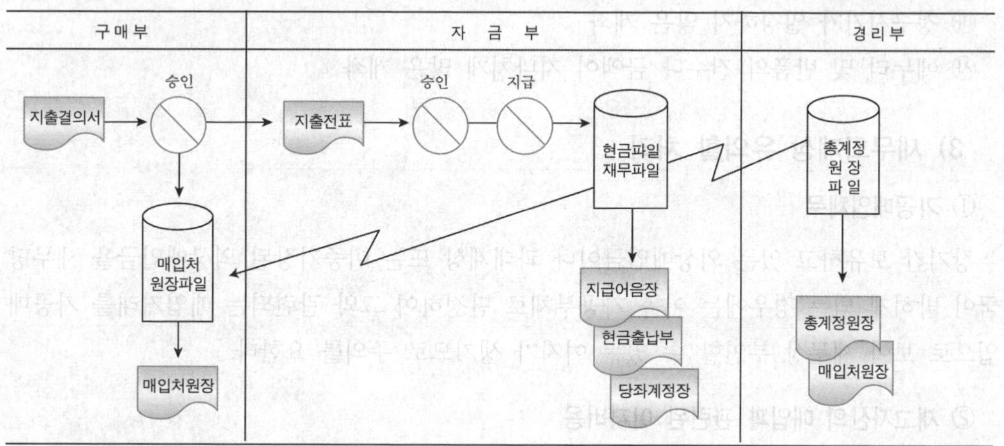

외상매입금의 지급은 거래처로부터 대금지급청구서가 왔을 때 그 청구액을 매입처원장에 계상된 금액과 대조하여 지급하는 것이 보통이다. 그러나 담당자의 부주의나 매입처원장의 기장이 지연되어 청구서와 대조할 수 없어 검수보고서와 청구서를 대조하여 그 금액이 일치되는 부분에 대해서만 지급하는 경우가 많다.

예를 들어, 에누리액 등을 공제하지 아니하고 지급함으로써 초과지급할 가능성이 있다.

따라서 대금지급시 다음과 같은 사항들을 확인하여야 한다.

㉮ 충당할 선급금이 있는가의 여부
㉯ 중도금이 있는가의 유무
㉰ 리베이트(sales rebate) 또는 대체지급한 운임 등을 공제할 것이 있는가의 유무
㉱ 환출품, 매입에누리 등과 같은 공제대상 존재 유무
㉲ 외상매출금 또는 대여금 등과 상계할 금액이 있는가의 유무

다. 외상매입금 잔액의 정리

매입처별로 외상매입금의 내용을 명확히 확인하고 그 잔액을 파악하기 위하여 매입처원장을 사용한다. 그러나 담당자의 오류나 부정으로 인한 외상매입금의 과다계상액 또는 과소계상액은 이를 매입처에 조회하지 않으면 발견하기 어렵다. 그러므로 정기적으로 매입처의 잔액과 장부상의 잔액을 대조하여 보는 한편 다음과 같은 계정계좌에 관하여는 특히 유의하여야 한다.

㉮ 계속적으로 거래가 있었던 거래처이나 특정 달에는 계상이나 결제가 전혀 없는 계좌
㉯ 특정 달에 특별히 거래가 많거나 적은 계좌
㉰ 잔액 변동이 없는 계좌
㉱ 새로운 외상매입금이 결제되었으나 구 채무는 그대로 남아 있는 계좌
㉲ 외상매입금의 발생과 결제의 기간적 간격이 너무 긴 계좌
㉳ 청구시기가 일정하지 않은 계좌
㉴ 에누리 및 반품의 건수나 금액이 지나치게 많은 계좌

3) 세무회계상 유의할 처리

① 가공매입채무

장기간 보유하고 있는 외상매입금이나 과대계상 또는 이중기장된 외상매입금을 세무당국이 밝히게 되는 경우에는 이를 가공부채로 단정하여 그와 관련되는 매입거래를 가공매입으로 보아 세무상 부인할 수 있는 여지가 생기므로 주의를 요한다.

② 재고자산의 매입과 관련된 이자비용

일반기업회계기준 제7장에서는 Usance Bill 또는 D/A Bill과 같이 연불조건으로 원자재를 수입하는 경우에 발생하는 이자를 차입원가로 처리하도록 하고 있다(일반기준 7장 부록 실7.3). 즉, 연불조건으로 원재료를 수입하는 경우 취득시점의 현금구입가격보다 실제 총지급액이 더 많게 되며, 이러한 차액은 결국 대가지급을 이연시킨 결과이므로 차입원가의 자본화대상이 아닌 한 실제 지급시까지의 기간에 걸쳐 이자비용으로 인식하도록 한 것이다.

이와 관련하여 법인세법에서는 다음에 해당하는 연지급수입에 있어서 취득가액과 구분

하여 지급이자로 계상한 금액은 취득가액에서 제외하도록 하고 있다(법령 72조 4항 2호 및 법칙 37조 3항).

① 은행이 신용을 공여하는 기한부 신용장방식 또는 공급자가 신용을 공여하는 수출자 신용방식에 의한 수입방법에 의하여 그 선적서류나 물품의 영수일부터 일정기간이 경과한 후에 당해 물품의 수입대금 전액을 지급하는 방법에 의한 수입

② 수출자가 발행한 기한부 환어음을 수입자가 인수하면 선적서류나 물품이 수입자에게 인도되도록 하고 그 선적서류나 물품의 인도일부터 일정기간이 지난 후에 수입자가 해당 물품의 수입대금 전액을 지급하는 방법에 의한 수입

③ 정유회사, 원유 · 액화천연가스 또는 액화석유가스 수입업자가 원유 · 액화천연가스 또는 액화석유가스의 일람불방식 · 수출자신용방식 또는 사후송금방식에 의한 수입대금결제를 위하여 외국환거래법에 의한 연지급수입기간 이내에 단기외화자금을 차입하는 방법에 의한 수입

④ 기타 ① 내지 ③과 유사한 연지급수입

(2) 지급어음

1) 개념 및 범위

지급어음이란 매입처와의 일반적인 상거래 관계에서 나타난 어음상의 채무 즉, 영업상의 거래에서 상품매입대금이나 외상매입금에 대한 약속어음을 발행한 경우, 또는 환어음을 인수하거나 자기앞환어음을 발행한 경우의 어음채무를 말한다. 따라서 일반적인 상거래 이외에 비유동자산이나 유가증권의 매입에 의한 매입채무는 미지급금계정에 계상하여야 하며 금융기관으로부터의 차입을 위해 발행하는 어음은 단기차입금계정으로 처리한다.

이러한 자금융통목적으로 발행된 금융어음은 어음으로서의 요건을 구비하고 있는 한 법률상으로는 독립한 어음채무로 존재하지만 만약 그 원인관계인 채권 · 채무가 아직 발생하지 않고 있을 경우에는 이를 재무상태표에 계상할 수 없다.

2) 기업회계상 회계처리

① 지급어음의 증가

가. 어음발행 및 인수시의 회계처리

외상매입채무에 대하여 약속어음을 발행하였을 때, 또는 자기앞환어음을 인수하였을 때에는 그 어음금액을 지급어음계정의 대변에 기입한다.

(차) 매입채무(외상매입금)	×××	(대) 매입채무(지급어음)	×××

사례 외상매입금 ₩6,000,000을 결제하기 위하여 약속어음을 발행하였다.

(차) 매입채무(외상매입금)	6,000,000	(대) 매입채무(지급어음)	6,000,000

나. 일반적 상거래가 아닌 거래에 의한 지급어음의 회계처리

유형자산이나 유가증권을 구입하고 약속어음을 발행하여 주는 경우 미지급금계정으로 표시한다. 즉, 유형자산 등을 구입하고 그 대금지급을 위하여 어음을 발행하여 교부한 경우에는 다음과 같이 회계처리한다.

(차) 토　　지	×××	(대) 미지급금(지급어음)	×××

② 지급어음의 감소

가. 지급어음 결제시 회계처리

지급어음의 만기일이 도래하여 어음소지인이 지급은행에 어음금액의 지급을 청구하는 경우 그 어음금액은 지급은행에 예입되어 있는 당좌예금에서 대체결제되는 것이 보통이다. 이 때의 회계처리는 다음과 같다.

(차) 지 급 어 음	×××	(대) 현금 및 현금성자산 (당 좌 예 금)	×××

어음이 지급제시기간 내(만기일 다음 2일 즉, 2거래일까지)에 결제되지 아니하더라도 어음채무는 소멸시효(만기일로부터 3년)가 완성될 때까지는 소멸되지 않으므로 결제시까지는 지급어음계정에 잔액으로 남겨두어야 한다.

사례 (주)삼일이 발행한 약속어음(어음금액 ₩6,000,000)이 만기가 되어 결제되었다.

(차) 지 급 어 음	6,000,000	(대) 현금 및 현금성자산 (당 좌 예 금)	6,000,000

나. 어음개서한 경우의 회계처리

회사의 자금사정으로 인하여 어음소지인과 협의하여 어음의 지급기일을 연장할 수 있다.

이 경우 구 어음을 회수하고 새로 어음을 교부하면서 기간연장에 따른 이자를 지급하는 것이 보통이다.

사례 (주)삼일은 만기일이 도래한 약속어음 ₩2,000,000의 지급기일을 2개월간 연장키로 합의하고 새로 어음을 발행교부하였다. 그리고 2개월간의 이자 ₩57,000을 현금지급하였다.

(차) 지 급 어 음	2,000,000	(대) 지 급 어 음	2,000,000
이 자 비 용	57,000	현금 및 현금성자산	57,000

③ 기타의 경우

가. 영업보증금으로서 어음을 제공한 경우

(가) 영업보증금의 현금제공 대신 어음을 기탁한 경우

이는 자금융통, 기타의 사정으로 영업보증금의 현금제공시기를 어느 정도 연기하기 위하여 어음을 발행하는 방법이다. 이 경우에는 비교적 단기간 내에 상대방으로부터 지급결제의 요구가 있을 것이 예상되는 것으로서 외상매입채무를 지급하기 위해서 발행한 어음과 같이 부채로서 인식할 필요가 있다.

이 경우의 회계처리는 다음과 같다.

i) 영업보증금의 대용으로서 약속어음을 발행한 경우

(차) 영 업 보 증 금 ××× (대) 미지급금(지급어음) ×××

ii) 지급기일에 결제한 경우

(차) 미지급금(지급어음) ××× (대) 현금및현금성자산 ×××

(나) 어음을 항구적으로 기탁한 경우

이는 영업보증금으로서 현금 대신으로 약속어음을 기탁하는 것이 아니라, 영업거래가 계속되는 한 계속하여 어음을 영업보증금으로 기탁하는 것으로서 특별한 경우 외에는 어음의 소지인이 제3자에게 배서양도하지 않는 것이 원칙이므로 실질적으로는 담보어음이라 할 수 있다. 이것은 일종의 우발부채로서 일반기업회계기준 제14장에 따라 재무상태표상의 자산이나 부채로 표시할 수 없고 비망기록의 회계처리를 한 후 재무제표에 주석으로 관련 사항을 표시하면 된다. 한편, 어음을 기탁하는 경우에는 어음의 수수를 명확히 하기 위하여 어음보관증 등 관련 증빙을 반드시 수령해 두어야 한다.

나. 견질어음의 회계처리

건설공사의 경우 도급업자가 당해 공사발주자에 대하여 계약기간 내에 공사를 완료하지 못할 경우에 부담할 손해배상금의 담보를 위하여 미리 어음을 기탁하는 경우가 있다. 이와 같이 장차 발생가능성이 있는 채무의 이행을 담보하기 위하여 어음을 발행하여 제공하는 경우 그 채무가 실제로 발생하지 않는 한 어음상의 채무가 발생하지 않지만 우발부채의 경우처럼 비망기록의 회계처리 후 재무제표에 관련내용을 주석기재하여야 한다.

다. 어음보증에 관한 회계처리

어음발행에 대한 보증에 있어서 주채무자가 채무를 이행하지 아니한 경우에는 금전채무가 발생하게 되므로 이를 우발부채에 준하여 회계처리한다.

그러나 어음보증은 불특정의 어음채권자에 대하여 주채무자와 동일한 책임을 지는 것이므로 일반보증채무와 구별하여 다음과 같은 대조계정을 사용하여 비망기록의 회계처리를 한다.

(차) 어음보증채무대충 ××× (대) 어 음 보 증 채 무 ×××

그리고 표면에 나타나지 않는 어음보증으로서 배서양도하는 경우에 어음상으로는 배서인으로서의 상환의무를 지기 때문에 다음과 같이 우발부채를 표시하여 두어야 한다.

(차) 어음배서의무대충 ××× (대) 어 음 배 서 의 무 ×××

3) 기업구매자금대출제도와 기업구매전용카드제도

① 기업구매자금대출제도

가. 개 요

중소기업들의 연쇄부도를 막고 자금조기결제를 위해 납품대금을 약속어음 대신 현금으로 받는 기업구매자금대출제도가 한국은행의 지원으로 2000년 5월에 도입되었다. "기업구매자금대출제도"는 구매기업(주로 대기업)이 물품대금을 만기 3~6개월의 어음으로 지급하는 대신 거래은행으로부터 자금을 대출받아 납품업체에 현금으로 지급하는 방식을 말한다.

나. 기업구매자금대출 흐름도

기업구매자금대출의 결제 흐름도

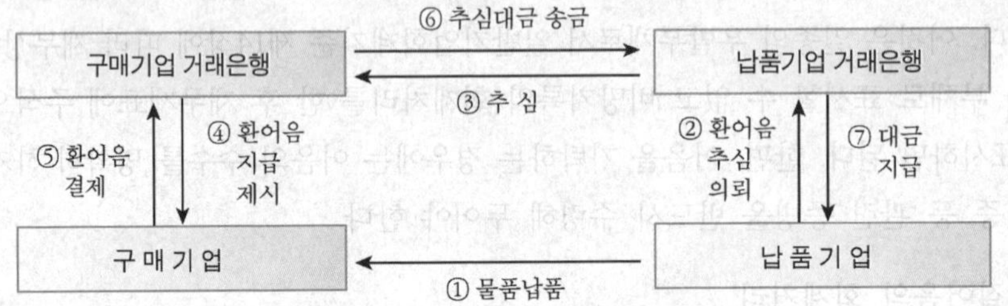

다. 이용절차

사전에 구매기업은 거래은행 및 납품업체와 대출한도, 대출기간 등에 관한 거래약정을 맺는다. 납품업체는 납품 후 구매기업을 지급인으로 하는 환어음(세금계산서 첨부)을 발행하여 구매기업 거래은행에 직접 제시하거나 자사 거래은행에 추심을 의뢰하거나, 환어음 대신 인터넷을 통해 판매대금추심의뢰서를 구매업체 거래은행에 전송한다. 구매기업은 거래은행과 사전에 정한 대출한도 범위 안에서 구매자금을 융자받아 대금을 결제한다.

라. 회계처리

㉮ 환어음 결제 전 : 외상매입한 후 판매기업이 발행한 환어음을 결제하기 전까지의 기간에 대해서는 일반적인 외상매입과 동일한 것으로 구매기업은 외상구입대금을 매입

채무로 분류한다.

㉯ 환어음 결제시점부터 융자금 상환시점 : 판매기업이 금융기관에 지급제시한 환어음에 대해 금융기관이 판매회사의 계좌로 입금시켜 주며 구매기업은 대출기간에 대한 이자해당액을 선지급한 후 융자금상환일에 구매대금을 금융기관으로 상환하게 된다. 그러므로 거래실질은 구매기업이 은행으로부터 자금을 차입하여 외상매입금을 결제한 것과 동일하므로 구매기업은 매입채무를 단기차입금으로 계정재분류한다. 기업구매자금대출을 이용하는 경우의 회계처리를 보면 다음과 같다.

구 분	판 매 기 업	구 매 기 업
매출발생시점	(차) 매출채권 100　(대) 매　출 100	(차) 매　입 100　(대) 매입채무 100
환어음결제시	(차) 현금및현금성자산 100　(대) 매출채권 100	(차) 매입채무 100　(대) 단기차입금 100 선급비용 10　현금및현금성자산 10
결 산 시	분개없음.	(차) 이자비용 5　(대) 선급비용 5
융자금상환시	분개없음.	(차) 단기차입금 100　(대) 현금및현금성자산 100 이자비용 5　선급비용 5

② 기업구매전용카드제도

가. 개 요

기업구매전용카드는 기업간의 구매비용 결제를 용이하게 하기 위하여 개발된 새로운 개념의 카드로서 원료대금, 공사대금, 사무용 소모품 구입대금, 광고물 제작비용 등 외부업체와 거래시 해당 업체에 대금을 지급할 때 어음 또는 현금 대신 사용하는 대금지급 전용카드로서 판매기업의 입장에서는 매출대금의 조기회수에 따른 자금회전율을 증대시키고 어음 또는 수표 수납에 따른 부실채권 발생을 방지할 수 있는 장점이 있으며, 구매기업의 입장에서는 어음 및 현금 취급에 따른 위험성을 제거할 수 있는 장점이 있다.

나. 기업구매전용카드 흐름도

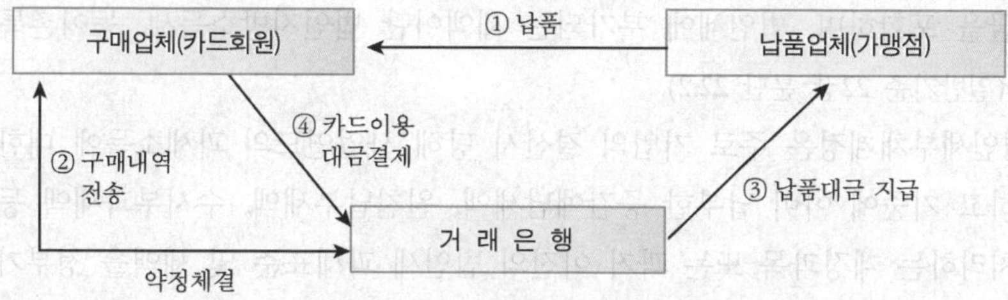

다. 기업구매전용카드 관련 회계처리

㉮ 판매기업 : 기업구매전용카드 관련 채권은 매출발생시점에 매출채권(내부관리목적상 : 구매카드채권)으로 인식하고 대금지급을 담당하는 은행의 신용도에 따라 대손충당금을 설정한다. 또한 구매카드를 이용하여 금융기관에 수수료를 지급하고 현금화한 경우 당해 금융기관에 매출채권을 매각한 것으로 보아 지급한 수수료는 매출채권처분손실로 인식한다.

㉯ 구매기업 : 기업구매전용카드로 상품 및 제품을 인도받은 시점에 물품대금을 매입채무(내부관리목적상 : 구매카드채무 가능)로 계상하고, 결제일의 대금지급은 매입채무의 이행으로 회계처리한다.

기업구매카드를 이용할 경우 판매기업과 구매기업의 회계처리 사례를 들어보면 다음과 같다.

구 분	판 매 기 업		구 매 기 업	
매출발생시점	(차) 매 출 채 권 100	(대) 매 출 100	(차) 매 입 100	(대) 매 입 채 무 100
카 드 채 권 할 인 시 점	(차) 현금및현금성자산 90 매출채권처분손실 10	(대) 매 출 채 권 100	분 개 없 음	
카드결제시점	분 개 없 음		(차) 매 입 채 무 100	(대) 현금및현금성자산 100

4. 당기법인세부채

(1) 개념 및 범위

당기법인세부채라 함은 회사가 납부하여야 할 법인세부담액 중 아직 납부하지 않은 금액을 말하며, 법인세부담액은 법인세법 등의 법령에 의하여 각 회계연도에 부담할 법인세 및 법인세에 부가되는 세액의 합계액을 말한다(일반기준 22장 문단 22.7, 용어의 정의).

이 경우 법인세의 범위에는 국내 또는 국외에서 법인의 과세소득에 기초하여 부과되는 모든 세금을 포함하며, 법인세에 부가되는 세액이란 법인지방소득세, 농어촌특별세 등을 의미한다(일반기준 22장 문단 22.2).

당기법인세부채계정은 주로 기업의 결산시 당해 사업연도의 과세소득에 대한 법인세액을 추정하고 기중에 이미 납부한 중간예납세액, 원천납부세액, 수시부과세액 등을 차감한 잔액을 처리하는 계정과목 또는 과거 이전의 법인세 과세표준 및 세액을 정부가 경정결정하면서 추가납부세액을 고지했으나 회계연도 말 현재 미지급상태인 경우 동 금액을 회계처리하는 계정과목이다.

따라서 당기법인세부채계정은 일부 확정된 부채도 포함되지만 대개는 미확정부채로 구성된다. 이는 법인세가 회계결산 이후에 확정되기 때문이다.

(2) 기업회계상 회계처리

당기법인세부채의 발생은 회계결산시(법인세 등을 추정하는 경우)와 정부로부터 경정결정을 받았을 경우 등이고 소멸은 실제로 법인세 등을 납부하는 때이며, 납부하여야 할 금액을 초과해서 납부한 금액은 당기법인세자산으로 인식하여야 한다(일반기준 22장 문단 22.7). 또한, 기업이 국세청의 세무조사 결과로 추징세액을 납부한 후 소송을 거쳐 해당 세액을 환급받고자 하는 경우, 소송에서 해당 세액을 환급받을 가능성이 매우 높은 경우에는 해당 금액을 추징세액 납부 시점에 자산으로 인식한다(일반기준 22장 부록 실22.26).

한편, 전기 이전의 기간과 관련된 법인세부담액(환급액)을 당기에 인식한 금액, 즉 법인세 추납액 또는 환급액은 이를 당기 법인세부담액(환급액)으로 하여 법인세비용에 포함하여야 한다. 예를 들어, 오류수정을 당기 손익계산서에 전기오류수정손익으로 처리하는 경우 또는 회계처리와 무관하게 전기 이전의 법인세부담액(환급액)에 대한 조정사항이 있어 당기에 법인세를 부담하거나 환급받는 경우 그에 대한 법인세효과는 당기 법인세비용에 반영하여야 한다. 다만, 과거의 회계처리에 중대한 오류가 있어 이를 소급적으로 수정하는 경우 이와 관련한 법인세효과는 자본계정과 직접 관련되므로 자본계정에 직접 가감하여야 한다(일반기준 22장 문단 22.46, 부록 실22.17).

1) 결산시 법인세 등의 금액을 추정하는 경우

사례 ① (주)삼일은 20×7. 12. 31. 당 회계연도의 과세소득에 대한 법인세를 추정한 결과 법인세 ₩17,500,000, 법인지방소득세 ₩1,750,000이고, 당기 중 기납부한 중간예납세액과 원천납부세액이 선급법인세계정에 ₩13,500,000 계상되어 있다.

② (주)삼일은 20×8. 3. 25. 법인세를 신고조정한 결과 법인세가 ₩19,000,000이고 이를 관할 세무서에 수표를 발행하여 납부하였다(법인지방소득세는 ₩1,900,000임).

③ (주)삼일은 20×8. 4. 30. 법인지방소득세 ₩1,900,000을 신고 · 납부하였다.

④ 20×7년 말 현재 이연법인세부채 금액은 ₩500,000이며, 20×8년 법인세추납액에는 이연법인세부채에 영향을 미치는 세무조정사항은 없으며 회계상의 오류없이 발생한 것이다.

〈분 개〉

① 20×7. 12. 31. (결산시)

(차) 법 인 세 비 용	19,750,000	(대) 선 급 법 인 세	13,500,000
		당 기 법 인 세 부 채	5,750,000
		이 연 법 인 세 부 채	500,000

② 20×8. 3. 25. (법인세 납부시)

(차) 당기법인세부채	3,850,000	(대) 현금 및 현금성자산	5,500,000*
법 인 세 비 용	1,650,000**		

* ₩19,000,000 − ₩13,500,000 = ₩5,500,000

** (₩19,000,000 − ₩17,500,000) + (₩1,900,000 − ₩1,750,000) = ₩1,650,000

주 : 법인지방소득세는 ①과 ②에서 당기법인세부채로 회계처리하였으므로 추가적인 분개가 불필요함.

③ 20×8. 4. 30. (법인지방소득세 납부시)

(차) 당기법인세부채	1,900,000	(대) 현금 및 현금성자산	1,900,000

2) 정부의 경정결정으로 법인세를 추가납부하는 경우

사례 ① (주)삼일은 20×7. 12. 25. 정부로부터 직전사업연도의 법인세 경정결정서를 받은 바, 법인세 ₩4,500,000 및 법인지방소득세 ₩450,000을 추가납부하게 되었다. 법인세추납액에는 이연법인세자산 · 부채에 영향을 미치는 사항은 없으며, 또한 회계상의 오류 없이 발생한 것이다.

② (주)삼일은 20×8. 1. 8. ①의 법인세 ₩4,500,000을 당좌수표로 납부하였다.

〈분 개〉

① 20×7. 12. 25. (경정결정서 수령시)

(차) 법 인 세 비 용	4,950,000*	(대) 당기법인세부채	4,950,000

* 추납법인세와 이에 대한 법인지방소득세를 합계한 금액임.

② 20×8. 1. 8. (법인세 납부시)

(차) 당기법인세부채	4,500,000	(대) 현금 및 현금성자산	4,500,000

3) 결산시 유의할 사항

결산시 법인세 등을 추산함에 있어서 전기 이전의 유보사항이 세무조정에 모두 반영되도록 하고, 절세가능한 방안을 충분히 검토해야 하며 최근 개정 또는 제정된 세법 내용을 숙지하여 결산확정 후 법인세 신고 · 납부시 산출되는 법인세 등과의 차이를 가급적 근소하게 하도록 해야 한다. 또한 법인세 경정결정으로부터 발생한 법인세추납액이 있으나 기말 현재 미지급상태인 경우 이러한 금액이 당기법인세부채계정에 계상되었는지, 소송 또는 심사청구, 계류 중인 사항을 재무제표의 주석으로 공시해야 하는지 여부를 충분히 검토한다.

5. 미지급비용

(1) 개념 및 범위

미지급비용(accrued expense)이란 일정기간 계속 발생하는 비용으로서, 이미 당기에 발생하였으나 아직 지급기일이 도래하지 않아 지급되지 않고 있는 비용을 말한다. 예를 들어, 당기에 발생하였으나 계약상의 지급기일이 도래하지 않아 지급되지 않은 집세, 임금, 이자 및 지대 등은 미지급비용에 속한다. 그러나 미지급된 집세, 임금, 이자 등이라 하더라도 지급기일이 이미 경과한 경우에는 미지급비용이 아니라 미지급금으로 분류한다.

미지급비용은 기간손익계산과 밀접한 관계를 갖고 있는 부채이다. 즉, 미지급비용을 설정하는 것은 발생주의에 입각하여 기간손익을 정확하게 계산하기 위한 것이다. 따라서 미지급비용은 기간손익계산상의 경과계정으로 나타나는 예상부채계정이다. 그리고 이는 그 발생액이 이미 인식(확정)되어 있는 것이므로 장래의 지출을 추정하여 계상하는 충당금과는 그 성질이 다르다. 일반적으로 미지급비용계정에 처리되는 전형적인 항목에는 미지급급료, 미지급이자, 미지급수수료, 미지급임차료, 미지급전력료, 미지급보험료 등이 있다.

위에서 보듯 미지급비용은 그에 해당하는 내용이 비교적 다양하다. 그러므로 이들 내용을 처리하는 미지급비용계정은 단순계정이 아니라 포괄계정이다. 또한 미지급비용은 후지급으로 약정되어 있는 비용항목에서 발생하는 것으로서 기말 결산시에 계상하는 것이 보통이다.

(2) 기업회계상 회계처리

미지급비용이란 일정기간 계속 발생하는 비용으로서 이미 당기에 발생하였으나 아직 지급기일이 도래하지 않아 지급되지 않고 있는 비용을 말한다. 반면 미지급금은 이미 그 지급기일이 도래하여 지급채무가 성립하였지만 대금을 지불하지 못하였을 경우 처리하는 계정이다. 따라서 미지급비용으로서 그 지급기일이 도래하였음에도 불구하고 지급을 완료하지 못한 상태에 있는 것은 그 시점에서 미지급금계정으로 대체하여야 한다.

또한 미지급비용은 결산정리사항이다. 그러므로 결산절차를 진행함에 있어 모든 비용항목을 검토하여 다음과 같이 미지급비용에 해당하는 금액을 회계처리해야 한다.

(차) 관련비용항목(계정과목) ××× (대) 미 지 급 비 용 ×××

미지급비용은 그 금액이 대개 소액이며 그 거래의 내용도 별로 복잡하지 않은 것이 보통이므로 이를 재무상태표에 계상할 때에는 포괄적으로 「미지급비용」으로 표시한다. 다만, 각 개별비용계정의 관리상 이를 구체적인 항목별로 나누어 처리하는 것이 편리한 경우도 있다. 예컨대, 그 액수가 크다거나 특별히 관리상의 문제가 게재되는 항목에 관하여는 일반적인 미지급비용과 구별되는 「미지급이자」나 「미지급보험료」와 같은 식의 개별계정을 사용한 후 재무상태표에는 동 개별계정을 미지급비용으로 통합하여 표시한다.

① 미지급이자

가. 개 념

미지급이자라 함은 이자의 지급조건이 후지급으로 약정되어 있는 차입금이 월말 또는 결산기말 현재로 지급기일은 아직 도래하지 않았지만 이미 회계상으로 발생한 이자를 말한다.

미지급이자를 재무제표에 계상하는 이유는 보고기간종료일 현재 차입금에 대한 이자의 지급기일이 아직 도래하지 않은 경우에도 보고기간종료일까지의 차입경과기간에 대응하는 이자를 당기의 비용으로 계상함으로써 발생주의의 회계원칙에 따라 정확한 기간손익을 계산하기 위함이다.

나. 회계처리방법

미지급이자의 계상은 기말정리사항이므로 전기의 기말결산시에 그 금액을 미지급이자계정의 대변에 기입하였을 것이며, 이는 당기로 이월되어 오기 마련이다. 이에 관하여 기초에 재수정분개를 하거나 재수정분개를 생략하고 실제로 이자를 지급하는 시점에서 미지급이자의 차변에 기입하는 회계처리를 하게 된다.

다. 회계처리사례

다음 자료를 참고로 하여 A : 기초에 재수정분개를 하는 방법과, B : 이자지급시에 상계하는 방법으로 나누어 분개를 예시하라.

1) 사업연도 : 20×7. 1. 1.~20×7. 12. 31.

2) 차입금액 : ₩20,000,000(20×3. 2. 1. 차입)

3) 이 율 : 연 12%

4) 이자계산기간 : 매년 2. 1.부터 1. 31.까지

5) 이자지급일 : 매년 1. 31.

이 사례에 따른다면 20×6. 12. 31.의 결산시에 2. 1.부터 12. 31.까지의 11개월간의 이자 ₩2,200,000에 관한 기말정리가 이루어졌으며, 이 금액은 당기 초에 미지급이자계정의 대변에 개시 기입되었을 것이라고 보아야 한다.

〈분 개〉

A : 기초에 재수정분개하는 방법

① 20×7. 1. 1.(재수정분개시)

(차) 미 지 급 이 자	2,200,000	(대) 이 자 비 용	2,200,000

* ₩20,000,000 × 12% × 11 / 12 = ₩2,200,000(11개월분 미지급이자)

② 20×7. 1. 31.(이자지급시)

(차) 이 자 비 용	2,400,000	(대) 현금 및 현금성자산	2,400,000

* ₩20,000,000 × 12% = ₩2,400,000
(이는 전기이월의 미지급이자 ₩2,200,000과 당기의 1월분이자 ₩200,000을 합한 금액이다)

③ 20×7. 12. 31.(결산시)

(차) 이 자 비 용	2,200,000	(대) 미 지 급 이 자	2,200,000

B : 이자지급시에 상계하는 방법

① 위 A ①의 재수정분개 불필요

② 20×7. 1. 31.(이자지급시)

(차) 미 지 급 이 자	2,200,000	(대) 현금 및 현금성자산	2,400,000
이 자 비 용	200,000		

③ 20×7. 12. 31.(결산시)

(차) 이 자 비 용	2,200,000	(대) 미 지 급 이 자	2,200,000

② 미지급사채이자

가. 개 념

미지급사채이자라 함은 당기에 발생한 사채이자로서 기말결산일 현재 미지급상태에 있는 금액을 말한다.

사채이자는 3개월 또는 6개월의 분기별 후지급방법에 의하여 지급되는 것이 보통이다. 그러므로 발생주의 회계원칙에 입각하여 기간손익계산의 적정성을 도모하기 위해서는 월차결산이나 기말결산에 있어 직전의 이자지급일 이후부터 당해 월말 또는 결산기말까지의 기간에 발생한 기간경과분에 대한 미지급사채이자를 회계처리할 필요가 있다. 다만, 사채이자의 지급기일이 도래한 후에 자금사정 등으로 말미암아 지급이 지연되고 있는 경우에는 미지급금에서 설명하였듯이 그 금액은 미지급비용이 아니라 미지급금이 된다.

나. 회계처리

미지급사채이자는 결산정리사항 즉, 기말정리사항이다. 그러므로 기말결산시 당기에 발생한 사채이자 중 지급기일이 도래하지 않고 미지급상태에 있는 금액을 밝혀낸 다음 당해 금액을 미지급사채이자계정 대변과 이자비용(사채이자)계정 차변에 계상하기 위하여 다음과 같은 정리분개를 하여야 한다.

(차) 이자비용(사채이자)	×××	(대) 미 지 급 사 채 이 자	×××

다. 회계처리사례

사례 1 (주)삼일은 결산시에 사채에 대한 미경과이자 ₩50,000,000을 계상하였다.

(차) 이 자 비 용 50,000,000 (대) 미지급사채이자 50,000,000

사례 2 (주)삼일은 상기 미경과이자를 다음해 1. 3.에 이자비용계정에 대체기입하였다.

(차) 미지급사채이자 50,000,000 (대) 이 자 비 용 50,000,000

사례 3 (주)삼일은 위 미경과이자 ₩50,000,000과 당기분 이자 ₩50,000,000을 당좌수표를 발행하여 지급하였다.

(차) 이 자 비 용 100,000,000 (대) 현금 및 현금성자산 100,000,000

사례 4 을회사는 결산시 사채에 대한 미경과이자로 ₩15,000,000을 계상하였다.

(차) 이 자 비 용 15,000,000 (대) 미지급사채이자 15,000,000

사례 5 을회사는 상기 금액에 대하여 기초에 대체분개 없이 동 금액을 포함하여 다음해 2월에 ₩30,000,000을 지급하였다.

(차) 미지급사채이자 15,000,000 (대) 현금 및 현금성자산 30,000,000
　　 이 자 비 용 15,000,000

사례 6 갑회사는 20×7. 4. 1.에 액면 ₩100,000,000의 사채를 ₩98,000,000 이율 7.5% 이자지급 연 2회(5/31, 11/30), 상환기한 5년의 조건으로 발행하였다.
갑회사의 결산일은 3월 말과 9월 말이다. 이상의 자료에 의해 사채발행시와 발행 후 1년간의 필요한 회계처리방법을 분개하라. 다만, 사채할인발행차금은 계산편의상 정액법상각을 가정한다.

〈분 개〉

① 20×7. 4. 1.(사채발행시)

(차) 현금 및 현금성자산 98,000,000 (대) 사 채 100,000,000
　　 사채할인발행차금 2,000,000

② 20×7. 5. 31.(이자지급시)

(차) 이 자 비 용 1,250,000* (대) 현금 및 현금성자산 1,250,000

* ₩100,000,000 × 0.075 × 2 / 12 = ₩1,250,000

③ 20×7. 9. 30.(결산시)

(차) 이 자 비 용	2,700,000	(대) 미지급사채이자	2,500,000*
		사채할인발행차금	200,000**

* ₩100,000,000 × 0.075 × 4 / 12 = ₩2,500,000(6월~9월의 사채이자)

** ₩2,000,000 ÷ 5년 × 6 / 12 = ₩200,000(사채할인발행차금의 상각액)

④ 20×7. 11. 30.(이자지급시)

(차) 미지급사채이자	2,500,000	(대) 현금 및 현금성자산	3,750,000
이 자 비 용	1,250,000		

⑤ 20×8. 3. 31.(결산시)

(차) 이 자 비 용	2,700,000	(대) 미지급사채이자	2,500,000
		사채할인발행차금	200,000

③ 미지급임차료

가. 개 념

미지급임차료라 함은 임대차계약에 의하여 동산이나 부동산을 임차한 경우 이미 용역의 제공을 받았으나 보고기간종료일 현재 당해 임차료의 지급기일이 도래하지 않았기 때문에 미지급상태에 있는 부분의 임차료를 결산시에 지급임차료로 결산분개함에 따라 발생하는 부채를 말한다. 이는 임차료의 지급을 후지급으로 약정한 경우에 생기는 내용이다.

후지급으로 약정한 임대차계약에 있어 임차인은 당해 동산 · 부동산의 임차료에 관하여는 월말이나 결산기말에 직전의 임차료 지급일로부터 당해 월말 또는 결산기말까지의 기간에 발생된 임차료의 미지급분 상당액을 임차료로 계상해 주어야 한다. 이 경우 상대계정과목은 미지급임차료가 된다. 이러한 미지급임차료계정은 계속적으로 임차용역을 제공받기로 한 계약에 따른 비용으로서 아직 그 지급기일이 도래하지 않았지만 결산기말에 이미 당해 회계기간의 비용으로 발생한 것을 발생주의 회계원칙에 입각하여 정확한 기간손익을 계산하도록 하기 위한 것이다.

미지급임차료는 예상부채로서 미지급비용의 한 항목이다. 그러므로 미지급비용계정에 포함하여 처리할 수 있지만, 관리상 또는 표시상의 필요에 따라서 「미지급임차료」계정을 독립시켜 설정할 수도 있는 것이다. 다만, 관리상 기중에 미지급임차료계정을 사용하였다 하더라도 결산시에는 미지급비용으로 대체분개하여 나타내는 것이 보통이다.

임차료의 지급을 선지급으로 약정한 경우에 자금사정 등으로 부득이 발생하는 미지급임차료는 미지급금이 되므로, 이 미지급임차료와는 다른 성질의 것이 된다.

나. 회계처리

사례 1 (주)삼일은 결산시에 사무실의 임차료에 대하여 미지급임차료로 ₩1,500,000을 계상하였다.

(차) 임 차 료	1,500,000	(대) 미 지 급 임 차 료	1,500,000

사례 2 (주)삼일은 기초에 위 미지급임차료 ₩1,500,000을 재수정분개를 하였다.

(차) 미 지 급 임 차 료	1,500,000	(대) 임 차 료	1,500,000

사례 3 (주)삼일은 1월 중순에 미지급임차료로 계산한 ₩1,500,000을 포함하여 임차료로 ₩2,500,000을 지급하였다.

(차) 임 차 료	2,500,000	(대) 현금 및 현금성자산	2,500,000

사례 4 (주)삼일은 [사례 2]와 같은 기초 재수정분개 없이 임차료로 ₩2,500,000을 지급하였다.

(차) 미 지 급 임 차 료	1,500,000	(대) 현금 및 현금성자산	2,500,000
임 차 료	1,000,000		

6. 이연법인세부채

일반기업회계기준 제22장(법인세회계)에서는 법인세비용을 법인세법 등의 법령에 의하여 각 회계연도에 부담할 법인세 및 법인세에 부과되는 세액의 합계액(법인세부담액)에 이연법인세 변동액을 가감하여 산출된 금액으로 한다고 규정함으로써 이연법인세회계를 채택하고 있다.

이연법인세부채란 자산 · 부채가 회수 · 상환되는 미래기간의 과세소득을 증가시키는 효과를 가지는 일시적 차이 즉, 가산할 일시적 차이로 인하여 미래에 부담하게 될 법인세부담액을 말한다(일반기준 22장 용어의 정의).

이연법인세부채는 세법의 규정에 따라 미래기간에 과세될 법적인 의무로서, 가산할 일시적 차이를 가져온 과거사건과 동일한 사건에 의하여 발생한 의무이다. 즉, 이연법인세부채는 '과거의 거래나 사건의 결과로 현재 기업실체가 부담하고 있고 미래에 자원의 유출 또는 사용이 예상되는 의무'라는 재무회계개념체계 문단 97의 부채의 정의에 부합한다(일반기준 22장 부록 결22.1).

한편, 이연법인세부채는 관련된 자산항목 또는 부채항목의 재무상태표상 분류에 따라 재무상태표에 유동부채 또는 비유동부채로 분류한다. 또한 재무상태표상 자산항목 또는 부채항목과 관련되지 않은 이연법인세부채는 일시적 차이의 예상소멸시기에 따라서 유동부채 또는 비유동부채로 분류한다(일반기준 22장 문단 22.54).

이연법인세부채에 대한 자세한 내용은 '손익계산서편'의 '제6장 법인세비용(법인세회계)'을 참조하기 바란다.

7. 미지급금

(1) 개념 및 범위

미지급금(accounts payable－other)이란 기업의 일상적인 상거래 이외의 거래나 계약관계 등에 의하여 이미 확정된 채무 중 아직 지급이 완료되지 아니한 것으로 보고기간종료일로부터 1년 이내에 상환하기로 되어 있는 부채를 말한다. 예컨대, 고정자산구입대금, 만기가 도래한 사채, 당기에 외부로부터 이미 수선용역을 제공받은 데 대한 수선비 등에 대하여 아직 지급이 끝나지 않은 것은 미지급금의 대표적인 예라 할 수 있다.

미지급금에 대한 특징을 구체적으로 살펴보면 다음과 같다.

① 미지급금은 일반적 상거래 이외의 거래나 계약 등에 의하여 발생한다.

기업이 재화나 용역을 외상으로 매입하고 그 대가로 미래에 현금을 지불할 의무가 있는 경우 또는 자금을 차입하고 장래에 일정한 현금을 지급할 의무를 갖게 되는 경우 등에 발생하는 채무를 일반적으로 지불채무라 통칭한다. 이러한 지불채무는 미래에 일정한 금액을 지불할 의무를 나타낸다고 할 수 있는데 크게 일반적인 상거래를 통하여 발생한 채무(매입채무)와 일반적인 상거래 이외의 거래에서 발생한 채무로 구분된다.

여기서 일반적인 상거래라 함은 외상매출금에서 설명했듯이 모든 기업에 획일적으로 적용되는 것이 아니라 당해 기업의 본래의 사업목적을 위한 주된 영업활동에서 발생하는 거래라는 것을 의미한다.

예를 들어, 가구를 구입하여 판매하는 것을 사업목적으로 하는 갑이라는 회사가 어떤 회사로부터 가구를 매입하였다면, 이 거래는 갑회사의 일상적인 상거래라고 할 수 있다. 그러나 갑회사가 영업활동과 관련 없는 컴퓨터를 구입하여 관리부서에 설치한 경우 동 자산의 구입은 갑회사의 일상적인 상거래 이외의 거래라 할 수 있다.

따라서 미지급금이 다른 매입채무(외상매입금 · 지급어음)와 구분되는 큰 특징은 본래의 사업목적인 영업활동 이외에서 발생하여야 한다. 즉, 상품이나 원재료 이외의 물건 예를 들면, 기계나 건물, 공기구 · 비품 등을 구입한 대가를 미지급시 발생한다.

② 이미 계약상 확정된 채무로서 그 지급이 완료되지 않았어야 한다.

이는 유동자산인 미수금에 대응하는 것으로 특정한 계약 등에 의하여 이미 확정된 채무 중 아직 지급이 끝나지 아니한 것을 말한다. 예를 들어, 외부인으로부터 수선용역을 제공받았으나 아직 그 대금을 지불하지 않은 경우는 상거래 이외의 거래관계에서 발생한 것으로서 이미 확정된 채무이므로 미지급금이다.

(2) 기업회계상 회계처리

① 미지급금과 미지급비용의 구분

미지급금의 회계처리과정에서 가장 자주 발생하는 오류는 미지급금과 미지급비용 계정을 혼용해서 쓰는 점이다. 예를 들면, 차변과목이 비용항목으로 되는 지급액을 미지급비용으로, 그밖의 미지급액을 통틀어서 미지급금으로 처리하는 경우가 많이 있다. 그러나 이것은 잘못된 처리 방법이며 상대편의 급부가 끝났거나 또는 지급기일이 이미 도래한 부채로서 확정된 미지급액은 비용항목에 관계없이 미지급금으로 처리해야 한다. 예를 들면, 당기에 발생하였으나 계약상의 지급기일이 도래하지 않아 지급되지 않은 집세, 임금, 이자 및 지대 등은 미지급비용에 속한다. 그러나 미지급된 집세, 임금, 이자 등이라 하더라도 지급기일이 이미 경과한 경우는 미지급비용이 아니라 미지급금으로 분류해야 한다.

즉, 미지급비용이란 일정기간 계속 발생하는 비용으로서 이미 당기에 발생하였으나 아직 지급기일이 도래하지 않아 지급되지 않고 있는 비용을 말하는 것으로 미지급비용을 설정하는 것은 발생주의에 입각하여 기간손익을 정확하게 계산하기 위한 것이다.

② 회계처리

사례 1 (주)삼일은 결산일 현재 지급기일이 도래하지 않아 미납부한 10일분 사택임차료 ₩2,000,000을 계상하였다.

(차) 임차료	2,000,000	(대) 미지급비용	2,000,000

사례 2 (주)삼일은 상기의 사택임차료를 포함한 30일분 사택임차료 ₩6,000,000을 지급기일이 도래하였으나 자금이 부족한 관계로 미지급하였다.

(차) 미지급비용	2,000,000	(대) 미지급금	6,000,000
임차료	4,000,000		

사례 3 (주)삼일은 상기의 미지급 사택임차료 ₩6,000,000을 당좌수표로 발행하여 지급하였다.

(차) 미 지 급 금 6,000,000 (대) 현금 및 현금성자산 6,000,000

8. 선수금

(1) 개념 및 범위

선수금이란 수주공사 · 수주품 및 기타 일반적인 상거래에서 발생한 선수한 금액을 말한다. 즉, 상품이나 제품을 판매함에 있어서 이들을 인도하기 이전에 그 대금의 일부로서 받은 금액은 주된 영업활동에서 발생한 금액이므로 당해 상품이나 제품을 인도할 때까지 선수금으로 처리하며, 수주공사에 있어서 공사진행기준에 의하는 경우에는 수익으로 계상될 때까지, 공사완성기준을 적용하는 경우에는 당해 공사가 완성될 때까지 미리받은 금액을 전부 선수금계정으로 처리한다. 즉, 기업의 주된 영업거래에 따르는 수익이 계상될 때까지 그 거래의 대가의 일부로서 받은 금액이 선수금이다.

한편, 선수금이 기업의 주된 영업활동에서 발생한 선수한 금액만을 의미하는지, 아니면 유형자산 등을 처분하기로 하고 선수한 금액까지도 포함한 개념인지가 현행 규정상 명확하지 않다. 그러나, 주된 영업활동 관련 부채와 그 외의 부채를 구분하여 표시하는 것이 목적적합성 측면에서 바람직할 것이며, 또한 상대적인 계정과목이라 할 수 있는 선급금은 주된 영업활동과 관련된 것만을 표시하고 유형자산 등의 취득시 선급한 금액은 건설중인자산으로 처리하도록 하고 있는 점을 고려할 때, 선수금 또한 기업의 주된 영업활동과 관련하여 선수한 금액만을 의미하는 것으로 보는 것이 합리적일 것으로 보인다. 따라서, 주된 영업활동이 아닌 유형자산의 처분 등과 관련하여 선수한 금액은 중요성의 원칙에 의하여 그 금액이나 성격이 중요한 경우에는 별도의 선수금계정으로 표시해야 할 것이나, 중요하지 아니한 경우에는 기타유동부채계정으로 일괄표시하여 영업활동과 관련해서 발생하는 본래적인 선수금과 구분하여야 할 것이다.

(2) 기업회계상 회계처리

위에서 설명한 바와 같이 선수금은 그 기업의 주된 영업수익에 대한 선수금액을 처리하는 계정이므로 주된 영업수익에 속하지 않는 유형자산이나 유가증권 등의 매각대금을 선수한 경우에 있어서 받는 영업외선수금과는 구별하여야 한다.

선수금계정과 관련하여 회계처리시 주의해야 할 점은 선수수익이나 예수금계정과의 구분 여부이다. 또한 자금의 융통과 관련하여 미리받은 금액은 차입금이므로 선수금계정으로 처리하여서는 아니된다.

① 선수금과 예수금과의 구분

예수금이란 일반적 상거래 이외에서 발생한 일시적 제예수액으로서 소득세 등을 원천징수한 금액이나 부가세의 예수금 등과 같이 타인의 금전을 일시적으로 보관하였다가 장차 이를 반제하여야 할 의무를 갖는 단기성부채로 직접 영업활동과는 관련이 없는 일시적인 보관금을 말한다. 반면 선수금은 일반적 상거래에서 발생한 선수금액을 말한다.

② 선수금과 선수수익의 구분

선수금이 주된 영업수익에 관한 선수금액이지만 선수수익은 영업외수익에 관한 선수금액으로 선수이자, 선수임대료, 선수할인료 등과 같이 일정한 계약에 따라 제공하는 급부에 대한 선수금액으로서 시간이 경과하면 자동적으로 수익으로 이전해 간다는 점에 있어서 양자는 차이가 있다.

③ 회계처리

선수금은 거래처로부터의 수주품(제품 · 상품 · 역무 등)이나 수주공사에 대한 대가의 일부 또는 전부로서 수령한 선수금액이므로, 상품을 인도하거나 또는 공사완성 이전에 그 대가의 일부 또는 전부를 받은 시점에서 선수금계정이라는 부채계정의 대변에 기입하고, 실제로 상품을 인도하거나 또는 공사완성 후 그것을 인도한 때에는 선수금계정에 차기함과 동시에 매출계정 또는 그밖의 수익계정에 대기한다.

한편, 계약이 취소되거나 파기되어 선수금을 돌려주기로 한 경우에는 (차) 선수금 ××× (대) 현금 및 현금성자산 ×××으로 처리하면 되고, 동 금액을 돌려줄 의무가 없을 때에는 선수금계정을 잡이익계정으로 대체한다.

사례 1 (주)삼일은 을법인으로부터 물품판매대금 ₩350,000,000 중 선수금으로 ₩50,000,000을 당좌수표로 받았다.

(차) 현금 및 현금성자산	50,000,000	(대) 선 수 금	50,000,000

사례 2 상기 물품판매에 대한 동 판매대금 ₩350,000,000에 해당하는 물품을 을법인에게 인도하였다.

(차) 선 수 금	50,000,000	(대) 매 출	350,000,000
매 출 채 권	300,000,000		

사례 3 (주)삼일은 은행납입으로 입금된 ₩20,000,000의 내용이 불분명하여 가수금으로 처리하였다.

(차) 현금 및 현금성자산 20,000,000 (대) 가 수 금 20,000,000

사례 4 [사례 3]에서 가수금으로 처리한 ₩20,000,000이 병회사와의 상품매매계약금의 일부임이 밝혀졌다.

(차) 가 수 금 20,000,000 (대) 선 수 금 20,000,000

9. 예수금

(1) 개념 및 범위

예수금이라 함은 장차 되돌려 줄 것을 전제로 하고 있는 영업상 또는 영업 외의 일시적인 채무로서 기업이 타인으로부터 일단 금전을 받고 그 후 그 타인 또는 그 타인을 대신하는 제3자에게 금전으로 반환하여야 할 채무를 말한다. 이를 간단히 요약한다면 현금으로 반환하여야 할 영업상 또는 영업 외의 사유로 예수한 금액을 말한다.

그러므로 이는 물품의 인도 또는 공사의 완성 등을 조건으로 미리 받는 선수금과 구별되는 개념이다.

통상 예수금은 공사입찰담보금이나 맥주병에 대한 예치금 등과 같이 계약의 이행이나 용역의 제공을 보증받기 위해서, 또는 거래처가 임시로 보관하고 있는 회사재산의 손실에 대비해서 고객으로부터 일시적으로 수취한 금액을 말한다. 이것은 고객이 소정의 의무를 이행하면 반환되는 성질의 것으로서, 이를 수취한 회사의 입장에서 보면 부채에 속하는 것이다.

또한 세법에서는 고용자로 하여금 피고용인의 급여에 대한 소득세 · 개인지방소득세를 원천징수하게 하고 피고용인을 대신하여 세무당국에 납부하도록 규정하고 있다.

고용자가 원천징수한 소득세 · 개인지방소득세는 세무당국에 납부할 때까지 예수금계정에 기재한다.

(2) 기업회계상 회계처리

예수금계정에 처리하는 대상은 일반적 상거래에서 발생한 것이든 혹은 일반적 상거래 외에서 발생한 것이든 간에 기업이 예수하여 두는 금액이다. 이처럼 예수금은 포괄적인 것이므로, 그 내용을 보통의 상거래에서 발생한 것과 기타의 것으로 나누어 볼 수 있다.

예수금에는 이처럼 여러 가지 종류가 있지만, 기업의 편의에 따라 이들을 모두 포괄적으로 하나의 예수금계정에 합산처리할 수도 있고, 예수금관리의 편의상 이들을 여러 개의 계정으로 나누어 처리할 수도 있다. 그러나 이들 가운데 어떤 특정의 예수금이 금액상으로 중요성을 띠는 경우에는 그것을 재무상태표에 별도 구분 · 표시하는 것이 바람직하다.

이하에서는 이들 두 가지에 해당하는 구체적인 예를 설명하기로 한다.

① 일반적 상거래에 의한 예수금

여기에는 앞에서 설명한 공사입찰 담보금이나 맥주병에 대한 예치금 등과 같이 계약의 이행이나 용역의 제공을 보증받기 위해서 또는 거래처가 임시로 보관하고 있는 회사재산의 손실에 대비해서 고객으로부터 일시적으로 수취한 금액을 말한다.

이것은 고객이 소정의 의무를 이행하면 반환되는 성질의 것으로 회사가 거래처로부터 영업보증금이나 입찰보증금을 징수한 때에는 그것을 예수금계정의 대변에 계상하고, 낙찰 등으로 인하여 당해 입찰보증금 등을 반환하는 때에는 예수금계정의 차변에 기재하여 그 잔액을 감소시킨다.

사례 1 (주)삼일은 공장건설을 위하여 5개의 건설회사를 선정하여 공개입찰을 실시하면서 입찰보증금으로 각각 ₩20,000,000을 예수하고 즉시 당좌예입하였다.

(차) 현금 및 현금성자산	100,000,000	(대) 예 수 금	100,000,000

사례 2 위의 입찰경쟁계약에서 을회사가 낙찰되어 예수한 입찰보증금을 4개 회사에게 각각 수표를 발행하여 지급하였다.

(차) 예 수 금	80,000,000	(대) 현금 및 현금성자산	80,000,000

② 기타의 예수금

일반적 상거래 이외에서 발생하는 예수금으로는 종업원들로부터 예수하여 세무서 등에 납부하는 소득세 · 개인지방소득세의 원천징수세액, 보험료를 처리하는 종업원예수금 및 부가가치세 매출세액을 처리하는 부가가치세예수금 등을 들 수 있다.

예컨대, 종업원에게 급여를 지급하는 경우에 당해 급여로부터 원천징수한 세액을 원천징수예수금계정의 대변에 기장하며, 당해 예수금을 세무서에 납부하였을 때에는 그것을 위 계정의 차변에 기장한다.

사례 1 (주)삼일은 종업원에게 급료 ₩520,000,000을 지불하면서 ₩20,000,000을 원천징수하였다.

(차) 급 료	520,000,000	(대) 현금 및 현금성자산	500,000,000
		예 수 금	20,000,000

사례 2 (주)삼일은 상기 원천징수한 금액을 다음달 10일에 납부하였다.

(차) 예 수 금	20,000,000	(대) 현금 및 현금성자산	20,000,000

③ 부가가치세 예수금

가. 개념 및 범위

부가가치세 예수금이란 앞에서 살펴본 것과 같이 예수금의 일종으로 사업자(부가가치세 납세의무자)가 상품 등을 매출하는 경우 또는 무형적인 용역을 판매하는 경우에 상대방 거래처로부터 거래징수방법에 의하여 징수한 부가가치세매출세액을 처리하는 계정을 말한다. 이는 재화의 매입이나 용역의 구입시에 거래징수당한 부가가치세매입세액을 처리하는 부가가치세 대급금계정에 대응하는 계정으로 부가가치세예수금은 거래처로부터 거래징수한 부가가치세매출세액을 의미하는 것이므로 나중에 부가가치세를 신고 · 납부할 때에 이를 부가가치세대급금과 상계하여야 하며, 남은 잔액을 정부(세무서)에 납부할 의무가 있는 것이다.

나. 기업회계상 회계처리

상품 등을 매출할 때 거래징수한 금액은 부가가치세예수금계정의 대변에 기입한다. 그리고 부가가치세를 기중에 납부하는 경우에는 부가가치세대급금과 상계한 후에 부가가치세예수금계정의 대변잔액에 상당하는 금액을 납부하고, 이를 부가가치세예수금계정의 차변에 기재한다.

사례 3 다음 거래를 분개하라.

㉮ 갑회사는 상품 ₩66,000,000을 매입하였다(부가가치세매입세액 ₩6,000,000 포함).
㉯ 위의 상품을 ₩110,000,000에 매출하였다(부가가치세매출세액 ₩10,000,000 포함).
㉰ 부가가치세의 신고 · 납부기일이 도래하여 위 부가가치세의 납부세액을 세무서에 납부하였다.

〈분 개〉

	차변	금액	대변	금액
㉮	(차) 매 입	60,000,000	(대) 매 입 채 무	66,000,000
	(차) 부가가치세대급금	6,000,000		
㉯	(차) 매 출 채 권	110,000,000	(대) 매 출	100,000,000
			부가가치세예수금	10,000,000
㉰	(차) 부가가치세예수금	10,000,000	(대) 부가가치세대급금	6,000,000
			현금 및 현금성자산	4,000,000

다. 부가가치세예수금의 정리

부가가치세를 거래징수하여 부가가치세예수금이 있는 경우 통상 부가가치세를 거래징수당한 부가가치세대급금이 있을 것이므로 이들을 서로 상계처리하여야 한다. 이 경우 부가가치세예수금이 많으면 그 잔액은 부가가치세납부세액이 되고, 반대로 부가가치세대급금이 많으면 그 잔액은 부가가치세환급세액이 된다.

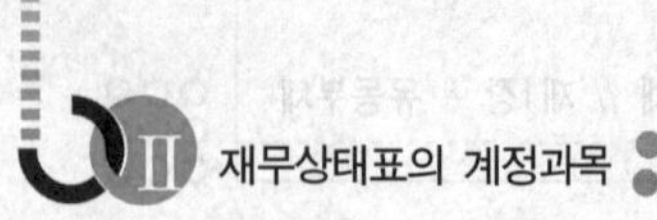

(3) 세무회계상 유의할 사항

예수금계정과 관련하여 세무처리상 문제되는 점은 별로 없으나 특수한 예수금에 해당하는 원천징수예수금과 부가가치세예수금에 대하여 다음과 같은 점을 주의해야 한다.

원천징수의무자가 원천징수한 금액을 다음달 10일까지 납부하지 않으면 원천징수납부지연가산세의 적용을 받게 되므로(국기법 47조의 5 1항), 회계담당자는 이 점에 유의하여 원천징수세액의 예수와 그 납부의 이행에 차질이 없도록 해야 한다.

부가가치세예수금은 매출처로부터 거래징수한 부가가치세매출세액으로서 법인세법상 익금불산입조정대상이 된다(법법 18조 5호). 따라서 부가가치세예수금을 예수금으로 처리하지 않고 매출계정에 포함하여 처리한 경우에는 이를 익금불산입조정하여 법인세를 신고하여야 한다.

10. 미지급배당금

(1) 개념 및 범위

일반기업회계기준 제24장(보고기간 후 사건) 문단 24.7에서는 이익잉여금처분계산서에 포함된 배당은 재무상태표에 부채로 인식하지 아니하며 재무상태표에는 이익잉여금처분 전의 재무상태를 표시한다고 규정하고 있다. 이에 대한 근거는 이익잉여금의 처분은 주주총회의 고유한 권한으로서 보고기간종료일 현재는 배당과 관련하여 기업이 부채로 인식해야 할 어떠한 사건도 발생하지 아니하였기 때문이다(일반기준 24장 문단 24.7, 부록 결24.4).

(2) 기업회계상 회계처리

미지급배당금에 관한 회계처리는 주주총회에서 배당금의 지급을 결의한 시점과 주주총회 후 배당금 지급시점에 이루어진다. 즉, 주주총회에서 배당금의 지급을 결의한 시점에 이익잉여금 및 미지급배당금으로 회계처리한 후 실제로 배당금을 지급하는 시점에 현금 및 현금성자산 등의 계정과 대체처리하여야 할 것이다. 따라서 결산시점에는 별도의 회계처리가 필요없다.

사례 (주) 삼일은 주주총회에서 다음과 같이 배당하기로 결의하였다.

현금배당 : ₩50,000,000
(배당률 10%)

① 주주총회 결의시

(차) 미처분이익잉여금	50,000,000	(대) 미 지 급 배 당 금	50,000,000

② 주주총회 후 배당금 지급시

(차) 미 지 급 배 당 금 50,000,000 (대) 현금 및 현금성자산 50,000,000

11. 유동성장기부채

(1) 개념 및 범위

유동성장기부채는 비유동부채 중에서 1년 이내에 상환기일이 도래하는 것을 표시하는 계정과목이다. 이는 다른 유동부채와 달리 당초부터 유동부채가 아니라 비유동부채에서 유동부채로 전환되는 특징을 지닌다.

즉, 당초에는 비유동부채로 분류되었던 장기부채의 상환기일이 시간의 경과에 따라 1년 이내에 도래하게 되는 경우에 이를 유동부채로 계정대체하여야 하는 바, 이때 사용하는 과목이 유동성장기부채이다.

한편, 유동성장기부채로의 계정대체 여부를 판단함에 있어서는 다음과 같은 상황을 고려하여야 한다(일반기준 2장 문단 2.24~2.27).

① 보고기간종료일로부터 1년 이내에 상환되어야 하는 채무는, 보고기간종료일과 재무제표가 사실상 확정된 날 사이에 보고기간종료일로부터 1년을 초과하여 상환하기로 합의하더라도 유동부채(단기차입금 또는 유동성장기부채)로 분류한다.

② 보고기간종료일로부터 1년 이내에 상환기일이 도래하더라도, 보고기간종료일 현재 기존의 차입약정에 따라 보고기간종료일로부터 1년을 초과하여 부채를 연장할 권리가 있는 경우에는 비유동부채로 분류한다. 만약 기업에 그러한 권리가 없다면, 차환 가능성을 고려하지 않고 유동부채로 분류한다.

③ 장기차입약정의 약정사항을 위반하여 채권자가 즉시 상환을 요구할 수 있는 채무는, 보고기간종료일과 재무제표가 사실상 확정된 날 사이에 채권자가 상환을 요구하지 않기로 합의하더라도 유동부채(단기차입금 또는 유동성장기부채)로 분류한다. 그 이유는 보고기간종료일 현재 기업이 보고기간종료일로부터 1년을 초과하여 결제를 연기할 수 있는 권리를 가지고 있지 않기 때문이다. 다만, 장기차입약정을 위반하여 채권자가 즉시 상환을 요구할 수 있는 채무라도, 다음의 조건을 모두 충족하는 경우에는 비유동부채로 분류한다.

㉠ 보고기간종료일 이전에 차입약정의 위반을 해소할 수 있도록 보고기간종료일로부터 1년을 초과하는 유예기간을 제공하기로 합의하였다.

㉡ ㉠에서의 유예기간 내에 기업이 차입약정의 위반을 해소할 수 있다.

㉢ ㉠에서의 유예기간동안 채권자가 즉시 상환을 요구할 수 없다.

이에 대한 보다 자세한 내용은 'I. 재무상태표의 기초이론 중 제3장 재무상태표 작성기준의 2. 자산과 부채의 유동성 · 비유동성 구분편'을 참조하기로 한다.

(2) 기업회계상 회계처리

유동성장기부채는 기중거래로서 발생하는 것이 아니다. 이는 당초부터 유동성장기부채로서 존재하는 것이 아니라 고정부채로 발생한 거래가 나중에 상환기일이 1년 이내로 다가왔을 때 유동부채로 전환되어 생겨나는 계정과목이기 때문이다.

예를 들어, 장기차입금 중 일부가 상환계획에 따라 보고기간종료일 시점에서 만기일이 1년 이내에 도래하게 된 경우는 다음과 같은 분개가 필요하다.

(차) 장 기 차 입 금	×××	(대) 유 동 성 장 기 부 채	×××

또한 전기의 결산정리에 의하여 유동성장기부채로 처리된 다음 당기로 이월되어 있는 유동성장기부채는 당기에 그 상환기일이 도래하면 상환된다. 이 경우의 분개는 다음과 같다.

(차) 유 동 성 장 기 부 채	×××	(대) 현금 및 현금성자산	×××

12. 선수수익

(1) 개념 및 범위

선수수익이라 함은 이미 수취한 수익 중 결산기 이후 즉, 차기에 귀속될 수익을 말한다. 이는 선급비용에 대응되는 개념으로서 이연수익으로 볼 수 있다. 즉, 선수수익(unearned revenue)은 기업이 일정기간 동안 계속적으로 용역을 제공하기로 약정하고 수취한 수익 중 차기 이후에 속하는 금액이 말한다. 예컨대, 일정기간 동안 용역을 제공하기로 약정하고 수취한 수입이자, 수입집세 또는 수수료 중에서 기간손익계산상 차기 이후에 속하는 금액이 선수수익의 대표적인 예이다. 이와 같이 기업이 용역을 제공하기로 약정하고 수취한 금액을 모두 당기수익으로 인식하지 않고 부채로 계상하였다가 당기에 속하는 금액만을 당기수익으로 인식하고, 차기 이후에 속하는 금액은 당기의 손익계산에서 제외하는 이유는 기간손익을 정확히 산정하기 위해서이다.

또한 선수수익은 일종의 부채이긴 하지만, 금전으로 변제되는 부채가 아니라 계속적인 용역의 제공을 통하여 변제되는 부채이다.

선수수익은 영업외수익 항목인 이자수익, 임대료, 수입수수료 등의 선수금액인 반면 선수금은 수주공사, 수주품 및 기타 주된 상거래에서 발생한 선수액이라는 점에서 차이가 있다.

선 수 수 익	선 수 금
① 영업외수익에 관한 것에 한한다.	① 영업수익에 관한 것에 한한다.
② 일정한 계약에 따라 계속적인 반복거래에 의한 선수액으로서 시간의 경과에 따라 수익으로 이전하여가는 것이 보통이다.	② 수주공사, 수주품 등에 관한 선수금이다. 다만, 부동산업, 영화업, 창고업 등과 같이 용역의 급부를 영업목적으로 하는 사업에 있어서는 그 선수액을 선수금으로 처리할 수 있다.
③ 결산정리사항이며 원칙적으로 기말이나 월말에 발생한다.	③ 현실적으로 입금되었을 때에 계상된다.

(2) 기업회계상 회계처리

선수수익의 계상은 기말정리사항이므로 기중에 있어서는 회계처리대상이 아니다. 그러나 당기 말에 선수수익으로 계상한 금액에 관하여는 이를 차기에 기초의 일자로 수익으로 대체하거나 용역제공시점에서 수익으로 대체시키는 분개를 하여야 한다.

선수수익계정은 일종의 통제계정이므로 관리목적상 필요한 경우에는 선수이자, 선수임대료 등 관련수익별로 계정과목을 분할하여 사용할 수 있으나, 재무상태표에 표시할 때에는 이들을 모두 선수수익계정에 통합하여 기재하는 것이 보통이다.

사례 1 (주)삼일은 20×7. 10. 1. 점포용 건물을 임대하고 6개월분의 임대료로 ₩15,000,000을 현금으로 받아 당좌예금하였다.

(차) 현금 및 현금성자산	15,000,000	(대) 임 대 료	15,000,000

사례 2 (주)삼일은 기말결산시 위 임대료 중 ₩7,500,000을 선수수익으로 계상하였다.

(차) 임 대 료	7,500,000	(대) 선 수 수 익	7,500,000

사례 3 20×8. 1. 1.자로 (주)삼일은 상기 선수수익을 임대료계정으로 대체하였다.

(차) 선 수 수 익	7,500,000	(대) 임 대 료	7,500,000

① 선수이자

가. 개 념

선수이자라 함은 선지급 조건부이자에서 발생하는 것으로 기업이 타인에게 자금을 대여하고서 이에 대한 이자를 미리 수입하였지만 그것이 차기 이후의 회계기간에 귀속할 성질의 것이기 때문에 당기에 귀속하는 이자수익으로 인정할 수 없는 부분을 말한다. 이와 같은 이자의 선수액을 처리하는 계정이 곧 선수이자계정이다. 이 경우 선수이자계정은 결국

이자수익을 이연처리하는 계정이 된다.

이자의 선수액을 이연처리하는 이유는 기간손익계산에 있어 발생주의의 회계원칙에 입각하여 수익의 기간귀속을 정확히 하고자 하는 데 있다. 즉, 일정한 계약에 따라 계속적으로 자금용역을 제공하기로 하는 경우에 그 용역의 제공 전에 대가(이자)를 수령하고 이것을 수익으로 기장하였지만 기말 현재 당해 대가에 해당하는 용역이 아직 제공되지 못하였다면, 이는 당해 수익으로 볼 수 없으므로 그에 상당하는 수익금액을 차기로 이연시킴으로써 기간손익을 정확히 계산하는 데에 그 목적이 있다.

나. 회계처리

선수이자는 이연계정으로 취급되는 내용이므로 기말결산시 발생하는 것이 보통이다.

기말결산시 기중에 회계처리되어 있는 이자수익계정의 내용을 검토하여 차기분에 해당하는 이자수익을 가려낸 다음 그것을 선수수익계정으로 대체한다.

이 경우 회계처리의 요령은 다음과 같다.

(차) 이 자 수 익	×××	(대) 선 수 이 자	×××

선수이자가 기중거래로서 나타나는 경우는 전기 말에 기말정리하였던 전기이월분 선수이자를 당기 초에 이자수익에 재대체하는 경우이다. 그 분개 예를 보면 다음과 같다.

(차) 선 수 이 자	×××	(대) 이 자 수 익	×××

그러나 이와 같은 분개를 기초에 꼭 할 필요는 없고 용역을 제공한 시점에서 상기와 같은 분개를 해도 무방하다.

다. 회계처리사례

사례 1 (주)삼일은 20×7. 11. 1.에 대여금 ₩500,000,000을 빌려주면서 동 이자 3개월치를 선수조건으로 받았다. 대여금에 대한 연간 이자율은 15%이며 회수일은 20×8. 10. 31.이다.

<20×7. 11. 1. 분개>

(차) 단 기 대 여 금	500,000,000	(대) 현금 및 현금성자산	500,000,000
현금 및 현금성자산	18,750,000	이 자 수 익	18,750,000*

* ₩500,000,000 × 15% × 3 / 12 = ₩18,750,000

<20×7. 12. 31. 분개>

(차) 이 자 수 익	6,250,000*	(대) 선 수 수 익	6,250,000

* ₩18,750,000 × 1/3 = ₩6,250,000

사례 2 (주)삼일은 상기 선수수익의 기초 잔액을 다음해 1. 1.에 이자수익계정에 대체하였다.

(차) 선 수 수 익 6,250,000 (대) 이 자 수 익 6,250,000

② 선수임대료

가. 개 념

선수임대료라 함은 타인에게 건물 · 토지 등을 임대하고 이에 대한 임대료를 선수조건으로 받아 이미 수입하여 임대료로 계상하였으나, 그 중 차기에 귀속될 부분은 기간손익계산상 차기로 이연처리하기 위하여 사용하는 계정으로 선수수익에 포함된다. 이는 이미 수익으로 처리한 것을 기말정리를 통하여 부채로 바꾸는 결과로 나타나는 계정과목으로서 이른 바 이연부채의 성질을 지니는 것이다. 선수임대료를 이연처리하는 이유는 선수이자를 이연처리하는 경우와 마찬가지로 발생주의 회계원칙에 충실하기 위해서이다. 이 경우 선수임대료계정은 선수수익 중의 한 항목에 속하므로 기중에 관리상 별도계정으로 나타냈어도 연말에는 선수수익계정으로 포괄적으로 나타내는 것이 보통이다.

나. 회계처리

선수임대료의 회계처리방법은 선수수익계정의 회계처리방법과 동일하다. 다만, 필요에 의해서 선수수익이라는 포괄계정을 세분하여 선수임대료라는 계정으로 표기했을 뿐이다. 따라서 재무제표상의 표시방법도 재무상태표의 유동부채의 부에 선수수익계정으로 기재하고, 그 부속명세서로서는 기타유동부채명세서를 사용함이 원칙이다.

13. 단기충당부채

충당부채란 ① 과거사건이나 거래의 결과에 의해 발생한 보고기간종료일 현재의 의무로서, ② 당해 의무를 이행하기 위하여 자원이 유출될 가능성이 매우 높고, ③ 그 의무의 이행에 소요되는 금액을 신뢰성 있게 추정할 수 있는 의무를 말한다(일반기준 14장 문단 14.4).

이와 같은 충당부채의 요건을 충족하는 경우에는 재무상태표에 부채로 인식하여야 하나, 상기의 요건 중 하나의 요건이라도 충족하지 못하는 경우에는 우발부채로서 주석공시 여부를 고려하여야 한다.

일반적으로 충당부채는 1년 기준에 따라 단기충당부채와 장기충당부채로 구별된다. 즉, 보고기간종료일로부터 사용시기가 1년 이내에 도래하는 것은 단기충당부채, 그 후에 도래하는 것은 장기충당부채로 계상하여야 한다. 그러나 충당부채의 사용시기를 합리적으로 예측할 수 없는 경우에는 이를 전부 장기충당부채로 분류할 수 있다.

기타 충당부채에 관한 회계처리 및 세부사항은 '제3장 충당부채와 우발채무'편을 참조하기로 한다.

Chapter

02

비유동부채

비유동부채(non current liabilities)란 보고기간종료일로부터 1년 또는 정상적인 영업주기 중에서 더 긴 기간을 기준으로 하여, 그 기간에 만기일이 도래하지 아니하는 부채를 의미한다. 이는 기업의 정상적인 영업주기가 1년을 초과하는 업종에 대하여는 정상적인 영업주기 기준을 적용하여 유동/비유동부채로 구분함으로써 해당 업종의 특성을 반영할 수 있도록 하기 위함이다. 따라서, 영업순환주기와 관련이 없는 사채, 차입금, 미지급금, 충당부채 등은 보고기간종료일로부터 1년 이내에 상환되는 경우에만 유동부채로 분류하고, 보고기간종료일로부터 1년을 초과하여 상환되는 경우에는 비유동부채로 분류한다.

한편, 일반기업회계기준 제2장에서는 재무제표를 작성함에 있어 대부분의 기업이 금액이나 성격이 중요하다고 판단하여 비유동부채 내에 별도 표시할 항목을 다음과 같이 예시하고 있다. 이때 예시된 항목의 금액이나 성격으로 보아 해당 기업에 중요하지 않은 경우에는 이들 항목의 별도 표시를 생략할 수 있다(일반기준 2장 부록 실2.24, 실2.43).

① 사채
② 신주인수권부사채
③ 전환사채
④ 장기차입금
⑤ 퇴직급여충당부채
⑥ 장기제품보증충당부채
⑦ 이연법인세부채
⑧ 기타

1. 사　채

(1) 개　요

1) 사채의 의의

사채(debentures)란, 주식회사가 확정채무임을 표시하는 증권을 발행하여 다수인으로부터 장기간 거액의 자금을 차입함으로써 발생하는 부채를 말한다.

비유동부채 중 보고기간종료일로부터 1년 이내에 자원의 유출이 예상되는 부분은 유동부채로 분류해야 하므로 전기 말에 사채로 분류된 계정도 당기 말 현재시점에서 만기가 1년 이내에 도래한다면 유동부채 중 유동성장기부채나 유동성사채 등의 계정과목으로 재분류하여야 한다(일반기준 2장 문단 2.23).

한편, 사채라 하더라도 그 성격이 다른 전환사채나 신주인수권부사채 등은 일반사채와 구분하여 별도로 표시하여야 한다.

사채발행회사는 만기일에 원금을 지급해야 할 뿐만 아니라, 만기일까지 사채계약에서 정한 기간마다 이자를 지급해야 한다. 대체로 사채이자는 3개월 혹은 6개월마다 사채에 표시된 이자율에 따라 지급한다.

사채를 발행하면 발행회사는 미래에 채무액을 상환해야 할 의무가 있으므로, 사채는 미래에 지급될 것으로 기대되는 총현금유출액의 현재가치(present value)로 평가되어야 한다. 즉, 수요와 공급에 의해 증권시장에서 형성되는 사채의 가격은 이론적으로는 사채로 인해 미래에 유출될 이자액과 원금의 현재가치와 일치해야 한다.

일반적으로 사채는 만기에 상환이 이루어지나 다음과 같은 방법도 있다.

첫째, 사채발행회사가 증권시장에서 자기가 발행한 사채를 현재 시가로 구입함으로써 상환할 수 있다.

둘째, 사채계약시 발행회사가 자기가 발행한 사채를 특정한 가격으로 상환할 수 있다는 상환약정을 해두고 만기일 이전에 상환할 수 있다. 이러한 사채를 상환사채(callable bonds)라 한다.

셋째, 전환사채(convertible bonds)를 발행한 경우 전환사채권자가 주식으로 전환을 청구하게 되면 사채는 소멸한다.

2) 사채발행과 주식발행의 장 · 단점

일반사채와 주식을 비교하면 사채는 증서를 발행하여 장기자금을 조달한다는 점에서는 주식과 비슷하지만 다음과 같은 차이가 있다.

㉠ 사채는 이익유무와 관계없이 약정이자가 지급되나, 자본금은 이익이 발생한 경우에만 배당금을 지급한다.

㉡ 사채는 만기가 되면 상환되나, 자본금은 감자 또는 해산절차를 밟지 않으면 반환되지 않는다.

㉢ 회사 해산시에 사채권자는 다른 채권자와 같은 순위를 갖지만, 주주는 잔여재산에 대하여 분배를 받을 뿐이므로 우선순위에서 뒤진다.

㉣ 사채권자는 경영참가권이 없으나, 주주는 주주총회에서 의결권을 행사함으로써 회사의 경영에 참가할 수 있다.

위와 같이 사채와 주식은 차이가 있으나, 양자의 성격을 일부 흡수한 형태의 전환사채나 우선주도 있다.

(2) 기업회계상의 처리

1) 사채발행시의 회계처리

사채가 발행되면 사채발행회사는 정기적으로 이자지급일에 고정액의 이자를 지불해야 하고, 만기일에 액면가액인 원금을 상환할 의무를 갖는다. 그러나 사채를 발행할 때 사채발행회사는 항상 액면가액과 동일한 현금액을 수취하는 것은 아니다. 사채발행회사는 시장이자율과 사채의 표시이자율이 일치하지 않는 경우에는 사채를 할인발행할 수도 있고 할증발행할 수도 있다.

① 할인발행

사채의 할인발행이란, 사채가 발행될 때 사채발행회사가 실제로 수령하는 금액이 사채의 액면가액보다 적은 경우를 말한다. 이 때 만기시 지급할 액면가액과 발행시 실수령액과의 차액을 사채할인발행차금(discount on debentures)이라 한다. 사채의 할인발행은 현행 시장이자율(current market interest rate)이 사채의 표시이자율(stated interest rate)보다 높기 때문에 발생한다.

사채가 할인발행된 경우에 사채발행회사는 할인액을 사채할인발행차금계정으로 설정하여 처리한다. 그리고 사채할인발행차금계정의 잔액은 사채의 액면가액으로부터 차감하는 형식으로 기재한다. 그 이유는 본질적으로 사채할인발행차금의 성격은 자산계정이 아니라 부채의 차감계정이기 때문이다. 즉, 이 계정은 실수령액이 액면가액보다 적기 때문에 설정되는 것일 뿐, 미래에 용역을 제공해 주는 것은 아니기 때문이다. 경제적 측면에서 보면 사채할인발행차금은 사채기간 동안 사채발행회사가 추가적으로 인식해야 할 이자비용이다.

즉, 만기일에 상환해야 할 금액은 발행시의 실제 수령액이 아니라 사채의 액면가액이므로 액면가액과 실제 수령한 금액과의 차이는 결국 사채발행회사가 부담해야 하는 이자비용을 나타내는 것이다. 따라서 발생주의에 입각해서, 시간이 경과함에 따라 사채할인발행차금계정의 잔액을 점차적으로 이자비용으로 인식하여야 한다.

가. 할인발행시 회계처리

앞서 본 바와 같이 사채를 액면가액보다 낮은 가액으로 발행시 사채할인발행차금이 발생하는데, 이에 관한 회계처리는 다음과 같다.

(차) 현금 및 현금성자산	×××	(대) 사　　　　채	×××
사채할인발행차금	×××		

나. 사채할인발행차금의 상각방법

사채할인발행차금의 상각(amortization)이란, 할인액을 사채기간에 추가적으로 인식하여야 할 이자비용으로 배분하는 과정을 말한다. 즉, 기간이자비용을 정확하게 계산하기 위한 과정이다. 사채할인발행차금의 상각방법에는 다음과 같이 정액법과 유효이자율법이 있다.

(가) 정액법(straight－line method)

정액법(straight－line method)은 다음 공식에 의해 할인액을 매기에 일정한 금액만큼 상각하는 방법이다.

> 매기에 상각할 할인액＝총할인액 / 사채기간

정액법을 사용하면 사채할인발행의 경우 현금지급이자액과 사채할인발행차금상각액의 합계액을 사채이자비용으로 인식하여야 한다. 이를 분개를 통하여 살펴보면 다음과 같다.

(차) 사 채 이 자*	×××	(대) 현 금(액면가액×표시이자율)	×××
		사채할인발행차금 (총할인액÷사채기간)	×××

＊(표시이자액 ＋ 매기에 상각할 할인액) 또는 {(총표시이자액 ＋ 총할인액) ÷ 사채기간}

정액법에 의한 상각은 각 연도의 이자비용이 일정하여 회계처리가 간편한 이점이 있으나 이론적으로 다음과 같은 문제점이 있다.

즉, 사채가 할인발행된 경우에 각 연도의 이자비용은 표시이자율에 의한 현금이자액과 매년 인식되는 할인액상각액의 합계액이다. 할인액이 상각됨에 따라 사채의 장부가액은 매년 상각액만큼 증가되어 만기일에는 사채의 장부가액과 액면가액이 일치하게 된다. 따라서 각 연도에 인식되는 이자비용은 일정하나 부채의 장부가액은 계속해서 증가하므로, 부채의 장부가액에 적용되는 이자율은 매년 감소하게 되는 모순점이 있는 것이다.

한편, 일반기업회계기준 제6장(금융자산 · 금융부채) 문단 6.14에서는 유가증권, 파생상품, 채권 · 채무조정, 당기손익인식지정항목을 제외한 금융자산이나 금융부채는 상각후원가로 측정하도록 규정하고 있다. 이에 따라 사채의 경우에도 상각후원가로 측정하여야 할 것이며, 사채의 만기시 지급할 액면가액과 사채의 발행시 실수령액과의 차액(사채발행차금)은 상환기간에 걸쳐 유효이자율법에 의하여 상각(환입)하여 사채이자에 가감하여야 할 것이다. 즉, 현행 일반기업회계기준에서는 유효이자율법만을 사용하도록 하고 있다. 그러나 금액적 중요성이 미미하거나 유효이자율법의 결과와 큰 차이가 없을 경우에는 실무적으로 정액법의 사용도 가능하다고 판단된다.

(나) 유효이자율법(effective interest rate method)

사채와 관련된 유효이자율(effective interest rate)이란 만기까지 기대되는 현금유출액의 현재가치를 순장부금액과 일치하도록 하는 이자율로서, 사채권자가 관련사채를 취득할 때 실질적으로 얼마의 수익률로 이자수익을 얻게 되는가를 나타내주는 이자율을 말한다. 그러므로 사채발행회사가 각 연도에 인식할 이자비용은 다음과 같이 계산된다(일반기준 6장 용어의 정의).

당해연도의 이자비용 = 사채의 기초장부가액 × 유효이자율

그러나 각 이자지급일에 현금으로 지급되는 이자액은 사채의 액면가액에 표시이자율을 곱하여 계산된 금액이다. 따라서 유효이자율법에서는 각 연도에 인식할 이자비용(유효이자액)과 각 이자지급일에 실제로 지급할 이자액(표시이자액)의 차이만큼 할인액을 상각한다. 이를 분개를 통해 살펴보면 다음과 같다.

(차)	사 채 이 자(유효이자액)	×××	(대) 현 금(액면가액 × 표시이자율)	×××
			사 채 할 인 발 행 차 금 (유효이자액 - 표시이자액)	×××

이 방법은 각 연도에 적용되는 이자율은 유효이자율로 일정하지만 각 연도에 인식하여야 할 이자비용금액(유효이자액)은 장부가액이 변함에 따라 달라진다. 사채가 할인발행된 경우, 각 연도의 사채의 장부가액은 계속 증가하여 만기일에 액면가액과 일치하게 된다. 따라서 부채의 실질적 금액이 증가함에 따라 기간이자비용 역시 계속 증가한다. 이는 경제적 실질을 반영한 것으로서 이론적으로 정액법보다 우월한 방법이다.

② 할증발행

사채의 할증발행이란, 사채가 발행될 때 사채발행회사가 수령하는 금액이 사채의 액면가액보다 큰 경우를 말한다. 사채가 할증발행될 때 만기금액인 사채의 액면가액과 발행시 사채발행회사가 받는 실수령액과의 차액을 사채할증발행차금(premium on debentures)이라 한다.

사채의 할증발행은 시장이자율이 사채의 표시이자율보다 낮기 때문에 발생한다.

사채할증발행차금의 성격은 사채할인발행차금의 경우와 마찬가지로 이연수익(이연부채)으로 보는 견해와 사채의 부가적 평가계정으로 보는 견해로 나뉘어진다. 이연부채로 보는 견해는 사채할증발행차금은 사채의 발행시 수익이지만 사채의 발행연도에만 귀속되는 수익은 아니고, 사채상환기간 내에 배분되어야 할 수익이므로 발행시점에서는 이연부채로 보아야 한다는 것이다. 그리고 이렇게 하여 해당 회계기간의 수익으로 환입된 사채할증발행

차금은 그 기간에 발생된 사채이자에서 간접적으로 차감되는 것과 마찬가지의 결과가 되는 것이다.

이에 대하여 사채의 부가적 평가계정설에서는 사채할증발행차금은 사채매입자의 유가증권 취득원가를 구성하므로 발행자의 입장에서도 이 금액을 부채로서 인식하여야 한다는 것이다. 현행 일반기업회계기준에서는 사채할증발행차금을 당해 사채의 액면가액에 부가하는 형식으로 기재하도록 하고, 그 환입액을 사채이자에서 차감하도록 하고 있다.

가. 할증발행시 회계처리

사채를 액면가액보다 높은 가액으로 발행시 사채할증발행차금이 발생하는 데 이에 대한 회계처리는 다음과 같다.

(차) 당 좌 예 금	×××	(대) 사 채	×××
		사채할증발행차금	×××

나. 사채할증발행차금의 환입방법

사채할증발행차금의 환입이란, 할증액을 사채기간에 걸쳐 차감적으로 인식하여야 할 이자비용으로 배분하는 과정을 말한다. 즉, 기간이자비용을 정확하게 계산하기 위한 과정이다. 사채할증발행차금의 환입방법에는 다음과 같이 정액법과 유효이자율법이 있다.

(가) 정액법(straight-line method)

정액법(straight-line method)은 다음 공식에 의해 할증액을 매기에 일정한 금액만큼 환입하는 방법이다.

> 매기에 환입할 할증액=총할증액 / 사채기간

사채할증발행의 경우 현금지급이자액에서 사채할증발행차금환입액을 차감한 금액을 사채이자비용으로 인식하여야 하는데 이를 분개를 통해 살펴보면 다음과 같다.

(차) 사 채 이 자*	×××	(대) 현 금(액면가액×표시이자율)	×××
사채할증발행차금 (총할인액÷사채기간)	×××		

* (표시이자액-매기에 환입할 할증액) 또는 {(총표시이자액-총할증액) ÷ 사채기간}

사채기간 동안 정액법에 의한 상각은 각 연도의 이자비용이 일정하여 회계처리가 간편한 이점이 있으나, 이론적으로 연도별 이자율이 달라진다는 문제점이 있다.

즉, 사채가 할증발행된 경우에는 각 연도의 이자비용은 표시이자율로 지급되는 현금이자액에서 할증액환입액을 차감한 값이다. 할증액이 환입됨에 따라 사채의 장부가액은 매년

상각액만큼 감소되어 만기일에는 사채의 장부가액과 액면가액이 일치하게 된다. 따라서 부채의 장부가액은 할증액의 환입액만큼 매년 감소하지만, 각 연도의 이자비용은 앞에서 살펴본 바와 같이 일정하므로 부채의 장부가액에 적용되는 이자율은 매년 증가하게 되는 모순점이 있다.

(나) 유효이자율법(effective interest rate method)

사채와 관련된 유효이자율(effective interest rate)이란, 만기까지 기대되는 현금유출액의 현재가치를 순장부금액과 일치하도록 하는 이자율로서, 사채권자가 관련사채를 취득할 때 실질적으로 얼마의 수익률로 이자수익을 얻게 되는가를 나타내주는 이자율을 말한다. 그러므로 사채발행회사가 각 연도에 인식할 이자비용은 다음과 같이 계산된다.

> 당해연도의 이자비용 = 사채의 기초장부가액 × 유효이자율

그러나 각 이자지급일에 현금으로 지급되는 이자액은 사채의 액면가액에 표시이자율을 곱하여 계산된 금액이다. 따라서 유효이자율법에서는 각 연도에 인식할 이자비용(유효이자액)과 각 이자지급일에 실제로 지급할 이자액(표시이자액)의 차이만큼 할증액을 환입한다. 이를 분개를 통해 살펴보면 다음과 같다.

(차) 사 채 이 자(유효이자액)	×××	(대) 현 금	×××
사 채 할 증 발 행 차 금	×××	(사채액면가액× 표시이자율)	
(표시이자액−유효이자액)			

이 방법은 각 연도에 적용되는 이자율은 유효이자율로 일정하지만 각 연도에 인식하여야 할 이자비용금액(유효이자액)은 장부가액이 변함에 따라 달라진다. 사채가 할증발행된 경우, 각 연도의 사채의 장부가액은 계속 감소하여 만기일에 액면가액과 일치하게 된다. 따라서 부채의 실질적 금액이 감소함에 따라 기간이자비용 역시 계속 감소한다. 이는 경제적 실질을 반영한 것으로서 이론적으로 정액법보다 우월한 방법이다.

사례 1 20×7. 1. 1.에 (주)삼일은 20×9. 12. 31.에 만기가 도래하는 사채(액면가액 ₩500,000, 표시이자율 10%)를 발행하였다. 이자지급일은 매년 12. 31.이며 시장이자율은 18%이다.

물음 일반기업회계기준에 따라 다음 질문에 답하여라.

1. 20×7. 1. 1.의 거래를 분개하라.
2. 할인액 상각표를 작성하라.
3. 20×7. 12. 31.에 필요한 분개를 하라.
4. 20×7. 12. 31.에 사채가액을 계산하라.

해답

1. (차) 현금 및 현금성자산 413,029 (대) 사 채 500,000
   사채할인발행차금 86,971

• 원금의 현가 ₩500,000 × 0.60863* = ₩304,315
• 이자의 현가 ₩50,000 × 2.17427** = ₩108,714
합 계(사채의 현가) ₩413,029

$* \frac{1}{(1+i)^n}$: i(유효이자율), n(기간)

$** \frac{1-\frac{1}{(1+i)^n}}{i}$: i(유효이자율), n(기간)

2. 유효이자율법에 의한 할인액 상각표

연 도	기초부채	유효이자율	총이자비용	현금지급이자	할인액상각	부채증가액	기말부채
	①	②	①×②=③	④	③－④=⑤	⑤	
20×7	₩413,029	18%	₩74,345	₩50,000	₩24,345	₩24,345	₩437,374
20×8	437,374	18%	78,727	50,000	28,727	28,727	466,101
20×9	466,101	18%	83,899	50,000	33,899	33,899	500,000
계			₩236,971	₩150,000	₩86,971	₩86,971	

3. (차) 사 채 이 자 74,345 (대) 사채할인발행차금 24,345
   현금 및 현금성자산 50,000

4. 사 채 ₩500,000
   사채할인발행차금 (62,626)
   ₩437,374

사례 2 20×7. 1. 1.에 (주)삼일은 사채(액면 ₩1,000,000, 표시이자율 12%)를 발행하였다. 사채이자계산은 20×7. 1. 1.부터 시작되며 만기일은 20×9. 12. 31.이다. 시장이자율은 10%이며, 사채의 발행가액은 ₩1,049,730이다.

물음

1. 20×7. 1. 1.에 발생한 거래를 분개하여라. 또 만기일까지 인식될 총이자비용을 계산하라.
2. 정액법과 유효이자율법을 적용하여 다음 사항에 답하여라.
   ㉠ 할증액 상각표를 작성하여라.
   ㉡ 20×7년 결산시 필요한 분개를 하라.

해답

1. 만기일까지 인식될 총이자비용 : ₩310,270
   (₩1,360,000 − ₩1,049,730 = ₩310,270)

〔20×7. 1. 1. 분개〕

(차) 현금 및 현금성자산	1,049,730	(대) 사 채	1,000,000
		사채할증발행차금	49,730

2. 〔할증액 상각표〕

정액법에 의한 상각표

연 도	기초부채	현금지급이자	할증액상각	총이자비용	부채의 감소	기말부채
20×7	₩1,049,730	₩120,000	₩16,576	₩103,424	₩16,576	₩1,033,154
20×8	1,033,154	120,000	16,577	103,423	16,577	1,016,577
20×9	1,016,577	120,000	16,577	103,423	16,577	1,000,000
합 계		₩360,000	₩49,730	₩310,270	₩49,730	

유효이자율법에 의한 상각표

연 도	기초부채	총이자비용	현금지급이자	할증액상각	부채의 감소액	기말부채
20×7	₩1,049,730	₩104,973	₩120,000	₩15,027	₩15,027	₩1,034,703
20×8	1,034,703	103,470	120,000	16,530	16,530	1,018,173
20×9	1,018,173	101,827*	120,000	18,173	18,173	1,000,000
합 계		₩310,270	₩360,000	₩49,730	₩49,730	

* 단수차이를 조정한 것임.

〔20×7. 12. 31. 분개〕

<정액법>

(차) 사 채 이 자	103,424	(대) 현금 및 현금성자산	120,000
사채할증발행차금	16,576		

<유효이자율법>

(차) 사 채 이 자	104,973	(대) 현금 및 현금성자산	120,000
사채할증발행차금	15,027		

2) 사채발행비

사채발행비(debenture issue costs)란, 사채를 발행하는 데 직접적으로 발생한 발행수수료 및 기타 지출비용을 말하는데, 기타 지출비용의 예로는 사채인쇄비용, 법률 및 기타 절차비용, 공고비용 등을 들 수 있다. 일반기업회계기준 문단 6.12에 따르면 이러한 사채발행비는 사채발행가액에서 차감되는데, 사채발행비로 인한 현금유출은 사채를 발행하여 조달한 현금을 감소시켜 미래의 이자비용을 증가시키는 효과가 있다. 따라서, 사채의 표시이자율과 시장이자율이 동일한 경우, 사채발행비가 존재하지 않는 경우에는 사채발행 당시 시장이자율과 유효이자율이 일치하겠지만, 사채발행비가 존재하는 경우에는 사채발행비가 사채의 할인차금(할증차금)에 가산(차감)되므로 실질적인 유효이자율은 사채발생 당시 시장이자율보다 상승하는 결과가 된다.

3) 이자지급일 사이의 사채발행

사채발행회사는 사채계약에 발행일로 명시된 날짜에 사채를 발행하지 않을 수도 있다. 사채가 이자지급일 사이에 발행될 경우에는 다음과 같은 회계처리문제가 발생한다.

- 발행일의 사채발행가격결정
- 발행일까지의 발생이자(accrued interest)에 대한 회계
- 사채가 액면가로 발행되지 않았을 경우, 할인액 또는 할증액의 상각문제

① 발행일의 사채발행가격 결정

사채를 이자지급일 사이에 발행하게 되면 사채의 발행가격은 발행일의 사채의 현재가치와 일치하게 될 것이다. 현가는 다음과 같은 절차로 계산한다.

첫째, 사채가 사채발행 직전의 이자지급일에 발행되었다고 가정하고 사채발행 직전의 이자지급일 현재의 사채의 현가를 계산한다. 둘째, 사채발행일의 시장이자율을 사용하여 사채발행 직전의 이자지급일로부터 발행일까지의 사채가치증가분을 계산한다. 셋째, 앞에서 구한 사채의 현가와 사채가치증가분을 가산하여 이자액을 포함한 사채의 발행가격을 구한다. 넷째, 표시이자율에 따라 사채발행 직전의 이자지급일로부터 발행일까지의 이자액을 구하고, 이 금액을 세 번째에서 구한 값에서 차감하면 순수한 사채의 발행가격이 된다.

② 발행일까지의 발생이자에 대한 회계

이자지급일 사이에 사채가 발행되는 경우, 사채의 발행가격에는 사채발행 직전의 이자지급일부터 발행일까지 발생한 표시이자율에 의한 이자가 포함되어 있다. 사채발행회사는 사채발행 이후의 첫째 이자지급일에 표시이자율에 의한 현금이자액을 사채보유자에게 지급한다. 따라서 사채발행회사는 사채발행 직전의 이자지급일부터 발행일까지의 표시이자율에 의한 이자에 대해서 현금 및 현금성자산계정에 차기하고 미지급이자(또는 이자비용)계정에 대기한다. 사채발행 후 첫째 이자지급일에 현금이자액을 현금 및 현금성자산계정에 대기하고 발행일에 미지급이자로 계상한 금액을 미지급이자계정에 차기하며 사채발행차금의 상각액을 기록한 후 대차평균에 의해 나머지 금액을 사채이자계정에 차기하면 사채발행회사의 손익계산서에는 사채가 실제로 발행된 후에 발생한 이자비용만이 표기된다.

③ 할인액 또는 할증액 상각

사채가 이자지급일 사이에 할인 또는 할증발행되는 경우, 할인액 또는 할증액은 발행일로부터 만기일까지의 기간에 상각하여야 한다. 이자지급일 사이에 사채가 발행된 경우의 할인액이나 할증액은 사채의 액면가액과 발행일의 순수한 사채의 발행가격(표시이자율에 의한 이자비용이 차감된 값)과의 차액이다. 이러한 할인액 또는 할증액은 유효이자율법에 의해 상각하여야 한다. 유효이자율법에 의한 상각은 사채발행이 이자지급일 사이에 이루어졌다 할지라도 사채가 발행 직전의 이자지급일에 발행되었다고 가정하고 상각표를 작성한다. 그리고 난 후에 사채발행일이 속한 회계연도의 이자비용 및 할인액 또는 할증액의 상각액을 다음과 같이 구한다.

$$\text{사채발행이 속한 회계연도의 할인액(할증액) 상각} = \left(\text{첫째 이자지급 기간의 할인액(할증액) 상각}\right) \times \left(\frac{\text{사채발행일부터 사채발행 이후의 이자지급일까지의 기간}}{\text{첫째 이자지급기간}}\right)$$

사례 (주)삼일은 만기일이 20×9. 12. 31.인 사채(액면 ₩1,000,000, 표시이자율 12%, 이자지급일 매년 12. 31.)를 발행하였다. 사채이자가 20×7. 1. 1.부터 계산되도록 발행일은 20×7. 1. 1.로 기록되어 있고, 실제 발행일은 20×7. 4. 1.에 하였다. 시장이자율은 8%이고 사채발행가격에는 20×7. 1. 1.부터 20×7. 4. 1.까지의 표시이자율에 의한 이자액도 포함되어 있다.

물음

유효이자율법을 사용하여 다음의 물음에 답하여라.

1. 사채발행일이 20×7. 1. 1.에 판매되었을 경우 사채의 발행가격은?
2. 표시이자율에 의한 이자를 제외한 20×7. 4. 1.의 사채의 발행가격은?
3. 20×7. 4. 1. ~ 20×9. 12. 31.까지 인식될 사채할증발행차금총액과 총이자비용을 계산하라.
4. 사채할증발행차금의 상각표를 작성하라.
5. 20×7. 4. 1.과 20×7. 12. 31.에 필요한 분개를 하라.

해답

1. 원금의 현가 = ₩1,000,000 × 현가계수*(이자율 : 8%, 기간 : 3년)
   = ₩1,000,000 × 0.79383 = ₩793,830 ㉠

   이자의 현가 = ₩120,000 × 연금현가계수**(이자율 : 8%, 기간 : 3년)
   = ₩120,000 × 2.5771 = ₩309,252 ㉡

   20×7. 1. 1. 사채의 발행가격 = ㉠ + ㉡ = ₩1,103,082

   * $\frac{1}{(1+i)^n}$: i(유효이자율), n(기간)

$$** \frac{1-\frac{1}{(1+i)^n}}{i} : i(\text{유효이자율}),\ n(\text{기간})$$

2. 20×7. 1. 1.의 사채의 현가 ₩1,103,082

20×7. 1. 1.~20×7. 4. 1.까지 사채의 이자발생분

(유효이자율 8%, ₩1,103,082 × 8% × $\frac{3}{12}$ = ₩22,061) ₩22,061

이자액을 포함한 사채의 발행가격(20×7. 4. 1.) ₩1,125,143

20×7. 1. 1.~4. 1.까지의 표시이자율에 의한 이자발생액

(이자율 12%, ₩1,000,000 × 0.12% × $\frac{3}{12}$ = ₩30,000) ₩30,000

표시이자액을 제외한 순수한 사채발행가격(20×7. 4. 1.) ₩1,095,143

3. 표시이자액을 제외한 순수한 사채발행가격(20×7. 4. 1.) ₩1,095,143

사채의 액면가액 (₩1,000,000)

사채의 할증발행차금 ₩95,143

미래의 총현금지급액 ₩1,360,000

20×7. 4. 1.에 유입된 총현금액 (₩1,125,143)

총이자비용 ₩234,857

총이자비용은 현금지급액 중 사채할증발행차금을 차감한 것이므로 다음과 같이 구할 수도 있다.

현금지급이자	20×7 :	₩90,000
	20×8 :	₩120,000
	20×9 :	₩120,000
사채할증발행차금	:	(₩95,143)
		₩234,857

4. 유효이자율법에 의한 상각표

연 도	기초부채	이자율	이자비용	현금지급이자	할증액상각	부채감소액	기말부채
①	②	③	②×③=④	⑤	⑤-④=⑥	⑥=⑦	⑧=②-⑦
20×7	₩1,103,082	8%	₩88,246	₩120,000	₩31,754	₩31,754	₩1,071,328
20×8	1,071,328	8%	85,706	120,000	34,294	34,294	1,037,034
20×9	1,037,034	8%	82,966*	120,000	37,034	37,034	1,000,000
합계			₩256,918	₩360,000	₩103,082		

* 단수차이를 조정한 것임.

5. 〔20×7. 4. 1. 분개〕

(차) 현금 및 현금성자산	1,125,143	(대) 사 채	1,000,000
		사채할증발행차금	95,143
		미 지 급 이 자	30,000

〔20×7. 12. 31. 분개〕

(차) 미 지 급 이 자	30,000	(대) 현금 및 현금성자산	120,000
사 채 이 자	66,185*		
사채할증발행차금	23,815**		

* ₩88,246 × 9 / 12 = ₩66,185

** ₩31,754 × 9 / 12 = ₩23,815

4) 이자지급기간과 회계기간의 불일치

일반적으로 회사의 회계기간과 사채이자지급기간은 일치하지 않는데 이 때에는 이자비용에 대한 수정분개가 필요하다. 즉, 기간손익을 정확하게 계산하기 위해서는 직전의 이자지급일로부터 회계연도 말까지 발생한 이자비용을 결산시에 인식해야 하는 것이다.

예를 들어, 사채이자가 6개월마다 지불된다면 사채에 대한 회계처리도 이자지급기간을 기준으로 이루어져야 한다. 그리고 할인액 및 할증액 상각표를 6개월 단위로 작성하고 해당 기간만큼 안분하여 상각하면 된다.

사례 20×7. 3. 1.에 (주)삼일은 만기 3년인 사채(액면가액 ₩500,000, 표시이자율 10%)를 발행하였다. 20×7. 3. 1.부터 이자는 계산되고 매년 9. 1.과 3. 1.에 5%씩 지급된다. 시장이자율은 6개월마다 7%이다.

물음

1. 사채할인발행차금의 상각표를 작성하여라.
2. 20×7. 3. 1., 9. 1., 12. 31.에 필요한 분개를 하라.
3. 20×8. 3. 1.의 분개를 하라.

해답

1. 사채할인발행차금의 상각표

유효이자율법에 의한 상각표

기 간	기초부채	총이자비용	현금지급이자	할인액상각	부채증가액	기말부채
20×7. 3. 1.～20×7. 9. 1.	₩452,334	₩31,663	₩25,000	₩6,663	₩6,663	₩458,997
20×7. 9. 1.～20×8. 3. 1.	458,997	32,130	25,000	7,130	7,130	466,127
20×8. 3. 1.～20×8. 9. 1.	466,127	32,629	25,000	7,629	7,629	473,756
20×8. 9. 1.～20×9. 3. 1.	473,756	33,163	25,000	8,163	8,163	481,919
20×9. 3. 1.～20×9. 9. 1.	481,919	33,734	25,000	8,734	8,734	490,653
20×9. 9. 1.～20Y0. 3. 1.	490,653	34,347	25,000	9,347	9,347	500,000
합 계		₩197,666	₩150,000	₩47,666	₩47,666	

2. 〔20×7. 3. 1. 분개〕

(차)	현금 및 현금성자산	452,334	(대) 사 채	500,000
	사채할인발행차금	47,666		

〔20×7. 9. 1. 분개〕

(차)	이 자 비 용	31,663	(대) 현금 및 현금성자산	25,000
			사채할인발행차금	6,663

〔20×7. 12. 31. 분개〕

(차)	사 채 이 자	21,420	(대) 사채할인발행차금	4,753
	(₩32,130 × 4 / 6)		(₩7,130 × 4 / 6)	
			미 지 급 이 자	16,667
			(₩25,000 × 4 / 6)	

3. 〔20×8. 3. 1. 분개〕

(차)	미 지 급 이 자	16,667	(대) 현금 및 현금성자산	25,000
	사 채 이 자	10,710	사채할인발행차금	2,377
	(₩32,130 × 2 / 6)		(₩7,130 × 2 / 6)	

5) 사채의 후속 측정

사채의 현금흐름에 대한 추정 변경 또는 재협상 등으로 현금흐름이 변경되는 경우에는 최초 유효이자율로 변경된 미래현금흐름의 현재가치를 계산하는 방식으로 사채의 상각후원가를 재계산하고 이러한 조정금액은 수익이나 비용으로서 당기손익으로 인식한다. 다만, 다음의 경우에는 제외한다(일반기준 6장 문단 6.14의 2, 부록 실6.22의 2).

㉠ 일반기업회계기준 제6장 제4절의 채권 · 채무조정에 해당하는 경우

㉡ 대손상각비(손상차손)와 관련된 추정 변경에 해당하는 경우

㉢ 기존 차입자와 대여자가 실질적으로 다른 조건으로 채무상품을 교환하거나 기존 금융부채(또는 금융부채의 일부)의 조건이 실질적으로 변경되어 일반기업회계기준 제6장 문단 6.9에 따라 최초의 금융부채를 제거하고 새로운 금융부채를 인식하는 경우

6) 사채의 상환

① 사채상환의 의의

사채의 상환은 그 상환시점에 따라 만기상환과 조기상환으로 구분할 수 있다. 사채의 만기가 도래하기 전에 사채를 상환하는 것을 사채의 조기상환이라 하는데, 조기상환방법에는 다음과 같은 네 가지가 있다.

㉠ 시장성 있는 사채의 경우 증권시장에서 사채의 현행 시장가격을 지불하고 사채를 매

입하는 방법

㉡ 상환사채를 발행한 경우에 상환권을 행사하여 상환가격을 지불함으로써 사채를 상환하는 방법

㉢ 차환(refunding)에 의한 방법, 즉, 구사채 대신에 신사채를 발행하여 구사채를 상환하는 방법

㉣ 사채발행회사의 재무상태가 악화됨에 따라 사채권자가 권리를 포기하는 경우

따라서 전환사채의 전환은 사채의 조기상환으로 간주하지 않는다.

위와 같은 사유로 사채를 조기상환하는 경우 사채조기상환손익이 발생하게 되는데, 실제로 사채의 조기상환손익이 발생하는 이유는 상환일의 시장이자율이 발행일의 시장이자율과 다르기 때문이다. 즉, 상대적으로 상환일의 시장이자율이 발행일의 시장이자율보다 높을 경우에는 사채의 할인액이 더 많아지므로 사채의 가격은 하락한다. 이 때 사채발행회사가 자신이 발행한 사채를 재취득하면 사채상환이익이 발생하게 된다.

한편, 기존 차입자와 대여자가 실질적으로 다른 조건으로 채무상품을 교환한 경우, 최초의 금융부채를 제거하고 새로운 금융부채를 인식한다. 이와 마찬가지로, 기존 금융부채(또는 금융부채의 일부)의 조건이 실질적으로 변경된 경우(채무자의 부담이 경감되도록 변경된 경우는 제외)에도 최초의 금융부채를 제거하고 새로운 금융부채를 인식한다(일반기준 6장 문단 6.9). 여기에서 조건이 실질적으로 달라진 것이라 함은 새로운 조건에 따른 현금흐름의 현재가치와 최초 금융부채의 잔여현금흐름의 현재가치의 차이가 적어도 10% 이상인 경우를 말한다. 이때 새로운 조건에 따른 현금흐름에는 지급한 수수료에서 수취한 수수료를 차감한 수수료 순액이 포함되며, 현금흐름을 할인할 때에는 최초의 유효이자율을 사용한다. 채무상품의 교환이나 계약조건의 변경을 금융부채의 소멸로 회계처리한다면, 발생한 원가나 수수료는 금융부채의 소멸에 따른 손익의 일부로 인식한다. 채무상품의 교환이나 계약조건의 변경을 금융부채의 소멸로 회계처리하지 아니하면, 발생한 원가나 수수료는 부채의 장부금액에서 조정하며, 변경된 부채의 잔여기간에 상각한다(일반기준 6장 부록 실6.19).

② 조기상환손익계산

일반적으로 사채의 조기상환은 다음에 설명하는 방법에 의하여 회계처리하여야 한다. 우선 상환될 사채와 관련되어 상환일까지 발생된 사채이자, 할인액 또는 할증액의 상각 등에 대하여 상환일까지의 회계처리를 한다. 즉, 상환일이 이자지급일과 일치하지 않는 경우, 상환일 직전의 이자지급일로부터 상환일까지 인식하여야 할 할인액 또는 할증액의 상각, 미지급이자액 등을 수정하는 분개를 한다.

그리고 상환시점의 사채의 장부가액을 결정한 후에 조기상환에 따른 손익을 인식하여야

하는데, 이 때 조기상환손익은 사채의 재취득가격과 순장부가액과의 차이다. 사채의 재취득가격에는 상환가액, 상환프리미엄 및 재취득비용 등이 포함된다. 사채의 순장부가액은, 사채의 만기가액에다 상환일 직전의 이자지급일에서 상환일까지 발생한 미지급된 이자액을 가산하고 미상각된 할증액 또는 할인액을 가감한 나머지 금액이다.

사채의 조기상환이익은 사채의 순장부가액이 재취득가격을 초과하는 부분이며, 반대로 사채의 조기상환손실은 재취득가격이 순장부가액을 초과하는 부분이다. 사채의 조기상환을 기록하기 위한 분개를 할 때에는 미상각된 할인액 또는 할증액을 모두 제거해 주는 분개를 하여야 한다.

위에서 설명한 사채의 조기상환손익계산 과정을 요약하면 다음과 같다.

- 사채의 순장부가액 계산(ㄱ) : 사채의 만기가액(사채의 액면가액)+미지급이자－미상각할인액(미환입할증액은 가산함)
- 사채의 재취득가액(ㄴ)
- 사채의 조기상환 손익=(ㄱ)－(ㄴ)

사례 20×7. 1. 1.에 (주)삼일은 3년 만기 사채(액면가액 ₩200,000, 표시이자율 : 15%)를 발행하였다. 이자는 매년 12. 31.에 지급되며 유효이자율은 18%이다.

물음

1. 사채할인발행차금 상각표를 작성하라.
2. 20×9. 7. 1.에 현금 ₩203,000을 지급하고 사채를 상환하였을 경우 조기상환과 관련된 분개를 하라.

해답

1. 사채할인발행차금상각표(유효이자율법)

연 도	기초부채	유효이자율	총이자비용	현금지급이자	할인액상각 =부채증가	기말부채
20×7	₩186,954	18%	₩33,652	₩30,000	₩3,652	₩190,606
20×8	190,606	18%	34,309	30,000	4,309	194,915
20×9	194,915	18%	35,085	30,000	5,085	200,000
합 계			₩103,046	₩90,000	₩13,046	

2. 20×9. 1. 1.～20×9. 6. 30.까지의 이자비용인식을 위한 분개

(차) 사 채 이 자	17,543	(대) 사채할인발행차금	2,543
		미 지 급 이 자	15,000

• 사채의 조기상환을 기록하기 위한 분개

(차) 사 채	200,000	(대) 사채할인발행차금	2,542
미 지 급 이 자	15,000	현 금	203,000
		사 채 상 환 이 익	9,458

*사채조기상환손익계산내역

사채의 재취득가액 :		₩203,000
사채의 순장부가액 :		
액면가액	200,000	
미지급이자(₩200,000×0.15 × 6/12)	15,000	
미상각할인액(₩5,085 × 6/12)	(2,542)	212,458
사채조기상환이익		₩9,458

7) 자기사채

자기사채란, 사채발행회사가 자기회사의 사채를 취득하여 보유하고 있는 사채이다. 자기사채를 보유하는 이유는 사채의 조기상환을 목적으로 한 경우와 유휴자금의 운용을 목적으로 한 경우가 있다.

일반기업회계기준 제6장에 의하면 자기사채의 취득을 사실상의 상환으로 보고 자기사채는 이에 상당하는 액면가액과 사채발행차금 등을 당해 계정과목에서 직접 차감하고, 자기사채의 장부가액과 취득가액의 차이는 사채상환이익 또는 사채상환손실의 계정과목으로 하여 당기손익으로 처리하도록 하였다(일반기준 6장 부록 실6.15).

일반기업회계기준 제6장【금융자산 · 금융부채】

실6.14. 채무상품의 발행자가 당해 금융상품을 재매입한다면, 발행자가 당해 금융상품에 대한 시장조성자이거나 당해 금융상품을 단기간 내에 재매도할 의도가 있더라도 당해 금융부채는 소멸한다.

실6.15. 자기사채를 취득한 경우에는 이에 상당하는 액면금액과 사채발행차금 등을 당해 계정과목에서 직접 차감하고, 장부금액과 취득대가의 차이는 사채상환이익 또는 사채상환손실의 과목으로 하여 당기손익으로 처리한다.

이론상으로 자기사채상환손익에 관한 회계처리방법은 ① 사채의 잔여기간에 걸쳐 상각하는 방법과, ② 자기사채 취득기간의 손익으로 인식하는 방법이 있으나, 일반기업회계기준에서는 자기사채상환손익을 당기손익에 반영하는 후자의 방법을 채택하였다.

한편, 회사가 자기사채를 매각할 때는 사채발행시의 회계처리방법과 마찬가지로 재매각시의 현금수취액과 사채액면가액과의 차액을 사채할인발행차금(또는 사채할증발행차금) 계정과목으로 하여 사채에 가감하는 형식으로 표시하여야 한다.

또한 회사가 자기사채를 보유하고 있는 경우 이에 대하여 이자수익 및 이자비용을 인식할 수 있는가에 대한 논란이 있다. 그런데 만약 회사가 자기가 발행한 사채에 대하여 이자수익을 인식하게 된다면 자신이 지불할 비용에 대하여 자신이 수익을 인식하는 결과가 된다.

또 이자수익을 인식한다면 동액의 이자비용을 인식하여야 하므로 당기순이익에 미치는 영향도 없게 된다. 이러한 측면에서 자기사채에 대한 이자수익 및 이자비용은 인식할 필요가 없을 것으로 판단된다.

사례 (주)삼일은 20×7. 3. 1. 액면가 ₩1,000,000,000, 이자율 10%, 5년 만기 회사채를 ₩970,000,000에 발행하였다. 동 회사는 20×8. 3. 1.에 액면가 ₩300,000,000 자기사채를 ₩270,000,000에 취득했다. 또한 동 자기사채를 20×8. 6. 1.에 ₩280,000,000에 매각했다. 사채할인발행차금은 계산편의상 정액법 상각을 가정한다.

물음

1. 20×7. 3. 1. 사채발행시의 분개를 하라.
2. 20×8. 3. 1. 자기사채취득과 관련된 분개를 하라.
3. 20×8. 6. 1. 자기사채매각과 관련된 분개를 하라.

해답

1. 사채발행시 분개

(차) 현금 및 현금성자산	970,000,000	(대) 사 채	1,000,000,000
사채할인발행차금	30,000,000		

2. 자기사채취득시 분개

(차) 사 채	300,000,000	(대) 현금 및 현금성자산	270,000,000
		사채할인발행차금	7,200,000*
		사 채 상 환 이 익	22,800,000

* (30,000,000 − 6,000,000) × 3/10

3. 자기사채매각시 분개

(차) 현금 및 현금성자산	280,000,000	(대) 사 채	300,000,000
사채할인발행차금	20,000,000		

(3) 세무상 유의할 사항

사채와 관련하여 세무조정시 유의하여야 할 사항은 다음과 같다.

1) 사채할인발행차금

일반기업회계기준 제6장에 의하면 사채할인발행차금은 사채발행시부터 최종 상환시까지의 기간에 유효이자율법을 적용하여 상각하도록 규정하고 있다.

법인세법에서는 법인이 사채를 발행하는 경우에 상환할 사채금액의 합계액에서 사채발행가액(사채발행수수료와 사채발행을 위하여 직접 필수적으로 지출된 비용을 차감한 후의 가액을 말함)의 합계액을 공제한 금액, 즉, 사채할인발행차금은 기업회계기준에 의한 사채할인발행차금의 상각방법에 따라 이를 손금에 산입한다(법령 71조 3항).

2) 사채할증발행차금

실무상 사채를 할증발행하는 경우는 거의 없고 현재까지 사채할증발행차금의 세무조정에 관하여 규정된 바는 없으나, 사채할증발행차금을 환입처리함에 있어서는 사채할인발행차금의 예에 준하여 환입처리하는 것으로 보아야 할 것이다(서이 46012－11686, 2002. 9. 10.).

3) 자기사채의 처리

자기사채와 관련한 법인세법 기본통칙 19－19…38의 내용은 다음과 같다.

> **법인세법 기본통칙 19－19…38【자기사채처분손익의 처리】** ① 주간사회사와 인수단이 발행총액을 인수하여 매출하는 조건으로 회사채를 발행한 법인이 주간사회사 등이 매출하지 못한 회사채를 발행가액으로 취득한 후, 동 사채를 시가에 의하여 매각함에 따라 발생하는 처분손익은 각 사업연도의 익금 또는 손금으로 한다.
>
> ② 매입소각하거나 상환일까지 보유할 목적으로 자기사채를 취득하는 경우 취득일까지의 이자상당액을 지급이자로 하여 원천징수하고, 자기사채의 발행가액과 취득가액과의 차액(사채할인발행차금 미상각액을 포함한다)을 취득일이 속하는 사업연도의 손익에 산입한다.
>
> ③ 제2항의 규정 중 "취득일까지의 이자상당액"은 다음 각호의 합계액으로 한다.
>
> 1. 당해 사채취득시까지 약정이자율에 의하여 계산한 미지급이자 상당액
> 2. 사채할인발행차금 중 발행일로부터 취득시까지의 기간에 상당하는 금액

상기 기본통칙 제2항과 제3항의 내용은 매입소각하거나 상환일까지 보유할 목적으로 자기사채를 취득하는 경우 이에 상당하는 액면가액과 사채할인발행차금을 직접 차감하고 취득가액과의 차이는 사채상환이익 또는 사채상환손실의 과목으로 처리하는 일반기업회계기준과 동일하다. 그러나 제1항의 내용은 일반기업회계기준과 상이하다. 일반기업회계기준에서는 자기사채를 재매각할 때는 자기사채의 취득을 상환에 준하여 처리한 것과 일관하여 재매각자체는 사채를 재발행하는 것으로 보아 액면가액과 재매각가액과의 차액은 사채발

행차금으로 계상하여야 하며 사채처분손익 등으로 직접 계상하는 것은 아니다.

한편, 내국법인이 유휴자금의 일시적 운용 등 매각을 전제로 자기가 발행한 회사채를 취득하여 보유하는 경우 원천징수와 관련하여 국세청의 유권해석(법인 46013-2485, 1997. 9. 26.)에서는 "내국법인이 매각을 전제로 보유하고 있는 자기사채에 대해 이자지급시기가 도래하여 이자를 지급하는 경우와 이자계산기간 중 증권회사 등에 매각하는 경우 당해 자기사채에 대한 보유기간이자상당액은 법인세법의 규정을 적용함에 있어서 채권 등의 이자소득금액에 해당하는 원천징수대상 소득"이라고 회신한 바가 있다.

2. 전환사채

(1) 전환사채의 의의

1) 개 요

기업의 유지 · 발전을 위해서 기업자금이 조달되어야 하는 데 자기자본만으로는 기업경영을 할 수 없기 때문에 주주 이외의 자로부터 기업자금을 조달하는 경우가 많다. 또한 현실적으로 자금조달 비용측면에서도 타인자본을 조달하는 것이 더 유리한 경우도 있다.

사채의 발행은 기업이 거액의 자금을 비교적 장기적으로 사용하기 위하여 일반 투자자로부터 집단적 · 공개적으로 차용하는 제도이므로 사채는 자본시장에 있어서도 중요한 위치를 차지하고 있다.

한편, 사채권자인 투자자의 관점에서 볼 때 사채는 증권거래소에 상장되어 자유로이 매매가 이루어질 수 있으므로, 일시적인 여유자금이라 하더라도 마음놓고 투자할 수 있으며, 기업의 영업실적과는 관계없이 일정한 이자를 받게 되고, 또 기업이 해산되더라도 주식에 우선하여 원금을 보상받을 수 있도록 법적으로 보장되어 있기 때문에 주식에 비해 훨씬 위험이 적은 투자의 대상이라 할 수 있다.

기업측의 입장에서 보면 사채이자는 세법상 손금으로 인정되어 법인세 절감효과가 있고, 사채의 발행은 기존 주주의 기업에 대한 지배권에 변동을 주지 않고 자본을 조달할 수 있다는 장점이 있다.

특히 전환사채는 보증사채나 일반사채와 달리 표면금리가 낮게 책정되어 발행된다. 이는 사채가 주식으로 전환되는 권리가 부여되어 있으므로 전환권이라는 일종의 프리미엄, 즉, 전환권대가가 생기게 되기 때문이다. 한편, 전환사채가 발행된 후 주가가 전환가액보다 낮은 가액으로 형성되어 전환사채의 전환이 필요없게 되는 경우에는 사채권자는 사채 최종상환기간에 전환사채에 대한 상환을 요구하게 된다. 이 경우 사채발행회사에서는 전환사채 원금에 일정액의 할증금을 붙여 상환하는 것이 일반적이다.

2) 전환사채의 법적 성질

전환사채는 일정한 요건에 따라 사채권자에게 사채를 사채발행회사의 주식으로 전환할 수 있는 권리가 인정되기 때문에 사채권자가 전환권을 행사하면 주주가 된다.

전환권은 사채권자의 지위를 주주로 변경시키는 효력을 갖는 일종의 형성권이기 때문에 이는 발행회사가 사채권자에 대해서 사채로서 보유하는 동안 사채원리금 지급의무를 지게 되나, 사채권자가 주식으로의 전환을 선택하면 사채원리금 상환의무 대신 신주를 발행하여 교부하여야 하며, 사채권자의 선택권인 전환권의 행사에 따라서 발행회사의 사채원리금 지급의무가 소멸한다.

3) 전환사채의 전환

① 전환의 법적 구조

전환사채에 대하여는 전환권의 행사에 의하여 신주가 발행되는데, 이 경우에 그 대가는 사채라는 점에서 볼 때, 전환의 법적 구성은 전환사채의 대가를 주식의 납입금으로 하는 금전출자에 해당한다.

② 전환의 청구

상법에 의하면 전환을 청구하고자 하는 자는 전환청구서 2통에 채권을 첨부하여 회사에 제출하여야 하며, 이 전환청구서에는 전환하고자 하는 사채와 청구의 연월일을 기재하고 기명날인 또는 서명하여야 한다. 다만, 회사가 채권을 발행하는 대신 전자등록기관의 전자등록부에 채권을 등록한 경우에는 그 채권을 증명할 수 있는 자료를 첨부하여 회사에 제출하여야 한다(상법 515조).

전환을 청구할 수 있는 시기는 사채발행조건으로 정해진 전환청구기간 내이면 가능하며, 다만 회사가 주주명부를 폐쇄한 때에는 그 폐쇄기간 중에는 원칙적으로 전환청구는 할 수 있으나 이 기간 중에 전환된 주식의 주주는 그 기간 중의 총회의 결의에 관하여는 의결권이 없다(상법 516조 2항, 350조 2항). 왜냐하면 이 기간 중 전환에 의하여 주식의 구성에 변동이 생기게 되나 회사가 이에 따른 조치를 취한다는 것이 매우 번잡하기 때문이다.

③ 전환의 효과

전환사채권자가 전환청구를 하면 회사는 주식을 발행해 주어야 한다. 전환권은 형성권이므로 회사의 승낙없이 당연히 전환의 효력이 발생한다. 전환의 효력발생시기는 사채권자가 전환을 청구한 경우에는 그 청구한 때, 회사가 전환을 한 경우에는 상법 제346조 제3항 제2호의 기간이 끝난 때이다(상법 516조 2항, 350조 1항).

전환의 효력이 발생하면 사채권자는 그 때부터 주주가 되고, 전환권자로서의 지위를 상실하므로 회사는 새로 주식을 발행하여야 하고, 사채권은 법적 효력을 상실하게 된다. 전환사채의 전환청구가 있으면 전환사채를 목적으로 한 질권자는 전환으로 인해 받을 주식에 대해서 물상대위권을 행사하게 된다(상법 516조 2항, 339조).

전환사채의 전환은 곧 신주의 발행이므로 발행주식수의 증가와 사채의 감소를 가져온다. 발행주식수의 증가는 자본의 증가를 의미하는데, 상법은 주식의 액면미달발행금지의 취지를 살려서 상법 제348조의 규정을 전환사채의 전환에도 준용하고 있다(상법 516조 2항). 따라서 전환으로 인하여 발행하는 주식의 발행가액은 전환사채의 발행가액과 일치하도록 하여야 한다. 그 결과 등가전환(액면전환)의 경우에는 전환사채의 감소액만큼 자본금이 증가하게 되고 시가전환의 경우에는 전환사채의 감소액보다 적은 금액의 자본금이 증가하고, 그 차액은 자본준비금으로 적립된다.

4) 전환권가치에 대한 회계처리방법

전환사채의 발행에 대한 회계처리에 있어서는 전환권의 가치를 어떻게 처리할 것인가 하는 문제가 가장 중요하다. 전환사채는 개념적으로 볼 때 순수한 사채와 전환권의 두 가지 요소로 구성되어 있으며 전자는 부채를 구성하는 항목이고 후자는 납입자본의 성격을 지닌 혼합증권이다. 따라서 전환사채를 발행한 경우에 전환권의 가치를 사채와 별도로 분리하여 인식할 것인지의 문제가 발생한다.

이하에서는 전환권가치에 대한 회계처리방법을 전환가치인식법과 전환가치무인식법으로 나누어 설명하겠다.

① 전환권가치인식법

전환사채는 부채로서의 성격과 자본으로서의 성격을 모두 갖고 있으며, 전환권의 가치는 자본으로서의 성격을 가지는 것이라 볼 수 있다. 이런 관점에서 전환권의 가치를 자본잉여금계정에 계상할 수가 있는데, 이를 전환가치인식법이라 한다. 즉, 전환사채는 일반사채와 전환권의 두 가지 성격이 혼합된 증권으로서 회계처리가 형식보다는 경제적 실질에 기초한다는 점에서 전환권의 가치를 별도로 인식하여야 한다는 것이다.

이 방법을 따르면 전환사채의 발행시점에서 다음과 같은 분개가 이루어진다.

(차) 현 금*	×××	(대) 전환사채(액면가액)	×××
전환사채할인발행차금**	×××	자본잉여금 (전환권의 가치)	×××

* 현금 = 일반사채의 현가+전환권의 가치 = 전환사채의 현가

** 전환사채할인발행차금 = 전환사채의 액면가액－일반사채의 현가

② 전환권가치무인식법

전환권가치무인식법이란 전환사채의 발행을 일반사채의 발행과 똑같이 간주하여 전환사채와 전환권의 가치를 분리하지 않으며, 따라서 전환권의 가치를 자본잉여금으로 처리하지도 않는 방법이다. 이 방법의 기본논리는 전환사채가 순수한 일반사채부분과 전환권으로 구분되어 거래되지 않고 있어 전환사채는 한 시점에서 순수한 부채이거나 또는 전환이 이루어진 경우에는 자본으로 존재하는 것이지 부채와 자본으로 동시에 존재할 수 없다는 것이다.

이 방법 하에서는 전환사채의 할인발행시 다음과 같이 분개한다.

(차) 현 금*	×××	(대) 전환사채(액면가액)	×××
전환사채할인발행차금**	×××		

* 현금 = 일반사채의 현가 + 전환권의 가치 = 전환사채의 현가
** 전환사채할인발행차금 = 전환사채의 액면가액 − 전환사채의 현가

위의 분개에서 현금계정에 기록되는 금액은 전환사채발행으로 조달된 현금유입액이다.

(2) 기업회계상 회계처리

1) 전환권대가의 인식방법

전환사채발행시 상환할증금의 유무와 관계없이 전환권의 가치를 별도로 인식(전환권가치인식법)하여야 한다. 일반기업회계기준 제15장에 따르면 비파생금융상품의 발행자는 금융상품의 조건을 평가하여 당해 금융상품이 자본요소와 부채요소를 모두 가지고 있는지를 결정하여야 하며 각 요소별로 금융부채, 금융자산 또는 지분상품으로 분류하여야 한다. 즉, 발행자는 ① 금융부채를 발생시키는 요소와 ② 발행자의 지분상품으로 전환할 수 있는 옵션을 보유자에게 부여하는 요소를 별도로 분리하여 인식하여야 한다. 보유자가 확정 수량의 발행자의 보통주로 전환할 수 있는 사채인 전환사채는 복합금융상품의 대표적인 예이며, 발행자의 관점에서 이러한 금융상품은 금융부채(현금 등 금융자산을 인도하는 계약)의 요소와 지분상품(확정 수량의 발행자의 보통주로 전환할 수 있는 권리를 정해진 기간동안 보유자에게 부여하는 콜옵션)의 요소로 구성된다. 이러한 금융상품을 발행하는 거래는 조기상환규정이 있는 채무상품과 주식을 매입할 수 있는 주식매입권을 동시에 발행하는 거래 또는 분리형 주식매입권이 있는 채무상품을 발행하는 거래와 실질적으로 동일한 경제적 효과가 있다. 따라서 이러한 모든 거래들의 경우 발행자는 재무상태표에 부채요소와 자본요소를 분리하여 표시한다(일반기준 15장 문단 15.18, 부록 실15.3).

전환사채의 발행가액 = 일반사채에 해당하는 부분 + 전환권대가
(부채부문) (자본부문)

여기에서 전환권대가는 당해 전환사채의 발행가액에서 전환권이 없는 일반사채의 공정가액을 차감하여 계산한다(일반기준 15장 부록 실15.5). 이 경우 일반사채의 공정가액은 만기일까지 기대되는 미래 현금흐름(상환할증금이 있는 경우에는 이를 포함)을 사채발행일 현재 발행회사의 전환권이 없는 일반사채의 시장이자율로 할인한 금액을 말한다(일반기준 15장 부록 실15.4).

예를 들면, 전환권이 부여된 전환사채를 발행하는 경우에는 일반사채를 발행하는 경우보다 낮은 이자율로 발행할 수 있다. 따라서 시장이자율이 15%일 때 3년 만기, 액면 일백만원, 액면이자 10% 조건의 일반사채와 동일한 가액(₩886,000)에 발행할 수 있는 액면이자율이 8%(다른 조건은 일치)의 전환사채가 있다면 이것은 전환권으로 인하여 이자율을 10%에서 8%로 낮출 수 있는 것이다.

전환사채를 일반사채와 동일한 이자율로 발행한다면 일반사채보다 높은 금액으로 발행할 수 있다. 예를 들면, 시장이자율이 15%일 때 3년 만기, 액면 일백만원, 액면이자 8%인 일반사채는 ₩840,200에 발행할 수 있다. 그러나 전환권가치가 ₩45,800이라면 전환사채는 ₩886,000에 발행할 수 있을 것이다.

① 전환사채의 액면가액(₩1,000,000) ─┐→ 사채할인발행차금(₩159,800)
② 전환사채의 발행가액(₩886,000) ─┘
② 와 ③ → 전환권가치(₩45,800)
③ 전환사채와 동일한 조건의 일반사채(₩840,200)

전환권대가는 기타자본잉여금으로 분류한 후 전환권이 행사되는 시점에 주식발행초과금으로 대체된다(일반기준 15장 부록 실15.6). 전환되지 않는 전환권대가는 추후 자본에의 전입(무상증자) 또는 결손보전 목적으로 사용한다.

한편, 전환사채의 발행시에는 소유자가 권리행사기간에 권리를 행사할지의 여부가 불확실하며 권리행사 여부는 사채의 소유로부터 기대되는 수익률과 권리행사로 취득하는 주식의 기대수익률을 비교하여 결정될 것이다. 이 경우 전환권대가의 계산에 있어서 상환할증금의 포함 여부에 대하여 두 가지 방안이 존재한다. 첫째는 소유자가 권리행사를 한다고 가정하고 상환할증금을 제외하는 방법과 둘째는 이와 반대로 소유자가 권리행사를 하지 않는다고 가정하여 상환할증금을 포함하는 방법이다.

전환사채 발행자는 사채발행시 상환할증금 지급가능성을 감안하여 사채의 발행가격을

결정하기 때문에 일반기업회계기준 제15장에서는 전환사채의 소유자가 일단 권리행사를 하지 않아 상환할증금을 지급하는 것으로 가정하여 전환권의 대가를 계산하도록 하였다. 또한 상환할증금을 포함하여 매년 이자비용을 계산하고 상환할증금을 전환사채의 부가계정으로 계상한 후 전환사채소유자가 전환권을 행사하면 상계하도록 하였다(일반기준 15장 부록 실15.6).

2) 전환사채와 관련된 여러 가지 이자율의 개념

전환사채를 발행하게 되면 다음과 같은 3가지 종류의 이자율이 나타나게 된다. 이러한 이자율의 개념적 차이점을 명확히 구분할 필요가 있다.

① 표시이자율

표시이자율(또는 액면이자율)이란 전환사채 발행자가 투자자에게 매기 지급하는 액면이자를 결정하는 이자율로서 전환사채의 액면가액에 표시이자율을 곱한 금액을 매기 액면이자로 지급한다.

② 보장수익률

보장수익률이란 전환사채의 발행으로 인해 발생하는 모든 현금유출액의 현재가치와 전환사채의 액면가액을 일치시켜주는 이자율을 말하며 보장수익률을 이용하면 전환사채를 만기까지 전환권을 행사하지 않고 보유하고 있을 경우의 상환할증금을 계산할 수 있다. 이를 수식으로 나타내면 다음과 같다.

$$F = \sum_{t=1}^{n} \frac{Ct}{(1+R)^t} + \frac{(F+A)}{(1+R)^n}$$

R : 보장수익률
Ct : t기의 액면이자
n : 만기
F : 액면가액
A : 상환할증금

③ 유효이자율

유효이자율은 채무증권으로부터 만기일까지 기대되는 현금유출액의 현재가치를 최초 장부가액과 일치시키는 이자율이다. 이를 수식으로 나타내면 다음과 같다. 일반기업회계기준 제15장에서는 전환사채 최초인식시점에서 부채요소의 공정가치는 동일한 조건하에서 유사한 신용상태와 실질적으로 동일한 현금흐름을 제공하지만 전환권은 없는 채무상품의 정해진 미래현금흐름을 시장이자율을 적용하여 할인한 현재가치라고 규정하고 있다(일반기준 15장 부록 실15.4). 따라서 일반적인 경우 채무증권으로부터 만기일까지 기대되는 현금유출액의 현재가치를 최초 장부가액과 일치시키는 유효이자율은 시장이자율이 될 것이다.

$$P = \sum_{t=1}^{n} \frac{Ct}{(1+r)^t} + \frac{(F+A)}{(1+r)^n}$$

r : 유효이자율
Ct : t기의 액면이자
n : 만기
P : 발행가액
F : 액면가액
A : 상환할증금

만약 전환사채를 액면가액으로 발행할 경우에는 보장수익률과 유효이자율이 동일하게 되는 것이다.

전환사채의 이자비용은 사채의 장부가액에 일반사채의 유효이자율을 적용하여 계산하며, 전환사채의 장부가액은 액면가액에 다음을 가감한 금액을 말한다. 이 경우 사채할인(증)발행차금은 당해 전환사채의 액면가액에서 차(가)감하고, 사채상환할증금은 당해 전환사채의 액면가액에 부가한다.

㉠ 사채할인(증)발행차금

㉡ 사채상환할증금(상환할증금 지급조건이 있는 경우)

사례 (주)삼일은 20×7. 1. 1.에 전환사채를 다음과 같은 조건으로 발행하였다. 이 경우 다음의 물음에 답하시오.

액면가액 : ₩1,000,000
발행가액 : ₩1,000,000
표시이자율 : 7%
보장수익률 : 12%
일반사채의 시장이자율 : 15%
이자지급일 : 매년 12. 31.
원금상환방법 : 상환기일에 원금과 함께 보장수익률에 따른 상환할증금을 지급함.
만기 : 20×9. 12. 31.

물음

1. 투자자가 만기까지 전환권을 행사하지 않고 전환사채를 보유하고 있을 경우 지급해야 할 상환할증금을 계산하시오.
2. 상기 전환사채의 발행가액 중 전환권대가로 수령한 금액을 계산하시오.
3. 20×7년 말 결산시 (주)삼일이 상기 전환사채와 관련하여 이자비용으로 계상해야 할 금액을 구하시오.

해답

1. 상환할증금(A) 계산

$$1,000,000 = \sum_{t=1}^{3} \frac{70,000}{(1+12\%)^t} + \frac{(1,000,000+A)}{(1+12\%)^3}$$

$$1,000,000 = 70,000 \times 2.4018 + (1,000,000 + A) \times 0.7118$$

$\therefore$ 상환할증금(A) = ₩168,690

2. 전환권 대가 계산

$$\text{일반사채 해당분} = \sum_{t=1}^{3} \frac{70,000}{(1.15)^t} + \frac{(1,000,000+168,690)}{(1.15)^3} = ₩928,244$$

전환권 대가 = 1,000,000 − 928,244 = ₩71,756

3. 20×7년 이자비용 = 장부가액 × 시장이자율
= (액면가액 + 상환할증금 − 사채할인발행차금) × 시장이자율
= (1,000,000 + 168,690 − 240,446) × 15% = ₩139,236

3) 상환할증금의 인식방법

상환할증금이란 전환사채의 소유자가 만기까지 전환권을 행사하지 않아 만기상환하는 경우에 사채발행회사가 소유자에게 일정 수준의 수익률을 보장하기 위하여 만기가액에 추가하여 지급하기로 약정한 금액을 말한다. 따라서 상환할증금은 전환사채의 소유자가 권리행사를 하여 보통주를 교부받으면 지급할 필요가 없으나 권리행사를 하지 않으면 만기 또는 만기 이전(풋옵션에 의해서 조기상환의 경우)에 추가로 지급해야 할 일종의 우발부채의 성격을 가지고 있다.

일반기업회계기준 제15장에 의하면 사채상환할증금은 당해 전환사채의 액면가액에 부가하여 표시하도록 하고 있다(일반기준 15장 부록 실15.6). 또한 전환이 이루어진 경우에는 사채상환할증금은 전환된 부분만큼 주식의 발행가액에 포함된다.

4) 전환사채의 전환에 관한 회계처리

일반적으로 전환사채는 보통주로 전환되는데 상법은 전환시기에 관하여는 정관상 규정

하도록 되어 있으며, 정관에서 규정되지 아니한 경우에는 이사회가 이를 결정하도록 되어 있다. 다만, 주주 외의 자에 대하여 전환사채를 발행하는 경우 전환시기에 관하여는 정관에 규정이 없으면 주주총회의 특별결의로써 이를 정하여야 한다(상법 513조). 이것은 주주 외의 자에게 전환사채를 발행하는 때에는 기존 주주의 이해에 영향을 주므로 주주의 이익을 보호하기 위하여 정관에 정함이 없는 한 주주총회의 특별결의를 요하게 한 것이다.

한편, 전환사채의 주식으로의 전환에 대한 효력은 사채권자가 전환을 청구한 경우에는 그 청구한 때, 회사가 전환을 한 경우에는 상법 제346조 제3항 제2호의 기간이 끝난 때에 발생한다(상법 516조 2항, 350조 1항).

사채권자가 전환사채를 보통주식으로 전환할 때 보통주의 발행가액을 얼마로 하여야 할 것인가에 관한 회계처리문제가 생기게 된다. 이론적으로는 비화폐성자산을 다른 비화폐성자산과 교환으로 취득하는 경우 그 자산의 취득원가를 기록하는 방법으로 신자산법, 구자산법 및 장부가액법 등 세 가지가 있는데, 이 방법을 수용한다면 보통주의 시가법, 전환사채의 시가법 및 전환사채의 장부가액법 같은 방법을 고려할 수 있다. 그러나 상법에서는 당초 전환사채의 발행가액을 신주식의 발행가액으로 규정하고 있다(상법 516조 2항, 348조).

일반기업회계기준 제15장에서는 만기시점에서 전환사채가 전환되는 경우 발행자는 부채를 제거하고 자본으로 인식하도록 하고 있으며, 최초인식시점의 자본요소는 자본의 다른 항목으로 대체될 수 있지만 계속하여 자본으로 유지되며, 만기시점에서 전환사채의 전환에 따라 인식할 손익은 없다고 하여 결론적으로 장부가액법을 채택하고 있는 것이다(일반기준 15장 문단 15.21). 여기서 전환사채의 전환시 부채의 장부가액은 액면가액에서 다음의 금액을 가감한 금액을 말한다.

㉠ 사채할인(증)발행차금
㉡ 사채상환할증금(상환할증금 지급조건이 있는 경우)
㉢ 최종 이자지급일로부터 전환권 행사일까지의 발생이자(전환권이 회계기간 중에 행사된 경우)

① 보통주의 시가법

이 방법은 전환시점에서 발행된 보통주의 시장가치를 보통주의 발행가액으로 하는 방법이다. 시가법의 이론적 근거는 전환사채의 발행과 전환을 독립된 사건으로 보아 전환할 당시의 경제적 여건의 변화를 반영할 수 있는 시가로 발행주식을 기록하고 전환손익을 인식하여야 한다는 것이다. 이와 같은 방법으로 전환사채의 전환시의 회계처리를 예시하면 다음과 같다.

(차) 전환사채(장부가액) ××× (대) 자 본 금 ×××
주식발행초과금 ×××
사채상환이익* ×××

* 전환사채의 장부가액－주식의 공정시가

이와 같이 보통주의 시가법은 전환사채의 상환으로 파악하여 손익을 인식하는 방법이다. 이 경우의 사채상환손익은 영업외손익항목으로 분류한다. 이 방법은 거래가 기록되는 당시의 시장가격으로 교환거래를 평가하므로 이론적으로 볼 때 타당하지만 이러한 자본거래를 통해 손익을 인식하는 것은 논리성이 결여되어 있다.

② 전환사채의 시가법

이 방법은 전환사채의 시장가치를 보통주의 발행가액으로 하는 방법으로서 전환시의 회계처리를 예시하면 다음과 같다.

(차) 전환사채(장부가액) ××× (대) 자 본 금 ×××
주식발행초과금 ×××
사채상환이익* ×××

* 전환사채의 장부가액－전환사채의 공정시가

이 방법은 전환사채의 전환으로 사채의 수익획득과정이 완료된다고 보아 전환에 따른 손익을 인식하게 된다. 여기서 사채상환손익은 보통주의 시가법에서와 마찬가지로 영업외손익항목으로 처리되어야 한다.

③ 전환사채의 장부가액법

이 방법은 전환 당시 전환사채의 장부가액을 보통주의 발행가액으로 하는 방법이다. 따라서 전환사채의 전환은 전환사채와 보통주가 전환사채의 장부가액으로 교환되는 것으로 보며, 보통주나 전환사채의 시가는 무시된다. 장부가액법의 이론적 근거는 전환사채의 발행과 전환을 동일 사건의 연속된 두 요소로 보고 전환을 단지 전환사채의 발행시 약정하였던 조건이 이행된 것으로 보기 때문에 전환손익을 계상하지 않아야 한다는 것이다. 전환된 사채의 장부가액이 발행되는 보통주의 액면가액보다 클 경우, 전환시의 회계처리는 다음과 같다.

(차) 전환사채(장부가액) ××× (대) 자 본 금 ×××
주식발행초과금 ×××

이 방법에서는 전환사채의 장부가액을 발행된 주식의 평가액으로 하기 때문에 전환에 따른 손실이나 이익은 전혀 인식되지 않는다.

④ 전환사채의 발행가액법

우리나라의 현행제도에 있어서는 전환사채 발행시 전환가액이 미리 정해져 있다. 즉, 전환사채를 주식으로 전환하는 경우 주권상장법인에 있어서는 기준주가의 일정비율 이상으로 하고, 주권비상장법인에 있어서는 주식공모 전과 주식공모 후로 구분하여 주식공모 전에는 발행주식의 액면가액 이상으로, 주식공모 이후에는 공모가액 이상으로 하도록 규정하고 있다.

여기서 기준주가란, 전환사채 발행을 위한 이사회결의일 전일을 기산일로 하여 그 기산일부터 소급하여 산정한 ① 1개월 가중산술평균주가, 1주일 가중산술평균주가 및 최근일 가중산술평균주가를 산술평균한 가액, ② 최근일 가중산술평균주가, ③ 청약일 전(청약일이 없는 경우에는 납입일) 제3거래일 가중산술평균주가 중 높은 가액(자본시장과 금융투자업에 관한 법률 제165조의 6 제1항 제3호의 방법으로 사채를 모집하는 방식으로 발행하는 경우에는 낮은 가액) 이상으로 한다(증권의 발행 및 공시 등에 관한 규정 5-22조 1항).

위와 같은 전환사채발행가액법은 전환사채의 발행가액을 주식의 발행가액으로 보기 때문에 전환시 전환사채의 발행가액과 장부가액이 차이가 나게 되면 전환사채전환손익이 계상된다. 만약 상환할증금 지급조건이 아니고 액면발행된 경우에는 전환사채의 발행가액과 전환시 장부가액이 동일하기 때문에 전환사채전환손익이 발생하지 않는다. 그러나 상환할증금 지급조건이거나 할인발행된 경우에는 기 계상된 사채상환할증금의 금액과 사채할인발행차금상각액의 합계액이 전환사채전환이익으로 계상된다.

5) 만기 전 유도전환

발행자는 전환사채의 조기전환을 유도하기 위하여 좀 더 유리한 전환조건을 제시하거나 특정 시점 이전의 전환에 대해서는 추가적인 대가를 지급하는 등의 방법으로 전환사채의 조건을 변경할 수 있다. 이 경우 조건이 변경되는 시점에 변경된 조건하에서 전환으로 인하여 보유자가 수취하게 되는 대가의 공정가치와 원래의 조건하에서 전환으로 인하여 보유자가 수취하였을 대가의 공정가치의 차이는 손실이며 당기손익으로 인식한다(일반기준 15장 문단 15.22). 참고로 종전 기업회계기준에서는 추가적으로 부여하는 대가의 공정가액을 사채소유자가 취소불가능한 전환의사를 표시한 시점에 주식 발행금액에서 차감하도록 하였다.

6) 전환사채의 조기상환이나 재매입

전환사채의 조기상환이나 재매입을 통하여 만기 전에 전환사채가 소멸되는 경우 조기상환이나 재매입을 위하여 지급한 대가와 거래원가를 거래의 발생시점의 부채요소와 자본요소에 배분한다. 지급한 대가와 거래원가를 요소별로 배분하는 방법은 전환사채가 발행되는 시점에 발행금액을 각 요소별로 배분한 방법과 일관되어야 한다. 즉, 자본요소에는 복합금융상품 전체의 공정가치에서 부채요소에 대하여 별도로 결정한 금액을 차감한 잔액을 배분한다(일반기준 15장 문단 15.23).

7) 주석공시

전환사채와 관련하여 다음 사항을 주석으로 공시한다(일반기준 15장 문단 15.25).

㉠ 전환사채, 신주인수권부사채 등 자본요소와 부채요소를 모두 가지고 있는 복합금융상품을 발행한 경우에는 발행가액, 권리행사조건(행사가격, 행사기간 등), 특약사항, 담보 또는 보증 제공내역 등 기존 주주의 이해에 관계되는 중요한 사항

㉡ 회계기간 중 전환권 및 신주인수권의 행사로 발행된 주식의 수, 전환된 누적주식수 및 미전환된 잔여주식수 등

㉢ 회계기간 중 전환권이나 신주인수권이 행사되었을 때 회사의 정관으로 기초 또는 기말에 행사된 것으로 간주하는 경우에는 그 내용

8) 전환사채에 관한 회계처리 사례

사례 원화표시 전환사채 : 상환할증금이 있는 경우

- 12월 결산인 A회사는 20×7. 1. 1. 다음과 같은 조건으로 전환사채 발행
  - ○ 액면가액 : 10,000백만원
  - ○ 표시이자율 : 연 7%
  - ○ 일반사채의 시장수익률 : 연 15%
  - ○ 발행가액 : 10,000백만원
  - ○ 이자지급방법 : 매 연도 말 후급
  - ○ 전환조건 : 전환으로 인하여 발행되는 주식 1주(액면금액 : 5,000원)에 대하여 요구되는 사채발행가액은 20,000원으로 한다.
  - ○ 전환청구기간 : 사채발행일 이후 1개월 경과일부터 상환기일 30일 전까지
  - ○ 상환기일(만기) : 20×9. 12. 31.
  - ○ 원금상환방법 : 상환기일에 액면가액의 116.87%를 일시상환

- 20×9. 1. 1. 액면 5,000백만원의 전환 청구

* 전환권대가의 계산

① 발행가 : 10,000백만원

② 일반사채의 가치 :

이자현가 700 × 2.2832(이자율 15%, 기간 3, 1원의 연금현가) = 1,598백만원

원금현가 11,687 × 0.6575(이자율 15%, 기간 3, 1원의 현가) = 7,684백만원

계 : 9,282백만원

전환권의 대가 : ①-② = 718백만원

* 만기상환을 가정한 사채할인발행차금 상각표 (단위 : 백만원)

구 분		20×7년	20×8년	20×9년
기초장부가액(A)		9,282	9,974	10,770
사채이자비용(B＝A×15%)		1,392	1,496	1,616
현금이자(C)		700	700	700
사채할인발행차금	상각액(D＝B－C)	692	796	916
	잔 액	1,712	916	0
기말장부가액		9,974	10,770	11,686

〈회계처리〉 (단위 : 백만원)

20×7. 1. 1.(발행시)

(차)	현금 및 현금성자산	10,000	(대) 전 환 사 채	10,000
	사채할인발행차금	2,404	사채상환할증금	1,686
			전 환 권 대 가	718

20×7. 12. 31.(이자지급시)

(차)	이 자 비 용	1,392	(대) 현금 및 현금성자산	700
			사채할인발행차금	692

<20×7. 12. 31. B/S 표시>

○ 전 환 사 채	10,000백만원
○ 사채상환할증금	1,686백만원
○ 사채할인발행차금	(1,712백만원)
계	9,974백만원
○ 전 환 권 대 가 (기타자본잉여금)	718백만원

20×8. 12. 31.(이자지급시)

(차)	이 자 비 용	1,496	(대) 현금 및 현금성자산	700
			사채할인발행차금	796

<20×8. 12. 31. B/S 표시>

○ 전 환 사 채	10,000백만원
○ 사채상환할증금	1,686백만원
○ 사채할인발행차금	(916백만원)
계	10,770백만원
○ 전 환 권 대 가 (기타자본잉여금)	718백만원

20×9. 1. 1.(전환청구로 신주식 발행시)

(차)	전 환 사 채	5,000	(대)	자 본 금	1,250*
	사채상환할증금	843**		주식발행초과금	4,135
				사채할인발행차금	458***
(차)	전 환 권 대 가	359	(대)	주식발행초과금	359****

* 발행주식수 : 5,000백만원 ÷ 20,000원 = 250,000주
자 본 금 : 250,000주 × 5,000원 = 1,250백만원

** 사채상환할증금을 주식발행초과금으로 대체 : 1,686 × 5,000 / 10,000 = 843

*** 사채할인발행차금 상각 : 916백만원 × 5,000 / 10,000 = 458백만원

**** 전환권대가를 주식발행초과금으로 대체 : 718 × 5,000 / 10,000 = 359

<20×9. 1. 1. 전환 후 B/S 표시>

○ 전 환 사 채	5,000백만원
○ 사채상환할증금	843백만원
○ 사채할인발행차금	(458백만원)
계	5,385백만원
○ 전 환 권 대 가 (기타자본잉여금)	359백만원

20×9. 12. 31.(이자지급시)

(차)	이 자 비 용	808	(대)	현금 및 현금성자산	350
				사채할인발행차금	458

<20×9. 12. 31. 이자지급 후 상환 전 B/S 표시>

○ 전 환 사 채	5,000백만원
○ 사채상환할증금	843백만원
계	5,843백만원
○ 전 환 권 대 가 (기타자본잉여금)	359백만원

20×9. 12. 31.(액면 5,000백만원의 만기상환시)

(차)	전 환 사 채	5,000	(대)	현금 및 현금성자산	5,843*
	사채상환할증금	843			

* 현금 상환액 : 5,000 × 116.87% = 5,843(전환이 이루어지지 않은 부분의 전환권 대가는 전환사채 상환 후에도 기타자본잉여금으로 남아 있음)

사례 달러표시 전환사채 : 상환할증금이 없는 경우

- 20×0. 1. 1. 다음과 같은 조건으로 달러표시 전환사채 발행
  - ○ 발행금액 : 액면 $10,000,000
  - ○ 표시이자율 : 연 1.75%
  - ○ 일반사채 시장수익률 : 연 5%
  - ○ 이자지급방법 : 매 연도말에 후급
  - ○ 전환가격 : 50,000원/주
  - ○ 1주당 액면금액 : 5,000원
  - ○ 전환청구기간 : 사채발행일 이후 1개월 경과일부터 상환기일 30일 전까지
  - ○ 전환시 적용할 환율 : 1,000원/$
  - ○ 상환조건 : 만기상환 : 20×9. 12. 31.에 원금의 100%로 일시상환
- 20×3. 12. 31. 액면 $5,000,000의 전환청구
- 20×8. 12. 31. 액면 $2,000,000의 전환청구
- 환율

20×0. 1. 1.	1,000원 / $	20×4년 평균	955원 / $
20×0년 평균	1,030원 / $	20×4. 12. 31.	960원 / $
20×0. 12. 31.	1,050원 / $	20×7. 12. 31.	940원 / $
20×2년 평균	970원 / $	20×8년 평균	970원 / $
20×2. 12. 31.	1,020원 / $	20×8. 12. 31.	1,000원 / $
20×3년 평균	980원 / $	20×9년 평균	1,045원 / $
20×3. 12. 31.	950원 / $	20×9. 12. 31.	1,050원 / $

* 전환권대가의 계산

① 발행금액 : $10,000,000

② 일반사채금액

원금현가 : $10,000,000 × 0.6139(이자율 5%, 기간 10, 1원의 현가) = $6,139,132

이자현가 : 10,000,000 × 1.75% × 7.7217(이자율 5%, 기간 10, 1원의 연금현가) = $1,351,304

계 $7,490,436

① − ② = $2,509,564

전환권대가 : $2,509,564 × 1,000 = 2,510백만원

* 사채할인발행차금 상각표 (단위 : 1,000$)

구 분	20×0년	20×1년	20×2년	20×3년	20×4년
기초장부금액(A)	7,490	7,690	7,899	8,119	8,350
사채이자비용(B = A × 5%)	375	384	395	406	417
현금이자(C)	175	175	175	175	175

구 분		20×0년	20×1년	20×2년	20×3년	20×4년
사채할인 발행차금	상각액(B－C)	200	209	220	231	242
	잔 액	2,310	2,101	1,881	1,650	1,408
기말장부금액		7,690	7,899	8,119	8,350	8,592

〈회계처리〉 (단위 : 백만원)

20×0. 1. 1.(발행시)

(차) 현금 및 현금성자산	10,000	(대) 전 환 사 채	10,000*
사채할인발행차금	2,510	전 환 권 대 가	2,510

* 전환사채 : $10,000,000 × 1,000원 = 10,000백만원

20×0. 12. 31.(이자지급시)

(차) 이 자 비 용	386***	(대) 현금 및 현금성자산	184*
		사채할인발행차금	200**
		외 환 차 익	2

* 현금이자 : $175천 × 1,050원 = 184백만원
** 사채할인발행차금 상각액 : $200천 × 1,000원 = 200백만원
*** 이자비용 : $375천 × 1,030원 = 386백만원

20×0. 12. 31.(외화환산시)

(차) 사채할인발행차금	116**	(대) 전 환 사 채	500*
외 환 환 산 손 실	384		

* 전환사채 액면 : $10,000,000 × (1,050 － 1,000) = 500백만원
** 사채할인발행차금 : $2,310천 × (1,050 － 1,000) = 116백만원

20×3. 12. 31.(이자지급시)

(차) 이 자 비 용	398***	(대) 현금 및 현금성자산	166*
외 환 차 손	4	사채할인발행차금	236**

* 현금이자 : $175천 × 950원 = 166백만원
** 사채할인발행차금 상각액 : $231천 × 1,020원 = 236백만원
*** 이자비용 : $406천 × 980원 = 398백만원

20×3. 12. 31.(외화환산시)

(차) 전 환 사 채	700*	(대) 사채할인발행차금	116**
		외 환 환 산 손 실	584

* 전환사채 액면 : $10,000,000 × (1,020 － 950) = 700백만원
** 사채할인발행차금 : $1,650천 × (1,020 － 950) = 116백만원

20×3. 12. 31.($5,000천의 전환청구로 신주 발행시)

(차) 전 환 권 대 가	1,255	(대) 주식발행초과금	1,255*
전 환 사 채	4,750***	사채할인발행차금	784**
		자 본 금	500****
		주식발행초과금	3,466

* 전환권대가의 주식발행초과금으로 대체 : 2,510 × $5,000,000 / $10,000,000 = 1,255

** 사채할인발행차금 상각액 : $1,650천 × 950원 × $5,000,000 / $10,000,000 = 784백만원

*** 전환되는 전환사채의 액면가 : $5,000천 × 950원 = 4,750백만원

**** 총발행주식수 : $5,000천 × 1,000원(전환환율)÷50,000(전환가격) = 100,000주
자본금 : 100,000주 × @5,000원 = 500백만원

<20×3. 12. 31. 전환 후 재무상태표 표시>

○전 환 사 채	4,750백만원
○사채할인발행차금	(784백만원)
○잔 액	3,966백만원
○전 환 권 대 가 (기타자본잉여금)	1,255백만원

* $5,000천 전환사채 전환 후 사채할인발행차금 상각표 (단위 : 1,000$)

구 분		20×4년	20×5년	20×6년	20×7년	20×8년
기초장부금액(A)		4,175	4,296	4,424	4,557	4,698
사채이자비용(B = A×5%)		209	215	221	228	235
현금이자(C)		88	88	88	88	88
사채할인 발행차금	상각액(B − C)	121	127	134	140	147
	잔 액	704	1,280	1,147	1,006	859
기말장부금액		4,296	4,424	4,557	4,698	4,845

20×4. 12. 31.(이자지급시)

(차) 이 자 비 용	200***	(대) 현금 및 현금성자산	84*
		사채할인발행차금	115**
		외 환 차 익	1

* 현금이자 : $88천 × 960원 = 84백만원

** 사채할인발행차금 상각액 : $121천 × 950원 = 115백만원

*** 이자비용 : $209천 × 955원 = 200백만원

20×4. 12. 31.(외화환산시)

(차) 사채할인발행차금	7**	(대) 전 환 사 채	50*
외 화 환 산 손 실	43		

* 전환사채 액면 : $5,000천 × (960 − 950) = 50백만원

** 사채할인발행차금 : $704천 × (960 − 950) = 7백만원

<20×4. 12. 31. 이자지급 후 재무상태표 표시>

○전 환 사 채	4,800백만원
○사채할인발행차금	(676백만원)
○잔 액	(4,124백만원)
○전 환 권 대 가 (기타자본잉여금)	1,255백만원

20×8. 12. 31.(이자지급시)

(차) 이 자 비 용	228***	(대) 현금 및 현금성자산	88*
		사채할인발행차금	138**
		외 환 차 익	2

* 현금이자 : $88천 × 1,000원 = 88백만원

** 사채할인발행차금 상각액 : $147천 × 940원 = 138백만원

*** 이자비용 : $235천 × 970원 = 228백만원

20×8. 12. 31.(외화환산시)

(차) 사채할인발행차금	14**	(대) 전 환 사 채	300*
외 화 환 산 손 실	286		

* 전환사채 액면 : $5,000천 × (1,000 − 940) = 300백만원

** 사채할인발행차금 : $235천 × (1,000 − 940) = 14백만원

20×8. 12. 31.($2,000천의 전환청구로 신주 발행시)

(차) 전 환 권 대 가	502	(대) 주식발행초과금	502*
전 환 사 채	2,000***	사채할인발행차금	94**
		자 본 금	200****
		주식발행초과금	1,706

* 전환권대가의 주식발행초과금으로 대체 : 1,255 × $2,000,000 / $5,000,000 = 502

** 사채할인발행차금 상각액 : $235천 × 1,000원 × $2,000,000 / $5,000,000 = 94백만원

*** 전환되는 전환사채의 액면가 : $2백만 × 1,000원 = 2,000백만원

**** 발행주식수 : $2,000,000 × 1,000원 ÷ 50,000원 = 40,000주

자본금 : 40,000주 × 5,000원 = 200백만원

<20×8. 12. 31. 전환 후 재무상태표 표시>

○전 환 사 채	3,000백만원
○사채할인발행차금	(141백만원)
○잔 액	(2,859백만원)
○전 환 권 대 가 (기타자본잉여금)	753백만원

20×9. 12. 31.(이자지급시)

(차) 이 자 비 용	149***	(대) 현금 및 현금성자산	55*
외 환 차 손	47	사채할인발행차금	141**

* 현금이자 : $3,000,000 × 1.75% = $52,500
$52,500 × 1,050원 = 55백만원
** 사채할인발행차금 상각액 : $141천 × 1,000원 = 141백만원
*** 이자비용 : $143천 × 1,045원 = 149백만원

<20×9. 12. 31. 이자지급 후 재무상태표 표시>

○전 환 사 채	3,000백만원
○사채할인발행차금	(0)
○잔 액	(3,000백만원)
○전 환 권 대 가 (기타자본잉여금)	753백만원

20×9. 12. 31.(만기상환시)

(차) 전 환 사 채	3,000	(대) 현금 및 현금성자산	3,150*
외 환 차 손	150		

* 현금상환액 : $3,000,000 × 1,050원 = 3,150백만원

사례 전환사채 재매입

다음 사례는 전환사채의 재매입에 대한 회계처리방법을 보여준다. 사례의 단순화를 위하여, 발행시점의 전환사채의 액면금액은 재무제표에서의 부채요소와 자본요소의 장부금액 합계와 동일하다고 가정한다. 즉 발행시 할증발행차금이나 할인발행차금이 없다. 또한 사례의 단순화를 위하여, 세무상 고려사항은 무시한다.

20×0년 1월 1일에 만기가 20×9년 12월 31일이며, 10%의 이자를 지급하는 액면금액 1,000원의 전환사채를 발행하였다. 이 사채는 주당 25원의 전환가격으로 A사의 보통주로 전환할 수 있다. 이자는 6개월마다 현금으로 지급된다. 발행일에 A사는 만기 10년의 전환권이 없는 사채를 액면이자율 11%로 발행할 수 있었다.

A사의 재무제표에 이 사채의 발행시 장부금액은 다음과 같이 배분된다.

	(단위 : 원)
부채요소	
6개월마다 20회 지급하는 50원의 이자금액을 11%로 할인한 현재가치	597
10년 후인 만기 시점에 지급하는 1,000원의 원금을 11%(6개월 복리)로 할인한 현재가치	343
	940
자본요소	
(1,000원의 발행금액과 위와 같이 배분된 940원의 차이)	60
총 발행금액	1,000

20×5년 1월 1일 전환사채의 공정가치는 1,700원이다.

A사는 전환사채의 보유자에게 1,700원에 당해 전환사채를 재매입하고자 제안하였으며, 보유자는 이러한 제안을 승낙하였다. 재매입일에 A사는 만기 5년의 전환권이 없는 채무를 표시이자율 8%로 발행할 수 있었다.

재매입가격은 다음과 같이 배분된다.

(단위 : 원)

	장부금액	공정가치	차이
부채요소			
10회 남아있는, 6개월마다 50원씩 지급하는 이자금액을 11%와 8%로 각각 할인한 현재가치	377	405	
5년 후인 만기 시점에 지급하는 1,000원의 원금을 11%와 8%(6개월 복리)로 각각 할인한 현재가치	585	676	
	962	1,081	(119)
자본요소	60	619*	(559)
합계금액	1,022	1,700	(678)

* 이 금액은 부채요소에 배분된 공정가치와 재매입가격 1,700원의 차이를 나타낸다.

A사는 전환사채 재매입을 다음과 같이 인식한다.

(차)	전환사채	1,000	(대) 현금 및 현금성자산	1,081
	사채상환손실 (당기손익)	119	사채할인발행차금	38
(차)	전환권대가	60	(대) 현금 및 현금성자산	619
	전환권매입손실 (자본조정)	559		

(3) 세무회계상 유의할 사항

일반기업회계기준 제15장에서는 전환사채를 발행한 경우 발행가액을 일반사채에 해당하는 부채부분과 전환권에 해당하는 자본부분으로 분리하여 자본부분의 가치를 전환권대가로 인식하도록 하고 있다. 즉, 전환권대가는 당해 전환사채의 발행가액에서 현재가치를 차감하여 계산하며, 이 경우 사채의 현재가치는 만기일까지 기대되는 미래 현금흐름(상환할증금이 있는 경우에는 이를 포함)을 사채발행일 현재 발행회사의 전환권이 없는 일반사채의 시장이자율로 할인한 금액으로 한다(일반기준 15장 부록 실15.4, 실15.5).

또한 사채할인발행차금은 당해 전환사채의 액면가액에서 차감하는 형식으로 기재하고 사채상환할증금은 당해 전환사채의 액면가액에 부가하는 형식으로 기재하며, 전환권대가는 기타자본잉여금으로 분류한 후 전환권이 행사되어 추가로 주식을 발행하는 시점에서 주식발행초과금으로 대체한다(일반기준 15장 부록 실15.6).

전환권 행사시 주식의 발행가액은 전환권을 행사한 부분에 해당하는 전환사채의 장부가액과 전환권대가의 합계금액으로 하며, 여기서 전환사채의 장부가액이라 함은 액면가액에서 다음을 가감한 금액을 말한다.

㉠ 사채할인(증)발행차금

㉡ 사채상환할증금(상환할증금 지급조건이 있는 경우)

㉢ 최종 이자지급일로부터 전환권 행사일까지의 발생이자(전환권이 회계기간 중에 행사된 경우)

위와 같이 일반기업회계기준 제15장(자본)에 따라 전환사채를 회계처리한 경우 법인세법 기본통칙 40－71…2(전환사채 또는 신주인수권부사채의 발행 및 상환에 따른 세무상 처리방법)의 규정에 따라 세무처리를 하여야 한다.

㉠ 발행시 전환사채의 차감계정으로 계상한 전환권대가와 사채상환할증금의 합계액에 상당하는 사채할인발행차금 금액은 손금산입 유보처분하고, 기타자본잉여금으로 계상한 전환권대가는 익금산입 기타처분하며, 사채상환할증금은 손금불산입 유보처분한다.

㉡ 만기일 전에 사채할인발행차금 금액을 이자비용으로 계상한 경우 동 이자비용은 이를 손금불산입하고 유보처분한다.

㉢ 전환권을 행사한 경우 ㉠의 규정에 의하여 손금불산입한 사채상환할증금 중 전환권을 행사한 전환사채에 해당하는 금액은 손금으로 추인하고, 주식발행초과금으로 대체된 금액에 대해서는 익금산입 기타처분하며, 사채할인발행차금과 대체되는 금액은 익금산입 유보처분한다.

㉣ 만기일까지 전환권을 행사하지 아니함으로써 지급하는 사채상환할증금은 그 만기일

이 속하는 사업연도에 손금으로 추인한다.

이상의 관련 내용을 토대로 하여 전환사채와 관련한 세무처리에 대하여 사례를 통하여 검토해 보기로 한다.

사례 12월 결산인 (주)삼일은 20×7. 1. 1. 다음과 같은 조건으로 전환사채를 발행하였다. 20×9. 1. 1. 액면 5,000백만원의 전환청구가 있었으며, 나머지 5,000백만원은 만기상환되었다.

- 액면가액 : 10,000백만원
- 표시이자율 : 연 7%
- 일반사채 시장수익률 : 연 15%
- 발행가액 : 10,000백만원
- 이자지급방법 : 매 연도 말 후급
- 전환조건 : 전환으로 인하여 발행되는 주식 1주(액면금액 : 5,000원)에 대하여 요구되는 사채발행가액은 20,000원으로 한다.
- 전환청구기간 : 사채발행일 이후 1개월 경과일부터 상환기일 30일 전까지
- 상환기일(만기) : 20×9. 12. 31.
- 원금상환방법 : 상환기일에 액면가액의 116.87%를 일시상환

구 분	회 계 처 리	세 무 조 정
20×7. 1. 1. (전환사채 발행)	현금및현금성자산 10,000 사채할인발행차금 2,404 / 전 환 사 채 10,000 사채상환할증금 1,686 전 환 권 대 가 718	(익산) 전 환 권 대 가 718 (기타) (익산) 사채상환할증금 1,686 (유보) (손산) 사채할인발행차금 2,404 (△유보)
20×7. 12. 31. (이자지급)	이 자 비 용 1,392 / 현금 및 현금성자산 700 사채할인발행차금 692	(손불) 사채할인발행차금 692 (유보)
20×8. 12. 31. (이자지급)	이 자 비 용 1,496 / 현금및현금성자산 700 사채할인발행차금 796	(손불) 사채할인발행차금 796 (유보)
20×9. 1. 1. (전환청구로 신주식 발행)	전 환 사 채 5,000 사채상환할증금 843 / 자 본 금 1,250 주식발행초과금 4,135 사채할인발행차금 458	(익산) 사채할인발행차금 458 (유보) (익산) 주식발행초과금 385 (기타) (손산) 사채상환할증금 843 (△유보) - 익금산입된 주식발행초과금 중 385 백만원은 무상증자시 의제배당으로 과세됨.

구 분	회 계 처 리	세 무 조 정
	전 환 권 대 가 359 / 주식발행초과금 359	- 전환권대가에서 대체된 주식발행초과금 359백만원은 무상증자시 의제배당으로 과세됨.
20×9. 12. 31. (이자지급)	이 자 비 용 808 / 현금및현금성자산 350 사채할인발행차금 458	(손불) 사채할인발행차금 458 (유보)
20×9. 12. 31. (액면 5,000 만기상환)	전 환 사 채 5,000 사채상환할증금 843 / 현금및현금성자산 5,843	(손산) 사채상환할증금 843 (△유보)

3. 신주인수권부사채

(1) 개 요

1) 개 념

신주인수권부사채란 유가증권의 소유자에게 발행 후 소정의 기간이 경과한 시점부터 일정한 기간 내에 일정한 가격(행사가격)으로 발행회사의 일정수의 신주를 인수할 수 있는 권리(신주인수권)가 부여된 사채를 의미하며, 신주인수권부사채는 일반적으로 사채를 유리한 조건으로 발행하기 위하여 또는 사채발행을 원활하게 하기 위해 발행된다. 발행회사는 자금조달 코스트가 낮은 자금을 이용할 수 있으며, 사채발행과 신주발행을 통하여 자금이 이중으로 유입되므로 더 많은 자금조달이 가능할 뿐만 아니라 신주인수권부사채가 발행된 후 사채권자가 신주인수권을 행사하여 신주가 발행되면 자본의 구성이 변동되어 재무구조가 좋아진다.

2) 종 류

신주인수권부사채는 분리형과 비분리형이 있는데 이에 대해 살펴보면 다음과 같다.

① 분리형 신주인수권부사채(bonds with detachable stock warrants)

분리형 신주인수권부사채는 사채권과 신주인수권증권이 별도의 증권으로 분리 · 표시되어 독자적으로 각각 양도할 수 있는 사채를 의미한다.

② 비분리형 신주인수권부사채(bonds with nondetachable stock warrants)

비분리형 신주인수권부사채는 사채권에 신주인수권과 사채의 권리를 병행하여 표시, 신주인수권과 사채권을 따로 분리하여 양도할 수 없는 사채를 의미한다.

(2) 기업회계상의 처리

1) 신주인수권가치의 계산

신주인수권부사채의 발행시 신주인수권가치와 사채의 가치를 구분하는 방법으로는, 첫째 사채의 현재가치(공정가치) 개념을 이용하는 방법, 둘째 사채가액과 신주인수권가치의 상대적 시장가치를 이용하여 배분하는 방법, 셋째 증분법 등이 있다.

일반기업회계기준 제15장에서는 신주인수권의 가치를 신주인수권부사채의 발행가액에서 만기일까지 기대되는 미래 현금흐름(상환할증금이 있는 경우에는 이를 포함)을 사채발행일 현재 발행회사의 신주인수권이 없는 일반사채의 시장이자율로 할인한 금액을 차감하여 계산한다고 규정하고 있어 첫번째 방법을 적용하도록 하고 있다(일반기준 15장 부록 실15.4, 실15.5).

신주인수권대가는 기타자본잉여금으로 분류한 후, 신주인수권이 행사되어 추가로 발행하는 시점에서 주식발행초과금으로 대체한다(일반기준 15장 부록 실15.6).

2) 상환할증금의 인식방법

상환할증금이란 신주인수권부사채의 소유자가 만기까지 신주인수권을 행사하지 않아 만기상환하는 경우에 사채발행회사가 소유자에게 일정 수준의 수익률을 보장하기 위하여 만기가액에 추가하여 지급하기로 약정한 금액을 말한다.

일반기업회계기준 제15장에 의하면 사채상환할증금은 당해 신주인수권부사채의 액면가액에 부가하여 표시하도록 하고 있다(일반기준 15장 부록 실15.6). 또한 신주인수권을 행사하는 경우에는 신주인수권을 행사한 부분에 해당하는 상환할증금을 납입금액에 가산하여야 한다.

3) 신주인수권 행사시의 회계처리

신주인수권 행사시 주식의 발행가액은 신주인수권의 행사에 따라 납입되는 금액과 신주인수권을 행사한 부분에 해당하는 신주인수권대가의 합계금액으로 한다. 다만, 상환할증금 지급조건이 있는 경우에는 신주인수권을 행사한 부분에 해당하는 사채상환할증금을 납입금액에 가산하여야 한다.

주식의 신주인수권이 행사되었을 경우 발행되는 주식의 발행가액은 다음과 같다.

주식의 발행가액 = 현금납입액 + 신주인수권대가 + 상환할증금 − 사채할인발행차금*

* (상환할증금 − 상환할증금의 현재가치)의 납입부분 상당액

이 때 주의할 점은 상환할증조건인 경우에는 행사비율만큼 상환할증금의 지급의무가 감

소하게 되므로 행사비율만큼의 사채상환할증금을 주식발행가액으로 대체하여야 하며, 또한 신주인수권이 실제로 행사된 시점까지 미상각된 사채할인발행차금계정의 잔액에 포함된 상환할증금부분 중 행사비율에 해당하는 부분도 함께 제거하여야 한다.

4) 주석공시

주석공시사항에 대한 내용은 '전환사채편'에서 자세히 설명한 바 있으므로 이를 참조하기로 한다.

5) 신주인수권부사채에 관한 회계처리 사례

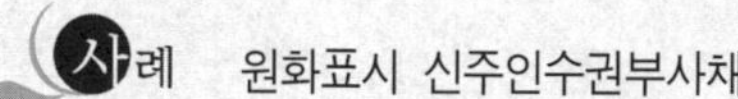

사례 원화표시 신주인수권부사채

- 20×7. 1. 1. 다음의 조건으로 신주인수권부사채 발행
  - ○ 발행가액 : 액면 10,000백만원(액면발행)
  - ○ 표시이자율 : 연 9%
  - ○ 일반사채의 시장이자율 : 연 13%
  - ○ 이자지급방법 : 매 연도 말 후급
  - ○ 신주인수권의 내용
    - 행사비율 : 사채권면액의 100%(1주당 액면금액 : 5,000원)
    - 행사가액 : 15,000원
    - 행사기간 : 발행일로부터 1개월이 경과한 날부터 상환기일 30일 전까지
  - ○ 상환기일(만기) : 20×9. 12. 31.
  - ○ 원금상환방법 : 상환기일에 일시상환
- 20×8. 12. 31. 액면 6,000백만원의 신주인수권 행사
  - * 신주인수권의 대가
    - ① 발행가액 : 10,000백만원
    - ② 일반사채가액 : 10,000 × 0.6931 + 10,000 × 9% × 2.3612 = 9,056백만원
    - ③ 신주인수권의 대가 = ① − ② = 944백만원

* 사채할인발행차금 상각표 (단위 : 백만원)

구 분		20×7년	20×8년	20×9년
기초장부금액(A)		9,057	9,334	9,647
사채이자비용(B = A×13%)		1,177	1,213	1,253
현금이자(C)		900	900	900
사채할인발행차금	상각액(B − C)	277	313	353
	잔 액	666	353	0
기말장부금액		9,334	9,647	10,000

〈회계처리〉 (단위 : 백만원)

20×7. 1. 1.(발행시)

(차)	현금 및 현금성자산	10,000	(대) 신주인수권부사채	10,000
	사채할인발행차금	944	신주인수권대가	944

20×7. 12. 31.(이자지급시)

(차)	이 자 비 용	1,177	(대) 현금 및 현금성자산	900
			사채할인발행차금	277

<20×7. 12. 31. B/S 표시>

○신주인수권부사채	10,000백만원
○사채할인발행차금	(667백만원)
계	9,333백만원
○신주인수권대가 (기타자본잉여금)	944백만원

20×8. 12. 31.(이자지급시)

(차)	이 자 비 용	1,213	(대) 현금 및 현금성자산	900
			사채할인발행차금	313

<20×8. 12. 31. B/S 표시>

○신주인수권부사채	10,000백만원
○사채할인발행차금	(354백만원)
계	9,646백만원
○신주인수권대가 (기타자본잉여금)	944백만원

20×8. 12. 31.(신주인수권행사로 신주식 발행시)

(차)	현금 및 현금성자산	6,000	(대) 자 본 금	2,000*
			주식발행초과금	4,000
(차)	신주인수권대가	566**	(대) 주식발행초과금	566

* 발행주식수 : 6,000백만원 ÷ 15,000원 = 400,000주
  자 본 금 : 400,000주 × @5,000원 = 2,000백만원

** 신주인수권대가의 주식발행초과금으로 대체 : 944 × (6,000 / 10,000) = 566백만원

<20×8. 12. 31. 신주인수권행사 후 B/S 표시>

○신주인수권부사채	10,000백만원
○사채할인발행차금	(354백만원)
계	9,646백만원
○신주인수권대가 (기타자본잉여금)	378백만원

20×9. 12. 31.(이자지급시)

(차) 이 자 비 용	1,253	(대) 현금 및 현금성자산	900
		사채할인발행차금	353

<20×9. 12. 31. 이자지급 후 상환 전 B/S 표시>

○신주인수권부사채	10,000백만원
○사채할인발행차금	(0)
계	10,000백만원
○신주인수권대가 (기타자본잉여금)	378백만원

20×9. 12. 31.(만기상환시)

(차) 신주인수권부사채	10,000	(대) 현금 및 현금성자산	10,000

사례 달러표시 신주인수권부사채

－2×07. 1. 1. 다음과 같은 조건으로 유러달러시장에서 달러표시 신주인수권부사채 발행

○발행가액 : 액면 $10,000,000

○표시이자율 : 연 1.25%

○일반사채 시장이자율 : 연 5%

○이자지급방법 : 매 연도 말에 후급

○신주인수권의 내용

- 행사비율 : 사채권면액의 100%(1주당 액면금액 : 5,000원)
- 행사가액 : 50,000원
- 행사기간 : 발행일로부터 1년 6개월 이후부터 만기 1개월 전까지
- 행사환율 : 1000원 / $

○상환기일(만기) : 2×11. 12. 31.(5년)

○원금상환방법 : 상환기일에 일시상환(신주인수권을 행사하지 않은 부분에 대한 상환할증금은 없음)

○발행시 환율 : 1000원 / $

- 2×08. 12. 31. 액면 $6,000,000의 신주인수권 행사
- 환 율

2×07. 1. 1.	1,000원 / $	2×10. 12. 31.	940원 / $
2×07년 평균	1,030원 / $	2×11년 평균	955원 / $
2×07. 12. 31.	1,050원 / $	2×11. 12. 31.	960원 / $
2×08년 평균	970원 / $		
2×08. 12. 31.	950원 / $		

* 사채할인발행차금의 계산

① 발행가액 : $10,000,000

② 일반사채가액 : 10,000,000 × 0.7835 + 10,000,000 × 1.25% × 4.3295 = $8,376,446

③ 사채할인발행차금금액 : ① − ② = $1,623,554

④ 원화환산액 : $1,623,554 × 1,000원 = 1,624백만원

* 사채할인발행차금 상각표 (단위 : 1,000$)

구 분		2×07년	2×08년	2×09년	2×10년	2×11년
기초장부금액(A)		8,376	8,670	8,979	9,303	9,643
사채이자비용(B = A×5%)		419	434	449	465	482
현금이자(C)		125	125	125	125	125
사채할인발행차금	상각액(B − C)	294	309	324	340	357
	잔 액	1,330	1,021	697	357	0
기말장부금액		8,670	8,979	9,303	9,643	10,000

〈회계처리〉 (단위 : 백만원)

2×07. 1. 1.(발행시)

(차)	현금 및 현금성자산	10,000	(대) 신주인수권부사채	10,000
	사채할인발행차금	1,624	신주인수권대가	1,624

2×07. 12. 31.(이자지급시)

(차)	이 자 비 용	432***	(대) 현금 및 현금성자산	131*
			사채할인발행차금	294**
			외 환 차 익	7

* 표시이자(현금지급액) : $10,000,000 × 1.25% = 125,000
  $125,000 × 1,050원 = 131백만원

** 신주인수권조정 상각액 : $294,000 × 1,000원 = 294백만원

*** 이자비용 : $419,000 × 1,030원 = 432백만원

2×07. 12. 31.(외화환산시)

(차)	외 화 환 산 손 실	433	(대) 신주인수권부사채	500*
	사채할인발행차금	67**		

* 신주인수권부사채 액면 $10,000,000 × (1,050 − 1,000) = 500백만원

** 사채할인발행차금 $1,330,000 × (1,050 − 1,000) = 67백만원

<2×07. 12. 31. B/S 표시>

○신주인수권부사채	10,500백만원
○사채할인발행차금	(1,397백만원)
계	9,103백만원
○신주인수권대가 (기타자본잉여금)	1,624백만원

2×08. 12. 31.(이자지급시)

(차) 이 자 비 용	421***	(대) 현금및현금성자산	119*
외 환 차 손	22	사채할인발행차금	324**

* 표시이자(현금지급액) : $125,000 × 950원 = 119백만원
** 사채할인발행차금상각액 : $309,000 × 1,050원 = 324백만원
*** 이자비용 : $434,000 × 970원 = 421백만원

2×08. 12. 31.(신주인수권 행사로 신주식 발행시)

(차) 현금 및 현금성자산	5,700*	(대) 자 본 금	600**
		주식발행초과금	5,100
(차) 신주인수권대가	974	(대) 주식발행초과금	974***

* 행사시 납입된 원화금액 : $6,000,000 × 950원 = 5,700백만원
** 발행주식수 : $6,000,000 × 1,000원 ÷ 50,000 = 120,000주
(행사금액) × (행사환율) ÷ (행사가격)
자 본 금 : 120,000주 × 5,000원 = 600백만원
*** 신주인수권대가의 주식발행초과금으로 대체 : 1,624 × $6,000,000 / $10,000,000 = 974

2×08. 12. 31.(외화환산시)

(차) 신주인수권부사채	1,000*	(대) 사채할인발행차금	102**
		외화환산이익	898

* 신주인수권부사채 액면 : $10,000,000 × (1,050 − 950) = 1,000백만원
** 사채할인발행차금 : $1,021,000 × (1,050 − 950) = 102백만원

<2×08. 12. 31. B/S 표시>

○신주인수권부사채	9,500백만원
○사채할인발행차금	(971백만원)
계	8,529백만원
○신주인수권대가 (기타자본잉여금)	650백만원

2×11. 12. 31.(이자지급시)

(차) 이 자 비 용	460***	(대) 현금 및 현금성자산	120*
		사채할인발행차금	336**
		외 환 차 익	4

* 표시이자(현금지급액) : $125,000 × 960원 = 120백만원
** 사채할인발행차금 : $357,000×940원 = 336백만원
*** 이자비용 : $482,000 × 955원 = 460백만원

<2×11. 12. 31. 이자지급 후 상환 전 B/S 표시>

○ 신주인수권부사채	9,400백만원
○ 사채할인발행차금	(0)
계	9,400백만원
○ 신 주 인 수 권 대 가 (기타자본잉여금)	650백만원

2×11. 12. 31.(만기상환시)

(차) 신주인수권부사채	9,400	(대) 현금 및 현금성자산	9,600
외 환 차 손	200		

(3) 세무회계상 유의할 사항

신주인수권부사채와 관련한 세무회계상 유의할 사항은 '전환사채편'을 참조하기로 한다.

4. 장기차입금

(1) 개념 및 성격

1) 개 념

장기차입금은 민법상의 금전소비대차계약 및 준소비대차계약에 의한 기업자금의 차입거래 중 보고기간종료일로부터 기산하여 1년 이후에 상환기일이 도래하는 장기채무를 말한다. 장기차입금은 차입을 할 때 부동산담보 등을 제공하여야 하는 경우가 대부분이며, 단기차입금보다 비교적 장기에 걸쳐 안정된 자금의 공급원이 된다.

수출설비자금대출, 에너지자금대출, 특별설비자금, 기술개발자금 등 차입금의 명칭과는 관계없이 1년 이후에 상환기일이 도래하면 장기차입금에 해당된다.

민법상 소비대차계약이란, 당사자의 일방(대주)이 금전 기타 대체물의 소유권을 상대방(차주)에게 이전할 것을 약정하고, 상대방은 그것과 동종 · 동질 · 동량의 물건을 반환할 것

을 약정함으로써 성립하는 계약을 말한다. 그리고 준소비대차계약이라 함은 당사자의 쌍방 중 어느 편이 소비대차에 의하지 아니하고 금전 기타의 대체물을 지급할 의무가 있는 경우(예컨대, 외상매입금을 갚아야 할 의무가 있는 경우)에 당사자가 그 물건 등을 가지고서 소비대차의 목적으로 할 것을 약정하는 계약을 말한다. 이들 두 가지의 내용에 비추어 본다면, 기업이 차입하는 장기차입금은 대부분 소비대차계약에 의한 것이다. 그리고 소비대차 중 이자를 지급하기로 약정하는 것을 "유상소비대차"라고 한다.

2) 성 격

장기차입금의 구분기준은 상환기일이 보고기간종료일로부터 1년 이후에 도래하느냐의 여부이므로 계약기간의 장 · 단과는 관계가 없다. 즉, 차입 당시에는 장기차입금이었다 하더라도 장기차입금은 계속적으로 비유동부채로서 남아 있는 것은 아니며, 시간이 경과하여 상환기일이 보고기간종료일로부터 1년 이내에 도래하게 된 때에는 유동성장기부채로 대체하여야 한다. 일반적으로 장기차입금을 만기에 일시에 상환하기보다는 분할상환하게 된다. 이 때에는 상환기일이 1년 내인 부분과 1년 이후인 경우로 구분하여 전자는 유동성장기부채(유동부채)로 후자는 장기차입금(비유동부채)으로 구분 · 처리하여야 한다.

(2) 기업회계상 회계처리

1) 장기차입금의 구분

장기차입금계정은 금전소비대차계약에 의한 차입금 중 보고기간종료일로부터 1년 이후에 상환되는 것으로 특수관계자장기차입금이나 주주 · 임원 · 종업원장기차입금도 포함한다.

분할상환의 약정이 있는 장기차입금은 결산일에 있어서 1년 내에 상환기일이 도래하는 부분이 생기기 때문에 동일계좌의 차입금에 대하여 장기와 단기의 구분표시가 필요하게 되지만, 이것도 재무제표의 표시상으로만 구분하고 기중의 계정처리상으로는 구분하지 않아도 상관 없다.

일반적으로 단기차입금은 어음차입이 그 대부분을 차지하는 데 반하여, 장기차입금은 증서에 의한 경우가 많고 그 이자율도 높은 것이 일반적이나 수출촉진과 설비투자를 위한 정책금융은 이자율이 매우 낮은 경우도 있다.

2) 외화장기차입금

장기차입금 중 외화장기차입금이 포함되어 있는 경우에는 외화장기차입금의 내용, 환산기준 및 환산손익의 내용을 주석으로 기재하여야 한다.

화폐성 외화부채에 대하여는 결산시점에서 외화환산의 문제가 발생하게 되는데 일반기업회계기준 제23장에서는 화폐성 외화부채에 대한 외화환산손익을 당기 손익에 귀속시키도록 규정하고 있다(일반기준 23장 문단 23.10).

3) 특수관계자장기차입금

특수관계자장기차입금이란, 지배회사 또는 종속회사 등 특수관계자로부터 주로 기업의 설비자금을 차입한 경우 만기가 보고기간종료일로부터 1년 이후에 도래하는 것을 말한다. 이 때 특수관계자란 일반기업회계기준 제25장 문단 25.2에서 규정하고 있는 회사를 말한다. 한편, 특수관계자로부터의 장기차입금은 장기차입금계정에 포함시켜 표시하여야 하며, 차입처별 차입액, 차입용도, 이자율, 상환방법 등을 주석으로 기재하여야 한다.

일반기업회계기준 제25장 문단 25.2에서 규정하고 있는 특수관계자의 범위는 다음과 같다.

일반기업회계기준 제25장【특수관계자 공시】

25.2. 이 장에서 특수관계자의 정의는 다음과 같다.

(1) 개인이 다음 중 어느 하나에 해당하는 경우, 그 개인이나 그 개인의 가까운 가족은 당해 기업과 특수관계에 있다.

(가) 당해 기업을 지배하거나 공동지배하는 경우

(나) 당해 기업에 유의적인 영향력을 행사할 수 있는 경우

(다) 당해 기업이나 당해 기업의 지배기업의 주요 경영진의 일원인 경우

(2) 기업이 다음 중 어느 하나에 해당하는 경우, 그 기업은 당해 기업과 특수관계에 있다.

(가) 기업과 당해 기업이 동일지배 하에 있는 경우(지배기업, 종속기업 및 동일지배 하에 있는 다른 종속기업은 서로 특수관계에 있음을 의미)

(나) 한 기업이 다른 기업의 관계기업이거나 조인트벤처인 경우(또는 그 다른 기업이 속한 연결실체 내의 일원의 관계기업이거나 조인트벤처인 경우)

(다) 당해 기업이나 당해 기업의 특수관계자에 해당하는 기업의 종업원급여를 위한 퇴직급여제도

(라) 기업이 (1)에서 식별된 개인에 의하여 지배 또는 공동지배되는 경우

(마) (1)의 (가)에서 식별된 개인이 기업에 유의적인 영향력을 행사할 수 있는 경우

4) 회계처리 사례

장기차입금은 대체로 증서차입의 경우가 대부분이라고 하는 점은 이미 설명한 바와 같다.

여기서 증서차입이라 함은 차용증서에 의한 차입을 말한다. 이 경우의 증서에는 공증증서와 사서증서가 있는데 일반적으로 재판상의 증거력이 강한 공증증서를 선호하는 경향이

강하다. 장기차입금의 회계처리 사례를 들어보면 다음과 같다.

사례 1

㉮ (주)삼일은 1년 거치 후 3개월마다 분할상환하는 만기 3년의 차입금을 거래은행으로부터 ₩60,000,000을 차입하였다.

㉯ 결산시점에서 장기차입금 중 ₩5,000,000이 앞으로 1년 이내에 상환기일이 도래하므로 유동성장기부채로 대체처리하였다.

〈분 개〉

㉮	(차) 당 좌 예 금	60,000,000	(대) 장 기 차 입 금	60,000,000
㉯	(차) 장 기 차 입 금	5,000,000	(대) 유 동 성 장 기 부 채	5,000,000

사례 2 (주)삼일은 3년 전에 차입한 ₩20,000,000의 상환기일이 도래하여 이자비용 ₩2,000,000과 함께 수표발행하여 지급하였다.

(차) 장 기 차 입 금	20,000,000	(대) 당 좌 예 금	22,000,000
이 자 비 용	2,000,000		

만일 ₩20,000,000이 계정처리상 유동성장기부채로 대체되어 있다면 회계처리는 다음과 같다.

(차) 유 동 성 장 기 부 채	20,000,000	(대) 당 좌 예 금	22,000,000
이 자 비 용	2,000,000		

(3) 세무회계상 유의할 사항

장기차입금과 관련한 세무상 유의할 사항은 '단기차입금편'을 참고하도록 한다.

5. 장기성매입채무

(1) 의 의

장기성매입채무란, 지급기일이 보고기간종료일로부터 1년 또는 기업의 정상적인 영업주기를 초과하여 도래하는 장기의 외상매입금 및 지급어음을 말한다.

일반적으로 매입채무는 1년(또는 정상적인 영업주기) 이내에 결제되는 것이 보통이므로 일반기업회계기준에서는 유동부채로 분류하고 있으나, 예외적으로 결제기간이 1년(또는 정상적인 영업주기) 이상인 경우에는 매입채무계정과는 별도로 장기성매입채무계정을 설정하여 비유동부채로 구분처리하여야 한다.

그러나 금융기관 등으로부터 자금을 차입하고 대금의 상환을 위하여 만기가 1년 이상인

어음을 발행하여 주었다면 이는 장기차입금으로 처리하여야 할 것이다.

(2) 기업회계상 회계처리

장기성매입채무의 회계처리에 있어서도 일반적 매입거래의 회계처리와 크게 다를 바 없다. 다만, 원재료 등을 장기연불거래로 구입하고 대금을 지급하는 경우 일반기업회계기준에 의하면 현재가치할인차금의 계상문제가 대두된다.

일반기업회계기준 제6장 문단 6.13에 의하면 "장기연불조건의 매매거래, 장기금전대차거래 또는 이와 유사한 거래에서 발생하는 채권 · 채무로서 명목상의 가액과 공정가치의 차이가 유의적인 경우에는 이를 공정가치로 평가한다"고 규정하고 있다. 그런데 앞서 언급한 원재료 등을 장기연불로 구입한 경우 이에 대한 이자를 별도로 지급하기로 하지 않는 한 현재 구입한 원재료 등의 가액과 장기연불조건(이 때의 장기연불조건은 세무상의 장기연불조건과는 다른 것으로 보다 광범위함)으로 지급하기로 한 채무액의 공정가치는 차이가 발생하게 되므로 그 차이가 유의적인지 여부를 가려 현재가치할인차금을 계상하여야 할 것이다. 현재가치할인차금의 계상에 관련된 자세한 사항은 '제2장 제1절 6. 현재가치할인차금편'을 참고하기로 하고, 여기서는 일반적인 회계처리에 대하여 살펴보겠다.

1) 기중 거래의 발생시 회계처리

결제기간이 1년 또는 기업의 정상적인 영업주기를 초과하는 매입채무는 일단 발생시에 장기성매입채무계정으로 처리하게 된다.

예를 들어, 원재료를 구입하고 만기가 3년인 어음을 발행한 경우의 회계처리는 다음과 같은 두 가지의 경우로 나누어 살펴볼 수 있다.

① 부채(장기성 지급어음)의 명목금액과 공정가치의 차이가 유의적이지 아니한 경우

이 때의 회계처리는 다음과 같다.

(차) 원 재 료	×××	(대) 장기성매입채무	×××

② 부채(장기성지급어음)의 명목금액과 공정가치의 차이가 유의적인 경우

이 때는 현재가치할인차금계정을 계상하여야 한다. 그리고 이 때 계상된 현재가치할인차금계정은 채무를 상환할 때까지 지급이자로 인식될 금액이다. 현재가치할인차금을 계상하는 경우의 회계처리는 다음과 같다.

(차) 원 재 료	×××	(대) 장기성매입채무	×××
현재가치할인차금	×××		

2) 현재가치할인차금의 상각시

장기성매입채무계정에 대하여 현재가치할인차금을 계상한 경우에는 이를 유효이자율법을 적용하여 상각하고 이자비용의 과목으로 계상하여야 한다. 이 때의 회계처리는 다음과 같다.

(차) 이 자 비 용 ××× (대) 현재가치할인차금 ×××

6. 특별수선충당금

(1) 의 의

공공주택 특별법 또는 민간임대주택에 관한 특별법에 의한 공공임대주택 사업자와 민간임대주택 임대사업자는 주요 시설을 교체하고 보수하는 데에 필요한 자금을 별도로 적립하여야 하는 바, 동 적립금을 특별수선충당금이라 한다. 즉, 일정 규모의 임대사업자는 특별수선충당금을 사용검사일(임시사용승인을 받은 경우에는 임시사용승인일)부터 1년이 지난 날이 속하는 달부터 매달 금융회사 등에 예치하여 별도로 관리하여야 하며, 임대의무기간이 지난 공공건설임대주택을 분양전환하거나 민간임대주택을 양도하는 경우에는 특별수선충당금을 입주자대표회의에 인계하여야 한다(공공주택 특별법 50조의 4 1 · 2항 및 동법 시행령 57조 4 · 5항, 민간임대주택에 관한 특별법 53조 1 · 2항 및 동법 시행령 43조 3 · 4항).

(2) 기업회계상 회계처리

재무회계개념체계 문단 101에서는 부채는 과거의 거래나 사건으로부터 발생하는 것이므로 미래에 발생이 예상되는 대규모수선비의 경우와 같이 장래에 자원의 유출 또는 사용이 기대된다 하더라도 과거의 거래나 사건으로부터 기인하지 않은 의무는 부채의 정의를 충족하지 못한다고 되어 있다.

그러나, [종전] 회계기준적용의견서 08－1에서는 일정 규모의 임대주택을 임대한 후 분양전환하는 사업자인 기업(이하 "임대후분양기업"이라 함)의 특별수선충당금에 대하여는 다음과 같은 이유로 일반적인 수선충당금과는 달리 부채로 인식하도록 하고 있다.

① 구 임대주택법에서는 임대후분양기업에게 일정 규모의 임대주택에 대해 특별수선충당금 적립이라는 구체적 의무를 부과하기 이전에 일반적인 관리의무를 부과하고 있으며, 이 경우 관리의 개념에는 수선유지가 포함된다고 볼 수 있다. 즉, 기본적으로 임대후분양기업은 향후 분양전환이 될 때까지 임대주택을 적정한 수준의 물리적 상태로 유지하여 다른 실체(수분양자)에게 인계할 의무(수선유지의무)를 진다고 보아야

할 것인바, 분양전환이 전제되는 경우 기업의 입장에서 독자적인 의사결정으로 수선유지의무를 회피할 수는 없기 때문에 임대기간 동안 수선유지의무와 관련된 충당부채가 발생한다고 보아야 할 것이다.

② 임대기간 중 실제 수선이 이루어지지 않는 한 일반적으로 임대주택에 대한 수선유지의무는 기간이 경과함에 따라 증가할 것이므로 관련 충당부채도 이에 비례하여 증가하며, 이는 임대주택법상 특별수선충당금이 매월 적립되어야 한다는 규정으로 구체화된다고 볼 수 있다. 이러한 추론에 따르면 임대후분양기업이 부담하는 부채는 당초의 충당부채에서 확정부채로 변모한다고 해석된다. 즉, 임대후분양기업은 분양전환 시 수분양자(입주자대표회의)에게 임대주택을 적정한 상태로 인도할 회피불능의무가 있는데, 그 적정한 상태에 대해 임대주택법이 계량적으로 금액을 지정함에 따라, 임대후분양기업은 분양전환시점에 임대주택이 실제로 적정한 상태에 있는지 관계없이 해당 금액을 인계하는 것만으로 의무를 다하게 된다.

다만, 앞에서 언급하였듯이 특별수선충당금 적립의무를 부채로 인식하기 위해서는 분양전환으로 인한 특별수선충당금 인계라는 전제가 필요하다. 이러한 전제와는 달리 임대주택을 영구적으로 임대하는 경우와 임대 후 분양목적으로 주택임대가 이루어졌으나 임대의무기간 경과 후에도 장기간 분양전환이 이루어지지 않는 경우에는 다른 실체에 대해 수선유지의무(특별수선충당금 적립의무)를 부담한다고 보기 어려우므로, 일반적인 수선충당금과 마찬가지로 부채를 인식하지 않는 것이 타당할 것이다(금감원 2003－095). 따라서 특별수선충당금 적립의무를 부채로 인식하는 경우는 분양전환으로 인한 특별수선충당금 인계가 이루어질 가능성이 매우 높은 경우로 한정할 필요가 있다. 즉, 분양전환으로 인한 특별수선충당금 인계가 이루어질 가능성이 매우 높은 경우에는 임대주택법상 특별수선충당금 적립의무에 상응하는 금액을 부채로 인식하여야 한다.

참고로, 특별수선충당금 적립액의 경우 비록 임대기간 동안 사용제한이 있더라도 수선사유 발생 시 임대후분양기업이 소정의 절차에 의해 이를 사용할 수 있으므로 당해 적립금은 기업의 자산으로 처리한다.

(3) 세무회계상 유의할 사항

세법에서는 권리 · 의무 확정주의에 의해 손익의 귀속시기가 결정되므로 기업회계상 특별수선충당금의 전입(환입)에 대한 회계처리는 세무회계상 인정되지 않는다. 따라서, 일반기업회계기준에 따라 계상한 특별수선충당금 전입액은 손금불산입(유보)하고, 추후 건물 등의 수선비로 실제 사용되어 특별수선충당금을 상계하는 시점 또는 입주자대표회의에 특별수선충당금을 인계하여 상계하는 시점에 손금산입(△유보)한다.

7. 이연법인세부채

이연법인세부채란 자산 · 부채가 회수 · 상환되는 미래기간의 과세소득을 증가시키는 효과를 가지는 일시적 차이 즉, 가산할 일시적 차이로 인하여 미래에 부담하게 될 법인세부담액을 말한다(일반기준 22장 용어의 정의).

이연법인세부채는 관련된 자산항목 또는 부채항목의 재무상태표상 분류에 따라 재무상태표에 유동부채 또는 비유동부채로 분류한다. 또한 재무상태표상 자산항목 또는 부채항목과 관련되지 않은 이연법인세부채는 일시적 차이의 예상소멸시기에 따라서 유동부채 또는 비유동부채로 분류한다(일반기준 22장 문단 22.54).

이연법인세부채에 대한 자세한 내용은 '손익계산서편 중 제6장 법인세비용(법인세회계)'을 참조하기 바란다.

8. 보고기간 후 사건

(1) 개념 및 의의

보고기간 후 사건은 보고기간말과 재무제표가 사실상 확정된 날 사이에 발생한 기업 재무상태에 영향을 미치는 사건을 말한다. 일반적으로 회계기간 종료일로부터 재무제표가 사실상 확정된 날까지는 보통 수개월의 기간이 소요된다. 그런데 이 기간 동안에도 기업의 재무상태에 영향을 미칠 수 있는 중요한 거래나 사건이 발생할 수 있다. 회계정보 이용자들은 회계기간 종료일 현재의 재무제표에 공시된 정보를 바탕으로 회계기말 현재의 재무상태와 해당 기간의 경영성과를 평가하고 또한 미래를 예측한다. 따라서 보고기간 후 사건이라 하더라도 보고기간말 현재 존재하였던 상황에 대한 추가적 증거를 제공하는 사건에 대해서는 이를 적절히 인식하여 회계처리하고 공시하여야 한다. 이렇게 함으로써 재무제표가 왜곡되지 않고, 회계정보 이용자들이 재무제표에 대하여 잘못 해석하는 오류를 범하지 않게 될 것이다.

1) 보고기간 후 사건

일반기업회계기준 제24장 문단 24.2에서는 '보고기간 후 사건'에 대해 다음과 같이 정의하였다.

일반기업회계기준 제24장【보고기간후사건】

24.2. '보고기간후사건'은 보고기간말과 재무제표가 사실상 확정된 날 사이에 발생한 기업의 재무상태에 영향을 미치는 사건이다. '재무제표가 사실상 확정된 날'은 정기주주총회 제출용 재무제표가 이사회에서 최종 승인된 날을 말하며, 다만 주주총회에 제출된 재무제표가 주주총회에서 수정·승인된 경우에는 주주총회일을 말한다.

보고기간말인 회계기간 종료일로부터 재무제표가 공표되는 시점까지는 통상적으로 수주 내지 수개월이 소요된다. 즉, 회계기간 종료 후 재고실사·수정분개·장부마감 등의 결산과정을 거쳐 재무제표가 작성되고, 외부감사인에 의해 재무제표에 대한 회계감사가 실시되고, 정기주주총회에서 재무제표에 대한 승인을 얻어 재무제표가 공표되기 때문이다. 이와 같이 보고기간종료일과 재무제표가 사실상 확정되는 시점 사이에는 기업의 재무상태에 영향을 미칠 수 있는 중요한 거래나 사건들이 발생할 수 있는 바, 이를 보고기간 후 사건이라 한다. 이는 재무제표의 수정을 요하는 사건과 수정을 요하지 않는 사건으로 구분된다(일반기준 24장 용어의 정의).

2) 재무제표가 사실상 확정된 날

재무제표가 사실상 확정된 날은 정기주주총회 제출용 재무제표가 이사회에서 최종적으로 승인된 날을 말하지만, 주주총회에 제출된 재무제표가 주주총회에서 수정·승인된 경우에는 당해 주주총회일을 재무제표가 사실상 확정된 날로 한다. 이에 대한 근거는 재무제표를 작성하는 책임의 주체인 이사의 입장에서 재무제표가 사실상 확정된 날은 주주총회에 제출하기 위하여 이사회가 감사받은 재무제표를 최종적으로 승인한 날이기 때문이며, 우리나라에서는 이사회에서 승인된 재무제표가 주주총회에서 수정없이 확정되는 경우가 대부분이기 때문이다. 하지만 상법상 주주총회는 재무제표에 대한 승인 및 수정권한을 가지고 있고, 주주총회에서 재무제표를 수정·승인하면 수정된 재무제표가 법적으로 유효한 회사의 재무제표가 되므로 이사회의 승인내용이 주주총회에서 수정·승인된 경우에는 주주총회일이 재무제표가 사실상 확정된 날이 된다. 따라서 일반기업회계기준에서는 이사회에서 승인된 재무제표의 내용이 주주총회에서 수정·승인된 경우를 제외하고는 재무제표가 주주총회에 제출되기 위해 이사회에서 최종적으로 승인된 날을 재무제표가 사실상 확정된 날로 정의하였다(일반기준 24장 문단 24.2, 부록 결24.3). 그리고 재무정보 이용자가 재무제표가 사실상 확정된 날을 알 수 있도록 재무제표가 사실상 확정된 날과 승인기관을 주석으로 기재하여야 한다(일반기준 24장 문단 24.10).

참고로 현행 법률상 재무제표가 어떻게 확정되는지 그 과정을 살펴보겠다.

우리나라에서는 상법과 주식회사 등의 외부감사에 관한 법률의 규정에 따라 이사는 매 결산기에 재무제표를 작성하여 이사회의 승인을 얻은 후 정기주주총회일의 6주간 전에 감사와 외부감사인에게 제출한다. 감사는 재무제표를 받은 날로부터 4주간 내에 감사보고서를 이사에게 제출하여야 하며 외부감사인은 감사보고서를 정기주주총회 1주일 전까지 회사(감사를 포함함)에 제출한다. 이사는 감사와 외부감사인의 감사를 받은 재무제표에 대하여 이사회의 승인을 받은 뒤 이를 정기주주총회에 제출하여 승인을 요구한다. 정기주주총회에서 재무제표를 수정하면 수정된 재무제표가 법적으로 유효한 회사의 재무제표가 된다 (일반기준 24장 부록 결24.2).

(2) 기업회계상 회계처리

1) 수정을 요하는 보고기간 후 사건

일반기업회계기준 제24장 문단 24.3에서는 '수정을 요하는 보고기간 후 사건'에 대해 다음과 같이 정의하고 있다.

> **일반기업회계기준 제24장【보고기간후사건】**
>
> 24.3. 수정을 요하는 보고기간후사건은 보고기간말 현재 존재하였던 상황에 대한 추가적 증거를 제공하는 사건으로서 재무제표상의 금액에 영향을 주는 사건을 말하며, 그 영향을 반영하여 재무제표를 수정한다. 재무제표에 이미 인식한 추정치는 그 금액을 수정하고, 재무제표에 인식하지 아니한 항목은 이를 새로이 인식한다.

또한, 보고기간말 현재 존재하였던 상황에 대한 정보를 보고기간 후에 추가로 입수한 경우에는 그 정보를 반영하여 공시 내용을 수정한다. 예를 들면, 보고기간말 현재 존재하였던 우발부채에 관하여 보고기간 후에 새로운 증거를 입수한 경우에는 이를 반영하여 우발부채에 관한 공시내용을 수정한다(일반기준 24장 문단 24.11).

위와 같이 수정을 요하는 보고기간종료일 후 발생한 사건의 예는 다음과 같다(일반기준 24장 문단 24.4).

㉠ 보고기간말 현재 이미 자산의 가치가 하락되었음을 나타내는 정보를 보고기간말 이후에 입수하는 경우 또는 이미 손상차손을 인식한 자산에 대하여 계상한 손상차손금액의 수정을 요하는 정보를 보고기간 후에 입수하는 경우

예를 들면, 보고기간 후의 매출처의 파산은 보고기간말 현재의 매출채권에 손실이 발생하였음을 확인하는 추가적인 정보일 수 있으므로 매출채권가액을 수정하여야 한다. 또한 일반적으로 상품 등 재고자산의 순실현가능가치가 취득원가보다 하락하여 순실

현가능가치를 재무상태표가액으로 한 경우 보고기간 후의 재고자산가격의 하락은 보고기간말 현재의 재고자산 순실현가능가치에 대한 추가적인 정보이므로 재고자산가액을 수정하여야 한다(일반기준 24장 부록 실24.2).

㉡ 보고기간말 이전에 존재하였던 소송사건의 결과가 보고기간 후에 확정되어 이미 인식한 손실금액을 수정하여야 하는 경우

㉢ 보고기간말 이전에 구입한 자산의 취득원가 또는 매각한 자산의 금액을 보고기간 후에 결정하는 경우

㉣ 보고기간말 현재 지급하여야 할 의무가 있는 종업원에 대한 이익분배 또는 상여금지급 금액을 보고기간 후에 확정하는 경우

㉤ 전기 또는 그 이전기간에 발생한 회계적 오류를 보고기간 후에 발견하는 경우

사례 1 (주)삼일은 20×7. 12. 31. 현재의 재무상태표에 (주)갑에 대한 매출채권 ₩1,000,000과 대손충당금 ₩100,000을 계상하고 있었다. 하지만 정기주주총회 제출용 재무제표가 이사회에서 최종 승인되기 전인 20×8. 2. 20.에 (주)갑은 부도로 파산하였으며, 이에 따라 매출채권은 전액 회수가 불가능하다. 이 경우 (주)삼일의 회계처리를 예시하라.

(차) 대 손 충 당 금	100,000	(대) 매 출 채 권	1,000,000
대 손 상 각 비	900,000*		

* 대손상각비 ₩900,000은 20×7년 재무제표에 반영되어야 한다.

실무상으로는 다음과 같은 회계처리도 가능할 것이다.

(차) 대 손 상 각 비	900,000	(대) 대 손 충 당 금	900,000

사례 2 (주)삼일은 20×7. 12. 31. 현재의 재무상태표에 ₩500,000의 제품 A를 재고자산으로 계상하고 있으며, 제품 A와 관련하여 재고자산평가손실 ₩50,000을 매출원가에 가산하였다. 하지만 정기주주총회 제출용 재무제표가 이사회에서 최종 승인되기 전인 20×8. 2. 2.에 제품 A는 ₩300,000에 판매되었다. 이 경우 (주)삼일의 회계처리를 예시하라.

(차) 재고자산평가손실	150,000*	(대) 재고자산평가충당금	150,000

* 재고자산평가손실 ₩150,000은 20×7년 재무제표에 반영되어야 한다.

2) 수정을 요하지 않는 보고기간 후 사건

일반기업회계기준 제24장 문단 24.5에서는 '수정을 요하지 않는 보고기간 후 사건'에 대해 다음과 같이 정의하고 있다.

일반기업회계기준 제24장【보고기간후사건】

24.5. 수정을 요하지 않는 보고기간후사건은 보고기간말 현재 존재하지 않았으나 보고기간 후에 발생한 상황에 대한 증거를 제공하는 사건을 말하며 그 사건에 대해서는 재무제표상의 금액을 수정하지 아니한다.

위와 같이 수정을 요하지 않는 보고기간 후 사건에 대해서는 재무제표상의 금액을 수정하지 않는다. 예를 들어 유가증권의 시장가격이 보고기간말과 재무제표가 사실상 확정된 날 사이에 하락한 것은 수정을 요하지 않는 보고기간 후 사건의 예다. 이 경우 시장가격의 하락은 보고기간말 현재의 상황과 관련된 것이 아니라 보고기간말 이후에 발생한 상황이 반영된 것이다. 따라서 그 유가증권에 대해서 재무제표에 인식한 금액을 수정하지 아니한다(일반기준 24장 문단 24.6).

하지만 아래의 예와 같이 수정을 요하지 않는 보고기간 후 사건으로서 공시되지 않을 경우 재무제표 이용자의 의사결정에 중요한 영향을 미치는 사건에 대해서는 사건의 성격 및 사건의 재무적 영향에 대한 설명을 주석으로 기재하여야 한다(일반기준 24장 문단 24.12, 부록 실24.1).

㉠ 주요한 사업결합 또는 종속기업이나 사업부문의 처분
㉡ 사업중단 계획의 발표, 자산의 처분이나 사업중단에 따른 부채의 상환 또는 이들 자산의 매각과 부채의 상환에 대한 구속력 있는 계약의 체결
㉢ 주요 자산의 구입 및 매각 또는 정부에 의한 주요 자산의 몰수
㉣ 화재 등 재해로 인한 주요 생산설비의 손실
㉤ 주요한 구조조정계획의 발표 또는 구조조정의 착수
㉥ 주요한 보통주의 거래와 전환증권의 거래
㉦ 자산가격 또는 환율의 비정상적인 변동
㉧ 법인세비용과 이연법인세에 유의적인 영향을 미치는 세법 또는 세율의 변경 또는 변경예고
㉨ 유의적인 지급보증과 같은 우발채무의 발생 또는 유의적인 약정의 체결
㉩ 보고기간 후의 사건에만 관련되어 제기된 주요한 소송의 개시

3) 배당 및 잉여금의 처분

보고기간 후에 이사회에서 승인한 배당(즉, 적절히 승인되어 더 이상 기업의 재량이 없는 경우)을 포함한 잉여금의 처분은 이익잉여금처분계산서(결손금처리계산서)에 보고하여 주주총회에 제출한다. 하지만 이익잉여금처분계산서에 포함된 배당은 재무상태표에 부채

로 인식하지 아니하며, 재무상태표에는 이익잉여금처분 전의 재무상태를 표시하여야 한다. 이에 대한 근거는 이익잉여금의 처분은 주주총회의 고유한 권한으로서 보고기간말 현재는 배당과 관련하여 기업이 부채로 인식해야 할 어떠한 사건도 발생하지 않았기 때문이다(일반기준 24장 문단 24.7, 부록 결24.4).

이에 관해 보다 자세한 사항은 '현금흐름표 / 자본변동표 / 이익잉여금처분계산서편'을 참고하기 바란다.

4) 계속기업

계속기업의 전제는 재무제표를 작성 및 공시하는 데 있어 기초가 되는 기본 전제이다. 계속기업의 전제 하에서 회사는 계속기업, 즉, 예측가능한 미래에는 영업을 계속하며 청산이나 거래를 중단할 의도나 필요성이 없는 것으로 본다. 따라서 자산과 부채는 회사가 정상적인 사업활동과정을 통하여 자산을 회수할 수 있고 부채를 상환할 수 있다는 가정 하에 회계처리된다. 하지만 이러한 전제가 타당하지 아니하다면 회사는 그 자산을 장부가액으로 회수하지 못할 수도 있으며 상환금액과 만기일이 변경될 수도 있다.

따라서 보고기간 후에 기업의 청산이 확정되거나 청산 이외의 다른 현실적인 대안이 없다고 판단되는 경우에는 계속기업의 전제에 기초하여 재무제표를 작성하여서는 아니된다. 또한 보고기간 후에 경영성과와 재무상태가 심각하게 악화된 경우에는 계속기업의 전제를 적용하는 것이 적절한가에 대해 판단할 필요가 있다(일반기준 24장 문단 24.8).

그리고 다음의 경우에 대해서는 그 내용을 주석으로 기재하여야 한다(일반기준 24장 문단 24.9).

㉠ 재무제표가 계속기업의 전제에 기초하여 작성되지 않은 경우

㉡ 계속기업으로서의 존속가능성에 대해 심각한 의문을 제기할 수 있는 사건 또는 상황이 발생하였거나, 발생할 가능성이 있는 경우

●●● Chapter

03

충당부채와 우발부채

1. 충당부채와 우발부채의 일반사항

(1) 개념 및 범위

1) 의 의

충당부채란 과거사건이나 거래의 결과에 의해 발생한 현재의 의무로서, 지출의 시기 또는 금액이 불확실하지만 그 의무를 이행하기 위하여 자원이 유출될 가능성이 매우 높고 또한 당해 금액을 신뢰성 있게 추정할 수 있는 의무를 말한다(일반기준 14장 문단 14.3). 즉, 재무상태표에 충당부채로 인식되기 위해서는 보고기간종료일 현재 의무가 발생하였거나 의무발생 가능성이 매우 높아야 하며, 또한 그 의무를 이행하는 데 자원유출가능성이 매우 높고 그 의무의 이행에 소요되는 금액을 신뢰성 있게 추정할 수 있어야 한다(일반기준 14장 문단 14.4, 부록 실14.1 (1)).

우발부채란 과거사건은 생겼으나 기업이 전적으로 통제할 수 없는 하나 이상의 불확실한 미래 사건의 발생 여부로만 그 존재 유무를 확인할 수 있는 잠재적인 의무이거나, 과거사건으로 생긴 현재의무이지만 그 의무를 이행하기 위하여 자원을 유출할 가능성이 매우 높지가 않거나, 그 가능성은 매우 높으나 해당 의무의 이행에 필요한 금액을 신뢰성 있게 측정할 수 없는 경우에 해당하는 잠재적인 부채를 말한다. 즉, 충당부채의 인식요건을 충족시키지 못해 부채로 인식될 수 없는 부채를 말한다(일반기준 14장 용어의 정의).

한편, 우발자산이란 과거사건으로 생겼으나, 기업이 전적으로 통제할 수 없는 하나 이상의 불확실한 미래 사건의 발생 여부로만 그 존재 유무를 확인할 수 있는 잠재적 자산을 말한다(일반기준 14장 용어의 정의).

2) 적용범위

다음의 거래나 사건은 일반기업회계기준 제14장에 의하여 충당부채를 설정하거나 우발부채로서 주석에 기재하여야 한다(일반기준 14장 문단 14.2).

- 판매 후 품질 등을 보증하는 경우의 관련 부채
- 판매촉진을 위하여 시행하는 환불정책, 경품, 포인트적립 · 마일리지 제도의 시행 등과 관련된 부채

• 손실부담계약
• 타인의 채무 등에 대한 보증
• 계류 중인 소송사건
• 구조조정계획과 관련된 부채
• 복구충당부채 등의 환경 관련 부채

한편, 다음의 거래나 사건은 일반기업회계기준 제14장을 적용하지 아니한다.

• 모든 당사자가 계약상의 의무를 전혀 이행하지 아니하거나 동일한 비율로 의무의 일부만을 이행한 미이행계약(손실부담계약 제외)
• 별도의 장에서 정하고 있는 금융상품(파생상품을 포함함), 건설형공사계약, 법인세, 종업원급여, 리스거래(손실부담계약 제외), 배출부채 또는 일반기업회계기준 제14장의 적용을 배제하기로 정한 거래나 사건

3) 충당부채와 평가성충당금

평가성충당금이란 자산의 평가계정으로서 감가상각누계액, 대손충당금과 같이 자산에 대한 차감적 평가계정을 말한다.

감가상각누계액은 기간비용인 감가상각비를 계상하는 경우에 사용되는 상대계정으로서 유형자산에 대한 감가상각누계액의 잔액은 회계상으로 현재까지 비용화된 유형자산의 가액을 의미하게 된다. 대손충당금은 대손상각비가 계상된 결과 설정되는 것으로서 채권에서 그 채권에 대한 대손충당금을 차감한 잔액은 그 채권으로부터 예상되는 미래현금 유입액을 나타낸다.

충당부채와 평가성충당금은 당기의 적정한 손익계산을 위하여 설정하고 어느 정도의 추정을 필요로 한다는 점은 동일하나, 충당부채는 미래 지출가능한 금액을 부채로 계상한 것을 말하고 평가성충당금은 부채가 아니라 자산의 순실현가치 또는 장부금액을 나타내기 위한 자산의 차감적 평가계정이라는 점이 다르다.

4) 충당부채와 우발부채의 관계

충당부채도 그 결제에 필요한 지출의 시기나 금액이 불확실하므로, 일반적인 의미로는 우발적이라고 할 수 있다. 그러나 충당부채와 우발부채는 다음과 같이 구별된다.

• 충당부채는 현재의무이고 이를 이행하기 위하여 자원이 유출될 가능성이 매우 높고 그 금액을 신뢰성 있게 추정할 수 있으므로 부채로 인식한다.
• 우발부채는 다음의 이유 때문에 부채로 인식하지 아니한다.

㉠ 자원의 유출을 초래할 현재의무가 있는지의 여부가 아직 확인되지 않는다. 또는

ⓛ 현재의무가 존재하지만 그 의무를 이행하는 데 자원의 유출가능성이 매우 높지가 않거나, 또는 그 가능성은 매우 높으나 그 금액을 신뢰성 있게 추정할 수 없어서 부채의 인식기준을 충족하지 못한다.

충당부채와 우발부채의 인식요건을 간단히 나타내면 다음과 같다(일반기준 14장 부록 실 14.10).

금액추정가능성 / 자원유출가능성	신뢰성 있게 추정가능	추정불가능
가능성이 매우 높음.	충당부채로 인식	우발부채로 주석공시
가능성이 어느 정도 있음.	우발부채로 주석공시	
가능성이 거의 없음.	공시하지 않음.(*)	공시하지 않음.(*)

(*) 의무를 이행하기 위한 자원의 유출 가능성이 거의 없더라도 타인에게 제공한 지급보증 또는 이와 유사한 보증, 중요한 계류 중인 소송사건은 그 내용을 주석으로 기재한다.

5) 충당부채와 우발부채 인식의 순서도

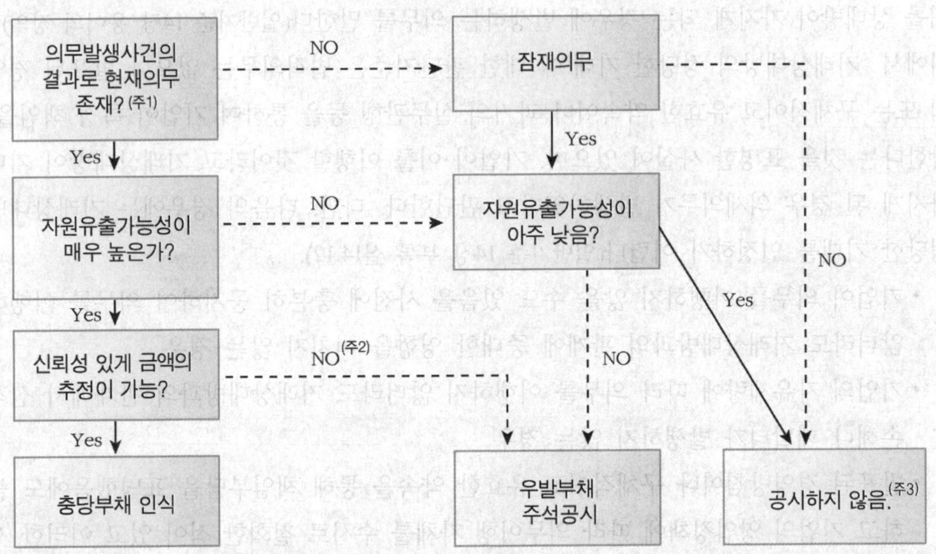

(주1) 현재의무가 발행하였는지의 여부가 명확하지 않은 경우에도 모든 이용가능한 증거를 통하여 재무상태표일 현재 의무의 발생가능성이 매우 높다고 판단되면 과거의 사건이나 거래의 결과로 현재의무가 발생한 것으로 본다.

(주2) 아주 드물게 발생함.

(주3) 의무를 이행하기 위한 자원의 유출 가능성이 거의 없더라도 타인에게 제공한 지급보증 또는 이와 유사한 보증, 중요한 계류 중인 소송사건은 그 내용을 주석으로 기재한다.

(2) 기업회계상 처리

1) 충당부채의 인식

충당부채는 다음의 요건을 모두 충족하는 경우에 인식한다(일반기준 14장 문단 14.4).

- 과거사건이나 거래의 결과로 현재의무가 존재한다.
- 당해 의무를 이행하기 위하여 자원이 유출될 가능성이 매우 높다.
- 그 의무의 이행에 소요되는 금액을 신뢰성 있게 추정할 수 있다.

① 과거사건 · 현재의무

과거사건의 결과로 의무의 이행을 법적으로 강제할 수 있을 때 법적의무가 발생한다. 또한 과거사건의 결과로 발표된 경영방침 등을 통하여 기업이 의무를 이행할 것이라는 정당한 기대를 상대방이 가지게 된 때 의제의무가 발생한다(일반기준 14장 부록 실14.2). 이때 법적의무는 명시적 · 묵시적 계약 또는 법률의 규정에 의하여 발생하는 의무를 말하며, 의제의무는 발표된 경영방침 또는 구체적이고 유효한 약속이나 과거의 실무관행 등을 통하여 기업이 특정 책임을 부담한다는 것을 표명함으로써 그 책임을 이행할 것이라는 정당한 기대를 상대방이 가지게 되는 경우에 발생하는 의무를 말한다(일반기준 14장 용어의 정의). 여기에서 '거래상대방의 정당한 기대'에 대한 판단기준은 법적의무는 없으나 발표된 경영방침 또는 구체적이고 유효한 약속이나 과거의 실무관행 등을 통하여 기업이 특정 책임을 부담한다는 것을 표명한 사실이 있으며, 기업이 이를 이행할 것이라고 거래상대방이 기대를 가지게 된 경우 의제의무가 발생하였다고 판단한다. 다만, 다음의 경우에는 거래상대방의 정당한 기대를 인정하기 어렵다(일반기준 14장 부록 실14.12).

- 기업이 의무를 이행하지 않을 수도 있음을 사전에 충분히 공지하여 의무를 이행하지 않더라도 거래상대방과의 관계에 중대한 영향을 미치지 않는 경우
- 기업의 자유재량에 따라 의무를 이행하지 않더라도 거래상대방과의 관계에서 심각한 손해나 패널티가 발생하지 않는 경우
- 발표된 경영방침이나 구체적이고 유효한 약속을 통해 책임부담을 표명했음에도 불구하고 기업의 영업정책에 따라 의무이행 자체를 수시로 철회한 적이 있고 이러한 사실이 충분히 인지된 경우
- 정상적인 방법으로 의무이행을 대체할 수 있는 경우

한편, 과거사건이 현재의무를 발생시켰는지의 여부는 대부분의 경우 분명하다. 그러나 소송 사건과 같이 어떤 사건이 실제로 발생하였는지 혹은 그 사건으로 현재의무가 발생하였는지의 여부가 분명하지 아니한 경우가 있다. 이러한 경우에는 보고기간말 후에 발생한 사건이 제공하는 추가적인 증거를 포함한 이용 가능한 모든 증거를 고려하여 보고기간말 현재

의무가 존재하는지의 여부를 결정하여 다음과 같이 처리한다(일반기준 14장 부록 실14.1).

㉠ 현재의무가 존재할 가능성이 매우 높고 인식기준을 충족하는 경우에는 충당부채로 인식한다.

㉡ 현재의무가 존재할 가능성이 매우 높지만 인식기준을 충족하지 못하는 경우에는 우발부채로 주석에 기재한다.

㉢ 현재의무가 존재할 가능성이 매우 높지가 않더라도 자원의 유출 가능성이 아주 낮지 않는 한, 우발부채로 주석에 기재한다.

재무제표는 미래 시점의 예상 재무상태가 아니라 보고기간말 현재의 재무상태를 표시하는 것이므로, 과거사건과 관계없이 미래에 발생될 원가에 대하여는 충당부채를 인식하지 아니한다(일반기준 14장 부록 실14.2).

또한 과거사건에 의하여 충당부채를 인식하기 위해서는 그 사건이 기업의 미래행위와 독립적이어야 한다. 예를 들면 불법적인 환경오염으로 인한 범칙금이나 환경정화비용의 경우에는 기업의 미래행위에 관계없이 그 의무의 이행에 자원의 유출이 수반되므로 충당부채를 인식한다. 반면 법에서 정하는 환경기준을 충족시키기 위해서 또는 상업적 압력 때문에 공장에 특정 정화장치를 설치하기 위한 비용지출을 계획하고 있는 경우에는 충당부채를 인식하지 아니한다. 즉, 공장운영방식을 바꾸어 그 지출을 회피할 수 있다면 그러한 지출은 현재의무가 아니다(일반기준 14장 부록 실14.3).

어떠한 사건은 발생 당시에는 현재의무를 발생시키지 아니하나 추후에 의무를 발생시킬 수 있다. 법규가 제 · 개정됨으로써 의무가 발생하거나 기업이 대외적으로 공표하는 행위에 의하여 추후에 의제의무가 발생하는 경우가 있기 때문이다. 예를 들면 발생한 환경오염에 대하여 지금 당장 복구할 의무가 없는 경우에도 추후 새로운 법규가 그러한 환경오염을 복구하도록 강제하거나 기업이 그러한 복구의무를 의제의무로서 공식적으로 수용한다면, 당해 법규의 제 · 개정시점 또는 기업의 공식적인 수용시점에 그 환경오염은 의무발생사건이 된다. 이 경우 입법 예고된 법규의 세부사항이 아직 확정되지 않은 경우에는 그 법규안대로 시행될 것이 확실한 때에만 법적의무가 발생한 것으로 본다. 만약 법규의 제 · 개정과 관련된 이해관계의 상충 등으로 인하여 법규의 시행을 확실하게 예측하기 어려운 경우에는 당해 법규가 시행되는 때에 법적의무가 발생한 것으로 본다(일반기준 14장 부록 실14.4, 실14.5).

② 자원의 유출가능성

충당부채로 인식하기 위해서는 현재의무가 존재하여야 할 뿐만 아니라 그 의무의 이행을 위한 자원의 유출가능성이 매우 높아야 한다(일반기준 14장 부록 실14.6).

제품의 보증판매와 같이 다수의 유사한 의무가 있는 경우 그 의무의 이행에 필요한 자원의 유출가능성을 판단할 때에는 그 유사한 의무 전체에 대하여 판단하여야 한다. 비록 개별항목의 의무이행에 필요한 자원의 유출가능성이 매우 높지가 않더라도 전체적인 의무이행에 대하여 판단하면 자원의 유출가능성이 매우 높을 수 있다(일반기준 14장 부록 실14.7).

③ 신뢰성 있는 추정

재무제표를 작성할 때에는 추정치를 사용하게 되는데 그러한 추정치의 사용이 재무제표의 신뢰성을 훼손하는 것은 아니다. 대부분의 경우에는 현재의무를 이행하기 위하여 필요한 금액을 신뢰성 있게 추정할 수 있으므로 충당부채로 인식하여야 한다. 만약 신뢰성 있는 금액의 추정이 불가능한 아주 드문 경우에는 부채로 인식하지 아니하고 우발부채로서 주석에 기재한다(일반기준 14장 부록 실14.8).

2) 충당부채의 측정

① 최선의 추정치

충당부채로 인식하는 금액은 현재의무의 이행에 소요되는 지출에 대한 보고기간말 현재 최선의 추정치이어야 한다(일반기준 14장 문단 14.7).

충당부채의 금액을 추정할 때에는 불확실성과 관련된 상황에 적합한 방법을 사용한다. 예를 들면 현금유출이 발생가능한 경우가 여러 가지일 때 충당부채는 각 경우의 현금유출 추정액에 각각의 발생확률을 곱한 금액의 합계금액으로 인식할 수 있다. 따라서 이 경우에는 현금유출 발생확률에 따라 충당부채로 인식하는 금액은 달라지게 된다. 만약 발생가능한 금액이 일정범위 내에서 비례적으로 증가하는 분포를 이루고 각각의 발생확률이 동일한 경우에는 그 범위의 중간값이 충당부채로 인식할 금액이다(일반기준 14장 부록 결14.1).

사례 1 회사는 판매 후 1년간 제조상의 결함이나 다른 명백한 결함에 따른 하자에 대해 제품보증을 실시하고 있다. 각 상황의 발생확률 및 수리비용은 다음과 같을 때 최선의 추정치는 얼마인가?

상 황	하자가 없음.	중요하지 않은 하자	중요한 하자
확 률	75%	20%	5%
수리비용	없음.	12억원	48억원

해답

4.8억원(= 75% × 0 + 20% × 12억원 + 5% × 48억원)

한편, 하나의 현재의무를 이행하기 위한 현금유출이 여러 가지 금액으로 추정될 수 있는 경우에는 그 중 발생확률이 가장 높은 추정금액(최빈치)으로 충당부채를 인식할 수 있다. 다만, 그 밖의 발생가능한 추정금액 대부분이 발생확률이 가장 높은 추정금액보다 더 큰 (더 작은) 경우에는 발생확률이 가장 높은 추정금액보다 더 큰(더 작은) 추정금액이 최선의 추정치가 될 수 있다. 인식할 금액이 범위로 추정될 경우 범위 내의 어떤 금액이 범위 내의 다른 금액보다 더 나은 추정치라는 것은 가능한 추정금액의 범위 내에서 가장 가능성이 높은 금액을 의미한다. 다만, 그 밖의 추정금액이 최빈치를 기준으로 좌우의 어느 한쪽으로만 대부분 치우쳐 분포를 이루고 있는 경우에는 최빈치로 인식할 수 없으며 다른 추정치의 분포를 감안한 금액으로 충당부채금액을 인식한다. 우발부채에 대해 주석에 기재하는 경우, 최선의 추정치를 결정할 수 없다면 발생가능한 금액의 일정범위를 기재할 수 있다(일반기준 14장 부록 결14.1).

사례 2 하나의 현재의무(하자보수의무)를 이행하기 위한 현금유출이 다음과 같이 추정되는 경우, 최선의 추정치는?

확 률	10%	20%	50%	20%
하자보수비	1,000,000원	1,500,000원	1,700,000원	2,000,000원

해답

1,700,000원(발생확률이 가장 높은 금액)

사례 3 [사례 2]에서 발생확률이 다음과 같은 경우, 최선의 추정치는?

확 률	30%	25%	25%	20%
하자보수비	1,000,000원	1,500,000원	1,700,000원	2,000,000원

해답

1,000,000원을 지출하여 하자보수를 할 확률이 가장 높다고 하더라도 충당부채는 1,000,000원보다 더 큰 금액으로 설정하여야 함.

충당부채 금액의 추정은 보고기간말 현재 이용가능한 근거를 기준으로 추정한다. 다만, 일반기업회계기준 제24장(보고기간 후 사건)에 따라 수정을 요하는 보고기간 후 사건이 발생한 경우 충당부채의 측정과 주석공시에 이를 반영한다. 또한 소송 중인 사건의 1심 판결 내용은 충당부채의 측정에 반영하여 인식하되, 1심 판결의 내용이 2심 판결에 의해 변경될 가능성이 매우 높고 이에 대한 추가적인 정보가 있는 경우에는 그러한 변경가능성을 반영하여 충당부채를 인식한다(일반기준 14장 부록 실14.11).

② 불확실성

충당부채의 금액에 대한 최선의 추정치는 관련된 사건과 상황에 대한 불확실성이 고려되어야 한다(일반기준 14장 문단 14.8).

불확실한 상황에서는 이익 또는 자산을 과대계상하거나 비용 또는 부채를 과소계상하지 아니하도록 주의하여야 한다. 또한 불확실성을 이유로 충당부채 금액을 과대계상하는 것도 인정되지 아니한다. 불확실성이 있는 경우 자산이나 부채의 금액은 합리적인 근거에 기초하여 추정하여야 한다.

③ 현재가치

충당부채의 명목금액과 현재가치의 차이가 중요한 경우에는 의무를 이행하기 위하여 예상되는 지출액의 현재가치로 평가한다(일반기준 14장 문단 14.9). 현재가치 평가에 사용하는 할인율은 그 부채의 고유한 위험과 화폐의 시간가치에 대한 현행 시장의 평가를 반영한 세전 이율이다. 이 경우, 만기까지의 기간이 유사한 국공채이자율에 기업의 신용위험을 반영한 조정 금리를 가산하여 산출한 이자율을 할인율로 사용할 수 있다. 이 할인율에 반영되는 위험에는 미래 현금흐름을 추정할 때 고려된 현금흐름 자체의 변동위험은 포함되지 아니한다(일반기준 14장 문단 14.10).

④ 미래사건

현재의무를 이행하기 위하여 소요되는 지출 금액에 영향을 미치는 미래사건이 발생할 것이라는 충분하고 객관적인 증거가 있는 경우에는 그러한 미래사건을 감안하여 충당부채 금액을 추정한다(일반기준 14장 문단 14.11).

예를 들어, 미래에 오염지역을 복구하여야 할 의무를 부담하고 있는 경우, 그 복구비용은 미래의 기술변화에 따라 감소할 수 있다. 이 경우 부채 인식금액은 복구시점에 이용가능한 기술에 대한 모든 증거를 기초로 하여 자격을 갖춘 독립적인 전문가의 예측을 반영하여야 한다. 그 외에도 학습효과나 규모의 경제와 관련된 기대비용감소도 부채 인식금액에 반영되어야 한다.

충분하고 객관적인 증거로 볼 때 새로운 법규가 제 · 개정될 것이 확실하다면 충당부채 금액을 측정할 때에 그러한 사실을 고려하여야 한다.

⑤ 자산의 예상처분손익

충당부채를 발생시킨 사건과 밀접하게 관련된 자산의 처분손익이 예상되는 경우에 당해 처분손익은 충당부채 금액을 측정하는 데 고려하지 아니한다(일반기준 14장 문단 14.12). 예를 들면 과거에 취득한 자산에 대한 반환소송에 패소할 가능성이 매우 높아 충당부채를 인식할 때 관련 자산을 처분하여 현금으로 배상하여야 하는 경우가 있다. 이 경우 처분할 자산의 장부금액을 초과하는 현금유입이 예상되더라도 충당부채로 인식하는 금액에 자산처분손익을 고려하지 않는다. 이러한 자산처분손익은 충당부채의 인식과 관계 없이 자산처분에 따른 손익의 인식요건을 충족시킨 시점에 관련 일반기업회계기준에 따라 인식한다.

⑥ 제3자에 의한 변제

기업이 의무이행을 위하여 지급한 금액을 제3자가 보험약정이나 보증계약 등에 따라 보전하여 주거나, 기업이 지급할 금액을 제3자가 직접 지급하는 경우가 있다. 그러나 대부분의 경우 기업은 전체 의무금액에 대하여 책임이 있으므로 제3자가 변제할 수 없게 되면 기업은 그 전체금액을 이행할 책임을 진다. 이 경우 기업은 의무금액을 부채로 인식하고, 제3자가 변제할 것이 확실한 경우에 한하여 그 금액을 자산으로 인식한다. 다만, 자산으로 인식하는 금액은 관련 충당부채 금액을 초과할 수 없다. 이 경우 제3자의 변제에 따른 수익에 해당하는 금액은 충당부채의 인식에 따라 손익계산서에 계상될 관련 비용과 상계한다 (일반기준 14장 문단 14.13).

변제의 예를 들면 보험회사나 보증회사가 기업을 대신하여 지급의무를 직접 이행하거나 지급의무를 이행한 기업에게 손실을 보전해 주는 경우가 있다. 이러한 경우에는 충당부채와 변제 관련 자산은 상계하지 않고 별도로 인식한다. 별도로 인식하는 이유는 충당부채와 성격상 구별되는 변제에 대한 회계정보를 별도로 제공할 필요가 있고, 변제의 다양한 조건과 불확실성 때문에 충당부채에서 직접 차감하게 되면 기업간 회계정보의 비교가능성이 저해될 수 있기 때문이다.

제3자에 의한 변제의 약정이 있고, 그 약정에 따라 제3자가 변제하지 아니하더라도 기업이 그 금액을 지급할 의무가 없는 금액에 대하여는 부채를 인식하지 아니한다.

변제가능성	현재의무가 존재함	현재의무 없음
확실	-재무상태표 : 별도의 자산으로 인식 -손익계산서 : 비용과 상계 -관련 자산은 충당부채를 초과할 수 없음. -변제액 주석공시	아무런 회계처리가 필요 없음.
불확실	-변제액은 자산으로 인식되지 않음. -변제가능성 주석공시	

3) 충당부채의 변동

충당부채는 보고기간말마다 그 잔액을 검토하고, 보고기간말 현재 최선의 추정치를 반영하여 증감조정한다. 또한 현재가치로 평가된 충당부채는 기간경과에 따라 장부금액을 증가시키고 해당 증가 금액은 당기비용으로 인식한다. 이 경우 당해 충당부채의 현재가치 평가에 사용한 할인율은 변동되지 않는 것으로 보고 당초에 사용한 할인율이나 매 보고기간말 현재 최선의 추정치를 반영한 할인율 중 한가지를 선택하여 계속 적용하도록 한다. 한편 상황변동으로 인하여 더 이상 충당부채의 인식요건을 충족하지 아니하게 되면, 관련 충당부채는 환입하여 당기손익에 반영한다(일반기준 14장 문단 14.14).

충당부채는 최초의 인식시점에서 의도한 목적과 용도에만 사용하여야 한다. 다른 목적으로 충당부채를 사용하면 상이한 목적을 가진 두 가지 지출의 영향이 적절하게 표시되지 못하기 때문이다(일반기준 14장 문단 14.15).

4) 우발부채와 우발자산

① 우발부채

우발부채는 다음 중 하나에 해당하는 잠재적인 부채를 말한다.

- 과거사건은 발생하였으나 기업이 전적으로 통제할 수 없는 하나 또는 그 이상의 불확실한 미래사건의 발생 여부에 의하여서만 그 존재 여부가 확인되는 잠재적인 의무
- 과거사건이나 거래의 결과로 발생한 현재의무이지만 그 의무를 이행하기 위하여 자원이 유출될 가능성이 매우 높지가 않거나, 또는 그 가능성은 매우 높으나 당해 의무를 이행하여야 할 금액을 신뢰성 있게 추정할 수 없는 경우

우발부채는 부채로 인식하지 아니하나, 의무를 이행하기 위하여 자원이 유출될 가능성이 아주 낮지 않는 한 주석에 기재하여야 한다(일반기준 14장 문단 14.5). 다만, 지급보증 또는 이와 유사한 보증과 중요한 계류 중인 소송사건은 자원이 유출될 가능성이 거의 없더라도 그 내용을 주석으로 공시한다(일반기준 14장 문단 14.21).

② 우발자산

우발자산은 예측이나 예상을 할 수 없는 사건에 의하여 자원의 유입가능성이 있게 되는 경우와 관련되므로, 재무제표에 자산으로 인식한다면 전혀 실현될 수 없는 이익을 인식하게 되는 결과를 초래할 수도 있다. 그러므로 우발자산은 자산으로 인식하지 아니하고 자원의 유입가능성이 매우 높은 경우에만 주석에 기재한다. 한편 상황변화로 인하여 자원이 유입될 것이 확정된 경우에는 더 이상 우발자산이 아니므로 그러한 상황변화가 발생한 기간에 관련 자산과 이익을 인식한다(일반기준 14장 문단 14.6).

금액추정가능성 / 자원유입가능성	신뢰성 있게 추정가능	추정불가능
가능성이 매우 높음(*)	우발자산으로 주석공시	우발자산으로 주석공시
가능성이 매우 높지가 않음.	공시하지 않음.	공시하지 않음.

(*) 우발자산은 자산으로 인식하지 아니하고, 자원이 유입될 것이 확정된 경우에는 그러한 상황변화가 발생한 기간에 관련 자산과 이익을 인식한다.

5) 인식과 측정의 특수한 상황

① 손실부담계약

손실부담계약이란 계약상의 의무의 이행에 필요한 회피 불가능한 원가가 그 계약에서 받을 것으로 예상되는 효익을 초과하는 계약을 말한다. 여기서 회피 불가능한 원가란 계약을 이행하기 위한 최소원가로 다음 중 적은 금액을 말한다(일반기준 14장 용어의 정의).

- 계약을 이행하기 위하여 소요되는 원가
- 계약을 이행하지 못하였을 때 지급하여야 할 보상금이나 위약금

통상적인 구매주문과 같이 상대방에게 보상 없이 해약할 수 있는 계약은 아무런 의무가 발생하지 아니하나, 손실부담계약은 당사자간에 권리와 의무가 발생되므로 손실부담계약을 체결한 경우에는 관련된 현재의무를 충당부채로 인식하여야 한다(일반기준 14장 문단 14.16). 예를 들어 수량과 가격이 확정되어 있고 회피할 수 없는 확정매입계약의 경우, 매입할 상품의 판매가격이 하락하여 매입계약가격이 순실현가능가치를 초과한다면 당해 확정매입계약으로부터 구매자가 기대하는 효익보다 원가부담이 더 커질 수 있다. 또한 수량과 가격이 확정되어 있고 회피할 수 없는 확정판매계약의 경우, 판매계약수량이 보유 재고수량을 초과하고 관련 상품의 시가가 상승하여 판매계약가격을 초과한다면 확정판매계약으로부터 기대하는 효익보다 원가부담이 더 커질 수 있다. 이러한 경우처럼 손실부담계약의 요건을 충족한다면 관련 충당부채를 인식하여야 한다.

사례 (주)남해는 운용리스 조건으로 임차한 공장에서 수익성 있는 사업을 운영해 오다가 20×5년 12월 중에 다른 장소의 새로운 공장으로 이전하였다. 구 공장시설에 대한 리스계약은 앞으로 4년간 해지할 수 없으며 다른 사용자에게 재리스할 수도 없다.
이 경우 재무제표에 어떻게 표시하여야 하는가?

해답

의무발생사건은 리스계약을 체결한 사건이며 따라서 법적의무가 존재한다. 또한 리스계약이 손실부담계약의 조건을 충족하므로 자원의 유출가능성도 매우 높다. 따라서 회피할 수 없는 리스료 부담액에 대한 최선의 추정치로 충당부채를 인식하여야 한다.

② 마일리지 제도

어떤 기업이 전체 매출액의 10%를 마일리지로 적립하고 매 10회의 매출이 발생한 후 11회의 매출시점에 누적마일리지를 사용하는 제도를 시행하는 경우 기업은 미래에 유출될 직접증분원가를 기준으로 충당부채를 인식하여야 하는 것이 타당하며, 마일리지를 사용할 경우 매출로 인식하지 않는 것이 타당하다(일반기준 14장 부록 실14.13).

6) 충당부채와 우발부채의 인식사례 예시

사례 1 제품보증과 환불정책

(주)한국은 판매시점부터 3년간 품질을 보증하는 조건으로 제품을 판매하였다. 판매일로부터 3년 이내에 제품의 결함이 발생하는 경우 수리 또는 교체해 주고 있다. 과거경험에 의하면, 이러한 보증판매에 따라 약간의 보증청구가 있을 가능성이 매우 높다.

해답

제품의 보증판매로 의무발생사건이 발생하였으며, 법적인 의무가 있다. 보증판매는 전체적으로 보면 자원의 유출가능성이 매우 높기 때문에 보고기간말 이전의 보증판매에 따른 하자보상비에 대한 최선의 추정치로 충당부채를 인식한다.

사례 2 환불정책

(주)남북은 가방 도소매점이다. (주)남북은 법적의무가 없음에도 불구하고 제품에 대해 만족하지 못하는 고객에게 환불해 주는 정책을 펴고 있으며, 이러한 사실은 고객에게 널리 알려져 있다.

해답

상품의 판매로 인하여 의무발생사건이 발생하였으며, 기업의 행위에 따라 기업이 환불해 줄 것이라는 정당한 기대를 고객이 가지게 되었으므로 의제의무가 있다. 환불을 받기 위해 반품된 금액 중 일정비율만큼 자원의 유출가능성이 매우 높기 때문에 환불원가에 대한 최선의 추정치로 충당부채를 인식한다.

사례 3 재산의 손실 또는 손상 위험

(주)동서는 화재, 폭발 또는 기타 재해에 의한 재산상의 손실이나 손상에 대비한 보험에 가입하고 있지 않다.

해답

보고기간말 현재 기업에 어떠한 의무도 없다. 화재, 폭발, 다른 유사한 사건은 재산상의 손실이나 손상의 원인이 되지만 그 발생을 예측할 수 없는 사항이므로, 보험에 가입하지 않았다는 사실 자체가 보고기간말에 현재의무를 발생시키지 않는다. 따라서 부채로 인식할 금액은 없다.

사례 4 단일 보증

20×5년 10월, (주)남해는 (주)동해의 금전 차입에 대해 보증을 제공하였지만 그 당시 (주)동해의 재무상태는 건전하였다. 그러나 다음 연도인 20×6년 중에 (주)동해의 재무상태가 악화되어 20×6년 6월 30일 법원에 화의를 신청하였다.

해답

① 20×5년 12월 31일

의무발생사건은 보증을 제공한 사건으로서 법적의무가 있으나, 20×5년 12월 31일에는 자원의 유출가능성이 매우 높지가 않다. 따라서 충당부채를 인식하지 않는다. 그러나 보증제공의 내용은 자원의 유출가능성이 거의 없더라도 주석에 기재하여야 한다.

② 20×6년 12월 31일

의무발생사건은 보증을 제공한 사건으로서 법적의무가 있고, 20×6년 12월 31일 현재의무를 이행하기 위하여 자원이 유출될 가능성이 매우 높다. 따라서 의무이행 금액에 대한 최선의 추정치로 충당부채를 인식한다.

사례 5 법적 소송

(주)서해는 예식장 부근에서 대형 음식점을 경영하고 있다. 20×5년의 어느 날에 있은 결혼식 직후 음식물에 포함된 독극물 영향인지는 확실하지 않으나 10명이 사망했다. (주)서해는 20×5년말 현재, 고객이 제소한 손해배상청구 소송의 피고로 재판을 받고 있으며 책임이 있는지의 여부에 대해 원고와 다투고 있다. 20×5년 12월 31일로 종료되는 회계연도의 재무제표가 승인되는 시점까지 법률고문은 회사가 법적의무를 지지 않을 가능성이 매우 높다고 조언하였다. 그러나 회사가 20×6년 12월 31일의 재무제표를 작성할 때 법률고문은 소송이 불리하게 진행됨에 따라 회사가 법적의무를 부담할 가능성이 매우 높다고 조언하였다.

해답

① 20×5년 12월 31일

재무제표가 승인되기까지 이용가능한 증거를 바탕으로 판단할 때 과거사건의 결과로서의 현재의무는 없으므로 충당부채를 인식하지 않는다. 그러나 소송결과에 따른 자원의 유출가능성이 거의 없는 경우에도 그 내용을 주석에 기재한다.

② 20×6년 12월 31일

이용가능한 증거에 의하면 현재의무가 있고, 자원의 유출가능성이 매우 높으므로 의무이행을 위한 금액에 대한 최선의 추정치를 충당부채를 인식한다.

사례 6 기술적인 이유 또는 법적인 의무에 의한 대수선

어떤 자산은 일상적 유지 외에도 수년에 한 번씩 대대적인 수리나 주요 부품을 교체하는데 상당히 큰 금액의 지출을 필요로 한다. 예를 들면 항공회사가 운행 중인 항공기에 대하여 매 3년마다 기술적인 이유 또는 법적인 이유로 기체를 정비하여야 한다.

해답

과거의 의무발생사건이 없으므로, 어느 경우에도 현재의무가 없다. 또한 법적으로 기체정비를 강제하더라도 기업의 의사결정과 무관하지 않다. 즉, 기체를 처분함으로써 당해 의무를 회피할 수 있으므로 대수선과 관련한 부채는 발생하지 아니한다. 따라서 대수선의 경우에는 법적 강제여부에 불구하고, 자본적 지출에 해당하는 기체정비 소요비용을 3년에 걸쳐 감가상각하는 것을 고려하여야 한다.

사례 7 법적의무가 있는 오염토지 복구

(주)북두는 석유화학제품제조업을 영위하면서 수년간 토지를 오염시켜 왔다. 토지 오염에 대한 법적 규제가 없었다가 20×5년 12월 31일 현재 그러한 오염 토지에 대한 복구의무를 규정하는 새로운 법안이 제안되어 보고기간말 후 제정될 것이 확실하다.

해답

오염에 대한 복구의무를 규정하는 법 제정이 확실하므로 토지를 오염시킨 것은 의무발생사건이 되며, 자원의 유출가능성이 매우 높다. 따라서 오염복구비용에 대한 최선의 추정치로 충당부채를 인식한다.

한편 법적의무가 없더라도, 오염토지를 복구한다는 환경정책을 대외적으로 표방하여 의제의무가 있는 경우에도 충당부채를 인식한다.

사례 8 해저석유채굴의 경우

(주)대한은 일정기간 해상에서 석유를 채굴할 수 있는 권리를 취득하는 계약을 체결하였다. 이 계약에 따라 생산 종료시에는 유정굴착장치를 제거하고 해저를 원상복구하여야 한다. 이러한 원상복구비의 90%는 유정굴착장치를 제거하고, 이의 건설로 인해 발생한 해저 손상 부분을 복구하는 데 지출된다. 나머지 10%의 복구비는 석유의 채굴로 인해 발생하는 비용(예 : 오염제거비용)이다. 보고기간말 현재 유정굴착장치가 완공되었으나 석유는 채굴하지 않은 상태이다.

해답

계약조건에 따라서 그 유정굴착장치를 제거하고 그 시설물로 인한 해저의 손상 부분을 원상복구시킬 의무가 있기 때문에 유정굴착장치의 완공은 법적의무를 발생시켰으며 자원의 유출가능성이 매우 높다. 따라서 유정굴착장치의 제거 및 이로 인한 해저의 원상 복구에 지출될 금액에 대한 최선의 추정치(원상복구비의 90%)로 충당부채를 인식한다. 이러한 비용은 유정굴착장치의 취득원가에 포함한다. 반면에 보고기간말 현재, 석유 채굴로 인한 의무는 발생되지 않았으며, 석유의 채굴로 인하여 발생하는 나머지 10%의 복구비용은 석유를 채굴하는 때에 부채로 인식한다.

-유정굴착장치의 완공시 :	자 산 ×××	충당부채 ×××
-석유채굴시 :	비 용 ×××	충당부채 ×××

사례 9 법규정에 의한 공해여과장치 설치

새로이 제정된 법률에서는 20×6년 6월 30일까지 공장에 공해여과장치를 설치하도록 규정하고 있다.

해답

① 20×5년 12월 31일

법률에서 규정한 공해여과장치의 설치비나 벌과금에 대하여 과거사건의 결과로서의 현재 의무는 없으므로, 공해여과장치의 설치비에 대한 충당부채를 인식하지 아니한다.

② 20×6년 12월 31일

의무발생사건인 공해여과장치의 설치가 없으므로 공해여과장치의 설치비에 대한 현재의 무는 없다. 그러나 의무발생사건인 법률규정 위배사실이 발생하였으므로 법률규정에 의한 벌과금에 대한 의무는 발생할 수 있다. 이 경우 벌과금의 발생가능성은 법률규정의 내용과 법 집행기관의 정책을 고려하여 판단할 수 있다. 따라서 공해여과장치의 설치비에 대한 충당부채는 인식하지 아니하며, 벌과금의 부과가능성이 매우 높은 경우에는 벌과금에 대한 최선의 추정치로 충당부채를 인식한다.

7) 주석공시

① 충당부채는 유형별로 다음의 내용을 주석에 기재한다(일반기준 14장 문단 14.19).

- 기초와 기말 장부금액 및 당기 증감 내용

  당기 증감 내용에는 현재가치로 평가한 충당부채의 기간 경과에 따른 당기 증가금액, 환입금액 및 사용금액을 포함하며, 전기재무제표상의 증감 내용은 비교표시하지 아니할 수 있음.
- 충당부채의 성격과 자원의 유출이 예상되는 시기
- 유출될 자원의 금액과 시기에 대한 불확실성 정도(필요한 경우, 관련된 미래사건에 대한 중요한 가정 포함)
- 제3자에 의한 변제 기대금액 및 그와 관련하여 인식한 자산금액
- 현재가치로 평가한 충당부채의 기간 경과에 따른 당기 증가금액 및 할인율 변동에 따른 효과

② 의무를 이행하기 위하여 자원이 유출될 가능성이 아주 낮지 않는 한, 우발부채는 유형별로 그 성격을 주석에 설명하고 가능하면 다음의 내용을 주석에 기재한다(일반기준 14장 문단 14.20).

- 우발부채의 추정금액
- 자원의 유출금액 및 시기와 관련된 불확실성 정도
- 제3자에 의한 변제의 가능성

  다만, 다음의 경우에는 의무를 이행하기 위한 자원의 유출가능성이 거의 없더라도 그 내용을 주석으로 공시한다(일반기준 14장 문단 14.21).
- 타인에게 제공한 지급보증 또는 이와 유사한 보증
- 중요한 계류 중인 소송사건

③ 자원의 유입가능성이 매우 높은 우발자산은 그 성격을 주석에 설명하고, 가능하면 우발자산의 추정금액도 포함하여 주석에 기재한다(일반기준 14장 문단 14.22). 한편 우발자산을 주석에 기재할 때에는 그로부터 자원이 유입될 것이라는 오해를 주지 않도록 주의하여야 한다.

④ 우발부채와 우발자산에 대하여 주석으로 공시하여야 할 사항이지만 실무적인 이유로 공시하지 못한 경우에는 그 사유를 주석에 기재하여야 한다(일반기준 14장 문단 14.23).

⑤ 매우 드물게 발생하는 경우이지만 상기에서 요구하는 모든 사항 또는 일부 사항을 주석에 기재하는 것이 당해 충당부채, 우발부채 및 우발자산과 관련하여 진행 중인 상대방과의 분쟁에 현저하게 불리한 영향을 미칠 것으로 예상되는 경우에는 그에 관한 주석공시를 생략할 수 있다. 다만, 그 분쟁의 개괄적인 성격과 주석공시를 생략한 사실 등을 주석에 기재하여야 한다(일반기준 14장 문단 14.24).

2. 퇴직급여충당부채

(1) 개념 및 범위

퇴직급여충당부채는 충당부채 중에 대표적인 것으로서 임직원이 실제로 퇴직할 경우에 지급하여야 할 퇴직금을 감안하여 현재 근무하고 있는 임직원의 퇴직금 상당액을 당기의 비용으로 반영하기 위하여 기말결산시점에 설정하는 충당부채를 말한다.

기업회계기준에서는 퇴직급여충당부채를 다음과 같이 정의하고 있다(일반기준 21장 문단 21.8).

일반기업회계기준 제21장【종업원급여】

21.8. 퇴직급여충당부채는 보고기간말 현재 전종업원이 일시에 퇴직할 경우 지급하여야 할 퇴직금에 상당하는 금액으로 한다.

기업회계상으로 퇴직급여충당부채를 설정하는 것은 일반적인 충당부채를 설정하는 논리와 같다.

즉, 회사가 실제 퇴직금을 지급할 때 그 계산 근거를 근로기준법 및 근로자퇴직급여보장법에 따르든지 혹은 회사의 내부규정에 따르든지에 관계 없이 퇴직금은 일반적으로 (평균급여 × 근속연수)라는 기본적인 계산구조에 따라 계산되는데, 이는 바꾸어 말하면 퇴직금의 지급원인은 임직원의 재직기간을 통하여 연속적으로 발생하며, 재직기간이 경과함에 따라 퇴직금의 액수도 그만큼 증가하는 것을 의미한다.

이를 회계학적 측면에서 살펴본다면 임원이나 직원이 실제 퇴직하는 경우에 지급하게 되는 퇴직금이라는 비용은 여러 회계기간 동안에 누적적으로 발생한다는 것을 의미한다.

이와 같이 계속적으로 발생한 비용의 누적액인 퇴직금을 실제 지급시점에서 일시적인 비용으로 계상한다는 것은 발생주의라는 기본적 회계원칙을 위배하는 결과가 되고 기간손익이 왜곡되는 결과를 초래하게 된다.

따라서 실제의 퇴직금지급은 비록 장래에 이루어지는 것이지만 기간의 경과에 따른 퇴직금의 증가분은 매 회계연도에 각각 비용과 부채로서 계상하여야 한다. 한편 퇴직급여충당부채가 대표적인 충당부채라는 것을 고려하여 충당부채를 설정하게 되는 세 가지 기본요건을 퇴직급여충당부채가 만족시키는가의 여부를 살펴보면, 첫 번째로 임직원이 퇴직하는 경우 근로기준법 혹은 회사의 내부규정에 따라 퇴직급여를 지급해야 하는 의무가 현재시점에서 존재한다. 두 번째로 퇴직금은 장래의 언젠가는 지출될 것이 확실하다. 세 번째로 퇴직금의 추계액은 근로기준법이나 회사의 규정에 따라 합리적으로 추정할 수 있다.

예를 들어, 과거의 지급사례, 실무관행 등을 고려할 때, 공식적인 명예퇴직규정에 따라 명예퇴직자격을 충족하는 종업원이 명예퇴직 신청을 하면, 이를 대부분 승인하고 일반퇴직금 외에 특별퇴직금을 추가적으로 지급하는 정책을 기업이 가지고 있다면, 종업원들은 기업이 특별퇴직금을 지급할 것이라는 정당한 기대를 할 수 있다. 이러한 경우 특별퇴직금은 종업원이 퇴직할 때 기업이 지급할 의무가 있는 일반적인 퇴직금과 그 경제적 실질이 유사하므로 퇴직급여충당부채에 포함한다(일반기준 21장 부록 결21.24).

전술한 바와 같이 퇴직급여충당부채를 설정해야 하는 이론적 근거는 충분하지만 실제로 일반기업회계기준에 따라 퇴직급여충당부채를 설정하기 위해서는 회계상으로 상당한 비용을 계상해야 하는 반면 법인세법에서는 일반기업회계기준에 따라 계상된 퇴직급여충당부채와 퇴직급여를 모두 인정해 주는 것은 아니기 때문에 기업의 경영자 입장에서는 일반기업회계기준에 따라 충실하게 퇴직급여충당부채를 설정하는 데에 많은 부담을 느끼는 것도 사실이다.

이에 대해서는 뒤에서 자세히 살펴본다.

(2) 기업회계상 회계처리

1) 회계처리를 위한 기본개념

① 설정대상자

일반기업회계기준상 퇴직급여충당부채 설정시 설정대상자의 직책, 출자관계나 근속연수 등에 따른 제한은 전혀 없다. 이하에서 상세히 살펴본다.

가. 직책이나 출자관계에 따른 대상제한의 유무

일반기업회계기준상 퇴직급여충당부채 설정대상자에는 아무런 제한이 없다. 물론 기중에 퇴직하여 회계연도 말 시점에 근무하지 않는 사람에게 퇴직급여충당부채를 설정해서는 안되는 것은 당연하다.

일반기업회계기준을 보면 '보고기간 말 현재 전 종업원'이라는 표현이 있는데 여기에서의 종업원이란 전일제, 시간제, 정규직, 임시직으로 기업에 근무용역을 제공한 자(이사와 그 밖의 경영진 포함)로 정의되고 있는바(일반기준 21장 용어의 정의) 임원과 임원이 아닌 일반 직원이 모두 퇴직급여충당부채의 설정대상자라는 의미이다.

나. 근속연수에 따른 대상제한의 유무

일반기업회계기준상 설정대상자는 근속연수에 따라 제한하고 있지 않다. 즉, 회사에 입사한지 1년이 되지 않은 임직원에 대해서도 회사의 규정상 퇴직금을 지급하도록 하고 있다면 이들에 대해서도 퇴직급여충당부채를 설정해야 한다.

물론 대부분의 회사들의 퇴직금지급규정은 근속연수가 1년 이상된 임직원이 퇴사할 경우 퇴직금을 지급하도록 규정하고 있기 때문에 대부분의 경우는 근속연수가 1년 이상된 모든 임직원이 퇴직급여충당부채의 설정대상이 된다.

다. 근로기준법에 따른 설정대상자

근로기준법은 헌법에 의거하여 근로조건의 기준을 정함으로써 근로자의 기본적 생활을 보장, 향상시키며 균형 있는 국민경제의 발전을 기함을 목적으로 하여 제정된 법률이므로 근로기준법에서 정하고 있는 각종 조항들은 모든 회사의 근로조건에 대해 최저한의 기준을 제시하는 것을 의미한다. 즉, 회사가 자체적으로 규정을 마련하여 시행하더라도 그 내용의 일부가 근로기준법에 의한 규정들을 위배하게 된다면 그 규정은 효력이 없게 된다.

이 점은 퇴직금에 대해서도 마찬가지로 적용된다.

한편 2005년 1월 27일 근로자 퇴직급여 제도의 설정 및 운영에 필요한 사항을 정함으로써 근로자의 안정적인 노후생활 보장에 이바지하는 것을 목적으로 근로자퇴직급여 보장법이 제정되었으며, 2005년 12월 1일부터 일반적으로 시행하도록 규정하였다.

근로기준법 및 근로자퇴직급여 보장법에서는 퇴직금제도에 대해 다음과 같이 규정하고 있다.

근로기준법 제34조【퇴직급여 제도】 사용자가 퇴직하는 근로자에게 지급하는 퇴직급여 제도에 관하여는 「근로자퇴직급여 보장법」이 정하는 대로 따른다. (2007. 4. 11. 개정)

근로자퇴직급여 보장법 제4조【퇴직급여제도의 설정】 ① 사용자는 퇴직하는 근로자에게 급여를 지급하기 위하여 퇴직급여제도 중 하나 이상의 제도를 설정하여야 한다. 다만, 계속근로기간이 1년 미만인 근로자, 4주간을 평균하여 1주간의 소정근로시간이 15시간 미만인 근로자에 대하여는 그러하지 아니하다. (2011. 7. 25. 개정)

근로자퇴직급여 보장법 제8조【퇴직금제도의 설정 등】 ① 퇴직금제도를 설정하려는 사용자는 계속근로기간 1년에 대하여 30일분 이상의 평균임금을 퇴직금으로 퇴직 근로자에게 지급할 수 있는 제도를 설정하여야 한다. (2011. 7. 25. 개정)

② 제1항에도 불구하고 사용자는 주택구입 등 대통령령으로 정하는 사유로 근로자가 요구하는 경우에는 근로자가 퇴직하기 전에 해당 근로자의 계속근로기간에 대한 퇴직금을 미리 정산하여 지급할 수 있다. 이 경우 미리 정산하여 지급한 후의 퇴직금 산정을 위한 계속근로기간은 정산시점부터 새로 계산한다. (2011. 7. 25. 개정)

상기 규정이 의미하는 바를 요약하면 다음과 같다.

• 퇴직금은 다음과 같은 산식에 의해 계산한다.

퇴직금 = 평균임금 × 계속근로연수

• 퇴직금의 지급대상자는 근로자이다.

• 근로연수가 1년 미만인 근로자에게는 퇴직금을 지급하지 않아도 무방하다.

이와 같은 내용에 따라 근로기준법상 퇴직급여충당부채의 설정대상자를 정의해 본다면 '근로연수가 1년 이상된 근로자'이다. 여기서 근로자는 다음과 같이 정의된다.

근로기준법 제2조【정 의】 ① 이 법에서 사용하는 용어의 뜻은 다음과 같다. (2007. 4. 11. 개정)

1. "근로자"란 직업의 종류와 관계없이 임금을 목적으로 사업이나 사업장에 근로를 제공하는 사람을 말한다. (2020. 5. 26. 타법개정)

따라서 근로기준법상으로도 직책이나 출자 여부에 관계 없이 퇴직급여충당부채를 설정해야 한다. 다만, 근로기준법에서는 사업주 또는 사업경영담당자 기타 근로자에 관한 사항에 관하여 사업주를 위하여 행위하는 자(일반적으로 임원이 이에 해당됨)를 사용자로 규정하여 근로자와 구분하고 있으므로 이들에게는 퇴직급여충당부채를 설정하지 않아도 된다.

이상과 같은 근로기준법 및 근로자퇴직급여 보장법상의 규정은 회사의 퇴직금지급규정이 없는 경우나 회사의 규정이 이보다 제한적인 경우 퇴직급여충당부채를 설정하는 기준으로 사용된다.

② 퇴직금 추계액의 계산방법

회계연도 말 현재 전 임직원이 일시에 퇴직할 경우 지급하여야 할 퇴직금에 상당하는 금액을 통상적으로 퇴직금 추계액이라고 말한다.

이러한 퇴직금 추계액을 계산하는 방법에 대해 일반기업회계기준에서는 구체적으로 규정하고 있지 않으나 회사의 퇴직금지급규정에 의하여 대상자를 선정하고 개인별 퇴직금 추계액을 구하여 이를 합하면 된다.

퇴직금지급규정은 회사마다 조금씩 다르기 때문에 여기서 구체적인 산식을 제시할 수는 없으나, 앞서 언급한 바와 같이 근로기준법 및 근로자퇴직급여 보장법에 의한 퇴직금이 각 회사들의 퇴직금지급규정에 의한 퇴직금의 최저한이 되므로 여기서는 근로기준법 및 근로자퇴직급여 보장법에 의한 퇴직금 계산구조를 간단히 살펴본다.

가. 기본 계산구조

퇴직금의 기본적인 계산구조는 다음과 같다.

퇴직금 ＝ 평균임금 × 30일 × 계속근로연수

나. 평균임금

근로기준법에서 정하는 평균임금이란 다음을 말한다.

근로기준법 제2조【정 의】 ① 이 법에서 사용하는 용어의 뜻은 다음과 같다. (2007. 4. 11. 개정)

6. "평균임금"이란 이를 산정하여야 할 사유가 발생한 날 이전 3개월 동안에 그 근로자에게 지급된 임금의 총액을 그 기간의 총일수로 나눈 금액을 말한다. 근로자가 취업한 후 3개월 미만인 경우도 이에 준한다. (2007. 4. 11. 개정)

② 제1항 제6호에 따라 산출된 금액이 그 근로자의 통상임금보다 적으면 그 통상임금액을 평균임금으로 한다. (2007. 4. 11. 개정)

근로기준법 시행령 제2조【평균임금의 계산에서 제외되는 기간과 임금】 ①「근로기준법」(이하 "법"이라 한다) 제2조 제1항 제6호에 따른 평균임금 산정기간 중에 다음 각 호의 어느 하나에 해당하는 기간이 있는 경우에는 그 기간과 그 기간 중에 지급된 임금은 평균임금 산정기준이 되는 기간과 임금의 총액에서 각각 뺀다. (2007. 6. 29. 개정)

1. 근로계약을 체결하고 수습 중에 있는 근로자가 수습을 시작한 날부터 3개월 이내의 기간 (2019. 7. 9. 개정)
2. 법 제46조에 따른 사용자의 귀책사유로 휴업한 기간 (2007. 6. 29. 개정)
3. 법 제74조 제1항부터 제3항까지의 규정에 따른 출산전후휴가 및 유산·사산 휴가 기간 (2021. 10. 14. 개정)

4. 법 제78조에 따라 업무상 부상 또는 질병으로 요양하기 위하여 휴업한 기간 (2007. 6. 29. 개정)
5. 「남녀고용평등과 일 · 가정 양립지원에 관한 법률」 제19조에 따른 육아휴직 기간 (2008. 6. 5. 개정 ; 남녀고용평등법 시행령 부칙)
6. 「노동조합 및 노동관계조정법」 제2조 제6호에 따른 쟁의행위 기간 (2007. 6. 29. 개정)
7. 「병역법」, 「예비군법」 또는 「민방위기본법」에 따른 의무를 이행하기 위하여 휴직하거나 근로하지 못한 기간. 다만, 그 기간 중 임금을 지급받은 경우에는 그러하지 아니하다. (2016. 11. 29. 개정 ; 향토예비군설치법 시행령 부칙)
8. 업무 외 부상이나 질병, 그 밖의 사유로 사용자의 승인을 받아 휴업한 기간 (2007. 6. 29. 개정)

② 법 제2조 제1항 제6호에 따른 임금의 총액을 계산할 때에는 임시로 지급된 임금 및 수당과 통화 외의 것으로 지급된 임금을 포함하지 아니한다. 다만, 고용노동부장관이 정하는 것은 그러하지 아니하다. (2010. 7. 12. 단서개정 ; 노동부와 그 소속기관 직제 부칙)

근로기준법 시행령 제3조【일용근로자의 평균임금】 일용근로자의 평균임금은 고용노동부장관이 사업이나 직업에 따라 정하는 금액으로 한다. (2010. 7. 12. 직제개정 ; 노동부와 그 소속기관 직제 부칙)

근로기준법 시행령 제4조【특별한 경우의 평균임금】 법 제2조 제1항 제6호, 이 영 제2조 및 제3조에 따라 평균임금을 산정할 수 없는 경우에는 고용노동부장관이 정하는 바에 따른다. (2010. 7. 12. 직제개정 ; 노동부와 그 소속기관 직제 부칙)

즉, 1. 1.에서 12. 31.까지를 사업연도로 하고 있는 회사의 경우 다음의 식으로 계산한다.

평균임금 = 10월부터 12월까지 지급된 임금총액 ÷ 92일

여기서 임금총액에는 월차유급수당도 포함되고 연차유급수당 및 통상적으로 계속 지급되어온 상여금도 포함되는 것으로 해석된다. 다만, 연차유급수당 및 상여금은 1년분을 3개월에 해당하는 부분으로 안분계산하여야 한다.

다. 계속근로연수

계속근로연수는 입사 이후 퇴직한 날까지의 근로기간을 의미한다. 이 때에 계속근로연수가 몇 년, 몇 월, 몇 일인 경우에 있어서 1년이 못되는 몇 월, 몇 일의 기간에 대한 퇴직금도 일수계산을 하여 계산해야 한다.

2) 퇴직급여충당부채의 설정

앞에서 살펴본 바와 같이 회사는 회계연도 말 현재 전 임직원이 일시에 퇴직할 경우 지

급하여야 할 금액(근로기준법 또는 기타 법령과 회사의 퇴직금지급규정 중 가장 많은 금액)을 퇴직급여충당부채로 설정해야 한다.

① 당해연도 발생분의 회계처리

가. 퇴직급여의 계산

당기에 비용으로 계상될 퇴직급여의 계산은 다음과 같이 한다.

퇴직급여 = 당기 말 현재 퇴직금 추계액
(−)전기 말 현재 퇴직금 추계액
(+)당기 중 실제 퇴직금 지급액

나. 퇴직급여의 구분

회사의 임원이나 종업원의 급여는 그 대상자의 일의 성격에 따라 제조원가 또는 판매비와관리비로 구분된다.

퇴직급여도 이와 마찬가지로 제조원가 또는 판매비와관리비로 나누어야 한다. 실제적으로 퇴직급여를 제조원가 또는 판매비와관리비로 나눌 때, 퇴직급여 총액을 먼저 계산하고 일정한 기준(예를 들면 제조원가 또는 판매비와 관리비상의 인건비 비율)으로 안분하는 방법을 사용할 수도 있겠으나, 퇴직금 추계액 자체를 제조원가 부분과 판매비와관리비 부분으로 나누어 각 부분에 해당될 퇴직급여를 계산해 내는 것이 바람직하다고 본다.

다. 실제적인 회계처리

위와 같이 계산된 퇴직급여는 다음과 같이 분개처리하면 된다.

(차) 퇴 직 급 여 ××× (대) 퇴직급여충당부채 ×××

사례 다음과 같은 자료를 근거로 (주)삼일의 20×7. 12. 31. 결산시점의 퇴직급여충당부채 설정과 관련된 회계처리(당해 연도 발생분)를 하여라.

i) 20×6. 12. 31. 현재
- 퇴 직 금 추 계 액 : ₩120,000,000
- 장부상 퇴직급여충당부채 : ₩120,000,000

ii) 20×7년 중 퇴직금 지급액 : ₩25,000,000

iii) 20×7. 12. 31. 현재 퇴직금 추계액 : ₩150,000,000
- 퇴직급여의 계산

퇴직급여=20×7년 말 퇴직금 추계액−20×6년 말 퇴직금 추계액+20×7년 퇴직금 지급액
=₩150,000,000−₩120,000,000+₩25,000,000
=₩55,000,000

• 회계처리

(차) 퇴 직 급 여	55,000,000	(대) 퇴직급여충당부채	55,000,000

② 과거연도 귀속분의 회계처리

당기에 추가로 설정하는 퇴직급여충당부채 중 당해연도 귀속분은 전액 당기비용으로 계상하여야 하나, 과거연도 귀속(발생)분은 일반기업회계기준 제5장(회계정책, 회계추정의 변경 및 오류) 문단 5.18~5.20에서 규정하는 오류수정의 회계처리에 따라 처리하여야 한다. 즉, 과거연도 귀속분은 당기손익계산서의 영업외손익 중 전기오류수정손익으로 보고하거나, 중대한 오류에 해당하는 때에는 전기이월이익잉여금에 반영하고 관련 계정잔액을 수정하여야 하며 비교재무제표를 작성하는 경우에는 중대한 오류의 영향을 받는 회계기간의 재무제표항목을 재작성하여야 한다. 그러나 급여규정의 개정과 급여의 인상으로 퇴직급여액이 인상되었을 경우에는 당기분과 과거연도분을 일괄하여 당기비용으로 계상하여야 한다(일반기준 21장 문단 21.9).

3) 퇴직금의 지급시 회계처리

① 일반 퇴직금

임직원이 실제로 퇴직을 하여 퇴직금을 지급하게 되는 경우에는 다음과 같이 퇴직급여충당부채에서 지급하는 것으로 회계처리한다.

(차) 퇴직급여충당부채	×××	(대) 현금 및 현금성자산	×××

이 경우 퇴직하는 임직원이 개인별 퇴직급여충당부채 설정액이 얼마이었는지에 관계 없이 퇴직급여충당부채에서 지급하는 것으로 회계처리하면 된다.

② 해고급여

해고급여란 다음 중 어느 하나의 결과로서, 종업원을 해고하는 대가로 제공하는 종업원급여를 말한다(일반기준 21장 용어의 정의).

㉠ 기업이 통상적인 퇴직시점 전에 종업원을 해고하는 결정

㉡ 종업원이 해고의 대가로 기업에서 제안하는 급여를 받아들이는 결정

예를 들어, 명예퇴직제도를 시행함에 따라 퇴직하는 종업원에게 일반퇴직금 이외에 추가적인 명예퇴직금을 지급하는 경우가 있다. 기업이 종업원과의 근로계약관계를 종료하는 대가로 추가적인 급여의 지급을 종업원에게 제안하고 종업원이 이를 수락한 결과 명예퇴직금을 종업원에게 지급한다면, 이는 해고급여에 해당한다(일반기준 21장 부록 결21.23).

해고급여는 그 금액을 신뢰성 있게 측정할 수 있다면 다음 중 이른 날에 관련 부채와 비

용을 인식한다(일반기준 21장 문단 21.5의 3).

㉠ 기업이 해고급여의 제안을 더는 철회할 수 없을 때

㉡ 기업이 일반기업회계기준 제14장의 적용범위에 포함되고 해고급여의 지급을 포함하는 구조조정 원가를 인식할 때

여기서 기업이 해고급여의 제안을 더는 철회할 수 없을 때란, 해고급여의 성격에 따라 다음과 같이 구분된다(일반기준 21장 부록 실21.1, 실21.2).

• 해고대가로 기업이 제안한 급여를 받아들인 종업원의 결정에 따라 지급하는 해고급여의 경우, 다음 중 이른 날을 말함.

㉠ 종업원이 해고급여의 제안을 받아들이는 때

㉡ 해고급여의 제안을 철회하는 기업의 능력에 대한 제한(예: 법적, 규제적, 계약상 규정이나 그 밖의 제한)의 효력이 생긴 때. 해고급여를 제안한 시점에 그 제한이 존재하는 경우 이 시점은 해고급여를 제안하는 시점이 될 것임.

• 기업이 종업원의 해고를 결정함에 따라 지급하는 해고급여의 경우, 다음 조건을 충족하는 해고계획을 해고대상 종업원에게 전달하는 시점을 말함.

㉠ 해고계획을 완성시키는 데 필요한 행동을 고려할 때, 해고계획에 유의적 변화가 있을 것 같지 않을 것

㉡ 해고계획에 해고대상 종업원의 수, 직무분류, 근무 장소(다만 해고대상 종업원을 개별적으로 식별할 필요는 없음)와 그 계획의 완성예상일이 구체적으로 밝혀져 있을 것

㉢ 해고계획에서 설정한 해고급여는 해고될 때 종업원이 받을 급여의 종류와 금액을 종업원이 산정할 수 있을 정도로 충분히 상세할 것

4) 퇴직보험 등

앞서 살펴본 바와 같이, 퇴직급여충당부채는 충당부채의 일종으로서 퇴직급여충당부채로 계상되어 있는 금액이 실제로 회사의 내부 혹은 외부에 예치되어 있는가와는 아무런 관계가 없다.

즉, 퇴직급여충당부채는 적정한 기간손익계산을 하기 위해 설정되는 충당부채로서, 미래에 지급될 퇴직금 추계액을 당기에 비용처리한 부분의 상대계정이라는 의미를 가질 뿐, 이러한 금액이 실제로 현금이나 예금 등의 성격으로 회사에 유보되어 있는가와는 전혀 관계가 없는 것이다.

한편 퇴직급여충당부채를 실제로 설정하는 회사 입장에서는 항상 두 가지의 문제에 부딪히게 된다. 하나는 일반기업회계기준에 따라 충실히 회계처리하게 되면 회계상으로 많은 비용이 계상되어 손익계산서상의 당기순이익이 줄어들게 되므로 이를 부담스럽게 생각한

다는 것이다.

다른 하나는 이렇게 회계상으로 비용계상된 퇴직급여충당부채 설정액이 세무상으로 모두 손금으로 용인되어 법인세 부담을 줄이는 효과를 가져올 수 있느냐 하는 것이다.

회사의 회계처리라는 것이 기본적으로 일반기업회계기준을 근거로 이루어져야 한다는 점을 생각할 때 첫 번째의 문제는 기업이 아무리 부담스럽게 생각한다 하더라도 그대로 따르는 수밖에 없으므로 일반기업회계기준을 위배하지 않고서는 회계상으로 해결될 수 없는 문제이다.

두 번째의 문제를 보면 일단 법인세법상으로는 손금으로 인정할 수 있는 퇴직급여충당부채의 범위를 명확하게 규정하고 있기 때문에 범위를 초과하여 설정한 부분에 대해서는 당해 사업연도에 손금으로 인정받을 수 없는 불이익을 당하게 된다.

따라서, 법인세법에서는 이러한 기업회계와 세무회계의 차이에서 생기는 갈등을 해소하기 위하여 회사가 퇴직연금에 가입하고 그 금액을 지출하는 경우에 세무상으로도 이를 손금으로 인정하는 제도를 마련하고 있다.

한편, 법인세법에서는 회사가 퇴직보험 등에 가입하고 그 금액을 지출하는 경우 세무상 손금으로 인정하는 제도를 두고 있었으나, '퇴직연금제도'의 시행과 함께 퇴직보험 등이 폐지됨에 따라 퇴직보험 등의 지출액을 세무상으로 손금으로 보는 것에서 퇴직연금의 지출액을 세무상으로 손금으로 보는 것으로 2010년 12월 30일 제도를 개편하였다.

① 일반적인 회계처리

회사가 종업원의 수급권을 보장하는 퇴직보험 등에 가입한 경우 퇴직보험예치금은 퇴직급여충당부채에서 차감하는 형식으로 표시한다. 다만, 퇴직보험예치금이 퇴직급여충당부채를 초과하는 경우의 당해 초과액은 투자자산의 과목으로 표시한다.

이하에서는 일반기업회계기준 제21장 문단 21.13에 입각하여 퇴직보험예치금과 관련된 회계처리를 살펴본다.

가. 퇴직보험료를 보험회사에 납입하는 경우

(차) 퇴 직 보 험 예 치 금	×××	(대) 현금 및 현금성자산	×××
지급수수료(사업비)	×××		

일반적으로 보험회사에 납입한 금액 중 일부는 보험회사의 사업비로 충당되므로 이 금액은 비용처리해야 한다.

나. 이자수익과 특별배당금 수령시

보험계약 조건에 따라 수령하는 이자수익과 특별배당금은 다음과 같이 영업외수익으로 계상한다.

(차) 현금 및 현금성자산 ××× (대) 이 자 수 익 ×××

만일 보험계약에서 이자수익과 특별배당금을 퇴직보험예치금으로 대체하기로 약정이 되어 있는 경우는 다음과 같이 회계처리하면 된다.

(차) 퇴 직 보 험 예 치 금 ××× (대) 이 자 수 익 ×××

② 재무상태표의 표시

회사가 퇴직보험 등에 가입한 경우 퇴직보험예치금은 퇴직급여충당부채에서 차감하는 형식으로 표시하며, 만약 퇴직보험예치금이 퇴직급여충당부채를 초과하는 경우에는 퇴직보험예치금을 투자자산으로 표시한다. 즉, 재무상태표의 표시방법은 다음과 같다.

퇴직급여충당부채 > 퇴직보험예치금

비 유 동 부 채		
퇴 직 급 여 충 당 부 채	×××	
퇴 직 보 험 예 치 금	(×××)	×××

퇴직급여충당부채 < 퇴직보험예치금

비 유 동 자 산		비 유 동 부 채		
투 자 자 산		퇴직급여충당부채	×××	
퇴 직 보 험 예 치 금	×××	퇴직보험예치금	(×××)	0

5) 퇴직연금

① 퇴직연금제도의 개념

기존의 퇴직금제도는, 1961년에 도입된 이후 사회 · 경제적여건이 급변함에 따라, 사용자에게는 큰 부담이나 근로자에게는 별 도움이 되지 못하였다. 이에 노사에게 불이익이 없도록 하면서 노후소득 보장이라는 당초의 취지를 살리기 위하여 '퇴직연금제도'를 도입하여 2005년 12월 1일부터 시행하고 있다.

퇴직연금제도라 함은 '퇴직일시금의 연금(Pension)화 제도'를 말한다. 즉, 퇴직시 일시금으로 받는 퇴직금 대신에 사용자로 하여금 매월 또는 매년 일정금액을 사외의 금융기관에 적립 · 운용(확정기여형은 근로자가 운용)하도록 하고, 근로자는 퇴직 후 매월 또는 매년 연금으로 받을 수 있도록 하는 것이다. 다만, 근로자가 희망하는 경우에는 일시금으로 수령할 수도 있다.

퇴직연금제도를 선택하고자 하는 사용자는 근로자대표(근로자 과반수로 구성된 노조가 있는 경우에는 해당 노조, 없는 경우에는 근로자의 과반수)의 동의를 얻어야 한다(근로자퇴직급여 보장법 4조 3항). 즉, 퇴직급여제도들(퇴직금제도 · 퇴직연금제도)은 각각 장 · 단점이 있으므로 노사협의에 의하여 선택하여야 한다. 따라서 근로자대표의 동의가 없는 경우에는 현행 퇴직금제도를 유지하여야 한다.

퇴직연금 형태는 사업장 및 근로자의 속성별로 선호도가 다르므로 확정급여형(Defined Benefit) 및 확정기여형(Defined Contribution) 모두를 도입하였다. '확정급여형'은 근로자의 연금급여가 사전에 확정되고 사용자의 적립부담은 적립금 운용결과에 따라 변동하는 형태이며, '확정기여형'은 사용자의 부담금이 사전에 확정되고 근로자의 연금급여는 적립금 운용결과에 따라 변동하는 형태를 말한다.

확정급여형과 확정기여형의 비교

구 분	확 정 급 여 형 (Defined Benefit)	확 정 기 여 형 (Defined Contribution)
개 념	-노사가 사전에 급여의 수준·내용을 약정 -근로자가 일정한 연령에 달한 때에 약정에 따른 급여를 지급(연금 55세 이상)	-노사가 사전에 부담할 기여금을 확정 -적립금을 근로자가 자기책임으로 운용 -근로자가 일정한 연령에 달한 때에 그 운용 결과에 기초하여 급여를 지급(연금 55세 이상)
기 여 금	산출기초율(운용수익률, 승급률 등) 변경시 변동	확정(근로자 연간 임금총액의 12분의 1 이상)
기업부담	축소 가능(수익률이 높을 경우)	축소 불가
연금급여	확정(계속근로기간 1년에 대하여 30일분의 평균임금 이상)	운영실적에 따름.
위험부담	물가, 이자율변동 등 회사 부담	물가, 이자율변동 등 근로자 부담
선호계층	장기근속자	단기근속자 및 젊은 층
주요대상	대기업, 기존 사외적립기업	연봉제, 중소기업

② 확정급여형퇴직연금제도

가. 퇴직급여와 관련된 부채의 회계처리

확정급여형퇴직연금제도에서 퇴직급여와 관련된 부채는 다음의 두 가지 경우로 나누어 회계처리한다(일반기준 21장 문단 21.10).

(가) 종업원이 퇴직하기 전의 경우

보고기간말 현재 종업원이 퇴직할 경우 지급하여야 할 퇴직일시금에 상당하는 금액을 측정하여 퇴직급여충당부채로 계상한다. 종업원이 아직 퇴직하지는 않았으나 종업원이 퇴직연금에 대한 수급요건 중 가입기간요건을 충족한 경우에도, 보고기간말 현재 종업원이 퇴직하면서 퇴직일시금의 수령을 선택한다고 가정하고 퇴직시 지급하여야 할 퇴직일시금에 상당하는 금액을 측정하여 퇴직급여충당부채로 계상한다. 결국 종업원이 퇴직하기 전의 부채의 인식은 퇴직금제도하에서 퇴직급여충당부채를 인식하는 것과 동일한 회계처리를 하게 되는 것이다. 따라서 이 부분의 회계처리는 전술한 내용에 따르면 될 것이다.

(나) 종업원이 퇴직시 퇴직연금의 수령을 선택한 경우

종업원이 퇴직시에 퇴직연금에 대한 수급요건 중 가입기간 요건을 갖추고 퇴사하였으나 퇴직일시금의 수령을 선택하거나 퇴직연금의 수급요건 중 가입요건을 갖추지 못하고 퇴사한 경우의 회계처리는 다음과 같다. 즉, 퇴직시에 퇴직일시금을 수령하는 경우에는 퇴직금제도의 퇴직시 회계처리와 동일하다.

(차) 퇴직급여충당부채	×××	(대) 현금 및 현금성자산	×××

그러나 종업원이 퇴직연금에 대한 수급요건 중 가입기간 요건을 갖추고 퇴사하였으며 퇴직연금의 수령을 선택한 경우에는 보고기간말 이후 퇴직종업원에게 지급하여야 할 예상퇴직연금합계액의 현재가치를 측정하여 '퇴직연금미지급금'으로 계상한다. 즉, 퇴직급여충당부채는 퇴직하기 전의 종업원을 대상으로 하고 있기 때문에, 퇴직한 후의 종업원에 대한 부채는 구분하여 표시하여야 한다.

퇴직연금미지급금을 계산함에 있어서는, 궁극적으로 지급될 퇴직연금의 합계액이 불확실하기 때문에 퇴직 후 사망률과 같은 보험수리적 가정을 사용하여 예상퇴직연금합계액을 추정하여야 하며, 예상퇴직연금합계액의 현재가치를 계산할 때 보고기간말 현재 우량회사채의 시장수익률에 기초하여 할인한다. 다만, 그러한 회사채에 대해 거래층이 두터운 시장이 없는 경우에는 보고기간말 현재 국공채의 시장수익률을 사용한다.

한편, 퇴직하기 전의 퇴직급여충당부채는 퇴직일시금의 수령을 전제로 하여 계산하기 때문에 퇴직시점의 퇴직급여충당부채와 퇴직연금미지급금은 일치하지 아니할 수 있다. 만약 퇴직급여충당부채와 퇴직연금미지급금의 차액이 발생하게 되는 경우에는 다음과 같이 동 차액을 퇴직급여로 처리한다. 또한 퇴직 후에 사망률과 같은 보험수리적 가정이 바뀌거나 할인율이 변동함에 따른 퇴직연금미지급금 증감액과 시간의 경과에 따른 현재가치 증가액도 퇴직급여로 처리한다.

(차) 퇴직급여충당부채	×××	(대) 퇴직연금미지급금	×××
퇴 직 급 여	×××		

퇴직연금미지급금 중 보고기간말로부터 1년 이내의 기간에 지급되는 부분이 있더라도 유동성대체는 하지 아니한다. 다만, 보고기간말로부터 1년 이내의 기간에 지급이 예상되는 퇴직연금합계액과 부담금을 주석으로 공시한다.

상기의 내용에 불구하고, 즉 확정급여형퇴직연금제도가 설정되었음에도 불구하고 종업원이 퇴직한 이후에 회사가 연금지급의무를 부담하지 않는다면 상기의 내용을 적용하지 아니한다. 예를 들어 확정급여형퇴직연금제도의 규약에서 종업원이 연금수령을 선택할 때

회사가 퇴직일시금 상당액으로 일시납 연금상품을 구매하도록 정하는 경우가 이에 해당한다. 이 경우에는 회사에게는 퇴직일시금으로 연금상품을 구매할 의무만 있을 뿐 종업원이 퇴직한 이후에 연금을 지급할 의무가 없다. 즉, 종업원이 퇴직할 때 회사가 일시납 연금상품을 구매함으로써 연금지급에 관한 책임을 연금상품 제공자(예 : 보험회사)에게 이전하게 되므로 퇴직 이후에 회사가 인식할 부채는 없다. 따라서 회사가 연금상품을 구매할 때 기 인식한 퇴직급여충당부채를 청산하는 것으로 회계처리하여야 한다.

나. 퇴직급여와 관련된 자산의 회계처리

확정급여형퇴직연금제도에서 운용되는 자산은 기업이 직접 보유하고 있는 것으로 보아 회계처리한다. 재무상태표에는 운용되는 자산을 하나로 통합하여 '퇴직연금운용자산'으로 표시하고, 그 구성내역을 주석으로 공시한다. 이 경우 주석으로 공시하는 구성내역이라 함은 재무상태표에 하나로 통합하여 표시하지 않고 각각 구분하여 표시할 경우에 계상될 계정과목과 금액을 말한다. 예를 들어 퇴직연금운용자산의 구성내역을 현금 및 현금성자산, 단기매매증권, 매도가능증권 등으로 구분하고 그 금액을 공시하면 된다(일반기준 21장 문단 21.11). 한편 주석으로 구분된 각 계정과목에 대해서는 관련 일반기업회계기준(예 : 일반기업회계기준 제6장 '금융자산 · 금융부채'의 제2절 '유가증권')에서 요구하는 바에 따라 추가로 주석공시를 해야 할 수도 있다(일반기준 21장 부록 결21.13).

다. 재무상태표의 표시

(가) 확정급여형퇴직연금제도만 있는 경우

확정급여형퇴직연금제도에서 퇴직급여와 관련된 자산과 부채를 재무상태표에 표시할 때에는 퇴직급여와 관련된 부채(퇴직급여충당부채와 퇴직연금미지급금)에서 퇴직급여와 관련된 자산(퇴직연금운용자산)을 차감하는 형식으로 표시한다. 다만, 퇴직연금운용자산이 퇴직급여충당부채와 퇴직연금미지급금의 합계액을 초과하는 경우에는 그 초과액을 투자자산의 과목으로 표시한다(일반기준 21장 문단 21.12).

퇴직급여충당부채 + 퇴직연금미지급금 > 퇴직연금운용자산

비 유 동 부 채		
퇴 직 급 여 충 당 부 채	×××	
퇴 직 연 금 미 지 급 금	×××	
퇴 직 연 금 운 용 자 산	(×××)	×××

퇴직급여충당부채 + 퇴직연금미지급금 < 퇴직연금운용자산

비유동자산		비유동부채		
투자자산		퇴직급여충당부채	×××	
퇴직연금운용자산	×××	퇴직연금미지급금	×××	
		퇴직연금운용자산	(×××)	0

(나) 퇴직금제도와 병존하는 경우

퇴직금제도와 확정급여형퇴직연금제도가 병존하는 경우 재무상태표에의 표시방법은 다음과 같다(일반기준 21장 문단 21.14).

㉠ 각 제도의 퇴직급여충당부채는 합산하여 재무상태표에 표시한다. 그러나 퇴직금제도에서 경과적으로 존재하는 퇴직보험예치금은 확정급여형퇴직연금제도의 퇴직연금운용자산과 구분하여 퇴직급여충당부채에서 차감하는 형식으로 표시하고 퇴직보험에 대한 주요 계약내용을 주석으로 공시한다.

㉡ 어떤 제도에서 초과자산이 발생하는 경우 다음의 요건 중 하나 이상을 충족한다면 다른 제도의 부채와 상계한다. 따라서 아래의 요건을 충족하지 못하는 경우에는 퇴직보험예치금 또는 퇴직연금운용자산의 과목으로 투자자산에 계상하여야 한다.

- 회사에는 어떤 제도의 초과자산을 다른 제도의 부채를 결제하는 데 사용할 수 있는 법적 권한이 있고 실제로 사용할 의도도 있다.
- 회사에는 어떤 제도의 초과자산을 다른 제도의 부채를 결제하는 데 사용하여야 하는 법적 의무가 있다.

사례 1 복수의 퇴직급여제도가 병존하는 경우

〈배경정보〉

A회사는 노동조합의 동의를 얻어 20×7년 1월 1일부터 확정급여형퇴직연금제도를 설정하기로 하였다. 새 퇴직연금규약에 따르면 가입기간은 퇴직연금제도의 설정 이후(20×7년 1월 1일 이후)의 근무기간으로 하므로 당해 퇴직연금제도를 설정하기 전의 근무기간은 가입기간에서 제외한다. 따라서 과거근무기간(20×6년 12월 31일 이전)에 대해서는 여전히 퇴직금제도가 유효하고, 장래근무기간(20×7년 1월 1일 이후)에 대해서만 확정급여형퇴직연금제도가 설정된다. 20×7년 12월 31일 현재 각 제도의 퇴직급여와 관련된 자산과 부채의 내역은 다음과 같다.

	퇴직금제도	확정급여형퇴직연금제도
대상기간	20×6년 12월 31일 이전에 제공된 근무기간	20×7년 1월 1일부터 20×7년 12월 31일까지
퇴직급여충당부채(①)	1,000,000,000원	90,000,000원
퇴직연금미지급금(②)	해당사항 없음.	50,000,000원

	퇴직금제도	확정급여형퇴직연금제도
퇴직연금운용자산(③)	해당사항 없음.	100,000,000원
퇴직보험예치금(④)	600,000,000원	해당사항 없음.
순부채(①+②-③-④)	400,000,000원	40,000,000원

〈회계처리〉

㉮ 재무상태표에는 다음과 같이 퇴직금제도 및 확정급여형퇴직연금제도의 자산과 부채를 일괄 표시한다.

Ⅱ. 비유동부채		
X. 퇴직급여충당부채	1,090,000,000	
퇴직연금미지급금	50,000,000	
퇴직연금운용자산	(-)100,000,000	
퇴직보험예치금	(-)600,000,000	440,000,000

㉯ 위 예에서 만약 퇴직금제도와 관련된 퇴직연금운용자산이 150,000,000원이어서 10,000,000원의 초과자산이 발생하였지만, 위 '(나) 퇴직금제도와 병존하는 경우'의 상계요건을 충족하지 못한다면 다음과 같이 표시한다.

Ⅱ. 비유동자산		
X. 투자자산		
....		
(Y) 퇴직연금운용자산		10,000,000(주1)

Ⅱ. 비유동부채		
X. 퇴직급여충당부채	1,090,000,000	
퇴직연금미지급금	50,000,000	
퇴직연금운용자산	(-)140,000,000(주1)	
퇴직보험예치금	(-)600,000,000	400,000,000

(주1) 확정급여형퇴직연금제도에서 발생하는 초과자산이 퇴직금제도의 부채와 상계될 수 없으므로, 퇴직급여와 관련된 부채에서 차감하는 퇴직연금운용자산은 확정급여형퇴직연금제도의 퇴직급여충당부채 및 퇴직연금미지급금의 합계액으로 하고, 그 초과액은 별도의 투자자산으로 표시한다.

③ 확정기여형퇴직연금제도

확정기여형퇴직연금제도를 설정한 경우에는 당해 회계기간에 대하여 회사가 납부하여야 할 부담금(기여금)을 다음과 같이 퇴직급여(비용)로 인식하고, 퇴직연금운용자산, 퇴직급여충당부채 및 퇴직연금미지급금은 인식하지 아니한다(일반기준 21장 문단 21.6).

(차) 퇴 직 급 여	×××	(대) 현금 및 현금성자산	×××

한편, 일정기간 종업원이 근무용역을 제공하였을 때 기업은 그 근무용역과 교환하여 확정기여제도에 납부해야 할 기여금을 다음과 같이 인식한다(일반기준 21장 문단 21.7).

㉠ 이미 납부한 기여금을 차감한 후 부채(미지급비용)로 인식한다. 이미 납부한 기여금이 보고기간말 이전에 제공된 근무용역에 대해 납부하여야 하는 기여금을 초과하는 경우에는 초과기여금 때문에 미래 지급액이 감소하거나 현금이 환급되는 만큼을 자산(선급비용)으로 인식한다.

㉡ 다른 일반기업회계기준(예 : 일반기업회계기준 제7장 '재고자산', 제10장 '유형자산')에 따라 해당 급여를 자산의 원가에 포함하는 경우를 제외하고는 비용으로 인식한다.

④ 퇴직급여제도의 변경에 따른 회계처리

기존의 퇴직금제도에서 확정급여형퇴직연금제도 또는 확정기여형퇴직연금제도로 변경하는 경우 기존 퇴직급여충당부채에 대한 회계처리는 다음과 같다(일반기준 21장 문단 21.15).

구 분	회 계 처 리
(가) 퇴직급여제도를 변경하면서 기존 퇴직급여충당부채를 정산하는 경우	기존 퇴직급여충당부채의 감소로 회계처리
(나) 확정기여형퇴직연금제도가 장래근무기간에 설정되어 과거근무기간에 대하여는 기존 퇴직금제도가 유지되는 경우	임금수준의 변동에 따른 퇴직급여충당부채의 증감은 퇴직급여(비용)로 인식
(다) 기존의 퇴직금제도에서 과거근무기간을 포함하여 확정급여형퇴직연금제도로 변경하는 경우	기존 퇴직급여충당부채에 대해 부담금 납부의무가 생기더라도 이는 사내적립액을 사외적립액으로 대체할 의무에 지나지 않으므로 별도의 추가적인 부채를 인식하지 아니하고 납부하는 시점에 퇴직연금운용자산으로 인식

사례 2 퇴직급여제도의 변경

〈배경정보〉

다음에 제시된 각 회사의 회계기간은 1월 1일부터 12월 31일까지이며 20×5년에서 20×8년 사이에 새로 입사하거나 퇴사한 종업원은 없다고 가정한다. 종업원의 연간 임금총액, 근속기간, 회계기간 말 현재 일반기업회계기준 제21장 문단 21.8에 따라 설정된 퇴직급여충당부채는 다음과 같고, 임금이 매년 5%씩 같은 비율로 인상된다고 가정한다.

(단위 : 천원)

연도	연간임금총액	근속기간(년)	연간임금총액 / 12	퇴직급여충당부채
20×5	1,157,625	4	96,469	385,875
20×6	1,215,506	5	101,292	506,461

연도	연간임금총액	근속기간(년)	연간임금총액 / 12	퇴직급여충당부채
20×7	1,276,282	6	106,357	638,141
20×8	1,340,096	7	111,675	781,722

사례 2~1 퇴직금제도에서 확정기여형퇴직연금제도로 변경

B회사는 20×6년 12월 31일까지 퇴직금제도를 유지해 왔으나 20×7년 1월 1일부터 확정기여형 퇴직연금제도를 도입하기로 결정하였다. 20×7년 1월 1일 이후에는 연간 임금총액의 1/12에 해당하는 금액을 확정기여형퇴직연금제도의 부담금으로 납부한다.

(1) 퇴직금제도와 관련된 퇴직급여충당부채 상당액 전액을 20×7년 1월 1일에 확정기여형퇴직연금제도에 출연하기로 하였다. 기존 퇴직급여충당부채 상당액과 20×7년에 발생한 퇴직급여(비용) 전액을 부담금으로 납부한 경우의 회계처리는?

(차)	퇴직급여충당부채	506,461	(대) 현금 및 현금성자산	506,461
	퇴 직 급 여	106,357	현금 및 현금성자산	106,357

(2) 퇴직금제도와 관련된 퇴직급여충당부채 상당액은 확정기여형퇴직연금제도에 출연하지 않기로 결정하였다. 기존 퇴직금제도와 관련하여 임금 상승에 따른 효과를 반영하는 회계처리는?

• 20×7년

(차)	퇴 직 급 여	25,323(주1)	(대) 퇴직급여충당부채	25,323

(주1) 106,357×5−506,461

사례 2~2 퇴직금제도에서 확정급여형퇴직연금제도로 변경

C회사는 20×6년 12월 31일까지 퇴직금제도를 유지해 왔으나 20×7년 1월 1일부터 확정급여형 퇴직연금제도를 도입하기로 결정하였다.

(1) 퇴직금제도와 관련된 퇴직급여충당부채 상당액 전액을 20×7년 1월 1일에 확정급여형퇴직연금제도에 납부한 경우의 회계처리는?

• 20×7년 1월 1일

(차)	퇴직연금운용자산	506,461	(대) 현금 및 현금성자산	506,461

(2) 퇴직금제도와 관련된 퇴직급여충당부채 상당액은 확정급여형퇴직연금제도에 부담금으로 납부하지 않고, 20×7년 1월 1일 이후에 발생한 퇴직급여(비용)에 대하여 확정급여형퇴직연금제도에 부담금을 납부하기로 하였다. 20×7년 이후의 근무기간에 해당하는 110,000천원(주2)의 부담금을 확정급여형퇴직연금제도에 납부한 경우의 회계처리는?

(주2) 확정급여형퇴직연금제도에 납부하여야 하는 부담금은 임금상승률 등을 포함한 부담금의 계산기초율에 근거하여 결정되므로 퇴직급여(비용)와 일치하지 않을 수 있다.

• 20×7년

(차) 퇴 직 급 여	131,680[(주3)]	(대) 퇴직급여충당부채	131,680
퇴직연금운용자산	110,000	현금 및 현금성자산	110,000

(주3) 638,141 − 506,461

6) 국민연금전환금

국민연금의 납부에 관한 규정은 국민연금법의 제정 이후 몇 차례의 개정으로 기여금 및 부담금의 산정비율이 변경되어 왔으며, 특히 1993년부터 시행된 퇴직전환금은 법 개정의 영향으로 요율 변경을 거쳐 1999. 4. 1.부터는 제도 자체가 폐지되었다. 1999. 3. 31.까지는 사업장 가입자에게 기여금(사용인 납부분) 및 부담금(사용자 납부분)과는 별도로 표준보수월액의 일정률을 퇴직금전환금으로 납부하도록 되어 있었으며, 이에 따라 1993. 3. 2. 소득세법시행규칙에서도 국민연금법의 규정에 의하여 사용자가 국민연금기금에 납부하는 종업원의 퇴직금전환금은 당해 종업원이 퇴직할 때 사용자로부터 지급받을 퇴직소득의 선급금으로 보도록 하고 있다.

이와 같이 퇴직금전환금은 기업이 종업원의 퇴직금을 지급하기 위해 사내에 적립하고 있는 퇴직급여충당부채에서 납부하는 것으로서 기업 입장에서는 퇴직급여충당부채 설정시 이미 기업비용으로 처리한 것이며, 종업원 입장에서는 퇴직시 당해 기업의 퇴직금지급규정이나 근로기준법에 의하여 지급받기로 되어 있는 퇴직금에서 재직시 국민연금기금에 납부하는 셈이 되는 것이다. 따라서 퇴직시에는 퇴직금은 퇴직금지급규정 또는 근로기준법에 따라 퇴직급여충당부채에서 지급하게 되는 바, 재직시 국민연금기금에 납부한 퇴직금전환금의 합계액을 차감한 잔액을 현금으로 지급받게 되며 퇴직금에 대한 원천징수는 실제로 지급받을 퇴직금과 국민연금전환금을 합산하여 하게 된다.

7) 공시사항

퇴직급여충당부채 등 종업원급여와 관련하여 다음과 같은 사항을 주석에 공시한다(일반기준 21장 문단 21.16).

① 제도의 유형에 대한 일반적 설명
② 보고기간말 현재 전임직원의 퇴직금소요액과 퇴직급여충당부채의 설정잔액 및 기중의 퇴직금지급액과 임원퇴직금의 처리 방법
③ 퇴직연금미지급금의 당기 변동내역
④ 단체퇴직보험, 종업원퇴직보험 및 퇴직보험에 대한 주요 계약 내용
⑤ 확정기여제도와 관련하여 비용으로 인식한 금액
⑥ 퇴직연금운용자산의 공정가치 및 기중 변동내역

(3) 세무회계상 유의할 사항

현행 법인세법에서는 퇴직급여충당금이라는 용어를 사용하고 있는 바, 이하에서는 설명 편의상 퇴직급여충당부채 대신 퇴직급여충당금이라는 용어를 사용하기로 한다.

1) 법인세법상 퇴직급여충당금의 의의

법인은 임원 또는 직원의 퇴직을 요건으로 하여 근로기준법 또는 이에 준하여 법인내부에서 규정한 퇴직급여지급규정에 따라 퇴직하는 임원 또는 직원에게 퇴직금을 지급하여야 한다. 이러한 퇴직금에 대하여 앞서 살펴본 바와 같이 기업회계에서는 발생주의와 수익·비용대응의 원칙에 의거 임원 또는 직원의 퇴직금을 퇴직금지급시점이 아니라 임원 또는 직원의 근로제공기간에 배분하여 인식하기 위하여 퇴직급여충당금이라는 충당부채를 계상토록 하고 있다.

법인세법 제33조 제1항에서도 기업회계를 존중하여 법인이 설정한 퇴직급여충당금은 원칙적으로 법인의 손금에 산입하도록 "내국법인이 각 사업연도의 결산을 확정할 때 임원이나 직원의 퇴직급여에 충당하기 위하여 퇴직급여충당금을 손비로 계상한 경우에는 대통령령으로 정하는 바에 따라 계산한 금액의 범위에서 그 계상한 퇴직급여충당금을 해당 사업연도의 소득금액을 계산할 때 손금에 산입한다"라고 규정하고 있다.

그러나 2016년 1월 1일 이후 개시하는 사업연도부터는 퇴직연금 등으로 사외에 적립한 경우에만 손금산입을 허용함으로써 기업회계기준에 따라 설정한 퇴직급여충당금 전액을 손금에 산입하는 것은 허용하고 있지 않다.

2) 퇴직급여충당금의 설정대상자

법인세법상 퇴직급여충당금을 설정할 수 있는 대상자는 해당 사업연도말 현재 해당 법인에 근속하고 있는 퇴직급여의 지급대상이 되는 임원 또는 직원으로 하되, 확정기여형퇴직연금 등이 설정된 자를 제외한다. 따라서, 1년 미만 근속한 임원 또는 직원이라 하더라도 해당 법인의 정관이나 퇴직금지급규정에서 퇴직금을 지급하도록 규정하고 있는 경우에는 법인세법상 퇴직급여충당금의 설정대상자에 포함된다(법령 60조 1항).

① 사업연도 종료일 현재 근무

해당 사업연도 종료일 현재 근속하고 있어야 한다. 따라서 해당 사업연도 중에 퇴직한 임원 또는 직원에 대하여는 퇴직급여충당금을 설정할 수 없다.

한편, 특수관계에 있는 타법인에 전출한 자의 경우 사업연도 종료일 현재 전출법인에는 재직하고 있지 않으므로 원칙적으로는 현실적인 퇴직으로 보아 전출법인에서 퇴직급여충당금을 설정할 수 없다. 그러나, 법인이 현실적인 퇴직으로 보지 아니하고 퇴사시 전출·입

법인이 퇴직급여를 안분계산하여 지급하기로 한 경우에는 전출법인도 그 직원이 전입법인에서 현실적으로 퇴직할 때까지 매 사업연도의 퇴직급여충당금의 손금산입 범위액 계산시 적용할 '퇴직급여추계액'에 전출한 직원의 퇴직급여추계액 중 전출법인이 부담할 안분계산액을 합산하여 계산한다(법령 44조 3항).

② 퇴직급여의 지급대상

퇴직급여의 지급대상이 되는 임원 또는 직원이라 함은 근로자퇴직급여보장법 또는 법인의 퇴직급여지급규정 등에 의하여 퇴직급여의 지급대상으로 규정된 임원 또는 직원을 말한다.

③ 임원 및 직원

퇴직급여충당금의 설정대상자는 임원 또는 직원이어야 한다. 이 중 직원의 범위에 대하여는 법에서 명확히 규정하고 있는 바는 없으며 대체로 근로기준법에서 규정하고 있는 근로자의 개념을 원용하여 적용할 수 있을 것이다.

근로기준법상 근로자란 사용자에게 근로를 제공하고 사용자는 이에 대하여 임금을 지급함을 목적으로 체결된 근로계약에 의하여 사업 또는 사업장에서 근로를 제공하는 사람을 통칭한다(근로기준법 2조 1항 1호).

한편, 임원이란 상법에 의하면 주주총회에서 선임된 이사나 감사를 뜻하나 세법에서 임원이라 함은 그 임원이 등기가 되어 있는지의 여부에 관계 없이 다음에서 규정하는 직무에 종사하는 자를 말하는 것으로 상법에 의한 임원보다 좀더 포괄적으로 규정하고 있다(법령 40조 1항).

㉠ 법인의 회장, 사장, 부사장, 이사장, 대표이사, 전무이사, 상무이사 등 이사회의 구성원 전원과 청산인
㉡ 합명회사, 합자회사 및 유한회사의 업무집행사원 또는 이사
㉢ 유한책임회사의 업무집행자
㉣ 감 사
㉤ 그 밖에 '㉠ 내지 ㉣'에 준하는 직무에 종사하는 자

위의 '㉠ 내지 ㉣'에서 규정하는 임원은 상법상 등기사항이며, '㉤'의 「그 밖에 '㉠ 내지 ㉣'에 준하는 직무에 종사하는 자」라 함은 등기나 정관에 기재된 임원은 아니나 사실상 경영에 참여하여 경영전반의 의사결정과 집행에 적극적으로 참여하거나 회계와 업무에 관한 감독권을 행사하는 자를 의미한다. 즉, 주주총회의 결의가 아닌 이사회의 결의로서 선임되고 법인등기부등본상에 이사로서 등기되지 않은 이사대우의 직위를 지닌 자가 이와 같은 업무에 종사하는 경우에는 임원에 해당하며, 이사회의 구성원이 아니더라도 이러한 직무에

종사하면 임원에 해당한다(법인 22601-3294, 1987. 12. 10.).

합명회사의 경우 업무집행사원에 한정되므로 이러한 직무권한이 없는 사원은 임원의 범위에 포함되지 않는다.

④ 확정기여형퇴직연금 등이 설정된 자

확정기여형퇴직연금제도를 설정한 경우에는 해당 회계연도에 대하여 회사가 납부하여야 할 부담금(기여금)을 퇴직급여로 인식하게 된다. 즉, 해당 회계연도에 대한 부담금(기여금)을 불입하고 퇴직급여로 처리하여 손금산입함으로써 차기 이후에 퇴직금을 지급할 의무가 소멸하는 것이다. 따라서 확정기여형퇴직연금제도를 설정한 임원 및 직원에 대해서는 퇴직급여충당금을 설정하지 아니한다.

3) 퇴직급여충당금의 손금산입한도

법인세법상 퇴직급여충당금의 손금산입한도액은 다음과 같으며, 2016년 1월 1일 이후 개시하는 사업연도부터는 누적액 기준의 한도율이 0%로 퇴직급여충당금을 손금에 산입하는 것을 허용하고 있지 않다.

퇴직급여충당금의 손금산입한도 = MIN(㉮ 총급여액기준, ㉯ 누적액기준)

㉮ 총급여액기준 : 총급여액 × 5%

㉯ 누적액기준 : MAX(일시퇴직기준 퇴직급여 추계액, 보험수리적기준 퇴직급여 추계액)*1) × 한도율*2) + 퇴직금전환금 − 퇴직급여충당금의 누적액

*1) 다만, 법인세법 시행령 제44조에 따라 손금에 산입하지 아니하는 금액은 제외함(법령 60조 2항).

*2) 연도별 한도율

구 분	누적액기준
2010년 1월 1일부터 2010년 12월 31일까지의 기간 중에 개시하는 사업연도	30%
2011년 1월 1일부터 2011년 12월 31일까지의 기간 중에 개시하는 사업연도	25%
2012년 1월 1일부터 2012년 12월 31일까지의 기간 중에 개시하는 사업연도	20%
2013년 1월 1일부터 2013년 12월 31일까지의 기간 중에 개시하는 사업연도	15%
2014년 1월 1일부터 2014년 12월 31일까지의 기간 중에 개시하는 사업연도	10%
2015년 1월 1일부터 2015년 12월 31일까지의 기간 중에 개시하는 사업연도	5%
2016년 1월 1일 이후 개시하는 사업연도	0%

① 총급여액의 범위

임원 또는 직원에게 지급한 총급여액이란 원칙적으로 소득세법 제20조 제1항 제1호, 제2호에 해당하는 근로소득(비과세소득은 제외)으로서 (가) 근로를 제공함으로써 받는 봉급·

급료 · 보수 · 세비 · 임금 · 상여 · 수당과 이와 유사한 성질의 급여와 (나) 법인의 주주총회 · 사원총회 또는 이에 준하는 의결기관의 결의에 따라 상여로 받는 소득을 말한다(법령 44조 4항 2호).

예를 들어 법인세법에 따라 상여로 처분된 금액(인정상여)과 퇴직함으로써 받는 소득으로서 퇴직소득에 속하지 아니하는 소득은 (가), (나)에 해당하지 아니하므로 총급여액에 포함되지 않는다.

또한 다음의 금액은 법인세법상 손금에 산입하지 아니하며 퇴직급여충당금 손금산입한도액 계산시의 총급여액에도 포함되지 않는다(법령 43조 1항, 2항, 3항).

㉠ 법인이 그 임원 또는 직원에게 이익처분에 의하여 지급하는 상여금(합명회사 또는 합자회사의 노무출자사원에게 지급하는 보수는 이익처분에 의한 상여로 봄)

㉡ 법인이 임원에게 지급하는 상여금 중 정관 · 주주총회 · 사원총회 또는 이사회의 결의에 의하여 결정된 급여지급기준에 의하여 지급하는 금액을 초과하여 지급한 경우 그 초과금액

㉢ 법인이 지배주주 등(특수관계에 있는 자 포함)인 임원 또는 직원에게 정당한 사유 없이 동일 직위에 있는 지배주주 등 외의 임원 또는 직원에게 지급하는 금액을 초과하여 보수를 지급한 경우 그 초과금액

② 일시퇴직기준 퇴직급여 추계액

해당 사업연도 종료일 현재 임원 또는 직원의 전원이 퇴직할 경우에 퇴직급여로 지급되어야 할 금액의 추계액이란 정관이나 퇴직급여지급규정 등에 의하여 계산한 금액을 말한다.

따라서 퇴직급여 추계액은 사업연도 종료일 기준으로 소급하여 입사 후 또는 퇴직금 중간정산 후 1년 미만 근로 여부와 관계 없이 법인이 정관이나 퇴직급여지급규정 등에 의하여 계산한 금액을 말한다(법인 46012-3387, 1997. 12. 24.).

다만, 퇴직급여지급규정 등이 없는 법인은 근로자퇴직급여보장법 등이 정하는 바에 의하여 계산한 금액으로 한다.

한편 앞에서 설명한 바와 같이 퇴직연금 중 확정기여형퇴직연금제도가 설정된 임원 및 직원에 대해서는 퇴직급여충당금을 설정할 수 없다. 따라서 확정기여형퇴직연금제도가 설정된 임원 및 직원에 대한 퇴직금추계액은 퇴직급여 추계액 계산시 제외하여야 한다.

③ 보험수리적기준 퇴직급여 추계액

보험수리적기준 퇴직급여 추계액이란 "근로자퇴직급여 보장법 제16조 제1항 제1호에 따른 금액"에 "해당 사업연도종료일 현재 재직하는 임원 또는 직원 중 근로자퇴직급여 보장법 제2조 제8호에 따른 확정급여형퇴직연금제도에 가입하지 아니한 사람 전원이 퇴직할

경우에 퇴직급여로 지급되어야 할 금액의 추계액"과 "확정급여형퇴직연금제도에 가입한 사람으로서 그 재직기간 중 가입하지 아니한 기간이 있는 사람 전원이 퇴직할 경우에 그 가입하지 아니한 기간에 대하여 퇴직급여로 지급되어야 할 금액의 추계액"을 더한 금액으로 한다(법령 44조의 2 4항 1호의 2 및 재법인-1039, 2013. 10. 21.).

④ 퇴직급여충당금의 누계액

퇴직급여충당금의 누적액이란 전기 이전 각 사업연도의 소득금액계산상 손금에 산입한 퇴직급여충당금의 누적액 중 당해 사업연도 말까지 퇴직금지급액과 상계하고 남은 잔액을 말하는데, 이를 산식으로 나타내면 다음과 같다(법기통 33-60…3).

퇴직급여		장부상		기중		충당금		기중		확정기여형 퇴직연금
충당금의	=	퇴직급여충당금	-	충당금	-	부인	-	퇴직금	-	등이 설정된 자의
누적액		기초잔액		환입액		누계액		지급액		퇴직급여충당금

4) 퇴직급여충당금의 손금산입방법

① 결산조정

퇴직급여충당금을 법인의 손금에 산입하기 위해서는 반드시 법인의 장부에 손금으로 계상하여야 한다(법기통 19-19…42). 즉, 신고조정에 의하여 손금에 산입함을 허용하지 않는다. 다만, 일반기업회계기준에 따라 전기이월이익잉여금에서 차감처리된 전기부족설정분은 세무조정시 신고조정에 의하여 손금에 산입하고, 동 금액을 당기에 설정한 것으로 보아 법인이 손비로 계상한 퇴직급여충당금에 가산하여 시부인계산을 하여야 한다(법인-389, 2009. 4. 3.).

② 퇴직급여충당금 부인액의 처리방법

세무상 퇴직급여충당금 손금산입 한도초과액은 손금불산입·유보처분하며, 이러한 부인액은 임원 또는 직원이 실제 퇴직함에 의해 지급되는 퇴직금이 세법상 손금으로 계상된 퇴직급여충당금을 초과하는 경우에 그 초과하는 금액의 범위 내에서 퇴직급여충당금 부인액을 손금추인한다(법기통 33-60…5).

5) 명예퇴직금 등의 세무처리

법인세법에서는 앞에서 설명한 바와 같이 퇴직소득을 지급하는 경우에 기 설정된 퇴직급여충당금과 우선적으로 상계하는 것을 원칙으로 하고 있다. 다만, 내국법인이 일부 사업의 폐지 또는 중단 등으로 인하여 부득이하게 퇴직하는 임원 및 직원에게 퇴직급여지급규정에 따라 명예퇴직금을 지급하는 경우에는 퇴직급여충당금에서 지급하지 아니하고 직접 해당 사업연도의 손비로 처리할 수 있다(법기통 33-60…6 ②).

6) 사업양수도 · 합병 · 특수관계법인 전출입시 퇴직급여충당금의 처리

법인이 다른 법인 또는 개인사업자로부터 사업을 포괄적으로 양수한 경우, 합병에 의한 경우 및 특수관계법인간의 전출입의 경우에 퇴직급여충당금의 처리에 대해서 법인세법 기본통칙 33-60…2 등에서는 다음과 같이 규정하고 있다.

① 법인이 다음 각 호의 사유로 다른 법인 또는 사업자로부터 임원 또는 사용인(이하 "종업원"이라 함)을 인수하면서 인수시점에 전 사업자가 지급하여야 할 퇴직급여상당액 전액을 인수(퇴직보험 등에 관한 계약의 인수를 포함함)하고 해당 종업원에 대한 퇴직급여 지급시 전 사업자에 근무한 기간을 통산하여 해당 법인의 퇴직급여지급규정에 따라 지급하기로 약정한 경우에는 해당 종업원에 대한 퇴직급여와 법인세법 시행령 제60조 제2항의 퇴직급여추계액은 전 사업자에 근무한 기간을 통산하여 계산할 수 있다.

㉠ 다른 법인 또는 개인사업자로부터 사업을 인수(수개의 사업장 또는 사업 중 하나의 사업장 또는 사업을 인수하는 경우를 포함함)한 때

㉡ 법인의 합병 및 분할

㉢ 법인세법 시행령 제2조 제5항에 따른 특수관계법인간의 전출입

② 인수 당시에 퇴직급여상당액을 전 사업자로부터 인수하지 아니하거나 부족하게 인수하고 전 사업자에 근무한 기간을 통산하여 퇴직급여를 지급하기로 한 경우에는 인수하지 아니하였거나 부족하게 인수한 금액은 해당 법인에 지급의무가 없는 부채의 인수액으로 보아 종업원별 퇴직급여상당액명세서를 작성하고 인수일이 속하는 사업연도의 각 사업연도 소득금액계산상 그 금액을 손금산입 유보처분함과 동시에 동액을 손금불산입하고 법인세법 시행령 제106조에 따라 전 사업자에게 소득처분한 후, 인수한 종업원에 대한 퇴직급여 지급일이 속하는 사업연도에 해당 종업원에 귀속되는 금액을 손금불산입 유보처분한다. 다만, 상기 '①의 ㉢'의 경우에는 법인세법 시행령 제44조 제3항에 따른다.

③ 법인이 상기 '①의 ㉠'에 따른 사유로 종업원을 다른 사업자에게 인계함으로써 해당 종업원과 실질적으로 고용관계가 소멸되는 경우에 인수하는 사업자에게 지급한 종업원 인계시점의 퇴직급여상당액은 퇴직급여충당금과 상계하고 부족액은 각 사업연도 소득금액 계산상 손금에 산입한다.

한편, 내국법인이 합병 또는 분할하는 경우 일반기업회계기준에 의한 퇴직급여충당금의 적립과 관련하여 피합병법인 또는 분할법인(소멸한 분할합병의 상대방법인을 포함)의 각 사업연도의 소득금액 및 과세표준의 계산에 있어서 익금에 산입하지 아니하거나 손금에

산입하지 아니한 금액은 합병법인 또는 분할신설법인(분할합병의 상대방법인을 포함)이 이를 승계한다(법령 85조). 즉, 합병 또는 분할의 경우 임원 또는 사용인이 합병 또는 분할시점에 퇴직급여를 실제로 지급받고 합병법인 또는 분할신설법인(분할합병의 상대방법인을 포함)에 고용승계가 이루어진 경우에는 현실적인 퇴직에 해당하므로 세무상 퇴직급여충당금과 관련하여 유보사항이 발생할 여지가 없을 것이나, 합병 또는 분할시점에 퇴직급여를 실제로 지급받지 않고 고용승계와 더불어 퇴직급여충당금의 승계가 이루어진 경우에는 현실적인 퇴직으로 보지 않기 때문에 피합병법인 또는 분할법인(소멸한 분할합병의 상대방법인을 포함)이 법인세 세무조정시 계상한 퇴직급여충당금과 관련된 유보사항은 별도로 추인받을 수 있는 방법이 없게 된다. 따라서 법인세법에서는 합병 · 분할시 퇴직급여충당금과 관련하여 계상된 유보사항을 합병법인 또는 분할신설법인(분할합병의 상대방법인을 포함)이 승계하도록 한 것이다.

7) 퇴직연금 부담금의 손금산입

① 의 의

법인이 회계상 퇴직금추계액의 100%를 퇴직급여충당금으로 설정한다고 하더라도 기업의 도산 등으로부터 임직원의 퇴직금을 보호할 수 없기 때문에, 2016년 1월 1일 이후 개시하는 사업연도부터는 내국법인이 임원 또는 직원의 퇴직을 퇴직급여의 지급사유로 하고 임원 또는 직원을 수급자로 하는 퇴직연금의 부담금으로서 지출하는 금액에 한하여 손금으로 인정받을 수 있게 하여 퇴직금의 사외적립을 유도하고 있다.

이때 임원 또는 직원의 퇴직금을 지급하기 위하여 불입한 퇴직연금의 부담금은 법인의 장부에 손금으로 계상한 경우에 한하여 손금으로 인정하는 것이 타당하겠으나, 현행 일반기업회계기준에서는 불입한 퇴직연금의 부담금을 비용으로 인정하고 있지 않으므로 법인세법에서는 신고조정에 의하여 각 사업연도 소득금액계산시 손금에 산입하도록 규정하고 있다.

한편, 2011년 1월 1일부터 퇴직보험 및 퇴직일시금신탁이 폐지됨에 따라 2011년 1월 1일 이후 납입하는 퇴직보험 및 퇴직일시금신탁의 보험료 등은 더 이상 손금산입이 인정되지 아니한다. 다만, 이미 납입한 퇴직보험 및 퇴직일시금신탁의 보험료 등 적립금을 운용함에 따라 발생하는 수익에 대하여는 손금산입이 허용된다(대통령령 22577호, 법령 부칙 19조).

② 손금산입범위액

확정기여형 퇴직연금의 부담금은 전액 손금에 산입한다(법령 44조의 2 2항). 다만, 임원에 대한 부담금은 법인이 퇴직 시까지 부담한 부담금의 합계액을 퇴직급여로 보아 임원퇴직금 한도 초과액 손금불산입 규정(법령 44조 4항)을 적용하되, 손금산입 한도 초과금액이 있는 경우에는 퇴직일이 속하는 사업연도의 부담금 중 손금산입 한도 초과금액 상당액을 손금에 산입하지 아니하고, 손금산입 한도 초과금액이 퇴직일이 속하는 사업연도의 부담금을 초과하는 경우 그 초과금액은 퇴직일이 속하는 사업연도의 익금에 산입한다(법령 44조의 2 3항).

확정급여형 퇴직연금의 부담금을 법인이 손금으로 인정받기 위해서는 당기 말 현재 퇴직금추계액 대비 세무상 퇴직급여충당금의 부족설정분이 있어야 하며, 확정급여형 퇴직연금예치금의 기말잔액이 존재해야 한다. 즉, 법인세법상 확정급여형 퇴직연금 부담금의 손금산입범위액은 다음과 같다(법령 44조의 2 4항).

> 확정급여형 퇴직연금 부담금의 손금산입 범위액
> = MIN(퇴직급여추계액*1) 대비 세무상 퇴직급여충당금 부족설정액, 확정급여형 퇴직연금예치금의 기말잔액) - 이미 손금산입한 부담금

*1) 퇴직급여추계액 = MAX[A, (B + C + D)*2)]

A = 해당 사업연도종료일 현재 재직하는 임원 또는 직원의 전원이 퇴직할 경우에 퇴직급여로 지급되어야 할 금액의 추계액(법인세법 시행령 제44조에 따라 손금에 산입하지 아니하는 금액 및 확정기여형 퇴직연금의 부담금으로 손금에 산입된 금액은 제외함)

B = 근로자퇴직급여 보장법 제16조 제1항 제1호에 따른 금액

C = 해당 사업연도종료일 현재 재직하는 임원 또는 직원 중 근로자퇴직급여 보장법 제2조 제8호에 따른 확정급여형퇴직연금제도에 가입하지 아니한 사람 전원이 퇴직할 경우에 퇴직급여로 지급되어야 할 금액의 추계액

D = 확정급여형퇴직연금제도에 가입한 사람으로서 그 재직기간 중 가입하지 아니한 기간이 있는 사람 전원이 퇴직할 경우에 그 가입하지 아니한 기간에 대하여 퇴직급여로 지급되어야 할 금액의 추계액

*2) 다만, (B + C + D)의 금액에는 법인세법 시행령 제44조에 따라 손금에 산입하지 아니하는 금액 및 확정기여형 퇴직연금의 부담금으로 손금에 산입된 금액은 제외함.

위 산식 중 퇴직금추계액 대비 세무상 퇴직급여충당금 부족설정액은 당기 말 현재 퇴직금추계액과 당기 말 현재 재무상태표상의 퇴직급여충당금 잔액에서 세법상 손금부인누계액을 차감한 금액과의 차액을 말하며, 이미 손금산입한 부담금이라 함은 직전 사업연도 종료일까지 지급한 부담금을 말하는 것으로 직전 사업연도 종료일까지 납입한 부담금의 누계액에서 해당 사업연도 종료일까지 퇴직연금의 해약이나 임원 또는 직원의 퇴직으로 인하여 수령한 해약금과 퇴직급여와 확정기여형 퇴직연금으로 전환된 금액을 차감된 금액을 말하는 바, 이를 산식으로 나타내면 다음과 같다(법칙 24조 2항).

> 이미 손금산입한 부담금
> = (전기말 재무상태표상 퇴직연금충당금 잔액 - 전기말 퇴직연금충당금 손금부인 누계액) + 전기말 신고조정에 의한 손금산입 누계액 - 당기 중 퇴직연금 수령액 및 해약액 - 확정기여형 퇴직연금으로 전환된 금액

3. 판매보증충당부채

(1) 개념 및 범위

판매보증충당부채란 판매한 물품의 결함으로 말미암아 사후적으로 부담하는 보상비용에 충당하기 위하여 설정하는 충당부채를 말한다.

일반적으로 자기가 취급하는 상품이나 자기가 제조한 제품을 판매할 때에 미리 일정한 기간을 정하여 그 기간 동안에 일어나는 일체의 결함에 대하여 무료로 고쳐주기로 약정하는 경우가 대부분이다. 예컨대 자동차회사에서 자동차를 판매할 때 6개월 내지 1년간의 보증판매를 한다든지 가전제품회사에서 일정한 기간의 보증판매를 하는 경우가 이에 해당한다.

보증판매를 하는 경우에 불량정도가 심한 경우에는 반품이 되는 경우가 있을 수 있으나 대개는 그 결함에 대하여 보수하는 것이 일반적이다.

수선비는 자기의 자산에 대한 유지를 위한 추가지출이지만 판매보증수선비는 판매한 제품에 대한 수선비이므로 이들은 구분되어야 할 것이며, 보증판매에 따르는 수선비를 합리적으로 추정할 수 있는 때에는 당해 제품이 판매된 수익에 대한 비용으로서 기간손익을 측정하여야 할 것이므로 다음과 같이 처리되어야 할 것이다.

(차) 판매보증충당부채전입액 ××× (대) 판매보증충당부채 ×××
(판매비와관리비)

또한 판매보증충당부채는 거래처에 대한 품질보증의무를 나타내는 충당부채로서 이는 차기에 가서 전기의 품질보증에 관한 보증용역비가 현실적으로 발생하였을 때에 판매보증충당부채와 상계해야 한다.

(2) 기업회계상 회계처리

판매보증계약이 체결되어 있어 차기 이후에 보증이행비용의 발생이 확실시 되는 경우에는 다음과 같이 일정한 합리적 기준에 의거하여 추산한 금액을 판매보증충당부채로 계상하는 기말정리를 해야 한다.

(차) 판매보증충당부채전입액 ××× (대) 판매보증충당부채 ×××
(판매비와관리비)

이와 같이 충당부채의 계상은 기말정리사항이므로 기중에는 그 설정을 위한 회계처리를 필요로 하지 않는다. 그러므로 판매보증충당부채에 관한 기중의 회계처리가 문제되는 경우라고 한다면, 그것은 실제로 제품보증서비스를 제공함에 따라 지출되는 비용이 발생하여 그 비용을 당기로 이월되어 온 판매보증충당부채로부터 상계하는 경우이다.

즉, 판매보증충당부채는 당기의 매출제품이나 완성공사 등에 관한 보증이행비용이 차기에 가서 현실적으로 발생하였을 때 상계처리해야 한다.

사례 1 (주)삼일은 당기 말에 과거의 2년간 평균실적에 의하여 다음과 같이 판매보증금을 설정하기로 하였다.

회계연도	매 출 액	보증에 소요된 비용
20×6	₩1,000,000,000	₩5,200,000
20×7	1,500,000,000	6,000,000
20×8	2,000,000,000	?

(차) 판매보증충당부채전입액 8,960,000* (대) 판매보증충당부채 8,960,000

* 2,000,000,000 × (5,200,000+6,000,000) ÷ (1,000,000,000 + 1,500,000,000)

사례 2 (주)삼일은 20×9년도에 전기의 매출보증에 관한 보증비 ₩8,000,000이 발생하여 그것을 수표를 발행하여 지급하였다.

(차) 판매보증충당부채 8,000,000 (대) 현금 및 현금성자산 8,000,000

(3) 세무회계상 유의할 사항

세법은 기업회계상 판매보증충당부채의 손금산입을 인정하고 있지 않다. 따라서 기업이 기업회계기준에 따라 판매보증충당부채를 설정한 경우에는 세법상 손금에 인정되지 않으므로 세무조정시 법인세과세표준조정계산서 등에 손금불산입조정하여 세무신고를 행하여야 한다.

4. 구조조정충당부채

(1) 개념 및 범위

구조조정이란 경영자의 계획과 통제하에 사업의 범위 또는 사업수행방식을 유의적으로 변화시키는 일련의 절차를 말하는 것으로서, 그 예는 다음과 같다(일반기준 14장 용어의 정의).

- 일부 사업의 매각 또는 폐쇄
- 특정 국가 또는 특정 지역에 소재하는 사업체를 폐쇄하거나 다른 나라 또는 다른 지역으로 이전하는 경우
- 과장 또는 부장 등의 직위를 없애고 팀제를 도입하는 경우와 같이 특정 경영계층을 조직에서 제거하는 조직구조 변경
- 회생계획인가의 결정, 기업개선계획 등에 따른 근본적인 사업구조조정을 통하여 영업의 성격과 목적에 중대한 변화를 초래하는 경우

우리나라의 경우 구조조정은 이미 국가 또는 기업 차원에서 보편적인 경제현상으로 자리잡고 있다. 따라서 이러한 경제현상에 대한 회계정보의 제공을 통해 재무제표이용자의 의사결정에 도움을 주기 위하여 구조조정충당부채를 인식하도록 한 것이다.

(2) 기업회계상 회계처리

1) 구조조정충당부채의 인식

① 개 요

구조조정과 관련된 충당부채는 다음과 같은 충당부채의 인식요건을 모두 충족하는 경우에 한하여 인식한다.

㉠ 과거사건이나 거래의 결과로 현재의무가 존재한다.
㉡ 당해 의무를 이행하기 위하여 자원이 유출될 가능성이 매우 높다.
㉢ 그 의무의 이행에 소요되는 금액을 신뢰성 있게 추정할 수 있다.

충당부채의 인식요건에 대한 자세한 설명은 '1. 충당부채와 우발부채의 일반사항'편을 참조하기로 한다.

② 구조조정에 대한 의제의무

구조조정은 경영진의 계획과 통제하에 사업의 범위 또는 사업수행방식을 유의적으로 변화시키는 것이기 때문에 일반적으로 의제의무가 발생하게 되는데, 구조조정에 대한 의제의무는 다음의 요건을 모두 충족하는 경우에 발생된다(일반기준 14장 문단 14.17).

(가) 구조조정에 대한 공식적이며 구체적인 계획에 의하여 적어도 아래에 열거하는 내용을 모두 확인할 수 있어야 한다.
㉠ 구조조정 대상이 되는 사업
㉡ 구조조정의 영향을 받는 주사업장 소재지
㉢ 구조조정에 소요되는 지출 내용
㉣ 구조조정계획의 이행시기

(나) 기업이 구조조정계획의 이행에 착수하였거나 구조조정의 주요 내용을 공표함으로써 구조조정의 영향을 받을 당사자가 기업이 구조조정을 이행할 것이라는 정당한 기대를 가져야 한다.

사례 1 20×7년 12월 2일에 이사회는 한 부서를 폐쇄하기로 결정했다. 보고기간말 이전에 이러한 결정의 영향을 받는 어떤 누구에게도 결정내용이 전달되지 않았고 그 결정을 이행하기 위한 절차를 아직 착수하지 않았다. 충당부채를 인식하여야 하는가?

해답

의무발생사건이 없으므로 현재의무가 없고, 충당부채를 인식하지 아니한다.

사례 2 20×7년 12월 2일에 이사회는 특정제품을 제조하는 부서를 폐쇄하기로 결정했다. 20×7년 12월 20일에 이사회는 이 부서의 폐쇄에 관한 세부계획을 승인하였다. 지금까지 당해 부서에서 생산한 제품을 구매하던 고객에게는 부서폐쇄계획과 다른 공급업체를 물색하도록 통지하였으며 해당 부서의 종업원에게도 부서폐쇄계획을 알려 주었다.

해답

그 의사결정을 고객 및 종업원들에게 알림으로써 그 부서가 폐쇄될 것이라는 정당한 기대를 관련자들이 가지게 되었으므로, 그와 같은 의사소통이 있었던 날부터 의제의무가 있다. 따라서 자원의 유출가능성이 매우 높으므로 20×7년 12월 31일에 그 부서의 폐쇄비용에 대한 최선의 추정치로 충당부채를 인식하여야 한다.

2) 구조조정충당부채의 측정

구조조정충당부채로 인식할 수 있는 지출은 구조조정과 관련하여 직접 발생하여야 하고, 다음의 요건을 모두 충족하여야 한다(일반기준 14장 문단 14.18).

- 구조조정과 관련하여 필수적으로 발생하는 지출일 것
- 기업의 계속적인 활동과 관련 없는 지출일 것

다음과 관련하여 발생하는 지출은 구조조정과 관계 없이 독립적으로 발생한 것으로 보아 구조조정충당부채로 인식하지 아니한다. 즉, 이러한 지출은 미래의 영업활동과 관련된 것이므로 보고기간종료일 현재 구조조정충당부채로 인식할 수 없다(일반기준 14장 부록 실14.9).

- 계속 근무하는 직원에 대한 교육 훈련과 재배치
- 마케팅
- 새로운 제도와 물류체제의 구축에 대한 투자

(3) 세무회계상 유의사항

세법에서는 권리 · 의무 확정주의에 의해 손익의 귀속시기가 결정되므로 기업회계상 구조조정충당부채의 전입(환입)에 대한 회계처리는 세무회계상 인정되지 않는다. 따라서 기업회계기준에 따라 계상한 구조조정충당부채전입액은 손금불산입(유보)하고, 추후 관련 비용이 발생하여 구조조정충당금과 상계하는 시점에 손금산입(△유보)해야 한다.

Chapter

04

준 비 금

준비금이란 실제로는 비용이 발생하지 아니하였으나 장차 발생할 특정목적에 소요되는 비용이나 손실을 보전하거나 설비투자시 필요한 자금에 충당하기 위하여 미리 손금으로 계상하여 사내에 유보시켜 두었다가 당해 사용목적이 발생하였을 경우 이와 상계하거나 일정기간 경과 후 익금에 산입함으로써 소득세 또는 법인세 납부를 일정기간 유예하는 일종의 징수유예제도의 성격을 가진다.

징수유예의 성격을 가지는 한 준비금을 설정하는 과세연도에는 그만큼 과세소득이 감소되나 이후의 과세연도에는 다시 익금에 환입되거나 발생될 비용에 충당됨으로써 결과적으로는 과세소득이 증가되어 영구히 세액을 경감시키는 것은 아니다. 이러한 점이 세액부담을 영구히 감면시켜 주는 직접감면제도, 예를 들어 세액공제나 소득공제제도와 다른 점이며, 준비금은 간접감면제도의 하나로 분류된다. 준비금은 크게 법인세법에서 규정하는 준비금과 조세특례제한법상 준비금으로 나눌 수 있으며, 법인세법상 준비금은 기타 법령에 의하여 설정하는 준비금으로서 법에 의하여 설정이 강제되어 있으므로 외부회계감사 대상법인까지도 그 특별법의 규정에 의하여 반드시 장부에 비용으로 계상하도록 하고 있다.

조세특례제한법상 준비금은 '자본 제5장 이익잉여금편의 제2절 임의적립금' 중 해당 내용을 참조하기로 하고 이하에서는 법인세법상 준비금을 살펴보기로 한다.

법인세법상 준비금은 크게 두 가지로 나눌 수 있다.

첫째는 보험업 등 법률에 의하여 강제적으로 설정하는 준비금으로서 이것들은 장래에 발생할 특정목적에 소요되는 비용에 충당하기 위하여 미리 손금으로 계상하여 두었다가 당해 사용목적이 발생하였을 경우 이와 상계하도록 한 것으로 조세부담의 유예 이외에 우발적 또는 예상손실의 부담을 회계기간별로 평준화시키고 이에 대한 자금을 적립하고자 하는 다양한 목적을 가진다. 이에는 책임준비금 · 비상위험준비금 등이 해당된다.

둘째는 비영리법인의 경우에 인정되는 고유목적사업준비금으로 이것은 이자소득 등에 대한 법인세를 고유목적사업준비금의 설정을 통해 영구적으로 감면해 주고자 한 것으로, 비영리법인이 고유목적사업준비금을 당해 법인의 고유목적사업에 사용하는 한 조세부담이 영구히 배제된다.

이하에서는 법인세법상의 준비금을 차례로 살펴보기로 한다.

1. 보험업의 책임준비금 및 비상위험준비금 등

(1) 설정대상법인

보험사업을 하는 내국법인은 수산업협동조합법 등 보험사업 관련 법률에 따른 책임준비금 및 보험업법이나 그 밖의 법률에 따른 비상위험준비금을 손금에 산입할 수 있다. 다만, 보험업법에 따른 보험회사는 책임준비금을 손금에 산입할 수 없다(법법 30조 1항, 31조 1항).

한편, 보험업법에 따른 보험회사는 보험계약의 해약 등에 대비한 해약환급금준비금을 잉여금처분에 따른 신고조정의 방법으로 손금에 산입할 수 있다(법법 32조 1항).

(2) 책임준비금의 손금산입

1) 책임준비금의 손금산입한도

책임준비금이란 보험계약에 대한 장래의 보험금 지급을 이행하기 위하여 수입보험료 중 일정액 이상을 별도로 적립한 금액으로서 각 사업연도의 소득금액계산상 법인의 손금에 산입할 수 있는 책임준비금의 한도액은 다음 금액의 합계액으로 한다(법령 57조 1항).

㉠ 수산업협동조합법, 무역보험법, 새마을금고법, 건설산업기본법, 중소기업협동조합법 및 신용협동조합법에 따른 보험사업 또는 공제사업에 관한 약관에 따라 해당 사업연도 종료일 현재 모든 보험계약이 해약된 경우 계약자 또는 수익자에게 지급하여야 할 환급액(해약공제액 포함)

㉡ 해당 사업연도 종료일 현재 보험사고가 발생했으나 아직 지급해야 할 보험금이 확정되지 않은 경우 그 손해액을 고려하여 추정한 보험금 상당액(손해사정, 보험대위 및 구상권 행사 등에 소요될 것으로 예상되는 금액을 포함함)

㉢ 보험계약자에게 배당하기 위하여 적립한 배당준비금으로서 해양수산부장관 등이 기획재정부장관과 협의하여 승인한 금액

2) 책임준비금의 익금산입

손금에 산입한 책임준비금 중 상기 ㉠ 및 ㉡은 다음 사업연도의 소득금액을 계산할 때 익금에 산입하고 ㉢의 금액은 보험계약자에게 배당한 때에 먼저 계상한 것부터 그 배당금과 순차로 상계하되 손금에 산입한 사업연도의 종료일 이후 3년이 되는 날까지 상계하고 남은 잔액이 있는 경우에는 그 3년이 되는 날이 속하는 사업연도에 익금에 산입한다(법법 30조 2항, 법령 57조 2항). 다만, 3년이 되기 전에 해산 등의 사유가 발생하는 경우에는 해당 사유가 발생한 날이 속하는 사업연도에 익금에 산입한다(법령 30조 3항).

한편, 손금에 산입한 날이 속하는 사업연도의 종료일 이후 3년이 되는 날이 속하는 사업연

도에 책임준비금을 익금에 산입하는 경우에는 이자상당액을 납부하여야 한다(법법 30조 3항, 법령 57조 5항 및 56조 7항). 이자상당액의 계산은 '비영리법인의 고유목적사업준비금'편을 참조하기 바란다.

3) 결산조정

책임준비금의 설정은 반드시 결산조정에 의하여 손금에 산입하여야 하며 결산에 반영함이 없이 세무조정계산서에 손금으로 계상할 수 없다.

(3) 비상위험준비금의 손금산입

1) 비상위험준비금의 손금산입한도

비상위험준비금이란 장래의 보험사고의 지출에 대비하여 법인내부에 유보하는 금액으로서 각 사업연도의 소득금액계산상 법인의 손금에 산입할 수 있는 비상위험준비금의 한도액은 해당 사업연도의 보험종목(화재보험, 해상보험, 자동차보험, 특종보험, 보증보험, 해외수재 및 해외원보험을 말함)별 적립대상보험료의 합계액에 금융위원회가 정하는 보험종목별 적립기준율을 곱해 계산한 금액의 범위에서 이를 손금에 산입한다(법령 58조 1항).

그러나 손금에 산입하는 비상위험준비금의 누적액은 해당 사업연도의 보험종목별 적립대상보험료의 합계액의 50%(자동차보험의 경우에는 40%, 보증보험의 경우에는 150%)를 한도로 한다(법령 58조 2항).

2) 비상위험준비금의 처리 및 적립대상보험료의 계산방법

손비로 계상한 비상위험준비금의 처리 및 적립대상보험료의 계산방법은 보험업법 시행령 제63조 제4항에 따라 금융위원회가 정하여 고시하는 바에 따른다(법령 58조 4항).

3) 결산조정

비상위험준비금도 결산에 반영함이 없이 세무조정계산서에 손금으로 계상할 수 없음은 책임준비금과 동일하다. 다만, 한국채택국제회계기준을 적용하는 법인의 경우 잉여금처분에 의한 신고조정으로 비상위험준비금을 손금에 산입할 수 있다(법법 31조 2항).

(4) 해약환급금준비금의 손금산입

1) 해약환급금준비금의 처리 및 계산방법

해약환급금준비금이란 보험업법에 따른 보험회사가 보험계약의 해약 등에 대비하여 적립하는 금액으로서 보험업법 시행령 제65조 제2항 제3호에 따라 해약환급금준비금에 관하여 금융위원회가 정하여 고시하는 방법으로 계산한 금액을 말하고, 해약환급금준비금의 처리에 필요한 사항은 동 규정에 따라 금융위원회가 정하여 고시하는 바에 따른다(법령 59조 1항 및 2항).

2) 신고조정

보험업법에 따른 보험회사가 해약환급금준비금을 세무조정계산서에 계상하고 그 금액 상당액을 해당 사업연도의 이익처분을 할 때 해약환급금준비금으로 적립한 경우에는 그 금액을 결산을 확정할 때 손비로 계상한 것으로 보아 해당 사업연도의 소득금액을 계산할 때 손금에 산입한다(법법 32조 1항). 다만, 한국채택국제회계기준 제1117호로 제정된 보험계약국제회계기준을 적용하는 보험회사가 법인세법 제42조의 3 제3항에 따른 '전환이익의 4년 거치 3년 균등 익금산입 특례'를 적용하는 경우에는 해약환급금준비금의 손금산입을 적용하지 않는다(법법 42조의 3 5항).

2. 비영리법인의 고유목적사업준비금

비영리내국법인은 수익사업에서 발생한 소득에 대하여 법인세 납세의무를 가진다. 하지만 수익사업소득에 대하여 영리내국법인과 동일하게 법인세를 과세한다면 공익성이 있는 비영리내국법인이 고유목적사업 등에 사용할 재원 중의 일부가 국가 등에 귀속되어 공익사업을 원활하게 수행하는 데 있어서 장애가 될 수 있을 것이다.

이러한 이유로 비영리내국법인에 대하여는 각 사업연도의 결산을 확정할 때 그 법인의 고유목적사업 또는 일반기부금에 지출하기 위하여 고유목적사업준비금을 손비로 계상한 경우 일정금액 범위 안에서 이를 손금으로 산입하도록 하여 고유목적사업 등에 사용할 재원을 비영리내국법인 내에 유보할 수 있도록 하고 있다. 다만, 손금에 산입한 사업연도의 종료일 이후 5년 내 이를 사용하지 않을 경우 5년이 되는 날이 속하는 사업연도에 익금산입함과 동시에 미사용잔액에 대한 이자상당액을 법인세에 가산하여 납부하여야 한다(법법 29조 5항 4호, 7항).

그러나 비영리내국법인의 수익사업에서 발생한 소득에 대하여 법인세법 또는 조세특례제한법에 따른 비과세, 면제, 준비금의 손금산입, 소득공제 또는 세액감면(세액공제를 제외함)을 적용받는 경우에는 고유목적사업준비금을 설정할 수 없다. 다만, 고유목적사업준비금만을 적용받는 것으로 수정신고한 경우를 제외한다(법령 56조 8항).

(1) 고유목적사업준비금 설정대상 법인

고유목적사업준비금을 설정할 수 있는 법인은 법인격이 있는(설립등기된) 모든 비영리내국법인으로 하되, 법인으로 보는 단체의 경우에는 다음의 단체만 해당한다(법법 29조 1항 및 법령 56조 1항).

① 법인세법 시행령 제39조 제1항 제1호에 해당하는 공익법인 등
② 법령에 의하여 설치된 기금
③ 공동주택관리법 제2조 제1항 제1호 가목에 따른 공동주택의 입주자대표회의 · 임차인대표회의 또는 이와 유사한 관리기구

그러나 조세특례제한법 제72조 제1항에 따라 당기순이익과세를 적용받는 조합법인과 청산 중에 있는 비영리내국법인은 고유목적사업준비금을 손금에 산입할 수 없다(법기통 29-56…1).

(2) 설정대상금액

고유목적사업준비금의 손금산입한도는 다음 각 금액의 합계액(④에 따른 수익사업에서 결손금이 발생한 경우에는 ①~③의 합계액에서 그 결손금상당액을 차감한 금액을 말함)이다(법법 29조 1항).

① 소득세법 제16조 제1항 각 호에 따른 이자소득금액(비영업대금의 이익 제외)
② 소득세법 제17조 제1항 각 호에 따른 배당소득금액. 단, 상속세 및 증여세법 제16조 또는 제48조에 따라 상속세 또는 증여세 과세가액에 산입되거나 증여세가 부과되는 주식 등으로부터 발생한 배당소득금액은 제외
③ 특별법에 의하여 설립된 비영리내국법인이 해당 법률에 의한 복지사업으로서 그 회원 또는 조합원에게 대출한 융자금에서 발생한 이자금액
④ 수익사업에서 발생한 소득의 50%(공익법인의 설립 · 운영에 관한 법률에 의하여 설립된 법인으로서 고유목적사업 등에 대한 지출액 중 50% 이상의 금액을 장학금으로 지출하는 법인의 경우에는 80%)

위 ④에서 '수익사업에서 발생하는 소득'이라 함은 해당 사업연도의 수익사업에서 발생한 소득금액(고유목적사업준비금과 법인세법 제24조 제2항 제1호에 따른 기부금을 손금에 산입하기 전의 소득금액에서 법인세법 제66조 제2항에 따른 경정으로 증가된 소득금액 중 법인세법 시행령 제106조에 따라 해당 법인의 특수관계인에게 상여 및 기타소득으로 처분된 금액은 제외함)에서 상기 ①~③의 금액과 법인세법 제13조 제1항 제1호에 따른 결손금(각 사업연도 소득의 80%를 이월결손금 공제한도로 적용받는 법인은 공제한도 적용으로 인해 공제받지 못하고 이월된 결손금을 차감한 금액을 말함) 및 특례기부금을 뺀 금액을 말한다(법령 56조 3항).

(3) 고유목적사업준비금의 사용

고유목적사업준비금을 손금에 산입한 비영리내국법인이 고유목적사업 등에 지출한 금액이 있는 경우에는 그 금액을 먼저 계상한 사업연도의 고유목적사업준비금부터 차례로 상계하여야 한다. 이 경우 고유목적사업 등에 지출한 금액이 직전 사업연도 종료일 현재의 고유목적사업준비금의 잔액을 초과한 경우 초과하는 금액은 그 사업연도에 계상할 고유목적사업준비금에서 지출한 것으로 본다(법법 29조 3항). 여기서 "고유목적사업"이라 함은 해당 비영리내국법인의 법령 또는 정관에 따른 설립목적을 직접 수행하는 사업으로서 법인세법 시행령 제3조 제1항에 따른 수익사업 외의 사업을 말한다. 한편 다음의 금액은 고유목적사업에 지출 또는 사용한 금액으로 본다. 다만, 비영리내국법인이 유형자산 및 무형자산 취득 후 법령 또는 정관에 규정된 고유목적사업이나 보건업(보건업을 영위하는 비영리내국법인에 한정함)에 3년 이상 자산을 직접 사용하지 아니하고 처분하는 경우에는 ① 또는 ③의 금액을 고유목적사업에 지출 또는 사용한 금액으로 보지 아니한다(법령 56조 5항, 6항).

① 비영리내국법인이 해당 고유목적사업의 수행에 직접 소요되는 유형자산 및 무형자산 취득비용(자본적 지출을 포함함) 및 인건비* 등 필요경비로 사용하는 금액

* 해당 사업연도에 다음의 어느 하나에 해당하는 법인의 임원 및 직원이 지급받는 소득세법 제20조 제1항 각 호의 소득의 금액의 합계액(이하 "총급여액"이라 하며, 해당 사업연도의 근로기간이 1년 미만인 경우에는 총급여액을 근로기간의 월수로 나눈 금액에 12를 곱하여 계산한 금액으로 함. 이 경우 개월 수는 태양력에 따라 계산하되, 1개월 미만의 일수는 1개월로 함)이 8천만원을 초과하는 경우 그 초과하는 금액은 인건비로 보지 아니한다. 다만, 해당 법인이 해당 사업연도의 법인세법 제60조에 따른 과세표준을 신고하기 전에 해당 임원 및 종업원의 인건비 지급규정에 대하여 주무관청으로부터 승인받은 경우에는 그러하지 아니하다(법령 56조 11항).

㉠ 법인세법 제29조 제1항 제2호에 따라 수익사업에서 발생한 소득에 대하여 50%를 곱한 금액을 초과하여 고유목적사업준비금으로 손금산입하는 비영리내국법인

㉡ 조세특례제한법 제74조 제1항 제2호 및 제8호에 해당하여 수익사업에서 발생한 소득에 대하여 50%를 곱한 금액을 초과하여 고유목적사업준비금으로 손금산입하는 비영리내국법인

② 특별법에 따라 설립된 법인(해당 법인에 설치되어 운영되는 기금 중 국세기본법 제13조의 규정에 따라 법인으로 보는 단체를 포함)으로서 건강보험 · 연금관리 · 공제사업 및 법인세법 시행령 제3조 제1항 제8호에 따른 사업을 영위하는 비영리내국법인이 손금으로 계상한 고유목적사업준비금을 법령에 의하여 기금 또는 준비금으로 적립한 금액

③ 보건업을 영위하는 비영리내국법인이 의료기기 등 법인세법 시행규칙 제29조의 2 제1항에 따른 유형자산 및 무형자산을 취득하기 위하여 지출하는 금액, 의료 해외진출을 위하여 법인세법 시행규칙 제29조의 2 제2항의 용도로 지출하는 금액과 법인세법 시행규칙 제29조의 2 제3항에 따른 연구개발사업을 위하여 지출하는 금액

④ 농업협동조합법에 따른 농업협동조합중앙회가 법인세법 제29조 제2항에 따라 계상한

고유목적사업준비금을 회원에게 무상으로 대여하는 금액

⑤ 농업협동조합법에 의한 농업협동조합중앙회가 농업협동조합의 구조개선에 관한 법률에 의한 상호금융예금자보호기금에 출연하는 금액

⑥ 수산업협동조합법에 의한 수산업협동조합중앙회가 수산업협동조합의 부실예방 및 구조개선에 관한 법률에 의한 상호금융예금자보호기금에 출연하는 금액

⑦ 신용협동조합법에 의한 신용협동조합중앙회가 동법에 의한 신용협동조합예금자보호기금에 출연하는 금액

⑧ 새마을금고법에 의한 새마을금고연합회가 동법에 의한 예금자보호준비금에 출연하는 금액

⑨ 산림조합법에 의한 산림조합중앙회가 동법에 의한 상호금융예금자보호기금에 출연하는 금액

⑩ 제주특별자치도 설치 및 국제자유도시 조성을 위한 특별법 제166조에 따라 설립된 제주국제자유도시 개발센터가 같은 법 제170조 제1항 제1호, 같은 항 제2호 라목 · 마목(관련 토지의 취득 · 비축을 포함함) 및 같은 항 제3호의 업무에 지출하는 금액

위 ③을 적용받으려는 의료법인은 손비로 계상한 고유목적사업준비금상당액을 의료발전회계(고유목적사업준비금의 적립 및 지출에 관하여 다른 회계와 구분하여 독립적으로 경리하는 회계)로 구분하여 경리하여야 한다(법령 56조 10항 및 법칙 29조의 2 4항).

(4) 고유목적사업준비금의 승계

고유목적사업준비금을 손금에 산입한 비영리내국법인이 사업에 관한 모든 권리와 의무를 다른 비영리내국법인에게 포괄적으로 양도하고 해산하는 경우에는 해산등기일 현재의 고유목적사업준비금 잔액은 그 다른 비영리내국법인이 승계할 수 있다(법법 29조 4항).

(5) 고유목적사업준비금의 익금산입

1) 일반적인 환입

손금에 산입한 고유목적사업준비금의 잔액이 있는 비영리내국법인이 다음의 어느 하나에 해당하게 된 경우 그 잔액(아래 ⑤의 경우에는 고유목적사업 등이 아닌 용도에 사용한 금액을 말함)은 해당 사유가 발생한 날이 속하는 사업연도의 소득금액을 계산할 때 익금에 산입한다(법법 29조 5항).

① 해산한 경우(고유목적사업준비금을 승계한 경우는 제외함)

② 고유목적사업을 전부 폐지한 경우

③ 법인으로 보는 단체가 국세기본법 제13조 제3항에 따라 승인이 취소되거나 거주자로

변경된 경우

④ 고유목적사업준비금을 손금에 산입한 사업연도의 종료일 이후 5년이 되는 날까지 고유목적사업 등에 사용하지 아니한 경우(5년 내 사용하지 아니한 잔액에 한함)

⑤ 고유목적사업준비금을 고유목적사업 등이 아닌 용도에 사용한 경우

2) 조기 임의환입

손금에 산입한 고유목적사업준비금의 잔액이 있는 비영리내국법인은 고유목적사업준비금을 손금에 산입한 사업연도의 종료일 이후 5년 이내에 그 잔액 중 일부를 감소시켜 익금에 산입할 수 있다. 이 경우 먼저 손금에 산입한 사업연도의 잔액부터 차례로 감소시킨 것으로 본다(법법 29조 6항).

(6) 이자상당액 추징

상기 (5)의 1) ④, ⑤ 및 2)에 따라 고유목적사업준비금의 잔액을 익금에 산입하는 경우에는 다음 ①의 금액에 ②의 율을 곱하여 계산한 금액을 해당 사업연도의 법인세에 더하여 납부하여야 한다(법법 29조 7항 및 법령 56조 7항).

① 당해 고유목적사업준비금의 잔액을 손금에 산입한 사업연도에 그 잔액을 손금에 산입함에 따라 발생한 법인세액의 차액

② 손금에 산입한 사업연도의 다음 사업연도의 개시일부터 익금에 산입한 사업연도의 종료일까지의 기간에 대하여 1일 10만분의 22의 율

(7) 고유목적사업준비금의 회계처리

① 고유목적사업준비금 설정시

비영리법인이 수익사업을 하는 경우에는 손금산입범위액 내의 고유목적사업준비금을 수익사업회계에서 다음과 같이 설정할 수 있다.

(차) 고유목적사업준비금전입액	×××	(대) 고유목적사업준비금	×××

그러나, 고유목적사업준비금은 부채의 인식기준을 충족하지 못하기 때문에, 고유목적사업준비금전입액은 일반기업회계기준상 비용으로 인정되지 아니한다. 따라서, 외부회계감사를 받는 비영리내국법인의 경우에는 원칙적으로 결산조정을 통하여 고유목적사업준비금을 손금으로 계상할 수 없다. 이에 따라 법인세법에서는 외부회계감사를 받는 비영리내국법인이 고유목적사업준비금을 세무조정계산서에 계상하고 그 금액 상당액을 해당 사업연도의 이익처분을 할 때 고유목적사업준비금으로 적립하는 경우 그 금액은 결산을 확정할 때 손

비로 계상한 것으로 본다. 즉, 외부회계감사를 받는 비영리내국법인에 한하여 신고조정에 의한 고유목적사업준비금의 손금산입을 인정하고 있다(법법 29조 2항).

② 고유목적사업준비금 사용시

가. 수익사업을 영위하는 비영리법인이 고유목적사업준비금을 수익사업회계에서 사용한 경우

수익사업회계에서 지정기부금을 지출하는 경우가 이에 해당되며, 다음과 같이 회계처리한다.

(차) 고유목적사업준비금 ××× (대) 현금 및 현금성자산 ×××

나. 고유목적사업준비금을 비영리사업에서 사용한 경우

비영리사업에서 고유목적사업준비금을 사용하게 되는 경우에는 수익사업에서 설정한 고유목적사업준비금을 비영리사업으로 전출하여야 한다. 이를 분개로 나타내면 다음과 같다.

㉠ 수익사업회계

(차) 고유목적사업준비금 ××× (대) 현금 및 현금성자산 ×××

또한 비영리사업에서는 고유목적사업준비금을 다음과 같이 전입하여야 한다.

㉡ 비영리사업회계

(차) 현금 및 현금성자산 ××× (대) 고유목적사업준비금 ×××

이 경우 수익사업에서 비영리사업으로 고유목적사업준비금을 전출하였다고 하여 고유목적사업준비금을 사용한 것으로 세법상 인정되지 않는다. 따라서 비영리사업에서 고유목적사업을 위하여 실제로 지출하여야 한다.

비영리사업에서 수익사업에서 전입한 고유목적사업준비금을 사용하는 경우에는 다음과 같이 회계처리한다.

㉢ 비영리사업회계

(차) 고유목적사업준비금 ××× (대) 현금 및 현금성자산 ×××

③ 의료발전회계

법인세법 기본통칙 29－56… 6에서는 의료법인이 의료기기 등 법인세법 시행규칙 제29조의 2에 따른 고정자산을 취득하기 위하여 지출하는 금액은 해당 법인의 선택에 따라 고유목적사업준비금을 사용한 것으로 경리할 수 있으며, 동 규정에 따라 지출하는 금액은 의료발전회계(고유목적사업준비금의 적립 및 지출에 관하여 다른 회계와 구분하여 독립적으로 경리하는 회계)로 구분경리하도록 규정하고 있다. 이에 대한 세무상 처리방법은 다음과 같다(법령 56조 10항 및 법칙 29조의 2 4항).

구분	병원회계(수익사업)	의료발전회계
100 전입시	고유목적사업준비금 100 / 고유목적사업준비금 100 전입	–
100 구입시	자산 100 / 현금 및 현금성자산 100 고유목적사업준비금 100 / 의료발전준비금 100	자산(별도관리) 100 / 의료발전준비금 100
20 감가상각시	감가상각비 20 / 감가상각누계액 20 의료발전준비금 20 / 의료발전준비금 20 환입(익금)	의료발전준비금 20 / 자산 20
50으로 처분시	현금 및 현금성자산 50 / 자산 100 감가상각누계액 20 처분손실 30 의료발전준비금 80 / 의료발전준비금 80 환입(익금)	의료발전준비금 80 / 자산 80

(8) 결산조정

고유목적사업준비금도 결산에 반영함이 없이 세무조정계산서에 손금으로 계상할 수 없는 것이 원칙이다. 다만, 주식회사 등의 외부감사에 관한 법률 제2조 제7호 및 제9조에 따른 감사인의 회계감사를 받는 비영리내국법인이 고유목적사업준비금을 세무조정계산서에 계상하고 그 금액상당액을 해당 사업연도의 이익처분을 할 때 고유목적사업준비금으로 적립한 경우 그 금액은 결산을 확정할 때 손비로 계상한 것으로 본다. 즉, 외감법의 규정에 의한 감사인의 회계감사를 받는 비영리내국법인에 한하여 신고조정에 의한 손금산입이 가능한 것이다(법법 29조 2항).

[자본] (owner's equity)

전통적으로 소유주지분이라고 불려 온 자본은 오늘날 주식회사가 기업의 대표적인 형태가 됨에 따라 주주지분이라는 말로 통용되고 있다.

자본은 기업의 자산에서 모든 부채를 차감한 후의 잔여지분을 나타내며, 주주로부터의 납입자본에 기업활동을 통하여 획득하고 기업의 활동을 위해 유보된 금액을 가산하고, 기업활동으로부터의 손실 및 소유자에 대한 배당으로 인한 주주지분 감소액을 차감한 잔액이다(일반기준 15장 문단 15.2). 이러한 주주지분은 특정자산에 대한 청구권이 아니라 총자산 중 일부분에 대한 청구권을 나타내는 것이며, 그 금액도 일정액으로 고정되어 있는 것이 아니라 기업의 수익성에 따라 변한다.

이와 같은 주주지분은 법률적 관점과 경제적 관점에서 분류할 수 있다.

법률적 관점에서 보면 주주지분은 법정자본과 잉여금으로 분류된다. 법정자본(legal capital)은 자본금(capital stock)이라고도 불리는 것으로 채권자를 보호하기 위해서 회사가 보유하여야 할 재산의 최소한의 기준액 또는 채권자를 위한 최소한의 담보액을 의미하며, 잉여금(surplus)은 전체 주주지분 중 법정자본인 자본금을 초과하는 부분을 의미한다. 이러한 법률적 관점에 따른 분류기준은 주식회사가 유한책임제도를 채택하고 있다는 점과 밀접한 관련이 있다. 즉, 주식회사의 주주는 회사에 대해 주식의 인수가액을 한도로 하여 출자의무를 부담할 뿐이며 회사의 채권자에 대해서는 아무런 책임을 지지 않으므로 회사의 재산이 주주에게 과대하게 배분될 경우에는 채권자의 권익이 침해된다. 그러므로 채권자보호의 관점에서 법정자본을 기타의 자본항목이나 잉여금과 구분하는 것이다.

경제적 관점에서 보면 주주지분은 조달원천에 따라 불입자본과 유보이익(이익잉여금)으로 분류된다. 불입자본(contributed capital 또는 paid－in capital)은 주주가 기업에 불입한 금액으로 자본금(1주당 액면가액×발행주식수. 단, 무액면주식의 경우 발행금액 중 이사회 또는 주주총회에서 자본금으로 정한 금액)에 주식발행초과금을 가산하거나 주식할인발행차금을 차감한 금액을 의미하며, 유보이익(earned capital) 또는 이익잉여금(retained earnings)은 기업활동에 의해 창출된 이익 중에서 사외로 유출되지 않고 사내에 유보된 부분을 의미한다. 즉, 주주지분을 경제적 관점에서 분류하는 것은 주주지분을 발생시킨 거래의 성격을 기준으로 하여 자본거래에서 비롯된 불입자본과 손익거래에서 비롯된 유보이익으로 구분하는 것이다.

Chapter

01

자 본 금

1. 자본금

(1) 개념 및 범위

1) 자본과 자본금

기업회계상 자본금계정은 주주의 불입자본 중 상법의 규정에 따라 정관에 자본금으로 확정되어 있는 법정자본금을 의미한다(일반기준 2장 문단 2.29). 이러한 자본금은 원칙적으로 기업내부에 영구히 유보되어 기업활동의 기초가 되며 채권자 보호 등의 관점에서 사내에 유보시켜야 하는 자산가액의 최저한도를 표시한다.

자본금은 엄격한 의미에서 상법상 주식회사 형태의 특유한 개념으로, 기업주의 순자산액을 표시하는 개인기업의 자본금이나 사원의 자본갹출액을 나타내는 합명·합자회사의 출자금과는 차이가 있다. 합명·합자회사 등의 출자금에 대하여는 '2. 출자금'에서 살펴본다.

주식회사의 경우 상법의 규정에 의한 법정자본금의 증감변동 내용은 자본금계정에서 처리하고 각 주주 개인에 대한 주식인수액은 주식원부 또는 주식대장과 같은 보조부를 설정하여 처리하는 실무에 비추어 보면 자본금계정은 이러한 보조부에 대한 통제계정으로 볼 수 있다.

2) 수권자본과의 구별

우리나라 상법은 주식회사의 자본에 대하여 수권자본제도를 채택하고 있다. 수권자본은 주식회사에 자금조달의 적시성을 부여하기 위한 상법상의 제도로서 정관에 기재된 발행예정주식의 총수의 범위 내에서 주주총회의 결의 없이 이사회가 필요에 따라 신주를 발행함으로써 회사의 자기자본을 조달할 수 있는 제도로서, 정관상 회사가 발행할 주식의 총수가 수권주식 또는 수권자본이 된다.

그러나 상법상 회사의 자본금은 수권자본이 아니고 실제로 발행된 주식의 액면총액이 된다. 따라서 액면주식이 발행된 경우에는 그 발행주식수에 1주당 액면금액을 곱한 주금총액, 그리고 무액면주가 발행된 경우에는 그 발행된 무액면주식수에 1주당 발행가액을 곱한 총액에 의하여 회사의 자본금이 구성된다.

3) 자본의 3원칙

주식회사의 자본금은 채권자 보호를 위한 법적 차원에서 다음과 같은 자본의 3원칙에 따른 규제를 받는다.

① 자본확정의 원칙

회사의 설립시에 발행하는 주식의 총수는 원시정관에서 확정되어야 하고 이 주식은 발기설립의 경우이든 모집설립의 경우이든 모두 인수되고 그에 대한 자본금의 갹출자가 확정되어야 한다. 이것을 자본확정의 원칙이라 하며, 이는 무책임한 회사설립이나 증자를 방지하려는 데 목적이 있다.

② 자본충실의 원칙

자본금 그 자체는 추상적 · 명의적 액수에 불과하므로 실질적으로 채권자를 보호하기 위하여는 자본금에 상당하는 재산을 회사가 실제로 보유하고 있어야 한다. 이것을 자본충실의 원칙이라 하며, 자본유지 또는 자본구속의 원칙이라고도 한다. 이는 회사의 실질적인 담보가 되는 재산을 유지하는 데 목적이 있다.

③ 자본불변의 원칙

확정된 자본을 임의로 변경시키지 못한다는 원칙을 자본불변의 원칙이라고 한다.

자본의 감소는 회사의 담보기준을 저하시키게 되며 특히 실질상의 감자의 경우에는 회사의 순재산이 감소하게 되므로 이와 같은 자본감소에 있어서는 채권자 보호를 위한 엄격한 소정의 절차를 거쳐야만 한다. 자본증가는 상법상 이사회의 결의에 의하여 가능하므로 자본불변의 원칙은 자본감소제한의 원칙이라고 할 수 있다.

4) 주식의 종류

상법은 이익의 배당, 잔여재산의 분배, 주주총회에서의 의결권의 행사, 상환 및 전환 등에 관하여 내용이 다른 종류의 주식(이하 "종류주식"이라 함) 발행을 인정하고 있으며, 종류주식 발행을 위하여는 정관으로 각 종류주식의 내용과 수를 정하여야 한다(상법 344조 1항).

이때 주식의 상환에 관한 종류주식이란 정관으로 정하는 바에 따라 회사의 이익으로서 소각할 수 있는 종류주식을 말하며(상법 345조 1항), 주식의 전환에 관한 종류주식이란 정관으로 정하는 바에 따라 주주가 인수한 주식을 다른 종류주식으로 전환할 것을 청구할 수 있는 종류주식을 말한다(상법 346조 1항).

(2) 기업회계상 회계처리

1) 보통의 주식발행

보통의 주식발행이란 회사설립시 발기인 등이 불입하는 원시출자와 회사설립 후 주식을 유상으로 발행하는 유상증자의 경우를 말한다. 원시출자와 유상증자는 각각 법령상 그 절차에 있어서 다소 차이가 있으나, 회사가 법정사항을 기재하여 작성한 주식청약서에 서명날인함으로써 주식청약을 행하게 된다.

이와 같이 주식청약을 하는 경우에는 일정액의 청약증거금을 동시에 납입하게 되는 것이 보통이며 청약증거금은 그 후 주금의 납입기일에 신주식의 납입금액으로 대체 충당하고 신주납입금액을 초과하는 금액은 청약자에게 반환한다. 이는 회계실무상 신주청약증거금계정으로 처리된다.

사례 1 (주)삼일은 회사설립을 위하여 주식 10,000주(1주당 액면가액 ₩5,000)를 액면가액으로 발행하고 그 전부를 발기인이 인수하여 현금으로 납입하였다.

(차) 현금 및 현금성자산	50,000,000	(대) 자 본 금	50,000,000

사례 2 수권주식수 240,000주, 설립시 발행주식수 60,000주, 1주당 액면가액 ₩5,000을 가진 회사를 설립하기 위하여 발기인이 5,000주를 인수하고 나머지는 공개모집하되 1주당 ₩5,000의 주식청약증거금을 받기로 하였다. 주식청약결과 공개모집주식수 전체에 대하여 청약이 완료되어 주식을 교부하고 주식청약증거금은 주금납입에 충당하였다.

(차) 현금 및 현금성자산	275,000,000	(대) 신주청약증거금	275,000,000
(차) 신주청약증거금	275,000,000	(대) 자 본 금	300,000,000
현금 및 현금성자산	25,000,000		

2) 현물출자

현물출자란 금전 이외의 자산을 출자하여 주식의 배정을 받는 것을 말한다. 통상 현물출자시에는 영업용 건물이나 토지를 출자하지만 그 대상에 특별한 제한이 있는 것은 아니다.

현물출자에 관한 사항은 이사회에서 신주발행에 관한 결의로써 정하는 것이지만 출자자산의 적정성 여부를 조사받기 위하여 검사인의 선임을 법원에 청구하거나 공인된 감정인의 감정으로 검사인의 조사에 갈음할 수 있다(상법 422조 1항). 다만, 상법 제422조 제2항 각 호의 어느 하나에 해당하는 경우에는 검사인 등에 의한 상법 제416조 제4호의 조사를 생략할 수 있다. 법원은 검사인의 조사보고서 또는 공인된 감정인의 감정결과를 심사하여 현물출자에 관한 사항이 부당하다고 인정되는 때에는 이를 변경하여 이사와 현물출자를 한 자에게 통고할 수 있고, 그 변경에 불복하는 현물출자자는 그 주식의 인수를 취소할 수 있다(상법 422조 3항, 4항). 현물출자의 경우 현금이 개재되지 않으므로 대상 자산과 발행주식의 가액을 어떻게 결정할 것인가의 문제가 발생하게 되며, 이와 관련한 기업회계기준의 규정을 살펴보면 다음과 같다.

일반기업회계기준 제15장 【자본】

15.4. 기업이 현물을 제공받고 주식을 발행한 경우에는 제공받은 현물의 공정가치를 주식의 발행금액으로 한다. 다만, 다른 장에서 별도로 정하는 경우에는 그에 따른다. 주식의 발행금액과 액면금액의 차액은 문단 15.3에 따라 회계처리하되, 법령 등에 따라 이익준비금 또는 기타 법정준비금을 승계받는 경우 동 승계액을 주식발행초과금에서 차감하거나 주식할인발행차금에 가산한다.

따라서 현물출자를 받은 기업은 기업회계기준이 현물출자에 대해 별도로 정하는 경우를 제외하고는 취득한 자산의 공정가치를 결정한 후 주식발행시에 다음과 같이 회계처리하여야 한다.

(차) 현물출자자산(건물 등)	×××	(대) 자 본 금	×××
		주식발행초과금	×××

3) 주식배당

주주에 대한 이익배당의 지급은 금전으로 하는 것이 원칙이지만 상법 제462조의 2에서는 일정한 요건과 절차에 따라 이익배당총액의 2분의 1에 상당하는 금액의 범위 내에서 새로이 발행하는 자사의 주식으로 이익배당을 할 수 있음을 규정하고 있으며, 주권상장법인은 자본시장과 금융투자업에 관한 법률 제165조의 13에 의하여 해당 주식의 시가가 액면가액에 미치지 못하는 경우를 제외하고 이익배당총액을 주식배당으로 할 수 있다.

주식배당제도는 원래 결산재무제표상 잉여금이 산출되나 주주에게 배당할 현금이 부족한 경우의 배당정책으로서 회사자금을 사내에 유보하고 회사의 대외적인 신용을 높이는 효과가 있으며, 주주의 입장에서도 주가가 액면가액보다 높은 경우에는 주식배당이 금전배당보다 유리할 수가 있다.

한편, 일반기업회계기준 제24장 문단 24.7에서는 이익잉여금처분계산서에 포함된 배당은 재무상태표에 부채로 인식하지 아니하며 재무상태표에는 이익잉여금처분 전의 재무상태를 표시하도록 규정하고 있다. 따라서 주식배당의 경우 결산시점에는 별도의 회계처리가 필요하지 않으며 실제 배당시점에 관련 자본계정에 직접 대체하면 된다.

사례 (주)삼일은 주주총회의 결의에 의하여 이익배당액을 ₩250,000,000으로 확정하고, 이 중 ₩100,000,000만큼은 1주당 액면 ₩5,000의 신주를 발행하여 교부하고 잔액은 현금으로 지급하기로 하였다(배당소득에 대한 원천징수세액은 무시한다).

(차) 미처분이익잉여금	250,000,000	(대) 자 본 금	100,000,000
		현금 및 현금성자산	150,000,000

이 때, 회사가 보유하고 있는 자기주식에 대하여는 이익배당을 할 수 없다고 보는 입장에서 주식배당도 하지 못하는 것으로 보는 것이 통설이므로, 자기주식에 상당하는 주식배당액만큼은 차감되어야 할 것이다.

한편 주식배당은 형식적으로는 주주에게 주식을 분배함으로써 배당욕구를 충족시키는 것이지만, 실질적인 의미로는 기업이 보유하고 있는 이익잉여금을 영구적으로 자본화시키는 것이므로 주식배당이 결의되면 주주들은 자신의 보유지분율에 비례해서 새로운 주식을 배당받지만 주주들이 기업에 대하여 갖고 있는 지분율이나 기업의 자본총액은 변함이 없으며 단지 기업의 자본계정 중 이익잉여금이 자본금으로 재분류될 뿐이다.

이와 관련하여 일반기업회계기준에서는 투자자가 보유하고 있는 지분증권의 발행기업에서 회계연도 중에 무상증자를 실시함으로 인하여 지분증권을 추가로 취득하게 되는 경우에도 당해 지분증권의 취득은 자산의 증가로 보지 않도록 규정하고 있다(일반기준 6장 부록 실6.75). 따라서 주식배당 역시 무상증자와 실직적인 내용이 동일하므로 투자자 입장에서는 주식배당에 의한 지분증권의 취득은 자산의 증가로 보지 않으며, 지분증권의 취득원가의 변동 없이 소유주식수만 증가하는 것이다.

4) 무상증자

주식회사의 자본금과 준비금은 그 성질이 같지는 않으나 이익산정을 위한 공제항목으로서 회사에 유보할 재산의 한도를 정하는 점에서는 양자가 동일하다. 그러므로 준비금의 적립액이 방대하여 자본의 구성이 적절하지 못하게 된 경우에는 이를 자본금에 전입하여도 주주에게 불리한 것이 없고 회사채권자에게도 유리하다. 따라서 상법은 이사회 또는 주주총회의 결의에 의하여 준비금의 전부 또는 일부를 자본금에 전입할 수 있도록 하고 그 전입액에 대하여는 신주를 발행하여 주주에게 무상으로 교부할 수 있도록 하고 있는데, 이것이 무상증자이다.

무상증자는 자본의 부에 있어서의 자본잉여금 또는 이익잉여금계정을 자본금계정으로 대체하는 것에 불과하므로 회사의 자본구성 내용에 변동을 가져올 뿐 기업의 순자산액에는 전혀 증감이 없다. 또한 무상증자에 의하여 신주를 교부받은 주주의 입장에서는 비록 소유주식수는 증가하더라도 자기의 지분율변동은 일어나지 않는다. 따라서 일반기업회계기준에서도 무상증자에 의한 신주의 취득은 자산의 증가로 보지 아니한다고 규정하고 있다 (일반기준 6장 부록 실6.75).

사례 (주)삼일은 주식발행초과금 ₩50,000,000, 이익준비금 ₩100,000,000을 재원으로 하여 무상증자를 결의하고 액면 ₩5,000의 신주 30,000주를 발행하여 주주에게 무상교부하였다.

(차) 주식발행초과금	50,000,000	(대) 자 본 금	150,000,000
이 익 준 비 금	100,000,000		

준비금의 자본전입 효력 발생일은 이사회가 결의한 때에는 신주배정일이 되고 주주총회가 결의한 때에는 그 결의가 있은 때가 된다. 또한 무상증자에 의한 신주발행에 있어서는 액면미달발행이나 액면초과발행이 있을 수 없으므로 자본전입액과 발행되는 신주의 총액면가액은 동일하게 된다.

5) 전환주식의 전환

전환권이 인정되어 있는 특정 종류의 전환주식에 관하여 당해 주주로부터 전환의 청구가 있으면 기존 종류의 전환주식은 소멸하고 이것에 대신하여 정관에서 정한 종류의 주식이 새로 발행되어 교부된다. 이 경우 전환주주는 새로운 출자를 하지 아니하므로 회사의 순자산액은 변동이 없다.

자본구성의 변동을 보면 상법 제348조에서 전환 전 주식의 발행가액을 신주식의 발행가액으로 하도록 규정되어 있을 뿐, 신 · 구주식의 수에는 제한이 없으므로 신 · 구주식의 수가 같으면 자본에 변동이 없고, 전환 후 신주식의 수가 구주식수보다 많은 경우에는 양자의 액면총액의 차액만큼이 자본잉여금에서 자본액으로 전입된다.

그러나 전환 후의 신주식수가 구주식수보다 적은 경우에는 자본이 감소하게 되어 상법상 감자절차에 위반되기 때문에 허용되지 않는다고 보아야 한다.

전환우선주의 회계처리와 관련하여 일반기업회계기준에 명확한 규정은 없지만 지분상품이라는 점을 고려할 때 전환우선주의 발행시는 전환권의 가치를 인식하지 아니하고 일반우선주와 동일하게 회계처리하며, 전환우선주가 보통주로 전환되는 경우에는 우선주와 보통주 모두 지분상품이라는 점에서 경제적 실질이 크게 달라지지 않기 때문에 보통주의 발행가액은 전환우선주의 장부가액으로 하여야 할 것으로 판단된다. 이는 전환우선주는 우선주와 보통주의 두 가지 요소로 구성된 복합상품으로서 우선주와 보통주는 의결권 행사, 이익배당 및 잔여재산분배청구권에서 차이가 있을 뿐 지분상품이라는 점에서는 차이가 없기 때문이다.

사례 (주)삼일은 금번 보통주 전환부 우선주주의 전환청구에 의하여 우선주 전환주식 10,000주, 액면총액 ₩50,000,000에 대하여 보통주 10,000주, 액면총액 ₩50,000,000을 교부하였다.

(차) 자 본 금 (우선주)	50,000,000	(대) 자 본 금 (보통주)	50,000,000

전환주식의 전환은 주주가 전환을 청구한 경우에는 그 청구한 때에, 회사가 전환을 한 경우에는 상법 제346조 제3항 제2호의 기간이 끝난 때에 효력이 발생한다(상법 350조 1항).

6) 전환사채의 전환

전환사채에 관하여 사채권자에 의한 전환청구가 있으면 기존 사채가 소멸하고 그 대신 정관이나 이사회 또는 주주총회의 결의에서 정하여진 주식이 새로이 발행되어 종전의 사채권자에게 교부된다. 이 때에는 부채계정인 전환사채금액이 감소하는 동시에 새로 사채권자에게 교부되는 주식의 주금액만큼 자본이 증가한다.

사례 (주)삼일은 액면 ₩10,000에 대하여 발행가액 ₩10,000, 상환기한 3년, 표시이자율 연 7%, 보장수익률 연 12%, 일반사채의 시장이자율 연 15%, 전환가격 ₩20,000의 조건으로 총 ₩100,000,000 상당의 전환사채를 발행하고 있었으나 금번에 사채권자로부터 ₩40,000,000의 전환청구를 받고 소정의 절차를 거쳐 신주를 교부하였다. 주식의 액면가액은 주당 ₩5,000이며, 전환청구 직전 재무상태표에는 사채상환할증금, 사채할인발행차금 및 전환권대가의 잔액이 각각 ₩600,000, ₩400,000 및 ₩300,000 계상되어 있었다.

(차) 전 환 사 채	40,000,000	(대) 자 본 금	10,000,000*
사채상환할증금	240,000	주식발행초과금	30,200,000
전 환 권 대 가	120,000	사채할인발행차금	160,000

* 발행주식수 : ₩40,000,000 ÷ ₩20,000 = 2,000주
자 본 금 : 2,000주 × ₩5,000 = ₩10,000,000

전환사채의 전환효력은 사채권자의 전환청구 시점에 발생하게 되므로 그 시점에 자본금이 증가한다고 보고 즉시 이에 따른 회계처리를 하여야 한다. 전환사채의 전환과 관련된 회계처리 및 세무상 유의할 사항에 대한 자세한 내용은 '비유동부채 중 2. 전환사채편'을 참조하기로 한다.

7) 신주인수권부사채의 신주인수권 행사

신주인수권부사채가 발행된 경우에 사채권자 또는 신주인수권증서의 취득자가 신주인수권을 행사한 때에는 신주의 청약·배정 등의 절차를 요하지 아니하며, 사채권자 등이 신주발행청구를 하고 신주발행가액의 전액을 납입하면 주주가 된다. 이 때에도 신주발행에 의

하여 늘어나는 주식의 액면총액만큼의 자본증가가 생기게 된다. 신주인수권부사채의 신주인수권 행사와 관련된 회계처리 및 세무상 유의할 사항에 대한 자세한 내용은 '비유동부채 중 3. 신주인수권부사채편'을 참조하기로 한다.

8) 출자전환

채무자가 채무를 변제하기 위하여 채권자에게 지분증권을 발행하는 경우, 즉 채무를 출자전환하는 경우 자본금이 증가한다. 출자전환과 관련한 자세한 회계처리는 '투자자산 중 6. 현재가치할인차금편'을 참고하도록 한다.

9) 흡수합병

회사가 타회사를 흡수합병하면 승계받은 순자산에 대하여 존속회사가 소멸회사의 주주들에게 주식을 발행하여 교부하게 되는데, 이 때 존속회사의 입장에서 보면 자본금이 증가하므로 이에 따른 회계처리가 필요하다.

사례 (주)삼일은 액면 ₩5,000의 주식 14,000주를 발행하여 을회사의 주주에게 교부하고 합병교부금으로 현금 ₩10,000,000을 지급하는 조건으로 을회사를 흡수합병하기로 하였다. 발행주식의 공정가치는 액면금액과 일치한다. 그리고 을회사의 제자산, 제부채는 모두 공정가치가 장부금액과 일치한다.

(주)삼일 재무상태표(합병 전)

제 자 산	₩550,000,000	제 부 채	₩300,000,000
		자 본 금	150,000,000
		자 본 잉 여 금	40,000,000
		이 익 잉 여 금	60,000,000
	₩550,000,000		₩550,000,000

을회사 재무상태표

제 자 산	₩200,000,000	제 부 채	₩120,000,000
		자 본 금	50,000,000
		이 익 잉 여 금	30,000,000
	₩200,000,000		₩200,000,000

(차) 제 자 산	200,000,000	(대) 제 부 채	120,000,000
		자 본 금	70,000,000
		현금 및 현금성자산	10,000,000

재무상태표(합병 후)

제 자 산	₩740,000,000	제 부 채	₩420,000,000
		자 본 금	220,000,000
		자 본 잉 여 금	40,000,000
		이 익 잉 여 금	60,000,000
	₩740,000,000		₩740,000,000

흡수합병의 경우 존속회사는 순자산이 늘고 이것에 대하여 신주가 발행되는 점에서 통상의 신주발행과 유사하다. 그러나 개별주주에 의해 직접 출자되는 통상의 신주발행과는 달리 이 경우에는 합병으로 인하여 소멸한 회사의 순자산이 포괄적으로 승계되고 신주가 발행되어 소멸회사의 주주에게 교부되는 점에서 통상의 신주발행의 경우와는 상이한 여러 가지 특색이 나타난다.

상기 [사례]의 경우는 지극히 단순한 합병의 사례를 예시한 것이며 실제 합병의 경우에는 승계재산의 평가, 승계재산의 범위 등 복잡한 회계처리과정을 포함한다. 이에 대하여는 '특수회계의 기업인수 · 합병 및 분할 · 분할합병회계편'에서 살펴보기로 한다.

또한 회사가 합병하는 경우 합병으로 인한 효력의 발생시점은 형식적으로는 합병등기일이나 실질적으로는 합병기일이므로 일반적으로 합병분개는 합병기일에 처리하는 것이 관례이다.

10) 주식소각

자본감소의 방법에는 발행주식의 수를 감소하는 방법, 각주의 주금액을 감소하는 방법 또는 상기 양자를 병행하는 방법이 있으며, 발행주식의 수를 감소하는 방법에는 특정주식을 소멸시키는 주식소각과 수개의 주식을 합하여 그것보다 소수의 주식으로 하는 주식병합이 있다.

이 중 주식소각은 원칙적으로 상법상 자본금 감소의 규정에 따라야 하나 이사회의 결의에 의하여 회사가 보유하는 자기주식을 소각하는 경우만은 예외로 자본금 감소의 규정에 의하지 않을 수 있다(상법 343조 1항).

주식소각에는 소각형태에 따라 주주의 의사와는 관계 없이 회사의 일방적 행위에 의하여 특정주식을 소멸시키는 강제소각과 회사와 주주간의 임의적 법률행위에 의하여 회사가 주식을 취득하여 이것을 소멸시키는 임의소각이 있으며, 대가 지급유무에 따라 주주에게 대가가 제공되는 실질상의 감자인 유상소각과 대가가 제공되지 아니하는 명목상의 감자인 무상소각이 있다.

주식을 유상으로 매입하여 소각하는 경우에는 1주당 액면금액에 매입소각하는 주식수를 곱하여 산출한 금액만큼의 자본금 감소가 있게 된다. 이와 같은 자본금의 감소는 채권자 보호절차를 포함한 법정절차를 거치고 구체적인 실행절차를 완료한 시기에 효력이 발생하나, 그 실행에 있어서는 주권제출기한이 만료됨으로써 종료되며 회계상으로는 주식의 매입일에 자본금을 감소시킨다.

그러나 주식을 매입한 후에 즉각 소각의 절차를 밟지 않고 일정 기간 보유하고 있다가 소각하는 경우에는 일단 자기주식계정을 설정하여 처리하여야 하며, 주식의 매입일과 소각일의 사이에 결산일을 맞은 경우에는 자기주식의 취득가액을 자기주식이란 자본조정과목으로 재무상태표에 표시하고, 그 취득경위 · 향후처리계획 등을 주석으로 기재하여야 한다(일반기준 15장 문단 15.8, 15.24).

사례 1 (주)삼일은 감자를 위하여 1주당 액면금액 ₩5,000의 주식 20,000주를 액면금액으로 매입 소각하기로 결정하고 소정의 절차를 완료하였다.

(차) 자 본 금	100,000,000	(대) 현금 및 현금성자산	100,000,000

사례 2 을회사는 이월미처리결손금 ₩250,000,000을 보전하기 위하여 주식 90,000주(1주당 액면금액 ₩5,000)를 ₩2,000에 매입하여 소각하였다.

(차) 자 본 금	450,000,000	(대) 현금 및 현금성자산	180,000,000
		감 자 차 익	270,000,000
(차) 감 자 차 익	250,000,000	(대) 미 처 리 결 손 금	250,000,000

한편, 기업이 매입 등에 의하여 자기주식을 취득한 후 주식소각을 통하여 자본금의 감소 없이 유통주식수를 감소시키는 이익소각의 경우에는 다음과 같이 회계처리한다(일반기준 15장 문단 15.8, 15.12).

① 자기주식 취득시

(차) 자 기 주 식	×××	(대) 현금 및 현금성자산	×××

② 자기주식 소각시

(차) 자기주식소각액 (이 익 잉 여 금)	×××	(대) 자 기 주 식	×××

③ 재무제표 표시방법

이익소각과 관련한 회계처리는 기중거래사항으로 정기주주총회의 이익잉여금처분과는 관계가 없는 바, 재무상태표 및 이익잉여금처분계산서의 미처분이익잉여금에 반영되어야 할 것이다. 따라서 아래에 예시한 바와 같이 전기이월미처분이익잉여금으로부터 임의적립금이입액을 가산하고 자기주식소각액을 감소시키는 형식으로 이익잉여금처분계산서의 미처분이익잉여금을 표시하여야 한다(GKQA 02－005, 2002. 1. 2.). 한편 미처분이익잉여금 중 임의적립금이입액은 기중 회계처리시 전기이월미처분이익잉여금으로 이익소각액을 충당하기에 부족한 경우에 이입처리한다.

이익잉여금처분계산서

과 목	제 × (당) 기	
	금 액	
Ⅰ. 미 처 분 이 익 잉 여 금		×××
1. 전기이월미처분이익잉여금	×××	
2. 임 의 적 립 금 이 입 액	×××	
3. 자 기 주 식 소 각 액	(×××)	
4. 당 기 순 이 익	×××	
Ⅱ. 임 의 적 립 금 이 입 액		×××
1. × × 적 립 금	×××	
2. × × 적 립 금	×××	

④ 재무제표에 대한 주석

이익소각을 하는 경우 자본금의 감소 없이 발행주식수가 감소하게 된다. 따라서 재무상태표의 자본금에 대한 주석과 관련하여 발행주식수는 이익소각한 주식수만큼 감소시켜야 하며, 자본금이 발행주식의 액면총액과 일치하지 아니하는 사유를 주석으로 공시하여야 한다(일반기준 15장 문단 15.24).

11) 주식병합

주식병합이란 1인의 주주에게 속하는 수개의 주식을 합하여 보다 적은 수의 주식으로 하는 것을 말하며, 주식을 병합할 경우에 회사는 1개월 이상의 기간을 정하여 주식병합을 한다는 것과 그 기간 내에 주권을 회사에 제출할 것을 공고하고 주주명부에 기재된 주주와 등록질권자에 대하여는 각별로 그 통지를 하여야 한다(상법 440조).

주식병합은 원칙적으로 위의 기간이 만료한 때에 그 효력이 생기지만 채권자보호절차(상법 232조)가 끝나지 아니한 때에는 그 절차가 종료한 때에 효력이 생긴다(상법 441조).

사례 자본금 ₩500,000,000(발행주식수 100,000주, 1주당 액면가액 ₩5,000)을 가진 (주)삼일은 이월미처리결손금 ₩35,000,000의 보전을 위하여 구주 10주당 신주 9주를 교부하는 주식병합을 실시하였다.

(차) 자 본 금	50,000,000	(대) 감 자 차 익	50,000,000
(차) 감 자 차 익	35,000,000	(대) 미 처 리 결 손 금	35,000,000

12) 주금의 감소

주금액을 감소하는 방법에는 주금액을 감소하여 그 감소액에 해당하는 것을 주주에게 반환하는 방법과 주금액을 반환하지 아니하고 주금액을 감소하는 방법이 있다. 전자는 실질상의 자본감소의 경우에, 후자는 명목상의 자본감소의 경우에 해당되며, 자본금의 감소에는 일반적으로 정관변경의 특별결의가 있어야 하나, 결손의 보전을 위한 자본금의 감소는 주주총회 보통결의에 의한다(상법 438조).

사례 갑회사는 사업규모 축소를 위하여 1주당 액면금액 ₩6,000, 발행주식수 200,000주에 대하여 액면금액을 1주당 ₩5,000으로 감소하기로 결의하고 법정절차를 완료한 다음 1주에 대하여 ₩1,000씩을 환급하였다.

(차) 자 본 금	200,000,000	(대) 현금 및 현금성자산	200,000,000

13) 주식의 상환

상법은 정관에서 정하는 바에 따라 회사의 이익으로써 소각할 수 있는 종류주식(이하 "상환주식"이라 함)을 발행할 수 있도록 하고 있으며(상법 345조), 상환주식의 상환은 이익에 의한 소각의 한 경우이지만 주주평등의 원칙에 따라 모든 주주에 대하여 평등하게 이루어지는 주식의 소각과는 그 성질이 다르다. 상환주식을 소각한 경우에는 그만큼 발행주식이 감소하게 되나 감소된 주식수대로의 주식을 다시 발행할 수 있는가에 대하여는 문제가 없지 않으나, 정관 · 주식청약서 · 등기 등에서 소각할 것으로 예정된 특정주식이 감소한 것이므로 재발행은 할 수 없는 것으로 보아야 할 것이다.

한편 상환주식의 소각은 자본감소의 절차에 의한 것이 아니므로 소각의 결과 자본이 감소하는 것은 아니라고 보아야 할 것이다.

상법의 규정에 의해 발행된 상환주식의 상환에 따른 회계처리방법은 다음과 같다(일반기준 15장 부록 실15.2).

① 상환주식 취득시

상환주식의 상환으로 인하여 회사가 일시적으로 취득하게 되는 상환주식은 자기주식으로 처리한다.

(차) 자 기 주 식	×××	(대) 현금 및 현금성자산	×××

② 상환절차 완료시

상환주식의 상환은 회사의 이익으로 이루어지므로 상환절차가 완료한 때 상환액(계약에 의한 추가 지급액 포함)을 이익잉여금의 감소로 회계처리하여야 한다(금감원 2011－012).

• 이익잉여금으로 상환할 경우

(차) 상환주식상환액 (미처분이익잉여금)	×××	(대) 자 기 주 식	×××

• 별도적립금으로 상환한 경우

(차) 상환주식상환적립금	×××	(대) 자 기 주 식	×××

③ 재무제표 표시방법

상환주식을 이익잉여금으로 상환할 경우 이익잉여금처분계산서상 표시는 이익잉여금처분액 중 상환주식상환액의 과목으로 하여 표시하도록 하고 있다(일반기준 2장 부록 실2.15).

그러나 일반기업회계기준 제24장 문단 24.7에서는 이익잉여금처분계산서에 포함된 배당은 재무상태표에 부채로 인식하지 아니하며 재무상태표에는 이익잉여금처분 전의 재무상태를 표시하도록 규정하고 있는 바, 기중거래사항에 해당하는 상환주식상환액의 경우 아래에 예시한 바와 같이 미처분이익잉여금에서 차감표시하는 것이 타당할 것으로 판단된다.

이익잉여금처분계산서

과 목	제×(당)기 금 액	
Ⅰ. 미처분이익잉여금		×××
1. 전기이월 미처분이익잉여금	×××	
2. 상환주식상환액	(×××)	
3. 당기순이익	×××	

④ 재무제표에 대한 주석

상환주식을 상환하는 경우 자본금의 감소 없이 발행주식수가 감소하게 된다. 따라서 주석으로 공시할 회사가 발행한 주식의 수는 상환한 주식수만큼 감소시켜야 하며, 자본금이 발행주식의 액면총액과 일치하지 아니하는 사유를 주석으로 공시하여야 한다.

사례 (주)삼일은 1주당 액면가액 ₩5,000인 상환우선주식 100주를 1주당 ₩6,000에 이익소각하기로 하였다. 회사는 상환주식의 상환을 위해 별도적립금을 적립하지 아니하고 이익잉여금으로 상환하였다.

• 상환주식의 취득시

(차)	자 기 주 식	600,000	(대) 현금 및 현금성자산	600,000

• 상환절차의 완료시

(차)	상환주식상환액 (미처분이익잉여금)	600,000	(대) 자 기 주 식	600,000

14) 주석공시

자본거래 등과 관련된 다음의 사항은 주석으로 기재한다(일반기준 15장 문단 15.24).

① 기업이 발행할 주식의 총수, 1주의 금액 및 발행한 주식의 수와 당해 회계연도 중에 증자, 감자, 주식배당 또는 기타의 사유로 자본금이 변동한 경우에는 그 내용
② 기업이 발행한 주식의 종류 및 종류주식별 주요 내용
③ 발행주식 중 상호주식 등 법령에 의하여 의결권이 제한되어 있는 경우에는 그 내용
④ 자기주식의 취득경위 및 향후처리계획
⑤ 신주청약증거금에 대한 신주의 발행주식수, 주금납입기일 및 자본잉여금으로 적립될 금액
⑥ 주식을 이익으로 소각하는 경우 자본금이 발행주식의 액면총액과 일치하지 아니하는 사유

(3) 세무회계상 유의할 사항

세법상 자본 또는 출자의 납입은 법인의 익금에서 제외되므로(법법 15조 1항) 자본금의 불입 및 감소사항은 법인의 익금 또는 손금에 산입되지 아니한다.

이하에서는 자본금 증감에 관련한 여타의 세무회계사항을 살펴보기로 한다.

1) 세법상 자본금의 범위

상법 규정에 의하여 정당하게 설립된 회사의 자본금은 동법 규정에 의한 자본금이 감소될 때까지는 당초의 자본금을 정당한 자본금으로 본다.

2) 의제배당에 따른 배당소득세 과세

유상감자나 사원탈퇴, 잉여금의 자본전입, 자기주식 또는 자기출자지분 무상주분배, 해산·합병 및 분할의 경우 등에는 실제 배당소득의 지급 여부에 불구하고 일정한 방법에 의하여 산출된 금액만큼 배당소득으로 지급한 것으로 의제하고 있으므로 회사로서는 일정액의 배당소득세를 개인주주로부터 원천징수하여야 할 의무가 있다(소법 17조 2항, 130조).

3) 부당행위계산의 부인

① 현물출자

세무상 현물출자에 대하여는 출자자산 평가의 적정성과 출자자산이 무수익자산인지의 여부에 초점이 모아진다.

즉, 특수관계인으로부터 시가를 초과한 가액으로 현물출자받았거나 그 자산을 과대상각할 경우와 무수익자산을 현물출자받았거나 그 자산에 대한 비용을 부담할 경우에는 세법상 부당행위계산 부인의 규정이 적용된다(법령 88조 1항 1호, 2호).

현물출자에 대해 법원이 선임한 검사인은 세법상 감정기관이 아니므로 법원검사인의 감정가액은 시가로 인정받을 수 없다. 그러므로 시가를 산정하기 어려운 경우에는 다음을 차례로 적용하여 계산한 금액을 시가로 보아 부당행위계산 부인규정의 해당 여부를 판단해 보아야 할 것이다(법령 89조 2항).

㉠ 감정평가 및 감정평가사에 관한 법률에 따른 감정평가법인 등이 감정한 가액이 있는 경우 그 가액(감정한 가액이 2 이상인 경우에는 그 감정한 가액의 평균액). 단, 주식 등 및 가상자산은 제외함.

㉡ 상속세 및 증여세법 등을 준용한 평가액

② 불균등 자본거래 등

불균등 자본거래 등으로 인한 부당행위계산의 부인 규정에 따라 익금에 산입한 금액은 그 귀속자에 따라 상여, 배당 등으로 소득처분하되, 그 귀속자에게 상속세 및 증여세법에 의해 증여세가 과세되는 금액은 기타사외유출로 처분한다(법령 106조 1항 1호, 3호 자목).

2. 출자금

(1) 개념 및 범위

조합, 합명회사, 합자회사 등 주식회사 이외의 형태의 회사가 조합원 또는 사원 등 출자자로부터 갹출한 급부액을 출자금이라 하며, 이는 주식회사의 자본금 개념과 동일하다. 그러나 합명회사 및 합자회사는 상법 규정에 따른 법인이라는 점을 제외하고는 경제적으로 여러 면에서 민법상 조합과 다를 바가 없으므로 출자금에 대한 회계처리는 조합과 거의 유사하게 이루어진다. 또한 자본금 개념의 출자금계정은 투자자산으로서의 출자금계정과 구별되어야 한다.

즉, 재무상태표 대변항목인 출자금계정은 주식회사의 자본금계정에 해당하는 것으로서 주로 합명회사, 합자회사나 조합 등이 조합원 또는 사원으로부터 받은 출자액을 처리하는 계정인 반면 재무상태표 차변항목인 출자금계정은 투자자산에 속하는 계정으로서 주식회사 이외의 다른 회사에 대한 출자액을 표시하는 계정이다.

다음에서는 회사형태별 출자금계정의 특성을 살펴본다.

1) 출자금과 출자자별 계정

출자금에 대한 회계처리방법으로는 각 출자자별로 별도의 개인출자금계정을 설정하여 그 증감내용을 처리하는 방법과 총계정원장에는 하나의 통제계정으로 출자금계정만을 설정하여 출자금총액의 증감변동만을 기장하고 각 출자자별 출자액의 변동은 출자자대장 또는 출자금대장의 보조원장을 설정하여 기록하는 방법이 있다. 전자의 방법은 출자자의 수가 소수일 경우에 사용되나 재무제표 공표시에는 이를 통합하여 나타낸다.

2) 합명회사의 출자금

합명회사는 회사의 채무에 관하여 직접 연대하여 인적 무한책임을 부담하는 무한책임사원만으로 구성되는 회사이다. 회사는 상호간의 인적신뢰관계를 기초로 하여 가족적인 소수인이 자본의 공급보다는 노력의 보충을 목적으로 결합되고, 사원의 개성이 강하게 회사사업에 반영되므로 이른바 인적회사의 전형을 이룬다. 그리고 회사의 자본을 구성하는 사원의 출자에 있어서는 금전, 기타의 재산 이외에 신용 및 노무까지도 출자의 대상으로 인정하고 있는데 재산출자의 대상으로서는 동산, 부동산, 지상권, 차지권, 영업권 등과 같은 유형·무형의 재산이 포함되며 이에 대한 특별한 법적 규제는 존재하지 않는다. 그러나 상법상 회사의 자본으로 인정되는 신용출자액과 노무출자액은 회사장부상 계상할 출자의 가액이 아니라 사원상호간의 손익분배계산 등의 기준이 될 평가의 표준으로 보아야 할 것이다. 따라서 이러한 신용·노무의 출자액은 손익의 분배나 잔여재산의 분배 등의 기준 목적으로만 사용되고 회계처리방법에 있어서는 대조계정의 사용 등 비망적 기록에 그치는 것이 일반적이다.

3) 합자회사의 출자금

합자회사는 무한책임사원과 유한책임사원으로 조직된 회사로서 경제적으로 보면 무한책임사원이 경영하는 사업에 대하여 유한책임사원이 자본을 제공하고 그 사업으로부터 생기는 이익에 참여하는 형태를 이룬다.

합자회사는 회사채무에 대하여 회사채권자에게 직접 연대하여 인적무한책임을 부담하는 무한책임사원이 존재하는 점, 각 사원의 개인적 결합관계가 강하고 내부관계는 조합성을 보유하는 점 등에서 합명회사와 유사하나 유한책임사원이 존재하는 점에서 차이가 있다. 유한책임사원의 출자는 무한책임사원의 경우와는 달리 재산출자에 한하며 그 책임은 직접책임이기는 하나 출자액을 한도로 한다.

따라서 유한책임사원의 출자금을 회사장부에 계상하는 데에는 별 문제가 없으나 무한책임사원의 신용·노무출자액은 합명회사의 경우와 동일하게 비망적 기록으로 처리하는 것이 일반적이다.

(2) 기업회계상 회계처리

1) 출자금의 계상

합명회사 및 합자회사 등의 설립시 또는 신규사원의 입사시 출자액이 증액될 경우에는 출자금계정에 대기한다.

보통 신입사원이 입사하는 경우 유보이익 등에 대한 신·구 사원간의 지분형평을 위하여 신·구 사원의 지분액을 조정하는 것이 일반적이다.

사례 갑, 을, 병 3인은 합명회사를 설립하기로 하고 각각 다음과 같이 출자하였다.

- 갑 : 현금 ₩50,000,000
- 을 : 상품 ₩60,000,000
- 병 : 토지 ₩100,000,000 건물 ₩20,000,000

(차)			(대)		
	현금	50,000,000		갑 출 자 금	50,000,000
	상품	60,000,000		을 출 자 금	60,000,000
	토지	100,000,000		병 출 자 금	120,000,000
	건물	20,000,000			

2) 출자금의 감소

사원 중 일부가 퇴사하는 경우에는 원칙적으로 퇴사 당시의 회사재산상태에 따라 계산된 지분상당액을 환급하게 된다. 이 경우 지분상당액의 계산은 퇴사 당시의 재무상태표를 작성하여 계산하고 재산평가는 영업의 존속을 전제로 한 영업가격에 의한다.

3) 손익의 분배

① 합명회사의 손익분배

합명회사에 있어서 손익의 분배방법은 상법에 별도의 규정이 없으므로 정관 또는 총사원의 동의에 따르나 그러한 규정이 없는 경우에는 조합에 관한 민법 규정을 준용하여 각 사원의 출자액에 따른다. 이 경우의 손익이란 재무상태표상의 순자산액과 사원의 재산출자 총액과의 차액을 말한다.

합명회사의 이익분배는 이익배당방법을 취할 수 있으나 정관에 의하여 사원에게 배당될 이익의 전부 또는 일부를 배당하지 않고 회사에 유보하여 이를 적립함으로써 퇴사 또는 해산의 경우에 사원이 청구할 수 있는 금액을 증가시킬 수도 있다.

② 합자회사의 손익분배

합자회사에 있어서 이익의 분배는 위의 합명회사와 대체로 동일하나, 다만 유한책임사원이 그 출자액을 초과하여 손실을 분담하는가 하는 문제가 있다.

외부관계에서의 책임과 내부관계인 손실분담은 별개의 문제이지만 정관에 다른 정함이 없으면 유한책임사원은 외부관계에서 출자의 가액을 한도로 책임을 지는 동시에 내부관계에서도 출자가액을 넘어서는 손실을 부담하지 않는 것으로 본다. 그러나 정관으로 출자액 이상의 손실분담의무를 부담하게 하는 것은 무방하다.

③ 순손익의 처분

상법상 회사의 자본금 및 출자금은 개인기업과는 달리 정관상의 절대적 기재사항으로서 법률상 일정한 절차를 밟지 않고서는 변경할 수 없다. 따라서 합명회사나 합자회사에 있어서도 주식회사의 경우와 마찬가지로 결산시에 손익계정의 잔액을 직접 출자금계정에 대체하지 않고 사원총회에서 순손익에 대한 처분이 확정될 때까지 미처분이익잉여금 또는 미처리결손금계정에 대체하여 둔다.

한편 일반기업회계기준 제24장 문단 24.7에서는 이익잉여금처분계산서에 포함된 배당은 재무상태표에 부채로 인식하지 아니하며 재무상태표에는 이익잉여금처분 전의 재무상태를 표시하도록 규정하고 있으며, 동 기준 제1장 문단 1.3에서는 "이 기준은 주식회사의 외부감사에 관한 법률의 적용대상이 아닌 기업의 회계처리에 준용할 수 있다"라고 규정하고 있으므로 합명회사나 합자회사의 경우에도 일반기업회계기준에 따라 회계처리할 수 있을 것이다.

사례 합명회사인 (주)삼일은 기말결산시 순이익 ₩55,000,000을 계상하고 사원총회에서 다음과 같이 이익처분안을 결의하였다.

이익준비금 ₩1,000,000 　　사원배당금 : 갑사원 ₩5,000,000
별도적립금 ₩20,000,000 　　을사원 ₩3,000,000
병사원 ₩900,000

(차) 손 익	55,000,000	(대) 미처분이익잉여금	55,000,000
(차) 미처분이익잉여금	55,000,000	(대) 이 익 준 비 금	1,000,000
		별 도 적 립 금	20,000,000
		사 원 배 당 금	8,900,000
		이월미처분이익잉여금	25,100,000

4) 신입사원의 가입금

신규사원이 입사하는 경우에는 출자금 외에 가입금을 징수하는 경우가 있으며, 이는 주식회사로 보면 신주의 할증발행과 유사하다.

이 가입금의 회계처리방법으로는 ① 구사원의 출자액 비율에 의한 금액을 구사원의 출자금에 가산하는 방법, ② 그 금액을 각 구사원의 개인소득으로 계상하는 방법, ③ 그 금액을 구사원에 대한 회사의 예수금으로 계상하는 방법, ④ 가입금의 전액을 회사의 임의적립금으로 계상하는 방법 등이 있다.

(3) 세무회계상 유의할 사항

출자금계정은 주식회사의 자본금계정과 동일한 개념으로 별도의 세무조정사항은 없다.

Chapter

02

자본잉여금

제1절 자본잉여금의 일반사항

1. 잉여금의 분류

잉여금이란 회사자산에 대한 주주청구권이 회사의 법정자본금을 초과하는 경우에 그 차액으로 표시되는 부분을 말한다. 이러한 잉여금은 분류하는 관점에 따라 여러 가지로 나누어지고 있으나 그 중 가장 보편적인 분류방법인 발생원천에 따라 분류하는 관점에 따르면 잉여금은 자본잉여금과 이익잉여금으로 나누어 볼 수 있다.

자본잉여금은 자본거래에서 발생한 잉여금을 말하고, 이익잉여금은 손익거래에서 발생한 잉여금을 말한다. 여기에서 자본거래란 자본금과 자본잉여금의 증감을 일으키는 거래를 말하는 것으로 증자, 감자 등이 이에 해당한다. 이와 같이 발생원천에 따라 잉여금을 구분하는 이유는 자본거래와 손익거래가 과수의 근간과 과실의 관계와 비슷하고, 이것이 혼동될 경우 자본과세 및 자본배당을 초래하여 자본이 잠식될 우려가 있기 때문이다.

2. 자본잉여금의 범위

자본잉여금이란 주주에 의한 불입자본 중에서 자본금을 제외한 부분을 말한다. 따라서 자본잉여금은 자본금과 함께 주주의 불입자본을 구성하므로 불입잉여금이라고도 한다.

자본잉여금은 증자나 감자 등 주주와의 거래에서 발생하여 자본을 증가시키는 잉여금이다. 예를 들면, 주식발행초과금, 자기주식처분이익, 감자차익 등이 포함된다(일반기준 2장 문단 2.30). 이러한 자본잉여금은 영업활동과 관련하여 발생한 이익잉여금과 대칭되는 개념으로 손익계산서를 거치지 아니하고 직접 자본계정에 가감된다. 따라서, 이러한 자본잉여금을 주주에게 배당하게 되면 이익을 배당하는 것이 아니라 자본을 잠식하는 결과가 된다. 그러므로, 상법에서는 자본잉여금은 원칙적으로 배당의 용도로 사용할 수 없고, 결손보전이나 자본전입의 목적으로만 사용하도록 하고 있다. 다만, 상법 제461조의 2에 따르면 회사에 적립된 자본준비금 및 이익준비금의 총액이 자본금의 1.5배를 초과하는 경우에는 주주총회의 결의에 따라 그 초과한 금액 범위에서 자본준비금과 이익준비금을 감액할 수 있도록 하고 있는 바, 결손보전이나 자본전입 외의 용도로 사용하는 것을 제한적으로 허용하고 있다.

한편, 재무상태표의 작성시 자본잉여금은 일반적으로 주식발행초과금과 기타자본잉여금으로 구분하여 표시하고 그 세부내역을 주석으로 기재하여야 한다. 그러나, 기타자본잉여금에 속하는 항목이 중요한 경우에는 재무상태표의 본문에 별도 항목으로 구분하여 표시한다(일반기준 2장 문단 2.37, 2.34).

제2절 자본잉여금의 과목

1. 주식발행초과금

(1) 개념 및 범위

회사의 신주발행시 그 발행가액은 주식의 액면가액과 일치하거나 액면가액 이상 또는 이하일 수가 있다. 이 중 주식을 액면가액 이상으로 발행하는 경우 신주발행수수료 등 신주발행을 위하여 직접 발생한 기타의 비용을 차감한 후의 주식발행가액 중에서 액면가액을 초과하는 금액을 주식발행초과금이라 하며, 이는 주식프리미엄 또는 주식할증발행차금이라고도 한다.

> 일반기업회계기준 제5장【자본】
>
> 15.3. 주주로부터 현금을 수령하고 주식을 발행하는 경우에 주식(상환우선주 등 포함)의 발행금액이 액면금액(무액면주식의 경우 발행금액 중 이사회 또는 주주총회에서 자본금으로 정한 금액, 이하 같음)보다 크다면 그 차액을 주식발행초과금으로 하여 자본잉여금으로 회계처리한다. 발행금액이 액면금액보다 작다면 그 차액을 주식발행초과금의 범위내에서 상계처리하고, 미상계된 잔액이 있는 경우에는 자본조정의 주식할인발행차금으로 회계처리한다. 이익잉여금(결손금) 처분(처리)으로 상각되지 않은 주식할인발행차금은 향후 발생하는 주식발행초과금과 우선적으로 상계한다.

우리나라 상법은 주식의 발행가액과는 관계 없이 발행주식의 액면가액총액(무액면주식의 경우 발행금액 중 이사회 또는 주주총회에서 자본금으로 정한 금액)을 법정자본금으로 하고 있기 때문에 액면가액을 초과하는 주식의 발행가액은 법정자본금과 구분하여 자본준비금으로 처리하도록 규정하고 있다(상법 459조 1항).

주식발행초과금은 발행시마다 한도 없이 계속 적립하며, 여타 자본잉여금과 마찬가지로 회사자본에 전입하거나 이익잉여금 및 기타자본잉여금 등으로 전보하고도 남는 결손금을 보전하는 목적에 처분할 수 있다.

주식발행초과금은 초과수익력이 높은 회사나 순자산가치가 주식의 액면가액보다 높은 회사가 주식을 공모발행함에 있어서 주식을 액면가액 이상의 가액으로 발행하는 경우에 발생하는 금액으로서, 주주에 의한 납입자본의 일부이지만 기업회계상 자본금계정에 포함시킬 수 없는 항목이므로 자본잉여금 중의 1항목을 구성한다.

한편, 지분상품을 발행하거나 취득하는 과정에서 등록비 및 기타 규제 관련 수수료, 법률 및 회계자문 수수료, 주권인쇄비 및 인지세와 같은 여러 가지 비용이 발생한다. 이러한 자본거래 비용 중 자본거래가 없었다면 회피가능하고 자본거래에 직접 관련되어 발생한 추가비용을 주식발행초과금에서 차감하거나 주식할인발행차금에 가산한다. 다만, 중도에 포기한 자본거래 비용은 당기손익으로 인식한다(일반기준 15장 문단 15.5). 한국회계기준원의 질의회신 내용을 통하여 구체적인 사례별 해당 여부를 살펴보면 다음과 같다.

- 동일지배하의 사업결합에서 합병대가 지급을 위해 신주를 발행하는 경우, 자본거래 비용 중 자본거래가 없었다면 회피가능하고 자본거래에 직접 관련되어 발생한 추가비용에 대해서는 관련된 법인세효과를 차감한 금액을 주식발행초과금에서 차감하거나 주식할인발행차금에 가산한다(GKQA 13-001, 2013. 1. 5.).
- 코스닥 등록을 추진하는 과정에서 수요예측을 위하여 기관투자자를 대상으로 실시하는 기업설명회와 관련하여 발생하는 비용은 신주발행을 위하여 직접 발생한 비용으로 볼 수 없다(GKQA 01-123, 2001. 9. 6.).
- 구주주가 소유한 주권양식의 변경이 코스닥 등록시 신주발행을 위해 반드시 필요한 경우에는 신주뿐만 아니라 구주주 소유분에 대한 주권인쇄비도 신주발행을 위하여 직접 발생한 비용으로 볼 수 있다(GKQA 01-123, 2001. 9. 6.).
- 해외자본 유치를 위한 금융자문용역계약에 대한 수수료 중 신주발행과 관련하여 직접적으로 발생한 비용은 주식발행가액을 결정할 때 차감하여야 한다(GKQA 01-124, 2001. 9. 12.).
- 신주발행을 겸한 코스닥 등록시 신주발행비에는 주간사의 인수수수료, 광고비 등과 같은 주주모집비용 및 대행수수료, 주식판매 대행수수료, 신주발행을 위한 행정절차 대행수수료 등이 포함된다(GKQA 01-160, 2001. 12. 12.).
- 기업공개를 통한 증자시 주간사 증권사에게 지급하는 수수료 중 신주발행과 관련하여 직접적으로 발생한 비용만을 주식발행가액을 결정할 때 차감하여야 하며, 기업의 통상적인 투자설명회 관련 비용 등 신주발행을 위하여 직접 발생한 비용으로 볼 수 없는 금액은 비용으로 회계처리하는 것이 타당하다(GKQA 02-175, 2002. 10. 30.).

–신주발행시 수행된 컨설팅 용역과 관련하여 신주발행이 성사된 후 지급하는 성공보수금은 계약금액의 지급시기 및 지급형태에 불구하고 신주발행과 관련하여 직접 발생한 비용인 경우 주식발행가액에서 차감하여야 한다(GKQA 07–041, 2007. 12. 6.).

(2) 기업회계상 회계처리

1) 주식의 할증발행

① 일반적인 경우

주식발행초과금은 주주의 주금납입이 수반되는 유상증자의 경우에만 발생하며 주주의 주금납입절차가 없는 주식배당이나 무상증자의 경우에는 발생하지 아니한다.

주식회사가 자본을 증가하는 경우에는 상법상의 증자절차를 거쳐야 하며 신주발행가액 중 액면금액에 상당하는 금액은 자본금계정에 대기하고 신주발행비를 차감한 후의 신주발행금액과 액면금액의 차액은 주식발행초과금계정의 대변에 계상한다.

사례 (주)삼일은 신주(1주당 액면금액 ₩5,000) 10,000주를 1주당 ₩8,000을 발행금액으로 하여 할증발행하고 전액을 납입받았다.

(차) 현금 및 현금성자산	80,000,000	(대) 자본금	50,000,000
		주식발행초과금	30,000,000

그러나 통상의 신주발행시 신주청약단계에서 이미 납입받은 신주청약증거금으로 주금납입에 충당하는 것이 일반적이고 이 때의 회계처리는 다음과 같다.

(차) 신주청약증거금	×××	(대) 자본금	×××
		주식발행초과금	×××

② 현물출자의 경우

일반기업회계기준은 현물출자로 취득한 자산의 가액은 공정가치를 취득원가로 하도록 규정하고 있으므로(일반기준 15장 문단 15.4), 신주의 발행금액과 자산의 취득원가는 원칙적으로 취득한 자산의 공정한 평가액을 기준으로 결정하여야 할 것이다. 따라서 현물출자로 취득한 자산의 취득원가가 교부된 주식의 액면금액을 초과할 경우에는 주식발행초과금이 발생하게 된다.

2) 전환사채의 주식전환

기업회계상 전환사채의 전환으로 발행되는 신주의 발행가액은 전환권을 행사한 부분에 해당하는 전환사채의 장부가액과 전환권대가의 합계금액으로 한다. 따라서, 전환사채의 장

부가액과 전환권대가의 합계금액이 주식의 액면금액을 초과하는 경우에는 주식전환시에 주식발행초과금이 발생한다.

(차) 전 환 사 채	×××	(대) 자 본 금	×××
사채상환할증금	×××	사채할인발행차금	×××
전 환 권 대 가	×××	주식발행초과금	×××

반면, 전환사채의 주식전환시 법인세법에서는 일반기업회계기준과 달리 해석하고 있는 바, 일반기업회계기준에 따라 회계처리한 경우 세무조정이 발생하게 된다. 전환사채의 주식전환에 따른 회계처리와 세무상 유의할 사항에 대한 자세한 내용은 '비유동부채 중 2. 전환사채편'을 참조하기로 한다.

3) 주식발행초과금의 자본전입

주식발행초과금 등을 포함한 자본잉여금은 이사회 또는 주주총회의 결의에 따라 그 잉여금의 전부 또는 일부를 자본에 전입할 수 있다. 이 경우 기존 주주는 각자의 지분비율에 따라 무상으로 신주를 배정받게 되며, 주주총회의 결의일 또는 이사회의 자본전입결의가 있은 후 신주배정기준일 당시의 주주명부상의 주주가 신주의 주주가 된다. 이때 자본잉여금을 자본금에 전입하여 기존의 주주에게 무상으로 신주를 발행하는 경우에는 주식의 액면금액을 주식의 발행금액으로 한다(일반기준 15장 문단 15.7).

사례 (주)삼일은 이사회결의에 따라 20×7. 6. 30. 현재 회사의 주주에게 주식발행초과금을 재원으로 하여 1주당 0.2주의 비율로 총신주 액면금액 ₩30,000,000을 무상발행하기로 하고 신주배정기준일이 도래함에 따라 회계처리하였다.

(차) 주식발행초과금	30,000,000	(대) 자 본 금	30,000,000

4) 결손보전

결손금은 임의적립금, 기타법정적립금, 이익준비금, 자본잉여금으로 보전할 수 있으며, 주식발행초과금을 포함한 결손보전의 회계처리는 다음과 같다.

사례 (주)삼일은 당기에 ₩95,000,000의 결손금이 발생하여 주주총회에서 자본잉여금과 이익잉여금을 이입하여 결손금 전액을 보전하기로 결의하였다. 회사의 재무상태표상 잉여금 항목으로는 주식발행초과금 ₩56,000,000, 이익준비금 ₩45,000,000, 임의적립금 ₩25,000,000이 각각 계상되어 있다.

(차) 임 의 적 립 금	25,000,000	(대) 미 처 리 결 손 금	95,000,000
이 익 준 비 금	45,000,000		
주 식 발 행 초 과 금	25,000,000		

회사가 당해 회계연도 개시일 전 2년 내에 결손보전을 한 경우에는 결손보전에 충당된 자본잉여금이나 이익잉여금의 명칭과 금액 및 결손보전을 승인한 주주총회일을 주석사항으로 기재하여야 한다(일반기준 2장 부록 실2.20(8)).

(3) 세무회계상 유의할 사항

1) 익금불산입

주식발행초과금(법인세법에서는 주식발행액면초과액이라고 규정하며, 이는 액면금액 이상으로 주식을 발행한 경우 그 액면금액을 초과한 금액을 의미함. 다만, 무액면주식의 경우에는 발행가액 중 자본금으로 계상한 금액을 초과하는 금액을 말함)은 회사의 순자산을 증가시키는 거래이기는 하나 형식상 법정자본금은 아닐지라도 실질상은 주금을 납입하는 과정에서 발생하는 자본거래이기 때문에 법인세법은 이를 익금불산입항목으로 규정하고 있다(법법 17조 1항). 다만, 채무의 출자전환으로 주식 등을 발행하는 경우에는 그 주식 등의 시가를 초과하여 발행된 금액은 채무면제이익의 성격이 있으므로 이를 주식발행초과금에서 제외한다(법법 17조 1항 1호). 따라서 출자전환을 하는 경우를 제외하고, 상법상 주식발행초과금을 일반기업회계기준에 따라 자본잉여금으로 적정하게 회계처리하였다면 세무회계상 별도의 세무조정은 필요 없다.

2) 환율변동에 의한 외국인 출자 차액

외국인투자자가 불입하는 외화표시자본이 주금불입 당시의 환율변동으로 인하여 최초에 예정된 원화자본금과 차이가 발생한 경우 그 차액을 주식발행초과액으로 보아 익금불산입 항목으로 하며, 이는 일반기업회계기준의 입장과 동일하다.

> 법인세법 기본통칙 17-15…1 【주식발행액면초과액 등의 범위】「외국인투자촉진법」에 의하여 외국인투자지분을 자본금으로 납입하는 과정에서 환율변동으로 인하여 생긴 납입준비금 잔액은 이를 주식발행액면초과액으로 보아 익금에 산입하지 아니한다. (2008. 7. 25. 개정)

외국인 출자 목적물이 자본재일 경우 통관일 현재의 환율에 의한 환산금액과 원화자본금과의 차액도 동일하게 처리된다.

3) 이월결손금의 보전

기업회계상 주식발행초과금으로 충당된 이월결손금은 세무상 각 사업연도 소득금액에서 공제된 것으로 보지 아니하여 각 사업연도 개시일 전 15년(2019. 12. 31. 이전에 개시한 사업연도에 발생한 결손금은 10년, 2008. 12. 31. 이전에 개시한 사업연도에 발생한 결손금은 5년) 이내에 발생한 결손금은 법인세 과세표준계산시 공제가능하다. 다만, 중소기업과 회생계획을 이행중인 기업 등(법령 10조 1항)을 제외한 내국법인은 각 사업연도 소득의 80% 범위 내에서 공제한다(법법 13조 1항).

> **법인세법 기본통칙 13-10…1【주식발행액면초과액 등으로 충당된 이월결손금의 공제】** 법 제13조 제1호의 규정을 적용함에 있어서 주식발행액면초과액, 감자차익 · 합병차익 및 분할차익으로 충당된 이월결손금은 각 사업연도의 과세표준 계산에 있어서 공제된 것으로 보지 아니한다. (2008. 7. 25. 개정)

4) 기 타

상법상 주식발행초과금을 재원으로 하여 회사가 자본전입을 하고 이에 상당하는 무상주를 발행하더라도 회사측면에서 세무상 익금 · 손금문제는 발생하지 아니한다.

한편 당해 무상주를 수령하는 주주의 측면에서 의제배당과세의 문제가 발생할 수 있으나 상법상 주식발행초과금의 자본전입은 의제배당의 범위에서 제외된다. 다만, 주식발행초과금에 채무의 출자전환시 주식 등의 시가를 초과하여 발행된 금액이 포함되어 있는 경우에는 의제배당의 과세문제가 발생한다(법법 16조 1항 2호 및 법령 12조 1항 1호).

2. 감자차익

(1) 개념 및 범위

1) 감자차익

감자차익이란 주식회사의 자본을 감소시킨 때 감소된 자본금액이 주금을 환급한 금액 또는 결손의 보전을 한 금액을 초과하는 금액을 말한다.

> **일반기업회계기준 제5장【자본】**
>
> 15.11. 기업이 이미 발행한 주식을 유상으로 재취득하여 소각하는 경우에 주식의 취득원가가 액면금액보다 작다면 그 차액을 감자차익으로 하여 자본잉여금으로 회계처

> 리한다. 취득원가가 액면금액보다 크다면 그 차액을 감자차익의 범위내에서 상계처리하고, 미상계된 잔액이 있는 경우에는 자본조정의 감자차손으로 회계처리한다. 이익잉여금(결손금) 처분(처리)으로 상각되지 않은 감자차손은 향후 발생하는 감자차익과 우선적으로 상계한다.

이러한 감자차익은 발행주식을 무상으로 취득하여 소각하는 경우나 액면가액 이하로 매입소각하는 경우 등에 발생한다.

주식회사의 감자에는 유상감자와 무상감자가 있다. 유상감자는 회사가 사업을 축소하는 경우 또는 불필요한 자금을 주주에게 반환하기 위한 경우에 사용되며, 이와 같은 유상감자는 자본이 감소하는 동시에 회사의 순자산도 현실적으로 감소하여 회사의 규모가 축소되므로 자본의 환급 또는 실질상의 자본감소라고도 한다. 이에 비하여 무상감자는 계산상 자본액이 감소하여도 실질적인 회사의 순자산은 감소하지 않기 때문에 명목상의 자본감소 또는 형식상의 자본감소라고도 한다.

감자차익은 자본의 수정 또는 납입자본의 포기와 같은 형태를 띤 자본거래로부터 발생하는 것으로 자본금액의 감소로 인하여 법정자본의 범위를 벗어나기는 하였으나 계속하여 회사의 자기자본 내에 유보되어 있는 것을 의미한다. 다시 말하면 주식발행시에 자본금으로 처리한 금액 중에서 자본을 감소시킨 후에도 불입자본의 형태로서 회사 내에 남아 있는 부분이 감자차익이며, 이것은 회사의 영업활동으로부터 얻어진 이익이 아니라 주주를 상대로 하는 자본거래에 의하여 발생한 잉여금이기 때문에 자본잉여금으로 분류하고 있다.

한편 자본금의 감소액이 주식의 소각, 주금의 반환에 요한 금액에 미달하는 경우에 발생하는 감자차손은, 감자차익이 있는 경우에는 감자차익에서 우선적으로 차감하고 미상계된 잔액이 있는 경우에는 자본조정의 감자차손으로 회계처리한다. 또한, 이익잉여금(결손금) 처분(처리)으로 상각되지 않은 감자차손은 향후 발생하는 감자차익과 우선적으로 상계한다(일반기준 15장 문단 15.11).

2) 감자차익의 금액

감자차익의 금액을 결정함에 있어서 주식의 액면금액을 기준으로 하여야 한다는 액면주의와 감소되는 평균불입금액을 기준으로 하여야 한다는 불입금액주의가 대립되고 있다. 불입금액주의에 따르면, 예를 들어 자본금 1주당 액면금액은 ₩5,000이고 주식발행초과금을 포함한 1주당 평균불입금액이 ₩7,000이라면 감자시 소멸되는 자본계정은 자본금 1주당 액면금액인 ₩5,000이 아니라 평균불입금액인 ₩7,000이 된다. 그러나, 현재로서는 액면주의가 통설로 지지되고 있으며 일반기업회계기준에서도 액면주의에 따른 회계처리를 채택하고 있다.

(2) 기업회계상 회계처리

1) 주식수의 감소

회사의 자본감자시 주식수의 감소에 의하는 방법에는 특정주식을 소멸시키는 주식소각과 수개의 주식을 합하여 그것보다 소수의 주식으로 하는 주식병합이 있다.

① 주식소각

주식소각에는 주주의 의사와는 관계 없이 회사의 일방적 행위에 의하여 특정주식을 소멸시키는 강제소각과 회사와 주주간의 임의적 법률행위에 의하여 회사가 주식을 취득하여 이것을 소멸시키는 임의소각이 있다. 또한 대가의 지급유무에 따라 주식소각은 다시 주주에게 대가가 제공되므로 실질상의 감자가 되는 유상소각과 주주에게 대가가 제공되지 아니하므로 형식상의 감자가 되는 무상소각으로 나누어진다.

사례 (주)삼일은 자사의 주식 10,000주(1주당 액면가액 ₩5,000)를 1주당 ₩3,500으로 매입소각하였다.

(차) 자 본 금	50,000,000	(대) 현금 및 현금성자산	35,000,000
		감 자 차 익	15,000,000

액면주식을 액면 이하의 금액으로 매입소각한 경우에는 매입주식의 총액면금액합계와 총매입대가와의 차액이 감자차익이 되며 이는 기존 주주의 납입자본 일부가 감자를 실시한 후에도 회사 내에 자기자본으로 잔존하게 되는 것이므로, 사실상으로는 주주로부터의 증여 또는 갹출에 의한 금액의 성격을 가진다.

② 주식병합

주식병합은 1인의 주주에게 속하는 수개의 주식을 합하여 보다 적은 수의 주식으로 하는 것으로서 통상 결손금보전에 따른 무상감자시 행하여진다.

사례 (주)삼일은 당기 중 결손금 ₩70,000,000의 보전을 위하여 자사주식 10주를 8주로 병합하였다. 회사의 자본금은 감자 전 ₩500,000,000(1주당 액면가액 ₩5,000, 발행주식수 100,000주)이다.

(차) 자 본 금	100,000,000	(대) 감 자 차 익	100,000,000
(차) 감 자 차 익	70,000,000	(대) 미 처 리 결 손 금	70,000,000

주식을 병합할 경우 회사는 1개월 이상의 기간을 정하여 주식병합을 한다는 것과 그 기간 내에 주권을 회사에 제출할 것을 공고 및 통지하여야 하며, 원칙적으로 주식병합은 이

러한 기간이 만료하는 때에 그 효력이 생기지만 채권자보호절차가 끝나지 않은 때에는 그 절차가 종료한 때에 효력이 생긴다. 따라서 상기 회계처리는 이러한 효력발생시점에 이루어질 것이다.

2) 주금액의 감소

자본감자시 주금액의 감소에 의하는 방법에는 주금액을 감소하여 그 감소액에 해당하는 것을 주주에게 반환하는 방법과 주금액의 반환을 하지 아니하고 감소시키는 방법이 있다.

전자는 실질상의 자본감소의 경우에, 후자는 형식상의 자본감소의 경우에 이용된다. 각각의 회계처리는 전술한 '주식수의 감소'의 경우와 유사하다.

사례 1 (주)삼일은 1주당 액면가액 ₩10,000인 자사의 주식 20,000주 전부에 대하여 액면가액 ₩5,000으로 감소하기로 하고 주주에게는 1주당 ₩3,000을 감자대가로 지급하였다.

(차) 자 본 금	100,000,000	(대) 현금및현금성자산	60,000,000
		감 자 차 익	40,000,000

사례 2 [사례 1]에서 (주)삼일은 무상으로 감자하되 회사의 결손금 ₩70,000,000을 보전하기로 하였다.

(차) 자 본 금	100,000,000	(대) 감 자 차 익	100,000,000
(차) 감 자 차 익	70,000,000	(대) 미 처 리 결 손 금	70,000,000

3) 감자차익의 처분

주식발행초과금과 같이 자본잉여금으로 계상한 감자차익은 자본에의 전입 또는 결손금 보전의 목적만을 위하여 처분가능하다.

감자차익의 처분에 따른 회계처리는 다음과 같다.

• 자본전입의 경우

(차) 감 자 차 익	×××	(대) 자 본 금	×××

• 결손보전의 경우

(차) 감 자 차 익	×××	(대) 미 처 리 결 손 금	×××

(3) 세무회계상 유의할 사항

1) 익금불산입

감자차익도 주식발행초과금과 마찬가지로 형식상으로는 법정자본금이 아니나 실질적으로는 주주가 불입한 불입자본의 한 형태이기 때문에 법인세법상 익금불산입항목으로 규정하고 있다(법법 17조 1항 4호). 따라서 일반기업회계기준에 의거하여 감자차익을 자본잉여금으로 적정하게 회계처리하였다면 세무회계상 별도의 세무조정은 필요 없다.

2) 이월결손금의 보전

기업회계상 감자차익으로 충당된 이월결손금도 세무상 각 사업연도 소득금액에서 공제된 것으로 보지 아니하여 각 사업연도 개시일 전 15년(2019. 12. 31. 이전에 개시한 사업연도에 발생한 결손금은 10년, 2008. 12. 31. 이전에 개시한 사업연도에 발생한 결손금은 5년) 이내에 발생한 결손금은 법인세 과세표준 계산시 공제가능하다. 다만, 중소기업과 회생계획을 이행 중인 기업 등(법령 10조 1항)을 제외한 내국법인은 각 사업연도 소득의 80% 범위 내에서 공제한다(법법 13조 1항 및 법기통 13-10…1).

3) 기 타

감자차익을 자본전입하는 경우 주식발행초과금과 같이 회사측면에서는 어떠한 익금·손금조정문제도 발생하지 않으며, 주주측면에서도 의제배당과세대상에서 제외된다. 다만, 자기주식소각익으로부터 발생한 감자차익을 자본전입하는 경우(소각 당시 시가가 취득가액을 초과하지 않는 경우로서 소각일로부터 2년이 지난 후에 자본전입하는 경우는 제외)에는 의제배당과세대상이 되므로 회사는 당해 배당금액에 대한 원천징수의무를 부담한다(법법 16조 1항 2호 및 법령 12조 1항 2호).

3. 자기주식처분이익

(1) 개념 및 범위

자기주식이란 회사가 보유하고 있는 유가증권 중 자사가 발행한 주식을 말한다. 이는 주식을 발행한 회사가 자사발행주식을 매입 또는 증여에 의하여 보유하고 있는 주식을 말하며 재취득주식이라고도 한다. 이 중 소각목적으로 취득한 자기주식을 소각한 경우에는 감자차손익이 발생하고, 이를 매각처분한 때에는 자기주식처분손익이 발생하게 된다. 이 때 발생되는 자기주식처분이익을 일반기업회계기준에서는 자본잉여금 중 기타자본잉여금으로 규정하고 있다(일반기준 15장 문단 15.9).

자기주식의 성격에 대하여는 두 가지 견해가 있다. 첫째는 자기주식을 자산의 일종으로 보는 견해로서 이에 따르면 자기주식처분이익은 보통의 유가증권처분이익과 같이 영업외수익으로 기재하여야 할 것이다. 둘째는 자기주식을 자본의 차감성격으로 보는 견해(미발행주식으로 보는 견해)로서 이에 따르면 자기주식처분이익은 주주와의 자본거래에서 발생한 것이므로 감자차익의 경우와 마찬가지로 자본잉여금으로 처리하여야 할 것이다. 일반기업회계기준에서는 자기주식을 미발행주식으로 보아 자본조정항목으로 취급하고 있으므로 자기주식처분이익도 자본잉여금으로 처리하고 있다.

한편 자기주식처분이익은 자기주식처분손실이 있는 경우에는 이를 먼저 차감하고 그 잔액을 기타자본잉여금에 계상하는 것이다.

(2) 기업회계상 회계처리

1) 자기주식처분이익의 계상

① 원가법

원가법은 자기주식을 취득한 때 그 취득원가로서 자기주식계정에 계상하는 방법으로 여타 일반적인 경우의 자산취득에 관련한 회계처리와 동일하다. 일반기업회계기준에서도 자기주식의 본질을 미발행주식으로 파악하고 있으며 자기주식의 취득을 자본조정계정으로 보아 그 취득가액을 자본에서 차감하는 형식으로 기재하도록 규정하여 원가법을 채택하고 있다(일반기준 15장 문단 15.8).

일반기업회계기준에서 규정하고 있는 원가법에 의한 회계처리방법의 예를 들어 보면 다음과 같다.

(가) 취득시 분개

(차) 자 기 주 식	×××	(대) 현금 및 현금성자산	×××

(나) 처분시 분개

• 취득원가 < 처분가액

(차) 현금 및 현금성자산	×××	(대) 자 기 주 식	×××
		자기주식처분이익	×××

• 취득원가 = 처분가액

(차) 현금 및 현금성자산	×××	(대) 자 기 주 식	×××

• 취득원가 > 처분가액

(차) 현금및현금성자산 ××× (대) 자 기 주 식 ×××
자기주식처분손실* ×××

(다) 소각시 분개

• 취득가액 < 액면가액

(차) 자 본 금 ××× (대) 자 기 주 식 ×××
감 자 차 익 ×××

• 취득가액 > 액면가액

(차) 자 본 금 ××× (대) 자 기 주 식 ×××
감 자 차 손 ×××**

* 자기주식처분손실은 일반기업회계기준 제15장 문단 15.9에 의하여 자기주식처분이익으로 계상된 기타자본잉여금과 우선적으로 상계하고 미상각된 잔액이 있는 경우에는 자본조정의 자기주식처분손실로 회계처리한다.

** 일반기업회계기준 제15장 문단 15.11에서는 감자차손을 감자차익과 우선적으로 상계하고 미상각된 잔액이 있는 경우에는 자본조정의 감자차손으로 회계처리한다.

또한 일단 취득한 자기주식을 소각할 경우 감자차손익의 계상에 있어서는 액면가액주의와 불입가액주의 중 어느 것을 택하느냐에 따라 달라진다.

액면가액주의에 따르면 자기주식소각시 자기주식취득가액과 감자되는 자본금액면가액의 차액이 전부 감자차손익계정으로 나타나지만, 불입가액주의에 따르면 감소되는 자본계정이 주식발행초과금을 포함한 평균납입자본이 되므로 주식발행초과금의 크기에 따라 감자차손익이 그만큼 가감되는 효과가 있다. 그러나 액면가액주의와 불입가액주의 어느 것에 따르더라도 자기주식을 그대로 매각처분하는 경우에는 원가법 하에서의 회계처리는 동일하다.

사례 1 갑회사는 당해 연도에 자기주식 10,000주를 1주당 ₩6,500에 매입하였다.

(차) 자 기 주 식 65,000,000 (대) 현금 및 현금성자산 65,000,000

상기 자기주식에 상당하는 금액만큼을 감자하기로 결의하고 지체 없이 소각하였다. 갑회사는 소각 당시 자본금 ₩500,000,000(1주당 액면가액 ₩5,000)과 주식발행초과금 ₩7,500,000이 장부상 계상되어 있다.

〈 액면가액주의의 경우 〉 – 일반기업회계기준상 회계처리

(차) 자 본 금 50,000,000 (대) 자 기 주 식 65,000,000
감 자 차 손 15,000,000

〈 불입가액주의의 경우 〉

(차) 자 본 금	50,000,000	(대) 자 기 주 식	65,000,000
주식발행초과금	750,000		
감 자 차 손	14,250,000		

사례 2 [사례 1]에서 갑회사는 자기주식을 1주당 ₩7,000에 매각처분하였다.

(차) 현금 및 현금성자산	70,000,000	(대) 자 기 주 식	65,000,000
		자기주식처분이익	5,000,000

이 때의 자기주식처분이익은 자기주식을 매입한 신주주가 불입한 주식발행초과금과 동일한 성격을 지닌 것으로 일반기업회계기준상 자본잉여금으로 처리하여야 한다.

② 액면법

액면법은 자기주식계정에 자기주식의 취득가액이 아닌 주식의 액면가액으로 계상하는 방법으로서 이 경우에도 액면가액주의와 불입가액주의에 따라 회계처리가 달라진다.

사례 3 [사례 1]을 액면법에 따라 회계처리하라.

• 자기주식의 취득

〈 액면가액주의의 경우 〉

(차) 자 기 주 식	50,000,000	(대) 현금 및 현금성자산	65,000,000
자기주식매입차손	15,000,000		

〈 불입가액주의의 경우 〉

(차) 자 기 주 식	50,000,000	(대) 현금 및 현금성자산	65,000,000
주식발행초과금	750,000		
자기주식매입차손	14,250,000		

• 자기주식의 소각

(차) 자 본 금	50,000,000	(대) 자 기 주 식	50,000,000

액면법에 따라 회계처리할 경우 자기주식에 관하여는 취득 당시에 매입차손익이 발생하고 소각시에는 액면가액만큼의 감자만 이루어지므로 소각손익(감자차손익금)은 전혀 발생하지 아니한다.

사례 4 [사례 2]를 액면법에 따라 회계처리하라.

(차) 현금 및 현금성자산	70,000,000	(대) 자 기 주 식	50,000,000
		자기주식처분이익	20,000,000

자기주식 매각의 경우에는 액면법 하에서 액면가액주의나 불입가액주의의 어느 것에 따르든지 회계처리는 동일하며 이 때 발생한 자기주식처분이익도 역시 신주주가 불입한 주식발생초과금과 동일한 성격으로 이해되어 자본잉여금으로 처리된다.

상기 액면법은 나름대로 이론적인 장점은 있으나 그 회계처리가 복잡하고 자기주식의 취득단계에서 손익이 발생하는 점 등의 문제점으로 인하여 실무상 원가법이 많이 이용되고 있으며 일반기업회계기준에서도 이 방법을 채택하고 있다.

(3) 세무회계상 유의할 사항

1) 익금조정

세법은 순자산증가설의 입장에서 자기주식처분이익을 법인의 익금산입항목으로 규정하고 있다.

> **법인세법 기본통칙 15－11…7【자기주식처분손익의 처리】** ① 자기주식을 취득하여 소각함으로써 생긴 손익은 각 사업연도 소득계산상 익금 또는 손금에 산입하지 아니하는 것이나, 매각함으로써 생긴 매각차손익은 익금 또는 손금으로 한다. 다만, 고가매입 또는 저가양도액은 그러하지 아니한다. (2009. 11. 10. 개정)
> ② 제1항 본문을 적용할 때에 자기주식의 취득가액은 해당 주식의 취득목적에 따라 매각목적 자기주식과 소각목적 자기주식으로 구분하여 영 제75조를 적용한다. (2009. 11. 10. 신설)

따라서 일반기업회계기준상 자본잉여금으로 계상한 자기주식처분이익을 법인세 신고시 익금산입조정하여 법인의 각 사업연도 소득금액에 합산하여야 한다.

2) 이월결손금의 보전

일반기업회계기준상 자기주식처분이익으로 충당된 이월결손금은 세무상 각 사업연도 소득금액에서 공제된 것으로 보지 아니하여 각 사업연도 개시일 전 15년(2019. 12. 31. 이전에 개시한 사업연도에 발생한 결손금은 10년, 2008. 12. 31. 이전에 개시한 사업연도에 발생한 결손금은 5년) 이내에 발생한 결손금은 법인세 과세표준계산시 공제가능하다. 다만, 중소기업과 회생계획을 이행 중인 기업 등(법령 10조 1항)을 제외한 내국법인은 각 사업연도 소득의 80% 범위 내에서 공제한다(법법 13조 1항 및 법기통 13－10…1).

4. 재평가적립금

(1) 의 의

현행 일반기업회계기준에서는 자산재평가법의 적용시한이 경과함에 따라 종전에 자본잉여금의 1항목으로 규정하던 재평가적립금을 별도로 규정하지 아니하였다. 그러나 자산재평가법이 한시적으로 시행되는 2000년 12월 31일까지는 종전기업회계기준에서도 자산재평가를 인정하므로(기준 부칙 4조) 동 기간 중 자산재평가에 의한 재평가적립금이 자본잉여금에 계상될 수 있으며, 종전에 계상되어 있던 재평가적립금 역시 자본전입 또는 결손금보전에 충당되기 전에는 계속하여 자본잉여금에 계상된다.

(2) 재평가적립금의 처분

1) 이월미처리결손금의 보전

재평가적립금을 자본에 전입하지 않고 그대로 자본잉여금으로 계상하고 있는 상태에서 만일 결손금이 발생한 경우에는 재평가적립금으로 보전할 수 있다. 그리고 이와 같은 결손금이 있는 경우에는 그 결손금을 보전하지 아니하고는 당해 재평가적립금을 자본에 전입할 수 없다. 재평가적립금으로 이월미처리결손금을 보전하는 경우 회계처리는 다음과 같다.

(차) 재 평 가 적 립 금　　×××　　(대) 미 처 리 결 손 금　　×××

2) 자본전입

재평가적립금 중에서 자본에 전입할 수 있는 금액은 다음의 금액을 공제한 잔액을 한도로 한다(자산재평가법 30조).

- 납부할 재평가세액
- 재평가일 이후 발생한 재무상태표상의 이월결손금

재평가적립금을 자본에 전입하고자 하는 경우에는 자본전입상당액증명서를 관할세무서장에게 신청하여 교부받아야 하며 재평가액 등의 결정일로부터 3년 이내에 자본전입을 완료하고 증자등기를 할 수 있다. 이 경우에는 증자등기에 따른 등록면허세를 면제받을 수 있다(자산재평가법 37조). 그러나 재평가액 등의 결정일로부터 3년이 경과한 때에 재평가적립금을 자본에 전입하는 경우에는 등록면허세를 면제받을 수 없다.

(3) 세무회계상 유의할 사항

1) 이월결손금의 보전

일반기업회계기준상 재평가적립금으로 충당된 이월결손금은 세무상 각 사업연도 소득금액에서 공제된 것으로 보지 아니하여 각 사업연도 개시일 전 15년(2019. 12. 31. 이전에 개시한 사업연도에 발생한 결손금은 10년, 2008. 12. 31. 이전에 개시한 사업연도에 발생한 결손금은 5년) 이내에 발생한 결손금은 법인세 과세표준계산시 공제가능하다. 다만, 중소기업과 회생계획을 이행 중인 기업 등(법령 10조 1항)을 제외한 내국법인은 각 사업연도 소득의 80% 범위 내에서 공제한다(법법 13조 1항 및 법기통 13-10…1).

2) 자본전입

재평가적립금의 자본전입과 관련하여 일반적으로 회사측면에서는 익금·손금조정문제가 발생하지 않으며, 주주측면에서도 의제배당에 해당되지 아니한다.

다만, 재평가세율 1%가 적용되는 토지와 관련한 재평가적립금을 자본전입하는 경우에는 법인세법상 익금산입하도록 규정하고 있어 회사측면에서는 이를 익금산입하는 세무조정이 필요하고, 주주측면에서는 의제배당에 해당된다(법법 16조 1항 2호 나목). 의제배당과 관련해서는 '손익계산서편'의 '영업외수익 중 배당금수익'을 참조하기 바란다.

3) 재평가토지의 양도에 관한 소득계산 특례

법인이 1983년 12월 31일 이전에 취득한 토지로서 1984년 1월 1일 이후 재평가를 실시하지 아니한 토지를 최초로 재평가한 후 당해 토지를 양도함에 따라 발생한 양도차손은 자산재평가시 익금에 산입하지 아니한 당해 토지의 재평가차액을 한도로 당해 토지의 양도일이 속하는 사업연도의 소득금액계산에 있어서 이를 손금에 산입하지 아니한다(서면2팀-1169, 2004. 6. 10.).

5. 기타자본잉여금

(1) 전환권대가·신주인수권대가

전환사채와 신주인수권부사채는 일반사채와 전환권 또는 신주인수권의 두 가지 요소로 구성되는 복합적 성격을 지닌 증권이다. 따라서 전환사채 또는 신주인수권부사채를 발행한 경우에는 발행가액을 일반사채에 해당하는 부채부분과 전환권 또는 신주인수권에 해당하는 자본부분으로 분리하여 자본부분의 가치를 전환권대가 또는 신주인수권대가로 인식하여야 한다(일반기준 15장 문단 15.18).

전환권대가 또는 신주인수권대가는 당해 전환사채 또는 신주인수권부사채의 발행가액에서 현재가치를 차감하여 계산한다. 이 경우 사채의 현재가치는 만기일까지 기대되는 미래 현금흐름(상환할증금이 있는 경우에는 이를 포함함)을 사채발행일 현재 발행회사의 전환권 또는 신주인수권이 없는 일반사채의 시장이자율로 할인한 금액으로 한다(일반기준 15장 부록 실15.4, 실15.5).

한편 전환권대가 또는 신주인수권대가는 기타자본잉여금으로 분류한 후 전환권 또는 신주인수권이 행사되어 추가로 주식을 발행하는 시점에서 주식발행초과금으로 대체하여야 한다(일반기준 15장 부록 실15.6).

전환권대가 및 신주인수권대가와 관련된 회계처리 및 세무상 유의할 사항에 대한 자세한 내용은 '비유동부채 중 2. 전환사채 및 3. 신주인수권부사채편'을 참조하기로 한다.

(2) 자산재평가시 감가상각부인액

자산재평가법에 따른 자산재평가를 실시할 경우 재평가대상자산에 세법상 감가상각부인액이 있다면 기업회계와 세무회계의 차이에 따른 조정문제가 발생한다.

즉, 재평가차액 및 재평가적립금 등은 세무상 감가상각부인액을 가감한 후의 장부가액을 기초로 하여 계상되나 이는 회사장부상의 감가상각누계액과는 상이한 금액이므로 동 금액만큼을 기타자본잉여금계정으로 처리한다(구기준해석 10-62, 1999. 6. 29.).

사례 (주)삼일은 자산재평가를 실시한 바 재평가대상자산의 장부가액 등은 다음과 같다.

• 취득원가	₩400,000,000
• 감가상각누계액	₩150,000,000
• 세법상 감가상각부인액	₩17,000,000
• 재평가액	₩300,000,000

(차)	유형자산(재평가후)	300,000,000	(대)	유형자산(재평가전)	400,000,000
	감가상각누계액	150,000,000		재평가적립금	33,000,000
				기타자본잉여금	17,000,000

(3) 환율변동에 의한 외국인출자금 차액

이는 합자투자회사를 설립하고자 하는 내·외국인간에 출자금액을 외화상당액으로 약정하는 경우에 흔히 발생된다.

예를 들어 내국인은 투자인가 당시의 환율에 따라 외화상당액의 원화를 주금납입하고 외국인출자자는 약정된 외화로써 주금납입하였으나 환율변동으로 인해 당초의 합작투자계약서상의 환율을 적용한 납입금액을 초과하는 경우 동 초과금액은 기타자본잉여금으로 처리하는 것이다(일반기준 15장 부록 실15.1).

사례 내국인 갑과 외국인 A는 합자투자회사를 설립하기로 하고 각각 미화 $200,000씩 투자하기로 인가를 받았다. 갑은 합자투자계약서의 내용에 따라 합자투자인가 당시의 환율($1 : ₩800)에 의한 원화를 주금납입한 반면, A는 미화로 $200,000을 주금납입하였다. 단, 주금납입시점의 환율은 $1당 ₩850이다.

(차) 현　　　　금	330,000,000	(대) 자　본　금	320,000,000
		기타자본잉여금	10,000,000

이와 같이 발생하는 출자금 차액은 주주에 의한 불입자본의 성격이므로, 일반기업회계기준에서는 기타자본잉여금계정으로 처리하나 실질상으로는 주금납입과정에서 발생하는 주식발행초과금계정과 유사하다고 할 것이다.

한편 세법에서는 이를 실질적인 주식발행초과금으로 보아 익금불산입하도록 규정하고 있다(법인 46012-447, 1998. 2. 21.). 그리고 위와는 반대되는 현상으로 상기 [사례] 중 주금납입시점의 환율이 투자인가 당시의 환율보다 낮아 외국인투자자의 출자금액이 ₩160,000,000 (=$200,000×₩800) 상당액에 미달할 경우 그 차액을 부의자본잉여금 또는 주식할인발행차금으로 처리하여야 할 것인지의 문제가 있다.

그러나 주식할인발행 등은 상법에서 그 요건을 엄격히 규제하고 있는 점 등에 미루어 볼 때 이러한 회계처리는 타당하지 않으며 상법상 자본충실의 원칙에 비추어 최소한 차액 상당액만큼을 추가 불입하여야 할 것이다.

03

자본조정

자본조정이란 당해 항목의 성격으로 보아 자본거래에 해당하나 최종 납입된 자본으로 볼 수 없거나 자본의 가감 성격으로 자본금이나 자본잉여금으로 분류할 수 없는 항목을 말한다. 예를 들면, 자기주식, 주식할인발행차금, 주식선택권, 출자전환채무, 감자차손 및 자기주식처분손실 등이 포함된다(일반기준 2장 문단 2.31).

한편, 재무상태표에는 자본조정 중 자기주식을 별도 항목으로 구분하여 표시하고 주식할인발행차금, 주식선택권, 출자전환채무, 감자차손 및 자기주식처분손실 등은 기타자본조정으로 통합하여 표시할 수 있다. 이 경우 기타자본조정의 세부내용은 주석으로 기재한다. 그러나, 기타자본조정에 속하는 항목이 중요한 경우에는 재무상태표의 본문에 별도 항목으로 구분하여 표시하여야 한다(일반기준 2장 문단 2.34, 2.38).

1. 자기주식

(1) 개 요

1) 개 념

자기주식이란 주식회사가 일단 발행한 자기회사의 주식을 매입 또는 증여에 의하여 취득한 것을 말하며, 이를 금고주(treasury stock) 또는 재취득주식이라고도 한다. 따라서 자기주식은 발행주식의 일부이므로 미발행주식과 구별하여야 한다.

2) 자기주식의 취득 및 처분

상법에서는 회사가 자기의 명의와 계산으로 배당가능이익 한도 내에서 자기주식을 취득할 수 있도록 하고 있다. 다만, 회사의 합병 또는 다른 회사의 영업 전부의 양수로 인한 경우, 회사의 권리를 실행함에 있어 그 목적을 달성하기 위하여 필요한 경우, 단주의 처리를 위하여 필요한 경우, 주주가 주식매수청구권을 행사한 경우에는 배당가능이익이 없더라도 자기주식을 취득할 수 있다(상법 341조, 341조의 2). 또한, 자기주식 처분시 처분할 주식의 종류와 수, 처분가액과 납입기일, 주식을 처분할 상대방 및 처분방법에 관하여 정관에 규정이 없으면 이사회가 결정하도록 하고 있다(상법 342조).

한편, 상법 이외에 자본시장과 금융투자업에 관한 법률 제165조의 3의 규정에 따라서 자기주식을 취득할 수 있으며, 그 취득금액은 상법 제462조 제1항에 따른 이익배당을 할 수 있는 한도 이내이어야 한다.

(2) 기업회계상 회계처리

1) 자기주식의 재무상태표 계상

회사가 취득한 자기주식의 재무상태표 계상 능력에 대하여 자산설, 자본금평가계정설, 자본평가계정설 등이 있다.

① 자산설

이는 자기주식을 자산으로 인정하고 이를 재무상태표의 자산의 부에 계상할 것을 주장하는 견해이다. 이 주장의 근거는 자기주식이 용이하게 판매될 수 있다는 데 있으나 주식은 회사자산에 대한 청구권을 대표하는 것인데, 자기주식을 취득함으로써 회사 자신이 자기자산을 청구한다는 것은 기업실체설의 입장에서는 받아들이기 어렵다.

② 자본금평가계정설

이는 자기주식의 취득을 주식소각과 같다고 보는 것이다. 다만, 법률적인 면에서 아직 실효절차를 밟지 않았기 때문에 자기주식 전액을 자본금으로부터 차감하는 형식으로 재무상태표에 표시해야 한다는 설이다.

③ 자본평가계정설(자본차감설)

이는 자기주식의 매입을 자본의 감소라고 생각하는 데서 출발하고 있다. 그리하여 자기자본총액에서 자기주식의 취득원가를 차감하는 형식으로 표시하여야 한다는 설로 이론상의 통설이다.

④ 일반기업회계기준의 규정

자기주식의 본질적인 문제는 자기주식을 자산으로 보느냐 아니면 미발행주식으로 보느냐 하는 것이다. 자기주식을 자산으로 본다면 회사가 자산의 일부를 스스로 소유하고 있다는 모순이 발생한다. 자기주식을 재발행할 경우에 현금유입이 발생하는 것은 틀림없으나, 단순히 재발행의 가능성만으로 자기주식을 자산으로 보기는 어렵다. 따라서 자산설에 따르게 되면 매각할 목적으로 취득한 자기주식을 유동자산으로 분류한 후에 경제여건이 변하여 자기주식을 소각할 경우 이를 유동자산의 감소로 회계처리하여야 한다는 모순이 발생한다.

따라서 일반기업회계기준에서는 자기주식과 관련하여 다음과 같이 규정하고 있다.

> 일반기업회계기준 제15장【자본】
>
> 15.8. 기업이 매입 등을 통하여 취득하는 자기주식은 취득원가를 자기주식의 과목으로 하여 자본조정으로 회계처리한다.

즉, 일반기업회계기준은 경영자의 보유의도와 관계 없이 자기주식은 항상 미발행주식과 같이 자본조정계정으로 하여 주주지분의 차감항목으로 회계처리하도록 규정하였다.

다만, 회사가 주주 등으로부터 무상으로 받은 자기주식에 대해서는 회사 자산의 유출이나 부채의 부담이 발생하지 아니하므로 취득가액으로 인식할 금액이 없고 무상으로 취득한 자기주식은 자산이 아니므로 공정가액을 취득원가로 계상할 수도 없으므로 자기주식 무상수증으로 인한 법인세부담액을 적절한 계정과목(예 : 자기주식무상수증관련 법인세부담액 등)으로 하여 자본조정의 차감항목으로 표시한 뒤 별도의 회계처리를 하지 아니한다. 이후 동 무상수증 자기주식관련 회계처리시(즉, 이익소각, 감자, 처분시 등) 자본조정의 차감항목 및 처분직접비용을 관련 항목에서 가감 조정한다(금감원 2002-026).

2) 자기주식거래에 관한 회계처리

자기주식거래의 회계처리방법에는 원가법과 액면가액법의 두 가지 방법이 있다. 자본차감설에서는 이 두 가지 방법이 모두 적용가능하나 자산설의 경우에는 원가법만이 적용가능하다. 그것은 자산을 취득원가로 계상하여야 하기 때문이다.

① 원가법

자기주식을 취득한 때 취득원가로 기장하고 이것을 매각한 때 매각가액과 취득원가와의 차액을 자기주식처분손익으로 처리하는 방법이다.

자기주식의 취득원가는 주식의 액면가액, 자본잉여금, 이익잉여금 등으로 구성되어 있을 것이나 원가법에서는 자기주식의 액면가액이나 최초 발행가액에 관계 없이 취득원가만으로 자기주식을 평가하는 회계처리방법이다.

② 액면가액법

자기주식의 취득과 처분을 액면가액으로 회계처리하는 방법으로 이중거래법이라고도 한다. 여기서 자기주식의 취득은 자본의 감소를 의미하므로 취득시 액면가액과 취득가액의 회계처리는 당초의 주식발행시 회계처리와 밀접한 관련을 갖고 회계처리된다. 또 자기주식의 처분은 자본의 증가를 의미하므로 미발행주식의 발행과 같이 회계처리하면 된다. 다시 말하면 액면가액법은 이중거래개념(dual-transaction concept)에 입각한 방법으로 자기주식의 취득은 자본감소거래로, 자기주식의 매각은 주식발행에 의한 자본증가의 독립된 거래로 보고 회계처리하는 방법이다.

③ 일반기업회계기준의 규정

현행 일반기업회계기준은 자본차감설에 입각한 원가법에 따라 매각목적의 재취득과 소각목적의 재취득을 구분하지 않고 자기주식은 취득원가로 자본조정계정에 자본에서 차감하는 형식으로 기재하도록 규정하고 있다.

다음에서 원가법에 의한 회계처리방법을 예를 들어 보면 다음과 같다.

사례 원가법에 의한 회계처리의 예

20×7년 초 (주)삼일은 액면 ₩5,000의 보통주식 2,000주를 ₩15,000,000에 발행하여 설립되었다. 20×7년 중 그밖의 자본거래는 없으며, 20×7. 12. 31.의 이익잉여금은 ₩500,000이었다. 다음은 20×7년 중의 자기주식관련 거래내용이다.

- 3. 2. 자기주식 10주를 주당 ₩7,000에 구입
- 3. 5. 자기주식 5주를 주당 ₩7,600에 구입
- 3. 31.에 3. 5. 취득한 자기주식을 모두 소각
- 4. 10.에 3. 2. 취득한 자기주식 6주를 ₩7,500에 매각
- 4. 20.에 3. 2. 취득한 자기주식 4주를 ₩5,200에 매각

자기주식거래를 원가법에 따라 회계처리하여라.

(3. 2.)

(차) 자 기 주 식	70,000*	(대) 현금 및 현금성자산	70,000

* ₩7,000 × 10주 = ₩70,000

(3. 5.)

(차) 자 기 주 식	38,000*	(대) 현금 및 현금성자산	38,000

* ₩7,600 × 5주 = ₩38,000

(3. 31.)

(차) 자 본 금	25,000	(대) 자 기 주 식	38,000
감 자 차 손	13,000		

(4. 10.)

(차) 현금 및 현금성자산	45,000	(대) 자 기 주 식	42,000*
		자기주식처분이익	3,000

* ₩7,000 × 6주 = ₩42,000

(4. 20.)

(차) 현금 및 현금성자산	20,800	(대) 자 기 주 식	28,000*
자기주식처분이익	3,000		
자기주식처분손실	4,200		

* ₩7,000 × 4주 = ₩28,000

(3) 세무회계상 유의할 사항

자기주식은 세무상 자산으로 취급되므로 유상으로 매입한 경우에는 취득원가로 계상하고, 무상으로 증여받은 경우에는 시가로 계상하여야 한다. 따라서, 내국법인이 주주 등으로부터 자기주식을 무상으로 증여받고 별도의 회계처리를 하지 아니한 경우에는 시가상당액을 익금산입(유보)하여야 한다(서면2팀-683, 2007. 4. 19.).

자기주식의 양도와 관련하여는 다음과 같은 통칙에 의하여 취득사유를 불문하고 소각손익은 과세하지 않되 매각손익은 과세하는 것으로 규정하고 있다.

법인세법 기본통칙 15-11…7【자기주식처분손익의 처리】① 자기주식을 취득하여 소각함으로써 생긴 손익은 각 사업연도 소득계산상 익금 또는 손금에 산입하지 아니하는 것이나, 매각함으로써 생긴 매각차손익은 익금 또는 손금으로 한다. 다만, 고가매입 또는 저가양도액은 그러하지 아니한다. (2009. 11. 10. 개정)

② 제1항 본문을 적용할 때에 자기주식의 취득가액은 해당 주식의 취득목적에 따라 매각목적 자기주식과 소각목적 자기주식으로 구분하여 영 제75조를 적용한다. (2009. 11. 10. 신설)

2. 주식할인발행차금

(1) 개념 및 범위

주식할인발행차금이란 주식발행시 주식발행가액이 액면가액에 미달하는 경우 그 미달하는 금액을 말한다. 이때 주식발행가액이라 함은 신주발행비를 차감한 금액을 말한다. 따라서, 신주발생시 주권인쇄비 등의 신주발행비가 발생하면 액면가액으로 주식을 발행한다고 할지라도 신주발행비금액만큼 주식할인발행차금이 계상될 수 있는 것이다(일반기준 15장 문단 15.5).

원칙적으로 현행 상법은 자본충실의 원칙상 주식의 할인발행을 허용하지 않는다(상법 330조). 그러나 수권자본제도 하에서 회사의 설립 후에 신주를 발행하는 경우에도 할인발행을 금지한다면 이미 발행한 주식의 시가가 액면가액에 미달할 때에는 사실상 신주발행을 할 수 없어 기업의 자기자본에 의한 자금조달이 매우 어렵게 된다. 이러한 점을 고려하여 신주발행의 경우 일정한 요건을 충족한 경우에 예외적으로 할인발행을 인정하는 규정을 두고 있다(상법 330조, 417조). 즉, 회사가 주식을 할인발행하려면 회사가 성립한 날로부터 2년이 경과한 후에 주식할인발행에 관한 주주총회의 특별결의와 법원의 인가를 얻은 다음 그 인가일로부터 1개월 이내에 주식을 발행하여야 한다.

(2) 기업회계상 회계처리

1) 주식할인발행

회사가 상법상의 규정에 의하여 주식을 할인발행하는 경우 그 발행가액과 액면가액과의 차액은 주식할인발행차금계정으로 처리하게 되며, 다음과 같은 회계처리를 하게 된다.

사례 (주)삼일은 당기 중에 영업자금의 조달을 위하여 ₩500,000,000(1주당 액면가액 ₩5,000)을 증자하기로 하였으나 액면가액이 주식가치에 미달하여 1주당 ₩4,000으로 발행하기로 결의하였다. 이에 따라 소정의 절차를 거쳐 주금을 납입받았다.

(차)	현금 및 현금성자산	400,000,000	(대)	자 본 금	500,000,000
	주식할인발행차금	100,000,000			

2) 주식할인발행차금의 처리

주주로부터 현금을 수령하고 주식을 발행하는 경우에 주식(상환우선주 등 포함)의 발행금액이 액면금액보다 작다면 그 차액을 주식발행초과금의 범위 내에서 상계처리하고, 미상계된 잔액이 있는 경우에는 자본조정의 주식할인발행차금으로 회계처리한다. 또한 이익잉여금(결손금) 처분(처리)으로 상각되지 않은 주식할인발행차금은 향후 발생하는 주식발행초과금과 우선적으로 상계한다(일반기준 15장 문단 15.3).

일반기업회계기준 제15장【자본】

15.3. 주주로부터 현금을 수령하고 주식을 발행하는 경우에 주식(상환우선주 등 포함)의 발행금액이 액면금액(무액면주식의 경우 발행금액 중 이사회 또는 주주총회에서 자본금으로 정한 금액, 이하 같음)보다 크다면 그 차액을 주식발행초과금으로 하여 자본잉여금으로 회계처리한다. 발행금액이 액면금액보다 작다면 그 차액을 주식발행초과금의 범위 내에서 상계처리하고, 미상계된 잔액이 있는 경우에는 자본조정의 주식할인발행차금으로 회계처리한다. 이익잉여금(결손금) 처분(처리)으로 상각되지 않은 주식할인발행차금은 향후 발생하는 주식발행초과금과 우선적으로 상계한다.

주식할인발행차금상각은 일반기업회계기준상 비용항목이 아니라 이익잉여금의 처분항목이므로 결산기일이 아닌 주주총회의 이익처분안 결의가 있는 날에 상각에 따른 회계처리를 하게 된다. 따라서 당해 상각기간이 경과하게 되면 주식할인발행차금계정은 자본계정에서 소멸된다.

3) 주식할인발행차금의 표시

일반기업회계기준은 주식할인발행차금을 자본의 상계적 평가계정으로 보고 있다.

따라서 주식할인발행차금은 재무상태표상 다음과 같이 자본의 부에서 차감하는 형식으로 표시한다.

재 무 상 태 표

자 본		
Ⅰ. 자 본 금		×××
Ⅱ. 자 본 잉 여 금		×××
Ⅲ. 자 본 조 정		(×××)
1. 자 기 주 식	×××	
2. 기 타 자 본 조 정*	×××	
Ⅳ. 기 타 포 괄 손 익 누 계 액		×××
Ⅴ. 이 익 잉 여 금		×××
자 본 총 계		×××

* 주식할인발행차금은 일반적으로 기타자본조정에 통합하여 재무상태표에 표시하고 그 세부내용을 주석으로 기재한다. 그러나, 당해 주식할인발행차금이 중요한 경우에는 재무상태표의 본문에 별도항목으로 구분하여 표시한다(일반기준 2장 문단 2.34, 2.38).

4) 결산시 유의할 사항

주식할인발행차금의 계상은 주식의 할인발행시점에, 그리고 그 상각처리는 주주총회의 결의가 있는 시점에서 각각 회계처리를 하게 되므로 결산시점에서 별도의 결산정리에 따른 회계처리를 할 필요는 없다.

(3) 세무회계상 유의할 사항

세법상 주식할인발행차금은 손금불산입항목으로 법인의 손금에 산입되지 않으며 이의 상각액도 당연히 손금항목이 아니다. 따라서 주식할인발행차금에 관하여 일반기업회계기준에 의한 회계처리가 적정하다면 별도의 세무조정은 필요하지 않다.

3. 신주청약증거금

(1) 개념 및 범위

회사가 유상증자를 위하여 신주를 발행하는 경우 이사회 또는 주주총회의 결의, 신주배정일의 지정 및 공고, 신주인수권자에 대한 최고 및 공고, 주식인수의 청약, 신주배정 및 인수, 출자의 이행, 증자등기 등의 신주발행 절차를 순차적으로 거치게 된다. 이 때 신주인수권자 등은 신주인수의 청약을 행하면 그 주식의 수에 따라 주금납입기일에 인수가액의 전액을 납입할 의무를 지게 되며, 납입기일의 익일부터 신주발행의 효력이 발생하고 신주인수인은 이 날부터 주주의 자격을 취득하게 된다(상법 416조~432조).

또한, 신주발행회사는 주식청약기일이 경과하면 곧 청약자에게 신주를 배정하고 주금납입을 받게 되나 대체로 회사는 주식청약인으로부터 주금납입을 확보하기 위하여 신주청약서를 받을 때 일정액의 금전을 사전에 납입받는 것이 보통이다. 신주발행시 이러한 증거금으로서 얼마를 받을 것인가 하는 것은 회사의 임의결의사항이지만 통상 신주발행가액의 전액을 납입받고 있다. 만약 증거금으로서 신주발행가액 전액을 납입받은 경우에는 주금납입은 청약자의 별도의 납입절차 없이 당해 증거금으로 자동 충당하게 되며 그러하지 않은 경우에는 신주발행가액에 미달하는 금액은 추가납입, 초과하는 금액은 청약자에게 환급하는 절차를 거치게 된다.

신주청약증거금이란 이러한 일련의 과정에서 청약자가 신주청약금액을 납입하여 자본금계정으로 대체되거나 또는 환급되기 전까지의 총금액을 나타낸다. 그러나, 신주청약증거금 중 비록 자본금계정으로 대체하기 전이라도 장차 회사의 자본금으로 대체될 것이 확실시되는 단계 이후의 부분은 사실상 자본금 성격을 가지게 되므로 회사의 부채 성격으로 보유하는 신주청약증거금과 구분할 필요가 있다. 따라서, 신주청약증거금 중 청약기일이 경과된 신주청약증거금은 별도로 분리하여 자본조정계정으로 처리한다.

한편, 청약기일이 경과되지 아니한 신주청약증거금의 재무상태표 표시에 대하여는 유동부채로 처리하는 방법과 계정처리를 하지 아니하고 당해 사실만을 주석으로 기재하는 방법을 고려할 수 있다. 이는 신주청약증거금의 단계에 있어서 재무상태표상 자본의 부에 계상능력을 가지는 신주납입금의 전단계로서 단순히 신주납입금의 선수 성격으로 보아 부채로 취급하는 입장과 취급금융기관에 특정예금으로 예치되어 주금납입기일까지는 신주발행회사가 이를 기업자금으로 활용할 수 없는 신주청약증거금은 아직 기업의 관리 하에 있지 않으므로 재무상태표 계상능력이 없으므로 단순히 주석사항으로만 기재하여야 한다는 입장으로 구분된다.

(2) 기업회계상 회계처리

1) 신주청약증거금의 표시

일반기업회계기준에서는 청약기일이 경과된 신주청약증거금 중 신주납입금으로 충당될 금액은 자본조정으로 계상하고, 신주의 발행주식수 · 주금납입기일과 자본잉여금으로 적립될 금액을 주석으로 기재하도록 하고 있다(일반기준 15장 문단 15.6, 15.24 (5)).

이에 따른 단계별 구체적인 처리방법은 다음과 같다.

① 청약기일이 미경과된 신주청약증거금 : 신주청약증거금은 회사의 계좌에 곧바로 입금되는 것이 아니라 취급금융기관에서 신주청약서와 함께 납입받게 되므로 청약기간의 만료와 함께 금융기관에서 납입실적을 통지받는 시점에서야 비로소 회사는 그 청약총금액을 알 수 있다고 할 것이다. 따라서, 회사는 청약기간 중 매일매일의 증거금 입금금액에 대하여 별도의 회계처리를 할 필요는 없다.

② 청약기일이 경과된 신주청약증거금 : 이 때에는 취급금융기관의 입금통지에 따라 신주청약증거금 전액에 대하여 회사의 부채로 계상한다.

③ 신주납입금으로 충당될 금액 : 청약기일이 경과된 신주청약증거금 중 신주납입금으로 충당될 금액은 자본조정계정으로 대체하고, 배정한도를 초과하는 청약증거금은 청약자에게 환급한다.

2) 신주청약증거금의 납입

신주발행회사는 주식청약기일이 경과하면 곧 청약자에게 신주를 배정하고 주금납입을 받아야 한다. 이 때 회사는 청약단계에서 신주청약증거금으로 신주의 발행가액 전액을 납입받고 주금납입 청약자의 별도의 납입절차 없이 당해 신주청약증거금으로 자동대체하는 것이 일반적이다. 그러나, 보통 2일 내지 7일 정도의 기간을 두어 행하는 신주청약기간 중 입금된 신주청약증거금은 그 때마다 별단예금으로 입금되어 회사의 관리 하에 있는 것이 아니므로 실무상 청약기간이 만료되거나 납입기일이 도래할 때까지는 신주발행회사가 이를 회계처리할 수 없다. 따라서, 청약기간이 만료되거나 납입기일이 경과되어 취급금융기관으로부터 통지를 받은 때에 다음과 같이 회계처리한다.

사례 1 (주)삼일은 1주당 액면가액 ₩5,000인 보통주식 16,000주를 신주발행하면서 구주식 1주당 0.2주의 비율로 배정하고 구주주의 청약미달 잔여주식에 대하여는 일반에게 공개모집하기로 하였다. 또한, 신주청약기간 중 청약증거금으로서 신주발행가액의 전액인 ₩8,000을 납입받기로 하였으며 청약기간의 만료익일에 거래은행으로부터 18,000주가 청약되었다는 통지를 받았다.

(차) 현금 및 현금성자산 144,000,000 (대) 신주청약증거금 144,000,000

3) 자본조정계정에의 대체

신주의 청약기일이 경과하면 신주청약자에게 주식을 배정하고 주금납입을 받게 되나 주금납입은 이미 청약증거금으로 납입된 금액을 우선적으로 충당하고 잔액만 주금납입기일에 추가로 납입받게 된다.

그러나, 실제 관행상 신주청약시에 신주발행가액 전액을 납입받는 것이 일반적이므로 주금납입기일에 배정주식에 상당하는 신주청약증거금은 곧바로 자본조정계정으로 대체하고 배정한도를 초과하는 신주청약증거금은 청약자에게 환급하는 것이 보통이다.

사례 2 [사례 1]에서 (주)삼일은 신주의 납입기일이 경과하여 신주 16,000주에 상당하는 신주청약증거금을 자본조정계정으로 대체하고 신주배정을 받지 못한 잔여 2,000주의 청약분에 대하여는 청약증거금을 반환하였다.

(차) 신주청약증거금	144,000,000	(대) 신주청약증거금	128,000,000
		현금 및 현금성자산	16,000,000

4) 자본금계정에의 대체

신주인수인이 주금납입기일까지 신주인수가액 전액의 납입 또는 현물출자 전부의 급부이행을 한 때에는 납입기일의 다음날로부터 신주발행의 효력이 생기고 주주의 자격을 획득하게 된다. 따라서, 회사는 납입기일의 다음날에 신주인수와 납입이 이루어진 신주청약증거금을 자본금 및 자본잉여금계정으로 대체분개하여야 한다.

사례 3 [사례 1]과 [사례 2]에서 (주)삼일은 주금납입기일이 경과하여 신주납입금 전액을 자본계정에 대체하였다.

(차) 신주청약증거금	128,000,000	(대) 자본금	80,000,000
		주식발행초과금	48,000,000

4. 출자전환채무

채무자의 현재 또는 장래의 채무변제능력이 크게 저하된 경우에 채권자와 채무자 간의 합의 또는 법원의 결정 등의 방법으로 채무자의 부담완화를 공식화하는 것을 채권 · 채무조정이라 한다. 이러한 채권 · 채무조정의 방법은 자산의 이전 또는 지분증권의 발행(이하 "출자전환"이라 함)을 통한 채무의 변제와 이자율이나 만기 등 채무의 조건변경을 통한 채무의 존속으로 나눠진다.

이 중에서 출자전환채무라 함은 출자전환을 합의하였으나 출자전환이 즉시 이행되지 않는 경우에 계상되는 계정과목이다. 구체적으로 출자전환을 합의하였으나 출자전환이 즉시 이행되지 않는 경우에는 조정대상채무를 출자전환채무로 하여 자본조정으로 대체하는 것이다. 기타 이와 관련된 회계처리와 세무상 유의할 사항에 대한 자세한 내용은 '투자자산 중 6. 현재가치할인차금의 (3) 채권 · 채무조정편'을 참조하기로 한다.

5. 감자차손

감자차손이란 자본금의 감소액이 주식의 소각, 주금의 반환에 요한 금액에 미달하는 경우에 발생하는 금액을 말한다. 이러한 감자차손은 발행주식을 액면가액 이상으로 매입소각하는 경우에 발생한다.

감자차손은 감자차익이 있는 경우 당해 감자차익에서 우선적으로 상계하고 미상계된 잔액이 있는 경우에는 자본조정의 감자차손으로 회계처리한다. 또한, 이익잉여금(결손금) 처분(처리)으로 상각되지 않은 감자차손은 향후 발생하는 감자차익과 우선적으로 상계한다 (일반기준 15장 문단 15.11). 이를 요약하면 다음과 같다.

① 자본잉여금에 감자차익이 있는 경우 감자차익과 우선적으로 상계한다.

② 처분가능 이익잉여금이 있는 경우 감자차손을 결손금처리에 준하여 처리한다.

③ ①과 ②에 불구하고 감자차손 잔액이 있는 경우에는 자본조정으로 계상 후, 향후 발생하는 감자차익과 우선적으로 상계하고, 차기 이후에 결손금처리에 준하여 처리한다.

한편, 감자차익은 유상감자 또는 무상감자시에 모두 발생가능하나 감자차손은 유상감자시에만 발생가능하다. 기타 감자와 관련한 자세한 내용은 '자본잉여금 중 2. 감자차익편'을 참조하기로 한다.

6. 자기주식처분손실

자기주식을 취득가액 이하로 처분하는 경우에 발생하는 자기주식처분손실은 자기주식처분이익과 우선적으로 상계하고 미상계된 잔액이 있는 경우에는 자본조정의 자기주식처분손실로 회계처리한다. 또한, 이익잉여금(결손금) 처분(처리)으로 상각되지 않은 자기주식처분손실은 향후 발생하는 자기주식처분이익과 우선적으로 상계한다(일반기준 15장 문단 15.9).

① 자본잉여금에 자기주식처분이익이 있는 경우 자기주식처분이익과 우선적으로 상계한다.

② 처분가능 이익잉여금이 있는 경우 자기주식처분손실을 결손금처리에 준하여 처리한다.

③ ①과 ②에 불구하고 자기주식처분손실 잔액이 있는 경우에는 자본조정으로 계상 후

향후 발생하는 자기주식처분이익과 우선적으로 상계하고, 차기 이후에 결손금처리에 준하여 처리한다.

기타 자기주식의 처분과 관련한 자세한 내용은 '자본잉여금 중 3. 자기주식처분이익편'을 참조하기로 한다.

7. 주식선택권

(1) 개념 및 범위

주식선택권(stock－option)이란 기업이 임·직원 등에게 일정기간 내에 자기회사의 주식을 사전에 약정된 가격(행사가격)으로 일정 수량만큼 매수하거나 보상기준가격과 행사가격의 차액을 현금 등으로 지급받을 수 있는 권리를 부여하는 제도로서, 이는 임·직원에게는 동기부여를, 기업입장에서는 기존의 종업원을 유지·격려하는 것은 물론 새로운 유능한 종업원을 유인할 수 있도록 하는 제도이다.

일반기업회계기준 제19장(주식기준보상)에서는 위와 같은 주식선택권을 부여하는 거래를 포함하여 주식기준보상거래의 회계처리와 공시에 관한 기준을 정하고 있다. 즉, 경제적 실질이 동일한 거래는 동일한 회계원칙을 적용하여야 하므로, 주식선택권을 부여하는 거래뿐만 아니라 이와 경제적 실질이 비슷한 주식기준보상거래의 경우에도 일반기업회계기준 제19장을 적용하여 회계처리와 공시를 하도록 하고 있다.

이하에서는 일반기업회계기준 제19장을 중심으로 주식선택권을 포함한 주식기준보상거래의 기업회계상 회계처리와 세무상 유의할 사항에 대하여 살펴보기로 한다.

1) 용어의 정의

① 주식기준보상거래 : 기업이 재화나 용역을 제공받는 대가로 기업의 지분상품(주식 또는 주식선택권 등)을 부여하거나 기업의 주식이나 다른 지분상품의 가치에 기초하여 현금이나 기타자산으로 결제하는 거래를 말한다.

② 주식기준보상약정 : 주식기준보상거래를 하는 기업과 거래상대방 사이의 계약을 말한다. 주식기준보상약정에 따라서 일정한 가득조건이 충족되면 거래상대방은 기업의 지분상품(기업이 보유하고 있는 자기주식 또는 새로 발행할 주식 등을 말함)을 받거나, 기업의 주식이나 다른 지분상품의 가격에 기초하여 결정되는 금액만큼 현금이나 기타자산을 받을 수 있다.

③ 주식결제형 주식기준보상거래 : 기업이 재화나 용역을 제공받는 대가로 기업의 지분상품(주식 또는 주식선택권 등)을 부여하는 주식기준보상거래를 말한다.

④ 현금결제형 주식기준보상거래 : 기업이 재화나 용역을 제공받는 대가로 기업의 주식이나 다른 지분상품의 가치에 기초하여 현금이나 기타자산으로 결제하는 주식기준보상거래를 말한다.

⑤ 선택형 주식기준보상거래 : 기업이 재화나 용역을 제공받고 그 대가를 지급하는 방법(현금결제방식 또는 주식결제방식)이 약정에서 정하는 바에 따라 기업 또는 재화나 용역 공급자의 선택에 의해 결정되는 주식기준보상거래를 말한다.

⑥ 주식선택권 : 보유자에게 특정기간 고정가격 또는 결정가능한 가격으로 기업의 주식을 취득할 수 있는 권리(의무는 아님)를 부여하는 계약을 말한다.

⑦ 주가차액보상권 : 일정기간 기업의 주가가 지정된 가격을 초과하는 경우 그 보유자에게 초과금액을 보상받을 수 있는 권리를 부여하는 계약을 말한다. 기업이 초과금액을 지급하는 수단으로 현금을 사용하는 경우는 현금결제형 주식기준보상거래에 해당하고 기업의 주식을 사용하는 경우는 주식결제형 주식기준보상거래에 해당한다.

⑧ 보상원가 : 기업이 주식기준보상거래를 통해 거래상대방으로부터 제공받는 재화나 용역의 원가를 말한다. 보상원가는 당기 비용으로 회계처리하거나 재고자산, 유형자산, 무형자산 등에 관한 일반기업회계기준에 따라 자산의 취득원가에 포함시킨다. 한편, 일반기업회계기준 제19장에서 '재화나 용역을 인식한다'는 의미는 '보상원가를 인식한다'는 의미와 동일하다.

⑨ 부여일 : 기업과 거래상대방(종업원 포함)이 주식기준보상약정에 합의한 날, 즉 기업과 거래상대방이 거래조건에 대하여 공통으로 이해한 날을 말한다. 부여일에 기업은 일정한 가득조건의 충족을 전제로 현금, 기타자산이나 기업의 지분상품에 대한 권리를 거래상대방에게 부여한다. 주식기준보상거래가 유효하기 위해 일정한 승인절차(예 : 주주총회)가 필요한 경우 부여일은 승인이 이루어진 날로 한다.

⑩ 측정기준일 : 부여된 지분상품의 공정가치를 측정하는 기준일을 의미한다. 종업원 및 유사용역제공자와의 주식기준보상거래에서는 부여일을 측정기준일로 한다. 종업원 및 유사용역제공자가 아닌 자와의 주식기준보상거래에서는 기업이 거래상대방으로부터 재화나 용역을 제공받는 날을 측정기준일로 한다.

⑪ 종업원 및 유사용역제공자 : 기업에 용역을 제공하는 다음 중 하나에 해당하는 개인을 말한다.

㉠ 법률상 종업원으로 분류되는 개인

㉡ 법률상 종업원으로 분류되는 개인과 동일한 방식으로 기업의 지휘를 받으며 기업에 용역을 제공하는 개인

㉢ 제공하는 용역이 종업원이 제공하는 근무용역과 비슷한 개인

예를 들어, 종업원 및 유사용역제공자에는 사외이사 등 기업의 활동을 계획, 지휘, 통

제할 권한과 책임을 갖는 모든 관리자가 포함된다.

⑫ 가득 : 권리의 획득. 주식기준보상약정에 따라 거래상대방이 현금, 그 밖의 자산이나 기업의 지분상품을 받을 권리는 가득조건의 충족 여부에 따라 거래상대방이 권리를 획득하는지가 좌우되지 않을 때 가득된다.

⑬ 가득조건 : 주식기준보상약정에 따라 거래상대방이 현금, 그 밖의 자산, 또는 기업의 지분상품을 받을 권리를 획득하게 하는 용역을 기업이 제공받을지를 결정짓는 조건을 말한다. 가득조건에는 용역제공조건과 성과조건이 있다.

㉠ 용역제공조건 : 주식기준보상약정에 따라 거래상대방이 일정기간의 용역을 제공하여야 하는 조건을 말한다. 예를 들어, 주식선택권을 부여받은 종업원이 주식선택권에 대한 무조건부 권리를 얻기 위해서는 2년을 근무하여야 한다는 조건이 용역제공조건에 해당한다.

㉡ 성과조건 : 주식기준보상약정에 따라 거래상대방이 특정기간 동안 용역을 제공하고, 특정 성과목표를 달성(예 : 특정기간 동안 정해진 기업이익의 증가)하여야 하는 조건을 말한다. 성과조건에는 비시장성과조건과 시장성과조건이 있다.

ⓐ 시장성과조건 : 지분상품의 행사가격, 가득 또는 행사가능성을 좌우하는 것으로 기업 지분상품의 시장가격에 관련된 조건을 말한다. 시장성과조건에는 다음이 포함된다.

- 목표주가의 달성
- 주식선택권의 목표내재가치 달성
- 기업의 지분상품의 시장가격에 기초하되 시장의 주가지수와 상대적으로 비교하여 지정된 목표의 달성

ⓑ 비시장성과조건 : 주식기준보상약정에 따라 거래상대방이 목표이익, 목표판매량, 목표매출액 등 기업 지분상품의 시장가격과 직접 관련이 없는 성과를 달성하여야 하는 조건을 말한다.

⑭ 가득기간 : 주식기준보상약정에서 지정하는 가득조건이 충족되어야 하는 기간을 말한다.

⑮ 존속기간 : 주식선택권의 부여일부터 주식선택권이 행사되는 날까지의 기간을 말한다.

⑯ 공정가치 : 합리적 판단력과 거래의사가 있는 독립된 당사자 간의 거래에서 자산이 교환되거나 부채가 상환되거나 부여된 지분상품이 교환될 수 있는 금액을 말한다.

⑰ 내재가치 : 주식기준보상거래가 있을 때 다음 ㉠과 ㉡의 차이금액을 말한다.

㉠ 주식의 공정가치 또는 거래상대방에게 지급할 금액을 산정하기 위한 기초가액으로 지정된 보상기준가격

㉡ 거래상대방이 주식에 대해 지급하여야 하는 가격 또는 보상기준가격에서 차감하는 가격

예를 들어, 주식선택권의 행사가격이 15원이고 기초주식의 공정가치가 20원이라면 내재가치는 5원(20원－15원)이다.

⑱ 부여한(된) 지분상품 : 기업이 주식기준보상약정에 따라 거래상대방에게 조건부 또는 무조건부로 넘겨준 지분상품에 대한 권리를 말한다.

⑲ 지분상품 : 기업의 자산에서 부채를 차감한 후의 잔여지분을 나타내는 계약을 말한다. 기업의 주식, 신주인수권 및 주식선택권 등이 이에 해당한다.

2) 적용범위

일반기업회계기준 제19장(주식기준보상)은 모든 주식기준보상거래에 대하여 적용하는 것으로서, 이러한 주식기준보상거래의 예는 다음과 같다(일반기준 19장 문단 19.2).

① 기업이 재화나 용역을 제공받는 대가로 기업의 지분상품(주식 또는 주식선택권 등)을 부여하는 주식결제형 주식기준보상거래

② 기업이 재화나 용역을 제공받는 대가로 기업의 지분상품의 가치에 기초하여 현금이나 기타자산으로 결제하는 현금결제형 주식기준보상거래

③ 기업이 재화나 용역을 제공받는 대가로 기업 또는 재화나 용역의 공급자가 결제방식을 선택할 수 있는 권리를 부여하는 선택형 주식기준보상거래

또한, 일반기업회계기준 제19장은 지배기업이 종속기업에 재화나 용역을 공급하는 자(종속기업의 종업원 포함)에게 자기의 주식을 기준으로 보상하는 거래에도 적용하며, 기업에 재화나 용역을 공급하는 자(기업의 종업원 포함)에게 기업의 주주가 자신이 보유하고 있는 기업의 지분상품을 이전하는 경우에도 적용한다(일반기준 19장 문단 19.3).

예를 들어, 회사의 주주(개인주주 포함)가 자신이 보유하고 있는 회사의 지분상품을 일정의 조건(2년 내 임의퇴사 및 이전 주식 매각 금지 등)하에 종업원 등 회사에 재화나 용역을 공급하는 자에게 이전(증여)하는 경우 일반기업회계기준 제19장을 적용한다(2013－G－KQA 005, 2013. 3. 8).

그러나, 사업결합에 관한 일반기업회계기준이 적용되는 사업결합으로 재화(취득하는 순자산의 일부를 말함)를 취득하는 경우에는 일반기업회계기준 제19장을 적용하지 아니한다. 즉, 피취득자에 대한 지배력을 획득하는 대가로 발행하는 주식은 동 기준 제19장의 적용범위에 포함되지 아니한다. 그러나 피취득자의 종업원에게 근무용역의 대가로 부여한 지분상품은 주주의 자격이 아니라 종업원의 자격에 관계되므로 동 기준 제19장의 적용범위에 포함된다. 또한, 사업결합이나 기타지분구조개편 등의 이유로 주식기준보상약정을 취소하거나, 대체하거나, 변경하는 때에도 동 기준 제19장을 적용한다(일반기준 19장 문단 19.5).

한편, 일반기업회계기준 제19장은 일반기업회계기준 다른 장에서 별도로 정하고 있거나 그 본래의 성격상 동 기준 제19장의 적용이 적절하지 않은 다음의 거래에 대하여는 적용하

지 아니한다(일반기준 19장 문단 19.3~19.6).

① 지분상품을 이전하는 목적이 기업이 제공받는 재화나 용역에 대한 대가지급이 아닌 것이 명백한 경우

② 종업원 등이 기업의 지분상품 보유자 자격으로 거래에 참여하는 경우. 예를 들어, 기업이 모든 보통주주에게 공정가치보다 낮은 가액으로 주식을 매수할 수 있는 권리를 부여하는 경우에, 이미 보통주를 소유하고 있는 종업원은 보통주주의 자격으로 그러한 권리를 부여받게 되는 것이므로 당해 거래에 대하여는 주식기준보상 기준서를 적용하지 아니한다.

③ 종업원이 근로복지기본법이나 자본시장과 금융투자업에 관한 법률에서 정하고 있는 우선배정제도에 따라 기업의 주식을 취득할 수 있는 권리를 부여받는 경우

④ 차액결제를 하는 비금융자산 매매계약에 관련된 주식기준보상거래가 일반기업회계기준 제6장(금융자산 · 금융부채) 제3절 '파생상품'의 적용범위에 포함되는 경우

(2) 기업회계상 회계처리

1) 주식결제형 주식기준보상거래

① 보상원가의 인식

주식결제형 주식기준보상거래의 경우에는 제공받는 재화나 용역의 공정가치를 측정하여 그 금액을 보상원가와 자본(자본조정)으로 회계처리한다. 그러나, 제공받는 재화나 용역의 공정가치를 신뢰성 있게 측정할 수 없다면 부여한 지분상품의 공정가치에 기초하여 재화나 용역의 공정가치를 간접 측정하고 그 금액을 보상원가와 자본(자본조정)으로 회계처리한다(일반기준 19장 문단 19.9).

가. 종업원 및 유사용역제공자로부터 제공받는 용역

종업원 및 유사용역제공자(이하 '종업원 등'이라 한다)로부터 제공받는 용역의 공정가치는 일반적으로 신뢰성 있게 측정할 수 없기 때문에 부여한 지분상품의 공정가치에 기초하여 측정하며, 부여한 지분상품의 공정가치는 부여일을 기준으로 측정한다(일반기준 19장 문단 19.10).

나. 종업원 등이 아닌 거래상대방으로부터 제공받는 재화나 용역

종업원 등이 아닌 거래상대방으로부터 제공받는 재화나 용역의 공정가치는 신뢰성 있게 측정할 수 있다고 보며, 이 경우 제공받는 재화나 용역의 공정가치는 재화나 용역을 제공받는 날을 기준으로 측정한다. 그러나, 예외적으로 제공받는 재화나 용역의 공정가치를 신뢰성 있게 측정할 수 없는 경우에는 지분상품의 공정가치에 기초하여 간접 측정한다. 다만,

이 경우에도 측정기준일은 재화나 용역을 제공받는 날로 한다(일반기준 19장 문단 19.11).

② 보상원가의 회계처리

주식결제형 주식기준보상거래로 재화나 용역을 제공받는 경우에는 보상원가만큼 자본(자본조정)을 인식하며, 보상원가는 당기 비용으로 회계처리하거나 재고자산, 유형자산, 무형자산 등에 관한 일반기업회계기준에 따라 자산의 취득원가에 포함시킨다(일반기준 19장 문단 19.7, 용어의 정의).

주식결제형 주식선택권의 유형별·시점별 회계처리 요약

구분	신주발행교부형	자기주식교부형
보상비용의 인식	(차) 주식보상비용 ××× (대) 주 식 선 택 권 ×××	좌동
권리행사	(차) 현금(행사가격) ××× 주 식 선 택 권 ××× (대) 자 본 금 ××× 주식발행초과금 ××× ※ 주식발행초과금=(주식선택권+행사가격)－신주의 액면가액	(차) 현금(행사가격) ××× 주 식 선 택 권 ××× (대) 자 기 주 식 ××× 자기주식처분이익 ××× ※ 자기주식처분이익=(주식선택권+행사가격)－자기주식의 장부가액

가. 용역이 제공되는 거래

(가) 부여한 지분상품이 즉시 가득되는 경우

부여한 지분상품이 즉시 가득된다면 거래상대방은 지분상품에 대하여 무조건부 권리를 얻기 위해 특정기간에 용역을 제공해야 할 의무가 없다. 이러한 경우, 반증이 없는 한 기업은 거래상대방으로부터 지분상품의 대가에 해당하는 용역을 이미 제공받은 것으로 본다. 따라서, 제공받은 용역의 공정가치를 지분상품의 부여일에 전부 보상원가로 인식하고 동일한 금액을 자본(자본조정)으로 회계처리한다(일반기준 19장 문단 19.12).

(나) 일정 기간 용역을 제공해야 부여한 지분상품이 가득되는 경우

거래상대방이 명시된 기간에 용역을 제공해야 부여된 지분상품이 가득된다면 지분상품의 대가에 해당하는 용역은 미래 가득기간에 제공받는 것으로 본다. 따라서, 당해 용역은 다음의 예와 같이 가득기간에 배분하여 인식하며, 동일한 금액을 자본(자본조정)으로 회계처리한다(일반기준 19장 문단 19.13, 19.A45).

㉠ 용역제공조건이 있는 경우 : 용역제공조건(예 : 종업원이 3년간 근무하는 조건)으로 주식선택권을 부여하는 경우 주식선택권의 대가에 해당하는 근무용역은 미래 용역제공기간(3년)에 걸쳐 제공받는 것으로 본다.

㉡ 비시장성과조건이 있는 경우 : 종업원 등에게 목표이익, 목표판매량, 목표매출액 등 기업 지분상품의 시장가격과 직접 관련이 없는 성과를 달성하기까지 계속 근무하는 것을 조건으로 주식선택권을 부여하는 경우 가득기간은 비시장성과조건이 충족되는 날에 따라 결정된다. 이러한 경우에는 주식선택권의 대가에 해당하는 근무용역을 미래 기대가득기간에 걸쳐 제공받는 것으로 본다. 그리고, 기대가득기간은 부여일 현재 가장 실현가능성이 높다고 판단되는 비시장성과조건의 결과에 기초하여 추정한다. 이 경우 후속적인 정보에 비추어 볼 때 기대가득기간이 직전 추정치와 다르다면 추정치를 변경한다.

㉢ 시장성과조건이 있는 경우 : 종업원 등에게 목표주가 등 기업 지분상품의 시장가격과 관련된 일정한 성과를 달성하기까지 계속 근무하는 것을 조건으로 주식선택권을 부여하는 경우 가득기간은 시장성과조건이 충족되는 날에 따라 결정된다. 이러한 경우에는 주식선택권의 대가에 해당하는 근무용역을 미래 기대가득기간에 걸쳐 제공받는 것으로 본다. 그리고, 기대가득기간은 부여일 현재 가장 실현가능성이 높다고 판단되는 시장성과조건의 결과에 기초하여 추정한다. 이 경우 기대가득기간의 추정치는 부여한 주식선택권의 공정가치를 추정할 때 사용되는 가정과 일관되어야 하며 후속적으로 수정하지 아니한다.

나. 부여한 지분상품의 공정가치에 기초하여 측정하는 거래

(가) 부여한 지분상품의 공정가치 결정

부여한 지분상품의 공정가치에 기초하여 보상원가를 측정하는 경우에는 측정기준일 현재 이용할 수 있는 시장가격을 기초로 하되, 지분상품의 부여조건을 고려하여 공정가치를 측정한다(일반기준 19장 문단 19.14).

만약 부여한 지분상품의 공정가치를 추정할 때 시장가격이 없다면 측정기준일 현재 합리적 판단력과 거래의사가 있는 독립된 당사자 간의 거래에서 결정될 지분상품 가격을 추정하는 데 적용될 수 있는 가치평가기법을 사용한다. 이 경우 가치평가기법은 합리적 판단력과 거래의사가 있는 시장참여자가 가격을 결정할 때 고려하게 될 모든 요소와 가정을 포함하는 것이어야 한다(일반기준 19장 문단 19.15).

가) 주식의 공정가치 측정

주식을 부여하는 경우에는 주식의 공정가치를 기업 주식의 시장가격에 기초하여 측정하되, 주식의 부여조건을 고려하여 조정한다. 다만, 일반기업회계기준 제19장 문단 19.16에 따라 지분상품의 공정가치를 측정할 때 제외하는 가득조건은 고려하지 아니한다. 한편, 기업의 주식이 시장성이 없는 경우(기업의 주식이 한국거래소가 개설한 증권시장, 또는 공신력 있는 외국의 증권거래시장에서 거래되지 않는 경우)에는 공정가치를 추정시장가격에 기초하여 측정한다(일반기준 19장 문단 19.A3).

예를 들어, 주식을 부여받은 종업원이 가득기간에는 배당금을 받을 권리가 없다면 부여한 주식의 공정가치를 추정할 때 이러한 상황을 고려한다. 또한, 부여한 주식이 가득된 이후에 양도제한이 있는 경우에도 이를 고려한다. 다만, 이 경우에는 가득 이후의 양도제한이 합리적 판단력과 거래의사가 있는 시장참여자가 지급할 용의가 있는 가격에 영향을 미칠 때에만 고려한다. 예를 들어, 주식이 유통물량이 많고 유동성이 높은 시장에서 활발하게 거래된다면, 가득 이후 양도제한이 합리적 판단력과 거래의사가 있는 시장참여자가 지급할 용의가 있는 가격에 미치는 영향은 중요하지 않을 수 있다. 반면, 부여한 주식의 부여일 현재 공정가치를 추정할 때 가득기간에 존재하는 양도제한 및 기타의 제한은 고려하지 아니한다. 왜냐하면, 이러한 제한은 일반기업회계기준 제19장 문단 19.16에 따라 회계처리하는 가득조건으로부터 기인하기 때문이다(일반기준 19장 문단 19.A4).

나) 주식선택권의 공정가치 측정

주식선택권을 부여하는 경우에는 일반적으로 해당 시장가격을 이용할 수 없다. 왜냐하면, 주식선택권에는 시장에서 일반적으로 거래되는 옵션(시장성옵션)에 적용되지 않는 조건이 있기 때문이다. 만약 비슷한 조건을 갖는 시장성옵션이 없다면, 부여한 주식선택권의 공정가치는 옵션가격결정모형을 적용하여 추정한다. 이와 같은 옵션가격결정모형으로는 이항모형(Binomial Model) 또는 블랙－숄즈모형(Black－Scholes Model) 등을 사용할 수 있다(일반기준 19장 문단 19.A5).

한편, 옵션가격결정모형을 정할 때에는 합리적 판단력과 거래의사가 있는 시장참여자들이 가격을 결정할 때 고려할 요소를 반영하여야 하는데, 모든 옵션가격결정모형은 최소한 다음의 요소를 고려하여야 한다(일반기준 19장 문단 19.A6, 19.A7).

㉠ 주식선택권의 행사가격
㉡ 주식선택권의 존속기간
㉢ 기초자산인 주식의 현재가격
㉣ 기초자산인 주식의 기대주가변동성
㉤ 주식선택권의 존속기간에 지급이 예상되는 배당금
㉥ 주식선택권의 존속기간에 적용될 무위험이자율

(나) 가득조건의 회계처리

부여한 지분상품의 공정가치에 기초하여 측정하는 주식결제형 주식보상거래의 경우 시장성과조건은 부여한 지분상품의 공정가치를 추정할 때 고려한다. 따라서, 시장성과조건이 부과된 지분상품에 대해서는 그러한 시장성과조건이 달성되는지 여부와 관계없이 다른 모든 가득조건(예 : 용역제공조건)이 충족되면 보상원가를 인식한다. 그러나, 시장성과조건이 아닌 가득조건은 측정기준일 현재 주식이나 주식선택권의 공정가치를 추정할 때 고려하지 아니한다. 대신에, 시장성과조건이 아닌 가득조건은 보상원가 측정의 대상이 되는 지분상품의 수량을 조정할 때 고려하여 보상원가가 궁극적으로 가득되는 지분상품의 수량에 기초하여 결정될 수 있도록 한다. 만약, 시장성과조건이 아닌 가득조건이 충족되지 못하여 부여한 지분상품이 가득되지 못한다면 누적기준으로 볼 때 보상원가를 인식하지 아니한다(일반기준 19장 문단 19.16).

상기와 같은 회계처리방법은 통상 '변형된 부여일 측정방법'으로 명명된다. 왜냐하면, 보상원가 결정의 대상이 되는 지분상품의 수량이 가득조건(시장성과조건 제외)의 달성결과를 반영하기 위해서 조정되지만, 지분상품의 공정가치는 조정되지 않기 때문이다. 한편, 부여일에 추정한 공정가치는 나중에 수정하지 않는 것이므로 부여일 이후에 지분상품의 공정가치가 등락하더라도 보상원가를 결정할 때 고려하지 않는다. 다만, 부여한 지분상품의 조건을 나중에 변경함에 따라 추가로 부여한 증분공정가치를 측정하는 경우에는 그러하지 않다(일반기준 19장 부록 실19.9).

결국, 부여한 지분상품에 가득조건(시장성과조건 제외)이 부과되어 있는 경우에, 가득될 것으로 기대되는 지분상품의 수량에 대한 최선의 추정치에 기초하여 가득기간에 보상원가를 인식하여야 한다. 만약 후속적인 정보에 비추어 볼 때 미래에 가득될 것으로 기대되는 지분상품의 수량이 직전 추정치와 다를 것으로 예상된다면 당해 추정치를 변경하여야 하며, 가득일에는 궁극적으로 가득된 지분상품의 수량과 일치하도록 당해 추정치를 변경한다. 다만, 시장성과조건에 대해서는 추정을 변경하지 않는다(일반기준 19장 부록 실19.10).

(다) 비가득조건의 회계처리

기업은 부여한 지분상품의 공정가치를 추정할 때 모든 비가득조건을 고려한다. 따라서, 비가득조건이 있는 지분상품을 부여한 경우 그러한 비가득조건이 충족되는지에 관계없이 시장조건이 아닌 모든 가득조건(예 : 정해진 기간 동안 계속 근무하는 종업원으로부터 제공받는 근무용역)을 충족하는 거래상대방으로부터 제공받는 재화나 용역을 인식한다(일반기준 19장 문단 19.17).

(라) 가득일 이후의 회계처리

주식결제형 주식기준보상거래에서 제공받는 재화나 용역을 인식하고 동일한 금액을 자본(자본조정)으로 회계처리한 경우 가득일이 지난 뒤에는 자본을 수정하지 아니한다. 예를 들어, 가득된 지분상품이 추후 상실되거나 주식선택권이 행사되지 않은 경우에도 이미 인식한 보상원가를 환입하지 아니하며, 이미 인식한 자본조정은 기타자본잉여금으로 대체한다(일반기준 19장 문단 19.18).

(차) 주 식 선 택 권	×××	(대) 기 타 자 본 잉 여 금	×××

(마) 지분상품의 공정가치를 신뢰성 있게 추정할 수 없는 경우의 회계처리

전술한 (가)~(라)의 규정은 부여한 지분상품의 공정가치에 기초하여 보상원가를 측정할 때 적용한다. 그러나, 매우 예외적이지만 부여한 지분상품의 조건이 매우 복잡하여 측정기준일 현재의 공정가치를 신뢰성 있게 추정할 수 없는 경우가 있다. 이러한 경우에는 다음과 같이 회계처리한다(일반기준 19장 문단 19.19).

㉠ 거래상대방으로부터 재화나 용역을 제공받는 날을 기준으로 지분상품을 내재가치로 측정한다. 이후 매 보고기간말과 최종결제일에 내재가치를 재측정하고 내재가치의 변동액은 보상원가로 회계처리한다. 이 경우 지분상품이 주식선택권이라면 당해 주식선택권이 행사되거나 상실 또는 만기소멸되는 날을 최종결제일로 한다.

㉡ 궁극적으로 가득되거나 행사되는 지분상품의 수량에 기초하여 보상원가를 인식한다. 예를 들어, 주식선택권을 부여한 경우 보상원가의 인식금액은 가득될 것으로 기대되는 주식선택권의 수량에 기초하여 결정한다. 만약 후속적인 정보에 비추어 볼 때 미래에 가득될 것으로 기대되는 지분상품의 수량이 직전 추정치와 다를 것으로 예상된다면 당해 추정치를 변경한다. 따라서, 가득일에는 궁극적으로 가득된 지분상품의 수량과 일치하도록 당해 추정치를 변경한다. 또한, 가득일 이후에 주식선택권이 상실되거나 만기소멸된다면 그날이 최종결제일에 해당하므로 보상원가를 재측정하며, 이 경우 상실되거나 만기소멸된 주식선택권의 내재가치는 없다고 보아야 하므로 이미 인식한 보상원가를 환입한다.

한편, 위의 규정을 적용할 때는 후술하는 '다.의 (가) 주식결제형 주식기준보상약정의 조건변경'의 규정은 적용하지 아니한다. 왜냐하면, 부여된 지분상품의 조건변경은 위의 규정에 따라 내재가치로 측정할 때 이미 고려되기 때문이다. 그러나, 위의 규정에 따라 회계처리하는 지분상품을 취소하거나 중도청산할 때에는 후술하는 '다.의 (나) 부여한 지분상품을 가득기간 중에 기업이 취소하거나 중도청산하는 경우와 (다) 가득된 지분상품을 기업이 중도청산하는 경우'의 규정은 준용하여 회계처리한다. 다만, 후술하는 '다.의 (나)와 (다)'의 규정을 준용할 때에는 지급액이 취소 또는 중도청산일 현재 지분상품의 내재가치를 초과하는 경우에 그 초과액을 보상원가로 회계처리한다(일반기준 19장 문단 19.20).

다. 부여한 지분상품의 조건변경(취소 및 중도청산 포함)

기업이 지분상품을 부여한 당시의 조건을 변경하는지, 부여한 지분상품을 취소하거나 중도청산하는지 여부와 관계 없이 제공받는 근무용역은 최소한 지분상품의 부여일 당시의 공정가치에 따라 인식한다. 다만, 지정된 가득조건(시장성과조건 제외)이 충족되지 않아 지분상품이 가득되지 못하는 경우에는 그러하지 아니하며, 주식기준보상약정의 총공정가치를 증가시키거나 종업원 등에게 유리하게 조건변경하는 경우에는 추가로 조건변경의 효과

를 인식한다(일반기준 19장 문단 19.22).

이하의 내용은 종업원 등과의 주식기준보상거래를 전제로 조건변경에 관한 회계처리를 규정하고 있지만, 종업원 등이 아닌 자와의 주식기준보상거래의 보상원가를 부여한 지분상품의 공정가치에 기초하여 측정하는 경우에도 동일하게 적용한다. 다만, 이 경우에는 부여일 대신에 거래상대방으로부터 재화나 용역을 제공받는 날을 측정기준일로 한다(일반기준 19장 문단 19.21).

(가) 주식결제형 주식기준보상약정의 조건변경

가) 조건변경으로 부여한 지분상품의 공정가치가 증가하는 경우

조건변경으로 인해 부여한 지분상품의 공정가치가 증가하는 경우에는(예 : 행사가격의 인하) 보상원가를 인식할 때 그 측정치에 증분공정가치를 포함한다. 이 경우 증분공정가치는 조건변경일 현재 다음 ㉠에서 ㉡를 차감한 금액으로 한다(일반기준 19장 문단 19.A47).

㉠ 조건변경 직후에 측정한 변경된 지분상품의 공정가치

㉡ 조건변경 직전에 측정한 당초 지분상품의 공정가치

가득기간에 조건변경이 있는 경우에 조건변경일 이후의 회계처리는 다음과 같다. 그러나, 가득일 이후에 조건변경이 있는 경우에는 증분공정가치를 즉시 인식하되, 조건변경으로 추가적인 용역제공조건을 부과한다면 증분공정가치를 추가된 가득기간에 걸쳐 인식하여야 한다.

㉠ 조건변경일부터 변경된 가득일(또는 가득일의 변경이 없는 경우에는 당초 약정상의 가득일)까지 보상원가를 인식할 때 그 측정치에 증분공정가치를 포함한다.

㉡ 당초 지분상품에 대해 부여일에 측정한 공정가치는 당초 잔여기간(조건변경일부터 당초 약정상의 가득일까지)에 걸쳐 인식한다.

나) 조건변경으로 인해 부여한 지분상품의 수량이 증가하는 경우

조건변경으로 인해 부여한 지분상품의 수량이 증가하는 경우에는 보상원가를 인식할 때 그 측정치에 추가로 부여한 지분상품의 조건변경일 현재 공정가치를 포함한다. 가득기간에 조건변경이 있는 경우에 조건변경일 이후의 회계처리는 다음과 같다.

㉠ 조건변경일부터 추가로 부여한 지분상품이 가득되는 날까지 보상원가를 인식할 때 그 측정치에 추가로 부여한 지분상품의 공정가치를 포함한다.

㉡ 당초 지분상품에 대해 부여일에 측정한 공정가치는 당초 잔여기간(조건변경일부터 당초 약정상의 가득일)에 걸쳐 인식한다.

다) 종업원 등에게 유리하게 가득조건을 변경하는 경우

종업원 등에게 유리하게 가득조건을 변경하는 경우에는 변경된 가득조건을 고려하여 보

상원가를 측정하고 회계처리한다. 이러한 예로는 가득기간을 축소하는 경우, 또는 비시장성과조건을 변경하거나 제거하는 경우를 들 수 있다. 다만, 시장성과조건을 변경하거나 제거하는 경우에는 위의 '가) 조건변경으로 부여한 지분상품의 공정가치가 증가하는 경우'에 따라 회계처리한다.

라) 조건변경이 총공정가치를 감소시키거나 종업원 등에게 불리하게 이루어지는 경우

부여한 지분상품에 대한 조건변경이 주식기준보상약정의 총공정가치를 감소시키거나 종업원 등에게 불리하게 이루어지는 경우에는 조건변경이 없는 것으로 본다. 다만, 부여한 지분상품의 일부 또는 전부를 취소한다면 후술하는 '(나) 부여한 지분상품을 가득기간 중에 기업이 취소하거나 중도청산하는 경우'에 따라 회계처리한다. 이와 관련된 예는 다음과 같다(일반기준 19장 문단 19.A48).

㉠ 조건변경으로 인해 부여한 지분상품의 공정가치가 감소하는 경우에는 공정가치 감소분에 대해서 회계처리를 하지 않으며, 보상원가를 부여일 현재 측정된 지분상품의 공정가치에 따라 인식한다.

㉡ 조건변경으로 인해 부여한 지분상품의 수량이 감소하는 경우에는 부여한 지분상품의 일부가 취소된 것으로 보아 후술하는 '(나) 부여한 지분상품을 가득기간 중에 기업이 취소하거나 중도청산하는 경우'에 따라 회계처리한다.

㉢ 종업원 등에게 불리하게 가득조건을 변경하는 경우에는 당해 변경된 가득조건을 고려하지 아니한다. 이러한 경우의 예로는 가득기간을 늘리는 경우, 또는 비시장성과조건을 변경하거나 추가하는 경우를 들 수 있다. 다만, 시장성과조건을 변경하거나 추가하는 경우에는 위의 ㉠에 따라 회계처리한다.

마) 희석화방지조항이 있는 경우

무상증자, 주식분할 및 병합, 감자 등으로 인한 단위당 주가의 변동이 이미 부여한 권리의 총가치에 영향을 미치지 않도록 하기 위해 행사가격이나 부여수량 등을 자동으로 조정하도록 하는 조항(이하 '희석화방지조항'이라 하며, 용어의 편의상 주가의 하락효과뿐만 아니라 상승효과를 상쇄하기 위한 조정도 포함하는 것으로 한다)이 당초 주식기준보상약정에 포함되어 있다면, 희석화방지조항에 따라 이루어지는 조정에 대해서는 다음의 요건을 모두 충족할 경우 조건변경에 관한 회계처리를 하지 아니한다(일반기준 19장 문단 19.A49).

㉠ 이미 부여한 권리의 조건이 희석화방지조항에 따라 '즉시' 그리고 '자동적으로' 조정된다.

㉡ 희석화방지조항에 명시된 공식에 따라 조정하더라도 이미 부여한 권리의 가치가 유의적으로 변동하지 않는다. 즉, 희석화를 일으키는 사건이 있기 직전의 권리가치와 희석화를 일으키는 사건이 있은 직후의 권리가치 간에 유의적 차이가 없다.

(나) 부여한 지분상품을 가득기간 중에 기업이 취소하거나 중도청산하는 경우

부여한 지분상품을 가득기간 중에 기업이 취소하거나 중도청산하는 경우에는 다음과 같이 회계처리하며, 다만, 가득조건이 충족되지 못해 부여된 지분상품이 상실로 인해 취소되는 경우는 제외한다. 한편, 기업이나 거래상대방이 비가득조건을 충족시킬지 여부를 선택할 수 있다면, 가득기간에 기업이나 거래상대방이 비가득조건을 충족시키지 않을 때 이를 취소로 회계처리한다(일반기준 19장 문단 19.23, 19.24).

㉠ 부여한 지분상품이 가득된 것으로 보아 잔여보상원가를 즉시 인식한다.

(차) 주 식 보 상 비 용	×××	(대) 주 식 선 택 권	×××

㉡ 취소하거나 중도청산할 때 현금이나 기타자산을 지급하는 경우에는 자기지분상품(예 : 자기주식)의 취득으로 보아 지급액만큼 자본(자본조정)에서 차감하고 다음과 같이 회계처리한다. 이 때 자본(자본조정)에서 차감하는 지급액은 취소 또는 중도청산일 현재 지분상품의 공정가치를 초과하지 않는 금액으로 한다. 그러나 주식기준보상약정에 부채요소가 포함되어 있다면 취소일이나 중도청산일에 당해 부채의 공정가치를 재측정한다. 부채요소를 결제하기 위해 지급한 금액이 있다면 부채의 상환으로 처리한다.

ⓐ 지급액이 당해 지분상품에 대하여 인식된 자본조정에 미달하는 경우에는 차감 후 잔여 자본조정을 기타자본잉여금으로 대체한다.

(차) 주 식 선 택 권	×××	(대) 현 금 등	×××
		기 타 자 본 잉 여 금	×××

ⓑ 지급액이 당해 지분상품에 대하여 인식된 자본조정을 초과하는 경우에는 그 초과액을 기타자본잉여금(주식기준보상거래와 관련하여 인식된 것에 한한다)에서 우선적으로 차감하고 그 잔액은 자본조정으로 인식한다.

(차) 주 식 선 택 권	×××	(대) 현 금 등	×××
기 타 자 본 잉 여 금	×××		
자 본 조 정	×××		

한편, 지급액이 취소일 또는 중도청산일 현재 지분상품의 공정가치를 초과하는 경우에는 그 초과액을 보상원가로 회계처리한다.

㉢ 종업원 등에게 새로 부여한 지분상품이 취소한 지분상품을 대체하는 경우에는 대체 지분상품의 부여를 조건변경으로 보아 전술한 '(가) 주식결제형 주식기준보상약정의 조건변경'에 따라 회계처리한다. 이 경우에 부여한 증분공정가치는 대체일 현재 대체 지분상품의 공정가치가 취소한 지분상품의 순공정가치를 초과하는 금액으로 한다. 이 경우 취소한 지분상품의 순공정가치는 취소 직전의 공정가치에서 위 ㉡에 따라 자본(자본조정)의 감소로 회계처리하는 지급액을 차감한 금액으로 한다. 그러나, 새로

부여한 지분상품이 취소한 지분상품을 대체하는 것으로 볼 수 없는 경우에는 새로운 지분상품을 부여한 것으로 회계처리한다.

(다) 가득된 지분상품을 기업이 중도청산하는 경우

가득된 지분상품을 기업이 중도청산하는 경우로서 중도청산할 때 현금이나 기타자산을 지급하는 경우에는 자기지분상품(예 : 자기주식)의 취득으로 보아 지급액만큼 자본(자본조정)에서 차감하고 다음과 같이 회계처리한다. 이 때 자본(자본조정)에서 차감하는 지급액은 중도청산일 현재 지분상품의 공정가치를 초과하지 않는 금액으로 한다. 그러나, 주식기준약정에 부채요소가 포함되어 있다면 중도청산일에 당해 부채의 공정가치를 재측정하고 부채요소를 결제하기 위해 지급한 금액이 있다면 부채의 상환으로 회계처리한다(일반기준 19장 문단 19.25).

㉠ 지급액이 당해 지분상품에 대하여 인식된 자본조정에 미달하는 경우에는 차감 후 잔여 자본조정을 기타자본잉여금으로 대체한다.

(차) 주 식 선 택 권	×××	(대) 현 금 등	×××
		기 타 자 본 잉 여 금	×××

㉡ 지급액이 당해 지분상품에 대하여 인식된 자본조정을 초과하는 경우에는 그 초과액을 기타자본잉여금(주식기준보상거래와 관련하여 인식된 것에 한한다)에서 우선적으로 차감하고 그 잔액은 자본조정으로 인식한다.

(차) 주 식 선 택 권	×××	(대) 현 금 등	×××
기 타 자 본 잉 여 금	×××		
자 본 조 정	×××		

한편, 지급액이 중도청산일 현재 지분상품의 공정가치를 초과하는 경우에는 그 초과액을 보상원가로 회계처리한다.

2) 현금결제형 주식기준보상거래

① 보상원가의 인식

현금결제형 주식기준보상거래의 경우에는 제공받는 재화나 용역과 그 대가로 부담하는 부채를 부채의 공정가치로 측정한다. 또한, 부채가 결제될 때까지 매 보고기간말과 최종결제일에 부채의 공정가치를 재측정하고 공정가치의 변동액은 보상원가로 회계처리한다(일반기준 19장 문단 19.26).

② 보상원가의 회계처리

현금결제형 주식기준보상거래로 재화나 용역을 제공받는 경우에는 보상원가만큼 부채를 인식하며, 보상원가는 당기 비용으로 회계처리하거나 재고자산, 유형자산, 무형자산 등에 관한 일반기업회계기준에 따라 자산의 취득원가에 포함시킨다(일반기준 19장 용어의 정의).

• 보상비용의 인식

(차) 주 식 보 상 비 용 ××× (대) 장 기 미 지 급 비 용 ×××

• 권리행사

(차) 장 기 미 지 급 비 용 ××× (대) 현 금 등 ×××

기업이 일정기간 기업의 주가상승액에 기초하여 미래의 현금지급을 요구할 수 있는 주가차액보상권을 종업원 등에게 총보상의 일부로 부여한 경우에는 종업원 등으로부터 제공받는 근무용역과 그 대가로 부담하는 부채는 근무용역을 제공받는 기간에 인식한다. 예를 들어, 부여된 즉시 가득되는 주가차액보상권을 부여받아 종업원 등이 용역제공조건을 충족할 필요가 없는 경우에는 반증이 없는 한 종업원 등으로부터 이미 근무용역을 제공받은 것으로 보아 보상원가와 부채를 즉시 인식한다. 그러나, 용역제공조건이 충족되어야만 주가차액보상권이 가득된다면 보상원가와 부채는 가득기간에 배분하여 인식한다. 또한, 가득일 이후에 발생하는 부채의 공정가치변동액은 당기 보상원가에 가감하여 인식한다(일반기준 19장 문단 19.A50).

이와 같이 주가차액보상권을 부여함에 따라 인식하는 부채는 부여일부터 부채의 결제가 이루어질 때까지 매 보고기간말과 최종결제일에 주가차액보상권의 공정가치로 측정한다. 공정가치를 측정할 때에는 옵션가격결정모형을 사용하며, 주가차액보상권의 부여조건, 그리고 측정기준일까지 종업원 등으로부터 근무용역을 제공받은 정도를 고려한다(일반기준 19장 부록 실19.19).

한편, 현금결제형 주식기준보상거래와 관련된 부채를 내재가치로 측정할 수도 있다. 이와 같이 부채를 내재가치로 측정하는 경우에도 부채가 결제될 때까지 매 보고기간말과 최종결제일에 부채의 내재가치를 재측정하고 내재가치의 변동액은 보상원가로 회계처리한다(일반기준 19장 문단 19.28).

3) 선택형 주식기준보상거래

기업이나 거래상대방이 결제방식으로 현금지급(이하 '현금결제방식'이라 한다)이나 기업의 지분상품발행(자기주식 제공을 포함하며, 이하 '주식결제방식'이라 한다)을 선택할 수 있는 선택형 주식기준보상거래에 대하여는 거래의 실질에 따라 회계처리한다. 즉, 기업이 현금이나 기타자산을 지급해야 하는 부채를 부담하는 부분은 현금결제형 주식기준보상거래로 회계처리하고, 그러한 부채를 부담하지 않는 부분은 주식결제형 주식기준보상거래로 회계처리한다(일반기준 19장 문단 19.29).

① 거래상대방이 결제방식을 선택할 수 있는 주식기준보상거래

가. 보상원가의 인식

기업이 거래상대방에게 현금결제방식이나 주식결제방식의 선택권을 부여한 경우에는 부채요소(거래상대방의 현금결제요구권)와 자본요소(거래상대방의 주식결제요구권)가 포함된 복합금융상품을 부여한 것으로 본다.

(가) 재화나 용역의 공정가치를 직접 측정하는 경우

종업원 등이 아닌 자와의 주식기준보상거래에서 제공받는 재화나 용역의 공정가치를 직접 측정하는 경우에는 복합금융상품 중 자본요소는 재화나 용역이 제공되는 날 현재 재화나 용역의 공정가치에서 부채요소의 공정가치를 차감하여 측정한다(일반기준 19장 문단 19.30).

(나) 재화나 용역의 공정가치를 직접 측정할 수 없는 경우

종업원 등과의 주식기준보상거래를 포함하여 제공받는 재화나 용역의 공정가치를 직접 측정할 수 없는 거래에서는 당해 거래조건을 고려하여 측정기준일 현재 복합금융상품의 공정가치를 측정한다. 이와 같이 복합금융상품의 공정가치를 측정할 때에는 우선 부채요소의 공정가치를 측정한 다음 자본요소의 공정가치를 측정한다. 이 경우 거래상대방이 주식결제방식을 선택하기 위해서는 현금결제방식을 포기해야 한다는 점을 고려하여야 하며, 복합금융상품의 공정가치는 두 요소의 공정가치를 합한 금액으로 결정한다. 그러나, 거래상대방이 결제방식을 선택할 수 있는 주식기준보상거래는 일반적으로 행사시점에 각 결제방식의 공정가치가 같도록 설계될 것이다. 예를 들어, 거래상대방이 주식기준보상거래의 결제방식으로 다른 모든 조건이 동일한 주식선택권이나 현금결제형 주가차액보상권을 선택할 수 있는 경우에 자본요소의 공정가치는 영(0)이며, 따라서 복합금융상품의 공정가치는 부채요소의 공정가치와 같다. 이와 달리 만약 행사시점에 주식결제방식의 공정가치가 현금결제방식의 공정가치보다 높을 가능성이 있다면 자본요소의 공정가치는 영(0)보다 크고, 따라서 복합금융상품의 공정가치는 부채요소의 공정가치보다 크게 된다(일반기준 19장 문단 19.A52, 19.A53).

나. 보상원가의 회계처리

부여한 복합금융상품의 대가로 제공받는 재화나 용역은 각각의 구성요소별로 구분하여 회계처리한다. 즉, 부채요소에 대하여는 현금결제형 주식기준보상거래와 같이 거래상대방으로부터 재화나 용역을 제공받을 때 보상원가와 부채를 인식하며, 자본요소가 있는 경우 자본요소에 대하여는 주식결제형 주식기준보상거래와 같이 거래상대방으로부터 재화나 용역을 제공받을 때 보상원가와 자본(자본조정)을 인식한다(일반기준 19장 문단 19.A54).

또한, 부채는 결제일에 공정가치로 재측정하며, 만약 거래상대방이 현금결제방식 대신

주식결제방식을 선택하는 경우에는 부채의 장부금액을 발행하는 지분상품의 대가로 보아 자본으로 직접 대체한다(일반기준 19장 문단 19.A55).

(차)	현 금 등	×××	(대) 자 본 금	×××
	주 식 선 택 권	×××	주식발행초과금	×××
	장기미지급비용	×××		

그러나, 거래상대방이 현금결제방식을 선택하는 경우에는 현금지급액은 모두 부채의 상환액으로 보며, 이미 인식한 자본요소는 계속 자본으로 분류한다. 이는 거래상대방이 현금결제방식을 선택함으로써 주식결제요구권을 상실하게 되므로 이미 인식한 가득된 자본요소(자본조정)를 기타자본잉여금으로 대체하는 것이다(일반기준 19장 문단 19.A56).

(차)	장기미지급비용	×××	(대) 현 금 등	×××
	주 식 선 택 권	×××	기타자본잉여금	×××

한편, 거래상대방이 결제방식을 선택할 수 있는 주식기준보상거래에서는 복합금융상품의 가치를 부채요소의 내재가치와 자본요소의 공정가치를 합한 금액으로 결정할 수 있다. 이와 같이 부채를 내재가치로 측정하는 경우에는 부채가 결제될 때까지 매 보고기간말과 최종결제일에 부채의 내재가치를 재측정하고 내재가치의 변동액은 보상원가로 회계처리한다(일반기준 19장 문단 19.A57).

② 기업이 결제방식을 선택할 수 있는 주식기준보상거래

기업이 현금결제방식이나 주식결제방식을 선택할 수 있는 경우에는 우선 현금을 지급해야 하는 현재의무가 있는지 여부를 결정하고 그에 따라 주식기준보상거래를 회계처리한다. 이때 다음과 같은 경우에는 현금을 지급해야 하는 현재의무가 있는 것으로 본다(일반기준 19장 문단 19.31).

㉠ 지분상품을 발행하여 결제하는 방식에 상업적 실질이 결여된 경우. 예를 들어, 법률에 의해 주식발행이 금지되는 경우

㉡ 과거의 경험으로 볼 때 대부분 현금으로 결제하는 경우

㉢ 현금결제정책이 확립되어 이미 공표된 경우

㉣ 과거의 경험으로 볼 때 거래상대방이 현금결제를 요구할 때마다 기업이 이를 수용하는 경우

기업이 결제방식을 선택할 수 있는 주식기준보상거래에서 현금을 지급해야 하는 현재의무가 있는 경우에는 현금결제형 주식기준보상거래로 보아 회계처리하며, 현금을 지급해야 하는 현재의무가 없는 경우에는 주식결제형 주식기준보상거래로 보아 회계처리하며 결제를 할 때에는 다음과 같이 회계처리한다(일반기준 19장 문단 19.A58, 19.A59).

㉠ 기업이 현금결제방식을 선택하는 경우에는 자기지분상품의 취득으로 보아 현금지급

액을 자본(자본조정)에서 차감한다. 이 경우 지급액과 당해 지분상품에 대하여 인식된 자본조정의 차이는 다음과 같이 회계처리한다. 다만, 아래 ㉢의 경우는 추가로 회계처리가 필요하다.

ⓐ 지급액이 당해 지분상품에 대하여 인식된 자본조정에 미달하는 경우에는 차감 후 잔여 자본조정을 기타자본잉여금으로 대체한다.

(차) 주 식 선 택 권	×××	(대) 현 금 등	×××
		기타자본잉여금	×××

ⓑ 지급액이 당해 지분상품에 대하여 인식된 자본조정을 초과하는 경우에는 그 초과액을 기타자본잉여금(주식기준보상거래와 관련하여 인식된 것에 한한다)에서 우선적으로 차감하고 그 잔액은 자본조정으로 인식한다.

(차) 주 식 선 택 권	×××	(대) 현 금 등	×××
기타자본잉여금	×××		
자 본 조 정	×××		

㉡ 기업이 주식결제방식을 선택하는 경우에는 아래 ㉢의 경우를 제외하고는 별도의 회계처리를 하지 아니한다. 다만, 자본 내에서 세부 계정과목 간 대체(예 : 자본조정에서 주식발행초과금으로 대체)가 필요할 수 있으며, 지분상품 발행으로 현금이 유입되는 경우에는 이에 관한 회계처리도 필요하다.

(차) 현 금 등(행사가격)	×××	(대) 자 본 금	×××
주 식 선 택 권	×××	주식발행초과금	×××

㉢ 기업이 결제일에 더 높은 공정가치를 가진 결제방식을 선택하는 경우에는 초과결제가치를 추가 보상원가로 인식한다. 이 경우 초과결제가치는 다음 중 하나에 해당한다.

ⓐ 실제로 지급한 금액이 주식결제방식을 선택할 때 발행하여야 하는 지분상품의 공정가치를 초과하는 금액

ⓑ 실제로 발행한 지분상품의 공정가치가 현금결제방식을 선택할 때 지급하여야 하는 금액을 초과하는 금액

4) 지배기업과 종속기업 종업원 간의 주식기준보상거래

지배기업이 종속기업을 위해 종속기업의 종업원과 주식기준보상거래를 하는 경우에도 보상원가는 전술한 '1) 주식결제형 주식기준보상거래 및 2) 현금결제형 주식기준보상거래'에 따라 인식하고 측정한다. 또한, 지배기업과 종속기업의 개별재무제표를 작성할 때에는 일반기업회계기준 제8장(지분법)에 따라 지분법 회계처리를 한다. 이 경우 종속기업은 보상원가 전액을 인식하고 동일한 금액에 대해 지배기업에서 자본(자본잉여금)을 불입받은 것으로 보아 회계처리한다. 또한, 지배기업은 보상원가 가운데 지분율 상당액을 종속기업

에 대한 투자계정의 증가로, 나머지 금액을 비용으로 회계처리하고, 동일한 금액을 전술한 '1) 주식결제형 주식기준보상거래 및 2) 현금결제형 주식기준보상거래'에 따라 자본(자본조정) 또는 부채로 회계처리한다(일반기준 19장 문단 19.A60).

5) 중소기업 회계처리 특례

재무보고로 인하여 효익을 얻는 이해관계자가 적은 중소기업의 경우 회계처리능력 등을 고려할 때 부여한 지분상품(특히 주식선택권)의 공정가치를 산출하는 것이 실무상 부담스러울 수 있다. 이에 따라 중소기업의 이러한 회계처리 부담을 완화하기 위하여 일반기업회계기준 제31장(중소기업 회계처리 특례)에서는 중소기업기본법에 의한 중소기업(자본시장과 금융투자업에 관한 법률에 따른 상장법인 · 증권신고서 제출법인 · 사업보고서 제출대상법인, 금융기업, 연결실체에 중소기업이 아닌 기업이 포함된 경우의 지배기업을 제외함)의 주식기준보상거래에 대하여는 다음과 같은 회계처리 특례를 두고 있으며, 특례규정을 선택한 경우에는 그 내용을 주석으로 기재하여야 한다(일반기준 31장 문단 31.14).

① 주식결제형 주식기준보상거래

주식결제형 주식기준보상거래가 있는 경우에는 부여한 지분상품이 실제로 행사(예 : 주식선택권이 부여된 경우)되거나 발행(예 : 주식이 부여된 경우)되기까지는 별도의 회계처리를 아니할 수 있다. 예를 들어, 부여한 주식선택권이 행사되기 전까지는 별도의 회계처리를 아니할 수 있으며, 이러한 경우 주식선택권의 행사시점에 신주를 발행하는 경우에는 행사가격과 신주의 액면금액의 차액을 주식발행초과금으로, 자기주식을 교부하는 경우에는 행사가격과 자기주식의 장부금액의 차액을 자기주식처분손익으로 회계처리한다(일반기준 31장 문단 31.8).

② 거래상대방이 결제방식을 선택할 수 있는 주식기준보상거래

거래상대방이 결제방식을 선택할 수 있는 주식기준보상거래가 있는 경우에도 전술한 '3) 선택형 주식기준보상거래 중 ① 거래상대방이 결제방식을 선택할 수 있는 주식기준보상거래'에 따라 회계처리하되, 복합금융상품 중 부채요소만을 인식할 수 있으며 부채요소는 매 보고기간말과 최종결제일에 내재가치로 측정할 수 있다(일반기준 31장 문단 31.8).

상기의 중소기업 회계처리 특례를 적용함에 있어 2011년 1월 1일 이후 최초로 개시하는 회계연도 전에 종전의 기업회계기준서 제14호 '중소기업 회계처리 특례'에 따라 적용한 특례사항은 계속 적용하고, 적용하지 아니한 특례사항은 새로이 적용할 수 없다. 다만, 과거에 발생한 경우가 없는 새로운 사건이나 거래가 발생한 경우에는 상기의 특례규정을 적용할 수 있다(일반기준 경과규정 문단 10).

한편, 상기의 특례규정을 적용하던 중소기업이 이를 적용하지 아니하고자 하거나, 중소기업에 해당하지 않게 되는 이유 등으로 이를 적용할 수 없게 되는 경우에는 일반기업회계기준 제5장(회계정책, 회계추정의 변경 및 오류)에 따라 회계처리한다(일반기준 31장 문단 31.17).

6) 주석공시

① 주식기준보상약정의 성격에 대한 주석공시사항

회계기간에 존재한 주식기준보상약정의 각 유형을 기술한다. 이 경우 각 유형별 기술에는 가득조건, 부여된 주식선택권의 만기, 결제방식(현금이나 주식) 등과 같은 조건이 포함된다. 또한 실질적으로 비슷한 여러 개의 주식기준보상약정을 통합하여 기술할 수 있다(일반기준 19장 문단 19.32).

② 기업의 경영성과와 재무상태에 미치는 영향에 대한 주석공시사항

기업의 경영성과와 재무상태에 미치는 주식기준보상거래의 영향을 재무제표이용자가 이해하는 데 도움이 되는 다음과 같은 정보를 공시한다(일반기준 19장 문단 19.33).

㉠ 제공받는 재화나 용역이 자산의 인식기준을 충족하지 못해 즉시 비용으로 인식되는 주식기준보상거래로 인해 당해 회계기간에 인식한 총비용. 이 경우 총비용 중 주식결제형 주식기준보상거래와 관련된 부분을 별도로 구분하여 공시한다.

㉡ 주식기준보상거래와 관련하여 인식한 부채에 대한 다음의 정보

ⓐ 보고기간말 현재 총장부금액

ⓑ 거래상대방이 보고기간말까지 가득한 현금이나 그 밖의 자산을 받을 수 있는 권리(예 : 가득된 주가차액보상권)에 대해 인식한 부채의 보고기간말 현재 총내재가치

③ 공정가치의 측정에 대한 주석공시사항

재무제표이용자가 회계기간에 제공된 재화나 용역의 공정가치 또는 부여된 지분상품의 공정가치가 어떻게 결정되었는지 이해하는데 도움이 되는 정보를 주석으로 기재한다. 또한, 측정기준일 현재의 공정가치를 신뢰성 있게 추정할 수 없어 내재가치를 측정치로 사용하는 경우에는 그 사실과 이유 및 주식기준보상거래와 관련하여 인식된 부채에 대한 다음의 정보를 주석으로 기재한다(일반기준 19장 문단 19.34, 19.35).

㉠ 보고기간말 현재 총장부금액

㉡ 거래상대방이 현금이나 그 밖의 자산을 받을 수 있는 권리(예 : 주가차액보상권)를 보고기간말 현재 가득한 경우 당해 권리의 보고기간말 현재 총내재가치. 다만, 보고기간말 현재 관련 부채가 결제되지 않은 경우에 한한다.

④ 중소기업 회계처리 특례의 적용에 따른 주석공시사항

주식기준보상거래의 회계처리와 관련하여 전술한 '5) 중소기업 회계처리 특례'를 적용하는 경우에는 다음과 같은 사항을 주석으로 기재한다(일반기준 31장 문단 31.16).

㉠ 회계기간에 존재한 주식기준보상약정의 각 유형에 대한 기술. 이 경우 가득조건, 부여된 주식선택권의 만기, 결제방식(현금이나 주식) 등과 같은 조건을 각 유형별 기술에 포함한다.

㉡ 다음 각각에 대한 주식선택권의 수량과 가중평균행사가격. 다음의 주석사항은 주가차액보상권(주식결제형 또는 현금결제형)에 대해서도 동일하게 적용한다.

ⓐ 회계기간 초 현재 존속하는 주식선택권
ⓑ 회계기간에 부여한 주식선택권
ⓒ 회계기간에 상실된 주식선택권
ⓓ 회계기간에 행사된 주식선택권
ⓔ 회계기간에 취소하거나 중도청산한 주식선택권
ⓕ 회계기간에 만기소멸된 주식선택권
ⓖ 회계기간 말 현재 존속하는 주식선택권
ⓗ 회계기간 말 현재 행사가능한 주식선택권

㉢ 회계기간 말 현재 존속하는 주식선택권의 행사가격 범위와 가중평균잔여만기. 행사가격 범위가 매우 넓은 경우에는 주식선택권의 행사로 발행되는 주식의 수와 발행시기, 그리고 행사대금으로 유입되는 현금흐름을 판단하는데 유용한 수준으로 범위를 세분할 필요가 있다. 이 주석사항은 주가차액보상권(주식결제형 또는 현금결제형)에 대해서도 동일하게 적용한다.

㉣ 주식기준보상거래와 관련하여 인식된 부채에 대한 다음의 정보

ⓐ 보고기간종료일 현재 총장부금액
ⓑ 거래상대방이 현금이나 기타자산을 받을 수 있는 권리(예 : 주가차액보상권)를 보고기간종료일 현재 가득한 경우 당해 권리의 보고기간종료일 현재 총내재가치. 다만 보고기간종료일 현재 관련 부채가 결제되지 않은 경우에 한한다.

사례 1 용역제공조건이 부과된 주식선택권

〈배경정보〉

• 갑기업은 20X7년 1월 1일에 종업원 500명에게 각각 주식선택권 100개를 부여하고 3년의 용역제공조건을 부과하였다. 부여일 현재 주식선택권의 단위당 공정가치는 150원으로 추정되었다.

• 갑기업은 종업원 중 20%가 부여일로부터 3년 이내에 퇴사하여 주식선택권을 상실할 것으로 추정하였다.

〈회계처리〉

• (상황 1)

실제 결과가 추정과 일치한다면 기업이 가득기간에 인식할 보상원가는 다음과 같다.

회계연도	계산근거	당기 보상원가(*)	누적 보상원가
20X7	50,000개×80%×150원×1/3	2,000,000	2,000,000
20X8	(50,000개×80%×150원×2/3) − 2,000,000원	2,000,000	4,000,000
20X9	(50,000개×80%×150원×3/3) − 4,000,000원	2,000,000	6,000,000

(*) 보상원가는 주식보상비용의 과목으로 하여 그 성격에 따라 제조원가, 판매비와관리비 또는 개발비 등으로 처리하며, 주식보상비용(차변)의 상대계정으로는 자본조정(주식선택권, 대변)을 인식한다.

만약 종업원이 20Y0년 1월 1일에 주식선택권을 행사한다면 다음과 같이 회계처리한다. 단, 갑 기업 주식의 단위당 액면금액과 주식선택권의 행사가격은 각각 500원과 600원이라고 가정한다.

(차)	현 금	24,000,000 (*1)	(대) 자 본 금	20,000,000 (*2)
	자본조정(주식선택권)	6,000,000	주식발행초과금	10,000,000

(*1) 주식선택권 행사대금 : 40,000개(50,000개×80%)×600원 = 24,000,000원

(*2) 40,000주×500원(주당 액면) = 20,000,000원

• (상황 2)

20X7년 중에 20명이 퇴사하였고, 기업은 가득기간(3년)에 퇴사할 것으로 기대되는 종업원의 추정비율을 20%(100명)에서 15%(75명)로 변경하였다. 20X8년에 실제로 22명이 퇴사하였고, 기업은 가득기간(3년) 전체에 걸쳐 퇴사할 것으로 기대되는 종업원의 추정비율을 다시 12%(60명)로 변경하였다. 20X9년에는 실제로 15명이 퇴사하였다. 결국 20X9년 12월 31일 현재 총 57명이 퇴사하여 주식선택권을 상실하였고, 총 44,300개(443명×100개)의 주식선택권이 가득되었다.

회계연도	계산근거	당기 보상원가(*)	누적 보상원가
20X7	50,000개×85%×150원×1/3	2,125,000	2,125,000
20X8	(50,000개×88%×150원×2/3) − 2,125,000원	2,275,000	4,400,000
20X9	(44,300개×150원×3/3) − 4,400,000원	2,245,000	6,645,000

(*) 보상원가는 주식보상비용의 과목으로 하여 그 성격에 따라 제조원가, 판매비와관리비 또는 개발비 등으로 처리하며, 주식보상비용(차변)의 상대계정으로는 자본조정(주식선택권, 대변)을 인식한다.

만약 종업원이 20Y0년 1월 1일에 주식선택권을 행사한다면 다음과 같이 회계처리한다. 단, 갑 기업 주식의 단위당 액면금액과 주식선택권의 행사가격은 각각 500원과 600원이라고 가정한다.

(차)	현 금	26,580,000 (*1)	(대) 자 본 금	22,150,000 (*2)
	자본조정(주식선택권)	6,645,000	주식발행초과금	11,075,000

(*1) 주식선택권 행사대금 : 44,300개×600원 = 26,580,000원

(*2) 44,300주×500원(주당 액면) = 22,150,000원

 기대가득기간을 좌우하는 비시장성과조건이 부과된 경우

〈배경정보〉

- 갑기업은 20X7년 1월 1일에 종업원 500명에게 각각 주식 100주를 부여하고, 가득기간에 종업원이 계속 근무할 것을 요구하는 조건을 부과하였다. 부여한 주식은 기업의 연평균 이익성장률이 13% 이상이 되면 20X8년 말에, 그리고 연평균 이익성장률이 10% 이상이 되면 20X9년 말에 가득된다. 20X7년 1월 1일 현재 부여한 주식의 단위당 공정가치는 300원이며, 이는 주가와 동일하다. 부여일부터 3년간은 배당금이 지급되지 않을 것으로 예상되었다.
- 20X7년에 기업의 이익은 14% 증가하였으며, 30명이 퇴사하였다. 기업은 20X8년에도 비슷한 비율로 이익이 성장하여 20X8년 말에 주식이 가득될 것으로 예상하였다. 또한, 20X8년에 30명이 추가로 퇴사하여 20X8년 말에는 총 440명이 주식을 가득할 것으로 예상하였다.
- 20X8년에 기업의 이익은 10% 증가하는 데 그쳐 주식이 가득되지 못하였으며, 28명이 퇴사하였다. 기업은 20X9년에 25명이 추가로 퇴사할 것으로 예상하였으며, 20X9년에는 이익이 최소한 6% 이상 성장하여 누적 연평균 이익성장률이 10%에 달할 수 있을 것이라고 예상하였다.
- 20X9년에 실제로 23명이 퇴사하였고, 기업의 이익은 8% 증가하여 누적연평균 이익성장률이 10.67%에 달하였다.

〈회계처리〉

회계연도	계산근거	당기 보상원가(*)	누적 보상원가
20X7	440명×100주×300원×1/2	6,600,000	6,600,000
20X8	(417명×100주×300원×2/3) – 6,600,000원	1,740,000	8,340,000
20X9	(419명×100주×300원×3/3) – 8,340,000원	4,230,000	12,570,000

(*) 보상원가는 주식보상비용의 과목으로 하여 그 성격에 따라 제조원가, 판매비와관리비 또는 개발비 등으로 처리하며, 주식보상비용(차변)의 상대계정으로는 자본조정(미가득주식, 대변)을 인식한다.

갑기업이 20X9년 12월 31일에 가득된 주식을 종업원에게 지급할 경우의 회계처리는 다음과 같다. 단, 갑기업은 이미 보유하고 있는 자기주식을 종업원에게 지급하며 자기주식의 취득원가는 단위당 250원이라고 가정한다.

(차) 자본조정(미가득주식)	12,570,000 (*1)	(대) 자기주식	10,475,000 (*2)
		기타자본잉여금	2,095,000 (*3)

(*1) 누적보상원가

(*2) 419명×100주×250원(자기주식 취득단가) = 10,475,000원

(*3) 자기주식의 취득원가가 부여한 주식과 관련된 자본조정(누적보상원가)을 초과하는 경우에는 그 초과액만큼 새로운 자본조정으로 계상한다.

사례 3 가득되는 지분상품의 수량을 좌우하는 비시장성과조건이 부과된 경우

〈배경정보〉

• 갑기업은 20X7년 1월 1일에 판매부 종업원 100명에게 주식선택권을 부여하고, 3년의 용역제공조건과 함께 특정제품의 판매수량과 관련된 다음의 비시장성과조건을 부과하였다.

연평균 판매증가율		가득되는 주식선택권 수량
이상	미만	
–	5%	–
5%	10%	100개
10%	15%	200개
15%	–	300개

• 갑기업은 부여일 현재 주식선택권의 단위당 공정가치를 200원으로 추정하였다. 또한, 기업은 부여일부터 3년 동안 연평균 판매증가율이 10% 이상 15% 미만에 달하여, 20X9년 말에는 용역제공조건을 충족한 종업원 1인당 200개의 주식선택권을 가득할 것으로 추정하였다. 한편, 기업은 부여일부터 3년 동안 20%의 종업원이 퇴사할 것으로 추정하였다.

• 20X7년에 7명이 퇴사하였고, 기업은 부여일로부터 20X9년 말까지 총 20명이 퇴사할 것으로 추정하였다. 따라서, 20X9년 말까지 계속 근무할 것으로 기대되는 종업원수는 80명이다. 제품판매는 12% 증가하였으며, 기업은 이 증가율이 20X8년에도 계속될 것으로 추정하였다.

• 20X8년에 5명이 추가로 퇴사하여 20X8년 말 현재 누적퇴사자는 12명이 되었다. 기업은 20X9년에 3명이 더 퇴사하여 부여일 이후 3년 동안 총 15명이 퇴사하게 되고 계속 근무자수는 85명이 될 것으로 예상하였다. 제품판매는 18% 증가하여 부여일 이후 2년간 연평균 증가율이 15%에 달하였다. 기업은 부여일 이후 3년 동안 제품판매의 연평균 증가율이 15%를 초과하여 20X9년 말에는 종업원 1인당 300개의 주식선택권을 가득할 것으로 추정하였다.

• 20X9년에 추가로 2명이 퇴사하여 부여일 이후 3년 동안 총 퇴사자수는 14명, 계속근무자는 86명이 되었다. 기업의 제품판매는 부여일 이후 3년 동안 연평균 16% 증가하여 20X9년 말에 86명의 종업원이 1인당 300개의 주식선택권을 가득하였다.

〈회계처리〉

회계연도	계산근거	당기 보상원가	누적 보상원가
20X7	80명×200개×200원×1/3	1,066,667	1,066,667
20X8	(85명×300개×200원×2/3) − 1,066,667원	2,333,333	3,400,000
20X9	(86명×300개×200원×3/3) − 3,400,000원	1,760,000	5,160,000

사례 4 행사가격을 좌우하는 비시장성과조건이 부과된 경우

〈배경정보〉

- 갑기업은 20X7년 1월 1일에 최고경영자에게 주식선택권 10,000개를 부여하고, 3년의 용역제공조건을 부과하였다. 주식선택권의 행사가격은 400원이나, 3년 동안 기업의 연평균 이익성장률이 10% 이상이 되면 행사가격은 300원으로 인하된다.
- 부여일 현재 주식선택권의 공정가치는 행사가격을 300원으로 할 경우 120원, 행사가격을 400원으로 할 경우 20원으로 추정되었다.
- 20X7년에 기업의 이익은 12% 성장하였고, 기업은 이러한 성장률이 다음 2개년에도 계속될 것으로 추정하였다. 따라서, 지정된 목표이익성장률이 달성되어 기대행사가격이 300원이 될 것으로 추정되었다.
- 20X8년에 기업의 이익은 13% 증가하였으며, 기업은 여전히 목표이익성장률이 달성될 것으로 추정하였다.
- 그러나, 20X9년에 기업의 이익성장률은 3%에 그쳐 목표이익(연평균 10% 이상)이 달성되지 못하였다. 다만, 최고경영자가 부여일 이후 3년간 근무함에 따라 용역제공조건은 충족되었다. 20X9년 말에 목표이익성장률이 달성되지 못하여 가득된 주식선택권 10,000개의 행사가격은 400원으로 확정되었다.

〈회계처리〉

비시장성과조건의 달성 여부가 행사가격을 좌우하므로 비시장성과조건의 효과(즉, 행사가격이 400원이 될 가능성과 300원이 될 가능성)는 부여일에 주식선택권의 공정가치를 측정할 때 고려하지 않는다. 대신에 기업은 각 경우(행사가격이 400원이 되는 경우와 300원이 되는 경우)에 주식선택권의 부여일 현재 공정가치를 추정한 다음 추후 비시장성과조건의 달성 여부를 반영하여 보상원가를 수정하여야 한다.

회계연도	계산근거	당기 보상원가	누적 보상원가
20X7	10,000개×120원×1/3	400,000	400,000
20X8	(10,000개×120원×2/3) − 400,000원	400,000	800,000
20X9	(10,000개×20원×3/3) − 800,000원	△600,000(*)	200,000

(*) 기인식한 보상원가 중 일부를 환입

사례 5 시장성과조건이 부과된 주식선택권

〈배경정보〉

- 갑기업은 20X7년 1월 1일에 최고경영자에게 주식선택권 10,000개를 부여하고, 3년의 용역제공조건을 부과하였다. 그러나, 20X9년 말에 기업의 주가가 650원 이상으로 상승하지 않는다면(부여일 현재 주가 500원), 최고경영자는 부여받은 주식선택권을 행사할 수 없다. 20X9년 말에 기업의 주가가 650원 이상이 되면 최고경영자는 주식선택권을 다음 7년 동안(즉, 20Y6년 말까지) 언제든지 행사할 수 있다.

• 기업은 주식선택권의 공정가치를 측정할 때 이항모형을 적용하였으며, 모형 내에서 20X9년 말에 기업의 주가가 650원 이상이 될 가능성(즉, 주식선택권이 행사가능하게 될 가능성)과 그렇지 못할 가능성(즉, 주식선택권이 상실될 가능성)을 고려하였다. 기업은 부여일 현재 주식선택권의 공정가치를 단위당 240원으로 추정하였다.

〈회계처리〉

시장성과조건이 부과된 주식선택권에 대해서는 그러한 시장성과조건(예 : 목표주가)이 달성되는지 여부와 관계 없이 다른 모든 가득조건(예 : 용역제공조건)이 충족되면 보상원가를 인식한다. 목표주가가 달성되지 못할 가능성은 이미 부여일 현재 주식선택권의 공정가치를 추정할 때 고려하였으므로, 기업이 용역제공조건이 충족될 것으로 기대하였고 또한 실제 결과도 동일하다면 매 회계연도마다 인식할 보상원가는 다음과 같다.

회계연도	계산근거	당기 보상원가	누적 보상원가
20X7	10,000개×120원×1/3	800,000	800,000
20X8	(10,000개×240원×2/3)－800,000원	800,000	1,600,000
20X9	(10,000개×240원)－1,600,000원	800,000	2,400,000

이미 설명한 바와 같이 위 금액은 시장성과조건의 달성 여부와는 무관하게 인식한다. 그러나, 만약 최고경영자가 20X8년 중에 퇴사하였다면, 20X7년에 인식한 보상원가는 20X8년에 환입하여야 한다. 시장성과조건과는 달리 용역제공조건은 부여일 현재 주식선택권의 공정가치를 추정할 때 고려하지 않기 때문이다. 대신에 용역제공조건은 일반기업회계기준 제19장 문단 19.16에 따라 궁극적으로 가득될 지분상품의 수량에 기초하여 보상원가를 조정함으로써 고려한다.

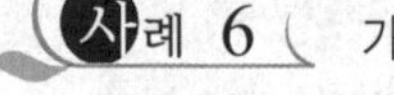

사례 6 가득기간이 시장성과조건에 따라 변하는 경우

〈배경정보〉

• 갑기업은 20X7년 1월 1일에 임원 10명에게 각각 만기 10년의 주식선택권 10,000개를 부여하였다. 부여한 주식선택권은 당해 임원이 근무하는 동안 기업의 주가가 현재의 500원에서 700원으로 상승할 때 가득되며 즉시 행사가능하다.

• 갑기업은 부여한 주식선택권의 공정가치를 이항모형에 따라 측정하며, 이항모형을 적용할 때 주식선택권의 만기(10년)까지 목표주가(700원)가 달성될 가능성과 그렇지 못할 가능성을 함께 고려하였다. 갑기업은 부여일 현재 주식선택권의 공정가치를 단위당 250원으로 추정하였다. 또한, 기대가득기간은 5년으로 추정하였다. 즉, 목표주가는 부여일부터 5년(기대치) 후 (20Y1. 12. 31.)에 달성될 것으로 추정하였다. 갑기업은 주식선택권을 부여받은 10명의 임원 중 2명이 부여일부터 5년 이내에 퇴사할 것으로 추정하였다. 따라서, 부여일로부터 5년 후 시점(20Y1. 12. 31.)에는 총 80,000개(8명×10,000개)의 주식선택권이 가득될 것으로 예상되었다.

• 20X7년부터 20Y0년까지, 20Y1년 12월 31일 이전에 총 2명이 퇴사할 것이라는 추정에는 변함이 없었다. 그러나, 실제로는 20Y1년 12월 31일까지 총 3명(20X9년, 20Y0년 및 20Y1년에 각 1명씩)이 퇴사하였다. 목표주가는 실제로 20Y2년에 달성되었으며, 20Y2년에 목표주가가 달성되기 전에 1명이 추가로 퇴사하였다.

〈회계처리〉

일반기업회계기준 제19장 문단 19.13에 따르면, 갑기업은 부여일에 추정한 기대가득기간에 걸쳐 보상원가를 인식하여야 하고, 부과된 조건이 시장성과조건이므로 후속적으로 추정치(기대가득기간)를 변경할 수 없다. 따라서, 기업은 보상원가를 20X7년부터 20Y1년까지 인식하여야 한다. 또한, 보상원가는 궁극적으로 70,000개(20Y1년 12월 31일 현재 근무하고 있는 임원 7명×10,000개)의 주식선택권에 기초하여 결정된다. 20Y2년에는 추가로 1명이 퇴사하였음에도 불구하고 기대가득기간이 20Y1년에 이미 경과하였으므로 어떠한 회계처리도 하지 않는다. 갑기업이 20X7년부터 20Y1년까지 인식할 보상원가는 다음과 같다.

회계연도	계산근거	당기 보상원가	누적 보상원가
20X7	80,000개×250원×1/5	4,000,000	4,000,000
20X8	(80,000개×250원×2/5) − 4,000,000원	4,000,000	8,000,000
20X9	(80,000개×250원×3/5) − 8,000,000원	4,000,000	12,000,000
20Y0	(80,000개×250원×4/5) − 12,000,000원	4,000,000	16,000,000
20Y1	(70,000개×250원) − 16,000,000원	1,500,000	17,500,000

사례 7 주식선택권의 조건변경 Ⅰ - 행사가격 조정

〈배경정보〉

- 갑기업은 20X7년 1월 1일에 종업원 500명에게 각각 주식선택권 100개를 부여하고, 3년의 용역제공조건을 부과하였다. 갑기업은 주식선택권의 단위당 공정가치를 150원으로 추정하였으며, 3년 동안 100명이 퇴사하여 주식선택권을 상실하게 될 것으로 추정하였다.
- 주식선택권 부여 이후 갑기업의 주가가 지속적으로 하락함에 따라 20X7년 12월 31일 갑기업은 주식선택권의 행사가격을 하향 조정하였다. 20X7년 중에는 40명이 퇴사하였고, 갑기업은 추가로 70명이 20X8년과 20X9년에 퇴사할 것으로 추정하였다. 따라서, 20X7년 12월 31일 현재, 가득기간 중 퇴사할 것으로 추정되는 종업원 수는 총 110명이다. 20X8년에 실제로 35명이 퇴사하였으며, 갑기업은 20X9년에 추가로 30명이 퇴사할 것으로 추정하였다. 따라서, 가득기간(3년)에 걸쳐 퇴사하는 종업원 수는 20X8년말 현재 총 105명으로 추정되었다. 20X9년에 실제로 28명이 퇴사하여 총퇴사자수는 103명이 되었다. 근무를 계속한 397명은 20X9년 12월 31일에 주식선택권을 가득하였다.
- 행사가격을 조정한 날에 갑기업은 당초 주식선택권의 공정가치를 50원으로 추정하였고, 조정된 주식선택권의 공정가치를 80원으로 추정하였다.

〈회계처리〉

일반기업회계기준 제19장 문단 19.22에 의하면, 기업은 주식기준보상거래 전체의 공정가치를 증가시키거나 또는 종업원에게 유리한 조건변경의 효과를 인식하여야 한다. 즉, 조건변경(예 : 행사가격의 하향 조정)을 통해 기부여한 지분상품의 공정가치가 증가한다면 보상원가를 인식할 때 그 측정치에 증분공정가치를 포함하여야 한다.

이 경우 증분공정가치는 조건변경일 현재 다음 ①에서 ②를 차감한 금액으로 한다.

① 조건변경 직후에 측정한 변경된 지분상품의 공정가치
② 조건변경 직전에 측정한 당초 지분상품의 공정가치
또한, 가득기간에 조건변경이 있는 경우 조건변경일 이후의 회계처리는 다음과 같다.
① 조건변경일부터 변경된 가득일(또는 가득일의 변경이 없는 경우에는 당초 약정상의 가득일)까지 보상원가를 인식할 때 그 측정치에 증분공정가치를 포함한다.
② 당초 지분상품에 대해 부여일에 측정한 공정가치는 당초 잔여기간(조건변경일부터 당초 약정상의 가득일)에 걸쳐 인식한다.

본 사례에서 주식선택권의 단위당 증분공정가치는 다음과 같이 계산된다.

조건변경 직후에 측정한 변경된 주식선택권의 공정가치	80원
(−) 조건변경 직전에 측정한 당초 주식선택권의 공정가치	50원
증분공정가치	30원

위의 증분공정가치 30원은 당초 주식선택권의 부여일 공정가치 150원에 기초한 당초 보상원가에 추가하여 잔여가득기간(2년)에 걸쳐 인식한다. 갑기업이 20X7년부터 20X9년까지 인식할 보상원가는 다음과 같다.

회계연도	계산근거	당기 보상원가	누적 보상원가
20X7	(500명 − 110명)×100개×150원×1/3	1,950,000	1,950,000
20X8	(500명 − 105명)×100개×(150원×2/3 +30원×1/2) −1,950,000원	2,592,500	4,542,500
20X9	(500명 − 103명)×100개×(150원+30원) − 4,542,500원	2,603,500	7,146,000

사례 8 주식선택권의 조건변경 II − 가득조건 변경

〈배경정보〉

• 갑기업은 20X7년 1월 1일에 판매부 종업원들에게 각각 주식선택권 1,000개를 부여하고, 3년의 용역제공조건과 함께 3년 동안 특정제품에 대한 판매부의 매출수량이 50,000개 이상이 될 것을 요구하는 비시장성과조건을 부과하였다. 부여일 현재 주식선택권의 단위당 공정가치는 150원이다.
• 갑기업은 20X8년에 비시장성과조건을 변경하였는바, 판매부의 목표매출수량은 100,000개로 조정되었다. 20X9년 12월 31일까지 판매부의 실제 매출실적은 55,000개에 불과하여 부여한 주식선택권은 상실되었다. 당초에 주식선택권을 부여받은 판매부 종업원들 중 20X9년 12월 31일까지 근무한 종업원수는 총 12명이다.

〈회계처리〉

부여한 지분상품에 비시장성과조건이 부과되어 있는 경우에, 기업은 가득될 것으로 기대되는 지분상품의 수량에 대한 최선의 추정치에 근거하여 보상원가를 인식하여야 한다. 만약 후속적인 정보에 비추어 볼 때 미래에 가득될 것으로 기대되는 지분상품의 수량이 직전 추정치와 다를 것으로 예상된다면 당해 추정치를 변경하여야 한다. 가득일에는 궁극적으로 가득된 지분상품의 수량과 일치하도록 당해 추정치를 변경한다. 그러나, 일반기업회계기준 제19장 문단 19.22에 따르면, 기업은 지분상품을 부여한 당시의 조건을 변경하는지, 부여한 지분상품을 취소하거나 중도청산하는지 여부와 관계 없이 제공받는 근무용역은 최소한 지분상품의 부여일 당시 공정가치에 따라 인식하여야 한다. 다만, 지정된 가득조건(시장성과조건 제외)이 충족되지 않아 지분상품이 가득되지 못하는 경우는 그러하지 않다. 일반기업회계기준 제19장 문단 19.A48 (3)에 따르면, 기업이 종업원에게 불리하게 가득조건을 변경하는 경우에는 동 기준의 문단 19.16을 적용할 때 변경된 가득조건을 고려하지 않는다.

비시장성과조건의 변경으로 인해 주식선택권이 가득될 가능성이 당초보다 낮아지는 경우에는 제공받는 근무용역을 인식할 때 변경된 비시장성과조건을 고려하지 않는다. 대신 3년에 걸쳐 제공받는 근무용역을 당초의 가득조건에 따라 인식한다. 따라서, 갑기업이 3년에 걸쳐 인식할 누적보상원가는 1,800,000원(12명×1,000개×150원)이 된다.

목표성과를 조정하는 대신 주식선택권이 가득되기 위한 용역제공조건을 3년에서 10년으로 상향 조정한 경우에도 위와 동일한 논리가 적용될 수 있다. 이러한 조건변경으로 인해 주식선택권이 가득될 가능성이 당초보다 낮아지기 때문에, 즉 당해 조건변경은 종업원에게 불리하기 때문에, 기업이 제공받는 근무용역을 인식할 때 변경된 용역제공조건은 고려하지 않는다. 대신 당초 용역제공조건인 3년에 걸쳐 근무한 12명의 종업원으로부터 제공받는 근무용역을 인식한다.

사례 9 현금결제선택권이 후속적으로 추가된 경우

〈배경정보〉

• 20X7년 1월 1일에 갑기업은 종업원에게 주식선택권 900,000개를 부여하였다. 동 권리에는 3년의 용역제공조건이 부과되어 있다. 가득일(20X9년 12월 31일)에 궁극적으로 가득될 주식선택권 수는 821,406개로 추정되었고, 실제 결과도 추정과 동일하였다. 20X7년 1월 1일 현재 주식선택권의 공정가치는 14.69원이므로 가득기간에 걸쳐 인식할 총보상원가는 12,066,454원(821,406×14.69), 매년 인식할 보상원가는 4,022,151원(12,066,454÷3년)이 된다.

• 20X8년 1월 1일에 갑기업은 주식선택권의 조건을 변경하여 종업원에게 현금결제선택권을 추가로 부여하였다. 조건변경일 현재 주식선택권의 공정가치는 7원이고, 이후 매 회계연도 말 현재 주식선택권의 공정가치는 다음과 같다.

회계연도 말	주식선택권의 공정가치
20X8	25원
20X9	10원

〈회계처리〉

기업은 20X8년 1월 1일에 단행한 조건변경으로 인해 종업원의 선택에 따라서 현금으로 결제할 의무를 추가로 부담하게 되었다. 일반기업회계기준 제19장 문단 19.26~19.27(현금결제형 주식기준보상거래에 관한 규정)에 따르면, 기업은 조건변경일에 현금결제의무를 인식하여야 한다. 부채로 인식할 금액은 조건변경일 현재 주식선택권의 공정가치와 당초 지정된 용역제공조건에 따라 조건변경일까지 근무용역을 제공받은 정도에 기초하여 측정한다. 또한, 조건변경일 이후에 매 회계기간 말과 최종결제일에 부채의 공정가치를 재측정하고 공정가치변동액을 해당 기간의 보상원가로 인식한다. 갑기업의 20X7년부터 20X9년까지 회계처리는 다음과 같다.

① 20X7년 12월 31일

(차) 보 상 원 가	4,022,151	(대) 자본조정(주식선택권)	4,022,151

② 조건변경일(20X8년 1월 1일)

갑기업에게는 종업원의 선택에 따라 현금으로 결제할 의무가 생기므로 동 주식기준보상거래에 대해 더 이상 자본을 인식할 수 없고 부채를 인식하여야 한다. 그러나, 현금결제선택권이 추가된 것 외에 다른 조건이 변경되지 않았기 때문에 조건변경으로 주식선택권의 공정가치가 변하지는 않는다.

새롭게 인식할 부채금액은 다음과 같이 두 부분으로 나누어 회계처리한다.

㉠ 기존에 자본조정으로 인식한 금액 이내의 부분

(차) 자 본 조 정	×××	(대) 부 채	×××

㉡ 기존에 자본조정으로 인식한 금액을 초과하는 부분

(차) 보 상 원 가	×××	(대) 부 채	×××

조건변경일 현재 주식선택권의 총공정가치는 5,749,842원(821,406개×7원)이고, 부여일 이후로 1년 동안 근무용역이 제공되었으므로 부채로 인식할 금액은 1,916,614원(5,749,842원÷3년)이다.

(차) 자본조정(주식선택권)	1,916,614	(대) 부채(장기미지급비용)	1,916,614

일반기업회계기준 제19장 문단 19.22에 따르면, 지분상품을 부여한 당시의 조건을 변경하는지, 부여한 지분상품을 취소하거나 중도청산하는지 여부와 관계 없이 제공받는 근무용역은 최소한 지분상품의 부여일 당시 공정가치에 따라 인식하여야 하므로, 갑기업이 인식할 총보상원가는 당초 주식선택권의 부여일 총공정가치와 변경된 주식선택권(현금결제선택권이 있는 주식선택권)이 결제될 때의 총공정가치 중 큰 금액이 되어야 한다.

따라서, 조건변경으로 인식되는 부채의 공정가치가 당초 주식선택권의 부여일 공정가치에 따라 인식되는 누적보상원가를 초과하지 않는 경우에는 최종결제일까지 부채의 공정가치가 변동하더라도 당초 산정된 보상원가에 영향을 주지 않는다. 그러나, 부채의 공정가치가 당초 주식선택권의 부여일 공정가치에 따라 인식되는 누적보상원가를 초과하게 되는 경우에는 최종결제일까지 그 초과금액을 당초 산정된 보상원가에 추가하여 인식한다.

③ 20X8년 12월 31일

주식선택권의 총공정가치는 20,535,150원(821,406개×25원)이고, 부여일 이후로 2년 동안 근무용역이 제공되었으므로 부채로 인식할 금액은 13,690,100원(20,535,150원×2/3)이다.

부채의 공정가치는 11,773,486원(13,690,100원-1,916,614원)만큼 증가하였다. 이 금액은 다음과 같이 두 부분으로 나누어 회계처리한다.

㉠ 조건변경일에 부채로 대체되지 않고 남은 자본조정금액 2,105,537원(4,022,151원-1,916,614원)만큼을 추가로 부채로 대체한다.

㉡ 나머지 금액 9,667,949원(11,773,486원-2,105,537원)은 보상원가로 인식한다.

(차) 보 상 원 가	9,667,949	(대) 부채(장기미지급비용)	11,773,486
자본조정(주식선택권)	2,105,537		

④ 가득일(20X9년 12월 31일)

주식선택권의 총공정가치는 8,214,060원(821,406개×10원)이고, 주식선택권이 가득되었으므로 부채로 인식할 금액은 8,214,060원이다.

부채의 공정가치는 5,476,040원(8,214,060원-13,690,100원)만큼 감소하였다. 이 금액은 다음과 같이 두 부분으로 나누어 회계처리한다.

㉠ 총보상원가는 최소한 부여일에 산정된 금액(12,066,454원)만큼 인식되어야 하므로 3,852,394원(12,066,454원-8,214,060원)은 보상원가환입으로 회계처리하지 않고 자본조정(대변)으로 회계처리한다.

㉡ 나머지 금액 1,623,646원(5,476,040원-3,852,394원)은 보상원가환입으로 회계처리한다.

(차) 부채(장기미지급비용)	5,476,040	(대) 보 상 원 가 환 입 (*1)	1,623,646
		자본조정(주식선택권)	3,852,394

(*) 기인식한 보상원가 중 일부를 환입

⑤ 보상원가 종합

매 회계연도의 보상원가를 종합하면 다음과 같다.

회계연도	총보상원가	당기 보상원가	누적 보상원가
20X7	12,066,454(821,406×14.69)	4,022,151(12,066,454÷3)	4,022,151
20X8	20,535,150(821,406×25.00)	9,667,949[(20,535,150×2/3)-4,022,151]	13,690,100
20X9	12,066,454(821,406×14.69)	△1,623,646(12,066,454-13,690,100)	12,066,454

⑥ 가득일에 종업원이 권리를 행사하였을 때 회계처리는 다음과 같다.

㉠ 현금결제방식을 선택한 경우

(차)	부채(장기미지급비용)	8,214,060	(대) 현　　　　금	8,214,060
	자본조정(주식선택권)	3,852,394	기타자본잉여금	3,852,394(*)

(*) 가득일에 결제가 이루어져 주식기준보상거래가 완료되므로 자본조정(주식선택권)은 기타자본잉여금으로 대체한다.

㉡ 주식결제방식을 선택한 경우. 단, 갑기업 주식의 단위당 액면금액과 주식선택권의 행사가격은 각각 200원과 300원이라고 가정한다.

(차)	현　　　　금	246,421,800(*2)	(대) 자　본　금	164,281,200(*1)
	부채(장기미지급비용)	8,214,060	주식발행초과금	94,207,054
	자본조정(주식선택권)	3,852,394		

(*1) 821,406주×200원 = 164,281,200원
(*2) 821,406주×300원 = 246,421,800원

본 사례에서는 가득기간 중에 현금결제선택권 추가로 인해 부채가 인식되므로, 일견 일반기업회계기준 제19장 문단 19.23에서 규정하고 있는 중도청산의 경우와 유사하다고 볼 수도 있다. 그러나, 중도청산의 경우 주식기준보상약정이 더 이상 존속하지 않지만, 본 사례의 경우 권리부여시 없었던 결제방식만 추가되었을 뿐 주식기준보상약정은 계속 존속하므로 그 경제적 실질이 서로 다르다. 따라서, 두 경우 모두 동일한 기준이 적용되어야 하는 것은 아니다.

사례 10 주식선택권의 공정가치를 신뢰성 있게 측정할 수 없어 내재가치로 측정하여 회계처리하는 경우

※ 본 사례는 내재가치로 측정하는 경우의 회계처리를 예시할 목적으로 편의상 부여조건이 단순한 주식선택권을 가정하고 있다. 그러나, 실제로 일반기업회계기준 제19장 문단 19.19가 적용되는 경우는 부여조건이 매우 복잡하여 주식선택권의 공정가치를 신뢰성 있게 측정할 수 없는 경우라는 점을 유의해야 한다.

〈배경정보〉

- 갑기업은 20X7년 1월 1일에 종업원 50명에게 각각 주식선택권 1,000개를 부여하고 3년의 용역제공조건을 부과하였다. 주식선택권의 만기는 10년이다. 주식선택권의 행사가격은 600원이고, 부여일 현재 기업의 주가도 600원이다.
- 부여일 현재 기업은 주식선택권의 공정가치를 신뢰성 있게 측정할 수 없다고 판단하였다.
- 20X7년 12월 31일 현재 이미 3명이 퇴사하였고, 기업은 20X8년과 20X9년에도 추가로 7명이 퇴사할 것으로 추정하였다. 따라서, 부여한 주식선택권의 80%(40명분)가 가득될 것으로 추정되었다.
- 20X8년에 실제로 2명이 퇴사하였고, 기업은 미래에 가득될 것으로 기대되는 주식선택권의 비율을 86%로 추정하였다.

• 20X9년에 실제로 2명이 퇴사하였고, 20X9년 12월 31일에 총 43,000개의 주식선택권이 가득되었다.

• 20X7년부터 20Y6년까지 기업의 주가와 20Y0년부터 20Y6년까지 행사된 주식선택권의 수량은 다음과 같다. 행사된 주식선택권은 모두 회계연도말에 행사되었다.

회계연도	회계연도 말 주가	행사된 주식선택권 수량
20X7	630	–
20X8	650	–
20X9	750	–
20Y0	880	6,000
20Y1	1,000	8,000
20Y2	900	5,000
20Y3	960	9,000
20Y4	1,050	8,000
20Y5	1,080	5,000
20Y6	1,150	2,000

〈회계처리〉

일반기업회계기준 제19장 문단 19.19에 따라 갑기업이 매 회계연도에 인식하여야 할 보상원가는 다음과 같다.

회계연도	계산근거	당기 보상원가	누적 보상원가
20X7	50,000개×80%×(630원－600원)×1/3	400,000	400,000
20X8	50,000개×86%×(650원－600원)×2/3－400,000원	1,033,333	1,433,333
20X9	43,000개×(750원－600원)－1,433,333원	5,016,667	6,450,000
20Y0	37,000개(미행사분)×(880원－750원)＋6,000개(행사분)×(880원－750원)	5,590,000	12,040,000
20Y1	29,000개(미행사분)×(1,000원－880원)＋8,000개(행사분)×(1,000원－880원)	4,440,000	16,480,000
20Y2	24,000개(미행사분)×(900원－1,000원)＋5,000개(행사분)×(900원－1,000원)	(2,900,000)	13,580,000
20Y3	15,000개(미행사분)×(960원－900원)＋9,000개(행사분)×(960원－900원)	1,440,000	15,020,000
20Y4	7,000개(미행사분)×(1,050원－960원)＋8,000개(행사분)×(1,050원－960원)	1,350,000	16,370,000
20Y5	2,000개(미행사분)×(1,080원－1,050원)＋5,000개(행사분)×(1,080원－1,050원)	210,000	16,580,000
20Y6	2,000개(행사분)×(1,150원－1,080원)	140,000	16,720,000

사례 11 우리사주제도

〈배경정보〉

• (상황 1)

갑기업은 우리사주조합에 자기주식 1,000,000주를 출연하였다. 자기주식의 취득원가는 1주당 500원이며, 출연일 현재 갑기업 주식의 1주당 공정가치는 1,000원이다. 출연된 자기주식은 즉시 조합원 개인별계정에 배정된다. 그러나, 배정된 주식은 의무적으로 5년간 수탁기관에 예탁하여야 하므로 동 기간에 처분이 제한된다.

• (상황 2)

을기업은 20X7년 7월 1일에 우리사주조합원(종업원)에게 우리사주매수선택권 1,000,000개를 부여하였다. 우리사주매수선택권을 부여받은 종업원은 부여일로부터 6개월 후(20X7. 7. 1~20X7. 12. 31 : 1차 제공기간)에 500,000개를 행사할 수 있고, 1년 후(20X8. 1. 1~20X8. 6. 30 : 2차 제공기간)에 나머지 500,000개를 행사할 수 있다. 우리사주매수선택권의 행사가격은 주식 공정가치보다 20% 할인된 가격으로 책정되는데, 1차 제공기간과 2차 제공기간의 종료일에 행사할 수 있는 각 500,000개는 각 기간의 개시일(1차 : 20X7. 7. 1, 2차 : 20X8. 1. 1)을 기준으로 행사가격을 산정한다. 1차 제공기간과 2차 제공기간의 개시일 현재 우리사주매수선택권의 단위당 공정가치는 각각 500원과 600원이며 주식의 단위당 공정가치는 각각 2,200원과 2,800원이다. 기업 주식의 주당 액면금액은 1,000원이다. 제공기간 중에 퇴직하는 종업원은 우리사주매수선택권을 상실하게 되지만 본 사례에서는 퇴직자가 없다고 가정한다. 또한, 제공기간 말에 우리사주매수선택권이 모두 행사되었다고 가정한다.

〈회계처리〉

• (상황 1)

출연시점에 주식의 공정가치만큼 보상원가를 인식하여야 하므로 다음과 같이 회계처리한다. 단, 본 사례에서는 편의상 주식의 처분이 제한됨으로써 공정가치에 미치게 될 영향을 고려하고 있지 않지만, 부여된 주식에 처분제한이 있기 때문에 실제로 주식의 공정가치를 산정할 때에는 일반기업회계기준 제19장 문단 19.A4에 따라 동 처분제한효과를 감안하여야 한다.

(차) 주 식 보 상 비 용	1,000,000,000 (*1)	(대) 자본조정(자기주식)	500,000,000 (*2)
		기 타 자 본 잉 여 금	500,000,000 (*3)

(*1) 1,000,000주×1,000원(1주당 공정가치) = 1,000,000,000원

(*2) 1,000,000주×500원(자기주식 1주당 취득원가) = 500,000,000원

(*3) 자기주식의 공정가치와 취득원가의 차이금액으로서 개념상 자기주식처분이익(기타자본잉여금)에 해당한다.

• (상황 2)

우리사주매수선택권 모두가 20X7년 7월 1일(1차 제공기간의 개시일)에 부여되기는 하였으나, 2차 제공기간 말에 행사할 수 있는 500,000개는 행사가격이 20X8년 1월 1일(2차 제공기간의 개시일)에 결정되므로 회계처리목적상 동 일자로 부여된 것으로 본다. 결국 1차 제공기간과 2차 제공기간은 별개의 용역제공조건으로 볼 수 있으며, 20X7년 12월 31일과 20X8년 6월 30일에 다음과 같이 회계처리한다.

① 20X7년 12월 31일

(차) 주식보상비용 250,000,000 (*1) (대) 자본조정(주식선택권) 250,000,000

(*1) 500,000개×500원 = 250,000,000원

(차) 현금 880,000,000 (*2) (대) 자본금 500,000,000 (*3)
자본조정(주식선택권) 250,000,000 주식발행초과금 630,000,000

(*2) 500,000주×1,760원(2,200×80%, 행사가격) = 880,000,000원
(*3) 500,000주×1,000원(주당 액면금액) = 500,000,000원

② 20X8년 6월 30일

(차) 주식보상비용 300,000,000 (*4) (대) 자본조정(주식선택권) 300,000,000

(*4) 500,000개×600원 = 300,000,000원

(차) 현금 1,120,000,000 (*5) (대) 자본금 500,000,000 (*6)
자본조정(주식선택권) 300,000,000 주식발행초과금 920,000,000

(*5) 500,000주×2,240원(2,800×80%, 행사가격) = 1,120,000,000원
(*6) 500,000주×1,000원(주당 액면금액) = 500,000,000원

사례 12 현금결제형 주가차액보상권

〈배경정보〉

- 갑기업은 20X7년 1월 1일에 종업원 500명에게 각각 현금결제형 주가차액보상권 100개를 부여하고, 3년의 용역제공조건을 부과하였다.
- 20X7년 중에 35명이 퇴사하였으며, 기업은 20X8년과 20X9년에도 추가로 60명이 퇴사할 것으로 추정하였다. 20X8년에는 실제로 40명이 퇴사하였고, 기업은 20X9년에 추가로 25명이 퇴사할 것으로 추정하였다. 20X9년에 실제로 22명이 퇴사하였다. 20X9년 12월 31일에 150명이 주가차액보상권을 행사하였고, 20Y0년 12월 31일에 140명이 주가차액보상권을 행사하였으며, 나머지 113명은 20Y1년 12월 31일에 주가차액보상권을 행사하였다.
- 기업이 매 회계연도 말에 추정한 주가차액보상권의 공정가치는 아래 표와 같다. 20X9년 12월 31일에 계속근무자는 부여받았던 주가차액보상권을 모두 가득하였다. 20X9년, 20Y0년 및 20Y1년 말에 행사된 주가차액보상권의 내재가치(현금지급액)는 아래 표와 같다.

회계연도	공정가치	내재가치
20X7	144원	–
20X8	155원	–
20X9	182원	150원
20Y0	214원	200원
20Y1	–	250원

〈회계처리〉

회계연도	계산근거	당기 보상원가(*)	부채 장부금액(*)
20X7	(500명 − 95명)×100개×144원×1/3	1,944,000	1,944,000
20X8	(500명 − 100명)×100개×155원×2/3 − 1,944,000원	2,189,333	4,133,333
20X9	(500명 − 97명 − 150명)×100개×182원 − 4,133,333원 + 150명×100개×150원	471,267 + 2,250,000 2,721,267	4,604,600
20Y0	(253명 − 140명)×100개×214원 − 4,604,600원 + 140명×100개×200원	(2,186,400) + 2,800,000 613,600	2,418,200
20Y1	0원 − 2,418,200원 + 113명×100개×250원	(2,418,200) + 2,825,000 406,800	−
	합 계	7,875,000	

(*) 보상원가는 주식보상비용의 과목으로 하여 그 성격에 따라 제조원가, 판매비와관리비 또는 개발비 등으로 처리하며, 주식보상비용(차변)의 상대계정으로는 부채(장기미지급비용, 대변)를 인식한다.

사례 13 현금결제선택권이 있는 주식기준보상약정

〈배경정보〉

- 20X7년 1월 1일에 갑기업은 최고경영자에게 가상주식 1,000주(갑기업 주식 1,000주에 상당하는 현금을 지급받을 권리)와 주식선택권 3,000개 중 하나를 선택하여 행사할 수 있는 권리를 부여하였다. 동 권리에는 3년의 용역제공조건이 부과되어 있으며 주식선택권의 행사가격은 300원이다.
- 부여일 현재 갑기업의 주가는 300원이고, 20X7년과 20X8년 12월 31일의 주가는 각각 350원과 400원이다. 갑기업 주식의 단위당 액면금액은 100원이다.
- 20Y0년 1월 1일에 최고경영자가 권리를 행사할 경우 다음 각 상황별 회계처리는?
  (상황 1) – 주가가 420원이므로 가상주식 1,000주(현금결제)를 선택
  (상황 2) – 주가가 480원이므로 주식선택권 3,000개(주식결제)를 선택

〈회계처리〉

각 결제방식은 부여일 이후 주가가 변동함에 따라 서로 다른 가치를 갖게 된다. 따라서, 최고경영자는 행사시점의 주가에 기초하여 각 결제방식의 상대적인 가치를 평가함으로써 보다 유리한 결제방식을 선택할 것이다. 주가에 따라 행사시점에 선택되는 결제방식과 그 공정가치는 다음과 같다.

주가(S)	S≤450원	S>450원
결제방식	가상주식 1,000주(현금결제)	주식선택권 3,000개(주식결제)
행사시점의 공정가치	1,000×S	3,000×(S－300) ＝1,000×S＋2,000×(S－450)

예를 들어, 행사시점의 주가가 400원이라면 가상주식 1,000주의 공정가치(1,000주×400원＝400,000원)가 주식선택권 3,000개의 공정가치(3,000개×(400원－300원)＝300,000원)를 초과하므로 최고경영자는 현금결제방식을 선택할 것이다. 반면 행사시점의 주가가 500원이라면 가상주식 1,000주의 공정가치(1,000주×500원＝500,000원)가 주식선택권 3,000개의 공정가치(3,000개×(500원－300원)＝600,000원)에 미달하므로 최고경영자는 주식결제방식을 선택할 것이다.

위 표에서 '가상주식 1,000주와 행사가격이 300원인 주식선택권 3,000개 중 하나를 선택할 수 있는 권리'는 '가상주식 1,000주와 행사가격이 450원인 주식선택권 2,000개를 모두 행사할 수 있는 권리'와 사실상 동일함을 알 수 있다. 따라서, 동 권리는 부채요소(가상주식 1,000주)와 자본요소(행사가격이 450원인 주식선택권 2,000개)로 구성된 복합금융상품이라고 볼 수 있다. 행사가격이 450원인 주식선택권의 부여일 현재 공정가치가 10원이라고 가정한다면, 부여일 현재 복합금융상품의 공정가치는 다음과 같다.

① 부채요소의 공정가치(1,000주×300원)	300,000원
② 자본요소의 공정가치(2,000개× 10원)	20,000원
복합금융상품의 공정가치(①＋②)	320,000원

갑기업이 매 회계연도에 인식할 보상원가, 자본조정(주식선택권) 및 부채(장기미지급비용)는 다음과 같다.

회계연도	계산근거	보상원가(*)	자본조정(*)	부채(*)
20X7	부채요소 : (1,000주×350원×1/3)	116,667		116,667
	자본요소 : (20,000원×1/3)	6,667	6,667	
20X8	부채요소 : (1,000주×400원×2/3) －116,667	150,000		150,000
	자본요소 : (20,000원×1/3)	6,667	6,667	
20X9 (상황 1)	부채요소 : (1,000주×420원) －266,667	153,333		153,333
	자본요소 : (20,000원×1/3)	6,666	6,666	
20X9 (상황 2)	부채요소 : (1,000주×480원) －266,667	213,333		213,333
	자본요소 : (20,000원×1/3)	6,666	6,666	

(*) 보상원가는 주식보상비용의 과목으로 하여 그 성격에 따라 제조원가, 판매비와관리비 또는 개발비 등으로 처리하며, 주식보상비용(차변)의 상대계정으로는 자본조정(주식선택권, 대변)과 부채(장기미지급비용)를 인식한다.

20Y0년 1월 1일에 최고경영자가 권리를 행사할 때 회계처리는 다음과 같다.

(상황 1)

(차)	부채(장기미지급비용)	420,000	(대) 현 금	420,000
	자본조정(주식선택권)	20,000	기타자본잉여금	20,000 (*1)

(*1) 현금결제방식을 선택함에 따라 주식선택권은 더 이상 행사할 수 없으므로 가득일 이후 상실된 경우와 같이 자본조정을 기타자본잉여금으로 대체한다.

(상황 2)

(차)	부채(장기미지급비용)	480,000	(대) 자 본 금	300,000 (*2)
	현 금	900,000 (*1)	주식발행초과금	1,100,000
	자본조정(주식선택권)	20,000		

(*1) 주식선택권 행사대금 : 3,000개×300원 = 900,000원

(*2) 3,000주×100원(주당 액면) = 300,000원

사례 14 지배기업과 종속기업 종업원 간의 주식기준보상거래

〈배경정보〉

A기업(지배기업)은 B기업(종속기업) 지분 80%를 보유하고 있으며 동 주식을 지분법으로 평가하고 있다. 20X7년 1월 1일에 A기업은 자신의 주식을 기초로 하는 주식선택권 100개를 B기업의 종업원에게 부여하고, 용역제공조건 3년을 부과하였다. A기업은 사전에 B기업과의 약정 등에 의해 주식선택권을 부여할 의무가 있지 않음에도 불구하고 자발적으로 주식기준보상거래에 참여하였으며, 동 주식기준보상거래와 관련하여 B기업으로부터 어떠한 보상도 받지 않는다. B기업은 20X7년에 발생하는 보상원가를 건설중인 유형자산의 원가에 포함시키며 20X8년과 20X9년에 발생하는 보상원가는 비용으로 인식한다.

주식기준보상거래가 있기 직전에 A기업의 투자계정 장부금액은 1,600,000원, B기업의 순자산 장부금액은 2,000,000원이었다. B기업이 건설중인 유형자산은 20X7년 말에 완성되어 사용되므로 20X7년에 인식할 감가상각비는 없다. 따라서, 감가상각비와 관련된 보상원가도 없다. B기업의 당기순이익은 20X7년부터 20X9년까지 매년 200,000원(감가상각비 및 보상원가 감안 후 금액임)으로 동일하였다.

보상원가는 A기업이 부여한 주식선택권의 부여일 공정가치에 기초하여 측정하며 각 회계연도의 보상원가는 다음과 같다.

	20X7년	20X8년	20X9년
총보상원가(*) (기발생 보상원가+잔여보상원가)	150,000	120,000	90,000
누적 보상원가	50,000 (150,000×1/3)	80,000 (120,000×2/3)	90,000 (90,000×3/3)
당기 보상원가	50,000	30,000 (80,000 − 50,000)	10,000 (90,000 − 80,000)

(*) 매년 주식선택권의 기대상실률이 증가함에 따라 총보상원가가 감소한다.

〈회계처리〉

	20X7. 12. 31.		20X8. 12. 31.		20X9. 12. 31.	
A기업(지배기업)						
B기업 투자계정(*1)	40,000		24,000		8,000	
비용(*2)	10,000		6,000		2,000	
자본(자본조정－주식선택권)		50,000		30,000		10,000
B기업(종속기업)						
건설중인자산	50,000		–		–	
주식보상비용	–		30,000		10,000	
자본(자본잉여금)		50,000		30,000		10,000

(*1) A기업은 B기업의 종업원에게 부여한 보상원가 중 자신의 지분상당액(80%)은 투자계정 증가로, 지분초과금액(20%)은 비용으로 인식한다. 그러나, 보상원가 중 투자계정 증가로 인식한 금액(A기업의 지분상당액(80%))은 B기업의 당기순이익의 지분상당액을 인식할 때 고려되므로 궁극적으로는 비용화(지분법이익 감소)된다.

(*2) 예를 들어, '지분초과주식보상비용' 등 적절한 계정과목을 사용한다.

한편, A기업은 매년 B기업의 당기순이익(200,000원)에 대한 지분상당액(200,000×80%=160,000)을 지분법이익으로 인식한다.

A기업(지배기업)의 회계처리결과 종합

	20X7. 12. 31.		20X8. 12. 31.		20X9. 12. 31.	
A기업(지배기업)						
B기업 투자계정	200,000		184,000		168,000	
비용	10,000		6,000		2,000	
자본(자본조정－주식선택권)		50,000		30,000		10,000
지분법이익		160,000		160,000		160,000

A기업(지배기업)의 투자계정과 B기업(종속기업) 순자산장부금액의 관계

	20X7. 12. 31.	20X8. 12. 31.	20X9. 12. 31.
B기업의 순자산장부금액			
기초 순자산	2,000,000	2,250,000	2,480,000
자본(자본잉여금)증가	50,000	30,000	10,000
당기순이익	200,000	200,000	200,000
기말 순자산	2,250,000	2,480,000	2,690,000
A기업의 지분율	80%	80%	80%
A기업의 B기업 순자산 장부금액에 대한 지분상당액	1,800,000	1,984,000	2,152,000
A기업의 B기업투자계정 기말장부금액	1,800,000 (1,600,000 +200,000)	1,984,000 (1,800,000 +184,000)	2,152,000 (1,984,000 +168,000)
차 이	–	–	–

※ 본 사례에서는 지배기업과 종속기업의 종업원 간의 '주식결제형' 주식기준보상거래를 예시하고 있는데, 지배기업과 종속기업의 종업원 간에 '현금결제형' 주식기준보상거래가 있는 경우에도 이와 유사한 지분법 회계처리가 필요하다. 따라서, 종속기업과 지배기업은 가득기간에 걸쳐 각각 보상원가와 부채를 인식하고, 지분법에 따라 자본불입에 관한 회계처리를 하여야 한다. 즉, 가득기간에 종속기업은 보상원가에 상응하여 자본(자본잉여금)이 증가하고 지배기업은 부채에 상응하여 종속기업에 대한 투자계정이 증가한다. 한편, 일반기업회계기준 제19장에 따르면 현금결제형 주식기준보상거래의 경우 최종결제일까지 매 보고기간종료일마다 부채를 재측정하여야 하는 바, 가득일 이후 부채의 가치가 변동하는 경우에도 그 변동액을 보상원가(종속기업)와 부채(지배기업)에 반영하고 지분법에 따라 자본불입(또는 환급)에 관한 회계처리를 하여야 한다.

사례 15 부여한 주식선택권이 분할하여 가득되는 경우

〈배경정보〉

A기업은 20X7년 1월 1일에 종업원 3,000명에게 1인당 300개씩 총 900,000개의 주식선택권을 부여하였다. 주식선택권에는 용역제공조건이 부과되어 있고, 20X8년 말에 전체 부여수량의 50%가 가득되며 20X9년 말에 나머지 50%가 가득될 예정이다. 부여일 현재 연간 기대권리상실률은 3%로 추정되었으며 실제 결과도 이와 동일하였다. 따라서, 매 회계연도에 실제로 가득된 주식선택권의 수량은 다음과 같다.

회계연도	종업원수	가득된 주식선택권 수량
20X7	3,000×(1－0.03)=2,910	–
20X8	$3,000\times(1-0.03)^2$=2,823	2,823×150(300×50%) = 423,450
20X9	$3,000\times(1-0.03)^3$=2,738	2,738×150(300×50%) = 410,700
합 계		834,150

〈회계처리〉

매 회계연도에 가득되는 부분에 대해 각각 상이한 기대존속기간이 적용되므로 부여일에 측정된 총보상원가는 다음과 같다.

회계연도	가득된 주식선택권 수량	단위당 공정가치	총보상원가
20X7	–	–	–
20X8	423,450	141.7원	60,002,865원
20X9	410,700	146.9원	60,331,830원
합계	834,150		120,334,695원

각각의 총보상원가는 해당 가득기간에 걸쳐 안분하여 인식한다. 따라서, 20X8년 가득분 60,002,865원은 2년(20X7년과 20X8년)에 걸쳐 안분하여 인식하며, 20X9년 가득분 60,331,830원은 3년(20X7년, 20X8년 및 20X9년)에 걸쳐 안분하여 인식한다. 매 회계연도에 인식할 보상원가는 다음과 같다.

	20X7	20X8	20X9
20X8년 가득분	30,001,433원	30,001,432원	–
20X9년 가득분	20,110,610원	20,110,610원	20,110,610원
당기 보상원가	50,112,043원	50,112,042원	20,110,610원
누적 보상원가	50,112,043원	100,224,085원	120,334,695원

사례 16 부여한 주식선택권을 가득기간에 중도청산하는 경우

〈배경정보〉

A기업은 20X7년 1월 1일에 종업원 500명에게 각각 주식선택권 100개를 부여하고, 3년의 용역제공조건을 부과하였다. 부여일 현재 주식선택권의 단위당 공정가치는 150원으로 추정되었다. A기업은 20X9년 12월 31일까지 퇴사자가 없을 것으로 추정하였고 실제 결과도 당초 추정과 동일하였다. 20X8년 12월 31일 A기업은 종업원과의 합의하에 현금을 지급하여 주식선택권을 모두 중도청산하였다. 20X8년 12월 31일 현재 A기업의 재무제표에는 20X7년 1월 1일 이전에 부여한 다른 주식선택권과 관련하여 인식한 기타자본잉여금 500,000원이 계상되어 있다.

(상황 1) 20X8년 12월 31일 현재 주식선택권의 공정가치는 120원이고, 주식선택권 1개당 현금지급액도 공정가치와 동일하다.

(상황 2) 20X8년 12월 31일 현재 주식선택권의 공정가치는 170원이고, 주식선택권 1개당 현금지급액도 공정가치와 동일하다.

(상황 3) 20X8년 12월 31일 현재 주식선택권의 공정가치는 170원이고, 주식선택권 1개당 현금지급액은 200원이다.

〈회계처리〉

중도청산이 없다고 가정할 경우 매 회계연도에 인식할 보상원가는 다음과 같다.

회계연도	계산근거	당기 보상원가	누적 보상원가
20X7	50,000개×150원×1/3	2,500,000	2,500,000
20X8	(50,000개×150원×2/3) − 2,500,000원	2,500,000	5,000,000
20X9	(50,000개×150원×3/3) − 5,000,000원	2,500,000	7,500,000

그러나, 20X8년 말에 중도청산이 이루어졌으므로 잔여보상원가(20X9년 귀속분 2,500,000원)는 중도청산일에 가득된 것으로 보아 즉시 인식한다. 따라서, 20X8년 말 현재 누적보상원가와 대응되는 자본조정(주식선택권)은 7,500,000원이 된다. 현금지급액에 대해서는 각 상황별로 다음과 같은 회계처리가 필요하다.

(상황 1)

(차)	자본조정(주식선택권)	7,500,000	(대) 현　　　　금	6,000,000 (*1)
			기타자본잉여금	1,500,000 (*2)

(*1) 500명×100개×120원 = 6,000,000원

(*2) 7,500,000원(자본조정) − 6,000,000원(현금지급액) = 1,500,000원

(상황 2)

(차)	자본조정(주식선택권)	7,500,000	(대) 현　　　　금	8,500,000 (*1)
	기타자본잉여금	500,000 (*2)		
	자　본　조　정	500,000 (*3)		

(*1) 500명×100개×170원 = 8,500,000원

(*2) 주식선택권에 대하여 인식한 자본조정을 초과하여 지급한 금액(8,500,000원 − 7,500,000원 = 1,000,000원)을 주식기준보상거래와 관련된 기타자본잉여금에서 우선적으로 차감한다.

(*3) 1,000,000원(초과지급액) − 500,000원(기타자본잉여금 차감액) = 500,000원

(상황 3)

(차)	자본조정(주식선택권)	7,500,000	(대) 현　　　　금	10,000,000 (*1)
	기타자본잉여금	500,000 (*2)		
	자　본　조　정	500,000 (*3)		
	주식보상비용	1,500,000 (*4)		

(*1) 500명×100개×200원 = 10,000,000원

(*2) 현금지급액 중 공정가치상당액(500명×100개×170원 = 8,500,000원)이 주식선택권에 대하여 인식한 자본조정을 초과하는 금액(8,500,000원 − 7,500,000원=1,000,000원)을 주식기준보상거래와 관련된 기타자본잉여금에서 우선적으로 차감한다.

(*3) 1,000,000원(초과액) − 500,000원(기타자본잉여금 차감액) = 500,000원

(*4) 중도청산일 현재 주식선택권의 공정가치를 초과하는 지급액(10,000,000원 − 8,500,000원 = 1,500,000원)은 보상원가로 회계처리한다.

사례 17 주가의 변동성(배당이 없는 경우)

〈배경정보〉

A기업 주식선택권의 기대존속기간에 상응하는 최근 기간의 매 주말 A기업 주식 종가의 변동내역이 다음과 같고 현금배당금 지급은 없다고 가정할 때 주가의 변동성을 계산하시오.
(1주 5,000, 2주 5,150, 3주 5,200, 4주 5,100, 5주 4,850, 6주 4,650, 7주 4,575, 8주 5,050, 9주 5,350, 10주 5,175, 11주 5,325, 12주 5,450, 13주 5,600, 14주 5,350, 15주 5,200, 16주 5,500, 17주 5,625, 18주 5,800, 19주 5,550, 20주 5,600)

〈계산〉

일 자	주 가	P_n/P_{n-1}	$L_n(P_n/P_{n-1})$
1주	5,000	–	–
2주	5,150	1.030000	0.029559
3주	5,200	1.009709	0.009662
4주	5,100	0.980769	−0.019418
5주	4,850	0.950980	−0.050262
6주	4,650	0.958763	−0.042111
7주	4,575	0.983871	−0.016261
8주	5,050	1.103825	0.098782
9주	5,350	1.059406	0.057708
10주	5,175	0.967290	−0.033257
11주	5,325	1.028986	0.028573
12주	5,450	1.023474	0.023203
13주	5,600	1.027523	0.027151
14주	5,350	0.955357	−0.045670
15주	5,200	0.971963	−0.028438
16주	5,500	1.057692	0.056089
17주	5,625	1.022727	0.022473
18주	5,800	1.031111	0.030637
19주	5,550	0.956897	−0.044060
20주	5,600	1.009009	0.008969
주간 주가변동성			0.041516
연환산 주가변동성 (연환산 표준편차)		$0.041516\times\sqrt{52}$	0.299

P_n/P_{n-1} : 한 주간의 주가변동률

L_n : 자연로그

$\sqrt{52}$: 매 주말 종가의 변동내역인 관측치를 연간기준으로 환산하기 위한 절차임.

(보충설명)

본 사례는 기대존속기간을 20주로 가정한 경우이며, 실제 주가변동성은 주식선택권별 기대존속기간의 관측치를 기준으로 계산하여야 한다.

사례 18 주가의 변동성(배당이 있는 경우)

〈배경정보〉

A기업 주식선택권의 기대존속기간에 상응하는 최근 기간의 주가변동성이 〈사례 17〉과 같다고 가정하며, 단지 4주와 5주, 16주와 17주의 기간에 주당 100원의 현금배당이 있는 경우의 주가변동성을 계산하시오.

〈계산〉

일 자	주 가	P_n/P_{n-1}	$L_n(P_n/P_{n-1})$
1주	5,000	–	–
~			
5주	4,850	–	–
배당조정	4,950	0.970588	−0.029853
~			
17주	5,625	–	–
배당조정	5,725	1.040909	0.040094
~			
20주	5,600	1.009009	0.008969
주간 주가변동성			0.040799
연환산 주가변동성 (연환산 표준편차)		$0.040799 \times \sqrt{52}$	0.294

사례 19 주석공시 예시

Ⅹ. 주식기준보상

기업은 20X8년 12월 31일 현재 다음과 같이 4건의 주식기준보상약정을 보유하고 있습니다.

약정유형	주식선택권 부여 (최고경영진)	주식선택권 부여 (일반 직원)	주식 부여 (임원)	현금결제형 주가차액보상권 부여 (최고경영진)
부여일	20X7. 1. 1	20X8. 1. 1	20X8. 1. 1	20X8. 7. 1
부여수량	50,000	75,000	50,000	25,000
만기	10년	10년	해당사항 없음.	10년
가득조건	• 용역제공조건 : 2년 • 시장성과조건 : 목표주가 달성	• 용역제공조건 : 3년	• 용역제공조건 : 3년 • 비시장성과조건 : 주당이익의 목표성장률 달성	• 용역제공조건 : 3년 • 비시장성과조건 : 목표시장점유율의 달성

일반 직원에게 부여한 주식선택권의 부여일 현재 추정 공정가치는 단위당 236원이며, 동 공정가치는 이항모형에 따라 산정한 것입니다. 이항모형의 결정변수에는 부여일 현재 주가

2,000원, 행사가격 2,000원, 기대주가변동성 30%, 기대배당금 0원, 만기 10년, 그리고 무위험이자율 5% 등이 포함되었습니다. 한편, 주식선택권의 조기행사효과를 고려하기 위해 가득일 이후 주가가 행사가격의 두 배가 되는 시점에 동 주식선택권이 행사된다고 가정하였습니다. 과거의 경험적 자료에 의하면 기업의 주가변동성은 40%이나, 기업은 향후 기업의 사업이 성숙단계에 접어들면서 주가변동성이 하락할 것으로 기대하여 기대주가변동성을 30%로 추정하였습니다.

기업은 임원에 대해 부여한 주식의 부여일 공정가치를 부여일 현재 주가와 동일한 2,000원으로 추정하였습니다.

20X8년과 20X7년 12월 31일 현재 기업이 부여하고 있는 주식선택권에 관한 자세한 내역은 다음과 같습니다. (본 사례에서는 편의상 생략되고 있지만 주가차액보상권에 대해서도 동일한 주석사항이 요구된다)

	20X8년		20X7년	
	주식선택권 수량	가중평균 행사가격	주식선택권 수량	가중평균 행사가격
기초	45,000	1,600	–	–
부여	75,000	2,000	50,000	1,600
상실	(8,000)	1,850	(5,000)	1,600
행사	(4,000)	1,600	–	–
기말	108,000	1,859	45,000	1,600
기말 현재 행사가능	38,000	1,600	–	1,600

당기의 주식선택권 행사일 현재 주가의 가중평균치는 2,080원입니다. 20X8년 12월 31일 현재 존속하는 주식선택권의 행사가격은 1,600원 또는 2,000원이며 잔여기간(20X8년 12월 31일로부터 만기까지)의 가중평균치는 8.64년입니다. (본 사례에서는 편의상 생략되고 있지만 주가차액보상권에 대해서도 동일한 주석사항이 요구된다)

	20X8년	20X7년
총보상원가	43,033,334	5,175,000
① 제조원가	19,365,000	–
② 판매비와관리비	23,668,334	5,175,000
주식 및 주식선택권과 관련된 보상원가	41,991,667	5,175,000
기말 현재 현금결제형 주가차액보상권에 대해 인식한 부채(장기미지급비용)금액	1,041,667	–
잔여보상원가(주식 및 주식선택권)	75,013,333	5,175,000

(3) 세무상 유의할 사항

1) 주식매수선택권 등 행사 · 지급비용 보전금액의 손금산입

임직원이 다음의 어느 하나에 해당하는 주식매수선택권 또는 일정한 요건을 갖춘 주식기준보상(이하 "주식매수선택권등"이라 함)을 행사하거나 지급받는 경우 해당 주식매수선택권 등을 부여하거나 지급한 법인에 그 행사 또는 지급비용으로서 보전하는 금액은 해당 법인의 손비로 인정된다(법령 19조 19호).

㉠ 금융지주회사법에 따른 금융지주회사로부터 부여받거나 지급받은 주식매수선택권등(주식매수선택권은 상법 제542조의 3에 따라 부여받은 경우만 해당)

㉡ 일정한 요건을 갖춘 해외모법인으로부터 부여받거나 지급받은 일정한 요건을 갖춘 주식매수선택권등

주식기준보상의 요건	주식이나 주식가치에 상당하는 금전으로 임직원이 지급받는 상여금으로서 다음의 요건을 모두 갖춘 것(법칙 10조의 2 1항) ㉠ 주식 또는 주식가치에 상당하는 금전으로 지급하는 것일 것 ㉡ 사전에 작성된 주식기준보상 운영기준 등에 따라 지급하는 것일 것 ㉢ 임원이 지급받는 경우 정관 · 주주총회 · 사원총회 또는 이사회의 결의로 결정된 급여지급기준에 따른 금액을 초과하지 아니할 것 ㉣ 지배주주등인 임직원이 지급받는 경우 정당한 사유 없이 같은 직위에 있는 지배주주등 외의 임직원에게 지급하는 금액을 초과하지 아니할 것
해외모법인의 요건	다음의 요건을 모두 갖춘 법인(법칙 10조의 2 2항) ㉠ 외국법인으로서 발행주식이 자본시장과 금융투자업에 관한 법률에 따른 증권시장 또는 이와 유사한 시장으로서 증권의 거래를 위하여 외국에 개설된 시장에 상장된 법인 ㉡ 외국법인으로서 주식매수선택권등의 행사 또는 지급비용을 보전하는 내국법인(자본시장과 금융투자업에 관한 법률에 따른 상장법인은 제외)의 의결권 있는 주식의 90% 이상을 직접 또는 간접으로 소유한 법인. 이 경우 주식의 간접소유비율은 다음 산식에 따라 계산하되[해당 내국법인의 주주인 법인(이하 "주주법인"이라 함)이 둘 이상인 경우에는 각 주주법인별로 계산한 비율을 합산함], 해당외국법인과 주주법인 사이에 하나 이상의 법인이 개재되어 있고, 이들 법인이 주식소유관계를 통하여 연결되어 있는 경우에도 또한 같음. 해당 외국법인이 소유하고 있는 주주법인의 의결권 있는 주식 수가 그 주주법인의 의결권 있는 총 주식 수에서 차지하는 비율 × 주주법인이 소유하고 있는 해당 내국법인의 의결권 있는 주식 수가 그 내국법인의 의결권 있는 총 주식 수에서 차지하는 비율

주식매수선택권 등의 요건	다음의 요건을 모두 갖춘 주식매수선택권등(법칙 10조의 2 3항) ㉠ 상법에 따른 주식매수선택권과 유사한 것으로서 해외모법인의 주식을 미리 정한 가액(이하 "행사가액"이라 함)으로 인수 또는 매수(행사가액과 주식의 실질가액과의 차액을 현금 또는 해당 해외모법인의 주식으로 보상하는 경우를 포함함)할 수 있는 권리일 것(주식매수선택권만 해당) ㉡ 해외모법인이 발행주식총수의 10%의 범위에서 부여하거나 지급한 것일 것 ㉢ 해외모법인과 해당 법인 간에 해당 주식매수선택권등의 행사 또는 지급비용의 보전에 관하여 사전에 서면으로 약정하였을 것

2) 주식매수선택권 등의 행사 • 지급비용의 손금산입

상법 제340조의 2, 벤처기업육성에 관한 특별조치법 제16조의 3 또는 소재 · 부품 · 장비산업 경쟁력 강화 및 공급망 안정화를 위한 특별조치법 제56조에 따른 주식매수선택권(이하 "주식매수선택권"이라 함), 근로복지기본법 제39조에 따른 우리사주매수선택권(이하 "우리사주매수선택권"이라 함)이나 금전을 부여받거나 지급받은 자에 대한 다음의 금액은 손금에 산입한다. 다만, 해당 법인의 발행주식총수의 10% 범위에서 부여하거나 지급한 경우로 한정한다(법령 19조 19호의 2).

① 주식매수선택권 또는 우리사주매수선택권을 부여받은 경우로서 다음의 어느 하나에 해당하는 경우 해당 금액

㉠ 약정된 주식매수시기에 약정된 주식의 매수가액과 시가의 차액을 금전 또는 해당 법인의 주식으로 지급하는 경우의 해당 금액

㉡ 약정된 주식매수시기에 주식매수선택권 또는 우리사주매수선택권 행사에 따라 주식을 시가보다 낮게 발행하는 경우 그 주식의 실제 매수가액과 시가의 차액

② 주식기준보상으로 금전을 지급하는 경우 해당 금액

3) 주식매수선택권의 행사시 부당행위계산의 적용배제

상기 '2)'에 해당하는 주식매수선택권 등의 행사 또는 지급에 따라 금전을 제공하거나 주식을 양도 또는 발행하는 경우에는 부당행위계산 부인규정이 적용되지 아니한다(법령 88조).

따라서 상기의 요건을 충족하는 주식매수선택권 등 이외의 주식매수선택권 등의 행사 또는 지급으로 인하여 금전을 제공하거나 주식을 양도 또는 발행하는 경우에는 부당행위계산 부인규정이 적용될 수 있다.

4) 유형별 세무조정 사례

상기 '2)'에 해당하는 주식매수선택권의 부여 및 행사에 따른 법인세법상 손금산입 대상, 귀속사업연도 및 세무조정사항을 살펴보면 다음과 같다(단, 주식매수선택권 부여 당시 추정시가와 행사 당시 시가는 동일한 것으로 가정함).

구 분	주식결제형		현금결제형
	신주발행교부형	자기주식교부형	
인식할 손금/익금	주식보상비용	주식보상비용, 자기주식처분손익	주식보상비용
귀속사업연도	해당사항 없음	실제 지급한 사업연도	실제 지급한 사업연도
보상비용 안분시 세무조정	손금불산입(기타)	손금불산입(기타)	손금불산입(유보)
실제 행사시 세무조정	손금산입(기타)	손금산입(기타)	손금산입(△유보)

① 신주발행교부형 주식매수선택권

신주발행교부형 주식매수선택권을 부여한 법인이 매 사업연도에 계상한 주식보상비용은 각 사업연도의 소득금액 계산상 손금불산입(기타)하며, 행사시점에 주식을 시가보다 낮게 발행한 경우 그 주식의 실제 매수가액과 시가의 차액을 손금에 산입(기타)한다(법령 19조 19호의 2).

일반기업회계기준 제19장의 적용사례 중 〈사례 1〉의 (상황 2)를 통하여 신주발행교부형 주식매수선택권에 대한 구체적인 회계처리와 세무조정 내용을 살펴보면 다음과 같다(단, 부여시 추정시가와 행사 당시 시가는 동일한 것으로 가정함).

(단위 : 원)

연도별	회계처리	세무조정
20X7	(차) 주식보상비용 2,125,000 (대) 주식선택권 2,125,000	(손불) 주식보상비용 2,125,000 (기타)
20X8	(차) 주식보상비용 2,275,000 (대) 주식선택권 2,275,000	(손불) 주식보상비용 2,275,000 (기타)
20X9	(차) 주식보상비용 2,245,000 (대) 주식선택권 2,245,000	(손불) 주식보상비용 2,245,000 (기타)
20Y0	(차) 현 금 26,580,000 주식선택권 6,645,000 (대) 자 본 금 22,150,000 주식발행초과금 11,075,000	(손산) 주식선택권 6,645,000 (기타)

한편, 법인이 신주발행교부형 주식매수선택권을 부여한 경우로서 주식매수선택권의 행

사에 따라 주식을 시가보다 낮게 발행하는 경우, 손금에 산입하는 금액은 회계상 상계된 주식보상비용 누적액이 아닌 행사시점의 시가와 행사가액의 차액 전액을 말한다(기획재정부 법인세제과-1204, 2020. 9. 4.).

② 자기주식교부형 주식매수선택권

자기주식교부형 주식매수선택권의 경우, 주식매수선택권을 부여한 법인이 매 사업연도에 계상한 주식보상비용은 각 사업연도의 소득금액 계산상 손금불산입(기타)하며, 행사시점에는 자기주식의 양도금액을 행사 당시의 시가로 계산한 자기주식처분손익을 익금산입(기타) 또는 손금산입(기타)하고(법령 11조 2호의 2), 약정된 주식의 매수가액과 시가의 차액을 손금에 산입(기타)한다.

일반기업회계기준 제19장의 적용사례 중 〈사례 1〉의 (상황2)를 행사시점에 신주를 발행하는 대신에 취득가액 32,000,000원의 자기주식을 교부하는 것으로 수정하여 자기주식교부형 주식매수선택권에 대한 구체적인 회계처리와 세무조정 내용을 살펴보면 다음과 같다(단, 부여시 추정시가와 행사 당시 시가는 동일한 것으로 가정함).

(단위 : 원)

연도별	회계처리	세무조정
20X7	(차) 주식보상비용 2,125,000 (대) 주식선택권 2,125,000	(손불) 주식보상비용 2,125,000 (기타)
20X8	(차) 주식보상비용 2,275,000 (대) 주식선택권 2,275,000	(손불) 주식보상비용 2,275,000 (기타)
20X9	(차) 주식보상비용 2,245,000 (대) 주식선택권 2,245,000	(손불) 주식보상비용 2,245,000 (기타)
20Y0	(차) 현 금 26,580,000 주식선택권 6,645,000 (대) 자 기 주 식 32,000,000 자기주식처분이익 1,225,000	(손산) 주식선택권 6,645,000 (기타) (익산) 자기주식처분이익 1,225,000(기타)

③ 현금결제형 주식매수선택권

현금결제형 주식매수선택권을 부여한 법인이 매 사업연도에 계상한 주식보상비용은 각 사업연도의 소득금액 계산상 손금불산입(유보)한 후, 실제 지급시점에 손금산입(△유보)하는 세무조정을 하여야 한다(법인 46012-2365, 2000. 12. 13.).

일반기업회계기준 제19장의 적용사례 중 〈사례 12〉를 통하여 현금결제형 주가차액보상권에 대한 구체적인 회계처리와 세무조정 내용을 살펴보면 다음과 같다(단, 부여시 추정시가와 행사 당시 시가는 동일한 것으로 가정함).

(단위 : 원)

연도별	회계처리	세무조정
20X7	(차) 주식보상비용 1,944,000 (대) 장기미지급비용 1,944,000	(손불) 장기미지급비용 1,944,000 (유보)
20X8	(차) 주식보상비용 2,189,333 (대) 장기미지급비용 2,189,333	(손불) 장기미지급비용 2,189,333 (유보)
20X9	(차) 장기미지급비용 2,250,000 (대) 현 금 2,250,000 (차) 주식보상비용 2,721,267 (대) 장기미지급비용 2,721,267	(손산) 장기미지급비용 2,250,000 (△유보) (손불) 장기미지급비용 2,721,267 (유보)
20Y0	(차) 장기미지급비용 2,800,000 (대) 현 금 2,800,000 (차) 주식보상비용 613,600 (대) 장기미지급비용 631,600	(손산) 장기미지급비용 2,800,000 (△유보) (손불) 장기미지급비용 613,600 (유보)
20Y1	(차) 주식보상비용 406,800 (대) 장기미지급비용 406,800 (차) 장기미지급비용 2,825,000 (대) 현 금 2,825,000	(손불) 장기미지급비용 406,800 (유보) (손산) 장기미지급비용 2,825,000 (△유보)

한편, 위 사례에서 주식매수선택권이 상기 '2)'에 해당하지 아니하는 경우에는 법인세법 제52조의 부당행위계산 부인규정이 적용되어 20X9년, 20Y0년, 20Y1년 세무조정시 당해 주식보상비용 지급액을 추가적으로 손금불산입(상여)하여야 한다(서일 46011-10193, 2002. 2. 18.).

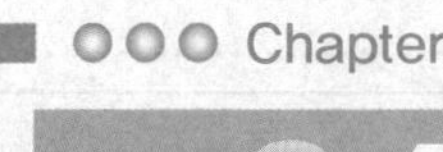

04 기타포괄손익누계액

포괄손익(comprehensive income)이란 일정 기간 동안 주주와의 자본거래를 제외한 모든 거래나 사건에서 인식한 자본의 변동을 말한다. 포괄손익을 보고하는 목적은 주주와의 자본거래를 제외한 인식된 거래와 기타 경제적 사건으로 인하여 발생한 모든 순자산의 변동을 측정하기 위한 것인데, 이러한 순자산의 변동 중 일부는 손익계산서에 표시되고 일부는 재무상태표의 자본의 별도 구성항목으로 표시된다(일반기준 2장 부록 결2.9).

현행 일반기업회계기준상 기타포괄손익누계액에는 매도가능증권평가손익, 지분법자본변동 및 현금흐름위험회피 파생상품평가손익 등이 있는데, 이들 항목은 그 성격이 서로 상이하고 포괄손익의 구성항목과의 연계성을 유지하기 위해서 개별적으로 구분표시하도록 하고 있다(일반기준 2장 문단 2.32, 2.39).

1. 매도가능증권평가손익

(1) 개념 및 범위

보고기간종료일 현재의 자산·부채를 공정가치로 평가하게 되면 관련 자산 등의 평가손익이 발생하게 되는데, 이러한 자산·부채의 평가손익은 미실현손익이므로 이를 배당 등을 통하여 사외유출하게 되면 자본을 잠식할 소지가 있다. 따라서, 최근 국제회계학의 조류는 자산·부채를 공정가치로 평가함에 따라 발생하는 일부 미실현손익항목을 사외유출되지 않도록 하기 위하여 손익계산서에 반영하는 대신에 자본항목으로 구분하는 경향으로 나가고 있다.

일반기업회계기준에서는 공정가치로 평가하는 유가증권 중 단기매매증권은 주로 단기간 내의 매매차익을 목적으로 취득한 유가증권으로서 매수와 매도가 적극적이고 빈번하게 이루어지므로 단기매매증권에 대한 미실현보유손익은 당기손익항목으로 처리하도록 하고 있으나, 매도가능증권은 일반적으로 장기적인 투자를 목적으로 보유하기 때문에 매도가능증권에 대한 평가손익은 당기손익항목이 아닌 기타포괄손익누계액으로 분류하도록 하고 있다.

(2) 기업회계상 회계처리

매도가능증권(유동자산으로 분류된 매도가능증권 포함)에 대한 미실현보유손익, 즉 매도가능증권평가손익은 자본항목 중 기타포괄손익누계액으로 처리하고, 당해 유가증권을 처분하거나 손상차손을 인식하는 시점에 일괄하여 당기손익에 반영하여야 한다(일반기준 6장 문단 6.31).

한편, 일반기업회계기준에서는 종목별로 발생하는 매도가능증권평가이익과 매도가능증권평가손실에 대하여 각각을 총액으로 표시하여야 하는지, 아니면 상계하여 순액을 표시하여야 하는지에 대하여 명시적인 규정이 없다. 다만, 일반기업회계기준 제8장(지분법)에서는 기타포괄손익누계액으로 처리하도록 하고 있는 지분법자본변동과 부의지분법자본변동을 서로 상계하지 아니하고 각각 총액으로 표시하도록 하고 있는 바(일반기준 8장 문단 8.36), 별도의 유권해석 등이 나오기 전까지는 매도가능증권평가손익의 경우에도 이를 준용하여 각각 총액으로 표시하여야 할 것으로 판단된다.

사례 1 다음의 (주)삼일이 보유하고 있는 매도가능증권에 대해 일반기업회계기준에 따라 결산기말의 회계처리를 하시오. (단위 : 백만원)

투자유가증권	취득원가	20×7. 12. 31.	20×8. 12. 31.
A기업주식	₩100,000	₩110,000	₩90,000
B기업주식	150,000	120,000	130,000
	₩250,000	₩230,000	₩220,000

① 20×7. 12. 31.

(차)	매도가능증권(A)	10,000	(대) 매도가능증권평가이익	10,000
(차)	매도가능증권평가손실	30,000	(대) 매도가능증권(B)	30,000

② 20×8. 12. 31.

(차)	매도가능증권평가이익	10,000	(대) 매도가능증권(A)	20,000
	매도가능증권평가손실	10,000		
(차)	매도가능증권(B)	10,000	(대) 매도가능증권평가손실	10,000

사례 2 (주)삼일의 매도가능증권 현황은 다음과 같다.

- 20×7. 3. 1. 용산(주) 주식 10,000주를 1주당 ₩8,900에 취득하였다.
- 20×7. 12. 31. 용산(주) 주식의 종가 : ₩9,500
- 20×8. 12. 5. 용산(주) 주식 5,000주를 1주당 ₩9,200에 매각하였다.

거래단계별로 일반기업회계기준에 따라 분개하시오.

해답

① 매도가능증권 취득시(20×7. 3. 1.)

(차)	매도가능증권	89,000,000	(대) 현금 및 현금성자산	89,000,000

② 결산시(20×7. 12. 31.)

(차) 매 도 가 능 증 권	6,000,000	(대) 매도가능증권평가이익 (기타포괄손익누계액)	6,000,000*

* (9,500－8,900) × 10,000

③ 매도가능증권 처분시(20×8. 12. 5.)

(차) 현금 및 현금성자산	46,000,000	(대) 매 도 가 능 증 권	47,500,000
매도가능증권평가이익 (기타포괄손익누계액)	3,000,000	매도가능증권처분이익	1,500,000*

* 취득가격 ₩8,900과 처분가격 ₩9,200의 차이액 ₩300이 실현되었음을 나타낸다.
(9,200－8,900) × 5,000 = 1,500,000

그밖의 매도가능증권과 관련된 회계처리는 '투자자산 중 2. 매도가능증권편'을 참조하기 바란다.

(3) 세무회계상 유의할 사항

매도가능증권에 있어 평가이익이 발생한 경우에는 (차)매도가능증권 ××× (대)매도가능증권평가이익(기타포괄손익누계액) ×××으로 회계처리하기 때문에 당해 연도 손익에는 영향이 없다. 그러나 이 경우에도 세무상 매도가능증권의 장부가액과 자본항목의 장부가액을 조정하기 위한 세무조정이 필요하다. 즉, 매도가능증권의 과대계상분을 익금불산입(△유보)하고 자본항목의 과대계상분을 익금산입(기타)한 후, 이후 사업연도에 동 매도가능증권의 평가손실이 발생하여 이를 상계시 또는 매도가능증권 처분시 동 금액을 반대로 손금불산입(유보), 손금산입(기타)하여 상계처리하여야 한다.

매도가능증권에 있어 평가손실이 발생한 경우에는 위와 반대로 세무조정하면 된다.

2. 지분법자본변동(또는 부의지분법자본변동)

(1) 개념 및 회계처리

일반기업회계기준 제8장(지분법) 문단 8.15 내지 8.18에 따르면, 유의적인 영향력이 있는 투자주식에 대하여 지분법을 적용하여 평가함에 있어 지분변동액은 지분법적용투자주식에 가감하되, 지분법피투자기업의 순자산가액 변동의 원천에 따라 각각 다르게 회계처리하도록 하고 있다.

즉, 순자산가액 변동이 지분법피투자기업의 당기순이익 또는 당기순손실로 인하여 발생한 경우에는 지분법손익으로 하여 당기순이익의 증가 또는 감소로, 지분법피투자기업의 전기이월이익잉여금의 증가 또는 감소로 인한 경우에는 지분법이익잉여금변동 또는 부의지분법이익잉여금변동으로 하여 전기이월이익잉여금의 증가 또는 감소로(지분법피투자기업의 전기이월이익잉여금이 중대한 오류수정에 의하여 변동한 경우로서 투자기업의 재무제표에 미치는 영향이 중대하지 아니한 경우에는 당기손익으로 처리함), 그 외의 사유로 인한 자본의 증가 또는 감소로 인한 경우에는 지분법자본변동 또는 부의지분법자본변동으로 하여 기타포괄손익누계액의 증가 또는 감소로 처리하여야 한다.

사례 (주)삼일의 투자주식 현황은 다음과 같다.

- (주)삼일은 20×7. 1. 1. (주)용산의 발행주식총수의 30%를 ₩300,000,000에 현금으로 취득하여 유의적인 영향력을 행사할 수 있게 되었다. 취득시점에 (주)용산의 순자산가액의 장부금액과 공정가치는 일치하였으며, 순자산가액 중 지분상당액도 취득가액과 일치하였다.
- 20×7. 12. 31. (주)용산은 다음과 같이 보고하였다.

당 기 순 이 익	₩50,000,000
이익잉여금의 증가	30,000,000
자본잉여금의 증가	20,000,000

거래단계별로 일반기업회계기준에 따라 분개하시오.

① 주식취득시(20×7. 1. 1.)

(차) 지분법적용투자주식	300,000,000	(대) 현금 및 현금성자산	300,000,000

② 결산시(20×7. 12. 31.)

(차) 지분법적용투자주식	300,000,000	(대) 지 분 법 이 익	15,000,000[1)]
		지분법이익잉여금변동	9,000,000[2)]
		지 분 법 자 본 변 동	6,000,000[3)]

1) 50,000,000 × 30% = 15,000,000
2) 30,000,000 × 30% = 9,000,000
3) 20,000,000 × 30% = 6,000,000

그밖의 지분법적용투자주식과 관련된 회계처리는 '투자자산 중 4. 지분법적용투자주식편'을 참조하기 바란다.

(2) 세무회계상 유의할 사항

지분법적용투자주식의 증가액이 지분법피투자기업의 당기순이익과 전기이월이익잉여금의 증가를 제외한 자본의 증가로 인하여 발생한 경우에는 (차)지분법적용투자주식 ××× (대)지분법자본변동(기타포괄손익누계액) ×××으로 회계처리하기 때문에 당해 연도 손익에 미치는 영향은 없다. 그러나 이 경우에도 세무상 지분법적용투자주식의 장부가액과 기타포괄손익누계액의 장부가액을 조정하기 위한 세무조정이 필요하다. 즉, 지분법적용투자주식

과대계상분을 익금불산입(△유보)하고 기타포괄손익누계액 과대계상분을 익금산입(기타)한 후, 그 이후 사업연도에 부의지분법자본변동이 발생하여 기타포괄손익누계액과 상계시 또는 지분법적용투자주식의 처분시 반대로 손금불산입(유보), 손금산입(기타)하여 상계처리한다.

지분법피투자기업의 당기순손실 또는 전기이월이익잉여금의 감소를 제외한 자본의 감소에 기인하여 지분법적용투자주식의 가액이 감소되는 경우에는 위와 반대로 세무조정하면 된다.

3. 기능통화환산손익

(1) 의 의

1) 기능통화회계제도의 개요

형식적으로는 국내 기업이지만 영업활동의 주요 무대가 전세계적이고 영업활동, 투자활동 및 재무활동의 주요 거래에 사용하는 통화가 외국통화인 기업들이 있다. 이와 같이 거래의 대부분이 원화가 아닌 외화로 이루어지는 기업에 대해서 원화로만 회계처리하는 경우에는 기업의 재무상태를 왜곡표시할 우려가 있다.

예를 들면, 환율이 지속적으로 상승하는 상황에서 해외에서 달러로 차입하여 선박을 구입하고 원화로 회계처리한 경우, 외화차입금은 기말의 높은 환율로 환산되나 선박은 거래당시 낮은 환율로 환산되기 때문에 재무상태표상 부채비율이 높게 표시되고, 손익계산서에는 환율의 상승에 따른 환산손실이 발생하게 된다. 환율이 하락하는 경우에는 그 반대가 된다. 그러나, 상기 거래를 달러로 회계처리하는 경우에는 외화차입금은 물론 선박도 달러로 표시되기 때문에 환율차이로 인하여 재무상태가 왜곡표시되지 아니한다.

이와 같이, 재무상태의 왜곡현상을 완화하기 위하여, 매출 · 매입 등 대부분의 거래가 외화로 이루어지는 기업에 대해서 기중에는 주로 거래하는 통화(기능통화)로 회계장부를 작성 · 관리하고 연말에는 우리나라의 원화(표시통화)로 환산하는 회계제도를 기능통화회계제도라 한다.

〈예시〉 일반외화환산회계제도와 기능통화회계제도의 비교

- 연초에 US $1를 출자 및 US $1를 차입하여 US $2인 선박을 구입한 경우의 재무제표에 미치는 영향은 다음과 같다(환율 : 연초 1천원, 연말 1,500원).

일반외화환산회계제도 (원화로 회계장부 작성 및 유지)			기능통화회계제도 (달러로 회계장부 작성 및 유지)	
재무상태표			재무상태표	
선박 2,000	부 채 1,500 (외화차입금)	➡	선박 3,000	부 채 1,500 (외화차입금)
	자 본 금 1,000			자 본 1,500
	당기순손실 △500			

⇒ (재무제표 영향) ▷부채비율 개선(300% → 100%)
▷당기순이익 개선(△500원 → 0원)

2) 기능통화의 결정과 변경

① 기능통화의 결정

기능통화라 함은 영업활동이 이루어지는 주된 경제 환경의 통화를 말한다. 다만, 해당 국가의 통화와 기능통화가 다른 경우에는 해당 국가의 통화를 기능통화로 간주할 수 있다. 한편, 2011년 1월 1일 이후 최초로 개시하는 회계연도 전에 종전의 기업회계기준에 따라 해당 국가의 통화가 아닌 통화를 기능통화로 결정한 경우에는 해당 국가의 통화를 기능통화로 할 수 없다(일반기준 23장 문단 23.2 및 경과규정 문단 9).

여기에서 영업활동이 이루어지는 주된 경제환경이라 함은 현금을 주요하게 창출하고 사용하는 환경을 말하는 것으로 기능통화를 결정할 때는 다음의 사항을 고려하여야 한다(일반기준 23장 문단 23.3, 23.4).

주된 지표	• 재화와 용역의 공급가격에 주로 영향을 미치는 통화(흔히 재화와 용역의 공급가격을 표시하고 결제하는 통화) 및 재화와 용역의 공급가격을 주로 결정하는 경쟁요인과 법규가 있는 국가의 통화 • 재화를 공급하거나 용역을 제공하는 데 드는 노무원가, 재료원가와 그 밖의 원가에 주로 영향을 미치는 통화(흔히 이러한 원가를 표시하고 결제하는 통화)
2차적 지표	• 재무활동(즉, 채무상품이나 지분상품의 발행)으로 조달되는 통화 • 영업활동에서 유입되어 통상적으로 보유하는 통화

상기 주된 지표와 2차적 지표들이 서로 다른 결과를 제시하여 기능통화가 분명하지 않은 경우에는 경영진이 판단하여 실제 거래, 사건과 상황의 경제적 효과를 가장 충실하게

표현하는 기능통화를 결정한다. 이 때 경영진은 기능통화를 결정하는 데 추가적인 보조 증거를 제공하는 상기 2차적 지표를 고려하기 전에 주된 지표를 우선하여 고려하여야 한다(일반기준 23장 문단 23.6).

한편, 해외사업장의 기능통화를 결정할 때, 그리고 이러한 해외사업장의 기능통화가 보고기업(여기서 보고기업은 종속기업, 지점, 관계기업, 조인트벤처 형태로 해외사업장을 갖고 있는 기업)의 기능통화와 같은지를 판단할 때 다음의 사항을 추가적으로 고려하여야 한다(일반기준 23장 문단 23.5).

① 해외사업장의 활동이 보고기업 활동의 일부로서 수행되는지 아니면 상당히 독자적으로 수행되는지

㉠ 해외사업장이 보고기업에서 수입한 재화를 판매하고 그 판매대금을 보고기업으로 송금하는 역할만 한다면 해외사업장이 보고기업의 일부로서 활동하는 예에 해당한다.

㉡ 해외사업장이 대부분 현지통화로 현금 등의 화폐성항목을 축적하고 비용과 수익을 발생시키며 차입을 일으킨다면 해외사업장의 활동이 상당히 독자적으로 수행되는 예에 해당한다.

② 보고기업과의 거래가 해외사업장의 활동에서 차지하는 비중이 높은지 낮은지

③ 해외사업장 활동에서의 현금흐름이 보고기업의 현금흐름에 직접 영향을 주고 보고기업으로 쉽게 송금될 수 있는지

④ 보고기업의 자금 지원 없이 해외사업장 활동에서의 현금흐름만으로 현재의 채무나 통상적으로 예상되는 채무를 감당하기에 충분한지

② 기능통화의 변경

기능통화는 기업과 관련된 실제 거래, 사건과 상황을 반영한다. 따라서 실제 거래, 사건과 상황에 변화가 있는 경우를 제외하고 일단 기능통화를 결정하면 변경하지 않는 것이 원칙이다(일반기준 23장 문단 23.7). 예를 들면, 재화나 용역의 공급가격에 주로 영향을 미치는 통화의 변경은 기능통화의 변경을 초래할 수 있다.

다만, 해당 국가의 통화와 기능통화가 다른 경우 해당 국가의 통화를 기능통화로 간주하였다가 일반기업회계기준 제23장 문단 23.3~5를 충족하는 영업활동이 이루어지는 주된 경제 환경의 기능통화로 변경하는 것은 가능하며, 이 경우에는 동 기준 제5장 문단 5.9에 따른 회계정책의 변경으로 본다(일반기준 23장 문단 23.7의 2).

한편, 기능통화가 변경되는 경우에는 새로운 기능통화에 의한 환산절차를 변경한 날부터 전진 적용한다(일반기준 23장 문단 23.13).

(2) 기업회계상 회계처리

1) 기능통화에 의한 외화거래의 보고

① 최초인식

기능통화로 외화거래를 최초로 인식하는 경우에 거래일의 외화와 기능통화 사이의 현물환율을 외화금액에 적용하여 기록한다. 다만, 환율이 유의적으로 변동하지 않은 경우에는 일정기간의 평균환율을 사용할 수 있다(일반기준 23장 문단 23.8). 여기에서의 외화라 함은 기능통화 이외의 다른 통화를 말하며, 거래일이란 거래의 인식요건을 최초로 충족하는 날을 말한다.

이 경우 외화로 대가를 선지급하거나 선수취하여 인식한 비화폐성자산이나 비화폐성부채를 제거하면서 관련 자산, 비용, 수익 또는 이들 항목의 일부를 인식할 때에는, 그 비화폐성자산이나 비화폐성부채를 인식한 날을 거래일로 보고 그 날의 환율을 적용한다(일반기준 23장 문단 23.8의 2).

② 화폐성 · 비화폐성법에 의한 외화환산

매 보고기간말의 외화(기능통화 이외의 다른 통화)의 기능통화로의 외화환산은 화폐성 · 비화폐성법에 의한다. 즉, 화폐성 외화항목은 마감환율(보고기간말의 현물환율)로 환산하고, 역사적원가로 측정하는 비화폐성 외화항목은 거래일의 환율로 환산하며, 공정가치로 측정하는 비화폐성 외화항목은 공정가치가 결정된 날의 환율로 환산한다(일반기준 23장 문단 23.9).

이 경우 화폐성항목의 환산에 사용한 환율이 회계기간 중 최초로 인식한 시점이나 전기의 재무제표 환산시점의 환율과 다르기 때문에 발생하는 외화환산손익은 그 외환차이가 발생하는 회계기간의 손익으로 인식한다. 다만, 외화표시 매도가능채무증권의 경우 동 금액을 기타포괄손익에 인식한다(일반기준 23장 문단 23.10).

또한, 공정가치로 측정하는 비화폐성항목에서 발생한 손익을 기타포괄손익으로 인식하는 경우에 그 손익에 포함된 환율변동효과도 기타포괄손익으로 인식하며, 공정가치로 측정하는 비화폐성항목에서 발생한 손익을 당기손익으로 인식하는 경우에는 그 손익에 포함된 환율변동효과도 당기손익으로 인식한다(일반기준 23장 문단 23.11).

상기에서의 화폐성항목의 본질적 특징은 확정되었거나 결정가능할 수 있는 화폐단위의 수량으로 받을 권리나 지급할 의무라는 것이다. 예를 들어, 현금으로 지급하는 연금과 그 밖의 종업원급여, 현금으로 상환하는 충당부채, 부채로 인식하는 현금배당 등이 화폐성항목에 속한다. 반면, 비화폐성항목의 본질적 특징은 확정되었거나 결정가능할 수 있는 화폐단위의 수량으로 받을 권리나 지급할 의무가 없다는 것이다. 예를 들어, 재화와 용역에 대한 선급금(예 : 선급임차료), 영업권, 무형자산, 재고자산, 유형자산, 비화폐성 자산의 인도에 의해 상환하는 충당부채 등이 비화폐성항목에 속한다(일반기준 23장 부록 실23.1.).

화폐성 · 비화폐성법에 따른 외화환산시 자산별로 적용할 환율을 예시하면 다음과 같다.

자산	환산기준환율	
	보고기간 말일	거래일 또는 취득일
현금 및 현금성자산, 단기금융상품	○	
매출채권, 미수금	○	
지분증권		
• 취득원가로 표시된 경우		○
• 공정가치로 측정한 경우	○	
재고자산		
• 취득원가로 표시된 경우		○
• 그 이외의 경우	○	
선급비용		○
유형자산, 감가상각누계액		○
무형자산		○
대여금	○	
부채		
매입채무, 미지급금	○	
당좌차월, 장 · 단기차입금	○	
선수금, 예수금		○
미지급비용	○	
선수수익		○
사채, 퇴직급여충당부채	○	

2) 재무보고를 위한 표시통화로의 환산

경영성과와 재무상태를 기능통화에서 다른 표시통화로 환산하는 방법은 다음과 같다. 이 경우 "표시통화"라 함은 재무제표를 표시할 때 사용하는 통화를 말한다(일반기준 23장 문단 23.14).

① 재무상태표(비교표시하는 재무상태표 포함)의 자산과 부채는 해당 보고기간말의 마감환율로 환산한다.

② 손익계산서(비교표시하는 손익계산서 포함)의 수익과 비용은 해당 거래일의 환율 또는 평균환율로 환산한다.

상기와 같이 손익계산서는 해당 거래일의 환율 또는 평균환율로 환산하고 자산과 부채는 보고기간말의 마감환율로 환산할 경우에 발생하는 환산손익은 기능통화환산이익 또는 기능통화환산손실의 과목으로 하여 재무상태표상에 기타포괄손익누계액으로 인식한다. 또한, 이러한 기능통화환산이익 또는 기능통화환산손실은 차기 이후에 발생하는 기능통화환산이익 또는 기능통화환산손실과 가감하여 표시하여야 한다.

한편, 지점 등 해외사업장의 기능통화가 본점의 기능통화(표시통화)와 다른 경우 해당 해외사업장을 본점의 재무제표에 포함되도록 하기 위하여 해외사업장의 경영성과와 재무상태를 본점의 기능통화(표시통화)로 환산하는 경우에도 상기와 같은 환산방법을 적용한다.

이 경우 해외사업장을 처분하는 경우에는 기타포괄손익으로 인식하고 별도의 자본항목에 누계한 해외사업장관련 외환차이의 누계액(처분비율에 해당하는 금액)은 해외사업장의 처분손익을 인식하는 시점에 자본에서 당기손익으로 재분류한다. 즉, 해외사업장을 일부 처분하는 경우에는 기타포괄손익에 인식된 외환차이의 누계액 중 비례적 지분만을 당기손익으로 재분류한다(일반기준 23장 문단 23.17, 23.18).

상기에서 해외사업장의 매각, 청산, 자본의 환급 또는 해외사업장 전체나 일부를 포기하는 등의 방법으로 해외사업장에 대한 지분 전체나 일부를 처분할 수 있다. 그러나, 해외사업장의 손실 또는 투자자가 인식한 손상으로 인한 해외사업장의 장부금액에 대한 감액의 인식은, 해외사업장의 일부를 처분하는 경우에는 해당하지 않는다. 따라서, 기타포괄손익으로 인식된 외환손익은 감액을 인식한 시점에 손익으로 재분류하지 아니한다(일반기준 23장 부록 실23.5).

사례 1 (주)삼일은 미국에 LA지점을 개설하였으며, 20×1년 말 현재의 수정후시산표의 금액은 다음과 같다. LA지점의 기능통화는 미달러화($)이고, (주)삼일 본점의 기능통화 및 표시통화는 원화(₩)이다.

수 정 후 시 산 표

20×1. 12. 31. 현재

(주)삼일 LA지점

자 산	$1,650	부 채	$1,000
비 용	350	본 점	600
		수 익	400
	$2,000		$2,000

본점장부에 있어서 지점계정의 잔액은 ₩360,000, 20×1. 12. 31. 현재의 미달러화 $1에 대한 원화환율은 ₩700, 20×1년도 중의 평균환율은 ₩650인 것으로 가정하자. 위의 경우 수익과 비용을 먼저 환산하여 본점장부에서 지점이익을 인수하는 절차를 밟아야 한다.

① 수익과 비용 환산 후 본점장부에서 지점이익인수

손 익 계 산 서

20×1. 1. 1.부터 20×1. 12. 31.까지

(주)삼일 LA지점

과 목	달러표시금액	적용환율	원화환산금액
수 익	$400	₩650	₩260,000
비 용	350	650	227,500
순 이 익	$50		₩32,500

이러한 환산의 결과는 본 · 지점 결합손익계산서를 작성할 때 사용하게 된다. 한편 지점의 순이익에 대해 본점에서는 이를 인수하는 회계처리를 다음과 같이 행하여야 한다.

(차) 지 점	32,500	(대) 지 점 이 익	32,500

② 재무상태표 환산 후 기타포괄손익 계상

위의 회계처리를 수행한 후 본점의 지점계정잔액은 ₩392,500(₩360,000+₩32,500)이 된다. 재무상태표에 대한 환산은 다음과 같다.

재 무 상 태 표

(주)삼일 LA지점

항 목	달러표시금액	적용환율	원화환산금액
자 산	$1,650	₩700	₩1,155,000
부 채	1,000	700	700,000
순 자 산	$650		₩455,000
지점장부의 본점계정	$650*		
본점장부의 지점계정			392,500
환 산 차 액			₩62,500

* 지점장부에서는 집합손익계정을 정리하여 본점에 $50을 대체한 결과로 지점장부의 본점계정잔액이 $650이 되는 것임.

상기의 환산결과 발생된 환산차액은 해외사업환산이익의 과목으로 하여 기타포괄손익누계액으로 표시한다(본서에서는 해외지점 관련 기능통화환산손익을 본점 관련 기능통화환산손익과 구분하기 위하여 해외사업환산손익의 과목으로 표시하기로 한다).

(차) 지 점	62,500	(대) 해외사업환산이익 (기타포괄손익누계액)	62,500

③ 차기 이후에 발생하는 기타포괄손익과 상계

한편 20×2년도의 환산결과 순자산의 환산액은 ₩400,000이고, 본점장부의 지점계정은

₩450,000이라고 가정하면 20×2년도 말에 행하여야 할 회계처리는 다음과 같다.

(차)	해외사업환산손실	50,000	(대) 지 점	50,000
	해외사업환산이익	50,000	해외사업환산손실	50,000

즉, 전기 이전에 계상한 해외사업환산손실 또는 해외사업환산이익은 차기 이후에 발생하는 해외사업환산이익 또는 해외사업환산손실과 상계하여 표시하여야 한다.

④ 관련지점 폐쇄시

만약 (주)삼일이 LA지점을 20×3년 초에 폐쇄하였다고 가정하면 해외사업환산이익 잔액 ₩12,500은 영업외수익으로 계상하여야 한다.

(차)	해외사업환산이익	12,500	(대) 영 업 외 수 익	12,500

사례 2 국내기업인 (주)삼일의 홍콩지점에서는 20×1. 12. 31.로 종료되는 회계연도의 지점재무제표가 해당 지점의 기능통화인 홍콩달러(HK$)로 표시되어 있어서 본사의 기능통화 및 표시통화인 원화로 환산하기로 하였는 바, 관련자료는 아래와 같다.

① HK$ 대 원화(₩)의 환율

20×1. 12. 31. ₩80

20×1년도의 평균환율 ₩90

② 홍콩지점 재무상태표(20×1. 12. 31. 현재)

(단위 : HK$)

유 동 자 산	$500,000	유 동 부 채	$300,000
유 형 자 산	1,300,000	비 유 동 부 채	600,000
무 형 자 산	200,000	본 점 계 정	1,000,000
		당 기 순 익	100,000
합 계	$2,000,000	합 계	$2,000,000

③ 홍콩지점 손익계산서(20×1. 1. 1.~12. 31.)

(단위 : 홍콩 $)

매출액 및 제수입	$2,500,000
매출원가 및 제비용	2,400,000
당기순이익	$100,000

④ 20×1. 12. 31. 현재 본사의 총계정원장상의 홍콩지점 계정잔액(당기순이익 대체 전)은 ₩95,000,000이다.

상기 자료에 의거(주)삼일의 홍콩지점 재무제표를 원화로 환산하면 다음과 같다.

i) 손익계산서의 환산

과 목	HK$	환 율	원(₩)
매출액 및 제수입	$2,500,000	₩90	₩225,000,000
매출원가및제비용	2,400,000	90	216,000,000
당 기 순 이 익	$100,000		₩9,000,000

ii) 재무상태표

과 목	HK$	환 율	원(₩)
유 동 자 산	$500,000	₩80	₩40,000,000
유 형 자 산	1,300,000	80	104,000,000
무 형 자 산	200,000	80	16,000,000
합 계	$2,000,000		₩160,000,000

과 목	HK$	환 율	원(₩)
유 동 부 채	$300,000	80	₩24,000,000
비 유 동 부 채	600,000	80	48,000,000
본 점 계 정	1,000,000	(*)	95,000,000
당 기 순 이 익	100,000	(**)	9,000,000
해외사업환산손실	–	(***)	(16,000,000)
합 계	$2,000,000		₩160,000,000

* 본사의 지점계정 원화표시액을 그대로 이용하였는 바, 이는 본 · 지점 간의 거래에 대하여 역사적 환율로 환산한 결과가 된다.

** 손익계산서상의 당기순이익 환산액을 그대로 이용하였는 바, 이는 당기순이익을 당기평균환율로 환산한 결과가 된다.

*** 원화표시액의 차변합계와 대변합계간의 차액으로서 대차를 일치시키기 위하여 대변에 <－>로 기재한다. 이 해외사업환산손실 ₩16,000,000은 본 · 지점 합산재무상태표상에 자본에서 차감하는 형식으로 표시된다.

3) 주석공시사항

일반기업회계기준에서는 환율변동효과와 관련하여 다음 사항을 주석으로 공시하여야 한다(일반기준 23장 문단 23.19).

① 당기손익으로 인식한 외화환산손익과 외환차손익 금액

② 기타포괄손익으로 인식하고 별도의 자본항목에 누계한 순외환차이, 기초와 기말 금액 및 그 변동 내역

③ 표시통화와 기능통화가 다른 경우에는 그 사실과 이유 및 기능통화의 명칭

④ 보고기업이나 유의적인 해외사업장의 기능통화가 변경된 경우에는 그 사실과 이유

(3) 세무회계상 유의할 사항

1) 기능통화 도입기업의 과세표준 계산 특례

① 과세표준 계산방법의 선택 적용

기업회계기준에 따라 원화 외의 통화를 기능통화로 채택하여 재무제표를 작성하는 내국법인의 과세표준 계산은 다음의 구분에 따른 방법(이하 "과세표준계산방법"이라 함) 중 납세지 관할 세무서장에게 신고한 방법에 따른다. 다만, 최초로 아래 ㉡ 또는 ㉢의 과세표준계산방법을 신고하여 적용하기 이전 사업연도의 소득에 대한 과세표준을 계산할 때에는 아래 ㉠의 과세표준계산방법을 적용하여야 하며, 같은 연결집단에 속하는 연결법인은 같은 과세표준계산방법을 신고하여 적용하여야 한다(법법 53조의 2 1항 및 법령 91조의 3).

㉠ 원화 기준 과세표준 계산방법	• 원화 외의 기능통화를 채택하지 아니하였을 경우에 작성하여야 할 재무제표를 기준으로 과세표준을 계산하는 방법 • 손비로 계상한 경우에만 각 사업연도의 소득금액을 계산할 때 손금에 산입하는 항목은 원화 외의 통화를 기능통화로 채택하지 아니하였을 경우에 작성하여야 할 재무제표의 금액을 기준으로 손금 계상액을 산정함.
㉡ 기능통화 기준 과세표준 계산방법	• 기능통화로 표시된 재무제표를 기준으로 과세표준을 계산한 후 이를 원화로 환산하는 방법 • 법인세법 및 같은 법 시행령에 따른 익금 및 손금, 법인세법 제13조 제1항 제1호에 따른 결손금, 같은 항 제2호에 따른 비과세소득 및 같은 항 제3호에 따른 소득공제액은 기능통화로 표시하여 과세표준을 계산한 후 이를 원화로 환산함. • 다음의 경우 사업연도 종료일 현재의 매매기준율등 또는 해당 사업연도 평균환율 중 과세표준계산방법의 신고 또는 과세표준계산방법의 변경신고와 함께 납세지 관할세무서장에게 신고한 환율을 적용함. - 기능통화로 표시된 과세표준을 원화로 환산하는 경우 - 접대비 한도 금액을 기능통화로 환산하는 경우 - 법인세법 제57조 및 제57조의 2, 조세특례제한법 제10조, 제24조, 제25조의 6, 제94조 및 제104조의 5의 적용을 받아 세액공제액을 기능통화로 계산한 후 원화로 환산하는 경우 • 법인세법 시행령 제73조 제3호 · 제5호 및 제76조 제1항 · 제2항에 따른 외화는 기능통화 외의 통화로 함.
㉢ 환산원화 기준 과세표준 계산방법	• 재무상태표 항목은 사업연도종료일 현재의 매매기준율등, 포괄손익계산서(포괄손익계산서가 없는 경우에는 손익계산서를 말하며, 이하 같음) 항목은 해당 거래일 현재의 매매기준율등(아래 항목의 경우에는 해당 사업연도 평균환율)을 적용하여 원화로 환산한 재무제표를 기준으로 과세표준을 계산하는 방법

㉢ 환산원화 기준 과세표준 계산방법	– 감가상각비, 퇴직급여충당금, 대손충당금, 구상채권상각충당금 – 법인세법 시행령 제68조 제6항에 따른 현재가치할인차금상당액 – 법인세법 시행령 제69조 제1항 본문에 따른 건설등의 제공으로 인한 손익 – 법인세법 시행령 제70조 제1항 제1호 단서 및 제2호 단서에 따른 이자 및 할인액 – 법인세법 시행령 제70조 제3항 단서에 따른 보험료상당액 등 – 법인세법 시행령 제70조 제4항에 따른 이자 및 할인액과 배당소득 – 법인세법 시행령 제71조 제1항 각 호 외의 부분 단서에 따른 임대료상당액과 이에 대응하는 비용 – 법인세법 시행령 제71조 제3항에 따른 사채할인발행차금 – 그 밖에 이와 유사한 항목으로서 기획재정부령으로 정하는 항목 • 감가상각비, 퇴직보험료(확정기여형 퇴직연금등의 부담금을 말함), 퇴직급여충당금, 대손충당금, 구상채권상각충당금, 그 밖에 이와 유사한 항목으로서 기획재정부령으로 정하는 항목에 대해서는 손금 계상액 및 손금산입한도를 각각 기능통화로 표시하여 손금산입액을 결정함. • 법인세법 시행령 제73조 제3호 · 제5호 및 제76조 제1항 · 제2항에 따른 외화는 기능통화 외의 통화로 함.

② 과세표준 계산방법의 신고 · 변경신고

기능통화 기준 과세표준계산방법 또는 환산원화 기준 과세표준계산방법을 적용하려는 법인은 최초로 해당 과세표준계산방법을 적용하려는 사업연도의 법인세법 제60조에 따른 법인세 과세표준 등의 신고와 함께 납세지 관할세무서장에게 과세표준계산방법신고서를 제출하여야 한다(법령 91조의 2 1항).

한편, 기능통화 기준 과세표준계산방법 또는 환산원화 기준 과세표준계산방법을 신고하여 적용하는 법인은 다음의 어느 하나에 해당하는 사유가 발생한 경우 외에는 과세표준계산방법을 변경할 수 없다(법법 53조의 2 2항 및 법령 91조의 2 2항).

㉠ 기능통화를 변경한 경우

㉡ 과세표준계산방법이 서로 다른 법인이 합병(분할합병 포함)한 경우

㉢ 과세표준계산방법이 서로 다른 사업자의 사업을 인수한 경우

㉣ 연결납세방식을 최초로 적용받는 내국법인의 과세표준계산방법이 해당 연결집단의과세표준계산방법과 다른 경우(해당 연결집단의 과세표준계산방법으로 변경하는 경우만 해당함)

기능통화 기준 과세표준계산방법 또는 환산원화 기준 과세표준계산방법을 적용하는 법인이 상기의 어느 하나에 해당하는 사유가 발생하여 과세표준계산방법을 변경하려는 경우

에는 변경된 과세표준계산방법을 적용하려는 사업연도 종료일까지 납세지 관할세무서장에게 과세표준계산방법변경신청서를 제출하여야 하며, 과세표준계산방법변경신청서를 접수한 관할세무서장은 사업연도 종료일부터 1개월 이내에 그 승인 여부를 결정하여 통지하여야 한다. 한편, 법인이 승인을 받지 아니하고 과세표준계산방법을 변경한 경우 과세표준은 변경하기 전의 과세표준계산방법에 따라 계산한다(법령 91조의 2 3항 내지 5항).

③ 기능통화 · 환산원화 기준 과세표준계산방법 적용 법인이 기능통화를 변경한 경우

기능통화 기준 과세표준계산방법 또는 환산원화 기준 과세표준계산방법을 적용하는 법인이 기능통화를 변경하는 경우에는 기능통화를 변경하는 사업연도의 소득금액을 계산할 때 개별 자산 · 부채별로 아래 ㉠의 금액에서 ㉡의 금액을 뺀 금액을 익금에 산입하고 그 상당액을 법인세법 시행령 제64조 제3항을 준용하여 일시상각충당금 또는 압축기장충당금으로 계상하여 손금에 산입하여야 하며, 손금에 산입한 금액은 같은 법 시행령 제64조 제4항 및 제5항을 준용하여 익금에 산입한다(법법 53조의 2 3항 및 법령 91조의 3 8항).

㉠ 변경 후 기능통화로 표시된 해당 사업연도의 개시일 현재 해당 자산 · 부채의 장부가액

㉡ 변경 전 기능통화로 표시된 직전 사업연도의 종료일 현재 자산 · 부채의 장부가액에 해당 자산 · 부채의 취득일 또는 발생일의 환율을 적용하여 변경 후 기능통화로 표시한 금액

한편, 법인이 기능통화 기준 과세표준계산방법 또는 환산원화 기준 과세표준계산방법을 최초로 사용하는 경우에 관하여는 상기의 규정을 준용한다. 이 경우 변경 전 기능통화는 원화로 본다(법법 53조의 2 4항).

2) 해외사업장의 과세표준 계산 특례

내국법인의 해외사업장의 과세표준 계산은 다음의 방법(이하 "과세표준계산방법"이라 함) 중 납세지 관할 세무서장에게 신고한 방법에 따른다. 다만, 최초로 아래 ㉡ 또는 ㉢의 과세표준계산방법을 신고하여 적용하기 이전 사업연도의 소득에 대한 과세표준을 계산할 때에는 아래 ㉠의 과세표준계산방법을 적용하여야 한다(법법 53조의 3 1항 및 법령 91조의 5).

㉠ 원화 기준 과세표준 계산방법	• 해외사업장 재무제표를 원화 외의 기능통화를 채택하지 아니하였을 경우에 작성하여야 할 재무제표로 재작성하여 본점의 재무제표와 합산한 후 합산한 재무제표를 기준으로 과세표준을 계산하는 방법 • 손금으로 계상한 경우에만 각 사업연도의 소득금액을 계산할 때 손금에 산입하는 항목은 원화 재무제표의 금액을 기준으로 손금 계상액을 산정함.

㉡ 기능통화 기준 과세표준 계산방법	• 해외사업장의 기능통화로 표시된 해외사업장 재무제표를 기준으로 과세표준을 계산한 후 이를 원화로 환산하여 본점의 과세표준과 합산하는 방법 • 법인세법 및 다른 법률에 따른 해외사업장의 익금 및 손금을 해외사업장의 기능통화로 표시하여 과세표준을 계산한 후 이를 원화로 환산하여야 하며, 원화로 환산한 해외사업장 과세표준을 본점의 과세표준과 합산한 금액에 대하여 법인세법 제13조를 적용하여 법인의 과세표준을 계산함. • 기능통화로 표시된 해외사업장 과세표준을 사업연도종료일 현재의 매매기준율등 또는 해당 사업연도 평균환율 중 과세표준계산방법의 신고 또는 과세표준계산방법의 변경신고와 함께 납세지 관할세무서장에게 신고한 환율을 적용하여 원화로 환산함. • 해외사업장에서 지출한 기부금, 접대비, 고유목적사업준비금, 책임준비금, 비상위험준비금, 퇴직급여, 퇴직보험료(확정기여형 퇴직연금 등의 부담금을 말함), 퇴직급여충당금, 대손충당금, 구상채권상각충당금, 그 밖에 법인세법 및 같은 법 시행령에 따라 손금산입한도가 있는 손금 항목은 이를 손금에 산입하지 아니하며, 이에 따라 손금에 산입하지 아니한 금액은 납세지 관할세무서장에게 신고한 환율을 적용하여 원화로 환산한 후 본점의 해당 항목과 합산하여 본점의 소득금액을 계산할 때 해당 법인(본점과 해외사업장 포함)의 손금산입한도 내에서 손금에 산입함. 이 경우 해당 법인의 손금산입한도를 계산할 때 해외사업장 재무제표는 납세지 관할세무서장에게 신고한 환율을 적용하여 원화로 환산함. • 법인세법 시행령 제73조 제3호 · 제5호 및 제76조 제1항 · 제2항에 따른 외화는 해외사업장의 기능통화 외의 통화로 함.
㉢ 환산원화 기준 과세표준 계산방법	• 해외사업장의 재무제표에 대하여 재무상태표 항목은 사업연도종료일 현재의 매매기준율등을, 포괄손익계산서 항목은 다음의 환율을 각각 적용하여 원화로 환산하고 본점 재무제표와 합산한 후 합산한 재무제표를 기준으로 과세표준을 계산하는 방법 – 감가상각비, 퇴직급여충당금, 대손충당금, 구상채권상각충당금, 법인세법 시행령 제68조 제6항에 따른 현재가치할인차금상당액, 제69조 제1항 본문에 따른 건설등의 제공으로 인한 손익, 제70조 제1항 제1호 단서 및 제2호 단서에 따른 이자 및 할인액, 제70조 제3항 단서에 따른 보험료상당액 등, 제70조 제4항에 따른 이자 및 할인액과 배당소득, 제71조 제1항 각 호 외의 부분 단서에 따른 임대료상당액과 이에 대응하는 비용, 제71조 제3항에 따른 사채할인발행차금, 그 밖에 이와 유사한 항목으로서 기획재정부령으로 정하는 항목의 경우 : 해당 사업연도 평균환율 – 상기 외의 경우 : 해당 항목의 거래일 현재의 매매기준율등 또는 해당 사업연도 평균환율 중 과세표준계산방법의 신고 또는 과세표준계산방법의 변경신고와 함께 납세지 관할세무서장에게 신고한 환율

한편, 기능통화 기준 과세표준계산방법 또는 환산원화 기준 과세표준계산방법을 신고하여 적용하는 법인은 다음의 어느 하나에 해당하는 사유가 발생한 경우 외에는 과세표준계산방법을 변경할 수 없다(법법 53조의 3 2항 및 법령 91조의 4 1항).

㉠ 과세표준계산방법이 서로 다른 법인이 합병(분할합병 포함)한 경우

㉡ 과세표준계산방법이 서로 다른 사업자의 사업을 인수하는 경우

기타 기능통화 기준 과세표준계산방법 또는 환산원화 기준 과세표준계산방법의 적용 신청 및 기능통화 기준 과세표준계산방법 또는 환산원화 기준 과세표준계산방법을 적용하는 법인의 과세표준계산방법의 변경신청에 관하여는 기능통화 도입기업의 과세표준 계산 특례의 규정을 준용한다(법령 91조의 4 2항).

4. 현금흐름 위험회피 파생상품평가손익

현금흐름 위험회피회계는 특정위험으로 인한 예상거래의 미래 현금흐름 변동위험을 감소시키기 위하여 지정된 파생상품의 평가손익(위험회피수단이 파생상품이 아닌 금융상품인 경우에는 외화위험으로 인한 외환차이 변동분을 의미함) 중 위험회피에 효과적이지 못한 부분은 당기손익으로 인식하고, 위험회피에 효과적인 부분은 기타포괄손익누계액으로 인식한 후, 예상거래의 종류에 따라 향후 예상거래가 당기손익에 영향을 미치는 회계연도에 당기손익으로 인식하거나, 예상거래 발생시 관련 자산·부채의 장부가액에서 가감하는 것을 말한다(일반기준 6장 문단 6.72).

여기에서 예상거래의 미래 현금흐름 변동은 구체적으로 변동이자율 수취조건 대출금의 이자수입액 변동, 변동이자율 지급조건 차입금의 이자지급액 변동, 재고자산의 미래 예상매입에 따른 취득금액 변동, 재고자산의 미래 예상매출에 따른 매출액 변동 등을 의미한다(일반기준 6장 부록 실6.128). 이와 같이 현금흐름 위험회피회계는 예상거래가 아직 발생하지 않은 회계연도에는 해당 예상거래에 대한 평가손익을 계상하지 않으며, 이에 대응하여 위험회피수단의 평가손익도 당기손익이 아닌 기타포괄손익누계액으로 계상하므로 공정가치 위험회피회계와 달리 파생상품평가손익이 자기자본에 영향을 미치게 된다(일반기준 6장 부록 실6.129).

기타 이와 관련한 회계처리 및 세무상 유의할 사항에 대한 자세한 내용은 '특수회계편 중 Ⅰ. 파생상품회계'를 참조하기로 한다.

5. 유형자산재평가이익

유형자산의 최초인식 후에는 원가모형과 재평가모형 중 하나를 선택하여 적용할 수 있는데(일반기준 10장 문단 10.24), 유형자산재평가이익은 재평가모형을 적용한 경우로서 유형자산의 장부금액이 재평가로 인하여 증가한 경우에 발생한다. 이 경우 유형자산재평가이익으로 인식하는 금액은 유형자산의 장부금액이 재평가로 인하여 증가하는 경우에 그 증가액으로 하되, 동일한 유형자산에 대하여 이전에 인식한 당기손익(예 : 유형자산재평가손실)이 있다면 그 금액을 한도로 당기손익으로 인식하고 나머지 잔액은 유형자산재평가이익으로 인식한다(일반기준 10장 문단 10.30).

한편, 유형자산재평가이익을 인식한 이후에 유형자산의 공정가액이 재평가로 인하여 감소하는 경우에는 기 인식한 유형자산재평가이익을 먼저 상계하고 나머지 잔액은 당기손익으로 인식한다(일반기준 10장 문단 10.31).

유형자산재평가이익과 관련한 자세한 설명은 '유형자산 중 7. 인식시점 이후의 측정편'을 참조하기 바란다.

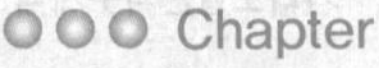

Chapter

05

이익잉여금

이익잉여금(또는 결손금)이란 손익계산서에 보고된 손익과 다른 자본항목에서 이입된 금액의 합계액에서 주주에 대한 배당, 자본금으로의 전입 및 자본조정 항목의 상각 등으로 처분된 금액을 차감한 잔액을 말한다(일반기준 2장 문단 2.33).

이익잉여금은 법정적립금, 임의적립금 및 미처분이익잉여금(또는 미처리결손금)으로 구분하여 재무상태표에 표시한다. 즉, 기업의 경영성과의 누적분인 이익잉여금 중 법정적립금, 임의적립금 및 미처분이익잉여금의 항목들은 금액의 크기가 작다고 하여 표시를 생략하거나 다른 항목에 통합될 수 없는 성격을 갖기 때문에, 재무상태표 작성시에는 각각의 항목을 구분하여 표시하여야 한다. 또한, 이익잉여금 중 법정적립금과 임의적립금의 세부내용 및 법령 등에 따라 이익배당이 제한되어 있는 이익잉여금의 내용을 주석으로 기재하여야 한다(일반기준 2장 문단 2.40).

제1절 법정적립금

법정적립금이란 상법 등 관련법령에 의하여 강제적으로 적립하는 적립금을 말하며, 결손금의 보전 또는 자본전입 등 관련법령에서 규정하고 있는 용도로만 사용할 수 있다.

재무상태표에는 법정적립금의 개별항목을 별도로 표시하지 아니하고 법정적립금으로 통합하여 표시하며, 그 세부 내용과 법령 등에 따라 이익배당이 제한되어 있는 법정적립금의 내용 및 당해 회계연도 개시일 전 2년 내에 결손보전을 한 경우에는 결손보전에 충당된 법정적립금의 명칭, 금액, 결손보전을 승인한 주주총회일을 주석으로 기재하여야 한다(일반기준 2장 문단 2.40, 부록 실2.20).

1. 이익준비금

(1) 개념 및 범위

이익준비금이란 상법의 규정에 의하여 주식기업이 강제적으로 기업내부에 유보하여야 하는 법정준비금을 말한다. 즉, 주식기업은 그 자본금의 2분의 1이 될 때까지 매 결산기의 이익배당액의 10분의 1 이상의 금액을 이익준비금으로 적립하여야 한다. 다만, 주식배당의 경우에는 제외한다(상법 458조).

이와 같이 상법이 기업으로 하여금 이익의 일부를 기업내부에 적립하도록 규정한 것은 기업의 재무적 기초를 견실히 하고 채권자를 보호하기 위한 것이다.

따라서 매 결산기마다 이익배당액(주식배당 제외)의 10분의 1 이상을 계속 누적하여 적립하되, 이익준비금의 금액이 자본금의 2분의 1에 달한 때에는 더 이상 적립하지 않아도 된다.

이익준비금의 적립한도액은 자본금의 2분의 1에 해당하는 금액이므로 기업은 자본금의 50%라는 한도액까지만 법적인 적립의무를 부담할 뿐이고 이를 초과한 금액의 계속적인 적립 여부는 전적으로 기업의 자유의사에 의존한다.

만일 기업이 상법상의 한도액 이상으로 이익준비금을 적립한 때에는 그 초과적립금은 법정적립금으로서의 이익준비금이 아니고 손실보전의 목적 등을 가진 임의적립금으로 보는 것이 다수설이다.

(2) 기업회계상 회계처리

1) 이익준비금의 계상

이익준비금의 적립분개는 정기주주총회에서 이익준비금을 포함한 이익처분안의 의결이 확정되는 시점에서 그 의결내용에 따라 이루어진다.

사례 1

1. (주)삼일은 자본금이 ₩500,000,000이고 전기에 이월되어 온 이익잉여금 ₩35,000,000이 있다. 또한 당기 중 기말결산 결과 ₩60,000,000의 당기순이익을 계상하였다.
2. (주)삼일은 정기주주총회에서 이익처분내용으로서 주주에 대한 현금배당 ₩25,000,000, 별도적립금 ₩30,000,000, 이익준비금 ₩3,000,000을 적립하기로 결의하였다. (주)삼일의 재무상태표상 이익준비금 금액은 ₩85,000,000이다.

(차)	이월미처분이익잉여금	35,000,000	(대) 미처분이익잉여금	95,000,000
	당 기 순 이 익	60,000,000		
(차)	미처분이익잉여금	95,000,000	(대) 미 지 급 배 당 금	25,000,000
			이 익 준 비 금	3,000,000
			별 도 적 립 금	30,000,000
			이월미처분이익잉여금	37,000,000

위의 [사례]에서 기업이 당기에 적립할 수 있는 이익준비금 최고한도액은 자본금 ₩500,000,000의 1/2인 ₩250,000,000에서 기설정 적립금 ₩85,000,000을 차감한 ₩165,000,000

이 되며(회계처리상으로는 단순히 제한이 없다고 할 수 있지만), 최소한 설정하여야 할 금액은 현금 배당액 ₩25,000,000의 1/10인 ₩2,500,000이 된다.

이익준비금의 적립한도액은 법정자본금 기준에 의하므로 자본금이 유상증자, 합병증자, 주식배당, 준비금의 자본전입, 전환사채의 전환, 감자 등으로 인하여 변동하게 되면 이익준비금의 한도액 또한 자동적으로 증감하게 된다.

2) 자본금의 1/2을 초과하는 이익준비금의 처리

전술한 바와 같이 상법상 이익준비금의 적립한도액이 자본금의 2분의 1이라고 하는 것은 법정준비금으로서의 적립한도액을 표시하는 것이므로 그것을 초과하는 적립액은 법정준비금의 성격을 벗어난 것이라고 할 수밖에 없다.

또한 적립한도액을 초과하여 적립하는 것이 가능하다면 주주에 대한 배당청구권을 간접적으로 제한할 수 있다는 문제가 발생하게 된다.

따라서 비록 주주총회에서 자본금의 2분의 1을 초과하는 적립을 결의하였다 하더라도 그 초과액은 법정준비금인 이익준비금으로서 인정할 수 없다는 것이 다수설이므로 그 초과분의 성격은 주주총회의 결의를 얻은 손실보전 등의 목적을 가진 임의적립금으로 처리되어야 한다.

3) 이익배당(주식배당 제외)이 없을 경우 이익준비금의 계상

상법상 매 결산기 이익준비금 적립액의 최소한도는 이익배당액(주식배당 제외)의 1/10 이상으로 규정하고 있어 이익배당(주식배당 제외)이 없을 경우에는 이익준비금을 설정할 수 있는지의 문제가 있다. 이에 대하여 현행 규정은 이익배당(주식배당 제외)이 있을 때에만 이익준비금을 적립할 수 있다는 취지로 규정한 것이 아니며, 다만 적립할 이익준비금의 최저한도를 정한 성격이므로 처분가능이익이 있는 한 이익준비금의 적립은 이익배당(주식배당 제외)이 없다 하더라도 가능하다.

4) 이익준비금의 처분

이익준비금은 제도의 취지상 그 처분에 제한을 받게 되며 상법상 그 처분이 인정되는 것은 자본금의 결손을 전보하는 경우로서(상법 460조) 결손보전 및 자본전입의 경우를 포함한다.

다만, 상법 제461조의 2에 따르면 회사에 적립된 자본준비금 및 이익준비금의 총액이 자본금의 1.5배를 초과하는 경우에는 주주총회의 결의에 따라 그 초과한 금액 범위에서 자본준비금과 이익준비금을 감액할 수 있도록 하고 있는 바, 결손보전이나 자본전입 외의 용도로 사용하는 것을 제한적으로 허용하고 있다.

여기에서 말하는 자본금의 결손이란 기업의 순자산액이 자본금과 법정준비금의 합계액보다 적은 상태를 말한다. 따라서 재무상태표상 결손금이 발생하고 있다 하더라도 법정준비금 이외의 잉여금이 있어 그 금액이 결손금보다 많은 때에는 자본금의 결손에 해당하지 아니한다.

5) 결산시 유의할 사항

이익준비금의 계상이나 처분에 관련한 회계처리는 모두 이사회 또는 주주총회의 결의시점 등 기중에 이루어지게 되므로 보통 결산시에 별도의 결산정리분개 등을 행할 필요는 없다. 다만, 실무상 결산시점에서 이익잉여금처분계산서 또는 결손금처리계산서를 작성하게 되므로 이와 관련한 다음 사항을 검토할 필요가 있다.

① 이익준비금의 적립

상법상 적법한 범위 내에서 제대로 설정되었는지를 검토하고 법정한도액을 초과하는 준비금에 대하여는 임의적립금 등으로 대체한다.

② 결손보전의 적법성

결손보전에 충당할 여타 이익잉여금이 있는가를 살피고, 그 잔액이 없을 경우에만 이익준비금으로써 결손보전에 처분한다.

6) 공시사항

법령 등에 따라 이익배당이 제한되어 있다는 사실 및 당해 회계연도 개시일 전 2년 내에 결손보전을 한 경우에는 결손보전에 충당된 이익잉여금의 명칭, 금액, 결손보전을 승인한 주주총회일을 주석으로 기재한다(일반기준 2장 문단 2.40, 부록 실2.20).

(3) 세무회계상 유의할 사항

세무상 이익준비금의 적립이나 처분사항은 모두 법인의 익금 · 손금에 산입할 항목은 아니므로 일반기업회계기준상 적정히 회계처리된 이익준비금에 대하여 별도의 세무조정을 하여야 할 사항은 없다. 한편 장부상 이익준비금으로 보전된 이월결손금은 세무상 각 사업연도 소득금액에서 공제된 것으로 보지 않는다.

2. 기업발전적립금

적정유보초과소득에 대한 법인세 과세제도는 이익잉여금의 사내유보를 통한 재무구조개선 유도 및 법인세 과세체계의 간소화를 도모하기 위하여 2001. 12. 31. 법인세법 개정시 삭제되었으며, 동 개정규정은 2002. 1. 1. 이후 최초로 개시하는 사업연도분부터 적용된다.

따라서 기업발전적립금을 추가적으로 적립할 필요는 없게 되었으나 부칙에서 종전 규정에 의하여 적립한 기업발전적립금의 처분과 용도 외의 처분에 따른 법인세의 납부 등에 관하여는 종전 규정을 따르도록 규정하고 있으므로 계속하여 법정적립금으로 분류하여야 한다(금감원 2007-024).

종전 규정에 따르면 기업발전적립금은 이월결손금의 보전 또는 자본에의 전입을 제외하고는 이를 계속하여 적립하여야 하며, 용도 외 처분시에는 당해 처분금액에 100분의 18을 곱하여 산출한 금액을 처분일이 속하는 사업연도의 법인세에 가산하여 납부하도록 하고 있다(구법법 56조 3항, 4항).

제2절 임의적립금

1. 임의적립금

(1) 개념 및 범위

임의적립금은 법정적립금과 같이 법령에 의하여 강제적으로 적립되는 것이 아니라 정관이나 주주총회의 결의에 의하여 이익잉여금 중 사내에 유보된 적립금을 의미한다.

예를 들어 기업이 주주총회에서 감채목적을 위하여 이익잉여금을 배당 등으로 사외유출을 하지 않고 사내에 적립하기로 결의를 하였다면,

(차) 미처분이익잉여금 ××× (대) 임 의 적 립 금 ×××

의 분개를 하여 회계처리를 하게 된다.

(2) 임의적립금의 종류

임의적립금의 적립은 기업이 임의대로 할 수 있으므로 그 사용목적에 따라 다양한 계정과목으로 세분할 수 있다. 그 예로는 사업확장적립금, 감채적립금 및 세법상 적립하여 일정기간이 경과한 후 환입될 준비금 등이 있다.

임의적립금은 기업이 임의대로 설정하는 것이 일반적이므로 설정목적 이외의 목적으로 전용도 내부 의사결정에 따라 수시로 변경가능하다. 그러나, 세법상 준비금의 손금인정을 위하여 적립한 준비금, 사채권자의 요구에 의하여 적립한 감채적립금 등 그 사용에 제한을 받는 임의적립금도 있다.

재무상태표에는 임의적립금의 개별항목을 별도로 표시하지 아니하고 통합하여 임의적립

금으로 표시하며, 그 세부 내용과 법령 등에 따라 이익배당이 제한되어 있는 임의적립금의 내용 및 당해 회계연도 개시일 전 2년 내에 결손보전을 한 경우에는 결손보전에 충당된 임의적립금의 명칭, 금액, 결손보전을 승인한 주주총회일을 주석으로 기재하여야 한다(일반기준 2장 문단 2.40, 부록 실2.20(8)).

(3) 적극적 적립금과 소극적 적립금

임의적립금은 그 성질에 따라 적극적 적립금과 소극적 적립금으로 나눌 수 있다. 사업확장적립금, 감채적립금 등은 그 목적이 달성되어도 그대로 남아 있으므로 적극적 적립금이라 하고, 그 목적이 달성되면 소멸되어 없어지는 적립금은 소극적 적립금이라 한다.

예를 들어 사업확장적립금의 경우 그 목적인 지점건물의 신축이 이루어졌을 때에 회계처리를 보면 (차) 건물 ××× (대) 현금 및 현금성자산 ×××의 분개가 이루어져 사업확장적립금의 설정목적이 달성되더라도 사업확장적립금계정의 금액은 그대로 남는다.

그러나 사업확장적립금의 목적은 달성되었으므로

(차) 사 업 확 장 적 립 금	×××	(대) 별 도 적 립 금	×××

의 분개에 의하여 사업확장적립금을 별도적립금으로 대체하게 된다. 따라서 사업확장적립금은 적극적 적립금에 해당되는 것이다.

2. 사업확장적립금

(1) 개념 및 범위

사업확장적립금은 기업이 장래에 건물이나 설비의 신설 및 확장, 운전자본의 증가 등 사업확장에 소요될 재원마련을 목표로 하여 이익의 일부를 사내에 유보하는 임의적립금을 말한다.

즉, 기업이 기존사업을 확장하거나 신규사업을 개시함에 있어서 필요한 사업용 운전자본을 조달하거나 유형자산을 취득하는 경우에는 대개 임시 거액의 자금을 필요로 하므로 이러한 자금을 일시에 조달하기가 용이하지 않을 뿐 아니라, 심지어 자금의 압박을 받게 될 가능성이 크다. 따라서 매기의 순이익에서 미리 일정액을 적립하여 사내에 유보함으로써 이러한 자금의 지출에 대비할 필요에 따라 설정하는 사업확장적립금은 그 설정목적에 따라 다시 신축적립금, 공장개축적립금, 설비확장적립금과 같이 더욱 세분될 수도 있다.

사업확장적립금 등 임의적립금은 본래 이에 대한 상대계정으로 특정자산을 사내에 유보하고 있는 것이 아니므로 적립금지출 목적의 담보를 위하여는 적립금을 설정하는 동시에 이에 대응하는 자금을 특정예금 또는 기금 등의 특정자산 형태로서 설정할 필요가 있다.

원래 적립금에 대하여 적립자금을 설정할 것인가의 여부는 기업의 경영정책상의 문제이지만, 사업확장적립금과 같이 특정시기에 거액의 현금지출을 필요로 하는 적립금에 있어서는 그 필요성이 크다고 할 수 있다.

그리고 건물, 설비 등을 실제로 확장한 경우에는 이 적립금에 대응하는 기업자금이 사외로 유출되는 대신 동액의 건물이나 설비 등의 자산이 취득되기 때문에, 사업확장적립금은 그 목적을 달성한 후에도 소멸하는 것이 아니며 그 목적달성 후에는 별도적립금으로 대체하는 것이 보통이다.

(2) 기업회계상 회계처리

1) 사업확장적립금의 계상

사업확장적립금은 임의적립금이므로 전적으로 기업의 필요에 의하여 설정하는 적립금이다.

주주총회에서 이익처분안의 확정에 의해 사업확장적립금을 적립하기로 결의하면 동 시점에서 결의내용에 따라 회계처리하면 된다.

사례 1 (주)삼일은 주주총회에서 미처분이익잉여금 ₩250,000,000을 다음과 같이 처분하기로 하였다.

- 주주배당금 ₩55,000,000
- 사업확장적립금 ₩25,000,000
- 이익준비금 ₩30,000,000
- 별 도 적 립 금 ₩50,000,000

(차)			(대)		
(차)	미처분이익잉여금	250,000,000	(대)	이 익 준 비 금	30,000,000
				미 지 급 배 당 금	55,000,000
				사 업 확 장 적 립 금	25,000,000
				별 도 적 립 금	50,000,000
				이월미처분이익잉여금	90,000,000

2) 사업확장적립금의 사용

사업확장적립금을 계상하고 있는 기업이 실제로 사업확장 등에 자금을 지출한 때에는 당해 적립금을 별도적립금계정으로 대체하는 것이 보통이다.

사례 2 [사례 1]에서 (주)삼일은 사업확장용 신축건물(총공사비 ₩150,000,000)이 완성되어 공사비잔액 ₩30,000,000을 지급하였다.

(차)			(대)		
(차)	건 물	150,000,000	(대)	건 설 중 인 자 산	120,000,000
				현금 및 현금성자산	30,000,000

(주)삼일은 사업확장적립금 ₩100,000,000의 사용목적이 완료되어 이를 별도적립금으로 대체하기로 하였다.

(차) 사업확장적립금	100,000,000	(대) 미처분이익잉여금	100,000,000
(차) 미처분이익잉여금	100,000,000	(대) 별 도 적 립 금	100,000,000

그러나 사업확장적립금을 사업확장 이외의 목적으로 사용하는 것이 법령상 제한되는 것은 아니므로 기업의 결손금이 발생한 경우에는 결손금보전에 우선 충당되어야 하며 주식배당의 재원으로 자본에 전입될 수도 있다. 이 때의 회계처리는 다음과 같다.

(차) 사업확장적립금	×××	(대) 미처분이익잉여금	×××
(차) 미처분이익잉여금	×××	(대) 자본금 또는 미처리결손금	×××

3. 감채적립금

(1) 개념 및 범위

감채적립금은 사채상환적립금이라고도 하며, 사채 등 금액이 매우 큰 비유동부채의 상환자금을 마련하기 위하여 기채 기간 동안 기업 이익의 일부를 유보하는 임의적립금을 말한다.

감채적립금을 적립하는 재무적 효과는 기업의 이익이 배당 등에 의하여 사외로 유출되는 것을 막음으로써, 이익의 일부를 부채의 상환자금으로 기업 내에 유보시켜 장차 부채의 상환기간에 사채상환으로 인한 자금의 부담 내지 충격을 경감할 수 있다는 데에 있다. 특히 사채의 경우에는 사채발행시에 사채권자와의 계약에 의하여 감채적립금의 적립이 약정되는 경우가 있으며, 이 경우에는 사전에 사채권자의 동의를 얻지 않으면 이미 적립되어 있는 감채적립금을 임의로 처분할 수 없다.

한편 감채적립금은 부채를 상환하여 그 목적을 달성한 후에도 기업의 자기자본(순자산)에는 아무런 영향을 미치지 않고 그대로 이익의 유보로서 기업의 장부상에 남게 되므로, 그 목적을 달성한 다음에는 별도적립금으로 대체하는 것이 보통이다.

또한 감채적립금은 그 적립금에 상당하는 자산을 구체적인 자산형태로 보유하고 있는 것은 아니므로 기업은 이와는 별도로 감채기금을 적립할 수도 있는데, 감채적립금의 적립만으로는 부채의 상환자금을 확보하였다고 볼 수 없으므로 감채적립금을 적립하면서 동시에 감채기금을 설정하는 방법이 부채상환자금을 확보하기 위한 적극적인 방법이라 할 수 있다.

(2) 기업회계상 회계처리

1) 감채적립금의 설정

부채의 상환자금을 기업내부에 축적시키는 방법으로는 감채기금만 설정하는 방법, 감채적립금만을 설정하는 방법, 감채기금과 감채적립금을 함께 설정하는 방법이 있다.

① 감채적립금만 설정하는 방법

이 방법은 주주총회의 이익처분결의에 의하여 순이익의 일부를 사내에 유보함으로써 적립금을 설정하는 방법으로 다음과 같은 회계처리가 이루어진다.

(차) 미처분이익잉여금	×××	(대) 감 채 적 립 금	×××

② 감채기금과 감채적립금을 동시에 설정하는 방법

이 방법은 순이익의 일부를 감채적립금으로서 사내에 유보하는 동시에 그와 동액의 자산을 운영자금과 구분하여 특정자금으로 설정하는 방법으로 특정자금으로 설정된 감채기금은 오직 감채목적에만 사용할 수 있도록 사용을 제한한다. 이 때의 회계처리는 다음과 같다.

(차) 미처분이익잉여금	×××	(대) 감 채 적 립 금	×××
감 채 기 금	×××	현금 및 현금성자산	×××

2) 감채적립금의 사용

감채적립금의 사용목적이 되는 사채 등의 상환이 이루어지는 경우에도 감채적립금 자체가 감소하는 것은 아니므로 별도적립금과 같은 소극적 적립금으로 대체되는 것이 보통이다.

감채적립금은 본래의 사용목적을 달성한 때에 처분하는 것이 원칙이지만, 다른 임의적립금과 마찬가지로 자본에의 전입이나 이월미처리결손금의 보전을 위해서도 처분이 가능하다.

그러나 사채권자와의 사전약정에 의하여 감채적립금을 적립한 경우에는 주주총회의 처분결의에 앞서 사채권자의 동의를 얻지 않으면 이를 자본전입이나 결손보전에 충당할 수 없다.

사례 (주)삼일은 주주총회의 결의를 통하여 처분가능이익 중 ₩15,000,000을 감채적립금으로 적립하는 동시에 동액을 감채기금으로 계상하였다.

(차) 미처분이익잉여금	15,000,000	(대) 감 채 적 립 금	15,000,000
(차) 감 채 기 금	15,000,000	(대) 현금 및 현금성자산	15,000,000

기업은 만기가 도래된 사채액면가액 ₩10,000,000을 감채기금으로 상환하였다.

(차) 사 채	10,000,000	(대) 감 채 기 금	10,000,000
(차) 감 채 적 립 금	10,000,000	(대) 별 도 적 립 금	10,000,000

위 분개 중 감채적립금을 별도적립금으로 대체하는 절차는 사실상 주주총회에서 미처분 이익잉여금으로의 이입이나 처분을 통하여 확정될 것이다.

4. 조세특례제한법상 제준비금

(1) 개념 및 범위

조세특례제한법은 조세정책의 효율적 수행을 통한 국민경제 발전을 위하여 각종 조세지원제도를 규정하고 있는 바, 준비금도 이러한 제도의 일환으로 시행되고 있다. 준비금은 본래 법률상의 용어로써 일반기업회계기준에서는 이를 임의적립금으로 분류하여야 한다.

① 준비금의 종류

현행 조세특례제한법에서 규정되어 있는 준비금으로는 상호저축은행중앙회의 손실보전준비금, 자본확충목적회사의 손실보전준비금 및 신용회복목적회사의 손실보전준비금이 있다. 조세특례제한법 개정시 삭제되었으나, 이미 손금에 산입한 준비금은 종전 조세특례제한법에 따라 사후관리를 하여야 한다.

구체적인 준비금의 종류는 후술하기로 한다.

② 결산조정 및 신고조정

조세특례제한법상 준비금제도는 본래 세무회계의 특유한 제도로서 일반기업회계기준에서는 기업의 수익 또는 비용항목으로 전혀 인정되지 않는다. 이러한 양자의 차이점을 조정하기 위한 방안이 이익잉여금처분으로 적립되는 준비금이다.

즉, 결산조정사항 중 조세특례제한법에서 규정하는 제준비금을 법인의 장부에 비용으로 계상하는 것이 일반기업회계기준에 위배되어 기업의 재무제표가 경영성과와 재무상태를 왜곡표시하게 되므로, 모든 법인에 대하여 조세특례제한법상의 제준비금의 설정 및 환입을 신고조정에 의하여도 가능하도록 하였다. 그러나 이 때에도 반드시 손금에 산입한 것으로 하는 준비금에 상당하는 금액을 당해 사업연도의 이익처분에 있어서 적립금 등으로 적립하도록 하고 있다. 이는 조세특례제한법상 준비금제도는 과세이연을 위한 조세정책이므로, 정책적 목적 하에 손금산입한 금액만큼이 추후 익금산입될 때까지 배당 등을 통하여 사외에 유출되지 않도록 하기 위하여 해당 준비금의 적립금으로 계상하도록 하고 있는 것이다.

(2) 기업회계상 회계처리

① 준비금의 설정

조세특례제한법상의 각종 준비금의 설정이나 환입에 관한 회계처리는 조세특례제한법에서 규정하는 결산조정과 법인세법의 규정에 의한 잉여금처분에 의한 신고조정으로 구분된다.

조세특례제한법에 의하는 경우에는 준비금의 설정은 반드시 기업의 비용 및 부채항목으로 계상하는 결산조정에 따라야 하며, 회계처리는 다음과 같다.

(차) ○○준비금전입액 ××× (대) ○ ○ 준 비 금 ×××
(영 업 외 비 용) (비 유 동 부 채)

이 방법은 회계처리가 간단하고 사후관리가 쉽다는 장점이 있으나, 이는 일반기업회계기준에 위배되는 사항으로 금액의 중요성에 따라 감사의견의 제한사유가 된다.

법인세법의 규정에 의하여 신고조정하는 경우 결산시점에는 별도의 회계처리가 필요하지 않으며, 다만 이익잉여금처분계산서의 이익잉여금처분액란에 ○○준비금의 과목으로 하여 표시하여야 한다. 그리고 주주총회의 이익처분안 결의시점에 다음과 같이 회계처리하게 된다.

(차) 미처분이익잉여금 ××× (대) ○ ○ 준 비 금 ×××
(임 의 적 립 금)

사례 1 (주)삼일은 당기 중 조세특례제한법에 의한 준비금 ₩15,000,000을 설정하고 결산조정하였다.

(차) ○ ○ 준비금전입액 15,000,000 (대) ○ ○ 준 비 금 15,000,000

사례 2 [사례 1]에서 신고조정할 경우 회계처리는 다음과 같다.

(차) 미처분이익잉여금 15,000,000 (대) ○ ○ 준 비 금 15,000,000

• 세무조정시에는 ₩15,000,000을 신고조정으로 손금에 산입하여야 함.

② 준비금의 상계 및 환입

준비금을 그 설정목적에 사용한 때에는 일정 기간 경과 후 분할환입 또는 일시환입하거나 또는 당해 준비금을 직접 상계하는 회계처리가 필요하게 되며, 이는 역시 결산조정에 의하는 방법과 신고조정에 의한 방법으로 나누어진다.

가. 결산조정에 의한 방법

준비금의 설정목적에 따라 지출한 비용을 준비금과 직접 상계하거나 준비금환입액으로 기업의 수익으로 계상한다.

사례 3 (주)삼일은 재무상태표상 준비금 ₩18,000,000이 계상되어 있으며 준비금 중 당기에 환입할 금액 ₩9,000,000이 있다.

• 결산시

(차) ○ ○ 준 비 금 9,000,000 (대) ○ ○ 준비금환입액 9,000,000
(영 업 외 수 익)

• 주주총회 결의시
별도 분개 없음.

나. 신고조정에 의한 방법

신고조정에 의하여 처리한 경우에는 이러한 준비금의 상계 및 환입을 직접 기업의 비용과 상계하거나 수익으로 계상할 수는 없으며 모두 잉여금처분항목으로 처리하여야 한다.

이 경우 실제적으로 준비금을 손금에 산입할 때에는 반드시 당해 준비금을 임의적립금으로 적립하여야 하지만, 준비금을 익금에 산입할 때에는 반드시 그 적립금을 처분해야 하는 것은 아니다.

세법상 준비금을 익금에 산입할 때 당해 준비금을 처분하도록 규정한 것은 단지 세법상 강제로 적립하도록 한 준비금을 처분하여 처분가능이익잉여금을 증가시켜 이를 자유로이 처분할 수 있도록 한 것에 불과하다.

따라서 법인이 세무조정계산서상에만 익금산입하고 준비금을 환입하지 않은 경우에는 해당 준비금상당액을 임의적립금으로 인정할 뿐 세무상 불이익을 받지 않는다.

조세특례제한법상 준비금을 환입하는 경우에는 임의적립금의 이입에 의한 미처분이익잉여금의 증가를 다음과 같이 회계처리한다.

(차) ○ ○ 준 비 금 ××× (대) 미처분이익잉여금 ×××
(임의적립금이입액)

사례 4 [사례 3]에서 (주)삼일이 신고조정에 의한 경우 회계처리는 다음과 같다.

• 결산시에는 이익잉여금처분계산서에만 표시하고 별도의 회계처리는 필요 없음.
• 주주총회 결의시

(차) ○ ○ 준 비 금 9,000,000 (대) 미처분이익잉여금 9,000,000
(임의적립금이입액)

• 세무조정시에는 ₩9,000,000을 신고조정으로 익금에 산입하여야 함.

③ 결산시 유의사항

신고조정에 따를 경우 준비금의 설정 및 환입에 따른 회계처리는 정기주주총회의 이익처분안 결의시에 이루어지며, 따라서 결산시에는 별도의 회계처리가 필요하지 않다. 다만, 정기주주총회에 제출되는 이익처분안에는 세법의 규정에 따른 적법한 설정금액 및 환입금액을 계상하여 반영해야 할 것이므로 이익잉여금처분계산서 작성시 이 점을 유의하여야 한다.

④ 이익잉여금처분계산서상 표시

과 목	금 액	
Ⅰ. 미 처 분 이 익 잉 여 금		×××
1. 전 기 이 월 미 처 분 이 익 잉 여 금	×××	
2. 당 기 순 이 익	×××	
Ⅱ. 임 의 적 립 금 이 입 액		×××
1. ○ ○ 준 비 금(환입액)	×××	
합 계		×××
Ⅲ. 이 익 잉 여 금 처 분 액		
1. 이 익 준 비 금	×××	
2. 사 업 확 장 적 립 금	×××	
3. 배 당 금	×××	
4. ○ ○ 준 비 금(설정액)	×××	
Ⅳ. 차 기 이 월 미 처 분 이 익 잉 여 금		×××

(3) 세무회계상 유의할 사항

① 세무조정

기업이 준비금의 설정 및 환입을 결산조정에 따를 경우 세무회계상 별도의 세무조정을 행할 필요는 없다.

그러나 신고조정의 방법으로 준비금을 이익잉여금처분항목으로 계상한 경우에는 법인세 세무조정시 이를 각각 손금 또는 익금에 산입하는 조정절차를 거쳐야 한다. 즉, 준비금을 일반기업회계기준상 잉여금처분항목으로 설정한 경우 동 금액을 세무상 손금산입하고 추후 준비금환입기간에 따라 다시 익금산입하게 된다.

② 준비금미달설정 및 초과환입의 경우

법인세법 기본통칙 61-98…1에서는 신고조정에 따라 손금에 산입한 준비금이 다음 각 경우에 해당하는 때에는 적립하여야 할 금액에 미달하게 적립한 적립금 또는 처분하여야 할 금액을 초과하여 처분한 적립금에 상당하는 준비금을 해당 준비금을 손금계상한 사업연도에 손금불산입하도록 규정하고 있다. 이 경우 적립금에는 일반기업회계기준에 따라 당해 사업연도에 세무조정계산서에 손금으로 산입한 준비금으로 인한 법인세 효과를 비유동부채인 이연법인세부채로 계상한 금액을 포함한다.

가. 당해 준비금을 손금계상한 사업연도의 이익처분에 있어서 당해 준비금에 상당하는 적립금을 적립하지 아니하거나 일부만을 적립하는 경우. 다만, 당해 사업연도의 처분가능이익이 없거나 부족한 경우에는 처분가능이익을 한도로 적립할 수 있으며, 그 부족액은 다음 사업연도 이후에 추가 적립하여야 한다.

나. 당해 준비금을 익금에 산입하는 사업연도의 이익처분에 있어서 익금산입에 상당하는 적립금을 초과하여 처분하는 경우

③ 처분가능이익이 없는 경우

일반법인이 준비금을 신고조정으로 손금에 산입하고자 하였으나 당기에 처분가능이익이 없어 준비금상당액을 잉여금처분에 따른 적립금으로 계상할 수 없는 경우, 차기 이후에 처분가능이익이 발생한 때 우선적으로 동 준비금을 이익잉여금의 처분에 의하여 적립하는 것을 조건으로 하여 당해 준비금을 세무조정계산서상 신고조정에 의하여 손금에 산입할 수 있다.

따라서 그 후 사업연도에 있어서 처분가능이익이 발생하는 경우에는 이미 세무조정계산서상 신고조정에 의하여 손금에 산입한 준비금을 적립하여야 하며, 만일 준비금 미설정액이 누적되어 있는 경우에는 먼저 신고조정에 의하여 손금에 산입한 준비금부터 순차적으로 적립하여야 한다.

만약 이후 사업연도에 처분가능이익이 발생하였음에도 불구하고, 임의적립금 등 다른 적립금을 적립하거나 배당 등의 사유로 이전 사업연도에 미달 적립된 금액을 적립하지 않을 경우에는 동 미달 적립액을 손금불산입한다.

④ 결산조정에 의하다가 신고조정으로 변경하는 경우

세법상 준비금을 결산조정의 방법으로 회계처리하는 경우에는 일반기업회계기준에 위배된다. 따라서 일반기업회계기준에 따라 적정하게 회계처리하기 위하여 결산조정의 방법으로 회계처리하다가 잉여금처분에 의한 신고조정의 방법으로 변경하기 위해서는 우선 현재 장부상 부채로 계상하고 있는 준비금을 임의적립금으로 대체하는 회계처리가 필요하다. 이러한 회계처리는 일반기업회계기준상 오류수정에 해당한다.

한편 일반기업회계기준 제5장 문단 5.19에서는 당기에 발견한 전기 또는 그 이전기간의 오류는 당기손익계산서에 영업외손익 중 전기오류수정손익으로 보고해야 하며, 다만 전기 또는 그 이전기간에 발생한 중대한 오류의 수정은 자산, 부채 및 자본의 기초금액에 반영하고 관련 계정잔액을 수정하여야 하며 비교재무제표를 작성하는 경우에는 중대한 오류의 영향을 받는 회계기간의 재무제표항목은 재작성하도록 규정하고 있다. 여기서 중대한 오류

라 함은 재무제표의 신뢰성을 심각하게 손상할 수 있는 매우 중요한 오류를 말한다.

따라서 결산조정에 의하다가 신고조정으로 변경하는 경우에는 그 중요성에 따라 당기의 영업외수익 중 전기오류수정이익으로 회계처리하거나 또는 전기이월미처분이익잉여금의 증가로 회계처리해야 하며, 잉여금처분시에는 동일금액을 준비금으로 적립해야 한다. 한편 당기의 영업외수익으로 회계처리한 경우에는 세무조정시 준비금으로 적립한 금액에 대하여 손금산입 △유보처분하면 될 것이나, 전기이월미처분이익잉여금의 증가로 회계처리한 경우에는 익금산입 기타처분과 함께 손금산입 △유보처분을 해야 한다.

⑤ 조세특례제한법상 준비금 요약(예시)

준비금 · 충당금종류	손금산입대상	손금산입범위
(가) 상호저축은행중앙회의 손실보전준비금(조특법 48조)	상호저축은행중앙회	해당 사업연도의 구조개선적립금에서 발생한 이익 금액(2013. 6. 30.이 속하는 사업연도까지 손금산입 가능)
(나) 자본확충목적회사의 손실보전준비금(조특법 104조의 3)	자본확충목적회사	다음 중 적은 금액(2021. 12. 31. 이전에 끝나는 사업연도까지 손금산입 가능) ① 손실보전준비금 손금산입 전의 소득금액 × 100% ② 해당 사업연도 종료일 현재 신종자본증권 잔액 × 10% − 손실보전준비금 잔액
(다) 신용회복목적회사의 손실보전준비금(조특법 104조의 12)	신용회복목적회사	손실보전에 필요한 비용(2026. 12. 31. 이전에 끝나는 사업연도까지 손금산입 가능)

제3절 미처분이익잉여금(미처리결손금)

1. 개념 및 범위

미처분이익잉여금은 전기이월미처분이익잉여금(또는 전기이월미처리결손금)에 회계정책의 변경으로 인한 누적효과(비교재무제표의 최초회계기간 직전까지의 누적효과), 중대한 전기오류수정손익(비교재무제표의 최초회계기간 직전까지의 누적효과), 중간배당액 및 당기순이익(또는 당기순손실)을 가감하여 산출하며, 미처리결손금은 전기이월미처리결손금(또는 전기이월미처분이익잉여금)에 회계정책의 변경으로 인한 누적효과(비교재무제표의 최초회계기간 직전까지의 누적효과), 중대한 전기오류수정손익(비교재무제표의 최초회계기간 직전까지의 누적효과), 중간배당액 및 당기순이익(또는 당기순손실)을 가감하여 산출한다(일반기준 2장 부록 실2.14, 실2.17).

미처분이익잉여금계정은 결산시에 이월미처분이익잉여금계정과 손익계정의 기말잔액을 대체하기 위하여 설정되고, 주주총회의 결의에 의하여 처분이 확정되면 다시 각각의 처분필 이익잉여금계정으로 대체되므로 결산일과 주주총회일까지의 기간 동안에만 존재하는 계정이다.

미처분이익잉여금은 그 원천에 따라 전기 이전의 경영성과를 반영하는 이월미처분이익잉여금과 당기의 영업성과로부터 발생한 당기순이익으로 구별되는데 이는 당기의 주주총회에서 처분의 대상이 되는 것이다.

그리고 당기의 주주총회의 이익처분에도 남은 부분은 다시 이월미처분이익잉여금계정으로서 차기 이후의 미처분이익잉여금의 구성항목이 되고 이익처분액보다 미처분이익잉여금이 부족할 경우에는 전기 이전의 임의적립금 등 처분액을 이입하여 처리하게 된다.

2. 기업회계상 회계처리

미처분이익잉여금계정 또는 미처리결손금계정에 관련한 거래분개는 ① 이월미처분이익잉여금계정 또는 이월미처리결손금계정으로부터의 대체, ② 집합손익계정으로부터의 대체, ③ 주주총회의 처분결의에 따른 처분필 이익잉여금계정 또는 이월미처리결손금계정으로의 대체 등에 관한 사항으로 요약된다.

(1) 전기이월미처분이익잉여금(또는 전기이월미처리결손금)의 대체

• 전기이월미처분이익잉여금을 미처분이익잉여금으로 대체하는 분개는 다음과 같다.

(차) 전기이월미처분이익잉여금 ××× (대) 미처분이익잉여금 ×××

• 전기이월미처리결손금을 미처리결손금으로 대체하는 분개는 다음과 같다.

(차) 미처리결손금 ××× (대) 전기이월미처리결손금 ×××

(2) 당기순이익(또는 당기순손실)의 대체

당기결산시에 수익·비용계정을 마감하기 위하여 집합손익계정을 설정하여 손익계정의 잔액을 모두 대체하게 되면 당기순손익을 계산하게 된다. 이 때 계산된 당기순이익은 집합손익계정으로부터 미처분이익잉여금계정으로 다음과 같이 대체된다.

(차) 손 익 ××× (대) 미처분이익잉여금 ×××

한편 미처리결손금의 경우에도 미처분이익잉여금의 경우와 마찬가지로 집합손익계정으로부터 당기순손실 또는 당기순이익을 미처리결손금계정으로 대체하기 위한 회계처리를 하여야 한다.

(차) 미처리결손금 ××× (대) 손 익 ×××

(3) 임의적립금 등의 이입 및 미처리결손금의 보전

미처분이익잉여금을 계상하는 회계처리는 전적으로 기말정리사항 중 최종 단계에 속하는 항목이다. 그러나 주주총회의 결의에 따라 임의적립금을 미처분이익잉여금계정에 이입하는 경우에는 회계기간 중에도 미처분이익잉여금을 계상하게 되며 그 처분에 따른 회계처리 역시 주주총회의 결의에 따라 회계기간 중에 이루어진다.

따라서 임의적립금 등의 이입분개나 미처분이익잉여금의 처분분개는 사실상 이익처분결의일에 동시에 이루어지게 되며, 회계처리는 다음과 같다.

• 임의적립금 등의 이입

(차) 별도적립금 ××× (대) 미처분이익잉여금 ×××

• 미처분이익잉여금의 처분

(차) 미처분이익잉여금	×××	(대) 이익준비금	×××
		미지급배당금	×××
		감채적립금	×××

		별 도 적 립 금	×××
		이월미처분이익잉여금	×××

또한, 임의적립금 등의 이입 및 미처리결손금의 보전시에는 다음과 같이 회계처리한다.

(차) 임 의 적 립 금	×××	(대) 미 처 리 결 손 금	×××
이 익 준 비 금	×××		
차기이월미처리결손금	×××		

사례 (주)삼일은 당기 결산 결과 ₩270,000,000의 당기순손실이 발생하였다. 단, 기업은 전기로부터 이월되어 온 이월미처분이익잉여금 ₩85,000,000이 있다.

(차) 미 처 리 결 손 금	270,000,000	(대) 손 익	270,000,000
(차) 전기이월미처분이익잉여금	85,000,000	(대) 미 처 리 결 손 금	85,000,000

• 기업은 주주총회에서 결손금을 다음과 같이 보전하기로 결의하였다.

이익준비금	₩65,000,000
별도적립금	₩35,000,000
자본잉여금	₩50,000,000

(차) 별 도 적 립 금	35,000,000	(대) 미 처 리 결 손 금	185,000,000
이 익 준 비 금	65,000,000		
자 본 잉 여 금	50,000,000		
차기이월미처리결손금	35,000,000		

(4) 공시사항

당해 회계연도 개시일 전 2년 내에 결손보전을 한 경우에는 결손보전에 충당된 이익잉여금의 명칭과 금액 및 결손보전을 승인한 주주총회일을 보충적 주석으로 기재한다(일반기준 2장 부록 실2.20).

3. 세무회계상 유의할 사항

미처분이익잉여금은 이미 법인세가 과세된 유보소득이므로 미처분이익잉여금의 계상 및 처분에 관한 별도의 세무조정은 필요로 하지 아니한다. 다만, 이익잉여금처분시 세무상으로 그 적립을 강제하는 조세특례제한법상의 각종 준비금(신고조정의 경우)을 적립하지 아니한 경우 조세혜택을 부인당하게 되므로 이를 유의하여야 한다.

또한 법인이 손금으로 계상할 수 있는 조세공과금 등을 이익잉여금과 상계처리한 경우에는 기업회계에서 이를 비용계상하지 않았다 하더라도 신고조정시에 이를 손금에 산입할 수 있다(법기통 19－19…30).

한편 법인세법은 사업연도 독립의 원칙에 따라 전기 이전의 사업연도로부터 이월된 손・익금은 당해 연도의 손・익금에 산입할 수 없음을 전제로 하고 있으나, 과거연도에 결손금이 있는 법인의 경우 계속 기업으로서 재정수입의 세원을 확보하는 측면에서 일정 기간 내에 발생한 결손금은 그 후 사업연도의 과세표준에서 공제하여 통산하는 제도를 두고 있다. 즉, 당해 사업연도 개시일 전 15년(2019. 12. 31. 이전에 개시한 사업연도에 발생한 결손금은 10년, 2008. 12. 31. 이전에 개시한 사업연도에 발생한 결손금은 5년) 이내에 개시한 사업연도에서 발생한 결손금으로서, 그 후 사업연도의 소득금액 또는 과세표준계산상 공제되지 아니한 금액은 각 사업연도의 소득에 대한 법인세 과세표준계산시 공제한다. 다만, 중소기업과 회생계획을 이행 중인 기업 등 일정한 법인(법령 10조 1항)이 아닌 내국법인의 경우에는 각 사업연도 소득의 80% 범위에서 공제한다.

여기에서의 이월결손금이란 재무상태표에 계상된 이월결손금과는 그 의미가 다르다. 즉 일반기업회계기준상의 결손금과 세무상의 결손금은 그 개념이 다를 뿐만 아니라, 일반기업회계기준상의 결손금은 주주총회의 결의에 따라 자본잉여금 등으로 보전되어 대차대조표에 계상되어 있지 않을 수도 있으나, 세법상의 결손금은 이와 같은 보전에 불구하고 그 후 사업연도의 과세표준계산상 공제하거나 손금에 산입되지 않으면 계속 존속하게 된다.

한편, 중소기업은 각 사업연도에 발생한 결손금을 이월공제하는 방법 외에도 해당 결손금을 직전 사업연도의 과세표준에서 소급공제함으로써 직전 사업연도의 법인세액을 환급받을 수 있다(법법 72조 1항).

① 결손금의 이월공제대상법인

결손금의 이월공제는 특별히 자격이나 요건을 갖추지 아니하더라도 당연히 인정되며, 법인이 법인세 과세표준의 신고를 하지 아니하여 정부가 실지조사・결정하는 경우에도 공제가능하다. 그러나 조세특례제한법의 규정에 의하여 결산재무제표상의 당기순이익을 과세표준으로 하는 조합법인 등은 이월결손금을 공제할 수 없다.

또한 소득금액을 추계결정 또는 추계경정하는 경우에는 결손금의 이월공제가 허용되지 않는다. 그러나 그 후의 사업연도 과세표준을 계산함에 있어 추계의 방법에 의하지 않을 경우에는 이월결손금은 공제가능하다(법법 68조 및 법칙 4조 2항).

② 공제대상 이월결손금

법인세 과세표준계산상 공제할 수 있는 이월결손금이라 함은 각 사업연도 개시일 전 15년(2019. 12. 31. 이전에 개시한 사업연도에 발생한 결손금은 10년, 2008. 12. 31. 이전에 개시한 사업연도에 발생한 결손금은 5년) 이내에 개시한 사업연도에서 발생한 결손금으로서 그 후의 각 사업연도의 소득금액 또는 과세표준계산상 공제되지 아니한 금액을 말한다.

이 경우 결손금은 법인세법 제60조에 따라 신고하거나 같은 법 제66조에 따라 결정 · 경정되거나 국세기본법 제45조에 따라 수정신고한 과세표준에 포함된 결손금만 해당하며, 결손금이 발생한 사업연도가 2 이상인 경우에는 먼저 발생한 사업연도의 결손금부터 순차로 공제한다.

또한 결손금을 이익잉여금 중 임의적립금 및 법정적립금, 재평가적립금, 자본잉여금 등으로 보전하여 재무상태표상에 표시되지 않아도 당해 사업연도 개시일 전 15년(2019. 12. 31. 이전에 개시한 사업연도에 발생한 결손금은 10년, 2008. 12. 31. 이전에 개시한 사업연도에 발생한 결손금은 5년) 내에 개시한 사업연도에서 발생하고 그 후 사업연도의 법인세 과세표준에서 공제하지 아니한 경우에는, 이를 당해 사업연도 법인세 과세표준계산시 공제할 수 있다.

법인세법 기본통칙에서는 주식발행액면초과액, 감자차익 · 합병차익 및 분할차익으로 충당된 이월결손금은 각 사업연도 소득금액에서 공제된 것으로 보지 아니한다고 규정하고 있으나(법기통 13-10…1), 동 기본통칙에 열거되지 아니한 자산재평가법의 규정에 의한 재평가적립금, 기타자본잉여금, 이익잉여금 중 법정적립금, 임의적립금, 당기말 미처분이익잉여금으로 이월결손금을 보전한 경우에도 각 사업연도 소득금액에서 공제된 것으로 보지 않는다.

그러나 주주총회의 결의에 의하여 채무면제익이나 자산수증익으로 이월결손금을 보전한 경우에는 당해 보전에 충당된 채무면제익 등을 익금불산입하는 동시에 이월결손금은 소멸한 것으로 본다.

③ 공제의 범위

다음의 어느 하나에 해당하는 법인의 이월결손금은 각 사업연도 소득의 범위에서 공제하며, 그 외 법인의 공제 범위는 각 사업연도 소득의 80%로 한다(법법 13조 및 법령 10조 1항).

㉮ 조세특례제한법 제6조 제1항에 따른 중소기업

㉯ 채무자 회생 및 파산에 관한 법률 제245조에 따라 법원이 인가결정한 회생계획을 이행 중인 법인

㉰ 기업구조조정 촉진법 제14조 제1항에 따라 기업개선계획의 이행을 위한 약정을 체결하고 기업개선계획을 이행 중인 법인

㉱ 해당 법인의 채권을 보유하고 있는 금융실명거래 및 비밀보장에 관한 법률 제2조 제1호에 따른 금융회사 등이나 한국해양진흥공사와 경영정상화계획의 이행을 위한 협약을 체결하고 경영정상화계획을 이행 중인 법인(법칙 4조 3항)

㉲ 유동화자산(채권, 부동산 또는 그 밖의 재산권)을 기초로 자본시장과 금융투자업에

관한 법률에 따른 증권을 발행하거나 자금을 차입하는 유동화거래를 할 목적으로 설립된 법인으로서 다음의 요건을 모두 갖춘 법인

㉠ 상법 또는 그 밖의 법률에 따른 주식회사 또는 유한회사일 것

㉡ 한시적으로 설립된 법인으로서 상근하는 임원 또는 직원을 두지 아니할 것

㉡ 정관 등에서 법인의 업무를 유동화거래에 필요한 업무로 한정하고 유동화거래에서 예정하지 아니한 합병, 청산 또는 해산이 금지될 것

㉣ 유동화거래를 위한 회사의 자산 관리 및 운영을 위하여 업무위탁계약 및 자산관리위탁계약이 체결될 것

㉤ 2015년 12월 31일까지 유동화자산의 취득을 완료하였을 것

㉥ 법인세법 제51조의 2 제1항 각 호의 어느 하나에 해당하는 내국법인이나 조세특례제한법 제104조의 31(프로젝트금융투자회사에 대한 소득공제) 제1항에 따른 내국법인

㉦ 기업 활력 제고를 위한 특별법 제10조에 따른 사업재편계획 승인을 받은 법인

㉧ 조세특례제한법 제74조 제1항(제4호부터 제6호까지는 제외함) 또는 제4항에 따라 법인의 수익사업에서 발생한 소득을 고유목적사업준비금으로 손금에 산입할 수 있는 비영리내국법인

제4절 회계변경과 오류수정

1. 회계변경

(1) 회계변경의 의의와 유형

회계변경이란 새로운 사실의 발생 또는 기업이 처한 경제적·사회적 환경의 변화 등에 따라 기존에 적용해 오던 회계처리방법이 기업의 재무상태나 경영성과를 적정하게 표시하지 못할 경우 새로운 회계처리방법으로 변경하는 것을 말하며, 이에는 회계정책의 변경, 회계추정의 변경 및 보고실체의 변경 등이 있다.

① 회계정책의 변경

일반적으로 인정된 회계원칙에서 일반적으로 인정된 다른 회계원칙으로 변경하는 것을 말한다. 예를 들면 유가증권의 취득단가산정방법을 총평균법에서 이동평균법으로 변경하는 경우나, 재고자산 원가흐름의 가정을 선입선출법에서 평균법으로 변경하는 경우 등이 있다.

② 회계추정의 변경

새로운 정보의 결과로 인해 회계상 추정치를 변경하는 것을 말한다. 예를 들면 수취채권의 대손상각률의 변경, 재고자산의 진부화추정치의 변경, 감가상각자산의 내용연수 · 감가상각방법 · 잔존가액의 추정치의 변경 등이 있다.

③ 보고실체의 변경

회계보고서 작성시에 보고대상이 되는 기업의 범위가 변경되는 것을 말한다. 연결재무제표를 작성할 때 연결범위에 포함되었던 종속기업이 변경되는 경우가 이에 해당한다.

(2) 회계변경의 처리방법

① 소급법

소급법이란 새로운 회계처리방법을 적용하여 누적적 효과를 계산하고 이를 전기손익수정항목으로 하여 이익잉여금에 가감한 후 전기의 재무제표를 재작성하는 방법이다. 여기서 회계변경의 누적적 효과란 회계변경방법을 처음부터 적용한 경우 변경 전과 변경 후의 순이익의 차이를 말한다.

소급법을 적용하게 되면 전기의 재무제표를 수정하기 때문에 기간별 비교가능성이 제고된다. 그러나 재무제표의 신뢰성이 저하된다는 단점이 있다.

② 당기법

당기법은 기초시점에서 새로운 회계처리방법의 적용으로 인한 누적적 효과를 계산하여 이를 당기의 손익에 반영시키는 방법이다. 과거의 재무제표는 수정하지 않으며 누적적 효과를 특별항목 등으로 당기의 손익계산서에 보고한다.

이 방법을 적용하면 소급법에서와 반대의 장 · 단점을 갖게 된다. 즉, 전기의 재무제표를 수정하지 않으므로 재무제표에 대한 신뢰성이 높아지는 반면에 각기 다른 회계처리방법이 적용된 재무제표는 비교가능성을 저해한다. 또한 회계변경에 따른 효과를 당기손익에 반영함에 따라 이익조작가능성도 배제할 수 없다.

③ 전진법

전진법에서는 과거에 보고된 재무제표에 대해서는 어떠한 수정도 하지 않는다. 즉, 회계변경으로 인한 누적적 효과를 전혀 반영하지 않고 당기와 미래기간에만 변경된 회계처리방법을 적용한다. 이 때 당기 초의 잔액에서 출발하여 새로운 회계처리방법을 적용하면 된다.

이 방법을 적용하게 되면 전기의 재무제표를 수정하지 않으므로 재무제표의 신뢰성이 제고되나 비교가능성은 저하된다.

구 분	소 급 법	당 기 법	전 진 법
내 용	누적효과를 계산하여 기초이익잉여금에 반영하고 전기재무제표 재작성	누적효과를 계산하여 당기손익에 반영하고 소급법을 적용할 경우의 가상적(pro forma) 정보를 공시	기초장부가액을 기준으로 변경 이후의 기간에만 새로운 방법 적용
장 점	재무제표의 기간간 비교가능성 제고	재무제표의 신뢰성 유지 포괄주의에 충실	재무제표의 신뢰성 유지 당기업적주의에 충실
단 점	재무제표의 신뢰성 상실 재작성비용의 과다	당기손익의 왜곡표시	기간간 비교가능성의 상실

(3) 기업회계상 회계처리

회계변경은 회계정책이나 회계추정의 변경을 말하며, 회계정책의 변경은 재무제표의 작성과 보고에 적용하던 회계정책을 다른 회계정책으로 바꾸는 것을, 회계추정의 변경은 지금까지 사용해오던 회계적 추정치의 근거와 방법 등을 바꾸는 것을 말한다.

구 분	정 의	오류수정의 차이
회계원칙(정책)의 변경	일반적으로 인정된 회계원칙에서 또다른 일반적으로 인정된 회계원칙으로의 변경	변경 전의 방법이 일반적으로 인정된 회계원칙이 아닌 경우에는 회계오류의 수정
회계추정의 변경	당초에 타당한 추정에서 새로운 사실 등의 발견 등으로 인한 새로운 추정으로의 변경	당초의 추정이 타당한 추정이 아닌 경우 회계오류의 수정

회계변경은 회계정보의 비교가능성을 손상시킬 수 있으므로 회계변경을 하는 기업은 반드시 회계변경의 정당성을 입증하여야 하며, 기업환경의 중대한 변화, 업계의 합리적인 관행수용, 회계기준제정기구에 의한 일반기업회계기준의 제·개정에 따라 회계변경을 하는 경우에는 이를 정당한 회계변경으로 본다.

① 정당한 회계변경

매기 동일한 회계정책 또는 회계추정을 사용하면 비교가능성이 증대되어 재무제표의 유용성이 향상된다. 따라서 재무제표를 작성할 때 일단 채택한 회계정책이나 회계추정은 유사한 종류의 사건이나 거래의 회계처리에 그대로 적용하여야 한다. 다만, 다른 회계정책이나 회계추정의 채택이 더 합리적이라고 기업이 입증할 수 있을 때에 한해서는 회계변경을 정당화할 수 있다. 정당한 회계변경은 회계정책 또는 회계추정의 변경을 통하여 회계정보의 유용성을 높이는 경우, 또는 일반기업회계기준이 새로 제정되거나 개정됨에 따라 회계정책을 변경하는 경우를 말한다. 정당한 사유에 의한 회계정책 및 회계추정 변경의 예는 다음과 같다. 다만, 이 경우에도 ㉢을 제외하고는 회계변경의 정당성을 입증하여야 한다(일반기준 5장 문단 5.8, 부록 실5.1).

㉠ 합병, 사업부 신설, 대규모 투자, 사업의 양수도 등 기업환경의 중대한 변화에 의하여 총자산이나 매출액, 제품의 구성 등이 현저히 변동됨으로써 종전의 회계정책을 적용할 경우 재무제표가 왜곡되는 경우

㉡ 동종산업에 속한 대부분의 기업이 채택한 회계정책 또는 추정방법으로 변경함에 있어서 새로운 회계정책 또는 추정방법이 종전보다 더 합리적이라고 판단되는 경우

㉢ 일반기업회계기준의 제정·개정 또는 기존의 일반기업회계기준에 대한 새로운 해석에 따라 회계변경을 하는 경우

그러나 단순히 세법의 규정을 따르기 위한 회계변경은 정당한 회계변경으로 보지 아니한다. 그 이유는 세무보고의 목적과 재무보고의 목적이 서로 달라 세법에 따른 회계변경이 반드시 재무회계정보의 유용성을 향상시키는 것은 아니기 때문이다. 또한 이익조정을 주된 목적으로 한 회계변경은 정당한 회계변경으로 보지 아니한다(일반기준 5장 부록 실5.2).

한편 다음의 경우는 회계변경으로 보지 아니한다(일반기준 5장 부록 실5.3).

㉠ 중요성의 판단에 따라 일반기업회계기준과 다르게 회계처리하던 항목들의 중요성이 커지게 되어 일반기업회계기준을 적용하는 경우. 예를 들면 품질보증비용을 지출연도의 비용으로 처리하다가 중요성이 증대됨에 따라 충당부채설정법을 적용하는 경우

㉡ 과거에는 발생한 경우가 없는 새로운 사건이나 거래에 대하여 회계정책을 선택하거나 회계추정을 하는 경우

② 회계정책의 변경

회계정책의 변경은 일반기업회계기준 또는 관련법규의 개정이 있거나, 새로운 회계정책을 적용함으로써 회계정보의 유용성을 향상시킬 수 있는 경우에 한하여 허용한다. 회계정책의 변경에는 재고자산 평가방법의 변경 및 유가증권의 취득단가산정방법의 변경 등이 있다(일반기준 5장 부록 실5.4).

변경된 새로운 회계정책은 소급하여 적용하며, 전기 또는 그 이전의 재무제표를 비교목적으로 공시할 경우에는 소급적용에 따른 수정사항을 반영하여 재무제표를 재작성한다. 이 경우 비교재무제표상의 최초 회계기간 전의 회계기간에 대한 수정사항은 비교재무제표상 최초 회계기간의 자산, 부채 및 자본의 기초금액에 반영한다. 또한 전기 또는 그 이전기간과 관련된 기타 재무정보도 재작성한다(일반기준 5장 문단 5.11).

한편 앞에서 규정한 회계정책의 변경에 따른 누적효과를 합리적으로 결정하기 어려운 경우

에는 회계변경을 전진적으로 처리하여 그 효과가 당기와 당기 이후의 기간에 반영되도록 할 수 있다. 예를 들면 재고자산의 평가방법을 선입선출법에서 후입선출법으로 변경하는 경우와 같이 그 누적효과를 합리적으로 결정하는 것이 불가능할 수 있다(일반기준 5장 문단 5.12).

이와 같이 회계정책 변경을 전진적으로 처리하는 경우에는 그 변경의 효과를 당해 회계연도 개시일부터 적용한다(일반기준 5장 문단 5.13).

- 감가상각방법 변경 효과의 회계처리(2012-G-KQA 008, 2012. 3. 27.)
  회사가 보유하고 있는 선박을 최초에 정률법으로 감가상각해왔으나 선박의 미래경제적 효익의 예상되는 소비형태의 유의적인 변동이 없음에도 불구하고 동종업계에서 대부분 정액법을 적용하고 있으므로 동종업계의 정액법이 더 합리적인 감가상각방법이라 판단하여 정액법으로 변경하고자 하는 경우 정률법에서 정액법으로의 감가상각방법 변경 효과는 전진적으로 적용하여 회계처리함.

③ 회계추정의 변경

회계추정의 변경은 기업환경의 변화, 새로운 정보의 획득 또는 경험의 축적에 따라 지금까지 사용해오던 회계적 추정치의 근거와 방법 등을 바꾸는 것을 말한다. 다시 말하면 일부 재무제표항목은 기업환경의 불확실성으로 인하여 그 인식과 측정을 추정에 의존하므로, 합리적인 추정은 재무제표작성에 필수적인 과정이며 재무제표의 신뢰성을 떨어뜨리지 않는다. 이러한 회계추정에는 대손의 추정, 재고자산의 진부화 여부에 대한 판단과 평가, 충당부채의 추정, 감가상각자산의 내용연수, 감가상각방법 또는 잔존가액의 추정 등이 있다(일반기준 5장 문단 5.7, 부록 실5.5).

그러나 추정의 근거가 되었던 상황의 변화, 새로운 정보의 획득, 추가적인 경험의 축적 등으로 인하여 새로운 추정이 요구되는 경우에는 과거에 합리적이라고 판단했던 추정치라도 이를 변경할 수 있다. 기술혁신에 따라 기계장치가 급속히 진부화되어 추정내용연수를 단축하는 경우가 이에 해당한다. 다만, 감정평가전문가의 확인만으로는 추정내용연수의 변경이 정당화되지 아니한다(일반기준 5장 부록 실5.6).

이와 같은 회계추정의 변경은 전진적으로 처리하여 그 효과를 당기와 당기 이후의 기간에 반영한다. 또한 회계정책의 변경과 회계추정의 변경이 동시에 이루어지는 경우에는 앞에서 규정한 회계정책의 변경에 의한 누적효과를 먼저 계산하여 소급적용한 후, 회계추정의 변경효과를 전진적으로 적용하며, 기간별 비교가능성을 제고하기 위하여 회계추정 변경의 효과는 변경 전에 사용하였던 손익계산서 항목과 동일한 항목으로 처리한다(일반기준 5장 문단 5.14, 5.15, 부록 실5.7).

한편 회계변경의 속성상 그 효과를 회계정책의 변경효과와 회계추정의 변경효과로 구분하기가 불가능한 경우에는 이를 회계추정의 변경으로 본다. 예를 들면 비용으로 처리하던 특정 지출의 미래 경제적 효익을 인정하여 자본화하는 경우에는 회계정책의 변경효과와 회계추정의 변경효과를 구분하는 것이 불가능한 것이 일반적이다(일반기준 5장 문단 5.16).

사례 (주)삼일은 지금까지 대손충당금을 매출채권의 1%로 설정하여 왔으나, 전반적인 경제여건이 악화되어 20×7년에는 매출채권의 2%로 설정하기로 하였다. 매출채권잔액은 기초에 ₩9,500,000, 기말에 ₩10,000,000이었고, 대손충당금의 기말잔액은 ₩50,000이었다.

(차) 대 손 상 각 비 150,000 (대) 대 손 충 당 금 150,000*

* 10,000,000 × 2% − 50,000 = 150,000

④ **주석공시**

회계정책의 변경을 한 경우에는 다음 사항을 주석으로 기재한다(일반기준 5장 문단 5.21).

㉠ 회계정책 변경의 내용과 그 근거

㉡ 회계정책의 변경이 당기 재무제표에 미치는 영향

㉢ 회계정책의 변경으로 인한 비교재무제표상의 수정금액

㉣ 비교재무제표가 재작성되었다는 사실

㉤ 회계변경연도와 비교표시된 각 회계기간에 대하여 재계산된 계속사업손익, 당기순손익 및 기타 중요 변동항목의 내역

회계정책의 변경을 당기 이후의 기간에만 적용하여 전진적으로 처리한 경우에는 그 사실과 회계정책변경의 내용, 그 정당성 및 변경으로 인하여 당기 재무제표에 미치는 영향을 주석으로 기재한다(일반기준 5장 문단 5.22).

회계추정을 변경한 경우에는 변경내용, 그 정당성 및 그 변경이 당기 재무제표에 미치는 영향을 주석으로 기재하며, 그 금액을 산정하기 어려운 경우에는 그 사실을 주석으로 기재한다(일반기준 5장 문단 5.23).

2. 오류수정

(1) 오류의 개념

기업의 회계처리 과정상 회계오류는 발생하기 쉽다. 통상적으로 발생할 수 있는 오류로는 다음과 같은 것이 있다.

① **회계기준 적용의 오류** : 일반기업회계기준에 위배되어 회계처리를 한 경우에 발생하는 오류이다. 일반기업회계기준에 따라 발생주의로 수익을 인식해야 하나 현금주의로 수익을 인식한 경우가 이에 해당된다.

② **추정의 오류** : 추정이 합리적이지 못함으로써 발생하는 오류이다. 여기서 회계추정의 변경과 구별해야 하는데, 회계추정의 변경은 추정을 하는 시점에서 주어진 정보를 이용하여 합리적으로 추정을 하였으나 새로운 추가적 정보에 의해서 추정을 변경하는 경우에 발생하는 것이고, 추정의 오류는 추정시점에서 적절한 주의를 기울이지 않음으로써 발생하는 것이다.

③ **계정분류의 오류** : 고의나 과실로 재무상태표나 손익계산서의 계정과목을 잘못 분류하는 경우에 발생한다.

④ **계산의 오류** : 덧셈이나 뺄셈 등 계산의 잘못으로 인하여 발생하는 오류이다.

⑤ **사실의 누락 및 오용** : 비용이나 수익의 발생을 기록하거나 다음기로 이연시키는 등의 사실을 간과한 경우에 발생한다.

회계변경과 오류수정은 구분해야 한다. 회계원칙의 변경은 일반적으로 인정된 회계원칙 중에서 다른 원칙으로 변경하는 것이나 회계오류는 일반적으로 인정되지 않은 회계원칙을 적용한 경우에 발생하는 것이므로 회계원칙의 변경에서는 확실히 회계변경과 회계오류가 구별이 된다.

그러나 회계추정의 변경과 회계추정의 오류는 구별하기에 까다롭다. 회계추정의 변경은 추정을 하는 시점에서 주어진 정보를 이용하여 합리적으로 추정을 하였으나 새로운 추가적 정보에 의해서 추정을 변경하는 경우에 발생하는 것이고 회계추정의 오류는 추정시점에서 적절한 주의를 기울이지 않음으로써 발생하는 것이다. 이론적으로는 구별이 가능해 보이나 현실적으로 회계추정 당시에 명백한 부주의 등의 경우가 아니면 구별하기가 어려울 것이다.

(2) 회계오류의 유형

회계처리의 오류를 발견했을 경우에는 적절하게 수정을 해야 하는데 오류 유형에 따라 수정하는 방법이 다르므로 그 유형을 분류할 필요가 있다.

① 재무상태표에만 영향을 미치는 오류

자산 · 부채 및 자본계정의 분류상의 오류로 인해 발생한다. 예를 들면 장기채무의 상환일이 1년 이내에 도래하는데도 유동성대체를 하지 않은 경우, 장기성매출채권을 매출채권으로 분류한 경우 등이 해당된다. 이런 오류가 발견되었을 때에는 계정재분류를 하면 된다.

② 손익계산서에만 영향을 미치는 오류

재무상태표에만 영향을 미치는 오류와 같이 계정 분류상의 오류로 인해 발생한다. 매출할인을 영업외비용으로 처리한 경우, 무형자산상각비를 감가상각비로 기장한 경우 등이 해당된다.

오류가 발생했던 기간의 장부를 마감하기 전에 오류를 발견했다면 재분류하는 분개를 하여 수정을 하고 장부가 마감된 후에 발견했다면 아무런 분개를 할 필요가 없다. 왜냐하면 손익항목은 장부가 마감되면 이익잉여금으로 대체되어 다음기로 잔액이 이월되지 않기 때문이다.

③ 재무상태표와 손익계산서 모두에 영향을 미치는 오류

이 오류는 순이익에 영향을 미치는 오류로 감가상각비를 과대계상하여 순이익이 과소계상되고 유형자산의 장부가액도 과소계상되는 경우가 이에 해당된다. 재무상태표나 손익계산서 한 쪽에만 영향을 미치는 오류는 순이익에 영향을 미치지 않지만 재무상태표와 손익계산서 모두에 영향을 미치는 오류는 순이익에 영향을 미치며, 이는 자동적으로 조정되는 오류와 자동적으로 조정되지 않는 오류로 구분된다.

자동적으로 조정되는 오류는 두 회계기간을 통하여 오류의 영향이 자동적으로 조정되는 오류이다. 예를 들면 전기에 보험료를 과대계상한 경우 선급보험료는 과소계상된다. 한편 전기에 선급보험료가 과소계상된 만큼 당기의 보험료는 과소계상된다. 두 회계연도를 합산하면 보험료와 순이익이 정확히 계상되고, 당기 말 선급보험료의 잔액도 적절하게 나타난다. 즉, 오류가 발생한 다음 회계연도에는 전년도 오류가 자동적으로 수정되는 효과가 생긴다.

자동적으로 조정되지 않는 오류는 두 회계기간의 경과만으로 오류가 조정되지 않고 오류가 재무제표에 미치는 영향이 소멸하는데 세 회계연도 이상이 소요되는 오류이다. 예를 들면 유형자산의 자본적 지출을 수익적 지출로 간주하여 당기비용으로 처리한 경우 감가상각비는 과소계상된다. 만약 유형자산의 내용연수가 5년이라고 하면 상각이 완료되는 5년 동안 감가상각비는 과소계상되는 것이다.

사례 1 자동적으로 조정되는 오류

(주)삼일은 20×6년 말 재고자산을 ₩250,000,000 과대계상하였다. 20×7년의 장부가 마감되지 않았을 경우의 회계처리는 다음과 같다.

(차) 이월미처분이익잉여금 250,000,000 (대) 매 출 원 가 250,000,000

20×7년의 장부가 마감되었다면 20×6년의 재고자산 과대계상으로 인하여 20×6년 당기순이익은 과대계상되고 20×7년의 당기순이익은 과소계상되어 두 회계연도를 통하여 오류가 자동적으로 조정되므로 수정분개를 할 필요가 없다.

사례 2 자동적으로 조정되지 않는 오류

(주)삼일은 20×6년 초에 건물을 구입하였다. 취득원가는 ₩95,000,000이며, 내용연수는 10년,

잔존가치는 없고 정액법으로 감가상각을 하였다. 이 기계에 대한 취득세 ₩5,000,000을 세금과공과로 하여 당기비용 처리하였으며, 기업은 이를 중대한 오류로 판단하고 있다. 이 오류사실을 20×7년 결산시에 발견하였을 경우 회계처리는 다음과 같다.

(차) 건　　　물	5,000,000	(대)	이월미처분이익잉여금	4,500,000*
감 가 상 각 비	500,000		감가상각누계액	1,000,000

* 5,000,000(20×6년 세금과공과) − 500,000(20×6년 감가상각비) = 4,500,000

만약 20×7년 장부가 마감된 후에 이 오류사실을 발견하였다 하더라도 이 오류는 자동적으로 조정되지 않는 오류이므로 다음과 같은 수정분개를 하여야 한다.

(차) 건　　　물	5,000,000	(대)	이월이익잉여금	4,000,000*
			감가상각누계액	1,000,000

* 5,000,000(20×6년 세금과공과) − 1,000,000(20×6년, 20×7년 감가상각비) = 4,000,000

(3) 기업회계상 회계처리

오류수정은 전기 또는 그 이전의 재무제표에 포함된 회계적 오류를 당기에 발견하여 이를 수정하는 것을 말한다. 당기에 발견한 전기 또는 그 이전 기간의 오류는 당기 손익계산서에 영업외손익 중 전기오류수정손익으로 보고한다. 다만, 전기 이전기간에 발생한 중대한 오류의 수정은 자산, 부채 및 자본의 기초금액에 반영하며, 중대한 오류는 재무제표의 신뢰성을 심각하게 손상할 수 있는 매우 중요한 오류를 말한다. 한편 비교재무제표를 작성하는 경우 중대한 오류의 영향을 받는 회계기간의 재무제표항목은 수정하여 재작성한다(일반기준 5장 문단 5.18, 5.19).

① 오류수정

오류는 계산상의 실수, 일반기업회계기준의 잘못된 적용, 사실판단의 잘못, 부정, 과실 또는 사실의 누락 등으로 인해 발생하며, 전기 또는 그 이전 기간의 재무제표를 작성할 때 발생하였던 이러한 오류가 당기에 발견되는 경우가 있다(일반기준 5장 부록 실5.8).

앞에서 기술한 바와 같이 오류수정은 회계추정의 변경과 구별된다. 즉, 회계추정의 변경은 추가적인 정보를 입수함에 따라 기존의 추정치를 수정하는 것을 말한다. 예를 들면 우발부채로 인식했던 금액을 새로운 정보에 따라 보다 합리적으로 추정한 금액으로 수정하는 것은 오류수정이 아니라 회계추정의 변경이다(일반기준 5장 부록 실5.9).

당기에 발견한 전기 또는 그 이전 기간의 오류는 당기 손익계산서에 영업외손익 중 전기오류수정손익으로 보고한다. 다만, 전기 또는 그 이전 기간에 발생한 중대한 오류의 수정은 자산, 부채 및 자본의 기초금액에 반영하며, 비교재무제표를 작성하는 경우 중대한 오류의 영향을 받는 회계기간의 재무제표항목은 재작성한다.

한편 전기 또는 그 이전 기간에 발생한 중대한 오류의 수정을 위해 전기 또는 그 이전 기간의 재무제표를 재작성하는 경우 각각의 회계기간에 발생한 중대한 오류의 수정금액을 해당기간의 재무제표에 반영한다. 또한 비교재무제표에 보고된 최초 회계기간 이전에 발생한 중대한 오류의 수정에 대하여는 당해 최초 회계기간의 자산, 부채 및 자본의 기초금액에 반영하며, 전기 또는 그 이전 기간과 관련된 기타 재무정보도 재작성한다(일반기준 5장 문단 5.20).

참고로, 회계정책의 변경이나 중대한 오류의 수정에 따라 비교재무제표에 포함된 전기 또는 그 이전의 재무제표를 재작성하는 경우에도 현행 상법상 주주총회의 승인을 얻어야만 재무제표가 확정되므로 회계정책의 변경이나 중대한 오류의 수정에 따라 재작성된 비교재무제표는 주주총회의 승인을 거치지 않는 한 상법상의 승인된 재무제표가 아니며, 따라서 주주총회의 승인을 얻은 재무제표에 근거하여 이루어진 법률행위의 효과에는 영향을 미치지 아니한다.

사례 (주)삼일은 20×7년 말 결산시에 다음과 같은 전기의 오류사실을 발견하였다.

1. 급료와 보험료를 지급할 때 비용으로 계상하고 이자수입과 수입임대료는 수입시에 수익으로 계상하였다. 각 연도 말 미지급급료, 선급보험료, 미수수익, 선수임대료는 다음과 같으며 중대한 오류는 아니다.

	20×6년	20×7년
미 지 급 급 여	₩50,000	₩100,000
선 급 보 험 료	20,000	30,500
미 수 수 익	120,000	70,000
선 수 임 대 료	95,000	110,000

	차변	금액	대변	금액
①	(차) 전기오류수정손실	50,000	(대) 미 지 급 급 여	100,000
	급 여	50,000		
②	(차) 선 급 보 험 료	30,500	(대) 전기오류수정이익	20,000
			보 험 료	10,500
③	(차) 미 수 수 익	70,000	(대) 전기오류수정이익	120,000
	이 자 수 입	50,000		
④	(차) 전기오류수정손실	95,000	(대) 선 수 임 대 료	110,000
	임 대 료 수 입	15,000		

2. 20×6년 초에 액면이자율 10%, 5년 만기, 액면 ₩500,000의 사채를 ₩463,940에 발행하였다. 사채이자는 매년 말에 지급되며, 시장이자율은 12%이다. 기업은 사채할인발행차금을 상각하지 않았으나 중대한 오류는 아니다.

(차) 전기오류수정손실	5,673	(대) 사채할인발행차금	12,027*
이 자 비 용	6,354		

* 유효이자율법에 의한 사채할인발행차금 상각액

20×6년 :	463,940 × 12% − 50,000	= 5,673
20×7년 :	(463,940 + 5,673) × 12% − 50,000	= 6,354
계		12,027

② 주석공시

전기 또는 그 이전 기간의 오류수정의 내용은 주석으로 기재하며, 특히 중대한 오류를 수정한 경우에는 다음 사항을 주석으로 기재한다(일반기준 5장 문단 5.24).

㉠ 중대한 오류로 판단한 근거

㉡ 비교재무제표에 표시된 과거회계기간에 대한 수정금액

㉢ 비교재무제표가 재작성되었다는 사실

㉣ 중대한 오류가 발생한 연도와 그 오류의 영향을 받는 연도별로 재계산된 계속사업손익, 당기순손익 및 기타 중요 변동항목의 내역

3. 세무회계상 유의사항

국세청의 유권해석에서는 법인이 일반기업회계기준에 의한 전기오류수정손익을 당해 사업연도의 익금(영업외수익) 또는 손금(영업외비용)으로 회계처리한 경우에는 당해 사업연도의 소득금액계산상 익금불산입 또는 손금불산입해야 하고, 당초의 귀속사업연도에 따라 국세기본법상 수정신고 또는 경정청구를 할 수 있는 것으로 하고 있다(서면-2016-법인-6036, 2017. 3. 29, 법인 46012-663, 1998. 3. 17.). 물론 이 경우 일반기업회계기준에 의한 전기오류수정사항의 법인세법상 귀속사업연도가 당기인 경우에는 별도의 세무조정은 필요가 없다.

그러나 결산을 확정함에 있어서 비용으로 회계처리하는 경우에 한하여 법인세법상 손금으로 인정받을 수 있는 감가상각비와 퇴직급여충당금 등은 전기 과소계상액을 일반기업회계기준에 따라 당해 사업연도에 영업외비용인 전기오류수정손실로 회계처리한 경우 당해연도의 감가상각비와 퇴직급여충당금 등의 손금산입액으로 보아 시부인계산해야 한다(법인 46012-1848, 1997. 7. 8.).

한편 일반기업회계기준상 회계정책변경의 누적효과와 중대한 오류수정에 대하여는 전기이월이익잉여금에 반영하고 관련 계정잔액을 수정해야 하며 전기 또는 그 이전의 재무제표를 비교목적으로 공시할 경우에는 소급적용에 따른 수정사항을 반영하여 재작성하도록 하고 있는 바, 이 경우는 전기이월이익잉여금에 반영한 금액을 익금산입 기타처분 또는 손금산입 기타처분한 후, 앞서 언급한 바와 같이 그 성격에 따라 당기의 익금과 손금으로 하거나 당초의 귀속사업연도에 따라 국세기본법상 수정신고 또는 경정청구를 해야 할 것이다.

Part 03

계정과목별 일반회계와 세무 해설

손익계산서편

I. 손익계산서의 기초이론
II. 손익계산서의 계정과목

손익계산서의 기초이론

Chapter 01

손익계산서의 의의

손익계산서(income statement)는 일정 기간 동안 기업의 경영성과에 대한 정보를 제공하는 재무보고서이다. 손익계산서는 당해 회계기간의 경영성과를 나타낼 뿐만 아니라 기업의 미래 현금흐름과 수익창출능력 등의 예측에 유용한 정보를 제공한다(일반기준 2장 문단 2.44).

'경영성과'(results of operations)란 기업 영업활동의 동태적인 측정치로서 한 회계기간의 제반경영활동 결과가 기업자본을 어느 정도 증가 또는 감소시켰는가를 표시해 준다.

또한 모든 수익과 이에 대응하는 비용을 회계기간 단위로 측정 · 보고함으로써 경영진의 능력평가수단으로 이용할 수도 있고, 기업 자체의 수익력 판단의 기준이 되기도 한다.

이러한 경영성과의 측정은 손익계산서에 의하지 않고 기초재무상태표와 기말재무상태표상의 이익잉여금 증감액을 구함으로써 손쉽게 행할 수도 있다. 그러나 손익계산서는 그러한 순증감을 초래한 모든 원인들을 제시함으로써 보다 질적으로 높은 평가를 가능케 해 준다.

즉 손익계산서는 수익과 수익을 획득하기 위해 지출된 비용을 대응시킴으로써 기업의 당기 경영활동에 대한 성과를 측정할 수 있을 뿐만 아니라, 정상적인 생산활동으로부터의 자기자본 총증가 · 감소액과 영업활동에 부수되는 기타 활동으로부터의 총증가 · 감소액 및 그밖의 비경상적인 사유들로부터 발생한 총증가 · 감소액을 명백히 구분표시함으로써 진정한 기간손익과 기간경영성과를 나타낼 수 있는 것이다.

이와 같은 손익계산서는 기업의 이익창출능력에 관한 정보 및 미래 순이익흐름을 예측하는 데 유용한 정보를 제공하고, 기업내부적으로 경영계획이나 배당정책을 수립하는 데 중요한 자료로 이용되며, 과세소득의 기초자료로도 이용된다. 왜냐하면 과세소득은 손익계산서상의 회계이익에서 출발하여 익금산입 및 손금불산입 항목을 가산하고 익금불산입 및 손금산입 항목을 차감하여 결정되기 때문이다. 이상의 유용성 이외에도 손익계산서는 노동조합의 임금협상에 필요한 정보, 정부의 조세 및 경제정책의 기초자료 제공 등의 역할을 한다.

위와 같이 손익계산서는 가장 유용한 이익정보를 제공하여 주는 보고서이지만, 손익계산서가 제공하는 회계이익은 일반적으로 인정된 회계원칙에 따라 측정된 인위적인 화폐이익으로서 인적자원, 기업내부적으로 개발된 영업권 등 측정하기 곤란한 비화폐적인 요소 등은 포함하지 않고 있으며 회계처리방법에 따라 달라질 수도 있다는 문제점을 지니고 있다.

Chapter 02 손익계산서의 작성기준

손익계산서를 작성함에 있어 적용하여야 할 구체적인 회계지침으로는 발생주의, 실현주의, 수익 · 비용대응의 원칙, 총액주의의 원칙 등이 있다.

일반기업회계기준 제2장(재무제표의 작성과 표시Ⅰ)에서는 손익계산서를 작성함에 있어 적용하여야 할 회계지침으로 총액주의와 구분계산의 원칙만 제시하고 있으나, 재무회계개념체계 및 일반기업회계기준 제16장(수익) 등에 따라 발생주의, 실현주의 및 수익 · 비용대응의 원칙 등도 손익계산서 작성시 적용하여야 회계지침에 포함된다 할 것이다.

1. 발생주의

기본적으로 손익계산서는 수익에서 비용을 차감하여 당기순이익(손실)을 구함으로써 기업의 경영성과를 나타내 주는 보고서이다.

기업은 이러한 순이익을 창출하기 위하여 영업활동을 계속적으로 수행하고 있다. 그러나 정보이용자들에게 의사결정을 내리는 데 시기적절하고도 유용한 정보를 제공하기 위한 기업회계의 목표를 달성하기 위해서는 기업의 실제 경제활동을 인위적으로 일정 기간 단위로 분할하여 각 기간마다의 경영성과를 측정하여 보고하여야 한다.

따라서 기업들은 통상 1년을 하나의 회계연도로 설정하여 각 회계연도의 경영성과 즉 당기순이익을 측정하여 손익계산서를 통해 보고한다.

이에 따라 각 회계기간의 수익과 비용을 회계상으로 어떻게 확정하여 손익계산서에 보고할 것인가의 문제가 발생하며, 이를 해결하기 위한 기준으로 현금주의와 발생주의가 있다.

현금주의(cash basis)는 고객으로부터 현금을 수취한 시점에서 그 금액을 수익으로 인식하고 현금을 지출한 시점에서 그 금액을 비용으로 인식하는 방법으로서 현금의 수입과 지출을 직접 수익과 비용으로 보는 방법이다.

이러한 현금주의는 수익을 창출하는 데 발생한 비용과 그 비용으로 인해 획득한 수익이 적절히 대응되지 않아 정확한 기간손익계산이 이루어지지 않고, 수익을 인식하는 기간이 불필요하게 연장되는 단점이 있으므로 일반기업회계기준에서는 받아들여지지 않는다.

발생주의(accrual basis)는 현금수취 및 현금지출거래 그 자체보다는 근원적으로 현금을 발생시키는 거래나 경제적 사건에 초점을 맞추어 수익은 획득시점에서 인식하고, 비용은 발생된 시점에서 인식하는 방법이다. 따라서 발생주의 하에서는 현금은 아직 못받았으나 기간의 경과로 수익의 획득과정이 완료된 미수이자 등은 수익으로 인식하고, 현금이 지출되었더라도 기간이 경과되지 않은 선급비용 등은 비용으로 계상하지 않는다.

이러한 발생주의는 수익이 보다 정확하게 측정되고, 비용이 보고된 수익과 보다 밀접하게 관련된다는 점에서 현금주의보다 경영성과를 보다 잘 측정할 수 있고, 차기 이후의 경영성과를 측정하는 데 있어서도 보다 더 우월한 기준이 되므로 재무회계개념체계에서도 수익과 비용을 측정하는 데에 있어서는 발생주의에 의할 것을 명백히 하고 있다.

이러한 발생주의를 전제로 하여, 수익과 비용을 구체적으로 인식하고 측정하는 데에 있어서는 다음에서 설명되는 실현주의와 수익 · 비용대응의 원칙을 따라야 한다.

2. 실현주의

발생주의에 의해 수익과 비용을 인식하는 것이 기업회계의 대전제가 되기는 하지만, 구체적으로 수익을 인식하는 데에 있어서는 실현주의를 채택하고 있다.

실현주의란 수익창출활동이 완료되거나 실질적으로 거의 완료되고 수익획득과정으로 인한 현금수입을 큰 오차 없이 합리적으로 측정할 수 있을 때 수익을 인식하는 것이다.

즉 수익의 인식은 엄격한 발생주의보다는 현금수입의 실현가능성이 더욱 높아진 시점에서 이루어지도록 하고 있다.

실현주의에서 가장 중요한 것은 위와 같은 기준을 충족함으로써 수익으로 인식할 수 있는 결정적 사건(critical event)이 일어났다고 볼 수 있는 시점을 결정하는 것이며, 이것은 재화나 용역의 제공형태에 따라 상당히 다르게 적용될 수 있다. 즉 일반적인 상품이나 제품의 매출, 용역수입, 위탁판매, 할부판매, 시용매출, 예약판매나 도급공사 등의 형태에 따라 이러한 실현주의는 다양하게 적용된다.

이에 대하여는 '매출액' 계정에서 자세히 설명하고 있으므로 참조하기 바란다.

3. 수익 · 비용대응의 원칙

발생주의가 수익의 경우에는 구체적으로 실현주의의 형태로 적용되는 것처럼 비용의 경우에는 수익 · 비용대응의 원칙이 적용된다.

수익 · 비용대응의 원칙(matching principle)이란 성과와 노력간의 인과관계를 연결시키고자 수익을 창출하기 위하여 발생한 비용을 관련수익이 인식되는 기간에 인식하는 것이다.

즉 수익은 수익창출활동이 실질적으로 완료되어 현금수입액을 객관적으로 측정할 수 있는 때에 인식하고(실현주의), 비용은 이러한 현금수입을 발생시키기 위해 희생된 혹은 희생될 것으로 예상되는 자산으로 인식한다는 것이다.

따라서 기업회계상으로 비용을 인식하는 데에는 발생주의와 수익·비용대응의 원칙이 동시에 적용되는 것임을 유의해야 한다.

4. 총액주의

손익계산서상에서 수익과 비용을 상계하여 표시하게 되면 거래의 경제적 실질을 왜곡하기 쉬우며 회계정보이용자가 기업의 미래 현금흐름을 예측하고 수행된 거래를 이해하는 데 필요한 충분한 정보가 제공되지 못할 수 있다. 따라서, 수익과 비용은 각각 총액으로 표시하는 것을 원칙으로 한다. 다만, 일반기업회계기준에서 별도로 요구하거나 허용하는 경우에는 수익과 비용을 상계하여 표시할 수 있다(일반기준 2장 문단 2.57).

한편, 동일 또는 유사한 거래나 회계사건에서 발생한 차익, 차손 등은 총액으로 표시하지만 중요하지 않은 경우에는 관련 차익과 차손 등을 상계하여 표시할 수 있다. 예를 들어, 외환차익과 외환차손과 같이 동일 또는 유사한 성격으로서 중요하지 않은 차익과 차손이 반복적으로 발생하는 경우에 개별적인 합계금액의 총액을 표시하는 경우에는 회계정보를 왜곡할 수 있기 때문에 이를 상계하여 표시할 수 있다. 그러나, 외환차익과 외환차손의 어느 한 쪽 또는 각각의 크기가 중요하면 서로 상계하여 표시하지 않는다(일반기준 2장 부록 실2.11, 결2.8).

5. 구분계산의 원칙

손익계산서는 매출총손익, 영업손익, 법인세비용차감전계속사업손익, 계속사업손익, 중단사업손익, 당기순손익을 구분하여 보고하는 방식으로 작성하는 것을 원칙으로 한다. 다만, 제조업, 판매업 및 건설업 외의 업종에 속하는 기업(예 : 금융기관, 용역업 등)은 매출총손익의 구분표시를 생략할 수 있다(일반기준 2장 문단 2.45).

이를 구분표시의 원칙이라 하며, 구분표시를 하는 이유는 기업의 다양한 활동, 거래 및 회계사건은 기업의 안정성, 위험도, 예측가능성에 미치는 영향이 다르기 때문에 기업이 실제 달성한 경영성과를 이해하고 미래 경영성과를 예측하는 데 도움을 줄 수 있도록 기업의 경영성과에 영향을 미치는 요소를 적절히 공시하도록 하고 있는 것이다.

이를 요약손익계산서를 통하여 살펴보면 다음과 같다.

손 익 계 산 서

제조·판매 및 건설			금융·보험·용역 등
매출총손익계산	매 출 액	×××	영업손익계산
	매출원가	×××	
	매출총손익	×××	
영업손익계산	판매비와관리비	×××	
	영업손익	×××	

금융·보험·용역 등		
영업손익계산	영업수익	×××
	영업비용	×××
	영업손익	×××

제조·판매 및 건설			금융·보험·용역 등
법인세비용차감전 계속사업손익계산	영업외수익	×××	법인세비용차감전 계속사업손익계산
	영업외비용	×××	
	법인세비용차감전계속사업손익	×××	
계속사업손익계산	계속사업손익법인세비용	×××	계속사업손익계산
	계속사업손익	×××	
중단사업손익계산	중단사업손익 (법인세효과차감후)	×××	중단사업손익계산
당기순손익계산	당기순손익	×××	당기순손익계산

Chapter

03

순이익보고 및 손익계산서의 양식

제1절 순이익보고

손익계산서가 특정회계기간의 경영성과를 보고하기 위해 작성되는 보고서라고 할 때, 어떠한 항목들을 손익계산서를 통해 보고해야 할 것인가의 문제가 있다. 왜냐하면 기업의 영업활동과 직접적인 관련이 없는 항목들로부터 얻는 현금흐름과 기업의 지속적인 수익획득활동으로부터 얻는 현금흐름은 그 의미가 현저하게 다르기 때문이다.

따라서 실질적으로 성질이 서로 다른 현금흐름을 동질적인 것으로 보고 손익계산서를 작성해야 할 것인가, 아니면 이질적인 것으로 보고 지속적인 수익획득활동으로부터 얻는 현금흐름만을 가지고 손익계산서를 작성해야 할 것인가 하는 의문이 제기된다.

이러한 논의는 다음에 설명할 포괄주의와 당기업적주의로 요약된다.

1. 포괄주의

포괄주의(all-inclusive concept)에서는 당기순이익을 구성하는 모든 항목들을 손익계산서에 포함시킨다. 즉 포괄주의 하에서는 비경상적이고 비반복적인 항목도 특정기간의 손익계산서에 포함시켜 당기순이익을 계산한 다음 이 금액을 이익잉여금계정에 대체한다.

이러한 포괄주의의 이론적 근거는 다음과 같다.

- 회계실체가 존속하는 동안의 매기간 순이익의 합계액은 존속기간 전체를 한 기간이라고 보고 계산한 순이익금액과 일치하여야 한다.
- 비경상적이고 비반복적인 항목도 순이익항목임에는 틀림이 없고 회계실체의 장기적인 이익창출능력을 반영하는 것이므로 손익계산서에 보고해야 한다.
- 비경상적 항목인지 아닌지를 임의로 판단하게 하면 의문시되는 항목의 처리방법이 회계실체마다 다르게 될 것이고 결과적으로 이익조작의 여지를 제공하게 된다.

2. 당기업적주의

당기업적주의(current operating performance concept)에서는 경상적이고 반복적인 손익항목만을 손익계산서에 포함시키고, 비경상적이고 비반복적인 항목들은 이익잉여금계정에 직접 가감하고 손익계산서에는 포함시키지 않는다.

이러한 당기업적주의의 이론적 근거는 다음과 같다.

- 미래에도 계속해서 발생할 것으로 기대되는 경상적인 손익항목만을 손익계산서에 포함시키는 것이 미래 순이익을 예측하는 데 보다 더 유용하다. 손익계산서 상에 비경상적인 항목을 포함시키면, 구분하여 표시하더라도 대부분의 정보이용자들은 단지 순이익 자체에만 관심을 가지므로 순이익의 구성요소를 살펴보지 않을 위험이 존재한다. 따라서 이러한 위험을 배제하기 위하여 경상적으로 발생하는 항목만을 손익계산서에 포함시켜야 한다.
- 많은 정보이용자들은 경상적 항목과 비경상적 항목을 구별하는 데 익숙하지 못하므로 이러한 항목들이 손익계산서에 포함되면 정보이용자들은 혼란에 빠진다.

3. 일반기업회계기준

일반기업회계기준에서는 당기순손익에 기타포괄손익을 가감하여 산출한 포괄손익을 나타내는 포괄손익계산서를 작성하여 주석으로 기재하도록 하고 있다. 이 경우, 기타포괄손익의 각 항목은 관련된 법인세효과가 있다면, 그 금액을 차감한 후의 금액으로 표시하고 법인세효과에 대한 내용을 별도로 기재하도록 하고 있다(일반기준 2장 문단 2.56).

여기에서 말하는 포괄손익(comprehensive income)은 일정 기간 동안 주주와의 자본거래를 제외한 모든 거래나 사건에서 인식한 자본의 변동을 말하는 것으로, 이와 같이 포괄손익을 보고하는 목적은 주주와의 자본거래를 제외한 인식된 거래와 기타 경제적 사건으로 인하여 발생한 모든 순자산의 변동을 측정하기 위한 것이다(일반기준 2장 부록 결2.9).

현행 일반기업회계기준상 기타포괄손익에 해당하여 주석으로 공시하여야 하는 항목은 다음과 같다.

① 회계정책의 변경

일반기업회계기준 제5장에 따라 회계정책을 변경하는 경우에는 원칙적으로 그 효과를 소급적용하여 전기 또는 그 이전의 재무제표를 재작성하고 회계정책의 누적효과를 합리적으로 결정하기 어려운 경우에는 회계변경을 전진적으로 처리하여 그 효과를 당기와 당기 이후의 기간에 반영하도록 하고 있으므로, 회계정책의 변경으로 인한 손익은 각 회계연도의 순손익에 반영된다. 따라서, 당기에 기타포괄손익계산서에 반영할 사항은 없다.

그러나, 일반기업회계기준 제5장에 따른 회계정책의 변경이 아니고 다른 장에 의한 회계정책의 변경에 대하여 소급하여 재작성하지 않고 회계정책 변경의 누적효과를 기초 이익잉여금에 일시에 반영하는 경우에는 회계정책 변경의 누적효과를 포괄손익계산서에 별도의 항목으로 나타내고 당기의 포괄손익에 포함시킨다(일반기준 2장 부록 결2.14).

② 기타포괄손익누계액의 구성항목

기타포괄손익누계액에 해당하는 매도가능증권평가손익, 해외사업환산손익, 현금흐름위험회피 파생상품평가손익은 주주와의 자본거래에 해당하지 않는 거래로 인하여 기업 순자산의 변동을 가져온다. 따라서, 포괄손익계산서에 반영하여야 한다.

일반기업회계기준 제2장에서는 포괄손익계산서의 주석 양식을 다음과 같이 예시하고 있다.

일반기업회계기준 제2장 부록 사례1. 재무제표 양식

(7) 포괄손익계산서의 주석 양식

포괄손익계산서

제×기 20××년 ×월 ×일부터 20××년 ×월 ×일까지
제×기 20××년 ×월 ×일부터 20××년 ×월 ×일까지

기업명 : (단위 : 원)

구 분	당 기	전 기
당기순손익	×××	×××
회계정책변경누적효과(주)	×××	×××
기타포괄손익	×××	×××
매도가능증권평가손익		
(법인세효과 : ×××원)		
해외사업환산손익		
(법인세효과 : ×××원)		
현금흐름위험회피 파생상품평가손익		
(법인세효과 : ×××원)		
……		
포괄손익	×××	×××

(주) 회계정책의 변경에 대하여 소급적용하지 않고 회계정책 변경의 누적효과를 기초 이익잉여금에 일시에 반영하는 경우

제2절 손익계산서의 양식

손익계산서는 이해하기 쉽도록 간단하고 명료하게 표시하여야 하며, 일반기업회계기준 제2장(재무제표의 작성과 표시Ⅰ) 부록 사례1에서 예시하고 있는 손익계산서의 양식을 참조하여 작성한다. 다만, 예시된 명칭보다 내용을 잘 나타내는 계정과목명이 있는 경우에는 그 계정과목명을 사용할 수 있다(일반기준 2장 문단 2.15).

또한, 손익계산서를 작성함에 있어 손익계산서의 이용자에게 오해를 줄 염려가 없는 경우에는 금액을 천원이나 백만원 단위 등으로 표시할 수 있다(일반기준 2장 부록 실2.4).

앞서 설명한 바와 같이 손익계산서는 매출총손익, 영업손익, 법인세비용차감전계속사업손익, 계속사업손익, 중단사업손익, 당기순손익을 구분하여 작성하도록 하고 있다. 그런데, 중단사업손익이 없는 경우도 있을 수 있다. 이와 같이 중단사업손익이 없을 경우에는 '법인세비용차감전계속사업손익'을 '법인세비용차감전순손익'으로 표시하고, '계속사업손익법인세비용'은 '법인세비용'으로 표시하며, '계속사업이익'은 별도로 표시하지 않는다(일반기준 2장 부록 실2.52).

일반기업회계기준 제2장 부록 사례1. 재무제표 양식

(2) 손익계산서 양식(중단사업손익이 있을 경우)

손 익 계 산 서

제×기 20××년 ×월 ×일부터 20××년 ×월 ×일까지
제×기 20××년 ×월 ×일부터 20××년 ×월 ×일까지

기업명 : (단위 : 원)

과 목	당 기		전 기	
매출액		×××		×××
매출원가		×××		×××
기초제품(또는 상품)재고액	×××		×××	
당기제품제조원가 (또는 당기상품매입액)	×××		×××	
기말제품(또는 상품)재고액	(×××)		(×××)	
매출총이익(또는 매출총손실)		×××		×××
판매비와관리비		×××		×××
급여	×××		×××	
퇴직급여	×××		×××	
복리후생비	×××		×××	
임차료	×××		×××	
접대비	×××		×××	
감가상각비	×××		×××	
무형자산상각비	×××		×××	
세금과공과	×××		×××	
광고선전비	×××		×××	
연구비	×××		×××	
경상개발비	×××		×××	
대손상각비	×××		×××	
......	×××		×××	
영업이익(또는 영업손실)		×××		×××
영업외수익		×××		×××
이자수익	×××		×××	
배당금수익	×××		×××	
임대료	×××		×××	
단기투자자산처분이익	×××		×××	
단기투자자산평가이익	×××		×××	
외환차익	×××		×××	
외화환산이익	×××		×××	
지분법이익	×××		×××	
장기투자증권손상차손환입	×××		×××	
유형자산처분이익	×××		×××	
사채상환이익	×××		×××	
전기오류수정이익	×××		×××	
......	×××		×××	

과 목	당 기		전 기	
영업외비용		×××		×××
이자비용	×××		×××	
기타의대손상각비	×××		×××	
단기투자자산처분손실	×××		×××	
단기투자자산평가손실	×××		×××	
재고자산감모손실	×××		×××	
외환차손	×××		×××	
외화환산손실	×××		×××	
기부금	×××		×××	
지분법손실	×××		×××	
장기투자증권손상차손	×××		×××	
유형자산처분손실	×××		×××	
사채상환손실	×××		×××	
전기오류수정손실	×××		×××	
......	×××		×××	
법인세비용차감전계속사업손익		×××		×××
계속사업손익법인세비용		×××		×××
계속사업이익(또는 계속사업손실)		×××		×××
중단사업손익		×××		×××
(법인세효과 : ×××원)				
당기순이익(또는 당기순손실)		×××		×××

일반기업회계기준 제2장 부록 사례1. 재무제표 양식

(3) 손익계산서 양식(중단사업손익이 없을 경우)

손 익 계 산 서

제×기 20××년 ×월 ×일부터 20××년 ×월 ×일까지
제×기 20××년 ×월 ×일부터 20××년 ×월 ×일까지

기업명 : (단위 : 원)

과 목	당 기		전 기	
매출액		×××		×××
매출원가		×××		×××
기초제품(또는 상품)재고액	×××		×××	
당기제품제조원가 (또는 당기상품매입액)	×××		×××	
기말제품(또는 상품)재고액	(×××)		(×××)	
매출총이익(또는 매출총손실)		×××		×××
판매비와관리비		×××		×××
급여	×××		×××	
퇴직급여	×××		×××	
복리후생비	×××		×××	
임차료	×××		×××	
접대비	×××		×××	
감가상각비	×××		×××	
무형자산상각비	×××		×××	
세금과공과	×××		×××	
광고선전비	×××		×××	
연구비	×××		×××	
경상개발비	×××		×××	
대손상각비	×××		×××	
......	×××		×××	
영업이익(또는 영업손실)		×××		×××

과 목	당 기		전 기	
영업외수익		×××		×××
이자수익	×××		×××	
배당금수익	×××		×××	
임대료	×××		×××	
단기투자자산처분이익	×××		×××	
단기투자자산평가이익	×××		×××	
외환차익	×××		×××	
외화환산이익	×××		×××	
지분법이익	×××		×××	
장기투자증권손상차손환입	×××		×××	
유형자산처분이익	×××		×××	
사채상환이익	×××		×××	
전기오류수정이익	×××		×××	
……	×××		×××	
영업외비용		×××		×××
이자비용	×××		×××	
기타의대손상각비	×××		×××	
단기투자자산처분손실	×××		×××	
단기투자자산평가손실	×××		×××	
재고자산감모손실	×××		×××	
외환차손	×××		×××	
외화환산손실	×××		×××	
기부금	×××		×××	
지분법손실	×××		×××	
장기투자증권손상차손	×××		×××	
유형자산처분손실	×××		×××	
사채상환손실	×××		×××	
전기오류수정손실	×××		×××	
……	×××		×××	
법인세비용차감전순손익		×××		×××
법인세비용		×××		×××
당기순이익(또는 당기순손실)		×××		×××

손익계산서의 계정과목

01 매 출 액

제1절 수익의 정의와 인식기준

1. 수익의 정의

일정 기간에 대한 기업실체의 경영성과는 손익계산서에서 이익(profit)으로 요약되며, 이익은 수익(revenue)과 이득(gain)의 총액에서 비용(expense)과 손실(loss)의 총액을 차감한 것으로 측정된다. 여기서 수익은 통상적인 경영활동으로서의 재화의 생산 · 판매, 용역의 제공 등에 따른 경제적 효익의 유입으로서 이는 자산의 증가 또는 부채의 감소 및 그 결과에 따른 자본의 증가로 나타난다.

이와 같이 수익은 기업실체의 통상적인 경영활동의 결과로 발생하였거나 발생할 현금의 유입액으로 측정되며, 경영활동의 종류와 당해 수익이 인식되는 방법에 따라 매출액 · 수수료 · 이자수익 · 배당금수익 · 로열티 및 임대수익 등의 여러 가지 명칭으로 구분할 수 있다.

2. 수익의 인식기준

인식(recognition)이란 거래나 사건의 경제적 효과를 자산, 부채, 수익, 비용 등으로 재무제표에 표시하는 것을 말하며, 현금흐름표를 제외한 재무제표는 발생주의원칙(accrual basis)에 의해 작성된다(재무회계개념체계 문단 66, 131). 발생주의회계의 기본적인 논리는 발생기준에 따라 수익과 비용을 인식하는 것이다.

발생기준은 기업실체의 경제적 거래나 사건에 대해 관련된 수익과 비용을 그 현금유출입이 있는 기간이 아니라 당해 거래나 사건이 발생한 기간에 인식하는 것을 말한다. 발생주의 회계는 현금거래뿐 아니라, 신용거래, 재화 및 용역의 교환 또는 무상이전, 자산 및 부채의 가격변동 등과 같이 현금유출입을 동시에 수반하지 않는 거래나 사건을 인식함으로써 기업실체의 자산과 부채, 그리고 이들의 변동에 관한 정보를 제공하게 된다(재무회계개념체계 문단 67).

하지만 발생주의에 따라 수익을 인식하기 위하여는 수익획득과정이 진행됨에 따라 가치의 증가가 얼마만큼씩 일어나는지를 정확히 파악하여야 한다. 그러나 이는 매우 주관적이며 이를 객관적으로 정당화하기가 어렵다. 따라서 발생주의 수익을 약간 수정하여 실현주의에 따른 수익을 인식하게 되는 것으로 이러한 것을 수정적 회계원칙이라고 한다.

실현주의에 따른 수익은 경제적 효익이 유입됨으로써 자산이 증가하거나 부채가 감소하고 그 금액을 신뢰성 있게 측정할 수 있을 때 인식한다. 이는 수익의 인식이 자산의 증가나 부채의 감소와 동시에 이루어짐을 의미한다(재무회계개념체계 문단 143).

수익의 발생과정을 고려하여 위의 인식기준을 구체화하면, 수익은 다음의 요건을 모두 충족하는 시점에서 인식된다(재무회계개념체계 문단 144).

① 실현기준

수익은 실현되었거나(realized) 또는 실현가능한(realizable) 시점에서 인식한다. 수익은 제품, 상품 또는 기타 자산이 현금 또는 현금청구권과 교환되는 시점에서 실현된다. 수익이 실현가능하다는 것은 수익의 발생과정에서 수취 또는 보유한 자산이 일정액의 현금 또는 현금청구권으로 즉시 전환될 수 있음을 의미한다. 현금 또는 현금청구권으로 즉시 전환될 수 있는 자산은 교환단위와 시장가격이 존재하여 시장에서 중요한 가격변동 없이 기업실체가 보유한 수량을 즉시 현금화할 수 있는 자산을 말한다.

② 가득기준

수익은 그 가득과정이 완료되어야 인식한다. 기업실체의 수익창출활동은 재화의 생산 또는 인도, 용역의 제공 등으로 나타나며, 수익창출에 따른 경제적 효익을 이용할 수 있다고 주장하기에 충분한 정도의 활동을 수행하였을 때 가득과정이 완료되었다고 본다.

3. 매출액의 표시방법 및 주석기재

매출액은 기업의 주된 영업활동에서 발생한 제품, 상품, 용역 등의 총매출액에서 매출할인, 매출환입, 매출에누리 등을 차감한 금액이다. 따라서, 일반적으로 손익계산서상 매출액은 차감대상 금액을 차감한 순매출액으로 표시되나, 차감대상 금액이 중요한 경우에는 총매출액에서 차감하는 형식으로 표시하거나 주석으로 기재한다(일반기준 2장 문단 2.46).

또한, 매출액은 업종별이나 부문별로 구분하여 표시할 수 있으며, 반제품매출액, 부산물매출액, 작업폐물매출액, 수출액, 장기할부매출액 등이 중요한 경우에는 이를 구분하여 표시하거나 주석으로 기재한다(일반기준 2장 문단 2.47).

제2절 기업회계상 수익인식

1. 수익인식 일반론

(1) 개 요

일반기업회계기준 제16장 제1절(수익인식)은 재화의 판매나 용역의 제공으로부터 발생하는 수익과, 이자 · 배당금 · 로열티와 같이 자산을 타인에게 사용하게 함으로써 발생하는 수익 등 거래 형태별로 수익을 인식하는 기준을 제시하는 것을 그 목적으로 하고 있다. 여기서 수익은 자본참여자의 출자관련 증가분을 제외한 자본의 증가를 수반하는 것으로서 회계기간의 정상적인 활동에서 발생하는 경제적 효익의 총유입을 말하는 것으로서 영업수익에 한정하지 않고 영업외수익을 포함하여 정의하고 있다. 따라서, 기업의 설립목적상의 주된 영업활동과의 관련성, 반복적 발생 여부, 경영자의 통제가능성 여부 등에 따라 수익을 매출액 또는 영업외수익으로 구분 · 표시해야 한다.

즉, 기업의 주된 영업활동에 의한 경영성과가 적절하게 표시되도록 하기 위해서 기업의 주된 영업활동에서 발생한 수익은 매출액으로 계상하고 기업의 주된 영업활동이 아닌 활동에서 발생한 수익은 영업외수익에 포함하여야 한다.

한편 일반기업회계기준 제16장은 다른 일반기업회계기준에서 별도로 정하고 있거나 동 기준의 적용이 적절하지 않은 다음의 거래와 회계사건에는 적용하지 아니한다. 따라서 다음의 거래와 관련하여서는 일반기업회계기준 제6장(금융자산 · 금융부채), 제8장(지분법), 제9장(조인트벤처 투자), 제13장(리스), 제27장(특수활동), 보험업회계처리준칙 등을 적용하여야 할 것이다.

① 리스계약
② 지분법으로 회계처리하는 투자자산으로부터의 배당금
③ 보험회사의 보험계약
④ 금융자산과 금융부채의 공정가치 변동 또는 처분
⑤ 농림어업활동과 관련된 생물자산의 최초인식 및 공정가치의 변동 그리고 수확물의 최초인식
⑥ 광물의 추출

수익에 관한 회계처리에서 가장 중요한 문제는 수익을 인식하는 시점을 결정하는 것인데 일반적으로 시점결정은 다음의 인식요건을 모두 충족하는 경우에 인식하여야 한다(일반기준 16장 부록 결16.3).

첫째, 미래의 경제적 효익이 기업실체에 유입될 가능성이 매우 높아야 한다(probable).

둘째, 해당 항목에 대한 측정기준(measurement basis)이 있으며 이를 적용하여 당해 항목의 금액이 신뢰성 있게 측정될 수 있어야 한다.

(2) 매출액의 측정

1) 일반적인 경우

일반적으로 매출액은 재화의 판매, 용역의 제공이나 자산의 사용에 대하여 받았거나 또는 받을 판매대가의 공정가치로 측정하며, 매출에누리와 할인 및 환입은 수익에서 차감한다(일반기준 16장 문단 16.5). 여기서 공정가치라 함은 합리적인 판단력과 거래의사가 있는 독립된 당사자 사이의 거래에서 자산이 교환되거나 부채가 결제될 수 있는 금액을 말하며, 대부분의 경우 판매대가는 현금 또는 현금성자산의 금액일 것이다(일반기준 16장 용어정의 및 문단 16.6).

한편, 구형모델을 보상매입하여 제품의 판매가액에서 보상가격을 차감하여 판매하는 경우 판매제품의 정상가격에서 구형모델의 보상가격과 공정가치의 차액을 차감하여 매출액으로 인식하여야 한다(GKQA 04-049, 2004. 10. 8.).

2) 판매대가의 유입기간이 장기인 경우

판매대가가 재화의 판매 또는 용역의 제공 이후 장기기간에 걸쳐 유입되는 경우에는 그 공정가치가 미래에 받을 금액의 합계액, 즉 명목금액보다 작을 수 있다. 예를 들면, 무이자로 신용판매하거나, 판매대가로 표면이자율이 시장이자율보다 낮은 어음을 받는 경우에는 판매대가의 공정가치가 명목금액보다 작아진다. 이 때, 판매대가의 공정가치, 즉 매출액은 명목금액의 현재가치로 측정하며 공정가치와 명목금액과의 차액은 일반기업회계기준 제6장(금융자산·금융부채)에 따라 현금회수기간에 걸쳐 이자수익으로 인식한다. 이 경우, 현재가치의 측정에 사용되는 할인율은 신용도가 비슷한 기업이 발행한 유사한 금융상품(예 : 회사채)에 적용되는 일반적인 이자율과 명목금액의 현재가치와 제공되는 재화나 용역의 현금판매금액을 일치시키는 유효이자율 중 보다 명확히 결정될 수 있는 것으로 한다(일반기준 16장 문단 16.6).

3) 자산교환의 경우

① 유사한 성격과 가치를 갖는 재화 및 용역의 교환

성격과 가치가 유사한 재화나 용역간의 교환은 수익을 발생시키는 거래로 보지 않는다. 즉, 이 경우는 수익창출과정이 완료되지 않았기 때문에 교환에 따른 거래손익을 인식하지 않도록 한 것이다. 이러한 예로는 정유산업 등에서 공급회사간에 특정 지역의 수요를 적시에 충족시키기 위해 재고자산을 교환하는 경우가 있다(일반기준 16장 문단 16.7).

② 성격과 가치가 상이한 재화 및 용역의 교환

성격과 가치가 상이한 재화나 용역간의 교환은 수익을 발생시키는 거래로 본다. 이 때 수익은 교환으로 취득한 재화나 용역의 공정가치로 측정하되, 현금 또는 현금성자산의 이전이 수반되면 이를 반영하여 조정한다. 만일 취득한 재화나 용역의 공정가치를 신뢰성 있게 측정할 수 없으면 그 수익은 제공한 재화나 용역의 공정가치로 측정하고, 현금 또는 현금성자산의 이전이 수반되면 이를 반영하여 조정한다(일반기준 16장 문단 16.7).

(3) 거래의 식별

1) 경제적 실질에 따른 거래의 식별

수익인식기준은 일반적으로 각 거래별로 적용한다. 그러나 거래의 경제적 실질을 반영하기 위하여 하나의 거래를 2개 이상의 부분으로 구분하여 각각 다른 수익인식기준을 적용할 필요가 있는 경우가 있다. 예를 들면, 제품판매가격에 제품판매 후 제공할 용역에 대한 대가가 포함되어 있고 그 대가를 식별할 수 있는 경우에는 그 금액을 분리하여 용역수행기간에 걸쳐 매출액으로 인식한다. 그러나 둘 이상의 거래가 서로 연계되어 있어 그 경제적 효과가 일련의 거래 전체를 통해서만 파악되는 경우에는 그 거래 전체에 대하여 하나의 수익인식기준을 적용한다. 예를 들면, 재화를 판매하고 동시에 그 재화를 나중에 재구매하는 약정을 체결하는 경우는 두 거래의 실질적 효과가 상쇄되므로 판매에 대한 수익인식기준을 적용할 수 없으며 거래 전체를 하나로 보아 그에 적합한 회계처리를 한다(일반기준 16장 문단 16.8).

2) 주목적에 따른 거래의 식별

한 거래에서 판매자가 재화와 용역을 함께 제공하는 경우에는 적합한 회계처리를 위해서 먼저 거래의 주목적을 식별하여야 한다. 거래의 주목적을 식별하기 위한 기준은 다음과 같다(일반기준 16장 문단 16.9).

- 용역의 제공 여부가 총거래가격에 영향을 미치지 않고 재화판매에 부수적으로 수반된다는 내용이 계약상 명시되어 있다면 이를 재화판매거래로 분류한다. 예를 들면, 품질보증조건으로 재화를 판매하는 거래는 재화판매거래로 분류한다.
- 재화의 제공 여부가 총거래가격에 영향을 미치지 않고, 용역제공에 부수적으로 수반된다는 내용이 계약상 명시되어 있다면, 이를 용역제공거래로 분류한다. 예를 들면, 부품공급을 포함한 설비유지보수계약이 확정가격으로 체결되는 거래는 용역제공거래로 분

류한다.

- 재화와 용역이 별개로 취급되어 재화 또는 용역의 제공이 각각 총거래가격에 영향을 미치면, 이를 재화판매거래와 용역제공거래로 구분하여 별도로 회계처리한다.

구체적으로, 재화판매거래와 용역제공거래로 구분하여 별도로 회계처리하기 위해서는 다음의 조건을 모두 충족하여야 할 것이다.

① 재화의 공급과 용역의 제공활동에 대한 대가에 대하여 객관적이고 신뢰할 만한 공정가치가 존재하여 계약대가를 각각의 수익창출활동에 배분할 수 있다.

② 재화의 공급과 용역의 제공활동에 의해 구매자에게 제공되는 효익이 상호 영향을 미치지 않거나, 그 효익을 감소시키지 않고 다른 회사에 의해 공급 또는 제공될 수 있다.

(4) 주석공시사항

일반기업회계기준에서는 수익의 인식과 관련하여 다음 사항을 재무제표의 주석으로 기재하도록 하고 있다(일반기준 16장 문단 16.18, 25장 문단 25.9).

1) 수익을 인식하기 위하여 적용한 회계정책(용역제공거래의 진행률의 결정방법을 포함)

2) 특수관계자와의 거래에서 발생한 재화(완성품이나 재공품)의 매입이나 매출, 용역의 제공이나 수령

(5) 중소기업 회계처리 특례

중소기업기본법에 의한 중소기업(자본시장과 금융투자업에 관한 법률에 따른 상장법인·증권신고서 제출법인·사업보고서 제출대상법인, 금융회사, 연결실체에 중소기업이 아닌 기업이 포함된 경우의 지배기업을 제외함)의 경우에는 일반기업회계기준 제16장 제1절(수익인식) 및 제2절(건설형 공사계약)의 규정에 불구하고 1년 내의 기간에 완료되는 용역매출 및 건설형 공사계약에 대하여는 용역제공을 완료하였거나 공사 등을 완성한 날에 수익으로 인식할 수 있으며, 1년 이상의 기간에 걸쳐 이루어지는 할부매출은 할부금회수기일이 도래한 날에 실현되는 것으로 할 수 있다. 이 경우 선택한 특례규정의 내용은 주석으로 기재하여야 한다(일반기준 31장 문단 31.9, 31.14).

상기의 중소기업 회계처리 특례를 적용함에 있어 2011년 1월 1일 이후 최초로 개시하는 회계연도 전에 종전의 기업회계기준서 제14호(중소기업 회계처리 특례)에 따라 적용한 특례사항은 계속 적용하고, 적용하지 아니한 특례사항은 새로이 적용할 수 없다. 다만, 과거에 발생한 경우가 없는 새로운 사건이나 거래가 발생한 경우에는 상기의 특례규정을 적용할 수 있다(일반기준 경과규정 문단 10).

한편, 동 특례규정을 적용하던 중소기업이 이를 적용하지 아니하고자 하거나, 중소기업

에 해당하지 않게 되는 이유 등으로 이를 적용할 수 없는 경우에는, 일반기업회계기준 제5장(회계정책, 회계추정의 변경 및 오류)에 따라 회계처리하여야 한다(일반기준 31장 문단 31.17). 이에 대해 보다 자세한 회계처리방법은 '자본편 제5장(이익잉여금) 제4절(회계변경과 오류수정)'을 참조하도록 한다.

2. 재화의 판매로 인한 수익인식

(1) 매출인식의 요건

재화의 판매로 인한 매출은 다음의 5가지 조건이 모두 충족될 때 인식한다(일반기준 16장 문단 16.10). 여기서 재화라 함은 판매를 위해 취득한 상품과 판매목적으로 생산한 제품 등을 말한다.

첫째, 재화의 소유에 따른 유의적인 위험과 보상이 구매자에게 이전된다.

둘째, 판매자는 판매한 재화에 대하여 소유권이 있을 때 통상적으로 행사하는 정도의 관리나 효과적인 통제를 할 수 없다.

셋째, 수익금액을 신뢰성 있게 측정할 수 있다.

넷째, 경제적 효익의 유입가능성이 매우 높다.

다섯째, 거래와 관련하여 발생했거나 발생할 원가를 신뢰성 있게 측정할 수 있다.

(2) 재화의 소유에 따른 위험과 효익의 이전

① 일반적인 경우

소유에 따른 유의적인 위험과 보상이 구매자에게 이전된 시점을 결정하기 위해서는 거래상황을 분석하여야 한다. 재화의 판매에서 소유에 따른 위험과 보상의 이전은 일반적으로 법적 소유권의 이전 또는 재화의 물리적 이전과 동시에 일어난다. 그러나 경우에 따라서는 소유에 따른 위험과 보상의 이전시점이 법적 소유권의 이전시점이나 재화의 물리적 이전시점과 다를 수 있으므로 경제적 실질에 따라 처리하여야 한다(일반기준 16장 부록 실16.1).

또한 거래 이후에도 판매자가 관련 재화의 소유에 따른 유의적인 위험을 부담하는 경우에는 그 거래를 아직 판매로 보지 아니하며 따라서 매출을 인식하지 않는다. 이러한 예는 다음과 같다(일반기준 16장 부록 실16.2).

- 인도된 재화의 결함에 대하여 정상적인 품질보증 범위를 초과하여 책임을 지는 경우
- 판매대금의 회수가 구매자의 재판매에 의해 결정되는 경우
- 설치조건부 판매에서 계약의 유의적인 부분을 차지하는 설치가 아직 완료되지 않은 경우

-구매자가 판매계약에 따라 구매를 취소할 권리가 있고, 해당 재화의 반품가능성을 예측하기 어려운 반품가능 판매의 경우

위의 경우 소유에 따른 위험과 보상이 구매자에게 충분히 이전되어 매출을 인식할 수 있는 사건이 발생할 때까지 받은 현금을 선수금으로 기록한다. 그리고 매출을 인식할 때까지 관련된 자산을 취득원가 또는 장부가액으로 평가한다(일반기준 16장 부록 결16.8).

이와 같은 취지로, 발주회사가 원재료를 일괄구입하여 부품제조회사에 유상으로 공급하는 거래에서 원재료의 소유에 따른 유의적인 위험과 보상이 부품제조회사로 이전되었다고 인정된다면 동 거래를 '반제품 제조를 위한 원재료의 구매대행'으로 간주하여 발주회사는 원재료의 매매차익을 구매대행수수료로 보아 영업외수익으로 계상하여야 하나, 유의적인 위험과 보상이 이전되지 아니한 경우에는 부품제조회사로부터 받은 금액을 원재료에 대한 일종의 보증금으로 회계처리하며, 이후 임가공된 부품을 반입할 때 보증금의 반환과 외주가공비 지급으로 구분하여 회계처리하여야 한다(실무의견서 2005-4, 2005. 8. 31.).

② 반품가능판매의 경우

반품가능판매의 경우에는 (가) 판매가격이 사실상 확정되었고, (나) 구매자의 지급의무가 재판매 여부에 영향을 받지 않으며, (다) 판매자가 재판매에 대한 사실상의 책임을 지지 않고, (라) 미래의 반품금액을 신뢰성 있게 추정할 수 있다는 조건들이 모두 충족되지 않는 한 매출을 인식할 수 없다. 반면 위 조건들이 모두 충족되어 매출을 인식하는 경우에는 반품추정액을 매출액에서 차감하여야 한다. 고객이 한 제품을 유형, 품질, 조건, 가격이 모두 같은 제품으로 교환하는 경우에는 반품으로 보지 아니한다(일반기준 16장 부록 실16.3). 반품가능판매에 대하여는 '8. 반품가능판매의 수익인식편'에서 자세히 살펴보기로 한다.

그러나 거래 이후에 판매자가 소유에 따른 위험을 일부 부담하더라도 그 위험이 별로 중요하지 않은 경우에는 해당 거래를 판매로 보아 매출을 인식한다. 예를 들면, 판매자가 판매대금의 회수를 확실히 할 목적으로 해당 재화의 법적 소유권을 계속 가지고 있더라도 소유에 따른 유의적인 위험과 보상이 실질적으로 구매자에게 이전되었다면 해당 거래를 판매로 보아 매출을 인식한다. 또다른 예로 고객이 만족하지 않는 경우에 판매대금을 반환하는 소매판매를 들 수 있다. 이러한 경우에 과거의 경험과 기타 관련 요인에 기초하여 미래의 반환금액을 신뢰성 있게 추정할 수 있다면, 판매시점에 매출을 인식하고 추정반환금액은 부채로 인식한다(일반기준 16장 부록 실16.4).

(3) 관리권이나 통제권의 이전

매출을 인식하기 위하여는 판매자가 판매한 재화에 대하여 소유권이 있을 때, 통상적으로 행사하는 정도의 관리나 효과적인 통제를 할 수 없어야 한다.

(4) 수익금액의 측정가능성

매출은 수익금액을 신뢰성 있게 측정할 수 있는 시점에 인식한다. 이는 수익금액이 반드시 확정되어야 함을 의미하는 것은 아니며, 합리적인 근거에 의해 추정가능한 경우에는 정보로서의 신뢰성을 가질 수 있기 때문에 매출을 인식한다. 그러나 추정을 위한 합리적인 근거가 부족하여 신뢰성을 현저히 저해하는 경우에는 매출을 인식하지 않는다(일반기준 16장 부록 실16.5).

(5) 경제적 효익의 유입가능성

매출은 거래와 관련된 경제적 효익의 유입가능성이 매우 높은 경우에만 인식한다. 따라서 판매대가를 받을 것이 불확실한 경우 또는 현금회수가능성을 합리적으로 예측할 수 없는 경우에는 불확실성이 해소되는 시점까지 매출을 인식하지 않는다. 즉, 구매자의 대금지불가능성을 예측하기 어렵거나 현금회수를 위하여 상당한 양의 노력을 투입하여야 하는 경우에는 매출의 인식을 이연한다. 또한 미래에 발생할 환불이나 반품을 합리적으로 예측할 수 없는 경우에도 매출의 인식을 이연하는 것이 적절하다. 그러나 이미 매출로 인식한 금액에 대해서는 추후에 회수가능성이 불확실해지는 경우에도 수익금액을 조정하지 아니하고 회수불가능하다고 추정되는 금액을 비용으로 인식한다. 이 때 유의할 것은 고객으로부터의 현금회수가능성이 불확실한 경우에 대손율을 합리적으로 추정할 수 있는가의 여부는 대손율의 높고 낮음과는 직접적으로 관련이 없다는 점이다. 비록 대손율이 높다 하더라도 대손율을 합리적으로 추정할 수 있으면 판매시점에 매출을 인식하지만, 불확실성이 높아 대손율을 합리적으로 추정할 수 없는 경우에는 판매시점 이후의 현금회수시점에 매출을 인식하여야 한다(일반기준 16장 부록 실16.6, 결16.9).

(6) 매출과 관련된 원가나 비용의 측정가능성

매출과 관련 비용은 대응하여 인식한다. 즉, 특정 거래와 관련하여 발생한 매출과 비용은 동일한 회계기간에 인식한다. 일반적으로 재화의 인도 이후 예상되는 품질보증비나 기타 비용은 수익인식시점에서 신뢰성 있게 측정할 수 있다. 그러나 관련된 비용을 신뢰성 있게 측정할 수 없다면 매출을 인식할 수 없다. 이 경우에 재화판매의 대가로 이미 받은 금액은 부채로 인식한다(일반기준 16장 부록 실16.7).

(7) 재화판매의 매출인식 사례

1) 구매자요청에 의한 재화의 인도지연

재화의 인도가 구매자의 요청에 따라 지연되고 있으나, 구매자가 소유권을 가지며 대금청구를 수락하는 판매(미인도청구판매)는 다음 조건을 충족하면 구매자가 소유권을 가지는 시점에 매출을 인식한다. 그러나 인도시점에 맞추어 재화를 취득하거나 생산하겠다는 의도만 있는 경우에는 수익을 인식하지 않는다(일반기준 16장 부록 사례1).

- 재화가 인도될 가능성이 거의 확실하다.
- 판매를 인식하는 시점에 판매자가 해당 재화를 보유하고 있고, 재화가 식별되며, 구매자에게 인도될 준비가 되어 있다.
- 재화의 인도 연기에 대하여 구매자의 구체적인 확인이 있다.
- 통상적인 대금지급조건을 적용한다.

2) 인도 후 조건부 판매

재화가 인도된 후 최종 판매 여부와 관련된 조건이 있는 경우에는 다음과 같이 처리한다.

① 설치 및 검사 조건부 판매의 경우

구매자에게 재화가 인도되어 설치와 검사가 완료되었을 때 매출을 인식한다. 그러나 다음의 경우에는 구매자가 재화를 인수한 시점에 즉시 매출을 인식한다(일반기준 16장 부록 사례2).

가. 설치과정이 성격상 단순한 경우 : 예를 들면 공장에서 이미 검사가 완료된 텔레비전 수상기의 설치와 같이 포장의 개봉과 전원 및 안테나의 연결만이 필요한 경우

나. 이미 결정된 계약가액을 최종적으로 확인하기 위한 목적만으로 검사가 수행되는 경우 : 예를 들면, 무연탄이나 곡물 등을 인도하는 경우

② 구매자에게 제한적인 반품권이 부여된 경우

반품가능성이 불확실하여 추정이 어려운 경우에는 구매자가 재화의 인수를 공식적으로 수락한 시점 또는 재화가 인도된 후 반품기간이 종료된 시점에 매출을 인식한다(일반기준 16장 부록 사례3).

③ 위탁판매의 경우

위탁판매의 경우 위탁자는 수탁자가 해당 재화를 제3자에게 판매한 시점에 수익을 인식한다(일반기준 16장 부록 사례4). 위탁매출에 대하여는 '6. 위탁매출의 수익인식편'에서 자세히 살펴보기로 한다.

3) 할부판매

할부판매란 상품이나 제품을 판매함에 있어서 판매대금을 분할하여 회수하는 조건으로 이루어지는 판매형태를 말하며, 할부판매의 경우에는 이자부분을 제외한 판매가액에 해당하는 부분을 판매시점에 인식한다. 즉, 판매가격은 대가의 현재가치로서 할부금액을 내재이자율로 할인한 금액이다. 이자부분은 유효이자율법을 사용하여 가득하는 시점에 수익으로 인식한다(일반기준 16장 부록 사례8). 할부판매에 대하여는 '7. 할부매출의 수익인식편'에서 자세히 살펴보기로 한다.

4) 상품권 발행

상품권의 발행과 관련된 매출은 상품권을 회수한 시점, 즉 재화를 인도하거나 판매한 시점에 인식하고 상품권을 판매한 때에는 선수금으로 처리한다(일반기준 16장 부록 실16.16). 상품권매출에 대하여는 '11. 상품권의 수익인식편'에서 자세히 살펴보기로 한다.

5) 판매후 재매입 약정(스왑거래 제외)

판매자가 판매와 동시에 당해 재화를 후에 재구매할 것을 약정하거나 재구매할 수 있는 콜옵션을 가지는 경우 또는 구매자가 판매자에게 재구매를 요구할 수 있는 풋옵션을 가지는 경우가 있다. 이 때 소유에 따른 위험과 보상이 구매자에게 실질적으로 이전되어 판매자가 매출을 인식하여야 하는지의 여부는 해당 계약의 실질적인 내용에 따라 결정한다. 법적 소유권이 이전되었다 하더라도 판매자가 소유에 따른 위험과 보상을 계속하여 보유하고 있다면 이러한 거래는 판매거래가 아니며 금융거래로 본다(일반기준 16장 부록 사례5).

6) 중간상 판매

유통업자, 판매자, 재판매를 목적으로 하는 기타상인등과 같은 중간상에 판매한 경우에 대해서는 일반적으로 소유에 따른 위험과 보상이 구매자에게 이전되는 시점에 매출을 인식한다. 그러나 구매자가 실질적으로 대리인 역할만을 한다면 이러한 거래를 위탁판매로 처리한다(일반기준 16장 부록 사례6).

7) 출판 및 이와 유사한 품목의 구독

출판 및 이와 유사한 품목의 금액이 매기 비슷한 경우에는 발송기간에 걸쳐 정액법으로 수익을 인식한다. 그러나 품목의 금액이 기간별로 다른 경우에는 발송된 품목의 판매금액이 구독신청을 받은 모든 품목의 추정 총판매금액에서 차지하는 비율에 따라 매출을 인식한다(일반기준 16장 부록 사례7).

8) 부동산판매

부동산의 판매로부터의 수익은 다음과 같이 인식한다(일반기준 16장 부록 사례9).

① 부동산의 판매수익은 법적 소유권이 구매자에게 이전되는 시점에 인식한다. 그러나 법적 소유권이 이전되기 전이라도 소유에 따른 위험과 보상이 구매자에게 실질적으로 이전되는 경우가 있다. 이 때에는 판매자가 계약 완료를 위하여 더 이상 유의적인 행위를 수행할 의무가 없다면 수익을 인식할 수 있다. 법적 소유권이 이전되거나 또는 소유에 따른 위험과 보상이 구매자에게 실질적으로 이전된 이후에도 판매자가 중요한 행위를 추가로 수행할 의무가 있는 경우에는 해당 행위가 완료되는 시점에 수익을 인식한다.

② 경우에 따라서는 판매자가 부동산을 판매한 후에도 지속적으로 관여하기 때문에 소유에 따른 위험과 보상이 이전되지 않을 수 있다. 예를 들면 풋/콜옵션을 포함한 판매와 재구매계약, 정해진 기간 동안 판매자가 일정 수준의 임대율을 보장한 약정계약이 이에 해당한다. 이러한 경우에는 관여의 성격이나 그 정도에 따라 판매거래로 회계처리하거나 금융거래 또는 리스거래 등으로 처리한다. 판매거래로 회계처리하는 경우 판매자가 지속적으로 관여하여야 한다면 수익인식을 연기하여야 한다.

③ 판매자는 지급수단, 그리고 지급을 완료하겠다는 구매자의 확고한 의사표시에 대한 증거를 검토하여야 한다. 예를 들면, 수취한 금액(계약금 및 중도금 포함)에 비추어 볼 때 지급을 완료하겠다는 구매자의 확고한 의사표시가 확인되지 않을 경우에는 현금수취액의 한도 내에서만 수익을 인식해야 한다.

9) 대리수탁판매

기업이 재화의 소유에 따른 위험과 보상을 가지지 않고 타인의 대리인 역할을 수행하여 재화를 판매하는 경우에는 판매금액 총액을 수익으로 계상할 수 없으며 판매수수료만을 수익으로 인식해야 한다. 다음과 같은 예가 이에 해당한다(일반기준 16장 부록 사례10).

① 임대업을 영위하는 회사는 임대매장에서 발생하는 매출과는 무관하므로 임차인으로부터 수취하는 임대료만을 수익으로 인식해야 한다.

② 수출업무를 대행하는 종합상사는 판매를 위탁하는 회사를 대신하여 재화를 수출하는 것이므로 판매수수료만을 수익으로 계상해야 한다.

③ 제품공급자로부터 받은 제품을 인터넷상에서 중개판매하거나 경매하고 수수료만을 수취하는 전자쇼핑몰 운영회사는 관련 수수료만을 수익으로 인식해야 한다.

위의 내용과 관련해서 한국회계기준원 회계질의회신(GKQA 02-085, 2002. 5. 20.)에서도 백화점 납품업체 및 백화점의 수익인식과 관련하여 납품업체는 재화가 최종소비자에게 판매되는 시점에 매출을 인식하고, 백화점은 동 시점에 관련 수수료수익만을 인식해야 한다고 하고 있다. 하지만 실무적으로 대리수탁판매에 해당되는지 여부를 명확히 판단하는 데 어려운 점이 있는 바, 이에 관하여는 '13. 수익의 총액 또는 순액인식편'에서 자세히 살펴보기로 한다.

3. 용역의 제공에 따른 수익인식

(1) 진행기준에 의한 수익인식

1) 일반사항

용역의 제공으로 인한 매출은 용역제공거래의 성과를 신뢰성 있게 추정할 수 있을 때 용역제공기간의 장 · 단기 구분 없이 진행기준에 따라 인식한다. 그리고 다음 조건이 모두 충족되는 경우에는 용역제공거래의 성과를 신뢰성 있게 추정할 수 있다고 본다(일반기준 16장 문단 16.11). 여기서 용역의 제공은 일반적으로 계약에 의하여 합의된 과업을 수행하는 것을 말하며, 진행기준은 거래의 완성정도에 따라 용역이 제공되는 회계기간에 걸쳐 수익을 인식하는 방법을 말한다.

첫째, 거래 전체의 수익금액을 신뢰성 있게 측정할 수 있다.

둘째, 경제적 효익의 유입가능성이 매우 높다.

셋째, 진행률을 신뢰성 있게 측정할 수 있다.

넷째, 이미 발생한 원가 및 거래의 완료를 위하여 투입하여야 할 원가를 신뢰성 있게 측정할 수 있다.

기술용역이나 운송용역, 의료 · 법률 · 회계용역 등의 용역제공거래에서는 재화판매거래와는 달리 소유에 따른 위험과 보상의 이전 여부를 고려할 필요가 없으며, 또한 용역제공거래에서는 용역의 생산과 동시에 고객에게 제공되고 그 대금과 기타 거래조건은 사전에 약정된다. 따라서 용역제공거래에서의 매출인식은 일반적으로 진행기준에 따라 이루어진다(일반기준 16장 부록 결16.10).

진행기준을 적용하기 위해서는 진행률을 추정해야 하므로 상당한 불확실성이 따르게 되고, 주관적인 요소가 개입되어 신뢰성 있는 회계정보를 제공하기가 어려운 측면이 있다. 그러나 진행기준에 따른 수익인식은 수익가득과정 전체에 걸쳐 연속적으로 매출이 가득된다는 견해와 일치할 뿐 아니라 거래가 발생하는 기간에 거래의 영향을 보고함으로써 발생기준 회계의 목적을 달성할 수 있다. 또한 진행기준에 의한 이익은 특정 회계기간에 발생한 기업활동의 성과를 나타내므로 적시성 있는 목적적합한 회계정보를 제공할 수 있다(일반기준 16장 부록 결16.12).

그리고 용역제공거래에서는 수익금액과 고객(거래처)이 이미 정해져 있기 때문에 생산 그 자체가 수익가득과정에서의 결정적인 사건에 해당되며, 생산활동에 따라 매출을 인식하고 동시에 관련 비용을 결정할 수 있다. 따라서 진행률을 합리적으로 측정할 수 있다면 용역제공거래의 진행정도에 따라 매출을 인식하는 것이 타당하다(일반기준 16장 부록 결16.13).

2) 수익금액의 측정가능성

용역매출은 수익금액을 신뢰성 있게 측정할 수 있는 시점에 인식한다. 이는 수익금액이 반드시 확정되어야 함을 의미하는 것은 아니며, 합리적인 근거에 의해 추정가능한 경우에는 정보로서의 신뢰성을 가질 수 있기 때문에 매출을 인식한다. 그러나 추정을 위한 합리적인 근거가 부족하여 신뢰성을 현저히 저해하는 경우에는 진행기준에 따른 수익을 인식하지 않는다(일반기준 16장 부록 실16.8).

제공되는 용역과 관련하여 거래 당사자 모두에 대해 법적 구속력이 있는 권리, 용역제공의 대가 및 정산 방법과 조건에 대하여 거래 상대방과 합의한 경우에는 일반적으로 거래 전체의 수익금액을 신뢰성 있게 측정할 수 있으며 경제적 효익의 유입가능성이 매우 높은 것으로 본다. 한편, 용역제공이 진행됨에 따라 해당 기간에 인식할 수익금액의 추정치를 재검토하고 필요할 경우에는 수정해야 한다. 그러나 이와 같은 경우라 할지라도 거래의 성과를 신뢰성 있게 추정할 수 없다는 것을 의미하는 것은 아니다(일반기준 16장 부록 실16.9).

3) 경제적 효익의 유입가능성

용역매출은 거래와 관련된 경제적 효익의 유입가능성이 매우 높은 경우에 인식한다. 따라서 판매대가를 받을 것이 불확실한 경우에는 불확실성이 해소되는 시점까지 진행기준에 따른 수익을 인식하지 않는다. 그러나 이미 매출로 인식한 금액에 대해서는 추후에 회수가능성이 불확실해지는 경우에도 수익금액을 조정하지 아니하고 회수불가능하다고 추정되는 금액을 비용으로 인식한다(일반기준 16장 부록 실16.8).

4) 진행률의 측정가능성

진행기준으로 수익을 인식하기 위해서는 진행률을 신뢰성 있게 측정할 수 있어야 한다. 용역제공거래의 진행률은 다양한 방법으로 결정할 수 있다. 기업은 기업의 성격 또는 제공되는 용역의 성격에 따라 용역수행정도를 가장 신뢰성 있게 측정할 수 있는 방법을 선택하여 계속해서 사용하여야 한다. 예를 들면, 진행률은 다음 '①' 내지 '③'을 이용하여 계산할 수 있다.

① 총예상작업량(또는 작업시간) 대비 실제작업량(또는 작업시간)의 비율

② 총예상용역량 대비 현재까지 제공한 누적용역량의 비율

③ 총추정원가 대비 현재까지 발생한 누적원가의 비율. 현재까지 발생한 누적원가는 현재까지 수행한 용역에 대한 원가만을 포함하며, 총추정원가는 현재까지의 누적원가와 향후 수행하여야 할 용역의 원가를 합계한 금액이다.

그러나 고객으로부터 받은 중도금 또는 선수금에 기초하여 계산한 진행률은 작업진행정도를 반영하지 않을 수 있으므로 적절한 진행률로 보지 아니한다(일반기준 16장 부록 실16.10).

한편, 기업컨설팅과 같이 계약기간 내에 불특정 다수의 용역을 복합적으로 제공하는 계약이 있을 수 있다. 이 때 그 용역수행정도를 보다 잘 나타낼 수 있는 다른 방법이 없는 경우에는 실무적 편의를 위하여 정액법이나 작업시간 또는 작업일자 기준으로 매출을 인식할 수 있다. 다만, 어떤 용역활동이 다른 활동에 비해 특별히 유의적인 때에는 그 활동이 수행될 때까지 매출의 인식을 연기한다(일반기준 16장 부록 실16.11).

5) 발생원가와 추정예정원가의 측정가능성

용역매출을 진행기준으로 인식하기 위해서는 이미 발생한 원가 및 거래를 완료하기 위하여 추가로 투입하여야 할 원가를 신뢰성 있게 측정할 수 있어야 한다. 한편, 용역제공거래에서 이미 발생한 원가와 그 거래를 완료하기 위해 추가로 발생할 것으로 추정되는 원가의 합계액이 해당 용역거래의 총수익을 초과하는 경우에는 그 초과액과 이미 인식한 이익의 합계액을 전액 당기손실로 인식한다(일반기준 16장 문단 16.12).

(2) 성과를 신뢰성 있게 추정할 수 없는 경우

용역제공거래의 성과를 신뢰성 있게 추정할 수 없는 경우에는 발생한 비용의 범위 내에서 회수가능한 금액을 수익으로 인식한다. 즉, 생산기간 중에 매출을 인식하는 데 있어 용역제공과 관련된 수익금액과 고객이 이미 정해져 있다 하더라도 용역제공과 관련된 총비용을 합리적으로 추정할 수 없어 진행률을 합리적으로 추정할 수 없는 경우나, 수익금액을 신뢰성 있게 측정할 수 없는 경우에는 발생한 원가의 범위 내에서 회수가능한 금액을 매출로 계상하고 발생원가 전액을 비용으로 인식한다(일반기준 16장 문단 16.13, 부록 결16.15).

(3) 성과를 신뢰성 있게 추정할 수 없고 발생한 원가의 회수가능성이 낮은 경우

용역제공거래의 성과를 신뢰성 있게 추정할 수 없고 발생한 원가의 회수가능성이 낮은 경우에는 수익을 인식하지 않고 발생한 원가를 비용으로 인식한다. 한편, 거래의 성과를 신뢰성 있게 추정하는 것을 어렵게 만들었던 불확실성이 해소된 경우에는 진행기준에 따라 수익을 인식한다(일반기준 16장 문단 16.14).

(4) 용역제공의 매출인식 사례

1) 해운업을 영위하는 기업

해운업을 영위하는 기업은 진행기준에 따라 수익을 인식하는 것이 수익과 관련 비용을 보다 정확하게 대응시켜 주므로 항해완료기준보다 진행기준에 따라 수익을 인식하여야 한다. 다만, 용역제공거래의 성과를 신뢰성 있게 추정할 수 없는 경우에는 발생한 비용의 범위 내에서 회수가능한 금액을 수익으로 인식한다(일반기준 16장 부록 결16.16).

2) 설치수수료

설치수수료는 재화가 판매되는 시점에 수익을 인식하는 재화의 판매에 부수되는 설치를 제외하고는 설치의 진행률에 따라 수익을 인식한다(일반기준 16장 부록 사례11).

한편, 한국회계기준원의 회계질의회신(GKQA 02-131, 2002. 8. 9.)에서는 시스템 구축용역을 수행하면서 하드웨어를 함께 제공하기로 하는 일괄계약을 체결한 경우 일괄계약이 다음과 같은 조건을 모두 충족하는 경우에는 재화와 용역의 공급을 별도의 수익창출활동으로 보아 재화의 공급에 대하여는 인도기준을, 용역의 공급에 대하여는 진행기준을 적용하여 수익을 인식하도록 하였다.

① 하드웨어의 공급 및 설치와 관련된 수익창출활동과 그밖의 용역매출과 관련된 수익창출활동에 대한 객관적이고 신뢰할 만한 공정가치가 존재하여 계약대가를 각각의 수익창출활동에 배분할 수 있고,

② 하나의 수익창출활동으로부터 고객에게 제공되는 효익이 다른 수익창출활동에 의하여 영향을 받지 않거나, 하나의 수익창출활동이 다른 수익창출활동으로부터 고객에게 제공되는 효익을 감소시키지 않고 다른 공급자에 의하여 제공될 수 있다.

그러나 일괄계약이 위의 조건을 모두 충족하지 않는 경우 재화와 용역의 공급을 하나의 거래로 보아 수익을 인식하며, 거래의 주목적을 식별하여 다음과 같이 처리하도록 하였다.

① 용역의 공급이 재화판매에 부수적으로 수반되는 경우에는 인도기준에 따라 수익을 인식한다.

② 재화의 공급이 용역제공에 부수적으로 수반되는 경우에는 진행기준에 따라 수익을 인식한다. 이 경우 진행률은 주된 용역거래의 특성에 따라 작업진행정도를 가장 신뢰성 있게 측정할 수 있는 방법을 적용하여 산정하며, 일반적으로 재화와 용역의 총예정원가에 대한 실제발생원가의 비율로 할 수 있다. 그러나 추가적인 가공 없이 즉시 투입될 수 있는 재화의 공급이 용역제공기간 초기에 집중되는 예와 같이, 총예정원가

에 대한 실제발생원가의 비율로 진행률을 산정할 경우 주된 거래인 용역의 작업진행 정도를 합리적으로 반영할 수 없는 것으로 판단되는 경우에는 당해 재화의 원가는 진행률 계산시 산입하지 않는다. 이 때 당해 재화의 원가는 상기와 같이 계산된 진행률에 의하여 안분하여 원가에 산입한다.

3) 제품가격에 포함된 용역수수료

제품판매가격에 판매 후 제공할 용역(예를 들면, 소프트웨어 판매의 경우 판매 후 지원 및 제품개선용역)에 대한 식별가능한 금액이 포함되어 있는 경우에는 그 금액을 이연하여 용역수행기간에 걸쳐 수익으로 인식한다. 이연되는 금액은 약정에 따라 제공될 용역의 예상원가에 이러한 용역에 대한 합리적인 이윤을 가산한 금액이다(일반기준 16장 부록 사례12).

4) 광고수수료

광고매체수수료는 광고 또는 상업방송이 대중에게 전달 될 때 인식하고, 광고제작수수료는 광고제작의 진행률에 따라 인식한다(일반기준 16장 부록 사례13).

5) 보험대리수수료

보험대리인이 추가로 용역을 제공할 필요가 없는 경우에 보험대리인은 대리인이 받았거나 받을 수수료를 해당 보험의 효과적인 개시일 또는 갱신일에 수익으로 인식한다. 그러나 대리인이 보험계약기간에 추가로 용역을 제공할 가능성이 매우 높은 경우에는 수수료의 일부 또는 전부를 이연하여 보험계약기간에 걸쳐 수익으로 인식한다(일반기준 16장 부록 사례14).

6) 금융용역 수수료

금융용역 수수료에 대한 수익인식은 수수료 부과목적과 관련 금융상품의 회계처리에 따라 달라질 수 있다. 금융용역 수수료의 명칭은 제공되는 용역의 내용이나 실질과 상이할 수 있으므로 금융용역 수수료는 명칭과 상관 없이 금융상품의 유효수익의 일부인 수수료, 용역의 제공에 따라 가득되는 수수료, 유의적인 행위를 수행함으로써 가득되는 수수료로 구분하는 것이 필요하다(일반기준 16장 부록 사례15).

① 금융상품의 유효수익의 일부인 수수료는 일반적으로 유효수익의 조정항목으로 처리한다. 그러나 관련 금융상품을 최초로 인식한 이후에 공정가치로 평가하는 경우에 수수료는 그 금융상품을 최초로 인식하는 시점에 수익으로 인식한다.

가. 자금의 대출 또는 금융상품의 취득과 관련하여 수취하는 개설수수료는 차입자의

재무상태 평가, 보증·담보 기타 원리금 보장계약과 관련된 평가 및 사무처리, 금융상품의 조건에 대한 협상, 관련 서류의 준비 및 작성, 계약의 완료 등의 활동에 대한 보상이다. 이러한 수수료는 대출 또는 관련 금융상품에 대한 지속적인 관여의 대가이므로 관련된 직접 비용과 함께 이연하여 유효수익의 조정항목으로 인식한다.

나. 특정 대출이 이루어질 것이 거의 확실한 경우의 대출약정수수료는 대출과 관련된 지속적인 관여의 대가이므로 관련된 직접 비용과 함께 이연하여 유효수익의 조정항목으로 인식한다. 만일 대출이 이루어지지 않은 상태에서 대출약정기간이 종료된다면 그 대출약정수수료는 종료시점에 수익으로 인식한다.

다. 상각후원가로 측정되는 금융부채의 발행에 따라 수취하는 수수료. 이러한 수수료는 금융부채를 발행하기 위한 관여의 일부가 된다. 금융부채 유효이자율의 일부인 수수료 등은 투자관리용역과 같은 용역을 제공하는 권리와 관련된 수수료 등과 구분한다.

② 용역제공이 진행됨에 따라 가득되는 수수료는 다음과 같이 처리한다.

가. 대출과 관련된 용역의 제공대가로 부과되는 수수료는 그 용역이 진행됨에 따라 수익으로 인식한다. 대출채권을 양도하였으나 정상보다 낮은 수수료로 대출과 관련된 용역(예 : 원리금에 대한 청구업무 등)을 계속 수행하는 경우에는 대출채권의 양도대가의 일부는 실질적으로 용역수수료이므로 이연하여 관련 용역이 진행됨에 따라 수익으로 인식한다.

나. 특정 대출이 이루어질 것이 기대되지 않는 경우의 대출약정수수료는 약정기간 동안 안분하여 수익으로 인식한다.

다. 투자관리에 대해 부과되는 수수료는 용역을 제공할 때에 수익으로 인식한다.

투자관리 계약의 체결에 직접 귀속되는 증분원가가 개별적으로 식별가능하며 신뢰성있게 측정가능하고 회수가능성이 매우 높다면 자산으로 인식한다. 이러한 자산은 투자관리용역을 제공함으로써 얻을 수 있는 효익에 대한 계약상 권리를 나타내며 관련 수익을 인식함에 따라 상각한다. 만일 여러 투자관리 예약들의 포트폴리오를 보유한다면 포트폴리오별로 회수가능성을 평가할 수 있다.

금융용역계약 중에는 한가지 이상의 금융상품의 개설 및 투자관리용역의 제공 모두에 관련된 경우도 있다. 지분증권집합의 관리와 연계된 월납 장기 저축계약이 이러한 예에 해당한다. 계약 제공자는 금융상품의 개설에 관련된 거래원가를 투자관리용역을 제공할 권리의 확보에 소요된 원가와 구분한다.

③ 일부 금융용역수수료는 결정적으로 유의적인 행위가 수행되었을 때 가득된다. 이러한 수수료의 예는 다음과 같다.

가. 주식배정수수료는 주식배정을 완료한 시점에 수익으로 인식한다.

나. 대출중개수수료는 대출이 이루어진 시점에 수익으로 인식한다.

다. 신디케이트론을 주선하지만 해당 신디케이트에는 참여하지 않거나 또는 다른 참여자와 동일한 유효수익을 가지며 신디케이트에 참여하는 경우, 신디케이트론 주선수수료는 신디케이트론이 개시되는 시점에 수익으로 인식한다. 그러나 신디케이트론을 주선함과 동시에 다른 참여자보다 낮은 유효수익으로 신디케이트에 참여하는 경우, 신디케이트론 주선수수료에는 대출 자체의 위험에 대한 보상이 포함되어 있다. 신디케이트론 주선수수료 중 대출위험과 관련된 부분은 이연하여 유효수익의 조정항목으로 처리한다. 반대로 신디케이트론을 주선함과 동시에 다른 참여자보다 높은 유효수익으로 신디케이트에 참여하는 경우, 그 유효수익에는 주선수수료가 일부 포함된 것으로 볼 수 있다. 주선수수료로 볼 수 있는 유효수익 부분은 신디케이트론이 개시되는 시점에 주선수수료 수익으로 인식한다.

7) 입장료

예술공연, 축하연, 기타 특별공연 등에서 발생하는 수익은 행사가 개최되는 시점에 인식한다. 하나의 입장권으로 여러 행사에 참여할 수 있는 경우의 입장료 수익은 각각의 행사를 위한 용역의 수행된 정도가 반영된 기준에 따라 각 행사에 배분하여 인식한다(일반기준 16장 부록 사례16).

8) 수강료

수강료는 강의기간에 걸쳐 수익으로 인식한다(일반기준 16장 부록 사례17).

9) 입회비 · 입장료 및 회원가입비

제공되는 용역의 성격에 따라 수익인식이 결정된다. 만일 회비가 회원가입만 위한 것이고 기타 모든 용역이나 제품의 제공대가가 별도로 수취되거나 별도의 연회비가 있다면, 이러한 회비는 회수에 유의적인 불확실성이 없는 시점에 수익으로 인식한다. 만일 회비를 납부하고 회원가입기간동안 무상으로 용역이나 간행물을 제공받거나 재화나 용역을 비회원보다 저렴한 가격으로 구매할 수 있는 경우에는 이러한 효익이 제공되는 시기, 성격 및 가치를 반영하는 기준으로 수익을 인식한다(일반기준 16장 부록 사례18).

예를 들어, 결혼관련 Database업 및 결혼정보 제공 등을 주 영업목적으로 하는 회사에서 회원으로부터 입회비, 등록비 및 활동비를 수령할 때 입회비와 등록비는 회원모집을 위한 광고 및 홍보활동에 대한 것으로 회원모집 후 추가 용역제공이나 환불의무가 없으며, 활동비는 매월 4회의 결혼정보 제공 서비스에 대한 것으로 계약기간 동안의 미사용분에 대하여 환불하여야 하는 경우, 입회비 및 등록비는 회수가능성이 매우 높은 경우 수익으로 인식하고 활동비는 용역수행정도를 가장 신뢰성 있게 측정할 수 있는 방법에 의한 진행률을 사용하여 진행기준에 따라 수익을 인식하여야 한다(GKQA 03-082, 2003. 8. 7.).

10) 프랜차이즈수수료

프랜차이즈수수료는 창업지원용역과 운영지원용역, 설비와 기타 유형자산 및 노하우 제공에 대한 대가를 포함할 수 있다. 따라서 프랜차이즈수수료는 부과되는 목적을 반영하는 기준에 따라 다음과 같이 수익으로 인식한다(일반기준 16장 부록 사례19).

① 설비와 기타 유형자산의 제공에 따른 수수료는 해당 자산을 인도하거나 소유권을 이전할 때 제공하는 자산의 공정가치에 기초한 금액을 수익으로 인식한다.

② 창업지원용역과 운영지원용역 제공에 따른 수수료는 다음과 같이 수익으로 인식한다. 운영지원용역의 제공에 대한 수수료는 창원지원용역의 수수료의 일부이거나 별도의 수수료임에 상관없이 용역이 제공됨에 따라 수익으로 인식한다. 별도의 수수료가 운영지원용역의 원가를 회수하고 합리적인 이윤을 제공하는데 불충분하고, 창업지원용역 수수료의 일부가 이러한 운영지원용역의 원가를 회수하고 합리적인 이윤을 제공한다면, 창업지원수수료의 일부를 이연하여 운영지원용역이 제공됨에 따라 수익으로 인식한다.

계약에 따라 프랜차이즈 본사는 제3자에게 판매하는 가격보다 저렴한 가격 또는 적정 이윤이 보장되지 않는 가격으로 설비, 재고자산 또는 기타 유형자산을 가맹점에 제공할 수 있다. 이 경우 추정원가를 회수하고 적정 이윤을 보장할 수 있도록 창업지원용역수수료의 일부를 이연한 후, 설비 등을 가맹점에 판매할 것으로 기대되는 기간에 걸쳐 수익으로 인식한다. 나머지 창업지원용역수수료는 프랜차이즈 본사가 모든 창업지원용역과 그밖의 의무(예 : 가맹점입지선정, 종업원교육, 자금조달, 광고에 대한 지원)를 실질적으로 이행한 시점에 수익으로 인식한다.

일정지역에 대한 프랜차이즈계약에 따른 창업지원용역과 그밖의 의무는 그 지역에 설립되는 가맹점수에 따라 달라진다. 이러한 경우에 창업지원용역에 관련되는 수수료는 실질적으로 창업지원용역이 완료된 가맹점 수에 비례하여 수익으로 인식한다.

만일 창업지원용역 수수료가 장기간에 걸쳐 회수되고 모두 회수하는데 유의적인 불확실성이 존재하는 경우에는 할부금을 현금으로 수취하는 시점에 수익으로 인식한다.

③ 프랜차이즈 운영지원 수수료

계약에 의한 권리의 계속적인 사용에 부과되는 수수료나 계약 기간 동안 제공하는 기타 용역에 대한 수수료는 권리를 사용하는 시점이나 용역을 제공하는 시점에 수익으로 인식한다.

④ 대리거래

프랜차이즈 본사와 가맹점 간의 거래에서 본사가 실제로는 가맹점의 대리인으로 거래하는 경우가 있을 수 있다. 예를 들어 프랜차이즈 본사가 가맹점에게 공급할 재화를 대신 주문하고 원가로 인도하는 거래가 있을 수 있다. 이러한 거래에서는 수익이 발생하지 않는다.

11) 주문형 소프트웨어의 개발수수료

주문개발하는 소프트웨어의 대가로 수취하는 수수료는 진행률에 따라 수익을 인식한다. 이 때 진행률은 소프트웨어의 개발과 소프트웨어 인도 후 제공하는 지원용역을 모두 포함하여 결정한다(일반기준 16장 부록 사례20).

4. 이자, 배당금 및 로열티 등의 수익인식

(1) 수익인식의 요건

1) 일반사항

자산을 타인에게 사용하게 함으로써 발생하는 이자, 배당금, 로열티 등의 수익은 다음의 조건을 모두 충족하는 경우 수익형태별 기준에 따라 수익으로 인식한다(일반기준 16장 문단 16.15).

첫째, 수익금액을 신뢰성 있게 측정할 수 있다.

둘째, 경제적 효익의 유입가능성이 매우 높다.

자산을 타인에게 사용하게 하는 거래에서는 일시에 재화나 용역을 제공하는 것이 아니라 계속적으로 인도가 이루어지며, 수익은 시간의 경과에 따라 또는 자산의 사용에 따라 가득된다. 또한 이러한 거래에서는 거래의 완성을 위해 추가적인 비용이 발생하지 않는다. 따라서 자산을 타인에게 사용하게 함으로써 발생하는 수익은 해당 거래의 특성을 반영하여 위와 같은 수익인식원칙에 따라 인식한다(일반기준 16장 부록 결16.18).

2) 수익금액의 측정가능성

이자, 배당금, 로열티 등의 수익은 수익금액을 신뢰성 있게 측정할 수 있는 시점에 인식한다. 이는 수익금액이 반드시 확정되어야 함을 의미하는 것은 아니며, 합리적인 근거에 의해 추정가능한 경우에는 정보로서의 신뢰성을 가질 수 있기 때문에 수익을 인식한다. 그러나 추정을 위한 합리적인 근거가 부족하여 신뢰성을 현저히 저해하는 경우에는 수익을 인식하지 않는다(일반기준 16장 부록 실16.15).

3) 경제적 효익의 유입가능성

이자, 배당금, 로열티 등의 수익은 거래와 관련된 경제적 효익의 유입가능성이 매우 높은 경우에 인식한다. 따라서 대가를 받을 것이 불확실한 경우에는 불확실성이 해소되는 시점까지 수익을 인식하지 않는다. 그러나 이미 수익으로 인식한 금액에 대해서는 추후에 회수가능성이 불확실해지는 경우에도 수익금액을 조정하지 아니하고 회수불가능하다고 추정되는 금액을 비용으로 인식한다(일반기준 16장 부록 실16.15).

(2) 이자수익

이자수익은 계약에 따라 받게 될 금액이 사전에 결정되며 시간의 경과에 따라 수익이 발생하므로 원칙적으로 유효이자율을 적용하여 발생기준에 따라 인식한다. 또한 채무증권의 이자수익은 최초장부가액과 만기금액간의 할인, 할증 또는 기타 차이에 대한 상각액을 포함한다. 그리고 경우에 따라서는 채무증권을 이자지급일 사이에 취득하는 경우가 있을 것인데, 이러한 경우에는 취득 후 최초로 받은 이자에 대해서는 취득 이후 기간에 해당하는 이자만을 수익으로 인식한다(일반기준 16장 문단 16.16, 부록 실16.12~실16.13).

(3) 배당금수익

배당금수익은 수익금액을 사전에 결정하기 어렵기 때문에 배당금을 받을 권리와 금액이 확정된 시점에 인식한다. 따라서 중간배당의 경우 상법 제462조의 3에 정한 바와 같이 이사회에서 결의한 날에 인식하여야 할 것이며, 결산기의 배당의 경우 주주총회에서 배당금지급을 결의한 날에 인식하여야 한다(일반기준 16장 문단 16.16).

(4) 로열티수익

로열티수익은 관련된 계약의 경제적 실질을 반영하여 발생기준에 따라 인식하여야 한다. 즉, 로열티수익은 일반적으로 계약에서 정한 방식에 따라 발생하므로 그 계약조건을 반영하여 발생기준에 따라 인식한다. 그러나 계약의 경제적 실질에 비추어 계약에서 정한 방식보다 더 체계적이고 합리적인 기준을 정할 수 있는 경우에는 그 기준을 적용한다(일반기준 16장 문단 16.16, 부록 실16.14).

수수료와 로열티 수익은 기업의 자산(예 : 상표권, 특허권, 소프트웨어, 음악저작권, 녹화권, 영화필름)을 사용하는 대가로 지급되는데, 보통 계약의 실질에 따라 수익으로 인식한다. 실무적으로는 정액법 기준으로 인식할 수 있다. 예를 들어, 라이선스 사용자가 특정기간 동안 특정 기술을 사용할 권리를 갖는 경우에는 약정기간 동안 정액기준으로 수익을 인식한다.

라이선스 제공자가 라이선스 제공 이후에 수행할 추가적인 의무가 없으며 사용자에게 라이선스를 자유롭게 사용하도록 허용하는 해지불능계약에 따라 일정한 사용료나 환급불능 보증금을 받는 대가로 권리를 양도하는 것은 실질적인 판매이다. 예를 들어 라이선스 제공자가 소프트웨어 인도 후 후속의무가 없는 경우의 소프트웨어 사용에 대한 라이선스 계약이 이에 해당한다. 또 다른 예로는 라이선스 제공자가 배급업자를 통제할 수 없고 흥행수익으로부터 추가적인 수익을 수취할 것으로 기대하지 않는 시장에서 영화를 상영할 권리를 부여하는 경우를 들 수 있다. 이러한 경우에는 판매시점에 수익을 인식한다.

어떤 경우에는 라이선스 수수료나 로열티 수익의 수취여부가 미래의 특정사건의 발생여부에 따라 달라진다. 이러한 경우 수수료나 로열티 수익을 받을 가능성이 매우 높을 때만 수익으로 인식하는데 보통 특정사건이 발생한 시점이다(일반기준 16장 부록 사례21).

5. 건설형 공사계약의 수익인식

(1) 일반사항

1) 개 요

건설형 공사계약이란 단일자산의 건설공사 또는 설계, 기술, 기능 또는 그 최종적 목적이나 용도에 있어서 밀접하게 상호 연관되어 있는 복수자산의 건설공사를 위해 합의된, 법적으로 구속력이 있는 계약을 말한다(일반기준 16장 용어정의).

일반적으로 수익인식기준을 가장 잘 충족하는 시점은 판매(인도)시점이므로 수익인식은 원칙적으로 판매(인도)시점에서 이루어진다. 즉, 수익획득과정이 완료되었거나 실질적으로 거의 완료되었고, 수익획득활동으로 인한 현금 또는 현금청구권을 합리적으로 측정할 수 있을 때 관련 수익을 인식하게 된다. 그러나 건설형 공사계약은 성격상 공사를 시작하는 시점과 공사완료시점이 서로 다른 회계기간에 속하는 장기계약의 경우가 대부분이다. 따라서 수익획득과정이 모두 완료되기 이전일지라도 회계기간별로 공사계약의 수익과 비용을 적절하게 인식하는 것이 매우 중요한 회계문제가 된다.

2) 적용범위

일반기업회계기준 제16장 제2절(건설형 공사계약)은 사전에 확정된 계약에 따라 총공사수익과 총공사원가의 추정이 가능하기 때문에 이익을 공사의 진행정도에 따라 인식할 수 있는 건설형 공사계약에 적용한다. 따라서 건설업뿐만 아니라 공사계약의 형태가 유사한 경우에는 기타 산업에도 적용할 수 있다. 즉, 건설형 공사계약은 일반적으로 건물이나 교량, 댐, 파이프라인, 도로, 터널 등의 건설공사계약을 의미하지만, 이외에도 선박이나 항공기, 레이더 · 무기 · 우주장비 등의 복잡한 전자장비의 제작과 같은 특별한 주문생산형 공사계약도 포함한다(일반기준 16장 문단 16.20, 16.22).

또한 일반기업회계기준 제16장 제2절 문단 16.23에서는 동 기준의 목적상 다음과 같은 유형의 계약 등을 건설형 공사계약에 포함하도록 하고 있다.

- 공사감리나 설계용역의 계약과 같이 자산의 건설공사와 직접적으로 관련된 용역제공 계약
- 자산의 철거나 원상회복, 그리고 자산의 철거에 따르는 환경의 복구에 관한 계약
- 청약을 받아 분양하는 아파트 등 예약매출에 의한 건설공사계약. 건설 중인 아파트를 분양하는 후분양 건설공사는 예약매출에 의한 건설공사계약에 해당한다(GKQA 21-006, 2021. 12. 29.).

한편, 개발 · 조성중인 토지의 분양 계약도 예약매출에 의한 건설형 공사계약에 포함된다(GKQA 02-178, 2002. 11. 5.).

그러나 구매자가 규격을 정하여 주문한 제품이더라도 표준화된 제조공정에서 생산한 후 정상적인 영업망을 통해서 판매하고 수익을 판매기준에 따라 인식할 수 있으며 매출원가가 재고자산의 평가를 통하여 산출될 수 있는 제품의 공급계약과 규격화된 제품을 일정기간 동안의 반복생산을 통하여 공급하거나 보유재고를 공급하는 계약 등은 일반기업회계기준 제16장 제2절의 적용대상 건설형 공사계약으로 보지 아니한다(일반기준 16장 문단 16.21).

한편, 건설형 공사계약은 단일자산의 건설공사를 위해서 체결될 수도 있으며, 설계, 기술, 기능 또는 그 최종적 목적이나 용도에 있어서 밀접하게 상호 관련되거나 상호 의존적인 복수자산의 건설공사를 위해서도 체결될 수 있다. 이러한 건설형 공사계약의 예로는 제련소, 기타 복잡한 생산설비나 기계장치의 건설형 공사계약이 있다(일반기준 16장 문단 16.22).

3) 공사계약의 분류

건설형 공사계약은 여러 가지로 분류할 수 있으나, 일반기업회계기준 제16장 제2절에서는 공사계약금액의 결정방식에 따라 다음과 같이 정액공사계약과 원가보상공사계약으로 분류하고 있다(일반기준 16장 용어정의).

- 정액공사계약 : 전체 공사계약금액을 정액으로 하거나 산출물 단위당 가격을 정액으로 하는 공사계약을 말하며, 물가연동조항이 있는 경우를 포함한다.
- 원가보상공사계약 : 공사원가의 일정비율이나 고정된 이윤을 공사원가에 가산한 금액을 건설사업자가 보상받는 공사계약을 말한다.

(2) 공사수익과 비용의 범위

1) 공사수익의 범위

① 개 요

공사수익은 최초에 합의된 계약금액과 건설공사내용의 변경이나 보상금 또는 장려금의 지급에 따라 추가될 수익 중 발생가능성이 매우 높고 신뢰성 있는 측정이 가능한 금액으로 구성된다(일반기준 16장 문단 16.28).

공사수익은 수취하였거나 수취할 대가의 공정가치로 측정하는데, 이러한 공사수익의 측정치는 미래 사건의 결과와 관련된 다양한 불확실성에 의해 영향을 받는다. 따라서 공사수익의 측정치는 다음과 같은 사건이 발생하거나 측정 당시의 불확실성이 해소되면 수정되어야 한다(일반기준 16장 문단 16.29).

- 원래의 계약이 합의된 회계연도 후에 발생한 공사내용의 변경이나 보상 합의
- 물가연동조항에 따른 공사계약금액의 변경
- 건설사업자가 자신이 귀책사유로 완공시기가 지연됨에 따라 위약금을 부담한 결과 계약수익금액이 감소되는 경우
- 정액계약이 산출물 단위당 고정가격에 기초하여 정해진 경우, 산출량이 증가함에 따라 계약수익이 증가하는 경우

② 보상금

보상금은 건설사업자가 공사계약금액에 포함되어 있지 않은 비용을 발주자나 다른 당사자로부터 보전받는 금액이다. 예를 들면, 발주자에 의한 보상금은 발주자에 의하여 공사가 지체되거나 제시한 설계에 오류가 있을 때, 또는 공사내용의 변경과 관련하여 분쟁이 있을 때 발생할 수 있다. 보상금의 측정은 불확실성이 높으며 협상결과에 따라 달라질 수 있다. 따라서 보상금은 발주자가 지급요청을 수락하였거나 수락할 가능성이 매우 높고, 그 금액을 신뢰성 있게 측정할 수 있는 경우에 한하여 공사수익에 포함한다(일반기준 16장 문단 16.30).

③ 장려금

장려금은 특정 수행기준을 충족하거나 초과할 때 건설사업자가 발주자로부터 수취하는 추가금액이다. 예를 들면, 공사의 조기완료에 대해 건설사업자에게 계약상 정해진 장려금이 지급될 수 있다. 장려금은 특정 수행기준이 충족되거나 초과될 가능성이 매우 높은 정도로 공사가 충분히 진행되었으며, 그 금액을 신뢰성 있게 측정할 수 있는 경우에 한하여 공사수익에 포함한다(일반기준 16장 문단 16.31).

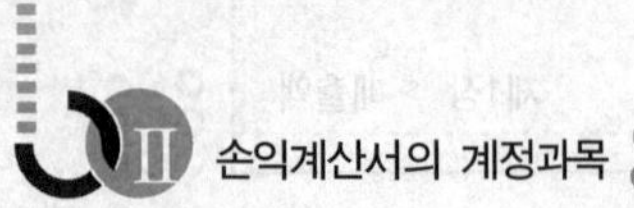

2) 공사원가의 범위

공사원가는 특정 공사에 관련된 공사직접원가, 특정 공사에 개별적으로 관련되지는 않으나 여러 공사활동에 배분될 수 있는 공사공통원가, 계약조건에 따라 발주자에게 청구할 수 있는 기타 특정 공사원가로 구성된다(일반기준 16장 문단 16.32).

① 공사직접원가

특정 공사에 관련된 공사직접원가의 예는 다음과 같다(일반기준 16장 문단 16.33).

- 건설공사에 사용된 재료원가
- 현장감독을 포함한 현장인력의 노무원가
- 생산설비와 건설장비의 감가상각비
- 생산설비, 건설장비 및 재료의 건설현장으로의 또는 건설현장으로부터의 운반비
- 생산설비와 건설장비의 임차료
- 공사와 직접 관련된 설계와 기술지원비
- 외주비
- 공사종료시점에서 추정한 하자보수와 보증비용
- 제3자에 대한 보상
- 이주대여비 관련 순이자비용
- 창고보관료, 보험료 등 특정공사 진행과정에서 직접적으로 발생한 기타 비용

② 공사공통원가

특정 공사에 배분될 수 있는 공사공통원가에는 보험료, 특정 공사에 직접 관련되지 않은 설계와 기술지원비, 기타 공사간접비 및 자본화될 금융비용 등이 있다. 공통원가는 체계적이고 합리적인 방법에 따라 손익계산단위에 배분되어야 하며, 배분방법은 비슷한 성격의 모든 원가에 동일하게 적용하여야 한다. 여기서 손익계산단위란 수익을 인식하고 원가를 계상하며 손익을 측정하기 위해 구분한 공사손익의 계산단위를 말한다. 따라서 일반적으로는 각각의 계약이 손익계산단위가 된다. 그러나 계약의 병합이나 분할의 조건을 충족시키는 계약의 경우에는 여러 개의 계약이 하나의 손익계산단위가 될 수도 있으며, 하나의 계약에 여러 개의 손익계산단위가 있을 수도 있다(일반기준 16장 문단 16.34).

③ 기타 특정공사원가

계약조건에 따라 발주자에게 청구할 수 있는 기타 특정 공사원가에는 계약에 규정되어 있는 일부 일반관리비와 연구개발비 등이 있다(일반기준 16장 문단 16.35).

④ 공사원가 제외항목

공사활동과 관련이 없거나 특정 공사에 귀속시킬 수 없는 다음의 비용은 공사원가에서 제외한다(일반기준 16장 문단 16.36).

- 계약상 청구할 수 없는 일반관리원가
- 공사계약 전 지출에 해당하지 않는 판매원가
- 계약상 청구할 수 없는 연구개발원가
- 일시적이 아닌 장기적인 유휴 생산설비나 건설장비의 감가상각비

(3) 공사수익과 비용의 인식

1) 공사진행기준

① 공사진행기준의 필요성

기업이 장기간에 걸쳐 도로 · 건물 · 선박 · 항공기 · 교량 등의 건설을 위한 도급공사를 수행하거나 특별한 주문생산을 할 경우, 공사가 완료되고 인도가 이루어진 때에 수익을 인식한다면 장기간에 걸쳐 공사수익이나 공사비용, 공사총이익의 계상을 하지 않게 된다. 이렇게 되면 공사가 완료되고 인도가 이루어진 시점에서 일시에 공사와 관련된 수익이나 비용 및 이익이 계상되어 공사기간 중에 발생한 성과와 노력을 적절히 나타낼 수 없기 때문에 기간손익이 왜곡표시된다는 단점이 있다.

위와 같은 불합리한 점 때문에 일반기업회계기준 제16장 제2절에서는 건설형 공사계약에 대하여 공사 또는 생산의 진행정도에 따라 수익을 계상하는 것을 원칙으로 하고 있다.

② 공사진행기준의 요건

가. 진행기준의 개념

진행기준(percentage of completion method)이란 도급금액에 공사진행률을 곱하여 공사수익을 인식하고 동 공사수익에 대응하여 실제로 발생한 비용을 공사원가로 계상하는 방법을 말하는데, 일반기업회계기준 제16장 제2절에서는 공사결과를 신뢰성 있게 추정할 수 있을 때에는 진행기준을 적용하여 공사수익을 인식하도록 하고 있다(일반기준 16장 문단 16.39).

나. 진행기준의 적용요건

(가) 정액공사계약

다음의 조건이 모두 충족되는 경우에는 정액공사계약의 결과를 신뢰성 있게 추정할 수 있다고 본다(일반기준 16장 문단 16.41). 따라서 이러한 정액공사계약에 대하여는 진행기준을

적용하여 공사수익을 인식하여야 한다.

- 총공사수익 금액을 신뢰성 있게 측정할 수 있다.
- 계약과 관련된 경제적 효익이 건설사업자에게 유입될 가능성이 매우 높다.
- 계약을 완료하는 데 필요한 공사원가와 공사진행률을 모두 신뢰성 있게 측정할 수 있다.
- 공사원가를 명확히 식별할 수 있고 신뢰성 있게 측정할 수 있어서 실제 발생된 공사원가를 총공사예정원가의 예상치와 비교할 수 있다.

(나) 원가보상공사계약

다음의 조건이 모두 충족되는 경우에는 원가보상공사계약의 결과를 신뢰성 있게 추정할 수 있다고 본다(일반기준 16장 문단 16.42). 따라서 이러한 원가보상공사계약은 진행기준을 적용하여 공사수익을 인식하여야 한다.

- 계약과 관련된 경제적 효익이 건설사업자에게 유입될 가능성이 매우 높다.
- 계약에 귀속될 수 있는 공사원가를 명확히 식별할 수 있고 신뢰성 있게 측정할 수 있다.

다. 경제적 효익의 유입가능성

공사수익(결과)은 그 공사와 관련한 경제적 효익이 기업에 유입될 가능성이 매우 높은 경우에만 신뢰성 있게 측정할 수 있다고 본다. 따라서 계약과 관련된 경제적 효익이 기업에 유입될 가능성이 낮은 경우에는 현금의 수입이 있을 때까지 공사수익을 인식하지 않는다. 그러나 이미 공사수익으로 손익계산서에 인식된 금액에 대하여는 추후 회수가능성에 불확실성이 발생하는 경우에도 기존의 공사수익을 수정하는 것이 아니라 대손비용으로 처리하여야 한다(일반기준 16장 문단 16.45).

라. 공사수익과 공사원가의 측정가능성

건설형 공사계약의 당사자들이 공사수익과 공사원가를 신뢰성 있게 추정하기 위해서는 건설형 공사계약 대상자산에 대한 각 당사자의 구속력 있는 권리, 교환되는 대가, 결제의 방법과 조건 등이 명시된 계약이 있어야 한다. 또한 건설사업자는 효율적인 재무예산 및 보고체제를 갖추어야 하며, 공사의 진행에 따라 공사수익과 공사원가의 추정치를 재검토하고 필요한 경우에는 추정치를 수정하여야 한다(일반기준 16장 문단 16.46).

③ 당기공사수익의 인식

가. 개 요

진행기준 하에서 당기공사수익은 공사계약금액에 보고기간종료일 현재의 공사진행률을 적용하여 인식한 누적공사수익에서 전기 말까지 계상한 누적공사수익을 차감하여 산출한다(일반기준 16장 문단 16.39).

당기공사수익 = 공사계약금액 × 공사진행률 − 전기 말까지 계상된 누적공사수익

이 경우 공사수익은 그 공사가 수행된 회계기간별로 인식하여야 하며, 건설사업자가 발주자로부터 지급받을 공사계약금액에 근거하여 계상함을 원칙으로 한다(일반기준 16장 문단 16.43, 16.44).

나. 공사수익 추정치의 변경

진행기준 하에서는 매 회계기간마다 누적적으로 공사수익과 공사원가를 추정하며, 공사수익 또는 공사원가에 대한 추정치 변경의 효과는 회계추정의 변경으로 회계처리한다. 즉, 변경된 추정치는 변경이 이루어진 회계기간과 그 이후 회계기간의 손익계산서상 인식되는 수익과 비용의 금액 결정에 사용된다(일반기준 16장 문단 16.57).

다. 공사변경에 따른 공사수익의 인식

공사의 설계변경이나 공사기간의 변경과 같이 계약상 정해진 공사내용의 변경이 이루어질 수 있다. 이 경우 공사내용의 변경에 따른 수익은 발주자가 공사변경을 승인하고 그 변경에 따른 추가공사금액을 승인할 가능성이 매우 높으며, 금액을 신뢰성 있게 측정할 수 있을 때 인식한다(일반기준 16장 문단 16.58).

라. 수주전담회사의 공사수익

일반기업회계기준 제16장 문단 16.43에서는 공사수익의 계상은 공사계약금액 총액을 기준으로 함을 원칙으로 하되, 건설사업자가 단순한 관리자로서 용역보수 또는 수수료만을 받는 경우에는 공사계약금액 중 본인에게 실제로 귀속될 금액만을 수익으로 계상하도록 하고 있다. 이와 관련하여 수주전담회사의 회계처리를 어떻게 해야 할 것인가가 문제가 될 수 있다. 일반적으로 수주전담회사는 사실상 도급공사가 주업이 아니며, 수주를 하고 이를 하도급함으로써 중간에서 수수료나 적정이윤의 획득을 주된 사업내용으로 하는 것이므로 수주전담회사가 총액주의에 의해 자산, 부채, 수익, 비용을 인식하는 것은 수주전담회사의 재무제표를 왜곡시킬 우려가 있다. 따라서 수주전담회사의 경우 공사와 관련된 위험이 사실상 하도급회사에 전가되며 수익의 성격이 공사수익이 아닌 수수료수익의 성격을 지닌다면 일반적으로 순액주의에 의거하여 거래를 회계처리하고 관련 사항을 적절하게 주석공시하는 것이 필요하다. 한편, 수주전담회사가 아니라도 사실상 일부 수주업무를 행하는 경우가 있다. 이러한 경우에도 마찬가지로 회계처리되어야 할 것이다. 따라서 총액주의 또는 순액주의의 사용은 사업의 목적과 내용, 공사와 관련된 위험과 효익의 귀속주체 등을 총체적으로 고려하여, 즉 거래의 실질내용과 계약조건 등을 종합적으로 고려하여 판단하여야 한다

(일반기준 16장 부록 실16.27).

④ 당기공사원가의 인식

가. 개 요

당기공사원가는 당기에 실제로 발생한 총공사비용에 공사손실충당부채전입액(추정공사손실)을 가산하고, 공사손실충당부채환입액을 차감하며, 다른 공사와 관련된 타계정대체액을 가감하여 산출한다(일반기준 16장 문단 16.40).

나. 추정공사손실의 인식

진행기준 하에서 공사원가는 일반적으로 공사가 수행된 회계기간의 비용으로 인식한다. 다만, 잔여공사기간 중에 발생이 예상되는 공사원가의 합계액이 동 기간 중 인식될 공사수익의 합계액을 초과할 경우에는 당해 초과액을 당기의 비용으로 인식하고 공사원가에 포함하여 보고하여야 한다(일반기준 16장 문단 16.44).

즉, 공사와 관련하여 향후 공사손실의 발생이 예상되는 경우에는 예상손실을 다음과 같이 즉시 공사손실충당부채로 인식하고 중요 세부내용을 주석으로 기재한다. 다만, 주석공시와 관련하여는 중요성의 원칙에 따라 공사계약금액 자체가 크지 아니하고 예상손실액도 중요하지 않으며 이러한 정보를 공시하지 않아도 당해 건설사업자에 대한 투자자들의 경제적 판단을 왜곡시키지 않는다고 판단되는 경우에 한해서는 상세 내역의 주석공시를 생략할 수 있을 것이다(일반기준 16장 문단 16.53, 부록 결16.20).

- 당기에 계상하는 공사손실충당부채전입액(추정공사손실)은 잔여공사기간 중에 발생이 예상되는 공사원가의 합계액이 동 기간 중 인식될 공사수익의 합계액을 초과하는 금액이며, 동 금액은 공사 전 기간에 걸쳐 예상되는 총공사손실액에서 과거기간 중에 인식한 공사이익이 있을 경우 이를 가산하고 공사손실충당부채전입액을 반영하기 전의 당기공사손실을 차감한 금액과 같다. 공사손실충당부채전입액은 당기의 비용으로 처리하고 실제 발생공사원가에 부가하여 공사원가로 보고한다.
- 차기 이후의 공사에서 실제로 손실이 발생한 경우에는 동 손실에 상당하는 금액을 공사손실충당부채 잔액의 범위 내에서 환입하고 동 환입액은 해당 회계연도의 공사원가에서 차감하여 보고한다.

이 경우 공사손실충당부채전입액은 공사착수 여부, 공사의 진행도, 또는 다른 공사계약에서 발생할 것으로 기대되는 이익의 금액에 관계 없이 결정된다. 또한 여러 개의 공사계약이 단일공사계약으로 병합된 경우에는 병합된 공사 전체를 하나의 단위로 하여 공사손실충당부채를 계산하며, 만약 공사계약이 분할된 경우에는 분할된 계약 각각에 대해 공사손실충당부채를 설정한다(일반기준 16장 문단 16.53~16.55).

한편, 공사손실충당부채를 계산하기 위해 총공사예정원가를 추정할 때에는 당해 공사에 배분될 다음의 원가를 포함한다. 또한, 공사손실충당부채를 계산할 때에는 발주자로부터 지급받을 것으로 예상되는 위약금이나 보상금, 원가보상공사계약에 있어서 청구불능지출, 계약내용 또는 공사계약금액의 변경가능성 등을 고려한다(일반기준 16장 문단 16.32, 16.56).

㉠ 특정공사에 관련된 공사직접원가

㉡ 특정공사에 개별적으로 관련되지는 않으나 여러 공사활동에 배분될 수 있는 공사공통원가

㉢ 계약조건에 따라 발주자에게 청구할 수 있는 기타 특정공사원가

다. 공사원가 추정치의 변경

진행기준 하에서는 매 회계기간마다 누적적으로 공사수익과 공사원가를 추정하며, 공사수익 또는 공사원가에 대한 추정치 변경의 효과는 회계추정의 변경으로 회계처리한다. 즉, 변경된 추정치는 변경이 이루어진 회계기간과 그 이후 회계기간의 손익계산서상 인식되는 수익과 비용의 금액 결정에 사용된다(일반기준 16장 문단 16.57).

⑤ 공사진행률의 계산

가. 측정방법

공사진행률은 실제 공사비 발생액을 토지의 취득원가와 자본화대상 금융비용 등을 제외한 총공사예정원가로 나눈 비율로 계산함을 원칙으로 한다. 다만, 공사수익의 실현이 작업시간이나 작업일수 또는 기성공사의 면적이나 물량 등과 보다 밀접한 비례관계에 있고, 전체 공사에서 이미 투입되었거나 완성된 부분이 차지하는 비율을 객관적으로 산정할 수 있는 경우에는 그 비율로 할 수 있다. 이 경우 '이미 투입되었거나 완성된 부분이 차지하는 비율'의 결정과 관련하여, 시공주가 확인한 기성고증명은 동 기성고증명이 공사의 실제 기성부분과 부합하고 그 기성부분에 대하여 공사대금이 청구되어 그 대금의 지급이 확정되는 등 충분히 신뢰할 수 있는 경우에 한하여 이미 투입되었거나 완성된 부분이 차지하는 비율로 인정할 수 있다(일반기준 16장 문단 16.47, 부록 실16.28).

나. 원가비율방법에 의한 진행률 계산

원가비율방법 중 공사진행률을 구할 때 실제 공사비 발생액을 당해 연도 말까지 실제로 발생한 누적원가로 하느냐, 아니면 당해 연도의 실제 공사비용으로 할 것인가에 따라 진행률이 달라지므로 그에 따라 당해 연도 수익 및 이익도 달라진다.

(가) 누적원가에 의한 방법(누적원가법)

이것은 공사를 완성하는 데 필요한 총추정원가와 당기까지 발생한 누적원가와의 비율에 의해 공사진행률을 산정하는 방법이다. 공사를 완성하는 데 필요한 총원가를 추정한 후에 새로운 정보가 추가되어 총원가추정액이 변경되는 경우에는 가장 최근에 추정된 총원가추

정액을 기준으로 다음의 식에 의해 공사진행률을 결정한다.

$$공사진행률 = \frac{당기\ 말까지\ 실제로\ 발생한\ 누적원가}{가장\ 최근의\ 총원가추정액}$$

당기수익 = 총수익의 추정액 × 공사진행률 − 전기까지 인식된 수익의 누적액

(나) 당기발생원가에 의한 방법(당기발생원가법)

이것은 공사를 완성하는 데 필요한 총추정원가와 당기에 발생한 원가와의 비율에 의해 공사진행률을 산정하는 방법으로, 당기수익은 당기분 공사진행률에 바로 총수익의 추정액을 곱하여 계산한다.

$$공사진행률 = \frac{당기\ 실제\ 발생원가}{가장\ 최근의\ 총원가추정액}$$

당기수익 = 총수익의 추정액 × 공사진행률

위의 두 가지 방법에 의한 수익 및 이익은 총추정원가액에 변동이 없다면 일치하나 만일, 총추정원가액이 변경될 경우에는 차이가 발생하게 된다. 이론적으로 보면 누적적인 원가개념으로 공사진행률을 구한 후 수익을 계상하는 방법이 총추정원가 변동분을 매년 반영할 수 있으므로 공사완성연도에 일시에 총추정원가 변동분을 반영하는 당기원가법에 비하여 합리적이라 할 수 있을 것이며, 일반기업회계기준 제16장 문단 16.39에서도 당기공사수익은 공사계약금액에 보고기간종료일 현재의 공사진행률을 적용하여 인식한 누적공사수익에서 전기 말까지 계상한 누적공사수익을 차감하여 산출하도록 하고 있는 바 누적원가법만을 인정하고 있다.

사례 1 (주)삼일은 아파트를 신축분양하기로 하고 토지를 취득하였다. 20×7. 1. 1.에 분양을 실시하여 100% 분양하였으며, 아파트 신축과 관련된 자료는 다음과 같다.

- 아파트분양가액 ₩600,000,000
- 토지를 제외한 총공사예정원가 ₩300,000,000
- 토지의 취득원가 ₩200,000,000
- 토지를 제외한 20×7년도의 공사원가 ₩120,000,000

㉠ 공사진행률 :

$$\frac{120,000,000}{300,000,000} = 40\%$$

㉡ 토지의 취득원가 중 공사원가에 산입될 금액 :

200,000,000 × 40% = 80,000,000

㉢ 20×7년도 공사원가합계액 :
120,000,000 + 80,000,000 = 200,000,000

㉣ 20×7년도에 계상할 공사수익 :
600,000,000 × 40% = 240,000,000

사례 2 (주)삼일은 공사 계약금액이 ₩350,000,000인 건설공사에 대해 제1기에 총공사예정원가를 ₩200,000,000으로 추정하였으나 제2기에 추정총공사원가를 ₩300,000,000으로 재추정하였다. 또한 제1기의 실제 발생원가는 ₩50,000,000이었으며 제2기는 ₩150,000,000, 제3기는 ₩100,000,000이었다. 공사는 제3기에 완성되었다.

누적원가법과 당기발생원가법에 따라 당기수익 및 이익을 계산하면 다음과 같다.

1. 누적원가법*

(제1기) 당기수익 $= ₩350,000,000 \times \frac{₩50,000,000}{₩200,000,000} = ₩87,500,000$

당기이익 = ₩87,500,000 − ₩50,000,000 = ₩37,500,000

(제2기) 당기수익 $= ₩350,000,000 \times \frac{₩200,000,000^{**}}{₩300,000,000} - ₩87,500,000 = ₩145,833,333$

당기이익 = ₩145,833,333 − ₩150,000,000 = (₩4,166,667)

(제3기) 당기수익 $= ₩350,000,000 \times \frac{₩300,000,000}{₩300,000,000} - ₩233,333,333^{***} = ₩116,666,667$

당기이익 = ₩116,666,667 − ₩100,000,000 = ₩16,666,667

* 공사진행률 $= \frac{\text{당기 말까지 실제로 발생한 누적원가}}{\text{가장 최근의 총원가추정액}}$

공사수익 = 총수익추정액(공사도급금액) × 공사진행률 − 전기까지 인식된 수익의 누적액

** ₩50,000,000(전기공사원가) + ₩150,000,000(당기공사원가) = ₩200,000,000(누적공사원가)

*** $₩350,000,000 \times \frac{₩200,000,000}{₩300,000,000} = ₩233,333,333$(제2기까지의 누적수익인식액)

2. 당기원가법*

(제1기) 당기수익 $= ₩350,000,000 \times \frac{₩50,000,000}{₩200,000,000} = ₩87,500,000$

당기이익 = ₩87,500,000 − ₩50,000,000 = ₩37,500,000

(제2기) 당기수익 $= ₩350,000,000 \times \frac{₩150,000,000}{₩300,000,000} = ₩175,000,000$

당기이익 = ₩175,000,000 − ₩150,000,000 = ₩25,000,000

(제3기) 당기수익 = ₩350,000,000 − (₩87,500,000 + ₩175,000,000) = ₩87,500,000

당기이익 = ₩87,500,000 − ₩100,000,000 = (₩12,500,000)

$$* \text{공사진행률} = \frac{\text{당해 연도에 실제 발생한 원가}}{\text{가장 최근의 총원가추정액}}$$

당기수익 = 총수익추정액(공사도급금액) × 공사진행률

위에서 알 수 있듯이 당기원가법에 의하면 제2기에 발생된 손실이 제3기로 이연되어 나타나게 된다(₩350,000,000 - ₩300,000,000 = ₩50,000,000이 최종적인 이익이 될 것이나, 이 경우에 있어서는 제1기 ₩37,500,000 + 제2기 ₩25,000,000 = ₩62,500,000으로서 제2기에 예상이익액 ₩50,000,000을 초과하여 이익을 인식함으로써 적정한 기간손익계산이 이루어지지 않는다).

다. 공사진행률의 계산시 제외되는 공사원가

공사진행률을 발생원가 기준으로 결정할 경우에는 실제로 수행된 작업에 대한 공사원가만 발생원가에 포함한다. 따라서 공사원가에는 포함되나 공사진행에 따라 직접 발생한 지출은 아니므로 공사진행률 계산의 기준이 되는 발생원가에서 제외되는 공사원가가 있을 수 있으며, 그 예는 다음과 같다(일반기준 16장 문단 16.48).

- 공사현장에 투입되었으나 아직 공사수행을 위해 이용 또는 설치되지 않은 재료 또는 부품의 원가. 단, 당해 공사를 위해 특별히 제작되거나 조립된 경우는 발생원가에 포함.
- 아직 수행되지 않은 하도급공사에 대하여 하도급자에게 선급한 금액
- 자본화대상 금융비용
- 토지의 취득원가
- 재개발 등의 이주대여비 관련 순이자비용
- 공사손실충당부채전입액
- 공사계약 전 지출
- 분양대행회사에 지급할 분양대행수수료(금감원 2004-076)

한편, 공사종료시점에 인식되는 하자보수비는 '실제로 수행된 작업에 대한 공사원가'에 포함된다. 따라서 하자보수가 예상되는 경우에는 추정하자보수비를 공사진행률 계산의 기준이 되는 총공사예정원가에 포함하고, 공사가 종료되는 회계기간에 인식되는 하자보수비(하자보수충당부채전입액)는 당해 회계기간의 공사진행률 계산의 기준이 되는 누적발생원가에 포함하여야 한다(일반기준 16장 부록 실16.37).

(가) 토지의 취득원가

토지는 건설공사기간에 걸쳐 계속적으로 사용되는 것이라고 볼 수 있으므로 토지구입시점에 전액을 공사원가로 산입하는 것은 타당치 아니하며 공사진행률에 의하여 공사원가에 안분하여 산입하는 것이 타당하다. 이는 공사에 사용하기 위해 매입한 장비의 원가를 예상 사용기간에 걸쳐 배분하는 것과 동일한 논리이다(일반기준 16장 부록 실16.30).

(나) 재개발 등의 이주대여비관련 순이자비용

건설회사가 재개발 또는 재건축 아파트공사를 수주하여 공사하는 경우 원활한 공사진행을 위하여 재개발 · 재건축조합원 또는 세입자들에게 공사완료시까지의 이주비를 대여하며 이에 소요되는 자금은 자기자금 또는 금융기관 차입금으로 조달하게 된다. 이 때 이주비 대여목적으로 차입하는 자금에 대한 이자비용과 이주비 대여로 인하여 발생하는 이자수익의 차액 중 공사개시 전까지 발생하는 부분은 발생시에 선급공사원가로 계상하며, 이와 같이 선급공사원가로 계상된 금액은 공사개시 후 공사진행률에 따라 공사원가로 계상한다. 그러나 선급공사원가 및 매기 진행률에 따라 공사원가에 배분된 선급공사원가는 공사진행률 계산에 포함하지 아니한다. 이주대여비 관련 이자비용 금액산정은 차입원가자본화에 관한 회계처리기준을 준용한다(일반기준 16장 부록 실16.31).

(다) 공사손실충당부채전입액

공사손실충당부채전입액(추정공사손실)은 진행률계산에 사용되는 당기발생공사원가는 아니나 당기발생원가에 부가하여 기재하므로 당기공사원가에는 포함되며, 예상하지 못했던 공사원가의 추가적인 발생을 의미하므로 총공사예정원가의 증가를 초래한다. 즉, 공사손실충당부채전입액(추정공사손실)은 공사진행률계산시 총공사예정원가에는 포함되나 실제 발생공사원가에는 포함되지 아니한다(일반기준 16장 부록 실16.32).

(라) 공사계약 전 지출

공사원가에는 포함되나 실제 공사수행에 따라 발생한 지출은 아니므로 진행률계산시에는 포함되지 않는 공사계약 전 지출의 예로는 수주비와 분양촉진을 목적으로 설립된 모델하우스 건립비 등을 들 수 있다(일반기준 16장 부록 실16.32).

⑥ 공사진행률의 기산시점 및 공사의 완성시기

일반기업회계기준 제16장 제2절에는 공사진행률의 기산시점에 대하여 별도의 규정이 없으나, 한국회계기준원의 질의회신(GKQA 02-051, 2002. 3. 7.)에서는 분양매출의 공사진행률을 예정원가에 대한 실제 원가발생액의 비율로 산정하는 경우에는 분양매출의 예정원가(토지의 취득원가 및 건설자금이자 제외)에 포함된 원가항목이 실제로 발생된 시점을 공사진행률의 기산시점으로 하고 있다.

공사의 완성시기는 도급공사와 관련하여 건설사업자가 이행하기로 한 계약상 주된 의무를 완료한 때로서, 일반적으로 공사의 목적물이 준공된 때로 한다. 다만, 동 공사와 관련된 추가공사비 또는 하자보수비 등을 합리적으로 예측하여 충당부채를 설정한 경우에는 동 공사의 목적물을 실질적으로 사용할 수 있는 때로 할 수 있다. 즉, 공사가 완공되지 않았어도 공사의 목적물을 실질적으로 사용할 수 있는 가사용승인일 등이 있는 경우에는 이 때를 공사완공시점으로 볼 수 있다(일반기준 16장 문단 16.52, 부록 실16.34).

⑦ 공사진행기준에 의한 회계처리

가. 발생원가의 회계처리

(차) 재 료 비	×××	(대) 현금 및 현금성자산	×××
노 무 비	×××		
경 비	×××		
외 주 비	×××		

상기 회계처리에서 비용발생은 모두 현금으로 이루어진 것으로 가정하였다.

나. 발생원가의 공사원가대체 – 기말시점

기말시점에서는 다음과 같이 기발생된 원가를 공사원가(매출원가)로 대체한다.

(차) 공 사 원 가	×××	(대) 재 료 비	×××
		노 무 비	×××
		경 비	×××
		외 주 비	×××

다. 시공주의 기성고 확인부분의 수익인식

일반적으로 도급공사에 있어서는 계약 당시 일정 기간별로, 혹은 일정 기성비율 간격으로 시공주가 기성고를 확인하고 이에 대한 대금을 지불하기로 약정한다. 또한 기성고를 확인하는 시점에서 건설회사는 세금계산서를 교부한다.

기성고가 확인되는 시점에서는 다음과 같이 공사수익(매출액)을 인식하고 실제 대금이 회수될 때까지 공사미수금(매출채권)을 계상한다.

(차) 공 사 미 수 금	×××	(대) 공 사 수 익	×××

라. 공사진행률에 의한 수익인식 – 기말시점

기중에 기성고가 확인되어 일부 수익이 인식되었다 하더라도 기말시점에서는 공사진행률에 의한 수익인식금액을 확정하여야 한다. 즉, 기말시점에서 1년간의 공사진행률에 의하여 수익으로 인식해야 할 총금액에서 연중 기성확인되어 이미 수익으로 인식한 부분(시공주에게 대금을 청구한 금액)을 차감한 금액을 기말에 추가로 수익으로 인식한다.

회계처리는 기성확인이 되어 수익으로 인식하는 경우와 같다.

(차) 공 사 미 수 금	×××	(대) 공 사 수 익	×××

만일 연간 공사진행률에 의한 수익인식금액이 기성확인으로 이미 수익으로 인식한 금액보다 작으면 그 차이금액을 다음과 같이 조정한다.

(차) 공 사 수 익 ××× (대) 공 사 미 수 금 ×××
(혹은 공사선수금)

마. 공사손실예상시 회계처리

장기공사계약 하에서는 실제로 발생한 원가가 공사계약시점의 추정원가를 상회하게 되어 손실이 발생할 수가 있다. 이렇게 발생하는 손실을 크게 나누어 보면 공사계약기간 전체에 걸쳐서는 이익이 발생하지만 특정 회계기간에는 손실이 발생하는 경우와 공사계약기간 전체에 걸쳐 손실이 발생하는 경우가 있을 수 있다.

전자의 경우는 앞서 설명한 누적원가법을 사용하는 경우 발생할 수 있는 것으로 새로운 원가추정치를 바탕으로 계산된 당기 말까지의 총공사이익이 전기 말에 계산되었던 총공사이익보다도 오히려 작은 경우에 발생한다. 누적원가법 하에서는 당기의 이익이 당기 말까지의 총공사이익에서 전기 말까지의 총공사이익을 차감한 것이기 때문에, 이 경우에는 당기에 손실을 인식하게 된다.

즉, 전자의 경우는 특별한 회계처리가 필요한 것이 아니라 누적원가법에 의하여 회계처리를 하게 되면 결과적으로 특정 회계기간에 공사손실이 나타나게 된다.

후자의 경우는 원가추정치가 변경되어 공사완료시점에서 궁극적으로 손실이 발생하리라고 예상되는 경우로서 주로 공사원가가 미처 예상하지 못했던 정도로 크게 증가할 때 발생한다.

이에 대해서 일반기업회계기준 제16장 제2절에서는 다음과 같이 회계처리하도록 규정하고 있다.

일반기업회계기준 제16장 제2절 【건설형 공사계약】

16.44. 진행기준하에서 공사수익은 그 공사가 수행된 회계기간별로 인식한다. 공사원가도 일반적으로 공사가 수행된 회계기간의 비용으로 인식한다. 그러나 잔여공사기간 중에 발생이 예상되는 공사원가의 합계액이 동 기간 중 인식될 공사수익의 합계액을 초과할 경우에는 문단 16.53에 따라 당해 초과액을 당기의 비용으로 인식하고 공사원가에 포함하여 보고한다

16.53. 공사와 관련하여 향후 공사손실의 발생이 예상되는 경우에는 예상손실을 즉시 공사손실충당부채로 인식하고 중요 세부내용을 주석으로 기재한다.

(1) 당기에 계상하는 공사손실충당부채전입액(추정공사손실)은 잔여공사기간 중에 발생이 예상되는 공사원가의 합계액이 동 기간 중 인식될 공사수익의 합계액을 초과하는 금액이며, 공사 전 기간에 걸쳐 예상되는 총공사손실액에 과거기간 중에 인식한 공사이익이 있을 경우 이를 합계한 금액과 같다. 공사손실충당부채전입액은 당기의 비용으로 처리하고 실제 발생공사원가에 부가하여 공사원가로 보고한다.

(2) 차기 이후의 공사에서 실제로 손실이 발생한 경우에는 동 손실에 상당하는 금액을 공사손실충당부채 잔액의 범위 내에서 환입하고 동 환입액은 해당 회계연도의 공사원가에서 차감하여 보고한다.

다만, 일반기업회계기준 제16장 문단 16.53 (1)의 후반부에서 제시하고 있는 대체적인 계산 방법에 따라 공사 전 기간에 걸쳐 예상되는 총공사손실액에 과거기간 중에 인식한 공사이익을 합계하여 계산할 경우에는, 공사손실충당부채전입액을 반영하기 전의 당기공사손실을 예상되는 총공사손실액에서 차감하여야 한다(적용의견서 04-2, 2004. 6. 23.).

한편, 향후 공사손실의 발생이 예상되면 예상되는 총손실액에 대해 다음과 같이 회계처리한다.

(차) 공사손실충당부채전입액 ××× (대) 공사손실충당부채 ×××

또한 잔여공사기간 중 공사비용이 공사수익을 초과한 금액(실제 발생공사손실액)만큼을 다음과 같이 회계처리한다.

(차) 공사손실충당부채 ××× (대) 공사손실충당부채환입액 ×××

위의 회계처리에서 공사손실충당부채전입액은 공사원가로, 공사손실충당부채는 부채로 계상하고, 공사손실충당부채환입액은 당해 환입연도의 공사원가에서 차감하는 형식으로 표시한다.

사례 (주)용산은 20×6년 1월 1일에 (주)삼일의 본사건물을 건설하기로 하고 (주)삼일과 총 도급금액 300억원에 공사계약을 체결하였다. 공사기간은 3년이며 공사착수시점에서 예상된 각 회계연도별 공사원가는 다음과 같다.

(단위 : 억원)

20×6년	20×7년	20×8년	총공사예정원가
70	70	70	210

그러나 20×7년에 예상치 못한 사정 변경으로 인해 당초 예상을 초과하는 공사원가가 발생하였고 20×8년에도 당초 예상 보다 더 많은 공사원가가 발생할 것으로 예상된다. 20×7년말 현재 실제 발생원가 및 잔여기간 예상원가는 다음과 같다.

(단위 : 억원)

20×6년	20×7년	20×8년	총공사예정원가
70	150	110	330

20×7년에 인식될 공사손실충당부채전입액(추정공사손실)은?

각 회계연도별 공사진행률과 공사수익을 계산하면 다음과 같다.

(단위 : 억원)

	20×6년	20×7년	20×8년
총공사계약금액	300	300	300
총공사예정원가	210	330	330
누적발생원가	70	220	330
공사진행률	33.3%	66.7%	100%
공사수익	100[1)]	100[2)]	100[3)]

주1) 300 × 33.3% ≒ 100
주2) 300 × 66.7% − 100 ≒ 100
주3) 300 × 100% − (100 + 100) = 100

(공사손실충당부채전입액의 계산)

(a) 원칙적 계산방법

(단위 : 억원)

	잔여공사기간(20×8년) 중에 발생이 예상되는 공사원가	110
(−)	잔여공사기간(20×8년) 중에 인식될 공사수익 합계액	100
	공사손실충당부채전입액	10

(b) 대체적 계산방법

(단위 : 억원)

	공사 전 기간에 걸쳐 예상되는 총공사손실액	30[4)]
(+)	20×6년에 인식한 공사이익	30[5)]
(−)	20×7년의 공사손실충당부채전입액 반영 전 공사손실	50[6)]
	공사손실충당부채전입액	10

주4) 330(총공사예정원가)−300(총공사계약금액) = 30
주5) 100(20×6년 공사수익)−70(20×6년 공사원가) = 30
주6) 150(20×7년 공사손실충당부채전입액 반영 전 공사원가)−100(20×7년 공사수익) = 50

상기의 결과를 토대로 각 회계연도별 공사수익, 공사원가, 공사손익을 요약하면 다음과 같다. 아래 표에서 20×7년까지 인식된 누적공사손익은 공사 전기간에 걸쳐 예상되는 총공사손실액과 같게 됨을 알 수 있다.

(단위 : 억원)

	20×6년	20×7년	20×8년
공사수익	100	100	100
공사원가	70	150	110
조정 전 공사손익	30	(50)	(10)
공사손실충당부채전입액	−	(10)	−
공사손실충당부채환입액	−	−	10

	20×6년	20×7년	20×8년
조정 후 공사원가	70	160	100
조정 후 공사손익	30	(60)	–
누적공사손익	30	(30)	(30)
총공사손실	–	(30)	(30)

⑧ 공사진행기준에 의한 회계처리 사례

사례 (주)한강은 20×6. 1. 5. (주)용산과 공장건설계약을 맺었다. 총공사계약금액은 ₩120,000,000이며 공사가 완성된 20×8. 12. 31.까지 건설과 관련된 회계자료는 다음과 같다. 단, 회사는 회계처리방침으로 공사진행기준을 택하고 있으며, 공사진행률 및 수익 · 비용의 인식은 누적원가법을 채택하여 실시하고 있다.

	20×6	20×7	20×8
당기발생공사원가			
재료비	₩8,000,000	₩17,000,000	₩32,000,000
노무비	16,000,000	29,000,000	41,000,000
경비	1,000,000	4,000,000	7,000,000
계	₩25,000,000	₩50,000,000	₩80,000,000
기말까지 실제로 발생한 누적원가	₩25,000,000	₩75,000,000	₩155,000,000
추가로 소요될 원가의 추정액	50,000,000	75,000,000	–
총공사원가추정액	₩75,000,000	₩150,000,000	₩155,000,000
당기기성고확인액 (기말까지 모두 회수됨)	₩35,000,000	₩40,000,000	₩45,000,000

상기 자료를 근거로 매년의 회계처리를 살펴보면 다음과 같다.

1. 기초자료의 계산

	20×6	20×7	20×8
㉠ 공사진행률(누적)	33.3%[1)]	50%[2)]	100%
㉡ 총공사계약금액	₩120,000,000	₩120,000,000	₩120,000,000
㉢ 기말까지 인식할 누적수익(㉠×㉡)	₩40,000,000	₩60,000,000	₩120,000,000
㉣ 당기공사수익	₩40,000,000	₩20,000,000[3)]	₩60,000,000[4)]
㉤ 당기공사비용	₩25,000,000	₩50,000,000	₩80,000,000
㉥ 당기공사이익(㉣－㉤)	₩15,000,000	(₩30,000,000)	(₩20,000,000)

주1) ₩25,000,000 ÷ ₩75,000,000＝33.3%

주2) ₩75,000,000 ÷ ₩150,000,000＝50%

주3) ₩60,000,000(누적수익액)－₩40,000,000(전기 수익인식액)＝₩20,000,000
주4) ₩120,000,000－₩60,000,000(전기이전 누적수익인식액)＝₩60,000,000

2. 20×6년

• 공사비용 발생시(모두 현금지급 가정)

(차) 재 료 비	8,000,000	(대) 현금 및 현금성자산	25,000,000
노 무 비	16,000,000		
경 비	1,000,000		

• 기성고 인식에 따른 공사대금 청구

(차) 공 사 미 수 금	35,000,000	(대) 공 사 수 익	35,000,000

• 공사대금 회수(모두 현금회수 가정)

(차) 현금 및 현금성자산	35,000,000	(대) 공 사 미 수 금	35,000,000

• 공사원가대체－기말시점

(차) 공 사 원 가	25,000,000	(대) 재 료 비	8,000,000
		노 무 비	16,000,000
		경 비	1,000,000

• 공사수익인식－기말시점

(차) 공 사 미 수 금	5,000,000*	(대) 공 사 수 익	5,000,000

* 20×6년 수익인식액－기성고수익인식액＝₩40,000,000－₩35,000,000＝₩5,000,000

3. 20×7년

• 진행률에 따른 수익인식액 계정대체*－20×7. 1. 1. 시점

(차) 공 사 수 익	5,000,000	(대) 공 사 미 수 금	5,000,000

* 당기에 기성고 확인에 의해 수익을 인식할 때 전기 말 시점에서 진행률에 따른 수익인식액과의 차이만을 인식해도 좋으나, 회계처리상 전기 말 시점에서 공사진행률에 의하여 수익으로 인식한 부분을 기초시점에서 반대 분개하고, 당기 기성고 인식에 따른 수익인식액을 총액으로 표시하는 것이 편리하다.

• 공사비용 발생시

(차) 재 료 비	17,000,000	(대) 현금 및 현금성자산	50,000,000
노 무 비	29,000,000		
경 비	4,000,000		

• 기성고 인식에 따른 공사대금 청구

(차) 공 사 미 수 금	40,000,000	(대) 공 사 수 익	40,000,000

• 공사대금 회수

(차) 현금 및 현금성자산	40,000,000	(대) 공 사 미 수 금	40,000,000

• 공사원가대체 - 기말시점

(차) 공 사 원 가	50,000,000	(대) 재 료 비	17,000,000
		노 무 비	29,000,000
		경 비	4,000,000

• 공사수익인식 - 기말시점

(차) 공 사 수 익*	15,000,000	(대) 공 사 선 수 금	15,000,000

* 당기 말 현재 누적수익인식액 - 누적대금회수액
= ₩60,000,000 - ₩75,000,000(₩35,000,000 + ₩40,000,000)
= (₩15,000,000)
기말 현재 수익으로 인식해야 할 금액보다 ₩15,000,000만큼 더 수익으로 인식했으므로, 동 금액은 수익에서 차감하고 상대계정은 공사선수금으로 처리한다.

• 공사손실예상액의 회계처리

(차) 공사손실충당부채전입액*	15,000,000	(대) 공사손실충당부채	15,000,000

* 20×7. 12. 31. 현재 추정치에 의하면 20×8년에 수익으로 인식할 금액이 ₩60,000,000인데 반하여, 추가소요 공사원가가 ₩75,000,000이므로 ₩15,000,000만큼의 공사손실이 발생될 것이 예상된다. 따라서 동 금액을 공사손실충당부채전입액(공사원가)으로 회계처리한다.

4\. 20×8년

• 공사진행률에 따른 수익인식액 계정대체* - 20×8. 1. 1.

(차) 공 사 선 수 금	15,000,000	(대) 공 사 수 익	15,000,000

* 전기 말에 공사수익에서 차감하고 공사선수금으로 계상한 금액을 회계처리상의 편의를 위해 기초시점에 역분개한다.

• 공사비용 발생시

(차) 재 료 비	32,000,000	(대) 현금 및 현금성자산	80,000,000
노 무 비	41,000,000		
경 비	7,000,000		

• 기성고 인식에 따른 공사대금 청구

(차) 공 사 미 수 금	45,000,000	(대) 공 사 수 익	45,000,000

• 공사대금 회수

(차) 현금 및 현금성자산	45,000,000	(대) 공 사 미 수 금	45,000,000

• 공사원가대체 - 기말시점

(차) 공 사 원 가	80,000,000	(대) 재 료 비	32,000,000
		노 무 비	41,000,000
		경 비	7,000,000

• 공사수익인식 – 기말시점

기성고 확인에 따라 이미 모두 수익으로 인식하였으므로 추가분개는 필요 없다.

• 공사손실충당부채의 환입* – 기말시점

(차) 공사손실충당부채 15,000,000 (대) 공사손실충당부채환입 15,000,000

* 20×8년에는 ₩60,000,000(₩15,000,000+₩45,000,000)의 수익을 인식했으나 실제 공사비용은 ₩80,000,000이 발생하였다.
따라서 ₩20,000,000의 당기공사손실을 기록하게 되겠으나, 이 중 ₩15,000,000만큼은 전기 말 시점에서 손실이 예상된 것으로서 이미 비용계상되었으므로 당기의 손익계산서에는 ₩5,000,000만큼의 공사손실만이 기록된다.
즉, 상기 공사손실충당부채환입액은 당기공사원가에서 차감하게 되므로 손익계산서에는 다음과 같이 표시된다.

(단위 : 원)

Ⅰ. 공 사 수 익		60,000,000
Ⅱ. 공 사 원 가		
1. 공 사 원 가	80,000,000	
2. 공사손실충당부채환입	(15,000,000)	65,000,000
Ⅲ. 매출총손실(공사손실)		(5,000,000)

2) 원가회수기준

① 개 요

공사결과를 신뢰성 있게 추정하기 위해 필요한 일반기업회계기준 제16장 문단 16.41(정액공사계약의 진행기준 적용요건)과 문단 16.42(원가보상공사계약의 진행기준 적용요건)의 조건을 충족시키지 못해 진행기준을 적용할 수 없는 예외적인 경우에는 공사수익과 비용을 다음과 같이 인식한다(일반기준 16장 문단 16.49).

- 공사수익은 회수가능성이 매우 높은 발생원가의 범위 내에서만 인식한다.
- 공사원가는 발생된 회계기간의 비용으로 인식한다.
- 공사원가가 공사수익을 초과할 가능성이 매우 높은 경우에는 추정공사손실을 공사손실충당부채전입액으로 하여 즉시 비용으로 인식한다.

② 공사결과를 신뢰성 있게 추정할 수 있게 된 경우

공사결과를 신뢰성 있게 추정할 수 없는 상황이 바뀌어 공사결과를 신뢰성 있게 추정할 수 있게 되고 이에 따라서 진행기준을 적용하게 되는 경우에는 이를 회계추정의 변경으로 본다(일반기준 16장 문단 16.50). 따라서 누적공사진행률을 공사계약금액에 적용하여 산정한 누적공사수익에서 전기말까지 인식한 공사수익을 차감한 금액을 공사결과를 신뢰성 있게 추정할 수 있는 최초 회계기간에 공사수익으로 일괄 인식한다. 이 경우 누적공사진행률은 공사개시시점으로부터 기산하는 것으로 공사결과를 신뢰성 있게 추정할 수 있는 최초 회계기간의 개시일로부터 기산하지 않는다(일반기준 16장 부록 실16.38).

예를 들어, 천재지변 또는 전쟁 등으로 인하여 장래의 손익상황이 불확실하여 진행기준을 사용하지 못하게 된 기업은 나중에 전쟁의 종료 등으로 당해 공사를 정상적으로 수행하게 되는 경우에는 진행기준을 적용하여 수익을 인식해야 한다. 이 경우 발생되는 손익은 당해 회계연도의 손익에 반영하고 그 내용 및 금액을 주석으로 표시하여야 한다(일반기준 16장 부록 실16.33).

사례 (주)삼일은 20×5년 1월 1일에 총공사계약금액 500억원에 공사를 수행하기로 (주)용산과 공사계약을 체결하였다. 공사초기단계인 20×5년과 20×6년에 (주)삼일은 최소한 공사전체에서 손실이 발생하지는 않을 것이라는 합리적인 확신을 갖고 있었으나 총공사예정원가와 공사진행률을 신뢰성 있게 추정할 수는 없었다. 그러나 20×7년 말에 상황이 바뀌어 (주)삼일은 총공사예정원가와 공사진행률을 신뢰성 있게 추정할 수 있게 되었다. 20×7년 말에 추정된 총공사예정원가는 450억원이며 잔여 회계기간의 기말에 추정된 총공사예정원가도 이와 동일하다. 20×5년부터 20×7년까지 실제로 발생한 원가와 20×7년 말에 추정된 잔여 회계기간의 예상원가는 다음과 같으며, 20×8년부터 20×9년까지 실제로 발생한 원가는 20×7년 말에 추정된 금액과 일치한다.

(단위 : 억원)

20×5년	20×6년	20×7년	20×8년	20×9년	총공사예정원가
80	90	110	100	70	450

20×5년에 발생한 공사원가 80억원과 20×6년에 발생한 공사원가 90억원은 모두 회수가능성이 매우 높은 것으로 판단되었다. 따라서 (주)삼일은 20×5년과 20×6년에 각각 80억원과 90억원을 공사수익으로 인식하였다. (주)삼일이 20×7년, 20×8년 및 20×9년에 각각 인식해야 할 공사수익은 얼마인가?

20×7년과 그 이후의 회계연도에는 누적공사진행률을 산정하고 이를 공사계약금액(500억원)에 적용하여 당해 회계연도의 누적공사수익을 계산한다. 그리고 당해 회계연도의 누적공사수익에서 전기말까지 인식한 공사수익을 차감한 금액을 당기공사수익으로 인식한다.

(단위 : 억원)

	20×5년	20×6년	20×7년	20×8년	20×9년	합계
인식방법	발생원가 범위 내 회수가능한 금액			진행기준		
공사진행률	해당사항 없음		62.2%[1)]	84.4%[4)]	100%	
공사수익	80	90	141[3)]	111[6)]	78[7)]	500
누적공사수익	80	170	311[2)]	422[5)]	500	
공사원가	80	90	110	100	70	450
누적공사원가	80	170	280	380	450	
공사이익	–	–	31	11	8	50

주1) 280 ÷ 450 ≒ 62.2%
주2) 500 × 62.2% = 311
주3) 311 − 170 = 141
주4) 380 ÷ 450 ≒ 84.4%
주5) 500 × 84.4% = 422
주6) 422 − 311 = 111
주7) 500 − 422 = 78

20×7년에 인식하는 공사수익에는 다음과 같이 공사결과를 신뢰성 있게 추정할 수 있었다면 전기말까지(20×5년과 20×6년) 인식하였을 공사수익과 관련된 회계추정변경의 효과가 포함된다.

(단위 : 억원)

	20×5년	20×6년	합계
20×7년에 추정된 공사진행률	17.8%[8)]	37.8%[10)]	
20×7년에 추정된 공사수익	89[9)]	100[11)]	189
공사원가	80	90	170
20×7년에 추정된 공사이익	9	10	19
기인식한 공사이익	–	–	–
회계추정변경의 효과	9	10	19

주8) 80 ÷ 450 ≒ 17.8%
주9) 500 × 17.8% = 89
주10) (80 + 90) ÷ 450 ≒ 37.8%
주11) 500 × 37.8% − 89 = 100

③ 공사원가의 회수가능성이 낮은 경우

다음과 같은 계약의 경우에는 공사원가의 회수가능성이 낮으므로 관련 공사원가는 즉시 비용으로 인식한다(일반기준 16장 문단 16.51). 즉, 공사원가의 회수가능성이 낮으므로 공사수익은 인식하지 않고 공사원가만을 당기 비용으로 인식한다.

-충분한 구속력이 없어서 그 이행가능성이 상당히 의심되는 공사계약

- 공사의 완료가 계류 중인 소송이나 입법결과에 좌우되는 공사계약
- 수용되거나 몰수당하기 쉬운 자산에 대한 공사계약
- 발주자가 그 의무를 이행할 수 없는 공사계약
- 건설사업자가 공사를 완료할 수 없거나 계약상의 의무를 이행할 수 없는 공사계약

3) 공사완성기준

공사완성기준(completed - contract method)이란 공사가 완성되는 시점에 공사에 따른 수익과 비용을 인식하는 방법이다. 공사가 완성되면 공사대상물이 공사발주자에게 인도되므로 이 방법은 판매시점에서 수익을 인식하는 방법과 유사하다. 공사완성기준 하에서는 공사계약으로부터 궁극적으로 이익이 발생하리라고 예상되는 한 공사완료시점에 모든 이익을 인식하고, 공사진행 중의 각 회계기간에는 이익이나 손실을 인식하지 않아 공사기간 중에 발생한 공사활동의 성과(수익) 및 노력(비용)을 적절히 나타낼 수 없기 때문에 기간별 이익이 왜곡표시된다는 단점이 있다.

한편, 일반기업회계기준 제16장 제2절에서는 단기의 건설형 공사계약의 경우에도 진행기준을 적용하는 것을 원칙으로 하되 진행기준을 적용할 수 없는 경우에는 발생원가의 범위 내에서 회수가능한 금액을 수익으로 계상하고 발생원가 전액은 당기비용으로 계상하도록 규정하여 완성기준의 적용을 배제하고 있다. 다만, 일반기업회계기준 제31장(중소기업 회계처리 특례) 문단 31.9에서는 중소기업기본법에 의한 중소기업(자본시장과 금융투자업에 관한 법률에 따른 상장법인 · 증권신고서 제출법인 · 사업보고서 제출대상법인, 금융회사, 연결실체에 중소기업이 아닌 기업이 포함된 경우의 지배기업을 제외함)의 경우 1년 내의 기간에 완료되는 건설형 공사계약에 대하여는 공사 등을 완성한 날에 수익을 인식할 수 있는 것으로 규정하여 예외적으로 완성기준을 허용하고 있으며, 이 경우 그 내용을 주석으로 기재하여야 한다.

4) 하자보수충당부채

공사종료 후에 하자보수 의무가 있는 경우에는 합리적이고 객관적인 기준에 따라 추정된 금액을 하자보수비로 하여 그 전액을 공사가 종료되는 회계연도의 공사원가에 포함하고, 동액을 하자보수충당부채로 계상하여야 한다(일반기준 16장 문단 16.59).

이와 같이 설정된 하자보수충당부채는 이후 실제로 발생한 하자보수비와 상계하고, 그 잔액은 실질적으로 하자보수의 의무가 종료한 회계연도에 환입하며, 하자보수충당부채를 초과하여 발생한 하자보수비는 당해 연도의 비용으로 처리한다(일반기준 16장 문단 16.60).

위에서 '실질적으로 하자보수의 의무가 종료'한 경우란 당해 건설업체가 종전의 동일 또는 유사한 건설공사의 하자보수 경험 등을 기준으로 신뢰성 있게 측정한 결과, 하자 발생

가능성이 매우 희박하거나 당해 시설에 대한 발주자의 추가공사 등으로 당해 업체의 하자보수의무가 사실상 소멸한 경우 등을 말한다(일반기준 16장 부록 실16.35).

5) 역지급청구에 대한 회계처리

공사계약상 지출의무자와 실제 지출행위자가 다른 경우 다음과 같이 회계처리한다(일반기준 16장 문단 16.37).

- 계약상 건설사업자가 부담해야 할 환경정화비 등을 발주자가 대신 지출하고 건설사업자에게 대금청구를 한 경우, 건설사업자가 발주자로부터 청구받은 비용으로서 지급할 가능성이 높은 금액은 채무로 기록하며 건설공사원가에 가산한다.
- 하도급자가 사용한 건설사업자 장비의 사용료에 대해 건설사업자가 하도급자에게 비용청구를 하는 경우와 같이 건설사업자가 부담한 공사원가를 하도급자 등에게 청구한 때는 상대방이 지급요청을 수락하거나 수락할 가능성이 매우 높고, 지급받을 금액을 신뢰성 있게 측정할 수 있는 경우에 채권으로 기록하며 건설공사원가에서 차감한다.

6) 공사계약 전 지출의 회계처리

공사원가는 계약체결일로부터 계약의 최종적 완료일까지의 기간 동안에 당해 공사에 귀속될 수 있는 원가를 포함한다. 그러나 계약에 직접 관련이 되며 계약을 획득하기 위해 공사계약체결 전에 부담한 지출은, 개별적으로 식별이 가능하며 신뢰성 있게 측정될 수 있고 계약의 체결가능성이 매우 높은 경우에 공사원가의 일부로 포함된다. 이 경우 공사원가에 포함되는 공사계약 전 지출은 경과적으로 선급공사원가로 계상하며, 당해 공사를 착수한 후 공사원가로 대체한다(일반기준 16장 문단 16.38).

공사계약 전 지출이란 '계약을 획득하기 위해 공사계약체결 전에 부담한 지출'을 의미하는 것이므로 주로 '수주와 관련된 지출'이 공사계약 전 지출에 해당될 수 있을 것이며, 또한 수주와 관련된 지출만이 아니라 체결될 가능성이 매우 높은 공사계약에 공사원가로 포함될 사전적 지출도 공사계약체결 전 지출에 포함될 수 있다(일반기준 16장 부록 실16.25).

예를 들어, 수주비는 특정 계약의 체결가능성이 매우 높고 특정 계약의 체결과 직접 관련되어 있으며 식별가능하고 신뢰성 있게 측정할 수 있는 경우에는 선급공사원가로 자산처리하며, 선급공사원가로 자산처리한 수주비는 공사 개시 후 적절한 방법으로 공사원가에 포함시킨다. 또한 일반기업회계기준 제16장 제2절에서는 예약매출계약에 해당하는 아파트 분양계약도 건설형 공사계약에 포함하고 있는데, 분양계약 전의 모델하우스 건립관련 비용(특정 분양계약과 직접 관련된 경우에 한하며 회사홍보목적 등으로 상설로 운영되는 경우는 제외됨)도 공사계약 전 지출로서 선급공사원가로 회계처리한다(일반기준 16장 부록 실16.26). 이 경우 특정 분양계약과 직접 관련된 분양대행수수료는 선급공사원가로 처리하나,

판매촉진목적으로서 특정 계약과 직접 관련되지 않은 분양 인센티브 및 분양광고홍보비는 판매비와 관리비로 처리한다(GKQA 22-001, 2022. 1. 11.).

또 다른 예로, 선박건조계약 등 건설형 공사계약과 관련하여 중개인을 통하여 계약을 수주하고 이에 대한 대가로 도급금액의 일정률에 해당하는 중개수수료를 도급금액의 회수여부와 연계하여 지급하는 경우에, 동 중개수수료는 공사계약 전 지출에 해당되므로 선급공사원가로 계상한 후 진행률에 따라 공사원가에 산입하여야 한다(실무의견서 2005-3, 2005. 8. 23.).

7) 생산설비와 건설장비 또는 가설재의 회계처리

생산설비와 건설장비는 유형자산으로 계상한 후 다음과 같이 회계처리한다(일반기준 16장 문단 16.61).

- 당해 장비가 특정 공사에만 사용가능한 경우에는 공사기간과 동 장비의 경제적 내용연수 중 짧은 기간 동안 감가상각하고 상각비를 공사원가에 산입한다.
- 당해 장비를 여러 공사를 위하여 사용하는 경우에는 동 장비의 경제적 내용연수 동안 감가상각하고 상각비를 각각의 공사원가에 배분한다.
- 처분예정인 유형자산은 장부금액을 투자자산으로 회계처리하고 감가상각을 하지 아니하며, 손상차손 발생여부를 매 보고기간말에 검토한다.

가설재란 도급공사의 시공과정상 공사를 위하여 보조적 또는 임시적으로 설치·사용되고 당해 공사완료 후 해체 또는 철거되는 모든 자재를 말하는데, 이러한 가설재 중 내용연수가 장기인 철재 또는 이와 유사한 내구재는 유형자산으로 계상한 후 위의 규정에 따라 회계처리하고 그 이외의 가설재는 재고자산으로 계상한 후 다음과 같이 회계처리한다(일반기준 16장 문단 16.62).

- 당해 가설재가 특정 공사에만 사용가능한 경우에는 사용기간 동안 합리적인 방법으로 배분된 금액을 공사원가에 산입한다.
- 당해 가설재가 여러 공사에 사용가능한 경우에는 당해 연도에 감모된 가액을 합리적으로 계상하여 공사원가에 산입한다.
- 처분예정인 가설재는 유형자산으로 회계처리되어 온 경우에는 장부금액을 투자자산으로 회계처리하고, 감가상각을 인식하지 아니하며, 손상차손 발생여부를 매 회계기간말 검토한다. 재고자산으로 회계처리되어 온 가설재는 저가기준으로 평가한다.

예를 들어, 해외건설업을 영위하는 건설업체에서 해외현장공사가 완료되어 더 이상 공사수입 및 공사원가가 발생되지 않는 해외현장에 소재하는 유형자산(중장비, 차량, 공기구, 비품)의 경우에는 수익·비용대응의 원칙에 의해 매출원가(공사원가)로 처리할 수 없으므로 공사완공 시점의 유형자산 잔존가치를 투자자산으로 대체하여 상각비를 계상하지 않아야 하며, 동 현장에 소재하는 가설재는 유휴재고자산이므로 공사진행시 기업에서 적용해 오던 손료율로 평가하지 않고 재고자산의 평가기준에 의거하여 저가기준으로 평가하여야 한다(일반기준 16장 부록 실16.36).

8) 주석공시

① 건설형 공사계약 관련 공시사항

건설사업자는 건설형 공사계약과 관련된 다음의 사항을 주석으로 기재한다(일반기준 16장 문단 16.63).

- 중요한 회계처리방법
  - ㉠ 공사손익의 인식방법
  - ㉡ 공사진행률의 계산방법
- 당기 중 공사수익으로 인식된 금액
- 보고기간종료일 현재 진행 중인 공사와 관련된 다음의 내용
  - ㉠ 누적공사원가와 누적손익
  - ㉡ 공사대금 선수금
  - ㉢ 공사대금 미수금 및 공사대금 미수금 중 발주자에게 청구된 부분과 청구되지 않은 부분
  - ㉣ 회수보류액(공사대금 청구액 중에서 계약에서 정해진 조건이 모두 충족되거나 또는 공사내용상의 문제가 해결될 때까지 지급이 보류되고 있는 금액)
  - ㉤ 진행 중인 모든 공사들로부터 공사 전 기간에 걸쳐 실현이 예상되는 총공사손실예상액 및 중요 공사별 총공사손실예상액 내역
- 공사계약이행과 관련하여 예치한 보증금 또는 지급보증 등이 있는 경우에는 그 내용
- 하자보수비용, 발주자에 의한 보상금, 위약금이나 손실가능액 등과 관련하여 우발적인 사항이 있는 경우 그 내용

② 원가비율방법에 의한 진행률 관련 공시사항

가. 계약별 공시사항

문단 16.47 본문에 따른 원가비율방법에 의한 진행률을 사용하는 경우에는 보고기간 말 현재 공사수익 금액이 직전 회계연도 매출액의 5% 이상인 계약별로 다음을 해당 계약의 건설공사가 완료된 보고기간까지 주석으로 공시한다. 다만, 공시 대상에 포함된 계약은 이후에 공시 대상 조건을 충족하지 못하더라도 해당 계약의 건설공사가 완료된 보고기간까지 계속 공시한다(일반기준 16장 문단 16.64).

㉠ 계약을 구별할 수 있는 명칭

㉡ 계약일

㉢ 계약상 완성기한 또는 납품기한

㉣ 진행률

㉤ 공사미수금 금액과 대손충당금(청구분과 미청구분으로 나누어 공시)

전술한 ㉡~㉤의 공시사항 중 다음 어느 하나의 경우에 해당하는 사항은 공시하지 않을 수 있다(일반기준 16장 문단 16.65).

- 관련 법령에서 비밀이나 비공개 사항으로 규정하는 경우
- 계약에서 비밀이나 비공개 사항으로 규정하고, 계약 당사자가 공시를 동의하지 않아 공시 항목의 일부나 전부를 공시하면 기업에 현저한 손실을 초래할 가능성이 높은 경우

공시를 하지 않는 경우에는 생략한 사항별로 다음을 공시하고, 상기 ㉤의 공시를 생략한 경우에는 해당 사항이 포함된 부문에 대하여 ㉤을 공시한다(일반기준 16장 문단 16.66).

- 계약별 공시를 생략한 사실과 사유(객관적인 근거를 제시하여야 함)
- 다른 방법으로 공시하거나 공개하지 않았다는 사실
- 문단 16.65를 적용한다는 사실을 상법에 따른 감사위원회(감사위원회가 없는 경우에는 감사)에 보고 여부

나. 부문별 공시사항

문단 16.47 본문에 따른 원가비율방법에 의한 진행률을 사용하는 계약의 경우에는 다음을 부문별로 구분하여 주석으로 공시한다(일반기준 16장 문단 16.67).

㉠ 공사손실충당부채

㉡ 회계추정 변경에 따른 공사손익 변동금액, 오류 수정에 따른 공사손익 변동금액

㉢ 회계추정 변경에 따른 추정총공사원가의 변동금액, 오류 수정에 따른 추정총공사원가의 변동금액

다. 공시예외

자본시장과 금융투자업에 관한 법률에 따른 사업보고서 제출대상법인이 아닌 경우에는 전술 가. 및 나.의 공시를 하지 않을 수 있다(일반기준 16장 문단 16.68).

라. 용어정의

전술한 가. 및 나.에서 부문이란 다음 모두에 해당하는 기업의 구성단위를 말한다(일반기준 16장 용어정의).

㉠ 수익을 창출하고 비용이 생기게 하는(같은 기업 내의 다른 구성단위와의 거래와 관련된 수익과 비용 포함) 사업활동을 영위

㉡ 부문에 배분될 자원에 대한 의사결정을 하고 부문의 성과를 평가하기 위하여 최고영업의사결정자가 영업성과를 정기적으로 검토

㉢ 구분된 재무정보를 사용 가능

(4) 공사계약의 병합과 분할

일반기업회계기준 제16장 제2절은 공사계약별로 적용함을 원칙으로 한다. 그러나 계약내용의 경제적 실질을 올바로 반영하고 기간손익의 왜곡을 방지하기 위하여 동일 공사계약 내에서도 구분가능한 부분별로 적용(계약의 분할)하거나, 여러 공사계약을 하나의 계약으로 보아 일괄 적용(계약의 병합)할 수도 있다.

1) 계약의 분할

여러 자산의 건설공사에 대하여 단일의 공사계약을 체결하였더라도 다음의 조건을 모두 충족하는 경우에는 여러 자산의 건설공사를 각각 독립된 건설공사로 본다(일반기준 16장 문단 16.25).

- 각 자산에 대하여 별개의 공사제안서가 제출된다.
- 각 자산에 대해 독립된 협상이 이루어졌으며, 발주자와 건설사업자는 각 자산별로 계약조건의 수락 또는 거부가 가능하다.
- 각 자산별로 비용과 수익의 인식이 가능하다.

사례 건설회사인 (주)한강은 아파트와 상가를 건설하기로 하고 (주)용산과 총도급금액 ₩10,000,000에 계약을 체결하였다. (주)한강은 아파트와 상가의 공사진행에 따라 공사수익을 인식하기로 결정하였으며, 공사이익률은 각각 10%, 30%로 예상하였다. 또한 (주)한강은 공사원가를 기초로 공사진행률을 산정하며, 아파트와 상가의 공사원가 자료 및 진행률은 다음과 같다.

	아파트	상 가	총 계
추정총공사원가	₩7,200,000	₩1,400,000	₩8,600,000
실제 발생원가			
1 차 연 도	5,040,000	560,000	5,600,000
진 행 률	70%	40%	65.11%
2 차 연 도	2,160,000	840,000	3,000,000
진 행 률	100%	100%	100%

총도급금액 ₩10,000,000을 아파트와 상가로 각각 구분하여 계산하면 다음과 같다.

아파트 : 추정총공사원가 / (1 − 총공사이익률) = ₩7,200,000 / 0.9 = ₩8,000,000

상　가 : 추정총공사원가 / (1 − 총공사이익률) = ₩1,400,000 / 0.7 = ₩2,000,000

따라서 계약분할에 의할 경우 공사수익, 공사원가, 공사이익은 다음과 같다.

	1차연도	2차연도	총 계
공 사 수 익	₩6,400,000*	₩3,600,000**	₩10,000,000
공 사 원 가	5,600,000	3,000,000	8,600,000
공 사 이 익	₩800,000	₩600,000	₩1,400,000

* 8,000,000 × 70% + 2,000,000 × 40% = 6,400,000

** 8,000,000 × 30% + 2,000,000 × 60% = 3,600,000

계약분할에 의하지 않고 단일계약으로 공사진행률을 적용하였다면 공사수익, 공사원가, 공사이익은 다음과 같이 계산된다.

	1차연도	2차연도	총 계
공 사 수 익	₩6,511,000*	₩3,489,000	₩10,000,000
공 사 원 가	5,600,000	3,000,000	8,600,000
공 사 이 익	₩911,000	₩489,000	₩1,400,000

* 10,000,000 × 65.11% = 6,511,000

2) 계약의 병합

다음의 조건을 모두 충족시키는 경우에는 복수계약 전체를 단일 건설형 공사계약으로 본다(일반기준 16장 문단 16.26).

- 복수의 계약이 일괄적으로 협상된다.
- 설계, 기술, 기능 또는 최종 용도에서 복수의 계약이 상호 밀접하게 연관되어 사실상 단일 목표이윤을 추구하는 하나의 프로젝트가 된다.
- 복수의 계약이 동시에 진행되거나 연쇄적으로 이행된다.

예를 들어 빌라형 콘도와 호텔형 콘도로 구성된 리조트를 하나의 프로젝트로 건설함에 있어, 리조트의 일부 완공에 따라 행정적으로 공구(제1공구 : 빌라형 콘도, 제2공구 : 호텔형 콘도)를 분할하는 경우에도 리조트 내 모든 시설이 밀접하게 관련되고 최초 계약의 경제적 실질에 변경이 없다면 건설사업자가 이행하기로 한 계약상 주된 의무를 완료한 것으로 볼 수 없으므로 리조트의 완공된 공구에 대해 수분양자에게 등기이전을 하는 것이 가능하더라도 각 공구별 진행기준에 따른 수익을 인식할 수 없다(2013-G-KQA 007, 2013. 4. 11.).

사례 (주)한강은 아파트와 상가를 건설하기로 (주)용산과 계약을 체결하였다. 각각의 도급금액은 ₩5,000,000과 ₩2,000,000이었으며, 공사와 관련된 도급금액 및 실제 발생원가 자료는 다음과 같다.

	아파트	상 가	총 금 액
도급금액	₩5,000,000	₩2,000,000	₩7,000,000
실제 발생원가			
1 차 연 도	2,600,000	1,260,000	3,860,000
2 차 연 도	1,400,000	540,000	1,940,000
	4,000,000	1,800,000	5,800,000
총 공 사 이 익	₩1,000,000	₩200,000	₩1,200,000

(주)한강은 노동시간을 기초로 공사진행률을 산정하며, 아파트와 상가의 건설공사노동시간 자료는 다음과 같다.

	아파트	상 가	총 계
추정총노동시간	80,000시간	20,000시간	100,000시간
실제 발생노동시간			
1 차 연 도	45,000시간	15,000시간	60,000시간
진 행 률	56.25%	75%	60%
2 차 연 도	35,000시간	5,000시간	40,000시간
진 행 률	100%	100%	100%

계약병합에 의할 경우 공사수익, 공사원가, 공사이익은 다음과 같다.

	1차연도	2차연도	총 계
공 사 수 익	₩4,200,000*	₩2,800,000	₩7,000,000
공 사 원 가	3,860,000	1,940,000	5,800,000
공 사 이 익	₩340,000	₩860,000	₩1,200,000

* 7,000,000 × 60% = 4,200,000

계약병합에 의하지 않고 각 계약별 공사진행률을 적용하였을 경우라면 공사수익, 공사원가, 공사이익은 다음과 같이 계산된다.

	1차연도	2차연도	총 계
공 사 수 익	₩4,312,500*	₩2,687,500	₩7,000,000
공 사 원 가	3,860,000	1,940,000	5,800,000
공 사 이 익	₩452,500	₩747,500	₩1,200,000

* 5,000,000 × 56.25% + 2,000,000 × 75% = 4,312,500

3) 추가공사의 회계처리

발주자의 요구나 계약의 수정에 의하여 추가되는 자산의 건설공사는 기존 건설공사의 일부로 보아야 할 것이나, 다음과 같은 경우에는 이를 별도의 독립된 건설공사로 보아 회계처리한다(일반기준 16장 문단 16.27).

- 추가되는 자산이 설계, 기술, 기능에 있어서 원래의 계약에 포함된 자산과 유의적으로 차이가 있거나,
- 추가공사의 공사계약금액이 원래 계약상의 공사계약금액과 별도로 협상된다.

6. 위탁매출의 수익인식

(1) 수익인식시점

위탁매출이란 자기의 상품을 타인에게 위탁하여 수수료를 지급하고 판매하는 형태이다. 위탁매출의 경우는 상품의 발송이 판매계약 성립 이전에 이루어지기 때문에 상품을 발송했다는 사실을 가지고 수익으로 인식하는 것은 적당치 않다. 따라서 수익은 수탁자가 그 상품을 판매함으로써 비로소 실현되는 것이므로 위탁판매에서는 수탁자에 의한 상품의 판매가 수익인식의 기준이 된다(일반기준 16장 부록 사례4).

그러나 위탁자의 입장에서는 수탁자가 그 상품을 판매하였는지의 여부를 수탁자로부터 보고가 없는 한 알 수 없기 때문에 실무상으로는 수탁자로부터 판매에 관한 보고서가 송부되어 온 때에 회계처리하는 것이 일반적이다.

이러한 위탁매출과 유사한 거래로 인터넷기업이 일반재화 공급업체와 회사의 포탈사이트를 통해 제품을 선전하고 이를 통해 회사의 인터넷 이용자가 업체의 제품에 주문을 하는 경우 일정액의 수수료를 받기로 계약하는 경우, 실제로 고객이 인터넷사이트를 통해 주문을 하면 대금지급은 인터넷을 통해 이루어지고 회사는 업체에 고객의 주문사실과 내용을 통보하며 업체는 제품을 고객에게 전달한다. 또한 고객으로부터 회사의 구좌로 대금이 입금되면 회사는 업체에 수수료를 제외한 잔액을 지급하며, 만일 이와 관련하여 고객으로부터 Claim(반품 요청)이 올 경우 업체에 이 사실을 통보하여 업체가 반품을 처리하는 것이 일반적이다.

이 경우 인터넷기업은 매출을 총액 또는 순액으로 인식하여야 하는지 문제가 발생할 수 있는데, 이의 회계처리에 대한 회계연구원의 질의 · 답변에 의하면, 순액주의로 결론을 내리고 있다(GKQA 01－073, 2001. 5. 15.).

즉, 전자상거래를 통한 판매에서 매출액은 판매대행을 하고 수수료로 받는 금액(부가가치세 제외)으로 인식하고, 부가가치세 해당 금액은 예수금으로 처리하여야 하며, 전자상거

래 판매대행분에 대한 매입액은 계상하지 않는 것이다.

(2) 회계처리방법

위탁자(주로 제조업자 또는 대형도매상)는 자신이 보유하고 있던 상품을 수탁자(주로 소매상)에게 발송하고 발송된 상품, 즉 적송품의 원가를 적송품계정에 차기한다. 이 때 적송과 관련해서 발생하는 수송비 등은 적송품원가에 포함시킨다.

위탁판매에 있어서 상품을 적송하는 것은 판매행위가 아니라 단순히 보관장소를 옮긴 것으로 간주한다. 즉, 적송된 상품의 소유권은 위탁자가 계속 갖고 있으며 수탁자는 위탁자의 판매대리인으로서의 역할을 수행한다. 수탁자는 판매활동에 대한 대가로 수수료를 획득하며 판매대금에서 판매수수료를 차감한 금액만큼 위탁자에게 송금한다. 따라서 수탁자는 적송품을 인수하는 시점에서는 회계처리를 하지 않고 위탁상품을 판매하는 시점에서 수입수수료를 인식하고 위탁자에 대한 부채를 계상한다. 그리고 판매사실을 위탁자에게 즉시 통지한다. 위탁자는 이러한 통지를 받았을 때 매출 및 판매수수료(계속기록법 하에서는 매출원가도 기록)를 기록한다. 즉, 계속기록법을 사용하고 있는 경우에는 판매된 상품의 원가만큼 위탁매출원가계정에 차기하고 적송품계정에 대기한다. 이러한 조정을 행한 후의 적송품계정 잔액은 아직 판매되지 않은 적송품의 원가를 나타낸다. 한편 수탁자가 위탁자 지정가격보다 할인하여 판매하고 수탁수수료에서 부담하는 경우의 회계처리에 대해서 재무보고에 관한 실무의견서 2006－4(2006. 11. 24.)에 의하면 동 할인액은 수탁자가 자신의 판매용역가격을 할인판매하는 것과 동일하므로 재무제표상 계상할 수수료수익은 동 할인액을 차감한 실제 수수료수익만을 매출수익으로 계상하도록 하고 있다.

사례 1 20×7. 5. 3. (주)삼일은 영일상사에 판매를 위탁하기 위하여 상품 ₩20,000,000을 적송하고, 운임 등 제비용으로 ₩250,000을 현금으로 지급하였다.

(차) 적송품	20,250,000	(대) 재고자산	20,000,000
		현금및현금성자산	250,000

사례 2 20×7. 6. 1. (주)삼일은 위의 적송품에 대하여 영일상사로부터 ₩15,000,000의 선수금을 받았다.

(차) 현금및현금성자산	15,000,000	(대) 선수금	15,000,000

사례 3 20×7. 6. 20. 영일상사는 동 적송품을 매출하였다. 적송품매출에 대한 실수금 ₩14,700,000(총매출액 ₩30,000,000, 수수료 비용 ₩300,000)은 10일 후에 입금하겠다고 갑회사에 통보하였다.

(차) 선 수 금	15,000,000	(대) 적 송 품 매 출	30,000,000
적 송 매 출 채 권	14,700,000		
판 매 수 수 료	300,000		
(차) 매 출 원 가	20,250,000	(대) 적 송 품	20,250,000

사례 4 10일 후에 갑회사는 통장에 잔액이 입금되었음을 확인하였다.

(차) 현금및현금성자산	14,700,000	(대) 적 송 매 출 채 권	14,700,000

사례 5 상기 [사례 1]~[사례 4]의 상황을 근거로 영일상사 입장의 회계처리를 하여라.

• 20×7. 5. 3.

분개없음. (수탁품에 대한 비망기록)

• 20×7. 6. 1.

(차) 선 급 금	15,000,000	(대) 현금 및 현금성자산	15,000,000

• 20×7. 6. 20.

(차) 현금및현금성자산	30,000,000	(대) 수 탁 매 출	30,000,000

• 20×7. 7. 1.

(차) 수 탁 매 출	30,000,000	(대) 선 급 금	15,000,000
		현금 및 현금성자산	14,700,000
		수 수 료 수 익	300,000

7. 할부매출의 수익인식

(1) 개 념

할부판매란 상품이나 제품을 판매함에 있어서 판매대금을 분할하여 회수하는 조건으로 이루어지는 판매형태로서 일반기업회계기준은 할부매출의 경우에도 인도기준에 따라 수익을 인식하도록 하고 있다. 이와 함께 할부판매의 경우 판매대가가 재화의 판매 이후 장기간에 걸쳐 유입되는 경우에는 판매대가의 공정가치가 명목금액보다 작을 수 있으므로 판매가격은 대가의 현재가치로서 수취할 할부금액을 내재이자율로 할인한 금액이며 할부금액의 현재가치와 명목금액과의 차액은 현금회수기간에 걸쳐 유효이자율법을 적용하여 이자수익으로 인식한다. 여기서 현재가치의 측정에 사용되는 할인율은 신용도가 비슷한 기업이 발행한 유사한 금융상품(예 : 회사채)에 적용되는 일반적인 이자율 또는 명목금액의 현재가치와 제공되는 재화나 용역의 현금판매금액을 일치시키는 유효이자율 중 보다 명확히 결정될 수 있는 것으로 한다(일반기준 16장 문단 16.6, 부록 사례8).

위와 같이 일반기업회계기준 제16장 제1절에서는 할부매출의 경우 장 · 단기 구분없이 인도기준에 따라 수익을 인식하도록 하고 있다. 다만, 일반기업회계기준 제31장(중소기업 회계처리 특례) 문단 31.9에서는 중소기업기본법에 의한 중소기업(자본시장과 금융투자업에 관한 법률에 따른 상장법인 · 증권신고서 제출법인 · 사업보고서 제출대상법인, 금융회사, 연결실체에 중소기업이 아닌 기업이 포함된 경우의 지배기업을 제외함)의 경우 1년 이상의 기간에 걸쳐 이루어지는 할부매출은 할부금회수기일이 도래한 날에 실현되는 것으로 할 수 있도록 하여 회수기일도래기준을 선택적으로 적용할 수 있도록 하고 있으며, 이 경우 그 내용을 주석으로 기재하여야 한다.

한편, 할부매출에 대해 사용되는 수익인식기준은 다음과 같이 세 가지가 있다.

① 인도기준

이것은 상품 · 제품 등을 인도하는 시점에서 수익을 인식하는 것으로 일반기업회계기준 제16장 제1절에서는 할부매출의 경우 장 · 단기 구분없이 인도기준에 따라 수익을 인식하도록 규정하고 있다.

② 회수기일도래기준

이것은 할부금의 회수기일이 도래하는 시점에서 수익을 인식하는 것으로서 실제로 현금이 회수되었는가의 여부에 관계없이 할부금의 지급약정일에 수익을 인식하는 것을 의미한다.

일반기업회계기준 제31장(중소기업 회계처리 특례) 문단 31.9에서는 중소기업기본법에 의한 중소기업(자본시장과 금융투자업에 관한 법률에 따른 상장법인 · 증권신고서 제출법인 · 사업보고서 제출대상법인, 금융회사, 연결실체에 중소기업이 아닌 기업이 포함된 경우의 지배기업을 제외함)은 1년 이상의 기간에 걸쳐 이루어지는 할부매출의 경우 이 기준을 선택적으로 적용할 수 있도록 하고 있으며, 이 경우 그 내용을 주석으로 기재하여야 한다.

③ 현금회수기준

이것은 할부금이 실지로 현금으로 회수되는 시점에서 수익을 인식하는 것으로 일반기업회계기준에는 규정되어 있지 않다.

(2) 회계처리방법

1) 일반적인 경우

할부매출도 일반매출과 같이 인도기준에 의해 수익을 인식하므로 할부매출시에는 통상의 매출과 매출채권관련 회계처리를 하면 된다. 다만, 판매대가가 재화의 판매 이후 장기간에 걸쳐 유입되는 경우에는 판매대가의 공정가치가 명목금액보다 작을 수 있으므로 판매가격은 대가의 현재가치로서 수취할 할부금액을 내재이자율로 할인한 금액이며 할부금액의 현재가치와 명목금액과의 차액은 현금회수기간에 걸쳐 유효이자율법을 적용하여 이자수익으로 인식한다(일반기준 16장 문단 16.6, 부록 사례8). 즉, 이 경우 총할부계약대금 중 원금 해당액만을 당기수익으로 인식하고 이자부분은 기간경과에 따라 영업외수익 중 이자수익으로 인식·계상하도록 하고 있는데 이는 이론적인 측면에서도 타당한 회계처리라고 할 수 있다.

그러나 대금회수기간이 1년 미만인 할부매출은 현금판매가와 할부판매가의 차이가 중요한 경우 등과 같이 계약의 내용에 비추어 볼 때 재무거래의 요소(이자수익)를 명백히 분리할 수 있는 경우를 제외하고는 명목금액으로 측정할 수 있다(GKQA 02-173, 2002. 10. 30.).

사례 (주)삼일은 원가 ₩2,200,000인 상품을 20×5. 1. 1.에 5년 할부조건으로 판매하였다. 판매와 동시에 ₩800,000을 받았으며 20×5년부터 20×9년까지 매년 12. 31.에 ₩500,000씩 5회에 걸쳐 나누어 받기로 하였다. 관련시장에서 형성되는 동종 또는 유사한 채권·채무의 이자율은 15%, 정기예금 이자율은 12%이다. 본 상품의 판매에서 최종 할부금의 회수에 이르기까지의 회계처리를 하여 보자.

1. 현재가치의 계산

• 현가표에 따른 계산

	회수금액(1)	현가계수*(2)	현재가치{(1)×(2)}
20×5. 1. 1.	₩800,000	1	₩800,000
20×5. 12. 31.	500,000	0.86957	434,785
20×6. 12. 31.	500,000	0.75614	378,070
20×7. 12. 31.	500,000	0.65752	328,760
20×8. 12. 31.	500,000	0.57175	285,875
20×9. 12. 31.	500,000	0.49718	248,590
	₩3,300,000		₩2,476,080

* 유사 채권·채무이자율(15%) 적용

• 연금현가표에 따른 계산

현재가치 = ₩800,000 + ₩500,000 × 3.35216 = ₩2,476,080

2. 현재가치할인차금 계산

현재가치할인차금 = ₩3,300,000 − ₩2,476,080 = ₩823,920

	기초잔액 1	회수금액 2	이자율 3	이자수익 4=1×3	원금해당액 5=2−4	기말잔액 6=1−5
20×5. 1. 1.	₩2,476,080	₩800,000			₩800,000	₩1,676,080
20×5. 12. 31.	1,676,080	500,000	15%	251,412	248,588	1,427,492
20×6. 12. 31.	1,427,492	500,000	15%	214,123	285,877	1,141,615
20×7. 12. 31.	1,141,615	500,000	15%	171,242	328,758	812,857
20×8. 12. 31.	812,857	500,000	15%	121,928	378,072	434,785
20×9. 12. 31.	434,785	500,000	15%	65,215	434,785	−
		₩3,300,000		₩823,920	₩2,476,080	

〈회계처리〉

• 20×5. 1. 1.

(차)	현금및현금성자산	800,000	(대) 할 부 매 출	2,476,080
	할 부 매 출 채 권	2,500,000	현재가치할인차금	823,920
	할 부 매 출 원 가	2,200,000	재 고 자 산	2,200,000

• 20×5. 12. 31.

(차)	현금및현금성자산	500,000	(대) 할 부 매 출 채 권	500,000
	현재가치할인차금	251,412	이 자 수 익	251,412

• 20×6. 12. 31.

(차)	현금및현금성자산	500,000	(대) 할 부 매 출 채 권	500,000
	현재가치할인차금	214,123	이 자 수 익	214,123

• 20×9. 12. 31.

(차)	현금및현금성자산	500,000	(대) 할 부 매 출 채 권	500,000
	현재가치할인차금	65,215	이 자 수 익	65,215

2) 회수기준 적용시

할부금 회수약정일에 현금이 실제로 회수되는 경우에는 회수기일도래기준과 현금회수기준은 같은 것이 되므로 약정일에 현금이 회수되는 것으로 보고, 이하에서는 두 기준을 회수기준으로 통칭하여 설명한다.

회수기준에 의하여 할부매출을 회계처리하는 방법에는 대조계정법과 매출총이익이연법이 있으며, 기업회계기준 및 법인세법에서는 대조계정법을 원칙으로 하고 있다.

① 대조계정법

대조계정법은 재고자산의 인도시점에서 가계정을 설정하고 현금회수시마다 매출을 인식하는 것이다.

가. 매출시 회계처리

(차)	할 부 매 출 계 약	×××	(대) 할 부 가 매 출	×××
	할 부 매 출 원 가	×××	재 고 자 산	×××

할부매출계약과 할부가매출계정은 미회수된 할부금을 관리하기 위한 대조계정이므로 재무제표에 표시하여서는 아니된다.

나. 현금회수시 회계처리

(차)	현금 및 현금성자산	×××	(대) 할 부 매 출	×××
	할 부 가 매 출	×××	할 부 매 출 계 약	×××

현금회수 부분을 매출로 인식하고 동 금액을 기설정된 대조계정에서 감소시킨다.

다. 결산시 회계처리

(차)	할 부 재 고 자 산	×××	(대) 할부매출원가(환입)	×××

기말에 미회수된 할부금에 대한 원가를 기말재고자산에 가산하는 것이다.

사례 (주)삼일은 다음과 같이 할부매출거래를 하였다. 각 시점별로 회계처리를 하여라.

20×7. 10. 1. 원가 ₩8,000,000의 상품을 ₩10,400,000에 20개월 할부로 매출하고, 제1회 할부금 ₩520,000을 현금으로 받았다.

10. 31.(2회), 11. 30.(3회), 12. 31.(4회)에 각각 할부금을 현금으로 받았다.

• 20×7. 10. 1. 판매시

(차)	할 부 매 출 계 약	10,400,000	(대) 할 부 가 매 출	10,400,000
	할 부 매 출 원 가	8,000,000	재 고 자 산	8,000,000

• 10/1, 10/31, 11/30, 12/31 할부금 입금시(각 일자별로)

(차)	현금및현금성자산	520,000	(대) 할 부 매 출	520,000
	할 부 가 매 출	520,000	할 부 매 출 계 약	520,000

• 20×7. 12. 31. 결산시

(차)	할 부 재 고 자 산	6,400,000*	(대) 할 부 매 출 원 가	6,400,000

* (₩10,400,000 − ₩520,000 × 4) × 원가율($\frac{₩8,000,000}{₩10,400,000}$) = ₩6,400,000

② 매출총이익이연법

매출총이익이연법은 할부판매에 따른 매출수익과 매출원가는 판매시점에 인식하고, 할부매출총이익만 현금이 회수될 때까지 이연하는 방법이다. 이 경우에는 기말에 미실현이익이 발생하게 되고 이는 차기 이후에 실현될 수익이므로 이연처리한다.

앞서 설명한 대조계정법은 매출수익과 매출원가라는 두 개의 계정을 현금이 회수되는 시점까지 이연시킴으로써 할부매출총이익을 이연시키는 것인 데 비하여, 매출총이익이연법은 "이연할부매출이익"이라는 하나의 계정만을 이연시키므로 더 간단한 방법이다.

가. 판매시 회계처리

(차) 할 부 매 출 채 권	×××	(대) 할 부 매 출	×××
할 부 매 출 원 가	×××	재 고 자 산	×××

판매시에 일단 매출수익을 인식하고 매출채권을 계상한다.

나. 현금회수시 회계처리

(차) 현금 및 현금성자산	×××	(대) 할 부 매 출 채 권	×××

다. 결산시 회계처리

당해 연도에 이루어진 할부판매에 대하여 다음의 회계처리를 함으로써 이연인식할 매출총이익을 계상한다.

(차) 할부매출미실현이익	×××	(대) 이연할부매출이익	×××

이 분개에 나타난 계정과목과 금액을 통하여 당해 연도에 이루어진 할부판매에 대한 할부매출총이익률(이연매출총이익÷할부매출액)을 산정할 수 있다.

이 때에 할부매출이 연도별로 계속 이루어질 경우 각 연도별 매출총이익률을 관리하는 것이 필요하다.

또한 매출총이익이연법에서는 현금회수액을 기준으로 하여 매출이익을 인식하기 때문에, 당해 연도의 할부판매와 관련된 매출총이익 중 미회수된 부분에 대해서 기말에 이연할부매출이익을 계상하며, 이후에 현금회수시 이연할부매출이익 중의 일부를 실현된 매출이익으로 인식하는 형식을 취한다. 따라서 현금회수액에 대하여 매기말에 다음과 같은 분개를 한다.

(차) 이연할부매출이익 (각 연도별로 계산)	×××	(대) 할부매출미실현이익	×××

회수기준 중 매출총이익이연법에 의한 할부판매 회계처리시 나타나는 손익계산서 표시항목인 할부매출미실현이익, 할부매출실현이익과 재무상태표항목인 이연할부매출이익의

표시방법에 대한 논란이 있을 수 있다. 우선 매출계정에 대한 할부매출미실현이익과 할부매출실현이익을 손익계산서에 표시할 때, 총매출액 및 매출원가에서 할부매출액 및 할부매출원가를 구분치 않고 매출총이익을 계산한 후, 이들을 가감하여 실현된 매출총이익으로 표시할 것인지 아니면 총매출액 및 매출원가에서 할부매출액과 할부매출원가를 구분 · 표시하고 할부매출총이익에서 이들을 가감하여 실현된 할부매출총이익을 별도로 표시할 것인지 여부가 문제로 제기된다.

실무적으로 할부매출이 그 회사의 총매출액에서 차지하는 비중이 클 경우에는 할부매출을 구분 · 표시하면서 할부매출총이익에서 할부매출미실현이익과 할부매출실현이익을 가감하여 표시하고, 비중이 경미하면 구분 · 표시 없이 총매출에 대한 매출총이익을 계산 후 이들을 가감하여 실현된 매출총이익으로 표시하는 것이 바람직할 것이다.

또한 재무상태표 표시항목인 이연할부매출이익도 이연부채 혹은 유동부채로 표시할 것인지 아니면 할부매출채권의 평가계정으로 동 과목에서 차감표시할 것인지 여부가 문제이다. 기업회계기준에서는 이연부채를 인정하지 않고 있으며, 그 성격상 이연할부매출이익은 매출채권의 평가계정에 가깝다고 볼 때 할부매출채권의 차감항목으로 표시하는 것이 보다 타당할 것이다.

사례 다음과 같은 판매조건으로 재고자산을 판매하기로 한 경우 거래발생시부터 종료시까지 각각의 회계처리를 하라(단, 현재가치할인차금의 상각은 유효이자율법을 적용할 것).

- 판매조건 : 가. 계약금 및 판매일시 : 1,000,000원, 20×3. 4. 1.
  나. 연불금수입 : 20×4년부터 매년 3. 31.에 2,000,000원씩 5년 균등하게 수입
- 유효이자율 : 연 12%
- 판매시 재고자산매출액의 현재가치
  1,000,000원+2,000,000원 × 3.60478* = 8,209,560원
  * 유효이자율 12%, 상환기간이 5년인 연금현가계수이다.
- 동 재고자산의 매출원가는 매출액(현재가치)의 80%이며, 판매회사의 재고자산 기록은 계속기록법 및 실지재고조사법을 병행한다고 가정한다.
- 판매회사의 회계연도는 매년 4. 1.부터 익년 3. 31.까지이다.

① 현재가치의 계산
  −현가표에 따른 계산

	기초잔액	회수금액	이자율	수입이자	원금해당액	기말잔액
20×3. 4. 1.	₩8,209,560	₩1,000,000			₩1,000,000	₩7,209,560
20×4. 3. 31.	7,209,560	2,000,000	12%	₩865,147	1,134,853	6,074,707
20×5. 3. 31.	6,074,707	2,000,000	12%	728,965	1,271,035	4,803,672
20×6. 3. 31.	4,803,672	2,000,000	12%	576,441	1,423,559	3,380,113
20×7. 3. 31.	3,380,113	2,000,000	12%	405,613	1,594,387	1,785,726

	기초잔액	회수금액	이자율	수입이자	원금해당액	기말잔액
20×8. 3. 31.	1,785,726	2,000,000	12%	214,274	1,785,726	0
		₩11,000,000		₩2,790,440	₩8,209,560	

② 회계처리

• 20×3. 4. 1. 판매시

(차) 현 금	1,000,000	(대) 할 부 매 출	8,209,560
할 부 매 출 채 권	10,000,000	현재가치할인차금	2,790,440
할 부 매 출 원 가	6,567,648	재 고 자 산	6,567,648*

* ₩8,209,560 × 80% = ₩6,567,648

• 20×4. 3. 31. 1차 분할금 회수 및 결산시

(차) 현 금	2,000,000	(대) 할 부 매 출 채 권	2,000,000
현재가치할인차금	865,147	이 자 수 익	865,147
(차) 할부매출미실현이익	1,214,941	(대) 이연할부매출이익	1,214,941*

* ₩(10,000,000－2,000,000－2,790,440＋865,147) × 20% = ₩1,214,941

• 20×5. 3. 31. 2차 분할금 회수 및 결산시

(차) 현 금	2,000,000	(대) 할 부 매 출 채 권	2,000,000
현재가치할인차금	728,965	이 자 수 익	728,965
(차) 이연할부매출이익	254,207	(대) 할부매출실현이익	254,207*

* ₩(2,000,000－728,965) × 20% = ₩254,207

• 20×6. 3. 31. 3차 분할금 회수 및 결산시

(차) 현 금	2,000,000	(대) 할 부 매 출 채 권	2,000,000
현재가치할인차금	576,441	이 자 수 익	576,441
(차) 이연할부매출이익	284,712	(대) 할부매출실현이익	284,712*

* ₩(2,000,000－576,441) × 20% = ₩284,712

• 20×7. 3. 31. 4차 분할금 회수 및 결산시

(차) 현 금	2,000,000	(대) 할 부 매 출 채 권	2,000,000
현재가치할인차금	405,613	이 자 수 익	405,613
(차) 이연할부매출이익	318,877	(대) 할부매출실현이익	318,877*

* ₩(2,000,000－405,613) × 20% = ₩318,877

• 20×8. 3. 31. 5차 분할금 회수 및 결산시

(차) 현 금	2,000,000	(대) 할 부 매 출 채 권	2,000,000
현재가치할인차금	214,274	이 자 수 익	214,274*
(차) 이연할부매출이익	357,145	(대) 할부매출실현이익	357,145

* ₩(2,000,000－214,274) × 20% = ₩357,145

8. 반품가능판매의 수익인식

(1) 개념 및 범위

반품가능판매란 상품이나 제품을 판매함에 있어서 판매계약에 따라 구매자에게 일정기간 내에는 언제든지 구매를 취소할 수 있는 권리를 부여하는 판매형태를 말한다. 일반적으로 재화의 판매로 인한 수익의 인식은 소유에 따른 유의적인 위험과 보상이 구매자에게 이전되는 시점에 결정되며, 이러한 소유에 따른 위험과 보상의 이전은 법적 소유권의 이전 또는 재화의 물리적 이전과 동시에 일어나지만 반품가능판매는 경우에 따라 다를 수 있다. 즉, 반품가능판매는 재화의 판매시점에 반품가능금액을 신뢰성 있게 추정할 수 있어야 한다는 수익인식 조건을 추가로 고려하여야 한다.

1) 반품가능판매의 반품가능성을 예측하기 어려운 경우

반품가능판매로서 판매시점에 반품가능성을 합리적으로 예측하기 어려운 경우에는 거래 이후에도 판매자가 관련 재화의 소유에 따른 유의적인 위험을 부담하고 있기 때문에 그 거래를 아직 판매로 보지 아니하며, 따라서 수익을 인식하지 않는다.

이러한 경우에는 재화가 인도되었을지라도 매출 및 매출원가를 인식하지 않고 받은 현금은 선수금으로 처리하여야 하며, 관련 재화는 당초 장부가액으로 재무제표에 계상하고 있다가 구매자가 재화의 인수를 공식적으로 수락한 시점 또는 재화의 인도 후 반품기간이 종료된 시점에 매출 및 매출원가를 인식하여야 한다(일반기준 16장 부록 사례3).

2) 반품가능판매의 반품금액을 신뢰성 있게 추정할 수 있는 경우

거래 이후에도 판매자가 소유에 따른 위험을 부담하는 반품가능판매의 경우라도 일정한 요건을 충족한 경우에는 재화의 판매시 수익인식을 할 수 있다.

일반기업회계기준 제16장 부록 실16.18에 따르면, 동 기준 제16장 부록 실16.3에서 열거하는 모든 조건을 충족하여 수익으로 인식하는 반품가능판매 및 부록 실16.4에 해당하는 반품가능판매의 경우에는 판매시점에 반품이 예상되는 매출액에 해당하는 금액은 환불충당부채로 설정하고, 환불충당부채를 결제할 때 고객에게서 제품을 회수할 기업의 권리는 자산(예 : 반환제품회수권)으로 인식하도록 하고 있다.

일반기업회계기준 제16장 【수익】

실16.3 반품가능 판매의 경우에는, (1) 판매가격이 사실상 확정되었고, (2) 구매자의 지급의무가 재판매여부에 영향을 받지 않으며, (3) 판매자가 재판매에 대한 사실상의 책임을 지지 않고, (4) 미래의 반품금액을 신뢰성 있게 추정할 수 있다는 조건들이 모두 충족되지 않는 한 수익을 인식할 수 없다. 수익을 인식하는 경우에는 반품추정액을 수익에서 차감한다. 고객이 한 제품을 유형·품질·조건·가격이 같은 다른 제품(예: 색상이나 크기가 다른 제품)과 교환하는 경우에는 이 장의 적용 목적상 반품으로 보지 않는다.

실16.4 거래 이후에 판매자가 소유에 따른 위험을 일부 부담하더라도 그 위험이 별로 중요하지 않은 경우에는 해당 거래를 판매로 보아 수익을 인식한다. 예를 들면, 판매자가 판매대금의 회수를 확실히 할 목적으로 해당 재화의 법적 소유권을 계속 가지고 있더라도 소유에 따른 유의적인 위험과 보상이 실질적으로 구매자에게 이전되었다면 해당 거래를 판매로 보아 수익을 인식한다. 또 다른 예로, 고객이 만족하지 않는 경우에 판매대금을 반환하는 소매판매를 들 수 있다. 이러한 경우에 과거의 경험과 기타 관련 요인에 기초하여 미래의 반환금액을 신뢰성 있게 추정할 수 있다면, 판매시점에 수익을 인식하고 추정반환금액은 부채로 인식한다.

일반기업회계기준 제16장 부록 실16.3의 조건을 모두 충족하는 거래와 부록 실16.4의 거래는 소유에 따른 유의적인 위험과 보상이 구매자에게 이전된 것으로 보아 재화의 판매시 수익을 인식하는 것이므로 소유권이 이전된 재고자산 및 매출채권을 조정하지 않지만, 향후 반품으로 인하여 발생할 경제적 손실에 대하여 현재 의무를 부담하게 되므로 그 의무이행에 소요되는 금액을 충당부채로 인식하는 것이다.

이 때 현재의 의무이행에 소요되는 경제적 손실에 대하여 합리적으로 예측한 금액을 부채로 설정하여야 하므로 판매시점에 반품이 예상되는 매출액에 해당하는 금액을 환불충당부채로 설정하고, 보고기간 말마다 반품 예상량의 변동에 따라 그 부채의 측정치를 새로 수정하여야 하며 그 조정액은 수익(또는 수익의 차감)으로 인식한다.

또한, 환불충당부채를 결제할 때 고객에게서 제품을 회수할 기업의 권리는 자산으로 인식한다. 이 경우 해당 자산을 처음 측정할 때 제품의 직전 장부금액에서 그 제품 회수에 예상되는 원가(반품되는 제품이 기업에 주는 가치의 잠재적인 감소를 포함)를 차감하고, 보고기간 말마다 반품될 제품에 대한 예상의 변동을 반영하여 자산의 측정치를 새로 수정하여야 하며, 이 자산은 환불충당부채와는 구분하여 표시한다.

(2) 기업회계상 회계처리

일반기업회계기준 제16장 부록 실16.3에서 열거하는 모든 조건을 충족하여 수익으로 인식하는 반품가능판매 및 부록 실16.4에 해당하는 반품가능판매와 관련하여 회계처리상 중요한 점은 다음의 4가지로 요약된다.

① 반품추정액의 회계처리시점

② 반품추정시 회계처리방법

③ 실제 반품시 회계처리방법

④ 결산시 회계처리방법

1) 반품추정액의 회계처리 시점

일반기업회계기준 제16장 부록 실16.18에서는 반품추정의 회계처리를 판매시점 및 결산시점에 하는 것으로 언급하고 있다. 이는 적시성 측면에서는 합리적일 것이나 실무상으로는 반품가능판매가 발생할 때마다 반품추정액을 계상하는 것은 현실적으로 상당한 어려움이 있을 것이며, 또한 기중에 판매한 거래건이 기중에 반품되는 경우에는 회계처리의 실익도 없을 것으로 판단되는 바, 실무적으로는 결산시점에 반품기간이 미경과한 판매건에 대하여 일괄하여 회계처리하는 것이 합리적이라 판단된다.

2) 반품추정시 회계처리방법

일반기업회계기준 제16장 부록 실16.3과 실16.4의 요건을 충족하여 재화의 인도시 수익을 인식하는 경우 판매시점에 반품이 예상되는 매출액에 해당하는 금액은 환불충당부채로 설정하고, 환불충당부채를 결제할 때 고객에게서 제품을 회수할 기업의 권리는 자산으로 인식하며 그 제품 회수에 예상되는 원가(반품되는 제품이 기업에 주는 가치의 잠재적인 감소를 포함)는 해당 자산에서 차감한다(일반기준 16장 부록 실16.18).

• 반품이 예상되는 매출액 산정

(차) 매 출	×××	(대) 환 불 충 당 부 채	×××

• 제품을 회수할 권리 산정

(차) 반 환 제 품 회 수 권	×××	(대) 매 출 원 가	×××

원칙적으로 반품추정매출액과 이에 대응되는 반품추정매출원가의 산정을 위해서는 거래처별·품목별로 반품률과 원가률을 고려하여 산정하여야 한다. 하지만 이것은 효익·비용 측면에서 비효율적이고 내부통제와 관련하여 과도한 비용이 요구되는 경우가 있어 실무적으로는 회사의 매출 중에서 반품가능판매의 비중이 유의적이지 않는 경우에는 추정시점에 반품이 가능한 총매출액에 대하여 평균반품률과 평균원가율 등을 고려하여 반품추정매출액과 반품추정매출원가를 추정하는 것이 중요성 측면에서 합리적일 것이다.

3) 실제 반품시 회계처리방법

판매 후 실제 반품시점의 회계처리에 대하여는 일반기업회계기준 제16장 부록 실16.18에서 명시적으로 규정한 바는 없으나, 판매시점에 설정한 환불충당부채 및 반환제품회수권을 상계하는 회계처리를 하는 것이 타당할 것이다.

(차) 환 불 충 당 부 채	×××	(대) 매 출 채 권 (현금 및 현금성자산)	×××
(차) 재 고 자 산	×××	(대) 반 환 제 품 회 수 권	×××

다만, 실무적으로 결산시점에만 반품기간이 미경과한 판매건에 대하여 일괄하여 반품가능판매의 회계처리하는 경우에는 실제 반품시점에 일반적인 반품에 관한 회계처리와 동일하게 매출과 매출원가에서 차감하는 회계처리를 하여야 할 것이다.

(차) 매 출	×××	(대) 매 출 채 권 (현금 및 현금성자산)	×××
(차) 재 고 자 산	×××	(대) 매 출 원 가	×××

한편, 실무적으로는 기말에 일괄하여 기중의 매출손익을 계산할 것이므로 반품시 매출환입과 동일하게 매출취소에 관한 회계처리만 이루어지면 될 것이다. 즉, 반품으로 인하여 증가한 재고자산이 매출원가의 산정시 자동적으로 기말재고자산에 포함되므로 매출원가의 산정에 있어 추가적인 고려가 필요 없는 것이다.

4) 결산시 회계처리방법

일반기업회계기준 제16장 부록 실16.18에서는 반품추정의 회계처리를 판매시점 및 결산시점에 하는 것으로 언급하고 있으나, 실무적으로는 반품추정부채의 산정이 대부분 결산시점에만 이루어질 것이다. 즉, 매 결산시점에 반품이 가능한 매출액에 대하여 반품률과 원가율을 고려한 환불충당부채 및 반환제품회수권을 계산하여 장부상 잔액과 비교하여 재무제표에 반영할 것이다.

사례 다음의 사례가 일반기업회계기준 제16장 부록 실16.3 또는 실16.4에서 규정하는 반품가능판매의 수익인식 조건을 모두 충족하는 경우로 가정하여 각 시점의 회계처리를 하라.

(1) 회사는 20×7. 12. 31. 2개월 이내에 반품을 인정하는 조건으로 다음과 같이 제품을 매출하였으며, 이 중 1%가 반품될 것으로 예상되었다.
- 판매수량 : 1,000개
- 판매단가 : 개당 1,000원
- 제조원가 : 개당 800원

(2) 20×7. 12. 31. 판매된 제품 중 실제 총 12개가 2개월 이내에 반품되었다.

(3) 20×8년 중 매출은 총 6,000,000원이었으며, 이 중 50,000원이 20×8년 중 반품되었다.

(4) 20×8. 12. 31. 반품기한이 경과하지 아니한 매출액은 1,200,000원이며, 원가율은 전기와 동

일하고, 1%가 반품될 것으로 예상되었다.

−20×7. 12. 31. (매출시)

(차) 매 출 채 권 등	1,000,000	(대) 매 출	1,000,000

−20×7. 12. 31. (결산시)

(차) 매 출 원 가	800,000	(대) 재 고 자 산	800,000
(차) 매 출	10,000	(대) 환 불 충 당 부 채	10,000
반 환 제 품 회 수 권	8,000	매 출 원 가	8,000

−20×8년 매출시

(차) 매 출 채 권 등	6,000,000	(대) 매 출	6,000,000

−20×8년 반품시

(차) 매 출	62,000	(대) 매 출 채 권 등	62,000*

* 12,000+50,000=62,000

−20×8. 12. 31. (결산시)

(차) 매 출 원 가	4,800,000	(대) 재 고 자 산	4,800,000
(차) (반품) 재 고 자 산	49,600	(대) 매 출 원 가	49,600*

* (12,000+50,000)×0.8=49,600

(차) 매 출	2,000	(대) 환 불 충 당 부 채	2,000*
반 환 제 품 회 수 권	1,600	매 출 원 가	1,600**

* 1,200,000×1%−10,000=2,000

** (1,200,000×1%−10,000)×80%=1,600

(3) 세무회계상 유의사항

일반기업회계기준 제16장 제1절에 따르면, 반품가능판매의 경우 재화의 판매시점에 반품가능금액을 신뢰성 있게 추정할 수 있는 경우에는 판매시점에 수익을 인식하되 반품이 예상되는 부분의 매출액과 매출원가를 각각 차감하고 환불충당부채와 반환제품회수권을 설정하도록 하고 있으며, 반면 재화의 판매시점에 반품가능금액을 신뢰성 있게 추정할 수 없는 경우에는 판매시점에 수익을 인식하지 않고 구매자가 재화의 인수를 공식적으로 수락한 시점 또는 재화의 인도 후 반품기간이 종료된 시점에 매출 및 매출원가를 인식하도록 하고 있다.

① 반품가능금액을 신뢰성 있게 추정할 수 있는 경우

판매계약에 따라 일정기간 내에 반품이 가능하고 재화의 판매시점에 미래의 반품가능금액을 신뢰성 있게 추정할 수 있다는 사유로 인하여 재화의 판매시점에 수익을 인식하되 반품이 예상되는 부분의 매출액과 매출원가를 각각 환불충당부채와 반환제품회수권으로 계상하는 회계처리는 법인세법상 인정되지 않을 것으로 판단된다. 따라서, 이 경우에는 세무조정이 필요할 것으로 사료되는 바, 앞서 설명한 (2) 기업회계상 회계처리 [사례]의 회계처리 단계별 세무조정 내용을 살펴보기로 한다.

구 분	회계처리	세무조정
20×7. 12. 31. (매출시)	매 출 채 권 1,000,000 / 매 출 1,000,000	–
20×7. 12. 31. (결산시)	매 출 원 가 800,000 / 재 고 자 산 800,000 매 출 10,000 / 환불충당부채 10,000 반환제품회수권 8,000 / 매 출 원 가 8,000	(익산) 환불충당부채 10,000 (유보) (손산) 반환제품회수권 8,000 (△유보)
20×8년 (매출시)	매 출 채 권 6,000,000 / 매 출 6,000,000	–
20×8년 (반품시)	매 출 62,000 / 매출채권등 62,000	–
20×8. 12. 31. (결산시)	매 출 원 가 4,800,000 / 재 고 자 산 4,800,000 반품재고자산 49,600 / 매 출 원 가 49,600 매 출 2,000 / 환불충당부채 2,000 반환제품회수권 1,600 / 매 출 원 가 1,600	(익산) 환불충당부채 2,000 (유보) (손산) 반환제품회수권 1,600 (△유보)

② 반품가능금액을 신뢰성 있게 추정할 수 없는 경우

판매계약에 따라 일정기간 내에 반품이 가능하고 재화의 판매시점에 미래의 반품가능금액을 신뢰성 있게 추정할 수 없다는 사유로 인하여 판매시점에 수익을 인식하지 않는 회계처리 또한 법인세법상 인정되지 않을 것으로 판단된다. 따라서 각각의 회계처리시점에 다음과 같은 세무조정이 필요할 것으로 판단된다.

㉠ 반품가능기간 중에 실제 반품이 발생하는 경우

구분	기업회계	세무회계	세무조정
판매 시점	–	매출채권 10,000 /매 출 액 10,000 매출원가 8,000 /재고자산 8,000	(익산) 매출채권 10,000(유보) (손산) 재고자산 8,000(△유보)
반품 시점	–	매 출 액 10,000 /매출채권 10,000 재고자산 8,000 /매출원가 8,000	(익불) 매출채권 10,000(△유보) (손불) 재고자산 8,000(유보)

㉡ 기간종료시점까지 반품이 발생하지 아니하는 경우

구분	기업회계	세무회계	세무조정
판매 시점	–	매출채권 10,000 /매 출 액 10,000 매출원가 8,000 /재고자산 8,000	(익산) 매출채권 10,000(유보) (손산) 재고자산 8,000(△유보)
반품 종료 시점	매출채권 10,000 /매 출 액 10,000 매출원가 8,000 /재고자산 8,000	–	(익불) 매출채권 10,000(△유보) (손불) 재고자산 8,000(유보)

9. 시용판매의 수익인식

(1) 개념 및 범위

1) 수익인식시점

시용판매(sales on approval)란 거래처에 상품을 발송한 뒤에 일정기간의 사용기간을 주거나, 실제 제품을 본 뒤 구입할 수 있게 하는 판매형태이다.

시용판매는 고객이 사용해 보고 마음에 들지 않으면 반환할 수 있기 때문에 상품이나 제품을 발송 또는 인도하더라도 수익이 실현되었다고 볼 수 없다.

이와 관련하여 일반기업회계기준 제7장(재고자산) 부록 실7.5 (2)에서도 시송품에 대하여 다음과 같이 정의하고 있다.

일반기업회계기준 제7장【재고자산】

실7.5. 특정 수량의 재고자산을 기말 장부금액에 포함할 것인지의 여부는 제16장 제1절 "수익인식"에서 규정하고 있는 재화의 판매나 용역의 제공으로 인한 수익인식기준에 의해서 결정한다. 이에 관한 구체적인 예는 다음과 같다.

(2) 시송품
시송품은 매입자로 하여금 일정기간 사용한 후에 매입 여부를 결정하라는 조건으로 판매한 상품을 말한다. 시송품은 비록 상품에 대한 점유는 이전되었으나 매입자가 매입의사표시를 하기 전까지는 판매되지 않은 것으로 보아야 하기 때문에 판매자의 재고자산에 포함한다.

한편, 일반기업회계기준 제16장 제1절(수익인식)에서는 시용판매에 대한 명시적인 규정이 없으나, 일반적으로 거래 이후에도 판매자가 관련 재화의 소유에 따른 유의적인 위험을 부담하는 경우에는 그 거래를 아직 판매로 보지 아니하므로 시용판매의 경우도 매입자가 매입의사를 표시하여 경제적 효익의 유입가능성이 매우 높아진 때에 수익을 인식하여야 할 것이다.

2) 시용판매와 반품가능판매의 차이점

시용판매는 재화의 인도 이후 매입자의 매입의사표시에 따라 거래의 성사 여부가 결정되고 이 때 비로소 수익을 인식하는 것이므로 재화의 인도시점에는 판매거래가 유효하게 성립되었다고 볼 수 없다. 반면 반품가능판매의 경우는 일정기간 내에 재화를 반품할 수 있다는 조건이 있기는 하지만 재화의 인도시점에 일단 유효한 판매거래가 성립한 것으로 볼 수 있다. 다만, 반품가능판매는 재화의 인도 이후에도 반품이 가능하여 경제적 효익의 유입규모를 정확히 예측하기 어려우므로 미래의 반품금액에 대한 신뢰성 있는 추정이 가능한 시점에 수익을 인식하도록 한 것이다.

(2) 회계처리방법

시용판매를 위하여 상품을 발송한 때에는 비망기록만 하고 판매가 확정된 다음에 매출액을 인식하는 방법, 시송품계정을 설정하여 회계처리하는 방법, 그리고 대조계정을 설정하는 방법이 있다.

시송품계정을 설정하는 방법에 의할 때에는 상품발송시에 시송품계정을 차변에 기재하고 대변에 상품 또는 매입계정을 기재한다. 그리고 판매가 성립되지 않고 반품된 때에는 상기와 반대의 분개를 하며, 판매가 확정된 때에는 매출 및 매출원가로 회계처리한다.

사례 1 20×7. 7. 1. (주)삼일은 을회사에 원가 ₩500,000의 상품을 ₩800,000의 시용판매조건으로 적송하였다.

(차) 시 송 품	500,000	(대) 재 고 자 산	500,000

사례 2 20×7. 7. 5. (주)삼일은 을회사로부터 상기 상품을 매입하겠다는 의사를 통보받았다.

(차) 매 출 채 권	800,000	(대) 매 출	800,000
(차) 매 출 원 가	500,000	(대) 시 송 품	500,000

사례 3 (주)삼일은 [사례 1]의 경우 20×7. 7. 10. 을회사가 상기 상품을 매입하지 않겠다는 통보와 함께 동일자로 상품이 반송되어 왔다.

(차) 재 고 자 산	500,000	(대) 시 송 품	500,000

대조계정을 설정하는 방법에 의할 때에는 상품발송시에 매출금액을 시송품계정 · 시용가매출계정에 각각 기록한 후, 실제 매출의사를 통보받으면 동 계정을 상계처리하고 일반매출과 같이 기록한다.

사례 4 대조계정을 사용하여 상기 [사례 1]~[사례 3]의 경우의 회계처리를 하여라.

• 20×7. 7. 1.

(차) 시 송 품	800,000	(대) 시 용 가 매 출	800,000

• 20×7. 7. 5.

(차) 매 출 채 권	800,000	(대) 매 출	800,000
시 용 가 매 출	800,000	시 송 품	800,000
(차) 매 출 원 가	500,000	(대) 재 고 자 산	500,000

• 20×7. 7. 10.

(차) 시 용 가 매 출	800,000	(대) 시 송 품	800,000

시용판매에 있어 유의할 것은 결산기말까지 아직 매입의사표시가 없는 시송품은 창고에 없다고 할지라도 그에 대한 소유권이 시송자에게 있으므로 기말재고에 포함시켜야 한다는 점이다.

10. 수출거래의 수익인식

(1) 개 념

수출거래는 국내거래에 비하여 상품이 출고되어 상대방에게 인도되기까지 긴 시일이 소요되는 특징이 있다.

그러나 수출거래에 있어서도 매출수익을 인식할 때에는 원칙적으로 실현주의가 적용되어야 한다.

(2) 수출거래의 회계처리

1) 화환(貨換)수출신용장에 의한 수출

취소불능화환신용장에 의하여 대금 전액을 결제하는 조건의 수출은 신용장에 의하여 발행하는 화환어음에 반드시 선적서류의 첨부를 필요로 하는 수출거래형태이다.

이에는 일람출급신용장(at sight L/C)과 기한부신용장(usance L/C)의 두 가지가 있다.

일람출급신용장에 의한 수출은 신용장에 의하여 발행된 어음의 지급기일이 일람출급으로 환어음의 지급인에게 제시되면 즉시 수출대금이 지급되는 것을 말한다.

그리고 기한부신용장에 의한 수출은 신용장에 의하여 발행된 환어음이 지급인에게 제시된 후 일정 기일이 경과한 후에 지급되는 수출로서 어음만기일까지 수입업자는 어음대금을 지급하지 않아도 된다.

① 일람출급신용장의 경우

가. 수출물품을 선적한 시점

(차) 외 화 매 출 채 권	×××	(대) 매 출	×××

나. 외국환은행에 환어음과 선적서류를 구비하여 환어음의 매입을 의뢰하여 환가료와 추심료를 공제하고 잔액은 당좌예입한 시점

(차) 현금 및 현금성자산	×××	(대) 외 화 매 출 채 권	×××
추 심 료 등	×××		

② 기한부신용장의 경우(추심결제 후 대금을 받는 경우)

가. 수출물품을 선적한 시점

(차) 외 화 매 출 채 권	×××	(대) 매 출	×××

나. 외국환은행에 환어음과 선적서류를 구비하여 추심의뢰하는 시점

분개없음.

다. 외국환은행으로부터 추심환이 결제되어 추심료를 차감하고 당좌이체하였다는 통지를 받는 시점

(차) 현금 및 현금성자산	×××	(대) 외 화 매 출 채 권	×××
추 심 료 등	×××		

③ 기한부신용장의 경우(추심 전 대금을 받는 경우)

가. 수출상품 선적시점

(차) 외 화 매 출 채 권	×××	(대) 매 출	×××

나. 외국환은행에 선적서류를 구비하여 기한부환어음의 매입을 의뢰하고 할인료와 추심료를 공제한 잔액을 당좌예입하는 시점

(차) 현금 및 현금성자산	×××	(대) 외 화 매 출 채 권	×××
매출채권처분손실	×××		

2) 추심방식에 의한 수출

취소불능신용장이 없이 계약에 의하여 화물환어음으로 대금결제하는 수출을 추심결제방식에 의한 수출이라고 한다. 따라서 이 거래방식에 의한 수출은 은행이 물품대금의 지급을 보증하는 거래가 아니므로 수출입업자간의 계약조건에 따라 이루어지며, 은행은 단순히 물품대금의 추심업무만을 수행한다.

수출업자는 물품을 선적하고 수입업자로부터 대금을 받기 위하여 선적서류에 수입업자 앞으로 환어음을 첨부하여 거래은행에 제출하고 수입업자로부터 대금을 받아 주도록 의뢰한다.

추심결제방식은 D/P(documents against payment) 또는 D/A(documents against acceptance)가 있다.

양자는 다같이 화환어음이며, D/P는 어음의 결제가 이루어진 후 선하증권 등을 교부하는 것이고, D/A는 어음의 인수만으로 이들 서류를 교부하는 거래조건이다.

① D/P의 경우

가. 수출품을 선적하는 시점

(차) 외 화 매 출 채 권	×××	(대) 매 출	×××

나. 외국환은행으로부터 추심되었다는 통지를 받아 추심료를 차감한 잔액을 당좌예입하는 시점

(차) 현금 및 현금성자산	×××	(대) 외 화 매 출 채 권	×××
추 심 료 등	×××		

② D/A의 경우

가. 수출품을 선적하는 시점

(차) 외 화 매 출 채 권	×××	(대) 매 출	×××

나. 외국환은행에 환어음과 선적서류 등을 구비하여 환어음의 매입을 의뢰하고 할인료와 추심료를 차감한 잔액은 당좌예입하는 시점

(차) 현금 및 현금성자산	×××	(대) 외 화 매 출 채 권	×××
매출채권처분손실	×××		

11. 상품권의 수익인식

(1) 개념 및 범위

상품권이란 주로 백화점이나 연쇄점, 소매점연합회 등에서 발행되는 일종의 유가증권이다. 상품권은 인지세 과세대상에 해당하고, 인지세법 시행령은 상품권을 그 명칭 또는 형태에 관계없이 발행자가 일정한 금액이나 물품 또는 용역의 수량을 기재하여 발행·매출한 증표로서, 그 소지자가 발행자 또는 발행자가 지정하는 자에게 이를 제시 또는 교부하거나 그 밖의 방법으로 사용함으로써 그 증표에 기재된 내용에 따라 발행자 등으로부터 물품 또는 용역을 제공받을 수 있는 증표로 정의하고 있다(인지법 3조 1항 8호 및 인지령 5조의 2 1항).

(2) 기업회계상 회계처리

상품권 판매와 관련하여 회계처리(일반기준 16장 부록 실16.16)상 중요한 점은 다음의 4가지로 요약된다.

① 매출수익의 인식시기

② 상품권을 할인판매한 경우의 회계처리방법

③ 상품권의 잔액환급시 회계처리방법

④ 장기미회수 상품권의 회계처리방법

1) 매출수익의 인식시점

상품권을 발행하였을 때 이를 발행한 시점에서 수익을 인식할 것인가 아니면 발행한 상품권과 교환으로 상품의 판매나 용역이 제공되는 시점에서 수익을 인식할 것인가를 결정하는 문제는 어떠한 시점에서 수익인식의 조건이 충족되느냐의 문제와 관련된다.

일반적인 수익인식의 두 가지 조건, 즉 수익획득 과정이 완료되거나 또는 실질적으로 거의 완료되어야 한다는 점과 수익획득활동으로 인한 현금 또는 현금청구권을 합리적으로 측정할 수 있어야 한다는 점을 고려할 때 상품권의 판매만으로 수익이 실현되는 것으로 보

기는 어려우며, 상품권이 발행된 후에 상품의 판매나 용역이 제공되는 시점에서 수익이 실현되는 것으로 보는 것이 타당하다. 따라서 상품권 판매시는 선수금(상품권선수금 계정 등)으로 처리한다.

2) 상품권의 할인판매시 회계처리

일반적으로 상품권은 액면액으로 판매되는 경우보다 할인판매되는 경우가 많으나 일정한 할인율이 적용되는 것이 아니라 거래처, 구매수량 등에 따라 할인율이 달리 적용되고 있다.

상품권을 할인판매한 경우에는 액면금액 전액을 선수금으로 인식하고 할인액은 상품권할인액계정으로 하여 동 선수금계정에서 차감하는 형식으로 표시하며, 상품권할인액은 추후 물품 등을 제공하거나 판매한 때에 매출에누리로 대체한다.

예를 들어 액면가 ₩100,000의 상품권과 교환으로 상품이 판매되었고 동 기간 동안의 할인율이 25%라고 가정할 경우 회계처리는 다음과 같다.

• 상품권 판매시

(차) 현금 및 현금성자산	75,000	(대) 상품권선수금	100,000
상품권할인액	25,000		

• 상품권으로 상품교환시

(차) 매출에누리	25,000	(대) 상품권할인액	25,000
상품권선수금	100,000	매출	100,000

3) 상품권의 잔액환급시 회계처리

물품상품권 또는 용역상품권의 물품 또는 용역의 제공이 불가능하거나 지체되어 현금상환해주거나 금액 상품권의 물품 등을 판매한 후 잔액을 환급하여 주는 경우에는 현금을 상환하는 때 또는 물품판매 후 잔액을 환급하여 주는 때에 선수금과 상계한다.

(차) 상품권선수금	×××	(대) 현금및현금성자산	×××

4) 장기 미회수 상품권의 회계처리

상품권의 유효기간이 경과하였으나 상법상의 소멸시효가 완성되지 않은 경우에는 유효기간이 경과된 시점에서 상품권에 명시된 비율에 따라 영업외수익으로 인식함을 원칙으로 하고, 상법상의 소멸시효가 완성된 경우에는 소멸시효가 완성된 시점에서 잔액을 전부 영업외수익으로 인식하여야 한다.

(차) 상 품 권 선 수 금	×××	(대) 상 품 권 할 인 액	×××
		잡 이 익	×××

상사채권 소멸시효나 유효기간이 경과한 상품권을 고객에 대한 서비스 차원에서 제품과 교환하여 주는 경우가 많으며, 금액이 크지 않은 경우가 대부분이므로 잡이익으로 계상하지 않는 경우도 있다.

5) 상품권 구입 및 판매시 회계처리

상품권(제화, 백화점, 문화, 도서, 외식 등)을 할인된 가격으로 대량구매하여 인터넷으로 판매하는 회사의 경우, 동 상품권의 구입 및 판매와 관련한 회계처리에 대하여 한국회계기준원의 질의회신에서는 재고상품으로 구분하여 상품권 판매총액을 매출액으로 계상하도록 하였다(GKQA 01－005, 2001. 1. 17.).

• 상품권 구입시

(차) 상 품	×××	(대) 현금 및 현금성자산	×××

• 상품권 판매시

(차) 현금 및 현금성자산	×××	(대) 매 출	×××
매 출 원 가	×××	상 품	×××

(3) 세무회계상 유의사항

1) 법인세법

① 익금의 귀속시기

법인세법상 상품권 매출에 대하여 따로 규정된 것이 없으므로, 법인세법 시행령 제68조 제1항 제1호의 규정에 의하여 상품 등을 제공하거나 판매한 시점에 따라 익금의 귀속시기를 결정하는 것이 타당한 방법이라고 할 수 있다.

② 익금산입금액

기업회계상 매출에누리로 처리되는 상품권 할인판매액은 세무회계상으로도 매출에누리로 처리하는 것이 타당하다고 판단된다(서면3팀－887, 2005. 6. 20.).

2) 부가가치세

① 과세대상 여부

상품권이 부가가치세법상 과세대상이 되는 재화인가 아닌가에 대하여는 그 개개 상품권의 부가가치세법상 특성에 따라 판단하여야 할 것이지만 부가가치세법은 상품권이 상품인

환증으로서의 역할을 하는 한 과세되는 재화가 아니라고 규정하고 있다.

부가가치세법 시행령 제28조【구체적인 거래 형태에 따른 재화의 공급시기】① 법 제15조 제1항 후단에 따른 구체적인 거래 형태별 재화의 공급시기는 다음 표에 따른다.

구분	공급시기
2. 상품권 등을 현금 또는 외상으로 판매하고 그 후 그 상품권 등이 현물과 교환되는 경우	재화가 실제로 인도되는 때

따라서 상품권발행자가 상품인환증으로서의 상품권을 발행·교부하는 것은 부가가치세법상 과세되는 재화의 공급이 아니므로 세금계산서 등의 교부 및 부가가치세 신고의무가 없다고 판단된다.

한편, 상품권을 판매하는 경우에는 재화 또는 용역을 공급하는 경우에 해당하지 않는 것이므로 부가가치세가 과세되지 않으며 세금계산서 등을 교부할 수 없으며, 상품권을 구입하는 경우 지출증빙 수취관련 가산세가 적용되지 않는다(제도 46011-10280, 2001. 3. 26.).

② 과세표준

기업회계상 매출에누리로 처리되는 상품권 할인판매액은 부가가치세법 제29조 제5항 제1호에 따라 매출에누리로 처리되어 과세표준에 포함되지 아니한다(제도 46015-12650, 2001. 8. 10.).

부가가치세법 제29조【과세표준】⑤ 다음 각 호의 금액은 공급가액에 포함하지 아니한다.
1. 재화나 용역을 공급할 때 그 품질이나 수량, 인도조건 또는 공급대가의 결제방법이나 그 밖의 공급조건에 따라 통상의 대가에서 일정액을 직접 깎아 주는 금액

12. 기타의 수익인식

일반기업회계기준 제16장 제1절에서 규정하고 있는 재화의 판매, 용역의 제공, 이자, 배당금, 로열티로 분류할 수 없는 기타의 수익은 다음의 조건을 모두 충족할 때 발생기준에 따라 합리적인 방법으로 인식한다(일반기준 16장 문단 16.17).

첫째, 수익가득과정이 완료되었거나 실질적으로 거의 완료되었다.

둘째, 수익금액을 신뢰성 있게 측정할 수 있다.

셋째, 경제적 효익의 유입가능성이 매우 높다.

13. 수익의 총액 또는 순액인식

(1) 개 념

회사가 제3의 공급자로부터 재화나 용역을 구매하고 이를 고객에게 제공하는 방식으로 영업을 하는 경우, 회사가 고객과의 거래에서 당사자로서의 역할을 수행하는지 또는 공급자의 대리인으로서의 역할을 수행하는지에 따라 회계처리가 달라져야 한다. 즉, 회사가 고객에게 재화나 용역을 실질적으로 제공한 것이라면 고객에게 청구한 판매금액 총액을 수익으로 인식 · 보고하여야 하며, 제3의 공급자에게 재화나 용역에 대한 위탁 및 중개용역을 제공한 것이라면 고객에게 청구한 금액에서 제3의 공급자에게 지급하여야 할 금액을 차감한 잔액(순액)을 수수료 수익으로 인식 · 보고하여야 한다. 하지만 실무적으로는 회사가 고객과의 거래에서 당사자로서의 역할을 수행하는지, 공급자의 대리인으로서의 역할을 수행하는지를 명확히 판단하기 어려운 경우가 많다.

(2) 판단기준

회계기준적용의견서 03-2(2003. 3. 31.)에서는 특정 거래에 대해 수익을 총액으로 인식할지, 또는 순액(수수료)으로 인식할지를 판단함에 있어 고려하여야 할 지표를 제시하고 있다.

특정 거래에 대한 수익을 총액으로 인식할 것인가, 또는 순액으로 인식할 것인가의 여부는 거래와 관련된 여러 요인과 상황을 고려하여 판단하여야 한다. 회사는 이를 판단하는데 있어서 아래에 예시된 지표를 종합적으로 고려하여야 하며, 특정 지표에만 근거하여 판단하거나 추정에 근거하여 판단해서는 아니된다. 총액인식의 지표는 주요 지표와 보조 지표로 구분되며, 보조 지표는 주요 지표를 판단하는 세부적인 근거가 되기도 한다. 따라서 최종 판단에 있어 주요 지표를 우선적으로 고려하고 보조 지표는 보충적으로 고려하여야 한다.

1) 총액인식의 지표

기업이 본인으로서 활동하는지 또는 대리인으로서 활동하는지를 결정하기 위해서는 모든 관련 사실과 상황을 판단하고 고려하는 것이 필요하다. 기업이 재화나 용역의 제공과 관련된 유의적인 위험과 보상에 노출된다면 기업은 본인으로서 활동하는 것이다. 기업이 본인으로 활동하는 것을 제시하는 특성은 다음과 같다(일반기준 16장 부록 실16.19).

① 주요 지표

가. 기업이 거래의 당사자로서 재화나 용역의 제공에 대한 주된 책임을 부담한다.

고객이 구매한 재화나 용역을 수락하는 것(acceptability)을 포함하여 기업이 판매계약 이행에 대한 책임을 진다면, 이 기업은 거래의 당사자로서의 위험과 보상을 부담하는 것이다.

마케팅 과정에서 제시되었거나 계약서에 명시된 거래조건은 계약 이행에 대한 책임이 기업에 있는지 또는 공급자에 있는지에 관한 증거를 제시한다. 그러나 고객이 주문한 재화를 배송할 책임을 부담한다는 것만으로 곧 계약 이행에 책임이 기업에 있다는 것을 의미하지는 않는다.

나. 기업이 재고자산에 대한 전반적인 위험을 부담한다.

기업이 공급자로부터 판매가 확정되지 않은 재고자산의 법적 소유권을 이전받아 보유하거나 거래조건에 따라 고객으로부터 반품된 재화를 기업의 재고자산으로 다시 보유하는 경우, 기업은 재고자산에 대한 전반적인 위험을 부담하게 된다. 그러나 기업이 계약 등에 의해 미판매 재고자산을 공급자에게 반품할 수 있는 권리를 갖거나 재고자산의 가격하락을 공급자로부터 보전받는 등의 경우에는 재고자산에 대한 전반적인 위험이 현격히 감소된다. 따라서 재고자산에 대한 전반적인 위험을 평가할 때에는 계약 등에 의해 그 위험이 경감된 정도를 반드시 고려하여야 한다.

고객이 공급자에 의해 제공된 용역을 수락하지 아니하여 지불을 거절할 경우에도 기업이 공급자에게 그 대가를 지불할 의무를 부담한다면, 이는 기업이 용역의 제공에 있어 위에서 설명한 재고자산에 대한 전반적인 위험과 동일한 위험을 부담하는 것으로 볼 수 있다.

② 보조 지표

가. 기업이 가격결정의 권한을 갖는다.

고객에게 청구한 판매대가의 결정권한이 공급자가 아닌 기업에 있다면, 이는 기업이 거래의 당사자로 위험과 보상을 갖는다는 것을 나타내는 지표가 된다. 이 때 기업은 고객과의 계약과 공급자와의 계약에 의해 독립적으로 결정된 각각의 매출액과 매입액의 차이를 순이익으로 얻게 된다. 이와는 반대로 기업의 순이익이 고객 한 명당 일정금액 또는 판매대가의 일정률로 결정되는 경우, 기업이 공급자의 대리인임을 나타내는 지표가 된다.

나. 기업이 재화를 추가 가공(단순한 포장은 제외)하거나 용역의 일부를 수행한다.

다. 고객이 요구한 재화나 용역을 제공할 수 있는 복수의 공급자가 존재하는 상황에서 기업이 공급자를 선정할 수 있는 재량을 갖는다.

라. 기업이 고객에게 제공되는 재화나 용역의 성격, 유형, 특성 또는 사양을 주로 결정한다.

마. 기업이 재고자산의 물리적 손상에 따른 위험을 부담한다.

재고자산에 대한 물리적 손상위험의 부담은 재고자산에 대한 전반적인 위험과는 달리 수익의 총액인식 여부에 대하여 부분적인 증거만을 제공한다. 즉, 기업이 재고자산을 보유하지 않아 재고자산에 대한 전반적인 위험은 부담하지 않으나, 운송조건에 따라 공급자로부터 또는 고객에게 운송 중인 재고자산에 대하여 물리적 손상위험을 부담하는 경우가 있다. 또한 기업이 고객의 매입의사에 따라 공급자로부터 재화를 매입하였으나 이를 아직 인도하지 않은 경우에도 물리적 손상에 따른 위험을 부담하게 된다.

바. 기업이 신용위험을 부담한다.

기업이 고객에게 청구한 판매가액 총액에 대하여 신용위험을 부담한다면, 이는 기업이 거래의 당사자로 위험과 보상을 갖고 있다는 것을 나타내는 보조 지표가 된다. 기업이 고객으로부터 판매금액 총액을 회수할 책임이 있으며 판매금액의 회수 여부에 관계없이 공급자에게 대금을 지급하여야 한다면 신용위험을 부담하게 된다. 그러나 계약이 취소되었을 때 기업이 순수하게 가득한 금액만을 반환하는 규정이 있는 경우에는 기업이 거래 총액에 대한 신용위험을 부담한다고 볼 수 없다. 또한 기업이 재화나 용역을 제공하기 전에 판매가액 총액을 선수하는 경우 신용위험이 발생하지 않으며, 고객이 신용카드를 사용하거나 기업이 선불을 요구할 수 있는 경우 등을 통해 경감될 수 있다. 이와 같이 신용위험이 크게 경감된 경우에는 이를 총액인식의 지표로 볼 수 없다.

2) 순액인식

앞서 설명한 지표에 근거할 때 기업이 고객과의 거래에서 당사자 역할을 수행한다고 판단되지 않으며 대리인의 역할을 수행한다고 판단되는 경우에는 고객에게 청구한 금액에서 재화나 용역의 실질적인 공급자에게 지급해야 할 금액을 차감한 순액을 수수료 수익으로 인식한다.

(3) 복합 거래의 경우

거래의 복잡성으로 인하여 특정 거래에 대하여 기업이 당사자로서의 역할과 대리인으로서의 역할을 동시에 수행하는 경우가 많다. 이러한 경우 거래 전체에 대하여 단일기준을 적용하거나 특정 요인에만 근거하여 수익을 총액 또는 순액(수수료)으로 인식할 것인지를 판단하는 것은 적절치 않으며, 거래의 실질 내용과 계약 조건 등을 종합적으로 고려하여 판단하여야 한다. 이를 위하여 일반기업회계기준 제16장 부록 실16.19에서는 여러 가지 판단지표를 예시하고 있으며, 기업은 해당 거래의 실질 내용과 계약 조건 등이 각각의 지표에 해당하는지에 대한 개별적인 분석을 실시하고 그 결과를 종합하여 수익을 총액 또는 순액(수수료)으로 인식할지의 여부를 판단하여야 한다. 예를 들어, 특정 거래가 총액인식의 보조 지표인 재고자산에 대한 물리적 손상위험 부담과 신용위험 부담에는 해당하나 총액인식의 주요 지표에는 모두 해당하지 않는 경우 순액으로 수익을 인식하는 것이 타당하다. 즉, 주요 지표를 중심으로 판단하고 이것에 대한 판단이 어려운 경우 보조 지표를 통하여 주요 지표에 해당하는지 여부를 판단함으로써 수익인식의 방법을 결정하는 것이다.

14. 매출액의 수정항목

(1) 일반사항

1) 개 념

기업이 상품·제품 등을 판매하거나 용역을 제공하게 되면 앞서 설명한 수익인식기준에 따라 매출을 인식하게 되고 상대계정으로는 현금 또는 매출채권이 계상된다. 이 때 매출액 또는 매출채권 등은 거래당사자간에 합의된 교환가격으로 결정되는데 거래발생시점 이후에 여러 가지 요인에 의해 매출액이나 매출채권을 수정해야 할 필요가 생긴다. 이러한 수정항목의 예로서는 매출환입·매출에누리·매출할인·대손충당금·판매장려금 등이 있는데, 이 중에서 매출채권에 대한 수정항목은 이미 매출채권계정에서 설명된 바 있으므로 여기에서는 주로 매출액을 수정시키는 항목에 대해 설명한다.

2) 매출액의 표시방법

매출액은 총매출액에서 매출할인·매출환입·에누리 등을 차감한 것으로 한다. 다만, 차감 대상금액이 중요한 경우에는 총매출액에서 차감하는 형식으로 표시하거나 주석으로 기재한다(일반기준 2장 문단 2.46).

(2) 매출에누리

1) 개 념

매출에누리란 고객에게 물품을 판매 후 판매한 물품의 수량부족·품질불량·파손 등의 물리적 원인으로 인하여 파손이나 결함이 발견된 경우 고객에게 가격을 할인하여 주는 것을 말한다. 따라서 매출에누리는 그 성격으로 볼 때 수익을 창출하기 위한 비용이라기보다는 매출수익에 대한 조정항목이다.

이런 점에서 매출에누리는 대금이 지급기일 전에 조기 결제됨에 따라 외상대금의 일부를 감액하여 주는 매출할인과는 구별된다.

2) 회계처리

① 기본원칙

매출에누리의 발생액은 매출액의 감소부분이므로 동 금액을 매출에누리계정으로 나타낸

후, 기말결산시에는 매출에누리계정의 차변 잔액을 총매출액계정에서 차감하여 순매출액만을 매출액으로 계상하여야 한다. 다만, 매출에누리의 금액이 중요한 경우에는 총매출액에서 차감하는 형식으로 표시하거나 주석으로 기재하여야 한다(일반기준 2장 문단 2.46). 이 경우 매출에누리의 상대편 계정(대변)은 신용거래의 경우에는 매출채권이, 현금거래의 경우에는 현금이 될 것이다.

사례 1 현금판매한 것에 대하여 거래처가 파손 등의 이유로 ₩100,000의 에누리를 요구해 왔으나 ₩80,000만 에누리하기로 합의하였다.

(차) 매 출 에 누 리	80,000	(대) 현금및현금성자산	80,000

사례 2 상기의 사례와 동일하나 현금판매한 것이 아니라 외상판매한 물품이다.

(차) 매 출 에 누 리	80,000	(대) 매 출 채 권	80,000

② 기타 유의할 사항

물품을 기준가격보다 낮은 가격으로 판매시 매출액 계상은 기준가격으로 매출액을 표시 후 기준가격과 낮은 가액의 차이만큼을 매출에누리로 표시하는 것이 아니라 매출액을 실제로 판매한 낮은 가액으로 표시해야 한다.

왜냐하면 매출에누리란 매출 이후에 매출한 상품 등의 수량부족, 품질불량, 파손 등의 하자로 인하여 발생한 것이므로 매출 당시에 낮은 가격으로 판매시는 실제로 판매한 가격이 총매출액이 되어야 하기 때문이다.

또한 같은 이유로 판매시 가격할인을 하는 대신 계약수량보다 더 많은 수량을 인도한 경우에도 매출액 계상은 실제 회수될 금액으로 기재하여야 하고, 단지 계약수량을 초과하여 인도한 수량에 대하여는 추가적으로 그 원가를 매출원가에 산입하여야 한다.

(3) 매출환입

1) 개 념

매출환입이란 매출품이 품질차이, 품질불량, 파손, 잘못된 물품의 배달, 계약의 취소 등의 이유로 매출처로부터 반송되어 온 것을 말한다. 매출에누리와 다른 점은 매출환입은 품질차이나 불량, 파손 등의 사유로 인하여 물품대금을 낮추어 주는 것이 아니라 물건자체를 반송한다는 점이다.

따라서 매출환입은 매출액의 취소부분이므로 매출을 위하여 발생하는 판매비와 같은 성격이 아니라, 매출액의 조정항목으로서 그 금액은 매출에누리와 같이 결산시에는 총매출액에서 차감한 후 순매출액만을 매출액으로 계상하여야 한다. 다만, 매출환입의 금액이 중요한 경우에는 총매출액에서 차감하는 형식으로 표시하거나 주석으로 기재하여야 한다(일반기준 2장 문단 2.46).

2) 회계처리

매출환입이라 함은 품질불량, 파손, 품질차이, 계약의 취소, 잘못된 물품의 출고 등의 이유에 의한 매출상품 등의 환입품에 대한 판매가격을 말하는데, 어느 시점에서 매출환입을 회계처리할 것인가 하는 문제가 발생한다. 환입이 일어나는 절차를 살펴보면, 먼저 거래처가 반품의사를 통지하면 판매회사는 그 반품을 내부적으로 승인을 하게 되고, 그 이후 실지로 거래처로부터 물품이 반품되게 된다.

일반적인 회사의 관행을 본다면 거래처로부터 물품이 실제로 반송되기 전까지는 회계처리를 하지 않고 내부통제절차에 의해 관리를 하고, 실제물품이 도착되면 다음과 같이 회계처리한다.

(차) 매 출 환 입	×××	(대) 매 출 채 권	×××
(차) 재 고 자 산	×××	(대) 매 출 원 가	×××

매출환입을 회계처리하는 시점은 환입이 일어나는 과정에서 기업이 합리적인 기준을 선택하여 그 시점에서 계속 적용하면 되는 것이므로 기업에서는 일관성 있게 반품시점을 설정해 회계처리하면 될 것이다.

그리고 환입된 상품 등이 회사의 매출당시와 동일한 상태로 환입된 것이라면 당초의 매출원가에 의하여 평가하면 될 것이나, 하자가 있는 상태로 반품이 되었다면 당초의 매출원가 이하의 금액으로 반품된 재고자산을 평가하여야 할 것이다.

사례 (주)삼일은 원가 ₩1,000,000의 상품을 ₩1,600,000에 판매하였는데 당기 중에 판매한 금액 중 ₩800,000의 반품이 발생하였다.

(차) 매 출 환 입	800,000	(대) 매 출 채 권	800,000
상 품	500,000	매 출 원 가	500,000

(4) 매출할인

1) 개 념

매출할인은 외상매출금을 신속하게 회수하기 위하여 고객에게 일정기간 내에 대금을 지불하면 일정금액을 외상매출대금에서 할인해 주는 것을 말한다. 예를 들어, 어느 기업이 "2/10, n/30"이란 조건으로 외상판매를 하고 있다고 가정하자. 이러한 조건 하에서는 외상으로 구매한 고객이 구입일로부터 10일 이내에 대금을 지불하는 경우에는 총판매가격의 2%를 할인받게 되지만 10일 이후에 지불하는 경우에는 총판매가격 전액을 지불하여야 하며, 아무리 늦어도 구입일로부터 30일까지는 전액을 지불하여야 한다. 이와 같이 매출할인은 대금을 조기지급한 고객에게 외상매출금에 포함되어 있는 이자비용을 경감시켜 주는 제도라 할 수 있다. 즉, 외상판매가격에는 암묵적으로 이자비용이 포함되어 있다고 할 수 있다.

매출할인은 일반적으로 고객이 제품을 구입한 이후에 파손이나 결함이 발견될 경우, 고객에게 가격을 할인하여 주는 매출에누리 및 다량거래에 대한 환급액인 판매장려금(rebate)과 구별하여야 한다.

2) 기업회계상 회계처리

① 매출할인의 회계처리

매출할인은 매출액의 취소부분이므로 매출할인계정으로 나타낸 후, 기말결산시에는 총매출액에서 차감하여 표시한다. 다만, 매출할인의 금액이 중요한 경우에는 총매출액에서 차감하는 형식으로 표시하거나 주석으로 기재한다(일반기준 2장 문단 2.46).

현행 일반기업회계기준은 매출할인이 매출채권의 신속한 회수를 위하여 매출채권에 포함되어 있는 이자비용의 성격을 띠고 있다고 해석한 것으로 볼 수 있다. 따라서 매출할인을 매출시점에 총액으로 계상되는 매출액에서 차감하도록 규정하였다.

사례 20×7. 12. 28.에 회사는 제품을 ₩6,000에 외상으로 판매하였으며 대금지급조건은 "2/10, n/30"이었다. 과거경험에 의하면 외상매출액 중 약 75%가 할인기간 내에 회수되었다.
20×7. 12. 30.에 대금의 70%가 현금으로 회수되었다.
20×8. 1. 14.에 나머지 30%가 현금으로 회수되었다.
위의 거래들을 기업회계기준에 의하여 회계처리하라.

〈분 개〉

• 20×7. 12. 28.

(차) 매 출 채 권	6,000	(대) 매 출	6,000

• 20×7. 12. 30.

(차) 현금및현금성자산	4,116	(대) 매 출 채 권	4,200
매 출 할 인	84		

• 20×7. 12. 31.

(차) 매 출	84	(대) 매 출 할 인	84

• 20×8. 1. 14.

(차) 현금및현금성자산 1,800 (대) 매 출 채 권 1,800

② 매출에누리와의 차이점

일반적으로 매출에누리는 제품에 대한 부분적인 감량·변질·파손 등에 의하여 매출가액에서 직접 공제하는 금액이므로 매출채권을 약정기일 이전에 영수하는 경우에 일정액을 할인하는 금액인 매출할인과는 다르다.

3) 세무회계상 유의할 사항

일반기업회계기준에 따라 매출할인을 수입금액에서 차감한 경우 세무상 특별히 유의할 사항은 없으나, 법인이 매출할인을 하는 경우 매출할인금액은 상대방과의 약정에 의한 지급기일(그 지급기일이 정하여 있지 아니한 경우에는 지급한 날)이 속하는 사업연도의 매출액에서 차감하여야 한다(법령 68조 5항).

(5) 판매장려금

1) 개 념

판매장려금이란 다량 구매자나 고정거래처의 매출에 따른 반대급부로서 거래수량이나 거래금액에 따라 장려의 뜻으로 지급하는 금액 등을 말한다. 재무보고에 관한 실무의견서 2006－4(2006. 11. 24.)에서는, 현금할인·현금보조의 방식으로 지급하는 현금판매인센티브는 실질판매가격을 하락시켜 재화·용역의 매출로 인해 수취할 대가의 공정가치를 감소시키므로 판매자의 매출에서 직접 차감하고, 무료현물·무료서비스 등 현물판매인센티브의 경우는 판매거래의 일부로 보아 비용처리하도록 하고 있다. 즉, 현금판매장려금을 매출에누리와 동일하게 매출액의 차감항목으로 하고 있다.

한편, 판매자의 입장에서는 판매장려금은 총매출액에서 차감하는 항목이므로 매입자의 입장에서는 총매입액으로부터 차감하는 항목이 될 것이다. 또한 매출대금의 조기회수에 따라 일정한 금액을 할인해 주는 매입할인과 거래수량이나 거래금액에 따라 장려의 뜻으로 지급되는 판매장려금은 구분되어야 한다.

2) 판매장려금의 회계처리

사례 (주)삼일은 매출처인 삼일상회에 대하여 당해 연도 매출금액이 ₩200,000,000을 초과하였으므로 이에 대하여 ₩4,000,000의 판매장려금을 지급하기로 결정하였다.

(차) 판 매 장 려 금 4,000,000 (대) 매 출 채 권 4,000,000
(또는 현금및현금성자산)

위의 사례에서 기중에는 판매장려금계정을 사용하더라도 결산시점에서는 판매장려금의 금액은 매출에누리에 포함시켜 매출액에서 차감하여야 한다.

15. 결산시 유의할 사항

(1) 수익인식기준의 계속적 적용 검토

회사가 정책적으로 채택하고 있는 수익인식기준이 계속적으로 적용되어 매출액이 계상된 것인지를 검토한다.

(2) 미실현이익 계상 여부 검토

위탁판매 · 할부판매 · 시용판매 · 예약판매 등에 있어서 미실현이익이 계상되어 있지 않은지 검토하고, 미실현이익이 계상되어 있는 경우 일반기업회계기준에 따른 적절한 조정을 한다.

(3) 본 · 지점 간 거래에 대한 내부이익 제거 검토

본 · 지점 간의 상품거래 등에 따라 계상된 미실현내부이익이 있는 경우 동 내부거래 및 미실현내부이익이 제거되었는지를 확인한다.

(4) 보고기간종료일을 전후한 매출인식의 적정성 검토

회사의 계속적인 수익인식기준을 적용하여 보고기간종료일을 전후한 매출의 기간귀속이 적정한지 검토한다.

또한 반품이 있는 경우, 사업연도 말에 기중매출에 대한 반품정리가 적절히 되었는지 파악한다.

(5) 외화표시매출의 원화환산 적정성 검토

외화로 이루어진 매출의 원화환산방법의 타당성 및 관련 환차손익의 회계처리의 적정성을 검토한다.

제3절 세무회계상 유의할 사항

1. 세무회계상 매출액의 개념 및 의의

기업회계에서는 '매출액'이라는 개념을 사용하지만 세무회계에서는 '매출액'이라는 개념 대신 수입금액이라는 용어를 사용한다.

세무상으로 수입금액은 기업업무추진비 등의 손금산입한도액 계산의 기준이 되므로 세무조정에 있어서 매우 중요한 의미를 지닌다.

세법적인 관점에서 볼 때 손익계산서상의 수익의 구분은 영업수익과 영업외수익으로 나누어지는데 세법상 수입금액은 영업수익금액을 기준으로 하며, 대부분 일반기업회계기준에 의하여 계산한 매출액을 말한다.

2. 부가가치세법상 과세표준과의 관계

부가가치세법에서는 재화나 용역의 공급가액을 과세표준으로 하고 있는데, 기업회계상의 매출액이 부가가치세법상의 과세표준이 되는 경우가 일반적이기는 하지만, 양자가 일치되는 개념이 아니라는 것에 주의해야 한다.

부가가치세법상 재화의 공급에 해당되나 기업회계상 매출액에는 해당되지 않는 것이 많이 있는데, 예를 들어 법인이 생산한 제품을 자가공급, 개인적 공급, 사업상 증여를 하게 되면 이는 매출원가에서 차감해야 될 금액이고 장부상 매출액으로 계상될 금액은 아니다.

3. 기업회계와 세무회계상 손익인식의 차이점

기업회계에서는 발생주의를 전제로 하여 수익은 실현주의에 의하고 비용은 수익·비용대응의 원칙에 의하여 인식하나, 세무회계에서는 권리·의무 확정주의를 원칙으로 하고 있다.

권리·의무 확정주의는 기업회계상의 발생주의, 실현주의 및 수익·비용대응의 원칙에 대응하는 개념으로서 기업회계상의 발생주의 등의 원칙이 기업의 경제활동을 파악하기 위한 회계기술적 측면에서 생긴 것임에 대하여 권리·의무 확정주의는 어떠한 시점에서 손금과 익금을 확실히 인식할 수 있을 것인가를 법률적 측면에서 포착하기 위한 것이다. 즉, 세법은 법률로서의 관점으로부터 법적으로 가장 안정된 사실을 가지고 손익의 귀속시기를 판정한다고 하는 법적 기준(Legal Test)을 수립하여, 조세공평의 원칙상 모든 조세법률관계에 동일하게 적용시키기 위한 획일적 기준의 필요에서 권리·의무 확정주의를 채택한 것이라고 볼 수 있다. 여기서 권리가 확정된다 함은 권리의 실현이 가능한 상태를 말하는 것으로서 구체적으로 ㉮ 특정한 채권이 성립하고, ㉯ 구체적 채무이행을 청구할 수 있는 사실이 발생하고, ㉰ 채권의 금액을 합리적으로 계산할 수 있어야 한다. 의무의 확정은 권리의 확정에 대한 주체를 달리하여 보면 된다.

이러한 기본적인 관점의 차이 때문에 세법상의 손익귀속시기와 기업회계상의 손익귀속시기는 차이를 보이고 있다. 한편, 세법상의 손익귀속시기 등과 관련하여 법인세법에서는 손익의 귀속사업연도(법법 40조), 자산의 판매손익 등의 귀속사업연도(법령 68조), 용역제공 등에 의한 손익의 귀속사업연도(법령 69조), 이자소득 등의 귀속사업연도(법령 70조) 및 임대료 등 기타 손익의 귀속사업연도(법령 71조) 등을 규정하고 있다.

(1) 기업회계기준과 관행의 적용

1) 개 요

법인세법 제43조에서는 내국법인의 각 사업연도의 소득금액계산에 있어서 그 법인이 익금과 손금의 귀속사업연도와 자산·부채의 취득 및 평가에 관하여 일반적으로 공정·타당하다고 인정되는 기업회계기준을 적용하거나 관행을 계속적으로 적용하여 온 경우에는 법인세법 및 조세특례제한법에서 달리 규정하고 있는 경우를 제외하고는 그 기업회계의 기준 또는 관행에 따른다고 규정하고 있다. 즉, 세법의 규정이 없는 경우에만 기업회계기준이 수용되고 세법의 규정이 있는 경우에는 세법이 우선 적용된다는 것이다.

2) 기업회계기준과 관행의 범위

법인세법 시행령 제79조에 의하면 법인세법 제43조의 규정에 의한 기업회계의 기준 또는 관행은 다음의 어느 하나에 해당하는 회계기준(해당 회계기준에 배치되지 아니하는 것으로서 일반적으로 공정·타당하다고 인정되는 관행을 포함함)으로 하고 있다.

① 한국채택국제회계기준

② 주식회사 등의 외부감사에 관한 법률 제5조 제1항 제2호 및 같은 조 제4항에 따라 한국회계기준원이 정한 회계처리기준(일반기업회계기준, 특수분야회계기준)

③ 증권선물위원회가 정한 업종별회계처리준칙

④ 공공기관의 운영에 관한 법률에 따라 제정된 공기업·준정부기관 회계규칙

⑤ 상법 시행령 제15조 제3호에 따른 회계기준(중소기업회계기준)

⑥ 그 밖에 법령에 따라 제정된 회계처리기준으로서 기획재정부장관의 승인을 받은 것

(2) 법인세법상 손익의 귀속시기

1) 자산의 판매손익 등의 귀속사업연도(법령 68조)

① 상품 등의 판매손익(법령 68조 1항 1호)

법인세법에서는 상품 등의 판매손익 귀속시기를 그 상품 등을 인도한 날이 속하는 사업연도로 규정하고 있는바, 원칙적으로는 일반기업회계기준과 동일하므로 일반적인 경우 세무조정사항은 발생하지 않는다.

이 때 납품계약 또는 수탁가공계약에 의하여 물품을 납품하거나 가공하는 경우에는 당해 물품을 계약상 인도하여야 할 장소에 보관한 날(다만, 계약에 따라 검사를 거쳐 인수 및 인도가 확정되는 물품은 당해 검사가 완료된 날)을 인도일로 하고, 물품을 수출하는 경우에는 수출물품을 계약상 인도하여야 할 장소에 보관한 날을 인도일로 보고 판매손익을 인식하도록 하고 있다(법칙 33조).

한편, 일반기업회계기준에서는 판매를 목적으로 구입한 상품・미착상품・적송품과 부동산판매업에 있어서 판매를 목적으로 소유하는 토지・건물 기타 이와 유사한 부동산을 상품으로 분류하고 있으므로 건설업의 경우 완공된 주택 등도 재고자산으로 분류된다. 그러나 법인세법에서는 건설업 또는 부동산매매업을 영위하고 있는 법인이 매매목적으로 보유하고 있는 부동산은 일반기업회계기준상 재고자산으로 분류되더라도 손익의 귀속사업연도 결정에 있어서는 상품 등으로 보지 않고, 법인세법 시행령 제68조 제1항 제3호가 적용되는 자산의 양도로 보아 아래 '③'에 따라 대금청산일, 소유권이전등기일, 인도일 또는 사용수익일 중 먼저 도래한 날이 속하는 사업연도의 수익으로 인식하도록 하고 있다.

② 자산의 위탁매매 및 상품 등의 시용판매(법령 68조 1항 2호, 4호)

법인세법에서는 자산의 위탁매매의 경우 수탁자가 그 위탁자산을 매매한 날이 속하는 사업연도를, 상품 등의 시용판매의 경우 상대방이 그 상품 등에 대한 구입의 의사를 표시한 날이 속하는 사업연도를 손익귀속시기로 규정하고 있다. 한편, 이 규정은 일반기업회계기준과 동일하므로 세무조정사항은 발생하지 않는다.

③ 상품 등 외의 자산의 양도(법령 68조 1항 3호, 7항)

법인세법에서는 상품 등 외의 자산을 양도하는 경우 그 대금을 청산한 날(한국은행법에 따른 한국은행이 취득하여 보유 중인 외화증권 등 외화표시자산을 양도하고 외화로 받은 대금으로서 원화로 전환하지 아니한 그 취득원금에 상당하는 금액의 환율변동분은 한국은행이 정하는 방식에 따라 해당 외화대금을 매각하여 원화로 전환한 날)이 속하는 사업연도를 손익의 귀속시기로 규정하고 있다. 다만, 대금을 청산하기 전에 소유권 등의 이전등기(등록을 포함함)를 하거나 당해 자산을 인도하거나 상대방이 당해 자산을 사용수익하는 경우에는 그 이전등기일(등록일을 포함함) · 인도일 또는 사용수익일 중 빠른 날이 속하는 사업연도를 손익의 귀속시기로 한다. 한편, 이 규정은 일반기업회계기준과 원칙적으로 동일하므로 일반적인 경우 세무조정사항은 발생하지 않는다.

다만, 조세특례제한법 제104조의 31에 따른 프로젝트금융투자회사가 택지개발촉진법에 따른 택지개발사업 등 일정한 토지개발사업을 하는 경우로서 해당 사업을 완료하기 전에 그 사업의 대상이 되는 토지의 일부를 양도하는 경우에는 그 양도 대금을 해당 사업의 작업진행률에 따라 각 사업연도의 익금에 산입할 수 있다(2024년 2월 29일 이후 토지를 양도하는 경우부터 적용).

④ 증권시장 업무규정에 따라 보통거래방식으로 한 유가증권의 매매(법령 68조 1항 5호)

자본시장과 금융투자업에 관한 법률 제8조의 2 제4항 제1호에 따른 증권시장에서 같은 법 제393조 제1항에 따른 증권시장업무규정에 따라 보통거래방식으로 한 유가증권의 매매의 경우에는 매매계약을 체결한 날이 속하는 사업연도를 손익귀속시기로 규정하고 있다.

⑤ 장기할부조건의 자산의 판매 · 양도

법인세법에서는 할부조건의 자산판매 등의 손익귀속시기를 일반기업회계기준과 동일하게 그 자산을 인도한 날이 속하는 사업연도로 규정하고 있으므로 세무조정사항은 발생하지 않는다.

그러나, 회사가 장기할부조건으로 자산을 판매하거나 양도한 경우에 인도기준을 적용하지 아니하고 결산확정시 회수하였거나 회수할 금액을 수익과 비용으로 계상하는 경우에는 각 사업연도에 회수하였거나 회수할 금액을 익금으로, 이에 대응하는 비용을 손금에 산입하도록 하고 있다. 여기서 한 가지 주의할 점은 회사가 회수하였거나 회수할 금액과 이에 대응하는 비용을 결산서에 계상한 경우에만 위 규정을 적용하므로 할부판매손익을 결산서에 계상하지 아니한 경우에는 인도일(상품 등 외의 자산은 대금청산일, 소유권이전등기일, 인도일 또는 사용수익일 중 가장 빠른 날)이 속하는 사업연도에 손익을 인식하여야 한다는 것이다. 다만, 중소기업인 법인이 장기할부조건으로 자산을 판매하거나 양도한 경우에는 그 장기할부조건에 따라 각 사업연도에 회수하였거나 회수할 금액과 이에 대응하는 비용을 각각 해당사업연도의 익금과 손금에 산입할 수 있다(법령 68조 2항).

이 경우 인도일 이전에 회수하였거나 회수할 금액은 인도일에 회수한 것으로 보며, 법인이 장기할부기간 중에 폐업한 경우에는 그 폐업일 현재 익금에 산입하지 아니한 금액과 이에 대응하는 비용을 폐업일이 속하는 사업연도의 익금과 손금에 각각 산입하여야 한다(법령 68조 3항).

법인세법상 장기할부조건이라 함은 자산의 판매 또는 양도(국외거래에 있어서는 소유권이전 조건부 약정에 의한 자산의 임대를 포함함)로서 판매금액 또는 수입금액을 월부 · 연부 기타의 지불방법에 따라 2회 이상으로 분할하여 수입하는 것 중 당해 목적물의 인도일 다음 날부터 최종 할부금의 지급기일까지의 기간이 1년 이상인 것을 말한다(법령 68조 4항).

가. 대금의 분할수입

장기할부조건이 되기 위해서는 대금을 2회 이상 분할하여 지급받는 것이어야 한다. 이 경우 대금을 분할하여 지급받는 요건은 계약시의 대금지급조건상 장기할부판매조건부 거래의 의사가 있어야 충족되는 것이므로, 계약확정 후 단순히 매수자의 자금사정때문에 대금을 장기할부어음 등으로 지급받는 것은 장기할부판매가 아니다. 그러나 자산을 장기할부조건으로 양도하고 단순히 채권의 보증 또는 결제의 편의를 위하여 약정상의 각 상환일을 지급일로 하는 어음을 일괄 수취하는 것은 장기할부판매로 보아야 한다.

나. 최종 할부금의 지급기일까지의 기간

최종 할부금의 지급기일까지의 기간은 당해 목적물의 인도기일의 다음날부터 기산한다. 여기서 인도라 함은 현실의 인도 이외에 간이인도, 점유개정 및 목적물 반환청구권의 양도를 포함한다.

또한 법인세법에서는 회사가 장기할부조건 등에 의하여 자산을 판매하거나 양도함으로써 발생한 채권에 대하여 일반기업회계기준이 정하는 바에 따라 현재가치로 평가하여 현재가치할인차금을 계상한 경우 당해 현재가치할인차금상당액은 당해 채권의 회수기간 동안 일반기업회계기준이 정하는 바에 따라 환입하였거나 환입할 금액을 각 사업연도의 익금에 산입하도록 하여 일반기업회계기준을 수용하고 있다(법령 68조 6항).

⑥ 재고반품조건의 백화점 · 대리점 납품

법인이 사전 약정에 따라 재고반품조건으로 백화점 및 대리점에 재화를 납품하는 경우, 기업회계상으로는 일반기업회계기준 제16장 제1절의 규정에 의하여 백화점에서 소비자에게 매출된 때에 수익을 인식하여야 하나, 세무회계상으로는 시행령 제68조 제1항 제1호의 규정에 의하여 동 재화를 백화점에 인도한 날이 손익귀속시기가 된다(서이 46012-11779, 2003. 10. 15.). 그러나, 법인이 제품에 대한 소유권을 가지고 당해 법인의 브랜드만 취급하는 대리점사업자에게 제품을 반출하고 대리점사업자가 소비자에게 실제 판매한 제품에 대하여만 대금청구권을 가지며 당해 법인이 전적으로 반출한 제품과 반입할 제품의 품목과 수량을 결정하고 대리점사업자는 주문에 대한 책임과 권한이 없는 경우 대리점사업자가 제품을 최종소비자에게 판매하는 날을 손익귀속시기로 본다(기획재정부 법인세제과-384, 2016. 5. 2.).

⑦ 반품가능판매 · 상품권판매

반품가능판매 및 상품권판매와 관련하여 세무회계상 유의할 사항은 '8. 반품가능판매의 수익인식 중 (3) 세무회계상 유의사항' 및 '11. 상품권의 수익인식 중 (3) 세무상 유의사항'을 참조하기로 한다.

2) 용역제공 등에 의한 손익의 귀속사업연도(법령 69조)

법인세법에서는 건설 · 제조 기타 용역(도급공사 및 예약매출을 포함하며, 이하 "건설등"이라 함)의 제공으로 인한 익금과 손금은 그 목적물의 건설 등의 착수일이 속하는 사업연도부터 그 목적물의 인도일(용역제공의 경우에는 그 제공을 완료한 날)이 속하는 사업연도까지 다음과 같이 산정한 작업진행률을 기준으로 하여 계산한 수익과 비용을 각각 해당 사업연도의 익금과 손금에 산입하도록 규정하여 진행기준을 적용하도록 규정하고 있다. 다만, 다음의 어느 하나에 해당하는 경우에는 그 목적물의 인도일이 속하는 사업연도의 익금과 손금에 산입할 수 있다(법령 69조 1항).

㉠ 중소기업인 법인이 수행하는 계약기간이 1년 미만인 건설등의 경우

㉡ 기업회계기준에 따라 그 목적물의 인도일이 속하는 사업연도의 수익과 비용으로 계상한 경우

$$\text{작업진행률} = \frac{\text{해당 사업연도 말까지 발생한 총공사비 누적액}}{\text{총공사예정비}}$$

(*) 작업진행률은 상기와 같은 원가기준을 원칙으로 하되, 건설 등의 수익실현이 건설 등의 작업시간 · 작업일수 또는 기성공사의 면적이나 물량 등과 비례관계가 있고, 전체 작업시간 등에서 이미 투입되었거나 완성된 부분이 차지하는 비율을 객관적으로 산정할 수 있는 건설 등의 경우에는 그 비율로 할 수 있음(법칙 34조 1항).

또한, 작업진행률을 계산할 수 없다고 인정되는 경우로서 법인이 비치 · 기장한 장부가 없거나 비치 · 기장한 장부의 내용이 충분하지 아니하여 해당 사업연도 종료일까지 실제로 소요된 총공사비누적액 또는 작업시간 등을 확인할 수 없는 경우에도 그 목적물의 인도일이 속하는 사업연도에 익금과 손금으로 산입하도록 하고 있다(법령 69조 2항 및 법칙 34조 4항).

한편, 작업진행률에 의한 익금 또는 손금이 공사계약의 해약으로 인하여 확정된 금액과 차액이 발생된 경우에는 그 차액을 해약일이 속하는 사업연도의 익금 또는 손금에 산입한다(법령 69조 3항).

3) 기타 경우의 손익귀속사업연도

법인세법 시행령 제70조 이자소득 등의 귀속사업연도 및 법인세법 시행령 제71조 임대료 등의 귀속사업연도 규정은 '영업외손익편' 해당 계정에서 설명하였다.

한편, 법인세법 제43조(기업회계기준과 관행의 적용)에서는 법인세법 및 조세특례제한법에서 손익의 귀속시기에 대하여 별도로 규정하고 있지 않은 사항에 대하여는 기업회계기

준 및 관행을 따른다고 규정하고 있다. 그러나 법인세법 시행령 제71조 제7항에서는 법인세법(동법 43조는 제외) · 조세특례제한법 및 법인세법 시행령에서 규정한 것 외의 익금과 손금의 귀속사업연도에 관하여는 기획재정부령이 정한다고 규정하고, 이와 관련하여 법인세법 시행규칙 제36조에서는 법인세법 시행규칙에서 별도로 규정한 것 외의 익금과 손금의 귀속사업연도는 그 익금과 손금이 확정된 날이 속하는 사업연도로 한다고 규정하였다.

상기의 양 규정이 이렇듯 상충됨에 따라 법인세법에서 특별히 규정하고 있지 않은 사항에 대하여 권리 · 의무 확정주의에 따를지 기업회계의 관행에 따를지 실무상 어려움이 있는 것으로 보인다. 손익의 귀속사업연도에 대하여 법인세법에서는 권리 · 의무 확정주의에 의한다는 원칙적인 규정을 하고 있고, 구체적인 사항은 동법 시행령에서 규정하고 있으며, 기타 사항은 동법 시행규칙에 위임하고 있다. 그런데 법인세법 시행규칙에서도 별도로 규정하고 있는 사항 이외에는 권리 · 의무 확정주의에 의한다고 규정함에 따라 법인세법 제43조(기업회계기준과 관행의 적용)의 규정은 선언적 의미만을 지닌 것으로 보여진다. 따라서 손익의 귀속시기에 대한 판단은 권리 · 의무 확정주의에 따르고, 그 판단이 모호할 경우에 한하여 기업회계의 관행을 적용하여야 할 것으로 여겨진다.

02

매출원가

제1절 의 의

매출원가란 제품, 상품 등의 매출액에 대응되는 원가로서 판매된 제품이나 상품 등에 대한 제조원가 또는 매입원가를 말한다(일반기준 2장 문단 2.48).

매출원가는 기초제품(또는 상품)재고액에 당기제품제조원가(또는 당기상품매입액)를 가산하고 기말제품(또는 상품)재고액을 차감하여 산출되므로 기말재고자산의 평가방법에 따라 매출원가가 영향을 받게 된다. 또한, 제품이나 상품에 대하여 생산, 판매 또는 매입 외의 사유로 증감액이 있는 경우에는 이를 매출원가의 계산에 반영하여야 한다. 한편, 당기상품매입액은 상품의 총매입액에서 매입할인, 매입환출, 매입에누리 등을 차감한 금액으로 한다(일반기준 2장 부록 실2.8, 실2.9, 실2.10).

매출원가는 당기의 매출액에 대응하여 파악되어야 하므로 수익·비용대응의 원칙이 매출원가의 인식 및 측정에 있어서 가장 중요한 원칙이 된다.

제2절 기업회계상 회계처리

1. 상품매매업의 매출원가

※ 관련내용 : 매입에누리 / 매입환출 / 매입할인 / 매입부대비용

일반기업회계기준 제7장【재고자산】

7.6. 재고자산의 매입원가는 매입금액에 매입운임, 하역료 및 보험료 등 취득과정에서 정상적으로 발생한 부대원가를 가산한 금액이다. 매입과 관련된 할인, 에누리 및 기타 유사한 항목은 매입원가에서 차감한다. 성격이 상이한 재고자산을 일괄하여 구입한 경우에는 총매입원가를 각 재고자산의 공정가치 비율에 따라 배분하여 개별 재고자산의 매입원가를 결정한다.

(1) 매출원가 표시방법

상품판매업에 있어서의 매출원가는 기초상품재고액에 당기상품매입액을 가산하고 기말 상품재고액을 차감하여 산출하며, 이러한 매출원가를 손익계산서에 표시하는 방법은 다음 중 하나를 기업이 선택할 수 있다(일반기준 2장 문단 2.48, 부록 실2.8)

① 산출과정을 손익계산서 본문에 표시하는 방법

② 손익계산서 본문에는 매출원가만을 기재하고 산출과정을 주석공시하는 방법

일반기업회계기준 제2장 부록 적용사례에서는 손익계산서상 매출원가의 표시방법을 다음과 같이 예시하고 있는 바, 주석공시를 하는 경우에도 아래 형식을 준용하여야 할 것으로 보인다.

Ⅱ. 매 출 원 가		×××
1. 기 초 상 품 재 고 액	×××	
2. 당 기 상 품 매 입 액	×××	
3. 기 말 상 품 재 고 액	×××	

(2) 당기 상품매입액

손익계산에 있어서 당기 상품매입액은 당기에 구입한 상품의 총매입액에 취득과정에서 정상적으로 발생한 부대원가를 가산하고 매입과 관련된 매입할인, 매입환출, 매입에누리 및 기타 유사한 항목을 차감한 금액을 말한다(일반기준 7장 문단 7.6, 2장 부록 실2.9).

1) 당기 상품총매입액

당기 상품총매입액이란 판매업을 영위하는 기업이 당기 중에 외부로부터 구입한 상품의 총매입액을 의미한다. 성격이 상이한 상품을 일괄하여 구입한 경우에는 총상품매입원가를 각 매입상품의 공정가치 비율에 따라 배분하여 개별 상품의 매입원가를 결정하여야 한다(일반기준 7장 문단 7.6).

2) 매입부대원가

매입부대원가란 재고자산의 취득에 직접적으로 관련되어 있으며 정상적으로 발생되는 부대원가를 말하는 것으로(일반기준 7장 문단 7.6), 일반적으로 매입운임, 하역료 및 보험료뿐만 아니라 수입과 관련된 수입관세 및 제세금(기업이 세무 당국으로부터 나중에 환급받을 수 있는 것은 제외) 등이 포함된다.

① 외부부대원가와 내부부대원가

매입과 관련된 부대비용은 크게 그 발생내용에 따라 외부부대원가와 내부부대원가로 구분될 수 있을 것이다. 즉, 외부부대원가는 상품이 입고될 때까지 외부에 지급되는 비용으로 운임, 매입수수료, 관세, 통관비 등이 해당되며, 내부부대원가는 구입품에 관련해서 발생하는 내부용역비용으로서 구매사무비용과 물품이 도착한 때부터 판매 직전까지 발생한 검수, 정리, 선별 등을 하기 위한 비용이 이에 해당한다.

취득과정에서 정상적으로 발생한 외부부대원가는 매입자산의 경제적 가치를 증가시키는 지출이므로 당연히 매입원가에 산입하여야 한다. 하지만 내부부대원가에 대하여는 그 원가성에 대하여 논란의 여지가 있다. 현재 일반기업회계기준 제7장 문단 7.10 (2)에서는 내부부대원가의 일종인 재고자산의 보관비용(추가 생산단계에 투입하기 전에 보관이 필요한 경우 발생하는 보관비용은 제외)은 기간비용으로 처리하도록 규정하고 있으며, 회계실무면에서도 내부부대원가를 판매비와관리비로 처리하는 것이 일반적이다. 이렇게 내부부대원가를 매입원가에 산입하지 아니하는 것은 그 원가성의 시비에 대한 논란에 비하여 그 금액이 법인의 기말재고자산 및 과세소득에 미치는 영향이 크게 중요하지 않기 때문이다.

② 공통부대비용

여러 종류의 상품을 일괄하여 매입하는 경우에 공통으로 발생하는 비용으로서 상품의 종류별로 직접 구분되지 않는 경우에는 매입상품의 공정가치, 중량, 용적 등 합리적인 배분기준에 의하여 안분계상함이 타당할 것이나 그 안분이 극히 곤란하며 금액적으로 중요하지 않는 경우에는 매입액에 부가하여 기재하되 전액을 당기의 매출원가에 가산할 수도 있을 것이다.

③ 비정상적인 지출

경우에 따라서는 상품의 매입시 자원의 낭비나 비효율적인 사용 등 비정상적인 사건에 따른 지출도 발생할 수 있는데, 이 경우 발생한 매입부대원가는 매입원가에 가산하지 않고 당기 비용 처리하여야 한다. 즉, 매입원가에 가산하는 매입부대원가에는 상품의 취득과정에서 정상적으로 발생한 지출만을 의미하는 것이다(일반기준 7장 문단 7.10).

3) 매입에누리와 매입환출

① 매입에누리와 매입환출의 표시방법

재고자산의 구입 이후 물품의 파손이나 결함 등이 있는 경우, 구매자는 상품을 반환하거나 또는 판매자와 협의하여 가격을 할인받을 수 있다. 상품을 반환하는 것을 매입환출, 구입가격을 할인받는 것을 매입에누리라 한다. 매입에누리는 외상매입금을 조기에 상환해 줌으로써 얻게 되는 매입할인과는 구별되며, 매출에누리의 상대적 거래로서 이는 당연히 재고자산의 취득가액에서 차감되어야 하고, 구입한 재고자산의 반품에 따른 매입환출도 역시 매입원가에서 차감되어야 한다. 일반기업회계기준 제7장 문단 7.6에서도 매입에누리 및 기타 유사한 항목은 매입원가에서 차감하도록 규정하고 있다.

한편, 재무보고에 관한 실무의견서 2006-4(2006. 11. 24.)에서는 일정 기간 또는 성과에 따라 지급되는 현금보조와 현금할인 등의 현금판매인센티브는 판매자의 상품·용역의 매출로 받아야 할 대가의 공정가치를 하락시킨다는 측면에서 일반기업회계기준상 매출에누리와 경제적 실질이 동일함으로 매출액에서 차감하도록 하고 있으므로 이와 동일하게 매입회사에서는 매입장려금을 매입원가에서 차감하여야 할 것이다.

그러나 특정 재고의 구입과 직접 관련하여 현금의 형태로 지급받는 장려금은 특정 재고의 매입가액과 그 대응이 비교적 용이하다고 할 수 있겠으나, 현금 이외의 형태로 지급받아 매입과 매입장려금의 직접적인 대응이 곤란한 경우도 있을 것이다. 이 경우에는 수입장려금을 직접 취득가액에서 차감하여 수정하는 방법보다는 별도로 기업의 영업외수익으로 처리함이 보다 합리적일 것이다.

② 매입에누리와 매입환출의 회계처리방법

실지재고조사법에 의하여 재고자산 수량을 결정하는 기업에서 매입에누리와 매입환출이 발생하는 경우 내부관리목적으로 매입에누리와 매입환출계정을 설정하여 회계처리하거나 매입계정의 대변에서 회계처리하면 된다. 다만, 매입에누리와 매입환출계정을 사용하는 경우에는 손익계산서 작성시 동 금액을 매입액에서 차감하여 기재하면 된다. 또한 계속기록법을 적용하는 기업에서 매입에누리와 매입환출이 발생한 경우에는 직접 재고자산계정의 대변에서 회계처리하면 된다.

다음의 사례를 통하여 매입에누리와 매입환출의 회계처리를 살펴보기로 한다.

사례 (주)삼일은 을회사로부터 A상품을 외상으로 매입한 바, 검수결과 매입상품 중 불량품이 포함된 것을 발견하여 ₩200,000 상당의 상품을 되돌려 보냈다.

〈실지재고조사법에 의하는 경우〉

㉠ 매입상품의 반품시

(차) 매 입 채 무	200,000	(대) 매 입 환 출	200,000

㉡ 연말결산시

(차) 매 입 환 출	200,000	(대) 매 입	200,000

〈계속기록법에 의하는 경우〉

(차) 매 입 채 무	200,000	(대) 상 품	200,000

4) 매입할인

① 의 의

현금할인(cash discounts)이라고도 하는 매입할인(purchase discounts)은 구매자로 하여금 구입대금을 빨리 지급하도록 하기 위해서 판매자가 제공하는 일종의 혜택으로서 상품을 매입한 측에서는 일정률의 현금지출을 절약할 수 있고, 판매한 측에서는 현금을 빨리 회수하여 영업자금으로 활용할 수 있는 장점이 있다.

매입할인은 매입상품에 하자가 있는 경우 판매자와 협의하여 가격을 할인받는 매입에누리와 구별된다.

매입할인에 대한 회계처리방법은 매입할인의 본질을 어떻게 해석하느냐에 따라 달라지는 바, 매입할인의 성격에 대해서는 다음과 같이 두 가지 견해가 있다. 첫째는 매입할인을 매입가격에 대한 차감항목으로 보는 견해(총액법)이고, 둘째는 매입할인을 금융수익으로 보는 견해(순액법)로서, 일반기업회계기준 제7장 문단 7.6에서는 매입과 관련된 할인은 매입원가에서 차감하도록 규정하고 있는바 매입할인에 대한 회계처리로 총액법만을 사용하도록 하고 있다.

② 기업회계상 회계처리

일반기업회계기준 제7장에서는 매입할인을 매입액의 차감항목으로 보기 때문에 실지재고조사법을 적용하는 기업의 경우에는 재고자산의 매입시에 매입과 외상매입금을 송장가격으로 기록하고, 매입할인이 실제 발생할 때 매입할인계정에 기장하거나 매입계정의 대변에 기장하면 된다. 다만, 매입할인계정을 사용하는 경우에는 손익계산서 작성시 동 금액을 매입액에서 차감하여 기재하면 된다. 또한 계속기록법을 적용하는 기업에서 매입할인이 발생한 경우에는 동 금액을 직접 재고자산계정의 대변에서 회계처리하면 된다.

사례 다음 거래를 분개하라.

20×7. 12. 19. (주)삼일은 을회사로부터 상품 ₩10,000을 "2/10, n/30"의 조건으로 외상매입하였다.

20×7. 12. 28. 을회사의 외상매입금 40%를 현금으로 지급하였다.

〈실지재고조사법에 의하는 경우〉

• 20×7. 12. 19.

(차) 매 입	10,000	(대) 매 입 채 무	10,000

• 20×7. 12. 28.

(차) 매 입 채 무	4,000	(대) 현금 및 현금성자산	3,920*
		매 입 할 인	80**

* ₩10,000 × 40% × (100% − 2%) = ₩3,920
** ₩10,000 × 40% × 2% = ₩80

• 20×7. 12. 31.

(차) 매 입 할 인	80	(대) 매 입	80

〈계속기록법에 의하는 경우〉

• 20×7. 12. 19.

(차) 상 품	10,000	(대) 매 입 채 무	10,000

• 20×7. 12. 28.

(차) 매 입 채 무	4,000	(대) 현금 및 현금성자산	3,920*
		상 품(매입할인)	80**

* ₩10,000 × 40% × (100% − 2%) = ₩3,920
** ₩10,000 × 40% × 2% = ₩80

2. 제조업의 매출원가

(1) 매출원가의 표시방법

제조업에 있어서의 매출원가는 기초제품재고액에 당기제품제조원가를 가산하고 기말제품재고액을 차감하여 산출하며, 이러한 매출원가를 손익계산서에 표시하는 방법은 다음 중 하나를 기업이 선택할 수 있다(일반기준 2장 문단 2.48). 이 경우, 제조원가에 포함된 급여, 퇴직급여, 복리후생비, 임차료, 감가상각비, 세금과공과 등 부가가치계산에 필요한 계정과목과 그 금액은 주석으로 기재하여야 한다(일반기준 2장 부록 실2.20 (9)).

① 산출과정을 손익계산서 본문에 표시하는 방법

② 손익계산서 본문에는 매출원가만을 기재하고 산출과정을 주석공시하는 방법

일반기업회계기준 제2장 부록 적용사례에서는 손익계산서상 매출원가의 표시방법을 다음과 같이 예시하고 있는 바, 주석공시를 하는 경우에도 아래 형식을 준용하여야 할 것으로 보인다.

Ⅱ. 매 출 원 가		×××
1. 기 초 제 품 재 고 액	×××	
2. 당 기 제 품 제 조 원 가	×××	
3. 기 말 제 품 재 고 액	×××	

제조업의 매출원가를 계산함에 있어서 가장 중요한 점은 당기제품제조원가와 기말제품재고액을 평가하는 것이다. 당기제품제조원가와 기말제품재고액은 원가계산이라는 일련의 회계절차를 통해서 확정되는데, 원가계산은 특정의 수익 또는 자산을 획득하기 위하여 투입한 금액을 계산하는 과정으로 정의되며, 발생된 원가를 집계하는 단계와 집계된 원가를 매출원가 · 제품 · 재공품 등에 배부하여 자산과 비용으로 구분하는 단계를 거치는 것이 일반적이다. 또한 원가계산방법에는 여러 가지가 있지만 각 기업의 생산형태, 원가계산의 범위 및 원가측정방법에 따라 다음과 같이 분류할 수 있다.

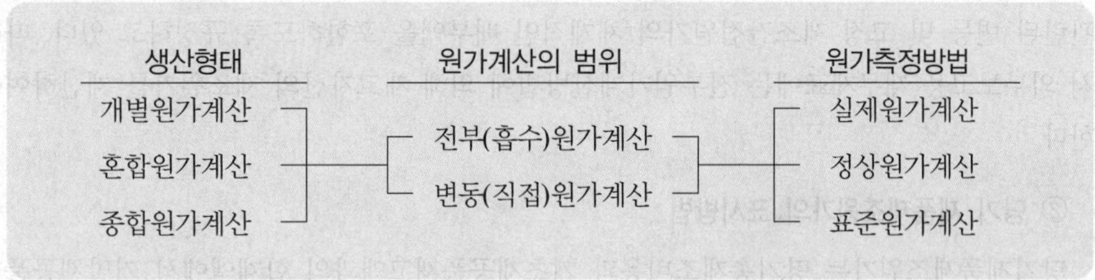

기말제품재고액의 평가방법 등에 관하여는 '재고자산편'을 참조하기로 하고 본편에서는 당기제품제조원가에 대하여 살펴보기로 한다.

(2) 당기제품제조원가

① 제품제조원가

제조원가는 제품 등의 생산과 직접 또는 간접적으로 관련하여 정상적으로 발생한 재료비, 노무비, 경비의 총액을 말한다. 따라서 제조 및 생산활동과 직접 관련이 없는 판매비와관리비, 영업외비용 등은 제조원가에 산입하지 않는 것이다. 예를 들어, 무형자산인 특허권을 상각하는 경우 특허권의 내용이 제조활동과 관련된 때에는 동 상각액을 제조경비로 처리하여야 하며, 판매 · 관리 · 유지 등과 같이 제조활동과 무관한 때에는 동 상각액을 판매비와관리비로 처리해야 한다.

한편, 제품제조와 관련하여 발생하는 직접재료원가와 직접노무원가가 제품제조원가에 포함되어야 한다는 데에는 논란이 없으나 제조간접원가, 특히 고정제조간접원가가 제품제조원가에 포함되어야 할 것인지에 대해서는 상반된 두 가지의 회계처리방법이 있다.

첫째는 전부원가계산(full costing) 또는 흡수원가계산(absorption costing) 방법으로, 여기서는 조업도에 따라 직접적으로 변동하는 변동제조간접원가든, 조업도와 관계 없이 발생하는 고정제조간접원가든 간에 모든 제조간접원가를 제조원가에 포함시킨다.

둘째는 변동원가계산(variable costing) 또는 직접원가계산(direct costing) 방법으로, 여기서는 전부원가계산방법과는 달리 조업도에 따라 직접적으로 변하는 변동제조간접원가만 제조원가에 포함시키고 고정제조간접원가는 기간비용으로 처리한다. 이러한 직접원가계산방법은 원가통제, 예산편성 및 경영의사결정에 있어서 매우 유용하므로 내부보고목적을 위해서 널리 사용하고 있다.

하지만 변동(직접)원가계산방법은 변동비와 고정비의 임의적인 구분에 따라 제조원가가 달라지며 고정원가의 중요성을 간과하여 장기적인 가격결정에 왜곡이 생길 수 있는 등의 단점이 있어 일반기업회계기준 제7장 문단 7.7에서는 제품, 반제품 및 재공품 등 재고자산의 제조원가는 보고기간말까지 제조과정에서 발생한 직접재료원가, 직접노무원가, 제조와 관련된 변동 및 고정 제조간접원가의 체계적인 배부액을 포함하도록 규정하고 있다. 따라서 외부보고용 재무제표에는 전부원가계산방법에 의해 재고자산의 제조원가를 계산하여야 한다.

② 당기 제품제조원가의 표시방법

당기제품제조원가는 당기총제조비용과 기초재공품재고액과의 합계액에서 기말재공품재고액을 차감하는 형식으로 기재한다.

따라서 당기제품제조원가의 산정방법은 다음과 같다.

> 당기제품제조원가 = 당기총제조비용 + 기초재공품재고액 - 기말재공품재고액

당기제품제조원가의 계산에서 가장 중요한 것은 기말재공품재고액을 평가하는 것이다. 기말재공품의 가액이 과대평가되면 상대적으로 제품제조원가가 과소평가된다. 이 결과 매출원가가 과소계상되어 이익이 과대표시되는 결과가 초래되므로 특히 종합원가계산에서 재공품평가의 정확성 여부는 매우 중요한 의미를 갖는다.

재공품평가방법 등에 관하여는 '재고자산편'에서 이미 설명한 바 있으므로 이를 참조하기로 한다.

③ 당기총제조비용

당기총제조비용의 제조원가 요소는 재료비, 노무비 및 경비로 분류하거나, 회사가 채택하고 있는 원가계산방법에 따라 직접재료원가, 직접노무원가 및 제조간접원가 등으로 분류

할 수 있다.

일반적으로 원가 요소는 제조원가 요소와 판매비와관리비 요소로 분류된다. 다만, 그 구분이 명확하지 아니한 경우에는 발생원가를 비목별로 집계한 후, 일정한 기준에 따라 제조원가와 판매비와관리비로 구분하여 배부할 수 있다. 제조원가 요소는 원가발생의 형태에 따라 재료비, 노무비 및 경비로 분류되며 이를 원가의 3요소라고 한다. 또한 제조원가 요소는 제품과의 관련에 따라 직접원가와 간접원가로 분류되거나, 조업도와의 관련에 따라 고정원가와 변동원가로 분류되기도 한다.

④ 타계정대체액의 표시

재공품을 당해 기업의 유형자산으로 사용하기 위하여 계정대체한 경우, 자가제조를 위하여 공정에 재투입하는 경우 또는 연구개발용으로 사용하는 경우에는 그 대체내역을 나타내는 과목으로 기말재공품재고액 다음에 그 대체액을 기재하여 당기 총제조비용에서 차감하는 형식으로 기재하여야 한다. 다만, 대체내역이 다양한 경우에는 "타계정대체액"이라는 과목으로 일괄기재하고 그 내용을 주석기재하여도 무방하다.

한편, 타계정에서 제조계정으로의 대체액이 있으면 기말재공품재고액과 "타계정으로 대체액" 사이에 "타계정에서 대체액"이라는 과목으로 표시하는 것이 실무상 많이 사용되는 방법이다.

3. 기타 매출원가항목의 구분표시

제품이나 상품에 대하여 생산, 판매 또는 매입 외의 사유로 증감액이 있는 경우에는 이를 매출원가의 계산에 반영하여야 한다(일반기준 2장 부록 실2.10).

매출원가의 차감 또는 부가항목의 구체적인 예로서는 자가제조소비액, 접대비 등의 증여에 의한 상품 · 제품의 감소액, 관세환급금 그리고 타계정대체액 등을 들 수 있다. 이들은 그 증감의 이유를 구체적으로 표시하는 항목으로 구분 · 표시하여야 하나, 그 금액이 비교적 소액인 경우에는 타계정대체액으로 일괄표시할 수도 있다.

한편, 재고자산계정에서 이미 설명한 바와 같이 관세환급금이란 수출용 원재료를 수입하는 경우 수입시에 관세 등을 먼저 부담하고 그 원재료를 사용하여 제품을 생산 · 수출하게 될 경우에는 수입시 부담한 관세를 다시 환급받는 것을 말한다.

관세환급금을 회계처리하는 방법으로는 여러 가지가 있으나 관세 등 납부액을 원재료가액에 산입하고 사후 환급금을 매출원가에서 차감하는 방법을 사용하는 것이 일반적이다.

Ⅰ. 매 출 액		×××
Ⅱ. 매 출 원 가		×××
1. 기 초 제 품 재 고 액	×××	
2. 당 기 제 품 제 조 원 가	×××	
3. 기 말 제 품 재 고 액	×××	
4. 관 세 환 급 금	×××	
Ⅲ. 매 출 총 이 익		×××

4. 반제품 등 매출원가의 구분표시 또는 주석기재

일반기업회계기준 제2장 문단 2.47에서는 매출액은 업종별이나 부문별로 구분하여 표시할 수 있으며, 반제품매출액, 부산물매출액, 작업폐물매출액, 수출액, 장기할부매출액 등이 중요한 경우에는 이를 구분하여 표시하거나 주석으로 기재하도록 하고 있다. 마찬가지로, 매출액을 구분하여 표시하거나 주석으로 기재한 경우에는 관련 매출원가도 구분하여 표시하거나 주석으로 기재하여야 할 것이다.

5. 결산시 유의할 사항

(1) 제조원가 적정성 검토

제품판매업을 영위하는 기업의 경우 발생된 원가요소를 어떻게 제조원가 요소와 판매비와관리비 요소로 구분하느냐에 따라 당기순이익이 달라진다. 따라서 제조원가 및 판매비와관리비에 산입해야 할 비용의 결정이 적정한가를 검토한다.

(2) 매입액 계상의 적정성 검토

결산일 직전 또는 직후에 상품을 구입한 경우 당해 상품매입액의 귀속시기의 적정성에 대하여 검토한다. 왜냐하면 당해 사업연도에 귀속되어야 할 매입을 매입계상하지 아니한 경우 당해 사업연도의 매출원가가 과소계상되어 결과적으로 당기순이익을 과대계상하게 되기 때문이다.

(3) 타계정대체 내역 검토

타계정대체액에 계상된 비용을 추출 · 집계하고 그 회계처리의 타당성을 검토하여야 한다.

제3절 세무회계상 유의할 사항

판매한 상품 또는 제품의 경우 판매금액은 영업수입금액으로서 익금을 구성하고, 판매한 상품의 원가와 판매한 제품에 대한 제조원가는 매출원가로서 손금을 구성한다.

매출원가의 계상 및 제품에 대한 제조원가의 계산방법에 대하여 법인세법에서는 자기가 제조한 제품에 대한 취득원가는 그 제조 또는 생산원가로 한다고만 규정하고 있을 뿐 그 외 특별한 규정을 두고 있지 아니하므로 법인에게 귀속되는 모든 비용은 일반적으로 공정·타당하다고 인정되는 일반기업회계기준에 준거하여 판매비와관리비, 제조원가, 자산취득가액(자산매입부대비 포함) 등으로 명확히 구분경리하여 계산하고 이를 계속적으로 적용하면 세무회계에서도 이를 인정한다. 예를 들면, 원료의 매입에 부대하여 부담하는 공과금은 당해 원료의 매입부대비로 계상하고, 종업원을 수익자로 하는 퇴직보험료 등과 퇴직급여충당금은 당해 종업원의 근무내용에 따라 판매비와관리비 및 제조원가로 안분계상하여야 한다(법기통 4-0…3).

다만, 유의할 점은 제조원가에 속하는 개별적인 비용이 세법상 시부인되는 경우에는 동 시부인 금액 중 기말재고자산에 배부되는 금액을 계산하여 재고자산가액에서 조정하는 것이 타당할 것으로 보이나 실무상 손금산입 또는 손금불산입으로 조정되는 제조원가 중 재고자산에 배부되는 금액이 중요하지 아니한 경우에는 기말재고자산에 미치는 영향을 고려하지 않고 있다.

Chapter

03

판매비와관리비

1. 판매비와관리비의 일반사항

(1) 개념 및 범위

판매비와관리비는 제품, 상품, 용역 등의 판매활동과 기업의 관리·유지활동에서 발생하는 비용으로서 급여(임원급여, 급료, 임금 및 제수당을 포함한다), 퇴직급여, 해고급여, 복리후생비, 임차료, 접대비, 감가상각비, 무형자산상각비, 세금과공과, 광고선전비, 연구비, 경상개발비, 대손상각비 등 매출원가에 속하지 아니하는 모든 영업비용을 포함한다(일반기준 2장 문단 2.49, 부록 실2.47).

기업의 경영활동을 크게 나누어 보면 제조·판매·관리의 세 가지로 나눌 수 있다. 「제조원가」란 제품의 생산과 관련하여 발생하는 원가를 말하며, 「판매비」란 제품의 판매와 관련하여 발생한 비용을 말한다. 한편, 「관리비」란 사업 전체의 관리 즉, 인사·재무·회계·조사·기획·서무 등 업무관리에 필요한 비용을 말한다.

판매활동에서 발생한 비용과 관리활동에서 발생한 비용을 상기의 정의와 같이 구분하여 나타낼 수 있으나, 통상적으로 판매업무와 관리업무가 같은 장소에서 일어나는 경우가 많고 이를 구분하기 어렵기 때문에 일괄하여 표시한다. 그렇지만 「판매비」는 판매량의 증감에 정비례하여 증감하는 변동비의 성질을 갖는 데 비하여, 「관리비」는 대체로 판매량의 증감과는 관계가 없는 고정비가 많으므로 경영관리상의 자료를 얻기 위해서는 가능한 한 양 비용을 분류하여 처리할 필요가 있다. 그러므로 「판매비」와 「관리비」는 대기업일수록 분류하여 처리하는 경향이 있고, 중소기업일수록 이를 일괄하여 표시하는 경향이 있다.

판매비와관리비를 상기의 정의에 따라 구분하면 다음과 같다.

판매비에는 접대비·광고선전비·보관료·견본비·포장비·연구비·경상개발비·운반비·판매수수료·대손상각비·무형자산상각비·잡비 등이 포함되며, 관리비에는 급여·퇴직급여·복리후생비·여비교통비·통신비·수도광열비·세금과공과·임차료·감가상각비·수선비·보험료·잡비 등이 속한다.

(2) 판매비와관리비의 기재방법

앞에서 설명하였듯이 「판매비」와 「관리비」는 그 성질을 달리하는 비용이지만, 예를 들어 감가상각비 · 보험료 · 임차료 및 세금과공과 등의 비용은 「판매비」와 「관리비」 양자에 공통적으로 발생하므로 이를 구분하기가 어렵다.

이와 같이 「판매비」와 「관리비」의 양자를 구별한다고 하는 것은 그리 쉬운 일이 아니므로 손익계산서상에서는 양자를 결합하여 「판매비와관리비」로 표시하는 것이다.

한편, 판매비와관리비는 손익계산서에 당해 비용을 표시하는 적절한 항목으로 구분하여 표시하거나 일괄표시할 수 있으며, 만약 일괄표시하는 경우에는 적절한 항목으로 구분하여 이를 주석으로 기재하여야 한다(일반기준 2장 문단 2.50).

2. 급 여

일반기업회계기준에서는 임원급여, 급료, 임금 및 제수당을 '급여'라는 계정과목으로 통합하여 손익계산서에 계상하도록 규정하고 있으나, 세무목적 및 내부관리의 목적을 위해서는 이를 임원급여, 급료와 임금, 제수당 등으로 구분하여 관리하는 것이 필요할 것이다.

따라서 이하에서는 급여를 임원급여, 급료와 임금, 제수당으로 구분하여 설명하도록 하겠다.

(1) 임원급여

1) 개념 및 범위

임원급여란 임원보수규정에 따라 임원에게 지급되는 급여이다. 따라서 임원급여는 기업의 위임관계에 따라서 그 근무 및 용역의 대가로 지급하는 급여 중 상여금과 퇴직금 이외의 것으로 월급, 월봉, 연봉, 제수당, 현물급여, 경제적 이익의 공여 등이 모두 포함된다.

임원이란 상법에 의하면 주주총회에서 선임된 이사나 감사를 뜻하나 세법에서 말하는 임원이란 그 임원이 등기가 되어 있는지의 여부에 관계없이 다음에서 규정하는 직무에 종사하는 자를 말하는 것으로 상법에 의한 임원보다 좀더 포괄적으로 규정하였다(법령 40조 1항).

① 법인의 회장, 사장, 부사장, 이사장, 대표이사, 전무이사, 상무이사 등 이사회의 구성원 전원과 청산인
② 합명회사, 합자회사 및 유한회사의 업무집행사원 또는 이사
③ 유한책임회사의 업무집행자
④ 감 사

⑤ 기타 '① 내지 ④'에 준하는 직무에 종사하는 자

위의 ①, ②, ③, ④에서 규정하는 임원은 상법상 등기사항이며, ⑤의 「'① 내지 ④'에 준하는 직무에 종사하는 자」라 함은 등기나 정관에 기재된 임원은 아니나 사실상 경영에 참여하여 경영전반의 의사결정과 집행에 적극적으로 참여하거나 회계와 업무에 관한 감독권을 행사하는 자를 의미한다. 즉, 주주총회의 결의가 아닌 이사회의 결의로서 선임되고 법인등기부등본상에 이사로서 등기되지 않은 이사대우의 직위를 지닌 자가 이와 같은 업무에 종사하는 경우에는 임원에 해당하며, 이사회의 구성원이 아니더라도 이러한 직무에 종사하면 임원에 해당한다.

합명회사의 경우 임원은 업무집행사원에 한정되므로 이러한 직무권한이 없는 사원은 임원의 범위에 포함되지 않는다.

임원은 출자 여부에 따라 출자임원과 비출자임원으로 구분되며, 근무 여부에 따라 상근임원과 비상근임원으로 구분된다.

위에서 설명한 것과 달리 일반기업회계기준상 임원이란 일반기업회계기준에 따로 정의한 바는 없으나 상법, 기타 법인의 설립을 규정한 각 법령에 의하여 임원으로 규정된 자 및 법인의 정관·세법 등에서 임원으로 정하여진 자를 모두 포함하는 것으로 보여진다.

2) 기업회계상 회계처리

임원에 대한 보수액은 임원 전원에 대한 총액 또는 그 최고 한도액을 결정하면 되는 것이며 각 임원에 대한 배분은 이사회에 일임하여도 상관 없다. 또한 주주총회의 결의는 한 번 이것을 결정하면 되고, 결의된 지급한도액의 범위 내에서 임원보수가 지급되는 한 매기 이것을 개정할 필요는 없다.

일반적으로 임원보수는 정관 또는 주주총회에서 임원 전체의 연액 또는 월액을 정하고 이사회에서 대표이사, 전무, 상무, 감사 등의 각 개인별 월액을 결정하는 방법을 취하고 있다.

사례 (주)삼일은 임원에 대한 급료 ₩50,000,000을 지급하면서 ₩7,000,000을 원천징수하였다.

(차) 급 여	50,000,000	(대)	현금 및 현금성자산	43,000,000
			소 득 세 예 수 금	7,000,000

3) 세무회계상 유의할 사항

임원과 법인과의 관계는 민법상의 위임관계인 것이며, 고용관계에 있는 것이 아니므로 현행 세법에서는 종업원에게 지급하는 급여의 경우와는 본질적으로 달리 취급하고 있다. 따라서 과세소득의 적정계산을 목적으로 하고 있는 세법에서는 무제한으로 임원의 급여를 용인하게 되면 기업이 「임원보수」라는 명목으로 손금을 과대계상함으로써 조세회피를 기도할 우려가 있기 때문에 그 적정금액만을 손금에 산입하도록 규제하고 있다. 이와 같이 세법상 과대한 임원보수는 손금에 산입하지 아니하도록 되어 있으며, 과대한 것인가 아닌가에 대한 판단은 임원 개인별 지급액이 과대하다고 인정되는 부분도 있지만, 정관 또는 주주총회의 결의에 의한 지급한도액을 초과하는 부분의 금액이 있는가 없는가에 따라 결정하는 것이 보통이다.

즉, 상법 제388조에서 임원의 보수지급에 대하여는 정관에 그 한도액을 정하지 아니한 때에는 주주총회의 결의로 정하도록 되어 있으므로 임원에 대한 보수 중 정관이나 주주총회의 결의에 의하여 정하여진 한도액을 초과하는 것은 손금으로 인정되지 아니한다.

이외에 임원의 급여 및 보수와 관련하여 유의할 사항은 다음과 같다.

① 법인이 임원에게 지급한 보수액이 그 임원이 수행하는 직무내용으로 보아 그 대가로서는 부당하게 고액이라고 인정되는 경우에는 그 부당하다고 인정되는 금액은 손금산입되지 아니한다. 임원에 대한 보수가 적정한지를 판단하는 기준은 다음과 같은 경우를 들 수 있다.

㉠ 임원이 수행하고 있는 직무의 내용에 비추어 타당한 금액인지의 여부

㉡ 동종의 사업을 영위하는 기업으로 사업의 규모가 유사한 기업의 임원에 대한 지급상황

㉢ 같은 회사의 직원에 대한 급여의 지급상황

㉣ 회사의 경영성과, 규모 등에 비추어 현저히 고액에 상당하는 금액인지 여부

② 비상근임원에게 지급하는 보수는 부당행위계산 부인의 규정에 해당하지 않는 한 손금산입된다(법령 43조 4항).

여기서 부당행위계산 부인에 해당한다는 것은 비상근임원에게 급여를 지급하는 것이 법인의 규모·영업내용·비상근임원의 업무내용 등으로 미루어 법인의 소득에 대한 조세를 부당히 감소시킨 것으로 인정되는 경우를 말한다(법인 22601-1380, 1985. 5. 8.).

③ 출자임원에게 지급한 보수이더라도 이것은 근로의 대가로서 지급하는 것이므로 당연히 손금에 산입되어야 하나, 합명회사나 합자회사의 노무출자사원의 근로제공은 그 자체가 출자이므로 근로의 대가로서 지급되는 보수가 아니며 이익의 처분으로 의제되어 손금불산입된다(법령 43조 1항).

그러나 합명회사나 합자회사의 신용출자사원이 노무의 대가로 지급받은 보수 또는 현금출자사원이 대표직을 수임하여 직무를 수행하고 지급받는 보수는 손금으로 인정된다. 만일 신용과 노무를 각각 출자하고 있는 사원이 있는 경우에는 그 사원의 업무성질에 의한 보수의 내용에 의해 손금산입 여부를 결정하여야 한다(법인 22601-2407, 1987. 9. 7.).

④ 한 임원이 두 회사의 임원직을 겸직하는 경우에는 회사별로 동 임원에 대한 보수의 손금산입에 있어 안분문제가 발생한다. 이 경우 동 임원에 대한 급여·수당·주택임차료 등은 회사별로 체결한 고용계약에 의하고, 차량유지비·비서 및 운전기사비용·해외출장비·접대비 등은 업무수행사실에 따라 회사별로 계산하여야 하며, 업무수행사실이 어느 회사를 위한 것인지가 불분명한 경우에는 수입금액 등에 따라 안분하는 방법 등 합리적인 방법으로 계속 적용하여야 한다(법인 1264.21-3747, 1984. 11. 20.).

⑤ 법인이 지배주주 등(발행주식총수 또는 출자총액의 1% 이상의 주식 또는 출자지분을 소유한 주주 등으로서 그와 특수관계가 있는 자와의 소유주식 또는 출자지분의 합계가 해당 법인의 주주 등 중 가장 많은 경우의 해당 주주 등을 말하며, 이하에서는 특수관계자를 포함함)인 임원 또는 직원에게 정당한 사유없이 동일 직위에 있는 지배주주 등 외의 임원 또는 직원에게 지급하는 금액을 초과하여 보수를 지급한 경우 그 초과금액은 손금불산입된다(법령 43조 3항).

⑥ 내국법인이 100% 직·간접 출자한 해외현지법인에 파견된 임원에게 지급한 인건비로서 소득세법 제127조 제1항에 따라 근로소득세가 원천징수된 인건비(내국법인이 지급한 인건비가 해당 내국법인 및 해외현지법인이 지급한 인건비 합계액의 50% 미만인 경우로 한정)의 경우도 손금산입된다(법령 19조 3호).

⑦ 임원 또는 직원의 출산 또는 양육 지원을 위해 해당 임원 또는 직원에게 공통적으로 적용되는 지급기준에 따라 지급하는 금액은 손금산입된다(법령 19조 3호의 2).

참고로 급여 및 보수에 대한 법인세법상의 취급을 요약하면 다음 표와 같다.

구 분	수 령 자	세법상 규정
급여 및 보수	노무출자사원	손금불산입
	신용출자사원	손금산입
	상근임원	손금산입
	비상근임원	원칙적으로 손금에 산입하나 부당행위계산 부인의 대상이 되는 부분은 손금불산입
	지배주주인 임원·직원	원칙적으로 손금에 산입하나 동일 직위의 다른 자보다 초과 지급된 금액은 손금불산입
	직원	손금산입

(2) 급료와 임금

1) 개념 및 범위

급료와 임금은 판매와 관리업무에 종사하는 직원이나 종업원에 대한 급료, 임금, 잡급 등을 말한다. 따라서 제조활동을 수행하는 직원이나 종업원이 받는 급료와 임금은 판매비와관리비에 포함해서는 안되고 제조원가 중 노무비계정으로 분류하여야 한다.

급료와 임금에 대한 용어는 서로 혼동하여 쓰기도 하는 데 이를 구분해 보면, 급료란 두뇌적 · 정신적 노동의 대가로 지급하는 급여로서 통상 관리직에 대한 급여를 의미하며, 임금이란 육체적인 노동의 대가로 지급하는 보수로서 통상 현장작업자에 대한 급여를 의미한다.

2) 기업회계상 회계처리

일반기업회계기준에서는 종업원이 근무용역을 제공한 때 근무용역에 대한 대가로 경제적 효익이 사용 또는 유출됨으로써 자산이 감소하거나 부채가 증가하고 그 금액을 신뢰성 있게 측정할 수 있다면, 종업원급여를 다음과 같이 인식하도록 하고 있으며, 연차유급휴가와 관련하여서는 종업원이 미래의 연차유급휴가에 대한 권리를 발생시키는 근무용역을 제공하는 회계기간에 연차유급휴가와 관련된 비용과 부채를 인식하도록 하고 있다(일반기준 21장 문단 21.5, 21.5의 2).

① 이미 지급한 금액을 차감한 후 부채(미지급비용)로 인식한다. 이미 지급한 금액이 해당 급여의 금액보다 많은 경우에는 그 초과액 때문에 미래 지급액이 감소하거나 현금이 환급되는 만큼을 자산(선급비용)으로 인식한다.

② 다른 일반기업회계기준(예 : 일반기업회계기준 제7장 '재고자산', 제10장 '유형자산')에 따라 해당 급여를 자산의 원가에 포함하는 경우를 제외하고는 비용으로 인식한다.

이어서 위와 같은 일반기업회계기준상 종업원급여 회계처리의 원칙하에 급료 및 임금의 실무적 회계처리방법은 다음과 같다.

급료는 그 발생액을 정확하게 그 발생기간에 부담시킴으로써 당해 기간에 실현된 수익에 대응시켜야 한다. 따라서 결산기가 월말이고 급료임금의 계산기간이 가령 20일 마감인 경우에는 결산에 있어서 20일부터 말일까지의 미지급급료를 부채로 계상해야 한다. 그러므로 급료 · 임금에 대해서는 그 계산기간과의 관계에 따라, 기말결산시에는 미지급급료 또는 선급급료 등의 기말정리가 필요하게 된다.

그러나 통상적으로 급료 지급시 한달분에 대한 것을 미리 준다는 개념으로 지급하므로 20일에 지급하더라도 나머지 10일분에 대하여 일을 할 것이라는 가정 하에 미리 준 것으로 보고 지급시에 선급급료로 분개를 하게 되면 월말시점에서 선급한 분에 대하여 역분개해야 하므로 번거롭게 된다. 따라서 회사에서 통상 매월 계속적으로 같은 날짜에 급료와 임금을 지급한다면 기업이 영속적으로 존재한다는 가정 하에서는 그 차이가 크지 않을 것이므로 지급시 바로 급료 전액을 비용으로 처리하는 것이 더 합리적이라 생각된다. 다만, 앞에서 설명한 것과는 달리 회사에서 한달분 월급 중 기간이 지나지 않은 부분에 대하여 미리 지급한 것으로 보지 않고 월급의 지급이 실제 근무한 일수에 대하여 지급한 것으로 보면, 이 때는 회사가 지급하지 않은 부분에 대하여 미지급급여라는 부채계정이 발생할 수 있다. 그러나 통상 기업은 일용근로자 외에는 일수계산을 하여 급료를 지급하지 않고 한달 단위로 계산하므로 이는 앞에서 설명한 전자에 속하므로 추가로 분개할 필요가 없다. 다만, 일용근로자와 같이 일자별로 급여를 계상하여 지급할 때에는 급여지급일이 월내이고 동 근로자가 월말까지 계속 근무하였을 때에는 회계기간연도 종료일 시점에서 정확한 기간계산을 위해 당해 연말에 추가로 지급할 임금을 미지급임금으로 계상해야 한다.

사례 1 (주)삼일은 당월분 급료로 ₩150,000,000을 지급함에 있어서 근로소득세 등의 원천징수분 ₩20,000,000을 제외한 금액을 지급하였다.

(차) 급 여	150,000,000	(대) 현금 및 현금성자산	130,000,000
		소 득 세 예 수 금	20,000,000

사례 2 (주)삼일은 기말결산에 있어서 일용근로자에 대한 급여 미지급(16일부터 월말까지)분에 대한 미지급급여 ₩25,000,000을 계상하였다.

(차) 급 여	25,000,000	(대) 미 지 급 급 여	25,000,000

사례 3 (주)삼일은 다음 회계연도에 상기 미지급급여 ₩25,000,000을 급여로 대체처리 하였다.

(차) 미 지 급 급 여	25,000,000	(대) 급 여	25,000,000

3) 세무회계상 유의할 사항

급료와 임금은 판매와 관리업무에 종사하는 직원이나 종업원에 대한 급료, 임금, 잡급 등으로 이익처분에 의하지 않는 한 전액 손금인정된다(법령 43조 1항).

여기서 세법상 직원이란 법인과의 근로계약에 의하여 근로를 제공하고 그 대가를 받는 종업원으로서 임원이 아닌 자를 말한다. 임원의 범위에 대하여는 상기 "(1) 임원급여"를 참조하기 바란다.

급료와 임금에는 근로의 대가로 지급되는 모든 것을 포함하며, 내국법인이 100% 직·간접 출자한 해외현지법인에 파견된 직원에게 지급한 인건비로서 소득세법 제127조 제1항에 따라 근로소득세가 원천징수된 인건비(내국법인이 지급한 인건비가 해당 내국법인 및 해외현지법인이 지급한 인건비 합계액의 50% 미만인 경우로 한정)와 임원 또는 직원의 출산 또는 양육 지원을 위해 해당 임원 또는 직원에게 공통적으로 적용되는 지급기준에 따라 지급하는 금액을 포함한다.

참고로, 소득세법은 다음의 소득을 근로소득으로 열거하고 있다(소법 20조 및 소령 38조).

① 기밀비(판공비 · 교제비 기타 이와 유사한 명목으로 받는 것으로서 업무를 위하여 사용된 것이 분명하지 아니한 급여)

② 종업원에게 지급하는 공로금 · 위로금 · 개업축하금 · 학자금 · 장학금(종업원의 수학중인 자녀가 받는 학자금 · 장학금을 포함함) 기타 이와 유사한 성질의 급여

③ 근로수당 · 가족수당 · 전시수당 · 물가수당 · 출납수당 · 직무수당 기타 이와 유사한 성질의 급여

④ 보험회사, 자본시장과 금융투자업에 관한 법률에 따른 투자매매업자 또는 투자중개업자 등의 종업원이 받는 집금수당과 보험가입자의 모집, 증권매매의 권유 또는 저축을 권장하여 받는 대가, 그 밖에 이와 유사한 성질의 급여

⑤ 급식수당 · 주택수당 · 피복수당 기타 이와 유사한 성질의 급여

⑥ 주택을 제공받음으로써 얻는 이익

⑦ 종업원이 주택(주택에 부수된 토지를 포함함)의 구입 · 임차에 소요되는 자금을 저리 또는 무상으로 대여받음으로써 얻는 이익

⑧ 기술수당 · 보건수당 · 연구수당 그 밖에 이와 유사한 성질의 급여

⑨ 시간외 근무수당 · 통근수당 · 개근수당 · 특별공로금 기타 이와 유사한 성질의 급여

⑩ 여비의 명목으로 지급되는 연액 또는 월액의 급여

⑪ 벽지수당 · 해외근무수당 기타 이와 유사한 성질의 급여

⑫ 종업원이 계약자이거나 종업원 또는 그 배우자 및 그 밖의 가족을 수익자로 하는 보험, 신탁 또는 공제와 관련하여 보험료 등을 사용자가 부담하는 것

⑬ 법인세법 시행령 제44조 제4항에 따라 손금에 산입되지 아니하고 지급받는 퇴직급여

⑭ 휴가비 기타 이와 유사한 성질의 급여

⑮ 계약기간 만료 전 또는 만기에 종업원에게 귀속되는 단체환급부보장성보험의 환급금

⑯ 법인의 임원 또는 종업원이 해당 법인 또는 해당 법인과 법인세법 시행령 제2조 제5항에 따른 특수관계에 있는 법인으로부터 부여받은 주식매수선택권을 해당 법인 등에서 근무하는 기간 중 행사함으로써 얻은 이익(주식매수선택권 행사 당시의 시가와 실제 매수가액과의 차액을 말하며, 주식에는 신주인수권을 포함함)

⑰ 공무원 수당 등에 관한 규정, 지방공무원 수당 등에 관한 규정, 검사의 보수에 관한 법률 시행령, 대법원규칙, 헌법재판소규칙 등에 따라 공무원에게 지급되는 직급보조비

⑱ 종업원등 또는 대학의 교직원이 당해 법인 등에서 근무하는 기간 중 지급받는 직무발명보상금

⑲ 공무원이 국가 또는 지방자치단체로부터 공무 수행과 관련하여 받는 상금과 부상

한편, 국세청의 유권해석에 의하면 급여지급기준상 월급여의 계산대상 기간이 전월 16일

부터 당월 15일까지인 12월 결산법인이 12월 16일부터 1월 15일까지의 급여를 1월 15일에 지급한 경우 근로제공일이 속하는 각각의 연도에 귀속되는 근로소득으로 보아 연말정산하며, 당해 급여의 법인세법상 손금의 귀속시기는 당해 법인이 계속적으로 적용하고 있는 회계관행에 따라 손금으로 계상하도록 하고 있다(법인 46012-236, 1994. 1. 24.).

(3) 제수당

1) 개념과 범위

제수당이란 판매와 관리사무에 종사하는 종업원에 대한 상여와 각종 수당을 말한다. 그러나 보통 상여금만 제수당계정에 기입하고 각종 수당은 급여와 함께 지급하므로 통상 급료와 임금에 포함하여 기입한다.

상여란 봉급적 성질 이외에 노동의 대가로서 법인의 실적과 직원의 공로 등의 사유에 의하여 부정기적으로 또는 임시적으로 지급되는 급여이다. 그러나 상여는 근로의 제공에 대한 대가성은 있으나 근로제공자의 근로제공 정도에 따라 당연히 상여청구권이 발생하는 것은 아니며 주주총회결의 등 법인의 지급결정이 있어야만 권리가 비로소 발생한다는 점에서 봉급적 성질의 급료 및 임금과는 본질적인 차이가 있다.

이와 같이 상여는 결산의 결과 잉여금이 있는 경우 기업의 실적에 비추어 잉여금처분으로 부정기 또는 일시적으로 지급되는 것이다. 따라서 그 본래의 성질에 따른다면 상여는 잉여금처분으로서 제수당에 포함될 수 없으나 실제에 있어서는 주주총회의 결의와는 관계없이 상여의 본질에서 벗어나 근로의 대가인 급여에 추가하는 형식으로 지급하고 있으며, 종업원 각 개인에 대한 상여액을 각자의 인사고과의 평정 등의 요인이 아닌 회사에서 미리 정한 급료지급규정, 상여지급규정 등에 따라 상여금의 지급계산기간, 지급시기 등을 결정하는 일반적인 관례이므로 급료에 대한 추가지급적인 성격이 강하다고 할 수 있다.

이와 같은 상여금의 성격으로 미루어 보아 상여금은 급료와 임금의 일종으로 일반기업회계기준상 제수당계정에 포함하여 판매비와관리비로 분류하며 지급시에 일시적인 비용으로 처리할 것이 아니라, 지급계산기일에 따라 상여금을 인식함으로써 기간손익을 적정하게 조정할 필요가 있다. 그러나 실무적으로 이와 같이 처리하는 것이 번거롭고 불편하므로 지급시점에서 바로 비용화하고 있다.

2) 기업회계상 회계처리

제수당은 급료 및 임금과 마찬가지로 전액 손금이 인정되는 비용으로서 상여금 지급시에 차변에 제수당으로 기재하고, 대변에 현금 및 현금성자산으로 기입하게 된다. 일반기업회계기준상 제수당은 판매비와관리비로 분류된다.

사례 (주)삼일은 종업원에게 상여금으로 ₩100,000,000 중 ₩15,000,000의 원천징수금액을 제외하고 지급하였다.

(차) 급 여(제 수 당)	100,000,000	(대) 현금 및 현금성자산	85,000,000
		소 득 세 예 수 금	15,000,000

3) 세무회계상 유의할 사항

① 직원의 상여금

상여금이란 월정급여 이외의 것으로서 부정기적인 급여를 말하며, 직원에게 지급하는 상여금은 이익처분에 의한 것을 제외하고는 전액 손금에 산입된다.

② 임원의 상여금

법인이 임원에게 지급하는 상여금 중 정관 · 주주총회 · 사원총회 또는 이사회의 결의에 의하여 결정된 급여지급기준에 의하여 지급하는 금액을 초과하여 지급한 경우 그 초과금액은 이를 손금에 산입하지 않는다(법령 43조 2항). 즉, 법인이 임원에게 상여금을 지급함에 있어서 정관 · 주주총회 · 사원총회 또는 이사회의 결의에 의하여 결정된 지급기준이 없이 지급한 금액이나 지급기준을 초과하여 지급한 금액은 법인의 손금으로 인정되지 않는다(서이 46012-10090, 2001. 9. 3.).

3. 퇴직급여

(1) 개 요

퇴직금이란 회사가 근로자의 계속적인 고용의 종료, 즉 퇴직을 사유로 하여 퇴직하는 자에게 지급하는 급부를 말하는 것으로, 퇴직시에 일괄하여 지급하는 방식과 퇴직 후의 일정기간 동안 연금으로 지급하는 방법이 있다.

퇴직금은 근로자의 계속적인 근로에 따른 대가이기 때문에 여러 회계기간 동안 누적적으로 발생하게 된다. 이와 같이 계속적으로 발생한 퇴직금을 실제 지급시점에서 일시적인 비용으로 인식하는 것은 발생주의라는 기본적 회계원칙을 위배하고 기간손익을 왜곡하는 결과를 초래한다. 따라서 실제의 퇴직금지급은 비록 장래에 이루어지나 근로자의 근로제공기간 동안 비용으로 인식하는 것이 발생주의에도 부합하고 기간손익을 왜곡하지 않게 된다.

따라서 회사는 근로자의 장래의 퇴직에 대비하여 퇴직급여충당부채를 설정하거나 금융기관에 퇴직연금을 납부하게 되는데 이 경우에 인식하는 것이 일반기업회계기준상 퇴직급여이다. 일반기업회계기준상 퇴직급여가 인식되는 경우는 다음과 같다.

① 퇴직금제도 및 확정급여형퇴직연금제도 하에서 퇴직급여충당부채를 설정하는 경우
② 확정급여형퇴직연금제도 하에서 퇴직연금미지급금이 계상(퇴직급여충당부채와 퇴직연금미지급금의 차액)되거나 그 금액이 변동되는 경우
③ 확정기여형퇴직연금제도 하에서 기여금을 납부하는 경우
④ 기 설정된 퇴직급여충당부채 등을 초과하여 퇴직금을 지급하는 경우

(2) 기업회계상 회계처리

1) 당기 퇴직급여의 계산

① 퇴직금제도 · 확정급여형퇴직연금제도의 경우

가. 퇴직급여충당부채를 설정하는 경우

퇴직금제도 또는 확정급여형퇴직연금제도 하에서 퇴직급여충당부채를 설정하는 경우에 당기비용으로 계상될 퇴직급여는 다음과 같이 계산한다.

> 퇴직급여=당기 말 현재 퇴직금 추계액(또는 퇴직일시금에 상당하는 금액)
> (−) 전기 말 현재 퇴직금 추계액(또는 퇴직일시금에 상당하는 금액)
> (+) 당기 중 실제 퇴직금 지급액(또는 퇴직연금미지급금 대체액)

나. 퇴직연금미지급금을 계상하는 경우

확정급여형퇴직연금제도를 설정한 경우, 근로자가 퇴직하면서 퇴직일시금을 수령하는 경우에는 퇴직급여충당부채를 차기하여 상계처리하면 되나, 근로자가 퇴직연금에 대한 수급요건 중 가입기간 요건을 갖추고 퇴사하였으며 퇴직연금의 수령을 선택한 경우에는 보고기간말 이후 퇴직 종업원에게 지급하여야 할 예상퇴직연금합계액의 현재가치를 측정하여 '퇴직연금미지급금'으로 계상하여야 한다. 즉, 퇴직급여충당부채를 차기하고 퇴직연금미지급금으로 계정대체하여야 한다.

이 경우 예상퇴직연금합계액을 퇴직 후 사망률과 같은 보험수리적 가정을 사용하여 추정하고, 그 현재가치를 계산할 때에는 보고기간말 현재 우량회사채의 시장이자율에 기초하여 할인한다. 다만, 그러한 회사채에 대해 거래층이 두터운 시장이 없는 경우에는 보고기간말 현재 국공채의 시장이자율을 사용한다. 한편, 사망률과 같은 보험수리적 가정이 바뀌거나 할인율이 바뀜에 따라 발생하는 퇴직연금미지급금 증감액과 시간의 경과에 따른 현재가치 증가액은 퇴직급여(비용)로 회계처리한다(일반기준 21장 문단 21.10).

(차) 퇴 직 급 여	×××	(대) 퇴직연금미지급금	×××

② 확정기여형퇴직연금제도의 경우

확정기여형퇴직연금제도를 설정한 경우에는 당해 회계기간에 대하여 회사가 납부하여야 할 부담금(기여금)을 퇴직급여로 인식하고, 퇴직연금운용자산, 퇴직급여충당부채 및 퇴직연금미지급금은 인식하지 아니한다(일반기준 21장 문단 21.6). 즉, 퇴직급여지급과 관련된 자산과 부채를 인식하지 아니하고, 각 회계기간에 납부하여야 하는 부담금만큼을 다음과 같이 퇴직급여로 인식한다.

(차) 퇴 직 급 여	×××	(대) 현금 및 현금성자산	×××

2) 퇴직급여의 인식

퇴직급여충당부채 등을 설정함에 있어서 당해연도 귀속분은 퇴직급여로 계상하고 과거연도 귀속분은 일반기업회계기준 제5장 문단 5.19 내지 5.20에서 규정하는 오류수정의 회계처리에 따라 처리하여야 한다. 즉, 과거연도 귀속분은 당기 손익계산서의 영업외손익 중 전기오류수정손익으로 보고하거나, 중대한 오류에 해당하는 때에는 자산, 부채 및 자본의 기초금액에 반영하고 관련 계정잔액을 수정하여야 하며 비교재무제표를 작성하는 경우에는 중대한 오류의 영향을 받는 회계기간의 재무제표를 수정하여야 한다. 그러나 급여규정의 개정과 급여의 인상으로 퇴직금소요액이 증가되었을 경우에는 당기분과 전기 이전분을 일괄하여 퇴직급여로 계상한다(일반기준 21장 문단 21.9).

3) 퇴직급여의 구분

회사의 임원이나 종업원의 급여는 그 대상자의 일의 성격에 따라 제조원가 또는 판매비와관리비로 구분된다. 퇴직급여도 이와 마찬가지로 제조원가 또는 판매비와관리비로 구분되어야 한다. 실제적으로 퇴직급여를 제조원가 또는 판매비와관리비로 구분할 때, 퇴직급여 총액을 먼저 계산하고 일정한 기준(예를 들면, 제조원가 또는 판매비와관리비상의 인건비 비율)으로 안분하는 방법을 사용할 수도 있겠으나 퇴직금추계액 자체를 제조원가 부분과 판매비와관리비 부분으로 나누어 각 부분에 해당될 퇴직급여를 계산해 내는 것이 바람직하다고 본다.

4) 결산시 유의할 사항

① 퇴직급여 계산의 정확성

앞서 살펴본 바에 따라 퇴직급여가 계산되었는지 유의한다.

② 퇴직급여 인식 · 구분의 적정성

당기 퇴직급여로 계상될 부분과 전기오류수정손익으로 계상되어야 할 부분이 적정하게 계정분류되었는지 검토한다. 또한 그 성격에 따라 제조경비 · 판매비와관리비 · 무형자산 · 건설중인자산 등으로 구분되었는지 검토한다.

③ 보험수리적 가정 또는 할인율의 변동 여부

퇴직연금미지급금이 계상된 경우 이전 회계연도의 사망률과 같은 보험수리적 가정이 변경되었는지 또는 할인율이 변경되었는지를 검토한다.

이 밖에 퇴직급여에 관련된 일반기업회계기준상의 회계처리에 관한 자세한 사항은 '퇴직급여충당부채' 계정을 참고하기 바란다.

(3) 세무회계상 유의사항

퇴직급여와 관련된 세무상 유의할 사항은 '퇴직급여충당부채' 계정을 참고하기 바란다.

4. 복리후생비

(1) 개념 및 범위

복리후생비란 직원에게 직접 지급되는 급여, 상여, 퇴직금과는 달리 직원에게 직접 지급되지 아니하고 근로환경의 개선 및 근로의욕의 향상 등을 위하여 지출하는 노무비적인 성격을 갖는 비용으로서 다음과 같이 형태별로 구분할 수 있다.

① 법정복리비 : 국민건강보험법, 고용보험법 등 법률에 의하여 사업주가 부담하는 건강보험료 · 고용보험료 등으로 판매와 관리사무에 종사하는 종업원에 대한 것을 말한다.
② 복리시설비 : 학교나 병원 등의 복리시설을 독자적으로 운영함에 있어서 사업주가 부담하는 시설구입비 및 그 유지 · 관리비 등으로 판매부와 관리부의 부담액을 가리킨다.
③ 후생비 : 직원에 대한 의료 · 위생 · 보건 · 위안 · 수양 등에 지출하는 의료보험료 · 직장체육비 및 직장연예비 등으로 판매부와 관리부의 부담액을 말한다.
④ 국민연금부담금 : 국민연금법에 의하여 사업주가 부담하는 직원의 국민연금 각출액 등으로 판매부와 관리부의 부담액을 말한다.
⑤ 기타 이에 준하는 성격의 비용으로서 판매부와 관리부의 부담액을 말한다.

위에서 보듯 판매비와관리비에 속하는 복리후생비는 판매부서와 관리부서의 종업원에 대한 복리후생비만을 말하며, 제조활동과 관련된 종업원에 대한 복리후생비는 제조원가계정에서 경비로 분류된다.

오늘날 기업이 복리후생비에 많은 지출을 하는 이유는 종업원으로 하여금 편안하게 근무할 수 있도록 하기 위해서이다. 이것은 바로 종업원의 처우개선에 관한 문제와 직결되는 것인데, 직장의 제반 환경을 보다 훌륭하게 보존시키고 일상업무를 기분좋은 상태에서 처리해 나가도록 조치하는 것은 기업경영상 중요한 문제에 속한다. 이와 같은 문제는 단지 고임금을 지급한다고 해서 해결되는 것은 아니다. 즉 "인간관계"의 원활한 진전은 직장을 밝게 해 줌과 동시에 노동의욕을 자연적으로 고취시킴으로써 업무의 능률을 향상시킬 수 있다. 이와 같은 목적을 위해서 지출한 비용을 소위 "복리후생비"라고 한다.

과거의 복리후생적 지출이라고 하면 기업이 종업원에게 부여하는 은혜적인 면과 종업원의 정착도를 높이려는 효과측면을 중시하였지만, 오늘날에 와서는 그 성격이 변하여 노무관리 혹은 생산성 향상이라는 면에서 그 의의가 매우 크다. 이처럼 「복리후생비」는 노무의 대가인 급여나 임금의 일종으로서 인건비의 보완적 성격을 띠고 있다고 볼 수 있다.

일반적으로 기업이 지출하는 복리후생의 비용은 종업원의 근로의욕을 자극시키고 향상시킴으로써 기업활동에 활기를 불어넣어 주고 기업의 이익을 증진시키자는 데 그 목적이 있는 것이다. 그러므로 종업원의 노동력의 유지와 회복을 위한 비용 및 종업원의 생활내용을 풍부하게 하기 위한 비용이 복리후생비라 할 수 있을 것이다.

기업경영의 발전에 따라서 복리후생비도 그 범위가 확대되어 오늘날에는 주택, 사내예금, 공제회, 체육관, 종합운동장, 진료소, 정기건강진단, 위안회, 레크레이션, 기업연금 등과 같이 기업에 종사하고 있는 종업원을 비롯하여 그 가족의 모든 생활에까지 광범위하게 영향을 미치고 있다.

(2) 기업회계상 회계처리

종업원의 복리후생을 위하여 지출한 금액 중에서 경비적 지출이라 할지라도 독립된 계정과목이 있을 때에는 당해 독립된 계정과목으로 처리하고, 독립된 계정과목이 없는 경우에 한하여 복리후생비계정으로 처리해야 한다.

즉, 복리시설의 감가상각비, 퇴직금, 수선비, 조세공과, 손해보험료, 수도광열비, 관리인급료 등은 복리후생비에 포함하지 않고 각각의 계정별로 분류하며, 종업원에 대한 레크레이션비용, 회식, 여행, 취미비, 식사대, 경조금, 직장체육비, 직장연예비, 우리사주조합운영비 등은 복리후생비로 처리한다.

직원에 대한 복리후생비를 지급할 때는 다음과 같이 처리한다.

(차) 복 리 후 생 비 ××× (대) 현금 및 현금성자산 ×××

사례 1 (주)삼일은 종업원에 대한 피복비 등의 복리후생비로 ₩500,000을 지출하였다.

(차) 복 리 후 생 비 500,000 (대) 현금 및 현금성자산 500,000

사례 2 (주)삼일은 회사부담분 종업원에 대한 의료보험료 ₩30,000,000 및 종업원의 급료에서 의료보험료로 예수한 금액 ₩30,000,000을 납부하였다.

(차) 복 리 후 생 비	30,000,000	(대) 현금 및 현금성자산	60,000,000
예 수 금	30,000,000		

(3) 세무회계상 유의할 사항

법인세법에서는 법인이 임원이나 직원(파견근로자보호 등에 관한 법률 제2조에 따른 파견근로자를 포함함)을 위하여 지출한 복리후생비로서 직장체육비, 직장회식비, 직장문화비, 우리사주조합의 운영비, 건강보험료와 고용보험료 등을 예시하고 있으나, 이외에도 예시된 항목과 유사한 성격의 비용지출액이라면 복리후생비에 해당된다(법령 45조 1항).

복리후생비가 법인의 손금으로 산입되기 위해서는 법인의 임원이나 직원을 위하여 지출한 것이어야 한다. 따라서 법인의 주주만을 위한 비용이거나 법인 외부의 이해관계자를 위한 비용은 업무무관 지출이 된다.

또한 복리후생비는 그 성격상 임원이나 직원의 복리후생을 위하여 지출되는 비용이며, 언제나 임원이나 직원에 대한 경제적 이익의 공여가 되는 것이므로 기업이 복리후생비로 처리한 비용이라 할지라도 세법상에서는 급여, 기부금 및 기업업무추진비로 취급되거나 혹은 유형자산으로 취급되는 경우가 있다. 따라서 기업이 지출한 복리후생비 중에서 세법상 기부금이나 기업업무추진비로 취급될 금액이 있을 때에는 이를 시부인계산하여 기부금이나 기업업무추진비의 손금산입한도액을 초과한 금액은 손금에 불산입하도록 하고 있다.

법인세법 시행령 제45조에 규정한 복리후생비를 설명하면 다음과 같다.

① 직장체육비

직원을 위하여 지출한 체육비로서 직원의 체육대회경비 및 직원으로 구성된 사내운동부를 조직하고 동 운동부의 유지와 관련하여 지출하는 비용 등을 말한다.

② 직장회식비

직원을 위하여 지출한 회식비로서 직원의 사기진작 등을 위하여 지출되는 비용 등을 말한다.

③ 직장문화비

직원을 위하여 지출한 문화비로서 직원을 위로하기 위하여 연예회, 오락회 등을 개최하는 데 지출되는 비용 등을 말한다.

④ 우리사주조합의 운영비

직원으로 하여금 기업소유자의 일원이라는 자부심을 갖게 하여 근로의욕을 증진시키고 노동생산성의 향상을 기하기 위하여 직원이 자사주식을 소유하게 하는 제도를 종업원지주제도라 하며, 이에 따라 종업원의 주식을 일괄취득하고 관리하는 종업원단체로서 우리사주조합을 결성하여 운영하게 된다. 법인이 이러한 우리사주조합의 운영경비를 부담하고 이를 손비로 처리하면 복리후생비로서 법인의 손금에 산입된다. 그러나 자사주를 우리사주조합이 매입함에 있어 매입수수료(위탁수수료)를 지급한 것은 우리사주조합의 운영비가 아닌 각 조합원이 부담할 비용이다(법인 22601-463, 1986. 2. 11.).

⑤ 사용자로서 부담하는 보험료 및 부담금

법인이 임원 또는 직원을 위하여 국민건강보험법 및 노인장기요양보험법에 따라 사용자로서 부담하는 보험료 및 부담금은 복리후생비로서 법인의 손금에 산입한다.

국민건강보험법에 따라 건강보험료는 직장가입자의 경우 가입자 본인이 50%를 납부하고 사업주가 나머지 50%를 부담하게 되며, 노인장기요양보험법에 따라 장기요양보험료는 건강보험료를 납부할 때 건강보험료의 일정액을 납부하게 되는데, 이때 법인이 사용자로서 부담하는 보험료 및 부담금 상당액이 복리후생비로서 법인의 손금에 산입되는 것이다.

한편, 직원이 부담하여야 할 보험료 50% 상당액을 전액 법인이 부담한 경우에는 손금에는 산입하되, 직원에 대한 급여의 성질로 보아 근로소득세를 원천징수하여야 한다(법기통 19-19…8).

⑥ 직장어린이집의 운영비

영유아보육법에 의하여 설치된 직장어린이집의 운영비 목적으로 법인이 지출하는 비용은 복리후생비로 전액 법인의 손금에 산입된다.

직장어린이집을 설치한 사업주는 시설운영에 필요한 비용을 보조하여야 하며, 이 때 법인이 보조하는 비용 및 보육교사의 인건비 · 급식비 등은 전액 법인의 손금에 산입하게 되는 것이다.

또한 법인이 직장어린이집을 취득하여 운영하는 경우 이는 법인경리의 일부로서 취급되어 당해 시설물은 사업용 자산으로서 시설유지비 및 감가상각비 등이 법인의 손금에 산입되며, 이와 별도로 소비성서비스업과 부동산임대 및 공급업 외의 사업을 경영하는 내국인이 직장어린이집에 투자한 금액에 대해서는 통합투자세액공제혜택을 주고 있다(조특법 24조 1항 1호 나목 및 조특령 21조 1항 · 3항 1호 및 조특칙 12조 2항 4호 바목).

⑦ 사용자가 부담한 고용보험료

고용안정사업 · 직업능력개발사업 및 실업급여실시에 소요되는 비용을 충당하기 위하여 고용보험법에 의하여 사용자로서 부담하는 보험료는 손금에 산입한다.

고용안정사업의 보험료와 직업능력개발사업의 보험료는 사용자가 부담하게 되며, 실업급여의 보험료는 사업자가 50% 근로자가 50%를 부담하게 된다. 이 때 사용자가 부담하는 보험료 상당액이 복리후생비로서 법인의 손금에 산입되는 것이다.

한편, 근로소득이 있는 거주자(일용근로자 제외)가 고용보험법에 의하여 부담하는 보험료를 지급한 것이 있는 경우에는 그 금액을 당해 연도의 급여액에서 공제하며, 공제받는 절차는 건강보험료공제에 관한 규정을 준용하도록 하고 있다(소법 52조 1항).

⑧ 기타 복리후생비

가. 경조금

법인의 임원이나 직원에게 지급한 경조금 중 사회통념상 타당하다고 인정되는 범위 내의 금액은 법인의 손금에 산입한다.

이 때 임원은 출자임원 및 비출자임원 모두를 포함하는 것이며, 경조비는 세법상 특정되어 있지는 않지만 사회통념상 타당하게 여겨지는 각종 축의금, 조의금 및 제례비 등을 포함한다고 하겠다(법기통 19－19…32, 19－19…13).

나. 복리시설비

직원이 조직한 조합 또는 단체에 복리후생의 시설물 구입 등을 위하여 지출한 복리시설비는 당해 조합이나 단체의 형태에 따라 회계처리를 달리 하여야 한다. 즉, 당해 조합이나 단체가 법인인 경우에는 이를 기업업무추진비로 보며, 법인이 아닐 경우에는 법인경리의 일부로 보아 시설비는 유형자산으로 하여 감가상각하고 유지 · 관리비는 복리후생비 등으로 하여 법인의 손금에 산입한다(법령 40조 2항).

다. 기　타

이외의 복리후생비와 관련한 법인세법 기본통칙의 내용은 다음과 같다.

- 근로자직업능력개발법의 규정에 의한 직업능력개발훈련을 실시하는 법인이 자체기능공의 확보를 위하여 부담하는 교재, 피복, 필기도구 등 훈련경비와 훈련수당 등은 이를 각 사업연도의 소득금액 계산상 손금에 산입한다. 이 경우 훈련수당 등의 명목으로 지급되는 현금 및 현물급여는 이를 지급받는 자의 근로소득으로 한다(법기통 19－19…26).
- 법인의 직장민방위대를 위하여 지출하는 금품의 가액은 지급하는 경비의 성질(예 : 직장체육비, 교통비, 복리후생비 등)에 따라 당해 법인의 경리의 일부로 본다(법기통 19－19…31).

5. 임차료

(1) 의 의

임차료란 토지, 건물 등 부동산이나 기계장치, 운반구 등 동산을 타인으로부터 임차함으로써 그 소유자에게 지급하는 임차료 중 판매비와관리비에 관련된 것을 말한다.

이에는 특허권사용료, royalty 등이 포함된다.

(2) 기업회계상 회계처리

① 임차료의 회계처리방법

임차료는 임차기간이 경과하였을 때 또는 임차료를 지출하였을 때에 비용으로 계상된다.

임차료는 임차계약에 의하여 지급된다. 따라서 수개월분을 일괄하여 미리 지급하는 경우에는 기말결산시에 미경과분을 선급비용으로서 자산처리하여야 할 것이다.

사례 (주)삼일은 20×7. 10. 1. 영업용 건물의 임차료로서 6개월분 ₩6,000,000을 지급하였다.

1. 지급시 자산처리한 후 매월분을 비용으로 대체하는 방법

① 임차료 지급시

(차) 선 급 비 용	6,000,000	(대) 현금 및 현금성자산	6,000,000

② 매월분을 비용대체시

(차) 임 차 료	1,000,000	(대) 선 급 비 용	1,000,000

2. 지급시 비용계상한 후 기말에 미경과분을 선급비용으로 대체하는 방법

① 임차료 지급시

(차) 임 차 료	6,000,000	(대) 현금 및 현금성자산	6,000,000

② 기말결산시

(차) 선 급 비 용	3,000,000	(대) 임 차 료	3,000,000

② 결산시 유의사항

가. 미지급, 선급의 임차료에 대하여 기말정리를 정확하게 실시하여야 한다.

나. 원가성이 있는 임차료와 기타의 임차료는 구분경리하여야 한다.

(3) 세무회계상 유의할 사항

임차자산에 대한 시설비를 임차인이 부담하거나 보험료 등을 납부하는 조건 하에 임차하였을 경우 또는 임차자산에 자기의 시설자산(칸막이, 실내장식 등)을 설치하였을 경우에

는 다음과 같이 처리한다.

가. 수익적 지출에 해당하는 경우

임차자산의 수리비 등이 임대인의 책임에 속하지 아니하는 이상 임차인의 손금으로 처리하며, 임차건물을 보험에 가입하고 보험료를 납부하였을 경우

(가) 임차법인이 보험계약자로 되어 있는 경우로서 보험기간 만료 후에 만기반환금을 지급하겠다는 뜻의 약정이 있는 손해보험에 대한 보험료를 지급한 경우에는 그 지급한 보험료액 가운데 적립보험료에 상당하는 부분의 금액은 자산으로 하고 기타 부분의 금액은 이를 기간의 경과에 따라 손금에 산입한다(법기통 19-19…9).

(나) 당해 건물 등의 소유자가 보험계약자 및 피보험자로 되어 있는 경우에 임차법인이 부담한 보험료는 당해 건물 등의 임차료로 한다(법기통 19-19…10).

나. 자본적 지출에 해당하는 경우

(가) 임차인이 개량수리(자본적 지출에 한함)하는 조건으로 무상 또는 저렴한 요율로 건물을 임대한 경우 임차인이 임대차계약에 의하여 부담한 건물개량수리비(통상 임차료를 한도로 함)는 임대인의 임대수익에 해당하므로 임대인은 동 자본적 지출 상당액을 당해 임대자산의 원본에 가산하여 감가상각함과 동시에 선수임대료로 계상한 개량수리비 상당액은 임대기간에 안분하여 수익으로 처리한다. 이 때 임차인은 동 개량수리비를 선급비용으로 계상하고 임차기간에 안분하여 손금에 산입한다(법기통 40-71…3).

(나) 임차사무실 내의 칸막이 시설 등에 대하여는 유형자산으로 처리하여 감가상각하여야 하며, 이 경우 기구 및 비품 또는 업종별자산의 내용연수를 적용하되 임대차계약 해지시 임차사무실 내의 칸막이 시설 등을 철거하는 경우에는 당해 자산의 장부가액(폐기물 매각대금이 있는 경우에는 그 금액을 차감한 금액)을 폐기일이 속하는 사업연도에 손금산입한다.

6. 접대비

(1) 개 요

접대비란 사업상의 필요로 지출한 접대비용 내지 교제비용을 말한다. 즉 내빈접대비, 식비, 축의금과 조의금, 선물 등을 말한다.

한편, 법인세법은 2024년 1월 1일부터 접대비의 명칭을 기업업무추진비로 변경하였다. 이하에서는 설명의 편의상 기업회계기준에서는 '접대비'로, 법인세법에서는 '기업업무추진비'로 혼용하여 설명하기로 한다.

(2) 기업회계상 회계처리

세무상으로는 접대, 교제, 사례 등 이와 유사한 목적으로 지출한 비용으로서 내국법인이 직접 또는 간접적으로 업무와 관련이 있는 자와 업무를 원활하게 진행하기 위하여 지출하는 비용을 기업업무추진비로 보아 기업업무추진비 시부인계산을 하게 된다. 그러나 일반기업회계기준상으로는 그 중요성에 따라 계정과목의 성격별로 구분하여 표시할 수 있다.

접대비는 주로 판매와 관련하여 발생하므로 판매비와관리비로 분류되는 것이 타당하다. 그러나 원가성이 있는 접대비는 원가에 산입하여야 할 것이다. 예를 들어, 원재료구매를 위해 지출한 접대비는 제조원가에 산입되어야 하며 제조원가에 산입된 접대비 역시 세무상으로는 시부인대상이 됨은 물론이다.

그리고 접대비는 현금으로 지출되지 아니하고 미지급된 것이라도 접대행위가 있었다면 당해 사업연도의 비용으로 처리되어야 한다.

1. 거래처의 고객을 접대하고 그 비용 ₩75,000을 현금으로 지급하였다.

(차) 접 대 비	75,000	(대) 현금 및 현금성자산	75,000

2. 매출처에 대하여 선물을 보내고 그 구입대금 ₩50,000을 아직 지급하지 아니하였다.

(차) 접 대 비	50,000	(대) 미 지 급 금	50,000

(3) 세무회계상 유의할 사항

① 기업업무추진비의 개념

"기업업무추진비"란 접대, 교제, 사례 또는 그 밖에 어떠한 명목이든 상관없이 이와 유사한 목적으로 지출한 비용으로서 내국법인이 직접 또는 간접적으로 업무와 관련이 있는 자와 업무를 원활하게 진행하기 위하여 지출하는 비용을 말한다.

기업업무추진비는 소비성 경비 내지는 불건전한 지출을 억제하는 한편 비용의 절감으로 자본축적과 조세채권 확보의 목적으로 세법에서는 일정한 금액의 한도까지를 손비로 인정하고 그 범위를 초과하는 금액은 손금으로 인정하지 아니한다.

② 기업업무추진비의 내용

업무를 원활하게 진행하기 위하여 접대, 교제, 사례 기타 이와 유사한 목적으로 지출하는 비용은 세무상 기업업무추진비로 본다. 다만, 주주 · 임원 또는 직원이 부담하여야 할 성질의 기업업무추진비를 법인이 지출한 것은 이를 기업업무추진비로 보지 아니하며, 부당행위계산의 부인규정이 적용되어 상여 또는 배당이 된다.

법인이 거래처 등 고객에 대하여 감사의 뜻을 표시하기 위하여 금품을 지급하는 경우가 있는데, 이와 같이 지급되는 금품을 사례금이라 한다. 예컨대, 업무와 관련하여 사전약정에 의하지 아니하고 상행위에 해당하지 아니하는 정보의 제공, 거래의 알선, 중개 등 법인의 사업상 효익을 유발시킨 자에게 의례적으로 지출하는 금품의 가액 등이 사례금에 해당한다.

사례금의 지급방법은 단독행위로 이루어지는 경우도 있지만, 접대 · 위안 등과 같이 복합행위로서 이루어지는 것이 일반적이다.

업무와 관련하여 거래처에 사례금을 지급하는 경우 이를 세법상으로는 기업업무추진비로 인정한다.

③ 기업업무추진비와 유사비용과의 구분

기업업무추진비와 유사한 비용으로서 기부금, 광고선전비, 판매부대비, 복리후생비 및 회의비 등이 있다. 기업업무추진비를 이들 비용과 구분하는 기준을 살펴보면 다음과 같다.

가. 기업업무추진비의 판별기준

법인이 지출한 기업업무추진비 유사비용 중에서 기업업무추진비 해당 여부의 판별은 당해 법인의 기장내용, 거래명칭, 거래형식 등에 불구하고 그 거래의 실질내용을 기준으로 하여 판단하여야 한다.

(가) 지출의 목적

기업업무추진비는 업무와 관련하여 지출하는 것이라야 하며, 업무와의 관련정도는 수익의 획득을 위한 직접적인 영업활동뿐만 아니라 새로운 사업개발이나 현재의 사업상 거래관계를 보다 원활하게 하기 위한 활동을 포함하는 것으로 한다.

(나) 지출의 상대방

업무와 관련 있는 자로서 법인이 경영하는 사업과 직 · 간접적 이해관계에 있는 특정인을 상대로 한 접대이어야 한다.

(다) 통상 필요로 하는 범위 내의 금액

사업상의 대화, 교섭 등 이익을 얻기 위한 교제, 향응, 위안, 사례 등 접대활동과 관련하여 통상 필요로 하는 금액이어야 한다.

나. 기부금과 기업업무추진비의 구분

기부금과 기업업무추진비의 구분은 그 지출내용 및 목적이 법인의 업무와 관련이 있는 지출인지의 여부에 따라 판단되어야 하며, 업무와 관련하여 기증한 금품의 가액이 다른 비용에 해당하는 경우를 제외하고는 이를 기업업무추진비로 구분한다.

국가, 지방자치단체, 정당, 비영리단체 등에 지출한 금품은 당해 법인의 특정업무와 직접 관련이 있는 경우를 제외하고는 이를 기부금으로 인정하는 것이 통례이다.

다. 광고선전비와 기업업무추진비의 구분

광고선전비는 자기의 상품, 제품, 용역 등의 판매촉진이나 기업이미지 개선 등 선전효과를 위하여 불특정다수인을 상대로 지출하는 비용을 말하는 것이므로, 특정고객만을 상대로 하여 지출한 광고선전비는 기업업무추진비로 구분한다. 다만, 특정인에게 광고선전 목적의 물품(개당 3만원 이하의 물품은 전액 손금)을 기증하기 위하여 지출한 비용이라 하더라도 연간 5만원을 초과하지 아니하는 경우에는 기업업무추진비로 보지 아니한다(법령 19조 18호).

라. 판매부대비용과 기업업무추진비의 구분

판매부대비는 당해 법인의 제품, 상품 등의 판매와 직접 관련하여 거래처 등에 지급하는 보금 및 사은품 · 답례품 · 경품권 등의 증정에 따른 지출액으로서 건전한 사회통념과 상관행에 비추어 정상적인 거래라고 인정될 수 있는 범위 내의 금액으로 일반기업회계기준 및 관행에 따라 계상한 것을 말한다(법령 19조 1호의 2 및 법칙 10조 1항).

마. 복리후생비와 기업업무추진비의 구분

복리후생비는 직원의 복리증진과 원활한 노사관계를 유지하기 위하여 지출하는 비용 중 사회통념상 인정될 수 있는 범위 내의 지출금액으로 하고, 그 범위를 초과하는 경우는 근로소득금액에 합산되는 경우를 제외하고는 이를 법인의 부당행위계산 부인의 대상으로 한다.

따라서 업무와 관련하여 지출하는 기업업무추진비와는 분명히 구분할 수 있다.

바. 기타 기업업무추진비 유사비용과의 구분

(가) 회의비

회의비는 법인이 사업목적으로 회의시에 회의가 개최되는 장소에서 다과, 음식물 제공(회의 직전 · 직후의 인근 음식점을 이용한 식사제공을 포함함) 등을 포함한 회의개최에 통상적으로 소요되는 비용으로 한다.

(나) 견본비

견본비는 상품, 제품 등의 판매교섭을 위하여 반환조건없이 거래처에 제공하는 상품, 제품으로 한다. 다만, 견본품의 가액이 고액인 경우로서 거래의 실태 등을 참작하여 사회통념상 견본품 제공의 범위를 초과하는 것(귀금속, 고가가구류, 고가의류 등)은 이를 기업업무추진비로 본다. 따라서 의약품을 수입판매하는 법인이 견본품으로 제공하는 의약품의 수량이 사회통념상 견본품으로 인정할 만한 수량을 초과하거나 특정거래처에만 제공하는 경우에는 동 의약품의 가액을 기업업무추진비로 본다.

④ 기업업무추진비의 손금한도액

가. 개 요

각 사업연도에 지출한 기업업무추진비와 이와 유사한 금액은 다음 금액의 합계액(부동산임대업을 주된 사업으로 하는 등 일정 요건에 해당하는 내국법인의 경우에는 그 금액에 50%를 곱한 금액)만을 법인소득계산상 손금으로 인정하고, 동 한도액을 초과하는 금액은 손금으로 인정하지 아니한다(법법 25조 4항).

(가) 1,200만원(중소기업의 경우 3,600만원)에 해당 사업연도의 개월수를 곱하고 이를 12로 나누어 산출한 금액

(나) 해당 사업연도의 수입금액에 다음 표에 규정된 비율을 적용하여 산출한 금액. 다만, 특수관계인(법법 2조 12호)과의 거래에서 발생하는 수입금액에 대해서는 그 수입금액에 다음의 표에 규정된 비율을 적용하여 산출한 금액의 10%에 상당하는 금액으로 한다.

수입금액	비율
100억원 이하	0.3%
100억원 초과 500억원 이하	3천만원 + (수입금액 - 100억원) × 0.2%
500억원 초과	1억1천만원 + (수입금액 - 500억원) × 0.03%

나. 수입금액의 범위

기업업무추진비 계산에 있어서 적용하여야 할 수입금액은 해당 법인이 상품・제품 등의 재화 또는 용역을 제공함으로써 받는 대가 즉, 일반기업회계기준에 의하여 계산한 매출액[사업연도 중에 중단된 사업부문의 매출액을 포함하며, 자본시장과 금융투자업에 관한 법률 제4조 제7항에 따른 파생결합증권 및 같은 법 제5조 제1항에 따른 파생상품 거래의 경우 해당 거래의 손익을 통산한 순이익(0보다 작은 경우 0으로 함)을 말하며, 이하 "매출액"이라 함]을 말한다. 다만, 다음의 법인에 대하여는 다음 산식에 따라 계산한 금액으로 한다(법령 42조 1항).

① 자본시장과 금융투자업에 관한 법률에 따른 투자매매업자 또는 투자중개업자 : 매출액 + 자본시장과 금융투자업에 관한 법률 제6조 제1항 제2호의 영업과 관련한 보수 및 수수료의 9배에 상당하는 금액

② 자본시장과 금융투자업에 관한 법률에 따른 집합투자업자 : 매출액 + 자본시장과 금융투자업에 관한 법률 제9조 제20항에 따른 집합투자재산의 운용과 관련한 보수 및 수수료의 9배에 상당하는 금액

③ 한국투자공사법에 따른 한국투자공사 : 매출액 + 한국투자공사법 제34조 제2항에 따른 운용수수료의 6배에 상당하는 금액

④ 한국수출입은행법에 의한 한국수출입은행 : 매출액 + 수입보증료의 6배에 상당하는 금액

⑤ 금융회사부실자산 등의 효율적 처리 및 한국자산관리공사의 설립에 관한 법률에 따른 한국자산관리공사 : 매출액 + 금융회사부실자산 등의 효율적 처리 및 한국자산관리공사의 설립에 관한 법률 제31조 제1항의 업무수행에 따른 수수료의 6배에 상당하는 금액

⑥ 주택도시기금법에 따른 주택도시보증공사 : 매출액 + 수입보증료의 6배에 상당하는 금액

⑦ 법인세법 시행령 제63조 제1항 각 호의 법인 : 매출액 + 수입보증료의 6배에 상당하는 금액

다. 신용카드 등 사용에 따른 기업업무추진비 손금규제

내국법인이 1회의 접대에 지출한 기업업무추진비 중 다음의 금액을 초과하는 기업업무추진비로서 신용카드, 직불카드, 외국신용카드, 기명식선불카드, 직불전자지급수단, 기명식선불전자지급수단, 기명식전자화폐, 현금영수증, 계산서(매입자발행계산서 포함), 세금계산서(매입자발행세금계산서 포함) 또는 원천징수영수증(비사업자로부터 용역을 제공받고 교부한 것을 말함)에 해당하지 아니하는 것에 대하여는 각 사업연도의 소득금액계산에 있어서 이를 손금에 산입하지 아니한다(법법 25조 2항).

㉠ 경조금의 경우 : 20만원

㉡ 위 ㉠ 외의 경우 : 3만원

다만, 다음과 같은 경우에는 그러하지 아니하다(법령 41조 2항).

① 기업업무추진비가 지출된 국외지역의 장소(해당 장소가 소재한 인근 지역 안의 유사한 장소를 포함함)에서 현금 외에 다른 지출수단이 없어 신용카드 등 증거자료를 구비하기 어려운 경우의 해당 국외지역에서의 지출

② 농・어민(한국표준산업분류에 따른 농업 중 작물재배업・축산업・복합농업, 임업 또는 어업에 종사하는 자를 말하며, 법인은 제외함)으로부터 직접 재화를 공급받는 경우의 지출로서 그 대가를 금융실명거래 및 비밀보장에 관한 법률 제2조 제1호에 따른 금융회사등을 통하여 지급한 지출(해당 법인이 법인세 과세표준 신고를 할 때 과세표준 신고서에 송금사실을 적은 송금명세서를 첨부하여 납세지 관할 세무서장에게 제출한 경우에 한정함)

라. 문화기업업무추진비 손금산입 한도액

문화기업업무추진비로 지출한 금액에 대해서는 기업업무추진비 한도액 계산시 상기 '가. 개요'에서 설명한 일반기업업무추진비 한도액에 다음의 산식에 따른 문화기업업무추진비

한도액을 가산하여 기업업무추진비 시부인을 한다. 이 경우 문화기업업무추진비란 내국법인이 2025년 12월 31일 이전에 국내 문화관련 공연 등에 문화비로 지출한 기업업무추진비로서 법 소정 비용을 말한다(조특법 136조 3항 및 조특령 130조 5항 및 조특칙 57조).

> 문화기업업무추진비의 손금산입한도액 = Min [①, ②]
> ① 문화기업업무추진비 지출액
> ② 해당 사업연도 일반기업업무추진비 한도액 × 20%

마. 전통시장 기업업무추진비 손금산입 한도액

전통시장에서 지출한 기업업무추진비로서 다음의 요건을 모두 갖춘 기업업무추진비는 기업업무추진비 한도액의 10%에 상당하는 금액의 범위에서 손금에 산입한다(조특법 136조 6항 및 조특령 130조 7항).

① 조세특례제한법 제126조의 2 제1항에 따른 신용카드 등 사용금액에 해당할 것

① 조세특례제한법 시행령 제29조 제3항 각 호의 소비성서비스업을 경영하는 법인 또는 사업자에게 지출한 것이 아닐 것

⑤ 기업업무추진비의 손금귀속연도

각 사업연도에 지출한 기업업무추진비는 지출한 사실이 있는 것을 말하는 것이므로 현금을 지급한 때 손금으로 인정하는 것은 물론이거니와, 자본사정으로 인하여 기업업무추진비를 현금으로 지급하지 못하고 미지급비용으로 경리한 경우도 실제 접대·향응·위안 또는 이와 유사한 행위를 한 때에는 그 사업연도의 기업업무추진비에 산입하여야 한다. 예컨대, 법인이 신용카드를 사용하여 거래한 경우의 그 기업업무추진비는 실제로 접대한 날이 속하는 사업연도의 미지급비용으로 하여 손금에 산입하여야 한다. 따라서 기업업무추진비는 현금주의에 의해서 처리되는 기부금과 다르다(법인 46012-551, 2001. 3. 14.).

7. 감가상각비

(1) 개념 및 범위

유형자산은 소모·파손·노후 등의 물리적인 원인이나 경제적 여건 변동, 유형자산의 기능변화 등의 기능적 원인에 의하여 그 효용이 점차로 감소하는데 이러한 효용의 감소현상을 감가라 한다. 감가의 원인을 요약하면 크게 다음과 같이 세 가지로 나눌 수 있다.

첫째, 물리적 요소에 의하여 유형자산의 가치가 감소할 수 있는데, 물리적 요소(physical factor)란 자산의 사용 및 시간의 경과에 따른 자산의 마멸이나 화재와 같은 사고 등으로 인

한 파괴 등을 말한다. 일반적으로 토지를 제외한 대부분의 유형자산은 수익획득과정에 이용됨에 따라 용역잠재력이 소멸한다. 그러나 각 회사가 채택하는 수선 및 유지정책(사용에 따라 필연적으로 발생하는 유형자산의 용역잠재력 소멸분을 줄이기 위해 실시하는 정책)이 다양하므로 동일한 자산이라 할지라도 추정내용연수나 물리적 수명은 같지 않을 수도 있다.

둘째, 경제적 요소에 의하여 유형자산의 가치가 감소할 수 있는데, 특히 고도로 산업화된 기술지향적인 경제사회에서는 특정자산의 내용연수를 결정하는 데 경제적 요소가 중요한 변수로 작용한다. 이러한 경제적 요소에는 진부화, 부적합화 및 경제적 여건의 변동 등이 포함된다. 진부화(obsolescence)란 보다 효율적으로 개선된 대체품이 나타남에 따라 현존하는 유형자산이 구식화되는 과정을 말한다. 예를 들어, 컴퓨터의 경우 새로운 세대의 컴퓨터가 개발됨에 따라 이전 세대의 컴퓨터는 진부화된다. 이러한 경우에 회사가 경쟁을 이겨나가기 위해서는 보유 중인 자산의 물리적 수명이 많이 남아 있다 할지라도 이용가능한 최신의 자산으로 보유 중인 자산을 대체하여야 할 것이다. 부적합화(inadequacy)란 회사가 급격히 성장하여 현재 보유 중인 자산으로서는 업무를 수행할 수 없는 상태에 이르게 되는 것을 말한다. 이 경우 기업이 정상적인 영업활동을 수행하기 위해서는 보유 중인 설비를 더 효율적인 새로운 자산으로 대체해야 한다. 경제적 여건의 변동(changing economic conditions)에 따라 특정자산의 경제적 효익이 소멸하는 경우도 있다. 경제적 여건의 변동에는 물가상승, 에너지위기(energy crisis) 및 소비자 기호의 변동 등이 포함된다. 예를 들어, 대형차를 제조하는 데 사용되는 설비들이 그 물리적 수명은 아직 남아 있음에도 불구하고, 에너지위기로 인하여 소비자가 대형차보다는 소형차를 더 선호하기 때문에 더 이상 생산활동에 사용되지 않고 폐기되는 경우가 여기에 해당한다.

셋째, 천재나 재해 · 화재 등 예기치 않은 우발적 원인에 의하여 유형자산의 가치가 감소할 수 있다.

이와 같이 유형자산의 감가원인은 다양하고 또한 복합적이므로 법인이 기간손익계산을 하기 위하여 유형자산의 감가분을 금액적으로 측정하기란 매우 어렵다. 따라서 유형자산의 감가분을 합리적인 방법으로 추정하여 기간손익에 배분하는 절차가 필요한 바, 이러한 원가배분의 절차를 감가상각이라 한다. 결국 감가상각이란 적정한 기간손익계산을 위하여 유형자산의 원가에서 잔존가치(예측처분가치)를 차감한 가액을 일정한 상각방법에 의해서 당해 자산의 내용연수에 걸쳐 동 자산의 이용이나 시간의 경과 등으로 인한 효용의 감소분을 배분하는 회계절차라 할 수 있다.

다시 말하면 감가상각(depreciation)은 자산평가과정이 아니라 원가배분과정이다. 즉, 감가상각은 유형자산의 시장가치가 감소한 것을 인식하는 과정이 아니라, 수익과 비용의 적절한 대응을 위하여 유형자산의 원가를 효익이 발생하는 기간에 체계적이고 합리적인 방법으로 배분하는 과정이다.

따라서 감가상각은 유형자산이 영업활동, 즉 수익획득과정에 이용됨에 따라 용역잠재력이 소멸하는 것을 인식하는 것일 뿐 자산의 대체 여부와는 무관하다. 아울러 특정자산이 대체될 것인가의 여부는 그 자산의 감가상각에 대한 회계처리에 영향을 미치지 않는다는 점에 주의하여야 한다.

이와 같이 감가상각회계의 목적은 특정자산의 감가상각기준액을 자산의 이용에 따라 효익이 발생하는 기간에 체계적이고 합리적인 방법으로 배분하고자 하는 것이다. 다시 말해 감가상각이란 수익・비용대응의 원칙(matching principle)에 따라 특정기간 동안에 사용된 유형자산의 원가를 그 자산의 이용에 의해 창출된 수익에 대응시키는 것을 의미한다.

일반기업회계기준 제10장 부록 실10.9에서도 감가상각의 주목적은 원가의 배분이며 자산의 재평가는 아니므로 유형자산의 장부금액이 공정가치에 미달하더라도 감가상각액은 계속하여 인식하도록 규정하고 있다.

일반기업회계기준 제10장【유형자산】

실10.9. 유형자산은 사용에 의한 소모, 시간의 경과와 기술의 변화에 따른 진부화 등에 의해 경제적 효익이 감소한다. 유형자산의 장부금액은 일반적으로 이러한 경제적 효익의 소멸을 반영할 수 있는 감가상각액의 인식을 통하여 감소한다. 감가상각의 주목적은 원가의 배분이며 자산의 재평가는 아니다. 따라서 감가상각액은 유형자산의 장부금액이 공정가치에 미달하더라도 계속하여 인식한다.

주택, 상가 등 신축분양업체가 장기간 미분양되어 임대사업에 공하고 있는 경우 또는 임대주택으로서 유형자산으로 분류하고 있는 건물에 대하여 감가상각을 하여야 한다. 이러한 감가상각방법은,

① 임대기간 종료 후 예상분양가액이 있는 경우에는 (원가－임대기간 종료 후 예상분양가액)을 임대기간에 걸쳐 감가상각한다.

② 임대기간 종료 후 예상분양가액을 객관적으로 추정할 수 없는 경우에는 (원가－잔존가치)를 경제적 내용연수에 걸쳐 상각한다.

한편 건설중인자산에 대한 감가상각은 할 필요가 없으나 건설중인자산 중 그 일부가 완성되어 그 부분이 사업용으로 제공되고 있는 경우에는 감가상각자산에 포함한다.

(2) 기업회계상 회계처리

유형자산의 원가를 여러 기간에 배분하는 감가상각회계와 관련된 주요 회계문제는 다음과 같다.

① 감가상각기준액을 결정하는 문제

② 내용연수를 추정하는 문제
③ 감가상각방법을 결정하는 문제
④ 회계기간 중에 유형자산을 구입 또는 처분할 때의 감가상각
⑤ 감가상각회계의 변경과 오류의 수정

위와 관련하여 보다 자세한 사항은 유형자산 중 '감가상각편'을 참조하기 바란다.

(3) 세무회계상 유의할 사항

감가상각과 관련한 자세한 설명은 '유형자산편'을 참조하기 바란다.

8. 무형자산상각비

(1) 의 의

무형자산의 상각은 유형자산의 감가상각과 마찬가지로 무형자산의 원가와 효익을 체계적으로 대응시키는 과정이다. 따라서 무형자산의 상각대상금액은 그 자산의 추정내용연수 동안 체계적인 방법에 의하여 비용으로 배분해야 한다. 무형자산의 상각기간은 독점적·배타적인 권리를 부여하고 있는 관계법령이나 계약에 정해진 경우를 제외하고는 20년을 초과할 수 없으며, 상각은 자산이 사용가능한 때부터 시작한다.

또한 무형자산을 상각할 때는 자산의 경제적 효익이 소비되는 행태를 반영한 합리적인 방법(정액법, 정률법, 연수합계법, 생산량비례법 등)을 사용하며, 다만 합리적인 상각방법을 정할 수 없는 경우에는 정액법을 사용한다. 그리고 무형자산의 상각이 다른 자산의 제조와 관련된 경우에는 관련 자산의 제조원가로, 그 외의 경우에는 비용으로 처리한다.

무형자산과 관련하여 보다 자세한 사항은 '자산편의 무형자산'을 참조하기 바란다.

(2) 세무회계상 유의할 사항

무형자산의 상각과 관련한 세무상 제 문제는 '자산편의 무형자산'에서 자세히 설명하였다.

9. 세금과공과

(1) 의 의

세금과공과란 국가 또는 지방자치단체가 부과하는 국세·지방세 및 공공단체·조합·재단 등의 공과금과 벌금, 과료, 과징금을 처리하는 과목이다. 공과금과 과징금은 그 발생원

인에 따라 제조원가 또는 판매비와관리비에 계상되나 세액은 그 처리방법이 다양하다.

즉, 이익에 부과되는 법인세 · 법인지방소득세 등은 판매비와관리비가 아닌 법인세비용 계정에 구분 · 표시해야 하며, 자산의 구입시 부과되는 관세, 취득세 등은 당해 자산의 취득원가에 산입해야 한다.

일반적으로 판매비와관리비에 속하는 조세와 공과에 해당하는 것들로는 재산세 · 자동차세 · 주민세 · 공제받지 못한 매입부가가치세 등이 있다.

그리고 공과금이란 상공회의소회비, 조합비 또는 협회비와 각종 협회 및 기금에 지출하는 부담금 등으로서 제조원가에 포함하지 않는 것을 말한다.

(2) 기업회계상 회계처리

① 세금과공과의 회계처리

판매 및 관리부분과 관련된 세금과공과를 지급하거나 납부의무가 발생한 경우에는 해당 금액을 차변 기입한다.

사례 1. (주)삼일은 사무용 건물에 대한 재산세 ₩400,000을 현금으로 납부하였다.

(차) 세 금 과 공 과	400,000	(대) 현금 및 현금성자산	400,000

2. 을회사는 제22기 법인세의 중간예납신고를 하고 중간예납세액으로 ₩2,800,000을 지급하였다.

(차) 선 급 법 인 세	2,800,000	(대) 현금 및 현금성자산	2,800,000

3. (주)삼일은 공장을 신축하기 위하여 토지를 구입하고 취득세로 ₩27,500,000을 납부하였다.

(차) 토 지	27,500,000	(대) 현금 및 현금성자산	27,500,000

② 결산시 유의할 사항

㉠ 선급비용과 미지급비용의 계상

㉡ 자산의 취득원가에 산입한 세금과의 구분

세금과공과계정에 취득세 등이 포함되어 있는지를 파악한 후 구분 · 정리하여야 한다.

(3) 세무회계상 유의할 사항

1) 세법상 손금불산입되는 세금과공과

자산의 취득과 관련된 세금은 자산의 매입부대비용으로 보아 취득원가에 산입하여야 하며, 다음의 세금과공과금, 벌금 등은 손금불산입한다(법법 21조).

① 법인세 등

각 사업연도에 납부하였거나 납부할 법인세(외국법인세액 포함) 또는 법인지방소득세는 손금불산입하는 바, 이의 범위는 다음과 같다.

㉠ 각 사업연도에 대한 법인세
　원천징수당한 법인세, 중간예납법인세, 수시부과법인세액을 포함한다.

㉡ 법인세법 제18조의 4에 따른 외국자회사 수입배당금액 익금불산입의 적용 대상이 되는 수입배당금액에 대하여 외국에 납부한 세액

㉢ 외국납부세액공제를 적용하는 경우의 외국법인세액

㉣ 법인지방소득세

② 각 세법에서 규정하는 의무불이행으로 인하여 납부하였거나 납부할 세액(가산세 포함)

각 세법에서 규정하는 의무불이행으로 인하여 납부하였거나 납부할 세액의 손금산입 여부에 대해서는 그 개별적인 성격을 파악하여 판단해야 하며 의무불이행에는 간접국세의 징수불이행 · 납부불이행과 기타의 의무불이행의 경우를 포함한다(법령 21조).

③ 부가가치세 매입세액

부가가치세의 매입세액은 원칙적으로 손금불산입되지만 다음의 매입세액은 손금으로 인정된다. 여기서 손금으로 인정된다 함은 관련자산의 취득원가에 가산한 후 감가상각을 통하여 손금에 산입하거나 관련비용의 원본에 포함하여 손금에 산입함을 뜻한다(법령 22조 1항).

㉠ 면세사업자의 매입세액

㉡ 비영업용 소형승용차의 구입 · 임차 및 유지에 관한 매입세액

㉢ 기업업무추진비 등의 지출에 관한 매입세액

㉣ 영수증을 교부받은 거래분에 포함된 매입세액으로서 매입세액공제대상이 아닌 금액(법칙 11조 1호)

㉤ 부동산 임차인이 부담한 전세금 및 임차보증금에 대한 매입세액(법칙 11조 2호)

④ 벌금 · 과료(통고처분에 의한 벌금 또는 과료에 상당하는 금액 포함) · 과태료(과료와 과태금 포함) · 가산금 및 강제징수비

벌금 · 과료 · 과태료는 모두 공법관계에 있어서 법위반자에게 가해지는 금전적인 제재수단으로서 이의 손금산입에 대하여는 그 개별적인 성격을 파악해서 판단해야 한다. 그러나 통상적으로 가산금과 강제징수비, 벌금 등은 법률에 의하여 국가 · 지방자치단체가 부과하는 것으로 손금불산입되나 사계약의 위반으로 납부하는 지체상금이나 위약금 등은 손금에 산입되어야 한다.

⑤ 판매하지 아니한 제품에 대한 반출필의 개별소비세, 주세 또는 교통 · 에너지 · 환경세의

미납액(다만, 제품가격에 그 세액상당액을 가산한 경우에는 예외로 함)

⑥ 법령에 의하여 의무적으로 납부하는 것이 아닌 공과금

⑦ 법령에 의한 의무의 불이행 또는 금지 · 제한 등의 위반에 대한 제재로서 부과되는 공과금

⑧ 연결모법인에 법인세법 제76조의 19 제2항에 따라 지급하였거나 지급할 금액

⑨ 징벌적 목적의 손해배상금 등

다음의 어느 하나에 해당하는 법률의 규정 또는 외국의 법령에 따라 지급한 손해배상액 중 실제 발생한 손해액을 초과하여 지급하는 금액은 손금에 산입하지 아니한다(법법 21조의 2 및 법령 23조 1항, 별표1).

- 가맹사업거래의 공정화에 관한 법률 제37조의 2 제2항
- 개인정보 보호법 제39조 제3항
- 공익신고자 보호법 제29조의 2 제1항
- 기간제 및 단시간근로자 보호 등에 관한 법률 제13조 제2항
- 남녀고용평등과 일 · 가정 양립 지원에 관한 법률 제29조의 2 제2항(2024년 2월 29일 이후 지급하는 손해배상금부터 적용)
- 농수산물 품질관리법 제37조 제2항(2024년 2월 29일 이후 지급하는 손해배상금부터 적용)
- 대규모유통업에서의 거래 공정화에 관한 법률 제35조의 2 제2항(2024년 2월 29일 이후 지급하는 손해배상금부터 적용)
- 대리점거래의 공정화에 관한 법률 제34조 제2항
- 대 · 중소기업 상생협력 촉진에 관한 법률 제40조의 2 제2항(2024년 2월 29일 이후 지급하는 손해배상금부터 적용)
- 독점규제 및 공정거래에 관한 법률 제109조 제2항(2024년 2월 29일 이후 지급하는 손해배상금부터 적용)
- 디자인보호법 제115조 제7항(2024년 2월 29일 이후 지급하는 손해배상금부터 적용)
- 부정경쟁방지 및 영업비밀보호에 관한 법률 제14조의 2 제6항(2024년 2월 29일 이후 지급하는 손해배상금부터 적용)
- 산업기술의 유출방지 및 보호에 관한 법률 제22조의 2 제2항(2024년 2월 29일 이후 지급하는 손해배상금부터 적용)
- 상표법 제110조 제7항(2024년 2월 29일 이후 지급하는 손해배상금부터 적용)
- 식물신품종 보호법 제85조 제2항(2024년 2월 29일 이후 지급하는 손해배상금부터 적용)
- 신용정보의 이용 및 보호에 관한 법률 제43조 제2항(2024년 2월 29일 이후 지급하는

손해배상금부터 적용)
- 실용신안법 제30조(2024년 2월 29일 이후 지급하는 손해배상금부터 적용)
- 자동차관리법 제74조의 2 제2항(2024년 2월 29일 이후 지급하는 손해배상금부터 적용)
- 제조물 책임법 제3조 제2항(2024년 2월 29일 이후 지급하는 손해배상금부터 적용)
- 중대재해 처벌 등에 관한 법률 제15조 제1항(2024년 2월 29일 이후 지급하는 손해배상금부터 적용)
- 축산계열화사업에 관한 법률 제34조의 2 제2항(2024년 2월 29일 이후 지급하는 손해배상금부터 적용)
- 특허법 제128조 제8항(2024년 2월 29일 이후 지급하는 손해배상금부터 적용)
- 신용정보의 이용 및 보호에 관한 법률 제43조 제2항
- 제조물 책임법 제3조 제2항
- 파견근로자보호 등에 관한 법률 제21조 제3항
- 하도급거래 공정화에 관한 법률 제35조 제2항
- 환경보건법 제19조 제2항(2024년 2월 29일 이후 지급하는 손해배상금부터 적용)

한편, 실제 발생한 손해액이 분명하지 않은 경우에는 다음 계산식에 따라 계산한 금액을 손금불산입 대상 손해배상금으로 한다. 다만, 2024년 2월 28일 이전에 지급하는 손해배상금의 경우에는 지급한 손해배상금의 2/3에 상당하는 금액을 손금불산입 대상 손해배상금으로 한다(법령 23조 2항).

$$\text{손금불산입 대상 손해배상금} = A \times \frac{B-1}{B}$$

A : 상기 법률 또는 외국 법령에 따라 지급한 손해배상액

B : 상기 법률 또는 외국 법령에서 정한 손해배상액의 상한이 되는 배수

2) 세금의 손익귀속시기

손금으로 인정되는 세금은 국세기본법 제22조 제2항 및 제3항 또는 지방세기본법 제35조 제1항 각 호에 따라 납세의무가 확정되는 날이 속하는 사업연도의 손금으로 한다. 다만, 결산을 확정함에 있어 관련 수익이 실현되는 사업연도에 손비로 계상한 경우에는 이를 해당 사업연도의 손금으로 한다. 한편, 신고에 따라 납세의무가 확정되는 세금의 경우 그 신고내용에 오류 또는 탈루가 있어 과세관청이 그 과세표준과 세액을 경정함에 따라 고지되는 세금은 경정되어 고지한 날이 속하는 사업연도의 손금에 산입하며, 신고에 따라 납세의무가 확정되는 세금을 수정신고하는 경우에는 그 수정신고에 따라 납부할 세액을 납부하

는 날이 속하는 사업연도의 손금에 산입한다(법기통 40－71…24).

3) 인지세의 손금귀속시기

인지세는 인지세법 제8조 제1항 단서 및 제2항의 경우를 제외하고는 과세문서에 종이문서용 전자수입인지를 첨부하여 납부하게 되는 것이므로 그 손금의 귀속시기는 당해 법인이 인지를 첨부한 날이 속하는 사업연도로 한다(법기통 40－71…18).

10. 광고선전비

(1) 개　요

① 개　념

광고선전비란 상품 또는 제품의 판매촉진을 위하여 불특정다수인을 상대로 하여 상품 또는 제품에 대한 선전효과를 얻고자 지출하는 비용을 말한다.

또한 간접적으로 상품이나 제품의 판매촉진의 효과를 얻기 위한 기업이미지 제고를 위한 광고도 광고선전비로 처리한다. 한편, 불특정다수인을 대상으로 하는 광고선전비와 특정인만을 대상으로 하는 접대비(기업업무추진비)와의 사이에는 세무처리에 있어서, 전자는 그 전액이 손금으로 인정되는 데 대하여, 후자는 손금으로 산입할 수 있는 금액에 일정한 한도가 있기 때문에 그 구분을 명확하게 하여 계정처리하여야 한다.

② 접대비 등과의 구분

첫째, 광고선전비의 지출은 불특정다수인을 상대로 하는 것이지만, 접대비는 특정인을 상대로 한다.

둘째, 광고선전비의 지출은 주로 매개체를 통하여 이루어지지만, 접대비의 지출방법은 매개체를 필요로 하지 않는 것이 일반적이다.

셋째, 세법상 광고선전비는 전액이 손금으로 인정되나, 접대비는 조세수입확보의 목적 등으로 한도가 정해져 있다.

(2) 기업회계상의 처리

일반기업회계기준에서 광고선전비에 대하여 따로 규정한 바는 없으나 다음과 같이 회계처리 하여야 할 것이다.

① 광고선전비의 계상

회사는 광고선전을 위한 다음과 같은 비용을 광고선전비로 처리하여야 한다.

• 신문광고료, 라디오, TV 방송료 등 광고매체의 이용대가로 지급하는 금액
• 광고활동과 관련하여 지출되는 소모품비 등 제비용

② 광고선전비 중의 감가상각자산

광고탑이나 야외입간판, 광고용 네온사인의 제작 또는 구입비용은 현금지출이 당기에 있다 할지라도 모두 당기비용으로 처리해서는 안될 것이다. 이들은 내용연수에 따라 감가상각과정을 통해 비용화되어야 할 것이다.

(3) 세무회계상 유의할 사항

① 개 요

광고선전비란 상품 또는 제품의 판매촉진을 위하여 불특정다수인을 상대로 하여 상품 또는 제품에 대한 선전효과를 얻고자 지급하는 비용을 말하는데 일반기업회계기준상과 큰 차이는 없다. 다만, 회계상으로 광고선전비로 처리된 것이라 해도 특정인을 대상으로 한 것이면 세무상 기업업무추진비로 보게 되나, 특정인에게 기증한 물품(개당 3만원 이하의 물품은 전액 손금)의 경우에는 연간 5만원 이내의 금액에 한하여 광고선전비로 손금산입된다(법령 19조 18호).

② 공동광고선전비의 처리

동일 품목을 제조하는 수개의 법인이 동 제품을 공동으로 판매하기 위하여 공동판매회사를 설립하고, 동 판매회사가 매입한 상품의 판매를 위하여 동 상품의 제조회사의 상호를 밝혀 광고를 한 경우에 동 광고비의 부담문제가 간혹 생기는 경우가 있다. 이 경우 광고비의 부담은 일반적으로 광고주가 부담하는 것이 원칙이지만 광고의 효과 등을 감안, 제조회사와 판매회사의 계약에 의하여 광고비의 일부를 제조회사가 부담하기로 약정이 된 경우에는 동 제조회사가 부담할 수 있다.

법인세법 시행령 제48조 제1항 제2호에서는 해당 조직·사업 등에 관련되는 모든 법인 등(비출자공동사업자)이 지출하는 비용에 대하여는 다음의 기준에 따른 분담금액을 손금에 산입하도록 함에 따라 당해 분담금액을 초과하는 금액은 손금에 산입되지 않는다.

㉠ 비출자공동사업자 사이에 특수관계가 있는 경우 : 직전 사업연도 또는 해당 사업연도의 매출액 총액과 총자산가액(한 공동사업자가 다른 공동사업자의 지분을 직접 보유하고 있는 경우 그 주식의 장부가액은 제외함) 총액 중 법인이 선택하는 금액(선택하지 아니한 경우에는 직전 사업연도의 매출액 총액을 선택한 것으로 보며, 선택한 사업연도부터 연속하여 5개 사업연도 동안 적용해야 함)에서 해당 법인의 매출액(총자산가액 총액을 선택한 경우에는 총자산가액을 말함)이 차지하는 비율. 다만, 공동행사비 등 참석

인원의 수에 비례하여 지출되는 손비는 참석인원비율, 공동구매비 등 구매금액에 비례하여 지출되는 손비는 구매금액비율, 무형자산의 공동사용료는 해당 사업연도 개시일의 기업회계기준에 따른 자본의 총합계액, 공동광고선전비는 다음의 기준에 따를 수 있음(법칙 25조 2항).

- 국외 공동광고선전비 : 수출금액(대행수출금액은 제외하며, 특정 제품에 대한 광고선전의 경우에는 해당 제품의 수출금액을 말함)
- 국내 공동광고선전비 : 기업회계기준에 따른 매출액 중 국내의 매출액(특정 제품에 대한 광고선전의 경우에는 해당 제품의 매출액을 말하며, 주로 최종 소비자용 재화나 용역을 공급하는 법인의 경우에는 그 매출액의 2배에 상당하는 금액 이하로 할 수 있음)

㉡ ㉠ 외의 경우 : 비출자공동사업자 사이의 약정에 따른 분담비율. 다만, 해당 비율이 없는 경우에는 ㉠의 비율에 따름.

그러나 다음에 해당하는 법인의 경우에는 공동광고선전비를 분담하지 아니하는 것으로 할 수 있다(법칙 25조 4항).

㉠ 당해 공동광고선전에 관련되는 자의 직전 사업연도의 매출액 총액에서 당해 법인의 매출액이 차지하는 비율이 100분의 1에 미달하는 법인

㉡ 당해 법인의 직전 사업연도의 매출액에서 당해 법인의 광고선전비(공동광고선전비를 제외함)가 차지하는 비율이 1천분의 1에 미달하는 법인

㉢ 직전 사업연도 종료일 현재 청산절차가 개시되었거나 독점규제 및 공정거래에 관한 법률에 의한 기업집단에서의 분리절차가 개시되는 등 공동광고의 효과가 미치지 아니한다고 인정되는 법인

③ 광고선전의 방법과 손금산입시기

광고선전물에 지급하는 비용을 전액 일시에 손금으로 계상하는 것은 수익・비용대응의 관점에서 문제가 있다.

일반기업회계기준에서 수익・비용대응의 원칙에 따라 기간손익을 계산하는 것과 마찬가지로 세법에 있어서도 이 원칙에 따라 과세소득을 계산하여야 한다.

광고선전비는 다른 비용과 달리 그 비용의 발생시기 즉, 광고의 효과가 있었던 시기를 정확히 파악할 수 없는 것이 일반적이다. 그러므로 광고선전비는 그 광고의 효과측정이 합리적이며 객관적으로 타당성이 있는 어떤 상황을 기준으로 하여 손금에 계상하여야 하는데, 이에 해당하는 것으로 광고시행기를 들 수 있다.

따라서 광고시행기를 광고선전비의 손금계상시기로 삼으면 무난할 것으로 생각한다.

즉, 성냥・수건・부채・수첩 및 화일노트 등의 소품을 광고의 효과를 얻기 위하여 불특

정다수인에게 제공할 때에는 당해 물품을 타인에게 인도한 날을 손금귀속시기로 하여야 하고, 신문·잡지·라디오 및 텔레비전 등을 통하여 광고하는 경우에는 그 광고가 독자나 청취자에게 전달되는 날을 손금귀속시기로 삼아야 한다.

그리고 법인이 제품에 대한 대외신용을 높이기 위하여 일정기간 국제적 공인기구의 공인표시를 제품에 부착·사용하는 대가로 지출한 비용은 그 사용기간에 안분하여 손금으로 계상하여야 한다.

그러나 네온사인·광고탑·입간판 등의 시설물에 대하여는 그 시설의 내용연수에 따라 광고선전비를 안분계산하여 감가상각비로 계상하여야 한다.

11. 연구비

연구라 함은 새로운 과학적 또는 기술적 지식을 얻기 위해 수행하는 독창적이고 계획적인 탐구활동을 말한다. 그리고 연구비는 연구활동과 직접 관련이 있거나 합리적이고 일관성 있는 기준에 따라 그러한 활동에 배부될 수 있는 모든 지출을 포함한다. 일반기업회계기준 제11장 부록 실11.13에서는 연구단계에 속하는 활동의 일반적인 예로서 다음과 같이 규정하고 있다.

㉠ 새로운 지식을 얻고자 하는 활동

㉡ 연구결과 또는 기타 지식을 탐색, 평가, 최종 선택 및 응용하는 활동

㉢ 재료, 장치, 제품, 공정, 시스템, 용역 등에 대한 여러 가지 대체안을 탐색하는 활동

㉣ 새롭거나 개선된 재료, 장치, 제품, 공정, 시스템, 용역 등에 대한 여러 가지 대체안을 제안, 설계, 평가 및 최종 선택하는 활동

한편, 프로젝트의 연구단계에서는 미래 경제적 효익을 창출할 무형자산이 존재한다는 것을 입증할 수 없기 때문에 연구단계에서 발생한 지출은 무형자산으로 인식할 수 없고 발생한 기간의 비용으로 인식해야 하며, 제품 등의 제조원가와 직접적인 관계가 없기 때문에 판매비와관리비로 분류한다(일반기준 11장 문단 11.19).

기타 연구비에 대한 자세한 내용은 '무형자산편의 개발비'를 참조하기 바란다.

12. 경상개발비

개발이라 함은 상업적인 생산 또는 사용 전에 연구결과나 관련 지식을 새롭거나 현저히 개량된 재료, 장치, 제품, 공정, 시스템 및 용역의 생산을 위한 계획이나 설계에 적용하는 활동을 말한다. 일반기업회계기준 제11장 부록 실11.14에서는 개발단계에 속하는 활동의 일반적인 예로서 다음과 같이 규정하고 있다.

㉠ 생산 전 또는 사용 전의 시작품과 모형을 설계, 제작 및 시험하는 활동

㉡ 새로운 기술과 관련된 공구, 금형, 주형 등을 설계하는 활동
㉢ 상업적 생산목적이 아닌 소규모의 시험공장을 설계, 건설 및 가동하는 활동
㉣ 새롭거나 개선된 재료, 장치, 제품, 공정, 시스템 및 용역 등에 대하여 최종적으로 선정된 안을 설계, 제작 및 시험하는 활동

한편, 개발단계에서 발생한 지출은 다음의 조건을 모두 충족하는 경우에만 무형자산으로 인식하고, 그 외의 경우에는 경상개발비의 과목으로 하여 발생한 기간의 비용으로 인식한다(일반기준 11장 문단 11.20). 경상개발비는 개발활동과 직접 관련이 있거나 합리적이고 일관성 있는 기준에 따라 그러한 활동에 배부될 수 있는 모든 지출을 포함하며, 판매비와관리비로 분류한다.

㉠ 무형자산을 사용 또는 판매하기 위해 그 자산을 완성시킬 수 있는 기술적 실현가능성을 제시할 수 있다.
㉡ 무형자산을 완성해 그것을 사용하거나 판매하려는 기업의 의도가 있다.
㉢ 완성된 무형자산을 사용하거나 판매할 수 있는 기업의 능력을 제시할 수 있다.
㉣ 무형자산이 어떻게 미래 경제적 효익을 창출할 것인가를 보여줄 수 있다. 예를 들면, 무형자산의 산출물, 그 무형자산에 대한 시장의 존재 또는 무형자산이 내부적으로 사용될 것이라면 그 유용성을 제시하여야 한다.
㉤ 무형자산의 개발을 완료하고 그것을 판매 또는 사용하는 데 필요한 기술적·금전적 자원을 충분히 확보하고 있다는 사실을 제시할 수 있다.
㉥ 개발단계에서 발생한 무형자산 관련 지출을 신뢰성 있게 구분하여 측정할 수 있다.

경상개발비에 대한 자세한 설명은 '무형자산편의 개발비'를 참조하기 바란다.

13. 대손상각비

(1) 개 념

회사가 영업활동을 하다보면 외상매출금이나 받을어음 등의 매출채권, 그밖에 금전채권 성격의 채권에 대해 항상 회수불능 위험에 직면하게 되고 실제로 상대거래처의 지불능력의 상실로 회수가 불가능하게 되는 경우가 많다.

따라서 일반기업회계기준에서는 회수가 불확실한 채권에 대하여 합리적이고 객관적인 기준에 따라 산출한 대손추산액에서 대손충당금잔액을 차감한 금액을 대손상각비로 처리하도록 하고 있다.

일반기업회계기준 제6장【금융자산 · 금융부채】

6.17의 2. 회수가 불확실한 금융자산(제2절 '유가증권' 적용대상 금융자산은 제외)은 합리적이고 객관적인 기준에 따라 산출한 대손추산액을 대손충당금으로 설정한다.

(1) 대손추산액에서 대손충당금잔액을 차감한 금액을 대손상각비로 계상한다. 이 경우 상거래에서 발생한 매출채권에 대한 대손상각비는 판매비와 관리비로 처리하고, 기타 채권에 대한 대손상각비는 영업외비용으로 처리한다.

(2) 회수가 불가능한 채권은 대손충당금과 상계하고 대손충당금이 부족한 경우에는 그 부족액을 대손상각비로 처리한다.

(2) 기업회계상 회계처리

대손상각비를 올바르게 회계처리하기 위해서는 대손충당금의 회계처리에 대한 이해가 필수적이므로 항상 양자를 함께 생각하여야 한다.

한편, 대손충당금의 설정에 관한 자세한 설명은 대손충당금계정에서 하였으므로 여기에서는 주로 대손상각비라는 계정과목에 초점을 맞추어 일반기업회계기준에 입각한 계정처리를 알아본다.

① 실제대손처리시

실제로 대손이 발생하여 회수가 불가능한 경우에는 당해 채권과 이미 설정되어 있는 대손충당금을 상계처리하여야 한다. 만일 이 경우에 기 설정되어 있는 대손충당금이 부족하면 그 부족액은 대손상각비로 처리한다.

(차)	대 손 충 당 금	×××	(대) 매 출 채 권	×××
	대 손 상 각 비	×××		

사례 (주)삼일은 20×7. 8. 1. 을회사에 대한 매출채권 ₩16,000,000이 회수불가능하게 됨에 따라 동 채권을 대손처리하기로 하였다. 20×7. 8. 1. 현재 (주)삼일의 대손충당금 잔액은 ₩12,000,000이다.

(차)	대 손 충 당 금	12,000,000	(대) 매 출 채 권	16,000,000
	대 손 상 각 비	4,000,000		

② 대손충당금의 설정

결산시점에 합리적이고 객관적으로 산출한 대손추산액에서 대손충당금잔액을 차감한 금액을 대손상각비로 계상한다.

(차)	대 손 상 각 비	×××	(대) 대 손 충 당 금	×××

사례 (주)삼일은 20×7. 12. 31. 결산을 함에 있어서 대손추산액을 ₩30,000,000으로 산출하였다. 20×7. 12. 31. 현재 대손충당금 잔액은 ₩10,000,000이다.

(차) 대 손 상 각 비 20,000,000* (대) 대 손 충 당 금 20,000,000

* ₩30,000,000 − ₩10,000,000 = ₩20,000,000

③ 손익계산서에의 표시방법

일반기업회계기준에 따르면 상거래에서 발생한 매출채권에 대한 대손상각비는 판매비와 관리비로, 기타 채권에 대한 대손상각비는 영업외비용으로 기재하여야 한다.

여기에서 말하는 매출채권과 기타 채권을 일반기업회계기준상의 대손충당금 설정대상 채권의 범위에 비추어 구분하여 보면 다음과 같다.

- 매출채권 : 외상매출금, 받을어음
- 기타채권 : 단기대여금, 미수금, 장기대여금, 주주 · 임원 · 종업원 장기대여금, 관계회사대여금 및 기타 이와 유사한 채권

(3) 세무회계상 유의할 사항

대손상각과 관련한 세무회계의 자세한 설명은 '대손충당금편'을 참조하기 바란다.

14. 기타 영업비용

(1) 해고급여

1) 개념 및 범위

해고급여란 다음의 어느 하나의 결과로서, 종업원을 해고하는 대가로 제공하는 종업원급여를 말한다(일반기준 21장 부록 용어의 정의).

① 기업이 통상적인 퇴직시점 전에 종업원을 해고하는 결정

② 종업원이 해고의 대가로 기업에서 제안하는 급여를 받아들이는 결정

희망퇴직제도 등 명예퇴직제도를 시행함에 따라 기업은 퇴직하는 종업원에게 명예퇴직금이나 특별퇴직금 등 일반퇴직금 이외에 추가적인 종업원급여를 지급하는 경우가 있다. 이러한 경우, 기업이 종업원과의 근로계약관계를 종료하는 대가로 추가적인 급여의 지급을 종업원에게 제안하고 종업원이 이를 수락한 결과 명예퇴직금이나 특별퇴직금을 종업원에게 지급한다면, 이러한 종업원급여는 해고급여에 해당한다(일반기준 21장 부록 결21.23).

2) 기업회계상 회계처리

과거의 지급사례, 실무관행 등을 고려할 때, 공식적인 명예퇴직규정에 따라 명예퇴직자격을 충족하는 종업원이 명예퇴직 신청을 하면, 이를 대부분 승인하고 일반퇴직금 외에 특별퇴직금을 추가적으로 지급하는 정책을 기업이 가지고 있다면, 기업은 보고기간말 현재 명예퇴직 자격을 충족하는 종업원에 대한 특별퇴직금은 퇴직급여충당부채에 포함한다. 이와 달리 명예퇴직자격을 충족하는 종업원이 명예퇴직을 신청하면 기업의 제반여건에 따라 임의로 특별퇴직금의 지급을 결정하는 것이 기업의 정책이라면, 해당 지급액은 기업과 종업원 간의 근로계약관계를 종료하는 대가로 지급하는 추가적인 급여로 볼 수 있으므로 해고급여에 해당하고 그 금액을 신뢰성 있게 측정할 수 있다면 다음 중 이른 날에 부채와 비용을 인식한다(일반기준 21장 문단 21.5의 3, 부록 결21.24).

① 기업이 해고급여의 제안을 더는 철회할 수 없을 때

② 기업이 일반기업회계기준 제14장(충당부채, 우발부채 및 우발자산)의 적용범위에 포함되고 해고급여의 지급을 포함하는 구조조정 원가를 인식할 때

3) 세무회계상 유의사항

퇴직급여충당금을 손금에 산입한 내국법인이 일부 사업의 폐지 또는 중단 등으로 인하여 부득이하게 퇴직하게 되는 임직원에게 퇴직급여지급규정에 따라 명예퇴직금을 지급하는 경우, 동 금액은 퇴직급여충당금에서 지급하지 아니하고 직접 당해 사업연도의 손금에 산입할 수 있다(법기통 33-60…6 ②).

한편, 명예퇴직금은 임직원이 퇴직한 날 등 그 지급의무가 확정된 날이 속하는 사업연도의 손금에 산입하는 것이므로 기업회계상 비용을 인식한 시기와 차이가 발생한 경우에는 손금불산입(유보) 등의 세무조정이 필요할 것이다.

(2) 여비교통비

1) 개념 및 범위

여비교통비란 판매 및 관리부문에 종사하는 종업원 및 임원에 관한 여비나 교통비를 지급할 때 처리하는 계정으로 여비와 교통비로 나눌 수 있다.

여비란 기업의 임원이나 종업원이 업무수행을 위하여 장거리 지방출장을 가는 경우에 여비지급규정에 따라 지급되는 금액으로 통상 여비에는 운임, 일당, 숙박료, 식사대 등이 포함된다. 반면 교통비란 여비와 달리 가까운 거리에 출장가는 경우 소요된 실비로서 교통비(택시, 버스, 지하철요금 등), 고속도로통행료, 주차료 등을 포함한다.

여비나 교통비를 위와 같이 별도로 구분하여 쓸 수 있으나 둘을 구분해야 할 실익이 없

으므로 보통 여비교통비로 묶어서 같이 사용하고 있다.

여비교통비는 업무수행상 통상 필요한 금액으로 출장의 사실과 여비지급규정에 따라 비용이 지출되어지기 때문에 동 비용은 실비변상적 성격이어야 하며 출장처, 출장목적, 출장기간 등의 사실관계로부터 여비교통비의 타당성을 입증하여야만 한다.

또한 교통비의 명목으로 월정액으로 지급되는 시내교통비는 급여로 간주되기 때문에 근로소득세를 원천징수하여야 하고 또 그렇게 지급받는 자는 근로소득으로서 종합소득에 합산하여야 한다.

2) 기업회계상 회계처리

여비교통비 중 제조부문 종업원의 여비교통비는 제조원가의 경비에 해당하는 여비교통비로 구분 · 기재되고 기타 여비교통비는 판매비와관리비에 포함한다. 또한 여비교통비의 지급방법은 통상 사전에 개산액을 가지급하였다가 후일에 확정액으로 정산한 후 동 확정금액을 비용으로 처리하는 방법을 주로 사용하고 있다. 이 때는 특히 기말에 출장이 끝나지 않은 가불여비에 대하여 미정산으로 남지 않도록 유의하여야 한다.

만일 버스 및 전철 등의 회수권 등을 구입한 경우에는 일단 선급비용으로 처리한 후 사용시마다 여비교통비계정에서 처리하거나 구입시 여비교통비로 처리하였다가 기말에 미사용분을 선급비용으로 대체하는 방법을 사용할 수 있다.

사례 1 종업원이 지방에 출장가게 되어 현금 ₩2,800,000을 개산하여 지급하였다.

(차)			(대)	
	가 지 급 금	2,800,000	현금 및 현금성자산	2,800,000

사례 2 지방으로 출장간 종업원이 회사에 돌아와서 다음의 여비정산서를 제출하였다. 이를 분개하라.

- 교 통 비 ₩650,000 • 접 대 비 ₩1,000,000
- 잡 비 ₩40,000 • 현 금 반 환 액 ₩110,000
- 숙박비 · 식사대 ₩1,000,000

(차)			(대)	
	여 비 교 통 비	1,650,000	가 지 급 금	2,800,000
	접 대 비	1,000,000		
	잡 비	40,000		
	현금 및 현금성자산	110,000		

3) 세무회계상 유의할 사항

① 국내 여비교통비

기업이 지출한 여비교통비의 금액이 실비변상적인 경비의 한계를 초과하여 과대하게 지출된 경우에는 세법상 동 초과금액은 그것을 받은 자의 근로소득으로 보게 된다.

또한 기업이 임원에게 여비교통비의 명목으로 지출한 것이라 할지라도 그 용도가 분명하지 않을 때에는 실질적으로는 그 임원에게 급여를 지급한 것과 똑같은 경제적 효과를 가져오는 것이므로 여비교통비로서의 손금성을 부인하고, 그 임원에 대한 상여로 간주한다. 따라서 언제나 출장지, 출장용무, 출장기간 등의 사실관계를 분명하게 해 두어야 한다.

그러나 종업원이 소유하거나 본인 명의로 임차한 차량을 종업원이 직접 운전하여 사용주의 업무수행에 이용하고 시내출장 등에 소요된 실제 여비를 지급받는 대신에 그 소요경비를 당해 사업체의 규칙 등으로 정하여진 지급기준에 따라 지급받는 금액 중 월 20만원 이내의 금액은 비과세하도록 하고 있다(소령 12조 3호). 다만, 종업원이 시내출장 등에 따른 여비를 별도로 지급받으면서 연액 또는 월액의 자가운전보조금을 지급받는 경우 시내출장 등에 따라 소요된 실제 여비는 실비변상적인 급여로 비과세되나, 자가운전보조금은 근로소득에 포함된다는 점에 유의하여야 한다(소기통 12－12…1). 또한 기업이 자가운전비로 매월 20만원이 넘는 금액을 정액으로 지급한다면 20만원까지는 비과세소득으로 처리하고 20만원을 넘는 금액은 근로소득으로 보아 원천징수해야 할 것이다.

기업이 임원이나 종업원에게 지출한 여비교통비 중에 출장지에서 사실상 거래처를 접대한 비용 등이 포함되어 있을 때에는 세법상 이를 여비교통비로 취급하지 않고 기업업무추진비로 보아 기업업무추진비의 시부인계산을 해야 한다.

또한 임원 또는 직원의 국내여행과 관련하여 지급하는 여비는 당해 법인의 업무수행상 통상 필요하다고 인정되는 부분의 금액에 한하여 손금산입하며 초과되는 부분은 당해 임원 또는 직원의 급여로 한다. 따라서 법인의 업무수행상 필요하다고 인정되는 범위 안에서 지급규정, 사규 등의 합리적인 기준에 의하여 여비교통비를 계산하고 거래증빙과 객관적인 자료에 의하여 지급사실을 입증하여야 한다. 다만, 사회통념상 부득이하다고 인정되는 범위 내의 비용과 당해 법인의 내부통제기능을 감안하여 인정할 수 있는 범위 내의 지급은 그러하지 아니하다(법기통 19－19…36).

한편, 내국법인이 임원 또는 직원이 아닌 지배주주 및 그 특수관계자에게 지급한 여비 또는 교육훈련비는 손금에 산입하지 아니한다(법령 46조).

② 해외 여비교통비

여비교통비는 비교적 그 금액이 적기 때문에 기간손익에 미치는 영향도 미미하여 기업회계상 또는 세법상 특별히 논의의 대상이 되지 못하였으나, 80년대 중반 이후 무역거래가 활발해지고 우리나라 기업의 해외진출이 두드러짐에 따라 특히 해외여비의 금액이 상대적으로 기업의 손익에 미치는 영향이 커졌고, 이러한 비용은 그 비용의 성질상 업무를 수행하기 위한 비용과 개인적인 여행에 수반하는 비용을 구분하기 어렵기 때문에 법인세법 기본통칙은 이에 대한 자세한 구분기준을 마련하고 있다.

법인의 임원 또는 직원의 해외시찰 · 훈련에 대하여 지급하는 여비는 그 시찰 · 훈련이 당해 법인의 업무수행상 꼭 필요한 것이고, 또 시찰 · 훈련을 위해 통상 필요하다고 인정되는 금액이라면 당연히 손비가 되어야 한다. 여기에서 해외시찰 · 훈련이라고 함은 업무와 관련 있는 여비교통비, 교육훈련비의 성격을 가진 해외여행을 의미한다. 이와 같이 임원 또는 직원의 해외여행에 관련하여 지급하는 여비는 그 해외여행이 당해 법인의 업무수행상 통상 필요하다고 인정되는 부분의 금액에 한한다. 따라서 법인의 업무수행상 필요하다고 인정되지 아니하는 해외여행의 여비와 법인의 업무수행상 필요하다고 인정되는 금액을 초과하는 부분의 금액은 원칙적으로 당해 임원 또는 직원에 대한 급여로 한다. 다만, 그 해외여행이 여행기간의 거의 전 기간을 통하여 분명히 법인의 업무수행상 필요하다고 인정되는 경우에는 그 해외여행을 위해 지급하는 여비는 사회통념상 합리적인 기준에 의하여 계산하고 있는 등 부당하게 다액이 아니라고 인정되는 한 당해 법인의 손금으로 한다(법기통 19-19…22).

그러나 그 해외여행이 법인의 업무수행상 필요하다고 인정되지 않는 경우, 즉 단순히 관광이라든가 또는 법인의 업무수행상 필요한 해외여행이라 하더라도 통상 필요하다고 인정되는 금액을 초과하는 금액은 임원이나 직원의 급여로 보아야 한다.

임원 또는 직원의 해외여행이 법인의 업무수행상 필요한 것인가는 그 여행의 목적, 여행지, 여행경로, 여행기간 등을 참작하여 판정한다. 다만, 관광여행의 허가를 얻어 행하는 여행, 여행알선업자 등이 행하는 단체여행에 응모하여 행하는 여행 및 동업자단체, 기타 이에 준하는 단체가 주최하여 행하는 단체여행으로서 주로 관광목적이라고 인정되는 것은 원칙적으로 법인의 업무수행상 필요한 해외여행으로 보지 아니한다(법기통 19-19…23).

③ 업무용 승용차 관련비용

업무용 승용차와 관련한 세무회계의 자세한 설명은 '유형자산편'을 참조하기 바란다.

(3) 통신비

1) 의 의

통신비란 전화, 전신료, 우편료, telex 사용료 등과 전신 · 전화장치 등의 유지를 위하여 지급한 비용으로서 판매 및 관리활동과 관련하여 발생한 비용을 말한다.

2) 기업회계상 회계처리

전화료 등 통신비를 지출한 때에는 통신비계정의 차변에 기입한다.

사례 (주)삼일의 당월분 전화요금 ₩500,000을 현금으로 납부하였다.

(차) 통　　신　　비　500,000　(대) 현금 및 현금성자산　500,000

기업이 우표나 엽서 등을 사용시에 구입하는 경우에는 그것을 구입할 때마다 통신비계정으로 처리하여도 되지만, 이들을 일시에 다량구입하는 경우에는 선급비용 등으로 자산계상한 다음, 사용할 때마다 통신비로 대체하는 방법을 채용하여야 한다.

그러나 구입시에 통신비로서 비용계상하고 기말의 미사용분을 현금, 저장품 또는 선급비용으로서 자산으로 계상하는 방법도 인정된다. 이 경우에 금액적으로 중요성이 없을 때에는 계속적으로 구입시에 비용처리하고, 이것을 자산으로 계상하지 않는 방법을 적용하여도 무방하다. 그리고 봉투나 통신용지 등이 다른 사무에도 공용되기 때문에 통신비와의 구분이 곤란한 경우에는 이들에 관한 비용을 소모품비에 포함시켜 처리하여도 된다.

(4) 수도 · 광열비

1) 의 의

수도료, 전력료, 가스대, 중유, 석탄 기타의 연료대 등에 소요되는 비용을 통틀어 수도광열비라 한다. 한편, 수도광열비는 제조를 위하여 사용된 것과 기타의 용도에 사용된 것과의 구분이 어려운 경우가 있으나, 계량기 등에 의하여 가능한 한 정확하게 제조경비 및 판매비와관리비로 구분할 필요가 있다.

2) 기업회계상 회계처리

① 수도광열비의 계상

원가계산시 수도광열비는 지급이 수반되는 것이므로 수도광열비(특히 수도료, 전기료, 가스료)의 소비액을 결정하기 위해서는 지급을 위한 검침일과 원가계산의 마감일이 상이한 것이 보통이다.

이러한 경우에는 기업 스스로가 원가계산 기말에 당해 원가계산 기간 중의 수도광열비의 소비량을 계량기에 의하여 측정하고, 여기에 소정의 단가를 곱하여 수도광열비의 소비액을 측정하는 방법을 쓴다.

화학비료 등과 같이 전력이 제품제조에 있어서 주된 소재가 되는 경우에는 전력료가 원료비로서 처리된다.

그리고 기업 내에서 용수의 취득 또는 전력 · 증기 등의 동력을 생산하고 있는 경우에는 용수부문이나 동력부문을 설정하여 부문별 계산을 하기도 하지만, 때로는 용수 · 동력부문의 운전 · 유지에 필요한 감가상각비, 소모품비, 용수 · 동력관계 인원의 급료 · 임금, 기타 수도광열비의 공급에 관련하는 제경비를 용수비 · 동력비 등의 항목을 설정하여 처리하기도 한다.

또 부동산임차료에 냉 · 난방비가 포함되어 있을 때 당해 냉 · 난방비를 수도광열비로 구

분할 수 없는 경우에는 임차료 또는 관리비용으로 계상한다.

수도광열비가 포함되어 있는 경우에도 이에 준하여 처리하면 된다.

② **수도광열비의 회계처리**

수도료, 전력료, 가스료 등은 그 사용량을 계량한 다음에 각각 청구되기 때문에 기말에는 미지급비용을 계상하지 않으면 안된다. 그러나 그 금액이 소액이거나 매월 계속하여 거의 평균적으로 발생하는 경우에는 현금기준에 따라 처리하여도 무방하다 할 것이다.

사례 (주)삼일의 당월분 수도료, 전력료, 가스료의 지급액은 다음과 같으며 제조경비 및 판매비와관리비로 배분하는 배부기준은 다음과 같다.

	지 급 액	제조비 배분율	기타 배분율
수도료	₩500,000	70%	30%
전력료	3,400,000	85%	15%
가스료	1,200,000	80%	20%

(차) 수 도 광 열 비 (제 조 원 가)	4,200,000*	(대) 현금 및 현금성자산	5,100,000
수 도 광 열 비 (판매비와관리비)	900,000**		

* ₩500,000 × 70% + ₩3,400,000 × 85% + ₩1,200,000 × 80% = ₩4,200,000

** ₩500,000 × 30% + ₩3,400,000 × 15% + ₩1,200,000 × 20% = ₩900,000

(5) 수선비

1) 의 의

자산을 취득한 후에 정상적으로 계속 가동시키기 위해서는 수선과 유지에 필요한 지출이 끊임없이 발생한다. 예컨대, 소모품의 성질을 갖고 있는 부분품에 대한 지출, 기계의 세척비 및 윤활유비 등을 계속 지출하여야 하는데, 이러한 지출은 단지 자산이 원래 갖고 있던 미래용역잠재력을 유지하는 데 도움이 될 뿐 미래용역잠재력 자체를 현저하게 증가시키거나 자산의 내용연수를 현저하게 연장시키지는 못한다. 이와 같이 당해 유형자산의 원상을 회복시키거나 능률유지를 위한 지출로서 판매 및 관리와 관련 있는 수선유지비를 수선비계정에 처리한다.

2) 기업회계상 회계처리

① **수선비의 회계처리**

유형자산의 수선·유지를 위한 지출은 해당 자산으로부터 당초 예상되었던 성능수준을 회복하거나 유지하기 위한 것이므로 일반적으로 발생한 기간의 비용으로 인식한다. 예를 들면, 영업용 건물에 대한 유지·보수나 수리를 위한 지출은 당초 예상되었던 성능수준을 향상시켜주기보다는 유지시켜주기 위한 지출이므로 비용으로 처리한다.

사례 영업용 건물 및 벽의 도장공사비로 ₩500,000을 현금지출하였다.

(차) 수 선 비 500,000 (대) 현금 및 현금성자산 500,000

한편, 유형자산의 사용가능기간 중 정기적으로 이루어지는 종합검사, 분해수리와 관련된 지출로서 다음의 인식요건을 모두 충족하고 당해 지출을 별개의 감가상각 대상자산으로 인식할 수 있는 경우에는 자본적 지출로 처리한다(일반기준 10장 문단 10.16).

㉠ 자산으로부터 발생하는 미래 경제적 효익이 기업에 유입될 가능성이 매우 높다.

㉡ 자산의 취득원가를 신뢰성 있게 측정할 수 있다.

② 수익적 지출과 자본적 지출의 구분

자산이 취득된 후에 발생하는 지출에 대한 일반적인 회계지침은 그 지출이 자산의 용역잠재력을 현저하게 증가시키는 경우에는 이를 자본화하여 미래기간에 배분하고, 그렇지 않은 경우에는 발생시점에서 당기비용으로 처리하는 것이다. 이 때 용역잠재력을 현저하게 증가시키는 지출을 자본적 지출(capital expenditure)이라 하고, 그렇지 못하는 지출을 수익적 지출(revenue expenditure)이라 한다. 수익적 지출은 그 지출의 효과가 당기의 수익을 창출하는 데만 영향을 미치고 미래기간에는 효익을 제공하지 않기 때문에 수익·비용대응의 원칙에 따라 수익이 창출되는 당기에 비용으로 인식한다. 예컨대, 자산의 용역잠재력을 일정수준으로 유지하는 데 소요된 지출은 당기에 소멸된 용역잠재력에 해당하는 것이므로 이는 당연히 당기비용으로 처리하여야 한다.

자본적 지출과 수익적 지출의 기준에 관하여 일반기업회계기준 제10장에서는 다음과 같이 규정하고 있다.

일반기업회계기준 제10장【유형자산】

10.14. 유형자산의 취득 또는 완성 후의 지출이 문단 10.5의 인식기준을 충족하는 경우(예 : 생산능력 증대, 내용연수 연장, 상당한 원가절감 또는 품질향상을 가져오는 경우)에는 자본적 지출로 처리하고, 그렇지 않은 경우(예 : 수선유지를 위한 지출)에는 발생한 기간의 비용으로 인식한다.

3) 세무회계상 유의할 사항

자본적 지출과 수익적 지출에 관련한 자세한 설명은 '유형자산편'을 참고하기 바란다.

(6) 보험료

1) 의 의

보험료란 판매와 관리사무용 건물, 비품, 차량운반구 등에 대한 화재 내지 손해보험 등의 보험료, 판매와 관련된 해상보험료, 취득 후 보관 중인 재고자산에 대한 화재보험료 및 제조물 배상책임보험에 대한 보험료 등을 말한다. 따라서 산재보험, 건강보험에 대한 보험료 중 판매와 관리활동에 종사하는 종업원에 대한 기업주부담분은 복리후생비에 해당한다.

2) 기업회계상 회계처리

① 보험료의 계상

공장에서 사용하는 건물, 기계장치, 원자재, 재공품 등에 대한 보험료는 제조경비로 회계처리하고 공장 이외의 판매활동 및 관리활동을 위하여 사용되는 건물, 차량운반구, 비품 또는 보관 중인 완성품 등에 대한 보험료는 판매비와관리비로 처리하여야 한다.

자산을 취득한 때에 발생한 보험료는 매입부대비용으로서 당해 자산의 취득원가에 산입한다.

또 건강보험, 산재보험, 국민연금 등에 대한 보험료 중에서 사업주부담분은 복리후생비로서 공장종업원에 대한 것은 제조경비로 처리되며, 판매 및 관리에 종사하는 종업원에 대한 것은 판매비와관리비로 처리되어야 한다.

② 보험료의 회계처리방법

사례 (주)삼일은 20×7. 10. 1.에 보험회사와 보험계약을 맺고 영업용 건물에 대하여 화재보험료 1년분 ₩4,800,000을 현금으로 지급하였다.

1. 선급비용으로 계상하고 매월 비용으로 대체하는 방법

가. 보험료를 지급한 때

(차) 선 급 비 용	4,800,000	(대) 현금 및 현금성자산	4,800,000

나. 매월 비용으로 대체한 때

(차) 보 험 료	400,000	(대) 선 급 비 용	400,000

2. 비용으로 계상하고 기말에 미경과액을 선급비용으로 대체하는 방법

가. 보험료를 지급한 때

(차) 보　험　료	4,800,000	(대) 현금 및 현금성자산	4,800,000

나. 기말에 미경과액(9개월분)을 선급비용으로 대체한 때

(차) 선 급 비 용	3,600,000	(대) 보　험　료	3,600,000

③ 손해보험료의 처리

기업이 가입하는 보험은 보험의 목적물에 따라 생명보험과 손해보험으로, 가입목적에 따라 보장성 보험과 저축성 보험으로 구분할 수 있는데, 만기환급조건이 없는 손해보험 등 보장성 보험의 경우 그 특성상 보험사고가 발생하지 않는 한 보험료를 수령할 수 없기 때문에 보험료계정으로 처리한다. 반면 저축성 보험의 경우 보험료 납입액 중 보장성 보험료 상당액 등은 비용으로 처리하고, 나머지 부분은 자산으로 처리한다.

한편, 원재료, 상품, 유형자산 등의 구입시 부보(附保)되는 운송보험은 매입부대비용으로서 재고자산 · 유형자산 등의 취득원가에 산입되고, 상품 · 제품의 판매에 있어서 판매자가 그 상품 · 제품에 부보한 손해보험의 지급보험료(제조물 배상책임보험에 대한 보험료 포함)는 판매비가 된다.

다만 만기환급금이 지급되는 보험의 경우에는 지급보험료에서 저축성 보험료 상당액을 차감한 잔액을 취득원가 또는 비용으로 계상한다.

3) 세무회계상 유의할 사항

① 장기손해보험금과 적립보험료의 처리

기업이 보험기간 만료 후에 만기반환금을 지급하겠다는 뜻의 약정이 있는 손해보험에 대한 보험료를 지급한 경우에는 그 지급한 보험료액 가운데서 적립보험료에 상당하는 부분의 금액은 자산으로 계상하고, 기타 부분의 금액은 이를 기간의 경과에 따라 손금에 산입한다(법기통 19-19…9).

이 경우 지급한 보험료액에서 적립보험료에 상당하는 부분(만기반환금에 충당할 부분)의 금액과 기타의 부분(위험보험료 및 부가보험료에 상당하는 부분)의 금액과의 구분은 보험료안내서, 보험증권첨부서류 등에 의하여 구분하여야 할 것이다.

일반적으로 화재보험료는 「위험보험료+부가보험료」로 구성되어 있으며, 장기손해보험료의 구성요소는 「위험보험료+부가보험료+적립보험료」로 되어 있다. 여기서 위험보험료란 예정된 보험사고발생의 위험부담액(비용)을 말하며, 부가보험료란 보험회사의 신계약비, 모집비, 유지비 등에 충당하기 위한 사업비(비용)를 말한다.

또한 적립보험료란 보험기간 만료 후의 만기반환금에 충당되는 부분의 금액을 말한다.

그리고 법인이 장기손해보험계약에 대하여 자산으로 계상하고 있는 적립보험료에 상당하는 부분의 금액은 보험사고의 발생에 의하여 보험금의 지급을 받은 경우에 있어서도 그 지급에 의하여 당해 손해보험계약이 실효되지 아니하는 경우에는 이를 손금에 산입하지 아니한다.

② 생명보험계약과 급여의 처리

종업원이 계약자이거나 종업원 또는 그 배우자 기타의 가족을 수익자로 하는 보험료 등은 다음의 금액을 제외하고는 세법상 이를 종업원에 대한 급여로 보게 된다(소령 38조 1항 12호, 17조의 4 3호).

㉠ 종업원의 사망·상해 또는 질병을 보험금의 지급사유로 하고 종업원을 피보험자와 수익자로 하는 보험으로서 만기에 납입보험료를 환급하지 아니하는 단체순수보장성보험과 만기에 납입보험료를 초과하지 아니하는 범위 안에서 환급하는 단체환급부보장성보험의 보험료 중 연 70만원 이하의 금액

㉡ 임직원의 고의(중과실 포함) 외의 업무상 행위로 인한 손해의 배상청구를 보험금의 지급사유로 하고 임직원을 피보험자로 하는 보험의 보험료

③ 임차건물 등을 보험에 가입한 경우의 보험료

법인이 임차하고 있는 건물 등에 관한 보험계약에 대하여 보험료를 지급한 경우에는 당해 보험료는 다음에 게기하는 구분에 따라 처리하여야 한다(법기통 19－19…10).

㉠ 임차한 법인이 보험계약자로 되고, 당해 건물 등의 소유자가 피보험자로 되어 있는 경우 그 지급한 보험료액 중에서 적립보험료에 상당하는 부분의 금액은 만기 또는 보험계약해지시까지 자산으로 계상하고, 기타 부분의 금액은 이를 기간의 경과에 따라 손금에 산입한다.

㉡ 당해 건물 등의 소유자가 보험계약자 및 피보험자로 되어 있는 경우
임차법인이 부담한 보험료의 전부를 당해 건물 등의 임차료로 처리한다.

따라서 법인이 보험계약자, 소유자가 피보험자의 경우에는 적립보험료에 상당하는 부분의 금액은 일정 시점까지 자산계정이 되지만, 그 계약자도 피보험자도 모두 소유자로 되어 있으며 법인은 단지 보험료의 지급의무만을 지고 있을 때에는 보험료의 전액이 임차료로서 처리된다.

(7) 보관료

1) 개념 및 범위

보관료란 상품·제품·원재료·부산물을 창고에 보관하는 데 소요되는 비용을 처리하는

계정이다. 보관에 소요되는 비용에는 자가창고료 및 외부에 보관하는 비용이 있을 수 있다.

외부창고에 보관시 단순히 보관료만 지급하고 보관하는 것 외에도 창고를 일정기간 임차하여 자사물건의 보관에 이용할 수 있다. 통상적으로 자기창고는 창고에 대한 감가상각비 등을 계상하고 있으므로 보관료계정을 사용하지 않고 있으며, 창고를 임차하여 사용시에는 임차료계정을 사용한다. 따라서 보관료계정은 외부창고에 일정 금액을 주고 보관시 처리하는 계정이라 할 수 있다.

2) 기업회계상 회계처리

보관료에 대한 회계처리는 발생시에 다음과 같이 처리한다.

(차) 보 관 료	×××	(대) 현금 및 현금성자산	×××

이하에서는 이에 대한 사례를 검토한다.

사례 1 (주)삼일은 이 달분의 보관료 ₩500,000을 현금으로 지급하였다.

(차) 보 관 료	500,000	(대) 현금 및 현금성자산	500,000

사례 2 이 달의 사내창고에 관한 비용은 다음과 같다.

- 창고의 감가상각비(월할배부액)··············₩1,000,000
- 창고종사원에 대한 급여··························₩300,000

(차) 감 가 상 각 비	1,000,000	(대) 감 가 상 각 누 계 액	1,000,000
급 여	300,000	현금 및 현금성자산	300,000

사례 3 외부로부터 임차한 창고에 대한 임차료 ₩500,000을 현금으로 지급하였다.

(차) 임 차 료	500,000	(대) 현금 및 현금성자산	500,000

(8) 견본비

1) 개 요

견본비란 상품·제품의 품질, 형상 등을 거래처 또는 사용자 등에게 알리기 위하여 상품·제품 등의 일부를 시용(試用)시킬 목적으로 제공하는 데 따르는 비용을 말한다.

견본비는 판매촉진을 위한 비용의 일종으로 일반적으로 불특정다수인에 배포된다는 점에서 광고선전비와 유사하나, 상품·제품 등을 제공하는 경우는 이를 광고선전비와 구분하여 견본비로 처리하는 것이 보통이다.

그러나 일반기업회계기준상 견본비로 처리된 것이라 하더라도 배포한 제품이 자사의 판매제품과 관계없는 제품이거나 배포한 수량이 통상 인정될 만한 수량을 초과하는 경우에는 세무상 견본비로 인정받기 어렵다.

2) 기업회계상 회계처리

기업은 신제품의 판매나 그 판매를 촉진시키기 위하여 자기의 거래처 등에게 견본품이나 시용품을 종종 제공하게 된다. 따라서 견본품이나 시용품은 일반적으로 불특정다수인에 대한 선전적 효과를 목적으로 하는 경우가 대부분이기 때문에 견본품이나 시용품의 제공에 의하여 통상적으로 소요되는 비용은 이것을 접대비로 처리하지 않고 광고선전비로서 처리하는 것이 일반적이다. 견본품이나 시용품 등의 제공에 의하여 발생한 비용을 광고선전비로서 처리할 때에는 세무조정과 관련하여 다음과 같은 점에 특히 주의하지 않으면 안된다.

광고선전은 불특정다수인을 대상으로 하는 것이 그 조건으로 되어 있다. 따라서 견본품이나 시용품을 판매가능한 형태에 있어서 특정업자에게만 국한해서 제공한 경우에는 이를 광고선전비로 처리하지 않고 접대비로서 처리하여야 한다.

광고선전비로 취급되는 견본품이나 시용품의 제공은 통상적으로 소요되는 비용이어야 한다는 것이 그 전제조건으로 되어 있다. 따라서 통상적으로 소요되는 비용액을 초과한 경우에는 그것은 광고선전목적으로 보기 어렵다.

사례 1. (주)삼일은 신제품의 판매를 촉진하기 위하여 견본으로서 1,000개(@ ₩10)의 제품을 각 거래처에 제공하였다.

(차) 견 본 비	10,000	(대) 제 품	10,000

2. 견본품을 특별히 제조하여 거래처에 보내기 위하여 1,000개(@ ₩20)를 제조 완료하다.

(차) 견 본 품	20,000	(대) 재 공 품	20,000

3. 위의 견본품 중 500개를 부산지방의 거래처에 견본품으로서 공급하다.

(차) 견 본 비	10,000	(대) 견 본 품	10,000

3) 세무회계상 유의할 사항

세무상으로는 견본비계정의 성격을 검토하여 기업업무추진비로 처리되어야 할 부분은 기업업무추진비에 포함시켜 기업업무추진비 시부인계산을 하여야 한다. 예를 들어, 자사판매제품과 관계없는 제품이라든가, 배포한 수량이 통상 인정될 만한 수량을 넘고 특정인에게 배포한 것은 회계상 견본비로 처리했다 하더라도 견본비로 인정하기는 어렵다.

한편, 법인이 해외시장의 개척을 위하여 해외에 견본품을 무상으로 송부하는 경우에 손금산입시기는 송부일이 속하는 사업연도로 한다(법기통 19-19…21).

(9) 포장비

1) 의 의

포장비란 상품 또는 제품의 포장과정에서 발생하는 비용으로, 제품 또는 상품의 종류에 따라 상이하다.

상품의 포장비는 일반적으로 판매비와관리비로 회계처리하지만, 일정한 포장을 하지 않으면 제품으로서 판매할 수 없는 소다 · 약품 · 화장품 · 과자제조업 등과 같은 경우의 포장비는 제조원가에 산입한다.

2) 기업회계상 회계처리

① 포장비의 계상

포장비를 기능별로 파악하는 경우 이에 포함되는 항목으로는 관리자 · 감독자 · 사무원의 급여, 포장재료비, 감가상각비 등이 있다.

그리고 외부에 포장작업을 의뢰하고 있는 경우의 지급액도 포장비에 포함하여 처리하는 것이 원칙이지만, 운송회사 등에 포장작업을 포함하여 발송을 의뢰하고 있을 때에는 포장비와 발송운임의 총액을 운송비계정으로 처리함으로써 포장비를 구분하지 않는 경우가 많다.

공장에서 제품을 포장하는 경우, 즉 제조공정이 끝난 제품을 포장하는 데 소요된 비용은 제조경비에 속한다. 따라서 판매비로서의 포장비는 공장에서 포장이 끝난 제품을 거래처에 발송하기 위하여 포장작업을 하여 발송을 위한 준비를 하는 일체의 비용을 말한다.

② 포장비의 회계처리방법

포장재료는 일괄하여 구입하는 것이 일반적이므로 그에 대한 처리방법을 요약하면 다음과 같다.

㉠ 구입시 저장품계정으로 처리하고, 결산시에는 그 사용량을 포장비계정으로 대체하는 방법

㉡ 구입시 포장비계정으로 처리하고, 결산시에는 그 미사용량을 포장비계정으로부터 저장품계정으로 대체하는 방법

㉢ 구입시 포장비계정으로 처리하고, 결산시에는 그 미사용액이 있더라도 이것을 무시하고, 포장비계정으로부터 저장품계정으로 대체하지 않는 방법

사례 (주)삼일은 당해 사업연도 중에 일괄하여 포장재료 ₩5,000,000을 구입하였으며 연말 결산시 재고실사한 결과 미사용분은 ₩1,000,000이다.

1. 구입시 자산으로 계상하는 방법

① 구입시의 분개

(차) 저 장 품	5,000,000	(대) 현금 및 현금성자산	5,000,000

② 사용시의 분개

(차) 포 장 비	4,000,000	(대) 저 장 품	4,000,000

2. 구입시에 포장비로 계상하는 방법

① 구입시의 분개

(차) 포 장 비	5,000,000	(대) 현금 및 현금성자산	5,000,000

② 결산시의 정리분개

(차) 저 장 품	1,000,000	(대) 포 장 비	1,000,000

3) 세무회계상 유의할 사항

판매를 목적으로 하지 아니하는 법인의 소유자산인 용기는 원칙적으로 유형자산으로 회계처리하는 것이나, 내용물을 포함하여 판매하는 용기(포장재료)는 재고자산으로 처리한다(법기통 42－74…5).

(10) 운반비

1) 의 의

운반비란 판매와 관련하여 회사의 제품이나 상품을 거래처에 운반해 주는 과정에서 발생하는 비용을 말한다. 판매비와관리비로서의 운반비는 원재료, 상품 또는 유형자산의 구입시 매입부대비용으로서 취득원가에 산입되는 운반비와 구분되어야 한다.

2) 기업회계상 회계처리

① 운반비의 회계처리

가. 운송회사에 위탁한 경우

(가) 상품 또는 제품의 판매에 의한 발송운임

상품의 판매에 수반하는 발송운임은 그 판매에 의하여 실현하는 수익에 부담시켜야 할 비용이다. 따라서 그것은 판매를 위하여 상품을 발송하였을 때에 비용으로 계상하여야 한다.

(나) 위탁판매를 위해 상품을 발송한 경우

이러한 경우의 지출은 장래에 있어서 상품을 판매하기 위한 지출이므로 적정한 기간손익계산을 위하여 상품(적송품)계정에 산입하여야 한다.

나. 자사의 차량운반구에 의한 경우

상품의 발송을 자사의 차량운반구에 의하여 실시한 때에는 영업부문 내의 그에 관한 차량운반구의 가동 · 유지에 필요한 연료비, 소모품, 차량운반구의 감가상각비 및 상품발송계의 인건비 기타의 제경비의 처리문제가 발생한다.

이러한 제비용은 기능면에서 볼 때 운반비계정에 포함되는 것이 이론적이나 현행 실무에서는 형태별 구분에 따라 각 항목별로 해당 계정과목으로 처리한다.

다. 거래처가 운송비를 부담하는 경우

상품발송을 위한 지출액이 거래처부담분일 때는 해당 회사의 경비에 산입할 수 없다.

(11) 판매수수료

1) 개 요

판매수수료란 회사가 판매회사 등에 대하여 지급하는 판매에 관한 수수료를 말한다. 즉, 이것은 상품이나 제품의 매출 또는 역무의 제공에 의한 수익의 실현에 따라 중개인, 판매수탁자 등 외부자에게 지급하는 판매에 관한 수수료이다. 이는 상품이나 제품의 판매에 직접 소요된 비용인 판매수수료로서 당기 비용으로 처리되어야 하며 매출원가나 이연비용으로 처리되어서는 안된다.

일반기업회계기준상 판매비와관리비 중 판매비의 하나인 판매수수료는 상품 또는 제품의 취급과정에서 발생한 것이나 구매과정에서 발생한 수수료 등과는 구분되어야 한다.

왜냐하면 상품이나 원재료를 구매하기 위해서 지급하는 수수료는 당해 자산의 취득에 관한 부대비용으로 취득원가에 가산하여야 하기 때문이다.

2) 기업회계상 회계처리

① 지급수수료와의 구분

판매수수료는 판매에 직접 소요된 비용이므로, 수수료이나 그 성격이 다른 공인회계사에 대한 감사수수료, 변호사에 대한 수수료 등과는 구분하는 것이 바람직하다.

또한 고용관계에 있는 종업원에게 판매액에 따라 지급하는 판매수당이 있다면 이는 급여의 성격으로 볼 수 있다. 그러나 고용관계에 있지 아니한 자에 대하여 지급한 것은 판매수수료로 계상하여야 할 것이다.

② 판매수수료의 회계처리

가. 수탁판매자에 지급시

위탁판매거래의 경우 수탁판매자에 대하여 판매수수료를 지급한다. 일반기업회계기준 제

16장 부록 사례4에 의하면 위탁매출액은 수탁자가 위탁품을 판매한 날에 실현되는 것으로 하도록 규정하고 있다. 따라서 판매수수료도 상품·제품의 판매에 직접적으로 소요된 비용이므로 수익을 계상한 연도의 비용으로 처리하는 것이 수익·비용대응의 원칙에 타당하다.

사례 (주)삼일은 위탁판매처인 병상점이 다음과 같이 매출하였음을 통보받았다.

- 수탁품 판매단가 : 1개당 ₩200
- 수탁품 판매수량 : 2,000개
- 판매수수료 : 매출액의 5%

(차) 적송외상매출금	380,000	(대) 적송품매출	400,000
판매수수료	20,000		

이 때 주의할 것은 판매수수료를 매출액에서 직접 차감하여 계상할 수는 없다는 것이다. 즉, 상기의 [사례]에서

(차) 적송외상매출금	380,000	(대) 적송품매출	380,000

과 같이 처리할 수 없다. 왜냐하면, 일반기업회계기준 제2장 문단 2.57에 의하면 "수익과 비용은 각각 총액으로 보고하는 것을 원칙으로 한다"라고 하여 총액주의를 표방하고 있기 때문이다.

나. 중개인에게 지급시

판매에 대한 수수료의 지급처가 중개인인 경우에도 판매수수료로 회계처리한다. 예를 들어, 회사제품의 판매를 주선한 을회사에 대하여 ₩30,000을 현금지급한 경우의 분개는 다음과 같다.

(차) 판매수수료	30,000	(대) 현금 및 현금성자산	30,000

③ 결산시 유의할 사항

보고기간종료일 직전에 위탁판매 등에 의한 매출이 있는 경우 수익·비용대응의 원칙에 따라 판매수수료에 해당되는 부분을 반드시 미지급비용으로 인식하도록 한다.

예를 들어, (주)삼일은 정판매회사가 ₩2,000,000의 판매를 대행한 것을 매출로 인식하였으나 동 회사에 대한 판매수수료 ₩200,000을 인식하지 아니한 경우의 분개는 다음과 같다.

(차) 판매수수료	200,000	(대) 미지급비용	200,000

3) 세무회계상 유의할 사항

첫째, 수탁자와의 거래에 있어서 사전약정에 의하여 실제로 지급하는 비용은 판매부대비용에 포함되나, 건전한 사회통념과 상관행에 비추어 정상적인 거래라고 인정될 수 있는 범위를 초과하여 지급한 수수료는 세무상 이를 기업업무추진비로 보아 시부인계산을 하게

된다. 즉, 기업회계상은 판매수수료로 지급된 것이라 해도 조세수입 확보를 목적으로 하는 세무회계에서는 일정한 요건을 갖추지 못하면 이를 기업업무추진비 등으로 보아 시부인계산을 하게 됨에 주의해야 한다.

둘째, 제품의 판매와 관련하여 회사와 고용관계에 있는 종업원에게 지급한 판매수수료는 이를 근로소득으로 보게 된다.

(12) 잡 비

1) 의 의

판매비와관리비에 속하는 비용항목 중에서 빈번하게 발생하지 않고 금액적으로도 중요성이 없는 것 또는 다른 계정과목에 포함시키는 것이 적절치 않은 비용을 처리하는 계정과목이 잡비계정이다.

판매비와관리비 과목은 비용발생을 원시적으로 포착하기 위하여 형태별로 분류하여야 한다. 따라서 비용을 형태별로 분류한다면 어떤 명칭을 붙인 과목이 발생하기 마련이므로 잡비와 같이 그 발생형태를 명시하지 않은 과목은 허용될 수 없다.

그러나 모든 비용을 이렇게 발생형태에 따라 계정처리한다면 금액이 사소한 과목이 무수하게 발생하게 되므로 비용관리상 비효율적이다.

가령 경미한 교통사고에 대한 변상금이라든가 혹은 한 번씩 발생하는 손해배상금의 계정을 설정한다면 그 표시방법이 번잡할 우려가 있다. 그러므로 빈번하게 발생하지 않고 금액이 적은 비용은 손익계산면에서 독립된 과목을 설정하지 않고 잡비계정에서 처리하는 것이 오히려 효과적이다.

2) 기업회계상 회계처리

① 잡비의 회계처리

사례 영업사원이 업무수행 도중에 가벼운 교통사고를 일으킨 바, 배상금으로 현금 ₩50,000을 지급하였다.

(차) 잡 비	50,000	(대) 현금 및 현금성자산	50,000

② 잡비와 잡손실의 구분

잡비는 판매비와관리비에 속하지만, 잡손실은 영업외비용으로서 영업외비용에 속하는 비용항목 중 금액적으로 중요성이 없거나 특별히 설정된 다른 비용계정에 포함하여 기재하는 것이 적당하지 않다고 인정되는 비용을 처리하는 계정과목이다.

3) 세무회계상 유의할 사항

① 부당한 공동경비의 손금불산입

내국법인이 해당 법인 외의 자와 동일한 조직 또는 사업 등을 공동으로 운영하거나 영위함에 따라 발생되거나 지출된 손비 중 다음의 기준에 의한 분담금액을 초과하는 금액은 해당 법인의 소득금액을 계산할 때 손금에 산입하지 아니한다(법령 48조 및 법칙 25조).

㉠ 출자에 의하여 특정 사업을 공동으로 영위하는 경우에는 출자총액 중 당해 법인이 출자한 금액의 비율

㉡ ㉠ 외의 경우로서 해당 조직 · 사업 등에 관련되는 모든 법인 등(비출자공동사업자)이 지출하는 비용에 대하여는 다음에 따른 기준

ⓐ 비출자공동사업자 사이에 특수관계가 있는 경우 : 직전 사업연도 또는 해당 사업연도의 매출액 총액과 총자산가액(한 공동사업자가 다른 공동사업자의 지분을 직접 보유하고 있는 경우 그 주식의 장부가액은 제외함) 총액 중 법인이 선택하는 금액(선택하지 아니한 경우에는 직전 사업연도의 매출액 총액을 선택한 것으로 보며, 선택한 사업연도부터 연속하여 5개 사업연도 동안 적용해야 함)에서 해당 법인의 매출액(총자산가액 총액을 선택한 경우에는 총자산가액을 말함)이 차지하는 비율. 다만, 공동행사비 등 참석인원의 수에 비례하여 지출되는 손비는 참석인원비율, 공동구매비 등 구매금액에 비례하여 지출되는 손비는 구매금액비율, 무형자산의 공동사용료는 해당 사업연도 개시일의 기업회계기준에 따른 자본의 총합계액, 공동광고선전비는 다음의 기준에 따를 수 있음(법칙 25조 2항).

- 국외 공동광고선전비 : 수출금액(대행수출금액은 제외하며, 특정 제품에 대한 광고선전의 경우에는 해당 제품의 수출금액을 말함)
- 국내 공동광고선전비 : 기업회계기준에 따른 매출액 중 국내의 매출액(특정 제품에 대한 광고선전의 경우에는 해당 제품의 매출액을 말하며, 주로 최종 소비자용 재화나 용역을 공급하는 법인의 경우에는 그 매출액의 2배에 상당하는 금액 이하로 할 수 있음)

ⓑ ⓐ 외의 경우 : 비출자공동사업자 사이의 약정에 따른 분담비율. 다만, 해당 비율이 없는 경우에는 ⓐ의 비율에 따름.

한편, 다음의 어느 하나에 해당하는 법인의 경우에는 공동광고선전비를 분담하지 아니하는 것으로 할 수 있다(법칙 25조 4항).

① 당해 공동광고선전에 관련되는 자의 직전 사업연도의 매출액총액에서 당해 법인의 매출액이 차지하는 비율이 100분의 1에 미달하는 법인

② 당해 법인의 직전 사업연도의 매출액에서 당해 법인의 광고선전비(공동광고선전비를

제외함)가 차지하는 비율이 1천분의 1에 미달하는 법인

③ 직전 사업연도 종료일 현재 청산절차가 개시되었거나 독점규제 및 공정거래에 관한 법률에 의한 기업집단에서의 분리절차가 개시되는 등 공동광고의 효과가 미치지 아니한다고 인정되는 법인

② 증명서류 수취 불성실 가산세

법인세법에서는 기업경영의 투명성을 높이기 위하여 손비로 인정되는 각종 경비의 요건 및 범위를 국제기준에 따라 명확히 하고, 지출증빙은 원칙적으로 거래의 상대방이 확인되는 신용카드매출전표 및 세금계산서 등으로 제한하고 있다.

이에 따라 사업과 관련하여 재화 또는 용역을 공급받고 신용카드매출전표(직불카드, 외국신용카드, 기명식선불카드, 직불전자지급수단, 기명식선불전자지급수단 및 기명식전자화폐를 사용하여 거래하는 경우에는 그 증명서류 포함), 현금영수증, 세금계산서 및 계산서의 증명서류를 수취(매입자발행세금계산서 또는 매입자발행계산서를 발행하여 보관하는 때에는 수취의무를 이행한 것으로 봄)하지 아니하거나 사실과 다른 증명서류를 받은 법인은 그 수취하지 아니한 금액 또는 사실과 다르게 받은 금액으로서 손금산입이 인정되는 금액의 2%를 증명서류 수취 불성실 가산세로 납부하여야 한다. 이 가산세는 산출세액이 없는 경우에도 적용된다(법법 75조의 5 1항, 3항).

다만, i) 공급받은 재화 또는 용역의 부가가치세를 포함한 건당 거래금액이 3만원 이하인 경우, ii) 농·어민으로부터 재화 또는 용역을 직접 공급받은 경우, iii) 의료보건용역 등을 제공하는 원천징수대상 사업소득자로부터 용역을 공급받은 경우(원천징수된 것에 한함), iv) 항만공사가 공급하는 화물료 징수용역을 공급받는 경우 등에는 증명서류 수취 불성실 가산세를 적용하지 아니한다(법령 158조 2항).

한편, 법인이 다음 중 하나에 해당하는 증빙을 보관하고 있는 경우에는 본 규정을 적용함에 있어서 신용카드매출전표를 수취하여 보관하고 있는 것으로 본다(법령 158조 4항).

i) 여신전문금융업법에 의한 신용카드업자로부터 교부받은 신용카드 및 직불카드 등의 월별이용대금명세서

ii) 여신전문금융업법에 의한 신용카드업자로부터 전송받아 전사적 자원관리시스템에 보관하고 있는 신용카드 및 직불카드 등의 거래정보(국세기본법 시행령 제65조의 7의 규정에 의한 요건을 충족하는 경우에 한함)

04 영업외수익

영업외수익은 기업의 주된 영업활동이 아닌 활동으로부터 발생한 수익과 차익으로서 중단사업손익에 해당하지 않는 것으로 한다(일반기준 2장 문단 2.51). 따라서, 계속사업에서 발생한 순자산증가액 중 자본거래로 인한 부분과 매출액을 제외한 모든 수익·차익이 영업외수익에 해당한다.

영업외수익은 이자수익, 배당금수익(주식배당액은 제외함), 임대료, 단기투자자산처분이익, 단기투자자산평가이익, 외환차익, 외화환산이익, 지분법이익, 장기투자증권손상차손환입, 투자자산처분이익, 유형자산처분이익, 사채상환이익, 전기오류수정이익 등을 포함한다(일반기준 2장 부록 실2.48).

전술한 바와 같이 영업외수익은 그 범위가 매우 넓기 때문에 상기의 영업외수익 외에도 회사별로 다양한 계정과목이 사용될 수 있다. 따라서, 일반기업회계기준 제2장에서 예시하고 있는 손익계상서상 계정과목을 참고로 하되, 해당 기업의 종류와 규모에 따라 적절한 과목으로 구분하거나 일괄하여 표시하여야 할 것이다.

1. 이자수익

(1) 의의와 범위

이자수익은 금융업 이외의 판매업·제조업 등을 영위하는 기업이 기업의 일반적인 유휴자금을 주주, 임원, 종업원, 관계회사, 관련회사 또는 외부에 대여한 경우나 은행에 예치한 경우에 발생하는 이자 및 국채·공채·지방채·사채 등 장·단기 채무증권에서 발생하는 이자를 포함한다. 여기서 발생한 이자란 실제 수령한 금액만을 의미하는 것이 아니고, 기간이 경과함에 따라 발생한 이자(미수수익)까지 포함한다. 즉, 이자소득은 그 성격상 기간에 비례하여 발생하는 것이므로 지급방법 여하에 불구하고 기간이 경과함에 따라 발생하는 이자까지 포함하여야 한다. 따라서 예금이자 중 적금에 대한 이자는 사업연도 종료일 현재 불입된 적금이 추후에 해약될 가능성이 없는 한 약정이자율에 의하여 미수이자를 계상하여야 한다. 다만, 불입된 적금 중 기간만료일 전에 해약될 것이 분명한 부분에 대하여는 해약이자율에 의하여 미수이자를 계상하여야 한다.

더불어 현행 일반기업회계기준에서는 원금과 이자의 회수가 불확실한 채권에 대한 이자수익은 실제로 현금을 수취하는 때에 인식하고, 기간 경과분에 대한 발생주의에 따른 미수이자는 수익으로 인식하지 아니하는 것으로 규정하였다. 이는 회수가 불투명한 미수이자를 자산으로 계상하는 것은 자산의 인식기준에 부합하지 않기 때문이다.

한편, 만기보유목적의 국채 · 공채 · 사채 기타의 채권을 액면가액 이하로 취득한 경우 취득가액과 액면가액과의 차액은 상환기간에 걸쳐 유효이자율법을 적용하여 상각한 금액(할인차금 상각액)을 만기보유증권의 취득원가에 가산함과 동시에 이자수익으로 회계처리해야 하며, 매도가능증권 중 채무증권도 취득원가와 만기액면가액의 차이를 유효이자율법에 의해 상각한 금액을 취득원가와 이자수익에 가감한 후 공정가치로 평가해야 한다.

(2) 기업회계상 회계처리

이자수익은 발생기준에 의하여 그것이 발생한 기간에 정확하게 배분되어 수익으로 계상되어야 한다. 따라서 연말결산시에는 기간경과분이나 기간미경과분에 대하여 선수수익 또는 미수수익을 계상하여야 한다.

법인이 은행예금의 이자를 수입한 때에는 금융기관에서 이자를 지급할 때 원천징수를 하고 차액을 지급하므로 그것을 기장할 때에는 원천징수세액을 포함한 이자총액을 이자수익계정에 회계처리하여야 한다.

사례 (주)삼일은 정기예금에 대한 이자 ₩9,000,000에 대하여 15.4% 원천징수세 상당액 ₩1,386,000을 차감한 나머지의 실수금 ₩7,614,000을 현금으로 받았다.

(차)	현금 및 현금성자산	7,614,000	(대) 이 자 수 익	9,000,000
	선 급 법 인 세	1,260,000		
	선 급 지 방 소 득 세	126,000		

한편, 이자수익과 관련된 세무회계상 유의할 사항은 '자산편의 미수수익과목'을 참조하기 바란다.

2. 배당금수익

(1) 개 요

주식이나 출자금 등의 단기투자자산 및 장기투자증권으로 인하여 이익 또는 잉여금의 분배로 받는 배당금을 배당금수익이라고 한다. 이러한 배당금수익은 은행 등의 금융업과 같이 그것을 영업상의 수익으로 계상하는 경우를 제외하고는 일반적으로 제조기업에서는 영업상의 주요 수익으로 볼 수 없으므로 손익계산서상 영업외수익에 속한다.

한편, 현행 일반기업회계기준은 주식배당을 무상증자와 동일하게 회계처리하도록 하여 주식배당금수익을 인식하지 않도록 하였다.

(2) 기업회계상 회계처리

1) 배당금수익의 계상

배당금수익의 수익실현시기는 원칙적으로 주식발행법인의 주주총회에서 배당결의가 있었던 시점이지만 실무상으로는 당해 배당금을 현실적으로 수령한 시점에서 수익으로 계상하는 경우도 있는데, 이와 같은 경우에도 기간손익을 계산하는 데 차이가 없다면 무방하다.

사례 (주)삼일은 을회사 발행의 보통주 20,000주 중 2,000주(액면 ₩5,000)를 소유하고 있다. (주)삼일이 보유하고 있는 을회사주식은 지분법적용대상 투자주식이 아니며, 을회사는 당기 주주총회에서 순이익 중 ₩5,000,000을 현금배당할 것을 결의하였다. (주)삼일의 입장에서 필요한 회계처리를 하라.

(차) 미 수 금	500,000	(대) 배 당 금 수 익	500,000

2) 배당금수익과 기간손익계산

배당금수익은 주식발행회사의 정기주주총회에서 배당결의를 함으로써 확정되는 것이므로 이자수익과 같이 기간계산을 필요로 하지 않는다. 그러나 실무상 주의할 것은 일반적으로 주주인 회사에서는 배당금영수증의 수령 또는 배당금을 지급하는 회사로부터의 납입 등에 의하여 수익을 계상하는 것이 일반적이므로, 만일 당기 중에 지급회사의 배당결의가 있었으나 결산일까지 배당금을 받지 못한 경우에는 이것을 배당금수익과 미수금계정에 각각 계상하여야 한다는 점이다.

사례 다음 거래를 분개하라.

(주)삼일은 을회사의 발행주식 총수의 10%에 상당하는 주식을 소유하고 있는 바, 20×7. 2. 15.에 회사는 주주총회에서 ₩10,000,000의 배당을 결의하고, 20×7. 3. 20. 이를 지급하였다.

〈분 개〉

• 20×7. 2. 15. (배당결의시)

(차) 미 수 금	1,000,000	(대) 배 당 금 수 익	1,000,000

• 20×7. 3. 20. (배당금수령시)

(차) 현금 및 현금성자산	1,000,000	(대) 미 수 금	1,000,000

3) 자기주식을 보유하고 있는 경우

상법, 자본시장과 금융투자업에 관한 법률에서는 자기주식의 취득을 제한적으로 허용하고 있다('재무상태표편의 자본 중 자본조정계정' 참조).

상법 제369조 제2항에 의하면 "회사가 가진 자기주식은 의결권이 없다"고 규정하여 의결권이 없다는 것은 명백한 것이나 배당청구권에 대하여는 상법에 명문 규정이 없어 의견이 대립되고 있다.

그런데 이익배당청구권을 인정하여 회사가 자기주식으로 배당을 받게 된다면 일단 계상된 이익을 다시 배당에 의하여 이익으로 계상하는 결과가 되며 자기주식의 취득은 그 실질이 출자의 환급이라고 볼 때 자기주식에 대하여 배당한다는 것은 가공의 자본에 대해 배당한다는 결과가 되므로 자기주식에 대하여는 배당수익을 인식할 수 없다고 본다.

(3) 세무회계상 유의할 사항

1) 배당금수익

세법은 배당금수익에 대하여 원칙적으로 익금으로 보고 있다. 다만, 이중과세조정 등 조세정책적인 목적으로 후술하는 2)~5)에 따라 배당금수익을 익금불산입하는 제도를 두고 있다.

또한, 세법은 현금배당 이외에도 주식배당, 잉여금의 자본전입 등과 같이 경제적 이익이 주주에게 귀속되는 경우에 이를 배당금으로 보아 법인세를 부과하는 제도를 두고 있는데 이를 배당금의 의제라고 한다(법법 16조).

① 유상감자 또는 사원탈퇴의 경우

주식의 소각이나 자본의 감소로 인하여 주주인 내국법인이 취득하는 금전과 그 밖의 재산가액의 합계액 또는 사원의 퇴사 · 탈퇴나 출자의 감소로 인하여 출자자인 내국법인이 취득하는 금전과 그 밖의 재산가액의 합계액이 해당 주식 또는 출자지분을 취득하기 위하여 사용한 금액을 초과하는 경우 그 초과액을 배당으로 보아 익금에 산입한다(법법 16조 1항 1호).

배당금의 의제액=(주주 등인 내국법인이 취득하는 금전과 기타 재산가액)-(취득가액)

② 무상주 교부의 경우

무상주란 주주에게 주금의 납입없이 주주의 소유주식 비율에 따라 무상으로 발행하여 교부하는 주식을 말하며, 이러한 무상주의 교부는 주식배당이나 잉여금의 자본전입에 따라 이루어진다.

현행 일반기업회계기준에서는 주식배당은 물론 잉여금의 자본전입에 의한 무상주의 교부를 수익으로 보지 아니한다. 그러나 세법에서는 소정의 자본준비금과 재평가적립금을 자본에 전입하는 경우를 제외한 그밖의 잉여금을 자본에 전입하는 경우에 교부받은 무상주는 배당으로 보아 과세소득계산상 익금에 산입하도록 규정하고 있다(법법 16조 1항 2호).

자본잉여금과 이익잉여금의 자본전입

구 분			법인세법	기업회계기준
자본잉여금	주식발행액면초과액*1		익금불산입	수익에서 제외
	주식의 포괄적 교환차익		익금불산입	〃
	주식의 포괄적 이전차익		익금불산입	〃
	합병차익*2		익금불산입	〃
	분할차익*2		익금불산입	〃
	감자차익	자기주식소각익 자본전입(단, 소각당시 시가가 취득가액을 초과하지 않는 경우로서 2년 경과후 자본전입하는 것은 제외)	익금산입	〃
		기타감자차익	익금불산입	〃
	재평가적립금	재평가세율 1% 적용 토지	익금산입	〃
		기타 재평가적립금	익금불산입	〃
	기타의 자본잉여금		익금산입	〃
이익잉여금	이익준비금 등 법정적립금		익금산입	〃
	임의적립금 및 미처분이익잉여금		익금산입	〃

*1 채무의 출자전환으로 주식 등을 발행하는 경우에는 그 주식 등의 시가를 초과하여 발행된 금액 및 2024. 2. 29. 이후 자본전입분부터 상환주식(상법 제345조 제1항에 따른 주식의 상환에 관한 종류주식)의 주식발행액면초과액 중에서 이익잉여금으로 상환된 금액은 제외한다.

*2 적격합병·적격분할한 경우, 합병·분할차익 중 장부가액 초과 승계분, 의제배당 과세대상 자본잉여금 승계분, 이익잉여금 승계분의 자본전입시에는 의제배당으로 본다.

한편, 법인이 자기주식 또는 자기출자지분을 보유한 상태에서 과세제외되는 자본잉여금을 자본전입함에 따라 그 법인 외의 주주 등인 내국법인의 지분비율이 증가한 경우 증가한 지분비율에 상당하는 주식 등의 가액을 배당으로 보아 익금산입한다(법법 16조 1항 3호).

③ 해산의 경우

해산한 법인의 주주 등인 내국법인이 법인의 해산으로 인한 잔여재산의 분배로서 취득하는 금전과 그 밖의 재산의 가액이 그 주식 등을 취득하기 위하여 사용한 금액을 초과할 경우 그 초과액을 배당으로 보아 익금에 산입한다(법법 16조 1항 4호).

배당금의 의제액 = 잔여재산의 분배액 − 당해 주식의 취득가액

④ 합병의 경우

합병에 따라 소멸하는 법인(이하 "피합병법인"이라 함)의 주주 등인 내국법인이 취득하는 합병대가가 그 피합병법인의 주식 등을 취득하기 위하여 사용한 금액을 초과하는 금액을 배당으로 보아 익금에 산입한다(법법 16조 1항 5호).

여기서 합병대가란 합병에 따라 설립되거나 합병 후 존속하는 법인(이하 "합병법인"이라 함)으로부터 합병으로 인하여 취득하는 합병법인(합병등기일 현재 합병법인의 발행주식총수 또는 출자총액을 소유하고 있는 내국법인을 포함함)의 주식 등의 가액과 금전 또는 그 밖의 재산가액의 합계액을 말한다(법법 16조 2항 1호).

배당금의 의제액 = (합병교부주식의 가액과 금전 및 기타 재산가액의 합계액) − (해당 주식의 취득가액)

⑤ 분할의 경우

분할(분할합병을 포함함)에 따라 분할되는 법인(이하 "분할법인"이라 함) 또는 소멸한 분할합병의 상대방 법인의 주주인 내국법인이 취득하는 분할대가가 그 분할법인 또는 소멸한 분할합병의 상대방 법인의 주식(분할법인이 존속하는 경우에는 소각 등에 의하여 감소된 주식만 해당함)을 취득하기 위하여 사용한 금액을 초과하는 금액을 배당으로 보아 익금에 산입한다(법법 16조 1항 6호).

여기서 분할대가란 분할에 따라 설립되는 법인(이하 "분할신설법인"이라 함) 또는 분할합병의 상대방 법인으로부터 분할로 인하여 취득하는 분할신설법인 또는 분할합병의 상대방 법인(분할등기일 현재 분할합병의 상대방 법인의 발행주식총수 또는 출자총액을 소유하고 있는 내국법인을 포함함)의 주식의 가액과 금전 또는 그 밖의 재산가액의 합계액을 말한다(법법 16조 2항 2호).

배당금의 의제액 = (분할로 취득하는 주식의 가액과 금전 및 기타 재산가액의 합계액) − (해당 주식의 취득가액)

⑥ 간접외국납부세액이 있는 경우

법인세법 제57조 제4항에서는 법인세법 제18조의 4에 따른 외국자회사 수입배당금액 익금불산입의 적용대상이 되는 경우를 제외하고 외국자회사[내국법인이 의결권 있는 지분의 10%(조세특례제한법 제22조에 따른 해외자원개발사업을 하는 외국법인은 5%) 이상을 출자하고 있는 외국법인으로서 법인세법 시행령 제94조 제9항에서 정하는 요건을 갖춘 법인]

의 소득에 대하여 부과된 외국법인세액 중 수입배당금액에 대응하는 것으로서 법인세법 시행령 제94조 제8항에 따라 계산한 금액을 세액공제하도록 규정하고 있다. 따라서 모회사가 다음 산식에 의해 세액공제의 대상이 되는 간접외국납부세액 상당액은 외국자회사의 배당확정일이 속하는 사업연도에 익금에 산입해야 한다(법법 15조 2항 2호).

$$\text{배당금의 의제액} = \text{외국 자회사의 해당 사업연도 법인세액}^{*} \times \frac{\text{수입배당금액}}{\text{외국자회사의 해당 사업연도 소득금액} - \text{외국자회사의 해당 사업연도 법인세액}}$$

* 외국자회사의 해당 사업연도 법인세액은 다음의 세액으로서 외국자회사가 외국납부세액으로 공제받았거나 공제받을 금액 또는 해당 수입배당금액이나 제3국(본점이나 주사무소 또는 사업의 실질적 관리장소 등을 둔 국가 외의 국가를 말함) 지점 등 귀속소득에 대하여 외국자회사의 소재지국에서 국외소득 비과세·면제를 적용받았거나 적용받을 경우 해당 세액 중 50%에 상당하는 금액을 포함하여 계산하고, 수입배당금액(외국자회사가 외국손회사로부터 지급받는 수입배당금액을 포함함)은 이익이나 잉여금의 발생순서에 따라 먼저 발생된 금액부터 배당되거나 분배된 것으로 봄.

- 외국자회사가 외국손회사로부터 지급받는 수입배당금액에 대하여 외국손회사의 소재지국 법률에 따라 외국손회사의 소재지국에 납부한 세액
- 외국자회사가 제3국의 지점 등에 귀속되는 소득에 대하여 그 제3국에 납부한 세액

한편, 배당금 의제에 따른 익금산입액을 계산함에 있어서 취득한 재산 중 금전 외의 재산은 다음과 같이 평가한다(법령 14조).

구 분		재산의 평가
주식·출자지분	무상주의 경우	액면가액·출자금액. 단, 투자회사 등이 취득하는 경우에는 영으로 함. ※ 무액면주식 : 자본금 전입액 ÷ 자본금 전입시 신규 발행한 주식 수
	주식배당의 경우	발행금액. 단, 투자회사 등이 받는 경우에는 영으로 함.
	합병·분할시 취득한 주식 등으로서 일정한 요건[*1]을 갖추거나 완전모자법인간 또는 완전자법인간의 합병(법법 44조 3항)에 해당하는 경우[*2]	종전의 장부가액(합병·분할대가 중 일부를 금전이나 그 밖의 재산으로 받은 경우로서 합병·분할로 취득한 주식 등을 시가로 평가한 가액이 종전의 장부가액보다 작은 경우에는 시가). 단, 투자회사 등이 취득하는 경우에는 영으로 함.
	외국법인간 합병시 취득한 주식으로서 일정한 요건[*3]을 갖춘 경우	종전의 장부가액(합병대가 중 일부를 금전이나 그 밖의 재산으로 받는 경우로서 합병으로 취득한 주식 등을 시가로 평가한 가액이 종전의 장부가액보다 작은 경우에는 시가)

구 분		재산의 평가
주식·출자지분	상기 외의 경우	시가. 단, 특수관계인으로부터 분여받은 이익이 있는 경우에는 그 금액을 차감한 금액으로 함.
주식·출자지분 외의 자산		시가

*1 법법 44조 2항 1호 및 2호(주식 등의 보유와 관련된 부분은 제외) 또는 법법 46조 2항 1호 및 2호(주식 등의 보유와 관련된 부분은 제외)의 요건을 모두 갖춘 경우

*2 2010. 6. 30. 이전에 합병·분할한 경우, 합병·분할시 받은 주식 등은 구법법 44조 1항 1호·2호와 구법법 46조 1항 1호·2호의 요건을 갖춘 경우로서 주식 등의 시가가 액면가액·출자금액 보다 큰 경우에는 액면가액·출자금액으로 하며, 기타의 경우에는 시가로 함. 단, 투자회사 등이 취득하는 주식 등의 경우에는 영으로 함.

*3 다음의 요건을 모두 갖춘 경우(완전모자관계에 있는 외국법인간 합병의 경우 2016. 2. 12. 이후 합병하는 분부터 적용하고, 완전자법인관계에 있는 외국법인간 합병의 경우에는 2017. 2. 3. 이후 합병하는 분부터 적용)

㉠ 외국법인이 다른 외국법인을 100% 소유하고 있는 경우로서 그 다른 외국법인에 합병되거나 내국법인이 서로 다른 외국법인을 100% 소유하고 있는 경우로서 그 서로 다른 외국법인간에 합병할 것(내국법인과 그 내국법인이 100% 소유한 외국법인의 다른 외국법인에 대한 지분율 합계가 100%인 경우로서 그 서로 다른 외국법인 간 2018. 2. 13. 이후 합병하는 것을 포함함)

㉡ 합병법인과 피합병법인이 우리나라와 조세조약이 체결된 동일 국가의 법인일 것

㉢ ㉡에 따른 해당 국가에서 피합병법인의 주주인 내국법인에 합병에 따른 법인세를 과세하지 아니하거나 과세이연할 것

㉣ 상기 ㉠~㉢의 사항을 확인할 수 있는 서류를 납세지 관할 세무서장에게 제출할 것

2) 자본준비금 감액배당의 익금불산입

상법 상의 자본준비금을 감액하여 배당하는 경우 그 실질이 자본의 환급과 동일하므로 법인세법에서는 상법 제461조의 2에 따라 자본준비금(다음의 어느 하나에 해당하는 자본준비금은 제외)을 감액하여 받는 배당금액은 내국법인이 보유한 주식의 장부가액을 한도로 하여 익금불산입한다(법법 18조 8호 및 법령 17조).

㉠ 법인세법 제16조 제1항 제2호 가목에 해당하지 아니하는 자본준비금(의제배당대상 자본준비금)

㉡ 법인세법 제44조 제2항 또는 제3항의 적격합병에 따른 합병차익 중 피합병법인의 법인세법 제16조 제1항 제2호 나목에 따른 재평가적립금(3% 재평가세율 적용)에 상당하는 금액(다음의 산식에 따른 금액을 한도*로 함) → 2024. 1. 1. 이후 감액배당분부터 적용

A－(B－C)

A : 합병차익

B : 피합병법인의 자본금과 의제배당대상 자본잉여금 외의 자본잉여금(법 제16조 제1항 제2호 나목에 따른 재평가적립금은 제외함)을 합산한 금액

C : 합병법인의 자본금 증가액

㉢ 법인세법 제46조 제2항의 적격분할에 따른 분할차익 중 분할법인의 법인세법 제16조 제1항 제2호 나목에 따른 재평가적립금(3% 재평가세율 적용)에 상당하는 금액(다음의 산식에 따른 금액을 한도*로 함) → 2024. 1. 1. 이후 감액배당분부터 적용

A－(B－C)

A : 분할차익

B : 분할법인의 자본금 감소액과 의제배당대상 자본잉여금 외의 자본잉여금(법법 제16조 제1항 제2호 나목에 따른 재평가적립금은 제외함) 감소액을 합산한 금액

C : 분할신설법인의 자본금

* 합병법인 또는 분할신설법인이 상법 제459조 제2항에 따라 승계한 준비금이 있는 경우 그 승계가 없는 것으로 보아 계산하며, 합병차익 또는 분할차익의 일부를 자본 또는 출자에 전입하는 경우 피합병법인 또는 분할법인의 법법 제16조 제1항 제2호 나목에 따른 재평가적립금에 상당하는 금액이 먼저 자본 또는 출자에 전입된 것으로 보아 그 전입 후 남은 금액만 합병차익 또는 분할차익에 포함하여 계산함. 한편 합병법인 또는 분할신설법인이 합병차익 또는 분할차익의 일부를 감액배당하는 경우에는 ㉮ 법법 제18조 제8호 나목 또는 다목의 금액 ㉯ 피합병법인 또는 분할법인의 이익잉여금 및 의제배당대상 자본잉여금에 상당하는 금액 ㉰ 피합병법인 또는 분할법인의 의제배당대상 자본잉여금 외의 자본잉여금에 상당하는 금액 순으로 해당 금액을 배당한 것으로 봄.

또한, 내국법인이 해당 법인이 출자한 외국법인(후술하는 5)에 따른 외국자회사는 제외)으로부터 자본준비금을 감액하여 받는 배당으로서 법인세법 제18조 제8호에 따른 익금에 산입되지 아니하는 배당에 준하는 성격의 수입배당금액을 받는 경우 그 금액의 95%에 해당하는 금액은 익금불산입한다(법법 18조의 4 2항).

3) 내국법인 수입배당금액에 대한 이중과세조정

법인세법에서는 기업과세제도의 선진화를 도모하기 위하여 내국법인(고유목적사업준비금을 손금에 산입하는 비영리내국법인은 제외)이 다른 내국법인(이하 "피출자법인"이라 함)에 출자한 경우 피출자법인의 배당기준일 현재 3개월 이상 계속하여 보유하고 있는 주식 등에 대해서 수입배당금액에 대한 일정비율만큼을 익금불산입하여 이중과세문제를 일부 해소하고 있다.

① 익금불산입금액 계산

익금불산입금액은 피출자법인에 대한 출자비율에 따라 수입배당금액에 다음의 익금불산입률을 곱한 금액의 합계액으로 한다(법법 18조의 2 1항).

피출자법인에 대한 출자비율	익금불산입률
50% 이상	100%
20% 이상 50% 미만	80%
20% 미만	30%

상기 출자비율 및 배당소득금액은 피출자법인의 배당기준일 현재 3개월 이상 계속 보유하고 있는 주식 등을 기준으로 계산하며, 동일 종목 주식 등의 일부를 양도한 경우에는 먼저 취득한 주식 등을 먼저 양도한 것으로 본다(법령 17조의 2 1항).

② 익금불산입 배제금액 계산

출자한 내국법인이 각 사업연도에 지급한 차입금의 이자가 있는 경우 다음 계산식에 따라 계산한 금액을 익금불산입금액에서 차감한다(법령 17조의 2 3항).

$$\text{차입금 이자}^{*1} \times \frac{\text{해당 피출자법인의 주식 등}^{*2}\text{의 장부가액 적수}}{\text{내국법인의 사업연도 종료일 현재 재무상태표상 자산총액의 적수}} \times \text{익금불산입률}$$

*1 업무무관자산 지급이자 등 법인세법 시행령 제55조에 따라 이미 손금불산입된 지급이자 상당액, 장기할부조건으로 취득시 현재가치할인차금상각액 및 연지급수입시 지급이자로 계상한 금액은 제외함(법령 17조의 2 2항, 72조 6항).

*2 국가 및 지방자치단체로부터 현물출자받은 주식 등은 제외함.

③ 익금불산입 적용배제

다음의 어느 하나에 해당하는 수입배당금액에 대하여는 일반법인의 수입배당금액 익금불산입 규정을 적용하지 아니한다(법법 18조의 2 2항).

(i) 배당기준일 전 3개월 이내에 취득한 주식 등을 보유함으로써 발생하는 수입배당금액

(ii) 법인세법 제51조의 2(유동화전문회사 등에 대한 소득공제) 또는 조세특례제한법 제104조의 31(프로젝트금융투자회사에 대한 소득공제)에 따라 지급한 배당에 대하여 소득공제를 적용받는 법인으로부터 받은 수입배당금액

(iii) 법인세법 및 조세특례제한법에 따라 법인세를 비과세·면제·감면받는 다음의 법인으로부터 받은 수입배당금액

㉠ 조세특례제한법 제63조의 2(수도권 밖으로 본사를 이전하는 법인에 대한 세액감면 등)·제121조의 8(제주첨단과학기술단지 입주기업에 대한 법인세 등의 감면) 및 제121조의 9(제주투자진흥지구 또는 제주자유무역지역 입주기업에 대한 법인세 등의 감면)의 규정을 적용받는 법인(감면율이 100분의 100인 사업연도에 한함)

㉡ 조세특례제한법 제100조의 15에 따라 동업기업과세특례를 적용받는 법인

(iv) 법인세법 제75조의 14(법인과세 신탁재산에 대한 소득공제)에 따라 지급한 배당에 대하여 소득공제를 적용받는 법인과세 신탁재산으로부터 받은 수입배당금액

(v) 자산재평가법 제28조 제2항을 위반하여 법인세법 제16조 제1항 제2호 나목에 따른 재평가적립금을 감액하여 지급받은 수입배당금액

(vi) 법인세법 제18조 제8호 나목 및 다목에 해당하는 자본준비금을 감액하여 지급받은

수입배당금액

(vii) 자본의 감소로 주주 등인 내국법인이 취득한 재산가액이 당초 주식 등의 취득가액을 초과하는 금액 등 피출자법인의 소득에 법인세가 과세되지 아니한 수입배당금액으로서 다음의 금액

㉠ 법인세법 제16조 제1항 제1호(자본의 감소로 인한 경우로 한정)의 금액

㉡ 법인세법 제16조 제1항 제3호의 금액

4) 외국자회사 수입배당금액에 대한 이중과세 조정

법인세법에서는 국제적 이중과세조정 확대, 해외유보재원의 국내 송금을 통한 국내투자 활성화 및 기업경쟁력 제고를 위하여 내국법인(법인세법 제57조의 2 제1항에 따른 간접투자회사 등은 제외)이 일정한 요건을 갖춘 외국자회사로부터 받은 수입배당금액의 95%에 해당하는 금액을 익금불산입하여 외국자회사로부터 받은 배당소득에 대한 이중과세를 조정하고 있다.

① 익금불산입 대상 수입배당금액

외국자회사로부터 받은 이익의 배당금 또는 잉여금의 분배금과 법인세법 제16조에 따라 배당금 또는 분배금으로 보는 금액이 적용대상이다(법법 18조의 4 1항).

다만, 국제조세조정에 관한 법률 제27조 제1항 및 제29조 제1항 · 제2항에 따라 특정외국법인의 유보소득에 대하여 내국법인이 배당받은 것으로 보는 금액 및 해당 유보소득이 실제 배당된 경우의 수입배당금액에 대해서는 적용하지 아니한다(법법 18조의 4 3항).

② 외국자회사 요건

내국법인이 직접 외국법인의 의결권 있는 발행주식총수 또는 출자총액의 10%(조세특례제한법 제22조에 따른 해외자원개발사업을 하는 외국법인의 경우에는 5%) 이상을 그 외국법인의 배당기준일 현재 6개월 이상 계속하여 보유(내국법인이 적격합병, 적격분할, 적격물적분할, 적격현물출자에 따라 다른 내국법인이 보유하고 있던 외국자회사의 주식등을 승계받은 때에는 그 승계 전 다른 내국법인이 외국자회사의 주식등을 취득한 때부터 해당 주식등을 보유한 것으로 봄)하고 있는 법인을 말한다(법령 18조 1항).

③ 익금불산입 적용배제

다음의 어느 하나에 해당하는 수입배당금액에 대하여는 해외자회사의 수입배당금액의 익금불산입 규정을 적용하지 아니한다(법법 18조의 4 4항).

(i) 국제조세조정에 관한 법률 제27조 제1항 각 호의 요건을 모두 충족하는 특정외국법인으로부터 받은 수입배당금액으로서 국제조세조정에 관한 법률 제27조 제1항이 적

용되는 특정외국법인 중 같은 항 제1호에 따른 실제부담세액이 실제발생소득의 15% 이하인 특정외국법인의 해당 사업연도에 대한 다음의 금액(법령 18조 2항)

㉠ 이익잉여금 처분액 중 이익의 배당금(해당 사업연도 중에 있었던 이익잉여금 처분에 의한 중간배당 포함) 또는 잉여금의 분배금

㉡ 법인세법 제16조에 따라 배당금 또는 분배금으로 보는 금액

(ii) 혼성금융상품(자본 및 부채의 성격을 동시에 가지고 있는 금융상품으로서 다음의 요건을 모두 갖춘 금융상품)의 거래에 따라 내국법인이 지급받는 수입배당금액(법령 18조 3항)

㉠ 우리나라의 경우 : 우리나라의 세법에 따라 해당 금융상품을 자본으로 보아 내국법인이 해당 금융상품의 거래에 따라 거래상대방인 외국자회사로부터 지급받는 이자 및 할인료를 배당소득으로 취급할 것

㉡ 외국자회사가 소재한 국가의 경우 : 그 국가의 세법에 따라 해당 금융상품을 부채로 보아 외국자회사가 해당 금융상품의 거래에 따라 거래상대방인 내국법인에 지급하는 이자 및 할인료를 이자비용으로 취급할 것

(iii) (i) 및 (ii)와 유사한 것으로서 대통령령으로 정하는 수입배당금액

5) 배당금수익의 수익실현시기

① 현금배당

배당소득의 귀속사업연도는 소득세법 시행령 제46조의 규정에 의한 수입시기, 즉 배당을 하는 법인의 잉여금 처분결의일 등이 속하는 사업연도로 한다. 다만, 금융회사 등이 금융채무 등 불이행자의 신용회복 지원과 채권의 공동추심을 위하여 공동으로 출자하여 설립한 유동화전문회사로부터 수입하는 배당소득은 실제로 지급받은 날이 속하는 사업연도로 한다(법령 70조 2항).

한편, 자본시장과 금융투자업에 관한 법률에 따른 투자회사, 투자목적회사, 투자유한회사, 투자합자회사(기관전용 사모집합투자기구는 제외) 및 투자유한책임회사가 결산을 확정할 때 같은 법 제4조에 따른 증권 등의 투자와 관련된 수익 중 이미 경과한 기간에 대응하는 이자 및 할인액과 배당소득을 해당 사업연도의 수익으로 계상한 경우에는 상기의 규정에 불구하고 그 계상한 사업연도의 익금으로 한다. 또한, 자본시장과 금융투자업에 관한 법률에 따른 신탁업자가 운용하는 신탁재산(같은 법에 따른 투자신탁재산은 제외)에 귀속되는 법인세법상 원천징수대상 이자소득금액 또는 배당소득금액의 귀속사업연도는 상기의 규정에 불구하고 법인세법 시행령 제111조 제6항에 따른 원천징수일이 속하는 사업연도로 한다(법령 70조 4항 · 5항).

② 의제배당

가. 유상감자, 사원탈퇴, 무상주 교부에 의한 의제배당

주주총회 · 사원총회 또는 이사회에서 주식의 소각, 자본 또는 출자의 감소, 잉여금의 자본 또는 출자에의 전입을 결의한 날(이사회의 결의에 의하는 경우에는 상법 제461조 제3항에 따라 정한 날을 말하되, 주식의 소각, 자본 또는 출자의 감소를 결의한 날의 주주와 상법 제354조에 따른 기준일의 주주가 다른 경우에는 같은 조에 따른 기준일을 말함) 또는 사원이 퇴사 · 탈퇴한 날

나. 법인해산으로 인한 의제배당
해당 법인의 잔여재산가액이 확정된 날

다. 법인합병으로 인한 의제배당
해당 법인의 합병등기일

라. 법인분할로 인한 의제배당
해당 법인의 분할등기일

3. 임대료

(1) 의의와 범위

임대료란 부동산 또는 동산을 타인에게 임대하여 사용하게 하고 일정기간마다 사용대가로 받는 임대료(지대, 집세) 내지 사용료를 말하며, 임대업을 주된 영업활동으로 하는 경우를 제외하고는 임대료가 사업목적을 달성하기 위한 수익이 아니므로 영업외수익에 계상하여야 한다.

(2) 기업회계상 회계처리

1) 임대료의 회계처리

임대료는 보통 계약에 의하여 지급일이 정해지며 그 지급일이 계약에 의하여 정하여지지 아니한 경우에는 실제로 그 지급을 받은 날에 계상한다.

사례 (주)삼일은 건물 중 일부를 사무실로 임대하고 임대보증금 ₩15,000,000과 월임대료 ₩400,000을 받았다.

(차)		(대)	
현금 및 현금성자산	15,400,000	임 대 보 증 금	15,000,000
		임 대 료	400,000

2) 결산시 유의할 사항

① 미수수익의 계상

기말 결산시 이미 당기수익으로 발생하고 있으나 그 수입하기로 한 날이 도래하지 않았기 때문에 수입하지 못한 임대료 상당액을 자산계정인 미수수익계정에 계상하여야 한다.

② 선수수익의 계상

수개월분의 임대료를 미리 받은 경우 결산시 결산일 현재 기간이 경과되지 아니한 임대료 상당액을 선수수익계정에 대체시켜야 한다.

(3) 세무상 유의할 사항

1) 임대료의 손익귀속시기

① 원칙(권리·의무 확정주의)

자산의 임대로 인한 익금과 손금의 귀속사업연도는 다음의 날이 속하는 사업연도로 한다(법령 71조 1항).

구　　분	귀속시기
계약 등에 의하여 임대료의 지급일이 정하여진 경우	그 지급일
계약 등에 의하여 임대료의 지급일이 정하여지지 아니한 경우	그 지급을 받은 날

② 예외(발생주의)

결산을 확정함에 있어 이미 경과한 기간에 대응하는 임대료 상당액과 이에 대응하는 비용을 당해 사업연도의 수익과 손비로 계상한 경우 및 임대료 지급기간이 1년을 초과하는 경우 이미 경과한 기간에 대응하는 임대료 상당액과 비용은 이를 각각 당해 사업연도의 익금과 손금으로 한다(법령 71조 1항).

2) 임차인이 부담한 개량수리비

임차인이 개량수리(자본적 지출에 한함)하는 조건으로 무상 또는 저렴한 요율로 건물을 임대한 경우 임차인이 임대차계약에 의하여 부담한 건물개량수리비(통상임대료를 한도로 함)는 임대인의 임대수익에 해당하므로 임대인은 동 자본적 지출상당액을 해당 임대자산의 원본에 가산하여 감가상각함과 동시에 선수임대료로 계상한 개량수리비상당액은 임대기간에 안분하여 수익으로 처리한다. 이 때 임차인은 동 개량수리비를 선급비용으로 계상하고 임차기간에 안분하여 손금에 산입한다. 다만, 개량수리비가 임대기간의 통상임대료 총액을 초과하여 부당행위계산의 부인대상에 해당하는 경우에는 동 초과금액을 손금불산입하고 개량수리완료일에 임대인에게 소득처분한다(법기통 40-71…3).

3) 부당행위계산 부인

특수관계인에게 법인의 자산을 무료 또는 저렴한 임대료로 제공한 경우[출자임원이 아닌 임원(소액주주인 임원 포함) 및 직원에게 사택을 제공한 경우는 제외]에는 적정임대료에 미달하는 차액을 익금가산(동 차액이 3억원 이상이거나 적정임대료의 5% 이상인 경우에 한함)하고 특수관계인에 대한 상여 등으로 처분한다(법령 88조 1항 6호, 3항). 이 경우 적정임대료는 당해 자산의 인근에서 정상적인 거래에 의하여 형성되는 임대료에 상당하는 가액에 의하는 것이나, 그 가격을 적용할 수 없는 경우에는 다음의 산식에 의하여 계산한 금액으로 한다(법령 89조 4항 1호).

$$\text{적정임대료} = (\text{자산의 시가} \times \frac{50}{100} - \text{전세금} \cdot \text{임대보증금}) \times \text{정기예금이자율}$$

4. 단기매매 · 매도가능 · 만기보유증권 · 지분법적용투자주식처분이익

재무상태표를 작성함에 있어서 단기매매증권 및 유동자산으로 분류되는 매도가능증권과 만기보유증권을 단기투자자산의 과목에 통합표시하는 경우에는 손익계산서에도 단기매매증권 및 유동자산으로 분류되는 매도가능증권과 만기보유증권의 처분이익을 단기투자자산처분이익으로 통합표시하여야 할 것이며, 재무상태표에 비유동자산으로 분류되는 매도가능증권과 만기보유증권을 장기투자증권의 과목에 통합표시하는 경우에는 손익계산서에도 매도가능증권 및 만기보유증권의 처분이익을 장기투자증권처분이익으로 통합표시하여야 할 것이다.

(1) 개 요

유가증권은 재산권을 나타내는 증권을 말하며, 실물이 발행된 경우도 있고 명부에 등록만 되어 있을 수도 있다. 또한 유가증권은 적절한 액면금액단위로 분할되고, 시장에서 거래되거나 투자의 대상이 되며, 지분증권과 채무증권을 포함한다.

지분증권은 회사, 조합 또는 기금 등의 순자산에 대한 소유지분을 나타내는 유가증권(예 : 보통주, 우선주, 수익증권 또는 자산유동화출자증권)과 일정 금액으로 소유지분을 취득할 수 있는 권리(예 : 신주인수권 또는 콜옵션) 또는 소유지분을 처분할 수 있는 권리(예 : 풋옵션)를 나타내는 유가증권 및 이와 유사한 유가증권을 말하며, 채무증권은 발행자에 대하여 금전을 청구할 수 있는 권리를 표시하는 유가증권 및 이와 유사한 유가증권을 말하는 것으로서 국채, 공채, 사채(전환사채 포함), 자산유동화채권 등을 포함한다.

일반기업회계기준 제6장에서는 취득한 유가증권(지분법적용투자주식, 주식선택권과 파생상품 제외)을 취득목적과 보유의도 및 능력에 따라 만기보유증권, 단기매매증권 그리고 매도가능증권 중의 하나로 분류하도록 하고 있으며, 일반기업회계기준 제8장에서는 피투자기업에 대하여 유의적인 영향력이 있는 지분상품은 지분법적용투자주식으로 분류하도록 규정하고 있다. 따라서 유가증권을 처분할 때 처분가액이 장부가액(기타포괄손익누계액으로 표시되는 미실현보유손익 포함)을 초과하는 경우 동 차익은 단기매매증권처분이익, 매도가능증권처분이익, 만기보유증권처분이익, 지분법적용투자주식처분이익 등으로 표시될 것이다.

유가증권의 처분과 관련된 구체적인 내용은 '단기매매증권편', '매도가능증권편', '만기보유증권편', '지분법적용투자주식편'을 각각 참조하기로 한다.

(2) 세무회계상 유의할 사항

유가증권관련 처분이익(손실)에 관하여 세법은 명문규정을 둔 바가 없으므로 회사가 유가증권을 처분하고 계상하는 유가증권관련 처분손익은 세법상 당연히 익금 및 손금으로 인정된다. 그러나 세법에 의하여 부인된 기업회계기준에 따라 계상한 유가증권관련 평가이익(손실)에 대한 세무조정사항이 있는 경우에는 이를 반영하여 익금 및 손금에 산입될 유가증권관련 처분이익(손실)을 계산하여야 한다는 점을 유의하여야 한다.

한편, 국·공채이자를 유가증권관련 처분이익에 포함하여 처리한 경우로서 당해 국·공채이자가 세법상 비과세소득에 해당하는 경우에는 법인세나 소득세의 과세표준을 계산할 때에 이를 소득금액으로부터 차감하여야 한다.

5. 단기매매증권평가이익

㈜ 재무상태표를 작성함에 있어서 단기매매증권을 단기투자자산의 과목에 통합표시하는 경우에는 손익계산서에도 단기매매증권평가이익을 단기투자자산평가이익으로 통합표시하여야 할 것이다.

단기매매증권은 주로 단기간 내의 매매차익을 목적으로 취득한 유가증권으로서 매수와 매도가 적극적이고 빈번하게 이루어지는 것을 말한다. 이는 유가증권의 보유의도와 보유능력에 따라 분류한 것으로써 일반적으로 금융업 외의 일반기업이 유가증권을 단기매매증권으로 분류하는 경우는 드물 것이다.

일반기업회계기준 제6장에서는 단기매매증권을 공정가치로 평가하도록 하고 있으며 공정가치의 순변동분, 즉 미실현보유손익은 당기손익항목(단기매매증권평가손익)으로 처리하도록 하고 있다. 따라서 단기매매증권평가이익은 단기간 내의 매매차익을 목적으로 취득한 것으로서 매수와 매도가 적극적이고 빈번하게 이루어지는 유가증권을 공정가치에 의하여 평가한 가액이 장부가액을 초과하는 경우에 발생한다.

또한 단기매매증권은 일반적이지 않고 단기간내에 재발할 가능성이 매우 낮은 단일한 사건에서 발생하는 드문 상황에서 더 이상 단기간 내의 매매차익을 목적으로 보유하지 않는 경우 매도가능증권이나 만기보유증권으로 분류할 수 있으며, 단기매매증권이 시장성을 상실한 경우에는 매도가능증권으로 분류하여야 하는데, 이 경우 분류변경일 현재의 공정가치(최종 시장가격)를 새로운 취득원가로 보며, 분류변경일까지의 미실현보유손익은 당기손익으로 인식한다.

한편, 법인세법에서는 유가증권을 원가법에 따라 평가하도록 하고 있으므로 평가손익을 인정하지 않는다. 따라서 일반기업회계기준에 따라 계상한 단기매매증권평가이익(손실)은 모두 부인하여 익금불산입(손금불산입)하여야 한다. 다만, 투자회사 등이 보유한 집합투자재산은 시가법(다만, 환매금지형집합투자기구가 보유한 시장성 없는 자산은 원가법 또는 시가법 중 해당 환매금지형집합투자기구가 신고한 방법), 보험회사가 보유한 특별계정에 속하는 자산은 원가법 또는 시가법 중 해당 보험회사가 신고한 방법에 의하여 평가한다(법령 75조 3항, 4항).

사례 (주)삼일은 20×7. 1. 1.에 주당 액면가액이 ₩20인 을주식회사의 주식 500주를 ₩22,500에 구입하였으며, 20×7. 12. 31.에 을주식회사의 주가가 주당 ₩53이었다.

(차) 단 기 매 매 증 권	4,000	(대) 단기매매증권평가이익	4,000*

* ₩53×500주－₩22,500＝₩4,000

단기매매증권의 평가와 관련한 보다 자세한 설명은 '유가증권편'을 참조하기 바란다.

6. 외환차익

(1) 개 념

회사가 보유하고 있는 외화자산을 회수할 때 기능통화 회수액이 그 외화자산의 장부금액보다 큰 경우, 혹은 외화부채를 상환할 때 기능통화 상환액이 그 외화부채의 장부금액보다 작은 경우 그 차이액을 처리하는 계정이다.

일반기업회계기준에서는 외환차손익에 대하여 다음과 같이 정의하고 있다.

> **일반기업회계기준 제23장【환율변동효과】**
> 용어의 정의
> 외환차손익 : 외화자산의 회수 또는 외화부채의 상환시에 발생하는 차손익

기능통화란 영업활동이 이루어지는 주된 경제 환경의 통화를 말하는 것으로, 회계장부를 기록하는 통화이다. 이 경우 해당 국가의 통화와 기능통화가 다른 경우에는 해당 국가의 통화를 기능통화로 간주할 수 있다. 또한, 외화란 기능통화 이외의 다른 통화를 말한다(일반기준 23장 문단 23.2).

한편, 회사의 기능통화와 재무제표를 표시할 때 사용하는 통화(표시통화)가 다른 경우, 기능통화로 인식된 외환차익을 표시통화로 환산할 때는 해당 거래일의 환율 또는 평균환율로 환산한다(일반기준 23장 문단 23.14).

외환차손익이 발생하는 것은 기본적으로 환율이 계속 변동되고 있기 때문이다. 즉, 외화금액으로 표시된 자산이나 부채가 발생했을 경우 장부상에는 그 발생 당시의 환율을 적용하여 계산한 기능통화금액이 계상되는데, 외화자산·부채의 결제시점에 결제 당시의 환율이 발생 당시의 환율과 동일하지 않는 한은 반드시 외화자산의 회수 또는 외화부채의 상환에 따라 기 계상된 장부가액과 차이가 나게 된다.

또한 최근에는 외국환거래규정의 완화, 금융의 자유화, 자본시장의 국제화 등에 따라 선물환 등의 새로운 금융상품들이 개발되고 이에 따른 회계처리문제도 새로운 회계의 한 분야로 등장하게 되었다. 이러한 새로운 금융상품에 대해서는 필연적으로 외환차손익이 발생하게 되는데 이에 대한 구체적인 기업회계기준의 규정은 '파생금융상품편'에서 설명하였다.

(2) 기업회계상 회계처리

1) 회계처리방법

사례 1 (주)삼일은 20×7. 2. 1. 미국의 A회사에 US$100,000의 상품을 선적하였다. (주)삼일은 20×7. 2. 10. 동 금액을 은행에서 네고(nego)하여 현금을 수취하였다. (주)삼일의 기능통화는 원화(₩)이다.

환 율 : 20×7. 2. 1. ₩750 / $
20×7. 2. 10. ₩760 / $

• 20×7. 2. 1.

(차) 매출채권	75,000,000	(대) 매출	75,000,000

• 20×7. 2. 10.

(차) 현금 및 현금성자산	76,000,000	(대) 매출채권	75,000,000
		외환차익	1,000,000*

* (760 − 750) × US$100,000 = ₩1,000,000

사례 2 (주)삼일은 20×7. 5. 1. 외국은행으로부터 $1,000,000(만기 3개월)을 차입하였다. 당사는 20×7. 7. 31. 동 금액을 상환하였다. (주)삼일의 기능통화는 원화(₩)이다.

환 율 : 20×7. 5. 1. ₩765 / $
20×7. 7. 31. ₩750 / $

• 20×7. 5. 1.

(차) 현금 및 현금성자산	765,000,000	(대) 단 기 차 입 금	765,000,000

• 20×7. 7. 31.

(차) 단 기 차 입 금	765,000,000	(대) 현금및현금성자산	750,000,000
		외 환 차 익	15,000,000*

* (765－750) × US$1,000,000 = 15,000,000

2) 결산시 유의할 사항

① 외화표시 채권 · 채무의 발생과 회수 또는 상환시에 적용한 환율의 적정성을 검토한다.

② 외환차익과 외환차손은 각각 총액으로 표시하지만 중요하지 않은 외환차익과 외환차손이 반복적으로 발생하는 경우에는 이를 서로 상계하여 표시할 수 있다. 그러나, 어느 한 쪽 또는 각각의 크기가 중요하면 서로 상계하여 표시하지 않는다(일반기준 2장 부록 결2.8).

③ 회사의 기능통화와 재무제표를 표시할 때 사용하는 표시통화가 다른 경우, 기능통화로 인식된 외환차익을 해당 거래일의 환율 또는 평균환율을 사용하여 표시통화로 환산한다.

(3) 세무회계상 유의할 사항

외환차익은 이미 현실적으로 실현된 이익이라는 점에서 당해 외화자산 · 부채의 장 · 단기 여부에도 불구하고 전액 당해 사업연도의 익금으로 한다. 다만, 당해 외화자산 · 부채와 관련하여 세법에 의하여 부인된 기업회계기준에 따라 계상된 외화환산이익(손실)에 대한 세무조정사항이 있는 경우에는 이를 반영하여 익금에 산입할 외환차익을 계산하여야 한다는 점을 유의하여야 한다.

7. 외화환산이익

(1) 개 념

환율이 매일매일 변동되는 변동환율제도 하에서는 외화자산·부채가 발생된 이후 회수 또는 상환시점에서 항상 외환차손익이 발생된다.

한편, 이와는 별개의 문제로서 이미 보유하고 있던 외화자산·부채가 회사의 결산기말에도 계속적으로 존재하는 경우 그한 자산과 부채를 회계장부에 어떻게 표시할 것인가의 문제가 있다. 특히 외화자산·부채 중 계약이나 기타의 거래조건에 의하여 그 금액이 외화로서 확정되어 있는 경우 그러한 외화자산·부채의 가액은 발생시점과 결산시점에 외화금액으로서는 동일하지만 환율이 변동되어 있으므로 기능통화로 환산한 금액으로서는 차이가 나게 될 것이다.

이러한 외화자산·부채의 발생시점의 가액과 결산시점의 환율로 환산한 가액의 차이를 나타내는 계정과목이 외화환산이익 혹은 외화환산손실이다.

일반기업회계기준에서는 다음과 같이 외화환산손익을 정의하고 있다.

일반기업회계기준 제23장【환율변동효과】

용어의 정의

외화환산손익 : 결산일에 화폐성외화자산 또는 화폐성외화부채를 환산하는 경우 환율의 변동으로 인하여 발생하는 환산손익

외화자산의 경우에는 발생시점보다 기말의 환율이 상승하게 되면 외화환산이익이 발생하고 외화부채의 경우에는 발생시점보다 기말의 환율이 하락하게 되면 외화환산이익이 발생한다.

(2) 기업회계상 회계처리

1) 외화환산의 원칙과 회계처리

일반기업회계기준에서는 외화자산 및 부채의 환산에 대하여 다음과 같이 규정하고 있다.

일반기업회계기준 제23장【환율변동효과】

후속 보고기간말의 보고

23.9. 매 보고기간말의 외화환산방법은 다음과 같다.

(1) 화폐성 외화항목은 마감환율로 환산한다.

(2) 역사적원가로 측정하는 비화폐성 외화항목은 거래일의 환율로 환산한다.

(3) 공정가치로 측정하는 비화폐성 외화항목은 공정가치가 결정된 날의 환율로 환산한다.

외환차이의 인식

23.10. 화폐성항목의 결제시점에 발생하는 외환차손익 또는 화폐성항목의 환산에 사용한 환율이 회계기간 중 최초로 인식한 시점이나 전기의 재무제표 환산시점의 환율과 다르기 때문에 발생하는 외화환산손익은 그 외환차이가 발생하는 회계기간의 손익으로 인식한다. 단, 외화표시 매도가능채무증권의 경우 동 금액을 기타포괄손익에 인식한다.

23.11. 비화폐성항목에서 발생한 손익을 기타포괄손익으로 인식하는 경우에 그 손익에 포함된 환율변동효과도 기타포괄손익으로 인식한다. 그러나 비화폐성항목에서 발생한 손익을 당기손익으로 인식하는 경우에는 그 손익에 포함된 환율변동효과도 당기손익으로 인식한다.

23.12. 기업이 해외사업장으로부터 수취하거나 해외사업장에 지급할 화폐성항목 중에서 예측할 수 있는 미래에 결제할 계획이 없고 결제될 가능성이 낮은 항목은 실질적으로 그 해외사업장에 대한 순투자의 일부가 된다. 이러한 화폐성항목에는 장기채권이나 대여금은 포함될 수 있으나 매출채권과 매입채무는 포함되지 아니한다. 이와 같이 보고기업의 해외사업장에 대한 순투자의 일부인 화폐성항목에서 생기는 외환차이는 해외사업장의 개별재무제표에서 당기손익으로 적절하게 인식한다. 그러나 보고기업과 해외사업장을 포함하는 재무제표(예 : 해외사업장이 종속기업인 경우의 연결재무제표)에서는 이러한 외환차이를 처음부터 기타포괄손익으로 인식하고 문단 23.17에 따라 관련 순투자의 처분시점에 자본에서 당기손익으로 재분류한다.

표시통화로의 환산

23.14. 경영성과와 재무상태를 기능통화와 다른 표시통화로 환산하는 방법은 다음과 같다.

(1) 재무상태표(비교표시하는 재무상태표 포함)의 자산과 부채는 해당 보고기간말의 마감환율로 환산한다.

(2) 손익계산서(비교표시하는 손익계산서 포함)의 수익과 비용은 해당 거래일의 환율 또는 평균환율로 환산한다.

(3) 위 (1)과 (2)의 환산에서 생기는 외환차이는 기타포괄손익으로 인식한다.

상기의 규정을 살펴보면 우리나라 일반기업회계기준은 외화환산에 대해 다음과 같은 기본원칙을 채택하고 있음을 알 수 있다.

• 화폐성 외화자산 · 부채는 보고기간종료일 현재의 현물환율로 환산한다.
• 비화폐성 외화자산 · 부채는 발생 당시의 환율로 환산한 가액을 회계장부에 표시한다. 즉, 별도의 환산절차가 필요 없다.
• 화폐성 외화자산 · 부채의 환산에서 발생하는 외화환산이익 · 손실은 당기손익으로 처

리한다.

이와 같은 규정에 따라 회계처리하기 위해서는 먼저 환율의 개념과 화폐성 자산·부채 및 비화폐성 자산·부채의 구분방법을 이해하여야 하므로 이하에서 살펴보기로 한다.

① 환 율

환율(exchange rate)이란 이국간의 통화와 통화 사이의 교환비율을 의미하며, 외화자산과 부채의 환산에 대한 회계처리를 위해서는 다음과 같은 환율의 개념을 이해하는 것이 필요하다.

가. 현행환율(current exchange rate)

현행환율이란 현재시점에서 적용되는 환율을 의미한다.

일반기업회계기준 제23장 문단 23.9 (1)에서 마감환율이란 보고기간말의 현물환율을 의미하며, 현물환율이란 즉시 인도가 이루어지는 거래에서 사용하는 환율을 말한다. 따라서, 동 규정을 다른 말로 하면 화폐성 외화자산·부채는 결산시점의 현행환율로 환산한다고 할 수 있다.

나. 역사적 환율(historical exchange rate)

역사적 환율이란 외화자산이나 부채가 발생한 시점의 환율을 의미한다. 따라서 일반기업회계기준 제23장 문단 23.9 (2)에서 거래일의 환율로 환산한다는 것은 비화폐성 외화자산·부채를 역사적 환율로 환산한다는 의미이다.

다. 평균환율(average exchange rate)

평균환율은 일정기간의 환율을 평균한 환율을 의미하는데, 기능통화로 외화거래를 최초로 인식하는 경우에는 일반적으로 거래일의 외화와 기능통화 사이의 현물환율을 외화금액에 적용하여 기록하게 되는데, 환율이 유의적으로 변동하지 않은 경우에는 일정기간의 평균환율을 사용할 수 있다(일반기준 23장 문단 23.8). 또한, 경영성과와 재무상태를 기능통화와 다른 표시통화로 환산하는 경우에 손익계산서(비교표시하는 손익계산서 포함)의 수익과 비용은 해당 거래일의 환율 또는 평균환율로 환산한다(일반기준 23장 문단 23.14).

② 환율의 구체적 적용

일반기업회계기준 제23장 문단 23.9 (1)에서는 '마감환율(보고기간말의 현물환율)'이라는 용어를 사용하고 있는데 이것이 무엇을 의미하는가에 대하여는 명확한 유권해석이 아직 없다.

동일시점의 환율이라 하더라도 현행 환율구조상으로는 다음과 같은 많은 종류의 환율이 있다.

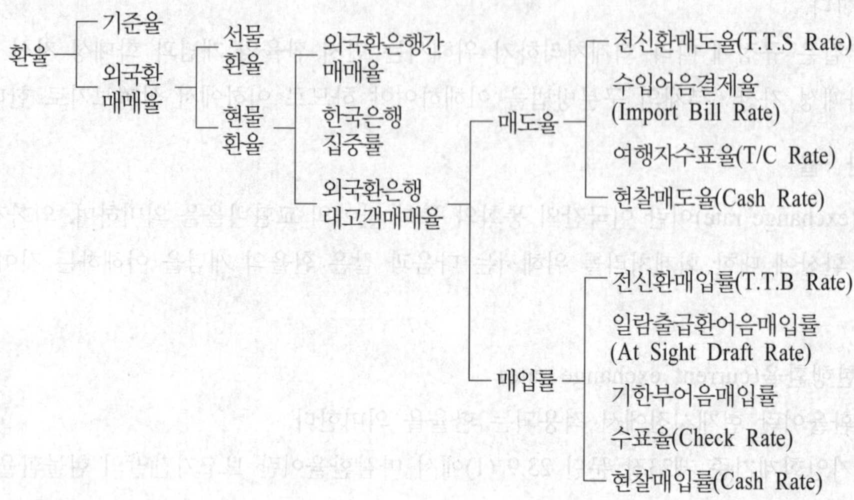

일반기업회계기준상으로는 상기의 현물환율들 중 어느 것이라도 기업의 입장에서 외화표시자산 및 부채를 합리적으로 환산하기에 충분하면 사용이 가능하다. 다만, 한번 채택된 환율은 매기 계속적으로 적용하여 회계처리하여야 한다. 한편, 법인세법에서는 외국환거래규정에 따른 매매기준율 또는 재정된 매매기준율에 의해 계산하도록 하고 있다(법령 76조 1항 및 법칙 39조의 2).

③ 화폐성 및 비화폐성 자산 등의 구분

화폐성 및 비화폐성 자산·부채의 구분을 위해 일반기업회계기준은 다음과 같은 규정을 두고 있다.

일반기업회계기준 제23장【환율변동효과】

실23.1. 화폐성항목의 본질적 특징은 확정되었거나 결정가능할 수 있는 화폐단위의 수량으로 받을 권리나 지급할 의무라는 것이다. 예를 들어, 현금으로 지급하는 연금과 그 밖의 종업원급여, 현금으로 상환하는 충당부채, 부채로 인식하는 현금배당 등이 화폐성항목에 속한다. 한편, 비화폐성항목의 본질적 특징은 확정되었거나 결정가능할 수 있는 화폐단위의 수량으로 받을 권리나 지급할 의무가 없다는 것이다. 예를 들어, 재화와 용역에 대한 선급금(예 : 선급임차료), 영업권, 무형자산, 재고자산, 유형자산, 비화폐성 자산의 인도에 의해 상환하는 충당부채 등이 비화폐성항목에 속한다. (문단 23.9)

이하에서는 이를 구체적으로 살펴본다.

가. 화폐성 외화자산 · 부채

화폐성 외화자산 · 부채란 수취금액이나 지급금액이 계약 등으로 인하여 일정액의 화폐액으로 고정되어 있어 화폐가치의 변동에 영향을 받지 않는 외화자산 · 부채를 말한다.

따라서 화폐성 외화자산 및 화폐성 외화부채란 일정액의 화폐액으로 표시될 수 있는 항목으로 기간이 경과하거나 화폐가치가 변동하더라도 수정되지 않고 항상 현재의 구매력을 나타내는 항목을 말한다.

화폐성 자산의 예로서는 현금 및 현금성자산, 장 · 단기 매출채권, 대여금 등이 있으며 화폐성 부채의 예로서는 매입채무, 장 · 단기차입금, 사채 등이 있다.

나. 비화폐성 외화자산 · 부채

'비화폐성'이란 화폐성 항목이 아닌 자산과 부채로서 화폐가치의 변동에 불구하고 일정 수량의 재화 또는 용역 자체의 거래에 관련된 권리와 의무를 말한다.

따라서 비화폐성 외화자산과 비화폐성 외화부채란 화폐액이 일정액으로 확정되지 않아 변동될 수 있는 항목으로 기간이 경과하거나 화폐가치의 변동으로 인하여 다른 화폐액으로 표시될 수 있는 항목을 말한다.

비화폐성 자산의 예로서는 재고자산, 유형자산, 무형자산 등이 있으며 비화폐성 부채의 예로서는 선수금, 선수수익 등이 있다. 또한 자기자본은 비화폐성이다.

다. 외화환산손익의 회계처리

외화환산손익의 회계처리는 다음의 사례를 통하여 살펴보도록 하겠다.

사례 (주)삼일의 20×7. 12. 31. 현재 단기대여금, 단기차입금 계정 중 외화로 표시된 자산 및 부채의 잔액은 다음과 같다. (주)삼일의 기능통화는 원화(₩)이다.

단기대여금($1,000, @ ₩1,000)	₩1,000,000
단기차입금($6,000, @ ₩1,000)	₩6,000,000

한편 20×7. 12. 31. 현재 환율은 ₩1,100 / $1이다.

• 단기대여금 계정의 외화환산

(차) 단 기 대 여 금	100,000	(대) 외 화 환 산 이 익	100,000*

* (₩1,100 − ₩1,000) × $1,000 = ₩100,000

• 단기차입금 계정의 외화환산

(차) 외 화 환 산 손 실	600,000*	(대) 단 기 차 입 금	600,000

* (₩1,100 − ₩1,000) × $6,000 = ₩600,000

2) 결산시 유의할 사항

① 환율의 적정성 검토

외화환산에 사용된 환율의 적정성을 검토한다.

② 외환차익과의 구분계상

당기거래 중 발생한 외환차익과 결산시점에서 계상한 외화환산이익이 구분·표시되도록 한다.

③ 외화환산손실과 구분계상

외화환산이익과 외화환산손실이 상계표시되지 않도록 주의한다.

④ 표시통화로의 환산

회사의 기능통화와 재무제표를 표시할 때 사용하는 표시통화가 다른 경우, 기능통화로 인식된 외화환산이익을 해당 거래일의 환율 또는 평균환율을 사용하여 표시통화로 환산한다.

⑤ 금융기관이 휴무하는 경우의 결산환율 적용

결산일을 전후하여(예를 들면, 12월 결산의 경우 20×1. 12. 31.부터 20×2. 1. 3.까지) 금융기관의 외환거래가 중단되어 동 기간에 기준환율 또는 재정환율이 고시되지 않은 경우 결산일이 12. 31.인 법인의 20×1년 결산시 적용할 환율은 이전 회계연도까지 회계연도 종료일의 기준환율을 적용하였다면 20×1. 12. 30.의 기준환율을 적용하여야 하며, 다음 회계연도에 최초로 고시되는 환율을 적용하였다면 20×2. 1. 4.의 기준환율을 적용하여야 한다.

(3) 세무회계상 유의할 사항

일반기업회계기준과 법인세법상 외화자산·부채의 평가에 대해 비교하면 다음과 같다(법령 76조). 한편, 통화선도 등에 대한 평가와 관련한 자세한 설명은 '제5편 Ⅰ. 제3장 파생상품 등의 회계처리'를 참조하기 바란다.

구 분	일반기업회계기준	법 인 세 법
평가대상	화폐성 외화자산 · 부채	기업회계기준에 따른 화폐성 외화자산 · 부채
적용환율	보고기간말 현재의 현물환율	• 금융회사 등(법령 61조 2항 1호~7호)이 보유하는 화폐성 외화자산 · 부채 : 사업연도 종료일 현재의 매매기준율등 • 일반법인이 보유하는 화폐성 외화자산 · 부채(보험회사의 책임준비금은 제외) : 다음 중 관할 세무서장에게 신고한 환율 - 취득일 또는 발생일 현재의 매매기준율등 - 사업연도 종료일 현재의 매매기준율등
평가손익	영업외손익으로 하여 당기손익 처리	해당 사업연도의 익금 또는 손금에 산입

8. 지분법이익

일반기업회계기준 제8장에 따라 유의적인 영향력이 있는 지분증권에 대하여 지분법을 적용하여 평가하는 경우, 지분변동액은 지분법피투자회사의 순자산금액 변동의 원천에 따라 각각 다르게 회계처리하여야 한다. 그 중 지분법피투자회사의 순자산금액 변동이 당기순이익 또는 당기순손실로 인하여 발생한 경우의 지분변동액은 지분법손익으로 하여 당기손익으로 처리하여야 한다(일반기준 8장 문단 8.16). 따라서 지분변동액이 지분법피투자회사의 당기순이익으로 인하여 발생한 경우, 동 지분변동액은 지분법이익이라는 과목으로 하여 영업외수익에 계상한다.

지분법에 의한 투자주식의 평가와 관련한 자세한 설명은 '투자자산 중 지분법적용투자주식편'을 참조하기 바란다.

9. 매도가능증권 · 만기보유증권 · 지분법적용투자주식손상차손환입

㈜ 재무상태표를 작성함에 있어서 비유동자산으로 분류되는 매도가능증권과 만기보유증권을 장기투자증권의 과목에 통합표시하는 경우에는 손익계산서에도 매도가능증권 및 만기보유증권의 손상차손환입을 장기투자증권손상차손환입으로 통합표시하여야 할 것이다.

매도가능증권 · 만기보유증권 또는 지분법적용투자주식으로부터 회수할 수 있을 것으로 추정되는 금액이 채무증권의 상각후원가, 지분증권의 취득원가 또는 지분법적용투자주식의 장부가액보다 작은 경우에는 손상차손을 인식할 것을 고려하여야 하고, 손상차손이 발생하였다는 객관적인 증거가 있는 경우 당해 손상차손금액은 매도가능증권손상차손 등의 과목으로 하여 당기 손익에 반영하여야 한다(일반기준 6장 문단 6.32 및 8장 문단 8.27).

한편, 손상차손을 인식한 이후 손상차손이 회복된 경우에는 이전에 인식한 손상차손금액을 한도로 하여 회복된 금액을 당기 이익으로 인식하되, 회복 후 매도가능증권 · 만기보유증권 또는 지분법적용투자주식의 장부가액이 당초에 손상차손을 인식하지 않았다면 회복일 현재의 장부가액이 되었을 금액을 초과하지 않아야 한다. 다만, 지분법적용투자주식의 투자차액에 해당하는 손상차손의 회복을 인정하지 아니하므로 이에 대한 회계처리는 하지 아니한다(일반기준 6장 문단 6.33 및 8장 문단 8.30).

매도가능증권 · 만기보유증권 또는 지분법적용투자주식의 손상차손 및 손상차손환입과 관련한 자세한 설명은 '투자자산 중 매도가능증권편, 만기보유증권편 및 지분법적용투자주식편'을 참조하기 바란다.

10. 대손충당금환입

매출채권 이외의 기타채권에 대한 당기 말 대손추산액이 대손충당금 잔액보다 적은 경우 그 차액을 대손충당금환입계정으로 환입계상하여야 한다.

대손충당금환입계정의 회계처리는 기말결산정리사항으로서, 매출채권 이외의 기타채권에 대한 대손충당금계정의 잔액이 해당 기타채권에 대한 대손추산액을 초과하는 경우에 그 초과하는 금액만큼을 대손충당금환입계정으로 환입처리하는 회계처리를 한다.

(차) 대 손 충 당 금 ××× (대) 대손충당금환입 ×××

사례 (주)삼일은 결산시 ₩1,400,000을 매출채권 이외의 기타 채권에 대한 대손추산액으로 설정하였다. 한편 해당 기타채권에 대한 당기 말 대손충당금의 잔액은 ₩1,500,000이다.

(차) 대 손 충 당 금 100,000 (대) 대손충당금환입 100,000

한편, 빈번하게 발생하는 것은 아니지만 영업활동과 관련하여 비용이 감소함에 따라 발생하는 대손충당금환입은 판매비와관리비의 부(−)의 금액으로 표시하여야 한다(일반기준 2장 부록 실2.47).

11. 투자자산처분이익

투자자산은 장기적인 투자수익을 얻기 위해 가지고 있는 채무증권과 지분증권, 지분법적용투자주식, 영업활동에 사용되지 않는 토지와 설비자산, 설비확장 및 채무상환 등에 사용할 특정목적의 예금을 포함한다(일반기준 2장 부록 실2.29).

투자자산처분이익계정은 이와 같은 투자자산을 처분함에 있어서 처분가액이 장부가액을 초과하는 경우 그 차액을 처리하는 계정이라 할 수 있다.

투자자산의 처분과 관련한 구체적인 내용은 '투자자산편'을 참조하기 바란다.

12. 유형자산처분이익

(1) 개념 및 범위

유형자산처분이익이란 유형자산을 처분함으로써 얻게 되는 자산의 가치가 유형자산의 장부상의 원가보다 큰 경우 그 차액을 회계처리하는 계정과목이다. 유형자산처분이익의 발생원인과 성격에 대해 살펴보면 다음과 같다.

1) 처분대상이 유형자산이다

유형자산처분이익계정에는 유형자산의 처분으로부터 발생하는 이익을 기재한다.

2) 유형자산의 처분방법

유형자산을 처분하는 방법으로는 크게 매도, 교환, 폐기 등이 있으며 그 외에 재해로 인해 유형자산이 손괴되는 경우도 있다.

3) 유형자산처분이익의 성격 및 금액산정

유형자산처분이익으로 계상되는 금액은 유형자산의 장부가액과 유형자산처분으로 인한 순매각 대금과의 차액이다. 이 경우 유형자산의 재평가와 관련하여 인식한 기타포괄손익의 잔액이 있다면, 그 유형자산을 제거할 때 유형자산처분손익에 반영한다(일반기준 10장 문단 10.45).

여기서 유형자산의 장부가액이란 일반적으로 취득가액에서 감가상각누계액과 회계연도 개시일부터 처분시점까지의 감가상각비를 공제한 금액이다. 또한, 유형자산의 처분으로 인한 매각금액이란 결국 처분자산의 실제 공정시장가치를 의미하게 된다.

따라서 유형자산처분이익이 발생하는 이유는 처분된 유형자산의 장부가액이 실제 공정시장가치를 반영하지 못함으로 인해서 생긴다. 그 원인으로는 첫째, 장부가액이란 앞에서 언급했듯이 취득원가에서 감가상각누계액을 공제한 금액이므로 각 회계연도의 비용으로 배분한 감가상각을 과대설정한 경우를 들 수 있고, 둘째, 인플레이션으로 인하여 상대적으로 처분자산의 공정시장가치가 높게 될 수 있으며, 셋째, 당해 유형자산의 취득시점에 비해 처분하는 시점의 수요가 공급보다 많아졌기 때문이다.

(2) 기업회계상 회계처리

1) 재무제표 표시방법

유형자산처분이익의 성격에서 검토한 바와 같이 유형자산처분이익의 발생요인이 감가상각비의 과대설정인 경우는 전기오류수정이익으로 처리되어야 하고 인플레이션에 기인한 경우는 자본잉여금으로 처리되어야 하며 그 외의 순수한 이익은 당기손익계산서에 반영해야 합리적이나 이를 구분하기는 사실상 불가능하므로 발생요인을 고려하지 않고 유형자산처분이익으로 인식한다.

2) 유형자산처분이익의 계상시기

유형자산은 처분하거나 사용이나 처분으로 미래 경제적 효익이 예상되지 않을 때 재무상태표에서 제거한다. 유형자산의 처분시점을 결정할 때에는 일반기업회계기준 제16장 '수익'의 제1절 '수익인식' 중 재화의 판매에 관한 수익인식기준을 적용하여 다음 조건이 모두 충족될 때 인식한다(일반기준 10장 문단 10.44 및 16장 문단 16.10).

① 재화의 소유에 따른 유의적인 위험과 보상이 구매자에게 이전된다.

② 판매자는 판매한 재화에 대하여 소유권이 있을 때 통상적으로 행사하는 정도의 관리나 효과적인 통제를 할 수 없다.

③ 수익금액을 신뢰성 있게 측정할 수 있다.

④ 경제적 효익의 유입 가능성이 매우 높다.

⑤ 거래와 관련하여 발생했거나 발생할 원가를 신뢰성 있게 측정할 수 있다.

유형자산의 거래과정은 동산의 경우 자산을 인도하면서 그에 대한 반대급부를 수령하는 것이 일반적이나 부동산의 경우에는 계약체결에서부터 중도금, 잔금을 청산하고 소유권이전등기를 하기까지 상당한 기간이 소요된다. 또한 소유권이전등기 전에 부동산의 사용수익권을 매수자에게 부여하는 경우도 있다. 이러한 거래과정 중 어느 시점에서 유형자산처분이익을 인식할 것인지가 문제이다.

유형자산의 처분도 매출수익의 실현시점과 마찬가지로 판매하는 시점 즉, 동산의 경우 일반적으로 인도일을 실현시점으로 보는 것이 타당하다. 부동산의 경우 소유권이전등기를 하면 제3자에 대한 대항력은 있지만 소유권이전등기 전에 잔금을 청산하여 매수자가 동 부동산을 사용수익할 수 있다거나 잔금청산 전이라도 사용수익이 허락되었다면 이 시점에서 유형자산처분이익을 인식하는 것이 타당하다. 따라서 공장용 부속토지를 매도함에 있어서 계약금만 받은 상태에서 매수자에게 사용수익을 허락하여 실제 건물을 착공할 수 있다면 사용수익을 허락한 날을 인식시점으로 보는 것이 합리적이다.

• 토지의 용도변경 인·허가 획득에 따른 추가 수령대가의 회계처리(GKQA 08-027, 2008. 7. 17.)
A사가 B사에게 토지를 매각한 후 B사가 토지의 용도변경 인·허가를 획득하면 B사로부터 일정금액을 추가 수령하기로 한 경우, 처분손익으로 인식할 금액은 확정 매매대금을 기준으로 하되 추가 대가는 자원의 유입이 확정된 경우 처분손익(토지처분이익 등 영업외수익)으로 인식함.

한편, 중소기업기본법에 의한 중소기업(자본시장과 금융투자업에 관한 법률에 따른 상장법인·증권신고서 제출법인·사업보고서 제출대상법인, 금융회사, 연결실체에 중소기업이 아닌 회사가 포함된 경우의 지배기업을 제외함)이 토지 또는 건물 등을 장기할부조건으로 처분하는 경우에는 당해 자산의 처분이익을 할부금회수기일이 도래한 날에 실현되는 것으로 할 수 있으며, 동 특례규정을 선택한 경우에는 그 내용을 주석으로 기재하여야 한다(일반기준 31장 문단 31.11, 31.14).

상기의 특례규정을 적용하던 중소기업이 이를 적용하지 아니하고자 하거나, 중소기업에 해당하지 않게 되는 이유 등으로 이를 적용할 수 없게 되는 경우에는 일반기업회계기준 제5장 '회계정책, 회계추정의 변경 및 오류'에 따라 회계처리하여야 한다(일반기준 31장 문단 31.17). 이에 대해 보다 자세한 회계처리방법은 '자본편 제5장(이익잉여금) 제4절(회계변경과 오류수정)'을 참조하도록 한다.

3) 매각한 경우의 회계처리

회사가 일정한 대가를 받고 유형자산을 처분하는 경우 그 매각가격은 공정한 시장가치를 반영하게 되므로 순매각대금과 당해 유형자산의 장부가액과의 차이를 유형자산처분이익으로 계상한다. 여기서 유의할 점은 기중에 유형자산을 처분한 경우 당해 회계연도기간 경과분에 대한 감가상각비를 계산하여 장부가액을 계산해야 한다는 것이다. 왜냐하면 유형자산이 매각되기 전까지 기업의 영업활동에 사용되었으므로 이에 대한 감가상각비는 제조원가 또는 판매비와관리비로 분류되기 때문에 동 감가상각비를 계산하여 반영하지 않으면 동 감가상각비 상당액만큼 유형자산처분이익이 과소계상되기 때문이다.

사례 (주)삼일은 20×7. 6. 29. 건물(취득가액 ₩150,000,000, 전기 말 감가상각누계액 ₩80,000,000)과 부속토지(장부가액 ₩200,000,000)를 B회사에 건물 ₩60,000,000, 토지 ₩300,000,000에 매각하고 건물에 대한 부가가치세 ₩6,000,000을 포함하여 ₩366,000,000을 받아 은행에 입금하였다. 건물에 대한 20×7. 1. 1.부터 20×7. 6. 29.까지의 감가상각비는 ₩2,000,000이다.

• 매각되기 전까지의 감가상각비 인식

(차) 감 가 상 각 비	2,000,000	(대) 감가상각누계액	2,000,000

• 매각과 관련한 회계처리

(차) 감가상각누계액	82,000,000	(대) 건 물	150,000,000
현금 및 현금성자산	366,000,000	토 지	200,000,000
		부가가치세예수금	6,000,000
		유형자산처분이익	92,000,000

4) 교환한 경우의 회계처리

교환으로 자산을 취득한 경우 구입한 신자산의 취득원가에 따라 제각되는 구자산의 교환손익이 결정되기 때문에 신자산의 취득원가결정은 기간손익에 중요한 영향을 미친다.

일반기업회계기준 제10장 문단 10.18에서는 다른 종류의 자산과의 교환으로 유형자산을 취득하는 경우 유형자산의 취득원가는 교환을 위하여 제공한 자산의 공정가치로 측정하되, 다만 교환을 위하여 제공한 자산의 공정가치가 불확실한 경우에는 교환으로 취득한 자산의 공정가치를 취득원가로 할 수 있다고 규정하고 있다. 만약 자산의 교환에 현금수수액이 있는 경우에는 현금수수액을 반영하여 취득원가를 결정해야 한다.

한편, 동일한 업종 내에서 유사한 용도로 사용되고 공정가치가 비슷한 동종자산과의 교환으로 유형자산을 취득하거나, 동종자산에 대한 지분과의 교환으로 유형자산을 매각하는 경우에는 제공된 유형자산으로부터의 수익창출과정이 아직 완료되지 않았기 때문에 교환에 따른 거래손익을 인식하지 않아야 하며, 교환으로 받은 자산의 취득원가는 교환으로 제공한 자산의 장부금액으로 한다. 그러나 취득한 자산의 공정가치에 비추어 볼 때 제공한 자산에 손상차손이 발생하였음을 알 수 있는 경우에는 손상차손을 먼저 인식하고 손상차손 차감 후의 장부금액을 수취한 자산의 취득원가로 한다. 또한 교환되는 동종자산의 공정가치가 유사하지 않은 경우에는 거래조건의 일부로 현금과 같이 다른 종류의 자산이 포함될 수 있으며, 이 경우 교환에 포함된 현금 등의 금액이 유의적이라면 동종자산의 교환으로 보지 않는다(일반기준 10장 문단 10.20).

사례 1 (주)삼일은 건설기계 및 현금과 교환으로 기계장치를 취득하였다. 교환거래시 건설기계의 장부금액은 ₩50,000(취득원가 ₩100,000, 감가상각누계액 ₩50,000)이었으며, 공정한 시가는 ₩65,000이었다. 기계장치와의 교환으로 건설기계 이외에 현금 ₩30,000을 지급하였다. 이 거래에 대하여 분개하라.

• 기계장치의 취득원가 : 건설기계 공정시가+현금 지급액 ₩95,000

• 유형자산처분손익 : 건설기계 공정시가−건설기계 장부금액 ₩15,000

(차) 기 계 장 치	95,000	(대) 건 설 기 계	100,000
감가상각누계액	50,000	현금 및 현금성자산	30,000
		유형자산처분이익	15,000

사례 2 (주)삼일은 다음과 같은 기계장치를 을사에 제공하고 동종의 기계장치를 취득하였다.

	(주)삼일의 기계장치	을사의 기계장치
• 취 득 원 가	₩200,000,000	₩300,000,000
• 감가상각누계액	100,000,000	150,000,000
• 장 부 금 액	100,000,000	150,000,000
• 공 정 한 가 치	120,000,000	140,000,000

다음의 경우 각각 회계처리하라.

1. (주)삼일이 현금 ₩20,000,000을 주고 기계장치를 교환하였다. 교환에 포함된 현금은 유의적이지 않으며, 기타 동종자산의 교환요건을 충족한다.

- (주)삼일의 분개

(차) 기 계 장 치	120,000,000	(대) 기 계 장 치	200,000,000
감가상각누계액	100,000,000	현금 및 현금성자산	20,000,000

- 을사의 분개

(차) 기 계 장 치	130,000,000	(대) 기 계 장 치	300,000,000
감가상각누계액	150,000,000		
현금 및 현금성자산	20,000,000		

2. (주)삼일이 현금 ₩20,000,000을 주고 기계장치를 교환하였다. 교환에 포함된 현금이 유의적이다.

- (주)삼일의 분개

(차) 기 계 장 치	140,000,000	(대) 기 계 장 치	200,000,000
감가상각누계액	100,000,000	현금 및 현금성자산	20,000,000
		유형자산처분이익	20,000,000

- 을사의 분개

(차) 기 계 장 치	120,000,000	(대) 기 계 장 치	300,000,000
감가상각누계액	150,000,000		
현금 및 현금성자산	20,000,000		
유형자산처분손실	10,000,000		

5) 폐기한 경우의 회계처리

회사는 특정 유형자산에 대한 사용가치가 없다고 판단될 때에는 당해 유형자산을 폐기처분하고 장부에서 당해 유형자산의 취득원가 및 감가상각누계액을 제거시킨다. 유형자산을 폐기처분함에 있어서 고물상에 팔 수 있는 경우에는 장부가액과 매각대금과의 차이를 유형자산처분이익으로 계상하며, 폐기처분하는 데 비용이 수반되는 경우 매각대금에서 동 비용으로 지출한 금액과 유형자산의 장부가액 합계액을 차감한 금액을 유형자산처분이익으로 계상한다.

사례 1 (주)삼일은 업무용 승용차를 폐기처분함에 있어 고물상으로부터 ₩1,380,000을 현금으로 받았다. 승용차를 폐기처분할 당시 장부금액은 ₩1,300,000(취득가액 ₩9,000,000, 감가상각누계액 ₩7,700,000)이었다.

(차)	감가상각누계액	7,700,000	(대) 차량운반구	9,000,000
	현금 및 현금성자산	1,380,000	유형자산처분이익	80,000

사례 2 (주)삼일은 기계장치 중 사용가치가 없는 부분을 고물상에 매각하고 현금 ₩1,180,000을 수령하였다. 동 기계장치를 폐기처분할 당시의 장부금액은 ₩1,050,000(취득원가 ₩10,500,000, 감가상각누계액 ₩9,450,000)이었으며 폐기처분비용 ₩50,000이 발생하였다.

(차)	현금 및 현금성자산	1,130,000	(대) 기계장치	10,500,000
	감가상각누계액	9,450,000	유형자산처분이익	80,000

(3) 세무회계상 유의할 사항

유형자산의 처분과 관련한 세무회계상의 자세한 설명은 '유형자산편'을 참고하기 바란다.

13. 사채상환이익

(1) 개 요

사채상환이익은 회사가 발행한 사채를 상환할 때 사채의 재취득가액이 사채의 순장부가액보다 작은 경우에 발생하는 것이다. 반면에 사채의 재취득가액이 순장부가액보다 큰 경우에는 사채상환손실이 발생하게 된다. 사채의 상환방법에는 계약에 따라 다음과 같은 방법이 있다.

① 일정기간 후에 한꺼번에 전액을 상환하는 일시상환(만기상환)

② 사채발행 후 일정한 거치기간을 설정하고, 그 기간만 지나면 상환기한 이전일지라도

언제든지 회사가 자유로이 상환할 수 있는 분할상환(수시상환)

이 분할상환의 방법은 그 상환방법에 따라 다시 매입상환과 추첨상환으로 나누어진다.

사채발행시의 계약에 의하여 상환기일에 전액을 한꺼번에 상환하는 일시상환(만기상환)의 경우에는 액면금액에 의하여 상환하기 때문에 사채상환손익이 생기지 않는다.

그리고 분할상환(수시상환)에 있어서의 추첨상환의 경우에도 추첨에 당첨된 번호의 사채를 상환하는 것이므로 보통 액면금액에 의하여 상환하게 된다.

따라서 사채의 시가가 액면 이상으로 오른 시점에서 이러한 추첨상환을 하게 되면 사채의 발행회사에 유리한 결과를 가져온다. 그러나 매입상환은 시장가액으로 상환되기 때문에 액면금액과 상환을 위한 매입금액과의 차액이 사채상환손익으로 나타난다.

한편, 매입상환이나 추첨상환을 불문하고 사채를 중도에 분할상환할 때에는 상환한 사채분에 대한 미상각의 사채할인발행차금을 정산하여 사채상환시에 이를 한꺼번에 상각처리하여야 한다. 즉, 단순히 사채의 상환가액과 액면가액과의 차액으로서 사채상환손익을 계산하는 것이 아니라 사채할인발행차금의 미상각잔액을 당해 상환손익의 계산에 반영하여야 하는 것이다.

(2) 기업회계상 회계처리

1) 사채상환손익의 계산

일반적으로 사채의 조기상환은 다음에 설명하는 방법에 의하여 회계처리하여야 한다. 우선 상환될 사채와 관련되어 상환일까지 발생된 사채이자, 할인액 또는 할증액의 상각 등에 대하여 상환일까지의 회계처리를 하여야 한다. 즉, 상환일이 이자지급일과 일치하지 않는 경우 상환일 직전의 이자지급일로부터 상환일까지 인식하여야 할 할인액 또는 할증액의 상각, 미지급이자액 등을 수정하는 분개를 한다.

상환시점의 사채의 장부가액을 결정한 후에 조기상환에 따른 손익을 인식하여야 하는데, 이 때 조기상환손익은 사채의 재취득가격과 순장부가액과의 차이다. 사채의 재취득가격에는 상환가액, 상환프리미엄 및 재취득비용 등이 포함된다. 사채의 순장부가액은 사채의 만기가액에다 상환일 직전의 이자지급일에서 상환일까지 발생한 미지급된 이자액을 가산하고 미상각된 할증액 또는 할인액을 가감한 나머지 금액이다.

사채의 조기상환이익은 사채의 순장부가액이 재취득가격을 초과하는 부분이며, 반대로 사채의 조기상환손실은 재취득가격이 순장부가액을 초과하는 부분이다. 사채의 조기상환을 기록하기 위한 분개를 할 때에는 미상각된 할인액 또는 할증액을 모두 제거해 주는 분개를 하여야 한다.

위에서 설명한 사채의 조기상환손익 계산과정을 요약하면 다음과 같다.

－사채의 순장부가액계산 (1) : 사채의 만기가액(사채의 액면가액)
　　　　　　　　　　　　　　＋미지급이자
　　　　　　　　　　　　　　－미상각 할인액(미환입 할증액은 가산함)
　　　　　　　　　　　　　　사채의 순장부가액

－사채의 재취득가액 (2) : 사채의 재취득가액

－사채의 조기상환손익 (1)－(2) : 사채상환(손)익

2) 사채의 조기상환시 회계처리 사례

사례 20×5. 1. 1.에 (주)삼일은 3년만기 사채(액면가액 : ₩200,000, 표시이자율 : 15%)를 발행하였다. 이자는 매년 12. 31.에 지급되며 유효이자율은 18%이다. 단, 사채발행비용은 발생하지 않은 것으로 가정한다.

1. 사채할인발행차금 상각표를 작성하라.

사채할인발행차금 상각표(유효이자율법)

	기초부채	유효이자율	총이자비용	현금지급 이 자	할인액상각 =부채증가	기말부채
20×5	₩186,954	18%	₩33,652	₩30,000	₩3,652	₩190,606
20×6	190,606	18%	34,309	30,000	4,309	194,915
20×7	194,915	18%	35,085	30,000	5,085	200,000
합 계			₩103,046	₩90,000	₩13,046	

2. 20×7. 7. 1.에 현금 ₩203,000을 지급하고 사채를 상환하였을 경우 조기상환과 관련된 분개를 하라.

• 20×7. 1. 1.~6. 30.까지 이자비용 인식을 위한 분개

(차) 사 채 이 자	17,543	(대) 사채할인발행차금	2,543
		미 지 급 이 자	15,000

• 사채의 조기상환을 기록하기 위한 분개

(차) 사 채	200,000	(대) 사채할인발행차금	2,542
미 지 급 이 자	15,000	현금 및 현금성자산	203,000
		사 채 상 환 이 익	9,458

* 사채조기상환 손익계산내역

－사채의 순장부금액(①)		₩212,458
액면가액	₩200,000	
미지급이자(₩200,000 × 0.15 × 6/12)	15,000	
미상각할인액(₩5,085 × 6/12)	(2,542)	212,458

- 사채의 재취득가액(②) 203,000
- 사채조기상환이익(① - ②) ₩9,458

14. 자산수증이익

(1) 개념 및 범위

자산수증이익은 일반적으로 결손이 누적되거나 파산상태에 있는 기업의 자본보전 등을 위하여 주주, 임원 기타 제3자 등이 자신의 사재를 갹출하여 무상으로 회사의 자산으로 불입하는 경우에 발생하며, 이 증여받은 금액을 처리하는 계정이 자산수증이익계정이다.

이 경우 주주로부터의 증여는 궁극적으로 법적인 자본납입방법에 의하지 않는 자본의 보전이며 일종의 추가출자로 볼 수 있으므로 회사측면에서는 자본잉여금의 성격으로 처리할 수 있으나 주주 이외의 제3자로부터의 수증이익은 주주의 관계를 벗어나서 자본잉여금 성격으로는 부적합하다고 이해할 수도 있다. 따라서 그 자산증여가 이루어진 증여자 및 증여목적에 따라 회계처리내용이 달라질 수도 있으나 일반기업회계기준에서는 그 목적과는 관계 없이 영업외수익으로 계상하도록 하였다.

(2) 기업회계상 회계처리

주주 등으로부터 자산을 증여받는 경우에 자산수증이익계정에 계상하여 영업외수익으로 처리한다. 이 때 금전자산 이외의 자산으로 증여받는 경우에도 증여자산의 공정가치를 기준으로 계상하여야 한다.

사례 (주)삼일은 주주로부터 현금 ₩20,000,000, 토지 ₩100,000,000 상당액의 증여를 받았다.

(차) 현금 및 현금성자산	20,000,000	(대) 자 산 수 증 이 익	120,000,000
토 지	100,000,000		

(3) 세무회계상 유의할 사항

1) 익금조정

현행 세법상 자산수증이익은 순자산의 증가로 보아 원칙적으로 모두 법인의 익금산입항목으로 규정하고 있다. 따라서 현행 일반기업회계기준에 의해 자산수증이익을 회계처리하는 경우 세무조정사항은 발생하지 않는다.

2) 이월결손금 보전

① 익금불산입

법인의 계속성 및 세원의 유지확보측면에서 자산수증이익(2010. 1. 1. 이후 개시한 사업연도에서 발생한 결손금과 관련하여는 법인세법 제36조에 따른 국고보조금등은 제외함)이라 하더라도 법인의 이월결손금을 보전하는 데에 충당한 금액상당액은 익금불산입항목으로 하여 과세소득에서 제외된다. 이 때의 이월결손금이란 기업회계상의 이월결손금이 아니라 세무회계상의 이월결손금(적격합병 및 적격분할시 승계받은 이월결손금은 제외)으로서, 결손금의 발생연도를 불문하고 각 사업연도 소득금액계산상 손금에 산입되지 아니하거나 과세표준계산상 공제되지 아니한 결손금을 말한다. 또한, 법인세 신고시 각사업연도의 과세표준에 포함되지 아니하였으나 다음에 해당하는 결손금도 포함된다(법법 18조 6호 및 법령 16조).

㉠ 채무자 회생 및 파산에 관한 법률에 따른 회생계획인가의 결정을 받은 법인의 결손금으로서 법원이 확인한 것

㉡ 기업구조조정 촉진법에 의한 기업개선계획의 이행을 위한 약정이 체결된 법인으로서 금융채권자협의회가 의결한 결손금

② 이월결손금 보전에의 충당

이월결손금을 보전하는 데에 충당한다는 것은 적어도 해당 자산수증이익이 배당 등의 형태로 사외유출되지 않고 회사내부에 유보되어 이월결손금과 상호계산상 대체됨을 의미한다. 즉, 이월결손금보전에의 충당이란 이월결손금과 직접 상계하거나 당해 사업연도 결산주주총회결의에 의하여 이월결손금에 보전하고 이익잉여금처분계산서(결손금처리계산서)에 계상한 경우를 말한다.

한편, 법인이 무상으로 받은 자산의 가액을 일반기업회계기준에 따라 손익계산서상의 영업외수익으로 회계처리한 경우에는 법인세 과세표준 및 세액신고시 자본금과 적립금조정명세서(갑)의 하단 "⑭ 보전"란에 이월결손금의 보전을 표시하고 동 금액을 소득금액조정합계표에서 익금불산입으로 세무조정한 경우 이월결손금의 보전에 충당한 것으로 본다(법인 46012-2507, 2000. 12. 29.).

③ 이월결손금의 소멸

자산수증이익으로 충당된 이월결손금은 각 사업연도의 소득금액계산상 손금에 산입된 것으로 보아 소멸된다.

15. 채무면제이익

(1) 개념 및 범위

주주, 임원 기타의 제3자 등 채권자로부터 자본보전 등의 목적으로 회사의 채무의 전부 또는 일부를 면제받은 경우의 이른바 소극적 형식에 의한 증여가 채무면제이익으로서 결손누적, 재정수지악화 등의 상황에서 발생하는 것이 보통이다.

채무면제이익은 형식은 다르나 실질적으로는 자산수증이익과 동일한 성격을 지닌 것으로 그 회계처리내용도 자산수증이익과 다를 바 없다. 즉, 일반기업회계기준은 그 목적과는 관계 없이 영업외수익으로 처리하도록 규정하고 있다. 또한 일반기업회계기준 제6장 제4절에서는 회사정리절차의 개시, 화의절차의 개시 또는 거래당사자간의 합의 등으로 인하여 채권 · 채무의 원리금, 이자율 또는 만기 등 계약조건이 채무자의 부담이 경감되도록 변경된 경우에는 조정대상 채권 · 채무의 장부가액과 현재가치의 차이를 채무조정이익으로 인식하도록 규정하고 있다.

(2) 기업회계상 회계처리

채무면제이익의 계상 및 처분에 관한 회계처리는 자산수증이익의 경우와 동일하다.

사례 (주)삼일은 주주로부터의 차입금 ₩25,000,000을 채무면제받았다.

(차) 차 입 금	25,000,000	(대) 채 무 면 제 이 익	25,000,000

(3) 세무회계상 유의할 사항

1) 익금조정 · 이월결손금 보전

현행 세법상 채무면제이익도 자산수증이익의 경우와 마찬가지로 순자산을 증가시키는 항목으로 보아 익금산입항목으로 취급하고 있다. 따라서 자산수증이익과 마찬가지로 채무면제이익도 일반기업회계기준에 의해 회계처리하면 세무조정사항은 발생하지 않는다. 또한 자산수증이익과 동일하게 이월결손금을 보전하는 데에 충당한 금액은 익금불산입항목으로 법인의 익금에 산입하지 않는다(법법 18조 6호 및 법령 16조).

한편, 일반기업회계기준상 채무면제이익으로 회계처리하는 다음 사례의 경우에는 법인세법상 채무면제이익으로 보지 않기 때문에 이를 익금에 산입하지 않는다.

• 채권 · 채무조정에 따른 약정상 정해진 미래 현금흐름을 채무 발생시점의 유효이자율 또는 채권 · 채무조정시점의 기초이자율에 당해 채무 발생시점과 동일한 신용상태에

대한 채권 · 채무조정시점의 신용가산이자율을 가산하여 산정한 이자율 등으로 할인하여 계산된 현재가치와 채무의 장부가액과의 차이를 채무에 대한 현재가치할인차금과 채무조정이익으로 인식한 경우 당해 채무조정이익은 익금에 산입하지 아니하며(법기통 19의 2-19의 2…9), 추후 현재가치할인차금을 상각하면서 이자비용으로 계상한 경우에도 각 사업연도 소득금액 계산상 손금에 산입하지 아니한다.

• 장기금전대차계약에 의한 차입금을 현재가치로 평가하여 동 평가액과 장부상 채무액과의 차액을 채무면제이익으로 계상한 경우에는 익금불산입 △유보처분한 후 현재가치할인차금 상각시 손금불산입 유보처분한다(법인 46012-1855, 1999. 5. 17.).

2) 출자전환채무면제익의 결손금 상계

채무의 출자전환으로 주식 등을 발행하는 경우 그 주식 등의 시가를 초과하여 발행된 금액은 주식발행초과금에서 제외되고, 채무면제이익에 해당한다(법법 17조 1항 1호). 따라서 동 출자전환채무면제이익은 앞에서 설명한 바와 같이 이월결손금의 보전에 충당하지 않는 경우 전액 해당 사업연도의 익금에 산입하여야 한다. 다만, 이월결손금의 보전에 충당되지 아니한 다음에 해당하는 금액은 이를 해당 사업연도의 익금에 산입하지 아니하고 그 이후의 각 사업연도에 발생한 결손금의 보전에 충당할 수 있다(법법 17조 2항 및 법령 15조 1항).

㉠ 채무자 회생 및 파산에 관한 법률에 따라 채무를 출자로 전환하는 내용이 포함된 회생계획인가의 결정을 받은 법인이 채무를 출자전환하는 경우로서 당해 주식 등의 시가(시가가 액면가액에 미달하는 경우 액면가액)를 초과하여 발행된 금액

㉡ 기업구조조정 촉진법에 따라 채무를 출자로 전환하는 내용이 포함된 기업개선계획의 이행을 위한 약정을 체결한 부실징후기업이 채무를 출자전환하는 경우로서 당해 주식 등의 시가(시가가 액면가액에 미달하는 경우 액면가액)를 초과하는 금액

㉢ 해당 법인에 대하여 채권을 보유하고 있는 금융회사등과 채무를 출자로 전환하는 내용이 포함된 경영정상화계획의 이행을 위한 협약을 체결한 법인이 채무를 출자로 전환하는 경우로서 해당 주식 등의 시가(시가가 액면가액에 미달하는 경우 액면가액)를 초과하는 금액

㉣ 기업 활력 제고를 위한 특별법에 따라 주무부처의 장으로부터 사업재편계획을 승인받은 법인이 채무를 출자전환하는 경우로서 해당 주식등의 시가(시가가 액면가액에 미달하는 경우에는 액면가액)를 초과하는 금액

한편, 상기의 규정에 따라 내국법인이 익금에 산입하지 아니한 금액 전액을 결손금의 보전에 충당하기 전에 사업을 폐지하거나 해산하는 경우에는 그 사유가 발생한 날이 속하는 사업연도의 소득금액계산에 있어서 결손금의 보전에 충당하지 아니한 금액 전액을 익금에 산입하여야 한다(법령 15조 2항).

3) 재무구조개선계획 등에 따른 기업의 채무면제익에 대한 과세특례

2026년 12월 31일까지 내국법인이 기업구조조정 촉진법 제2조 제2호에 따른 금융채권자(이하 "금융채권자"라 함)로부터 채무의 일부를 면제받은 경우로서 다음 중 어느 하나에 해당하는 경우에는 소득금액을 계산할 때 면제받은 채무에 상당하는 금액(조세특례제한법 시행령 제41조 제1항의 결손금을 초과하는 금액에 한정하며, 이하 "채무면제익"이라 함)은 해당 사업연도와 해당 사업연도의 종료일 이후 3개 사업연도의 기간 중 익금에 산입하지 아니하고 그 다음 3개 사업연도의 기간 동안 균분한 금액 이상을 익금에 산입한다(조특법 44조 1항 및 조특령 41조 2항, 3항).

① 채무자 회생 및 파산에 관한 법률에 따른 회생계획인가의 결정을 받은 법인이 금융채권자로부터 채무의 일부를 면제받은 경우로서 그 결정에 채무의 면제액이 포함된 경우
② 기업구조조정 촉진법 제14조 제1항에 따른 기업개선계획의 이행을 위한 약정을 체결한 부실징후기업이 금융채권자로부터 채무의 일부를 면제받은 경우로서 그 약정에 채무의 면제액이 포함된 경우 및 같은 법 제27조에 따른 반대채권자의 채권매수청구권의 행사와 관련하여 채무의 일부를 면제받은 경우
③ 내국법인이 조세특례제한법 시행령 제34조 제6항 제2호에 따른 기업개선계획 이행을 위한 특별약정에 따라 채무를 면제받은 경우
④ 내국법인이 관계 법률에 따라 채무를 면제받은 경우로서 조세특례제한법 시행령 제34조 제6항 제3호에 따른 적기시정조치에 따라 채무를 면제받은 경우

또한, 기업구조조정 투자회사법에 따른 약정체결기업이 기업구조조정투자회사로부터 채무를 출자로 전환받는 과정에서 채무의 일부를 면제받는 경우 그 채무면제익은 상기의 규정을 준용하여 익금에 산입한다(조특법 44조 2항).

한편, 상기의 규정에 따라 채무를 면제받은 법인이 채무면제익 전액을 익금에 산입하기 전에 사업을 폐업하거나 해산하는 경우에는 그 사유가 발생한 날이 속하는 사업연도의 소득금액을 계산할 때 익금에 산입하지 아니한 금액 전액을 익금에 산입한다(조특법 44조 3항).

16. 잡이익

(1) 의의 및 범위

기업회계기준에 열거된 영업외수익 중 금액적으로 중요하지 않거나 그 항목이 구체적으로 밝혀지지 않은 수익은 잡이익으로 처리하며, 잡이익계정에서 처리되는 거래의 예로서는 폐품의 판매수입, 원인불명의 현금과잉액 등을 들 수 있다.

(2) 기업회계상 회계처리

금액적으로 아주 소액이거나 별도의 계정으로 처리할 필요가 없다고 판단되는 거래발생 시에 잡이익계정으로 처리한다.

사례 (주)삼일은 자원절약운동의 일환으로 신문 등 폐지를 수거해 ₩500,000에 매각하였다.

(차) 현금 및 현금성자산	500,000	(대) 잡 이 익	500,000

Chapter

05

영업외비용

영업외비용은 기업의 주된 영업활동이 아닌 활동으로부터 발생한 비용과 차손으로서 중단사업손익에 해당하지 않는 것으로 한다(일반기준 2장 문단 2.52). 따라서, 계속사업에서 발생한 순자산감소액 중 자본거래로 인한 부분, 매출원가 및 판매비와관리비를 제외한 모든 비용·차손이 영업외비용에 해당한다.

영업외비용은 이자비용, 기타의 대손상각비, 단기투자자산처분손실, 단기투자자산평가손실, 재고자산감모손실(비정상적으로 발생한 재고자산감모손실에 한함), 외환차손, 외화환산손실, 기부금, 지분법손실, 장기투자증권손상차손, 투자자산처분손실, 유형자산처분손실, 사채상환손실, 전기오류수정손실 등을 포함한다(일반기준 2장 부록 실2.49).

전술한 바와 같이 영업외비용은 그 범위가 매우 넓기 때문에 상기의 영업외비용 외에도 회사별로 다양한 계정과목이 사용될 수 있다. 따라서, 일반기업회계기준 제2장에서 예시하고 있는 손익계상서상 계정과목을 참고로 하되, 당해 기업의 종류와 규모에 따라 적절한 과목으로 구분하거나 일괄하여 표시하여야 할 것이다.

1. 이자비용

(1) 의 의

이자비용은 기업이 외부로부터 조달한 타인자본 중 당좌차월, 장·단기차입금, 사채 등에 대하여 지급하는 소정의 이자와 할인료를 계상하는 계정과목으로서 영업외비용으로 회계처리한다.

어음의 개서나 거래처의 부도 등에 의하여 어음의 만기일 이후 지급완료시까지의 기간에 대하여 지급한 대가도 당해 계정에 처리하며, 사채를 발행하고 있는 경우에 지급하는 사채이자도 당해 계정에서 처리하도록 규정하고 있다.

한편, 수입 Banker's Usance L/C에 의한 수입에서 발생하는 Usance 기한이자는 차입원가로 보아 이자비용으로 회계처리해야 하나, 수출 Banker's Usance L/C의 경우 외국환은행에서 화환어음의 매입할인(nego)에 따른 할인이자는 화환어음에 대한 통제권이 이전되었다면 매각거래로 보아 매출채권처분손실로 회계처리해야 한다.

(2) 기업회계상 회계처리

1) 이자비용의 회계처리

사례 (주)삼일은 차입금 ₩100,000,000에 대하여 3개월분의 이자(연이자율 15%)를 지급하면서 이자소득에 대한 법인세 등 27.5%를 원천징수하고 나머지 금액을 지급하였다.

(차) 이 자 비 용	3,750,000*	(대) 현금 및 현금성자산	2,718,750
		예 수 금	1,031,250**

* ₩100,000,000 × 15% × 3/12 = ₩3,750,000

** ₩3,750,000 × 27.5% = ₩1,031,250

2) 사채이자의 범위

경제적 실질의 측면에서 보면 사채할인발행차금은 사채발행기간 동안 사채발행회사가 현금으로 지급하는 현금지급 이자비용(사채의 액면가액 × 표시이자율) 이외에 추가적으로 부담해야 할 이자비용이 된다. 이에 따라 일반기업회계기준에서는 사채할인발행차금 및 사채할증발행차금은 사채발행시부터 최종 상환시까지의 기간에 유효이자율법을 적용하여 상각 또는 환입하고 동 상각 또는 환입액은 사채이자에 가감하도록 하고 있다. 즉, 사채할인발행차금은 이를 상각하여 사채이자에 가산하고 사채할증발행차금은 이를 환입하여 사채이자에서 차감하여야 한다.

3) 재고자산 등에 대한 차입원가

건설기간 중에 발생한 이자비용의 회계처리방법에는 첫째, 건설기간 중의 이자비용을 모두 당기 비용으로 처리하는 방법, 둘째, 타인자본에 대한 이자만을 자본화하는 방법, 셋째, 자가건설에 사용된 모든 자금에 대한 이자비용 즉 차입금에 대한 지급이자 및 자기자본의 내재이자비용을 모두 자본화하는 방법 등이 있으나 일반기업회계기준 제18장에서는 상기 방법 중 첫 번째 방법을 원칙으로 하되 선택적으로 두 번째 방법을 적용할 수 있도록 하고 있다. 다만, 차입원가의 회계처리방법을 선택한 경우에는 당해 선택한 방법을 모든 적격자산에 대하여 매기 계속하여 적용하여야 하며, 정당한 사유없이 이를 변경할 수 없다. 또한 적격자산은 유형자산, 무형자산 및 투자부동산과 제조, 매입, 건설 또는 개발이 개시된 날로부터 의도된 용도로 사용하거나 판매할 수 있는 상태가 될 때까지 1년 이상의 기간이 소요되는 재고자산을 말하며, 유형자산, 무형자산 및 투자부동산에 대한 자본적 지출이 있는 경우에는 이를 포함한다.

차입원가의 자본화와 관련하여 보다 구체적인 설명은 '유형자산편의 차입원가의 자본화'를 참조하기 바란다.

(3) 세무회계상 유의할 사항

1) 이자비용의 손익귀속사업연도

이자비용은 소득세법 시행령 제45조에서 규정하는 날이 속하는 사업연도를 손금의 귀속시기로 하되, 결산확정시 이미 경과한 기간에 대응하는 이자비용(차입일부터 이자지급일이 1년을 초과하는 특수관계인과의 거래에 따른 이자비용은 제외)을 손비로 계상한 경우에는 그 계상한 사업연도를 손금의 귀속시기로 본다(법령 70조 1항 2호). 즉, 법인이 결산상 발생주의에 따라 미지급이자로 회계처리한 경우에는 원칙적으로 그 계상한 사업연도의 손금으로 용인하되, 차입일부터 이자지급일이 1년을 초과하는 특수관계인과의 거래에 따른 이자비용은 결산상 발생주의에 따라 미지급이자로 회계처리한 경우에도 조세회피를 방지하기 위해 약정에 의한 이자지급일 등 소득세법 시행령 제45조에서 규정하는 날이 속하는 사업연도를 손금의 귀속시기로 한다.

다만, 보험회사가 보험계약과 관련하여 지급하는 이자비용으로서 보험업법 제120조에 따른 책임준비금 산출에 반영되는 항목 및 주택도시보증공사가 신용보증계약과 관련하여 지급하는 이자비용으로서 주택도시기금법 시행령 제24조에 따른 책임준비금의 산출에 반영되는 항목은 보험감독회계기준에 따라 손비로 계상한 사업연도의 손금으로 한다(법령 70조 6항).

한편, 전환사채를 소지한 자가 전환사채의 만기일까지 전환하지 아니할 경우 원금과 함께 전환할 때에 지급하기로 약정한 이자율보다 높은 이자율로 계산하여 추가로 이자(상환할증금)를 지급한 경우 당해 지급한 이자의 손금귀속사업연도는 그 만기일이 속하는 사업연도가 된다(법기통 40-71…2 제4호).

2) 이자비용의 손금부인

① 건설자금이자

가. 건설자금이자의 계산

법인세법에서는 내국법인의 각 사업연도의 소득금액을 계산할 때 손금에 산입하지 아니하는 건설자금에 충당한 차입금의 이자를 특정차입금에 대한 이자와 일반차입금에 대한 이자로 구분하여 다음과 같이 규정하고 있다(법법 28조 1항 3호, 2항).

특정차입금에 대한 이자 (자본화 강제)	명목여하에 불구하고 사업용 유형자산 및 무형자산(이하 "유형자산 등"이라 함)의 매입 · 제작 또는 건설(이하 "건설 등"이라 함)에 소요되는 차입금(자산의 건설 등에 소요된지의 여부가 분명하지 아니한 차입금은 제외하며, 이하 "특정차입금"이라 함)에 대한 지급이자 또는 이와 유사한 성질의 지출금(이하 "지급이자등"이라 함)은 건설 등이 준공된 날까지 이를 자본적 지출로 하여 그 원본에 가산함. 다만, 특정차입금의 일시예금에서 생기는 수입이자는 원본에 가산하는 자본적 지출금액에서 차감하며, 특정차입금의 일부를 운영자금에 전용한 경우에는 그 부분에 상당하는 지급이자는 이를 손금으로 함(법령 52조 1항~3항).
일반차입금에 대한 이자 (자본화 선택)	건설자금에 충당한 차입금의 이자에서 특정차입금에 대한 이자를 뺀 금액으로서 해당 사업연도의 개별 사업용 유형자산 등의 건설등에 대하여 ㉡의 금액과 ㉢의 비율을 곱한 금액과 ㉠의 금액 중 적은 금액은 내국법인의 각 사업연도의 소득금액을 계산할 때 이를 손금에 산입하지 아니할 수 있음(법령 52조 7항). ㉠ 해당 사업연도 중 건설등에 소요된 기간에 실제로 발생한 일반차입금(해당 사업연도에 상환하거나 상환하지 아니한 차입금 중 특정차입금을 제외한 금액을 말하며, 이하 같음)의 지급이자등의 합계 ㉡ 다음 산식에 따라 계산한 금액 $\frac{\text{해당 건설등에 대하여 해당 사업연도에 지출한 금액의 적수}}{\text{해당 사업연도 일수}} - \frac{\text{해당 사업연도의 특정차입금의 적수}}{\text{해당 사업연도 일수}}$ ㉢ 다음 산식에 따라 계산한 비율 $\text{일반차입금에서 발생한 지급이자등의 합계액} \div \frac{\text{해당 사업연도의 일반차입금의 적수}}{\text{해당 사업연도 일수}}$

한편, 현행 일반기업회계기준에서는 재고자산 및 투자부동산의 제조, 매입 또는 건설에 사용된 차입원가도 자본화할 수 있으나, 법인세법상 상기 자산들과 관련한 차입원가의 자본화는 인정되지 아니한다. 따라서 만약 기업이 상기 자산들과 관련한 차입원가를 자산의 취득원가로 계상한 경우 동 금액을 손금산입(△유보)하고 이후 동 자산이 판매되는 시점 등에 익금산입(유보)하는 세무조정이 필요하다.

나. 건설자금이자의 세무조정

(가) 과대계상한 경우

건설자금이자를 과대계상한 경우 동 과대계상액은 손금산입(△유보)하고, 당해 자산이 준공되어 사업에 공하게 될 때 감가상각계산의 기초가액은 법인이 계상한 유형자산 등의 취득가액에서 동 과대계상한 건설자금이자 상당액을 차감한 금액으로 한다.

(나) 과소계상한 경우

㉠ 감가상각대상자산이 아닌 경우

토지와 같이 감가상각대상자산이 아닌 경우에는 과소계상액 전액을 손금불산입하고 유보처분한다.

㉡ 감가상각대상자산인 경우

사업연도 종료일 현재 준공되어 감가상각비를 계상할 수 있는 유형자산 등에 해당하는 건설자금이자인 경우에는 즉시상각의 의제로 보아 건설자금이자를 감가상각비 시부인 계산하여야 하지만, 만일 당해 사업연도 종료일 현재 건설 중에 있는 자산인 경우 당해 자산이 감가상각대상자산에 해당하지 아니하므로 동 건설자금이자는 손금불산입하여야 한다.

건설 중인 유형자산 등에 대한 건설자금이자를 손금불산입한 후 당해 유형자산 등의 건설이 완료되어 사용하는 때에는 이를 상각부인액으로 보아 준공된 이후의 사업연도의 감가상각시인부족액의 범위 안에서 손금추인한다.

② 채권자불분명사채이자

"채권자가 불분명한 사채(私債)의 이자"라 함은 아래와 같이 그 출처가 불분명한 차입금의 이자를 말하며 차입금 이자에는 알선수수료, 사례금 등 명목여하에 불구하고 사채를 차입하고 지급하는 금품을 포함하는 것으로 한다. 다만, 거래일 현재 주민등록표에 의하여 그 거주사실 등이 확인된 채권자가 차입금을 변제받은 후 소재불명이 된 경우의 차입금에 대한 이자는 예외로 한다(법령 51조 1항).

- 채권자의 주소 및 성명을 확인할 수 없는 차입금
- 채권자의 능력 및 자산상태로 보아 금전을 대여한 것으로 인정할 수 없는 차입금
- 채권자와의 금전거래사실 및 거래내용이 불분명한 차입금

채권자가 불분명한 차입금의 이자에 해당될 경우에는 손금불산입하고 대표자에 대한 상여(동 이자에 대한 원천징수세액 상당 금액은 제외)로 처분하고 동 지급이자에 대한 원천징수세액은 기타사외유출로 처분한다(법기통 67-106…3).

③ 지급받은 자 불분명 이자 또는 할인액

소득세법 제16조 제1항 제1호 · 제2호 · 제5호 및 제8호에 따른 채권 · 증권의 이자 · 할인액 또는 차익 중 그 지급받은 자가 불분명한 것으로서 당해 채권 · 증권의 발행법인이 이를 직접 지급하는 경우에 그 지급사실이 객관적으로 인정되지 아니하는 이자 · 할인액 또는 차익은 손금불산입하여야 한다(법법 28조 1항 2호 및 법령 51조 2항).

④ 비생산성 자금에 대한 지급이자의 손금부인

법인이 차입한 자금에 대하여 부담한 지급이자는 손금으로 인정된다. 그러나 법인이 동 차입자금의 일부를 당해 목적사업에 운용하지 아니하고 비생산성 자금으로 운용하는 경우에는 일정한 지급이자를 손금부인하도록 하고 있다.

따라서 법인이 다음에 해당하는 자산을 가지고 있는 경우에는 지급이자의 손금불산입 적용대상이 된다(법법 28조 1항 4호 및 법령 53조).

부인대상자산	손금불산입액
• 업무무관자산 • 특수관계인에 대한 업무무관가지급금 등	지급이자 × (업무무관자산 적수 +업무무관가지급금 등 적수) / 총차입금 적수

3) 유형자산 매입대금의 지급지연에 따른 지급이자

법인이 유형자산을 매입함에 있어서 매입가격을 결정한 후에 그 대금 중 일부잔금의 지급지연으로 그 금액이 실질적으로 소비대차로 전환된 경우에 지급하는 이자는 "건설이 준공된 날"까지의 기간 중에는 건설자금이자로 보고 건설이 준공된 날 이후의 이자는 이를 각 사업연도의 소득금액계산상 손금에 산입한다(법기통 28－52…2).

2. 기타의 대손상각비

(1) 개 념

상거래에서 발생한 매출채권 이외의 채권에 대한 대손상각비를 처리하는 계정과목이 기타의 대손상각비이다.

이와 관련한 일반기업회계기준상의 규정은 다음과 같다.

> **일반기업회계기준 제6장【금융자산 · 금융부채】**
>
> 6.17의 2. 회수가 불확실한 금융자산(제2절 '유가증권' 적용대상 금융자산은 제외)은 합리적이고 객관적인 기준에 따라 산출한 대손추산액을 대손충당금으로 설정한다.
>
> (1) 대손추산액에서 대손충당금잔액을 차감한 금액을 대손상각비로 계상한다. 이 경우 상거래에서 발생한 매출채권에 대한 대손상각비는 판매비와 관리비로 처리하고, 기타 채권에 대한 대손상각비는 영업외비용으로 처리한다.
>
> (2) 회수가 불가능한 채권은 대손충당금과 상계하고 대손충당금이 부족한 경우에는 그 부족액을 대손상각비로 처리한다.

여기에서 말하는 기타채권에는 단기대여금, 미수금 및 기타 이와 유사한 채권, 장기대여금, 주주·임원·종업원 장기대여금, 관계회사 대여금 등이 포함된다.

(2) 기업회계상 회계처리

1) 회계처리의 예

영업외비용에 속하는 기타의 대손상각비라는 계정은 판매비와관리비상의 대손상각비라는 계정과 기본적인 성격 및 회계처리가 완전히 동일하다. 다만, 대손상각의 대상채권이 매출채권인지의 여부에 따라 계정과목의 분류가 다를 뿐이다.

따라서 구체적인 계정처리방법은 이미 대손충당금과 대손상각비계정에서 모두 설명했으므로 여기서는 기타의 대손상각비라는 계정이 쓰이는 사례별로 분개만 요약하여 설명하겠다(대상채권은 미수금으로 가정한다).

이하에서 설명의 목적상 기타의 대손상각비라는 계정을 사용하고는 있으나 실무상으로는 기중에는 대손상각비라는 계정을 그대로 사용하고 결산 후 재무제표에의 표시만을 대손상각비와 기타의 대손상각비로 분류해도 무방하다.

① 대손충당금의 설정

(차) 기타의 대손상각비	×××	(대) 대 손 충 당 금	×××

② 실제 대손처리시 대손충당금이 부족한 경우

(차) 대 손 충 당 금	×××	(대) 미 수 금	×××
기타의 대손상각비	×××		

(3) 세무회계상 유의할 사항

기타의 대손상각비와 관련하여 세무상 유의점은 다음과 같은 것이 있다.

- 기타 채권의 세무상 대손처리요건
- 세무상 대손충당금을 설정할 수 있는 기타 채권의 범위
- 대손충당금의 세무상 한도액

위의 문제에 대한 자세한 설명은 '대손충당금편'을 참조하기 바란다. 다만, 주의할 것은 기업회계상으로 기타의 대손상각비로 계정처리했더라도 대손충당금의 한도액 계산을 위해서는 대손상각비와 합하여 계산해야 한다는 점이다.

3. 단기매매증권 · 매도가능증권 · 만기보유증권 · 지분법적용투자주식 처분손실

유가증권(단기매매증권 · 매도가능증권 · 만기보유증권 및 지분법적용투자주식)처분손실은 영업외수익에서 설명한 유가증권처분이익과는 반대로 유가증권의 처분가액이 장부가액에 미달하는 경우에 발생한다.

한편, 재무상태표를 작성함에 있어서 단기매매증권 및 유동자산으로 분류되는 매도가능증권과 만기보유증권을 단기투자자산의 과목에 통합표시하는 경우에는 손익계산서에도 단기매매증권 및 유동자산으로 분류되는 매도가능증권과 만기보유증권의 처분손실을 단기투자자산처분손실로 통합표시하여야 할 것이며, 재무상태표에 비유동자산으로 분류되는 매도가능증권과 만기보유증권을 장기투자증권의 과목에 통합표시하는 경우에는 손익계산서에도 매도가능증권 및 만기보유증권의 처분손실을 장기투자증권처분손실로 통합표시하여야 할 것이다.

유가증권의 처분과 관련한 구체적인 내용은 '단기매매증권편', '매도가능증권편', '만기보유증권편' 및 '지분법적용투자주식편'을 참조하기 바란다.

4. 단기매매증권평가손실

단기매매증권평가손실은 주로 단기간 내의 매매차익을 목적으로 취득한 것으로서 매수와 매도가 적극적이고 빈번하게 이루어지는 유가증권을 공정가치에 의하여 평가한 가액이 장부금액에 미달하는 경우에 발생한다.

또한 단기매매증권은 일반적이지 않고 단기간 내에 재발할 가능성이 매우 낮은 단일한 사건에서 발생하는 드문 상황에서 더 이상 단기간 내의 매매차익을 목적으로 보유하지 않는 경우 매도가능증권이나 만기보유증권으로 분류할 수 있으며, 단기매매증권이 시장성을 상실한 경우에는 매도가능증권으로 분류하여야 하는데, 이 경우 분류변경일 현재의 공정가치(최종 시장가격)를 새로운 취득원가로 보며, 분류변경일까지의 미실현보유손익은 당기손익으로 인식한다(일반기준 6장 문단 6.34).

한편, 재무상태표를 작성함에 있어서 단기매매증권을 단기투자자산의 과목에 통합표시하는 경우에는 손익계산서에도 단기매매증권평가손실을 단기투자자산평가손실로 통합표시하여야 할 것이다.

단기매매증권의 평가와 관련한 구체적인 내용은 '단기매매증권편'을 참조하기 바란다.

5. 재고자산감모손실

(1) 의 의

기말재고조사 결과 파손, 부패, 증발, 도난 등의 원인으로 인하여 재고자산의 장부상 수량과 실제 수량과의 차이가 발생하는 경우 그 차액을 재고자산감모손실이라고 한다.

재고자산감모손실은 재고자산의 기말재고 평가시 저가주의를 채택함으로써 발생하는 재고자산평가손실과 구별되어야 하며, 또한 재고자산의 품질저하 · 진부화 · 손상 등 질적 저하에 의한 가치하락에 따른 재고자산평가손실과도 구별되어야 한다. 이러한 재고자산감모손실 중 정상적으로 발생한 감모손실은 매출원가에 가산하고 비정상적으로 발생한 감모손실은 영업외비용으로 회계처리하여야 한다(일반기준 7장 문단 7.20).

(2) 기업회계상 회계처리

1) 재고자산감모손실의 회계처리

전술한 바와 같이 일반기업회계기준 제7장에서는 정상적으로 발생한 감모손실은 매출원가에 가산하고 비정상적으로 발생한 감모손실은 영업외비용으로 회계처리하도록 하고 있다.

여기서 '정상적'이란 원가에 대한 결합성이 있는 것 또는 보통의 영업상태 하에서 그 발생을 회피하기 어렵다고 인정되는 것으로서, 일반적으로 그 발생이 경상적이고 금액이 적은 경우에는 정상적이라 보고 반대로 그 발생이 비경상적이고 금액이 큰 경우에는 비정상적이라고 볼 수 있다.

① 정상적으로 발생한 재고자산감모손실

일반적으로 감모손실이 경상적으로 발생하고 금액이 작은 경우에는 정상적으로 발생하였다고 보아 매출원가에 가산시킨다. 이 경우 재무상태표상의 재고금액과 손익계산서상의 상품 · 제품기말재고액 또는 제조원가명세서상의 원재료 기말재고액은 항상 일치한다. 이는 재고자산감모손실이 매출 또는 제조원가에 자동적으로 가산되도록 기말재고액계산시 재고감모손실을 차감하였기 때문이다. 따라서 재고자산감모손실의 존재 여부를 알 수 없기 때문에 감모손실의 내용과 금액을 공시하여 주는 것이 바람직할 것이다.

② 비정상적으로 발생한 재고자산감모손실

비정상적으로 발생한 재고자산감모손실은 영업외비용에 계상해야 한다. 한편, 비정상적으로 발생한 재고자산감모손실액을 영업외비용으로 회계처리함과 동시에 동 금액만큼 손익계산서상의 기말재고액을 감액시킨다면 매출원가가 증가하여 비용이 이중으로 계상되는 문제가 발생한다. 따라서 동 재고자산감모손실액만큼 타계정대체액으로 처리함으로써 매출원가에서 차감시켜야 한다.

2) 결산시 유의할 사항

① 재고자산평가손실과의 구분

재고자산의 가액은 수량과 단가를 통해 산출되는데 단가로 인한 재고자산가액의 감소를 재고자산평가손실이라고 하며 수량으로 인한 재고자산가액의 감소를 재고자산감모손실이라고 한다. 즉, 재고자산평가손실은 실지재고 취득가액과 시가와의 차액을 말하며 재고자산감모손실은 장부가액과 실지재고액과의 차액임에 유의한다.

② 재고자산감모손실의 계정분류

영업활동에서 정상적으로 발생하는 감모손실은 매출원가에 가산하고, 비정상적으로 발생한 감모손실은 영업외비용에 계상한다.

(3) 세무회계상 유의할 사항

1) 재고자산감모손실

매입한 재고자산의 실제재고액이 파손, 부패, 증발, 도난 등의 사유로 장부상 재고액보다 적을 경우에는 재고자산감모손실이 발생하는 바, 법인세법에서는 재고자산감모손실이 사회통념상 타당하다고 인정되는 경우에는 각 사업연도의 손금으로 계상할 수 있도록 하고 있다.

2) 재고자산의 누락

실제재고수량이 장부상 재고수량보다 많은 경우에는 그 수량 초과분에 해당되는 평가액을 익금산입하여 유보로 처분하며, 그 이후 동 누락자산을 장부상 수정하여 수익으로 계상한 때에 동 금액을 익금불산입 △유보로 처분하여 당초 유보액과 상계처리한다. 그러나 동 누락자산을 장부에서 수정하지 아니한 경우에는 그 이후 누락자산을 외부판매하여 매출계상하였거나 또는 현재까지 보유하고 있음을 입증하여야 하며, 만약 그러한 사실을 확인할 수 없는 경우에는 당해 재고자산을 처분하고 매출누락한 것으로 간주하여 시가를 익금산입하여 대표자상여로 소득처분하고 누락자산가액을 손금산입하여 △유보로 처분하여야 한다.

3) 재고자산의 가공계상

재고자산의 누락과는 반대로 재고자산이 장부상에만 계상되어 있고 사실상 사외유출된 가공자산은 다음과 같이 처분한다(법기통 67－106…12).

① 재고자산의 부족액은 시가에 의한 매출액 상당액(재고자산이 원재료인 경우 그 원재료 상태로는 유통이 불가능하거나 조업도 또는 생산수율 등으로 미루어 보아 제품화되어 유출된 것으로 판단되는 경우에는 제품으로 환산하여 시가를 계산함)을 익금에 산입하여 대표자에 대한 상여로 처분하고 동 가공자산은 손금에 산입하여 △유보로 처분하며, 이를 손비로 계상하는 때에는 익금에 산입하여 유보로 처분한다.

② 이 때 익금에 가산한 매출액 상당액을 그 후 사업연도에 법인이 수익으로 계상한 경우에는 기 익금에 산입한 금액의 범위 내에서 이를 이월익금으로 보아 익금에 산입하지 아니한다.

6. 외환차손

외환차익이 발생하는 경우와는 반대로 외환차손은 회사가 보유하고 있던 외화자산을 회수할 때 기능통화회수액이 그 외화자산의 장부가액보다 작은 경우, 혹은 외화부채를 상환할 때 기능통화상환액이 그 외화부채의 장부가액보다 큰 경우에 발생한다. 외환차손과 관련한 회계처리는 영업외수익에서 설명한 외환차익의 경우와 동일하므로 해당 부분을 참조하기 바란다.

한편, 법인이 외화표시채권을 외화표시부채의 상환에 직접 사용한 경우에는 채권·채무관계가 완료되는 것이나, 그 회계처리는 거래행위대로 기표하는 것이므로 보유기간 동안 환율변동이 있었다 하더라도 교환(exchange) 행위가 없었으므로 환율적용을 할 이유는 없다. 따라서 기 처리되어 있는 외화표시채권(예 : 외화예금)의 장부가액과 외화표시채무(예 : 외화매입채무)의 장부가액의 차이만 외환차손익으로 처리하면 된다.

7. 외화환산손실

외화환산손실은 외화환산이익과는 반대로 외화자산의 경우에는 발생시점보다 기말의 환율이 하락하게 되면 발생하고, 외화부채의 경우에는 발생시점보다 기말의 환율이 상승하게 되면 발생한다.

외화환산손실과 관련한 자세한 설명은 '외화환산이익편'을 참조하기 바란다.

8. 기부금

(1) 의 의

기부금이란 상대방으로부터 아무런 대가를 받지 않고 무상으로 증여하는 금전 기타의 자산가액이므로, 법인의 사업과 관계가 있는 거래처에게 지출하는 경우에 발생하는 접대비와는 다르다.

기부금은 본래 사회복지, 문화, 종교, 사회사업을 하는 제단체에 기업이 자유의사로서 반대급부를 기대하지 아니하고 지출한 금액을 의미하는 바, 형식적으로는 기부금이라 하더라도 그 내용이 강제 할당되는 것이라면 공과금 등으로 처리함이 타당할 것이며 무상이 아니라 대가관계가 있는 경우에는 이를 기부금이 아니고 필요경비 내지는 비용으로 보아야 할 것이다.

(2) 기업회계상 회계처리

기부금을 지출하는 경우 기부금계정으로 차변에 기입한다.

기부금의 가액은 금전으로 지급한 경우에는 당해 금전가액이 된다. 그러나 금전 이외의 자산으로 제공한 경우에는 기부금의 가액을 기부 당시의 공정가치로 회계처리하여야 하는데, 이 때 기부금의 가액을 현행유출가치(자산의 매각에 관한 공정가치)로 회계처리하여야 하는지 또는 현행원가(자산의 구입에 관한 공정가치)로 회계처리하여야 하는지에 대하여 논란이 될 수 있을 것이다. 이와 관련한 금융감독원의 질의회신에서는 토지와 건물 등 비현금성 자산을 기부하는 경우에는 기부시점의 비현금성 자산의 공정가치를 기부금으로 계상하여야 하고(금감원 2001-160), 제품을 기부한 경우에는 제품원가를 기부금의 가액으로 계상하도록 하고 있다(금감원 2001-013).

(3) 세무회계상 유의사항

1) 기부금의 범위

기부금이란 내국법인이 사업과 직접적인 관계없이 무상으로 지출하는 금액을 말하며, 특수관계인 외의 자에게 정당한 사유 없이 자산을 정상가액보다 낮은 가액으로 양도하거나 특수관계인 외의 자로부터 정상가액보다 높은 가액으로 매입하는 거래를 통하여 실질적으로 증여한 것으로 인정되는 금액을 포함한다. 이 경우 정상가액은 시가에 시가의 30%를 더하거나 뺀 범위의 가액으로 한다(법법 24조 1항 및 법령 35조).

2) 기부금의 종류

① 기부금의 종류

법인이 지출한 기부금은 법인의 입장에서 볼 때 순자산의 감소를 가져오므로 회계상 당연히 비용으로 처리해야 하나, 법인이 기부금명목으로 임의로 지출하거나 업무와 관계없이 지출하는 경우 법인소득금액을 감소시킬 수 있다.

따라서 세법에서는 조세채권의 확보를 위하여 과세소득계산에 있어 기부금의 손금산입 한도액을 특별히 규정하고 있으며, 손금산입의 내용에 따라 세법상 기부금의 종류를 다음과 같이 분류할 수 있다.

구 분	종 류	기부금한도액의 계산
㉠ 특례기부금 (법법 24조 2항, 법령 38조)	• 국가 · 지방자치단체기부금 • 국방헌금과 국군장병 위문금품 등	(해당 사업연도 소득금액*1 – 이월결손금*2) × 50%
㉡ 일반기부금 (법법 24조 3항, 법령 39조)	사회복지 · 문화 · 예술 · 교육 · 종교 · 자선 · 학술 등 공익성이 많은 기부금	(해당 사업연도 소득금액*1 – 이월결손금*2 – 특례기부금) × 10%*3
㉢ 비지정기부금	특례기부금 및 일반기부금으로 열거되지 않은 기부금	

*1 해당 사업연도 소득금액 = 결산상 당기순이익 ± 익금 · 손금조정액(합병 · 분할에 따른 양도손익은 제외) + 기부금 지출액

*2 법법 13조 1항 1호에 따른 결손금. 다만, 각 사업연도 소득의 80%를 한도로 이월결손금 공제를 적용받는 법인(법법 13조 1항 각 호 외의 부분 단서)은 해당 사업연도 소득금액의 80%를 한도로 함.

*3 사업연도 종료일 현재 사회적기업 육성법 제2조 제1호에 따른 사회적기업은 20%

내국법인이 각 사업연도에 지출하는 기부금 중 상기에 따른 손금산입한도액을 초과하여 손금에 산입하지 아니한 금액은 해당 사업연도의 다음 사업연도 개시일부터 10년 이내에 끝나는 각 사업연도로 이월하여 그 이월된 사업연도의 소득금액을 계산할 때 상기에 따른 손금산입한도액의 범위에서 손금에 산입한다. 이 경우 이월된 금액을 해당 사업연도에 지출한 기부금보다 먼저 손금에 산입하며, 이월된 금액은 먼저 발생한 이월금액부터 손금에 산입한다(법법 24조 5항, 6항).

한편, 기부금을 금전 외의 자산으로 제공한 경우 해당 자산의 가액은 다음의 구분에 따라 산정한다(법령 36조 1항).

㉠ 특례기부금의 경우 : 기부했을 때의 장부가액

㉡ 특수관계인이 아닌 자에게 기부한 일반기부금의 경우 : 기부했을 때의 장부가액

㉢ ㉠ 및 ㉡ 외의 경우 : 기부했을 때의 장부가액과 시가 중 큰 금액

② 고유목적사업준비금

가. 고유목적사업준비금의 손금산입

법인세법에서는 비영리내국법인이 각 사업연도의 결산을 확정할 때 그 법인의 고유목적사업 또는 일반기부금에 지출하기 위하여 고유목적사업준비금을 손비로 계상한 경우에는

일정 한도 내에서 손금에 산입할 수 있도록 하고 있다.

고유목적사업준비금의 손금한도액은 결산조정을 원칙으로 하나 주식회사 등의 외부감사에 관한 법률에 따른 감사인의 회계감사를 받는 비영리내국법인이 고유목적사업준비금을 세무조정계산서에 계상하고 그 금액 상당액을 해당 사업연도의 이익처분을 할 때 고유목적사업준비금으로 적립한 경우 그 금액을 결산을 확정할 때 손비로 계상한 것으로 본다(신고조정 인정). 이 경우 고유목적사업준비금의 한도액은 다음의 금액의 합계액(㉣에 따른 수익사업에서 결손금이 발생한 경우에는 ㉠부터 ㉢까지의 소득금액 합계액에서 그 결손금을 차감한 금액을 말함)이다(법법 29조 1항, 2항 및 법령 56조 3항).

㉠ 소득세법 제16조 제1항 각 호(같은 항 11호에 따른 비영업대금의 이익은 제외)에 따른 이자소득금액

㉡ 소득세법 제17조 제1항 각 호에 따른 배당소득금액. 단, 상속세 및 증여세법 제16조 또는 제48조에 따라 상속세 또는 증여세 과세가액에 산입되거나 증여세가 부과되는 주식 등으로부터 발생한 배당소득금액은 제외

㉢ 특별법에 따라 설립된 비영리내국법인이 해당 법률에 따른 복지사업으로서 그 회원 또는 조합원에게 대출한 융자금에서 발생한 이자수입

㉣ (소득금액*1 − 상기 '㉠, ㉡, ㉢' 금액 − 이월결손금*2 − 특례기부금) × 50%*3

*1 고유목적사업준비금과 특례기부금을 손금산입하기 전의 소득금액을 말하되, 경정(법법 66조 2항)으로 증가된 소득금액 중 특수관계인에게 상여 및 기타소득으로 처분된 금액은 제외함.

*2 각 사업연도 소득의 80%를 이월결손금 공제한도로 적용받는 법인은 공제한도 적용으로 인해 공제받지 못하고 이월된 결손금을 차감한 금액을 말함.

*3 공익법인의 설립 · 운영에 관한 법률에 의하여 설립된 법인으로서 고유목적사업 등에 대한 지출액 중 50% 이상의 금액을 장학금으로 지출하는 법인의 경우 : 80%

나. 고유목적사업 준비금의 익금산입

손금에 산입한 고유목적사업준비금의 잔액이 있는 비영리내국법인이 다음의 어느 하나에 해당하게 된 경우 그 잔액(㉤의 경우에는 고유목적사업등이 아닌 용도에 사용한 금액, 이하 동일)은 해당 사유가 발생한 날이 속하는 사업연도의 소득금액을 계산할 때 익금에 산입하여야 한다(법법 29조 5항).

㉠ 해산한 경우(모든 권리와 의무를 다른 비영리내국법인에 포괄적으로 양도하고 해산한 경우로서 그 다른 비영리내국법인이 고유목적사업준비금을 승계한 경우는 제외)

㉡ 고유목적사업을 전부 폐지한 경우

㉢ 법인으로 보는 단체가 국세기본법 제13조 제3항에 따라 승인이 취소되거나 거주자로 변경된 경우

㉣ 고유목적사업준비금을 손금에 산입한 사업연도의 종료일 이후 5년이 되는 날까지 고유목적사업 등에 사용하지 아니한 경우(5년 내에 사용하지 아니한 잔액으로 한정)

㉤ 고유목적사업준비금을 고유목적사업등이 아닌 용도에 사용한 경우

여기서 고유목적사업이란 비영리내국법인의 법령 또는 정관에 규정된 설립목적을 직접 수행하는 사업으로서 법인세법 시행령 제3조 제1항에 따른 수익사업 외의 사업을 말하며, 고유목적사업의 수행에 직접 필요한 유형자산 등 취득비용(법인세법 시행령 제31조 제2항에 따른 자본적 지출을 포함함) 및 인건비 등 필요경비와 법령의 규정에 의한 기금 또는 준비금으로 적립한 금액 등의 경우에도 고유목적사업에 지출 또는 사용한 금액으로 본다. 다만, 비영리내국법인이 유형자산 등 취득 후 법령 또는 정관에 규정된 고유목적사업이나 보건업(의료법인에 한정함)에 3년 이상 직접 사용하지 아니하고 처분하는 경우에는 고유목적사업에 지출 또는 사용한 금액으로 보지 아니한다(법령 56조 5항, 6항).

고유목적사업준비금의 사용순서는 먼저 계상한 준비금부터 먼저 사용한 것으로 하고 직전연도 종료일 현재의 잔액을 초과한 경우 초과하는 금액은 해당 사업연도에 준비금을 계상하여 지출한 것으로 한다(법법 29조 3항).

한편, 손금에 산입한 고유목적사업준비금의 잔액이 있는 비영리내국법인은 고유목적사업준비금을 손금에 산입한 사업연도의 종료일 이후 5년 이내에 그 잔액 중 일부를 감소시켜 익금에 산입할 수 있다. 이 경우 먼저 손금에 산입한 사업연도의 잔액부터 차례로 감소시킨 것으로 본다(법법 29조 6항).

고유목적사업준비금을 손금에 산입한 사업연도의 종료일 이후 5년이 되는 날까지 고유목적사업 등에 사용하지 아니한 경우로서 5년 내 사용하지 아니한 잔액 또는 고유목적사업 등이 아닌 용도에 사용한 금액을 익금에 산입하거나 5년 이내에 임의환입하는 경우에는 다음 '㉠'의 금액에 '㉡'의 율을 곱하여 계산한 이자상당액을 해당 사업연도의 법인세에 더하여 납부하여야 한다(법법 29조 7항 및 법령 56조 7항).

㉠ 당해 고유목적사업준비금의 잔액을 손금에 산입한 사업연도에 그 잔액을 손금에 산입함에 따라 발생한 법인세액의 차액

㉡ 손금에 산입한 사업연도의 다음 사업연도의 개시일부터 익금에 산입한 사업연도의 종료일까지의 기간에 대하여 1일 10만분의 22*의 율

* 2019. 2. 11. 이전 기간분은 1만분의 3

* 2019. 2. 11. 이후 2022. 2. 14. 이전 기간분은 1만분의 25

다. 중복적용의 배제

당해 비영리내국법인의 수익사업에서 발생한 소득에 대하여 법인세법 또는 조세특례제한법에 따른 비과세 · 면제, 준비금의 손금산입, 소득공제 또는 세액감면(세액공제 제외)을 적용받는 경우에는 고유목적사업준비금의 손금산입 규정을 적용받을 수 없다. 다만, 고유목적사업준비금만을 적용받는 것으로 수정신고한 경우에는 제외된다(법령 56조 8항).

3) 기부금의 손금귀속사업연도

① 일반적인 경우

기부금은 현금주의에 의하여 처리한다. 즉, 현금으로 지급하거나 현금으로 결제되는 시점에 손금으로 인정한다.

따라서, 현금지급하였으나 가지급금 등으로 이연계상한 경우에는 지출한 사업연도의 기부금으로 보며 미지급금으로 계상한 경우에는 실제로 이를 지출할 때까지 기부금으로 보지 아니한다. 어음 또는 수표를 발행하여 지급한 때는 어음이 실제로 결제된 날 또는 당해 수표를 교부한 날에 지급된 것으로 한다(법령 36조 2항, 3항 및 법칙 18조).

② 사용 · 수익기부자산

사용 · 수익기부자산이란 일반적으로 법인의 소유 또는 법인의 부담으로 취득한 자산을 일정한 기간 동안 사용하거나 또는 수익을 얻을 것을 조건으로 하여 타인에게 무상으로 기부한 자산을 말하며, 기부상대방에 따라 법인세법상 다음의 두 가지로 구분할 수 있다.

가. 무형자산

금전 외의 자산을 국가, 지방자치단체, 법인세법 제24조 제2항 제1호 라목부터 바목까지의 규정에 따른 법인(특정 특례기부금 대상 법인) 또는 법인세법 시행령 제39조 제1항 제1호에 따른 법인(특정 일반기부금 대상 법인)에게 기부한 후 그 자산을 사용하거나 그 자산으로부터 수익을 얻는 경우 해당 자산의 장부가액은 사용수익기부자산가액으로 하여 법인세법상 무형자산으로 분류한다(법령 24조 1항 2호 사목).

또한 사용수익기부자산가액은 해당 자산의 사용수익기간(그 기간에 관한 특약이 없는 경우 신고내용연수)에 따라 균등하게 안분한 금액(그 기간 중에 당해 기부자산이 멸실되거나 계약이 해지된 경우 그 잔액)을 상각하는 방법으로 손금에 산입한다(법령 26조 1항 7호).

나. 선급임차료

기획재정부의 유권해석에 따르면, 법인이 특수관계 없는 다른 법인이 소유하고 있는 토지 위에 건물을 신축하여 동 건물 및 건물의 부속토지를 일정기간 사용하는 조건으로 건물의 소유권을 무상으로 이전하는 경우 건물의 신축비용은 선급임차료에 해당하며 사용수익기간 동안 균등하게 안분하여 손금에 산입하도록 하고 있다(재법인 46012-86, 2001. 5. 3.).

즉, 국가, 지방자치단체, 특정 특례기부금 대상 법인 및 특정 일반기부금 대상 법인 외의 법인 등에게 사용수익을 조건으로 무상으로 자산의 소유권을 이전하는 경우에는 법인세법상 선급임차료에 해당하는 것으로 보고 있다.

4) 기부금의 세무조정

세무조정은 기부금의 지급내용에 따라 다음과 같이 각각 다르다.

① 기부금을 법인이 손금으로 계상한 경우

기부금 한도초과액이나 비지정기부금을 손금불산입하고 기타사외유출로 소득처분을 한다. 다만, 비지정기부금을 받은 자가 당해 법인의 출자자(출자임원 제외)인 경우에는 배당으로 소득처분을 하고 임원 또는 직원인 경우에는 상여로 소득처분을 한다(법령 106조 1항 3호 및 법기통 67－106…6).

② 기부금을 미지급금으로 계상하는 경우

기부금은 현금주의에 의하여 손금에 산입하므로 동 기부금 전액을 손금불산입하고 유보로 소득처분을 한다.

③ 전기 미지급금으로 계상된 기부금을 당해 사업연도에 지급한 경우

법인이 당해 사업연도 이전에 미지급금으로 계상한 기부금 중 당해 사업연도에 실제로 지급한 기부금은 손금에 산입하고 유보(△유보)로 처분한다. 그리고 동 금액을 기부금 해당액에 포함하여 시부인계산을 하여 손금한도액을 초과하는 금액에 대하여는 이를 손금불산입하고 기타사외유출로 처분한다. 그러나 비지정기부금에 대하여는 전액 손금불산입한다.

④ 기부금을 가지급금으로 계상한 경우

법인이 당해 사업연도에 실제로 지급한 기부금을 가지급금 등 자산으로 처리한 경우에는 이를 손금산입하고 유보(△유보)로 소득처분한 다음 동 금액을 기부금 해당액에 포함하여 시부인계산을 하여 손금한도액을 초과하는 경우에는 그 초과하는 금액을 손금불산입하고 기타사외유출로 소득처분을 한다. 그러나 동 기부금이 비지정기부금에 해당하는 기부금인 경우에는 동 금액을 전액 손금불산입한다.

⑤ 전기 가지급금으로 계상한 기부금을 당해 사업연도에 손금으로 대체한 경우

시부인계산 없이 전액 손금불산입하고 유보로 처분한다.

⑥ 저가양도, 고가매입

가. 저가양도

법인이 특수관계인 외의 자에게 정당한 사유없이 자산을 정상가격보다 낮은 가격으로 양도하는 경우에는 정상가액과 양도가액과의 차액을 기부금으로 인정하여 당해 기부금이 시부인대상이 되는 기부금에 해당하면 한도계산을 하여 한도초과액을 손금불산입하고, 비

지정기부금인 경우에는 바로 손금불산입하여 기타사외유출로 소득처분한다.

나. 고가매입

(가) 자산을 취득한 사업연도의 세무조정

이 경우는 법인이 기부금을 실지로 지급하고 가지급금으로 처리한 경우에 준하여 세무조정을 하여야 한다.

(나) 당해 자산에 대한 감가상각비를 손금에 산입하는 경우

기부금으로 인정되는 금액에 대하여는 당해 자산을 취득한 사업연도에 손금에 산입하였으므로 이를 감가상각비로 계상한 사업연도에 있어서도 손금에 산입하게 되면 동일한 금액에 대하여 이중으로 손금에 산입하는 결과가 된다. 따라서 당해 자산의 감가상각비를 계상한 사업연도에 있어서는 동 감가상각비는 손금불산입하고 유보로 소득처분하여야 한다.

(다) 당해 자산을 소비 또는 매각하는 경우

당해 자산을 사용 · 소비함에 따라 손금처리하거나 외부에 매각한 경우에는 이를 손금불산입하고 유보로 처분함으로써 당해 자산을 취득한 사업연도에 손금에 산입한 금액(△유보)을 추인한다.

9. 지분법손실

일반기업회계기준 제8장에 따라 유의적인 영향력이 있는 지분상품에 대하여 지분법을 적용하여 평가하는 경우로서, 당해 지분법적용투자주식의 지분변동액이 지분법피투자회사의 당기순손실로 인하여 발생하는 경우에는 지분법손실이라는 과목으로 하여 영업외비용으로 계상하여야 한다. 지분법에 의한 투자주식의 평가와 관련한 자세한 설명은 '투자자산 중 지분법적용투자주식편' 및 '영업외수익 중 지분법이익편'을 참조하기 바란다.

10. 매도가능증권 · 만기보유증권 · 지분법적용투자주식손상차손

㈜ 재무상태표를 작성함에 있어서 비유동자산으로 분류되는 매도가능증권과 만기보유증권을 장기투자증권의 과목에 통합표시하는 경우에는 손익계산서에도 매도가능증권 및 만기보유증권의 손상차손을 장기투자증권손상차손으로 통합표시하여야 할 것이다.

매도가능증권 · 만기보유증권 또는 지분법적용투자주식으로부터 회수할 수 있을 것으로 추정되는 금액이 채무증권의 상각후원가, 지분증권의 취득원가 또는 지분법적용투자주식의 장부금액보다 작은 경우에는 손상차손을 인식할 것을 고려하여야 하고, 손상차손이 발생하였다는 객관적인 증거가 있는 경우 당해 손상차손금액은 매도가능증권손상차손 등의 과목으로 하여 당기손익에 반영하여야 한다(일반기준 6장 문단 6.32 및 8장 문단 8.27).

유가증권의 종류에 따른 평가방법에 대해 간략히 살펴보면 다음과 같다.

- 상각후원가로 평가하는 만기보유증권에 대하여는 유가증권 취득 당시의 유효이자율로 할인한 기대현금흐름의 현재가치(회수가능액)와 장부금액의 차이금액을 손상차손으로 인식하여야 한다. 이는 손상차손을 측정하는 시점의 시장이자율을 사용한다면 그 유가증권을 손상차손 측정시점의 공정가치로 평가하는 결과가 되어 만기보유증권을 상각후원가로 측정하는 원칙에 맞지 않기 때문이다. 다만, 계약상 변동금리 조건으로 발행된 유가증권의 손상차손은 손상차손을 측정하는 시점의 시장이자율을 사용하여 할인한 회수가능액에 의하여 측정한다(일반기준 6장 부록 6.A10, 6.A11).
- 매도가능증권 중 채무증권에 대하여는 회수가능액이 상각후원가에 미달하는 금액에서 이전 기간에 이미 인식하였던 당해 채무증권의 손상차손을 차감한 금액을 당기에 손상차손으로 인식한다. 이 경우 채무증권의 회수가능액이라 함은 미래의 기대현금흐름을 유사한 유가증권의 현행시장이자율로 할인한 현재가치를 말한다(일반기준 6장 부록 6.A15).
- 매도가능증권 중 취득원가로 평가하는 지분증권에 대하여는 회수가능액과 장부금액의 차이금액을 손상차손으로 인식하여야 한다. 여기서 회수가능액은 유가증권발행자의 순자산을 자산별로 시장가격, 공시지가 또는 감정가액 등을 적용하여 평가한 공정가치를 말한다(일반기준 6장 부록 6.A13).
- 매도가능증권 중 공정가치로 평가하는 지분증권에 대하여는 공정가치가 취득원가에 미달하는 금액에서 이전 기간에 이미 인식하였던 당해 지분증권의 손상차손을 차감한 금액을 당기에 손상차손으로 인식한다(일반기준 6장 부록 6.A16).
- 지분법적용투자주식으로부터 회수할 수 있을 것으로 추정되는 금액(회수가능액)이 장부금액보다 작은 경우에는 회수가능액과 장부금액의 차이금액을 손상차손으로 인식하여야 한다. 여기서 회수가능액은 지분법적용투자주식을 매각한다면 예상되는 순현금유입액과 사용가치 중 큰 금액으로 한다(일반기준 8장 문단 8.27).

매도가능증권 · 만기보유증권 또는 지분법적용투자주식의 손상차손 및 환입과 관련한 자세한 설명은 '투자자산 중 매도가능증권편, 만기보유증권편 및 지분법적용투자주식편'을 참조하기 바란다.

11. 투자자산처분손실, 유형자산처분손실 및 사채상환손실

투자자산처분손실은 투자자산을 처분함에 있어서 처분가액이 장부금액에 미달하는 경우 발생하고, 유형자산처분손실은 유형자산을 처분함으로써 얻게 되는 자산의 가치가 유형자산의 장부금액보다 작은 경우에 발생한다. 한편, 사채상환손실은 회사가 자기가 발행한 사채를 상환시 사채의 재취득가액이 사채의 순장부금액보다 큰 경우에 발생한다.

투자자산처분손실, 유형자산처분손실 및 사채상환손실과 관련한 자세한 설명은 자산 및 부채의 해당 내용과 영업외수익편의 투자자산처분이익, 유형자산처분이익 및 사채상환이익을 참조하기 바란다.

12. 유형자산재평가손실

유형자산의 최초인식 후에는 원가모형과 재평가모형 중 하나를 선택하여 적용할 수 있는데, 유형자산재평가손실은 재평가모형을 적용한 경우로서 유형자산의 장부금액이 재평가로 인하여 감소한 경우에 발생한다. 이 경우 유형자산재평가손실로 인식하는 금액은 유형자산의 장부금액이 재평가로 인하여 감소하는 경우에 그 감소액으로 하되, 그 유형자산의 재평가로 인해 기 인식한 기타포괄손익(예 : 유형자산재평가이익)의 잔액이 있다면 그 금액을 한도로 기타포괄손익에서 차감하고 나머지 잔액은 유형자산재평가손실로 인식한다.

한편, 유형자산재평가손실을 인식한 이후에 유형자산의 공정가치가 재평가로 인하여 증가하는 경우에는 기 인식한 유형자산재평가손실을 한도로 당기손익으로 인식하고 나머지 잔액은 기타포괄손익으로 인식한다.

유형자산재평가손실과 관련한 자세한 설명은 '유형자산 중 7. 인식시점 이후의 측정'편을 참조하기 바란다.

13. 재해손실

(1) 의 의

화재, 풍수해, 지진, 침수해 등 천재 · 지변 또는 돌발적인 사건(도난으로 입은 거액의 손실 등)으로 인하여 재고자산이나 유형자산에 입은 손실액을 재해손실이라고 한다.

이는 기업의 주된 영업활동과는 관계없이 우발적 · 임시적 · 돌발적 · 이상적으로 불시에 발생한 손실을 의미한다.

가령 비정상적인 사태 등으로 인한 조업중단기간 중에 발생한 고정비(감가상각비, 기본급여 등)가 금액적으로 중요한 경우에는 이를 매출원가나 영업비용의 일부로 포함시킬 것이 아니라 영업외비용으로 회계처리하여야 한다. 또 동 사태와 인과관계가 있는 재고자산 및 건물, 기계 등 사업용 유형자산의 중요한 피해손실도 영업외비용으로 회계처리하여야 한다.

이 경우 동 사태로 입은 피해손실에 대하여 피해보상금 등을 받은 경우에는 영업외수익으로 표시하여야 한다.

(2) 기업회계상 회계처리

피해자산에 대한 멸실부분의 장부금액에 상당하는 금액이 모두 재해손실계정에 차기된다. 한편, 피해자산에 대하여 손해보험에 가입되어 있는 경우에는 보험금을 수취할 권리가 발생한 시점에 영업외수익으로 하여 당기손익에 반영하여야 한다(일반기준 10장 문단 10.43).

사례 1 (주)삼일은 화재로 인하여 점포가 소실되었으며, 소실자산의 내역은 다음과 같다.

- 건 물 : 취득원가 ₩20,000,000, 감가상각누계액 ₩8,000,000
- 비 품 : 취득원가 ₩6,000,000, 감가상각누계액 ₩4,000,000
- 상 품 : ₩2,000,000

또한 회사는 화재로 소실된 자산에 대하여 ₩13,000,000의 화재보험에 가입하고 있었으므로 보험회사에 보험금을 청구하였다.

(차)	건물감가상각누계액	8,000,000	(대)	건 물	20,000,000
	비품감가상각누계액	4,000,000		비 품	6,000,000
	재 해 손 실	16,000,000		상 품	2,000,000

사례 2 (주)삼일은 [사례 1]의 화재에 대하여 보험회사로부터 보험금을 지급하기로 결정통지를 받았다.

(차)	미 수 금	13,000,000	(대)	보 험 금 수 익	13,000,000

(3) 세무회계상 유의할 사항

1) 재해손실에 대한 세액공제

내국법인이 각 사업연도 중 천재지변 그 밖의 재해로 인하여 토지를 제외한 사업용 자산 및 타인소유의 자산으로서 그 상실로 인한 변상책임이 당해 법인에게 있는 자산가액의 20% 이상을 상실하여 납세가 곤란하다고 인정되는 경우에는 법인세법 제58조에 따라 재해손실에 대한 세액공제를 받을 수 있다.

① 적용대상법인

천재지변 그 밖의 재해로 인하여 토지를 제외한 사업용 자산 및 타인소유의 자산으로서 그 상실로 인한 변상책임이 당해 법인에게 있는 자산가액의 20% 이상을 상실한 법인

② 세액공제액

다음의 산식에 따라 계산한 금액을 공제한다(한도 : 상실된 자산의 가액).

$$세액공제대상\ 법인세 \times \frac{재해로\ 인하여\ 상실된\ 자산가액}{상실\ 전\ 사업용\ 및\ 타인소유\ 총자산가액}$$

㉠ 자산상실비율은 재해발생일 현재 그 법인의 장부가액에 의하여 계산하되, 장부가 소실 또는 분실되어 장부가액을 알 수 없는 경우에는 납세지 관할 세무서장이 조사하여 확인한 재해발생일 현재의 가액에 의하여 이를 계산한다(법령 95조 2항).

㉡ 재해로 인하여 수탁받은 자산을 상실하고 그 자산가액의 상당액을 보상하여 주는 경우에는 재해로 인하여 상실된 자산의 가액 및 상실 전의 자산총액에 포함하되, 예금 · 받을어음 · 외상매출금 등은 채권추심에 관한 증서가 멸실된 경우에는 상실된 자산의 가액에 포함하지 않는다. 한편, 재해자산이 보험에 가입되어 있어 보험금을 수령하는 때에도 그 재해로 인하여 상실된 자산의 가액을 계산함에 있어서 동 보험금을 차감하지 않는다(법칙 49조 2항).

③ 세액공제대상 법인세

㉠ 재해발생일 현재 부과되지 아니한 법인세와 부과된 법인세로서 미납된 법인세

㉡ 재해발생일이 속하는 사업연도의 소득에 대한 법인세

㉢ 위의 법인세에는 법인세법 제75조의 3과 국세기본법 제47조의 2부터 제47조의 5의 규정에 따른 가산세를 합산하고 다른 법률에 의한 공제 · 감면세액이 있는 경우 이를 차감한다(법령 95조 3항).

④ 신청서의 제출

다음의 기한까지 재해손실세액공제신청서를 제출해야 하며, 신청받은 세무서장은 공제세액을 결정하여 당해 법인에 통지하여야 한다(법령 95조 5항).

㉠ 재해발생일 현재 과세표준 신고기한이 지나지 않은 법인세의 경우에는 그 신고기한. 다만, 재해발생일로부터 신고기한까지의 기간이 3개월 미만인 경우에는 재해발생일로부터 3개월로 함.

㉡ 재해발생일 현재 미납된 법인세와 납부해야 할 법인세의 경우에는 재해발생일로부터 3개월

2) 보험차익으로 취득한 고정자산가액의 손금산입

보험차익이란 화재 등의 재해로 인해 멸실된 자산에 대하여 수령한 보험금이 당해 자산의 장부금액을 초과하는 경우 그 초과금액을 말한다.

일반기업회계기준에서는 재해손실(손상차손)과 보험금수익을 별개의 회계사건으로 보아

각각 총액으로 표시하도록 하고 있는 반면(일반기준 10장 문단 10.43), 법인세법에서는 보험차익(보험금수익－손상차손)을 유형자산의 매매차익의 성질로 간주하여 원칙적으로 그 보험금의 지급이 확정된 날이 속하는 사업연도에 순액으로 법인의 익금에 산입하도록 하고 있다(법기통 40－71…8). 따라서, 재해손실이 계상되는 사업연도와 보험금의 지급이 확정된 사업연도가 서로 다른 경우에는 손익귀속시기의 차이에 따른 법인세 세무조정이 발생하게 된다.

한편, 보험차익의 성격상 세법은 과세상의 특례규정을 두어 유형자산의 멸실이나 손괴로 인해 지급받은 보험금액으로 일정기간 내에 대체자산을 취득한 때에는 일시상각충당금에 상당하는 금액만큼의 과세권행사를 유보하고 있다(법법 38조).

① 일시상각충당금

유형자산의 멸실 등으로 인하여 수령한 보험금으로 그 멸실된 유형자산에 대체하여 같은 종류의 유형자산을 취득하거나 개량한 경우에는 취득 등에 사용된 보험차익 상당액을 일시상각충당금으로 설정하여 법인의 손금에 산입할 수 있다. 이 때 보험차익으로 취득한 유형자산의 감가상각비는 일시상각충당금과 상계하여야 한다.

② 결산조정 및 신고조정

보험차익에 대한 일시상각충당금을 손금에 산입하고자 할 때에는 원칙적으로 결산조정사항으로 법인 스스로 손금기장하여야 한다. 즉, 손금에 산입하고자 하는 보험차익을 다음과 같이 일시상각충당금으로 계상하여야 한다.

(차) 일시상각충당금전입액	×××	(대) 일 시 상 각 충 당 금	×××

위와 같이 계상한 일시상각충당금은 당해 보험차익으로 취득하거나 개량한 고정자산의 감가상각비와 상계하여야 한다. 이 경우에는 다음과 같이 회계처리한다.

(차) 일 시 상 각 충 당 금	×××	(대) 감 가 상 각 비	×××

다만, 이러한 회계처리방법은 일반기업회계기준에서는 인정되지 않으므로 법인세법 시행령 제98조에서는 이러한 결산조정절차를 생략하고 세무조정계산서에만 손금산입하는 신고조정에 의하여도 손금산입하는 특례를 두고 있다.

14. 잡손실

(1) 개념 및 범위

중요한 비용과목에 속하거나 또는 그 발생액이 매기 정상적이며, 또 비교적 다액에 달하는 비용에 대하여는 그 성질을 나타내는 독립된 계정과목을 설정하여 처리하여야 한다.

그러나 그 이외에 발생횟수도 적고 금액적으로 독립하여 처리할 필요가 없는 잡다한 손실은 이것을 잡손실로 처리하고 개개의 독립된 계정과목을 설정할 필요가 없다. 이와 같이 독립된 계정과목을 설정하지 아니한 비용에 대하여 그것을 집계·처리하는 계정이 잡손실계정이다. 즉, 잡손실이란 영업활동에 대하여 직접적인 관계가 없는 비용으로써 그 발생이 드물고, 금액적으로도 중요성이 없는 것, 다른 영업외비용계정에 포함시키기에 적정하지 않다고 인정되는 것 등을 일괄하여 처리하는 계정이다.

따라서 잡손실은 영업활동과 관련하여 직접적으로 발생하는 비용이 아니므로 영업외비용에 속한다.

이와 같은 잡손실계정에 속하는 것으로는 원인을 알 수 없는 현금과부족이나 도난당한 물품이나 금액 기타 업무와 관련없이 발생한 사소한 손실금액 등이 이에 해당된다.

(2) 잡손실의 회계처리

일반적으로 잡손실계정의 회계처리는 다음과 같다.

(차) 잡　손　실	×××	(대) 현금 및 현금성자산	×××

사례 (주)삼일에 도둑이 침입하여 저장품 ₩150,000 및 현금 ₩200,000을 도난당했다.

(차) 잡　손　실	350,000	(대) 저　장　품	150,000
		현금 및 현금성자산	200,000

06 법인세비용(법인세회계)

제1절 의 의

법인세비용은 법인세부담액과 이연법인세(deferred income taxes)의 두 가지 요소를 기준으로 측정된다.

법인세부담액은 법인세법 등의 법령에 의하여 각 회계연도에 부담할 법인세 및 법인세에 부과되는 세액의 합계액을 나타내고, 이연법인세는 미래기간에 부담할 또는 경감될 법인세부담액을 나타낸다.

적절한 법인세회계를 위해서는 우선 법인세비용의 본질을 이해하는 것이 필요하다. 법인세비용에 대하여 일부 사람들은 회사에게 어떠한 서비스나 효익을 제공하지 않기 때문에 소득의 분배(distribution of income)라고 보고 있으며, 다른 일부 사람들은 인건비, 재료비 등과 같이 영업활동과정에서 필수적으로 발생하는 영업비용(expense of doing business)이라고 보고 있다.

법인세의 본질을 소득의 분배로 보느냐(잉여금처분설), 영업비용으로 보느냐(기간비용설)에 따라 다음과 같이 회계처리방법이 결정된다.

- 법인세가 소득의 분배로 간주된다면 재무상태표 및 손익계산서에 계상되지 않을 것이고, 배당금 지급과 같이 이익잉여금의 처분항목이 되는 것이다.
- 법인세가 비용으로 간주된다면 손익계산서에 계상될 것이며, 수익·비용대응의 원칙에 따라 인식되는 것이다.

과거 기업회계기준에서 '법인세 등은 당해 회계연도의 법인세, 주민세 등으로 한다'라고 규정하여 법인세비용의 세무회계와 재무회계의 차이를 인정하지 않고 매 회계기간에 대하여 세무회계에 의해 산출된 법인세액이 재무회계상 법인세비용의 정확한 측정이라고 보았던 적이 있었다. 이는 법인세를 기업의 영업비용이 아닌 소득의 배분으로 보는 입장이었다. 그러나 일반적으로 법인세는 영업비용이라고 보는 관점이 지배적이고, 이에 근거하면 당기법인세부담액만을 표시하는 방법은 발생주의 회계와 수익·비용의 대응원칙(matching principle)에 어긋나는 방법이라고 할 수 있다.

현행 일반기업회계기준에서는 계정과목을 '법인세비용'으로 명명하여 법인세는 회사가 일정한 회계기간 동안 벌어들인 소득에 대해 부과되는 세금이며 손익계산서상 중요한 비용이라고 보고 있다.

법인세비용은 기본적으로 특정 회계기간의 회계이익에 영향을 미친 모든 손익거래의 세금효과로 측정되어야 한다. 즉, 영업활동의 결과에 따른 법인세효과는 그 영업활동이 인식되고 보고되는 기간과 동일한 기간에 인식 및 보고되어야 하는 것이다. 따라서 이익이 많으면 법인세비용도 많고 이익이 적으면 법인세비용도 적어지는 인과관계가 성립할 때 수익·비용의 대응이 이루어지는 것이다.

그럼에도 회계이익과 과세소득은 여러 가지 이유로 일치하지 않아 회계이익과 법인세비용간의 인과관계가 일정 비율로 성립하지 못한다. 따라서 회계이익과 과세소득의 차이를 분석하여 가급적 그 비율이 일정하게 나타나도록 조정하는 것이 유용한 회계정보의 제공 측면에서 좋을 것이다. 그런데 어떤 항목은 특정 연도에 차이가 나타나면 미래 언젠가는 그 차이가 반드시 반전되어 나타나는 특성을 가지고 있다. 따라서 이로 인한 법인세효과를 기간별로 배분함으로써 차이의 영향을 없앨 수 있다. 이 역할을 하는 것이 이연법인세이다.

제2절 개념 및 범위

법인세비용은 법인세부담액에 이연법인세 변동액을 가감하여 산출된 금액을 말한다. 이 경우 법인세부담액은 법인세법 등의 법령에 의하여 각 회계연도에 부담할 법인세 및 법인세에 부가되는 세액의 합계액을 말하며, 이연법인세는 자산·부채의 장부금액과 세무기준액의 차이 등으로 인하여 미래에 부담하게 될(또는 경감될) 법인세부담액을 말한다(일반기준 22장 문단 22.39).

즉, 법인세비용은 법인세부담액과 이연법인세자산(부채)를 계산한 후에 법인세부담액에 이연법인세자산의 증가(감소)를 차감(가산)하고 이연법인세부채의 증가(감소)를 가산(차감)하여 계산하는 것이다. 이렇게 법인세비용을 계산하는 방법을 '자산부채법'이라 하며 이에 대해 보다 자세한 내용은 '제3절 법인세회계 중 3. 이연법인세인식의 접근방법'을 참조하기로 한다.

법인세비용에서의 '법인세' 범위는 국내 또는 국외에서 법인의 과세소득에 기초하여 부과되는 모든 세금을 포함하며, 법인세에 부가되는 세액(법인지방소득세, 농어촌특별세 등)을 포함한다(일반기준 22장 문단 22.2).

한편, 과세당국(법원이 포함될 수 있음)이 기업이 법인세 신고에 사용하였거나 사용하려는 처리(이하 '법인세 처리'라 함)를 세법에 따라 수용할지가 불확실한 경우의 법인세 회계처리에도 일반기업회계기준 제22장(법인세회계)을 적용한다(일반기준 22장 문단 22.2의 2).

또한, 경제협력개발기구(OECD)가 발표한 필라2 모범규칙을 시행하기 위하여 확정된 세법(그 규칙에서 기술하는 적격소재국 추가세를 시행하는 세법 포함함)에서 생기는 필라2 법인세에도 일반기업회계기준 제22장(법인세회계)을 적용하되, 예외적으로 필라2 법인세와 관련되는 이연법인세 자산 및 부채를 인식하지 아니하고 이에 대한 정보도 공시하지 아니한다(일반기준 22장 문단 22.2의 3).

제3절 법인세회계

1. 의 의

법인세회계는 일정기간에 대한 법인세부담액과 기말재무상태표에 나타날 법인세 관련 자산과 부채를 결정하여 손익계산서에 나타날 법인세비용을 확정하는 과정을 말한다. 즉, 발생주의 및 공정가치평가 등을 기초로 하는 일반기업회계기준과 권리의무확정주의 및 역사적 원가 등을 기초로 하는 세법과의 차이로 인하여 수익 · 비용과 익금 · 손금의 인식방법과 인식시기 등의 차이가 발생하는 바, 세법에 따라 보고한 법인세부담액을 기업회계에 따른 인식기간에 배분하는 것이 법인세회계이다.

법인세회계는 세계적인 회계기준의 추세이며, 일반기업회계기준에서도 법인세를 비용이라고 보고 특정 회계연도의 법인세비용은 동 회계연도의 법인세비용차감전순손익과 대응되도록 하고 있다. 다만, 당기의 손익에 중단사업과 관련된 손익이 포함되어 있는 경우에는 법인세비용차감전계속사업손익과 계속사업법인세비용을 대응되도록 하고, 중단사업과 관련된 법인세비용은 중단사업손익에서 직접 차감하도록 하여 중단사업손익에 대응되도록 하고 있다(일반기준 2장 부록 실2.52 및 22장 문단 22.56).

이와 같이 기업의 영업활동(거래)의 결과에 따른 법인세효과를 그 영업활동(거래)이 보고되는 기간과 동일한 기간의 재무제표에 인식하여 기간이익의 왜곡현상을 제거하도록 하는 것이 법인세회계의 목적이다.

2. 용어의 정의

법인세회계에서 사용하는 용어의 정의는 다음과 같다.

일반기업회계기준 제22장 【법인세회계】

용어의 정의

회계이익(회계손실) : 기업회계기준에 의하여 산출되는 법인세비용차감전순이익(법인세비용차감전순손실)을 말한다.

과세소득(세무상결손금) : 법인세법에 따라 법인세부담액을 산출하는 대상 소득(결손)을 말한다.

법인세부담액 : 법인세법 등의 법령에 의하여 각 회계연도에 부담할 법인세 및 법인세에 부가되는 세액의 합계액을 말한다.

법인세비용 : 법인세부담액에 이연법인세 변동액을 가감하여 산출된 금액을 말한다.

자산·부채의 세무기준액 : 세무회계상 자산·부채의 금액을 말한다.

일시적차이 : 자산·부채의 장부금액과 세무기준액의 차이를 말하는데 다음의 두 가지로 구분된다.

(1) 가산할 일시적차이 : 자산·부채가 회수·상환되는 미래기간의 과세소득을 증가시키는 효과를 가지는 일시적차이

(2) 차감할 일시적차이 : 자산·부채가 회수·상환되는 미래기간의 과세소득을 감소시키는 효과를 가지는 일시적차이

이연법인세부채 : 가산할 일시적차이로 인하여 미래에 부담하게 될 법인세부담액을 말한다.

이연법인세자산 : 다음의 항목들로 인하여 미래에 경감될 법인세부담액을 말한다.

(1) 차감할 일시적차이

(2) 이월공제가 가능한 세무상결손금

(3) 이월공제가 가능한 세액공제 및 소득공제 등

3. 이연법인세인식의 접근방법

(1) 자산부채법과 이연법

대부분의 회계사건에 의한 결과는 그 회계사건이 재무제표에 인식되는 회계연도의 과세소득에 영향을 미쳐 세금효과가 그 해에 나타난다. 그러나 어떤 회계사건의 결과는 이연되어 미래의 과세소득에 영향을 미치게 되고 그 세금효과도 이연된다.

이러한 법인세의 이연효과를 재무제표에 인식하는 방법은 자산부채법(asset-liability method)에 의해 인식하는 방법과 이연법(deferred method)에 의해 인식하는 방법이 있으며, 이를 요약 정리하면 다음과 같다.

자산부채법과 이연법

구 분	자산부채법	이연법
목 적	재무상태표 관점에서 재무상태의 적정표시 및 미래 현금흐름의 예측	손익계산서 관점에서 세전 이익과 법인세비용의 기간대응
법인세이연효과 인식대상	일시적 차이(temporary difference), 세무상 결손금 및 세액공제 · 소득공제 등	기간적 차이(timing difference)(Vs. 영구적 차이), 세무상 결손금 및 세액공제 · 소득공제 등
법인세비용의 계산순서	(차) 법인세비용 ③ 이연법인세자산 ② (대) 미지급법인세 ① 이연법인세부채 ②	(차) 법인세비용 ① 이연법인세자산 ③ (대) 미지급법인세 ② 이연법인세부채 ③
적용 세율	미래 세율	당기 세율
이연법인세액의 의미	미래 세부담액 또는 경감액	법인세부담액과 법인세비용의 차이

이 때 각 방법에 따라 재무제표에 나타나는 항목의 개념적 본질에 중요한 차이가 존재하는데, 자산부채법에 의한 법인세회계에 의하여 인식되는 계정들이 재무회계개념체계의 정의와 보다 일관성이 있다. 또한 자산부채법은 유용하고 이해가능성이 있으며 이연법보다 더 나은 정보를 제공한다. 이에 따라 일반기업회계기준 제22장에서는 자산부채법에 따라 이연법인세자산과 이연법인세부채를 인식하는 방법을 채택하고 있다.

이연법에 의한 법인세회계의 목적은 회계상 세전 이익이 인식되는 기간에 관련 법인세비용을 대응시키는 것이다. 즉, 회계상의 세전 이익에 영구적 차이(permanent difference)를 반영한 금액을 근거로 법인세비용을 산정하고 이 금액과 법인세부담액의 차이인 법인세효과[기간적 차이(timing differences)에 의하여 결정되며, 그 크기는 발생시점에 확정됨]를 재무상태표에 이연하여 두었다가, 향후 기간적 차이가 소멸될 때 마다 해당 액을 상각 또는 환입하여 소멸시점의 법인세비용에 반영하는 방법을 따르고 있다. 이 방법에 의할 경우 이연된 법인세효과에 향후 세율이나 세법의 변동효과가 반영되지 않으며, 재무상태표상 이연법인세자산과 부채는 미래에 경감되거나 부담할 법인세부담액을 표시하지 못한다.

(2) 일시적 차이와 기간적 차이

일시적 차이(temporary difference)는 자산 · 부채의 장부금액과 세무기준액의 차이를 말하며, 기간적 차이(timing difference)는 특정 회계사건이 회계이익의 결정에 포함된 시기와 과세소득의 산정에 포함된 시기가 상이함에 따라 발생하는 차이를 말한다. 즉, 일시적 차이는 자산부채법에서 관련 자산과 부채항목으로부터 도출되는 반면, 기간적 차이는 이연법에서 손익계산서 항목으로부터 도출되는 차이라는 점에서 구분된다.

사례 (주)삼일은 2×07년초 기계장치를 1,000원에 취득하였다. 동 기계장치의 내용연수는 4년이며, 감가상각방법은 회계상으로 연수합계법, 세무상으로 정액법으로 결정한 경우 2×07년말 일시적 차이와 기간적 차이를 각각 구하여라. 단, 동 기계장치의 잔존가치는 없다.

- 2×07년 회계상 감가상각비 = 1,000원 × 4 ÷ (4 + 3 + 2 + 1) = 400원
- 2×07년말 회계상 장부금액 = 1,000원 − 400원 = 600원

- 2×07년 세무상 감가상각비 = 1,000원 ÷ 4 = 250원
- 2×07년말 세무상 장부금액 = 1,000원 − 250원 = 750원

- 2×07년말 일시적 차이 = 회계상 장부금액과 세무상 장부금액의 차액 = 150원
- 2×07년말 기간적 차이 = 회계상 감가상각비와 세무상 감가상각비의 차액 = 150원

(3) 일시적 차이와 영구적 차이

영구적 차이(permanent difference)란 특정 회계기간의 회계이익과 과세소득의 차이가 나타나면 그 이후에 영구적으로 그 차이가 반전되지 않는 것을 의미하는 바, 이는 주로 조세정책적 목적에서 특정 비용을 손금으로 인정하지 않는다거나 비용이 아닌데도 과세표준에서 공제하도록 함에 따라 나타난다.

손익계산서 중심의 이연법에서는 한 기간의 회계이익과 과세소득의 차이를 후속기간에 미치는 효과에 따라 기간적 차이(timing differences)와 영구적 차이(permanent difference)로 구분한다. 그러나 일반기업회계기준 제22장에서는 기간적 차이와 대비되는 개념인 영구적 차이에 대해서 별도로 정의하지 않았다. 왜냐하면 영구적 차이와 일시적 차이를 함께 정의하게 되면 서로 중복되는 부분이 발생하고 일부 영구적 차이에 대하여 이연법인세를 인식하게 되는 모순이 생겨나기 때문이다.

4. 자산 · 부채의 세무기준액

(1) 자산의 세무기준액

1) 개 요

자산의 세무기준액은 해당 자산이 세무상 자산으로 인정되는 금액이다(일반기준 22장 문단 22.3). 즉, 자산의 세무기준액은 자산이 회수되어 과세대상 경제적효익이 유입되는 기간에 과세소득에서 차감될 금액으로 정의할 수 있다. 그러나 유입되는 경제적효익이 과세대상이 아니라면 자산의 세무기준액은 (세무상으로 인정하지 않는 평가금액을 반영하지 않은) 장부금

액을 의미한다(일반기준 22장 부록 실22.2). 이를 산식으로 나타내면 다음과 같다.

자산의 장부금액	−	회수에 따른 미래과세소득 가산액	+	사용에 따른 미래과세소득 차감액	=	자산의 세무기준액

2) 재고자산 등 일반적인 자산

재고자산, 유가증권, 유형자산 등 기업활동과 관련된 일반적인 자산의 세무기준액은 미래기간에 세무상 손금(비용)으로 인정될 금액이다.

사례 취득원가 100원의 기계에 대하여 당 회계연도말까지 누적하여 40원의 감가상각비를 인식하였는데, 세무상으로는 누적하여 30원을 손금으로 인정받았다면 기계의 장부금액과 세무기준액은 각각 얼마인가?

- 기계의 장부금액 = 100원(취득원가) − 40원(회계상 감가상각누계액) = 60원
- 기계의 세무기준액 = 60원(자산의 장부금액) − 60원[회수에 따른 미래과세소득(익금)] + 70원[사용에 따른 소득차감액(손금)] = 70원

따라서, 10원의 차감할 일시적 차이가 존재하게 된다.

3) 미수수익

미수수익의 경우 기업회계상으로는 당기에 발생한 수익을 아직 현금으로 회수하지 못한 것이므로 그만큼 자산으로 인식하는 것이나, 세무상으로는 현금주의를 적용하여 당기에 현금으로 회수한 금액만을 익금(수익)으로 인식하는 경우라면 당기의 세무상 자산은 존재하지 않는다. 따라서 이 경우 기업회계상 자산으로 인식하는 미수수익의 세무기준액은 영(0)이 되며, 가산할 일시적 차이가 존재하게 된다.

4) 대여금

대여금과 같은 자산은 향후 유입되는 경제적효익이 과세대상이 아니므로 기업회계상 장부금액이 그대로 세무상 자산으로 인정되므로 세무기준액은 장부금액과 일치한다. 다만, 대여금 등에 대하여 대손을 인식하는 경우에는 취득원가에서 세무상 대손비용으로 인정된 금액(세무상 대손충당금)을 차감한 금액이 세무기준액이 되며 그 금액이 장부금액과 다를 수 있다.

사례 당 회계연도말 대여금 20,000원에 대하여 1,000원(5%)의 대손충당금을 설정하였지만 세무상으로는 200원(1%)만 당기의 대손상각비로 인정되는 경우(즉, 대손상각비로 인식한

1,000원 중 800원이 손금불산입된 경우) 대여금의 장부금액과 세무기준액은 각각 얼마인가?
- 대여금의 장부금액 = 20,000원(대여가액) - 1,000원(회계상 대손충당금) = 19,000원
- 대여금의 세무기준액 = 19,000원(자산의 장부금액) - 0원[회수에 따른 미래과세소득(익금)] + 800원[사용에 따른 소득차감액(손금)] = 19,800원

5) 기 타

일반기업회계기준에서는 자산으로 인식하지 않지만 세무회계상으로는 인식하는 경우가 있다. 예를 들어, 일반기업회계기준에서는 발생시점에 비용으로 처리하는 항목에 대하여 세법상 이를 이연하여 상각하도록 한 경우에는 자산의 장부금액은 영(0)이지만 그 자산의 세무기준액은 영(0)이 아니며, 이러한 경우 일시적 차이가 발생하는 것이다(일반기준 22장 문단 22.5).

한편 자산의 세무기준액이 명백하지 않는 경우에는 법인세회계의 기본원칙에 따라 판단하여야 한다. 즉, 자산의 회수시점에 세무상으로 아무런 영향이 없는 경우와 비교하여 미래의 법인세 부담액을 증가(감소)시킨다면 일반기업회계기준 제22장에서 규정한 몇 가지 예외를 제외하고는 이연법인세부채(자산)을 인식하여야 한다(일반기준 22장 부록 실22.4).

(2) 부채의 세무기준액

1) 개 요

부채의 세무기준액은 해당 부채가 세무상 부채로 인정되는 금액이다(일반기준 22장 문단 22.4). 즉, 부채의 세무기준액은 장부금액과 미래기간에 당해 부채와 관련하여 과세소득에서 차감될 금액의 차액으로 정의할 수 있다(일반기준 22장 부록 실22.3).

부채의 장부금액	-	상환에 따른 미래과세소득 차감액	+	상환에 따른 미래과세소득 가산액	=	부채의 세무기준액

그러나 수익이 선수되어 발생하는 부채의 세무기준액은 장부금액과 미래기간에 과세되지 않을 수익금액의 차액을 의미한다.

> 부채의 장부금액 - 상환액 중 미래 비과세 금액 = 부채의 세무기준액

2) 차입금 등 일반적인 부채

차입금과 같은 일반적인 부채의 경우 세무상으로도 전액 부채에 해당하므로 세무기준액은 장부금액과 일치하며 일시적 차이가 존재하지 않는다. 즉, 회계상 및 세무상 인정된 차입금을 상환하는 경우 상환에 따른 미래과세소득 차감액 및 가산액이 없으며, 이 경우 부채의 장부금액과 부채의 세무기준액이 일치하게 되는 것이다.

3) 준비금

세법상 인정되어 설정되는 준비금은 기업회계상으로는 비용으로 인정되지 않지만 세무상으로는 당기의 비용으로 인정하여 손금에 산입하여 주는 것이다. 그런데 세무상 비용의 발생을 인정하였지만 그에 대응한 세무상 자산의 감소가 없었으므로 세무상 부채를 인식하게 된다. 따라서 준비금의 설정과 관련하여 기업회계상 부채는 존재하지 않으나 설정액만큼 세무상 부채는 존재하는데 그 금액이 세무기준액이 되어 가산할 일시적 차이가 존재하게 된다.

준비금을 환입하는 경우에 기업회계상으로는 수익이 아니지만 세무상으로는 부채가 대가없이 상환되는 것이고 따라서 세무상으로는 수익을 인식하여 익금에 산입하여 주는 것이다. 그러므로 준비금이 환입되면 세무상 부채가 소멸함으로써 세무기준액이 영(0)이 된다. 즉, 가산할 일시적 차이가 소멸한다.

4) 기 타

부채의 세무기준액이 명백하지 않는 경우에는 법인세회계의 기본원칙에 따라 판단하여야 한다. 즉, 부채의 상환시점에 세무상으로 아무런 영향이 없는 경우와 비교하여 미래의 법인세 부담액을 증가(감소)시킨다면 일반기업회계기준 제22장(법인세회계)에서 규정한 몇 가지 예외를 제외하고는 이연법인세부채(자산)을 인식하여야 한다(일반기준 22장 부록 실22.4).

5. 당기법인세부채와 당기법인세자산의 인식

법인세회계를 적정하게 하기 위해서는 법인세법 등의 법령에 의하여 각 회계연도에 부담할 법인세 및 법인세에 부가되는 세액의 합계액인 법인세부담액을 정확하게 산출하여야 한다. 그 후 기업이 납부하여야 할 법인세부담액 중 아직 납부하지 않은 금액은 부채(당기법인세부채)로 인식하여야 하며, 납부하여야 할 금액을 초과해서 납부한 금액은 자산(당기법인세자산)으로 인식하여야 한다. 당기법인세자산・부채는 다른 자산・부채의 인식 조건(경제적 효익의 유입 또는 유출 가능성이 매우 높다)과 마찬가지로 경제적 효익의 유입 '가능성이 매우 높다'라는 조건도 충족할 때 인식하는 것으로 보아야 한다(일반기준 22장 문단

22.7, 부록 결22.13).

과세당국이 기업의 법인세 처리를 세법에 따라 수용할지가 불확실한 경우 과세당국이 이를 수용할 가능성이 매우 높다면 그 법인세 처리와 일관되게 과세소득(세무상결손금), 세무기준액, 미사용 세무상결손금, 미사용 세액공제, 세율을 산정한다. 예를 들면, 기업이 국세청의 세무조사 결과로 추징세액을 납부한 후 국세청과의 소송에서 추징세액을 환급받을 가능성이 매우 높은 경우에는 법인세로 추가 납부한 금액은 추징세액 납부 시점에 자산으로 인식한다. 그러나 과세당국이 불확실한 법인세 처리를 수용할 가능성이 매우 높지는 않은 경우에는 해당 금액 등을 산정할 때에 가능성이 가장 높은 금액과 기댓값(가능한 결과치의 범위에 있는 모든 금액에 각 확률을 곱한 금액의 합) 가운데 불확실성의 해소를 더 잘 예측할 것으로 예상하는 방법을 사용하여 불확실성의 영향을 반영한다. 이 경우에 가능한 결과치가 두 가지이거나 하나의 값에 집중되어 있다면 가능한 결과치의 범위에서 가능성이 가장 높은 금액으로 산정하고 가능한 결과치의 범위가 두 가지 값도 아니고 하나의 값에 집중되어 있지도 않다면 기댓값으로 산정한다(일반기준 22장 부록 실22.26).

한편 법인세법 제72조(중소기업의 결손금 소급공제에 따른 환급)에 의거하여 세무상 결손금이 과거에 납부한 법인세액에 소급 적용되어 환급될 수 있다면 결손금이 발생한 기간에 자산(당기법인세자산)으로 인식하여야 한다(일반기준 22장 문단 22.8).

법인세관련 자산항목(당기법인세자산)을 인식할 경우에는 법인세비용 계정의 차감으로 처리한다. 즉, 별도의 법인세수익 또는 음(−)의 법인세비용 등의 항목을 신설하여 표시하는 실익이 없으므로 법인세비용의 차감표시 또는 경우에 따라서 법인세비용에 부의 금액이 표시되는 것을 허용하는 것이다(일반기준 22장 부록 실22.5).

6. 이연법인세자산 · 부채의 인식

(1) 일시적 차이 발생원인

자산 · 부채의 세무기준액(tax base)이 결정되었다면, 자산 · 부채의 장부금액과 세무기준액의 차이인 일시적 차이를 결정할 수 있으며, 동 일시적 차이에 대해서는 원칙적으로 이연법인세를 인식하여야 한다(일반기준 22장 문단 22.9).

많은 경우 일시적 차이는 기업회계상의 수익과 비용의 인식시점과 세무상의 익금과 손금의 인식시점이 다른 경우에 존재한다. 그러나 일시적 차이는 다음과 같은 경우에도 존재한다(일반기준 22장 부록 실22.1).

㉠ 사업결합시 이전대가를 취득한 식별 가능한 자산 · 부채의 공정가치에 따라 배분하여 동 자산 · 부채의 장부금액은 변동하였으나 세무기준액은 변동하지 않는 경우

㉡ 자산을 공정가치 등으로 평가하여 그 장부금액은 변동하였으나 세무기준액은 변동하지 않는 경우
㉢ 영업권이 발생하는 경우
㉣ 자산 · 부채를 최초로 인식하는 시점에 장부금액과 세무기준액이 다른 경우
㉤ 종속기업, 지분법 피투자기업 및 조인트벤처의 지분에 대한 투자자산의 장부금액이 세무기준액과 다른 경우

(2) 가산할 일시적 차이에 의한 이연법인세부채의 인식

1) 개 요

회계상 자산을 인식할 때에는 그 장부금액이 미래에 경제적효익의 형태로 기업에 유입된다고 판단하는 것이다. 만일 자산의 장부금액이 세무기준액보다 크다면 미래에 과세될 경제적효익이 세무상 손금으로 차감될 금액을 초과하게 된다. 이때의 차이가 가산할 일시적 차이이며 그로 인하여 미래에 법인세를 납부하게 될 의무가 이연법인세부채이다. 기업이 당해 자산을 경제적효익의 형태로 회수하면 가산할 일시적 차이가 소멸되고 과세소득이 발생하며, 결과적으로 법인세 납부의 형태로 기업으로부터 경제적효익이 유출된다. 따라서 후술하는 '2) 가산할 일시적 차이에 의한 이연법인세부채 인식의 예외사항'을 제외하고는 모든 가산할 일시적 차이에 대하여 이연법인세부채를 인식하여야 한다(일반기준 22장 부록 결22.2).

예를 들어, 취득원가가 150원이고 장부금액이 100원인 자산이 있다고 할 때 이 자산의 세무상 감가상각누계액이 90원이라면, 이 자산의 세무기준액은 60원(취득원가 150원에서 세무상 감가상각누계액 90원을 차감한 금액)이다. 해당 자산의 장부금액 100원을 회수하면 기업은 100원의 과세소득을 획득하지만 세무상 감가상각비는 60원만큼만 공제할 수 있을 뿐이다. 결과적으로, 만일 세율이 25%라면 기업은 자산의 장부금액을 회수할 때 10원(40원의 25%)의 법인세를 납부할 것이다. 이때 장부금액 100원과 세무기준액 60원의 차이 40원이 가산할 일시적 차이이다. 그러므로 기업은 자산의 장부금액을 회수할 때 납부할 법인세액인 10원(40원의 25%)을 이연법인세부채로 인식하여야 한다(일반기준 22장 부록 실22.7).

이연법인세부채는 세법의 규정에 따라 미래기간에 과세될 법적인 의무로서, 가산할 일시적 차이를 가져온 과거사건과 동일한 사건에 의하여 발생한 의무이다. 즉, 이연법인세부채는 '과거의 거래나 사건의 결과로 현재 기업실체가 부담하고 있고 미래에 자원의 유출 또는 사용이 예상되는 의무'라는 재무회계개념체계 문단 97의 부채의 정의에 부합한다(일반기준 22장 부록 결22.1).

2) 가산할 일시적 차이에 의한 이연법인세부채 인식의 예외사항

가산할 일시적 차이가 발생한 경우에는 원칙적으로 이연법인세부채를 인식하여야 한다. 하지만 다음의 경우에 한해서는 가산할 일시적 차이가 발생하여도 이연법인세부채를 인식하지 않는다(일반기준 22장 문단 22.10).

① 영업권

영업권의 상각이 과세소득을 계산할 때 손금으로 인정되지 않는 경우에는 이연법인세부채를 인식하지 아니한다.

왜냐하면 사업결합에 따라 발생하는 영업권은 이전대가에서 취득한 식별 가능한 순자산의 공정가치를 차감한 잔여금액으로 결정된다. 그런데 영업권의 상각액이 세무상 손금으로 인정받을 수 없다면 영업권의 장부금액과 세무기준액(0)의 차이가 가산할 일시적 차이에 해당한다. 그러나 영업권은 잔여금액이기 때문에 만일 영업권과 관련하여 이연법인세부채를 인식하게 되면 순자산이 감소하게 되고 이는 영업권의 증가로 이어져 결국 이연법인세부채를 추가로 인식해야 하며 이런 과정을 순환적으로 반복하게 된다(gross-up문제가 발생함). 따라서 영업권과 관련된 일시적 차이에 대해서는 이연법인세부채를 인식하지 않는다(일반기준 22장 문단 22.13).

② 자산 · 부채의 최초 인식

자산이 최초로 인식되는 거래가 ㉠ 사업결합거래가 아니고, ㉡ 회계이익이나 과세소득에 영향을 주지 않는 거래인 경우 이 때 발생한 가산할 일시적 차이에 대해 이연법인세부채를 인식하게 되면 자산이 과대표시되거나, 최초 인식거래에서 손실(비용)을 인식하게 되는 것이므로 자산 · 부채의 최초 인식시점이나 그 이후 기간에는 이연법인세부채를 인식하지 않는다.

만약 자산이 최초로 인식되는 거래가 사업결합거래가 아니고 회계이익이나 과세소득에 영향을 주지 않는 거래에서 발생한 가산할 일시적 차이에 대해 이연법인세부채를 인식하게 된다면 어떻게 자산이 과대표시되거나, 최초 인식거래에서 손실(비용)을 인식하게 되는지 다음의 사례를 통하여 살펴보기로 한다(일반기준 22장 부록 사례2).

예를 들어, 회계연도 개시일에 취득원가 1,000원인 자산을 취득하였다고 가정할 경우 취득시점의 회계처리는 다음과 같다.

(차) 자 산	1,000	(대) 현금 및 현금성자산	1,000

한편 상기 자산의 취득가액이 세무상 부인되어 당해 자산의 감가상각비가 세무상 손금처리되지 않으며 자산의 처분시점에 발생할 이익이나 손실도 세무상 상쇄되어 과세소득의 계산에 반영되지 않는 자산이라고 가정한다면(이연법의 관점에서 영구적 차이가 발생하게 되는 경우) 자산의 최초 인식시점에 가산할 일시적 차이가 발생하게 되며, 동 일시적 차이

를 반영하여 취득시점의 회계처리를 하면 다음과 같다(법인세율은 25%라고 가정).

(차) 자　　　　산	1,000	(대) 현금 및 현금성자산	1,000
자산 또는 법인세비용	250*1	이 연 법 인 세 부 채	250*1

그러나 이 경우에는 이연법인세부채 250원(*1)을 취득시점에 인식하지 아니한다. 왜냐하면 취득과 관련하여 이연법인세부채를 인식하면서 이연법인세비용을 당기의 법인세비용에 반영한다면 자산의 취득행위가 손실(비용)을 발생시키는 문제가 있으며, 자산의 취득원가에 반영한다면 자산을 과대인식하는 결과를 가져오기 때문이다.

또한 동 자산의 내용연수가 5년, 잔존가치는 영(0) 및 감가상각방법을 정액법으로 택한 경우 다음연도에 자산의 장부금액은 800원이 되며 앞으로 남은 기간에 200원의 법인세를 부담하게 된다. 그러나 이 경우에도 이연법인세부채 200원을 인식하지 아니한다. 왜냐하면 자산의 최초 인식으로부터 유래하였기 때문이다.

③ 종속기업 등에 대한 투자자산

종속기업, 지분법적용피투자기업 및 조인트벤처의 지분(이하 '종속기업 등'이라 함)에 대한 투자자산(영업권을 포함한 종속기업 등의 순자산에 대한 지배기업 또는 투자회사의 지분)의 장부금액이 세무기준액과 다를 경우 일시적 차이가 발생한다(일반기준 22장 문단 22.30).

하지만 다음의 두 가지 조건을 모두 만족하는 경우에는 종속기업 등에 대한 투자자산과 관련된 모든 가산할 일시적 차이에 대하여 이연법인세부채를 인식하지 아니한다(일반기준 22장 문단 22.31).

㉠ 지배기업, 투자회사 또는 조인트벤처의 지분투자자가 일시적 차이의 소멸시점을 통제할 수 있으며,

㉡ 예측 가능한 미래에는 일시적 차이가 소멸하지 않을 가능성이 매우 높은 경우

이 경우 '소멸'이란 배당이나 자산의 처분에 따른 소멸을 의미하며, 피투자기업의 향후 순손익에 따른 소멸은 의미하지 않는다. 즉, 지분법이익을 인식한 피투자기업이 미래 순손실을 나타낼 것으로 예상된다 하더라도 예측 가능한 미래에 배당이나 처분계획이 없다면 가산할 일시적 차이에 대한 이연법인세부채를 인식하지 않는 것이다(일반기준 22장 부록 실22.11).

가. 종속기업

지배기업은 종속기업의 배당정책을 통제함으로써 투자자산과 관련된 일시적 차이의 소멸시점을 통제할 수 있다. 또한 일시적 차이가 소멸되는 시점에 납부하게 될 세액을 결정한다는 것이 실무적으로 매우 어렵다. 따라서 지배기업이 종속기업의 이익을 예측 가능한 미래에 배당하지 않는다는 결정을 내린 경우에는 이연법인세부채를 인식하지 아니한다(일반기준 22장 문단 22.32).

나. 지분법적용피투자기업

지분법적용피투자기업에 투자한 경우에는 그 피투자기업을 지배할 수 없으며 그 회사의 배당정책을 결정할 수 있는 위치에 있지 않은 경우가 많으므로 지분법적용피투자기업의 이익을 예측 가능한 미래에 배당하지 않는다는 약정이 없는 경우에는 지분법적용피투자기업에 대한 투자자산과 관련된 가산할 일시적 차이에 대하여 이연법인세부채를 인식하여야 한다. 하지만 지배기업 등이 지분법 적용대상피투자기업의 투자계정에서 발생하는 가산할 일시적 차이의 소멸시기를 통제할 수 있고, 배당재원이 있는 피투자기업이 과거 5년간 배당을 하지 않았거나 투자기업과의 계약에 의하여 배당을 하지 않는다는 합의를 함으로써 예측 가능한 미래기간 내에 일시적 차이가 소멸하지 않을 가능성이 매우 높다면 해당 가산할 일시적 차이에서 발생하는 법인세효과인 이연법인세부채를 인식하지 않는다(일반기준 22장 문단 22.34, 부록 실22.12).

사례 (주)삼일은 제1기초에 (주)용산의 지분 40%를 10,000원에 취득함으로써 유의적인 영향력을 행사할 수 있게 되었다. 취득으로 인한 투자차액은 발생하지 않았으며, 법인세율은 30%라고 가정한다. (주)삼일은 동 주식을 향후 상당기간 동안 처분할 계획이 없으며, (주)용산이 배당할 수 없도록 통제할 수 있다.

(주)삼일의 제1기에서 제3기까지 손익현황은 다음과 같으며, 일시적 차이는 지분법적용투자주식에서만 발생된다고 가정할 경우 각 회계연도말 법인세부담액과 일시적 차이를 구하여라.

구 분	제1기	제2기	제3기
지분법이익(손실)	5,000	(8,000)	2,000
그외 영업이익	10,000	10,000	10,000
법인세비용차감전 당기순이익	15,000	2,000	12,000

구 분		제1기	제2기	제3기
결산서상 당기순이익		15,000	2,000	12,000
소득조정금액	익금산입		8,000	
	손금산입	5,000		2,000
차가감소득금액(=과세표준)		10,000	10,000	10,000
법인세부담액		3,000	3,000	3,000
지분법적용투자주식 세무기준액		10,000	10,000	10,000
지분법적용투자주식 장부금액		15,000	7,000	9,000
가산할(차감할) 일시적 차이		(5,000)	3,000	1,000

상기의 사례에 의할 때 (주)삼일이 제1기에 일시적 차이의 소멸시점을 통제할 수 있으며, 예측 가능한 미래에는 일시적 차이가 소멸하지 않을 가능성이 매우 높은 (주)용산에 대한

지분법적용투자주식에서 발생한 일시적 차이에 대해 이연법인세부채를 인식하는 경우에는 향후 법인세부담액의 변동이 없음에도 불구하고 부채를 인식하는 것이므로 이와 같은 경우에는 이연법인세부채를 인식하여서는 아니된다.

다. 조인트벤처

조인트벤처의 지분투자자들은 통상 이익분배 사항을 논의하고 전원의 동의가 필요한 사안과 일정한 지분율 이상의 동의를 필요로 하는 사안 등을 결정한다. 조인트벤처의 지분투자자가 이익분배방법을 통제할 수 있으며 앞으로 예측 가능한 미래에 이익을 분배하지 않을 것이 예상되는 경우에는 동 투자자산의 장부금액과 세무기준액이 다르다고 하더라도 이연법인세부채를 인식하지 않는다(일반기준 22장 문단 22.35).

④ 자산재평가법에 따른 재평가시의 재평가차액

사업용 유형자산인 토지를 '자산재평가법'에 따라 재평가하고 세무상으로 압축기장충당금을 설정하여 재평가차액에 대한 법인세부담을 양도시점까지 이연시킨 경우에, 당해 일시적 차이에 대하여는 이연법인세부채를 인식하여야 하나 당해 토지를 예측 가능한 미래에 처분하지 않을 것이 거의 확실한 경우에는 이연법인세부채를 인식하지 아니할 수 있다.

이 경우 이연법인세부채를 인식하지 아니한 사업용 유형자산인 토지와 관련된 일시적 차이 총액에 대하여는 이를 주석으로 공시하여야 한다(일반기준 22장 문단 22.61 (7)).

한편, 재평가 당시 가까운 미래에 처분가능성이 희박하여 압축기장충당금에 대한 이연법인세부채를 인식하지 않은 토지를 처분한 경우에는 처분하기로 결정한 때에 일시적 차이의 법인세효과액을 재평가적립금에서 직접 차감하여 이연법인세부채를 계상하여야 하며(GKQA 02-190, 2002. 11. 19. 및 GKQA 02-193, 2002. 11. 21.), 만약 토지의 재평가로 인하여 설정한 재평가적립금을 결손보전에 전액 충당한 상황에서 토지의 처분가능성이 높아짐에 따라 이연법인세부채를 계상하여야 하는 경우에는 자본조정으로 회계처리하고 결손금처리순서에 준하여 처리하여야 한다(GKQA 04-009, 2004. 1. 19.).

3) 가산할 일시적 차이에 의한 이연법인세부채 인식의 사례

① 사업결합

사업결합에서 이전대가는 취득한 식별 가능한 자산 · 부채에 그 공정가치로 배분된다. 만일 이 사업결합의 결과 인식되는 장부금액이 해당 자산 · 부채의 세무기준액과 다른 경우에는 일시적 차이가 존재한다. 예를 들어, 합병 후 재무상태표에 자산이 피취득자의 장부금액보다 높은 공정가치로 인식되고 세무기준액은 피취득자의 장부금액으로 유지된다면, 가산할 일시적 차이가 존재하게 된다. 따라서 취득자는 동 차이에 대하여 이연법인세부채를 인식하여야 하고 이 이연법인세부채는 영업권의 크기에 영향을 미친다(일반기준 22장 문단 22.11).

사례 1 (주)삼일은 이전대가 2,300원으로 (주)용산과 사업결합을 하였다. (주)용산의 순자산 공정가치는 2,000원이며 순자산 세무기준액은 1,500원인 경우 사업결합 회계처리를 하라(단, 법인세율은 30%라 가정함).

(차)	순 자 산	2,000	(대) 이 전 대 가	2,300
	영 업 권	300		
(차)	영 업 권	150	(대) 이연법인세부채	150*1

*1 : 이연법인세부채 = 가산할 일시적 차이 × 30% = (2,000원 − 1,500원) × 30% = 150원

사례 2 (주)삼일은 20×7년 1월 1일 (주)용산을 합병하였으며, 20×7년 1월 1일 현재 (주)용산의 재무상태표는 다음과 같다. (주)삼일과 (주)용산의 합병비율은 1 : 2이고, (주)삼일의 시가는 액면가액의 6배이며, (주)삼일은 합병시 (주)용산의 자산 중 토지 3,000을 공정가치인 5,000으로 계상하였다. (주)삼일의 합병분개를 하라(단, 법인세율은 30%라 가정함).

자 산	10,000	부 채	7,000
		자 본 금	2,000
		이 익 잉 여 금	1,000
	10,000		10,000

(차)	자 산	12,000	(대) 부 채	7,000
	영 업 권	1,000	자 본 금	1,000
			주식발행초과금	5,000
(차)	영 업 권	600	(대) 이연법인세부채	600*1

*1 : 법인세법상 적격합병 시 토지평가증액 2,000원에 대하여 자산조정계정을 계상함에 따라 다음과 같이 익금산입 및 손금산입하는 경우, 동 자산조정계정 2,000원에 대하여 이연법인세부채를 인식함. (2,000 × 30% = 600)

(익금산입) 주식발행초과금 2,000 (기타)

(손금산입) 자산조정계정 2,000 (△유보)

② 공정가치로 평가된 자산

일반기업회계기준 제6장 '금융자산 · 금융부채' 등에 따라 일부 자산은 공정가치로 평가하여야 한다. 그러나 이러한 자산의 세무기준액은 변동되지 않을 수 있다. 이 경우 향후에 기업이 당해 자산을 경제적효익의 형태로 회수하면 이 때 유입되는 경제적효익의 금액과 이에 대응하여 세무상 손금으로 차감하는 가액이 다르므로 일시적 차이가 존재한다. 만일 공정가치로 평가된 자산의 장부금액이 세무기준액보다 크다면 그 차이가 가산할 일시적 차이이며, 이에 대하여 이연법인세부채를 인식하여야 한다(일반기준 22장 문단 22.12).

이러한 예로서 매도가능증권의 경우 기업회계상 공정가치로 평가하지만 세무상으로는 원가법만을 인정하므로 일시적 차이가 발생하게 된다.

사례 해당 시점의 회계처리를 하라.

- 매도가능증권(주식)을 1,000원에 취득함.

(차)	매도가능증권	1,000	(대) 현금 및 현금성자산	1,000

- 회계연도말 평가차익 100원 발생함(단, 세율은 30%로 가정).

(차)	매도가능증권	100	(대) 매도가능증권평가이익	100
	법인세비용	30	이연법인세부채	30
	매도가능증권평가이익*1	30	법인세비용	30

*1 : 자본계정에 직접 가감되는 항목과 관련된 이연법인세는 자본계정에 직접 가감하여 자본계정을 세효과 반영 후 순액으로 표시하여야 하는 바, 이에 대해 보다 자세한 설명은 '8. 법인세비용의 회계처리 중 (2) 자본계정에 직접 가감되는 항목'을 참조하기로 한다.

- 다음연도에 매도가능증권을 1,100원에 처분함.

(차)	현금 및 현금성자산	1,100	(대) 매도가능증권	1,100
	매도가능증권평가이익	70	매도가능증권처분이익	100*2
	이연법인세부채	30		

- 매도가능증권의 처분이익에 따른 법인세 납부

(차)	법인세비용	30*2	(대) 당기법인세부채	30

*2 : 결국 매도가능증권의 처분연도에 100원의 처분이익과 30원의 법인세비용을 인식하게 됨.

③ 전환사채 등

일반기업회계기준 제15장(자본)에서 전환사채 등의 발행자는 발행금액을 부채부분과 자본부분으로 분리하여 인식할 것을 요구하고 있다. 그런데 세무상으로는 기업회계상 부채부분과 자본부분의 합계액인 발행금액이 부채로 인식되기 때문에 최초 인식시점에 부채의 장부금액과 세무기준액이 차이가 발생하는데, 이로 인한 일시적 차이는 부채요소로부터 자본요소를 분리하여 인식함에 따라 발생하게 된 것이므로 이연법인세부채 인식의 예외사항에 해당하지 않는다. 따라서 동 일시적 차이에 대하여는 이연법인세부채를 인식하여야 하며 법인세효과는 자본요소의 장부금액에 직접 반영된다. 그리고 기간의 경과에 따른 이연법인세부채의 사후 변동액은 손익계산서의 법인세비용에 반영된다(일반기준 22장 문단 22.15).

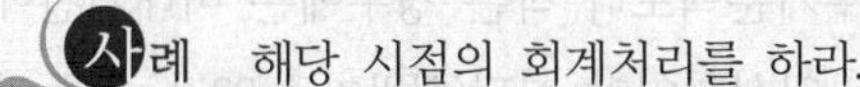
사례 해당 시점의 회계처리를 하라.

- 액면가액 10,000원인 전환사채를 10,000원에 발행하였다. 동 전환사채와 동일한 조건의 일반사채의 가치는 9,000원이며, 전환사채의 만기시점의 상환할증금은 없으며, 법인세율은

30%로 가정한다.

(차) 현금 및 현금성자산	10,000	(대) 전 환 사 채	10,000
사채할인발행차금	1,000	전 환 권 대 가	1,000
(차) 전 환 권 대 가*1	300	(대) 이연법인세부채	300*2

*1 : 자본계정에 직접 가감되는 항목과 관련된 이연법인세는 자본계정에 직접 가감하여 자본계정을 세효과 반영 후 순액으로 표시하여야 하는 바, 이에 대해 보다 자세한 설명은 '8. 법인세비용의 회계처리 중 (2) 자본계정에 직접 가감되는 항목'을 참조하기로 한다.

*2 : (전환사채의 세무기준액－전환사채의 장부금액) × 30% = (10,000－9,000) × 30% = 300

－1차연도말 현금 500원과 사채할인발행차금상각액 200원을 합한 700원을 이자비용으로 인식하였다.

(차) 이 자 비 용	700	(대) 현금 및 현금성자산	500
		사채할인발행차금	200
(차) 이연법인세부채	60*3	(대) 법 인 세 비 용	60

*3 : 이자지급에 따른 분개의 결과 전환사채의 장부금액은 9,200원이 되며 세무기준액인 10,000원과의 차이가 800원이 된다. 즉, 일시적 차이가 1,000원에서 800원으로 200원 감소하였다. 이에 따른 이연법인세부채의 감소분 60원(=200원×30%)은 법인세비용에 반영된다. 따라서 1차연도의 과세소득은 회계이익보다 200만큼 많게 되어 법인세부담액이 60원 증액되는데, 이연법인세부채의 감소분이 이를 상계하여 줌으로써 1차연도의 세전 회계이익과 법인세비용이 적절하게 대응되는 것이다.

－2차연도초 전환사채 전부가 주식(액면금액 5,000원)으로 전환되었다.

(차) 전 환 사 채	10,000	(대) 자 본 금	5,000
이연법인세부채	240*4	사채할인발행차금	800*5
		주식발행초과금	4,440
(차) 전 환 권 대 가	700	(대) 주식발행초과금	700

*4 : 300－60 = 240

*5 : 1000－200 = 800

(3) 차감할 일시적 차이에 의한 이연법인세자산의 인식

1) 개 요

회계상 부채를 인식할 때에는 미래에 경제적자원의 유출에 의해 장부금액이 상환된다고 판단하는 것이다. 이 때 유출되는 자원의 일부 또는 전체금액이 부채가 인식되는 기간 이후의 기간에 과세소득 계산에서 차감공제 될 수도 있는데, 이러한 경우에 부채의 장부금액과 세무기준액 간에 일시적 차이가 존재하게 되며 동 일시적 차이에 대하여 이연법인세자산을 인식하여야 한다. 또한 자산의 장부금액이 세무기준액보다 작은 경우에는 미래기간에 절감될 법인세부담액과 관련하여 이연법인세자산을 인식하여야 한다(일반기준 22장 부록 결22.4). 즉, 이연법인세자산은 현재 존재하는 차감할 일시적 차이 등으로 인하여 미래에 지급해야 할 법인세부담액이 감소할 경우 당해 차감할 일시적 차이 등으로 인한 법인세효과를 말한다.

차감할 일시적 차이와 세무상 결손금 등은 미래의 과세소득과 법인세부담액을 감소시킴으로써 간접적으로 미래의 현금흐름 창출이라는 효익을 가져온다. 또한 기업은 이러한 미래 효익에 대해 배타적인 권리를 가짐으로써 타인의 접근을 통제할 수 있으므로, 이연법인세자산의 자산성이 인정될 수 있다(일반기준 22장 부록 결22.5).

2) 차감할 일시적 차이에 의한 이연법인세자산 인식의 예외사항

차감할 일시적 차이에 대하여 인식하는 이연법인세자산은 향후 과세소득의 발생 가능성이 매우 높아 미래의 법인세 절감효과가 실현될 수 있을 것으로 기대되는 경우에 인식한다. 다만, 다음의 경우에 한해서는 차감할 일시적 차이가 발생하여도 이연법인세자산을 인식하지 않는다(일반기준 22장 문단 22.16).

① 자산 · 부채의 최초인식

자산 · 부채가 최초로 인식되는 거래가 ㉠ 사업결합거래가 아니고, ㉡ 회계이익이나 과세소득에 영향을 주지 않는 거래인 경우 이 때 발생한 차감할 일시적 차이에 대해 이연법인세자산을 인식하게 되면 부채가 과대표시되거나, 최초 인식거래에서 이익을 인식하게 되는 것이므로 자산 · 부채의 최초 인식시점이나 그 이후 기간에는 이연법인세자산을 인식하지 않는다. 이에 대한 자세한 설명은 '(2) 가산할 일시적 차이에 의한 이연법인세부채의 인식 중 2) 가산할 일시적 차이에 의한 이연법인세부채 인식의 예외사항 ② 자산 · 부채의 최초 인식'을 참조하기로 한다.

② 종속기업 등에 대한 투자자산

종속기업, 지분법적용피투자기업, 조인트벤처의 지분(이하 '종속기업 등'이라 함) 등에 대한 투자자산과 관련된 모든 차감할 일시적 차이에 대하여는 차감할 일시적 차이가 예측 가능한 미래에 소멸할 가능성이 매우 높은 경우에만 이연법인세자산의 실현가능성에 따라 이연법인세자산을 인식한다(일반기준 22장 문단 22.36). 따라서 차감할 일시적 차이가 예측가능한 미래에 소멸할 가능성이 매우 높은 경우가 아니라면 이연법인세자산을 인식할 수 없다.

이 경우 '소멸'이란 자산의 처분에 따른 소멸을 의미하며, 피투자기업의 향후 순손익에 따른 소멸은 의미하지 않는다. 즉, 지분법손실을 인식한 피투자기업이 미래 순이익을 나타낼 것으로 예상된다 하더라도 예측가능한 미래에 처분계획이 없다면 차감할 일시적 차이에 대한 이연법인세자산를 인식하지 않는 것이다(일반기준 22장 부록 실22.11).

3) 차감할 일시적 차이에 의한 이연법인세자산 인식의 사례

① 사업결합

사업결합에서 이전대가는 취득한 식별가능한 자산 · 부채에 그 공정가치로 배분된다. 만일 취득일에 인식한 부채와 관련된 이전대가가 차기연도 이후에 세무상 손금으로 인정된다면 차감할 일시적 차이가 존재하며, 사업결합으로 취득한 자산의 공정가치가 세무기준액보다 작은 경우에도 차감할 일시적 차이가 존재한다. 이에 대하여 인식하는 이연법인세자산은 영업권의 크기에 영향을 미친다(일반기준 22장 문단 22.17).

사례 (주)삼일은 이전대가 1,700원으로 (주)용산과 사업결합을 하였다. (주)용산의 순자산 공정가치는 1,500원이며, 순자산 세무기준액은 1,700원인 경우 사업결합 회계처리는(단, 법인세율은 30%라 가정함)?

(차) 순 자 산	1,500	(대) 이 전 대 가	1,700
영 업 권	200		
(차) 이연법인세자산	60*1	(대) 영 업 권	60

*1 : 이연법인세자산 = 차감할 일시적 차이 × 30% = (1,700원 − 1,500원) × 30% = 60원

② 공정가치로 평가된 자산

자산의 장부금액을 공정가치로 평가하였지만 세무상으로는 변동되지 않는 경우에 일시적 차이가 존재하게 되는데, 만일 공정가치 평가 후 장부금액이 세무기준액보다 작아진 경우에는 차감할 일시적 차이가 존재한다(일반기준 22장 문단 22.18). 이에 대한 자세한 설명은 '(2) 가산할 일시적 차이에 의한 이연법인세부채의 인식 중 3) 가산할 일시적 차이에 의한 이연법인세부채 인식사례 ② 공정가치로 평가된 자산'을 참조하기로 한다.

(4) 세무상 결손금과 세액공제에 의한 이연법인세자산의 인식

이월공제가 가능한 세무상 결손금과 세액공제에 따라 인식하는 이연법인세자산은 결손금공제 등이 활용될 수 있는 미래의 과세소득이 예상되는 범위 안에서 인식하여야 한다(일반기준 22장 문단 22.25).

또한 법인세법상 최저한세가 적용되어 세액공제 또는 세액감면 등이 적용배제되었으나 이월공제가 인정되는 경우에도 이월공제가 활용될 수 있는 미래기간에 발생할 가능성이 매우 높은 과세소득의 범위 안에서 이연법인세자산을 인식하여야 한다(일반기준 22장 문단 22.28).

(5) 이연법인세자산의 실현가능성 검토

1) 개 요

이연법인세자산의 법인세혜택은 특정 미래기간에 충분한 과세소득이 있을 경우에만 실현될 수 있다. 따라서 차감할 일시적 차이와 세무상 결손금 등의 법인세 효과는 미래의 과세소득이 충분하여 그 혜택이 실현될 것으로 예상될 때 자산의 정의를 충족한다. 이 경우 과세소득의 발생가능성을 어느 수준으로 요구하느냐에 따라 당기말 차감할 일시적 차이와 세무상 결손금 등에 따른 법인세효과의 인식 여부가 결정되므로 미래 과세소득 금액 발생가능성의 수준설정이 중요한 요소가 된다. 일반기업회계기준 제22장에서는 이연법인세자산으로부터 기대되는 미래 법인세절감의 실현가능성을 평가하여 그 가능성이 매우 높은 경우에만 자산으로 인식하도록 하였다(일반기준 22장 부록 결22.6).

2) 차감할 일시적 차이에 대한 이연법인세자산의 실현가능성 검토

차감할 일시적 차이는 미래기간의 과세소득을 감소시킨다. 그러나 차감할 일시적 차이를 활용할 수 있을 만큼 미래기간의 과세소득이 충분할 경우에만 차감할 일시적 차이의 법인세효과는 실현될 수 있다. 따라서 차감할 일시적 차이가 활용될 수 있는 가능성이 매우 높은 경우에만 이연법인세자산을 인식하여야 한다(일반기준 22장 문단 22.19).

다음의 회계기간에 소멸될 것으로 예상되는 가산할 일시적 차이가 충분한 경우에는 차감할 일시적 차이가 활용될 가능성이 매우 높으므로, 이러한 경우에는 차감할 일시적 차이에 대하여 이연법인세자산을 인식한다(일반기준 22장 문단 22.20).

㉠ 차감할 일시적 차이가 소멸될 것으로 예상되는 기간

㉡ 세무상 결손금 등의 이월공제가 적용되는 기간

한편, 상기의 회계기간에 소멸될 것으로 예상되는 가산할 일시적 차이가 충분하지 않는 경우라 하더라도 다음의 경우에는 차감할 일시적 차이에 대하여 이연법인세자산을 인식한다(일반기준 22장 문단 22.21).

㉠ 차감할 일시적 차이가 소멸될 기간(또는 세무상 결손금 등의 이월공제가 적용되는 기간)에 과세소득이 충분할 것으로 예상되는 경우

㉡ 미래 적절한 기간에 과세소득이 나타날 수 있도록 세무정책이 가능한 경우

이 경우 세무정책이란 이월공제가 가능한 세무상 결손금이나 세액공제의 공제가능기간이 소멸되기 이전에 과세소득이 발생하도록 하기 위하여 기업이 택할 수 있는 행동이다. 예를 들어, 국채나 공채 등 비과세소득을 발생시키는 자산을 매각하고 과세소득을 발생시키는 다른 투자자산을 취득함으로써 미래기간에 과세소득이 발생하도록 할 수 있다(일반기준 22장 문단 22.22).

한편, 이러한 세무정책을 수행하는데 있어 유의적인 비용이나 손실이 예상되는 경우에는 이를 이연법인세자산의 인식시점에 인식하는 것이 수익과 비용의 대응관점에서 타당할 것이나, 정책의 수행시기가 확정적이지 않을 수 있고 유의적인 비용의 측정상의 문제가 있기 때문에 일반기업회계기준 제22장에서는 비용 등이 실제로 발생하는 기간에 인식하도록 하였다(일반기준 22장 부록 결22.8).

3) 세무상 결손금과 세액공제에 대한 이연법인세자산의 실현가능성 검토

세무상 결손금과 세액공제에 대한 이연법인세자산의 인식기준은 차감할 일시적 차이로 인한 이연법인세자산의 인식기준과 원칙적으로 동일하다. 그러나 미사용 세무상 결손금이 존재한다는 것은 미래에 과세소득이 발생하지 않을 수 있는 가능성이 높다는 것을 의미한다. 따라서 기업이 최근에 회계손실을 기록한 경우에는 충분한 가산할 일시적 차이가 있는 경우나 미래에 과세소득이 발생할 것이라는 확실한 증거가 있는 경우에만 그 범위 안에서 이연법인세자산을 인식하여야 한다. 그리고 이연법인세자산을 인식한 경우에는 인식한 이연법인세자산의 금액과 그 인식근거를 주석으로 기재하여야 하며, 이연법인세자산으로 인식하지 아니한 부분이 있다면 금액 및 만기일에 대해서는 주석으로 기재하여야 한다(일반기준 22장 문단 22.26).

세무상 결손금과 세액공제가 활용될 수 있는 미래과세소득의 발생가능성을 평가함에 있어서 다음을 고려하여야 한다(일반기준 22장 문단 22.27).

㉠ 세무상 결손금과 세액공제의 이월공제가능기간이 소멸되기 전까지 이를 활용할 수 있는 충분한 가산할 일시적 차이가 있는지의 여부

㉡ 세무상 결손금과 세액공제의 이월공제가능기간이 소멸되기 전까지 활용가능한 과세소득이 발생할 수 있을 것인지의 여부

㉢ 세무상 결손금이 비반복적이고 확인가능한 원인으로 발생하였는지의 여부

㉣ 세무상 결손금과 세액공제의 이월공제가능기간 내에 과세소득을 창출할 수 있는 세무정책이 활용가능한지의 여부

4) 이연법인세자산의 실현가능성이 매우 높은 경우

다음 중 하나 이상에 해당하는 경우에는 차감할 일시적 차이 및 세무상 결손금에서 발생하는 법인세효과의 실현가능성이 매우 높은 것으로 볼 수 있다(일반기준 22장 부록 실22.8).

㉠ 차기 이후 각 회계연도에 소멸되는 가산할 일시적 차이를 한도로 하여 계산된 차감할 일시적 차이

㉡ 보고기간말 현재 존재하는 미이행계약에서 기대되는 미래의 과세소득이 차감할 일시적 차이 및 세무상 결손금을 초과하는 경우. 이 경우 미이행계약이 매출과 관련된 경

우에는 미래의 과세소득은 당기의 매출이익률을 적용하여 계산한다.

㉢ 당기를 포함한 최근 3년간 계속하여 계속사업이익이 발생한 기업으로서 차기 이후 예상연평균계속사업이익이 각 회계연도에 소멸되는 차감할 일시적 차이 및 세무상 결손금을 초과하는 경우. 이 경우 예상연평균계속사업이익은 당기를 포함한 최근 3년간의 연평균계속사업이익을 말한다.

5) 이연법인세자산의 실현가능성이 낮은 경우

다음 중 하나 이상에 해당하는 경우에는 차감할 일시적 차이 및 세무상 결손금에서 발생하는 법인세효과의 실현가능성이 낮은 것으로 볼 수 있다(일반기준 22장 부록 실22.9).

㉠ 당기를 포함한 최근 3년간 계속하여 결손금이 발생한 경우

㉡ 누적적인 계속사업손실로 인하여 기업회계상 당기말 현재 완전자본잠식 상태인 경우

(6) 인식되지 않은 이연법인세자산의 재검토

매 보고기간말마다 과거에 실현가능성이 낮아서 인식하지 아니한 이연법인세자산의 인식가능성에 대하여 재검토하여야 한다. 과거에는 인식하지 않았지만 재검토 시점에 활용가능한 미래과세소득이 발생할 가능성이 매우 높은 경우 그 범위 내에서 이연법인세자산을 인식하여야 한다. 예를 들어, 사업환경이 개선되어 이연법인세자산의 인식기준을 충족하는 과세소득이 기대될 수도 있다. 또 다른 예로는 사업결합일 또는 그 이후에 이연법인세자산에 대한 재검토를 하는 경우이다(일반기준 22장 문단 22.29).

7. 이연법인세자산 · 부채의 측정

이연법인세자산 · 부채의 측정이란 이연법인세자산 · 부채에 대해 그 화폐금액을 결정하는 것을 말한다. 즉, '6. 이연법인세자산 · 부채의 인식'에서 재무제표 인식요건의 충족 여부를 살펴보았으며 그 결과 이연법인세자산 · 부채가 재무제표 인식요건을 충족하였다면, 이연법인세자산 · 부채의 측정과정을 통하여 재무제표를 통해 보고될 금액을 결정하는 과정이 필요한 것이다.

이연법인세자산 · 부채의 금액을 결정하기 위해서는 자산 · 부채의 장부금액과 세무기준액의 차이인 일시적 차이 및 세무상 결손금(세무상 결손금은 이연법인세자산에 한하며, 이하 '일시적 차이'라 함)에 적용할 법인세율의 선택, 자산 · 부채의 회수 · 상환방식의 고려, 현재가치 평가 여부 및 이연법인세자산의 실현가능성 재검토 등이 고려되어야 한다.

(1) 법인세율의 선택

법인세 이연효과를 재무제표에 인식하는 방법에 자산부채법과 이연법이 있음을 '3. 이연법인세인식의 접근방법 (1) 자산부채법과 이연법'에서 살펴보았는데, 법인세 이연효과를 측정함에 있어 법인세율의 선택에 있어서도 일시적 차이가 소멸될 시기의 법인세율을 적용할 것인가 또는 일시적 차이가 발생한 시기의 법인세율을 적용할 것인가에 따라 자산부채법과 이연법이 구분된다.

1) 자산부채법

자산부채법(asset-liability method)에서는 일시적 차이가 소멸될 것으로 예상되는 시기의 법인세율을 적용한다. 이 경우 이연된 법인세가 지급되거나 소멸되는 시기의 법인세율을 적용하기 때문에 자산 및 부채가 적절히 평가되고 일시적 차이가 소멸되는 회계연도의 법인세비용차감전순이익과 법인세비용이 적절히 대응된다는 것이다.

2) 이연법

이연법(deferred method)에서는 일시적 차이가 발생한 시기의 법인세율을 적용하여 이연법인세를 계산한다. 이 경우 당해 연도의 법인세비용이 적절히 계상되어 수익·비용대응의 원칙에 부합되며 계산이 비교적 간편하다. 그러나 법인세율이 변하는 경우 이연법인세자산·부채를 수정하지 않기 때문에 자산 및 부채가 적절히 평가되지 못한다는 단점이 있다.

3) 일반기업회계기준상의 방법

일반기업회계기준에서는 일시적 차이의 법인세효과는 일시적 차이가 소멸될 것으로 예상되는 시기의 세율을 적용하는 자산부채법을 채택하고 있다.

즉, 매기 기업이 납부할 법인세부담액은 각 보고기간말 현재의 세율과 세법을 적용하여 측정하되, 이연법인세자산과 부채는 보고기간말 현재까지 확정된 세율에 기초하여 당해 자산이 회수되거나 부채가 상환될 기간에 적용될 것으로 예상되는 세율을 적용하여 일시적 차이의 소멸 등으로 인하여 미래에 경감될 또는 추가적으로 부담할 법인세부담액으로 측정하여야 한다(일반기준 22장 문단 22.37~22.39). 다만, 단순한 미래 예상세율 등은 적용할 수 없으며, 최저한세율을 적용받는 기업이 일시적 차이에 대한 법인세효과를 계산하는 경우에는 일반세율을 적용하여 측정하여야 한다(일반기준 22장 부록 실22.10).

일반기업회계기준에 의할 때 일시적 차이가 가져오는 미래 세효과의 측정은 적용할 세율에 영향을 받게 된다. 이 때 단일의 세율구조에서는 문제 될 것이 없지만 일반적인 모습인 누진세율구조를 가지는 경우 이연법인세의 계산에 적용할 세율의 결정문제가 있다. 2단계 세율구조에서 한계세율은 복잡한 추정 및 계산 과정을 거치지 않고도 산출할 수 있는 경우가 많아 처음에는 한국채택국제회계기준과는 달리 한계세율을 적용하도록 하였으나, 현재 우리나라의 세율구조가 다단계로 바뀜에 따라 한계세율을 적용하더라도 과세소득의 총액을 예상하여야 하는 상황이 많아졌다. 이러한 변화와 이연법인세 자산·부채 측정 원칙이 한국채택국제회계기준과 비슷한 점을 고려하여 이연법인세 자산 또는 부채를 측정할 때 2017년 1월 1일 이후 최초로 시작되는 회계연도부터 전진적으로 평균세율을 적용하도록 하였다(일반기준 22장 부록 결22.10).

사례 (주)삼일의 당기 법인세비용차감전당기순이익은 2,700원이며 가산할 일시적 차이가 500원이다. 가산할 일시적 차이가 소멸하는 시기의 법인세비용차감전당기순이익은 2,000원으로 예상되며, 법인세율이 다음과 같을 때 자산부채법 및 이연법에 의한 당기 법인세비용, 이연법인세부채를 각각 계산하고 회계처리하라(단, 제시된 정보 외의 고려요소는 없는 것으로 가정함).

당기		누적 가산할 일시적 차이 소멸시기	
과세표준	세 율	과세표준	세 율
2,000원 이하	10%	2,000원 이하	10%
2,000원 초과	200원+2,000원 초과액 22%	2,000원 초과	200원+2,000원 초과액 20%

순서	자산부채법		이 연 법	
1	과세표준의 계산	2,700－500=2,200	과세표준의 계산	2,700－500=2,200
2	법인세부담액의 계산	200+200×22%=244	법인세부담액의 계산	200+200×22%=244
3	평균세율 추정	(200+500×20%)÷2,500(*) =12%	평균세율 추정	n/a(추정 필요 없음)
4	이연법인세부채의 계산	500×12%=60	법인세비용의 계산	200+700×22%=354
5	법인세비용의 계산	244+60=304	이연법인세부채의 계산	354－244=110(=500×22%)
6	회계처리	(차)법인세비용 304 (대)당기법인세부채 244 이연법인세부채 60	회계처리	(차)법인세비용 354 (대)당기법인세부채 244 이연법인세부채 110

(*) 소멸시기 과세소득 추정 : 2,000+500=2,500

(2) 회수·상환방식의 고려

이연법인세자산과 부채를 측정할 때에는 보고기간말 현재 기업이 예상하고 있는 자산의 회수 또는 부채의 상환방식에 따라 나타날 법인세효과를 반영하여야 한다(일반기준 22장 문단 22.40).

왜냐하면 기업이 자산(부채)의 장부금액을 회수(상환)하는 방식에 따라 다음 중 하나 또는 모두에 영향을 줄 수도 있기 때문이다(일반기준 22장 문단 22.41).

㉠ 기업이 자산(부채)의 장부금액을 회수(상환)하는 시점에 적용되는 세율

㉡ 자산(부채)의 세무기준액

이러한 경우에는 예상되는 자산의 회수방식 또는 부채의 상환방식에 적용되는 세율과 세무기준액을 사용하여 이연법인세를 측정하여야 한다.

예를 들어, 어느 자산의 장부금액은 100원이고 세무기준액은 60원인데 이 자산의 처분이익에 대하여는 30%, 계속 사용에 따른 이익에 대하여는 20%의 세율이 적용된다면, 기업이 당해 자산을 더 이상 사용하지 않고 매각할 계획이면 12원(40원의 30%)의 이연법인세부채를 인식하고, 계속 보유하면서 사용을 통하여 자산을 회수할 계획이면 8원(40원의 20%)을 이연법인세부채로 인식하여야 한다(일반기준 22장 부록 실22.13).

(3) 현재가치 적용배제

이연법인세자산과 부채는 현재가치로 할인하지 아니한다. 왜냐하면 일시적 차이(또는 세무상 결손금 등)의 법인세효과를 현재가치로 평가하기 위해서는 미래 현금흐름에 영향을 주는 일시적 차이 등의 소멸시기(미래 과세소득의 발생시기), 소멸되는 금액(과세소득 금액의 크기) 및 적정할인율을 정확히 예측하여야 하나, 실무적으로 이를 예측하기가 어렵거나 복잡하므로 이연법인세자산과 부채는 현재가치로 평가하지 않는 것이다(일반기준 22장 문단 22.42, 부록 결22.11).

또한 현재가치 평가를 강제하지는 않고 허용한다면 현재가치 평가를 하는 기업과 하지 않는 기업간의 비교가능성을 저해하고, 또한 현재가치 평가를 하는 기업 중 일시적 차이 등의 소멸시기, 소멸되는 금액 및 적정할인율을 기업이 임의적으로 적용할 여지가 있으며, 이연법인세자산과 부채를 현재가치로 계산한다고 하더라도 현재가치가 주는 정보의 효익이 계산에 소요되는 비용을 초과한다고 볼 수 없으므로 현재가치로 계산하지 않도록 규정한 것이다.

일시적 차이는 자산과 부채의 장부금액과 세무기준액의 차이로 계산한다. 이 경우 장부금액 자체가 현재가치로 평가되는 경우에도 동일하게 적용한다(일반기준 22장 문단 22.43).

(4) 이연법인세자산의 실현가능성 재검토

이연법인세자산의 실현가능성은 보고기간말마다 재검토되어야 한다. 재검토 결과 이연법인세자산의 법인세절감효과가 실현되기에 충분한 과세소득이 예상되지 않는 경우 일반기업회계기준 제20장 '자산손상'에서 규정한 일반원칙에 따라 처리한다(일반기준 22장 문단 22.44).

또한 매 보고기간말마다 과거에 실현가능성이 낮아서 인식하지 아니한 이연법인세자산

의 실현가능성을 재검토하여야 한다. 즉, 과거에는 인식하지 않았지만, 재검토 시점에서 사업환경의 개선 등으로 활용가능한 미래과세소득이 발생할 가능성이 매우 높은 경우에는 그 범위 내에서 이연법인세자산을 측정하여 보고하여야 한다(일반기준 22장 문단 22.29).

이연법인세자산의 실현가능성이 변경된 경우에는 일반기업회계기준 제5장 '회계정책, 회계추정의 변경 및 오류'에 따라 회계처리하며, 이에 대해 보다 자세한 회계처리방법은 '자본편 제5장(이익잉여금) 제4절(회계변경과 오류수정)'을 참조하기로 한다(일반기준 22장 부록 실22.14).

8. 법인세비용의 회계처리

특정한 거래나 사건이 가져온 당기 및 이후 기간의 법인세효과에 대한 회계처리는 그 사건이나 거래 자체에 대한 회계처리와 일관성을 가져야 한다(일반기준 22장 문단 22.45).

(1) 법인세비용의 인식

당해 기간 또는 다른 기간에 자본에 직접적으로 인식되는 거래나 사건 또는 사업결합으로부터 발생되는 경우를 제외하고는 당기 법인세부담액(환급액)과 이연법인세는 손익계산서상 법인세비용의 계산에 반영하여야 한다. 또한, 전기 이전의 기간과 관련된 법인세부담액(환급액)을 당기에 인식한 금액(법인세 추납액 또는 환급액)의 경우에도 당기 법인세부담액(환급액)으로 하여 법인세비용에 포함하여야 한다(일반기준 22장 문단 22.46). 이 경우, 전기 이전의 법인세부담액(환급액)과 관련된 가산금, 가산세 및 환급이자도 당기 법인세부담액(환급액)으로 하여 법인세비용에 포함된다(GKQA 08-004, 2008. 1. 29.).

예를 들면, 회계정책이 변경되거나 과거의 회계처리에 오류가 있어 이를 소급적으로 수정하는 경우 이와 관련하여 법인세효과가 발생할 수 있다. 이 경우 당해 법인세비용은 자본계정과 직접 관련되므로 자본에 직접 가감하여야 하나, 오류수정을 당기 손익계산서에 전기오류수정손익으로 처리하는 경우 또는 회계처리와 무관하게 전기 이전의 법인세부담액(환급액)에 대한 조정사항이 있어 당기에 법인세를 부담하거나 환급받는 경우 그에 대한 법인세효과는 당기 법인세비용에 반영하여야 한다(일반기준 22장 부록 실22.17).

다만, 필라2 법인세를 발생하는 기간에 신뢰성 있게 추정할 수 없는 경우에는 해당 세액을 신고·납부해야 하는 회계연도에 법인세비용으로 인식한다(일반기준 22장 문단 22.46의 1). 이는 필라2 법인세의 경우 일반적인 법인세보다 복잡한 과정을 거쳐 세액이 산출되기 때문에, 기업이 해당 법률을 처음 적용할 때에는 발생한 회계연도에 세액을 신뢰성 있게 추정하기 어려울 수 있음을 고려하여 세액을 신뢰성 있게 추정하기 어려운 경우, 신고·납부해야 하는 회계연도에 법인세비용으로 인식할 수 있는 예외 규정을 마련한 것이다(일반기준

22장 부록 결22.16).

한편, 이연법인세자산과 이연법인세부채를 인식하고 그 효과를 당기손익 등에 반영하는 순서는 다음과 같다(일반기준 22장 부록 실22.15).

㉠ 일반기업회계기준에 따른 회계처리

㉡ 결산일에 자산·부채의 장부금액과 세무기준액을 비교하여 일시적 차이의 존재 여부 확인

㉢ 가산할 일시적 차이에 대하여 예외사항이 인정되는 경우 이외에는 이연법인세부채를 인식

㉣ 차감할 일시적 차이 등에 대하여 실현가능성에 대한 평가를 통하여 이연법인세자산을 인식

㉤ 인식한 이연법인세자산과 이연법인세부채의 법인세효과가 자본에 직접 반영된 항목과 관련된 경우 당해 자본항목에 반영하고 기타의 경우에는 당기손익에 반영

대부분의 이연법인세자산과 부채는 수익이나 비용이 기업회계에서 인식되는 회계기간과 세무상 인식되는 회계기간이 다른 경우에 발생한다. 예를 들어, 이자수익이 회계상으로는 일반기업회계기준 제16장 '수익'의 제1절 '수익인식'에 의거하여 발생주의로 인식되는데 세무상으로는 금융보험업종이 아니라면 소득세법 시행령 제45조의 규정에 의한 수입시기에 인식되어 이러한 차이가 발생한다. 이처럼 수익이나 비용의 인식시점에 대한 기업회계와 세법의 차이 때문에 나타나는 일시적 차이의 법인세효과는 손익계산서에 반영된다(일반기준 22장 부록 실22.16).

다만, 예외적으로 필라2 법인세와 관련되는 이연법인세 자산과 부채는 인식하지 아니하고 이에 대한 정보도 공시하지 아니한다(일반기준 22장 문단 22.2의 3).

한편, 이연법인세자산과 부채의 장부금액은 관련된 일시적 차이 금액에 변동이 없더라도, 변경될 수 있는데 그러한 예는 다음과 같다(일반기준 22장 문단 22.47).

㉠ 세율이나 세법이 변경된 경우

㉡ 이연법인세자산의 회수가능성을 재검토하는 경우

㉢ 자산의 예상되는 회수방법이 변경된 경우

이로 인한 이연법인세의 변동액은 당초에 자본에 직접 귀속시키는 항목과 관련된 부분을 제외하고는 손익계산서에 반영된다.

(2) 자본에 직접 가감되는 항목

1) 자본에 가감하는 이연법인세자산·부채

자본에 직접 가감되는 항목과 관련된 이연법인세는 자본에 직접 가감하여 자본을 세효

과 반영 후 순액으로 표시하여야 한다(일반기준 22장 부록 결22.12). 즉, 기업회계상 자본에 직접 반영되지만 세무회계에서는 이를 자본으로 보지 않음에 따라 장부금액간의 차이가 발생하고 향후 관련 자산 또는 부채를 처분함에 따라 당해 차이가 소멸하는 거래에서 발생하는 일시적 차이의 법인세효과는 직접 관련 자본항목에 가산하거나 차감한다. 전기 이전에 인식된 기타포괄손익 항목과 관련된 이연법인세에 변동이 있는 경우에도 관련 기타포괄손익에 직접 반영한다(일반기준 22장 부록 실22.19). 따라서 당해 일시적 차이에서 발생하는 법인세효과는 법인세비용에 영향을 주지 아니한다.

일반기업회계기준은 특정항목에 대해 자본에 직접 인식하도록 요구하고 있는데 예를 들어, 다음과 같다(일반기준 22장 부록 실22.18).

- 일반기업회계기준 제5장 '회계정책, 회계추정의 변경 및 오류'에 따라 소급 적용되어야 하는 회계정책의 변경이나 중대한 오류의 수정으로 인한 기초이익잉여금의 수정
- 전환증권의 자본요소에 대한 최초 인식에서 발생되는 금액
- 해외법인 재무제표의 환산차이
- 매도가능증권을 공정가치로 평가함에 따라 인식하는 매도가능증권평가손익

사례 (주)삼일은 전기에 판매보증충당부채 2,000원을 과소 인식하였음을 당기 중에 발견하여 수정하고자 하며, 이는 중대한 오류의 수정에 해당한다. 당기 법인세비용차감전순이익이 10,000원인 경우 이와 관련된 회계처리 및 세무조정을 하라(단, 법인세율은 30%라고 가정함).

① 법인세비용 인식전 회계처리

(차) 전기이월미처분이익잉여금	2,000	(대) 판매보증충당부채	2,000

② 법인세비용 인식 회계처리

(차) 법인세비용	3,000	(대) 당기법인세부채	3,000
이연법인세자산	600	전기이월미처분이익잉여금	600*1

*1 : 판매보증충당부채 손금부인에 따른 법인세효과(2,000×30%=600)를 자본항목에서 차감처리함.

③ 세무조정

<손금산입>	전기이월미처분이익잉여금	1,400(기타)
<손금산입>	이연법인세자산	600(△유보)
<손금불산입>	판매보증충당부채	2,000(유보)

한편, 사업용 유형자산인 토지(비업무용 토지는 제외)를 자산재평가법에 따라 재평가함에 따라 발생하는 일시적 차이의 법인세효과를 인식함에 있어, 당해 토지가 가까운 미래에 처분될 가능성이 없어 일시적 차이의 소멸가능성이 불확실한 경우에는 당해 일시적 차이의 법인세효과를 인식하지 아니한다. 다만, 그 이후 당해 토지를 처분하게 된 경우에는 처분하기로 결정한 때에 일시적 차이의 법인세효과 금액을 재평가적립금에서 직접 차감하여

이연법인세부채를 계상하거나, 차감할 재평가적립금이 없는 경우에는 자본조정으로 회계처리한 후 이연법인세부채를 계상하여야 한다(GKQA 02－190, 2002. 11. 19. 및 GKQA 04－009, 2004. 1. 19.).

2) 자본에 가감하는 법인세부담액

자본에 직접 가감되는 항목과 관련된 당기법인세부담액은 자본에 직접 가감하여 자본을 세효과 반영 후 순액으로 표시하여야 한다(일반기준 22장 부록 결22.12).

기업회계상 직접 자본에 계상되지만 세무회계상으로는 과세소득에 포함되어 법인세비용차감전순이익과 법인세부담액간의 일정한 인과관계가 성립하지 못하는 경우가 있다. 이러한 자본항목에는 자기주식처분이익 및 자기주식처분손실 등이 있다.

기업회계상 자본거래로 보아 당기이익에 포함되지 않지만 세무회계상 과세소득에 포함되어 법인세를 부담해야 하는 경우 재무제표에 계상되는 자본잉여금 등은 법인세부담액을 가감한 잔액으로 한다. 세무회계상 자본거래에 대한 소득처분은 기타로 처리되므로 이에 대한 회계이익과 과세소득간의 차이는 이연법의 관점에서 보면 영구적 차이에 해당된다. 그러므로 영구적 차이에 해당하는 법인세부담액을 직접 자본잉여금 등에서 가감하는 것이다.

예를 들어, 당기의 법인세납부액에 영향을 미치는 자기주식처분손익은 세차감 후 금액으로 재무상태표에 표시하여야 한다. 다만, 자기주식처분손익 때문에 세무상 결손금이 영향을 받는 경우 추후 세율변경이나 결손금이월공제의 실현가능성변화에 따른 이연법인세자산 변경의 세효과는 변경연도의 법인세비용에 반영한다(일반기준 22장 부록 실22.19).

사례 (주)삼일의 2×07년의 계속사업이익은 1,000원이고 자기주식처분이익이 500원이며, 법인세율은 20%이다. 일시상각충당금 손금산입액 300원을 제외하고 갑회사의 당기 법인세부담액을 계산하기 위한 기타 세무조정사항이 없는 경우 법인세회계 관련 회계처리를 하라.

(차)	법 인 세 비 용	300	(대)	당 기 법 인 세 부 채	240*1
				이 연 법 인 세 부 채	60*2

*1 : 1,200(1,000－300+500)×20%＝240
*2 : 가산할 일시적 차이에 대한 이연법인세 : 300×20%＝60

(차)	자기주식처분이익	100	(대)	법 인 세 비 용	100*

* 자기주식처분이익 때문에 추가된 법인세부담액 100원의 세효과를 자기주식처분이익에 반영하고 잔액은 계속사업이익에 반영한다.

재무제표

손익계산서		재무상태표	
		…	
		이연법인세부채	60
…		…	
계속사업이익	1,000	자기주식처분이익	400
법인세비용	200	(자본잉여금)	
당기순이익	800	…	

3) 추가 고려사항

경우에 따라서는 자본에 직접 귀속되는 항목과 관련된 당기법인세와 이연법인세의 크기를 결정하기 어려운 경우가 있는 데, 예를 들어 다음과 같은 경우이다(일반기준 22장 부록 실22.20).

- 과세소득(세무상 결손금)의 특정 요소에 대한 적용세율을 산정하는 것이 누진세율 때문에 불가능한 경우
- 세율이나 기타 세법상의 변화가 과거에 자본에 귀속된 항목과 관련되었던 이연법인세 자산이나 부채에 영향을 미치는 경우
- 실현가능성이 재검토된 이연법인세자산의 전부 또는 일부금액이 과거에 자본에 귀속된 항목과 관련된 경우

이러한 경우에는 자본에 귀속된 항목과 관련된 당기법인세부담액과 이연법인세를 합리적인 비례율로 안분하거나 상황에 따라 보다 적정하게 배분할 수 있는 방법을 택해야 할 것이다.

한편, 회계상의 평가와는 무관하게 세법의 변경 등으로 인하여 세무기준액이 변경되는 경우에는 그에 따른 법인세효과는 당기손익에 반영한다(일반기준 22장 문단 22.49). 그러나 전기에 자본에 직접 가감되는 항목에 대한 이연법인세와 관련하여 변동이 있는 경우에는 그 효과를 당기손익에 반영하지 않고 자본항목에 역추적(backward trace)하여 반영하여야 한다(일반기준 22장 부록 결22.12).

(3) 사업결합시에 발생한 이연법인세

'6. 이연법인세자산 · 부채의 인식'에서 살펴본 바와 같이 사업결합에서 일시적 차이가 발생할 수 있다. 취득자는 취득일에 일시적 차이에 대하여 이연법인세자산(인식기준을 만족하는 범위 안에서)이나 이연법인세부채를 인식하게 되며, 결과적으로 이러한 이연법인세 자산과 부채는 영업권이나 염가매수차익에 영향을 미친다. 그러나 영업권이나 염가매수차익으로부터의 이연법인세는 인식하지 않는다(일반기준 22장 문단 22.50).

사업결합의 결과로서 취득자는 사업결합 이전에는 인식할 수 없었던 자신의 이연법인세자산을 인식할 수 있는 경우도 있으며, 동 이연법인세자산은 사업결합으로 인해 발생하는 영업권이나 염가매수차익의 결정에 반영되어야 한다(일반기준 22장 문단 22.51).

한편, 취득자가 피취득자의 이연법인세자산을 취득일 현재 식별 가능한 자산으로 인식하지 않고 사후에 취득자의 재무제표에서 인식하는 경우에는 이로 인한 법인세혜택을 손익계산서에 반영하며 동시에 다음과 같이 회계처리 하여야 한다(일반기준 22장 문단 22.52).

㉠ 취득일에 그 이연법인세자산이 식별 가능한 자산으로 인식되었을 경우의 금액으로 영업권의 장부금액을 감소시키고,

㉡ 영업권 장부금액의 감소분만큼을 비용으로 인식한다.

그러나 취득자는 염가매수차익을 인식하지는 않는다.

사례 (주)삼일은 3,000원의 차감할 일시적 차이를 보유하고 있는 (주)용산을 취득하였으며 취득당시의 세율은 25%이었다. 하지만 (주)삼일은 취득거래에서 발생된 5,000원의 영업권을 결정할 때 (주)용산의 차감할 일시적 차이에 대한 이연법인세자산 750원을 식별 가능한 자산으로 인식하지 않았으며, 영업권은 20년에 걸쳐 상각한다. (주)삼일은 2년 후, 모든 차감할 일시적 차이의 효과를 회수하기에 충분한 과세소득이 장래에 발생될 것으로 평가하였다.

(차)	이 연 법 인 세 자 산	750	(대)	법 인 세 비 용	750
	영 업 권 손 상 차 손	675		영 업 권	675*

* 사업결합시 이연법인세자산을 인식하였다면 나타날 영업권 잔액(순액)은 (5,000－750)×(18/20) ＝ 3,825원이며 따라서 675원(＝4,500－3,825)만큼 영업권(순액)손상차손을 인식한다.

9. 연결재무제표 작성시 법인세기간배분

연결재무제표에서는 연결재무제표상 자산·부채의 장부금액과 세무기준액을 비교하여 일시적 차이를 결정하여야 한다(일반기준 22장 문단 22.6). 또한 동 일시적 차이로 인해 발생하는 법인세효과를 연결재무상태표와 연결손익계산서에 반영하여야 한다. 그리고 연결손익계산서에 계상되는 법인세비용은 연결대상 회사의 법인세비용에 연결수정분개에 따른 이연법인세자산·부채를 고려하여 계산한다.

(1) 투자계정과 자본계정의 상계제거

지배기업의 투자계정 금액과 이에 대응하는 종속기업의 자본계정 금액의 상계제거시 다음 내용을 고려하여야 한다.

① 지배기업의 투자계정 금액과 이에 대응하는 종속기업의 자본계정 금액의 상계제거시

발생하는 영업권(염가매수차익)은 종속기업의 재무상태표에 계상되어 있는 이연법인세자산·부채를 반영한 후의 자본계정 금액과 투자계정 금액을 비교하여 계산한다.

② 투자차액 등을 특정 자산·부채에 배분하는 경우 영업권(염가매수차익)은 배분된 투자차액 등에서 발생하는 일시적 차이의 법인세효과인 이연법인세자산·부채를 잔존 투자차액 등에 가감하여 계산한 가액으로 하며, 당해 영업권(염가매수차익)에서 직접 발생하는 일시적 차이의 법인세효과는 고려하지 아니한다.

(2) 미실현손익 제거에 따른 법인세효과의 인식

연결재무제표를 작성할 때 연결실체 내 기업간 자산거래에 포함된 미실현손익을 제거하게 된다. 이때 연결재무제표상에 해당 자산은 거래 전의 가액이 장부금액으로 나타나게 되는 데 세무기준액은 거래가액으로 그대로 유지되기 때문에 장부금액과 세무기준액 사이에 차이가 발생한다. 이러한 차이에 대하여 이연법인세자산(이연법인세부채)을 인식한다(일반기준 22장 문단 22.58).

한편, 이러한 일시적 차이에 대한 법인세효과를 계산할 때 관련 자산을 보유하고 있는 기업에 적용되는 세율을 기준으로 계산한다. 이렇게 회계처리하여야 향후 미실현손익의 실현시점에 세무상 손금으로 인정되는 금액에 대한 법인세효과만큼을 이연법인세자산 또는 부채로 인식할 수 있고, 이는 자산부채법의 논리에 충실한 회계처리 방법이 된다(일반기준 22장 부록 실22.21).

사례 (주)삼일(모회사)은 해외에 소재하는 (주)용산(종속기업)에게 재고자산(원가 1,000원)을 1,500원에 판매하였다. (주)용산은 (주)삼일로부터 매입한 재고자산을 회계연도말 현재 보유하고 있으며, (주)삼일의 법인세율은 40%이고, (주)용산의 법인세율은 30%이다. (주)삼일, (주)용산의 개별재무제표상의 회계처리와 연결조정 회계처리를 하라.

1. (주)삼일의 회계처리

(차)	매 출 채 권	1,500	(대) 매 출	1,500
	매 출 원 가	1,000	재 고 자 산	1,000
	법 인 세 비 용	200	당기법인세부채	200*1

*1 : (주)삼일의 매출총이익 500원에 대한 법인세 200원(=500원 × 40%)을 납부함.

2. (주)용산의 회계처리

(차)	재 고 자 산	1,500	(대) 매 입 채 무	1,500

3. 연결조정 회계처리

(차) 매 입 채 무	1,500	(대) 매 출 채 권	1,500
매 출	1,500	재 고 자 산	1,500
재 고 자 산	1,000	매 출 원 가	1,000
이연법인세자산	150*2	법 인 세 비 용	150

*2 : 연결재무제표상 재고자산의 장부금액 1,000원과 세무기준액 1,500원의 차이에 대하여 (주)용산의 법인세율을 적용하여 이연법인세자산 150원(=500원 × 30%)을 인식하며, 이는 (주)용산이 재고자산을 외부에 판매하였을 때 소멸되는 것임. 또한 연결손익계산서에 해당 재고자산과 관련하여 법인세비용 50원이 표시됨.

(3) 종속기업이 중소기업인 경우

종속기업이 일반기업회계기준 제31장 '중소기업회계처리특례'에서 규정하는 중소기업이어서 종속기업의 개별재무제표에서는 일반기업회계기준 제31장의 특례규정에 따른 법인세회계를 적용하는 경우에도, 연결재무제표를 작성할 때에는 중소기업인 종속기업이 일반기업회계기준 제22장의 규정에 따른 법인세회계를 적용한 경우에 나타나는 이연법인세를 반영하여 작성한다(일반기준 22장 문단 22.59).

(4) 해외종속기업의 경우

외국에 소재하는 종속기업의 경우에는 당해 해외종속기업이 법인세 기간배분을 고려하여 이연법인세자산(이연법인세부채)을 인식할 경우의 재무제표를 기준으로 연결재무제표를 작성한다(일반기준 22장 문단 22.60).

10. 중간재무제표 작성시 법인세기간배분

일반기업회계기준 제29장 '중간재무제표'에서 규정하고 있는 중간재무제표를 작성할 때는 누적중간기간에 대하여 법인세회계를 적용한다. 즉, 일시적 차이 및 세무상 결손금에 대한 이연법인세를 누적중간기간을 중심으로 인식한다(일반기준 22장 부록 실22.23).

한편, 일반기업회계기준 제29장 '중간재무제표'에서는 중간보고기간말 현재 '예상되는 연간법인세율'을 적용하여 중간기간의 법인세비용을 인식하도록 규정하고 있는데, 이때 '예상되는 연간법인세율'이란 연간예상 당기법인세를 연간예상 과세소득으로 나눈 비율을 말한다(일반기준 22장 부록 실22.24).

또한 중간재무제표 작성 시 소득공제와 세액공제의 항목들은 다음과 같이 분기의 법인세계산에 반영한다(일반기준 22장 부록 실22.25).

㉠ 연간 실적과 관련하여 금액이 결정되는 경우에는 연간예상세율의 결정에 반영한다.

㉡ 특정한 거래나 사건에 관련되어 발생하는 항목들은 발생한 분기에 전액 반영한다.

11. 공 시

(1) 계정과목 구분표시

법인세관련 자산과 부채는 재무상태표의 다른 자산이나 부채와 구분하여 표시되어야 한다. 또한 이연법인세자산과 이연법인세부채는 당기법인세자산과 당기법인세부채로부터 구분되어야 한다(일반기준 22장 문단 22.53).

(2) 이연법인세의 유동성·비유동성 분류

이연법인세자산(이연법인세부채)은 관련된 자산항목 또는 부채항목의 재무상태표상 분류에 따라 재무상태표에 유동자산 중 당좌자산(유동부채) 또는 비유동자산 중 기타비유동자산(비유동부채)으로 분류한다. 세무상 결손금에 따라 인식하게 되는 이연법인세자산의 경우처럼 재무상태표상 자산항목 또는 부채항목과 관련되지 않은 이연법인세자산과 이연법인세부채는 세무상결손금 등의 예상소멸시기에 따라서 유동자산 중 당좌자산(유동부채) 또는 비유동자산 중 기타비유동자산(비유동부채)으로 분류한다(일반기준 22장 문단 22.54).

(3) 상계표시

당기법인세자산과 당기법인세부채 그리고 동일한 유동 및 비유동 구분 내의 이연법인세자산과 이연법인세부채가 동일한 과세당국과 관련된 경우에는 각각 상계하여 표시한다(일반기준 22장 문단 22.55).

이러한 상계표시는 하나의 과세대상기업과 관련된 것으로, 개별재무제표뿐만 아니라 연결재무상태표에서도 개별기업들의 관련 금액들은 상계표시된다. 그러나, 연결에 포함되는 기업이 둘 이상인 경우에는 다음의 조건을 충족하는 경우에 한하여 기업 간 관련 금액의 상계표시가 가능하다(일반기준 22장 부록 실22.22).

① 당기법인세부채와 당기법인세자산의 상계

- 기업들이 당기법인세부채와 당기법인세자산을 상계할 수 있는 법적 권한을 가지고 있으며,
- 기업들이 당기법인세부채와 당기법인세자산을 순액으로 결제하거나, 당기법인세자산을 실현하는 동시에 당기법인세부채를 결제할 의도가 있다.

② 동일한 유동 및 비유동 구분 내의 이연법인세자산과 이연법인세부채의 상계

- 기업들이 당기법인세부채와 당기법인세자산을 상계할 수 있는 법적 권한을 가지고

있으며,

- 이연법인세자산과 이연법인세부채가 동일한 과세당국과 관련되며, 기업들이 유의적인 금액의 이연법인세부채가 결제되거나 이연법인세자산이 회수될 미래의 각 회계기간마다, 당기법인세부채와 당기법인세자산을 순액으로 결제할 의도가 있거나 당기법인세자산을 실현하는 동시에 당기법인세부채를 결제할 의도가 있다.

(4) 법인세비용의 표시

손익계산서를 작성함에 있어서 계속사업손익법인세비용은 법인세비용차감전계속사업손익에서 차감하는 형식으로 기재하고, 중단사업손익과 관련된 법인세비용은 해당 중단사업손익에 직접 반영(중단사업손익에 대한 법인세효과는 손익계산서의 중단사업손익 다음에 괄호를 이용하여 표시함)하여 손익계산서에 기재하고 그 산출내역은 주석으로 기재한다(일반기준 2장 문단 2.55 및 22장 문단 22.56).

그러나, 중단사업손익이 없을 경우에는 '법인세비용차감전계속사업손익'을 '법인세비용차감전순손익'으로 표시하고, '계속사업손익법인세비용'은 '법인세비용'으로 표시하며, '계속사업이익'은 별도로 표시하지 않는다(일반기준 2장 부록 실2.52).

(5) 주석사항

다음 사항은 주석으로 기재한다(일반기준 22장 문단 22.61).

① 계속사업손익법인세비용 또는 법인세비용(중단사업이 없는 경우)의 산출내역

[예 시]

당기법인세(법인세추납액 · 환급액 포함)		×××
± 일시적차이로 인한 이연법인세 변동액	×××	
± 세무상결손금 등으로 인한 이연법인세 변동액	×××	
= 총 법인세효과		×××
± 자본에 직접 반영된 법인세비용	×××	
± 중단사업손익에 직접 반영된 법인세비용	×××	
= 계속사업손익법인세비용		×××

② 법인세비용차감전계속사업손익 또는 법인세비용차감전순손익(중단사업손익이 없는 경우)과 법인세비용 간의 관계 설명

③ 중단사업손익 법인세효과의 계산근거

④ 일시적차이 및 이연법인세자산(이연법인세부채)의 증감내역

⑤ 모든 차감할 일시적차이 및 세무상결손금 등에 대한 이연법인세자산 및 이연법인세

자산의 실현가능성이 미래 과세소득의 발생 여부에 따라 결정되는 경우 실현가능성 에 대한 판단에 따라서 인식한 이연법인세자산과 그의 판단근거

⑥ 재무상태표에 이연법인세자산으로 인식되지 아니한 차감할 일시적 차이, 미사용 세무상 결손금 및 세액공제 등의 금액 및 만기일

⑦ 이연법인세부채로 인식되지 않은 종속기업, 지분법피투자기업, 조인트벤처의 지분에 대한 투자자산 및 사업용 유형자산인 토지와 관련된 일시적 차이 총액

⑧ 자본에 직접 부가되거나 차감된 당기법인세와 이연법인세의 내역

⑨ 세법의 변경 또는 실현가능성의 변경에 따른 이연법인세자산 및 부채의 변동액

⑩ 상계 전 총액기준에 의한 이연법인세자산과 부채 및 당기법인세부채와 당기법인세자산

⑪ 세무상 결손금과 관련된 다음 사항

㉠ 세무상 결손금이 발생한 회계연도의 당기순이익에 반영한 법인세효과

㉡ 세무상 결손금에 대한 법인세효과를 당기까지 인식하지 않은 경우 이후 회계연도 에 반영가능성 여부

㉢ 이연법인세자산을 인식하지 않고 이월된 세무상결손금 중 당기에 소멸된 세무상 결손금의 법인세효과

필라2 법인세와 관련되는 다음 사항은 주석으로 기재한다(일반기준 22장 문단 22.62).

① 필라2 법인세와 관련되는 이연법인세 자산·부채 인식 및 공시에 대한 예외 규정을 적용하였다는 사실

② 필라2 법인세와 관련되는 당기법인세비용(수익)

③ 특정 회계연도에 필라2 법인세를 신뢰성 있게 추정할 수 없다고 판단하여 발생기간 이 아닌 해당 세액을 신고·납부해야 하는 회계연도에 법인세비용으로 인식한 경우 그 사실과 해당 세액을 신고·납부해야 하는 기간

사례 "법인세비용차감전순손익과 법인세비용 간의 관계 설명" 공시 형식 예시 및 사례

[공시 형식 예시]

법인세비용차감전순손익		100,000
적용세율(x%)에 따른 법인세		XXX
조정사항		
• 비과세수익 (XXX)	− xxx	
• 비공제비용 (XXX)	+ xxx	
• 세액공제	− xxx	
• 기타(세율차이 등)	± xxx	

법인세비용 25,130

유효세율(법인세비용/법인세비용차감전순손익) : 25.13%

[공시 사례]

〈기본 자료〉

1. 세율 : 2억 이하 9.9%(법인지방소득세 포함), 2억 초과분 20.9%(법인지방소득세 포함)
2. 당기의 세전 순이익 400,000,000
3. 준비금 손금산입 : 100,000,000 일시적차이
4. 비과세이자수익 : 10,000,000
5. 기부금한도초과 : 5,000,000
6. 자기주식처분손실 : 3,000,000
7. 투자세액공제 : 2,000,000

(법인세비용의 산출)

세전이익	400,000,000	
[참고 : 적용세율 = {2억×9.9% + (4억−2억)×20.9%} / 4억 = 15.4%]		
준비금 손금산입	(100,000,000)	일시적차이
비과세이자수익	(10,000,000)	
기부금한도초과	5,000,000	
자기주식처분손실	(3,000,000)	
과세표준	292,000,000	
산출세액	39,028,000	(=2억×9.9% + (2.92억−2억)×20.9%)
투자세액공제	(2,000,000)	
법인세부담액	37,028,000	
이연법인세부채(준비금)	20,900,000	
총 법인세비용	57,928,000	
자본에 반영된 법인세비용	627,000(*)	

(*) 자기주식처분손실이 없었다면 3,000,000의 20.9% 상당액의 법인세부담액이 증액되었을 것임. 그러한 감소금액의 효과는 법인세비용이 아니라 자본에 직접 반영됨(기간내배분).

손익계산서상 법인세비용 58,555,000

(관계 설명: 공시 내용)

세전이익		400,000,000
적용세율(15.4%)에 따른 세부담액		61,600,000
조정사항		
• 비과세수익 (10,000천)	−1,540,000	
• 비공제비용 (5,000천)	+770,000	
• 세액공제	−2,000,000	

• 기타(세율차이 등) -275,000(*)

법인세비용 58,555,000

유효세율(법인세비용/법인세비용차감전순손익) : 14.64%

(*) 비과세수익(10,000천)과 비공제비용(5,000천)의 순 금액 -5,000,000에 대하여 적용세율인 15.4%와 2억 초과분에 대해 적용하는 세율인 20.9%의 세율차이(5.5%)에 해당하는 금액임.
-5,000,000 x (20.9%-15.4%) = -275,000

<참고사항>

1. 일시적차이의 경우 이연법인세를 인식하였다면, 자동 조정이 된 것이기 때문에 조정사항의 조정대상이 될 이유가 없음. 그러나 실현가능성 등을 이유로 당기에 발생한 일시적차이에 대하여 이연법인세를 인식하지 않았다면, 조정사항에 포함되어야 함.
2. 자기주식처분손실은 법인세부담액에는 영향을 주지만 법인세비용에는 영향이 없음. 따라서 관계설명에서 조정될 필요 없음.
3. 기타 사항에 반영되는 세율차이는 단일세율이 아닌 상황에서 발생할 수 있음.

12. 중소기업 회계처리 특례

일반기업회계기준에서는 재무제표에 대한 이해관계자가 많지 않은 중소기업에 대해 재무제표 작성부담을 완화한다는 취지에서 몇 가지의 특례규정을 두고 있는바, 그 중 하나가 법인세회계에 관한 특례규정이다.

즉, 중소기업기본법에 의한 중소기업(자본시장과 금융투자업에 관한 법률에 따른 상장법인 · 증권신고서 제출법인 · 사업보고서 제출대상법인, 금융회사, 연결실체에 중소기업이 아닌 기업이 포함된 경우의 지배기업은 제외)은 법인세비용을 법인세법 등의 법령에 의하여 납부하여야 할 금액으로 할 수 있다. 이 경우 선택한 사항을 주석으로 기재하며, 유의적인 회계정책의 요약에 일반기업회계기준 제31장의 적용범위에 해당되어 특례를 적용하였다는 사실을 주석으로 기재하여야 한다(일반기준 31장 문단 31.2, 31.12, 31.14).

상기의 특례규정을 적용하던 중소기업이 이를 적용하지 아니하고자 하거나, 중소기업에 해당하지 않게 되는 이유 등으로 이를 적용할 수 없게 되는 경우에는 일반기업회계기준 제5장 '회계정책, 회계추정의 변경 및 오류'에 따라 회계처리하여야 한다(일반기준 31장 문단 31.17).

한편, 2011년 1월 1일 이후 최초로 개시하는 회계연도 전에 종전의 기업회계기준서 제14호 '중소기업 회계처리 특례'에 따라 적용한 특례사항은 계속 적용하여야 하고, 적용하지 아니한 특례사항은 새로이 적용할 수 없다. 다만, 과거에 발생한 경우가 없는 새로운 사건이나 거래가 발생한 경우에는 일반기업회계기준 제31장 '중소기업 회계처리 특례'를 적용할 수 있다(일반기준 경과규정(2009. 12. 30.) 문단 10).

13. 사 례

사례 갑회사의 20×4년의 법인세비용차감전순이익은 1,000,000원이며 법인세율은 30%이다. 그러나 법인세법의 개정으로 20×6년 회계연도 이후 적용되는 법인세율은 26%이다. 갑회사의 당기 법인세부담액을 계산하기 위한 세무조정사항 및 이연법인세계산 관련 자료는 다음과 같다.

1. 20×4년의 세무조정사항은 다음과 같다.

① 퇴직급여충당금 한도초과액은 200,000원이 발생하였으며, 동 한도초과액은 20×5년 및 20×6년에 각각 100,000원씩 손금추인된다.

② 회사는 보유 재고자산 중 장부금액이 300,000원인 상품의 순실현가능가액이 200,000원으로 하락하여 일반기업회계기준 제7장 '재고자산'의 규정에 따라 저가법으로 평가하였다. 세법상 갑회사는 재고자산 평가방법을 원가법 중 총평균법으로 신고하였으며 위의 재고자산평가손실은 법인세법상 손상이 인정되는 평가손실에 해당하지 않는다. 그리고 당해 상품은 20×5년에 모두 판매되었다.

③ 세법상 손금한도를 초과하여 지출한 기부금은 70,000원이다.

④ 회사는 만기일이 20×5년 6월 30일인 정기예금에 대한 20×4년도 분 미수수익 80,000원을 재무상태표에 계상하였다.

⑤ 회사는 다음과 같이 20×4년부터 준비금을 설정하고 환입하였다.

연 도	준비금 설정액	준비금 환입액
20×4년	₩120,000	–
20×5년	150,000(예상)	–
20×6년	90,000(예상)	–
20×7년	100,000(예상)	₩40,000(예상)
20×8년	100,000(예상)	90,000(예상)

20×7년의 준비금 환입액은 20×4년 설정분에 대한 환입액이며, 20×8년의 준비금 환입액은 20×4년 설정분 및 20×5년 설정분에 대한 환입액으로 구성되어 있다.

⑥ 회사가 매출채권 중 거래처의 부도발생으로 인하여 대손처리한 부도어음 200,000원은 결산일 현재 6개월이 경과되지 않았다.

⑦ 비과세이자소득 50,000원을 수취하여 영업외수익에 계상하였다.

⑧ 위의 사항 이외에 직전 사업연도로부터 이월되어온 일시적차이는 없다.

2. 회사는 당기 이전 수년 전부터 과세소득을 실현해오고 있으며 20×5년 이후 세무조정사항 반영 전 예상 과세소득은 500,000원이다.

(20×4 회계연도의 법인세 부담액 계산)

Ⅰ. 법인세비용차감전순이익		₩1,000,000
Ⅱ. 차이조정		320,000
Ⅱ-1. 가산조정		
1. 재고자산평가손실(매출원가)	100,000	
2. 대손상각비	200,000	
3. 퇴직급여충당금한도초과액	200,000	
4. 기부금한도초과액(*)	70,000	
	570,000	
Ⅱ-2. 차감조정		
1. 미수이자	(80,000)	
2. 준비금전입액	(120,000)	
3. 비과세이자수익(*)	(50,000)	
	(250,000)	
Ⅲ. 과세소득(법인세 과세표준)		₩1,320,000
법인세율		30%
Ⅳ. 법인세부담액		₩396,000

(*) 일시적차이를 유발하지 않는 조정항목임.

(20×4 회계연도의 인식할 이연법인세)

1. 20×4년 말 현재 자산과 부채의 장부금액, 세무기준액, 일시적차이, 법인세효과(일시적차이가 존재하는 항목만 제시함)

계정과목	장부금액		세무기준액	일시적차이		법인세 효과
	자산항목	부채항목		가산할	차감할	
퇴직급여충당금		A(*)	A−200,000		200,000	56,000
재고자산 (평가충당금)	300,000 (100,000)		300,000 (0)		100,000	30,000
미수이자수익	80,000		0	80,000		(24,000)
준 비 금		0	120,000	120,000		(31,200)
매출채권 (대손충당금)	B(*) (200,000)		B (0)		200,000	60,000
합계				200,000	500,000	90,800

(*) 장부금액이 사례에서 제시되지 않았으므로 임의의 금액 A와 B로 표시함.

2. 이연법인세의 계산

	20×4말 현재	일시적차이의 소멸				20×4말 현재
계정과목	일시적차이	20×5	20×6	20×7	20×8이후	이연법인세 자산(부채)
재고자산	(100,000)	(100,000)	–	–	–	30,000
매출채권	(200,000)	(200,000)	–	–	–	60,000
퇴직급여충당금	(200,000)	(100,000)	(100,000)	–	–	56,000
차감할 일시적차이 소계	(500,000)	(400,000)	(100,000)			146,000
미수이자	80,000	80,000	–	–	–	(24,000)
준 비 금	120,000	–	–	40,000	80,000	(31,200)
가산할 일시적차이 소계	200,000	80,000	–	40,000	80,000	(55,200)
일시적차이 합계	(300,000)	(320,000)	(100,000)	40,000	80,000	
적용될 법인세율		30%	26%	26%	26%	
법인세액절감(부담)		96,000	26,000	(10,400)	(20,800)	

3. 이연법인세자산의 실현가능성 검토

	20×5	20×6	20×7	20×8
가산할 일시적차이 소멸액 소계	80,000	–	40,000	80,000
세무조정사항 반영 전 예상 과세소득	500,000	500,000	500,000	500,000
합 계	580,000	500,000	540,000	580,000
차감할 일시적차이 소멸액 소계	(400,000)	(100,000)	–	–

– 세무조정사항 반영 전 예상 과세소득과 가산할 일시적차이의 합계액이 차감할 일시적차이를 초과하므로 이연법인세자산을 전액 인식한다.

(20×4 회계연도 법인세비용의 회계처리와 주석공시 예시)

1. 이연법인세자산과 부채의 당기 변동액
   – 이연법인세자산 : 146,000(기말) – 0(기초) = 146,000(증가)
   – 이연법인세부채 : 55,200(기말) – 0(기초) = 55,200(증가)
   – (이연법인세자산과 부채가 동일한 과세당국과 관련된 것이기 때문에) 재무상태표에는 유동과 비유동으로 구분된 이연법인세자산과 이연법인세부채를 각각 상계한 순액으로 계상한다.

2. 법인세비용 : 396,000 – 146,000 + 55,200 = 305,200

(차)	법 인 세 비 용	396,000	(대) 당 기 법 인 세 부 채	396,000
	이 연 법 인 세 자 산	146,000	법 인 세 비 용	146,000
	법 인 세 비 용	55,200	이 연 법 인 세 부 채	55,200

- 법인세비용은 당기 법인세부담액에서 이연법인세자산(부채)의 당기 변동액을 가감하여 계산한다. 다만 일시적차이가 발생한 당해 사업연도의 과세소득에 대한 법인세율과 이후 사업연도의 법인세율이 동일하다면 법인세비용은 법인세비용차감전순이익에 일시적차이를 유발하지 않는 소득조정항목을 가감한 금액에 당해 사업연도의 법인세율을 곱하여 계산한 금액과 일반적으로 일치한다.

  당해 사례의 경우 법인세비용차감전순이익에 일시적차이를 유발하지 않는 소득조정항목을 가감한 금액에 당해 사업연도의 법인세율을 곱하여 계산한 금액 306,000원[=(1,000,000 + 70,000 − 50,000)×30%]과 당기 법인세비용 305,200원의 차액 800원은 20×6년도 이후에 소멸하는 일시적차이 부분(순가산 20,000)에 대한 세율차이(4%)에 해당한다.

  ※ 즉, 세율의 변동에 의하여 20×6년도 이후에 소멸할 순 가산할 일시적차이의 미래법인세효과가 800원 감소하고 이로 인하여 동 금액만큼 20×4년도의 법인세비용이 감소된 것이다.

3. 20×4 회계연도의 주석공시 예시

(가) 법인세비용의 산출내역

당기 법인세부담액	396,000
± 일시적차이로 인한 이연법인세 변동액	(90,800)
± 세무상결손금 등으로 인한 이연법인세 변동액	0
= 총 법인세효과	305,200
± 자본에 직접 반영된 법인세비용	0
± 중단사업손익에 직접 반영된 법인세비용	0
= 법인세비용	305,200

(나) 법인세비용차감전순손익과 법인세비용 간의 관계 설명

(단위 : 원)

법인세비용차감전순이익		1,000,000
적용세율에 따른 법인세		300,000
조정사항		
• 비과세수익 (50,000)	−15,000	
• 비공제비용 (70,000)	+21,000	
• 20×6년 이후 세율변동 효과(*)	−800	
법인세비용		305,200

유효세율(법인세비용/법인세비용차감전순이익) : 30.52%

(*) 세율이 26%로 변경되는 20×6년도 이후에 소멸하는 순 일시적차이 부분(순가산 20,000)에 대한 세율차이(4%)에 해당한다.

(다) 중단사업손익 법인세효과의 계산근거

- 해당사항 없음.

(라) 일시적차이 및 이연법인세자산(부채)의 증감내역

관련 계정과목	가산할(차감할) 일시적차이				인식한 이연법인세자산(부채)			
	기초잔액	증 가	감 소	기말잔액	기초잔액	증 가	감 소	기말잔액
퇴직급여충당금	–	(200,000)	–	(200,000)	–	56,000	–	56,000
재고자산	–	(100,000)	–	(100,000)	–	30,000	–	30,000
매출채권	–	(200,000)	–	(200,000)	–	60,000	–	60,000
준 비 금	–	120,000	–	120,000	–	(31,200)	–	(31,200)
미수이자수익	–	80,000	–	80,000	–	(24,000)	–	(24,000)
기타(*)	–	–	–	–	–	–	–	–
소 계	–	(300,000)	–	(300,000)	–	90,800	–	90,800

(*) 유의적인 항목들은 개별적으로 증감내역을 보이고, 기타 항목들은 합계금액의 증감내역을 보임.

(마) 모든 차감할 일시적차이 및 세무상결손금 등에 대한 이연법인세자산 및 이연법인세자산의 실현가능성이 미래 과세소득의 발생 여부에 따라 결정되는 경우, 실현가능성에 대한 판단에 따라서 인식한 이연법인세자산과 그의 판단 근거

당기말 현재 가산할 일시적차이 금액(200,000원)이 차감할 일시적차이 금액(500,000원)보다 작지만, 예상 과세소득이 충분할 것으로 예상되므로 모든 차감할 일시적차이에 대하여 이연법인세자산을 인식하였음.

(바) 재무상태표에 이연법인세자산으로 인식되지 아니한 차감할 일시적차이, 미사용 세무상결손금 및 세액공제 등의 금액 및 만기일

－해당사항 없음.

(사) 이연법인세부채로 인식되지 않은 종속기업, 지분법피투자기업, 조인트벤처의 지분에 대한 투자자산 및 사업용 유형자산인 토지와 관련된 일시적차이 총액

－해당사항 없음.

(아) 자본에 직접 부가되거나 차감된 당기 법인세부담액과 이연법인세의 내역

－해당사항 없음.

(자) 세법의 변경 또는 실현가능성의 변경에 따른 이연법인세자산 및 부채의 변동액

－해당사항 없음 : 20×6년부터 세율이 변경되지만 20×4년 이전부터 존재하던 이연법인세가 없으므로 세율 변경에 따른 이연법인세의 변동은 없음.

(차) 상계 전 총액기준에 의한 이연법인세자산과 부채 및 당기법인세부채와 당기법인세자산

	유동	비유동	합계
이연법인세자산	90,000	56,000	146,000
이연법인세부채	24,000	31,200	55,200
당기법인세부채			396,000(*)
당기법인세자산			–

(*) 중간예납액이 있다면 그 금액을 차감한 금액이 됨.

(카) 세무상결손금과 관련된 사항

– 해당사항 없음.

(20×5 회계연도의 법인세 부담액 계산)

20×5년의 법인세비용차감전순이익은 1,000,000원이며 20×5년의 세무조정사항은 20×4년에 발생한 세무조정사항 및 신고조정으로 손금산입한 준비금 150,000원과 관련된 사항 이외는 없다고 가정한다.

Ⅰ. 법인세비용차감전순이익		₩1,000,000
Ⅱ. 차이조정		(470,000)
Ⅱ-1. 가산조정		
1. 전기미수이자수익	80,000	
	80,000	
Ⅱ-2. 차감조정		
1. 전기재고자산평가손실(매출원가)	(100,000)	
2. 전기대손부인액추인	(200,000)	
3. 퇴충한도초과액손금추인	(100,000)	
4. 준비금전입액	(150,000)	
	(550,000)	
Ⅲ. 과세소득(법인세 과세표준)		₩530,000
법인세율		30%
Ⅳ. 법인세부담액		₩159,000

(20×5 회계연도의 인식할 이연법인세)

1. 20×5년 말 현재 자산과 부채의 장부금액, 세무기준액, 일시적차이, 법인세효과(일시적차이가 존재하는 항목만 제시함)

계정과목	장부금액		세무기준액	일시적차이		법인세효과
	자산항목	부채항목		가산할	차감할	
퇴직급여충당금		C(*)	C – 100,000		100,000	26,000
준비금		0	270,000	270,000		(70,200)
합계				270,000	100,000	(44,200)

* 사례에서 장부금액이 제시되지 않아 임의의 금액인 C로 표시함.

2. 이연법인세의 계산

계정과목	20×5말 현재	일시적차이의 소멸				20×5말 현재
	일시적차이	20×6	20×7	20×8	20×9 이후	이연법인세 자산(부채)
퇴직급여충당금	(100,000)	(100,000)	-	-	-	26,000
차감할 일시적차이 소계	(100,000)	(100,000)	-	-	-	26,000
준 비 금	270,000	-	40,000	90,000	140,000	(70,200)
가산할 일시적차이 소계	270,000	-	40,000	90,000	140,000	(70,200)
일시적차이 합계	170,000	(100,000)	40,000	90,000	140,000	
적용될 법인세율		26%	26%	26%	26%	
법인세액절감(부담)		26,000	(10,400)	(23,400)	(36,400)	

3. 이연법인세자산의 실현가능성 검토

	20×6	20×7	20×8	20×9
가산할 일시적차이소멸액 소계	-	40,000	90,000	140,000
세무조정사항 반영 전 예상 과세소득	500,000	500,000	500,000	500,000
합 계	500,000	540,000	590,000	640,000
차감할 일시적차이소멸액 소계	(100,000)	-	-	-

- 가산할 일시적차이의 합계액이 차감할 일시적차이를 초과하므로 이연법인세자산을 전액 인식한다.

(20×5 회계연도 법인세비용의 회계처리와 주석공시 예시)

1. 이연법인세자산과 부채의 당기 변동액
   - 이연법인세자산 : 26,000(기말) - 146,000(기초) = -120,000(감소)
   - 이연법인세부채 : 70,200(기말) - 55,200(기초) = 15,000(증가)
   - (이연법인세자산과 부채가 동일한 과세당국과 관련된 것이기 때문에) 재무상태표에는 유동과 비유동으로 구분된 이연법인세자산과 이연법인세부채를 각각 상계한 순액으로 계상한다.

2. 법인세비용 : 159,000 + 120,000 + 15,000 = 294,000

(차) 법 인 세 비 용	159,000	(대)	당 기 법 인 세 부 채	159,000
법 인 세 비 용	120,000		이 연 법 인 세 자 산	120,000
법 인 세 비 용	15,000		이 연 법 인 세 부 채	15,000

- 법인세비용은 당기 법인세부담액에서 이연법인세자산(부채)의 당기 변동액을 가감하여 계산한다.

3. 20×5 회계연도의 주석공시 예시

(가) 법인세비용의 산출내역

당기 법인세부담액	159,000
± 일시적차이로 인한 이연법인세 변동액	135,000
± 세무상결손금 등으로 인한 이연법인세 변동액	0
= 총 법인세효과	294,000
± 자본에 직접 반영된 법인세비용	0
± 중단사업손익에 직접 반영된 법인세비용	0
= 법인세비용	294,000

(나) 법인세비용차감전순손익과 법인세비용 간의 관계 설명

(단위 : 원)

법인세비용차감전순이익		1,000,000
적용세율에 따른 법인세		300,000
조정사항		
• 20×6년 이후 세율변동 효과(*)	−6,000	
법인세비용		294,000
유효세율(법인세비용/법인세비용차감전순이익)		: 29.4%

(*) 당기에 발생한 가산할 일시적차이 150,000원에 대하여 법인세부담액 계산에서는 30%의 당기 세율이 반영되었으나 이연법인세부채의 측정에서는 26%의 미래세율이 반영됨에 따른 세율차이(4%)에 해당한다.

(다) 중단사업손익 법인세효과의 계산근거

－해당사항 없음.

(라) 일시적차이 및 이연법인세자산(부채)의 증감내역

관련 계정과목	가산할(차감할) 일시적차이				이연법인세자산(부채)			
	기초잔액	증 가	감 소	기말잔액	기초잔액	증 가	감 소	기말잔액
퇴직급여충당금	(200,000)	−	(100,000)	(100,000)	56,000	−	30,000	26,000
재고자산	(100,000)	−	(100,000)	−	30,000	−	30,000	−
매출채권	(200,000)	−	(200,000)	−	60,000	−	60,000	−
준 비 금	120,000	150,000	−	270,000	(31,200)	(39,000)	−	(70,200)
미수이자수익	80,000	−	80,000	−	(24,000)	−	(24,000)	−
기타(*)	−	−	−	−	−	−	−	−
소 계	(300,000)	150,000	(320,000)	170,000	90,800	(39,000)	96,000	(44,200)

(*) 유의적인 항목들은 개별적으로 증감내역을 보이고, 기타 항목들은 합계금액의 증감내역을 보임.

(마) 모든 차감할 일시적차이 및 세무상결손금 등에 대한 이연법인세자산 및 이연법인세자산의 실현가능성이 미래 과세소득의 발생 여부에 따라 결정되는 경우, 실현가능성에

대한 판단에 따라서 인식한 이연법인세자산과 그의 판단 근거

당기말 현재 가산할 일시적차이 금액(270,000원)이 차감할 일시적차이 금액(100,000원)보다 크므로 모든 차감할 일시적차이에 대하여 이연법인세자산을 인식하였음.

(바) 재무상태표에 이연법인세자산으로 인식되지 아니한 차감할 일시적차이, 미사용 세무상 결손금 및 세액공제 등의 금액 및 만기일

- 해당사항 없음.

(사) 이연법인세부채로 인식되지 않은 종속기업, 지분법피투자기업, 조인트벤처의 지분에 대한 투자자산 및 사업용 유형자산인 토지와 관련된 일시적차이 총액

- 해당사항 없음.

(아) 자본에 직접 부가되거나 차감된 당기 법인세부담액과 이연법인세의 내역

- 해당사항 없음.

(자) 세법의 변경 또는 실현가능성의 변경에 따른 이연법인세자산 및 부채의 변동액

- 해당사항 없음. : 20×6년부터 세율이 변경되지만 20×4년에 존재하던 이연법인세 중 20×6년 이후에 소멸할 이연법인세는 이미 변경되는 세율로 측정하였음.

(차) 상계 전 총액기준에 의한 이연법인세자산과 부채 및 당기법인세부채와 당기법인세자산

	유동	비유동	합계
이연법인세자산	–	26,000	26,000
이연법인세부채	–	70,200	70,200
당기법인세부채			159,000(*)
당기법인세자산			–

(*) 중간예납액이 있다면 그 금액을 차감한 금액이 됨.

(카) 세무상결손금과 관련된 사항

- 해당사항 없음.

사례 중소기업에 해당하는 을회사의 20×4년의 법인세비용차감전순손실은 500,000원, 당해 회계연도의 법인세율은 30%이며 법인세율의 변동은 없다. 20×4년 초 현재 가산할 일시적차이(준비금)는 300,000원이며 재무상태표에는 관련 이연법인세대 90,000원이 계상되어 있고 동 누적일시적차이는 20×6년에 전액 소멸한다. 20×4년 초 현재 세무상결손금은 없으며, 20×7년 이후에는 중소기업에 해당하지 않는다.

을회사의 당기 법인세부담액을 계산하기 위한 세무조정사항 및 이연법인세계산 관련 자료는 다음과 같다.

1. 20×4년 세무조정사항은 다음과 같다.

① 취득원가 1,000,000원, 내용연수 4년, 잔존가치가 영(0)인 기계장치를 당해 사업연도 초에 취득하여 연수합계법으로 상각하나 세법상으로는 정액법으로 상각한다.

② 세법상 손금한도를 초과하여 지출한 기부금은 50,000원이다.

2. 을회사의 20×5년부터 20×7년까지 세무조정사항 반영 전 예상 과세소득은 80,000원이다. 그 후 기간의 예상 과세소득은 없다.

(20×4년 당기 법인세 부담액의 계산)

Ⅰ. 법인세비용차감전순이익		₩(500,000)
Ⅱ. 차이조정		200,000
Ⅱ-1. 가산조정		
1. 감가상각액한도초과액	150,000	
2. 기부금한도초과액[(*1)]	50,000	
	200,000	
Ⅱ-2. 차감조정		
–	–	
Ⅲ. 과세소득(법인세 과세표준)		₩(300,000)[(*2)]
법인세율		30%
Ⅳ. 법인세부담액		₩0

(*1) 일시적차이를 유발하지 않는 조정항목임.

(*2) 결손금 소급공제 신청은 하지 않음.

(20×4년 이연법인세 계산)

1. 20×4년 말 현재 자산과 부채의 장부금액, 세무기준액, 일시적차이, 법인세효과(일시적차이가 존재하는 항목만 제시함)

계정과목	장부금액		세무기준액	일시적차이 및 세무상결손금		법인세효과
	자산항목	부채항목		가산할	차감할	
기계장치 (상각누계액)	1,000,000 (400,000)		1,000,000 (250,000)		150,000	45,000
준 비 금		0	300,000	300,000		(90,000)
세무상결손금					300,000	90,000
합계				300,000	450,000	45,000

2. 이연법인세의 계산(이연법인세자산의 실현가능성이 충분한 경우)

계정과목	20×4 현재	일시적차이의 소멸			20×4 현재
	일시적차이 및 세무상결손금	20×5	20×6	20×7 이후	이연법인세 자산(부채)
기계장치	(150,000)	–	(50,000)	(100,000)	45,000
세무상결손금	(300,000)	(80,000)	(220,000)	–	90,000

	20×4 현재	일시적차이의 소멸			20×4 현재
차감할 일시적차이 및 세무상결손금 소계	(450,000)	(80,000)	(270,000)	(100,000)	135,000
준 비 금	300,000	–	300,000	–	(90,000)
가산할 일시적차이 소계	300,000	–	300,000	–	(90,000)
일시적차이 등 합계	(150,000)	(80,000)	30,000	(100,000)	
적용될 법인세율		30%	30%	30%	
법인세액절감(부담)		24,000	(9,000)	30,000	

3. 이연법인세자산의 실현가능성 검토

	20×5	20×6	20×7 이후
가산할 일시적차이 소멸액 소계	–	300,000	–
세무조정사항 반영 전 예상 과세소득	80,000	80,000	80,000
합 계	80,000	380,000	80,000
차감할 일시적차이 소멸액 소계	–	(50,000)	(100,000)
세무상결손금의 소득차감액	(80,000)	(220,000)	–

– 20×7년 이후의 예상 과세소득 80,000원이 차감할 일시적차이 100,000원보다 작으므로 예상 과세소득을 초과하는 차감할 일시적차이 20,000원에서 발생하는 법인세절감효과(6,000원)를 이연법인세자산으로 인식할 수 없다. 따라서 20×4년에 인식할 수 있는 이연법인세자산 총액은 129,000원(= 135,000 – 6,000)이다.

(20×4 회계연도 법인세비용의 회계처리와 주석공시 예시)

1. 이연법인세자산과 부채의 당기 변동액
   – 이연법인세자산 : 129,000(기말) – 0(기초) = 129,000(증가)
   – 이연법인세부채 : 90,000(기말) – 90,000(기초) = 0(변동 없음)
   – (이연법인세자산과 부채가 동일한 과세당국과 관련된 것이기 때문에) 재무상태표에는 유동과 비유동으로 구분된 이연법인세자산과 이연법인세부채를 각각 상계한 순액으로 계상한다.

2. 법인세비용 : 0 – 129,000 + 0 = –129,000

(차)	법 인 세 비 용	0	(대) 당 기 법 인 세 부 채	0
	이 연 법 인 세 자 산	129,000	법 인 세 비 용	129,000
	법 인 세 비 용	0	이 연 법 인 세 부 채	0

– 법인세비용은 당기 법인세부담액에서 이연법인세자산(부채)의 당기 변동액을 가감하여 계산한다.

3. 20×4 회계연도의 주석공시 예시

(가) 법인세비용의 산출내역

당기 법인세부담액	0
± 일시적차이로 인한 이연법인세 변동액	(39,000)
± 세무상결손금 등으로 인한 이연법인세 변동액	(90,000)
= 총 법인세효과	(129,000)
± 자본에 직접 반영된 법인세비용	0
± 중단사업손익에 직접 반영된 법인세비용	0
= 법인세비용	-129,000

(나) 법인세비용차감전순손익과 법인세비용간의 관계 설명

법인세비용차감전순이익		-500,000
적용세율에 따른 법인세		-150,000
조정사항		
• 비공제비용 (50,000)	+15,000	
• 당기발생 일시적차이 중 이연법인세자산 미인식 효과	+6,000	
법인세비용		-129,000
유효세율(법인세비용/법인세비용차감전순이익)		: 25.8%

(다) 중단사업손익 법인세효과의 계산근거

- 해당사항 없음.

(라) 일시적차이 및 이연법인세자산(부채)의 증감내역

관련 계정과목	가산할(차감할)일시적차이 및 세무상결손금				이연법인세자산(부채)			
	기초잔액	증 가	감 소	기말잔액	기초잔액	증 가	감 소	기말잔액
기계장치	–	(150,000)	–	(150,000)	–	39,000(*)	–	39,000(*)
기타(**)	–	–	–	–	–	–	–	–
세무상결손금	–	(300,000)	–	(300,000)	–	90,000	–	90,000
준 비 금	300,000	–	–	300,000	(90,000)	–	–	(90,000)
소 계	300,000	(450,000)	–	(150,000)	(90,000)	129,000	–	39,000

(*) 실현가능성 때문에 일시적차이 중 20,000에 상당하는 6,000의 이연법인세자산을 인식하지 못함.

(**) 유의적인 항목들은 개별적으로 증감내역을 보이고, 기타 항목들은 합계금액의 증감내역을 보임.

(마) 모든 차감할 일시적차이 및 세무상결손금 등에 대한 이연법인세자산 및 이연법인세자산의 실현가능성이 미래 과세소득의 발생 여부에 따라 결정되는 경우, 실현가능성에 대한 판단에 따라서 인식한 이연법인세자산과 그의 판단 근거

- 20×4 회계연도 말 현재 차감할 일시적차이 총액은 150,000원이고 미사용 세무상결손금은 300,000원이다. 따라서 실현가능성이 있다면 135,000원의 이연법인세자산을

인식하게 된다.

-그런데, 20×7년 이후의 예상 과세소득이 충분하지 않아서 20×4년에 인식한 이연법인세자산총액은 129,000원이다.

(바) 재무상태표에 이연법인세자산으로 인식되지 아니한 차감할 일시적차이, 미사용 세무상결손금 및 세액공제 등의 금액 및 만기일

-기계장치의 감가상각액에 따른 일시적차이 중 이연법인세자산으로 인식되지 아니한 차감할 일시적차이 20,000원이 있으며, 20×7년에 소멸할 예정이다.

(사) 이연법인세부채로 인식되지 않은 종속기업, 지분법피투자기업, 조인트벤처의 지분에 대한 투자자산 및 사업용 유형자산인 토지와 관련된 일시적차이 총액

-해당사항 없음.

(아) 자본에 직접 부가되거나 차감된 당기 법인세부담액과 이연법인세의 내역

-해당사항 없음.

(자) 세법의 변경 또는 실현가능성의 변경에 따른 이연법인세자산 및 부채의 변동액

-해당사항 없음.

(차) 상계 전 총액기준에 의한 이연법인세자산과 이연법인세부채 및 당기법인세부채와 당기법인세자산

	유동	비유동	합계
이연법인세자산	24,000	105,000	129,000
이연법인세부채	–	90,000	90,000
당기법인세부채			0
당기법인세자산			–

(카) 세무상결손금과 관련된 사항

-당기에 발생한 세무상결손금 300,000원에 대하여 법인세효과 90,000원을 이연법인세자산으로 인식하고 90,000원을 전액 20×4년의 당기순이익에 반영하였다.

(20×5년 당기 법인세부담액의 계산)

20×5년의 법인세비용차감전순이익은 80,000원이며 20×5년의 세무조정사항은 20×4년에 발생한 세무조정사항과 관련된 사항 이외는 없다고 가정한다.

Ⅰ. 법인세비용차감전순이익		₩80,000
Ⅱ. 차이조정		50,000
Ⅱ-1. 가산조정		
1. 감가상각액한도초과액	50,000	
Ⅱ-2. 차감조정	–	
Ⅲ. 이월결손금		(130,000)
Ⅳ. 과세소득(법인세 과세표준)		0
법인세율		30%
Ⅴ. 법인세부담액		0

(20×5년 이연법인세 계산)

1. 20×5년 말 현재 자산과 부채의 장부금액, 세무기준액, 일시적차이, 법인세효과(일시적차이가 존재하는 항목만 제시함)

계정과목	장부금액		세무기준액	일시적차이 및 이월결손금		법인세 효과
	자산항목	부채항목		가산할	차감할	
기계장치 (상각누계액)	1,000,000 (700,000)		1,000,000 (500,000)		200,000	60,000
준 비 금		0	300,000	300,000		(90,000)
세무상결손금					170,000	51,000
합계				300,000	370,000	21,000

2. 이연법인세의 계산(이연법인세자산의 실현가능성이 충분한 경우)

계정과목	20×5 현재	일시적차이의 소멸		20×5 현재
	일시적차이 및 결손금	20×6	20×7 이후	이연법인세 자산(부채)
기계장치 세무상결손금	(200,000) (170,000)	(50,000) (170,000)	(150,000) –	60,000 51,000
차감할 일시적차이 및 세무상결손금 소계	(370,000)	(220,000)	(150,000)	111,000
준 비 금	300,000	300,000	–	(90,000)
가산할 일시적차이 소계	300,000	300,000	–	(90,000)
일시적 차이 등 합계	(70,000)	80,000	(150,000)	
적용될 법인세율		30%	30%	
법인세액절감(부담)		(24,000)	45,000	

3. 이연법인세자산의 실현가능성 검토

	20×6	20×7 이후
가산할 일시적차이 소멸액 소계	300,000	–
세무조정사항 반영 전 예상 과세소득	80,000	80,000
합 계	380,000	80,000
차감할 일시적차이 소멸액 소계	(50,000)	(150,000)
세무상결손금의 소득차감액	(170,000)	–

–20×7년 이후의 예상 과세소득 80,000원이 차감할 일시적차이 150,000원보다 작으므로 예상 과세소득을 초과하는 차감할 일시적차이 70,000원에서 발생하는 법인세절감효과(21,000원)

를 이연법인세자산으로 인식할 수 없다(20×7년 이후에는 중소기업이 아니기 때문에 결손금 소급공제가 불가능함). 따라서 20×5년에 인식할 수 있는 이연법인세자산총액은 90,000원(= 111,000 − 21,000)이다.

(20×5 회계연도 법인세비용의 회계처리와 주석공시 예시)

1. 이연법인세자산과 부채의 당기 변동액
   - 이연법인세자산 : 90,000(기말) − 129,000(기초) = −39,000(감소)
   - 이연법인세부채 : 90,000(기말) − 90,000(기초) = 0(변동 없음)
   - (이연법인세자산과 부채가 동일한 과세당국과 관련된 것이기 때문에) 재무상태표에는 유동과 비유동으로 구분된 이연법인세자산과 이연법인세부채를 각각 상계한 순액으로 계상한다.

2. 법인세비용 : 0 − (−39,000) + 0 = 39,000

(차)	법 인 세 비 용	0	(대) 당 기 법 인 세 부 채	0
	법 인 세 비 용	39,000	이 연 법 인 세 자 산	39,000
	법 인 세 비 용	0	이 연 법 인 세 부 채	0

   - 법인세비용은 당기법인세부담액에서 이연법인세자산(부채)의 당기 변동액을 가감하여 계산한다.

3. 20×5 회계연도의 주석공시 예시

(가) 법인세비용의 산출내역

당기 법인세부담액	0
± 일시적차이로 인한 이연법인세 변동액	0(*)
± 세무상결손금 등으로 인한 이연법인세 변동액	39,000
= 총 법인세효과	39,000
± 자본에 직접 반영된 법인세비용	0
± 중단사업손익에 직접 반영된 법인세비용	0
= 법인세비용	39,000

(*) 감가상각액과 관련된 차감할 일시적차이는 50,000원이 증가하였지만, 실현가능성 때문에 감가상각액과 관련하여 인식한 이연법인세자산은 20X4 회계연도와 변동 없음.

(나) 법인세비용차감전순손익과 법인세비용 간의 관계 설명

법인세비용차감전순이익		80,000
적용세율에 따른 법인세		24,000
• 당기 발생 일시적차이 중 이연법인세자산 미인식 효과	+15,000	
법인세비용		39,000

유효세율(법인세비용/법인세비용차감전순이익) : 48.75%

(다) 중단사업손익 법인세효과의 계산근거
- 해당사항 없음.

(라) 일시적차이 및 이연법인세자산(부채)의 증감내역

관련 계정과목	가산할(차감할) 일시적차이 및 세무상결손금				이연법인세자산(부채)			
	기초잔액	증 가	감 소	기말잔액	기초잔액	증 가	감 소	기말잔액
기계장치	(150,000)	(50,000)	-	(200,000)	39,000(*)	-	-	39,000(**)
세무상 결손금	(300,000)		(130,000)	(170,000)	90,000	-	39,000	51,000
준 비 금	300,000	-	-	300,000	(90,000)	-	-	(90,000)
소 계	(150,000)	(50,000)	(130,000)	(70,000)	39,000	-	39,000	-

(*) 실현가능성 때문에 일시적차이 중 20,000원에 상당하는 6,000원의 이연법인세자산을 인식하지 못함.
(**) 실현가능성 때문에 일시적차이 중 70,000원에 상당하는 21,000원의 이연법인세자산을 인식하지 못함.

(마) 모든 차감할 일시적차이 및 세무상결손금 등에 대한 이연법인세자산 및 이연법인세자산의 실현가능성이 미래 과세소득의 발생 여부에 따라 결정되는 경우, 실현가능성에 대한 판단에 따라서 인식한 이연법인세자산과 그의 판단 근거
- 20×5 회계연도 말 현재 차감할 일시적차이 총액은 200,000원이고 미사용 세무상결손금은 170,000원이다. 따라서 실현가능성이 있다면 111,000원의 이연법인세자산을 인식하게 된다.
- 그런데, 20×7년 이후의 예상 과세소득이 충분하지 않아서 20×5년에 인식한 이연법인세자산총액은 90,000원이다.

(바) 재무상태표에 이연법인세자산으로 인식되지 아니한 차감할 일시적차이, 미사용 세무상결손금 및 세액공제 등의 금액 및 만기일
- 기계장치의 감가상각액에 따른 일시적차이 중 이연법인세자산으로 인식되지 아니한 차감할 일시적차이가 70,000원 있으며, 20×7년 이후에 소멸할 예정이다.

(사) 이연법인세부채로 인식되지 않은 종속기업, 지분법피투자기업, 조인트벤처의 지분에 대한 투자자산 및 사업용 유형자산인 토지와 관련된 일시적차이 총액
- 해당사항 없음.

(아) 자본에 직접 부가되거나 차감된 당기 법인세부담액과 이연법인세의 내역
- 해당사항 없음.

(자) 세법의 변경 또는 실현가능성의 변경에 따른 이연법인세자산 및 부채의 변동액
- 해당사항 없음.

(차) 상계 전 총액기준에 의한 이연법인세자산과 이연법인세부채 및 당기법인세부채와 당기법인세자산

	유동	비유동	합계
이연법인세자산	51,000	39,000	90,000
이연법인세부채	90,000	-	90,000

	유동	비유동	합계
당기법인세부채			0
당기법인세자산			–

(카) 세무상결손금과 관련된 사항

- 전기에 발생한 세무상결손금 300,000원 중 당기에 130,000원이 감소하였고 그에 따른 법인세효과 39,000원을 당기순이익에 반영하였다.

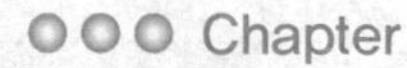

07 중단사업손익

제1절 개념 및 범위

1. 의 의

기업은 일정 사업부문을 폐기 또는 처분하는 경우가 있다. 이러한 사업부문을 중단사업이라고 하는데, 이를 계속사업으로부터 분리하여 보고하게 되면 투자 및 영업계획 등의 기초가 되는 미래의 손익을 예측하는 데 유용한 회계정보를 제공할 수 있다. 예를 들면, 중단사업을 계속사업과 분리하여 보고하지 않는다면 적자를 기록하는 사업부를 회계기간 중에 처분하였을 경우 그 적자사업부의 영업결과는 당기의 계속사업손익에 포함되므로 미래에 지속될 수 있는 이익이 과소평가될 수 있다. 반대로 흑자를 기록하는 사업부를 회계기간 중에 처분하였을 경우 그 흑자사업부의 영업결과가 당기의 계속사업손익에 포함되므로 미래에 지속될 수 있는 이익이 과대평가될 수 있다. 따라서, 중단사업은 계속사업과 분리하여 보고하는 것이 적절할 것이다(일반기준 28장 부록 결28.1, 결28.2).

2. 중단사업의 범위

(1) 개 요

중단사업은 기업의 일부로서 경영관리와 재무보고 목적상 별도로 식별할 수 있고, 주요 사업별 또는 지역별 단위로 구분할 수 있으며, 사업의 중단을 목표로 수립된 단일계획에 따라 기업의 일부를 일괄매각방식 또는 기업분할방식으로 처분하거나, 해당 사업에 속한 자산과 부채를 분할하여 처분 또는 상환하거나, 또는 사업자체를 포기하는 경우를 말한다. 즉, 중단사업은 다음의 조건을 모두 충족시키는 기업의 일부를 말한다(일반기준 28장 문단 28.2).

첫째, 사업의 중단을 목표로 수립된 단일계획에 따라 기업의 일부를 일괄매각방식 또는 기업분할방식으로 처분하거나, 해당 사업에 속한 자산과 부채를 분할하여 처분 또는 상환하거나, 또는 사업자체를 포기할 것

둘째, 주요 사업별 또는 지역별 단위로 구분할 수 있을 것

셋째, 경영관리와 재무보고 목적상 별도로 식별할 수 있을 것

따라서, 기업구조조정의 과정에 있는 사업이라고 해서 모두 중단사업으로 분류되는 것은 아니며, 위와 같은 중단사업의 정의에 부합하는 것만이 중단사업에 대한 회계처리의 대상이 된다(일반기준 28장 부록 결28.4).

(2) 일괄매각방식에 의한 사업중단

사업을 일괄매각하면 통합된 하나의 처분이익이나 처분손실이 발생한다. 일괄매각의 경우에는 사업의 중단에 대한 구속력 있는 하나의 매각계약체결일이 존재하지만 중단사업에 대한 점유와 통제의 이전은 매각계약체결일 이후 시점에 이루어질 수 있다. 또한, 매각대금도 매각계약체결시점, 중단사업에 대한 점유 및 통제의 이전 시점 또는 그 이후 시점에 받을 수 있다(일반기준 28장 부록 실28.1).

(3) 기업분할방식에 의한 사업중단

기업을 분할하는 경우에는 다음과 같이 사업의 중단에 해당하는지 여부를 고려하여 중단사업에 대한 회계처리의 대상 여부를 결정한다(일반기준 28장 부록 실28.9, 실28.10).

① 기업의 일부를 인적분할방식으로 처분하는 경우에는 그 밖의 중단사업의 조건을 모두 충족한다면 사업의 중단과 관련된 처분으로 본다.

② 물적분할의 경우에는 분할신설기업 주식의 보유 또는 매각과 관련된 일련의 계획을 고려하여 판단하여야 한다.

- 기업의 일부를 처분하기 위하여 물적분할을 실시하고 분할신설기업의 주식을 매각할 계획인 경우 물적분할과 주식의 매각이 '사업의 중단을 목표로 수립된 단일계획'에 포함되어 주식의 처분예정시기가 최초공시사건일로부터 1년 내이고 그 밖의 중단사업의 조건을 모두 충족한다면 사업의 중단으로 본다.
- 기업의 일부를 물적분할하고 분할신설기업의 주식을 계속 보유할 계획인 경우에는 개별재무제표에서 물적분할을 사업의 중단과 관련된 처분으로 보지 아니한다.

(4) 분할하여 처분 또는 상환하는 방법에 의한 사업중단

자산과 부채를 분할하여 처분 또는 상환하는 방법으로 사업을 중단하는 경우에는 분할된 자산의 처분 또는 부채의 상환건별로 처분손익이 발생한다. 따라서, 개별적인 자산의 처분이나 부채의 상환은 종합적인 처분손익의 결과와는 서로 상반되는 영향을 보여줄 수도 있으며, 구속력 있는 전반적인 매각계약이 효력을 발생하는 특정일이 정하여지지 않는 경

우도 있다. 또한, 분할된 자산의 처분과 부채의 상환에 수 개월 또는 그 이상의 기간이 소요되고 처분 또는 상환이 완료되지 않은 상태에서 회계기간이 종료될 수도 있다. 이와 같은 분할에 의한 처분과정이 사업의 중단으로 인식되기 위해서는 그러한 처분이 체계적인 단일계획에 따라 수행되어야 한다(일반기준 28장 부록 실28.2).

(5) 사업의 포기에 의한 사업중단

기업은 중요한 자산을 처분하지 않고도 특정사업을 포기함으로써 사업을 중단할 수 있다. 이 경우 포기된 사업이 앞서 설명한 중단사업으로 정의되기 위한 3가지의 조건을 모두 만족한다면 중단사업으로 볼 수 있다. 그러나, 특정사업의 범위나 수행방식을 변경하는 것은 실질적으로 사업활동이 계속되고 있기 때문에 사업의 포기로 볼 수 없다(일반기준 28장 부록 실28.3).

또한, 기업은 시장환경의 변화에 대응하여 특정 설비를 폐쇄하거나 특정 제품 또는 제품군 전체의 생산을 중단하거나 인력규모를 감축하는 경우가 흔히 있는데, 일반적으로 그러한 행위자체가 일반기업회계기준 제28장에서 정의하는 사업의 중단은 아니지만 종종 사업중단에 수반되어 발생하기도 한다(일반기준 28장 부록 실28.4).

이와 같이 그 자체로는 중단사업으로 정의되기 위한 첫 번째의 조건을 충족하는 것은 아니지만 동 조건을 만족시키는지 여부를 판단하는데 도움을 주는 다음의 예시 상황과 결합되면 동 조건을 충족시킬 수 있는 활동이 될 수도 있다. 하지만, 이 경우에도 중단사업으로 정의되기 위한 첫 번째의 조건을 만족하는지 여부를 별도로 판단하여야 한다(일반기준 28장 부록 실28.5).

① 특정 제품군 또는 서비스의 점진적인 중단
② 계속사업부문에 속하는 일부 제품군의 생산중단
③ 특정 사업계열의 생산 또는 마케팅활동의 지역이전
④ 생산성 향상이나 원가절감을 위한 설비 폐쇄

(6) 사업별 또는 지역별 단위의 구분 가능성

특정 사업뿐만 아니라 특정 지역이 경영관리상, 재무보고상 별도로 식별될 수 있다면 이는 하나의 부문에 해당되며, 이 부문이 기업의 주요 구분 단위가 되고, 이 부문의 사업을 중단할 경우에는 중단사업으로 보고하는 것이 타당할 것이다. 따라서, 일반기업회계기준 제28장에서는 부문을 사업별 또는 지역별 단위로 구분하고 경영관리상, 재무보고상 별도로 식별될 수 있는 부문을 중단하는 경우에는 이를 중단사업에 포함하도록 하였다(일반기준 28장 부록 결28.4).

(7) 경영관리와 재무보고 목적상 별도의 식별 가능성

특정 사업이 다음의 조건을 모두 충족하는 경우에는 중단사업으로 정의되기 위한 세 번째의 조건, 즉 경영관리와 재무보고 목적상 별도로 식별할 수 있는 경우로 본다(일반기준 28장 부록 실28.6).

① 사업용 자산과 부채를 직접 귀속시킬 수 있다.

② 수익(총매출)을 직접 귀속시킬 수 있다.

③ 대부분의 영업비용을 직접 귀속시킬 수 있다.

특정 사업이 매각 또는 포기 등의 방법으로 처분될 때 자산, 부채, 수익 및 비용이 같이 제거된다면 이들 자산 등은 그 사업에 직접 귀속된다고 볼 수 있으며, 이자 및 기타 금융비용은 관련 부채의 구분에 따라 귀속된다(일반기준 28장 부록 실28.7).

3. 최초공시사건의 정의

중단사업으로 인식할 수 있는 구체적인 사건이 무엇이냐 하는 것은 중단사업의 회계처리에 매우 중요한 의미가 있다. 이에 대해 일반기업회계기준 제28장 문단 28.3에서는 사업중단에 대한 "최초공시사건"을 다음 중 먼저 발생한 사건으로 규정하고 있다.

① 특정 사업에 속하는 대부분의 자산에 대한 구속력 있는 매각계약의 체결

② 기업의 이사회나 또는 이와 유사한 권한을 가진 의사결정기구의 특정 사업에 대한 공식적이며 구체적인 중단계획의 승인 및 발표

위의 ②에서 "공식적이며 구체적인 중단계획"에는 다음의 내용들이 포함되어야 하며, "사업중단계획의 공식적인 발표"는 발표된 특정 사업에 대한 중단계획에 고객, 공급자, 종업원 등이 실현가능성을 납득할 수 있을 만큼 구체적이고 상세한 내용이 포함되어 기업이 그 계획의 이행에 대해 사실상의 의무를 지게 되는 경우를 말한다(일반기준 28장 문단 28.4, 부록 실28.8).

① 대상 사업 또는 사업부문

② 대상 사업장의 위치

③ 사업중단에 소요되는 비용

④ 사업중단계획의 이행시기

한편, 중단계획발표의 공신력을 높이기 위해 중단계획에는 처분예정시기가 포함되어야 하며, 특정 사업을 처분하는 경우에는 처분예정시기가 최초공시사건일로부터 1년 이내 이어야 한다. 다만, 기업이 통제할 수 없는 사건이나 상황 때문에 특정 사업을 처분하는 데 소요되는 기간이 연장되는 경우에는 1년을 초과할 수도 있으며, 다음의 경우에는 1년 규정

을 적용하지 아니한다(일반기준 28장 문단 28.5, 28.6, 부록 결28.3).

① 사업중단계획을 발표한 날에 제3자(구매자를 제외한 타인)가 사업의 처분에 대하여 처분완료기간을 연장하는 조건을 부과할 것이라고 합리적으로 기대되는 사건과 상황이 발생하는 경우로서, 다음 조건이 모두 충족되는 경우

㉠ 구속력 있는 매각계약이 체결되어야 그러한 조건에 대응하는 데 필요한 조치를 개시할 수 있다.

㉡ 구속력 있는 매각계약이 1년 이내에 이루어질 가능성이 매우 높다.

② 구속력 있는 매각계약을 체결한 결과, 과거에 중단사업으로 분류하였던 사업의 처분에 대하여 처분완료기간을 연장하는 예기치 못한 조건을 구매자나 제3자가 부과하는 경우로서, 다음 조건이 모두 충족되는 경우

㉠ 그러한 조건에 대응하는 데 필요한 조치를 적시에 취하여 왔다.

㉡ 지연요인의 긍정적인 해결이 기대된다.

③ 과거에는 가능성이 낮다고 판단했던 상황이 최초 1년 동안 발생하고, 그 결과 과거에 중단사업으로 분류하였던 사업이 그 기간 종료시점까지 처분되지 않는 경우로서 다음 조건이 모두 충족되는 경우

㉠ 최초 1년 동안 상황 변화에 대응하기 위해 필요한 조치를 취하였다.

㉡ 변화된 상황에서 사업을 합리적인 가격에 적극적으로 처분하고자 한다.

㉢ 최초공시사건의 요건(일반기준 28장 문단 28.3~28.5)이 충족된다.

제2절 기업회계상 회계처리

1. 중단사업손익의 인식과 측정

(1) 중단사업손익

중단사업손익은 해당 회계기간에 중단사업으로부터 발생한 영업손익과 영업외손익으로서 사업중단직접비용과 중단사업자산손상차손을 포함한다(일반기준 28장 문단 28.7).

(2) 중단사업관련 영업손익과 영업외손익

중단사업에서 발생한 영업손익과 영업외손익은 계속사업에서 발생한 손익과는 구분하여 손익계산서에 표시하여야 할 것인 바, 최초공시사건일이 속하는 회계연도부터 사업중단이

완료되는 날이 속하는 회계연도까지 중단사업에서 발생한 영업손익과 영업외손익에 대하여는 결산시점에 다음과 같이 회계처리하여야 한다.

(차) 매 출 액	×××	(대) 매 출 원 가	×××
영 업 외 수 익	×××	판 매 비 와 관 리 비	×××
		영 업 외 비 용	×××
		중 단 사 업 손 익	×××

(3) 사업중단직접비용

사업중단에 대한 최초공시사건이 일어나면 종업원의 인력구조조정, 기계장치의 재배치 등으로 인하여 추가적인 손실이 발생할 수 있다. 이와 같이 사업중단과 직접적으로 관련하여 발생할 것으로 예상되는 사업중단직접비용이 다음의 두 가지 요건을 모두 충족하는 경우에는 사업중단에 대한 최초공시사건이 일어난 회계기간에 중단사업손익 및 충당부채로 계상하여야 한다(일반기준 28장 문단 28.8, 28.9).

① 추가적인 퇴직급여, 장기임대자산의 해약으로 인한 해약가산금 등 사업의 중단으로 인해 불가피하게 발생할 것

② 다른 계속적인 사업과 관련되지 아니할 것

사례 ㈜한강의 이사회는 2×07년 10월 1일에 갑, 을, 병, 정의 사업부문 중 정부문을 2×08년 3월 31일까지만 운영하기로 하였다. 이에 따라, 정부문에서 근무하는 일정 인원의 종업원을 2×08년 1월부터 점진적으로 퇴직시켜야 하며 이에 따라 2×08년 3월까지 추가로 지급해야 하는 퇴직금 예상액은 15,000원이다. 중단사업과 관련한 2×07년 10월 1일의 회계처리는?

(차) 중 단 사 업 손 익 (사업중단직접비용)	15,000	(대) 사업중단직접비용충당부채	15,000

(4) 중단사업자산손상차손

1) 손상차손의 인식 또는 환입

일반적으로 기업은 그 경영활동을 청산하거나 중대하게 축소시킬 의도가 없을 뿐만 아니라 그러한 필요성도 없다는 가정, 즉 기업의 목적과 의무를 이행하기에 충분할 정도로 장기간 존속한다는 계속기업의 가정을 전제로 재무제표를 작성·공시한다. 하지만, 기업실체의 중요한 경영활동이 축소 또는 청산시킬 의도나 필요가 있는 경우에도 계속기업을 전제로 재무제표를 작성·공시하는 것은 올바른 재무상태, 경영성과 및 재무상태의 변동에 관한 정보를 제공하지 못할 것이다.

이와 같이 사업중단계획을 승인하고 발표하는 경우에는 일반적으로 중단사업에 속하는 자산을 새로이 평가함으로써 손상차손이 새로이 발생 또는 추가되거나, 드문 경우이지만 과거에 인식하였던 손상차손의 회복이 수반된다. 따라서, 사업중단계획의 발표시점에서 중단사업에 속하는 자산의 회수가능액을 추정하여 손상차손을 인식하거나, 과거 회계기간에 손상차손을 인식하기 전의 장부금액을 한도로 하여 과거에 인식한 손상차손을 환입하여야 한다(일반기준 28장 문단 28.10).

① 손상차손의 인식

(차) 중 단 사 업 손 익	×××	(대) 손 상 차 손 누 계 액	×××

② 과거에 인식한 손상차손의 환입

(차) 손 상 차 손 누 계 액	×××	(대) 중 단 사 업 손 익	×××

2) 손상차손의 인식방법

중단사업에 속하는 자산에 대한 손상차손을 인식하는 경우에는 자산의 회수가능액에 대한 추정을 개별 자산별로 할 것인지 또는 현금창출단위별로 할 것인지를 정해야 하며, 상황에 따라 아래의 ① 내지 ③의 예와 같이 처리한다. 이 때 "현금창출단위"는 개별 자산이 포함된 최소 단위의 자산그룹으로서 다른 자산이나 자산그룹의 현금흐름과 독립된 현금흐름을 창출하는 단위를 말한다(일반기준 28장 부록 실28.11).

① 중단사업의 거의 전부를 일괄 매각하는 경우에는 그 사업 내의 어느 개별 자산도 중단사업 내의 다른 자산으로부터 독립되어 현금을 창출하지 못한다. 따라서, 중단사업의 회수가능액은 중단사업 전체에 대하여 추정하며, 손상차손이 있는 경우에는 일반기업회계기준 제20장 '자산손상'에서 정하는 바에 따라 각 자산에 적절히 배분한다.

② 중단사업에 속한 자산을 개별 자산 또는 소그룹 단위로 분할매각하는 경우에는 회수가능액을 매각단위별로 추정한다.

③ 사업을 포기하는 경우의 회수가능액은 개별 자산별로 추정한다.

한편, 구속력 있는 매각계약에서의 계약가격이 있는 경우에는 이를 자산이나 현금창출단위의 순실현가능가치 또는 최종 매각으로부터의 현금유입액의 가장 객관적인 추정치로 본다(일반기준 28장 부록 실28.13).

또한, 중단사업의 장부금액(손상차손이 인식된 경우에는 회수가능액)에는 합리적이고 일반적인 기준에 따라 당해 중단사업에 배분된 영업권의 장부금액(손상차손이 인식된 경우에는 회수가능액)이 포함된다(일반기준 28장 부록 실28.14).

3) 손상차손누계액의 수정

사업중단계획의 발표 후 잠재적 매수자와의 협상과정이나 체결된 매매계약의 내용에서 중단사업에 속하는 자산의 손상차손이 전년도까지 인식된 손상차손금액에 비해 증가 또는 감소된 것으로 밝혀질 수 있다. 이 경우에는 중단사업에 속하는 자산의 회수가능액을 재추정하여 손상차손을 추가로 인식하거나 환입하여야 한다(일반기준 28장 부록 실28.12).

2. 중단사업손익의 재무제표상 표시와 공시

(1) 손익계산서의 작성

중단사업손익은 손익계산서에 법인세효과를 차감한 금액으로 하여 별도의 항목으로 구분하여 보고하고 법인세효과는 중단사업손익 다음에 괄호를 이용하여 표시하여야 한다. 그리고, 최초공시사건일이 속하는 회계기간의 재무제표에 비교목적으로 제시되는 과거기간의 재무제표는 중단사업에서 발생한 손익을 중단사업손익으로 구분하여 보고하여야 한다. 즉, 비교목적으로 제시되는 전년도의 손익계산서는 회사 전체의 수익과 비용을 계속사업과 중단사업에 속하는 부분으로 분리하는 방식으로 재작성되어야 한다. 이 경우 중단사업손익의 산출내역은 주석으로 기재한다(일반기준 28장 문단 28.11, 28.19).

손익계산서

	제×(당)기	제×(전)기
매출액	×××	×××
:	:	:
법인세비용차감전계속사업손익	×××	×××
계속사업손익법인세비용	(×××)	(×××)
계속사업손익	×××	×××
중단사업손익	(×××)	×××
(법인세효과 당기 (−)×××, 전기 ×××)		
당기순손익	×××	×××

(2) 주석공시

1) 최초공시사건일이 속하는 회계기간에 주석으로 공시하여야 할 사항

다음의 사항은 중단사업에 대한 최초공시사건일이 속하는 회계기간에 주석으로 기재하여야 한다. 이때 다수의 중단사업이 있는 경우의 주석공시는 중단사업별로 각각 적용한다

(일반기준 28장 문단 28.12, 28.18).

① 중단사업의 내용
② 중단사업이 속하는 사업별 또는 지역별 단위
③ 최초공시사건의 일자와 성격
④ 중단사업의 처분예정시기
⑤ 보고기간종료일 후에 처분예정인 자산과 부채의 보고기간종료일 현재 장부금액 합계액
⑥ 중단사업손익의 산출내역
⑦ 영업활동, 투자활동 및 재무활동으로부터 발생한 순현금흐름 중 중단사업에 귀속되는 금액

위의 주석사항과 아래의 '2)~4)'에서 규정하는 주석사항은 최초공시사건일이 속하는 회계기간은 물론 사업중단이 완료되는 날이 속하는 회계기간까지 계속적으로 적용하여야 한다. 여기서 "사업중단이 완료되는 날"이라 함은 매각대금의 회수시점과 관계없이 실질적으로 사업중단계획의 수행이 완료되었거나 사업중단계획이 철회된 날을 말한다(일반기준 28장 부록 실28.16).

2) 보고기간종료일과 재무제표가 사실상 확정된 날 사이에 최초공시사건이 발생한 경우

보고기간종료일과 재무제표가 사실상 확정된 날 사이에 중단사업에 대한 최초공시사건이 발생한 경우에도 '1) 최초공시사건일이 속하는 회계기간에 주석으로 공시하여야 할 사항'에서 요구한 ①~⑤의 사항들을 주석으로 기재하여야 한다. 이때 "재무제표가 사실상 확정된 날"은 정기주주총회 제출용 재무제표가 이사회에서 최종승인된 날을 말하며, 주주총회에 제출된 재무제표가 주주총회에서 수정·승인된 경우에는 주주총회일을 말한다(일반기준 28장 문단 28.13).

3) 최초공시사건일이 속하는 회계기간이 종료된 후에 중단사업에 속한 자산과 부채를 처분 또는 상환하거나 그에 관한 구속력 있는 매각계약을 체결한 경우

최초공시사건일이 속하는 회계기간이 종료된 후에 중단사업에 속한 자산과 부채를 처분 또는 상환하거나 그에 관한 구속력 있는 매각계약을 체결한 경우에는 당해 거래나 사건이 발생한 기간의 재무제표의 주석에 구속력 있는 매각계약이 체결된 순자산의 순판매가액의 추정치, 매각대금의 예상회수시기 및 당해 순자산의 장부금액을 기재하여야 한다(일반기준 28장 문단 28.14).

위에서 언급하고 있는 자산의 처분, 부채의 상환, 구속력 있는 매각계약의 체결은 최초공시사건과 동시에 발생할 수도 있고, 최초공시사건이 발생한 회계기간 또는 그 후의 기간

에 발생할 수도 있다. 이 경우 일반기업회계기준 제24장 '보고기간 후 사건'에 의거하여 보고기간종료일과 재무제표가 사실상 확정된 날 사이에 중단사업에 속하는 자산의 일부가 실제로 매각되었거나 그러한 자산이 포함된 구속력 있는 매각계약이 체결되어 관련된 중요한 내용을 주석으로 공시하지 않으면 재무제표이용자의 적절한 평가와 의사결정능력에 영향을 줄 수 있는 경우에는 위의 사항을 주석으로 공시하여야 한다(일반기준 28장 부록 실28.15).

4) 최초공시사건이 발생한 회계기간 후의 기간에 처분될 자산 또는 상환될 부채와 관련한 현금흐름의 규모나 시기에 중요한 변동이 발생한 경우

최초공시사건이 발생한 회계기간 후의 기간에 처분될 자산 또는 상환될 부채와 관련한 현금흐름의 규모나 시기에 중요한 변동이 발생하였을 경우에는 변동내용과 그 원인이 되는 사건의 내용을 주석으로 공시하여야 한다(일반기준 28장 문단 28.15).

3. 사업중단계획의 철회

(1) 손익계산서의 작성

중단사업으로 보고된 사업중단계획을 철회한 경우에 비교 공시되는 전년도의 재무제표는 전기에 중단사업으로 인식하였던 손익 중 사업중단직접비용 및 중단사업자산손상차손을 제외한 중단사업손익을 계속사업의 손익으로 재분류하고, 사업중단을 철회하기로 한 기간의 경영성과는 계속사업에 포함하여 보고하여야 한다. 반면, 전년도의 사업중단직접비용과 중단사업자산손상차손은 비교 공시되는 전년도 재무제표에 계속해서 중단사업손익으로 보고하고, 사업중단계획을 철회하기로 한 기간에 환입하여 중단사업손익으로 보고하여야 한다(일반기준 28장 문단 28.16).

(차) 사업중단직접비용충당부채	×××	(대) 중 단 사 업 손 익	×××
(차) 손 상 차 손 누 계 액	×××	(대) 중 단 사 업 손 익	×××

(2) 주석공시

중단사업으로 보고된 사업중단계획을 철회한 경우에는 그 내용과 영향을 주석으로 기재하여야 한다. 이 경우 주석에는 전년도에 사업중단계획에 의해 인식한 사업중단직접비용 및 중단사업자산손상차손의 환입에 대한 내용이 포함된다(일반기준 28장 문단 28.17).

4. 중단사업의 회계처리 사례

A. 상 황

갑회사는 A, B, C 3개의 부문을 가지고 있다. 갑회사의 경영진은 C부문이 장기적으로 수익성이 악화될 것으로 판단하고 C부문을 매각하기로 결정하였다. 2×07년 7월 1일에 갑회사의 이사회는 2×08년 5월말까지 C부문의 매각을 완료하기로 하는 매각계획을 승인하고 이를 발표하였다.

이 날 현재 C부문의 순자산의 장부금액은 1,500(자산 2,000, 부채 500)이었다. 자산의 장부금액 2,000의 회수가능액은 1,700으로 추정되었으며, 300의 손상차손을 인식해야 하는 것으로 나타났다.

2×07년 11월 1일에 갑회사는 C부문을 을회사에 매각하기로 하는 계약을 체결하였고, 2×08년 4월 30일에 매각이 완료될 예정이다.

갑회사는 매각계약에 따라 C부문에 대한 점유와 통제의 이전이 이루어지는 2×08년 4월 30일까지 C부문에서 근무하는 일정 인원의 종업원을 퇴직시켜야 하며, 이에 따라 2×08년 4월 30일까지 지급하여야 하는 추가적인 퇴직금예상액은 100이다. 한편, 갑회사는 2×08년 4월 30일까지 C부문을 계속 가동할 예정이다.

2×07년 12월 31일 현재 C부문의 순자산의 장부금액은 1,150(자산 1,850, 부채 700 : 추가적으로 지급할 퇴직금예상액에 대한 충당부채 100이 포함됨)이었으며, 자산의 장부금액 1,850의 회수가능액은 1,800으로서 최초공시사건 이후 결산일까지 추가적으로 50의 손상차손을 인식하여야 한다.

2×07년 1월 1일부터 12월 31일까지의 중단사업자산손상차손 350과 C부문 매각에 따른 추가적으로 지급할 퇴직금예상액 100을 제외한 C부문의 법인세차감전이익은 200이고, C부문의 법인세차감전이익을 제외한 갑회사 전체의 법인세비용차감전계속사업이익은 2,000이다. 갑회사에 적용되는 법인세율은 30%이고, 회계기간은 1월 1일부터 12월 31일까지다. 또한 전년도인 2×06년의 C부문의 법인세차감전이익은 150이었다.

갑회사는 2×08년 4월 30일에 C부문이 매각되면서 220의 처분손실이 발생하였다. 2×08년 1월 1일부터 2×08년 4월 30일까지 C부문의 가동으로 인해 70의 손실이 발생하였다.

〈주요내용 요약〉

최초공시사건일 : 2×07년 7월 1일

매각계약체결일 : 2×07년 11월 1일

사업중단완료일 : 2×08년 4월 30일

2×07년의 손익계산서상의 중단사업손실 : 250[1] − 75[2] = 175

1) 법인세효과 차감전 중단사업손실 : ① + ② − ③ = 250
① 사업중단직접비용 : 추가적으로 지급할 퇴직금 예상액 100
② 중단사업자산손상차손 : 300+50=350
③ C부문의 이익 : 200* (2×07. 1. 1.~12. 31.)
* 중단사업자산손상차손 350과 C부분 매각에 따른 퇴직금예상액 100은 포함되지 않은 금액임.
2) 법인세효과의 계산 : 250×30%=75

B. 중단사업의 회계처리관련 분개

(1) 2×07. 7. 1.(최초공시사건일)에 C부문의 매각시 추가적으로 지급해야 하는 퇴직금예상액을 사업중단직접비용으로 계상함.

(차) 중단사업손익 (사업중단직접비용)	100	(대) 사업중단직접비용충당부채	100

(2) 2×07. 7. 1.(최초공시사건일)에 C부문에 속하는 자산에 대한 손상차손을 인식함.

(차) 중단사업손익 (중단사업자산손상차손)	300	(대) 손상차손누계액 (중단사업귀속자산)[1]	300

1) 중단사업귀속자산은 기계장치 등 중단사업에 귀속되는 손상차손 인식대상 자산계정임.

(3) 2×07. 12. 31.(결산일)에 C부문에 속하는 자산에 대한 추가적인 손상차손을 인식함.

(차) 중단사업손익 (중단사업자산손상차손)	50	(대) 손상차손누계액 (중단사업귀속자산)	50

(4) 2×07. 12. 31.(결산일)에 기초부터 결산일까지의 C부문에 귀속되는 손익을 중단사업손익으로 재분류함.

(차) 중단사업귀속수익	×××	(대) 중단사업귀속비용 중단사업손익 (2×07. 1. 1. ~ 12. 31.)	××× 200[2]

2) 중단사업자산손상차손 350과 C부문 매각에 따른 추가적으로 지급할 퇴직금예상액 100은 포함되지 않은 금액임.

(5) 2×08. 4. 30.(사업중단완료일)에는 2×08. 1. 1.부터 2×08. 4. 30.까지의 C부문에 귀속되는 손실 70을 중단사업손익으로 재분류함.

(차) 중단사업귀속수익 중단사업손익 (2×08. 1. 1. ~ 4. 30.)	××× 70	(대) 중단사업귀속비용	×××

(6) 2×08. 4. 30.(사업중단완료일)에 C부문의 처분에 따른 처분손익을 인식함.

(차) 미 수 금	×××	(대) 중단사업귀속자산[4]	×××
중단사업귀속부채[3]	×××		
중 단 사 업 손 익 (중단사업처분손실)	220		

3) 중단사업귀속부채는 중단사업에 귀속되는 모든 부채계정을 의미함.

4) 중단사업귀속자산은 중단사업에 귀속되는 모든 자산계정(관련 손상차손누계액과 감가상각누계액 포함)을 의미함.

C. 손익계산서상의 표시

손익계산서

제×기 2×07년 1월 1일부터 2×07년 12월 31일까지

제×기 2×06년 1월 1일부터 2×06년 12월 31일까지

갑회사 (단위 : 원)

	제×(당)기	제×(전)기
매출액	21,000	18,500
매출원가	(16,000)	(14,000)
매출총이익	5,000	4,500
판매비와관리비	(3,150)	(2,950)
영업이익	1,850	1,550
영업외수익	480	550
영업외비용	(330)	(300)
법인세비용차감전계속사업이익	2,000	1,800
계속사업손익법인세비용	(600)	(540)
계속사업이익	1,400	1,260
중단사업손익(주석 6) (법인세효과 당기 (−)75, 전기 45)	(175)	105
당기순이익	1,225	1,365

D. 주석공시의 예시

(주석 6) 회사의 이사회는 2×08년 5월말까지 의류부문인 C부문의 매각을 완료하기로 하는 C부문의 매각계획을 승인하고 2×07. 7. 1.에 이를 발표하였다. C부문의 매각결정은 식음료품의 제조 및 판매사업에 역점을 두고 그 밖의 사업은 정리하기로 한 회사의 장기경영전략에 따른 것이다. 이사회의 매각계획승인 후 회사의 경영진 차원에서 C부문의 매각에 대한 협상을 진행한 결과 2×07. 11. 1.에 을회사에게 C부문을 매각하기로 하는 계약을 체

결하였다. 회사는 C부문의 매각으로 인해 일자리를 잃게 되는 종업원에게 2×08. 4. 30.까지 추가적으로 지급해야 하는 퇴직금예상액 100에 대한 충당부채를 계상하였다. 2×07. 12. 31. 현재 처분예정인 C부문의 자산의 장부금액은 1,800이고, 부채의 장부금액(C부문의 매각에 따른 퇴직금예상액에 대한 충당부채 100은 제외)은 600이다.

중단사업손실에는 사업중단직접비용 100, 중단사업자산손상차손 350, 당해 회계기간의 C부문의 이익 200(사업중단직접비용과 중단사업자산손상차손은 불포함)이 포함되어 있다. 따라서, 2×07년에 C부문에서는 250의 중단사업손실이 발생하여 법인세 기간 내 배분에 의한 법인세효과 75가 나타났다.

한편, 2×07년에 C부문의 영업활동에서의 순현금유출액은 500이고, 투자활동에서의 순현금유출액은 50이며, 재무활동에서의 순현금유입액은 120이었다.

- C부문의 사업중단에 대한 최초공시사건일 : 2×07. 7. 1.
- C부문의 매각계약체결일 : 2×07. 11. 1.
- C부문의 처분예정일 : 2×08. 4. 30.
- 중단사업손실(세전) : 100 + 350 − 200 = 250
  ① 사업중단직접비용 : 퇴직금 예상액 100
  ② 중단사업자산손상차손 : 300 + 50 = 350[1)]
  ③ C부문의 이익 : 200[2)]

1) C부문에 귀속되는 기계장치에 대하여 최초공시사건일에 300, 결산일에 50의 손상차손을 인식함.
2) 중단사업자산손상차손 350과 C부문 매각에 따른 퇴직금 예상액 100은 포함되지 않은 금액임.

C부문의 손익계산 내역

항 목	2×07. 1. 1. ~ 12. 31.
매출액	835
매출원가	(−) 530
매출총이익	305
판매비와관리비	(−) 37
영업이익	268
영업외수익	5
영업외비용	(−) 73
C부문의 이익	200

- 2×07년의 손익계산서상의 중단사업손실(세후) : 250 − 75[3)] = 175

3) 법인세효과의 계산 250×30% = 75

제3절 세무회계상 유의할 사항

일반기업회계기준 제28장 문단 28.7에 따르면, 중단사업손익은 해당 회계기간에 중단사업으로부터 발생한 영업손익과 영업외손익으로서 사업중단직접비용과 중단사업자산손상차손을 포함한다. 즉, 중단사업손익은 중단사업 관련 손익, 사업중단직접비용과 중단사업자산손상차손을 합산한 금액을 의미한다.

(1) 중단사업 관련 손익

최초공시사건일이 속하는 회계연도부터 사업중단이 완료되는 날이 속하는 회계연도까지는 중단사업에서 발생한 손익을 계속사업에서 발생한 손익과는 구분하여 손익계산서에 표시하여야 하는 바, 만약 적자를 기록하는 사업부를 매각하는 경우라면 결산시점에 다음과 같이 회계처리함으로써 중단사업손익을 계속사업손익에서 구분하여야 한다.

(차)	매 출 액	×××	(대)	매 출 원 가	×××
	영 업 외 수 익	×××		판매비와관리비	×××
	중 단 사 업 손 실	×××		영 업 외 비 용	×××

위의 회계처리와 관련하여 법인세법상 명문규정이나 유권해석은 없으나, 향후에 중단할 사업이라 하여 관련 수익과 비용을 상계처리하는 것은 법인세법상 인정되지 않을 것으로 판단된다. 따라서, 법인세신고시 다음과 같은 세무조정이 필요할 것이다.

(익산)	매 출 액	×××	(기타)
(익산)	영 업 외 수 익	×××	(기타)
(손불)	중 단 사 업 손 실	×××	(기타)
(손산)	매 출 원 가	×××	(기타)
(손산)	판매비와관리비	×××	(기타)
(손산)	영 업 외 비 용	×××	(기타)

또한, 위와 같은 세무조정과 더불어 감가상각비, 대손상각비, 기업업무추진비, 퇴직급여, 기부금 등 세법상 일정한 한도 내에서만 손금으로 인정되는 비용은 손익계산서에 계상된 금액이 아닌 중단사업손익으로 대체되기 전의 금액을 법인세법상 시부인 대상으로 하여야 할 것이다.

한편, 법인세법 제25조의 기업업무추진비 손금불산입 및 같은 법 시행령 제48조의 공동경비의 손금불산입 등의 규정을 적용함에 있어 "일반기업회계기준에 따라 계산한 매출액"이란 중단사업부문의 매출액을 포함한 매출액을 말한다(법령 42조 1항).

(2) 사업중단직접비용

일반기업회계기준 제28장 문단 28.8에 따르면, 사업중단에 대한 최초공시사건이 일어나면 사업중단과 직접적으로 관련하여 발생할 것으로 예상되는 사업중단직접비용을 중단사업손익에 포함하여 다음과 같이 충당부채로 계상하여야 한다.

(차) 중 단 사 업 손 익 ××× (대) 사업중단직접비용충당부채 ×××

그러나, 법인세법상 손금은 권리·의무확정주의에 의하여 그 귀속시기가 결정되는 것이므로 위와 같이 계상한 미확정 충당부채는 손금으로 인정될 수 없을 것이다. 따라서, 충당부채로 회계처리한 시점에 손금불산입(유보)한 후 사업중단직접비용이 실제로 지출되거나 확정되는 시점에 손금산입(△유보)하여야 할 것이다.

(3) 중단사업자산손상차손

일반기업회계기준 제28장 문단 28.10에 따르면, 사업중단계획의 발표시점에서 중단사업에 속하는 자산의 회수가능액을 추정하여 손상차손을 인식하거나 과거 회계기간에 손상차손을 인식하기 전의 장부금액을 한도로 하여 과거에 인식한 손상차손을 환입하여야 한다. 따라서, 사업중단계획의 발표시점에 손상차손을 인식하는 경우 다음과 같이 회계처리하게 된다.

(차) 중 단 사 업 손 익 ××× (대) 손 상 차 손 누 계 액 ×××

이와 관련하여 법인세법 시행령 제31조 제8항에서는 감가상각자산이 진부화, 물리적 손상 등에 따라 시장가치가 급격히 하락하여 법인이 기업회계기준에 따라 손상차손을 계상한 경우(법법 제42조 제3항 제2호에 해당하는 경우는 제외)에는 해당 금액을 감가상각비로서 손비로 계상한 것으로 보아 법인세법 제23조 제1항을 적용한다고 규정하고 있는 바, 위의 경우에도 손상차손계상액을 감가상각한 것으로 보아 시부인계산하여야 할 것으로 판단된다.

Chapter

08 당기순손익 등

손익계산서(income statement)는 수익, 비용, 이익, 손실 등 일정기간 동안 기업의 경영성과에 대한 정보를 제공하는 재무보고서로서, 당해 회계기간의 경영성과를 나타낼 뿐만 아니라 기업의 미래현금흐름과 수익창출능력 등의 예측에 유용한 정보를 제공한다(일반기준 2장 문단 2.44).

이처럼 손익계산서는 일정기간의 영업활동의 결과치인 이익에 관한 정보를 제공하여 주는 데, 기업의 다양한 활동, 거래 및 회계사건은 기업의 안정성, 위험도, 예측가능성에 미치는 영향이 다르다. 따라서, 기업이 실제 달성한 경영성과를 이해하고 미래 경영성과를 예측하는데 도움을 줄 수 있도록 기업의 경영성과에 영향을 미치는 요소를 구분하게 되면 기업의 미래현금흐름과 수익창출능력 등을 예측하는데 보다 유용한 정보를 제공해 줄 수 있다.

따라서, 손익계산서는 매출총손익, 영업손익, 법인세비용차감전계속사업손익, 계속사업손익, 중단사업손익, 당기순손익을 구분하여 표시한다. 다만, 제조업, 판매업, 건설업 외의 업종에 속하는 기업은 매출총손익의 구분표시를 생략할 수 있다(일반기준 2장 문단 2.45).

1. 매출총손익

매출총손익은 기업의 판매활동에서 달성된 이익창출의 결과를 나타내주며, 기업의 주된 영업활동의 결과인 매출액에서 이에 대응하는 매출원가를 차감함으로써 산출된다.

이 매출총손익은 기업의 업종에 따라 다른 용어로 표시될 수도 있다. 즉, 제조업, 판매업 및 건설업 이외의 사업을 영위하는 기업에 있어서는 매출총손익의 구분·표시를 생략할 수 있다(일반기준 2장 문단 2.45). 판매업과 제조업의 경우 매출총손익의 기재방법을 표시하면 다음과 같다.

Ⅰ. 매출액		×××	
Ⅱ. 매출원가		×××	
1. 기초상품(또는 제품)재고액	×××		
2. 당기상품매입액(또는 제품제조원가)	×××		
3. 기말상품(또는 제품)재고액	×××		
Ⅲ. 매출총이익(또는 매출총손실)		×××	

2. 영업손익

영업손익(operating income or loss)이란 기업의 주된 영업활동에서 발생한 손익으로서 영업수익에서 영업비용을 차감시켜 산출된다.

여기서 영업비용이란 영업수익을 획득하기 위하여 투입된 원가(매출원가)와 기업의 판매활동 또는 기업의 관리와 유지활동에서 발생하는 비용(판매비와관리비)을 의미한다.

이와 같은 영업손익은 반드시 매출총손익에서 판매비와관리비를 차감하는 형식으로 표시하여야 한다.

이를 예시하면 다음과 같다.

Ⅰ. 매 출 액		×××	
Ⅱ. 매 출 원 가		×××	
Ⅲ. 매 출 총 손 익		×××	
Ⅳ. 판 매 비 와 관 리 비		×××	
1. 급 여	×××		
2. 퇴 직 급 여	×××		
⋮			
Ⅴ. 영 업 손 익		×××	

용역업과 같이 용역수익에 대응되는 용역원가의 파악이 곤란하여 수익과 비용이 완전히 대응되지 않는 경우에는 매출총손익의 구분 · 표시를 생략하고 영업손익의 구분만 실시할 수 있다. 이러한 경우에는 특히 영업손익을 구분 · 표시함으로써 기업의 정상적인 영업활동의 결과를 알 수 있게 된다.

3. 법인세비용차감전계속사업손익

'법인세비용차감전계속사업손익'은 중단사업손익이 있는 경우에 중단사업손익과 구분하기 위하여 사용되며, 중단사업손익이 없는 경우에는 '법인세비용차감전순손익'으로 표시하여야 한다(일반기준 2장 부록 실2.52).

일반적으로 회계실체는 다양한 활동을 수행하는 것이 보통이며, 이러한 활동들이 기업의 안정성, 위험성, 예측가능성 등에 미치는 영향이 제각기 상이하므로 정보이용자들이 회계실체의 미래에 대하여 정확하게 예측한다는 것은 매우 어렵다.

이러한 상황 하에서는 회계정보이용자들은 특정기업의 과거 수익획득활동에 관한 정보를 토대로 하여 그 기업의 미래이익을 예측하고자 한다. 이 때 미래에 대한 예측을 하기 위하여 과거의 정보를 이용하는 것은 과거의 상황이 미래에도 어느 정도 유사하게 지속될 것으로 가정하기 때문인데, 이러한 이유로 과거의 이익정보는 정상적이고 반복적(normal and recurring)인 이익이어야 한다.

법인세비용차감전계속사업손익은 기업의 계속적인 사업활동과 그와 관련된 부수적인 활동에 발생하는 손익으로서 중단사업손익에 해당하지 않는 모든 손익(법인세비용 제외)을 포함하는 것으로, 영업손익에 영업외수익을 가산하고 영업외비용을 차감하여 산출한다(일반기준 2장 문단 2.53).

이를 예시하면 다음과 같다.

Ⅴ. 영 업 손 익	×××
Ⅵ. 영 업 외 수 익	×××
Ⅶ. 영 업 외 비 용	×××
Ⅷ. 법인세비용차감전계속사업손익(또는 법인세차감전순손익)	×××

4. 계속사업손익

계속사업손익은 중단사업손익이 있는 경우에 중단사업손익과 구분하기 위하여 사용되며, 법인세비용차감전계속사업손익에서 계속사업손익법인세비용을 차감하여 산출한다. 여기서 계속사업손익은 기업의 계속적인 사업활동과 그와 관련된 부수적인 활동에서 발생하는 손익으로서 중단사업손익에 해당하지 않는 모든 손익을 말하며, 계속사업손익법인세비용은 계속사업손익에 대응하여 발생한 법인세비용을 말한다(일반기준 2장 문단 2.54).

5. 중단사업손익

중단사업손익은 중단사업으로부터 발생한 영업손익과 영업외손익으로서 사업중단직접비용과 중단사업자산손상차손을 포함하며, 법인세효과를 차감한 후의 순액으로 보고하고 중단사업손익의 산출내역을 주석으로 기재한다. 이 때 중단사업손익에 대한 법인세효과는 손익계산서의 중단사업손익 다음에 괄호를 이용하여 표시한다(일반기준 2장 문단 2.55).

6. 당기순손익

순이익(net income) 또는 순손실(net loss)은 일정기간 내에 수익, 비용, 이득, 손실 등을 초래한 거래나 경제적 사건의 결과로 나타나는 회계실체의 순자산(혹은 자본)의 변동액을 말한다. 다시 말하면, 순이익이나 순손실은 일정기간 내에 자본거래 이외의 거래에 의하여 발생한 순자산(혹은 자본)의 변동액을 말한다.

당기순손익은 계속사업손익에 중단사업손익을 가감하여 산출하며, 당기순손익에 기타포괄손익을 가감하여 산출한 포괄손익의 내용은 주석으로 기재한다. 이 경우 기타포괄손익의 각 항목은 관련된 법인세효과가 있다면 그 금액을 차감한 후의 금액으로 표시하고 법인세효과에 대한 내용을 별도로 기재한다(일반기준 2장 문단 2.56).

여기에서 말하는 포괄손익(comprehensive income)이란 일정 기간 동안 주주와의 자본거래를 제외한 모든 거래나 사건에서 인식한 자본의 변동을 말하는 것으로, 이와 같이 포괄손익을 보고하는 목적은 주주와의 자본거래를 제외한 인식된 거래와 기타 경제적 사건으로 인하여 발생한 모든 순자산의 변동을 측정하기 위한 것인데, 이러한 순자산의 변동 중 일부는 손익계산서에 표시되고 일부는 재무상태표의 자본의 별도구성항목으로 표시되기 때문에 이를 주석에 기재하도록 하고 있다(일반기준 2장 부록 결2.9).

Chapter

09

주당손익

1. 개　념

주당이익(earnings per share : EPS)이란 주식 1주당 이익(또는 손실)이 얼마인가를 나타내는 수치로서 주식 1주에 귀속되는 이익(또는 손실)을 말한다.

이러한 주당이익은 재무정보이용자가 기업의 경영성과와 배당정책을 평가하고, 기업의 잠재력을 예측하며, 증권분석 및 투자에 관한 의사결정을 할 수 있도록 하는 유용한 정보이다.

주당이익의 유용성을 살펴보면 다음과 같다.

첫째, 특정기업의 경영성과를 기간별로 비교하는 데 유용하다. 즉, 연속적인 두 회계기간의 주당이익을 비교함으로써 두 기간의 경영성과에 대하여 의미 있는 비교를 할 수 있다.

둘째, 특정기업의 주당이익을 주당배당금 지급액과 비교해봄으로써 당기순이익 중 사외에 유출되는 부분과 사내에 유보되는 부분의 상대적 비중에 관한 유용한 정보를 용이하게 얻을 수 있다.

셋째, 주가를 주당순이익으로 나눈 수치인 주가수익률(price－earning ratio : PER)은 사외유통주식을 평가하는 투자지표의 하나인데, 주당순이익은 주가수익률의 계산에 기초자료가 된다.

• PER ＝ 주가 ÷ EPS
• 주가 ＝ PER × EPS

주가수익률이 낮다는 것은 주당순이익에 비해 시가가 낮게 형성되어 있다는 것을 의미하므로 주가가 향후 큰 폭으로 상승할 가능성이 있다는 것을 암시해 준다.

현행 일반기업회계기준은 주당이익의 공시를 의무화하고 있지는 아니하나 관련 법규 등의 필요에 의하여 공시하여야 하는 경우 계속사업이익(또는 계속사업손실) 또는 당기순이익(또는 당기순손실)에 대하여 기본주당이익(또는 기본주당손실)을 계산하여 손익계산서 본문에 표시하고 그 내역을 주석기재하도록 하고 있다.

이하의 내용 설명시 사용하는 용어의 정의는 다음과 같다(일반기준 26장 부록 용어의 정의).

- 보통주 : 이익배당이나 잔여재산 분배에 있어 제한이나 우선권이 주어지지 아니한 주식
- 잠재적보통주 : 보통주를 발행받을 수 있는 권리가 소유자에게 부여된 금융상품 또는 기타의 계약 등으로서 그 예는 다음과 같음.
  ① 보통주로 전환할 수 있는 금융부채나 지분상품(전환우선주 포함)
  ② 옵션과 신주인수권
  ③ 계약상 합의(예 : 사업결합 또는 자산취득)에 따라 조건이 충족되면 발행될 보통주
- 옵션과 신주인수권 : 보유자가 보통주를 매입할 수 있는 권리를 가지는 금융상품
- 조건부발행보통주 : 조건부주식약정에 명시된 특정 조건이 충족된 경우에 현금 등의 납입이 없이(또는 거의 없이) 발행하게 되는 보통주
- 조건부주식약정 : 특정 조건이 충족되면 주식을 발행하기로 하는 약정

2. 적용범위

주식회사 등의 외부감사에 관한 법률의 적용대상기업 중 자본시장과 금융투자업에 관한 법률에 따른 주권상장법인과 재무제표의 작성과 표시를 위해 한국채택국제회계기준의 적용을 선택한 기업(한국채택국제회계기준 적용선택기업)의 경우에는 K-IFRS 제1033호에 따라 주당이익을 계산하고 공시하여야 한다.

반면, 주식회사 등의 외부감사에 관한 법률의 적용대상기업 중 한국채택국제회계기준에 따라 회계 처리하지 아니하는 기업, 즉 일반기업회계기준에 따라 회계처리하는 기업의 경우에는 일반기업회계기준에서 주당이익의 공시를 의무화하고 있지 않기 때문에 관련 법규에서 규정한 경우에 한하여 주당이익을 보고할 의무가 있다. 이에 일반기업회계기준 제26장에서는 관련 법규의 요구 등에 따라 보고하여야 하는 경우 적용할 기본주당이익의 산정방법 및 공시에 필요한 사항을 규정하고 있다. 그러나, 일반기업회계기준 제26장에서는 비상장기업의 경우에 희석주당이익을 계산하기 위하여 필요한 보통주의 시장가격을 알기 어렵기 때문에 희석주당이익에 대해서는 규정하지 않고 있다. 그렇지만, 법규 등 필요에 의하여 희석주당이익 정보를 공시하고자 한다면 일반기업회계기준 제5장 문단 5.4 및 5.5에 따라 한국채택국제회계기준의 관련규정을 참조하여 산출 할 수 있을 것이다(일반기준 26장 부록 결26.1).

3. 기본주당이익의 계산

(1) 개 요

보통주에 귀속되는 특정 회계기간의 계속사업이익(또는 계속사업손실) 또는 당기순이익(또는 당기순손실)에 대하여 기본주당이익(또는 기본주당손실)을 계산한다(일반기준 26장 문단 26.3).

구체적으로, 기본주당계속사업이익(또는 기본주당계속사업손실)은 보통주에 귀속되는 특정 회계기간의 계속사업이익(또는 계속사업손실)을 그 기간에 유통된 보통주식수를 가중평균한 주식수(이하 "가중평균유통보통주식수"라 함)로 나누어 산출하고, 기본주당순이익(또는 기본주당순손실)은 보통주에 귀속되는 특정 회계기간의 당기순이익(또는 당기순손실)을 그 기간의 가중평균유통보통주식수로 나누어 산출한다(일반기준 26장 문단 26.4).

이를 산식으로 나타내면 다음과 같다.

- $\text{기본주당계속사업이익(기본주당계속사업손실)} = \dfrac{\text{보통주 계속사업이익(계속사업손실)}}{\text{가중평균유통보통주식수}}$

- $\text{기본주당순이익(기본주당순손실)} = \dfrac{\text{보통주 당기순이익(당기순손실)}}{\text{가중평균유통보통주식수}}$

이와 같이 계산된 기본주당이익 정보의 목적은 특정 회계기간의 경영성과에 대한 보통주 1주당 지분의 측정치를 제공한다(일반기준 26장 문단 26.5).

(2) 보통주 계속사업이익 및 당기순이익의 계산

기본주당이익을 계산하기 위한 보통주 계속사업이익 또는 당기순이익은 손익계산서상의 계속사업이익 또는 당기순이익에서 우선주 배당금등을 각각 차감하여 산출한다. 여기서 손익계산서의 당기순이익(또는 계속사업이익)에서 차감할 우선주 배당금은 다음과 같다(일반기준 26장 문단 26.6, 26.8).

① 그 회계기간과 관련하여 결의된 비누적적 우선주 배당금

② 배당결의 여부와 관계없이 누적적 우선주에 대하여 그 회계기간과 관련하여 배당하여야 할 금액(따라서 전기 이전의 기간과 관련하여 당기에 지급되거나 결의된 누적적 우선주 배당금은 제외함)

③ 중간재무제표를 작성하는 경우에는 우선주의 약정배당률(약정배당률이 없는 경우에는 전기배당률)에 의한 배당금 중 해당 중간기간분에 대한 추정액

한편, 당기에 보통주로 전환된 전환우선주의 발행조건상 전환간주일이 기말인 경우에 그

전환우선주에 대한 배당금이 있다면 해당 배당금을 손익계산서의 당기순이익에서 차감할 우선주 배당금에 포함한다(일반기준 26장 부록 26.A1).

1) 참가적 우선주에 귀속되는 손익

참가적우선주는 소정의 우선주배당을 받고 잔여미처분이익에 대하여도 보통주와 더불어 일정한 비율로 배당에 참가할 수 있는 주식을 말한다. 참가적우선주에 귀속되는 손익은 보통주에 귀속되는 손익과 구분되므로 참가적우선주에 대하여 분배하여야 할 순이익을 차감한 후에 보통주에 대한 주당이익을 산출한다. 따라서, 참가적우선주에 귀속되는 손익을 정확하게 산출하여야 하며, 그 산출내역을 주석으로 기재할 필요가 있다(일반기준 26장 부록 결26.6).

사례 참가적우선주

가. 손익상황 및 자본에 관한 사항

당기순이익	1,000,000원
유통보통주식수	10,000주
참가적우선주	6,000주

비누적적 우선주에 대한 연간배당금(보통주에 대한 배당 전) 주당 55원

보통주에 대하여 주당 21원의 배당금이 지급된 후, 우선주는 보통주와 20 : 80의 비율로 추가적 배당에 참가한다(즉, 우선주와 보통주에 대하여 각각 주당 55원과 21원의 배당금을 지급한 후, 우선주는 보통주에 대하여 추가적으로 지급되는 배당금액의 1/4 비율로 참가한다).

우선주배당금	330,000원(주당 55원)
보통주배당금	210,000원(주당 21원)

나. 기본주당순이익의 계산

당기순이익		1,000,000원
차감 :		
우선주배당금	330,000원	
보통주배당금	210,000원	540,000원
배당금 차감 후 이익		460,000원

다. 배당금 차감 후 이익의 배분

보통주 1주당 이익배분액 = A

우선주 1주당 이익배분액 = B

$(A \times 10,000) + (A \times 1/4 \times 6,000) = 460,000$

A = 460,000 ÷ (10,000 + 1,500) = 40

B = A × 1/4 = 40 × 1/4 = 10

라. 기본주당순이익

	참가적우선주	보통주
배당금 지급액	55원	21원
배당금 차감 후 이익의 배분액	10원	40원
합 계	65원	61원

2) 추가적으로 고려할 사항

기본주당이익을 계산하기 위한 보통주 당기순이익(또는 계속사업이익)의 계산시에는 다음 사항을 추가적으로 고려하여야 한다.

① 우선주 주식할인발행차금의 상각

우선주에 대한 주식할인발행차금을 이익잉여금의 처분에 의하여 상각하는 경우의 상각금액은 우선주에 대한 이익배분으로 보아 기본주당이익을 계산할 때 보통주에 귀속되는 이익에서 차감한다(일반기준 26장 문단 26.9).

② 우선주 유상감자

우선주를 매입하는 경우, 우선주의 장부금액을 초과하여 지불하는 매입대가는 기본주당이익을 계산할 때 보통주에 귀속되는 이익에서 차감한다. 반대로 우선주의 매입대가가 우선주의 장부금액에 미달하는 경우에는 차액을 기본주당이익을 계산할 때 보통주에 귀속되는 이익에 가산한다(일반기준 26장 문단 26.10, 26.12). 여기서 우선주의 장부금액이란 매입한 우선주의 액면금액과 해당 우선주 주식발행초과금(또는 주식할인발행차금) 장부금액의 합계로 하며, 우선주의 장부금액은 종류별로 평균법을 적용하여 산출한다(일반기준 26장 부록 26.A9).

③ 전환우선주 유도전환

전환우선주 발행기업이 처음의 전환조건보다 유리한 조건을 제시하거나 추가적인 대가를 지불하여 조기 전환을 유도하는 경우가 있다. 이 경우 처음의 전환조건에 따라 발행될 보통주의 공정가치를 초과하여 지급하는 보통주와 현금 등의 공정가치는 전환우선주에 대한 이익배분으로 보아 기본주당이익을 계산할 때 보통주에 귀속되는 이익에서 차감한다(일반기준 26장 문단 26.11).

(3) 가중평균유통보통주식수의 계산

기본주당이익을 계산하기 위한 보통주식수는 그 기간의 가중평균유통보통주식수로 한다. 이때 "유통"이라 함은 주식이 발행된 후 재취득되지 않은 상태를 말한다(일반기준 26장 문단 26.13).

가중평균유통보통주식수는 특정 회계기간의 유통주식수의 변동에 따른 자본의 변동을 반영한 것으로, 기초의 유통보통주식수에 회계기간 중 재취득된 자기주식수 또는 신규 발행된 보통주식수와 그 주식 각각의 유통기간에 따른 가중치를 고려하여 계산한다. 이 경우 유통기간에 따른 가중치는 그 회계기간의 총일수에 대한 특정 보통주의 유통일수의 비율로 산정한다. 예를 들어, 자기주식을 취득하는 경우 자기주식의 취득시점부터 매각시점까지의 보유기간은 보통주의 유통일수에 포함하지 아니한다(일반기준 26장 문단 26.14, 부록 결26.8).

1) 보통주유통일수 계산의 기산일

가중평균유통보통주식수를 산정하기 위한 보통주유통일수 계산의 기산일은 주식발행의 대가를 받을 권리가 발생하는 시점(일반적으로 주식발행일)으로 이는 주식발행과 관련된 특정 조건에 따라 결정되며, 이때 주식발행에 관한 계약의 실질이 적절히 고려되어야 한다. 보통주유통일수 계산의 기산일의 예를 들면 다음과 같다(일반기준 26장 문단 26.15).

① 현금납입의 경우 현금을 받을 권리가 발생하는 날(일반적으로 납입기일의 익일)
② 채무상품의 전환으로 인하여 보통주를 발행하는 경우 최종이자발생일의 다음날
③ 그 밖의 금융상품에 대하여 이자를 지급하거나 원금을 상환하는 대신 보통주를 발행하는 경우 최종이자발생일의 다음날
④ 채무를 변제하기 위하여 보통주를 발행하는 경우 채무변제일
⑤ 현금 이외의 자산을 취득하기 위하여 보통주를 발행하는 경우 그 자산의 취득을 인식한 날
⑥ 용역을 대가로 하여 보통주를 발행하는 경우 용역제공일

사례 가중평균유통보통주식수

회사의 2×07년 보통주식수의 변동에 따른 가중평균유통보통주식수의 계산은 다음과 같다(1년을 365일로 가정한다).

가. 유통보통주식수의 변동

일 자	변 동 내 용	발행주식수	자기주식수	유통주식수
2×07. 1. 1.	기 초	2,000	300	1,700
2×07. 5. 1.	유상증자(납입기일의 익일)	800		2,500
2×07. 6. 3.	자기주식 매각		(100)	2,600
2×07. 8. 4.	유상증자(납입기일의 익일)	300		2,900
2×07.12. 1.	자기주식 취득		250	2,650
2×07.12.31.	기 말	3,100	450	2,650

나. 가중평균유통보통주식수의 계산

유통기간	항 목	주식수	유통주식수	유통일수	적 수
1. 1. ~ 4. 30.	기초의 유통주식	1,700	1,700	120일	204,000
5. 1. ~ 6. 2.	유상증자	800	2,500	33일	82,500
6. 3. ~ 8. 3.	자기주식 매각	100	2,600	62일	161,200
8. 4. ~ 11. 30.	유상증자	300	2,900	119일	345,100
12. 1. ~ 12. 31.	자기주식 취득	(250)	2,650	31일	82,150
합 계				365일	874,950

가중평균유통보통주식수 : 874,950 ÷ 365 = 2,397주

2) 추가적으로 고려할 사항

가중평균유통보통주식수를 계산함에 있어 다음과 같은 특수한 사항을 추가적으로 고려하여야 한다.

① 사업결합

사업결합 이전대가의 일부로 발행한 보통주의 경우 취득일(취득자가 피취득자에 대한 지배력을 유효하게 획득한 날)부터 피취득자 손익을 취득자의 손익계산서에 반영하므로 가중평균유통보통주식수를 산정하기 위한 기산일을 취득일로 한다(일반기준 26장 문단 26.16, 부록 결26.10).

② 보통주로 전환의무가 있는 금융상품 또는 계약 등

보통주로 반드시 전환하여야 하는 금융상품이나 계약 등(예 : 출자전환채무)은 그 발행시점 또는 계약체결시점부터 기본주당이익을 계산하기 위한 보통주식수에 포함한다(일반기준 26장 문단 26.17, 부록 결26.11).

③ 조건부발행보통주

조건부발행보통주는 모든 필요조건이 충족된 날에 발행된 것으로 보아 기본주당이익을 계산하기 위한 보통주식수에 포함한다. 즉, 당기에 조건이 충족되어 기본주당이익을 계산할 때 포함된 조건부발행보통주는 조건충족일부터 기말까지 기본주당이익을 계산하기 위한 보통주식수에 포함한다. 여기서 조건부발행보통주란 특정 조건이 충족되면 주식을 발행하기로 하는 약정에 명시된 특정 조건이 충족된 경우에 현금 등의 납입이 없이(또는 거의 없이) 발행하게 되는 보통주를 말한다. 그러나, 단순히 일정시간이 경과한 후 보통주를 발행하기로 하는 계약 등의 경우 기간의 경과에는 불확실성이 없으므로 조건부발행보통주로 보지 않는다(일반기준 26장 문단 26.18, 부록 용어의 정의).

한편, 일정기간 동안 특정한 목표이익을 달성하거나 유지한다면 보통주를 발행하기로 하는 경우, 보고기간말에 그 목표이익이 달성되었지만 그 보고기간말 이후의 추가적인 기간 동안 그 목표이익이 유지되어야 한다면, 이익수준이 미래의 기간에 변동할 수 있기 때문에 모든 필요조건이 아직 충족된 것은 아니므로 이러한 조건부발행보통주를 조건기간말까지 기본주당이익의 계산에 포함하지 아니한다(일반기준 26장 문단 26.23).

또한, 조건부발행보통주식수는 보통주의 미래 공정가치에 따라 결정될 수도 있는데, 이러한 경우, 공정가치는 미래 기간에 변동할 수 있기 때문에 모든 필요조건이 아직 충족된 것은 아니므로 이러한 조건부발행보통주를 조건기간말까지 기본주당이익의 계산에는 포함하지 아니한다(일반기준 26장 문단 26.24).

사례 조건부발행보통주

20×7년에 회사의 유통보통주식수는 1,000,000주이고 유통되고 있는 전환증권 및 우선주는 없다. (1년을 365일로 가정한다)

회사는 최근의 사업결합과 관련하여 다음의 조건에 따라 보통주를 추가로 발행하기로 합의하였다.

- 영업점 조건 : 20×7년에 새로 개점되는 영업점 1개당 보통주 5,000주 발행
- 이익 조건 : 20×7년의 당기순이익이 2,000,000원을 초과하는 경우 매초과액 1,000원에 대하여 보통주 1,000주 발행

회사는 20×7년 5월 1일과 9월 1일에 각각 1개의 새로운 영업점을 개점하였으며, 회사의 분기별 누적세후순이익은 다음과 같다.

- 20×7년 3월 31일　　1,100,000원
- 20×7년 6월 30일　　2,300,000원
- 20×7년 9월 30일　　1,900,000원(중단사업손실 450,000원 포함)
- 20×7년 12월 31일　　2,900,000원

<기본주당순이익의 계산>

	1분기	2분기	3분기	4분기	전체
분자	1,100,000원	1,200,000원	(400,000)원	1,000,000원	2,900,000원
분모					
유통보통주식수	1,000,000주	1,000,000주	1,000,000주	1,000,000주	1,000,000주
영업점조건	0	3,352[a]	6,630[b]	10,000	5,027[c]
이익조건[d]	0	0	0	0	0
총주식수	1,000,000주	1,003,352주	1,006,630주	1,010,000주	1,005,027주
기본주당순이익	1.10원	1.20원	(0.40)원	0.99원	2.89원

a. 5,000주 × 61/91

b. 5,000주 + (5,000주 × 30/92)

c. (5,000주 × 245/365) + (5,000주 × 122/365)

d. 이익 조건의 경우 조건기간이 종료될 때까지 조건의 충족 여부가 확실하지 않으므로 (조건기간이 종료되기 전에 단순히 초과이익을 달성했다는 사실이 모든 조건을 충족시킨 것은 아님) 기본주당순이익에 영향을 미치지 않는다.

④ 옵션, 신주인수권, 전환사채, 전환우선주

당기에 옵션 또는 신주인수권을 행사하였거나 전환사채 또는 전환우선주가 전환된 경우에는 행사일 또는 전환(간주)일부터 기말까지는 기본주당이익을 계산하기 위한 보통주식수에 포함한다. 다만, 당기에 전환된 전환사채 또는 전환우선주를 기말에 전환된 것으로 간주하는 경우에는 회계기간 말일을 기본주당이익을 계산하기 위한 보통주식수에 포함하지 않는다(일반기준 26장 문단 26.22).

일반적으로 전환사채, 전환우선주와 같은 전환증권은 발행조건상의 전환시점(예 : 전환청구일, 전환간주일)에 보통주로 전환된 것으로 보므로 전환간주일이 있는 경우에는 전환간주일부터 기말까지를 기본주당이익을 계산하기 위한 보통주식수에 포함시켜야 한다(일반기준 26장 부록 26.A3).

즉, 발행조건에 전환간주일이 있는 전환사채 또는 전환우선주가 당기에 보통주로 전환된 경우에는 발행조건상의 전환간주일에 전환된 것으로 보아 유통보통주식수를 조정한다. 다만, 당기에 발행된 전환사채 또는 전환우선주가 당기에 보통주로 전환된 경우에는 발행조건상 전환간주일이 기초라 하더라도 전환사채 또는 전환우선주의 발행일을 전환간주일로 하여 유통보통주식수를 조정한다(일반기준 26장 부록 26.A2).

한편, 전환사채가 기말에 전환되는 것으로 간주하는 경우에 기본주당이익계산식에서 기본주당이익을 계산하기 위한 보통주식수를 계산할 때 보통주로 존재한 일수가 1일이라고 하고, 분자에서는 회계연도 내내 잠재적보통주의 상태로 존재한 것으로 가정(예 : 1년 기간에 대하여 사채이자를 인식하는 경우)하는 경우에는 분자와 분모의 계산방법에 일관성이 없는 결과가 된다. 따라서 분자 및 분모에 모두 보통주 상태로 유통된 기간이 없는 것으로 보고 계산하는 것이 논리적으로 일관성이 있다. 즉, 기말에 전환된 것으로 간주하고 회계기간 말일까지 이자지급대상기간에 포함하는 경우 기본주당이익을 계산하기 위한 보통주식수의 계산에 포함되는 기간은 영(0)이 된다(일반기준 26장 부록 26.A4).

⑤ 무상증자, 주식배당, 주식분할, 주식병합

자본의 실질적 변동을 유발하지 않으면서 유통보통주식수의 변동을 가져오는 무상증자, 주식배당, 주식분할, 주식병합, 그 밖의 증자에서의 무상증자 요소(예 : 기존주주 등에게 공정가치 미만의 신주발행시 무상증자 요소)(이하 "무상증자 등"이라 함)와 같은 사건이 발생한 경우에는, 재무제표에 보고되는 회계기간 중 최초 회계기간의 기초에 그러한 사건이 발생한 것으로 보아 각 회계기간의 유통보통주식수를 비례적으로 조정하여, 손익계산서에 그 회계기간과 비교표시되는 모든 회계기간에 대한 가중평균유통보통주식수를 계산한다. 다만, 기중에 유상증자로 발행된 신주에 대하여 무상증자 등이 실시된 경우에는 당해 유상증자의 납입기일 익일에 무상증자 등이 실시된 것으로 보아 유통보통주식수를 조정한다(일반기준 26장 문단 26.20).

또한, 무상증자 등이 해당 회계기간 중에 발생한 경우뿐 아니라 보고기간종료일과 재무제표가 사실상 확정된 날 사이에 발생한 경우에도 당기와 그 이전 회계기간의 기본주당이익을 새로운 유통보통주식수를 적용하여 재계산한다. 그러나, 이러한 처리가 무상증자 등을 일반기업회계기준 제24장(보고기간 후 사건)에서 규정하고 있는 '수정을 요하는 보고기간 후 사건'으로 본다는 의미는 아니다(일반기준 26장 부록 결26.13).

사례 무상증자

기업이 2×07년 10월 1일에 실시한 무상증자에 따른 기본주당순이익의 계산은 다음과 같다. 단, 회사가 발행한 우선주는 없다.

가. 상 황

2×06년 당기순이익 180,000원

2×07년 당기순이익 600,000원

2×07년 9월 30일 현재 유통보통주식수 200주

2×07년 10월 1일 무상증자 실시 : 2×07년 9월 30일 현재 유통보통주식 1주에 대하여 2주의 보통주를 무상으로 지급함.

나. 기본주당이익의 계산

유통보통주식수 : 200주 + (200주 × 2) = 600주

2×07년 기본주당순이익 : 600,000원 ÷ 600주 = 1,000원

2×06년 조정된 기본주당순이익 : 180,000원 ÷ 600주 = 300원

무상증자의 경우, 자본의 실질적 변동을 유발하지 않으면서 유통보통주식수의 변동을 가져오므로 재무제표에 보고되는 회계기간 중 최초 회계기간의 기초에 그러한 사건이 발생한 것으로 보아 기본주당이익을 계산한다.

한편, 주식병합은 일반적으로 자원의 실질적인 유출 없이 유통보통주식수를 감소시키나, 전반적으로 주식을 공정가치로 매입한 효과가 있는 경우에는 실질적으로 자원이 유출되면서 유통보통주식수가 감소한다. 배당과 결합된 주식병합이 그 예가 된다. 이러한 결합거래가 발생한 기간의 가중평균유통보통주식수는 배당이 인식된 날부터 보통주식수의 감소를 반영하여 조정한다(일반기준 26장 문단 26.21).

⑥ 기존주주 등에게 공정가치 미만의 신주발행

기업이 신주를 발행하는 경우 주주는 지분비율의 유지와 신주발행에 의한 주가하락에 대응하기 위하여 신주를 인수할 필요성이 있다. 따라서, 상법 제418조 제1항에서는 주주에게 정관에 다른 정함이 없으면 그가 가진 주식의 수에 따라 신주의 배정을 받을 권리를 보장하고 있다(일반기준 26장 부록 결26.14).

이 경우 만약 기존의 주주에게 공정가치 미만으로 유상증자를 실시하는 경우는 발행금액이 주식의 공정가치보다 낮기 때문에 부분적인 무상증자의 성격, 즉 공정가치에 의한 유상증자와 무상증자가 혼합된 성격을 가지므로 기존주주 등에게 공정가치 미만의 신주발행 전의 모든 기간에 대한 기본주당이익을 구하는데 사용되는 유통보통주식수는 기존주주 등에게 공정가치 미만의 신주발행 전의 유통보통주식수에 다음의 조정비율을 적용하여 계산한다(일반기준 26장 부록 26.A5).

$$\text{조정비율} = \frac{\text{권리행사 직전의 주당공정가치}}{\text{권리행사 후의 이론적 주당공정가치}}$$

위 산식에서, 권리행사 후의 이론적 주당공정가치는 권리행사일 전(통상 권리락 전일로 함)의 주식 전체의 공정가치를 권리행사로 인하여 유입되는 금액에 더하고 이를 권리행사 후의 유통보통주식수로 나누어 계산한다(일반기준 26장 부록 26.A6).

상기의 산식에 따라 기존주주 등에게 공정가치 미만의 신주발행 전의 유통보통주식수를 조정한 결과는 다음의 순서에 따라 무상증자 비율을 구한 후 기존주주 등에게 공정가치 미만의 신주발행 전의 유통보통주식수에 (1+무상증자 비율)을 곱하여 조정한 결과와 같다(일반기준 26장 부록 26.A7).

㉠ 유상증자로 유입된 현금을 권리행사일 전의 공정가치로 나누어 공정가치로 유상증자하는 경우 발행할 수 있는 주식수를 계산한다.

㉡ 실제 유상증자주식수에서 공정가치로 유상증자하는 경우 발행할 수 있는 주식수를

차감하여 무상증자에 해당하는 주식수를 계산한다.

㉢ 무상증자에 해당하는 주식수(㉡)를 기존주주 등에게 공정가치 미만의 신주발행 전의 유통보통주식수와 공정가치로 유상증자하는 경우 발행할 수 있는 주식수(㉠)의 합으로 나누어 무상증자 비율을 계산한다.

한편, 기존주주 등에게 공정가치 미만의 신주발행시 무상증자 효과를 반영하기 위해 주당 공정가치를 산정하여야 하는데 이는 원칙적으로 일반기업회계기준 제6장 (금융자산 · 금융부채)의 시장성이 없는 지분증권의 평가를 준용하여 계산한다. 다만, 기본주당이익을 산정하기 위해 지나치게 비용이 많이 요구되는 등 실무상 주당 공정가치를 산정하기 어려운 경우 예외적으로 무상증자 효과를 반영하지 않되 해당 내용을 주석에 공시한다(일반기준 26장 부록 결26.15).

사례 기존주주 등에게 공정가치 미만의 신주발행

가. 손익상황 및 자본의 변동사항

	2×06년	2×07년	2×08년
당기순이익	110,000원	150,000원	180,000원

기존주주 등에게 공정가치 미만의 신주발행 전 유통보통주식수 500주 (단, 회사가 발행한 우선주는 없다)

기존주주 등에게 공정가치 미만의 신주발행의 내용

- 유통보통주식 5주당 신주 1주(신주는 총 100주)
- 발행금액 : 500원
- 유상증자일(납입기일의 익일) : 2×07. 4. 1.
- 권리행사일 전(권리락 전일)의 공정가치 : 1,100원

나. 권리행사 후의 이론적 주당공정가치의 계산

$$\frac{\text{권리행사 직전 총유통보통주식의 공정가치} + \text{권리행사로 수취하는 총금액}}{\text{권리행사 직전 유통보통주식수} + \text{권리행사로 발행된 주식수}}$$

$$= \frac{(1{,}100\text{원} \times 500\text{주}) + (500\text{원} \times 100\text{주})}{500\text{주} + 100\text{주}} = 1{,}000\text{원}$$

다. 조정비율의 계산

$$\frac{\text{권리행사 직전의 주당공정가치}}{\text{권리행사 후의 이론적 주당공정가치}} = \frac{1{,}100}{1{,}000} = 1.1$$

라. 기본주당순이익의 계산

구 분	계 산 식	2×06	2×07	2×08
2×06년 기본주당순이익	110,000원 ÷ 500주	220원		
재계산된 2×06년 기본주당순이익	$\frac{110,000원}{500주 \times 1.1}$	200원		
2×07년 기본주당순이익	$\frac{150,000원}{(500주 \times 1.1 \times 90/365)+(600주 \times 275/365)}$		225원	
2×08년 기본주당순이익	180,000원 ÷ 600주			300원

4. 소급적용

유통되는 보통주식수가 무상증자 등으로 증가하였거나 감소하였다면, 비교표시되는 모든 손익계산서의 기본주당이익을 소급하여 수정한다. 만약 이러한 사건이 보고기간종료일과 재무제표가 사실상 확정된 날 사이에 발생하였다면 당기와 그 이전 회계기간의 기본주당이익을 새로운 유통보통주식수에 근거하여 재계산한다. 그리고, 기본주당이익을 계산할 때 이와 같은 유통보통주식수의 변동을 반영하였다면 그러한 사실을 주석으로 기재한다. 또한, 일반기업회계기준 제5장(회계정책, 회계추정의 변경 및 오류)에 따라 처리한 중대한 오류의 수정 및 회계정책의 변경의 소급적용에 따른 효과를 반영하여 비교표시되는 모든 손익계산서의 기본주당이익을 수정한다(일반기준 26장 문단 26.25).

그러나, 보통주의 계산과정에 사용한 가정의 변화로 인한 효과나 잠재적보통주가 보통주로 전환된 효과는 전기 이전의 기본주당이익에 소급하여 반영하지 않는다(일반기준 26장 문단 26.26).

5. 재무제표의 표시

기본주당이익을 계속사업이익과 당기순이익에 대하여 계산하고 손익계산서 본문에 표시한다(일반기준 26장 문단 26.27).

또한, 기본주당이익이 부의 금액(즉, 손실)인 경우에도 손익계산서 본문에 표시한다(일반기준 26장 문단 26.28).

한편, 손익계산서에서 중단사업손익이 없을 경우에는 '법인세비용차감전계속사업손익'을 '법인세비용차감전순손익'으로 표시하고, '계속사업손익법인세비용'은 '법인세비용'으로 표시하며, '계속사업이익'은 별도로 표시하지 않는다. 따라서 이 경우에는 기본주당계속사업손익을 표시하지 않고 기본주당순손익만 표시한다. 다만, 비교표시되는 손익계산서 중 기본주당계속사업손익이 표시되는 회계기간이 포함되어 있으면 비교표시되는 나머지 회계기간의 손익계산서에도 기본주당계속사업손익을 표시한다(일반기준 2장 부록 실2.52, 26장 부록 결26.18).

6. 주석공시

1) 일반적인 경우

다음의 사항을 주석으로 기재한다(일반기준 26장 문단 26.29).

① 당기순이익(또는 계속사업이익)에 대한 조정사항 및 가중평균유통보통주식수의 계산내역을 포함한 기본주당이익 산정내용

② 기존주주 등에게 공정가치 미만의 신주발행 등과 같이 주당 공정가치 산정이 필요한 경우 공정가치 측정방법과 공정가치를 결정할 때 사용한 주요 가정(예 : 할인율, 중도상환율) 등 재무제표이용자가 공정가치로 측정된 회계정보를 이해하는 데 유용한 정보(일반기업회계기준 제6장 금융자산 · 금융부채 문단 6.18 (4) 참조)

2) 중단사업손익이 있는 경우

중단사업손익이 있는 경우에는 중단사업에 대한 기본주당이익을 주석으로 공시하여야 한다. 중단사업에 대한 기본주당이익은 일반적으로 기본주당순이익과 기본주당계속사업이익의 차이와 일치한다(일반기준 26장 문단 26.30, 부록 결26.19).

3) 보고기간종료일 후 발생한 사건이 있는 경우

보고기간종료일 후에 발생하였으나 보고기간종료일 이전에 발생하였다면 보통주식수나 잠재적보통주식수를 중요하게 변화시켰을 다음의 예와 같은 사건은 주석으로 기재한다(일반기준 26장 문단 26.31).

① 현금에 의한 유상증자
② 보고기간종료일 현재의 부채나 우선주를 상환하기 위한 주식의 발행
③ 보통주의 소각
④ 보고기간종료일 현재의 잠재적보통주의 보통주로의 전환 또는 행사
⑤ 신주인수권, 옵션, 전환사채, 전환우선주 등의 발행
⑥ 조건부발행보통주에 대한 발행조건의 충족

그러나, 보고기간종료일 후에 위에서 예시한 거래가 발생한 경우에도 당기의 기본주당이익의 계산에 영향을 미치지 않는다. 그 이유는 그러한 거래가 기본주당이익 산정대상이 되는 회계기간의 당기순이익(또는 계속사업이익)의 창출에 사용된 자본에 영향을 미치지 않

았기 때문이다(일반기준 26장 문단 26.32).

4) 잠재적보통주가 되는 금융상품과 계약 등에 조건이 수반되어 있는 경우

잠재적보통주가 되는 금융상품과 계약 등에 기본주당이익의 계산에 영향을 미치는 조건이 수반되는 경우가 있다. 잠재적보통주와 관련된 이러한 조건은 주석으로 기재한다(일반기준 26장 문단 26.33).

5) 손익계산서의 다른 순이익의 구성요소에 대해 주당이익을 공시하는 경우

보통주에 귀속되는 당기순이익(또는 계속사업이익) 외에 손익계산서의 다른 순이익의 구성요소에 대하여 계산한 기본주당금액을 주석으로 기재하는 경우에도 일반기업회계기준 제26장에 따라 계산한 가중평균유통보통주식수를 사용한다. 또, 그러한 주당금액이 세전금액 또는 세후금액을 기준으로 산출되었는지 등의 산출근거를 주석에 포함하여야 한다. 만약 그러한 순이익의 구성요소가 손익계산서의 별도 항목이 아닌 경우에는 이 구성요소와 손익계산서에 보고된 별도 항목 사이의 조정내용을 주석에 포함한다(일반기준 26장 문단 26.34).

사례 기본주당이익의 계산(종합사례)

이 사례는 A회사에 대한 2×07년의 분기 및 연간 기본주당이익의 계산에 관한 것이다. 사례에 대한 가정은 다음과 같다.

(1) 보통주

2×07년 기초의 유통보통주식수는 5,000,000주이고, 2×07년 3월 1일(납입기일의 익일)에 보통주 200,000주를 발행하였다.

(2) 전환사채

2×06년 4분기에 12,000,000원의 전환사채(만기 20년, 단위당 액면 1,000원, 이자율 연 5%)를 액면으로 발행하였다. (전환권대가 및 상환할증금은 없다고 가정함) 이자는 매년 11월 1일과 5월 1일에 지급하고, 전환사채 발행금액 1,000원당 보통주 40주로 전환할 수 있다. 이자는 전환청구시점까지 기간계산하여 지급하며, 전환의 효력은 전환청구 즉시 발생한다. 2×06년에는 전환청구가 없었으며, 2×07년 4월 1일에 전환이 청구되어 모두 보통주로 전환되었다.

(3) 전환우선주

2×06년 2분기에 자산구입의 대가로 전환우선주 800,000주를 발행하였다. 전환우선주 1주에 대한 분기별 배당금은 0.05원으로 분기말 현재 유통되고 있는 전환우선주에 대해서 지급한다. 전환우선주 1주당 보통주 1주로 전환할 수 있으며, 2×07년 6월 1일에 600,000주의 전환우선주가 보통주로 전환되었다.

(4) 신주인수권

2×07년 1월 1일에 5년 안에 보통주 600,000주를 주당 55원에 취득할 수 있는 신주인수권을 발행하였다. 이 신주인수권은 2×07년 9월 1일(납입기일의 익일)에 모두 행사되었다.

(5) 옵션

2×07년 7월 1일에 10년 안에 보통주 1,500,000주를 주당 75원에 취득할 수 있는 옵션을 발행하였다. 2×07년에 행사된 옵션은 없다.

(6) 2×07년의 법인세율은 40%이다.

(7) A회사의 2×07년 손익상황은 다음과 같다. (단위 : 원)

	계속사업이익	당기순이익
1분기	5,000,000	5,000,000
2분기	6,500,000	6,500,000
3분기	1,000,000	(1,000,000)[a]
4분기	(700,000)	(700,000)
전 체	11,800,000	9,800,000

a. 3분기에 중단사업손실 2,000,000원(법인세효과 차감후) 인식

가. 기본주당이익의 계산

	1분기	2분기	3분기	4분기	전 체
분자 :					
계속사업이익	5,000,000	6,500,000	1,000,000	(700,000)	11,800,000
(차감)					
전환우선주배당금	(40,000)[b]	(10,000)[d]	(10,000)	(10,000)	(70,000)
계속사업이익(A)	4,960,000	6,490,000	990,000	(710,000)	11,730,000
중단사업이익	–	–	(2,000,000)	–	(2,000,000)
당기순이익	4,960,000	6,490,000	(1,010,000)	(710,000)	9,730,000
분모 :					
기초보통주식수	5,000,000	5,200,000	6,280,000	6,880,000	5,000,000
보통주발행	68,889[c]				167,671[g]
전환사채전환		480,000			361,644[h]
전환우선주전환		197,802[e]			351,781[i]
신주인수권행사			195,652[f]		200,548[j]
보통주식수(A)	5,068,889	5,877,802	6,475,652	6,880,000	6,081,644
기본주당이익 :					
계속사업이익	0.98	1.10	0.15	(0.10)	1.93
중단사업이익	–	–	(0.31)	–	(0.33)
당기순이익	0.98	1.10	(0.16)	(0.10)	1.60

b. 800,000주 × 0.05원

c. 200,000주 × 31/90

d. (800,000주 − 600,000주) × 0.05원
e. 600,000주 × 30/91
f. 600,000주 × 30/92
g. 200,000주 × 306/365
h. 480,000주 × 275/365
I. 600,000주 × 214/365
j. 600,000주 × 122/365

다음은 A회사의 분기별 기본주당이익과 연간 기본주당이익을 나타낸 것으로서 각 분기의 기본주당이익의 합이 연간 기본주당이익과 동일할 필요가 없다는 것을 보여주기 위한 것이다. 일반기업회계기준에서 이 정보의 공시를 요구하고 있는 것은 아니다.

	1분기	2분기	3분기	4분기	전 체
기본주당이익					
계속사업이익	0.98	1.10	0.15	(0.10)	1.93
중단사업이익	–	–	(0.31)	–	(0.33)
당기순이익	0.98	1.10	(0.16)	(0.10)	1.60

Part 04

계정과목별 일반회계와 세무 해설

현금흐름표 / 자본변동표 /이익잉여금처분계산서편

Ⅰ. 현금흐름표

Ⅱ. 자본변동표

Ⅲ. 이익잉여금처분계산서

현금흐름표

Chapter

01 현금흐름표의 의의

제1절 현금흐름표의 의의

기업은 이해관계자에게 경제적 의사결정에 유용한 정보를 제공하기 위하여 재무제표를 작성하여 공표하게 된다. 이 때 작성되는 필수적인 재무제표는 재무상태표, 손익계산서, 현금흐름표 및 자본변동표로 구성되며 주석을 포함한다. 이 중 재무상태표는 일정 시점에서의 기업의 재무상태를 표시하는 정태적 보고서(static statement)로서 기업의 유동성 상태, 자본구조의 건실성 등에 관한 정보를 제공하나 어떠한 과정을 통하여 일정 시점 현재의 유동성(특히 현금의 유동성)이 확보되었는지에 대한 정보를 제공해 주지는 못한다. 손익계산서는 일정 기간 동안 기업의 경영성과를 요약하여 나타내는 동태적 보고서(dynamic statement)이나 발생주의 기준에 의하여 인식되고 측정된 보고서인 바, 기업의 경영성과를 설명해 주기는 하지만 당기순이익이 기업의 자금동원능력을 평가하는 기준이 되지 못한다. 반면에 현금흐름표(Statement of cash flows 또는 Cash flow statement)는 기업의 현금흐름을 나타내는 표로서 현금의 변동내용을 명확하게 보고하기 위하여 당해 회계기간에 속하는 현금의 유입과 유출내용을 적정하게 표시하는 보고서로서, 회계기간 말 현재 현금의 유동성 확보를 위한 기중의 거래별 내역을 알 수 있게 해 주며, 회계기간 말 현재의 기업의 자금동원능력을 평가할 수 있는 자료를 제공해 준다.

일반적으로 기업의 수익성은 당기순이익에 의해 측정되지만, 당기순이익이 항상 현금흐름의 순유입과 일치하는 것은 아니다. 즉, 당기순이익은 발생주의 회계에 따라 측정되는 금액이기 때문에, 기업이 매년 작성하는 재무제표와 같은 단기보고서에서는 순이익(손실)과 현금의 순유입(유출)이 일치하는 경우가 거의 없다. 따라서 장기적으로 볼 때는 비록 수익성이 없는 기업이라 할지라도 일정 기간 동안은 현금의 유입이 현금의 유출보다 커서 활발한 영업활동을 수행할 수도 있으며, 장기적으로는 수익성이 높은 기업이라 할지라도 일시적으로 심각한 자금난을 겪는 경우도 많다.

현금흐름표는 기업의 영업·투자 및 재무활동에 의하여 발생되는 현금의 흐름에 관한 전반적인 정보를 상세하게 제공해 줌으로써 손익계산서의 보조기능을 수행함과 동시에 기업의 자산·부채 및 자본의 변동을 가져오는 현금흐름거래(cash flow transaction)에 관한 정보를 제공해 줌으로써 재무상태표의 보조기능도 아울러 수행한다. 이러한 각 재무제표간의 관계를 도표로 나타내면 <표 1>과 같다.

〈표 1〉 재무제표의 상호관계

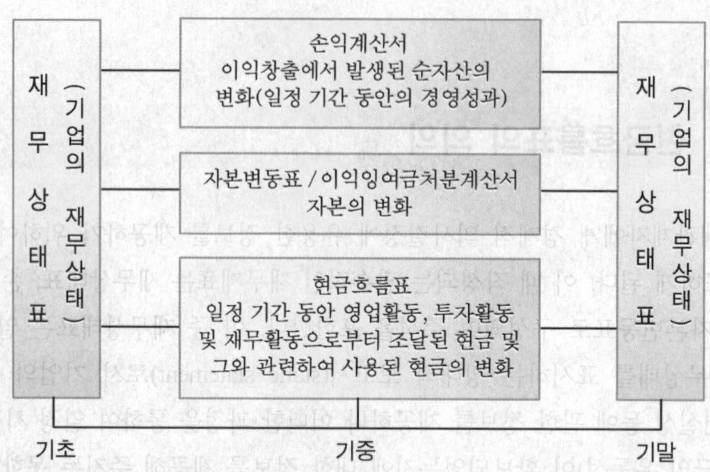

제2절 현금흐름표의 역사

1960년대만 하더라도 대차대조표와 손익계산서, 이익잉여금처분계산서가 기본재무제표로 작성되었으나, 1974년에 제정된 '상장법인 등의 회계처리에 관한 규정'에 의하여 자금운용표(Statement of Sources and Application of Funds)가 재무제표의 필수적 부속명세서로 작성되어지게 되었다.

그 후 1981년 '상장법인 등의 회계처리에 관한 규정'과 '상장법인 등의 재무제표에 관한 규칙'을 통합한 '기업회계기준'에서 자금운용표를 보완·정비하여 재무상태변동표(Statement of Changes in Financial Position : SCFP)로 명칭을 바꾸어 기본재무제표로 작성하도록 하였다. 이 때의 재무상태변동표는 자금내용을 총재무자원으로 규정하였고, 재무제표의 필수적 부속명세서의 지위에서 기본재무제표의 하나로 격상시켰으며, 판매업, 제조업 및 건설업 이외의 업종에 한하여 현금과 예금을 기준으로 작성할 수 있도록 하였다.

또한, 1990. 3. 29. 개정된 기업회계기준에서는 자금의 개념을 총재무자원에서 순운전자본으로 변경하는 한편 재무상태변동표의 양식을 간소화하였다.

한편, 1987년 FASB의 재무회계보고서 제95호에서는 기존의 재무상태변동표 대신 현금흐름보고서를 작성하도록 규정하였고, 1993년 10월 국제증권위원회기구(IOSCO)회의에서도 국제회계기준에서 정하고 있는 현금흐름표의 도입을 결의하였다. 이에 따라 회원국인 우리나라도 상장법인의 경우에는 1994. 12. 31.이 속하는 회계연도부터 이를 적용하도록 하였다.

이러한 개정이유는 최근 상장법인 중 상당한 수준의 당기순이익을 창출하다가도 일시적인 자금사정의 악화로 인하여 부도를 낸다거나 심한 경우 흑자도산까지 하는 사례가 나타남에 따라 점차 기업의 현금흐름에 관한 정보가 중요하게 되었고, 투자자들의 현금정보에 관한 요구도 높아짐에 따른 것이다.

제3절 현금흐름표의 유용성 및 한계

1. 현금흐름표의 유용성

현금흐름표는 영업활동에 관한 정보뿐만 아니라 투자활동 및 재무활동에 관한 정보도 제공한다. 또한 현금흐름표는 이익의 질, 회사의 지급능력, 재무적 신축성을 평가하는 데 있어서도 유용한 정보를 제공하며 경영자나 일반투자자의 의사결정에 영향을 미치는 중요한 정보를 제공한다.

(1) 영업활동에 관한 정보

손익계산서에 보고된 당기순이익은 기업의 경영성과를 측정하는 데 가장 중요한 정보를 제공하지만, 당기순이익을 산출하는 데 사용되는 수익 및 비용에는 실제 자금흐름에 영향을 미치지 않는 수익 및 비용의 발생분과 가정이나 추정에 의한 원가배분액이 포함되어 있다.

예를 들어 유형자산에 대한 감가상각비는 비록 손익계산서에 비용으로 보고되기는 하나 실제 현금지출을 수반하지 않는다. 따라서 현금흐름표에서는 손익계산서상의 당기순이익에 현금의 유출이 없는 비용 등을 가산하고, 현금의 유입이 없는 수익 등을 차감하여 영업활동에서 조달된 현금을 파악함으로써 기업의 가장 중요한 활동인 수익획득활동으로부터 조달된 현금에 대한 유용한 정보를 제공한다.

(2) 투자활동에 관한 정보

현금흐름표는 조달된 현금을 어떠한 투자활동에 사용하였는가, 즉, 새로운 시설을 취득하거나 노후된 유형자산을 대체하고 확장하는 데 얼마만큼의 현금을 사용하였는가에 대한 구체적인 정보를 제공해 주며, 투자활동과 관련된 자산의 감소를 통하여 유입된 현금의 내역에 관한 정보를 제공한다.

(3) 재무활동에 관한 정보

현금흐름표는 회사의 고유한 영업활동(수익창출활동) 이외에 어떠한 재무활동에 의해 현금이 조달되었고, 장기부채의 상환 등에 얼마만큼의 현금을 사용하였는가에 관한 중요한 정보를 제공한다.

(4) 이익의 질

이익의 질(quality of earnings)이란 기업이 획득한 이익이 현금흐름과의 상관관계가 얼마나 높은가를 나타내는 척도인데, 그 상관관계가 높을수록 이익의 질은 우수하다고 볼 수 있다.

발생주의에 따른 손익계산서상 순이익의 계산시에는 가정과 추정 및 평가를 수반하기 때문에 신뢰성에 문제가 있을 수 있다. 그러나 현금흐름표에서는 이러한 문제가 제거되어 신뢰성 높은 정보를 제공하며 당기순이익과 현금흐름표에 의한 현금흐름을 비교해 봄으로써 이와 같은 이익의 질을 보다 명확하게 평가할 수 있다.

(5) 지급능력에 대한 평가

지급능력(solvency)이란 부채(장기 및 단기)의 만기일이 도래했을 때 이 부채를 상환할 수 있는 기업의 재무적 능력을 말하며, 유동성(liquidity)이란 자산을 현금으로 전환할 수 있는 능력을 말한다. 또한 재무적 신축성(financial flexibility)이란 기업이 예측하지 못한 경제적 난국을 극복할 수 있는 능력 즉, 필요한 자금을 짧은 시간 내에 조달할 수 있는 능력과 비유동자산을 현금화할 수 있는 능력 등을 말한다.

종전의 재무상태변동표에서는 자금의 개념을 순운전자본(유동자산・유동부채)으로 보아 기말 현재 순운전자본이 기초 순운전자본보다 증가한 기업은 운전자금상태가 호전된 것으로 평가되나 사실상 유동성 확보에 곤란을 겪고 있는 경우가 있을 수 있다.

예를 들어 유동자산인 매출채권과 재고자산이 많아지면 기업의 유동성이 커진 것처럼 보이나 진부화된 재고(slow moving inventory)와 부실채권이 상당부분 포함되어 있다고 가정할 때 순운전자본의 증가가 오히려 자금압박의 원인이 될 수가 있다. 반면 현금흐름표는 영업활동에서 조달된 현금을 포함한 기업의 현금흐름정보를 통하여 기업의 지급능력, 유동성 및 재무적 신축성을 평가할 수 있고, 보다 정확한 정보를 제공한다.

(6) 미래현금흐름에 관한 정보

현금흐름표는 손익계산서와 함께 이용함으로써 미래의 현금흐름액, 시기 및 불확실성을 예측하는 데 도움을 준다. 즉, 발생주의에 의하여 인식·측정된 당기순이익과 현금흐름과의 상관관계에서 나타나는 차이의 원인을 설명해 줌으로써 기업의 미래현금창출능력과 실현시기에 대한 예측을 가능하게 한다.

(7) 기타 경영자나 일반투자자의 의사결정에 대한 중요한 정보제공

현금흐름표는 의사결정자의 다음과 같은 질문에 대한 답을 제공할 수 있다.

① 당기순이익을 초과하여 배당을 어떻게 지불할 수 있었는가, 또는 당기에 손실이 발생되었는데도 어떻게 배당을 할 수 있었는가?

② 당기에 손실이 발생하였음에도 불구하고 기업의 현금이 전기에 비하여 증가한 이유는?

③ 당기 중에 현금은 왜 차입하였는가?

④ 설비자산의 확장을 위한 자금은 어떻게 조달되었는가?

⑤ 설비자산 매각으로부터 수취한 현금은 어떠한 용도로 사용되어졌는가?

⑥ 부채의 상환은 어떻게 이루어졌는가?

⑦ 유상증자로부터 얻은 자금은 어디에 사용되었는가?

⑧ 사채발행으로부터 얻은 현금은 어디에 사용되었는가?

⑨ 현금의 증가(또는 감소)는 어떻게 이루어진 것인가?

2. 현금흐름표의 한계

현금흐름표는 기간 간의 관계를 보여주지 않음으로써 장기현금흐름에 대한 전망을 평가하는 데 불완전한 정보를 제공한다. 따라서 미래현금흐름에 대한 전망을 평가하는 데 있어서는 현금흐름표 단독보다는 손익계산서 또는 재무상태표와 연관하여 파악하는 것이 좋다.

제4절 자금의 개념

현금흐름표는 기업자금의 변동내역을 나타내는 보고서로서 자금의 개념을 어떻게 해석하는가에 따라서 보고서의 내용이 달라지는 것은 물론이고 정보이용자에게 각각 상이한 유용성을 제시하게 된다.

다음에서는 학자에 따라서 자금의 개념을 여러 가지로 해석하고 있는 바, 지금까지 소개된 것 중에서 중요한 개념과 각각의 유용성에 대해서 살펴보고 현행 일반기업회계기준에서 요구하고 있는 자금의 개념을 살펴보고자 한다.

1. 현금기준

동 기준은 현금을 유동성 측정의 기본단위로 보아 현금을 증가시키거나 감소시키는 거래만을 표시하며 현금의 유입과 유출이 없는 거래, 예를 들어 외상매입에 의한 재고자산의 증가 등을 보고서에 표시하지 않는 엄격한 현금주의 방법이다(현금흐름표상의 현금개념과는 다소 상이).

이러한 기준은 자금을 현금에 국한하기 때문에 매출채권이나 재고자산의 평가, 유동성과 비유동성의 분류기준 및 회계처리방법의 상이에 의해서 영향을 받지 않는다는 데서 그 유용성을 찾아볼 수 있다. 또한 현금의 특성상 기업의 유동성, 지급능력 및 재무탄력성을 평가하는 데 가장 보수적인 기준을 제시함으로써 단기재무계획을 세우는 데 많이 이용될 수 있다.

2. 단기화폐성자산 기준

이 기준은 단기매매증권이나 매출채권과 같이 단기간 내에 현금으로 전환이 가능한 화폐성자산을 현금과 더불어 자금에 포함시키는 개념이다.

대부분의 기업들이 자금의 운용을 위해서 단기간 내에 받을어음을 할인하거나 단기매매증권을 매각하기 때문에 이러한 단기화폐성자산을 현금과 유사한 유동성자산(준현금자산)으로 분류하여 자금개념에 포함시킬 수 있다.

현금기준 자금개념이 보수적인 자금개념인 반면, 단기화폐성자산 기준은 보다 확대된 자금개념으로써 실제적인 회사의 유동성 평가에 중요한 정보를 제공한다.

3. 순운전자본 기준

순운전자본이란 유동자산에서 유동부채를 차감한 금액으로서 전통적으로 기업의 유동성을 표시하는 수단으로 사용되어 왔다.

순운전자본 개념에 의하여 작성된 보고서에서는 일정 회계기간 동안 순운전자본의 변동을 유발하는 거래를 요약하여 보고하기 때문에 매출채권을 회수하거나 매입채무를 지급하는 것과 같이 일상적으로 발생하는 유동계정 간의 거래를 표시하지 않으므로 회계담당자가 작성하기 용이하고 회계정보이용자들은 쉽게 이해할 수 있다.

또한 정상적인 기업의 경우 유동자산은 단기간 내에 현금화가 가능한 것을 의미하므로 경영자들의 중·장기 자금계획을 작성하는 데 유용한 정보를 제공한다.

그러나 불량채권의 보유나 재고자산의 적체현상이 있는 기업의 경우에는 이로 인한 유동자산의 증가가 오히려 자금압박의 원인이 될 수 있으며, 순운전자본을 산출하는 데 있어서 유동성항목과 비유동성항목 간의 구분기준에 주관적인 판단이 개입될 수 있다.

4. 총재무자원 기준

재무의 변동상태를 나타내는 보고서에서 자금의 범위를 어디까지 보는가에 따라서 중요한 거래내역임에도 불구하고 표시되지 않는 경우가 있을 수 있다. 즉, 현금이나 순운전자본 기준의 보고서에서는 주식을 발행하여 토지를 취득(현물출자)하거나 유형자산을 재평가한 내역이 있음에도 자금의 유입과 유출을 수반하지 않음으로 인하여 보고서상에 기재되지 않게 된다.

총재무자원 기준의 자금개념에서는 회사의 투자 및 재무활동에 영향을 주는 모든 재무자원의 변동이 보고서에 포함된다.

현행 일반기업회계기준에서는 현금흐름표를 작성할 때, 현금을 수반하지 않는 중요한 거래에 대하여 별도의 주석기재를 요구함으로써 현금기준의 단점을 보완하고 있다.

5. 일반기업회계기준에 의한 자금 기준

일반기업회계기준에서는 현금기준에 의한 현금흐름표 작성을 의무화하고 있다. 이는 최근 상장법인 중 상당한 수준의 당기순이익을 창출하다가도 일시적인 자금경색 등으로 부도를 내는 경우가 나타남으로써 점차 기업의 현금흐름에 관한 정보가 중요하게 됨에 따른 것이다. 그러면 일반기업회계기준에서 요구하는 현금의 범위에 대해 살펴보기로 하자.

일반기업회계기준 제2장【재무제표의 작성과 표시Ⅰ】

2.35 현금 및 현금성자산은 기업의 유동성 판단에 중요한 정보이므로 별도 항목으로 구분하여 표시한다. 현금및현금성자산은 통화 및 타인발행수표 등 통화대용증권과 당좌예금, 보통예금 및 큰 거래비용 없이 현금으로 전환이 용이하고 이자율 변동에 따른 가치변동의 위험이 경미한 금융상품으로서 취득 당시 만기일(또는 상환일)이 3개월 이내인 것을 말한다.

2.59 (중략) 현금흐름표에서 현금이라 함은 문단 2.35에서 규정하는 현금 및 현금성자산을 말한다.

현금의 범위는 일반기업회계기준 제2장(재무제표의 작성과 표시Ⅰ) 문단 2.59의 규정에 따라 현금 및 현금성자산으로 한다. 현금 및 현금성자산이란 통화 및 타인발행수표 등 통화대용증권과 당좌예금, 보통예금 및 큰 거래비용 없이 현금으로 전환이 용이하고 이자율 변동에 따른 가치변동의 위험이 경미한 금융상품으로서 취득 당시 만기일(또는 상환일)이 3개월 이내인 것을 말한다. 예를 들면 취득 당시의 만기가 3개월 이내에 도래하는 채권이나 환매채(3개월 이내의 환매조건) 등이 있다.

당좌차월은 총액기준에 의하여 당좌예금과 상계하지 않고 재무활동에 의한 차입거래로 분류한다.

제5절 현금흐름표의 표준양식

일반기업회계기준에 따른 표준양식은 다음과 같다.

일반기업회계기준 제2장 부록 사례1. 재무제표 양식

(4) 현금흐름표 양식(직접법)

현 금 흐 름 표

제×기 20××년×월×일부터 20××년×월×일까지

제×기 20××년×월×일부터 20××년×월×일까지

기업명 : (단위 : 원)

과 목	당 기		전 기	
영업활동으로 인한 현금흐름		×××		×××
매출등 수익활동으로부터의 유입액	×××		×××	
매입 및 종업원에 대한 유출액	×××		×××	
이자수익 유입액	×××		×××	
배당금수익 유입액	×××		×××	
이자비용 유출액	×××		×××	
법인세의 지급	×××		×××	
투자활동으로 인한 현금흐름		×××		×××
투자활동으로 인한 현금유입액				
단기투자자산의 처분	×××		×××	
유가증권의 처분	×××		×××	
토지의 처분	×××		×××	
투자활동으로 인한 현금유출액				
현금의 단기대여	×××		×××	
단기투자자산의 취득	×××		×××	
유가증권의 취득	×××		×××	
토지의 취득	×××		×××	
개발비의 지급	×××		×××	
재무활동으로 인한 현금흐름		×××		×××
재무활동으로 인한 현금유입액				
단기차입금의 차입	×××		×××	
사채의 발행	×××		×××	
보통주의 발행	×××		×××	
재무활동으로 인한 현금유출액				

단기차입금의 상환	×××		×××	
사채의 상환	×××		×××	
유상감자	×××		×××	
현금의 증가(감소)		×××		×××
기초의 현금		×××		×××
기말의 현금		×××		×××

(5) 현금흐름표 양식(간접법)

현 금 흐 름 표

제×기 20××년×월×일부터 20××년×월×일까지

제×기 20××년×월×일부터 20××년×월×일까지

기업명 : (단위 : 원)

과 목	당 기		전 기	
영업활동으로 인한 현금흐름		×××		×××
당기순이익(손실)	×××		×××	
현금의 유출이 없는 비용등의 가산				
감가상각비	×××		×××	
퇴직급여	×××		×××	
현금의 유입이 없는 수익등의 차감				
사채상환이익	×××		×××	
영업활동으로 인한 자산·부채의 변동				
재고자산의 감소(증가)	×××		×××	
매출채권의 감소(증가)	×××		×××	
이연법인세자산의 감소(증가)	×××		×××	
매입채무의 증가(감소)	×××		×××	
당기법인세부채의 증가(감소)	×××		×××	
이연법인세부채의 증가(감소)	×××		×××	
투자활동으로 인한 현금흐름		×××		×××
투자활동으로 인한 현금유입액				
단기투자자산의 처분	×××		×××	
유가증권의 처분	×××		×××	
토지의 처분	×××		×××	
투자활동으로 인한 현금유출액				
현금의 단기대여	×××		×××	
단기투자자산의 취득	×××		×××	
유가증권의 취득	×××		×××	
토지의 취득	×××		×××	
개발비의 지급	×××		×××	

재무활동으로 인한 현금흐름		×××		×××
재무활동으로 인한 현금유입액				
단기차입금의 차입	×××		×××	
사채의 발행	×××		×××	
보통주의 발행	×××		×××	
재무활동으로 인한 현금유출액				
단기차입금의 상환	×××		×××	
사채의 상환	×××		×××	
유상감자	×××		×××	
현금의 증가(감소)		×××		×××
기초의 현금		×××		×××
기말의 현금		×××		×××

○○○ Chapter

02 현금흐름표의 작성원칙

제1절 작성방법

실무상으로 회사의 회계담당자들이 현금흐름표를 작성하는 데 어려움을 종종 느끼기도 하지만 회사의 회계장부가 올바로 기장되어 있고, 이를 기초로 재무상태표와 손익계산서, 자본변동표 및 이익잉여금처분계산서가 제대로 만들어져 있다면 현금흐름표를 작성하는 것이 크게 어려운 일은 아니다.

즉, 현금흐름표는 기본적으로 기초와 기말의 재무상태표와 손익계산서, 자본변동표 및 이익잉여금처분계산서를 기초로 하여 작성되며 추가로 필요한 정보는 회사의 회계장부로부터 쉽게 구해 낼 수 있는 것이다.

이하에서는 현금흐름표를 작성하기 위한 개괄적인 절차를 살펴보기로 한다. 이에 대한 좀더 구체적인 설명은 다음 장에서 하기로 한다.

1. 현금 및 현금성자산의 증감액 계산

비교재무상태표를 이용하여 현금의 증감액은 다음과 같이 계산한다.

> 현금의 증감액=기말 현금 및 현금성자산-기초 현금 및 현금성자산(이하 '현금')

위 계산방법에 의하여 계산된 현금의 증감액은 사후적으로 영업·투자·재무활동으로 인한 현금유입·유출액의 합계액과 일치하여야 한다.

2. 현금 이외의 항목에 대한 분석

현금 이외의 항목의 기중변동에 대한 분석이 현금흐름표를 작성하는 데 가장 중요한 작업이다. 분석은 두 가지 과정을 거쳐 이루어진다.

첫째, 기초와 기말의 차이인 기중거래가 현금의 유입과 유출에 영향을 미치는 거래인가에 대한 분석

둘째, 현금의 유입과 유출에 영향이 있는 경우에 동 거래가 영업·투자·재무활동 중에서 어떠한 영역에 속하는가에 대한 분석

이러한 분석을 통하여 현금의 유출·입에 영향이 없을 경우에는 현금흐름표상의 표시에서 제외되며(유의적 거래인 경우 주석에만 기재), 현금의 유출·입에 영향을 미치는 거래인 경우 현금흐름표상에서 영업·투자·재무의 거래활동별로 구분·기재된다.

이렇게 해서 모든 계정의 분석이 종료되었을 때 현금의 유출·입에 영향을 미치는 거래가 빠짐 없이 현금흐름표상에 구분·기재됨으로써 앞의 '1.'에 의하여 계산된 현금의 증감액과 사후적으로 일치하게 된다(구체적인 분석방법은 제3장, 제4장, 제5장, 제6장에서 서술).

3. 현금흐름표의 작성

상기의 절차가 모두 완료되면 앞에서 제시한 현금흐름표의 서식에 맞추어 보고서를 작성한다.

제2절 작성원칙

일반기업회계기준 제2장【재무제표의 작성과 표시 Ⅰ】

2.72. 현금흐름표는 다음과 같이 표시한다.

(1) 현금의 유입과 유출내용에 대하여는 기중 증가 또는 기중 감소를 상계하지 아니하고 각각 총액으로 표시한다. 다만, 거래가 빈번하여 총금액이 크고 단기간에 만기가 도래하는 현금의 유입과 유출항목은 순증감액으로 표시할 수 있다.

(2) 사채발행 또는 주식발행으로 인한 현금유입시에는 발행금액으로 표시한다.

일반기업회계기준에서는 총액법을 원칙으로 하고, ① 거래가 빈번한 경우, 이로 인하여 ② 총금액이 큰 경우, ③ 단기간에 만기가 도래하는 경우에 있어서 예외적으로 순증감액으로 기재할 수 있도록 하였다. 그러나 거래의 빈도나 금액의 중요성, 만기 등에 대한 명확한 규정이 없으므로 실무적용에 있어서 상당한 자의성을 내포하고 있다.

일반적으로 재무상태표상 유동자산과 유동부채가 상대적으로 거래가 빈번한 경우로 볼 수 있다. 그러나 유동자산 중에서 단기매매증권·미수금·단기대여금 등은 투자활동과 관련된 부분으로서 영업활동에 비하여 거래빈도가 낮으므로 총액기준에 의한 증가·감소의 분석이 용이하며, 유동부채 중에서도 단기차입금(회전약정이 없는 경우)·미지급금 등은 재무

활동과 관련된 부분으로서 위와 같은 이유로 총액기준에 의한 증가 · 감소 분석이 용이할 뿐 아니라 총액기준 보고가 회계정보이용자에게 보다 유용한 정보를 제공해 줄 수 있다.

당좌차월의 경우 비록 재무활동거래임에도 불구하고 순증감액표시가능 기준인 거래의 빈도, 거래금액, 만기의 요건을 모두 충족시키기 때문에 순증감액표시가 가능하다고 판단된다.

일반기업회계기준 제2장【재무제표의 작성과 표시 I】

2.73. 다음 사항을 주석으로 기재한다.

(1) 다음과 같은 현금의 유입과 유출이 없는 거래
현물출자로 인한 유형자산의 취득, 유형자산의 연불구입, 무상증자, 무상감자, 주식배당, 전환사채의 전환 등 현금의 유입과 유출이 없는 거래 중 유의적인 거래

(2) 직접법으로 작성한 경우에는 당기순이익(당기순손실)과 당기순이익(당기순손실)에 가감할 항목에 관한 사항

회사의 거래내역 중에서 직접적으로 현금의 유입과 유출에 관련되는 거래는 매출채권의 현금회수나 자산의 현금구입 등 한정적으로 나타난다. 대부분의 거래가 발생 시점에 직접적인 현금의 유입과 유출을 수반하지 않고 별도의 회수활동이나 지급정책 등에 의하여 추후 현금의 흐름으로 실현되게 된다. 예를 들어 재고자산을 현금으로 매출하지 않고 외상으로 매출하거나 외상매출금을 받을어음으로 회수한 경우 및 재고자산을 외상매입한 경우 등이다. 이 때 동 거래가 직접적인 현금의 유입과 유출에 관련이 없다고 하여 현금의 유입과 유출이 없는 거래로 구분 · 표시할 경우, 현금흐름표의 구성이 복잡하여져서 오히려 정보이용자의 이해가능성이 떨어질 뿐 아니라 작성담당자가 회사의 연중거래를 추적하는 데 드는 비용이 그 효익을 초과하게 된다.

이상의 이유로 인하여 일반기업회계기준에서는 현금의 유입과 유출이 없는 거래 중 중요한 거래만을 주석에 별도 표시하도록 하고 있으며 그 내용으로서 현물출자로 인한 유형자산의 취득, 유형자산의 연불구입, 무상증자, 무상감자, 주식배당, 전환사채의 전환 등으로 예시 열거하고 있다.

Chapter

03

영업활동으로 인한 현금흐름

제1절 영업활동의 정의

일반기업회계기준 제2장【재무제표의 작성과 표시Ⅰ】

2.60. 영업활동이라 함은 일반적으로 제품의 생산과 상품 및 용역의 구매·판매활동을 말하며, 투자활동과 재무활동에 속하지 아니하는 거래를 모두 포함한다.

일반기업회계기준에서는 영업활동을 정의함에 있어서 기업의 이익에 직접적인 영향을 미치는 생산·구매·판매활동뿐만 아니라 주된 수익활동에 간접적으로 영향을 미치며, 경우에 따라서 부수적으로 수반되기 마련인 제반활동 중에서 투자활동, 재무활동 이외의 거래를 모두 영업활동의 범주에 포함시키고 있다.

예를 들어 퇴직금의 지급 등 기업의 인사활동은 투자활동이나 재무활동이 아닐 뿐 아니라 직접적인 영업활동도 아니다. 그러나 기업의 목적이 영리추구에 있고 이를 위한 주된 수익활동을 영업활동이라고 정의할 때 퇴직금의 지급은 주된 수익활동에 부수적으로 수반되기 마련인 간접적인 영업활동이라고 할 수 있다.

이러한 의미에서 영업활동으로 인한 현금의 유입·유출내역을 일반기업회계기준에서 예시 열거하고 있는 바, 그 내역은 다음과 같다.

일반기업회계기준 제2장【재무제표의 작성과 표시Ⅰ】

2.61. 영업활동으로 인한 현금의 유입에는 제품 등의 판매에 따른 현금유입(매출채권의 회수 포함), 이자수익과 배당금수익, 기타 투자활동과 재무활동에 속하지 아니하는 거래에서 발생된 현금유입이 포함된다.

2.62. 영업활동으로 인한 현금의 유출에는 원재료, 상품 등의 구입에 따른 현금유출(매입채무의 결제 포함), 기타 상품과 용역의 공급자와 종업원에 대한 현금지출, 법인세(토지등 양도소득에 대한 법인세 제외)의 지급, 이자비용, 기타 투자활동과 재무활동에 속하지 아니하는 거래에서 발생된 현금유출이 포함된다.

영업활동으로 인한 현금흐름을 계산하기 위한 방법에는 직접법과 간접법 두 가지가 있다.

직접법이란 매출액, 이자수익 등 영업활동 거래의 원천별로 유입된 현금의 흐름에서 매출원가, 이자비용, 법인세비용 등 영업활동으로 인한 현금의 유출액을 차감하여 현금주의에 의한 영업이익을 구하는 방식이다. 이는 당기순이익에서 조정을 거쳐 현금의 흐름을 사후적으로 확인하는 간접법에 비하여 영업거래의 다양한 원천별 현금의 흐름내역을 일목요연하게 제시해 줌으로써 진정한 의미에서의 현금흐름을 파악할 수 있는 방법이다.

간접법이란 당기순이익에서 출발하여 현금의 유출이 없는 비용 등을 가산하고 현금의 유입이 없는 수익 등을 차감하고 영업활동으로 인한 자산·부채의 변동을 가감하여 영업활동으로 인한 현금의 흐름을 계산하는 방식으로서 발생주의에 의한 당기순이익에서 어떠한 조정을 거쳐 현금의 흐름이 산출되는지에 주안점을 두므로 재무상태표, 손익계산서와의 유용한 연관성을 제시해 준다.

다음은 두 가지 방법의 장·단점을 비교한 내역이다.

	직 접 법	간 접 법
장 점	i) 영업활동에 관련한 현금유출입액의 표시에 충실 ii) 과거의 현금흐름을 이해하고 미래의 현금흐름을 예측하는 데 유용 iii) 영업활동으로부터의 현금창출능력을 평가하는 것이 간접법보다 유용	i) 당기순이익과 영업활동으로 인한 순현금흐름의 차이를 밝혀줌으로써 P/L, B/S 사이의 연결고리 역할을 함. ii) 당기순이익과 현금흐름 간의 시간적 차이를 이용한 미래현금흐름의 예측이 가능 iii) 기업 간 측정의 차이와 비현금 항목이 이익에 미치는 영향을 파악할 수 있음.
단 점	i) 발생주의 손익계산서에 익숙한 재무제표이용자를 혼동시킬 수 있음. ii) 기업의 재무기록이 현금기준이 아닌 발생주의 기준으로 유지되고 있기 때문에 직접법으로 작성하는 때에는 추가적인 비용이 소요됨.	i) 감가상각비와 같은 일부비용이 현금의 유입원천으로 나타나기 때문에 이용자를 혼동시킬 수 있음. ii) 현금유입의 원천 및 현금유출의 용도별 파악이 불가능함.

직접법과 간접법의 차이는 영업활동으로 인한 현금흐름을 작성하는 과정에서 발생하는 방법상의 차이이며, 투자활동으로 인한 현금흐름과 재무활동으로 인한 현금흐름은 거래의 원천별로 현금흐름의 내역을 표시하고 있으므로 모두 직접법으로 일관하고 있다.

현금흐름표의 양식비교

직 접 법		간 접 법		
Ⅰ. 영업활동으로 인한 현금흐름	×××	Ⅰ. 영업활동으로 인한 현금흐름		×××
가. 매출 등 수익활동으로부터의 유입액	×××	1. 당기순이익(손실)	×××	
나. 매입 및 종업원에 대한 유출액	(×××)	2. 현금의 유출이 없는 비용 등의 가산	×××	
다. 이자수익 유입액	×××	3. 현금의 유입이 없는 수익 등의 차감	(×××)	
라. 배당금수익의 유입액	×××	4. 영업활동으로 인한 자산, 부채의 변동	×××	
마. 이자비용 유출액	(×××)			
바. 법인세의 지급	(×××)			
사. …………………………	×××			

일반기업회계기준에서는 현금흐름표를 직접법 또는 간접법으로 작성할 수 있도록 모두 인정하고 있다.

다음에서는 절을 달리하여 직접법과 간접법에 의한 작성방법을 각각 살펴보도록 하겠다.

직접법에 의한 작성방법

일반기업회계기준 제2장【재무제표의 작성과 표시Ⅰ】

2.64. 직접법이라 함은 현금을 수반하여 발생한 수익 또는 비용항목을 총액으로 표시하되, 현금유입액은 원천별로 현금유출액은 용도별로 분류하여 표시하는 방법을 말한다. 이 경우 현금을 수반하여 발생하는 수익·비용항목을 원천별로 구분하여 직접 계산하는 방법 또는 매출과 매출원가에 현금의 유출·유입이 없는 항목과 재고자산·매출채권·매입채무의 증감을 가감하여 계산하는 방법으로 한다.

전술한 바와 같이 직접법이란 현금을 수반하여 발생한 수익과 비용항목을 현금의 유입액은 원천별로, 현금의 유출액은 용도별로 분류하여 기재하는 방법이다. 일반기업회계기준의 현금흐름표 표준서식에서 제시하고 있는 현금유입의 원천과 현금유출의 용도는 아래와 같다.

현금유입의 원천	현금유출의 용도
• 매출 등 수익활동으로부터의 유입액	• 매입 및 종업원에 대한 유출액
• 이자수익 유입액	• 이자비용 유출액
• 배당금수익 유입액	• 법인세의 지급
⋮	⋮

직접법에 의하여 현금흐름표를 작성하는 경우에도 두 가지 방법이 인정되고 있는데, 그 첫 번째 방법은 장부를 현금주의로 기장하고 있을 경우 쉽게 계산되는 방법으로써 현금을 수반하여 발생하는 수익·비용항목을 원천과 용도별로 구분하여 직접 계산하는 현금주의 방법이고, 두 번째 방법은 발생주의 손익계산서상 매출, 매출원가 등에 이와 관련된 재무상태표의 자산·부채계정의 변동을 가감하여 현금주의에 의한 손익계산서로 전환하는 방법이다. 이 방법은 발생주의에 의하여 회계처리하는 기업에 용이하게 사용될 수 있는 방법이다.

다음은 현금주의 방법과 발생주의 조정방법별로 현금유입의 원천과 유출의 용도를 작성하는 내역을 나타낸다.

현금유입의 원천 및 유출의 용도	현금주의 방법	발생주의 조정방법
• 매출 등 수익활동으로부터의 유입액	현금매출 매출채권 중 회수액 선수금 수령액 장기성 매출채권 중 회수액	매출액(P/L상) －매출채권의 증가(＋감소) ＋선수금의 증가(－감소) －장기성 매출채권의 증가(＋감소)
• 매입 및 종업원에 대한 유출액	현금매입 매입채무 중 현금지급액 급료 등 기타 현금지출비용	(1) 매출원가(P/L상) ＋재고자산의 증가(－감소) －매입채무의 증가(＋감소) －비현금비용(제조원가) －미지급비용의 증가(＋감소) －선급비용의 감소(＋증가) (2) 판매비와관리비(P/L상) －미지급비용의 증가(＋감소) －선급비용의 감소(＋증가) －비현금비용(감가상각비, 대손상각비 등)
• 이자수익 유입액	이자수익 중 현금수령액	이자수익(P/L상) ＋미수이자의 감소(－증가) ＋선수이자의 증가(－감소) －장기성 매출채권의 현재가치할인차금 상각분

현금유입의 원천 및 유출의 용도	현금주의 방법	발생주의 조정방법
• 배당금수익 유입액	배당금수익 중 현금수령액	배당금수익(P/L상) ＋미수배당금 감소(－증가)
• 이자비용 지급액	이자비용 중 현금지급액	이자비용(P/L상) －미지급이자의 증가(＋감소) ＋선급이자의 증가(－감소) －사채할인발행차금 상각분 －장기성 매입채무의 현재가치할인차금 상각분
• 법인세의 지급	법인세의 현금지급액	법인세비용(P/L상) －당기법인세부채 증가(＋감소) －이연법인세부채 증가(＋감소) ＋이연법인세자산 증가(－감소)

이상과 같이 직접법으로 작성된 영업활동으로 인한 현금흐름을 보고서에 기재함에 있어서 주석에 별도로 간접법에 의해 계산한 내역을 당기순이익과 당기순이익에 가감할 항목으로 구분하여 표시하도록 하고 있다(일반기준 2장 문단 2.73 (2)).

이는 직접법에 의한 보고양식과 간접법에 의한 보고양식이 서로 상이한 정보효과를 가지고 있다는 것을 의미하며(제1절 참조), 일반기업회계기준에서는 직접법에 의한 현금흐름표 작성시 간접법에 의한 방법을 주석에 표시하도록 함으로써 완전 공시를 지향하고 있다.

다음에서는 현금유입의 원천 및 유출용도별로 작성사례를 살펴보기로 하겠다.

사례 1 매출 등 수익활동으로부터의 유입액 계산

B/S

매 출 채 권

기 초	100⑧	회 수	50⑤
당기매출	200①	기 말	250⑨
	300		300

매출채권대손충당금

기 말	28⑬	기 초	27⑫
		당기설정	1④
	28		28

선 수 금

당기매출	40②	기 초	20⑩
기 말	10⑪	당기수령	30⑥
	50		50

P/L	
매　　출	400(⑦)
대손상각비	1(④)

현금매출 계산내역	
매　출(P/L상)	400(⑦)
신용매출	−200(①)
선수금매출	−40(②)
현금매출	160(③)

현금주의 방법	
현금매출	160(③)
매출채권회수액	50(⑤)
선수금수령액	30(⑥)
계	240

발생주의 조정방법	
매　출(P/L상)	400
매출채권증가액	−150 (⑨−⑧)
선수금감소액	−10 (⑩−⑪)
대손상각비 (P/L상)	−1 (④)
대손충당금증가액	+1 (⑬−⑫)
계	240

사례 2　매입 및 종업원에 대한 유출액

B/S

매입채무			
지　급	200⑧	기　초	150⑬
기　말	50⑭	당기매입	100⑦
	250		250

재고자산			
기　초	800⑪	매출원가	1,200①
당기매입	1,100⑥	기　말	700⑫
	1,900		1,900

미지급비용			
지　급	800⑨	기　초	50⑯
기　말	150⑮	당기발생	900③
	950		950

선급비용			
기　초	30⑱	비용인식	70④
당기지급	100⑩	기　말	60⑰
	130		130

P/L	
매출원가	1,200(①)
판매비와 관리비	1,000(②)

현금지출비용 계산내역		
현금매입 :	당기매입	1,100(⑥)
	당기외상매입	−100(⑦)
	당기현금매입	1,000(⑲)
현금비용 :	판매비와관리비	1,000(②)
	미지급비용에 의한 비용인식	−900(③)
	선급비용에 의한 비용인식	−70(④)
	현금지출비용	30(⑤)

현금주의 방법	
현금매입	1,000(⑲)
매입채무 중 현금지급액	200(⑧)
미지급비용의 지급액	800(⑨)
선급비용의 지급액	100(⑩)
현금지출비용액	30(⑤)
계	2,130

발생주의 조정방법	
매출원가(P/L상)	1,200(①)
재고자산의 감소	−100(⑪ − ⑫)
매입채무의 감소	+100(⑬ − ⑭)
판매비와관리비(P/L상)	+1,000(②)
미지급비용의 증가	−100(⑮ − ⑯)
선급비용의 증가	+30(⑰ − ⑱)
계	2,130

사례 3 이자수익 유입액과 이자비용 지급액

B/S

미수이자

차변		대변	
기초	100⑥	회수	450①
당기발생	400④	기말	50⑦
	500		500

선수이자

차변		대변	
수익인식	70⑤	기초	50⑨
기말	80⑧	당기선수	100②
	150		150

미지급이자

차변		대변	
지급	200⑬	기초	150⑱
기말	50⑲	당기발생	100⑮
	250		250

선급이자

차변		대변	
기초	100⑳	비용인식	150⑯
선지급	50⑭	기말	0㉑
	150		150

사채할인발행차금

차변		대변	
기초	100㉒	상각	50⑩
		기말	50㉓
	100		100

현재가치할인차금

차변		대변	
기초	50㉔	상각	10⑪
		기말	40㉕
	50		50

P/L

이자수익	470(③=④+⑤)
이자비용	250(⑰=⑮+⑯)

이자비용현금지급 계산내역

이자비용(P/L)	250(⑰)
사채할인발행차금 상각	−50(⑩)
현재가치할인차금 상각	−10(⑪)
이자비용현금지급액	190(⑫)

현금주의 방법		발생주의 조정방법	
i) 이자수익 유입액		i) 이자수익유입액	
이자수익 현금수령액	550(①+②)	이자수익(P/L상)	470(③)
		미수이자 감소액	+50(⑥-⑦)
		선수이자 증가액	+30(⑧-⑨)
		계	550
ii) 이자비용 지급액		ii) 이자비용 지급액	
이자비용 현금지급액	190(⑫)	이자비용(P/L상)	250(⑰)
		미지급이자 감소액	+100(⑱-⑲)
		선급이자 감소액	-100(⑳-㉑)
		사채할인발행차금 감소액	-50(㉒-㉓)
		현재가치할인차금 감소액	-10(㉔-㉕)
		계	190

사례 4 배당금수익 유입액과 법인세의 지급

B/S

당기법인세부채

지급액	300⑥	기초	300⑩
기말	450⑨	당기발생	450④
	750		750

선급법인세

기초	0⑪	비용인식	50③
당기지급	50⑦	기말	0⑧
	50		50

이연법인세자산

기초	50⑬	상계	0⑭
당기발생	30⑤	기말	80⑫
	80		80

P/L

배당금수익	100(①)*
법인세비용	470(②=③+④-⑤)

현금주의 방법

i) 배당금수익 유입액	100(①)
ii) 법인세의 지급	350(⑥+⑦)

발생주의 조정방법

i) 배당금수익 유입액(P/L상)	100(①)
ii) 법인세의 지급	
법인세비용(P/L상)	470(②)
선급법인세 증가액	0(⑧-⑪)
이연법인세자산 증가액	30(⑫-⑬)
당기법인세부채 증가액	-150(⑨-⑩)
소계	350

* 상관례상 배당통지와 함께 배당금 수령이 이루어지므로 미수배당금계정의 설정을 고려하지 않았음.

제3절 간접법에 의한 작성방법

일반기업회계기준 제2장【재무제표의 작성과 표시 I】

2.65. 간접법이라 함은 당기순이익(또는 당기순손실)에 현금의 유출이 없는 비용 등을 가산하고 현금의 유입이 없는 수익 등을 차감하며, 영업활동으로 인한 자산 · 부채의 변동을 가감하여 표시하는 방법을 말한다.

(1) 현금의 유출이 없는 비용 등은 현금의 유출이 없는 비용, 투자활동과 재무활동으로 인한 비용을 말한다.

(2) 현금의 유입이 없는 수익 등은 현금의 유입이 없는 수익, 투자활동과 재무활동으로 인한 수익을 말한다.

(3) 영업활동으로 인한 자산 · 부채의 변동은 영업활동과 관련하여 발생한 유동자산 및 유동부채의 증가 또는 감소를 말한다.

가산항목
- 현금의 유출이 없는 비용
- 투자활동과 재무활동으로 인한 비용
- 영업활동과 관련된 자산의 감소 및 부채의 증가

차감항목
- 현금의 유입이 없는 수익
- 투자활동과 재무활동으로 인한 수익
- 영업활동과 관련된 자산의 증가 및 부채의 감소

1. 당기순이익에 가산할 항목

(1) 현금의 유출이 없는 비용의 가산

당기순이익은 발생주의에 입각하여 계산된 것이므로 현금의 유출이 일어나지 않은 비용만큼 감액되어 있고, 따라서 영업활동으로 인한 현금흐름을 구하기 위하여 현금의 유출이 없는 비용을 당기순이익에 가산 · 조정하여야 한다.

다음은 이러한 유형의 비용에 대하여 현금조정분개를 표시한 것이다.

① 유형자산 감가상각비

(차) 현금의 유입(I. 2)	×××	(대) 유 형 자 산	×××
(감 가 상 각 비)		감가상각누계액	

(I. 2는 ‘ I. 영업활동으로 인한 현금흐름’ 중에서 ‘2. 현금의 유출이 없는 비용 등의 가산’을 의미함. 이하 동일)

(감가상각누계액을 대변에 기록함으로써 기초에 비하여 증가한 감가상각누계액을 설명해 주고 있으며, 차변의 현금유입기록은 정상분개상 감가상각비로써 비용으로 인식되어야 하지만, 현금조정분개를 통하여 현금유출이 없는 비용의 가산으로 표시된다)

② 무형자산 상각(직접법)

(차) 현금의 유입(Ⅰ. 2) (무형자산상각비)	×××	(대) 무 형 자 산	×××

③ 퇴직급여

(차) 현금의 유입(Ⅰ. 2) (퇴 직 급 여)	×××	(대) 퇴직급여충당부채	×××

④ 대손상각비

(차) 현금의 유입(Ⅰ. 2) (대 손 상 각 비)	×××	(대) 대 손 충 당 금	×××

⑤ 사채할인발행차금 상각으로 인한 사채이자/현재가치할인차금 상각으로 인한 지급이자

(차) 현금의 유입(Ⅰ. 2)	×××	(대) 사채할인발행차금	×××
(사채이자, 지급이자)		현재가치할인차금	×××

⑥ 단기매매증권 평가손실

(차) 현금의 유입(Ⅰ. 2) (단기매매증권평가손실)	×××	(대) 단 기 매 매 증 권	×××

⑦ 재해손실

(차) 현금의 유입(Ⅰ. 2) (재 해 손 실)	×××	(대) 재 해 자 산	×××

⑧ 외화자산 · 부채의 환산손실

(차) 현금의 유입(Ⅰ. 2) (외 화 환 산 손 실)	×××	(대) 외 화 자 산 · 부 채	×××

(2) 투자활동, 재무활동으로 인한 비용의 가산

당기순이익에는 투자 · 재무활동과 관련된 자산과 부채의 처분이나 상환에 의하여 발생된 비용이 감액되어 있으므로 순수한 영업활동으로 인한 현금흐름을 구하기 위하여 투자 · 재무활동과 관련된 비용을 당기순이익에 가산 · 조정하여야 한다.

만약 당기순이익에 그 처분 및 상환 손실액을 가산하지 않는다면 투자활동 및 재무활동으로 인한 현금의 유입이나 유출을 자산의 실제 처분가액, 부채의 실제 상환액으로 나타낼 수 없게 된다.

다음은 투자활동 및 재무활동과 관련하여 발생된 비용에 대하여 현금조정분개를 표시한 것이다.

① 유형자산 처분손실

(차)		(대)	
현금의 유입(Ⅱ. 1) (처 분 가 액)	×××	유 형 자 산	×××
현금의 유입(Ⅰ. 2) (유형자산처분손실)	×××		

(Ⅱ. 1은 'Ⅱ. 투자활동으로 인한 현금흐름' 중에서 '1. 투자활동으로 인한 현금유입액'을 의미함. 이하 동일)

(유형자산을 대변에 표시함으로써 처분된 자산의 장부가액을 설명해 주고 있으며 차변의 현금유입의 기록은 각각 투자활동으로 인한 현금유입과 영업활동으로 인한 현금흐름 중에서 현금유출이 없는 비용의 가산을 나타낸다)

② 투자자산 처분손실

(차)		(대)	
현금의 유입(Ⅱ. 1) (처 분 가 액)	×××	투 자 자 산	×××
현금의 유입(Ⅰ. 2) (투자자산 처분손실)	×××		

③ 매도가능(만기보유)증권 처분손실

(차)		(대)	
현금의 유입(Ⅱ. 1) (처 분 가 액)	×××	매도가능(만기보유)증권	×××
현금의 유입(Ⅰ. 2) (매도가능(만기보유) 증 권 처 분 손 실)	×××		

④ 사채상환손실

(차)		(대)	
사 채	×××	현금의 유출(Ⅲ. 2) (사 채 상 환 액)	×××
현금의 유입(Ⅰ. 2) (사 채 상 환 손 실)	×××	사채할인발행차금	×××

(Ⅲ. 2는 'Ⅲ. 재무활동으로 인한 현금흐름' 중에서 '2. 재무활동으로 인한 현금 유출액'을 의미함. 이하 동일)

⑤ 장기차입금 상환손실

(차) 장 기 차 입 금 ××× (대) 현금의 유출(Ⅲ. 2) ×××
현금의 유입(Ⅰ. 2) ×××
(장기차입금상환손실)

(3) 영업활동과 관련된 자산계정(대부분 유동자산계정)의 감소의 가산

유동자산의 감소는 현금자금의 유입을 의미하므로 영업활동과 관련된 유동자산계정의 감소액을 당기순이익에 가산해 주어야 한다.

다음은 영업활동과 관련된 자산계정의 감소에 대하여 현금조정분개를 표시한 것이다.

① 매출채권의 감소

(차) 현금의 유입(Ⅰ. 4) ××× (대) 매 출 채 권 ×××

(Ⅰ. 4는 'Ⅰ. 영업활동으로 인한 현금흐름' 중에서 '4. 영업활동으로 인한 자산·부채의 변동'을 의미함. 이하 동일)

② 재고자산의 감소

(차) 현금의 유입(Ⅰ. 4) ××× (대) 재 고 자 산 ×××

③ 선급비용의 감소

(차) 현금의 유입(Ⅰ. 4) ××× (대) 선 급 비 용 ×××

④ 미수수익의 감소

(차) 현금의 유입(Ⅰ. 4) ××× (대) 미 수 수 익 ×××

이자수익과 배당금수익은 투자에 대한 수익으로 투자금액의 회수로 보아 투자활동으로 분류하는 것이 논리적이나 일반기업회계기준에서는 이자수익과 배당금수익을 영업활동으로 인한 현금흐름으로 분류하고 있다.

⑤ 기타 영업활동과 관련된 자산계정의 감소

선급금의 감소액, 이연법인세자산의 감소액

(4) 영업활동과 관련된 부채계정 증가의 가산

발생주의에 의한 비용에 대응하는 상대계정을 단순화하여 생각할 경우 부채와 현금 및 현금성자산 계정이 이에 해당할 것이다.

(차) 비 용	×××	(대) 부 채	×××
		현금 및 현금성자산	×××

그러므로 손익계산서상 비용의 금액이 일정할 경우 부채의 증가는 현금유출의 감소를 의미한다. 이러한 관점에서 영업활동과 관련한 부채계정 중 기초대비 기말 잔액이 증가한 부분을 당기순이익에 가산하여 줌으로써 영업활동으로 인한 현금의 흐름을 계산할 수 있다.

① 매입채무의 증가

(차) 현금의 유입(Ⅰ. 4)	×××	(대) 매 입 채 무	×××

② 선수금의 증가

(차) 현금의 유입(Ⅰ. 4)	×××	(대) 선 수 금	×××

③ 선수수익의 증가

(차) 현금의 유입(Ⅰ. 4)	×××	(대) 선 수 수 익	×××

④ 미지급비용의 증가

(차) 현금의 유입(Ⅰ. 4)	×××	(대) 미 지 급 비 용	×××

⑤ 당기법인세부채의 증가

(차) 현금의 유입(Ⅰ. 4)	×××	(대) 당 기 법 인 세 부 채	×××

법인세 과세대상인 각 사업연도 소득금액은 회사의 영업활동, 투자활동 및 재무활동 등을 포함하는 제반활동의 결과이나, 이를 현금흐름표상의 거래활동별로 세분하는 것은 지나치게 복잡하여 회계이용자의 이해가능성을 오히려 떨어뜨리게 되고 분류상 자의성이 게재되어 회계정보의 신뢰성에 영향을 주게 된다.

이러한 취지로 인하여 일반기업회계기준에서는 법인세비용(토지등 양도소득에 대한 법인세 제외)의 유출액을 영업활동으로 분류하고 있다.

2. 당기순이익에 차감할 항목

(1) 현금의 유입이 없는 수익의 차감

발생주의에 의하여 산출된 당기순이익에는 현금흐름과 관계 없는 수익이 포함되어 있는 바, 이를 당기순이익에서 차감조정하여야 한다.

① 퇴직급여충당부채 환입

(차) 퇴직급여충당부채	×××	(대) 현금의 유출(Ⅰ. 3) (퇴직급여충당부채환입액)	×××

('Ⅰ. 3'은 'Ⅰ. 영업활동으로 인한 현금흐름' 중에서 '3. 현금의 유입이 없는 수익 등의 차감'을 의미함. 이하 동일)

② 외화자산 · 부채의 환산이익

(차) 외화자산 · 부채	×××	(대) 현금의 유출(Ⅰ. 3) (외화환산이익)	×××

(2) 투자활동 및 재무활동으로 인한 수익의 차감

당기순이익에는 투자 · 재무활동과 관련된 자산과 부채의 처분이나 상환에 의하여 발생된 수익이 포함되어 있으므로, 이를 당기순이익에서 차감조정함으로써 순수한 영업활동으로 인한 현금흐름을 구할 수 있고 투자 · 재무활동으로 인한 현금의 유입 · 유출을 장부가액이 아닌, 실제 처분가액 또는 실제 상환액으로 표시할 수 있다.

① 유형자산 처분이익

(차) 현금의 유입(Ⅱ. 1) (처분가액)	×××	(대) 유형자산 현금의 유출(Ⅰ. 3) (유형자산처분이익)	××× ×××

② 투자자산 처분이익

(차) 현금의 유입(Ⅱ. 1) (처분가액)	×××	(대) 투자자산 현금의 유출(Ⅰ. 3) (투자자산 처분이익)	××× ×××

③ 매도가능(만기보유)증권 처분이익

(차) 현금의 유입(Ⅱ. 1) (처분가액)	×××	(대) 매도가능(만기보유)증권 현금의 유출(Ⅰ. 3) (매도가능(만기보유) 증권처분이익)	××× ×××

④ 사채상환이익

(차) 사　　　　　채　　×××　　(대) 현금의 유출(Ⅲ. 2)　　×××
(사 채 상 환 액)
사채할인발행차금　　×××
현금의 유출(Ⅰ. 3)　　×××
(사 채 상 환 이 익)

(3) 영업활동과 관련된 자산계정(대부분 유동자산계정) 증가의 차감

영업활동과 관련된 자산계정의 증가는 현금자금의 유출을 의미하므로 이를 당기순이익에서 차감조정해 주어야 한다.

다음은 영업활동과 관련된 유동자산계정의 증가에 대하여 현금조정분개를 표시한 것이다.

① 매출채권의 증가

(차) 매　출　채　권　　×××　　(대) 현금의 유출(Ⅰ. 4)　　×××

② 재고자산의 증가

(차) 재　고　자　산　　×××　　(대) 현금의 유출(Ⅰ. 4)　　×××

③ 선급비용의 증가

(차) 선　급　비　용　　×××　　(대) 현금의 유출(Ⅰ. 4)　　×××

④ 미수수익의 증가

(차) 미　수　수　익　　×××　　(대) 현금의 유출(Ⅰ. 4)　　×××

⑤ 기타 영업활동과 관련된 자산계정의 증가

선급금의 증가, 이연법인세자산의 증가

(4) 영업활동과 관련된 부채계정(대부분 유동부채계정) 감소의 차감

영업활동과 관련된 부채계정의 감소에 대한 현금조정분개를 표시하면 다음과 같다.

① 매입채무의 감소

(차) 매　입　채　무　　×××　　(대) 현금의 유출(Ⅰ. 4)　　×××

② 선수금의 감소

(차) 선　　수　　금　　×××　　(대) 현금의 유출(Ⅰ. 4)　　×××

③ 선수수익의 감소

(차) 선 수 수 익 ××× (대) 현금의 유출(Ⅰ. 4) ×××

④ 미지급비용의 감소

(차) 미 지 급 비 용 ××× (대) 현금의 유출(Ⅰ. 4) ×××

⑤ 당기법인세부채의 감소

(차) 당기법인세부채 ××× (대) 현금의 유출(Ⅰ. 4) ×××

●●● Chapter

04

투자활동으로 인한 현금흐름

제1절 투자활동의 정의

일반적으로 투자란 미래의 경제적 이익을 위한 현재의 소유권 획득과정을 의미하지만 현금흐름표 작성과 관련하여 기업의 제반활동을 영업·투자·재무활동으로 구분할 때 투자활동의 의미는 현금의 대여와 회수활동, 유가증권, 투자자산, 유형자산 및 무형자산의 취득과 처분활동 등을 말한다. 이러한 정의에 의하여 장·단기대여금의 대여나 회수, 유형자산의 취득·처분 등은 명확하게 투자활동으로 분류될 수 있다. 그러나 일부거래에 대해서는 그 성격상 영업활동·투자활동·재무활동의 구분이 쉽지 않은 부분이 있는 바, 그 구체적인 사례들은 다음과 같다.

(1) 이자수익과 배당금수익

이자수익과 배당금수익 등 투자에 대한 수익은 투자금액의 회수로 보아 투자활동으로 분류하는 것이 논리적이나, 일반기업회계기준은 이를 영업활동으로 인한 현금흐름으로 분류하고 있다.

(2) 재고자산의 할부판매

재고자산의 할부판매는 장기간의 현금흐름을 수반하기 때문에 영업활동 및 투자활동의 양면성을 갖고 있다. 그런데 현금의 수입과 지출은 현금이 수수되는 본래의 목적에 의하여 분류되어야 하므로 재고자산의 매매와 관련된 현금흐름은 현금수취의 장·단기에 불구하고 영업활동으로 인한 현금흐름이 되어야 한다.

(3) 비유동자산의 장기할부 및 연불취득

비유동자산의 장기할부 및 연불취득의 경우에는 취득 직전 또는 직후의 지급액(자본화되는 이자비용 포함)은 투자활동으로 분류하고 (장기)미지급금 등으로 계상되어 있던 부분의 지급은 재무활동으로 분류하여야 한다.

(4) 미수금의 회수

미수금은 일반적 상거래 이외의 거래에서 발생한 채권 또는 채무이다. 즉, 미수금은 유가증권, 투자자산 또는 유형자산 등의 처분으로 인하여 나타나는 채권이다. 미수금의 회수로 인한 현금유입은 원초 설정시 내용에 따라 투자활동으로 구분하는 것이 이론적이다. 예를 들어 유형자산의 처분은 투자활동이므로 유형자산의 처분으로 인한 미수금의 회수는 투자활동으로 인한 현금의 유입으로 분류하는 것이 바람직하다.

(5) 유가증권(단기매매 · 매도가능 · 만기보유증권 및 지분법적용투자주식)의 취득, 처분

일반기업회계기준에서는 유가증권의 취득, 처분거래를 투자활동으로 분류한다.

이상의 투자활동으로 분류되는 거래내역을 현금흐름표상에 표시할 때 일반기업회계기준에서는 다음과 같이 현금의 유입부분과 현금의 유출부분을 구분하여 표시하도록 하고 있다.

Ⅱ. 투자활동으로 인한 현금흐름		×××
1. 투자활동으로 인한 현금유입액		×××
가. 단기금융상품의 처분	×××	
나. 유가증권의 처분	×××	
다. 토지의 처분	×××	
라. ………………………………	×××	
2. 투자활동으로 인한 현금유출액		×××
가. 현금의 단기대여	×××	
나. 단기투자자산의 취득	×××	
다. 유가증권의 취득	×××	
라. 토지의 취득	×××	
마. 개발비의 지급	×××	
바. ………………………………	×××	

제2절 투자활동에 대한 예시

투자활동이란 현금의 대여와 회수활동, 유가증권(단기매매 · 매도가능 · 만기보유증권 및 지분법적용투자주식) · 투자자산 · 유형자산 및 무형자산의 취득과 처분활동 등을 말하는 것으로 투자활동으로 인한 현금흐름은 이러한 투자활동에서 조달되거나 사용된 현금의 유출입을 말한다.

1. 투자활동으로 인한 현금유입액

(1) 유동자산의 감소

① 단기대여금의 회수

(차) 현금의 유입(Ⅱ. 1)	×××	(대) 단 기 대 여 금	×××

(Ⅱ. 1은 'Ⅱ. 투자활동으로 인한 현금흐름' 중에서 '1. 투자활동으로 인한 현금유입액'을 의미함. 이하 동일)

② 미수금의 회수

미수금은 일반적인 상거래(주된 영업활동) 이외의 거래에서 발생한 채권이다. 즉, 유가증권 · 투자자산 · 유형자산 또는 무형자산의 처분과 관련하여 발생하는 채권이므로 이에 대한 회수활동 또한 투자활동으로 분류된다. 다만, 미수금 중에서 재고자산 매입 등과 관련된 부가가치세 미수금은 영업활동으로 분류함이 타당할 것이다.

(차) 현금의 유입(Ⅱ. 1)	×××	(대) 미 수 금	×××

③ 단기매매증권의 처분

(차) 현금의 유입(Ⅱ. 1) (실 제 처 분 액)	×××	(대) 단 기 매 매 증 권	×××
		현금의 유출(Ⅰ. 3) (단기매매증권처분이익)	×××

(2) 투자자산의 감소

① 매도가능(만기보유)증권의 처분

(차) 현 금 의 유 입(Ⅱ. 1)	×××	(대) 매도가능(만기보유)증권	×××
(실 제 처 분 액)			
현 금 의 유 입(Ⅰ. 2)	×××		
(매도가능(만기보유)증권처분손실)			

② 장기대여금의 회수

(차) 현금의 유입(Ⅱ. 1)	×××	(대) 장 기 대 여 금	×××

③ 보증금의 회수

(차) 현금의 유입(Ⅱ. 1)	×××	(대) 보 증 금	×××

(3) 유형 · 무형자산의 감소

유형 또는 무형자산의 처분과 관련하여 현금유입액은 실제 처분액으로 표시하며 장부가액과의 차이는 유형 또는 무형자산처분손익에 해당하므로 영업활동으로 인한 현금의 유입 · 유출로 조정하게 된다.

(차) 현 금 의 유 입(Ⅱ. 1)	×××	(대) 유 형 · 무 형 자 산	×××
(실 제 처 분 액)		현금의 유출(Ⅰ. 3)	×××
현 금 의 유 입(Ⅰ. 2)	×××	(유형 · 무형자산처분이익)	
(유형 · 무형자산처분손실)			

2. 투자활동으로 인한 현금유출액

(1) 유동자산의 증가

① 현금의 단기대여

(차) 단 기 대 여 금	×××	(대) 현금의 유출(Ⅱ. 2)	×××

(Ⅱ. 2는 'Ⅱ. 투자활동으로 인한 현금흐름' 중에서 '2. 투자활동으로 인한 현금유출액'을 의미함. 이하 동일)

② 미수금의 증가

미수금의 감소는 현금의 회수로 볼 수 있는 반면 미수금의 증가 자체가 직접적인 현금의 유출을 의미하지는 않는다. 즉, 미수금의 증가원인이 유가증권, 유형자산 등의 처분활동에 있기 때문에 발생시점에서는 현금의 유입과 유출이 없는 거래형태를 나타내고 회수시점에 현금의 유입이 이루어진다. 그러나 일반기업회계기준에서는 현금의 유입과 유출이 없는 거래 중에서 현물출자로 인한 유형자산의 취득 등 중요한 거래내역만을 주석에 별도 표시하도록 하고 있는 바, 상대적으로 거래가 빈번하며 중요성이 적은 거래에 의하여 발생된 미수금에 대해서는 다음의 이중거래로 간주하여 현금조정분개를 수행한다.

i)	(차) 미 수 금	×××	(대) 현금의 유출(Ⅱ. 2)	×××
ii)	(차) 현금의 유입(Ⅱ. 1)	×××	(대) 자 산	×××

그러나 미수금의 발생원인이 비경상적이며 거래금액이 큰 경우에는 별도 구분하여 현금의 유입과 유출이 없는 거래내역으로 주석에 표시하는 것이 보다 유용한 정보를 제공할 수 있을 것이다.

(예) 미 수 금 ××× 토 지 ×××

주석사항 1. 현금의 유입과 유출이 없는 거래
① 토지처분미수금의 증가(처분가액 ×××) ×××
⋮

③ 단기매매증권의 취득

(차) 단 기 매 매 증 권	×××	(대) 현금의 유출(Ⅱ. 2)	×××

(2) 투자자산의 증가

① 매도가능(만기보유)증권의 취득

(차) 매도가능(만기보유)증권	×××	(대) 현금의 유출(Ⅱ. 2)	×××

② 장기대여금의 증가

(차) 장 기 대 여 금	×××	(대) 현금의 유출(Ⅱ. 2)	×××

③ 보증금의 증가

(차) 보 증 금	×××	(대) 현금의 유출(Ⅱ. 2)	×××

(3) 유형 · 무형자산의 취득

유형 · 무형자산의 취득과 관련하여 당기증가분에 대해 현금조정분개를 수행한다. 다만, 현물출자로 인한 유형자산의 취득, 유형자산의 연불구입, 자산재평가에 의한 유형자산 증가 등 현금의 유출이 없는 거래 중 중요한 거래에 대해서는 현금조정분개를 하지 않고 주석에 별도 기재한다.

(차) 유 형 · 무 형 자 산 ××× (대) 현금의 유출(Ⅱ. 2) ×××

Chapter

05 재무활동으로 인한 현금흐름

제1절 재무활동에 대한 정의

기업이 제반활동 중에서 영업활동과 투자활동은 회사의 수익획득 또는 자금의 운용을 위한 활동이므로 거래의 대부분이 재무상태표 중에서 자산계정과 밀접하게 관련된 거래로 구성되어 있다.

반면, 재무활동은 직접적으로 수익획득을 목적으로 하지 않고 자산의 운용을 위해 필요한 자금의 조달과 상환을 위한 활동으로서 대부분 부채 및 자본계정의 변동을 수반하는 거래로 구성되어 있다.

> 일반기업회계기준 제2장【재무제표의 작성과 표시 Ⅰ】
>
> 2.69. 재무활동이라 함은 현금의 차입 및 상환활동, 신주발행이나 배당금의 지급활동 등과 같이 부채 및 자본계정에 영향을 미치는 거래를 말한다.

이상의 정의에 의하여 장·단기차입금의 차입이나 유상증자 등의 거래내역은 명확하게 재무활동으로 분류될 수 있다. 그러나 이자의 지급활동을 볼 때 현금의 차입과 관련하여 부수적으로 발생하는 거래로써 재무활동으로 분류하는 것이 논리적이나 일반기업회계기준에서는 이를 당기순이익의 결정에 직접적으로 관련이 있다는 관점에서 영업활동으로 분류하고 있다.

이외에도 거래의 성격상 영업활동, 투자활동 및 재무활동 등의 분류가 쉽지 않은 부분이 있는 바, 그 내역은 다음과 같다.

(1) 배당금 지급

지급배당금은 재무적 자원을 얻기 위한 비용이므로 재무활동으로 인한 현금흐름으로 분류하여야 한다는 주장과 재무제표이용자들이 영업활동으로 인한 현금흐름으로부터 배당금을 지급할 수 있는 능력을 평가할 수 있는 정보를 제공하기 위하여 영업활동으로 인한 현금유출로 하여야 한다는 주장이 있으나, 일반기업회계기준에서는 당기순이익의 결정과 관련이 없다는 측면에서 전자에 따라 재무활동으로 분류한다.

(2) 미지급금의 지급

미지급금은 일반적 상거래(주된 영업활동) 이외의 거래에서 발생한 채무이다. 즉, 미지급금은 유가증권, 투자자산 또는 유형자산 등의 취득으로 인하여 나타나는 채무이다.

미지급금의 지급으로 인한 현금유출은 원초 발생시 내용에 따라 투자활동으로 구분하는 것이 이론적이다. 예를 들어 유형자산의 취득은 투자활동이므로 유형자산의 취득으로 인한 미지급금의 지급은 투자활동으로 인한 현금유출로 분류하는 것이 바람직하다.

그러나 미지급금의 원초 내용을 일일이 확인하는 것이 힘들고, 현금흐름표 작성이 대체로 재무상태표상 계정과목을 중심으로 이루어지기 때문에 유가증권 등의 취득은 취득시점에 이미 투자활동이 종료된 것으로 본다. 따라서 재무상태표의 계정분류에 따라 부채계상된 미지급금(장기미지급금 포함)의 지급은 재무활동으로 인한 현금유출로 분류한다.

(3) 유동성장기부채의 상환

유동성장기부채는 그 내역에 따라서 매입채무성격과 차입금성격으로 구분할 수 있는데 매입채무의 유동성 상환은 영업활동으로, 차입금의 유동성 상환부분은 재무활동으로 표시한다.

이상의 재무활동으로 분류되는 거래내역을 현금흐름표상에 표시할 때 일반기업회계기준에서는 다음과 같이 현금의 유입부분과 현금의 유출부분을 구분하여 표시하도록 하고 있다.

Ⅲ. 재무활동으로인한현금흐름		×××
1. 재무활동으로인한현금유입액		×××
가. 단기차입금의차입	×××	
나. 사채의발행	×××	
다. 보통주의발행	×××	
라. …………………………………………	×××	
2. 재무활동으로인한현금유출액		×××
가. 단기차입금의상환	×××	
나. 사채의상환	×××	
다. 유상감자	×××	
라. …………………………………………	×××	

제2절 재무활동에 대한 예시

재무활동이란 현금의 차입 및 상환활동, 신주발행이나 배당금의 지급활동, 영업활동과 관련이 없는 유동부채의 증가와 감소 등과 같이 부채 및 자본계정에 영향을 미치는 거래를 말한다.

1. 재무활동으로 인한 현금유입액

(1) 유동부채의 증가

유동부채 중에서 매입채무나 미지급비용 등 영업활동과 관련된 계정 이외의 단기차입금·미지급금계정은 재무활동과 관련된 계정으로서 이에 대한 현금조정분개를 표시하면 다음과 같다.

① 단기차입금의 차입(당좌차월의 증가)

당좌차월은 당좌예금과 상계하지 않으며 각각 순증감액으로 표시한다.

(차) 현금의 유입(Ⅲ. 1)	×××	(대) 단 기 차 입 금	×××

(Ⅲ. 1은 'Ⅲ. 재무활동으로 인한 현금흐름' 중에서 '1. 재무활동으로 인한 현금유입액'을 의미함. 이하 동일)

② 미지급금의 증가

미지급금의 감소가 현금의 유출을 의미하는 반면에 미지급금의 증가는 직접적인 현금의 유입을 의미하지는 않는다. 즉, 미지급금의 증가원인이 대부분 유가증권, 비유동자산의 취득활동에 있기 때문에 발생시점에서는 현금의 유입과 유출이 없는 거래형태로 나타나고 지급시점에 현금의 유출이 이루어진다. 그러나 일반기업회계기준에서는 현금의 유입과 유출이 없는 거래 중에서 현물출자로 인한 유형자산의 취득 등 중요한 거래내역만을 주석에 별도 표시하도록 하고 있는 바, 상대적으로 거래가 빈번하며 중요성이 적은 거래에 의하여 발생된 미지급금에 대해서는 다음의 이중거래로 간주하여 현금조정분개를 수행한다.

i) (차) 현금의 유입(Ⅲ. 1)	×××	(대) 미 지 급 금	×××
ii) (차) 자 산	×××	(대) 현금의 유출(Ⅱ. 2)	×××

그러나 미지급금의 발생원인이 비경상적이며 거래금액이 큰 경우에는 별도 구분하여 현금의 유입과 유출이 없는 거래내역으로 주석에 별도 표시하는 것이 보다 유용한 정보를 제공할 수 있을 것이다.

(예) 토　　　　지　　×××　　미 지 급 금　　×××

(주석사항 1. 현금의 유입과 유출이 없는 거래
① 토지취득미지급금의 증가(취득가액 : ×××)　×××)
⋮

(2) 비유동부채의 증가

① 사채의 발행

(차) 사채할인발행차금　×××　(대) 사　　채　×××
현금의 유입(Ⅲ. 1)　×××
(발 행 가 액)

사채할인발행차금은 현행 일반기업회계기준에 따라 사채발행비를 포함한 금액이다. 사채할인발행차금의 상각액은 사채이자를 구성하는 부분으로서 일반기업회계기준에서는 영업활동으로 분류하고 있다.

(차) 현금의 유입(Ⅰ. 2)　×××　(대) 사채할인발행차금　×××
(사채할인발행차금상각액)

② 전환사채의 발행

(차) 사채할인발행차금　×××　(대) 전 환 사 채　×××
현금의 유입(Ⅲ. 1)　×××　사채상환할증금　×××
전 환 권 대 가　×××

(차) 현금의 유입(Ⅰ. 2)　×××　(대) 사채할인발행차금　×××

③ 장기차입금의 차입

(차) 현금의 유입(Ⅲ. 1)　×××　(대) 장 기 차 입 금　×××

(3) 자본의 증가

① 유상증자에 의한 주식발행

유상증자에 의한 주식발행시 실제 발행가액을 현금조정분개한다.

주식발행초과금은 현행 일반기업회계기준에 따라 신주발행비를 차감한 금액이다.

(차) 현금의 유입(Ⅲ. 1)　×××　(대) 자　본　금　×××
주식발행초과금　×××

② 자본잉여금의 증가

자기주식처분이익 등은 실제 현금유입액으로 현금조정분개한다.

(차) 현금의 유입(Ⅲ. 1)	×××	(대) 자 기 주 식	×××
		자기주식처분이익	×××

2. 재무활동으로 인한 현금유출액

(1) 유동부채의 감소

유동부채 중에서 재무활동과 관련된 계정인 단기차입금·미지급금계정의 감소에 대한 현금조정분개를 표시하면 다음과 같다.

① 단기차입금의 상환(당좌차월의 감소)

(차) 단 기 차 입 금	×××	(대) 현금의 유출(Ⅲ. 2)	×××

② 미지급금의 지급

(차) 미 지 급 금	×××	(대) 현금의 유출(Ⅲ. 2)	×××

(2) 비유동부채의 상환

① 사채의 상환(조기상환 포함)

사채의 상환과 관련하여 현금유출액은 실제 상환액으로 표시하여 재무활동으로 분류하며 사채장부가액과의 차이는 사채상환손익에 해당하므로 영업활동으로 인한 현금의 유입 또는 유출로 조정하게 된다.

(차) 사 채	×××	(대) 사채할인발행차금	×××
현금의 유입(Ⅰ. 2)	×××	현금의 유출(Ⅲ. 2)	×××
(사 채 상 환 손 실)		현금의 유출(Ⅰ. 3)	×××
		(사 채 상 환 이 익)	

② 전환사채의 조기상환

(차) 전 환 사 채	×××	(대) 사채할인발행차금	×××
사채상환할증금	×××	현금의 유출(Ⅲ. 2)	×××
현금의 유입(Ⅰ. 2)	×××	현금의 유출(Ⅰ. 3)	×××
(사 채 상 환 손 실)		(사 채 상 환 이 익)	

③ 장기차입금의 상환

(차) 장 기 차 입 금	×××	(대) 현금의 유출(Ⅲ. 2)	×××

(3) 자본의 감소

① 유상감자

(차) 자 본 금	×××	(대) 현금의 유출(Ⅲ. 2)	×××
		감 자 차 익	×××

② 자기주식의 취득

(차) 자 기 주 식	×××	(대) 현금의 유출(Ⅲ. 2)	×××

(4) 배당금의 지급

(차) 미 지 급 배 당 금	×××	(대) 현금의 유출(Ⅲ. 2)	×××

Chapter

06

현금의 유입과 유출이 없는 거래

현금의 유입과 유출을 초래하지는 않았지만 기업의 총재무자원의 변동을 보고하기 위하여는 반드시 포함되어야 할 중요한 거래들은 현금흐름표에 관련된 주석사항에 별도로 표시하도록 되어 있다.

일반기업회계기준 제2장【재무제표의 작성과 표시Ⅰ】

2.73. 다음 사항을 주석으로 기재한다.

(1) 다음과 같은 현금의 유입과 유출이 없는 거래
현물출자로 인한 유형자산의 취득, 유형자산의 연불구입, 무상증자, 무상감자, 주식배당, 전환사채의 전환 등 현금의 유입과 유출이 없는 거래 중 유의적인 거래

1. 현물출자로 인한 유형자산취득

주식을 교부하여 유형자산을 취득한 결과 자본금의 증가를 초래한 경우, 이는 현금의 유입과 유출 없이 유형자산을 취득하게 되므로, 현금자금에 영향을 주지 않고 유형자산의 증가를 가져오는 거래가 된다.

2. 유형자산의 연불구입

이 경우 유형자산의 증가와 더불어 장기부채(미지급금)가 증가하게 되므로 현금의 유입과 유출 없이 유형자산의 증가를 가져오는 거래가 된다.

3. 무상증자

이 경우에는 단순히 법정잉여금 중 일부가 자본금과 자본잉여금(시가발행의 경우)으로 전입되는 거래이므로 현금의 유입과 유출이 없이 자본이 증가되는 거래가 된다.

4. 주식배당

무상증자의 경우와 마찬가지로 단순히 이익잉여금 중 일부가 자본금 및 자본잉여금에 전입되는 거래이므로 현금의 유입과 유출이 없는 거래인 것이다.

5. 전환사채의 전환

이는 전환사채를 주식으로 전환함으로써 현금자금의 변동 없이 비유동부채(전환사채)가 줄어들고 자본금과 자본잉여금(전환조건에 따라)이 늘어나는 거래이다.

Chapter

07 현금흐름표의 작성사례

제1절 현금흐름표 작성을 위한 자료제시 및 분석

1. 현금흐름표 작성을 위한 자료

재 무 상 태 표

제11기 : 20×8년 12월 31일 현재
제10기 : 20×7년 12월 31일 현재

(주)삼 일 (단위 : 천원)

과 목	제11기	제10기	증가(감소)
	금 액	금 액	금 액
자 산			
현금및현금성자산	2,591,000	2,211,000	380,000
단기매매증권	189,000	140,000	49,000
매출채권	700,000	720,000	(20,000)
대손충당금	△120,000	△75,000	△45,000
미수금	350,000	150,000	200,000
미수수익	85,000	50,000	35,000
재고자산	310,000	160,000	150,000
선급금	35,000	30,000	5,000
선급비용	75,000	70,000	5,000
매도가능증권	272,000	223,000	49,000
지분법적용투자주식	78,000	77,000	1,000
장기성매출채권	285,000	230,000	55,000
현재가치할인차금	△30,000	△35,000	(△5,000)
대손충당금	△50,000	△30,000	△20,000
토지	4,500,000	4,200,000	300,000
건물	2,200,000	1,950,000	250,000
감가상각누계액	△60,000	△51,000	△9,000
공구기구비품	300,000	300,000	–
감가상각누계액	△30,000	△24,000	△6,000

과목	제11기	제10기	증가(감소)
	금액	금액	금액
건설중인자산	150,000	0	150,000
합계	11,830,000	10,296,000	1,534,000

재무상태표

제11기 : 20×8년 12월 31일 현재
제10기 : 20×7년 12월 31일 현재

(주)삼 일 (단위 : 천원)

과목	제11기	제10기	증가(감소)
	금액	금액	금액
부채와자본			
매입채무	900,000	970,000	(70,000)
단기차입금	1,250,000	680,000	570,000
미지급금	923,000	734,000	189,000
선수금	200,000	260,000	(60,000)
미지급비용	80,000	90,000	(10,000)
당기법인세부채	60,000	20,000	40,000
선수수익	50,000	50,000	–
유동성장기부채	350,000	350,000	–
장기차입금	700,000	610,000	90,000
외화장기차입금	500,000	490,000	10,000
사채	1,000,000	1,200,000	(200,000)
사채할인발행차금	△110,000	△120,000	(△10,000)
퇴직급여충당부채	380,000	360,000	20,000
판매보증충당부채	430,000	400,000	30,000
이연법인세부채	20,000	10,000	10,000
자본금	2,000,000	1,500,000	500,000
주식발행초과금	1,200,000	800,000	400,000
기타자본잉여금	500,000	500,000	–
이익준비금	300,000	200,000	100,000
임의적립금	400,000	350,000	50,000
미처분이익잉여금	647,000	787,000	(140,000)
매도가능증권평가이익	50,000	55,000	(5,000)
합계	11,830,000	10,296,000	1,534,000

손 익 계 산 서

제11기 : 20×8년 1월 1일부터　　20×8년 12월 31일 현재

(주)삼　일　　　　　　　　　　　　　　　　　　　　　　　　(단위 : 천원)

과　목	제11기	
	금　액	
Ⅰ.매출액		2,420,000
Ⅱ.매출원가		
1.기초재고	160,000	
2.당기매입	1,430,000	
3.기말재고	(315,000)	1,275,000
Ⅲ.매출총이익		1,145,000
Ⅳ.판매비와관리비		
1.급여	300,000	
2.보험료	80,000	
3.대손상각비	50,000	
4.감가상각비	15,000	
5.퇴직급여	40,000	
6.판매보증충당부채전입액	30,000	
7.기타영업비	170,000	685,000
Ⅴ.영업이익		460,000
Ⅵ.영업외수익		
1.이자수익	250,000	
2.임대료	110,000	
3.단기매매증권평가이익	40,000	
4.지분법이익	1,000	
5.사채상환이익	5,000	406,000
Ⅶ.영업외비용		
1.이자비용	112,000	
2.단기매매증권처분손실	6,000	
3.외화환산손실	10,000	
4.재고자산감모손실	5,000	
5.매도가능증권처분손실	10,000	
6.유형자산처분손실	80,000	223,000
Ⅷ.법인세비용차감전순이익		643,000
Ⅸ.법인세비용		233,000
Ⅹ.당기순이익		410,000

이익잉여금처분계산서

제11기 : 20×8년 1월 1일부터 20×8년 12월 31일까지 / 제10기 : 20×7년 1월 1일부터 20×7년 12월 31일까지

처분예정일 : 20×9년 3월 12일 / 처분확정일 : 20×8년 3월 10일

(주)삼 일 (단위 : 천원)

과 목	제11기 금 액		제10기 금 액	
Ⅰ.미처분이익잉여금				
1.전기이월미처분이익잉여금	237,000		400,000	
2.당기순이익	410,000	647,000	387,000	787,000
Ⅱ.이익잉여금처분액				
1.이익준비금	100,000		100,000	
2.배당금				
가.현금배당	200,000		400,000	
나.주식배당	100,000		–	
3.임의적립금	50,000	450,000	50,000	550,000
Ⅲ.차기이월미처분이익잉여금		197,000		237,000

〈추가자료〉

1) 단기매매증권 중 장부가액 ₩30,000인 상장회사보통주를 ₩24,000에 처분하였고, 기말 현재 단기매매증권평가이익은 ₩40,000이다.

2) 매출채권에 대한 대손충당금의 기중 변동내역은 다음과 같다.

	기 초	대손발생	상각채권회수	대손설정	기 말
매 출 채 권	₩75,000	₩35,000	₩50,000	₩30,000	₩120,000
장기성매출채권	30,000	–	–	20,000	50,000
합 계	₩105,000	₩35,000	₩50,000	₩50,000	₩170,000

3) 장부가액 ₩90,000의 매도가능증권을 ₩75,000에 처분하였으며, 동 주식에 대하여 매도가능증권평가이익이 ₩5,000만큼 설정되어 있었다.

4) 토지의 기중 변동상황은 다음과 같다.

i) 토지의 증가 ₩1,200,000은 당기 중 매입한 것으로 기말 현재 ₩1,100,000은 미지급 상태이다.

ii) 당기 감소 ₩900,000은 당기 중 처분으로 인한 것으로 그 처분대금은 ₩820,000이며, 이 중 ₩600,000은 미수 상태이다.

5) 건물의 당기증가액 중 ₩200,000은 건설중인 자산으로부터의 대체이다.

6) 단기차입금의 당기 중 상환액은 ₩300,000이다.
7) 장기차입금은 당기 중에 ₩440,000을 추가 차입하였으며, 기말에 ₩350,000을 유동성장기부채계정에 대체하였다.
8) 외화장기차입금의 증가는 전액 기말의 환율조정에 의한 것이다.
9) 사채의 감소는 당기 상환에 의한 것으로 사채의 처분가액은 ₩187,000이었다.
10) 퇴직급여충당부채는 당기 중 ₩20,000을 지급하였으며, 기말에 ₩40,000을 충당하였다.
11) 유상증자를 실시하여 100주(액면 @₩5,000)를 주당 ₩9,000에 발행하였다.
12) 이자수익에는 장기성매출채권의 현재가치할인차금상각액 ₩25,000이 포함되어 있다.

2. 자료의 분석

(1) 현금의 증감분석

	현금 및 현금성자산
기 초	₩2,211,000
기 말	2,591,000
현금의 증가	₩380,000

(2) 계정의 증감분석

영업활동	투자활동	재무활동
(Ⅰ. 1) 당기순이익	(Ⅱ. 1) 현금의 유입	(Ⅲ. 1) 현금의 유입
(Ⅰ. 2) 가산항목	(Ⅱ. 2) 현금의 유출	(Ⅲ. 2) 현금의 유출
(Ⅰ. 3) 차감항목		
(Ⅰ. 4) 영업활동으로 인한 자산·부채의 변동		

① 단기매매증권이 기초대비 ₩49,000 증가하였다.

i)	(차)	현금의 유입(Ⅱ. 1) (처 분 액)	24,000	(대) 단기매매증권	30,000
		현금의 유입(Ⅰ. 2) (단기매매증권처분손실)	6,000		
ii)	(차)	단기매매증권	40,000	(대) 현금의 유출(Ⅰ. 3) (단기매매증권평가이익)	40,000
iii)	(차)	단기매매증권	39,000	(대) 현금의 유출(Ⅱ. 2)	39,000

② 매출채권(대손충당금을 고려한 장부가액)이 기초대비하여 ₩65,000 감소하였다(영업활동과 관련한 자산계정은 순감소액 표시가 가능함).

	기 초	기 말	증(감)
매 출 채 권	₩720,000	₩700,000	(₩20,000)
대손충당금	△75,000	△120,000	△45,000
계	₩645,000	₩580,000	(₩65,000)

		차변	금액		대변	금액
i)	(차)	대 손 충 당 금	35,000	(대)	매 출 채 권 (기중 대손처리 분개)	35,000
ii)	(차)	매 출 채 권 (기중 대손액을 고려한 순 증 가 액)	15,000	(대)	현금의 유출(Ⅰ. 4)	15,000
iii)	(차)	현금의 유입(Ⅰ. 2) (대 손 상 각 비)	30,000	(대)	대 손 충 당 금	30,000
iv)	(차)	현금의 유입(Ⅰ. 4)	50,000	(대)	대 손 충 당 금	50,000

③ 미수금이 기초대비하여 ₩200,000 증가하였다.

		차변	금액		대변	금액
i)	(차)	미 수 금 (현금의 유입과 유출이 없는 거래)	600,000	(대)	토 지	900,000
		현금의 유입(Ⅰ. 2) (토 지 처 분 손 실)	80,000			
		현금의 유입(Ⅱ. 1) (처 분 액)	220,000			
ii)	(차)	현금의 유입(Ⅱ. 1)	400,000	(대)	미 수 금	400,000

④ 미수수익이 기초대비하여 ₩35,000 증가하였다.

(영업활동과 관련된 자산계정이기 때문에 순증가액 표시가 가능함)

	차변	금액		대변	금액
(차)	미 수 수 익	35,000	(대)	현금의 유출(Ⅰ. 4)	35,000

⑤ 재고자산이 기초대비하여 ₩150,000 증가하였다.

		차변	금액		대변	금액
i)	(차)	현금의 유입(Ⅰ. 2) (재고자산감모손실)	5,000	(대)	재 고 자 산	5,000
ii)	(차)	재 고 자 산 (기 중 매 입 자 산)	155,000	(대)	현금의 유출(Ⅰ. 4)	155,000

⑥ 선급금이 기초대비하여 ₩5,000 증가하였다.

(영업활동과 관련된 자산계정이기 때문에 순증가액 표시가 가능함)

(차) 선 급 금	5,000	(대) 현금의 유출(Ⅰ. 4)	5,000

⑦ 선급비용이 기초대비하여 ₩5,000 증가하였다.

(영업활동과 관련된 자산계정이기 때문에 순증가액 표시가 가능함)

(차) 선 급 비 용	5,000	(대) 현금의 유출(Ⅰ. 4)	5,000

⑧ 매도가능증권 ₩49,000 증가하였다.

i)	(차) 매도가능증권평가이익	5,000	(대) 매 도 가 능 증 권	90,000
	현 금 의 유 입(Ⅱ. 1)	75,000		
	현 금 의 유 입(Ⅰ. 2) (매도가능증권처분손실)	10,000		
ii)	(차) 매 도 가 능 증 권	139,000	(대) 현금의 유출(Ⅱ. 2)	139,000

⑨ 지분법적용투자주식이 기초대비 ₩1,000 증가하였다.

(차) 지분법적용투자주식	1,000	(대) 현금의 유출(Ⅰ. 3) (지 분 법 이 익)	1,000

⑩ 장기성매출채권(현재가치할인차금과 대손충당금을 고려한 장부가액)이 기초대비하여 ₩40,000 증가하였다.

i)	(차) 현 금 의 유 입(Ⅰ. 2) (대 손 상 각 비)	20,000	(대) 대 손 충 당 금	20,000
ii)	(차) 현재가치할인차금	25,000	(대) 현금의 유출(Ⅰ. 3) (현재가치할인차금상각)	25,000
iii)	(차) 장 기 성 매 출 채 권	55,000	(대) 현재가치할인차금	20,000
			현금의 유출(Ⅰ. 4)	35,000

⑪ 토지가 기초대비하여 ₩300,000 증가하였다.

당 기 취 득 가 액	₩1,200,000	
당기처분장부가액	900,000	(처분에 대한 분개는 ③에서 완료)
당 기 증 가 액	₩300,000	

(차) 토 지	1,200,000	(대) 미 지 급 금 (현금의 유입과 유출이 없는 거래)	1,100,000
		현금의 유출(Ⅱ. 2)	100,000

⑫ 건물의 장부가액이 기초대비하여 ₩241,000 증가하였다.

건설중인자산에서 대체액	₩200,000
당 기 취 득 액	50,000
당 기 감 가 상 각 액	△9,000
	₩241,000

i)	(차) 건 물	200,000	(대) 건 설 중 인 자 산 (현금의 유입과 유출이 없는 거래)	200,000
ii)	(차) 건 물	50,000	(대) 현금의 유출(Ⅱ. 2)	50,000
iii)	(차) 현금의 유입(Ⅰ. 2) (감 가 상 각 비)	9,000	(대) 감 가 상 각 누 계 액	9,000

⑬ 공구 · 기구비품의 장부가액이 기초대비하여 ₩6,000 감소하였다.

(차) 현금의 유입(Ⅰ. 2) (감 가 상 각 비)	6,000	(대) 감 가 상 각 누 계 액	6,000

⑭ 건설중인 자산이 기초대비하여 ₩150,000 증가하였다.

건설중인자산총증가액	₩350,000
건설중인자산대체액	200,000 (⑫분개를 통하여 분석완료)
건설중인자산순증가액	₩150,000

(차) 건 설 중 인 자 산	350,000	(대) 현금의 유출(Ⅱ. 2)	350,000

⑮ 매입채무가 기초대비하여 ₩70,000 감소하였다.

(영업활동과 관련된 부채계정이기 때문에 순증가액 표시가 가능함)

(차) 매 입 채 무	70,000	(대) 현금의 유출(Ⅰ. 4)	70,000

⑯ 단기차입금이 기초대비하여 ₩570,000 증가하였다.

단기차입금의 당기차입액	₩870,000
단기차입금의 당기상환액	300,000
단기차입금의 순증가액	₩570,000

i)	(차) 현금의 유입(Ⅲ. 1)	870,000	(대) 단 기 차 입 금	870,000
ii)	(차) 단 기 차 입 금	300,000	(대) 현금의 유출(Ⅲ. 2)	300,000

⑰ 미지급금이 기초대비하여 ₩189,000 증가하였다.

토지대금미지급액	₩1,100,000	(⑪분개를 통하여 분석완료)
토지대금 이외의 미지급금 순감소액	911,000	
미지급금 순증가액	₩189,000	

(미지급금 중 거래가 비경상적이며, 금액의 중요성이 큰 부분은 현금의 유입과 유출이 없는 거래로 주석에 별도 표시함. 토지대금 미지급액 1,100,000)

(차) 미 지 급 금	911,000	(대) 현금의 유출(Ⅲ. 2)	911,000

⑱ 선수금이 기초대비하여 ₩60,000 감소하였다.

(영업활동과 관련된 부채계정이기 때문에 순감소액 표시가 가능함)

(차) 선 수 금	60,000	(대) 현금의 유출(Ⅰ. 4)	60,000

⑲ 미지급비용이 기초대비하여 ₩10,000 감소하였다.

(영업활동과 관련된 부채계정이기 때문에 순감소액 표시가 가능함)

(차) 미 지 급 비 용	10,000	(대) 현금의 유출(Ⅰ. 4)	10,000

⑳ 당기법인세부채가 기초대비하여 ₩40,000 증가하였다.

(영업활동과 관련된 부채계정이기 때문에 순증가액 표시가 가능함)

i)	(차) 현금의 유입(Ⅰ. 4)	40,000	(대) 당 기 법 인 세 부 채	40,000

㉑ 이연법인세부채가 기초대비하여 ₩10,000 증가하였다.

(영업활동과 관련된 부채계정이기 때문에 순증가액 표시가 가능함)

기말이연법인세부채	₩20,000
기초이연법인세부채	10,000
증 가 액	₩10,000

(차) 현금의 유입(Ⅰ. 4)	10,000	(대) 이 연 법 인 세 부 채	10,000

㉒ 유동성장기부채의 순증가액은 없으나 장기차입금의 기말대체분과 기중상환액이 모두 ₩350,0000이다.

i)	(차) 유 동 성 장 기 부 채	350,000	(대) 현금의 유출(Ⅲ. 2)	350,000
ii)	(차) 장 기 차 입 금 (현금의 유입과 유출이 없는 거래임)	350,000	(대) 유 동 성 장 기 부 채	350,000

㉓ 장기차입금이 기초대비하여 ₩90,000 증가하였다.

기 중 차 입 액	₩440,000	
유동성대체액	350,000	(㉒ 분개에 의하여 분석완료)
순 증 가 액	₩90,000	

(차) 현금의 유입 (Ⅲ. 1)	440,000	(대) 장 기 차 입 금	440,000

㉔ 외화장기차입금이 기말외화평가에 의하여 ₩10,000 증가하였다.

(차) 현금의 유입 (Ⅰ. 2) (외 화 환 산 손 실)	10,000	(대) 외 화 장 기 차 입 금	10,000

㉕ 사채의 장부가액이 기초대비하여 ₩190,000 감소하였다. 사채와 관련된 기중 변동을 분석하면 다음과 같다.

사채상환이익		사채할인발행차금상각	
액 면 가 액	₩200,000	기 초 가 액	₩120,000
사채할인발행차금	8,000	상 환 액	8,000
사 채 장 부 가 액	192,000	상각전가액	112,000
사 채 상 환 가 액	187,000	상각후잔액	110,000
사 채 상 환 이 익	₩5,000	당기상각액	₩2,000

i)	(차) 사 채	200,000	(대) 현금의 유출(Ⅲ. 2)	187,000
			사채할인발행차금	8,000
			현금의 유출(Ⅰ. 3) (사 채 상 환 이 익)	5,000
ii)	(차) 현금의 유입(Ⅰ. 2) (사 채 이 자)	2,000	(대) 사채할인발행차금	2,000

㉖ 퇴직급여충당부채가 기초대비하여 ₩20,000 증가하였다.

당기설정액	40,000
당기지급액	20,000
기말증가액	₩20,000

i)	(차) 퇴 직 급 여(Ⅰ. 2)	40,000	(대) 퇴직급여충당부채	40,000
ii)	(차) 퇴직급여충당부채	20,000	(대) 현금의 유출(Ⅰ. 4)	20,000

㉗ 판매보증충당부채가 기초대비하여 ₩30,000 증가하였다.

(차)	현금의 유입(Ⅰ. 2) (판매보증충당부채전입액)	30,000	(대) 판매보증충당부채	30,000

㉘ 유상증자에 의하여 자본금 및 주식발행초과금이 ₩900,000 증가하였다.

(차)	현금의 유입 (Ⅲ. 1)	900,000	(대) 자 본 금	500,000
			주식발행초과금	400,000

㉙ 이익잉여금이 기초대비하여 ₩10,000 증가하였다.

이익잉여금 증감내역

당기순이익	410,000	: 영업활동
현금배당금의 지급(제10기)	(400,000)	: 재무활동
	₩10,000	

(차)	현금의 유입(Ⅰ. 1) (당 기 순 이 익)	410,000	(대) 미처분이익잉여금	10,000
			현금의 유출(Ⅲ. 2) (배 당 금 의 지 급)	400,000

간접법에 의한 작성

현 금 흐 름 표

제11기 : 20×8년 1월 1일부터　　20×8년 12월 31일까지

(주)삼　일　　　　　　　　　　　　　　　　　　　　　　　　(단위 : 천원)

과　목	금　액	
Ⅰ. 영업활동으로 인한 현금흐름		277,000
1. 당 기 순 이 익		410,000
2. 현금의 유출이 없는 비용등의 가산		248,000
가. 대 손 상 각 비	50,000	
나. 감 가 상 각 비	15,000	
다. 퇴 직 급 여	40,000	
라. 판매보증충당부채전입액	30,000	
마. 단기매매증권처분손실	6,000	
바. 외 화 환 산 손 실	10,000	
사. 재 고 자 산 감 모 손 실	5,000	
아. 매도가능증권처분손실	10,000	
자. 유 형 자 산 처 분 손 실	80,000	
차. 사채할인발행차금상각	2,000	
3. 현금의 유입이 없는 수익등의 차감		(71,000)
가. 단기매매증권평가이익	40,000	
나. 지 분 법 이 익	1,000	
다. 사 채 상 환 이 익	5,000	
라. 현재가치할인차금상각	25,000	
4. 영업활동으로 인한 자산, 부채의 변동		(310,000)
가. 매 출 채 권 의 증 가	(15,000)	
나. 미 수 수 익 의 증 가	(35,000)	
다. 재 고 자 산 의 증 가	(155,000)	
라. 선 급 금 의 증 가	(5,000)	
마. 선 급 비 용 의 증 가	(5,000)	
바. 장기성매출채권의증가	(35,000)	
사. 매 입 채 무 의 감 소	(70,000)	
아. 선 수 금 의 감 소	(60,000)	
자. 미 지 급 비 용 의 감 소	(10,000)	
차. 당기법인세부채의증가	40,000	
카. 이연법인세부채의증가	10,000	

과 목	금 액	
타. 상 각 채 권 회 수 액	50,000	
파. 퇴 직 금 지 급	(20,000)	
Ⅱ. 투자활동으로인한현금흐름		41,000
1. 투자활동으로인한현금유입액		719,000
가. 단기매매증권의처분	24,000	
나. 미 수 금 의 회 수	400,000	
다. 매도가능증권의처분	75,000	
라. 토 지 의 처 분	220,000	
2. 투자활동으로인한현금유출액		(678,000)
가. 단기매매증권의취득	39,000	
나. 매도가능증권의취득	139,000	
다. 토 지 의 취 득	100,000	
라. 건 물 의 취 득	50,000	
마. 건설중인자산의증가	350,000	
Ⅲ. 재무활동으로인한현금흐름		62,000
1. 재무활동으로인한현금유입액		2,210,000
가. 단기차입금의차입	870,000	
나. 장기차입금의차입	440,000	
다. 유 상 증 자	900,000	
2. 재무활동으로인한현금유출액		(2,148,000)
가. 단기차입금의상환	300,000	
나. 미지급금의지급	911,000	
다. 유동성장기부채의상환	350,000	
라. 사 채 의 상 환	187,000	
마. 배 당 금 의 지 급	400,000	
Ⅳ. 현 금 의 증 가(Ⅰ+Ⅱ+Ⅲ)		380,000
Ⅴ. 기 초 의 현 금		2,211,000
Ⅵ. 기 말 의 현 금		2,591,000

〈주석사항 1〉 현금의 유입과 유출이 없는 거래

① 건설중인 자산의 건물 대체 ₩200,000

② 장기차입금의 유동성 대체 350,000

③ 토지처분미수금의 증가(처분가액 : 820,000) 600,000

④ 토지취득미지급금의 증가(취득가액 : 1,200,000) 1,100,000

제3절 직접법에 의한 작성

1. 직접법에 의한 영업활동으로 인한 현금흐름의 계산근거

직접법에 의한 영업활동으로부터의 현금흐름을 T계정 분석을 이용하여 설명하면 아래와 같다.

(1) 매출 등 수익활동으로 인한 유입액

매출채권 · 선수금

차변	금액	대변	금액
기초매출채권	720,000	기초선수금	260,000
기초장기성매출채권	230,000	대손발생액	35,000
매출액	2,420,000	기말매출채권	700,000
기말선수금	200,000	기말장기성 매출채권	285,000
장기성매출채권		매출채권회수액	2,360,000
할인차금증가	20,000		
상각채권회수액	50,000		
합계	3,640,000	합계	3,640,000

(2) 매입 및 종업원에 대한 유출액

① 매입활동으로부터의 현금유출액

매입채무 · 선급금

차변	금액	대변	금액
기초선급금	30,000	기초매입채무	970,000
기말매입채무	900,000	매입	1,430,000
매입채무지급액	1,505,000	기말선급금	35,000
합계	2,435,000	합계	2,435,000

② 종업원관련 현금유출액

급 료	₩300,000
퇴직금	20,000
	₩320,000

③ 기타 영업비 등 유출액

기타 영업비 등

기 초 선 급 비 용	70,000	기타 영업비(P/L상)	170,000
기타 영업비 등 유출액	255,000	보 험 료 (P/L상)	80,000
		기 말 선 급 비 용	75,000
합 계	325,000	합 계	325,000

④ 합 계 : ₩1,505,000 + ₩320,000 + ₩255,000 = ₩2,080,000

(3) 이자수익의 현금유입액

이 자 수 익

기 초 미 수 수 익	50,000	기 말 미 수 수 익	85,000
당 기 발 생 액	250,000	현재가치할인차금상각분	25,000
		이 자 수 익 유 입 액	190,000
합 계	300,000	합 계	300,000

(4) 임대료의 현금유입액

임 대 료

당 기 발 생 액	110,000	기 초 선 수 수 익	50,000
기 말 선 수 수 익	50,000	임 대 료 유 입 액	110,000
합 계	160,000	합 계	160,000

(5) 이자비용의 현금유출액

이 자 비 용

기 말 미 지 급 비 용	80,000	기 초 미 지 급 비 용	90,000
사채할인발행차금상각	2,000	이자비용당기발생액	112,000
이 자 의 지 급 액	120,000		
합 계	202,000	합 계	202,000

(6) 법인세의 지급

미 지 급 법 인 세

기말당기법인세부채	60,000	기초당기법인세부채	20,000
기말이연법인세부채	20,000	기초이연법인세부채	10,000
법 인 세 지 급 액	183,000	당 기 발 생 액	233,000
합 계	263,000	합 계	263,000

2. 현금기준 손익계산서

과 목	발생기준	현금기준 조정내용				현금기준
매 출	2,420,000	상각채권회수	+50,000	매출채권 증가	−15,000	2,360,000
				장기매출채권 증가	−35,000	
				선수금감소	−60,000	
매 출 원 가	1,275,000	재고증가	+150,000			1,505,000
		매입채무감소	+70,000			
		선급금증가	+5,000			
		감모손실	+5,000			
판매비와관리비	685,000					575,000
급 여	300,000					300,000
보 험 료	80,000	선급비용	+5,000			85,000
대 손 상 각 비	50,000			대 손 상 각	−50,000	0
감 가 상 각 비	15,000			감 가 상 각	−15,000	0
퇴 직 급 여	40,000	퇴직금지급	+20,000	퇴 충 전 입	−40,000	20,000
판매보증충당부채 전 입	30,000			전 입	−30,000	0
기 타 영 업 비	170,000					170,000
영 업 외 수 익	406,000					300,000
이 자 수 익	250,000			현 가 상 각	−25,000	190,000
				미 수 이 자	−35,000	
임 대 료	110,000					110,000
단기매매증권평가이익	40,000			평 가 이 익	−40,000	0
지 분 법 이 익	1,000			평 가 이 익	−1,000	0
사 채 상 환 이 익	5,000			상 환 이 익	−5,000	0
영 업 외 비 용	223,000					120,000
외 화 환 산 손 실	10,000			환 산 손	−10,000	0
이 자 비 용	112,000	미지급이자	+10,000	차 금 상 각	−2,000	120,000
단기매매증권처분손실	6,000			처 분 손	−6,000	0
매도가능증권처분손실	10,000			처 분 손	−10,000	0
재고자산감모손실	5,000			매입에 가산	−5,000	0
토 지 처 분 손 실	80,000			처 분 손	−80,000	0

법 인 세 비 용	233,000	당기법인세부채	-40,000	183,000
		이연법인세부채	-10,000	
당 기 순 이 익	410,000			277,000
				(영업활동유입액)

3. 직접법에 의한 현금흐름표

현 금 흐 름 표

제11기 : 20×8년 1월 1일부터 20×8년 12월 31일까지

(주)삼 일 (단위 : 천원)

과 목	금	액
Ⅰ. 영업활동으로 인한 현금흐름		277,000
1. 매출등 수익활동으로부터의유입액	2,360,000	
2. 매입 및 종업원에대한유출액	(2,080,000)	
3. 이 자 수 익 유 입 액	190,000	
4. 임 대 료 유 입 액	110,000	
5. 이 자 비 용 유 출 액	(120,000)	
6. 법 인 세 의 지 급	(183,000)	
Ⅱ. 투자활동으로인한현금흐름		41,000
1. 투자활동으로인한현금유입액		719,000
가. 단기매매증권의처분	24,000	
나. 미 수 금 의 회 수	400,000	
다. 매도가능증권의처분	75,000	
라. 토 지 의 처 분	220,000	
2. 투자활동으로인한현금유출액		(678,000)
가. 단기매매증권의취득	39,000	
나. 매도가능증권의취득	139,000	
다. 토 지 의 취 득	100,000	
라. 건 물 의 취 득	50,000	
마. 건설중인자산의증가	350,000	
Ⅲ. 재무활동으로인한현금흐름		62,000
1. 재무활동으로인한현금유입액		2,210,000
가. 단기차입금의차입	870,000	
나. 장기차입금의차입	440,000	
다. 유 상 증 자	900,000	
2. 재무활동으로인한현금유출액		(2,148,000)
가. 단기차입금의상환	300,000	
나. 미지급금의지급	911,000	
다. 유동성장기부채의상환	350,000	

과 목	금 액	
라. 사 채 의 상 환	187,000	
마. 배 당 금 의 지 급	400,000	
Ⅳ. 현 금 의 증 가(Ⅰ + Ⅱ + Ⅲ)		380,000
Ⅴ. 기 초 의 현 금		2,211,000
Ⅵ. 기 말 의 현 금		2,591,000

〈주석사항 1〉 현금의 유입과 유출이 없는 거래

① 건설중인 자산의 건물 대체	₩200,000
② 장기차입금의 유동성 대체	350,000
③ 토지처분미수금의 증가(처분가액 : 820,000)	600,000
④ 토지취득미지급금의 증가(취득가액 : 1,200,000)	1,100,000

〈주석사항 2〉 영업활동으로 인한 현금흐름의 근거

① 현금의 유출이 없는 비용 등의 가산		₩248,000
가. 대손상각비	50,000	
나. 감가상각비	15,000	
다. 퇴직급여	40,000	
라. 판매보증충당부채전입액	30,000	
마. 단기매매증권처분손실	6,000	
바. 외화환산손실	10,000	
사. 재고자산감모손실	5,000	
아. 매도가능증권처분손실	10,000	
자. 유형자산처분손실	80,000	
차. 사채할인발행차금상각	2,000	
② 현금의 유입이 없는 수익 등의 차감		₩(71,000)
가. 단기매매증권평가이익	40,000	
나. 지분법이익	1,000	
다. 사채상환이익	5,000	
라. 현재가치할인차금상각	25,000	
③ 영업활동으로 인한 자산, 부채의 변동	₩(310,000)	
가. 매출채권의 증가	(15,000)	
나. 미수수익의 증가	(35,000)	
다. 재고자산의 증가	(155,000)	
라. 선급금의 증가	(5,000)	
마. 선급비용의 증가	(5,000)	
바. 장기성매출채권의 증가	(35,000)	

사. 매입채무의 감소	(70,000)
아. 선수금의 감소	(60,000)
자. 미지급비용의 감소	(10,000)
차. 당기법인세부채의 증가	40,000
카. 이연법인세부채의 증가	10,000
타. 상각채권회수액	50,000
파. 퇴직금지급	(20,000)

Ⅱ 자본변동표

01 자본변동표의 의의

제1절 자본변동표의 의의

자본변동표는 자본의 크기와 그 변동에 관한 정보를 제공하는 재무보고서로서, 자본을 구성하고 있는 자본금, 자본잉여금, 자본조정, 기타포괄손익누계액, 이익잉여금(또는 결손금)의 변동에 대한 포괄적인 정보를 제공한다(일반기준 2장 문단 2.74).

자본변동표에는 소유주의 투자와 소유주에 대한 분배, 그리고 포괄이익(소유주와의 자본거래를 제외한 모든 원천에서 인식된 자본의 변동)에 대한 정보가 포함된다. 소유주의 투자는 현금, 재화 및 용역의 유입, 또는 부채의 전환에 의해 이루어지며, 그에 따라 기업실체의 자본이 증가하게 된다. 소유주에 대한 분배는 현금배당 또는 자기주식 취득의 방법으로 이루어질 수 있으며, 그에 따라 기업실체의 자본이 감소하게 된다. 이러한 거래들에 대한 정보는 다른 재무제표 정보와 더불어 당해 기업실체의 재무적 탄력성, 수익성 및 위험 등을 평가하는 데 유용하다(재무회계개념체계 문단 83, 84).

국제회계기준 또는 미국회계기준 등 국제적인 회계기준에 의하면 자본의 변동내용에 대한 포괄적인 정보를 나타내는 재무제표를 기본 재무제표로 작성할 것을 요구하고 있다. 그러나, 종전의 우리나라의 기업회계기준에서는 이익잉여금처분계산서를 기본 재무제표의 하나로서 규정하고 있었으나, 이익잉여금처분계산서는 자본의 일부인 이익잉여금의 구성항목 중 미처분이익잉여금의 변동내용만을 나타낼 뿐 자본을 구성하는 모든 항목의 변동내용을 포괄적이고 체계적으로 제시하지 못하였다. 이에 따라 2006년 2월 6일 제정된 기업회계기준서 제21호(재무제표의 작성과 표시Ⅰ)에서는 회계기준의 국제적 정합성을 제고하고 자본 구성항목의 모든 변동내용에 대한 포괄적인 정보제공을 위하여 2006년 12월 31일 이후 최초로 개시하는 회계연도부터 자본변동표를 기본 재무제표로서 새로이 채택하였다. 또한, 2009년 11월 27일 제정된 일반기업회계기준 제2장(재무제표의 작성과 표시Ⅰ)에서는 자본변동표를 기본 재무제표의 하나로 규정하는 한편 상법 등 관련 법규에서 작성을 요구하는 경우 재무상태표의 이익잉여금(또는 결손금)에 대한 보충정보로서 이익잉여금처분계산서(또는 결손금처리계산서)를 주석으로 공시하도록 하였다.

제2절 자본변동표의 유용성

1. 자본의 변동내용에 대한 포괄적인 정보 제공

자본변동표는 자본의 변동내용에 대한 포괄적인 정보를 제공한다. 상법 등 관련 법규에서 작성을 요구하는 경우 재무상태표의 이익잉여금(또는 결손금)에 대한 보충정보로서 공시되고 있는 이익잉여금처분계산서(또는 결손금처리계산서)는 주주지분의 구성항목 중 이익잉여금의 변동내용만이 나타나게 되어 이익잉여금을 제외한 자본 구성항목의 변동내용을 파악하기 위해서는 다른 재무제표, 주석 또는 부속명세서 등을 참고해야만 한다. 이에 반하여 자본변동표는 재무상태표에 표시되어 있는 자본의 변동내용을 설명하는 재무보고서로서, 자본을 구성하고 있는 모든 항목의 변동내용에 대한 정보를 제공하게 된다.

2. 재무제표간 연계성 제고 및 재무제표의 이해가능성 증진

자본변동표는 재무제표간의 연계성을 제고시키며 재무제표의 이해가능성을 높인다. 재무상태표에 표시되어 있는 자본의 기초잔액과 기말잔액을 모두 제시함으로써 재무상태표와 연결할 수 있고, 자본의 변동내용은 손익계산서와 현금흐름표에 나타난 정보와 연결할 수 있어 정보이용자들이 더욱 명확히 재무제표간의 관계를 파악할 수 있게 된다.

자본변동표는 자산, 부채, 자본 변동의 주요 원천에 대한 정보를 제공한다. 그러나, 이러한 정보는 다른 재무제표 정보와 함께 사용되어야 그 유용성이 증대된다. 예를 들어, 주주에 대한 배당은 손익계산서상의 이익과 비교될 필요가 있으며, 유상증자 및 자기주식 취득과 배당은 신규 차입 및 기존 채무의 상환 등과 비교될 때 그 정보유용성이 증대될 수 있다(재무회계개념체계 문단 85 (라)).

3. 포괄적인 경영성과에 대한 정보 제공

자본변동표는 손익계산서를 거치지 않고 재무상태표의 자본에 직접 가감되는 항목에 대한 정보를 제공한다. 이러한 항목에는 매도가능증권평가손익이나 해외사업환산손익 등과 같은 미실현손익이 포함되는데, 자본변동표는 이러한 미실현손익의 변동내용을 나타냄으로써 손익계산서로는 전부 나타낼 수 없는 포괄적인 경영성과에 대한 정보를 직접적 또는 간접적으로 제공하게 된다.

Chapter

02 자본변동표의 체계

제1절 자본변동표의 기본구조

자본변동표에는 자본금, 자본잉여금, 자본조정, 기타포괄손익누계액, 이익잉여금(또는 결손금)의 각 항목별로 기초잔액, 변동사항, 기말잔액을 표시한다(일반기준 2장 문단 2.75).

자 본 변 동 표

구분	자본금	자본 잉여금	자본조정	기타포괄 손익누계액	이익 잉여금	총계
20××.×.×(보고금액)	×××	×××	×××	×××	×××	×××
회계정책변경누적효과					(×××)	(×××)
전기오류수정					(×××)	(×××)
수정후 자본					×××	×××
연차배당					(×××)	(×××)
처분후 이익잉여금					×××	×××
중간배당					(×××)	(×××)
유상증자(감자)	×××	×××				×××
당기순이익(손실)					×××	×××
자기주식 취득			(×××)			(×××)
해외사업환산손익				(×××)		(×××)
20××.×.×	×××	×××	×××	×××	×××	×××

1. 자본금

자본금의 변동은 유상증자(감자), 무상증자(감자)와 주식배당 등에 의하여 발생하며, 자본금은 보통주자본금과 우선주자본금으로 구분하여 표시한다(일반기준 2장 문단 2.76).

2. 자본잉여금

자본잉여금의 변동은 유상증자(감자), 무상증자(감자), 결손금처리 등에 의하여 발생하며, 주식발행초과금과 기타자본잉여금으로 구분하여 표시한다(일반기준 2장 문단 2.77).

3. 자본조정

자본조정의 변동은, 자기주식은 구분하여 표시하고 기타자본조정은 통합하여 표시할 수 있다(일반기준 2장 문단 2.78).

4. 기타포괄손익누계액

기타포괄손익누계액의 변동은, 매도가능증권평가손익, 해외사업환산손익 및 현금흐름위험회피 파생상품평가손익은 구분하여 표시하고 그 밖의 항목은 그 금액이 중요할 경우에는 적절히 구분하여 표시할 수 있다(일반기준 2장 문단 2.79).

5. 이익잉여금

이익잉여금의 변동은 다음과 같은 항목으로 구분하여 표시한다(일반기준 2장 문단 2.80).

① 회계정책의 변경으로 인한 누적효과

② 중대한 전기오류수정손익

③ 연차배당(당기 중에 주주총회에서 승인된 배당금액으로 하되 현금배당과 주식배당으로 구분하여 기재)과 기타 전기말 미처분이익잉여금의 처분

④ 중간배당(당기 중에 이사회에서 승인된 배당금액)

⑤ 당기순손익

⑥ 기타 : 상기 ① 내지 ⑤ 외의 원인으로 당기에 발생한 이익잉여금의 변동으로 하되, 그 금액이 중요한 경우에는 적절히 구분하여 표시한다.

한편, 자본변동표에서 전기에 이미 보고된 이익잉여금(또는 결손금)의 금액이 당기에 발생한 회계정책의 변경이나 중대한 전기오류수정으로 인하여 변동된 경우에는 전기에 이미 보고된 금액을 별도로 표시하고 회계정책 변경이나 오류수정이 매 회계연도에 미치는 영향을 가감한 수정후 기초 이익잉여금을 표시한다(일반기준 2장 문단 2.81). 이는 자본변동표에서 비교표시되는 회계연도의 이익잉여금에 대하여 전기에 이미 보고된 금액을 별도로 표시하고, 회계정책 변경 및 중대한 오류수정의 회계처리가 매 회계연도에 미치는 영향을 가감한 수정후 기초 이익잉여금을 다시 공시하는 것이 정보제공 측면에서 유용하기 때문이다.

제2절 자본변동표의 표준양식

일반기업회계기준에 따른 자본변동표의 표준양식은 다음과 같다.

일반기업회계기준 제2장 부록 사례1. 재무제표 양식

(6) 자본변동표 양식

자 본 변 동 표

제×기 20××년×월×일부터 20××년×월×일까지
제×기 20××년×월×일부터 20××년×월×일까지

기업명 : (단위 : 원)

구 분	자본금	자본잉여금	자본조정	기타포괄손익누계액	이익잉여금	총 계
20××.×.×(보고금액)	×××	×××	×××	×××	×××	×××
회계정책변경누적효과	(×××)	(×××)	(×××)	(×××)	(×××)	(×××)
전기오류수정	(×××)	(×××)	(×××)	(×××)	(×××)	(×××)
수정후 자본	×××	×××	×××	×××	×××	×××
연차배당					(×××)	(×××)
처분후 이익잉여금					×××	×××
중간배당					(×××)	(×××)
유상 증자(감자)	×××	×××				×××
당기순이익(손실)					×××	×××
자기주식 취득			(×××)			(×××)
해외사업환산손익				(×××)		(×××)
20××.×.×	×××	×××	×××	×××	×××	×××
20××.×.×(보고금액)	×××	×××	×××	×××	×××	×××
회계정책변경누적효과	(×××)	(×××)	(×××)	(×××)	(×××)	(×××)
전기오류수정	(×××)	(×××)	(×××)	(×××)	(×××)	(×××)
수정후 자본	×××	×××	×××	×××	×××	×××
연차배당					(×××)	(×××)
처분후 이익잉여금					×××	×××
중간배당					(×××)	(×××)
유상 증자(감자)	×××	×××				×××
당기순이익(손실)					×××	×××
자기주식 취득			(×××)			(×××)
매도가능증권평가손익				×××		×××
20××.×.×	×××	×××	×××	×××	×××	×××

Chapter 03

자본변동표의 작성사례

1. 아래 4번과 5번을 반영하지 않은 각 회계연도 말의 자본은 다음과 같다.

	20×6. 12. 31.	20×7. 12. 31.	20×8. 12. 31.
자본금			
보통주자본금	1,000,000	1,500,000[1)]	2,000,000[3)]
자본잉여금			
주식발행초과금		250,000[1)]	600,000[3)]
자본조정			
자기주식		(12,000)[2)]	(30,000)[4)]
기타포괄손익누계액			
매도가능증권평가손익	30,000	15,000	30,000
해외사업환산손익	20,000	(10,000)	(20,000)
이익잉여금			
법정적립금	100,000	120,000	200,000
임의적립금	20,000	80,000	100,000
미처분이익잉여금	130,000	430,000	750,000
자 본 총 계	1,300,000	2,373,000	3,630,000

(주1) 20×7년 1월에 주식 1,000주(주식액면금액 : @500, 주식발행금액 : @750)를 발행
(주2) 20×7년 4월에 자기주식 20주(취득금액 : @600)를 취득
(주3) 20×8년 5월에 주식 1,000주(주식액면금액 : @500, 주식발행금액 : @850)를 발행
(주4) 20×8년 6월에 자기주식 20주(취득금액 : @900)를 취득

2. 아래 4번과 5번을 반영하지 않은 각 회계연도의 이익잉여금 변동은 다음과 같다.

	20×6	20×7	20×8
전기말 이익잉여금	200,000	250,000	630,000
연차배당	(40,000)	(10,000)	(50,000)
중간배당	(10,000)	(10,000)	(30,000)
당기순이익	100,000	400,000	500,000
당기말 이익잉여금	250,000	630,000	1,050,000

3. 각 회계연도의 미처분이익잉여금에 대한 처분계획은 다음과 같다.

	20×6	20×7	20×8
이익준비금 적립	20,000	80,000	100,000
연차배당	10,000	50,000	100,000
임의적립금 적립	60,000	20,000	100,000
처분액 합계	90,000	150,000	300,000

4. 20×8년에 재고자산의 단위원가 결정방법을 선입선출법에서 총평균법으로 변경하였으며 최근 5개 회계연도의 당기순이익에 다음과 같은 영향을 미친다. 단, 법인세효과는 고려하지 않는다.

	20×5	20×6	20×7	20×8	20×9
선입선출법	40,000	24,000	14,400	8,640	12,960
총평균법	20,000	20,000	20,000	20,000	20,000
차이	20,000	4,000	(5,600)	(11,360)	(7,040)
누적효과(선입선출법)	40,000	64,000	78,400	87,040	100,000
누적효과(총평균법)	20,000	40,000	60,000	80,000	100,000
차이	20,000	24,000	18,400	7,040	–

5. 20×5년에 1월에 취득한 무형자산 A(취득원가 : 500,000, 내용연수 : 5년, 잔존가치 : 0)를 자산으로 회계처리하지 않고 비용으로 처리한 오류를 20×8년에 발견하였다. 이것은 중대한 오류로 판단되며 최근 5개 회계연도의 당기순이익에 다음과 같은 영향을 미친다. 단, 법인세효과는 고려하지 않는다.

	20×5	20×6	20×7	20×8	20×9
비용처리	500,000	–	–	–	–
자산처리	100,000	100,000	100,000	100,000	100,000
차이	400,000	(100,000)	(100,000)	(100,000)	(100,000)
누적효과(비용처리)	500,000	500,000	500,000	500,000	500,000
누적효과(자산처리)	100,000	200,000	300,000	400,000	500,000
차이	400,000	300,000	200,000	100,000	–

이익잉여금처분계산서

제×기	20×8년 1월 1일부터 20×8년 12월 31일까지	제×기	20×7년 1월 1일부터 20×7년 12월 31일까지
처분예정일	20×9년 ×월 ×일	처분확정일	20×8년 ×월 ×일

기업명 : (단위 : 원)

구 분	당 기		전 기	
미처분이익잉여금(Ⅰ)		857,040		648,400
전기이월미처분이익잉여금	498,400		40,000 [(a)]	
회계정책변경누적효과	–		24,000 [(b)]	
전기오류수정	–		300,000 [(c)]	
중간배당액	(30,000)		(10,000)	
당기순이익	388,640 [(e)]		294,400 [(d)]	
임의적립금등의이입액(Ⅱ)		–		–
합 계(Ⅰ+Ⅱ)		857,040		648,400
이익잉여금처분액(Ⅲ)		300,000 [(f)]		150,000
이익준비금	100,000		80,000	
배당금	100,000		50,000	
현금배당				
주당배당금(률) 보통주 : 당기 ××원(%)				
전기 ××원(%)				
임의적립금	100,000		20,000	
차기이월미처분이익잉여금(Ⅰ+Ⅱ－Ⅲ)		557,040		498,400

(a) 130,000(20×6년말 미처분이익잉여금(보고금액)) – 90,000(20×7년 주주총회의 결정에 따른 미처분이익잉여금의 변동) = 40,000

(b) 20×8년의 회계정책변경에 따른 20×6년말 미처분이익잉여금의 수정

(c) 20×8년에 발견한 중대한 전기오류수정에 따른 20×6년말 미처분이익잉여금의 수정

(d) 400,000(20×7년 보고 당기순이익) – 5,600(회계정책변경효과) – 100,000(전기오류수정효과) = 294,400

(e) 500,000(회계정책변경과 전기오류수정 반영하기 전 20×8년 당기순이익) – 11,360(회계정책변경효과) – 100,000(전기오류수정효과) = 388,640

(f) 처분예정일인 20×9년 ×월 ×일에 주주총회에서 결정될 미처분이익잉여금의 처분액

자 본 변 동 표

제×기 20×8년 1월 1일부터 20×8년 12월 31일까지
제×기 20×7년 1월 1일부터 20×7년 12월 31일까지

기업명 : (단위 : 원)

구 분	자 본 금	자본잉여금	자본조정	기타포괄손익누계액	이익잉여금	총 계
20×7. 1. 1(보고금액)	1,000,000	–	–	50,000	250,000	1,300,000
회계정책변경누적효과					24,000	24,000
전기오류수정					300,000	300,000
수정후 자본	1,000,000	–	–	50,000	574,000	1,624,000
연차배당					(10,000)	(10,000)
처분후 이익잉여금					564,000	1,614,000
중간배당					(10,000)	(10,000)
유상 증자	500,000	250,000				750,000
당기순이익					294,400[(1)]	294,400
자기주식 취득			(12,000)			(12,000)
매도가능증권평가손익				(15,000)		(15,000)
해외사업환산손익				(30,000)		(30,000)
20×7.12.31	1,500,000	250,000	(12,000)	5,000	848,400	2,591,400
20×8. 1. 1(보고금액)	1,500,000	250,000	(12,000)	5,000	630,000	2,373,000
회계정책변경누적효과					18,400	18,400
전기오류수정					200,000	200,000
수정후 자본	1,500,000	250,000	(12,000)	5,000	848,400	2,591,400
연차배당					(50,000)	(50,000)
처분후 이익잉여금					798,400	2,541,400
중간배당					(30,000)	(30,000)
유상 증자	500,000	350,000				850,000
당기순이익					388,640[(2)]	388,640
자기주식 취득			(18,000)			(18,000)
매도가능증권평가손익				15,000		15,000
해외사업환산손익				(10,000)		(10,000)
20×8.12.31	2,000,000	600,000	(30,000)	10,000	1,157,040	3,737,040

(1) 400,000(20×7년 보고 당기순이익) – 5,600(회계정책변경효과) – 100,000(전기오류수정효과) = 294,400

(2) 500,000(회계정책변경과 전기오류수정 반영하기 전 20×8년 당기순이익) – 11,360(회계정책변경효과) – 100,000(전기오류수정효과) = 388,640

자 본 변 동 표

제×기 20×8년 1월 1일부터 20×8년 12월 31일까지
제×기 20×7년 1월 1일부터 20×7년 12월 31일까지

기업명 (단위 : 원)

구 분	자 본 금	자본잉여금	자본조정	기타포괄손익누계액	이익잉여금	총 계
20×7. 1. 1(보고금액)	1,000,000		-	50,000	250,000	1,300,000
회계정책변경누적효과					24,000	24,000
전기오류수정					300,000	300,000
수정후 자본	1,000,000	-	-	50,000	574,000	1,624,000
연차배당					(10,000)	(10,000)
처분후 이익잉여금					564,000	1,614,000
중간배당					(10,000)	(10,000)
유상증자	500,000	250,000				750,000
당기순이익					294,400[(1)]	294,400
자기주식 취득			(12,000)			(12,000)
매도가능증권평가손익				(15,000)		(15,000)
해외사업환산손익				(30,000)		(30,000)
20×7.12.31	1,500,000	250,000	(12,000)	5,000	848,400	2,591,400
20×8. 1. 1(보고금액)	1,500,000	250,000	(12,000)	5,000	630,000	2,373,000
회계정책변경누적효과					18,400	18,400
전기오류수정					200,000	200,000
수정후 자본	1,500,000	250,000	(12,000)	5,000	848,400	2,591,400
연차배당					(50,000)	(50,000)
처분후 이익잉여금					798,400	2,541,400
중간배당					(30,000)	(30,000)
유상증자	500,000	350,000				850,000
당기순이익					388,640[(2)]	388,640
자기주식 취득			(18,000)			(18,000)
매도가능증권평가손익				15,000		15,000
해외사업환산손익				(10,000)		(10,000)
20×8.12.31	2,000,000	600,000	(30,000)	10,000	1,157,040	3,737,040

(1) 400,000(20×7년 보고 당기순이익) – 5,600(회계정책변경효과) – 100,000(전기오류수정효과) = 294,400

(2) 500,000(회계정책변경과 전기오류수정 반영하기 전 20×8년 당기순이익) – 11,360(회계정책변경효과) – 100,000(전기오류수정효과) = 388,640

Ⅲ 이익잉여금처분계산서

Chapter 01

이익잉여금처분계산서의 의의

제1절 의 의

이익잉여금(retained earnings)이란, 유보이익이라고도 불리는 것으로 영업활동이나 재무활동 등 기업의 이익창출활동에 의해 획득된 이익으로서, 사외에 유출되거나 또는 불입자본계정에 대체되지 않고 사내에 유보된 부분을 말한다.

이러한 이익잉여금의 구성항목에는 ① 상법 등의 법령의 규정에 의하여 적립된 법정적립금, ② 정관의 규정 또는 주주총회의 결의로 적립된 임의적립금, ③ 미처분이익잉여금(또는 미처리결손금) 등이 포함된다.

이익잉여금은 배당의 형식으로 주주에게 분배되거나 사내에 유보시킨 후 결손보전, 사업확장 등의 목적에 사용되는데, 일반기업회계기준에서는 상법 등 관련 법규에서 이익잉여금처분계산서(또는 결손금처리계산서)의 작성을 요구하는 경우 재무상태표의 이익잉여금(또는 결손금)에 대한 보충정보로서 이익잉여금처분계산서(또는 결손금처리계산서)를 주석으로 공시하도록 규정하고 있다(일반기준 2장 문단 2.89, 부록 실2.12).

> **일반기업회계기준 제2장【재무제표의 작성과 표시 I】**
>
> 2.89. 상법 등 관련 법규에서 이익잉여금처분계산서(또는 결손금처리계산서)의 작성을 요구하는 경우에는 재무상태표의 이익잉여금(또는 결손금)에 대한 보충정보로서 이익잉여금처분계산서(또는 결손금처리계산서)를 주석으로 공시한다.
>
> 실2.12. 이익잉여금처분계산서(또는 결손금처리계산서)는 이익잉여금의 처분사항(또는 결손금의 처리사항)을 명확히 보고하기 위한 재무보고서이다.

이익잉여금처분계산서는 기업의 전기이월미처분이익잉여금의 수정사항과 미처분이익잉여금의 처분사항을 명확히 보고하기 위하여 이익잉여금의 총변동사항을 표시하는 재무보고서이다.

손익계산서상의 당기순이익은 이익잉여금처분계산서를 거쳐 재무상태표의 미처분이익잉여금계정에 반영된다. 이와 같이 이익잉여금처분계산서는 재무상태표와 손익계산서를 연결시키는 역할을 수행하며 동태적으로는 기초와 기말의 미처분이익잉여금의 증감내역과 기말미처분이익잉여금의 차후 변동(안)을 보고함으로써 재무상태표가 당기이익처분 전 상태로 작성됨에 따라 나타나는 다음과 같은 문제들을 보완하는 기능을 하고 있다.

- 배당금은 보고기간종료일 현재 거의 확실시되는 유동부채임에도 불구하고 자기자본에 포함되어 있어 재무비율분석에 문제가 있다.
- 당기이익처분의 결과가 언제나 차기의 재무상태표로 미루어짐으로써 미지급배당금이 재무상태표에 부채로 계상되지 않는다.

이상과 같은 모순에도 불구하고 재무상태표에 이익잉여금처분 전의 재무상태를 표시하도록 하는 근거는 이익잉여금의 처분은 주주총회의 고유한 권한으로서 보고기간말 현재는 배당과 관련하여 기업이 부채로 인식해야 할 어떠한 사건도 발생하지 아니하였기 때문이다(일반기준 24장 부록 결24.4).

제2절 이익잉여금처분계산서와 결손금처리계산서

일반적인 경우에는 이익잉여금처분계산서가 작성되겠지만 회사가 결손이 발생한 경우에는 이익잉여금처분계산서 대신에 결손금처리계산서를 작성해야 한다.

이익잉여금처분계산서와 결손금처리계산서의 기본적 양식을 비교하면 다음과 같다.

이익잉여금처분계산서			결손금처리계산서		
Ⅰ. 미처분이익잉여금			Ⅰ. 미처리결손금		
1. 전기이월미처분이익잉여금 (또는 전기이월미처리결손금)	×××		1. 전기이월미처분이익잉여금 (또는 전기이월미처리결손금)	×××	
2. 회계정책변경누적효과			2. 회계정책변경누적효과		
3. 전기오류수정손익			3. 전기오류수정손익		
4. 중간배당액			4. 중간배당액		
5. 당기순손익	×××	×××	5. 당기순손익	×××	×××
Ⅱ. 임의적립금 등의 이입액		×××	Ⅱ. 결손금처리액		×××
Ⅲ. 이익잉여금처분액		×××	Ⅲ. 차기이월미처리결손금		×××
Ⅳ. 차기이월미처분이익잉여금		×××			

이익잉여금처분계산서와 결손금처리계산서는 동일한 재무제표로서의 지위를 갖지만 기재되는 과목의 구성내용에 따라서 그 명칭이 달라진다. 따라서 미처리결손금이 계상되었으나 이를 보전하고도 배당금, 잉여금의 처분이 있는 경우에는 이익잉여금처분계산서의 명칭을 사용하고, 미처리결손금의 일부 또는 전부만 보전하는 경우에는 결손금처리계산서의 명

칭을 사용하는 것이 타당하다. 또한 직전연도는 결손금처리계산서를 작성하고 당해연도에는 이익잉여금처분계산서를 작성한 경우(반대의 경우 포함)에는 당해 연도를 기준으로 명칭을 사용하여야 하며, 이 경우의 작성양식은 이익잉여금처분계산서와 결손금처리계산서를 결합하여 사용하되 동일한 명칭에 결손금을 표시하는 경우(예 : 미처분이익잉여금란에 미처리결손금 표시)에는 △등 부의 표시를 하여야 한다.

한편, 이익잉여금의 처분은 주주총회에서 확정된다. 다만, 예외적으로 중간배당 등은 이사회 결의로 할 수 있다. 따라서 주주총회에 제출되는 이익잉여금처분계산서는 보고기간말 현재 확정되지 아니한 처분안에 불과하므로 주주총회의 결의내용에 따라 변경될 수도 있다.

Chapter

02

이익잉여금처분계산서의 체계

제1절 이익잉여금처분계산서의 계산구조

이익잉여금처분계산서는 미처분이익잉여금에서 출발하여 임의적립금 등의 이입액을 더하고, 이익잉여금처분액을 차감하여 차기이월미처분이익잉여금을 구하는 방식으로 작성된다.

이 때 이익잉여금처분계산서상의 미처분이익잉여금은 다음과 같이 계산된다.

> 미처분이익잉여금 = 전기이월미처분이익잉여금 ± 회계정책변경누적효과
> ± 전기오류수정손익 − 중간배당액 ± 당기순손익

여기서 전기이월미처분이익잉여금은 전기의 이익잉여금처분계산서상의 차기이월미처분이익잉여금과 같은 금액이다.

이렇게 미처분이익잉여금이 구해지면 차기이월미처분이익잉여금은 다음과 같이 계산된다.

> 차기이월미처분이익잉여금 = 미처분이익잉여금
> + 임의적립금 등의 이입액
> − 이익잉여금처분액

제2절 이익잉여금처분계산서의 양식

일반기업회계기준에 따른 표준양식은 다음과 같다.

일반기업회계기준 제2장 부록 사례1. 재무제표 양식

(8) 이익잉여금처분계산서 양식

이익잉여금처분계산서

제×기	20××년 ×월 ×일부터 20××년 ×월 ×일까지	제×기	20××년 ×월 ×일부터 20××년 ×월 ×일까지
처분예정일	20××년 ×월 ×일	처분확정일	20××년 ×월 ×일

기업명 (단위 : 원)

구 분	당 기		전 기	
미처분이익잉여금		×××		×××
전기이월미처분이익잉여금 (또는 전기이월미처리결손금)	×××		×××	
회계정책변경누적효과	–		×××	
전기오류수정	–		×××	
중간배당액	×××		×××	
당기순이익(또는 당기순손실)	×××		×××	
임의적립금 등의 이입액		×××		×××
××× 적립금	×××		×××	
××× 적립금	×××		×××	
합 계		×××		×××
이익잉여금처분액		×××		×××
이익준비금	×××		×××	
기타법정적립금	×××		×××	
주식할인발행차금상각액	×××		×××	
배당금	×××		×××	
현금배당				
주당배당금(률) 보통주 : 당기 ××원(%)				
전기 ××원(%)				
우선주 : 당기 ××원(%)				
전기 ××원(%)				
주식배당				
주당배당금(률) 보통주 : 당기 ××원(%)				
전기 ××원(%)				
우선주 : 당기 ××원(%)				
전기 ××원(%)				
사업확장적립금	×××		×××	
감채적립금	×××		×××	
......				
차기이월미처분이익잉여금		×××		×××

제3절 이익잉여금처분계산서의 과목과 범위

1. 미처분이익잉여금

미처분이익잉여금은 회사의 영업활동에 의하여 이익잉여금이 발생하였으나, 특정목적에 사용하도록 처분되기 전의 잉여금으로서 전기이월미처분이익잉여금(또는 전기이월미처리결손금)에 회계정책의 변경으로 인한 누적효과(비교재무제표의 최초회계기간 직전까지의 누적효과), 중대한 전기오류수정손익(비교재무제표의 최초회계기간 직전까지의 누적효과), 중간배당액 및 당기순손익(또는 당기순손실)을 가감한 금액이다(일반기준 2장 부록 실2.14).

(1) 전기이월미처분이익잉여금

전기이월미처분이익잉여금(또는 전기이월미처리결손금)은 직전기의 이익잉여금처분계산서(또는 결손금처리계산서)상의 차기이월미처분이익잉여금(또는 차기이월미처리결손금)과 같은 금액이다. 즉, 전기의 주주총회에서 미처분이익잉여금 중 이익잉여금 처분결의를 하고 남은 이익잉여금이 전기이월미처분이익잉여금이다.

(2) 회계정책변경누적효과

과거부터 변경된 새로운 회계처리기준을 자산 또는 부채의 해당 계정과목에 적용하여 계산된 손익의 누적효과를 비교재무제표 최초 회계기간의 미처분이익잉여금에 반영한다. 이에 대해서는 '재무상태표편 자본 제5장 제4절 회계변경과 오류수정'을 참조하기 바란다.

(3) 전기오류수정손익

이에 대해서는 '재무상태표편 자본 제5장 제4절 회계변경과 오류수정'을 참조하기 바란다.

(4) 중간배당액

상법 규정에 의하여 연 1회의 결산기를 정한 회사는 영업연도 중 1회에 한하여 이사회의 결의로 일정한 날을 정하여 그날의 주주에 대하여 배당을 할 수 있다(상법 462조의 3). 기중에 중간배당을 할 경우 중간배당액만큼을 미처분이익잉여금에서 상계하여야 한다.

(5) 당기순이익

당기순이익은 당기의 손익계산서상의 당기순이익과 같은 금액이다.

(6) 기업회계상 회계처리

미처분이익잉여금계정에 관련한 거래분개는 ① 이월미처분이익잉여금계정으로부터의 대체, ② 집합손익계정으로부터의 대체 등에 관한 사항으로 요약된다.

① 이월미처분이익잉여금의 대체

미처분이익잉여금은 전기이월미처분이익잉여금, 회계정책변경누적효과, 전기오류수정손익, 중간배당액 및 당기순이익 각각의 합계금액으로 표시된다.

전기이월미처분이익잉여금계정의 잔액을 미처분이익잉여금계정으로 대체하는 회계처리 방법은 다음과 같다.

• 전기이월미처분이익잉여금의 대체

(차) 이월미처분이익잉여금 ××× (대) 미처분이익잉여금 ×××

② 회계정책변경누적효과와 전기오류수정손익의 대체

회계정책의 변경으로 인한 누적효과의 손익은 순액으로 구하여 누적효과가 손실이면 이월미처분이익잉여금을 차변에 기록하고, 이익이면 대변에 기록한다.

• 누적효과가 이익일 때

(차) 회계정책변경누적효과 ××× (대) 이월미처분이익잉여금 ×××

• 누적효과가 손실일 때

(차) 이월미처분이익잉여금 ××× (대) 회계정책변경누적효과 ×××

전기오류수정손익은 이익과 손실로 구분하여 각각 기재하도록 하였으므로 전기오류수정손실인 경우에는 전기오류수정손실을 대변에 이월미처분이익잉여금을 차변에 기록한다. 손실을 이익잉여금에 대체하는 것이기 때문에 손실항목이 대변에 오는 것이다. 전기오류수정이익인 경우에는 반대로 하면 된다. 다만, 유의할 것은 중대한 전기오류수정손익의 경우에만 이렇게 처분하며 그렇지 않을 경우는 당기손익에 반영하여야 한다는 점이다.

(차) 전기오류수정이익 ××× (대) 이월미처분이익잉여금 ×××
이월미처분이익잉여금 ××× 전기오류수정손실 ×××

한편, 일반기업회계기준 제5장에 따르면 회계정책의 변경으로 인한 누적효과와 중대한 오류의 수정금액은 전기이월미처분이익잉여금에 반영하고 관련계정을 수정하여야 하며,

전기 이전의 재무제표를 비교목적으로 공시할 경우에는 소급적용에 따른 수정사항을 반영하여 재작성하도록 하고 있다. 따라서 회계정책변경누적효과와 전기오류수정손익은 전전기 이전에 귀속되는 회계정책의 변경으로 인한 누적효과와 중대한 오류의 수정금액을 비교목적으로 작성하는 전기재무제표에 반영하는 경우에 한하여 전기의 이익잉여금처분계산서에 계상될 것이며, 당기의 이익잉여금처분계산서에는 표시되지 않게 된다.

③ 중간배당액의 처리

중간배당액은 이익잉여금과 상계하도록 규정하고 있으므로 기중에 이익잉여금의 대체가 일어난다. 그러므로 기말에는 추가적인 회계처리를 할 필요가 없고 이익잉여금처분계산서 작성시에 기중에 한 중간배당액만 고려하면 된다. 중간배당을 현금배당으로 하는 경우에는 다음과 같이 회계처리를 해야 한다.

(차) 미처분이익잉여금 ××× (대) 현금 및 현금성자산 ×××

④ 당기순이익의 대체

당기 결산시에 수익·비용계정을 마감하기 위하여 집합손익계정을 설정하여 손익계정의 잔액을 모두 대체하게 되면 당기순손익을 계산하게 된다. 이 때 계산된 당기순이익은 집합손익계정으로부터 미처분이익잉여금계정으로 다음과 같이 대체처리하게 된다.

(차) 손 익 ××× (대) 미처분이익잉여금 ×××

2. 임의적립금 등의 이입액

임의적립금 등을 이입하여 당기의 이익잉여금처분에 충당하는 경우에는 그 금액을 당기말 미처분이익잉여금에 가산하는 형식으로 기재한다.

임의적립금 등을 이입한다는 의미는 당초 미처분이익잉여금을 임의적립금 등으로 처분했던 금액을 다시 미처분이익잉여금으로 계정대체하는 것을 의미한다.

3. 이익잉여금처분액

이익잉여금처분액은 다음과 같이 세분된다.

일반기업회계기준 제2장【재무제표의 작성과 표시 Ⅰ】

실2.15. 이익잉여금처분액은 이익준비금, 기타법정적립금, 이익잉여금처분에 의한 상각 등, 배당금, 임의적립금으로 구분하여 표시한다. 이익잉여금처분에 의한 상각 등은 주식할인발행차금상각, 자기주식처분손실 잔액, 상환주식 상환액 등으로 한다. 배당금의 경우 현금배당과 주식배당으로 구분한다.

실2.55. 문단 2.89에 따라 이익잉여금처분계산서를 주석으로 공시하는 경우에는 주식의 종류별 주당배당금액, 액면배당률은 배당금 다음에 표시하고, 배당성향, 배당액의 산정내역은 주석에 포함하여 기재한다. 이익잉여금처분계산서를 주석으로 공시하지 아니하는 경우에도 주식의 종류별 주당배당금액, 액면배당률, 배당성향, 배당액의 산정내역을 주석으로 기재한다.

(1) 이익준비금

회사는 상법 제458조에 따라 그 자본금의 2분의 1이 될 때까지 매 결산기 이익배당액의 10분의 1 이상을 이익준비금으로 적립하여야 한다. 다만, 주식배당의 경우에는 그러하지 아니하다.

이익준비금은 당기이익의 발생을 반드시 필요로 하는 것이 아니며, 이익배당액이 이루어지는 때에는 그 재원이 당기이익인지 이월미처분이익잉여금인지를 불문하고, 그 이익배당액의 10% 이상을 이익준비금으로 적립하여야 한다.

한편, 상법상 이익준비금의 적립한도액인 자본금의 2분의 1을 초과하여 적립된 이익준비금은 법정준비금의 성격을 벗어난 것이다. 따라서 자본금의 2분의 1을 초과하는 이익준비금은 그 초과분을 이익준비금에 계상한다면 배당가능이익에 관한 회계정보를 왜곡시킬 수 있기 때문에 별도적립금 등 적당한 과목으로 회계처리하는 것이 타당하다.

이익준비금은 제도의 취지상 그 처분에 제한을 받게 되며, 상법상 그 처분이 인정되는 것은 "자본의 결손"을 보전하는 경우로서 결손보전 및 자본전입을 포함한다. 여기서 "자본의 결손"이란 회사의 순자산액이 자본금과 법정준비금의 합계액보다 적은 상태를 말한다. 따라서 재무상태표상 결손금이 발생하고 있다 하더라도 법정준비금 이외의 잉여금이 있어 그 금액이 결손금보다 많은 때에는 "자본의 결손"에 해당하지 아니한다.

참고로 상법 제461조의 2에 따르면 회사에 적립된 자본준비금 및 이익준비금의 총액이 자본금의 1.5배를 초과하는 경우에는 주주총회의 결의에 따라 그 초과한 금액 범위에서 자본준비금과 이익준비금을 감액할 수 있도록 하고 있는 바, 결손보전이나 자본전입 외의 용도로 사용하는 것을 제한적으로 허용하고 있다.

(2) 기타법정적립금

재무구조개선적립금 등과 같이 상법 이외의 법령에 의하여 의무적으로 적립하여야 할 적립금으로 한다.

(3) 이익잉여금처분에 의한 상각 등

주식할인발행차금상각, 배당건설이자상각, 자기주식처분이익과 상계하고 남은 자기주식처분손실 잔액 및 상환주식상환액 등으로 한다.

(4) 배당금

당기에 처분할 배당액으로 하되 금전에 의한 배당과 주식에 의한 배당으로 구분하여 기재한다. 주식의 종류별 주당배당금액, 액면배당률, 배당성향, 배당액의 산정내역은 주석으로 기재한다(일반기준 2장 문단 2.90).

회사는 재무상태표상의 순자산액으로부터 ① 자본금의 액, ② 그 결산기까지 적립된 자본준비금과 이익준비금의 합계액, ③ 그 결산기에 적립하여야 할 이익준비금의 액, ④ 상법 시행령에서 정하는 미실현이익을 공제한 금액을 한도로 하여 배당할 수 있다(상법 462조 1항).

회사가 이익배당을 할 때는 금전에 의한 배당뿐만 아니라 주식에 의한 배당도 가능하며, 주식에 의한 배당은 이익배당 총액의 2분의 1에 상당하는 금액을 초과하지 못한다(상법 462조의 2 1항). 다만, 주가가 액면액 이상인 주권상장법인에 있어서는 자본시장과 금융투자업에 관한 법률 제165조의 13에 의하여 이익배당 총액을 주식배당으로 할 수 있다.

(5) 임의적립금

정관의 규정 또는 주주총회의 결의로 적립된 금액으로서 사업확장적립금·감채적립금 또는 법인세 등을 이연할 목적으로 적립하여 일정기간이 경과한 후 환입될 준비금 등으로 한다.

4. 차기이월미처분이익잉여금

차기이월미처분이익잉여금은 미처분이익잉여금에 임의적립금이입액을 가산한 금액에서 이익잉여금처분액을 차감하여 계산한다.

5. 공시사항

다음의 사항을 주석으로 기재한다.

① 이익잉여금 중 법정적립금과 임의적립금의 세부 내용 및 법령 등에 따라 이익배당이 제한되어 있는 이익잉여금의 내용(일반기준 2장 문단 2.40)

② 이익잉여금처분예정액으로서 주식의 종류별 주당배당금액, 액면배당률, 배당성향, 배당액의 산정내역(일반기준 2장 문단 2.90)

③ 당해 회계연도 개시일 전 2년 내에 결손보전을 한 경우 결손보전에 충당된 자본잉여금이나 이익잉여금의 명칭과 금액 및 결손보전을 승인한 주주총회일(일반기준 2장 부록 실 2.20 (8))

6. 세무회계상 유의할 사항

이익잉여금은 이미 법인세가 과세된 유보소득이므로 이익잉여금의 계상 및 처분에 관한 별도의 세무조정은 필요로 하지 아니한다. 다만, 이익잉여금 처분 시 세무상으로 그 적립을 강제하는 조세특례제한법상의 각종 준비금(신고조정의 경우)을 적립하지 아니한 경우 조세혜택을 부인당하게 되므로 이를 유의하여야 한다.

또한 법인이 손금으로 계상할 수 있는 조세공과금 등을 이익잉여금과 상계처리한 경우에는 기업회계에서 이를 비용계상하지 않았다 하더라도 신고조정시에 이를 손금에 산입할 수 있다(법기통 19－19…30).

Chapter

03

결손금처리계산서의 체계

제1절 결손금처리계산서의 계산구조

기업이 결손인 경우에는 이익잉여금처분계산서 대신 결손금처리계산서를 작성하여야 한다. 이 경우에는 이월미처리결손금의 총변동사항을 표시함으로써 ① 기업의 이월미처분이익잉여금 또는 이월미처리결손금의 수정사항과, ② 당기분 결손금의 처리사항 또는 처리안을 명확히 보고하도록 결손금처리계산서가 작성되어야 한다.

여기서 기업이 결손인 경우라 함은 기말에 미처리결손금이 나타나는 경우로서 다음 세 가지 경우를 들 수 있다.

① 전기이월미처리결손금이 당기순이익을 초과하는 경우
: 전기이월미처리결손금 − 당기순이익 = 미처리결손금

② 당기순손실이 전기이월미처분이익잉여금을 초과하는 경우
: 당기순손실 − 전기이월미처분이익잉여금 = 미처리결손금

③ 전기이월미처리결손금이 있는데다가 다시 당기순손실이 나타난 경우
: 전기이월미처리결손금 + 당기순손실 = 미처리결손금

따라서 당기순손실이 나타났다 하더라도 전기이월미처분이익잉여금을 초과하지 아니하는 경우와 전기이월미처리결손금이 있다고 하더라도 당기순이익이 이를 초과하는 경우에는 당기 말 미처리결손금이 나타나지 않기 때문에 결손금처리계산서는 작성할 필요가 없다.

제2절 결손금처리계산서의 양식

일반기업회계기준에 따른 표준양식은 다음과 같다.

일반기업회계기준 제2장 부록 사례1. 재무제표 양식

(9) 결손금처리계산서 양식

결손금처리계산서

제×기	20××년 ×월 ×일부터 20××년 ×월 ×일까지	제×기	20××년 ×월 ×일부터 20××년 ×월 ×일까지
처리예정일	20××년 ×월 ×일	처리확정일	20××년 ×월 ×일

기업명 : (단위 : 원)

구 분	당 기		전 기	
미처리결손금		×××		×××
전기이월미처분이익잉여금 (또는 전기이월미처리결손금)	×××		×××	
회계정책변경누적효과	–		×××	
전기오류수정	–		×××	
중간배당액	×××		×××	
당기순이익(또는 당기순손실)	×××		×××	
결손금처리액		×××		×××
임의적립금이입액	×××		×××	
법정적립금이입액	×××		×××	
자본잉여금이입액	×××		×××	
차기이월미처리결손금		×××		×××

제3절 결손금처리계산서의 과목과 범위

결손금처리계산서는 미처리결손금, 결손금처리액, 차기이월미처리결손금으로 구분하여 표시한다(일반기준 2장 부록 실2.16).

1. 미처리결손금

미처리결손금은 전기이월미처리결손금(또는 전기이월미처분이익잉여금)에 회계정책의 변경으로 인한 누적효과(비교재무제표의 최초 회계기간 직전까지의 누적효과), 중대한 전기오류수정손익(비교재무제표의 최초 회계기간 직전까지의 누적효과), 중간배당액 및 당기순이익(또는 당기순손실)을 가감하여 산출한다(일반기준 2장 부록 실2.17).

미처리결손금은 미처분이익잉여금의 경우와 반대로 주주총회의 결의에 의하여 전기 이전에 재무상태표에 계상한 처분필이익잉여금 및 자본잉여금으로 보전할 사항이다.

미처리결손금과 관련된 거래분개도 미처분이익잉여금계정과 유사하게 ① 이월미처리결손금 또는 이월미처분이익잉여금계정으로부터의 대체, ② 집합손익계정으로부터의 대체 등에 관한 사항으로 요약된다.

(1) 이월미처리결손금의 대체

이월미처리결손금 등의 대체분개를 하기 전에 우선 전기이월미처리결손금(전기이월미처분이익잉여금이 될 수도 있음)에 회계정책변경누적효과, 전기오류수정손익, 중간배당액 및 당기순손실(당기순이익이 될 수도 있음)을 가감한 금액이 「부」가 되는지를 먼저 확인한다.

전기이월미처리결손금계정의 잔액을 미처리결손금계정으로 대체하는 회계처리는 다음과 같다.

(차) 미 처 리 결 손 금 ××× (대) 전기이월미처리결손금 ×××

(2) 회계정책변경누적효과, 전기오류수정손익, 중간배당액의 대체

미처분이익잉여금을 참조하기 바란다.

(3) 당기순손실의 대체

미처리결손금의 경우에도 미처분이익잉여금의 경우와 마찬가지로 집합손익계정으로부터 당기순손실 또는 당기순이익을 미처리결손금계정으로 대체하기 위한 회계처리를 하여야 한다.

(차) 미 처 리 결 손 금　　×××　　(대) 손　　　　익　　×××

2. 차기이월미처리결손금

미처리결손금에서 결손금처리액을 차감한 금액으로 한다.

3. 공시사항

당해 회계연도 개시일 전 2년 내에 결손보전을 한 경우 결손보전에 충당된 자본잉여금이나 이익잉여금의 명칭과 금액 및 결손보전을 승인한 주주총회일은 재무제표 본문에 표시된 항목에 대한 보충정보에 해당하므로 주석으로 기재한다(일반기준 2장 부록 실2.20 (8)).

4. 세무회계상 유의할 사항

결손금처리계산서와 관련된 세무회계상 유의할 사항은 미처분이익잉여금계정을 참고하기 바란다.

Part 05

특수회계편

파생상품회계

01 파생상품

제1절 파생상품의 의의

(1) 의 의

파생상품(derivatives)은 상품, 외국통화, 채권, 주식, 주가지수 등과 같은 기초자산(underlying asset)의 가치변동에 따라 가격이 결정되는 금융상품 또는 이와 유사한 계약이다.

파생상품계약은 기초자산, 특정단위(notional amount), 미래의 현금흐름액의 세 가지 요소로 구성되는데, 특정단위라 함은 화폐금액, 주식수, kg과 같은 기초자산의 계약단위의 수량을 일컫는다. 예를 들어, 현재 원/달러 환율이 ₩1,200/＄이고, 환율의 상승이 예상되어 6개월 후 ＄1,000를 ₩1,400/＄에 매입하기로 한 통화선도계약을 체결한 경우 기초자산은 달러화가 되며 특정단위는 ＄1,000가 된다.

파생상품은 기초자산에 근거하여 파생된 상품으로 그 기초자산의 형태에 따라 다양하게 나타나는데, 일반적으로는 기초자산의 가치변동 위험을 회피하기 위하여 이용되는 선도계약, 선물거래, 스왑, 옵션 등이 파생상품에 해당한다.

최근에 투자은행들은 고객들의 요구에 부응하기 위해 새로운 파생금융상품을 개발하는데 몰두하고 있으며 이들은 선물 및 옵션계약과 유사한 성격을 갖기도 하나, 일부는 더 복잡한 성격을 갖기도 한다.

현재 세계 금융시장 및 외환시장의 자유화 경향은 금리와 환율변동폭을 더욱 확대시킴으로써 거래당사자의 가격변동위험을 더욱 크게 만들었으며, 은행 등 금융기관들의 국경을 초월한 치열한 경쟁과 금리 및 환율변동위험의 증가는 새로운 수익창출 기회와 효율적인 자금조달 및 운용을 위한 다각적인 노력을 요구하고 있다.

(2) 파생상품의 경제적 기능

파생상품은 기본적으로 위험회피와 투기의 기회를 제공하는 기능을 가진다. 여기서는 파생금융상품의 기본적 기능 및 금융시장에 미치는 경제적 기능에 대해 살펴본다.

첫째, 가격변동위험의 전가기능이다. 파생상품의 전통적인 기능으로서, 위험회피자(hedger)

에게 금융자산의 가격변동위험을 회피할 수 있는 기회를 제공한다. 한편, 투기자(speculator)는 이러한 위험을 부담하여 이익을 얻을 수 있는 기회를 갖게 된다. 따라서 가격의 불확실성을 감소시켜 경제활동을 촉진시키는데, 위험회피자와 투기자는 서로 다른 미래 예측능력과 위험회피수준을 갖고 위험구조를 재조정함으로써 금융시장의 원활한 운용과 효율성 제고에 기여한다.

둘째, 기초자산의 미래 시장가격에 대한 예측치 제공기능이다. 대부분의 파생상품은 기초자산의 미래 가격을 예측하여 거래가 이루어진다. 파생상품시장은 별도로 형성되는 것이 아니라 현물시장의 상품의 수요와 공급에 대한 정보와 수많은 거래자들 나름대로의 예측도 반영되어 형성되며, 이렇게 결정된 가격은 고정된 것이 아니라 매초마다 시장에서 변동되고 통신매체, 전산기술의 발달로 전세계적으로 전달됨으로써 시장참여자의 의사결정을 용이하게 한다. 이렇게 형성된 가격은 실물자산(기초자산)의 미래 가격을 예시하는 기능을 가지게 된다.

셋째, 자금흐름의 탄력성 증대기능이다. 투자자는 파생상품을 활용하여 자신들의 목적에 맞도록 보유자산 또는 보유예정자산을 구성함으로써 금리, 만기, 현금흐름 등을 조정할 수 있어 자금이 탄력적으로 관리된다.

넷째, 금융비용의 절감기능이다. 기존의 전통적 금융상품에 비해 훨씬 적은 계약금으로도 거래계약을 체결할 수 있으므로 신용위험(credit risk)을 감소시킬 수 있고, 대부분 반대매매로 청산이 가능하여 현물의 구입과 운송에 드는 비용이 절감된다. 또한, 이자지급이나 통화거래상에서도 불리한 계약을 자신의 판단상 유리하다고 생각되는 현금흐름을 갖는 거래와 스왑계약을 체결함으로써 금융비용을 줄일 수 있다.

다섯째, 금융시장의 효율성 제고기능이다. 위에서 본 이점으로 인해 시장은 전문적으로 시장정보를 수집하고 평가하는 다수의 참가자들을 시장에 참여시킴으로써 시장정보의 질을 높이고 정보비용을 감소시키며 이용가능한 정보가 시장가격에 보다 효율적으로 반영된다. 예측능력의 발달로 거래시장에서 신속한 정보와 가격조정이 일어남으로써 기초상품시장을 망라한 전 금융시장의 효율성을 제고시키고 이에 따라 경제전체의 자원배분의 효율성을 증대시킨다.

제2절 선도거래

(1) 선도거래의 의의

선도거래(forward)는 미래 일정 시점에 약정된 가격에 의하여 계약상의 특정대상을 사거나 팔기로 계약당사자간의 합의한 거래이다. 미래 일정 시점을 선도거래 계약기간이라 하며, 약정된 가격을 행사가격이라 한다.

선도거래는 기초자산(underlying asset)에 따라 통화선도거래와 선도금리계약으로 나뉜다.

통화선도거래란 미래의 일정 시점에 통화를 미리 약정된 환율로 서로 매매하기로 현시점에서 약속하고 약정한 기일이 도래하면 약정된 환율로 통화를 매매하는 거래방식을 말한다. 약정한 기간 동안 실제 환율이 어떻게 변동하든 상관없이 미리 약정한 환율을 적용하여 통화를 매매하는 것으로 선물(선도)환거래라고도 불리운다. 여기서 미리 약정한 환율을 선도환율(forward rate), 실제의 환율을 현물환율(spot rate)이라 한다. 그리고 환율의 상승을 예상하여 매입계약을 체결하는 것을 선매입(long Position)이라 하고, 환율의 하락을 예상하여 매도계약을 체결하는 것을 선매도(short position)라 한다.

한편, 선도금리계약(forward rate agreement)은 그 대상이 환율이 아니고 이자율일 뿐 다른 사항은 선물환계약과 같다. 즉, 미래에 미리 약정한 이자율로 자금을 차입 또는 대여하기로 하는 계약을 선도금리계약이라 한다.

(2) 선도거래의 동기

선도거래의 동기는 다음의 세 가지 유형으로 대별할 수 있다.

첫째, 환리스크의 회피수단

선도거래는 환거래 당사자간에 장래의 외환결제에 적용할 환율을 거래시점에서 미리 약정함으로써 환거래일로부터 결제일 사이의 환율변동에서 초래되는 환리스크를 회피할 수 있다.

둘째, 환차익의 극대화를 위한 환투기 수단

환율예측이 투기자의 예상대로 실현될 경우에는 자기자금의 부담 없이 일정 기간 후에 환차익을 얻을 수 있으나, 환율예측이 반대 방향으로 나타날 경우에는 손실을 보게 된다.

셋째, 환포지션의 조정

즉각적인 자금의 결제 없이 외환포지션을 조정할 수 있다. 이 때 외환포지션은 일정 시점에 있어서 은행 및 기업 등이 보유하는 외화표시자산과 외화표시부채의 차액을 말하는 것으로 외환거래에 따른 일정 외환의 매도액과 매입액의 차액으로 환리스크에 노출된 부분을 의미한다.

(3) 선도거래의 유형

① 거래의 목적에 따른 분류

- 투기 목적의 선물환거래(Outright Forward Contract)
- 위험제거 목적의 선물환거래
  - 특정한 외환거래약정을 헷지하기 위한 거래
  - 보유 중인 외화자산 · 부채를 헷지하기 위한 거래

② 대상통화에 따른 분류

- 자국통화와 외국통화 간의 선물환거래
- 외국통화와 외국통화 간의 선물환거래

제3절 선물거래

(1) 선물거래의 의의

선물거래란 수량 · 규격 · 품질 등이 표준화되어 있는 특정대상에 대하여 현재시점에서 결정된 가격으로 미래 일정 시점에 인도 · 인수할 것을 약정한 계약으로 조직화된 시장에서 정해진 방법으로 거래되는 것을 말한다.

선물거래는 선도거래와 마찬가지로 계약시점에 미래의 약정일에 일정한 자산을 수도 · 결제할 것으로 한다는 면에서 선도거래(forward trading)와 유사하나 거래형식과 내용면에서 다음과 같은 차이가 있다.

구 분	선물거래(Futures)	선도거래(Forward)
거래방법	거래소에서 공개방식에 의한 경쟁적 거래(open cry)	점두시장거래로 당사자간의 개별적 거래
유통형태	결제일 이전에 거래소에서 청산됨.	대부분 만기일에 결제됨.
거래조건지정	거래대상품목, 결제기간, 거래단위 등이 정형화	당사자간의 합의에 따라 거래조건이 조정

구 분	선물거래(Futures)	선도거래(Forward)
현금수지형태	청산소(Clearing House)를 통한 매일 매일 시장가격의 변동에 따라 손익이 증거금의 증감을 통해 반영	당초 합의된 날짜에만 자금결제가 이루어짐.
증거금	계약이행을 위한 거래개시증거금 및 유지증거금이 필요	원칙적으로는 없지만 거래시 필요에 따라 징수하기도 함.
거래대상자	선물거래소	한정된 실수요자 중심
거래가격의 형성	거래소에서 제시	당사자간의 합의에 따라 결정
거래상대방의 인지	알지 못함.	상대방의 신용상태 파악 후 거래

위의 특징비교를 통해서 볼 때 선물거래는 거래내용과 거래조건을 표준화하여 공식적인 시장에서 거래되므로 다수의 수요자와 공급자를 가지게 되어 대량의 거래가 이루어질 수 있고, 증거금이 일일정산제도를 통하여 선도거래보다 가격변동의 위험을 회피하는 데 보다 효율적인 방법이라고 할 수 있다.

(2) 일일정산과 증거금제도

증거금제도(margin requirement)는 선물거래시 모든 거래자가 일정 금액의 증거금을 청산소에 납부하고 선물계약을 보유하고 있는 동안 일정 수준 이상의 증거금 잔고를 유지하도록 하는 제도이며, 증거금의 형태는 선물포지션을 개설할 때(계약체결시) 계약액에 비례하여 납부하는 개시증거금과 선물가격의 변동으로 증거금이 일정 수준 이하로 떨어질 때 추가적으로 납부하는 추가증거금 그리고 계좌를 유지하기 위한 최소요구 잔액인 유지증거금이 있다.

선물가격의 변화로 선물보유포지션에서 발생한 평가손실이 증거금보다 클 경우 증거금의 계약이행 담보능력이 상실되므로 이를 사전에 예방하기 위하여 선물거래에서는 선물가격변동에 따른 각 계좌별 손익을 매일매일 평가하여 이를 실현시키는 일일정산제도(market to market)를 두고 있으며, 이는 증거금제도와 함께 계약이행에 따른 위험을 감소시키는 제도이다.

(3) 선물거래의 유형

선물거래는 상품선물과 금융선물거래가 있고, 금융선물거래에는 거래대상에 따라 주요국 통화를 대상으로 하는 통화선물거래(currency futures transaction)와 금융자산을 대상으로 하는 이자율선물거래(interest rates futures transaction), 회사채지수선물거래(corporate bond index futures transaction), 주가지수선물거래(stock index futures transaction) 그리고 선물에 대한 옵션거래인 금융선물옵션거래(financial futures options transaction)가 있다.

제4절 스 왑

(1) 스왑의 의의

본래 물물교환한다는 뜻을 가지고 있는 스왑(swap)은 특정기간 동안에 발생하는 일정한 현금흐름을 다른 현금흐름과 교환하는 것을 말하는 것으로 연속된 선도거래를 의미한다.

스왑거래는 외환시장에서 외환거래를 통하지 않고 금융시장에서 장기외화차입에 따르는 환위험 및 금리변동위험을 헷지하여 차입비용을 줄일 수 있는 금융기법으로 활용되고 있다. 또한, 외환규제나 세제의 차등적용 등에도 효율적으로 대처할 수 있는 기법으로도 활용되고 있다.

스왑금융은 거래자의 성격이나 거래목적에 따라 아래와 같은 다양한 기능을 수행한다.

① 차입비용의 절감 및 리스크 헷징

신용도가 낮은 차입자가 접근하기 어려운 자본시장에서 신용도가 높은 차입자와 스왑금융을 체결함으로써 시장접근이 용이함은 물론 차입비용을 절감하고 차입기간도 다양하게 선택할 수 있다.

또한, 필요한 통화의 자본시장 사정이 차입에 불리한 경우 차입자가 차입조건이 상대적으로 유리한 여타 통화시장에서 일단 차입한 후 이를 스왑금융을 통하여 필요한 통화표시 자금으로 전환, 이용할 수 있다.

② 기존부채, 신규부채의 차입조건개선

기존의 변동금리부 부채를 고정금리부로 또는 고정금리부 부채를 변동금리부 부채로 전환하여 이자지급조건을 변경함으로써 이자율리스크나 이자부담을 경감할 수 있고, 특히 차환(refinancing)의 경우 채무발행에 소요되는 시간과 비용 등을 절약할 수 있다.

③ 장래의 자금수지관리 및 중장기 외화자산의 헷징

장래 발생할 자금의 유출입이 기간별 · 통화별로 일치하지 않거나 또는 중장기 외화표시 자금의 거래증가로 인하여 헷징하기가 어려울 경우에 스왑금융을 이용한다.

④ 조직전체입장에서의 효율적인 유동성관리

다국적기업의 경우 수개국에서 사업 결과 교환가능통화자산과 교환불가능통화자산 간에 유동성 불균형문제가 발생할 수 있는 바, 스왑금융은 이러한 문제들을 용이하게 해결할 수 있다.

한편, 스왑금융은 이자율 변동위험의 경감, 자금수지상의 제약완화 등 여러 장점을 갖고 있는 것에 반하여 스왑거래를 하지 않을 경우 실현될 수도 있는 기회이익을 포기해야 함은 물론 스왑금융 자체의 거래불이행에 따른 신용위험이나 시장위험이 내포되어 있다는 점에 유의해야 한다.

(2) 스왑의 유형

스왑의 대상으로는 통화와 이자율이 있다.

통화스왑은 두 개의 서로 다른 통화를 미래의 일정 시점에 동일한 환율로 재교환하기로 약정하고 행하는 통화간의 교환거래라고 말할 수 있다. 즉, 조건부 통화매각(입)이라고 할 수 있다. 이자율스왑은 이자율을 변동금리에서 고정금리로 바꾸거나 변동금리간의 교환을 하는 거래를 말한다.

1) 이자율스왑

이자율스왑은 금융시장에서 차입자의 기존부채 또는 신규부채에 대한 이자율리스크의 헷징이나 차입비용의 절감을 위해서 두 차입자가 각자의 채무에 대한 이자지급의무를 상호간에 교환하는 계약으로서 일반적으로 변동(고정)금리부채를 고정(변동)금리부채로 전환하는 형식을 취하게 된다.

한편, 이자율스왑거래는 주로 동종통화, 동액의 원금, 동일만기의 부채구조를 가지고 있는 두 당사자 간의 거래가 대부분인데 통화스왑과는 달리 계약당사자 간에 이자지급의무만 있고 원금에 대해서는 상환의무가 없다.

따라서 자금의 흐름도 원금의 교환 없이 이자차액만 상호 수수되며 당초의 자금조달과는 관계가 없는 별도의 계약에 의해 거래가 성립된다.

이자율스왑거래는 두 차입자가 각각 상대 차입자보다 유리한 변동금리 또는 고정금리 조건으로 자금을 조달할 수 있는 상대적인 비교우위에 있을 경우 두 차입자가 각자 유리한 시장에서 차입하여 각자의 차입금리지급의무를 상호간에 교환함으로써 이루어지는 거래로 신용도가 높은 차입자는 고정금리시장에서 차입하고 신용도가 낮은 차입자는 변동금리시장에서 차입하게 된다.

다음은 이자율스왑거래에 대한 효과를 살펴보자.

S기업은 거액의 자금을 차입하려 하는데 미래 이자비용의 정확한 예측을 위하여 고정금리로 차입하기를 희망한다. K은행은 주로 변동금리로 대출하고 있기 때문에 이익마진확보를 위해 변동금리로 차입하기를 희망한다.

구 분	S기업	K은행	이자율차이
고정금리	14%	12%	2%
변동금리	LIBOR+1.0	LIBOR	1.0%

이러한 상황하에서 고정금리로 자금을 차입하기를 원하는 S기업은 자신과 K은행간의 고정금리가 변동금리격차보다 큰 이자율스왑계약을 체결함으로써 이자비용을 절감할 수 있다.

다음 그림은 이와 같은 이자비용절감효과를 예시한 것이다.

이자율스왑거래와 비용절감효과

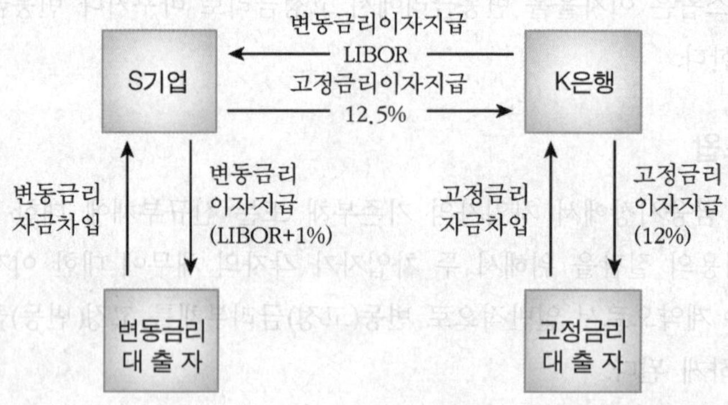

먼저 S기업과 K은행이 각자의 필요에 의하여 자금을 조달한다면 S기업은 14%, K은행은 LIBOR 코스트로 자금을 차입하게 된다. 그러나 양차입자간의 고정금리격차는 2%인 반면 변동금리격차는 1%에 불과하여 S기업과 K은행은 각각 변동금리 차입과 고정금리 차입에 비교우위가 존재하므로 S기업은 LIBOR+1.0의 변동금리로, K은행은 12%의 고정금리로 일단 자금을 차입하고 상호간에 이자지급 및 만기가 동일한 이자율스왑계약을 체결하게 된다. 이 때 금리경감효과는 고정금리에서의 이자율차이 2%와 변동금리에서의 이자율차이 1%의 격차인 1%이며, 이는 S, K 두 회사간에 배분되는데 배분내용은 A, B 두 회사간의 신용도나 스왑거래에 대한 수요 · 공급의 사정에 따라 결정된다. 앞의 예에서 금리경감효과가 S, K 두 회사에 균등하게 배분되었다면 S기업은 K은행에 12%의 고정금리에 0.5%의 프리미엄을 지급하고 K은행은 S기업에 LIBOR금리를 지급함으로써 양자 간에 서로 상대방의 이자비용을 부담하는 것이다. 이와 같은 이자율 스왑거래의 결과를 요약하면 다음과 같다.

	S기업	K은행
각각 자금을 조달한 경우(A)	14%	LIBOR
이자율스왑계약체결		
고정금리지급	12.5	12.0
고정금리수령	–	(12.5)
변동금리지급	LIBOR+1.0	LIBOR
변동금리수령	(LIBOR)	–
스왑에 의한 차입이자율(B)	13.5	LIBOR－0.5
차 이(A－B)	0.5	0.5

결국, S기업은 0.5%의 이자비용이 절감되었고 K은행도 0.5%만큼의 이자비용이 절감되어 금리경감효과를 반분하게 된다.

2) 통화스왑

통화스왑거래는 두 개 또는 그 이상의 거래기관이 사전에 정해진 만기와 환율에 의하여 상이한 통화로 차입한 자금의 원리금 상환을 상호교환하여 이를 이행하기로 한 외환거래이다. 즉, 통화스왑은 일정통화로 차입한 자금을 타 통화차입으로 대체하는 스왑거래로서 스왑기간 중 금리도 상호교환 지급되는 거래이다.

이와 같은 통화스왑거래는 주로 환리스크의 헷징과 자금관리를 위하여 널리 이용되고 있을 뿐만 아니라 이자율변동에 대한 헷징기능도 수행하면서 특정시장의 외환규제나 조세차별 등에 효과적으로 대처할 수 있는 거래기법으로도 이용되고 있다.

최근 통화스왑거래규모가 계속 증대되고 있는 것은 환율변동의 불안정성 증대에 따라 종래의 단기적인 헷징기법으로는 장기적인 환리스크를 회피하는 데 한계가 드러나면서 다국적기업이나 금융기관들이 장기적인 환리스크 관리수단으로서 통화스왑거래를 적극 이용하고 있기 때문이다.

통화스왑거래는 처음에는 통화담보대출, 상호대출 등의 형태로 출발하였으나 그 후 장기선물환계약, 직접통화스왑, 채무의 교환 등으로 다양하게 발전하였다.

다음은 통화스왑계약의 효과를 살펴본다.

갑은 US$화로 차입하기를 희망하고 있으나 US$채 시장보다 SFr채시장에서 비교우위가 있고, 을은 SFr화로 차입을 원하나 유로달러 또는 양키본드시장에서 비교우위가 있다.

갑과 을은 동시에 동일만기채를 기채한다. (1) · (2)에서 갑은 SFr채, 을은 US$채를 발행한 후 통화스왑계약을 체결하여 (3)에서처럼 서로의 순조달액(Net proceed)을 교환한다. 동시에 기채 후 계속되는 이자지급 및 만기도래시 원금상환도 (4)에서처럼 계속 상호교환하여 부담할 것을 약정하게 된다.

통화스왑구조

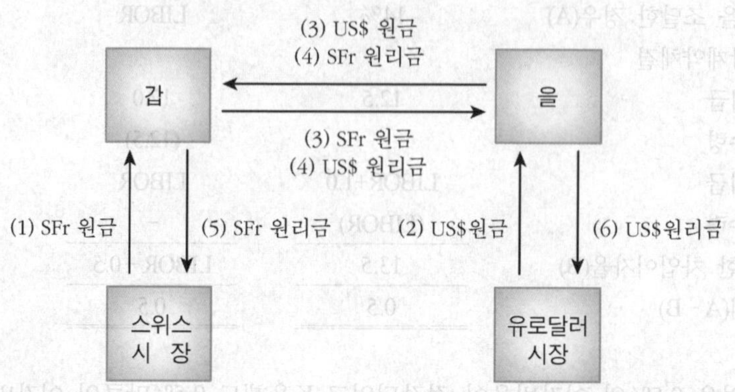

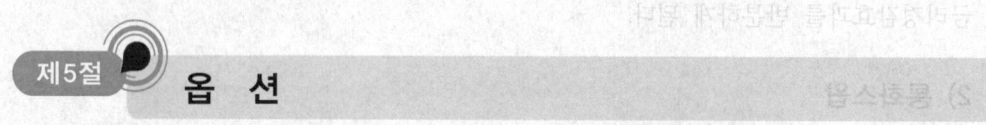

옵 션

(1) 옵션의 의의

옵션이란 글자 그대로 선택권으로 옵션거래는 옵션매입자가 옵션계약에 명시된 조건을 옵션의 만기일(또는 그 이전)에 옵션매도자에게 이행하도록 요구하거나 또는 요구하지 않을 수 있는 두 가지 권리 중 하나를 선택할 수 있는 선택권이 부여된 합법적 계약을 의미하며, 권리를 행사하는 기간이 장래에 있기 때문에 넓은 의미에서 선물거래의 일종이라 볼 수 있다.

이러한 옵션은 위험을 회피하고자 하는 대상에 따라 상품옵션과 금융옵션으로 크게 나눌 수 있으며 금융옵션은 다시 통화옵션, 금리옵션, 주가지수옵션, 주식옵션으로 세분할 수 있다.

역사적으로 옵션거래는 16세기 초 네덜란드에서 튤립을 대상으로 처음 거래가 시작된 것으로 전해지고 있다. 그 이후 미국이나 유럽에서 여러 가지 종류의 상품을 대상으로 장외옵션이 거래되어 왔다. 그러나 1973년 4월에 시카고 옵션거래소가 창설되면서 처음으로 16개의 주식을 대상(기준물)으로 콜옵션이 거래됨으로써 뉴욕을 중심으로 거래되던 장외옵션은 자취를 감추게 되었다.

시카고 옵션거래소에서 처음 도입된 콜옵션은 16개의 상장 우량주식을 대상으로 하였고 1982년 12월에 필라델피아 증권거래소에서 파운드화에 대한 통화옵션거래가 최초로 시작되었다.

한편, 우리나라는 주가지수옵션시장이 1997년 7월 7일에 개설되었다.

(2) 옵션의 유형

① 옵션의 행사권에 따른 분류

콜옵션은 옵션매도자로부터 일정액의 기초자산을 특정가격으로 약정기일(또는 약정기일 이전)에 매입할 수 있는 권리를 옵션매입자에게 부여하는 계약이다.

풋옵션은 옵션매입자가 일정액의 기초자산을 특정가격으로 약정기일 또는 그 약정기일 이전에 매도할 수 있는 권리를 보유하게 되는 계약을 말한다.

② 옵션의 만기 전 옵션행사 가능 여부에 따른 분류

옵션이 계약기간이 종료되는 만기일이나 또는 만기일 이전에 언제라도 행사할 수 있는 옵션을 미국식 옵션(American option)이라고 하며, 만기일에 한하여 행사할 수 있는 옵션을 유럽식 옵션(European option)이라고 한다.

이는 옵션거래지역과 관련된 개념은 아니기 때문에 현재 미국옵션시장에서는 미국식 옵션이 주종을 이루면서 유럽식 옵션도 아울러 거래되고 있다.

Chapter

02

파생상품 등의 의의

파생상품은 계속적으로 다양하게 개발되고 있고 기업의 재무상태에 미치는 위험도 매우 큰 바, 이러한 파생상품이 재무상태에 미치는 영향을 적절하게 표시하고 국제적 정합성을 달성하고자 2009년 11월 27일 한국채택국제회계기준에 따라 회계처리하지 아니하는 기업의 파생상품 회계처리를 위하여 일반기업회계기준 제6장(금융자산 · 금융부채) 제3절(파생상품)이 제정되었다. 이하의 내용은 동 규정을 중심으로 한 것이다.

1. 적용범위

일반기업회계기준 제6장(금융자산 · 금융부채) 제3절(파생상품)에서는 파생상품을 선물, 선도, 스왑, 옵션 등 그 명칭 여하에 불구하고 일정 요건을 충족하는 금융상품 또는 유사계약으로 정의하였다. 이는 예시주의로 파생상품을 정의하는 것은 새로운 파생상품이 계속적으로 개발되고 있는 상황에 적합하지 않으며, 재무상태에 유사한 영향을 미치는 회계사상에 대하여 회계처리상의 불일치를 초래할 수 있기 때문이다. 따라서 금융상품뿐만 아니라 비금융상품에 근거한 계약도 요건을 충족한다면 파생상품이 될 수 있다. 즉, 동 기준은 다음을 제외한 모든 유형의 금융상품 및 기타계약 중에서 파생상품의 정의를 충족하는 것에 대해서 적용한다(일반기준 6장 문단 6.2, 부록 실6.76).

① 유가증권, 채권 · 채무조정

② 종속기업, 관계기업 및 조인트벤처 투자지분

③ 리스에 따른 권리와 의무. 다만, 리스제공자가 인식하는 리스채권의 제거와 손상, 리스이용자가 인식하는 금융리스 부채의 제거 및 리스에 내재된 파생상품에 대하여는 동 기준을 적용한다.

④ 퇴직급여와 관련된 사용자의 권리와 의무

⑤ 지분상품의 정의를 충족하는 금융상품(발행자의 경우에 한함)

⑥ 보험계약. 다만, 보험계약에 내재된 파생상품에 대하여는 동 기준을 적용한다.

⑦ 미래에 피취득대상을 매입하거나 매도하기로 하는 취득자와 매각자 사이의 사업결합계약

⑧ 대출약정

⑨ 주식기준보상거래에 따른 금융상품, 계약 및 의무

⑩ 정상 영업활동 과정에서 발생하는 자산의 매입 또는 매출계약(금융상품 또는 파생상

품인 경우는 제외)

⑪ 당기 또는 전기 이전에 인식한 충당부채의 결제에 필요한 지출과 관련하여 제3자로부터 보상받을 권리

⑫ 금융보증계약

생명보험계약, 손해보험계약 및 채무불이행시 대지급하기로 한 보증계약(피보증자가 보증대상자산에 대한 채무자의 지급불이행 위험과 동 채무자의 지급불이행으로 인한 손실을 부담하는 것을 손실보상액 지급의 전제조건으로 하는 계약)은 향후 결제금액이 기초변수의 변동에 따라 결정되는 것이 아니라 특정 개별사건에 의해 결정되므로 동 기준을 적용하지 않는다(일반기준 6장 부록 실6.86).

2. 용어의 정의

일반기업회계기준 제6장에서는 파생상품 관련 용어들을 다음과 같이 정의하고 있다.

1) 금융상품

금융상품은 거래당사자에게 금융자산과 금융부채를 동시에 발생시키는 계약을 말한다. 여기서 '금융자산'이란 현금, 소유지분에 대한 증서 및 현금(또는 다른 금융자산)을 수취하거나 유리한 조건으로 금융자산을 교환할 수 있는 계약상의 권리를 말하며, 금융부채는 현금(또는 다른 금융자산)을 지급하거나 불리한 조건으로 금융자산을 교환해야 하는 계약상의 의무를 의미한다(일반기준 6장 용어의 정의).

'금융자산 · 부채'의 예로는 매출채권, 대여금, 투자채권, 매입채무, 차입금, 사채, 선도거래, 선물, 옵션, 스왑, 신용파생상품 등을 들 수 있으며, 금융자산 중 '소유지분에 대한 증서'의 예로서는 투자주식, 출자금 등을 들 수 있다. 그러나 선급비용, 선급금, 선수수익, 선수금은 현금이나 다른 금융자산의 수취 · 지급이 아닌 재화나 용역의 수취 · 제공을 가져오게 되므로 금융상품이 아니다(일반기준 6장 부록 실6.1).

2) 내재파생상품

내재파생상품은 계약상의 명시적 또는 암묵적 조건이 복합계약의 현금흐름이나 공정가치에 파생상품과 유사한 영향을 미치는 경우 그 명시적 또는 암묵적 조건을 말한다(일반기준 6장 용어의 정의).

3) 당기손익인식지정항목

당기손익인식지정항목은 금융자산 또는 금융부채 중 공정가치로 평가하여 그 변동을 당

기손익에 인식하기로 최초 인식시 지정한 금융자산 또는 금융부채를 말한다(일반기준 6장 용어의 정의).

4) 위험회피

위험회피란 위험회피대상항목의 공정가치 또는 미래현금흐름 변동을 부분적 또는 전체적으로 상계하기 위해 하나 이상의 위험회피수단을 지정하는 것을 말하는 것으로, 여기서 '위험회피대상항목'은 공정가치 변동위험에 노출된 자산, 부채 및 확정계약과 미래현금흐름 변동위험에 노출된 예상거래 또는 해외사업장에 대한 순투자를 의미한다. 또한, '위험회피수단'은 해당 위험회피수단의 공정가치 또는 미래현금흐름 변동이 위험회피대상항목의 가격변동 또는 미래현금흐름 변동과 반대로 움직일 것으로 예상되는 파생상품 및 파생상품이 아닌 금융상품('비파생금융상품')을 의미한다. 다만, 파생상품이 아닌 금융자산 및 금융부채의 경우에는 외화위험을 회피하기 위한 경우에만 위험회피수단이 될 수 있다(일반기준 6장 용어의 정의).

5) 기타 용어

구분	용어의 정의
매매목적	위험회피목적이 아닌 모든 파생상품의 거래목적
선도거래	미래 일정 시점에 약정된 가격에 의해 계약상의 특정 대상을 사거나 팔기로 계약 당사자간에 합의한 거래
선물	수량 · 규격 · 품질 등이 표준화되어 있는 특정 대상에 대하여 현재 시점에서 결정된 가격에 의해 미래 일정 시점에 인도 · 인수할 것을 약정한 계약으로서 조직화된 시장에서 정해진 방법으로 거래되는 것
스왑	특정 기간 동안에 발생하는 일정한 현금흐름을 다른 현금흐름과 교환하는 연속된 선도거래
예상거래	이행의 법적 강제력은 없으나 향후 발생가능성이 매우 높다고 기대되는 거래로서 기존 자산 · 부채와 관련된 개별현금흐름(예 : 변동이자부 차입금에 대한 미래이자지급) 또는 미래예상 매입 · 매출 등
옵션	계약 당사자간에 정하는 바에 따라 일정한 기간내에 미리 정해진 가격으로 외화나 유가증권 등을 사거나 팔 수 있는 권리에 대한 계약
유효이자율법	유효이자율을 이용하여 금융자산이나 금융부채의 상각후원가를 계산하고 관련 기간에 걸쳐 이자수익이나 이자비용을 배분하는 방법으로, 유효이자율은 금융상품으로부터 만기일까지 기대되는 현금유입액과 현금유출액의 현재가치를 순장부금액과 일치시키는 이자율임.
확정계약	제3자간에 이루어진 이행의 법적 강제력을 가지는 약정으로서 거래수량, 거래가격, 거래시기 및 거래이행을 강제하기에 충분한 거래불이행시의 불이익 등이 구체적으로 포함되는 약정

3. 파생상품의 요건

파생상품은 다음 요건을 모두 충족하는 금융상품 또는 이와 유사한 계약을 말한다(일반기준 6장 문단 6.36).

① 기초변수 및 계약단위의 수량(또는 지급규정)이 있어야 한다. 다만, 기초변수가 물리적 변수(예 : 온도, 강우량 등)인 경우로서 해당 금융상품 등이 거래소에서 거래되지 않는 경우는 제외되며 비금융변수인 경우에는 계약의 당사자에게 특정되지 아니하여야 한다.

② 최초 계약시 순투자금액을 필요로 하지 않거나 시장가격변동에 유사한 영향을 받는 다른 유형의 거래보다 적은 순투자금액을 필요로 해야 한다.

③ 차액결제가 가능해야 한다.

파생상품회계처리 적용대상 판단 흐름도

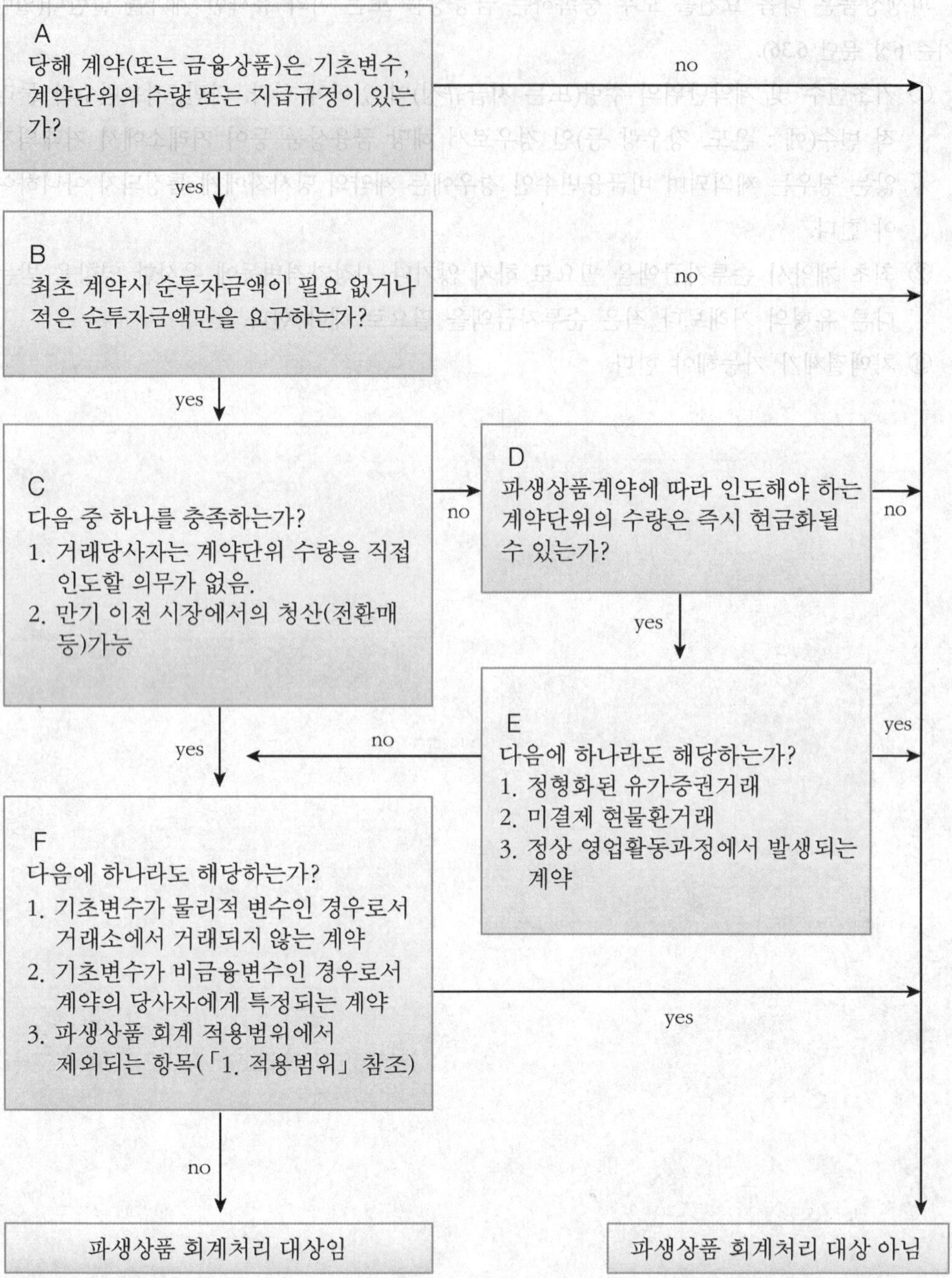

A
당해 계약(또는 금융상품)은 기초변수, 계약단위의 수량 또는 지급규정이 있는가?
→ no: 파생상품 회계처리 대상 아님
→ yes: B

B
최초 계약시 순투자금액이 필요 없거나 적은 순투자금액만을 요구하는가?
→ no: 파생상품 회계처리 대상 아님
→ yes: C

C
다음 중 하나를 충족하는가?
1. 거래당사자는 계약단위 수량을 직접 인도할 의무가 없음.
2. 만기 이전 시장에서의 청산(전환매등)가능
→ no: D
→ yes: F

D
파생상품계약에 따라 인도해야 하는 계약단위의 수량은 즉시 현금화될 수 있는가?
→ no: 파생상품 회계처리 대상 아님
→ yes: E

E
다음에 하나라도 해당하는가?
1. 정형화된 유가증권거래
2. 미결제 현물환거래
3. 정상 영업활동과정에서 발생되는 계약
→ yes: 파생상품 회계처리 대상 아님
→ no: F

F
다음에 하나라도 해당하는가?
1. 기초변수가 물리적 변수인 경우로서 거래소에서 거래되지 않는 계약
2. 기초변수가 비금융변수인 경우로서 계약의 당사자에게 특정되는 계약
3. 파생상품 회계 적용범위에서 제외되는 항목(「1. 적용범위」 참조)
→ yes: 파생상품 회계처리 대상 아님
→ no: 파생상품 회계처리 대상임

파생상품 회계처리 대상임

파생상품 회계처리 대상 아님

(1) 기초변수 및 계약단위의 수량(또는 지급규정)

파생상품은 기초변수 및 계약단위의 수량(또는 지급규정)이 있어야 한다. 여기서 '기초변수'는 해당 파생상품의 결제금액을 결정하기 위한 변수로서 이자율, 주가, 상품가격, 환율, 각종 지수 등을 예로 들 수 있으며, 계약단위의 수량은 해당 파생상품의 결제금액을 결정하기 위하여 기초변수에 적용될 특정단위의 수량을 말하는 것으로 금액이 될 수도 있고 수량이 될 수도 있다(일반기준 6장 문단 6.36, 부록 실6.77).

기초변수 및 계약단위의 수량을 예로 들면 다음과 같다(일반기준 6장 부록 실6.78).

파 생 상 품	기초변수	계약단위	수 량	계약단위의 수량
US$10,000를 1,000원/$에 매입하기로 한 통화선도계약	환율 (₩/1US$)	US$	10,000	US$10,000
1,000,000원에 대하여 변동이자율을 지급하고 고정이자율을 수취하기로 한 이자율스왑계약	변동이자율	원	1,000,000	1,000,000원
금 1,000 OZ를 300,000,000원에 구입하기로 한 금선도계약	금의 가격	OZ	1,000	1,000 OZ
CD금리선물 2계약	100 - 유통수익률(연율)	5억원	2	2계약(또는 10억원)
주가지수선물 3계약	KOSPI200 주가지수	50만원 × KOSPI200 주가지수	3	3계약(또는 3 × 50만원 × KOSPI200 주가지수)

일반적으로 파생상품의 결제금액은 계약단위의 수량에 기초변수 변동분을 적용하는 방식으로 결정되나 지급규정이 있는 파생상품은 해당 지급규정에 따라 결제금액이 결정된다. 여기서 지급규정(해당 계약이나 거래소운영규정상의 규정)은 기초변수가 일정 조건을 충족하는 경우 일정 금액을 결제하도록 하는 규정으로서 동 규정에는 결제 여부를 판단하기 위한 기초변수의 조건, 결제금액계산방법 등이 포함된다. 이러한 예로는 디지탈매입옵션(digital call option)을 들 수 있다. 디지탈매입옵션은 이색옵션(exotic option)의 일종으로서 옵션행사시 기초변수와 행사가격의 차액을 지급하는 것이 아니라 그 차액이 아무리 클지라도 사전에 정한 금액만을 지급하는 옵션이다. 이러한 옵션에서 「기초변수가 ××가 되면 ○○원을 지급한다」라는 계약조건이 지급규정이다(일반기준 6장 부록 실6.79, 실6.80).

(2) 최초 계약시 순투자금액의 불필요 또는 적은 순투자금액

파생상품은 최초 계약시 순투자금액을 필요로 하지 않거나 시장가격변동에 유사한 영향을 받는 다른 유형의 거래보다 적은 순투자금액을 필요로 해야 한다. 즉, 파생상품은 자산을 직접 보유하지 않고도 기초변수의 가격변동에 참여할 수 있어야 한다는 것이다. 예를 들어, 상품을 직접 구입하는 경우와 해당 상품에 대한 선물계약을 체결하는 경우 시장가격변동에 따른 손익은 양자가 거의 유사하나 전자는 최초 계약시 상품의 취득원가 상당액만큼의 순투자금액이 필요한 데 반하여 후자는 최초의 순투자금액이 필요없다. 이와 같이 대부분의 파생상품은 최초 계약시에 순투자금액을 필요로 하지 않는다. 다만, 직접통화스왑의 경우 최초 계약시와 만기시점에 해당 통화를 직접 교환해야 하므로 최초 계약시에 투자가 필요하지만 이 경우에도 교환대상통화의 공정가치의 차액인 순투자금액은 영(0)이다. 또한, 옵션의 매입시에 소요되는 순투자금액(옵션프리미엄)은 옵션대상자산(예 : KOSPI200)을 보유하기 위한 투자금액보다 적은 금액으로, 이는 옵션의 내재가치 및 시간가치에 대한 보상의 성질을 갖는 투자금액인 것이다(일반기준 6장 문단 6.36, 부록 실6.81, 실6.82).

(3) 차액결제의 가능

파생상품은 차액결제가 가능하여야 하며, 다음의 요건 중 하나를 충족하는 경우 차액결제가 가능한 것으로 본다(일반기준 6장 문단 6.36, 6.37).

① 거래당사자는 파생상품의 계약단위의 수량을 직접 인도할 의무가 없다.
이러한 예로 이자율스왑의 경우 해당 이자현금흐름만 교환할 뿐 원금자체를 교환할 의무는 없다(일반기준 6장 부록 실6.83).

② 만기 이전에 시장에서의 거래 등에 의해 차액결제가 가능하다.
이러한 예로 KOSPI200 주가지수선물계약의 경우 만기 이전이라도 전매 또는 환매가 가능하기 때문에 차액결제가 가능한 것으로 본다(일반기준 6장 부록 실6.84).

③ 거래당사자가 파생상품의 약정내용에 따라 계약단위의 수량을 직접 인도해야 할지라도 해당 자산은 즉시 현금화될 수 있다.

파생상품계약에 따라 인도해야 할 자산을 즉시 현금화할 수 있다면 해당 자산의 보유 또는 재판매에 대한 위험은 거의 없으므로 현금으로 차액결제하는 경우와 실질적으로 같다고 볼 수 있다. 여기서 '즉시 현금화가 가능한 자산'이란 단위별로 매각할 수 있고 해당 자산의 시장가격에 유의적인 영향을 미치지 않으면서 전체 자산을 현금으로 일시에 매각할 수 있는 자산으로서, 국제적으로 통용되는 통화나 시장성 있는 유가증권 및 금·은 등을 예로 들 수 있다. 이 중 시장성 있는 유가증권의 경우 시장의 1일 거래량을 초과할지라도 단위별로 매각할 수 있고 해당 유가증권의 시장가격에 유의적인 영향을 미치지 않는다면 동 시장성 있는 유가증권의 보유 및 재판매에 대한 위험은 거의 없는 바, 차액결제 가능요건(즉시 현금화 가능)을 충족하는 것으로 보는 것이 타당하다(일반기준 6장 부록 실6.85).

(4) 적용의 예외

다음의 경우에는 파생상품의 요건 (1), (2) 및 (3)의 ③을 모두 충족할지라도 파생상품 기준의 적용대상이 아닌 것으로 규정하고 있다(일반기준 6장 문단 6.38).

① 거래소시장 또는 장외시장에서 매매계약 체결 후 해당 시장규정에 따라 일정 기간 내에 결제가 이루어지는 정형화된 유가증권거래

② 거래일 이후 2영업일 이내에 결제가 이루어지는 현물환거래(미결제 현물환거래)

③ 정상 영업활동 과정에서 발생하는 자산(금융상품 또는 파생상품인 경우는 제외)의 매입 또는 매출계약

한국거래소에서의 매매는 유가증권 매매계약 체결 후 3일째에 결제가 이루어지고 증권회사의 고객계좌부에 명의개서가 이루어지므로 이 시점부터 의결권 등 주식에 대한 법적인 권리를 행사할 수 있다. 그러나 주식매매거래의 인식은 주식의 가격변동에 대한 위험과 효익이 실질적으로 이전되는 매매계약 체결시점에 하는 것이 타당하므로 이러한 경우에 대해서는 파생상품 기준의 적용범위에서 제외하였다(일반기준 6장 부록 실6.87).

한편, 정상 영업활동 과정에서 발생한 계약인지의 여부는 계약수량과 실제 영업활동에서 필요한 수량과의 관련성, 해당 자산이 인도되는 장소, 계약시점과 인도시점 사이의 기간, 과거 관행 등을 고려하여 판단한다. 예를 들어, 금의 매입을 위하여 매입시기 및 매입수량, 단가 등을 사전에 정한 확정계약의 경우에 금은 즉시 현금화가 가능하므로 파생상품의 요건에 부합하나 이러한 확정계약이 정상 영업활동 범위에서 계속적으로 일어난다면 동 기준을 적용하지 않으며, 확정계약은 미이행계약이므로 계약체결시점에서 별도로 회계처리하지 않는 것이다(일반기준 6장 부록 실6.88).

또한, 한 가지 유의할 것은 위의 예외사항은 파생상품의 요건 중 (1), (2) 및 (3)의 ③을 동시에 충족하는 경우에만 적용되는 것이므로 파생상품의 요건 중 (1), (2)를 동시에 충족하면서 (3)의 ① 또는 ②를 충족하여 파생상품이 되는 경우에는 적용되지 않는다는 점이다. 예를 들어, KOSPI200 주가지수옵션계약은 파생상품의 요건 중 (1), (2) 및 (3)의 차액결제요건을 충족하므로 거래소 규정에 따라 익일결제를 할지라도 파생상품의 예외사항에 해당되지 않는다(일반기준 6장 부록 실6.89).

4. 내재파생상품

(1) 내재파생상품의 분리요건

내재파생상품은 파생상품이 아닌 주계약을 포함하는 복합상품의 구성요소이며, 복합상품의 현금흐름 중 일부를 독립적인 파생상품의 경우와 유사하게 변동시킨다. 이러한 내재파생상품이 다음의 요건을 모두 충족하는 경우 주계약과 분리하여 회계처리하여야 한다(일반기준 6장 문단 6.41).

① 내재파생상품의 경제적 특성 및 위험도와 주계약의 경제적 특성 및 위험도 사이에 '명확하고 밀접한 관련성'이 없는 경우

② 주계약과 내재파생상품으로 이루어진 복합계약이 일반기업회계기준에 따른 공정가치평가(당기손익 반영)대상이 아닌 경우

③ 내재파생상품과 동일한 조건의 독립된 파생상품이 동 기준에 따라 파생상품으로 분류되는 경우

이러한 내재파생상품의 분리여부를 판단함에 있어 실질적인 기준이 되는 요건은 「경제적 특성 및 위험도에 있어서 주계약과 내재파생상품간에 '명확하고 밀접한 관련성' 여부」이다. 예를 들어 주계약이 채권이면서 수익률 또는 원금상환금액 등이 주가 또는 주가지수에 연동된 경우에는 주계약은 채권형, 내재파생상품은 주식형으로 주계약과 내재파생상품간에 경제적 특성 및 위험도의 차이가 명백하므로 주계약과 내재파생상품을 분리하여 회계처리한다. 그러나 CD금리 연동예금, 이자율스왑계약예금, 확정금리 만기연장예금 등과 같이 주계약과 내재파생상품이 모두 채권형인 경우에는 경제적 특성 및 위험도의 차이가 명백하지 않고, 내재파생상품으로 인한 공정가치 변동도 크지 않아 회계적으로 구분 실익이 없으므로 내재파생상품을 분리하지 않고 주계약에 따라 회계처리 할 수 있다. 하지만 주계약과 내재파생상품이 모두 채권형인 경우에도 전체 금융상품이 채권형 상품으로서의 기본특성(만기시 원금 회수, 수익률이 시장이자율에 근접)을 갖추지 못하고 있어 채권형 계약이라고 보기 어려운 상품으로서 다음 중 하나에 해당하는 경우에는 경제적 특성 및 위험도 사이에 '명확하고 밀접한 관련성'이 없는 것으로 본다(일반기준 6장 부록 실6.98).

① 복합금융상품의 회수가액이 최초 장부가액의 대부분에 미달할 가능성이 있다.

② 내재파생상품으로 인하여 복합금융상품의 수익률이 주계약 최초수익률의 최소한 2배 이상일 가능성이 있고 이러한 금리조건(scenario)하에서 복합금융상품의 수익률이 주계약과 동일한 조건을 가진 상품의 수익률보다 최소한 2배 이상일 가능성이 있다.

예금과 파생상품이 결합된 금융상품의 경우에도 위의 요건을 감안하여 전체적인 측면에서 예금으로 보기 어려울 경우 예금과 내재파생상품을 분리하여 회계처리하여야 한다.

(2) 분리요건의 검토시점

내재파생상품을 주계약과 분리하여 파생상품으로 회계처리하여야 하는지를 검토하는 시점은 최초로 계약당사자가 되는 시점이다. 또한, 다음의 경우를 제외하고는 후속적인 재검토는 금지된다(일반기준 6장 문단 6.43).

① 계약조건이 변경되어 계약상 요구되었던 현금흐름이 유의적으로 수정되는 경우
이 경우 현금흐름이 유의적으로 수정되었는지는 내재파생상품, 주계약 또는 양자 모두의 기대현금흐름이 변화된 정도와 이전에 기대되던 계약상 현금흐름에 비추어볼 때 현금흐름의 변화가 유의적인지 여부를 고려하여 결정한다(일반기준 6장 문단 6.44).

② 유가증권을 단기매매증권에서 다른 범주로 재분류하는 경우
이 경우 내재파생상품을 주계약과 분리하여 파생상품으로 회계처리하여야 하는지에 대한 검토는 기업이 최초로 계약 당사자가 된 시점과 계약조건이 변경되어 계약상 요구되었던 현금흐름이 유의적으로 수정되는 시점 중 나중 시점의 상황에 근거하여 검토한다. 이러한 검토에 있어서는 당해 복합계약을 공정가치로 측정하여 그 변동을 당기손익에 반영하는 처리를 하지 않았던 것처럼 간주하여야 하며, 이러한 검토가 불가능한 경우 복합계약 전체를 단기매매증권으로 계속 분류한다(일반기준 6장 문단 6.45).

③ 기초자산인 비상장주식이 상장되어 내재파생상품이 파생상품의 정의를 충족하게 되는 경우

(3) 내재파생상품의 회계처리

내재파생상품을 주계약과 분리하지 않는 경우 전체 복합계약은 주계약에 따라 회계처리한다. 그러나 내재파생상품을 주계약과 분리하는 경우에는 주계약은 적절한 일반기업회계기준을 따르고 내재파생상품은 후술하는 일반적인 파생상품과 동일한 방법으로 회계처리하여야 한다. 이때 계약조건에 기초하여 내재파생상품의 공정가치를 신뢰성 있게 결정할 수는 없으나 복합상품의 공정가치와 주계약의 공정가치를 결정할 수 있는 경우에는 그 차이를 내재파생상품의 공정가치로 결정한다(일반기준 6장 문단 6.42).

예를 들어 예금과 매도주가지수옵션이 결합된 금융상품의 경우, 매도주가지수옵션은 예금인 주계약과 경제적 특성 및 위험도에 있어 관련성이 없고, 예금이 공정가치 평가대상도 아니며, 매도주가지수옵션은 파생상품의 요건에 부합하는 등 내재파생상품의 분리요건을 충족한다. 이 경우 예금은 예금의 회계처리방법에 따라 처리하고 매도주가지수옵션은 일반적인 파생상품과 동일한 방법에 따라 정산시 발생하는 손익을 파생상품거래손익으로 처리한다(일반기준 6장 부록 실6.97).

(4) 당기손익인식지정항목으로의 지정

주계약과 분리하여야 하는 내재파생상품이 취득시점이나 후속재무보고기간말에 주계약과 분리하여 측정할 수 없는 경우에는 최초인식시점에 복합계약 전체를 당기손익인식지정항목으로 지정한다. 또한, 하나 이상의 내재파생상품을 포함하는 계약의 경우에도 최초 인식시점에 복합계약 전체를 공정가치로 평가하여 그 변동을 당기손익으로 인식하도록 지정할 수 있으나, 다음의 경우는 제외한다(일반기준 6장 문단 6.46, 6.47).

① 내재파생상품으로 인해 변경되는 복합계약의 현금흐름의 변동이 유의적이지 아니한 경우

② 유사한 복합계약을 고려할 때 상세분석 없이도 내재파생상품의 분리가 금지된 것을 명백하게 알 수 있는 경우(예 : 차입자가 상각후원가에 근사한 금액으로 중도상환할 수 있는 권리가 내재된 대출채권)

한편, 단기매매증권으로 분류된 복합계약을 다른 범주로 재분류하는 경우 분리되어야 하는 내재파생상품을 별도로 측정할 수 없다면 그러한 재분류는 금지되며, 이 경우 복합계약 전체를 단기매매증권으로 계속분류한다(일반기준 6장 문단 6.46).

참고로, 2011년 1월 1일 이후 최초로 개시하는 회계연도에 일반기업회계기준을 적용하는 기업은 상기 '최초인식시점'을 2011년 1월 1일 이후 최초로 적용하는 회계연도의 개시일로 본다[일반기준 경과규정(2009. 12. 30.) 문단 5].

Chapter

03

파생상품 등의 회계처리

1. 파생상품 회계처리의 일반원칙

(1) 파생상품의 인식

파생상품의 포지션에 따라 결제시점에서 현금유입을 가져올 수 있는 것은 미래 경제적 효익에 대한 권리로서 일반적인 자산 인식의 요건을 충족하며 반대로 결제시점에서 현금지출을 수반하게 되는 것은 미래에 자산을 희생해야 하는 의무로서 일반적인 부채 인식의 요건을 충족하므로, 파생상품은 해당 계약에 따라 발생된 권리와 의무를 자산 · 부채로 인식하여 재무제표에 계상한다. 이 경우 자산 · 부채로 재무제표에 계상하여야 할 금액은 계약금액(또는 계약단위의 수량)이 아니라 공정가치(예를 들면, 차액결제금액)를 의미하는 것이므로 자산 · 부채를 동시에 총액으로 인식해서는 안된다(일반기준 6장 문단 6.39 및 부록 실6.90, 실6.91).

한편, KOSPI200 주가지수선물 및 옵션 등 한국거래소에서 거래되는 파생상품은 일반기업회계기준 제6장 제3절에서 규정하고 있는 파생상품의 요건을 충족하므로 동 기준을 적용하여 회계처리한다(일반기준 6장 부록 실6.92).

(2) 파생상품의 평가

공정가치는 해당 파생상품의 현행 현금흐름 등가액을 반영하므로 기업실체의 유동성이나 지급능력을 평가하는 데 있어서 과거의 거래정보인 취득원가보다 재무제표이용자들에게 유용한 정보를 제공하므로 모든 파생상품은 공정가치로 평가한다. 예를 들어, 만기보유목적의 원화표시투자채권은 채무불이행의 위험이 없다면 만기시점에 액면금액이 실현될 것이 확실하므로 보유기간 중의 처분을 가정한 미실현손익의 계상은 의미가 없다. 그러나 파생상품은 만기결제시까지 공정가치가 계속 변동되며, 최초 계약체결시에는 공정가치가 영(0)이어서 재무제표에 인식되지 않는 경우가 많으므로 공정가치에 따라 평가해야 한다. 따라서 파생상품은 결산시뿐만 아니라 최초 계약시에도 공정가치로 평가하여 인식해야 하는 것이다. 예를 들어, 계약체결시점의 공정가치인 통화선도가격(forward rate)으로 통화선도거래계약을 체결한 경우, 계약체결시점에서는 해당 통화선도거래로 인하여 지급 및 수취할 원화환산금액이 동액이므로 통화선도거래의 공정가치는 영(0)이 되어 계약시점에서 자산·부채로 인식할 금액은 없게 된다. 그러나 옵션의 경우는 일반적으로 시간가치 및 내재가치에 대한 프리미엄을 계약체결시점에 수수하게 되고 그 가액이 해당 옵션의 계약체결시점 공정가치이므로 이를 자산·부채로 인식한다(일반기준 6장 문단 6.39 및 부록 실6.93, 실6.94, 실6.95).

(3) 파생상품의 회계처리

일반기업회계기준 제6장 제3절에서 규정하고 있는 파생상품의 일반적인 회계처리는 다음과 같다(일반기준 6장 문단 6.39).

① 모든 파생상품은 매매목적이든 헷지목적이든 그 공정가치를 자산·부채로 인식하나 상대항목인 평가손익은 매매목적인지 헷지목적인지의 여부에 따라 회계처리가 달라진다. 즉, 위험회피수단으로 지정되지 않고 매매목적 등으로 보유하고 있는 파생상품의 평가손익은 당기손익으로 인식하고, 위험회피수단으로 지정된 파생상품의 평가손익은 위험회피유형별로 일반기업회계기준 제6장 제3절에서 정하는 바에 따라 처리한다. 위험회피와 관련한 내용은 「2. 위험회피회계」를 참조하기 바란다.

② 금융기관이나 거래소에 지급한 거래수수료는 파생상품계약에 부수되어 발생되는 것으로서 파생상품계약 자체에서 발생되는 것이 아니므로 위험회피회계의 적용 여부와 관계 없이 발생시점에 전액을 비용으로 인식하며, 위탁증거금은 결제의 안정성을 위하여 예치하는 금액으로서 파생상품계약과는 직접 관계가 없는 현물거래이고 거래소 규정에 따라 유동화가 가능하므로 유동자산으로 처리한다. 다만, 스왑거래에서 발생하는 최초 수수료(Front end fee)나 최종 수수료(Back end fee)는 계약체결시점의 스왑공정가치에 해당하는 금액이므로 최초 계약체결시 자산 또는 부채로 인식하여야 한다.

(4) 재무제표상의 표시

파생상품은 다음과 같이 재무제표에 표시한다(일반기준 6장 문단 6.40)

① 파생상품의 공정가치 및 평가손익 금액은 그 성질이나 금액이 유의적인 경우 파생상품별로 구분하여 재무상태표 및 손익계산서에 기재한다.

② 파생상품의 계약별 공정가치를 자산 또는 부채로 인식하는 경우, 해당 자산과 부채는 총액으로 표시하며 이를 상계하지 않는다. 또한, 파생상품계약별 평가손실과 평가이익도 총액으로 표시하며 이를 상계하지 않는다.

이와 같이 서로 다른 계약에 대한 파생상품평가손실과 평가이익을 상계하지 않도록 한 것은 회계기간 동안 회사가 부담한 총위험의 크기에 대한 정보를 제공하기 위한 것으로,

보고기간말 현재 미실현된 파생상품평가손익은 그 실현시기가 각각 다르므로 이를 상계하게 되면 기업이 부담하고 있는 총위험이 과소표시되는 문제점이 있기 때문이다(일반기준 6장 부록 실6.96).

2. 위험회피회계

(1) 의의 및 유형

위험회피회계는 위험회피대상항목과 위험회피수단 사이에 위험회피관계가 설정된 이후 이러한 위험회피활동이 재무제표에 적절히 반영될 수 있도록 해당 위험회피대상항목 및 위험회피수단에 대하여 기존의 회계처리기준과는 다른 별도의 회계처리방법을 적용하도록 하는 것을 말한다. 즉, 위험회피회계는 위험회피활동으로 인하여 공정가치 또는 현금흐름의 변동위험이 상계되었음에도 불구하고 일반적인 회계기준을 적용하는 경우 이러한 위험회피활동이 재무제표에 적절히 반영되지 못하는 문제점을 해결하기 위하여 일반기업회계기준에 따른 기존의 회계처리방법과는 다른 회계처리방법을 적용하도록 한 것이다. 이러한 의미에서 위험회피회계를 특별회계라고도 한다(일반기준 6장 문단 6.48 및 부록 실6.99, 실6.100).

위험회피는 다음과 같이 공정가치위험회피, 현금흐름위험회피, 해외사업장순투자의 위험회피로 구분할 수 있다(일반기준 6장 문단 6.49).

① 공정가치위험회피는 특정위험으로 인한 자산, 부채 및 확정계약의 공정가치변동위험을 상계하기 위하여 파생상품 등을 이용하는 것이다.

② 현금흐름위험회피는 특정위험으로 인한 자산, 부채 및 예상거래의 미래현금흐름변동위험을 상계하기 위하여 파생상품 등을 이용하는 것이다.

③ 해외사업장순투자의 위험회피는 해외사업장의 순자산에 대한 회사의 지분 해당 금액에 대하여 위험을 회피하고자 파생상품 등을 이용하는 것이다.

1) 위험회피대상항목

위험회피회계에서 위험회피대상항목이란 다음과 같다.

① 위험회피대상항목은 하나의 자산, 부채, 확정계약, 예상거래 또는 해외사업장순투자나 유사한 위험의 특성을 갖는 자산, 부채, 확정계약, 예상거래 또는 해외사업장순투자의 집합으로서 개별적으로 식별가능해야 한다(일반기준 6장 문단 6.50).

신용으로 매출하거나 매입하는 외화표시 예상거래에서 발생하는 외화표시 채권 또는 채무의 경우, 공정가치 또는 현금흐름 위험회피대상항목이 될 수 있다. 따라서 신용으로 매출하거나 매입하는 외화표시 채권 또는 채무의 결제에 관련된 외화위험으로 인한 현금흐름 전체를 현금흐름 위험회피대상항목으로 지정할 수 있다. 또한 신용으로 매출하거나 매입하는 외화표시 예상거래의 원화환산 현금흐름을 그 예상거래가 발생되어 외화표시 자산 또는 부채를 인식할 때까지 현금흐름 위험회피대상항목으로 지정하고, 그 예상거래에서 발생된 외화표시 채권 또는 채무를 공정가치 위험회피대상항목으로 지정할 수도 있다(일반기준 6장 부록 실6.112).

② 위험회피대상 예상거래는 그 발생가능성이 매우 높아야 하며 제3자와의 외부거래이어야 한다. 따라서 감가상각비 배부, 제조원가 배부와 같은 내부거래는 위험회피대상 예상거래에서 제외되어야 하며, 연결재무제표를 작성하는 경우 연결실체내 기업간의 예상거래도 내부거래에 해당하므로 위험회피대상 예상거래가 될 수 없다. 그러나 지배기업 및 해외에 소재하고 있는 종속기업간의 로열티지급 예상거래 또는 예상매출거래 등에 대해서는 실제로 위험회피활동이 이루어지고 있으므로 이를 반영하여 연결재무제표상 위험회피대상거래로 지정할 수 있으며, 연결재무제표에서 전부 제거되지 않는 외환손익에 노출되어 있다면 연결실체 내의 화폐성항목(예 : 종속기업사이의 채무와 채권)의 외화위험도 연결재무제표에서 위험회피대상항목으로 지정할 수 있다. 즉, 연결실체 내의 화폐성항목이 서로 다른 기능통화를 갖는 연결실체 내의 개별기업 사이에서 거래되는 경우, 연결실체 내의 화폐성항목의 외환손익이 연결재무제표에서 전부 제거되지 않으며, 또 예상거래가 당해 거래를 체결한 기업의 기능통화가 아닌 통화로 표시되며 외화위험이 연결당기손익에 영향을 미친다면, 발생가능성이 매우 높은 연결실체내 예상거래의 외화위험은 연결재무제표에서 위험회피대상항목으로 지정할 수 있다. 한편, 개별재무제표를 작성하는 경우 연결실체내 기업간의 예상거래는 내부거래가 아니므로 위험회피대상 예상거래가 될 수 있다(일반기준 6장 문단 6.51 및 부록 실6.106, 실6.111).

③ 위험회피대상항목의 전부 또는 일부에 대한 위험회피도 인정되며, 유사한 자산 · 부채 항목들의 전부 또는 이들 항목의 일부로 구성된 포트폴리오에 대한 위험회피도 인정된다. 또한 위험회피대상 예상거래는 개별거래뿐만 아니라 개별거래의 합도 될 수 있다(일반기준 6장 문단 6.52).

이를테면, 금융상품인 위험회피대상항목은 위험회피수단과 달리 동일한 위험구조가 아닌 특정위험에 따른 위험만을 부분적으로 지정할 수 있다. 예를 들어 10년 만기 장기대출금 중 50%에 대해서 최초 5년간의 신용위험을 제외한 이자율변동위험만을 위험회피대상항목으로 지정할 수 있다(일반기준 6장 부록 실6.102).

한편, 위험회피대상항목이 포트폴리오인 경우 포트폴리오의 개별구성항목은 전체 포트폴리오와 동일한 위험에 노출되어 있어야 하고, 개별 구성항목들의 공정가치나 현금흐름의 변동은 포트폴리오 전체의 공정가치 변동이나 현금흐름의 변동과 높은 정의 상관관계를 가지고 있어야 한다(일반기준 6장 부록 실6.103).

④ 위험회피대상항목이 비금융상품이거나 비금융상품 관련 예상거래인 경우 회피대상위험은 전체 공정가치 변동위험이나 외화위험이어야 한다. 이에 반하여 위험회피대상항목이 금융상품이거나 금융상품 관련 예상거래인 경우에는 전체 공정가치 변동위험뿐만 아니라 시장이자율변동위험, 환율변동위험, 신용변화위험 중 하나 또는 이들 위험 항목의 결합에 따른 공정가치 변동위험도 회피대상위험이 될 수 있다(일반기준 6장 문단 6.53).

⑤ 특정위험으로 인한 공정가치 평가손익을 당기손익으로 인식하는 자산 · 부채는 위험회피대상항목에서 제외하며, 위험회피대상 예상거래 중 기존에 보유중인 자산을 회수, 매출 및 처분하거나 기존의 부채를 상환하는 거래로서 특정위험으로 인한 해당 기존 자산 · 부채의 공정가치 평가손익을 당기손익으로 인식하는 경우에는 위험회피대상 예상거래에서 제외한다. 그러나, 손상차손 등을 당기비용으로 인식하는 경우와 외화환산손익을 당기손익으로 인식하는 경우는 이러한 공정가치 평가손익을 당기손익으로 인식하는 것으로 보지 아니한다(일반기준 6장 문단 6.54).

특정위험으로 인한 공정가치 평가손익을 당기손익으로 인식하는 자산 · 부채의 경우에는 위험회피회계를 적용하지 않더라도 위험회피대상항목과 위험회피수단의 평가손익이 인식되는 시기가 일치하여 이러한 자산 · 부채의 특정위험으로 인한 공정가치 평가손익은 위험회피회계를 적용하지 않아도 파생상품평가손익과 상계되므로 위험회피회계가 불필요하다. 이와 같이 위험회피회계가 불필요함에도 불구하고 이를 위험회피대상항목에 포함하게 되면, 특정위험으로 인한 공정가치 변동만이 평가손익에 반영됨으로써 모든 위험에 대한 공정가치 변동을 당기손익에 반영하도록 한 일반기업회계기준의 회피수단이 될 수 있다. 예를 들어 고정이자율수취조건인 채권의 시장이자율변동에 따른 공정가치변동위험을 회피하기 위하여 고정이자를 지급하고 변동이자를 수취하는 이자율스왑계약을 체결한 경우 이를 공정가치위험회피회계에 따라 처리하게 되면 채권에 대해서는 시장이자율변동에 따른 평가손익만이 당기손익에 반영되게 되어 시장이자율위험 및 신용위험에 따른 모든 공정가치변동을 당기손익에 반영하도록 한 일반기업회계기준의 회피수단이 될 수 있다(일반기준 6장 부록 실6.104, 실6.105).

또한, 위험회피대상 예상거래가 기존자산의 처분 등인 경우로서 기존자산에 대한 공정가치 평가손익을 일반기업회계기준에 따라 당기손익으로 인식하는 경우에는 이를 예상거래에 포함시키게 되면 파생상품평가손익은 현금흐름위험회피회계에 따라 기타포괄손익누계액으로 인식되는 반면 기존자산의 평가손익은 당기손익으로 인식되어 위험회피효과가 적절히 나타나지 않게 되므로 위험회피대상 예상거래에서 제외한다.

예를 들어 평가손익이 당기손익에 반영되는 단기매매증권을 미래에 처분하기로 한 경우는 위험회피회계를 적용할 수 없는 것이나, 평가손익이 기타포괄손익누계액으로 인식되는 시장성 있는 매도가능증권을 미래에 처분하기로 한 경우에는 위험회피회계를 적용할 수 있다(일반기준 6장 부록 실6.107).

한편, 손상차손 등을 당기비용으로 반영하는 경우는 현금흐름위험회피회계 대상에서 제외하지 않으므로, 손상차손 등이 발생한 경우에는 기타포괄손익누계액에 인식된 관련 파생상품평가이익을 당기이익으로 대체하고 반대로 손상차손을 당기이익으로 환입하는 경우에는 관련 파생상품평가손실을 당기비용으로 인식한다(일반기준 6장 부록 실6.108). 이에 대한 자세한 설명은 후술하는 '(4) 현금흐름위험회피회계'를 참조하도록 한다.

⑥ 지분법 평가대상 투자주식은 공정가치위험회피의 대상항목이 될 수 없다(일반기준 6장 문단 6.55).

⑦ 외화공정가치 변동위험에 노출된 기존 자산 · 부채도 위험회피대상항목이 될 수 있다. 다만, 외화표시 투자주식은 해당 투자주식이 거래소시장 또는 장외시장에서 원화로 거래되지 않고, 배당금도 원화로 지급되지 않는 경우에 한하여 외화공정가치 위험회피 대상항목이 될 수 있다. 왜냐하면 외화표시투자주식은 외화표시투자채권과 달리 시장에서 원화로 거래된다면 환율변동으로 인한 평가손익을 구분할 수 없기 때문이다(일반기준 6장 문단 6.56, 부록 실6.109).

⑧ 만기보유목적 투자채권의 신용위험 또는 외화위험에 대한 위험회피는 인정되나 이자율변동위험에 대한 위험회피는 인정되지 않는다. 이는 만기보유목적 투자채권은 고정이자율 조건일지라도 만기에 액면금액으로 회수할 목적이므로 이자율변동에 따른 공정가치 변동위험이 없다고 보아야 하기 때문이다. 한편, 외화위험에 대해서는 만기보유목적 투자채권의 외화환산손익이 일반기업회계기준에 따라 당기손익으로 인식되더라도 공정가치위험회피회계의 적용대상이 될 수 있다(일반기준 6장 문단 6.57, 부록 실6.110).

⑨ 현금흐름위험회피의 위험회피대상항목이 외화표시 기존 자산 · 부채인 경우에는 위험회피대상항목의 원화현금흐름의 모든 변동성이 위험회피의 효과로 제거되어야 한다(일반기준 6장 문단 6.58).

⑩ 확정계약의 외화위험회피에는 공정가치위험회피회계 또는 현금흐름위험회피회계를 적용할 수 있다(일반기준 6장 문단 6.59).

2) 위험회피수단

위험회피회계에서 위험회피수단항목이란 다음과 같다.

① 파생상품은 위험회피수단으로 지정할 수 있으며 비파생금융자산이나 비파생금융부채는 외화위험회피에만 위험회피수단으로 지정할 수 있다. 다만, 공정가치를 신뢰성있게 측정할 수 없기 때문에 공정가치를 장부금액으로 하지 않는 공시가격이 없는 지분상품은 위험회피수단으로 지정할 수 없다(일반기준 6장 문단 6.60).

② 파생상품을 위험회피수단으로 지정하는 경우, 파생상품의 전부 또는 비례적 부분을 지정할 수도 있고, 둘 이상의 파생상품 또는 이들 파생상품의 부분적인 결합을 지정할 수도 있다. 외화위험의 경우에는 둘 이상의 비파생금융상품, 이들 비파생금융상품의 비례적 부분의 결합 또는 파생상품과 비파생금융상품의 결합 또는 비례적 부분의 결합을 위험회피수단으로 지정할 수 있다(일반기준 6장 문단 6.61).

그러나 파생상품의 일부를 위험회피수단으로 지정하는 경우 그 일부 파생상품은 전체 파생상품과 동일한 위험구조를 가지고 있어야 한다. 예를 들어 스왑션의 경우 스왑과 옵션을 구분하여 스왑만을 위험회피수단으로 지정할 수 없으며 전체 스왑션의 50% 등으로 지정하여야 한다(일반기준 6장 부록 실6.114).

③ 파생상품 등의 잔여기간(신규 계약한 파생상품 등의 경우에는 계약시점부터 만기까지의 기간) 중 일부기간만을 위험회피수단으로 지정할 수 없으며, 잔여기간 전체를 위험회피수단으로 지정해야 한다(일반기준 6장 문단 6.62).

④ 연결재무제표를 작성하는 경우 연결실체내 기업간에 이루어진 외화 파생상품 거래는 해당 거래기업 일방이 특수관계자가 아닌 제3자와 그 부담한 위험을 상계하기 위하여 파생상품계약을 체결한 경우 위험회피수단이 될 수 있다(일반기준 6장 문단 6.63).

⑤ 연결재무제표를 작성하는 경우 연결실체내 기업 일방이 예상 외화거래에 대한 외화현금흐름위험을 회피하기 위하여 연결회사간에 외화 금융상품거래가 이루어졌을 때, 해당 거래로 인하여 외화현금흐름을 부담하게 된 연결실체내 기업이 특수관계자가 아닌 제3자와 그 부담한 위험을 상계하기 위한 금융상품계약을 체결한 경우 연결실체내 기업간의 금융상품거래는 예상외화거래에 대한 위험회피수단으로 본다(일반기준 6장 문단 6.64).

⑥ 예상거래의 외화 현금흐름위험을 회피하기 위한 외화 위험회피수단 거래의 당사자는 해당 예상거래의 외화 현금흐름위험에 직접 노출되어 있어야 하며, 이는 연결재무제표 작성시 연결회사간에도 적용된다. 예를 들어 미국에 소재하고 있는 종속기업이 예상원화매출로 인한 외화현금흐름위험을 회피하고자 하는 경우, 직접 미국소재 종속기업이 제3자와 원화를 매도하고 달러화를 매입하는 통화선도계약을 체결하는 방법과 국내 지배기업이 제3자와 원화를 매도하고 달러화를 매입하는 통화선도 계약을 체결하는 방법이 있다. 이 중 후자의 방법은 연결실체 입장에서 고려될 수 있는 방법이기는 하나 국내 지배기업이 외화위험에 직접 노출된 당사자가 아니므로 일반기업

회계기준 제6장 제3절의 현금흐름위험회피회계를 적용할 수 없다. 그러나, 이와 달리 미국소재 종속기업이 국내 지배기업과 원화매도/달러화매입(국내 지배기업은 원화매입/달러화 매도)의 통화선도계약을 체결하고 국내지배기업은 다시 제3자와 원화매도/달러화매입의 통화선도계약을 체결한다면 미국소재 종속기업이 국내 지배기업과 체결한 통화선도계약은 위험회수단이 될 수 있다(일반기준 6장 문단 6.65, 부록 실6.115).

⑦ 외화 변동금리와 원화 변동금리를 교환하는 스왑은 외화표시 변동금리 자산 또는 부채의 원화환산 현금흐름의 변동성을 모두 제거하지는 못하므로, 외화표시 변동금리 자산 또는 부채에 대한 위험회피수단으로 지정할 수 없다(일반기준 6장 부록 실6.113).

(2) 적용조건

위험회피회계를 적용하기 위해서는 다음의 조건을 모두 충족하여야 한다(일반기준 6장 문단 6.66).

① 위험회피수단을 최초 지정하는 시점에 위험회피 종류, 위험관리의 목적, 위험회피전략을 공식적으로 문서화하여야 하며, 이 문서에는 위험회피대상항목, 위험회피수단, 위험의 속성, 위험회피수단의 위험회피효과에 대한 평가방법 등을 포함시켜야 한다. 이러한 현금흐름위험회피회계를 적용하기 위한 공식적 문서에는 위에서 언급된 사항 이외에도 위험회피대상 예상거래에 대한 예상발생시기(또는 기간), 예상금액(또는 수량)을 구체적으로 규정하여 어떤 거래가 발생했을 때 그 시점에서 해당 거래가 위험회피대상 예상거래인지 여부가 명확히 구분될 수 있어야 한다. 예를 들어 2×11. 10.~2×12. 1.(예상발생기간)동안 최초로 판매된 특정제품 15,000개와 같이 규정하지 않고, 2×11. 10.~2×12. 1.(예상발생기간)동안 마지막으로 판매된 특정제품 15,000개와 같이 규정하면 해당 거래가 발생한 시점에서는 위험회피대상거래에 포함되는지의 여부를 판단할 수 없고 해당 기간이 종료한 시점에서만 판단할 수 있으므로 현금흐름위험회피회계를 적용할 수 없다(일반기준 6장 부록 실6.116).

② 위험회피수단으로 최초 지정된 이후에 높은 위험회피효과를 기대할 수 있어야 한다. 이러한 위험회피효과는 최소한 결산기마다 평가하여야 하며, 그 평가방법은 위험관리목적에 따라 합리적으로 정해져야 한다. 이 때 '높은 위험회피효과'는 회피대상위험으로 인한 위험회피대상항목의 공정가치 변동과 위험회피수단의 공정가치 변동비율이 부의 관계로서 위험회피기간동안 80%~125%인 경우를 의미한다. 한편, 위험회피효과를 평가하는 경우 옵션의 시간가치, 선도거래의 현물가격과 선도가격의 차이 등 위험회피수단인 파생상품의 시간가치는 위험가치 평가에서 제외 할 수 있으며, 이와 같이 위험회피효과 평가에서 제외된 시간가치는 즉시 당기손익으로 인식해야 한다

(일반기준 6장 부록 실6.117, 실6.118).

또한, 시장이자율변동위험을 회피하기 위한 이자율스왑의 위험회피효과를 평가함에 있어 스왑당사자와 위험회피대상항목 당사자의 신용위험은 고려하지 않아도 된다. 일반적으로 완전한 위험회피를 위해서는 공정가치 평가시 동일한 할인율이 적용되어야 하며 이는 최초 스왑계약체결시 모든 당사자의 신용위험이 동일해야 함을 의미하지만(신용위험이 다르다면 시장이자율 변동분만을 동일하게 할인율에 반영할지라도 신용위험가산금리가 다르므로 스왑과 위험회피대상항목의 평가손익이 다르게 됨), 실무적으로 이자율위험과 신용위험을 구분하는 것은 어렵기 때문이다. 따라서 이자율스왑의 경우 해당 스왑의 계약금액과 위험회피대상항목의 원금 및 만기가 일치하고 최초 스왑계약 체결시 스왑의 공정가치가 영(0)이라면 위험회피효과의 평가시 완전한 위험회피를 가정할 수 있다(일반기준 6장 부록 실6.119).

③ 현금흐름위험회피에서 위험회피대상 예상거래는 발생가능성이 매우 높아야 하며, 궁극적으로 당기손익에 영향을 미치는 현금흐름 변동에 노출되어 있어야 한다.

④ 위험회피효과를 신뢰성 있게 측정할 수 있다. 즉, 회피대상위험으로 인한 위험회피대상항목의 공정가치나 현금흐름과 위험회피수단의 공정가치를 신뢰성 있게 측정할 수 있다.

⑤ 위험회피효과를 위험회피기간에 계속적으로 평가하며 위험회피로 지정된 재무보고기간 전체에 걸쳐 실제로 높은 위험회피효과가 있었는지 결정하여야 한다.

한편, 2011년 1월 1일 이후 최초로 개시하는 회계연도 전에 위험회피회계의 적용요건을 충족하지 못한 위험회피관계는 소급하여 위험회피회계를 적용하지 않는다. 따라서, 일반기업회계기준 제6장(금융자산 · 금융부채)의 제3절(파생상품)에 따라 위험회피회계를 적용하기 위해서는 위험회피관계를 새로 지정하고 공식적인 문서화 등 위험회피회계의 적용조건을 모두 충족해야 한다[일반기준 경과규정(2009. 12. 30.) 문단 6].

(3) 공정가치 위험회피회계

공정가치 위험회피회계는 특정위험으로 인한 위험회피대상항목의 공정가치변동이 위험회피수단인 파생상품 등의 공정가치변동과 상계되도록 특정위험으로 인한 위험회피대상항목의 평가손익을 위험회피수단의 평가손익(파생상품이 아닌 금융상품을 위험회피수단으로 지정한 경우에는 외화환산손익)과 동일한 회계기간에 대칭적으로 인식하도록 하는 것을 말한다. 여기서 위험회피대상항목의 공정가치변동은 구체적으로 고정이자율수취조건 대출금, 고정이자율지급조건 차입금, 재고자산매입 확정계약, 재고자산매출 확정계약 등의 공정가치변동을 의미한다. 이러한 공정가치 위험회피회계는 위험회피대상항목과 위험회피수단의 인식 및 평가에 대한 기존의 회계처리가 서로 달라 위험회피활동이 적절히 나타나지 못하기 때문에 필요한 것이므로, 위험회피대상항목과 위험회피수단의 평가기준이 동일하거나 모든 금융자산·부채를 공정가치로 평가하는 경우에는 그 자체로서 위험회피활동이 재무제표에 적정히 반영되므로 별도의 위험회피회계가 필요 없다(일반기준 6장 문단 6.67 및 부록 실6.120, 실6.121, 실6.122).

1) 공정가치위험회피의 회계처리

공정가치위험회피가 회계기간에 위의 '(2) 적용조건'을 충족하는 경우에는 다음과 같이 회계처리한다(일반기준 6장 문단 6.68).

① 위험회피수단의 평가손익을 해당 회계연도에 당기손익으로 처리한다.

② 특정위험으로 인한 위험회피대상항목의 평가손익은 전액을 해당 회계연도에 당기손익으로 처리한다.

③ 미인식 확정계약을 위험회피대상항목으로 지정한 경우, 회피대상위험으로 인한 확정계약의 후속적인 공정가치의 누적변동분은 자산이나 부채로 인식하고, 이에 상응하는 손익은 당기손익으로 인식한다. 위험회피수단의 공정가치 변동도 당기손익으로 인식한다.

④ 외화 위험회피대상항목인 외화표시 자산 또는 부채의 평가손익 중 외화위험으로 인한 부분은 당기손익으로 처리한다. 예를 들어 외화 위험회피대상항목인 외화표시 투자주식 및 외화표시 투자채권(만기보유목적 투자채권을 제외함)의 평가손익 중 외화위험으로 인한 부분은 기타포괄손익누계액이 아닌 해당 회계연도의 당기손익으로 처리한다.

일반기업회계기준 제6장 제3절에서는 위험회피대상항목에 대해서 모든 공정가치변동을 평가손익으로 인식하는 것이 아니라 위험회피대상이 되는 특정위험으로 인한 공정가치변동만을 평가손익으로 인식하도록 하였다. 이와 같이 공정가치변동을 특정위험에 대한 것으로 제한한 것은 공정가치 위험회피회계의 목적인 특정위험으로 인한 손익상계효과만을 당기손익에 반영하기 위해서이다. 또한, 특정위험에 대한 공정가치변동은 한도 없이 전액을 인식하여 위험회피에 효과적이지 못한 부분은 전액 당기손익에 반영하여야 한다. 따라서 위험회피에 효과적이지 못한 부분을 의미하는 파생상품과 위험회피대상항목의 평가손익을 상계한 후의 차액은 당기손익에 반영시켜야 한다. 예를 들어, 파생상품의 평가이익이 100원이고 위험회피대상항목인 확정계약의 특정위험으로 인한 평가손실이 110원인 경우 특정위험에 대한 공정가치변동 110원 전액을 당기손익으로 인식하여 위험회피에 효과적이지 못한 10원(110원－100원)만큼을 당기손익에 반영하여야 하는 것이다(일반기준 6장 부록 실

6.123, 실6.124).

한편, 매도가능채무증권처럼 평가손익을 기타포괄손익누계액으로 인식하는 위험회피대상항목에 대하여 공정가치 위험회피회계를 적용하는 경우 기타포괄손익누계액으로 인식되어 있는 특정위험에 대한 평가손익은 당기손익으로 인식한다. 이를테면, 주식은 일반적으로 비화폐성이므로 외화환산대상은 아니나 투자주식(매도가능증권)을 공정가치로 평가하는 경우, 환율변동 부분도 평가손익에 포함되어 기타포괄손익누계액에 인식된다. 또한 채권은 화폐성 항목이므로 외화환산대상이지만 만기보유목적을 제외한 투자채권(매도가능증권)을 공정가치로 평가하는 경우에는 가격변동과 환율변동을 모두 평가손익으로 하여 기타포괄손익누계액으로 인식한다. 이와 같이 주식과 채권 모두 환율변동에 따른 평가손익이 기타포괄손익누계액으로 인식되므로, 환율위험에 대한 공정가치위험회피회계를 적용하는 경우에는 이를 당기손익으로 인식하여야 한다(일반기준 6장 부록 실6.125, 실6.126).

2) 손상차손

일반기업회계기준에 따라 손상차손의 인식여부를 고려할 때에는 위험회피대상 자산·부채에 대하여 먼저 공정가치위험회피회계에 따라 평가손익을 인식한 후 손상차손의 인식여부를 고려하여야 한다(선 위험회피회계 적용/후 손상차손 인식). 예를 들어 고정이자율 대출금의 경우 먼저 공정가치위험회피회계를 적용하여 대출금의 이자율변동(특정위험)에 따른 평가손익을 인식한 후, 일반기업회계기준에 따라 회수가 불확실한 채권, 채권·채무조정대상 채권 등에 대한 대손상각을 고려해야 한다(일반기준 6장 문단 6.71, 부록 실6.127).

3) 위험회피회계의 중단

일반기업회계기준 제6장 제3절에서는 다음 요건 중 하나라도 발생한 경우 위험회피회계를 전진적으로 중단하도록 규정하고 있다(일반기준 6장 문단 6.69).

① 위의 '(2) 적용조건' 중 하나라도 충족하지 못하게 되는 경우

② 위험회피수단인 파생상품 등이 종료·소멸·행사된 경우

이러한 목적상 위험회피수단을 다른 위험회피수단으로 대체하거나 만기연장하는 것이 위험회피전략에 관한 공식적인 문서에 포함되어 있다면, 그 위험회피수단의 대체나 만기연장은 소멸 또는 종료로 보지 아니한다. 또한, 다음 조건을 충족하는 경우, 위험회피수단의 소멸이나 종료가 아니다.

㉠ 법령이나 규정의 결과로 또는 법령이나 규정의 도입으로, 위험회피수단의 당사자들이 원래의 계약상대방을 교체하여 하나 이상의 청산 계약상대방이 각 당사자들의 새로운 계약상대방이 되도록 합의한다. 이러한 목적상 청산 계약상대방은 중앙청산소(종종 '청산기구' 또는 '청산기관'으로 지칭됨)이거나 중앙청산소와 청산

효과를 내기 위하여 거래상대방의 역할을 하는 하나의 기업 또는 기업들(예 : 청산기구의 청산회원 또는 청산기구의 청산회원의 고객)이다. 그러나, 위험회피수단의 당사자들이 원래의 계약상대방을 각자 다른 계약상대방으로 교체하는 경우라면, 각 당사자들이 동일한 중앙청산소와 청산하는 효과가 있는 경우에만 조건을 충족한 것으로 본다.

㉡ 위험회피수단에 대한 그 밖의 변경은 계약상대방의 교체효과를 내기 위해 필요한 경우로 제한된다. 그러한 변경은 원래부터 위험회피수단이 교체된 청산 계약상대방과 청산되었을 경우 기대되는 계약조건과 일관되는 것으로 제한된다. 이러한 변경은 담보요건, 수취채권과 지급채무 잔액의 상계권리 및 부과된 부담금의 변경을 포함한다.

③ 파생상품 등을 더 이상 위험회피수단으로 지정하지 않는 경우

다만, 확정계약이 더 이상 확정계약의 정의를 충족시키지 못하기 때문에 확정계약에 대한 공정가치 위험회피회계가 중단되는 경우에는 이미 자산·부채로 계상한 확정계약을 전액 제거하고 이를 당기손익에 반영한다.

한편, 위험회피대상항목이 유효이자율법을 적용하여 상각후원가로 측정하는 금융상품인 경우, 위험회피회계를 적용하는 기간동안 당기손익으로 인식된 위험회피대상항목의 장부금액 조정분은 상각하여 당기손익으로 인식한다. 상각은 조정액이 발생한 직후 개시할 수 있으며, 늦어도 회피대상위험으로 인한 공정가치 변동에 대한 위험회피대상항목의 조정을 중단하기 전에는 개시하여야 한다. 이 때 상각을 개시하는 시점에 다시 계산한 유효이자율에 기초하여 상각한다(일반기준 6장 문단 6.70).

사례 공정가치위험회피회계 / 이자율스왑 거래

- 12월 결산법인인 A회사는 20×1. 7. 1.에 만기가 1년 3개월인 차입금 1,000,000원을 고정이자율 10%로 차입하였으며 고정이자율 10%는 차입일 당시의 LIBOR이자율 8%에 A회사의 신용위험이 고려되어 결정되었다.
- 한편, A회사는 시장이자율 변동에 따른 상기 차입금의 공정가치 변동위험을 회피하기 위하여 동일자에 고정이자율 8%를 수취하고 변동이자율을 지급하는 이자율스왑계약을 체결하였으며 계약체결일에 프리미엄수수액은 없다.
- 차입금 및 이자율스왑과 관련된 세부사항은 다음과 같다.

	이자율스왑계약	장기차입금
계약체결일 또는 차입일	20×1. 7. 1.	20×1. 7. 1.
만기일	20×2. 9. 30.	20×2. 9. 30.
계약금액 또는 원금	1,000,000원	1,000,000원
고정이자율	연 8% 수취	연 10%
변동이자율	3개월 LIBOR 지급	N/A
이자율스왑 결제금액 확정일	20×1. 7. 1. 20×1. 9. 30. 20×1. 12. 31. 20×2. 3. 31. 20×2. 6. 30.	N/A
이자율스왑 결제일 또는 이자지급일	20×1. 9. 30. 20×1. 12. 31. 20×2. 3. 31. 20×2. 6. 30. 20×2. 9. 30.	20×1. 9. 30. 20×1. 12. 31. 20×2. 3. 31. 20×2. 6. 30. 20×2. 9. 30.

－LIBOR이자율은 다음과 같다.

이자율스왑 결제금액 확정일	3개월만기 LIBOR이자율
20×1. 7. 1.	8.0%
20×1. 9. 30.	10.0%
20×1. 12. 31.	9.0%
20×2. 3. 31.	7.0%
20×2. 6. 30.	6.0%

－A회사는 상기 거래에 대하여 공정가치위험회피회계를 적용하기로 하였다.

－이자율스왑계약의 공정가치는 가격결정모형, 중개인통보가격, 공시자료 등을 통하여 구할 수 있으나, 이 사례에서는 무이표채권할인법*(zero－coupon method)에 의하여 산정한다.

* 무이표채권할인법은 현재 이자율구조에 근거한 선도이자율이 미래 현물이자율(무이표채권의 만기별 수익률을 의미함)과 일치한다는 가정하에 이자율스왑계약에 따라 결제시점마다 정산해야 할 예상순결제금액을 산정하고, 이를 각 결제시점을 만기로 하는 무이표채권에 적용될(현재이자율구조에 근거한) 현물이자율로 할인하여 그 현재가치의 합계액을 공정가치로 산정하는 방법을 의미한다.

☞ 이 사례의 주목적이 스왑가치의 가격결정모형을 제시하는 것은 아니나 공정가치위험회피의 정확한 이해를 위해 가격결정의 단순모형인 무이표채권할인법을 제시함.

－평가시점에 무이표채권할인법으로 공정가치를 산정함에 있어, 다음의 사항을 가정한다.

① 3개월 만기 LIBOR이자율은 만기와 관계없이 일정하다.

⬅ 일반적으로 무이표채권의 이자율은 만기가 길수록 증가하는 우상향기울기를 가지게 되나 본 예제에서는 만기와 관계 없이 이자율이 일정하다는 flat yield를 가정한 것이

다. 이러한 flat yield의 가정에 따라 평가시점에서 스왑계약에 따라 향후 수수해야 할 현금흐름은 항상 동액이며 각 현금흐름을 할인하는 데 사용될 만기별 이자율도 동일하게 된다.

② 이자율스왑계약당사자의 신용위험은 A회사의 신용위험과 동일하다. 따라서 ①에 따라 산정된 미래 순결제금액 현금흐름의 현재가치를 산정함에 있어 적용할 할인율과 위험회피대상 차입금의 공정가치를 산정함에 있어 적용할 할인율은 동일하다.

⬅ 한편, 이러한 동일한 할인율의 적용은 완전한 위험회피를 가능하게 한다.

- A회사는 분기별로 결산하며, 따라서 매 분기별로 이자율스왑계약을 평가한다.
- 3개월마다 이자율스왑결제금액 및 이자지급액을 산정하기 위한 기간은 90일(3개월)/360일(1년) 기준에 의한다.

〈검 토〉

- 이자율스왑계약과 관련하여 수수된 프리미엄이 없으므로 이자율스왑계약의 계약체결시점의 공정가치는 영(0)이며, 이자율스왑의 만기와 계약금액이 위험회피대상 차입금의 만기 및 원금과 일치하므로 완전한 위험회피가 가능함.
- 장기차입금은 일반기업회계기준에서 공정가치 평가를 하지 못하도록 하고 있지만 공정가치 위험회피관계를 정확하게 반영하기 위하여 시장이자율 변동에 따른 공정가치변동을 당기손익으로 인식함.
- 이자율스왑계약(8% 수취 / LIBOR지급)에 따른 순결제금액과 고정이자율(10%) 지급을 함께 고려한 실제 이자지급액은 다음과 같음.

지급(수취)

	20×1. 9. 30.	20×1. 12. 31.	20×2. 3. 31.	20×2. 6. 30.	20×2. 9. 30.
이자율스왑	–	5,000*	2,500	(2,500)	(5,000)
장기차입금	25,000	25,000**	25,000	25,000	25,000
실제이자비용	25,000	30,000***	27,500	22,500	20,000

* 1,000,000원 × [10%(20×1. 9. 30.의 LIBOR) − 8%(이자율스왑계약 고정이자율)] × 90/360

** 1,000,000원 × 10%(고정차입이자율) × 90/360

*** 고정차입이자율 10%와 이자율스왑계약에 따른 결제액 2%의 합으로서 실제 부담해야 할 이자율은 12%임(1,000,000원 × 12% × 90/360 = 30,000원).

- 무이표채권할인법에 따라 산정된 이자율스왑계약의 결제금액 확정일 현재 공정가치와 장기차입금의 평가시점의 원금, 이자 및 결제금액 지급 후의 공정가치는 다음과 같음.

	20×1. 7. 1.	20×1. 9. 30.	20×1. 12. 31.	20×2. 3. 31.	20×2. 6. 30.	20×2. 9. 30.
이자율스왑	-	(−)18,585*	(−)7,106***	4,836	4,902	-
장기차입금	1,000,000	981,415**	992,894****	1,004,836	1,004,902	-

- 이자율스왑계약의 수취고정이자율 8%는 순결제금액을 산정하기 위한 기준일 뿐 장기차입금의 고정이자율 10%와 같을 필요가 없다. 따라서 [8% 수취 / LIBOR지급] 조건의 이자율스왑계약의 공정가치는 [10% 수취 / LIBOR+2% 지급] 조건의 이자율스왑계약의 공정가치와 동일하다.
- 동일한 신용위험을 가정하였으므로 이자율스왑계약과 장기차입금에 대하여 동일한 할인율을 적용하며, flat

yield curve를 가정하였으므로 향후 모든 현금흐름에 대하여 동일한 할인율을 적용한다. 또한, 위험회피대상항목인 장기차입금은 특정위험인 시장이자율변동에 따른 평가손익만을 반영해야 하므로 신용위험의 변화에 따른 스프레드를 고려할 필요가 없다. 따라서 20×1. 9. 30.에 적용할 할인율은 20×1. 9. 30.에 고시된 LIBOR이자율 10%에 최초 신용위험만을 고려한 스프레드 2%를 가산하여 12%를 사용하는 것이다(이와 같이 하면 이자율스왑 및 장기차입금의 공정가치 변동은 동일하게 된다).

$$* \frac{5,000}{(1+0.12/4)}+\frac{5,000}{(1+0.12/4)^2}+\frac{5,000}{(1+0.12/4)^3}+\frac{5,000}{(1+0.12/4)^4} = 18,585$$

$$** \frac{25,000}{(1+0.12/4)}+\frac{25,000}{(1+0.12/4)^2}+\frac{25,000}{(1+0.12/4)^3}+\frac{1,025,000}{(1+0.12/4)^4} = 981,415$$

$$*** \frac{2,500}{(1+0.11/4)}+\frac{2,500}{(1+0.11/4)^2}+\frac{2,500}{(1+0.11/4)^3} = 7,106$$

$$**** \frac{25,000}{(1+0.11/4)}+\frac{25,000}{(1+0.11/4)^2}+\frac{1,025,000}{(1+0.11/4)^3} = 992,894$$

－이에 따른 이자율스왑과 장기차입금의 공정가치 변동은 다음과 같음.

이익(손실)

	20×1. 7. 1.	20×1. 9. 30.	20×1. 12. 31.	20×2. 3. 31.	20×2. 6. 30.	20×2. 9. 30.
이자율스왑	－	(18,585)	11,480	11,942	66	(4,902)
장기차입금	－	18,585	(11,480)	(11,942)	(66)	4,902

〈회계처리〉 (단위 : 원)

－장기차입금의 유동성대체분개 생략함.

－20×1. 7. 1.

(이자율스왑)

고정이자율 8%를 수취하고 LIBOR이자율을 지급하기로 한 이자율스왑계약은 20×1. 7. 1.의 LIBOR이자율이 8%로서 고정이자율로서 수취하기로 한 8%와 동일하므로 7. 1.의 공정가치는 영(0)이다. 따라서 스왑계약에 따른 프리미엄수수는 없는 것이며 별도의 회계처리도 없음. (계약금액 등 비망기록)

(장기차입금)

(차) 현 금	1,000,000	(대) 장 기 차 입 금	1,000,000

－20×1. 9. 30.

(이자율스왑)

(차) 이자율스왑평가손실(I/S)	18,585	(대) 이 자 율 스 왑(B/S)	18,585

(장기차입금)

(차) 이 자 비 용	25,000	(대) 현 금	25,000
(차) 장 기 차 입 금	18,585	(대) 장기차입금평가이익(I/S)	18,585

－20×1. 12. 31.

(이자율스왑)

(차) 이 자 비 용	5,000	(대) 현 금	5,000
(차) 이 자 율 스 왑(B/S)	11,480	(대) 이자율스왑평가이익(I/S)	11,480

(장기차입금)

(차) 이 자 비 용	25,000	(대) 현 금	25,000
(차) 장기차입금평가손실(I/S)	11,480	(대) 장 기 차 입 금	11,480

- 20×2. 3. 31.

(이자율스왑)

(차) 이 자 비 용	2,500	(대) 현 금	2,500
(차) 이 자 율 스 왑(B/S)	11,942	(대) 이자율스왑평가이익(I/S)	11,942

(장기차입금)

(차) 이 자 비 용	25,000	(대) 현 금	25,000
(차) 장기차입금평가손실(I/S)	11,942	(대) 장 기 차 입 금	11,942

- 20×2. 6. 30.

(이자율스왑)

(차) 현 금	2,500	(대) 이 자 비 용	2,500
(차) 이 자 율 스 왑(B/S)	66	(대) 이자율스왑평가이익(I/S)	66

(장기차입금)

(차) 이 자 비 용	25,000	(대) 현 금	25,000
(차) 장기차입금평가손실(I/S)	66	(대) 장 기 차 입 금	66

- 20×2. 9. 30.

(이자율스왑)

(차) 현 금	5,000	(대) 이 자 비 용	5,000
(차) 이자율스왑거래손실(I/S)	4,902	(대) 이 자 율 스 왑(B/S)	4,902

(장기차입금)

(차) 이 자 비 용	25,000	(대) 현 금	25,000
(차) 장 기 차 입 금	1,004,902	(대) 현 금	1,000,000
		장기차입금상환이익(I/S)	4,902

사례 공정가치위험회피회계 / 통화스왑 거래

- 12월 결산법인인 S은행은 20×1. 1. 1.에 일본시장에서 Samuri Bond ￥10,000을 고정이자율 연 4% 지급조건으로 발행하였다.
- 한편, S은행은 ￥차입금의 고정이자율 및 환율의 변동에 따른 공정가치 변동위험을 모두 회피하기 위하여 E은행과 ￥고정이자금액을 수취하고 ₩변동이자금액을 지급하며 만기에는 ￥원금을 수취하고 동시에 ₩원금을 지급하는 통화스왑계약을 체결하였으며 계약체결일에 프리미엄수수액은 없다.

- 차입금 및 통화스왑과 관련된 세부사항은 다음과 같다.

	통화스왑계약	¥장기차입금
계약체결일 또는 차입일	20×1. 1. 1.	20×1. 1. 1.
만기일	20×2. 12. 31.	20×2. 12. 31.
계약금액 또는 원금	¥10,000 만기수취 ₩100,000 만기지급	¥10,000
고정이자율	연 4%(¥) 수취	연 4%(¥) 지급
변동이자율	Prime Rate(₩) 지급	-
통화스왑 결제금액 및 장기차입금 이자지급액 확정일	20×1. 1. 1. 20×1. 12. 31.	20×1. 1. 1. 20×1. 12. 31.
통화스왑 결제일 또는 이자지급일	20×1. 12. 31. 20×2. 12. 31.	20×1. 12. 31. 20×2. 12. 31.

- ₩ 및 ¥이자율은 다음과 같다.

통화스왑결제 및 장기차입금 이자지급액 확정일	₩ 변동이자율 (Prime rate)	¥ 변동이자율 (TIBOR)
20×1. 1. 1.	8%	4%
20×1. 12. 31.	6%	2%

- 환율에 대한 자료는 다음과 같다.

일 자	현물환율(₩/¥)	통화선도환율(₩/¥)
20×1. 1. 1.	10.00	10.3846*(만기1년)/10.7840*(만기2년)
20×1. 12. 31.	10.3846	10.7918*(만기1년)
20×2. 12. 31.	10.7918	

* 이자율평형이론(Interest rate parity theorem)을 반영한 통화선도환율이론가격임(불연속연복리 가정).

통화선도환율이론가격(₩/¥) = 현물환율(₩ / ¥) × (1 + 원화이자율) / (1 + 엔화이자율)

$$10.3846 = 10.00 \times (1+8\%) / (1+4\%)$$
$$10.7840 = 10.00 \times (1+8\%)^2 / (1+4\%)^2$$
$$10.7918 = 10.3846 \times (1+6\%) / (1+2\%)$$

- 한편, S은행은 상기 거래에 대하여 공정가치위험회피회계를 적용하기로 하였으며 다음의 사항을 가정한다.
  ① 통화스왑계약의 공정가치는 지급하기로 한 ₩현금흐름 및 수취하기로 한 ¥현금흐름의 ₩환산금액(통화선도환율 적용)을 모두 ₩-Prime rate로 할인하여 산정한다.
  (한편, 이에 따른 공정가치는 ¥현금흐름은 ¥-TIBOR이자율로 할인하고 ₩현금흐름은 ₩-Prime rate로 각각 할인하여 그 차액에 현물환율을 적용한 금액과 동일하다)
  ② 통화스왑계약당사자인 S은행과 E은행의 신용위험은 동일하다. 따라서 ①에서 통화스왑의 공정가치를 산정하기 위하여 사용된 ₩-Prime rate와 ¥-TIBOR이자율은 각국의

무위험이자율에 동일한 리스크프리미엄이 반영되어 결정된 것이다.

⬅ 이에 따라 각 이자율의 차이는 무위험이자율의 차이와 동일하게 되며 따라서 ③의 가정이 가능하게 된다.

③ 통화선도환율은 이자율평형이론(Interest rate parity theorem)에 따라 결정된다.

④ ₩－Prime rate와 ¥－TIBOR이자율은 만기와 관계없이 일정하다(즉, flat yield curve 가정).

〈검 토〉

－사례는 이자율 및 환율 위험을 회피하는 통화스왑계약(Cross Currency Swap)임.

－이러한 통화스왑계약은 고정이자율변동 및 환율변동에 따른 공정가치 변동위험을 회피하기 위하여 이루어진 것으로 이를 반영하여 공정가치 위험회피회계를 적용함.

－통화스왑계약(¥4% 수취/₩변동이자 지급)과 ¥차입금을 함께 고려한 실제 원금 · 이자지급액은 다음과 같음.

수취(지급)

	20×1. 12. 31.	20×2. 12. 31.
통화스왑	(3,846)*	6,235***
¥차입금	(4,154)**	(112,235)****
실제원금 · 이자지급액	(8,000)	(106,000)

* ¥400 × 10.3846 － ₩8,000

** ¥400 × 10.3846

*** [¥400 ＋ ¥10,000] × 10.7918 － [₩6,000 ＋ ₩100,000]

**** [¥400 ＋ ¥10,000] × 10.7918

－통화스왑과 ¥차입금의 공정가치 및 평가손익은 다음과 같음.

	20×1. 1. 1.	20×1. 12. 31.
통화스왑	－	5,882[1)]
통화스왑평가손익(I/S)	N/A	5,882
¥차입금	100,000	105,882[2)]
¥차입금평가손익(I/S)	N/A	(－)5,882

1) 통화스왑의 공정가치(A－B) 5,882

¥현금흐름의 현가

$$\frac{10{,}400 \times 10.7918}{(1+0.06)} = 105{,}882(A)$$

₩현금흐름의 현가

$$\frac{106{,}000}{(1+0.06)} = 100{,}000(B)$$

2) ¥장기차입금의 공정가치

$$\frac{10{,}400 \times 10.7918}{(1+0.06)} = 105{,}882$$

〈회계처리〉 (단위 : 원)

- 외화장기차입금의 유동성대체분개 생략함.

- 20×1. 1. 1.

(￥차입금)

(차)	현 금(￥)	100,000	(대)	외화장기차입금(￥)	100,000

(통화스왑)

스왑계약체결일의 공정가치는 영(0)이며 별도의 회계처리도 없음. (계약금액 등 비망기록)

- 20×1. 12. 31.

(￥차입금)

(차)	이 자 비 용	4,154	(대)	현 금(￥)	4,154
(차)	외화장기차입금평가손실(I/S)	5,882*	(대)	외화장기차입금(￥)	5,882

* 외화환산손실과 평가손실로 구성되나 구분하지 않고 평가손실로 계상함.

(통화스왑)

(차)	현 금(￥)	4,154	(대)	현 금(₩)	8,000
	이 자 비 용	3,846			
(차)	통 화 스 왑	5,882	(대)	통화스왑평가이익(I/S)	5,882

- 20×2. 12. 31.

(￥차입금)

(차)	이 자 비 용	4,317	(대)	현 금(￥)	4,317
(차)	외화장기차입금(￥)	105,882	(대)	현 금(￥)	107,918
	외화장기차입금상환손실(I/S)	2,036			

(통화스왑)

(차)	현 금(￥)	4,317	(대)	현 금(₩)	6,000
	이 자 비 용	1,683			
(차)	현 금(￥)	107,918	(대)	현 금	100,000
				통 화 스 왑	5,882
				통화스왑거래이익(I/S)	2,036

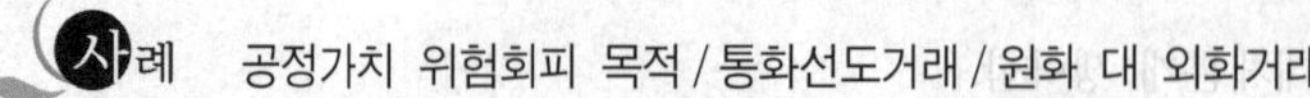

사례 공정가치 위험회피 목적 / 통화선도거래 / 원화 대 외화거래

- 12월 결산법인인 A회사는 20×1. 11. 1. US$100 상품을 수출하고 대금은 5개월 후에 받기로 하였다.
- 한편, A회사는 US$수출대금의 ₩에 대한 환율변동을 회피하기 위하여 다음과 같은 통화선도거래계약을 체결하였다.
  - 통화선도거래계약 체결일 : 20×1. 11. 1.
  - 계약기간 : 5개월(20×1. 11. 1.~20×2. 3. 31.)
  - 계약조건 : US$100를 @₩1,150/US$1(Forward rate)로 매도하기로 함.
- A회사는 상기 거래에 대하여 공정가치위험회피회계를 적용하기로 하였다.
- 환율에 대한 자료는 다음과 같다.

일 자	현물환율(₩/$)	통화선도환율(₩/$)
20×1. 11. 1.	1,100	1,150(만기5개월)
20×1. 12. 31.	1,080	1,120(만기3개월)
20×2. 3. 31.	1,180	

- 20×1. 12. 31. 적절한 할인율은 6%이며 현재가치 계산시 불연속연복리를 가정한다.

〈회계처리〉 (단위 : 원)

- 20×1. 11. 1.

(일반상거래)

(차) 매 출 채 권	110,000*	(대) 매 출	110,000

* US$100 × 1,100 = 110,000

(통화선도거래)

계약체결일에 통화선도거래의 공정가치는 영(0)이므로 별도의 회계처리 없음.

* US$ 미지급액 US$100 × 1,150 = 115,000
₩ 미수액 115,000

- 20×1. 12. 31.

(일반상거래)

(차) 외 화 환 산 손 실	2,000*	(대) 매 출 채 권	2,000

* US$100 × (1,080−1,100) = 2,000

(통화선도거래)

(차) 통 화 선 도(B/S)	2,957*	(대) 통화선도평가이익	2,957

* US$ 미지급액 변동액 US$100 × (1,120− 1,150) = (−)3,000(A)
통화선도평가이익 (−)3,000(A)/(1+0.06)^n = (−)2,957 (n=90/365)

−20×2. 3. 31.

(일반상거래)

(차) 현 금(US$)	118,000	(대) 매 출 채 권	108,000
		외 환 차 익	10,000*

* US$100 × (1,180−1,080) = (−)10,000

(통화선도거래)

(차) 현 금	115,000	(대) 현 금(US$)	118,000*
통화선도거래손실	5,957	통 화 선 도(B/S)	2,957

* US$ 100 × 1,180 = 118,000

사례 공정가치 위험회피 목적 / 통화선도거래 / 외화 대 외화거래

−12월 결산법인인 A회사는 20×1. 10. 1. US$100를 6개월 후 상환하는 조건으로 차입하고, 동일자에 이를 ￥10,000(=US$100 × 100)로 교환하여 대출금으로 운용하였다.

한편, A회사는 US$의 ￥에 대한 환율변동위험을 회피하기 위하여 다음과 같은 통화선도거래계약을 역시 동일자에 체결하였다.

- 통화선도거래계약 체결일 : 20×1. 10. 1.
- 계약기간 : 6개월(20×1. 10. 1.～20×2. 3. 31.)
- 계약조건 : US$100를 수취하고 ￥10,500을 지급함.

  (Forward rate ￥105/US$1)

−A회사는 상기 거래에 대하여 공정가치위험회피회계를 적용하기로 하였다.

−환율에 대한 자료는 다음과 같다.

일 자	현물환율			통화선도환율			
	₩/$	₩/￥	￥/$	만 기	₩/$	₩/￥	￥/$
20×1. 10. 1.	1,000	10	100	6개월	1,155	11	105
20×1. 12. 31.	1,320	12	110	3개월	1,288	11.5	112
20×2. 3. 31.	1,113	10.5	106				

〈회계처리〉 (단위 : 원)

−이자수익(비용)의 인식/유동성대체분개/파생상품평가손익을 산정하기 위한 통화선도환율변동액에 대한 현재가치평가는 생략함.

−20×1. 10. 1.

(현물거래)

(차) 외 화 대 출 금	100,000*	(대) 외 화 차 입 금	100,000**

* ￥10,000 × 10 = 100,000

** US$100 × 1,000 = 100,000

(통화선도거래)

계약체결일에 통화선도거래의 공정가치는 영(0)이므로 별도의 회계처리 없음.

* US$ 미수액　US$100 × 1,155 = 115,500
¥ 미지급액　¥10,500 × 11 = 115,500

－20×1. 12. 31.
(현물거래)

(차)	외 화 대 출 금	20,000	(대) 외 화 환 산 이 익	20,000*
	외 화 환 산 손 실	32,000**	외 화 차 입 금	32,000

* ¥10,000 × (12－10) = 20,000
** US$100 × (1,320－1,000) = 32,000

(통화선도거래)

(차)	통 화 선 도(B/S)	8,050*	(대) 통화선도평가이익	8,050*

* US$ 미수액 평가이익 US$100 × (1,288－1,155) = 13,300(A)
¥ 미지급액 평가손실 ¥10,500 × (11.5－11) = 5,250(B)
통화선도평가이익 8,050(A－B)

－20×2. 3. 31.
(현물거래)

(차)	현 금(¥)	105,000	(대) 외 화 대 출 금	120,000
	외 환 차 손	15,000*		
(차)	외 화 차 입 금	132,000	(대) 현 금(US$)	111,300
			외 환 차 익	20,700**

* ¥10,000 × (10.5－12) = (－)15,000
** US$100 × (1,113－1,320) = (－)20,700

(통화선도거래)

(차)	현 금(US$)	111,300*	(대) 현 금(¥)	110,250**
	통화선도거래손실	7,000	통 화 선 도(B/S)	8,050

* US$ 미수액 US$100 × 1,113 = 111,300(A)
** ¥ 미지급액 ¥10,500 × 10.5 = 110,250(B)

사례　공정가치위험회피회계(확정계약) / 통화선도거래 / 원화 대 외화거래

－12월 결산법인인 A회사는 기계 1대를 US$100에 6개월 후인 20×2. 3. 31.에 구입하기로 하는 확정계약을 20×1. 10. 1.에 체결하였다. 이러한 확정계약은 법적 강제력을 가지는 계약으로서 불이행시에는 그에 따른 위약금을 지불하기로 하는 내용을 포함하고 있다.

－한편, A회사는 US$의 ₩에 대한 계약체결시점부터 기계구입시점까지의 통화선도환율변동에 따른 확정계약의 위험을 회피하기 위하여 다음과 같은 통화선도거래계약을 역시 동일자에 체결하였다.

• 통화선도거래계약 체결일 : 20×1. 10. 1.
• 계약기간 : 6개월(20×1. 10. 1.～20×2. 3. 31.)

• 계약조건 : US$100를 수취하고 ₩110,000을 지급함.
(Forward rate ₩1,100/US$1)

- A회사는 상기 거래에 대하여 공정가치위험회피회계를 적용하기로 하였다.
- 환율에 대한 자료는 다음과 같다.

일 자	현물환율(₩/$)	통화선도환율(₩/$)
20×1. 10. 1.	1,000	1,100(만기6개월)
20×1. 12. 31.	1,110	1,140(만기3개월)
20×2. 3. 31.	1,200	

〈검 토〉

- A회사는 20×1. 10. 1.~20×2. 3. 31.의 기계취득가격(US$ base) 변동위험을 회피하기 위하여 확정계약을 체결하였음.
- 그러나 이러한 확정계약을 통하여 A회사는 기계의 US$ base 취득가액은 확정하였으나 환율변동에 따른 기계의 ₩ base 취득가액 변동위험은 여전히 부담하게 됨.
- 따라서 A회사는 통화선도환율변동에 따른 확정계약의 공정가치변동을 회피하기 위하여 US$를 계약시점의 통화선도환율로 구입하는 통화선도계약을 체결한 것이며 위험회피대상항목인 확정계약과 위험회피수단인 통화선도거래의 금액과 기간 및 평가기준이 동일하므로 완전한 위험회피가 가능함.
- 한편, 이러한 확정계약은 미이행계약으로서 일반적으로 계약시점에 회계처리를 하지 않으나, 공정가치 위험회피대상항목이 되는 경우는 '2. 위험회피회계' 중 '(3) 공정가치위험회피회계'에서 언급하였듯이 공정가치 위험회피회계를 적용하는 것이며 확정계약의 공정가치변동분을 재무제표에 계상하는 것임.

〈회계처리〉 (단위 : 원)

- 파생상품평가손익을 산정하기 위한 통화선도환율변동액에 대한 현재가치평가는 생략
- 20×1. 10. 1.

(확정계약)

확정계약은 미이행계약이므로 계약시점에 별도의 회계처리 없음.

(통화선도거래)

계약체결일에 통화선도거래의 공정가치는 영(0)이므로 별도의 회계처리 없음.

* US$ 미수액 US$100 × 1,100 = 110,000
₩ 미지급액 110,000

- 20×1. 12. 31.

(확정계약)

(차) 확정계약평가손실(I/S)	4,000*	(대) 확 정 계 약(B/S)	4,000**

* US$100 × (1,140 − 1,100) = 4,000
** 유동부채로 계상한다.

(통화선도거래)

(차)	통 화 선 도(B/S)	4,000	(대) 통화선도평가이익(I/S)	4,000*

* US$100 × (1,140−1,100) = 4,000

−20×2. 3. 31.

(확정계약)

(차)	확정계약평가손실(I/S)	6,000*	(대) 확 정 계 약(B/S)	6,000

* US$100 × (1,200−1,140) = 6,000

(통화선도거래)

(차)	현 금(US$)	120,000	(대) 현 금	110,000
			통 화 선 도(B/S)	4,000
			통화선도거래이익(I/S)	6,000*

* US$100 × (1,200−1,140) = 6,000

(기계구입거래)

(차)	기 계	110,000	(대) 현 금(US$)	120,000
	확 정 계 약(B/S)	10,000		

※ 확정계약에 대한 통화선도거래에 따라 기계의 원화취득가액은 현행환율 변동과 관계없이 110,000원으로 정해지게 되며, 기계의 취득가액은 실제 인도시점이 아닌 확정계약시점의 통화선도환율로 인식하게 된다.

(4) 현금흐름위험회피회계

현금흐름위험회피회계는 특정위험으로 인한 예상거래의 미래 현금흐름 변동위험을 감소시키기 위하여 지정된 파생상품의 평가손익(위험회피수단이 파생상품이 아닌 금융상품인 경우에는 외화위험으로 인한 외환차이 변동분을 의미함. 이하 같음) 중 위험회피에 효과적이지 못한 부분은 당기손익으로 인식하고 위험회피에 효과적인 부분은 기타포괄손익누계액으로 인식한 후 예상거래의 종류에 따라 향후 예상거래가 당기손익에 영향을 미치는 회계연도에 당기손익으로 인식하거나, 예상거래발생시 관련 자산·부채의 장부가액에서 가감하는 것을 말한다(일반기준 6장 문단 6.72).

여기서 예상거래의 미래 현금흐름 변동은 구체적으로 변동이자율수취조건 대출금의 이자수입액변동, 변동이자율지급조건 차입금의 이자지급액변동, 재고자산의 미래 예상매입에 따른 취득금액변동, 재고자산의 미래 예상매출에 따른 매출액변동 등을 의미한다. 이와 같이 현금흐름 위험회피회계는 예상거래가 아직 발생하지 않은 회계연도에는 해당 예상거래에 대한 평가손익을 인식하지 않으며, 이에 대응하여 파생상품평가손익도 당기손익이 아닌 기타포괄손익누계액으로 인식하므로 공정가치 위험회피회계와 달리 파생상품평가손익이

자기자본에 영향을 미치게 된다(일반기준 6장 부록 실6.128, 실6.129).

1) 현금흐름위험회피의 회계처리

현금흐름위험회피가 회계기간에 위의 '(2) 적용조건'을 충족하는 경우에는 다음과 같이 회계처리한다(일반기준 6장 문단 6.73).

① 위험회피수단으로 지정한 파생상품의 평가손익은 다음 ⅰ), ⅱ) 중 작은 금액을 기타포괄손익누계액으로 계상하고 나머지 금액은 당기손익으로 처리한다.

ⅰ) 누적파생상품평가손익에서 위험회피효과 평가시 제외된 부분(예 : 옵션의 시간가치) 및 아래의 '④', '2) 손상차손의 ①, ②'에 따라 전기까지 당기손익으로 인식한 부분을 차감한 금액

ⅱ) 누적파생상품평가손익 중 위험회피대상 예상거래의 누적예상 현금흐름변동액현가와 상계가능한 금액에서 '아래의 ④', '2) 손상차손의 ①, ②'에 따라 전기까지 당기손익으로 인식한 부분을 차감한 금액

② 위 '①'에 따라 누적기준으로 기타포괄손익누계액에 계상해야 할 파생상품평가손익을 산정함으로써 전기 이전에 손익으로 인식한 파생상품평가손익을 당기에 기타포괄손익누계액으로 계상해야 하는 경우 동 금액은 당기손익으로 처리한다.

③ 위험회피대상 예상거래가 자산의 취득 또는 부채의 발생인 경우 위 '①, ②'에 따라 기타포괄손익누계액으로 계상된 관련 파생상품평가손익은 해당 예상거래가 발생한 시점에 관련 자산 또는 부채의 장부금액에서 가감한다.

④ 위험회피대상 예상거래가 위 '③'에서 언급한 이외의 경우 위 '①, ②'에 따라 기타포괄손익누계액으로 계상된 관련 파생상품평가손익은 위험회피대상 예상거래가 당기손익에 영향을 미치는 회계연도에 손익으로 인식한다. 여기서 당기손익에 영향을 미치는 경우는 미래 예상매출, 이자비용 등의 발생 등을 의미한다.

현금흐름위험회피회계는 위험회피효과를 적절히 반영하기 위하여 파생상품평가손익 중 위험회피에 효과적인 부분은 기타포괄손익누계액으로, 위험회피에 효과적이지 못한 부분은 당기손익으로 처리한다. 이 때 위험회피에 효과적이지 못한 부분이란 파생상품평가손익과 위험회피대상거래의 현금흐름 변동액현가와의 차액을 의미한다. 예를 들어, 파생상품평가손익이 110백만원이고 위험회피대상거래의 현금흐름 변동액현가가 100백만원인 경우 해당 기간의 파생상품평가손익 중 위험회피에 효과적인 부분인 100백만원은 기타포괄손익누계액으로 인식하고 위험회피에 효과적이지 못한 부분인 10백만원(110백만원－100백만원)은 당기손익으로 인식하는 것이다. 그러나 반대로 파생상품평가손익이 100백만원이고 위험회피대상거래의 현금흐름 변동액현가가 110백만원일 경우에는 차액 10백만원을 당기손익으로 인

식하지 않는다. 왜냐하면 차액 10백만원은 위험회피에 효과적이지 못한 부분이기는 하지만 이를 당기손익으로 인식하게 되면 이에 대응하여 파생상품평가손익을 기타포괄손익누계액으로 110백만원만큼 인식하게 되어 가공의 평가손익 10백만원을 기타포괄손익누계액으로 인식하게 되는 문제가 발생하기 때문이다. 결국 이러한 문제점을 해결하기 위해 기타포괄손익누계액으로 인식해야 할 파생상품평가손익을 예상거래의 누적현금흐름 변동액현가와 상계가능한 금액으로 하도록 하였으며, 이는 결과적으로 파생상품평가손익이 위험회피대상 예상거래의 현금흐름 변동액현가보다 큰 경우에만 그 차액을 위험회피에 효과적이지 못한 부분으로서 당기손익으로 인식하도록 한 것을 의미한다(일반기준 6장 부록 실6.130).

여기서 기타포괄손익누계액으로 인식해야 할 파생상품평가손익은 회계기간기준으로 산정하는 것이 아니라 누적기준으로 산정한다.

예를 들어 20×2회계연도에 파생상품평가이익이 75백만원, 위험회피대상거래의 예상현금흐름 유출액현가가 70백만원이어서 해당 회계연도에 기타포괄손익누계액으로 70백만원을, 영업외수익으로 5백만원을 인식한 경우 20×3회계연도에 파생상품평가이익이 70백만원, 위험회피대상거래의 예상현금흐름 유출액현가가 75백만원이면 누적기준에 따라 누적파생상품평가이익과 누적현금흐름 유출액현가가 145백만원으로 동일하게 되어 위험회피에 효과적이지 못한 부분이 없게 된다. 따라서 20×3회계연도에는 파생상품평가이익 70백만원을 기타포괄손익누계액으로 인식함과 동시에 추가로 5백만원을 기타포괄손익누계액으로 인식하고 동액을 당기의 파생상품평가손실로 인식하면 된다(일반기준 6장 부록 실6.131).

한편, 위험회피대상 예상거래가 자산의 취득 또는 부채의 발생인 경우에 한하여 기타포괄손익누계액에 인식되어 있는 파생상품평가손익을 해당 예상거래가 발생한 시점에 관련 자산·부채의 장부금액에서 가감(Basis Adjustment)하도록 한 것은 비록 이에 따라 관련 자산·부채가 발생시의 공정가치와 다르게 인식될지라도 기타포괄손익누계액으로 인식된 파생상품평가손익을 장기간 관리해야 하는 실무 적용상의 어려움을 고려한 것이다(일반기준 6장 부록 실6.132).

2) 손상차손

예상매출거래와 관련하여 기존에 보유 중인 자산 또는 예상매입거래의 결과로 취득한 자산에 대하여 일반기업회계기준에 따른 손상차손을 적용하는 경우 먼저 현금흐름위험회피회계를 적용한 후, 일반기업회계기준에 따른 손상차손 인식여부를 고려하는 것이며 손상차손 인식여부에 따라 다음과 같이 처리한다(선 위험회피회계 적용/후 손상차손 인식)(일반기준 6장 문단 6.76).

① 예상매출거래와 관련하여 기존에 보유 중인 자산에 대하여 손상차손을 인식한 경우 동 금액만큼을 기타포괄손익누계액으로 인식된 관련 파생상품평가이익에서 즉시 당

기이익으로 인식하여야 하며 기타포괄손익누계액으로 인식된 관련 파생상품평가손실은 동 금액과 예상매출거래 관련자산의 손상 전 장부금액의 합계액이 예상매출거래 관련자산의 회수가능액을 초과하는 범위 내에서 즉시 당기비용으로 인식하여야 한다(일반기준 6장 문단 6.77).

② 예상매출거래와 관련하여 기존에 보유 중인 자산에 대하여 손상차손을 인식하지 않은 경우 또는 예상매입거래가 아직 이루어지지 않은 경우 기타포괄손익누계액으로 인식된 관련 파생상품평가손실금액은 동 금액과 예상거래 관련자산의 장부금액(또는 예상취득원가)의 합계액이 예상거래 관련자산의 회수가능액을 초과하는 범위 내에서 즉시 비용으로 인식하여야 한다(일반기준 6장 문단 6.78).

3) 위험회피회계의 중단

다음 요건 중 하나라도 발생한 경우에는 위험회피회계를 전진적으로 중단해야 한다(일반기준 6장 문단 6.74).

① 위의 '(2) 적용조건'을 하나라도 충족하지 못하게 되는 경우

② 위험회피수단인 파생상품 등이 청산・소멸・행사된 경우

이러한 목적상 위험회피수단을 다른 위험회피수단으로 대체하거나 만기연장하는 것이 위험회피전략에 관한 공식적인 문서에 포함되어 있다면, 그 위험회피수단의 대체나 만기연장은 소멸 또는 청산으로 보지 아니한다. 또한, 다음 조건을 충족하는 경우, 위험회피수단의 소멸이나 청산이 아니다.

㉠ 법령이나 규정의 결과로 또는 법령이나 규정의 도입으로, 위험회피수단의 당사자들이 원래의 계약상대방을 교체하여 하나 이상의 청산 계약상대방이 각 당사자들의 새로운 계약상대방이 되도록 합의한다. 이러한 목적상 청산 계약상대방은 중앙청산소(종종 '청산기구' 또는 '청산기관'으로 지칭됨)이거나 중앙청산소와 청산 효과를 내기 위하여 거래상대방의 역할을 하는 하나의 기업 또는 기업들(예 : 청산기구의 청산회원 또는 청산기구의 청산회원의 고객)이다. 그러나, 위험회피수단의 당사자들이 원래의 계약상대방을 각자 다른 계약상대방으로 교체하는 경우라면, 각 당사자들이 동일한 중앙청산소와 청산하는 효과가 있는 경우에만 조건을 충족한 것으로 본다.

㉡ 위험회피수단에 대한 그 밖의 변경은 계약상대방의 교체효과를 내기 위해 필요한 경우로 제한된다. 그러한 변경은 원래부터 위험회피수단이 교체된 청산 계약상대방과 청산되었을 경우 기대되는 계약조건과 일관되는 것으로 제한된다. 이러한 변경은 담보요건, 수취채권과 지급채무 잔액의 상계권리 및 부과된 부담금의 변경을 포함한다.

③ 파생상품 등을 더 이상 위험회피수단으로 지정하지 않는 경우

현금흐름위험회피회계를 중단하는 경우 이미 기타포괄손익누계액으로 계상된 파생상품평가손익은 '1) 현금흐름위험회피의 회계처리 ③, ④'에 따라 처리한다. 다만, 위험회피대상 예상거래가 더 이상 발생하지 않을 것으로 예상되어 현금흐름위험회피회계가 중단된 경우에는 이미 기타포괄손익누계액으로 인식된 파생상품평가손익을 즉시 당기손익으로 인식한다. 이 때, 더 이상 발생가능성이 매우 높지 않게 된 예상거래도 여전히 발생할 것으로 기대될 수 있다(일반기준 6장 문단 6.75).

4) 예상거래인 외화도급계약이 확정계약 조건을 충족하는 경우의 회계처리

예상거래로 보아 현금흐름위험회피회계를 적용하던 외화도급계약이 확정계약으로 판단되는 경우 공정가치위험회피회계의 적용요건을 모두 충족한다면 공정가치위험회피회계로 변경하여 적용할 수 있다(실무의견서 2008-2).

최초에 예상거래로 판단된 외화도급계약이 확정계약 조건을 충족하는지 여부는 결산기 또는 중요한 계약변경이 수반되는 경우마다 평가하며, 다음과 같은 경우에는 확정계약으로 볼 수 있다.

① 당해 거래에 대해 법적으로 구속력 있는 계약이 체결되어 있어야 하며 동 계약에는 거래수량, 거래가격, 거래시기 및 거래이행을 강제하기에 충분한 거래불이행시의 불이익 등이 구체적으로 규정되어 실질적으로 취소가 불가능한 경우

② 계약상 외화도급금액 회수시기 등이 구체적으로 명시되지 않아 설계변경이나 일정변경, 진행률 변경 등에 따라 조정이 가능하더라도 과거 상당기간 동안 발생한 당해 계약과 유사한 유형의 거래 결과 진척도, 기간별 회수금액, 회수시기 등이 최초 예측과 유의적인 차이가 없어 동 계약에 대한 예상 도급금액, 회수시기 등이 최초 예측과 유의적인 차이가 없을 것으로 기대되는 경우

예상거래인 외화도급계약을 상기와 같이 평가한 결과 확정계약으로 판단되는 경우로서 앞에서 설명한 공정가치위험회피회계의 적용요건을 모두 충족한다면 확정계약 판단 시점에 현금흐름위험회피회계를 공정가치위험회피회계로 변경할 수 있으며, 외화도급계약이 확정계약 조건을 충족하더라도 계속 현금흐름위험회피회계를 적용할 수 있다.

공정가치위험회피회계를 적용할 경우 과거 현금흐름위험회피회계 적용 결과 기타포괄손익누계액으로 계상된 관련 손익은 예상거래가 확정계약이 된 시점에 확정계약의 장부금액에 가감한다. 그리고 공정가치위험회피회계를 적용하게 된 사유, 판단근거, 동 변경이 재무제표에 미치는 영향을 주석으로 공시하여야 한다.

한편, 공정가치위험회피회계 적용 이후에는 과거의 거래경험 및 미래 예측에 기초하여 외화도급계약의 확정계약 조건 충족 여부를 최소한 결산기마다 평가하여야 한다.

사례 현금흐름위험회피회계 / 금선도 거래

- 12월 결산법인인 A회사는 제조공정에 사용하기 위한 금을 시장을 통하여 매입하고 있는데, 향후 예상매출을 고려했을 때 금 10ounces(OZ)를 20×2. 2. 28.에 매입할 것이 거의 확실하다.
- 한편, A회사는 20×2. 2. 28.에 매입할 금의 시장가격변동에 따른 미래현금위험을 회피하기 위하여 다음과 같은 조건으로 장외시장에서 금선도계약을 체결하였다.
  - 금선도거래계약 체결일 : 20×1. 9. 1.
  - 계약기간 : 6개월(20×1. 9. 1.~20×2. 2. 28.)
  - 계약조건 : 결제일에 금 10OZ의 선도거래 계약금액과 결제일 시장가격과의 차액을 현금으로 수수함(금선도계약가격 ₩310,000/1OZ).
- A회사는 상기 거래에 대하여 현금흐름위험회피회계를 적용하기로 하였다.
- 금의 현물가격, 선도가격 및 선도계약의 공정가치에 대한 자료는 다음과 같다.

일 자	현물가격 (₩/1OZ)	선도가격 (₩/1OZ)	금선도거래의 공정가치*
20×1. 9. 1.	300,000	310,000(만기 6개월)	–
20×1. 12. 31.	310,000	315,000(만기 2개월)	49,531
20×2. 2. 28.	330,000	–	200,000

* 금선도거래의 계약가격과 현행 금선도거래가격과의 차액을 적절한 할인율 6%를 가정하여 현재가치로 구한 금액임.

- 금선도거래는 위험회피에 효과적이며, 현재시점의 현물가격은 미래시점의 기대현물가격과 같다고 가정한다.

〈회계처리〉 (단위 : 원)

- 20×1. 9. 1.

(금선도거래)

금선도거래계약은 시장가격에 따라 이루어져 계약체결일에 별도의 현금수수액이 없었으므로 공정가치는 영(0)이고 따라서 계약체결일에 별도의 회계처리 없음. (계약금액 등을 비망기록)

- 20×1. 12. 31.

(금선도거래)

(차) 금 선 도(B/S)	49,531	(대) 금선도평가이익(B/S)	49,531*

* 현재시점의 현물가격이 미래기대가격과 일치한다고 가정하였으므로 누적미래예상 현금흐름변동액 현가는 99,063[=100,000/(1.06)ⁿ(n=59/365)]이고, 이는 금선도계약의 누적평가이익은 49,531원은 99,063원 이내이므로 현금흐름 위험회피회계 중 파생상품평가손익의 회계처리에 따라 전액을 기타포괄손익누계액으로 계상함.

- 20×2. 2. 28.

(금선도거래)

(차) 금 선 도(B/S)	150,469	(대) 금선도평가이익(B/S)	150,469*

* 금선도계약의 누적평가이익은 200,000원으로서 위험회피대상 재고자산구입거래에 따른 현금흐름변동액의

현가 300,000원 이내이므로 전액을 기타포괄손익누계액으로 계상함.

(차) 현 금	200,000	(대) 금 선 도(B/S)	200,000*

(금매입거래)

(차) 금	3,300,000*	(대) 현 금	3,300,000
(차) 금선도평가이익(B/S)	200,000	(대) 금	200,000

* 이에 따라 금의 취득시 장부금액은 취득당시의 공정가치가 3,300,000원일지라도 실제 취득금액인 3,100,000원으로 계상되게 된다.

사례 현금흐름위험회피회계 / 이자율스왑 거래

- 12월 결산법인인 A회사는 20×1. 1. 1에 만기가 3년인 대출금 1,000,000원을 대출일 당시의 LIBOR 금리에 A회사 대출금 차입처의 신용위험을 고려하여 결정한 금리인 LIBOR+2%로 대출하였다.
- 한편, A회사는 LIBOR이자율 변동에 따른 이자수익의 현금흐름 변동위험을 회피하기 위해 동일자에 고정이자율 7%를 수취하고 LIBOR이자율을 지급하는 이자율스왑계약을 체결하였으며 계약체결일에 프리미엄수수액은 없다.
- 차입금 및 이자율스왑과 관련된 세부사항은 다음과 같다.

	이자율스왑계약	장기대출금
계약체결일 또는 대출일	20×1. 1. 1.	20×1. 1. 1.
만기일	20×3. 12. 31.	20×3. 12. 31.
계약금액 또는 원금	1,000,000원	1,000,000원
고정이자율	연 7% 수취	N/A
변동이자율	LIBOR 지급	LIBOR+2%
이자율스왑 결제금액	20×1. 1. 1.	20×1. 1. 1.
및 장기대출금 이자수취액	20×1. 12. 31.	20×1. 12. 31.
확정일	20×2. 12. 31.	20×2. 12. 31.
이자율스왑 결제일	20×1. 12. 31.	20×1. 12. 31.
또는 이자수취일	20×2. 12. 31.	20×2. 12. 31.
	20×3. 12. 31.	20×3. 12. 31.

- LIBOR이자율은 다음과 같다.

이자율스왑 결제금액 및 장기대출금

이자수취액 확정일	LIBOR이자율
20×1. 1. 1.	7.0%
20×1. 12. 31.	10.0%
20×2. 12. 31.	6.0%

- A회사는 상기 거래에 대하여 현금흐름위험회피회계를 적용하기로 하였다.

- 이자율스왑계약의 공정가치는 무이표채권할인법(zero-coupon method)에 의하여 산정한다.
- 평가시점에 무이표채권할인법으로 공정가치를 산정함에 있어, 다음의 사항을 가정한다.
  ① LIBOR이자율은 만기와 관계없이 일정하다.
  ② 이자율스왑계약당사자의 신용위험과 A회사 대출금 차입처의 신용위험은 동일하다. 따라서 ①에 따라 산정된 미래 순결제금액 현금흐름의 현재가치를 산정하기 위한 할인율과 예상이자수익현금흐름 변동액의 현재가치를 산정하기 위한 할인율은 동일하다.
  ⬅ 이러한 동일한 할인율의 적용은 완전한 위험회피를 가능하게 한다.

〈검 토〉

- 이자율스왑계약은 시장이자율에 따라 이루어졌고 따라서 수수된 프리미엄이 없으므로 계약체결시점의 공정가치는 영(0)이다. 또한 이자율스왑의 만기와 계약금액이 위험회피대상 대출금의 만기 및 원금과 일치하므로 누적 이자율스왑평가손익은 누적 예상이자수입금액 변동분(현가)과 일치하게 됨.
- 현금흐름위험회피를 위한 이자율스왑계약의 평가손익은 '1) 현금흐름위험회피의 회계처리'의 ④에서 언급한 바와 같이 기타포괄손익누계액으로 계상한 후, 대출금의 이자수입액을 당기이익으로 인식함에 따라 당기손익으로 대체함.
- 이자율스왑계약(7% 수취/LIBOR 지급)에 따른 순결제금액과 LIBOR 지급을 함께 고려한 실제 이자수취액은 다음과 같음.

수취(지급)

	20×1. 12. 31.	20×2. 12. 31.	20×3. 12. 31.
이자율스왑	-	(30,000)*	10,000
장기대출금	90,000	120,000**	80,000
실제이자수익	90,000	90,000***	90,000

* 1,000,000원 × [7%(이자율스왑계약 고정이자율) − 10%(20×1. 12. 31.의 LIBOR)]
** 1,000,000원 × 12%(20×1. 12. 31.의 LIBOR+2%)
*** 변동수취이자율 12%와 이자율스왑계약에 따른 결제지급액 3%의 차액으로서 실제 수취하는 이자율은 항상 9%임.

- 이자율스왑계약의 공정가치 및 기타포괄손익누계액으로 계상된 평가손익금액의 변동내역은 다음과 같음.

( )는 기타포괄손익누계액 차변금액 의미

	20×1. 12. 31.	20×2. 12. 31.	20×3. 12. 31.
공정가치	(50,702)1)	9,259 2)	-
기초 기타포괄손익누계액	-	(50,702)	9,259
평가손익중할인액상각	-	(6,084)3)	741 6)
당기손익대체액	-	30,000 4)	(10,000)4)
평가손익조정액	(50,702)	36,045 5)	-
기말 기타포괄손익누계액	(50,702)	9,259	-

1) $\frac{30,000}{(1+0.12)}+\frac{30,000}{(1+0.12)^2}=50,702$

2) $\frac{10,000}{(1+0.08)}=9,259$

3) 50,702 × (1+0.12) − 50,702

4) 당기 이자수익인식액과 동액을 기타포괄손익누계액에서 당기손익으로 대체함.

5) 9,259 − [(50,702)+(6,084)+30,000]

6) 9,259 × (1+0.08) − 9,259

〈회계처리〉 (단위 : 원)

− 장기대출금의 유동성대체분개 생략함.

− 20×1. 1. 1.

(장기대출금)

(차)	장 기 대 출 금	1,000,000	(대)	현 금	1,000,000

(이자율스왑)

스왑계약체결일의 공정가치는 영(0)이며 별도의 회계처리도 없음. (계약금액 등 비망기록)

− 20×1. 12. 31.

(장기대출금)

(차)	현 금	90,000	(대)	이 자 수 익	90,000

(이자율스왑)

(차)	이자율스왑평가손실(B/S)	50,702	(대)	이 자 율 스 왑(B/S)	50,702

− 20×2. 12. 31.

(장기대출금)

(차)	현 금	120,000	(대)	이 자 수 익	120,000

(이자율스왑)

(차)	이자율스왑평가손실(B/S)	6,084	(대)	이 자 율 스 왑(B/S)	6,084
(차)	이 자 율 스 왑(B/S)	30,000	(대)	현 금	30,000
(차)	이 자 수 익	30,000	(대)	이자율스왑평가손실(B/S)	30,000
(차)	이 자 율 스 왑(B/S)	36,045	(대)	이자율스왑평가손실(B/S)	26,786
				이자율스왑평가이익(B/S)	9,259

− 20×3. 12. 31.

(장기대출금)

(차)	현 금	80,000	(대)	이 자 수 익	80,000

(이자율스왑)

(차)	이 자 율 스 왑(B/S)	741	(대)	이자율스왑평가이익(B/S)	741
(차)	현 금	10,000	(대)	이 자 율 스 왑(B/S)	10,000
(차)	이자율스왑평가이익(B/S)	10,000	(대)	이 자 수 익	10,000

사례 현금흐름위험회피회계 / CD금리선물 거래

- 12월 결산법인인 A회사는 20×2. 1. 3.에 입금예정인 매출대금 100억원을 일시 운용하기 위해 S은행이 발행하는 91일 만기 CD를 20×2. 1. 3.에 매입하기로 하였다.
- 그러나 향후 CD매입에 따른 투자수익률변동위험(CD매입가액변동위험)을 회피하기 위하여 한국거래소의 CD금리선물을 매입하기로 하였다.
- 이를 위하여 A회사는 D선물회사에 20×1. 10. 5. 위탁증거금 100,000천원을 납부하고 다음과 같이 매입위탁하였다.
  - 계 약 일 : 20×1. 10. 5.
  - 종 목 : 20×2년 3월물
  - 약정가격 : 92.00
  - 계 약 수 : 20계약 매입
  - 약정금액 : 9,800,000천원*

  * [500,000천원 – [500,000천원 × (100 – 92.00) × 91/364 × 1/100]] × 20계약

- CD금리선물 유통수익률과 현물CD의 발행수익률에 대한 자료는 다음과 같다.

구 분	20×1. 10. 5.	20×1. 12. 30.	20×2. 1. 3.
CD금리선물 유통수익률	8.0%	9.0%	8.2%
CD금리선물 가격*	92.00	91.00	91.80
CD현물 발행이자율**	7.4%	8.3%	7.6%

* (100 – 연수익률)로 표시됨.

** 유통수익률을 실현시킬 수 있는 발행가액을 역산하기 위하여 적용되는 이자율이며 유통수익률/(1+유통수익률)로 산정됨.

- A회사의 20×2년 3월물에 대한 거래내역은 다음과 같다.
(정산가격이 제시되지 않은 기간은 변동이 없다고 가정함)

일 자	거래내역	거래수량	잔고수량	약정가격	정산가격
20×1. 10. 5.	신규매입	20계약	20계약	92.00	93.00
20×1. 12. 30.	–	–	20계약	N/A	91.00
20×2. 1. 3.	전 매	20계약	–	91.80	92.50

- A회사는 상기 거래에 대하여 현금흐름위험회피회계를 적용하기로 하였다.
- 한편, 다음의 사항을 가정한다.
  ① 한국거래소는 20×1. 12. 31.~20×2. 1. 2.까지 거래가 이루어지지 않는다.
  ② 이자율은 만기와 관계없이 일정하며, 따라서 각 시점의 현물이자율은 선도이자율과 동일하다(즉, flat yield curve 가정). 이에 따라 현물/선도 이자율 차이에 따른 위험회피의 불완전성은 없다.
  ③ 현재시점의 현물CD매입가격은 미래시점의 기대가격과 같다.
- 현물CD 매입시 적용할 이자율은 발행이자율이고 CD금리선물의 가격산정에 적용되는 이자

율은 유통수익률이어서 이에 따른 위험회피의 불완전성이 존재한다. 이에 대한 위험회피효과 test는 다음에 의하며 그 결과가 80%~125% 이내의 경우 높은 위험회피효과가 있는 것으로 본다.

$$\frac{\text{CD금리선물누적평가손익금액}}{\text{현물CD예상매입가액누적변동액}}$$

- 위험회피효과 test에 사용되는 CD금리선물누적평가손익은 일일정산되므로 선도거래와 달리 현재가치로 환산하지 않으며, 현물CD예상매입가액누적변동액 산정시 현재가치는 고려하지 않는다.

〈검 토〉

- CD금리선물평가손익/현물CD매입가액변동액/위험회피효과test/평가손익의 기타포괄손익누계액 및 당기손익계상분에 대한 내용은 다음과 같다(한국거래소 최종거래일이 20×1. 12. 30.이므로 20×1. 12. 30. 기준으로 산정함).

구 분	20×1. 12. 30.	20×2. 1. 3.
CD금리선물 당기거래손익	(−)25,000,000 1)	20,000,000 5)
CD금리선물 누적거래손익(A)	(−)25,000,000	(−)5,000,000
현물CD매입가액 당기변동액	22,438,356 2)	(−)17,452,055 6)
현물CD매입가액 누적변동액(B)	22,438,356	4,986,301
위험회피효과test (A/B)	111.4%	N/A
CD금리선물당기거래손익(기타포괄손익누계액계상)	(−)22,438,356 3)	17,452,055 7)
CD금리선물당기거래손익(당기손익계상)	(−)2,561,644 4)	2,547,945 8)

1) 20계약 × (91.00−92.00) × 12,500원 × 100 = (−)25,000,000원
2) 10,000,000천원 × (1−0.074×91/365)−[10,000,000천원 × (1−0.083 × 91/365)]
3) 현물CD매입가액 누적변동액을 한도로 하여 기타포괄손익누계액에 계상하고 나머지 금액은 당기손익으로 인식하는 것이며, 여기서 당기손익인식분은 위험회피에 효과적이지 못한 부분을 의미한다.
4) (−)25,000,000 − (−)22,438,356
5) 20계약 × (91.80−91.00) × 12,500원 × 100 = 20,000,000원
6) 10,000,000천원 × (1−0.083×91/365)−[10,000,000천원 × (1−0.076×91/365)]
7) (−)4,986,301 − (−)22,438,356 = 17,452,055
8) 20,000,000−17,452,055

※ 누적기준 CD금리선물거래손실 5,000,000원 중 기타포괄손익누계액에 계상된 금액은 4,986,301원이고 당기손실로 계상된 금액은 13,699원임. 여기서 13,699원은 위험회피에 효과적이지 못한 부분을 의미하며, CD금리선물가격은 364일을 기준으로 산정되는 데 반하여 현물CD 발행가격은 365일을 기준으로 산정되는 데에서 기인함.
(10,000,000천원 × 0.002 × 91/364)−(10,000,000천원 × 0.002 × 91/365) = 13,699원

〈회계처리〉 (단위 : 원, 거래수수료에 대한 회계처리 생략)

- 20×1. 10. 5.

(위탁증거금 납부시)

(차) 선물거래예치금 100,000,000* (대) 현 금 100,000,000

* 유동자산 항목임.

(계약체결시)

계약체결일에 수수된 CD금리선물매입계약의 프리미엄은 없으며 따라서 공정가치는 영(0)이므로 별도의 회계처리는 필요 없음.

(일일정산)

(차) 미 수 금 25,000,000* (대) 정 산 손 익** 25,000,000

* 당일차금 20계약 × (93.0－92.0) × 12,500원 × 100 = 25,000,000원

※ 한국거래소 파생상품시장 업무규정

i) 가격표시 : 100－91일 CD의 유통수익률(연율)

ii) 최소 가격변동폭(tick) : 1basis point(bp) = 0.01%

iii) 최소 가격변동금액(tick value) : 계약당 12,500(= 500,000천원 × 91/364 × 1bp)

iv) 환산승수 : 가격표시는 %이고 최소 가격변동금액은 bp이므로 환산승수는 100임.

** 일일정산에 따른 발생손익을 모두 거래손익(I/S)으로 회계처리하는 것은 CD금리선물거래가 과도하게 일어나는 것으로 정보이용자를 오도할 수 있으므로 기중에는 별도계정으로 관리하고 전매도, 결산 및 최종 결제시에만 거래손익으로 인식함.

－20×1. 10. 6.

(일일정산 결제)

(차) 선물거래예치금 25,000,000 (대) 미 수 금 25,000,000

* 일일정산차금은 익일(T+1일)에 결제되므로 이를 반영하기 위한 회계처리임(다만, 실무적으로 기중에는 결제일기준으로 회계처리하거나 비망기록할 수도 있을 것임).

－20×1. 12. 30.

(일일정산)

(차) 정 산 손 익 50,000,000* (대) 미 지 급 금 50,000,000*

* 갱신차금 20계약 × (91.0－93.0) × 12,500원 × 100 = (－)50,000,000

－20×1. 12. 31.

(일일정산 결제)

(차) 미 지 급 금 50,000,000 (대) 선물거래예치금 50,000,000

(거래손익인식)

(차) CD금리선물거래손실(B/S) 25,000,000* (대) 정 산 손 익 25,000,000**

* 20계약 × (91.0－92.0) × 12,500원 × 100 = (－)25,000,000원

** 25,000,000+(－)50,000,000

(위험회피의 불완전성 인식)

(차) CD금리선물거래손실(I/S) 2,561,644 (대) CD금리선물거래손실(B/S) 2,561,644

－20×2. 1. 3.

(일일정산)

(차) 미 수 금 20,000,000 (대) 정 산 손 익 20,000,000*

* 당일차금 20계약 × (91.80 － 92.50) × 12,500원 × 100 = (－)17,500,000
 갱신차금 20계약 × (92.50 － 91.00) × 12,500원 × 100 = 37,500,000
 정산차금 20,000,000

(전매에 따른 거래손익 인식)

(차) 정 산 손 익 20,000,000* (대) CD금리선물거래손실(B/S) 20,000,000

* 20계약 × (91.80－91.00) × 12,500원 × 100 = 20,000,000

(위험회피의 불완전성 인식)

(차) CD금리선물거래손실(B/S) 2,547,945 (대) CD금리선물거래이익(I/S) 2,547,945

* 이에 따라 기타포괄손익누계액으로 계상된 CD금리선물거래손실은 4,986,301원(=(－)25,000,000－(－)2,561,644＋20,000,000－2,547,945)임.

(CD매입)

(차) C D 9,810,520,548* (대) 현 금 9,810,520,548
(차) C D 4,986,301 (대) CD금리선물거래손실(B/S) 4,986,301

* 10,000,000천원 × (1－0.076×91/365)

• 91일만기 CD는 i) 큰 거래비용 없이 현금전환이 용이하고, ii) 만기가 3개월 이내로서 이자율변동에 따른 가치변동위험이 크지 않으므로 현금 및 현금성자산으로 분류함.

• 기타포괄손익누계액으로 계상된 CD금리선물거래손실(B/S) 잔액 4,986,301원은 예상거래 발생시 전액 CD의 취득시 장부금액에 가산함.

－20×2. 1. 4.

(일일정산 결제 T+1)

(차) 선 물 거 래 예 치 금 20,000,000 (대) 미 수 금 20,000,000

－20×2. 4. 4.

(이자수익인식)

(차) 현 금 10,000,000,000 (대) C D 9,815,506,849
 이 자 수 익 184,493,151

사례 현금흐름위험회피회계 → 공정가치위험회피회계

－외화도급금액 : $1,000

－도급계약 및 통화선도계약 체결일 : 20×8. 1. 1.

－선도계약 환율 : 1,000₩/$

－최초 통화선도계약의 공정가치는 영(0)이며, 각 통화선도의 만기일 및 계약금액은 입금스케

줄과 일치한다고 가정함.

일자	누적진행률	입금스케줄	환율(₩/$)
20×8. 1. 1.	–	–	1,000
20×8. 6. 30.	–	$500	1,050
20×8. 12. 31.	30%	–	1,150
20×9. 6. 30	50%	–	1,100
20×9. 12. 31.	100%	$500	1,200

- 회사는 최초 외화도급계약을 예상거래로 판단하여 현금흐름위험회피회계를 적용하였으나 20×8. 12. 31. 과거 거래경험 등을 기초로 해당 계약을 확정계약으로 판단하고 공정가치위험회피회계를 적용하기로 한 것으로 가정함.

〈회계처리〉

- 편의상 선도환율과 현물환율은 동일한 것으로 가정하고 현재가치 평가 및 위험회피효과 평가는 생략

일반상거래	파생상품거래
(20×8. 1. 1.) 분개 없음	
(20×8. 6. 30.) 현금($) 525,000* / 선수금 525,000 * $500×1,050 = 525,000 선수금 25,000 / 통화선도평가손실(B/S) 25,000* * 50,000×($500/$1,000) = 25,000	통화선도평가손실(B/S) 50,000* / 통화선도 50,000 * (1,000–1,050) × $1,000 = (–)50,000 현금(₩) 500,000 / 현금($) 525,000 통화선도 25,000 /
(20×8. 12. 31.) 선수금 300,000 / 매출 300,000* * (525,000–25,000)×30%/($500/$1,000) = 300,000 확정계약 75,000 / 통화선도평가손실(B/S) 75,000* * 50,000–25,000+50,000 = 75,000	통화선도평가손실(B/S) 50,000* / 통화선도 50,000 * (1,050–1,150)×$500 = (–)50,000
(20×9. 6. 30.) 선수금 200,000 / 매출 200,000 확정계약평가손익(I/S) 25,000* / 확정계약 25,000 * (1,100–1,150)×$500 = (–)25,000	통화선도 25,000 / 통화선도평가손익(I/S) 25,000* * (1,150–1,100)×$500 = 25,000

일반상거래					파생상품거래				
(20×9. 12. 31.)									
확정계약	50,000	/	확정계약평가손익(I/S)	50,000*	통화선도평가손익(I/S)	50,000*	/	통화선도	50,000
* (1,200−1,100)×$500 = (−)50,000					* (1,100−1,200)×$500 = (−)50,000				
매출채권	600,000*	/	매출	500,000	현금(₩)	500,000	/	현금($)	600,000
		/	확정계약	100,000	통화선도	100,000	/		
* $1,000×50%×1,200 = 600,000									
현금($)	600,000*	/	매출채권	600,000					
* $500×1,200 = 600,000									

사례 현금흐름위험회피회계 / 통화스왑 거래

1. 변동금리 외화차입금의 원화환산 현금흐름의 변동위험 전체에 대한 위험회피회계
   - 12월 결산법인인 S은행은 20×1. 1. 1.에 일본시장에서 Samuri Bond ¥10,000을 변동이자율(TIBOR)조건으로 발행하였다.
   - 한편, S은행은 ¥차입금의 이자율 및 환율 변동으로 인한 원화환산 현금흐름의 변동위험 전체를 회피하기 위하여 E은행과 ¥변동이자금액을 수취하고 ₩고정이자금액을 지급하며 만기에는 ¥원금을 수취하고 동시에 ₩원금을 지급하는 통화스왑계약을 체결하였으며 계약체결일에 프리미엄수수액은 없다.
   - 차입금 및 통화스왑과 관련된 세부사항은 다음과 같다.

	통화스왑계약	¥장기차입금
계약체결일 또는 차입일	20×1. 1. 1.	20×1. 1. 1.
만기일	20×2. 12. 31.	20×2. 12. 31.
계약금액 또는 원금	¥10,000 만기수취 ₩100,000 만기지급	¥10,000
고정이자율	연 8%(₩) 지급	N/A
변동이자율	TIBOR(¥) 수취	TIBOR
통화스왑 결제금액 및 장기차입금 이자지급액 확정일	20×1. 1. 1. 20×1. 12. 31.	20×1. 1. 1. 20×1. 12. 31.
통화스왑 결제일 또는 이자지급일	20×1. 12. 31. 20×2. 12. 31.	20×1. 12. 31. 20×2. 12. 31.

   - ₩ 및 ¥이자율은 다음과 같다.

통화스왑결제금액 및 장기차입금 이자지급액 확정일	₩ 이자율 (Prime rate)	¥ 이자율 (TIBOR)
20×1. 1. 1.	8%	4%
20×1. 12. 31.	6%	2%

- 환율에 대한 자료는 다음과 같다.

일 자	현물환율(₩/¥)	통화선도환율(₩/¥)
20×1. 1. 1.	10.00	10.3846*(만기1년)/10.7840*(만기2년)
20×1. 12. 31.	10.3846	10.7918*(만기1년)
20×2. 12. 31.	10.7918	

* 이자율평형이론(Interest rate parity thorem)을 반영한 통화선도환율 이론가격임(불연속연복리 가정).

통화선도환율이론가격(₩/¥) = 현물환율(₩/¥) × (1+원화이자율)/(1+엔화이자율)

$$10.3846 = 10.00 \times (1+8\%) / (1+4\%)$$
$$10.7840 = 10.00 \times (1+8\%)^2 / (1+4\%)^2$$
$$10.7918 = 10.3846 \times (1+6\%) / (1+2\%)$$

- 한편, S은행은 상기 거래에 대하여 현금흐름위험회피회계를 적용하기로 하였으며 다음의 사항을 가정한다.

① 통화스왑계약의 공정가치는 지급하기로 한 ₩현금흐름 및 수취하기로 한 ¥현금흐름의 ₩환산금액(통화선도환율 적용)을 모두 ₩-Prime rate로 할인하여 산정한다.
(한편, 이에 따른 공정가치는 ¥현금흐름은 ¥-TIBOR이자율로 할인하고 ₩현금흐름은 ₩-Prime rate로 각각 할인하여 그 차액에 현물환율을 적용한 금액과 동일하다)

② 통화스왑계약당사자인 S은행과 E은행의 신용위험은 동일하다. 따라서 ①에서 통화스왑의 공정가치를 산정하기 위하여 사용된 ₩-Prime rate와 ¥-TIBOR이자율은 각국의 무위험이자율에 동일한 리스크프리미엄이 반영되어 결정된 것이다.

⇐ 이에 따라 각 이자율의 차이는 무위험이자율의 차이와 동일하게 되며 따라서 ③의 가정이 가능하게 된다.

③ 통화선도환율은 이자율평형이론(Interest rate parity theorem)에 따라 결정된다.

④ ₩-Prime rate와 ¥-TIBOR이자율은 만기와 관계없이 일정하다(즉, flat yield curve 가정).

〈검 토〉

- 사례는 이자율 및 환율 위험을 회피하는 통화스왑계약(Cross Currency Swap)임.
- 이러한 통화스왑계약은 이자율 및 환율의 변동으로 인한 원화환산 현금흐름의 변동위험을 회피하려는 현금흐름위험회피목적으로 이루어진 것으로 이를 반영하여 현금흐름위험회피회계를 적용함.
- 위험회피회계를 적용하기 위한 통화스왑은 S은행 입장에서 ¥차입금발행을 ₩차입금발행으로 전환한 것임. 한편 스왑상대방인 E은행의 신용위험은 S은행의 신용위험과 동일하다고 가정하였으므로 스왑계약체결시 결정되는 ₩-Prime rate는 S은행 ¥-TIBOR이자율과 동일한 구조를 가질 것이며 이자율평형이론(Interest rate parity) 가정에 따라 금리차에 의한 손실은 환율변동으로 정확히 상계될 것임.

- 통화스왑계약(￥ - TIBOR수취/₩고정이자 8% 지급)과 ￥차입금을 함께 고려한 실제 원금 · 이자지급액은 다음과 같음.

수취(지급)

	20×1. 12. 31.	20×2. 12. 31.
통화스왑	(3,846)	2,076*
￥차입금	(4,154)	(110,076)**
실제 원금 · 이자지급액	(8,000)	(108,000)

* [₩8,000+₩100,000]-[￥200+￥10,000] × 10.7918

** [￥200+￥10,000] × 10.7918

- 통화스왑의 공정가치 및 기타포괄손익누계액으로 계상된 평가손익금액의 변동내역은 다음과 같음.

( )는 기타포괄손익누계액 차변금액 의미

	20×1. 12. 31.	20×2. 12. 31.
공정가치	1,959 1)	-
기초 기타포괄손익누계액 계상액	-	(1,887)
평가손익 중 할인액상각	-	(113) 2)
당기손익대체액	(3,846)	2,000 3)
평가손익조정액	1,959	-
기말 기타포괄손익누계액 계상액	(1,887)	-

1) ￥현금흐름의 현가

$$\frac{10{,}200 \times 10.7918}{(1+0.06)} = 103{,}846(A)$$

₩현금흐름의 현가

$$\frac{108{,}000}{(1+0.06)} = 101{,}887(B)$$

스왑의 공정가치 1,959(= A-B)

2) 1,887 × (1+0.06)-1,887

3) 당기 이자비용인식액과 동액을 기타포괄손익누계액에서 당기비용으로 대체함.

〈회계처리〉 (단위 : 원)

- 외화장기차입금의 유동성대체분개 생략함.
- 20×1. 1. 1.

(￥차입금)

(차) 현 금(￥)	100,000	(대) 외화장기차입금(￥)	100,000

(통화스왑)

스왑계약체결일의 공정가치는 영(0)이며 별도의 회계처리도 없음. (계약금액 등 비망기록)

- 20×1. 12. 31.

(¥차입금)

(차) 이 자 비 용	4,154	(대) 현 금(¥)	4,154
(차) 외화환산손실(I/S)	3,846	(대) 외화장기차입금(¥)	3,846

(통화스왑)

(차) 현 금(¥)	4,154	(대) 현 금(₩)	8,000
이 자 비 용	3,846		
(차) 통 화 스 왑	1,959	(대) 통화스왑평가손실(B/S)	1,959
통화스왑평가손실(B/S)	3,846	통화스왑평가이익(I/S)	3,846

- 20×2. 12. 31.

(¥차입금)

(차) 이 자 비 용	2,158	(대) 현 금(¥)	2,158
(차) 외화장기차입금(¥)	103,846	(대) 현 금(¥)	107,918
외 환 차 손(I/S)	4,072		

(통화스왑)

(차) 통화스왑평가손실(B/S)	113	(대) 통 화 스 왑	113
(차) 현 금(¥)	2,158	(대) 현 금(₩)	8,000
이 자 비 용	3,842		
통 화 스 왑	2,000		
(차) 이 자 비 용	2,000	(대) 통화스왑평가손실(B/S)	2,000
(차) 현 금(¥)	107,918	(대) 현 금(₩)	100,000
		통 화 스 왑	3,846
		통화스왑거래이익(I/S)	4,072

2. 고정금리 외화차입금의 원화환산 현금흐름의 변동위험 전체에 대한 위험회피회계

- 12월 결산법인인 S은행은 20×1. 1. 1.에 일본시장에서 Samuri Bond ¥10,000을 고정이자율 연4% 지급조건으로 발행하였다.
- 한편, S은행은 ¥차입금의 이자율 및 환율의 변동에 따른 현금흐름의 변동위험 전체를 회피하기 위하여 E은행과 ¥고정이자금액을 수취하고 ₩고정이자금액을 지급하며 만기에는 ¥원금을 수취하고 동시에 ₩원금을 지급하는 통화스왑계약을 체결하였으며 계약체결일에 프리미엄수수액은 없다.
- 차입금 및 통화스왑과 관련된 세부사항은 다음과 같다.

	통화스왑계약	¥장기차입금
계약체결일 또는 차입일	20×1. 1. 1.	20×1. 1. 1.
만기일	20×2. 12. 31.	20×2. 12. 31.
계약금액 또는 원금	¥10,000 만기수취 ₩100,000 만기지급	¥10,000
수취이자율	연 4%(¥)	-

지급이자율	연 8%(₩)	연4%(¥)
통화스왑 결제금액 및 장기차입금 이자지급액 확정일	20×1. 1. 1. 20×1. 12. 31.	20×1. 1. 1. 20×1. 12. 31.
통화스왑 결제일 또는 이자지급일	20×1. 12. 31. 20×2. 12. 31.	20×1. 12. 31. 20×2. 12. 31.

-₩ 및 ¥이자율은 다음과 같다.

통화스왑결제 및 장기차입금 이자지급액 확정일	₩ 변동이자율 (Prime rate)	¥ 변동이자율 (TIBOR)
20×1. 1. 1.	8%	4%
20×1. 12. 31.	6%	2%

-환율에 대한 자료는 다음과 같다.

일 자	현물환율(₩/¥)	통화선도환율(₩/¥)
20×1. 1. 1.	10.00	10.3846*(만기1년) / 10.7840*(만기2년)
20×1. 12. 31.	10.3846	10.7918*(만기1년)
20×2. 12. 31.	10.7918	

* 이자율평형이론(Interest rate parity theorem)을 반영한 통화선도환율이론가격임(불연속연복리 가정).
통화선도환율이론가격(₩/¥) = 현물환율(₩/¥) × (1+원화이자율)/(1+엔화이자율)
$10.3846 = 10.00 \times (1+8\%) / (1+4\%)$
$10.7840 = 10.00 \times (1+8\%)^2 / (1+4\%)^2$
$10.7918 = 10.3846 \times (1+6\%) / (1+2\%)$

-한편, S은행은 상기 거래에 대하여 현금흐름위험회피회계를 적용하기로 하였으며 다음의 사항을 가정한다.

① 통화스왑계약의 공정가치는 지급하기로 한 ₩현금흐름 및 수취하기로 한 ¥현금흐름의 ₩환산금액(통화선도환율 적용)을 모두 ₩-Prime rate로 할인하여 산정한다.
(한편, 이에 따른 공정가치는 ¥현금흐름은 ¥-TIBOR이자율로 할인하고 ₩현금흐름은 ₩-Prime rate로 각각 할인하여 그 차액에 현물환율을 적용한 금액과 동일하다)

② 통화스왑계약 당사자인 S은행과 E은행의 신용위험은 동일하다. 따라서 ①에서 통화스왑의 공정가치를 산정하기 위하여 사용된 ₩-Prime rate와 ¥-TIBOR이자율은 각국의 무위험이자율에 동일한 리스크프리미엄이 반영되어 결정된 것이다.
⇐ 이에 따라 각 이자율의 차이는 무위험이자율의 차이와 동일하게 되며 따라서 ③의 가정이 가능하게 된다.

③ 통화선도환율은 이자율평형이론(Interest rate parity theorem)에 따라 결정된다.

④ ₩-Prime rate와 ¥-TIBOR이자율은 만기와 관계없이 일정하다.
(즉 flat yield curve 가정)

〈검 토〉

-사례는 이자율 및 환율 위험을 회피하는 통화스왑계약(Cross Currency Swap)임.

- 이러한 통화스왑계약은 원화환산 현금흐름의 변동위험 전체를 회피하려는 현금흐름 위험회피목적으로 이루어진 것으로 이를 반영하여 현금흐름 위험회피회계를 적용함.
- 통화스왑계약(￥4% 수취/₩8% 지급)과 ￥차입금을 함께 고려한 실제원금 · 이자지급액은 다음과 같음.

수취(지급)

	20×1. 12. 31.	20×2. 12. 31.
통화스왑	(3,846)1)	4,2353)
￥차입금	(4,154)2)	(112,235)4)
실제원금 · 이자지급액	(8,000)	(108,000)

1) ￥400 × 10.3846 – ₩8,000
2) ￥400 × 10.3846
3) [￥400 + ￥10,000] × 10.7918 – [₩8,000 + ₩100,000]
4) [￥400 + 10,000] × 10.7918

- 통화스왑 및 관련 ￥차입금의 공정가치 및 평가손익(환산손익)은 다음과 같음.

	20×1. 1. 1.	20×1. 12. 31.
통화스왑	–	3,9951)
통화스왑평가손익(I/S)	N/A	3,995
￥차입금	100,000	103,8462)
￥차입금환산손익(I/S)	N/A	(–)3,846

1) 스왑의 공정가치(A – B)　　3,995

￥현금흐름의 현가

$$\frac{10,400 \times 10.7918}{(1+0.06)} = 105,882(A)$$

₩현금흐름의 현가

$$\frac{108,000}{(1+0.06)} = 101,887(B)$$

2) ￥장기차입금의 환산금액
10,000×10.3846 = 103,846

- 통화스왑의 공정가치 및 기타포괄손익누계액으로 계상된 평가손익금액의 변동내역은 다음과 같음.

( )는 기타포괄손익누계액차변금액 의미

	20×1. 12. 31.	20×2. 12. 31.
공정가치	3,9951)	–
기초 기타포괄손익누계액 계상액	–	149
평가손익 중 할인액상각	–	92)
당기손익대체액	(3,846)	1583)

평가손익조정액	3,995	–
기말 기타포괄손익누계액 자본조정계상액	149	–

1) 통화스왑의 공정가치(A–B) 3,995

¥현금흐름의 현가

$$\frac{10,400 \times 10.7918}{(1+0.06)} = 105,882(A)$$

₩현금흐름의 현가

$$\frac{108,000}{(1+0.06)} = 101,887(B)$$

2) 149 ×(1+0.06) – 149

3) 당기 이자비용인식액과 동액을 기타포괄손익누계액에서 당기비용으로 대체함.

〈회계처리〉 (단위 : 원)

- 외화장기차입금의 유동성대체분개 생략함.

20×1. 1. 1.

(¥차입금)

(차)	현 금(¥)	100,000	(대) 외화장기차입금(¥)	100,000

(통화스왑)

스왑계약체결일의 공정가치는 영(0)이며 별도의 회계처리도 없음.(계약금액 등 비망기록)

20×1. 12. 31.

(¥차입금)

(차)	이 자 비 용	4,154	(대) 현 금(¥)	4,154
(차)	외 화 환 산 손 실(I/S)	3,846	(대) 외화장기차입금(¥)	3,846

(통화스왑)

(차)	현 금(¥)	4,154	(대) 현 금(₩)	8,000
	이 자 비 용	3,846		
(차)	통 화 스 왑	3,995	(대) 통화스왑평가이익(B/S)	3,995
	통화스왑평가이익(B/S)	3,846	통화스왑평가이익(I/S)	3,846

20×2. 12. 31.

(¥차입금)

(차)	이 자 비 용	4,317	(대) 현 금(¥)	4,317
(차)	외화장기차입금(¥)	103,846	(대) 현 금(¥)	107,918
	외 환 차 손(I/S)	4,072		

(통화스왑)

(차)	통 화 스 왑	9	(대) 통화스왑평가이익(B/S)	9
(차)	현 금(¥)	4,317	(대) 현 금(₩)	8,000

(차) 이　자　비　용	3,841	(대) 통　화　스　왑	158
통화스왑평가이익(B/S)	158	이　자　비　용	158

(차) 현　　　금(￥)	107,918	(대) 현　　　금(₩)	100,000
		통　화　스　왑	3,846
		통화스왑거래이익(I/S)	4,072

사례　현금흐름위험회피회계/외화예금

- 회사는 20×1. 1. 1. 보유중인 외화예금 중 \$1,000을 20×1. 6. 30. 예상되는 \$1,000의 기계장치 취득에 대한 위험회피수단으로 지정하여 외화위험에 대한 현금흐름위험회피회계를 적용하기로 함.
- 위험회피수단으로 지정된 외화예금에서 발생하는 외화환산손익은 전액 위험회피에 효과적인 것으로 가정함.
- 20×1. 1. 1. 환율은 1,300원/US\$, 20×1. 6. 30. 환율은 1,100원/US\$으로 가정함.
- 회사는 20×1. 6. 30. 기계장치를 \$1,000에 취득하였음.

〈회계처리〉

- 20×1. 1. 1.

분개없음.

- 20×1. 6. 30.

(외화환산)

(차) 외화환산손실(B/S)	200,000*	(대) 외　화　예　금	200,000

* \$1,000×(1,100−1,300)=(−)200,000

(취득자산대체)

(차) 기　계　장　치	1,300,000	(대) 외　화　예　금	1,100,000*
		외화환산손실(B/S)	200,000

* 외화예금 \$1,000×1,100=1,100,000

사례　현금흐름위험회피회계/외화차입금

- 회사는 20×1. 1. 1. 기존 외화차입금 중 만기가 20×1. 6. 30.인 \$1,000을 20×1. 6. 30. 예상되는 \$1,000의 선수금 유입에 대한 위험회피수단으로 지정하여 외화위험에 대한 현금흐름위험회피회계를 적용하기로 함.
- 위험회피수단으로 지정된 외화차입금에서 발생하는 외화환산손익은 전액 위험회피에 효과적인 것으로 가정함.
- 20×1. 1. 1. 환율은 1,300원/US\$, 20×1. 6. 30. 환율은 1,100원/US\$으로 가정함.
- 회사는 20×1. 6. 30. \$1,000의 선수금을 수령하였음.

〈회계처리〉

- 20×1. 1. 1.

  분개없음.

- 20×1. 6. 30.

  (외화환산)

(차) 외화차입금	200,000	(대) 외화환산이익(B/S)	200,000*

* $1,000×(1,300－1,100)=200,000

(선수금대체)

(차) 외화환산이익(B/S)	200,000	(대) 선수금	1,300,000
현금및현금성자산	1,100,000*		

* $1,000×1,100=1,100,000

(차입금상환)

(차) 외화차입금	1,100,000	(대) 현금및현금성자산	1,100,000*

* $1,000×1,100=1,100,000

사례 현금흐름위험회피회계/외화차입금

- 외화차입금(20×1. 1. 1. 현재) : $2,000
- 외화차입금 상환스케줄은 아래와 같음.

(단위 : US$)

일 자	20×1. 6. 30.	20×1. 12. 31.	20×2. 6. 30.	20×2. 12. 31.
상환금액	500	500	500	500

- 회사는 동 외화차입금을 위험회피수단으로 지정하여 20×1. 1. 1.부터 외화 예상매출의 외화위험에 대한 현금흐름위험회피회계를 적용하기로 함.
- 위험회피대상으로 지정된 예상매출의 발생액과 발생시기는 차입금 상환스케줄과 일치하며, 매출시점에 현금으로 회수됨을 가정함.
- 위험회피수단으로 지정된 외화차입금에서 발생하는 외화환산손익은 전액 위험회피에 효과적인 것으로 가정함.
- 일자별 환율변동은 아래와 같음.

일자	20×1. 1. 1.	20×1. 6. 30.	20×1. 12. 31.	20×2. 6. 30.	20×2. 12. 31.
환율	1,300	1,200	1,150	1,180	1,100

〈회계처리〉

- 20×1. 1. 1.

  분개없음.

-20×1. 6. 30.

(매출발생)

(차) 현금및현금성자산	600,000	(대) 매 출 액	600,000*

* $500×1,200=600,000

(외화환산 및 손익대체)

(차) 외 화 차 입 금	200,000	(대) 외화환산이익(B/S)	200,000*

* $2,000×(1,300－1,200)=200,000

(차) 외화환산이익(B/S)	50,000	(대) 매 출 액	50,000*

* 200,000×($500/$2,000)=50,000

(차입금상환)

(차) 외 화 차 입 금	600,000	(대) 현금및현금성자산	600,000*

* $500×1,200=600,000

-20×1. 12. 31.

(매출발생)

(차) 현금및현금성자산	575,000	(대) 매 출 액	575,000*

* $500×1,150=575,000

(외화환산 및 손익대체)

(차) 외 화 차 입 금	75,000	(대) 외화환산이익(B/S)	75,000*

* $1,500×(1,200－1,150)=75,000
외화환산이익(기타포괄손익누계액) 잔액 225,000원

(차) 외화환산이익(B/S)	75,000*	(대) 매 출 액	75,000

* 225,000×($500/$1,500)=75,000
외화환산이익(기타포괄손익누계액) 잔액 150,000원

(차입금상환)

(차) 외 화 차 입 금	575,000	(대) 현금및현금성자산	575,000*

* $500×1,150=575,000

-20×2. 6. 30.

(매출발생)

(차) 현금및현금성자산	590,000	(대) 매 출 액	590,000*

* $500×1,180=590,000

(외화환산 및 손익대체)

(차) 외화환산이익(B/S)	30,000*	(대) 외 화 차 입 금	30,000

＊ $1,000×(1,150－1,180)=(－)30,000
외화환산이익(기타포괄손익누계액) 잔액 120,000원

(차) 외화환산이익(B/S) 60,000* (대) 매 출 액 60,000

＊ 120,000×($500/$1,000)=60,000
외화환산이익(기타포괄손익누계액) 잔액 60,000원

(차입금상환)

(차) 외 화 차 입 금 590,000 (대) 현금및현금성자산 590,000*

＊ $500×1,180=590,000

－20×2. 12. 31.

(매출발생)

(차) 현금및현금성자산 550,000 (대) 매 출 액 550,000*

＊ $500×1,100=550,000

(외화환산 및 손익대체)

(차) 외 화 차 입 금 40,000 (대) 외화환산이익(B/S) 40,000*

＊ $500×(1,180－1,100)=40,000
외화환산이익(기타포괄손익누계액) 잔액 100,000원

(차) 외화환산이익(B/S) 100,000* (대) 매 출 액 100,000

＊ 100,000×($500/$500)=100,000

(차입금상환)

(차) 외 화 차 입 금 550,000 (대) 현금및현금성자산 550,000*

＊ $500×1,100=550,000

(5) 해외사업장순투자의 위험회피회계

해외사업장순투자의 위험회피(순투자의 일부로 회계처리하는 화폐성항목의 위험회피 포함)는 다음과 같이 현금흐름위험회피와 유사하게 회계처리한다(일반기준 6장 문단 6.79).

① 위험회피수단의 손익 중 위험회피에 효과적인 부분은 기타포괄손익으로 인식한다.

② 위험회피수단의 손익 중 비효과적인 부분은 당기손익으로 인식하고, 위험회피에 효과적이어서 기타포괄손익으로 인식한 부분은 향후 해외사업장의 처분시점에 재분류조정으로 자본에서 당기손익으로 재분류한다.

3. 기타 거래의 회계처리

(1) 통화선도거래의 평가

① 통화선도거래의 공정가치는 잔여만기가 동일한 통화선도환율(forward rate)을 기준으로 하여 산정한다(일반기준 6장 문단 6.80).

통화선도환율은 주요 금융기관이 제시하는 통화선도환율을 참고로 하여 서울외국환중개(주)가 보고기간종료일에 고시하는 원화 대 미달러화간 통화선도환율 및 이러한 원화 대 미달러화간 통화선도환율과 미달러화 대 기타 통화간 통화선도환율을 재정한 원화 대 기타 통화간 통화선도환율을 사용한다(일반기준 6장 부록 실6.133).

② 위 '①'에 따른 공정가치는 해당 통화선도환율 변동액을 잔여만기에 대하여 적절한 이자율로 할인하여 산정한다(일반기준 6장 문단 6.80).

통화선도환율변동액은 만기시점의 현금흐름이므로 현재시점의 공정가치를 구하기 위해서는 이를 적절한 할인율로 할인해야 한다. 이 경우 적절한 할인율은 통화선도계약당사자의 신용위험이 반영된 이자율이어야 하나 실무적 적용가능성을 고려하여 계약당사자의 동일신용위험을 가정한 이자율을 사용할 수도 있다. 예를 들어, 통화선도계약당사자에 대하여 우대금리수준의 위험을 가정한다면 원화 대 외화 거래의 경우 주거래은행의 우대금리를 적절한 할인율로 사용할 수 있는 것이다(일반기준 6장 부록 실6.134).

사례 매매목적 / 통화선도거래 / 원화 대 외화거래

- 12월 결산법인 A회사는 원화의 평가절하를 예상하고 다음과 같은 통화선도거래계약을 체결하였다.
  - 통화선도거래계약 체결일 : 20×1. 10. 1.
  - 계약기간 : 5개월(20×1. 10. 1.~20×2. 2. 28.)
  - 계약조건 : US$100를 약정통화선도환율 @₩1,200/US$1로 매입하기로 함.
- 환율에 대한 자료는 다음과 같다.

일 자	현물환율(₩/$)	통화선도환율(₩/$)
20×1. 10. 1.	1,180	1,200(만기 5개월)
20×1. 12. 31.	1,190	1,210(만기 2개월)
20×2. 2. 28.	1,150	

- 20×1. 12. 31. 적절한 할인율은 6%이며 현재가치계산시 불연속연복리를 가정한다.

〈회계처리〉 (단위 : 원)

- 20×1. 10. 1

계약체결일에 통화선도거래의 공정가치는 영(0)이므로 별도의 회계처리 없음.

* US$ 미수액 US$100 × 1,200 = 120,000
 ₩ 미지급액 120,000

-20×1. 12. 31.

(차) 통 화 선 도(B/S)	990*	(대) 통화선도평가이익(I/S)	990

* US$ 미수액 변동액 US$100 × (1,210-1,200) = 1,000(A)
통화선도평가이익 1,000(A)/(1+0.06)^n = 990(n = 59/365)

-20×2. 2. 28.

(차) 현 금(US$)	115,000*	(대) 현 금	120,000
통화선도거래손실(I/S)	5,990	통 화 선 도(B/S)	990

* US$100 × 1,150 = 115,000

(2) 매매목적의 거래소 선물거래

매매목적의 거래소 선물거래는 다음과 같이 회계처리한다(일반기준 6장 문단 6.80).

① 위탁증거금 등 선물거래를 위한 예치금은 유동자산으로 인식한다.

② 일일정산에 따른 회계연도 중의 정산차금(당일차금과 갱신차금의 합계) 발생분에 대해서는 이를 기중에 거래손익으로 인식하지 않고 회사 내부관리용 별도의 계정으로 관리하며 동 금액은 다음의 '③ 내지 ⑤'에 따라 주가지수선물거래손익 등으로 대체한다.

③ 결산일 현재 보유하고 있는 미결제약정분에 대한 종목별 누적정산차금잔액은 주가지수선물거래손익 등으로 하여 당기손익으로 인식한다.

④ 전·환매수량에 대한 당초 약정금액(전기 이월분은 전기말 정산가격)과 전·환매시 약정금액과의 차액은 주가지수선물거래손익 등으로 하여 당기손익으로 인식한다. 이 경우 당초 약정금액은 종목별로 총평균법·이동평균법을 적용하여 산정한다.
이와 관련하여 영업장별로 독립적으로 거래가 이루어지고 있고 내부 편출입이 제한되어 있다면 종목별 총평균법·이동평균법을 영업장별로도 적용할 수 있다(일반기준 6장 부록 실6.135).

⑤ 최종 결제시 누적정산차금잔액과 최종 결제차금은 주가지수선물거래손익 등으로 하여 당기손익으로 인식한다.

⑥ 결산일 현재 발생한 미수(미지급)일일정산차액은 미수금(미지급금)으로 인식한다.

미결제약정분에 대한 일일정산손익은 비록 실현손익이기는 하지만 이는 선물거래 결제의 안정성을 위해서 이루어지는 것으로서 일반적인 매매손익과는 성격이 다르다. 따라서 이와 같은 일일정산손익을 모두 거래손익으로 회계처리하여 이익과 손실을 총액으로 표시한다면 주가지수선물거래가 과도하게 일어나는 것으로 정보이용자를 오도할 수 있게 된다.

이러한 이유로 일일정산손익은 기중에는 별도계정으로 관리하고 전매도, 결산 및 최종 결제시에만 거래손익으로 인식한다(일반기준 6장 부록 실6.136).

한편, 주가지수선물거래손익 등을 미결제약정분에 대한 일일정산 실현손익과 전환매 및 최종 결제에 따른 실현손익으로 구분하여 공시하고자 하는 경우에는 이를 각각 선물거래정산손익과 선물거래매매손익으로 하여 인식하면 된다(일반기준 6장 부록 실6.137).

사례 매매목적 / KOSPI200 주가지수선물거래

- 12월 결산법인인 A회사는 KOSPI200 주가지수선물거래를 위탁하기 위하여 H증권회사에 20×1. 12. 20. 위탁증거금 50,000,000원을 납부하였다.
- A회사의 20×2년 3월물에 대한 거래내역은 다음과 같다.

일 자	거래내역	거래수량	잔고수량	약정가격	정산가격
20×1. 12. 22.	신규매입	5계약	5계약	85.0	87.0
〃	전 매	2계약	3계약	86.0	〃
20×1. 12. 23.	전 매	1계약	2계약	84.0	86.0
20×1. 12. 24.	신규매입	2계약	4계약	88.0	89.0
20×1. 12. 27.	전 매	1계약	3계약	90.0	91.0
20×1. 12. 28.	–	–	3계약	–	92.0
20×2. 1. 3.	전 매	3계약	–	90.0	92.5

- 주가지수선물거래손익을 산정하기 위한 당초 약정금액은 종목별 이동평균법에 의하여 산정한다.
- 관련 한국거래소 파생상품시장 업무규정(2023. 7. 5. 개정)은 다음과 같음.

제141조(당일차금의 수수) 회원과 위탁자는 당일차금을 결제금액으로 수수하여야 한다.

제142조(갱신차금의 수수) 회원과 위탁자는 갱신차금을 결제금액으로 수수하여야 한다. 이 경우 갱신차금의 산출에 관하여는 제98조 제1항 단서를 준용한다.

제97조(당일차금의 수수) ① 결제회원은 당일의 약정가격(직전 거래일의 글로벌거래의 약정가격을 포함한다)과 당일의 정산가격과의 차이에 약정수량 및 거래승수를 곱하여 산출되는 금액(이하 "당일차금"이라 한다)을 거래소와 수수하여야 한다.

② 매매전문회원은 당일차금을 지정결제회원과 수수하여야 한다.

제98조(갱신차금의 수수) ① 결제회원은 직전 거래일의 정산가격과 당일의 정산가격과의 차이에 직전 거래일의 장종료 시점의 미결제약정수량 및 거래승수를 곱하여 산출되는 금액(이하 "갱신차금"이라 한다)을 거래소와 수수하여야 한다. 다만, 주식선물거래의 기초주권의 배당락 등이 있는 경우, 그 밖에 시장관리상 필요하다고 인정하는 경우에는 세칙이 정하는 바에 따라 갱신차금을 산출한다.

② 매매전문회원은 갱신차금을 지정결제회원과 수수하여야 한다.

※ 정산차금을 실무상 직접 산정해야 할 필요는 없으나 이 사례에서는 일일정산의 이해를 돕기 위해 그 산정내역을 제시함.

-20×1. 12. 25. ~ 12. 26.은 휴일로 가정한다.

-한국거래소의 납회일은 20×1. 12. 28.이고 개장일은 20×2. 1. 3.로 가정한다.

-KOSPI200 주가지수선물의 거래승수는 가격당 500,000원으로 가정한다.

〈회계처리〉 (단위 : 원, 거래수수료에 대한 회계처리 생략)

-20×1. 12. 20.

(차) 선물거래예치금 50,000,000* (대) 현 금 50,000,000

* 유동자산 항목임.

-20×1. 12. 22.

(계약체결시)

계약체결일에 수수된 주가지수선물매입계약의 프리미엄은 없으며 따라서 공정가치는 영(0)이므로 별도의 회계처리는 필요 없음.

(일일정산)

(차) 미 수 금 4,000,000* (대) 정 산 손 익** 4,000,000

* 한국거래소 파생상품시장업무규정(제97조 및 제98조)에 따라 산정된 금액이며 구체적으로는 다음과 같음.
당일차금 (87−85) × 5계약 × 500,000원 + (86−87) × 2계약 × 500,000원 = 4,000,000원

** 일일정산에 따른 발생손익을 모두 거래손익(I/S)으로 회계처리하는 것은 주가지수선물거래가 과도하게 일어나는 것으로 정보이용자를 오도할 수 있으므로 기중에는 별도계정으로 관리하고 전매도, 결산 및 최종결제시에만 거래손익으로 인식함.

(차) 정 산 손 익 1,000,000 (대) 주가지수선물거래이익 1,000,000*

* (86−85) × 2계약 × 500,000원 = 1,000,000원

-20×1. 12. 23.

(일일정산 결제)

(차) 선물거래예치금 4,000,000 (대) 미 수 금 4,000,000

* 일일정산차금은 익일(T+1일)에 결제되므로 이를 반영하기 위한 회계처리임(다만, 실무적으로 기중에는 결제일기준으로 회계처리하거나 비망기록할 수도 있을 것임).

(일일정산)

(차) 정 산 손 익 2,500,000 (대) 미 지 급 금 2,500,000*

* 당일차금	(84−86) × 1계약 × 500,000원	=	(−)1,000,000원
갱신차금	(86−87) × 3계약 × 500,000원	=	(−)1,500,000
정산차금			(−)2,500,000원

(거래손익인식)

(차) 주가지수선물거래손실 500,000* (대) 정 산 손 익 500,000

* (84−85) × 1계약 × 500,000원 = (−)500,000원

−20×1. 12. 24.

(일일정산 결제)

(차) 미 지 급 금 2,500,000 (대) 선물거래예치금 2,500,000

(일일정산)

(차) 미 수 금 4,000,000 (대) 정 산 손 익 4,000,000*

* 당일차금	(89−88) × 2계약 × 500,000원 =		1,000,000원
갱신차금	(89−86) × 2계약 × 500,000원 =		3,000,000
정산차금			4,000,000원

−20×1. 12. 27.

(일일정산 결제)

(차) 선물거래예치금 4,000,000 (대) 미 수 금 4,000,000

* 12. 25. ~ 12. 26.은 휴일이므로 결제가 이루어지지 않는다.

(일일정산)

(차) 미 수 금 3,500,000 (대) 정 산 손 익 3,500,000*

* 당일차금	(90−91) × 1계약 × 500,000원 =	(−) 500,000원
갱신차금	(91−89) × 4계약 × 500,000원 =	4,000,000
정산차금		3,500,000원

(거래손익인식)

(차) 정 산 손 익 1,750,000 (대) 주가지수선물거래이익 1,750,000*

* (90−86.5) × 1계약 × 500,000원 = 1,750,000원
이동평균법에 의한 당초약정금액 (2×85 + 2×88) / 4 = 86.5

−20×1. 12. 28.

(일일정산 결제)

(차) 선물거래예치금 3,500,000 (대) 미 수 금 3,500,000

(일일정산)

(차) 미 수 금 1,500,000* (대) 정 산 손 익 1,500,000

* 당일차금		− 원
갱신차금	(92−91) × 3계약 × 500,000원 =	1,500,000
정산차금		1,500,000원

−20×1. 12. 29.

(일일정산 결제)

(차) 선물거래예치금 1,500,000 (대) 미 수 금 1,500,000

-20×1. 12. 31.

(결산일에 미정산손익 인식)

(차) 정 산 손 익 8,250,000** (대) 주가지수선물거래이익 8,250,000*

* (92-86.5) × 3계약 × 500,000원 = 8,250,000원

** 4,000,000 + (-)1,000,000 + (-)2,500,000 + 500,000 + 4,000,000 + 3,500,000 + (-)1,750,000 + 1,500,000 = 8,250,000원

-20×2. 1. 3.

(일일정산)

(차) 정 산 손 익 3,000,000 (대) 미 지 급 금 3,000,000*

*			
당일차금	(90-92.5) × 3계약 × 500,000원 =	(-)3,750,000원
갱신차금	(92.5-92) × 3계약 × 500,000원 =	750,000
정산차금		(-)3,000,000원

(거래손익인식)

(차) 주가지수선물거래손실 3,000,000* (대) 정 산 손 익 3,000,000

* (92-90) × 3계약 × 500,000원 = (-)3,000,000원

-20×2. 1. 4.

(일일정산 결제)

(차) 미 지 급 금 3,000,000 (대) 선물거래예치금 3,000,000

사례 매매목적 / 미국달러선물거래

-3월 결산법인인 A회사는 한국거래소의 미국달러선물거래를 위탁하기 위하여 D선물회사에 20×1. 3. 15.에 위탁증거금 500,000,000원을 납부하였다.

-A회사의 20×1년 4월물에 대한 거래내역은 다음과 같다.
(정산가격이 제시되지 않은 기간은 변동이 없다고 가정함)

일 자	거래내역	거래수량	잔고수량	약정가격	정산가격
20×1. 3. 19.	신규매입	10계약	10계약	1230.0	1225.0
20×1. 3. 25.	전 매	5계약	5계약	1235.0	1230.0
20×1. 3. 31.	결 산 일	-	5계약	N/A	1220.0
20×1. 4. 19.	최종거래	-	5계약	N/A	1240.0

※ 정산차금을 실무상 직접 산정해야 할 필요는 없으나, 이 사례에서는 일일정산의 이해를 돕기 위해 그 산정내역을 제시함.

〈회계처리〉 (단위 : 원, 거래수수료에 대한 회계처리 생략)

-20×1. 3. 15.

(차) 선물거래예치금 500,000,000* (대) 현 금 500,000,000

* 유동자산 항목임.

−20×1. 3. 19.

(계약체결시)

계약체결일에 수수된 미국달러선물매입계약의 프리미엄은 없으며 따라서 공정가치는 영(0)이므로 별도의 회계처리는 필요 없음.

(일일정산)

(차) 정 산 손 익**	2,500,000	(대) 미 지 급 금	2,500,000*

* 당일차금 10계약 × (1,225 − 1,230) × 10,000원 × 5 = (−)2,500,000원

※ 한국거래소 파생시장업무규정

i) 가격표시 : 1원/1US$

ii) 최소 가격변동폭(tick) : 0.2원/1US$

iii) 최소 가격변동금액(tick value) : 계약당 10,000원(= US$50,000 × 0.2원/1US$)

iv) 환산승수 : 최소 가격변동폭이 가격표시의 1/5이므로 환산승수는 5임.

** 일일정산에 따른 발생손익을 모두 거래손익(I/S)으로 회계처리하는 것은 달러선물거래가 과도하게 일어나는 것으로 정보이용자를 오도할 수 있으므로 기중에는 별도계정으로 관리하고 전매도, 결산 및 최종 결제시에만 거래손익으로 인식함.

−20×1. 3. 20.

(일일정산 결제)

(차) 미 지 급 금	2,500,000	(대) 선 물 거 래 예 치 금	2,500,000

* 일일정산차금은 익일(T+1일)에 결제되므로 이를 반영하기 위한 회계처리임(다만, 실무적으로 기중에는 결제일 기준으로 회계처리하거나 비망기록할 수도 있을 것임).

−20×1. 3. 25.

(일일정산)

(차) 미 수 금	3,750,000*	(대) 정 산 손 익	3,750,000*

* 당일차금 5계약 × (1,235 − 1,230) × 10,000원 × 5 = 1,250,000원
갱신차금 10계약 × (1,230 − 1,225) × 10,000원 × 5 = 2,500,000
정산차금 3,750,000원

(거래손익인식)

(차) 정 산 손 익	1,250,000*	(대) 달 러 선 물 거 래 이 익	1,250,000

* 5계약 × (1,235−1,230) × 10,000원 × 5 = 1,250,000원

−20×1. 3. 26.

(일일정산 결제)

(차) 선 물 거 래 예 치 금	3,750,000	(대) 미 수 금	3,750,000

−20×1. 3. 31.

(일일정산)

(차) 정 산 손 익 2,500,000 (대) 미 지 급 금 2,500,000*

* 갱신차금 5계약 × (1,220 − 1,230) × 10,000원 × 5 = (−)2,500,000원

(결산일에 미정산손익 인식)

(차) 달러선물거래손실 2,500,000* (대) 정 산 손 익 2,500,000**

* 5계약 × (1,220 − 1,230) × 10,000원 × 5 = (−)2,500,000원

** (−)2,500,000 + 3,750,000 + (−)1,250,000 + (−)2,500,000 = (−)2,500,000원

−20×1. 4. 1.

(일일정산 결제)

(차) 미 지 급 금 2,500,000 (대) 선물거래예치금 2,500,000

−20×1. 4. 19.

(일일정산)

(차) 미 수 금 5,000,000 (대) 정 산 손 익 5,000,000*

* 갱신차금 5계약 × (1,240 − 1,220) × 10,000원 × 5 = 5,000,000원

(최종 결제에 따른 거래손익 인식)

(차) 정 산 손 익 5,000,000 (대) 달러선물거래이익 5,000,000

(최종 실물인수도결제)

(차) 외화미수금 (US$) 310,000,000* (대) 미 지 급 금(₩) 310,000,000

* 5계약 × $50,000 × 1,240원 = 310,000,000원

* 일일정산제도에 따라 최종 결제가격은 최초 약정과는 관계가 없으며 최종 거래일의 정산가격이 된다.

* 미수외화는 미결제현물환으로서 결제시점 이전에 결산기가 도래한다면 미결제현물환에 대한 외화환산손익을 인식하여야 함.

−20×1. 4. 20.

(일일정산 결제 T+1)

(차) 선물거래예치금 5,000,000 (대) 미 수 금 5,000,000

−20×1. 4. 21.

(최종 결제 T+2)

(차) 미 지 급 금(₩) 310,000,000 (대) 선물거래예치금 310,000,000

(차) 외 화 예 금(US$) 310,000,000 (대) 외화미수금 (US$) 310,000,000

* 미국달러선물의 경우 최종 결제는 최종 거래일 이후 2일차(T+2일)에 결제됨.

(3) 매매목적의 거래소 옵션거래

매매목적의 거래소 옵션거래는 다음과 같이 회계처리한다(일반기준 6장 문단 6.80).

① 위탁증거금 등 옵션거래를 위한 예치금은 유동자산으로 인식한다.

② 옵션 매입시 지급하는 옵션프리미엄은 유동자산(매수주가지수옵션/매수미국달러옵션 등)으로, 매도시 수취하는 옵션프리미엄은 유동부채(매도주가지수옵션/매도미국달러옵션 등)로 처리한다.

③ 전 · 환매시 수수된 옵션대금(또는 권리행사시 수수된 권리행사차금)과 이미 유동자산 또는 유동부채에 계상되어 있는 옵션프리미엄 장부금액과의 차액은 주가지수옵션거래손익/미국달러옵션거래손익 등으로 하여 당기손익으로 처리한다. 이 경우 옵션프리미엄의 장부금액은 종목별로 총평균법 · 이동평균법을 적용하여 산정한다.

④ 옵션이 미행사되어 소멸하는 경우 유동자산 인식분은 옵션거래손실로 하여 당기손실로 처리하고 유동부채 인식분은 옵션거래이익으로 하여 당기이익으로 처리한다.

⑤ 유동자산(또는 유동부채)에 인식되어 있는 미결제약정분에 대한 옵션프리미엄의 장부금액과 결산일 현재 옵션프리미엄가격과의 차액은 주가지수옵션평가손익/미국달러옵션평가손익 등으로 하여 당기손익으로 처리한다.

사례 매매목적 / KOSPI200 주가지수옵션거래

- 12월 결산법인인 B회사는 KOSPI200 주가지수옵션거래를 위탁하기 위하여 H증권회사에 20×1. 12. 20. 위탁증거금 50,000,000원을 납부하였다.
- B회사의 20×2년 3월물 Call option에 대한 거래내역은 다음과 같다.

일 자	거래내역	거래수량	잔고수량	약정가격	비 고
20×1. 12. 24	신규매도	10계약	10계약	0.31	권리행사가격 75
〃	환 매	3계약	7계약	0.40	
20×1. 12. 27.	〃	7계약	–	0.25	
20×1. 12. 28.	신규매입	15계약	15계약	0.15	권리행사가격 75
〃	전 매	5계약	10계약	0.40	최종약정가격 0.25
20×2. 3. 9.	권리행사	10계약	–	N/A	KOSPI200 80

- 옵션평가손익을 산정함에 있어 보고기간종료일의 종가는 최종 약정가격(기세 포함)으로 하고 보고기간종료일의 종가가 없는 경우에는 직전 거래일의 종가로 한다.
- 20×1. 12. 25. ~ 12. 26.은 휴일로 가정한다.
- 한국거래소의 납회일은 20×1. 12. 28.이고 개장일은 20×2. 1. 3.로 가정한다.
- KOSPI200 주가지수옵션의 거래승수는 가격당 100,000원으로 가정한다.

〈회계처리〉 (단위 : 원, 거래수수료에 대한 회계처리 생략)

- 20×1. 12. 20.

(차) 선 물 거 래 예 치 금	50,000,000*	(대) 현 금	50,000,000

* 유동자산 항목임.

-20×1. 12. 24.

(신규매도계약)

(차) 미 수 금 310,000 (대) 매도주가지수옵션 310,000*

* 10계약 × 0.31 × 100,000원 = 310,000원

(환매수)

(차) 매도주가지수옵션 93,000* (대) 미 지 급 금 120,000**
주가지수옵션거래손실 27,000

* 3계약 × 0.31 × 100,000원 = 93,000원
** 3계약 × 0.40 × 100,000원 = 120,000원

-20×1. 12. 27.

(매매결제)

(차) 미 지 급 금 120,000 (대) 미 수 금 310,000
선물거래예치금 190,000

* 일일정산차금은 익일(T+1일)에 결제되므로 이를 반영하기 위한 회계처리임(다만, 실무적으로 기중에는 결제일기준으로 회계처리하거나 비망기록할 수도 있을 것임).

(환매수)

(차) 매도주가지수옵션 217,000* (대) 미 지 급 금 175,000**
주가지수옵션거래이익 42,000

* 7계약 × 0.31 × 100,000원 = 217,000원
** 7계약 × 0.25 × 100,000원 = 175,000원

-20×1. 12. 28.

(매매결제)

(차) 미 지 급 금 175,000 (대) 선물거래예치금 175,000

(신규매입계약)

(차) 매입주가지수옵션 225,000 (대) 미 지 급 금 225,000*

* 15계약 × 0.15 × 100,000원 = 225,000원

(전매도)

(차) 미 수 금 200,000** (대) 매입주가지수옵션 75,000*
주가지수옵션거래이익 125,000

* 5계약 × 0.15 × 100,000원 = 75,000원
** 5계약 × 0.40 × 100,000원 = 200,000원

-20×1. 12. 29.

(매매결제)

(차) 미 지 급 금	225,000	(대) 미 수 금	200,000
		선 물 거 래 예 치 금	25,000

−20×1. 12. 31.
(결산시 평가)

(차) 매입주가지수옵션	100,000	(대) 주가지수옵션평가이익	100,000*

* 10계약 × (0.25−0.15) × 100,000원 = 100,000원

−20×2. 3. 9.
(권리행사)

(차) 미 수 금	5,000,000**	(대) 매입주가지수옵션	250,000*
		주가지수옵션거래이익	4,750,000

* 10계약 × 0.25 × 100,000원 = 250,000원
** 10계약 × (80−75) × 100,000원 = 5,000,000원

−20×2. 3. 10.
(매매결제)

(차) 선 물 거 래 예 치 금	5,000,000	(대) 미 수 금	5,000,000

(4) 신용파생상품

특정 거래상대방의 신용상태를 기초변수로 하여 현금흐름이 결정되는 계약으로서 대출금, 유가증권 등을 보유하고 있는 경제적 실체가 자신이 부담하고 있는 신용위험을 제3자에게 이전시키는 계약이 파생상품에 해당하는 경우에는 파생상품의 회계처리를 따르되, 보증계약에 해당하는 경우에는 일반기업회계기준 제14장 '충당부채, 우발부채, 우발자산'에 따라 회계처리한다(일반기준 6장 문단 6.80). 이에 대한 구체적인 내용은 '부채편 제3장(충당부채와 우발부채)'을 참조하기 바란다.

4. 주석사항

파생상품에 대한 주석사항은 그 거래 목적에 따라 다음과 같이 구분하여 공시한다(일반기준 6장 문단 6.81).

1) 매매목적으로 보유하고 있는 파생상품 또는 위험회피회계가 적용되지 않으나 위험회피목적으로 보유하고 있는 파생상품의 경우

① 거래목적

② 거래목적을 이해하는 데 필요한 사항(경제적 실체가 부담하고 있는 위험의 본질 및

원천 그리고 이러한 위험에 대한 경제적 실체의 대응정책 등)

③ 위험회피목적의 경우 해당 목적을 달성하기 위한 전략(위험회피대상항목의 내역 및 위험회피대상범위 그리고 위험회피를 위한 구체적인 방법 및 사용된 파생상품의 종류 등)

2) 공정가치위험회피회계가 적용되는 경우

이 경우에는 회피대상위험별로 위 1)의 각 사항 이외에 다음을 공시한다.

① 위험회피의 불완전성으로 인하여 당기손익으로 인식하는 금액 및 그 계정과목

② 확정계약에 대한 위험회피회계가 중단됨으로써 이미 자산·부채로 계상한 확정계약을 전액 제거하고 이를 당기손익에 반영하는 경우 그 금액 및 내역

3) 현금흐름위험회피회계가 적용되는 경우

이 경우에는 회피대상위험별로 위 1)의 각 사항 및 2)의 ① 이외에 다음을 공시한다.

① 위험회피대상 예상거래로 인하여 현금흐름 변동위험에 노출되는 예상최장기간

② 기타포괄손익누계액에 인식된 파생상품평가손익 중 결산일로부터 12개월 이내에 당기손익으로 인식할 것으로 예상되는 금액

③ 기타포괄손익누계액에 인식된 파생상품평가손익을 위험회피대상 예상거래가 당기손익에 영향을 미치는 회계연도에 당기손익으로 인식하는 경우 위험회피대상 예상거래가 당기손익에 영향을 미치게 되는 거래 또는 회계사건의 내역

④ 위험회피대상 예상거래가 더이상 발생하지 않을 것으로 예상되어 현금흐름위험회피회계가 중단됨으로써 이미 기타포괄손익누계액으로 계상된 파생상품평가손익을 즉시 당기손익으로 인식하는 경우 그 금액 및 내역

4) 해외사업장순투자의 위험회피회계가 적용되는 경우

이 경우에는 회피대상위험별로 위 1)의 각 사항 및 2)의 ①을 공시한다.

5) 매매목적 파생상품평가손익 및 위험회피목적 파생상품평가손익의 경우

이러한 파생상품평가손익은 그 성질이나 금액이 유의적인 경우에는 파생상품별로 구분하여 기재하고, 평가이익과 평가손실은 상계하지 않고 총액으로 표시하여야 한다. 이와 같이 규정한 이유는 손익계산서에는 매매목적 파생상품평가손익과 위험회피목적 파생상품평가손익이 총액으로 계상되기 때문에 실제 부담하고 있는 위험인 매매목적 파생상품평가손익을 별도로 구분하여 공시하기 위한 것이다(일반기준 6장 부록 실6.138).

6) 신용파생상품의 경우

이 경우에는 다음의 사항을 공시한다.

① 신용위험을 부담한 경우, 신용파생상품의 계약 내역, 재무제표에 반영된 손실예상액. 손실예상액을 합리적이고 객관적으로 추정할 수 없는 경우에는 채무불이행가능성 및 보증대상자산의 평가손익 등을 추가적으로 공시한다[일반기준 6장 문단 6.81 (6)].

② 신용위험을 제공받은 경우, 제공받은 보증의 범위, 계약 내역 등을 주석으로 공시한다 [일반기준 2장 문단 2.85 (3), 부록 실2.20 (3)].

5. 중소기업 회계처리 특례

파생상품은 해당 계약에 따라 발생된 권리와 의무를 자산과 부채로 인식하며, 공정가치로 평가하여야 한다. 이때 공정가치는 정형화된 시장에서 거래되는 파생상품의 경우 시장가격을, 정형화된 시장에서 거래되지 않아 시장가격이 없는 파생상품의 경우에는 합리적인 방법에 의하여 추정하여야 하므로, 정형화된 시장에서 거래되지 않는 파생상품(장외파생상품)의 경우 그 공정가치를 결정하여 회계처리함에 있어 실무상 많은 비용이 초래되고 있다.

이에 따라 일반기업회계기준 제31장에서는 중소기업기본법에 의한 중소기업(자본시장과 금융투자업에 관한 법률에 따른 상장법인 · 증권신고서 제출법인 · 사업보고서 제출대상법인, 금융회사, 연결실체에 중소기업이 아닌 회사가 포함된 경우의 지배회사를 제외함)의 경우 정형화된 시장에서 거래되지 않아 시가가 없는 파생상품에 대하여는 계약시점 후 평가에 관한 회계처리를 아니할 수 있는 특례를 두고 있다(일반기준 31장 문단 31.2, 31.4).

이와 같이 특례규정을 선택하는 경우에는 그 사항을 주석으로 기재하고, 유의적인 회계정책의 요약에 동 특례의 적용범위에 해당되어 특례를 적용하였다는 사실을 주석으로 기재하여야 하며, 파생상품의 회계처리와 관련한 다음의 사항을 주석으로 공시한다(일반기준 31장 문단 31.14, 31.15).

① 거래목적

② 거래목적을 이해하는 데 필요한 사항(경제적 실체가 부담하고 있는 위험의 본질 및 원천 그리고 이러한 위험에 대한 경제적 실체의 대응정책 등)

③ 계약에 관한 일반적인 사항(계약수량, 약정환율 등)

④ 평가일 시점의 공정가치. 다만, 공정가치를 측정할 수 없는 경우에는 그 이유를 기재한다.

만약, 동 특례규정을 적용하던 중소기업이 이를 적용하지 아니하고자 하거나, 상장 등 기업공개로 인하여 이를 적용할 수 없게 되는 경우에는 일반기업회계기준 제5장 '회계정책, 회계추정의 변경 및 오류'에 따라 회계처리한다(일반기준 31장 문단 31.17). 이에 대한 보다 자세한 회계처리방법은 '자본편 제5장(이익잉여금) 제4절(회계변경과 오류수정)'을 참조하도록 한다.

한편, 2011년 1월 1일 이후 최초로 개시하는 회계연도 전에 종전의 기업회계기준서 제14호(중소기업 회계처리 특례)에 따라 적용한 특례사항은 계속 적용하되, 적용하지 아니한 특례사항은 새로이 적용할 수 없다. 다만, 과거에 발생한 경우가 없는 새로운 사건이나 거래가 발생한 경우에는 중소기업 회계처리 특례를 적용할 수 있다[일반기준 경과규정(2009. 12. 30.) 문단 10].

6. 세무회계상 유의할 사항

파생상품의 거래로 인한 익금 및 손금의 귀속사업연도는 그 계약이 만료되어 대금을 결제한 날 등 당해 익금과 손금이 확정된 날이 속하는 사업연도로 하며, 익금과 손금의 확정 이전에 파생상품에 대하여 계상한 평가손익은 각 사업연도의 소득금액계산에 있어서 이를 익금 또는 손금에 산입하지 아니한다(구 법기통 40-71…22). 예로, 계약의 목적물을 인도하지 아니하고 목적물의 가액변동에 따른 차액을 금전으로 정산하는 파생상품의 거래로 인한 손익은 그 거래에서 정하는 대금결제일이 속하는 사업연도의 익금과 손금으로 한다(법령 71조 6항).

다만, 법인세법 시행령 제73조 제4호 및 제5호에서는 다음의 통화선도, 통화스왑 및 환변동보험에 대한 평가손익은 각 사업연도의 익금과 손금에 산입할 수 있게 하였다.

① 금융회사 등이 보유하는 통화 관련 파생상품 중 법인세법 시행규칙에서 정하는 통화선도, 통화스왑 및 환변동보험

② 금융회사 등 외의 법인이 화폐성외화자산 · 부채의 환위험을 회피하기 위하여 보유하는 법인세법 시행규칙에서 정하는 통화선도, 통화스왑 및 환변동보험

여기서 '금융회사 등'이란 다음을 말한다(법령 61조 2항 1호 내지 7호).

① 「은행법」에 의한 인가를 받아 설립된 은행

② 「한국산업은행법」에 의한 한국산업은행

③ 「중소기업은행법」에 의한 중소기업은행

④ 「한국수출입은행법」에 의한 한국수출입은행

⑤ 「농업협동조합법」에 따른 농업협동조합중앙회(같은 법 제134조 제1항 제4호의 사업에 한정함) 및 농협은행

⑥ 「수산업협동조합법」에 따른 수산업협동조합중앙회(같은 법 제138조 제1항 제4호 및 제5호의 사업에 한정함) 및 수협은행

1) 금융회사 등이 보유하는 통화선도등

금융회사 등이 보유하는 통화선도등은 다음의 규정에 따라 평가한다.

구분	내용
평가대상 (법칙 37조의 2)	금융회사 등이 보유하는 통화 관련 파생상품 중 법인세법 시행규칙에서 정하는 통화선도, 통화스왑 및 환변동보험(이하 '통화선도 등'이라 함)
평가방법 (법령 76조 1항, 3항)	다음의 방법 중 관할 세무서장에게 신고한 방법에 따라 평가하고, 당해 신고한 평가방법은 그 후의 사업연도에도 계속하여 적용하여야 한다. 다만, 최초로 '②'의 방법을 신고하여 적용하기 이전 사업연도에는 '①'의 방법을 적용하여야 한다. ① 계약의 내용 중 외화자산 및 부채를 계약체결일의 외국환거래규정에 따른 매매기준율 또는 재정(裁定)된 매매기준율(이하 '매매기준율 등'이라 함)로 평가하는 방법 ② 계약의 내용 중 외화자산 및 부채를 사업연도 종료일 현재의 매매기준율 등으로 평가하는 방법
신고 및 제출의무 (법령 76조 6항, 7항)	• 평가방법 중 '②'의 방법을 적용하려는 법인은 최초로 동 평가방법을 적용하려는 사업연도의 과세표준 등의 신고(법법 60조)와 함께 화폐성외화자산등평가방법신고서를 관할 세무서장에게 제출하여야 한다. • 통화선도 등을 평가한 법인은 과세표준 등의 신고(법법 60조)와 함께 외화자산등평가차손익조정명세서를 관할 세무서장에게 제출하여야 한다.
평가차손익의 계산 (법령 76조 4항)	통화선도 등을 평가함에 따라 발생하는 평가한 원화금액과 원화기장액의 차익 또는 차손은 해당 사업연도의 익금 또는 손금에 이를 산입한다. 이 경우 통화선도 등의 계약 당시 원화기장액은 계약의 내용 중 외화자산 및 부채의 가액에 계약체결일의 매매기준율 등을 곱한 금액을 말한다.*

* 법인세법 시행령의 개정(2010. 12. 30.)에 따라, '②'의 평가방법을 최초로 신고하는 날이 속하는 사업연도의 직전 사업연도 개시일 이전에 계약을 체결한 통화선도 · 통화스왑에 대하여 이러한 동 평가방법을 최초로 적용할 때의 원화기장액은 직전 사업연도 개시일 전일의 매매기준율 등으로 평가한 금액으로 한다(법령 부칙(2010. 12. 30.) 16조).

한편, 법인세법 시행령의 개정(2010년 12월 30일)에 따라, 종전 규정에 의하여 당해 통화선도 · 통화스왑을 '계약의 내용 중 외화자산 및 부채를 사업연도종료일 현재의 매매기준율 등으로 평가하는 방법(구 법령 76조 2항 1호)'으로 신고한 경우, 개정규정에 불구하고 위의 '②'의 평가방법을 적용하여야 하며, '①'의 평가방법을 적용하려는 경우에는 법인세법 시행령 제76조 제6항에 따라 신고하여야 한다(법령 부칙(2010. 12. 30.) 16조).

2) 금융회사 등 외의 법인이 환위험 회피 목적으로 보유하는 통화선도등

금융회사 등 외의 법인이 화폐성 외화자산 · 부채의 환위험을 회피하기 위하여 보유하는 통화선도등은 다음의 규정에 따라 평가한다.

평가대상	금융회사 등 외의 법인이 화폐성 외화자산 · 부채(보험회사의 책임준비금은 제외)의 환위험을 회피하기 위하여 보유하는 법인세법 시행규칙에서 정하는 통화선도, 통화스왑 및 환변동보험(이하 '환위험회피용 통화선도 등'이라 함)
평가방법 (법령 76조 2항, 3항)	• 다음의 방법 중 관할 세무서장에게 신고한 방법에 따라 평가하여야 한다. 다만, 최초로 '②'의 방법을 신고하여 적용하기 이전 사업연도에는 '①'의 방법을 적용하여야 한다. 한편, 신고한 평가방법은 그 후의 사업연도에도 계속하여 적용하되, 신고한 평가방법을 적용한 사업연도를 포함하여 5개 사업연도가 지난 후에는 다른 방법으로 신고를 하여 변경된 평가방법을 적용할 수 있다.*1 ① 환위험회피용 통화선도 등의 계약 내용 중 외화자산 및 부채를 계약체결일 현재의 매매기준율 등으로 평가하는 방법 ② 환위험회피용 통화선도등의 계약 내용 중 외화자산 및 부채를 사업연도 종료일 현재의 매매기준율 등으로 평가하는 방법
신고 및 제출의무 (법령 76조 6항, 7항)	• 평가방법 중 '②'의 방법을 적용하려는 법인 또는 평가방법을 변경하려는 법인은 최초로 동 평가방법을 적용하려는 사업연도 또는 변경된 평가방법을 적용하려는 사업연도의 과세표준 등의 신고(법법 60조)와 함께 화폐성외화자산등평가방법신고서를 관할 세무서장에게 제출하여야 한다. • 환위험회피용 통화선도등을 평가한 법인은 과세표준 등의 신고(법법 60조)와 함께 외화자산등평가차손익조정명세서를 관할 세무서장에게 제출하여야 한다.
평가차손익의 계산 (법령 76조 4항)	환위험회피용 통화선도등을 평가함에 따라 발생하는 평가한 원화금액과 원화기장액의 차익 또는 차손은 해당 사업연도의 익금 또는 손금에 이를 산입한다. 이 경우 환위험회피용 통화선도등의 계약 당시 원화기장액은 계약의 내용 중 외화자산 및 부채의 가액에 계약체결일의 매매기준율등을 곱한 금액을 말한다.*2

*1 금융회사 등 외의 법인이 보유하는 환위험회피용 통화선도등의 평가방법은 같은 법령에서 규정하고 있는 화폐성 외화자산 · 부채의 평가방법과 동일한 방법으로 선택해야 한다. 이는 금융회사 등 외의 법인에 대해서 화폐성 외화자산 · 부채의 평가손익을 법인세법상 인정하게 됨에 따라 동 거래가 사실상 헷지거래로 실질소득변동이 없는 경우에도 세부담이 발생하는 문제점을 보완하고자 이와 관련된 환위험회피용 통화선도 · 통화스왑의 평가도 인정하는 것이기 때문이다.

*2 법인세법 시행령의 개정(2010년 12월 30일)에 따라, '②'의 평가방법을 최초로 신고하는 날이 속하는 사업연도의 직전 사업연도 개시일 이전에 계약을 체결한 통화선도 · 통화스왑에 대하여 이러한 동 평가방법을 최초로 적용할 때의 원화기장액은 직전 사업연도 개시일 전일의 매매기준율등으로 평가한 금액으로 한다(법령 부칙(2010. 12. 30.) 16조).

II 리스회계

Chapter

01 리스회계의 일반사항

1. 의 의

리스란 물건의 소유자 등이 임대료의 지불을 받는 것을 조건으로 타인에게 그 물건을 사용하도록 하는 계약으로 민법상의 임대차계약을 포함하는 개념이나, 최근의 리스의 개념은 주로 기계설비 등의 고정자산을 구입하는 데 필요한 자금조달의 금융적 기능을 강조하는 형태가 되고 있다. 즉, 명목상으로는 임대차계약을 맺고 있으나 실질적으로는 물적금융의 성격을 가지고 있다.

우리나라의 리스회계기준은 1985년에 처음 제정되었으며, 당시에는 리스산업의 육성을 위하여 많은 거래가 운용리스로 분류될 수 있도록 규정하여 부외금융효과를 얻으려는 리스이용자의 요구에 부응하는 측면이 있었다. 1998년에 증권선물위원회는 국제적 수준의 리스회계기준을 적극 수용하여 구 리스회계처리준칙을 제정하였으며, 리스회계가 리스거래의 실질을 반영할 수 있도록 하고, 기준의 형식도 설명식으로 바꾸었다. 그럼에도 불구하고 종전의 리스회계처리준칙에서는 적용범위, 용어의 정의, 리스의 분류, 리스이용자와 리스제공자의 회계처리 등 전반적으로 국제회계기준과 다소 상이한 회계처리를 포함하고 있었다. 또한 리스개설직접원가, 리스이용자의 증분차입이자율 적용, 리스의 조건변경, 부동산(토지와 건물)리스 등 일부 회계처리는 국제회계기준은 규정하고 있으나 리스회계처리준칙은 규정하지 않고 있었다. 이에 따라 회계기준위원회는 리스의 회계처리와 공시방법에 대하여 논리적 일관성을 갖추며, 국제적인 정합성을 제고하고, 리스회계처리준칙의 내용을 보완하기 위하여 2005년 3월 18일 기업회계기준서 제19호(리스)를 제정하였다. 또한, 2009년 11월 27일 주식회사의 외부감사에 관한 법률의 적용대상기업 중 한국채택국제회계기준에 따라 회계처리하지 아니하는 기업의 리스 회계처리와 공시에 필요한 사항을 정하기 위하여 일반기업회계기준 제13장(리스)을 제정하였다.

2. 적용범위

일반기업회계기준 제13장은 리스료를 받고 특정 자산을 대여하는 자(이하 "리스제공자"라 한다)와 그 자산을 사용하는 자(이하 "리스이용자"라 한다)의 리스관련 회계처리에 적용하는 것으로, 여신전문금융업법상의 시설대여거래뿐 아니라 임대차, 렌탈거래를 포함한 모든 리스거래에 적용하되, 다음의 경우에는 동 기준을 적용하지 아니한다(일반기준 13장 문단 13.2, 부록 결13.1).

① 광물, 석유, 천연가스 등 소모성 천연자원의 개발이나 사용에 관한 계약
② 특허권, 저작권, 영화필름, 비디오 녹화물, 원고 등에 대한 라이선스 계약

또한, 동 기준은 다음 항목들의 측정기준으로는 적용하지 아니한다.

① 리스이용자가 금융리스로 보유하는 생물자산(일반기업회계기준 제27장 '특수활동' 제1절 '농림어업' 참조)
② 리스제공자가 운용리스로 제공하는 생물자산(일반기업회계기준 제27장 '특수활동' 제1절 '농림어업' 참조)

소모성자산은 특성상 자산의 사용권 이전이라는 리스의 본질에 부합하지 않으며, 라이선스계약은 원칙적으로 자산의 사용권이 이전된 것이 아니므로 적용범위에서 제외한다. 여기에서 '자산의 사용권 이전'이란 특정인에게 자산의 사용권을 독립적, 배타적으로 부여하는 것을 말하므로, 무형자산의 사용권이 실제로 이전되었다면 유형자산의 리스와 실질이 다르지 않으므로 일반기업회계기준 제13장을 적용한다. 그러나 사용권을 이전한 무형자산을 리스제공자도 사용하고 있는가의 여부를 확인하는 것이 현실적으로 힘들고, 내용연수나 잔존가치에 대한 추정이 매우 주관적으로 결정될 여지가 있는 등 실무적으로 금융리스와 운용리스로의 구분에 큰 어려움이 있을 것이다. 따라서 무형자산의 이용 또는 대여계약(예 : 라이선스 계약)은 리스의 적용범위에서 원칙적으로 제외한다. 다만, 계약의 내용상 유형자산의 리스거래와 실질이 동일한 경우라면 계약의 실질을 반영하기 위하여 일반기업회계기준 제13장을 적용하여야 할 것이다(일반기준 13장 부록 결13.1).

한편, 리스가 이루어지면 리스이용자가 리스자산을 직접 운용하고 유지활동을 하는 것이 일반적이지만, 리스제공자가 리스자산의 운영 및 유지활동을 직접 수행하는 경우가 있다. 예를 들면, 회사가 생산한 제품의 대부분을 대기업 등에 공급하는 협력회사(또는 종속회사)가 대기업으로부터 공급하는 제품의 수량 등에 상관없이 계약에 따라 일정한 대가를 수령하는 경우가 있을 수 있다. 이 경우에는 실질적으로 리스이용자(대기업)에게 자산의 사용권이 이전되었다고 보아 일반기업회계기준 제13장을 적용하여야 한다.

그러나 대기업과 협력회사(또는 종속회사)간의 거래라 하더라도 공급하는 제품의 수량 등에 따라 대가를 수령하게 된다면 대기업과 협력회사 사이의 계약은 제품 매매계약이 된

다. 이러한 경우에는 자산사용권이 이전되지 아니하므로 일반기업회계기준 제13장을 적용하지 아니한다(일반기준 13장 문단 13.3, 부록 결13.2).

사례 용역을 제공할 의무가 있는 자산사용권 이전계약(take or pay contract)

A(협력회사 또는 종속회사 등)가 기계장치를 이용하여 제품을 생산하여 B(대기업 등)에게 납품한다. 이 경우 A가 ① 자신이 생산한 제품의 대부분(substantially all : 90% 이상)을 B에게 공급하고, ② 계약상 공급된 제품의 수취 여부에 관계없이 계약상 결정된 일정한 대가를 B로부터 수령한다.

(리스 여부의 판단)
상기 계약은 리스, 특히 금융리스에 해당되는 것으로 대기업은 리스이용자가 되고 협력회사는 리스제공자가 되며 해당 자산은 금융리스자산이 되는 것이다. 따라서 리스제공자와 리스이용자는 동 계약에 대하여 금융리스에 관한 회계처리를 하여야 한다.

3. 리스용어의 정의

(1) 리스(금융리스 · 운용리스)

'리스'는 리스제공자가 특정 자산의 사용권을 일정 기간동안 리스이용자에게 이전하고 리스이용자는 그 대가로 사용료를 리스제공자에게 지급하는 계약을 말하는 것으로 리스는 금융리스와 운용리스로 구분한다(일반기준 13장 용어의 정의).

'금융리스'는 리스자산의 소유에 따른 대부분의 위험과 보상이 리스이용자에게 이전되는 리스를 말하는 것으로 법적소유권은 이전될 수도 있고 이전되지 않을 수도 있다. '운용리스'는 금융리스 이외의 리스를 말한다(일반기준 13장 용어의 정의).

(2) 해지불능리스

'해지불능리스'는 다음 각각의 경우를 제외하고는 해지할 수 없는 리스를 말한다. 해지불능리스는 금융리스로 분류되는 전제조건은 아니며, 해지불능리스의 개념은 리스기간을 정의할 때 중요하게 사용된다(일반기준 13장 용어의 정의).

① 발생할 가능성이 아주 낮은 우발상황이 나타나는 경우
② 리스제공자가 허락하는 경우
③ 리스이용자가 동일한 리스제공자와 동일한 자산 또는 유사한 자산에 대하여 새로운 리스를 체결하는 경우
④ 리스이용자가 리스를 계속하는 것이 더 유리하다고 판단할 정도의 추가적인 금액을 지급해야 하는 경우. 예를 들어, 리스이용자가 잔여 리스료의 현재가치 상당액을 해지시 지급해야 하는 경우이다.

(3) 리스실행일

'리스실행일'은 리스계약에 따라 리스료가 최초로 발생되는 날을 말한다(일반기준 13장 용어의 정의).

리스실행일은 리스거래 당사자 사이의 권리 · 의무 등을 확정하고 회계처리의 통일성을 부여하기 위해 정의된 개념이다. 즉, 리스실행일에 리스거래 당사자 사이의 권리 · 의무 등이 확정되므로, 리스실행일을 리스분류기준일 및 리스기간의 기산일로 하여 회계처리를 하는 것이다.

여기서 리스료가 최초로 발생되는 날이란 리스물건의 인도 · 설치완료 및 계약서의 작성일, 서명일 등과 관계없이 계약상 리스이용자가 지급해야 될 리스료를 계산함에 있어서 최초로 포함되는 날짜를 의미한다. 실무상으로는 별도의 약정이 없는 한 물건수령증서를 발급하는 일자를 리스료가 최초로 발생되는 날로 보아 리스실행일로 한다.

(4) 리스기간

'리스기간'은 리스이용자가 특정자산을 리스하기로 약정을 맺은 해지 불가능한 기간을 말한다. 리스기간에는, 추가적인 대가의 지급 여부에 관계없이, 리스이용자가 그 자산에 대하여 리스를 계속할 수 있는 선택권을 가지고 있으며, 리스실행일 현재 리스이용자가 이 선택권을 행사할 것이 확실시 되는 경우 당해 추가기간을 포함한다(일반기준 13장 용어의 정의).

한편, 염가매수선택권이 리스이용자에게 부여되고 리스이용자가 염가매수선택권을 행사할 것이 확실시되는 경우의 리스기간은 염가매수선택권 행사가능일까지로 하며, 리스기간 종료시 또는 그 이전에 리스자산의 소유권이 리스이용자에게 이전되는 경우의 리스기간은 리스자산의 소유권이전 약정일까지로 한다(일반기준 13장 부록 실13.5).

(5) 최소리스료

'최소리스료'는 리스기간에 리스이용자가 리스제공자에게 지급해야 하는 금액을 말하는 것으로, 매기 지급하는 리스료에 소유권이전약정이 있는 경우에는 그 양도가액, 행사가 확실시 되는 염가매수선택권을 가지고 있는 경우에는 염가매수선택권의 행사가격, 그리고 다음의 보증잔존가치를 포함한다. 다만, 조정리스료와 리스제공자가 지급하고 리스이용자에게 청구할 수 있는 용역에 대한 비용 및 세금 등은 제외한다.

① 리스이용자의 경우 : 리스이용자 또는 리스이용자의 특수관계자가 보증한 잔존가치
② 리스제공자의 경우 : 리스이용자, 리스이용자의 특수관계자, 또는 리스제공자와 특수관계가 없고 재무적으로 이행능력이 있는 제3자가 보증한 잔존가치(제3자가 리스이

용자에게 구상권 등을 행사할 수 없는 금액)

이 경우 리스실행일 현재 행사될 것이 확실시 되는 염가매수선택권을 리스이용자가 가지고 있는 경우, 최소리스료는 염가매수선택권 기대행사일까지 리스기간 동안 지급될 최소한의 지급액과 그 염가매수선택권의 행사가격으로 구성된다(일반기준 13장 용어의 정의).

보증잔존가치, 염가매수선택권의 행사가격은 리스기간 종료시까지 리스제공자가 회수할 가능성이 매우 높기 때문에 이를 최소리스료에 포함하며, 리스자산에 대한 소유권이전 약정계약이 있는 경우 그 확정금액은 실질적으로 리스이용자의 보증잔존가치에 해당하기 때문에 최소리스료에 포함한다. 한편, 리스이용자가 지급한 보증보험료는 최소리스료를 일부 대체하는 효과를 가질 수 있고, 리스분류와 관련하여 자의적인 적용가능성이 있으므로 리스이용자의 최소리스료에 포함된다(일반기준 13장 부록 결13.4, 결13.5).

(6) 조정리스료

'조정리스료'는 금액이 확정되지는 않았지만 기간경과 이외의 요소(예 : 매출액의 일정비율, 사용량, 물가지수, 시장이자율)의 미래발생분을 기초로 결정되는 리스료 부분을 말한다(일반기준 13장 용어의 정의).

(7) 염가매수선택권 · 염가갱신선택권

'염가매수선택권'은 리스이용자의 선택에 따라 리스이용자가 당해 자산을 매수선택권 행사가능일 현재의 공정가치보다 현저하게 낮은 가격으로 매수할 수 있는 권리를 말하며, '염가갱신선택권'은 리스이용자의 선택에 따라 리스이용자가 당해 자산에 대한 리스계약을 갱신선택권 행사가능일 현재의 공정가치보다 현저하게 낮은 리스료로 갱신할 수 있는 권리를 말한다(일반기준 13장 용어의 정의).

염가매수선택권과 염가갱신선택권은 리스실행일 현재 리스를 분류하는 기준으로 이용되고, 이에 따라 회계처리방법이 결정되므로 선택권의 유무가 리스계약서상에 명시되어야 하며(명시되어 있지 않는 경우는 선택권이 주어지지 않는 것으로 간주해야 할 것임), 행사가능일은 리스기간 중의 특정일자 또는 리스기간 종료일이 될 것이다. 따라서 염가매수선택권 또는 염가갱신선택권의 행사가격은 리스실행일 현재 결정되어야 하며, 이를 결정할 때에는 리스자산의 사용이나 시간의 경과, 경제환경의 변화로 인한 부적응, 진부화 또는 선택권의 기대행사가능일 현재의 공정가치 등을 고려하여야 할 것이다.

(8) 공정가치

'공정가치'는 합리적인 판단력과 거래의사가 있는 독립된 당사자 사이의 거래에서 자산이 교환되거나 부채가 결제될 수 있는 금액을 말하는 것으로, 일반적으로 리스자산의 공정가치는 다음과 같이 측정한다(일반기준 13장 용어의 정의, 부록 실13.3).

① 리스제공자가 제조자 또는 판매자인 경우 매출에누리를 감안한 정상적인 판매가격을 공정가치로 하며, 그 이외의 자가 신규로 자산을 취득하는 경우에는 시장에서 적정한 가격으로 취득한 것으로 볼 수 있으므로 취득원가를 공정가치로 본다.

② 중고자산은 관련시장이 형성되어 있는 경우 시장가격을 공정가치로 하고 관련시장이 형성되어 있지 않는 경우에는 공신력 있는 감정평가기관의 감정가액을 공정가치로 볼 수 있다.

(9) 내용연수

'내용연수'는 리스실행일 현재 기업이 자산을 사용할 것으로 예상하는 기간이나 자산에서 얻을 것으로 예상하는 생산량 또는 이와 비슷한 단위를 말한다. 여기에서의 내용연수는 일반기업회계기준 제10장(유형자산) 등 다른 일반기업회계기준에서 정의하는 내용연수의 정의와 동일한 것으로, 이 내용연수는 리스분류시에 사용한다. 한편, 리스자산의 감가상각은 리스제공자 또는 리스이용자가 소유하는 다른 유사자산의 감가상각과 일관성 있게 회계처리하여야 한다. 결국 리스분류는 당해 자산의 일반적인 내용연수를, 감가상각은 리스제공자 또는 리스이용자의 내용연수를 적용하여 회계처리한다. 그러나 일반적으로 당해 자산의 일반적인 내용연수와 리스제공자의 내용연수는 일치할 것이다(일반기준 13장 용어의 정의, 부록 결13.7).

또한, 동일한 자산이라 하더라도 리스회사가 자가사용목적으로 보유한 자산은 리스대상자산과는 다른 사용목적 등을 갖고 있기 때문에 자가사용목적 자산의 내용연수를 리스대상 자산의 내용연수와 일치시켜야 하는 것은 아니다(금감원 2007-097).

(10) 보증잔존가치

'보증잔존가치'는 다음의 금액을 말한다(일반기준 13장 용어의 정의, 부록 결13.5).

① 리스이용자의 경우 : 리스이용자 또는 리스이용자의 특수관계자가 보증한 잔존가치 부분(보증금액은 어떤 경우에나 지급될 수 있는 최대금액을 말한다)

② 리스제공자의 경우 : 리스이용자, 리스이용자의 특수관계자, 또는 리스제공자와 특수관계가 없고 재무적으로 이행능력이 있는 제3자가 보증한 잔존가치(제3자가 리스이

용자에게 구상권 등을 행사할 수 없는 금액에 한한다) 부분

보증잔존가치는 리스제공자가 리스자산의 투자에 따른 회수위험을 리스이용자에게 이전하는 것으로써, 리스이용자가 보증하는 부분이 클수록 리스제공자는 안정적인 수익을 획득하게 된다.

(11) 무보증잔존가치

'무보증잔존가치'는 리스제공자가 실현할 수 있을지 확실하지 않거나 리스제공자의 특수관계자만이 보증하는 리스자산의 잔존가치 부분을 말한다(일반기준 13장 용어의 정의).

즉, 예상되는 잔존가치 중 리스이용자 등이 지급을 보증하지 아니한 부분이 무보증잔존가치가 된다. 중고시장이 형성되어 있지 않음으로써 잔존가치를 객관적으로 입증하기 어렵거나, 범용성이 없다고 판단되는 리스자산의 경우에는 무보증잔존가치를 영(0)으로 보는 것이 타당하다. 한편, 무보증잔존가치는 리스이용자 입장에서 지급할 의무가 없으므로 최소리스료에 포함되지 않는다(일반기준 13장 부록 실13.4).

(12) 리스개설직접원가

'리스개설직접원가'는 리스의 협상 또는 계약단계에서 리스와 관련하여 직접적, 추가적으로 발생하는 원가를 말하는 것으로서 수수료, 중개수수료, 법적수수료 등이 이에 해당하며, 리스제공자는 물론 리스이용자에게도 발생할 수 있다(일반기준 13장 용어의 정의, 부록 결13.20).

보다 구체적으로 리스개설직접원가에는 (가) 리스의 협상 및 계약에 직접 관련하여 당해 리스계약 체결과정에서 제3자에게 지급된 증분원가와, (나) 당해 리스계약과 관련하여 내부적으로 수행된 특정 활동과 직접 관련되어 발생된 증분원가가 있다. (가)의 예로는 담보평가수수료, 리스이용자의 신용을 평가하기 위한 수수료, 리스제공자나 리스이용자 중개에 따른 수수료 등이고, (나)의 예로는 리스이용자의 재무상태 평가, 보증, 담보 및 기타 보증계약의 평가와 작성, 리스조건 협상, 리스계약서류 작성 및 처리, 리스계약의 완료 기타 이와 유사한 활동과 직접 관련되어 발생된 증분원가(인건비 포함)이다. 한편, 광고, 잠재적 리스이용자와의 접촉 및 기존 리스계약의 유지, 신용정책의 수립 및 유지활동과 관련된 내부발생원가, 감독 및 일반관리와 관련된 원가, 체결되지 않은 리스계약 및 유휴시간과 관련된 원가, 임차료, 감가상각비 등은 리스개설직접원가에 포함되지 않는다(일반기준 13장 부록 실13.11).

리스개설직접원가는 리스의 협상 및 계약단계에서 발생한 것이므로 리스자산의 취득과정에서 발생한 취득원가와 구분되나, 유입가능성이 매우 높은 미래 경제적 효익을 발생시키는 원가라는 점에서 리스자산의 취득과정에서 발생한 취득원가와 유사한 성격을 가진다. 따라서 리스자산의 취득원가(별도의 자산으로 인식하는 것 포함) 또는 금융리스채권액에

포함한다. 다만, 금융리스의 경우에 제조자 또는 판매자인 리스제공자에 의하여 리스의 협상 및 계약단계에서 발생하는 원가는 일반적으로 판매비에 해당하므로 리스개설직접원가에서 제외한다. 한편, 리스제공자의 입장에서 리스개설직접원가는 리스투자금액(리스순투자)을 구성한 것으로 볼 수 있으므로 내재이자율의 계산시 리스자산의 공정가치와 함께 고려하여야 한다(일반기준 13장 부록 결13.20).

(13) 리스총투자 · 리스순투자

'리스총투자'는 금융리스에서 리스제공자가 수령하는 최소리스료와 무보증잔존가치의 합계액을 말하고 '리스순투자'는 리스총투자를 내재이자율로 할인한 금액을 말한다(일반기준 13장 용어의 정의).

리스순투자는 리스를 위하여 리스제공자가 투자한 금액을 나타내는 것으로, 리스실행일 현재 리스자산의 공정가치 및 리스제공자의 리스개설직접원가의 합계액을 의미한다.

(14) 내재이자율

'내재이자율'은 리스기간 동안 리스제공자가 수령하는 최소리스료와 무보증잔존가치의 합계액(리스총투자)을 리스실행일 현재 리스자산의 공정가치 및 리스제공자의 리스개설직접원가의 합계액(리스순투자)과 일치시키는 할인율을 말한다(일반기준 13장 용어의 정의).

즉, 내재이자율은 리스실행일 현재 리스자산에 대한 투자액을 미래 현금수취액과 일치시키는 할인율이 되며 이는 리스제공자 입장에서 리스투자에 대한 수익률과 동일한 개념이다.

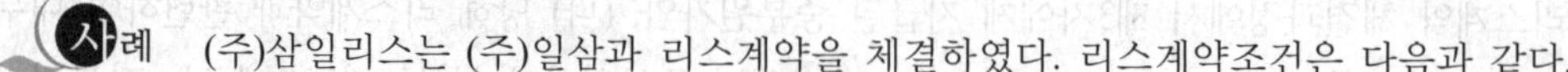

사례 (주)삼일리스는 (주)일삼과 리스계약을 체결하였다. 리스계약조건은 다음과 같다.

- 리스기간은 20×6. 1. 1.~20×8. 12. 31.
- 리스실행일 현재 리스자산의 공정가치는 ₩3,313이다.
- 리스료는 매년 ₩1,000씩 연도 말에 지급하기로 한다.
- 소유권이전약정과 염가매수약정은 없다.
- 리스실행일 현재 추정한 리스기간 종료시의 잔존가치는 ₩1,100이고, 이 중에서 (주)일삼이 보증한 잔존가치는 ₩500이다.

풀이

내재이자율(r)을 구하는 식은 다음과 같다.

공정가치 = 최소리스료의 현재가치 + 무보증잔존가치의 현재가치

$$₩3,313 = \frac{1,000}{1+r} + \frac{1,000}{(1+r)^2} + \frac{1,000+500}{(1+r)^3} + \frac{600^*}{(1+r)^3}$$

$\therefore$ r = 10%

* 보증잔존가치는 최소리스료에 포함되어 있으므로 무보증잔존가치만 반영하면 되는 것이다.

(15) 증분차입이자율

'리스이용자의 증분차입이자율'은 리스이용자가 유사한 리스에 대해 부담해야 할 이자율을 말한다. 만약 그러한 이자율을 확정할 수 없는 경우에는 리스실행일에 리스이용자가 유사한 조건과 유사한 담보로 리스자산구입에 필요한 자금을 차입할 경우의 이자율을 말한다(일반기준 13장 용어의 정의).

일반적으로 리스이용자가 최소리스료의 현재가치를 계산할 때 적용해야 할 할인율은 리스제공자의 내재이자율이다. 그러나 리스이용자가 리스제공자의 내재이자율을 모르는 경우에는 리스이용자의 증분차입이자율을 적용한다(일반기준 13장 문단 13.13).

(16) 전대리스

'전대리스'는 리스이용자가 제공받고 있는 리스자산을 다른 리스이용자에게 다시 리스하는 계약을 말한다(일반기준 13장 용어의 정의).

4. 리스의 분류

(1) 일반사항

리스는 단순히 법률적 형식에 의해서가 아니라 경제적 실질에 따라 회계처리 하여야 한다. 즉, 리스자산을 소유함으로써 발생하는 위험과 보상이 리스이용자에게 대부분 이전된다고 판단되면 법률적으로 소유권이 이전되지 않더라도 경제적으로는 리스이용자에게 리스자산이 실질적으로 양도되었다고 볼 수 있으므로 금융리스로 분류하고 그 외의 경우에는 운용리스로 분류한다. 여기에서 위험이라 함은 자산의 운휴, 기술적 진부화로 인한 손실 및 경제여건의 변화에 따른 이익변동의 가능성을 포함한 것을 말하고, 보상이라 함은 자산을 내용연수 동안 운용하여 발생하는 수익이나 가치증대 또는 잔존가치의 실현에서 발생하는 이익 등에 대한 기대치를 말한다(일반기준 13장 부록 결13.8, 실13.2).

리스제공자와 리스이용자간의 거래는 리스계약을 바탕으로 이루어지므로 양자가 일관된 정의를 사용하는 것이 타당하다. 그런데 예외적인 경우이지만, 리스제공자가 리스이용자와 특수관계가 없는 제3자로부터 잔존가치의 보증을 받는 경우 등 리스제공자와 리스이용자의 서로 다른 상황에 의하여, 하나의 리스가 리스제공자와 리스이용자의 입장에서 각각 다르게 분류될 수도 있다. 즉, 하나의 리스가 리스제공자와 리스이용자 각각의 입장에서 서로 다른 경제적 실질을 갖는다면 리스의 분류가 비대칭적으로 이루어질 수 있는 것이다. 그러나 실무상 리스가 비대칭적으로 분류되는 상황과 그 경우의 구체적인 회계처리에 있어서 리스제공자와 리스이용자 입장에서 자의적으로 해석될 여지가 있으므로, 원칙적으로 리스제공자와 리스이용자 입장에서 리스가 동일하게 분류되며 비대칭적 분류는 매우 예외적으로 인정될 수 있다(일반기준 13장 부록 결13.9, 결13.10).

한편, 해외에 소재하거나 일반기업회계기준 제13장(리스)의 적용대상이 아닌 리스제공자가 리스를 분류함에 있어서 동 기준을 적용하지 아니한 경우에도, 리스이용자는 동 기준을 적용하여 리스를 분류하여야 하며, 종속기업 등 특수관계자를 통하여 리스계약이 체결된 경우에도 거래의 실질을 반영하여 리스분류가 이루어져야 한다(일반기준 13장 부록 실13.1).

사례 해외종속기업을 통한 리스

A회사(지배기업, 100%), B회사(해외종속기업), F회사(외국회사)가 다음과 같은 리스계약을 체결한 경우 A회사와 B회사 사이에 이루어진 리스의 종류는?

- B회사(리스이용자)와 F회사(리스제공자)사이에 고가의 기계장치에 대한 리스계약 체결. 이때 A회사가 당해 리스에 대해 B회사를 위하여 F회사에게 지급보증제공
- 당해 고가의 기계장치에 대해 A회사(리스이용자)와 B회사(리스제공자)사이에 전대리스(sublease)계약을 체결함.
- B회사와 F회사 사이의 리스는 금융리스임. 한편, A회사와 B회사 사이에 리스는 계약내용상(형식상) 운용리스에 해당함.
- A회사는 당해 고가의 기계장치를 실제로 전체 내용연수의 절반의 기간만 사용하고 반환할 것이 거의 확실함. 이 경우 B회사는 제3의 회사에 리스하거나 처분함.
- B회사는 당해 리스거래 이외에 약간의 중개(기계장치)사업을 수행함.

풀이

A회사가 당해 리스자산의 위험과 보상을 모두 부담하고 있으므로 A회사와 F회사가 직접 금융리스계약을 체결한 것으로 보아 회계처리하는 것이 타당함.

(2) 금융리스의 분류기준

리스는 계약의 형식보다는 거래의 실질에 따라 분류한다. 다음에 예시한 경우 중 하나 또는 그 이상에 해당하면 일반적으로 금융리스로 분류한다(일반기준 13장 문단 13.6).

① 리스기간 종료시 또는 그 이전에 리스자산의 소유권이 리스이용자에게 이전되는 경우

② 리스실행일 현재 리스이용자가 염가매수선택권을 가지고 있고, 이를 행사할 것이 확실시 되는 경우. 일반적으로 염가구매선택권이 있다면, 그 권리가 행사될 것이 확실시 되는 경우에 해당한다(적용의견서 06－1, 2006. 1. 13.).

③ 리스자산의 소유권이 이전되지 않을지라도 리스기간이 리스자산 내용연수의 상당부분(75% 이상)을 차지하는 경우(일반기준 13장 부록 결13.11, 실13.6)

④ 리스실행일 현재 최소리스료를 내재이자율로 할인한 현재가치가 리스자산 공정가치의 대부분(90% 이상)을 차지하는 경우(일반기준 13장 부록 결13.12, 실13.7)

⑤ 리스이용자만이 중요한 변경없이 사용할 수 있는 특수한 용도의 리스자산인 경우. 이 경우의 리스자산은 일반적으로 범용성이 없는 자산을 말하는 바, 리스자산이 범용성이 없는 경우란 자산의 사용목적이 리스이용자만의 특정목적에 한정되어 있고, 물리적으로 전용이 불가능하거나 또는 전용에 과다한 비용이 발생하여 사실상 전용이 불가능한 경우를 말한다(일반기준 13장 부록 결13.13).

또한, 상기의 금융리스 분류기준에 해당되지 않을지라도, 다음 경우 중 하나 또는 그 이상에 해당하면 금융리스로 분류될 가능성이 있다(일반기준 13장 문단 13.7).

- 리스이용자가 리스를 해지할 경우 해지로 인한 리스제공자의 손실을 리스이용자가 부담하는 경우
- 리스이용자가 잔존가치의 공정가치 변동에 따른 이익과 손실을 부담하는 경우(예를 들어, 리스종료시점에 리스자산을 매각할 경우 얻을 수 있는 수익을 보장하도록 리스료가 조정되는 경우)
- 리스이용자가 염가갱신선택권을 가지고 있는 경우

리스는 원칙적으로 리스자산의 소유에 따른 위험과 보상이 리스이용자에게 대부분 이전되었는지의 여부에 따라 금융리스 또는 운용리스로 분류하여야 하므로, 위험과 보상의 대부분이 이전되지 않는다는 사실이 명백하다면 그 리스는 운용리스로 분류한다. 즉, 상기의 금융리스분류기준은 예시기준에 불과하므로 동 분류기준을 충족한다고 할지라도 리스자산의 소유에 따른 위험과 보상이 실질적으로 이전된 것이 아니라면 운용리스로 분류하여야 한다. 예를 들어, 리스기간 종료시점에 리스자산의 소유권을 그 시점의 공정가치로 이전하거나 조정리스료가 있어서, 그 결과 리스이용자가 리스자산의 소유에 따른 대부분의 위험과 보상을 가지고 있지 않은 경우가 있다(일반기준 13장 부록 실13.8).

(3) 부동산 리스의 분류

토지 또는 건물의 리스는 다른 자산의 리스와 동일한 방법으로 금융리스 또는 운용리스로 분류하고 리스에 토지와 건물 요소가 모두 포함된 경우에는 각 요소별로 분리하여 리스분류기준에 따라 분류한다. 그런데 토지의 내용연수는 일반적으로 장기이고 한정할 수 없는 특성이 있다. 이에 따라 리스기간 종료시 또는 그 이전에 토지 소유권의 이전이 기대되지 않는다면 자산의 소유에 따른 위험과 보상이 대부분 리스이용자에게 이전되는 것이라고 볼 수 없으므로 토지의 리스는 일반적으로 운용리스로 분류한다. 따라서, 리스기간 종료시 또는 그 이전에 토지와 건물 모두의 소유권이 이전되는 경우에는 동일하게 금융리스로 분류되나, 토지의 소유권이 이전되지 아니하는 경우 토지는 일반적으로 운용리스로 분류하고, 건물은 리스분류기준에 따라 금융리스 또는 운용리스로 분류한다(일반기준 13장 문단

13.9, 13.10).

토지와 건물을 함께 리스하는 경우, 최소리스료(선지급액 포함)는 리스실행일 현재 토지와 건물에 대한 리스효익의 공정가치에 비례하여 배분한다. 만약 최소리스료가 토지와 건물에 신뢰성 있게 배분될 수 없고, 토지와 건물 모두 운용리스라는 사실이 명백하지 않다면, 토지와 건물은 하나의 금융리스로 분류한다. 이는 리스이용자가 신뢰성 있는 측정이 불가능함을 주장하면서 운용리스로 분류하는 것을 방지하고자 함이다. 그러나 토지와 건물 모두 운용리스라는 사실이 명백하다면 하나의 운용리스로 분류한다(일반기준 13장 문단 13.11, 부록 결13.17).

다만, 토지와 건물을 함께 리스하는 경우로서 최초로 인식될 토지분 금액이 중요하지 않다면, 토지와 건물을 한 단위로 보아 금융리스 또는 운용리스로 분류할 수 있다. 이 경우 건물의 내용연수를 전체 리스자산의 내용연수로 본다. 반대로 건물분 금액이 중요하지 않다면, 전체 리스자산을 토지로 보아 운용리스로 처리할 수 있다(일반기준 13장 문단 13.12).

(4) 리스기간 중 리스의 분류변경

리스는 리스실행일에 분류되나, 리스기간 중 리스의 양 당사자가 리스 재계약이 아닌 형태로 최초의 리스조건을 변경할 수 있다. 이와 같이 리스기간 중 리스조건을 변경한 경우에는 처음(리스실행일)부터 변경된 조건을 기준으로 리스분류를 한다고 가정하여 리스분류를 다시 하여야 한다. 그 결과 리스의 분류가 최초 분류와 달라지는 경우, 리스조건의 변경 전까지는 분류 변경 전 리스에 따라 회계처리하고 리스조건의 변경 후부터 잔여리스기간 동안은 분류 변경된 리스에 따라 회계처리하여야 한다. 예를 들면, 리스조건의 변경으로 운용리스에서 금융리스로 리스의 분류가 변경된 경우 리스조건 변경 전까지는 운용리스로 회계처리하고, 리스조건 변경 후부터 잔여리스기간 동안은 금융리스로 회계처리한다. 그러나 추정의 변경(예를 들어, 리스자산의 내용연수 또는 잔존가치에 대한 추정의 변경), 상황의 변경(예를 들어, 리스이용자의 지급불능상황) 또는 조정리스료의 발생은 기존리스의 분류변경을 초래하지 않는다. 또한, 정상적인 계약조건 변경이 아닌, 처음에 금융리스로 분류되는 것을 회피할 목적으로 이루어진 계약조건 변경은 조건변경의 효과를 전진적으로 반영하기보다는 오류수정으로 처리하여야 한다(일반기준 13장 문단 13.8, 부록 결13.15).

- 최초의 리스조건 : 리스기간 7년(내용연수 10년)
- 리스조건 변경(3년이 경과한 시점) : 리스기간 5년(경과기간 포함시 8년)
- 다른 조건은 운용리스 조건 충족

풀이

- 최초 리스분류 : 리스기간이 리스자산 내용연수의 70%(7년/10년=70%)이므로 운용리스로 분류함.
- 리스조건 변경 : 최초 리스실행일 기준으로 리스기간이 리스자산 내용연수의 80%(8년/10년)이므로 금융리스로 분류함.
- 회계처리 : 처음 3년은 운용리스로 처리하고, 리스조건 변경 후 잔여리스기간인 5년은 금융리스로 회계처리함(일반기준 13장 부록 결13.15).

5. 세무회계상 유의사항

(1) 리스의 분류

법인세법상 리스의 분류는 금융리스와 운용리스로 분류되며, 자산을 시설대여하는 자(리스회사)가 대여하는 해당 자산(리스자산) 중 일반기업회계기준에 따른 금융리스의 자산은 리스이용자의 감가상각자산으로, 운용리스의 자산은 리스회사의 감가상각자산으로 한다(법령 24조 5항).

이 경우, 하나의 리스가 리스회사에 대해서는 금융리스에 해당하나 리스이용자에 대해서는 운용리스에 해당하는 경우, 리스회사에 대해서는 금융리스로, 리스이용자에 대해서는 운용리스로 보아 법인세법 규정을 적용한다(법인-1435, 2009. 12. 28.).

① 금융리스 · 운용리스

법인세법상 금융리스란 일반기업회계기준에 따른 금융리스를 말하며, 운용리스는 금융리스 외의 리스를 말한다(법령 24조 5항 및 법기통 23-24…1 2항).

② 렌탈거래 · 임대차거래

법인세법상 리스거래 이외의 렌탈거래 · 임대차거래에 대하여는 그 거래의 실질내용에 따라 자산의 임대차 · 판매거래 또는 금전소비대차거래로 구분하여 처리하여야 한다. 따라서 렌탈계약 등이 사실상 장기할부조건의 자산취득에 해당하는 경우에는 그 임차료를 자산의 취득가액으로 본다(법기통 23-24…1 9항).

(2) 금융리스를 운용리스로 처리한 경우

리스회사 또는 리스이용자가 금융리스를 운용리스로 처리한 경우에는 다음과 같이 처리한다(법기통 23-24…1 8항 1호).

㉠ 리스회사는 리스물건의 취득가액 상당액을 금전으로 대여한 것으로 보아 수익으로 계상한 리스료 중 이자율법에 의하여 계산한 이자상당액과 조정리스료에 상당하는 금액만 익금에 산입하고 원금회수액은 이를 익금불산입하며, 손비로 계상한 감가상각비는 이를 손금불산입한다.

㉡ 리스이용자는 리스물건의 취득가액 상당액을 자산으로 계상하고 손금에 산입한 리스료 중 이자율법에 의하여 계산한 이자상당액과 조정리스료에 상당하는 금액을 손금에 산입하되, 동 금액을 초과하여 손금에 산입한 금액은 이를 감가상각한 것으로 보아 시부인한다.

(3) 운용리스를 금융리스로 처리한 경우

리스회사 또는 리스이용자가 운용리스를 금융리스로 처리한 경우에는 다음과 같이 처리한다(법기통 23-24…1 8항 2호).

㉠ 리스회사는 리스물건의 취득가액을 자산으로 계상하고 리스료 중 대여금의 회수로 처리한 금액은 이를 리스료 수입으로 보아 익금에 산입한다. 이 경우 손금으로 계상하지 아니한 당해 자산에 대한 감가상각비는 세무조정으로 이를 손금에 산입할 수 없다.

㉡ 리스이용자는 리스료지급액 전액을 손금에 산입하고 해당 자산에 대하여 손금에 산입한 감가상각비는 이를 손금에 산입하지 아니한다.

Chapter

02

리스의 회계처리

제1절

운용리스

1. 운용리스자산의 평가

운용리스의 경우 리스물건의 사용권이 리스이용자에게 부여된다 하더라도 소유에 따른 효익과 보상이 리스제공자에게 있기 때문에 리스제공자가 리스물건을 자산으로 계상하고 감가상각도 하여 수익과 그에 대응하는 비용을 인식하여야 한다.

리스제공자가 운용리스자산으로 계상하는 취득원가는 리스실행일 현재의 취득원가를 기초로 하여 계상하며, 리스실행일 현재의 취득원가는 일반기업회계기준 제10장(유형자산) 및 제11장(무형자산) 등 다른 일반기업회계기준에서 정하는 바에 따른다.

운용리스자산의 취득과 관련하여 발생한 외화선급금은 지출 또는 외화부채 발생시점의 환율을 적용하여 환산하며, 취득시점에 리스자산으로 대체한다(일반기준 13장 부록 실13.28).

리스제공자의 운용리스자산은 리스자산의 성격에 따라 비유동자산 중 유형자산 또는 무형자산의 한 항목으로 표시하고 그 항목의 구체적인 내역은 주석으로 기재한다. 다만, 리스제공자가 일반기업회계기준 제3장(재무제표의 작성과 표시Ⅱ(금융업))의 적용대상인 경우에는 업종의 특수성을 고려하여 해당 기준에 따라 리스관련 자산을 표시한다(일반기준 13장 문단 13.26, 13.34 및 부록 실13.16).

리스제공자의 운용리스자산 관련 분개를 예시하면 다음과 같다.

<리스자산취득일>

(차) 선 급 리 스 자 산	×××	(대) 현금 및 현금성자산	×××

<리스실행일>

(차) 운 용 리 스 자 산	×××	(대) 선 급 리 스 자 산	×××

2. 운용리스 수익 · 비용의 인식

(1) 리스제공자

① 리스료 수익의 인식

보증잔존가치를 제외한 최소리스료는 리스자산의 기간적 효익의 형태를 보다 잘 나타내는 다른 체계적인 인식기준이 없다면, 비록 리스료가 매기 정액으로 수취되지 않더라도 리스료수익(보험료나 수선비와 같이 용역제공에 대한 대가 수령액은 제외)은 리스기간에 걸쳐 균등하게 배분된 금액으로 인식한다(일반기준 13장 문단 13.27, 부록 결13.27).

② 리스개설직접원가

운용리스의 협상 및 계약단계에서 발생한 리스개설직접원가는 별도의 자산(예 : 리스개설직접원가)으로 인식하고 리스료 수익에 대응하여 리스기간 동안 비용으로 처리한다(일반기준 13장 문단 13.28).

③ 감가상각비 등의 원가

리스료 수익의 획득과정에서 발생하는 감가상각비를 포함한 원가는 비용으로 인식한다. 운용리스자산은 리스제공자가 소유에 따른 위험과 보상을 수반하면서 자산의 내용연수에 걸쳐 사용할 목적으로 보유하는 것이므로, 운용리스자산의 감가상각은 리스제공자가 소유한 다른 유사자산의 감가상각과 일관성 있게 회계처리한다(일반기준 13장 문단 13.29).

④ 손상차손

리스자산의 진부화 및 시장가치의 급격한 하락 등으로 인하여 자산의 회수가능액이 장부금액에 중요하게 미달하게 되는 경우에는 장부금액을 회수가능액으로 조정하고 그 차액을 손상차손으로 처리한다. 다만, 유형자산 항목인 리스자산은 손상징후가 있다고 판단되고 당해 유형자산의 사용 및 처분으로부터 기대되는 미래 현금흐름총액의 추정액이 장부금액에 미달하는 경우에 장부금액을 회수가능액으로 조정하고 그 차액을 손상차손으로 처리한다(일반기준 20장 문단 20.8, 20.9). 이후 손상차손이 더 이상 존재하지 않거나 감소된 것을 시사하는 징후가 있고 회수가능액의 결정에 사용된 추정치에 변화가 있는 경우 장부금액을 회수가능액으로 증가시키고 그 차액을 손상차손환입으로 처리한다. 다만, 이 경우 손상차손환입으로 증가된 장부금액은 과거에 손상차손을 인식하기 전 장부금액의 감가상각 또는 상각 후 잔액을 초과할 수 없다(일반기준 20장 문단 20.19, 20.21, 20.22). 한편, 리스자산에 대한 손상차손의 인식 및 환입에 대한 보다 자세한 설명은 '자산편 제2장(비유동자산) 제2절(유형자산)과 제3절(무형자산)편'을 참조하기로 한다.

(2) 리스이용자

① 리스료 비용의 인식

운용리스에서 보증잔존가치를 제외한 최소리스료는 리스이용자의 기간적 효익의 형태를 보다 잘 나타내는 다른 체계적인 인식기준이 없다면, 비록 리스료가 매기 정액으로 지급되지 않더라도 리스기간에 걸쳐 균등하게 배분된 금액으로 인식한다(일반기준 13장 문단 13.19).

② 리스개설직접원가

운용리스에서 발생한 리스이용자의 리스개설직접원가는 별도의 자산(예 : 리스개설직접원가)으로 인식하고 리스료를 비용으로 인식하는 것과 동일한 방법으로 리스기간 동안 비용으로 처리한다(일반기준 13장 부록 실13.14).

3. 기타 사항

(1) 균등배분되지 아니한 최소리스료의 처리

최소리스료 총액이 리스기간의 매 회계기간에 균등하게 배분되지 아니한 경우에는 그 일부를 선수운용리스료(선급운용리스료) 또는 미수운용리스료(미지급운용리스료)로 계상하였다가 매 기말 운용리스료수익(비용)이 균등하게 되도록 상계시킨다.

이에 대한 리스제공자의 회계처리를 예시하면 다음과 같다.

<리스기간 경과에 따른 수익인식>

(차) 현금 및 현금성자산	×××	(대) 운용리스료수익	×××

<회수금액이 리스기간 경과에 따른 수입액을 초과시>

(차) 현금 및 현금성자산	×××	(대) 운용리스료수익(균등액)	×××
		선수운용리스료(초과분)	×××

<회수약정금액이 리스기간 경과에 따른 수입액에 미달시>

(차) 현금 및 현금성자산	×××	(대) 운용리스료수익(균등액)	×××
미수운용리스료	×××		

사례 (주)삼일리스는 20×6. 1. 1.에 (주)수정과 기계장치에 대하여 리스기간 3년의 운용리스 계약을 체결하였다. 최소리스료는 다음과 같이 수령하기로 하였다.

최소리스료 수령일	최소리스료
20×6. 12. 31.	₩1,000,000
20×7. 12. 31.	800,000
20×8. 12. 31.	1,200,000

(주)삼일리스와 (주)수정의 결산일이 12. 31.일 때, 최소리스료 수령일에 해야 할 분개를 살펴보자(감가상각은 제외).

	(주)삼일리스(리스제공자)	(주)수정(리스이용자)
20×6. 12. 31.	(차) 현금 1,000,000 (대) 운용리스료수익 1,000,000	(차) 리스료비용 1,000,000 (대) 현금 1,000,000
20×7. 12. 31.	(차) 현금 800,000 미수운용리스료 200,000 (대) 운용리스료수익 1,000,000	(차) 리스료비용 1,000,000 (대) 현금 800,000 미지급운용리스료 200,000
20×8. 12. 31.	(차) 현금 1,200,000 (대) 미수운용리스료 200,000 운용리스료수익 1,000,000	(차) 미지급운용리스료 200,000 리스료비용 1,000,000 (대) 현금 1,200,000

(2) 조정리스료

조정리스료가 발생한 경우에는 리스료가 발생한 기간의 수익이나 비용으로 인식하며, 그 회수 여부가 확정되지 않은 경우에는 회수 또는 지급한 시점에서 수익 또는 비용으로 인식하여야 한다(일반기준 13장 부록 실13.24, 실13.26).

이에 대한 리스제공자의 회계처리를 예시하면 다음과 같다.

<최소리스료를 초과하는 차액 발생시>

(차) 현금 및 현금성자산 ××× (대) 조정리스료 ×××

<최소리스료에 미달하는 차액 발생시>

(차) 조정리스료 ××× (대) 현금 및 현금성자산 ×××

사례 (주)삼일리스는 20×6. 1. 1.에 (주)동준과 리스기간 3년의 운용리스계약을 체결하였다. 리스계약서상 최소리스료는 매년 12. 31.에 ₩1,000,000씩 수령하기로 하였다. 그러나 1회 리스료를 수령 후 그 다음회부터는 리스료산정요소가 변동하여 리스료가 조정되었다. 2회 리스료는 ₩1,050,000이었고, 3회 리스료는 ₩1,100,000이었다.
리스료 수령에 관련된 분개를 살펴보자.

	(주)삼일리스(리스제공자)	(주)동준(리스이용자)
20×6. 12. 31.	(차) 현 금 1,000,000 (대) 운용리스료수익 1,000,000	(차) 리스료비용 1,000,000 (대) 현 금 1,000,000
20×7. 12. 31.	(차) 현 금 1,050,000 (대) 운용리스료수익 1,000,000 조정리스료 50,000	(차) 리스료비용 1,000,000 조정리스료 50,000 (대) 현 금 1,050,000
20×8. 12. 31.	(차) 현 금 1,100,000 (대) 운용리스료수익 1,000,000 조정리스료 100,000	(차) 리스료비용 1,000,000 조정리스료 100,000 (대) 현 금 1,100,000

(3) 리스개량자산

리스자산의 부대시설과 관련하여 발생한 비용과 리스실행일 이후 리스자산과 직접 관련되어 발생하는 수선비(리스이용자의 부담분에 한함) 중 자산으로 인식되는 금액은 이를 리스개량자산으로 인식하여 리스기간과 리스개량자산의 내용연수 중 짧은 기간에 걸쳐 감가상각한다(일반기준 13장 부록 실13.43, 실13.44).

(4) 리스이용자의 일부 부담분

리스이용자가 리스자산 취득원가의 일부를 부담하고 그 일부 부담분만큼 공유지분이 인정될 경우 리스이용자의 부담분은 유형자산 등으로 인식하여 내용연수에 걸쳐 상각한다. 그러나 일부 부담분만큼 공유지분이 인정되지 아니하는 경우 최소리스료를 선급한 것으로 보아 장기선급리스료로 인식하고 리스기간에 걸쳐 비용화하여야 한다(일반기준 13장 부록 실13.45, 실13.46).

(5) 운용리스계약의 해지

리스계약이 해지된 경우 회수된 당해 리스자산은 리스목적으로 보유하는 다른 자산과 동일한 과목으로 인식하며, 반환된 리스자산과 관련하여 계정대체 이외의 별도의 회계처리를 하지 아니한다. 또한, 당해 리스계약과 관련하여 리스이용자 또는 리스보증인으로부터 회수가능한 금액은 해지일이 속하는 회계연도에 리스해지이익으로 당기손익에 반영하고 보고기간종료일 현재 미회수된 금액은 주석으로 기재한다. 이 경우 리스를 주된 영업으로 하거나 전체 영업내용 중 리스의 비중이 큰 기업은 리스계약의 해지와 관련하여 발생한 손익을 영업손익으로 분류하고 그렇지 아니한 경우에는 영업외손익으로 분류한다(일반기준 13장 부록 실13.31, 실13.33).

이와 관련된 회계처리를 예시하면 다음과 같다.

(차) 선 급 리 스 자 산	×××	(대) 운 용 리 스 자 산	×××
감 가 상 각 누 계 액	×××	감 가 상 각 누 계 액	×××
(차) 현금 및 현금성자산 (또 는 미 수 금)	×××	(대) 리 스 해 지 이 익	×××

(6) 리스계약의 종료와 리스자산반환

리스기간이 종료되면 리스제공자는 리스자산을 회수하게 된다. 이 경우 반환된 리스자산과 관련하여 계정대체 이외의 별도의 회계처리를 하지 아니한다. 그러나 당해 반환된 리스자산에 대하여는 손상차손 발생여부를 검토하여야 한다. 한편, 리스기간 종료시 반환된 자산의 공정가치가 보증잔존가치에 미달하여 보상받은 현금은 리스보증이익으로 당기손익에 반영한다. 리스보증이익은 리스를 주된 영업으로 하거나 전체 영업내용 중 리스의 비중이 큰 기업의 경우 영업손익으로 그 외의 경우에는 영업외손익으로 분류한다(일반기준 13장 부록 실13.35, 실13.36).

이와 관련된 회계처리를 예시하면 다음과 같다.

(차) 선 급 리 스 자 산	×××	(대) 운 용 리 스 자 산	×××
감 가 상 각 누 계 액	×××	감 가 상 각 누 계 액	×××
(차) 현금 및 현금성자산 (또 는 미 수 금)	×××	(대) 리 스 보 증 이 익	×××

4. 주석기재사항

(1) 리스제공자

리스제공자는 운용리스와 관련하여 다음의 사항을 주석으로 기재한다(일반기준 13장 문단 13.32).

① 운용리스의 다음 각 기간별 미래 최소리스료의 합계
- 1년 이내
- 1년 초과 5년 이내
- 5년 초과

② 수익으로 인식된 조정리스료

③ 리스계약의 유의적인 사항에 대한 일반적인 설명

④ 일반기업회계기준 제10장(유형자산), 제11장(무형자산) 및 제20장(자산손상)에서 요구하는 주석사항은 리스제공자의 리스자산에 적용한다(일반기준 13장 문단 13.33).

(2) 리스이용자

리스이용자는 운용리스와 관련하여 다음의 사항을 주석으로 기재한다(일반기준 13장 문단 13.20).

① 다음 각 기간별 운용리스에 따른 미래 최소리스료의 합계
  • 1년 이내
  • 1년 초과 5년 이내
  • 5년 초과

② 보고기간말 현재 전대리스에서 받게 될 것으로 기대되는 미래의 최소전대리스료의 합계

③ 최소리스료, 조정리스료 및 전대리스료로 구분하여 당기손익에 인식된 리스료와 전대리스료

④ 다음을 포함한 리스계약의 유의적인 사항에 대한 일반적인 설명
  • 조정리스료가 결정되는 기준
  • 리스갱신, 매수선택권 및 리스료 인상조항의 조건
  • 배당, 추가채무 및 추가리스 등에 관한 리스계약서상의 제약사항

5. 세무회계상 유의사항

법인세법 시행규칙 제35조 제1항에서는 리스이용자가 리스로 인하여 수입하거나 지급하는 리스료(리스개설직접원가를 제외함)의 익금과 손금의 귀속사업연도는 기업회계기준으로 정하는 바에 따른다고 규정하고 있으며, 그 구체적인 내용은 아래와 같다.

(1) 리스회사의 익금인식

리스회사는 대금결제조건에 따라 영수할 최소리스료와 조정리스료(금액이 확정되지는 않았지만 기간경과 외의 요소의 미래발생분을 기초로 결정되는 리스료 부분)를 각 사업연도의 소득금액 계산상 익금에 산입하며, 익금의 귀속사업연도는 일반기업회계기준이 정하는 바에 의한다. 한편, 외화로 표시된 리스계약의 경우 최소리스료는 외화금액을 기준으로 한다(법기통 23－24…1 1항 3호, 2항 1호 · 4호, 4항).

(2) 리스이용자의 손금인식

리스이용자는 대금결제조건에 따라 지급할 최소리스료와 조정리스료를 각 사업연도의 소득금액 계산상 손금에 산입하여야 하며, 손금의 귀속사업연도는 일반기업회계기준이 정

하는 바에 의한다. 한편, 외화로 표시된 리스계약의 경우 최소리스료는 외화금액을 기준으로 한다(법기통 23-24…1 2항 2호·4호, 4항).

(3) 운용리스자산의 감가상각

운용리스자산은 리스회사의 감가상각자산으로 하며, 리스자산에 대한 감가상각비는 법인세법 시행령 제26조에 따라 계산한 금액을 한도로 손금산입한다. 이 경우 리스자산에 대한 내용연수는 법인세법 시행규칙 별표 5의 건축물 등 및 별표 6의 업종별 자산의 기준내용연수 및 내용연수범위를 적용한다(법기통 23-24…1 2항 3호).

(4) 금융비용의 자본화

리스회사가 리스자산을 취득함에 따라 소요된 건설자금의 이자에 대하여는 법인세법 시행령 제52조의 규정에 따라 자본적 지출로 계상한다(법기통 23-24…1 2항 5호).

(5) 리스이용자의 일부 부담분

리스이용자가 리스물건 취득가액의 일부를 부담할 경우 리스이용자는 동 금액을 선급비용으로 계상하고, 리스기간에 안분하여 손금에 산입한다(법기통 23-24…1 2항 6호).

(6) 중도해지

리스계약이 중도해지된 경우 리스회사는 당해 리스계약과 관련하여 리스이용자 또는 보증인으로부터 회수가능한 금액을 익금에 산입하며, 익금의 귀속사업연도는 일반기업회계기준이 정하는 바에 의한다(법기통 23-24…1 3항 2호, 4항).

(7) 외화자산·부채의 평가차손익

리스에 관련한 리스회사와 리스이용자의 외화자산·부채의 평가차손익은 법인세법 시행령 제76조의 규정에 의하여 처리한다(법기통 23-24…1 5항).

(8) 대손충당금 설정대상금액

운용리스의 경우 법인세법 제34조 및 동법 시행령 제61조의 대손충당금 설정대상금액은 약정에 의한 지급일이 경과한 리스료 미회수액으로 한다(법기통 23-24…1 6항 2호).

제2절 금융리스

1. 금융리스관련 자산 및 부채의 평가

(1) 리스제공자

① 일반적인 경우

금융리스에서는 법적으로 자산의 소유권이 이전되는 것은 아니지만 실질적으로 자산의 소유에 따른 모든 위험과 보상이 리스이용자에게 이전되었다고 본다. 따라서 리스제공자는 리스실행일 현재 리스자산의 장부금액(선급리스자산)을 제거하고 금융리스의 리스순투자와 동일한 금액을 금융리스채권으로 인식한다. 즉, 리스자산을 공정가치에 매각하는 것으로 보아 회계처리한다.

이 경우 금융리스채권가액과 리스실행일 현재 장부금액의 차이는 리스자산처분손익 등의 과목으로 당기손익에 반영한다. 리스자산이 신규자산이라면 리스자산의 취득원가가 공정가치이기 때문에 리스실행일의 금융리스채권가액과 리스자산 장부금액은 일치하는 것이 일반적이나, 리스자산의 취득일과 리스실행일이 일치하지 않고 그 기간 동안에 리스자산의 공정가치가 변동하여 취득원가와 일치하지 않는 예외적인 경우 신규자산이라 하더라도 금융리스채권가액(공정가치)과 리스자산의 장부금액이 일치하지 아니할 수 있다. 또한, 사용중인 자산을 최초로 리스하는 경우에도 리스자산처분손익은 발생할 수 있다(일반기준 13장 문단 13.21, 부록 실13.15).

(차) 금 융 리 스 채 권	×××	(대) 선 급 리 스 자 산	×××
리스자산처분손실	×××	(또는 리스자산처분이익	×××)

리스자산의 취득과 관련하여 발생한 외화선급금은 지출 또는 외화부채 발생시점의 환율을 적용하여 환산하며, 취득시점에 선급리스자산으로 대체한다. 한편, 외화로 리스료를 수취하는 계약인 경우 금융리스채권금액의 산정은 리스실행일 현재의 환율에 의한다. 이 경우 리스자산과 금융리스채권과의 차액은 리스자산처분손익으로 당기손익에 반영한다(일반기준 13장 부록 실13.27, 실13.28).

한편, 리스목적으로 보유하는 자산은 선급리스자산 등 적절한 과목으로 자산의 성격에 따라 비유동자산 중 유형자산 또는 무형자산의 한 항목으로 표시하고, 리스실행일 이후에는 금융리스채권 등 적절한 과목으로 회수기간에 따라 유동자산 또는 비유동자산 중 기타 비유동자산의 한 항목으로 표시한다. 다만, 리스제공자가 일반기업회계기준 제3장(재무제표의 작성과 표시Ⅱ(금융업))의 적용대상인 경우에는 업종의 특수성을 고려하여 해당 기준에 따라 리스관련 자산을 표시한다(일반기준 13장 부록 실13.16).

② 리스개설직접원가가 있는 경우

리스개설직접원가가 있는 경우 리스제공자는 리스개설원가를 금융리스채권가액에 포함하여야 한다. 즉, 리스순투자액에 리스개설직접원가가 포함되는 것이다. 여기에서 리스개설직접원가란 리스의 협상 및 계약단계에서 리스와 관련하여 직접 그리고 추가적으로 발생하는 수수료, 법적비용 및 내부발생원가를 말하는 것으로, 제조자 또는 판매자인 리스제공자에 의하여 발생한 원가는 판매비와관리비에 해당하기 때문에 리스개설직접원가에서 제외한다. 따라서 제조자 또는 판매자가 아닌 리스제공자의 리스개설직접원가는 금융리스채권의 최초 인식액에 포함되기 때문에 리스기간 동안에 인식되는 수익을 감소시킨다(일반기준 13장 부록 결13.19).

(2) 리스이용자

① 일반적인 경우

리스이용자는 리스실행일에 최소리스료의 현재가치와 리스자산의 공정가치 중 작은 금액을 금융리스자산과 금융리스부채로 각각 인식한다. 이 경우 최소리스료의 현재가치를 계산할 때 적용해야 할 할인율은 리스제공자의 내재이자율이며, 만약 이를 알 수 없다면 리스이용자의 증분차입이자율을 적용한다(일반기준 13장 문단 13.13).

한편, 금융리스부채는 금융리스자산에서 차감하는 형식으로 표시하지 않고 유동과 비유동으로 구분하여 별도의 부채항목으로 표시한다. 즉, 리스자산을 금융리스자산 등의 과목으로 자산의 성격에 따라 비유동자산 중 유형자산 또는 무형자산의 한 항목으로 표시하고, 금융리스관련 부채를 금융리스부채 등의 과목으로 회수기간에 따라 유동부채 또는 비유동부채 중 기타비유동부채의 한 항목으로 표시한다. 다만, 리스제공자가 일반기업회계기준 제3장(재무제표의 작성과 표시Ⅱ(금융업))의 적용대상인 경우에는 업종의 특수성을 고려하여 해당 기준에 따라 리스관련 부채를 표시한다(일반기준 13장 부록 실13.9, 실13.16).

② 리스개설직접원가가 있는 경우

리스개설직접원가는 일반적으로 협상 및 계약체결과 같은 특정한 리스활동과 관련하여 발생하는 것으로, 금융리스와 관련하여 리스이용자가 수행하였던 활동에 직접적인 관련이 있는 것으로 확인된 증분원가는 금융리스자산에 포함한다(일반기준 13장 부록 실13.10).

따라서, 리스개설직접원가가 없는 경우에는 리스실행일의 금융리스자산과 금융리스부채가 동일한 금액으로 인식되나, 리스개설직접원가가 발생한 경우에는 동일한 금액으로 인식되지 아니한다.

2. 금융리스 수익 · 비용 인식

(1) 리스제공자

① 일반적인 경우

금융리스에서 매 기간별 리스료는 리스제공자의 투자회수액과 용역대가 성격인 이자수익으로 구성되어 있으므로, 매 기간별 리스료를 금융리스채권의 원금회수액과 이자수익으로 구분하여 회계처리한다. 이 때 매 기간별 이자수익은 금융리스채권의 잔액에 유효이자율법을 적용하여 체계적이고 합리적인 방법에 의하여 배분하여야 하는데, 유효이자율이라 함은 리스제공자의 내재이자율을 말한다(일반기준 13장 문단 13.22, 13.23).

② 추정무보증잔존가치의 검토

리스에서 리스제공자의 리스총투자 계산에 사용되었던 추정무보증잔존가치는 매 회계연도마다 검토하여야 한다. 검토결과, 추정무보증잔존가치가 감소되면 금융리스채권의 장부금액은 감소하며, 그 감소금액은 즉시 당기비용으로 인식한다. 이 경우 금융리스채권의 감소분은 당해 채권의 손상차손으로서 추정무보증잔존가치의 감소분을 내재이자율로 할인한 금액이다(일반기준 13장 부록 실13.12).

사례 추정무보증잔존가치가 감소한 경우

20×6. 1. 1.(계약일 겸 리스실행일)에 B사(리스이용자)는 A사(리스제공자)와 해지불능리스계약을 체결하였다.

이 리스계약과 관련된 자료는 다음과 같다.

(1) 자산의 취득원가(＝리스실행일의 공정가치) : 53,000,000원
(2) 자산의 내용연수 : 4년
(3) 3년 후 추정잔존가치 : 5,000,000원(20×6. 12. 31. 현재 3,000,000원으로 추정변경)
(4) 리스기간 : 3년, 만기일은 20×8. 12. 31.
(5) 리스제공자의 리스개설직접원가(IDC) : 494,000원
(6) 연간 리스료 : 매년 말에 20,000,000원씩 3차례 지급
(7) 보증잔존가치 : 3,000,000원(소유권이전약정과 염가매수선택권은 없음)

이 리스계약과 관련하여 리스실행일(20×6. 1. 1.)과 1차 연도 말(20×6. 12. 31.)에 행할 A사(리스제공자)의 회계처리는 다음과 같다. 다만, 리스 분류는 리스기간에 의해서만 결정하며, 금융리스로 분류하기로 한다.

〈회계처리〉

- 최소리스료 : 연간 리스료 60,000,000원(매년 20,000,000원)과 보증잔존가치 3,000,000원
- 내재이자율 : 최소리스료와 무보증잔존가치(2,000,000원)의 현재가치합계를 자산의 공정가치와 IDC의 합계액과 일치시키는 할인율 = 연간 10%

$$53{,}494{,}000 = \frac{20{,}000{,}000}{1+r} + \frac{20{,}000{,}000}{(1+r)^2} + \frac{20{,}000{,}000}{(1+r)^3} + \frac{5{,}000{,}000}{(1+r)^3}$$

리스제공자의 상각표 – 추정잔존가치가 5,000,000원인 경우

(단위 : 천원)

연도	기초채권	발생이자(10%)	리스료수령액	원금회수액	기말채권
20×6	53,494	5,349	20,000	14,651	38,843
20×7	38,843	3,884	20,000	16,116	22,727
20×8	22,727	2,273	20,000	17,727	5,000(*)

* 리스자산의 추정잔존가치임.
** 천원 이하 반올림함.

리스제공자의 상각표 – 추정잔존가치가 3,000,000원인 경우

(단위 : 천원)

연도	기초채권	발생이자 (10%)	리스료 수령액	원금 회수액	기말채권	채권 감소액	감소 후 잔액
20×6	53,494	5,349	20,000	14,651	38,843	1,653	37,190
20×7	37,190	3,719	20,000	16,281	20,909		
20×8	20,909	2,091	20,000	17,909	3,000(*)		

* 리스자산의 추정잔존가치임.
** 천원 이하 반올림함.

• 20×6. 1. 1. 회계처리

(차) 금 융 리 스 채 권	53,494,000 1)	(대) 선 급 리 스 자 산	53,000,000
		현 금 등 (IDC)	494,000

주1) 선급리스자산 53,000,000+현금 등(IDC) 494,000=53,494,000원

• 20×6. 12. 31. 회계처리

(차) 현 금 등	20,000,000	(대) 이 자 수 익	5,349,000 2)
		금 융 리 스 채 권	14,651,000

주2) 금융리스채권 기초잔액 53,494,000×10%=5,349,000원(천원 이하 반올림함)

(차) 금융리스채권손상차손	1,653,000 3)	(대) 금 융 리 스 채 권	1,653,000

주3) 추정무보증잔존가치 감소액 2,000,000원을 내재이자율 10%로 할인한 현재가치(천원 이하 반올림함)임.

(2) 리스이용자

① 이자비용의 계산

리스이용자는 보증잔존가치를 제외한 매기의 최소리스료를 금융리스부채의 원금상환부분과 금융리스 이자비용으로 구분하여 인식하여야 한다. 이 경우 이자비용은 유효이자율법으로 계산한다(일반기준 13장 문단 13.14).

유효이자율은 리스제공자의 내재이자율로 하여야 하나, 리스제공자의 내재이자율을 알기 어려운 경우에는 리스이용자의 증분차입이자율을 적용할 수 있다(일반기준 13장 문단 13.13).

② 감가상각비의 계산

금융리스에서는 매 회계기간에 이자비용뿐만 아니라 금융리스자산의 감가상각비가 발생한다. 금융리스자산의 감가상각은 리스이용자가 소유한 다른 유사자산의 감가상각과 일관성 있게 회계처리한다. 만약 리스이용자가 리스기간 종료시 또는 그 이전에 자산의 소유권을 획득할 것이 확실시 된다면 자산의 내용연수에 걸쳐 감가상각하며, 그러하지 않은 경우에는 리스기간과 내용연수 중 짧은 기간에 걸쳐 감가상각한다. 이 경우 감가상각대상금액은 금융리스자산의 취득가액에서 추정잔존가치 또는 보증잔존가치를 차감한 금액으로 한다(일반기준 13장 문단 13.15).

소유권 획득 여부	감가상각기간	감가상각대상금액
획득이 확실	내용연수	취득가액 – 추정잔존가치
기 타	리스기간과 내용연수 중 짧은 기간	취득가액 – 보증잔존가치

한편, 염가구매선택권이 있다면 일반적으로 그 권리가 행사될 것이 확실시 되므로, 그 리스는 리스자산의 소유권을 획득할 것이 확실시 되는 경우에 해당한다(적용의견서 06–1, 2006. 1. 13.).

③ 손상차손의 인식

리스자산의 진부화 및 시장가치의 급격한 하락 등으로 인하여 자산의 회수가능액이 장부금액에 중요하게 미달하게 되는 경우에는 장부금액을 회수가능액으로 조정하고 그 차액을 손상차손으로 처리한다. 다만, 유형자산 항목인 리스자산은 손상징후가 있다고 판단되고 당해 유형자산의 사용 및 처분으로부터 기대되는 미래 현금흐름총액의 추정액이 장부금액에 미달하는 경우에 장부금액을 회수가능액으로 조정하고 그 차액을 손상차손으로 처리한다(일반기준 20장 문단 20.8, 20.9). 이후 손상차손이 더 이상 존재하지 않거나 감소된 것을 시사하는 징후가 있고 회수가능액의 결정에 사용된 추정치에 변화가 있는 경우 장부금액을 회수가능액으로 증가시키고 그 차액을 손상차손환입으로 처리한다. 다만, 이 경우 손상차손환입으로 증가된 장부금액은 과거에 손상차손을 인식하기 전 장부금액의 감가상각 또는 상각 후 잔액을 초과할 수 없다(일반기준 20장 문단 20.19, 20.21 및 20.22). 한편, 리스자산에 대한 손상차손의 인식 및 환입에 대한 보다 자세한 설명은 '자산편 제2장(비유동자산) 제2절(유형자산)과 제3절(무형자산)'편을 참조하기로 한다.

이상까지 설명한 금융리스와 관련된 일반적인 회계처리내용을 리스제공자와 리스이용자 입장에서 비교하여 보면 다음과 같다.

구 분	리 스 제 공 자	리 스 이 용 자
리스자산 취득일	(차) 선 급 리 스 자 산 ××× (대) 현금 및 현금성자산 ×××	N/A
리 스 실행일	(차) 금 융 리 스 채 권 ××× (대) 선 급 리 스 자 산 ×××	(차) 금 융 리 스 자 산 ××× (대) 금 융 리 스 부 채 ×××
리스료 수취일	(차) 현금 및 현금성자산 ××× (대) 이 자 수 익 ××× 금 융 리 스 채 권 ×××	(차) 이 자 비 용 ××× 금 융 리 스 부 채 ××× (대) 현금 및 현금성자산 ×××
결산일	N/A	(차) 감 가 상 각 비 ××× (대) 감 가 상 각 누 계 액 ×××

사례

- 리스료 총액 : ₩1,500,000(매 ₩300,000씩 5회 후불지급)
- 리스자산 취득가액(리스실행일인 2×06. 1. 1. 현재 공정가치와 일치함) : ₩1,137,237(내용연수 5년 잔존가치 ₩0)
- 리스이자율 : 연 10%
- 리스기간 : 5년

풀이

이자 및 원금상환표

(단위 : 원)

연 도	최소리스료	리스이자	원금상환액	금융리스채권 · 부채잔액
2×06. 1. 1.	(리스실행일)	–	–	₩1,137,237
2×06. 12. 31.	₩300,000	₩113,723*	₩186,277**	950,960***
2×07. 12. 31.	300,000	95,096	204,904	746,056
2×08. 12. 31.	300,000	74,605	225,395	520,661
2×09. 12. 31.	300,000	52,066	247,934	272,727
2×10. 12. 31.	300,000	27,273	272,727	0
계	₩1,500,000	₩362,763	₩1,137,237	

* ₩1,137,237×10% = ₩113,723
** ₩300,000 − ₩113,723 = ₩186,277
*** ₩1,137,237 − ₩186,277 = ₩950,960

1. 리스제공자의 회계처리를 예시하면 다음과 같다.

i) 리스자산 취득시

(차) 선 급 리 스 자 산	1,137,237	(대) 현 금	1,137,237

ii) 2×06. 1. 1. 리스실행일

(차) 금 융 리 스 채 권	1,137,237	(대) 선 급 리 스 자 산	1,137,237

iii) 2×06. 12. 31. 리스료 수취시

(차) 현 금	300,000	(대) 금 융 리 스 채 권	186,277
		이 자 수 익	113,723

2. 리스이용자의 회계처리를 예시하면 다음과 같다.

i) 2×06. 1. 1. 리스실행일

(차) 금 융 리 스 자 산	1,137,237	(대) 금 융 리 스 부 채	1,137,237

ii) 2×06. 12. 31. 리스료 지급시

(차) 금 융 리 스 부 채	186,277	(대) 현 금	300,000
이 자 비 용	113,723		

iii) 감가상각

(차) 감 가 상 각 비	227,447	(대) 감 가 상 각 누 계 액	227,447

3. 기타 사항

(1) 제조자 또는 판매자가 리스제공자인 경우

① 개 요

제조자 또는 판매자가 리스제공자인 경우란 여신전문금융업법상의 시설대여업자가 아닌 회사로서 제품을 제조하거나 상품을 매입하여 이를 금융리스의 형태로 판매하는 경우는 물론이고, 리스업을 주업으로 하는 여신전문금융업법상의 시설대여업자인 회사가 직접 매입하여 리스하는 경우도 포함한다(일반기준 13장 부록 실13.18).

제조자 또는 판매자가 리스제공자인 경우의 금융리스는 제조자 또는 판매자가 리스이용자에게 자산을 판매함으로써 판매에 따른 이익을 얻음과 동시에 금융리스에 따른 이자수익을 얻는 형태의 리스로 장기할부판매와 금융리스의 개념을 결합한 것으로 볼 수 있다. 따라서 제조자 또는 판매자가 제조 또는 구매한 자산을 금융리스방식으로 판매하는 계약은 제조 또는 구매자산의 매각거래와 이에 대한 자금거래로 나눌 수 있으며 이에 따라 리스제공자는 총수익을 매출액과 이자수익으로 구분하여 인식하여야 한다(일반기준 13장 부록 결13.23).

② 매출이익의 인식

제조자 또는 판매자인 리스제공자는 일반판매에 대하여 채택하고 있는 회계정책에 따라 매출손익을 인식한다. 그러나 제조자 또는 판매자인 리스제공자는 고객을 유치하기 위하여 인위적으로 낮은 이자율을 제시하기도 하는데 이러한 낮은 이자율을 사용하면 매출액이 커지기 때문에 거래 전체 이익의 상당부분이 판매시점에서 인식되는 불합리한 결과를 초래한다. 따라서 인위적으로 낮은 이자율이 제시된다면 시장이자율을 적용하여 매출이익 및 금융리스이자수익을 인식한다(일반기준 13장 문단 13.24, 부록 결13.22).

이에 따라 제조자 또는 판매자인 리스제공자가 리스실행일에 인식할 매출액은 자산의 공정가치와 시장이자율로 할인한 최소리스료의 현재가치 중 작은 금액으로 하며, 이에 대응하는 매출원가는 리스자산의 취득원가에서 무보증잔존가치의 현재가치를 차감한 금액으로 한다. 다만, 리스자산의 취득원가와 리스자산의 장부금액이 다를 경우에는 리스자산의 장부금액에서 무보증잔존가치의 현재가치를 차감한 금액으로 한다. 이때 매출액과 매출원가의 차이는 리스제공자가 매출에 대하여 적용하고 있는 회계정책에 따라 매출이익으로 인식한다(일반기준 13장 부록 실13.20). 한편, 리스가 주업인 리스제공자는 취득원가와 판매가격과의 차액을 리스자산처분손익 등의 과목으로 당기손익에 반영한다(일반기준 13장 부록 결13.23).

③ 재고자산과 판매비와관리비의 인식

리스의 협상 및 계약단계에서 발생한 원가는 주로 제조자 또는 판매자의 매출이익 획득과 관계가 있으므로 리스실행일에 당기 비용으로 인식하며, 매출원가의 계산시에 차감되었던 무보증잔존가치의 현재가치는 재고자산으로 인식하여야 한다(일반기준 13장 문단 13.24 및 부록 결13.25, 결13.26).

사례 매출이익의 인식 : 인위적으로 낮은 이자율을 제시한 경우

A회사는 기계장치를 제조하는 회사이다. B사는 A사가 만든 기계장치를 이용하여 X라는 제품을 만들어 도 · 소매업자에게 판매한다. A사는 금융리스 형식으로 B사에게 기계장치 1대를 판매하였다.

리스자산 : 기계장치 1대, 장부금액 9,000,000원, 공정가치 10,000,000원, 내용연수 4년, 잔존가치 없음.

리스기간 : 20×6. 1. 1.부터 4년간

리스료 : 매년 말 3,293,000원

리스의 종류 : 금융리스

리스제공자의 이자율 : 당해 리스시 인위적으로 제시한 낮은 이자율 12%, 시장이자율 16%

연금현가계수 : n=4, 12%인 경우 3.03735

n=4, 16%인 경우 2.79818

당해 리스와 관련하여 리스제공자가 2006년도에 해야 할 회계처리는 다음과 같다. 다만, 리스제공자의 보고기간종료일은 매년 12월 31일이다.

〈회계처리〉

• 20×6. 1. 1. 회계처리

(차) 금 융 리 스 채 권	9,214,000	(대) 매 출	9,214,000[1]
매 출 원 가	9,000,000	기 계 장 치	9,000,000

주1) 3,293,000×2.79818(n=4, 16% 연금현가계수)=9,214,000

• 20×6. 12. 31. 회계처리

(차) 현 금	3,293,000	(대) 금융리스이자수익	1,474,240[2]
		금 융 리 스 채 권	1,818,760[3]

주2) 9,214,000×0.16=1,474,240

주3) 3,293,000−1,474,240=1,818,760

(2) 리스이용자의 리스료 이외의 별도 부담분

리스이용자가 리스실행일 이후 리스료와는 별도로 부담하기로 하여 리스제공자에게 지급하기로 한 금액(보험료, 세금과공과 등)에 대하여는 리스료로 회계처리하지 아니하고 발생주의에 따라 당기의 비용으로 처리하여야 한다.

(3) 조정리스료

조정리스료가 발생한 경우에는 리스료가 발생한 기간의 수익이나 비용으로 인식하며, 그 회수 여부가 확정되지 않은 경우에는 회수 또는 지급한 시점에서 수익 또는 비용으로 인식하여야 한다. 다만, 금융리스의 경우 조정리스료 금액이 중요한 경우에는 잔여리스기간에 걸쳐 원금 및 이자부분으로 구분하여 처리할 수 있다(일반기준 13장 부록 실13.24, 실13.25, 실13.26).

(4) 리스개량자산

리스자산의 부대시설과 관련하여 발생한 비용과 리스실행일 이후 리스자산과 직접 관련되어 발생하는 수선비(리스이용자의 부담분에 한함) 중 자산으로 인식되는 금액은 이를 리스개량자산으로 인식한다. 리스개량자산은 리스기간 종료시 또는 그 이전에 리스자산의 소유권이전이 확실시 된다면 리스자산의 내용연수와 리스개량자산의 내용연수 중 짧은 기간에 걸쳐 감가상각하고, 그렇지 않으면 리스기간과 리스개량자산의 내용연수 중 짧은 기간에 걸쳐 감가상각한다(일반기준 13장 부록 실13.43, 실13.44).

(5) 리스이용자의 일부 부담분

리스이용자가 리스자산 취득원가의 일부를 부담하고 그 일부 부담분만큼 공유지분이 인정될 경우 리스이용자의 부담분은 유형자산 등으로 인식하여 내용연수에 걸쳐 상각한다. 그러나 일부 부담분만큼 공유지분이 인정되지 아니하는 경우 일부 부담분 만큼 리스부채의 일부를 조기에 상환한 것으로 처리한다(일반기준 13장 부록 실13.45).

(6) 리스자산의 소유권이전

리스이용자가 리스기간 중에 염가구매선택권을 행사하거나 리스기간이 종료가 되어 소유권이 이전되는 경우 리스이용자가 리스물건 소유권의 취득에 수반하여 리스제공자에게 지급하는 확정된 금액은 소유권 취득일 현재 장부상 남아 있는 리스부채와 상계하고 이 때 발생하는 차액은 자본적 지출로 처리한다. 그리고 리스자산계정은 일반 유형자산 또는 무형자산의 과목으로 분류하는 회계처리를 하여야 한다. 한편, 리스제공자는 지급받는 양도가액을 당해 금융리스채권의 잔액과 상계처리하고, 이 때 발생하는 차액은 당해 연도의 손익으로 처리한다.

(7) 금융리스계약의 해지

① 개 요

리스기간 중에 리스계약이 해지되는 경우에 리스제공자는 리스이용자 또는 리스보증인으로부터 위약금을 수취하고 리스자산을 회수함과 동시에 잔여리스기간에 대한 금융리스채권이 소멸하게 된다. 이 경우 리스제공자는 리스계약의 해지일까지 회수되었어야 함에도 회수되지 아니한 채권과 동 채권에 대한 해지일까지의 미수이자는 정상적인 금융리스채권과 구별하여 해지금융리스채권 등 적절한 과목으로 인식하여야 한다(일반기준 13장 부록 실13.32).

② 리스자산의 처리

금융리스계약이 해지된 경우 회수한 당해 리스자산은 리스목적으로 보유하는 다른 자산과 동일한 과목으로 인식하되 그 내역을 주석으로 기재하고, 리스제공자가 소유한 다른 유사자산의 감가상각과 일관성 있게 회계처리하여야 한다. 한편, 회수하는 리스자산의 가액은 해지일 이후에 회수기일이 도래하는 금융리스채권의 장부금액으로 인식한다. 다만, 회수된 리스자산의 공정가치가 그 금융리스채권 장부금액에 미달하는 경우에는 그 차액을 즉시 당기비용으로 인식한다(일반기준 13장 부록 실13.29, 실13.30).

③ 리스해지이익의 인식

리스계약이 해지된 경우 당해 리스계약과 관련하여 리스이용자 또는 리스보증인으로부터 회수가능한 금액은 해지일이 속하는 회계연도에 리스해지이익으로 당기손익에 반영하고 보고기간말 현재 미회수된 금액은 주석으로 기재한다. 이 경우 리스를 주된 영업으로 하거나 전체 영업내용 중 리스의 비중이 큰 기업은 리스계약의 해지와 관련하여 발생한 손익을 영업손익으로 분류하고 그렇지 아니한 경우에는 영업외손익으로 분류한다(일반기준 13장 부록 실13.31, 실13.33).

금융리스계약의 해지와 관련된 회계처리를 요약하면 다음과 같다.

(차)	해지금융리스채권*	×××	(대) 금융리스채권	×××
	선급리스자산**	×××	이자수익	×××
(차)	미수금***	×××	(대) 리스해지이익	×××

* 해지일 이전 회수기일 도래 미회수채권잔액+동 채권에 대한 미수이자

** 해지일 이후 회수기일이 도래하는 금융리스채권잔액

*** 리스이용자 등으로부터 회수가능한 리스계약해지위약금

(8) 리스계약의 종료와 리스자산반환

소유권이전약정이 있거나 염가구매선택권을 행사하는 등 소유권이 이전된 경우에는 리스자산의 반환문제가 없으나, 소유권이 이전되지 않는 금융리스의 경우 리스기간이 종료되면 리스제공자는 리스자산을 회수하게 된다. 이 경우 반환된 리스자산은 리스기간 종료시의 금융리스채권 장부금액으로 인식한다. 다만, 반환된 리스자산의 공정가치가 금융리스채권 장부금액에 미달하는 경우에는 그 차액을 즉시 당기비용으로 인식한다. 한편, 반환된 자산의 공정가치가 보증잔존가치에 미달하여 보상받은 현금은 리스보증이익으로 당기손익에 반영한다. 리스보증이익은 리스를 주된 영업으로 하거나 전체 영업내용 중 리스의 비중이 큰 기업의 경우 영업손익으로 그 외의 경우에는 영업외손익으로 분류한다(일반기준 13장 부록 실13.34, 실13.33).

4. 주석기재사항

(1) 리스제공자

리스제공자는 금융리스와 관련하여 다음의 사항을 주석으로 기재한다(일반기준 13장 문단 13.25).

① 보고기간말 현재 리스의 총투자와 최소리스료의 현재가치의 조정내역, 그리고 다음 각 기간별 리스의 총투자와 최소리스료의 현재가치

- 1년 이내
- 1년 초과 5년 이내
- 5년 초과

② 리스총투자와 리스순투자의 차이

③ 무보증잔존가치

④ 회수불확실한 최소리스료채권에 대한 대손충당금

⑤ 수익으로 인식된 조정리스료

⑥ 리스계약의 유의적인 사항에 대한 일반적인 설명

(2) 리스이용자

리스이용자는 금융리스와 관련하여 다음의 사항을 주석으로 기재한다(일반기준 13장 문단 13.17).

① 보고기간말 현재 금융리스자산의 장부금액

② 보고기간말 현재 최소리스료의 총합계와 현재가치의 조정내역, 그리고 다음 각 기간별 최소리스료의 총합계 및 현재가치

- 1년 이내
- 1년 초과 5년 이내
- 5년 초과

③ 당기의 손익에 반영된 조정리스료

④ 보고기간말 현재 전대리스에서 받게 될 것으로 기대되는 미래의 최소전대리스료의 합계

⑤ 다음을 포함한 리스계약의 유의적인 사항에 대한 일반적인 설명

- 조정리스료가 결정되는 기준
- 리스갱신, 매수선택권 및 리스료 인상조항의 조건
- 배당, 추가채무 및 추가리스 등에 관한 리스계약서상의 제약사항

⑥ 일반기업회계기준 제10장(유형자산), 제11장(무형자산) 및 제20장(자산손상)에서 요구하는 주석사항은 리스이용자의 금융리스자산에 적용한다(일반기준 13장 문단 13.18).

5. 세무회계상 유의사항

법인세법 시행규칙 제35조 제1항에서는 리스이용자가 리스로 인하여 수입하거나 지급하는 리스료(리스개설직접원가를 제외함)의 익금과 손금의 귀속사업연도는 기업회계기준으로 정하는 바에 따른다고 규정하고 있으며, 그 구체적인 내용은 아래와 같다.

(1) 리스회사의 익금산입

리스회사는 당해 리스물건의 리스실행일 현재의 취득가액 상당액을 리스이용자에게 금전으로 대여한 것으로 보아 대금결제조건에 따라 영수하기로 한 리스료 수입 중 이자상당액을 각 사업연도 소득금액 계산상 익금에 산입하여야 하며, 익금의 귀속사업연도는 일반기업회계기준이 정하는 바에 의한다(법기통 23-24…1 1항 1호, 4항).

여기서 이자상당액이라 함은 리스실행일 현재의 계약과 관련하여 최소리스료 중 이자율법에 의하여 계산한 이자상당액과 조정리스료를 말한다(법기통 23-24…1 1항 3호).

한편, 리스제공자가 리스이용자와 외화금융리스를 계약하고 리스실행일 현재 금융리스채권가액과 리스자산의 장부금액과의 차액을 일반기업회계기준 제13장 부록 실13.15에 의해 "리스자산처분손익"으로 계상한 경우 당해 리스자산처분손익은 각 사업연도의 소득금액 계산시 익금 또는 손금에 해당되지 아니한다(법인-452, 2009. 4. 14.). 따라서, 이 경우에는 리스자산처분손익을 손금불산입(유보) 또는 익금불산입(△유보)하여 세무상 금융리스채권가액을 가감조정하여야 할 것이다.

(2) 리스이용자의 손금산입

리스이용자는 당해 리스물건의 리스실행일 현재의 취득가액 상당액을 리스회사로부터 차입하여 동 리스물건을 구입(설치비 등 취득부대비용 포함)한 것으로 보아 대금결제조건에 따라 지급하기로 한 리스료 중 차입금에 대한 이자상당액을 각 사업연도 소득금액 계산상 손금에 산입하여야 하며, 손금의 귀속사업연도는 일반기업회계기준이 정하는 바에 의한다(법기통 23-24…1 1항 2호, 4항).

여기서 이자상당액이라 함은 리스실행일 현재의 계약과 관련하여 최소리스료 중 이자율법에 의하여 계산한 이자상당액과 조정리스료를 말하며, 동 이자상당액은 금융보험업자에게 지급하는 이자로 보아 이자소득에 대한 법인세를 원천징수하지 아니한다(법기통 23-24…1 1항 2호 · 3호).

(3) 판매형리스의 손익인식

일반기업회계기준에 의한 판매형리스가 금융리스에 해당되는 경우 리스자산은 리스이용자의 감가상각자산으로 보는 것이며, 이 경우 제조자 또는 판매자인 리스제공자는 리스자산 판매에 따른 매출손익과 리스기간 동안의 이자수익을 인식하여야 한다(법인-1233, 2009. 11. 5.).

(4) 금융리스자산의 감가상각

금융리스의 자산은 리스이용자의 감가상각자산으로 하며, 소유자산과 동일한 방법으로 감가상각한 당해 리스자산의 감가상각비를 손금에 산입한다. 한편, 자산유동화에 관한 법률에 의한 유동화전문회사가 동법에 의한 자산유동화계획에 따라 금융리스의 자산을 양수한 경우에도 당해 자산에 대하여는 리스이용자의 감가상각자산으로 한다(법령 24조 5항, 6항 및 법기통 23-24…1 1항 2호).

(5) 중도해지시

리스계약이 중도해지된 경우 리스계약의 해지로 회수한 당해 리스자산의 가액은 해지일 이후에 회수기일이 도래하는 금융리스채권액으로 하며, 해당 리스계약의 해지와 관련하여 임차인 및 보증인 등으로부터 회수가능한 금액은 익금에 산입한다. 다만, 회수된 리스자산의 시가가 그 금융리스채권액에 미달하는 경우에는 그 차액을 손금에 산입한다. 이 경우 익금 및 손금의 귀속사업연도는 일반기업회계기준이 정하는 바에 의한다(법기통 23-24…1 3항 1호, 4항).

(6) 외화자산 · 부채의 평가차손익

리스에 관련한 리스회사와 리스이용자의 외화자산 · 부채의 평가차손익은 법인세법 시행령 제76조의 규정에 의하여 처리한다(법기통 23-24…1 5항).

(7) 대손충당금 설정대상금액

금융리스의 경우 법인세법 제34조 및 동법 시행령 제61조의 대손충당금 설정대상금액은 금융리스채권의 미회수잔액과 약정에 의한 지급일이 경과한 이자상당액의 미수금 합계액으로 한다(법기통 23-24…1 6항 1호).

Chapter

03

리스의 기타 사항

1. 리스해지 또는 종료 후 새로운 계약

① 개 요

리스계약이 중도에 해지되거나 리스기간이 종료된 후 리스자산에 대한 경제적 효익이 남아 있는 경우 리스제공자는 이를 신규로 리스하게 되는 바, 이와 같이 리스계약이 해지되거나 리스기간이 종료된 자산을 리스하는 경우에는 이를 새로운 리스계약으로 보아 리스 관련 회계처리를 적용한다(일반기준 13장 부록 실13.37).

② 운용리스를 하는 경우

리스해지 또는 종료 후 새로운 리스계약이 운용리스에 해당하는 경우 당해 자산과 관련된 위험과 보상이 리스제공자에게 있고, 수익획득과정이 완료되지 않았으므로 리스제공자가 유지하고 있는 해지 또는 종료시 반환된 리스자산의 장부금액을 새로운 운용리스자산가액으로 한다. 여기서 해지 또는 종료시 반환된 리스자산의 장부금액은 해지 또는 종료시점의 금액에서 해지 또는 종료일로부터 새로운 리스계약 실행일까지의 감가상각누계액을 차감한 금액으로 하며, 해지 또는 종료시 반환된 리스자산을 새로운 리스의 실행시점에서 운용리스자산 등으로 대체하여야 한다(일반기준 13장 부록 실13.39, 실13.41, 실13.42).

새로운 리스계약이 운용리스에 해당하는 경우 리스제공자의 회계처리를 예시하면 다음과 같다.

(차) 운 용 리 스 자 산	×××	(대) 선 급 리 스 자 산	×××
감 가 상 각 누 계 액	×××	감 가 상 각 누 계 액	×××

③ 금융리스를 하는 경우

리스해지 또는 종료 후 새로운 리스계약이 금융리스에 해당하는 경우에는 실질적인 소유권이 리스이용자에게 이전되었다고 볼 수 있으므로 리스실행일 현재 리스순투자를 금융리스채권가액으로 한다. 따라서 해지 또는 종료시 반환된 리스자산의 장부금액과 리스채권가액의 차이가 발생하는 바, 동 차이금액은 리스실행일 시점에서 리스자산처분손익 등의 과목으로 당기손익에 반영한다. 여기서 해지 또는 종료시 반환된 리스자산의 장부금액은 해지 또는 종료시점의 금액에서 해지 또는 종료일로부터 새로운 리스계약 실행일까지의 감가상각누계액을 차감한 금액으로 하며, 해지 또는 종료시 반환된 리스자산을 새로운 리스의 실행시점에서 금융리스채권 등으로 대체하여야 한다(일반기준 13장 부록 실13.40, 실13.42).

새로운 리스계약이 금융리스에 해당하는 경우, 리스제공자의 회계처리를 예시하면 다음과 같다.

(차) 금 융 리 스 채 권	×××	(대) 선 급 리 스 자 산	×××
감 가 상 각 누 계 액	×××	리 스 자 산 처 분 이 익	×××

2. 판매 후 리스거래

(1) 기업회계상 회계처리

① 개 요

판매 후 리스거래란 리스이용자가 리스제공자에게 자산을 판매하고 그 자산을 리스하여 사용하는 거래를 말하는 것으로 리스이용자가 제3자에게 매각한 자산을 리스제공자가 취득하여 리스하는 경우를 포함한다(일반기준 13장 문단 13.35, 부록 실13.22).

판매 후 리스거래를 하는 경우 리스료와 판매가격이 일괄적으로 협상되기 때문에 일반적으로 리스료와 판매가격은 서로 관련이 있게 된다. 판매 후 리스거래의 회계처리는 관련된 리스의 형태에 따라 결정된다.

② 금융리스인 경우

판매 후 리스거래가 금융리스에 해당하는 경우에는 판매에 따른 손익을 리스실행일에 인식하지 않고 해당 리스자산의 감가상각기간동안 이연하여 상각 또는 환입한다. 금융리스에 해당하는 판매 후 리스거래는 실질적으로 리스제공자가 리스이용자에게 자산을 담보로 금융을 제공하는 것이므로 판매에 따른 손익을 즉시 인식하는 것은 적합하지 않기 때문이다(일반기준 13장 문단 13.35, 부록 결13.28).

③ 운용리스인 경우

판매 후 리스거래가 운용리스에 해당하는 경우 리스료와 판매가격이 공정가치에 따라 결정된 것이 확실하다면 판매에 따른 이익이나 손실은 즉시 인식한다. 또한, 판매가격이 공정가치에 미달하는 경우에도 판매에 따른 이익이나 손실은 즉시 인식한다. 다만, 판매에 따른 손실이 시장가격보다 낮은 미래의 리스료로 보상된다면 당해 손실은 이연하여 리스기간 동안의 리스료에 비례하여 상각한다. 만약 판매가격이 공정가치를 초과한다면 판매가격이 공정가치를 초과하는 부분은 이연하여 리스기간 동안 환입한다(일반기준 13장 문단 13.36).

한편, 운용리스로 분류된 판매 후 리스거래에서 리스실행일의 자산의 공정가치가 장부금액보다 낮다면 장부금액과 공정가치의 차이에 해당하는 금액은 정상적인 판매에 따른 손실로 보아 즉시 손실로 인식한다(일반기준 13장 문단 13.37).

운용리스로 분류되는 판매 후 리스거래에서 이익 또는 손실은 리스자산의 장부금액, 공정가치 및 판매가격에 따라 결정되고 회계처리된다.

회계처리를 요약하면 다음과 같다(일반기준 13장 부록 적용사례4).

구 분		장부금액=공정가치	장부금액 < 공정가치	장부금액 > 공정가치
판매가격이 공정가치와 동일	이 익	없 음.	이익을 즉시 인식함.	리스실행일의 자산의 공정가치가 장부금액보다 낮다면 장부금액과 공정가치의 차이에 해당하는 금액을 즉시 손실로 인식함. 이 손실은 정상적인 판매에 따른 손실에 해당됨. 이후 회계처리는 '장부금액=공정가치'인 경우에 따름. (사례1, 사례2)
	손 실	없 음.	없 음.	
판매가격이 공정가치보다 작은 경우	이 익	없 음.	이익을 즉시 인식함.	
	손실이 보상되지 않음.	손실을 즉시 인식함.	손실을 즉시 인식함.	
	손실이 미래의 낮은 리스료로 보상됨.	손실을 이연하여 상각함.	손실을 이연하여 상각함.	
판매가격이 공정가치보다 큰 경우	이 익	이익을 이연하여 환입함.	공정가치와 판매가격의 차이에 해당하는 이익을 이연하여 환입함(사례3).	
	손 실	없 음.	없 음.	

* 이익 또는 손실 = 판매가격 – 장부금액(장부금액 > 공정가치인 경우, 공정가치와 동일함)

사례 1 장부금액 1,000, 공정가치 500, 판매가격 1,200인 경우

(차) 현 금 등	1,200	(대) 자 산	1,000
손 실	500 1)	이 연 이 익	700 2)

주1) 공정가치 500 – 장부금액 1,000 = (500)
주2) 판매가격 1,200 – 공정가치(장부금액) 500 = 700

사례 2 장부금액 1,000, 공정가치 500, 판매가격 300이고 손실이 낮은 리스료로 보상되는 경우

(차) 현 금 등	300	(대) 자 산	1,000
손 실	500 1)		
이 연 손 실	200 2)		

주1) 공정가치 500 – 장부금액 1,000 = (500)
주2) 판매가격 300 – 공정가치(장부금액) 500 = (200)

사례 3 장부금액 1,000, 공정가치 1,400, 판매가격 2,000인 경우

(차) 현 금 등	2,000	(대) 자 산	1,000
		이 익	400[1)]
		이 연 이 익	600[2)]

주1) 공정가치 1,400－장부금액 1,000＝(400)
주2) 판매가격 2,000－공정가치 1,400＝(600)

④ 주석공시

리스와 관련하여 리스이용자와 리스제공자에게 요구되는 주석사항은 판매 후 리스거래에도 동일하게 적용한다. 판매 후 리스거래의 독특하거나 비경상적인 계약조항 또는 조건은 리스계약의 유의적인 사항에 대한 일반적인 설명 부분에 주석으로 기재한다(일반기준 13장 문단 13.38).

판매 후 리스거래로 발생한 손익계산서 항목이 금액적으로 또는 그 특성상 중요하여 그 기간 동안의 기업의 경영성과를 보다 효과적으로 설명하기 위해 필요하다고 판단되는 경우에는 포괄손익계산서에 별도의 항목으로 구분하여 표시한다(일반기준 13장 부록 실13.23).

(2) 세무회계상 유의사항

취득 또는 사용하던 자산을 리스회사에 매각하고 리스거래를 통하여 재사용하는 "판매 후 리스거래"의 경우 법인세법상 처리는 다음과 같다(법기통 23－24…1 7항).

㉠ 금융리스에 해당하는 판매 후 리스거래의 경우 매매에 따른 손익을 리스실행일에 인식하지 아니하고 해당 리스자산의 감가상각기간 동안 이연하여 균등하게 상각 또는 환입한다.

㉡ 판매 후 리스거래가 운용리스에 해당하고 리스료 및 판매가격이 시가에 근거하여 결정된 경우 상기 '㉠'의 규정에 불구하고 당해 매매와 관련된 손익을 인식할 수 있다.

Ⅲ 조인트벤처 투자회계

Chapter 01

조인트벤처 투자의 의의

1. 의 의

조인트벤처는 둘 이상의 당사자가 공동지배의 대상이 되는 경제활동을 수행하기 위해 만든 계약구성체를 의미하는 것으로, 당사자는 개인 · 법인 또는 국가가 될 수 있다. 조인트벤처는 참여자가 계약합의사항에 의하여 구속을 받고, 계약합의사항에 의하여 공동지배가 성립한다는 특성을 갖는다.

조인트벤처는 다양한 형태를 가질 수 있으나 회계상으로는 공동지배사업, 공동지배자산 그리고 공동지배기업이라는 세 가지 유형으로 분류할 수 있다. 공동지배사업 및 공동지배자산의 경우에는 별도의 독립된 법인을 설립하지 아니하므로 각 참여자의 개별재무제표에 조인트벤처의 내용을 직접 반영하지만, 공동지배기업의 경우에는 별도의 독립된 법인을 설립하는 것으로 각 참여자는 지분법에 따라 회계처리하여야 한다.

2. 용어의 정의

일반기업회계기준 제9장 '용어의 정의'에서는 조인트벤처 투자의 회계처리와 관련하여 사용되는 용어를 다음과 같이 정의하고 있다.

① 공동지배 : 계약상 약정에 의하여 경제활동에 대한 지배력을 공유하는 것. 경제활동에 관련된 전략적 재무정책과 영업정책에 관한 의사결정에 지배력을 공유하고 있는 당사자(참여자) 전체의 동의가 필요할 때에만 존재한다.

② 조인트벤처 : 둘 이상의 당사자가 공동지배의 대상이 되는 경제활동을 수행하기 위해 만든 계약상 약정

③ 조인트벤처 투자자 : 조인트벤처에 대해서는 당사자이지만 조인트벤처에 대한 공동지배는 가지고 있지 않은 자

④ 유의적인 영향력 : 기업의 재무정책과 영업정책에 관한 의사결정에 참여할 수 있는 능력. 그러나 이러한 정책에 대한 지배력을 의미하는 것은 아니다. 유의적인 영향력은 지분소유, 법규 또는 계약에 따라 획득할 수 있다.

⑤ 지배력 : 경제적 효익을 얻기 위하여 기업의 재무정책과 영업정책을 결정할 수 있는 능력

⑥ 지분법 : 공동지배기업 투자지분을 최초에 원가로 인식하고, 취득시점 이후 발생한 공동지배기업의 순자산 변동액 중 참여자의 지분을 해당 투자지분에 가감하여 보고하는 회계처리방법. 참여자의 당기순손익은 공동지배기업의 당기순손익 중 참여자의 지분에 해당하는 금액을 포함한다.

⑦ 참여자 : 조인트벤처에 대한 당사자이며 그 조인트벤처에 대하여 공동지배를 가지고 있는 자

사례 조인트벤처의 구조와 지분율

① 조인트벤처는 둘 이상 당사자가 계약상 약정에 의하여 공동지배한다. 공동지배는 조인트벤처의 유의적인 재무정책과 영업정책에 관한 의사결정에 참여자 전체의 동의가 요구될 때 존재한다. 따라서 어떠한 참여자도 일방적으로 조인트벤처를 지배할 수 없다.

② 조인트벤처는 당사자가 모두 참여자일 것을 요구하지 않고, 각 참여자의 지분이 동일할 것을 요구하지도 아니한다. 예를 들면 투자자가 A, B, C이고, 지분율이 각각 55%, 25%, 20%인 기업이 있다. 이 기업의 유의적인 재무정책과 영업정책에 관한 의사결정은 A와 B의 계약상 약정에 의하여 A와 B의 전체동의가 요구되어진다. 즉, A가 50%를 초과하는 지분을 가지고 있다고 하더라도 A의 동의만으로는 의사결정을 할 수 없을 뿐만 아니라 C가 동의한 경우에도 의사결정을 할 수 없다. C는 투자자이지만 공동지배에 관한 계약상 약정의 당사자가 아니기 때문에 유의적인 영향력을 행사할 수는 있지만 공동지배력은 없다. 이 경우 당해 기업은 조인트벤처이며, A와 B는 참여자, C는 조인트벤처 투자자에 해당한다.

③ 조인트벤처는 위에서 본 바와 같이 의사결정이 참여자의 전체동의에 의해 이루어지고, 참여자의 지분율은 의사결정에 있어서 큰 의미가 없게 된다. 만약 어떤 참여자가 일방적으로 조인트벤처를 지배할 수 있게 되면 더 이상 조인트벤처가 아니고 참여자의 종속기업이 된다(일반기준 9장 부록 실9.2).

3. 조인트벤처의 형태

조인트벤처는 다양한 형태를 가지나, 일반기업회계기준 제9장에서는 조인트벤처를 공동지배사업, 공동지배자산 그리고 공동지배기업이라는 세 가지 유형으로 분류한다. 한편, 조인트벤처의 분류와 무관하게 모든 조인트벤처는 다음의 두 가지 공통적인 특징을 가지고 있다(일반기준 9장 문단 9.4).

① 참여자가 계약상 약정에 의하여 구속을 받는다.

② 계약상 약정에 의하여 공동지배가 성립한다.

공동지배를 위한 투자는 계약상 약정이 존재한다는 점에서 유의적인 영향력 행사를 위한 투자와 다르며, 공동지배를 위한 계약상 약정이 존재하지 않는 경우에는 조인트벤처로 보지 아니한다. 또한 공동지배는 계약상 약정에 의하여 성립하므로, 어떠한 참여자도 일방

적으로 조인트벤처의 활동을 지배할 수 없다(일반기준 9장 부록 실9.3, 실9.5).

한편, 계약상 약정은 참여자간의 계약이나 회의록 등의 형태로 나타나기도 하며, 조인트벤처의 정관이나 내규에 포함되기도 한다. 이와 같이 계약상 약정은 형태에 상관없이 일반적으로 문서화되며, 다음과 같은 사항을 다룬다(일반기준 9장 부록 실9.4).

- 조인트벤처의 활동, 존속기간 및 보고의무사항
- 조인트벤처의 이사회 또는 이에 준하는 의사결정기구의 구성 및 참여자의 투표권
- 참여자의 출자
- 조인트벤처의 산출물, 수익, 비용 또는 운영성과에 대한 참여자간의 배분

4. 공동지배의 배제

조인트벤처가 법적갱생 또는 파산절차를 진행 중이거나 참여자에게 자금을 이전하는 데 장기적으로 상당한 제약하에 운영되는 경우에는 공동지배가 배제될 수 있다. 이와 같이 공동지배가 배제되는 경우 일반기업회계기준 제9장을 적용하지 아니한다(일반기준 9장 부록 실9.1).

Chapter

02

조인트벤처의 형태별 특성 및 회계처리

1. 개 요

조인트벤처는 공동지배사업, 공동지배자산 및 공동지배기업으로 분류된다. 공동지배사업이나 공동지배자산은 독립된 법적기업이 아니므로 참여자의 재무제표에 이들 조인트벤처의 자산, 부채, 수익 및 비용이 조인트벤처에 대한 지분에 따라 이미 반영되어 있다. 따라서 별도로 지분법을 적용할 필요가 없다. 반면에 공동지배기업은 독립된 법적기업이므로, 조인트벤처 자신의 자산, 부채, 수익 및 비용을 가지고 개별적인 재무제표를 작성한다. 참여자는 출자자로서 소유하고 있는 조인트벤처 투자지분에 대하여 지분법을 적용하여 보고한다. 이와 같이 조인트벤처의 조직과 형태에 따라 적용되는 회계처리방법이 다르므로 그 구분이 중요하다. 그런데 조인트벤처가 실질적으로 공동지배사업이나 공동지배자산인데, 형식적으로는 공동지배기업인 경우도 있고 그 반대의 경우도 가능할 것이다. 또한 형식적으로는 조인트벤처인데, 실질적으로는 조인트벤처가 아닌 경우도 있을 수 있다. 이러한 경우에는 형식보다는 경제적 실질에 따라 조인트벤처의 형태를 분류하고, 분류된 형태에 따라 적절한 회계처리를 하여야 할 것이다(일반기준 9장 부록 실9.6).

2. 공동지배사업

(1) 의 의

공동지배사업은 그 운영을 위해 법인, 파트너십이나 그 밖의 실체 또는 참여자와 분리된 별개의 재무적 조직 등으로 설립되지 아니하고 참여자의 자산과 그 밖의 자원을 사용하여 운영된다. 즉, 각 참여자는 자신의 유형자산을 사용하고 자신의 재고자산을 보유한다. 또한 공동지배사업과 관련하여 자체적으로 비용과 부채를 발생시키며, 자금을 조달함으로써 자체적으로 채무를 부담한다. 따라서 조인트벤처의 활동은 참여자의 종업원들에 의하여 참여자의 유사한 활동과 함께 수행되기도 한다. 조인트벤처의 합의에는 통상 공동생산제품의 판매로 발생한 수익과 공통적으로 발생한 비용을 참여자간에 분배하기 위한 조항이 있다(일반기준 9장 문단 9.5).

이러한 공동지배사업의 예를 들면, 둘 이상의 참여자가 항공기와 같은 특정한 생산물을 공동으로 제조 · 판매 · 공급하기 위하여 참여자들의 경영 · 자원 · 기술 등을 결합하는 경우가 있다. 각 참여자는 제조공정의 다른 부분을 담당할 수도 있고, 제조와 판매를 각각 담당할 수도 있다. 이와 같이 각 참여자는 자신이 담당한 부분의 원가를 부담하고 항공기 판매수익을 분배받는데, 이러한 분배는 계약합의사항에 의하여 결정된다(일반기준 9장 부록 실9.8).

(2) 회계처리

공동지배사업은 별개의 재무적 조직으로 설립되지 않기 때문에 조인트벤처 자체를 위한 별도의 회계기록이나 조인트벤처의 재무제표가 작성되지 않을 수도 있다. 그러나 참여자는 조인트벤처의 성과를 평가하기 위하여 관리목적의 보고서를 작성할 수도 있다.

또한 자산, 부채, 수익 및 비용이 이미 참여자의 재무제표에 인식되어 있기 때문에, 참여자가 재무제표를 작성할 때는 이러한 과목과 관련하여 추가적인 조정은 필요하지 않으며, 참여자는 공동지배사업 투자분에 대하여 다음의 사항을 재무제표에 인식한다(일반기준 9장 문단 9.6).

- 참여자가 지배하는 자산과 발생시킨 부채
- 참여자가 발생시킨 비용과 조인트벤처에 의한 재화 또는 용역의 판매수익 중 참여자에 대한 분배금액

3. 공동지배자산

(1) 의 의

조인트벤처에서는, 조인트벤처의 목적으로 출자되거나 취득되고 조인트벤처의 목적에 사용되는 하나 이상의 자산을 참여자가 공동지배하고 흔히 공동소유하는 경우를 포함한다. 공동지배자산은 참여자를 위하여 효익의 획득에 사용되고, 각 참여자는 자산으로부터의 산출물을 분배받고 발생비용 중 합의된 부분을 부담한다(일반기준 9장 문단 9.7).

조인트벤처가 공동지배자산의 형태로 운영될 경우, 참여자는 법인, 파트너십이나 그 밖의 실체 또는 참여자와 분리된 별개의 재무적 조직을 설립하지 아니한다. 각 참여자는 공동지배자산에 대한 각자의 지분을 통하여 미래경제적효익 중 자신의 지분을 지배한다(일반기준 9장 부록 실9.9).

원유, 가스 및 광물 추출산업의 많은 활동들이 공동지배자산의 형태로 수행된다. 예를 들면, 다수의 원유생산기업이 하나의 송유관을 공동으로 지배하고 운영하는 경우가 있다. 각 참여자는 각자의 원유를 수송하기 위하여 그 송유관을 사용하고 그 대가로 송유관을 운영하기 위한 비용 중 합의된 부분을 부담한다. 다른 예를 들면, 둘 이상의 기업이 하나의 부동산을 공동지배하고, 지분율에 따라 수입임대료의 일부를 분배받고 비용의 일부를 부담

하는 경우가 있다(일반기준 9장 부록 실9.10).

(2) 회계처리

공동지배자산은 조인트벤처의 실질과 경제적 현실 및 법적 형식을 반영하여 회계처리하여야 하는데, 조인트벤처 자체의 별도 회계기록은 참여자들이 공동으로 발생시키고 참여자들이 합의된 지분에 따라 궁극적으로 부담하게 되는 비용으로 제한될 수 있다. 또한, 조인트벤처 자체의 재무제표는 작성되지 아니할 수 있으나, 참여자는 조인트벤처의 성과를 평가하기 위하여 관리목적의 보고서를 작성할 수 있다(일반기준 9장 부록 실9.11).

한편, 참여자의 재무제표를 작성할 때는 자산, 부채, 수익 및 비용이 이미 참여자의 재무제표에 인식되어 있기 때문에 이러한 과목과 관련하여 추가적인 조정은 필요하지 아니하며, 참여자는 공동지배자산 투자지분에 대하여 다음 사항을 재무제표에 인식한다(일반기준 9장 문단 9.8).

- 자산의 성격에 따라 분류된 공동지배자산 중 참여자의 지분
- 참여자가 발생시킨 부채
- 조인트벤처와 관련하여 다른 참여자와 공동으로 발생시킨 부채 중 참여자의 지분
- 참여자의 지분에 해당하는 조인트벤처의 산출물을 판매하거나 사용하여 발생한 수익과 조인트벤처가 발생시킨 비용 중 참여자의 지분
- 조인트벤처에 대한 참여자의 지분과 관련하여 참여자가 발생시킨 비용

4. 공동지배기업

(1) 의 의

공동지배기업은 법인, 파트너십 또는 각 참여자가 지분을 소유하는 그 밖의 형태의 기업으로 설립된 조인트벤처이다. 공동지배기업은 참여자 사이의 계약상 약정을 통하여 경제활동에 대한 공동지배가 성립된다는 것을 제외하고는 다른 기업과 동일하게 운영되기 때문에, 공동지배기업은 조인트벤처의 자산을 지배하고 부채와 비용을 발생시키며 수익을 획득한다. 또한 공동지배기업은 조인트벤처의 활동을 위하여 자신의 명의로 계약을 체결하거나 자금을 조달할 수 있다. 한편, 각 참여자는 공동지배기업의 성과에 대하여 분배를 받을 권리가 있으나, 경우에 따라서는 공동지배기업이 조인트벤처의 산출물에 대하여 분배를 하기도 한다(일반기준 9장 문단 9.9, 부록 실9.12).

공동지배기업의 예를 들면, 참여자들이 일정한 사업부문에 있어서의 각 참여자의 사업활동을 결합시키기 위해 관련된 자산 및 부채를 공동지배기업으로 이전하는 경우가 있다. 또

다른 예를 들면, 한 기업이 외국에서 그 나라의 정부 또는 다른 기구와 공동으로 지배하는 별도의 기업을 설립하여 사업을 시작하는 경우가 있다(일반기준 9장 부록 실9.14).

공동지배기업은 그 실질에 있어 공동지배사업이나 공동지배자산 형태의 조인트벤처와 유사한 경우가 많다. 예를 들면, 참여자는 세금이나 그 밖의 이유로 송유관과 같은 공동지배자산을 공동지배기업으로 이전하는 경우가 있다. 마찬가지로 참여자가 공동으로 운영될 자산을 공동지배기업에 출자할 수도 있다. 경우에 따라서 공동지배사업은 제품의 설계, 판매, 물류 및 판매 후 용역 등 특정 활동을 수행하기 위하여 공동지배기업의 설립을 수반하기도 한다(일반기준 9장 부록 실9.15).

형식적으로는 공동지배기업인데, 경제적 실질은 공동지배사업이나 공동지배자산인 경우의 또 다른 예를 들면, 참여자를 위해 자산과 부채를 보유할 지주회사(holding corporation)나 신탁업자(trust)가 설립되는 경우가 있다. 이 경우 당해 회사의 행위는 기업으로서의 행위가 아니라, 참여자를 위해 자산과 부채를 관리하고 수익과 비용을 이전하는 단순운영에 불과하다. 또한 당해 회사는 자산을 지배하지도 자산으로부터 이익을 얻지도 못하며, 부채에 대한 책임도 지지 아니한다. 각 참여자는 자산과 부채로부터 발생하는 모든 수익, 비용, 이득 및 손실을 자기의 지분에 따라 배분한다. 따라서 이러한 경우 각 참여자는 자기의 지분에 해당하는 자산, 부채, 수익, 비용, 이익 및 손실을 자신의 재무제표에 반영한다. 이것은 독립된 법적 기업에 적용되는 비례연결과는 다른 것이며, 단순히 각 참여자의 행위로부터 발생되는 자산, 부채, 수익, 비용을 자신의 재무제표에 반영하는 회계에 불과하다(일반기준 9장 부록 실9.16).

(2) 회계처리

공동지배기업은 일반적인 다른 기업처럼 자체의 회계기록을 유지하여 재무제표를 작성하고 표시한다(일반기준 9장 부록 실9.13). 한편, 공동지배기업 투자에 대한 참여자의 회계처리는 다음과 같다.

1) 지분법의 적용

참여자는 공동지배기업에 대한 투자지분에 대하여 일반기업회계기준 제8장 '지분법'을 적용한다(일반기준 9장 문단 9.10). 이 때 참여자가 지분법을 적용하여 공동지배기업에 대한 지분을 인식할 때 적용할 지분율은 단순히 소유하고 있는 지분율이 아니라 계약에 의해 합의된 지분율이다. 예를 들면, 참여자의 지분율이 25%인데 계약에 의해 예외적으로 조인트벤처이익의 30%에 대한 권리를 가질 수 있다. 이 경우 참여자는 지분법 적용시 특정계약사항을 반영하여 조인트벤처이익의 25% 이외에 5%의 이익을 추가적으로 인식한다. 한편,

내부거래 미실현손익의 제거시에도 지분율 30%에 대하여 지분법을 적용한다. 이러한 회계처리가 계약내용의 경제적 실질과 지분법회계의 본질을 제대로 반영할 수 있기 때문이다. 결국 지분법 적용시 어떠한 조정이 필요한지는 계약내용에 따라 달라지게 된다(일반기준 9장 부록 실9.17).

2) 지분법 적용의 예외

① 벤처캐피탈, 뮤추얼펀드 등

벤처캐피탈, 뮤추얼펀드, 기타 이와 유사한 기업(예를 들면, 자본시장과 금융투자업에 관한 법률에 의해 설립된 투자회사, 기업구조조정투자회사법에 의해 설립된 기업구조조정투자회사, 중소기업창업지원법에 의해 설립된 창업투자회사 등)이 소유하고 있는 공동지배기업에 대한 투자지분에 대하여는 원칙적으로 일반기업회계기준 제8장에 따라 지분법에 의해 평가하여야 한다. 그러나, 이러한 기업의 재무제표이용자는 공정가치가 반영된 순자산금액 변동에 기초하여 의사결정을 하므로 당해 기업이 소유하고 있는 투자주식에 대하여 지분법 평가보다는 공정가치 평가(당기손익에 반영)가 더 유용할 것이다. 특히 기업구조조정투자회사는 계속기업이 아닌 한시적으로 존재하는 특수목적기업으로 한시적 영업기간 동안 공정가치변화에 대한 정보를 재무제표이용자에게 정확히 전달할 필요가 있으므로 투자지분에 대하여 지분법 평가보다는 공정가치 평가(당기손익에 반영)가 더 유용할 것이다. 따라서, 벤처캐피탈, 뮤추얼펀드, 기타 이와 유사한 기업이 소유하는 유가증권 중, 공정가치로 평가하여 공정가치 변동을 당기손익으로 회계처리하기로 최초 인식시 지정하거나 단기매매증권으로 분류하여 일반기업회계기준 제6장 '금융자산 · 금융부채'의 제2절 '유가증권'에 따라 회계처리하는 투자지분에 대하여는 일반기업회계기준 제9장을 적용하지 아니한다(일반기준 9장 문단 9.11, 부록 실9.20).

② 단기매매증권 분류

12개월 이내에 매각할 목적으로 투자주식을 취득하여 적극적으로 매수자를 찾고 있는 경우 당해 공동지배기업에 대한 투자주식은 단기매매증권으로 분류하고 일반기업회계기준 제6장 '금융자산 · 금융부채'를 적용하여 회계처리한다. 당해 투자주식을 매수 이후 12개월 이내에 매각하지 못한 경우에는 매수시점에 소급하여 지분법을 적용하고 재무제표를 재작성한다. 다만, 매수자가 있으나 법규 등에 의해 불가피하게 매수 이후 12개월 이내에 매각을 완료하지 못한 경우에는 보고기간말로부터 가까운 시일 내에 매각이 완료될 가능성이 매우 높다면 당해 투자주식에 대하여 지분법을 적용하지 아니한다(일반기준 9장 부록 실9.19).

3) 참여자의 공동지배 상실

공동지배기업에 대하여 공동지배를 상실한 참여자는 이전 공동지배기업이 종속기업이나 관계기업이 되는 경우가 아니라면, 그 때부터 일반기업회계기준 제6장 '금융자산 · 금융부채'에 따라 회계처리한다. 이 경우 금융자산의 취득원가는 공동지배를 상실하게 된 시점의 보유 투자지분의 장부금액으로 한다. 그러나, 공동지배기업이 투자자의 관계기업이 되는 경우에는 그 때부터 투자자는 그 투자지분을 일반기업회계기준 제8장 '지분법'에 따라 회계처리하며, 공동지배기업이 투자자의 종속기업이 되는 경우에는 그 때부터 투자자는 투자지분을 일반기업회계기준 제4장 '연결재무제표'와 제12장 '사업결합'에 따라 회계처리한다 (일반기준 9장 문단 9.9).

Chapter

03

참여자와 조인트벤처 간의 거래

1. 참여자의 자산출자 및 매각

참여자가 조인트벤처에 자산을 출자하거나 매각하는 경우, 그 거래에서 발생하는 손익의 일부분을 인식할 때 거래의 실질을 반영한다. 조인트벤처가 자산을 보유하고 참여자가 소유에 따르는 유의적인 위험과 보상을 이전하였다면, 참여자는 손익 중 자신의 지분에 해당하는 부분을 제외하고 인식한다. 출자나 매각거래가 자산의 순실현가능가치 감소나 자산손상의 증거를 제공하는 경우에는 참여자는 손실을 전액 인식한다(일반기준 9장 문단 9.12).

2. 참여자의 자산구입

참여자가 조인트벤처로부터 자산을 구입하는 경우, 참여자는 그 자산을 제3자에게 재매각하기 전까지는 조인트벤처의 이익 중 참여자의 지분에 해당하는 금액을 인식하지 아니한다. 참여자는 이러한 거래에서 발생하는 손실 중 참여자의 지분에 해당하는 금액도 이익의 경우와 동일한 방법으로 인식한다. 그러나 그러한 손실이 자산의 순실현가능가치 감소나 자산손상의 증거를 제공하는 경우에는 참여자는 손실을 즉시 인식한다(일반기준 9장 문단 9.13).

3. 참여자의 비화폐성 자산 출자

참여자가 공동지배기업에 비화폐성자산을 출자한 경우, 이로부터 발생하는 손익 중 당해 자신의 지분에 해당하는 부분을 제외하고 당기손익으로 인식한다. 다만, 참여자의 비화폐성자산의 출자가 다음 중 하나에 해당하는 경우 손익은 발생되지 않은 것으로 보아 인식하지 아니한다(일반기준 9장 문단 9.14, 부록 실9.21).

① 출자된 비화폐성자산의 소유에 따른 유의적인 위험과 보상이 공동지배기업에 이전되지 않은 경우

이 경우에는 자산의 소유에 따른 위험과 효익이 이전되지 않았으므로 수익인식 요건을 충족하지 못하여 참여자의 장부에서 해당 비화폐성자산을 제거할 수 없다.

② 비화폐성자산의 출자와 관련된 손익을 신뢰성 있게 측정할 수 없는 경우

이 경우에는 손익을 신뢰성 있게 측정할 수 없으므로 참여자의 장부에서 해당 비화

폐성자산을 제거는 하되, 수령한 조인트벤처 투자지분을 출자한 비화폐성자산의 장부금액으로 평가하므로 손익이 발생하지 아니한다.

③ 비화폐성자산의 출자거래에 상업적 실질이 결여되어 있는 경우

이 경우에는 상업적 실질이 결여되어 상기 '②'의 회계처리와 동일하므로 손익이 발생하지 아니한다. 해당 교환거래에 상업적 실질이 있는지 여부를 결정할 때에는 교환거래의 결과 미래현금흐름이 얼마나 변동될 것인지를 고려하여야 하며, 교환거래의 영향을 받는 영업부분의 기업특유가치는 세후현금흐름을 반영하여야 한다. 다음 ㉠ 또는 ㉡에 해당하면서 ㉢을 충족하는 교환거래는 상업적 실질이 있다고 본다(일반기준 9장 부록 실9.22).

㉠ 취득한 자산과 관련된 현금흐름의 구성(위험, 유출입시기, 금액)이 제공한 자산과 관련된 현금흐름의 구성과 다르다.

㉡ 교환거래의 영향을 받는 영업 부분의 기업특유가치가 교환거래의 결과로 변동한다.

㉢ 위 '㉠'이나 '㉡'의 차이가 교환된 자산의 공정가치에 비하여 유의적이다.

한편, 비화폐성자산의 출자에 따른 회계처리의 절차를 구체적으로 살펴보면 다음과 같다(일반기준 9장 부록 실9.21).

① 일반기업회계기준 제16장 '수익'의 수익인식 요건 및 제10장 '유형자산'의 회계처리를 적용하여, 비화폐성자산의 출자에 따른 처분이익 또는 손실이 발생되었는지 여부를 판단한다. 이 경우 비화폐성자산의 출자 대가로 투자지분만 수령한 경우뿐만 아니라 투자지분과 함께 화폐성자산 또는 다른 비화폐성자산을 수령한 경우에도 각각 비화폐성자산의 출자에 따른 처분이익 또는 손실의 발생 여부를 고려한다. 다만, 상기에서 예시적으로 열거된 항목들의 경우에는 손익이 발생되지 아니한 것으로 본다.

② 비화폐성자산의 출자에 따른 처분이익 또는 손실이 발생된 경우, 참여자는 자신의 조인트벤처 투자지분을 고려하여 실현손익과 미실현손익을 산정한다. 참여자는 현물출자 후에 공동지배기업에 대하여 공동지배를 행사한다. 이것은 참여자가 출자 후에도 여전히 출자한 자산에 대하여 참여자 자기의 지분에 대해서는 계속적인 관리적 참여를 갖는다는 것을 의미한다. 따라서, 참여자는 비화폐성자산의 출자에 따른 처분이익 또는 손실 중 당해 참여자의 지분을 미실현손익으로 처리한다.

Chapter

04 기타 사항

1. 조인트벤처 투자자의 조인트벤처 투자지분 회계처리

조인트벤처 투자자는 공동지배기업에 대한 투자지분을 일반기업회계기준 제6장 '금융자산 · 금융부채'에 따라 회계처리하되, 조인트벤처에 유의적인 영향력을 행사할 수 있는 경우에는 일반기업회계기준 제8장 '지분법'에 따라 회계처리한다(일반기준 9장 문단 9.15).

2. 조인트벤처의 운영 및 관리

계약상 약정에 의하여 참여자 중에서 조인트벤처의 운영자 또는 관리자를 지정할 수 있으며, 운영자는 조인트벤처를 지배하는 것이 아니라 계약상 약정에 의하여 정해지고 운영자에게 위임된 조인트벤처의 재무정책과 영업정책의 범위 내에서 활동한다. 만약 운영자가 조인트벤처의 재무정책과 영업정책을 지배할 수 있다면, 조인트벤처는 운영자의 종속기업이 되며 더 이상 조인트벤처가 아니다(일반기준 9장 부록 실9.7).

한편, 하나 또는 그 이상의 참여자가 조인트벤처의 운영자 또는 관리자로서 직무를 수행할 수 있다. 이 경우 직무수행의 대가로 일반적으로 보수를 받으며, 해당 보수는 조인트벤처의 비용으로 처리된다(일반기준 9장 문단 9.16, 부록 실9.23).

3. 주석공시

① 참여자는 우발부채에 대하여 일반기업회계기준 제14장 '충당부채, 우발부채, 우발자산'에 따라 주석으로 기재한다. 또한 손실의 발생가능성이 희박하지 않다면 다음의 우발부채 총액을 다른 우발부채 금액과 분리하여 주석으로 기재한다(일반기준 9장 문단 9.17).

㉠ 조인트벤처 투자지분과 관련하여 참여자가 발생시킨 우발부채와 다른 참여자와 공동으로 발생시킨 우발부채 중 참여자의 지분에 해당하는 금액

㉡ 참여자에게 우발적 의무가 있는 조인트벤처 자체의 우발부채 중 참여자의 지분에 해당하는 금액

㉢ 다른 참여자의 부채에 대하여 참여자에게 우발적 의무가 있기 때문에 발생하는 우발부채

② 참여자는 조인트벤처 투자지분과 관련된 다음의 약정금액 총액을 다른 약정금액과 구분하여 공시한다(일반기준 9장 문단 9.18).

㉠ 참여자의 출자약정금액과 다른 참여자와 공동으로 발생시킨 출자약정금액 중 참여자의 지분에 해당하는 금액

㉡ 조인트벤처 자체의 다른 투자대상에 대한 출자약정금액 중 참여자의 지분에 해당하는 금액

③ 참여자는 유의적인 조인트벤처의 목록과 내용 및 공동지배기업에 대한 지분율을 주석으로 기재한다. 또한, 참여자는 공동지배기업에 대하여 상기에서 정하고 있는 주석사항 이외에 일반기업회계기준 제8장 '지분법'에서 정하고 있는 주석사항을 추가적으로 기재한다(일반기준 9장 문단 9.19).

IV 온실가스 배출권·부채회계

Chapter 01

온실가스 배출권 및 배출부채 회계처리의 일반사항

1. 의 의

온실가스 배출권의 할당 및 거래에 관한 법률에 따라 시장 기능을 활용하여 효과적으로 국가의 온실가스 감축목표를 달성하고자 2015년부터 우리나라에서도 온실가스 배출권 할당 및 거래제도가 도입되었다. 이에 따라 온실가스 배출권 할당 및 거래제도의 대상이 되는 기업들은 일정 수준의 온실가스 배출권(이하 '배출권'이라 한다)을 할당받고 이를 배출권 거래소에서 거래할 수 있게 되었는 바, 한국회계기준원의 회계기준위원회는 배출권 및 배출부채의 회계처리와 공시에 필요한 사항을 정하기 위하여 2014년 10월 10일 일반기업회계기준 제33장 '온실가스 배출권과 배출부채'를 제정하고 2015년 1월 1일부터 시행하도록 하였다.

2. 적용범위

일반기업회계기준 제6장 '금융자산 · 금융부채'에서 규정한 파생상품의 정의를 충족하는 배출권 관련 계약을 제외한 모든 배출권 거래에 대하여 일반기업회계기준 제33장을 적용한다(일반기준 33장 부록 실33.1).

3. 용어의 정의

일반기업회계기준 제33장 '용어의 정의'에서는 배출권과 배출부채의 회계처리 및 공시와 관련하여 사용되는 용어를 다음과 같이 정의하고 있다.

① 온실가스 : 저탄소 녹색성장 기본법에 따른 온실가스

② 온실가스 배출권(배출권) : 저탄소 녹색성장 기본법에 따른 국가온실가스감축목표를 달성하기 위하여 온실가스 배출권의 할당 및 거래에 관한 법률에 따라 설정된 온실가스 배출허용총량의 범위에서 개별 온실가스 배출업체에 할당되는 온실가스배출 허용량

③ 계획기간 : 국가온실가스감축목표를 달성하기 위하여 5년 단위(2015년부터 2020년까지는 3년 단위)로 온실가스 배출업체에 배출권을 할당하고 그 이행실적을 관리하기 위하여 설정되는 기간

④ 이행연도 : 계획기간별 국가온실가스감축목표를 달성하기 위하여 1년 단위로 온실가스 배출업체에 배출권을 할당하고 그 이행실적을 관리하기 위하여 설정되는 계획기간 내의 각 연도

⑤ 배출부채 : 온실가스를 배출한 결과로 발생하였으며 배출권을 정부에 제출함으로써 이행될 것으로 예상되는 현재의무

⑥ 배출권의 차입 : 정부에 제출하여야 할 배출권의 수량보다 보유한 배출권의 수량이 부족하여 배출권 제출의무를 완전히 이행하기 곤란한 경우 온실가스 배출권의 할당 및 거래에 관한 법률에 따라 계획기간 내의 다른 이행연도에 할당된 배출권 가운데 일부를 승인받아 해당 이행연도의 배출권 제출의무 이행에 사용하는 것

●●● Chapter

02

온실가스 배출권

1. 온실가스 배출권의 회계처리

(1) 배출권의 인식과 최초 측정

1) 인 식

다음의 조건을 모두 충족하는 경우에 배출권을 자산으로 인식한다(일반기준 33장 문단 33.2).

① 배출권에서 발생하는 미래경제적효익이 기업에 유입될 가능성이 매우 높다.

② 배출권의 원가를 신뢰성 있게 측정할 수 있다.

이 경우 정부에서 무상으로 할당받은 배출권(이하 '무상할당 배출권'이라 한다)도 할당이라는 과거 사건의 결과로, 보유하거나 매매하여 경제적효익을 얻을 능력이 있고 이에 대한 의사결정이 자유로우므로 기업이 통제하고 있고, 정부에 제출할 때 사용하거나 매각하여 미래경제적효익이 유입될 것으로 예상되는 자원이므로 매입한 배출권과 마찬가지로 자산의 정의를 충족한다. 즉, 배출권을 할당받거나 매입하여 사용할 수 있게 되는 시점부터는 배출권을 사용하여 부채를 결제(정부에 제출)하거나 매각하면 현금유입이 예상되므로 미래경제적효익의 유입 가능성이 매우 높고, 배출권을 확보하기 위해 지급한 대가를 알 수 있기 때문에 원가를 신뢰성 있게 측정할 수 있다. 그리고 기업이 배출권 할당 및 거래 제도의 대상이 된 이상 배출권이 없으면 매입하거나 과징금 등을 부담해야 하므로 이러한 비용을 절감할 수 있다는 점에서 무상할당 배출권도 미래경제적효익의 유입 가능성이 매우 높다고 본다. 따라서 무상할당 배출권도 이를 사용할 수 있게 되는 계획기간의 시작 시점부터 자산의 인식조건을 충족한다(일반기준 33장 부록 실33.2).

2) 최초 측정

무상할당 배출권은 영(0)으로 측정하여 인식한다. 매입 배출권은 원가, 즉 매입원가와 취득에 직접 관련되어 있고 정상적으로 발생하는 그 밖의 원가로 구성되며, 이러한 원가에는 취득에 직접 관련되는 거래 수수료와 환급받을 수 없는 세금이 포함된다(일반기준 33장 문단 33.3, 부록 실33.3).

한편, 무상할당 배출권은 계획기간에 할당되는 수량이 정해지지만 이행연도 단위로 사용할 수 있는 범위가 다르기 때문에 이를 구분하여 장부금액 등을 관리할 필요가 있다. 예를 들면, 제1차 계획기간에 2015년도, 2016년도, 2017년도 분의 배출권이 무상으로 할당되고 2015년도에도 3개 이행연도의 배출권을 거래소에서 매매할 수는 있다. 그러나 2015년도 분 온실가스 배출에 대하여 배출권을 정부에 제출할 때에는 2015년도 분 배출권만(다음 이행연도에서 차입하는 경우는 예외) 사용할 수 있다. 따라서 2015년도에는 3개 이행연도 분의 배출권을 모두 자산으로 인식하지만 각각을 구분하여 장부금액 등을 관리할 필요가 있다(일반기준 33장 부록 결33.4).

(2) 배출권의 후속 측정 및 제거

1) 개 요

배출권을 생산과정에서 발생하는 의무를 이행하기 위해 보유하는 경우와 배출권 가격의 단기적 변동으로 인한 이익을 얻기 위해 보유하는 경우, 재무정보이용자에게 유용한 정보는 각각 다를 수 있다. 이에 따라 배출권을 보유하는 주된 보유 목적에 따라 그 목적이 관련 제도에서 규정한 의무를 이행하기 위한 것인 경우에는 후술하는 '2) 이행모형'을, 단기간의 매매차익을 얻기 위한 것인 경우에는 후술하는 '3) 매매모형'을 적용하여 회계처리한다(일반기준 33장 문단 33.4, 부록 결33.6).

한편, 무상할당 배출권은 배출부채를 결제하는 데 사용할 수 있도록 할당된 것이므로 해당 자산과 배출부채는 매우 밀접하게 연계되어 있다. 그러나 해당 배출권은 배출부채를 결제하는 데에만 사용하도록 강제된 것은 아니므로 할당량과 비교하여 온실가스가 감축되었는지 확인되지 않은 상태에서도 일부를 매각할 수 있다. 만약 배출권의 주된 보유 목적이 의무 이행을 위한 것인 경우, 해당 배출권 매매를 제한한다면 배출권 시장의 거래가 활성화되지 않아 배출권 거래를 통해 비용 효과적인 온실가스 감축 기반을 마련하겠다는 제도 도입의 취지가 무색해질 수 있을 것이다. 따라서 일반기업회계기준 제33장에서는 배출권의 주된 보유 목적에 따라서만 회계처리를 구분하고 주된 보유 목적이 매매가 아니더라도 매매를 금지하지는 않는다(일반기준 33장 부록 결33.7).

2) 이행모형

① 후속 측정

배출권은 정부에 제출하기 전까지는 시장에서 매각할 수 있고 정부에 제출하고도 남으면 다음 이행연도로 이월할 수도 있다. 따라서 배출권은 온실가스가 배출되는 과정에서 소모되지는 않고 부채의 결제 수단이나 매매 대상의 성격을 띤다. 이러한 특성을 반영하기 위하여 배출권은 배출권을 제출하는 기간에 걸쳐 상각하지 않고 손상차손만 인식하는 바, 최초 인식 후 원가에서 손상차손누계액을 차감한 금액을 장부금액으로 한다. 배출권의 손상 여부를 결정하기 위해서는 일반기업회계기준 제20장 '자산손상'을 적용한다(일반기준 33장 문단 33.5, 부록 결33.8).

한편, 정부에 제출하고도 남을 것으로 확정된 무상할당 배출권의 주된 보유 목적을 변경하여 단기간의 매매차익을 얻기 위해 보유하는 배출권으로 분류를 변경하는 경우 영업손익과 영업외손익의 구분을 명확하게 하기 위해 그 재분류 시점에 해당 배출권을 공정가치로 측정하고 공정가치와 장부금액의 차이는 배출원가에서 차감한다(일반기준 33장 문단 33.6, 부록 결33.9).

② 제 거

가. 제거사유

배출권은 다음의 어느 하나에 해당하면 재무상태표에서 제거한다(일반기준 33장 문단 33.9).

㉠ 정부에 제출하는 때

㉡ 매각하는 때

㉢ 상기 ㉠ 또는 ㉡에 사용할 수 없게 되어 더 이상 미래경제적효익이 예상되지 않을 때

이행연도별로 할당된 배출권 중 주무관청에 제출되거나 다음 이행연도로 이월되지 아니한 배출권은 각 이행연도 종료일부터 6개월이 경과하면 그 효력을 잃게 되어 더 이상 미래경제적효익을 기대할 수 없다. 따라서 효력을 잃게 된 배출권은 정부에 제출하거나 매각한 것은 아니지만 재무상태표에서 제거한다. 또한, 전체 시설의 폐쇄나 일정 기간 가동 정지 등과 같이 배출권 할당의 취소 사유에 해당하여 배출권 할당이 취소된 경우에도 해당 배출권을 재무상태표에서 제거한다(일반기준 33장 부록 실33.6, 실33.7).

나. 회계처리

정부에 제출하고도 남을 것으로 확정된 무상할당 배출권을 매각하는 경우 그 처분손익은 배출원가에서 차감하고, 매입 배출권을 매각하는 경우에는 그 처분손익을 영업외손익으로 분류한다. 다만, 할당량에 비하여 온실가스 배출이 감축되었는지 확인되지 않은 상태에서 무상할당 배출권을 매각한 경우에는, 장부금액과 순매각대가의 차이를 이연수익으로 인식하고 매각한 배출권이 속하는 이행연도에 걸쳐 체계적인 기준에 따라 이연수익을 배출원가와 상계한다(일반기준 33장 문단 33.10).

온실가스 배출이 기업의 주된 영업활동과 관련된다면 온실가스 배출을 감축하는 것도 주된 영업활동에 관련되는 것이다. 그러나 배출권을 보유하는 주된 목적이 제도에서 규정

한 의무를 이행하기 위한 것이라면, 정부에 제출하고도 남을 것으로 확정된 배출권을 매각하는 의사결정 자체는 주된 영업활동이 아니라는 의견이 있다. 그러나 주된 보유 목적을 변경하지 않은 상태에서 남은 무상할당 배출권을 매각하는 경우 그 처분손익의 일부에는 배출 감축 활동의 결과가 반영되어 있을 것이다. 따라서 이 모두를 영업외손익에 반영하는 것은 적절하지 않을 것이나 영업손익과 영업외손익 부분을 구분하는 것은 실무적인 부담이 될 수 있기 때문에 해당 처분손익 모두를 배출원가에서 차감하도록 하였다. 반면 의무를 이행하기 위해 매입한 배출권을 매각한 경우에는 그 매각 의사결정이 주된 영업활동과 관련되지 않는다고 보아 처분손익을 영업외손익에 반영하도록 하였다(일반기준 33장 부록 결33.11).

한편, 무상할당 배출권의 원가를 영(0)으로 측정하였기 때문에 그 처분이익은 모두 영업외수익으로 당기손익에 반영해야 일관될 수 있다. 그러나 온실가스의 배출이 할당량에 비해 감축되었는지 확인되지 않은 상태에서 무상할당 배출권을 매각하여 이후 의무를 이행하기에 부족하게 되면 배출권을 시장에서 매입해야 할 것이다. 이 경우 무상할당 배출권의 처분이익을 영업외수익에 반영하는 회계처리는 추후에 매출원가를 상승시키는 문제가 있다. 따라서 온실가스 배출이 할당량에 비해 감축되었는지 확인되지 않은 상태에서 무상할당 배출권을 매각하는 경우, 그 처분이익을 이연수익으로 인식하고 매각한 무상할당 배출권이 속하는 이행연도에 걸쳐 체계적인 방법으로 배출원가에서 상계한다면 무상할당 배출권의 매매로 매출원가가 상승할 가능성은 상당히 낮아질 것이다(일반기준 33장 부록 결33.12).

3) 매매모형

주로 단기간의 매매차익을 얻기 위하여 보유하는 배출권이 기업에 제공하는 효익은 단기매매증권과 비슷하다고 볼 수 있으므로 이러한 배출권은 공정가치로 측정하여 공정가치의 변동과 처분손익을 당기손익으로 인식한다. 이 경우 배출권은 일반기업회계기준 제2장 문단 2.20에서 규정하는 유동성과 비유동성 구분의 일반원칙에 따라 유동자산으로 분류하며, 배출권의 공정가치 변동분과 처분손익은 매매활동이 주된 영업에 해당하면 영업손익으로, 그렇지 않으면 영업외손익으로 분류한다(일반기준 33장 문단 33.17, 33.18 및 부록 결33.15, 결33.16).

2. 세무회계상 유의할 사항

온실가스 배출권의 할당 및 거래에 관한 법률 제12조에 따라 정부로부터 무상으로 할당받은 배출권의 취득가액은 영(0)원으로 하며, 타인으로부터 매입한 온실가스 배출권은 매입가액에 그 밖의 부대비용을 가산한 금액을 취득가액으로 한다(법령 72조 2항 1호, 6호).

●●● Chapter

03

온실가스 배출부채

1. 온실가스 배출부채의 회계처리

(1) 배출부채의 인식과 측정

1) 인 식

배출부채는 다음의 조건을 모두 충족하는 경우에 인식한다(일반기준 33장 문단 33.7).

① 온실가스를 배출하여 정부에 배출권을 제출해야 하는 현재의무가 존재한다.

② 해당 의무를 이행하기 위하여 자원이 유출될 가능성이 매우 높다.

③ 그 의무의 이행에 소요되는 금액을 신뢰성 있게 추정할 수 있다.

기업이 온실가스를 배출하면 기업은 정부에 배출권을 제출할 의무가 생기나 배출량을 정부에서 인증하기 전까지는 그 금액이 불확실하다. 일반기업회계기준 제14장 문단 14.3에 따르면 충당부채는 과거사건이나 거래의 결과에 의한 현재의무로서, 지출의 시기 또는 금액이 불확실하지만 그 의무를 이행하기 위하여 자원이 유출될 가능성이 매우 높고 또한 해당 금액을 신뢰성 있게 추정할 수 있는 의무를 말하므로, 정부에서 온실가스 배출량을 인증하기 전까지는 배출권을 정부에 제출할 의무는 충당부채로 볼 수 있다. 따라서 이러한 배출권을 제출해야 하는 의무를 이행하기 위하여 자원이 유출될 가능성이 매우 높은지와 그 의무 이행에 소요되는 금액을 신뢰성 있게 추정할 수 있는지를 판단하여 배출부채를 인식한다. 온실가스 배출권의 할당 및 거래에 관한 법률에 따르면 온실가스를 배출한 이상 배출량에 상당하는 배출권을 정부에 제출해야 하므로 자원의 유출 가능성은 매우 높으며, 일반적으로 후술하는 배출부채의 측정방법에 따라 그 금액을 신뢰성 있게 추정할 수 있다(일반기준 33장 부록 결33.10, 실33.4).

2) 측 정

배출부채는 다음 ①과 ②를 더하여 측정한다(일반기준 33장 문단 33.8).

① 정부에 제출할 해당 이행연도 분으로 보유한 배출권의 장부금액

② 상기 ①의 배출권 수량을 초과하는 배출량에 대해 해당 의무를 이행하는 데에 소요되는 지출에 대한 보고기간 말 현재 최선의 추정치

배출부채를 보유 배출권의 장부금액과 연계하여 측정하면 자산과 부채의 측정 방식의 차이로 인한 회계불일치가 해소된다. 따라서 상기와 같이 정부에 제출할 부분에 해당하는 이행연도 분으로 보유한 배출권까지는 배출권의 장부금액으로, 이를 초과하는 온실가스 배출량에 대해서는 의무를 이행하는 데에 소요되는 지출에 대한 보고기간 말 현재의 최선의 추정치로 측정한다. 이 경우 그 시점의 배출권 시장가격 등을 고려하여 추정치를 산정할 수 있다(일반기준 33장 부록 결33.10, 실33.5).

(2) 배출부채의 제거

배출부채는 배출권을 정부에 제출하는 때에 제거한다(일반기준 33장 문단 33.11).

한편, 해당 이행연도 분의 배출권 제출의무를 이행하기 위하여 다음 이행연도 분 무상할당 배출권의 일부를 차입하는 경우에는 배출부채를 제거할 때 차입하는 부분에 해당하는 배출부채의 금액을 이연수익으로 인식한다. 해당 이연수익은 차입으로 부족해진 배출권을 매입하여 사용할 이행연도 분의 배출원가에서 상계한다. 즉, 해당 이행연도의 배출부채를 측정할 때 차입할 무상할당 배출권의 장부금액(0)을 반영한다면 차입으로 부족해진 배출권을 매입하여 제출하는 이행연도에 배출원가가 과다하게 산정될 수 있다. 따라서 비록 무상할당 배출권과 정부보조금을 영(0)으로 측정하여 인식한 회계처리와 일관성은 결여되지만 배출권을 정부에 제출하면서 배출부채를 이연수익으로 대체한 후 차입으로 부족해진 배출권을 매입하여 사용할 이행연도 분의 배출원가에서 상계한다면 이러한 문제가 해결될 것이다(일반기준 33장 문단 33.12, 부록 결33.13).

2. 세무회계상 유의할 사항

기업회계기준상 인식 · 측정한 배출부채의 손금산입과 관련하여 세법상 명시적인 규정이나 유권해석은 없다. 다만, 배출부채가 기업회계기준상 충당부채의 성격이라는 점과 세법상 손익의 귀속시기에 대하여 권리 · 의무확정주의를 채택하고 있는 점 등을 고려할 때 기업이 기업회계기준에 따라 배출부채를 계상한 경우에는 세무조정시 손금불산입조정하여 세무신고를 행해야 할 것으로 판단된다.

Chapter

04

표시 및 공시

1. 배출권의 표시 및 공시

(1) 이행모형

배출권은 어업권, 소프트웨어, 복제권 등과는 달리 온실가스를 배출할 때 보유하지 못하였더라도 온실가스를 배출할 수 있다는 점에서 다른 무형자산과는 구별되는 독특한 특성을 갖고 있다. 그리고 배출권은 온실가스 배출 과정에서 소모되지 않으나 재고자산과 비슷한 방식으로 관리되고, 지분상품은 아니지만 이와 유사하게 시장에서 거래되고 가격이 결정된다는 점에서 금융자산과 유사한 특성도 있다. 그러나 의무를 이행하는 데 사용할 배출권은 물리적 형체가 없고, 식별할 수 있으며, 기업이 통제하고 있고, 미래경제적효익이 있는 비화폐성자산이라는 무형자산의 정의를 충족하기 때문에 무형자산으로 분류한다. 다만, 기업은 이행연도 단위로 배출권을 제출하여 의무를 이행해야 하기 때문에 보고기간 말부터 1년 이내에 정부에 제출할 배출권과 결제되어야 할 배출부채(배출부채에 대한 표시 및 공시는 후술하는 '2. 배출부채의 표시 및 공시'를 참조)는 일반기업회계기준 제2장 문단 2.20과 2.22에서 규정하는 유동성과 비유동성 구분의 일반 원칙에 따라 각각 유동자산과 유동부채로 분류한다(일반기준 33장 문단 33.13, 부록 결33.14).

한편, 배출권에 대해서는 다음의 내용을 주석으로 기재한다(일반기준 33장 문단 33.15).

① 계획기간 및 이행연도별 무상할당 배출권의 수량

② 기초 및 기말 배출권의 수량, 장부금액과 당기 증감 내용

③ 담보로 제공한 배출권

(2) 매매모형

단기간의 매매차익을 얻기 위하여 보유하는 배출권은 유동자산으로 분류하며, 다음의 내용을 주석으로 기재한다(일반기준 33장 문단 33.19, 33.20).

① 기초 및 기말 배출권의 수량, 장부금액과 당기 증감 내용

② 담보로 제공한 배출권

2. 배출부채의 표시 및 공시

배출부채 중 보고기간 말부터 1년 이내에 결제될 부분은 유동부채로, 그 밖의 부분은 비유동부채로 분류하며, 다음의 내용을 주석으로 기재한다(일반기준 33장 문단 33.14, 33.16).

① 기초 및 기말 장부금액과 당기 증감 내용

② 보고기간의 온실가스 배출량 추정치. 다만, 이행연도와 보고기간이 일치하지 않는 경우에는 보고기간 내에서 이행연도별로 구분한 추정치를 추가한다.

사례 1 A기업은 20×5년부터 배출권 할당 및 거래 제도에 참여하고 있다. 20×5년부터 20×7년까지가 하나의 계획기간이며, A기업의 회계연도는 1월 1일에 시작되어 12월 31일에 종료된다.

- A기업은 20×4년 10월에 계획기간의 이행연도별로 각각 10,000톤의 이산화탄소 배출량에 해당하는 배출권 10,000개를 무상으로 할당받는다고 통보받았다. 20×5년 1월 1일부터 해당 배출권을 사용할 수 있다. 배출권거래소에서는 각 이행연도별로 구분되어 배출권이 거래되는데 20×5년 초 단위당 배출권의 시장가격은 20×5년물은 12원, 20×6년물은 11원, 20×7년물은 10원이다.
- 20×5년 6월 30일에 A기업은 20×5년물 배출권 1,000개를 단위당 12원에 매입하였다.
- 20×5년 12월 31일에 A기업은 20×5년에 이산화탄소를 총 11,000톤 배출한 것으로 추정하였다.
- 20×6년 5월 30일에 A기업은 20×5년에 이산화탄소를 총 11,000톤 배출한 것으로 인증을 받았고, 20×6년 6월 30일에 A기업은 배출권 11,000개를 정부에 제출하였다.
- 20×6년 9월 30일에 A기업은 20×7년물 배출권 1,000개를 단위당 12원에 매각하였다.
- 20×6년 12월 31일에 A기업은 20×6년에 이산화탄소를 총 11,000톤 배출한 것으로 추정하였다. 부족한 배출권은 다음 이행연도 분에서 차입하기로 하였다. 같은 날 20×6년물 배출권의 시장가격은 단위당 11원이다.
- 20×7년 5월 30일에 A기업은 20×6년 이산화탄소를 총 11,000톤 배출한 것으로 인증을 받았고, 20×7년 6월 20일에 배출권 차입을 승인받았다. 20×7년 6월 30일에 A기업은 배출권 11,000개를 정부에 제출하였다. 같은 날 20×6년물 배출권의 시장가격은 단위당 11원이다.
- 20×7년 12월 31일에 A기업은 20×7년에 이산화탄소를 총 11,000톤 배출한 것으로 추정하였다. 같은 날 20×7년물 배출권의 시장가격은 단위당 11원이다.
- 20×8년 5월 30일에 A기업은 20×7년 이산화탄소를 총 11,000톤 배출한 것으로 인증을 받았고, 같은 날에 배출권 3,000개를 단위당 12원에 매입하였다.
- 20×8년 6월 30일에 A기업은 배출권 11,000개를 정부에 제출하였다.

〈회계처리〉 (단위 : 원)

- 20×5년 1월 1일

20×5 이행연도 분

(차) 배 출 권	0	(대) 정 부 보 조 금	0

20×6 이행연도 분

(차) 배 출 권	0	(대) 정 부 보 조 금	0

20×7 이행연도 분

(차) 배 출 권	0	(대) 정 부 보 조 금	0

＊무상할당 배출권의 원가 : 10,000×0 = 0

• 20×5년 6월 30일

(차) 배 출 권	12,000	(대) 현 금	12,000

＊매입배출권의 원가 : 1,000×12 = 12,000

• 20×5년 12월 31일

(차) 배 출 원 가	12,000	(대) 배 출 부 채	12,000

＊20X5 이행연도의 배출원가, 배출부채 : 10,000×0 + 1,000×12 = 12,000

• 20×6년 6월 30일

(차) 배 출 부 채	12,000	(대) 배 출 권	12,000

• 20×6년 9월 30일

(차) 현 금	12,000	(대) 이 연 수 익	12,000*

＊1,000×12 = 12,000

• 20×6년 12월 31일

(차) 배 출 원 가	11,000	(대) 배 출 부 채	11,000

＊20X6 이행연도의 배출원가, 배출부채 : 10,000×0 + 1,000×11 = 11,000

• 20×7년 6월 30일

(차) 배 출 부 채	11,000	(대) 이 연 수 익	11,000

• 20×7년 12월 31일

(차) 배 출 원 가	33,000	(대) 배 출 부 채	33,000

＊20X7 이행연도의 배출부채 : 8,000×0 + 3,000×11 = 33,000

(차) 이 연 수 익	23,000	(대) 배 출 원 가	23,000

＊매각 및 차입 관련 이연수익 : 12,000 + 11,000 = 23,000

• 20×8년 5월 30일

(차) 배 출 권	36,000	(대) 현 금	36,000

＊매입 배출권 원가 : 3,000×12 = 36,000

• 20×8년 6월 30일

(차) 배 출 부 채	33,000	(대) 배 출 권	36,000
배 출 원 가	3,000		

〈주석 공시 : 기초 및 기말 배출권의 수량, 장부금액과 당기 증감 내용〉

(20×5년)

구분	20X5년도 분		20X6년도 분		20X7년도 분		계	
	수량	장부금액	수량	장부금액	수량	장부금액	수량	장부금액
기 초								
무상할당	10,000	0	10,000	0	10,000	0	30,000	0
매 입	1,000	12,000					1,000	12,000
기 말	11,000	12,000	10,000	0	10,000	0	31,000	12,000

(20×6년)

구분	20X5년도 분		20X6년도 분		20X7년도 분		계	
	수량	장부금액	수량	장부금액	수량	장부금액	수량	장부금액
기 초	11,000	12,000	10,000	0	10,000	0	31,000	12,000
(매 각)					(1,000)	(0)	(1,000)	(0)
(정부 제출)	(11,000)	(12,000)					(11,000)	(12,000)
기 말	0	0	10,000	0	9,000	0	19,000	0

(20×7년)

구분	20X6년도 분		20X7년도 분		계	
	수량	장부금액	수량	장부금액	수량	장부금액
기 초	10,000	0	9,000	0	19,000	0
차 입	1,000	0	(1,000)	(0)	0	0
(정 부 제 출)	(11,000)	(0)			(11,000)	(0)
기 말	0	0	8,000	0	8,000	0

(20×8년)

구분	20X7년도 분		계	
	수량	장부금액	수량	장부금액
기 초	8,000	0	8,000	0
매 입	3,000	36,000	3,000	36,000
(정 부 제 출)	(11,000)	(36,000)	(11,000)	(36,000)
기 말	0	0	0	0

사례 2 B기업은 20×5년부터 배출권 할당 및 거래 제도에 참여하고 있다. 20×5년부터 20×7년까지가 하나의 계획기간이며, B기업의 회계연도는 1월 1일에 시작되어 12월 31일에 종료된다. 이 사례는 배출권의 보유목적 변경의 회계처리를 보여주기 위한 것이므로 20×6년도와 20×7년도의 회계처리는 생략한다.

- B기업은 20×4년 10월에 계획기간의 이행연도별로 각각 20,000톤의 이산화탄소 배출량에 해당하는 배출권 20,000개씩을 무상으로 할당받는다고 통보받았다. 20×5년 1월 1일부터 해당 배출권을 사용할 수 있다.
- 20×5년 12월 31일에 B기업은 20×5년 이산화탄소를 총 17,500톤 배출한 것으로 추정하였다.
- 20×6년 5월 30일에 B기업은 20×5년 이산화탄소를 총 18,000톤 배출한 것으로 인증받았고, 20×6년 6월 20일에 B기업은 잔여 배출권의 이월을 승인받았다.
- 20×6년 6월 21일에 20×6년물 배출권의 단위당 가격은 10원이고, B기업은 잔여 무상할당 배출권을 단기간의 매매차익을 얻기 위해 보유하는 것으로 목적을 변경하고 재분류하였다.
- 20×6년 6월 30일에 B기업은 무상할당 배출권 18,000개를 정부에 제출하였다.

〈회계처리〉 (단위 : 원)

- 20×5년 1월 1일

  20×5 이행연도 분

  (차) 배 출 권 0 (대) 정 부 보 조 금 0

  20×6 이행연도 분

  (차) 배 출 권 0 (대) 정 부 보 조 금 0

  20×7 이행연도 분

  (차) 배 출 권 0 (대) 정 부 보 조 금 0

  * 무상할당 배출권의 원가 : 20,000×0 = 0

- 20×5년 12월 31일

  (차) 배 출 원 가 0 (대) 배 출 부 채 0

  * 20X5 이행연도의 배출원가, 배출부채 : 17,500×0 = 0

- 20×6년 5월 30일

  (차) 배 출 원 가 0 (대) 배 출 부 채 0

  * 추가로 인식할 배출원가, 배출부채 : (18,000−17,500)×0 = 0

- 20×6년 6월 21일

  (차) 배 출 권 20,000 (대) 배 출 원 가 20,000

  * 잔여 무상할당 배출권 재분류에 따른 장부금액 조정 : (20,000−18,000)×10 = 20,000

• 20×6년 6월 30일

(차) 배 출 부 채 0 (대) 배 출 권 0

〈주석 공시 : 기초 및 기말 배출권의 수량, 장부금액과 당기 증감 내용〉

• 배출권을 보유하는 주된 목적이 관련 제도에서 규정한 의무를 이행하기 위한 것인 경우

(20×5년)

구분	20X5년도 분		20X6년도 분		20X7년도 분		계	
	수량	장부금액	수량	장부금액	수량	장부금액	수량	장부금액
기 초								
무상할당	20,000	0	20,000	0	20,000	0	60,000	0
기 말	20,000	0	20,000	0	20,000	0	60,000	0

(20×6년)

구분	20X5년도 분		20X6년도 분		20X7년도 분		계	
	수량	장부금액	수량	장부금액	수량	장부금액	수량	장부금액
기 초	20,000	0	20,000	0	20,000	0	60,000	0
재분류손익				20,000*				20,000
재 분 류			(2,000)	(20,000)*			(2,000)	(20,000)
정부 제출	(18,000)	0					(18,000)	0
이 월	(2,000)	(0)	2,000	0*			0	0
기 말	0	0	20,000	0	20,000	0	40,000	0

* 일반기업회계기준 제33장 문단 33.6에 따라 이월된 무상할당 배출권의 주된 보유 목적을 변경(의무 이행 → 매매차익)할 때 해당 배출권을 공정가치로 측정하고, 공정가치와 장부금액의 차이는 배출원가에서 차감함.

• 배출권을 보유하는 주된 목적이 단기간의 매매차익을 얻기 위한 것인 경우

(20×6년)

구분	20X6년도 분		20X7년도 분		계	
	수량	장부금액	수량	장부금액	수량	장부금액
기 초						
재 분 류	2,000	20,000			2,000	20,000
기 말	2,000	20,000			2,000	20,000

기업인수·합병 및 분할회계

Chapter

01 기업인수 · 합병회계

제1절 사업결합의 일반사항

1. 사업결합의 의의 및 동기

기업의 주요 목적 중 하나는 지속적인 성장을 달성하는 것이다. 기업의 성장에는 발생이익을 내부에 유보시켜 이 재무자원으로 영업을 확장해가는 내적 성장과 다른 기업과 결합하여 영업규모를 확대해가는 외적 성장이 있다. 이 중에서 사업결합을 통한 외적 성장은 비교적 단기간 내에 상당한 효과를 나타내기 때문에 널리 이용되고 있다. 이러한 외적 성장 수단으로서의 사업결합(Business combination)이란 취득자가 하나 이상의 사업에 대한 지배력을 획득하는 거래나 그 밖의 사건을 말한다(일반기준 12장 문단 12.2). 이 때 취득자는 사업결합에 있어 '현금 · 현금성자산이나 그 밖의 자산(사업을 구성하는 순자산 포함)의 이전', '부채의 부담', '지분의 발행', '두 가지 형태 이상의 대가의 제공' 및 '계약만으로 이루어지는 경우를 포함하여 대가의 이전이 없는 방식' 등과 같이 다양한 방법으로 피취득자에 대한 지배력을 획득할 수 있다(일반기준 12장 부록 실12.1). 결국 거래의 법적 형태나 대금지급의 방식 등에 관계없이 거래의 본질이 실질적 사업결합에 해당되면 이를 사업결합이라 한다.

일반적으로 사업결합을 추진하는 동기에는 다음과 같은 것이 있다고 알려져 있다.

① 경영전략적 동기 : 기존의 기업과 결합함으로써 내적성장보다 저렴한 비용과 적은 위험으로 단시일 내에 기업규모를 확장할 수 있다. 특히 경영전략적 관점에서 사업결합은 제품다양화, 시장다변화, 사업영역확대 등을 통해 기업으로 하여금 환경변화에 대비할 수 있도록 해준다. 또한 조직의 지속적 성장과 R&D 투자비용의 효율성제고 등이 가능해진다.

② 경영합리화 동기 : 사업결합이 이루어지면 각 분야에서 시너지효과(synergy effect)가 기대된다. 특히 사업결합은 규모의 경제(economy of scale)를 통한 원가절감과 관리능력 향상에 기여할 수 있다.

③ 경영다각화와 시장지배력 증대 동기 : 사업결합으로 영업이 다양해지면 주기적 또는

계절적인 수익의 불안전성을 줄일 수 있어 영업위험이 분산된다. 즉 사업결합으로 수익안정화효과(income stabilization effect)를 달성할 수 있다. 또한 동종 기업간에 사업결합이 이루어질 경우 시장점유율의 확대를 통해 시장에서 지배적인 위치를 확보할 수 있게 된다.

④ 재무구조 개선과 부실기업구제 : 사업결합으로 기업간에 위험을 공동으로 부담하는 효과(co-insurance effect)가 발생하여 기업의 파산위험이 감소한다. 특히 비교적 여유 있는 기업과 결합할 때 파산위험은 현격히 감소할 수 있다. 또한 사업결합으로 기업규모가 확대되면 기업의 대외공신력이 증가하여 기업의 부채차입능력이 증대되고 자본조달비용이 저렴해져 재무적인 규모의 경제(financial economy of scale)를 누릴 수 있고, 이로써 기업의 가치는 실질적으로 증가할 수 있다.

2. 사업결합의 유형

사업결합은 법률상, 세무상 또는 그 밖의 이유에서 다양한 방법으로 이루어질 수 있는 바, 다음과 같은 경우를 포함한다(일반기준 12장 문단 12.3).

① 하나 이상의 사업이 취득자의 종속기업이 되거나, 하나 이상의 사업의 순자산이 취득자에게 법적으로 합병된다.

② 하나의 결합참여기업이 자신의 순자산을, 또는 결합참여기업의 소유주가 자신의 지분을 다른 결합참여기업 또는 다른 결합참여기업의 소유주에게 이전한다.

③ 결합참여기업 모두가 자신의 순자산을 또는 모든 결합참여기업의 소유주가 자신의 지분을 신설된 기업에게 이전한다.

④ 결합참여기업 중 한 기업의 이전 소유주 집단이 결합기업에 대한 지배력을 획득한다.

한편, 사업결합을 법적 형태에 따라 분류하는 경우 대표적으로 합병, 주식인수, 영업양수도 등이 있다.

(1) 합 병

합병이란 둘 이상의 기업실체가 법적으로 단일의 기업실체가 되는 것을 말한다. 이에는 흡수합병과 신설합병이 있는데 흡수합병(merger)이란 합병대상회사들 중 한 기업실체가 다른 기업실체의 모든 권리와 의무를 포괄적으로 승계하여 합병 후에도 존속하는 형태의 합병을 말하며 신설합병(consolidation)이란 새로 설립되는 기업실체가 합병대상회사들의 모든 권리와 의무를 포괄 승계하여 합병 후에는 합병대상회사들이 모두 소멸하는 형태의 합병을 말한다. 즉 흡수합병은 합병회사가 피합병회사를 흡수하여 합병 후에도 합병회사는 그대로 존속하는 형태의 합병이고(A+B=A), 신설합병은 기존의 회사들이 모두 소멸하고 새로운 하나의 실체로 존속하는 형태의 합병을 말한다(A+B=C).

(2) 주식인수

주식인수(stock acquisition)란 기업인수라고도 하는데, 특정 기업실체가 다른 기업실체의 의결권 있는 발행주식 중 과반수 또는 다른 기업실체를 실질적으로 지배할 수 있는 수량을 취득함으로써 당해 기업실체를 현실적으로 통제할 수 있게 되는 형태의 사업결합을 말한다. 이러한 기업인수는 경제적 실질이란 측면에선 두 기업을 하나의 경제실체라고 볼 수 있지만 합병과는 다르게 매수당한 기업의 법률적 실체가 소멸하지 않으며 각 기업은 개별적인 회계시스템을 유지하게 된다. 따라서 사업결합시 한번만 관련된 회계처리를 하는 합병의 경우와는 달리 주식인수의 경우에는 매회계연도에 사업결합과 관련된 회계처리를 한다. 이 경우 주식취득으로 인하여 투자회사가 피투자회사에 일정한 지배력을 행사할 수 있는 관계를 지배·종속관계(parent-subsidiary relationship)라 하며, 이들을 하나의 기업실체로 보아 작성하는 재무제표를 연결재무제표(consolidated financial statements)라고 한다.

(3) 영업양수도

영업양수도란 양도인이 사업주의 지위를 양수인에게 인계하고 또한 사업재산을 일괄하여 양도하는 것을 목적으로 하는 채권계약을 뜻한다. 이러한 영업양수도는 다음과 같은 특징이 있다. 첫째, 영업양수도는 사업상의 지위를 인계하여야 할 것을 요건으로 한다. 즉 사업상의 거래처, 사업상의 기밀 등 재산적 가치가 있는 사실관계의 이전을 목적으로 한다. 둘째, 사업재산을 일괄하여 양도하는 것을 요건으로 한다. 반드시 전 재산을 이전할 필요는 없으나 사업의 동일성이 인정되어야 하기 때문에 그 일부의 양도, 예를 들면 지점만 양도할 수도 있다. 셋째, 영업양수도는 이상 2가지의 효력의 발생을 목적으로 하는 채권계약이다. 따라서 이전되는 개개의 권리에 대하여는 그 이전행위 및 대항요건이 필요한 경우에 대항요건을 갖추지 아니하면 안된다. 요약하면 영업양수도는 사업재산 및 사업상의 지위를 포괄하여 양도하는 것을 목적으로 한 일종의 채권계약이라 할 수 있다.

법적 형태에 따른 사업결합의 유형

구 분		내 용	비 고
합 병	흡수합병	합병당사회사 중 한 기업실체가 합병 후에 존속함.	합병회계
	신설합병	모든 합병당사회사가 합병 후 소멸하고 새로운 하나의 실체로 존속함.	
주 식 인 수		투자회사와 피투자회사가 주식취득 후에도 별개의 법적실체로 존속함.	연결회계
영 업 양 수 도		사업재산 및 사업상의 지위를 포괄하여 양도함.	개별회계

3. 사업의 정의

사업이란 투자자나 그 밖의 소유주, 조합원이나 참여자에게 배당, 원가절감, 그 밖의 경제적 효익의 형태로 수익을 직접 제공할 목적으로 수행되고 관리될 수 있는 활동과 자산의 통합된 집합체를 말하며, 사업의 세 가지 요소는 다음과 같이 정의된다(일반기준 12장 용어의 정의, 부록 실12.2).

구 분	내 용
① 투입물	하나 이상의 과정이 적용될 때 산출물을 창출하거나 창출할 능력을 가진 모든 경제적 자원. 예를 들어, 비유동자산(무형자산이나 비유동자산에 대한 사용권 포함), 지적재산, 필요한 재료나 권리에의 접근을 획득할 수 있는 능력 및 종업원을 포함함.
② 과 정	투입물에 적용될 때 산출물을 창출하거나 창출할 능력을 가진 모든 시스템, 표준, 규약, 협정 또는 규칙. 예를 들어, 전략적 경영과정, 운영과정 및 자원관리과정을 포함함. 이러한 과정은 통상 문서화되어 있지만, 규칙과 협정에 따른 필요한 기술과 경험을 갖춘 조직화된 노동력이 이러한 필요한 과정, 즉 투입물에 적용되어 산출물을 창출할 수 있는 과정을 제공할 수 있음(회계, 청구, 급여 등의 관리시스템은 대체로 산출물을 창출하는 데 사용되는 과정이 아님).
③ 산출물	투입물과 그 투입물에 적용되는 과정의 결과물로 투자자나 그 밖의 소유주, 조합원 또는 참여자에게 배당, 원가감소 또는 그 밖의 경제적효익의 형태로 직접 수익을 제공하거나 제공할 능력이 있는 것

특정 목적을 위하여 실행되고 운영되려면 활동과 자산의 통합된 집합체에는 투입물과 그 투입물에 적용되는 과정이 필수적으로 요구되며, 이 두 가지 요소는 산출물을 창출하기 위하여 함께 사용되거나 사용될 것이다. 그러나, 시장참여자가 그 사업을 취득할 능력이 있다면(예를 들어, 자신의 투입물과 과정에 그 사업을 통합하는 방식으로 계속하여 산출물을 생산할 수 있는 경우) 그 사업에는 매도자가 당해 사업을 운영하면서 사용한 투입물 또는 과정의 모두를 포함할 필요는 없다(일반기준 12장 부록 실12.3).

사업 요소들의 성격은 기업의 개발단계를 포함하여 산업과 기업의 영업(활동) 구조에 따라 다양하다. 확립된 사업에서는 흔히 수많은 투입물, 과정, 산출물의 형태를 갖지만, 새로운 사업에서는 흔히 투입물과 과정이 거의 없고 때로는 하나의 산출물(제품)만 있다. 거의 대부분의 사업은 부채도 보유하고 있으나 부채가 반드시 필요한 것은 아니다(일반기준 12장 부록 실12.4).

한편, 사업은 보통 산출물을 갖지만, 산출물은 사업의 정의를 충족하기 위한 통합된 집합체에 반드시 필요한 요소는 아니다. 예를 들어, 개발단계에 있는 활동과 자산의 통합된 집합체에는 산출물이 없을 수 있다. 그렇다면 취득자는 그 집합이 사업인지를 결정하기 위하여 그 밖의 요소를 검토하여야 하며, 그러한 요소는 다음의 사항을 포함하되 이에 한정되는 것은 아니다. 즉, 이러한 모든 요소가 현존하여야만 개발단계에 있는 활동과 자산의 특정 통합된 집합체가 사업의 정의를 충족하는 것은 아니다(일반기준 12장 문단 12.6, 부록 실12.5).

① 그 집합이 계획된 주요 활동을 시작하였는지 여부
② 그 집합이 종업원, 지적 재산 및 그 밖의 투입물과 그 투입물에 적용할 수 있는 과정을 보유하고 있는지 여부
③ 그 집합이 산출물을 생산하기 위한 계획을 수행하는지 여부
④ 그 집합이 산출물을 구입할 고객에게 접근할 수 있는 능력이 있는지 여부

자산과 활동의 특정 집합이 사업인지 여부는 시장참여자가 그 통합된 집합체를 사업으로 수행하고 운영할 수 있는지에 기초하여 결정한다. 그러므로 특정 집합이 사업인지의 여부를 평가할 때, 매도자가 그 집합을 사업으로 운영하였는지 또는 취득자가 그 집합을 사업으로 운영할 의도가 있는지와는 관련이 없다(일반기준 12장 부록 실12.6).

일반적으로 반증이 없다면 영업권이 존재하는 자산과 활동의 특정 집합은 사업으로 간주한다. 그러나 사업에 영업권이 반드시 필요한 것은 아니다(일반기준 12장 부록 실12.7).

4. 사업결합회계이론

회계이론상 사업결합의 회계처리 방법으로는 취득법과 지분통합법이 있는데, 이러한 사업결합회계이론은 사업결합의 본질을 지분의 단순한 결합으로 보는가 아니면 순자산의 매수로 보는가에 따라 구분된다. 한편, 현행 일반기업회계기준 제12장에서는 모든 사업결합을 취득법으로 회계처리하도록 규정하고 있다(일반기준 12장 문단 12.7).

(1) 취득법

취득법(Acquisition method)이란 사업결합시 취득자가 우월한 입장에서 피취득자의 자산과 부채를 매입하고 그 대가로 주식을 발행하는 성질의 거래로서 매수주체와 피매수주체가 명확하게 구분되고 사업결합 후 취득자는 피취득자의 순자산 및 영업활동을 지배하게 된다. 즉, 사업결합을 일종의 매입으로 파악하는 것으로서 사업결합시 취득하는 자산 · 부채를 공정가치를 기준으로 평가 · 기록하게 되며, 사업결합으로 인한 이전대가 역시 공정가치로 기록한다. 이 경우 취득하는 순자산과 이전대가와 차이는 영업권이나 염가매수차익으로 계상하게 된다. 한편, 영업권이나 염가매수차익의 발생원인으로는 다음과 같은 것이 제시되고 있다.

① 사업결합대상자들의 교섭력(bargaining power)의 차이가 있을 수 있다.
② 개별 순자산의 공정가치의 합과 사업전체의 가치는 시너지 효과(synergy effect)로 인하여 다를 수 있다.
③ 공정가치를 결정할 수 있는 중고시장이 존재하지 않을 수 있다.
④ 회계상 인식되지 않는 무형의 가치, 즉 인적자원, 자가창설영업권 등이 있을 수 있다.

(2) 지분통합법

지분통합법(Pooling of interests method)이란 사업결합 당사자 중 어느 일방도 취득자가 되지 아니하고 사업결합당사의 주주들이 각각 회사의 자산 및 영업활동에 대한 지배력을 결합하여 사업결합이 된 회사에 내재된 위험과 효익을 지속적으로 상호 분담하는 형태의 사업결합을 말한다. 즉, 지분통합법은 사업결합당사회사들의 소유주지분이 단순히 결합됨으로써 새로운 회사실체 내에서도 피취득자의 주주들은 상대적인 지위가 변동되지 않고 그대로 지속된다고 가정한다. 지분통합법에서는 이전대가는 반드시 취득자의 주식으로 발행 · 교부되어야 하는데 이는 주식의 교부만이 취득자의 주주로서 사업결합이전의 지위를 동일하게 유지할 수 있게 하기 때문이다.

지분통합법에서는 사업결합을 단순한 지분의 통합으로 보기 때문에 사업결합으로 승계하는 자산 · 부채를 장부금액으로 평가 · 기록하게 되며, 영업권이나 염가매수차익은 발생하지 않는다.

이러한 지분통합법은 취득자의 주주 또는 경영자들의 입장에서 보면 취득법보다 상대적인 장점을 갖고 있어 사업결합거래의 회계처리방법으로 지분통합법을 취득법보다 선호하는 경향을 보이는데, 지분통합법이 취득법에 비해 갖는 장점은 다음과 같다.

① 피취득자의 이익잉여금을 승계함으로써, 배당가능 이익잉여금이 증가하여 배당이 증가할 가능성이 높고 따라서 주가를 상승시킬 여력이 높아 주주의 부를 극대화시킬

수 있다.

② 피취득자의 순자산을 장부금액으로 승계함으로써 동 자산의 처분시기를 자의적으로 결정, 당기순이익을 조정할 수 있다.

③ 영업권을 인식하지 않으므로 영업권상각으로 인한 당기순이익의 감소효과가 없다.

④ 주가수익비율(PER, price-earning ratio)이 일정하다면 취득법보다 주가가 상승할 가능성이 높다.

5. 사업결합회계의 적용배제

다음의 거래나 사건에 대하여는 일반기업회계기준 제12장(사업결합)을 적용하지 아니한다(일반기준 12장 문단 12.4).

① 조인트벤처의 구성(일반기업회계기준 제9장 '조인트벤처 투자' 적용)

② 사업을 구성하지 않는 자산이나 자산 집단의 취득. 이 경우에 취득자는 각각의 식별가능한 취득자산(일반기업회계기준 제11장 '무형자산'의 무형자산 정의와 인식기준을 충족하는 자산 포함)과 인수부채를 식별하고 인식한다. 자산집단의 원가는 매수일의 상대적 공정가치에 기초하여 각각의 식별가능한 자산과 부채에 배분한다. 이러한 거래나 사건에서는 영업권이 발생하지 않는다.

③ 일반기업회계기준 제32장(동일지배거래)의 적용을 받는 동일지배 사업(또는 기업)간의 결합

합병회계

1. 취득법에 따른 합병

일반기업회계기준 제12장에서는 사업결합을 취득법(Acquisition Method)으로 회계처리하도록 요구하고 있다(일반기준 12장 문단 12.7). 종전 '기업인수 · 합병 등에 관한 회계처리 준칙'에서는 사업결합의 실질에 따라 매수법(취득법)과 지분통합법 중 하나를 선택하여 적용하도록 하였으나, 현행 일반기업회계기준에서는 사업결합을 사업에 대한 지배력 획득을 전제로 하는 사실상 취득거래라 보아 취득법만을 적용하도록 하였다. 따라서, 사업결합의 형태 중 하나인 합병거래 또한 현금이나 주식 등의 이전대가(일반적으로 합병대가라고도 하며, 이하 같음)를 지불하고 피취득자의 자산 · 부채를 매입하는 취득거래로 파악하여야 할 것인 바, 취득자는 다른 일반 취득거래와 동일하게 거래로 인한 취득대상과 지급대상을 취

득일의 공정가치로 평가하여야 한다.

한편, 일반기업회계기준 제12장에서는 사업결합에 대해 취득법을 적용하기 위해서는 일정한 절차를 따르도록 하고 있는 바, 합병거래에 대해서는 다음의 절차를 따라야 할 것이다(일반기준 12장 문단 12.8).

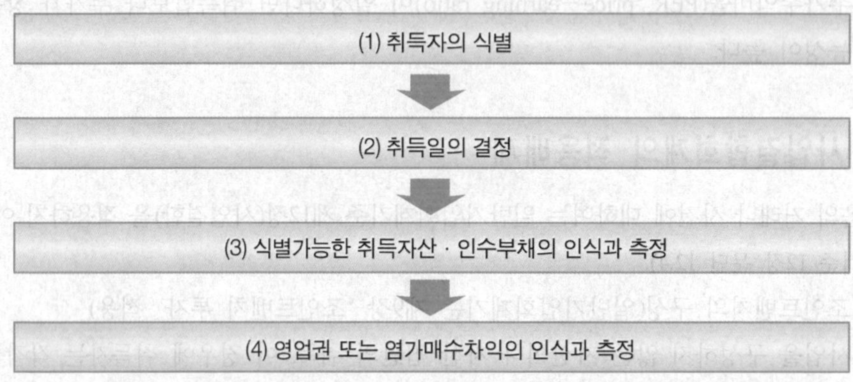

(1) 취득자의 식별

1) 일반적인 경우

합병거래에 대해 취득법을 적용하기 위해서는 취득자를 식별하여야 한다. 취득자는 피취득자에 대한 지배력을 획득한 기업을 말하는 것으로 합병거래에서 취득자의 식별은 일반기업회계기준 제4장(연결재무제표)의 지침을 적용하여 판단한다. 다만, 이 지침을 적용하여도 결합참여기업 중 취득자를 명확히 파악하지 못한다면, 다음에서 설명하는 요소를 고려하여 취득자를 식별한다(일반기준 12장 문단 12.9, 12.10 및 부록 실12.8).

① 주로 현금이나 그 밖의 자산을 이전하거나 부채를 부담하여 이루어지는 합병거래의 경우 : 취득자는 보통 현금이나 그 밖의 자산을 이전한 기업 또는 부채를 부담하는 기업이다(일반기준 12장 부록 실12.9).

② 지분교환으로 이루어지는 합병거래의 경우 : 취득자를 식별하기 위하여 고려할 그 밖의 관련 사실 또는 상황의 예는 다음과 같다(일반기준 12장 부록 실12.10).

㉠ 합병거래 후 합병회사에 대한 상대적 의결권 : 취득자는 보통 합병참여기업의 소유주 중 합병회사에 대한 의결권의 가장 큰 부분을 보유하거나 수취하는 소유주가 속한 합병참여기업이다. 의결권의 가장 큰 부분을 보유하거나 수취한 소유주 집단이 속한 기업을 결정하기 위하여, 비정상적이거나 특별한 의결약정과 옵션, 주식매입권이나 전환증권의 존재 여부를 고려한다.

㉡ 특정 소유주 또는 조직화된 소유주 집단이 중요한 의결지분을 갖지 않은 경우, 합

병회사에 대하여 상대적으로 큰 소수의결지분의 존재 : 취득자는 보통 합병회사에 대하여 가장 큰 소수의결지분을 보유하고 있는 단일 소유주 또는 소유주의 조직화된 집단이 속한 합병참여기업이다.

㉢ 합병회사 의사결정기구의 구성 : 취득자는 보통 합병회사 의사결정기구의 구성원 과반수 이상을 지명 또는 임명하거나 해임할 수 있는 능력을 보유하고 있는 소유주가 속한 합병참여기업이다.

㉣ 합병회사 경영진의 구성 : 합병회사 경영진 대부분이 합병참여기업의 이전 경영진으로 구성되는 경우, 취득자는 보통 그 경영진이 속한 합병참여기업이다.

㉤ 지분교환의 조건 : 취득자는 보통 다른 합병참여기업이나 기업들의 지분에 대하여 합병전 공정가치를 초과하는 할증금을 지급해야 하는 합병참여기업이다.

③ 취득자는 보통 다른 합병참여기업이나 합병참여기업들보다 상대적 크기(예 : 자산, 수익 또는 이익으로 측정)가 유의적으로 큰 합병참여기업이다. 그러나, 기업이 셋 이상 포함된 합병거래에서, 취득자는 합병참여기업의 상대적 크기뿐만 아니라 특히 합병참여기업 중 어느 기업이 합병을 제안하였는지도 고려하여 결정한다(일반기준 12장 부록 실12.11, 실12.12).

④ 합병을 추진하기 위하여 설립된 새로운 기업이 반드시 취득자는 아니다. 만약 합병을 추진하기 위하여 새로운 기업이 지분을 발행하여 설립된 경우, 합병 전에 존재하였던 합병참여기업 중 한 기업을 상기 '①'부터 '③'의 지침을 적용하여 취득자로 식별한다. 이와 반대로, 대가로 현금이나 그 밖의 자산을 이전하거나 부채를 부담하는 새로운 기업이 취득자가 될 수 있다(일반기준 12장 부록 실12.13).

일반기업회계기준 제4장【연결재무제표】

4.5. 지배기업이 직접으로 또는 종속기업을 통하여 간접으로 기업 의결권의 과반수를 소유하는 경우에는 지배기업이 그 기업을 지배한다고 본다. 다만, 그러한 소유권이 지배력을 의미하지 않는다는 것을 명확하게 제시할 수 있는 예외적인 경우는 제외한다. 다음의 경우에는 지배기업이 다른 기업 의결권의 절반 또는 그 미만을 소유하더라도 지배한다고 본다.

(1) 다른 투자자와의 약정으로 과반수의 의결권을 행사할 수 있는 능력이 있는 경우

(2) 법규나 약정에 따라 기업의 재무정책과 영업정책을 결정할 수 있는 능력이 있는 경우

(3) 이사회나 이에 준하는 의사결정기구가 기업을 지배한다면, 그 이사회나 이에 준하는 의사결정기구 구성원의 과반수를 임명하거나 해임할 수 있는 능력이 있는 경우

(4) 이사회나 이에 준하는 의사결정기구가 기업을 지배한다면, 그 이사회나 이에 준하

는 의사결정기구의 의사결정에서 과반수의 의결권을 행사할 수 있는 능력이 있는 경우

2) 역취득의 경우

역취득은 증권을 발행한 기업(법적 취득자)이 회계목적상 피취득자로 식별되는 사업결합을 말하는 것으로, 지분을 취득당한 기업(법적 피취득자)은 역취득 거래에서 회계목적상 취득자가 된다. 이 경우 거래가 역취득으로 회계처리되기 위하여 회계상 피취득자는 사업의 정의를 충족해야 하며, 역취득에 따른 회계처리에서 영업권을 인식하기 위한 요구사항을 포함한 일반기업회계기준 제12장의 모든 인식원칙과 측정원칙을 적용한다(일반기준 12장 문단 12.11).

(2) 취득일의 결정

취득일이란 취득자가 피취득자에 대한 지배력을 획득한 날을 말하는 것으로 취득법을 적용하기 위해 취득자는 관련된 모든 사실과 상황을 고려하여 취득일을 식별해야 한다. 일반적으로 취득자가 피취득자에 대한 지배력을 획득한 날은 취득자가 법적으로 대가를 이전하여, 피취득자의 자산을 취득하고 부채를 인수한 날인 종료일이다. 그러나, 취득자가 종료일보다 이른 날 또는 늦은 날에 지배력을 획득하는 경우도 있으므로 취득자는 모든 관련된 사실과 상황을 고려하여 취득일을 식별한다(일반기준 12장 문단 12.12).

(3) 식별가능한 취득자산 · 인수부채의 인식과 측정

1) 인식의 원칙

취득일 현재, 취득자는 합병거래의 결과로서 피취득자의 식별가능한 자산 · 부채를 인식해야 한다. 이 경우 취득법 적용을 위해 식별가능한 취득자산과 인수부채를 인식하기 위해서는 다음의 요건을 충족하여야 한다(일반기준 12장 문단 12.13).

㉠ 자산과 부채의 정의 충족 : 식별가능한 취득자산과 인수부채는 취득일에 자산과 부채의 정의를 충족하여야 한다. 예를 들어, 피취득자의 영업활동을 종료하거나 피취득자의 고용관계를 종료하거나 재배치하는 것과 같은 계획의 실행에 의해 미래에 발생할 것으로 예상되지만 의무가 아닌 원가는 취득일의 부채가 아니다. 그러므로 취득자는 취득법을 적용하면서 그러한 원가는 인식하지 않는다. 그러한 원가는 다른 일반기업회계기준에 따라 합병거래 후의 재무제표에 인식한다.

㉡ 합병거래에서의 교환 : 식별가능한 취득자산과 인수부채는 별도 거래의 결과가 아니

라 합병거래에서 취득자와 피취득자(또는 피취득자의 이전 소유주) 사이에 교환된 것의 일부이어야 한다.

한편, 취득자가 인식의 원칙과 조건을 적용할 경우에 피취득자의 이전 재무제표에 자산과 부채로 인식되지 않았던 자산과 부채가 일부 인식될 수도 있다(일반기준 12장 문단 12.14).

① 무형자산의 인식

가. 운용리스 관련 무형자산

취득자는 피취득자가 리스이용자인 경우 각 운용리스의 조건이 유리한지 불리한지를 결정하고, 운용리스의 조건이 시장 조건에 비하여 유리하다면 무형자산으로 인식하고, 시장 조건에 비하여 불리하다면 부채로 인식한다. 한편, 식별가능한 무형자산이 운용리스와 관련될 수 있는데, 운용리스가 시장조건에 있더라도 시장참여자가 그 리스에 대해 특정 가격을 지급할 의도가 있다는 것이 그 증거일 수 있다(일반기준 12장 문단 12.15).

나. 식별가능한 무형자산

취득자는 합병거래에서 취득한 식별가능한 무형자산을 영업권과 분리하여 인식하여야 하는데, 무형자산은 분리가능성 기준이나 계약적 · 법적 기준을 충족하는 경우에 식별가능하다(일반기준 12장 문단 12.16).

여기서 분리가능성 기준이란 취득한 무형자산이 피취득자에게서 분리되거나 분할될 수 있고, 개별적으로 또는 관련된 계약, 식별가능한 자산이나 부채와 함께 매각, 이전, 라이선스, 임대, 교환할 수 있음을 의미한다. 이때 취득자가 매각, 라이선스 또는 교환할 의도가 없더라도, 취득자가 매각, 라이선스 또는 기타 가치있는 것과 교환할 수 있는 무형자산은 분리가능성 기준을 충족한다. 또한, 취득한 무형자산은 바로 그 형태의 자산 또는 유사한 형태의 자산에 대한 교환거래에 대한 증거가 있는 경우, 그러한 교환거래가 드물고 취득자가 그 거래와 관련이 있는지와 무관하게 분리가능성 기준을 충족한다(일반기준 12장 문단 12.17).

한편, 피취득자에서 개별적으로 분리할 수 없는 무형자산이라도 관련 계약, 식별가능한 자산이나 부채와 결합하여 분리할 수 있다면 분리가능성 기준을 충족한다. 예를 들면, 다음과 같다(일반기준 12장 부록 실12.22).

㉠ 시장참여자가 예금부채 및 관련 예금자관계 무형자산을 관찰할 수 있는 교환거래에서 교환한다. 그러므로 취득자는 예금자관계 무형자산을 영업권과 분리하여 인식한다.

㉡ 피취득자는 등록 상표와 그 상표를 붙인 제품의 제조에 사용되고 문서화되어 있지만 특허를 얻지 않은 기술적 전문지식을 보유한다. 상표 소유권을 이전하기 위하여 과거 소유주는 자신이 생산한 제품이나 용역과 구별할 수 없을 정도의 제품이나 용역을 새로운 소유주가 생산할 수 있도록 필요한 그 밖의 모든 것도 이전해야 한다. 특허를 얻지 않은 기술적 전문지식은 피취득자와 분리되어 있음이 분명하고 관련 상표가 매

각될 경우 매각되기 때문에 분리가능성 기준을 충족한다.

다. 식별가능하지 않은 무형자산

취득일 현재 식별가능하지 않은 취득한 무형자산의 가치는 영업권에 포함한다. 예를 들어, 취득자는 취득한 사업의 운영을 취득일로부터 계속하는 것을 가능하게 해주는 현존하는 집합적 노동력인, 종업원 집단의 존재에 가치를 귀속시킬 수 있다. 집합적 노동력은 숙련된 종업원의 지적 자본, 즉 피취득자의 종업원이 자신의 업무에서 보유하고 있는(흔히 전문화된) 지식과 경험을 나타내지는 않는다. 집합적 노동력은 영업권과 분리하여 인식되는 식별가능한 자산이 아니기 때문에 그에 귀속될 만한 가치가 있다면 그 가치를 영업권에 포함한다(일반기준 12장 부록 실12.25).

또한, 취득일에 자산의 요건을 충족하지 못한 항목에 귀속될 만한 가치가 있다면 그 가치를 영업권에 포함한다. 예를 들어, 취득자는 취득일에 피취득자가 미래의 새로운 고객과 협상 중인 잠재적 계약에 가치를 귀속시킬 수 있다. 취득일에 그러한 잠재적 계약은 그 자체로 자산이 아니기 때문에 영업권과 분리하여 인식하지 않는다. 또한, 그러한 계약의 가치는 취득일 후에 발생하는 사건에 따라 후속적으로도 영업권에서 재분류하지 않는다. 다만, 취득자는 취득일에 분리하여 인식할 수 있는 무형자산이 존재하는지를 결정하기 위하여 취득 직후에 발생하는 사건을 둘러싼 사실과 상황을 평가해야 한다(일반기준 12장 부록 실12.26).

② 취득자산 · 인수부채의 분류 및 지정

취득일에 취득자는 후속적으로 다른 일반기업회계기준을 적용하기 위하여 식별가능한 취득자산과 인수부채를 분류하거나 지정한다. 그러한 분류나 지정은 취득일에 존재하는 계약 조건, 경제상황, 취득자의 영업정책이나 회계정책 그리고 그 밖의 관련 조건에 기초하여 이루어진다. 다음은 취득일에 존재하는 관련 조건에 기초하여 이루어지는 분류나 지정의 예이며 이에 한정되지는 않는다(일반기준 12장 문단 12.18).

㉠ 특정 금융자산과 금융부채를 일반기업회계기준 제6장(금융자산 · 금융부채)에 따라 당기손익인식지정항목, 매도가능증권 또는 만기보유증권으로 분류

㉡ 파생상품을 일반기업회계기준 제6장에 따라 위험회피수단으로 지정

㉢ 내재파생상품을 일반기업회계기준 제6장에 따라 주계약에서 분리하여야 하는지에 대한 검토

한편, 상기 규정에 대한 예외로서 리스계약에 대하여는 일반기업회계기준 제13장(리스)에 따라 운용리스 또는 금융리스로 분류하는데, 취득자는 이러한 계약을 계약 개시시점(또는 계약 조건이 분류가 변경되는 방식으로 수정되어 왔다면 그러한 수정일. 이는 취득일이 될 수도 있음)의 계약 조건과 그 밖의 요소에 기초하여 분류한다(일반기준 12장 문단 12.19).

③ 인식원칙의 예외

앞서 기술한 '인식의 원칙'에 대한 예외사항으로는 우발부채가 있다. 과거사건에서 발생한 현재의무이고 그 공정가치를 신뢰성 있게 측정할 수 있다면, 취득자는 취득일 현재 합병거래에서 인수한 우발부채를 인식한다. 그러므로 일반기업회계기준 제14장(충당부채, 우발부채, 우발자산)과는 달리 당해 의무를 이행하기 위하여 경제적효익을 갖는 자원이 유출될 가능성이 매우 높지가 않더라도 취득자는 취득일에 합병거래로 인수한 우발부채를 인식한다. 합병거래에서 인식한 우발부채는 최초 인식 이후 정산, 취소 또는 소멸되기 전까지 다음 중 큰 금액으로 측정한다(일반기준 12장 문단 12.21).

㉠ 일반기업회계기준 제14장에 따라 인식되어야 할 금액

㉡ 최초 인식금액에서, 적절하다면 일반기업회계기준 제16장(수익)에 따라 인식한 상각누계액을 차감한 금액

한편, 이러한 후속적인 측정의 요구사항은 일반기업회계기준 제6장(금융자산 · 금융부채)에 따라 회계처리하는 계약에는 적용하지 않는다.

2) 측정의 원칙

취득자는 식별가능한 취득자산과 인수부채를 취득일의 공정가치로 측정한다(일반기준 12장 문단 12.20).

① 불확실한 현금흐름을 가지는 자산(평가충당금)

취득일 현재 합병거래에서 취득일의 공정가치로 측정된 취득자산에 대하여 별도의 평가충당금은 인식하지 않는데, 이는 미래현금흐름의 불확실성의 효과를 공정가치 측정에 포함하였기 때문이다. 예를 들어, 취득한 수취채권(대여금 포함)은 취득일의 공정가치로 측정하므로, 취득일에 회수불가능으로 간주되는 계약상 현금흐름에 대하여 별도의 평가충당금은 인식하지 않는다(일반기준 12장 부록 실12.29).

② 피취득자가 리스제공자인 경우 운용리스 대상 자산

피취득자가 리스제공자인 경우에 취득자는 그 운용리스의 대상인 건물이나 특허권과 같은 자산을 취득일의 공정가치로 측정할 때 해당 리스조건을 고려한다. 그러나, 피취득자가 리스이용자인 리스의 경우와 달리 취득자는 시장조건과 비교할 때 그 운용리스의 조건이 유리하든 불리하든, 별도의 자산이나 부채를 인식하지 않는다(일반기준 12장 부록 실12.30).

③ 취득자의 사용의도가 없거나 시장참여자들의 사용방법과 다른 방법으로 사용될 자산

경쟁이나 그 밖의 이유로 취득자가 연구 · 개발 무형자산과 같은 취득자산을 사용하지 않을 수도 있고, 그 밖의 시장참여자가 사용하는 방법과 다른 방법으로 취득자가 그 자산

을 사용할 수도 있다. 그렇지만 취득자는 그 자산을 그 밖의 시장참여자의 사용에 따라 결정된 공정가치로 측정한다(일반기준 12장 부록 실12.31).

④ 측정원칙의 예외

앞서 기술한 '측정의 원칙'에 대한 예외사항을 살펴보면 다음과 같다.

가. 재취득한 권리

취득자가 합병 이전에 자신이 인식했거나 인식하지 않은 하나 이상의 자산을 사용하도록 피취득자에게 부여했던 권리를 합병거래의 일부로서 재취득할 수 있다. 이러한 권리의 예로는 프랜차이즈 약정이나 기술라이선스 약정이 있으며, 재취득한 권리는 취득자가 영업권과 분리하여 식별가능한 무형자산으로 인식한다(일반기준 12장 부록 실12.23). 이 경우 취득자는 무형자산으로 인식한 재취득한 권리의 가치를 관련 계약의 잔여계약기간에 기초하여 측정하며, 잔여계약기간에 걸쳐 상각한다(일반기준 12장 문단 12.25).

한편, 재취득한 권리에서 발생하는 계약상의 조건이 현행 시장거래의 조건과 비교하여 유리하거나 불리할 경우, 취득자는 정산차손익을 인식한다(일반기준 12장 부록 실12.24).

나. 주식기준 보상

취득자가 피취득자의 주식기준보상을 자신의 주식기준보상으로 대체하는 경우, 취득자는 관련된 부채 또는 지분상품을 일반기업회계기준 제19장(주식기준보상)의 방법에 따라 측정하며, 그 방법의 결과를 보상의 '시장기준측정치'라고 한다(일반기준 12장 문단 12.26).

3) 인식과 측정원칙 모두의 예외

앞서 언급한 '1) 인식의 원칙'과 '2) 측정의 원칙' 모두에 예외가 적용되는 경우를 살펴보면 다음과 같다.

① 이연법인세

취득자는 합병으로 인한 취득자산과 인수부채에서 발생하는 이연법인세 자산이나 부채를 일반기업회계기준 제22장(법인세회계)에 따라 인식하고 측정한다. 또한, 취득자는 취득일에 존재하거나 취득의 결과로 발생하는 일시적차이와 피취득자의 이월액의 잠재적 세효과를 일반기업회계기준 제22장에 따라 회계처리한다(일반기준 12장 문단 12.22).

② 종업원급여

취득자는 피취득자의 종업원급여약정과 관련된 부채(자산인 경우에는 그 자산)를 일반기업회계기준 제21장(종업원급여)에 따라 인식하고 측정한다(일반기준 12장 문단 12.23).

③ 보상자산

가. 인식 및 측정

합병거래에서 매도자는 취득자에게 특정 자산이나 부채의 전부 또는 일부와 관련된 우발상황이나 불확실성의 결과에 대하여 계약상 보상을 할 수도 있다. 이 때 취득자는 보상대상항목을 인식하면서 동시에 보상대상항목과 동일한 근거로 측정된 보상자산을 인식하는데, 보상자산은 회수불가능한 금액에 대해 평가충당금이 필요한 대상이다. 그러므로 보상이 취득일에 인식되고 공정가치로 측정된 자산이나 부채와 관련된 경우, 취득자는 취득일의 공정가치로 측정하여 취득일에 보상자산을 인식한다. 공정가치로 측정한 보상자산의 경우 회수가능성으로 인한 미래현금흐름의 불확실성의 효과가 공정가치 측정에 포함되었으므로 별도의 평가충당금은 필요하지 않으나, 취득일의 공정가치를 신뢰성 있게 측정할 수 없는 경우 취득일에 인식되지 않은 우발부채와 관련될 수 있다. 한편, 보상이 취득일의 공정가치가 아닌 다른 근거로 측정하는 자산이나 부채(예 : 종업원급여에서 발생하는 자산이나 부채)와 관련될 수 있는데, 이 경우 보상자산은 보상대상항목을 측정하기 위하여 사용한 가정과 일관된 가정을 사용하여 인식하고 측정하며, 보상자산의 회수가능성에 대한 경영진의 검토와 보상금액에 대한 계약상 제한을 반영한다(일반기준 12장 문단 12.24 전단).

나. 후속측정

각 보고기간 말에, 취득자는 보상대상부채 또는 보상대상자산과 동일한 근거로 취득일에 인식하였던 보상자산을 측정하는데, 보상금액에 계약상 제한이 있을 경우 이를 반영하여 측정하며, 그 자산을 후속적으로 공정가치로 측정하지 못할 경우 회수가능성에 대한 경영진의 검토를 반영하여 측정한다. 한편, 취득자는 보상자산을 회수하거나 매각하거나 그 밖에 보상자산에 대한 권리를 상실하는 경우에만 보상자산을 제거한다(일반기준 12장 문단 12.24 후단).

(4) 이전대가의 측정

이전대가는 합병에 따라 피취득자의 순자산 및 영업활동 등 사업을 지배하기 위하여 취득자가 이전한 대가를 말하는 것으로, 이러한 예에는 현금, 그 밖의 자산, 취득자의 사업 또는 종속기업, 조건부 대가, 보통주 또는 우선주와 같은 지분상품, 옵션, 주식매입권 및 상호실체의 조합원 지분을 포함한다. 이전가치는 공정가치로 측정하며 그 공정가치는 취득자가 이전하는 자산, 취득자가 피취득자의 이전 소유주에 대하여 부담하는 부채 및 취득자가 발행한 지분의 취득일의 공정가치 합계로 산정하되, 합병의 이전대가에 포함된 피취득자의 종업원이 보유하고 있는 보상과 교환하여 취득자가 부여한 주식기준보상은 공정가치로 측정하지 않고 일반기업회계기준 제19장(주식기준보상)의 방법에 따라 측정한다(일반기준 12

장 문단 12.27). 다만, 취득자와 피취득자(또는 피취득자의 이전 소유주)가 지분만을 교환하여 합병하는 경우로서 취득일에 피취득자 지분의 공정가치가 취득자 지분의 공정가치보다 더 신뢰성 있게 측정될 경우 취득자는 이전한 지분의 취득일의 공정가치 대신에 피취득자 지분의 취득일의 공정가치를 이용하여 이전대가를 측정할 수 있다(일반기준 12장 문단 12.32 및 2014-G-KQA 001, 2014. 1. 13.).

한편, 이전대가로 비상장주식을 발행하는 경우 해당 주식을 상속세 및 증여세법에 따라 평가하는 방법은 평가목적이 상이하고 회사의 특성을 고려하지 않고 일률적인 할인율 또는 가중치를 적용하는 문제점이 있어 일반기업회계기준에 부합하는 목적적합하고 신뢰성 있는 공정가치 평가방법으로 인정되지 않는다(금감원 2012-003).

1) 공정가치와 장부금액이 다른 이전대가

취득일에 공정가치와 장부금액이 다른 취득자의 자산과 부채(예 : 취득자의 비화폐성자산 또는 사업)가 이전대가에 포함될 수 있다. 이 경우에는 다음과 같이 측정된다(일반기준 12장 문단 12.28).

㉠ 취득자는 이전된 자산이나 부채를 취득일 현재 공정가치로 재측정하고, 그 결과 차손익이 있다면 당기손익으로 인식한다.

㉡ 그러나 때로는 이전된 자산이나 부채가 합병 후 합병회사에 여전히 남아 있고(예 : 자산이나 부채가 피취득자의 이전 소유주가 아니라 피취득자에게 이전됨), 따라서 취득자가 그에 대한 통제를 계속 보유하는 경우가 있는데, 이 경우 취득자는 그 자산과 부채를 취득일 직전의 장부금액으로 측정하고, 합병 전과 후에 여전히 통제하고 있는 자산과 부채에 대한 차손익을 당기손익으로 인식하지 않는다.

2) 조건부 대가

① 취득일의 측정

조건부 대가란 보통 특정 미래 사건이 일어나거나 특정 조건이 충족되는 경우에, 피취득자에 대한 지배력과 교환된 부분으로 피취득자의 이전 소유주에게 자산이나 지분을 추가적으로 이전하여야 하는 취득자의 의무를 말하며, 특정 조건이 충족될 경우 이전대가를 반환받는 권리를 취득자에게 부여할 수도 있다. 취득자가 피취득자에 대한 교환으로 이전한 대가에는 이러한 조건부 대가 약정으로 인한 자산이나 부채를 모두 포함한다. 이 경우 취득자는 조건부 대가를 피취득자에 대한 교환으로 이전한 대가의 일부로서 취득일의 공정가치로 인식한다. 즉, 취득자는 조건부 대가의 지급의무를 일반기업회계기준 제6장(금융자산 · 금융부채), 제15장(자본) 및 그 밖의 적용가능한 일반기업회계기준에 기초하여 부채 또는 자본으로 분류하며, 특정조건을 충족하는 경우에 과거의 이전대가를 돌려받는 권리는 자산으로 분류한다(일반기준 12장 문단 12.29 및 용어의 정의).

② 후속적 측정

취득자가 취득일 후에 인식하는 조건부 대가의 공정가치 변동 중 일부는 취득일에 존재한 사실과 상황에 대하여 취득일 후에 추가로 입수한 정보에 의한 것일 수 있다. 그러한 변동은 측정기간 동안의 조정이다. 그러나 목표수익을 달성하거나, 특정 주가에 도달하거나, 연구개발 프로젝트의 주요 과제를 완료하는 등 취득일 이후에 발생한 사건에서 발생한 변동은 측정기간 동안의 조정이 아니다. 취득자는 측정기간 동안의 조정이 아닌 조건부 대가의 공정가치 변동을 다음과 같이 회계처리한다(일반기준 12장 문단 12.38).

구 분	내 용
㉠ 자본으로 분류된 조건부 대가	재측정하지 않으며, 그 후속 정산은 자본 내에서 회계처리함.
㉡ 자산 · 부채로 분류된 조건부 대가	• 조건부 대가가 금융상품이며 일반기업회계기준 제6장(금융자산 · 금융부채)의 적용범위에 해당하는 경우, 공정가치로 측정하고 그 결과로 생긴 차손익은 동 기준에 따라 당기손익이나 기타포괄손익으로 인식함. • 조건부 대가가 일반기업회계기준 제6장(금융자산 · 금융부채)의 적용범위에 해당되지 않는 경우, 동 기준 제14장(충당부채, 우발부채 및 우발자산) 또는 그 밖의 적절한 일반기업회계기준에 따라 회계처리함.

③ 역취득에서의 이전대가의 측정

역취득에서는 회계상 취득자는 보통 피취득자에게 이전대가로 지분을 발행하지 않는다. 그 대신에 회계상 피취득자가 보통 회계상 취득자의 소유주에게 자신의 지분을 발행한다. 따라서 회계상 피취득자의 지분에 대하여 회계상 취득자가 이전한 대가의 취득일의 공정가치는, 법적 취득자의 소유주가 역취득의 결과로 합병회사에 대하여 보유하는 지분과 동일한 비율의 소유지분이 유지되도록, 법적 피취득자가 법적 취득자의 소유주에게 교부하였어야 할 법적 피취득자 지분의 수량에 기초한다. 이러한 방식으로 산정된 지분 수량에 대한 공정가치를 피취득자에 대한 교환으로 이전된 대가의 공정가치로 사용한다(일반기준 12장 부록 실12.14).

사례 20×1년 9월 30일 법적 피취득자인 (주)용산(회계상 취득자)이 지분상품을 발행하는 법적 취득자인 (주)삼일(회계상 피취득자)을 역취득하는 경우 다음에서 주어지는 정보에 따라 그 회계처리를 나타내시오(단, 법인세 효과에 대한 회계처리는 무시한다).

1. 합병 직전 (주)삼일과 (주)용산의 재무상태표는 다음과 같다.

(주)삼 일 (단위 : 원)

유동자산	500	유동부채	300
비유동자산	1,300	비유동부채	400
		자본금(100주)	300
		이익잉여금	800
	1,800		1,800

(주)용 산 (단위 : 원)

유동자산	700	유동부채	600
비유동자산	3,000	비유동부채	1,100
		자본금(60주)	600
		이익잉여금	1,400
	3,700		3,700

2. 20×1년 9월 30일에 (주)삼일은 (주)용산의 보통주 각 1주와 교환하여 2.5주를 발행한다. (주)용산의 주주 모두 자신들이 보유하고 있는 (주)용산의 주식을 교환한다. 따라서 (주)삼일은 (주)용산의 보통주 60주 모두에 대해 150주를 발행한다.
3. 20×1년 9월 30일에 (주)용산의 보통주 1주의 공정가치는 40원이고, (주)삼일 보통주의 공시되는 시장가격은 16원이다.
4. 20×1년 9월 30일에 (주)삼일의 비유동자산의 공정가치는 1,500원이며 이를 제외하고 (주)삼일의 식별가능한 자산과 부채의 공정가치는 장부금액과 동일하다.

해답

(주)삼일(법적 취득자, 회계상 피취득자)이 보통주 150주를 발행한 결과, (주)용산의 주주는 결합기업의 발행 주식의 60%(즉, 발행주식 250주 중 150주)를 소유한다. 그 나머지 40%는 (주)삼일의 주주가 소유한다.

만일 상기의 합병에서 (주)용산이 (주)삼일의 보통주와 교환하여 (주)삼일의 주주에게 추가 주식을 발행하는 형식을 취했다면, (주)용산이 결합기업에 대한 소유지분비율을 동일하게 유지하기 위해 발행하여야 할 주식수는 40주(= 60주 / 60% × 40%)이고, 이전대가는 1,600원(= 40주 × 40원)으로 측정된다.

한편, 합병거래의 결과 인식할 영업권은 다음과 같이 계산된다.

• 사실상의 이전대가		1,600
• (주)삼일의 식별가능한 자산과 부채의 인식된 순가치		
유동자산	500	
비유동자산	1,500	
유동부채	(300)	
비유동부채	(400)	1,300
• 영업권		300

(차)			(대)	
	유 동 자 산	500	유 동 부 채	300
	비 유 동 자 산	1,500	비 유 동 부 채	400
	영 업 권	300	자 본 금	450
			주 식 발 행 초 과 금	1,150

(5) 영업권 또는 염가매수차익의 인식과 측정

1) 영업권의 인식과 측정

영업권이란 합병에서 취득자가 피취득자에게 제공하는 이전대가가 피취득자의 취득일 현재 식별가능한 취득자산 · 인수부채의 순액을 초과하는 금액을 말한다. 즉, 다음 ①의 금액이 ②의 금액보다 클 경우 그 초과금액을 영업권으로 인식한다(일반기준 12장 문단 12.32).

① 다음의 합계금액

㉠ 일반적으로 취득일에 공정가치로 측정된 이전대가

㉡ 단계적으로 이루어지는 합병의 경우 취득자가 이전에 보유하고 있던 피취득자에 대한 지분의 취득일의 공정가치

② 취득일에 식별가능한 취득자산과 인수부채의 순액

영업권 = (이전대가(공정가치) + 기 보유 중인 피취득자지분(공정가치)) − 취득자산과 인수부채의 순액

취득일에 식별가능한 취득자산과 인수부채를 인식 및 측정함에 있어, 만약 피합병법인이 종속기업 지분을 100% 보유하고 있는 경우 그 종속기업 투자주식 금액은 종속기업의 식별가능한 순자산 금액과 종속기업에 배분된 영업권이 있다면 이를 합산한 금액으로 인식한다(2014-G-KQA 006, 2014. 4. 1.).

한편, 영업권은 그 내용연수에 걸쳐 정액법으로 상각하며, 내용연수는 미래에 경제적 효

익이 유입될 것으로 기대되는 기간으로 하며, 20년을 초과하지 못한다(일반기준 12장 문단 12.32). 또한, 영업권의 공정가액은 직접적으로 측정될 수 없는 바, 영업권이 포함된 현금창출단위의 회수가능가액을 추정하여 동 회수가능가액이 현금창출단위의 장부금액에 미달하는 경우 우선적으로 동 현금창출단위에 배분된 영업권의 장부가액을 감액시켜 손상차손을 인식하며, 영업권에 대하여 인식한 손상차손은 후속기간에 환입할 수 없다(일반기준 20장 문단 20.15, 20.17, 20.28).

2) 염가매수차익의 인식과 측정

염가매수차익이란 합병에서 피취득자의 취득일 현재 식별가능한 취득자산 · 인수부채의 순액이 취득자가 피취득자에게 제공하는 이전대가를 초과하는 금액을 말한다. 즉, 앞서 '(1) 영업권의 인식과 측정'에서 설명한 ②의 금액이 ①의 금액보다 클 경우 그 초과금액을 염가매수차익으로 인식한다(일반기준 12장 문단 12.33).

$$\text{염가매수 차익} = \text{취득자산과 인수부채의 순액} - \left(\text{기 보유 중인 피취득자지분 (공정가치)} + \text{이전대가 (공정가치)} \right)$$

한편, 염가매수차익을 인식하기 전에, 취득자는 모든 취득자산과 인수부채를 정확하게 식별하였는지에 대해 재검토하고, 이러한 재검토에서 식별된 추가 자산이나 부채가 있다면 이를 인식한다. 이때 취득자는 취득일에 일반기업회계기준 제12장에서 인식하도록 요구한 다음의 모든 사항에 대해, 그 금액을 측정하는 데 사용한 절차를 재검토한다. 이러한 재검토의 목적은 취득일 현재 이용가능한 모든 정보를 고려하여 관련 측정치에 적절히 반영하였는지 확인하기 위해서이다. 만일 그 초과금액이 재검토 후에도 남는다면, 취득자는 취득일에 그 차익을 당기손익으로 인식한다.

① 식별가능한 취득자산과 인수부채

② 단계적으로 이루어지는 합병의 경우 취득자가 이전에 보유하고 있던 피취득자에 대한 지분

③ 이전대가

사례 (주)삼일은 (주)용산을 흡수합병하는 계약을 체결하였다. (주)삼일은 (주)용산의 기존 주주들에게 (주)삼일의 보통주식을 발행하여 이전대가(합병대가)로 교부하기로 하였으며, 취득일(합병일) 현재 (주)삼일의 보통주 시가는 주당 ₩15,000(액면가액 주당 ₩5,000)이다.

	(주)삼일		(주)용산	
	장부금액	공정가치	장부금액	공정가치
현금및현금성자산	₩100,000	₩100,000	₩50,000	₩50,000
매출채권	200,000	180,000	100,000	90,000
재고자산	300,000	350,000	150,000	200,000
유형자산	400,000	500,000	200,000	250,000
자산총계	₩1,000,000		₩500,000	
매입채무	₩150,000		₩250,000	
자본금	500,000	150,000	100,000	
자본잉여금	50,000		20,000	
이익잉여금	300,000		130,000	
부채와 자본총계	₩1,000,000		₩500,000	

1. 이전대가(합병대가)로 (주)삼일의 보통주 20주를 교부한 경우 회계처리를 하시오.
2. 이전대가(합병대가)로 (주)삼일의 보통주 30주를 교부한 경우 회계처리를 하시오.

해답

1. 이전대가(합병대가)로 보통주 20주를 교부한 경우

(차)	현금및현금성자산	50,000	(대)	매입채무	250,000
	매출채권	90,000		자본금	100,000
	재고자산	200,000		주식발행초과금	200,000
	유형자산	250,000		염가매수차익	40,000

2. 이전대가(합병대가)로 보통주 30주를 교부한 경우

(차)	현금및현금성자산	50,000	(대)	매입채무	250,000
	매출채권	90,000		자본금	150,000
	재고자산	200,000		주식발행초과금	300,000
	유형자산	250,000			
	영업권	110,000			

(6) 합병과 관련된 기타 사항

1) 단계적으로 이루어지는 합병

취득자는 때때로 취득일 직전에 지분을 보유하고 있던 피취득자를 합병할 수 있는데, 이러한 거래를 단계적으로 이루어지는 합병이라 한다. 예를 들어 20×1년 12월 31일에 기업 A는 기업 B에 대한 지분 35%를 보유하고 있는 상황에서 동일자에 기업 B의 지분 65%를 추가로 매수하여 기업 B을 합병할 수 있다.

단계적으로 이루어지는 합병에서, 취득자는 이전에 보유하고 있던 피취득자에 대한 지분을 취득일의 공정가치로 재측정하고 그 결과 차손익이 있다면 당기손익으로 인식한다. 만약 이전의 보고기간에, 취득자가 피취득자에 대한 지분의 가치변동을 기타포괄손익(예 : 투자자산이 매도가능증권으로 분류된 경우)으로 인식하였다면 기타포괄손익으로 인식한 금액을 취득자가 이전에 보유하던 지분을 직접 처분한다면 적용하였을 경우와 동일하게 당기손익으로 인식한다(일반기준 12장 문단 12.30).

사례 20×1년 중 (주)삼일은 (주)용산의 지분 40%를 취득하여 지분법으로 처리하여 왔다. 20×3년 12월 31일 (주)삼일은 (주)용산의 지분 60%를 추가로 취득하여 합병하면서 ₩300,000을 현금으로 지급하였다. 한편, 20×3년 12월 31일 현재 지분법적용투자주식의 장부가액은 ₩20,000이고, 공정가치는 ₩200,000으로 평가되었다. 또한, (주)용산의 식별가능한 순자산의 공정가치는 ₩440,000이다. 이 때 합병으로 인한 회계처리를 하시오(단, 합병으로 인한 법인세효과는 무시한다고 가정).

(차) 순자산	440,000	(대) 현금및현금성자산	300,000
영업권	60,000	지분법적용투자주식	20,000
		지분법용투자주식처분이익	180,000

2) 측정기간

측정기간이란 합병에서 인식한 잠정금액을 합병 후 조정할 수 있는 기간을 말하는 것으로 만약 합병에 대한 최초 회계처리가 합병이 발생한 보고기간 말까지 완료되지 못한다면, 취득자는 회계처리가 완료되지 못한 항목의 잠정 금액을 재무제표에 보고한 후 측정기간 동안에, 취득일 현재 존재하던 사실과 상황에 대하여 새로 입수한 정보가 있는 경우 취득자는 취득일에 이미 알았더라면 취득일에 인식한 금액의 측정에 영향을 주었을 그 정보를 반영하기 위하여 취득일에 인식한 잠정금액을 소급하여 조정한다. 측정기간 동안에, 취득일 현재 존재하던 사실과 상황에 대해 새로 입수한 정보가 있는 경우 취득자는 취득일에 이미 알았더라면 인식하였을 추가적인 자산과 부채를 인식한다. 취득자가 취득일 현재 존재하던 사실과 상황에 대하여 찾고자 하는 정보를 얻거나 더 이상의 정보를 얻을 수 없다는 것을 알게 된 시점에 측정기간은 종료한다. 그러나 측정기간은 취득일로부터 1년을 초과할 수 없다(일반기준 12장 문단 12.34).

취득자는 식별가능한 자산(부채)으로 인식한 잠정 금액의 증가(감소)를 영업권의 감소(증가)로 인식한다. 그러나 측정기간에 획득한 새로운 정보로 인해 때로 둘 이상의 자산이나 부채의 잠정 금액이 조정될 수 있다. 또한, 측정기간에 취득자는 마치 합병의 회계처리가 취득일에 완료되었던 것처럼 잠정 금액의 조정을 인식한다. 그러므로 취득자는 재무제표에 표시된 과거기간의 비교정보를 필요한 경우 수정하며, 이러한 수정에는 최초 회계처리를 완료하면서 기인식된 감가상각, 상각 또는 그 밖의 수익 효과의 변경을 포함한다(일반기준 12장 문단 12.35, 12.36).

3) 취득관련원가

취득관련원가는 취득자가 합병을 하기 위해 발생시킨 원가이다. 이러한 원가에는 ① 중개수수료, ② 자문 · 법률 · 회계 · 가치평가 · 그 밖의 전문가나 컨설팅 수수료, ③ 일반관리원가(예: 내부 취득 부서의 유지 원가), ④ 채무증권과 지분증권의 등록 · 발행 원가등이 있다. 취득자는 취득관련원가에 대하여 원가가 발생하고 용역을 제공받은 기간에 비용으로 회계처리한다. 다만, 채무증권과 지분증권의 발행원가는 일반기업회계기준 제6장(금융자산 · 금융부채)와 제15장(자본)에 따라 인식한다(일반기준 12장 문단 12.37).

구 분	회계처리
채무증권의 발행원가	금융부채의 발행과 직접 관련되는 거래원가는 최초인식하는 공정가치에 차감함(일반기준 6장 문단 6.12).
지분증권의 발행원가	지분상품을 발행하거나 취득하는 과정에서 등록비 및 기타 규제 관련 수수료, 법률 및 회계자문 수수료, 주권인쇄비 및 인지세와 같은 여러 가지 비용이 발생하는데, 이러한 자본거래 비용 중 자본거래가 없었다면 회피가능하고 자본거래에 직접 관련되어 발생한 추가비용에 대해서는 관련된 법인세효과를 차감한 금액을 주식발행초과금에서 차감하거나 주식할인발행차금에 가산함. 다만, 중도에 포기한 자본거래 비용은 당기손익으로 인식함(일반기준 15장 문단 15.5 및 22장 문단 22.48).
기타 취득관련원가	원가가 발생하고 용역을 제공받은 기간에 비용으로 처리

4) 합병거래 해당 여부

하나의 거래가 피취득자에 대한 합병에 따른 교환의 일부인지 아니면 합병거래와 별도로의 거래인지를 결정하기 위하여 다음의 요소를 검토하여야 한다(일반기준 12장 부록 실12.36).

① 거래의 이유 : 거래가 주로 피취득자나 합병 전의 피취득자의 이전 소유주의 효익이 아닌, 취득자의 효익을 위주로 약정되었다면 지급된 거래 가격(그리고 관련 자산이나 부채)은 피취득자에 대한 교환의 일부일 가능성이 낮다. 따라서 취득자는 그 부분을 합병과 별도로 회계처리한다.

② 거래 제안자 : 취득자가 제안한 거래나 그 밖의 사건은 피취득자 또는 피취득자의 합병 전 소유주에게 주는 효익은 거의 없으면서 취득자에 미래경제적효익을 제공하기 위하여 체결할 수 있다. 이와 반대로 피취득자나 그의 이전 소유주가 제안한 거래나 약정은 취득자의 효익이 될 가능성이 낮고 합병거래의 일부일 가능성이 매우 높다.

③ 거래의 시기 : 합병의 조건에 대한 협상이 진행되는 동안에 있었던 취득자와 피취득자 사이의 거래는 취득자에 미래경제적효익을 제공하기 위하여 사업을 결합할 계획으로 체결된 것일 수 있다. 이 경우, 피취득자나 그의 합병 전 소유자는 합병회사의 일부로 받는 효익 이외에 그 거래에서 받는 효익이 거의 없거나 아예 없을 가능성이 높다.

5) 취득자와 피취득자 사이의 기존 관계를 사실상 정산하는 경우

합병을 고려하기 전에 취득자와 피취득자 사이에 어떤 관계("기존 관계"라 함)가 존재하였을 수 있는데, 취득자와 피취득자 사이의 기존 관계는 계약적(예 : 판매자와 고객 또는 라이선스 제공자와 라이선스 이용자) 또는 비계약적(예 : 원고와 피고)일 수 있다(일반기준 12장 부록 실12.37).

따라서, 합병으로 기존 관계가 사실상 정산되는 경우, 취득자는 다음과 같이 측정된 차손익을 인식하여야 한다(일반기준 12장 부록 실12.38).

① 기존의 비계약관계(예 : 소송)는 공정가치

② 기존의 계약관계는 다음 ㉠과 ㉡ 중 작은 금액

㉠ 계약이 동일하거나 유사한 항목의 현행 시장거래조건과 비교하여 취득자의 관점에서 유리하거나 불리한 경우 그 금액(불리한 계약은 현행 시장 조건에서 불리한 계약으로서, 계약상의 의무이행에서 발생하는 회피불가능한 원가가 그 계약에 의하여 받을 것으로 기대되는 경제적효익을 초과하는 계약인 손실부담계약일 필요는 없음)

㉡ 거래상대방에게 불리한 조건으로 이용가능한 계약에서 거래상대방에게 정산규정이 명시되어 있는 경우 그 금액

만약 ㉡이 ㉠보다 작을 경우, 그 차이는 합병 회계처리의 일부로 포함한다.

취득자가 이전에 관련 자산이나 부채를 인식하였는지에 따라 인식되는 차손익 금액이 달라지며, 따라서 보고된 차손익은 상기 요구사항을 적용하여 산정된 금액과 다를 수 있다.

기존 관계는 취득자가 재취득한 권리로 인식하는 계약일 수 있다. 그 계약이 동일하거나

유사한 항목에 대한 현행 시장거래가격과 비교하여 유리하거나 불리한 조건을 포함하고 있는 경우, 취득자는 합병과 별도로 그 계약을 사실상 정산하는 경우에 대한 차손익을 위에서 설명한 바에 따라 측정한다(일반기준 12장 부록 실12.39).

6) 종업원 또는 매도주주에 대한 조건부 지급 약정

합병거래에 있어 종업원이나 매도주주에 대한 조건부 지급 약정은 약정의 성격에 따라 합병거래의 조건부 대가 또는 별도의 거래로 구분 될 수 있는데, 그 구분이 명확하지 않은 경우에는 다음의 지표를 검토하여야 한다(일반기준 12장 부록 실12.40, 실12.41).

① 고용의 지속 : 매도주주가 합병회사의 주요 종업원이 되는 고용의 지속 조건은 조건부 대가 약정의 실질 지표가 될 수 있다. 고용이 끝나면 지급이 자동으로 중단되는 조건부 대가 약정은 합병 후 근무용역에 대한 보수이다. 그에 반해 고용의 종료에 영향을 받지 않는 조건부 지급약정은 합병거래의 일부라는 것을 의미할 수 있다.

② 고용의 지속 기간 : 요구되는 고용기간이 조건부 지급 기간과 같거나 조건부 지급 기간보다 길 경우, 그 사실은 조건부 지급이 사실상 보수라는 것을 의미할 수 있다.

③ 보수의 수준 : 조건부 지급 외의 종업원 보수가 합병회사의 다른 주요 종업원의 보수와 비교하여 합리적수준인 경우, 이 때 조건부 지급은 보수라기 보다는 추가 대가라는 것을 의미할 수 있다.

④ 종업원에 대한 증분 지급 : 합병회사의 종업원이 되지 않는 매도주주가 합병회사의 종업원이 되는 매도주주보다 주당기준으로 더 낮은 조건부 지급을 받는 경우 이러한 조건부 지급의 증분 금액은 보수라는 것을 의미할 수 있다.

⑤ 소유주식의 수 : 주요 종업원으로 남는 매도주주가 소유한 주식의 상대적 수는 조건부 대가 약정의 실질 지표가 될 수 있다. 예를 들어 피취득자의 주식 대부분을 소유하고 있는 매도주주들이 주요 종업원으로 계속 남는다면, 그 사실은 합병 후 용역에 대한 보수를 제공하기 위한 이익배분약정이라는 것을 의미할 수 있는 것이나, 주요 종업원이 되는 매도주주가 피취득자의 주식을 조금만 소유하고 있고 모든 매도주주가 주당 기준에 따라 동일한 조건부 대가 금액을 수령할 경우, 그 사실은 조건부 지급이 추가 대가라는 것을 의미할 수 있다.

⑥ 가치평가와의 연계 : 취득일의 최초 이전대가가 피취득자에 대한 가치평가에서 설정된 범위의 낮은 쪽에 근거를 두고 조건부 지급 산식이 그 가치평가 접근법에 관련된 경우, 그 사실은 조건부 지급이 추가 대가라는 것을 의미할 수 있는 것이나, 조건부 지급 산식이 과거의 이익분배 약정과 일관될 경우, 그 사실은 약정의 실질이 보수를 제공하기 위한 것이라는 것을 의미할 수 있다.

⑦ 대가 결정을 위한 산식 : 조건부 지급을 결정하기 위하여 사용된 산식은 약정의 실질

을 평가하는 데에 도움이 될 수 있다. 예를 들어 조건부 지급액을 당기순이익의 배수에 기초하여 결정하는 경우, 이는 그 의무가 합병거래의 조건부 대가인 것이나, 당기순이익의 특정 비율로 정해지는 경우, 그 의무가 종업원의 근무용역 제공을 보상하는 이익배분 약정이라는 것을 의미할 수 있다.

⑧ 그 밖의 약정 등 : 매도주주와 맺는 그 밖의 약정의 조건(예 : 경쟁금지 약정, 미이행계약, 컨설팅 계약, 부동산 리스 약정)과 조건부 지급에 대한 법인세 처리는 조건부 지급이 피취득자에 대한 대가 이외의 다른 것에 관련된다는 것을 의미할 수 있다.

7) 피취득자의 종업원이 보유하고 있는 보상과 교환하여 취득자가 보상한 주식기준 보상

취득자는 피취득자의 종업원이 보유하고 있는 보상을 취득자의 주식기준보상(대체보상)으로 교환할 수 있다. 합병과 관련한 주식선택권이나 그 밖의 주식기준보상의 교환은 일반기업회계기준 제19장(주식기준보상)에 따라 주식기준보상의 조건변경으로 회계처리한다. 취득자가 피취득자의 보상을 대체할 의무가 있는 경우, 취득자의 대체보상에 대한 시장기준측정치의 전부 또는 일부는 합병의 이전대가 측정에 포함될 것이다. 그러나, 취득자가 대체할 의무가 없더라도 그러한 보상을 대체할 경우, 대체보상의 시장기준측정치의 전부를 합병 후 재무제표에 보수원가로 인식한다(일반기준 12장 부록 실12.42).

피취득자에 대한 이전대가의 일부인 대체보상 부분과 합병 후 근무용역에 대한 보수 부분을 결정하기 위하여, 취득자는 취득일 현재 자신이 부여한 대체보상과 피취득자의 보상을 일반기업회계기준 제19장(주식기준보상)에 따라 측정한다. 피취득자에 대한 이전대가의 일부인 대체보상의 시장기준측정치 부분은 합병 전 근무용역에 귀속되는 피취득자 보상부분과 일치한다(일반기준 12장 부록 실12.43).

합병 전 근무용역에 귀속되는 대체보상은 피취득자 보상의 시장기준측정치에 피취득자 보상의 총 가득기간 또는 원래 가득기간 중 긴 기간에 대한 가득기간 완료부분의 비율을 곱한 금액이다. 가득기간은 모든 특정 가득조건이 충족되는 기간이다(일반기준 12장 부록 실12.44).

합병 후의 근무용역에 귀속되는 가득되지 않은 대체보상 부분으로서 합병 후 재무제표에 보수원가로 인식되는 부분은 대체보상의 총 시장기준측정치에서 합병 전의 근무용역에 귀속되는 금액을 차감한 금액과 일치한다. 그러므로 취득자는 대체보상의 시장기준측정치가 피취득자 보상의 시장기준측정치를 초과하는 금액을 합병 후 근무용역에 귀속시키고, 그 초과분을 합병 후 재무제표에 보수원가로 인식한다. 취득일 전에 종업원이 피취득자 보상을 가득하기 위한 근무용역의 전부를 제공하였는지와 무관하게, 대체보상에 합병 후 근무용역이 필요한 경우에는 대체보상의 일부를 합병 후 근무용역에 귀속시킨다(일반기준 12

장 부록 실12.45).

합병 후 근무용역에 귀속될 수 있는 부분과 마찬가지로 합병 전 근무용역에 귀속될 수 있는 가득되지 않은 대체보상 부분은 가득될 것으로 기대되는, 대체보상의 수의 최선의 이용가능한 추정치를 반영한다. 예를 들어, 합병 전 근무용역에 귀속되는 대체보상 부분의 시장기준측정치가 100원이고 취득자가 보상의 95%만 가득될 것이라고 기대할 경우, 합병의 이전대가에 포함될 금액은 95원이다. 가득될 것으로 기대하는 대체보상의 추정수치 변동은 합병의 이전대가에서 조정하지 않고 그러한 변동이나 상실이 발생한 기간의 보수원가에 반영한다. 또한, 취득일 후에 발생하는 변경조건 또는 이행조건이 있는 보상의 최종 결과와 같은 그 밖의 사건의 효과는 당해 사건이 발생한 기간의 보수원가를 결정할 때 일반기업회계기준 제19장(주식기준보상)에 따라 회계처리한다(일반기준 12장 부록 실12.46).

합병 전과 합병 후의 근무용역에 귀속되는 대체보상부분을 결정하기 위한 동일 규정은 대체보상을 일반기업회계기준 제19장(주식기준보상)의 규정에 따라 부채로 분류하는지 지분으로 분류하는지와 무관하게 적용한다. 취득일 후 부채로 분류된 보상의 시장기준측정치의 모든 변동과 관련 이연법인세효과는 변동이 발생한 기간에 취득자의 합병 후 재무제표에 인식한다(일반기준 12장 부록 실12.47).

(7) 공 시

1) 보고기간동안 발생한 합병

재무이용자가 보고기간동안 발생한 합병의 내용과 재무효과를 평가할 수 있는 정보를 제공하기 위하여, 취득자는 보고기간에 발생한 모든 합병에 대해 다음 정보를 공시한다(일반기준 12장 문단 12.39).

① 피취득자의 명칭과 설명

② 취득일

③ 취득한 의결권 있는 지분율

④ 합병의 주된 이유와 피취득자에 대한 취득자의 지배력 획득 방법에 대한 설명

⑤ 총 이전대가의 취득일의 공정가치와 다음과 같은 대가의 주요 종류별 취득일의 공정가치

㉠ 현금

㉡ 그 밖의 유형자산이나 무형자산(취득자의 사업이나 종속기업 포함)

㉢ 발생한 부채(예 : 조건부 대가에 대한 부채)

㉣ 취득자의 지분(발행되었거나 발행될 금융상품 또는 지분의 수량과 그러한 금융상품이나 지분의 공정가치 결정 방법 포함)

⑥ 조건부 대가 약정과 보상자산

㉠ 취득일 현재 인식한 금액

㉡ 지급액을 결정하기 위한 약정과 기준에 대한 설명

㉢ 결과범위에 대한 추정치(할인되지 않은) 또는 범위를 추정할 수 없다면 그 사실과 범위를 추정할 수 없는 이유. 최대 지급액을 한정할 수 없는 경우 그러한 사실을 공시한다.

⑦ 취득자산과 인수부채의 주요 종류별로 취득일 현재 인식한 금액

⑧ 합병거래에서 인식한 각 우발부채에 대하여 일반기업회계기준 제14장(충당부채, 우발부채, 우발자산)에서 요구하고 있는 정보. 우발부채의 공정가치를 신뢰성 있게 측정할 수 없어 인식하지 못한 경우, 다음 사항을 공시한다.

㉠ 일반기업회계기준 제14장 문단 14.19 및 14.20에서 요구하고 있는 정보

㉡ 그러한 부채를 신뢰성 있게 측정할 수 없는 이유

⑨ 염가매수의 경우 다음 사항

㉠ 염가매수차익으로 인식한 금액과 그 차익을 인식한 손익계산서의 항목

㉡ 거래에서 차익이 발생한 이유에 대한 설명

⑩ 단계적으로 이루어지는 합병의 경우 다음 사항

㉠ 취득일 직전에 취득자가 보유하고 있는 피취득자에 대한 지분의 취득일의 공정가치

㉡ 합병 전에 취득자가 보유하고 있던 피취득자 지분을 공정가치로 재측정함에 따라 인식한 차손익 및 그러한 차손익이 인식된 손익계산서 항목

⑪ 다음의 정보

㉠ 당해 보고기간의 손익계산서에 포함된 취득일 이후 피취득자의 수익과 당기손익 금액

㉡ 직전회계연도 및 취득일까지 결합참여회사의 요약재무상태표, 요약손익계산서

만약 상기의 공시정보 중 실무적으로 공시할 수 없는 경우, 취득자는 그 사실과 실무적으로 공시할 수 없는 이유를 기술한다. 여기서 '실무적으로 할 수 없는'이라는 용어는 일반기업회계기준 제5장(회계정책, 회계추정의 변경 및 오류)의 용어와 동일한 의미로 사용한다.

한편, 보고기간에 발생한 여러 합병이 개별적으로 중요하지 않지만 집합하여 중요해지면 상기 '⑤' 내지 '⑪'에서 기술하는 정보를 합산하여 공시한다.

2) 보고기간 후 재무제표 승인일 전에 발생한 합병

취득일이 보고기간 말 이후 재무제표 발행승인일 전인 경우, 재무제표 발행승인일에 합

병거래에 대한 최초 회계처리가 완료되지 못한 경우가 아니라면 상기 '1)'에서 요구하는 정보를 공시한다(일반기준 12장 문단 12.40).

2. 동일지배하에 있는 기업 간의 합병

(1) 개념 및 회계처리

동일지배란 둘 이상의 기업에 대한 지배가 동일기업에 귀속되는 경우를 말하며, 동일지배하에 있는 기업이란 동일기업이 당해 기업을 궁극적으로 지배하고 이러한 지배가 일시적이지 않은 경우를 말한다. 이 경우 지배 · 종속기업의 범위는 일반기업회계기준 제4장(연결재무제표)에 따르되, 투자기업이 피투자기업에 대하여 지배력이 있음에도 해당 피투자기업이 일반기업회계기준 '시행일 및 경과규정(2022. 12. 2.)'에 따라 종속기업에서 제외되어 관계기업에 대한 지분법을 적용하는 경우에는 동일지배거래의 회계처리를 위한 목적상 지배 · 종속기업의 범위에 포함한다(일반기준 32장 문단 32.3, 32.4.).

이러한 동일지배하에 있는 지배 · 종속기업 간에 합병하는 경우, 종속기업의 자산 · 부채에 대하여 연결장부금액으로 인식하고, 종속기업 간 합병의 경우에는 피합병기업의 연결장부금액과 그 대가로 지급하는 금액의 차이는 자본잉여금으로 반영하는 회계처리를 한다. 즉, 이전대가(합병대가)가 합병에 따른 취득자산 · 인수부채의 순액보다 큰 경우 동 차액은 자본잉여금의 감소로 처리하여야 하며 이전대가(합병대가)가 합병에 따른 취득자산 · 인수부채의 순액보다 작은 경우 동 차액은 자본잉여금으로 처리하여야 한다(일반기준 32장 문단 32.9, 32.10).

만약 외국모기업의 국내 종속기업 간 합병의 경우라면, 합병법인은 최상위 지배기업인 외국모기업이 국내에서 연결재무제표를 작성하였을 경우의 장부금액으로 인수하는 자산 및 부채를 인식하여야 한다. 이 경우 그 최상위 지배기업이 국내에서 연결재무제표를 작성하는 경우에는 일반기업회계기준 또는 한국채택국제회계기준 중 선택하여 적용할 수 있다(금감원 2014-001).

한편, 동일지배하의 사업결합에서 합병대가 지급을 위해 신주를 발행하는 경우, 일반기업회계기준 제15장 문단 15.5에 따라 자본거래 비용 중 자본거래가 없었다면 회피가능하고 자본거래에 직접 관련되어 발생한 추가비용에 대해서는 관련된 법인세효과를 차감한 금액을 주식발행초과금에서 차감하거나 주식할인발행차금에 가산한다(2013-G-KQA 001, 2013. 1. 15.).

(2) 주석공시

동일지배하의 기업간 거래 당사자는 당 회계연도 중 이루어진 모든 동일지배하의 거래에 대하여 다음의 사항을 공시한다(일반기준 32장 문단 32.18).

① 거래의 내용과 조정내용

② 거래 상대방 기업의 명칭과 주요설명

③ 거래완료일

④ 거래를 위해 발행한(수령한) 주식이 있는 경우, 그 주식의 내용 및 발행(수령)주식수

사례 1 지배기업이 종속기업을 합병하는 경우

P사는 S사의 지분 80%를 소유하고 있다. P사는 S사의 지분 20%를 추가 취득하여 S사를 합병하였다. 합병시점에 P사가 보유하는 S사에 대한 지분법적용투자주식 장부금액은 80원이고, 동 시점에 S사 순자산의 연결재무제표상 장부금액은 100원, S사 순자산의 개별재무제표상 장부금액은 90원이며, 20% 지분을 추가 취득하기 위해 지급한 금액은 30원이다.

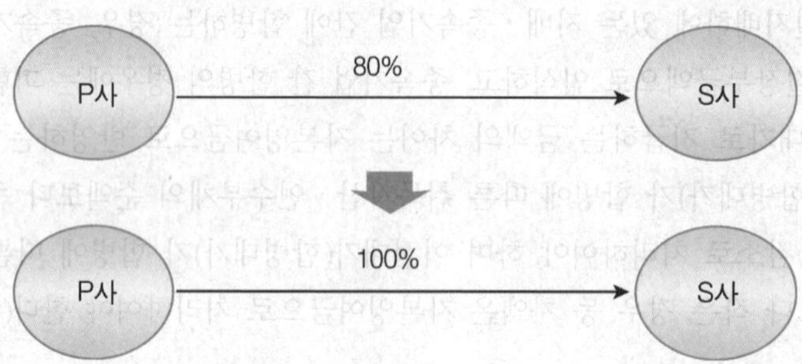

1) 합병 전 · 후 지배기업지분 및 비지배지분 내역

① 합병 전

구 분	계산내역	금 액
지배기업지분	100 × 80%	80
비지배지분	100 × 20%	20
합계		100

② 합병 후

구 분	계산내역	금 액
지배기업지분	100 × 100% − 30(현금감소분)	70
비지배지분	100 × 0%	0
합계		70

2) 개별 회계처리

① P사의 개별 회계처리

(차) 순 자 산	100	(대) S 주 식	80
자 본 잉 여 금	10	현 금	30

② S사의 개별 회계처리

(차) 자본금 및 자본잉여금	90	(대) 순 자 산	90

3) 합병 전 · 후 연결재무제표 및 회계처리

① 합병 전

(단위 : 원)

차변		대변	
순자산(S)	100	지배기업지분	80
		비지배지분	20
합계	100	합계	100

② 합병 후

(단위 : 원)

차변		대변	
순자산(S)	100	지배기업지분	70
현 금	(30)	비지배지분	0
합계	70	합계	70

③ P사의 연결재무제표상 합병 회계처리

(차) 비 지 배 지 분	20	(대) 현 금	30
지 배 기 업 지 분	10		

사례 2 종속기업이 지배기업을 역합병하는 경우

종속기업이 지배기업을 합병하는 경우 법적으로 종속기업이 합병기업이라 하더라도 실질적으로는 지배기업이 종속기업을 합병한 것으로 본다. 따라서, 지배기업이 합병기업이 되어 역합병의 회계처리를 한다. 즉, 지배기업이 종속기업으로부터 받은 자산과 부채를 연결재무제표상의 장부금액으로 승계한다. 다만, 자본금은 종속기업이 발행한 주식의 액면금액으로 조정한다.

사례 3 종속기업 간 합병하는 경우

P사는 S1사와 S2사의 지분을 각각 80%, 60% 소유하고 있다. 종속기업 S1사와 S2사의 순자산의 연결재무제표상 장부금액은 각각 200원, 100원이다. S1사는 S2사를 합병하였으며, 합병대가는 110원이고, 합병 시 종속기업 S2사 공정가치도 110원이다. S2사의 연결재무제표상 장부

금액과 개별재무제표상 장부금액은 동일하다.

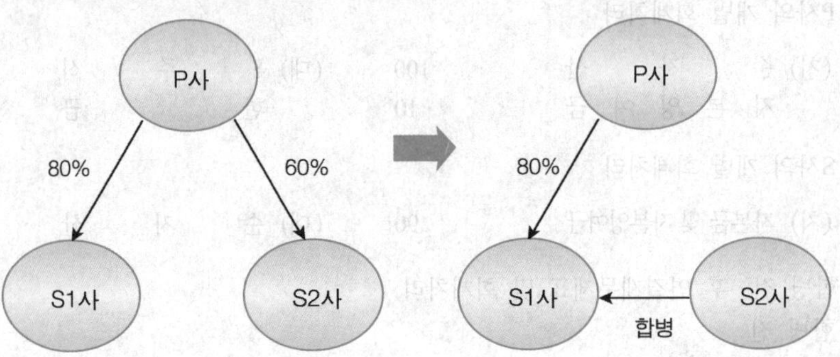

1) 합병 전 · 후 지배기업지분 및 비지배지분 내역

① 합병 전

구 분	계산내역	금 액
지배기업지분	200 × 80% + 100 × 60%	220
비지배지분	200 × 20% + 100 × 40%	80
합계		300

② 합병 후

구 분	계산내역	금 액
지배기업지분	(200 + 100 − 110) × 80% + 66(현금증분)	218
비지배지분	(200 + 100 − 110) × 20%	38
합계		256

2) 개별 회계처리

① P사의 개별 회계처리

(차) 현 금	66	(대) S_2 주 식	60
자 본 잉 여 금	2	S_1 주 식	8*

(*) S_1의 순자산 변동 중 지배지분 몫 감소 : (190 − 200) × 80% = (−)8

② S_1사의 개별 회계처리

(차) 순 자 산	100	(대) 현 금	110
자 본 잉 여 금	10		

③ S_2사의 개별 회계처리

(차) 자본금 및 자본잉여금	100	(대) 순 자 산	100

3) 합병 전 · 후 연결재무제표 및 회계처리

① 합병 전

(단위 : 원)

차변		대변	
순자산(S_1)	200	지 배 기 업 분	220
순자산(S_2)	100	비지배지분(S_1)	40
		비지배지분(S_2)	40
합계	300	합계	300

② 합병 후

(단위 : 원)

차변		대변	
순자산(S_1)	190	지 배 기 업 분	218
현 금	66	비지배지분(S_1)	38
합계	256	합계	256

③ P사의 연결재무제표상 합병 회계처리

(차)	비 지 배 지 분	42	(대) 현 금	44
	지 배 기 업 지 분	2		

제3절 세무회계상 유의할 사항

1. 합병시 피합병법인에 대한 과세

(1) 비적격합병시 양도손익에 대한 과세

1) 개 요

피합병법인이 합병으로 해산하는 경우에는 그 법인의 자산을 합병법인에 양도한 것으로 보아, 그 양도에 따라 발생하는 다음의 양도손익은 피합병법인이 합병등기일이 속하는 사업연도의 소득금액을 계산할 때 익금 또는 손금에 산입한다(법법 44조 1항).

양도손익	=	피합병법인이 합병법인으로부터 받은 양도가액	−	피합병법인의 합병등기일 현재 순자산 장부가액

2) 양도손익의 계산

① 양도가액의 계산

합병에 따른 양도손익을 계산함에 있어 피합병법인이 합병법인으로부터 받은 양도가액은 다음의 합계액(㉠+㉡)으로 한다(법법 44조 1항 1호 및 법령 80조 1항 2호).

㉠ 합병교부주식등의 가액

합병으로 인하여 피합병법인의 주주등이 지급받는 합병법인 또는 합병법인의 모회사(합병등기일 현재 합병법인의 발행주식총수 또는 출자총액을 소유하고 있는 내국법인을 말하며, 이하 같음)의 주식등(이하 "합병교부주식등"이라 함)의 가액 및 금전이나 그 밖의 재산가액의 합계액. 다만, 합병법인이 합병등기일 전 취득한 피합병법인의 주식등(신설합병 또는 3 이상의 법인이 합병하는 경우 피합병법인이 취득한 다른 피합병법인의 주식등을 포함하며, 이하 "합병포합주식등"이라 함)이 있는 경우에는 그 합병포합주식등에 대하여 합병교부주식등을 교부하지 아니하더라도 그 지분비율에 따라 합병교부주식등을 교부한 것으로 보아 합병교부주식등의 가액을 계산함.

㉡ 합병법인이 대납하는 피합병법인의 법인세 등

합병법인이 납부하는 피합병법인의 법인세 및 그 법인세(감면세액을 포함함)에 부과되는 국세와 법인지방소득세(지법 88조 2항)의 합계액

② 순자산 장부가액의 계산

피합병법인의 순자산 장부가액이란, 피합병법인의 합병등기일 현재의 자산의 장부가액 총액에서 부채의 장부가액 총액을 뺀 가액으로 한다. 이 경우 순자산 장부가액을 계산할 때 국세기본법에 따라 환급되는 법인세액이 있는 경우에는 이에 상당하는 금액을 피합병법인의 합병등기일 현재의 순자산 장부가액에 더한다(법법 44조 1항 2호 및 법령 80조 2항).

(2) 적격합병시 양도손익에 대한 과세특례

1) 개 요

내국법인의 합병이 다음의 어느 하나에 해당하는 경우에는 피합병법인이 합병법인으로부터 받은 양도가액을 피합병법인의 합병등기일 현재의 순자산 장부가액으로 하여 양도손익이 없는 것으로 할 수 있다(법법 44조 2항, 3항 및 법령 80조 1항 1호).

① 적격합병의 요건(법법 44조 2항)을 갖춘 경우

② 내국법인이 발행주식총수 또는 출자총액을 소유하고 있는 다른 법인을 합병하거나 그 다른 법인에 합병되는 경우

③ 동일한 내국법인이 발행주식총수 또는 출자총액을 소유하고 있는 서로 다른 법인 간에 합병하는 경우

2) 적격합병의 요건

① 개 요

적격합병이란 다음의 요건을 모두 갖춘 합병을 말한다. 다만, 법령에서 정하는 부득이한 사유에 해당하는 경우에는 아래 ㉡, ㉢ 또는 ㉣의 요건을 갖추지 못한 경우에도 적격합병으로 보아 양도손익이 없는 것으로 할 수 있다(법법 44조 2항).

㉠ 합병등기일 현재 1년 이상 사업을 계속하던 내국법인 간의 합병일 것. 다만, 다른 법인과 합병하는 것을 유일한 목적으로 하는 자본시장과 금융투자업에 관한 법률 시행령 제6조 제4항 제14호에 따른 법인으로서 같은 호 각 목의 요건을 모두 갖춘 기업인수목적회사인 경우에는 해당 요건을 갖춘 것으로 봄(법령 80조의 2 2항)(사업영위기간 요건).

㉡ 피합병법인의 주주등이 합병으로 인하여 받은 합병대가의 총합계액 중 합병법인의 주식등의 가액이 80% 이상이거나 합병법인의 모회사의 주식등의 가액이 80% 이상인 경우로서 그 주식등이 법인세법 시행령 제80조의 2 제5항에 따른 피합병법인의 일정 지배주주 등(이하 "해당 주주등"이라 함)에 일정가액 이상 배정(법령 80조의 2 4항)되고, 그 해당 주주등이 합병등기일이 속하는 사업연도의 종료일까지 그 주식등을 보유

할 것(지분의 연속성 요건)

㉢ 합병법인이 합병등기일이 속하는 사업연도의 종료일까지 피합병법인으로부터 승계받은 사업을 계속할 것. 다만, 피합병법인이 다른 법인과 합병하는 것을 유일한 목적으로 하는 자본시장과 금융투자업에 관한 법률 시행령 제6조 제4항 제14호에 따른 법인으로서 같은 호 각 목의 요건을 모두 갖춘 기업인수목적회사인 경우에는 해당 요건을 갖춘 것으로 봄(법령 80조의 2 2항)(사업의 계속성 요건).

㉣ 합병등기일 1개월 전 당시 피합병법인에 종사하는 법 소정 근로자 중 합병법인이 승계한 근로자의 비율이 80% 이상이고, 합병등기일이 속하는 사업연도의 종료일까지 그 비율을 유지할 것(고용승계 요건)

② 지분의 연속성 요건

상기 '① 개요'의 '㉡ 지분의 연속성 요건'과 관련하여 피합병법인의 주주등이 받은 합병대가의 총합계액은 상기 '(1) 비적격합병시 양도손익에 대한 과세'의 '2) ① ㉠ 합병교부주식등의 가액'으로 하고, 합병대가의 총합계액 중 주식등의 가액이 80% 이상인지를 판정할 때 합병법인이 합병등기일 전 2년 내에 취득한 합병포합주식등이 있는 경우에는 다음의 금액을 금전으로 교부한 것으로 본다. 이 경우 신설합병 또는 3 이상의 법인이 합병하는 경우로서 피합병법인이 취득한 다른 피합병법인의 주식등이 있는 경우에는 그 다른 피합병법인의 주식등을 취득한 피합병법인을 합병법인으로 보아 다음을 적용하여 계산한 금액을 금전으로 교부한 것으로 한다(법령 80조의 2 3항).

㉠ 합병법인이 합병등기일 현재 피합병법인의 지배주주등(법령 43조 7항)이 아닌 경우 : 합병법인이 합병등기일 전 2년 이내에 취득한 합병포합주식등이 피합병법인의 발행주식총수 또는 출자총액의 20%를 초과하는 경우 그 초과하는 합병포합주식등에 대하여 교부한 합병교부주식등(법인세법 시행령 제80조 제1항 제2호 가목 단서에 따라 합병교부주식등을 교부한 것으로 보는 경우 그 주식등을 포함함)의 가액

㉡ 합병법인이 합병등기일 현재 피합병법인의 지배주주등(법령 43조 7항)인 경우 : 합병등기일 전 2년 이내에 취득한 합병포합주식등에 대하여 교부한 합병교부주식등(법인세법 시행령 제80조 제1항 제2호 가목 단서에 따라 합병교부주식등을 교부한 것으로 보는 경우 그 주식등을 포함함)의 가액

또한, 피합병법인의 주주등에 합병으로 인하여 받은 주식등을 배정할 때에는 피합병법인의 일정 지배주주등(법령 80조의 2 5항)에는 다음의 산식에 따른 가액 이상의 주식등을 각각 배정하여야 한다(법령 80조의 2 4항).

피합병법인의 주주등이 지급받은 합병교부주식 등의 가액의 총합계액(법령 80조 1항 2호 가목)	×	피합병법인의 일정 지배주주 등의 피합병법인에 대한 지분비율

③ 사업의 계속성 요건

상기 '① 개요'의 'ⓒ 사업의 계속성 요건'과 관련하여 합병법인이 합병등기일이 속하는 사업연도의 종료일 이전에 피합병법인으로부터 승계한 자산가액(유형자산, 무형자산 및 투자자산의 가액을 말하며, 이하 이 절에서 같음)의 50% 이상을 처분하거나 사업에 사용하지 아니하는 경우에는 피합병법인으로부터 승계받은 사업을 폐지한 것으로 본다. 다만, 피합병법인이 보유하던 합병법인의 주식을 승계받아 자기주식을 소각하는 경우에는 해당 합병법인의 주식을 제외하고 피합병법인으로부터 승계받은 자산을 기준으로 사업을 계속하는지 여부를 판정하되, 승계받은 자산이 합병법인의 주식만 있는 경우에는 사업을 계속하는 것으로 본다(법령 80조의 2 7항).

④ 고용승계 요건

상기 '① 개요'의 'ⓔ 고용승계 요건'에서 '법 소정 근로자'란, 근로기준법에 따라 근로계약을 체결한 내국인 근로자를 말한다. 다만, 다음의 어느 하나에 해당하는 근로자는 제외한다(법령 80조의 2 6항).

㉠ 법인세법 시행령 제40조 제1항 각 호의 어느 하나에 해당하는 임원
㉡ 합병등기일이 속하는 사업연도의 종료일 이전에 고용상 연령차별금지 및 고령자고용촉진에 관한 법률 제19조에 따른 정년이 도래하여 퇴직이 예정된 근로자
㉢ 합병등기일이 속하는 사업연도의 종료일 이전에 사망한 근로자 또는 질병·부상 등 기획재정부령으로 정하는 사유로 퇴직한 근로자
㉣ 소득세법 제14조 제3항 제2호에 따른 일용근로자
㉤ 근로계약기간이 6개월 미만인 근로자. 다만, 근로계약의 연속된 갱신으로 인하여 합병등기일 1개월 전 당시 그 근로계약의 총 기간이 1년 이상인 근로자는 제외함.
㉥ 금고 이상의 형을 선고받는 등 기획재정부령으로 정하는 근로자의 중대한 귀책사유로 퇴직한 근로자

⑤ 적격합병 요건에 대한 부득이한 사유

상기 '① 개요'에서 언급한 '법령에서 정하는 부득이한 사유'란 다음을 말한다(법령 80조의 2 1항).

<table>
<tr><th>구 분</th><th>내 용</th></tr>
<tr><td>지분의 연속성 요건에 대한 부득이한 사유</td><td>㉠ 해당 주주등이 합병으로 교부받은 전체주식등의 50% 미만을 처분한 경우*1
㉡ 해당 주주등이 사망하거나 파산하여 주식등을 처분한 경우
㉢ 해당 주주등이 적격합병*2, 적격분할*3, 적격물적분할*4 또는 적격현물출자*5에 따라 주식등을 처분한 경우
㉣ 해당 주주등이 주식등을 현물출자 또는 교환 · 이전(조특법 38조 · 38조의 2 또는 121조의 30)하고 과세를 이연받으면서 주식등을 처분한 경우
㉤ 해당 주주등이 채무자 회생 및 파산에 관한 법률에 따른 회생절차에 따라 법원의 허가를 받아 주식등을 처분하는 경우
㉥ 해당 주주등이 기업개선계획의 이행을 위한 약정(조특령 34조 6항 1호) 또는 기업개선계획의 이행을 위한 특별약정(조특령 34조 6항 2호)에 따라 주식등을 처분하는 경우
㉦ 해당 주주등이 법령상 의무를 이행하기 위하여 주식등을 처분하는 경우
*1 해당 주주등이 합병으로 교부받은 주식등을 서로 간에 처분하는 것은 해당 주주등이 그 주식등을 처분한 것으로 보지 아니하며, 해당 주주등이 합병법인 주식등을 처분하는 경우에는 합병법인이 선택한 주식등을 처분하는 것으로 봄.
*2 법인세법 제44조 제2항 및 제3항에 따른 적격합병을 말하며, 이하 같음.
*3 법인세법 제46조 제2항에 따른 적격분할을 말하며, 이하 같음.
*4 법인세법 제47조 제1항에 따라 양도차익을 손금에 산입한 물적분할을 말하며, 이하 같음.
*5 법인세법 제47조의 2 제1항 각 호의 요건을 모두 갖추어 양도차익에 해당하는 금액을 손금에 산입하는 현물출자를 말하며, 이하 같음.</td></tr>
<tr><td>사업의 계속성 요건에 대한 부득이한 사유</td><td>㉠ 합병법인이 파산함에 따라 승계받은 자산을 처분한 경우
㉡ 합병법인이 적격합병, 적격분할, 적격물적분할 또는 적격현물출자에 따라 사업을 폐지한 경우
㉢ 합병법인이 기업개선계획의 이행을 위한 약정(조특령 34조 6항 1호) 또는 기업개선계획의 이행을 위한 특별약정(조특령 34조 6항 2호)에 따라 승계받은 자산을 처분한 경우
㉣ 합병법인이 채무자 회생 및 파산에 관한 법률에 따른 회생절차에 따라 법원의 허가를 받아 승계받은 자산을 처분한 경우</td></tr>
<tr><td>고용승계 요건에 대한 부득이한 사유</td><td>㉠ 합병법인이 채무자 회생 및 파산에 관한 법률 제193조에 따른 회생계획을 이행 중인 경우
㉡ 합병법인이 파산함에 따라 근로자의 비율을 유지하지 못한 경우
㉢ 합병법인이 적격합병, 적격분할, 적격물적분할 또는 적격현물출자에 따라 근로자의 비율을 유지하지 못한 경우
㉣ 합병등기일 1개월 전 당시 피합병법인에 종사하는 근로기준법에 따라 근로계약을 체결한 내국인 근로자가 5명 미만인 경우</td></tr>
</table>

2. 합병시 합병법인에 대한 과세

(1) 비적격합병시 합병법인에 대한 과세특례

합병법인이 합병으로 피합병법인의 자산을 승계하는 경우에는 그 자산을 피합병법인으로부터 합병등기일 현재의 시가(법인세법 제52조 제2항에 따른 시가를 말함)로 양도받은 것으로 보며, 이에 따라 다음과 같이 발생하는 합병매수차익 · 합병매수차손은 5년간 균등하게 나누어 익금 또는 손금에 산입한다(법법 44조의 2).

1) 합병매수차익

합병매수차익이란, 합병시 합병법인이 피합병법인의 자산을 시가로 양도받은 것으로 보는 경우로서 피합병법인에게 지급한 양도가액이 피합병법인의 합병등기일 현재의 자산총액에서 부채총액을 뺀 금액(이하 "순자산시가"라 함)보다 적은 경우 그 차액을 말하는 것으로 이를 산식으로 표현하면 다음과 같다(법법 44조의 2 2항).

합병매수차익 = 순자산의 시가(*) − 양도가액

(*) 순자산의 시가 = 합병등기일 현재 자산총액 시가 − 합병등기일 현재 부채총액 시가

한편, 합병매수차익은 세무조정계산서에 계상하고 합병등기일이 속하는 사업연도부터 합병등기일부터 5년이 되는 날이 속하는 사업연도까지 5년간 매월 균등하게 나누어 익금에 산입한다(법령 80조의 3 1항).

2) 합병매수차손

합병매수차손이란, 합병시 합병법인이 피합병법인의 자산을 시가로 양도받은 것으로 보는 경우에 피합병법인에 지급한 양도가액이 합병등기일 현재의 순자산시가를 초과하는 경우 그 차액을 말하는 것으로 이를 산식으로 표현하면 다음과 같다(법법 44조의 2 3항). 이 경우 합병매수차손은 합병매수차익과 달리 합병법인이 피합병법인의 상호 · 거래관계, 그 밖의 영업상의 비밀 등에 대하여 사업상 가치가 있다고 보아 대가를 지급한 경우에 한하여 손금으로 인정한다(법령 80조의 3 2항).

합병매수차손 = 양도가액 - 순자산의 시가(*)

(*) 순자산의 시가 = 합병등기일 현재 자산총액 시가 - 합병등기일 현재 부채총액 시가

한편, 사업상 가치가 있어 대가를 지급한 합병매수차손 상당액은 세무조정계산서에 계상하고 합병등기일이 속하는 사업연도부터 합병등기일부터 5년이 되는 날이 속하는 사업연도까지 5년간 매월 균등하게 나누어 손금에 산입한다(법령 80조의 3 3항).

3) 합병법인의 이월결손금 공제

합병법인의 합병등기일 현재 법인세법 제13조 제1항 제1호에 따른 결손금은 합병법인의 각 사업연도의 과세표준을 계산할 때 피합병법인으로부터 승계받은 사업에서 발생한 소득금액의 범위에서는 공제하지 아니한다. 이에 따라 합병등기일 현재 결손금이 있는 합병법인은 해당 결손금을 공제받는 기간 동안 자산 · 부채 및 손익을 피합병법인으로부터 승계받은 사업에서 발생한 소득금액과 그 밖의 사업에서 발생한 소득금액으로 구분경리하여, 그 밖의 사업에서 발생한 소득금액의 범위내에서 해당 결손금을 공제하여야 한다. 다만, 당해 합병이 "중소기업(조특법 6조 1항)간 또는 동일사업 영위법인간 합병인 경우"에는 당해 소득금액을 구분경리하는 대신 합병등기일 현재 사업용 자산가액 비율로 안분계산한 금액으로 산정할 수 있으며, 이 경우 합병법인이 승계한 피합병법인의 사업용 자산가액은 결손금을 공제하는 각 사업연도의 종료일 현재 계속 보유(처분 후 대체하는 경우를 포함함) · 사용하는 자산에 한정하여 그 자산의 합병등기일 현재 가액에 따른다(법법 45조 1항, 113조 3항 및 법령 81조 1항).

한편, 합병법인의 합병등기일 현재 결손금에 대한 공제는 법인세법 제13조 제1항 각 호 외의 부분 단서에도 불구하고 합병법인의 소득금액에서 피합병법인으로부터 승계받은 사업에서 발생한 소득금액을 차감한 금액의 80%(중소기업과 법인세법 시행령 제10조 제1항에서 정하는 법인의 경우는 100%)를 한도로 한다(법법 45조 5항 1호).

4) 합병법인의 기부금한도초과액 손금산입

합병법인의 합병등기일 현재 법인세법 제24조 제2항 제1호 및 제3항 제1호에 따른 기부금 중 같은 조 제5항에 따라 이월된 금액으로서 그 후의 각 사업연도의 소득금액을 계산할 때 손금에 산입하지 아니한 금액은 합병법인의 각 사업연도의 소득금액을 계산할 때 합병 전 합병법인의 사업에서 발생한 소득금액을 기준으로 기부금 각각의 손금산입한도액의 범위(법법 24조 2항 2호, 3항 2호)에서 손금에 산입한다(법법 45조 6항).

5) 세무조정사항의 승계

내국법인의 합병이 비적격합병에 해당하는 경우 법인세법 또는 다른 법률에 다른 규정이 있는 경우 외에는 법인세법 제33조 제3항 · 제4항 및 제34조 제4항에 따라 퇴직급여충당금 또는 대손충당금을 합병법인이 승계한 경우 그와 관련된 피합병법인의 각 사업연도의 소득금액 및 과세표준을 계산할 때 익금 또는 손금에 산입하거나 산입하지 아니한 금액(이하 "세무조정사항"이라 함)은 승계하고 그 밖의 세무조정사항은 모두 합병법인이 승계하지 아니한다(법법 44조의 2 1항 및 법령 85조).

6) 자산 · 부채의 승계가액

내국법인의 합병이 비적격합병에 해당하는 경우에 취득한 자산의 취득가액은 해당 자산의 시가로 한다(법령 72조 2항 3호).

(2) 적격합병시 합병법인에 대한 과세특례

1) 자산조정계정의 계상 및 처리

적격합병을 한 합병법인이 피합병법인의 자산을 장부가액으로 양도받은 경우 합병법인은 양도받은 자산 및 부채의 가액을 합병등기일 현재의 시가로 계상하되, 시가에서 피합병법인의 장부가액(피합병법인으로부터 승계받은 세무조정사항이 있는 경우에는 그 세무조정사항 중 익금불산입액은 더하고 손금불산입액은 뺀 가액으로 함)을 뺀 금액이 0보다 큰 경우에는 그 차액을 익금에 산입하고 이에 상당하는 금액을 자산조정계정으로 손금에 산입하며, 0보다 작은 경우에는 시가와 장부가액의 차액을 손금에 산입하고 이에 상당하는 금액을 자산조정계정으로 익금에 산입한다. 이 경우 계상한 자산조정계정은 다음의 구분에 따라 처리한다(법령 80조의 4 제1항).

구 분	자산조정계정의 처리
① 감가상각자산에 설정된 자산조정계정	자산조정계정으로 손금에 산입한 경우에는 해당 자산의 감가상각비(해당 자산조정계정에 상당하는 부분에 대한 것만 해당함)와 상계하고 자산조정계정으로 익금에 산입한 경우에는 감가상각비에 가산. 이 경우 해당 자산을 처분하는 경우에는 상계 또는 더하고 남은 금액을 그 처분하는 사업연도에 전액 익금 또는 손금에 산입함.
② 상기 '①' 외의 자산에 설정된 자산조정계정	해당 자산을 처분하는 사업연도에 전액 익금 또는 손금에 산입. 다만, 자기주식을 소각하는 경우에는 익금 또는 손금에 산입하지 아니하고 소멸하는 것으로 함.

2) 합병법인의 이월결손금 공제

합병법인의 합병등기일 현재 법인세법 제13조 제1항 제1호에 따른 결손금 중 법인세법 제44조의 3 제2항에 따라 합병법인이 승계한 결손금을 제외한 금액은 합병법인의 각 사업연도의 과세표준을 계산할 때 피합병법인으로부터 승계받은 사업에서 발생한 소득금액의 범위에서는 공제하지 아니한다. 이에 따라 합병등기일 현재 결손금이 있는 합병법인은 해당 결손금을 공제받는 기간 동안 자산 · 부채 및 손익을 피합병법인으로부터 승계받은 사업에서 발생한 소득금액과 그 밖의 사업에서 발생한 소득금액으로 구분경리하여, 그 밖의 사업에서 발생한 소득금액의 범위 내에서 해당 결손금을 공제하여야 한다. 다만, 당해 합병이 "중소기업(조특법 6조 1항)간 또는 동일사업 영위법인간 합병인 경우"에는 당해 소득금액을 구분경리하는 대신 합병등기일 현재 사업용 자산가액 비율로 안분계산한 금액으로 산정할 수 있으며, 이 경우 합병법인이 승계한 피합병법인의 사업용 자산가액은 결손금을 공제하는 각 사업연도의 종료일 현재 계속 보유(처분 후 대체하는 경우를 포함함) · 사용하는 자산에 한정하여 그 자산의 합병등기일 현재 가액에 따른다(법법 45조 1항, 113조 3항 및 법령 81조 1항).

한편, 합병법인의 합병등기일 현재 결손금에 대한 공제는 법인세법 제13조 제1항 각 호 외의 부분 단서에도 불구하고 합병법인의 소득금액에서 피합병법인으로부터 승계받은 사업에서 발생한 소득금액을 차감한 금액의 80%(중소기업과 법인세법 시행령 제10조 제1항에서 정하는 법인의 경우는 100%)를 한도로 한다(법법 45조 5항 1호).

3) 피합병법인의 이월결손금 승계

적격합병을 한 합병법인은 피합병법인의 합병등기일 현재의 법인세법 제13조 제1항 제1호의 결손금을 승계하며(법법 44조의 3 2항), 법인세법 제13조 제1항 제1호의 결손금에 해당하지 않는 결손금은 승계할 수 없다(기획재정부 법인세제과-285, 2022. 8. 16.). 이 경우 피합병법인으로부터 승계한 이월결손금이 있는 합병법인은 해당 이월결손금을 공제받는 기간 동안 자산 · 부채 및 손익을 피합병법인으로부터 승계받은 사업에서 발생한 소득금액과 그 밖의 사업에서 발생한 소득금액으로 구분경리하여, 피합병법인으로부터 승계한 사업에서 발생한 소득금액의 범위내에서 해당 이월결손금을 공제하여야 한다. 다만, 당해 합병이 "중소기업(조특법 6조 1항)간 또는 동일사업 영위법인간 합병인 경우"에는 당해 소득금액을 구분경리하는 대신 합병등기일 현재 사업용 자산가액 비율로 안분계산한 금액으로 산정할 수 있으며, 이 경우 합병법인이 승계한 피합병법인의 사업용 자산가액은 승계결손금을 공제하는 각 사업연도의 종료일 현재 계속 보유(처분 후 대체하는 경우를 포함함) · 사용하는 자산에 한정하여 그 자산의 합병등기일 현재 가액에 따른다(법법 45조 1항 · 2항, 113조 3항 및 법령 81조 1항).

한편, 합병법인이 승계한 피합병법인의 결손금에 대한 공제는 법인세법 제13조 제1항 각 호 외의 부분 단서에도 불구하고 피합병법인으로부터 승계받은 사업에서 발생한 소득금액의 80%(중소기업과 법인세법 시행령 제10조 제1항에서 정하는 법인의 경우는 100%)를 한도로 한다(법법 45조 5항 2호).

4) 합병법인의 기부금한도초과액 손금산입

합병법인의 합병등기일 현재 법인세법 제24조 제2항 제1호 및 제3항 제1호에 따른 기부금 중 같은 조 제5항에 따라 이월된 금액으로서 그 후의 각 사업연도의 소득금액을 계산할 때 손금에 산입하지 아니한 금액(이하 "기부금한도초과액"이라 함) 중 법인세법 제44조의 3 제2항에 따라 합병법인이 승계한 기부금한도초과액을 제외한 금액은 합병법인의 각 사업연도의 소득금액을 계산할 때 합병 전 합병법인의 사업에서 발생한 소득금액을 기준으로 각각의 손금산입한도액의 범위(법법 24조 2항 2호, 3항 2호)에서 손금에 산입한다(법법 45조 6항).

5) 피합병법인의 기부금한도초과액 승계

피합병법인의 합병등기일 현재 기부금한도초과액으로서 법인세법 제44조의 3 제2항에 따라 합병법인이 승계한 금액은 합병법인의 각 사업연도의 소득금액을 계산할 때 피합병법인으로부터 승계받은 사업에서 발생한 소득금액을 기준으로 각각의 손금산입한도액의 범위(법법 24조 2항 2호, 3항 2호)에서 손금에 산입한다(법법 45조 7항).

6) 세무조정사항의 승계

적격합병을 한 합병법인은 법인세법 또는 다른 법률에 다른 규정이 있는 경우 외에는 피합병법인의 세무조정사항을 모두 승계한다(법법 44조의 3 2항 및 법령 85조).

7) 자산 · 부채의 승계가액

적격합병을 한 합병법인이 합병에 따라 취득하는 자산의 취득가액은 피합병법인의 장부가액(법령 80조의 4 1항)으로 한다(법령 72조 2항 3호).

8) 세액공제 · 감면의 승계

① 개 요

적격합병을 한 합병법인은 피합병법인이 합병 전에 적용받던 법인세법 제59조에 따른 세액감면 또는 세액공제를 승계하여 적용받을 수 있다. 이 경우 법인세법 또는 다른 법률에 해당 감면 또는 세액공제의 요건 등에 관한 규정이 있는 경우에는 합병법인이 그 요건 등을 모두 갖춘 경우에만 이를 적용한다(법법 44조의 3 2항 및 법령 80조의 4 2항).

② 세액감면의 승계

피합병법인으로부터 승계받은 세액감면(일정기간에 걸쳐 감면되는 것에 한정함)의 경우, 합병법인은 승계받은 사업에서 발생한 소득에 대하여 합병 당시의 잔존감면기간 내에 종료하는 각 사업연도분까지 그 감면을 적용 받을 수 있다(법령 81조 3항 1호).

③ 이월된 미공제세액의 승계

피합병법인으로부터 승계받은 세액공제(외국납부세액공제를 포함함)의 경우, 합병법인은 다음의 구분에 따라 이월공제잔여기간 내에 종료하는 각 사업연도분까지 공제할 수 있다(법령 81조 3항 2호).

㉠ 이월된 외국납부세액공제 미공제액

승계받은 사업에서 발생한 국외원천소득을 해당 사업연도의 과세표준으로 나눈 금액에 해당 사업연도의 세액을 곱한 금액의 범위에서 공제

㉡ 법인세 최저한세액에 미달하여 공제받지 못한 금액으로서 이월된 미공제액

승계받은 사업부문에 대하여 조세특례제한법 제132조를 적용하여 계산한 법인세 최저한세액의 범위에서 공제. 이 경우 공제하는 금액은 합병법인의 법인세 최저한세액을 초과할 수 없음.

㉢ 상기 ㉠ 또는 ㉡ 외에 납부할 세액이 없어 이월된 미공제세액

승계받은 사업부문에 대하여 계산한 법인세 산출세액의 범위에서 공제

9) 합병 전 보유자산의 처분손실 공제제한

적격합병을 한 합병법인은 합병법인과 피합병법인이 합병 전 보유하던 자산의 처분손실(합병등기일 현재 해당 자산의 법인세법 제52조 제2항에 따른 시가가 장부가액보다 낮은 경우로서 그 차액을 한도로 하며, 합병등기일 이후 5년 이내에 끝나는 사업연도에 발생한 것만 해당함)을 각각 합병 전 해당 법인의 사업에서 발생한 소득금액(해당 처분손실을 공제하기 전 소득금액을 말함)의 범위에서 해당 사업연도의 소득금액을 계산할 때 손금에 산입한다. 이 경우 손금에 산입하지 아니한 처분손실은 자산 처분시 각각 합병 전 해당 법인의 사업에서 발생한 결손금으로 보아 과세표준에서 공제한다(법법 45조 3항).

10) 적격합병 과세특례의 사후관리

① 개 요

적격합병(법법 44조 3항에 따라 적격합병으로 보는 경우는 제외함)을 한 합병법인이 합

병등기일이 속하는 사업연도의 다음 사업연도 개시일부터 2년(㉢의 경우에는 3년) 이내에 다음의 어느 하나에 해당하는 경우에는 자산조정계정잔액의 총합계액(합계액이 0보다 큰 경우에 한정하며, 총합계액이 0보다 작은 경우에는 없는 것으로 봄)과 피합병법인으로부터 승계받아 공제한 이월결손금을 익금에 산입하여야 하고, 합병매수차익 · 차손을 손금 · 익금에 산입하여야 한다. 또한, 합병법인의 소득금액 및 과세표준을 계산할 때 승계한 세무조정사항 중 익금불산입액은 더하고 손금불산입액은 빼며, 피합병법인으로부터 승계하여 공제한 감면 또는 세액공제액 상당액을 해당 사유가 발생한 사업연도의 법인세에 더하여 납부하고, 해당 사유가 발생한 사업연도부터 적용하지 아니한다. 다만, 법령에서 정하는 부득이한 사유가 있는 경우*1에는 그러하지 아니한다(법법 44조의 3 3항 · 4항 및 법령 80조의 4 3항 내지 6항).

㉠ 합병법인이 피합병법인으로부터 승계받은 사업을 폐지하는 경우(사업의 계속성 위반)

㉡ 피합병법인의 해당 주주등(법령 80조의 2 5항)이 합병법인으로 받은 주식등을 처분하는 경우(지분의 연속성 위반)

㉢ 각 사업연도 종료일 현재 합병법인에 종사하는 근로자*2 수가 합병등기일 1개월 전 당시 피합병법인과 합병법인에 각각 종사하는 근로자*2 수의 합의 80% 미만으로 하락하는 경우(고용승계 위반)

*1 각 사후관리사유에 대한 부득이한 사유는 '1. 합병시 피합병법인에 대한 과세'의 '(2) 적격합병시 양도손익에 대한 과세특례' 중 '2) 적격합병의 요건'에서 언급한 '⑤ 적격합병 요건에 대한 부득이한 사유'의 내용을 다음과 같이 참조하기로 함.

구분	내용
사업의 계속성 위반에 대한 부득이한 사유 (법령 80조의 4 7항 1호, 80조의 2 1항 2호)	'사업의계속성 요건에 대한 부득이한 사유' 참조
지분의 연속성 위반에 대한 부득이한 사유 (법령 80조의 4 7항 2호, 80조의 2 1항 1호)	'지분의연속성 요건에 대한 부득이한 사유' 참조
고용승계 위반에 대한 부득이한 사유 (법령 80조의 4 7항 3호, 80조의 2 1항 3호 가목~다목)	'고용승계 요건에 대한 부득이한 사유' 중 ㉠ ~ ㉢ 사유 참조

*2 근로기준법에 따라 근로계약을 체결한내국인 근로자를 말함(법령 80조의 4 10항).

② 사후관리 위반사유 해당시 세무상 처리

가. 자산조정계정잔액 총합계액의 익금산입

적격합병에 따라 과세특례를 적용받던 합병법인이 사후관리 위반사유에 해당하는 경우에는 계상된 자산조정계정잔액의 총합계액(총합계액이 0보다 큰 경우에 한정하며, 총합계액이 0보다 작은 경우에는 없는 것으로 봄)은 익금에 산입한다. 이 경우 자산조정계정은 소멸하는 것으로 한다(법령 80조의 4 4항).

나. 합병매수차익 · 차손의 처리

㉠ 합병매수차익

합병매수차익(순자산의 시가>양도가액)에 상당하는 금액은 사후관리 위반사유가 발생하는 날이 속하는 사업연도에 손금에 산입하고, 그 금액에 상당하는 금액을 합병등기일부터 5년이 되는 날까지 일정한 방법(법령 80조의 4 5항 1호)에 따라 분할하여 익금에 산입한다.

㉡ 합병매수차손

합병매수차손(순자산의 시가 <양도가액)에 상당하는 금액은 사후관리 위반사유가 발생하는 날이 속하는 사업연도에 익금에 산입하되, 합병법인이 피합병법인의 상호 · 거래관계, 그 밖의 영업상의 비밀 등에 대하여 사업상 가치가 있다고 보아 대가를 지급한 경우에 한정하여 그 금액에 상당하는 금액을 합병등기일부터 5년이 되는 날까지 일정한 방법(법령 80조의 4 5항 2호)에 따라 손금에 산입한다.

다. 기공제 받은 이월결손금 승계액의 익금산입

적격합병의 과세특례에 따라 피합병법인의 이월결손금을 승계받은 합병법인이 각 사업연도 소득금액계산시 승계받은 결손금을 공제받은 이후 사후관리 위반사유에 해당하는 경우에는 승계받은 결손금 중 공제한 금액 전액을 익금에 산입한다(법법 44조의 3 3항).

라. 세액공제 · 감면의 중단 등

적격합병의 과세특례에 따라 피합병법인의 세무조정사항 및 세액공제 · 감면을 승계받은 합병법인이 승계받은 세무조정사항 및 세액공제 · 감면을 적용받은 이후 사후관리 위반사유에 해당하는 경우에는 합병법인의 소득금액 및 과세표준을 계산할 때 승계한 세무조정사항 중 익금불산입액은 더하고 손금불산입액은 빼며, 피합병법인으로부터 승계하여 공제한 감면 또는 세액공제액 상당액을 해당 사유가 발생한 사업연도의 법인세에 더하여 납부하고, 해당 사유가 발생한 사업연도부터 적용하지 아니한다(법령 80조의 4 6항).

Chapter 02 분할회계

제1절 분할의 의의 및 유형

1. 분할의 의의

분할(scission, division)이란 상법에 규정된 절차에 따라 한 회사의 권리·의무의 전부 또는 일부를 분리하여 하나 이상의 신설회사 또는 기존회사에 포괄승계하고 그 대가로서 신설 또는 기존회사의 주식을 부여받는 단체법상의 제도를 말한다. 즉 어느 한 회사의 적극·소극자산의 전부 또는 일부가 분리되어 적어도 하나 이상의 신설 또는 기존의 수혜회사(분할재산을 승계받는 회사)에 포괄승계되고, 그 대가로 수혜회사의 주식 등이 분할회사의 주주들에게 부여되는 상법상의 제도를 일컫는다. 이 경우 그 자산·부채가 분리되는 당초의 회사를 분할회사라 하고 분할회사로부터 자산·부채를 포괄승계받고 자신의 주식 등을 그 대가(이하 '분할대가'라고 함)로 주는 회사를 수혜회사라 하는데 분할회사의 권리·의무는 수혜회사에 포괄적으로 승계되고, 원칙적으로 분할회사의 주주가 수혜회사의 주식을 취득하게 된다.

(1) 분할과 영업양도·현물출자의 비교

분할은 경영의 효율성, 기업구조조정, 위험의 분산 등 다양한 목적을 위하여 활용될 수 있는 바, 이와 경제적 동기가 유사한 영업양도·현물출자와 비교하면 다음과 같은 차이가 있다.

① 분할은 단체법상의 행위로서 법정절차를 따라야 하나, 영업양도는 특별한 형식의 제한이 없다.

② 분할은 분할사업과 관련된 모든 권리·의무의 당연포괄승계를 전제로 한 것이나, 영업양도와 현물출자는 원칙적으로 특정승계의 형식으로서 영업의 동일성을 해하지 않는 범위 내에서 재산의 일부를 제외하고 양도할 수 있다.

③ 분할의 경우 사원권(주식)을 대가로 하는 것이나 영업양도는 금전 또는 기타 재산을 대가로 한다는 점에서 차이가 있다. 다만 후술하는 바와 같이 인적분할은 분할회사의

주주가 그 지분을 교부받는 것이나 물적분할은 분할회사가 지분을 취득한다는 차이가 있다.

④ 현물출자의 경우 출자회사가 사원권을 취득한다는 점에서 물적분할과 동일하다. 다만 포괄승계를 전제로 하더라도 개별재산의 물적분할이 허용되는 것으로 해석한다면 현물출자와 유사한 경제적 효과를 가져올 수 있다. 또한 현물출자의 경우 원칙적으로 개별재산의 승계를 전제로 하는 것이나 영업의 포괄적 현물출자가 허용되는 것으로 해석한다면 물적분할과 유사한 경제적 효과를 가져올 수 있다.

(2) 분할과 합병의 비교

분할과 합병은 그 경제적 필요성이 상반되는 제도이지만, 법적 형식은 다음과 같이 유사점이 있다.

① 피합병법인과 분할회사의 권리와 의무가 당연 포괄승계된다. 다만 합병은 전체 권리 · 의무가 포괄승계되는 것이나, 분할은 부분적 포괄승계라고 할 수 있다.
② 포괄승계의 대가로 피합병법인의 주주 또는 분할회사의 주주가 사원권을 교부받는다.
③ 피합병법인과 분할 후 소멸회사는 청산절차를 필요로 하지 않는다.
④ 주주총회의 특별결의를 필요로 한다.

한편 분할의 본질에 대해 살펴보면 분할의 본질은 크게 다음의 두 가지 관점에서 이해할 수 있다. 첫째는 기업분할을 현물출자의 개념으로 이해하는 것이다. 즉 분할사업부분을 수혜회사에 현물출자하고 그 대가로서 수혜회사의 주식을 교부받는다고 보는 것이다. 따라서 자산과 부채를 시가로 승계하여야 하며, 분할차익(또는 분할차손)은 주식발행초과금(또는 주식할인발행차금)의 성격을 지닌다. 둘째는 기업분할을 회사의 인적요소의 단순분리라는 관점에서 이해하는 것이다. 즉 분할회사의 인격이 그대로 수혜회사에 분할승계되며, 그 결과 분할회사의 자산, 부채, 자본이 수혜회사에 그대로 분할승계된다고 보는 것이다. 따라서 분할회사의 자산, 부채를 장부금액으로 승계하여야 하며 원칙적으로 분할평가차익이 발생하지 않는다.

2. 분할의 유형

분할제도는 경제계에서 기업의 구조조정을 위하여 그 동안 도입을 요구하였던 것으로, IMF 경제위기에 대응하여 원활하고 합리적인 경제구조개혁을 제도적으로 지원하기 위하여 1998년 12월 개정 상법을 통하여 도입되었다. 이로 인하여 합병에 관한 규정은 있으면서도 분할에 관한 규정이 없었던 불편을 해소하고 기업이 사업의 일부를 떼어내 별도의 독립 기업으로 육성하거나 매각할 수 있는 근거를 마련하게 되었다. 또한 분할제도를 통하여 특정사업부문의 전문화 또는 한계사업부문의 분리에 의한 기업구조조정이 가능하게 되었다. 개정 상법에 의하면 주식회사는 원칙적으로 자유롭게 분할이 가능하다. 단, 분할제도는 주식회사에 한하여 도입되었으며 해산후의 회사는 존립중인 회사를 존속하는 회사로 하거나 새로 회사를 설립하는 경우에 한하여 분할이 가능하다.

1998년 개정 상법이 규정하고 있는 회사의 분할은 우선 분할회사가 소멸하는 형태(완전분할)와 분할 후에도 존속하는 형태(불완전분할)로 대별된다. 또한 각각의 경우에 다시 단순분할과 분할합병으로 세분시켜 전자는 분할회사로부터 분할출자를 받는 수혜회사가 신설회사인 경우를 그리고 후자는 수혜회사가 기존회사인 경우로 규정하고 있다. 나아가 제3의 분할형태로서 물적분할이 인정되고 있다. 상법은 분할회사가 소멸하는가 존속하는가 보다는 수혜회사가 신설되는가 아니면 기존회사인가, 즉 분할인가 분할합병인가에 더 중요성을 두고 그 규율을 달리하고 있다.

분할의 유형에는 분류기준에 따라 다음과 같은 것들이 있다.

1) 완전분할 · 불완전분할

회사분할은 분할회사가 분할 후에 소멸하는지 여부에 따라 완전분할과 불완전분할로 구분된다. 완전분할(또는 소멸분할)이라 함은 분할 후에 분할회사가 소멸하는 회사분할을 말한다. 즉 완전분할은 분할회사가 분할하여 그의 전재산이 둘 이상의 회사에 현물출자되어 포괄승계되고 분할회사는 청산절차 없이 소멸된다. 이에 반하여 불완전분할(또는 존속분할)이란 분할 후에도 분할회사가 존속하는 회사분할로서 분할회사가 둘 이상의 회사로 분할되지만 분할회사의 재산의 일부만이 수혜회사에 이전되고 분할회사는 축소된 범위에서 존속하는 회사분할을 말한다. 인적분할의 경우에는 완전분할 및 불완전분할이 모두 가능하나 수혜회사의 주식을 분할회사가 보유하는 물적분할의 경우에는 개념상 완전분할은 불가능하다. 한편 개정 상법은 단순분할 또는 분할합병의 경우 분할회사의 존속유무를 불문하므로 완전분할 및 불완전분할이 모두 인정된다. 물론 물적분할의 경우에는 개념상 수혜회사 주식을 교부받을 분할회사가 존재해야 하므로 완전분할이 성립할 여지가 없다.

2) 단순분할 · 분할합병

단순분할 · 분할합병은 회사분할이 합병을 수반하는지 여부에 따른 분류이다. 단순분할이란 분할회사가 단독으로 분할하여 합병과 관련되지 않은 회사분할을 말하며 분할이라고도 한다. 분할회사가 분할하여 독자적으로 신설회사를 설립하는 경우 분할부분이 단독으로 회사로 성립하는 경우가 분할에 해당한다. 한편 분할합병이란 합병과 결합된 회사분할로서, 분할회사가 분할한 후에 그 분할된 부분이 다른 기존회사 또는 다른 기존회사의 일부와 합쳐져 하나의 회사로 되는 회사분할을 말한다. 분할합병은 둘 이상의 회사 간의 계약에 의하여 절차가 이루어지며 분할회사가 존속하는 경우와 소멸하는 경우가 있으며, 합병대상이 다른 회사 또는 그 일부인 경우가 있을 수 있다. 분할합병은 다시 두 가지로 나뉘는데 분할된 부분이 다른 회사에 흡수되는 「흡수분할합병」과 분할된 부분이 다른 기존회사 또는 다른 회사의 분할된 부분과 합쳐져 회사가 신설되는 「신설분할합병」이 있다. 한편 우리 상법은 단순분할과 분할합병을 모두 인정하고 있다. 또한 단순분할과 분할합병을 병행할 수도 있다. 즉 회사는 분할에 의하여 1개 또는 수 개의 회사를 설립함이 가능함은 물론 분할에 의하여 1개 또는 수 개의 존립중의 회사와 합병하는 분할합병이 가능하다. 또한 분할합병의 경우에는 흡수분할합병과 신설분할합병이 모두 인정된다.

3) 인적분할 · 물적분할

인적분할 · 물적분할은 분할회사의 주주가 수혜회사의 주주가 되는지 여부에 따른 분류이다. 인적분할이란 분할부분에 해당하는 수혜회사의 지분을 분할회사의 주주에게 배정하는 형태의 회사분할을 말한다. 보통 회사분할은 인적분할이 원칙이고, 물적분할은 예외에 해당한다. 물적분할이란 분할부분에 해당하는 수혜회사의 지분을 분할회사의 주주에게 배정하지 않고 분할회사 자신이 취득하는 형태(자회사의 설립)의 회사분할로서 기존회사 또는 신설회사의 주식을 분할회사에게 부여하는 형태의 분할이다. 이는 모회사의 자회사 설립 또는 기존회사의 지배관계를 유지하기 위한 경우에 이용된다. 일반적으로 분할은 인적분할을 의미하며, 물적분할은 예외적으로 인정되는 경우이다. 우리 상법도 원칙적으로 인적분할을 규정하고 있으며 예외적으로 물적분할을 인정하고 있다. 즉 상법은 물적분할의 법적 근거를 마련하여 분할회사가 단순분할 또는 분할합병으로 인하여 설립되는 회사의 주식의 총수를 취득하는 경우에도 회사분할 규정을 준용하도록 하고 있다. 이러한 물적분할은 지주회사로 전환하거나 기업집단을 형성하는 수단으로 활용 가능하다.

인적분할과 물적분할의 구분

구 분	분할 또는 분할합병으로 인하여 발행되는 주식의 소유자
물적분할	분할회사가 직접 소유
인적분할	분할회사의 주주에게 배분

4) 비례적 인적분할과 불비례적 인적분할

인적분할의 경우에는 분할회사 주주들에게 분할신설회사의 주식을 교부하여야 한다. 이 경우 교부되는 분할신설회사주식의 배분비율을 분할회사 주주들의 지분율에 비례하여 교부하는 형태를 비례적 인적분할이라 하고 분할신주의 배분비율이 기존의 지분율과 상이하게 교부되는 형태를 불비례적 인적분할이라 한다. 만약 분할대가를 전액 분할신설회사의 주식으로 받고 동 주식을 분할회사의 주주들에게 그 지분율에 비례하여 배분하는 경우, 즉 분할대가를 전액 주식으로 받고 비례적 인적분할을 하는 경우에는 분할회사의 주주는 분할회사에 존재하던 위험과 효익을 분할 후에도 계속적으로 동일하게 부담하는 것으로 하나의 회사가 다수의 회사로 분리되어 그 형태만 변하였다고 볼 수 있으나 분할대가로 주식 이외의 분할대가를 받거나 불비례적 인적분할을 하는 경우에는 그 동일성을 인정하기 어렵다.

분할회계처리

분할의 회계처리는 크게 장부금액법에 따른 회계처리와 공정가치법에 따른 회계처리로 구분되며, 2016년 1월 1일 이후 개시하는 회계연도의 분할부터는 모두 장부금액법에 따라 회계처리하되 2015년 12월 31일 이전에 개시하는 회계연도의 불비례적 인적분할 및 물적분할에 한하여 공정가치법에 따라 회계처리한다(일반기준 시행일 및 경과규정(2015. 10. 30.) 문단 2).

1. 장부금액법에 따른 회계처리

기업이 분할과 동시에 분할대가로 수령한 주식 또는 주식 외의 기타 분할대가를 자신의 주주에게 배분하는 인적분할 또는 분할대가로 수령한 주식을 분할회사가 모두 소유하는 물적분할 모두 다음과 같이 장부금액법에 따라 회계처리한다(일반기준 32장 문단 32.15).

(1) 분할신설회사의 회계처리

분할신설회사는 분할회사로부터 이전받은 사업에 대하여 분할회사의 장부금액으로 회계처리하고, 사업의 이전대가로 발행한 주식의 액면금액과 이전받은 사업의 장부금액과의 차이는 적절한 자본 항목(주식발행초과금, 주식할인발행차금, 승계하는 이익준비금 또는 법정준비금 등)으로 반영한다(일반기준 32장 문단 32.15).

(2) 분할회사의 회계처리

분할회사가 자신의 사업 전부 또는 일부를 분할하여 분할신설회사에 이전할 때 자신의 장부금액으로 이전한 것으로 한다. 따라서 분할회사는 분할과 관련된 처분손익을 인식하지 아니한다.

한편, 분할회사의 자본을 감소시키는 형태로 분할신설회사를 설립하고 분할신설회사의 주식을 분할회사의 주주에게 배분하는 경우(인적분할)에 분할회사는 일반기업회계기준 제15장(자본)에서의 감자의 회계처리를 준용하여 감소된 순자산금액(장부금액)이 감소되는 주식의 액면금액보다 작은 경우에는 그 차액을 감자차익으로 하여 자본잉여금으로 회계처리한다. 또한, 감소된 순자산금액이 감소되는 주식의 액면금액보다 큰 경우에는 그 차액을 감자차익의 범위내에서 상계처리하고, 미상계된 잔액이 있는 경우에는 자본조정의 감자차손으로 회계처리한다. 이 경우 이익잉여금(결손금) 처분(처리)으로 상각되지 않은 감자차손은 향후 발생하는 감자차익과 우선적으로 상계한다. 다만, 법령 등에 따라 승계가 허용된 이익준비금 또는 기타 법정준비금을 분할신설기업에 이전한 경우 동일 유형별로 즉, 자본잉여금을 이전한 경우에는 기타자본잉여금으로, 이익준비금을 이전한 경우에는 이익잉여금으로 대체한다(일반기준 15장 문단 15.13 및 32장 문단 32.16).

그리고 분할대가로 수령한 주식을 분할회사가 모두 소유하는 물적분할의 경우 분할법인이 분할대가로 수령하는 분할신설법인 발행주식의 취득원가는 분할하는 사업의 장부금액으로 한다.

사례

1. 갑회사는 사업부A와 사업부B로 구성되어 있으며 각 사업부문의 자산 · 부채 내역은 다음과 같다.

갑회사 (단위 : 원)

유 동 자 산(사업부A)	10,000	비유동자산(사업부A)	5,000
유 동 자 산(사업부B)	10,000	비유동부채(사업부B)	5,000
비유동자산(사업부A)	10,000	자 본 금(액면 100원)	15,000
비유동자산(사업부B)	10,000	자 본 잉 여 금	5,000
		이 익 잉 여 금	10,000
	40,000		40,000

2. 갑회사는 사업부B를 분할하여 을회사를 신설하고 을회사는 그 대가로 보통주식 75주(액면가 100원)를 발행하여 지급하였다. 사업부B의 유동자산의 공정가치는 15,000이며 기타 자산 · 부채의 공정가치는 장부금액과 동일하다.
3. 상기의 상황에서 만약 갑회사가 주주들이 소유한 주식과 교환하여 을회사의 주식을 주주들의 소유지분에 비례하여 균등하게 교부하고, 갑회사의 주주로부터 취득한 자기주식(총발행주식의 50%)을 즉시 소각하거나(인적분할), 을회사 발행주식을 갑회사가 전부 소유하는 경우(물적분할) 장부금액법에 따라 갑과 을의 회계처리를 하시오.

해답

1. 갑회사(분할회사)의 회계처리(인적분할인 경우)

(차)	비 유 동 부 채(B)	5,000	(대) 유 동 자 산(B)	10,000
	자 본 금	7,500(*1)	비 유 동 자 산(B)	10,000
	감 자 차 손	7,500(*2)		

(*1) 자본금 = 15,000 × 50% = 7,500

(*2) 감자차손 = (10,000 + 10,000 − 5,000) − 7,500 = 7,500

2. 갑회사(분할회사)의 회계처리(물적분할인 경우)

(차)	비 유 동 부 채(B)	5,000	(대) 유 동 자 산(B)	10,000
	지분법적용투자주식	15,000(*)	비 유 동 자 산(B)	10,000

(*) 지분법적용투자주식 = 감소된 순자산의 장부가액 = 10,000 + 10,000 − 5,000 = 15,000

3. 을회사(분할신설회사)의 회계처리

(차)	유 동 자 산(B)	10,000	(대) 비 유 동 부 채(B)	5,000
	비 유 동 자 산(B)	10,000	자 본 금	7,500
			주 식 발 행 초 과 금	7,500(*)

(*) 주식발행초과금 = (10,000 + 10,000 − 5,000) − 7,500 = 7,500

2. 공정가치법에 따른 회계처리

종전 일반기업회계기준 제32장(2010년 10월 8일 제정)에 따르면, 기업이 분할과 동시에 분할대가로 수령한 주식을 자신의 주주에게 배분하는 경우로서 주식의 배분비율이 당초 분할회사의 지분비율과 상이하거나(불비례적 인적분할) 또는 분할대가로 주식 외의 기타 분할대가를 받는 경우 및 분할대가로 수령한 주식을 분할회사가 모두 소유하는 물적분할의 경우 공정가치법으로 회계처리하도록 하였다(구 일반기준 32장 문단 32.14).

그러나 2015년 12월 16일자로 개정 · 공표된 일반기업회계기준 제32장(2015년 10월 30일 의결)에 따르면 기존에 공정가치법에 따라 회계처리하도록 하였던 불비례적 인적분할 및 물적분할에 대하여도 비례적 인적분할과 동일하게 장부가액법으로 회계처리하는 것으로 변경되었으며, 이와 관련하여 2015년 12월 31일 이전에 개시한 회계연도에 발생하는 불비례적 인적분할 및 물적분할의 경우에는 종전 기업회계기준에 따라 다음과 같이 공정가치법에 따라 회계처리하여야 한다(일반기준 시행일 및 경과규정(2015. 10. 30.) 문단 2).

(1) 분할신설회사의 회계처리

분할신설회사의 입장에서 물적분할 또는 불비례적 인적분할은 제3자와의 거래와 동일하므로 분할신설회사는 분할회사로부터 이전받은 사업을 공정가치로 평가하여야 한다. 이 경우, 분할신설회사는 사업의 이전대가로 발행하는 주식의 액면금액과 이전받은 사업의 공정가치와의 차이를 주식발행초과금 또는 주식할인발행차금으로 반영한다.

(2) 분할회사의 회계처리

물적분할 또는 불비례적 인적분할의 경우 분할회사가 자신의 사업 전부 또는 일부를 분할하여 분할신설회사에 이전할 때는 공정가치로 이전한 것으로 한다. 따라서 분할회사는 분할을 사업의 처분으로 보아 관련된 처분손익을 인식하여야 한다.

한편, 분할기업의 자본을 감소시키는 형태로 분할신설기업을 설립하고 분할신설기업의 주식을 분할회사의 주주에게 배분하는 경우에는 상기 '1. 장부금액법에 따른 회계처리'의 '(2) 분할회사의 회계처리'에서 설명한 바와 같이 일반기업회계기준 제15장(자본)에서의 감자의 회계처리를 준용한다(구 일반기준 32장 문단 32.16).

사례 1. 갑회사는 사업부A와 사업부B로 구성되어 있으며 각 사업부문의 자산 · 부채 내역은 다음과 같다.

갑회사 (단위 : 원)

유 동 자 산(사업부A)	10,000	비유동자산(사업부A)	5,000
유 동 자 산(사업부B)	10,000	비유동부채(사업부B)	5,000
비유동자산(사업부A)	10,000	자 본 금(액면 100원)	15,000
비유동자산(사업부B)	10,000	자 본 잉 여 금	5,000
		이 익 잉 여 금	10,000
	40,000		40,000

2. 갑회사의 당기 회계연도는 2015년 7월 1일부터 2016년 6월 30일까지이며, 분할예정일은 2016년 4월 30일이다.
3. 갑회사는 사업부B를 분할하여 을회사를 신설하고 을회사는 그 대가로 보통주식 75주(액면가 100원)를 발행하여 지급하였다. 사업부B의 비유동자산의 공정가치는 15,000이며 기타 자산 · 부채의 공정가치는 장부금액과 동일하다.
4. 상기의 상황에서 만약 을회사 발행주식을 갑회사가 전부 소유거나(물적분할) 갑회사가 원하는 주주들에게 그 주주들이 소유한 갑주식과 교환하여 을회사 주식을 교부하여 그 결과 을회사 주식 전부가 교부되고 주주로부터 취득한 자기주식(갑회사 총 발행주식의 50%)을 즉시 소각하는 경우(불비례적 인적분할), 공정가치법에 따라 갑과 을의 회계처리를 하시오.

해답

1. 갑회사(분할회사)의 회계처리(물적분할의 경우)

차변	금액	대변	금액
(차) 비 유 동 부 채(B)	5,000	(대) 유 동 자 산(B)	10,000
지분법적용투자주식	20,000(*1)	비 유 동 자 산(B)	10,000
		비유동자산처분이익	5,000(*2)

(*1) 지분법적용투자주식 = 감소된 순자산의 공정가치 = 15,000 + 10,000 − 5,000 = 20,000
(*2) 비유동자산처분이익 = (10,000 + 15,000 − 5,000) − (10,000 + 10,000 − 5,000) = 5,000

2. 갑회사(분할회사)의 회계처리(불비례적 인적분할의 경우)

차변	금액	대변	금액
(차) 비 유 동 부 채(B)	5,000	(대) 유 동 자 산(B)	10,000
자 본 금	7,500(*1)	비 유 동 자 산(B)	10,000
감 자 차 손	12,500(*2)	비유동자산처분이익	5,000(*3)

(*1) 자본금 = 15,000 × 50% = 7,500
(*2) 감자차손 = (10,000 + 15,000 − 5,000) − 7,500 = 12,500
(*3) 비유동자산처분이익 = (10,000 + 15,000 − 5,000) − (10,000 + 10,000 − 5,000) = 5,000

3. 을회사(분할신설회사)의 회계처리

차변	금액	대변	금액
(차) 유 동 자 산(B)	10,000	(대) 비 유 동 부 채(B)	5,000
비 유 동 자 산(B)	15,000	자 본 금	7,500(*1)
		주 식 발 행 초 과 금	12,500(*2)

(*1) 자본금 = 75 × 100 = 7,500
(*2) 주식발행초과금 = (10,000 + 15,000 − 5,000) − 7,500 = 12,500

※ 분할의 회계처리

<table>
<tr><th colspan="2" rowspan="2">구 분</th><th rowspan="2">처리원칙</th><th colspan="2">회계처리</th></tr>
<tr><th>분할회사</th><th>분할신설회사</th></tr>
<tr><td colspan="2">비례적 인적분할</td><td rowspan="2">장부금액법</td><td rowspan="2">이전된 사업은 장부금액으로 이전(*)</td><td rowspan="2">이전받은 사업을 장부금액으로 인식하고, 이전대가로 발행한 주식의 액면금액과의 차이는 적절한 자본항목으로 반영</td></tr>
<tr><td rowspan="2">불비례적 인적분할 및 물적분할</td><td>2016. 1. 1. 이후에 개시하는 회계연도</td></tr>
<tr><td>2015. 12. 31. 이전에 개시하는 회계연도</td><td>공정가치법</td><td>이전된 사업은 공정가치로 평가하여 처분손익 인식(*)</td><td>이전받은 사업을 공정가치로 인식하고, 이전대가로 발행한 주식의 액면금액과의 차이는 적절한 자본항목으로 반영</td></tr>
</table>

(*) 분할회사가 분할대가로 분할신설회사가 발행한 주식의 총수를 자신의 주주에게 배분하는 경우 일반기업회계기준 제15장 '자본'에서 규정하는 감자의 회계처리를 준용함.

3. 주석공시

분할거래의 당사자는 당 회계연도 중 이루어진 모든 분할거래에 대하여 다음의 사항을 공시한다(일반기준 32장 문단 32.18).

① 거래의 내용과 조정내용

② 거래 상대방 기업의 명칭과 주요설명

③ 거래완료일

④ 거래를 위해 발행한(수령한) 주식이 있는 경우, 그 주식의 내용 및 발행(수령)주식수

세무회계상 유의할 사항

1. 인적분할시 분할법인에 대한 과세

(1) 비적격분할시 양도손익에 대한 과세

1) 소멸분할(완전분할)법인의 양도손익에 대한 법인세

① 개 요

내국법인이 분할(분할합병을 포함하며, 이하 같음)로 해산하는 경우(물적분할은 제외)에는 그 법인의 자산을 분할신설법인 또는 분할합병의 상대방법인(이하 "분할신설법인 등"이라 함)에 양도한 것으로 보아, 그 양도에 따라 발생하는 다음의 양도손익은 분할법인 또는 소멸한 분할합병의 상대방법인(이하 "분할법인 등"이라 함)이 분할등기일이 속하는 사업연도의 소득금액을 계산할 때 익금 또는 손금에 산입한다(법법 46조 1항).

양도손익 = 분할법인 등이 분할신설법인 등으로부터 받은 양도가액 − 분할법인 등의 분할등기일 현재 순자산 장부가액

② 양도손익의 계산

가. 양도가액의 계산

소멸분할(완전분할)에 따른 양도손익을 계산함에 있어 분할법인 등이 분할신설법인등으로부터 받은 양도가액은 다음의 합계액(㉠+㉡)으로 한다(법법 46조 1항 1호 및 법령 82조 1항 2호).

㉠ 분할교부주식 등의 가액

분할신설법인등이 분할로 인하여 분할법인의 주주에 지급한 분할신설법인등의 주식(분할합병의 경우에는 분할등기일 현재 분할합병의 상대방 법인의 발행주식총수 또는 출자총액을 소유하고 있는 내국법인의 주식을 포함하며, 이하 같음)의 가액 및 금전이나 그 밖의 재산가액의 합계액. 다만, 분할합병의 경우 분할합병의 상대방법인이 분할등기일 전 취득한 분할법인의 주식[신설분할합병 또는 3 이상의 법인이 분할합병하는 경우에는 분할등기일 전 분할법인이 취득한 다른 분할법인의 주식(분할합병으로 분할합병의 상대방법인이 승계하는 것에 한정함), 분할등기일 전 분할합병의 상대방법인이 취득한 소멸한 분할합병의 상대방법인의 주식 또는 분할등기일 전 소멸한 분할합병의 상대방법인이 취득한 분할법인의 주식과 다른 소멸한 분할합병의 상대방법인의 주식을 포함하며, 이하 "분할합병포합주식"이라 함]이 있는 경우에는 그 주식에 대하여 분할신설법인등의 주식(이하 "분할합병교부주식"이라 함)을 교부하지 아니하더라도 그 지분비율에 따라 분할합병교부주식을 교부한 것으로 보아 분할합병의 상대방법인의 주식의 가액을 계산함.

㉡ 분할신설법인 등이 대납하는 분할법인 등의 법인세 등

분할신설법인등이 납부하는 분할법인의 법인세 및 그 법인세(감면세액 포함)에 부과되는 국세와 법인지방소득세(지법 88조 2항)의 합계액

나. 순자산 장부가액의 계산

분할법인 등의 순자산 장부가액이란, 분할법인 등의 분할등기일 현재의 자산의 장부가액 총액에서 부채의 장부가액 총액을 뺀 가액으로 한다. 이 경우 순자산 장부가액을 계산할 때 국세기본법에 따라 환급되는 법인세액이 있는 경우에는 이에 상당하는 금액을 분할법인 등의 분할등기일 현재의 순자산 장부가액에 더한다(법법 46조 1항 2호 및 법령 82조 2항).

2) 존속분할(불완전분할)법인의 양도손익에 대한 법인세

내국법인이 분할(물적분할은 제외)한 후 존속하는 경우 분할한 사업부문의 자산을 분할신설법인등에 양도한 것으로 보며, 양도에 따라 발생하는 다음의 양도손익은 분할법인이 분할등기일이 속하는 사업연도의 소득금액을 계산할 때 익금 또는 손금에 산입한다(법법 46조의 5 1항 및 법령 83조의 2).

자산의 양도손익	=	분할법인이 분할신설법인등으로부터 받은 양도가액	–	분할법인의 분할한 사업부문의 분할등기일 현재 순자산 장부가액

상기에서 살펴본 바와 같이 존속분할의 경우 분할법인의 일부 사업부문의 순자산이 양도되고 분할법인이 존속한다는 사실 외에는 완전분할과 유사하게 양도손익이 계산되는 바, 존속분할법인의 양도손익 계산에 대한 보다 자세한 내용은 상기 '1) 소멸분할(완전분할)법인의 양도손익에 대한 법인세' 내용을 참고하기로 한다.

(2) 적격분할시 양도손익에 대한 과세특례

1) 개 요

일정한 적격분할의 요건(법법 46조 2항)을 갖추어 양도손익이 없는 것으로 한 경우, 분할법인 등이 분할신설법인 등으로부터 받은 양도가액은 분할법인 등의 분할등기일 현재의 순자산 장부가액으로 한다(법법 46조 2항 전단 및 법령 82조 1항 1호).

2) 적격분할의 요건

① 개 요

적격분할이란 다음의 요건을 모두 갖춘 분할을 말한다. 다만, 법령에서 정하는 부득이한 사유에 해당하는 경우에는 아래 ㉡, ㉢ 또는 ㉣의 요건을 갖추지 못한 경우에도 적격분할로 보아 양도손익이 없는 것으로 할 수 있다(법법 46조 2항).

㉠ 분할등기일 현재 5년 이상 사업을 계속하던 내국법인이 다음의 요건을 갖추어 분할하는 것일 것(분할합병의 경우에는 소멸한 분할합병의 상대방법인 및 분할합병의 상대방법인이 분할등기일 현재 1년 이상 사업을 계속하던 내국법인일 것)(사업영위기간 요건)

ⓐ 분리하여 사업이 가능한 독립된 사업부문을 분할하는 것일 것(독립된 사업의 분리 요건)

ⓑ 분할하는 사업부문의 자산 및 부채가 포괄적으로 승계될 것. 다만, 공동으로 사용하던 자산, 채무자의 변경이 불가능한 부채 등 분할하기 어려운 자산과 부채 등으로서 법인세법 시행령 제82조의 2 제4항에서 정하는 것은 제외함(자산·부채의 포괄적 승계 요건).

ⓒ 분할법인등만의 출자에 의하여 분할하는 것일 것(단독출자 요건)

㉡ 분할법인등의 주주가 분할신설법인등으로부터 받은 분할대가의 전액이 주식인 경우(분할합병의 경우에는 분할대가의 80% 이상이 분할신설법인등의 주식인 경우 또는 분할대가의 80% 이상이 분할합병의 상대방 법인의 발행주식총수 또는 출자총액을 소유하고 있는 내국법인의 주식인 경우를 말함)로서 그 주식 등이 분할법인 등의 주주가 소유하던 주식의 비율에 따라 배정[분할합병의 경우에는 분할법인등의 일정 지

배주주 등(법령 82조의 2 8항)에 대하여 일정 배정기준(법령 82조의 2 7항)에 따라 배정]되고 일정 지배주주 등(법령 82조의 2 8항)이 분할등기일이 속하는 사업연도의 종료일까지 그 주식등을 보유할 것(지분의 연속성 요건)

㉢ 분할신설법인등이 분할등기일이 속하는 사업연도의 종료일까지 분할법인등으로부터 승계받은 사업을 계속할 것(사업의 계속성 요건)

㉣ 분할등기일 1개월 전 당시 분할하는 사업부문에 종사하는 법 소정 근로자 중 분할신설법인등이 승계한 근로자의 비율이 80% 이상이고, 분할등기일이 속하는 사업연도의 종료일까지 그 비율을 유지할 것(고용승계 요건)

상기에도 불구하고 다음의 어느 하나에 해당하는 사업부문을 분할하는 경우에는 적격분할로 보지 아니한다(법법 46조 3항, 법령 82조의 2 2항 및 법칙 41조 1항, 2항).

㉠ 기획재정부령으로 정하는 부동산 임대업을 주업으로 하는 사업부문

㉡ 분할법인으로부터 승계한 사업용 자산가액(기획재정부령으로 정하는 사업용 자산의 가액은 제외함) 중 소득세법 제94조 제1항 제1호 및 제2호에 따른 자산이 80% 이상인 사업부문

② 독립된 사업부문의 분할 요건

주식등과 그와 관련된 자산 · 부채만으로 구성된 사업부문의 분할은 분할하는 사업부문이 다음의 어느 하나에 해당하는 사업부문인 경우로 한정하여 분리하여 사업이 가능한 독립된 사업부문을 분할하는 것으로 본다(법령 82조의 2 3항 및 법칙 41조 3항 내지 5항).

㉠ 분할법인이 분할등기일 전일 현재 보유한 모든 지배목적 보유 주식등(지배목적으로 보유하는 주식등으로서 기획재정부령으로 정하는 주식등을 말하며, 이하 같음)과 그와 관련된 자산 · 부채만으로 구성된 사업부문

㉡ 독점규제 및 공정거래에 관한 법률 및 금융지주회사법에 따른 지주회사(이하 "지주회사"라 함)를 설립하는 사업부문(분할합병하는 경우로서 다음의 어느 하나에 해당하는 경우에는 지주회사를 설립할 수 있는 사업부문을 포함함). 다만, 분할하는 사업부문이 지배주주등으로서 보유하는 주식등과 그와 관련된 자산 · 부채만을 승계하는 경우로 한정한다.

ⓐ 분할합병의 상대방법인이 분할합병을 통하여 지주회사로 전환되는 경우

ⓑ 분할합병의 상대방법인이 분할등기일 현재 지주회사인 경우

㉢ 상기 '㉡'과 유사한 경우로서 기획재정부령으로 정하는 경우

③ 자산 · 부채의 포괄적 승계 요건

상기 '①'의 '㉠의 ⓑ 자산 · 부채의 포괄적 승계 요건'을 판단할 때 분할하는 사업부문이

주식등을 승계하는 경우에는 분할하는 사업부문의 자산·부채가 포괄적으로 승계된 것으로 보지 아니한다. 다만, 지주회사의 설립 및 지배목적 보유주식의 분할 등(법령 82조의 2 3항)에 따라 주식등을 승계하는 경우 또는 이와 유사한 경우로서 법인세법 시행규칙 제41조 제8항에서 정하는 경우에는 자산·부채가 포괄적으로 승계된 것으로 본다(법령 82조의 2 5항).

한편, 상기 '①'의 '㉠의 ⓑ 자산·부채의 포괄적 승계 요건'에서 "공동으로 사용하던 자산, 채무자의 변경이 불가능한 부채 등 분할하기 어려운 자산과 부채 등으로서 법인세법 시행령 제82조의 2 제4항에서 정하는 것"이란 다음의 자산과 부채를 말한다(법령 82조의 2 4항 및 법칙 41조 6항).

㉠ 자산

- 변전시설·폐수처리시설·전력시설·용수시설·증기시설
- 사무실·창고·식당·연수원·사택·사내교육시설
- 물리적으로 분할이 불가능한 공동의 생산시설, 사업지원시설과 그 부속토지 및 자산
- 상기 자산과 유사한 자산으로서 공동으로 사용하는 상표권

㉡ 부채

- 지급어음
- 차입조건상 차입자의 명의변경이 제한된 차입금
- 분할로 인하여 약정상 차입자의 차입조건이 불리하게 변경되는 차입금
- 분할하는 사업부문에 직접 사용되지 아니한 공동의 차입금
- 상기 부채와 유사한 부채로서 기획재정부령으로 정하는 부채

㉢ 분할하는 사업부문이 승계하여야 하는 자산·부채로서 분할 당시 시가로 평가한 총자산가액 및 총부채가액의 각각 20% 이하인 자산·부채. 이 경우 '분할하는 사업부문이 승계하여야 하는 자산·부채', '총자산가액' 및 '총부채가액'은 기획재정부령으로 정하는 바에 따라 계산하되, 주식등과 상기 자산 및 부채는 제외한다(법칙 41조 7항).

④ 지분의 연속성 요건

상기 '① 개요'의 '㉡ 지분의 연속성 요건'과 관련하여, 분할법인등의 주주가 분할신설법인등으로부터 받은 분할대가의 총합계액은 상기 '(1) 비적격분할시 양도소득에 대한 과세'의 '1) ② 가. ㉠ 분할교부주식 등의 가액'으로 하고, 분할합병의 경우에는 분할대가의 총합계액 중 주식등의 가액이 80% 비율 이상인지를 판정할 때 분할합병의 상대방법인이 분할등기일 전 2년 내에 취득한 분할법인의 분할합병포합주식이 있는 경우에는 다음의 금액을 금전으로 교부한 것으로 본다. 이 경우 신설분할합병 또는 3 이상의 법인이 분할합병하는 경우로서 분할법인이 취득한 다른 분할법인의 주식이 있는 경우에는 그 다른 분할법인의 주식을 취득한 분할법인을 분할합병의 상대방법인으로 보아 다음을 적용하고, 소멸한 분할

합병의 상대방법인이 취득한 분할법인의 주식이 있는 경우에는 소멸한 분할합병의 상대방법인을 분할합병의 상대방법인으로 보아 다음을 적용하여 계산한 금액을 금전으로 교부한 것으로 본다(법령 82조의 2 6항).

㉠ 분할합병의 상대방법인이 분할등기일 현재 분할법인의 지배주주등(법령 43조 7항)이 아닌 경우 : 분할합병의 상대방법인이 분할등기일 전 2년 이내에 취득한 분할합병포합주식이 분할법인등의 발행주식총수의 20%를 초과하는 경우 그 초과하는 분할합병포합주식에 대하여 교부한 분할합병교부주식(법인세법 시행령 제82조 제1항 제2호 가목 단서에 따라 분할합병교부주식을 교부한 것으로 보는 경우 그 주식을 포함함)의 가액

㉡ 분할합병의 상대방법인이 분할등기일 현재 분할법인의 지배주주등(법령 43조 7항)인 경우 : 분할등기일 전 2년 이내에 취득한 분할합병포합주식에 대하여 교부한 분할합병교부주식(법인세법 시행령 제82조 제1항 제2호 가목 단서에 따라 분할합병교부주식을 교부한 것으로 보는 경우 그 주식을 포함함)의 가액

또한, 분할법인등의 주주에 분할합병으로 인하여 받은 주식을 배정할 때에는 분할법인등의 일정 지배주주(법령 82조의 2 8항)에는 다음의 산식에 따른 가액 이상의 주식을 각각 배정하여야 한다(법령 82조의 2 7항).

분할법인등의 주주가 지급받은 분할교부주식등의 가액의 총합계액(법령 82조 1항 2호 가목) × 분할법인등의 일정 지배주주의 분할법인등에 대한 지분비율

⑤ 사업의 계속성 요건

상기 '① 개요'의 '㉢ 사업의 계속성 요건'과 관련하여 분할신설법인등이 분할등기일이 속하는 사업연도의 종료일 이전에 분할법인등으로부터 승계한 자산가액의 50% 이상을 처분하거나 사업에 사용하지 아니하는 경우에는 분할법인등으로부터 승계받은 사업을 폐지한 것으로 본다. 다만, 분할법인등이 보유하던 분할신설법인등의 주식을 승계받아 자기주식을 소각하는 경우에는 해당 분할신설법인등의 주식을 제외하고 분할법인등으로부터 승계받은 자산을 기준으로 사업을 계속하는지 여부를 판정하되, 승계받은 자산이 분할신설법인등의 주식만 있는 경우에는 사업을 계속하는 것으로 본다(법령 80조의 2 7항, 82조의 2 9항).

⑥ 고용승계 요건

상기 '① 개요'의 '㉣ 고용승계 요건'에서 '법 소정 근로자'란, 근로기준법에 따라 근로계약을 체결한 내국인 근로자를 말한다. 다만, 다음의 어느 하나에 해당하는 근로자는 제외한

다(법령 82조의2 10항, 80조의 2 6항).

㉠ 법인세법 시행령 제40조 제1항 각 호의 어느 하나에 해당하는 임원

㉡ 분할등기일이 속하는 사업연도의 종료일 이전에 고용상 연령차별금지 및 고령자고용촉진에 관한 법률 제19조에 따른 정년이 도래하여 퇴직이 예정된 근로자

㉢ 분할등기일이 속하는 사업연도의종료일 이전에 사망한 근로자 또는 질병 · 부상 등 기획재정부령으로 정하는 사유로 퇴직한 근로자

㉣ 소득세법 제14조 제3항 제2호에 따른 일용근로자

㉤ 근로계약기간이 6개월 미만인 근로자. 다만, 근로계약의 연속된 갱신으로 인하여 분할등기일 1개월 전 당시 그 근로계약의 총 기간이 1년 이상인 근로자는 제외함.

㉥ 금고 이상의 형을 선고받는 등 기획재정부령으로 정하는 근로자의 중대한 귀책사유로 퇴직한 근로자

한편, 다음의 어느 하나에 해당하는 근로자는 상기 법 소정 근로자의 범위에서 제외할 수 있다(법령 82조의 2 10항 및 법칙 41조 10항).

㉠ 분할 후 존속하는 사업부문과 분할하는 사업부문에 모두 종사하는 근로자

㉡ 분할하는 사업부문에 종사하는 것으로 볼 수 없는 인사, 재무, 회계, 경영관리 업무 또는 이와 유사한 업무를 수행하는 근로자

⑦ 적격분할 요건에 대한 부득이한 사유

상기 '① 개요'에서 언급한 '법령에서 정하는 부득이한 사유'란 다음을 말한다(법령 82조의 2 1항, 80조의 2 1항).

구 분	내 용
지분의 연속성 요건에 대한 부득이한 사유	㉠ 해당 주주가 분할로 교부받은 전체 주식의 50% 미만을 처분한 경우(*) ㉡ 해당 주주가 사망하거나 파산하여 주식을 처분한 경우 ㉢ 해당 주주가 적격합병 · 적격분할 · 적격물적분할 또는 적격현물출자에 따라 주식을 처분한 경우 ㉣ 해당 주주가 주식을 현물출자 또는 교환 · 이전(조특법 38조 · 38조의 2 또는 121조의 30)하고 과세를 이연받으면서 주식을 처분한 경우 ㉤ 해당 주주가 채무자 회생 및 파산에 관한 법률에 따른 회생절차에 따라 법원의 허가를 받아 주식을 처분하는 경우 ㉥ 해당 주주가 기업개선계획의 이행을 위한 약정(조특령 34조 6항 1호) 또는 기업개선계획의 이행을 위한 특별약정(조특령 34조 6항 2호)에 따라 주식을 처분하는 경우

구 분	내 용
지분의 연속성 요건에 대한 부득이한 사유	㉦ 해당 주주가 법령상 의무를 이행하기 위하여 주식을 처분하는 경우 (*) 해당 주주가 분할로 교부받은 주식을 서로 간에 처분하는 것은 해당 주주가 그 주식을 처분한 것으로 보지 아니하며, 해당 주주가 분할로 교부받은 주식을 처분하는 경우에는 분할신설법인 등이 선택한 주식을 처분하는 것으로 봄.
사업의 계속성 요건에 대한 부득이한 사유	㉠ 분할신설법인등이 파산함에 따라 승계받은 자산을 처분한 경우 ㉡ 분할신설법인등이 적격합병 · 적격분할 · 적격물적분할 또는 적격현물출자에 따라 사업을 폐지한 경우 ㉢ 분할신설법인등이 기업개선계획의 이행을 위한 약정(조특령 34조 6항 1호) 또는 기업개선계획의 이행을 위한 특별약정(조특령 34조 6항 2호)에 따라 승계받은 자산을 처분한 경우 ㉣ 분할신설법인등이 채무자 회생 및 파산에 관한 법률에 따른 회생절차에 따라 법원의 허가를 받아 승계받은 자산을 처분한 경우
고용승계 요건에 대한 부득이한 사유	㉠ 분할신설법인등이 채무자 회생 및 파산에 관한 법률 제193조에 따른 회생계획을 이행 중인 경우 ㉡ 분할신설법인등이 파산함에 따라 근로자의 비율을 유지하지 못한 경우 ㉢ 분할신설법인등이 적격합병, 적격분할, 적격물적분할 또는 적격현물출자에 따라 근로자의 비율을 유지하지 못한 경우 ㉣ 분할등기일 1개월 전 당시 분할하는 사업부문(분할법인으로부터 승계하는 부분을 말하며, 이하 같음)에 종사하는 근로자(*)가 5명 미만인 경우 (*) 근로기준법에 따라 근로계약을 체결한 내국인 근로자를 말함. 단, 다음의 어느 하나에 해당하는 근로자를 제외할 수 있음(법령 82조의 4 9항 및 82조의 2 10항). ⓐ 분할 후 존속하는 사업부문과 분할하는 사업부문에 모두 종사하는 근로자 ⓑ 분할하는 사업부문에 종사하는 것으로 볼 수 없는 기획재정부령으로 정하는 업무를 수행하는 근로자

2. 인적분할시 분할신설법인 등에 대한 과세

(1) 비적격분할시 분할신설법인 등에 대한 과세특례

분할신설법인 등이 분할로 분할법인 등의 자산을 승계하는 경우에는 그 자산을 분할법인 등으로부터 분할등기일 현재의 시가(법인세법 제52조 제2항에 따른 시가를 말함)로 양도받은 것으로 보며, 그에 따라 다음과 같이 발생하는 분할매수차익 · 분할매수차손은 5년간 균등하게 나누어 익금 또는 손금에 산입한다(법법 46조의 2).

1) 분할매수차익

분할매수차익이란, 분할시 분할신설법인 등이 분할법인 등의 자산을 시가로 양도받은 것으로 보는 경우로서 분할법인 등에게 지급한 양도가액이 분할법인 등의 분할등기일 현재의 자산총액에서 부채총액을 뺀 금액(이하 "순자산시가"라 함)보다 적은 경우 그 차액을 말하는 것으로 이를 산식으로 표현하면 다음과 같다(법법 46조의 2 2항).

분할매수차익 = 순자산의 시가(*) − 양도가액

(*) 순자산의 시가 = 분할등기일 현재 자산총액 시가 – 분할등기일 현재 부채총액 시가

한편, 분할매수차익은 세무조정계산서에 계상하고 분할등기일이 속하는 사업연도부터 분할등기일부터 5년이 되는 날이 속하는 사업연도까지 5년간 매월 균등하게 나누어 익금에 산입한다(법령 82조의 3 1항).

2) 분할매수차손

분할매수차손이란, 분할시 분할신설법인 등이 분할법인 등의 자산을 시가로 양도받은 것으로 보는 경우 분할법인 등에 지급한 양도가액이 분할등기일 현재의 순자산시가를 초과하는 경우 그 차액을 말하는 것으로 이를 산식으로 표현하면 다음과 같다(법법 46조의 2 3항). 이 경우 분할매수차손은 분할매수차익과 달리 분할신설법인 등이 분할법인 등의 상호 · 거래관계, 그 밖의 영업상의 비밀 등에 대하여 사업상 가치가 있다고 보아 대가를 지급한 경우에 한하여 손금으로 인정한다(법령 82조의 3 2항).

분할매수차손 = 양도가액 − 순자산의 시가(*)

(*) 순자산의 시가 = 분할등기일 현재 자산총액 시가 – 분할등기일 현재 부채총액 시가

한편, 사업상 가치가 있어 대가를 지급한 분할매수차손 상당액은 세무조정계산서에 계상하고 분할등기일이 속하는 사업연도부터 분할등기일부터 5년이 되는 날이 속하는 사업연도까지 5년간 매월 균등하게 나누어 손금에 산입한다(법령 82조의 3 3항).

3) 분할합병의 상대방법인의 이월결손금 공제

분할합병의 상대방법인의 분할등기일 현재 법인세법 제13조 제1항 제1호의 결손금은 분할합병의 상대방법인의 각 사업연도의 과세표준을 계산할 때 분할법인으로부터 승계받은 사업에서 발생한 소득금액의 범위에서는 공제하지 아니한다. 이에 따라 분할등기일 현재 결손금이 있는 분할합병의 상대방법인은 해당 결손금을 공제받는 기간 동안 자산 · 부채 및 손익을 분할법인 등으로부터 승계받은 사업에서 발생한 소득금액과 그 밖의 사업에서 발생한 소득금액으로 구분경리하여, 그 밖의 사업에서 발생한 소득금액의 범위내에서 해당

결손금을 공제하여야 한다. 다만, 당해 분할합병이 "중소기업(조특법 6조 1항)간 또는 동일 사업 영위법인간 분할합병인 경우"에는 당해 소득금액을 구분경리하는 대신 분할합병등기일 현재 사업용 자산가액 비율로 안분계산한 금액으로 산정할 수 있으며, 이 경우 분할합병의 상대방법인이 승계한 분할법인 등의 사업용 자산가액은 결손금을 공제하는 각 사업연도의 종료일 현재 계속 보유(처분 후 대체하는 경우를 포함함) · 사용하는 자산에 한정하여 그 자산의 분할합병등기일 현재 가액에 따른다(법법 13조 1항, 46조의 4 1항, 113조 4항 및 법령 83조 1항).

한편, 분할합병의 상대방법인의 분할등기일 현재 결손금에 대한 공제는 법인세법 제13조 제1항 각 호 외의 부분 단서에도 불구하고 분할합병의 상대방법인의 소득금액에서 분할법인으로부터 승계받은 사업에서 발생한 소득금액을 차감한 금액의 80%(중소기업과 법인세법 시행령 제10조 제1항에서 정하는 법인의 경우는 100%)를 한도로 한다(법법 46조의 4 5항 1호).

4) 분할신설법인 등의 기부금한도초과액 손금산입

분할합병의 상대방법인의 분할등기일 현재 법인세법 제24조 제2항 제1호 및 제3항 제1호에 따른 기부금 중 같은 조 제5항에 따라 이월된 금액으로서 그 후의 각 사업연도의 소득금액을 계산할 때 손금에 산입하지 아니한 금액은 분할신설법인 등의 각 사업연도의 소득금액을 계산할 때 분할합병 전 분할합병의 상대방법인의 사업에서 발생한 소득금액을 기준으로 각각의 손금산입한도액의 범위(법법 24조 2항 2호, 3항 2호)에서 손금에 산입한다(법법 46조의 4 6항).

5) 세무조정사항의 승계

내국법인의 분할이 비적격분할에 해당하는 경우 법인세법 또는 다른 법률에 다른 규정이 있는 경우 외에는 법인세법 제33조 제3항 · 제4항 및 제34조 제4항에 따라 퇴직급여충당금 또는 대손충당금을 분할신설법인 등이 승계한 경우 그와 관련된 세무조정사항은 승계하고 그 밖의 세무조정사항은 모두 분할신설법인 등이 승계하지 아니한다(법법 46조의 2 1항 및 법령 85조).

6) 자산 · 부채의 승계가액

내국법인의 분할이 비적격분할에 해당하는 경우에 취득한 자산의 취득가액은 해당 자산의 시가로 한다(법령 72조 2항 3호).

(2) 적격분할시 분할신설법인 등에 대한 과세특례

1) 자산조정계정의 계상 및 처리

적격분할을 한 분할신설법인 등이 분할법인 등의 자산을 장부가액으로 양도받은 경우 분할신설법인 등은 양도받은 자산 및 부채의 가액을 분할등기일 현재의 시가로 계상하되, 시가에서 분할법인 등의 장부가액(분할하는 사업부문의 세무조정사항이 있는 경우에는 그 세무조정사항 중 익금불산입액은 더하고 손금불산입액은 뺀 가액으로 함)을 뺀 금액이 0보다 큰 경우에는 그 차액을 익금에 산입하고 이에 상당하는 금액을 자산조정계정으로 손금에 산입하며, 0보다 작은 경우에는 시가와 장부가액의 차액을 손금에 산입하고 이에 상당하는 금액을 자산조정계정으로 익금에 산입한다. 이 경우 계상한 자산조정계정은 다음의 구분에 따라 처리한다(법령 82조의 4 1항).

구 분	내 용
① 감가상각자산에 설정된 자산조정계정	자산조정계정으로 손금에 산입한 경우에는 해당 자산의 감가상각비(해당 자산조정계정에 상당하는 부분에 대한 것만 해당함)와 상계하고 자산조정계정으로 익금에 산입한 경우에는 감가상각비에 가산. 이 경우 해당 자산을 처분하는 경우에는 상계 또는 더하고 남은 금액을 그 처분하는 사업연도에 전액 익금 또는 손금에 산입함.
② 상기 '①' 외의 자산에 설정된 자산조정계정	해당 자산을 처분하는 사업연도에 전액 익금 또는 손금에 산입. 다만, 자기주식을 소각하는 경우에는 익금 또는 손금에 산입하지 아니하고 소멸하는 것으로 함.

2) 분할합병의 상대방법인의 이월결손금 공제

분할합병의 상대방법인의 분할등기일 현재 법인세법 제13조 제1항 제1호의 결손금 중 법인세법 제46조의 3 제2항에 따라 분할신설법인 등이 승계한 결손금을 제외한 금액은 분할합병의 상대방법인의 각 사업연도의 과세표준을 계산할 때 분할법인으로부터 승계받은 사업에서 발생한 소득금액의 범위에서는 공제하지 아니한다. 이에 따라 분할등기일 현재 결손금이 있는 분할합병의 상대방법인은 해당 결손금을 공제받는 기간 동안 자산 · 부채 및 손익을 분할법인 등으로부터 승계받은 사업에서 발생한 소득금액과 그 밖의 사업에서 발생한 소득금액으로 구분경리하여, 그 밖의 사업에서 발생한 소득금액의 범위내에서 해당 결손금을 공제하여야 한다. 다만, 당해 분할합병이 "중소기업(조특법 6조 1항)간 또는 동일사업 영위법인간 분할합병인 경우"에는 당해 소득금액을 구분경리하는 대신 분할합병등기일 현재 사업용 자산가액 비율로 안분계산한 금액으로 산정할 수 있으며, 이 경우 분할합병의 상대방법인이 승계한 분할법인 등의 사업용 자산가액은 결손금을 공제하는 각 사업연도의 종료일 현재 계속 보유(처분 후 대체하는 경우를 포함함) · 사용하는 자산에 한정하여 그 자산의 분할합병등기일 현재 가액에 따른다(법법 13조 1항, 46조의 4 1항, 113조 4항 및 법령 83조 1항).

한편, 분할합병의 상대방법인의 분할등기일 현재 결손금에 대한 공제는 법인세법 제13조 제1항 각 호 외의 부분 단서에도 불구하고 분할합병의 상대방법인의 소득금액에서 분할법인으로부터 승계받은 사업에서 발생한 소득금액을 차감한 금액의 80%(중소기업과 법인세법 시행령 제10조 제1항에서 정하는 법인의 경우는 100%)를 한도로 한다(법법 46조의 4 5항 1호).

3) 분할법인 등의 이월결손금의 승계

분할 후 분할법인이 존속하는 경우에는 분할신설법인 등이 분할법인의 결손금을 승계할 수 없으나(법법 46조의 5 3항), 분할법인 등이 분할 또는 분할합병 후 소멸하는 경우로서 적격분할을 한 분할신설법인 등은 분할법인 등의 분할등기일 현재의 법인세법 제13조 제1항 제1호의 결손금을 승계할 수 있다(법법 46조의 3 2항). 이 경우 분할법인 등으로부터 승계한 이월결손금이 있는 분할신설법인 등은 해당 이월결손금을 공제받는 기간 동안 자산 · 부채 및 손익을 분할법인 등으부터 승계받은 사업에서 발생한 소득금액과 그 밖의 사업에서 발생한 소득금액으로 구분경리하여, 분할법인 등으로부터 승계한 사업에서 발생한 소득금액의 범위내에서 해당 이월결손금을 공제하여야 한다. 다만, 당해 분할이 "중소기업(조특법 6조 1항)간 또는 동일사업 영위법인간 분할합병인 경우"에는 당해 소득금액을 구분경리하는 대신 분할등기일 현재 사업용 자산가액 비율로 안분계산한 금액으로 산정할 수 있으며, 이 경우 분할신설법인 등이 승계한 분할법인 등의 사업용 자산가액은 승계결손금을 공제하는 각 사업연도의 종료일 현재 계속 보유(처분 후 대체 취득하는 경우를 포함함) · 사용하는 자산에 한정하여 그 자산의 분할합병등기일 현재 가액에 따른다(법법 제13조 1항, 46조의 4 2항, 46조의 5 3항, 113조 4항 및 법령 83조 1항).

한편, 분할신설법인 등이 승계한 분할법인등의 결손금에 대한 공제는 법인세법 제13조 제1항 각 호 외의 부분 단서에도 불구하고 분할법인 등으로부터 승계받은 사업에서 발생한 소득금액의 80%(중소기업과 법인세법 시행령 제10조 제1항에서 정하는 법인의 경우는 100%)를 한도로 한다(법법 46조의 4 5항 2호).

4) 분할신설법인 등의 기부금한도초과액 손금산입

분할합병의 상대방법인의 분할등기일 현재 법인세법 제24조 제2항 제1호 및 제3항 제1호에 따른 기부금 중 같은 조 제5항에 따라 이월된 금액으로서 그 후의 각 사업연도의 소득금액을 계산할 때 손금에 산입하지 아니한 금액(이하 "기부금한도초과액"이라 함) 중 법인세법 제46조의 3 제2항에 따라 분할신설법인 등이 승계한 기부금한도초과액을 제외한 금액은 분할신설법인 등의 각 사업연도의 소득금액을 계산할 때 분할합병 전 분할합병의 상대방법인의 사업에서 발생한 소득금액을 기준으로 각각의 손금산입한도액의 범위(법법 24조 2항 2호, 3항 2호)에서 손금에 산입한다(법법 46조의 4 6항).

5) 분할신설법인 등의 기부금한도초과액 승계

분할법인 등의 분할등기일 현재 기부금한도초과액으로서 법인세법 제46조의 3 제2항에 따라 분할신설법인 등이 승계한 금액은 분할신설법인 등의 각 사업연도의 소득금액을 계산할 때 분할법인 등으로부터 승계받은 사업에서 발생한 소득금액을 기준으로 각각의 손금산입한도액의 범위(법법 24조 2항 2호, 3항 2호)에서 손금에 산입한다(법법 46조의 4 7항). 이 때, 분할법인 등으로부터 승계받은 사업의 기부금한도초과액은 분할등기일 현재 분할법인 등의 기부금한도초과액을 분할법인 등의 사업용 자산가액 중 분할신설법인 등이 각각 승계한 사업용 자산가액 비율로 안분계산한 금액으로 한다(법령 83조 5항).

6) 세무조정사항의 승계

적격분할을 한 분할신설법인 등은 법인세법 또는 다른 법률에 다른 규정이 있는 경우 외에는 분할법인 등의 모든 세무조정사항(분할하는 사업부문의 세무조정사항에 한정)을 승계한다(법법 46조의 3 2항 및 법령 85조).

7) 자산 · 부채의 승계가액

적격분할을 한 분할신설법인 등이 분할에 따라 취득하는 자산의 취득가액은 분할법인 등의 장부가액(법령 82조의 4 1항)으로 한다(법령 72조 2항 3호).

8) 세액공제 · 감면의 승계

① 개 요

적격분할을 한 분할신설법인 등은 분할법인 등이 적용받던 세액감면 · 공제를 다음의 구분에 따라 승계받은 사업에 속하는 감면 또는 세액공제에 한정하여 적용받을 수 있다. 이 경우 법인세법 또는 다른 법률에 해당 감면 또는 세액공제의 요건 등에 관한 규정이 있는 경우에는 분할신설법인등이 그 요건 등을 갖춘 경우에만 적용한다(법법 46조의 3 2항 및 법령 82조의 4 2항).

㉠ 이월된 감면 · 세액공제가 특정 사업 · 자산과 관련된 경우 : 특정 사업 · 자산을 승계한 분할신설법인 등이 공제

㉡ 상기 ㉠ 외의 이월된 감면 · 세액공제의 경우 : 분할법인등의 사업용 자산가액 중 분할신설법인 등이 각각 승계한 사업용 자산가액 비율로 안분하여 분할신설법인등이

각각 공제

② 세액감면의 승계 방법

분할법인 등이 분할 전에 적용받던 세액감면(일정기간에 걸쳐 감면되는 것에 한정함)을 분할신설법인 등이 승계하는 경우, 분할신설법인 등은 승계받은 사업에서 발생한 소득에 대하여 분할 당시의 잔존감면기간 내에 종료하는 각 사업연도분까지 그 감면을 적용 받을 수 있다(법령 83조 4항, 81조 3항 1호).

③ 이월된 미공제세액의 승계 방법

분할법인 등이 분할전에 적용받던 세액공제(외국납부세액공제 포함)를 분할신설법인 등이 승계하는 경우, 분할신설법인 등은 다음의 구분에 따라 이월공제잔여기간 내에 종료하는 각 사업연도분까지 공제할 수 있다(법령 83조 4항, 81조 3항 2호).

㉠ 이월된 외국납부세액공제 미공제액

승계받은 사업에서 발생한 국외원천소득을 해당 사업연도의 과세표준으로 나눈 금액에 해당 사업연도의 세액을 곱한 금액의 범위에서 공제

㉡ 법인세 최저한세액에 미달하여 공제받지 못한 금액으로서 이월된 미공제액

승계받은 사업부문에 대하여 조세특례제한법 제132조를 적용하여 계산한 법인세 최저한세액의 범위에서 공제. 이 경우 공제하는 금액은 분할신설법인 등의 법인세 최저한세액을 초과할 수 없음.

㉢ 상기 ㉠ 또는 ㉡ 외에 납부할 세액이 없어 이월된 미공제세액

승계받은 사업부문에 대하여 계산한 법인세 산출세액의 범위에서 공제

9) 분할합병 전 보유자산의 처분손실 공제제한

법인세법 제46조 제2항에 따라 양도손익이 없는 것으로 한 분할합병(이하 "적격분할합병"이라 함)을 한 분할신설법인등은 분할법인과 분할합병의 상대방법인이 분할합병 전 보유하던 자산의 처분손실(분할등기일 현재 해당 자산의 법인세법 제52조 제2항에 따른 시가가 장부가액보다 낮은 경우로서 그 차액을 한도로 하며, 분할등기일 이후 5년 이내에 끝나는 사업연도에 발생한 것만 해당함)을 각각 분할합병 전 해당 법인의 사업에서 발생한 소득금액(해당 처분손실을 공제하기 전 소득금액을 말함)의 범위에서 해당 사업연도의 소득금액을 계산할 때 손금에 산입한다. 이 경우 손금에 산입하지 아니한 처분손실은 자산 처분시 각각 분할합병 전 해당 법인의 사업에서 발생한 결손금으로 보아 과세표준에서 공제한다(법법 46조의 4 3항).

10) 적격분할 과세특례의 사후관리

① 개 요

적격분할을 한 분할신설법인 등이 분할등기일이 속하는 사업연도의 다음 사업연도개시일부터 2년(㉢의 경우에는 3년) 이내에 다음의 어느 하나에 해당하는 경우에는 자산조정계정잔액의 총합계액(합계액이 0보다 큰 경우에 한정하며, 총합계액이 0보다 작은 경우에는 없는 것으로 봄)과 분할법인등으로부터 승계받아 공제한 이월결손금을 익금에 산입하여야 하고, 분할매수차익 · 차손을 손금 · 익금에 산입하여야 한다. 또한, 분할신설법인등의 소득금액 및 과세표준을 계산할 때 승계한 세무조정사항 중 익금불산입액은 더하고 손금불산입액은 빼며, 분할법인등으로부터 승계하여 공제한 감면 또는 세액공제액 상당액을 해당 사유가 발생한 사업연도의 법인세에 더하여 납부하고, 해당 사유가 발생한 사업연도부터 적용하지 아니한다. 다만, 법령에서 정하는 부득이한 사유가 있는 경우*1에는 그러하지 아니한다(법법 46조의 3 3항 · 4항 및 법령 82조의 4 3항 · 5항).

㉠ 분할신설법인 등이 분할법인 등으로부터 승계받은 사업을 폐지하는 경우(사업의 계속성 위반)

㉡ 분할법인 등의 일정 지배주주등(법령 82조의 2 8항)이 분할신설법인 등으로 받은 주식등을 처분하는 경우(지분의 연속성 위반)

㉢ 각 사업연도 종료일 현재 분할신설법인에 종사하는 근로자*2 수가 분할등기일 1개월 전 당시 분할하는 사업부문에 종사하는 근로자*2 수의 80% 미만으로 하락하는 경우. 다만, 분할합병의 경우에는 다음의 어느 하나에 해당하는 경우를 말함(고용승계 위반).

ⓐ 각 사업연도 종료일 현재 분할합병의 상대방법인에 종사하는 근로자*2 수가 분할등기일 1개월 전 당시 분할하는 사업부문과 분할합병의 상대방법인에 각각 종사하는 근로자*2 수의 합의 80% 미만으로 하락하는 경우

ⓑ 각 사업연도 종료일 현재 분할신설법인에 종사하는 근로자*2 수가 분할등기일 1개월 전 당시 분할하는 사업부문과 소멸한 분할합병의 상대방법인에 각각 종사하는 근로자*2 수의 합의 80% 미만으로 하락하는 경우

*1 각 사후관리사유에 대한 부득이한 사유는 '1. 인적분할시 분할법인에 대한 과세'의 '(2) 적격분할시 양도손익에 대한 과세특례' 중 '2) 적격분할의 요건'에서 언급한 '⑦ 적격분할 요건에 대한 부득이한 사유'의 내용을 다음과 같이 참조하기로 함.

구분	내용
사업의 계속성 위반에 대한 부득이한 사유 (법령 82조의 4 6항 1호, 80조의 2 1항 2호)	'사업의 계속성 요건에 대한 부득이한 사유' 참조
지분의 연속성 위반에 대한 부득이한 사유 (법령 82조의 4 6항 2호, 80조의 2 1항 1호)	'지분의 연속성 요건에 대한 부득이한 사유' 참조

구분	내용
고용승계 위반에 대한 부득이한 사유 (법령 82조의 4 6항 3호, 80조의 2 1항 3호 가목~다목)	'고용승계 요건에 대한 부득이한 사유' 중 ㉠ ~ ㉢ 사유 참조

*2 근로기준법에 따라 근로계약을 체결한 내국인 근로자를 말하되, 분할하는 사업부문에 종사하는 근로자의 경우에는 다음의 어느 하나에 해당하는 근로자를 제외할 수 있음(법령 82조의 4 9항, 82조의 2 10항).

ⓐ 분할 후 존속하는 사업부문과 분할하는 사업부문에 모두 종사하는 근로자

ⓑ 분할하는 사업부문에 종사하는 것으로 볼 수 없는 기획재정부령으로 정하는 업무를 수행하는 근로자

② 사후관리 위반사유 해당시 세무상 처리

가. 자산조정계정잔액 총합계액의 익금산입

적격분할에 따라 과세특례를 적용받던 분할신설법인이 사후관리 위반사유에 해당하는 경우에는 계상된 자산조정계정잔액의 총합계액(총합계액이 0보다 큰 경우에 한정하며, 총합계액이 0보다 작은 경우에는 없는 것으로 봄)은 익금에 산입한다. 이 경우 자산조정계정은 소멸하는 것으로 한다(법령 80조의 4 4항, 82조의 4 4항).

나. 분할매수차익 · 차손의 처리

㉠ 분할매수차익

분할매수차익(순자산의 시가 > 양도가액)에 상당하는 금액은 사후관리 위반사유가 발생하는 날이 속하는 사업연도에 손금에 산입하고, 그 금액에 상당하는 금액을 분할등기일부터 5년이 되는 날까지 일정한 방법(법령 80조의 4 5항 1호, 82조의 4 4항)에 따라 분할하여 익금에 산입한다.

㉡ 분할매수차손

분할매수차손(순자산의 시가 < 양도가액)에 상당하는 금액은 사후관리 위반사유가 발생하는 날이 속하는 사업연도에 익금에 산입하되, 분할신설법인 등이 분할법인 등의 상호 · 거래관계, 그 밖의 영업상의 비밀 등에 대하여 사업상 가치가 있다고 보아 대가를 지급한 경우에 한정하여 그 금액에 상당하는 금액을 분할등기일부터 5년이 되는 날까지 일정한 방법(법령 80조의 4 5항 2호, 82조의 4 4항)에 따라 손금에 산입한다.

다. 기공제 받은 이월결손금 승계액의 익금산입

적격분할의 과세특례에 따라 분할법인 등의 이월결손금을 승계받은 분할신설법인 등이 각 사업연도 소득금액계산시 승계받은 결손금을 공제받은 이후 사후관리 위반사유에 해당하는 경우에는 승계받은 결손금 중 공제한 금액 전액을 익금에 산입한다(법법 46조의 3 3항).

라. 세액공제 · 감면의 중단 등

적격분할의 과세특례에 따라 분할법인 등의 세무조정사항 및 세액공제 · 감면을 승계받은 분할신설법인 등이 승계받은 세무조정사항 및 세액공제 · 감면을 적용받은 이후 사후관리

위반사유에 해당하는 경우에는 분할신설법인등의 소득금액 및 과세표준을 계산할 때 승계한 세무조정사항 중 익금불산입액은 더하고 손금불산입액은 빼며, 분할법인등으로부터 승계하여 공제한 감면 또는 세액공제액 상당액을 해당 사유가 발생한 사업연도의 법인세에 더하여 납부하고, 해당 사유가 발생한 사업연도부터 적용하지 아니한다(법령 82조의 4 5항).

3. 물적분할시 분할법인에 대한 과세특례

(1) 자산양도차익 과세이연

1) 과세이연 요건

분할법인이 물적분할에 의하여 분할신설법인의 주식등을 취득한 경우로서 상기 '1. 인적분할시 분할법인에 대한 과세'의 (2) 적격분할시 양도손익에 대한 과세특례' 중 '2) 적격분할의 요건'('지분의 연속성 요건'의 경우 분할대가의 전액이 주식등인 경우로 한정함)을 갖춘 경우 그 주식등의 가액 중 물적분할로 인하여 발생한 자산의 양도차익에 상당하는 금액에 대한 과세이연을 받을 수 있다. 다만, 법령으로 정하는 부득이한 사유가 있는 경우에는 상기 요건 중 '지분의 연속성 요건', '사업의 계속성 요건' 또는 '고용승계 요건'을 갖추지 못한 경우에도 자산의 양도차익에 대한 과세이연을 받을 수 있다(법법 46조 2항, 47조 1항).

한편, 상기에서 언급한 '법령에서 정하는 부득이한 사유'는 인적분할시 적격분할의 요건 중 '법령에서 정하는 부득이한 사유'와 동일하므로, 자세한 내용은 '1. 인적분할시 분할법인에 대한 과세'의 '(2) 적격분할시 양도손익에 대한 과세특례' 중 '2) 적격분할의 요건'에서 언급한 '⑦ 적격분할 요건에 대한 부득이한 사유'의 내용을 참조하기로 한다(법령 84조 12항).

2) 과세이연 대상금액

과세이연 요건을 갖춘 분할법인에 있어 분할법인의 과세이연 대상금액은 다음과 같으며, 동 금액은 분할등기일이 속하는 사업연도의 소득금액계산에 있어 분할신설법인 주식등의 압축기장충당금으로 계상하여야 과세이연을 받을 수 있다(법령 84조 1항, 2항).

> 과세이연 대상금액 = MIN(①, ②)
> ① 분할신설법인으로부터 취득한 주식등(이하 "분할신설법인주식등"이라 함)의 가액
> ② 물적분할로 인하여 발생한 양도차익

3) 사후관리

① 일반적인 경우

가. 양도차익의 일반적 익금산입

분할법인이 손금에 산입한 양도차익에 상당하는 금액은 분할법인이 분할신설법인으로부터 받은 주식 등을 처분하거나 분할신설법인이 분할법인으로부터 승계받은 감가상각자산(법령 24조 3항 1호의 자산 포함), 토지 및 주식등을 처분하는 경우(이 경우 분할신설법인은 그 자산의 처분 사실을 처분일부터 1개월 이내에 분할법인에 알려야 함) 해당 사유가 발생하는 사업연도에 다음의 금액을 익금에 산입하여야 한다. 다만, 분할신설법인이 적격합병되거나 적격분할하는 등 법인세법 시행령 제84조 제5항에 해당하는 부득이한 사유가 있는 경우에는 익금에 산입하지 아니하는 바, 아래 '② 분할법인 또는 분할신설법인이 적격구조조정하는 경우'에서 자세히 살펴보도록 한다(법법 47조 2항 및 법령 84조 3항, 4항).

> 익금산입액＝직전 사업연도 종료일*1 현재 분할신설법인 주식등의 압축기장충당금 잔액 ×[당기주식처분비율*2＋당기자산처분비율*3 － (당기주식처분비율*2 × 당기자산처분비율*3)]

*1 분할등기일이 속하는 사업연도의 경우에는 분할등기일을 말하며, 이하 같음.

*2 당기주식처분비율 : 분할법인이 직전 사업연도 종료일 현재 보유하고 있는 법인세법 제47조 제1항에 따라 취득한 분할신설법인의 주식등의 장부가액에서 해당 사업연도에 같은 조 제2항 제1호에 따라 처분한 분할신설법인의 주식등의 장부가액이 차지하는 비율

*3 당기자산처분비율 : 분할신설법인이 직전 사업연도 종료일 현재 보유하고 있는 법인세법 제47조 제1항에 따라 분할법인으로부터 승계받은 감가상각자산(법령 24조 3항 1호의 자산 포함), 토지 및 주식등(이하 "승계자산"이라 함)의 양도차익(분할등기일 현재의 승계자산의 시가에서 분할등기일 전날 분할법인이 보유한 승계자산의 장부가액을 차감한 금액을 말함)에서 해당 사업연도에 처분한 승계자산의 양도차익이 차지하는 비율

나. 양도차익의 일시 익금산입

양도차익 상당액을 손금에 산입한 분할법인은 분할등기일이 속하는 사업연도의 다음 사업연도 개시일부터 2년(㉢의 경우에는 3년) 이내에 다음의 어느 하나에 해당하는 사유가 발생하는 경우에는 손금에 산입한 금액 중 상기에 따라 익금에 산입하고 남은 금액을 그 사유가 발생한 날이 속하는 사업연도의 소득금액을 계산할 때 익금에 산입한다. 다만, 법령에서 정하는 부득이한 사유가 있는 경우*1에는 그러지 아니한다(법법 47조 3항 및 법령 84조 12항, 13항).

㉠ 분할신설법인이 분할법인으로부터 승계받은 사업을 폐지하는 경우

㉡ 분할법인이 분할신설법인의 발행주식총수 또는 출자총액의 50% 미만으로 주식등을 보유하게 되는 경우

㉢ 각 사업연도 종료일 현재 분할신설법인에 종사하는 근로자*2 수가 분할등기일 1개월 전 당시 분할하는 사업부문에 종사하는 근로자*2 수의 80% 미만으로 하락하는 경우

*1 '1. 인적분할시 분할법인에 대한 과세'의 '(2) 적격분할시 양도손익에 대한 과세특례' 중 '2) 적격분할의 요건'의 '⑦ 적격분할 요건에 대한 부득이한 사유'에서 언급한 '사업의 계속성 요건에 대한 부득이한 사유', '지분의 연속성 요건에 대한 부득이한 사유' 및 '고용승계 요건에 대한 부득이한 사유(㉠ ~ ㉢ 사유만 해당)'의 내용을 참조하기로 함.

*2 근로기준법에 따라 근로계약을 체결한 내국인 근로자를 말함. 다만, 분할하는 사업부문에 종사하는 근로자의 경우에는 다음의 어느 하나에 해당하는 근로자를 제외할 수 있음(법령 84조 14항, 82조의 2 10항).

ⓐ 분할 후 존속하는 사업부문과 분할하는 사업부문에 모두 종사하는 근로자

ⓑ 분할하는 사업부문에 종사하는 것으로 볼 수 없는 기획재정부령으로 정하는 업무를 수행하는 근로자

② 분할법인 또는 분할신설법인이 적격구조조정하는 경우

가. 부득이한 사유

분할신설법인이 적격합병되거나 적격분할하는 등 다음의 어느 하나에 해당하는 경우에는 분할법인이 분할신설법인으로부터 받은 주식등을 처분하거나 분할신설법인이 분할법인으로부터 승계받은 감가상각자산(건설중인자산 포함), 토지 및 주식등을 처분하더라도 상기 '①의 가.'의 익금산입대상에서 제외된다(법령 84조 5항).

㉠ 분할법인 또는 분할신설법인이 최초로 적격합병, 적격분할, 적격물적분할, 적격현물출자, 조세특례제한법 제38조에 따라 과세를 이연받은 주식의 포괄적 교환등 또는 같은 법 제38조의 2에 따라 과세를 이연받은 주식의 현물출자(이하 "적격구조조정"이라 함)로 주식등 및 자산을 처분하는 경우

㉡ 분할신설법인의 발행주식 또는 출자액 전부를 분할법인이 소유하고 있는 경우로서 다음의 어느 하나에 해당하는 경우

ⓐ 분할법인이 분할신설법인을 적격합병(법인세법 제46조의 4 제3항에 따른 적격분할합병을 포함하며, 이하 같음)하거나 분할신설법인에 적격합병되어 분할법인 또는 분할신설법인이 주식등 및 자산을 처분하는 경우

ⓑ 분할법인 또는 분할신설법인이 적격합병, 적격분할, 적격물적분할 또는 적격현물출자로 주식등 및 자산을 처분하는 경우. 다만, 해당 적격합병, 적격분할, 적격물적분할 또는 적격현물출자에 따른 합병법인, 분할신설법인 등 또는 피출자법인의 발행주식 또는 출자액 전부를 당초의 분할법인이 직접 또는 기획재정부령으로 정하는 바에 따라 간접으로 소유하고 있는 경우로 한정함.

㉢ 분할법인 또는 분할신설법인이 법인세법 시행령 제82조의 2 제3항 각 호의 어느 하나에 해당하는 사업부문의 적격분할 또는 적격물적분할로 주식등 및 자산을 처분하는 경우

나. 적격구조조정 등에 따른 압축기장충당금의 대체

상기 '가.'의 사유에 따라 익금산입대상에서 제외된 경우 해당 분할법인이 보유한 분할신설법인주식등의 압축기장충당금은 다음의 구분에 따른 방법으로 대체한다(법령 84조 6항).

㉠ 분할신설법인주식등의 압축기장충당금 잔액에 당기자산처분비율[*1]을 곱한 금액을 분할법인 또는 분할신설법인이 새로 취득하는 자산승계법인의 주식등(이하 "자산승계법인주식등"이라 함)의 압축기장충당금으로 할 것. 다만, 자산승계법인이 분할법인인 경우에는 분할신설법인주식등의 압축기장충당금 잔액을 분할법인이 승계하는 자산 중 최초 물적분할 당시 양도차익이 발생한 자산의 양도차익에 비례하여 안분계산한 후 그 금액을 해당 자산이 감가상각자산인 경우 그 자산의 일시상각충당금으로, 해당 자산이 감가상각자산이 아닌 경우 그 자산의 압축기장충당금으로 함.

㉡ 분할신설법인주식등의 압축기장충당금 잔액에 당기주식처분비율[*2]을 곱한 금액을 주식승계법인이 승계한 분할신설법인주식등의 압축기장충당금으로 할 것

*1 당기자산처분비율을 산정할 때 처분한 승계자산은 적격구조조정으로 분할신설법인으로부터 분할신설법인의 자산을 승계하는 법인(이하 "자산승계법인"이라 함)에 처분한 승계자산에 해당하는 것을 말함.

*2 당기주식처분비율을 산정할 때 처분한 주식은 적격구조조정으로 분할법인으로부터 분할신설법인주식등을 승계하는 법인(이하 "주식승계법인"이라 함)에 처분한 분할신설법인주식등에 해당하는 것을 말함.

다. 적격구조조정 이후 사후관리

상기 '나.'에 따라 같이 새로 압축기장충당금을 설정한 분할법인, 분할신설법인 또는 주식승계법인은 다음의 어느 하나에 해당하는 사유가 발생하는 경우에는 그 사유가 발생한 날이 속하는 사업연도의 소득금액을 계산할 때 상기 '①의 가.'의 익금산입액 산식을 준용하여 계산한 금액만큼을 익금에 산입하되, 자산승계법인이 분할법인인 경우로서 상기 '나. ㉠'의 단서(법령 84조 6항 1호 단서)에 해당하는 경우에는 법인세법 시행령 제64조 제4항 각 호의 방법으로 익금에 산입한다(법령 84조 7항).

㉠ 분할법인 또는 분할신설법인이 적격구조조정에 따라 새로 취득한 자산승계법인주식등을 처분하거나 주식승계법인이 적격구조조정에 따라 승계한 분할신설법인주식등을 처분하는 경우

㉡ 자산승계법인이 적격구조조정으로 분할신설법인으로부터 승계한 승계자산(법령 84조 4항)을 처분하거나 분할신설법인이 승계자산을 처분하는 경우. 이 경우 분할신설법인 및 자산승계법인은 그 자산의 처분 사실을 처분일부터 1개월 이내에 분할법인, 분할신설법인, 주식승계법인 또는 자산승계법인에 알려야 함.

다만, 상기 '가.의 ㉡' 또는 '가.의 ㉢'의 사유에 해당하는 경우는 상기에 따라 익금에 산입하지 아니하며, 해당 법인이 보유한 분할신설법인주식등 또는 자산승계법인주식등은 상기 '나.'의 방법을 준용하여 압축기장충당금을 대체한다(법령 84조 7항 단서, 8항). 이와 같이

새로 압축기장충당금을 설정한 분할법인, 분할신설법인 또는 주식승계법인은 상기의 어느 하나에 해당하는 사유가 발생하는 경우 그 사유가 발생한 날이 속하는 사업연도의 소득금액을 계산할 때 상기 '①의 가.'의 익금산입액 산식을 준용하여 계산한 금액만큼을 익금에 산입하되, 상기 '나.의 ㉠'의 단서(법령 84조 6항 1호 단서)에 해당하는 경우에는 법인세법 시행령 제64조 제4항 각 호의 방법으로 익금에 산입한다. 다만, 이 경우에도 상기 '가.의 ㉡' 또는 '가.의 ㉢'의 사유에 해당하는 경우는 익금에 산입하지 아니한다(법령 84조 10항).

한편, 상기와 같이 새로 압축기장충당금을 설정한 분할법인, 분할신설법인 또는 주식승계법인은 분할등기일이 속하는 사업연도의 다음 사업연도 개시일부터 2년 이내에 다음의 어느 하나에 해당하는 사유가 발생하는 경우에는 압축기장충당금 잔액 전부를 그 사유가 발생한 날이 속하는 사업연도의 소득금액을 계산할 때 익금에 산입한다(법령 84조 9항, 11항, 13항).

㉠ 자산승계법인이 분할신설법인으로부터 적격구조조정으로 승계받은 사업을 폐지하거나, 분할신설법인이 분할법인으로부터 승계받은 사업을 폐지하는 경우

㉡ 분할법인 또는 분할신설법인이 보유한 자산승계법인주식등이 자산승계법인의 발행주식총수 또는 출자총액에서 차지하는 비율(이하 "자산승계법인지분비율"이라 함)이 자산승계법인주식등 취득일의 자산승계법인지분비율의 50% 미만이 되거나 주식승계법인이 보유한 분할신설법인주식등이 분할신설법인의 발행주식총수 또는 출자총액에서 차지하는 비율(이하 "분할신설법인지분비율"이라 함)이 분할신설법인주식등 취득일의 분할신설법인지분비율의 50% 미만이 되는 경우

상기의 경우, 분할신설법인 및 자산승계법인이 분할신설법인으로부터 승계한 자산가액의 50% 이상을 처분하거나 사업에 사용하지 아니하는 경우에는 승계받은 사업을 폐지한 것으로 본다(법령 84조 17항).

(2) 주식등의 취득가액

물적분할에 따라 분할법인이 취득하는 주식등의 취득가액은 물적분할한 순자산의 시가로 한다(법령 72조 2항 3호의 2).

4. 물적분할시 분할신설법인에 대한 과세특례

(1) 세액공제 · 감면의 승계

1) 개요

내국법인의 분할이 적격물적분할에 해당하여 분할법인이 자산양도차익에 대하여 과세이

연을 받은 경우, 분할신설법인은 분할법인이 분할 전에 적용받던 법인세법 제59조에 따른 감면 또는 세액공제를 분할법인으로부터 승계받은 사업에서 발생한 소득금액 또는 이에 해당하는 법인세액의 범위에서 승계하여 감면 또는 세액공제의 적용을 받을 수 있다. 이 경우 법인세법 또는 다른 법률에 해당 감면 또는 세액공제의 요건 등에 관한 규정이 있는 경우에는 분할신설법인이 그 요건 등을 갖춘 경우에만 이를 적용하며, 다음의 구분에 따라 승계받은 사업에 속하는 감면 또는 세액공제에 한정하여 적용받을 수 있다(법법 47조 4항, 5항 및 법령 84조 15항).

㉠ 이월된 감면 · 세액공제가 특정 사업 · 자산과 관련된 경우 : 특정 사업 · 자산을 승계한 분할신설법인이 공제

㉡ 상기 ㉠ 외의 이월된 감면 · 세액공제의 경우 : 분할법인의 사업용 고정자산가액 중 분할신설법인이 각각 승계한 사업용 고정자산가액 비율로 안분하여 분할신설법인이 각각 공제

2) 세액감면의 승계방법

분할법인이 분할 전에 적용받던 세액감면(일정기간에 걸쳐 감면되는 것으로 한정함)을 분할신설법인이 승계하는 경우, 분할신설법인은 승계받은 사업에서 발생한 소득에 대하여 분할 당시의 잔존감면기간 내에 종료하는 각 사업연도분까지 그 감면을 적용받을 수 있다(법령 84조 16항, 81조 3항).

3) 세액공제의 승계방법

분할법인이 분할 전에 적용받던 세액공제(외국납부세액공제를 포함)를 분할신설법인이 승계하는 경우, 분할신설법인은 다음의 구분에 따라 이월공제잔여기간 내에 종료하는 각 사업연도분까지 공제할 수 있다(법령 84조 16항, 81조 3항).

㉠ 이월된 외국납부세액공제 미공제액
승계받은 사업에서 발생한 국외원천소득을 해당 사업연도의 과세표준으로 나눈 금액에 해당 사업연도의 세액을 곱한 금액의 범위에서 공제

㉡ 법인세 최저한세액에 미달하여 공제받지 못한 금액
승계받은 사업부문에 대하여 조세특례제한법 제132조를 적용하여 계산한 법인세 최저한세액의 범위에서 공제. 이 경우 공제하는 금액은 분할신설법인의 법인세 최저한세액을 초과할 수 없음.

㉢ 상기 ㉠ 또는 ㉡ 외에 납부할 세액이 없어 이월된 미공제액
승계받은 사업부문에 대하여 계산한 법인세 산출세액의 범위에서 공제

(2) 세무조정사항의 승계

내국법인이 물적분할한 경우 법인세법 또는 다른 법률에서 다른 규정이 있는 경우 외에는 법인세법 제33조 제3항 · 제4항 및 제34조 제4항에 따라 퇴직급여충당금 또는 대손충당금을 분할신설법인이 승계한 경우에는 그와 관련된 세무조정사항을 승계하고 그 밖의 세무조정사항은 모두 분할신설법인이 승계하지 아니한다(법법 47조 4항 및 법령 85조).

(3) 자산 · 부채의 승계가액

물적분할에 따라 분할신설법인이 취득하는 자산의 취득가액은 해당 자산의 시가로 한다(법령 72조 2항 3호 나목).

Ⅵ 중간재무보고회계

Chapter 01

중간재무제표의 의의

1. 의 의

전통적으로 기업은 통상 1년을 주기로 하여 1회계연도에 한번씩 재무제표를 공표하고 있으며 이를 연차재무제표(annual financial statement)라고 한다. 또한 복잡한 재무제표를 빈번히 작성하여 공표하는 것이 정보의 산출 및 작성 비용을 증가시켜 기업에게 상당한 부담을 주는 것은 분명함에도 불구하고 기업들은 보다 적시성 있는 회계정보를 요구하는 외부정보이용자들의 정보수요에 대응하기 위하여 연차재무제표 외에도 분기별 혹은 반기별로 재무제표를 작성 · 공표하고 있는 데 이를 중간재무제표(interim financial statement)라고 한다. 우리나라에서는 1970년대 중반에 반기재무보고제도가 도입된 이후 1998년 IMF 및 세계은행의 권고로 분기재무보고로 제도가 확대되었다.

중간재무제표는 1회계연도보다 짧은 기간(중간기간)을 대상으로 작성하는 재무제표로서 회계정보의 질적특성 중 적시성을 제고하기 위하여 필수적인 수단이지만, 적시성을 갖춘 목적적합한 재무제표는 거래의 인식 및 측정과정에서 배분과 추정에 의존해야 하는 경우가 많으므로 신뢰성이 저하될 가능성이 있다.

이에 따라 정보이용자들의 의사결정과정에서 적시성 있는 정보를 제공함과 동시에 신뢰성 있는 정보를 제공하기 위하여 중간재무제표를 작성하는 경우 적용할 인식과 측정의 기준 및 공시에 필요한 사항을 일반기업회계기준 제29장 '중간재무제표'에서 규정하고 있다.

2. 용어의 정의

일반기업회계기준 제29장 용어의 정의에서는 중간재무제표의 작성 및 공시와 관련하여 사용되는 용어를 다음과 같이 정의하고 있다.

① "중간기간"은 1회계연도보다 짧은 회계기간을 말한다. 예를 들면 중간기간은 3개월, 6개월 등이 될 수 있다. 3개월 단위의 중간기간을 "분기", 6개월 단위의 중간기간을 "반기"라 한다.

② "누적중간기간"은 회계연도 개시일부터 당해 중간보고기간말까지의 기간을 말한다.

③ "중간재무제표"는 중간기간 또는 누적중간기간을 대상으로 작성하는 재무제표를 말한다.

④ "연차재무제표"는 1회계연도를 대상으로 작성하는 재무제표를 말한다.

3. 중간재무제표 작성대상기업

일반기업회계기준 제29장은 중간재무제표를 작성하는 경우에 적용할 인식과 측정의 기준 및 공시에 필요한 사항을 규정하는 것을 목적으로 하고 있다. 즉, 자본시장과 금융투자업에 관한 법률에 의하여 반기보고서와 분기보고서를 의무적으로 작성해야 하는 기업뿐만 아니라 기업 목적에 의해 자발적으로 중간기간의 재무제표를 작성하는 기업의 경우에도 해당 중간재무제표를 일반기업회계기준에 따라 적정하게 작성하기 위해서는 이를 적용하여야 한다.

한편, 자본시장과 금융투자업에 관한 법률에 의하여 분기·반기보고서를 의무적으로 작성해야 하는 기업은 자본시장과 금융투자업에 관한 법률 및 동법 시행령에서 다음과 같이 규정하고 있다.

자본시장과 금융투자업에 관한 법률 제159조【사업보고서 등의 제출】 ① 주권상장법인, 그 밖에 대통령령으로 정하는 법인(이하 "사업보고서 제출대상법인"이라 한다)은 그 사업보고서를 각 사업연도 경과 후 90일 이내에 금융위원회와 거래소에 제출하여야 한다. 다만, 파산, 그 밖의 사유로 인하여 사업보고서의 제출이 사실상 불가능하거나 실효성이 없는 경우로서 대통령령으로 정하는 경우에는 사업보고서를 제출하지 아니할 수 있다. (2008. 2. 29. 직제개정 ; 금융감독기구의 설치 등에 관한 법률 부칙)

자본시장과 금융투자업에 관한 법률 제160조【반기·분기보고서의 제출】 사업보고서 제출대상법인은 그 사업연도 개시일부터 6개월간의 사업보고서(이하 "반기보고서"라 한다)와 사업연도 개시일부터 3개월간 및 9개월간의 사업보고서(이하 "분기보고서"라 한다)를 각각 그 기간 경과 후 45일 이내에 금융위원회와 거래소에 제출하여야 하되, 사업보고서 제출대상법인이 재무에 관한 사항과 그 부속명세, 그 밖에 금융위원회가 정하여 고시하는 사항을 연결재무제표를 기준으로 기재하여 작성한 반기보고서와 분기보고서를 금융위원회와 거래소에 제출하는 경우에는 그 최초의 사업연도와 그 다음 사업연도에 한하여 그 기간 경과 후 60일 이내에 제출할 수 있다. 이 경우 제159조 제2항(분기보고서에 대하여는 같은 항 제3호 및 제3호의 2는 제외한다)·제4항·제6항 및 제7항을 준용한다. (2016. 3. 29. 후단 개정)

자본시장과 금융투자업에 관한 법률 시행령 제167조【사업보고서 제출대상법인 등】 ① 법 제159조 제1항 본문에서 "대통령령으로 정하는 법인"이란 다음 각 호의 법인을 말한다. (2021. 12. 9. 개정)

1. 다음 각 목의 어느 하나에 해당하는 증권을 증권시장에 상장한 발행인 (2008. 7. 29. 제정)
   가. 주권 외의 지분증권[집합투자증권과 자산유동화계획에 따른 유동화전문회사 등(「자산유동화에 관한 법률」 제3조에 따른 유동화전문회사 등을 말한다)이 발행하는 출자지분은 제외한다] (2008. 7. 29. 제정)

나. 무보증사채권(담보부사채권과 제362조 제8항에 따른 보증사채권을 제외한 사채권을 말한다) (2008. 7. 29. 제정)

다. 전환사채권 · 신주인수권부사채권 · 이익참가부사채권 또는 교환사채권 (2008. 7. 29. 제정)

라. 신주인수권이 표시된 것 (2008. 7. 29. 제정)

마. 증권예탁증권(주권 또는 가목부터 라목까지의 증권과 관련된 증권예탁증권만 해당한다) (2008. 7. 29. 제정)

바. 파생결합증권 (2008. 7. 29. 제정)

2. 제1호 외에 다음 각 목의 어느 하나에 해당하는 증권을 모집 또는 매출(법 제117조의 10 제1항에 따른 모집과 법 제130조 제1항 본문에 따른 모집 또는 매출은 제외한다)한 발행인(주권상장법인 또는 제1호에 따른 발행인으로서 해당 증권의 상장이 폐지된 발행인을 포함한다) (2018. 4. 10. 개정)

가. 주권 (2008. 7. 29. 제정)

나. 제1호 각 목의 어느 하나에 해당하는 증권 (2008. 7. 29. 제정)

3. 제1호 및 제2호 외에 「주식회사 등의 외부감사에 관한 법률」 제4조에 따른 외부감사대상 법인(해당 사업연도에 처음 외부감사대상이 된 법인은 제외한다)으로서 제2호 각 목의 증권별로 그 증권의 소유자 수(금융위원회가 정하여 고시하는 방법에 따라 계산한 수를 말한다. 이하 이 조에서 같다)가 500인 이상인 발행인(증권의 소유자 수가 500인 이상이었다가 500인 미만으로 된 경우로서 제2항 제5호에 해당하지 않는 발행인을 포함한다) (2021. 12. 9. 개정)

② 법 제159조 제1항 단서에서 "대통령령으로 정하는 경우"란 다음 각 호의 어느 하나에 해당하는 경우를 말한다. (2008. 7. 29. 제정)

1. 파산한 경우 (2014. 12. 9. 개정)
2. 「상법」 제517조, 그 밖의 법률에 따라 해산사유가 발생한 경우 (2014. 12. 9. 개정)
3. 주권상장법인 또는 제1항 제1호에 따른 발행인의 경우에는 상장의 폐지요건에 해당하는 발행인으로서 해당 법인에게 책임이 없는 사유로 사업보고서의 제출이 불가능하다고 금융위원회의 확인을 받은 경우 (2008. 7. 29. 제정)
4. 제1항 제2호에 따른 발행인의 경우에는 같은 호 각 목의 어느 하나에 해당하는 증권으로서 각각의 증권마다 소유자 수가 모두 25인 미만인 경우로서 금융위원회가 인정한 경우. 다만, 그 소유자의 수가 25인 미만으로 감소된 날이 속하는 사업연도의 사업보고서는 제출하여야 한다. (2008. 7. 29. 제정)
5. 제1항 제3호에 따른 발행인의 경우에는 같은 항 제2호 각 목의 어느 하나에 해당하는 증권으로서 각각의 증권마다 소유자의 수가 모두 300인 미만인 경우. 다만, 그 소유자의 수가 300인 미만으로 감소된 날이 속하는 사업연도의 사업보고서는 제출하여야 한다. (2008. 7. 29. 제정)

Chapter

02

중간재무제표의 작성

1. 중간재무제표의 종류

중간재무제표는 재무상태표, 손익계산서, 현금흐름표, 자본변동표 및 주석으로 한다(일반기준 29장 문단 29.2).

2. 중간재무제표의 작성양식

중간재무제표는 연차재무제표와 동일한 양식으로 작성함을 원칙으로 한다. 다만 정보이용자를 오도하지 않는 범위 내에서 다음의 계정과목 등은 요약 또는 일괄 표시할 수 있다(일반기준 29장 문단 29.3).

① 재고자산
② 투자자산
③ 유형자산과 감가상각누계액
④ 무형자산
⑤ 자본잉여금
⑥ 자본조정
⑦ 기타포괄손익누계액
⑧ 판매비와관리비
⑨ 영업외수익
⑩ 영업외비용

여기서 '정보이용자를 오도하지 않는 범위'라는 의미는 굉장히 광범위하다고 할 수 있다. 일반적으로 회계정보이용자는 투자자 · 채권자 · 종업원 · 정부 등 그 주체가 굉장히 다양하며 현재 뿐만 아니라 잠재적인 이해관계자까지 포함되는 개념이므로 개량적으로 그 범위를 규정하기는 힘들다. 하지만 회계정보이용자 중 투자자의 요구에 유용한 정보는 모든 정보이용자에게 공통적으로 유용한 정보가 될 수가 있다. 왜냐하면 투자자는 기업에 투자하여 그 위험을 직접적으로 부담하는 자본제공자이므로 이들이 요구하는 정보는 기타 이용자의 정보 요구에도 부합할 것이기 때문이다.

3. 중간재무제표의 대상기간과 비교형식

재무상태표는 중간보고기간말과 직전 연차보고기간말을 비교하는 형식으로 작성하고, 손익계산서는 중간기간과 누적중간기간을 직전 회계연도의 동일기간과 비교하는 형식으로 작성하며, 현금흐름표 및 자본변동표는 누적중간기간을 직전 회계연도의 동일기간과 비교하는 형식으로 작성하여야 한다(일반기준 29장 문단 29.4).

재무제표	작성기간	비교표시
재무상태표	당해 중간보고기간말	직전 연차보고기간말
손익계산서	당해 중간기간 및 누적중간기간	직전 회계연도 동일기간
현금흐름표	당해 누적중간기간	직전 회계연도 동일기간
자본변동표	당해 누적중간기간	직전 회계연도 동일기간

예를 들면 12월말 결산법인인 (주)삼일의 20×4년(제3기) 2분기 중간재무제표는 다음과 같이 작성한다.

① 재무상태표는 20×4년 6월 30일 현재를 기준으로 작성하고 20×3년 12월 31일 현재의 재무상태표와 비교 표시한다.

반기재무상태표

제3기 반기 20×4년 6월 30일 현재
제2기 20×3년 12월 31일 현재

주식회사 삼일 (단위 : 원)

과 목	제 3(당)반기		제 2(전)기	
	금 액		금 액	

② 손익계산서는 20×4년 4월 1일부터 6월 30일까지의 중간기간과 20×4년 1월 1일부터 6월 30일까지의 누적중간기간을 대상으로 작성하고 직전 회계연도의 동일 기간을 대상으로 작성한 손익계산서와 비교 표시한다.

반기손익계산서

제3기 2분기 20×4년 4월 1일부터 20×4년 6월 30일까지
제3기 반 기 20×4년 1월 1일부터 20×4년 6월 30일까지
제2기 2분기 20×3년 4월 1일부터 20×3년 6월 30일까지
제2기 반 기 20×3년 1월 1일부터 20×3년 6월 30일까지

주식회사 삼일 (단위 : 원)

과 목	제 3(당)기		제 2(전)기	
	2분기	반 기	2분기	반 기

③ 현금흐름표 및 자본변동표는 20×4년 1월 1일부터 20×4년 6월 30일까지의 누적중간기간을 대상으로 작성하고 직전 회계연도의 동일 기간을 대상으로 작성한 현금흐름표 및 자본변동표와 비교 표시한다.

반기현금흐름표(반기자본변동표)

제3기 반기 20×4년 1월 1일부터 20×4년 6월 30일까지
제2기 반기 20×3년 1월 1일부터 20×3년 6월 30일까지

주식회사 삼일 (단위 : 원)

과 목	제 3(당)반기		제 2(전)반기	
	금 액		금 액	

한편 직전 회계연도에 중간재무제표를 작성할 의무가 없었던 기업이 일반기업회계기준 제29장에 따라 중간재무제표를 최초로 작성하는 경우 재무상태표는 직전 회계연도말과 비교하는 형식으로 작성되므로 별다른 문제가 없을 것이나, 손익계산서와 현금흐름표 및 자본변동표는 직전 회계연도 동일기간의 손익계산서, 현금흐름표 및 자본변동표와 비교표시해야 하는지 또는 비교표시를 생략할 수 있는지에 대하여 논란이 있을 수 있다.

이와 관련하여 일반기업회계기준 제29장 부록 실29.14에서는 중간기간 및 누적중간기간

을 대상으로 작성하는 손익계산서와 누적중간기간을 대상으로 작성하는 현금흐름표 및 자본변동표(관련되는 주석사항을 포함함)는 다음과 같이 비교 표시하도록 규정하고 있다. 이 경우 중간재무제표의 "작성"은 법규 등의 요구에 따라 의무적으로 작성하는 것을 말하며, 괄호 안에 표시되는 회계연도 및 중간기간은 매 회계연도가 1월 1일부터 12월 31일까지이고 중간기간이 3개월 단위로 정하여지며 20×4년 2분기의 중간재무제표를 작성하는 경우를 가정한 것이다.

① 직전 회계연도(20×3년)의 동일한 누적중간기간(반기) 및 1분기를 대상으로 하는 손익계산서를 작성하지 아니한 경우에는 직전 회계연도의 동일기간, 즉 직전 회계연도(20×3년)의 중간기간(2분기) 및 누적중간기간(반기) 손익계산서와 비교 표시하지 아니할 수 있다.

② 직전 회계연도(20×3년)의 동일한 누적중간기간(반기) 및 1분기를 대상으로 하는 손익계산서를 작성한 경우에는 직전 회계연도의 동일기간, 즉 직전 회계연도(20×3년)의 중간기간(2분기) 및 누적중간기간(반기) 손익계산서와 비교 표시한다.

③ 직전 회계연도(20×3년)의 동일한 누적중간기간(반기)을 대상으로 하는 손익계산서는 작성하였으나 20×3년 1분기를 대상으로 하는 손익계산서를 작성하지 아니한 경우에는 직전 회계연도(20×3년)의 동일한 중간기간(2분기) 손익계산서와 비교 표시하지 아니할 수 있다. 다만 직전 회계연도(20×3년)의 동일한 누적중간기간(반기) 손익계산서와는 비교 표시한다.

④ 직전 회계연도(20×3년)의 동일한 누적중간기간(반기)을 대상으로 하는 현금흐름표나 자본변동표를 작성하지 아니한 경우에는 직전 회계연도의 동일기간(반기) 현금흐름표나 자본변동표를 비교 표시하지 아니할 수 있다.

이를 요약하면 다음과 같다.

손익계산서

20×3년 동일기간의 재무제표 작성 여부		비교 표시 여부	
20×3년 1분기	20×3년 반기	20×3년 2분기	20×3년 반기
×	×	비교 표시 아니할 수 있음.	비교 표시 아니할 수 있음.
○	○	비교 표시함.	비교 표시함.
×	○	비교 표시 아니할 수 있음.	비교 표시함.

현금흐름표와 자본변동표

20×3년 동일기간의 재무제표 작성 여부	비교 표시 여부
20×3년 반기	20×3년 반기
×	비교 표시 아니할 수 있음.
○	비교 표시함.

4. 주석사항

중간재무제표의 이용자는 연차재무제표의 정보를 이용할 수 있으므로 연차재무제표에 기재할 것으로 요구되는 주석사항들 모두가 중간재무제표의 이해를 위하여 특히 필요한 사항이라고 볼 수 없으며, 중간재무제표에 반복하여 기재하는 것은 비효율적일 수 있다. 따라서 중간재무제표의 주석에는 직전 연차보고기간말 이후에 발생한 재무상태와 경영성과의 유의적인 변동과 관련된 거래나 회계사건을 주로 기재한다(일반기준 29장 문단 29.5).

일반기업회계기준 제29장 문단 29.6에서는 중간재무제표에 다음의 사항들을 주석으로 기재하도록 요구하고 있다. 다만, 그 금액이나 내용이 중요하지 아니한 경우에는 이를 생략할 수 있다.

① 직전 연차재무제표와 동일한 회계정책을 사용하였다는 사실 또는 회계정책의 변경이 있는 경우 그 내용과 영향
② 중간기간 사업활동의 계절적 또는 주기적 특성에 대한 설명
③ 재고자산의 평가손실이나 자산의 손상차손 발생 및 회복의 내용과 금액
④ 내용, 금액, 발생빈도 등이 비경상적인 재무제표 항목의 내용과 금액
⑤ 회계추정의 변경이 있는 경우 그 내용과 영향
⑥ 유의적인 오류의 수정이 있는 경우 그 내용과 영향
⑦ 주식과 채권의 발행, 재취득 및 상환
⑧ 중간배당금 지급내역(주식 종류별 배당금 총액 및 주당배당금)
⑨ 중간보고기간말 이후에 발생하였으나 중간재무제표에 반영되지 않은 중요한 사건
⑩ 사업결합, 종속기업 등의 인수 및 처분, 구조조정, 사업의 중단, 대규모 장기투자 등 사업 구성에 유의적인 변화를 초래한 사건의 내용과 영향
⑪ 직전 연차보고기간말 이후에 발생한 우발항목의 변동내용
⑫ 특수관계자 거래
⑬ 기타 중간재무제표의 이해를 위하여 특히 필요한 사항

상기의 주석사항이 연차재무제표에 기재할 것으로 요구되는 주석사항과 반드시 일치하

는 것은 아니다. 예를 들어 보험관련사항 및 보유토지의 공시지가 등과 같이 연차재무제표에는 기재할 것으로 요구되지만 상기의 '①' 내지 '⑬'에서 명시적으로 규정하고 있지 않은 주석사항은 중간재무제표의 이해를 위하여 특히 필요한 경우에만 기재하고 그 금액이나 내용이 중요하지 아니한 경우에는 기재를 생략할 수 있다.

5. 최종 중간기간에 관한 공시

최종 중간기간의 재무제표는 별도로 작성하지 아니할 수 있다(일반기준 29장 문단 29.7). 왜냐하면 연차재무제표와 직전 누적중간기간의 중간재무제표를 이용하여 최종 중간기간의 재무제표를 역산하여 확인할 수 있으므로 별도로 작성할 실익이 없기 때문이다. 다만 법령이나 계약 등에 의하여 중간재무제표를 정기적으로 작성하는 기업이 최종 중간기간의 재무제표를 별도로 작성하지 않는 경우에는 연차재무제표에 다음 사항을 주석으로 기재한다.

① 당 회계연도 최종 중간기간의 매출액, 당기순손익 등 주요 경영성과

② 최종 중간기간에 회계추정의 변경이 있는 경우 그 내용과 영향

예를 들면 12월말 결산법인의 경우 10월 1일부터 12월 31일까지의 중간재무제표를 별도로 작성하지 않을 수가 있으며 연차재무제표에 관련 주석사항을 기재하면 된다.

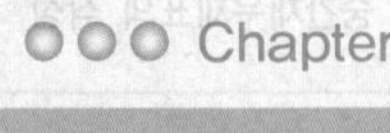

Chapter 03

인식과 측정

1. 인식과 측정기준

중간재무제표는 연차재무제표에 적용하는 것과 동일한 회계정책을 적용하여 작성하여야 한다. 다만 회계정책의 변경이 있는 경우에는 변경된 회계정책을 적용한다(일반기준 29장 문단 29.8).

중간재무제표의 작성을 위한 측정은 누적중간기간을 기준으로 한다. 따라서 연차재무제표의 결과는 중간재무제표의 작성빈도에 따라 달라지지 않는다. 예를 들면 손익항목의 각 중간기간별 금액의 합계는 연간금액과 일치해야 한다(일반기준 29장 문단 29.9).

중간기간을 대상으로 작성하는 손익계산서에 표시되는 금액은 누적중간기간을 기준으로 하여 측정된 금액으로부터 역산하여 표시한다. 이 경우 역산하여 표시되는 금액에 대해 사용되는 계정과목은 중간기간의 경제적 사건이나 거래 등을 적절히 반영하도록 한다(일반기준 29장 부록 실29.13).

하지만 중간기간의 손익계산서를 작성할 때, 누적중간기간을 기준으로 측정된 금액에서 직전 누적중간기간을 대상으로 작성된 손익계산서에 표시된 금액을 차감한 결과 해당 손익계정과목이 부(−)의 금액으로 나타나거나 직전 누적중간기간을 대상으로 작성된 재무제표에 표시된 미실현손익이 당해 중간기간에 실현된 경우에 중간기간의 손익계산서에 어떤 계정과목으로 어떤 금액을 표시해야 하는가라는 문제가 있을 수 있다. 이러한 경우에는 원칙적으로 대상이 되는 중간기간의 경제적 사건이나 거래 등을 적절히 반영하는 계정과목으로 표시하되 부(−)의 금액이 표시되지 않도록 하여야 한다. 예를 들어 외화환산손실 −100과 같은 표시방법은 인정될 수 없다.

또한 중간재무제표에서는 연차재무제표와 같이 미래 경제적 효익의 유입가능성에 따라 자산인식 여부를 결정한다. 따라서 연차재무제표에서 자산으로 인식할 수 없는 원가는 중간재무제표에서도 자산으로 인식할 수 없다. 그리고 중간재무제표에서는 연차재무제표와 같이 보고기간말 현재 존재하는 의무만을 부채로 인식하며 수익과 비용도 연차재무제표와 동일한 기준을 적용하여 인식한다(일반기준 29장 문단 29.10).

한편 중간재무정보의 적시성 확보를 위하여 정교하지만 시간과 비용이 많이 소요되는 평가방법은 생략할 수 있으며, 최근 연차재무제표의 평가결과를 준용하거나 간편한 방법으로 대체하여 평가할 수 있다. 연간과 다른 평가방법을 사용한 경우에는 이를 주석으로 공시한다(일반기준 29장 문단 29.15).

중간재무제표의 작성을 위한 인식과 측정의 예는 다음과 같다(일반기준 29장 문단 29.11).

① 중간재무제표에서 재고자산평가, 구조조정 또는 자산손상 관련 손실 등을 인식하고 측정할 때는 연차재무제표와 동일한 회계처리방법을 적용한다.

② 중간기간 중에 발생한 원가로서 중간보고기간말 현재 자산의 인식요건을 충족하지 못한 경우에는 이후 중간기간 중에 이러한 요건을 충족할 가능성이 있다는 이유로 또는 중간기간의 이익을 조정하기 위하여 자산으로 계상할 수 없다.

③ 중간기간의 법인세비용은 중간보고기간말 현재 예상되는 연간법인세율을 적용하여 인식한다. 동일 회계연도 내의 이후 중간기간 중에 연간법인세율의 변경이 있는 경우에는 변경의 효과를 그 기간에 모두 반영한다.

2. 중요성의 판단

중간재무제표를 작성할 때 인식, 측정, 구분표시, 공시와 관련된 중요성의 판단은 원칙적으로 해당 작성대상기간별로 한다. 다만 중요성을 판단할 때는 중간재무제표가 연차재무제표에 비하여 추정에 의존하는 정도가 크다는 점을 감안하여야 한다(일반기준 29장 문단 29.16).

3. 인식과 측정의 사례

(1) 인식과 측정기준의 적용사례

① 계절적, 주기적 또는 일시적으로 발생하는 수익

계절적, 주기적 또는 일시적으로 발생하는 수익이라 할지라도 다른 중간기간 중에 미리 인식하거나 이연하지 않는다. 예를 들면 배당금수익, 로열티수익 또는 소매업의 계절적 수익 등은 전액 발생한 중간기간의 수익으로 인식한다(일반기준 29장 문단 29.13).

② 계획된 대수선비

당해 중간기간 이후에 지출이 계획된 대수선비 혹은 계절적 특성의 비용은 중간보고기간말 현재 기업이 이에 대하여 법적 혹은 실질적 의무를 부담하는 경우에 한하여 당해 중간기간에 해당하는 부분을 인식할 수 있다. 따라서 미래의 비용지출에 대한 단순한 의도나 필요성을 근거로 미리 비용으로 인식할 수 없다(일반기준 29장 부록 실29.1).

③ 충당부채

중간기간의 충당부채는 연간과 동일한 회계정책을 적용하여 인식한다. 즉 중간보고기간말 현재 충당부채를 인식할 조건이 충족되면 이의 합리적 추정금액을 인식한다. 그리고 연간에서와 마찬가지로 이미 인식한 충당부채금액은 다음 중간기간에 상황의 변화에 따라 조정한다(일반기준 29장 부록 실29.2).

④ 연말상여금

연말상여금의 지급이 법적 혹은 실질적 의무(과거의 관행상 기업이 연말상여금을 지급하는 것 외의 다른 현실적인 대안이 없다고 판단되는 경우)이고 금액을 신뢰성 있게 추정할 수 있는 경우에는 연말지급 이전의 중간기간에서 해당 금액을 인식한다(일반기준 29장 부록 실29.3).

⑤ 조건부 리스료

리스사용료가 리스자산에 의한 연간 매출액 등 리스자산 사용정도에 연계되는 조건으로 책정되는 경우 중간보고기간말 현재 해당 리스료를 실질적으로 확정할 수 있으면 이를 비용 및 부채로 인식한다. 예를 들어 특정 연간매출액을 초과할 경우에 추가리스료를 지급하는 조건의 리스계약을 맺었을 때, 특정 중간기간에 계약조건의 연간매출액을 초과하면 그 중간기간에 추가리스료를 인식한다(일반기준 29장 부록 실29.4).

⑥ 무형자산

중간기간의 무형자산은 연간과 동일한 회계정책을 적용하여 인식한다. 즉 중간보고기간말 현재 무형자산 인식요건을 충족하지 못하면 관련원가는 비용으로 계상하며, 무형자산 인식요건을 충족한 이후에 발생한 원가는 무형자산원가에 포함한다. 따라서 중간보고기간말 현재 무형자산의 인식요건을 충족하지 못하였으나 인식요건이 연내 혹은 이후 단기간 내에 충족될 것을 근거로 무형자산으로 인식할 수 없다(일반기준 29장 부록 실29.5).

⑦ 연중 고르게 발생하지 않는 비용

연중 고르게 발생하지 않는 지출은 연차재무제표를 작성할 때 미리 비용으로 인식하거나 이연하는 것이 타당한 방법으로 인정되는 경우에 한하여 중간보고기간말에서도 동일하게 처리한다(일반기준 29장 문단 29.14). 예를 들어 교육훈련비, 자선기부금, 연구개발비 등 연중 고르게 발생하지 않는 비용은 연간예산 등에 의하여 미래 지출 계획이 수립되었더라도 지출이 확정된 중간기간에 전액 비용으로 인식해야 하며, 이를 지출 확정 전 중간기간에 미리 인식하거나 혹은 이후 중간기간에 이연하여 인식하지 않는다(일반기준 29장 부록 실29.6).

⑧ 가격할인

원재료 등의 대량구매 등에 의한 가격할인이 확정적이면 중간기간에 가격할인의 효과를 미리 반영할 수 있다. 그러나 계약 등에 의하여 조건이 정해지지 않고 거래당사자간에 자의적으로 결정되는 성격의 가격할인은 자산 및 부채의 정의를 충족하지 않으므로 중간기간에 그 효과를 예상하여 인식하지 않는다(일반기준 29장 부록 실29.7).

⑨ 감가상각 및 무형자산상각

중간기간의 감가상각 및 무형자산상각은 중간보고기간말 현재의 상각대상자산을 대상으로 행한다. 즉 당해 중간기간 이후에 계획된 자산의 추가취득, 처분사항 등을 예상하여 감가상각하지 않는다(일반기준 29장 부록 실29.8).

⑩ 재고자산의 평가

중간기간의 재고자산평가와 관련하여 재고자산의 수량, 단가, 순실현가능가치 등은 연말과 동일한 기준을 적용하여 평가한다. 그러나 중간보고기간말의 작성빈도에 따라 연간의 결과가 달라져서는 아니되므로 후입선출법 적용시 중간기간에서 매출원가에 포함될 기초재고가 연간에서는 포함되지 아니할 것으로 예상되는 경우에는 이를 포함하지 않는다(일반기준 29장 부록 실29.9).

⑪ 표준원가의 차이

제조기업 중 표준원가를 사용하여 재고자산을 평가하는 경우 중간기간에 가격차이, 능률차이, 소비차이, 조업도차이 등 각종의 원가차이가 발생한 경우에는 연간에서와 동일하게 발생시점에서 전액 인식한다. 즉, 연내에 이러한 원가차이들이 해소될 것으로 예상되는 것을 근거로 원가차이를 이연하여 인식하지 아니한다(일반기준 29장 부록 실29.10).

⑫ 외화환산손익

중간기간의 외화환산손익은 연간에서와 동일한 회계정책을 적용하여 인식한다. 즉 당해 중간기간 후의 환율변화에 대한 예상을 근거로 적용환율을 변경하거나 혹은 당해 중간기간에 인식할 손익을 이연하지 않는다(일반기준 29장 부록 실29.11).

⑬ 자산손상차손

중간기간의 자산손상차손은 연간과 동일한 회계정책을 적용하여 인식한다. 다만 연간과 동일한 정도의 엄격한 손상검사를 실시할 필요는 없으며 직전 회계연도 이후 손상을 인식해야 하는 중대한 사유가 발생하였는지를 개략적으로 검토하는 것으로 충분하다(일반기준 29장 부록 실29.12).

(2) 중간기간의 손익계산서 작성사례

사례 1 외화차입금의 환산 및 상환

〈배경정보〉

(주)삼일의 회계연도는 매년 1월 1일부터 12월 31일까지이며, 중간기간은 3개월(분기) 단위로 정하여진다. (주)삼일은 20×3년 12월 31일 현재 100백만원의 외화차입금이 있는데 20×4년 1분기 누적중간기간 재무제표를 작성하면서 동 외화차입금을 90백만원으로 평가하여 외화환산이익 10백만원을 계상하였고, 20×4년 2분기 말에 동 외화차입금을 110백만원으로 평가하였다. 한편 20×4년 3분기 중에 동 외화차입금을 105백만원으로 상환하였다. 이 경우 20×4년의 중간기간 및 누적중간기간을 대상으로 작성하는 손익계산서에 계정과목과 금액을 표시하는 방법은?

〈표시방법〉

20×4년 2분기 누적중간기간(반기)을 대상으로 작성하는 손익계산서에는 1분기 누적중간기간에 측정한 외화환산이익을 표시하지 않고, 외화차입금의 20×3년 말 장부금액과 20×4년 2분기 누적중간기간(반기) 말 장부금액의 차액인 10백만원을 외화환산손실로 표시한다.

20×4년 2분기 중간기간을 대상으로 작성하는 손익계산서에는 20×4년 2분기 누적중간기간(반기) 손익계산서상의 외화환산손실 10백만원과 20×4년 1분기 누적중간기간 손익계산서상의 외화환산이익 10백만원의 차액인 20백만원을 외환환산손실로 표시한다.

20×4년 3분기 누적중간기간을 대상으로 작성하는 손익계산서에는 2분기 누적중간기간(반기)에 측정한 외화환산손실을 표시하지 않고, 외화차입금의 20×3년 말 장부금액과 20×4년 3분기 중 상환가액의 차액인 5백만원을 외환차손으로 표시한다.

20×4년 3분기 중간기간을 대상으로 작성하는 손익계산서에는 20×4년 3분기 누적중간기간 손익계산서상의 외환차손 5백만원과 20×4년 2분기 누적중간기간(반기) 손익계산서상의 외화환산손실 10백만원의 차액인 5백만원을 외환차익으로 표시한다.

위 표시방법을 요약하면 다음과 같다.

(단위 : 백만원, 외화차입금 기초장부금액 : 100)

	1분기	2분기		3분기	
관련 거래 및 사건 등	외화환산	외화환산		상환	
보고기간말 기준 평가금액 및 기중상환가액	90	110		105	
	누적중간기간 (1. 1.~3. 31.)	중간기간 (4. 1.~6. 30.)	누적중간기간 (1. 1.~6. 30.)	중간기간 (7. 1.~9. 30.)	누적중간기간 (1. 1.~9. 30.)
외화환산이익	10	−	−	−	−
외화환산손실	−	20	10	−	−
외 환 차 익	−	−	−	5	−
외 환 차 손	−	−	−	−	5

사례 2 매도가능증권의 평가 및 처분

〈배경정보〉

(주)삼일의 회계연도는 매년 1월 1일부터 12월 31일까지이며, 중간기간은 3개월(분기) 단위로 정하여진다. (주)삼일은 20×7년 12월 31일 현재 100백만원의 매도가능증권을 보유하고 있는데 20×8년 1분기 누적중간기간 재무제표를 작성하면서 동 매도가능증권을 공정가치(120백만원)로 평가하여 매도가능증권평가이익(기타포괄손익누계액) 20백만원을 계상하였고, 20×8년 2분기 중에 동 매도가능증권을 110백만원에 처분하였다. 이 경우 20×8년 2분기의 중간기간 및 누적중간기간(반기)을 대상으로 작성하는 손익계산서에 계정과목과 금액을 표시하는 방법은? 단, 20×7년 12월 31일 현재 동 매도가능증권과 관련하여 재무상태표에 계상된 기타포괄손익누계액은 없다고 가정한다.

<표시방법>

20×8년 2분기 누적중간기간(반기)을 대상으로 작성하는 손익계산서에는 매도가능증권의 20×7년 말 장부금액과 20×8년 2분기 누적중간기간(반기) 중 처분가액의 차액인 10백만원을 매도가능증권처분이익으로 표시한다.

20×8년 1분기 누적중간기간 손익계산서에는 동 매도가능증권과 관련하여 인식된 손익이 없으므로 20×8년 2분기 누적중간기간(반기) 손익계산서상의 매도가능증권처분이익 10백만원을 20×8년 2분기 중간기간을 대상으로 작성하는 손익계산서에 매도가능증권처분이익으로 표시한다.

위 표시방법을 요약하면 다음과 같다.

(단위 : 백만원, 매도가능증권 기초장부금액 : 100)

	1분기	2분기	
관련 거래 및 사건 등	공정가치평가	처분	
보고기간말 기준 평가금액및 기중처분가액	120	110	
	누적중간기간 (1. 1.~3. 31.)	중간기간 (4. 1.~6. 30.)	누적중간기간 (1. 1.~6. 30.)
매도가능증권평가이익 (기타포괄손익누계액)	20	–	–
매도가능증권처분이익	–	10	10

사례 3 판매보증충당부채

〈배경정보〉

(주)삼일의 회계연도는 매년 1월 1일부터 12월 31일까지이며, 중간기간은 3개월(분기) 단위로 정하여진다. (주)삼일은 출고한 제품과 관련하여 보증수리기간에 지출되는 경상적 부품수리비용 등에 대해 일반기업회계기준에 따라 판매보증충당부채를 계상하고 있다. (주)삼일은 20×4년 1분기와 2분기에 해당 제품에 대해 각각 1,000,000원의 매출을 계상하였다. 한편 1분기 말

에는 과거 경험률에 근거하여 1분기 매출액의 3%를 판매보증충당부채로 계상하였으나, 2분기 말에 새로운 정보에 근거하여 매출액 대비 판매보증충당부채 설정률을 5%로 추산하였다. 20×4년 2분기의 중간기간 및 누적중간기간(반기)을 대상으로 작성하는 손익계산서에 계정과목과 금액을 표시하는 방법은? 단, 누적중간기간(반기)동안 판매보증과 관련하여 실제로 지출된 금액은 없으며 당 회계연도 이전에 설정된 판매보증충당부채는 무시한다고 가정한다.

〈표시방법〉

2분기 누적중간기간(반기)을 대상으로 작성하는 손익계산서에는 2분기 누적중간기간(반기)을 기준으로 측정한 판매보증비[1)]를 표시하고, 2분기 중간기간을 대상으로 작성하는 손익계산서에는 2분기 누적중간기간(반기)을 기준으로 측정한 금액에서 1분기 누적중간기간의 손익계산서에 표시된 금액[2)]을 차감한 금액을 판매보증비로 표시한다.

2분기 누적중간기간(반기) 매출액	₩2,000,000
2분기 말에 추산된 설정률	5%
2분기 누적중간기간(반기) 판매보증비	₩100,000[1)]
(−) 1분기 누적중간기간 판매보증비(1,000,000 × 3%)	30,000[2)]
2분기 중간기간 판매보증비	₩70,000

사례 4 재고자산평가손실

〈배경정보〉

(주)삼일의 회계연도는 매년 1월 1일부터 12월 31일까지이며, 중간기간은 3개월(분기) 단위로 정하여진다. (주)삼일의 20×4년 1분기 말과 2분기 말의 재고자산 평가내역은 다음과 같다.

(단위 : 원, 개)

	20×3. 12. 31.	구입	판매	20×4년 1분기 말	구입	판매	20×4년 2분기 말
취 득 원 가	2,000	1,000	−	2,000	850	−	1,900
매 출 원 가	−	−	1,000	−	−	950	−
순실현가능가치	2,000	−	−	1,500	−	−	1,700
수 량	100	50	50	100	50	50	100
단 위 당 원 가	@20	@20	@20	@20(@15[(#)])	@17	@19	@19(@17[(#)])

(*) 회사는 이동평균법을 적용하여 재고자산을 평가하고 있음.
(#) 순실현가능가치의 단가

(주)삼일이 20×4년 2분기의 중간기간 및 누적중간기간(반기)을 대상으로 작성하는 손익계산서에 계정과목과 금액을 표시하는 방법은?

〈표시방법〉

재고자산평가손실이 매출원가에 반영되므로 2분기 중간기간 및 누적중간기간(반기)을 대상으로 작성하는 손익계산서에 표시되는 매출원가는 다음과 같다.

(단위 : 원)

	1분기	2분기	
	누적중간기간 (1. 1.~3. 31.)	중간기간 (4. 1.~6. 30.)	누적중간기간 (1. 1.~6. 30.)
매출원가	1,500[1)]	650[3)]	2,150[2)]

주1) 평가손실 반영 전 매출원가 1,000+재고자산평가손실 500

주2) 평가손실 반영 전 매출원가 1,950+재고자산평가손실 200

주3) 2분기 누적중간기간(반기) 매출원가 2,150−1분기 누적중간기간 매출원가 1,500

사례 5 총평균법에 의한 매출원가 계산

〈배경정보〉

(주)삼일의 회계연도는 매년 1월 1일부터 12월 31일까지이며, 중간기간은 3개월(분기) 단위로 정하여진다. (주)삼일은 재고자산평가방법으로 총평균법을 채택하고 있으며, 20×4년 2분기 누적중간기간(반기) 동안의 재고자산 관련 거래내역은 다음과 같다.

○ 20×3. 12. 31. 현재 재고 : 100개, 단위당 평가금액 = 100원/개

○ 1분기(20×4. 1. 1.~3. 31.) 중 구입 : 200개, 구입단가 = 130원/개

○ 1분기(20×4. 1. 1.~3. 31.) 중 판매 : 200개

○ 2분기(20×4. 4. 1.~6. 30.) 중 구입 : 200개, 구입단가 = 135원/개

○ 2분기(20×4. 4. 1.~6. 30.) 중 판매 : 200개

한편 (주)삼일이 1분기 누적중간기간 재무제표에 표시한 매출원가와 기말재고 자산가액은 다음과 같다.

○ 1분기 누적중간기간 매출원가=200개 × 120원[1)]=24,000원

○ 1분기 말 재고자산가액=100개 × 120원=12,000원

주1) (직전 회계연도 말 재고자산금액 10,000원(100개)+1분기 누적중간기간의 구입원가 26,000원(200개)) / 1분기 누적중간기간의 판매가능재고수량 300개 = 120원 / 개

20×4년 2분기의 중간기간 및 누적중간기간(반기)을 대상으로 작성하는 손익계산서에 매출원가로 표시할 금액은?

〈표시방법〉

2분기 누적중간기간(반기)의 매출원가는 20×4년 1월 1일부터 20×4년 6월 30일까지의 재고자산수불을 기준으로 산정하고, 2분기 중간기간의 매출원가는 2분기 누적중간기간(반기)의 매출원가에서 1분기 누적중간기간의 매출원가를 차감하여 산정한다.

1분기 누적중간기간 매출원가	24,000원
2분기 중간기간 매출원가	26,400원[3)]
2분기 누적중간기간(반기) 매출원가	50,400원[2)]
2분기 말 재고자산금액	12,600원[4)]

주2) (직전 회계연도 말 재고자산금액 10,000원+2분기 누적중간기간(반기)의 구입원가 53,000원) / 2분기 누적중간기간(반기)의 판매가능재고수량 500개 = 126원 / 개
126원 / 개 × 2분기 누적중간기간(반기)의 판매수량 400개 = 50,400원

주3) 2분기 누적중간기간(반기) 매출원가 50,400원−1분기 누적중간기간 매출원가 24,000원=26,400원

주4) 126원 / 개 × 2분기 말 재고수량 100개 = 12,600원

Chapter

04

회계정책 및 회계추정의 변경

1. 회계정책의 변경과 재무제표의 재작성

회계정책의 변경은 재무제표의 작성과 보고에 적용하던 회계정책을 다른 회계정책으로 바꾸는 것을 말하는데, 여기서 회계정책이란 기업이 재무보고의 목적으로 선택한 기업회계기준과 그 적용방법을 말한다. 예를 들면 재고자산 평가방법의 변경 및 유가증권 취득단가 산정방법의 변경 등이 회계정책의 변경에 해당한다. 이러한 회계정책의 변경은 일반기업회계기준 또는 관련법규의 개정이 있거나, 새로운 회계정책을 적용함으로써 회계정보의 유용성을 향상시킬 수 있는 경우에 한하여 허용된다(일반기준 5장 부록 실5.4).

일반기업회계기준 제29장 문단 29.17에서는 회계정책이 변경된 경우 적용시기와 방법을 다른 일반기업회계기준에서 따로 정한 경우를 제외하고는 변경된 회계정책을 적용하여 동일 회계연도의 이전 중간기간 및 직전 회계연도의 비교 대상 중간보고기간말을 재작성하도록 하고 있다.

즉, 회계정책의 변경으로 인한 모든 수정항목은 비교재무제표상 최초연도 누적중간기간의 자산, 부채 및 자본의 기초금액에 반영하여야 한다. 다만, 회계정책의 변경에 따른 누적효과를 합리적으로 결정하기 어려운 경우에는 전진적으로 처리하여 그 효과가 당기와 당기 이후의 기간에 반영되도록 할 수 있다. 그러나 이러한 경우라도 동일 회계연도의 이전 중간기간의 재무제표는 변경된 회계정책을 적용하여 재작성하여야 한다(일반기준 29장 문단 29.18).

2. 회계추정의 변경

회계추정의 변경은 기업환경의 변화, 새로운 정보의 획득 또는 경험의 축적에 따라 지금까지 사용해오던 회계적 추정치의 근거와 방법 등을 바꾸는 것을 말한다. 여기서 회계추정이라 함은 기업환경의 불확실성 하에서 미래의 재무적 결과를 사전적으로 예측하는 것을 의미하는 것으로서 합리적인 추정은 재무제표의 작성에 있어서 필수적인 과정이다. 회계추정에는 대손의 추정, 재고자산의 진부화 여부에 대한 판단과 평가, 우발부채의 추정, 감가상각자산의 내용연수 또는 감가상각자산에 내재된 미래경제적효익의 기대소비형태의 변경(감가상각방법의 변경) 및 잔존가치의 추정 등이 있다. 이러한 추정의 근거가 되었던 상황의 변화, 새로운 정보의 획득, 추가적인 경험의 축적 등으로 인하여 새로운 추정이 요구되는 경우에는 과거에 합리적이라고 판단했던 추정치라도 이를 변경할 수 있다(일반기준 5장 부록 실5.5, 실5.6).

일반기업회계기준 제29장 문단 29.12에 따르면, 중간기간 중에 회계추정의 변경이 있을 때는 누적중간기간을 기준으로 계산한 회계변경의 효과를 회계추정의 변경이 있었던 당해 중간기간에 모두 반영하도록 하고 있다. 예를 들면 20×4년 9월 30일에 회계추정의 변경이 발생한 경우 20×4년 1월 1일부터 20×4년 9월 30일까지의 추정의 변경효과를 계산하여 그 효과를 3분기 중간보고기간말에 일괄 반영해야 한다. 이 경우 이전 중간보고기간말은 소급하여 재작성하지 않으며, 다만 유의적인 추정의 변경은 그 내용과 영향을 주석사항으로 기재하여야 한다.

2024 계정과목별 **일반회계와 세무해설**

1993년 5월 15일 초판 발행
1993년 6월 5일 재판 발행
1993년 6월 25일 3판 발행
1993년 10월 30일 4판 발행
1994년 5월 25일 5판 발행
1995년 5월 19일 6판 발행
1995년 6월 23일 7판 발행
1995년 7월 25일 8판 발행
1996년 6월 5일 9판 발행
1997년 4월 9일 10판 발행
1997년 10월 7일 11판 발행
1998년 3월 17일 12판 발행
1998년 10월 17일 13판 발행
1999년 2월 12일 14판 발행
2000년 2월 12일 15판 발행
2001년 2월 24일 16판 발행
2002년 2월 15일 17판 발행
2003년 1월 27일 18판 발행
2004년 2월 16일 19판 발행
2005년 3월 9일 20판 발행
2006년 3월 20일 21판 발행
2007년 4월 10일 22판 발행
2008년 3월 25일 25판 발행
2009년 3월 9일 26판 발행
2010년 3월 12일 27판 발행
2011년 3월 24일 28판 발행
2012년 3월 16일 29판 발행
2013년 3월 25일 30판 발행
2014년 3월 27일 31판 발행
2015년 3월 25일 32판 발행
2016년 3월 21일 33판 발행
2017년 3월 20일 34판 발행
2018년 4월 4일 35판 발행
2020년 3월 19일 36판 발행
2021년 4월 6일 37판 발행
2022년 4월 15일 38판 발행
2023년 4월 27일 39판 발행
2024년 4월 19일 40판 발행

저 자 **삼일인포마인**
발 행 인 이 희 태
발 행 처 **삼일인포마인**

인 지 생 략

서울특별시 용산구 한강대로 273 용산빌딩 4층
등록번호 : 1995. 6. 26 제3-633호
전 화 : (02) 3489-3100
F A X : (02) 3489-3141
I S B N : 979-11-6784-257-2 93320

♣ 파본은 교환하여 드립니다.

정가 100,000원